J. von Staudingers
Kommentar zum Bürgerlichen Gesetzbuch
mit Einführungsgesetz und Nebengesetzen
Buch 1 · Allgemeiner Teil
§§ 90–124; 130–133
(Allgemeiner Teil 3)

Kommentatorinnen und Kommentatoren

Dr. Karl-Dieter Albrecht
Vorsitzender Richter am Bayerischen Verwaltungsgerichtshof, München

Dr. Christoph Althammer
Professor an der Universität Konstanz

Dr. Georg Annuß
Rechtsanwalt in München, Außerplanmäßiger Professor an der Universität Regensburg

Dr. Christian Armbrüster
Professor an der Freien Universität Berlin, Richter am Kammergericht

Dr. Martin Avenarius
Professor an der Universität zu Köln

Dr. Wolfgang Baumann
Notar in Wuppertal, Professor an der Bergischen Universität Wuppertal

Dr. Winfried Bausback
Professor a. D. an der Bergischen Universität Wuppertal, Mitglied des Bayerischen Landtags

Dr. Roland Michael Beckmann
Professor an der Universität des Saarlandes, Saarbrücken

Dr. Detlev W. Belling, M.C.L.
Professor an der Universität Potsdam

Dr. Andreas Bergmann
Professor an der Fernuniversität Hagen

Dr. Werner Bienwald
Professor an der Evangelischen Fachhochschule Hannover, Rechtsanwalt in Oldenburg

Dr. Claudia Bittner, LL.M.
Außerplanmäßige Professorin an der Universität Freiburg i. Br., Richterin am Sozialgericht Frankfurt a. M.

Dr. Dieter Blumenwitz †
Professor an der Universität Würzburg

Dr. Reinhard Bork
Professor an der Universität Hamburg

Dr. Elmar Bund †
Professor an der Universität Freiburg i. Br.

Dr. Jan Busche
Professor an der Universität Düsseldorf

Dr. Georg Caspers
Professor an der Universität Erlangen-Nürnberg

Dr. Tiziana Chiusi
Professorin an der Universität des Saarlandes, Saarbrücken

Dr. Michael Coester, LL.M.
Professor an der Universität München

Dr. Dagmar Coester-Waltjen, LL.M.
Professorin an der Universität Göttingen, Direktorin des Lichtenberg-Kollegs, Göttingen

Dr. Heinrich Dörner
Professor an der Universität Münster

Dr. Christina Eberl-Borges
Professorin an der Universität Siegen

Dr. Dr. h. c. Werner F. Ebke, LL.M.
Professor an der Universität Heidelberg

Dr. Volker Emmerich
Professor an der Universität Bayreuth, Richter am Oberlandesgericht Nürnberg a. D.

Dipl.-Kfm. Dr. Norbert Engel
Ministerialdirigent im Thüringer Landtag, Erfurt

Dr. Helmut Engler
Professor an der Universität Freiburg i. Br., Minister in Baden-Württemberg a. D.

Dr. Cornelia Feldmann
Rechtsanwältin in Freiburg i. Br.

Dr. Karl-Heinz Fezer
Professor an der Universität Konstanz, Honorarprofessor an der Universität Leipzig, Richter am Oberlandesgericht Stuttgart

Dr. Philipp S. Fischinger, LL.M.
Akad. Rat a. Z. an der Universität Regensburg

Dr. Johann Frank
Notar in Amberg

Dr. Rainer Frank
Professor an der Universität Freiburg i. Br.

Dr. Robert Freitag, Maître en droit
Professor an der Universität Hamburg

Dr. Bernhard Großfeld, LL.M.
Professor an der Universität Münster

Dr. Beate Gsell
Professorin an der Universität Augsburg

Dr. Karl-Heinz Gursky
Professor an der Universität Osnabrück

Dr. Martin Gutzeit
Professor an der Universität Gießen

Dr. Ulrich Haas
Professor an der Universität Zürich

Norbert Habermann
Weiterer aufsichtsführender Richter bei dem Amtsgericht Offenbach

Dr. Stefan Habermeier
Professor an der Universität Greifswald

Dr. Martin Häublein
Professor an der Universität Innsbruck

Dr. Johannes Hager
Professor an der Universität München

Dr. Rainer Hausmann
Professor an der Universität Konstanz

Dr. Jan von Hein
Professor an der Universität Trier

Dr. Tobias Helms
Professor an der Universität Marburg

Dr. Dr. h. c. mult. Dieter Henrich
Professor an der Universität Regensburg

Dr. Reinhard Hepting
Professor an der Universität Mainz

Christian Hertel, LL.M.
Notar in Weilheim i. OB.

Dr. Stephanie Herzog
Rechtsanwältin in Würselen

Joseph Hönle
Notar in Tittmoning

Dr. Bernd von Hoffmann
Professor an der Universität Trier

Dr. Heinrich Honsell
Professor an der Universität Zürich, Honorarprofessor an der Universität Salzburg

Dr. Norbert Horn
Professor an der Universität zu Köln, Vorstand des Arbitration Documentation and Information Center e.V., Köln

Dr. Peter Huber, LL.M.
Professor an der Universität Mainz

Dr. Rainer Hüttemann
Professor an der Universität Bonn

Dr. Florian Jacoby
Professor an der Universität Bielefeld

Dr. Rainer Jagmann
Vorsitzender Richter am Oberlandesgericht Karlsruhe

Dr. Ulrich von Jeinsen
Rechtsanwalt und Notar in Hannover, Honorarprofessor an der Universität Hannover

Dr. Joachim Jickeli
Professor an der Universität zu Kiel

Dr. Dagmar Kaiser
Professorin an der Universität Mainz

Dr. Bernd Kannowski
Professor an der Universität Freiburg i. Br.

Dr. Rainer Kanzleiter
Notar in Neu-Ulm, Professor an der Universität Augsburg

Dr. Sibylle Kessal-Wulf
Vorsitzende Richterin am Bundesgerichtshof, Karlsruhe

Dr. Fabian Klinck
Professor an der Universität Bochum

Dr. Frank Klinkhammer
Richter am Bundesgerichtshof, Karlsruhe

Dr. Hans-Georg Knothe
Professor an der Universität Greifswald

Dr. Jürgen Kohler
Professor an der Universität Greifswald

Dr. Stefan Koos
Professor an der Universität der Bundeswehr München

Dr. Heinrich Kreuzer
Notar in München

Dr. Hans-Dieter Kutter
Notar in Nürnberg

Dr. Gerd-Hinrich Langhein
Notar in Hamburg

Dr. Martin Löhnig
Professor an der Universität Regensburg

Dr. Dr. h. c. Manfred Löwisch
Professor an der Universität Freiburg i. Br., Rechtsanwalt in Stuttgart, vorm. Richter am Oberlandesgericht Karlsruhe

Dr. Dirk Looschelders
Professor an der Universität Düsseldorf

Dr. Stephan Lorenz
Professor an der Universität München

Dr. Peter Mader
Professor an der Universität Salzburg

Dr. Ulrich Magnus
Professor an der Universität Hamburg, Richter am Hanseatischen Oberlandesgericht zu Hamburg a. D.

Dr. Peter Mankowski
Professor an der Universität Hamburg

Dr. Heinz-Peter Mansel
Professor an der Universität zu Köln

Dr. Peter Marburger
Professor an der Universität Trier

Dr. Wolfgang Marotzke
Professor an der Universität Tübingen

Dr. Dr. Dr. h. c. mult. Michael Martinek, M.C.J.
Professor an der Universität des Saarlandes, Saarbrücken, Honorarprofessor an der Universität Johannesburg, Südafrika

Dr. Annemarie Matusche-Beckmann
Professorin an der Universität des Saarlandes, Saarbrücken

Dr. Jörg Mayer
Notar in Simbach am Inn

Dr. Dr. Detlef Merten
Professor an der Deutschen Hochschule für Verwaltungswissenschaften Speyer

Dr. Rudolf Meyer-Pritzl
Professor an der Universität zu Kiel, Richter am Schleswig-Holsteinischen Oberlandesgericht in Schleswig

Dr. Peter O. Mülbert
Professor an der Universität Mainz

Dr. Dirk Neumann
Vizepräsident des Bundesarbeitsgerichts a. D., Kassel, Präsident des Landesarbeitsgerichts Chemnitz a. D.

Dr. Ulrich Noack
Professor an der Universität Düsseldorf

Dr. Hans-Heinrich Nöll
Rechtsanwalt in Hamburg

Dr. Jürgen Oechsler
Professor an der Universität Mainz

Dr. Hartmut Oetker
Professor an der Universität zu Kiel, Richter am Thüringer Oberlandesgericht in Jena

Wolfgang Olshausen
Notar in Rain am Lech

Dr. Dirk Olzen
Professor an der Universität Düsseldorf

Dr. Sebastian Omlor, LL.M.
Akad. Rat an der Universität des Saarlandes, Saarbrücken

Dr. Gerhard Otte
Professor an der Universität Bielefeld

Dr. Hansjörg Otto
Professor an der Universität Göttingen

Dr. Holger Peres
Rechtsanwalt in München

Dr. Lore Maria Peschel-Gutzeit
Rechtsanwältin in Berlin, Senatorin für Justiz a. D. in Hamburg und Berlin, Vorsitzende Richterin am Hanseatischen Oberlandesgericht zu Hamburg i. R.

Dr. Frank Peters
Professor an der Universität Hamburg, Richter am Hanseatischen Oberlandesgericht zu Hamburg a. D.

Dr. Axel Pfeifer
Notar in Hamburg

Dr. Jörg Pirrung
Richter am Gericht erster Instanz der Europäischen Gemeinschaften i. R., Professor an der Universität Trier

Dr. Ulrich Preis
Professor an der Universität zu Köln

Dr. Manfred Rapp
Notar in Landsberg am Lech

Dr. Thomas Rauscher
Professor an der Universität Leipzig, Dipl. Math.

Dr. Peter Rawert, LL.M.
Notar in Hamburg, Professor an der Universität Kiel

Eckhard Rehme
Vorsitzender Richter am Oberlandesgericht Oldenburg

Dr. Wolfgang Reimann
Notar in Passau, Professor an der Universität Regensburg

Dr. Tilman Repgen
Professor an der Universität Hamburg

Dr. Dieter Reuter
Professor an der Universität zu Kiel, Richter am Schleswig-Holsteinischen Oberlandesgericht in Schleswig a. D.

Dr. Reinhard Richardi
Professor an der Universität Regensburg, Präsident des Kirchlichen Arbeitsgerichtshofs der Deutschen Bischofskonferenz, Bonn

Dr. Volker Rieble
Professor an der Universität München, Direktor des Zentrums für Arbeitsbeziehungen und Arbeitsrecht

Dr. Anne Röthel
Professorin an der Bucerius Law School, Hamburg

Dr. Christian Rolfs
Professor an der Universität zu Köln

Dr. Herbert Roth
Professor an der Universität Regensburg

Dr. Rolf Sack
Professor an der Universität Mannheim

Dr. Ludwig Salgo
Professor an der Fachhochschule Frankfurt a. M., Apl. Professor an der Universität Frankfurt a. M.

Dr. Renate Schaub, LL.M.
Professorin an der Universität Bochum

Dr. Martin Josef Schermaier
Professor an der Universität Bonn

Dr. Gottfried Schiemann
Professor an der Universität Tübingen

Dr. Eberhard Schilken
Professor an der Universität Bonn

Dr. Peter Schlosser
Professor an der Universität München

Dr. Dr. h. c. mult. Karsten Schmidt
Vizepräsident der Bucerius Law School, Hamburg

Dr. Martin Schmidt-Kessel
Professor an der Universität Bayreuth

Dr. Günther Schotten
Notar in Köln, Professor an der Universität Bielefeld

Dr. Robert Schumacher, LL.M.
Notar in Aachen

Dr. Roland Schwarze
Professor an der Universität Hannover

Dr. Maximilian Seibl
Wiss. Mitarbeiter an der Universität Göttingen

Dr. Hans Hermann Seiler
Professor an der Universität Hamburg

Dr. Reinhard Singer
Professor an der Humboldt-Universität Berlin, vorm. Richter am Oberlandesgericht Rostock

Dr. Dr. h. c. Ulrich Spellenberg
Professor an der Universität Bayreuth

Dr. Sebastian Spiegelberger
Notar in Rosenheim

Dr. Ansgar Staudinger
Professor an der Universität Bielefeld

Dr. Malte Stieper
Professor an der Universität Halle-Wittenberg

Dr. Markus Stoffels
Professor an der Universität Osnabrück

Dr. Hans-Wolfgang Strätz
Professor an der Universität Konstanz

Dr. Dr. h. c. Fritz Sturm
Professor an der Universität Lausanne

Dr. Gudrun Sturm
Assessorin, Wiss. Mitarbeiterin

Burkhard Thiele
Präsident des Oberlandesgerichts Rostock

Dr. Karsten Thorn
Professor an der Bucerius Law School, Hamburg

Dr. Gregor Thüsing, LL.M.
Professor an der Universität Bonn

Dr. Barbara Veit
Professorin an der Universität Göttingen

Dr. Bea Verschraegen, LL.M.
Professorin an der Universität Wien

Dr. Klaus Vieweg
Professor an der Universität Erlangen-Nürnberg

Dr. Markus Voltz
Notar in Lahr

Dr. Reinhard Voppel
Rechtsanwalt in Köln

Dr. Günter Weick
Professor an der Universität Gießen

Gerd Weinreich
Vorsitzender Richter am Oberlandesgericht Oldenburg

Dr. Birgit Weitemeyer
Professorin an der Bucerius Law School, Hamburg

Dr. Olaf Werner
Professor an der Universität Jena, Richter am Thüringer Oberlandesgericht Jena a. D.

Dr. Daniel Wiegand, LL.M.
Rechtsanwalt in München

Dr. Wolfgang Wiegand
Professor an der Universität Bern

Dr. Susanne Wimmer-Leonhardt
Bürgermeisterin der Stadt Kaiserslautern, Privatdozentin an der Universität des Saarlandes

Dr. Peter Winkler von Mohrenfels
Professor an der Universität Rostock a. D., Richter am Oberlandesgericht Rostock a. D., Rechtsanwalt in Rostock

Dr. Hans Wolfsteiner
Notar a. D., Rechtsanwalt in München

Heinz Wöstmann
Richter am Bundesgerichtshof, Karlsruhe

Dr. Eduard Wufka †
Notar in Starnberg

Dr. Michael Wurm
Richter am Bundesgerichtshof, Karlsruhe

Redaktorinnen und Redaktoren

Dr. Christian Baldus

Dr. Dr. h. c. mult. Christian von Bar, FBA

Dr. Michael Coester, LL.M.

Dr. Heinrich Dörner

Dr. Helmut Engler

Dr. Karl-Heinz Gursky

Norbert Habermann

Dr. Johannes Hager

Dr. Dr. h. c. mult. Dieter Henrich

Dr. Bernd von Hoffmann

Dr. Dr. h. c. Manfred Löwisch

Dr. Ulrich Magnus

Dr. Peter Mankowski

Dr. Peter Marburger

Dr. Dr. Dr. h. c. mult. Michael Martinek, M.C.J.

Dr. Jörg Mayer

Dr. Gerhard Otte

Dr. Lore Maria Peschel-Gutzeit

Dr. Manfred Rapp

Dr. Peter Rawert, LL.M.

Dr. Dieter Reuter

Dr. Volker Rieble

Dr. Herbert Roth

Dr. Wolfgang Wiegand

J. von Staudingers
Kommentar zum Bürgerlichen Gesetzbuch mit Einführungsgesetz und Nebengesetzen

Buch 1
Allgemeiner Teil
§§ 90–124; 130–133
(Allgemeiner Teil 3)

Neubearbeitung 2012
von
Joachim Jickeli
Hans-Georg Knothe
Reinhard Singer
Malte Stieper

Redaktor
Norbert Habermann

Sellier – de Gruyter · Berlin

Die Kommentatorinnen und Kommentatoren

Neubearbeitung 2012
§§ 90–103: JOACHIM JICKELI/MALTE STIEPER
§§ 104–115: HANS-GEORG KNOTHE
§§ 116–124; 130–133: REINHARD SINGER

Neubearbeitung 2004
§§ 90–103: JOACHIM JICKELI/MALTE STIEPER
§§ 104–115: HANS-GEORG KNOTHE
§§ 116–124: REINHARD SINGER
§§ 130–133: REINHARD SINGER

Dreizehnte Bearbeitung 1995
§§ 90–103: Professor Dr. HERMANN DILCHER

12. Auflage
§§ 90–103: Professor Dr. HERMANN DILCHER (1979)
BeurkG: Professor Dr. KARL FIRSCHING (1982)

10./11. Auflage
§§ 90–133: Professor Dr. HELMUT COING (1957)

Sachregister

Rechtsanwältin Dr. MARTINA SCHULZ, Pohlheim

Zitierweise

STAUDINGER/JICKELI/STIEPER (2012) Vorbem 1 zu §§ 90–103
STAUDINGER/KNOTHE (2012) § 104 Rn 1
Zitiert wird nach Paragraph bzw Artikel und Randnummer.

Hinweise

Das Abkürzungsverzeichnis befindet sich auf www.staudingerbgb.de.

Der Stand der Bearbeitung ist jeweils mit Monat und Jahr auf den linken Seiten unten angegeben.

Am Ende eines jeden Bandes befindet sich eine Übersicht über den aktuellen Stand des „Gesamtwerk STAUDINGER".

Die Deutsche Nationalbibliothek verzeichnet diese Publikation in der Deutschen Nationalbibliografie; detaillierte bibliografische Daten sind im Internet über http://dnb.d-nb.de abrufbar.

ISBN 978-3-8059-1116-0

© Copyright 2012 by Dr. Arthur L. Sellier & Co. – Walter de Gruyter GmbH & Co. KG, Berlin. – Printed in Germany.

Dieses Werk einschließlich aller seiner Teile ist urheberrechtlich geschützt. Jede Verwertung außerhalb der engen Grenzen des Urheberrechtsgesetzes ist ohne Zustimmung des Verlages unzulässig und strafbar. Das gilt insbesondere für Vervielfältigungen, Übersetzungen, Mikroverfilmungen und die Einspeicherung und Verarbeitung in elektronischen Systemen.

Satz: fidus Publikations-Service, Nördlingen.

Druck: H. Heenemann GmbH & Co., Berlin.

Bindearbeiten: Buchbinderei Bruno Helm, Berlin.

Umschlaggestaltung: Bib Wies, München.

∞ Gedruckt auf säurefreiem Papier, das die DIN ISO 9706 über Haltbarkeit erfüllt.

Inhaltsübersicht

	Seite*
Allgemeines Schrifttum	IX
Buch 1 · Allgemeiner Teil	
Abschnitt 2 · Sachen und Tiere	1
Abschnitt 3 · Rechtsgeschäfte Titel 1 · Geschäftsfähigkeit	157
Titel 2 · Willenserklärung §§ 116–124	441
§§ 125–129; Beurkundungsgesetz erscheinen in einem eigenen Band §§ 130–133	699
Sachregister	829

---

* Zitiert wird nicht nach Seiten, sondern nach Paragraph bzw Artikel und Randnummer; siehe dazu auch S VI.

Allgemeines Schrifttum

Das Sonderschrifttum ist zu Beginn der einzelnen Kommentierungen bzw in Fußnoten innerhalb der Kommentierung aufgeführt.

ACHILLES/GREIFF, Bürgerliches Gesetzbuch nebst Einführungsgesetz, Allgemeiner Teil, bearb v GREIFF (21. Aufl 1958; Nachtrag 1963)
Alternativkommentar, Kommentar zum Bürgerlichen Gesetzbuch, hrsg v WASSERMANN, Bd 1, Allgemeiner Teil, bearb v DAMM ua (1987)
Anwaltkommentar BGB, Bd 1 – AT mit EGBGB, hrsg v HEIDEL/HUSSTEGE/MANSEL/NOACK (2005); zit: AnwK-BGB/Bearbeiter
BÄHR, Grundzüge des Bürgerlichen Rechts (11. Aufl 2008)
BAMBERGER/ROTH, Kommentar zum Bürgerlichen Gesetzbuch, Bd 1 (2. Aufl 2007) §§ 90–133 bearb v FRITZSCHE/WENDTLAND/DENNHARDT (= Beck'scher Online-Kommentar, Stand 1. 3. 2011)
BAUER/STÜRNER, Sachenrecht (18. Aufl 2009)
BAUMGÄRTEL, Handbuch der Beweislast im Privatrecht, Bd 1 (3. Aufl 2007), Allgemeiner Teil, bearb v KESSEN/LAUMEN
BGB-RGRK s Reichsgerichtsräte-Kommentar
BIERMANN, Bürgerliches Recht, Bd I, Allgemeine Lehren und Personenrecht (1908)
BOEHMER, Einführung in das Bürgerliche Recht (2. Aufl 1965)
ders, Grundlagen der Bürgerlichen Rechtsordnung, Bd I (1950), Bd II 1 (1951), Bd III (1952)
DE BOOR, Bürgerliches Recht, Bd I, Allgemeiner Teil, Recht der Schuldverhältnisse, Sachenrecht (2. Aufl 1954)
BORK, Allgemeiner Teil des Bürgerlichen Gesetzbuchs (3. Aufl 2011)
BREHM, Allgemeiner Teil des Bürgerlichen Gesetzbuchs (6. Aufl 2008)
BROX/WALKER, Allgemeiner Teil des Bürgerlichen Gesetzbuchs (35. Aufl 2011)
COSACK/MITTEIS, Lehrbuch des Bürgerlichen Rechts, Bd 1 (8. Aufl 1927)

CROME, System des Deutschen Bürgerlichen Rechts, 1. Bd Allgemeiner Teil (1900)
DERNBURG, Das Bürgerliche Recht des Deutschen Reichs und Preußens, 1. Bd, Die allgemeinen Lehren (3. Aufl 1906)
DIEDERICHSEN, Der Allgemeine Teil des Bürgerlichen Gesetzbuchs für Studienanfänger (6. Aufl 1986)
ECK, Vorträge über das BGB (2. Aufl 1903)
EISENHARDT, Allgemeiner Teil des BGB (5. Aufl 2004)
ELTZBACHER, Einführung in das Bürgerliche Recht (1920)
ENDEMANN, Lehrbuch des Bürgerlichen Rechts, Bd I (8./9. Aufl 1903)
ENNECCERUS/NIPPERDEY, Allgemeiner Teil des Bürgerlichen Rechts (15. Bearb), 1. Halbbd (1959), 2. Halbbd (1960)
ERMAN, Handkommentar zum Bürgerlichen Gesetzbuch (12. Aufl 2008), Allgemeiner Teil §§ 90–133 bearb v MICHALSKI/PALM
FAUST, Bürgerliches Gesetzbuch Allgemeiner Teil (2. Aufl 2007)
FELDMANN, Bürgerliches Recht, Allgemeiner Teil des BGB (4. Aufl 1951)
FISCHER/HENLE/TITZE, Bürgerliches Gesetzbuch für das Deutsche Reich, Allgemeiner Teil, bearb v FISCHER (14. Aufl 1932)
FLUME, Allgemeiner Teil des Bürgerlichen Rechts, Bd II, Das Rechtsgeschäft (4. Aufl 1992)
GAREIS, Der allgemeine Teil des BGB (1900)
GIESEN, BGB Allgemeiner Teil, Rechtsgeschäftslehre (2. Aufl 1995)
GOLDMANN/LILIENTHAL, Das Bürgerliche Gesetzbuch, Bd 1 (3. Aufl 1921)
GRIGOLEIT/HERRESTHAL, BGB Allgemeiner Teil (2. Aufl 2010)
Grundlagen des Vertrags- und Schuldrechts, mit Beiträgen v EMMERICH/GERHARDT/GRUNSKY/HUHN/SCHMID/TEMPEL/WOLF (1972)
GRUNEWALD, Bürgerliches Recht (8. Aufl 2009)
HACHENBURG, Das BGB für das Deutsche Reich, Vorträge (2. Aufl 1900)

Allgemeines Schrifttum

Handkommentar zum BGB, bearb v DÖRNER ua (6. Aufl 2009)
HATTENHAUER, Grundbegriffe des Bürgerlichen Rechts (2. Aufl 2001)
HEIGL, Bürgerliches Recht, Allgemeiner Teil (2. Aufl 1975)
HELLMER, Systematik des Bürgerlichen Rechts und angrenzender Gebiete (2. Aufl 1961)
HENLE, Lehrbuch des Bürgerlichen Rechts, Allgemeiner Teil (1926)
Historisch-kritischer Kommentar zum BGB (hrsg v SCHMOECKEL/RÜCKERT/ZIMMERMANN) Bd I Allgemeiner Teil (2003)
HIRSCH, Der Allgemeine Teil des BGB (6. Aufl 2009)
HOELDER, Kommentar zum Allgemeinen Teil des BGB (1900)
HÜBNER, Allgemeiner Teil des Bürgerlichen Gesetzbuchs (2. Aufl 1996)
JAKOBS/SCHUBERT (Hrsg), Die Beratung des Bürgerlichen Gesetzbuchs in systematischer Zusammenstellung der unveröffentlichten Quellen, 13 Bde (1978 ff), Allgemeiner Teil (1985)
JAUERNIG (Hrsg), BGB, Kommentar (13. Aufl 2009), Allgemeiner Teil, bearb v JAUERNIG
JUNG, Bürgerliches Recht, in: STAMMLER, Das gesamte Recht, Bd 1 (1931) 447
juris Praxiskommentar BGB, hrsg v HERBERGER/MARTINEK/RÜSSMANN/WETH, Bd 1, Allgemeiner Teil (5. Aufl 2010), §§ 90–103 bearb v VIEWEG
KLUSSMANN, Grundzüge des BGB. Ein Leitfaden durch den Allgemeinen Teil (1954)
KÖHLER, BGB, Allgemeiner Teil (35. Aufl 2011)
KÖTZ/EITH/MÜLLER-GINDULLIS, BGB mit Leitsätzen aus der höchstrichterlichen Rechtsprechung (3. Aufl 1985)
KOHLER, Lehrbuch des Bürgerlichen Rechts, Bd 1 (1906)
KROPHOLLER, Studienkommentar BGB (12. Aufl 2010)
KRÜCKMANN, Institutionen des BGB (5. Aufl 1929)
KRÜGER, Ergänzungen zum BGB, 1. Bd (1925)
KUHLENBECK, Das BGB für das Deutsche Reich, Bd 1 (2. Aufl 1903)
KUMMEROW, BGB, Allgemeiner Teil (1948)
KUSSMANN, Lexikon des BGB (1950)

LANDSBERG, Das Recht des BGB, ein dogmatisches Lehrbuch (1904)
LARENZ/WOLF, Allgemeiner Teil des deutschen Bürgerlichen Rechts (9. Aufl 2004)
LARENZ, Allgemeiner Teil des deutschen Bürgerlichen Rechts (7. Aufl 1988)
LEENEN, BGB Allgemeiner Teil: Rechtsgeschäftslehre (2011)
LEHMANN/HÜBNER, Allgemeiner Teil des Bürgerlichen Gesetzbuchs (15. Aufl 1966)
LEIPOLD, BGB I – Einführung und Allgemeiner Teil (6. Aufl 2010)
LEONHARD, Der Allgemeine Teil des BGB (1900)
LOENING/BASCH/STRASSMANN, Bürgerliches Gesetzbuch, Taschenkommentar (1931)
LÖWE/GRAF vWESTPHALEN/TRINKNER, Kommentar zum AGBG (2. Aufl 1983 ff)
LOEWENWARTER, Lehrkommentar zum BGB, Bd 1, Allgemeiner Teil (3. Aufl 1931)
LOEWENWARTER/BOHNENBERG, Wegweiser durch das BGB (18. Aufl 1952)
LÖWISCH/NEUMANN, Allgemeiner Teil des BGB. Einführung und Rechtsgeschäftslehre (7. Aufl 2004)
MATTHIASS, Lehrbuch des Bürgerlichen Rechts (6. Aufl 1914)
MEDICUS, Allgemeiner Teil des BGB (10. Aufl 2010)
MEDICUS/PETERSEN, Bürgerliches Recht (22. Aufl 2009)
MÜLLER/MEIKEL, Das Bürgerliche Recht des Deutschen Reichs, Bd 1 (2. Aufl 1904)
Münchener Kommentar zum Bürgerlichen Gesetzbuch, hrsg v REBMANN/SÄCKER/RIXECKER, Allgemeiner Teil (5. Aufl 2006), §§ 90–133 bearb v HOLCH/SCHMITT/KRAMER/EINSELE/BUSCHE, Sachenrecht (5. Aufl 2009), §§ 903–957 bearb v SÄCKER/KANZLEITER/OECHSLER/BALDUS/FÜLLER, Erbrecht (5. Aufl 2010)
MUGDAN, Die gesammten Materialien zum Bürgerlichen Gesetzbuch für das Deutsche Reich, 5 Bde (1899)
MUSIELAK, Grundkurs BGB (11. Aufl 2009)
NEUMANN, Handausgabe des BGB für das Deutsche Reich, Bd 1 (6. Aufl 1912)
NOTTARP, BGB, Allgemeiner Teil (1948)
OERTMANN, Bürgerliches Gesetzbuch, Allgemeiner Teil (3. Aufl 1927)

PALANDT, Bürgerliches Gesetzbuch, Kommentar, Allgemeiner Teil bearb v ELLENBERGER (70. Aufl 2011)
PAWLOWSKI, Allgemeiner Teil des BGB (7. Aufl 2003)
PLANCK, Kommentar zum Bürgerlichen Gesetzbuch nebst Einführungsgesetz, Bd I, Allgemeiner Teil, bearb v KNOKE ua (4. Aufl 1913)
PRÜTTING/WEGEN/WEINREICH, BGB-Kommentar (5. Aufl 2010), §§ 104 ff bearb v VÖLZMANN-STICKELBROCK; zit: PWW/BEARBEITER
RAMM, Einführung in das Privatrecht, Allgemeiner Teil des BGB, Bde 1, 2 (2. Aufl 1974), Bd 3 (2. Aufl 1975)
REHBEIN, Das BGB mit Erläuterungen für das Studium und die Praxis, Bd I, Allgemeiner Teil (1899)
Reichsgerichtsräte-Kommentar zum BGB, Bd 1, §§ 1–240, bearb v JOHANNSEN, KREGEL, KRÜGER-NIELAND, PIPER, STEFFEN (12. Aufl 1982)
ROSENTHAL, Bürgerliches Gesetzbuch, Handkommentar, bearbeitet von KAMNITZER/BOHNENBERG (15. Aufl 1965; Nachträge 1966, 1968, 1970)
ROTHER, Grundsatzkommentar zum Bürgerlichen Gesetzbuch, Allgemeiner Teil (1973)
RÜTHERS/STADLER, Allgemeiner Teil des BGB (16. Aufl 2009)
SCHACK, BGB-Allgemeiner Teil (12. Aufl 2008)
SCHERNER, BGB Allgemeiner Teil (1995)
SCHLEGELBERGER/VOGELS, Erläuterungswerk zum Bürgerlichen Gesetzbuch, Allgemeiner Teil, bearb v VOGELS ua (1939 ff)
SCHMELZEISEN/THÜMMEL, Bürgerliches Recht (BGB I–III) (7. Aufl 1994)
E SCHMIDT/BRÜGGEMEIER, Grundkurs Zivilrecht (7. Aufl 2006)
RUDOLF SCHMIDT, Bürgerliches Recht, Bd 1, Die allgemeinen Lehren des Bürgerlichen Rechts (2. Aufl 1952)
SCHUBERT (Hrsg), Die Vorlagen der Redaktoren für die erste Kommission zur Ausarbeitung des Entwurfs eines Bürgerlichen Gesetzbuchs, Allgemeiner Teil 1876–1887 (1981)
SCHUBERT/GLÖCKNER, Nachschlagewerk des Reichsgerichts – Bürgerliches Recht, Bd 1 §§ 1–133 (1994)
SCHWAB/LÖHNIG, Einführung in das Zivilrecht (18. Aufl 2010)

SIMEON/DAVID, Lehrbuch des Bürgerlichen Rechts, 1. Hälfte, Allgemeiner Teil, Schuldverhältnisse (15. Aufl 1928)
SOERGEL, Bürgerliches Gesetzbuch mit Einführungsgesetz und Nebengesetzen, Kommentar, Bd I, Allgemeiner Teil 1 §§ 90–103 bearb v MARLY (13. Aufl 1999), Bd II, Allgemeiner Teil 2, §§ 104–133 bearb v HEFERMEHL (13. Aufl 1999) Bd XXI, Erbrecht 1 (13. Aufl 2002)
STAMPE, Einführung in das Bürgerliche Recht (1930)
STAUDINGER/KEIDEL, Bürgerliches Gesetzbuch, Handausgabe (3. Aufl 1931)
Studienkommentar zum BGB, Erstes bis Drittes Buch, Allgemeiner Teil, bearb v HADDING (2. Aufl 1979)
THOMA, Bürgerliches Recht, Allgemeiner Teil (1975)
v TUHR, Der Allgemeine Teil des Deutschen Bürgerlichen Rechts, Bd I (1910), Bd II 1 (1914), Bd III (1918) (Neudruck 1957)
ULMER/BRANDNER/HENSEN, AGB-Recht, Kommentar zu den §§ 305–310 und dem UklaG (11. Aufl 2011)
WARNEYER/BOHNENBERG, Kommentar zum BGB, Bd 1 (12. Aufl 1951)
WEDEMEYER, Allgemeiner Teil des BGB (1933)
WINDSCHEID/KIPP, Lehrbuch des Pandektenrechts, Bd 1 (9. Aufl 1906)
E WOLF, Allgemeiner Teil des Bürgerlichen Rechts (3. Aufl 1982)
WOLF/LINDACHER/PFEIFFER, AGB-Recht (5. Aufl 2009)
ZITELMANN, Das Recht des BGB, I. Teil, Einleitung und Allgemeiner Teil des BGB (1900).

Abschnitt 2
Sachen und Tiere

Vorbemerkungen zu §§ 90–103

Schrifttum

BECKER, Die einheitliche Sache als wirtschaftlicher Wert und als Rechtsbegriff, ZAkDR 1936, 84
BEKKER, Grundbegriffe des Rechts und Mißgriffe der Gesetzgebung (1910)
BINDER, Der Gegenstand, ZHR 59 (1907) 1
ders, Vermögensrecht und Gegenstand, ArchBürgR 34 (1910) 209
BÖRNER, Das Wohnungseigentum und der Sachbegriff des Bürgerlichen Rechts, in: FS Dölle I (1963) 201
BYDLINSKI, Der Sachbegriff im elektronischen Zeitalter: zeitlos oder anpassungsbedürftig?, AcP 198 (1998) 287
HEDEMANN, Die Lehre von den Rechtsgegenständen, ArchBürgR 31 (1908) 322
HILL, Der Sachbegriff des deutschen und österreichischen Zivilrechts (Diss Gießen 1940)
HUSSERL, Der Rechtsgegenstand, Rechtslogische Studien zu einer Theorie des Eigentums (1933)
LEIBLE/LEHMANN/ZECH (Hrsg), Unkörperliche Güter im Zivilrecht (2011)
LÖHR, Der Sachbegriff des § 90 BGB und seine Erweiterung (Diss Marburg 1940)
MÜLLEREISERT, Der Einfluß von Fortschritten der Technik auf den Sachbegriff des Bürgerlichen Rechts und des Strafrechts, DGWR 1939, 171
SOHM, Der Gegenstand (1905)
ders, Vermögensrecht, Gegenstand, Verfügung, ArchBürgR 28 (1906) 173
ders, Noch einmal der Gegenstand, JherJb 53 (1908) 373
SOKOLOWSKI, Die Philosophie im Privatrecht I, Sachbegriff und Körper in der klassischen Jurisprudenz und der modernen Gesetzgebung (1907; Neudruck 1959)
WIEACKER, Sachbegriff, Sacheinheit und Sachzuordnung, AcP 148 (1943) 57.
Weiteres Schrifttum zu den öffentlichen Sachen s Rn 13; zu den res sacrae Rn 19.

Systematische Übersicht

I.	Überblick über die §§ 90–103	1
II.	**Sache und Gegenstand**	
1.	Römisches und gemeines Recht	2
2.	Gegenstand als Oberbegriff	4
a)	Formale Bestimmung	4
b)	Materiale Bestimmung	5
c)	Die Auffassung SOHMS	6
d)	Eigene Ansicht	7
e)	Andere europäische Rechte	8
3.	Sachen als körperliche Gegenstände	9
4.	Ware	10
5.	Prozessuale Begriffe	11
III.	**Verkehrsunfähige Gegenstände**	12
1.	Öffentliche Sachen	13
a)	Begriffsinhalt	13
b)	Widmung	17
c)	Rechtslage	18
2.	Res sacrae	19
a)	Begriffsinhalt	19
b)	Widmung	20
c)	Rechtslage	22
3.	Friedhöfe und Grabstätten	25
a)	Widmung des Friedhofs	25
b)	Grabnutzung	26
c)	Grabinhalt	27
d)	Grabschmuck	28

4. Eigentums- und Verfügungsbeschränkungen _____ 30

Alphabetische Übersicht

Ausländisches Recht	8	Öffentliche Sachen	13 ff
Beherrschbarkeit	2, 5, 9	Rechtsgut	5, 7
		res religiosae	25
Denkmalschutz	30	res sacrae	19 ff
Eigentumsbeschränkungen	30	Sachbegriff	2, 9
Entwidmung	16, 21, 25	Streitgegenstand	11
Finanzvermögen	16	Tiere	1
Friedhof	25 ff		
		Veräußerungsverbote	30
Gegenstand	4 ff	Verkehrsunfähigkeit	12 ff
Gemeingebrauch	15	Verwaltungsvermögen	15
Gesetzliche Verbote	30		
Grabstätten	26	Waren	10
Grundstücke	4	Widmung	17, 20, 25
Körper des Menschen	27		

I. Überblick über die §§ 90–103

1 Als mögliche **Objekte** des Rechtsverkehrs und der subjektiven Rechte bilden die Sachen einen geschlossenen Kreis. Für sie trifft der zweite Abschnitt gemeinsame Bestimmungen von allgemeiner Geltung. Der E I hatte diese Vorschriften an die Spitze des Sachenrechts gestellt (§§ 778–796). Sie befinden sich jetzt im Allgemeinen Teil, weil das Sachenrecht auf dem Gegensatz zwischen dinglichen und obligatorischen Rechten beruht, der für die jetzigen §§ 90 ff keine Bedeutung hat. Sie sind dementsprechend nicht nur für das Sachenrecht relevant, sondern ebenso im Recht der Schuldverhältnisse sowie im Familien- und Erbrecht (zu Einschränkungen vgl § 90 Rn 5). – **Tiere** sind durch § 90a aus dem Kreis der Sachen herausgelöst; sie bilden jetzt eine eigene Kategorie der körperlichen Gegenstände (s § 90a Rn 2).

II. Sache und Gegenstand

1. Römisches und gemeines Recht

2 Für das **römische Recht** hat GAIUS (Inst II 12–14) unter dem Einfluß der antiken griechischen Philosophie die Unterscheidung von res corporales und res incorporales entwickelt (HOLTHÖFER, Sachteil und Sachzubehör im römischen und gemeinen Recht [1972] 8 f). Als res corporales charakterisierten die römischen Juristen diejenigen Dinge, quae tangi possunt, und stellten ihnen als unkörperliche Gegenstände vor allem Rechte wie Erbschaft und Nießbrauch gegenüber (HKK/RÜFNER §§ 90–103 Rn 3 f).

Diese Unterscheidung beruhte auf der Vorstellung, daß man bei körperlichen Dingen die Sache selbst habe, im Falle unkörperlicher Dinge hingegen nur ein ideales Etwas, ein Recht. – Die **gemeinrechtliche Theorie** folgte dieser Auffassung, die zB noch den Ausgangspunkt für SAVIGNYS These bildet, daß Rechte, welche die Beherrschung eines Stückes der Natur zum Gegenstand haben, von solchen Rechten zu unterscheiden seien, die eine Person zu einer bestimmten Handlung oder einem Unterlassen verpflichten.

Diese Unterscheidung erweist sich bei genauer Untersuchung als **nicht haltbar** (vgl BINDER ZHR 59, 15). Denn Rechtsbeziehungen können nur unter Personen bestehen, nicht aber zwischen Personen und Sachen (LARENZ/WOLF § 13 Rn 11). Auch dort, wo ein Recht dem Rechtsträger die Herrschaft über eine Sache einräumt, ist dieses Recht gegen andere Personen gerichtet und verpflichtet sie, die Befugnisse des Rechtsträgers zu achten. Es ist diese Verpflichtung, die das Wesen des betreffenden Rechts ausmacht. Sachen sind dabei immer nur mögliche Objekte, auf die sich Rechte beziehen können. Sachen und Rechte bilden daher nicht logisch gleichgeordnete Kategorien, die als solche zu einer Gegenüberstellung taugen.

2. Gegenstand als Oberbegriff

Die Definition der Sache in § 90 setzt den Oberbegriff des Gegenstandes voraus (vgl BAMBERGER/ROTH/FRITZSCHE § 90 Rn 3). Da eine **Definition des Gegenstandes** im Gesetz aber fehlt, mußte sie durch die Wissenschaft herausgearbeitet werden. Die moderne Rechtstheorie geht dabei von zwei verschiedenen Ausgangspunkten aus:

a) Das Rechtsverhältnis kann als eine rechtlich geordnete Beziehung zwischen Personen definiert werden, das subjektive Recht als ein von der Rechtsordnung anerkanntes und geschütztes Eigeninteresse der Person (vgl ENNECCERUS/NIPPERDEY §§ 71 und 72; LARENZ/WOLF § 13 Rn 24). Die rechtliche Ordnung des Rechtsverhältnisses wie der mit dem subjektiven Recht gewährte Schutz bestehen aus Geboten, Verboten oder Erlaubnissen. Jedes Gebot oder Verbot und jede Erlaubnis bedarf eines bestimmten inhaltlichen Bezugspunktes. Man kann daher den Rechtsgegenstand als diesen **Beziehungspunkt** auffassen und im Anschluß an ZITELMANN (Internationales Privatrecht I [1897] 51) definieren als den einheitlichen inhaltlichen Beziehungspunkt aller der Handlungen, die kraft subjektiven Rechts erlaubt, verboten oder geboten sind. Mit einer solchen Definition wird der Rechtsgegenstand rein **formal** bestimmt, weil der Beziehungspunkt objektiver Rechtssätze inhaltlich durch die unterschiedlichsten Größen gebildet werden kann. Es kommen Grundstücke wie bewegliche Sachen, Naturkräfte wie Geisteswerke und Arbeitserfolge in Betracht, ferner auch die religiöse, künstlerische oder politische Betätigung einer Person.

b) Ein anderer Ansatz knüpft für die Bestimmung des Gegenstandsbegriffes an den Güterbegriff an. Als **Gut** kann man allgemein alles bezeichnen, was dem Menschen in seiner materiellen und geistigen Entwicklung zu dienen geeignet ist und deshalb geschätzt wird. Dies trifft sowohl für Dinge der unpersönlichen Natur wie für die Produkte der menschlichen Arbeit oder die menschliche Arbeitsleistung selbst zu, ebenso für soziale Machtstellungen, Freiheiten und Beziehungen. Zu einem **Rechtsgut** werden diese Güter, wenn sie durch die Rechtsordnung geschützt sind; zum privaten Rechtsgut werden sie, wenn dieser Schutz im Interesse der

Einzelperson erfolgt und seine Geltendmachung der Entschließung des Berechtigten überlassen bleibt. Man kann als Rechtsgegenstand nun diejenigen Rechtsgüter verstehen, die beherrschbar, ökonomisch wertvoll und wirtschaftlich nutzbar sind. Nach dieser **materialen** Begriffsbestimmung sind Gegenstände alle individualisierbaren **vermögenswerten Objekte** der natürlichen Welt (so zB BINDER ZHR 59, 16; WIEACKER AcP 148, 65; SOERGEL/MARLY Rn 2; BAMBERGER/ROTH/FRITZSCHE § 90 Rn 4).

6 c) Eine noch engere Auffassung vertrat SOHM (Der Gegenstand 1 ff). Danach besteht das charakteristische Merkmal des Gegenstandes nicht in seinem Geldwert, sondern darin, daß über ihn verfügt werden kann. Rechtsgegenstand ist demnach nur, was **Objekt eines verfügbaren Rechts** sein kann. Der Gegenstand muß dem Kreis der veräußerlichen Rechte angehören, sei es, daß das Recht selbst veräußerlich ist, sei es, daß der Gegenstand kraft Verfügungsgeschäftes von einem veräußerlichen Recht abstammt. – SOHMS Lehre hat Anlaß zu einer umfangreichen wissenschaftlichen Diskussion gegeben, in der sie vielfach auf Ablehnung gestoßen ist (vgl HEDEMANN ArchBürgR 31, 322 ff; BINDER ArchBürgR 34, 209 ff; dazu HKK/RÜFNER §§ 90–103 Rn 10). – LARENZ/WOLF (§ 20 Rn 1) bezeichnet die Verfügungsobjekte als Rechtsgegenstände zweiter Ordnung und unterscheidet sie damit von den Rechtsgegenständen erster Ordnung, an welchen gegenüber Dritten ein wirksames Herrschaftsrecht bestehen kann.

7 d) Sowohl die formale als auch die materiale Definition des Rechtsgegenstandes stellen verwertbare Ansätze zur Verfügung. Sie schließen sich nicht gegenseitig aus. Während bei ersterer Betrachtungsweise die logische Stellung des Gegenstandes festgelegt wird, erläutert die Güterlehre, um was es sich dabei inhaltlich handelt. – Allerdings darf der Begriff des Gegenstandes nicht bereits definitorisch auf die geldwerten Güter beschränkt werden, weil damit die notwendige Parallelität der formalen und der inhaltlichen Betrachtungsweise gestört würde. Weder Verfügbarkeit noch Geldwert können als notwendige Merkmale für den Rechtsgegenstand bezeichnet werden, ebensowenig wie sie zum Begriff des subjektiven Rechts gehören. Richtig ist es vielmehr, den materialen Begriff des Rechtsgegenstandes mit dem des **rechtlich geschützten Gutes** gleichzusetzen und, soweit es sich um geldwerte und verfügbare Güter handelt, den Begriff des **Vermögensgegenstandes** zu verwenden.

8 e) Die wichtigsten **europäischen Rechtsordnungen** unterscheiden sich hinsichtlich der Gegenstandsdefinition im Ergebnis nicht von der deutschen Auffassung, wenngleich das französische und das österreichische Recht einen erweiterten Sachbegriff zum Ansatz wählen. So geht das **französische Recht** nicht wie das BGB vom Begriff der Sache, sondern vom umfassenderen Begriff des Vermögensgutes (bien) aus, der auch unkörperliche Güter umfaßt und damit etwa dem vorstehend beschriebenen deutschen Gegenstandsbegriff entspricht. Wichtiger als die Unterscheidung von körperlichen und unkörperlichen Gegenständen ist im französischen Sachenrecht die Unterteilung in bewegliche (meubles) und unbewegliche (immeubles) Güter (vgl BEYSEN, in: vBar [Hrsg], Sachenrecht in Europa IV [2001] 177, 189). So gelten dingliche Rechte an beweglichen Sachen kraft gesetzlicher Bestimmung als beweglich (BEYSEN, in: vBar 194). – Auch § 285 des **österreichischen ABGB** gibt mit der Formulierung „Alles, was von der Person unterschieden ist und zum Gebrauche der Menschen dient, wird im rechtlichen Sinne eine Sache genannt" dem Sachbegriff des ABGB einen weit über §§ 90 BGB hinausreichenden Inhalt, so daß der österreichische

Sachbegriff etwa dem Gegenstandsbegriff des deutschen Rechts entspricht. Dabei unterscheidet § 292 ABGB ähnlich wie § 90 BGB körperliche Sachen von den unkörperlichen wie den Rechten. – Der **italienische Codice civile** verwendet in den Art 810 ff den Oberbegriff cosa im Sinne einer materiellen Entität und hebt die Sachen (beni) als diejenigen Dinge (cose) hervor, die Gegenstand eines Rechts sein können. Oft werden beni und cose jedoch synonym verwendet (vgl PLANCHER/PFEIFER, in: VBAR [Hrsg], Sachenrecht in Europa IV [2001] 315, 328). – Für das **schweizerische Recht** ist ebenfalls kein spezifischer Gegenstandsbegriff herausgearbeitet; Art 641 ff ZGB verwenden den Begriff der Sache als Gegenstand des Eigentums (vgl § 90 Rn 11). – Auch das **englische Recht** geht von der Zusammenfassung von Gegenständen unter dem Begriff des Eigentums (property) aus und unterscheidet dabei ohne Oberbegriff zwischen Grundstücken (real property) und beweglichen Sachen (personal property) (MIDDLETON, in: VBAR [Hrsg], Sachenrecht in Europa I [2000] 93, 101).

3. Sachen als körperliche Gegenstände

Aus dem Kreis der Gegenstände hebt § 90 die Sachen dadurch hervor, daß sie als **9** körperliche Gegenstände definiert werden. Körperlichkeit ist erforderlich, weil die Sache als Gegenstand von Besitz und Eigentum für den Menschen beherrschbar sein muß (BAMBERGER/ROTH/FRITZSCHE § 90 Rn 5). Voraussetzung dafür sind **sinnliche Wahrnehmbarkeit** und räumliche **Abgegrenztheit** des Gegenstandes (ausf § 90 Rn 2 ff). Das Gesetz folgt dabei der natürlichen Anschauung (vgl Mot III 33). Nicht maßgebend für den Sachbegriff des bürgerlichen Rechts ist demgegenüber der naturwissenschaftliche Substanzbegriff, wie überhaupt eine naturwissenschaftliche Theorie oder ein philosophisch fundierter Sachbegriff für das BGB nicht herangezogen werden können (jurisPK-BGB/VIEWEG § 90 Rn 8). Bestimmend ist vielmehr die bei Laien vorherrschende Verkehrsanschauung (vgl RGZ 87, 43, 45). Dies erklärt sich letzlich daraus, daß an Sachen typischerweise absolute Rechte bestehen, die jedermann zu wahren hat.

4. Ware

Unabhängig vom allgemeinen Sachbegriff ist der in §§ 309 Nr 1 und 9, 312b ff, 355 ff **10** und im Zusammenhang handels-, wirtschafts- und steuerrechtlicher (vgl § 2a Abs 2 EStG) Vorschriften gebrauchte Begriff der **Ware**. Waren sind umsatzfähige bewegliche Sachen (RGZ 74, 161, 162; BFH DStR 2009, 130, 131; enger WIEACKER AcP 148, 72), erfaßt werden aber auch unkörperliche Gegenstände wie Strom, Gas oder Fernwärme (RGZ 67, 229, 232; BGH NJW 1982, 930, 931; WRP 2009, 735, 736 Rn 8 mwNw; zum europarechtlichen Warenbegriff des Markenrechts vgl STRÖBELE/HACKER/KIRSCHNECK, MarkenG [9. Aufl 2009] § 3 Rn 8 ff) oder per Download erworbene Software (STAUDINGER/THÜSING [2005] § 312b Rn 16; zur Sachqualität von Software s § 90 Rn 12 ff). – Vom Begriff der Ware verschieden ist der Begriff des Gutes iS des Speditions- und Frachtrechts. Er erfordert keine Umsatzfähigkeit, aber Transportfähigkeit (K SCHMIDT, Handelsrecht [5. Aufl 1999] § 32 II 2 b).

5. Prozessuale Begriffe

Das Zivilprozeßrecht kennt den besonderen Begriff des **Streitgegenstandes**, der un- **11** abhängig vom Gegenstandsbegriff des bürgerlichen Rechts ist und das auf rechtskräftige Feststellung einer Rechtsfolge gerichtete Begehren des Klägers bezeichnet (vgl ZÖLLER/VOLLKOMMER, ZPO [28. Aufl 2010] Einleitung Rn 60). Er wird nach hM durch den Klagantrag sowie den zu seiner Begründung vorgetragenen Tatsachenkomplex bestimmt (MUSIELAK, ZPO [8. Aufl 2011] Einl Rn 68 ff). – Auch der in § 265 ZPO verwendete Sachbegriff weicht vom bürgerlichen Recht ab und schließt Rechte ein (MUSIELAK/FOERSTE § 265 Rn 3). – Andererseits ist der in § 808 Abs 1 ZPO gebrauchte Ausdruck „körperliche Sache" auf Mobilien beschränkt (vgl auch Mot III 31).

III. Verkehrsunfähige Gegenstände

12 Die Verkehrsfähigkeit eines Gegenstandes ist für die Definition der Sache in § 90 ohne Bedeutung. Die im römischen Recht wurzelnde Unterscheidung von verkehrsfähigen und verkehrsunfähigen Sachen (res extra commercium) hatte schon im gemeinen Recht eine Einschränkung des Kreises der dem Privatrechtsverkehr entzogenen Sachen erfahren (vgl WAPPÄUS, Zur Lehre von den dem Rechtsverkehr entzogenen Sachen [1867]). Das BGB hat darauf verzichtet, allgemeine Vorschriften über derartige Sachen aufzunehmen; ein entsprechender Antrag von SCHMITTS wurde abgelehnt (vgl JAKOBS/SCHUBERT, Die Beratung des Bürgerlichen Gesetzbuchs I [1985] 426 und 432). – Die privatrechtliche **Verkehrsunfähigkeit** eines Gegenstandes kann darauf beruhen, daß es einer Substanz bereits an der für die Sachqualität erforderlichen Beherrschbarkeit fehlt (s § 90 Rn 2 f und 20 ff), oder es wird die rechtliche Sachqualität wie beim Leichnam durch nichtvermögensrechtliche Regeln überlagert (s § 90 Rn 38 ff). Schließlich kann eine Zweckwidmung dazu führen, daß ein Gegenstand innerhalb der Widmungsgrenzen dem Privatrechtsverkehr entzogen wird (ENNECCERUS/NIPPERDEY § 129 IV). Nach ihrer Entwidmung können derartige Gegenstände wieder uneingeschränkt am Privatrechtsverkehr teilnehmen.

1. Öffentliche Sachen*

13 a) Zur einheitlichen Kennzeichnung der **öffentlich-rechtlichen Zweckbindung** bestimmter Gegenstände wurde von der Verwaltungsrechtswissenschaft der Begriff der öffentlichen Sache entwickelt. Der Begriff ist unabhängig von der Sachdefinition des bürgerlichen Rechts. Zu den öffentlichen Sachen können nach hM auch Gegenstände gerechnet werden, denen die bürgerlichrechtliche Sachqualität, namentlich

---

* **Schrifttum**: AXER, Die Widmung als Schlüsselbegriff des Rechts der öffentlichen Sachen (1994); ERBGUTH, Recht der öffentlichen Sachen, Jura 2008, 193; FRIEDRICHS, Verkehrsunfähige Sachen im heutigen Recht, Gruchot 64 (1920) 676; ders, Bürgerliches und öffentliches Sachenrecht, AöR 40 (1921) 257; HÄDE, Das Recht der öffentlichen Sachen, JuS 1993, 113; HARDINGHAUS, Öffentliche Sachherrschaft und öffentliche Sachwaltung (1966); HÖFLING, Grundzüge des öffentlichen Sachenrechts, JA 1987, 605; KROMER, Sachenrecht des öffentlichen Rechts (1985); PAPIER, Recht der öffentlichen Sachen (3. Aufl 1998); PAPPERMANN/LÖHR/ANDRISKE, Recht der öffentlichen Sachen (1987); PEINE, Das Recht der öffentlichen Sachen – neue Gesetze und Rechtsprechung im Überblick, JZ 2006, 593; SCHMIDT-JORTZIG, Vom öffentlichen Eigentum zur öffentlichen Sache, NVwZ 1987, 1025; STERN, Die öffentliche Sache, VVDStRL 21 (1964) 183; STÜRNER, Privatrechtliche Gestaltungsformen bei der Verwaltung öffentlicher Sachen (1969); W WEBER, Die öffentliche Sache, VVDStRL 21 (1964) 145; WOLFF/BACHOF/STOBER/KLUTH, Verwaltungsrecht II (7. Aufl 2010) §§ 74 ff.

wegen mangelnder Körperlichkeit, fehlt (SOERGEL/MARLY Rn 42; PAPPERMANN/LÖHR/ANDRISKE 4 f; WOLFF/BACHOF/STOBER/KLUTH II § 74 Rn 4; HÄDE JuS 1993, 113; aM PAPIER 2). Teilweise wird daher der Begriff des „öffentlichen Vermögens" dem der öffentlichen Sachen vorgezogen (so BAMBERGER/ROTH/FRITZSCHE § 90 Rn 34).

Soweit als öffentliche Sachen Gegenstände bezeichnet werden, denen auch bürgerlichrechtliche **Sachqualität** zukommt, ergeben sich Einschränkungen für das Privatrecht aufgrund der öffentlich-rechtlichen Zweckbindung dieser Sachen (dazu u Rn 18 ff). Von einigen Autoren wird dies als **öffentlich-rechtliche Dienstbarkeit** zur Begründung von Duldungspflichten des privaten Eigentümers verstanden (vgl HÖFLING JA 1987, 607; HÄDE JuS 1993, 115; PAPIER 10; AXER 48; von einem „dinglichen öffentlichen Recht" sprechen auch PAPPERMANN/LÖHR/ANDRISKE 3). – Die von O MAYER nach dem Vorbild des französischen domaine public vertretene Auffassung eines vom Privatrecht gelösten öffentlichen Eigentums hat sich im Geltungsbereich des BGB nicht durchgesetzt (BGB-RGRK/KREGEL § 90 Rn 24; HÄDE JuS 1993, 116; PAPIER 6). – Ausnahmsweise besteht **öffentliches Eigentum** in Hamburg an öffentlichen Wegen, die der Hansestadt gehören, nach § 4 des WegeG v 4. 4. 1961 (GVBl 117; dazu BVerfGE 42, 20, 32 f und u Rn 18) und an Hochwasserschutzanlagen nach § 4a des DeichG v 29. 4. 1964 (GVBl 79; dazu BVerfGE 24, 367, 386). Ferner begründet § 4 des baden-württembergischen WasserG v 26. 7. 1976 (GVBl 369) öffentliches Eigentum am Bett der Gewässer erster und zweiter Ordnung.

Öffentliche Sachen werden entweder extern durch Dritte (Sachen im Gemein-, Anstalts- oder Sondergebrauch, öffentliche Sachen ieS) oder intern durch den Verwaltungsträger (öffentliche Sachen im Verwaltungsgebrauch) genutzt; letztere bilden das sog **Verwaltungsvermögen** (vgl WOLFF/BACHOF/STOBER/KLUTH II § 75 Rn 10 ff; PAPIER 17 ff; HÄDE JuS 1993, 116 ff). – Öffentliche Sachen ieS sind danach insbes die sog **öffentlichen Einrichtungen**. Hierbei handelt es sich vorwiegend um anstaltlich genutzte Sachen wie Schulen, Krankenhäuser oder Museen. Es gehören aber auch zB Parks und Sportplätze hierher. – Ferner sind öffentliche Sachen solche, die dem **Gemeingebrauch** zur Verfügung stehen, vor allem also die öffentlichen Straßen und Gewässer. Dabei kann man wegen des möglichen Gemeingebrauchs daran das freie Wasser hinzurechnen, obgleich es sich nicht um eine Sache im bürgerlichrechtlichen Sinne handelt (vgl § 90 Rn 22). Art und Umfang des Gemeingebrauchs werden durch die Zweckbestimmung der öffentlichen Sache, letztlich also durch die an den örtlichen Verhältnissen zu messende „Gemeinverträglichkeit", bestimmt (vgl SOERGEL/MARLY Rn 44; SCHEUNER, Die Gemeinverträglichkeit im Rahmen des Gemeingebrauchs und der Nutzung öffentlicher Sachen, in: FS Gieseke [1958] 73 ff).

Der Begriff der öffentlichen Sache umfaßt nicht das sog **Finanzvermögen** der öffentlichen Hand. Hierunter versteht man diejenigen Gegenstände, die nur mittelbar durch ihre Erträge oder ihren Vermögenswert der öffentlichen Verwaltung dienen sollen, zB Liegenschaften oder Unternehmensbeteiligungen. Die dem Finanzvermögen zugehörenden Sachen unterliegen grundsätzlich den Regeln des bürgerlichen Rechts (SOERGEL/MARLY Rn 41; WOLFF/BACHOF/STOBER/KLUTH II § 74 Rn 8). Jedoch gelten für die Zwangsvollstreckung in das Finanzvermögen die Beschränkungen nach §§ 882a ZPO, 170 VwGO und den aufgrund § 15 Ziff 3 EGZPO erlassenen landesrechtlichen Vorschriften (DAGTOGLOU, Die Zwangsvollstreckung gegen den Fiskus, die Gemeinden und die sonstigen Personen des öffentlichen Rechts, VerwArch 50 [1959] 165 ff). – Auch

Geldzeichen sind trotz der ihnen kraft „Widmung" verliehenen Zahlkraft nach zutreffender Ansicht keine öffentlichen Sachen (STAUDINGER/K SCHMIDT [1997] Vorbem A 21 zu §§ 244 ff mwNw).

17 b) Die Begründung der Eigenschaft einer Sache als **öffentliche Sache** erfolgt durch **Widmung** und **Indienststellung** (zu den Einzelheiten WOLFF/BACHOF/STOBER/KLUTH II § 75). Die Widmung kann durch Gesetz, Verordnung, Satzung, förmliches Verfahren (zB Bebauungsplan), Verwaltungsakt oder Gewohnheitsrecht erfolgen. Ist die Widmung einer Sache zur öffentlichen Sache nicht nachweisbar, so begründet die sog unvordenkliche Verjährung eine Vermutung dafür (vgl STAUDINGER/PETERS/JACOBY [2009] Vorbem 37 zu §§ 194–225). Die neben der Widmung erforderliche Indienststellung ist Realakt (vgl HÄDE JuS 1993, 114 f; AXER 34 f). – Beendet wird die Eigenschaft einer Sache als öffentliche Sache mit ihrer **Entwidmung** und **Außerdienststellung** bzw **Einziehung**. Danach gelten die Vorschriften des bürgerlichen Rechts für diese Sachen wieder uneingeschränkt.

18 c) An den öffentlichen Sachen besteht **modifiziertes Privateigentum** (ausf WOLFF/BACHOF/STOBER/KLUTH II § 76 Rn 2 ff); dies gilt nach BVerfGE 42, 20, 32 f auch für das in Hamburg bestehende öffentliche Eigentum iSv § 4 WegeG (vgl o Rn 14). Danach werden die an sich vorhandenen privatrechtlichen Berechtigungen durch die öffentlich-rechtliche Zweckbindung der Sachen „überlagert". So kann bei entsprechender Nutzung einer öffentlichen Sache öffentlich-rechtliches Nachbarschutzrecht eingreifen (vgl PAPIER 149 ff; PAPPERMANN/LÖHR/ANDRISKE 171 ff). Die Aufhebung der Zweckbindung durch einen gutgläubigen „widmungsfreien" Erwerb ist nicht möglich (aM OVG Münster NJW 1993, 2635, 2637). Rechtsgeschäfte, die der öffentlich-rechtlichen Zweckbestimmung widersprechen, sind gem § 134 unwirksam. Daher können zB ein Reisepaß und andere Ausweispapiere nicht verpfändet werden (AG Heilbronn NJW 1974, 2182, 2183; vgl § 90 Rn 58). Ebenso können Fotografierverbote oder -beschränkungen in den Nutzungsbedingungen öffentlicher Einrichtungen unwirksam sein, wenn das Fotografieren vom Widmungszweck umfaßt ist, etwa bei öffentlichen Parkanlagen (vgl STIEPER, Rechtfertigung, Rechtsnatur und Disponibilität der Schranken des Urheberrechts [2009] 420 ff; MAASSEN, Panoramafreiheit in den Preußischen Schlossgärten, GRUR 2010, 880, 884; gegen BGH NJW 2011, 749, 751 Rn 21 ff). Soweit der Widmungszweck gerade in Bewahrung und Erhalt der öffentlichen Sache besteht, sind auch der privatrechtlichen **Veräußerung** Grenzen gesetzt, etwa bei der Deakzession von Kunstgegenständen aus einem Museum (dazu SCHACK, Erwerb und Veräußerung von Kunstgegenständen durch Museen, in: SCHACK/SCHMIDT [Hrsg], Rechtsfragen der internationalen Museumspraxis [2006] 13, 21). – Im übrigen aber gilt die Zivilrechtsordnung für diese Sachen insoweit, als die aus ihr hergeleiteten Folgen mit der öffentlich-rechtlichen Zweckbindung nicht in Widerspruch treten. So können zB die Regeln über die Verkehrssicherungspflicht nach § 823 Abs 1 zur Anwendung kommen. Auch ist der Besitz an Sachen im Gemeingebrauch möglich; dieser darf jedoch nur im Rahmen der Gemeinverträglichkeit ausgeübt werden (BGHZ 21, 319, 327). – Die §§ 93–95 sowie der bürgerlich-rechtliche Zubehörbegriff sind für öffentliche Sachen hingegen nicht maßgeblich; der öffentlich-rechtliche Sonderstatus kann sich daher auch allein auf die Hauptsache oder auf einen wesentlichen Bestandteil beschränken (PAPIER 2 f).

2. Res sacrae*

a) Das römische Recht betrachtete gem Inst 2, 1, 7 die res sacrae als **res extra** **19** **commercium**, weil sie divini iuris seien. Maßgebend hierfür war der Gedanke, daß solche Gegenstände im sakralrechtlichen Eigentum der Gottheit stünden, das durch einen Weiheakt begründet worden sei. Heute bilden die res sacrae für das weltliche Recht eine Gruppe innerhalb der **öffentlichen Sachen** (dazu o Rn 13 ff); sie sind je nach Widmungszweck den Sachen im Gemein-, Anstalts- oder Verwaltungsgebrauch zuzurechnen (vgl MAINUSCH 152 ff; WOLFF/BACHOF/STOBER/KLUTH II § 74 Rn 27; HÄDE JuS 1993, 113; aM AXER 216). – Res sacrae sind die unmittelbar dem religiösen Kultus einer anerkannten oder als öffentlich-rechtliche Körperschaft privilegierten Kirche oder Religionsgemeinschaft dienenden Sachen, insbes die gottesdienstlichen Zwecken gewidmeten Gebäude, die Kirchengeräte sowie die Glocken (vgl OVG Koblenz DVBl 1956, 624, 625 f; PAPPERMANN/LÖHR/ANDRISKE 166; LORENZ JuS 1995, 495). Es ist jedoch keineswegs das gesamte kirchliche Vermögen als öffentliche Sache zu bewerten; so können zB Altenheime oder Krankenhäuser sowie kirchliche Kindergärten voll dem Privatrecht unterliegen (MÜLLER-VOLBEHR NVwZ 1991, 144). – Für die Anerkennung der Kultgegenstände als öffentliche Sachen und für die daraus herzuleitenden Folgen ist das staatliche Recht maßgebend, das vom kirchlichen Recht abweichen kann. So fehlt zB den res sacrae der Schutz des § 882a ZPO (GOERLICH, in: GS Martens 562 und 572). Der Kreis der als öffentlich-rechtliche Körperschaften privilegierten Kirchen und Religionsgemeinschaften ist durch Art 140 GG iVm Art 137 Abs 5 WRV bestimmt.

b) Maßgebend für Begründung und Umfang der öffentlich-rechtlichen Zweck- **20** bindung von res sacrae ist, wie bei anderen öffentlichen Sachen, die **Widmung**. Sie ist ein in den Wirkungen einem Verwaltungsakt gleichzustellender Akt (FORSTHOFF AöR 31, 222 ff), durch welchen die Sache für den kirchlichen Dienst bestimmt wird. An der Widmung sind die Kirche oder sonstige Religionsgemeinschaft sowie der Sacheigentümer beteiligt (vgl BayObLGZ 1967, 93, 99). Der Staat wird nur insofern berührt, als er durch speziellen Akt oder kraft genereller Norm die Widmung als auch für das staatliche Recht verbindlich erklärt. Das bedeutet, daß in der Frage, wann eine Widmung zur res sacra vorliegt und welche Zweckbindung sie begründet, der durch Art 140 GG iVm Art 137 Abs 5 WRV gewährleisteten staatsfreien Eigenständigkeit der Kirchen im Kernbereich kirchlicher Betätigung Rechnung zu tragen ist (MAINUSCH 67 ff). Einer politischen Gemeinde als Eigentümerin der Kirchenglocken ist es daher verwehrt, durch eine Läuteordnung den Gebrauch der Glocken mit Verbindlichkeit für die Kirchengemeinde festzusetzen (OVG Koblenz DVBl 1956, 624, 626). Auch

---

* **Schrifttum**: FORSTHOFF, Res sacrae, AöR (NF) 31 (1940) 209; GOERLICH, Zwangsvollstreckung und Kirchengut, in: GS Martens (1987) 559; KEIHL, Das staatliche Recht der res sacra (1977); LORENZ, Kirchenglocken zwischen öffentlichem und privatem Recht, JuS 1995, 492; MAINUSCH, Die öffentlichen Sachen der Religions- und Weltanschauungsgemeinschaften (1995); MEURER, Der Begriff und Eigenthümer der heiligen Sachen (1885); MÜLLER-VOLBEHR, Res sacra und Sachgebrauch, NVwZ 1991, 142; RENCK, Grundfragen des Rechts der res sacra, DÖV 1990, 333; SCHLINK, Neuere Entwicklungen im Recht der kirchlichen öffentlichen Sachen und der res sacrae, NVwZ 1987, 633; TRETZEL, Kirchliche Sachen, SeuffBl 72 (1907) 704 und 767. Vgl auch das bei Rn 13 genannte Schrifttum.

der Widmungstatbestand entscheidet sich grundsätzlich nach innerkirchlichem Recht, insbes hinsichtlich des Erfordernisses eines Weiheaktes.

21 Die **Entwidmung** und Außerdienststellung einer res sacra kann grundsätzlich nur in Übereinstimmung unter den Beteiligten erfolgen. Die Entwidmung durch den Eigentümer ohne Zustimmung des Widmungsbegünstigten genügt nicht (BayObLGZ 1980, 381, 389). Allerdings kann der Begünstigte einem Anspruch des Eigentümers auf Entwidmung ausgesetzt sein (vgl MAINUSCH 277 ff; SCHLINK NVwZ 1987, 639). – Die einseitige Entwidmung durch den Staat kann nur gesetzlich oder durch einen Verwaltungsakt kraft besonderer gesetzlicher Ermächtigung erfolgen (BayObLGZ 1967, 93, 99 f). Eine allgemein erteilte Enteignungsermächtigung genügt hierfür nicht (FORSTHOFF AöR 31, 229). Dies wird vor allem wichtig, wenn bei baulichen Neuplanungen kirchliche Gebäude oder Friedhöfe berührt werden. – Nach der Entwidmung ist die ehemalige res sacra uneingeschränkt verkehrsfähig, zB als Gegenstand des Antiquitätenhandels (MünchKomm/HOLCH § 90 Rn 41).

22 c) Auch für die res sacrae gilt die Theorie vom modifizierten Privateigentum (vgl o Rn 18), wonach auf dem privaten Eigentum an der Sache die öffentlich-rechtliche Zweckbindung als Dienstbarkeit lastet (ausf MAINUSCH 122 ff). Der Umfang der aufgrund der Widmung **ausgeschlossenen privatrechtlichen Befugnisse** des Sacheigentümers ist vielfach aus alten Vorschriften, zT auch aus dem Gewohnheitsrecht zu entnehmen. Wo die Landes- und Stadtrechte keine entsprechenden Bestimmungen vorsehen, kann das gemeine Recht Bedeutung erlangen (vgl BayObLGZ 1967, 93, 98). Im ehemals preußischen Gebiet ist auf die §§ 160 ff II 11 ALR zurückzugreifen. Für Kirchenstühle gelten nach Art 133 EGBGB die landesrechtlichen Vorschriften fort.

23 **Rechtsgeschäfte**, die sich mit der Zweckbestimmung der res sacra vereinbaren lassen, also den bestimmungsgemäßen Gebrauch nicht beschränken oder verhindern, sind wirksam (OVG Koblenz DVBl 1956, 624, 626; BayObLGZ 1980, 381, 389; vgl RGZ 31, 217, 220 zur Übereignung von Kirchengebäuden, die dem öffentlichen Gottesdienst gewidmet sind, sowie RGZ 107, 365, 367 zu kirchlichen Gerätschaften). Auch die Vermietung eines Kirchenraumes zum Zwecke einer der Widmung entsprechenden Veranstaltung, zB eines Konzerts, kann stattfinden (FORSTHOFF AöR 31, 239). – Der Widmung widersprechende Privatrechtsakte hingegen sind unwirksam (vgl o Rn 18). Dabei kommt es, wie bei allen öffentlichen Sachen, nicht darauf an, in wessen Eigentum die res sacra steht. Eine Klage des Eigentümers auf Herausgabe der res sacra ist unbegründet, da der Kirchengemeinde aufgrund der Widmung ein Recht zum Besitz iS des § 986 Abs 1 S 1 zusteht (BayObLGZ 1967, 93, 104; 1980, 381, 390 ff; dazu SCHLINK NVwZ 1987, 638 f).

24 **Prozessual** wird der an sich privatrechtliche Charakter der res sacrae ebenfalls durch die öffentlich-rechtliche Zweckbestimmung überlagert (vgl ZÖLLER/LÜCKEMANN, ZPO [28. Aufl 2010] § 13 GVG Rn 23). So entscheidet das BVerwG hinsichtlich des Rechtswegs für Klagen gegen kirchliches Glockengeläute nach der Natur der Glockennutzung: Während für Immissionsabwehrklagen gegen liturgisches Läuten der Verwaltungsrechtsweg gegeben sei (BVerwG NJW 1984, 989, 990 m Anm SCHATZSCHNEIDER; ebenso SCHLINK NVwZ 1987, 639 mwNw; **aM** VGH München NJW 1980, 1973), bleibe gegen das außerhalb des Widmungszwecks erfolgende Zeitschlagen der Zivilrechtsweg eröffnet (BVerwG NJW 1994, 956; vgl auch LG Aschaffenburg NVwZ 2000, 965). Richtigerweise ist

aber auch gegen das liturgische Läuten vor den Zivilgerichten zu klagen, da trotz des öffentlich-rechtlichen Gebrauchs der Glocken das Rechtsverhältnis zum belästigten Nachbarn privatrechtlicher Natur ist (vgl LORENZ JuS 1995, 494 und 496; MÜLLER-VOLBEHR NVwZ 1991, 145).

3. Friedhöfe und Grabstätten

Nach römischem Recht waren Begräbnisplätze **res religiosae** und damit, wie res sacrae, gem Inst 2, 1, 7 res extra commcercium. Private Rechte an ihnen konnten nicht begründet werden. 25

a) Heute werden sowohl die kirchlichen als auch die gemeindlichen Friedhöfe als **öffentliche Sachen** bewertet (GAEDKE, Handbuch des Friedhofs- und Bestattungsrechts [10. Aufl 2010] 16 f). Soweit der Widmungszweck nicht berührt ist, werden Friedhofsgrundstücke nach bürgerlichem Recht beurteilt (RGZ 100, 213, 214 f). – Weitgehend werden die privatrechtlichen Regeln jedoch durch die Zweckbindung aufgrund der Widmung zum Begräbniszweck verdrängt. Der Umfang der mit Widmung und Indienststellung geschaffenen Zweckbindung ist bei kirchlichen Friedhöfen, wie bei den res sacrae (vgl o Rn 19 ff), grundsätzlich in Übereinstimmung mit dem jeweiligen kirchlichen Recht zu bestimmen. Dabei kann auch dem Brauchtum konstitutive Bedeutung zukommen (BGH NJW 1954, 1483, 1484). Die **Widmung** gemeindlicher Friedhöfe hat der Totenbestattung als öffentlicher Aufgabe Rechnung zu tragen und dementsprechend einen allgemeinen Bestattungsanspruch zu gewähren (GAEDKE 168 ff; zur Bestattung fehlgeborener Kinder vgl RIXEN FamRZ 1994, 417 ff). **Entwidmung** und Außerdienststellung von Friedhöfen, zB im Zuge von Baumaßnahmen, müssen bei kirchlichen Friedhöfen nach den für res sacrae geltenden Grundsätzen erfolgen (vgl o Rn 21). Bei gemeindlichen Friedhöfen sind die Regeln über öffentliche Sachen maßgeblich (vgl o Rn 15; GAEDKE 59 ff).

b) Sowohl bei kirchlichen als auch bei gemeindlichen Friedhöfen erfolgt die Benutzung des Begräbnisplatzes grundsätzlich öffentlich-rechtlich im Rahmen **anstaltlicher Nutzung** (BGHZ 25, 200, 208; BVerwGE 25, 364, 365; BVerwG DÖV 1964, 200). Die Gemeinden sind befugt, im Rahmen des Widmungszwecks Voraussetzungen, Bedingungen und Art der Benutzung zu regeln (zur nachträglichen Änderung der Anstaltsordnung BVerwG DÖV 1960, 793, 795; BGHZ 25, 200, 209). – Nach Maßgabe der Gemeindeordnung hat jeder Einwohner Anspruch auf die Benutzung der kommunalen Friedhöfe, die Gemeinde kann aber durch Ortssatzung die Benutzung bestimmter Friedhöfe bestimmten Ortsteilen vorbehalten. Bei kirchlichen Friedhöfen kann die Benutzung auf Kirchenmitglieder beschränkt werden (GAEDKE 170). – Auch die Ausgestaltung des Grabplatzes unterliegt der AnstaltsO. Dabei ist der öffentlichen Aufgabe Rechnung zu tragen, für eine würdige Totenbestattung zu sorgen. Allerdings dürfen die Anforderungen hier nicht überspannt werden; so ist zB ein generelles Verbot schwarzer polierter Grabsteine unzulässig (BVerwG DÖV 1964, 200 f). 26

c) Der **Leichnam** als Grabinhalt unterliegt während der Dauer der Totenehrung nicht den allgemeinen Regeln über Sachen (vgl § 90 Rn 40 ff). Nach dem Ende der Totenehrung steht der Leichnam – im Rahmen des Widmungszwecks – im Eigentum des Friedhofseigentümers. Daher sind beim Abräumen alter Gräber die der Erde entnommenen Gebeine, insbes der Schädel, in gebührender Weise aufzubewahren 27 (vgl auch § 90 Rn 40 ff). Gleiches gilt für die beim Abräumen eines Urnengrabes der Erde entnommene **Urne** und die darin enthaltenen Aschenreste (GAEDKE 245). – **Grabbeigaben** aus bleibender Substanz stehen mangels fester Verbindung mit dem Friedhofsgrundstück (§ 94 Abs 1) weiterhin im Eigentum des Gebers; eine Dereliktion nach § 959 kommt idR nicht in Betracht. Soweit sie beim Abräumen des Grabes noch erhalten sind und der Geber bekannt ist, sind sie ihm zurückzugewähren; macht er nach Aufforderung sein Eigentum nicht geltend, ist von einer stillschweigenden Dereliktion auszugehen. Sind die Geber, zB bei alten Grabstätten, nicht mehr auszumachen, gelten die Regeln des Schatzfundes gem § 984 (MAINUSCH, Die öffentlichen Sachen der Religions- und Weltanschauungsgemeinschaften [1995] 150).

28 d) Auch die aufgestellten **Grabsteine** und sonstiger dauerhafter **Grabschmuck** sind mangels fester Verbindung bzw wegen § 95 Abs 1 keine wesentlichen Bestandteile des Friedhofsgrundstücks und verbleiben daher im Eigentum des Aufstellers (BGH JR 1977, 367, 368; MAINUSCH 149; WACKE, Die „Grabsteinpfändung" – Pietätsrücksichten beim Schuldnerschutz im Konflikt mit dem Lieferantenkredit, DGVZ 1986, 161 f; vgl § 94 Rn 9). – Daher war die vom LG Koblenz (NJW 1956, 949, 950) vertretene Ansicht fehlerhaft, an Grabsteinen werde durch Beschädigung kein Vermögensschaden angerichtet; der Schaden besteht vielmehr in den Wiederherstellungskosten (GANSCHEZIAN-FINCK NJW 1956, 1481; FABER NJW 1956, 1480, 1481). – Der unmittelbare Besitz an der Grabstelle als solcher steht dem Friedhofsträger zu (KG JW 1936, 399; GAEDKE 207).

29 Wenn auch die zum Grabschmuck verwendeten Sachen im Privateigentum des Aufstellers verbleiben, so verstoßen doch Rechtsgeschäfte, die mit dem Ziel einer Totenehrung unvereinbar sind, gegen die guten Sitten. – Problematisch ist in dieser Hinsicht auch die **Pfändbarkeit** der genannten Gegenstände. Während Sarg und Leichenhemd als Bestattungsbedarf nach § 811 Abs 1 Nr 13 ZPO unpfändbar sind, fallen Grabsteine nach hM nicht unter diese Vorschrift. Denn sie sind nicht unmittelbar für die Bestattung bestimmt, sondern dienen nur dem Andenken der Verstorbenen (BGH NJW-RR 2006, 570, 571 Rn 10; OLG Köln DGVZ 1992, 116, 119; MUSIELAK/BECKER, ZPO [8. Aufl 2011] § 811 Rn 28; **aM** LG München DGVZ 2003, 122; LG Oldenburg DGVZ 1992, 92; STAUDINGER/DILCHER [1995] Rn 40). Auch ein übergesetzlicher Pfändungsschutz aus Pietätsgründen ist nicht anzuerkennen, wenn der Hersteller den Grabstein wegen seines Werklohnanspruchs pfänden läßt (BGH aaO Rn 13; LG Braunschweig NJW-RR 2001, 715). Die Pfändung erfordert gem § 809 ZPO aber die Zustimmung der Friedhofsverwaltung. In anderen Fällen kann der Gedanke der Pietät in entsprechender Anwendung des § 811 Abs 1 Nr 13 ZPO berücksichtigt werden (vgl ZÖLLER/STÖBER, ZPO [28. Aufl 2010] § 811 Rn 37; WACKE DGVZ 1986, 163 ff; kritisch LOOF, Zur Pfändbarkeit von Grabsteinen, Rpfleger 2008, 53, 54 ff).

4. Eigentums- und Verfügungsbeschränkungen

30 Von den öffentlichen Sachen sind solche Sachen zu unterscheiden, die zwar grundsätzlich dem Privatrechtsverkehr zugänglich sind, für die jedoch – ohne Widmung zur öffentlichen Sache – bestimmte **Beschränkungen der Eigentümerbefugnisse** bestehen, so daß nicht alle Möglichkeiten privatrechtlicher Entfaltung wahrgenommen werden können (vgl DILCHER, Denkmalschutz – Die Wertschätzung dokumentierter Geschichte und ihre rechtlichen Folgen, in: FS Coing II [1982] 73 ff). So sind mit der Einbeziehung einer Sache in den Bereich des **Denkmalschutzes** Eigentumsbeschränkungen verbunden, die vor allem in Veränderungsverboten und Erhaltungsgeboten bestehen. Die Rechtsgrundlagen des Denkmalschutzes ergeben sich, soweit das Privatrecht berührt ist, aus dem in Art 111 EGBGB vorbehaltenen Landesrecht (vgl die Übersicht bei STAUDINGER/MERTEN [2005] Art 111 EGBGB Rn 7). Auch für Naturdenkmäler gelten Veränderungsverbote und Erhaltungsgebote (Übersicht bei STAUDINGER/MERTEN [2005] Art 109 EGBGB Rn 29). Solche Eigentumsbeschränkungen stellen keine Enteignung, sondern eine Bestimmung von Inhalt und Schranken des Eigentums dar, die sich an Art 14 Abs 1 iVm Abs 2 GG messen lassen muß (BVerfGE 100, 226, 239 f; BGH NJW 1993, 2095, 2096 f; BVerwG NJW 1993, 2949 f). – Ebenso wie diese Eigentumsbeschränkungen im öffentlichen Interesse bewirken auch die absoluten gesetzlichen **Verfügungsverbote** keine Verkehrsunfähigkeit der von ihnen betroffenen Sachen, weil alle nicht vom Verbot erfaßten Geschäfte uneingeschränkt zulässig bleiben. Dies gilt erst recht für die **relativen gesetzlichen Veräußerungsverbote** (hierzu STAUDINGER/KOHLER [2003] § 135).

§ 90
Begriff der Sache

Sachen im Sinne des Gesetzes sind nur körperliche Gegenstände.

Materialien: E I § 778; II § 77a; III § 86; Mot III 32; Prot III 2; JAKOBS/SCHUBERT, AT I 421 ff.

Schrifttum

Siehe Vorbem zu §§ 90 ff.
Weiteres Schrifttum zu Software und Daten s Rn 12; zum menschlichen Körper Rn 27; zum Leichnam Rn 38; zur Sachgesamtheit Rn 67; zum Vermögen Rn 74; zu den Sondervermögen Rn 76; zum Unternehmen Rn 81.

Systematische Übersicht

I. Definition der Sache	b) Vertragliche Überlassung von Software	14
1. Körperlicher Gegenstand — 1	c) Andere Daten — 17	
a) Abgegrenztheit — 2	d) Sachenrechtliche Zuordnung — 18	
b) Beherrschbarkeit — 3	3. Luft, Wasser, Meeresboden und	
2. Unkörperliche Gegenstände — 4	Weltraum — 20	
3. Geltungsbereich des § 90 — 5	a) Freie Luft — 21	
II. Einzelprobleme — 7	b) Freies Wasser — 22	
1. Energie — 8	c) Strand — 23	
a) Stoffliche Grundlagen — 8	d) Meeresboden — 25	
b) Elektrizität und Fernwärme — 9	e) Weltraum — 26	
c) Ausländisches Recht — 11	4. Der menschliche Körper — 27	
2. Software und Daten — 12	a) Eigentum und Persönlichkeitsrecht — 27	
a) Trennung von Datenträger und Programm — 12	b) Körperteile und Körperbestandteile — 28	
	c) Künstliche Körperteile und Hilfsmittel — 35	

d)	Rechtslage des Embryos	37	IV.	**Einzelsache, Sacheinheit und Sachgesamtheit**
5.	Der Leichnam	38		
a)	Sachqualität des Leichnams	39	1.	Einzelsachen — 63
b)	Eigentum und Persönlichkeitsrecht	40	2.	Sacheinheiten — 66
c)	Totensorgerecht	42	3.	Sachgesamtheiten (Sachinbegriffe) — 67
d)	Herrenlosigkeit und Aneignungsrecht	48	a)	Begriffsinhalt — 67
e)	Bestandteile des Leichnams	49	b)	Vertragliche Erfassung — 68
f)	Ende des Leichenschutzes	51	c)	Surrogationsvorschriften — 70
6.	Urkunden	54	d)	Prozessuale Regeln — 71
a)	Wertpapiere	55	V.	**Rechtsgesamtheiten (Rechtsinbegriffe)** — 72
b)	Eigentum und Inhaberschaft	56		
c)	Schuldschein und Kfz-Brief	57	1.	Vermögen — 74
d)	Personalausweispapiere	58	2.	Sondervermögen — 76
			3.	Unternehmen und Betrieb — 81
III.	**Bewegliche und unbewegliche Sachen**	59	a)	Begriff des Unternehmers — 81
			b)	Rechtslage des Unternehmers — 82
			c)	Betrieb — 83
			d)	Ausländische Regelungen — 84

Alphabetische Übersicht

Anatomieverträge	45		Gesamtrechtsnachfolge	75
Aneignungsrecht am Körper	48 f		Grundstücke	60, 65
Ausländisches Recht	11, 84			
			Herzschrittmacher	35, 50
Beherrschbarkeit	3, 20		Hilfsmittel	36
Bestattungsanordnung	44			
Betrieb	83		Inbegriff	67 ff
Blutspende	28			
			Komplementärsachen	67
Computerprogramme	12 ff		Körper des Menschen	27 ff
			Kraftfahrzeugbrief	57
Daten	17		Künstliche Körperteile	35, 50
Datenträger	12 ff			
			Leichnam	38 ff
E-Books	17		Lichtwellen	10
Eigentum am Körper	27 ff, 40		Luft	21
Einpflanzung in den Körper	34		Luftfahrzeuge	21, 62
Emissionen	21			
Elektrizität	9		Meeresboden	20, 25
Elektromagnetische Felder	10		Mengensachen	66
Energie	8 ff		Mond	26
Fernwärme	9		Obduktion	46
			Organtransplantation	33, 47, 49
Gegenstände	1 ff			
Geltungsbereich des § 90	5 f		Persönlichkeitsrecht am Körper	27 ff, 41
Gemeingebrauch	22 f, 25		Personalausweispapiere	58

Juli 2011

Radiowellen	10	Transplantation	33, 47, 49
Rechte	4, 74	Umbettung	44
Rechtsgesamtheit	72 ff	Umweltschutz	21
Sachbegriff	63 ff	Unternehmen	81 ff
Sacheinheit	66	Urkunden	54 ff
Sachgesamtheit	67 ff		
Schiffe	62	Vermögen	74 ff
Schuldschein	57	Vermögenswerte	5
Sektion	46	Virtuelle Gegenstände	17
Software	12 ff		
Sondervermögen	76 ff	Waren	69
Sperma	32	Wasser	20, 22
Strahlen	10	Weltraum	26
Strand	23 f	Wertpapiere	55 ff
Surrogation	70, 80		
		Zulassungsbescheinigung	57
Todeszeitpunkt	38		
Totensorgerecht	42 ff		

I. Definition der Sache

1. Nach § 90 ist die **Körperlichkeit** eines Gegenstandes maßgebliches Kriterium **1** für seine Sachqualität. Dazu bezieht sich das BGB auf die natürliche Anschauung, welche **räumliche Abgrenzung** und **Beherrschbarkeit** des Gegenstandes verlangt (s Vorbem 9 zu §§ 90 ff). § 90 unterscheidet nicht zwischen beweglichen und unbeweglichen Sachen (vgl u Rn 59 ff), ebensowenig zwischen einfachen und zusammengesetzten Sachen (vgl u Rn 63 ff). Die Abgrenzung der Sache muß auch nicht von Natur aus bestehen. – Sache iS des § 90 ist also jedes in räumlicher Abgrenzung für sich bestehende und im Verkehrsleben als selbständige Einheit anerkannte Stück der beherrschten Materie (RGZ 87, 43, 45; ENNECCERUS/NIPPERDEY § 121 II).

a) Die Beherrschbarkeit eines Gegenstands setzt voraus, daß er **sinnlich wahr- 2 nehmbar** und **im Raum abgegrenzt** ist und damit bei natürlicher Betrachtung als Einheit erscheint. Daher sind Energien wie Elektrizität und Strahlungsenergie keine Sachen (vgl u Rn 9 f), ebensowenig Wärme- und Schallwellen sowie Naturerscheinungen wie das nicht gefaßte und nicht in einem Grundwassersee abgeschlossene Grundwasser (vgl u Rn 22). Mangels fester Begrenzung ist auch frei herumliegender Schnee keine Sache; dies gilt auch, wenn er durch das Anlegen einer Skilanglaufloipe in eine bestimmte Form gebracht worden ist (BayObLG NJW 1980, 132, 133; MünchKomm/HOLCH Rn 9; offengelassen von BGH NJW-RR 1989, 673; **aM** BAMBERGER/ROTH/ FRITZSCHE Rn 7).

b) Nicht jeder im Raum abgegrenzte Gegenstand ist auch beherrschbar in diesem **3** Sinne (**aM** BAMBERGER/ROTH/FRITZSCHE Rn 5). Neben der Abgegrenztheit der Sache ist daher ihre **Beherrschbarkeit** durch den Menschen selbständiges Tatbestandsmerkmal des § 90. Der Sachbegriff des BGB erreicht danach in den Dimensionen des Makrokosmos und des Mikrokosmos seine Grenze (LARENZ/WOLF § 20 Rn 15; jurisPK-BGB/

VIEWEG Rn 10). So sind Schneeflocken, die bei Berührung zergehen, oder Staubkörner trotz ihrer räumlichen Abgegrenztheit keine Sachen. – Auf die Wahrnehmbarkeit durch den Tastsinn oder den Aggregatzustand kommt es hingegen nicht an. Es kommen auch flüssige oder gasförmige Körper als Sachen in Betracht, wenn sie durch die Aufbewahrung in entsprechenden Behältern abgegrenzt und dadurch beherrschbar gemacht werden (PWW/VÖLZMANN-STICKELBROCK Rn 2). Behälter und Inhalt sind dann zwei verschiedene Sachen (BAMBERGER/ROTH/FRITZSCHE Rn 8).

4 2. **Unkörperliche Gegenstände** und damit keine Sachen iS des § 90 sind vor allem die Rechte. Selbst der Umstand, daß die mit einem Grundstück verbundenen Rechte nach § 96 als Grundstücksbestandteile gelten, läßt sie nicht zum Sachteil werden (RGZ 83, 198, 200; BGB-RGRK/KREGEL Rn 10). – Auch Immaterialgüter wie Erfindungen, Kennzeichen, Know-how und Geisteswerke unterfallen nicht dem Sachbegriff des BGB (BGHZ 44, 288, 294; BGB-RGRK/KREGEL Rn 8). Werden Geisteserzeugnisse in einem materiellen Substrat verkörpert, so trifft der Sachbegriff nur diese Verkörperung. Das gilt etwa für das in einem Buch verkörperte Schriftwerk oder den auf einer DVD gespeicherten Film. Davon zu trennen ist das Immaterialgüterrecht am Geisteserzeugnis selbst, etwa nach Urheber- oder Patentrecht (zur Sachqualität von Computersoftware und anderen Daten s u Rn 12 ff).

5 3. Die Sachdefinition des § 90 ist aufgrund ihrer Stellung im AT für eine Anwendung im **gesamten Bereich des BGB** bestimmt. Bei einigen Vorschriften jedoch ergeben sich sachgebotene Abweichungen von der Definition des § 90. So wurde mit Rücksicht auf die Verkehrsbedürfnisse vor allem im kaufrechtlichen Zusammenhang (§ 459 aF) der Sachbegriff auf jedes **Objekt des Tauschverkehrs** ausgedehnt, sofern dieses von der Verkehrsanschauung als Gegenstand des wirtschaftlichen Verkehrs anerkannt war. Danach umfaßte der erweiterte Sachbegriff des Tauschverkehrs auch rein tatsächliche Werte wie Kundschaft oder Geschäftsgeheimnisse, ferner Gesamtheiten wie das Unternehmen (vgl u Rn 81) oder die Praxis des Freiberuflers (vgl BGHZ 16, 71, 74; 43, 46, 49). Dieser Erweiterung bedarf es für das Kaufrecht nicht mehr, da nach § 453 nF Kaufgegenstand neben Sachen und Rechten auch „sonstige Gegenstände" sein können. Ein erweiterter Sachbegriff gilt aber im Rahmen des § 119 Abs 2 (vgl STAUDINGER/SINGER § 119 Rn 95) und des § 849, der auch die Entziehung von Buchgeld erfaßt (BGH NJW 2008, 1084 Rn 6). – Wegen Art 74 Abs 1 Nr 1 GG kann die Definition des § 90 auch für nachkonstitutionelles **Landesrecht** herangezogen werden (BAMBERGER/ROTH/FRITZSCHE Rn 1; anders noch die Vorauf [2004] Rn 3). – Für **ältere Gesetze** wie die ZPO kann sie jedoch keine Geltung beanspruchen (vgl RGZ 51, 101, 105; zum Sachbegriff der ZPO Vorbem 11 zu §§ 90 ff).

6 Ebenso wird für den Bereich des **öffentlichen Rechts** der Sachbegriff zwar in Anlehnung an § 90, im Einzelfall jedoch unabhängig davon bestimmt; insbes müssen öffentliche Sachen keine Sachqualität iS des § 90 aufweisen (vgl Vorbem 13 zu §§ 90 ff). – Auch für das **Steuerrecht** muß der Begriffsinhalt des Wortes Sache jeweils eigenständig aus dem steuerrechtlichen Normzweck bestimmt werden (vgl MAASSEN, Privatrechtsbegriffe in den Tatbeständen des Steuerrechts [1977] 15 ff). – Das **Strafrecht** folgt grundsätzlich dem Sachbegriff des § 90, vor allem im Zusammenhang der §§ 242 und 246 StGB (BGB-RGRK/KREGEL Rn 28). Dies bedeutet ua, daß Elektrizität keine Sache im strafrechtlichen Sinne ist (vgl u Rn 9). Insbesondere in bezug auf die Einordnung von

Tieren als Sachen wird zunehmend aber ein von §§ 90, 90a unabhängiger Sachbegriff vertreten (vgl § 90a Rn 11).

II. Einzelprobleme

Auch wenn räumliche Abgegrenztheit und Beherrschbarkeit im Schrifttum weitgehend als Kriterien der Sachdefinition in § 90 anerkannt sind, bereitet die Bestimmung der Sacheigenschaft im Einzelfall Schwierigkeiten.

1. Energie*

a) Die zur Energieerzeugung erforderlichen **Stoffe** werfen hinsichtlich ihrer Sachqualität keine Probleme auf. Die beherrschten fossilen Brennstoffe Kohle, Erdöl und Erdgas sind ebenso Sachen iS des § 90 wie die Kernbrennstoffe. – Anders ist es bei fließendem Wasser als Grundlage der Energieerzeugung. Hier fehlt die bürgerlichrechtliche Sachqualität; für die Nutzung zur Energiegewinnung bestehen Rechtsschranken (vgl u Rn 22). – Auch die freie Luft besitzt keine Sachqualität; ihre Verwendung zur Energieerzeugung ist jedoch rechtlich nicht beschränkt (vgl u Rn 21). Ebensowenig stehen einer Verwendung der Sonnenstrahlung zur Energieerzeugung rechtliche Schranken entgegen.

b) Wenn eine auf Verbrauch zielende Weiterleitung gewonnener Energie stattfindet, vor allem in Form von **Elektrizität**, fehlt es dagegen an der Körperlichkeit und damit an der Sachqualität, so daß sachenrechtliche Beziehungen zu ihr ausgeschlossen sind (RGZ 56, 403, 404; 67, 229, 232; SOERGEL/MARLY Rn 2; BGB-RGRK/KREGEL Rn 13; aM PASCHKE, in: FS Kühne 339; anders zT im Ausland, s Rn 11). Für das Strafrecht wurde deshalb ein Spezialgesetz (G betreffend die Bestrafung der Entziehung elektrischer Arbeit v 19. 4. 1900, RGBl 288) erforderlich, das in § 248c StGB fortbesteht. – Auch eine durch Wasser vermittelte Energiebelieferung läßt **Fernwärme** nicht zur Sache werden (vgl OLG Frankfurt NJW 1980, 2531, 2532). Hingegen sind **schuldrechtliche Verträge** über die Belieferung mit Energie uneingeschränkt möglich. Gem § 453 finden die Vorschriften des Kaufrechts Anwendung (vgl STAUDINGER/BECKMANN [2004] § 453 Rn 50; zu Elektrizität als Ware iSd §§ 312b ff vgl Vorbem 10 zu §§ 90 ff).

---

* **Schrifttum**: APPENZELLER, Der Energiebegriff in seiner Beziehung zur Rechtswissenschaft (1954); BARTH, Strombörse und Energierecht: Bedeutung und rechtliche Rahmenbedingungen des börslichen Handels von Elektrizität, RdE 2000, 139; BAUR, Langfristige Gaslieferungsverträge, in: FS Sandrock (2000) 35; BUDDE, Energie und Recht (1902); BÜDENBENDER, Energierecht nach der Energierechtsreform, JZ 1999, 62; D FISCHER, Die Elektrizität als Rechtsobjekt (1957); KLOESS, Die Energien in- und außerhalb des Verkehrs und das Eigenrecht an ihnen, AcP 103 (1908) 34; LIST, Elektrische Strömungs- und elektrische Schwingungsenergie als Rechtsbegriff (1931); MALZER, Das Recht der Energielieferungsverträge (1976); NIESSEN, Die privatrechtliche Stellung der Elektrizität und der Energielieferungsvertrag (1925); PASCHKE, Ist elektromagnetische Energie eine Sache?, in: FS Kühne (Wien 1984) 333; PFLEGHART, Die Elektrizität als Rechtsobjekt (1901); ders, Die Sachqualität der elektrischen Energie, ArchBürgR 24 (1904) 300; PLÖCHL, Die elektrische Energie im Handelsrecht, in: FS Demelius (Wien 1973) 415; P SCHULZE, Elektrizität und Sachbegriff im Bürgerlichen Recht (Diss Marburg 1934).

10 Soweit elektrische Energie **nicht verbrauchsgerichtet** weitergeleitet wird, wie zB beim Blitzschlag, bleibt sie als Naturkraft außerhalb der für die Güterbeherrschung maßgebenden Vorschriften des Privatrechts. Sie kann aber als schädigendes oder störendes Ereignis rechtlich bedeutsam werden. – Dasselbe gilt hinsichtlich anderer nicht geleiteter Energie, zB in Form von Licht- und **Radiowellen**, elektromagnetischen Feldern, Wärmestrahlen oder anderen **Strahlen** (vgl LAMPE, Defensiver und aggressiver übergesetzlicher Notstand, NJW 1968, 88, 91; FRITZ, Zivilrechtliche Abwehrmöglichkeiten gegen elektromagnetische Felder, BB 1995, 2122 ff).

11 c) Im **ausländischen Recht** wird der Elektrizität vielfach der Sachcharakter zugebilligt, so vor allem in Österreich (PLÖCHL, in: FS Demelius 420; SCHWIMANN/KLICKA, ABGB II [3. Aufl 2005] § 292 Rn 2 mwNw). – In Frankreich wird die Elektrizität aufgrund des umfassenden Gegenstandsbegriffs (vgl Vorbem 8 zu §§ 90 ff) den von Natur aus beweglichen Gütern (meubles par nature) des Art 528 cc zugerechnet. – Ebenso sieht Art 814 des italienischen Codice civile die Einordnung der Elektrizität als bewegliche Sache vor, soweit diese einen wirtschaftlichen Wert besitzt (vgl GALGANO, Diritto privato [9. Aufl Padova 1996] 101 und 114). – In der Schweiz ist die Sachqualität der Elektrizität umstritten; Art 713 ZGB stellt sie als Naturkraft in bezug auf das Fahrniseigentum den körperlichen Sachen aber ausdrücklich gleich (vgl MEIER-HAYOZ, Berner Kommentar IV/1 [5. Aufl Bern 1981] vor Art 641 Rn 225 f).

2. Software und Daten*

12 a) Wie bei allen Geisteserzeugnissen greift auch bei der rechtlichen Beurteilung

---

* **Schrifttum:** BERBERICH, Virtuelles Eigentum (2010); BEURSKENS, Vom Sacheigentum zum „virtuellen Eigentum"? – Absolute Rechte an „Daten", in: Jahrbuch Junger Zivilrechtswissenschaftler 2008, 443; BÖMER, „Hinterlegung" von Software, NJW 1998, 3321; BORMANN/BORMANN, Rechtsnatur und Rechtsschutz von Software, Betrieb 1991, 2641; P BYDLINSKI, Der Sachbegriff im elektronischen Zeitalter: zeitlos oder anpassungsbedürftig?, AcP 198 (1998) 287; FRITZSCHE, Rechtsfragen der Herstellung und Überlassung von Software, JuS 1995, 497; JUNKER, Ist Software Ware? – Die Behandlung von Computerprogrammen im Steuer- und im Bilanzrecht, beim Leasing, im Warenzeichenrecht, im Schuldvertragsrecht und in der Produkthaftung, WM 1988, 1217 und 1249; ders, Computerrecht: Gewerblicher Rechtsschutz, Mängelhaftung, Arbeitsrecht, JZ 1989, 316; ders, Die Praxis des Bundesgerichtshofs zum Computerrecht 1989–1992, JZ 1993, 447; KÖNIG, Die Qualifizierung von Computerprogrammen als Sachen iS des § 90 BGB, NJW 1989, 2604 f; ders, Software (Computerprogramme) als Sache und deren Erwerb als Sachkauf, NJW 1993, 3121; LOBER/WEBER, Money for Nothing? Der Handel mit virtuellen Gegenständen und Charakteren, MMR 2005, 653; MARLY, Die Qualifizierung der Computerprogramme als Sache nach § 90 BGB, BB 1991, 432; ZUR MEGEDE, Bemerkungen zu Rechtsfragen im Bereich der EDV, NJW 1989, 2580; MEHRINGS, Computersoftware und Gewährleistungsrecht, NJW 1986, 1904; MEIER/WEHLAU, Die zivilrechtliche Haftung für Datenlöschung, Datenverlust und Datenzerstörung, NJW 1998, 1585; O MEYER, Aktuelle vertrags- und urheberrechtliche Aspekte der Erstellung, des Vertriebs und der Nutzung von Software (2008); MICHALSKI/BÖSERT, Die vertrags- und schutzrechtliche Behandlung von Computerprogrammen (1992); MÜLLER-HENGSTENBERG, Computersoftware ist keine Sache, NJW 1994, 3128; PREUSS, Rechtlich geschützte Interessen an virtuellen Gütern (2009); REDEKER, Wer ist Eigentümer von Goethes Werther?, NJW 1992, 1739 f; ders, Software – ein besonderes Gut, NJOZ 2008, 2917; M SCHNEIDER, Virtuelle Werte (2010); SPINDLER, Der Schutz von **Software** die Trennung von Datenträger und Programminhalt ein (vgl o Rn 4). Der Datenträger ist als Mittel zum Transport des Programms eine Sache (BGHZ 102, 135, 144; SOERGEL/MARLY Rn 3). Das Computerprogramm als Folge von Befehlen zur Steuerung einer informationsverarbeitenden Maschine hingegen ist ein geistiges Gut, ein Immaterialgut. Das **Programm** als solches wird auch nicht dadurch zur Sache iS des § 90, daß es auf einem Datenträger gespeichert wird (BAMBERGER/ROTH/ FRITZSCHE Rn 26; REDEKER NJOZ 2008, 2919; MEHRINGS NJW 1986, 1905; JUNKER JZ 1989, 321 und 1993, 449; ZUR MEGEDE NJW 1989, 2582; MÜLLER-HENGSTENBERG NJW 1994, 3130; **aM** BGH NJW 1993, 2436, 2438; 2007, 2394 Rn 15; KÖNIG NJW 1989, 2604 und NJW 1993, 3122; Münch-Komm/HOLCH Rn 27). Es bleibt vielmehr auch bei der für seine Nutzung erforderlichen Verkörperung (zB in der Trägerschicht einer DVD oder Festplatte) ein geistiges Gut und damit möglicher Gegenstand eines Immaterialgüterrechts, namentlich eines Urheberrechts (vgl §§ 2 Abs 1 Nr 1, 69a ff UrhG), nicht aber des Eigentums iS des § 903 (LG Konstanz NJW 1996, 2662; REDEKER NJW 1992, 1740; ungenau SOERGEL/MARLY Rn 3, der nicht das Programm, sondern das daran bestehende Urheberrecht als Immaterialgut bezeichnet).

Urheberrecht und Sacheigentum liegen auf unterschiedlichen Ebenen, bestehen aber selbständig nebeneinander (vgl BGHZ 129, 66, 70; SCHACK, Urheber- und Urhebervertragsrecht [5. Aufl 2010] Rn 34 f; WITTE DStR 1996, 1049; das verkennt WEITZ 178). Das an dem **Datenträger** als corpus mechanicum bestehende **Eigentum** wird daher durch ein an dem gespeicherten Programm etwa bestehendes Urheberrecht eingeschränkt. Darüber kann auch die Ansicht, die das Programm unzutreffend als Sache einordnet, nicht hinweghelfen. Der Eigentümer ist berechtigt, mit dem Datenträger nach Belieben zu verfahren, solange das Urheberrecht am Programm dadurch nicht betroffen wird; er kann ihn aufbewahren, zerstören oder die gespeicherten Daten löschen. Urheberrechtlich relevante Nutzungen wie Vervielfältigung und Verbreitung (vgl §§ 15 ff, 69c UrhG) hingegen sind grundsätzlich nicht ohne Einwilligung des Urhebers möglich. So bedarf der öffentliche Weiterverkauf eines rechtmäßig erworbenen Datenträgers nur wegen des in §§ 17 Abs 2, 69c Nr 3 UrhG niedergelegten Erschöpfungsgrundsatzes nicht der Zustimmung des Urhebers des gespeicherten Computerprogramms (vgl SCHACK Rn 36 und 429 ff). **13**

b) Für die **vertragliche Überlassung von Software** ist deren Sachqualität von untergeordneter Bedeutung. Zutreffend wird die dauerhafte Überlassung von **Standardsoftware** zwar als Kauf eingeordnet (BGHZ 102, 135, 140 ff; 143, 307, 309; PALANDT/WEIDENKAFF § 453 Rn 8; differenzierend MÜLLER-HENGSTENBERG NJW 1994, 3133). Dafür ist gem § 453 nF aber nicht erforderlich, daß der Kaufgegenstand Sachqualität iS des § 90 aufweist (vgl auch Vorbem 10 zu §§ 90 ff). Ebenso können §§ 474 ff unabhängig vom Sachbegriff des § 90 anwendbar sein (REDEKER NJOZ 2008, 2922). Es geht beim Verkauf von Software dementsprechend nicht ausschließlich um die jeweilige Verkörperung der insoweit unbeachtlichen geistigen Schöpfung (so aber KÖNIG NJW 1993, 3122). So ist **14**

virtueller Gegenstände, ZGE 3 (2011) 129; STRIEZEL, Der Handel mit virtuellen Gegenständen aus Onlinewelten (2010); TRUMP/WEDEMEYER, Zur rechtlichen Problematik des Handels mit Gegenständen aus Onlinecomputerspielen, K&R 2006, 397; VÖLZMANN-STIK-KELBROCK, Schöne neue (zweite) Welt? – zum Handel mit virtuellen Gegenständen im Cyberspace, in: FS Eisenhardt (2007) 327; WEITZ, Software als „Sache" (1998); WITTE, Eigentumsanspruch und Urheberrecht bei Standardsoftware, DStR 1996, 1049.

der Verkäufer nicht nur zur Übergabe und Übereignung des (bespielten) Datenträgers, sondern ggf auch zur Einräumung der für die vertragsgemäße Nutzung erforderlichen Rechte (vgl § 69c Nr 1 UrhG) verpflichtet (vgl BGH NJW 2007, 2394, 2395 Rn 17; BFHE 182, 423, 425 f; Schack Rn 1278 f; Mehrings NJW 1986, 1905), soweit sich der Nutzer nicht auf die Schranke des § 69d UrhG berufen kann (dazu Stieper, Rechtfertigung, Rechtsnatur und Disponibilität der Schranken des Urheberrechts [2009] 109 ff; vgl auch BFHE 182, 423 Rn 19). Ob ein Sach- oder ein Rechtsmangel gegeben ist, hängt dann davon ab, ob ein Fehler des Datenträgers bzw des Programms selbst vorliegt oder ein erforderliches Nutzungsrecht fehlt. – Die Lieferung des zur Nutzung erforderlichen Bedienungshandbuchs als Teil der Software gehört zur Hauptleistungspflicht (BGH NJW 1993, 461, 462; BFHE 182, 423, 426: „unselbständige Nebenleistung").

15 Bei der direkten **Überspielung des Programms auf die Festplatte** des Käufers soll ebenfalls Kaufrecht Anwendung finden (BGHZ 109, 97, 99 f). Das ist sicher zutreffend für den entgeltlichen **Download** von Standardsoftware aus dem Internet (Stieper 401; PWW/Völzmann-Stickelbrock Rn 5). Wenn auch die Installation des Programms geschuldet ist, dürften jedoch werkvertragliche Komponenten im Vordergrund stehen (vgl OLG Hamm MMR 2006, 626, 627; Bydlinski AcP 198, 309 ff). Das gleiche gilt, wenn Gegenstand des Vertrages die **Herstellung von Individualsoftware** ist (BGH NJW 1990, 3008; Müller-Hengstenberg, Ist das Kaufrecht auf alle IT-Projektverträge anwendbar?, NJW 2010, 1181 ff; zum Internet-System-Vertrag BGH NJW 2010, 1449, 1451 f Rn 24 ff). – Bleibt die Software wie beim ASP (Application Service Providing) auf dem Server des Herstellers und wird sie dem Nutzer nur online zur Nutzung überlassen, so sind nach Auffassung des BGH (NJW 2007, 2394, 2395 Rn 20 = CR 2007, 75 m Anm Lejeune; BGH NJW 2010, 1449, 1450 f Rn 19; ebenso für Online-Spiele Striezel 214 f) die mietvertraglichen Vorschriften anzuwenden. In Betracht kommt jedoch allenfalls eine analoge Anwendung, da nicht der Server, sondern lediglich die Software als unkörperliches Gut zur Nutzung überlassen wird (ebenso Redeker NJOZ 2008, 2922 ff; kritisch auch Lejeune CR 2007, 78).

16 Die **Vollstreckung** eines Anspruchs auf Verschaffung einer Kopie eines Computerprogramms erfolgt nach hM analog § 883 ZPO (vgl Stein/Jonas/Brehm, ZPO [22. Aufl 2004] § 883 ZPO Rn 12a mwNw; aM Zöller/Stöber, ZPO [28. Aufl 2010] § 83 Rn 2: § 887 ZPO). Die Pfändung von Software erfolgt unabhängig von deren Sachqualität nach § 808 ZPO durch Wegnahme des Datenträgers (Musielak/Becker, ZPO [8. Aufl 2011] § 808 Rn 24; Gaul/Schilken/Becker-Eberhard, Zwangsvollstreckungsrecht [12. Aufl 2010] § 51 Rn 35; Paulus, Software in Vollstreckung und Insolvenz, ZIP 1996, 2 ff; vgl auch Weimann, Softwarepakete als Vollstreckungsgut unter besonderer Berücksichtigung der Aufgabe der Gerichtsvollzieher, DGVZ 1996, 1 ff).

17 c) Ebenso wie Computerprogramme stellen auch **andere Daten** keine Sachen iS des § 90 dar, auch wenn für ihre Nutzung die Speicherung auf einem Datenträger erforderlich ist (Preuss 57; Bamberger/Roth/Fritzsche Rn 26; Völzmann-Stickelbrock, in: FS Eisenhardt 336). Dennoch kann die Verschaffung der Daten unabhängig von einem Datenträger nach § 453 Gegenstand eines Kaufvertrages sein, etwa beim Erwerb von mp3-Dateien oder E-Books über das Internet (dazu Stieper, Big Brother is watching you – Zum ferngesteuerten Löschen urheberrechtswidrig vertriebener E-Books, AfP 2010, 217, 220). – Bedeutung hat das auch für den Handel mit **virtuellen Gegenständen** und **Avataren** (Spielfiguren) im Rahmen von Online-Spielen oder „virtuellen Welten" (dazu Trump/

Wedemeyer K&R 2006, 397 ff; Habel, Eine Welt ist nicht genug – Virtuelle Welten im Rechtsleben, MMR 2008, 71 ff; Preuss 36 ff; Striezel 239 ff). Während einzelne virtuelle Güter innerhalb der virtuellen Welt durch Änderung des entsprechenden Datenbankeintrags, also allein durch Überlassung der durch die Serversoftware eingeräumten faktischen Herrschaft, übertragen werden können, erfolgt eine Veräußerung der Spielfigur durch rechtsgeschäftliche Verfügung über die zugrunde liegenden schuldrechtlichen Forderungen gegenüber dem Betreiber der jeweiligen Plattform (vgl Völzmann-Stikkelbrock, in: FS Eisenhardt 334 f, 343 f; Diegmann/Kuntz, Praxisfragen bei Onlinespielen, NJW 2010, 561 f). Mangels Sachqualität können virtuelle Gegenstände jedoch nicht nach §§ 929 ff übereignet werden, die Vorschriften über den Erwerb beweglicher Sachen sind auch nicht analog anwendbar (Striezel 242 f; Schneider 188 f; verfehlt Lober/Weber MMR 2005, 656).

d) Die von der Gegenansicht vertretene Einordnung von auf einem Datenträger **18** gespeicherten Computerprogrammen und anderen Daten als Sachen iS des § 90 (s o Rn 12) führt iE zu keiner anderen **sachenrechtlichen Zuordnung**. Denn selbst bei Anerkennung der Sachqualität stellten sie wesentliche Bestandteile des Datenträgers dar und wären nach § 93 nicht sonderrechtsfähig (Bydlinski AcP 198, 315; Preuss 56 f; vgl § 93 Rn 24 ff). Ein vom Eigentum am Datenträger getrenntes Eigentum an den darauf gespeicherten Daten wäre also in jedem Fall ausgeschlossen, da sich diese vom Datenträger physikalisch nicht unterscheiden lassen (vgl Redeker NJOZ 2008, 2919).

Der **deliktische Schutz** des Datenträgers einschließlich der gespeicherten Daten wird **19** von deren fehlenden Sachqualität nicht berührt. Denn ein Löschen der Daten ist nicht ohne physikalische Veränderung des Datenträgers möglich und stellt daher einen Eingriff in das an diesem bestehende Eigentum dar (Meier/Wehlau NJW 1998, 1588; Spindler ZGE 3, 145 f; OLG Karlsruhe NJW 1996, 200, 201; vgl auch Bydlinski AcP 198, 315 und 321; kritisch Preuss 167). Der Schadensersatzanspruch des Eigentümers aus § 823 Abs 1 ist – soweit möglich – auf Wiederherstellung des Datenträgers mit den ursprünglich gespeicherten Daten gerichtet, andernfalls auf Wertersatz (BGH NJW 2009, 1066, 1067 Rn 11; LG Kaiserslautern DAR 2001, 225, 226; zur Vollstreckung eines solchen Anspruchs vgl o Rn 16). – Allerdings ist nicht jede Beeinträchtigung der Nutzungsmöglichkeit des Speichermediums notwendig eine Eigentumsverletzung (ausf zu diesem Problemkreis Staudinger/Hager [1999] § 823 Rn B 89 ff). Wenn Daten im stromabhängigen Arbeitsspeicher wegen Beschädigung eines Stromkabels durch einen Stromausfall gelöscht werden, liegt wegen der ohnehin nur flüchtigen Speicherung keine Eigentumsverletzung an der Computeranlage vor (vgl LG Konstanz NJW 1996, 2662, das allerdings auf die nur mittelbare Verletzung abstellt; allg auch Hager, Haftung bei Störung der Energiezufuhr, JZ 1979, 53 ff). Auch steht das Eigentum am Datenspeicher nicht zwingend der zur Nutzung der Daten berechtigten Person zu. Zu einer deliktischen Haftung kommt man in diesen Fällen nur durch die Anerkennung eines „Rechts am eigenen Datenbestand" (dafür Meier/Wehlau NJW 1998, 1588 f; Spindler ZGE 3, 146; PWW/Schaub § 823 Rn 80 mwNw; vgl auch BGH NJW 1996, 2924, 2925; Palandt/Sprau § 823 Rn 19).

3. Luft, Wasser, Meeresboden und Weltraum

Bereits das römische Recht nannte aer, aqua profluens, mare et litora als res extra **20** commercium (Inst 2, 1, 1). An ihnen schieden wegen des natürlichen Gemeineigentums Privatrechte einzelner aus. – Auch wenn es im Ergebnis bei der privatrechtlichen Verkehrsunfähigkeit geblieben ist, trifft eine solche Herleitung der Privatrechtsunfähigkeit für das heutige Recht nicht mehr zu (vgl KLOESS, Die allgemeinen Sachen Luft und Wasser nach geltendem Rechte [1907]). Vielmehr sind die freie Luft, das freie Wasser und der Meeresboden mangels **Beherrschbarkeit** keine Sachen iS des bürgerlichen Rechts. Die Begründung, dies gelte, weil an solchen Sachen „ihrer Natur nach eine ausschließliche Willensherrschaft nicht stattfindet", wurde nicht in das BGB aufgenommen (vgl JAKOBS/SCHUBERT 431).

21 a) Die **freie Luft** steht außerhalb der privaten Verkehrsfähigkeit, solange ihr mangels tatsächlicher Beherrschung die Sachqualität fehlt. Sobald Luft dagegen in Behältnisse eingeschlossen wird, kann sie, wie auch andere gasförmige Substanzen, Gegenstand des Privatrechtsverkehrs sein (vgl o Rn 3). – Die private Entnahme freier Luft zum Zwecke ihrer Abschließung und anschließenden Aneigung unterliegt keinen rechtlichen Beschränkungen. Ungeachtet mangelnder Sachqualität kann jedoch die freie Luft in rechtserheblicher Weise **genutzt** werden. Dies geschieht vor allem zum Zwecke des gem § 1 Abs 1 LuftVG grundsätzlich freien Luftverkehrs. – Ferner kann die in der natürlichen Luftbewegung enthaltene Energie genutzt werden, zB für den Betrieb eines Windmotors. Auch diese Nutzung der freien Luft ist als solche rechtlich nicht beschränkt. – Anders ist dies, wenn die freie Luft zum Abtransport von schädlichen **Emissionsstoffen** iS des § 3 Abs 3 BImSchG verwendet wird. Eine solche Nutzungsweise ist grundsätzlich verboten und bedarf für ihre ausnahmsweise Zulassung einer Genehmigung nach §§ 4 ff BImSchG.

22 b) Auch das **freie Wasser** besitzt keine Sachqualität iS des bürgerlichen Rechts. Dies gilt für **Meerwasser** ebenso wie für das nicht gefaßte **Grundwasser** (zu letzterem vgl BayObLG NJW 1965, 973, 974 und o Rn 2). Am Grundwasser hatte man früher eine Art Verfügungsbefugnis bejaht, die aus § 905 hergeleitet wurde (so noch BGHZ 69, 1, 3 f). Das BVerfG (BVerfGE 58, 300, 333 f) hat diese Auffassung jedoch im Zusammenhang mit der Grundwassernutzung verworfen. – Bei **Binnengewässern** ist zwischen fließendem und stehendem Wasser zu unterscheiden: Bei letzterem (zB in Teichen) ist die Wassermenge beherrschbar und steht daher als Sache im Eigentum des Grundeigentümers. Auf die „fließende Welle" kann sich das Bodeneigentum dagegen von vornherein nicht erstrecken, weil dem Wasser die Sachqualität fehlt (so auch BAUR/ STÜRNER § 27 Rn 48; SOERGEL/MARLY vor § 90 Rn 33; ERMAN/MICHALSKI vor § 90 Rn 10; BGB-RGRK/KREGEL Rn 12; aM PAPPERMANN/LÖHR/ANDRISKE, Recht der öffentlichen Sachen [1987] 109). Dementsprechend schließt § 4 Abs 2 WHG idF v 31. 7. 2009 (BGBl I 2585) privatrechtliches Eigentum am Wasser eines fließenden oberirdischen Gewässers und am Grundwasser ausdrücklich aus. Die ordnungsrechtliche Zustandsverantwortlichkeit des Eigentümers des Gewässerbettes (zB für Ölverschmutzungen) bleibt davon unberührt (CZYCHOWSKI/REINHARDT, WHG [10. Aufl 2010] § 4 Rn 25). – Das Recht zur **Entnahme von Wasser** mit dem Ziel, daran bürgerlichrechtliches Eigentum zu begründen, ist für das offene Meer nicht eingeschränkt. Für oberirdische Gewässer und das Grundwasser gelten §§ 8 ff WHG, wonach eine solche Nutzung des freien Wassers grundsätzlich erlaubnis- und bewilligungspflichtig ist (zu Ausnahmen vgl §§ 25 f und § 46 WHG).

23 c) Hinsichtlich des **Strandes von Binnengewässern** gelten die Bestimmungen über das Grundstückseigentum, das am Gewässerbett nach Art 89 GG sowie durch das in

§ 4 Abs 5 WHG vorbehaltene Landesrecht begründet wird. – Der **Meeresstrand**, dh der im Wirkungsbereich der Wellen liegende Küstenstreifen zwischen der Niedrigwasserlinie und dem durch Beginn des geschlossenen Pflanzenwuchses bzw den Böschungsfuß von Steilufern und Dünen oder eine bauliche Anlage gekennzeichneten höchsten Flutstand (vgl die Definition in § 64 Abs 9 des schleswig-holsteinischen LandeswasserG idF v 11. 2. 2008, GVBl 91), besitzt ebenfalls **Sachqualität** iS des § 90 (vgl PETERSEN, Deutsches Küstenrecht [1989] Rn 992; aM STAUDINGER/DILCHER [1995] Rn 34). Nach den gem § 4 Abs 5 WHG maßgeblichen Landesrechten ist der Meeresstrand jedoch entweder „res publica" (so OLG Schleswig NJW 2001, 1073 f für den Geltungsbereich des Jütischen Low) oder sogar „res communis omnium" (so wohl BGHZ 44, 27, 30 f für den Bereich des früheren ALR; weitere Nachweise bei PETERSEN Rn 998 ff). Damit ist Privateigentum am Strand nach heutigem Verständnis allerdings nicht ausgeschlossen; es wird lediglich durch die öffentlich-rechtliche Zweckbestimmung modifiziert (vgl Vorbem 18 zu §§ 90 ff; OLG Schleswig NJW-RR 2003, 1170, 1171; NJW 2001, 1073, 1074; PETERSEN Rn 1004 ff). – Eine private **Nutzung des Strandes** als öffentlicher Sache steht im Rahmen des Gemeingebrauches (vgl Vorbem 15 zu §§ 90 ff) grundsätzlich frei; dieser kann jedoch von der zuständigen Behörde des Sachherrn im öffentlichen Interesse eingeschränkt werden (VG Schleswig SchlHA 1973, 124; LG Lübeck SchlHA 1955, 329 f). Auch die Zubilligung einer über den Gemeingebrauch hinausgehenden Sondernutzung, zB durch Anlagen für Badegäste, ist in diesem Rahmen möglich (BGHZ 44, 27, 32 f).

Trockengelegte ehemalige Wasserflächen sind herrenlos iS des BGB und unterliegen nach § 928 Abs 2, Art 190 EGBGB der Aneignung, wenn sie durch Vermessung und Eintragung zu Festland geworden sind (LG Kiel SchlHA 1975, 85, 86). Inhaber des Aneignungsrechts ist gem Staatsvertrag vom 29. 7. 1921 (RGBl 961) der Bund als Rechtsnachfolger des Deutschen Reichs (BGHZ 107, 342, 348; HARDERS, Der Begriff der Seewasserstraße und Anlandungen in der Ostsee, Jura 1991, 63 ff; KOWALLIK, Die Eigentumsverhältnisse von Anlandungsflächen an Bundeswasserstraßen, DVBl 1986, 1088, 1092 ff).

d) Der **Meeresboden** steht in niemandes Eigentum (BGHZ 44, 27, 30). Der Aneignung von Teilen des Meeresbodens durch Errichtung von Anlagen (zB Bohrinseln oder Off-Shore-Windparks) steht die mit völkerrechtlicher Wirkung ausgestattete Entschließung der Generalversammlung der Vereinten Nationen vom 17. 12. 1970 entgegen, wonach der Meeresgrund und seine Ressourcen als „common heritage of mankind" privater Aneignung entzogen sind (vgl GRAF VITZTHUM, Der Rechtsstatus des Meeresbodens [1972] 156 ff; EITEL, Völkerrecht und Meeresnutzung, JZ 1980, 41 ff). Dieses Konzept ist von Art 136 f der Seerechtskonvention der Vereinten Nationen von 1982 (SRK, BGBl 1994 II 1799) aufgegriffen worden (vgl IPSEN/GLORIA, Völkerrecht [5. Aufl 2004] § 54 Rn 21 f). Man wird deshalb als Grundlage für die Ausbeutung des Meeresbodens **innerhalb der staatlich beanspruchten Hoheitszone**, vor allem durch Bergbau und Ölgewinnung, ein öffentlich-rechtliches Nutzungsrecht annehmen müssen (zum Eigentum an den Anlagen vgl § 95 Rn 19). Völkerrechtliche Grundlage hierfür ist Art 77 Abs 1 SRK (vgl IPSEN/GLORIA § 53 Rn 45); deutsche Rechtsgrundlage ist das BBergG v 13. 8. 1980 (BGBl I 1310), das eine Erlaubnispflicht für die Gewinnung von Bodenschätzen im deutschen Festlandsockel (zu dessen Reichweite s Art 76 SRK) vorsieht. Dasselbe gilt für den bei der Aufteilung der Nordsee durch Vertrag vom 28. 1. 1971 (BGBl 1972 II 881) der Bundesrepublik als Hoheitsbereich zugesprochenen Teil des Nordseebodens, und zwar auch außerhalb des Festlandsockels. – Die Genehmigung zur Benutzung des Meeresbodens zur Verlegung von Kabeln und Rohrleitungen (Pipelines) darf gem Art 79 Abs 1 SRK, § 133 BBergG nur ausnahmsweise wegen überwiegender öffentlicher Interessen versagt werden. – Für den Abbau von Ressourcen **außerhalb der staatlichen Hoheitszone** ist nach dem MeeresbodenbergbauG v 6. 6. 1995 (BGBl I 778, 782) die Befürwortung durch das Oberbergamt und ein Vertrag mit der Internationalen Meeresbodenbehörde (Art 157 Abs 1 SRK) erforderlich (vgl IPSEN/GLORIA § 54 Rn 28 f; KÖNIG, Neues Meeresvölkerrecht: Das Regime für die Tiefsee, Jura 1995, 127 ff).

26 **e)** Seitdem der erste Mensch im Jahre 1969 den Mond betreten hat, steht fest, daß auch Himmelskörper im **Weltraum** (zur begrifflichen Abgrenzung IPSEN/FISCHER § 56 Rn 7 ff) grundsätzlich menschlicher Beherrschbarkeit zugänglich sind. Sie kommen damit als Sachen iS des § 90 in Betracht (LARENZ/WOLF § 20 Rn 15; ENNECCERUS/NIPPERDEY § 121 II 5). Der Weltraumvertrag v 27. 1. 1967 (BGBl 1969 II 1968) erklärt die Nutzung des Weltraums einschließlich des Mondes und anderer Himmelskörper als Sache der gesamten Menschheit („province of all mankind"). Ebenso wie der Mondvertrag v 18. 12. 1979 schließt er eine nationale Aneignung der betroffenen Himmelskörper aus. Dieses **Aneignungsverbot** umfaßt auch die Aneignung durch staatliche oder private Unternehmen (IPSEN/FISCHER § 56 Rn 6). Unter Berücksichtigung des in Art 11 Abs 1 des Mondvertrages niedergelegten „common heritage of mankind"-Prinzips (vgl o Rn 25) ist eine Begründung von staatlichen Teilhaberechten ähnlich wie beim Meeresboden nur an den Naturschätzen des Mondes möglich. – Die von Menschenhand auf den Mond gebrachten Sachen wie Mondfahrzeuge bleiben trotz Besitzlosigkeit verkehrsfähig (vgl AVENARIUS, Übereignung besitzloser Sachen und Vindikationszession, JZ 1994, 511 f). Das an ihnen bestehende Eigentum wird gem Art VIII des Weltraumvertrages weder durch ihren Aufenthalt im Weltraum noch durch ihre Rückkehr zur Erde berührt (dazu IPSEN/FISCHER § 56 Rn 41).

4. Der menschliche Körper*

27 **a)** Nach der Systematik des BGB stehen Sachen iS des § 90 als Rechtsobjekte den

---

* **Schrifttum**: DANZ/PAGEL, Wem gehört die Nabelschnur?, MedR 2008, 602; DEUTSCH, Das Persönlichkeitsrecht des Patienten, AcP 192 (1992) 161; DEUTSCH/SPICKHOFF, Medizinrecht (6. Aufl 2008) Kap XIX; FORKEL, Verfügungen über Teile des menschlichen Körpers, JZ 1974, 593; ders, Das Persönlichkeitsrecht am Körper, gesehen besonders im Lichte des Transplantationsgesetzes, Jura 2001, 73; FREUND/HEUBEL, Der menschliche Körper als Rechtsbegriff, MedR 1995, 194; GÖRGENS, Künstliche Teile im menschlichen Körper, JR 1980, 140; GROPP, Ersatz- und Zusatz-Implantat, JR 1985, 181; HALÁSZ, Das Recht auf bio-materielle Selbstbestimmung (2004); ILGNER, Der Schrittmacher als Rechtsobjekt (Diss Osnabrück 1990); JANSEN, Die Blutspende aus zivilrechtlicher Sicht (Diss Bochum 1978); LAUFS/KATZENMEIER/LIPP, Arztrecht (6. Aufl 2009) Kap VI; J MAIER, Der Verkauf von Körperorganen (1991); R MÜLLER, Die kommerzielle Nutzung menschlicher Körpersubstanzen (1997); NICKEL, Rechtliche Voraussetzungen der Organentnahme von Lebenden und Verstorbenen (2001); NIXDORF, Zur ärztlichen Haftung hinsichtlich entnommener Körpersubstanzen: Körper, Persönlichkeit, Totenfürsorge, VersR 1995, 740; PLÖCHL (Hrsg), Ware Mensch (Wien 1996); C ROTH, Eigentum an Körperteilen (2009); SASSE, Zivil- und strafrechtliche Aspekte der Veräußerung von Organen Verstorbener und Lebender (1996); SCHÄFER, Rechtsfragen zur Verpflanzung von Körper- und Leichenteilen (Diss Münster 1961); SCHÜNEMANN, Die Rechte

Personen als Rechtssubjekten gegenüber. Der menschliche Körper kann daher nicht selbst Objekt eines Herrschaftsrechts sein. Das brachte schon ULPIAN in D 9, 2, 13 pr zum Ausdruck („dominus membrorum suorum nemo videtur"). Dementsprechend gibt es am lebenden Körper und seinen Teilen **kein Eigentum** (SOERGEL/MARLY Rn 5; MünchKomm/HOLCH Rn 2; LARENZ/WOLF § 20 Rn 7; MÜLLER 33 f; SASSE 53; TRESS 12; TAUPITZ NJW 1995, 745; aM BRUNNER, Theorie und Praxis im Leichenrecht, NJW 1953, 1173 f; vgl zur Bewertung des Körpers als Sache durch die früheren Sklavereivorschriften BEKKER, Grundbegriffe des Rechts und Mißgriffe der Gesetzgebung [1910] 98). – Das Recht am eigenen Körper ist vielmehr als ein **besonderes Persönlichkeitsrecht** aufzufassen (grundlegend GAREIS, in: FG Schirmer 61 ff; ebenso BGHZ 124, 52, 54; SOERGEL/MARLY Rn 5; MünchKomm/ HOLCH Rn 2; JANSEN 38; MÜLLER 34; FORKEL JZ 1974, 594; TAUPITZ JZ 1992, 1091). Seine Grundlage ist parallel zum allgemeinen Persönlichkeitsrecht in Art 1 und 2 Abs 2 GG zu sehen (dazu DEUTSCH AcP 192, 162 ff). Es umfaßt neben dem Recht auf Schutz der körperlichen Integrität das Recht zur Bestimmung über den eigenen Körper (BGHZ 124, 52, 54 f; DEUTSCH AcP 192, 165; FORKEL Jura 2001, 75). – Dieses besondere Persönlichkeitsrecht reicht über die in § 823 Abs 1 absolut geschützten Rechtsgüter Leben, Körper, Gesundheit und Freiheit insoweit hinaus, als es die Grundlage für die Beachtlichkeit postmortaler Anordnungen des Verstorbenen und für die Beschränkungen des Sachenrechts bei einer Bestimmung der Rechtslage des Leichnams bildet (vgl u Rn 41 ff). Für die vom lebenden Körper abgetrennten Bestandteile hingegen wird das besondere Persönlichkeitsrecht von sachenrechtlichen Regeln verdrängt (vgl u Rn 29 ff). – **Verpflichtungsgeschäfte**, welche die Darbietung des menschlichen Körpers (zB als Model) zum Gegenstand haben, sind zulässig, soweit nicht § 138 entgegensteht. Vollstreckt werden derartige Verpflichtungen nach § 888 ZPO.

b) Die Frage nach der Sachqualität von **Körperteilen oder Körperbestandteilen** 28 stellt sich somit erst, wenn sie **vom lebenden Körper getrennt** werden. Das betrifft abgeschnittene Haare und gezogene Zähne ebenso wie herausoperierte Gallensteine, gespendetes Blut, Gewebe oder zur Transplantation entnommene Organe. Die EU-Richtlinien 2002/98/EG v 27. 1. 2003 (ABl L 33/30) und 2004/23/EG v 31. 3. 2004 (ABl L 102/48) zur Festlegung von Qualitäts- und Sicherheitsstandards im Umgang mit menschlichem Blut und Gewebe sowie ihre Umsetzung im TransfusionsG und TransplantationsG enthalten insoweit keine Vorgaben (vgl u Rn 33).

Für eine **Fortdauer des besonderen Persönlichkeitsrechts** und damit für die Ableh- 29 nung sachenrechtlicher Beziehungen zum abgetrennten Körperstück hat sich vor allem FORKEL (JZ 1974, 595) in bezug auf die für einen bestimmten Empfänger gewollte Organspende ausgesprochen (ebenso DEUTSCH/SPICKHOFF Rn 857, 861; DEUTSCH

---

am menschlichen Körper (1985); SPRANGER, Die Rechte des Patienten bei der Entnahme und Nutzung von Körpersubstanzen, NJW 2005, 1084; TAUPITZ, Privatrechtliche Rechtspositionen um die Genomanalyse: Eigentum, Persönlichkeit, Leistung, JZ 1992, 1089; ders, Der deliktsrechtliche Schutz des menschlichen Körpers und seiner Teile, NJW 1995, 745; TOELLNER (Hrsg), Organtransplantation – Beiträge zu ethischen und juristischen Fragen (1991); WICHMANN, Die rechtlichen Verhältnisse des menschlichen Körpers und der Teile, Sachen, die ihm entnommen, in ihn verbracht oder sonst mit ihm verbunden sind (1995); ZERR, Abgetrennte Körpersubstanzen im Spannungsfeld zwischen Persönlichkeitsrecht und Vermögensrecht (2004). Wegen des älteren Schrifttums s STAUDINGER/DILCHER[12] § 90 Rn 14.

AcP 192, 167; auch JANSEN 85 ff für die Bluttransfusion von Mensch zu Mensch). SCHÜNEMANN (89 ff) nimmt für Körperstücke eine das Sachenrecht überlagernde Fortdauer des Persönlichkeitsrechts an, die aber durch Verzicht des Rechtsinhabers beendet werden und rein sachenrechtlicher Bewertung weichen kann. – Die im Schrifttum vorherrschende Ansicht geht hingegen zutreffend davon aus, daß sogleich mit der Abtrennung des Körperstückes vom lebenden Menschen eine **Sache** entsteht (Münch-Komm/HOLCH Rn 29; SOERGEL/MARLY Rn 7; BGB-RGRK/KREGEL Rn 4; ENNECCERUS/NIPPERDEY § 121 II 1; DANZ/PAGEL MedR 2008, 604; ebenso für den Fall einer nicht zielgerichteten Abtrennung FORKEL JZ 1974, 596; DEUTSCH AcP 192, 167; DEUTSCH/SPICKHOFF Rn 857). Das besondere Persönlichkeitsrecht ist mit dem menschlichen Wesen als solchem verknüpft und kann nicht an dessen verselbständigten Teilen fortgeführt werden (MÜLLER 50; vgl für das österreichische Recht HAMERL, in: PLÖCHL 65 f). Dies gilt unabhängig davon, ob die Abtrennung gewollt war oder ob bei gewollter Abtrennung die Übertragung auf einen bestimmten Empfänger geplant war (vgl BGHZ 124, 52, 55). Wegen der besonderen Herkunft der Körperstücke, die sie von anderen Sachen unterscheidet, kann ihre bestimmungswidrige Nutzung jedoch das **allgemeine Persönlichkeitsrecht** des früheren Rechtsträgers verletzen (BGHZ 124, 52, 55; MÜLLER 50 f; NIXDORF VersR 1995, 742; TAUPITZ JZ 1992, 1093; vgl SOERGEL/MARLY Rn 8; bedenklich weit STAUDINGER/HAGER [1999] § 823 Rn C 243; HALÀSZ 82 ff; zur Verletzung des allg Persönlichkeitsrechts bei der Vernichtung von Sperma s u Rn 32). Regelmäßig bieten bei abredewidriger Verwendung von gespendeten Organen hingegen **vertragliche Ansprüche** einen ausreichenden Rechtsschutz (vgl HAMERL, in: PLÖCHL 59 ff; NIXDORF VersR 1995, 742).

30 Mit der Abtrennung erwirbt der bisherige Träger in entsprechender Anwendung des § 953 **originäres Eigentum** an den abgetrennten Körperstücken (STAUDINGER/GURSKY [2011] § 953 Rn 11; SOERGEL/MARLY Rn 7; MünchKomm/HOLCH Rn 29; BGB-RGRK/KREGEL Rn 4; ENNECCERUS/NIPPERDEY § 121 I 1; MÜLLER 50; TRESS 15 f; ebenso für das österreichische Recht ETZL, in: PLÖCHL 87 f; zusammenfassend SCHRÖDER/TAUPITZ, Menschliches Blut, verwendbar nach Belieben des Arztes? [1991] 35 ff). Der Eigentümer des abgetrennten Körperstückes kann hierüber nach allgemeinen Regeln **verfügen**, zB sein Eigentum auf einen konkreten Empfänger übertragen, dem das Körperstück eingepflanzt werden soll (vgl DEUTSCH/SPICKHOFF Rn 861 f; zur Rechtslage nach der Einpflanzung s u Rn 34). – Früher wurde dagegen zT eine mit der Abtrennung eintretende **Herrenlosigkeit** angenommen, die von einem Aneignungsrecht des früheren Trägers begleitet sein sollte, der dieses Recht auch übertragen konnte (vgl GAREIS, in: FG Schirmer 61 und 90 ff; KALLMANN, Rechtsprobleme bei der Organtransplantation, FamRZ 1969, 572, 577). Bedenklich an dieser Meinung ist aus heutiger Sicht ua, daß entnommene Körpersubstanzen häufig Sonderabfall darstellen, der von einem Verantwortlichen entsorgt werden muß und deshalb nicht einfach herrenlos werden darf (vgl SCHÜNEMANN 160 ff; ETZL, in: PLÖCHL 87). – Allerdings kann im Einzelfall ein stillschweigender **Verzicht** (§ 959) auf das Eigentum an wertlosen Substanzen angenommen werden, zB bei entfernten Gallensteinen oder abgeschnittenen Haaren (SOERGEL/MARLY Rn 7; MünchKomm/HOLCH Rn 29; TAUPITZ AcP 191, 208 f; ders, JZ 1992, 1092; NIXDORF VersR 1995, 742). Aus den genannten Gründen liegt eine Übertragung an die behandelnde Person zwar näher als eine Derelikton (vgl SCHÜNEMANN 162; DEUTSCH/SPICKHOFF Rn 863; SPRANGER NJW 2005, 1085). Daß sich der Eigentümer der abgetrennten Körpersubstanzen seinen öffentlich-rechtlichen Entsorgungspflichten entzieht, berührt jedoch nicht die dingliche Wirksamkeit einer Derelikton (vgl BAUR/STÜRNER § 53 Rn 69).

Eine **Ausnahme** vom Grundsatz der Sachqualität abgetrennter Körperbestandteile 31
wird teilweise für solche Körpersubstanzen angenommen, die nach dem Willen des
Trägers dazu bestimmt sind, wieder **in den Körper zurückgeführt** zu werden, wie die
Eigenblutspende oder die zur extrakorporalen Befruchtung entnommene Eizelle.
Diese sollen auch während der Trennung eine „funktionale Einheit" mit dem Körper bilden; bei ihrer Beschädigung oder Vernichtung liege daher keine Sachbeschädigung, sondern eine Körperverletzung vor (BGHZ 124, 52, 55; PALANDT/SPRAU § 823 Rn 5;
ERMAN/MICHALSKI Rn 5; SOERGEL/MARLY Rn 8; kritisch BAMBERGER/ROTH/FRITZSCHE Rn 30; ausf
STAUDINGER/HAGER [1999] § 823 Rn B 19 mwNw). Mit dieser Begründung kann man aber
allenfalls die Sachqualität solcher Körpersubstanzen verneinen, die nur kurzzeitig
aus dem Körper entfernt werden und in einem **engen räumlich-zeitlichen Zusammenhang** mit der Entnahme stehen, wie zB zur medikamentösen Bearbeitung entnommenes Blut während einer Operation (NIXDORF VersR 1995, 741). Denn die Sachqualität eines Gegenstandes bestimmt sich nach der Verkehrsauffassung (vgl Vorbem 9
zu §§ 90 ff) und kann nicht von einer subjektiven Zweckbestimmung abhängen. –
Wird eine Eigenblutspende außerhalb des Körpers mit Krankheitserregern infiziert,
stellt die Infizierung danach lediglich eine Sachbeschädigung dar; ein Eingriff in den
Körper liegt erst vor, wenn die infizierte Spende wieder in den Körper zurückgeführt
wird und die Infizierung auf den Körper übergreift.

Der BGH hat den Begriff der „funktionalen Einheit" jedoch noch ausgeweitet und 32
auch bei der Vernichtung von **Sperma**, das der Spender wegen erwarteter Unfruchtbarkeit hatte einfrieren lassen, eine Körperverletzung angenommen (BGHZ 124, 52,
56). Das Urteil ist zu Recht auf Ablehnung gestoßen (vgl nur LAUFS/REILING, Schmerzensgeld wegen schuldhafter Vernichtung deponierten Spermas?, NJW 1994, 775; TAUPITZ NJW
1995, 746 f; NIXDORF VersR 1995, 742 f; SOERGEL/MARLY Rn 8; MünchKomm/HOLCH Rn 30: Der
BGH habe „die Grenze zur Metaphysik überschritten"). Die Ausdehnung des Körperbegriffs ist zur Begründung eines Schmerzensgeldanspruchs außerdem nicht nötig;
das allgemeine Persönlichkeitsrecht des Spenders bietet eine rechtsdogmatisch
überzeugendere Alternative (vgl o Rn 29; STAUDINGER/HAGER [1999] § 823 Rn C 245;
DEUTSCH/SPICKHOFF Rn 858; Voss, Die Durchkreuzung des manifestierten Familienplanes als deliktische Integritätsverletzung, VersR 1999, 545 ff; TAUPITZ NJW 1995, 748 f; NIXDORF VersR 1995,
743; FREUND/HEUBEL MedR 1995, 196; **aM** LAUFS/REILING NJW 1994, 776).

Verpflichtungsgeschäfte zu Verfügungen über noch abzutrennende Körperstücke 33
sind in den Grenzen des § 138 grundsätzlich zulässig (ausf MÜLLER 92 ff). Ob eine
vertragliche Verpflichtung zur künftigen Abtrennung von Körperstücken wirksam
begründet werden kann, ist umstritten (vgl SASSE 60 ff). Jedenfalls ist ein Erfüllungszwang wegen der freien Widerruflichkeit der zur Entnahme erforderlichen Einwilligung ausgeschlossen (vgl SCHÜNEMANN 182; FORKEL JZ 1974, 595 und Jura 2001, 76). – Soweit
es um die **Spende von menschlichen Organen** (insbes Nierenverpflanzungen) und
Gewebe geht, ist das TransplantationsG idF v 4. 9. 2007 (BGBl I 2206) zu beachten,
wonach der freie Handel mit Organen und Geweben, die einer Heilbehandlung
eines anderen dienen, verboten ist (§ 17 TPG). – Für Blutspenden zum Zweck der
Anwendung beim Menschen (nicht für Forschungszwecke) gilt das TransfusionsG
idF v 28. 8. 2007 (BGBl I 2169), wonach die Spende nicht an andere Personen weitergegeben werden darf (§ 17 Abs 1 S 3).

Mit der **Einpflanzung** des abgetrennten Körperstückes beim ursprünglichen Träger 34 oder einem Dritten endet die Sachqualität. Das eingepflanzte Stück wird wieder zum Körperbestandteil (s o Rn 27). Die medizinische Frage einer eventuellen Unverträglichkeit des Implantats (vgl dazu LOSSE, in: TOELLNER 4 und VOGT/KARBAUM, in: TOELLNER 9) bleibt dabei außer Betracht. – Der in diesem Zusammenhang eintretende Eigentumsverlust kann nach § 812 Abs 1 S 1 Var 2 zu Ausgleichsansprüchen führen, wenn dem untergegangenen Eigentum am Körperstück ein Vermögenswert zukam, wie dies zB bei einer Blutkonserve der Fall ist.

35 c) Von ebenso großer Bedeutung wie die Rechtslage natürlicher Körperstücke ist die Problematik **künstlicher Körperteile**. Dazu gehören zunächst diejenigen Ersatzstücke, die wie Zahnersatz oder künstliche Hüftgelenke unter Einsatz organischer Vorgänge hinsichtlich einzelner Körperfunktionen an die Stelle defekter Körperteile treten. Diese Stücke verlieren mit der Einfügung in den menschlichen Körper unstreitig ihre Sacheigenschaft und werden ebenso vom **besonderen Persönlichkeitsrecht** am Körper erfaßt wie die natürlichen Körperteile (SOERGEL/MARLY Rn 6; ERMAN/MICHALSKI Rn 5; zur Haftung des Herstellers nach § 84 AMG vgl LIPPERT, Implantate, Transplantate, Infusionen und Transfusionen – wer haftet wie?, VersR 1994, 153 ff). Zur Begründung hierfür bedarf es nicht der von SCHÄFER (45) vorgeschlagenen Analogie zu § 947 Abs 2. – Umstritten ist die Sachqualität sog Zusatzimplantate, die lediglich unterstützende Funktion haben, wie zB **Herzschrittmacher**. Teilweise wird die Ausdehnung des Persönlichkeitsrechts auf eingepflanzte Körperstücke nur dann bejaht, wenn das Implantat auf Dauer im Körper verbleiben soll (so SCHÜNEMANN 128 ff; GROPP JR 1985, 184; SCHÖNKE/SCHRÖDER/ESER/BOSCH, StGB [28. Aufl 2010] § 242 Rn 10; ähnlich GÖRGENS JR 1980, 141 in analoger Anwendung der §§ 93 ff). Ein zur Auswechslung vorgesehener Schrittmacher könnte daher Sachqualität behalten, allerdings eingeschränkt durch die Wahrung des Persönlichkeitsrechts am übrigen Körper. – Diese Auffassung erscheint jedoch angesichts der Herleitung des Persönlichkeitsrechts aus der Verfassung nicht zutreffend. Das auf das Verfassungsrecht bezogene objektive Element der **organischen Körperverbindung** genießt den Vorrang gegenüber dem Element einer beabsichtigten oder nur möglichen späteren Abtrennung. Organisch verbundene Implantate sind daher rechtlich stets so zu bewerten wie der menschliche Körper insgesamt (ebenso SOERGEL/MARLY Rn 6; MünchKomm/HOLCH Rn 31; TAUPITZ NJW 1995, 745). Wenn künstliche Körperstücke zu Lebzeiten des Trägers **aus dem Körper gelöst** werden, zB beim Austausch eines Herzschrittmachers oder eines künstlichen Hüftgelenks, erlangen die entnommenen Implantate daher wie natürliche Körperteile mit der Abtrennung Sachqualität und gehören analog § 953 dem früheren Träger (s o Rn 30 f). Dieser kann darüber verfügen und sich auch zu Verfügungen verpflichten. Vor dem Einpflanzen an „gebrauchten" künstlichen Körperteilen bestehende Rechte Dritter leben nicht wieder auf.

36 Von den künstlichen Körperstücken sind die reinen **Hilfsmittel** wie Brillen, Hörgeräte, Perücken und herausnehmbare Zahnspangen zu unterscheiden. Derartige Hilfsmittel, denen die organische Einbeziehung in den Körper des Trägers fehlt, bleiben Sachen iS des § 90 (vgl ERMAN/MICHALSKI Rn 5). Daher ist ein Eigentumsvorbehalt an ihnen möglich, zB nach § 4 der VO über die orthopädische Versorgung Unfallverletzter v 18. 7. 1973 (BGBl I 871; vgl SCHÜNEMANN 125). Jedoch ist die Pfändbarkeit notwendiger Hilfsmittel nach § 811 Abs 1 Nr 12 ZPO ausgeschlossen.

37 d) Der erzeugten, aber noch ungeborenen Leibesfrucht (nasciturus) kommt be-

reits beschränkte Rechtsfähigkeit zu (STAUDINGER/WEICK [2004] § 1 Rn 15; PALANDT/EL-
LENBERGER § 1 Rn 7, jeweils mwNw auch zur Gegenauffassung). Wie der Körper des gebore-
nen Menschen kann daher auch der menschliche **Embryo** nicht als Sache angesehen
werden; das gilt nicht nur für Embryonen in vivo, sondern auch für Embryonen in
vitro (STAUDINGER/WEICK [2004] § 1 Rn 23; **aM** BILSDORFER, Rechtliche Probleme der In-vitro-
Fertilisation und des Embryo-Transfers, MDR 1984, 803, 804: Miteigentum von Mutter und Vater;
zweifelnd im Hinblick auf die in vielen Staaten erlaubte Verwendung zu Forschungszwecken auch
MünchKomm/WENDEHORST Art 43 EGBGB Rn 29a). – Dagegen sind **embryonale Stammzellen**, sofern sie nicht als totipotente Zellen gem § 3 Nr 4 StammzellG v 28. 6. 2002
(BGBl I 2277) selbst Embryonen sind, mangels eines gegenwärtigen oder zukünftigen
Rechtsträgers als Sachen einzustufen (vgl MünchKomm/WENDEHORST Art 43 EGBGB
Rn 30). Wenn aus einer zur Befruchtung entnommenen Eizelle embryonale Stammzellen zu Forschungszwecken kultiviert werden, ist daher nicht das besondere Persönlichkeitsrecht am eigenen Körper, möglicherweise aber das allgemeine Persönlichkeitsrecht (vgl o Rn 29) der Mutter betroffen; für die Gewinnung von Stammzellen
aus der dem Kind gehörenden Nabelschnur ist die Einwilligung der Eltern als Akt
der Personensorge erforderlich (DANZ/PAGEL MedR 2008, 604 f).

5. Der Leichnam*

Die Bestimmung der Rechtslage des toten menschlichen Körpers nach den Katego- 38
rien des Zivilrechts stößt auf beträchtliche Schwierigkeiten. Diese beginnen bereits
mit der **Festlegung des Todeszeitpunktes** (ausf Stellungnahmen zu den zahlreichen umstrittenen Einzelheiten im Sammelband von KRÖSTL/SCHERZER, Die Bestimmung des Todeszeitpunktes
[Wien 1973]; vgl auch STAUDINGER/HABERMANN [2004] Vorbem 3 ff zu § 1 VerschG). Der nach
heute hM maßgebliche **Gesamthirntod** liegt vor, wenn die Gesamtfunktionskraft von
Großhirn, Kleinhirn und Hirnstamm ausgefallen ist, so daß dauerhaft keine Gehirn-

---

* **Schrifttum:** AHRENS, Öffentliche Leichnams-
sektionen und Körperwelten im Lichte des zivilrechtlichen Persönlichkeitsschutzes, GRUR
2003, 850; BIELER, Persönlichkeitsrecht, Or-
gantransplantationen und Totenfürsorge, JR
1976, 224; BOROWY, Die postmortale Organentnahme und ihre zivilrechtlichen Folgen
(2000); DEUTSCH, Die rechtliche Seite der
Transplantation, ZRP 1982, 174; EICHHOLZ, Die
Transplantation von Leichenteilen aus zivilrechtlicher Sicht, NJW 1968, 2272; ENGLERT,
Todesbegriff und Leichnam als Elemente des
Totenrechts (Diss Trier 1979); EPPLE, Letztwillige Verfügungen für menschenwürdiges Ster-
ben, Organspende, Widmung des Leichnams,
BWNotZ 1981, 31; GAEDKE, Handbuch des
Friedhofs- und Bestattungsrechts (10. Aufl
2010); HENNINGER, Todesdefinition und Organtransplantation im Recht (Diss Würzburg
1972); HILCHENBACH, Die Zulässigkeit von
Transplantatentnahmen vom toten Spender aus
zivilrechtlicher Sicht (Diss Heidelberg 1973);
KLINGE, Todesbegriff, Totenschutz und Verfassung (1996); H J KRAMER, Rechtsfragen der
Organtransplantation (Diss München 1987);
B LEHMANN, Postmortaler Persönlichkeitsschutz (Diss Bonn 1973); PEUSTER, Eigentumsverhältnisse an Leichen und ihre transplanta-
tionsrechtliche Relevanz (Diss Köln 1971);
REIMANN, Die postmortale Organentnahme als
zivilrechtliches Problem, in: FS G Küchenhoff
(1972) 341; SCHLAUDRAFF (Hrsg), Transplanta-
tionsgesetzgebung in Deutschland (1995);
STRÄTZ, Zivilrechtliche Aspekte der Rechtsstellung des Toten unter besonderer Berücksichtigung der Transplantation (1971); TAUPITZ,
Das Recht im Tod: Freie Verfügbarkeit der
Leiche? (1996); ZIMMERMANN, Gesellschaft,
Tod und medizinische Erkenntnis, NJW 1979,
569. Weiteres Schrifttum s Rn 27. Wegen des
älteren Schrifttums s STAUDINGER/DILCHER[12]
§ 90 Rn 19.

kurve mehr geschrieben werden kann (OLG Frankfurt NJW 1997, 3099, 3100; PALANDT/ ELLENBERGER § 1 Rn 3; HENN, Der Gehirntod als Kriterium des Todes des Menschen, JZ 1996, 213 ff; zu abweichenden, vornehmlich medizinisch begründeten Ansichten vgl BOROWY 105 ff mwNw). Von diesem Todeszeitpunkt geht auch § 3 Abs 2 Nr 2 TPG aus.

39 a) Während es beim Streit um die Festlegung des Todeszeitpunktes in erster Linie um die (durch das TPG weitgehend überholte) Frage nach der Zulässigkeit einer Organentnahme geht, ist sachenrechtlich die Frage nach den für den Leichnam geltenden Rechtsregeln relevant. Geht man von der **materiellen Substanz** des toten Körpers aus, so stellt sich diese als räumlich abgegrenzter und beherrschbarer Gegenstand dar. Die Leiche wird daher von der heute ganz hM zutreffend als **Sache** iS des BGB eingeordnet (SOERGEL/MARLY Rn 10; MünchKomm/HOLCH Rn 30; ERMAN/MICHALSKI Rn 6; PALANDT/ELLENBERGER Überbl vor § 90 Rn 11; ENNECCERUS/NIPPERDEY § 120 II 1; BOROWY 82; GAEDKE 118; GÖRGENS JR 1980, 141; ZIMMERMANN NJW 1979, 570; EICHHOLZ NJW 1968, 2273; REIMANN, in: FS Küchenhoff 346). – Die Gegenmeinung, welche den Sachcharakter des Leichnams verneint, sieht die Leiche dagegen als einen **Rückstand der Persönlichkeit** an (LARENZ/WOLF § 20 Rn 9; MünchKomm/LEIPOLD § 1922 Rn 111; WIEACKER, Sachbegriff, Sacheinheit und Sachzuordnung, AcP 148 [1943] 57, 66 in Fn 11; O vGIERKE, Deutsches Privatrecht II [1905] 35 f). Dagegen spricht, daß der menschliche Körper nach seinem Tod nicht mehr Rechtssubjekt sein kann und daher den Rechtsobjekten zuzurechnen ist. Das Persönlichkeitsrecht des Verstorbenen vermag zudem nur den immateriellen Teilbereich der Problematik abzudecken, wie er sich während der Totenehrung darstellt. Danach treten die sachenrechtlichen Regeln nach allg Ansicht wieder hervor (vgl u Rn 52 f). Diese zeitlich bedingte Änderung der rechtlichen Behandlung ist nur begründbar, wenn man den Leichnam von vornherein als Sache qualifiziert. – Gleichzustellen ist dem toten Körper die **Asche eines Verstorbenen**, der die Feuerbestattung gewählt hat (vgl RGZ 154, 269, 274).

40 b) Die Einordnung des toten Körpers als Sache bedeutet keineswegs die Anwendbarkeit der an die Sacheigenschaft generell anknüpfenden Vorschriften. Der Tote kann nicht in vermögensrechtlich orientierte Rechtsbeziehungen eintreten. Daher kann der Auffassung nicht zugestimmt werden, der Erbe werde **Eigentümer** des Leichnams (so BRUNNER, Theorie und Praxis im Leichenrecht, NJW 1953, 1173 f; PEUSTER 94; vgl LG Köln MDR 1948, 365; zu Anatomieleichen s u Rn 45 und 48). Vielmehr bestimmen sich die über den toten Körper zulässigen Dispositionen für die Dauer der Totenehrung nach nichtvermögensrechtlichen Regeln (SPRANGER NJW 2005, 1087 f).

41 Die wichtigste Grundlage für die Rechtslage des Leichnams ergibt sich aus der **Fortwirkung des besonderen Persönlichkeitsrechts** am Körper (vgl o Rn 27) nach dem Tode. Die mit der Anerkennung des besonderen Persönlichkeitsrechts für den lebenden Menschen zum Ausdruck kommende Achtung vor der Menschenwürde besteht auch nach dem Tode für die Dauer der Totenehrung fort (OLG München NJW-RR 1994, 925). Zur Begründung kann die Parallele zur Fortwirkung des allgemeinen Persönlichkeitsrechts nach dem Tode gezogen werden (vgl dazu BVerfGE 30, 173 – Mephisto; LUTHER, Postmortaler Schutz nichtvermögenswerter Persönlichkeitsrechte [2009]). – Ihren Ausdruck findet die Fortwirkung des Persönlichkeitsrechts vor allem darin, daß die **nichtvermögensrechtlichen Willensbekundungen** des Verstorbenen über das Verfahren mit seinem Körper nach dem Tode befolgt werden müssen (vgl u Rn 44 ff; zum Verbot bzw zur Gestattung der Organentnahme s u Rn 47). – Berechtigt zur

Wahrnehmung des postmortalen Persönlichkeitsschutzes ist zunächst derjenige, den der Verstorbene **selbst bestimmt** hat (BGHZ 15, 249, 259 f). Mangels einer solchen Bestimmung steht die Rechtswahrnehmung den **nächsten Angehörigen** zu (vgl ENNECCERUS/NIPPERDEY § 101 III; TAUPITZ JZ 1992, 1094). Wenn auch in neuerer Zeit zunehmend der Übergang der vermögenswerten Teile des Persönlichkeitsrechts auf die Erben angenommen wird (vgl BGH JZ 2000, 1056, 1058 f m abl Anm SCHACK 1060; GÖTTING, Persönlichkeitsrechte als Vermögensrechte [1995] 281), kann das wegen der nichtvermögensrechtlichen Begründung für das postmortale Recht am eigenen Körper nicht gelten. – Der postmortale **Persönlichkeitsschutz endet** nach einer gewissen Zeit, die nicht generell festgelegt werden kann (BGHZ 107, 384, 392; LEHMANN 32 ff). Maßgebend ist das Ende der Totenehrung (s u Rn 51).

c) Weitere Grundlagen für die Rechtslage des Leichnams ergeben sich aus dem **42** **Totensorgerecht**. Diese vor allem von STRÄTZ (41 und 66) als absolutes Nichtvermögensrecht eingeordnete Befugnis umfaßt in erster Linie die Berechtigung, die für eine Bestattung erforderlichen Verfügungen über den Leichnam zu treffen sowie analog §§ 823 Abs 1, 1004 Einwirkungen Dritter zu verbieten (MünchKomm/HOLCH Rn 32; GAEDKE 119; HILCHENBACH 164 ff; vgl OLG Zweibrücken NJW-RR 1993, 1482). – Zwar ist mangels ausdrücklicher Regelung das Institut der Totenfürsorge und seine Stellung neben dem postmortalen Persönlichkeitsschutz nicht unumstritten (LEHMANN 101 ff will nur eine sittliche Befugnis annehmen, vgl auch H P WESTERMANN FamRZ 1973, 616). Das Totensorgerecht findet jedoch in den BestattungsG der Länder eine der Verallgemeinerung fähige Rechtsgrundlage (OLG Hamm VersR 1983, 1131; ZIMMERMANN NJW 1979, 571; FORKEL JZ 1974, 596 f; SOERGEL/MARLY Rn 14).

Inhaber des Totensorgerechts sind danach nicht die Erben des Verstorbenen. Viel- **43** mehr steht es in erster Linie demjenigen zu, den der Verstorbene (formlos) **bestimmt** hat (BGH NJW-RR 1992, 834). Fehlt eine solche Bestimmung, sind in Fortwirkung des familienrechtlichen Verhältnisses die **nächsten Angehörigen**, und zwar zunächst der **Ehegatte** des Verstorbenen, berechtigt, über Ort und Art der Bestattung zu entscheiden (RGZ 154, 269, 270 f; BGH NJW-RR 1992, 834; OLG Frankfurt NJW-RR 1989, 1159, 1160; MünchKomm/HOLCH Rn 32; FORKEL JZ 1974, 597). Denn das Totensorgerecht beruht auf dem Gefühl der persönlichen Verbundenheit mit dem Verstorbenen (EPPLE BWNotZ 1981, 32). Stand der Verstorbene unter Betreuung durch ein Familienmitglied, so kann dieses als nächster Angehöriger anzusehen sein (vgl LG Bonn NJW-RR 1994, 522). Mehrere gleichrangige Berechtigte können nur einstimmige Entscheidungen treffen (GAEDKE 121 f). – Wie der postmortale Persönlichkeitsschutz ist auch das Totensorgerecht **zeitlich beschränkt** (s u Rn 51).

Bei der **Ausübung des Totensorgerechts** geht der durch das postmortale Persönlich- **44** keitsrecht geschützte Wille des Verstorbenen den Entscheidungen der zur Totenfürsorge Berechtigten vor (BGH NJW-RR 1992, 834; DEUTSCH ZRP 1982, 176; EPPLE BWNotZ 1981, 32; GAEDKE 119 f; vgl BIELER JR 1976, 226). Eine Bestimmung des Verstorbenen über die **Modalitäten der Bestattung** ist daher von den Totensorgeberechtigten zu beachten. Derartige Anordnungen bedürfen nicht der testamentarischen Form, sondern sind formlos gültig (RGZ 100, 171, 173; 108, 217, 220; FORKEL JZ 1974, 597). Es ist ausreichend, daß aus den Umständen mit Sicherheit auf einen bestimmten Willen des Verstorbenen geschlossen werden kann (RGZ 154, 269, 272). – Wurden bestehende Anordnungen des Verstorbenen bei seiner Bestattung nicht beachtet, so ist eine

Umbettung auch mit Zustimmung der Angehörigen nur in besonderen Ausnahmefällen zulässig; ansonsten steht das Prinzip der Wahrung der Totenruhe entgegen (RGZ 108, 217, 220; OLG Zweibrücken NJW-RR 1993, 1482). – Wenn keine Bestimmung des Verstorbenen über seine Bestattung vorliegt, stehen die erforderlichen Entscheidungen den Totensorgeberechtigten zu. Notfalls entscheidet die zuständige Verwaltungsbehörde.

45 Auf der Grundlage seines besonderen Persönlichkeitsrechts kann der Verstorbene anordnen, daß sein Körper nach dem Tode einem **anatomischen Institut** zur Verfügung stehen soll. Eine solche Bestimmung kann auch vertraglich getroffen werden (SOERGEL/MARLY Rn 17). Die Ansicht von GAEDKE (120), die Angehörigen seien zur Erfüllung der Anordnung nicht verpflichtet, wenn ihr Pietätsgefühl entgegensteht, ist mit dem hier vertretenen Verhältnis von Persönlichkeitsrecht und Totensorge nicht vereinbar (vgl o Rn 44). Der Inhaber des Totensorgerechts kann den Leichnam ohne dahingehende Bestimmung des Verstorbenen einer Anatomie nur überlassen, wenn sie dem geäußerten oder mutmaßlichen Willen des Verstorbenen nicht widerspricht (vgl FORKEL JZ 1974, 597; GAEDKE 117). – Bei der vom Verstorbenen oder vom Totensorgeberechtigten bestimmten Überlassung des toten Körpers an eine Anatomie handelt es sich um eine durch die Zwecksetzung begrenzte **Berechtigung eigener Art**. Sie umfaßt die Befugnis, den Leichnam vom derzeitigen Besitzer herauszuverlangen und ihn für Zwecke der Forschung und Lehre zu verwenden, zB zur Herstellung wissenschaftlicher Präparate. Die Zurschaustellung des Leichnams in einer öffentlichen Ausstellung ist ebenso wie eine öffentlich durchgeführte Sektion hingegen nur bei ausdrücklicher Einwilligung des Verstorbenen zulässig (vgl AHRENS GRUR 2003, 852 ff). – Nach Abschluß des anatomischen Verfahrens hat die Anatomie für eine würdige Bestattung zu sorgen (GAEDKE 117).

46 Der Körper des Verstorbenen kann auch einer **Obduktion** unterworfen werden. Ebenso wie die Überlassung des Leichnams an eine Anatomie kann sie vom Verstorbenen vertraglich vereinbart werden; der BGH hält auch die Zustimmung durch eine Sektionsklausel im Krankenhausaufnahmevertrag für zulässig (BGH NJW 1990, 2313, 2314 f m ausf Nachw; aM MÜLLER 157 ff; SOERGEL/MARLY Rn 17; vgl EHLERS, Die Sektion zwischen individuell erklärter Einwilligung und Allgemeinen Geschäftsbedingungen in Krankenhausaufnahmeverträgen, MedR 1991, 227 ff). – FRANZKI (Die klinische Sektion aus juristischer Sicht, MedR 1991, 223, 226) nimmt trotz vertraglicher Vereinbarung durch den Verstorbenen ein **Widerspruchsrecht** des Totensorgeberechtigten an. Dem ist jedoch nicht zuzustimmen, weil der im Vertrag niedergelegte Wille des Verstorbenen Vorrang genießt (vgl o Rn 44). – Umgekehrt kann der Verstorbene auf der Grundlage des besonderen Persönlichkeitsrechts seinen Willen auch dahin äußern, daß er eine **Leichenöffnung verbietet**. Dann muß dieses Verbot erst einem berechtigten Interesse des Krankenhauses an der Leichenöffnung weichen. – Fehlt es an einer Einwilligung und an einem Verbot des Verstorbenen, so muß der Totensorgeberechtigte in die Obduktion **einwilligen**, wenn das Krankenhaus ein berechtigtes Interesse dartut (vgl OLG Hamm VersR 1983, 1131; BUNTE, Die neue Konditionenempfehlung „Allgemeine Vertragsbedingungen für Krankenhausbehandlungs-Verträge", NJW 1986, 2351, 2355). – Ohne Einwilligung und ohne Rücksicht auf ein Verbot kann eine Obduktion auf der Grundlage der §§ 87, 152 Abs 2, 160 Abs 2 StPO und 32 Abs 3 BSeuchenG durchgeführt werden (vgl dazu BVerfG NJW 1994, 783 und 783, 784; GAEDKE 135 ff). Nach Abschluß der Obduktion gelten die allgemeinen Bestattungsregeln. – Sofern der Obduktion eine **Exhumierung** vorangehen muß, ist dazu die Zustimmung des Totensorgeberechtigten erforderlich (LG Detmold NJW 1958, 265). Im Falle der Exhumierung aus strafprozessualem Anlaß ist gem § 87 Abs 4 StPO eine Zustimmung entbehrlich.

Nachdem lange Zeit umstritten war, unter welchen Bedingungen eine **Organentnahme** beim Leichnam zulässig ist, hat der Gesetzgeber die Frage im TransplantationsG vom 5. 11. 1997 (BGBl I 2631) geregelt (vgl zum Gesetzgebungsverlauf STAUDINGER/DILCHER [1995] Rn 29; DEUTSCH, Das Transplantationsgesetz vom 5. 11. 1997, NJW 1998, 777 f; FORKEL Jura 2001, 75 f; zur Verfassungsmäßigkeit des Gesetzes s BVerfG NJW 1999, 3399 u 3403 m Anm RIXEN 3389). Danach ist eine Organentnahme nur zulässig, wenn der Verstorbene (formlos) **eingewilligt** hatte (§ 3 Abs 1 Nr 1 TPG) oder der nächste Angehörige ihr zustimmt, es sei denn, der Verstorbene hatte einer Entnahme **widersprochen** (§§ 4 Abs 1 S 2, 3 Abs 2 Nr 1 TPG). Die Reihenfolge der zur Zustimmung berufenen Angehörigen ist in § 4 Abs 2 TPG geregelt. Der Angehörige hat bei seiner Entscheidung gem § 4 Abs 1 S 3 TPG einen mutmaßlichen Willen des Verstorbenen zu beachten, ist aber nicht verpflichtet, ihm zu folgen (DEUTSCH NJW 1998, 778). Damit folgt das Gesetz einer erweiterten Zustimmungslösung, nachdem früher häufig eine Widerspruchslösung gefordert worden war, die mit dem fortwirkenden Persönlichkeitsrecht des Verstorbenen jedoch kaum vereinbar ist (vgl FORKEL Jura 2001, 77).

d) Die **Verfügungsmöglichkeiten** über den Leichnam sind auf die genannten Maßnahmen der Totenfürsorge (vgl o Rn 44 ff) beschränkt. Realisierbare Eigentumsrechte am Leichnam können während der Dauer des postmortalen Persönlichkeitsschutzes (zur Rechtslage nach Ende der Totenehrung s u Rn 52) nicht anerkannt werden (zur Rechtslage in Österreich vgl KOPETZKI, Organgewinnung zu Zwecken der Transplantation [Wien 1987] 13 f). Der Ausschluß von Herrschaftsrechten über den toten Körper ist nicht nur in der Ablehnung des Vermögensrechts begründet, sondern auch in fundamentalsittlichen Bedenken. – Daraus folgt, daß der Leichnam als **herrenlose Sache** anzusehen ist (SOERGEL/MARLY Rn 12; ERMAN/MICHALSKI Rn 6; ENNECCERUS/NIPPERDEY § 121 II 1; GÖRGENS JR 1980, 141; REIMANN, in: FS Küchenhoff 346; HENNINGER 69; aM SCHÄFER 98). Der Herrenlosigkeit des toten Körpers korrespondiert jedoch **kein Aneignungsrecht** (BGB-RGRK/KREGEL Rn 5; SOERGEL/MARLY Rn 12; ERMAN/MICHALSKI Rn 6; ENNECCERUS/NIPPERDEY § 121 II 1; BOROWY 85; MÜLLER 62). Die Gegenmeinung, die den Leichnam als aneignungsfähig bezeichnet (EICHHOLZ NJW 1968, 2274 f; KRAMER 71 ff; HENNINGER 69; MAIER 42; ENGLERT 141 f; SOERGEL/STEIN § 1922 Rn 16), ist aus den gegen Eigentümerbefugnisse am toten Körper sprechenden Gründen abzulehnen. Auch die durch den Verstorbenen bestimmte Überlassung des Leichnams an ein anatomisches Institut (vgl o Rn 45) begründet kein Aneignungsrecht der Anatomie (aM ERMAN/MICHALSKI Rn 6; jurisPK-BGB/VIEWEG Rn 17). – **Besitz** am Leichnam ist allerdings möglich. Er steht den Totensorgeberechtigten zu, damit sie die Bestattung vornehmen können (GAEDKE 116; vgl o Rn 44), bei einer Obduktion (o Rn 46) bis zu deren Abschluß dem Krankenhaus.

e) Wie die Bestandteile des lebenden Körpers teilen auch die **Bestandteile des Leichnams** dessen rechtliches Schicksal. Wenn sie vom Leichnam getrennt werden (zur Zulässigkeit einer Organentnahme s o Rn 47), erlangen sie wie die dem lebenden Körper entnommenen Bestandteile eigenständige Sachqualität, die vom fortwirkenden Persönlichkeitsrecht des Verstorbenen nicht berührt wird. – Das **Eigentum** am abgetrennten Körperteil steht nicht etwa den Erben zu (so aber SCHÜNEMANN 281 f, BRUNNER, Theorie und Praxis im Leichenrecht, NJW 1953, 1173 f; LG Köln MDR 1948, 365). Der

Verstorbene hatte zu Lebzeiten keine Rechtsposition, die in den Nachlaß fallen könnte; er war insbes nicht Eigentümer des Körperbestandteils (s o Rn 35). Vielmehr sind abgetrennte Leichenteile zunächst herrenlose, im Unterschied zum Leichnam (vgl o Rn 48) aber **aneignungsfähige Sachen** (BGB-RGRK/KREGEL Rn 5; PALANDT/ELLENBERGER Überbl vor § 90 Rn 11; BOROWY 88 ff; SASSE 71; MÜLLER 66). – **Inhaber des Aneignungsrechts** an den getrennten Körperteilen iS des § 958 Abs 2 ist nicht der Erbe, sondern – vorbehaltlich einer abweichenden Bestimmung des Verstorbenen – der **Totensorgeberechtigte** (BOROWY 91; SASSE 71; BGB-RGRK/KREGEL Rn 5; PWW/VÖLZMANN-STICKELBROCK Rn 6; SOERGEL/STEIN § 1922 Rn 16). Der von der Gegenmeinung (MÜLLER 66; PALANDT/ELLENBERGER Überbl vor § 90 Rn 11) vorgebrachte Hinweis auf den vermögensrechtlichen Bezug des Aneignungsrechts übersieht, daß zumindest den unter das TPG fallenden Organen durch das Verbot des Organhandels in § 17 TPG (vgl o Rn 33) ein Vermögenswert gerade abgesprochen wird (vgl BOROWY 90 f).

50 Für die im toten Körper befindlichen **künstlichen Körperbestandteile** gilt grundsätzlich dieselbe Rechtslage wie für organische Körperbestandteile (vgl PALANDT/ELLENBERGER Überbl vor § 90 Rn 11). Ohne Zustimmung des Verstorbenen oder des Totensorgeberechtigten dürfen sie nicht entnommen werden. Bei unerlaubter Entnahme liegt daher ein Eingriff in das postmortale Persönlichkeitsrecht sowie das Totensorgerecht vor (vgl DEUTSCH ZRP 1982, 175). – Im Falle ihrer Abtrennung erlangen sie Sachqualität und unterliegen einem **Aneignungsrecht der Totensorgeberechtigten**. Ein Aneignungsrecht der Erben (so MünchKomm/HOLCH Rn 34; jurisPK-BGB/VIEWEG Rn 15; GÖRGENS JR 1980, 142) kann auch hier nicht anerkannt werden. Wenngleich künstliche Körperbestandteile nicht unter das Verbot des Organhandels in § 17 TPG fallen, so verbietet es zumindest das fortwirkende Persönlichkeitsrecht des Verstorbenen, Teile des menschlichen Körpers zur Erzielung eines finanziellen Gewinns zu verwenden (vgl FORKEL Jura 2001, 78). – Da künstliche Körperbestandteile zu Lebzeiten ihres Trägers keine Vermögensgegenstände dargestellt haben, sind sie auch im Falle ihrer Wiederverwendbarkeit nicht vererblich und gehören nicht zum Nachlaß des Verstorbenen; das gilt insbes für **Herzschrittmacher** (vgl o Rn 35; aM GROPP JR 1985, 184 f; ILGNER 68). – Bemächtigt sich ein Dritter gegen den Willen des Verstorbenen eines künstlichen Körperteils, zB eines Goldzahnes, so können die zur Wahrnehmung der Totensorge Berechtigten analog § 1004 die **Herausgabe** des entnommenen Körperteils verlangen. Soweit möglich, ist dem Willen des Verstorbenen zu entsprechen und der Bestandteil dem Grab beizulegen. Ist dies technisch nicht möglich, so verbleibt der künstliche Körperteil aufgrund des Aneignungsrechts im Eigentum der Totensorgeberechtigten. Nach einer Einäscherung noch vorhandene künstliche Körperbestandteile befinden sich in dienstlicher Verwahrung der Friedhofsverwaltung (zur strafrechtlichen Beurteilung der Entwendung von Zahngold aus einem Krematorium OLG Bamberg NJW 2008, 1543, 1545 f; OLG Nürnberg VersR 2010, 2071).

51 f) Für das Erlöschen des postmortalen Persönlichkeitsrechts und des Totensorgerechts gelten keine generell festen Zeitpunkte (ausf NIKOLETOPOULOS, Die zeitliche Begrenzung des Persönlichkeitsschutzes nach dem Tode [1984] 16 ff). Es kann jedoch die **Mindestruhezeit** als objektives Kriterium für das Ende dieser Rechtspositionen und das damit verbundene Aufleben der sachenrechtlichen Ordnung herangezogen werden (MünchKomm/HOLCH Rn 32; SCHÜNEMANN 273 f; vgl GAEDKE 166 f). Diese Zeitspanne ist für Erdbestattungen durch die Friedhofsordnungen festgelegt (durchschnittlich 25 Jahre); im übrigen ist sie nach den für die Totenehrung geltenden Sitten und

Regeln zu bemessen. Der Persönlichkeitsschutz kann im Einzelfall über die generelle Mindestruhezeit hinaus andauern, wenn die sterblichen Überreste noch Gegenstand der Totenehrung sind (vgl Schünemann 274 ff; MünchKomm/Holch Rn 32).

Ist die Ruhezeit der Totenehrung abgelaufen, so treten die sachenrechtlichen Regeln für den herrenlosen Leichnam wieder hervor. Sachenrechtlich ergibt sich jetzt eine **Aneigungsbefugnis**. Diese wirkt aber nicht zugunsten der Erben oder der Totensorgeberechtigten, sondern für den Friedhofsträger. Ausgeübt wird sie mit dem Abräumen der Grabstelle. An den noch vorhandenen Gebeinen, vor allem am Schädel, entsteht Eigentum des Widmungsberechtigten; das gleiche gilt für künstliche Körperbestandteile (vgl o Rn 50; zu noch erhaltenen Grabbeigaben vgl Vorbem 27 zu §§ 90 ff). – Dieses **Eigentum** ist zwar nicht mehr durch das postmortale Persönlichkeitsrecht und das Totensorgerecht begrenzt, es unterliegt jedoch wie der gesamte Friedhof den Schranken des Widmungszwecks. Demnach muß mit den Gebeinen beim Abräumen eines Grabes in einer dem Widmungszweck entsprechenden Weise verfahren werden; häufig dient dazu ein sog Beinhaus. 52

Uneingeschränkt eigentumsfähig sind **Leichen aus alten Kulturen**, die wegen Zeitablaufs nicht mehr der Totenehrung unterliegen, zB Mumien, Moorleichen oder der in den Ötztaler Alpen gefundene „Ötzi" (MünchKomm/Holch Rn 33; Hk-BGB/Dörner Rn 3; kritisch Taupitz 7; zur Bestattungspflicht in solchen Fällen vgl OVG Koblenz DÖV 1987, 826). – Daß die Identität eines Leichnams nicht erkennbar ist, läßt den fortwirkenden Schutz durch das besondere Persönlichkeitsrecht am Körper hingegen nicht per se entfallen (vgl VGH München NJW 2003, 1618, 1619). Auch für Ausstellungszwecke plastinierte Leichen („Körperwelten") sind daher trotz ihrer Anonymität nicht uneingeschränkt verkehrsfähig (vgl o Rn 45; **aM** MünchKomm/Holch Rn 33; jurisPK-BGB/Vieweg Rn 19). 53

6. Urkunden

Daß ein körperlicher Gegenstand besonderen rechtlichen Funktionen dient und deshalb unter Umständen speziellen Regelungen unterliegt, steht der Sacheigenschaft nicht entgegen. Körperliche Gegenstände und damit Sachen sind daher auch die Urkunden (Bamberger/Roth/Fritzsche Rn 36). Sie unterliegen bei der Zwangsvollstreckung nach §§ 808 Abs 2, 821 ff ZPO grundsätzlich den Vorschriften über das bewegliche Vermögen. 54

a) Wegen ihrer Funktion, Rechte zu verkörpern, werden Urkunden aber in bestimmten Fällen besonders behandelt. So gelten für **Wertpapiere** die Sachregeln; an ihnen besteht folglich Besitz und Eigentum. Darüber hinaus sind diese Sachen jedoch mit einem Recht in solcher Weise verknüpft, daß die Innehabung der Urkunde eine Bedingung für die Ausübung des Rechts darstellt (vgl Baumbach/Hefermehl/Casper, Wechselgesetz und Scheckgesetz [23. Aufl 2008] WPR Rn 16). – Bei den Wertpapieren ieS (vgl zum Begriff K Schmidt, Handelsrecht [5. Aufl 1999] § 24 I 2) ist die Urkunde nicht nur zur Geltendmachung, sondern auch zur Übertragung des Rechts erforderlich. Handelt es sich dabei um ein **Inhaberpapier**, so bewirkt die nach §§ 929 ff vollzogene Eigentumsübertragung am Papier den Übergang des in der Urkunde verbrieften Rechts. Bei **Orderpapieren** gilt dasselbe, sofern die Übertragung des Wertpapiers nach den besonderen Regeln für Indossamente erfolgt ist. Erlischt das 55 in der Urkunde verbriefte Recht, zB durch Erfüllung, so besteht die Sacheigenschaft der Urkunde fort. – Eine **Vernichtung der Urkunde** bewirkt nicht den Untergang des verkörperten Rechts, sondern hindert den Rechtsinhaber nur (vorübergehend) an seiner Ausübung. Er kann die Herstellung einer neuen Urkunde verlangen, um sein Recht durchsetzen zu können. Ein etwaiger Schadensersatzanspruch umfaßt auch den Schaden, der sich aus der Behinderung bei der Geltendmachung des Rechts ergibt.

56 b) Umgekehrt gibt es Urkunden, die ebenfalls Rechte verbriefen, bei denen aber das Sacheigentum an die **Inhaberschaft des Rechts** gebunden ist. Es besteht zwar Eigentum an der Urkunde, selbständige Verfügungen über sie als Sache sind jedoch ausgeschlossen. Das Urkundeneigentum folgt gem § 952 Abs 2 der Inhaberschaft am Recht. Für die Übertragung des Rechts kann neben der Einigung über den Rechtsübergang zusätzlich die Urkundenübergabe erforderlich sein, zB gem § 1154. – Abgesehen von der Bindung des Sacheigentums an die Rechtsinhaberschaft können aber Eigentum und Besitz an der Urkunde als Sache beeinträchtigt werden. Geschieht dies, so kann auch hier (vgl Rn 55) neben dem Schaden aufgrund der Sachverletzung ein weiterer Schaden durch Behinderung in der Rechtsausübung entstehen. – Ferner können Zurückbehaltungsrechte an der Urkunde als Sache ausgeübt werden (BGB-RGRK/KREGEL Rn 27). Auch der Abschluß eines Leihvertrags ist möglich (so RGZ 91, 155, 157 f für einen Hypothekenbrief).

57 c) Die genannten Grundsätze, die sich aus der Verknüpfung von Rechtsinhaberschaft und Sacheigentum an der Urkunde ergeben, gelten gem § 952 Abs 1 auch für den **Schuldschein**, dem kein Wertpapiercharakter zukommt (BAUMBACH/HEFERMEHL/CASPER, WPR Rn 16). Dabei ist es für die Verknüpfung unerheblich, ob der Schuldschein mit verpflichtungsbegründender Wirkung oder zur Beweissicherung erteilt wurde. – Ausweisfunktion kommt auch dem **Kraftfahrzeugbrief** bzw jetzt der Zulassungsbescheinigung II nach § 12 FahrzeugzulassungsVO v 3. 2. 2011 (BGBl I 139) als Berechtigungsnachweis gegenüber der Kraftfahrzeugzulassungsstelle zu. Der Brief ist demnach kein Wertpapier (BGH NJW 1970, 653; 1978, 1854) und auch nicht als öffentliche Sache iS einer Zugehörigkeit zum Verwaltungsvermögen anzusehen (vgl Vorbem 15 zu §§ 90 ff). – Wegen der Ausweisfunktion wird jedoch von der ganz hM in analoger Anwendung des § 952 angenommen, daß der Brief als Urkunde gegenüber dem in ihm beschriebenen Fahrzeug nicht Gegenstand selbständiger Rechte sein kann (BGHZ 34, 122, 134; 88, 11, 13; BGH NJW 1978, 1854; STAUDINGER/GURSKY [2011] § 952 Rn 9; SCHLECHTRIEM, Zivilrechtliche Probleme des Kraftfahrzeugbriefes, NJW 1970, 1993 und 2088, 2091; aM OHL BB 1957, 914. Zur Ausdehnung der Analogie auf andere Urkunden vgl LG Karlsruhe NJW 1980, 789: Pferdepaß). Gleiches wird man für den Schiffsbrief annehmen können (FETSCH, Der notarielle Binnenschiffskaufvertrag, RNotZ 2004, 450, 455).

58 d) Anders ist dies bei den **Personalausweispapieren**. Diese stellen **öffentliche Sachen** (vgl Vorbem 13 ff zu §§ 90 ff) dar, die allein dem Verwaltungszweck der Personenidentifikation dienen. – Rechtsgrundlage für den maschinell lesbaren Europapaß ist das PaßG v 19. 4. 1986 (BGBl I 537); für Personalausweise gilt das PAuswG v 18. 6. 2009 (BGBl I 1346). Das Eigentum der Bundesrepublik Deutschland am Paß ergibt sich aus § 1 Abs 4 S 1 HS 2 PaßG, für Personalausweise ist dasselbe in § 4 Abs 2 PAuswG vorgesehen. – Wegen seiner öffentlich-rechtlichen Zweckbindung ist die

Verpfändung eines gültigen Personalausweises unwirksam (AG Heilbronn NJW 1974, 2182, 2183; vgl Vorbem 18 zu §§ 90 ff). Auch Zurückbehaltungsrechte können an ihm nicht begründet werden; vielmehr ist der Paßinhaber berechtigt, von einem Dritten jederzeit die Herausgabe des Papiers zu verlangen (LG Baden-Baden NJW 1978, 1750). Allerdings wird eine kurzfristige Einbehaltung des Ausweises zur privaten Besucherkontrolle für zulässig gehalten (MEDERT/SÜSSMUTH, Paß- und Personalausweisrecht [4. Aufl 2006] § 18 PaßG Rn 5 und § 4 PAuswG Rn 5). – Erfolgt die **Entwidmung** eines Passes oder Personalausweises, so wird die Urkunde eingezogen. Für Pässe ist allerdings in Nr 12. 1 der Verwaltungsvorschriften zum PaßG vorgesehen, daß bei berechtigtem Interesse dem Inhaber die durch Stempelung oder Lochung ungültig gemachte Urkunde belassen werden kann.

III. Bewegliche und unbewegliche Sachen

Die schon dem römischen Recht bekannte, dann im deutschen Recht und in anderen **59** europäischen Rechten zu weittragender Bedeutung erhobene Unterscheidung von **beweglichem und unbeweglichem Vermögen** (vgl O vGierke, Deutsches Privatrecht II [1905] § 101) findet sich auch im BGB. Sie wurde dort aber nicht zum Anlaß für allgemeine Regelungen genommen (Mot III 31). Die praktische Bedeutung der Unterscheidung kommt vor allem im Sachenrecht zum Ausdruck, weil Verfügungen über Mobilien und Immobilien in unterschiedlicher Weise vorgenommen werden müssen. Auch die §§ 864 und 865 ZPO sprechen vom unbeweglichen Vermögen.

Unbewegliche Sachen sind die Grundstücke einschl ihrer wesentlichen Bestandteile. **60** Den Grundstücken gleichgestellt ist das Erbbaurecht gem § 11 ErbbauRG, ebenso das Wohnungseigentum nach §§ 1 und 7 WoEigG. Dasselbe gilt gem § 30 Abs 3 S 2 WoEigG für das Wohnungserbbaurecht. Ferner sind den Grundstücken nach Landesrecht das Bergwerkseigentum und Abbaurechte gleichgestellt (vgl STAUDINGER/ HÖNLE [2005] Art 67 und 68 EGBGB).

Alle anderen sind **bewegliche Sachen** iS des bürgerlichen Rechts, auch wenn sie ihrer **61** Natur nach unbeweglich sind (vgl § 95 Rn 28). Sie können jedoch von den an die Unbeweglichkeit einer Sache anknüpfenden Rechtsnormen erfaßt werden. Dies gilt zB nach §§ 1120 ff, wenn sie abgetrennte Bestandteile oder Zubehör einer unbeweglichen Sache sind. Solche beweglichen Sachen unterliegen dann gem § 865 ZPO spätestens ab Beschlagnahme des Grundstücks der Zwangsvollstreckung in das unbewegliche Vermögen (vgl § 93 Rn 33 und § 97 Rn 34 f; ferner DORN, Bestandteile und Zubehör in der Zwangsversteigerung, Rpfleger 1987, 143 ff). Andererseits können gem §§ 810 und 824 ZPO noch ungetrennte Früchte Gegenstand der Mobiliarvollstreckung sein (vgl § 93 Rn 34).

Schiffe, die in das Schiffsregister eingetragen sind, werden rechtlich nach §§ 1 ff **62** SchiffsRG, 870a ZPO und 162 ff ZVG wie Grundstücke behandelt. Nicht in das Schiffsregister eingetragene Schiffe sind dagegen bewegliche Sachen, und zwar auch, wenn das Schiff trotz Eintragungspflicht nicht registriert ist (FETSCH, Der notarielle Binnenschiffskaufvertrag, RNotZ 2004, 450, 451; vgl auch § 93 Rn 21 und § 94 Rn 38). Für die Übereignung von nicht eingetragenen Seeschiffen gelten jedoch nach §§ 929a und 932a Sonderregeln (vgl STAUDINGER/WIEGAND [2011] § 929a und § 932a). – Auch **Luftfahrzeuge**, die in die Luftfahrzeugrolle eingetragen sind, werden rechtlich teilweise wie

Grundstücke behandelt, weil § 99 LuftfzRG sie den eingetragenen Schiffen gleichstellt (vgl § 94 Rn 39). Für die Zwangsversteigerung von Luftfahrzeugen gelten die §§ 171a ff ZVG.

IV. Einzelsache, Sacheinheit und Sachgesamtheit

1. Einzelsachen

63 Wann eine Einzelsache vorliegt, bestimmt das BGB grundsätzlich nach der **Verkehrsanschauung** (vgl Vorbem 9 zu §§ 90 ff). Die maßgebenden Kriterien sind Körperlichkeit und zur Beherrschbarkeit führende Abgegrenztheit (vgl o Rn 2 f). Der innere Zusammenhang einer Einzelsache beruht entweder auf physischer Kohärenz (zB bei einem Stein im Naturzustand, einer Glasscheibe oder einem Geldstück) oder auf fester Verbindung von Einzelteilen (vgl RGZ 87, 43, 45). Letzteres kommt in Betracht, wenn Sachen mit anderen Sachen so zu einer Einheit zusammengefügt werden, daß die Ausgangsprodukte ihre körperliche Abgegrenztheit verlieren, wie etwa die Farbe, mit der angestrichen wird. Die angestrichene Sache ist nach der Verkehrsanschauung dann als eine Einzelsache anzusehen (vgl § 93 Rn 11). Solche aus einem Stück bestehenden Sachen werden als **einfache Sachen** bezeichnet.

64 Bei **beweglichen Sachen** können die Ausgangsstücke jedoch auch noch in der neuen Sache als körperlich abgegrenzte Teile vorhanden sein, wie zB der Motor beim Auto. Dann handelt es sich bei der neuen Sache um eine **zusammengesetzte Sache**. Die Frage, ob deren körperlich abgegrenzten Teile Gegenstand besonderer Rechte sein können, löst das BGB mit den Bestandteilsvorschriften der §§ 93 ff, die für einfache Sachen grundsätzlich keine Anwendung finden (vgl aber § 93 Rn 8). – Entsteht aus dem Zusammenfügen beweglicher Sachen keine für die Verkehrsanschauung einheitliche neue Sache, etwa wenn über einen geparkten PKW eine Wetterschutzplane gezogen wird, so bleibt die rechtliche Selbständigkeit der ursprünglichen Sachen unberührt.

65 Bei **Grundstücken** wird die Einheitlichkeit der Sache nicht nach der Verkehrsanschauung, sondern rechtlich bestimmt, weil ein Grundstück als Sache durch katastermäßige Vermessung und Eintragung entsteht. So können mehrere vorher katastermäßig selbständige Grundstücke dadurch zu einem Grundstück vereinigt werden, daß der Eigentümer sie gem § 890 Abs 1 als ein Grundstück in das Grundbuch eintragen läßt. Daneben erlaubt es § 890 Abs 2, ein Grundstück durch Zuschreibung im Grundbuch zum Bestandteil (vgl § 93 Rn 40) eines anderen Grundstücks zu machen (vgl § 1131).

2. Sacheinheiten

66 Bestimmte Sachen kommen für den wirtschaftlichen Verkehr nur in größeren Quantitäten in Betracht, wie zB Kohlen oder Getreidekörner. Hier kommt der durchaus vorhandenen Einzelsache kein rechtserheblicher wirtschaftlicher Wert zu, und dementsprechend betrachtet auch die vom Verwendungszweck ausgehende Verkehrsanschauung nur größere abgeteilte Mengen als **Sacheinheiten** (LARENZ/WOLF § 20 Rn 41; HK-BGB/DÖRNER Rn 7 spricht von „Einzelsachen im Rechtssinne" im Gegensatz zu „Einzelsachen im natürlichen Sinne"). Dies gilt zB für ein Pfund Kaffeebohnen oder eine Ladung Kies, obwohl es sich dabei in Wirklichkeit um eine Vielzahl von Einzel-

sachen handelt, die je für sich ausnahmsweise auch gesondertes Rechtsobjekt sein können (vgl WIELING, Sachenrecht I [2. Aufl 2006] § 2 I 2 a dd). Man spricht in diesem Zusammenhang von **Mengensachen** (vgl § 91 Rn 2).

3. Sachgesamtheiten (Sachinbegriffe)*

a) Auch wenn einzelnen Sachen ein rechtserheblicher wirtschaftlicher Wert zukommt und sie daher vom Verkehr nicht als Sacheinheit angesehen werden (vgl o Rn 66), so kann dennoch eine Mehrheit von ihnen eine über die Summe der Einzelwerte hinausreichende Wertschätzung genießen. Diese bietet dann Anlaß, die Mehrheit der Einzelsachen unter bestimmten Gesichtspunkten als Einheit zusammenzufassen und mit einer Sammelbezeichnung zu versehen (vgl RGZ 87, 43, 45 f; BGB-RGRK/KREGEL Rn 15). Hauptbeispiele für eine solche, im gemeinen Recht als universitas facti bezeichnete **Sachgesamtheit** waren früher die Herde und die Bibliothek. Heute sind als Sachgesamtheiten vor allem Warenlager, Inventar und Sammlungen bedeutsam. Auch Software und das zur Nutzung erforderliche Bedienungshandbuch werden als Sachgesamtheit verkauft (BGH NJW 1993, 461, 462). – Außerdem zählen zu den Sachgesamtheiten die sog **Komplementärsachen**, bei denen die Einzelstücke aufeinander abgestimmt sind, zB die einzelnen Schuhe bei einem Paar, die Teile einer Sitzgarnitur (OLG Celle NJW-RR 1994, 1305 f) oder die Einzelbände bei einem mehrbändigen Nachschlagewerk.

b) Für Sachgesamtheiten enthält das BGB keine einheitlichen Regeln. Vielmehr gelten einmal die Vorschriften über das **Zubehör**, sofern eine Sachgesamtheit sich gem § 98 als Inventar darstellt. Dementsprechend beziehen sich Verträge über die Verpflichtung zur Veräußerung der Hauptsache nach § 311c auch auf das Inventar. Auch andere **schuldrechtliche Verträge** über Sachgesamtheiten sind möglich, vor allem Kauf- und Pachtverträge (SOERGEL/MARLY vor § 90 Rn 7). Soweit es bei solchen Verträgen auf die Verbrauchbarkeit der Sache ankommt, enthält § 92 Abs 2 für den Inbegriff eine Sondervorschrift (vgl § 92 Rn 3). – Im Falle der Verpflichtung zur Herausgabe eines Inbegriffs muß der Schuldner nach Maßgabe des § 260 **Auskunft** erteilen. – Der BGH will bei Eingriffen in eine Sachgesamtheit (durch Wegnahme von Stücken aus einem Archiv) neben dem Schutz des Eigentums an den betroffenen Einzelsachen in Anlehnung an die strafrechtliche Regelung der Sachbeschädigung auch einen auf § 823 Abs 1 gestützten **Verletzungsschutz** für die „organisatorische Sacheinheit" anerkennen (BGHZ 76, 216, 220 f; vgl zur Sachbeschädigung bei zusammengesetzten Sachen SCHÖNKE/SCHRÖDER/STREE/HECKER, Strafgesetzbuch [28. Aufl 2010] § 303 StGB Rn 11).

Verfügungen über Sachgesamtheiten werden durch den Spezialitätsgrundsatz des Sachenrechts ausgeschlossen; demnach muß über jede einzelne Sache der Gesamt-

---

* **Schrifttum:** COSTEDE, Der Eigentumswechsel beim Einbau von Sachgesamtheiten, NJW 1977, 2340; GIRTANNER, Die Rechtsstellung der Sache und der Eigentumsbegriff mit besonderer Rücksicht auf Sachgesamtheiten (universitates rerum), Accession und Miteigentum, JherJb 3 (1859) 58; KÜMPEL, Der Bestimmtheitsgrundsatz bei Verfügungen über Sammeldepotguthaben, WM 1980, 422; OERTMANN, Zum Rechtsproblem der Sachgesamtheit, AcP 136 (1932), 88; ROSTOSKY, Der Sachinbegriff im ein- und mehrfachen Zubehörverhältnis, JherJb 74 (1924) 75; TILL, Zur Lehre von der Gesamtsache, GrünhutsZ 12 (1885) 736.

heit gesondert verfügt werden. So ist zB zur Übertragung des Eigentums an einer Bibliothek die Übereignung der einzelnen Bücher erforderlich. Auch der gutgläubige Erwerb bestimmt sich jeweils für die Einzelsache. Selbst die Nießbrauchsbestellung bildet hiervon trotz des Wortlauts von § 1035 keine Ausnahme (SOERGEL/ MARLY vor § 90 Rn 8). Allerdings ist es möglich, die Einigung über die Rechtsänderung an der einzelnen Sache unter der **Sammelbezeichnung** für die Sachgesamtheit vorzunehmen (STAUDINGER/WIEGAND [2011] Anh zu §§ 929 ff Rn 97). Auch der Besitz an den Einzelsachen kann durch einen einheitlichen Akt übertragen werden. – Soll über eine Sachgesamtheit verfügt werden, deren Bestand wechselt, soll also insbes ein Warenlager verpfändet oder zur Sicherheit übereignet werden, so muß jede dem Inbegriff zugehörende Einzelsache anhand der Parteiabreden zur Zeit der dinglichen Einigung ohne weiteres bestimmbar sein (BGH NJW 1984, 803, 804; 1992, 1161; 1996, 2654, 2655; 2008, 3142, 3144 Rn 17; ausf STAUDINGER/WIEGAND [2011] Anh zu §§ 929 ff Rn 93 ff). – Eine Ausnahme vom Spezialitätsgrundsatz bei Verfügungen über Sachen in einer Sachgesamtheit macht das **PachtkreditG**, das die globale Verpfändung des dem Pächter eines landwirtschaftlichen Grundstücks gehörenden Inventars an ein Pachtkreditinstitut vorsieht; eine spezielle Benennung ist nur für eventuell nicht mit dem Pfandrecht zu belastende Inventarstücke erforderlich.

70 c) Für das Inventar als Sachgesamtheit gelten **Surrogationsvorschriften**, welche den wirtschaftlichen Wert der Sachgesamtheit auch bei wechselndem Bestand erhalten sollen. So begründet die **Einverleibung** einer Sache in das Inventar kraft Gesetzes (§§ 582a Abs 2 S 2, 1048 Abs 1 S 2, 2111 Abs 2) Eigentum desjenigen, dem die übrigen Inventarstücke gehören. Eine entsprechende Regelung für das Pfandrecht enthält § 3 Abs 2 S 1 PachtkreditG. Ein auf Eigentumsübertragung bzw Pfandrechtsbestellung gerichteter Wille ist wegen des originären Rechtserwerbs nicht erforderlich. Da der Eigentümer bzw Pfandgläubiger zudem von der nachträglichen Einverleibung einzelner Gegenstände im Zeitpunkt des Rechtserwerbs regelmäßig keine Kenntnis hat, scheidet ein gutgläubiger Erwerb aus (vgl BGHZ 35, 53, 61 f). – Allerdings ist eine auch das Entgelt und den Ersatz für ausscheidende Stücke umfassende Surrogation beim Inventar nicht vorgesehen. Ebensowenig gibt es ein allgemeines Prinzip der dinglichen Surrogation, etwa in der Art, wie es § 2041 für den Nachlaß als Rechtsgesamtheit bestimmt, für die übrigen Sachgesamtheiten (BAUR/STÜRNER § 57 Rn 14 mwNw). Dies gilt insbesondere für das Warenlager. Die Surrogationsvorschrift des § 1370 bezieht sich nicht auf die Haushaltsgegenstände als Teile einer Sachgesamtheit, sondern auf jede einzelne Sache im Haushalt.

71 d) **Prozessual** hatte bereits das gemeine Recht eine Vindikationsklage hinsichtlich der Herde als Sachgesamtheit zugelassen (vgl ENNECCERUS/NIPPERDEY § 121 III 2). Heute ist die Klage auf Herausgabe einer Sachgesamtheit unter der Sammelbezeichnung möglich, sofern die einzelnen von der Streitbefangenheit zu erfassenden Sachen so deutlich bezeichnet sind, daß eine Identifizierung im Falle einer Zwangsvollstreckung zweifelsfrei möglich ist; andernfalls ist dem Erfordernis des bestimmten Klageantrags nicht genügt (ZÖLLER/GREGER, ZPO [28. Aufl 2010] § 253 Rn 13c; vgl RGZ 130, 264, 267). – Bei Wahrung des Bestimmtheitserfordernisses ist auch die Zwangsvollstreckung eines hinsichtlich der Sachgesamtheit unter Sammelbezeichnung zuerkannten Herausgabeanspruchs zulässig (RGZ 123, 388, 396; MUSIELAK/LACKMANN, ZPO [8. Aufl 2011] § 883 Rn 6). Pfändungen hingegen können nur an einzelnen Sachen vorgenommen werden.

V. Rechtsgesamtheiten (Rechtsinbegriffe)

Als Rechtsgesamtheit bezeichnet man die Einheit von Sachen und anderen Gegenständen, insbes von Rechten, die einer Person rechtlich zugeordnet sind. Das gemeine Recht sprach hier, im Unterschied zur Sachgesamtheit als universitas facti, von einer universitas iuris. – Derartige Rechtsgesamtheiten sind zB das Vermögen einer Person und die sog Sondervermögen, die unter bestimmten Gesichtspunkten aus dem Gesamtvermögen einer oder mehrerer Personen ausgegliedert werden, wie zB das Gesellschaftsvermögen aus dem Vermögen der Gesellschafter oder der Nachlaß aus dem Erbenvermögen. Auch das Unternehmen stellt eine Rechtsgesamtheit dar (s u Rn 81).

Das BGB kennt allerdings den Begriff Rechtsgesamtheit nicht. Es bezeichnet sowohl Sachgesamtheiten wie auch Rechtsgesamtheiten als **Inbegriffe** (vgl § 260 Abs 1), sofern es nicht unmittelbar vom Vermögen usw spricht. – Grundsätzlich gelten für Rechtsgesamtheiten dieselben Regeln wie für Sachgesamtheiten (vgl o Rn 67 ff). Das bedeutet, daß über sie schuldrechtliche Verträge unter Bezeichnung der Rechtsgesamtheit geschlossen werden können, daß sich Verfügungsgeschäfte aber nach dem Spezialitätsgrundsatz nur auf die einzelnen Teile der Rechtsgesamtheit beziehen können und nach den für diese Teile geltenden Vorschriften erfolgen müssen. – Auch **prozessual** können die Rechtsgesamtheiten nicht den Gegenstand einer Herausgabeklage bilden; vielmehr müssen die einzelnen Teile der Gesamtheit hinreichend deutlich bezeichnet sein (BGHZ 7, 208, 211). Dementsprechend ist auch eine Zwangsvollstreckung in die Rechtsgesamtheit als solche nach deutschem Recht nicht möglich (RGZ 70, 226, 227 f; 95, 235, 237; 134, 91, 98; GAUL/SCHILKEN/BECKER-EBERHARD, Zwangsvollstreckungsrecht [12. Aufl 2010] § 34 Rn 16).

1. Vermögen*

Das Vermögen wird als Bezeichnung einer **Rechtsgesamtheit** (vgl o Rn 72) im BGB nicht definiert. Deshalb kann die Begriffsbestimmung unter mehreren Gesichtspunkten erfolgen. Grundsätzlich versteht man unter Vermögen die Summe der gegenwärtigen **geldwerten Rechte** einer Person. Noch nicht zu Anwartschaften verdichtete Erwerbsaussichten sowie der rechtlose Besitz werden nicht einbezogen (LARENZ/WOLF § 21 Rn 11; aM für den Besitz ENNECCERUS/NIPPERDEY § 131 II 1). – Ob als Vermögen einer Person die Aktiva, dh das Bruttovermögen, verstanden werden soll, oder ob das Vermögen nur aus den um die Passiva verminderten Aktiva (Nettovermögen) besteht, muß im Zusammenhang mit der Auslegung der konkreten Vorschriften bestimmt werden (vgl ENNECCERUS/NIPPERDEY § 131 II 4; SOERGEL/MARLY vor § 90 Rn 10).

---

* **Schrifttum:** BEYER, Die Surrogation bei Vermögen im Bürgerlichen Gesetzbuch (Diss Marburg 1905); BIRKMEYER, Über das Vermögen im juristischen Sinne (1879); FISCHER, Subjekt und Vermögen, in: FS Rosenthal (1923) 1; KOHLER, Das Vermögen als sachenrechtliche Einheit, ArchBürgR 22 (1903) 1; LANGE, Zum System des deutschen Vermögensrechts, AcP 147 (1941) 290; PINOLI, Der Vermögensbegriff nach dem BGB unter Berücksichtigung der historischen Entwicklung (Diss Breslau 1913); SCHWARZ, Rechtssubjekt und Rechtszweck, ArchBürgR 32 (1908) 12; WIEACKER, Zum System des deutschen Vermögensrechts (1941).

75 Über das Vermögen als Rechtsgesamtheit sind im BGB in §§ 311b Abs 2 und 3 und 1085 einzelne Bestimmungen getroffen. Erwähnt wird das Vermögen mit unterschiedlicher Inhaltsbestimmung zB auch in §§ 45 ff, 88, 253, 1360, 1416, 1626 Abs 2, 1638, 1793 f, 1914 und § 1922 Abs 1. Nach dem Spezialitätsgrundsatz kann das Vermögen als Ganzes nicht Gegenstand eines einheitlichen Herrschaftsrechts sein (vgl o Rn 73). Für den Fall der Nießbrauchsbestellung ist dies in § 1085 S 1 ausdrücklich geregelt. Geschütztes Rechtsgut iS des § 823 Abs 1 ist das Vermögen daher nicht. Jedoch erfolgt ein **einheitlicher Rechtsübergang** des Vermögens zB nach § 1922 Abs 1 sowie in anderen Fällen der Gesamtnachfolge. – Die besondere Bedeutung des Vermögens tritt bei der **Haftung** hervor, die grundsätzlich das Gesamtvermögen des Schuldners erfaßt. Verwirklicht allerdings wird die Haftung nach den jeweiligen für die einzelnen Vermögensbestandteile geltenden Zugriffsregeln.

2. Sondervermögen*

76 Gewisse Vermögensmassen werden teils wegen ihrer Herkunft, teils wegen ihrer wirtschaftlichen Bestimmung als besondere Einheiten, sog **Sondervermögen**, zusammengefaßt und unterliegen als solche speziellen Bestimmungen. Dabei können die Sondervermögen entweder einer Person neben deren allgemeinem Vermögen zustehen oder mehreren Personen gesamthänderisch und getrennt vom allgemeinen Vermögen zugeordnet sein (ENNECCERUS/NIPPERDEY § 132 I). – Sondervermögen sind zB das Gesamtgut, Sondergut und Vorbehaltsgut bei der Gütergemeinschaft nach §§ 1416 ff, das der elterlichen Verwaltung nicht unterliegende Kindesvermögen nach §§ 1638 und 1639 sowie das Treugut bei der Treuhänderschaft und das Stiftungsvermögen bei der unselbständigen (nicht rechtsfähigen) Stiftung. Auch der Nachlaß stellt nach §§ 1922 ff zunächst ein Sondervermögen dar; ebenso sind der Bauernhof nach der HöfeO und die Insolvenzmasse gem §§ 35 ff InsO Sondervermögen. Das Gesellschaftsvermögen nach §§ 718 ff ist nicht mehr als Sondervermögen einzuordnen, wenn man die Gesellschaft selbst als Rechtsträger anerkennt (BGHZ 146, 341 ff mwNw).

77 Sondervermögen der **öffentlichen Hand** sind rechtlich abgesonderte Bestandteile des Staatsvermögens, die zur Erfüllung einer genau begrenzten Aufgabe bestimmt sind und deshalb getrennt vom übrigen Staatsvermögen verwaltet werden. – So bildeten die Deutsche Bundesbahn und die Deutsche Bundespost vor ihrer Privatisierung Sondervermögen der Bundesrepublik Deutschland (ausf STAUDINGER/JICKELI/STIEPER [2004] Vorbem 27 zu §§ 90 ff).

78 Selbständige Rechtspersönlichkeit kommt dem Sondervermögen nicht zu. Steht es demselben Inhaber wie das Gesamtvermögen zu, wie zB der Nachlaß oder die Insolvenzmasse, so ist es aber möglich, daß der Inhaber des Gesamtvermögens dem Sondervermögen etwas schuldet oder von ihm zu fordern hat. Solche Identität von Gläubiger und Schuldner mit Rücksicht auf die besondere Zweckbindung des Sondervermögens ist zB in § 1978 Abs 3 geregelt; sie entsteht auch, wenn der Ge-

---

* Schrifttum: BISCHOFF, Zulässigkeit und Existenz von Sondervermögen, DVBl 1956, 187; HUNN, Die Trennung des Sondervermögens vom Hauptvermögen in ihrer Beziehung zum Schuldrecht (Diss Frankfurt aM 1931); MARTIN, Kritische Betrachtung der Lehre vom Sondervermögen, AcP 102 (1907) 444.

meinschuldner eine ihm nach §§ 100, 278 InsO bewilligte Unterstützung aus der Insolvenzmasse verlangt.

Für Rechtsgeschäfte über Sondervermögen gelten die allgemeinen Regeln für **79** Rechtsgesamtheiten (vgl o Rn 73). Danach sind **Verpflichtungsgeschäfte** über ein Sondervermögen im Ganzen möglich; § 311b Abs 2 und 3 findet keine Anwendung (PALANDT/GRÜNEBERG § 311b Rn 60 und 66). Für **Verfügungsgeschäfte** hingegen gilt der Spezialitätsgrundsatz. Ausnahmsweise kann nach § 2033 ein Gesamthänder auch über seinen Anteil am Sondervermögen verfügen. – Steht das Sondervermögen gesamthänderisch mehreren Inhabern zu und wollen diese einen Vertrag über das Sondervermögen oder über einen dazu gehörenden Gegenstand mit einem der Gesamthänder schließen, so wirkt dieser Gesamthänder auf beiden Seiten des Vertrages mit, als Einzelperson und als Mitglied der Gesamthand.

Für einzelne Sondervermögen ist gesetzlich eine **Surrogation** vorgesehen, wonach **80** das aufgrund des Ausscheidens von einzelnen Gegenständen Erworbene kraft Gesetzes in dieselbe Rechtslage eintritt, in welcher sich das ursprüngliche Stück befunden hat. Dies gilt beim Gesellschaftsvermögen nach § 718 Abs 2, beim Vorbehaltsgut gem § 1418 Abs 2 Nr 3, beim Gesamtgut gem § 1473 Abs 1, bei dem nicht von den Eltern verwalteten Kindesvermögen gem § 1638 Abs 2 sowie für den Nachlaß nach §§ 2019 Abs 1, 2041, 2111 Abs 1 und 2374 (vgl M WOLF, Prinzipien und Anwendungsbereich der dinglichen Surrogation, JuS 1975, 643 ff und 710 ff; ferner STRAUCH, Mehrheitlicher Rechtsersatz [1972] 81 ff).

3. Unternehmen und Betrieb*

a) Zu den Rechtsgesamtheiten gehört auch das gewerbliche Unternehmen (vgl **81** aber BGHZ 97, 127, 131: Unternehmen als „Inbegriff von Rechts- und Sachgesamtheiten"). Es stellt eine Erscheinung des Wirtschaftslebens dar, die als auf Dauer angelegte selbständige Organisation von Produktionsmitteln und Arbeitskräften zu einem einheitlichen wirtschaftlichem Zweck definiert werden kann (vgl K SCHMIDT § 4 I). Als Rechtsgesamtheit umfaßt das Unternehmen eine **Summe von Rechten und tatsächlichen Verhältnissen** (zB Kundenstamm, Bezugsquellen, Betriebsgeheimnisse),

---

* **Schrifttum**: BALLERSTEDT, Das Unternehmen im Bereicherungsrecht, in: FS Schilling (1973) 289; BEISEL/KLUMPP, Der Unternehmenskauf (6. Aufl 2009); BÖKELMANN, Nutzung und Gewinn beim Unternehmensnießbrauch (Diss Tübingen 1971); BRECHER, Das Unternehmen als Rechtsgegenstand (1953); ECKHARDT, Betrieb und Unternehmen, ZHR 94 (1929) 1; FECHNER, Das wirtschaftliche Unternehmen in der Rechtsordnung (1942); FLUME, Unternehmen und juristische Person, in: FS Beitzke (1979) 43; GIESEKE, Die rechtliche Bedeutung des Unternehmens, in: FS Heymann II (1940) 112; ders, Recht am Unternehmen und Schutz des Unternehmens, GRUR 1950, 298; HOMMELHOFF, Die Sachmängelhaftung beim Unternehmenskauf (1975); HUBMANN, Das Recht am Unternehmen, ZHR 117 (1955) 41; ISAY, Das Recht am Unternehmen (1910); VOHMEYER, Das Unternehmen als Rechtsobjekt (1906); PISKO, Das Unternehmen als Gegenstand des Rechtsverkehrs (1907); TH RAISER, Das Unternehmen als Organisation (1969); REUTER, Probleme der Unternehmensnachfolge, ZGR 1991, 467; K SCHMIDT, Handelsrecht (5. Aufl 1999) § 4 und 7; SCHWINTOWSKI, Das Unternehmen im Bereicherungsrecht, JZ 1987, 588; SIEBERT, Zubehör des Unternehmens und Zubehör des Grundstücks, in: FS Gieseke (1958) 59.

die einem oder mehreren Rechtssubjekten zustehen und von diesen zu einer organisatorischen Einheit verbunden worden sind (vgl ENNECCERUS/NIPPERDEY § 133 I). Dabei ist der Unternehmensbegriff weitgehend unabhängig von der Rechtsform, unter der das Unternehmen betrieben wird, und auch von den Personen seiner Inhaber. – Dieser **privatrechtliche Begriff** des Unternehmens wird vom Gesetz als Erwerbsgeschäft (§ 112 BGB) oder Handelsgeschäft (§§ 22 ff HGB) umschrieben; er ist wegen des unterschiedlichen Gesetzeszwecks zu trennen von den Unternehmensbegriffen des Konzernrechts (vgl §§ 15 ff, 291 ff AktG; dazu EMMERICH/HABERSACK, Aktien- und GmbH-Konzernrecht [6. Aufl 2010] § 15 Rn 6 ff) und des Kartellrechts (dazu IMMENGA/MESTMÄCKER/ZIMMER, Wettbewerbsrecht Bd 2 [4. Aufl 2007] § 1 GWB Rn 27 ff).

82 b) **Verpflichtungsgeschäfte** über das Unternehmen als ganzes sind möglich; sie sind zB in § 22 HGB sowie § 1822 Nr 3 und 4 vorgesehen. – **Verfügungen** sind nach dem Spezialitätsgrundsatz (vgl o Rn 73) nur über die einzelnen Bestandteile der Rechtsgesamtheit möglich. Dies gilt auch für die in § 22 Abs 2 HGB genannte Nießbrauchsbestellung am Handelsgeschäft (BEYERLE, Ertragsbeteiligungen als dingliches Recht, JZ 1955, 257, 260; JANSSEN/NICKEL, Unternehmensnießbrauch [1998] 30). – Soweit andere Gegenstände als Sachen oder Rechte betroffen sind, zB bei der Übertragung eines Geschäftsgeheimnisses oder des Kundenstamms, ist neben der Einigung der Parteien (§§ 398, 413) als Publizitätsakt erforderlich, daß der Veräußerer den Rechtsnachfolger in seinen Tätigkeitsbereich einführt (BAUR/STÜRNER § 28 Rn 10; STAUDINGER/BECKMANN [2004] § 453 Rn 36). – Die frühere Auffassung, es bestehe ein **Recht am Unternehmen** als Immaterialgut (so etwa ISAY 41) wird von der heute hM abgelehnt (ENNECCERUS/NIPPERDEY § 133 IV; K SCHMIDT §§ 4 IV 2 b und 6 I 1; SOERGEL/MARLY Rn 16; PEIFER, Individualität im Zivilrecht [2001] 463 f). Dies beruht vor allem darauf, daß der mit der Annahme eines solchen Rechts erstrebte Schutz des Unternehmens nunmehr auf andere Weise gewährleistet werden kann. Der im Rahmen des Unternehmens **eingerichtete und ausgeübte Gewerbebetrieb** ist zum Gegenstand eines umfassenden Rechtsschutzes geworden, weil er als schutzfähiges Rechtsgut iS des § 823 Abs 1 verstanden wird (RGZ 163, 21, 32; BGHZ 3, 270, 279; 8, 142, 144; 29, 65, 67 ff mwNw; ausf RAISER 41 ff). Auf diese Weise wird ein über die §§ 824 und 3 UWG hinausreichender Schutz gegen rechtswidrige Beeinträchtigungen ermöglicht. Die Einzelheiten dieses Problemkreises sind umstritten (vgl K SCHMIDT § 7 V; SACK, Das Recht am Gewerbebetrieb [2007] 142 ff; PEIFER 464 ff).

83 c) Als **Betrieb** wird die organisatorische Einheit bezeichnet, „innerhalb derer der Unternehmer allein oder zusammen mit seinen Mitarbeitern mit Hilfe sächlicher und immaterieller Mittel bestimmte arbeitstechnische Zwecke fortgesetzt verfolgt" (BAGE 59, 319, 324; GK-BetrVG/FRANZEN [9. Aufl 2010] § 1 Rn 28). Vom Unternehmen unterscheidet sich der Betrieb durch den arbeitstechnischen Zweck gegenüber dem dahinter verfolgten wirtschaftlichen Zweck des Unternehmens. Insoweit stellt sich der Betrieb als ein relativ verselbständigtes wesentliches Teilstück des Unternehmens dar, wobei sich beide Begriffe wegen des modifizierten betriebsverfassungsrechtlichen Unternehmensbegriffs im Einzelfall auch decken können (RICHARDI, Betriebsverfassungsgesetz [12. Aufl 2010] § 1 Rn 18 und 55 f). In seiner arbeitstechnischen Aufgabenstellung unterliegt der Betrieb zahlreichen Sondervorschriften des Arbeits- und Betriebsverfassungsrechts.

84 d) Im **ausländischen Recht** hat das Unternehmen vor allem in Frankreich und

Italien eine besondere Regelung erfahren. Der **französische fonds de commerce** umfaßt Sachen, Rechte und andere Gegenstände einschl des Mietrechts für die Räume, in denen das Unternehmen betrieben wird. Der fonds gilt als meuble und wird als eine Gesamtheit von Gütern aufgefaßt, deren Verkauf, Einbringung in eine Gesellschaft und Verpfändung spezialgesetzlich geregelt ist (vgl FERID/SONNENBERGER, Das französische Zivilrecht II [2. Aufl 1986] Rn 2 G 123). Der Schutz des fonds erfolgt nach der allgemeinen Deliktvorschrift des Art 1382 cc sowie nach den besonderen Vorschriften über die jeweiligen Bestandteile, etwa nach Patentrecht. – Im **italienischen Recht** wird das Unternehmen (azienda) in Art 2555 Codice civile definiert als „complesso dei beni organizzati dell'imprenditore per l'esercizio dell'impresa". Auch nach italienischem Recht ist zu unterscheiden zwischen der Inhaberschaft am Unternehmen als Rechtsgesamtheit und den dinglichen Herrschaftsrechten an den einzelnen Bestandteilen der Gesamtheit, welche nicht notwendig dem Unternehmensinhaber zustehen. Deren Zugehörigkeit zum Unternehmen hängt nur von ihrer Zweckbestimmung durch den Unternehmer ab, nicht von seiner Eigentümerstellung (vgl GALGANO, Diritto privato [9. Aufl Padova 1996] 477 f). – Im **österreichischen Recht** ist das Unternehmen aufgrund der Regelung in § 302 AGBG über Gesamtsachen als Gegenstand von Rechtsgeschäften und der Vollstreckung anerkannt. Dies bedeutet allerdings nicht, daß Verfügungen über die Gesamtheit vorgenommen werden können; hier steht der Spezialitätsgrundsatz entgegen.

§ 90a
Tiere

Tiere sind keine Sachen. Sie werden durch besondere Gesetze geschützt. Auf sie sind die für Sachen geltenden Vorschriften entsprechend anzuwenden, soweit nicht etwas anderes bestimmt ist.

Materialien: BR-Drucks 380/89 und 444/90,
BT-Drucks 11/5463 und 7369.

Schrifttum

BRAUN, Symbolische Gesetzgebung und Folgelast – Erfahrungen im Umgang mit § 90a BGB in einer Examensklausur, JuS 1992, 758
BRÜNINGHAUS, Die Stellung des Tieres im Bürgerlichen Gesetzbuch (1993)
EICHELBERGER/ZENTNER, Tiere im Kaufrecht, JuS 2009, 201
ERBEL, Rechtsschutz für Tiere – Eine Bestandsaufnahme anläßlich der Novellierung des Tierschutzgesetzes, DVBl 1986, 1235
GIMPEL-HINTEREGGER, Das Tier als Sache und Ersatz der Heilungskosten für ein verletztes Tier, ÖJZ 1989, 65

GRAUL, Zum Tier als Sache iS des StGB, JuS 2000, 215
GRUNSKY, Sachen. Tiere – Bemerkungen zu einem Gesetzentwurf, in: FS Jauch (1990) 93
KÜPER, Die „Sache mit den Tieren" oder: Sind Tiere strafrechtlich noch „Sachen"?, JZ 1993, 435
vLERSNER, Gibt es Eigenrechte der Natur?, NVwZ 1988, 988
LIPPOLD, Über Tiere und andere Sachen – § 285a ABGB als Beispiel zeitgenössischer Gesetzgebungskunst, ÖJZ 1989, 335
LORZ, Tier = Sache?, MDR 1989, 201
ders, Das Gesetz zur Verbesserung der Rechts-

stellung des Tieres im bürgerlichen Recht, MDR 1990, 1057
LORZ/METZGER, Tierschutzgesetz (6. Aufl 2008)
MÜHE, Das Gesetz zur Verbesserung der Rechtsstellung des Tieres im bürgerlichen Recht, NJW 1990, 2238
MÜNZBERG, Pfändungsschutz für Schuldnergefühle gegenüber Tieren?, ZRP 1990, 215
PÜTZ, Zur Notwendigkeit der Verbesserung der Rechtsstellung des Tieres im Bürgerlichen Recht, ZRP 1989, 171
SCHLITT, Haben Tiere Rechte?, ARSP 1992, 225
K SCHMIDT, Sind Hunde Plastiktüten?, JZ 1989, 790
T B SCHMIDT, Das Tier – ein Rechtssubjekt? (1996)
STEDING, § 90a BGB: nur juristische Begriffskosmetik? – Reflexionen zur Stellung des Tieres im Recht, JuS 1996, 962.

I. Entstehungsgeschichte

1 § 90a wurde durch das G zur Verbesserung der Rechtsstellung des Tieres im bürgerlichen Recht v 20. 8. 1990 (BGBl I 1762) zusammen mit § 251 Abs 2 S 2 und § 903 S 3 in das BGB eingefügt. Grundlage war eine Regierungsvorlage (BR-Drucks 380/89 v 11. 8. 1989), die mit einigen Veränderungen Gesetz wurde (BT-Drucks 11/5463 v 25. 10. 1989, BT-Drucks 11/7369 v 12. 6. 1990 und BR-Drucks 444/90 v 22. 6. 1990). – Unerwähnt bleibt in den Gesetzesmaterialien, daß in Österreich schon am 10. 3. 1988 der nahezu gleichlautende § 285a ABGB verabschiedet wurde (BGBl 1988, 1832; ferner Prot des Nat-Rates, 17. Gesetzgebungsperiode, v 10. 3. 1988, 6100 ff).

Die Novelle ist in Deutschland wie in Österreich auf wenig Zustimmung gestoßen (vgl PÜTZ ZRP 1989, 172 f; GRUNSKY, in: FS Jauch 94 f; SOERGEL/MARLY Rn 1; ERMAN/MICHALSKI Rn 1; PALANDT/ELLENBERGER Rn 1: „Gefühlige Deklamation"; JAUERNIG Rn 1: „Absurdität"; MEDICUS, AT Rn 1178a: „Begriffskosmetik"; BRAUN, Vom Beruf unserer Zeit zur Überarbeitung des Schuldrechts, JZ 1993, 1, 7: „evidente Torheit"; sowie GIMPEL-HINTEREGGER ÖJZ 1989, 65 f; LIPPOLD ÖJZ 1989, 336 f; in der Tendenz positiv BRÜNINGHAUS 92 f; MÜHE NJW 1990, 2240; karikierend K SCHMIDT JZ 1989, 790 ff).

II. Bedeutung des § 90a S 1

2 1. Mit § 90a S 1, der in der ursprünglichen Vorlage noch nicht enthalten war, schuf der Gesetzgeber eine neue sachenrechtliche Kategorie. Er erweiterte die römischrechtlich fundierte und über Jahrhunderte hinweg tradierte Zweiteilung der Rechtsobjekte in körperliche und unkörperliche Gegenstände (vgl HKK/RÜFNER §§ 90–103 Rn 18). Die Tiere bilden jetzt neben den Sachen eine eigene Art innerhalb der körperlichen Gegenstände (LORZ MDR 1989, 204 und MDR 1990, 1057; STEDING JuS 1996, 964; MünchKomm/HOLCH Rn 5; SOERGEL/MARLY Rn 2; anders noch STAUDINGER/DILCHER [1995] Rn 2). – Zu einer solchen Umdefinition war der Gesetzgeber angesichts der kumulierbaren Zuständigkeit nach Art 74 Nr 1 und Nr 20 GG berechtigt. Allerdings ist die gesetzliche Schaffung der neuen Gegenstandskategorie nicht besonders glücklich zu nennen. Der ursprüngliche Plan, die Novelle als § 103a (ohne S 1) zur Schlußvorschrift eines dann „Sachen, Tiere" überschriebenen Abschnitts mit dem Titel „Tiere" zu machen, wäre korrekter gewesen.

3 Es ging jedoch bei der Schaffung und Einordnung der § 90a S 1 auch nicht primär um Gesetzessystematik. Vielmehr betont die Entwurfbegründung, daß es sich um

ein weiteres „Bekenntnis des Gesetzgebers zum ethisch fundierten Tierschutz" handeln solle, wie er schon im TierSchG von 1986 niedergelegt worden war (BT-Drucks 11/5463, 5 und 11/7369, 1; kritisch dazu MünchKomm/HOLCH Rn 6 f) und jetzt durch die Erweiterung des Art 20a GG Eingang in das Grundgesetz gefunden hat (dazu OBERGFELL, Ethischer Tierschutz mit Verfassungsrang, NJW 2002, 2296 ff). In den österreichischen Beratungen wurde die Neuregelung sogar als „Schritt zur Bewußtseinsbildung für einen wirklichen Tierschutz" verstanden (Prot 6100, 6102), deren „Fernwirkungen" nach Ansicht des Justizministers zur Einschränkung der Tierversuche und der Massentierhaltung führen könnten (Prot 6116).

Zu **Rechtssubjekten** werden die Tiere aufgrund der Neuregelung nicht (MünchKomm/ HOLCH Rn 3; SOERGEL/MARLY Rn 2; STEDING JuS 1996, 964; ausf SCHLITT ARSP 1992, 125 ff). Der Gegensatz von Rechtsträgern und Rechtsgegenständen wird nicht aufgelöst. Bei den Beratungen des § 90a im Rechtsausschuß des Deutschen Bundestages wurde zwar erörtert, ob Tiere, vertreten durch Tierschutzorganisationen als gesetzlichen Vertretern, Verfahrensbeteiligte sein könnten (BT-Drucks 11/7369, 6; vgl VG Hamburg NVwZ 1988, 1058 f zur Beteiligungsfähigkeit der „Seehunde in der Nordsee" im Verwaltungsprozeß; vLERSNER NVwZ 1988, 988 ff). In die jetzige Gesetzesfassung sind diese Erwägungen jedoch nicht eingeflossen (vgl auch SCHLITT ARSP 1992, 134; T B SCHMIDT 54 f; für eine mögliche Rechtssubjektivität von Tieren ERBEL DVBl 1986, 1252 ff; BRÜNINGHAUS 127 ff mwNw). 4

2. Der in § 90a S 1 vorausgesetzte **Tierbegriff** ist nicht eindeutig (vgl BAMBERGER/ ROTH/FRITZSCHE Rn 4). Auszugehen ist zunächst vom biologischen Tierbegriff. Fraglich ist aber, ob der Gesetzeszweck dessen Einschränkung erforderlich macht. Einmal könnte sich eine Begriffsbeschränkung daraus ergeben, daß in den Gesetzesmaterialien mehrfach auf die **Schmerzempfindlichkeit** als Kriterium des Tieres abgestellt wurde (BT-Drucks 11/5463, 1 und 5; 11/7369, 1; in Österreich Prot 6106, 6108 und 6112). Eine solche Begrenzung läßt sich jedoch naturwissenschaftlich nicht hinreichend ausfüllen, so daß Schmerzempfindlichkeit zur Anwendung des § 90a S 1 nicht gefordert werden kann (ebenso LORZ MDR 1990, 1058). – Vom Gesetzeswortlaut her erscheint es auch ausgeschlossen, nur **Tiere höherer Art** in den Geltungsbereich einzubeziehen, etwa, wenn in Österreich von „Wesen aus Fleisch und Blut" gesprochen wurde (Prot 6106; vgl auch JAUERNIG Rn 1). – Eine weitere Überlegung zur Beschränkung des § 90a S 1 geht dahin, daß dem Menschen oder überhaupt **schädliche Tiere** nicht in eine Regelung zur Förderung des Tierschutzes eingeschlossen sein könnten (so in Österreich vorgeschlagen, Prot 6113 und 6115). Der Gesetzeswortlaut verbietet jedoch eine solche Restriktion. 5

So bleibt es für § 90a S 1 beim biologischen Tierbegriff. – Damit stehen Tiere im Gegensatz zur **leblosen Materie**, wenngleich für die Grenzziehung naturwissenschaftlich Grauzonen bestehen. Als Lebewesen ist das Tier zum anderen von der ebenfalls **lebenden Pflanze** abzugrenzen (vgl dazu u Rn 12). 6

3. **Tiereier**, auch befruchtete, unterfallen nicht dem Tierbegriff des BGB (LORZ/ METZGER Einf Rn 10; LORZ MDR 1990, 1058). – Bei **Embryonen** lebendgebärender Tiere fehlt es schon an der auch nach § 90a S 1 zu verlangenden körperlichen Abgegrenztheit. Sie teilen die Rechtslage des Muttertieres. – Für **Tierkadaver** kann die zivilrechtliche Sachqualität bejaht werden. 7

III. Regelungsgehalt des § 90a S 2

8 § 90a S 2 ist das am stärksten umstrittene Stück der Novelle. Der Rechtsausschuß des Bundesrates hatte mangels Regelungsgehalts die Streichung der Vorschrift empfohlen (BR-Drucks 380/89, 2). – Tatsächlich hat S 2 **keinen eigenen Regelungsgehalt** (so auch GRUNSKY, in: FS Jauch 95 f; BAUR/STÜRNER § 3 Rn 4; MünchKomm/HOLCH Rn 8; PALANDT/ELLENBERGER Rn 1; BAMBERGER/ROTH/FRITZSCHE Rn 5: „völlig überflüssig"). Die Geltung der tierschutzrechtlichen Vorschriften ergibt sich bereits aus Art 20 GG. Als Befehl an den Gesetzgeber kann die Vorschrift nicht interpretiert werden, weil sie zu unbestimmt ist und außerdem ein solcher Befehl nicht durch ein einfaches Gesetz ausgesprochen werden kann (vgl LIPPOLD ÖJZ 1989, 336). Nicht einmal der gedankliche Ansatz, aus S 2 eine Auslegungsmaxime zur entsprechenden Anwendung der für Sachen geltenden Regelung zu entnehmen, führt weiter. Eine derartige Prüfung unter Tierschutzaspekten ist nach S 3 ohnehin erforderlich. Bei § 90 S 2 handelt es sich somit um eine reine Feststellung.

Die in S 2 angesprochenen **besonderen Gesetze** zum Schutz der Tiere sind vor allem das TierSchG idF v 18. 5. 2006 (BGBl I 1206, 1313; zur Geschichte des Tierschutzes vgl ERBEL DVBl 1986, 1240 ff), das BJagdG idF v 29. 9. 1976 (BGBl I 2849) und die BArtSchV v 16. 2. 2005 (BGBl I 258, 896). Außerdem gibt es umfangreiche Tierseuchenvorschriften (vgl LORZ/METZGER Einf Rn 157 ff). – Aus dem Landesrecht sind ua die Jagd- und Fischereigesetze zu beachten.

IV. Rechtsfolgen des § 90a S 3

9 Tiere gehören, wenngleich sie nicht mehr den Sachen zuzuordnen sind, weiterhin zu den Rechtsobjekten (vgl o Rn 2 und 4). Gem § 90a S 3 ist daher zu prüfen, ob die für Sachen geltenden Vorschriften einer entsprechenden Anwendung auf Tiere zugänglich sind. Bei einer solchen Anweisung zur teleologisch richtigen Normanwendung handelt es sich um eine sog **Verweisungsanalogie** (CANARIS, Die Feststellung von Lücken im Gesetz [2. Aufl 1983] 24), eine Gesetzesanalogie eigener Art, bei welcher die sonst zu verlangende Gesetzeslücke nicht vorliegt (vgl auch LG Stuttgart NJW-RR 1991, 446, das vor Inkrafttreten des § 90a das TierSchG als Interpretationsmaßstab herangezogen hat).

10 **Andere Bestimmungen** iS des S 3 sind neben §§ 833 f und §§ 960 ff vor allem die neu eingefügten § 251 Abs 2 S 2 (dazu STAUDINGER/SCHIEMANN [2005] § 251 Rn 27 ff), § 903 S 2 (dazu STAUDINGER/SEILER [2002] § 903 Rn 31) und §§ 765a Abs 1 S 3, 811c ZPO (kritisch dazu MÜNZBERG ZRP 1990, 215 ff). Im übrigen gelten die bürgerlichrechtlichen Vorschriften über Sachen entsprechend, so daß insbes **Eigentum** (eingeschränkt durch § 903 S 2) und Besitz an Tieren möglich sind; die Übereignung erfolgt nach §§ 929 ff (SOERGEL/MARLY Rn 5). Darüber hinaus ist ein originärer Eigentumserwerb an neugeborenen Tieren nach §§ 953 ff möglich. Auch die Vorschriften über den Fund (§§ 965 ff) sind anwendbar (vgl KG NJW-RR 1994, 688, 689). – Dementsprechend können Tiere auch **vermietet** und **verkauft** werden. Die Vorschriften über den Verbrauchsgüterkauf (§§ 474 ff) sind anwendbar; insbes im Rahmen des § 476 sind jedoch die Besonderheiten zu berücksichtigen, die sich aus der Natur des Tieres als Lebewesen ergeben (BGHZ 167, 40, 50 f Rn 27). Diese stehen einer Einordnung eines Tieres als „neu" oder „gebraucht" aber nicht entgegen (BGHZ 170, 31, 41 ff Rn 29 ff). – Bei der Räumung eines Grundstücks nach § 885 Abs 2 ZPO sind Tiere wie bewegliche

Sachen durch den Gerichtsvollzieher vom Grundstück wegzuschaffen und ggf gem § 885 Abs 4 ZPO zu verkaufen (Braun JZ 1997, 574, 575 f gegen OLG Karlsruhe JZ 1997, 573, 574; zur Tierhaltung in Mietwohnungen vgl Dillenburger/Pauly, Nochmals – Zur Bedeutung des § 90a BGB im Mietrecht, ZMR 1995, 193 f). – Ein **Umgangsrecht** für Tiere läßt sich bei der Verteilung des Hausrats im Scheidungsverfahren aus § 90a nicht begründen, da es dem Grundsatz der endgültigen Verteilung des Hausrats nach § 1361a Abs 2 (§ 2 HausratsVO aF) widerspricht (OLG Schleswig NJW 1998, 3127; **aM** AG Bad Mergentheim NJW 1997, 3033, 3034; dazu Schneider MDR 1999, 193). – Das in § 96 Abs 1 VVG vorgesehene Kündigungsrecht nach Eintritt des Versicherungsfalls kann unabhängig von § 90a nicht auf Tierkrankenversicherungen übertragen werden (vgl AG Hannover NJW-RR 1999, 467, 468).

Problematisch ist die entsprechende Anwendung im **Strafrecht**, namentlich bei Diebstahl und Sachbeschädigung. Teilweise wird angenommen, hier könne das **Analogieverbot** einer Anwendung auf Tiere entgegenstehen (Braun JuS 1992, 761; ebenso noch Staudinger/Dilcher [1995] Rn 5). Auch im Rechtsausschuß des Bundestags wurde die Vereinbarkeit mit dem Analogieverbot erörtert, aber mit der zutreffenden Begründung bejaht, daß bei einer gesetzlich vorgeschriebenen entsprechenden Anwendbarkeit **keine Analogie** vorliege (BT-Drucks 11/7369, 6 f). Denn das in Art 103 Abs 2 GG verankerte Prinzip der gesetzlichen Bestimmtheit ist jedenfalls durch die Verweisung in § 90a S 3 gewahrt (Graul JuS 2000, 218; Küper JZ 1993, 438 f; Schönke/Schröder/Eser/Bosch, StGB [28. Aufl 2010] § 242 Rn 9). Daher bedarf es neben der Sachwehr nach § 228 StGB auch keiner ausdrücklichen Regelung der Tierwehr, weil § 228 insoweit entsprechend anwendbar ist (vgl Lorz MDR 1989, 203). – Darüber hinaus ist zweifelhaft, ob der Sachbegriff des BGB („Sachen im Sinne des Gesetzes") und damit auch § 90a überhaupt Anwendung im Strafrecht finden (verneinend OLG Karlsruhe NJW 2001, 2488; Graul JuS 2000, 218 f; Küper JZ 1993, 441; Leitenstorfer JuS 1993, 616; Fischer, StGB [58. Aufl 2011] § 242 Rn 3; vgl § 90 Rn 6).

V. Pflanzenschutz

1. **Pflanzen** werden von § 90a nicht erfaßt, obgleich auch sie von den leblosen Gegenständen unterschieden werden können. Die Ausgrenzung der Pflanzen aus einer ebenfalls in § 90a zu schaffenden selbständigen Gegenstandskategorie wird vor allem mit der Unterscheidung des ethisch fundierten Tierschutzes (vgl o Rn 3) vom anthropozentrisch, dh auf Nutzen, ausgerichteten Pflanzenschutz begründet (so Lorz MDR 1989, 204; vgl auch E Rehbinder [Hrsg], Bremer Kolloquium über Pflanzenschutz [1991] mit zahlr Beiträgen). Diese Unterscheidung ist aber nur Ausdruck des heutigen Problemverständnisses, nicht eines übergeordneten Prinzips. – Die nach geltendem Recht erforderliche Abgrenzung zwischen Tieren und Pflanzen muß der naturwissenschaftlichen Forschung überlassen bleiben; Unterschiede bestehen insbes hinsichtlich der Art des Stoffwechsels. Praktisch wird die Abgrenzung selten Probleme bereiten.

So wird die Einordnung der Pflanzen als Sachen weiterhin von der Überlegung getragen, daß (die meisten) Pflanzen für ihre Existenz Erdreich benötigen. Dies führt, von Topfpflanzen und den wenigen Ausnahmen nach § 95 abgesehen (vgl § 95 Rn 13), zur Einordnung in die Gruppe der wesentlichen Grundstücksbestandteile (vgl § 94 Rn 18), also in das **Recht der unbeweglichen Sachen**. Bei der Zerstörung oder Beschädigung von Bäumen richtet sich der Schadensersatzanspruch daher nach der

Wertminderung des Grundstücks (BGHZ 143, 1, 6; BGH NJW 1975, 2061; BRELOER, Der Schadensersatzanspruch bei Zerstörung von Straßenbäumen, VersR 1985, 322 ff mwNw; kritisch zur Methode der hM STAUDINGER/SCHIEMANN [2005] § 251 Rn 89 ff), es sei denn, die Bäume sind zum Verkauf bestimmt und damit Scheinbestandteile nach § 95 Abs 1 S 1 (OLG Hamm NJW-RR 1992, 1438, 1439). Daran hat auch die Einfügung von Art 20a GG nichts geändert (BGH NJW 2006, 1424 f Rn 10 f; vgl o Rn 3). – Wollte man die Sacheigenschaft der Pflanzen aufheben, so müßte der Bewuchs aller Grundstücksoberflächen in eine Art sonderrechtsfähigen Scheinbestandteil umgewandelt werden. Dies würde für den Grundstücksverkehr eine kaum tragbare Unsicherheit nach sich ziehen. Deshalb findet das möglicherweise bestehende ethische Gebot, auch dem Lebewesen Pflanze mit Achtung und Fürsorge entgegenzutreten, seine Grenze an der praktischen Undurchführbarkeit einer Umsetzung in neue Kategorien des bürgerlichen Rechts.

14 2. Für Pflanzen bleibt es beim Schutz durch Spezialvorschriften. Hervorzuheben sind das BNaturSchG v 29. 7. 2009 (BGBl I 2542) ebenso wie das BWaldG v 2. 5. 1975 (BGBl I 1037), das PflanzenschutzG idF v 14. 5. 1998 (BGBl I 1527, 3512) und die BArtSchV v 16. 2. 2005 (BGBl I 258, 896). – Im Landesrecht sind die LandschaftspflegeG wichtige Grundlagen des Pflanzenschutzes.

§ 91
Vertretbare Sachen

Vertretbare Sachen im Sinne des Gesetzes sind bewegliche Sachen, die im Verkehr nach Zahl, Maß und Gewicht bestimmt zu werden pflegen.

Materialien: E I § 779; II § 77b; III § 87; Mot III 33; Prot III 2; JAKOBS/SCHUBERT, AT I 464.

I. Definition

1 Bei der Legaldefinition der vertretbaren Sachen folgt das BGB der Formulierung des römischen Rechts in D 12, 1, 2, 1, wonach es sich um Sachen handelt, quae pondere, numero, mensura constant (RÜFNER, Vertretbare Sachen? [2000] 24 ff; kritisch dazu WIEACKER, Sachbegriff, Sacheinheit und Sachzuordnung, AcP 148 [1943] 57, 70 f).

1. Vertretbar sind die im Verkehr nach Zahl, Maß oder Gewicht bestimmten Sachen deshalb, weil sie andere Sachen derselben Art nach der regelmäßigen Anschauung ersetzen oder von ihnen ersetzt werden können. Vertretbare Sachen sind danach Sachen, die gegenüber anderen der gleichen Art keine ausgeprägten Individualisierungsmerkmale aufweisen und daher ohne weiteres austauschbar sind (BGH NJW 1966, 2307; 1971, 1793, 1794; 1985, 2403). – Nicht vertretbar sind hingegen Sachen, die speziell auf Wünsche des Bestellers ausgerichtet und aufgrund ihres besonderen Gepräges durch den Hersteller anderweitig schwer oder gar nicht abzusetzen sind (BGH NJW 1971, 1793, 1794; OLG Hamm NJW-RR 1986, 477). Dies bedeutet, daß bei den meisten Serienprodukten die **neue Sache** eine vertretbare ist, die schon gebrauchte

Sache hingegen nicht mehr (vgl LARENZ/WOLF § 20 Rn 31 f; LG Duisburg MDR 1962, 819). Auf die Serieneigenschaft und damit die Einordnung als vertretbare Sache hat es keinen Einfluß, daß bei der Fertigung besondere Wünsche des Bestellers zu berücksichtigen sind, solange sie vom Verkehr als mit anderen Sachen der gleichen Art austauschbar angesehen wird (BGH NJW 1971, 1793, 1794; OLG Dresden BauR 2000, 1876; OLG Hamm NJW-RR 1986, 477). – Die Vertretbarkeit ist rein objektiv nach der **Verkehrsanschauung** zu bestimmen (PALANDT/ELLENBERGER Rn 1; ENNECCERUS/NIPPERDEY § 121 II); abweichende Parteivereinbarungen sind unerheblich (zur vereinbarten Gattungsschuld s u Rn 11).

2. Bei vertretbaren Sachen wird es sich häufig um solche handeln, die im wirtschaftlichen Verkehr als **Mengensachen** und nicht als Einzelstücke hervortreten, zB landwirtschaftliche Erzeugnisse (vgl § 90 Rn 66). Dennoch ist es unzutreffend, den Gegensatz von Mengensachen und Einzelsachen als maßgebendes Kriterium für die Vertretbarkeit anzusehen (so WENDT, Wie etwas heißt und was es ist!, AcP 103 [1908] 417, 452). Auch Einzelsachen sind vertretbar, wenn sie keine individuelle Prägung aufweisen und daher mit anderen Sachen der gleichen Art austauschbar sind, wie zB ein fabrikneues Kraftfahrzeug eines bestimmten Modells.

3. Vertretbarkeit als Tatbestandsmerkmal tritt nicht nur bei der Beschreibung von Sachen auf. § 887 ZPO kennt die **vertretbare Handlung**, die auch durch einen Dritten vorgenommen werden kann und deren Zwangsvollstreckung deshalb im Wege der Ersatzvornahme stattfinden kann. – Ferner spricht man im Zusammenhang des § 267 von **vertretbaren Leistungen**. Hierunter werden solche Leistungen verstanden, die der Schuldner nicht notwendig in Person zu bewirken hat.

II. Beispiele

1. Vertretbare Sachen sind Neuwagen eines bestimmten Modells und Typs (OLG München DAR 1964, 188, 189), ferner Serienmaschinen (RG JW 1903, 244; OLG Dresden BauR 2000, 1876; OLG Hamm NJW-RR 1986, 477) und Fertigbauteile (vgl LG Duisburg MDR 1962, 819 für die Teile eines Kfz-Motors); in Serienherstellung produzierte Möbel (BGH NJW 1971, 1793, 1794); veredelte Rohedelsteine (BGH NJW-RR 2009, 103, 104 Rn 16); Bier einer bestimmten Brauerei (vgl RG JW 1913, 539, 540); durch Rebsorte, Lage, Jahrgang usw bestimmter Wein (BGH NJW 1985, 2403); Einheitsbierflaschen (BGH NJW 1956, 298); auf einem Datenträger gespeicherte Standardsoftware (SOERGEL/MARLY Rn 2; zur umstr Sachqualität von Software s § 90 Rn 12 ff); Einzelexemplare eines Buches, einer Zeitschrift oder einer CD. – Aus § 651 ergibt sich, daß als vertretbare Sachen nicht nur vorhandene, sondern auch **erst herzustellende Sachen** eingeordnet werden können (RG JW 1903, 244; BGB-RGRK/KREGEL Rn 2). Dabei kommt es nicht darauf an, daß der Stoff, aus dem die Sache hergestellt werden soll, zu den vertretbaren Sachen gehört, sondern nur darauf, daß die Sache nach ihrer Herstellung als eine vertretbare zu bezeichnen ist.

2. Keine vertretbaren Sachen sind in erster Linie Grundstücke, da jedes Grundstück durch seine besondere Lage charakterisiert ist (vgl BGH NJW 1995, 587, 588). Ebenso sind unvertretbare Sachen normalerweise Kunstwerke (anders bei gleichartigen Werken einer bestimmten Auflage); Gebrauchtwagen (OLG München DAR 1964, 188, 189); ein in eine Sonderanfertigung umgebautes Motorrad (LG Hamburg ZIP

1994, 290, 291); individuell angefertigte Möbel (RGZ 107, 339, 340); Maßkleider; eine nach den Bedürfnissen des Kunden angepaßte und zusammengesetzte Einbauküche (OLG Koblenz MDR 1998, 639; OLG Frankfurt NJW-RR 2001, 55, 56; OLG Saarbrücken NJOZ 2003, 1001, 1002); auf die Betriebsverhältnisse des Bestellers zugeschnittene Maschinen (RG JW 1903, 27; BGH NJW 1985, 2413, 2414); auf einem Datenträger gespeicherte Individualsoftware (vgl OLG Hamm CR 1998, 728 und § 90 Rn 15); Farbstoff mit einem für ein bestimmtes Produkt entwickelten Farbton (OLG Düsseldorf NJW-RR 1997, 186) sowie im Rahmen des § 90a S 3 auch Tiere. Werbeprospekte für eine bestimmte Firma sind trotz ihrer Vielzahl als Gruppe ebenfalls unvertretbar (BGH NJW 1966, 2307), ebenso Zündholzbriefe mit Firmenaufdruck (BGH Betrieb 1981, 315).

6 **3.** Auch **Geld** wird vom Gesetz zu den vertretbaren Sachen gezählt (vgl §§ 607 Abs 2 iVm Abs 1, 783 sowie § 363 HGB). Die auf Geldscheinen angebrachte Individualisierungsnummer wird von der Verkehrsanschauung ignoriert (MünchKomm/ HOLCH Rn 3); für Münzen entsteht die Frage der Individualisierung durch Nummern überhaupt nicht. Geldstücke und Banknoten werden als bewegliche Sachen übereignet, ver- und gepfändet. Besonderheiten gegenüber anderen vertretbaren Sachen ergeben sich aber aus dem Zweck des Geldes, als einheitlicher Wertmaßstab und als Wertträger zur Durchführung eines freien Güteraustausches zu dienen (ausf STAUDINGER/K SCHMIDT [1997] Vorbem B 8 ff zu §§ 244 ff). – Geld in diesem Sinne sind nur **gesetzliche Zahlungsmittel**, also auf eine bestimmte Währung lautende Wertträger, denen vom Gesetzgeber die Eigenschaft eines umlauffähigen und im Inland grundsätzlich mit Annahmezwang ausgestatteten Zahlungsmittels zuerkannt ist (vgl PIKART, Die sachenrechtliche Behandlung von Geld und Wertpapieren in der neueren Rechtsprechung, WM 1980, 510, 511; STAUDINGER/K SCHMIDT [1997] Vorbem A 24 zu §§ 244 ff mwNw). Gesetzliches Zahlungsmittel in Deutschland sind seit dem 1. 1. 2002 die auf Euro lautenden Banknoten und Münzen als **überstaatliches Geld** (vgl SCHNEIDER, Die Vereinbarung und die Erfüllung von Geldschulden in Euro, Betrieb 1996, 2477 ff). Gültige **ausländische Geldzeichen** sind ebenfalls vertretbare Sachen (vgl § 244). – Sammlermünzen, deren Sammlerwert höher ist als ihr Nennwert und die daher als Ware gehandelt werden, stellen – obwohl uU gesetzliches Zahlungsmittel – kein Geld in diesem Sinne dar (BGH WM 1984, 944, 946; PIKART WM 1980, 510, 511; vgl für Euromünzen § 2 MünzG v 16. 12. 1999, BGBl I 2402). Nach der Verkehrsauffassung sind sie nur dann als vertretbare Sachen anzusehen, wenn sie noch nicht in Umlauf waren und daher keine für ihren Wert erheblichen individuellen Abnutzungsmerkmale aufweisen („polierte Platte").

7 Das unabhängig von staatlicher Geldhoheit entwickelte Giral- oder **Buchgeld** gehört nicht hierher. Dabei handelt es sich um Forderungen gegen Kreditinstitute, die dem Inhaber zu Zahlungszwecken zur Verfügung stehen. Wenn auch teilweise versucht wird, das Buchgeld in einen erweiterten Geldbegriff mit einzubeziehen (vgl SIMITIS, Bemerkungen zur rechtlichen Sonderstellung des Geldes, AcP 159 [1960] 406, 454), so fehlt es diesem jedenfalls an der für eine Sache erforderlichen Körperlichkeit (PIKART WM 1980, 511 u 513). Das gleiche gilt für die **GeldKarte** (dazu KÜMPEL, Rechtliche Aspekte der neuen GeldKarte als elektronische Geldbörse, WM 1997, 1037 ff) sowie das elektronische **Netzgeld** (dazu KÜMPEL, Rechtliche Aspekte des elektronischen Netzgeldes [Cybergeld], WM 1998, 365 ff; BÖHM-RUPPRECHT, Cybermoney – Die rechtliche Struktur von Zahlungen im Internet [2003]). – Zwar kommt es bei einer **Geldschuld** (dazu STAUDINGER-Symposion 1998/ K SCHMIDT 76 ff) regelmäßig nicht darauf an, vertretbare Sachen zu liefern, sondern dem Gläubiger die Verfügung über eine bestimmte Geldsumme zu verschaffen (MünchKomm/HOLCH Rn 3; LARENZ/WOLF § 20 Rn 33); die sachenrechtliche Einordnung wird dadurch jedoch nicht berührt (STAUDINGER/K SCHMIDT [1997] Vorbem B 8 zu §§ 244 ff; aM SIMITIS AcP 159, 455 f).

III. Praktische Bedeutung des § 91

Praktische Bedeutung erlangt der Begriff der vertretbaren Sache vor allem im **Schuldvertragsrecht.** So können nach § 607 nur vertretbare Sachen Gegenstand eines Sachdarlehens sein (vgl BGH NJW 1956, 298); dasselbe gilt für die unregelmäßige Verwahrung gem § 700, für die Anweisung nach § 783 und für die indossablen kaufmännischen Anweisungen des § 363 HGB. – Auf dem Unterschied zwischen vertretbaren und unvertretbaren Sachen beruht auch die Regelung des § 651 S 3 über den Werklieferungsvertrag. Außerdem werden nach § 706 Abs 2 vertretbare Sachen, die von einem Gesellschafter eingebracht werden, im Zweifel gemeinschaftliches Eigentum der Gesellschafter. Sondervorschriften für vertretbare Sachen gelten nach § 469 Abs 1 HGB auch beim Lagergeschäft.

Im **Schadensersatzrecht** ist die Unterscheidung von vertretbaren und unvertretbaren Sachen ebenfalls bedeutsam. Nur bei Zerstörung oder Beschädigung einer vertretbaren Sache ist Naturalrestitution durch Beschaffung einer anderen gleichartigen Sache oder des dafür erforderlichen Geldbetrages zulässig (BGH NJW 1985, 2413, 2414; NJW-RR 2009, 103, 104 Rn 16; LARENZ/WOLF § 20 Rn 33). Bei der Beschädigung einer unvertretbaren Sache hat der Ersatzpflichtige den Gläubiger dagegen grundsätzlich gem § 251 Abs 1 in Geld zu entschädigen (OLG München DAR 1964, 188, 189). Auch eine abstrakte Schadensberechnung nach der Differenz zwischen dem besonderem Preis eines gescheiterten Vertrags und dem Marktpreis eines hypothetischen Deckungsgeschäfts ist regelmäßig nur bei vertretbaren Sachen möglich (vgl BGH NJW 1995, 587, 588).

Die **ZPO** verwendet den Begriff der vertretbaren Sache in §§ 592 (Urkundenprozeß), 794 Abs 1 Nr 5 (vollstreckbare Urkunden) und 884 (Zwangsvollstreckung durch Wegnahme).

IV. Parteidispositionen im Zusammenhang des § 91

1. Es bleibt den Vertragsschließenden unbenommen, eine Sache, die iS des § 91 **nach der Verkehrsauffassung vertretbar** ist, im Vertragszusammenhang gewollt wie eine nichtvertretbare Sache zu behandeln. Vereinbart ist dann eine **Stückschuld**, es darf also keine andere Sache gleicher Art geliefert werden (ENNECCERUS/NIPPERDEY § 121 II). Eine solche Absicht ist jedoch nicht schon dann anzunehmen, wenn eine vertretbare Sache zu einem individuellen Zweck verwendet werden soll, etwa weil ein zu den vertretbaren Sachen gehörendes Modell konkret gewünschte Erfordernisse erfüllt (vgl OLG Hamm NJW-RR 1986, 477). – Ist eine Stückschuld vereinbart, so bedeutet dies nicht, daß Dritten gegenüber der geschuldete Gegenstand wie eine unvertretbare Sache zu behandeln ist (so aber offenbar ERMAN/MICHALSKI Rn 4). Insbesondere kann bei deliktischer Beschädigung Schadensersatz durch Lieferung einer gleichartigen Sache geleistet werden (vgl o Rn 9). – Auch die **Nacherfüllung** (§ 439) durch Lieferung einer Ersatzsache ist bei einer Stückschuld möglich, wenn die

Kaufsache nach der Vorstellung der Parteien im Falle ihrer Mangelhaftigkeit durch eine gleichartige und gleichwertige ersetzt werden kann (BGHZ 168, 64, 74 Rn 23). Auf die Vertretbarkeit der Sache kommt es dann wegen des Vorrangs des Parteiwillens nicht entscheidend an (vgl LG Ellwangen NJW 2003, 517; **aM** PAMMLER NJW 2003, 1992, 1993).

11 2. Die Parteien können vertretbare, im Einzelfall sogar unvertretbare Sachen wie Grundstücke (vgl SOERGEL/MARLY Rn 4; PALANDT/GRÜNEBERG § 243 Rn 2) auch so behandeln wollen, daß sie als Leistungsgegenstand nur der Gattung nach bestimmt werden, so daß es nicht darauf ankommt, welches Einzelstück der vereinbarten Gattung geleistet wird. Durch eine solche Abrede wird eine **Gattungsschuld** begründet (vgl §§ 243, 300 Abs 2). Damit ändert sich die Einordnung der geschuldeten Sachen als vertretbar oder unvertretbar jedoch nicht (SOERGEL/MARLY Rn 4; ERMAN/MICHALSKI Rn 4; ENNECCERUS/NIPPERDEY § 121 II). Die Vertretbarkeit hat ihre objektive Grundlage in der Verkehrsanschauung und ist vom Parteiwillen unabhängig (s o Rn 1). Lediglich die Gattung, innerhalb derer die vertretbaren Sachen austauschbar sind, kann durch den Parteiwillen bestimmt werden (BGH NJW 1985, 2403). Dies gilt selbst dann, wenn eine **beschränkte Gattungsschuld** vereinbart wurde, weil auch in diesem Falle die Vertretbarkeit vom Willen der Parteien unabhängig ist.

§ 92
Verbrauchbare Sachen

(1) Verbrauchbare Sachen im Sinne des Gesetzes sind bewegliche Sachen, deren bestimmungsmäßiger Gebrauch in dem Verbrauch oder in der Veräußerung besteht.

(2) Als verbrauchbar gelten auch bewegliche Sachen, die zu einem Warenlager oder zu einem sonstigen Sachinbegriff gehören, dessen bestimmungsmäßiger Gebrauch in der Veräußerung der einzelnen Sachen besteht.

Materialien: E I § 780; II § 77c; III § 88; Mot III 34; Prot III 2; JAKOBS/SCHUBERT, AT I 465 ff.

I. Begriff der Verbrauchbarkeit nach § 92 Abs 1

1 1. Es ist eine natürliche Eigenschaft vieler Sachen, daß sie sich beim Gebrauch abnutzen. Dadurch werden solche Sachen aber noch nicht verbrauchbar iS des § 92. Sie sind zum Gebrauch bestimmt und nicht zum Verbrauch; Abnutzung allein begründet keine Verbrauchbarkeit (MünchKomm/HOLCH Rn 3; SOERGEL/MARLY Rn 1; LARENZ/WOLF § 20 Rn 34). – Verbrauchbar iS von Abs 1 ist eine bewegliche Sache vielmehr erst dann, wenn gerade der **Verbrauch** ihrer objektiven Zweckbestimmung entspricht und nicht bloß Nebenerscheinung des Gebrauchs ist. Maßgeblich hierfür ist die **Verkehrsanschauung** (ENNECCERUS/NIPPERDEY § 122 III 1). Verbrauch in diesem Sinne ist der Verlust oder die erhebliche Entwertung der Sachsubstanz (MünchKomm/HOLCH Rn 2). Verbrauchbare Sachen nach Abs 1 Fall 1 sind demnach vor allem

Nahrungsmittel und Brennstoffe wie Heizöl, Gas und Benzin, nicht aber Kraftfahrzeuge, Kleider, Möbel oder Bücher.

2. Dieser (engere) Begriff der Verbrauchbarkeit wird durch § 92 Abs 1 Fall 2 auf solche Sachen ausgedehnt, deren bestimmungsgemäßer Gebrauch in der **Veräußerung** besteht. Damit sollten entsprechend ihrer Einordnung im römischen Recht insbes **Geldzeichen** vom Begriff der Verbrauchbarkeit erfaßt sein (Mot III 35; vgl STAUDINGER/K SCHMIDT [1997] Vorbem B 9 zu §§ 244 ff; WIEACKER, Sachbegriff, Sacheinheit und Sachzuordnung, AcP 148 [1943] 57, 70; zur Einordnung des Geldes als vertretbare Sache vgl § 91 Rn 6 f). Maßgeblich ist auch hier die Verkehrsanschauung. Entscheidend ist nicht, ob die Sache wirklich veräußert wird, sondern ob ihr spezifischer Wert erst durch eine Veräußerung realisierbar, also kein anderer sinnvoller Gebrauch als ihre Veräußerung denkbar ist (LARENZ/WOLF § 20 Rn 34). – **Wertpapiere** sind insoweit verbrauchbare Sachen, als sie Geldsurrogate darstellen, zB Schecks und Inhaberpapiere. Andere Wertpapiere, die als Kapitalanlage dienen, können dagegen selbst bei Börsengängigkeit nicht als verbrauchbare Sachen angesehen werden (SOERGEL/MARLY Rn 1; ENNECCERUS/NIPPERDEY § 122 III 1; **aM** BGB-RGRK/KREGEL Rn 3), auch nicht nach Abs 2 (vgl u Rn 4). – Verbrauchbarkeit und Vertretbarkeit einer Sache können, wie beim Geld, zusammenfallen; notwendig ist dies jedoch nicht.

II. Begriff der Verbrauchbarkeit nach § 92 Abs 2

Mit der Fiktion des § 92 Abs 2 wird festgelegt, daß der bestimmungsgemäße Gebrauch einer Sache immer dann in ihrer Veräußerung besteht, wenn die Sache zu einem **Sachinbegriff** (vgl § 90 Rn 67) gehört, dessen bestimmungsmäßiger Gebrauch in der Veräußerung der einzelnen Sachen besteht. Anders als für den Begriff der Verbrauchbarkeit nach Abs 1 ist insoweit nicht die Verkehrsanschauung maßgeblich, sondern der **Veräußerungswille** des Berechtigten (SOERGEL/MARLY Rn 2). – § 92 Abs 2 fingiert jedoch nur die Verbrauchbarkeit der Einzelsachen, nicht dagegen die Verbrauchbarkeit des Sachinbegriffs selbst.

Von § 92 Abs 2 können **alle Arten von Sachen** erfaßt sein; es kommt nur darauf an, welchen Zweck der Berechtigte mit dem Sachinbegriff verfolgt, dem sie zugehören. Selbst unveräußerliche Einzelstücke in einem Warenlager sind nach Abs 2 verbrauchbare Sachen, wenn der Zweck des Warenlagers in der Veräußerung der zugehörigen Sachen besteht. – Gem § 92 Abs 2 wird zB das Schlachtvieh eines Fleischers zur verbrauchbaren Sache (RGZ 79, 246, 248); dasselbe gilt für Kleider in einem Warenhaus (BGB-RGRK/KREGEL Rn 4). Anders ist es trotz regelmäßiger Umschichtung bei Wertpapieren in einem Fonds, da sie primär nicht zur Veräußerung bestimmt sind, sondern als Kapitalanlage dienen (vgl o Rn 2).

III. Praktische Bedeutung der Vorschrift

Von praktischer Bedeutung wird die Verbrauchbarkeit einer Sache, wenn jemandem ein **Nutzungsrecht** an Sachen dieser Art eingeräumt ist. Dies gilt vor allem für den Nießbrauch an verbrauchbaren Sachen. Da der Nießbraucher zur bestimmungsgemäßen Nutzung der Sache eines Verbrauchsrechts bedarf, wird er mit der Bestellung des Nießbrauchs gem § 1067 zum Eigentümer der Sache. Das gleiche gilt für den Nießbrauch an einer auf Leistung einer verbrauchbaren Sache gerichteten Forderung im Falle der Leistung. Er hat aber nach Beendigung des Nießbrauchs dem Besteller gem §§ 1067, 1075 Abs 2, 1084 und 1086 S 2 den Wert der verbrauchten Sachen zu ersetzen.

6 Nach bestimmungsgemäßem Gebrauch können verbrauchbare Sachen nicht in unverändertem Zustand bzw unveränderter Identität (bei Geld) zurückgewährt werden; sie eignen sich daher nicht als Gegenstand einer Miete oder Leihe, sondern können, soweit sie zugleich vertretbar sind, Gegenstand eines Darlehens (§§ 488, 607), anderenfalls nur eines Kaufs oder einer Schenkung sein. – Die **Sicherungsübereignung** verbrauchbarer Sachen, insbes solcher, die zu einem Warenlager gehören, ist möglich (BGHZ 28, 16, 19; BGH NJW 1984, 803). Ebenso kann an verbrauchbaren Sachen ein **Eigentumsvorbehalt** begründet werden (SOERGEL/MARLY Rn 3; BGB-RGRK/KREGEL Rn 7), der im Falle des § 92 Abs 1 Fall 1 freilich mit dem Verbrauch erlischt. Bei zur Veräußerung bestimmten Waren wird der Vorbehaltskäufer vom Sicherungsgeber regelmäßig zur Veräußerung im Rahmen des ordnungsgemäßen Geschäftsbetriebs ermächtigt sein (vgl RG WarnR 1932 Nr 56; ERMAN/MICHALSKI Rn 5). – Weitere Regeln über verbrauchbare Sachen finden sich in §§ 706 Abs 2, 1814 S 2, 2116 Abs 1 S 2 und 2325 Abs 2 S 1.

§ 93
Wesentliche Bestandteile einer Sache

Bestandteile einer Sache, die voneinander nicht getrennt werden können, ohne dass der eine oder der andere zerstört oder in seinem Wesen verändert wird (wesentliche Bestandteile), können nicht Gegenstand besonderer Rechte sein.

Materialien: E I § 782; II § 77d; III § 89; Mot III 40; Prot III 4; JAKOBS/SCHUBERT, AT I 435 ff, 467 ff.

Schrifttum

APPELMANN, Die Rechtsprechung zur Frage der wesentlichen Bestandteile (Diss Leipzig 1939)
BECKER, Die einheitliche Sache als wirtschaftlicher Wert und als Rechtsbegriff, ZAkDR 1936, 84
BERNHARD, Probleme des Bestandteils- und Zubehörbegriffs im deutschen bürgerlichen Recht (Diss München 1978)
BÖRNER, Das Wohnungseigentum und der Sachbegriff des Bürgerlichen Rechts, in: FS Dölle I (1963) 201
DAUBE, Das Recht der Sachbestandteile in seiner geschichtlichen Entwicklung und heutigen Geltung (Diss Marburg 1932)
DOLEZALEK, Plädoyer für Einschränkung des

§ 950 BGB (Verarbeitung) – mit Bemerkungen auch zu §§ 93, 947, 948 BGB, AcP 195 (1995) 392
DORN, Bestandteile und Zubehör in der Zwangsversteigerung, Rpfleger 1987, 143
GAUL, Sachenrechtsordnung und Vollstreckungsordnung im Konflikt, NJW 1989, 2509
GRAUE, Der Eigentumsvorbehalt an eingebauten Schiffsmotoren, BB 1959, 1282
HURST, Das Eigentum an Heizungsanlagen, DNotZ 1984, 66 und 140
KAUKE, Versuch einer dogmatischen Grundlegung der Bestandteilslehre des BGB (Diss Göttingen 1964)
KIRSTEN, Der Bestandteilsbegriff des § 93 BGB

unter Berücksichtigung der technischen Normung (1933)
KRÜCKMANN, Wesentlicher Bestandteil und Eigentumvorbehalt, ZBlFG 6 (1905/1906) 585
MICHAELIS, Voraussetzungen und Auswirkungen der Bestandteileigenschaft, in: FS Nipperdey I (1965) 553
MOOG, Der Eigentumsvorbehalt an eingefügten Sachen, NJW 1962, 381
NEUMANN, Wesentlicher Bestandteil und Eigentumsvorbehalt, JW 1907, 97 und 196
OTTE, Wesen, Verkehrsanschauung, wirtschaftliche Betrachtungsweise – ein Problem der §§ 93, 119 II, 459 und insbes 950 BGB, JuS 1970, 154
PESCH, Staatshoheit, Grundgesetz und wesentliche Bestandteile, JR 1993, 358
SPYRIDAKIS, Zur Problematik der Sachbestandteile (1966)
THÜMMEL, Abschied vom Stockwerkseigentum, JZ 1980, 125
TOBIAS, Eigentumserwerb durch Verbindung, AcP 94 (1903) 371.
Wegen des zahlreichen älteren Schrifttums vgl STAUDINGER/DILCHER[12] § 93.

Systematische Übersicht

I.	**Bedeutung der Vorschrift**		b)	Schiffsmotoren	21
1.	Problemstellung	1	c)	Hilfsanlagen	22
2.	Vorgeschichte und Grundgedanken des § 93	2	d)	Gebäudeeinrichtungen	23
			4.	Rechtsfolge	24
a)	Geschichtliche Entwicklung	2	a)	Ausschluß dinglicher Sonderrechte	25
b)	Grundgedanken des Gesetzgebers	3	b)	Kein Eigentumsvorbehalt	26
3.	Sprachgebrauch und Aufbau des Gesetzes	5	c)	Wohnungseigentum und Stockwerkseigentum	28
II.	**Der Begriff der Bestandteile**		d)	Gesetzliche Pfandrechte	30
1.	Definition	7	e)	Immaterialgüterrechte	31
2.	Bestandteile von Natur aus einheitlicher Sachen	8	f)	Teilbesitz und Ersitzung	32
3.	Bestandteile zusammengesetzter Sachen	9	g)	Zwangsvollstreckung	33
			h)	Obligatorische Rechte	35
a)	Einheitliche Sache	9	**IV.**	**Unwesentliche (nichtwesentliche, einfache) Bestandteile**	
b)	Körperliche Abgegrenztheit	11			
4.	Dauer der Bestandteileigenschaft	12	1.	Begriff	38
5.	Bestandteile von Rechten	13	2.	Rechtslage	41
III.	**Wesentliche Bestandteile**		a)	Sonderrechtsfähigkeit	42
1.	Bedeutung des Begriffs	14	b)	Besonderheiten bei Grundstücksbestandteilen	43
2.	Voraussetzungen der Sonderrechtsunfähigkeit	16	3.	Zwangsvollstreckung	44
a)	Zerstörung	16	a)	Bestandteile beweglicher Sachen	44
b)	Wesensveränderung des Bestandteils	17	b)	Grundstücksbestandteile	45
c)	Wesensveränderung der Restsache	18	**V.**	**Ausländisches Recht**	
d)	Wesensverlust	19	1.	Österreichisches Recht	46
3.	Einzelheiten	20	2.	Schweizerisches Recht	47
			3.	Französisches Recht	48
a)	Kraftfahrzeuge	20	4.	Italienisches Recht	49
			5.	Englisches Recht	50

Alphabetische Übersicht

Aneignung	25, 37	Maschinen	18, 27
Ausländisches Recht	46 ff	Mengensachen	10
		Miteigentumsanteile	6
Bauwerke	16		
Bergbauanlagen	13	Nichtwesentliche Bestandteile	38 ff
Beschädigung	16		
Bestandteile	7 ff	Obligatorische Rechte	35 ff
Dauerwohnrecht	28	Patentrecht	31
		Pfandrecht	30
Eigentumsvorbehalt	1, 26 f	Pfändung	33 f, 44 f
– an Maschinen	18, 27		
– an unwesentlichen Bestandteilen	42 f	Rechte als Bestandteile	7
Einbauküchen	23	– an Bestandteilen	24 ff, 41 ff
Einfache Bestandteile	38 ff		
Einheitliche Sache	1, 7 ff	Schiffsmotoren	21
Erbbaurecht	13	Serienteile	18 f
Ersetzbarkeit	18	Sonderrechtsfähigkeit	38 ff
Ersitzung	32	Sonderrechtsunfähigkeit	5, 14
		Stavenrecht	29
Fabrikgebäude	18	Stockwerkseigentum	29
Fenster	23		
Festigkeit der Verbindung	9	Teilbesitz	32
Früchte	34	Teppichboden	23
Gebäudeeinrichtungen	23	Unwesentliche Bestandteile	38 ff
Gesetzliches Pfandrecht	30	Urheberrecht	31
Grundstücksbestandteile	2		
– wesentliche	33 f	Verbindungsmaterial	11
– unwesentliche	40, 43, 45	Verfügungen, bedingte	25
Haupt- und Nebensachen	6, 38	Wesensveränderung	17 f
Hilfsanlagen	22	Wesensverlust	19
		Wesentliche Bestandteile	14 ff
Immaterialgüterrechte	31	Wohnungseigentum	28
Insolvenz	26, 37		
		Zerstörung	16
Kellerrecht	29	Zubehör	2, 6
Kraftfahrzeuge	20, 39	Zwangsvollstreckung	33 f, 44 f
Kunstwerke	31		

I. Bedeutung der Vorschrift

1. Problemstellung

1 § 93 regelt die Frage, ob die Bestandteile einer Sache Gegenstand besonderer

Rechte sein können. Hierbei sind zwei entgegenstehende Interessen zu berücksichtigen. Einmal können fortbestehende oder neu begründete Sonderrechte dazu führen, daß die **einheitliche Sache zerstört** wird, weil die dinglichen Sonderrechten unterworfenen Sachteile von der einheitlichen Sache abgetrennt werden. – Auf der anderen Seite gibt es Interessen, die für die Gestattung von Sonderrechten sprechen. Diese treten insbesondere beim Kauf unter **Eigentumsvorbehalt** hervor. Wenn nämlich Sonderrechte an Sachteilen nicht zugelassen werden, muß der Eigentumsvorbehalt erlöschen, sobald die gelieferte Sache einer anderen als Bestandteil zugeordnet wird. – § 93 löst den Konflikt, indem nur **wesentliche** Bestandteile für sonderrechtsunfähig erklärt werden.

2. Vorgeschichte und Grundgedanken des § 93

a) Schon das **römische Recht** unterschied die einheitliche Sache mit nicht individualisierbaren Teilen, wie etwa Sklaven oder Tiere, von anderen Sachen, die durch Zusammenfügung von Teilen entstanden (vgl HOLTHÖFER, Sachteile und Sachzubehör im römischen und im gemeinen Recht [1972] 23 ff). In letztere Gruppe gehörten vor allem die Grundstücksbestandteile, die nach Regeln beurteilt wurden, die etwa den heutigen §§ 94 und 946 entsprachen (vgl § 94 Rn 1). – In der **Pandektenwissenschaft** sowie im preußischen ALR und im österreichischen ABGB erfolgte die Ausgliederung des Zubehörs aus dem Kreis der Bestandteile (HOLTHÖFER 124 ff und 153 ff; HKK/RÜFNER §§ 90–103 Rn 28 ff; vgl § 97 Rn 1).

b) Da aus dem römischen Recht keine dem § 93 vergleichbaren Regeln überkommen waren, wollten die Verfasser des BGB die Frage nach dem Schutz der Sacheinheit unter dem Gesichtspunkt praktischer **Zweckmäßigkeit** lösen (Mot III 41). Sie gingen bei der Schaffung des § 93 von dem Gedanken aus, daß **wirtschaftliche Werte**, die durch Zusammenfügung mehrerer Sachen geschaffen wurden, geschützt werden sollen. – Danach hätte man erwartet, daß alle diejenigen Sachteile für sonderrechtsunfähig erklärt würden, die für die Gesamtsache von ausschlaggebender Bedeutung sind. Von § 93 wird die ganze Sache jedoch nur insoweit geschützt, als die Zerlegung in ihre Bestandteile zur physischen oder wirtschaftlichen Vernichtung eines der Sachteile führen würde. Es soll damit das den volkswirtschaftlichen Interessen widersprechende Ergebnis verhindert werden, daß die bei einer Trennung entstehenden Stücke entwertet werden (vgl auch RGZ 69, 150, 157 f). Ist dies nicht der Fall, so sind Sonderrechte an Sachteilen möglich, die zu ihrer Abtrennung führen können. Damit schützt das BGB die Sacheinheit nicht als Eigenwert, sondern nur mit Rücksicht auf den **Wert der Sachteile**. Im Vordergrund steht damit nicht die Gesamtsache, sondern der **jeweilige Bestandteil**.

Dies weicht zB von den Regeln im preußischen ALR und im schweizerischen ZGB ab, weil nach diesen Gesetzen die **Einheit der Gesamtsache** zum geschützten Gut erklärt worden ist (vgl aber u Rn 47). – Man kann jedoch die Fassung des § 93 nicht einfach als Redaktionsversehen bewerten und in dessen Berichtigung darauf abstellen, ob der Bestandteil für die Gesamtsache wesentlich ist (so aber HECK, Sachenrecht [1930] 101). Die jetzige Fassung des § 93 war nicht nur vom Gesetzgeber beabsichtigt; sie führt auch zu einem sachgerechten Ausgleich zwischen den beteiligten Interessen (s o Rn 1). Wenn man auf die Bedeutung des Bestandteils für die Funktionsfähigkeit der Gesamtsache abstellte, würde der Anwendungsbereich der

§§ 946 ff erheblich ausgedehnt und ein Eigentumsvorbehalt bei Sachverbindungen praktisch unmöglich (vgl LARENZ/WOLF § 20 Fn 36). Allerdings hat auch die Rechtsprechung bei der Anwendung des § 93 erheblich geschwankt und, meist unter Berufung auf die Verkehrsanschauung, versucht, die Erhaltung der Gesamtsache zum maßgebenden Kriterium zu erheben (vgl u Rn 18). Die neuere Rechtsprechung folgt dieser sog Ganzheitslehre im Rahmen des § 93 nicht mehr (vgl MICHAELIS, in: FS Nipperdey 557), wohl aber – und hierin liegt ein gewisser Systembruch – bei der Beurteilung der Bestandteilseigenschaft nach § 94 Abs 2 (dazu § 94 Rn 25 ff).

3. Sprachgebrauch und Aufbau des Gesetzes

5 Das BGB bezeichnet Sachteile, die **nicht sonderrechtsfähig** sein sollen, als wesentliche Bestandteile. Neben der Rechtsfolge der Sonderrechtsunfähigkeit bestimmt § 93 die **tatsächlichen Voraussetzungen** für wesentliche Bestandteile. – Jedoch gilt insoweit nicht ausschließlich § 93. Vielmehr enthalten auch die §§ 94 und 96 besondere, teils über § 93 hinausgehende, teils dahinter zurückbleibende Definitionen für wesentliche Bestandteile. Dabei ist § 94 aber nicht als vorrangige Spezialregelung für Grundstücke und Gebäude aufzufassen, so daß deren wesentliche Bestandteile auch nach § 93 bemessen werden können (RGZ 150, 22, 26). Dies gilt besonders für stationäre, mit dem Grundstück aber nicht fest verbundene Maschinen (vgl u Rn 17 f). – Die wichtigsten Folgerungen aus §§ 93 ff ergeben sich im Zusammenspiel mit den Vorschriften über den originären Eigentumserwerb nach §§ 946 ff.

6 Soweit Sachen keine (wesentlichen oder unwesentlichen) Bestandteile darstellen, können sie **Zubehör** nach Maßgabe der §§ 97 ff sein. Insofern sind die Zubehörvorschriften, auch aufgrund ihrer geschichtlichen Entwicklung (vgl o Rn 2), als Alternative zu den Bestandteilsregeln anzusehen. – Im Zusammenhang des § 947 Abs 2 wird die Unterscheidung von **Haupt- und Nebensachen** erheblich (vgl STAUDINGER/WIEGAND [2011] § 947 Rn 7), die nicht mit dem Unterschied zwischen wesentlichen und unwesentlichen Bestandteilen gleichgesetzt werden darf. Ein Eigentumsverlust nach § 947 Abs 2 setzt bereits das Vorliegen eines wesentlichen Bestandteils voraus (vgl MICHAELIS, in: FS Nipperdey 560 f). – Die (realen) Bestandteile einer Sache sind ferner zu unterscheiden von den (ideellen) **Eigentumsanteilen** mehrerer Miteigentümer. Die Eigentumsanteile sind unkörperliche Gegenstände, für die nicht die Sache, sondern das Recht als geteilt zu denken ist.

II. Der Begriff der Bestandteile

1. Definition

7 § 93 geht von **Sachbestandteilen** aus. Das BGB gibt jedoch keine Definition für diesen Begriff; der Gesetzgeber hat ihn als allgemein verständlich vorausgesetzt. Bestandteile werden als diejenigen körperlichen Gegenstände definiert, die „entweder von Natur aus eine Einheit bilden oder durch Verbindung miteinander ihre Selbständigkeit dergestalt verloren haben, daß sie fortan, solange die Verbindung dauert, als ein Ganzes, als eine einheitliche Sache erscheinen" (RGZ 63, 171, 173; 63, 416, 418). Die entscheidende Frage für die Bestandteilseigenschaft ist also, wann eine **einheitliche Sache** vorliegt. Maßgeblich hierfür ist die Verkehrsanschauung, hilfsweise die natürliche Betrachtungsweise eines verständigen Beurteilers (RGZ 158, 362,

370; vgl Vorbem 9 zu §§ 90 ff), die sich im Laufe der Zeit aufgrund der technischen Entwicklung ändern kann (PALANDT/ELLENBERGER Rn 1). Erforderlich ist zumindest ein körperlicher Zusammenhang der Einzelteile (RGZ 58, 338, 342; 69, 150, 152) sowie eine einheitliche Bezeichnung der Gesamtsache. – Auch ein **Bestandteil** kann wiederum aus einzelnen Bestandteilen bestehen; der Wortlaut der §§ 93, 94, der nur von Bestandteilen einer „Sache" spricht, steht dem nicht entgegen (BGB-RGRK/KREGEL Vorbem 16 zu §§ 93–95). Diese Unterbestandteile stellen zugleich auch einen Bestandteil der Gesamtsache dar. Dabei kann ein Unterbestandteil auch im Verhältnis zu einem unwesentlichen Bestandteil wesentlich sein. So sind die Schrauben eines Kraftfahrzeugmotors dessen wesentliche Bestandteile, der Motor selbst ist aber regelmäßig unwesentlicher Bestandteil des Kraftfahrzeugs (vgl u Rn 19 und 20). – Kein Bestandteil ist dagegen, was der Verkehrsanschauung als eine **selbständige Sache** erscheint. Diese kann zwar Zubehör sein oder einer Sachgesamtheit (vgl § 90 Rn 67) zugehören; dadurch wird sie jedoch nicht zum Bestandteil des nur wirtschaftlich zusammengehörigen Ganzen (vgl SOERGEL/MARLY Rn 7). – Eine Ausnahme von der Regel, daß Bestandteile nur körperliche Gegenstände sein können, enthält § 96, wonach **Rechte** als unkörperliche Gegenstände unter bestimmten Voraussetzungen als Grundstücksbestandteile fingiert werden (dazu § 96 Rn 1).

2. Bestandteile von Natur aus einheitlicher Sachen

Ein Bestandteil kann dann nicht vorliegen, wenn es innerhalb der Gesamtsache an einem erkennbar abgegrenzten körperlichen Gegenstand fehlt. Problematisch ist daher die Anerkennung von Bestandteilen bei den **von Natur aus** einheitlichen Sachen, zB einem Baumstamm (vgl § 90 Rn 63). Nach hM ist hier das Vorliegen von Bestandteilen ausgeschlossen (ENNECCERUS/NIPPERDEY § 125 I Fn 2; MICHAELIS, in: FS Nipperdey 553 Fn 1; MünchKomm/HOLCH Rn 4; vgl LG Lübeck NJW 1986, 2514, 2515). Jedoch können auch bei solchen Sachen Teile hervortreten, die von der Verkehrsanschauung als körperlicher Gegenstand anerkannt werden. Dies gilt zB, wenn an einem Baumstamm Teilungskennzeichen im Hinblick auf eine spezielle Bearbeitung angebracht sind (BERNHARD 78; SOERGEL/MARLY Rn 5).

3. Bestandteile zusammengesetzter Sachen

Der Fall, daß die einheitliche Sache geschaffen wird, indem **vorhandene Sachen** zu einer neuen Einheit **zusammengefügt** werden, ist der Normalfall des § 93. In der Regel geschieht eine solche Verbindung durch menschliches Zutun, notwendig ist dies jedoch nicht.

a) Ob durch die Verbindung eine **einheitliche Sache** entsteht, bestimmt sich in erster Linie nach der Verkehrsauffassung (s o Rn 7). Jedoch bestehen gewisse **Grundregeln**. Regelmäßig begründet eine feste Verbindung der einzelnen Teile deren Bestandteilseigenschaft, soweit nicht eine besondere Verkehrsauffassung entgegensteht (SOERGEL/MARLY Rn 6; MünchKomm/HOLCH Rn 5; BGB-RGRK/KREGEL Rn 16; PALANDT/ELLENBERGER Rn 2); für den Spezialfall der festen Verbindung mit einem Grundstück ist diese Folge in § 94 Abs 1 ausdrücklich vorgesehen. Insbesondere liegt bei **chemophysikalisch** geschaffenen Verbindungen, zB durch Schweißen oder Mauern, für die Verkehrsanschauung bzw die natürliche Betrachtungsweise eine einheitliche Sache vor. Dasselbe gilt für nicht ohne weiteres lösbare **mechanische** Verbindungen durch Bolzen, Nieten oder Schrauben. – Schließlich kann aber auch eine lose, dh ohne relativ großen Aufwand lösbare Verbindung genügen, um eine einheitliche Sache entstehen zu lassen (RGZ 69, 150, 152). Dies gilt auch für solche Teile, die durch bloße **Schwerkraft** zusammengehalten werden. Zusätzlich sind hier aber besondere Umstände erforderlich, die nach der Verkehrsauffassung die Annahme einer einheitlichen Sache rechtfertigen (RGZ 83, 67, 69; RG JW 1909, 485). Das ist zB der Fall, wenn die Teilstücke aneinander angepaßt sind (ERMAN/MICHALSKI Rn 5; BGB-RGRK/ KREGEL Rn 18). So entsteht mit einer auf ein passendes Gestell aufgelegten schweren Glasplatte für die Verkehrsanschauung ein Glastisch als einheitliche Sache. Das gleiche gilt wegen des gedanklichen Zusammenhangs für die Blätter einer Loseblattsammlung oder eines Handelsbuches (KG Rpfleger 1972, 441 f). Auch ein Kraftfahrzeug ist eine einheitliche Sache, deren Bestandteile ua Karosserie, Fahrgestell, Motor und Räder sind (vgl u Rn 20).

10 Hingegen reicht eine nur **funktionale** Zusammenfassung von Einzelsachen unter gemeinsamer Zweckbestimmung grundsätzlich nicht aus (vgl o Rn 7). – Auch wenn die **sprachliche Zusammenfassung** unter einer einheitlichen Bezeichnung nach der Verkehrsauffassung erforderlich ist, so genügt sie für sich nicht allein, um die Bestandteilseigenschaft der Teilsachen zu begründen. Denn eine einheitliche Bezeichnung ist auch für die Sachgesamtheit kennzeichnend (vgl § 90 Rn 67). So ist beim Besteck das Messer nicht dessen Bestandteil, sondern bildet mit Gabel und Löffel eine Sachgesamtheit. – Schließlich schaffen auch ihrer Natur nach nur **vorübergehende** Zusammenfügungen keine einheitliche Sache; dies gilt zB für die Bohrer einer Bohrmaschine oder verschiedene Düsen einer Spinnmaschine (RGZ 157, 244, 245). Entscheidend ist, daß häufiges Auswechseln dem Wesen der Maschine entspricht. § 95 ist auf bewegliche Sachen nicht anwendbar, auch nicht seinem Rechtsgedanken nach (vgl § 95 Rn 2; **aM** BGB-RGRK/KREGEL Rn 21). – Nicht um Bestandteile handelt es sich auch dort, wo die ursprünglichen Sachen nach der Verkehrsanschauung nur als sog **Mengensachen** (vgl § 90 Rn 66) Gegenstand des Rechtsverkehrs werden. So sind einzelne Getreidekörner nicht Bestandteile der Getreidemenge.

11 b) Auch bei der Verbindung bereits vorhandener Einzelsachen können diese innerhalb der Gesamtsache ihre körperliche Abgegrenztheit verlieren, wie dies zB bei einer mit Farbe angestrichenen Wand der Fall ist (vgl § 90 Rn 63). Die zusammengefügten Sachen bleiben dann nach der Verkehrsanschauung nicht als erkennbare Bestandteile der neuen Gesamtsache bestehen; vielmehr liegt eine Einzelsache vor (zu von Natur aus einheitlichen Sachen vgl o Rn 8). Anerkannt werden körperliche Gegenstände als Bestandteile der neuen Sache daher nur, wenn ihre **Rückführung** in den früheren Zustand, sei es auch unter gewissen Schwierigkeiten, möglich ist. Dies gilt vor allem für eine Rückführung unter Zuhilfenahme von Schneid- und Schraubwerkzeugen. – Aufgetragene Farbe kann nicht mehr in den früheren Zustand zurückversetzt werden; sie bildet daher keinen Bestandteil der Sache, auf die sie aufgetragen wurde. Dasselbe gilt für sog **Verbindungsmaterial** wie Mörtel, Klebstoff oder Kitt. Ferner genügen **chemisch** vorzunehmende Rückführungsprozesse nicht, um Bestandteile fortdauern zu lassen; dies trifft zB für Metallmengen zu, die sich in einer Legierung befinden.

4. Dauer der Bestandteilseigenschaft

Die einmal begründete Bestandteilseigenschaft **dauert fort** bis zur endgültigen Auflösung der einheitlichen Sache oder bis zur endgültigen Ablösung des Bestandteils von der einheitlichen Sache (vgl RG LZ 1920, 151). Die nur vorübergehende Abtrennung eines Teils, etwa zu Transportzwecken, läßt die Bestandteilseigenschaft fortbestehen (RG Gruchot 64, 95, 97).

5. Bestandteile von Rechten

Eine Ausnahme von der Regel, daß Sachen Bestandteile anderer Sachen sind, enthält § 12 Abs 1 ErbbauRG, wonach ein aufgrund des Erbbaurechts errichtetes Bauwerk als **Bestandteil des Erbbaurechts** anzusehen ist. Der Heimfallanspruch des Grundstückseigentümers hingegen ist nach § 3 ErbbauRG wesentlicher Bestandteil des Grundstücks (BGH WM 1980, 938, 939). – Ebenso sind Schächte und technische Anlagen eines Bergwerks **Bestandteile des Bergwerkseigentums** und nicht des Grundstücks; maßgebend ist § 9 des BBergG v 13. 8. 1980 (BGBl I 1310; vgl RGZ 161, 203, 206; OLG Jena Urt v 30. 5. 1995 Az: 8 U 1096/94). Auch Halden abgebauter Mineralien können Bestandteile des Bergwerkseigentums sein (vgl BGHZ 17, 223, 232); hierzu gehören Fossilien jedoch nicht (BVerwGE 102, 260, 268).

III. Wesentliche Bestandteile

1. Die **Sonderrechtsunfähigkeit** tritt nach § 93 nur bei solchen Sachteilen ein, die das BGB als wesentliche Bestandteile bezeichnet. Der Begriff „wesentlich" wurde vom Gesetzgeber nicht wegen seines klaren Inhalts gewählt, sondern stellte eher eine Verlegenheitslösung dar, weil der vorher zur Bezeichnung der Sonderrechtsunfähigkeit verwendete Ausdruck „feste Bestandteile" mehrdeutig erschien (vgl JAKOBS/SCHUBERT, Die Beratungen des Bürgerlichen Gesetzbuchs I [1985] 436). – Für die Unterscheidung zwischen **wesentlichen** und **unwesentlichen** Bestandteilen (dazu u Rn 38 ff) kommt es nicht darauf an, ob die betreffenden Bestandteile für die Gesamtsache wesentlich sind (BGHZ 18, 226, 229; 20, 159, 162; vgl o Rn 4). Entscheidend ist vielmehr, ob bei Zerlegung der Gesamtsache einer, nicht notwendig jeder der Teile zerstört oder in seinem Wesen verändert würde. Ist dies der Fall, so wird die Sacheinheit geschützt; die Bestandteile sind sonderrechtsunfähig. Ist dies nicht der Fall, so findet die Sacheinheit keinen Schutz; die Bestandteile können als unwesentliche Bestandteile Gegenstand von Sonderrechten sein. Statt „wesentliche Bestandteile" wäre daher die Bezeichnung „sonderrechtsunfähige Bestandteile" präziser gewesen (ENNECCERUS/NIPPERDEY § 125 II).

Ist ein Gegenstand, zB gem § 95, **schon nicht Bestandteil** einer Sache, so kann er auch kein wesentlicher Bestandteil sein (vgl RG JW 1917, 809, 810; RGZ 153, 231, 234). Häufig ist aber bei Vorliegen der in §§ 93, 94 genannten Voraussetzungen die Bestandteilseigenschaft indiziert, da ein Sachteil, der nur unter Zerstörung oder Wesensveränderung abgetrennt werden kann, von der Verkehrsanschauung regelmäßig als Bestandteil angesehen wird (vgl o Rn 9). Bei fest mit einem Grundstück verbundenen Sachen ist die Bestandteilseigenschaft, vorbehaltlich der Regelung des § 95, sogar festgestellt; eine gesonderte Prüfung, ob es sich bei der Sache um einen Bestandteil handelt, erübrigt sich damit (BGB-RGRK/KREGEL Vorbem 17 zu §§ 93–95).

16 2. Als Voraussetzungen der Sonderrechtsunfähigkeit nennt das Gesetz alternativ zwei Tatbestände, die Zerstörung und die Wesensveränderung. Da jede Zerstörung zugleich eine Wesensveränderung bedeutet, wäre die Unterscheidung an sich entbehrlich.

a) **Zerstörung** bedeutet die **physische Vernichtung**, also die Aufhebung der bisherigen körperlichen Beschaffenheit des Bestandteils (vgl Tobias AcP 94, 374 f). Daher werden Plakate an Litfaßsäulen oder Bauzäunen, die nur durch Abkratzen entfernt werden können, wesentliche Bestandteile (OLG Karlsruhe NJW 1979, 2056; BayObLG NJW 1981, 1053; OLG Oldenburg NJW 1982, 1166). Auch eine Brücke ist nach § 93 wesentlicher Bestandteil des Grundstücks, auf dem sie errichtet wurde, wenn die Brücke als solche bei ihrer Entfernung zerstört und unbrauchbar würde (OLG Karlsruhe NJW 1991, 926). Das gleiche gilt für die Teile eines massiven Gebäudes, die nach ihrer bautechnischen Beschaffenheit nicht voneinander getrennt werden können, ohne daß der stehenbleibende Teil seinen Halt verlöre (BGH MDR 1970, 576; NJW 1982, 756; zur Rechtslage bei grenzüberschreitenden Bauwerken s § 94 Rn 13 ff). – Hingegen wird bei starker **Beschädigung** nicht der Tatbestand der Zerstörung, sondern der Wesensveränderung bejaht (Soergel/Marly Rn 8; MünchKomm/Holch Rn 11; für Zerstörung dagegen Enneccerus/Nipperdey § 125 II 1 a). Leichte Beschädigungen stellen nach allgemeiner Auffassung keine Zerstörung iS des § 93 dar (BGB-RGRK/Kregel Rn 26). – Aufgrund der modernen Massenproduktion hat der Tatbestand der Zerstörung an praktischer Bedeutung verloren, weil für genormte Sachteile bereits bei der Herstellung darauf geachtet wird, daß sie ohne Schäden und kostengünstig ausgewechselt werden können (RGZ 152, 91, 98).

17 b) Die praktisch wichtigere Alternative für die Sonderrechtsunfähigkeit eines Bestandteils ist daher die im Falle der Trennung eintretende **Wesensveränderung** des abgetrennten Teiles oder des verbleibenden Restes. – Der **abgetrennte Bestandteil** wird in seinem Wesen verändert, wenn er nach der Abtrennung nicht mehr in vergleichbarer Weise wirtschaftlich genutzt werden kann wie innerhalb der zusammengesetzten Sache, auch nicht nach der Verbindung mit einem neuen Gegenstand (BGHZ 18, 226, 232). Demnach ist das Wesen des Bestandteils **wirtschaftlich** zu bestimmen (BGHZ 20, 154, 157; Spyridakis 34). Es richtet sich nach der konkreten Funktion des Bestandteils (Bernhard 38). Dabei sind jedoch nicht die besonderen Verhältnisse desjenigen maßgeblich, in dessen Hand sich die Sache befindet, sondern die wirtschaftliche Verwendbarkeit überhaupt. So wird zB ein Kraftfahrzeugmotor durch Ausbau nicht in seinem Wesen verändert, wenn er weiter als Antriebsmaschine genutzt werden kann (BGHZ 61, 80, 82); er ist kein wesentlicher Bestandteil des Kraftfahrzeugs und damit sonderrechtsfähig (vgl auch u Rn 20). Ebenso ist der Motor eines Förderbandes unwesentlicher Bestandteil, weil er ohne Beschädigung entfernt und anderweitig genutzt werden kann; die Wertminderung als „gebrauchte" Sache soll hier außer Ansatz bleiben (OLG Köln NJW 1991, 2570). Dagegen sind Bestandteile, die nach der Trennung nur noch **Schrottwert** haben, wesentliche Bestandteile (BGHZ 20, 159, 162). – Ein Fall der Wesensveränderung liegt bei der gebotenen wirtschaftlichen Betrachtungsweise auch dann vor, wenn die Abtrennung im Vergleich zum verbleibenden Wert des Bestandteils **unverhältnismäßig hohe Kosten** verursachen würde; hierfür kann der Gedanke des § 948 Abs 2 herangezogen werden (vgl Medicus, AT Rn 1189).

c) Die **verbleibenden Bestandteile als Restsache** werden durch die Wegnahme des **18** Bestandteils nur dann in ihrem Wesen verändert, wenn der abgetrennte Teil nicht in wirtschaftlich sinnvoller Weise ersetzt werden kann. Daher sind die einzelnen Blätter eines Handelsbuches dessen wesentliche Bestandteile, da eine unvollständige kaufmännische Buchführung wertlos ist (KG Rpfleger 1972, 441, 442). Eine Wesensänderung liegt dagegen nicht vor, wenn es sich bei dem abgetrennten Stück um **Serienware** handelt, die relativ leicht ersetzbar ist (MünchKomm/Holch Rn 12; vgl BGHZ 61, 80, 83 mit abl Anm Pinger JR 1973, 463). – Diese Definition, welche den **Eigentumsvorbehalt an Serienmaschinen** ermöglicht, geht auf eine Entscheidung des RG aus dem Jahre 1907 (RGZ 67, 30) zurück (ausf zur Entwicklung der Rspr HKK/Rüfner §§ 90–103 Rn 34 ff). Vorher hatte das RG auf der Grundlage der Ganzheitslehre die Auffassung vertreten, daß der verbleibende Rest beim Ausbau eines betriebswichtigen Teiles in seinem Wesen verändert werde (vgl RGZ 58, 338, 342; 62, 248, 250). War zB ein Gebäude speziell für einen Fabrikationsbetrieb errichtet, so wurde angenommen, daß die Fortnahme der Fabrikationsmaschinen sein Wesen verändere (so RGZ 50, 241, 243; 62, 406, 410). Somit war ein Eigentumsvorbehalt an in Fabrikhallen aufgestellten Maschinen praktisch ausgeschlossen. – RGZ 67, 30, 35 f bewertete diese Auffassung jedoch als Subsumtionsfehler, weil für den nach der Wegnahme der Maschinen verbleibenden Rest nicht vom Begriff „Fabrik", sondern vom Begriff „Gebäude" ausgegangen werden müsse, das durch die Wegnahme der Maschinen keine Wesensveränderung erleide. – Seitdem werden lose verbundene Maschinen daher nur noch als wesentliche Bestandteile eines Fabrikationsgebäudes angesehen, wenn die Maschine für das entsprechende Gebäude **speziell angefertigt** wurde oder Gebäude und Maschine **besonders aneinander angepaßt** sind (RGZ 67, 30, 34; 69, 117, 121; 130, 264, 266; vgl auch BGB-RGRK/Kregel Rn 53; kritisch zu dieser „Ersetzbarkeitslehre" Michaelis, in: FS Nipperdey 561 ff). So ist zB die Maschinenanlage eines Wasserkraftwerks dessen wesentlicher Bestandteil, wenn das Werksgebäude speziell zur Stromerzeugung konstruiert und mit einem Turbinenschacht ausgestattet ist (BayObLG Rpfleger 1999, 86).

d) Von der These, daß Serienteile wegen ihrer leichten Ersetzbarkeit sonder- **19** rechtsfähig sind, macht die Rspr allerdings insoweit eine Ausnahme, als **kleinere Serienteile**, wie zB Schrauben oder Hebel, welche die genannten Voraussetzungen erfüllen würden, dennoch als wesentliche Bestandteile qualifiziert werden. Die Begründung hierfür sieht der BGH darin, daß solche Teile mit der Einfügung in die Gesamtsache ihr **eigenes Wesen verlieren**, weil es in der Gesamtsache aufgeht (BGHZ 20, 154, 157; LG Duisburg MDR 1962, 819; BGB-RGRK/Kregel Rn 25; abl Spyridakis 36). – Angestrebt wird mit dieser etwas unscharfen Terminologie das sachgerechte Ziel, die Sonderrechtsfähigkeit auf solche Serienteile zu beschränken, deren wirtschaftlicher Wert in vertretbarer Relation zum Wert der Gesamtsache steht. Ausschlaggebend ist jedoch nicht, daß sich der Zweck des Bestandteils dem Ganzen „mitteilt", sondern vielmehr, daß die Kosten einer Trennung gemessen am Wert des Bestandteils unverhältnismäßig hoch sind (vgl o Rn 17). Von diesem Ausgangspunkt des Wertverhältnisses her genügt geringe Größe eines Bestandteils nicht ohne weiteres für die Bejahung eines Wesensverlustes durch Einfügung; so bleiben zB kleinste, aber **wertvolle elektronische Bauteile** serienmäßiger Herstellung weiterhin sonderrechtsfähig (vgl OLG Köln CR 1996, 600, 601 für einen zur Beschleunigung eines Scanners eingebauten „Highway-Rip"; die Qualifizierung des Schalters eines Heizkissens als sonderrechtsfähiger Bestandteil in RGZ 130, 242, 245 ist überholt).

3. Einzelheiten

20 Die Rechtsprechung ist bei der Einordnung einer Sache als wesentlicher oder unwesentlicher Bestandteil bzw als selbständige Sache nicht immer einheitlich. Es sind folgende Einzelheiten hervorzuheben:

a) Beim **Kraftfahrzeug** ist der Serienmotor sonderrechtsfähiger Bestandteil (BGHZ 18, 226, 229 f; OLG Karlsruhe MDR 1955, 413), auch als Austauschmotor (BGHZ 61, 80, 82), nicht dagegen eine Sonderanfertigung, etwa für einen Oldtimer. Die Reifen sind ebenfalls unwesentliche Bestandteile und daher sonderrechtsfähig (OLG Bamberg MDR 1951, 29; OLG Stuttgart NJW 1952, 145), ebenso die Sitze (BayObLG NVwZ 1986, 511). Das eingebaute Autotelefon ist nicht einmal einfacher Bestandteil, sondern bleibt eine selbständige Sache (OLG Köln MDR 1993, 1177; vgl auch § 97 Rn 18); das gleiche gilt für ein nicht fest integriertes Navigationssystem (vgl OLG Karlsruhe NZV 2002, 132). Hingegen werden Bremstrommeln nach Ansicht des OLG Hamm (MDR 1984, 842) zu wesentlichen Bestandteilen, weil sie gebraucht nicht mehr sinnvoll zu nutzen seien. Auch das Fahrgestell als Träger der Teile ist wesentlicher Bestandteil des Kraftfahrzeugs (OGHZ 2, 389, 393; vgl OLG Stuttgart NJW 1952, 145). – Insgesamt besteht demnach Sonderrechtsfähigkeit für diejenigen Teile eines Kraftwagens, die aufgrund serienmäßiger Herstellung mit vertretbaren Kosten ersetzbar und wiederverwendbar sind (vgl OLG Karlsruhe MDR 1955, 413; ferner RGZ 144, 236, 241).

21 b) Für **Schiffsmotoren** gilt eine besondere Einordnung. Zwar wurde vom OLG Stettin (LZ 1931, 1098 f) ein Segelschiffshilfsmotor nicht als wesentlicher Bestandteil bewertet; ebenso verneinte das OLG Köln (JW 1936, 466 f m zust Anm HAMAEKERS) die Bestandteilseigenschaft eines serienmäßig hergestellten Motors in einem Flußkahn und ordnete ihn als Zubehör ein. – Für normale Motorschiffe wurde vom RG unter Verwendung der Ganzheitslehre (vgl o Rn 4) der Schiffsmotor jedoch als wesentlicher Bestandteil qualifiziert, weil mit seinem Ausbau für den Schiffskörper eine Wesensveränderung verbunden sei, da nunmehr das Schiff nicht mehr fahren könne „wie es will und soll" (RGZ 152, 91, 98 f; vgl dazu BGHZ 18, 226, 230). Zusätzlich hatte das RG für seine Beurteilung auf § 94 Abs 2 zurückgegriffen, weil Schiffe als Bauwerke bezeichnet werden könnten (RGZ 152, 91, 97). – Der BGH hat diesem Hinweis in der vor dem SchiffsRG vom 15. 11. 1940 (RGBl I 1499) ergangenen Entscheidung zugestimmt. In BGHZ 26, 225, 227 ff läßt er die Anwendbarkeit des § 93 ausdrücklich offen, bewertet den Schiffsmotor aber in (entsprechender) Anwendung des § 94 Abs 2 als wesentlichen Bestandteil des Schiffes, weil er dem Motorschiff **zur Herstellung eingefügt** werde. Die Vorschrift sei auch auf eingetragene Schiffe anwendbar, da diese rechtlich weitgehend wie Grundstücke behandelt würden (vgl STAUDINGER/WIEGAND [2011] § 946 Rn 12; aM GRAUE BB 1959, 1283 f mit Hinweisen auf das ausländische Recht). Allerdings werden nicht im Seeschiffsregister eingetragene Seeschiffe (§§ 929a, 932a) sowie nicht eingetragene Binnenschiffe vom Gesetz als bewegliche Sachen angesehen (vgl STAUDINGER/WIEGAND [2011] § 929a Rn 1). Daher kann ein Schiffsmotor in diesen Fällen allenfalls nach § 93 wesentlicher Bestandteil werden; bei serienmäßiger Herstellung muß dies jedoch verneint werden (vgl o Rn 18).

22 c) **Hilfsanlagen** zu mobilen oder stationären Geräten, die technisch selbständig sind bzw den Betrieb des Ganzen erst ermöglichen sollen, sind grundsätzlich sonderrechtsfähig, weil ihr Wesen durch den Einbau nicht in der Gesamtsache aufgeht

(BGH WM 1956, 527, 531; vgl o Rn 19). Dies gilt zB für Meßgeräte (BGHZ 20, 154, 158) sowie für Geräte, welche für die Zulassung eines Flugzeuges erforderlich sind (LG München WM 1957, 1378, 1379); ferner für Ladegeräte auf einem Schlepper (OLG Hamburg BB 1957, 1246). Auch zusätzliche Ölbrenner an Kohlezentralheizungen sind sonderrechtsfähige Bestandteile (OLG Celle NJW 1958, 632; OLG Stuttgart MDR 1959, 37).

d) Auch die Bestandteilseigenschaft von **Gebäudeeinrichtungen** kann neben § 94 Abs 2 nach § 93 beurteilt werden (vgl o Rn 5; zu weiteren Fällen wesentlicher Gebäudebestandteile s § 94 Rn 30 ff). Dabei geht es einmal um lose verlegten **Teppichboden**; er wird auch dann nicht wesentlicher Bestandteil nach § 93, wenn er passend zugeschnitten wurde (LG Hamburg NJW 1979, 721; vgl aber § 94 Rn 34). Er wird hingegen wesentlicher Bestandteil, wenn er so fest mit dem Untergrund verklebt ist, daß dieser bei Entfernung des Teppichbodens beschädigt würde (OLG Köln VersR 2004, 105). – Eine aus serienmäßig hergestellten Teilen bestehende und ohne größere Umbauten eingefügte **Einbauküche** wird ebenfalls nicht nach § 93 wesentlicher Bestandteil, da sie demontiert und an anderer Stelle wiederverwendet werden kann (OLG Düsseldorf NJW-RR 1994, 1039; OLG Karlsruhe NJW-RR 1986, 19; 1988, 459, 460; LG Köln WM 1988, 425; vgl auch § 94 Rn 35, § 95 Rn 16 und § 97 Rn 25). Das gleiche gilt für eine zugeschnittene serienmäßige **Schrankwand** (OLG Schleswig NJW-RR 1988, 1459, 1460), eine **Sauna** (OLG Koblenz JurBüro 2004, 506, 507 m Anm B Schmidt 467; vgl auch § 94 Rn 36), die **Badezimmereinrichtung** (OLG Hamm MDR 2005, 1220), die katalogmäßig gehandelte **Kühlanlage** eines Hotels (RG HRR 1932 Nr 701; LG Ansbach WM 1989, 1777, 1778) sowie für eine EDV-**Kabelanlage**, deren Kabelkanäle und Steckdosen mittels verdübelter Schrauben an der Wand befestigt sind (BFHE 190, 552, 556 f; vgl RGZ 83, 67, 69 f). Dagegen ist eine speziell für einen unregelmäßig zugeschnittenen Küchenraum angefertigte und mit hohem Aufwand an diesen angepaßte Einbauküche nach § 93 wesentlicher Bestandteil des Gebäudes (AG Linz am Rhein ZMR 1996, 269, 271 m Anm Baldus). – Zu den wesentlichen Bestandteilen eines Gebäudes gehören auch die **Fenster** (vgl § 94 Rn 30). Dabei sind der aus mehreren Teilen zusammengesetzte Rahmen und die Glasscheiben nach § 93 wesentliche Bestandteile des Fensters, da eine wirtschaftlich sinnvolle Trennung von Innen- und Außenseiten auch bei der heute üblichen Thermopaneverglasung nicht möglich ist (LG Lübeck NJW 1986, 2514, 2515).

4. Rechtsfolge

Für wesentliche Bestandteile bestimmt § 93, daß sie nicht Gegenstand besonderer Rechte sein können. Diese Rechtsfolge ist **zwingend** (RGZ 62, 410, 411; 63, 416, 421; 74, 201, 203; Soergel/Marly Rn 19). Vertragliche Vereinbarungen, die die Bestandteilseigenschaft eines Sachteils trotz Vorliegens ihrer Voraussetzungen ausschließen sollen, haben keine Wirkung (vgl u Rn 26 f). Diese Regelung liegt darin begründet, daß wesentliche Bestandteile ihren wirtschaftlichen Zweck und damit ihren Wert regelmäßig nur im Zusammenhang der mit ihnen gebildeten Sache haben können (Mot III 41). – Aus der Sonderrechtsunfähigkeit der wesentlichen Bestandteile ergeben sich folgende Konsequenzen:

a) An wesentlichen Bestandteilen kann **kein Sondereigentum** bestehen. – Auch **beschränkte dingliche Rechte** können an wesentlichen Bestandteilen nicht begründet werden. So ist der auf eine Wohnung im Gebäude beschränkte Nießbrauch nach § 93 unzulässig. Auch § 1030 Abs 2 erlaubt eine solche Beschränkung nicht, da von dieser Vorschrift nur einzelne Nutzungsarten des Gesamtgrundstücks erfaßt werden (BayObLGZ 1979, 361, 364). – Wohl aber ist eine **Verfügung** über wesentliche Bestandteile unter der **aufschiebenden Bedingung** ihrer Abtrennung von der Gesamtsache möglich. Dazu ist allerdings erforderlich, daß bei Bedingungseintritt noch alle Wirksamkeitsvoraussetzungen der Verfügung, namentlich die Verfügungsbefugnis des Veräußerers, vorliegen; ansonsten gilt § 161 (SPYRIDAKIS 142). Da es sich auch bei der bedingten Übereignung von wesentlichen Grundstücksbestandteilen nicht um eine Verfügung über das Grundstück handelt, steht § 925 Abs 2 nicht entgegen. – Eine Übereignung künftiger Sachen kann auch in der **Aneignungsgestattung** nach § 956 gesehen werden, aufgrund welcher sich ein Dritter wesentliche Bestandteile der Sache aneignen darf (vgl STAUDINGER/GURSKY [2011] § 956 Rn 6 ff). Soweit sich der Gestattungsvertrag auf Grundstücksbestandteile bezieht, kann er allerdings nicht ins Grundbuch eingetragen werden und bindet auch den künftigen Grundstückserwerber nicht (RGZ 60, 317, 319). Erfolgt die Trennung des wesentlichen Bestandteils von der Gesamtsache, ohne daß einer der Ausnahmetatbestände der §§ 954–957 vorliegt, so steht das Eigentum am abgetrennten Bestandteil gem § 953 dem Eigentümer der Gesamtsache zu (vgl STAUDINGER/GURSKY [2011] Vorbem 3 zu §§ 953 ff).

26 b) Die Sonderrechtsunfähigkeit wesentlicher Bestandteile hat zur Folge, daß in den Fällen der §§ 946 und 947 Abs 2 ein **Eigentumsvorbehalt** des Verkäufers erlischt, sobald die von ihm gelieferte Sache zum wesentlichen Bestandteil wird (STAUDINGER/WIEGAND [2011] § 946 Rn 10 und § 947 Rn 8; SOERGEL/MARLY Rn 18 f; BGB-RGRK/KREGEL Rn 35; zu den Rechten des Vorbehaltsverkäufers s STAUDINGER/GURSKY [2011] § 951 Rn 15). Dies gilt auch, wenn das vorbehaltene Eigentum am Bestandteil kenntlich gemacht wird (RG SeuffA 59 Nr 119). Der frühere Eigentümer des jetzigen wesentlichen Bestandteils kann im Insolvenzverfahren kein Aussonderungsrecht geltend machen; gegen Einzelvollstreckungsmaßnahmen anderer Gläubiger des Erwerbers steht ihm keine Drittwiderspruchsklage zu. War der wesentliche Bestandteil vorher mit beschränkten dinglichen Rechten belastet, so erlöschen diese nach Maßgabe des § 949 S 1. Außerdem erstrecken sich die an der Hauptsache bestehenden Belastungen nunmehr auf die wesentlichen Bestandteile (vgl RG SeuffA 59 Nr 119; STAUDINGER/WOLFSTEINER [2009] § 1120 Rn 11). – Bei der Zusammenfügung gleichwertiger beweglicher Sachen, die dadurch wesentliche Bestandteile einer einheitlichen Sache werden, entsteht dagegen gem § 947 Abs 1 **Miteigentum** der bisherigen Eigentümer (vgl STAUDINGER/WIEGAND [2011] § 947 Rn 6). Die Miteigentümer können der Pfändung der Gesamtsache durch einen Gläubiger eines anderen Miteigentümers gem § 771 ZPO widersprechen (BGH NJW 1993, 935, 938). Nach § 949 S 2 setzen sich beschränkte dingliche Rechte, die am Bestandteil bestanden haben, am ideellen Miteigentumsanteil fort. Nur dieser Anteil kann gem § 857 ZPO gepfändet werden.

27 Diese Regeln hatten sich nach dem Inkrafttreten des BGB vor allem für die **Maschinenindustrie** nachteilig ausgewirkt. Daher gab es zahlreiche Versuche, die in § 93 normierte Sonderrechtsunfähigkeit für Maschinen in Fabrikgebäuden abzuwenden. So vertrat KRÜCKMANN (ZBlFG 1906, 585, 606 ff) die Ansicht, daß der Käufer bis zur Tilgung der Kaufpreisschuld nur als Mieter anzusehen sei, so daß § 95 Abs 1 angewendet werden könne. Auch MOOG (NJW 1962, 382) wollte den Konflikt über § 95 Abs 1 lösen, da ein Vorbehaltskäufer wegen der Verkehrsüblichkeit des Eigentumsvorbehalts konkludent einen Willen zu nur vorübergehender Verbindung erkläre.

NEUMANN (JW 1907, 97) schlug eine beschränkte persönliche Dienstbarkeit vor, nach welcher der Verkäufer berechtigt sei, die Maschine auf dem Grundstück des Erwerbers zu halten. Dogmatisch sind diese Lösungen nicht haltbar (vgl § 95 Rn 7; SPYRIDAKIS 163 ff). Die Rechtsprechung hat der Problematik weitgehend abgeholfen, indem sie seit RGZ 67, 30 die Bestandteilseigenschaft von Serienmaschinen verneint (so Rn 18).

c) Abweichend von § 93 bestimmt das WoEigG, daß an einer Wohnung **Wohnungseigentum**, an anderen Räumen **Teileigentum** bestehen kann. Damit wird ein Sondereigentum am wesentlichen Bestandteil geschaffen, weshalb § 3 Abs 1 WoEigG ausdrücklich die Abweichung von § 93 erwähnt. Für das dogmatische Verständnis dieser Situation kann man die im Sondereigentum stehenden Räume als selbständige Sachen ansehen (vgl BÖRNER, in: FS Dölle 212). Ausgenommen vom Sondereigentum bleiben die dem gemeinschaftlichen Gebrauch dienenden Einrichtungen und Anlagen; sie stehen im **Miteigentum**. – Da bei der Umwandlung einer Mietwohnung in eine Eigentumswohnung nach § 7 Abs 4 Nr 2 WoEigG eine Abgeschlossenheitsbescheinigung erforderlich ist, hatte sich eine Praxis dahin gebildet, an Kellerräumen Teileigentum zu begründen (hier genügt bereits ein Lattenrost zur Abgeschlossenheit) und dieses mit einem Sondernutzungsrecht an einer nicht abgeschlossenen Wohnung zu verbinden. Die Zulässigkeit dieser Fallgestaltung ist umstritten (bejahend BayObLG NJW 1992, 700 f; OLG Hamm NJW-RR 1993, 1234; ablehnend LG Braunschweig Rpfleger 1991, 201; LG Hagen NJW-RR 1993, 402); die praktische Relevanz des Streits wurde aber weitgehend dadurch beseitigt, daß der Gemeinsame Senat der obersten Gerichtshöfe des Bundes (NJW 1992, 3290, 3291) die Koppelung der Abgeschlossenheitsbescheinigung an bauordnungsrechtliche Vorschriften abgelehnt und geschlossene Wände und verschließbare Zugänge für ausreichend erachtet hat. – Auch das durch § 30 WoEigG geschaffene **Wohnungserbbaurecht** bzw Teilerbbaurecht sowie das durch § 31 WoEigG normierte Dauerwohn- bzw **Dauernutzungsrecht** stellen als dingliche Sonderrechte eine Ausnahme von § 93 dar.

Soweit vor dem Inkrafttreten des BGB nach Landesrecht **Stockwerkseigentum** begründet wurde, greift Art 182 EGBGB ein (vgl THÜMMEL JZ 1980, 125 ff). – Auch ein selbständiges **Kellerrecht** nach gemeinem Recht kann als grundstücksgleiches Recht nach Maßgabe des Art 196 EGBGB fortbestehen (BayObLGZ 1991, 178, 181 ff), ebenso das Kellerrecht nach Art 553 Code civil als beschränktes dingliches Recht gem Art 184 EGBGB (RG JW 1933, 1334, 1335) und die schleswigsche **Deichstavengerechtigkeit** als Erbbaurecht gem Art 184 S 2 EGBGB (NAWOTKI, Die schleswigsche Deichstavengerechtigkeit [2004] 119 ff). Sondereigentum an Kellerräumen ist dagegen wegen Art 181 EGBGB iVm §§ 93, 94 nicht möglich (RGZ 56, 258, 260).

d) Ausnahmsweise ist ein **gesetzliches Pfandrecht** an wesentlichen Bestandteilen möglich, nämlich an den ungetrennten Früchten der nächsten Ernte nach § 1 des G zur Sicherung der Düngemittel- und Saatgutversorgung v 19. 1. 1949 (WiGBl 8) idF v 30. 7. 1951 (BGBl I 476). Es erlischt am 1. April des nachfolgenden Jahres, wenn es nicht geltend gemacht wurde. Dieses Pfandrecht besteht jedoch gem § 1 Abs 1 S 2 iVm § 811 Nr 4 ZPO nur an den zum Verkauf bestimmten Früchten, nicht an den sog Wirtschaftsfrüchten, die zur Betriebsfortführung benötigt werden (vgl BGHZ 41, 6, 7).

31 e) Das Bestehen von **Immaterialgüterrechten** wird bei Verkörperung des geschützten Gutes in einem wesentlichen Bestandteil nicht durch § 93 ausgeschlossen. Dazu bedarf es nicht der Begründung, die Vorschrift beziehe sich nur auf Sachenrechte (so SOERGEL/MARLY Rn 26). Denn das Immaterialgüterrecht besteht nicht „an dem Bestandteil"; Gegenstand des Rechts ist vielmehr ein geistiges Gut, das unabhängig von einer Verkörperung geschützt ist. Die Sach- oder Bestandteilsqualität der Verkörperung hat daher auf den Bestand des Immaterialgüterrechts keinen Einfluß (vgl § 90 Rn 4 und 12). Dies wird vor allem wichtig, wenn ein wesentlicher Bestandteil **Kunstwert** hat, zB als Fresko (vgl RGZ 79, 379, 400; zur Scheinbestandteilseigenschaft § 95 Rn 11); in diesem Fall steht § 93 dem Urheberrecht am Kunstwerk nicht entgegen. Auch die Graffiti-Kunstwerke auf Segmenten der Berliner Mauer sind urheberrechtlich geschützt, so daß bei einer Zerstörung durch den Eigentümer das Urheberpersönlichkeitsrecht der Künstler betroffen sein kann (vgl BGHZ 129, 66, 71). – Auch **patentrechtlicher Schutz** kann hinsichtlich wesentlicher Bestandteile einer Sache begründet werden, denn Grundlage des Patentrechts ist nicht der Sachbestandteil, sondern der Erfindungsgedanke (RGZ 108, 129, 131; 130, 242, 244 f). Das gilt auch für wesentliche Bestandteile von Grundstücken, zB Betonpfähle (SOERGEL/MARLY Rn 26; TETZNER Recht 1942 Nr 1681; **aM** RG DR 1941, 1962, 1963; STAUDINGER/DILCHER [1995] Rn 27).

32 f) **Teilbesitz** an wesentlichen Bestandteilen wird durch § 93 nicht ausgeschlossen, weil der Besitz als tatsächliche Sachherrschaft kein Sonderrecht darstellt. Allerdings setzt der Teilbesitz nach § 865 die tatsächliche Herrschaft gerade über den Bestandteil selbst voraus; diese Einwirkungsmöglichkeit wird zumindest bei Grundstücksbestandteilen selten bestehen (vgl RGZ 108, 269, 272). – Teilweise wird auf der Grundlage von Teilbesitz auch eine **Ersitzung** für möglich gehalten (so SOERGEL/MARLY Rn 25). Man muß hier jedoch differenzieren: Eine Ersitzung des ungetrennten Bestandteils ist wegen dessen Sonderrechtsunfähigkeit nicht möglich. § 937 kann Eigentum nur an der gesamten Sache entstehen lassen; insoweit reicht Teilbesitz nicht aus. Die Wirkungen einer Ersitzung können folglich erst mit der Abtrennung des Bestandteils an der dabei entstehenden Sache eintreten (SPYRIDAKIS 158). Fraglich ist aber, ob der Zeitraum eines vorher begründeten Teileigenbesitzes bei der Ersitzung des abgetrennten Bestandteils berücksichtigt werden kann, so daß der Besitzer nach Ablauf von zehn Jahren, ggf bereits mit Abtrennung, Eigentum am ehemaligen Bestandteil erwirbt. Das wird man bejahen können; von praktischer Bedeutung ist die Frage jedoch kaum (vgl SPYRIDAKIS 157).

33 g) Für die **Zwangsvollstreckung** ergibt sich aus § 808 Abs 1 ZPO, daß wesentliche Bestandteile beweglicher Sachen nicht gesondert gepfändet werden können. Sie scheiden demnach als Gegenstand einer selbständigen Mobiliarvollstreckung aus. – Die wesentlichen **Bestandteile eines Grundstücks** werden nach § 864 ZPO von der **Immobiliarvollstreckung** miterfaßt (dazu MÜMMLER, Bestandteil und Zubehör im Zwangsversteigerungsverfahren, JurBüro 1971, 805 ff). Durch den Zuschlag geht das Eigentum daran auf den Ersteher über. Der BGH hat es auch abgelehnt, einen gesonderten Eigentumserwerb an wesentlichen Grundstücksbestandteilen durch Vollstreckungsakte anderer Art zuzulassen (BGHZ 104, 298, 302 ff; **aM** GAUL NJW 1989, 2514 f). Der Eigentumserwerb scheitert jedoch nicht daran, daß der Vollstreckungsakt wegen Vorrangs des § 93 unwirksam ist (so der BGH aaO; iE ebenso PESCH JR 1993, 360 ff). Vielmehr fehlt es an einer **Ablieferung** durch den Gerichtsvollzieher iSv § 817 Abs 2 ZPO, wenn der Bestandteil nicht vom Grundstück getrennt und dem Ersteher übergeben wird. Ist vor der Ablieferung eine Abtrennung des Bestandteils erfolgt, so steht § 93 einem Eigentumserwerb im Wege der Mobiliarvollstreckung nicht entgegen; denn mangels Offenkundigkeit des Fehlers ist die Mobiliarvollstreckung in einen wesentlichen Grundstücksbestandteil bis zu einer Anfechtung nach § 766 ZPO wirksam (ausf STIEPER, Die Scheinbestandteile [2002] 86 ff). – Außerdem wird es für zulässig gehalten, durch den Zuschlagsbeschluß eine schuldrechtliche Verpflichtung des Erstehers zur Herausgabe des Bestandteils an denjenigen zu begründen, der den Bestandteil von der Versteigerung ausschließen ließ (RGZ 74, 201, 204; 150, 22, 25; BGB-RGRK/KREGEL Rn 36). – Auch **nach der Trennung** vom Grundstück unterliegen wesentliche Bestandteile gem § 865 Abs 2 S 2 ZPO der Immobiliarvollstreckung, soweit sie noch zum Haftungsverband der Hypothek gehören (vgl dazu STAUDINGER/WOLFSTEINER [2009] § 1120 Rn 18 ff).

Ausnahmsweise läßt § 810 ZPO die **Pfändung ungetrennter Früchte** zu (vgl dazu OERT- **34** MANN, Die Pfändung stehender Früchte, ZZP 41 [1911] 1 ff; NOACK, Die Pfändung von Früchten auf Grundstücken, Rpfleger 1969, 113 ff; zum Fruchtbegriff vgl § 99 Rn 5). Die Pfändbarkeit von Früchten auf dem Halm war schon im Mittelalter anerkannt und kann als Fortentwicklung altgermanischen Rechts verstanden werden (vgl OAG Oldenburg SeuffA 24, 325, 326 ff). Die bürgerlich-rechtliche Einordnung der Früchte als wesentliche Bestandteile des Grundstücks wird dadurch nicht berührt (RGZ 18, 365, 367). – Die Vorschrift ermöglicht zumindest die Verstrickung der ungetrennten Früchte; nach hM entsteht auch das Pfändungspfandrecht schon vor der Trennung. Soweit für dessen Entstehung neben einer wirksamen Verstrickung zusätzlich das Vorliegen der materiellen Pfandrechtsvoraussetzungen gefordert wird, versteht man § 810 ZPO entweder als Ausnahmeregel oder man nimmt bis zur Trennung der Früchte eine Anwartschaft auf das Pfandrecht an (vgl RGZ 18, 365, 368; NOACK Rpfleger 1969, 115). Mit der Übergabe durch Gestattung der Aberntung erwirbt der Ersteher nach heute ganz hM bereits **Eigentum an den ungetrennten Früchten** (LG Bayreuth DGVZ 1985, 42; ZÖLLER/STÖBER, ZPO [28. Aufl 2010] § 824 Rn 2; STEIN/JONAS/MÜNZBERG, ZPO [22. Aufl 2002] § 824 Rn 2 mwNw; aM OERTMANN ZZP 41, 22, 32 f). – Ein Gläubiger, der im Falle der Zwangsvollstreckung in das unbewegliche Vermögen dem pfändenden Gläubiger im Rang vorgehen würde, kann der Pfändung nach §§ 810 Abs 2, 771 ZPO widersprechen (STEIN/JONAS/MÜNZBERG § 810 Rn 14 f). Sobald die Beschlagnahme des Grundstücks im Wege der Immobiliarvollstreckung erfolgt ist, ist eine Pfändung nach § 810 ZPO unzulässig; der Schuldner sowie die Realgläubiger können die Pfändung nach § 766 ZPO anfechten.

h) Der Begründung von **obligatorischen Rechten**, die sich lediglich auf einen **35** wesentlichen Bestandteil beziehen, steht § 93 nicht entgegen (BGH NJW 2000, 504, 505 mwNw). – Dabei kann es sich einmal um ein obligatorisches Recht handeln, dessen Verwirklichung **keine Trennung** des Bestandteils von der Gesamtsache voraussetzt, wie zB das Vermieten eines Zimmers oder der Abschluß eines Versicherungsvertrages über den wesentlichen Bestandteil (vgl RGZ 69, 316). – Es sind aber auch obligatorische Rechte möglich, welche an die **künftige Trennung** des Bestandteils anknüpfen, wie zB beim Verkauf eines Hauses auf Abbruch. Gegenstand der Verpflichtung ist in diesem Fall die Übereignung der Abbruchmaterialien als künftige Sachen (vgl RGZ 62, 135, 136; BGH NJW 2000, 504, 505).

Bei den im Zusammenhang mit einer Abtrennung des Bestandteils begründeten **36** obligatorischen Rechten ist zu unterscheiden, ob die **Abtrennung** als solche Inhalt der Verpflichtung ist; in diesem Fall muß der Verkäufer den Bestandteil abtrennen. Wird jedoch nur der **abgetrennte Bestandteil** als künftige Sache verkauft, so ist der Verkäufer verpflichtet, das ihm bei der Abtrennung zufallende Eigentum (vgl o Rn 25) am Bestandteil übertragen. Ob der Kauf künftiger Früchte eines Grundstücks emptio spei oder emptio rei seperatae ist, hängt mangels ausdrücklicher Vereinbarung von den Umständen des Falles ab (vgl RGZ 62, 135, 136). – In allen Fällen ist ein Vertrag, der sich ausschließlich auf Grundstücksbestandteile bezieht, nicht der Form des § 311b Abs 1 unterworfen (OLG Koblenz ZNER 2009, 146, 147: Verpflichtung zur Übereignung von Gasversorgungsanlagen; STAUDINGER/WUFKA [2006] § 311b Rn 8). Da es sich nicht um einen Grundstückskauf handelt, ist auch die Eintragung einer Vormerkung zur Sicherung des Anspruchs nicht möglich. Wechselt das Eigentum am Grundstück, so gehen diejenigen wesentlichen Bestandteile, die schon verkauft, aber noch nicht abgetrennt sind, auf den Erwerber über. Zur Abtrennung oder Veräußerung ist dieser nur verpflichtet, wenn die Pflichten aus dem Kaufvertrag an ihn weitergereicht werden.

37 Die den Bestandteil betreffende Verpflichtung kann auch darauf gerichtet sein, dem Erwerber die **Aneignung** des abzutrennenden Bestandteils zu gestatten (vgl o Rn 25). – Eine gesetzliche Verpflichtung zur Gestattung der Abtrennung wesentlicher Bestandteile ergibt sich für den Vermieter aus § 539 Abs 2, weil sich das Wegnahmerecht des Mieters auch auf wesentliche Bestandteile des Gebäudes erstreckt, zB auf eine eingemauerte Badewanne. In diesem Fall wird das Wegnahmerecht nach hM durch ein dingliches Aneignungsrecht des Mieters begleitet, so daß dieser mit Abtrennung Eigentum am Bestandteil erwirbt (BGHZ 81, 146, 150; 101, 37, 52; STAUDINGER/ EMMERICH [2011] § 539 Rn 28). Der Anspruch richtet sich lediglich auf die Duldung der Wegnahme, nicht auf Herausgabe.

In der **Insolvenz** des Sacheigentümers begründen die obligatorischen Ansprüche auf Ablösung oder Überlassung wesentlicher Bestandteile kein Aussonderungsrecht; das Wegnahmerecht des Mieters bleibt jedoch auch bei einer Veräußerung im Rahmen der Insolvenz nach § 111 InsO iVm §§ 566, 578 Abs 1 bestehen.

IV. Unwesentliche (nichtwesentliche, einfache) Bestandteile

1. Begriff

38 Aus der Definition der wesentlichen Bestandteile in § 93 ist der Umkehrschluß zu ziehen, daß es auch unwesentliche oder einfache Bestandteile einer Sache gibt und daß diese **sonderrechtsfähig** sind (RGZ 69, 117, 120; 158, 362, 368 f; MünchKomm/HOLCH Rn 32; SOERGEL/MARLY Rn 29; BERNHARD 26). Unwesentliche Bestandteile sind alle diejenigen Bestandteile, die nicht nach §§ 93 und 94 den wesentlichen Bestandteilen zugeordnet werden können (BGB-RGRK/KREGEL Rn 45). – Die Unterscheidung der unwesentlichen Bestandteile von den wesentlichen ist nicht gleichbedeutend mit der Unterscheidung von Haupt- und **Nebensachen** (vgl o Rn 6 und § 97 Rn 3).

39 Zu den unwesentlichen Bestandteilen einer **beweglichen Sache** zählen diejenigen Sachteile, die zwar wirtschaftlich sinnvoll abgetrennt werden können und daher nicht wesentlich iS des § 93 sind, aber dennoch nach der Verkehrsauffassung nur einen Bestandteil einer einheitlichen Sache darstellen. Dies gilt zB für den Motor und die Räder eines Kraftfahrzeugs (vgl o Rn 20). Obwohl sie ohne Zerstörung oder Wesensveränderung austauschbar sind, werden sie von der Verkehrsanschauung als Teil der einheitlichen Sache Kraftfahrzeug angesehen; ohne sie wäre das Fahrzeug unvollständig.

Fraglich ist hingegen die Existenz unwesentlicher **Grundstücksbestandteile**. Als Beispiele hierfür werden in erster Linie die Flächenteile eines Grundstücks einschließlich der Straßen und Wege genannt (BayObLG JFG 3, 283, 284; RG DJZ 1910, 1353; SOERGEL/MARLY Rn 33; BGB-RGRK/KREGEL Rn 46; MünchKomm/HOLCH Rn 16; PALANDT/ELLENBERGER Rn 3). Außerdem sollen an den Wänden eines Schlosses angebrachte Holzvertäfelungen sowie Gobelins zu den unwesentlichen Bestandteilen eines Grundstücks gehören (vgl RGZ 158, 362, 368; RG WarnR 1919 Nr 45). – Tatsächlich stellen diese Fälle jedoch keine unwesentlichen Grundstücksbestandteile dar: Die Bestandteileigenschaft der **realen Teilflächen** eines Grundstücks scheitert schon daran, daß die Einheit des Grundstücks nicht nach der Verkehrsauffassung, sondern rechtlich bestimmt wird (vgl § 90 Rn 65). Grundstück im Rechtssinne ist ein räumlich abgegrenzter Teil der Erdoberfläche, der im Bestandsverzeichnis eines Grundbuchblatts unter einer besonderen Nr gebucht ist (STAUDINGER/GURSKY [2008] § 890 Rn 5). Dessen reale Teilflächen sind außer in den Fällen der Vereinigung und Zuschreibung nach § 890 (vgl STEIN/JONAS/MÜNZBERG, ZPO [22. Aufl 2004] § 864 Rn 9; MünchKommZPO/EICKMANN [3. Aufl 2007] § 864 Rn 12) gerade nicht sonderrechtsfähig, da zu ihrer Übertragung und Belastung die Eintragung der Teilfläche als selbständiges Grundstück erforderlich ist. Zwar ist die Auflassung einer hinreichend bestimmten Teilfläche zulässig (BGHZ 90, 323, 326; STAUDINGER/PFEIFER [2011] § 925 Rn 62); für die gem § 873 erforderliche Eintragung muß aber die grundbuchmäßige Verselbständigung erfolgen (DEMHARTER, GBO [27. Aufl 2010] § 7 Rn 15). Soweit eine Belastung der Teilfläche auch ohne ihre Eintragung als selbständiges Grundstück wirksam ist, erfordert die Ordnungsvorschrift des § 7 GBO zumindest deren unverzügliche Nachholung (DEMHARTER § 7 Rn 34). – Die **Holzvertäfelungen** des Braunschweiger Schlosses dürften hingegen aufgrund der besonderen, zur Aufnahme der Täfelungen bestimmten Herrichtung der Räume sogar zu den wesentlichen Bestandteilen zu zählen sein (in RGZ 158, 362, 367 f wurde diese Möglichkeit ausdrücklich offengelassen). – Dagegen stellen Wandbehänge wie Gobelins oder Gemälde nicht einmal unwesentliche Bestandteile des Gebäudes dar, in dem sie sich befinden (vgl auch § 94 Rn 36). – Auch ein **Gebäude** kann kaum unwesentlicher Bestandteil eines Grundstücks sein (anders noch STAUDINGER/DILCHER [1995] Rn 33), da entweder eine feste Verbindung mit dem Grundstück iSv § 94 Abs 1 vorliegt oder bei nur lose aufgesetzten Gebäuden die Voraussetzungen des § 95 Abs 1 S 1 gegeben sind. – Insgesamt sind nur wenige Fälle denkbar, in denen eine mit einem Grundstück verbundene Sache dessen unwesentlicher Bestandteil ist (vgl STIEPER, Die Scheinbestandteile [2002] 97 Fn 643; gänzlich ablehnend WIELING, Sachenrecht I [2. Aufl 2006] § 2 III 7; AFFOLTER, Der körperliche Gegenstand und die Bestandteile einer Sache im BGB, DJZ 1907, 930, 935). Häufig kann eine Abgrenzung zwischen selbständiger Sache und unwesentlichem Bestandteil auch unterbleiben, wenn es lediglich auf die Sonderrechtsfähigkeit des betreffenden Gegenstandes ankommt.

2. Rechtslage

Die Rechtslage der unwesentlichen Bestandteile ist gesetzlich nicht geregelt. Grundsätzlich teilen sie das rechtliche Schicksal der gesamten Sache, welcher sie zugehören (RGZ 158, 362, 369; OLG Frankfurt NJW 1982, 653, 654). Verfügungen über die Gesamtsache erstrecken sich im Zweifel auf den unwesentlichen Bestandteil (ERMAN/MICHALSKI Rn 16; MünchKomm/HOLCH Rn 34). Ferner findet grundsätzlich § 953 Anwendung, so daß die unwesentlichen Bestandteile einer Sache nach der Trennung dem Eigentümer der Gesamtsache gehören, soweit sich nicht aus §§ 954 ff etwas anderes ergibt (vgl aber Rn 42 aE).

42 a) Anders als wesentliche Bestandteile können unwesentliche Bestandteile Gegenstand **besonderer dinglicher Rechte** sein. Dementsprechend ist an ihnen Sondereigentum und damit ein **Eigentumsvorbehalt** möglich (MünchKomm/HOLCH Rn 33). Ebenso können unwesentliche Bestandteile Gegenstand eines rechtsgeschäftlichen Pfandrechts sein (RGZ 69, 117, 120). Für den Bereich des Sonderrechts ist der Bestandteil als selbständige Sache anzusehen (SOERGEL/MARLY Rn 30). – Soweit an einer Sache vor der Zusammenfügung mit anderen Sachen Sonderrechte bestehen, erlöschen sie nicht, wenn die Sache unwesentlicher Bestandteil der Gesamtsache wird (SOERGEL/MARLY Rn 31; BGB-RGRK/KREGEL Rn 47). Der Bestandteilseigentümer kann daher kraft seines Eigentums die Abtrennung von der zusammengesetzten Sache und Herausgabe des Bestandteils verlangen, der Pfandgläubiger die Abtrennung zum Zwecke der Verwertung. – Wird ein unwesentlicher Bestandteil, der in fremdem Eigentum steht, vom Eigentümer der Gesamtsache mitveräußert, so erlangt der Erwerber das Eigentum am Bestandteil nur nach Maßgabe der §§ 932 ff; über den Untergang anderer Sonderrechte am unwesentlichen Bestandteil entscheidet § 936. – Im Falle der Abtrennung eines unwesentlichen Bestandteils von der Gesamtsache findet § 953 keine Anwendung, wenn an dem Bestandteil Sondereigentum besteht (STAUDINGER/GURSKY [2011] § 953 Rn 7).

43 b) Soweit man unwesentliche Bestandteile von **Grundstücken** anerkennt (vgl o Rn 40), sollen diese für die Dauer der Verbindung zu den unbeweglichen Sachen zu zählen sein (RGZ 158, 362, 369; OLG Frankfurt NJW 1982, 653, 654; MünchKomm/HOLCH Rn 33). Diese Einordnung ist unzutreffend und hilft im übrigen nicht weiter. Denn unbeweglich sind nach dem BGB nur die Grundstücke. Für andere unbewegliche Sachen gibt es keine gesetzliche Regelung. Um ein Sonderrecht am Bestandteil zu begründen, muß daher auf die Vorschriften über **bewegliche Sachen**, insbes §§ 929 ff, zurückgegriffen werden (so auch RGZ 158, 362, 369). Der gute Glaube des Erwerbers des Bestandteils ist über § 932 ff, nicht etwa durch § 892 geschützt. – Wenn bei der Übereignung eines Grundstücks ohne besondere Verfügung auch das Eigentum an den unwesentlichen Bestandteilen übergehen soll (vgl BGB-RGRK/KREGEL Rn 48), ist dieses Ergebnis nur über eine entsprechende Anwendung des § 926 zu erreichen (STAUDINGER/PFEIFER [2011] § 926 Rn 6). Nach § 926 Abs 1 erlangt der Erwerber jedoch nur Eigentum an den Bestandteilen, die dem Veräußerer gehören; für einen gutgläubigen Erwerb ist nach § 926 Abs 2 iVm §§ 932 ff außerdem erforderlich, daß der Erwerber den Besitz daran erlangt (vgl ie STAUDINGER/PFEIFER [2011] § 926 Rn 10 ff). Wird ein Grundstück übereignet, an dessen unwesentlichen Bestandteil ein Eigentumsvorbehalt besteht, so muß der Erwerber also in jedem Fall gutgläubig iSv § 932 Abs 2 sein, um auch das Eigentum am Bestandteil zu erlangen (vgl OLG Celle NJW 1958, 632, 633).

3. Zwangsvollstreckung

a) Wie eine rechtsgeschäftliche Verfügung (vgl o Rn 41) erstreckt sich auch die **44** Zwangsvollstreckung in eine **bewegliche Sache** regelmäßig auf die Gesamtsache einschließlich ihrer Bestandteile. Fraglich ist jedoch, ob eine gesonderte **Pfändung des unwesentlichen Bestandteils** zulässig ist (bejahend MünchKomm/HOLCH Rn 33; WIELING, Sachenrecht I [2. Aufl 2006] § 2 III 7). Teilweise wird sie mit dem Argument verneint, dem Gerichtsvollzieher könne die Entscheidung der Frage, ob ein Bestandteil wesentlicher oder unwesentlicher Sachteil ist, nicht zugewiesen werden (STAUDINGER/DILCHER [1995] Rn 35; SOERGEL/MARLY Rn 29). Jedoch ist die Unterscheidung zwischen selbständiger Sache und unwesentlichem Bestandteil häufig nicht leichter zu treffen. Einer gesonderten Pfändung des Bestandteils dürfte vielmehr die körperliche Einheit der Gesamtsache entgegenstehen; der Bestandteil ist, zumindest solange keine Sonderrechte an ihm bestehen, keine selbständige körperliche Sache iS des § 808 ZPO. Eine Herausgabevollstreckung des Bestandteilseigentümers gegen den Eigentümer der Gesamtsache nach § 883 ZPO muß hingegen möglich sein, da der Bestandteil hinsichtlich des Sonderrechts wie eine selbständige Sache zu behandeln ist (vgl BGB-RGRK/KREGEL Rn 48). Der Abtrennungs- oder Herausgabeanspruch des Bestandteileigentümers kann dessen Gläubigern im Wege der Anspruchspfändung der Zwangsvollstreckung zugänglich gemacht werden. – Wird eine **zusammengesetzte Sache** gepfändet, so braucht dies der Eigentümer eines unwesentlichen Bestandteils, der nicht der Vollstreckungsschuldner ist, nicht zu dulden; er hat ein die Veräußerung hinderndes Recht iS des § 771 ZPO (RGZ 144, 236, 241 f).

b) Auch bei ungetrennten unwesentlichen **Grundstücksbestandteilen** wird eine **45** gesonderte Mobiliarvollstreckung überwiegend für unzulässig gehalten (STAUDINGER/WOLFSTEINER [2009] § 1120 Rn 10; BGB-RGRK/KREGEL Rn 48; MünchKomm/HOLCH Rn 33; jurisPK-BGB/VIEWEG Rn 29; SOERGEL/MARLY Rn 29: „im allgemeinen unstatthaft"). Unter § 865 Abs 2 S 2 ZPO, der bis zur Beschlagnahme des Grundstücks die Mobiliarpfändung der zum Haftungsverband der Hypothek gehörenden Gegenstände erlaubt, fallen unwesentliche Bestandteile vor ihrer Trennung vom Grundstück nach hM nicht; sie sollen vielmehr als Teile des Grundstücks ebenso wie das Grundstückszubehör allein der Immobiliarvollstreckung unterliegen (STEIN/JONAS/MÜNZBERG, ZPO [22. Aufl 2004] § 864 Rn 10; MünchKommZPO/GRUBER [3. Aufl 2007] § 803 Rn 18; **aM** PWW/VÖLZMANN-STICKELBROCK Rn 4). – Jedoch kann dies nur gelten, wenn am Bestandteil keine Sonderrechte begründet sind (ebenso wohl MünchKommZPO/EICKMANN § 864 Rn 9). Insoweit gelten die Ausführungen zu den Bestandteilen einer beweglichen Sache (s o Rn 44) entsprechend. Gehört dagegen ein unwesentlicher Bestandteil, zB wegen eines Eigentumsvorbehalts, nicht dem Grundstückseigentümer, so fällt er nicht in den Haftungsverband der Hypothek (BAUR/STÜRNER § 39 Rn 24; PALANDT/BASSENGE § 1120 Rn 3). Dann ist es auch nicht gerechtfertigt, ihn der Immobiliarvollstreckung zu unterwerfen. – Auch einzelne **Flächen eines Grundstücks**, die nicht grundbuchmäßig verselbständigt sind, können nicht eigener Gegenstand einer Zwangsvollstreckung in das unbewegliche Vermögen sein. Dies ergibt sich aus § 864 ZPO, welcher das Grundstück als Vollstreckungsgegenstand iS eines grundbuchmäßig abgegrenzten Teiles der Erdoberfläche versteht (vgl o Rn 40); anders ist dies nur bei den durch Vereinigung oder Zuschreibung entstandenen Bestandteilen (MünchKommZPO/EICKMANN § 864 Rn 39).

V. Ausländisches Recht

46 **1. Das österreichische Recht** geht in § 294 ABGB vom Begriff des Zugehörs aus und bezeichnet damit sowohl (selbständige wie unselbständige) Bestandteile als auch Zubehör. Das Zugehör einer unbeweglichen Sache ist nach § 293 ABGB ebenfalls unbeweglich. – Indessen hat die österreichische Theorie die gemeinrechtliche Unterscheidung von Bestandteil und Zubehör (vgl o Rn 2) übernommen. Sie entscheidet die Frage, inwieweit Bestandteile unselbständig und damit sonderrechtsunfähig sind, nach denselben Grundsätzen, wie sie in Deutschland gelten (vgl Schwimann/Klicka, ABGB II [3. Aufl Wien 2005] § 294 Rn 2 ff). Unselbständige Bestandteile eines Grundstücks sind daher insbesondere Häuser in fester Bauweise, grundsätzlich jedoch nicht Maschinen in Fabrikgebäuden (Schwimann/Klicka § 294 Rn 3). – Außerdem wurde durch den 1916 eingefügten § 297a ABGB die Möglichkeit eröffnet, den Eigentumsvorbehalt an Maschinen im Grundbuch „anzumerken" und dadurch zu erhalten.

47 **2. Auch das schweizerische Recht** unterscheidet Bestandteile und Zugehör, faßt die Begriffe anders als das österreichische Recht aber nicht unter einem Oberbegriff zusammen. Unter Bestandteilen versteht das ZGB die Sachen, die im BGB als wesentliche Bestandteile bezeichnet werden. Die Kriterien der Bestandteilseigenschaft entsprechen denen des § 93; entscheidend sind nach der auch hier maßgeblichen Verkehrsanschauung wirtschaftliche Gesichtspunkte (vgl Tuor/Schnyder/Schmid, Das schweizerische Zivilgesetzbuch [13. Aufl Zürich 2009] § 97 Rn 6). – Im Unterschied zur deutschen Regelung folgt Art 642 Abs 2 ZGB seinem Wortlaut nach der Ganzheitslehre (vgl o Rn 4). Jedoch ist auch im schweizerischen Recht nicht die wirtschaftliche Einheit der Gesamtsache entscheidend; umstritten ist nur, ob die Qualifizierung als Bestandteil auch anzunehmen ist, wenn durch eine Trennung nur der entnommene Teil, nicht jedoch die Restsache beschädigt oder verändert wird (vgl Tuor/Schnyder/Schmid § 97 Rn 10). So kommt es für die Bestandteilseigenschaft von Maschinen in Fabrikgebäuden wie im deutschen Recht darauf an, ob das Gebäude (und nicht die Fabrik) durch eine Trennung zerstört oder verändert würde. – Besondere Vorschriften erklären Bauten, Pflanzen, Grundwasser und Quellwasser zu Bestandteilen des Bodens, Art 667, 674 und 704 ZGB. Das gleiche gilt für eingebaute Materialien nach Art 671 ZGB und für Früchte nach Art 643 ZGB.

48 **3.** Das **französische Recht** ist nicht auf die Problematik wesentlicher Bestandteile ausgerichtet, sondern darauf, ob eine Sache als immeuble oder als meuble anzusehen ist (vgl Vorbem 8 zu §§ 90 ff). – Nach Art 517 cc findet eine Immobilisierung bestimmter beweglicher Sachen statt, da es immeubles par nature und immeubles par destination gibt. Zu ersteren gehören ua Stücke, die nach deutschem Recht als Bestandteile aufzufassen wären; so erstreckt sich nach Art 518 ff cc das Grundeigentum auf Gebäude und andere fest mit dem Grundstück verbundene Einrichtungen (vgl Beysen, in: vBar [Hrsg], Sachenrecht in Europa IV [2001] 177, 190). Zu den immeubles par destination zählen zB bewegliche Sachen, die dauerhaft mit dem Boden verbunden sind (Ferid/Sonnenberger, Das französische Zivilrecht II [2. Aufl 1986] Rn 3 A 63). Außerdem erfaßt das Grundeigentum gem Art 554 cc im Zweifel alle accessions, wobei dieser Begriff Bestandteile, Zubehör und Erzeugnisse umschließen kann (vgl Beysen, in: vBar 238). – Der in seiner Wirkungsweise dem Eigentumsvorbehalt vergleichbare privilège des Verkäufers, wonach er bevorzugte Befriedigung wegen des Kaufpreises aus der Kaufsache verlangen kann, geht im Falle entstehender accession verloren. – Als Abweichung vom deutschen Recht (vgl o Rn 32) ist noch hervorzuheben, daß nach Art 553 cc die Ersitzung von Gegenständen möglich ist, die nach deutschem Recht als wesentliche Bestandteile aufzufassen wären (Ferid/Sonnenberger Rn 3 A 72).

4. Ähnlich wie das französische definiert das **italienische Recht** in Art 812 Codice civile die mit dem Boden fest verbundenen Teile als Immobilien, auch wenn die Einfügung zu vorübergehenden Zwecken erfolgt ist. Zusätzlich werden bestimmte Bestandteile wegen ihrer auf das Grundstück bezogenen Zweckbestimmung immobilisiert, „sono reputati immobili". Ein Eigentümerwechsel ist mit dieser Immobilisierung nicht unmittelbar verbunden. Er vollzieht sich nach Art 934 Codice civile im Wege der accessione, wobei jedoch der frühere Eigentümer einer eingefügten Sache, die ohne schweren Schaden abtrennbar ist, gem Art 935 Codice civile noch sechs Monate nach der Einfügung das Recht zur Wegnahme behält. Auch ein Eigentumsvorbehalt (riserva di proprietà), der nach italienischem Recht Schriftlichkeit und, von einer gewissen Wertgrenze ab, auch Registrierung erfordert, geht durch die Immobilisierung einer Sache nicht unter. Dies ergibt sich aus Art 1524 und 2762 Codice civile.

5. **Das englische Recht** kennt als Entsprechung zum Begriff der wesentlichen Bestandteile den der fixtures. Es versteht darunter bewegliche Sachen, die mit dem Boden oder einem Gebäude auf Dauer fest verbunden sind und deren Verbesserung dienen sollen. – Die fixtures fallen in das Eigentum des Grundeigentümers. Pfandrechte am Grundstück erstrecken sich auf sie; jedoch können Wegnahmerechte eingreifen. – Maschinen, die lediglich durch ihr Eigengewicht mit einem Gebäude verbunden sind, sind normalerweise keine fixtures (vgl Cheshire/Burn's Modern Law of Real Property [17. Aufl Oxford 2006] 156).

§ 94
Wesentliche Bestandteile eines Grundstücks oder Gebäudes

(1) Zu den wesentlichen Bestandteilen eines Grundstücks gehören die mit dem Grund und Boden fest verbundenen Sachen, insbesondere Gebäude, sowie die Erzeugnisse des Grundstücks, solange sie mit dem Boden zusammenhängen. Samen wird mit dem Aussäen, eine Pflanze mit dem Einpflanzen wesentlicher Bestandteil des Grundstücks.

(2) Zu den wesentlichen Bestandteilen eines Gebäudes gehören die zur Herstellung des Gebäudes eingefügten Sachen.

Materialien: E I §§ 783, 784; II § 77e; III § 90; Mot III 42; Prot III 6.

Schrifttum

ASAL, Das Grundeigentum und der Abbau von Bodenbestandteilen (1998)
BIERMANN, Superficies solo cedit, JherJb 34 (1895) 169
COSTEDE, Der Eigentumswechsel beim Einbau von Sachgesamtheiten, NJW 1977, 2340
EBEL, Überbau und Eigentum, AcP 141 (1936) 183
GANTER, Die Sicherungsübereignung von Windkraftanlagen als Scheinbestandteil eines fremden Grundstücks, WM 2002, 105
GOECKE/GAMON, Windkraftanlagen auf fremdem Grund und Boden – Rechtliche Gestaltungsmöglichkeiten zur Absicherung des Betreibers und der finanzierenden Bank, WM 2000, 1309
GRAUE, Der Eigentumsvorbehalt an eingebauten Schiffsmotoren, BB 1959, 1282
HASENBEIN, Sind Zentralheizungsanlagen wesentliche Bestandteile des Gebäudes?, CuR 2004, 148
HAUSMANN, Das Recht der halbscheidigen Giebelmauer (Diss Münster 1969)
HODES, Bauen unter Inanspruchnahme fremden Eigentums, NJW 1964, 2382
HOLCH, Sind Einbauküchen pfändbar?, DGVZ 1998, 65
HONIG, Superficies solo cedit (Diss Freiburg 1904)
HURST, Das Eigentum an Heizungsanlagen, DNotZ 1984, 66–82 und 140
JAEGER, Einbauküchen: Wesentlicher Bestandteil oder Zubehör?, NJW 1995, 432
KINZELBACH, Der Eigentumsübergang bei der Verbindung beweglicher Sachen mit Grundeigentum (Diss Hamburg 1997)
KLEMPT, Eigentumsverhältnisse beim nicht entschuldigten Überbau, JZ 1969, 223
LÜCK, Superficies (non) solo cedit: Negation und Restitution eines Rechtsprinzips im Osten Deutschlands, in: FS Rolland (1999) 237
MAHNE, Eigentum an Versorgungsleitungen (2009)
MICHAELIS, Voraussetzungen und Auswirkungen der Bestandteilseigenschaft, in: FS Nipperdey I (1965) 553

MORITZ, Teppichboden als wesentlicher Bestandteil des Gebäudes?, JR 1980, 55
B PETERS, Wem gehören die Windkraftanlagen auf fremdem Grund und Boden?, WM 2002, 110
ders, Windkraftanlagen und §§ 93 ff BGB, WM 2007, 2003
SCHMITTMANN, Wem gehört das Inhouse-Telefonkabel? Die Rechtsstellung des Gebäudeeigentümers gegenüber TK-Unternehmen, MMR 2009, 520
SCHREIBER, Eigentumserwerb an Heizungsanlagen bei gewerblicher Wärmelieferung (Contracting), NZM 2002, 320
O SCHULZE, Das Eigentum an Versorgungsanlagen bei der Mitbenutzung fremder Grundstücke und Gebäude durch Energieversorgungsunternehmen, Rpfleger 1999, 167
SCHWEIZER, Das Eigentum an der Energieerzeugungsanlage, WuM 2006, 415
STIEPER, Die Scheinbestandteile – § 95 BGB im System des Sachen- und Vollstreckungsrechts (2002)
ders, Die Energieerzeugungsanlage – Wesentlicher Bestandteil oder Scheinbestandteil des Gebäudes?, WM 2007, 861
TERSTEEGEN, Der Überbau in der notariellen Praxis, RNotZ 2006, 433
THAMM, Der Untergang des Eigentumsvorbehalts wegen wesentlicher Bestandteilseigenschaft eines Grundstücks/Gebäudes, BB 1990, 866
WEIMAR, Rechtsfragen bei der Fertighaus-Lieferung und Finanzierung, MDR 1963, 818
WEITNAUER, Die Tiefgarage auf dem Nachbargrundstück, ZfBR 1982, 97
WIELING, Vom untergegangenen, schlafenden und aufgewachten Eigentum bei Sachverbindungen, JZ 1985, 511
WITTER, Eigentum an Windkraftanlagen auf fremdem Grund und Boden, ZfIR 2005, 441
WOITE, Eigentumsverhältnisse beim unentschuldigten Grenzüberbau, MDR 1961, 895
M WOLFF, Der Bau auf fremdem Boden, insbesondere der Grenzüberbau (1900).
Siehe auch § 93 und § 95.

Abschnitt 2 §94
Sachen und Tiere

Systematische Übersicht

I.	Vorgeschichte des § 94	1
II.	Normzweck und Anwendungsgrundsätze des § 94	
1.	Selbständigkeit des § 94	2
2.	Normzweck	3
3.	Allgemeine Voraussetzungen	4
4.	Rechtslage in den neuen Bundesländern	5
III.	Wesentliche Bestandteile nach § 94 Abs 1	6
1.	Fest verbundene Sachen	7
a)	Tatbestand der festen Verbindung	7
b)	Gebäude	10
c)	Versorgungsleitungen	11
d)	Windkraftanlagen	12
e)	Grenzüberschreitende Bauwerke	13
2.	Erzeugnisse des Grundstücks	17
3.	Samen und Pflanzen	18
4.	Bodenbestandteile und Grundstücksteile	19
a)	Substanz des Grundstücks	19
b)	Grundstücksteile	21
IV.	Wesentliche Bestandteile nach § 94 Abs 2	22
1.	Begriff des Gebäudes	23
2.	Einfügung zur Herstellung	24
a)	Einzelheiten der Einfügung	24
b)	Herstellung	25
c)	Zeitpunkt der Einfügung	28
d)	Selbständige Sachen	29
3.	Einzelheiten	30
a)	Baukörper	30
b)	Gebäudeausstattung und -einrichtung	31
c)	Leitungsnetz	37
d)	Schiffe und Luftfahrzeuge	38
V.	Rechtsfolgen	40

Alphabetische Übersicht

Akzessionsprinzip	1
Alarmanlagen	32
Aufzüge	32
Ausländisches Recht s § 93 Rn 46 ff	
Badewannen	33
Badezimmereinrichtung	33
Baukörper	23, 30
Beleuchtungskörper	36
Belüftungsanlagen	32
Bierschankanlagen	36
Bodenbestandteile	19 f
Bootssteg	13
Eigengewicht	8
Eigengrenzüberbau	14 f
Eigentumsvorbehalt	4, 40
Einbauküchen	35
Einbeziehung ins Erdreich	8
Einfügung	24
Einrichtungsgegenstände	23, 33
Entlüftungsanlagen	32
Erdölfernleitungen	11
Erzeugnisse	17
Fertighäuser	8, 10, 30
Feste Verbindung	7 ff
Flächenteile	21
Flugzeuge	39
Gebäude	
– als fest verbundene Sache	10, 12
– Definition	23
Gebäudeausstattung	31 ff
Giebelmauer	16
Grenzüberschreitendes Bauwerk	13 ff
Grundstücksteil	21
Heizungsanlage	31
Herde	35
Herstellung des Gebäudes	25 ff
Kommunmauer	16
Kosten der Trennung	7

Leitungsnetz	11, 37	Serienmaschinen	27
Linoleum	34	Spültisch	35
Luftfahrzeuge	39	Stammgrundstück	14
		Stromzähler	37
Maschinen	27	superficies solo cedit	1
Mechanische Verbindung	9		
		Teppichboden	34
Neue Bundesländer	5		
Notstromaggregat	32	Verkehrsanschauung	7, 25
		Versicherungsrecht	40
Pflanzen	18	Versorgungsleitungen	11
		Verwendungszweck	26 f
Rolltreppen	32		
		Wandbehänge	36
Samen	18	Waschtisch	33
Sanitäre Einrichtungen	33	Windkraftanlagen	12, 23
Schiffe	38		
Schrankwände	36	Zeitpunkt der Einfügung	28

I. Vorgeschichte des § 94

1 Im **römischen Recht** galt der Grundsatz „**superficies solo cedit**", wonach Aufbauten auf einem Grundstück mit dem Grund und Boden rechtlich untrennbar zusammen hingen (ULPIAN D 43, 17, 3, 7). Durch die Verbindung einer Sache mit einem Grundstück, insbes durch Einpflanzen (implantatio) und Einbauen (inaedificatio), wurde diese zur „accessio" des Grund und Bodens, und das Eigentum am Grundstück erstreckte sich nach dem Grundsatz „accessio cedit principali" auch auf sie (STIEPER, Scheinbestandteile 15 ff; HKK/RÜFNER §§ 90–103 Rn 26). – Dieser Grundsatz war jedoch, wie BIERMANN (JherJb 34, 171 ff) gezeigt hat, schon im römischen Recht kein ausnahmsloser (aM MEINCKE, Superficies solo cedit, ZRG Rom Abt 88 [1971] 136, 171). Daher wurde im gemeinen Recht das Prinzip der Akzession nicht als eine Notwendigkeit verstanden, sondern als Ausdruck der praktischen Zielsetzung, Bauwerke zu erhalten (vgl HOLTHÖFER, Sachteil und Sachzubehör im römischen und im gemeinen Recht [1972] 129 ff). Entscheidend war die vorherrschende Kulturauffassung (STIEPER, Scheinbestandteile 19). – Die Verfasser des BGB haben an der grundsätzlichen Geltung des **Akzessionsprinzips** festgehalten. Sie haben es allerdings nicht durch eine allgemeine Formel, sondern dadurch zum Ausdruck gebracht, daß in § 94 eine Reihe von Bestandteilen, bei denen die Voraussetzungen des Akzessionsprinzips zutreffen, zu wesentlichen Bestandteilen erklärt werden.

II. Normzweck und Anwendungsgrundsätze des § 94

2 1. Für Grundstücke und Gebäude erklärt § 94 bestimmte Sachen zu wesentlichen Bestandteilen, ohne daß es auf die Voraussetzungen des § 93 ankommt. Von seiner Funktion her erübrigt § 94 für wesentliche Grundstücksbestandteile die Prüfung der tatbestandlichen Voraussetzungen nach § 93; entscheidend sind allein die in § 94 genannten Merkmale. Insoweit hat § 94 gegenüber § 93 eine **selbständige Bedeutung** und nicht lediglich erläuternde Funktion (RGZ 63, 416, 418; 90, 198, 201; 150, 22, 26), wenngleich die Voraussetzungen des § 93 auch iRd § 94 Abs 1 herangezogen werden (vgl u Rn 7). Andererseits kommt § 94 nicht der Charakter eines Spezialtatbestandes für Grundstücksbestandteile zu, so daß diese, unabhängig von den Voraussetzungen des § 94, auch nach § 93 als wesentliche Bestandteile qualifiziert werden können (vgl § 93 Rn 5).

2. Wie § 93 bezweckt § 94 den Erhalt wirtschaftlicher Werte. Auch die Bestandteile eines Grundstücks oder Gebäudes können nicht Gegenstand besonderer Rechte sein (vgl § 93 Rn 24 ff); sie fallen kraft Gesetzes (§ 946) in das Eigentum des Grundstückseigentümers. Daneben sind im Grundstücksverkehr die Schaffung **klarer und sicherer Rechtsverhältnisse** und die **Wahrung rechtssicherer Vermögenszuordnungen** von besonderer Bedeutung (BGHZ 26, 225, 228; 104, 298, 303); daher dient die Erweiterung des Begriffs der wesentlichen Bestandteile in § 94 in erheblichem Maße auch der Sicherheit des Rechtsverkehrs (BGHZ 53, 324, 325; BGH NJW 1979, 712; 1999, 2434, 2435). Bei der Verfügung über ein Grundstück soll der potentielle Erwerber durch Augenschein feststellen können, was dazu gehört (PALANDT/ELLENBERGER Rn 1). Wenn er das Recht des Veräußerers am Grundstück geprüft hat, kann er sicher sein, daß sich das Recht auf die fest mit dem Grundstück verbundenen Gegenstände erstreckt (Mot III 43). Ebenso schützt § 94 Abs 2 das Vertrauen eines möglichen Erwerbers darauf, daß er alle das Gebäude ausmachenden Gegenstände zu Eigentum erhält (COSTEDE NJW 1977, 2341). Damit stellt § 94 iVm § 946 eine Ausprägung des im Immobiliarsachenrecht durch das Grundbuchsystem gesicherten **Publizitätsgrundsatzes** dar (STIEPER, Scheinbestandteile 65; vgl BGH NJW 1987, 774, 775; SOERGEL/MARLY Rn 2).

3. Die fest mit einem Grundstück verbundenen Sachen werden notwendigerweise wesentliche Bestandteile des Grundstücks; das Grundstück kann nicht umgekehrt wesentlicher Bestandteil etwa eines Gebäudes werden (Mot III 42). Auf die **Wertverhältnisse** kommt es dabei nicht an; ein Gebäude teilt nach § 946 auch dann das rechtliche Schicksal des Grundstücks, wenn es wertvoller als dieses ist (SOERGEL/MARLY Rn 1; ERMAN/MICHALSKI Rn 1). – In allen Fällen des § 94 ist es ohne Bedeutung, durch wen die Bestandteilseigenschaft hergestellt wurde und ob dies berechtigt oder unberechtigt geschah (STAUDINGER/WIEGAND [2011] § 946 Rn 6; vgl RGZ 51, 80, 81). Auch ein gegen den Willen des Grundeigentümers errichtetes Bauwerk wird unter den Voraussetzungen des § 94 wesentlicher Bestandteil (BGH BB 1957, 166). Ein menschliches Zutun ist nicht erforderlich; es reicht aus, daß die Verbindung durch Naturkräfte bewirkt wird, etwa durch einen Erdrutsch (vgl ERMAN/MICHALSKI Rn 2). – Auf die Sonderrechtsunfähigkeit haben auch **Parteiabreden** oder ein entgegenstehender Wille des Verbindenden keinen Einfluß, wenn nicht die Voraussetzungen des § 95 vorliegen; die Rechtsfolge der §§ 94, 946 ist zwingend (vgl § 93 Rn 24; STAUDINGER/WIEGAND [2011] § 946 Rn 10; VENNEMANN, Gebäude auf fremdem Grund und Boden, MDR 1952, 75). Ein **Eigentumsvorbehalt** führt daher nicht zur Sonderrechtsfähigkeit einer mit einem Grundstück oder Gebäude verbundenen Sache; das vorbehaltene Eigentum lebt auch nach einer Trennung der Sache vom Grundstück nicht wieder auf (OLG Stuttgart ZIP 1987, 1129, 1130; STAUDINGER/WIEGAND [2011] § 946 Rn 10; **aM** WIELING JZ 1985, 515 ff). Dadurch werden insbesondere Realkreditgeber gegenüber den Warenkreditgebern erheblich bevorzugt. – Der im Entwurf des ForderungssicherungsG (BR-Drucks 141/02 [B] v 21. 6. 2002) zunächst vorgesehene § 632b, wonach der Eigentumsvorbehalt eines Bauunternehmers bei Verbindung des Baumaterials mit einem Grundstück oder

Gebäude des Bestellers bestehen bleiben sollte, wurde auf Empfehlung der beteiligten Ausschüsse (BR-Drucks 458/04) im Gesetzentwurf des Bundesrates gestrichen (BT-Drucks 15/3594 v 14. 7. 2004). – Werden **bewegliche Sachen zusammengesetzt** und erst die Zusammenfügung als Einheit mit dem Boden fest verbunden, so haben die einzelnen Teile ihre Selbständigkeit schon durch die Zusammensetzung verloren (vgl STAUDINGER/WIEGAND [2011] § 947 Rn 4 ff); zu wesentlichen Grundstücksbestandteilen werden sie aber erst aufgrund der Verbindung der zusammengesetzten Sache mit dem Grundstück (vgl RGZ 132, 346, 347 f).

5 4. Eine besondere Rechtslage gilt im Gebiet der **neuen Bundesländer**. Art 233 § 2 Abs 1 EGBGB besagt nur, daß sich der Inhalt des Eigentums an Sachen ab diesem Zeitpunkt vorbehaltlich abweichender Regelungen nach den §§ 903 bis 1011 bestimmt. Wer am Stichtag des 3. 10. 1990 Eigentümer war, bestimmt sich jedoch allein nach dem Recht der DDR. Für wesentliche Bestandteile enthielt § 467 ZGB eine den §§ 93, 94 weitgehend entsprechende Regelung (zur Aufhebung der Bestandteilseigenschaft der Berliner Mauer s KG NJW-RR 2006, 301, 302). Waren danach am 2. 10. 1990 alle Voraussetzungen für einen Eigentumserwerb erfüllt, so bleibt das so entstandene Eigentum bestehen, auch wenn nach den Vorschriften des BGB der tatbestandliche Vorgang keinen Eigentumserwerb begründet hätte (BGH NJOZ 2005, 3293, 3294). – Nach Art 231 § 5 EGBGB findet § 94 zudem auf solche Sachen keine Anwendung, die nach dem Recht der DDR (insbes §§ 287–296 ZGB) Gegenstand eines vom Grundstück unabhängigen Gebäudeeigentums waren (dazu OLG Brandenburg VIZ 2002, 692; STAUDINGER/RAUSCHER [2003] Art 231 § 5 EGBGB; LÜCK, in: FS Rolland 237 ff). Die Eigentümer dieser Gebäude („Datschen") sind aber an den öffentlichen Lasten des Grundstücks angemessen zu beteiligen (BVerfGE 101, 54). Schätzungen zufolge verfügten 50% aller Haushalte in der DDR über eine derartige Baulichkeit (LÜCK, in: FS Rolland 244).

III. Wesentliche Bestandteile nach § 94 Abs 1

6 § 94 Abs 1 S 1 erklärt die mit dem Boden **fest verbundenen Sachen** zu wesentlichen Bestandteilen des Grundstücks, ebenso die mit dem Boden verbundenen **Erzeugnisse**. § 94 Abs 1 S 2 begründet die Bestandteilseigenschaft von Samen und **Pflanzen**. – Daß die feste Verbindung mit „Grund und Boden" bestehen muß, die Erzeugnisse dagegen nur mit dem „Boden" zusammenhängen müssen, macht rechtlich keinen Unterschied. Gemeint ist in beiden Fällen die an der Oberfläche wahrnehmbare, sich in die Tiefe erstreckende **Erdmasse** eines Grundstücks.

1. Fest verbundene Sachen

7 a) Wann die Verbindung einer Sache mit dem Boden als „fest" zu bezeichnen ist, ergibt sich aus der **Verkehrsanschauung** (vgl Vorbem 9 zu §§ 90 ff). Den Gegensatz zur festen Verbindung bildet die leicht lösbare Verbindung (RG HRR 1932 Nr 700), so daß die Festigkeit einer Verbindung dann anzunehmen ist, wenn die **Trennung Schwierigkeiten** bereitet. Daß bei einer Trennung Vorsichtsmaßnahmen zu ergreifen sind, etwa hinsichtlich einer Elektroanlage, genügt dem Schwierigkeitserfordernis noch nicht (RGZ 87, 43, 46). – Nach der Rspr sind vielmehr zwei Gesichtspunkte für die Festigkeit einer Verbindung entscheidend: Einmal wird die Schwierigkeit der Ablösung und damit eine feste Verbindung bejaht, wenn eine **physische Zerstörung** oder starke Beschädigung des abzulösenden Teils oder des verbleibenden Grundstücks unvermeidlich ist. Zum zweiten wird auf die **Kosten der Trennung** abgestellt und eine feste Verbindung bejaht, wenn die Abtrennung des Bestandteils nur unter Aufwendung unverhältnismäßiger Mühe und Kosten möglich wäre (RG SeuffA 82 Nr 38; LG Landshut NJW-RR 1990, 1037; BAMBERGER/ROTH/FRITZSCHE Rn 5; SPYRIDAKIS 64; GOECKE/GAMON WM 2000, 1309). Maßgeblich für die Unverhältnismäßigkeit der Trennungskosten ist der wirtschaftliche **Wert des abgetrennten Bestandteils** (RGZ 158, 362, 374 f; LG Flensburg WM 2000, 2112, 2113; ENNECCERUS/NIPPERDEY § 125 II 2 a; kritisch GANTER WM 2002, 106). Es werden demnach für die Festigkeit einer Verbindung mit dem Boden dieselben Kriterien berücksichtigt, wie sie im Zusammenhang des § 93 für die Eigenschaft als wesentlicher Bestandteil herangezogen werden (vgl § 93 Rn 14 ff; STIEPER, Scheinbestandteile 24 und 97; SPYRIDAKIS 64; WIELING, Sachenrecht I [2. Aufl 2006] § 2 III 4 a). Beide Aspekte, die Zerstörung und die Kostenerheblichkeit, können auch kumuliert auftreten (vgl RG WarnR 1932 Nr 114).

Die Festigkeit der Verbindung wird vor allem durch die wenigstens teilweise **Ein-** 8 **beziehung in das Erdreich** herbeigeführt, wie das bei Gebäuden mit festem Fundament der Fall ist (vgl BGH NJW 1978, 1311; GANTER WM 2002, 105). Dies gilt nicht nur für Wohnhäuser, sondern auch für Fertighäuser und Blockhütten, sofern diese mit ihrem Fundament fest verbunden sind (vgl BGHZ 104, 298, 300; SOERGEL/MARLY § 95 Rn 9). Ebenso reicht das tiefe Einlassen von Holzwerk in den Boden aus, nicht aber das einfache Einstecken von Pfählen oder Stangen, so daß zB Weinbergpfähle keine wesentlichen Bestandteile des Grundstücks sind (ERMAN/MICHALSKI Rn 3). Auch ein in das Erdreich eingebrachter Gastank ist nicht wesentlicher Grundstücksbestandteil, wenn er ohne Schwierigkeiten ausgegraben und wiederverwendet werden kann (LG Gießen NJW-RR 1999, 1538). Dagegen ist ein mit einem Betonkranz im Boden eingelassenes Schwimmbecken als wesentlicher Bestandteil angesehen worden (BGH NJW 1983, 567, 568), ebenso eine auf einem 9 m tiefen Fundament errichtete und unter der Erdoberfläche verschraubte Flutlichtanlage (OLG Hamm OLGR 2002, 367). – Ferner kann auch die **Schwerkraft** eine feste Verbindung begründen (RG WarnR 1932 Nr 114; PALANDT/ELLENBERGER Rn 2; **aM** THAMM BB 1990, 867; TOBIAS AcP 94, 389 f; kritisch auch MünchKomm/HOLCH Rn 6). Erforderlich ist, daß die Wegnahme der Sache aufgrund ihres **Eigengewichts** mit ihrer Zerstörung oder wegen der Zerlegung in kleine Einzelteile mit unverhältnismäßig hohen Kosten verbunden sein würde und die Verbindung daher einer Verankerung gleichwertig ist (SOERGEL/MARLY Rn 8; ERMAN/MICHALSKI Rn 4; WEIMAR MDR 1963, 419; LG Hannover NJW-RR 1987, 208, 209; **aM** OLG Düsseldorf BauR 1982, 164, 165, das bereits jede durch Schwerkraft vermittelte Verbindung ausreichen läßt). Dies kann auch bei Fertiggaragen (BFH NJW 1979, 392; vgl zu Fertighäusern u Rn 10), einem Turbinenhaus (OLG Karlsruhe OLGZ 1989, 341, 343) oder einem auf ein Fundament gesetzten 45 Tonnen schweren Heißwasserkessel in einem Fernheizwerk (LG Berlin NJW-RR 2004, 635) der Fall sein. Anders ist es bei Sachen von geringerem Eigengewicht, etwa kleineren Petroleumtanks (BayObLGZ 1906, 755, 761).

Die **mechanische Verbindung** einer Sache mit der Erdoberfläche genügt hingegen 9 regelmäßig nicht, um eine feste Verbindung zu schaffen. Dies gilt insbes für zur Erhöhung der Standfestigkeit am Boden **angeschraubte** Maschinen (RGZ 67, 30, 34 f; 69, 117, 122; OLG Brandenburg Urt v 11. 7. 2007 Az: 4 U 197/06 – juris). Ebensowenig sind Gleise mit dem Grundstück, auf dem sie verlegt sind, fest verbunden (RG JW 1928, 561 für ein Fabrikanschlußgleis). Das gleiche gilt für ein Schwimmbecken, das ebenerdig aufgestellt und lediglich mit Stützen im Boden verankert ist (BGH NJW 1983, 567, 568), einen mit Dübeln auf einem gegossenen Fundament verschraubten Grabstein (WACKE, Die „Grabsteinpfändung" – Pietätsrücksichten beim Schuldnerschutz im Konflikt mit dem Lieferantenkredit, DGVZ 1986, 161 f; aM OLG Köln DGVZ 1992, 116, 118; vgl Vorbem 28 zu § 90) oder den angeschraubten Backofen einer Bäckerei (LG Aachen NJW-RR 1987, 272). – Auch ein **Anzementieren** von Sachen am Boden begründet noch keine feste Verbindung, wenn eine Trennung nur zu einer unerheblichen Beschädigung des Bodens bzw der Sache führt (RG JW 1912, 128, 129; 1914, 238, 240; WarnR 1920 Nr 31; BGH JZ 1987, 675, 676; vgl LG Bochum DGVZ 1988, 156).

10 b) **Gebäude** (zum Begriff s u Rn 23) werden von § 94 Abs 1 S 1 als Regelfall der fest mit einem Grundstück verbundenen Sachen hervorgehoben. Allerdings ist nicht jedes Gebäude wesentlicher Bestandteil des Grundstücks, auf dem es errichtet ist; auch die Bestandteilseigenschaft eines Gebäudes richtet sich nach der Festigkeit seiner Verbindung mit dem Grundstück (GANTER WM 2002, 105; aM BORK, AT Rn 249). – Wenn bei einem Gebäude das Fundament fest mit dem Boden verbunden ist, jedoch zwischen Fundament und dem aufgesetzten Gebäude nur eine lose Verbindung besteht, kommt es für die Bestandteilseigenschaft der aufgebauten Teile darauf an, ob Fundament und Aufbau als Bestandteile eines einheitliches Gebäudes iSv § 94 Abs 2 angesehen werden können (dazu u Rn 24 f). – Bei **Fertighäusern**, deren vorgefertigte Bauelemente auf ein festes Fundament gesetzt werden, sind die Bauelemente zunächst selbständige Sachen. Erst mit dem Aufstellen des rohbauähnlichen Außenkörpers und dem Einbau der Leitungssysteme werden die einzelnen Elemente zu wesentlichen Bestandteilen eines Gebäudes nach §§ 93, 94 Abs 2. Ob das Fertighaus Bestandteil des Grundstücks wird, hängt davon ab, ob es mit dem Fundament oder einem anderen massiven Gebäudeteil fest verbunden ist; hierfür kann auch eine durch sein Eigengewicht bewirkte Verankerung genügen (LG Konstanz ZIP 1981, 512; offen gelassen von OLG Karlsruhe Justiz 1983, 13 f; vgl o Rn 8). Mehrfach **demontierbare Gebäude**, die ohne größeren Aufwand an anderer Stelle wieder aufgebaut werden können, sind dagegen keine wesentlichen Bestandteile des Grundstücks; dies ist der Fall bei Wellblechbaracken, Containerunterkünften oder Fertighäusern, deren Verankerung mit dem Grundstück relativ einfach zu lösen ist (RG SeuffA 63 Nr 127; OLG Düsseldorf WM 1992, 111, 112; LG Bochum DGVZ 1988, 156; vgl auch AG Neuwied DGVZ 1996, 141).

11 c) Die **Versorgungsleitungen** für Elektrizität, Telekommunikation, Gas, Fernwärme und Wasser sind in der Regel ebenfalls fest mit dem Grund und Boden verbunden (MAHNE 86; zu Erdölfernleitungen vgl KINDERMANN, Rechtsprobleme bei Bau und Betrieb von Erdölfernleitungen [1965]; OLZEN, Die vereinbarte Haftung des Unternehmers für Schäden beim Betrieb einer Mineralölfernleitung, BB 1978, 1340 ff). Soweit die Leitungen auf oder in einem **dem Versorgungsunternehmen gehörenden** Grundstück verlaufen, sind sie daher als dessen wesentliche Bestandteile nach § 94 Abs 1 S 1 anzusehen (RGZ 87, 43, 50; 168, 288, 290; BGHZ 37, 353, 357 f; SOERGEL/MARLY Rn 35). Dies gilt insbes für die von kommunalen Versorgungsbetrieben in öffentlichen Wegen verlegten Leitungen. – Soweit das Leitungsnetz dagegen über oder in **nicht dem Versorgungsunternehmen gehörenden** Grundstücken verläuft, wird heute überwiegend angenommen, daß die Leitungen gem § 95 Abs 1 S 1 als Scheinbestandteile zu bewerten sind und dementsprechend Zubehör zum Betriebsgrundstück des Versorgungsunternehmens darstellen (BGHZ 138, 266, 272; PWW/VÖLZMANN-STICKELBROCK Rn 3; GIESEKE, Leitungen auf fremden Grundstücken, in: FS Hedemann [1958] 95, 128 f; vgl auch § 97 Rn 22 und § 98 Rn 8). Angesichts der Notwendigkeit, eine Versorgung über viele Grundstücke hinweg zu gewährleisten, soll so vermieden werden, daß das Leitungsnetz einer Vielzahl von Eigentümern gehört (ebenso unter Berufung auf die der Bestandteilseigenschaft entgegenstehende Verkehrsauffassung BAMBERGER/ROTH/FRITZSCHE § 95 Rn 9). Mangels sinnvoller Weiterverwendungsmöglichkeit werden Versorgungsleitungen jedoch typischerweise dauerhaft verlegt, so daß jedenfalls kein vorübergehender Zweck iSd § 95 Abs 1 S 1 vorliegt; die Sonderrechtsfähigkeit kann dann nur nach § 95 Abs 1 S 2 erhalten werden (ausf dazu § 95 Rn 11 und 20). – Da die einmal begründete Bestandteilseigenschaft der Leitungen nicht nachträglich wieder aufgehoben werden kann (s dazu § 95 Rn 15), werden die Leitungen auch nicht dadurch sonderrechtsfähig, daß das Versorgungsunternehmen ursprünglich ihm gehörende Grundstücke mit den darin verlegten Leitungen veräußert. Ebenso läßt sich eine Aufspaltung des Eigentums de lege lata nicht vermeiden, wenn Leitungen von einem Bauträger in einem zunächst ihm gehörenden Grundstück (zB einer Flächensiedlung) verlegt werden, das später geteilt und verschiedenen Eigentümern übertragen wird. Die Sonderrechtsfähigkeit von Versorgungsleitungen sollte daher wie im schweizerischen Recht (vgl § 95 Rn 32) ausdrücklich gesetzlich geregelt werden. – Hinsichtlich des im Gebäude des Abnehmers befindlichen **inneren Leitungsnetzes** vgl u Rn 37.

d) Umstritten ist die Bestandteilseigenschaft von **Windkraftanlagen**, die auf fremdem Grund und Boden errichtet werden. Teilweise wird nur das fest mit dem Grundstück verbundene Fundament als wesentlicher Bestandteil nach § 94 Abs 1 S 1 eingeordnet, der Aufbau (bestehend aus dem Turm, der darauf drehbar aufgesetzten Gondel mit Generator sowie dem Rotor) dagegen als „aufgeständerte" Maschine und damit als sonderrechtsfähige Mobilie behandelt (PETERS WM 2002, 112 und 2007, 2004 f). Nach anderer Auffassung bildet der Turm mit dem Fundament eine zusammengesetzte Sache, die wesentlicher Bestandteil des Grundstücks ist, während Gondel und Rotor lediglich einfache Bestandteile der Windkraftanlage darstellen (MünchKomm/HOLCH Rn 14). – Richtigerweise ist die Windkraftanlage insgesamt als **Gebäude** (vgl o Rn 10) mit dem Grund und Boden fest verbunden und damit dessen **wesentlicher Bestandteil** (OLG Koblenz CuR 2007, 107, 108; OVG Münster BRS 63 [2000] 669, 672; GANTER WM 2002, 106; WITTER ZfIR 2005, 445; PWW/VÖLZMANN-STICKELBROCK Rn 2; NK-BGB/MAUCH § 946 Rn 21; PALANDT/ELLENBERGER Rn 3). Gondel und Rotor sind zur Herstellung der Windkraftanlage eingefügt und damit nach § 94 Abs 2 deren wesentliche Bestandteile (GOECKE/GAMON WM 2000, 1309; **aM** WITTER ZfIR 2005, 445 für den Generator). Daß sie relativ leicht ausgetauscht werden können, steht ihrer Einordnung als wesentlicher Bestandteil im Rahmen des § 94 Abs 2 nicht entgegen (s u Rn 26). – Sonderrechtsfähig bleibt die Windkraftanlage nur, wenn sie zu einem vorübergehenden Zweck oder in Ausübung eines dinglichen Rechts am Grundstück errichtet wird und damit als **Scheinbestandteil** qualifiziert werden kann (vgl § 95 Rn 11 und 20).

e) Ein besonderes Problem entsteht, wenn bei der Bebauung eines Grundstücks auf das **Nachbargrundstück hinübergebaut** wird. Dabei geht es um die Frage, inwieweit der wirtschaftlichen Einheit des Gebäudes nach §§ 93, 94 Abs 2 gegenüber dem Grundsatz des § 94 Abs 1 S 1 der Vorrang einzuräumen ist (vgl BGH NJW 1985, 789, 790; TERSTEEGEN RNotZ 2006, 442). – Unter Einbeziehung der in § 912 enthaltenen Wertung hat die Rspr hierzu folgende Grundsätze entwickelt (kritisch dazu SPYRIDAKIS 81 ff;

MünchKomm/Säcker § 912 Rn 34 ff mwNw; für den Sonderfall des Wohnungseigentums Ludwig, Grenzüberbau bei Wohnungs- und Teileigentum, DNotZ 1983, 411 ff; Demharter, Wohnungseigentum und Überbau, Rpfleger 1983, 133 ff; Tersteegen RNotZ 2006, 452 ff): Besteht **keine Entschuldigung** für den Überbau, so unterliegt das grenzüberschreitende Bauwerk der **lotrechtlichen Teilung** auf der Grenzlinie (BGHZ 27, 204, 207 f; 57, 245, 248 f; 61, 141, 143; BGH NJW 1985, 789, 790 f). Es bleibt also bei der Regelung des § 94 Abs 1 S 1, weil „die eigentumsmäßige Zusammenfassung wirtschaftlicher Einheiten dort ihre Grenze findet, wo bei der Schaffung wirtschaftlicher Einheit fremdes Eigentum verletzt wird" (BGH NJW 1985, 789, 791; vgl auch OLG Köln NJW-RR 1992, 212). Dies gilt selbst dann, wenn damit im Einzelfall ein wirtschaftlich sinnvolles Ergebnis nicht erzielt wird. – Besteht eine **Entschuldigung** für den Überbau, insbes nach § 912, so wird dem Prinzip der Erhaltung von Eigentumseinheiten der Vorrang vor § 94 Abs 1 S 1 eingeräumt, so daß der grenzüberschreitende Teil des Bauwerks dem **Eigentümer des Stammgrundstücks** gehört (BGHZ 110, 298, 300; OLG Hamm OLGZ 1984, 54, 57). Dies gilt erst recht für einen vom Nachbarn gestatteten und damit sogar rechtmäßigen Überbau (BGHZ 62, 141, 145 f; OLG Frankfurt Urt v 8. 6. 2006 Az: 3 U 143/05, BeckRS 2006, 09187; Staudinger/Roth [2009] § 912 Rn 71; **aM** Weitnauer ZfBR 1982, 102 ff). Zur Begründung wird der schon von M Wolff entwickelte Gedanke einer analogen Anwendung des § 95 Abs 1 S 2 herangezogen (BGHZ 157, 301, 304; Staudinger/Roth [2009] § 912 Rn 42; vgl RGZ 160, 166, 177; BGHZ 27, 204, 205 f). Das OVG Bremen (NJW-RR 1986, 955, 957) kommt für die zu einem Werftgrundstück gehörende und in das Flußgrundstück hineinragende Slipanlage über § 95 Abs 1 S 1 zu demselben Ergebnis (ebenso OLG Schleswig SchlHA 1991, 11 für einen Bootssteg; vgl auch BGH MDR 1967, 749). – Bei Beendigung der Berechtigung zum Überbau gelten dieselben Grundsätze wie beim Fortfall des vorübergehenden Zwecks im Rahmen des § 95 Abs 1 S 1 (BGHZ 157, 301, 305; vgl dazu § 95 Rn 14). – Die Eigentumsverhältnisse am überbauten **Grundstück** bleiben unverändert.

14 Diese Grundsätze gelten auch für den sog **Eigengrenzüberbau**, bei dem das vom Überbau betroffene Grundstück demselben Eigentümer gehört wie das Stammgrundstück (RGZ 160, 166, 181; BGHZ 100, 298, 300; BGH DNotZ 1969, 744). – Ebenso werden sie angewendet, wenn bei der **nachträglichen Teilung** eines Grundstücks ein schon bestehendes Gebäude von der Grenze der beiden neu gebildeten Grundstücke durchschnitten wird (BGHZ 64, 333, 337; BGH NJW 2002, 54). Auch in diesen Fällen wird der Überbau als wesentlicher Bestandteil dem Eigentum am Stammgrundstück zugeschlagen (BGHZ 102, 311, 315; 110, 298, 301 ff). – Erfolgt bei der Grundstücksteilung eine Aufteilung des Gebäudes in zwei unabhängige Doppelhaushälften, so gelten die Überbauvorschriften hinsichtlich solcher Teile der einen Hälfte, die vom Stammgrundstück in den anderen Gebäudeteil hineinragen; hier wird das Eigentum an den Gebäudeteilen daher nicht lotrecht, sondern entlang der bei Grundstücksteilung vorhandenen geschlossenen Wohneinheiten getrennt (BGHZ 102, 311, 315; BGH WuM 2003, 701, 702; NJW 2002, 54; OLG Hamm NJW-RR 1997, 1236; OLG Düsseldorf NJW-RR 1987, 397). Für den Fall des wechselseitigen Überbaus einzelner Geschosse gilt nichts anderes (BGHZ 175, 253, 259 f Rn 15).

15 Für die häufig nicht ganz einfache Bestimmung des **Stammgrundstücks**, dem das Eigentum am Überbau zufällt, sind drei Fallgruppen zu unterscheiden: Beim **Fremdüberbau** sind die Größenverhältnisse zwischen den Bauwerksteilen auf dem einen oder dem anderen Grundstück nicht maßgebend, ebensowenig der Ort des Baubeginns (BGHZ 62, 141, 146; BGH WM 1961, 179, 181; NJW 1985, 789, 790). Vielmehr sollen **Absicht und wirtschaftliche Interessen** des Erbauers entscheiden (BGHZ 62, 141, 146; 110, 298, 302). Hierfür können objektive Kriterien wie die Zweckbeziehung des überbauten Gebäudes oder die räumliche Erschließung durch einen Zugang als Indiz herangezogen werden (vgl BGH WM 1961, 761, 762). – Im Fall des **Eigengrenzüberbaus**, bei dem die Absichten des Erbauers schwer feststellbar sind, wird sogar vermutet, daß diese den objektiven Gegebenheiten entsprechen (BGHZ 100, 298, 303; OLG Köln ZMR 1996, 85, 86: Lage des Hauseingangs). Maßgeblich ist der Zeitpunkt, in dem die vom Überbau betroffenen Grundstücke in verschiedene Hände gelangt sind (OLG Frankfurt Urt v 8. 6. 2006 Az: 3 U 143/05, BeckRS 2006, 09187). – Bei Errichtung des Gebäudes auf einem **einheitlichen und erst später geteilten Grundstück** wird dagegen in einer objektiven Betrachtung darauf abgestellt, ob der nach Lage, Umfang und wirtschaftlicher Bedeutung maßgebende Bauteil sich auf einem der Grundstücke befindet (BGHZ 64, 333, 337 f; BGH NJW 2002, 54). Ist dies nicht der Fall, so bleibt es bei dem Grundsatz vertikaler Teilung (STAUDINGER/ROTH [2009] § 912 Rn 55 und 58; **aM** OLG Karlsruhe OLGZ 1989, 341, 343; STAUDINGER/DILCHER [1995] Rn 18: Entstehung von Miteigentum). Das gleiche gilt, wenn das Gebäude in zwei selbständige Einheiten geteilt werden kann; die Überbauvorschriften gelten dann nur für die in das Nachbargrundstück hineinragenden Teile der einen Gebäudehälfte (BGHZ 175, 253, 259 Rn 14; dazu o Rn 14).

Die Grundsätze zum Eigentum am Überbau wendet die Rspr auch auf die sog **16** **Kommunmauer (halbscheidige Giebelmauer)** an, solange diese nur **einseitig** genutzt wird. Wenn eine Mauer so errichtet wird, daß sie sich ganz oder teilweise auf dem Nachbargrundstück befindet, gehört sie daher bei entschuldigtem oder rechtmäßigem Überbau dem Erbauer (BGHZ 27, 197, 199; 36, 46, 47 f; 57, 245, 248). Anderenfalls tritt lotrechte Teilung ein (BGHZ 27, 204, 208; zur Unterhaltung der Mauer vgl OLG Karlsruhe NJW-RR 1990, 1164; RANK ZMR 1984, 181). – Benutzen dagegen **beide Nachbarn** die Kommunmauer für ihre Bauwerke, so entsteht wegen des natürlichen und wirtschaftlichen Zusammenhangs der Mauer mit beiden Gebäuden ohne Rücksicht auf die Entschuldbarkeit **Miteigentum** (BGHZ 27, 197, 201; 36, 46, 48; 43, 127, 129; OLG Köln NJW-RR 1993, 87). Die Miteigentumsanteile an der Mauer bestimmen sich nach dem Umfang ihrer Inanspruchnahme durch den Anbau (OLG Düsseldorf NJW 1962, 155, 156; OLG Köln MDR 1962, 818); bei beidseitiger Nutzung der gesamten Mauer entsteht daher Miteigentum je zur Hälfte. – Die durch Zusammenbau geschaffenen Eigentumsverhältnisse bestehen auch nach der **Zerstörung** bzw dem willentlichen **Abbau eines Gebäudes** fort (BGHZ 43, 127, 130 f; 57, 145, 249 ff; **aM** OLG Köln MDR 1962, 818: Umwandlung in Alleineigentum; zu den Folgekosten bei einem Anbauabriß vgl BGHZ 78, 397, 398 ff). An dem Miteigentum der Nachbarn ändert sich zunächst auch nichts, wenn **beide Gebäude** zerstört werden; mit erneuter einseitiger Bebauung unter Einbeziehung der Mauer entsteht daran jedoch Alleineigentum des Bauenden, bis der Nachbar sein fortbestehendes Anbaurecht ebenfalls wahrnimmt (OLG Köln NJW-RR 1993, 87, 88). – Die Verwendung einer **ausschließlich auf dem Nachbargrundstück** stehenden Mauer für ein Bauwerk auf dem eigenen Grundstück ändert an deren Eigentumsverhältnissen nichts, auch nicht, wenn die Mauer bei Errichtung des Bauwerks erhöht (BGHZ 41, 177, 179 f) oder durch Anbau einer weiteren nicht standfesten Mauer verbreitert wird (BGH NJW-RR 2001, 1528, 1529).

2. Erzeugnisse des Grundstücks

17 Wesentliche Bestandteile des Grundstücks sind gem § 94 Abs 1 S 1 auch die **Erzeugnisse**, solange sie mit dem Boden zusammenhängen. Erzeugnisse, ein engerer Begriff als Früchte (vgl § 99 Rn 4), sind alle mit oder ohne Hilfe menschlicher Arbeit aus dem Grundstück hervorgehenden Produkte, vor allem die selbständig aus dem Boden wachsenden Pflanzen (zu den eingesetzten Pflanzen vgl u Rn 18) und deren organische Früchte. Auf eine feste Verbindung mit dem Grundstück kommt es nicht an. Anders als die sonstigen in § 94 Abs 1 S 1 genannten wesentlichen Bestandteile liegt bei ihnen auch keine dauernde Zweckeinheit mit dem Grundstück vor (vgl MICHAELIS, in: FS Nipperdey 553 Fn 1). – Erzeugnisse können, solange sie mit dem Boden zusammenhängen, nicht Gegenstand besonderer Rechte sein. So kann zB Holz auf dem Stamm nicht übereignet werden. – Zum gesetzlichen Pfandrecht an ungetrennten Früchten vgl § 93 Rn 30, zur Pfändung von Früchten auf dem Halm vgl § 93 Rn 34. – Der Eigentumserwerb an Erzeugnissen nach der Trennung wird durch die §§ 953 ff geregelt (vgl STAUDINGER/GURSKY [2011] §§ 953 ff).

3. Samen und Pflanzen

18 Gem § 94 Abs 1 S 2 wird der **Samen** als Keim künftiger Bodenerzeugnisse vom Aussäen an wesentlicher Bestandteil des Grundstücks. Auf die Frage, ob ausgesäter Samen keimt, kommt es nicht an (BGB-RGRK/KREGEL Rn 11). Auch **Pflanzen** werden anders als im römischen Recht nicht erst mit dem Wurzelschlagen, sondern bereits mit dem Einpflanzen sonderrechtsunfähig (kritisch zu dieser Regelung BIERMANN JherJb 34, 274). Die Rechtsfolge des § 94 Abs 1 S 2 tritt unabhängig davon ein, wer ausgesät oder eingepflanzt hat (vgl o Rn 4). – Für Pflanzen in Baumschulen und Gärtnereien kann § 95 eingreifen (vgl § 95 Rn 13).

4. Bodenbestandteile und Grundstücksteile

19 a) Die **unmittelbaren Bodenbestandteile** wie Lehm, Ton, Torf oder Kies können nicht als Erzeugnisse bezeichnet werden (MünchKomm/HOLCH Rn 19; PALANDT/ELLENBERGER Rn 3). Sie sind nicht mit dem Boden fest verbunden (aM ERMAN/MICHALSKI Rn 2) und erfüllen auch nicht die Voraussetzungen des § 93 (aM MünchKomm/HOLCH Rn 5; ENNECCERUS/NIPPERDEY § 125 II 2 c). Vielmehr bilden die Bodenbestandteile die **Substanz des Grundstücks** als einer von Natur aus einheitlichen Sache, an welcher mangels körperlicher Abgrenzbarkeit keine Bestandteile bestehen können (vgl § 93 Rn 8; BAMBERGER/ROTH/FRITZSCHE Rn 10; PALANDT/ELLENBERGER Rn 3; SOERGEL/MARLY Rn 11; MICHAELIS, in: FS Nipperdey 553 Fn 1).

20 Anders ist es, wenn eine **Erdmasse verselbständigt** wird, sei es beim Ausheben einer Grube oder beim Abbau. Hier ist die Sachqualität der verselbständigten Erdmasse anzuerkennen. – Zum wesentlichen Bestandteil eines anderen Grundstücks, auf welches sie gelangen, werden die abgetrennten Bodenbestandteile, sobald die in Rn 7 f genannten Voraussetzungen einer festen Verbindung mit der Erdoberfläche bejaht werden können (LG Landshut NJW-RR 1990, 1037 für eine ausgekofferte und mit Kies aufgefüllte Grundstücksfläche). Einer „Verwachsung" des aufgeschütteten Erdmaterials mit dem Grundstück bedarf es dazu nicht. Die in den Beratungen zum BGB vorgeschlagene Jahresfrist bis zur Anerkennung einer festen Verbindung ist nicht Gesetz geworden (vgl JAKOBS/SCHUBERT, Die Beratung des Bürgerlichen Gesetzbuchs I [1985] 441). – Zur Rechtslage bergrechtlicher **Mineralien** vgl STAUDINGER/HÖNLE (2005) Art 67 und 68 EGBGB. – Gem Art 65 EGBGB aF (aufgehoben durch G v 31. 7. 2009, BGBl I 2585, 2618) blieben die landesgesetzlichen Vorschriften über Anlandungen, entstehende Inseln und verlassene Flußbetten von § 94 unberührt; die Maßgeblichkeit des Landesrechts ergibt sich jetzt aus § 4 Abs 5 WHG. – Für die landesgesetzlichen Vorschriften zum Deich- und Sielrecht gilt Art 66 EGBGB.

b) Auch räumlich abgegrenzte **Flächenteile** eines Grundstücks sind keine wesentlichen Bestandteile (vgl § 93 Rn 40); sie können daher selbständig belastet werden. Für die Eintragung der Belastung schreibt § 7 GBO jedoch ihre grundbuchrechtliche Verselbständigung vor. **21**

IV. Wesentliche Bestandteile nach § 94 Abs 2

Gem § 94 Abs 2 wird eine Sache, die einem Gebäude zur Herstellung eingefügt ist, dessen wesentlicher Bestandteil. Ist das Gebäude selbst wesentlicher Bestandteil des Grundstücks, auf dem es errichtet ist (vgl o Rn 10), so wird die Sache mit der Einfügung gleichzeitig wesentlicher Bestandteil des Grundstücks (RGZ 63, 416, 419; BGH NJW 1979, 712). **22**

1. Begriff des Gebäudes

Der **Begriff des Gebäudes** iSv § 94 umfaßt Bauwerke aller Art; nur so wird der Zielsetzung der Vorschrift, wirtschaftliche Werte zu erhalten und für rechtssichere Vermögenszuordnungen zu sorgen, ausreichend Rechnung getragen (vgl BGH NJW 2011, 380 Rn 12; zum Begriff des Bauwerks iSv § 634a Abs 1 Nr 2 BGH NJW 1999, 2434, 2435). Der allgemeine Gebäudebegriff, der nur Bauwerke umfaßt, die durch räumliche Umfriedung Schutz gewähren und den Eintritt von Menschen gestatten (vgl SOERGEL/ MARLY Rn 4), ist hier nicht maßgebend. Daher fallen neben Häusern auch Mauern und Brücken unter den Begriff des Gebäudes (OLG Karlsruhe NJW 1991, 926; SOERGEL/ MARLY Rn 23; aM WIELING, Sachenrecht I [2. Aufl 2006] § 2 III 5), ebenso Tiefgaragen (BGH NJW 1982, 756) und Windkraftanlagen (s o Rn 12). Auch ein unfertiger Rohbau ist ein Gebäude iSv § 94 Abs 2 (BGH NJW 1979, 712). Dabei ist nur auf die allgemeine Zweckbestimmung als Bauwerk, also auf den **Baukörper** als solchen abzustellen. Mit der Bezeichnung Gebäude darf daher keine konkrete Nutzungsart verbunden werden, wie dies ursprünglich vom RG bei der Beurteilung von Maschinen in Fabrikgebäuden vertreten worden war (vgl § 93 Rn 18). Der Sachinbegriff der vollendeten Betriebsanlage wird von § 94 Abs 2 nicht erfaßt (MünchKomm/HOLCH Rn 21; ERMAN/MICHALSKI Rn 8). Andernfalls wären alle Einrichtungsgegenstände wesentliche Bestandteile. – Der Begriff des Gebäudes umfaßt auch solche Bauwerke, die nicht fest mit dem Boden verbunden sind oder mit Rücksicht auf § 95 Abs 1 als bewegliche Sachen gelten (vgl § 95 Rn 28). Die wesentlichen Bestandteile des Gebäudes stellen in diesen Fällen keine wesentlichen Grundstücksbestandteile dar. **23**

2. Einfügung zur Herstellung

a) Für die **Einfügung** kommt es nicht auf die objektive Festigkeit der Verbindung an (RGZ 90, 198, 201; 150, 22, 27). Vielmehr genügt ein konkreter räumlicher Zusam- **24**

menhang mit dem Gebäude (MünchKomm/HOLCH Rn 22; SOERGEL/MARLY Rn 28). So können auch aufgelegte Dachziegel sowie eingehängte Türen und Fensterläden wesentliche Bestandteile des Gebäudes sein (RGZ 60, 421, 423; 63, 416, 419; LG Konstanz NJW-RR 1997, 499). Bei einem Dachstuhl genügt die Verbindung durch die eigene Schwerkraft, um den räumlichen Zusammenhang herzustellen (RGZ 62, 248, 251). – Wird eine Sache hingegen lediglich auf das Grundstück geschafft oder in das Gebäude **hineingestellt**, so stellt dies noch keine Einfügung dar. So wird eine Elektroanlage (Niederspannungsschaltanlage) erst durch den Anschluß an das in dem Gebäude verlegte Kabelnetz dauerhaft in das Gebäude eingefügt (OLG Brandenburg Urt v 11. 7. 2007 Az: 4 U 197/06, BeckRS 2008, 09628). Auch das **Anfügen** von Platten an ein Gebäude ohne technische Inspruchnahme der Giebelmauer genügt dem Merkmal der Einfügung nicht (BGHZ 36, 46, 50 f), ebensowenig das bloße Aufsetzen von Fertigbauteilen auf ein Betonfundament (BGH WM 1974, 126, 127; vgl u Rn 30). Auch **probeweise** eingefügte Gegenstände werden nicht zum wesentlichen Bestandteil (RG WarnR 1915 Nr 6; LG Konstanz NJW-RR 1997, 499 für provisorisch eingehängte Türen). – Eine **Sachgesamtheit** ist erst dann eingefügt iSv § 94 Abs 2, sobald die Gebrauchsfertigkeit für den jeweiligen Teil bejaht werden kann (vgl COSTEDE NJW 1977, 2342; MünchKomm/HOLCH Rn 22). Erst in diesem Zeitpunkt ist das Vertrauen des Rechtsverkehrs auf die dauerhafte Zugehörigkeit der Sache zum Gebäude schützenswert, da mit einem Ausbau nicht mehr gerechnet werden muß (vgl o Rn 3). Dies ist insbesondere dann von Bedeutung, wenn **größere Anlagen** (zB Heizungsanlagen) in einem längeren Arbeitsprozeß in ein Gebäude eingebaut werden (vgl auch u Rn 31). – Auf eine schuldrechtlich ggf erforderliche Abnahme (§ 640) kommt es für die dingliche Rechtslage nicht an (OLG Schleswig SchlHA 2006, 76).

25 b) **Zur Herstellung des Gebäudes eingefügt** sind alle Sachen, ohne die das Gebäude noch nicht fertiggestellt ist (BGH NJW 1979, 712; 1984, 2277, 2278). Dazu gehören nicht nur diejenigen Teile, die zur Herstellung des Gebäudes notwendig sind, sondern auch die Sachen, die dem Gebäude ein **bestimmtes Gepräge** oder eine besondere Eigenart geben (RGZ 150, 22, 26; BGHZ 53, 324, 325; BGH NJW 1984, 2277, 2278; 1987, 3178). Dabei kann es ausreichen, daß durch die Einfügung nur ein einzelner Raum ein bestimmtes Gepräge erhält, wenn dadurch zugleich der Gesamtcharakter des Gebäudes mitgestaltet wird (BGH LM § 93 Nr 2). Maßgeblich hierfür ist die **Verkehrsanschauung** (ERMAN/MICHALSKI Rn 9). Diese kann regional unterschiedlich sein, wie die uneinheitliche Rechtsprechung zur Bestandteilseigenschaft von Einbauküchen zeigt (vgl dazu u Rn 35). Angesichts der gestiegenen Mobilität der Bevölkerung wird die Bedeutung regionaler Unterschiede jedoch zunehmend geringer (vgl HOLCH DGVZ 1998, 69; COSTEDE NJW 1977, 2341).

26 Fraglich ist aber, ob für die Fertigstellung auf die Schaffung des **reinen Baukörpers** abzustellen ist (so RG JW 1914, 238; 1917, 809) oder ob man die erstrebte **wirtschaftliche Funktion** des Gebäudes in den Herstellungsbegriff einbeziehen und damit eine Parallele zur früheren Ganzheitslehre bei der Bestimmung wesentlicher Bestandteile nach § 93 ziehen kann (so RGZ 50, 241, 244 für eine Holzverarbeitungsfabrik; RGZ 63, 416, 419 f für eine Papierfabrik; vgl § 93 Rn 4 und 18; MICHAELIS, in: FS Nipperdey 566). Im ersten Fall würden praktisch nur die Baustoffe und Baumittelstücke zu wesentlichen Bestandteilen, im zweiten Fall könnten auch Betriebsmittel unter § 94 Abs 2 fallen, die ansonsten allenfalls als Zubehör zu qualifizieren wären. – Die Lösung der Frage muß bemüht sein, Abweichungen von § 93 auf ein Mindestmaß zu beschränken, da

§§ 93 und 94 Abs 2 keinen Gegensatz regeln sollen (vgl BGB-RGRK/KREGEL Rn 18). Bei der Beurteilung eines Gebäudes ist daher darauf abzustellen, ob der Baukörper selbst nach seiner Beschaffenheit auf eine **bestimmte Verwendung** speziell ausgerichtet ist oder ob er unterschiedlichen Zwecken dienen kann (vgl o Rn 23; THAMM BB 1990, 867). Nur im ersten Falle verdient der Rechtsverkehr Vertrauensschutz dahin, daß die zur Zweckerreichung eingefügten Sachen dieselbe Rechtslage aufweisen wie das Gebäude, sie also dessen wesentliche Bestandteile geworden sind (vgl o Rn 3). – Unter dem Gesichtspunkt des § 94 Abs 2 ist es dann, abweichend von § 93 (vgl § 93 Rn 18), nicht entscheidend, daß derartige Anlagen nach dem heutigen Stand der Technik leicht ausgebaut und ersetzt werden können.

Ist dagegen ein Gebäude für **verschiedene Verwendungszwecke** geeignet, wie etwa **27** eine Halle oder ein Bürohaus, so werden die für eine bestimmte Nutzungsweise aufgestellten Maschinen nicht zur Herstellung des Gebäudes eingefügt und damit nicht zu wesentlichen Bestandteilen des Gebäudes (vgl RGZ 67, 30, 33 f; 130, 264, 266; OLG Oldenburg NJW 1962, 2158, 2159; STIEPER WM 2007, 863). Vielmehr sind **Serienmaschinen** und genormte Raumausstattungen als selbständige Sachen zu bewerten (so BGH JZ 1987, 675, 676 für den Dampfkessel in einer Fabrikhalle; LG Aachen NJW-RR 1987, 272, 273 für die Ladeneinrichtung in einer Bäckerei). Dies gilt auch für Maschinen, die am Boden angeschraubt oder anzementiert sind (s o Rn 9). – Hingegen werden Maschinen sowohl nach § 93 als auch nach § 94 Abs 2 wesentlicher Bestandteil des Fabrikgebäudes, wenn sie **speziell** für das Gebäude **angefertigt** oder das Gebäude gerade zur Aufnahme dieser Maschine konstruiert wurde (vgl § 93 Rn 18; anschaulich OLG Hamm Urt v 17. 3. 2005 Az: 5 U 183/04 – juris).

c) Der **Zeitpunkt der Einfügung** ist unerheblich; es kommt nicht darauf an, ob die **28** Einfügung bei der Errichtung des Gebäudes oder später, zB anläßlich einer Reparatur, stattfindet (RGZ 158, 362, 367; RG JW 1932, 1197, 1198; ERMAN/MICHALSKI Rn 15). Auch eine in ein vorher mit Ofenheizung ausgestattetes Wohnhaus eingefügte Zentralheizung wird daher dessen wesentlicher Bestandteil (BGHZ 53, 324, 326; OLG Hamm MDR 2005, 387). Das gleiche gilt, wenn der Baukörper erst mit dem Einbau des fraglichen Bestandteils für eine bestimmte Verwendung speziell ausgerichtet wird (vgl o Rn 26).

d) Die Erweiterung des Bestandteilsbegriffs dient der Schaffung sicherer Rechts- **29** verhältnisse (vgl o Rn 3). Wesentlicher Bestandteil nach § 94 Abs 2 kann daher nicht werden, was nach der Verkehrsanschauung nicht als Bestandteil einer zusammengesetzten Sache, sondern als **selbständige Sache** aufgefaßt wird (vgl § 93 Rn 7). So sind zB Türschlüssel einem Gebäude nicht eingefügt, sondern selbständige Sachen, die als Zubehör anzusehen sind. – Nicht zur Herstellung des Gebäudes eingefügt sind auch diejenigen Sachen, zu deren **Schutz**, insbes gegen Witterungseinflüsse, das Gebäude dient. So sind Kraftfahrzeuge nicht zur Herstellung der Garage eingefügt.

3. Einzelheiten

a) Zu den wesentlichen Bestandteilen gehören zunächst die **Baustoffe**, die den **30** eigentlichen Baukörper bilden, wie Beton, Steine, Balken und Dachziegel. Ebenso zählen **Türen** und **Fenster** (LG Lübeck NJW 1986, 2514, 2515; vgl o Rn 24) sowie Fensterläden (RGZ 60, 421, 422 f) oder (Außen-)Jalousien (OLG Dresden OLGE 6, 215, 216 f) hierher. – Auch die mit einem Fundament verbundene Stahlkonstruktion eines Gewächshauses oder der in Fertigbauweise montierte Aufbau eines Pavillons sind wesentliche Bestandteile eines einheitlichen Gebäudes, wenn das Fundament nach den speziellen technischen Anforderungen der Aufbauten gesetzt und mit diesen eng verbunden ist (BGH WM 1974, 126, 127; NJW 1978, 1311; OLG Karlsruhe ZIP 1983, 330, 331 f; vgl o Rn 24); dies gilt auch für die zwischen massive Pfeiler eingepaßten Wände einer Wellblechbaracke (RG SeuffA 63 Nr 127). Wenn das Fundament fest mit dem Grund und Boden verbunden ist, werden die Aufbauten zugleich wesentliche Bestandteile des Grundstücks (STIEPER, Scheinbestandteile 26; vgl o Rn 22; zu Windkraftanlagen s o Rn 12). – Dagegen werden die Teile eines **Fertighauses** nicht wesentlicher Bestandteil eines aus Fundament und Aufbauten bestehenden Gebäudes, wenn das aufgebaute Gebäude ohne Schwierigkeiten abgebaut und auf ein anderes Fundament gestellt werden kann (vgl o Rn 10).

31 b) Von den einzelnen Gegenständen der **Gebäudeausstattung** ist die **Heizungsanlage** regelmäßig als wesentlicher Bestandteil moderner Wohnhäuser und Hotels zu bewerten. Nach heutiger Verkehrsanschauung ist entsprechend den klimatischen Verhältnissen Mitteleuropas von einer Fertigstellung erst mit Einbau einer Heizung auszugehen (BGH NJW 1953, 1180; OLG Hamm MDR 2005, 387; OLG Koblenz WM 1989, 535; OLG Stuttgart BB 1966, 1037; ausf STIEPER WM 2007, 862 mwNw; **aM** SCHREIBER NZM 2002, 321 f; SCHWEIZER WuM 2006, 416). Dies gilt auch, wenn es sich um renovierte Altbauten handelt (BGHZ 53, 324, 326). Daß ein Haus auch mit Fernwärme versorgt werden kann, ändert nichts an der Bestandteilseigenschaft einer trotz dieser Alternative eingebauten Heizungsanlage (STIEPER WM 2007, 862 f; **aM** LG Leipzig CuR 2004, 24, 25; HASENBEIN CuR 2004, 149). – Ebenso werden die Heizungsanlage in einem Kino (LG Bochum MDR 1966, 48), einem Schulgebäude (BGH NJW 1979, 712), einem Schwimmbad (OLG Frankfurt CuR 2009, 65, 67) oder einem modernen Fabrikgebäude (OLG Hamm MDR 1975, 488) als wesentlicher Bestandteil angesehen. Dasselbe gilt für **Warmwasserbereitungsanlagen** in Hotels (LG Freiburg MDR 1957, 419), in Privathäusern (BGHZ 40, 272, 275; BGH NJW 1953, 1180) und in Betrieben (OLG Hamm BB 1975, 156). – Die von mehreren Gebäuden genutzte Heizungsanlage ist wesentlicher Bestandteil des Gebäudes, in dem sie steht (vgl BGH NJW 1979, 2391, 2392 f; OLG Hamm MDR 2005, 387). Der **Heizkessel** wird schon dem Rohbau zur Herstellung eingefügt, sobald er an seinem endgültigen Platz steht; Anschlüsse müssen noch nicht vorhanden sein (BGH NJW 1979, 712; vgl o Rn 24). Die **Wärmepumpe** eines Wohn- und Geschäftsgebäudes wird selbst dann nach § 94 Abs 2 wesentlicher Bestandteil, wenn sie 15 m vom Gebäude entfernt aufgestellt ist (BGH NJW-RR 1990, 158, 159). – Verneint wurde die Bestandteilseigenschaft dagegen für eine zusätzliche Heizungsanlage, da sie für die bestimmungsgemäße Benutzung des Gebäudes nicht erforderlich ist (OLG Celle NJW 1958, 632; OLG Stuttgart MDR 1959, 37; **aM** PALANDT/ELLENBERGER § 93 Rn 6; vgl § 93 Rn 22). – Ein offener Kamin in einer Mietwohnung kann wesentlicher Bestandteil des Wohnhauses sein (OLG Düsseldorf NZM 1998, 805).

32 Ebenso werden die **Be- und Entlüftungsanlagen** eines Hotels zu den wesentlichen Bestandteilen gezählt (LG Freiburg MDR 1957, 419; beschränkt auf großstädtische Hotels OLG Stuttgart NJW 1958, 1685). Auch bei einem Gaststättengroßbetrieb dient die Belüftungsanlage der Herstellung (OLG Hamm NJW-RR 1986, 376 f), ebenso bei einer Geflügelhalle (OLG Oldenburg NdsRpfl 1970, 113), einer Produktionshalle (OLG Hamm Urt v 17. 3. 2005 Az: 5 U 183/04 – juris) und einem Wohnhaus mit einem Gaststättenbetrieb im Erdgeschoss (OLG Hamburg ZMR 2003, 527). Das gleiche gilt für Klimaanlagen in modernen Bürogebäuden. – **Aufzüge** werden als wesentliche Bestandteile anerkannt (RGZ 90, 198, 200 f; LG Freiburg MDR 1957, 419), ebenso als Ersatz für Gehtreppen eingebaute **Rolltreppen** (BFH BB 1971, 300). Auch das **Notstromaggregat** ist einem großen Hotel oder einer Diskothek zur Herstellung eingefügt (BGH NJW 1987, 3178; OLG Saarbrücken NJW-RR 2001, 1632 f). – Die **Alarmanlage** ist nicht nach § 94 Abs 2 zur Herstellung eines Privathauses eingefügt (OLG Frankfurt NJW 1988, 2546; SOERGEL/MARLY Rn 34), möglicherweise aber nach §§ 93, 94 Abs 1 wesentlicher Bestandteil (vgl OLG Hamm NJW-RR 1988, 923, 924); bei einem Kaufhaus gilt nichts anderes (aM OLG Hamm NJW 1976, 1269; OLG Schleswig SchlHA 2006, 76 für eine Videoüberwachungsanlage).

Die **sanitäre Ausstattung** in Wohnhäusern und Hotels wird heute als wesentlicher 33 Bestandteil bewertet (RG WarnR 1933 Nr 21; MünchKomm/HOLCH Rn 28; BGB-RGRK/KREGEL § 93 Rn 52 mwNw). Ältere Entscheidungen, die Spültische und Badewannen nicht als wesentliche Bestandteile ansahen, weil sie lediglich in das Zimmer hineingestellt waren (so OLG Dresden LZ 1933, 1158, 1159; KG OLGZ 39 [1919] 121 f), sind angesichts der technischen Entwicklung überholt. Der Waschtisch im Bad eines Wohnhauses oder Hotels ist daher wesentlicher Bestandteil (RG HRR 1929 Nr 1298; OLG Hamm MDR 2005, 1220; OLG Braunschweig ZMR 1956, 80), ebenso die Badewanne und das WC (RG WarnR 1933 Nr 21), uU auch ein Badezimmereinbauschrank (LG Stuttgart Justiz 1988, 102), nicht jedoch bloße Einrichtungsgegenstände wie Spiegel und Waschunterschrank (OLG Hamm MDR 2005, 1220 f).

Auf dem Estrich verlegter **Teppichboden** wird nach § 94 Abs 2 zum wesentlichen 34 Bestandteil eines Wohngebäudes. Er muß nicht mit dem Untergrund verklebt sein; es genügt, daß er zugeschnitten und lose verlegt wurde (AG Karlsruhe NJW 1978, 2602; LG Frankenthal VersR 1978, 1106; LG Köln NJW 1979, 1608, 1609; aM LG Hamburg NJW 1979, 721; vgl auch § 93 Rn 23). Dies gilt allerdings nicht, wenn der Teppichboden auf bewohnbarem Untergrund verlegt ist, etwa auf Parkett oder Fliesen (LG Oldenburg VersR 1988, 1285, 1286; OLG München VersR 1997, 999; MünchKomm/HOLCH Rn 29; SOERGEL/MARLY Rn 32; BAMBERGER/ROTH/FRITZSCHE Rn 20; anders noch STAUDINGER/DILCHER [1995] Rn 24). – Für **Linoleum** wurde schon früher die Bestandsteilseigenschaft abgelehnt (OLG München SeuffA 74 Nr 157; OLG Hamburg OLGE 45, 110; aM PALANDT/ELLENBERGER § 93 Rn 5; vgl auch § 97 Rn 25).

Die Rechtsprechung zur Frage, ob **Einbauküchen** wesentliche Bestandteile von 35 Wohnhäusern gem § 94 Abs 2 darstellen, ist sehr uneinheitlich. Mit dem BGH ist davon auszugehen, daß die Bestandteilseigenschaft nur in Betracht kommt, wenn die Einfügung dem Gebäude nach der Verkehrsanschauung ein bestimmtes Gepräge gibt, ohne das das Gebäude nicht als fertiggestellt gilt, oder die Einbauküche dem Baukörper besonders angepaßt ist und deswegen mit ihm eine Einheit bildet (BGH NJW-RR 1990, 914, 915). – Wesentliche Bestandteile nach § 94 Abs 2 werden daher zunächst die Einbauküchen, die durch die Einbeziehung der sie umschließenden Gebäudewände mit dem Gebäude vereinigt werden (BFH Betrieb 1971, 656, 657; SOERGEL/MARLY Rn 32). Das gleiche gilt für die **speziell** für einen bestimmten Küchenraum **angefertigten** Einbauküchen (OLG Zweibrücken NJW-RR 1989, 84; OLG Hamm MDR 1990, 923; AG Linz am Rhein ZMR 1996, 269, 271; vgl auch § 93 Rn 23). Dabei kann die Tatsache, daß Küchenraum und Einbauküche bereits im Bauplan aufeinander abgestimmt worden sind, als Indiz für eine spezielle Anfertigung herangezogen werden (HOLCH

DGVZ 1998, 69; vgl OLG Nürnberg MDR 1973, 758; OLG Frankfurt FamRZ 1982, 938, 939). Die Verwendung einzelner serienmäßig hergestellter **Küchengeräte** wie Kühlschrank oder Geschirrspülmaschine steht der Bestandteilseigenschaft der Einbauküche in diesen Fällen zwar nicht entgegen (vgl OLG Zweibrücken NJW-RR 1989, 84; OLG Celle NJW-RR 1989, 913, 914). Jedoch stellen die – üblicherweise leicht austauschbaren – Küchengeräte dann anders als das Küchenmobiliar selbständige Sachen dar. – Bei Einbauküchen, die aus **serienmäßig hergestellten Einzelteilen** zusammengesetzt sind, wird die Eigenschaft als wesentlicher Bestandteil dagegen überwiegend abgelehnt (BGH NJW 2009, 1078 Rn 13; OLG Nürnberg MDR 2002, 815 f; OLG Frankfurt ZMR 1988, 136; OLG Düsseldorf NJW-RR 1994, 1039 m Anm JAEGER NJW 1995, 432; vgl § 93 Rn 23). Allerdings kommt es dabei auf die lokale Verkehrsanschauung an. Eine Verkehrsanschauung, nach der ein Wohngebäude erst mit der Einfügung einer Einbauküche als fertiggestellt gilt, wurde bisher jedoch lediglich für Norddeutschland angenommen (OLG Hamburg MDR 1978, 138 f; ebenso für einen Herd BGH NJW-RR 1990, 586, 587 unter Hinweis auf BGH NJW 1953, 1180; für einen Spültisch OLG Braunschweig ZMR 1956, 80), hingegen für das Rheinland (OLG Düsseldorf MDR 1984, 51), Westfalen (OLG Hamm NJW-RR 1989, 333), das Saarland (OLG Saarbrücken VersR 1996, 97, 98), Baden (OLG Karlsruhe NJW-RR 1986, 19; 1988, 459, 460), Nordwürttemberg (LG Stuttgart Justiz 1988, 102), Berlin (KG BauR 1991, 484, 485) und in neuerer Zeit auch für den norddeutschen Raum (LG Lübeck VersR 1984, 477; AG Göttingen NJW-RR 2000, 1722) verneint. Man wird daher insgesamt davon ausgehen können, daß eine dahingehende Verkehrsauffassung heutzutage nicht mehr besteht (MünchKomm/HOLCH Rn 31 f und DGVZ 1998, 69).

36 Nicht als wesentliche Bestandteile nach § 94 Abs 2 werden die **Beleuchtungskörper** angesehen (so RG JW 1917, 809, 810 für ein Hotel; OLG Köln HRR 1932 Nr 1029 für ein Kino). Auch die Licht- und Tonanlage in einer Diskothek ist idR nicht wesentlicher Bestandteil des Gebäudes, da sie zwar zum Betrieb der Diskothek, nicht aber zur Herstellung des Gebäudes eingefügt ist (vgl o Rn 26 f; **aM** OLG Frankfurt OLGR 1998, 241, 242; BAMBERGER/ROTH/FRITZSCHE Rn 20). Ebenso gibt die **Saunaanlage** in einem Freizeitzentrum nicht dem Gebäude, sondern nur dem darin ausgeübten Gewerbe das Gepräge (LG Lübeck JurBüro 2004, 505; vgl auch § 93 Rn 23). – Die **Bierschankanlage** einer Gaststätte ist grundsätzlich kein wesentlicher Bestandteil nach § 94 Abs 2 (OLG Celle OLGZ 1980, 13 f; MDR 1998, 463 f), es sei denn, Gebäude und Anlage sind individuell aufeinander abgestimmt oder fest miteinander verbunden (OLG Schleswig WM 1994, 1639, 1640). – Ebenso fallen **Schrankwände** aus Serienmaterial nicht unter § 94 Abs 2 (OLG Düsseldorf OLGZ 1988, 115, 117 f; OLG Schleswig NJW-RR 1988, 1459, 1460; OLG Köln NJW-RR 2000, 697). Etwas anderes gilt, wenn sie eingepaßt sind und zwischen Wand und Gebäude ein räumlicher Zusammenhang besteht (OLG Köln NJW-RR 1991, 1077, 1081; vgl auch § 93 Rn 23) oder wenn sie notwendige Gebäudeteile ersetzen (MünchKomm/HOLCH Rn 24; FG Düsseldorf Betrieb 1972, 118; LG Stuttgart Justiz 1988, 102). – Keine wesentlichen Bestandteile sind ferner **Wandbehänge** (RG WarnR 1919 Nr 45) sowie **Firmenschilder** und Hinweise.

37 c) Das **äußere Leitungsnetz** der Versorgungsunternehmen wird, soweit es nicht auf einem dem Versorgungsunternehmen gehörenden Grundstück verläuft, von der hM als Scheinbestandteil gem § 95 Abs 1 und als Zubehör zum Grundstück des Versorgungsunternehmens bewertet (vgl o Rn 11). Dies gilt wegen der in den entsprechenden Anschlußverordnungen geregelten Duldungspflichten des Anschlußnehmers auch für die auf dem Abnehmergrundstück verlaufenden Hausanschlußleitungen (s § 95 Rn 20); sie sind nicht zur Herstellung des Gebäudes eingefügt (WILLERS, Die Rechtsnatur der Hausanschlußleitungen, Betrieb 1968, 2023). – Den Abschluß des äußeren Leitungsnetzes (Netzanschluß) bildet der **Hauptabnehmerzähler** für Elektrizität, der gem § 8 NAV v 1. 11. 2006 (BGBl I 2477) im Eigentum des Versorgungsunternehmens steht. Er ist kein wesentlicher Bestandteil des Abnehmergrundstücks. Wegen der nur zeitweiligen Überlassung an den Abnehmer ist er gem § 97 Abs 2 auch nicht als dessen Zubehör anzusehen (RG LZ 1923, 267, 268; OLG Dresden SeuffA 76 Nr 188 stellt auf § 97 Abs 1 S 2 ab). Er kann jedoch als Teil des äußeren Leitungsnetzes als Zubehör des Unternehmensgrundstücks bewertet werden (vgl § 97 Rn 22). Entsprechendes gilt für die Netzanschlüsse für Gas gem § 8 NDAV v 1. 11. 2006 (BGBl I 2477, 2485), Fernwärme gem § 10 AVBFernwärmeV v 20. 6. 1980 (BGBl I 742) und Wasser gem § 10 AVBWasserV v 20. 6. 1980 (BGBl I 750, 1067; zur Sonderrechtsfähigkeit des Wasserzählers vgl BayVerfGH NVwZ 1982, 368, 369). Für **Telekommunikationsleitungen** fehlt eine entsprechende Regelung (vgl BGH NJW-RR 2004, 231, 232), so daß der Hausanschluß wesentlicher Bestandteil des Gebäudes ist (BAMBERGER/ROTH/FRITZSCHE § 95 Rn 14; PALANDT/ELLENBERGER § 95 Rn 6). – Das an den Hauptzähler anschließende **innere Leitungsnetz** ist regelmäßig schon aufgrund fester Verbindung mit dem Gebäude dessen wesentlicher Bestandteil; hier greift § 95 Abs 1 nicht ein (vgl OLG Jena OLG-NL 2005, 83, 84 f). Etwas anderes soll nach dem BGH (NJOZ 2005, 3293, 3295) gelten, wenn die Leitungen so verlegt worden sind, daß sie jederzeit ohne Beschädigungen entfernt werden können, zB beim Einziehen von Telefonkabeln in Leerrohre. Jedoch werden die Leitungen auch in diesem Fall nicht zu einem vorübergehenden Zweck iSd § 95 Abs 2, sondern zur Herstellung des Gebäudes eingefügt und sind daher jedenfalls nach § 94 Abs 2 wesentlicher Gebäudebestandteil (ausf SCHMITTMANN MMR 2009, 521 ff). Dies gilt nur dann nicht, wenn die Leitungen ausschließlich der Versorgung des Nachbargrundstücks dienen; in diesem Fall stellen die Leitungen – soweit sie nicht fest mit dem Grundstück verbunden sind (§§ 94 Abs 1, 93) – Zubehör des Nachbargrundstücks dar (BGH Urt v 10. 6. 2011 Az: V ZR 233/10 Rn 6 f; vgl § 97 Rn 22).

d) Für **eingetragene Schiffe** gelten seit RGZ 152, 91, 98 und in verstärktem Maße **38** seit ihrer rechtlichen Immobilisierung durch das SchiffsRG vom 15. 11. 1940 die Grundsätze des Liegenschaftsrechts, so daß § 94 Abs 2 entsprechend angewendet werden kann (BGHZ 26, 225, 227 ff; SOERGEL/MARLY Rn 21; BGB-RGRK/KREGEL Rn 17; vgl STAUDINGER/WIEGAND [2011] § 946 Rn 12; **aM** WIELING, Sachenrecht I [2. Aufl 2006] § 2 III 5). Dementsprechend hat BGHZ 26, 225, 229 für Motorschiffe angenommen, daß der Motor zur Herstellung eingefügt werde und damit wesentlicher Bestandteil des Schiffes sei (**aM** GRAUE BB 1959, 1282; vgl § 93 Rn 21). Unter dem Gesichtspunkt der Immobilisierung werden auch Navigations- und Funkanlagen sowie Anker und Ankerkette als wesentliche Bestandteile angesehen (LG Hamburg MDR 1955, 413, 414; ERMAN/MICHALSKI Rn 14; STAUDINGER/NÖLL [2009] Anh zu § 1296, § 4 SchiffsRG Rn 6), ebenso die Radaranlage (MünchKomm/HOLCH Rn 35; für Großschiffe ebenso ERMAN/MICHALSKI Rn 14; **aM** LG Hamburg MDR 1958, 923; FETSCH, Der notarielle Binnenschiffskaufvertrag, RNotZ 2004, 450, 452), nicht dagegen die Schiffswinde auf einem Bergungsschiff (OLG Schleswig SchlHA 1954, 253; vgl auch GREIF, Rechtsfragen zum Schiffsreparaturgeschäft, MDR 1966, 890). – Auf **nicht im Seeschiffsregister eingetragene** Seeschiffe sowie nicht eingetragene Binnenschiffe ist § 94 Abs 2 unanwendbar, da diese vom Gesetz (§§ 929a, 932a) als bewegliche Sachen angesehen werden (GREIF MDR 1966, 890; vgl § 90 Rn 62).

Teilweise wird angenommen, daß für **eingetragene Luftfahrzeuge** dieselben Grund- **39** sätze wie für Schiffe gelten (SOERGEL/MARLY Rn 21; ebenso noch STAUDINGER/DILCHER [1995] Rn 27). Jedoch werden Flugzeuge selbst nach ihrer Eintragung in der Luftfahrzeugrolle gem § 98 Abs 1 S 1 LuftfzRG v 26. 2. 1959 (BGBl I 57) wie bewegliche Sachen übereignet. Da die Gleichstellung mit Immobilien danach nicht so weit reicht wie bei eingetragenen Schiffen, ist § 94 Abs 2 auf Luftfahrzeuge nicht entsprechend anwendbar (so auch MünchKomm/HOLCH Rn 40). Die Triebwerke eines Flugzeugs sind daher nur einfache Bestandteile (SCHÖLERMANN/SCHMID-BURGK, Flugzeuge als Kreditsicherheit, WM 1990, 1137, 1144 mwNw; dazu § 93 Rn 38 ff), während Rumpf und Tragflächen nach § 93 wesentliche Bestandteile des Flugzeugs darstellen.

V. Rechtsfolgen

40 Die Rechtsfolgen der Bestandteilseigenschaft sind in § 94 nicht geregelt, sie bestimmen sich in erster Linie nach § 93 (dazu § 93 Rn 24 ff). Insbesondere können auch die wesentlichen Bestandteile eines Grundstücks oder Gebäudes **nicht Gegenstand besonderer dinglicher Rechte** sein. Ein an einer Sache bestehender Eigentumsvorbehalt erlischt daher notwendigerweise, sobald diese derart mit einem Grundstück oder Gebäude verbunden wird, daß sie dessen wesentlicher Bestandteil wird (vgl o Rn 4). Die Begründung **obligatorischer Rechtsverhältnisse** an den nach § 94 wesentlichen Bestandteilen ist hingegen möglich; so kann zB eine Wohnung vermietet werden. – Im **Versicherungsrecht** wird teilweise auf § 94 abgestellt, um zu klären, ob für den Schaden an einem Einrichtungsgegenstand die Hausrats- oder die Gebäudeversicherung (vgl § 2 VGB) aufzukommen hat (so OLG Saarbrücken VersR 1996, 97 f; LG Lübeck VersR 1984, 477). Überwiegend wird für die Abgrenzung jedoch ein von den § 93 ff unabhängiger Bestandteilsbegriff angenommen (BGH NJW-RR 1992, 793 f; OLG Köln NJW-RR 2000, 697; VersR 2004, 105 mwNw). – Dagegen dienen zur „Herstellung des Baues" iSv § 1 Abs 1 des G über die Sicherung von Bauforderungen v 1. 6. 1909 (RGBl 449) nur solche Leistungen, die sich auf wesentliche Bestandteile des Gebäudes iSv § 93, 94 beziehen (BGH NJW-RR 1990, 914).

§ 95
Vorübergehender Zweck

(1) Zu den Bestandteilen eines Grundstücks gehören solche Sachen nicht, die nur zu einem vorübergehenden Zweck mit dem Grund und Boden verbunden sind. Das Gleiche gilt von einem Gebäude oder anderen Werk, das in Ausübung eines Rechts an einem fremden Grundstück von dem Berechtigten mit dem Grundstück verbunden worden ist.

(2) Sachen, die nur zu einem vorübergehenden Zweck in ein Gebäude eingefügt sind, gehören nicht zu den Bestandteilen des Gebäudes.

Materialien: E I §§ 783 Abs 2, 785; II § 77; III § 91; Mot III 43; Prot III 9; VI 119; JAKOBS/ SCHUBERT, AT I 469 f.

Schrifttum

BRÜNING, Die Sonderrechtsfähigkeit von Grundstücksbestandteilen – Ein zivilrechtliches Problem bei der Privatisierung kommunaler Leitungsnetze, VIZ 1997, 398
DOUTINÉ, Die Scheinbestandteile des § 95 BGB (Diss Erlangen 1938)
FLATTEN, Bau des Nießbrauchers auf fremdem Grundstück, BB 1965, 1211
GANTER, Die Sicherungsübereignung von Windkraftanlagen als Scheinbestandteil eines fremden Grundstücks, WM 2002, 105
GIESEN, Scheinbestandteil – Beginn und Ende, AcP 202 (2002) 689
GOECKE/GAMON, Windkraftanlagen auf fremdem Grund und Boden – Rechtliche Gestaltungsmöglichkeiten zur Absicherung des Betreibers und der finanzierenden Bank, WM 2000, 1309
GROH, Bauten auf fremdem Grundstück: BGH versus BFH?, BB 1996, 1487
H HAGEN, Der Einbau von Blockheizkraftwerken in Wohngebäude, CuR 2010, 44
KERRES, Das Verfahren zur Pfändung und Versteigerung von Scheinbestandteilen (Gebäuden auf fremdem Boden) und fremdem Zubehör zu einem Grundstück, DGVZ 1990, 55
LAUER, Scheinbestandteile als Kreditsicherheit, MDR 1986, 889
LEBEK, Eigentum an Mietereinbauten – Sicherung der Scheinbestandteileigenschaft, NZM 1998, 747
LIPPMANN, Die superinventarischen Bauten des Pächters, JW 1925, 1075
MAHNE, Eigentum an Versorgungsleitungen (2009)
H MEYER, Die rechtliche Natur der nur scheinbaren Bestandteile eines Grundstücks, in: FG Dahn III (1905) 269
MÜNCH, Die Eigentumsverhältnisse an Telekommunikationsleitungsnetzen, VIZ 2004, 207
NOACK, Zur Mobiliarvollstreckung in Gebäude als bewegliche körperliche Sachen, ZMR 1982, 97
ders, Die Mobiliarvollstreckung von Scheinbestandteilen und fremdem Zubehör zu einem Grundstück, DGVZ 1985, 161
OERTEL, Die Wärmeerzeugungsanlage – Wesentlicher Bestandteil oder Scheinbestandteil des Gebäudes?, CuR 2004, 6
B PETERS, Wem gehören die Windkraftanlagen auf fremdem Grund und Boden?, WM 2002, 110
ders, Windkraftanlagen und §§ 93 ff BGB, WM 2007, 2003
REYMANN, Fotovoltaikdienstbarkeiten bei Anlagen auf fremden Grundstücken, DNotZ 2010, 84
O SCHULZE, Das Eigentum an Versorgungsanlagen bei der Mitbenutzung fremder Grundstücke und Gebäude durch Energieversorgungsunternehmen, Rpfleger 1999, 167
SCHWEIZER, Das Eigentum an der Energieerzeugungsanlage, WuM 2006, 415
SIEBENHAAR, Die Zeitbauten des § 95 I Satz 1 BGB, AcP 160 (1961) 156
STIEPER, Die Scheinbestandteile – § 95 BGB im System des Sachen- und Vollstreckungsrechts (2002)
ders, Die Energieerzeugungsanlage – Wesentlicher Bestandteil oder Scheinbestandteil des Gebäudes?, WM 2007, 861
TOBIAS, Eigentumserwerb durch Verbindung, AcP 94 (1903) 371
VENNEMANN, Gebäude auf fremdem Grund und Boden, MDR 1952, 75
WEIMAR, Gebäude als Scheinbestandteile, BlGBW 1960, 308
ders, Rechtsfragen bei Gebäuden als Scheinbestandteile, MDR 1971, 902
ders, Häuser als bewegliche Sachen, BauR 1973, 206.
WICKE, Umwandlung wesentlicher Bestandteile in Scheinbestandteile, DNotZ 2006, 252
WITTER, Scheinbestandteilseigenschaft von Windkraftanlagen, ZfIR 2006, 41
WOITKEWITSCH, Umwandlung eines Grundstücksbestandteils in einen Scheinbestandteil nach § 95 Abs. 1 Satz 1 BGB?, ZMR 2004, 649
Weiteres Schrifttum s § 94; wegen des älteren Schrifttums s die Vorauflage (2004).

Systematische Übersicht

I. Vorgeschichte und Grundgedanken des § 95
1. Entstehungsgeschichte des § 95 — 1
2. Grundgedanken der Vorschrift — 2
3. Verhältnis zu §§ 93, 94 — 3

II. Verbindung zu vorübergehendem Zweck — 4
1. Vorübergehende Verbindung — 5
2. Zweckbestimmung — 6
   a) Innerer Wille des Verbindenden — 6
   b) Befristete Nutzungsverhältnisse — 8
   c) Lebensdauer des Scheinbestandteils — 11
3. Verbindung durch den Grundstückseigentümer — 13
4. Nachträgliche Änderung der Zweckbestimmung — 14
5. Einfügung in ein Gebäude — 16

III. In Ausübung eines Rechts errichtete Gebäude und Werke
1. Gebäude und andere Werke — 17
2. Verbindung in Ausübung eines dinglichen Rechts — 18
   a) Die Nutzungsrechte des BGB — 18
   b) Öffentlich-rechtlich gewährte Rechte — 19
   c) Rechtslage bei Versorgungsleitungen und -anlagen — 20
   d) Verbindung in Ausübung des Rechts — 21
3. Verbindung durch den Berechtigten — 22
4. Wegfall des dinglichen Rechts und Konsolidation — 23
5. Sonderfälle — 24

IV. Rechtsfolgen
1. Ausschluß der Bestandteilseigenschaft — 27
2. Anwendung des Fahrnisrechts — 28

V. Beweislast — 31

VI. Ausländisches Recht — 32

Alphabetische Übersicht

Ausländisches Recht — 32 f
Ausübung des dinglichen Rechts — 21

Baumschulbestände — 13
Behelfsheime — 8, 19
Berechtigter — 22
Bergwerkseigentum — 25

Contracting — 16, 20

Dauer des Zwecks — 5, 10 f

Eigentumsvorbehalt — 7
Energieerzeugungsanlagen — 16, 20
Erbbaurecht — 18, 24

Feste Verbindung — 3, 6, 12
Fotovoltaikanlagen — 20

Gebäude — 4, 17

Heizungsanlagen — 16, 20

Kinderschaukel — 13

Leistungsforderungsrechte — 19

Mieter — 8 ff
Mietkauf — 7

Pächter — 8 ff
Person des Verbindenden — 6
Pfändungsschutz — 30
Pflanzen — 13, 17

Schiffe — 4
Sondernutzungsrechte — 19

Überbau — 18

Versorgungsleitungen — 8, 15, 17, 20
Verschleiß — 11

Werke — 17
Wille des Verbindenden — 6 f

Windkraftanlagen	11, 19, 20
Wohnungseigentum	26
Zubehör	27, 30

I. Vorgeschichte und Grundgedanken des § 95

1. Die in § 95 Abs 1 S 2 getroffene Regelung findet ihre Grundlage im römischen Recht, wo die aufgrund einer Dienstbarkeit mit dem Grundstück verbundenen Sachen nicht als Bestandteile des dienenden Grundstücks galten (Mot III 48). – Der Gedanke der § 95 Abs 1 S 1 und Abs 2 stellt dagegen eine Fortentwicklung germanischen Rechts dar (STIEPER, Scheinbestandteile 30; MEYER, in: FG Dahn 288; vgl OLG Breslau DJ 1938, 380); danach war für die Bestandteilseigenschaft einer Sache ihre dauernde wirtschaftliche Zugehörigkeit zum Grundstück entscheidend (STIEPER, Scheinbestandteile 17 ff). Dem römischen Recht, das mit dem Grundsatz „superficies solo cedit" (vgl § 94 Rn 1) allein auf die objektive Untrennbarkeit des Bestandteils vom Grundstück abstellte, war dieser Gedanke fremd. Auch im gemeinen Recht wurde überwiegend nicht auf den Zweck der Verbindung, sondern auf ihre objektive Festigkeit abgestellt (vgl RGZ 9, 169, 171 f; OLG Rostock SeuffA 44 Nr 164). Die Formulierung der „Verbindung zu einem vorübergehenden Zwecke" findet sich erstmals in § 284 des sächsischen BGB von 1863 (vgl Mot III 47 f). – Dadurch, daß das BGB in § 94 Abs 1 von der grundsätzlichen Geltung des Akzessionsprinzips ausgeht, § 95 Abs 1 S 1 jedoch zusätzlich auf den Zweck der Verbindung abstellt, werden römische und germanische Rechtsgedanken in einer in systematischer Hinsicht problematischen Weise miteinander verknüpft (vgl insges STIEPER, Scheinbestandteile 29 ff; kritisch bereits O vGIERKE, Der Entwurf eines bürgerlichen Gesetzbuchs und das deutsche Recht [1889] 287: „willkürliche Ausnahmesatzung").

2. Die Vorschrift des § 95 beruht auf der Überlegung, daß den nicht auf Dauer mit dem Grund und Boden verbundenen Sachen die für die Bestandteilseigenschaft erforderliche **innere Zusammengehörigkeit** mit dem Grundstück **fehlt** (Mot III 48). Das Gesetz verneint daher die Bestandteilseigenschaft für solche Sachen, die nur zu einem **vorübergehenden Zweck** mit dem Boden verbunden oder in ein Gebäude eingefügt sind. – Daneben schließt § 95 Abs 1 S 2 die Bestandteilseigenschaft auch für solche Sachen aus, die **in Ausübung eines dinglichen Rechts** mit dem Grundstück verbunden sind. Diese Regelung enthält jedoch keinen weiteren Fall einer nur vorübergehenden Verbindung (aM STAUDINGER/DILCHER [1995] Rn 1); sie beruht vielmehr auf dem Gedanken, daß die Werke, die aufgrund eines dinglichen Rechts errichtet werden, nicht dem Grundstück, sondern dem Recht als dessen Bestandteil zuzuordnen sind (STIEPER, Scheinbestandteile 35 mwNw). Insofern ist die durch das SchuRMoG eingeführte amtliche Überschrift ungenau, da sie den Regelungsgedanken des § 95 Abs 1 S 2 unberücksichtigt läßt. – Soweit § 94 Abs 2 für **eingetragene Schiffe** gilt (vgl § 93 Rn 21 und § 94 Rn 38), ist auch § 95 Abs 2 entsprechend anwendbar. Auf andere **bewegliche Sachen** findet § 95 hingegen nicht einmal entsprechende Anwendung (vgl § 93 Rn 10; aM BGB-RGRK/KREGEL § 93 Rn 21). Der Gesichtspunkt der fehlenden inneren Zusammengehörigkeit bei nur vorübergehender Verbindung einer beweglichen Sache mit einem Grundstück beruht auf der strukturellen Ungleichheit von beweglichen und unbeweglichen Sachen. Er ist auf die Bestandteile von beweglichen Sachen nicht übertragbar.

3. Da § 95 die **Bestandteilseigenschaft insgesamt ausschließt**, stellt die Vorschrift eine Ausnahme nicht nur gegenüber § 94, sondern auch in Bezug auf § 93 dar (MünchKomm/HOLCH Rn 1; STIEPER, Scheinbestandteile 28 f). Sind die Voraussetzungen des § 95 erfüllt, so ist es daher unerheblich, daß auch die Tatbestandsmerkmale der §§ 93 oder 94 vorliegen (RGZ 109, 128, 129; s aber u Rn 12). Deshalb hat sich für diese Sachen die Bezeichnung **Scheinbestandteile** durchgesetzt. – Andererseits kommt es auf § 95 nicht an, wenn schon die übrigen Voraussetzungen der Bestandteilseigenschaft fehlen (vgl GANTER WM 2002, 106). Die Rspr bezeichnet jedoch häufig solche Sachen als Scheinbestandteile, die wegen **fehlender fester Verbindung** mit dem Grundstück selbständige Sachen geblieben sind (vgl OLG Koblenz MDR 1999, 1059, 1060 für einen Wohnwagen; OLG Hamm OLGR 2000, 5 f für einen Hundezaun; LG Flensburg WM 2000, 2112, 2113 für eine Windkraftanlage); hier sollte die Verwendung des Begriffs „Scheinbestandteile" vermieden werden.

II. Verbindung zu vorübergehendem Zweck

4 § 95 Abs 1 S 1 und Abs 2 verneint die Bestandteilseigenschaft für Sachen, deren Verbindung mit einem Grundstück oder deren Einfügung in ein Gebäude nur zu einem **vorübergehenden Zweck** erfolgt ist. Die Kriterien zur Bestimmung des vorübergehenden Zwecks sind in beiden Fällen identisch (zu § 95 Abs 2 s u Rn 16). – Von Natur aus mit dem Grundstück verbundene Sachen wie zB selbständig aus dem Boden wachsende Pflanzen fallen nicht unter § 95 (vgl § 94 Rn 17 f).

1. Vorübergehende Verbindung

5 Trotz des Wortlauts kommt es nicht auf die Dauer des Zwecks der Verbindung an. Entscheidend ist vielmehr, daß die bezweckte **Verbindung** nur vorübergehender Natur ist (SIEBENHAAR AcP 160, 161). Wenn eine Sache zur Erfüllung eines vorübergehenden Zwecks mit dem Grundstück verbunden wird, die Verbindung aber auf Dauer bestehen bleiben soll, geschieht die Verbindung nicht zu einem vorübergehenden Zweck iS des § 95 Abs 1 S 1 (TOBIAS AcP 94, 399). Dies ist insbesondere dann von Bedeutung, wenn ein Mieter oder Pächter eine Sache für seine eigenen Zwecke mit dem Grundstück verbindet, der Grundstückseigentümer die Sache nach Ablauf der Mietzeit jedoch übernehmen soll (vgl u Rn 8 f). – Vorübergehend ist dabei nicht iS von „kurz vorübergehend" zu verstehen. Eine Verbindung ist immer dann vorübergehend, wenn ihr eine **zeitliche Begrenzung** innewohnt, selbst wenn das Ende erst „nach Jahren oder Jahrzehnten" eintreten wird; eine als dauernd bezweckte Verbindung liegt demgegenüber vor, wenn ein Endpunkt begrifflich nicht feststeht (RGZ 61, 188, 191 f; 66, 88, 89).

2. Zweckbestimmung

6 a) Für die Bestimmung des vorübergehenden Zwecks ist nach ganz hM die **innere Willensrichtung** des Verbindenden bzw Einfügenden maßgeblich, soweit diese mit dem nach außen in Erscheinung tretenden Sachverhalt vereinbar ist (RGZ 153, 231, 236; 158, 362, 376; BGHZ 92, 70, 73; 104, 298, 301; MünchKomm/HOLCH Rn 3; SOERGEL/MARLY

Rn 2). **Verbindender** ist diejenige Person, die den Vorgang des Einbaus veranlaßt oder steuert, insbes also derjenige, der als Auftraggeber für die Errichtung des Werkes auftritt, da nur er einen über die bloße Errichtung hinausgehenden Zweck verfolgt (LG Leipzig CuR 2004, 20, 22; Westermann/Gursky § 52 I 4). – Es kommt in erster Linie darauf an, daß der **Wegfall der Verbindung** von vornherein **beabsichtigt** ist (so bereits RGZ 63, 416, 421; 87, 43, 51). Diese Absicht muß nicht erkennbar geäußert worden sein (anders noch RGZ 63, 416, 421), ausreichend ist ein innerer Wille zur Wiederaufhebung der Verbindung. Zwar stellt die Definition des vorübergehenden Zwecks auch auf den nach außen in Erscheinung getretenen Sachverhalt ab. Die **objektive Sachlage** ist jedoch nicht als solche entscheidend, sondern dient nur als Grundlage für die Auslegung des Willens des Einfügenden (BGHZ 104, 298, 301; OLG Düsseldorf NJW-RR 1999, 160, 161; Soergel/Marly Rn 4). – **Art und Festigkeit der Verbindung** sollen auf die Auslegung des Willens keinen Einfluß haben (vgl aber u Rn 12). Auch ein massiver Westwallbunker (BGH NJW 1956, 1273, 1274), ein Fabrikgebäude (RGZ 59, 19, 20 f) und unterkellerte Wohnbungalows (LG Frankenthal DGVZ 1976, 86, 87; LG Münster Büro 1951, 229, 230 f) sind als Scheinbestandteile nach § 95 Abs 1 S 1 angesehen worden.

Entscheidend ist, daß die Verbindung bei normalem Lauf der Dinge als nur vorübergehend beabsichtigt ist; ein nur **bedingter Wille** zur vorübergehenden Verbindung ist nicht ausreichend (RGZ 62, 410, 411; 63, 416, 422; BGH ZIP 1999, 75). Daher kann die Tatsache, daß die eingefügte Sache unter **Eigentumsvorbehalt** gekauft wurde, einen vorübergehenden Zweck nicht begründen (BGH NJW 1970, 895, 896; **aM** Moog, Der Eigentumsvorbehalt an eingefügten Sachen, NJW 1962, 381, 382; vgl § 93 Rn 27). Denn die Parteien gehen grundsätzlich von der beiderseitigen Erfüllung des Kaufvertrags aus, so daß die Verbindung nicht von vornherein zur Aufhebung bestimmt ist (BGH BB 1974, 204, 205). Das gleiche gilt, wenn der Gegenstand eines **Mietkaufs** mit einem Grundstück verbunden wird und das Eigentum an der Sache nach Ende der Vertragslaufzeit ohne weiteres auf den Mietkäufer übergehen soll (BGH ZIP 1999, 75). – Anders ist dies jedoch beim Einbau einer **gemieteten Sache**, etwa eines Energie- oder Wasserverbrauchszählers (vgl § 94 Rn 37); hier ist ein nur vorübergehender Zweck anzunehmen. 7

b) Besondere Regeln für die Auslegung der Willensrichtung des Einfügenden gelten, wenn eine Sache aufgrund eines **befristeten Vertrages** mit einem Grundstück verbunden oder in ein Gebäude eingefügt wird. Obligatorische Rechte stellen kein Recht am Grundstück iSv § 95 Abs 1 S 2 dar (Stieper, Scheinbestandteile 34 f mwNw; vgl u Rn 18). Insbesondere im Rahmen eines **Miet- oder Pachtvertrags** besteht aber eine tatsächliche **Vermutung** dafür, daß die Verbindung nur in eigenem Interesse des Nutzungsberechtigten und damit nur zu einem vorübergehenden Zweck geschehen soll (BGHZ 8, 1, 5; 92, 70, 73 f; 104, 298, 301; BGH NJW 1996, 916, 917; WM 1998, 1633, 1634 f; NZM 2003, 375). So sind etwa eine vom Mieter errichtete Bootsanlage (BGH NJW 2007, 2182, 2183 Rn 14) oder Tankstelle (OLG Düsseldorf NZM 2009, 242) sowie eine vom Pächter auf Punktfundamenten errichtete Maschinenhalle (OLG Celle OLGR 2005, 112 f) als Scheinbestandteil bewertet worden. – Die Vermutung greift aber auch bei anderen vertraglichen (vgl BGH NJW 1959, 487, 489) oder öffentlich-rechtlichen Nutzungsverhältnissen (vgl auch u Rn 19) ein, zB bei aufgrund öffentlich-rechtlicher Anordnung gebauten **Behelfsheimen** (BGHZ 8, 1, 5) oder einem öffentlich-rechtlich genehmigten Bootssteg (OLG Schleswig SchlHA 1991, 11). – Zu einem vorübergehenden 8

Zweck kraft öffentlich-rechtlicher Befugnis ist auch ein im Jahre 1769 gesetzter Grenzstein mit dem Grundstück verbunden; daß dieser Zustand schon über 200 Jahre andauert, steht dem nicht entgegen (OLG Frankfurt NJW 1984, 2303, 2304). Auch die früher erteilten Bahnkonzessionen sollen selbst massive Bauten zu Scheinbestandteilen werden lassen (OLG Karlsruhe Justiz 1978, 276 f).

9 Da der menschliche Wille grundsätzlich nicht allgemeinen Erfahrungssätzen folgt, hat diese **Vermutung** nicht die Qualität eines Anscheinsbeweises (aM JAUERNIG Rn 2; Hk-BGB/DÖRNER Rn 2), sondern kann allenfalls als Indiz im Rahmen der freien Beweiswürdigung berücksichtigt werden (STIEPER, Scheinbestandteile 40; vgl auch BAUMGÄRTEL/LAUMEN/PRÜTTING/KESSEN, Handbuch der Beweislast [3. Aufl 2007] § 95 Rn 3). Die Rspr geht jedoch zT deutlich weiter und verlangt zur Entkräftung der Vermutung den **Nachweis eines gegenteiligen Willens** auf Seiten des Erbauers (BGH NJW 1959, 1487, 1488; OLG Schleswig WM 2005, 1909, 1912; LG Chemnitz RdE 1998, 163, 164). – Um die Vermutung zu erschüttern, müssen die objektiven Verhältnisse danach den **sicheren Schluß** zulassen, daß die mit dem Grundstück verbundene Sache auch nach Beendigung des Vertragsverhältnisses auf dem Grundstück verbleiben soll (OGHZ 1, 168, 170; BGHZ 8, 1, 6). Auch hier kommt es auf die Art und Festigkeit der Verbindung nicht entscheidend an (vgl o Rn 6). Selbst die Tatsache, daß ein Gebäude wegen seiner massiven Bauart **nicht ohne Zerstörung** vom Grundstück entfernt werden kann, soll nicht gegen einen Willen zur vorübergehenden Verbindung sprechen (OGHZ 1, 168, 170; BGHZ 8, 1, 6; BGH WM 1998, 1633, 1635; offen gelassen in BGH NJW 1968, 2331, 2332; **aM** für Bäume und Sträucher OLG Düsseldorf NJW-RR 1999, 160, 161; vgl aber u Rn 12). – Vielmehr entfalle die Grundlage für die Vermutung erst, wenn vertraglich bestimmt sei, daß die errichtete Anlage nach Beendigung des Vertragsverhältnisses **in das Eigentum des Grundstückseigentümers übergehen** soll (BGH WM 1998, 1633, 1635; NJW 2000, 1031, 1032; OLG Hamburg OLGR 1999, 362, 363). Das gleiche gelte für den Fall, daß der Mieter oder Pächter aufgrund einer Instandhaltungspflicht eine Sache zur Verbesserung oder Erhaltung des Grundstücks einfüge (RG WarnR 1913 Nr 39). Bestehe dagegen eine vertragliche Pflicht, die Anlage nach Ablauf der Vertragsdauer zu entfernen, so sei ein entgegenstehender innerer Wille unbeachtlich (BGHZ 23, 61, 62; BGH WM 1965, 1028, 1029). – Ein **Wahlrecht** des Vermieters oder Verpächters, die betreffende Einrichtung nach Ende der Vertragslaufzeit zu übernehmen, reicht aus, um die Vermutung zu entkräften (RG JW 1937, 2265; BGH JZ 1958, 362, 363; NJW 1985, 789; OLG Koblenz CuR 2007, 107, 108). Denn auch in diesem Fall fehlt es an der Absicht des Mieters, die Einrichtung nach Vertragsende zu entfernen, da er diese Entscheidung dem Eigentümer überläßt (LEBEK NZM 1998, 748). Etwas anderes gilt nur, wenn nicht damit gerechnet werden kann, daß der Grundstückseigentümer sich später für eine Übernahme der Anlage entscheidet (STIEPER, Scheinbestandteile 41; BRÜNING VIZ 1997, 400; offen gelassen in BGH NJW 1964, 426, 427). – Ebenso kann ein vorübergehender Zweck nicht angenommen werden, wenn zwar vertraglich vereinbart ist, daß der Pächter Gebäude nur zu einem vorübergehenden Zweck mit dem Grundstück verbinden soll, dem Verpächter jedoch gleichzeitig ein Recht zur Übernahme der Bauten eingeräumt wird (STIEPER, Scheinbestandteile 43; **aM** OLG Hamburg OLGR 1999, 362, 363).

10 Uneinheitlich ist die Rspr zur Frage, ob es für den Ausschluß des § 95 Abs 1 S 1 ausreicht, daß der Mieter oder Pächter im Zeitpunkt der Verbindung davon ausgeht, später das Eigentum oder ein Erbbaurecht am Grundstück zu erwerben. Zunächst wurde betont, daß die bloße **Erwartung eines Rechtserwerbs** nicht ausreichen könne, um die Vermutung zugunsten eines nur vorübergehenden Zweckes zu widerlegen (BGHZ 8, 1, 7 f; 92, 70, 74). Das ist konsequent, da in diesem Fall die unbedingte Absicht des Erbauers, die errichteten Bauten auf dem Grundstück zu belassen, nicht festgestellt werden kann (vgl o Rn 9). Etwas anderes gilt nur, wenn die **äußeren Umstände** einen **sicheren Schluß auf eine solche Erwartung** zulassen, etwa bei Bestehen eines (sich später als nichtig herausstellenden) Kaufvertrags über das Grundstück (RGZ 106, 147, 148 f), bei einem formunwirksam eingeräumten Vorkaufsrecht (BGH WM 1972, 389, 390) oder bei einer vom Vermieter in Aussicht gestellten Erbbaurechtsbestellung (BGH NJW 1961, 1251). – Nunmehr nimmt der BGH im Widerspruch zu seinen eigenen Grundsätzen allgemein einen **dauerhaften Verbindungszweck** an, wenn der Erbauer erwarte, er werde später ein dingliches Recht am Grundstück erwerben (BGHZ 104, 298, 301; BGH DNotZ 1973, 471, 472).

c) Ein nur vorübergehender Zweck liegt nach hM auch bei Verbindung aufgrund eines zeitlichen Nutzungsrechts **nicht** vor, wenn das mit dem Grundstück verbundene Bauwerk nach Vertragsende „verbraucht" ist. Wenn die Dauer der Verbindung nämlich durch die **kurze Lebensdauer** der eingefügten Sache bedingt ist, erfolgt die Verbindung für die ganze Lebensdauer und damit nicht nur zu einem vorübergehenden Zweck (BFHE 101, 5, 8; 190, 539, 543; OLG Celle CuR 2009, 150, 151; Stieper, Scheinbestandteile 32 f; jurisPK-BGB/Vieweg Rn 11; **aM** Hagen CuR 2010, 46 f). Der baldige **Verschleiß** einer auf einem Betriebsgrundstück eingefügten Maschine kann einen vorübergehenden Zweck daher nicht begründen (RG JW 1935, 418, 419). Das gilt insbesondere für **Windkraftanlagen**, die dauerhaft auf fremdem Grund und Boden errichtet werden (Goecke/Gamon WM 2000, 1311; Ganter WM 2002, 107; MünchKomm/Holch Rn 6; vgl OLG Koblenz CuR 2007, 107, 108; **aM** OLG Schleswig WM 2005, 1909, 1912; Peters WM 2007, 2005 f; Witter ZfIR 2006, 42 f; Palandt/Ellenberger Rn 3). Die Verpflichtung des Einfügenden, die wirtschaftlich wertlosen Überreste der Anlage zu entfernen, ändert daran nichts (**aM** Peters WM 2002, 117 f). Denn § 93 BGB bezweckt die Erhaltung wirtschaftlicher Werte (vgl § 93 Rn 3). Wenn sich der Wert der betreffenden Sache aber innerhalb des für die Verbindung vorgesehenen Zeitraums erschöpft, bildet die Sache mit dem Grundstück auf Dauer eine wirtschaftliche Einheit (vgl Ganter WM 2002, 107). Ein vorübergehender Zweck scheidet danach zB auch bei Kunstwerken aus, die nur für eine zeitlich begrenzte Ausstellung fest mit einem Gebäude (Museum) verbunden werden und nach Ablauf der Ausstellung zerstört werden sollen (**aM** für Beuys' Fettecke LG Düsseldorf NJW 1988, 345). – Wird die Verbindung aufgrund eines **befristeten Vertrages** vorgenommen, so können die Vertragsparteien die Sonderrechtsfähigkeit der Sache aber erhalten, indem sie eine **Vertragslaufzeit** bestimmen, welche die voraussichtliche Lebensdauer der Sache unterschreitet (vgl zu Windkraftanlagen LG Flensburg WM 2000, 2112; Goecke/Gamon WM 2000, 1311 f; zu Contracting-Verträgen s u Rn 16). Dabei muß die verbleibende Lebensdauer so bemessen sein, daß eine Weiterbenutzung der Sache nach der Trennung vom Grundstück wirtschaftlich sinnvoll ist (vgl jurisPK-BGB/Vieweg Rn 11). Bei **Windkraftanlagen**, deren betriebsgewöhnliche Nutzungsdauer gem Ziffer 3.1.5 der AfA-Tabelle 16 Jahre beträgt, reicht es daher nicht aus, daß die Mietdauer 10% hinter der prognostizierten Lebensdauer der Anlage zurückbleibt (**aM** Ganter WM 2002, 109; vgl MünchKomm/Holch Rn 6, der eine Beziehung zwischen Laufzeit des Nutzungsvertrages und sachenrechtlicher Zuordnung insgesamt ablehnt). – Entgegen der hM (RGZ 87, 43, 51; 168, 288, 290; OLG Rostock RTkom 1999, 187, 188; Schulze Rpfleger 1999, 171 mwNw; vgl auch § 94 Rn 11) wird auch das auf (bzw in) fremden Grundstücken verlaufende **äußere Lei-**

tungsnetz der Versorgungsunternehmen mangels sinnvoller Weiterverwendungsmöglichkeit typischerweise dauerhaft verlegt, so daß kein vorübergehender Zweck iSd § 95 Abs 1 S 1 vorliegt (ebenso MAHNE 177 f; MünchKomm/SÄCKER § 905 Rn 4; BAMBERGER/ ROTH/FRITZSCHE Rn 9 und 14). Etwas anderes läßt sich auch nicht daraus ableiten, daß Versorgungsunternehmen gem § 46 Abs 2 S 2 EnWG dazu verpflichtet sind, die Anlagen nach Ablauf des mit der Kommune geschlossenen Konzessionsvertrags einem anderen Versorger zu überlassen (STIEPER, Scheinbestandteile 50; **aM** PALANDT/ ELLENBERGER § 95 Rn 6; SCHULZE Rpfleger 1999, 171), denn damit ist keine Pflicht zur Übereignung verbunden (OLG Koblenz ZNER 2009, 146, 147 ff). Ebensowenig ergibt sich die Sonderrechtsfähigkeit aus der Notwendigkeit regelmäßiger Erneuerung (LENZ, Das Eigentum an Hausanschlußleitungen, Betrieb 1967, 1972, 1973; **aM** SCHRÖER, Versorgungsanlagen in Ortsdurchfahrten nach erfolgter Umstufung, NJW 1964, 186). Das gleiche Ergebnis läßt sich in vielen Fällen jedoch über die Annahme einer dinglichen Berechtigung iSv § 95 Abs 1 S 2 erreichen (vgl u Rn 20).

12 Die Annahme eines vorübergehenden Zwecks ist insgesamt problematisch, wenn das errichtete Bauwerk **durch eine Trennung vom Grundstück zerstört** oder eine Trennung zumindest einen **unverhältnismäßigen Aufwand** erfordern würde (ausf STIEPER, Scheinbestandteile 95 ff; zust ASSMANN ZZP 117 [2004] 525, 528; vgl auch SOERGEL/MARLY Rn 4; MünchKomm/HOLCH Rn 6; BRÜNING VIZ 1997, 399). Denn auch in diesem Fall ist der wirtschaftliche Wert der Sache mit ihrer Trennung vom Grundstück verbraucht. Wenn von vornherein eine Trennung beabsichtigt ist, die zur Zerstörung der mit dem Grundstück verbundenen Sache führen würde, erfolgt die Verbindung daher **nicht zu einem vorübergehenden Zweck** (ebenso BFHE 101, 5, 8). Dies gilt insbesondere, wenn ein Mieter auf dem gemieteten Grundstück ein massives Gebäude errichtet. In diesem Fall ist ein entgegenstehender innerer Wille mit dem nach außen in Erscheinung getretenen Sachverhalt nicht vereinbar. – Das Argument der Rspr, der Berechtigte wolle sich auch in diesen Fällen regelmäßig vorbehalten, über die von ihm getätigte Investition während oder nach Ablauf der Nutzungszeit auf eigene Rechnung zu disponieren (so BGH WM 1998, 1633, 1635; NJW 2000, 1032, 1032), greift demgegenüber nicht durch. Denn die Interessen des Erbauers müssen hinter dem von § 94 bezweckten Schutz der **Publizität** im Liegenschaftsrecht (vgl § 94 Rn 3) zurückstehen. Außerdem ist das Ergebnis der Investition wirtschaftlich nicht mehr vorhanden, wenn die Sache durch eine Trennung vom Grundstück zerstört wird. – Damit ist bei Vorliegen der in § 93 genannten Voraussetzungen ein vorübergehender Zweck der Verbindung ausgeschlossen.

3. Verbindung durch den Grundstückseigentümer

13 Während der erste Entwurf zu § 785 BGB noch vorsah, daß die Verbindung „von einem anderen als dem Eigentümer" des Grundstücks und „in befugter Weise" bewirkt werden müsse (Mot III 47 f), tritt die Rechtsfolge des § 95 Abs 1 S 1 unabhängig davon ein, wer die Verbindung vornimmt (MünchKomm/HOLCH Rn 3; STIEPER, Scheinbestandteile 33; **aM** GIESEN AcP 202, 706, der eine Berechtigung sowohl hinsichtlich des Grundstücks als auch des Scheinbestandteils verlangt). Daher kann auch der **Eigentümer des Grundstücks oder Gebäudes** selbst eine Verbindung zu einem nur vorübergehenden Zweck vornehmen. Da hier die Grundlage für eine Vermutung zugunsten eines inneren Willens fehlt, ist ein Wille des Grundstückseigentümers zu vorübergehender Verbindung nur anzunehmen, wenn entsprechende **objektive Anhaltspunkte** gegeben sind. – Eine Verbindung zu vorübergehendem Zweck liegt danach vor, wenn die eingefügte Sache **gemietet oder geliehen** ist (BGB-RGRK/KREGEL Rn 23; STIEPER, Scheinbestandteile 46; kritisch OLG Karlsruhe ZIP 1983, 330, 332), nicht jedoch bei Kauf unter Eigentumsvorbehalt (vgl o Rn 7). Ebenso sind die **Baumschulbestände** einer Gärtnerei nur zu einem vorübergehenden Zweck mit dem Grundstück verbunden, da sie zur Trennung vom Grundstück bestimmt sind (RGZ 66, 88, 90; 105, 213, 215; OLG Hamm NJW-RR 1992, 1438, 1439). – Der BGH hat auch eine **Kinderschaukel** als Scheinbestandteil bewertet, weil sie nur für die Dauer des Bedarfs für spielende Kinder errichtet sei (BGH NJW 1992, 1101, 1102). Jedenfalls die Begründung ist jedoch unzutreffend, da es nicht auf die Dauer des Zwecks, sondern die bezweckte Dauer der Verbindung ankommt (vgl o Rn 5; zutr AG Hamburg-Blankenese ZMR 2004, 223).

4. Nachträgliche Änderung der Zweckbestimmung

Maßgeblich für die Zweckbestimmung ist der **Zeitpunkt der Verbindung**. Ist eine Sache zu vorübergehendem Zweck verbunden oder eingefügt worden, wird aber der hierfür grundlegende **Wille später aufgegeben** und nunmehr eine dauerhafte Verbindung oder Einfügung beabsichtigt, so tritt durch diese Willensänderung **keine Veränderung** der dinglichen Rechtslage am Scheinbestandteil ein. Denn die Übertragung von Eigentum durch ein einseitiges Verfügungsgeschäft des Übertragenden ist dem deutschen Sachenrecht fremd (STIEPER, Scheinbestandteile 48). Der Grundstücks- oder Gebäudeeigentümer kann das Eigentum am Scheinbestandteil daher nur durch Übereignung oder einen anderen Erwerbsakt erlangen (BGHZ 23, 57, 60 f; BGH NJW 1987, 774; 2004, 1237 f; STAUDINGER/WIEGAND [2011] § 946 Rn 8; MünchKomm/HOLCH Rn 10; SOERGEL/MARLY Rn 6; BGB-RGRK/KREGEL Rn 25; aM ERMAN/MICHALSKI Rn 9; ENNECCERUS/NIPPERDEY § 125 II 3 a Fn 40; WEIMAR BauR 1973, 207; LG Köln ZMR 1957, 264). Nach der Übertragung des Eigentums am Scheinbestandteil kann der Eigentümer durch eine **nach außen hervortretende Willensbetätigung** die Zweckbestimmung der Verbindung ändern und die Einrichtung dadurch zu einem wesentlichen Bestandteil werden lassen (STIEPER, Scheinbestandteile 49 f; PWW/VÖLZMANN-STICKELBROCK Rn 3; WESTERMANN/GURSKY § 52 II 1 b; GIESEN AcP 202, 717), zB indem der Grundstückseigentümer gegenüber dem Mieter ausdrücklich auf den Abriss der von diesem errichteten Bauten bei Vertragsende verzichtet (vgl OLG Düsseldorf NZM 2009, 242). Allein in der Übereignung ist aber noch keine Änderung der Zweckbestimmung zu sehen (vgl BFHE 192, 181, 189; PALANDT/ELLENBERGER Rn 4). – Erwirbt der Eigentümer des Scheinbestandteils das Grundstück und **vereinigt** sich das Eigentum am Grundstück auf diese Weise mit dem Eigentum am Scheinbestandteil, so kann in der Regel auf einen Wegfall des Willens zur vorübergehenden Verbindung geschlossen werden (RGZ 97, 102, 105; BGH NJW 1980, 771, 772). Notwendig ist ein solcher Wegfall des ursprünglichen Willens indes nicht (STAUDINGER/WIEGAND [2011] § 946 Rn 8; BGB-RGRK/KREGEL Rn 26; MünchKomm/HOLCH Rn 13); es bleibt dann bei der Sonderrechtsfähigkeit des Scheinbestandteils (vgl o Rn 13).

Problematisch ist hingegen, ob umgekehrt ein wesentlicher Bestandteil des Grundstücks nachträglich in einen Scheinbestandteil umgewidmet werden kann, wenn eine **zunächst für die Dauer bestimmte** Verbindung später **nur noch als vorübergehend** gewollt wird. Die Formulierung der Rspr, es seien dieselben Grundsätze anzuwenden wie im umgekehrten Fall (BGHZ 37, 353, 359; KG NJW-RR 2006, 301, 302), führt nicht weiter. Denn die danach erforderliche Einigung über den Eigentumsübergang zwischen dem Grundstückseigentümer und dem Erwerber setzt eine sonderrechtsfähige Sache als Verfügungsgegenstand voraus, an der es bei einem wesentlichen Bestandteil gerade fehlt (OLG Hamm Urt v 17. 3. 2005 Az: 5 U 183/04 – juris; WOITKEWITSCH ZMR 2004, 650; STIEPER, Scheinbestandteile 51 ff mwNw). Das BGB kennt eine Verselbständigung wesentlicher Bestandteile nur im Wege körperlicher Trennung; eine analoge Anwendung der in diesem Fall eingreifenden §§ 953 ff ist angesichts der fehlenden Publizitätswirkung eines Willensentschlusses abzulehnen (STIEPER, Scheinbestandteile 53). Soll ein wesentlicher Grundstücksbestandteil Sonderrechtsfähigkeit erlangen, so reicht eine bloße Willensänderung daher nicht aus; vielmehr ist seine **Trennung vom Grundstück** erforderlich (OLG Hamm NZM 2005, 158, 159; OLG Koblenz CuR 2007, 107, 108; STIEPER WM 2007, 867; WOITKEWITSCH ZMR 2004, 650; REYMANN DNotZ 2010, 93 f; iE auch GIESEN AcP 202, 719 f). Andernfalls könnten Bestandteile entgegen §§ 1121 Abs 1, 1122 durch bloße Veräußerung gem §§ 929, 930 dem Haftungsverband der Hypothek entzogen werden. – Der BGH hat trotz der Kritik an seiner Rechtsprechung festgehalten und bestätigt, daß **Versorgungsleitungen**, die in einem Straßengrundstück verlegt sind und vom Straßeneigentümer zusammen mit der öffentlichen Aufgabe der Wasser- oder Energieversorgung auf einen Dritten übertragen werden sollen, „entsprechend § 929 Abs 2" von einem wesentlichen Bestandteil in eine selbständige Sache umgewidmet werden können (BGHZ 165, 184, 188 f; ebenso OLG Köln CuR 2005, 99, 102; OVG Bautzen LKV 2004, 425, 427; BRÜNING VIZ 1997, 398, 402; MÜNCH VIZ 2004, 212; WICKE DNotZ 2006, 257 ff; BAMBERGER/ROTH/FRITZSCHE Rn 17; MünchKomm/OECHSLER § 929 Rn 16). Diese Lösung mag angesichts des besonderen öffentlichen Interesses an der freien Veräußerbarkeit der Leitungen im Ergebnis gerechtfertigt sein (STIEPER WM 2007, 867; WOITKEWITSCH ZMR 2004, 651); sie läßt sich de lege lata jedoch nicht begründen (vgl § 94 Rn 11; aM HAGEN CuR 2010, 48). Die Sonderrechtsfähigkeit von Versorgungsleitungen sollte daher durch eine spezialgesetzliche Regelung herbeigeführt werden (vgl auch BGHZ 37, 353, 360 ff, wo auf Art 90 GG abgestellt wird); in der Schweiz existiert bereits eine entsprechende Regelung (s dazu u Rn 32). – Ein allgemeiner Rechtsgrundsatz, der auch für andere Sachen als Versorgungsleitungen gelten würde, läßt sich der Entscheidung jedenfalls nicht entnehmen (REYMANN DNotZ 2010, 93; aM OLG Celle NJOZ 2007, 4202, 4204; PETERS WM 2007, 2007).

5. Einfügung in ein Gebäude

16 Scheinbestandteile sind gem § 95 Abs 2 auch die zu einem vorübergehenden Zweck **in ein Gebäude eingefügten Sachen**. Für die Bestimmung des vorübergehenden Zwecks sind dieselben Kriterien maßgeblich wie nach Abs 1 S 1 (s o Rn 4 ff). Insbes besteht bei Sachen, die ein Mieter oder Pächter in das Gebäude einfügt, eine **tatsächliche Vermutung** dafür, daß dieser in seinem eigenen Interesse handelt und nicht zugleich in der Absicht, die eingefügte Sache nach Beendigung des Vertragsverhältnisses dem Grundstückseigentümer zu überlassen. So ist eine vom Mieter eingefügte **Einbauküche** nach § 95 Abs 2 regelmäßig nicht wesentlicher Bestandteil des Wohngebäudes (OLG Celle NJW-RR 1989, 913; OLG Koblenz ZMR 1993, 66, 67; vgl auch § 93 Rn 23 und § 94 Rn 35). – Praktische Bedeutung hat § 95 Abs 2 in neuerer Zeit vor allem für Heizungs- und sonstige Energieerzeugungsanlagen erlangt, die im Rahmen des **Energie-Contracting** von einem Energiedienstleister (Contractor) auf der Grundlage eines befristeten Energielieferungsvertrages in das Gebäude des Kunden eingebaut werden (ausf dazu OERTEL CuR 2004, 6 ff; SCHWEIZER WuM 2006, 415 ff; STIEPER WM 2007, 861 ff; zur Bestandteilseigenschaft von Heizungsanlagen s § 94 Rn 31; zum Einbau in Ausübung einer beschränkten persönlichen Dienstbarkeit s u Rn 20). Da der Heizraum zur Aufstellung der Anlage dem Contractor typischerweise mietweise überlassen wird, ist grundsätzlich zu vermuten, daß der Einbau nur für die Dauer der Vertragslaufzeit und damit nur zu einem vorübergehenden Zweck erfolgt. Bei einer Laufzeit von üblicherweise 15 oder 20 Jahren werden die objektiven Verhältnisse aber häufig den Schluß zulassen, daß die eingefügte Sache auch nach Beendigung des Vertragsverhältnisses im Gebäude verbleiben soll (OLG Düsseldorf CuR 2007, 66, 68; anders insoweit OLG Brandenburg CuR 2009, 59, 62 f m krit Anm Stieper; vgl o Rn 11). Ein vorübergehender Zweck kann daher nur angenommen werden, wenn die Betriebsdauer der Anlage die Vertragslaufzeit deutlich überschreitet und der Contractor bei Beendigung des Vertrages zur Entfernung der Anlage verpflichtet ist, dem Grundstückseigentümer also insbes **kein Recht zur Übernahme** der Anlage eingeräumt wird (OLG Rostock CuR 2004, 145, 147; OLG Frankfurt CuR 2009, 65, 69; Stieper WM 2007, 864 f; vgl o Rn 9).

III. In Ausübung eines Rechts errichtete Gebäude und Werke

Gem § 95 Abs 1 S 2 sind Gebäude und andere Werke keine Bestandteile des Grundstücks, wenn sie in Ausübung eines Rechts vom Berechtigten mit dem fremden Grundstück verbunden wurden. Das ist auch der Fall, wenn die Verbindung mit einem auf dem Grundstück befindlichen Gebäude erfolgt, welches seinerseits wesentlicher Bestandteil des Grundstücks ist (RGZ 106, 49, 51). – Aufgrund des weiten Anwendungsbereichs des § 95 Abs 1 S 1 war die Vorschrift bislang von **geringer praktischer Bedeutung** (vgl Ganter WM 2002, 106). Geht es um die Sicherung des Eigentums an den mit einem fremden Grundstück verbundenen oder in ein fremdes Gebäude eingefügten Sachen, so kann die Verbindung in Ausübung eines dinglichen Rechts jedoch die entscheidende Rechtssicherheit bewirken. **17**

1. Gebäude und andere Werke

Der Begriff der Gebäude und anderen Werke findet sich mit gleicher Bedeutung auch in §§ 836 ff, 908. – Der Begriff des **Gebäudes** ist dabei derselbe wie in § 94 (vgl § 94 Rn 23) und umfaßt den Baukörper mit allen seinen wesentlichen und unwesentlichen Bestandteilen (Soergel/Marly Rn 20; MünchKomm/Holch Rn 30). Auch Windkraftanlagen fallen darunter (vgl § 94 Rn 12). – Andere **Werke** sind einem bestimmten Zweck dienende, nach gewissen Regeln der Kunst oder der Erfahrung unter Verbindung mit dem Erdkörper hergestellte Gegenstände (RGZ 60, 138, 139; 76, 260, 261). Darunter fallen nur vom Menschen geschaffene Einrichtungen, Pflanzen dagegen nicht. Auch ein aufgeschütteter Erdhaufen ist kein Werk, solange er nicht einem bestimmten Zweck entsprechend verarbeitet ist (RGZ 60, 138, 139 f). – Zu den Werken gehören zB ein Bahndamm mit den darauf eingebetteten Schienen (RG JW 1908, 196), Versorgungsleitungen (LG Frankfurt aM ZMR 1978, 203), Badeeinrichtungen (RGZ 106, 49), Schießanlagen eines Schießstands (OLG Breslau DJ 1938, 380), die Granitplatten eines Bürgersteiges (RGZ 76, 260, 261) oder ein Stauwehr (RG LZ 1928, 1327).

2. Verbindung in Ausübung eines dinglichen Rechts

a) Die Verbindung mit dem fremden Grundstück muß in Ausübung eines **Rechts am Grundstück** erfolgt sein. Rechte an einem Grundstück sind nach dem Sprachgebrauch des BGB nur dingliche Rechte. Als solche Rechte kommen vor allem die **18**

dinglichen Nutzungsrechte des BGB in Betracht, also die Grunddienstbarkeit (OLG Köln NJW-RR 1993, 982, 983), die beschränkte persönliche Dienstbarkeit (OLG Schleswig WM 2005, 1909, 1912; GANTER WM 2002, 106) und der Nießbrauch (RGZ 106, 49, 50; OLG Celle MDR 1952, 744; FLATTEN BB 1965, 1211 f; WEIMAR, Rechtsfragen bei der Fertighaus-Lieferung und Finanzierung, MDR 1963, 818, 819). Das in Bayern durch Landesrecht gewährte Recht zur Kaserhaltung stellt als Forstnebenrecht im Regelfall eine Grunddienstbarkeit und damit ebenfalls ein dingliches Recht iS des § 95 Abs 1 S 2 dar (BayObLGZ 1976, 58, 62 f; vgl OLG München OLGR 2000, 332). Ebenso läßt der in landesrechtlichen Vorschriften bestimmte Duldungsanspruch des Nachbarrechts die auf seiner Grundlage verlegten Versorgungs- und Abwasserleitungen zu Scheinbestandteilen werden (LG Frankfurt aM ZMR 1978, 203). – Ferner gehört das **Erbbaurecht** hierher, wobei die aufgrund dieses Rechts geschaffenen Bauwerke allerdings gem § 12 ErbbauRG zum Bestandteil des Erbbaurechts werden (vgl u Rn 24). – Wenn beim **Überbau** ein Duldungsanspruch gegen den Nachbarn nach § 912 besteht, ist der Überbau in entsprechender Anwendung des § 95 Abs 1 S 2 Scheinbestandteil des überbauten Grundstücks und wesentlicher Bestandteil des Stammgrundstücks (s dazu § 94 Rn 13). – **Obligatorische Rechte** hingegen, wie Miete oder Pacht, genügen den Anforderungen des § 95 Abs 1 S 2 nicht (STIEPER, Scheinbestandteile 34 f mwNw). Etwas anderes gilt, wenn der Nießbraucher die Ausübung seines Nießbrauchs nach § 1059 S 2 in einem Pachtvertrag überträgt und der Pächter aufgrund dessen ein Gebäude errichtet (BGH LM Nr 2; vgl u Rn 22).

19 b) Auch **öffentlich-rechtlich gewährte Rechte** an einem fremden Grundstück können die Voraussetzungen des § 95 Abs 1 S 2 begründen, wenn sie in ihrer Wirkung einem dinglichen Recht gleichkommen (BGB-RGRK/KREGEL Rn 37; VENNEMANN MDR 1952, 78); indes stellt die Rspr hier überwiegend auf § 95 Abs 1 S 1 ab (vgl o Rn 8). Auf öffentlich-rechtlicher Grundlage besteht zB das **Sondernutzungsrecht**, kraft dessen Straßenbahnunternehmen ihre Schienen in öffentlichen Wegen verlegen dürfen (OLG Hamburg HRR 1933 Nr 1919); der Sondernutzung liegt eine Benutzungsvereinbarung nach § 31 PersBefG mit dem Träger der Straßenbaulast zugrunde. – Eine öffentlich-rechtliche Grundlage hat auch das in Ausübung eines Staurechts am fremden Wasserlauf errichtete Stauwerk (RG LZ 1928, 1317; vgl § 96 Rn 5). Die aufgrund eines öffentlich-rechtlichen Nutzungsrechts innerhalb der deutschen Hoheitszone errichteten Off-Shore-Windkraftanlagen wird man ebenfalls hierzu zählen müssen (vgl § 90 Rn 25), ebenso die in Ausübung einer hoheitlich bestellten Dienstbarkeit verlegten Tunnelanlagen einer Untergrundbahn (vgl BGH MDR 1983, 648). – Nach hL begründen auch **Leistungsforderungsrechte** des Staates ein Recht am Grundstück iS des § 95 Abs 1 S 2 (SOERGEL/MARLY Rn 19; ENNECCERUS/NIPPERDEY § 125 I 3 b Fn 41; VENNEMANN MDR 1952, 78; aM MünchKomm/HOLCH Rn 29). Dies galt zB für das Requisitionsrecht einer Besatzungsmacht, wenn Wohnbauten auf den requirierten Grundstücken errichtet wurden (LG Köln NJW 1955, 1797; ERMAN/MICHALSKI Rn 7), oder für die Inanspruchnahme von Grundstücken nach dem RLG (OLG Hamburg MDR 1951, 178, 179). Der BGH hat dagegen in diesen Fällen das Vorliegen eines quasidinglichen Rechts abgelehnt (BGH BB 1955, 335; WM 1971, 940, 941; vgl auch BGH NJW 1960, 1003). Teilweise wurde aber ein vorübergehender Zweck iS des § 95 Abs 1 S 1 bejaht, so für Behelfsheime (BGHZ 8, 1, 5; BGH BB 1955, 335; vgl o Rn 8), nicht dagegen für einen Luftschutzbunker (BGH WM 1971, 940, 941) und einen Luftschutzstollen (BGH NJW 1960, 1003).

c) Besondere Bedeutung kommt der Erweiterung des § 95 Abs 1 S 2 auf öffent- **20** lich-rechtliche Befugnisse im Hinblick auf die Errichtung von **Versorgungsanlagen und -leitungen** zu, die über fremde Grundstücke verlaufen und nicht nach § 94 Abs 1 S 1 in das Eigentum der jeweiligen Grundstückseigentümer fallen sollen (vgl § 94 Rn 11 und o Rn 11). So stellte das Recht der ehemaligen Reichs- bzw Bundespost zur Verlegung von **Fernmeldeleitungen** in öffentlichen Wegen ein Recht an einem Grundstück iS des § 95 Abs 1 S 2 dar (BGHZ 125, 56, 59; OLG Nürnberg NJW-RR 1997, 19, 20; SCHULZE Rpfleger 1999, 169), ebenso jetzt die Nutzungsberechtigung nach §§ 68 ff TelekommunikationsG v 22. 6. 2004 (BGBl I 1190) und das in Landesgesetzen geregelte Recht zur Verlegung von **Wasserleitungen** (PALANDT/ELLENBERGER Rn 6; BRÜNING VIZ 1997, 399; offen gelassen in BGH NJW 1980, 771). Einem dinglichen Recht gleich stehen auch die in § 12 NAV v 1. 11. 2006 (BGBl I 2477), § 12 NDAV v 1. 11. 2006 (BGBl I 2477, 2485), § 8 AVBFernwärmeV v 20. 6. 1980 (BGBl I 742) und § 8 AVB-WasserV v 20. 6. 1980 (BGBl I 750, 1067) vorgesehenen Nutzungsrechte der Netzbetreiber zum Verlegen von Leitungen auf dem Grundstück des Anschlußnehmers (OLG Jena OLG-NL 2005, 83, 84; BAMBERGER/ROTH/FRITZSCHE Rn 14; SCHULZE Rpfleger 1999, 169; MÜNCH VIZ 2004, 208; aM MünchKomm/SÄCKER § 905 Rn 4; MAHNE 148). – Dagegen fällt die Verbindung aufgrund eines mit der betreffenden Gebietskörperschaft vereinbarten **Konzessionsvertrages** nicht unter § 95 Abs 1 S 2 (BRÜNING VIZ 1997, 299; MAHNE 147; aM SCHULZE Rpfleger 1999, 169; OLG Köln VersR 1987, 513), sondern allenfalls unter § 95 Abs 1 S 1. – Wo eine entsprechende gesetzliche Regelung fehlt, kann die Sonderrechtsfähigkeit der Anlagen gem § 95 Abs 1 S 2 insbesondere durch die Bestellung einer **beschränkten persönlichen Dienstbarkeit** erhalten werden (MAHNE 122; MÜNCH VIZ 2004, 209; SCHULZE Rpfleger 1999, 168 mwNw); für Weiterleitungsanlagen ist diese Möglichkeit in § 1092 Abs 2 ausdrücklich vorgesehen. In den neuen Bundesländern sind nach § 9 Abs 1 GBBerG v 20. 12. 1993 (BGBl I 2192) für Altanlagen von Gesetzes wegen beschränkte persönliche Dienstbarkeiten zugunsten des jeweiligen Versorgungsunternehmens entstanden (vgl dazu BGHZ 165, 119, 121 ff). – In Betracht kommt die Bestellung einer beschränkten persönlichen Dienstbarkeit auch für eine vom Contractor im Gebäude des Kunden aufgestellte **Energieerzeugungsanlage** (OLG Brandenburg CuR 2009, 59, 63 m Anm STIEPER; STIEPER WM 2007, 866; OERTEL CuR 2004, 11; Muster einer Contracting-Dienstbarkeit bei OERTEL/KLEMM CuR 2005, 67 ff; zur Wirksamkeit eines Wärmebezugsverbots als Inhalt der Dienstbarkeit OLG Düsseldorf CuR 2010, 165, 167) oder auf fremdem Grund und Boden errichtete **Windkraftanlagen** (GANTER WM 2002, 106) und **Fotovoltaikanlagen** (REYMANN DNotZ 2010, 86).

d) Das Recht am fremden Grundstück muß durch die Verbindung **ausgeübt** **21** werden. Das setzt voraus, daß das Recht im Zeitpunkt der Verbindung **tatsächlich besteht**; § 95 Abs 1 S 2 greift nicht ein, wenn der Verbindende irrig vom Bestehen eines dinglichen Rechts ausgeht (heute allgM; SOERGEL/MARLY Rn 22; MünchKomm/HOLCH Rn 32; STIEPER, Scheinbestandteile 67; früher bestr). Ebensowenig genügt ein erst künftig zu begründendes Recht (BGH WM 1961, 700, 701; BGB-RGRK/KREGEL Rn 38; vgl auch o Rn 10). Zwar ist nach hM nicht erforderlich, daß das Recht im Zeitpunkt der Verbindung bereits im Grundbuch eingetragen ist, solange es später tatsächlich eingetragen wird (BGH WM 1961, 700, 701; OLG Schleswig WM 2005, 1909, 1912; PETERS WM 2002, 113 f; OERTEL CuR 2004, 12; SOERGEL/MARLY Rn 19; ERMAN/MICHALSKI Rn 6; BAMBERGER/ROTH/FRITZSCHE Rn 15; aM GOECKE/GAMON WM 2000, 1312; MünchKomm/HOLCH Rn 31). Allerdings wird man auch in diesem Fall eine Verbindung in Ausübung eines Rechts am Grundstück nur annehmen können, wenn die Rechtseinräumung bereits **notariell vereinbart** ist

(OLG Koblenz CuR 2007, 107, 108 f) und die Verbindung **nach Stellung des Eintragungsantrags** durch den zukünftig Berechtigten erfolgt, da der Verbindende erst mit Entstehung eines Anwartschaftsrechts eine dingliche Rechtsposition innehat (STIEPER WM 2007, 866; HAGEN CuR 2010, 45; MAHNE 151; vgl auch SCHULZE Rpfleger 1999, 168; **aM** OLG Schleswig WM 2005, 1909, 1912). Erst recht kann ein wesentlicher Bestandteil nicht dadurch in einen Scheinbestandteil umgewandelt werden, daß **nachträglich** ein dingliches Recht am Grundstück bestellt wird (STIEPER WM 2007, 867 f; **aM** WICKE DNotZ 2006, 261 f; SCHWEIZER WuM 2006, 417; TERSTEEGEN RNotZ 2006, 450 f; vgl o Rn 15). – Dagegen verlangt § 95 Abs 1 S 2 nicht, daß der **Inhalt des Rechts** gerade auf die Ausführung der hergestellten Verbindung gerichtet ist; es genügt, daß das Recht eine solche Verbindung zuläßt (MünchKomm/HOLCH Rn 31). So bleiben zB Badewannen, die der Nießbraucher in ein Gebäude einbaut, um es ertragsfähiger zu machen, nach § 95 Abs 1 S 2 sonderrechtsfähig (RGZ 106, 49, 51).

3. Verbindung durch den Berechtigten

22 Ferner muß der **Berechtigte** das Recht ausüben. Dafür ist jedoch ausreichend, daß eine Person die Verbindung vornimmt, die vom Rechtsinhaber zur Ausübung des Rechts ermächtigt wurde, zB nach § 1059 S 2 (BGH LM Nr 2; ebenso die Vorinstanz OLG Celle MDR 1952, 744). Hingegen ist ein Geschäftsführer ohne Auftrag kein Berechtigter in diesem Sinne (MünchKomm/HOLCH Rn 30). – Darüber hinaus verlangt § 95 Abs 1 S 2, daß es sich um ein Recht an einem fremden Grundstück handelt. Daher greift die Regelung nicht ein, wenn die Verbindung vom **Grundstückseigentümer** vorgenommen wird, etwa aufgrund einer Eigengrunddienstbarkeit. Aus der entsprechenden Anwendung des § 95 Abs 1 S 2 auf den Eigengrenzüberbau läßt sich nichts Gegenteiliges herleiten (so aber BGB-RGRK/KREGEL Rn 32). Denn die Überbaugrundsätze bezwecken den Schutz der wirtschaftlichen Einheit des über die Grundstücksgrenze hinausragenden Gebäudes; der Überbau wird daher entgegen § 94 Abs 1 S 1 wesentlicher Bestandteil des Stammgrundstücks (vgl § 94 Rn 13 f). Auf andere Fälle des § 95 Abs 1 S 2, denen eine gänzlich andere Wertentscheidung zugrunde liegt (vgl o Rn 2), sind diese Grundsätze nicht übertragbar. – Einer Berechtigung am Scheinbestandteil selbst bedarf es nicht (**aM** GIESEN AcP 202, 703).

4. Wegfall des dinglichen Rechts und Konsolidation

23 Das **Erlöschen des Rechts**, das die Scheinbestandteilseigenschaft begründet hat, bleibt grundsätzlich auf die Rechtslage des Scheinbestandteils ohne Einfluß (STAUDINGER/WIEGAND [2011] § 946 Rn 9; MünchKomm/HOLCH Rn 33; STIEPER, Scheinbestandteile 67 mwNw; vgl o Rn 14). § 12 Abs 3 ErbbauRG, der mit dem Ende des Erbbaurechts das errichtete Bauwerk zum Grundstücksbestandteil werden läßt, ist als Ausnahmevorschrift zu bewerten und nicht auf andere Tatbestände des § 95 Abs 1 S 2 übertragbar (FLATTEN BB 1965, 1212; **aM** TOBIAS AcP 94, 416 f; SPYRIDAKIS 76 f; WIELING, Sachenrecht I [2. Aufl 2006] § 2 III 6 b). Auch mit dem Tod des Nießbrauchers (§ 1061 BGB) bleibt der von ihm errichtete Scheinbestandteil daher sonderrechtsfähig. – Das gleiche gilt, wenn die **Berechtigung** dessen **wegfällt**, der die Verbindung vorgenommen hat, etwa weil er das Grundstück, zu dessen Gunsten eine Grunddienstbarkeit besteht, veräußert. – Wenn der Inhaber des dinglichen Rechts **das Eigentum am Grundstück** oder der Grundeigentümer das am Grundstück bestehende Recht **erwirbt**, bleibt das Recht gem § 889 bestehen. Die aufgrund des Rechts mit dem Grundstück verbundene Sache bleibt daher zunächst sonderrechtsfähig (SYPRIDAKIS 77 f). Sie wird erst dann zum wesentlichen Bestandteil, wenn der Grundstückseigentümer auch das Eigentum am Scheinbestandteil erhält (FLATTEN BB 1965, 1212).

5. Sonderfälle

Zu den dinglichen Rechten am Grundstück iS des § 95 Abs 1 S 2 gehört auch das **24 Erbbaurecht**. Einen Sonderfall bildet es aber insofern, als die Verbindung des Gebäudes mit dem Boden dieses bereits aufgrund der Fiktion des § 12 Abs 1 ErbbauRG nicht zum Grundstücksbestandteil werden läßt. Das Gebäude ist vielmehr **Bestandteil des Erbbaurechts** und daher, anders als andere Scheinbestandteile, keine bewegliche Sache (vgl u Rn 28). Gem § 12 Abs 2 ErbbauRG ist in entsprechender Anwendung des § 95 auch die Begründung von Scheinbestandteilen am Erbbaurecht möglich; dies gilt zB bei Vermietung des Gebäudes durch den Erbbauberechtigten für diejenigen Sachen, die der Mieter für seine Zwecke in das Gebäude einfügt.

Ebenso sind Bergbaumaschinen und Bergbauanlagen als **Bestandteile des Berg- 25 werkseigentums** zu bewerten, da nach § 9 Abs 1 BBergG auf das Bergwerkseigentum die Grundstücksvorschriften des BGB entsprechend anzuwenden sind. Soweit derartige Maschinen und Anlagen mit dem Boden verbunden werden, sind sie gem § 95 Abs 1 S 2 als Scheinbestandteile des Grundstücks zu betrachten. – Ob Maschinen oder Anlagen mit dem Bergwerkseigentum auf Dauer oder nur vorübergehend verbunden sind, bestimmt sich nach den allgemeinen Grundsätzen, die auf die Lebensdauer der betreffenden Maschine oder Anlage im Verhältnis zur Dauer des Bergbaubetriebes abstellen (vgl o Rn 11 sowie RG JW 1935, 418; RGZ 153, 231, 235).

Die Bestandteile der Räume, die zum **Wohnungseigentum** oder Teileigentum gehö- **26** ren (vgl § 93 Rn 28), sind nach den allgemeinen Regeln Bestandteile oder Scheinbestandteile des Wohnungs- oder Teileigentums, nicht des Grundstücks (SOERGEL/MARLY Rn 25). Dasselbe gilt gem § 30 Abs 3 S 2 WoEigG für das Wohnungs- oder Teilerbbaurecht. – **Dauerwohnrechte** und Dauernutzungsrechte nach § 31 WoEigG hingegen führen, wie andere dingliche Nutzungsrechte (vgl o Rn 18), zur Anwendung des § 95 Abs 1 S 2.

IV. Rechtsfolgen

1. Ausschluß der Bestandteilseigenschaft

Die in § 95 genannten Sachen sind **keine Bestandteile** des Grundstücks oder Ge- **27** bäudes, auch keine unwesentlichen (BGB-RGRK/KREGEL Rn 43). Die praktische Bedeutung dieser Unterscheidung liegt darin, daß jemand, der ein Grundstück erwirbt, im Zweifel auch dessen unwesentliche Bestandteile erwirbt, sofern sie dem Veräußerer gehören; er erwirbt dagegen nicht, was überhaupt kein Bestandteil des Grundstücks ist (vgl § 93 Rn 41 ff). – Auch **Zubehör** sind die unter § 95 fallenden Sachen meist nicht, denn der Begriff des Zubehörs setzt neben der rechtlichen Selbständigkeit der betreffenden Sache eine dauernde Zweckbindung an die Hauptsache voraus (vgl § 97 Rn 18 f). Eine solche ist nach hM bei Vorliegen eines vorübergehenden Zwecks iS des § 95 Abs 1 S 1, Abs 2 nicht denkbar (BGH NJW 1962, 1498; SOERGEL/MARLY Rn 7 und § 97 Rn 5; NOACK DGVZ 1985, 161; STIEPER, Scheinbestandteile 58 f mwNw). Eine dauernde Zweckbindung kommt aber bei den in Ausübung eines dinglichen Rechts mit dem Grundstück verbundenen Sachen in Betracht (SOERGEL/ MARLY § 97 Rn 10). Außerdem kann ein Scheinbestandteil Zubehör eines anderen Grundstücks sein als dessen, mit dem er verbunden ist; das wird zB für Versorgungsleitungen auf fremden Grundstücken angenommen (vgl § 97 Rn 22 und § 98 Rn 8; kritisch STIEPER, Scheinbestandteile 59 mwNw).

2. Anwendung des Fahrnisrechts

28 Früher war mangels einer ausdrücklichen Gesetzesbestimmung umstritten, ob die Scheinbestandteile zu den beweglichen oder zu den unbeweglichen Sachen zählen (vgl STIEPER, Scheinbestandteile 55 mwNw). Der Sprachgebrauch des BGB steht der Annahme, Scheinbestandteile seien, soweit sie ihrer Natur nach unbeweglich seien, auch rechtlich wie unbewegliche Sachen zu behandeln, jedoch entgegen. Danach sind nur Grundstücke einschließlich ihrer wesentlichen Bestandteile unbeweglich (vgl § 90 Rn 60); Scheinbestandteile sind dagegen **selbständige bewegliche Sachen** (RGZ 55, 281, 284; 59, 19, 21; 87, 43, 51; BGH NJW-RR 2006, 1160, 1161 Rn 7). Eine Ausnahme bilden nur die in Ausübung eines Erbbaurechts mit dem Grundstück verbundenen Sachen; diese sind nach § 12 ErbbauRG Bestandteile des Erbbaurechts und damit unbeweglich. Auf andere Fälle des § 95 Abs 1 S 2 ist diese Ausnahme nicht übertragbar (vgl o Rn 23 und 24).

29 Aufgrund der Einordnung als bewegliche Sachen richtet sich bei Scheinbestandteilen der **Eigentumserwerb** nach §§ 929 ff und nicht nach §§ 873, 925. Dies gilt auch, wenn ein Scheinbestandteil im Grundbuch unzutreffend als Bestandteil des Grundstücks aufgeführt ist, da sich der öffentliche Glaube des Grundbuchs nicht auf die Bestandteilseigenschaft einer Sache erstreckt (RGZ 61, 188, 194; 73, 125, 129). – Ein gesetzlicher Eigentumserwerb durch Verbindung nach § 947 ist möglich (MünchKomm/FÜLLER § 946 Rn 7; PALANDT/BASSENGE § 947 Rn 2; DOUTINÉ 50; STIEPER, Scheinbestandteile 56; vgl BGH NJW 1987, 774, 775; **aM** BGB-RGRK/KREGEL Rn 47; STAUDINGER/WIEGAND [2011] § 946 Rn 12: entsprechende Anwendung des § 946), ebenso ein Erwerb durch Verarbeitung nach § 950. Für die Nießbrauchbestellung gilt § 1032, die Verpfändung richtet sich nach §§ 1204 ff. – Zugunsten des Eigentümers eines Scheinbestandteils, der sich auf einem gemieteten Grundstück befindet, kann kein **Notwegerecht** nach § 917 bestellt werden, da die Vorschrift allein auf das Eigentum am Grundstück abstellt (BGH NJW-RR 2006, 1160, 1161 Rn 6 f). – Bei einem **Verkauf** eines unter § 95 fallenden Gebäudes greift die Formvorschrift des § 311b Abs 1 nicht ein (OLG Celle MDR 1952, 744, 745). Für die Verjährung der Ansprüche wegen Leistungsstörungen kommt es nach § 438 Abs 1 Nr 2 nF anders als nach § 477 aF nicht mehr auf die Qualifizierung als bewegliche Sache an, sondern auf die von § 95 unabhängige Einordnung als Bauwerk. – Ebenso erfassen im Mietrecht die Vorschriften über die **Wohnraummiete** auch die Vermietung von Räumen, die sich in einem nach § 95 rechtlich selbständigen Gebäude befinden, solange das Gebäude fest mit dem Boden verbunden ist (LG Bochum ZMR 1975, 334, 335; FRIEMEL, Sind die bürgerlich-rechtlichen Vorschriften über die Grundstücksmiete auch auf Räume in nicht wesentlichen Bestandteilen anzuwenden?, MDR 1957, 715, 716 f; STIEPER, Scheinbestandteile 57). Wenn ein Gebäude dagegen wegen fehlender fester Verbindung mit dem Grundstück bewegliche Sache geblieben ist, gelten die Vorschriften über die Miete von Wohnraum nicht (OLG Düsseldorf WM 1992, 111, 112 für ein demontierbares Bürohaus). – Wird ein vom Mieter als Scheinbestandteil errichtetes Gebäude an einen Dritten veräußert, mit dem der Grundstückseigentümer keinen Mietvertrag schließt, so kann dieser vom Dritten gem § 1004 Beseitigung verlangen (BGH NJW 2007, 2182, 2183 Rn 14).

Die Zwangsvollstreckung in einen Scheinbestandteil erfolgt als **Mobiliarpfändung** nach §§ 808 ff ZPO. Die der Pfändung nachfolgende Verwertung richtet sich nach §§ 817 ff ZPO. Für einen Eigentumserwerb des Erstehers ist daher gem § 817 Abs 2 ZPO die Ablieferung des Scheinbestandteils erforderlich, die grundsätzlich dessen vorherige **Trennung vom Grundstück** voraussetzt (STIEPER, Scheinbestandteile 60 f mwNw; vgl zu Ausnahmen OLG Köln Rpfleger 1996, 296, 297; LG Bayreuth DGVZ 1985, 42). – Ist das gepfändete Gebäude vermietet, so finden die für die Zwangsversteigerung des Grundstücks geltenden §§ 9 Nr 2, 21, 57, 57a-d ZVG entsprechende Anwendung (KERRES DGVZ 1990, 56). Außerdem kommt bei bewohnten Gebäuden ein **Pfändungsschutz** nach § 811 Abs 1 Nr 1 ZPO in Betracht; dies gilt auch für massive Wohnhäuser, wenn diese die einzige Unterkunft des Schuldners darstellen (OLG Zweibrücken Rpfleger 1976, 328, 329; NOACK ZMR 1982, 99; ZÖLLER/STÖBER, ZPO [28. Aufl 2010] § 811 Rn 16; **aM** LG Braunschweig DGVZ 1975, 25 f; OLG Hamm MDR 1951, 738); die Voraussetzungen einer Austauschpfändung nach § 811a ZPO werden selten vorliegen. – Soweit die **Zubehöreigenschaft** eines Scheinbestandteils ausnahmsweise zu bejahen ist (vgl o Rn 27), kann § 865 Abs 2 S 1 ZPO nur eingreifen, wenn die betreffende Sache dem Eigentümer des Grundstücks gehört, dessen Zubehör sie ist; das ist bei den unter § 95 Abs 1 S 2 fallenden Sachen, die mit einem fremden Grundstück verbunden sein müssen, nicht der Fall (STIEPER, Scheinbestandteile 57 ff; MünchKomm/HOLCH Rn 29 und 31; vgl o Rn 22).

V. Beweislast

Die **Beweislast** dafür, daß Sachen nur zu einem vorübergehenden Zweck oder in Ausübung eines dinglichen Rechts mit dem Grundstück verbunden sind und sie daher entgegen dem äußeren Anschein keine Bestandteile darstellen, trifft denjenigen, der diese Ausnahmesituation behauptet (RGZ 158, 362, 375; BAUMGÄRTEL/LAUMEN/PRÜTTING/KESSEN, Handbuch der Beweislast [3. Aufl 2007] § 95 Rn 1). Allerdings greift zugunsten eines schuldrechtlich Nutzungsberechtigten eine Beweiserleichterung ein (s o Rn 8). – Die Entscheidung darüber, ob eine Sache Scheinbestandteil ist, ist keine rein tatsächliche Frage und unterliegt daher der Nachprüfung durch das Revisionsgericht (RG SeuffA 78 Nr 58; vgl RGZ 55, 281, 284).

VI. Ausländisches Recht

Das **österreichische Recht** kennt als Entsprechung zum deutschen Begriff der Scheinbestandteile den der Superädifikate oder Überbauten. Darunter werden solche Bauwerke verstanden, die mit Zustimmung des Grundeigentümers auf fremdem Boden in der Absicht errichtet werden, daß sie nicht stets darauf verbleiben sollen, und daher gem § 297 ABGB nicht zu den unbeweglichen Sachen gehören. Sie gelten als bewegliche Sachen und sind sonderrechtsfähig (SCHWIMANN/HINTEREGGER, ABGB II [3. Aufl Wien 2005] § 435 Rn 1 und 6). Entscheidend für die Einordnung als Superädifikat ist das objektiv erkennbare Fehlen der Belassungsabsicht des Erbauers, das sich aus der Beschaffenheit des Gebäudes, seinem Zweck oder anderen Umständen ergeben kann, insbesondere auch aus dem Vorliegen eines zeitlich begrenzten Nutzungsrechts (SCHWIMANN/HINTEREGGER § 435 Rn 2 und 4; IRO, Sachenrecht [Wien/New York 2000] Rn 1/35). Damit gelten für die Sonderrechtsfähigkeit von Gebäuden ähnliche Kriterien wie nach § 95 Abs 1 S 1. Ein entscheidender Unterschied zum deutschen Recht besteht jedoch darin, daß für die Eigentumsübertragung und die Begründung von dinglichen Rechten nach § 435 ABGB die Vorschriften über nicht verbücherte Liegenschaften Anwendung finden, also insbesondere die öffentliche Hinterlegung einer Urkunde erforderlich ist (vgl IRO Rn 1/39). – Auch das **schweizerische Recht** setzt für die Einordnung einer Sache als Bestandteil neben dem äußeren körperlichen Zusammenhang voraus, daß dieser nach dem Willen der Beteiligten nicht nur zu einem vorübergehenden Zweck hergestellt wurde (TUOR/SCHNYDER/SCHMID, Das schweizerische Zivilgesetzbuch [13. Aufl Zürich 2009] § 97 Rn 11). Liegt bei baulichen Anlagen bloß eine lose Verbindung mit dem Boden vor, die nach der Absicht der Beteiligten nur vorübergehend besteht, so gilt die Anlage daher als sog Fahrnisbaute und damit als bewegliche Sache (TUOR/SCHNYDER/SCHMID § 100 Rn 13). Für Versorgungsleitungen bestimmt Art 676 ZGB, daß diese nicht Bestandteile der Grundstücke sind, in denen sie verlaufen, sondern Zugehör des herrschenden Betriebsgrundstücks darstellen; mit Verlegung der Leitungen entsteht gem Art 676 Abs 3 ZGB eine Dienstbarkeit am fremdem Grundstück.

33 Das **französische Recht** geht in der Bestandteilsfrage von anderen Grundsätzen aus als das BGB (vgl § 93 Rn 48). Danach hindert auch eine nur vorübergehende Verbindung nicht, daß ein immeuble par nature entsteht, zB bei den zum Verkauf bestimmten Bäumen einer Baumschule (FERID/SONNENBERGER, Das französische Zivilrecht II [2. Aufl 1986] Rn 3 A 71; BEYSEN, in: vBAR [Hrsg], Sachenrecht in Europa IV [2001] 177, 190). Ein getrenntes Eigentum an Grundstücksüberbauten ist aufgrund einer Baupacht als droit de superficie möglich (BEYSEN, in: vBAR IV 252). – Das **italienische Recht** kennt Ausnahmen vom Akzessionsprinzip auf der Grundlage eines hierfür bestehenden Rechts, was etwa der Regelung in § 95 Abs 1 S 2 entspricht. So verbleiben vom Nießbraucher eingefügte Sachen gem Art 986 Codice civile in seinem Eigentum, ebenso gem Art 952 und 953 Codice civile die Bauwerke aufgrund eines diritto di superficie (was dem deutschen Erbbaurecht entspricht). Die besondere Rechtslage der Elektroleitungen ist in Art 1056 Codice civile ausdrücklich vorgesehen. – Im **englischen Recht** ist bei Bestandteilen nach hM neben der Festigkeit der Verbindung ebenfalls ein Wille zur dauernden Einfügung erforderlich. Je fester die Verbindung ist, desto geringer sind die Anforderungen an den Nachweis eines entsprechenden Willens (MIDDLETON, in: vBAR [Hrsg], Sachenrecht in Europa I [2000] 93, 174). Jedoch sind Wegnahmerechte vorgesehen für trade fixtures, die zu Gewerbezwecken des Pächters verbunden wurden, sowie für ornamental fixtures und domestic fixtures, etwa Badewannen, die der Mieter eingebaut hat (CHESHIRE/BURN's Modern Law of Real Property [17. Aufl Oxford 2006] 158 ff).

§ 96
Rechte als Bestandteile eines Grundstücks

Rechte, die mit dem Eigentum an einem Grundstück verbunden sind, gelten als Bestandteile des Grundstücks.

Materialien: E I § 788; II § 77g; III § 92; Mot III 60; Prot III 16.

I. Bedeutung der Vorschrift

§ 96 überträgt im Wege der **Fiktion** die Kategorie des Bestandteils auf solche Rechte, die mit dem Eigentum an einem Grundstück verbunden sind. Unerheblich ist, ob das Recht an einem fremdem Grundstück oder an dem Grundstück ausgeübt wird, mit dem es verbunden ist. – Die mit dem Eigentum an einem Grundstück verbundenen Rechte werden durch die Bestandteilsfiktion **nicht zu Sachen** oder zu Sachteilen. Besteht ein beim Verkauf des Grundstücks zugesichertes Recht nicht, so ist dies als Rechtsmangel iS des § 435 zu beurteilen und stellt keinen Sachmangel des Grundstücks dar (RGZ 83, 198, 200; 93, 71, 73). Im Hinblick auf die Angleichung der Rechtsfolgen von Rechts- und Sachmängeln durch das SchuRMoG ist die Unterscheidung nur noch von geringer Bedeutung.

II. Mit dem Eigentum verbundene Rechte

Die mit dem Eigentum an einem Grundstück verbundenen Rechte sind notwendig **subjektiv-dingliche Rechte**, also solche Rechte, die dem jeweiligen Eigentümer eines Grundstück zustehen (BGB-RGRK/Kregel Rn 5; Soergel/Marly Rn 1). Sie können gleichzeitig objektiv-dingliche Rechte (also Sachenrechte iS des BGB) sein, wenn sie Herrschaftsrechte an einer anderen Sache zum Inhalt haben (RGZ 140, 107, 111; vgl dagegen MünchKomm/Holch Rn 2, der nur diese Rechte als subjektiv-dinglich bezeichnet). – Dagegen stellen **subjektiv-persönliche Rechte**, insbes die nur schuldrechtlich wirkenden Forderungen, **keine** Rechte iS des § 96 dar (dazu u Rn 7).

1. Als subjektiv-dingliche Herrschaftsrechte an einem fremdem Grundstück fallen unter § 96 in erster Linie die **Grunddienstbarkeit** gem § 1018 (RGZ 93, 71, 73; BayObLG NJW-RR 1987, 789, 790), das zugunsten des jeweiligen Eigentümers eines anderen Grundstücks bestellte **dingliche Vorkaufsrecht** nach § 1094 Abs 2 (RGZ 104, 316, 318 f) und die zugunsten des jeweiligen Eigentümers eines anderen Grundstücks bestellte **Reallast** gem § 1105 Abs 2 (BayObLGZ 1961, 23, 30). Die Reallastvorschriften gelten nach § 9 Abs 1 S 1 ErbbauRG auch für den **Erbbauzins**; da der Anspruch auf Entrichtung des Erbbauzinses für noch nicht fällige Leistungen gem § 9 Abs 2 ErbbauRG nicht vom Eigentum am Grundstück getrennt werden kann, ist auch die Erbbauzinsreallast als subjektiv-dingliches Recht nach § 96 (wesentlicher) Bestandteil des Erbbaugrundstücks (BayObLGZ 1961, 23, 30 f; 1990, 212, 215; BFH NJW 1991, 3176). – Ebenso fallen unter § 96 die **Überbaurente** nach §§ 912 Abs 2 S 1, 913 Abs 1 und die **Notwegrente** nach § 917 Abs 2, das Recht auf **Duldung** des Überbaus nach § 912 Abs 1 (RGZ 160, 166, 177) und auf Duldung des Notwegs nach § 917 Abs 1 (vgl BGB-RGRK/Kregel Rn 4). – Dasselbe gilt für den **Heimfallanspruch** des Grundstückseigentümers nach § 3 ErbbauRG (BGH WM 1980, 938, 939) sowie den als Inhalt eines Dauerwohnrechts vereinbarten Heimfallanspruch nach § 36 Abs 1 S 2 WoEigG. – Dagegen kann ein **Miteigentumsanteil** an einem Grundstück nicht zugunsten der jeweiligen Eigentümer der Nachbargrundstücke begründet werden (BayObLGZ 1987, 121, 128 f).

4 Besteht eine Grunddienstbarkeit zugunsten eines Grundstücks, das nach § 8 WoEigG in **Wohnungseigentumseinheiten** geteilt wird, so ist sie als Gesamtberechtigung zugunsten der Wohnungseigentümergemeinschaft Bestandteil aller begünstigten Wohnungseigentumsrechte (OLG Stuttgart NJW-RR 1990, 569; BayObLGZ 1990, 124, 127; vgl OLG Düsseldorf OLGZ 1987, 51, 53). Ein zugunsten des jeweiligen Erbbauberechtigten eingeräumtes **dingliches Vorkaufsrecht** am Grundstück ist Bestandteil des Erbbaurechts (BGH NJW 1954, 1143, 1145; OLG Celle Rpfleger 1959, 135; 1961, 320, 321; vgl § 93 Rn 13).

5 2. **Nach Landesrecht** ist zB das rheinische Kellerrecht am fremden Grundstück, das auf Art 553 cc zurückgeht und nach Art 184 EGBGB fortbesteht, ein Recht iS des § 96 (RGZ 56, 258, 260; KG JW 1933, 1334, 1335; vgl auch § 93 Rn 29). – Ferner fällt nach Landesrecht unter die Regelung des § 96 ein im Jahre 1864 verliehenes **Staurecht**, das einen Bestandteil des Mühlengrundstücks bildet (LG Hildesheim NdsRpfl 1965, 275), sowie **Fischereirechte**, soweit sie mit dem Eigentum an einem anderen Grundstück verbunden sind (BGB-RGRK/Kregel Rn 6; vgl u Rn 6). Ebenso gehören die unselbständigen **Realgemeindeanteile**, zB die Waldanteile eines Bauernhofes (OLG Celle NdsRpfl 1961, 34), sowie die Verbandsanteile am Genossenschaftsforst (BGH WM 1998, 2207, 2208; OLG Braunschweig AgrarR 1990, 7) hierher, nicht dagegen die satzungsgemäß rechtlich selbständig ausgestalteten Verbandsanteile (OLG Celle AgrarR 1981, 291). Auch die radizierten, dh mit dem Eigentum an einem Anwesen verbundenen und im Grundbuch eingetragenen **Gemeinderechte** sind Bestandteile des Grundstücks (BayObLGZ 1970, 21, 23 mwNw). – Von den früheren Realgewerbeberechtigungen (vgl Staudinger/Albrecht/Merten [2005] Art 74 EGBGB Rn 5 ff) hat wegen der grundsätzlichen Gewerbefreiheit nach § 1 GewO nur noch das dem alten Landesrecht entstammende **Apothekenprivileg** Bedeutung (vgl Walther, Apothekenrecht, MDR 1949, 79; zur geschichtlichen Entwicklung des Apothekenrechts vgl auch BVerfGE 7, 377, 387 ff). Die alten Apothekenprivilegien können, sofern sie radiziert sind, mit dem Eigentum am Grundstück verbundene Rechte sein (PrOVGE 54, 23, 26; vgl aber PrOVGE 57, 122, 126 f), die auch unter dem System der persönlichen Betriebserlaubnis nach dem ApoG fortbestehen. Gem § 27 Abs 1 ApoG wird für den Inhaber des Privilegs eine Betriebserlaubnis fingiert.

6 3. Umstritten ist, ob das **Jagdrecht** nach § 3 BJagdG ein Recht iS des § 96 darstellt (so BFH/NV 2008, 1878; MünchKomm/Holch Rn 3; Bamberger/Roth/Fritzsche Rn 3; Palandt/ Ellenberger Rn 2; PWW/Völzmann-Stickelbrock Rn 2; Enneccerus/Nipperdey § 125 Fn 76) oder ob es nur eine Auswirkung des Eigentums selbst ist (so RGZ 70, 70, 73; KG OLGE 4, 44; BGB-RGRK/Kregel Rn 3). Für letztere Auffassung spricht, daß das Jagdrecht nach § 3 Abs 1 S 3 BJagdG nicht als selbständiges Recht begründet werden kann. – Dasselbe gilt für das **Anliegerrecht** auf Zugang zur Straße über ein Nachbargrundstück (BGHZ 30, 241, 245) und das **Fischereirecht**, wenn es nach Landesrecht dem jeweiligen Eigentümer des Gewässers zusteht (vgl o Rn 5; Staudinger/Mayer [2005] Art 69 Rn 73 ff EGBGB). Solche Eigentümerfischereirechte stellen gerade einen Ausfluß aus dem Eigentum dar und sind daher nicht mit diesem „verbunden" (vgl BGH NJOZ 2009, 3307, 3309 Rn 12; RGZ 94, 33, 34). – Der Streit ist jedoch von geringer praktischer Bedeutung, da in beiden Fällen das Recht nicht vom Eigentum am Grundstück getrennt werden kann.

7 4. **Nicht** mit dem Grundeigentum verbundene Rechte sind insbesondere die schuldrechtlichen Ansprüche des Grundstückseigentümers (vgl o Rn 2), zB Lieferrechte für Zuckerrüben (BGHZ 111, 110, 113; OLG Celle RdL 1996, 259, 260). Dies gilt auch, wenn das Recht so begründet wird, daß es jeweils dem Eigentümer eines bestimmten Grundstücks zusteht (so RGZ 128, 246, 248 für einen Auflassungsanspruch). – Auch **personenbezogene öffentlich-rechtliche Ansprüche** fallen nicht unter § 96; so sind Milchkontingente (BGHZ 114, 277, 281; OLG Celle AgrarR 1997, 160, 161) und der Vergütungsanspruch für die Aufgabe der Milcherzeugung (VG Stade WM 1987, 1312, 1313) keine Bestandteile des Betriebsgrundstücks. Dasselbe gilt für die einem Geschädigten gewährten öffentlich-rechtlichen Entschädigungsansprüche (BGHZ 18, 128, 138 ff für Ansprüche nach der KriegssachschädenVO von 1940; RGZ 140, 170, 111 f für Ansprüche nach dem preußischen FluchtlinienG; **aM** LG Braunschweig NVwZ 2002, 1146, 1147 für den Anspruch nach § 42 BImSchG). Auch das „Brennrecht" nach dem BranntweinmonopolG ist mangels Rechtsqualität kein Recht iS des § 96 (BGH LM Nr 1; RG HRR 1932 Nr 1157; KG Recht 1937 Nr 5987; vgl auch RGZ 83, 54, 57 ff). – Ebenfalls nicht unter § 96 fallen die beschränkten dinglichen Rechte, die nicht zugunsten des jeweiligen Eigentümers eines Grundstücks bestellt sind; dazu gehört auch die **Eigentümerhypothek** (SOERGEL/MARLY Rn 3; HIRSCH, Die vorläufige Eigentümerhypothek, ArchBürgR 25 [1905] 222, 252). Dasselbe gilt für den bei einem Hypothekengläubiger angesammelten **Amortisationsfonds** zur Tilgung der hypothekarisch gesicherten Schuld (RGZ 104, 68, 73; vgl auch BROX, Die Tilgungsfondshypothek in der Zwangsversteigerung, Rpfleger 1959, 176, 178).

III. Rechtsfolgen der Bestandteilseigenschaft

Wie bei den körperlichen Bestandteilen unterscheidet die hM auch bei den unter § 96 fallenden Rechten zwischen **wesentlichen** und **unwesentlichen** Bestandteilen (vgl § 93 Rn 14); das Gesetz besage nicht, daß die mit dem Grundeigentum verbundenen Rechte wesentliche Bestandteile seien (RGZ 74, 401, 402; SOERGEL/MARLY Rn 3; ERMAN/MICHALSKI Rn 2). Jedoch gibt es keine Rechte, die trotz ihrer Verbindung mit dem Eigentum an einem Grundstück **sonderrechtsfähig** iS des § 93 sind. Man kann zwar als unwesentliche Bestandteile diejenigen Rechte bezeichnen, die vom Eigentum am Grundstück getrennt werden können (so RGZ 93, 71, 73; vgl auch RGZ 67, 221, 224 ff); dies wird zB für die radizierten Gemeinderechte angenommen (BayObLGZ 1970, 21, 25; MünchKomm/HOLCH Rn 6; vgl o Rn 5). Jedoch **endet** die Bestandteilseigenschaft dieser Rechte nach § 96 mit ihrer **Abtrennung** vom Grundeigentum (vgl BGH WM 1998, 2207, 2208). – Die meisten unter § 96 fallenden Rechte sind untrennbar mit dem Grundstück verbunden und damit „wesentliche" Bestandteile, so das dingliche Vorkaufsrecht nach § 1103 Abs 1, die Reallast nach § 1110 (vgl BayObLGZ 1990, 212, 215) sowie ihrer Natur nach auch die Grunddienstbarkeit (RGZ 93, 71, 73; BayObLGZ 1990, 124, 127; OLG Köln NJW-RR 1993, 982, 983).

Die durch § 96 fingierte Bestandteilseigenschaft bewirkt, daß die betreffenden Rechte bis zu einer etwaigen Abtrennung vom Grundeigentum zwingend das **rechtliche Schicksal** des Grundstücks **teilen**, mit dem sie verbunden sind. Bei einer **Veräußerung des Grundstücks** gehen sie daher auf den Erwerber über. Wenn nichts anderes vereinbart ist, erstreckt sich die Verpflichtung zur Veräußerung des Grundstücks analog § 311c auf die Übertragung des Rechts. Ist ein nicht bestehendes Recht beim belasteten Grundstück im Grundbuch eingetragen, so kann es beim Erwerb des herrschenden Grundstücks gem § 892 gutgläubig erworben werden (BayObLG NJW-RR 1987, 789, 790 für eine Grunddienstbarkeit; dazu G LÜKE JuS 1988, 524 ff). – Eine am

Grundstück bestellte **Hypothek** erstreckt sich nach § 1120 auch auf das Recht (RGZ 83, 198, 200); in der Zwangsversteigerung wird es gem §§ 90 Abs 2, 55 Abs 1, 20 Abs 2 ZVG vom Zuschlag erfaßt. – Wegen der Sonderrechtsunfähigkeit der subjektivdinglichen Rechte ist eine Bestellung zugunsten eines Miteigentumsanteils nicht möglich (BayObLGZ 1990, 212, 215). – Im **Steuerrecht** findet § 96 keine uneingeschränkte Anwendung, so daß mit dem Grundeigentum verbundene Rechte nicht notwendig der Grunderwerbssteuer unterliegen (so BFHE 145, 238, 239 für einen Anspruch auf Brandentschädigung; BFH NJW 1991, 3176 für den Erbbauzinsanspruch).

§ 97
Zubehör

(1) Zubehör sind bewegliche Sachen, die, ohne Bestandteil der Hauptsache zu sein, dem wirtschaftlichen Zweck der Hauptsache zu dienen bestimmt sind und zu ihr in einem dieser Bestimmung entsprechenden räumlichen Verhältnis stehen. Eine Sache ist nicht Zubehör, wenn sie im Verkehr nicht als Zubehör angesehen wird.

(2) Die vorübergehende Benutzung einer Sache für den wirtschaftlichen Zweck einer anderen begründet nicht die Zubehöreigenschaft. Die vorübergehende Trennung eines Zubehörstücks von der Hauptsache hebt die Zubehöreigenschaft nicht auf.

Materialien: E I § 789; II § 77h; III § 93; Mot III 61; Prot III 17; JAKOBS/SCHUBERT, AT I 449 ff.

Schrifttum

BRAMMERTZ, Die Merkmale des Zubehörbegriffs der §§ 97 und 98 BGB (Diss Bonn 1993)
DORN, Bestandteile und Zubehör in der Zwangsversteigerung, Rpfleger 1987, 143
DU CHESNE, Der Sinn des Zubehörbegriffs, DJZ 1912, 837
GAIL, Der Begriff des Zubehörs nach dem BGB (Diss Erlangen 1908)
GÉRARD, Begriff des Zubehörs und Entstehung der Zubehöreigenschaft nach dem Rechte des BGB (Diss Heidelberg 1909)
KEYLING, Die rechtliche Bedeutung der Zubehöreigenschaft nach dem BGB (Diss Leipzig 1906)
KOHLER, Zur Lehre von den Pertinenzen, JherJb 26 (1888) 1
MAJER, Zur Bestimmung der Zubehöreigenschaft – Begriff und Funktion der Verkehrsauffassung nach § 97 I 2 BGB, BWNotZ 2008, 144
MARTENS, Zubehör beim Grundstück nach gemeinem Recht und dem BGB (Diss Rostock 1906)
MITZE, Rechtliche Bedeutung der mehrfachen Zubehöreigenschaft einer Sache (Diss Erlangen 1915)
MÜMMLER, Bestandteil und Zubehör im Zwangsversteigerungsverfahren, JurBüro 1971, 805
NEUMANN, Die Merkmale des Zubehörbegriffs nach den §§ 97 und 98 BGB (Diss Greifswald 1915)
OTT, Das Zubehör in der Vollstreckung (Diss Erlangen 1915)
ROSTOSKY, Der Sachinbegriff im ein- und mehrfachen Zubehörverhältnis, JherJb 74 (1924) 75
SCHMIDBAUER, Rechtliche Bedeutung der Zubehöreigenschaft (Diss Würzburg 1911)
SCHULTE-THOMA, Zubehörveräußerung bei Grundstückskaufverträgen, RNotZ 2004, 61

SCHUPPERT, Begriff und rechtliche Bedeutung des Zubehörs nach dem BGB und seinen Nebengesetzen (Diss Marburg 1905)
SEBODE, Die Pfändung von Zubehör, DGVZ 1967, 145
SENFTLEBEN, Zubehör zu mehreren Hauptsachen nach Bürgerlichem Gesetzbuch? (Diss Erlangen 1928)
SIEBERT, Zubehör des Unternehmens und Zubehör des Grundstücks, in: FS Gieseke (1958) 59
STRUCKSBERG, Kann nach BGB eine Sache Zubehör mehrerer Hauptsachen sein? (Diss Halle 1907)
WEIMAR, Das Zubehör und seine Rechtslage, MDR 1980, 907
WIEACKER, Sachbegriff, Sacheinheit und Sachzuordnung, AcP 148 (1943) 57
WIESER, Zur Pfändung von Gartenzwergen, NJW 1990, 1971
WIMPFHEIMER, Kann ein Gegenstand Zubehör mehrerer Sachen sein?, ArchBürgR 29 (1906) 84
WITT, Das Pfandrecht am Inventar des landwirtschaftlichen Betriebs (Diss Hohenheim 1974).

Systematische Übersicht

I. Geschichte und Geltungsbereich der Vorschrift	
1. Geschichtliche Entwicklung	1
a) Gemeines Recht und Partikularrecht	1
b) Regelung des BGB	2
2. Geltungsbereich der §§ 97 und 98	3
II. Der Zubehörbegriff des § 97	
1. Die bewegliche Sache als Zubehör	4
a) Grundstücke und Rechte	4
b) Bestandteile und Scheinbestandteile	5
c) Fremde Sachen	6
d) Sachgesamtheiten	7
2. Die Hauptsache	8
a) Bewegliche Sachen und Grundstücke	8
b) Wirtschaftlicher Schwerpunkt	9
c) Mehrere Hauptsachen	10
d) Unternehmen als Hauptsache	11
3. Zweckbindung des Zubehörs	12
a) Zweck der Hauptsache	13
b) Abhängigkeitsverhältnis	14
c) Dauer der Zweckbindung	18
d) Zubehörbestimmung als Realakt	21
4. Räumliches Verhältnis der Sachen	22
a) Örtlicher Zusammenhang	22
b) Vorübergehende Unterbrechung	23
5. Verkehrsauffassung	24
a) Maßstab	24
b) Regionale Unterschiede	25
c) Einzelheiten	26
6. Ende der Zubehöreigenschaft	27
III. Rechtslage des Zubehörs	29
1. Verpflichtungsgeschäfte	30
2. Verfügungsgeschäfte	31
a) Veräußerung nach § 926	31
b) Hypothekarische Haftung	32
c) Verfügungen über bewegliche Sachen	33
3. Zwangsvollstreckung	34
IV. Beweislast	36
V. Ausländisches Recht	37

Alphabetische Übersicht

Aufhebung der Zubehöreigenschaft	27 f
Ausländisches Recht	37 f
Baumaterial	17
Bestandteile	
– als Hauptsache	8
– als Zubehör	5
Beweislast	36
Eigentumsvorbehalt	18
Einbauküche	25
Erzeugnisse	16

Fertigprodukte	16	Rohstoffe	16
Fuhrpark	14		
		Sachgesamtheit	
Grundstücke		– als Hauptsache	10
– als Hauptsache	8, 22	– als Zubehör	8
– als Zubehör	4	Scheinbestandteile	5
Grundstücksgleiche Rechte	8	Schiffszubehör	3
		Straßenzubehör	3
Hauptsache	8 ff		
Höferecht	3, 34	Unternehmen	11
Hypothekarische Haftung	32	Unterordnung, dauernde	14, 18 ff
Kraftfahrzeugbrief	26	Verbrauchbare Sachen	15
		Verkehrsauffassung	24 ff
Materialreserve	15	Versorgungsleitungen	22
Maschinen	14	Vorübergehende Trennung	23, 28
Mehrheit von Hauptsachen	10		
Mieter	19	Widmung	21
Nebensachen	3	Zwangsvollstreckung	34 f
		Zweck, wirtschaftlicher	12 f
Räumliches Verhältnis	22 f	Zweckbindung	14 ff
Rechte als Zubehör	4		

I. Geschichte und Geltungsbereich der Vorschrift

1. Geschichtliche Entwicklung

1 a) Nachdem seit dem Mittelalter das Zubehör aus dem nach römischem Recht umfassenden Bereich der Bestandteile ausgegliedert worden war (vgl § 93 Rn 2), bestanden hinsichtlich des Umfangs des Zubehörs unterschiedliche Auffassungen: Nach **gemeinem Recht** waren Zubehör (Pertinenzen) nur die der stetigen Benutzung einer Hauptsache dienenden, meist geringwertigen Hilfssachen, die nach der Verkehrsauffassung als nicht in der Hauptsache inbegriffen angesehen wurden (vgl HOLTHÖFER, Sachteil und Sachzubehör im römischen und gemeinen Recht [1972] 98 mwNw). Hingegen war der **deutschrechtliche Begriff** der Pertinenz wegen der fehlenden Unterscheidung zwischen Bestandteilen und Zubehör umfassender. Er schloß alles ein, was mit der Hauptsache wirtschaftlich eine Einheit bildete, also auch zB das landwirtschaftliche Inventar eines Grundstücks. Außerdem kam nach deutschrechtlicher Auffassung der Zubehöreigenschaft die weitere Wirkung zu, die Zubehörstücke eines Grundstücks zu immobilisieren, so daß sie von den Grundstücksbelastungen mitergriffen wurden. – Das **preußische Recht** verlangte in §§ 42 ff I 2 ALR für das Zubehör eine fortdauernde Verbindung mit der Hauptsache und verneinte die Zubehöreigenschaft für nicht dem Eigentümer der Hauptsache gehörende Gegenstände. – Große Bedeutung für die weitere Rechtsentwicklung kam dem **bayerischen HypothekenG** von 1822 und dem **württembergischen HypothekenG** von 1825 zu (HOLTHÖFER 116 ff).

b) Die Zubehördefinition des BGB klärt zwei der vorher umstrittenen Punkte 2
(vgl Rostosky JherJb 74, 87 ff): Sie trennt den Begriff des Zubehörs endgültig von dem
der Bestandteile. Ist eine Sache mit einer anderen derart verbunden, daß sie mit
dieser nach der Verkehrsanschauung eine Einheit bildet, so wird sie deren **Bestandteil** und kann nicht mehr Zubehör sein (vgl u Rn 5). – Ferner stellt das BGB den
Zubehörbegriff zumindest teilweise auf eine **objektive Grundlage** und lehnt die
Anerkennung der gewillkürten Pertinenz ab (vgl u Rn 12).

2. Geltungsbereich der §§ 97 und 98

Der Geltungsbereich der §§ 97 und 98 erstreckt sich auf das **gesamte Privatrecht**. 3
Dabei kann die gesetzliche Begriffsbestimmung nicht durch Parteivereinbarung
geändert werden, soweit nicht das Gesetz selbst auf den Parteiwillen abstellt (Soergel/Marly Rn 5). – Allerdings gibt es einige bürgerlichrechtliche Spezialnormen mit
einem vom BGB abweichenden Inhalt, so für das **Schiffszubehör** § 478 HGB, für das
Hofeszubehör § 3 HöfeO. Eine eigene Definition enthielt auch § 9 des KabelpfandG
v 31. 3. 1925 (RGBl I 37). – Einen besonderen Begriff des **Straßenzubehörs** gibt § 1
Abs 4 Nr 3 BFStrG; hierzu gehören zB Verkehrszeichen und die Bepflanzung,
welche nach dem BGB Sachbestandteile wären. Jedoch ist der öffentlich-rechtliche
Zubehörbegriff unabhängig von dem des BGB und kann weiter reichen als dieser
(vgl Vorbem 18 zu §§ 90 ff). – Vom Zubehör zu unterscheiden sind die sog **Nebensachen**.
Das sind im Zusammenhang des § 947 Abs 2 solche Bestandteile, die ohne Beeinträchtigung des Wesens der Gesamtsache fehlen können (BGHZ 20, 159, 163; Staudinger/Wiegand [2011] § 947 Rn 7).

II. Der Zubehörbegriff des § 97

1. Die bewegliche Sache als Zubehör

a) Als Zubehör kommen nur **bewegliche Sachen** in Betracht. **Grundstücke** können 4
daher als unbewegliche Sachen schon nach dem Wortlaut des § 97 kein Zubehör
sein. – **Rechte** können mangels Sachqualität ebenfalls kein Zubehör sein (RGZ 83, 54,
56; 104, 68, 73; BGHZ 111, 110, 116). Sie gelten allerdings nach § 96 als Bestandteile des
Grundstücks, wenn sie mit dem Grundeigentum verbunden sind (s dazu § 96 Rn 2 ff).
Außerdem erstreckt sich die Hypothek ausnahmsweise auf Miet- und Pachtforderungen (§ 1123) sowie auf Versicherungsforderungen (§ 1127). – Auch der „good
will" einer Arztpraxis kommt als unkörperlicher Gegenstand nicht als Zubehör in
Betracht (OLG Karlsruhe WM 1989, 1229, 1230); das gleiche gilt für ein Brennrecht (BGH
LM § 96 Nr 1; vgl § 96 Rn 7). – Die **Instandhaltungsrücklage** nach § 21 Abs 5 Nr 4
WoEigG wird analog § 97 als Zubehör des Wohnungseigentums angesehen (Röll,
Die Instandhaltungsrücklage nach dem Wohnungseigentumsgesetz, NJW 1976, 937, 938; Soergel/
Marly Rn 11).

b) Das Zubehör darf **kein Bestandteil** der Hauptsache sein. Zubehörstücke sind 5
der Hauptsache nur wirtschaftlich untergeordnet, rechtlich jedoch selbständig, während Bestandteile unselbständige Teile einer einheitlichen Sache sind (OLG Frankfurt
NJW 1982, 653, 654; vgl § 93 Rn 7). – Auch Zubehör einer **anderen Sache** kann ein
Gegenstand nicht sein, wenn er wesentlicher Bestandteil ist. Umstritten ist jedoch,
ob der **unwesentliche Bestandteil** einer Sache, insbesondere eines Grundstücks, Zu-

behör einer anderen Sache sein kann. Das RG hat auf den Begriff „bewegliche Sache" in § 97 Abs 1 S 1 abgestellt und dementsprechend die Zubehörfähigkeit unwesentlicher Grundstücksbestandteile verneint (RGZ 87, 43, 50; BGB-RGRK/KREGEL Rn 9; PALANDT/ELLENBERGER Rn 2; vgl § 93 Rn 43). Jedoch gelten unwesentliche Bestandteile eines Grundstücks wie die einer beweglichen Sache in Ansehung fremder Rechte als selbständige bewegliche Sachen (vgl § 93 Rn 42 f). Sie können daher Zubehör einer anderen Sache als der, mit der sie verbunden sind, sein (ebenso OLG Köln NJW 1961, 461; SOERGEL/MARLY Rn 9; MünchKomm/HOLCH Rn 6). – Auch **Scheinbestandteile** können als bewegliche Sachen (vgl § 95 Rn 28) grundsätzlich Zubehör des Grundstücks sein, auf dem sie sich befinden. Zu beachten ist jedoch, daß die von § 95 Abs 1 S 1 vorausgesetzte vorübergehende Verbindung mit dem Grundstück nach hM der für § 97 erforderlichen dauernden Zweckbindung an die Hauptsache entgegensteht (s dazu § 95 Rn 27). Zubehör eines anderen Grundstücks als dem, auf dem sie sich befinden, können Scheinbestandteile dagegen sein (RGZ 55, 281, 284 f).

6 c) Wie sich aus § 1120, letzter HS, ergibt, können auch **fremde Sachen**, dh Sachen, die nicht dem Eigentümer der Hauptsache gehören, Zubehör sein (RGZ 53, 350, 351; OLG Schleswig SchlHA 1974, 111). Allerdings sehen einige Vorschriften besondere Rechtsfolgen für solche Zubehörstücke vor, die im Eigentum des Eigentümers der Hauptsache stehen (vgl u Rn 31 ff).

7 d) Eine **Sachgesamtheit** (vgl § 90 Rn 67) als solche kann kein Zubehör sein (BGB-RGRK/KREGEL Rn 11; MünchKomm/HOLCH Rn 4; SOERGEL/MARLY Rn 7; aM ROSTOSKY JherJb 74, 121 ff; ERMAN/MICHALSKI Rn 2a; STAUDINGER/DILCHER [1995] Rn 7). Der BGH hat zwar in einem Fall die Zubehöreigenschaft einer Sachgesamtheit für möglich gehalten (BGH MDR 1965, 561 für eine Tankstelle), dafür jedoch verlangt, daß jede zur Sachgesamtheit gehörende Einzelsache für sich die Voraussetzungen des § 97 erfüllt. Da eine Sachgesamtheit keine Sache iS des § 90 darstellt, ist es dogmatisch überzeugender, nur die **einzelnen in der Sachgesamtheit zusammengefaßten Gegenstände** als Zubehör aufzufassen. Erforderlich ist in jedem Fall, daß jede einzelne Sache den Voraussetzungen des § 97 genügt, insbesondere ein hinreichendes räumliches Verhältnis zur Hauptsache aufweist (aM ROSTOSKY JherJb 74, 137 ff).

2. Die Hauptsache

8 a) Während das Zubehör eine bewegliche Sache sein muß, kann die Hauptsache, welcher das Zubehör zugeordnet ist, eine **bewegliche Sache** oder ein **Grundstück** sein. Ebenso kommt ein grundstücksgleiches Recht wie das Erbbaurecht oder das Bergwerkseigentum in Betracht (RGZ 161, 203, 206; BGHZ 17, 223, 231 f; BGB-RGRK/ KREGEL Rn 6). Für das Erbbaurecht ist allerdings zu beachten, daß das aufgrund des Rechts errichtete Bauwerk nach § 12 ErbbauRG Bestandteil des Erbbaurechts wird, also nicht dessen Zubehör sein kann (vgl § 93 Rn 13). Im übrigen gibt es **kein Zubehör zu Rechten**; so ist zB der Schuldschein nicht Zubehör zur Forderung. – Auch der **Bestandteil** einer Sache kann Hauptsache iS des § 97 sein, zB ein **Gebäude** oder Gebäudeteil (BGHZ 62, 49, 51). Dies ist der Fall bei einer Gaststätte, die nur im Erdgeschoß eines im übrigen zu Wohnzwecken genutzten Hauses betrieben wird (RGZ 48, 207, 209). Jedoch werden die Zubehörstücke, auch wenn nur das Gebäude oder ein Teil desselben als Hauptsache zu bewerten ist, Zubehör des ganzen Grundstücks (RGZ 89, 61, 63; OLG Stettin HRR 1934 Nr 161).

b) Für die Frage, welche von **mehreren Sachen** die Hauptsache und welche Zubehör ist, kommt es nicht allein auf die äußere Größe oder die Wertverhältnisse an, maßgeblich ist vielmehr die Verkehrsanschauung (ENNECCERUS/NIPPERDEY § 126 I 1). Aus § 98 wird entnommen, daß Grundstücke im Verhältnis zu Mobilien stets als Hauptsachen anzusehen sind (BGB-RGRK/KREGEL Rn 2; vgl RGZ 87, 43, 49). – Bei einem Gewerbebetrieb ist für die Bestimmung der Hauptsache der **wirtschaftliche oder betriebstechnische Schwerpunkt** entscheidend, so daß ein wertvoller Bagger Zubehör der relativ wertlosen Kiesgrube bleibt (RG DR 1942, 137, 138 m Anm HAUPT). Regelmäßig liegt der wirtschaftliche Schwerpunkt beim Betriebsgrundstück. Jedoch ist das Grundstück, von dem aus der Betrieb geführt wird, nicht zwingend als Hauptsache für das Betriebsinventar anzusehen; so ist die Zubehöreigenschaft der Fahrzeuge eines Transportunternehmens verneint worden, da die Fahrzeuge selbst den Mittelpunkt des Geschäftsbetriebs darstellen (BGHZ 85, 234, 237 m Anm REHBEIN JR 1983, 280 f; anders noch RG JW 1936, 3377, 3378; vgl u Rn 14). – Auch wenn mehrere Grundstücke für einen einheitlichen Betrieb eingerichtet sind, ist Hauptsache dasjenige, das den Mittelpunkt der Bewirtschaftung bildet (RGZ 130, 264, 266 f; OLG Stettin JW 1932, 1581).

c) Eine Sache kann auch als Zubehör **mehrerer Hauptsachen** angesehen werden (RG SeuffA 84 Nr 98; OLG Frankfurt HRR 1937 Nr 692; MünchKomm/HOLCH Rn 12; ENNECCERUS/NIPPERDEY § 126 I 3 b; **aM** OLG Dresden SeuffBl 75, 583). So kann zB eine Maschine Zubehör zu mehreren landwirtschaftlichen Grundstücken sein. Dem steht auch nicht entgegen, daß diese Sachen **verschiedenen Eigentümern** gehören (OLG Breslau OLGE 35, 291; OLG Stettin JW 1932, 1581). Voraussetzung ist, daß beide Grundstücke in gleicher Weise den betriebstechnischen Mittelpunkt darstellen (vgl o Rn 9). Die Zubehörgrundsätze gelten dann für den entsprechenden Anteil am Zubehörstück (ENNECCERUS/NIPPERDEY § 126 I 3 b; zu den einzelnen Rechtsfolgen s u Rn 30 ff). – Als Hauptsachen für Zubehör kommen auch die Einzelsachen einer **Sachgesamtheit** in Betracht, nicht jedoch die Sachgesamtheit als solche (BGB-RGRK/KREGEL Rn 7; MünchKomm/HOLCH Rn 13; **aM** ROSTOSKY JherJb 74, 145 ff; vgl o Rn 7). Außerdem kann es Zubehör nur zu individuell bestimmten Hauptsachen geben, nicht auch zu einer Gattung wechselnder Sachen; so ist zB die Geldbörse nicht Zubehör für das darin befindliche Geld, ein Lagerraum nicht Zubehör zu den darin befindlichen Waren.

d) Ob Sachen **Zubehör zum Unternehmen** als Rechtsgesamtheit (vgl § 90 Rn 81) sein können, ist umstritten. Unter dem Gesichtspunkt des § 311c (§ 314 aF) wurde die Frage zT bejaht (vgl SIEBERT, in: FS Gieseke 67 mwNw; GIERKE/SANDROCK, Handels- und Wirtschaftsrecht [9. Aufl 1975] § 13 III 1 b; de lege ferenda auch WIEACKER AcP 148, 95). Die hM verneint dagegen für das Unternehmen die Fähigkeit, Hauptsache iS der §§ 97 und 98 zu sein (BGB-RGRK/KREGEL Rn 7; SOERGEL/MARLY Rn 15; MünchKomm/HOLCH Rn 13; REHBEIN JR 1983, 280). Dem ist zuzustimmen, da eine Rechtsgesamtheit ebenso wie eine Sachgesamtheit kein hinreichend bestimmtes sachenrechtliches Zuordnungsobjekt ist (vgl § 90 Rn 73). – Vielfach jedoch werden die betroffenen Sachen als **Grundstückszubehör** zum Unternehmensgrundstück eingeordnet (OLG Stettin HRR 1934 Nr 161; RG DR 1942, 137, 138 mit Anm krit HAUPT; vgl auch u Rn 14 und 22). Diese Lösung versagt allerdings dann, wenn das Unternehmen in einem Gebäude betrieben wird, das nach seiner objektiven Beschaffenheit nicht dauernd dafür eingerichtet ist (BGHZ 62, 49, 51 f), oder wenn der Unternehmensinhaber nicht Eigentümer, sondern nur Mieter oder Pächter des Grundstücks ist (WIEACKER AcP 148, 91 f). – Im Rahmen des § 311c kann man außerdem alle in den Kaufvertrag eingeschlossenen Gegenstände als unmittelbare **Unternehmensteile** ansehen, so daß die Zubehörproblematik in diesem Rahmen nicht entsteht (zust WIELING, Sachenrecht I [2. Aufl 2006] § 2 IV 7 a). Die hM will insoweit § 311c analog anwenden (RGZ 102, 127, 129; 112, 242, 247; MünchKomm/ HOLCH Rn 14; ENNECCERUS/NIPPERDEY § 126 IV). – Zum **Betriebszubehör** vgl § 98 Rn 4 ff.

3. Zweckbindung des Zubehörs

12 Die von § 97 Abs 1 S 1 verlangte wirtschaftliche Zweckbindung dient der **objektiven Bestimmung** des Zubehörbegriffs (vgl o Rn 2; WIEACKER AcP 148, 93 f). Zwar kann grundsätzlich derjenige, der die Verfügungsmacht über die Sache hat, bestimmen, ob sie dem Zweck der Hauptsache dienen soll (s u Rn 21); der Zweck der Hauptsache ist jedoch unabhängig vom Parteiwillen zu bestimmen (vgl BGHZ 62, 49, 50). Außerdem können die Parteien, sobald die Voraussetzungen des § 97 objektiv vorliegen, nicht darüber befinden, ob die Sache Zubehör sein soll oder nicht.

13 a) Der **Zweck der Hauptsache**, dem das Zubehör zu dienen bestimmt ist, ergibt sich aus ihrer objektiven Beschaffenheit oder anderen nach der Verkehrsanschauung maßgeblichen Umständen. Es genügt, daß das Zubehör dem wirtschaftlichen Zweck einzelner **Bestandteile** der Hauptsache dienen soll, zB einem Stockwerk des Hauses (RGZ 48, 207, 209; vgl o Rn 8). – Der Begriff des **wirtschaftlichen Zweckes** darf dabei nicht nur iS unmittelbar erwerbsbezogener Vorgänge verstanden werden. Vielmehr fällt jeder Zweck darunter, um dessentwillen die Sache genutzt wird (ENNECCERUS/ NIPPERDEY § 126 I 3). Daher ist eine Alarmanlage Zubehör einer Eigentumswohnung (OLG München MDR 1979, 934; vgl auch § 94 Rn 32) und eines Kraftfahrzeugs (OLG Düsseldorf NZV 1996, 196, 197); das gleiche gilt für das in ein Kraftfahrzeug eingebaute Navigationssystem (OLG Karlsruhe NVZ 2002, 132). – Auch die Förderung eines „Kulturzweckes" genügt für § 97 (vgl WIEACKER AcP 148, 94); so ist zB die Orgel Zubehör eines Kirchengebäudes (RG JW 1910, 466; WIESER NJW 1990, 1971) und die Glocke Zubehör einer Kapelle (BGH NJW 1984, 2277, 2278; dazu DILCHER, Der Streit um die Glokke, JuS 1986, 185 ff). Daher ist die Begründung des OLG Frankfurt (NJW 1982, 653, 654) unzutreffend, das die Zubehöreigenschaft eines im Garten aufgestellten Bildstocks nur deswegen abgelehnt hat, weil dieser nicht einem gewerblichen Zweck, sondern nur den persönlichen Bedürfnissen der Hauseigentümer diene (vgl u Rn 26). – Wenn eine Sache hingegen überhaupt nicht nutzbar ist, kann sie auch kein Zubehör haben.

14 b) Eine Sache dient dem wirtschaftlichen Zweck einer anderen, wenn sie zu ihr in einem **Abhängigkeitsverhältnis** steht; das Zubehör muß der Hauptsache untergeordnet sein (RGZ 86, 326, 328 f). Dies ist insbesondere bei **Maschinen** (sofern sie nicht Bestandteile sind, vgl § 93 Rn 18) auf dem produktionstragenden Grundstück der Fall (vgl BGH NJW 1979, 2514; OLG Köln NJW-RR 1987, 751, 752), ebenso bei der Kühlanlage einer Gaststätte (OLG Hamm NJW-RR 1986, 376; vgl § 93 Rn 23). – Entscheidend ist, daß das Zubehör zur **Förderung** des wirtschaftlichen Zwecks der Hauptsache Verwendung findet; daher reicht es auch aus, wenn das Zubehör dem Zweck der Hauptsache nur **mittelbar dient**, wie dies bei den zum Vertrieb der hergestellten Waren dienenden Sachen der Fall ist (RGZ 47, 197, 199). – Auch der **Fuhrpark** eines Unternehmens wurde früher hier eingeordnet (RG JW 1917, 708; RG JW 1936, 3377 f). Inzwischen wird der Fuhrpark nur noch dann als Grundstückszubehör anerkannt, wenn der wirt-

schaftliche Schwerpunkt des Unternehmens gerade auf diesem Grundstück liegt. Dies trifft nicht zu bei einer Spedition, deren Kraftfahrzeuge durchweg außerhalb des Betriebsgrundstücks operieren (vgl o Rn 9 und § 98 Rn 7). Dasselbe gilt für einen an unterschiedlichen Stellen eingesetzten Baukran (OLG Koblenz MDR 1990, 49) und für Baumaschinen, die durchweg auf Außenbaustellen eingesetzt werden (BGHZ 124, 380, 393; vgl aber OLG Hamm MDR 1985, 494, 495). – Das Zubehör muß dem Zweck der Hauptsache **nicht ausschließlich** dienen; daß eine Sache auch einem Nebenzweck dient, steht ihrer Zubehöreigenschaft nicht entgegen (OLG Frankfurt HRR 1937 Nr 692; vgl auch RGZ 157, 40, 48). So ist zB ein Hotelbus, der auch andere Personen als Hotelgäste befördert, dennoch Hotelzubehör (vgl RGZ 47, 197, 200).

Es genügt, daß eine **künftige Verwendung** des Zubehörs in Unterordnung unter den Zweck der Hauptsache beabsichtigt ist, solange die Sache bereits für diesen Zweck bestimmt ist und in einem entsprechenden räumlichen Verhältnis zur Hauptsache steht (OLG Frankfurt HRR 1937 Nr 692). Daß die Sache bereits tatsächlich benutzt wird, ist zwar ein Indiz für eine entsprechende Zweckbestimmung, für die Qualifizierung als Zubehör jedoch nicht erforderlich (RG HRR 1934 Nr 1273). Dementsprechend wird die sog **Materialreserve**, die erforderlich ist, um einen Betrieb einsatzbereit zu halten, als Zubehör eingeordnet (RGZ 66, 356, 357 f; 86, 326, 330). So sind Zubehör das zum Einbau in Maschinen bestimmte Ausbesserungsmaterial (RGZ 66, 356, 357 f) sowie die Kohlevorräte (RGZ 77, 36, 38). Das gleiche gilt für das Heizöl im Tank eines Wohngebäudes (OLG Schleswig SchlHA 1997, 110; LG Braunschweig ZMR 1986, 120, 121; AG Saarlouis DGVZ 1999, 187). Daß es sich dabei um **verbrauchbare Sachen** handelt, steht der Zubehöreigenschaft nicht entgegen (RG HRR 1930 Nr 277). 15

Hingegen sind die für den laufenden Betrieb erforderlichen **Rohstoffvorräte** nicht dem Zweck des Betriebsgrundstücks untergeordnet. Sie werden vielmehr als gleichwertige Sachen angesehen, so daß sie kein Zubehör darstellen (RGZ 86, 326, 329; SOERGEL/MARLY Rn 24; ENNECCERUS/NIPPERDEY § 126 I 3 c). – Auch die zur Veräußerung bestimmten **Erzeugnisse** und **Fertigprodukte** eines Betriebes sind nicht als Zubehör des Betriebsgrundstücks einzuordnen (BGB-RGRK/KREGEL Rn 23 mwNw). Dies folgt daraus, daß sie als nur noch vorübergehend mit dem Betriebsgrundstück verbunden angesehen werden (RGZ 66, 88, 90; RG SeuffA 63 Nr 80; vgl u Rn 18). Kein Zubehör sind daher das Bier einer Brauerei (OLG Kiel SeuffA 67 Nr 146), die Ziegel einer Ziegelei (OLG Dresden SeuffA 62 Nr 77) oder das endgültig zum Verkauf bestimmte Vieh (RGZ 142, 379, 382; OLG München JW 1934, 1802). Auch für die Verkaufsbestände einer Baumschule wird unter diesem Gesichtspunkt die Zubehöreigenschaft verneint (RGZ 66, 88, 90; vgl auch § 95 Rn 13). Dasselbe gilt für Speisen und Getränke in einer Gastwirtschaft (OLG Rostock OLGE 31, 309, 311; MünchKomm/HOLCH Rn 17; anders hinsichtlich der für die Sicherung des Fortbetriebs erforderlichen Vorräte OLG Dresden OLGE 30, 329; SOERGEL/MARLY Rn 11). 16

Ist die **Hauptsache noch unfertig**, so können ihr solche Sachen nicht dienen, die allein auf den Zweck der fertigen Hauptsache ausgerichtet sind. Dies gilt zB für Heizöl in den Tanks eines noch nicht bezugsfertigen Gebäudes (OLG Düsseldorf NJW 1966, 1714, 1715), ebenso für Fabrikationsmaschinen in einem noch nicht betriebsfertigen Fabrikationsgebäude (RGZ 89, 61, 64 f; BGH NJW 1969, 36). – Allerdings ist zu beachten, daß **Baumaterial** und Baumittelstücke durchaus Zubehör sein können. Sie dienen dann zwar nicht dem noch unfertigen Gebäude, wohl aber dem Baugrund- 17 stück zum Zwecke der Bebauung (RGZ 84, 284, 285; 86, 326, 330; 89, 61, 65; BGHZ 58, 309, 311 m abl Anm Kuchinke JZ 1972, 659, 660). Die Tatsache, daß die Materialien später zu wesentlichen Bestandteilen des Grundstücks werden sollen, steht der Zubehöreigenschaft ebensowenig entgegen wie ein Eigentumsvorbehalt des Lieferanten (vgl u Rn 18).

18 c) Gem § 97 Abs 2 S 1 wird die Zubehöreigenschaft jedoch nur dann begründet, wenn eine **dauernde Unterordnung** unter den wirtschaftlichen Zweck der Hauptsache gewollt ist. Eine vorübergehende Unterordnung genügt nicht, so daß das auf Zeit in einen Geschäftswagen eingebaute Autotelefon nicht Zubehör wird (OLG Köln MDR 1993, 1177; vgl auch § 93 Rn 20). Eine vorübergehende Benutzung liegt vor, wenn die Aufhebung der Nutzung von vornherein beabsichtigt ist oder nach der Natur ihres Zwecks als sicher angenommen wird (RGZ 47, 197, 202; BGB-RGRK/Kregel Rn 13 und 28). Dies führt zB dazu, die zum Verkauf bestimmten Fertigprodukte nicht als Zubehör des Betriebsgrundstücks zu bewerten (vgl o Rn 16). Auch eine auf Probe gelieferte Sache wird (noch) nicht Zubehör (Erman/Michalski Rn 7). Geräte, die allein zur Herstellung eines speziell anzufertigenden Produktes dienen und nach ihrer Verwendung an den jeweiligen Kunden übereignet werden sollen, sind ebenfalls kein Zubehör des Herstellerbetriebes (OLG Düsseldorf NJW-RR 1991, 1130, 1131 für Kunststoffblasformen; aM RG Gruchot 53, 899, 900 f für Verpackungsmaterial). – Hingegen steht ein **Eigentumsvorbehalt** des Lieferanten der Zubehöreigenschaft nicht entgegen (BGHZ 58, 309, 313 f; vgl § 95 Rn 7).

19 Insbesondere fehlt Sachen, die nur dem persönlichen Bedürfnis des zeitweiligen Besitzers der Hauptsache dienen, die Zubehöreigenschaft. Deshalb werden Maschinen und andere Gerätschaften, die der **Mieter oder Pächter** eines Grundstücks für seine befristeten Zwecke dorthin verbringt, regelmäßig kein Grundstückszubehör (OLG Frankfurt ZMR 2008, 145, 146; BGB-RGRK/Kregel Rn 30; Soergel/Marly Rn 28; Bamberger/Roth/Fritzsche Rn 14). Dasselbe gilt für Lampen, die ein Mieter angebracht hat (OLG Bamberg OLGE 14, 8), die vom Mieter mit eigenen Mitteln erworbene und eingefügte **Einbauküche** (BGH NJW 2009, 1078, 1079 Rn 21 ff; OLG Koblenz ZMR 1993, 66, 68) oder für die Tankanlage auf einem gepachteten Grundstück (LG Altona JW 1935, 1197). – Wie bei Scheinbestandteilen (vgl § 95 Rn 8) wird bei der Ausübung eines zeitlich begrenzten Nutzungsrechts der Wille zur vorübergehenden Benutzung von der Rspr **vermutet** (BGH NJW 1984, 2277, 2279; vgl u Rn 36). Jedoch begründet die fest vereinbarte spätere Übernahme der Mietersache durch den Grundstückseigentümer schon vorher ein dauerndes Unterordnungsverhältnis, ebenso die in Aussicht genommene automatische Verlängerung des Vertrages (RGZ 47, 197, 202; OLG Köln NJW 1961, 461, 462; AG Bad Langensalza ZMR 2000, 304, 306). Wird dagegen für den Verpächter bei Beendigung des Pachtvertrages nur ein wahlweises Übernahmerecht vorgesehen, so genügt dies nicht, eine dauernde Unterordnung und damit die Zubehöreigenschaft herzustellen (vgl BGH BB 1971, 1123, 1124). – Erwirbt allerdings der Mieter oder Pächter später das Grundstückseigentum, so ist anzunehmen, daß seine Sachen nunmehr dauernd dem Zweck des Grundstücks dienen sollen. Sie werden im Unterschied zu Scheinbestandteilen (vgl § 95 Rn 14) ohne äußeren Widmungsakt zum Zubehör (RGZ 132, 321, 324; MünchKomm/Holch Rn 25).

20 Die Dauerhaftigkeit der Unterordnung wird, ähnlich wie im Zusammenhang des § 95 (vgl § 95 Rn 11), nicht dadurch in Frage gestellt, daß die **Hauptsache** nur eine

begrenzte Lebenszeit haben wird. So ist die Zubehöreigenschaft eines Baggers in der Kiesgrube nicht deshalb zu verneinen, weil die Grube bald erschöpft sein wird (OLG Kassel JW 1934, 2715). – Dasselbe gilt hinsichtlich einer **begrenzten Lebenszeit der Zubehörsache** (RG HRR 1930 Nr 277; BGB-RGRK/Kregel Rn 29), insbesondere bei verbrauchbaren Sachen (vgl o Rn 15). So wird die Zubehöreigenschaft bejaht für die Kohlevorräte einer Ziegelei (RGZ 77, 36, 38) oder eines Wohnhauses (OLG Dresden Recht 1938 Nr 7247). – Bei **langlebigen Sachen** ist zur Begründung der Zubehöreigenschaft ausreichend, daß nicht von vornherein an die spätere Aufhebung des Unterordnungsverhältnisses während ihrer Lebensdauer gedacht wird (vgl o Rn 18).

d) Die Bestimmung einer Sache zur dauernden Unterordnung unter den Zweck der Hauptsache ist **kein Rechtsgeschäft** (RG HRR 1934 Nr 1273). Es genügt daher die natürliche Willensfähigkeit des Bestimmenden (Soergel/Marly Rn 26; Erman/Michalski Rn 5; Palandt/Ellenberger Rn 6; **aM** MünchKomm/Holch Rn 19; Enneccerus/Nipperdey § 126 I 3 in Fn 7: Geschäftsfähigkeit erforderlich). – **Bestimmender** kann jeder sein, der das Zubehör in ein wirtschaftliches Unterordnungsverhältnis zur Hauptsache zu versetzen vermag, also nicht nur der Eigentümer, sondern jeder, der die tatsächliche Verfügungsmacht über die Hauptsache und das Zubehörstück hat (MünchKomm/Holch Rn 19; BGB-RGRK/Kregel Rn 14; Soergel/Marly Rn 26; Enneccerus/Nipperdey § 126 I 3). Daher kann auch eine gestohlene Sache Zubehör werden. Ebenso entscheidet über die Zubehöreigenschaft von Mietereinbauten (vgl o Rn 19) die Widmung des Einfügenden (BGH NJW 2009, 1078, 1079 Rn 21). – Derjenige, der die Hauptsache tatsächlich benutzt, kann das Zubehörstück auch umwidmen und bestimmen, daß es nur noch vorübergehend benutzt werden soll (BGH NJW 1969, 2135, 2136).

21

4. Räumliches Verhältnis der Sachen

a) Die Zweckbestimmung allein genügt nicht zur Begründung der Zubehöreigenschaft. Die tatsächliche Indienststellung erfordert darüber hinaus, daß ein gewisser **örtlicher Zusammenhang** zwischen Hauptsache und Zubehör hergestellt wird, der eine bestimmungsgemäße Benutzung des Zubehörstücks ermöglicht (vgl BGHZ 165, 261, 263 Rn 7). Eine **körperliche Verbindung** beider Sachen ist **nicht erforderlich**; sie würde sogar der Zubehöreigenschaft entgegenstehen, weil auf diese Weise regelmäßig eine Bestandteilseigenschaft begründet wird. Ebensowenig muß sich die Sache immer an ihrem Einsatzort befinden; es genügt, daß sie ohne weiteres an ihren Einsatzort gebracht werden kann (RGZ 51, 272, 274). – Insgesamt ist die Rspr großzügig mit der Annahme eines ausreichenden räumlichen Verhältnisses. Die Zubehöreigenschaft einer beweglichen Sache zu einem **Grundstück** setzt demnach nicht voraus, daß sich die Sache auf dem Grundstück befindet. Zubehör kann vielmehr auch eine Sache sein, die sich auf einem anderen, sogar im fremden Eigentum stehenden Grundstück befindet (RGZ 47, 197, 200; 55, 281, 285; 87, 43, 50). So kann ein außerhalb des Betriebsgrundstücks eingesetzter Bagger Zubehör sein (RG DR 1942, 137, 138 m krit Anm Haupt; OLG Hamm MDR 1985, 494, 495), ebenso eine Tankstelle auf dem Nachbargrundstück (BGH MDR 1965, 561). Die im Keller eines Hauses zur Versorgung des Nachbargrundstückes verlaufenden Wasser- und Stromleitungen sind Zubehör des Nachbargrundstücks, soweit sie nicht nach § 93 wesentlicher Bestandteil geworden sind (BGH Urt v 10. 6. 2011 Az: V ZR 233/10 Rn 9; vgl § 94 Rn 37). – Die Distanz zwischen Zubehör und Hauptsache kann beträchtlich sein (vgl RGZ 157, 40, 47: 800 bis 1000 m als „geringe Entfernung"). Dies gilt zB für das **Leitungsnetz der Versor-**

22

gungsunternehmen, das als Zubehör zum Betriebsgrundstück bewertet wird (RGZ 168, 288, 290; BGHZ 37, 353, 357; vgl auch § 94 Rn 11 und § 98 Rn 8).

23 b) Eine nur **vorübergehende Unterbrechung** der Möglichkeit, die Zubehörsache im Dienste der Hauptsache zu verwenden, beendet gem § 97 Abs 2 S 2 die Zubehöreigenschaft nicht. Dies gilt etwa bei vorübergehender räumlicher Trennung zu Reparaturzwecken (KG OLGE 6, 213). – Erst eine räumliche Trennung, die als dauernde gewollt ist oder aus tatsächlichen Gründen eine dauernde sein muß, läßt die Zubehöreigenschaft enden (vgl STAUDINGER/WOLFSTEINER [2009] § 1121 Rn 12).

5. Verkehrsauffassung

24 a) Ob zwischen zwei Sachen ein Verhältnis der Über- und Unterordnung und damit ein Zubehörverhältnis besteht, oder ob beide Sachen für den verfolgten Zweck von gleicher Wichtigkeit sind, entscheidet gem § 97 Abs 1 S 2 im Zweifel die **Verkehrsauffassung**. Diese kann sich auch dahin auswirken, daß trotz des Vorliegens einer wirtschaftlichen Zweckbindung und eines entsprechenden räumlichen Verhältnisses die Zubehöreigenschaft einer Sache zu verneinen ist (RG SeuffA 84 Nr 98); dies ist zB der Fall, wenn nach der Verkehrsauffassung eine Sache nicht mit dem Grundstück, auf dem sie sich befindet, mitverkauft zu werden pflegt (anschaulich WIESER NJW 1990, 1971). Dadurch sollen die Interessen des Rechtsverkehrs geschützt werden, der auf den Bestand des äußerlich erkennbaren Zusammenhangs als wirtschaftlicher Einheit vertraut (BGHZ 62, 49, 51). – Die Verkehrsauffassung ist **personell begrenzt**, und zwar insofern, als es auf die Lebens- und Geschäftsgewohnheiten der beteiligten Verkehrskreise ankommt (OLG Oldenburg Rpfleger 1976, 243, 244; RGZ 77, 241, 244); für ein Bierzelt etwa ist auf die Auffassung des Geschäftsverkehrs und nicht der Kunden abzustellen (RG JW 1938, 1390). – Darüber hinaus kann eine die Zubehöreigenschaft ausschließende Verkehrsauffassung **lokal begrenzt** sein (vgl BGH NJW 2009, 1078, 1079 f Rn 28), wie es für Herde und Öfen bereits in Prot III 19 ausgeführt ist. Angesichts steigender Mobilität der Bevölkerung werden regionale Unterschiede in der Verkehrsauffassung jedoch zunehmend geringer (OLG Nürnberg MDR 2002, 815, 816; vgl auch § 94 Rn 25). – Schließlich ist die Verkehrsauffassung auch einem **zeitlichen Wandel** unterworfen. Entscheidend ist die Verkehrsauffassung im Zeitpunkt des Urteils; so kann auf die im Jahr 1915 bestehenden Verhältnisse nicht abgestellt werden, da das Fortbestehen einer Verkehrsanschauung nicht vermutet wird (BGH WM 1993, 168, 170).

25 b) Aufgrund der damit möglichen unterschiedlichen Maßstäbe kommt es nicht selten zu **entgegengesetzten Entscheidungen** bei der Beurteilung der Zubehöreigenschaft gleicher Wirtschaftsgüter: So wurde zB **Linoleum** in München als Zubehör eingeordnet (OLG München SeuffA 74 Nr 157), in Hamburg dagegen nicht (OLG Hamburg OLGE 45, 110). Die **Einbauküche** (soweit sie nicht wesentlicher Bestandteil ist, vgl § 94 Rn 35, und nicht vom Mieter eingebaut wurde, vgl o Rn 19) wurde vom OLG Köln (VersR 1980, 51, 52), vom OLG Celle (NJW-RR 1989, 913, 914 mwNw) und vom BGH für Norddeutschland (NJW-RR 1990, 586, 588 mwNw) als Zubehör anerkannt (offen gelassen für Süddeutschland von BGH NJW 2009, 1078, 1079 f Rn 19, 28). Anders hingegen entschieden das OLG Karlsruhe (NJW-RR 1986, 19, 20; 1988, 459, 460), das OLG Frankfurt (ZMR 1988, 136), das OLG Hamm (NJW-RR 1989, 333; FamRZ 1998, 1028) und das OLG Düsseldorf (NJW-RR 1994, 1039, 1040). – Eine **Kaffeehauseinrichtung** wurde in Frankfurt aM nicht dem Zubehör zugerechnet (OLG Frankfurt HRR 1932 Nr 2235), wohl aber in Thüringen (OLG Jena JW 1933, 924). Für **Gastwirtschaftsinventar** wurde in Hamburg (OLG Hamburg OLGE 38, 30) und Schleswig-Holstein (LG Kiel Rpfleger 1983, 167, 168) die Zubehöreigenschaft verneint, in Bremen dagegen für möglich gehalten (OLG Hamburg OLGE 31, 192, 193), ebenso in Hessen (AG Biedenkopf DGVZ 1967, 153). – Für eine **Fernsprechanlage** verneinte das OLG Köln (NJW 1961, 461, 462) die Zubehöreigenschaft aufgrund der Verkehrsauffassung, in Norddeutschland wurde sie für ein Hotel bejaht (LG Flensburg Rpfleger 2000, 345 f). In neuerer Zeit sind jedoch kaum noch Fälle entschieden worden, in denen die Zubehöreigenschaft aufgrund einer entgegenstehenden Verkehrsanschauung verneint wurde.

c) Aus der umfangreichen Rspr sind über die in Rn 25 aufgeführten Beispiele **26** hinaus folgende Fälle hervorzuheben (zu weiteren Einzelfällen vgl § 98 Rn 8):

Im **gewerblichen Bereich** wurde insbes die **Büroeinrichtung** in einem Fabrikgebäude (OLG Jena OLGE 13, 314, 315; BayObLG OLGE 24, 250, 251) oder in einem Verwaltungsgebäude (LG Mannheim Betrieb 1976, 2206) dem Zubehör zugerechnet. Daß das Gebäude früher anderen Zwecken diente, ist unerheblich (LG Freiburg BB 1977, 1672). Kein Zubehör ist dagegen die in einer Villa befindliche Büroeinrichtung (OLG Kiel SchlHA 1913, 172). Auch die Ladeneinrichtung in einem Geschäftshaus wurde nicht als Zubehör anerkannt (OLG Braunschweig HRR 1939 Nr 869; ERMAN/MICHALSKI Rn 10), wohl aber der Schaukasten eines Ladens (OLG Marienwerder JW 1932, 2097). Dalben sind Zubehör des Werftgrundstücks (OVG Bremen NJW-RR 1986, 955, 957 f), die Theaterrequisiten Zubehör des Theatergebäudes (KG OLGE 30, 328, 329). Auch die Dekorationspflanzen einer Gärtnerei sind Zubehör (OLG Bamberg OLGE 3, 234, 235). – Im Verhältnis zur **Wohnung** ist der Garten kein Zubehör (LG Hagen MDR 1948, 147, 148); das gleiche gilt wegen einer entgegenstehenden Verkehrsanschauung für Gartenmöbel und -geräte (OLG Frankfurt ZMR 1988, 136; WIESER NJW 1990, 1971) sowie einen im Garten aufgestellten Bildstock (OLG Frankfurt NJW 1982, 653, 654 mit abw Begründung). Die gemeinsam genutzte Waschmaschine in einem Mehrfamilienhaus ist Zubehör (LG Dortmund MDR 1965, 740), ebenso eine Kleinkläranlage (LG Traunstein DGVZ 2009, 44 f) und eine fest installierte Satelliten-Empfangsanlage (LG Nürnberg-Fürth DGVZ 1996, 123 f), hingegen nicht das bewegliche **Mobiliar** in den einzelnen Wohnungen (OLG Düsseldorf OLGZ 1988, 115, 118; AG Esslingen NJW-RR 1987, 750 für Matratzen und Lattenrost; vgl auch § 94 Rn 36). – Kein Zubehör des Kraftwagens ist der **Kraftfahrzeugbrief** (LG München DAR 1958, 267; vgl § 90 Rn 57) oder das im Auto befindliche Reisegepäck (BGH VersR 1962, 557, 558). – Zubehör eines **Schiffes** sind zB Flaggen, Segel, Seekarten, Reserveanker, Signalapparate und Rettungsboote, nicht aber Schiffscontainer (FETSCH, Der notarielle Binnenschiffskaufvertrag, RNotZ 2004, 450, 452; STAUDINGER/NÖLL [2009] Anh zu § 1296, § 4 SchiffsRG Rn 7 f; vgl auch § 94 Rn 38).

6. Ende der Zubehöreigenschaft

Da die Zubehöreigenschaft aufgrund objektiver Merkmale entsteht, endet sie mit **27** deren dauerndem Wegfall. Dies kann einmal durch **räumliche Trennung** von der Hauptsache geschehen (vgl o Rn 22), außerdem durch **Aufhebung der Zweckwidmung** des Zubehörs. So ist ausgelagertes Inventar kein Zubehör mehr, wenn dieses (zB in der Insolvenz) dazu bestimmt wird, gesondert vom Grundstück veräußert zu werden (BGHZ 60, 267, 269; BGH WM 1993, 168, 170). – Auf der anderen Seite beendet die

Aufhebung des **wirtschaftlichen Zwecks der Hauptsache** die Zubehöreigenschaft; dies gilt zB hinsichtlich des betrieblichen Inventars bei dauernder Betriebsstillegung (BGHZ 56, 298; RG Gruchot 53, 899, 901 f). Ebenso endet die Zubehöreigenschaft einer Glocke mit der kirchenrechtlichen Entwidmung der Kapelle (BGH NJW 1984, 2277, 2278 m Anm GERHARDT JR 1985, 103, 104; **aM** DILCHER, Der Streit um die Glocke, JuS 1986, 185, 187, wenn die Glocke noch zur Brandanzeige dient). – Umgekehrt endet die Zubehöreigenschaft auch dann, wenn durch **Herstellung eines Bestandteilsverhältnisses** die Eigenschaft als selbständige bewegliche Sache wegfällt. – Die **Sicherungsübereignung** von Zubehörstücken ändert nichts an der Zubehöreigenschaft, sofern keine Entwidmung stattfindet (BGH NJW 1987, 1266, 1267).

28 Der in § 97 Abs 2 S 2 enthaltene Grundsatz, daß sich ein nur vorübergehender Wegfall des räumlichen Verhältnisses nicht auf die Zubehöreigenschaft auswirkt, ist dabei auch auf die anderen Voraussetzungen des § 97 zu übertragen (BGB-RGRK/ KREGEL Rn 35). Daher beendet eine **vorläufige Betriebseinstellung**, bei der mit einer Wiedereröffnung des Betriebs der Hauptsache gerechnet wird, das Zubehörverhältnis nicht (RGZ 77, 36, 40; RG HRR 1930 Nr 277). Dagegen kommt eine Betriebseinstellung auf 99 Jahre einer dauerhaften Einstellung gleich und führt daher zum Ende des Zubehörverhältnisses (RG WarnR 1934 Nr 56). – Ohne das Vorliegen der genannten objektiven Aufhebungsgründe vermag auch der **Aufhebungswille** allein die Zubehöreigenschaft nicht zu beenden. Ebensowenig genügt die Verurteilung des tatsächlichen Benutzers eines Zubehörstückes zur Herausgabe, um das Zubehörverhältnis enden zu lassen (BGH NJW 1969, 2135, 2136).

III. Rechtslage des Zubehörs

29 Das BGB stellt keine allgemeinen Rechtsregeln über die Folgen der Zubehöreigenschaft auf. Das rechtliche Schicksal des Zubehörs ist vielmehr in einer Reihe von **Einzelvorschriften** geregelt.

1. Verpflichtungsgeschäfte

30 Die wirtschaftliche Zusammengehörigkeit von Hauptsache und Zubehör findet ihre rechtliche Entsprechung insbesondere in § **311c**. Danach erstreckt sich die rechtsgeschäftliche Verpflichtung zur Veräußerung oder Belastung der Hauptsache im Zweifel auf deren Zubehör. Ist die Sache Zubehör mehrerer Hauptsachen (vgl o Rn 10), so erfaßt die Verpflichtung in entsprechender Anwendung des § 311c den Anteil am Zubehörstück, der dem Maß der Benutzung durch die jeweilige Hauptsache entspricht (ENNECCERUS/NIPPERDEY § 126 I 3 b mit Fn 17; MünchKomm/HOLCH Rn 12). Zu beachten ist jedoch, daß es sich um eine **Auslegungsregel** handelt, die nicht eingreift, wenn feststeht, daß das Zubehör nicht von der Verpflichtung erfaßt sein soll (vgl HILDEBRANDT, Was ist eigentlich alles mitverkauft?, Grundeigentum 2009, 1162 ff). – Nach § 457 Abs 1 umfaßt die Herausgabepflicht beim Wiederkauf auch das Zubehör. – Im Zweifel erstreckt sich nach § 1096 auch das **Vorkaufsrecht** an einem Grundstück auf das Zubehör, das mit dem Grundstück verkauft wird. – Die gleiche Auslegungsregel enthält § 2164 Abs 1 für das **Vermächtnis** einer Sache; es erfaßt im Zweifel das zZt des Erbfalls vorhandene Zubehör. – Dem Voraus des überlebenden Ehegatten sind die zum ehelichen Haushalt gehörenden Gegenstände nach § 1932 Abs 1 S 1 insoweit zuzuzählen, als sie nicht Zubehör eines Grundstücks sind.

2. Verfügungsgeschäfte

a) Am Zubehör eines Grundstücks kann der Erwerber des Grundstücks unter 31 den in § 926 genannten Voraussetzungen Eigentum erwerben, ohne daß es der Übergabe des beweglichen Zubehörs bedarf (OLG Düsseldorf DNotZ 1993, 342, 343). – Dies gilt jedoch nur für die dem Veräußerer gehörenden Zubehörstücke. An anderem Zubehör ist gem § 926 Abs 2 der Eigentumsübergang nach §§ 932 ff zu beurteilen (LG Gießen NJW-RR 1999, 1538; dazu STAUDINGER/PFEIFER [2011] § 926 Rn 17; zur entsprechenden Rechtslage bei eingetragenen Schiffen s FETSCH, Der notarielle Binnenschiffskaufvertrag, RNotZ 2004, 450, 455). – Dienen mehrere einer Person gehörende Grundstücke einem Zubehörstück als Hauptsache (vgl o Rn 10), so kann bei einer Veräußerung eines der Grundstücke nach § 926 Miteigentum der Grundstückseigentümer am Zubehör entstehen, wenn nicht der Erwerber nach §§ 929 ff Alleineigentum erlangt (ERMAN/MICHALSKI Rn 12; vgl auch OLG Breslau OLGE 35, 291; STAUDINGER/PFEIFER [2011] § 926 Rn 15). – Entsprechende Bestimmungen für den Nießbrauch, die beschränkte persönliche Dienstbarkeit und das Erbbaurecht enthalten die §§ 1031, 1062, 1093 sowie § 11 ErbbauRG.

b) Die praktisch wichtigste Regelung des Zubehörs ist in § 1120 enthalten, wo- 32 nach sich die **Hypothek** bzw **Grundschuld** auf das Grundstückszubehör erstreckt (vgl ie STAUDINGER/WOLFSTEINER [2009] § 1120 Rn 31 ff). Ausgenommen sind Zubehörstücke, die nicht in das Eigentum des Grundstückseigentümers gelangt sind (zur Beweislast vgl u Rn 36). Das **Anwartschaftsrecht** an Zubehörstücken, die noch unter Eigentumsvorbehalt des Veräußerers stehen, wird jedoch von der hypothekarischen Haftung miterfaßt (BGHZ 35, 85, 88 f; STAUDINGER/WOLFSTEINER [2009] § 1120 Rn 36; vgl auch o Rn 18). Der Eintragung von Zubehör im Grundbuch bedarf es nicht. Die Verschlechterung oder unwirtschaftliche Entfernung der von der Haftung erfaßten Zubehörstücke ist als eine die Sicherheit der Hypothek gefährdende Verschlechterung des Grundstücks nach § 1135 zu bewerten. Von der Haftung frei werden Zubehörstücke nach §§ 1121 und 1122 Abs 2. Entsprechend gelten diese Regeln gem der Verweisungen in §§ 1192 und 1199 bei der Grund- und Rentenschuld. – Für das Zubehör an **eingetragenen Schiffen** enthält § 31 SchiffsRG eine entsprechende Regelung zur Schiffshypothek. Auch § 103 BinSchG kennt eine Mithaftung des Zubehörs in begrenztem Umfang. – Bei registrierten Luftfahrzeugen haften nach § 31 LftfzRG sogar nur vorübergehend eingebaute Bestandteile und Zubehörstücke für das Pfandrecht (ERMAN/MICHALSKI Rn 10a).

c) Für Verfügungen über **bewegliche Sachen** fehlt eine dem § 926 vergleichbare 33 Vorschrift. Daher bedarf es hier einer Auslegung der für die Übereignung gem §§ 929 ff erforderlichen Einigung nach den allgemeinen Regeln (SOERGEL/MARLY Rn 40). Insbesondere erstreckt sich das Pfandrecht an beweglichen Sachen nur nach Maßgabe der §§ 1205 ff auf das Zubehör.

3. Zwangsvollstreckung

Besondere Vorschriften über die Erstreckung der Zwangsvollstreckung auf Zubehör 34 enthalten die §§ 865 ZPO sowie 20, 21, 55 Abs 2, 146 und 148 ZVG. Soweit dort der Begriff Zubehör verwendet wird, ist er iS der §§ 97 und 98 zu verstehen; der weitergehende Begriff des Hofeszubehörs iS des § 3 HöfeO (vgl o Rn 3) findet keine Anwendung (OLG Oldenburg NJW 1952, 671; ERMAN/MICHALSKI § 98 Rn 9).

35 Gem § 865 Abs 1 ZPO darf die Zwangsvollstreckung in bewegliche Sachen, die Grundstückszubehör sind und im Eigentum des Grundstückseigentümers stehen, nicht nach den Vorschriften der Mobiliarvollstreckung erfolgen. Vielmehr werden diese Sachen gem §§ 865 Abs 2 ZPO iVm §§ 1120 ff von der **Zwangsvollstreckung in das Grundstück** erfaßt, dessen Zubehör sie sind. Dies gilt selbst dann, wenn am Zubehörstück ein Werkunternehmerpfandrecht besteht (KG OLGE 6, 213). Allerdings ist eine trotzdem vorgenommene Mobiliarpfändung des Zubehörs durch den Gerichtsvollzieher nach hL nicht nichtig, sondern bis zu einer Anfechtung schwebend wirksam, da die Pfändung von Zubehör keinen offenkundigen Fehler darstellt (MUSIELAK/BECKER, ZPO [8. Aufl 2011] § 865 Rn 10; STIEPER, Die Scheinbestandteile [2002] 77 ff mwNw). – Die **Beschlagnahme** eines Grundstücks erstreckt sich gem § 20 Abs 1 ZVG auf das Zubehör, das im Eigentum des Grundstückseigentümers steht. § 21 Abs 1 ZVG regelt die Beschlagnahmewirkung für land- und forstwirtschaftliche Erzeugnisse (vgl RGZ 143, 33, 38 ff). – Durch § 55 Abs 2 ZVG wird die **Zwangsversteigerung** auch auf Zubehörstücke erstreckt, die einem Dritten gehören, sofern sie sich im Besitz des Schuldners befinden und der Dritte sein Recht nicht nach § 37 Nr 5 ZVG geltend macht. – Für die **Zwangsverwaltung** gelten die genannten Regeln nach §§ 146 Abs 1, 148 Abs 1 ZVG entsprechend. Die Erweiterung des § 55 Abs 2 ZVG auf Zubehör, das im Eigentum eines Dritten steht, greift hier allerdings nicht Platz (STÖBER, ZVG [19. Aufl 2009] § 148 Rn 2. 2; vgl BGH NJW 1986, 59, 60).

IV. Beweislast

36 Die Beweislast dafür, daß eine Sache dem wirtschaftlichen Zweck einer Hauptsache zu dienen bestimmt ist und zu dieser in einem dafür geeigneten Verhältnis steht, trifft denjenigen, der sich **auf die Zubehöreigenschaft beruft** (ENNECCERUS/NIPPERDEY § 126 II). Wer hingegen bestreitet, daß das Grundstückszubehör in das Eigentum des Grundstückseigentümers gelangt ist und daher nach § 1120 nicht dem Haftungsverband der Hypothek unterliegt, hat dies zu beweisen (RG JW 1911, 707). – Das gleiche gilt für das Vorliegen einer **Verkehrsanschauung**, nach der eine Sache nicht als Zubehör angesehen werde (BGH NJW 2009, 1078, 1079 Rn 28; OLG Nürnberg MDR 2002, 815, 816; LG Hagen Rpfleger 1999, 341, 342; vgl auch RGZ 77, 241, 244). Dies kann insbesondere durch Vorlage einer von der Industrie- und Handelskammer durchgeführten Umfrage geschehen (vgl LG Kiel Rpfleger 1983, 167, 168; LG Flensburg Rpfleger 2000, 345, 346). Läßt sich eine die Zubehöreigenschaft ausschließende Verkehrsauffassung nicht feststellen, so besteht für ihr Vorliegen keine Vermutung; die betreffende Sache ist daher als Zubehör zu qualifizieren. Ebensowenig besteht eine Vermutung dafür, daß eine früher vorhandene Verkehrsauffassung noch fortdauert (RG JW 1914, 460; BGB-RGRK/KREGEL Rn 39; vgl o Rn 24). – Wer sich darauf beruft, daß eine nur **vorübergehende Zweckbindung** vorliegt, hat dies darzulegen und zu beweisen (BAUMGÄRTEL/LAUMEN/PRÜTTING/KESSEN, Handbuch der Beweislast [3. Aufl 2007] § 97 Rn 4). Allerdings besteht bei der Ausübung eines zeitlich begrenzten Nutzungsrechts eine tatsächliche Vermutung dafür, daß die Sachen nur für die Dauer des jeweiligen Vertragsverhältnisses in den Dienst der Hauptsache gestellt worden sind (s o Rn 19).

V. Ausländisches Recht

Das **österreichische Recht** bestimmt in § 294 ABGB, daß Nebensachen, ohne welche 37 die Hauptsache nicht gebraucht werden kann, oder die das Gesetz bzw der Eigentümer zum fortdauernden Gebrauch der Hauptsache bestimmt haben, dem Zugehör angehören. Der Kaufvertrag über eine Sache erfaßt nach § 1061 iVm § 1047 ABGB auch deren Zugehör. Abweichend vom deutschen Recht muß allerdings die Zweckbestimmung vom Eigentümer getroffen werden, was vor allem beim Eigentumsvorbehalt wichtig wird (Iro, Sachenrecht [Wien/New York 2000] Rn 1/23). Hingegen setzt der Zubehörbegriff nach hM nicht voraus, daß dem Eigentümer der Hauptsache auch die Nebensache gehört. Erforderlich ist die Eigentümeridentität aber für die Erstreckung des Erwerbs an der Hauptsache auf das Zubehör (Iro Rn 1/23); eine Ausnahme besteht gem § 297a ABGB nur für Maschinen. Das Dritteigentum kann jedoch im Grundbuch angemerkt werden (dazu Iro Rn 1/40 ff). – Im **schweizerischen Recht** wird durch Art 644 Abs 2 und 3, 645 ZGB das Zugehör weitgehend im selben Sinne bestimmt wie das Zubehör nach dem BGB. Auch hier kommt es zusätzlich auf die örtlich übliche Auffassung an (Tuor/Schnyder/Schmid, Das schweizerische Zivilgesetzbuch [13. Aufl Zürich 2009] § 97 Rn 14 ff). Für Versorgungsleitungen ist die Zugehöreigenschaft in Art 676 Abs 1 ZGB ausdrücklich angeordnet (vgl auch § 95 Rn 32). – Verfügungen über die Hauptsache erfassen gem Art 644 Abs 1 ZGB im Zweifel auch das Zugehör. Ebenso erstrecken sich die Grundpfandrechte gem Art 805 ZGB auf das zum Grundstück gehörende Zugehör.

Das **französische Recht** kennt keinen dem deutschen Recht vergleichbaren, allge- 38 meinen Begriff des Zubehörs, weil es von einer anderen Definition der Bestandteile ausgeht (vgl § 93 Rn 48 und § 95 Rn 33). So kann eine Sache, die nach deutschem Recht Zubehör ist, im französischen Recht ein unselbständiger Teil eines Grundstücks und damit immeuble par destination sein (Ferid/Sonnenberger, Das französische Zivilrecht II [2. Aufl 1986] Rn 3 A 63 und 73). Auf der anderen Seite kennt das französische Recht den Begriff des sonderrechtsfähigen und nur im Zweifel dem rechtlichen Schicksal der Hauptsache folgenden „accessoires", der auch Sachen erfaßt, die nach deutschem Recht wesentliche Bestandteile wären (Ferid/Sonnenberger Rn 3 A 74 ff). – Das **italienische Recht** enthält in Art 817 Codice civile eine allgemeine Definition des Zubehörs (pertinenza). Sie entspricht im Wesentlichen der deutschen Regelung, wobei der Zweck nicht nur wirtschaftlich zu bestimmen ist, sondern ausdrücklich auch Verzierungen umfaßt. Hinsichtlich der Rechtsfolgen beschränkt sich Art 818 Codice civile auf die Bestimmung, daß Zubehörstücke grundsätzlich das rechtliche Schicksal der Hauptsache teilen. Rechte Dritter am Zubehör sind nach Art 819 Codice civile möglich. – Das **englische Recht** unterscheidet Zubehör nicht von den Bestandteilen (fixtures). Es läßt allerdings Wegnahmerechte hinsichtlich bestimmter, dem Zubehör des deutschen Rechts vergleichbarer Bestandteile zu; dies gilt zB für die sog trade fixtures, die aus Gründen eines Gewerbebetriebes vom Besitzer mit dem Grundstück verbunden wurden. Dasselbe gilt für ornamentations, deren Zweckbestimmung auf den zeitweisen Besitzer des Grundstücks ausgerichtet ist. – Bei der Landpacht fallen agricultural fixtures, wie Maschinen oder Zäune, nach dem Agricultural Holdings Act 1986 dem Grundstückseigentümer zu, wenn sie nicht innerhalb von zwei Monaten nach Pachtende entfernt worden sind. Der Agricultural Tenancies Act 1995 sieht dagegen kein derartiges Übernahmerecht des Verpächters vor (Cheshire/Burn's Modern Law of Real Property [17. Aufl Oxford 2006] 160).

§ 98
Gewerbliches und landwirtschaftliches Inventar

Dem wirtschaftlichen Zwecke der Hauptsache sind zu dienen bestimmt:

1. bei einem Gebäude, das für einen gewerblichen Betrieb dauernd eingerichtet ist, insbesondere bei einer Mühle, einer Schmiede, einem Brauhaus, einer Fabrik, die zu dem Betrieb bestimmten Maschinen und sonstigen Gerätschaften;

2. bei einem Landgut das zum Wirtschaftsbetrieb bestimmte Gerät und Vieh, die landwirtschaftlichen Erzeugnisse, soweit sie zur Fortführung der Wirtschaft bis zu der Zeit erforderlich sind, zu welcher gleiche oder ähnliche Erzeugnisse voraussichtlich gewonnen werden, sowie der vorhandene, auf dem Gut gewonnene Dünger.

Materialien: E I § 791; II § 77i; III § 94; Mot III 66; Prot III 17; JAKOBS/SCHUBERT, AT I 454.

I. Rechtliche Bedeutung der Vorschrift

1. Normzweck und Entstehungsgeschichte

1 Während § 94 Abs 2 diejenigen Gegenstände zu wesentlichen Bestandteilen erklärt, die einem Gebäude zu seiner Herstellung eingefügt sind, und dabei auf die konkrete Zweckbestimmung des Gebäudes nur begrenzt Rücksicht nimmt (vgl § 94 Rn 26 f), wird in § 98 für die Bestimmung des Zubehörs die **konkrete Zwecksetzung** zum Ausgangspunkt erhoben. – Das BGB geht dabei von dem Gedanken aus, daß Wert und Nutzbarkeit eines Grundstücks wesentlich von der Verbindung des Inventars mit dem Grundstück abhängen (Mot III 66). Im Gegensatz dazu wurde im gemeinen Recht das Inventar eines Geschäftsgebäudes nicht für Zubehör gehalten, weil es nur den persönlichen Zwecken des Besitzers diene; dieser Auffassung sollte § 98 entgegentreten (vgl RGZ 67, 30, 33; ferner STIEPER, Die Scheinbestandteile [2002] 18). – Die Tatbestandsumschreibungen des § 98 geben die wirtschaftliche Situation des ausgehenden 19. Jahrhunderts wieder, was die praktische Bedeutung des § 98 gegenüber der elastischen Zubehördefinition in § 97 deutlich schmälert (vgl MünchKomm/HOLCH Rn 3, der § 98 für entbehrlich hält).

2. Verhältnis zu § 97

2 Unter den Zubehörbegriff in § 98 fällt insbesondere das **Inventar**, dh die Gesamtheit der beweglichen Sachen, die zur Betriebsführung entsprechend dem wirtschaftlichen Zweck eines Grundstücks bestimmt sind (OLG Schleswig SchlHA 1974, 111). Damit wird das von § 97 aufgestellte Erfordernis der **wirtschaftlichen Zweckbestimmung** konkretisiert. Für die in § 98 aufgezählten Sachen ist gesetzlich festgestellt, daß diese dem wirtschaftlichen Zweck der Hauptsache zu dienen bestimmt sind (vgl RG JW 1920, 552, 553). Damit ist jedoch nicht gesagt, daß diese Sachen auch Zubehör sind. Vielmehr müssen dafür auch die **übrigen Voraussetzungen des § 97** gegeben sein

(RGZ 63, 416, 418); § 98 soll nicht zu einer Erweiterung des in § 97 definierten Zubehörbegriffs führen (Mot III 67; aM BGB-RGRK/Kregel Rn 1). Insbesondere muß eine **auf Dauer** angelegte Zweckbindung an die Hauptsache bestehen (OLG Düsseldorf NJW-RR 1991, 1130 f; Soergel/Marly Rn 2; MünchKomm/Holch Rn 2; Palandt/Ellenberger Rn 1; aM Erman/Michalski Rn 1 und 6; vgl § 97 Rn 18 ff). So ist der zum Verkauf bestimmte Dünger kein Zubehör, auch wenn er auf dem Landgut gewonnen wurde (Soergel/ Marly Rn 2; anders noch Staudinger/Dilcher [1995] Rn 3). Außerdem muß das Zubehör, ohne Bestandteil zu sein, in einem entsprechenden räumlichen Verhältnis zur Hauptsache stehen (vgl § 97 Rn 22 f), und die Verkehrsauffassung darf der Zubehöreigenschaft nicht entgegenstehen (vgl § 97 Rn 24 ff).

Auf der anderen Seite ist § 98 nicht dahin zu verstehen, daß nur die aufgeführten Gegenstände Zubehör der genannten Betriebseinrichtungen sein können; die Vorschrift enthält **keine erschöpfende Aufzählung**. Vielmehr kann die Zubehöreigenschaft nach § 97 auch für solche Gegenstände zu bejahen sein, die nicht in § 98 genannt werden (RG HRR 1933 Nr 276; RGZ 47, 197, 199; 66, 356, 358); dies gilt zB für den zugekauften Dünger eines Landgutes (vgl u Rn 14). – Auch für die in § 98 aufgeführten Zubehörstücke ist unerheblich, in wessen **Eigentum** sie stehen (vgl § 97 Rn 6). Daher kann auch einem Pächter gehörendes Inventar Zubehör eines Landgutes sein, solange es auf Dauer dem Betrieb zu dienen bestimmt ist. 3

II. Gewerbliches Inventar

Gem § 98 Nr 1 sind bei einem Gebäude, das für einen gewerblichen Betrieb dauernd eingerichtet ist, die zum Betrieb bestimmten Maschinen und sonstigen Gerätschaften zugleich dem wirtschaftlichen Zweck des Gebäudes zu dienen bestimmt. Damit schließt § 98 aus der Zweckbestimmung des Zubehörs für den Gewerbebetrieb auf seine (durch den Betrieb vermittelte) Bestimmung für das dauernd für diesen Zweck eingerichtete Betriebsgebäude. – Als Hauptsache ist dabei stets das **Gebäude** anzusehen. Auf das Wertverhältnis zwischen Zubehör und Gebäude kommt es nicht an (BGB-RGRK/Kregel Rn 2; vgl § 97 Rn 9). Wenn das Gebäude wesentlicher Bestandteil des Grundstücks ist, stellt das Zubehör damit auch Zubehör des Grundstücks dar (vgl § 97 Rn 8). 4

1. Betriebsgebäude

a) Der **gewerbliche Betrieb** iS des § 98 Nr 1 setzt nur voraus, daß aus planmäßiger Tätigkeit Einnahmen erschlossen werden sollen. Die Begriffsbestimmungen des Gewerbebetriebes nach der GewO, dem HGB oder den Steuergesetzen sind für § 98 nicht maßgebend. Daher kann sogar der Versorgungscharakter gegenüber der Einnahmeerzielung Vorrang genießen, etwa bei einer Badeanstalt. – Der in dem Gebäude ausgeübte Gewerbebetrieb kann einmal der **Warenproduktion** dienen. Dies gilt vor allem, wenn es sich um ein Fabrikgebäude handelt; so ist zB die Mangelmaschine in einer Weberei deren Zubehör (RGZ 125, 362, 364). – Ferner werden, wie die Beispiele in § 98 Nr 1 zeigen, auch die für eine **handwerkliche Betriebsweise** eingerichteten Gebäude als Hauptsachen definiert (vgl die Beispiele bei BGB-RGRK/ Kregel Rn 4 und Soergel/Marly Rn 8). – Ebenso werden **Dienstleistungsbetriebe** als Betriebe iS des § 98 anerkannt; so etwa Krankenhäuser, Theater oder Gasthäuser (vgl OLG München LZ 1927, 189). – Auch **Handelsbetriebe**, insbes Einzelhandelsge- 5 schäfte, fallen unter § 98 (OLG Marienwerder JW 1932, 2097). Ebenso werden die Einrichtungsstücke einer Apotheke als Zubehör des Apothekengebäudes angesehen (RG WarnR 1909 Nr 491; SOERGEL/MARLY Rn 10), nicht dagegen die angebotenen Waren (RG Recht 1915 Nr 6; vgl § 97 Rn 16).

6 **b)** Das Gebäude muß **für den Betrieb eingerichtet** sein. Dabei ist der Zweck des § 98 zu berücksichtigen, den gerade in der Verbindung von Grundstück und Inventar liegenden wirtschaftlichen Wert zu schützen (vgl o Rn 1). Es muß durch die bauliche Eigenart des Gebäudes ein Wert realisiert sein, der nach den Zubehörbestimmungen erhalten bleiben soll (BGHZ 62, 49, 53; 124, 380, 392). – Daß der Betrieb erst eingerichtet werden soll, genügt daher nicht. Das Betriebsgebäude als Hauptsache muß bereits so weit **fertiggestellt** sein, daß die Verwirklichung des wirtschaftlichen Zwecks möglich ist (RGZ 89, 61, 64; vgl auch § 97 Rn 17). Daß das Gebäude bereits vollständig ausgestattet ist, ist dafür nicht erforderlich (BGH NJW 1969, 36). – Ferner genügt für die Anwendbarkeit des § 98 Nr 1, daß **nur ein Teil des Gebäudes** für den gewerblichen Betrieb dauernd eingerichtet ist (RGZ 48, 207, 209; RG JW 1909, 485; vgl § 97 Rn 8). So ist zB die Einrichtung der im Erdgeschoß eines mehrstöckigen Wohnhauses betriebenen Konditorei als Zubehör anzusehen (OLG Jena JW 1933, 924); dasselbe gilt für die Einrichtung einer Fremdenpension, die nur einen Teil des Hauses beansprucht (OLG München LZ 1927, 189, 190).

7 Das Gebäude muß für den gewerblichen Betrieb **dauernd**, dh auf eine zunächst unbegrenzte Zeit eingerichtet sein (BGB-RGRK/KREGEL Rn 5). Wenn ein Betrieb in einem Gebäude stattfindet, das nach seiner objektiven Beschaffenheit nicht dauernd dafür eingerichtet ist, werden die dem Betrieb dienenden Geräte nicht dessen Zubehör. Bei den vom Gesetz aufgezählten Beispielen Fabrik, Mühle, Schmiede und Brauhaus wird die dauernde Einrichtung unterstellt, da diese regelmäßig eine auf den Betrieb zugeschnittene bauliche Gestaltung aufweisen (vgl BGHZ 85, 234, 237 f). Ein Gebäude ist jedoch nicht nur bei entsprechender „Gliederung, Einteilung, Eigenart oder Bauart" für einen gewerblichen Betrieb dauerhaft eingerichtet; es reicht auch aus, daß das Gebäude mit Inventar, das dem Betrieb dient, derart verbunden ist, daß das Ganze die dauernde Zweckbestimmung erkennen läßt (BGHZ 62, 49, 52; 165, 261, 266 Rn 11; OLG Köln NJW-RR 1987, 751, 752). – Eine nur **zeitweise Einrichtung** für die Bedürfnisse des gegenwärtigen Besitzers genügt hingegen nicht. Dies ist etwa der Fall bei einem Wohnhaus, in dem sich ein für verschiedene Geschäftszweige benutzbarer Verkaufsladen befindet (RG JW 1909, 485 f), oder einem Fabrikgebäude, das über einen längeren Zeitraum von verschiedenen Firmen mit unterschiedlichen Produktionszweigen genutzt wurde, hinsichtlich des Gewerbebetriebs des derzeitigen Pächters (BGH BB 1971, 1123, 1124). Die Tatsache, daß ein Fabrikgebäude früher schon andere Nutzungsweisen beherbergt hat, ist für sich genommen jedoch unschädlich, sofern der jetzige Eigentümer beabsichtigt, darin auf unbestimmte Zeit zu produzieren (OLG Köln NJW-RR 1987, 751, 752 f). Dagegen ist der **Fuhrpark** eines Speditionsunternehmens nicht (mehr) als Zubehör des Betriebsgrundstücks zu qualifizieren, da das Betriebsgrundstück nach den heutigen wirtschaftlichen Verhältnissen mangels besonderer Ausgestaltung nicht den Mittelpunkt des Betriebes bildet (BGHZ 85, 234, 238 ff; vgl § 97 Rn 9 und 14); es fehlt daher an dem erforderlichen Zweckzusammenhang von Betrieb und Gebäude (vgl o Rn 4).

2. Zubehörstücke

Das unter § 98 Nr 1 fallende Inventar muß alle Voraussetzungen der Zubehöreigen- 8
schaft nach § 97 erfüllen (vgl o Rn 2). Unerheblich ist, in wessen Eigentum die Zubehörstücke stehen (OLG Schleswig SchlHA 1974, 111; vgl § 97 Rn 6). – Zubehör gem § 98 Nr 1 sind danach einmal die zum Betrieb bestimmten **Maschinen**, sofern sie nicht als Bestandteile des Grundstücks anzusehen sind (vgl § 93 Rn 18 und § 94 Rn 27). So sind Baugeräte auf dem Betriebsgrundstück eines Baugeschäfts Zubehör (OLG Hamm MDR 1985, 494, 495), ebenso die Fahrzeuge, die zum Aufsuchen der Baustellen verwendet werden (OLG Hamm DGVZ 1954, 7; vgl aber § 97 Rn 14) oder dem An- und Abtransport von Rohstoffen und gefertigten Waren dienen (BGH WM 1980, 1383, 1384). – Zu den außer den Maschinen genannten **sonstigen Gerätschaften** gehören zB bei einer Gastwirtschaft die Einrichtung (RGZ 48, 207, 209; vgl aber § 97 Rn 25) einschl der Registrierkasse (OLG Kiel JW 1933, 1422), nicht jedoch der Kassenbestand (OLG Dresden OLGE 30, 329). Zubehör sind auch Schreibtische, Aktenschränke und Schreibmaschinen im Büro des Geschäftsbetriebs (BayObLG OLGE 24, 250, 251; OLG Königsberg HRR 1941 Nr 924; LG Eisenach JW 1925, 1924 f; LG Lüneburg Rpfleger 1954, 313, 314) und die in einer Bäckerei benutzte Speiseeismaschine (LG Kassel MDR 1959, 487), ebenso die Kleiderschränke für Mitarbeiter (OLG Hamm Recht 1932 Nr 636). – Die **äußeren Versorgungsleitungen** werden nach § 98 Nr 1 als Zubehör des Betriebsgrundstücks des Versorgungsunternehmens angesehen, soweit sie nicht durch dem Unternehmen gehörende Grundstücke verlaufen (RGZ 87, 43, 49; BGHZ 37, 353, 356; vgl auch § 94 Rn 11 und § 97 Rn 22). Dasselbe gilt für die beim Abnehmer installierten Verbrauchszähler (vgl § 94 Rn 37).

III. Landwirtschaftliches Inventar

1. Landgut

Der in § 98 Nr 2 genannte Begriff des **Landgutes**, der auch in §§ 1055 Abs 2, 1515 9
Abs 2 und 3, 1822 Nr 4, 2049, 2130 Abs 1 S 2 und 2312 verwendet wird, wäre heute besser als landwirtschaftlicher Betrieb (im Gegensatz zum gewerblichen Betrieb in Nr 1) zu bezeichnen (vgl § 811 Nr 4a ZPO); die ursprünglich verwendete Bezeichnung „landwirtschaftliche Besitzung" wurde während der Beratungen zum BGB aufgegeben (Jakobs/Schubert 454). – Nicht bei jedem landwirtschaftlich genutzten Grundstück handelt es sich um ein Landgut. Es muß vielmehr eine zum **selbständigen Betrieb der Landwirtschaft** geeignete und eingerichtete Betriebseinheit vorliegen (OLG Rostock OLGE 29, 211; OLG Königsberg SeuffA 64 Nr 85), die idR mehrere Grundstücke umfaßt (vgl MünchKomm/Holch Rn 15). Es genügt aber, wenn durch zugepachtete Grundstücke eine wirtschaftsfähige Betriebseinheit erreicht wird. Entscheidend ist, ob das Grundstück, von dem aus der Betrieb geführt wird, den Mittelpunkt der einheitlichen Bewirtschaftung bildet (OLG Stettin JW 1932, 1581; vgl § 97 Rn 9). In Anlehnung an § 2 des preußischen AnerbenG von 1898 (zum Wortlaut s BGB-RGRK/Kregel Rn 10) ist dafür nach hM erforderlich, daß der Betrieb neben den erforderlichen Wirtschaftsgebäuden auch mit einem, wenn auch räumlich getrennten, **Wohngebäude** ausgestattet ist (Soergel/Marly Rn 14; MünchKomm/Holch Rn 15; Erman/Michalski Rn 4; Enneccerus/Nipperdey § 126 I 3 a in Fn 13; anders noch Staudinger/Dilcher [1995] Rn 10). – Der vom BGH (BGHZ 98, 375, 377 f; BGH NJW 1995, 1352; NJW-RR 1992, 770 f; vgl BVerfGE 67, 348 ff) im Rahmen der §§ 2312, 2049 entwickelte

Begriff des Landgutes kann für § 98 wegen des unterschiedlichen Gesetzeszwecks nicht herangezogen werden (S‍OERGEL/M‍ARLY Rn 14; P‍ALANDT/E‍LLENBERGER Rn 4).

10 Zur Landwirtschaft gehören zB Ackerbau, Viehzucht und Milchwirtschaft. Das Landgut muß aber nicht die volle Breite landwirtschaftlicher Betriebsmöglichkeiten ausschöpfen. Es kann vielmehr auf eine **einzige Betriebsart** spezialisiert sein, zB als Geflügelfarm (OLG Frankfurt HRR 1932 Nr 1915; OLG Braunschweig JW 1932, 2456 m Anm W‍ILM). Auch reine Forstwirtschaften oder Fischereiwirtschaften genügen den Anforderungen des § 98 (MünchKomm/H‍OLCH Rn 15). – Nebenbetriebe, wie Sägewerke oder Mühlen, schließen die Bewertung der Gesamtheit als Landgut nicht aus (vgl RG WarnR 1909 Nr 175).

2. Gutszubehör

11 a) Das zum Wirtschaftsbetrieb bestimmte **Gerät** umfaßt alle Betriebsmittel wie Pflüge, Dreschmaschinen oder Schlepper (AG Varel DGVZ 1962, 48), ebenso eine Feldbahn einschl der Gleise (OLG Marienwerder OLGE 8, 417) und eine transportable Beregnungsanlage für den Obstanbau (OLG Celle OLGR 2003, 299). Auch die Einrichtung der Wohnungen und Büroräume des landwirtschaftlichen Personals gehören dazu, nicht hingegen die Einrichtungsgegenstände in den Räumen des Hauspersonals (RG WarnR 1909 Nr 175; OLG Königsberg HRR 1941 Nr 924).

12 b) Das in § 98 Nr 2 als Zubehör genannte **Vieh** muß für den Wirtschaftsbetrieb des Landgutes bestimmt sein. Der Begriff umfaßt neben den Arbeitstieren auch die Nutztiere, wie zB Milchkühe (OLG Augsburg OLGE 37, 212), und die Zuchttiere (OLG Dresden OLGE 2, 342; KG OLGE 15, 327), ebenso bis zur Schlachtreife Mastvieh (RGZ 142, 379, 382; P‍ALANDT/E‍LLENBERGER Rn 4; aM S‍OERGEL/M‍ARLY Rn 19, da sie nicht von anderen Erzeugnissen zu unterscheiden seien; vgl u Rn 13) und Geflügel (OLG Braunschweig JW 1932, 2456 m Anm W‍ILM; aM OLG Celle JW 1932, 2456, 2457 für das Geflügel auf einer Geflügelfarm) sowie Wachhunde (E‍RMAN/M‍ICHALSKI Rn 5). § 90a hat an der Einordnung dieser Tiere in die Zubehörkategorie nichts geändert. – Die zur **Veräußerung bestimmten Tiere** verlieren ihre Zubehöreigenschaft nach § 98 Nr 2 erst, wenn sie die Veräußerungsreife erreicht haben und damit endgültig zum Verkauf bestimmt sind (OLG München JW 1934, 1802; AG Neuwied DGVZ 1975, 63). Das öffentliche Anbieten aller Tiere eines Landgutes zum Verkauf beendet für die nicht veräußerungsreifen Tiere daher nicht die Zubehöreigenschaft (OLG Augsburg OLGE 35, 135). – Die nur vorübergehende Unterbringung von Handelsvieh auf einem Landgut begründet nicht deren Zubehöreigenschaft (RGZ 163, 104, 106). – Auch die zum **persönlichen Gebrauch** des Betriebsinhabers dienenden Tiere sind kein Gutszubehör.

13 c) Landwirtschaftliche **Erzeugnisse**, die zur Fortführung der Wirtschaft erforderlich sind, bleiben Zubehör, soweit sie bis zur Gewinnung neuer Produkte benötigt werden. Dies gilt vor allem für **Saatgut** und **Viehfutter**. Maßgebend ist bei Futtermitteln der tatsächliche Viehbestand, nicht der mögliche (OLG München OLGE 29, 245). Auch zugekaufte Erzeugnisse, die zur Fortführung der Wirtschaft erforderlich sind, werden gem § 98 Nr 2 Zubehör, da bei den Erzeugnissen keine Eigenproduktion gefordert wird (RG JW 1920, 552, 553). – Erzeugnisse, die zum Verkauf bestimmt sind, sind dagegen kein Zubehör des Landgutes (RGZ 143, 33, 39; vgl § 97 Rn 16). Es genügt nicht, daß der Erlös zur Fortführung des Betriebes verwendet werden soll (RG DNotZ 1933, 441).

d) Schließlich wird in § 98 Nr 2 der selbstproduzierte **Dünger** eines Landgutes als Zubehör eingeordnet. Dies kann ausnahmsweise auch Kunstdünger sein (SOERGEL/ MARLY Rn 21; ERMAN/MICHALSKI Rn 8; **aM** MünchKomm/HOLCH Rn 2). – Der zugekaufte Dünger ist ausdrücklich vom Gutszubehör ausgenommen (Prot III 23), allerdings wird er regelmäßig nach § 97 als Zubehör zu qualifizieren sein (BGB-RGRK/KREGEL Rn 15; vgl o Rn 3). **14**

3. Inventar und Hofeszubehör

Die in § 98 Nr 2 als Gutszubehör genannten Gegenstände werden unter dem Begriff des **Inventars** auch von §§ 582 ff erfaßt (vgl OLG Schleswig SchlHA 1974, 111). – Ferner erstreckt sich auf sie das Registerpfand nach § 1 PachtkreditG. – Eine abweichende Begriffsbestimmung hingegen gibt § 3 HöfeO für das **Hofeszubehör** (vgl auch § 97 Rn 3). Der Begriff des Hofeszubehörs umfaßt das auf dem Hof vorhandene Vieh, die Wirtschafts- und Hausgeräte, Betriebsmittel sowie Vorräte und Dünger. Er wird wichtig bei der Erbfolge nach Höferecht. Für die **Zwangsvollstreckung** hingegen gilt der Zubehörbegriff der §§ 97, 98 (OLG Oldenburg NJW 1952, 671; vgl § 97 Rn 34). **15**

§ 99
Früchte

(1) Früchte einer Sache sind die Erzeugnisse der Sache und die sonstige Ausbeute, welche aus der Sache ihrer Bestimmung gemäß gewonnen wird.

(2) Früchte eines Rechts sind die Erträge, welche das Recht seiner Bestimmung gemäß gewährt, insbesondere bei einem Recht auf Gewinnung von Bodenbestandteilen die gewonnenen Bestandteile.

(3) Früchte sind auch die Erträge, welche eine Sache oder ein Recht vermöge eines Rechtsverhältnisses gewährt.

Materialien: E I § 792; II § 77k; III § 95; Mot III 67; Prot III 23; JAKOBS/SCHUBERT, AT I 459 ff, 473 ff.

Schrifttum

AFFOLTER, Das Fruchtrecht (1911)
BAUR, Nutzungen eines Unternehmens bei Anordnung der Vorerbschaft und Testamentsvollstreckung, JZ 1958, 465
BÖKELMANN, Nutzungen und Gewinn beim Unternehmensnießbrauch (1971)

CROME, Zur Fruchtlehre, in: FG Bergbohm (1919) 99
vGODIN, Nutzungsrecht an Unternehmen und Unternehmensbeteiligungen (1949)
MÖHRING, Der Fruchterwerb nach geltendem Recht, insbesondere bei einem Wechsel des Nutzungsberechtigten (Diss Köln 1954)

REICHEL, Der Begriff der Frucht im römischen Recht und im deutschen BGB, JherJb 42 (1901) 205

SCHNORR VCAROLSFELD, Soziale Ausgestaltung des Erwerbs von Erzeugnissen, AcP 145 (1939) 27.

I. Der Fruchtbegriff im BGB

1. Gesetzliche Regeln über Früchte

1 **a)** Das BGB verwendet den **Fruchtbegriff** an zahlreichen Stellen, vor allem im Zusammenhang mit dem Pachtvertrag (§§ 581 ff), dem Nießbrauch (§ 1039) sowie bei der Verwaltung des Nachlasses (§ 2038 Abs 2 S 2) und bei der Vorerbschaft (§ 2133). – Ferner faßt das BGB in § 100 als **Nutzungen** die Früchte und die Gebrauchsvorteile zusammen. Dementsprechend schließt die Verpflichtung zur Herausgabe von Nutzungen auch die der Früchte ein. Dies gilt vor allem nach §§ 818 Abs 1, 987 ff und 2020, während § 2184 zwischen Früchten und sonstigen Nutzungen unterscheidet.

b) § 99 regelt nur die Frage, was unter Früchten zu verstehen ist (Definitionsnorm), jedoch nicht die Fragen der **Fruchtverteilung**, dh nach dem Recht zum Fruchtbezug (s dazu § 101 Rn 4 ff), und nach dem **Eigentumserwerb** an den Früchten (s dazu STAUDINGER/GURSKY [2011] §§ 953 ff).

2. Geschichtliche Entwicklung und Regelung im BGB

2 **a)** Im gemeinen Recht und den einzelnen Partikularrechten gab es keinen einheitlichen Fruchtbegriff. Während das preußische ALR nur die Nutzungen einer Sache zu den Früchten zählte, die nach dem Lauf der Natur aus ihr selbst entstehen, beruhte das gemeine Recht in erster Linie auf wirtschaftlichen Erwägungen. Es unterschied zwischen den bestimmungsgemäß aus einer Sache gewonnenen fructus naturales und den fructus civiles, wobei zu letzteren diejenigen Erträge gehörten, welche aus einer Sache durch Vermittlung eines Rechtsverhältnisses gewonnen werden (vgl Mot III 68; ausf ENNECCERUS/NIPPERDEY § 127 I).

3 **b)** Der Fruchtbegriff des BGB macht sich den wirtschaftlichen Gesichtspunkt zu eigen und versteht Früchte zunächst als den **bestimmungsgemäßen Ertrag**, den eine Sache unmittelbar oder mittelbar gewährt. Der gemeinrechtliche Fruchtbegriff wird wegen ihrer wirtschaftlichen Gleichwertigkeit darüber hinaus auf die unmittelbaren und mittelbaren **Erträge eines Rechts** erweitert. Der naturorientierte Gesichtspunkt ist jedoch keineswegs aufgegeben, so daß zu den Früchten auch alle **organischen Erzeugnisse** gerechnet werden. Bei ihnen kommt es nicht darauf an, ob sie sich als bestimmungsgemäßer Ertrag aus der Substanz darstellen. – Allerdings hat das BGB, um gegen die Folgen dieser Ausdehnung ein Korrektiv zu schaffen, in gewissen Fällen das Recht zum Bezug bzw die Pflicht zum Ersatz von Früchten auf ein den Grundsätzen der **Wirtschaftlichkeit** entsprechendes Maß beschränkt, so zB in §§ 347 Abs 1, 581 Abs 1 und 993 (vgl ENNECCERUS/NIPPERDEY § 127 III aE; SOERGEL/MARLY Rn 7).

4 Damit unterscheidet § 99 insgesamt **fünf Arten** der Früchte: Zu den Sachfrüchten gehören gem § 99 Abs 1 die Erzeugnisse einer Sache (vgl u Rn 6 f) und die sonstige

Ausbeute (vgl u Rn 8 ff) als unmittelbare Sachfrüchte sowie nach § 99 Abs 3 die mittelbaren Sachfrüchte (vgl u Rn 18 f). Dazu kommen die Rechtserträge als unmittelbare Rechtsfrüchte gem § 99 Abs 2 (vgl u Rn 11 ff) sowie die mittelbaren Rechtsfrüchte nach § 99 Abs 3 (vgl u Rn 20). – Die **unmittelbaren** Sach- und Rechtsfrüchte nennt man auch **natürliche Früchte**, obwohl der Ausdruck im Hinblick auf die Rechtsfrüchte wenig glücklich gewählt ist. Die vermöge eines Rechtsverhältnisses gewonnenen **mittelbaren** Früchte werden entsprechend der gemeinrechtlichen Terminologie als **Zivilfrüchte** oder juristische Früchte bezeichnet.

c) Der Fruchtbegriff des § 99 deckt sich nicht mit dem des **§ 810 ZPO**. Die nicht in 5 Erzeugnissen der Sache bestehende Ausbeute, welche aus der Sache bestimmungsgemäß gewonnen wird, gehört zwar zu den Früchten des § 99, nicht aber zu denen des § 810 ZPO. Auch das schlagreife Holz im Wald wird man, obwohl es Frucht iS des § 99 ist, nicht zu den Früchten nach § 810 ZPO rechnen können (STEIN/JONAS/MÜNZBERG, ZPO [22. Aufl 2002] § 810 Rn 3; vgl auch § 93 Rn 34).

II. Einzelheiten der gesetzlichen Definitionen

1. Erzeugnisse

Erzeugnisse einer Sache iS des § 99 Abs 1 sind alle **organischen Produkte** ohne 6 Rücksicht darauf, ob sie durch Aufwendung von Arbeit gewonnen wurden oder nicht. Es kommt auch nicht darauf an, ob ihre Gewinnung einer geregelten Wirtschaftsführung entsprach (RGZ 80, 229, 231 f). Schließlich ist es bei den Erzeugnissen, im Unterschied zur sonstigen Ausbeute, unerheblich, ob sie aus der Sache ihrer Bestimmung gemäß gewonnen wurden oder nicht. – Erforderlich ist jedoch stets, daß die Erzeugnisse bis zur Trennung **Bestandteil der Muttersache** waren; dies ergibt sich aus §§ 953 ff, die von „Erzeugnissen und sonstigen Bestandteilen" sprechen (BGB-RGRK/KREGEL Rn 8). Ebenso muß die Substanz der Muttersache im wesentlichen bestehen bleiben; das Fleisch des geschlachteten Tieres ist daher nicht dessen Erzeugnis, das Huhn nicht Erzeugnis des Eis (SOERGEL/MARLY Rn 6; ENNECCERUS/NIPPERDEY § 127 II 1 a).

Maßgeblich für die Qualifizierung einer Sache als organisches Erzeugnis ist die 7 Verkehrsauffassung (ERMAN/MICHALSKI Rn 4; BGB-RGRK/KREGEL Rn 8). Erzeugnisse sind demnach zunächst die **Tierprodukte**, wie Tierjunge, die Eier eines Huhns, die Milch einer Kuh oder die Wolle eines Schafs (vgl RGZ 22, 272, 274), ebenso natürlicher Dünger. – Ferner sind Erzeugnisse die organischen **Bodenprodukte** wie Bäume und Sträucher sowie deren Erträgnisse, unabhängig davon, ob sie gesät wurden oder die Pflanze ausgesetzt war (vgl LARENZ/WOLF § 20 Rn 99). Eingepflanzte Bäume werden nach der Verkehrsauffassung Erzeugnisse des Bodens, sobald sie Wurzeln geschlagen haben (vgl RGZ 80, 229, 232; 109, 190, 192; vgl auch § 94 Rn 17 f). Dabei sind auch unbefugt geschlagene Bäume Erzeugnisse, ebenso die wegen schädigender Naturereignisse anfallenden Hölzer (RG JW 1938, 203). – Früchte, die von einem Baum oder Strauch auf ein Nachbargrundstück hinüberfallen, gelten gem § 911 als Früchte dieses Grundstücks. – Solange eine Pflanze dem Boden nur zur Konservierung anvertraut ist, ist sie kein Bodenprodukt und demnach nicht als Frucht zu bewerten (ERMAN/MICHALSKI Rn 4); sie ist Scheinbestandteil (vgl § 94 Rn 18 und § 95 Rn 13). – Auch die aus Erzeugnissen im Wege der **Verarbeitung** gewonnenen weiteren Produkte fallen nicht mehr unter § 99 Abs 1.

2. Sonstige Ausbeute

8 a) Zu den Sachfrüchten des § 99 Abs 1 gehört die **sonstige Ausbeute**, die aus der Sache ihrer Bestimmung gemäß gewonnen wird. Meist sind dies, im Gegensatz zu den organischen Erzeugnissen, **anorganische Bodenbestandteile** wie Kohle, Erz, Sand oder Kies. Aber auch Torf (OLG Oldenburg NdsRpfl 1953, 124), Mineralwasser oder das Eis eines Teiches gehören hierher. – Ihrer Bestimmung gemäß wird die Ausbeute aus einer Sache gewonnen, wenn diese Art der Nutzung der Natur der Sache oder der **Verkehrsübung** entspricht. Dabei kann eine Sache durchaus eine wechselnde Bestimmung haben, etwa wenn aus einem bisher landwirtschaftlich genutzten Grundstück nunmehr Kies gewonnen wird. – Die Sache muß ihre der Ausbeute zugrunde liegende Bestimmung nicht durch den Eigentümer erhalten; auch andere Einwirkungsberechtigte können die erforderliche Bestimmung treffen, insbes ein Pächter (BGB-RGRK/Kregel Rn 10; **aM** KG OLGE 6, 217). Soweit dem Pächter nach § 583 oder dem Nießbraucher nach § 1037 eine Bestimmungsveränderung untersagt ist, hat ein Verstoß daher nicht zur Folge, daß die verbotswidrige Ausbeute zur bestimmungswidrigen wird (Soergel/Marly Rn 8).

9 b) Auf die **Wirtschaftlichkeit der Ausbeute** kommt es unter dem Aspekt des § 99 Abs 1 grundsätzlich nicht an. Auch die durch Raubbau gewonnene Ausbeute ist Frucht iSd § 99 Abs 1 (BGB-RGRK/Kregel Rn 10). – Daß der Bestand der Hauptsache durch die Ausbeute vermindert wird, ist Wesensmerkmal der Ausbeute und steht der Annahme einer Frucht nicht entgegen (KG OLGE 6, 217). Jedoch findet der Fruchtbegriff seine Grenze dort, wo die Muttersache zerstört wird (vgl o Rn 6). Es besteht daher immer das Erfordernis der **Sacherhaltung**. So ist der aus einem Fahrzeug gepreßte Schrott keine Ausbeute, sondern eine durch Verarbeitung nach § 950 gewonnene neue Sache. – Daß die Substanzentnahme aus einem Grundstück nach und nach zu dessen völliger Ausbeutung führt, ist hingegen unschädlich (RGZ 94, 259, 261). Daher stellt der aus einer Kiesgrube gewonnene Kies eine Frucht dar, obwohl die Grube irgendwann erschöpft sein wird (MünchKomm/Holch Rn 4).

10 c) Die Ausbeute muß ihrerseits **Sachcharakter** haben, da sie aus der Substanz der Sache entnommen wird (Enneccerus/Nipperdey § 127 II 1 in Fn 12; **aM** Erman/Michalski Rn 5). Daher sind die mit Hilfe einer Sache gewonnenen Energien (vgl § 90 Rn 8 ff) nicht deren Ausbeute (Soergel/Marly Rn 9; MünchKomm/Holch Rn 5; BGB-RGRK/Kregel Rn 9; **aM** RG SeuffA 83 Nr 68 für die aus fließendem Wasser gewonnene Wasserkraft). Sie kommen lediglich als Gebrauchsvorteil in Betracht (vgl § 100 Rn 3 und 7). – Unter diesem Gesichtspunkt kann man auch die verbrauchte Deponiekapazität einer ausgebeuteten Kiesgrube trotz ihrer wirtschaftlichen Bedeutung nicht der Ausbeute zurechnen (vgl OLG Koblenz NJW 1994, 463, 464; **aM** MünchKomm/Holch Rn 4).

3. Rechtserträge

11 a) § 99 Abs 2 definiert die Erträge aus **fruchtbringenden Rechten** als unmittelbare Rechtsfrüchte. Dabei kann ein Recht nur dann als fruchtbringend bezeichnet werden, wenn es nach seinem Inhalt unmittelbar auf die Gewinnung der Erträge durch den Rechtsinhaber gerichtet ist. Anderenfalls werden aufgrund eines Rechtsverhältnisses Leistungen erbracht, die Früchte iS des § 99 Abs 3 darstellen (vgl u Rn 18). – Die derart fruchtbringenden Rechte können **dinglicher Natur** sein, wie zB der Nießbrauch (vgl KG NJW 1964, 1808 f) oder die Reallast. – Ebenso können **obligatorische Rechte** fruchtbringend sein, wie etwa Leibrentenverträge (vgl RGZ 67, 204, 210; 68, 340, 343; 80, 208, 209). Auch die Jagdbeute des Jagdpächters wird als Rechtsertrag nach § 99 Abs 2 eingeordnet (KG OLGE 4, 44, 45; vgl auch BGHZ 112, 392, 398). – Ferner sind **Mitgliedschaftsrechte** uU fruchtbringend, so bei einer Waldgenossenschaft die zugeteilten Holzmengen (BGHZ 94, 306, 309). – Auch **öffentlich-rechtlicher Natur** kann das fruchtbringende Recht sein. So fallen die monatlichen Zahlungsansprüche aus der gesetzlichen Rentenversicherung unter § 99 Abs 2 (BSG MDR 1982, 698 f). – Hingegen sind die aufgrund des Eigentums an einer Sache erzielten Früchte solche des § 99 Abs 1.

b) Bei den Erträgen nach § 99 Abs 2 muß es sich um Gegenstände handeln, die **12 selbständig neben dem Stammrecht** bestehen und vom Rechtsverkehr als etwas vom Stammrecht Verschiedenes angesehen werden (BSG MDR 1982, 698; SOERGEL/MARLY Rn 11; BGB-RGRK/KREGEL Rn 11). So sind die Lohnansprüche aus dem Dienstvertrag keine Rechtsfrüchte, da sie gerade den Gegenstand des Rechts darstellen (vgl RGZ 69, 59, 64). – Zu den Rechtsfrüchten gehört außerdem nur der **bestimmungsgemäß** gewährte Ertrag. Dessen Umfang richtet sich nach dem **Inhalt des Rechts**, ist also beim Nießbrauch nach § 1030 Abs 2 durch den Parteiwillen festzulegen. Daher ist die Ausbeute, die sich als eine verkehrsübliche Nutzung der Sache darstellt und demnach Sachfrucht gem § 99 Abs 1 ist, nicht zwingend auch ein bestimmungsgemäßer Ertrag iS des § 99 Abs 2. So stellt zB Holz, das ein Nießbraucher durch übermäßigen Einschlag erlangt, keine Frucht des Nießbrauchs dar.

Besonders hervorgehoben sind in § 99 Abs 2 bei einem Recht auf Gewinnung von **13** Bodenbestandteilen die **gewonnenen Bestandteile**. Abweichend vom Wortlaut stellt aber nicht der Bestandteil selbst die Frucht dar, sondern vielmehr das **Eigentum** an dem gewonnenen Bestandteil, da Rechtsfrucht immer **nur ein Recht** sein kann (ENNECCERUS/NIPPERDEY § 127 III). – Nicht erforderlich ist, daß die Gewinnung der Bestandteile die Substanz der Muttersache **auf Dauer unversehrt** läßt, solange sie nicht zu ihrer sofortigen Zerstörung führt (vgl o Rn 6 und 9).

c) Umstritten ist, inwieweit die **Erträge eines Unternehmens** als Rechtsgesamtheit **14** (vgl § 90 Rn 81) zu den Früchten iS des § 99 zählen. Überwiegend wird der aus einem wirtschaftlichen Unternehmen vom Inhaber gezogene Gewinn in Analogie zu § 99 Abs 2 als **Rechtsfrucht** des Unternehmens eingeordnet (MünchKomm/HOLCH Rn 11; BGB-RGRK/KREGEL Rn 4; ENNECCERUS/NIPPERDEY § 127 IV; vgl BGHZ 7, 208, 218; OLG München OLGE 38, 146, 147), während ihn andere (auch) nach § 99 Abs 1 behandeln wollen (SOERGEL/MARLY Rn 3; PALANDT/ELLENBERGER Rn 3; LARENZ/WOLF § 20 Rn 110). – Die Rspr hat demgegenüber den Unternehmensgewinn zu den **Gebrauchsvorteilen** des Unternehmens gerechnet, um auf diese Weise berücksichtigen zu können, inwieweit er auf persönliche Leistungen und Fähigkeiten des Betriebsinhabers zurückzuführen ist (BGH Betrieb 1956, 63; BGHZ 63, 365, 368).

Soweit diese Unterscheidung zur Beantwortung der Frage herangezogen wird, ob **15** im Rahmen der §§ 987 f auch die **Herausgabe des Unternehmensgewinns** geschuldet wird (vgl BGHZ 7, 208, 218; LARENZ/WOLF § 20 Rn 109), geht dies fehl. Die Herausgabepflicht erfaßt immer nur die einzelnen dazugehörigen Gegenstände, nicht das Unternehmen als solches. Daher sind nur diejenigen Gewinnanteile als Nutzungen herauszugeben, die auf die **Nutzung des jeweiligen Unternehmensgegenstandes** zurückzuführen sind und damit eine (unmittelbare oder mittelbare) Sach- oder Rechtsfrucht bzw einen Gebrauchsvorteil dieses Gegenstandes darstellen (vgl BGH NJW 1978, 1578: Nutzungen des Betriebsgrundstücks). Auf die Einordnung des Gewinns als Nutzung des Unternehmens kommt es im Rahmen des § 987 nicht an. Dabei gilt zwar § 987 direkt nur für Sachnutzungen (darauf stellt BGHZ 7, 208, 218 ab). Für andere herauszugebende Gegenstände (insbes Rechte) findet jedoch § 818 Abs 1 und über §§ 818 Abs 4, 292 auch § 987 entsprechende Anwendung (vgl BGH Betrieb 1956, 63). – Soweit keine Frucht iS des § 99 vorliegt, kann als Gebrauchsvorteil nur der objektive Nutzwert des jeweiligen Gegenstandes verlangt werden (ebenso MünchKomm/BALDUS § 987 Rn 13; vgl § 100 Rn 5 f). Die Teile des Gewinns, die allein auf den **persönlichen Leistungen und Fähigkeiten des Unternehmers** beruhen, sind dagegen nicht zu ersetzen (so iE auch BGHZ 168, 220, 241 Rn 46, 48; BGH NJW 1978, 1578; NJW-RR 2009, 1522, 1523 Rn 26; LARENZ/WOLF § 20 Rn 111; SOERGEL/MARLY Rn 3; PALANDT/SPRAU § 818 Rn 9). Dementsprechend werden auch die Nutzungen aus einem erst vom jetzigen Besitzer eingerichteten Betrieb nicht als Nutzungen des Grundstücks angesehen (BGHZ 63, 365, 368; 109, 179, 191; BGH NJW 1992, 892). – Es kann dabei allenfalls zweifelhaft sein, ob unter den Begriff der Nutzungen auch diejenigen Gebrauchsvorteile fallen, die nicht durch eine Sache oder ein Recht, sondern durch ein tatsächliches Verhältnis (zB Betriebsgeheimnis, Kundenstamm) gewährt werden (vgl BGHZ 168, 220, 228 Rn 17: Mandantenstamm einer Steuerberaterkanzlei); das wird man bejahen können (vgl § 100 Rn 7).

16 Insgesamt ist der Begriff der Nutzungen auf die Nutzung von Einzelgegenständen zugeschnitten; außerdem erfaßt er nach der Systematik der §§ 99 f nur **Bruttoerträge** und ist daher auf den Gewinn eines Unternehmens als Nettoertrag grundsätzlich nicht anwendbar (ausf BÖKELMANN 63 ff, 82 ff). Etwas anderes gilt nur bei Handelsgesellschaften für die auf einen **Gesellschaftsanteil** entfallenden Gewinne; diese sind Rechtsfrüchte des Anteils nach § 99 Abs 2 (BGHZ 58, 316, 320; 78, 177, 188; BGH NJW 1981, 1560, 1561; 1995, 1027, 1028). Wird ein Unternehmen verpachtet, so kann man außerdem den Pachtzins als mittelbare Rechtsfrucht des Unternehmens nach § 99 Abs 3 auffassen (vgl u Rn 20). – Soweit es um die Frage geht, welche Unternehmensvorteile dem Inhaber eines **Unternehmensnießbrauchs** zustehen, kann nicht auf den Begriff der „Nutzungen" iS der §§ 99 f abgestellt werden. Vielmehr sind hier die Besonderheiten des Nießbrauchs am Unternehmen zu berücksichtigen (dazu BÖKELMANN 91 ff). – Ebenso muß man im Rahmen des § 346 Abs 1 hinsichtlich des Umfangs der bei der Rückabwicklung eines **Unternehmenskaufs** herauszugebenden bzw zu ersetzenden Nutzungen vertragliche Abreden zwischen den Parteien beachten (vgl auch § 100 Rn 5).

17 d) Darüber hinaus sind folgende Einzelheiten hervorzuheben: **Darlehenszinsen** (genauer: die Zinsansprüche) sind unmittelbare Früchte der Kapitalforderung (SOERGEL/MARLY Rn 15; ERMAN/MICHALSKI Rn 7; BGB-RGRK/KREGEL Rn 12; ENNECCERUS/NIPPERDEY § 127 III; aM MünchKomm/HOLCH Rn 6: mittelbare Sachfrüchte des überlassenen Geldes); das gleiche gilt für den Zinszuschlag nach dem LAG (BGHZ 81, 8, 13 f). Verzugszinsen hingegen fallen unter § 99 Abs 3 (vgl u Rn 20). – **Dividenden** der Kapitalgesellschaften sind Früchte nach § 99 Abs 2 (Soergel/Marly Rn 12; Erman/Michalski Rn 7). Dasselbe gilt für den **Erlös** des Holzverkaufs aus Genossenschaftswald (BGHZ 94, 306, 309). Die Einnahmen des Verlegers aus dem Verkauf der verlegten Bücher sind unmittelbare Früchte des Verlagsrechts (vgl § 8 VerlG); entsprechendes gilt für andere **Lizenzen**, die zur Verwertung des lizenzierten Gegenstandes (Werk, Patent, Marke) berechtigen. – Hingegen sind **Bezugsrechte** für junge Aktien keine Früchte (KG OLGE 24, 139, 140; BayObLG OLGE 36, 282, 283; OLG Bremen Betrieb 1970, 1436; BGB-RGRK/Kregel Rn 15). Dasselbe gilt für das unmittelbar zum Rechtsinhalt gehörende **Stimmrecht** (vgl auch § 100 Rn 7). – Auch der Liquidationsanteil, der bei Auflösung eines Vereins oder einer Gesellschaft auf die Mitglieder oder Gesellschafter entfällt, ist kein bestimmungsmäßiger Ertrag (Erman/Michalski Rn 8). Ebenso ist die Vergütung für die Aufgabe der Milcherzeugung („Milchrente") keine Rechtsfrucht, weil kein Hauptrecht erhalten bleibt (VG Stade WM 1987, 1312, 1313). – Abgebaute **Mineralien** sind Früchte des Bergwerkseigentums (RG JW 1938, 3040, 3042).

4. Rechtsverhältnisfrüchte

a) Gem § 99 Abs 3 sind Früchte auch die Erträge, welche eine Sache oder ein Recht mittels eines Rechtsverhältnisses gewährt. – Zur Bezeichnung solcher **mittelbaren Früchte** ist der Ausdruck Erträge wenig glücklich, weil es sich schon bei den Früchten nach § 99 Abs 2 um Erträge handelt. Was der Pächter aus der Sache gewinnt, ist Frucht nach § 99 Abs 2, während der Pachtzins, den der Verpächter erhält, Frucht gem § 99 Abs 3 ist. Bei den mittelbaren Früchten nach Abs 3 handelt es sich also nicht um Erträge, sondern um eine **Gegenleistung** für die Überlassung der Nutzung der Sache oder des Rechts an andere (BGHZ 180, 285, 288 Rn 12). – Daher ist der Kaufpreis keine Frucht der verkauften Sache. Ebensowenig gehört die Enteignungsentschädigung (Erman/Michalski Rn 10) oder die ausgezahlte Brandversicherungssumme (BGHZ 115, 157, 159; OLG Düsseldorf NJW-RR 1997, 604) hierher, da sie nicht für die Nutzung des Gegenstands gezahlt werden, sondern ein Surrogat darstellen. **18**

b) Das **Rechtsverhältnis**, das die mittelbare Fruchtziehung nach § 99 Abs 3 ermöglicht, kann **vertraglich** begründet werden. Hier kommen vor allem Miet- und Pachtverträge in Betracht (RGZ 67, 378, 380; 79, 116, 119; 81, 146, 149; 138, 69, 71; BGH NJW 1986, 1340), auch über bewegliche Sachen (RGZ 105, 408, 409). So sind die durch Untervermietung erzielten Mietzinsen und die wegen Auflösung des Untermietvertrages erhaltene Entschädigung Früchte der Mietsache nach § 99 Abs 3 (BGH NJW-RR 2009, 1522, 1523 Rn 23; vgl BGHZ 131, 297, 307). – Ebenso kann es sich um ein **gesetzliches** Schuldverhältnis handeln, etwa hinsichtlich der Überbaurente nach § 912 (MünchKomm/Holch Rn 6; Erman/Michalski Rn 9). **19**

c) Der Ausdruck Rechtsverhältnis in § 99 Abs 3 bezieht sich nicht nur auf Sachen, sondern ebenso auf **fruchtbringende Rechte**, etwa im Falle ihrer Verpachtung (Mot III 70). So gehören die Immaterialgüterrechte zu den fruchtbringenden Rechten; die Vergütung, die der Rechtsinhaber (zB Urheber, Erfinder) für die Gewährung einer Lizenz erhält, ist daher Frucht iS des § 99 Abs 3 (zu den Einnahmen des Lizenznehmers vgl o Rn 17). Dies gilt auch für die entgeltliche Einräumung einer Unterlizenz durch den Hauptlizenznehmer. – Von Gesetzes wegen entstehende Nebenforderungen wie der Anspruch auf **Verzugszinsen** werden ebenfalls zu den mittelbaren Rechtsfrüchten gerechnet (BGHZ 81, 8, 13). **20**

III. Ausländisches Recht

21 Das **österreichische Recht** kennt keinen so weit reichenden Fruchtbegriff wie das BGB. Es unterscheidet in § 330 ABGB im Zusammenhang mit der Fruchtverteilung bei der Herausgabe einer Sache zwischen Früchten und anderen Nutzungen, wobei zu letzteren die Zivilfrüchte gezählt werden; Gebrauchsvorteile hat nach hM sogar der redliche Besitzer zu vergüten (Iro, Sachenrecht [Wien/New York 2000] Rn 7/5). Eine entsprechende Regelung enthält § 519 ABGB für die Fruchtnießung. – In § 405 ABGB ist der originäre Eigentumserwerb an den natürlichen Früchten, die der Boden ohne Bearbeitung hervorbringt, und an Nutzungen, die aus einem Tier entspringen, geregelt. – Im Zusammenhang der Verpfändung eines Rechts wird diskutiert, ob auch deren Zivilfrüchte wie Zinsen und Dividenden dem Pfandrecht unterliegen (Iro Rn 9/36). – Auch dem **schweizerische Recht** liegt kein einheitlicher Fruchtbegriff zugrunde. Es regelt in Art 643 ZGB das Eigentum an den natürlichen Früchten und definiert diese als wiederkehrende Erzeugnissen und bestimmungsgemäß gewonnene Erträgnisse. – Ist an einem Grundstück eine Nutznießung bestellt, so stehen dem Nutznießer gem § 768 ZGB die Früchte nur im Rahmen des gewöhnlichen, regelmäßigen Ertrags zu (vgl Tuor/Schnyder/Schmid, Das schweizerische Zivilgesetzbuch [13. Aufl Zürich 2009] § 108 Rn 9). – Nach § 806 ZGB erstreckt sich das Grundpfand nicht nur auf die natürlichen Früchte, sondern auch auf die periodischen Miet- und Pachtzinsen als zivile Früchte (Tuor/Schnyder/Schmid § 111 Rn 7).

22 Das **französische Recht** unterscheidet anders als das deutsche Recht zwischen periodisch hervorgebrachten Früchten (fruits) und die Substanz der Hauptsache (substance) verändernden sonstigen Erzeugnissen (produits). Grundsätzlich können nur erstere einem anderen als dem Eigentümer der Hauptsache als Zuwachs (accession) zustehen (Ferid/Sonnenberger, Das französische Zivilrecht II [2. Aufl 1986] Rn 3 A 78 f und 3 C 375). Neben den fruits naturels bzw industriels kennt das französische Recht gem Art 583 f cc auch fruits civils, zu denen die Erträge aus der vertraglichen Nutzungsüberlassung einer Sache an Dritte zählen. Gebrauchsvorteile werden noch mehr als die sonstigen Erzeugnisse als notwendiger Bestandteil des Eigentums angesehen (Ferid/Sonnenberger Rn 3 A 78). – Auch für das **italienische Recht** ist diese Unterscheidung von fructus naturales und fructus civiles (vgl o Rn 2) maßgebend geblieben. Es kennt in Art 820 Codice civile die frutti naturali, die entweder spontan entstehen oder durch menschliche Bemühungen hervorgebracht werden, neben den frutti civili kraft eines Rechtsverhältnisses. – Das **englische Recht** hat keinen allgemeinen Begriff der Früchte entwickelt. Es versteht unter emblements die jährlichen Früchte, die den gewöhnlichen Ertrag einer Sache bilden und durch Arbeit hervorgebracht wurden. Nach dem Landlord and Tenant Act von 1851 hat ein Pächter nach dem Ablauf seiner Pachtzeit noch das Recht, die von ihm ausgesäten Früchte zu ernten; gem dem Agricultural Holdings Act von 1986 besteht das Ernterecht innerhalb einer Jahresfrist seit der Aussaat (Cheshire/Burn's Modern Law of Real Property [17. Aufl Oxford 2006] 240).

§ 100
Nutzungen

Nutzungen sind die Früchte einer Sache oder eines Rechts sowie die Vorteile, welche der Gebrauch der Sache oder des Rechts gewährt.

Materialien: E I § 793; II § 77 1; III § 96; Mot III 70; Prot III 24.

I. Begriff der Nutzung

Das BGB verwendet den Begriff der **Nutzungen** hauptsächlich in §§ 346 Abs 1, 818 Abs 1 und 987 ff (vgl auch § 99 Rn 1). Nach der Legaldefinition des § 100 umfassen die Nutzungen sowohl die in § 99 geregelten **Früchte** als auch die **Gebrauchsvorteile** einer Sache oder eines Rechts. – Gebrauchsvorteile werden vor allem bei solchen Sachen bedeutsam, die wegen ihrer natürlichen Beschaffenheit keine unmittelbaren Sachfrüchte hervorbringen können, wie Häuser, Räume, Möbel oder Kraftwagen. So ist der Vorteil, das eigene Haus zu bewohnen, eine Nutzung des Grundeigentums iS des § 100 (BGH NJW 1986, 1340; FamRZ 1990, 989, 990). Ein Vermögenswert muß dem Vorteil nicht zukommen (BGB-RGRK/Kregel Rn 3; vgl Bork, AT Rn 268). – **Keine Nutzung** einer Sache ist, was als wesentlicher Bestandteil zu ihr hinzukommt. Ebensowenig ist der Vorteil, der durch den **Verbrauch** einer Sache entsteht, als Gebrauchsvorteil iS des § 100 zu bezeichnen (RG JW 1915, 324). Trotz des Wortlauts des § 92, der den Verbrauch bestimmter Sachen als ihren bestimmungsgemäßen Gebrauch bezeichnet, stellt der Verbrauch verbrauchbarer Sachen daher keine Nutzung dar (Soergel/Marly Rn 5). 1

II. Gebrauchsvorteile einer Sache

1. Nicht jeder mit Hilfe einer Sache gewonnene Vorteil ist ein Gebrauchsvorteil iS des § 100. Vielmehr muß es ein aus dem **Sachbesitz** oder der tatsächlichen Nutzungsmöglichkeit gezogener Vorteil sein. Hierzu kann bei einem Wohnhaus auch die Möglichkeit gehören, die Umgebung nach eigenem Gutdünken auszugestalten (OLG Hamburg MDR 1953, 613, 614). – Häufig handelt es sich bei Gebrauchsvorteilen um Vorteile, die sich mit der Ausübung eines Rechts ergeben (vgl RGZ 118, 266, 269). Ebenso jedoch kann ein Gebrauchsvorteil entgegen der Rechtsordnung gezogen werden, zB durch die Benutzung eines gestohlenen Kraftfahrzeugs. – Die Brandversicherungssumme ist kein Gebrauchsvorteil des durch Brand zerstörten Hauses, da in der Zerstörung kein Gebrauch liegt (BGHZ 115, 157, 159; vgl auch § 99 Rn 18). – Die zunächst vom RG vertretene Auffassung, die Nutzungsmöglichkeit des aus einem **nichtigen Darlehen** zur Verfügung stehenden **Kapitals** sei kein Gebrauchsvorteil (RGZ 136, 135, 136; RG WarnR 1933 Nr 39; Enneccerus/Nipperdey § 127 V in Fn 21), wurde später aufgegeben (RGZ 151, 123, 127; BGH NJW 1961, 452; Soergel/Marly Rn 4; BGB-RGRK/Kregel Rn 5; vgl u Rn 5). 2

Der Gebrauchsvorteil bei einer **Energiegewinnungsanlage** besteht in der gewonnenen Energie (Soergel/Marly Rn 3; vgl auch § 99 Rn 10 und u Rn 7). – Etwas anderes gilt 3 hinsichtlich des Gebrauchs vorhandener Energie; hier fehlt es an einer Sache iS des § 100, so daß ein Gebrauchsvorteil nicht in Betracht kommt.

4 Die Vorteile, die aus der **rechtsgeschäftlichen Verwertung** einer Sache gezogen werden, insbes durch Veräußerung oder Belastung (lucrum ex negotiatione), sind keine Gebrauchsvorteile (RG WarnR 1915 Nr 70; vgl auch § 99 Rn 18). Auch der beim Verkauf von Wertpapieren erzielte Kursgewinn ist daher kein Gebrauchsvorteil (OLG Bremen Betrieb 1970, 1436). Es handelt sich in diesen Fällen nicht um Vorteile aus der Sache, sondern um mittels der Sache gewonnene Vorteile (vgl RG JW 1915, 328; BGB-RGRK/ KREGEL Rn 4). – Nicht zu den Gebrauchsvorteilen gehören auch sonstige mit Hilfe der Sache erzielte **Gewinne**, wie der Siegespreis in einem Amateurwettbewerb; auch den Renngewinn aus dem Lauf eines Rennpferdes wird man daher nicht als Gebrauchsvorteil einordnen können (MünchKomm/HOLCH Rn 6; aM SOERGEL/MARLY Rn 3; STAUDINGER/DILCHER [1995] Rn 2; ENNECCERUS/NIPPERDEY § 127 V in Fn 21), ebensowenig Beihilfen zur Bewirtschaftung von Ackerflächen nach dem BetriebsprämiendurchführungsG v 30. 5. 2006 (BGH NJW-RR 2010, 885, 886 Rn 11).

5 **2.** Da Gebrauchsvorteile nicht in Natura herausgegeben werden können, läuft die Pflicht zur Nutzungsherausgabe regelmäßig auf Wertersatz hinaus (vgl §§ 346 Abs 2 S 1 Nr 1, 818 Abs 2, 987 Abs 2). Der dafür maßgebliche **Wert** des (durch Eigengebrauch) erzielten Gebrauchsvorteils bestimmt sich grundsätzlich objektiv nach dem Betrag, der durchschnittlich für eine vertragliche Gebrauchsgestattung zu entrichten gewesen wäre (vgl STAUDINGER/GURSKY [2006] § 987 Rn 17 ff). – Bei Grundstücken und Räumen ist der Wert der im Wohnvorteil liegenden Nutzungen nach dem ortsüblichen **Miet- oder Pachtwert** zu bemessen (BGHZ 178, 16, 31 Rn 49; BGH NJW 2009, 2523, 2524 Rn 30; OLG Brandenburg VIZ 2002, 241; ebenso im Rahmen des § 33 DDR-ZGB BGH NJW 1998, 1707). Maßgeblich ist der ortsübliche Mietwert auch für den Gebrauchswert einzeln genutzter beweglicher Sachen wie Kraftfahrzeugen (vgl BGHZ 44, 237, 239; OLG München NZV 2007, 210; GURSKY, Nochmals: Kraftfahrzeugvermietung an Minderjährige, NJW 1969, 2183, 2184). Entscheidend ist dabei nicht ein vereinbarter Mietzins, sondern der objektive Nutzwert (LG Köln ZMR 1967, 201), ggf einschließlich Nebenkosten, soweit ortsüblich als Teil des Mietzinses vereinbart (BGHZ 178, 16, 32 Rn 53). Der Nutzwert kann im Einzelfall auch gleich null sein (LG Saarbrücken WuM 1998, 31, 32). Wertsteigernde Investitionen des Besitzers sind nicht zu berücksichtigen (BGHZ 109, 179, 191; BGH NJW 1992, 892; 1995, 2627, 2628). – Etwas anderes gilt jedoch für die Nutzungsherausgabe im Rahmen der **Rückabwicklung eines beidseitig erfüllten Kaufvertrages** gem § 346 Abs 2 S 1 Nr 1 bzw §§ 812, 818 Abs 2; hier wird nicht auf den Mietwert abgestellt, sondern die zeitanteilige Wertminderung zwischen tatsächlichem Gebrauch und voraussichtlicher Gesamtnutzungsdauer („Wertverzehr") als Maßstab zugrundegelegt (BGHZ 115, 47, 54; 164, 235, 239 f; BGH NJW 1996, 250, 252; STAUDINGER/LORENZ [2007] § 818 Rn 13). Für Kraftfahrzeuge hat sich in der Praxis ein Wert von 0,67% des Neupreises pro gefahrener 1000 km durchgesetzt (OLG Koblenz NJW-RR 1999, 702 f; PALANDT/GRÜNEBERG § 346 Rn 10 mwNw); insbes bei Fahrzeugen mit Dieselmotor kann im Einzelfall aber ein geringerer Wert anzusetzen sein (OLG Karlsruhe NJW 2003, 1950, 1951: 0,4%). – Der Wert der Geldnutzungsmöglichkeit aus einem nichtigen Darlehen (vgl o Rn 2) bemißt sich grundsätzlich nach den ersparten **marktüblichen Schuldzinsen** (BGHZ 138, 160, 166; BGH NJW 1961, 452; RGZ 151, 123, 127); das gleiche gilt für die Nutzung einer nach § 346 Abs 1 herauszugebenden Geldleistung (PALANDT/GRÜNEBERG § 346 Rn 6). Allerdings läßt § 346 Abs 2 S 2 HS 2 den Beweis eines geringeren Wertes zu; dies ist aufgrund der Verweisung in § 357 insbes für den Widerruf von Verbraucherdarlehen von Bedeutung.

Auch bei Sachen, die nur in einem **Betriebszusammenhang** von Vorteil sind, insbes **6** bei Maschinen, bemißt sich der Gebrauchsvorteil nach deren objektiven Mietwert (RGZ 97, 245, 252; BGH JR 1954, 460; MünchKomm/Holch Rn 6; Soergel/Marly Rn 5). Auf den Mehrertrag, den der Betrieb aufgrund des Einsatzes dieser Sache abwirft, ist im Rahmen des § 100 nicht abzustellen (**aM** BVerwGE 7, 1, 5; Erman/Michalski Rn 2; Staudinger/Dilcher [1995] Rn 6). Der **Gewinn eines Unternehmens** muß daher, soweit er über den objektiven Nutzwert der zum Unternehmen gehörenden Sachen und Rechte hinausgeht, nicht als Gebrauchsvorteil des betreffenden Gegenstands herausgegeben werden (vgl auch § 99 Rn 15). – Umgekehrt erwächst einem Gewerbetreibenden aus der Überlassung eines Geschäftsraums auch dann ein Vorteil, wenn er **ohne Gewinn** oder sogar mit Verlust arbeitet (BGH Betrieb 1966, 738, 739).

III. Die Gebrauchsvorteile eines Rechts

Um den **Gebrauchsvorteil eines Rechts** handelt es sich nur, wenn das zugrundelie- **7** gende Recht nicht an einer Sache besteht oder auf den Gebrauch einer Sache gerichtet ist; anderenfalls liegt ein Gebrauchsvorteil der Sache vor. – So ist das Stimmrecht ein Gebrauchsvorteil des in der Aktie verbrieften Mitgliedschaftsrechts (RGZ 118, 266, 268). Hingegen ist das Bezugsrecht für junge Aktien kein Gebrauchsvorteil der alten Aktie; es steht daher nicht dem Nießbraucher zu, sondern dem Eigentümer der Aktie (KG OLGE 24, 139, 140; BayObLG OLGE 36, 282, 283; vgl auch § 99 Rn 17). – Die aus fließendem Wasser gewonnene Wasserkraft kann man als Gebrauchsvorteil eines Wassernutzungsrechts auffassen (vgl RG SeuffA 83 Nr 68). – Auch die aus dem Gebrauch **anderer Gegenstände** als Sachen und Rechte fließenden Vorteile kann man in entsprechender Anwendung des § 100 zu den Gebrauchsvorteilen zählen; dies gilt insbes bei der Nutzung von Immaterialgütern wie zB Betriebsgeheimnissen (vgl § 99 Rn 15; ferner Soergel/Marly § 99 Rn 4).

§ 101
Verteilung der Früchte

Ist jemand berechtigt, die Früchte einer Sache oder eines Rechts bis zu einer bestimmten Zeit oder von einer bestimmten Zeit an zu beziehen, so gebühren ihm, sofern nicht ein anderes bestimmt ist:

1. **die im § 99 Abs. 1 bezeichneten Erzeugnisse und Bestandteile, auch wenn er sie als Früchte eines Rechts zu beziehen hat, insoweit als sie während der Dauer der Berechtigung von der Sache getrennt werden;**

2. **andere Früchte insoweit, als sie während der Dauer der Berechtigung fällig werden; bestehen jedoch die Früchte in der Vergütung für die Überlassung des Gebrauchs oder des Fruchtgenusses, in Zinsen, Gewinnanteilen oder anderen regelmäßig wiederkehrenden Erträgen, so gebührt dem Berechtigten ein der Dauer seiner Berechtigung entsprechender Teil.**

Materialien: E I § 794 Abs 1; II § 77m; III § 97; Mot III 71; Prot III 24; JAKOBS/SCHUBERT, AT I 476 ff.

I. Bedeutung der Vorschrift

1 Geht das Recht, Sach- oder Rechtsfrüchte zu ziehen, vom Inhaber auf einen Nachfolger über, zB gem § 446 S 2 vom Verkäufer auf den Käufer oder gem § 1061 vom Nießbraucher auf den Eigentümer, so entsteht die Frage, welchem der beiden nacheinander Berechtigten die Früchte der laufenden Wirtschaftsperiode zustehen, bzw in welchem Umfang sie ihm gebühren. In § 101 wird dabei lediglich die Auseinandersetzung der Beteiligten geregelt, also die Frage, wem die Früchte gebühren, jedoch nicht, wem sie gehören (vgl dazu u Rn 2). Die Vorschrift setzt daher voraus, daß tatsächlich Früchte gezogen worden sind und ordnet nur das **schuldrechtliche Verhältnis** der sukzessiv Fruchtziehungsberechtigten untereinander (BGH WM 1992, 516, 518; NJW 1995, 1027, 1029; NJW-RR 2011, 1119, 1122 Rn 21). Dieses Verhältnis bezeichnet man als **Früchteverteilung**, wobei jedoch eine „Verteilung" im Wortsinne nicht stattfindet. Der nach § 101 Berechtigte erhält einen obligatorischen Anspruch auf Herausgabe der Früchte, welche sein Vormann oder Nachfolger erwirbt, die diesem aber nicht gebühren. – § 101 gilt nicht auch für die zu ziehenden Früchte (RG JW 1913, 193, 194). Jedoch kann sich aus Sondervorschriften, wie zB § 987 Abs 2, eine Erstattungspflicht hinsichtlich nicht gezogener Früchte ergeben.

2 Unberührt von § 101 bleibt die Frage nach dem **Erwerb der Früchte**. Soweit es sich um **unmittelbare Sachfrüchte** nach § 99 Abs 1 handelt, ist der Eigentumserwerb in §§ 953 ff geregelt. – Ungeregelt ist im BGB jedoch die Frage, wer die **unmittelbaren Rechtsfrüchte** iS des § 99 Abs 2 und die **mittelbaren Früchte** nach § 99 Abs 3 erwirbt, soweit es sich dabei um Forderungen (zB Zinsansprüche, Dividenden) handelt (zu Ausgleichsansprüchen wegen eines Squeeze-out ausgeschiedener Aktionäre OLG Köln ZIP 2010, 519, 520; 2010, 1797; OLG Hamm NZG 2010, 1108, 1109; MENNICKE/LEYENDECKER, Kein zeitanteiliger Ausgleichsanspruch beim Squeeze-out, BB 2010, 1426, 1429 f). Forderungen entstehen im Vermögen desjenigen, der Partei des zugrundeliegenden Rechtsverhältnisses ist, regelmäßig also in der Person des Fruchtziehungsberechtigten (BVerwGE 7, 1, 5; SOERGEL/MARLY Rn 1; MünchKomm/HOLCH Rn 3). Im Falle eines Wechsels der Fruchtziehungsberechtigung stehen sie in entsprechender Anwendung der §§ 566, 581, 1056 vom Erwerb des Fruchtziehungsrechts an dem neuen Rechtsinhaber zu (ERMAN/MICHALSKI Rn 6; SOERGEL/MARLY Rn 1; aM RGZ 138, 69, 72; OLG Kiel OLGE 6, 267, 268; OLG Braunschweig OLGE 7, 40, 41; BGB-RGRK/KREGEL § 99 Rn 5: erst ab Fälligkeit), es sei denn, sie sind bereits vor dem Wechsel fällig geworden (ENNECCERUS/NIPPERDEY § 128 I 1 mit Fn 2). So tritt der Nießbraucher in die Mietverhältnisse, die für das seinem Nießbrauch unterworfene Grundstück bestehen, als Gläubiger der (betagten) Mietzinsforderungen ein (RGZ 80, 311, 316; 81, 146, 149).

II. Geschichtliche Entwicklung

3 Vor dem BGB standen sich für die Früchteverteilung das römische und das germanische Prinzip gegenüber: Das **römisch-gemeine Recht** beließ die natürlichen Früchte dem bisherigen Bezugsberechtigten nur insoweit, als er sie zZt des Wechsels der

Bezugsberechtigung bereits erworben hatte. Der Erwerb fand regelmäßig mit der Trennung statt, für Nießbraucher und Pächter mit der Gewinnung der Früchte. Erfolgte die Trennung erst nach Beginn des Nutzungsrechts des Nachfolgers, so gebührten diesem die Früchte. – Im **germanisch-deutschen Recht** hingegen galt: „Wer sät, der mäht." Hatte der Vormann die Bestellungsarbeit geleistet und wurde erst unter dem Nutzungsrecht des Nachfolgers geerntet, so kam die Ernte gleichwohl dem Vormann zugute. – Das **preuß ALR** vertrat in §§ 197 ff I 7 für das Verhältnis zwischen Nießbraucher und Eigentümer einen vermittelnden Standpunkt, indem es ein einheitliches Wirtschaftsjahr aufstellte und den Reinertrag dieses Jahres nach Zeitanteilen zwischen dem alten und dem neuen Berechtigten aufteilte. – Dieses Prinzip wollte der BGB-Gesetzgeber jedoch nicht für ganz Deutschland übernehmen. Vielmehr hat das BGB in der Hauptsache das römischrechtliche Prinzip übernommen, aber in Fortführung partikularrechtlicher Regelungen (Mot III 73 f) in § 101 Nr 2 aus Praktikabilitätsgründen eine Ausnahme des Prinzips für diejenigen Rechts- und Zivilfrüchte gemacht, die einen regelmäßig wiederkehrenden Ertrag darstellen.

III. Die Regelung im Einzelnen

1. Grundsatz

Der Grundsatz des § 101 geht dahin, daß die in § 99 Abs 1 bezeichneten **unmittelbaren Sachfrüchte** (vgl § 99 Rn 6 ff) dem zZt ihrer Trennung Bezugsberechtigten gebühren, unabhängig davon, wann und durch wen die Trennung erfolgte und wer die Früchte gesät hatte. Diese Regelung gilt auch für die unmittelbaren Rechtsfrüchte des § 99 Abs 2, soweit sie zugleich unmittelbare Sachfrüchte darstellen (vgl § 99 Rn 12), zB die durch den Pächter gewonnenen Erzeugnisse. Erfolgt die Ernte erst nach Beendigung der Pachtzeit, so kann der Pächter daher die geernteten Früchte nicht beanspruchen. Eine gewisse Milderung dieser Härte wird allerdings durch den Kostenersatz nach § 596a erreicht. – Bei **allen anderen Früchten** entscheidet nach Nr 2 HS 1 der Zeitpunkt der Fälligkeit, soweit nicht – was der Regelfall ist – HS 2 eingreift (vgl BGB-RGRK/Kregel Rn 9). Erfaßt werden hier die Früchte nach § 99 Abs 2, die nicht zugleich unmittelbare Sachfrüchte sind, und die Früchte nach § 99 Abs 3 (vgl § 99 Rn 18 ff). **4**

2. Regelmäßig wiederkehrende Erträge

Eine Ausnahme vom Fälligkeitsprinzip macht § 101 Nr 2 HS 2 für solche Früchte, welche aus Nutzungsentgelt, Zinsen, Gewinnanteilen oder anderen **regelmäßig wiederkehrenden Erträgen** bestehen. Bei ihnen findet eine Verteilung pro rata nach der Dauer der Berechtigung statt. Das ist vor allem bei Miet- und Pachtzinsen sowie für Reallasten wichtig. Ihre Berechtigung findet diese Ausnahme darin, daß die für einen bestimmten Abrechnungszeitraum gezahlte Gegenleistung nur die Aufsummierung der auf jeden Tag der Nutzung entfallenden Teilentgelte darstellt (vgl MünchKomm/Holch Rn 8). – Entscheidend ist die Dauer der Berechtigung während des **Zeitraums**, für den die Erträge gewährt werden (Soergel/Marly Rn 7). Sind zB an den jeweiligen Eigentümer eines Grundstücks zum 1.1. und zum 1.7. eines Jahres Leistungen aus einer Reallast zu entrichten, so hat der Erwerber, wenn das Grund- **5** stück am 1. 4. veräußert wird, dem Veräußerer die Hälfte der am 1. 7. ausgezahlten Summe zu erstatten.

6 Die Erträge müssen jedoch **nicht in gleicher Höhe** wiederkehren, so daß auch Dividenden und Gewinnanteile eines Gesellschafters von § 101 Nr 2 HS 2 erfaßt werden (BGH NJW 1995, 1027, 1028; OLG Köln ZIP 2010, 1797; MünchKomm/Holch Rn 11; Bamberger/Roth/Fritzsche Rn 6; vgl aber u Rn 7). Der für die Verteilung maßgebliche Wechsel in der Berechtigung bestimmt sich beim Verkauf von Unternehmensanteilen nach dem Zeitpunkt der Übertragung der Anteile, nicht dem des Verkaufs. – Maßgeblicher Zeitraum ist bei Gewinnanteilen das Geschäftsjahr; auf den Zeitpunkt der Feststellung des Anteils kommt es nicht an (RG Gruchot 52, 1093, 1095; BGB-RGRK/Kregel Rn 11; vgl auch Büschgen, Aktienanalyse und Aktienbewertung nach der Ertragskraft [1962] 182 ff).

IV. Subsidiarität des § 101

7 Die in § 101 vorgesehene schuldrechtliche Fruchtverteilung findet nur statt, soweit nichts anderes bestimmt ist (BGH NJW 1995, 1027, 1028; BFH GmbHR 2002, 390, 392). Dies kann zunächst durch **Rechtsgeschäft** geschehen, und zwar sowohl unter Lebenden als auch von Todes wegen (RG Gruchot 52, 1093; JW 1913, 193, 194). So ist § 101 Nr 2 HS 2 bei der Veräußerung von Aktien nicht anwendbar, wenn der zu erwartende Ertrag im Kaufpreis (Börsenkurs) berücksichtigt und dadurch bereits ein Ausgleich hergestellt ist, zumal ein Ausgleich nach § 101 Nr 2 HS 2 hier nicht praktikabel wäre (BGH NJW-RR 2011, 1119, 1122 Rn 23 mwNw). – Daneben enthält das BGB von § 101 abweichende, vorrangige **gesetzliche Regeln**, so zB in § 987 Abs 2 (vgl o Rn 1). Allerdings ist in § 993 Abs 2 für das Verhältnis zwischen dem Eigentümer und dem gutgläubigen Besitzer ausdrücklich vorgesehen, daß die Vorschrift des § 101 zur Anwendung kommt. Ferner gibt es Sonderregeln für den Nießbraucher in § 1039, für den Nutzpfandgläubiger in § 1214 und für den Vorerben in §§ 2111 (vgl BGHZ 81, 8, 12 f) und 2133.

§ 102
Ersatz der Gewinnungskosten

Wer zur Herausgabe von Früchten verpflichtet ist, kann Ersatz der auf die Gewinnung der Früchte verwendeten Kosten insoweit verlangen, als sie einer ordnungsgemäßen Wirtschaft entsprechen und den Wert der Früchte nicht übersteigen.

Materialien: E I –; II §§ 901 Abs 1 S 2, 2054 Abs 2; III § 98; Mot –; Prot III 357, V 221 und VI 119.

I. Entstehungsgeschichte

1 Schon nach römischem Recht durften vom Betrag der herauszugebenden Früchte die auf ihre Gewinnung gemachten **Aufwendungen abgezogen** werden. Als wirkliche

Frucht wurde nur der nach Abzug der Gewinnkosten verbleibende Rest angesehen, also der Nettogewinn (D 25, 1, 3, 1 und l. 16).

II. Bedeutung der Vorschrift

Die dispositive Vorschrift des § 102 gibt dem zur Herausgabe von Früchten Verpflichteten aus Billigkeitsgründen einen Ersatzanspruch wegen der von ihm aufgewendeten Gewinnungskosten. Dabei normiert § 102, wie die Formulierung „verlangen" zeigt, nicht nur eine Einrede, sondern eine **selbständige Anspruchsgrundlage**; dem Erstattungsberechtigten ist daher nach heute allgM schon vor einer Herausgabe der Früchte die aktive Geltendmachung seines Anspruchs zuzubilligen (MünchKomm/ HOLCH Rn 6; SOERGEL/MARLY Rn 2; ERMAN/MICHALSKI Rn 3; BGB-RGRK/KREGEL Rn 5). Dem Herausgabeberechtigten kann zugemutet werden, sich gegenüber dem Kostenerstattungsanspruch auf sein Zurückbehaltungsrecht zu berufen. – Wird allerdings die Herausgabe der Früchte verlangt, so begründet der Kostenerstattungsanspruch gem § 273 ein Zurückbehaltungsrecht des Herausgabeverpflichteten. – Unabhängig von der Herausgabe der Früchte ist eine **Aufrechnung** mit den Gewinnungskosten zulässig, wenn die herauszugebenden Früchte den Kosten gleichartig sind, also in Geld bestehen (vgl BGH MDR 1962, 556). 2

Die von § 102 vorausgesetzte **Herausgabepflicht** kann sich sowohl aus dem Gesetz, inbes aus §§ 101, 292 Abs 2, 346 Abs 1, 446 S 2, 818 Abs 1, 987 f, 2020, 2184, als auch aus einem Rechtsgeschäft ergeben. Dies gilt allerdings nur dann, wenn Sachen gerade wegen ihrer Eigenschaft als Früchte herausgegeben werden müssen (RG JW 1938, 3040, 3042). 3

III. Umfang des Ersatzanspruchs

Zu den nach § 102 zu ersetzenden **Gewinnungskosten** gehören nicht nur Geldausgaben, sondern alle Leistungen, denen ein unmittelbarer Vermögenswert zukommt. Am häufigsten werden Kosten zur Bezahlung fremder Arbeitskraft aufgewendet. Jedoch ist auch die **Leistung eigener Arbeit** des Herausgabepflichtigen den Kosten zuzurechnen (BGH MDR 1962, 556). Dabei kommt es nicht darauf an, ob eine anderweitig mögliche Verwertung der Arbeitskraft unterblieben ist, sondern ob die Arbeitsleistung einen Marktwert hat (BGH NJW 1996, 921, 922 f zum Verwendungsbegriff; SOERGEL/MARLY Rn 3; MünchKomm/HOLCH Rn 4; aM STAUDINGER/DILCHER [1995] Rn 4; BGB-RGRK/KREGEL Rn 2; ERMAN/MICHALSKI Rn 2). – Auch die zur **Erhaltung der Früchte** aufgewendeten Kosten fallen unter § 102, ebenso die Aufwendungen zur **Steigerung des Fruchtgewinns**, soweit sie im Rahmen einer ordnungsgemäßen Wirtschaft entstanden sind (SOERGEL/MARLY Rn 3; ERMAN/MICHALSKI Rn 2; einen tatsächlichen Mehrertrag verlangt MünchKomm/HOLCH Rn 5; ähnlich KG OLGE 22, 272, 273). 4

Der Umfang der zu erstattenden Kosten ergibt sich nach § 102 aus den **Grundsätzen der ordnungsgemäßen Wirtschaft**, für welche wiederum die Verkehrsanschauung maßgebend ist. Somit können auch objektiv nicht notwendige Kosten erstattungsfähig sein, wenn sie nicht als Ausdruck eines wirtschaftlich unvernünftigen Verhaltens anzusehen sind (ERMAN/MICHALSKI Rn 2). – Ein Unterschied zwischen notwendigen und nützlichen Verwendungen wird in § 102 ebensowenig gemacht wie zwischen einem gutgläubigen und einem bösgläubigen Fruchtzieher. – Die Ersatzpflicht findet 5 ihre **Grenze im Wert** der herauszugebenden Früchte. Die Beweislast hinsichtlich des Wertes trifft denjenigen, der Kostenersatz beansprucht (BAMBERGER/ROTH/FRITZSCHE Rn 11).

6 Sind die Früchte vor der Herausgabe **untergegangen**, so können die auf sie verwendeten Gewinnungskosten nicht mehr geltend gemacht werden, auch nicht einredeweise gegenüber einem Folgeanspruch aufgrund des Sachuntergangs. – Jedoch hat das RG (JW 1938, 3040, 3042) gegenüber einem Ersatzanspruch nach §§ 989, 990 wegen nicht mehr vorhandener Früchte den Abzug der Gewinnungskosten zugelassen, weil schon der ursprüngliche Herausgabeanspruch um diesen Betrag geringer gewesen sei, der Ersatzanspruch demnach nicht höher sein könne (vgl dazu auch BGB-RGRK/ KREGEL Rn 1).

IV. Weitergehende Regelungen

7 Dem Grundsatz, daß derjenige, dem die Früchte schließlich zugute kommen, nicht um Kosten bereichert sein soll, die ein anderer darauf verwendet hat, trägt das BGB auch in den Fällen Rechnung, in denen ein Wechsel der Nutzungsberechtigung **vor Trennung der Früchte** eintritt, so daß hinsichtlich der Früchte keine Herausgabepflicht besteht, so in §§ 596a, 998, 1055 Abs 2 und 2130 Abs 1 (vgl SOERGEL/MARLY Rn 5). Ebenso fallen dem Vorerben im Verhältnis zu den Nacherben die Fruchtgewinnungskosten zur Last (BGH NJW-RR 1986, 1069, 1070). – Speziell für die nach **Bereicherungsrecht** herauszugebenden Nutzungen besteht gem § 818 Abs 3 ein besonderer Maßstab, wonach entweder alle mit dem Bereicherungsvorgang adäquat verbundenen Aufwendungen oder doch wenigstens alle im Vertrauen auf die Rechtsbeständigkeit des Erwerbs gemachten Aufwendungen abgezogen werden können (vgl STAUDINGER/LORENZ [2007] § 818 Rn 37 f).

§ 103
Verteilung der Lasten

Wer verpflichtet ist, die Lasten einer Sache oder eines Rechts bis zu einer bestimmten Zeit oder von einer bestimmten Zeit an zu tragen, hat, sofern nicht ein anderes bestimmt ist, die regelmäßig wiederkehrenden Lasten nach dem Verhältnis der Dauer seiner Verpflichtung, andere Lasten insoweit zu tragen, als sie während der Dauer seiner Verpflichtung zu entrichten sind.

Materialien: E I § 795; II § 77n; III § 99; Mot III 76; Prot III 24.

I. Bedeutung der Vorschrift

1 Ähnlich wie § 101 für den Fall eines Wechsels in der Person des Fruchtziehungsberechtigten einen Maßstab für die Verteilung der Früchte gibt, so enthält § 103 einen **Verteilungsmaßstab für die Lastentragung**, soweit es sich um das Verhältnis zwischen Vorgänger und Nachfolger in der Verpflichtung handelt. In § 103 werden, ähnlich wie in § 101, nur **schuldrechtlich** wirkende Regelungen für das Innenverhältnis getroffen (vgl dazu § 101 Rn 1). Soweit derjenige, der die Lasten entrichtet hat, diese nach § 103 nicht tragen muß, gewährt die Vorschrift einen unmittelbaren Ausgleichsanspruch (BGH NJW-RR 2010, 214, 215 Rn 10). Wer im Außenverhältnis gegenüber dem Berechtigten zur Lastentragung verpflichtet ist, ergibt sich aus der Rechtsgrundlage der Last (MünchKomm/Holch Rn 3; BGB-RGRK/Kregel Rn 1). – Gesetzliche Anknüpfungspunkte für die Anwendung des § 103 finden sich zB in § 446 S 2 für Verkäufer und Käufer, in § 535 Abs 1 S 3 für Mieter und Vermieter sowie in § 581 Abs 2 für Pächter und Verpächter; die Lastentragung des Erstehers eines zwangsversteigerten Grundstücks regelt § 56 S 2 ZVG.

§ 103 läßt ausdrücklich eine **anderweitige Bestimmung** der Lastenverteilung zu. Die- 2 se kann rechtsgeschäftlich erfolgen (vgl Nieder, Anlieger- und Erschließungskosten im Grundstückskaufvertrag, NJW 1984, 2662 ff mit Formulierungsvorschlägen) oder auch gesetzlich vorgeschrieben sein, wie zB in §§ 995 S 2, 1047, 2126, 2185 oder 2379 S 2. Für öffentliche Lasten beim Grundstückskauf enthält § 436 Abs 1 eine § 103 verdrängende Sonderregelung (s u Rn 7).

II. Geschichtliche Entwicklung

Für das **frühere Recht** läßt sich ein bestimmter, auf allen Gebieten folgerichtig 3 durchgeführter Grundsatz über die Lastenverteilung nicht nachweisen. Bekannt sind Sätze wie der deutschrechtliche „Wer den bösen Tropfen genießt, genießt auch den guten" oder der römische aus D 50, 17, 10: „Secundum naturam est commoda cuiusque rei eum sequi, quem sequuntur incommoda".

Die Frage geht dahin, ob die Lasten zwischen dem bisherigen und dem neuen 4 Verpflichteten nach dem Zeitpunkt ihrer **Fälligkeit** oder nach dem **Verhältnis der Zeitdauer** der beiden Verpflichtungen verteilt werden sollen. Das erstgenannte Prinzip hatte sich E I § 795 zu eigen gemacht. Der zweiten Kommission erschien dies unbefriedigend. – Deshalb unterscheidet jetzt § 103 zwischen regelmäßig wiederkehrenden und einmaligen bzw in unbestimmten Abständen wiederkehrenden Lasten. Bei letzteren entscheidet die Fälligkeit (vgl RGZ 70, 263, 265), für erstere hingegen ist eine Verteilung nach dem Verhältnis der Dauer der beiderseitigen Verpflichtungen vorgesehen (Prot III 24 ff).

III. Die einzelnen Lasten

1. Begriff der Lasten

Unter Lasten iS des § 103 sind nicht alle Belastungen einer Sache zu verstehen, 5 sondern nur **Leistungspflichten**, die den Eigentümer, den Besitzer oder den Rechtsinhaber gerade in dieser Eigenschaft treffen (BGH NJW 1980, 2465, 2466) und auf der Sache selbst ruhen (BGH JZ 1989, 1130, 1131; OLG Königsberg SeuffA 59 Nr 198). Sie können ihre Grundlage sowohl im Zivilrecht als auch im öffentlichen Recht haben. – **Privatrechtlich** begründete Lasten sind zB die Überbau- und Notwegrenten gem §§ 912 Abs 2 und 917 Abs 2, aber auch die Reallasten nach §§ 1105 ff. Zu den **öffentlich-rechtlich** begründeten Lasten zählen vor allem die Steuern (vgl BGH NJW 1980, 2465, 2466 für die bei Veräußerung eines Gewerbebetriebs anfallende Einkommenssteuer). – Nicht unter den Begriff der Lasten fallen **persönliche Verpflichtungen** des jeweiligen Besitzers oder Eigentümers. Daher ist die Anliegerstreupflicht keine Last des Grundstücks, da sie den Eigentümer persönlich trifft (BGH JZ 1989, 1130 f; OLG Hamm NJW 1989, 839, 840; OLG Schleswig VersR 1973, 677). Auch die einem Grundstücksbesitzer durch Verwaltungsakt auferlegte Pflicht zum Aufstellen von Müllbehältern ist keine Grundstückslast iS des § 103 (RGZ 129, 10, 12 f). Das gleiche gilt für solche Belastungen, die lediglich das Eigentums- und **Verfügungsrecht** des Eigentümers **einschränken**, ihn jedoch nicht zu einer Leistung verpflichten, wie Vorkaufsrecht, Nießbrauch und Grunddienstbarkeit (RGZ 66, 316, 318 f; BGB-RGRK/KREGEL Rn 2; SOERGEL/MARLY Rn 5). – Als **Lasten eines Rechts** kommen vor allem die Verpflichtungen des Erbbauberechtigten in Betracht.

2. Regelmäßig wiederkehrende Lasten

6 Der Begriff der **regelmäßig wiederkehrenden Lasten** erfordert nicht, daß die Höhe der wiederkehrenden Leistungspflichten gleich bleibt (vgl auch § 101 Rn 5 f). – Zu den regelmäßig wiederkehrenden Lasten auf **privatrechtlicher Grundlage** gehören etwa Hypothekenzinsen oder Grundschuldzinsen sowie die Jahresgebühren zur Erhaltung von Patent-, Marken-, Gebrauchs- und Geschmacksmusterrechten. Auch die Prämien für die Sachversicherung eines Grundstücks werden hierher gerechnet, da sie gem § 69 VVG an die Sache selbst geknüpft sind (OLG Düsseldorf NJW 1973, 146, 147; SOERGEL/MARLY Rn 4; **aM** OLG Königsberg SeuffA Nr 198). Nicht zu den wiederkehrenden Lasten iS des § 103 gehören dagegen die Kosten für die Unterhaltung und Bewirtschaftung einer Sache. – Regelmäßig wiederkehrende Lasten auf **öffentlich-rechtlicher Grundlage** sind zB die Grundsteuern (MünchKomm/HOLCH Rn 6).

3. Andere Lasten

7 Zu den **anderen Lasten**, die nicht regelmäßig wiederkehren, gehören zB die Patronatslasten (RGZ 70, 263, 264) und die bei Veräußerung eines Gewerbebetriebs anfallende Einkommensteuer (BGH NJW 1980, 2465, 2466). – Auch für **Erschließungsbeiträge** (Anliegerbeiträge) galt früher, daß diese der Käufer zu tragen hatte, wenn sie erst nach der Übergabe des Grundstücks „zu entrichten waren", dh fällig wurden (BGH NJW 1982, 1278; vgl o Rn 4). Allerdings kam hier den abweichenden Vereinbarungen (vgl o Rn 2) eine besondere Bedeutung zu (vgl BGH NJW 1988, 2099; 1994, 2283; OLG Düsseldorf RNotZ 2002, 230; OLG Hamm MDR 1988, 963; OLG Celle OLGZ 1984, 109 ff). Jetzt bestimmt § 436 Abs 1, daß es nicht auf die Fälligkeit der Beiträge im Zeitpunkt der Übergabe, sondern auf den bautechnischen Beginn der betreffenden Maßnahme im Zeitpunkt des Vertragsschlusses ankommt (dazu WILHELMS, Öffentliche Beitragslasten beim Grundstückskauf, NJW 2003, 1420 ff). – Für die vor dem Zuschlag des ersteigerten **Wohnungseigentums** angefallenen Lasten des Gemeinschaftseigentums haftet der Ersteher, wenn die Abrechnung erst nach dem Zuschlag erfolgte und damit erst nach dem Eigentumserwerb fällig wurde (BGHZ 104, 197, 199 ff; OLG Hamm NJW-RR 1996, 911, 912; SOERGEL/MARLY Rn 6; anders noch BGHZ 95, 118, 121 f mit abl Anm WEITNAUER JZ 1986, 193 ff). Dabei gilt § 103 für die gem § 16 Abs 2 WoEigG aus dem Gemeinschaftsverhältnis erwachsende Verpflichtung der Wohnungseigentümer, zur Tragung der Kosten und Lasten beizutragen, entsprechend (OLG Köln NZM 2002, 351, 352; OLG Hamm NJW-RR 1996, 911, 912; WEITNAUER JZ 1986, 193).

Abschnitt 3
Rechtsgeschäfte
Titel 1
Geschäftsfähigkeit

Vorbemerkungen zu §§ 104–115

Schrifttum

ADEN, Die neuen AGB-Sparkassen, NJW 1993, 832
ADENA, Rechtsgeschäfte des täglichen Lebens in Deutschland und Österreich (Diss Münster 2009)
AMELUNG, Über die Einwilligungsfähigkeit, ZStW 104 (1992) 525
ATHANASIADIS, Die Beschränkung der Haftung Minderjähriger (2000)
BAETGE, Anknüpfung der Rechtsfolgen bei fehlender Geschäftsfähigkeit, IPRax 1996, 185
vBECKER, Die Rechtshandlungen. Das Erfordernis der Geschäftsfähigkeit und die Möglichkeit der Stellvertretung bei ihnen (1937)
BECKMANN/GLOSE, Irrtumsanfechtung bei der Mängelrüge nach § 377 HGB, BB 1989, 857
BEHN, „Potentielle Verfahrenshandlungsfähigkeit" und „partielle Prozeßfähigkeit" („Handlungsfähigkeit") des Minderjährigen im Sozialrecht, im Sozialverwaltungsverfahrensrecht und in der Sozialgerichtsbarkeit, RV 1985, 101
BEITZKE, Nichtigkeit, Auflösung und Umgestaltung von Dauerrechtsverhältnissen (1948)
ders, Mündigkeit und Minderjährigenschutz, AcP 172 (1972) 240
BELLING, Die Entscheidungskompetenz für ärztliche Eingriffe bei Minderjährigen, FuR 1990, 68
BELLING/EBERL, Der Schwangerschaftsabbruch bei Minderjährigen, FuR 1995, 287
BERG, Leistungspflicht aus sozialtypischem Verhalten und Minderjährigenschutz, MDR 1967, 448
BEULE, Die Stellung Geschäftsunfähiger und beschränkt Geschäftsfähiger im Rechtsverkehr mit Kreditinstituten unter besonderer Berücksichtigung der Allgemeinen Geschäftsbedingungen der Kreditinstitute (1967)

BIDDERMANN, Die Rechtsstellung des minderjährigen GmbH-Gesellschafters bei Fehlen der vormundschaftsgerichtlichen Genehmigung zum Gründungsvertrag und zum Erwerb von Geschäftsanteilen, GmbHR 1966, 4
BIRK, Bösgläubiger Besitzdiener – gutgläubiger Besitzherr, JZ 1963, 354
BIRR, Die Haftung Minderjähriger im Zivilrecht: Deliktshaftung – Gefährdungshaftung – Aufsichtspflichten (2005)
BOEHMER, Zum Problem der „Teilmündigkeit" Minderjähriger – Bemerkungen zu dem Urt des VI ZS des BGH v 5. 12. 1958, MDR 1959, 705
BRANDT, Verkehrssicherheit und Geschäftsfähigkeit (1936)
BREIT, Die Geschäftsfähigkeit (1903)
ders, Schutz der Banken gegen Geisteskranke durch Geschäftsbedingungen, BankArch 1911/12, 140
BREUER, Kinderwahlrecht vor dem BVerfG, NVwZ 2002, 43
BROX, Die Haftung des Besitzers für Zufallsschäden, JZ 1965, 516
vCAEMMERER, Objektive Haftung, Zurechnungsfähigkeit und „Organhaftung", in: FS Flume I (1978) 359
CANARIS, Die Vertrauenshaftung im deutschen Privatrecht (1971)
ders, Geschäfts- und Verschuldensfähigkeit bei Haftung aus „culpa in contrahendo", Gefährdung und Aufopferung, NJW 1964, 1987
ders, Ansprüche wegen „positiver Vertragsverletzung" und „Schutzwirkung für Dritte" bei nichtigen Verträgen – Zugleich ein Beitrag zur Vereinheitlichung der Regeln über die Schutzpflichtverletzungen, JZ 1965, 475
ders, Zur Frage der Entreicherung bei Erschleichen einer Beförderungsleistung durch

einen Minderjährigen bei dessen Bösgläubigkeit, JZ 1971, 560
COESTER, Zur sozialrechtlichen Handlungsfähigkeit des Minderjährigen, FamRZ 1985, 982
CHRISTMANN, Die Geltendmachung der Haftungsbeschränkung zugunsten Minderjähriger, ZEV 2000, 45
CYPIONKA, Fortfall der Entmündigung Volljähriger – Auswirkungen auf den Rechtsverkehr, NJW 1992, 207
CZEGUHN, Geschäftsfähigkeit – beschränkte Geschäftsfähigkeit – Geschäftsunfähigkeit (2003)
DALHOFF, Die Einwirkung der Geschäftsfähigkeit auf nicht rechtsgeschäftliche Willensäußerungen (Diss Münster 1969)
DANZ, Sind alle Rechtsgeschäfte eines Geisteskranken nichtig?, JW 1913, 1016
DEUTSCH, Gefährdungshaftung: Tatbestand und Schutzbereich, JuS 1981, 317
ders, Die Haftung des Tierhalters, JuS 1987, 673
DIEDERICHSEN, Auftragslose Geschäftsführung als Problem der juristischen Methode, MDR 1964, 889
ders, Zur Reform des Eltern-Kind-Verhältnisses, FamRZ 1978, 461
DISSARS, Der beschränkt Geschäftsfähige im Steuerrecht – zivil- und steuerrechtliche Grundlagen, DStR 1997, 417
DONATH, Zum formularmäßigen Haftungsausschluß bei Geschäftsunfähigkeit in den Allgemeinen Geschäftsbedingungen der Kreditinstitute, BB 1991, 1881
M DREHER, Schutz Dritter nach § 15 HGB bei Geschäftsunfähigkeit eines Geschäftsführers oder Vorstandsmitglieds, DB 1991, 533
ders, Zur Zulässigkeit der formularmäßigen Haftungsübernahme des Kunden für Schäden aus einer später eintretenden Geschäftsunfähigkeit in Allgemeinen Geschäftsbedingungen von Kreditinstituten, JZ 1991, 413
DULLINGER, Die Geschäftsfähigkeit Minderjähriger, ÖJZ 1987, 33
H EBEL, Die verschärfte bereicherungsrechtliche Haftung des Minderjährigen im Falle der Leistungskondiktion, JA 1982, 373
ders, Die verschärfte bereicherungsrechtliche Haftung des Minderjährigen nach § 819 Abs 1 BGB im Falle der Eingriffskondiktion, JA 1982, 526
ders, Die verschärfte Haftung des Minderjährigen im Eigentümer-Besitzer-Verhältnis, JA 1983, 296
EBERBACH, Familienrechtliche Aspekte der Humanforschung an Minderjährigen, FamRZ 1982, 450
EBERL-BORGES, Die Tierhalterhaftung des Diebes, des Erben und des Minderjährigen, VersR 1996, 1070
ECK, Die Zulässigkeit medizinischer Forschung mit einwilligungsunfähigen Personen und ihre verfassungsrechtlichen Grenzen (2005 zugl Diss Heidelberg 2004)
EDLBACHER, Körperliche, besonders ärztliche, Eingriffe an Minderjährigen aus zivilrechtlicher Sicht, ÖJZ 1982, 365
EHLERS, Zum Minderjährigenschutz im öffentlichen Recht, JZ 1985, 675
ders, Rechtsverhältnisse in der Leistungsverwaltung, DVBl 1986, 912
EIDENMÜLLER, Postbenutzung und Minderjährigenrecht, NJW 1972, 1309
ELTZBACHER, Die Handlungsfähigkeit nach deutschem bürgerlichem Recht (1903)
ERDBACHER, Ein paar allgemeine Anmerkungen zum Sachwalterschaftsgesetz – Zugleich eine Buchbesprechung, ÖJZ 1985, 161
ERMAN, Beiträge zur Haftung für das Verhalten bei Vertragsverhandlungen, AcP 139 (1934) 273
ERNST, Eigenbesitz und Mobiliarerwerb (1992)
FABRICIUS, Relativität der Rechtsfähigkeit (1963)
FEHNEMANN, Grundrechtsausübung. Über die Ausübung von Grundrechten durch Minderjährige, RdJ 1967, 281
FELTZ/KÖGEL, Risikominimierung bei begleitetem Fahren, DAR 2004, 121
H A FISCHER, Die Rechtswidrigkeit (1911)
ROB FISCHER, Die faktische Gesellschaft, NJW 1955, 849
FLAD, Handeln auf eigene Gefahr, Recht 1919, 13
FOMFEREK, Der Schutz des Vermögens Minderjähriger (2002)
FRIEDLAENDER, Der Schutz gutgläubiger Dritter im Rechtsverkehr mit unerkennbar Geisteskranken, DJZ 1930, 1492

FROTZ, Die rechtsdogmatische Einordnung der Haftung für culpa in contrahendo, in: Gedenkschr Gschnitzer (1969) 163
FUCHS, Rechtsgeschäfte unerkennbar Geisteskranker, JW 1914, 1011
GAIDZIK/HIERSCHE, Historische, rechtstatsächliche und rechtspolitische Aspekte der Sterilisation Einwilligungsunfähiger, MedR 1999, 58
GANSSMÜLLER, Einzelfragen zum Recht der Gesellschaften auf mangelhafter Grundlage, DB 1955, 257
GERNHUBER, Elterliche Gewalt heute – Eine grundsätzliche Betrachtung, FamRZ 1962, 89
GERSTBERGER, Der Schutz gutgläubiger Dritter mit nicht entmündigten unerkennbar Geisteskranken, Gruchot 71 (1931) 1
vGIERKE, Einlösung von Inhaberpapieren durch Geschäftsunfähige, DJZ 1905, 92
GITSCHTHALER, Einzelne Probleme des neuen Sachwalterrechtes und der Versuch einer Lösung, ÖJZ 1985, 193
GOLBS, Die rechtliche Wirkung von Behandlungsverweigerungen Einwilligungsunfähiger bei medizinischen Heileingriffen (Diss Dresden 2006)
GOTTHARDT, Der Vertrauensschutz bei der Anscheinsvollmacht im deutschen und im französischen Recht (1970, Nachdr 1996)
GRAF vWESTPHALEN, Die neuen Sparkassen-AGB unter der Lupe des AGB-Gesetzes, BB 1993, 8
GRUBE, Die Handlungen des Geisteskranken im Rechtsverkehr (Diss Göttingen 1930)
GRÜTER, Der minderjährige Soldat (Diss Köln 1966)
ders, Zur Wehrpflicht des Minderjährigen, NJW 1967, 716
GRUNEWALD, Haftungsbeschränkungs- und Kündigungsmöglichkeiten für volljährig gewordene Personengesellschafter, ZIP 1999, 597
GURSKY, Nochmals: Kraftfahrzeugvermietung an Minderjährige, NJW 1969, 2183
HABERMANN/LASCH/GÖDICKE, Therapeutische Prüfungen an Nicht-Einwilligungsfähigen im Eilfall – ethisch geboten und rechtlich zulässig?, NJW 2000, 3389
HABERSACK/SCHNEIDER, Haftungsbeschränkung zugunsten Minderjähriger – aber wie?, FamRZ 1997, 649

HABLITZEL, Öffentlich-rechtliche Willenserklärungen und Minderjährigenrecht, BayVBl 1973, 197
HAEGELE, Der Minderjährige im Handels- und Gesellschaftsrecht, BWNotZ 1969, 2
HAGEMEISTER, Grundfälle zu Bankgeschäften mit Minderjährigen, JuS 1992, 839, 924
HAGER, Das Handelsregister, Jura 1992, 57
HANKE, Rechtsfähigkeit, Persönlichkeit, Handlungsfähigkeit (1928)
HARDER, Minderjährige Schwarzfahrer, NJW 1990, 857
HASSOLD, Die Verweisungen in § 682 BGB – Rechtsfolgenverweisung oder Rechtsgrundverweisung?, JR 1989, 358
HATTENHAUER, Über das Minderjährigenwahlrecht, JZ 1996, 9
HERTWIG, Verfassungsrechtliche Determination des Minderjährigenschutzes, FamRZ 1987, 124
HÖFLING/DEMEL, Zur Forschung an Nichteinwilligungsfähigen, MedR 1999, 540
HÖHNBERG, Rechtsfähigkeit und Handlungsfähigkeit des jungen Menschen im Bereich der Freiheitsrechte (Diss München 1972)
HOFMANN, Minderjährigenrecht und Halterhaftung, NJW 1964, 228
ders, Das Handelsregister und seine Publizität, JA 1980, 264
HOHENESTER, Ansprüche der Vermieter eines Kraftfahrzeugs gegen den minderjährigen Mieter, DAR 1967, 126
HOHM, Grundrechtsträgerschaft und „Grundrechtsmündigkeit" am Beispiel öffentlicher Heimerziehung, NJW 1986, 3107
H HÜBNER, Der Rechtsverlust im Mobiliarsachenrecht (1955)
JAUERNIG, Anstaltsnutzung und Minderjährigenrecht, NJW 1972, 1
ders, Minderjährigenrecht und Postbenutzung, FamRZ 1974, 631
JENTSCH, Die Geschäftsfähigkeit Minderjähriger im deutschen, österreichischen, schweizerischen, französischen und englischen Recht (Diss Bonn 1967)
JUNG, Geschäftsabschluß mit nicht erkennbar Geisteskranken, Recht u Wirtschaft 1 (1912) 434
KÄMMERER, Minderjährigkeit und Postbenutzung, DVBl 1974, 273

KERN, Die Bedeutung des Betreuungsgesetzes für das Arztrecht, MedR 1991, 66
KIPP, Besprechung von Heinrich Dittberner. Der Schutz des Kindes gegen die Folgen eigener Handlungen im BGB, ZHR 54 (1904) 607
ders, Die religiöse Kindererziehung nach Reichsrecht, in: FG Kahl (1923) 1
KIRCHHOFF, Das Rechtsfolgenstatut der beschränkten Geschäftsfähigkeit und der Geschäftsunfähigkeit (2005)
KITTNER, Zur Grundrechtsmündigkeit des Minderjährigen am Beispiel der Koalitionsfreiheit (Art 9 Abs 3 GG), AuR 1971, 280
KLATT, Auftragslose Fremdgeschäftsführung durch Minderjährige (2001)
KLEIN, Inwieweit können „Willensmitteilungen" von Geschäftsunfähigen und beschränkt Geschäftsfähigen ... und gegenüber Geschäftsunfähigen vorgenommen werden?, ArchBürgR 36 (1911) 304
ders, Inwieweit sind die Vorschriften über Geschäftsfähigkeit auf die „rein äußeren Handlungen" analog anwendbar?, SeuffBl 76 (1911) 512
ders, Die Rechtshandlungen im engeren Sinne (1912)
KLUTH, Rechtsfragen der verwaltungsrechtlichen Willenserklärung, NVwZ 1990, 608
KNOCHE, Minderjähriger als Geschäftsführer ohne Auftrag, MDR 1964, 193
KNOTHE, Die Geschäftsfähigkeit des Minderjährigen in geschichtlicher Entwicklung (1983)
ders, Zur 7-Jahresgrenze der „infantia" im antiken römischen Recht, SDHI 48 (1982) 239
KNÜTEL, Zum Bereicherungsanspruch bei Kenntnis des mangelnden Rechtsgrundes gegen einen Minderjährigen, JR 1971, 293
KÖBLER, Das Minderjährigenrecht, JuS 1979, 789
KOETHER/RUCHATZ, Die Haftung des Minderjährigen auf Schadensersatz nach §§ 989, 990 BGB, NJW 1973, 1444
KONOW, Die Verpflichtungen aus sozialtypischem Verhalten und der Minderjährigenschutz bei der Benutzung öffentlicher Verkehrsmittel, DB 1967, 1840
KOHTE, Die rechtfertigende Einwilligung, AcP 185 (1985) 105
KRAUSE, Die Willenserklärungen des Bürgers im Bereich des öffentlichen Rechts, VerwArch 61 (1970) 297
KREUTZER, Die Wehrpflicht des Minderjährigen, FamRZ 1962, 240
KROSCHEL, Beteiligten- und Verfahrensfähigkeit in der freiwilligen Gerichtsbarkeit (Diss Bochum 1998)
KRÜCKMANN, Schädigung der Geschäftstreibenden durch Geisteskranke, Recht 1913, 419
H KRÜGER, Grundrechtsausübung durch Jugendliche (Grundrechtsmündigkeit) und elterliche Gewalt, FamRZ 1956, 329
KÜPPERSBUSCH, Die Haftung des Minderjährigen für cic (Diss München 1973)
KUHLENBECK, Zum Schadensersatzanspruch aus Geschäftsschlüssen mit heimlichen Geisteskranken, BankArch 5 (1905/06) 285
KUHN, Grundrechte und Minderjährigkeit (1965)
KUNZ, Grundrechte junger Menschen im Heim, ZblJugR 1975, 244
ders, Zur Rechtsstellung des Minderjährigen im Sozialrecht, ZblJugR 1984, 392
LANGHEID, Für und Wider des Minderjährigenwahlrechts, ZRP 1996, 131
LAPPE, Kann ein verfahrensfähiger Minderjähriger selbst einen Anwalt bestellen?, Rpfleger 1982, 10
LAUBINGER, Prozessfähigkeit und Handlungsfähigkeit, in: FS Ule (1987) 161
ders, Definität und Reversibilität der Gläubigerentscheidungen nach § 326 BGB, Bemerkungen zu BGH, Urteil v 17. 1. 1979 – VIII ZR 304/77, JZ 1980, 48
LEENEN, Willenserklärung und Rechtsgeschäft in der Regelungstechnik des BGB, in: FS Canaris (2007) 699
LENCKNER, Die Einwilligung Minderjähriger und deren gesetzlicher Vertreter, ZStW 72 (1960) 446
LEONHARD, Zur Gefahr der Geschäftsabschlüsse mit heimlichen Geisteskranken, BankArch 5 (1905/06) 153
LEVIS, Mängel der Geschäftsfähigkeit und Sicherheit des Verkehrs, ZBlFG 14 (1914) 249
LIESECKE, Die neuere Rechtsprechung, insbesondere des Bundesgerichtshofs, zum Wechsel- und Scheckrecht, WM 1969, 2

LINK, Schwangerschaftsabbruch bei Minderjährigen (2004)
Löw, Verfassungsgebot Kinderwahlrecht?, FuR 1993, 25
ders, Kinder und Wahlrecht, ZRP 2002, 448
LORENZ, Schadensverteilung bei Autovermietung an minderjährige Führerscheininhaber, MDR 1968, 463
LORITZ, Aktuelle Rechtsprobleme des Betriebsübergangs nach § 613a BGB, RdA 1987, 65
LUTTER/GEHLING, Zurechenbarkeit des Handelns eines geschäftsunfähigen Vertreters, JZ 1992, 154
MANIGK, Das System der juristischen Handlungen im neuesten Schrifttum, JherJb 83 (1933) 1
ders, Das rechtswirksame Verhalten (1933)
ders, Willenserklärung und Willensgeschäft (1907)
MARTENS, Grundrechtsausübung als Spiel ohne Grenzen?, NJW 1987, 2561
MAULTZSCH, Die „fehlerhafte Gesellschaft": Rechtsnatur und Minderjährigenschutz, JuS 2003, 544
MAYER-MALY, Die Grundlagen der Aufstellung von Altersgrenzen durch das Recht, FamRZ 1970, 617
ders, Privatautonomie und Selbstverantwortung, Zeitschr f Rechtssoziologie u Rechtstheorie 1970, 268
MEDICUS, Grenzen der Haftung für culpa in contrahendo, JuS 1965, 209
ders, Verpflichtung aus sozialtypischem Verhalten und Minderjährigenschutz, NJW 1967, 354
ders, Beschädigung eines Mietwagens durch Minderjährigen, JuS 1974, 221
ders, Gefährdungshaftung im Zivilrecht, Jura 1996, 561
METZLER, Zwei Rechtsfragen bei Autovermietung an Minderjährige, NJW 1971, 690
C-R MEYER, Die Stellung des Minderjährigen im öffentlichen Recht (1988)
MEZGER, Das schwarzfahrende Kind, NJW 1967, 1740
MICHAEL, Forschungen an Minderjährigen: verfassungsrechtliche Grenzen (2004)
MIDDEL, Öffentlich-rechtliche Willenserklärungen von Privatpersonen (1971)

MINZENMAY, Die Wurzeln des Instituts der Geschäftsfähigkeit im Naturrecht des 17. und 18. Jahrhunderts (2003)
MÜLLER, Betreuung und Geschäftsfähigkeit, (1998)
MÜLLER-CHRISTMANN/SCHNAUDER, Grundfälle zum Wertpapierrecht, JuS 1991, 558
MUSCHELER, Haftungsbeschränkung zugunsten Minderjähriger (§ 1629a BGB), WM 1998, 2271
MUSIELAK, Eigentumserwerb an beweglichen Sachen nach §§ 932 ff BGB, JuS 1992, 713
ders, Die Beweislastverteilung bei Zweifeln an der Prozeßfähigkeit, NJW 1997, 1736
vMUTIUS, Grundrechtsmündigkeit, Jura 1987, 272
NEUBECKER, Haftung für Wort und Werk, in: FS vGierke III (1910, Neudr 1969) 177
NEUMANN-DUESBERG, § 166 II BGB bei der gesetzlichen Stellvertretung und Handeln nach bestimmten Weisungen, JR 1950, 332
NITSCHKE, Die Wirkung von Rechtsscheintatbeständen zu Lasten Geschäftsunfähiger und beschränkt Geschäftsfähiger, JuS 1968, 541
NOLTING-HAUFF, Gebote zum Schutz Minderjähriger und ihre Verwirklichung im Verwaltungsrecht (1998)
NOPPER, Minderjährigenwahlrecht – Hirngespinst oder verfassungsrechtliches Gebot in einer grundlegend gewandelten Gesellschaft? (Diss Tübingen 1999)
OERTMANN, Privatrechtsschutz gegenüber Unzurechnungsfähigen, SeuffBl 74 (1909) 573
ders, Bürgerliches Vermögensrecht, DJZ 1931, 265
ders, Leistung an den geschäftsunfähigen Präsentanten eines Inhaberpapiers, DJZ 1904, 1127
vOLSHAUSEN, Neuerungen im System der handelsrechtlichen Rechtsscheingrundsätze, BB 1970, 137
D OPPERMANN, Nochmals: Zum Schutz Geschäftsunfähiger bei der Beendigung der Pflichtmitgliedschaft in der Krankenversicherung der Landwirte, SGb 2000, 309
W OPPERMANN, Handlungsfähigkeit und Entmündigung nach dem neueren Schweizerischem Zivilgesetzbuch, ZBlFG 14 (1914) 533
OSTHEIM, Probleme bei Vertretung durch Geschäftsunfähige, AcP 169 (1969) 193
PATTI, Ein neues Rechtsinstitut zum Schutz der

Person in Italien: Die Betreuung FamRZ 2006, 987

PAULICK, Kann durch ein geschäftsunfähiges Vorstandsmitglied einer eingetragenen Genossenschaft die von ihm vertretene Genossenschaft rechtswirksam verpflichtet werden?, ZGenW 1968, 215

PAWLOWSKI, Die Ansprüche des Vermieters eines Kraftfahrzeuges gegen den minderjährigen Mieter, JuS 1967, 302

ders, Probleme der Einwilligung zu Eingriffen in personenbezogene Rechte, in: FS Hagen (1999) 5

PECHSTEIN, Wahlrecht für Kinder?, FuR 1991, 142

PESCHEL-GUTZEIT, Elterliche Vertretung und Minderjährigenschutz, FamRZ 1993, 1009

dies, Unvollständige Legitimation der Staatsgewalt, NJW 1997, 2861

PERSCHEL, Grundrechtsmündigkeit und Elternrecht, RdJ 1963, 33

E PETERS, Darf ein Minderjähriger Antrag beim Amtsgericht stellen, damit der Standesbeamte zur Vornahme einer abgelehnten Amtshandlung angehalten wird?, StAZ 1970, 111

PETERSEN, Die Geschäftsfähigkeit, Jura 2003, 97

ders, Der Minderjährige im Schuld- und Sachenrecht, Jura 2003, 399

PFANNER, Die Patentanmeldung Geschäftsunfähiger und Geschäftsbeschränkter, GRUR 1955, 556

PINGER, Die Rechtsnatur des §§ 987–1003 BGB, MDR 1974, 184

POST, Erfahrungen mit dem Familienwahlrecht als Bestandteil des Allgemeinen Wahlrechts, ZRP 1996, 377

PÜSCHEL, Verstärkter Schutz gutgläubiger Vertragsgegner von nicht erkennbar Geisteskranken, JW 1914, 564

RAAPE, Gebrauchs- und Besitzüberlassung, JherJb 71 (1922) 97

RABEL, Streifgänge im schweizerischen Zivilgesetzbuch, RheinZ 4 (1912) 135

REINIKE, Entspricht die objektive Beweislast bei der Prozeßfähigkeit derjenigen bei der Geschäftsfähigkeit?, in: FS Lukes (1989) 755

REIPSCHLÄGER, Die Einwilligung Minderjähriger in ärztliche Heileingriffe und die elterliche Personensorge (2004)

REISERER, Schwangerschaftsabbruch durch Minderjährige im vereinten Deutschland, FamRZ 1991, 1136

REUTER, Kindesgrundrechte und elterliche Gewalt (1968)

ders, Die Grundrechtsmündigkeit – Problem oder Scheinproblem?, FamRZ 1969, 622

ders, Elterliche Sorge und Verfassungsrecht, AcP 192 (1992) 108

ROBBERS, Partielle Handlungsunfähigkeit Minderjähriger im öffentlichen Recht, DVBl 1987, 709

ROELL, Die Geltung der Grundrechte für Minderjährige (1984)

ROSENER, Die Einwilligung in Heileingriffe (Diss FU Berlin 1965)

W ROTH, Die Grundrechte Minderjähriger im Spannungsfeld selbständiger Grundrechtsausübung, elterlichen Erziehungsrechts und staatlicher Grundrechtsbindung (2003)

W-H ROTH, Zum Vertrauensschutz des Rechtsverkehrs bei geschäftsunfähigen Gesellschaftsorganen, JZ 1990, 1030

ROTHÄRMEL, Einwilligung, Veto, Mitbestimmung: Die Geltung der Patientenrechte für Minderjährige (2004)

ROTH-STIELOW, Gesetzlicher Vertreter und Minderjährigenschutz, ZBlJugR 1967, 33

RÜMELIN, Die Geisteskranken im Rechtsgeschäftsverkehr (1912)

SACHSEN GESSAPHE, Der Betreuer als gesetzlicher Vertreter für eingeschränkt Selbstbestimmungsfähige (1999)

SAPP, Das Modell „Begleitetes Fahren ab 17", NJW 2006, 408

SCHEERER, Bankgeschäfte des Minderjährigen, BB 1971, 981

SCHERER, Schwangerschaftsabbruch bei Minderjährigen und elterliche Zustimmung, FamRZ 1997, 589; 1998, 11

SCHIEMANN, Das Eigentümer-Besitzer-Verhältnis, Jura 1981, 631

SCHILKEN, Wissenszurechnung im Zivilrecht (1983)

KARSTEN SCHMIDT, Sein-Schein-Handelsregister, JuS 1977, 209

ders, Grenzen des Minderjährigenschutzes im Handels- und Gesellschaftsrecht, JuS 1990, 517

ders, Ein Lehrstück zu § 15 HGB – BGH NJW 1991, 2566, JuS 1991, 1002
REINER SCHMIDT, Die Rechtsstellung Minderjähriger im Wehrrecht, NZWehr 1962, 105
RUD SCHMIDT, Der Pfandbesitz Teil 1: Die Vertragspfandrechte, 1. Kapitel: Der unmittelbare Besitz des Vertragspfandgläubigers, AcP 134 (1931) 1
SCHMITT, Die Handlungsfähigkeit im Sozialrecht (1982)
SCHNEIDER, Zur Haftung der Gemeinden für ihre öffentlichen Anstalten, NJW 1962, 705
SCHOENBORN, Altersstufen und Geschäftsfähigkeit im öffentlichen Recht, AöR 24 (1909) 126
SCHROEDER, Familienwahlrecht und Grundgesetz, JZ 2003, 917
SCHRÖDER, § 613a BGB und nichtiges Erwerbsgeschäft, NZA 1986, 286
SCHULTZENSTEIN, Die Polizeifähigkeit der natürlichen Personen, VerwArch 28 (1921) 300
D SCHWAB, Gedanken zur Reform des Minderjährigenrechts und des Mündigkeitsalters, JZ 1970, 745
ders, Probleme des materiellen Betreuungsrechts, FamRZ 1992, 493
ders, Stellvertretung bei der Einwilligung in die medizinische Behandlung, in: FS Henrich (2000) 511
A B SCHWARZ, Die justinianische Reform des Pubertätsbeginns und die Beilegung juristischer Kontroversen, SZRA 69 (1952) 345
E SCHWERDTNER, Kindeswohl oder Elternrecht, AcP 173 (1973) 227
ders, Mehr Rechte für das Kind – Fluch oder Segen für die elterliche Sorge?, NJW 1999, 1525
SCHWIMANN, Die Institution der Geschäftsfähigkeit (1965)
SIEBERT, Faktische Vertragsverhältnisse (1958)
SIEDLOFF, Diskussion: Schwangerschaftsabbruch und elterliche Zustimmung, FamRZ 1998, 8
SIMON, Die Gefährdung der Banken durch Geschäftsabschlüsse mit unerkennbar Geisteskranken, JW 1913, 291
SIMON-HOLTORF, Geschichte des Familienwahlrechts in Frankreich (1871–1945) (2004, zugl Diss Kiel 2004)
SPICKHOFF, Autonomie und Heteronomie im Alter, AcP 208 (2008) 345

STACKE, Der minderjährige Schwarzfahrer, NJW 1991, 875
STEFFEN, Grundrechtsmündigkeit, RdJB 1971, 143
STEINBAUER, Die Handlungsfähigkeit geistig Behinderter nach dem neuen Sachwalterrecht, ÖJZ 1985, 385
STEINER, Der Einfluß der Geschäftsfähigkeit und der beschränkten Geschäftsfähigkeit auf den Besitz (Diss Erlangen 1949)
STELKENS, Der Antrag – Voraussetzung eines Verwaltungsverfahrens und eines Verwaltungsaktes?, NuR 1985, 213
STERN, Über den Schutz des Vertragsgegners bei Geschäften mit nicht erkennbaren Geisteskranken (Diss Greifswald 1915 [Bonn 1919])
STÖTTER, Die Bedeutung der Quittung bei Einschränkung der Geschäftsfähigkeit des Quittierenden, MDR 1978, 632
HANS STOLL, Das Handeln auf eigene Gefahr (1961)
TAUPITZ, Forschung mit Kindern, JZ 2003, 109
TEICHMANN, Die Flugreise-Entscheidung – BGHZ 55, 128, JuS 1972, 247
TIEMANN, Grundfragen der Staats- und Benutzerhaftung in öffentlich-rechtlichen Benutzungsverhältnissen, VerwArch 65 (1974) 381
TINTELNOT, Gläubigeranfechtung kraft Wissenszurechnung, insbesondere zu Lasten Minderjähriger, JZ 1987, 795
TROCKEL, Die Einwilligung Minderjähriger in den ärztlichen Heileingriff, NJW 1972, 1493
ULRICI, Geschäftsähnliche Handlungen, NJW 2003, 2053
UMBACH, Grundrechts- und Religionsmündigkeit im Spannungsfeld zwischen Kindes- und Elternrecht, in: FS Geiger (1989) 359
VENNEMANN, Zur Frage, ob das Vormundschaftsgericht befugt ist, zum Schutz des ungeborenen Lebens der – hier minderjährigen – Schwangeren und den Ärzten den Schwangerschaftsabbruch zu untersagen, FamRZ 1987, 1068
VORTMANN, Bankgeschäfte mit Minderjährigen, WM 1994, 965
WACKE, Nochmals: Die Erfüllungsannahme durch den Minderjährigen – lediglich ein rechtlicher Vorteil?, JuS 1978, 80

WALZ, Der minderjährige Wehrpflichtige, NZWehrr 1995, 106
WEIMAR, Tritt Schuldbefreiung ein, wenn die Leistung an einen geschäftsunfähigen oder geschäftsbeschränkten Inhaber eines Sparkassenbuches erfolgt?, JR 1959, 218
ders, Kinder und Jugendliche als Tierhalter und Tierhüter, MDR 1964, 208
ders, Geschäftsunfähigkeit und beschränkte Geschäftsfähigkeit im Wechselrecht, WM 1966, 1194
ders, Zweifelhafte Tierhaltereigenschaft, MDR 1967, 100
ders, Ersatz des Personenschadens aus culpa in contrahendo, MDR 1978, 378
WELSER, Die Neuordnung der Geschäftsfähigkeit und ihre Problematik, VersRdsch 1973, 146
H P WESTERMANN, Fortschritte durch die neuen AGB der Banken und Sparkassen, WM 1993, 1865
H WESTERMANN, Die Grundlagen des Gutglaubensschutzes, JuS 1963, 1
ders, Besitzerwerb und Besitzverlust durch Besitzdiener, JuS 1961, 79
WETH, Zivilrechtliche Probleme des Schwarzfahrens in öffentlichen Verkehrsmitteln, JuS 1998, 795
WILHELM, Verträge Minderjähriger im angloamerikanischen Recht, ZfRvgl 1972, 161
ders, Kenntniszurechnung kraft Kontovollmacht?, AcP 183 (1983) 1
WINKLER VON MOHRENFELS, Der minderjährige Schwarzfahrer, JuS 1987, 692
WÖLK, Der minderjährige Patient, MedR 2001, 80
MAX WOLFF, Die „moderne Art der Rechtsprechung", JW 1914, 121
WÜRTENBERGER, Religionsmündigkeit, in: FS Obermayer (1986) 113
ZIERL, Sachwalterschaftsprobleme in Österreich, Rpfleger 1989, 225
ZITELMANN, Ausschluß der Widerrechtlichkeit, AcP 99 (1906) 1.

Systematische Übersicht

I. Die Geschäftsfähigkeit als Rechtsinstitut
1. Begriff und systematische Einordnung der Geschäftsfähigkeit _____ 1
   a) Begriff _____ 1
   b) Verhältnis zu anderen Fähigkeiten der Person _____ 3
2. Grundsätze der gesetzlichen Regelung _____ 6
   a) Regelungsinhalt. Geschäftsfähigkeit als Normalfall _____ 6
   b) Typisierende und individualisierende Regelung _____ 8
   c) Zwingendes Recht _____ 11
   d) Personengruppen _____ 12
   e) Aktive und passive Stellung bei Rechtsgeschäften _____ 13
   f) Besondere Vorschriften _____ 14
   g) Internationales Privatrecht _____ 17
   h) Übergangsrecht anlässlich der deutschen Wiedervereinigung _____ 18
3. Zweck des Geschäftsfähigkeitsrechts _____ 19
4. Verhältnis zur gesetzlichen Vertretung _____ 23

II. Das Verhältnis von Geschäftsfähigkeit und Verkehrsschutz
1. Geltendes Recht _____ 26
2. Rechtspolitische Würdigung _____ 30

III. Der Anwendungsbereich des Geschäftsfähigkeitsrechts
1. Rechtsgeschäfte _____ 31
   a) Grundsatz _____ 31
   b) Besonderheiten bei Dauerrechtsverhältnissen _____ 32
      aa) Gesellschaftsverhältnisse _____ 33
      bb) Arbeitsverhältnisse _____ 36
      cc) Dauerrechtsverhältnisse im Allgemeinen _____ 40
2. Vertragsähnliche Rechtsverhältnisse _____ 41
   a) Vorvertraglicher Kontakt gem § 311 Abs 2 _____ 42
   b) Geschäftsführung ohne Auftrag _____ 44
3. Rechtsscheintatbestände _____ 47
   a) Grundsatz _____ 47
   b) Stellvertretung und Organstellung _____ 48
   c) Handelsrecht _____ 50
   d) Wertpapierrecht _____ 53

Titel 1
Geschäftsfähigkeit

Vorbem zu §§ 104–115

4.	Einwilligung in die Verletzung persönlicher Rechte und Rechtsgüter	56
a)	Problematik	56
b)	Grundsatz	57
c)	Wichtigste Arten von Eingriffen	59
aa)	Ärztliche Operationen, Arzneimittelforschung, Humanforschung	59
bb)	Sterilisation und Kastration	60
cc)	Abbruch der Schwangerschaft	61
dd)	Anstaltsunterbringung	62
ee)	Eingriff in sonstige Persönlichkeitsrechte	63
5.	Übernahme einer Gefahr	64
6.	Geschäftsfähigkeit und Verantwortlichkeit für unerlaubte Handlungen	65
7.	Gefährdungshaftung	67
8.	Aufopferungshaftung	69
9.	Gut- und Bösgläubigkeit, Willensmängel	70
a)	Rechtsgeschäftlicher Bereich	71
b)	Böser Glaube im Eigentümer-Besitzer-Verhältnis und bei Ersitzung	76
c)	Ungerechtfertigte Bereicherung	78
d)	Beginn der regelmäßigen Verjährungsfrist nach § 199 Abs 1 Nr 2	84
10.	Sonstige Rechtshandlungen	85
a)	Rechtsgeschäftsähnliche Rechtshandlungen	86
b)	Realakte	89
c)	Verzeihung	94
11.	Verfahrenshandlungen	95
12.	Willenserklärungen auf dem Gebiet des öffentlichen Rechts	98
a)	Verwaltungsrechtliche Willenserklärungen im Allgemeinen	98
b)	Begründung von öffentlich-rechtlichen Benutzungsverhältnissen	101
c)	Ausübung von Grundrechten („Grundrechtsmündigkeit")	102
IV.	Die geschichtliche Entwicklung des Geschäftsfähigkeitsrechts	
1.	Römisches und gemeines Recht	106
2.	Deutsche Rechtsentwicklung bis zur Rezeption des römischen Rechts	110
3.	Von den Kodifikationen der Aufklärungszeit bis zum BGB	111
4.	Entwicklung unter dem BGB	114
5.	Recht der früheren DDR	116
V.	Ausländische Rechte	
1.	Österreich	117
2.	Schweiz	119
3.	Frankreich	123
4.	Italien	128
5.	Russland	131
6.	Angelsächsische Staaten	136
a)	England	136
b)	Vereinigte Staaten von Amerika	145

Alphabetische Übersicht

Anstaltsunterbringung	62
Anzeige (gem § 149)	86
Arglistiges Vorspiegeln der Geschäftsfähigkeit	28
Aufforderung (gem § 108 Abs 2 bzw § 177 Abs 2)	88
Aufopferung	69
Benutzungsverhältnisse, öffentlich-rechtliche	101
Besitz	90
Betreuung, rechtliche	25
Beweislast	7
Chirurgischer Eingriff	59
culpa in contrahendo	42 f
Dauerschuldverhältnisse	32, 40
Definition der Geschäftsfähigkeit	1
de lege ferenda-Vorschläge betreffend Geschäftsfähigkeitsrecht	30
Deliktsfähigkeit	2
Dereliktion	92
Deutsche Rechte (des Mittelalters)	110 ff
Ehemündigkeit	15
Einwilligung	56 ff
Erziehungszweck des Geschäftsfähigkeitsrechts	22
Faktisches Arbeitsverhältnis	36 ff
Fehlerhafte Gesellschaft	33 ff
Feststellungslast	7

Fotoaufnahmen	64	Strafverfahren	97
Freiwillige Gerichtsbarkeit	96		
		Testierfähigkeit	16
Gefahrübernahme	64	Typisierung der Geschäftsfähigkeit	9
Gegennormen	6		
Geistige Erkrankung	10	Unerlaubte Handlungen	65 ff
Geschäftsfähigkeit des Adressaten einer Willenserklärung	13	Verarbeitung	89
GoA	44 f	Verbindung	89
Grundrechtsmündigkeit	102 ff	Verfahrensfähigkeit	95
		Verfügungsbefugnis	5
Halter (minderjähriger)	67 f	Verhaltensfähigkeit, unmittelbare und mittelbare	4
Handlungsfähigkeit	2		
Humanexperimente	59	Vermischung	89
		Vertrauensschutz	26 f
lucidum intervallum	10	Vertretung Minderjähriger	23
		Verwaltungsrechtliche Geschäftsfähigkeit	98
Mahnung	86		
		Verzeihung	94
Patentrecht	89	Vormundschaft	24
Personalstatut	17		
Prozessfähigkeit	7, 95	Wahlrecht	105
		Widerruf	89
ratio des Geschäftsfähigkeitsrechts	21	Widerspruch (des Vermieters)	86
Realakte	89	Willensfähigkeit	1
Rechtsfähigkeit	3	Willensmängel	70 ff
Rechtsscheintatbestände	47 f		
Religionsmündigkeit	15	Zivilgesetzbuch der DDR	116
Römisches Recht	106 ff	Zurechnungsfähigkeit	2
		Zwingendes Recht	11
Schwangerschaftsabbruch	61		
Sozialtypisches Verhalten	31		

I. Die Geschäftsfähigkeit als Rechtsinstitut

1. Begriff und systematische Einordnung der Geschäftsfähigkeit

a) Begriff

1 Das BGB enthält keine Definition der Geschäftsfähigkeit. Der Begriff lässt sich nach dem Inhalt der gesetzlichen Regelung bestimmen als die Fähigkeit, Rechtsgeschäfte durch Abgabe oder Entgegennahme von Willenserklärungen in eigener Person wirksam vorzunehmen (vgl Mot I 129 = MUGDAN I 423; FLUME II § 13, 1; AK-BGB/KOHL Einl 1 zu § 104; BGB-RGRK/KRÜGER-NIELAND § 104 Rn 1; SOERGEL/HEFERMEHL Vorbem 1 zu § 104; ähnlich SCHWIMANN 37; differenzierend LEENEN, in: FS Canaris [2007] 699, 707: Fähigkeit, durch wirksame Willenserklärungen den Tatbestand von Rechtsgeschäften zu schaffen). Bei der Geschäftsfähigkeit handelt es sich um eine Eigenschaft allein der natürlichen Person, da nur diese unmittelbar zu rechtlich relevantem Verhalten und damit

Titel 1   Vorbem zu §§ 104–115
Geschäftsfähigkeit

auch zur Vornahme von Rechtsgeschäften imstande ist. Die (volle) Geschäftsfähigkeit fehlt mithin demjenigen Menschen, der nur durch einen anderen oder unter Mitwirkung eines anderen Willenserklärungen wirksam abgeben oder empfangen kann. Der Grund für die Normierung einer besonderen persönlichen Fähigkeit des Menschen als Wirksamkeitserfordernis der von ihm getätigten Rechtsgeschäfte liegt in der Maßgeblichkeit des Willensmomentes für den Eintritt der Wirkungen rechtsgeschäftlichen Handelns. Dem (erklärten) Willen eines Rechtssubjekts kann die Rechtsordnung nur dann rechtliche Wirkungen beilegen, wenn der Betreffende nach seiner psychischen Beschaffenheit imstande ist, seinen Willen aufgrund vernünftiger Überlegung zu bilden und die Tragweite der durch sein rechtsgeschäftliches Handeln ausgelösten Wirkungen zu ermessen. Diese Willensfähigkeit (MAYER-MALY FamRZ 1970, 617, 619) ist grundsätzlich die tatsächliche Voraussetzung für die Gewährung des rechtlichen Status der Geschäftsfähigkeit. Die Geschäftsfähigkeit kann deshalb – anders als die Rechtsfähigkeit (s u Rn 3) – nicht jedem Menschen als solchem zukommen. Denn die Willensfähigkeit fehlt, wie die offenkundige Erfahrung lehrt, dem Menschen in den ersten Lebensjahren vollständig und wächst ihm erst im Laufe eines langen Reifeprozesses allmählich zu. Aber auch beim Erwachsenen kann die Willensfähigkeit aufgrund geistig-seelischer Gebrechen nicht oder nicht in dem erforderlichen Maße vorhanden sein. Diesem tatsächlichen Befund trägt die Rechtsordnung Rechnung, indem sie jugendliches Alter und pathologische psychische Zustände als Gründe für das Fehlen oder den Wegfall der Geschäftsfähigkeit normiert.

Die Rechtsgeschäfte bilden nur einen, wenn auch sehr wichtigen, Ausschnitt aus der Gesamtheit rechtlich erheblichen menschlichen Verhaltens als eines bewussten und willensgesteuerten Tuns, Duldens oder Unterlassens (zur Systematik vgl HÜBNER, AT § 28 II). Die Geschäftsfähigkeit ist dementsprechend eine Unterart der allgemeinen Fähigkeit zu rechtswirksamem Verhalten (ELTZBACHER I 78 ff). Diese Fähigkeit zu rechtlich relevantem Verhalten oder zur Vornahme von Rechtshandlungen iwS wird mit dem von der gemeinrechtlichen Theorie des 19. Jahrhunderts (vgl WINDSCHEID/KIPP I § 71) geprägten Begriff der **Handlungsfähigkeit** bezeichnet. Unter der Handlungsfähigkeit ist mithin die Fähigkeit der natürlichen Person zu verstehen, durch eigenes Handeln rechtliche Wirkungen herbeizuführen (HÜBNER, AT § 8 II; LARENZ/WOLF, AT § 6 I 1a Rn 1; SOERGEL/HEFERMEHL Vorbem 1 zu § 104), wobei hier das „Handeln" iwS zu verstehen ist, nämlich unter Einschluss des rechtlich erheblichen Duldens und Unterlassens. Von der Aufnahme des allgemeinen Begriffs der Handlungsfähigkeit in das BGB haben die Gesetzesverfasser, abweichend von zivilrechtlichen Kodifikationen des 19. Jahrhunderts (zB Sächs BGB § 81), abgesehen, da sie eine allgemeine Regelung der Fähigkeit zur Vornahme von Rechtshandlungen iwS wegen der Verschiedenheit der einzelnen Arten als unmöglich ansahen (Mot I 129 = MUGDAN I 423; Prot I 115 ff = MUGDAN I 673). Der stattdessen verwendete und nur auf rechtsgeschäftliches Handeln beschränkte Begriff der Geschäftsfähigkeit wurde aus dem preußischen Gesetz betreffend die Geschäftsfähigkeit Minderjähriger usw vom 12. 7. 1875 – GS S 518 – (vgl hierzu KNOTHE, Geschäftsfähigkeit § 14 II) übernommen, das diesen Terminus erstmals in die Gesetzessprache eingeführt hatte. Eine weitere Unterart der Handlungsfähigkeit neben der Geschäftsfähigkeit bildet die Deliktsfähigkeit als die Fähigkeit, sich durch eigene unerlaubte Handlungen verantwortlich zu machen. Die Deliktsfähigkeit regelt das BGB, das diesen Begriff als solchen nicht kennt, im Rahmen des Rechts der unerlaubten Handlungen (§§ 827–829). Eine dritte Gruppe von Rechtshandlungen besteht in der Verletzung von Verbindlichkeiten im Rahmen eines bestehenden Schuldverhältnisses. Hinsichtlich der Fähigkeit, sich für solche Verletzungen verantwortlich zu machen, verweist das Gesetz in § 276 Abs 1 S 2 auf die Vorschriften über die Deliktsfähigkeit. Es verbleiben diejenigen rechtlich erheblichen Verhaltensweisen, die sich weder als Rechtsgeschäfte noch als unerlaubte Handlungen noch als Vertragsverletzungen darstellen, also die Rechtshandlungen ieS. Auf eine ausdrückliche Regelung der Fähigkeit, solche Rechtshandlungen in eigener Person wirksam vorzunehmen, hat der BGB-Gesetzgeber wegen der Unterschiedlichkeit der diesbezüglichen Handlungen verzichtet (zu dieser Fähigkeit s ausführlich u Rn 85 ff). In der neueren Dogmatik wird als entscheidendes Merkmal der Handlungsfähigkeit die rechtliche Zurechenbarkeit einer Handlung an deren (natürlichen) Urheber angesehen. Es ist deshalb der weitere Begriff der **subjektiven Zurechnungsfähigkeit** geprägt worden (CANARIS NJW 1964, 1987 ff; skeptisch MAYER-MALY Zeitschr f Rechtssoziologie u Rechtstheorie 1970, 268, 269), der neben der Handlungsfähigkeit auch die Fähigkeit zur Zurechnung von nicht in einer Handlung iwS bestehenden Haftungstatbeständen (zB Gefährdungshaftung kraft Halter- oder Betreibereigenschaft) umfasst. Geschäfts- und Deliktsfähigkeit sind hiernach positivrechtliche Ausformung dieses allgemeinen Instituts (so CANARIS aaO; vgl auch SOERGEL/HEFERMEHL Vorbem 1 zu § 104).

b) Verhältnis zu anderen Fähigkeiten der Person

3 Aus dem vorstehend Dargelegten ergibt sich der Unterschied zwischen der Geschäftsfähigkeit bzw allgemeiner der Handlungsfähigkeit und der **Rechtsfähigkeit**. Unter der Rechtsfähigkeit ist nach ganz überwiegender und zutreffender Ansicht (vgl STAUDINGER/WEICK [2004] § 1 Rn 1) die Fähigkeit zu verstehen, Träger von Rechten und Pflichten zu sein, also Rechte und Pflichten zu haben. Die Rechtsfähigkeit betrifft also das statische Moment des Innehabens von Rechten und Pflichten, während sich die Handlungs- (Geschäfts-)fähigkeit auf das dynamische Moment der Veränderung des Rechte- und Pflichtenbestandes einer Person, auf den Erwerb und Verlust von Rechten bezieht. Das Verhältnis von Rechtsfähigkeit und Handlungsfähigkeit lässt sich mithin dahingehend bestimmen, dass zwar die Handlungsfähigkeit die Rechtsfähigkeit des Betreffenden als Personenhaftigkeit im Rechtssinne voraussetzt, denn nur (natürliche) Personen können rechtserheblich handeln, dass aber umgekehrt ein nicht Handlungsfähiger gleichwohl rechtsfähig sein kann. Die handlungsunfähige Person ist lediglich außerstande, ihren Bestand an Rechten und Pflichten durch eigenes Handeln zu verändern, sie kann aber durchaus Rechte und Pflichten haben. Dies deshalb, weil sich Erwerb und Verlust von Rechten und Pflichten nicht nur durch eigenes Handeln des Trägers, insbesondere durch die Vornahme von Rechtsgeschäften, vollziehen können, sondern auch durch das Handeln anderer Personen (Vertreter, Organe) oder unmittelbar kraft Gesetzes (zB Erbfall). Auch der Säugling oder der Geisteskranke kann mithin, da rechtsfähig (§ 1), Eigentum oder andere Rechte innehaben, etwa durch Erwerb kraft Erbfalls; versagt ist ihnen hingegen mangels Geschäftsfähigkeit (§ 104) die Möglichkeit, auf diese Rechte durch eigenes rechtsgeschäftliches Handeln einzuwirken.

4 Die hier vertretene Auffassung (o Rn 3), die als die herrschende bezeichnet werden kann, geht von einer grundlegenden inhaltlichen Verschiedenheit von Rechtsfähigkeit und Handlungsfähigkeit aus, weshalb man sie als Unterscheidungstheorie bezeichnet hat (vgl FABRICIUS 39). Ihr liegt der auf SAVIGNY (System II § 60) zurückgehende

Gedanke einer Trennung zwischen der Innehabung von Rechten einerseits und dem Erwerb, der Ausübung und dem Verlust von Rechten andererseits zugrunde. Dieser Sichtweise wird von Teilen des Schrifttums widersprochen. Ausgehend von dem Verständnis des subjektiven Rechts als Willensmacht des Berechtigten bezeichnen diese Autoren die Handlungsfähigkeit als der Rechtsfähigkeit inhärent und definieren die Rechtsfähigkeit demzufolge als die Fähigkeit zu rechtswirksamem Verhalten (FABRICIUS 44; MÜLLER-FREIENFELS, Die Vertretung beim Rechtsgeschäft [1955] 155 ff; auch HANKE 19 ff, 62 ff; ablehnend zu Recht GERNHUBER FamRZ 1962, 89, 90: „Gedachte Willensmacht kann nicht scheitern an Mängeln, die faktische Willensherrschaft ganz oder teilweise ausschließen"). Hiernach wäre an sich nur die handlungsfähige Person rechtsfähig, was dem geltenden Recht (§ 1) widerspräche. Die genannte Meinung beschränkt deshalb die Fähigkeit, sich rechtserheblich zu verhalten (= Rechtsfähigkeit), nicht auf das eigene Verhalten des Rechtsträgers als unmittelbare Verhaltensfähigkeit, sondern fasst hierunter auch die als mittelbare Verhaltensfähigkeit bezeichnete Fähigkeit des rechtserheblichen Handelns durch Vertreter, Boten oder Organe (FABRICIUS 45). Sind hiernach auch nicht unmittelbar handlungsfähige Personen rechtsfähig, sofern sie nur durch Vertreter usw handeln können, so stellt sich die Frage nach der Zweckmäßigkeit eines solchen die Handlungsfähigkeit integrierenden Rechtsfähigkeitsbegriffs gegenüber demjenigen der hM. Als Vorteil dieses Rechtsfähigkeitsbegriffs bezeichnen dessen Vertreter die ihm innewohnende Möglichkeit einer Relativierung der Rechtsfähigkeit, etwa durch Verneinung der Ehe-(rechts-)fähigkeit eines Kindes, da dieses auch durch Vertreter usw eine Ehe nicht eingehen kann (vgl FABRICIUS 43). Die Eheunfähigkeit des Kindes kann jedoch auch mit dem Rechtsfähigkeitsbegriff der hM dadurch erklärt werden, dass dieser Begriff nur die grundsätzliche Fähigkeit umfasst, Träger von Rechten zu sein, nicht auch die Fähigkeit zur Innehabung eines jeden Rechts. An der eingebürgerten Trennung zwischen Rechts- und Handlungsfähigkeit sollte deshalb festgehalten werden.

Schließlich ist die Geschäftsfähigkeit gegenüber der **Verfügungsbefugnis** abzugrenzen. Im Gegensatz zur Geschäfts- und überhaupt zur Handlungsfähigkeit, die als Willens- und Einsichtsfähigkeit in der psychischen Beschaffenheit der menschlichen Person wurzelt, betrifft die Verfügungsbefugnis als die Befugnis zur unmittelbaren Einwirkung auf ein bestehendes Recht im Wege von dessen Übertragung, Inhaltsänderung, Belastung oder Aufhebung nicht die Person des Verfügenden an sich, sondern das Verhältnis des Verfügenden zu dem Recht als Verfügungsgegenstand (vgl BREIT 34 f). Die Verfügungsbefugnis ist ein Ausfluss der Rechtsinhaberschaft, die grundsätzlich auch die Befugnis zur Ausübung des Rechts durch Verfügungen über dieses umfasst. Anders als die personenbezogene Geschäftsfähigkeit ist die Verfügungsbefugnis mithin gegenstandsbezogen. Eine Person ist demnach nicht schlechthin verfügungsbefugt, wie sie schlechthin geschäftsfähig, also grundsätzlich fähig zur Vornahme sämtlicher Rechtsgeschäfte ist; die Verfügungsbefugnis besteht vielmehr nur jeweils über ein bestimmtes Recht oder einen bestimmten Kreis von Rechten. Demgemäß kann auch die Verfügungsbefugnis, anders als die Geschäftsfähigkeit, nicht schlechthin fehlen, sondern nur hinsichtlich eines bestimmten Rechts oder einer bestimmten Vermögensmasse, etwa gem §§ 1984, 2211, § 80 InsO. Ein geschäftsunfähiger Rechtsinhaber ist über sein Recht gleichwohl – sofern nicht ein besonderer Entziehungsgrund vorliegt – verfügungsbefugt; er kann eine solche Verfügung mangels Geschäftsfähigkeit nur nicht in eigener Person wirksam vornehmen.

2. Grundsätze der gesetzlichen Regelung

a) Regelungsinhalt, Geschäftsfähigkeit als Normalfall

6 Das BGB normiert nicht positiv die Erfordernisse der Geschäftsfähigkeit (anders etwa Art 13 SchwZGB für die Handlungsfähigkeit). Die §§ 104 ff sagen vielmehr umgekehrt, unter welchen Voraussetzungen ein Mensch nicht oder nicht voll geschäftsfähig ist. Im Anschluss daran wird der Einfluss der fehlenden oder geminderten Geschäftsfähigkeit einer Person auf die Wirksamkeit der von einer solchen Person getätigten Rechtsgeschäfte festgelegt. Das Gesetz geht damit von der Geschäftsfähigkeit als der einer natürlichen Person regelmäßig zukommenden Eigenschaft aus und betrachtet das Fehlen oder die Minderung dieser Eigenschaft als Ausnahme von diesem Grundsatz. Die Vorschriften über Rechtsgeschäfte eines nicht (voll) Geschäftsfähigen (§§ 105, 108, 111) haben deshalb den Charakter von **Gegennormen**: Die Erfüllung ihres Tatbestandes hindert die (volle) Wirksamkeit eines von der betreffenden Person geschlossenen Rechtsgeschäfts.

7 Das dargelegte Regel-Ausnahme-Verhältnis zwischen Geschäftsfähigkeit und deren Fehlen bzw Beschränkung bestimmt die Verteilung der (subjektiven und objektiven) **Beweislast**. Wer sich auf die fehlende Geschäftsfähigkeit einer Person beruft – idR um damit die Unwirksamkeit eines von dieser getätigten Rechtsgeschäfts darzutun –, muss diesen Umstand als Ausnahmetatbestand von der Regel der Geschäftsfähigkeit beweisen (Mot I 130 f = MUGDAN I 423 f für Geisteskrankheit; RG WarnR 1913 Nr 108; BGHZ 18, 184, 189 f; WM 1965, 895 ff; NJW 1972, 681, 683; 1983, 2018, 2019; BREIT 50 ff; PLANCK Vorbem 3 zu § 104; BGB-RGRK/KRÜGER-NIELAND § 104 Rn 22). Gelingt ihm dieser Beweis nicht, ist vom Vorhandensein der Geschäftsfähigkeit auszugehen. Im Verfahren der freiwilligen Gerichtsbarkeit muss das Gericht auf tatsächlichen Anhaltspunkten gegründete Zweifel an der Geschäftsfähigkeit zwar gem § 26 FamFG im Wege der Amtsermittlung aufzuklären versuchen; bei verbleibender Ungewissheit ist aber auch hier von der Geschäftsfähigkeit auszugehen, der sich auf Geschäftsunfähigkeit berufende Beteiligte trägt damit die (objektive) Feststellungslast (BayObLGZ 2002, 189, 203 = NJW 2003, 216, 220; Rpfleger 1982, 286 f; OLG Hamm ZEV 1997, 75, 76 f). Die über die §§ 51 Abs 1, 52 ZPO von der Geschäftsfähigkeit abhängige Prozessfähigkeit muss dagegen als Prozessvoraussetzung positiv feststehen; ein nach amtswegiger Prüfung durch das Gericht (§ 56 Abs 1 ZPO) in dieser Hinsicht verbleibendes *non liquet* hindert deshalb den Erlass eines Sachurteils (BGHZ 18, 184, 190 = LM § 104 Nr 2 m Anm JOHANNSEN; BGHZ 86, 184, 189; 143, 122, 126 f; NJW 2002, 2107 f; BAGE 6, 76, 81 = NJW 1958, 1699, 1700; BAGE 93, 248, 251 = NZA 2000, 613, 614; BAG, Beschl v 28. 5. 2009 – 6 AZN 17/09 [Rn 4], NJW 2009, 3051; OLG Frankfurt NJW-RR 1992, 763, 765; REINIKE, in: FS Lukes [1989] 755, 764 ff; aA MUSIELAK NJW 1997, 1736, 1739 ff; auch AnwK-BGB/BALDUS § 104 Rn 23).

b) Typisierende und individualisierende Regelung

8 Das geltende Recht kennt nur noch zwei Gründe für das Fehlen oder die Beschränkung der Geschäftsfähigkeit. Es sind dies einmal jugendliches Alter und zum anderen bestimmte geistige Erkrankungen. Beide Gründe können die als Voraussetzung für rechtsgeschäftliches Handeln zu fordernde Willens- und Einsichtsfähigkeit der Person beseitigen oder mindern. Diesem sich aus der natürlichen Beschaffenheit der menschlichen Psyche ergebenden Befund trägt die Rechtsordnung für jeden der beiden Gründe in unterschiedlicher Weise Rechnung.

Die **jugendbedingt** fehlende oder beschränkte Geschäftsfähigkeit ist streng **typisiert** 9
(hierzu MAYER-MALY FamRZ 1970, 617, 620). Ob ein Jugendlicher geschäftsunfähig, in der
Geschäftsfähigkeit beschränkt oder schon geschäftsfähig ist, bestimmt sich nicht
nach seinem individuellen geistig-seelischen Reifezustand bei Vornahme des Rechtsgeschäfts, dessen Wirksamkeit in Frage steht. Maßgeblich sind vielmehr feste Altersgrenzen: Bis zur Vollendung des 7. Lebensjahres ist der Mensch geschäftsunfähig
(§ 104 Nr 1), danach bis zum Eintritt der Volljährigkeit (§ 2) in der Geschäftsfähigkeit beschränkt (§ 106) und mit der Volljährigkeit beginnt die volle Geschäftsfähigkeit. Eine im Einzelfall von einem jungen Menschen bereits vor oder erst nach
Erreichung dieser Altersgrenzen tatsächlich eingetretene Reife ist rechtlich ohne
Belang. Ein von einem 17-Jährigen ohne Einwilligung seines gesetzlichen Vertreters
geschlossener, ihm rechtlich nicht lediglich vorteilhafter Vertrag ist also auch dann
gem § 108 schwebend unwirksam, wenn der Betreffende bereits über die Reife eines
19-Jährigen verfügt haben sollte; umgekehrt ist der Vertrag eines 19-Jährigen, der
sich auf dem Entwicklungsstand eines 17-Jährigen befindet, voll wirksam. Das Gesetz nimmt diese individuellen Abweichungen um der Rechtssicherheit willen in
Kauf (vgl u Rn 19 aE). Natürliche Willens- und Einsichtsfähigkeit sind folglich mit der
Geschäftsfähigkeit nicht notwendig deckungsgleich. Die Geschäftsfähigkeit ist damit
als ein von der natürlichen Handlungsfähigkeit verschiedener rechtlicher Status zu
qualifizieren (so FLUME, AT II § 13, 2; vgl auch SCHWIMANN 31). Dieser Status ist die
Voraussetzung dafür, dass ein geäußerter natürlicher Wille als rechtsgeschäftlicher
Wille rechtliche Erheblichkeit erlangt (eingehend SCHWIMANN 33 ff).

Für die Geschäftsunfähigkeit wegen **geistiger Erkrankung** greift demgegenüber eine 10
individualisierende Betrachtungsweise Platz. Gem § 104 Nr 2 liegt diese Geschäftsunfähigkeit nur vor, wenn sich die betreffende Person tatsächlich in einem nicht nur
vorübergehenden Zustand krankhafter Störung der Geistestätigkeit befindet, der
die freie Willensbestimmung ausschließt. Ein solcher Zustand ist deshalb im Einzelfall festzustellen. Befand sich der Betreffende bei Vornahme eines Rechtsgeschäfts
in einer Phase geistiger Gesundheit *(lucidum intervallum)*, so ist das Rechtsgeschäft
wirksam (vgl § 104 Rn 13). Die nach früherem Recht bei Entmündigung wegen
Geisteskrankheit (§ 105 Nr 3 aF) und wegen Geistesschwäche, Verschwendung,
Trunksucht oder Rauschgiftsucht oder Stellung unter vorläufiger Vormundschaft
(§ 114 aF) bestehende generelle Geschäftsunfähigkeit bzw beschränkte Geschäftsfähigkeit kraft Staatsaktes bis zur Aufhebung des Entmündigungsbeschlusses ohne
Rücksicht auf einen zwischenzeitlichen Wegfall der Störung ist mit der Beseitigung
der Institute der Entmündigung und der vorläufigen Vormundschaft durch das
Betreuungsgesetz mit Wirkung ab 1. 1. 1992 entfallen. Das stattdessen eingeführte
Institut der Betreuung mindert als solches die Geschäftsfähigkeit des Betreuten
nicht. Eine solche Minderung tritt nur bei Anordnung eines Einwilligungsvorbehalts
des Betreuers gem § 1903 ein. Die Erforderlichkeit eines Einwilligungsvorbehaltes
ist ebenfalls individuell zu ermitteln (vgl u Rn 25).

c)   Zwingendes Recht
Die Vorschriften über die Geschäftsfähigkeit sind zwingender Natur. Die Möglich- 11
keit ihrer Abbedingung wäre mit dem grundlegenden Zweck des Geschäftsfähigkeitsrechts, dem Schutz des nicht (voll) Geschäftsfähigen vor den Folgen eigenen
rechtsgeschäftlichen Handelns (vgl hierzu eingehend u Rn 20), nicht vereinbar. Eine
nicht (voll) geschäftsfähige Person kann deshalb auf die Geltung der Geschäfts-

fähigkeitsvorschriften auch nicht wirksam verzichten (so schon RGZ 4, 162, 165 f für das gemeine Recht). Auch der gesetzliche Vertreter kann außer in den im Gesetz selbst vorgesehenen Fällen (§§ 112, 113) seinem Pflegebefohlenen nicht die Stellung eines Geschäftsfähigen einräumen; denn dies würde eine unzulässige Volljährigkeitserklärung durch Rechtsgeschäft bedeuten. Die nach früherem Recht (§§ 3–5) mögliche Volljährigkeitserklärung durch Staatsakt (Beschluss des Vormundschaftsgerichts) ist mit der Herabsetzung des Volljährigkeitsalters auf das vollendete 18. Lebensjahr durch das Gesetz zur Neuregelung des Volljährigkeitsalters vom 31. 7. 1974 beseitigt worden. Unbeachtlich ist aber auch umgekehrt ein – etwa mit dem Vertragsgegner vereinbarter – Verzicht eines Geschäftsfähigen auf die Geschäftsfähigkeit (vTuhr, AT II 1 § 59 I Fn 5; für das schweizerische Recht ausdrücklich Art 27 Abs 1 SchwZGB). Der dem Menschen unmittelbar von der Rechtsordnung beigelegte persönliche Status der Geschäftsfähigkeit steht nicht zur Disposition seines Trägers.

d) Personengruppen

12 Die natürlichen Personen unterteilen sich hinsichtlich der Geschäftsfähigkeit zunächst in die beiden großen Gruppen der **Geschäftsfähigen** und der **nicht voll Geschäftsfähigen**. Diese grundlegende Zäsur folgt aus der Natur des Regelungsgegenstandes. Der Kreis der Geschäftsfähigen umfasst alle Volljährigen (§ 2), sofern sie nicht unter einer geistigen Störung der in § 104 Nr 2 genannten Art leiden. Nicht voll geschäftsfähig sind dementsprechend die Minderjährigen und die in § 104 Nr 2 genannten Personen. Diese Gruppe bildet keinen rechtlich homogenen Personenkreis. Ihre Angehörigen gliedert das Gesetz vielmehr in die beiden Untergruppen der **Geschäftsunfähigen** und **der in der Geschäftsfähigkeit beschränkten Personen** (s Jacobs/Schubert, Beratung I 517; Mot I 132 = Mugdan I 424). Jugendbedingt geschäftsunfähig sind diejenigen, die das siebente Lebensjahr noch nicht vollendet haben (§ 104 Nr 1), geschäftsunfähig wegen abnormer geistiger Zustände die unter § 104 Nr 2 fallenden Personen. In der Geschäftsfähigkeit beschränkt sind die Minderjährigen nach Vollendung des siebenten Lebensjahres (§ 106), soweit sie nicht den Tatbestand des § 104 Nr 2 erfüllen. Diese Zweiteilung der Gruppe der nicht voll geschäftsfähigen Personen ist eine auf das römisch-gemeine Recht zurückgehende Eigentümlichkeit der Rechte des deutschen Rechtskreises (vgl u Rn 106). Die im römisch-gemeinen Recht außerdem noch enthaltene Unterteilung der über sieben Jahre alten Minderjährigen in mündige und unmündige Minderjährige hat das BGB – anders als das österreichische ABGB § 21 Abs 2 HS 2 – bewusst nicht übernommen. Das vom Betreuungsgesetz eingeführte Institut des Einwilligungsvorbehalts für Willenserklärungen eines Betreuten gem § 1903 hat mit den **von einem Einwilligungsvorbehalt erfassten nicht geschäftsunfähigen Betreuten** eine weitere Gruppe von nicht voll Geschäftsfähigen neben den Geschäftsunfähigen und den in der Geschäftsfähigkeit Beschränkten entstehen lassen, die in den vom Betreuungsgesetz nicht geänderten §§ 104 ff unerwähnt bleiben (s hierzu u Rn 25).

e) Aktive und passive Stellung bei Rechtsgeschäften

13 Geschäftsfähigkeit muss in erster Linie gegeben sein in der Person des Urhebers des Rechtsgeschäfts, also desjenigen, der seinen rechtsgeschäftlichen Willen erklärt. Die Folgen einer fehlenden oder beschränkten Geschäftsfähigkeit auf Seiten des Erklärenden als des Aktivbeteiligten am Rechtsgeschäft bilden – neben den Voraussetzungen der Geschäftsunfähigkeit und der beschränkten Geschäftsfähigkeit überhaupt – den Regelungsgegenstand der §§ 104–113. Bei empfangsbedürftigen

Willenserklärungen ist aber auch die Geschäftsfähigkeit ihres Adressaten von Bedeutung, dem die Erklärung im Falle seiner Abwesenheit, um wirksam zu werden, gem § 130 Abs 1 S 1 zugehen muss. Die Voraussetzungen des Zugangs und damit des Wirksamwerdens der Erklärung bei fehlender oder beschränkter Geschäftsfähigkeit des an dem Rechtsgeschäft passiv beteiligten Adressaten regelt § 131.

f) Besondere Vorschriften

Die §§ 104 ff regeln die Fähigkeit zur Vornahme von Rechtsgeschäften im Allgemeinen. Diese Bestimmungen sind vornehmlich auf vermögensrechtliche Geschäfte unter Lebenden im Bereich des zweiten und des dritten Buches des BGB zugeschnitten. Für Rechtsgeschäfte, die die persönliche Sphäre des Handelnden betreffen, ist diese allgemeine Regelung oft wenig angemessen. Dies vor allem deshalb, weil die betreffenden Rechtsakte ihrer Natur nach aufgrund höchstpersönlicher Entscheidungen erfolgen sollen, was der nach allgemeinem Geschäftsfähigkeitsrecht grundlegenden Einschaltung des gesetzlichen Vertreters entgegensteht (vgl FLUME, AT II § 13, 10). Gewisse Rechtshandlungen (Eheschließung) stellen ferner besondere Anforderungen an die geistig-sittliche wie die biologische Reife der sie vornehmenden Person, die den nach den §§ 104 ff maßgeblichen Altersgrenzen nicht entsprechen. Die Fähigkeit zur Vornahme derartiger Rechtsakte ist daher in einer Reihe von Sondervorschriften abweichend von dem allgemeinen Geschäftsfähigkeitsrecht geregelt. Betroffen sind hauptsächlich Rechtsgeschäfte familien- und erbrechtlicher Art.

Auf dem Gebiet des **Familienrechts** normiert § 1303 eine grundsätzlich mit der Volljährigkeit eintretende Ehemündigkeit, dem § 1 Abs 3 Nr 1 LPartG für die Lebenspartnerschaft entspricht. Spezialregelungen enthalten ferner § 1411, der gem § 7 LPartG für die Lebenspartnerschaft entsprechend gilt, für den Abschluss eines Ehe- bzw Lebenspartnerschaftsvertrages, § 1596 für die Anerkennung und § 1600a Abs 2 S 2 und 3, Abs 3–5 für die Anfechtung der Vaterschaft, §§ 1746, 1750 Abs 3 für die Einwilligung in die Annahme eines Minderjährigen als Kind, zu der § 1743 außerdem besondere Alterserfordernisse bei dem Annehmenden vorsieht, § 1768 Abs 2 für den zur Annahme eines Volljährigen als Kind erforderlichen Antrag des Anzunehmenden und § 1762 Abs 1 S 2–4 für den Antrag auf Aufhebung des Annahmeverhältnisses sowie §§ 1780, 1781 für die Bestellung zum Vormund und – iVm § 1915 Abs 1 – zum Pfleger. Hinsichtlich der Erziehung des Kindes auf religiösem und weltanschaulichem Gebiet legt § 5 RKEG eine besondere **Religionsmündigkeit** (allgemein: Weltanschauungsmündigkeit) fest, die mit der Vollendung des 14. Lebensjahres eintritt (vgl hierzu KIPP, in: FG Kahl [1923] 1, 47 f; UMBACH, in: FS Geiger [1989] 359, 366 ff; kritisch zu dieser Altersgrenze WÜRTENBERGER, in: FS Obermayer [1986] 113, 119 ff). Das Kind kann von diesem Zeitpunkt an selbst über sein religiöses und weltanschauliches (§ 6 RKEG) Bekenntnis entscheiden (§ 5 S 1 RKEG). Da diese Entscheidung kein Rechtsgeschäft, sondern eine geschäftsähnliche Handlung ist, stellt die Religionsmündigkeit eine besondere Art der Handlungsfähigkeit dar (s STAUDINGER/DILCHER[12] § 104 Rn 1). Vom vollendeten 12. Lebensjahr an kann das Kind gem § 5 S 2 RKEG nicht gegen seinen Willen in einem anderen Bekenntnis oder einer anderen Weltanschauung als bisher erzogen werden. Vor seiner Entscheidung über die Zustimmung zu der Bestimmung der religiösen oder weltanschaulichen Erziehung durch den Vormund oder Pfleger oder der Änderung dieser Bestimmung durch einen Elternteil hat das Vormundschaftsgericht das Kind nach Vollendung des 10. Lebensjahres zu hören (§ 3 Abs 2 S 5, § 2 Abs 3 S 5 RKEG).

16 Im Bereich des **Erbrechts** richtet sich die **Testierfähigkeit** nach § 2229 und die Fähigkeit des (testierfähigen) Minderjährigen zur Errichtung eines Testaments nach § 2233 Abs 1. Für den Erbvertrag ist besonders geregelt die Fähigkeit zum Abschluss (§ 2275), zur Anfechtung (§ 2282 Abs 1 und 2), zur Aufhebung (§ 2290 Abs 2 und 3) und zum Rücktritt (§ 2296 Abs 1). Über die Fähigkeit, zum Testamentsvollstrecker ernannt zu werden, enthält § 2201 eine besondere Bestimmung.

Zu § 8 und § 682 s u Rn 93, 44 ff.

g) Internationales Privatrecht

17 Die Geschäftsfähigkeit richtet sich, wie auch die Rechtsfähigkeit, gem Art 7 Abs 1 S 1 EGBGB nach dem Recht des Staates, dem die betreffende Person angehört. Das deutsche Kollisionsrecht entspricht damit dem internationalprivatrechtlichen Grundsatz der Maßgeblichkeit des **Heimatrechts** für persönliche Eigenschaften (**Personalstatut**). Das Heimatrecht gilt auch insoweit, als es nach dem Grundsatz „Heirat macht mündig" die Geschäftsfähigkeit durch Eheschließung erweitert (Art 7 Abs 1 S 2 EGBGB), wie dies zB nach türkischem Recht der Fall ist (Art 11 Abs 2 ZGB [Türkei]). Der Erwerb oder Verlust der Rechtsstellung als Deutscher beeinträchtigt eine einmal erlangte Geschäftsfähigkeit gem Art 7 Abs 2 EGBGB nicht. Art 7 EGBGB gilt nur für die allgemeine Geschäftsfähigkeit. Von den Fähigkeiten zur Vornahme besonderer Rechtsakte richtet sich die Ehefähigkeit nach Art 13 EGBGB, die Testierfähigkeit nach Art 26 EGBGB und mangels besonderer Vorschriften (vgl Art 20 EGBGB für die Anfechtung der Abstammung, Art 22 EGBGB für die Annahme als Kind), im übrigen nach dem jeweiligen Wirkungsstatut (PALANDT/THORN Art 7 EGBGB Rn 3). Das Wirkungsstatut ist auch maßgeblich für die vorrangig zu prüfende Frage, ob eine bestimmte rechtlich erhebliche Handlung überhaupt Geschäftsfähigkeit erfordert (s BAETGE IPRax 1996, 185 mwNw). Erst bei Bejahung dieser Vorfrage ist nach Maßgabe von Art 7 EGBGB die Geschäftsfähigkeit zu prüfen. Umstritten ist, ob sich nicht nur die Voraussetzungen der Geschäftsfähigkeit nach Art 7 EGBGB richten, sondern auch die Auswirkungen einer hiernach fehlenden oder geminderten Geschäftsfähigkeit auf das betreffende Rechtsgeschäft. Die Frage ist mit der hM zu bejahen, da Voraussetzungen und Rechtsfolgen der Geschäftsfähigkeit sachlich zusammengehören und bei Maßgeblichkeit des Wirkungsstatuts für die Rechtsfolgen insbesondere dann Schwierigkeiten entständen, wenn das hiernach maßgebliche Sachrecht die sich bei Anwendbarkeit des Art 7 EGBGB nur auf die Voraussetzungen ergebende Kategorie etwa einer beschränkten Geschäftsfähigkeit gar nicht kennt (überzeugend BAETGE IPRax 1996, 185, 187; KIRCHHOFF 162 ff, 207 f; vgl auch RGZ 170, 198, 199; BGH NJW 1978, 1159; für Maßgeblichkeit des Wirkungsstatuts hingegen OLG Düsseldorf NJW-RR 1995, 755, 756; MünchKomm/ BIRK Art 7 EGBGB Rn 36). Für den Abschluss von Verträgen wird der Grundsatz des Art 7 EGBGB in Art 12 S 1 EGBGB insoweit durchbrochen, als sich hiernach, wenn sich die Vertragsteile in demselben Staat befinden, eine natürliche Person, die nach den Sachvorschriften des Rechts dieses Staates rechts-, geschäfts- und handlungsfähig wäre, nur dann auf ihre aus den Rechtsvorschriften ihres Heimatrechts abgeleitete Geschäfts- und Handlungsunfähigkeit berufen kann, wenn der andere Vertragsteil bei Vertragsabschluss diese Rechts-, Geschäfts- und Handlungsunfähigkeit kannte oder kennen musste (ebenso Art 13 Rom I-VO für den Abschluss schuldrechtlicher Verträge in Zivil- und Handelssachen mit Verbindung zum Recht verschiedener Staaten). Diese Vorschrift schützt also das Vertrauen des anderen Teils in die Handlungsfähigkeit seines Vertragspartners und weicht damit von dem ansonsten geltenden Grundsatz des Vorrangs des Schutzes des nicht (voll) Geschäftsfähigen vor dem Verkehrsschutz (vgl u Rn 26) ab. Dies gilt aber nach S 2 des Art 12 EGBGB nicht für familien- und erbrechtliche Rechtsgeschäfte sowie für Verfügungen über ein in einem anderen Staat gelegenes Grundstück. Die kollisionsrechtliche Regelung der gesetzlichen Vertretung ist nicht in Art 7 EGBGB enthalten, sondern in Art 21 und 24 EGBGB. Diesen Vorschriften gehen durch Staatsvertrag getroffene Regelungen, insbesondere das Haager Minderjährigenschutzabkommen vom 5. 10. 1961 (BGBl 1971 II 217), vor.

h) Übergangsrecht anlässlich der deutschen Wiedervereinigung
Für den Bereich der Geschäftsfähigkeit hat der Gesetzgeber aufgrund der weitgehenden sachlichen Übereinstimmung der einschlägigen Vorschriften des Rechts der bisherigen DDR (§§ 49 ff ZGB [DDR]) mit dem Recht im alten Bundesgebiet keine besonderen Übergangsvorschriften für die Zeit nach dem Beitritt geschaffen. Lediglich bzgl der in der DDR ausgesprochenen Entmündigungen, die gem § 52 ZGB (DDR) stets die völlige Handlungsunfähigkeit des Entmündigten bewirkten (s u Rn 116), ordnete Art 231 § 1 EGBGB deren weitere Wirksamkeit mit der Maßgabe an, dass sie nunmehr als wegen Geistesschwäche, Verschwendung, Trunk- oder Rauschgiftsucht gem § 6 Abs 1 aF angeordnet galten mit der Folge lediglich beschränkter Geschäftsfähigkeit nach § 114 aF; mit dem Inkrafttreten des Betreuungsgesetzes entfielen auch diese Wirkungen. Die Geschäftsfähigkeit bestimmt sich daher gem den allgemeinen Vorschriften des Art 230 EGBGB vom Tage des Wirksamwerdens des Beitritts an nach den §§ 104 ff. Für die Zeit vor dem Beitritt kommt es für die Frage der Anwendbarkeit der §§ 104 ff BGB oder der §§ 49 ff ZGB (DDR) nach den Regeln des interlokalen Privatrechts auf den gewöhnlichen Aufenthalt der betreffenden Person an (vgl OLG Karlsruhe NJW-RR 1995, 1349; allg BGHZ 124, 270, 272 f).

3. Zweck des Geschäftsfähigkeitsrechts

Der mit den Vorschriften über die Geschäftsfähigkeit verfolgte Zweck besteht zunächst in der **Sicherstellung einer funktionierenden Privatautonomie** als eines entscheidenden Grundwertes und der geltenden Privatrechtsordnung (ähnlich SCHWIMANN 41: Rechtfertigung der rechtsgestaltenden Macht des individuellen privaten Willens auf konstruktiver Basis). Denn die Anerkennung privatautonomen Handelns als Mittel zur Gestaltung der Privatrechtsverhältnisse nach dem Willen des Handelnden beruht auf der Vorstellung einer (prinzipiellen) Fähigkeit des Rechtsgenossen zur Willensbildung aufgrund vernünftiger Überlegung (vgl o Rn 1). Ließe die Rechtsordnung rechtsgeschäftliches Handeln auch solcher Personen wirksam werden, denen diese Fähigkeit (regelmäßig) fehlt, so würden der Grundsatz der Privatautonomie und die ihm zugrundeliegende Anerkennung des Menschen als selbstbestimmte und eigenverantwortliche Persönlichkeit (vgl LARENZ/WOLF, AT § 2 I 3 Rn 17) *ad absurdum* geführt. Die Rechtsordnung muss deshalb den Kreis derjenigen Personen, die sie eigenen rechtsgeschäftlichen Handelns für fähig erachtet, von dem Kreis derjenigen Personen scheiden, bei denen sie diese Fähigkeit (noch) nicht oder nur beschränkt für gegeben hält. Von Angehörigen dieser letztgenannten Gruppen gleichwohl vorgenommenen Rechtsgeschäften müssen dann folgerichtig die rechtlichen Wirkungen entweder völlig versagt oder nur in beschränktem Maße zuerkannt werden. Mit der Anknüpfung der Geschäftsunfähigkeit und der beschränkten Geschäftsfähigkeit an das typisierende Merkmal bestimmter Altersstufen ohne Rücksicht auf die tatsächliche individuelle Reife (vgl o Rn 9) will das Geschäftsfähigkeitsrecht zudem eine relativ leichte Feststellbarkeit des betreffenden Status und damit der Wirksamkeit eines Rechtsgeschäfts im Einzelfall erreichen. Die §§ 104 ff bezwecken mithin auch die Schaffung weitgehender **Rechtssicherheit** (hierzu s MünchKomm/Schmitt Vorbem 1 zu § 104; auch Roth-Stielow ZBlJugR 1967, 33).

20 Die Vorschriften über die Geschäftsfähigkeit wollen die geschäftsunfähigen und die in der Geschäftsfähigkeit beschränkten Personen ferner vor den nachteiligen Folgen eigenen rechtsgeschäftlichen Handelns bewahren. Dieser **Schutz** des genannten Personenkreises bildet den in praktischer Hinsicht wichtigsten Zweck des Geschäftsfähigkeitsrechts (vgl auch die ausdrückliche Normierung dieses Zwecks in § 21 Abs 1 ABGB). Das Schutzbedürfnis der Jugendlichen und der psychisch Kranken folgt aus deren fehlender oder (noch) nicht voll entwickelter Fähigkeit, die mit einer Teilnahme am rechtsgeschäftlichen Verkehr verbundenen Gefahren, die bis zur Vernichtung der wirtschaftlichen Existenz gehen können, zu erkennen und in ihrer Bedeutung richtig einzuschätzen; bei Jugendlichen ist das dafür erforderliche Maß an Lebenserfahrung regelmäßig noch nicht vorhanden. Schwerwiegende Nachteile können dem nicht (voll) Geschäftsfähigen besonders durch Ausnutzung seiner Unerfahrenheit oder psychischen Behinderung seitens des Vertragspartners oder dritter Personen erwachsen. Diese Gefährdungen sind gerade im modernen Wirtschaftsleben mit ihren an das Konsum- und Prestigebedürfnis vornehmlich der jungen Menschen appellierenden subtilen Werbepraktiken virulent. Für eine Rechtsordnung, die der Privatautonomie einen derart herausragenden Stellenwert einräumt wie der deutschen, ist die Bereitstellung eines wirksamen Schutzes derjenigen Personen, die den sich aus privatautonomen Handeln ergebenden Bedrohungen typischerweise nicht gewachsen sind, ein unabdingbares Gerechtigkeitspostulat. Einen solchen Schutz gebietet auch die Verfassung (hierzu Hertwig FamRZ 1987, 124 ff; auch Ehlers JZ 1985, 675, 676). Träfe die Rechtsordnung keinerlei Vorkehrungen gegen die immensen, bis zur Existenzvernichtung reichenden Gefährdungen durch rechtsgeschäftliches Handeln von hierzu noch nicht reifen oder durch psychisches Leiden unfähigen Personen, so würde sie der ihr gem Art 1 Abs 1 S 2 GG obliegenden Pflicht zur Wahrung der **Menschenwürde** dieser Person nicht gerecht (vgl BVerfGE 72, 155, 170 ff = NJW 1986, 1859, 1860; auch BSGE 82, 283, 289 = SGb 1999, 564, 567). Dem **Sozialstaatsprinzip** (Art 20 Abs 1, 28 Abs 1 GG) lässt sich eine dahingehende Schutzpflicht ebenfalls entnehmen. Der einfache Gesetzgeber ist daher in der Ausgestaltung des Geschäftsfähigkeitsrechts nicht völlig frei; die Einschränkung der Fähigkeit zu rechtsgeschäftlichem Handeln muss einerseits dem unabdingbaren Schutzerfordernis genügen, sie darf aber andererseits nicht den zu eigegenverantwortlicher Lebensgestaltung eindeutig fähigen Menschen in dessen allgemeiner Handlungsfreiheit (Art 2 Abs 1 GG) beeinträchtigen.

21 In dem Schutz des nicht (voll) Geschäftsfähigen erschöpft sich aber – ungeachtet der überragenden Bedeutung dieses Normzwecks – die *ratio* des Geschäftsfähigkeitsrechts nicht. Die bereits dargelegten Zwecke der Gewährleistung der Funktionsfähigkeit der Privatautonomie überhaupt und der Schaffung von Rechtssicherheit in diesem Bereich (vgl o Rn 19) behalten daneben ihre eigenständige Bedeutung (hierzu bes SCHWIMANN 40 f). Dies lässt sich insbesondere an der Vorschrift des § 105 Abs 1 belegen. Die dort normierte Nichtigkeit der Willenserklärung des Geschäftsunfähigen auch für den Fall, dass die Erklärung dem Geschäftsunfähigen lediglich rechtlich vorteilhaft ist, lässt sich mit dem Schutzgedanken allein nicht erklären; dem Geschäftsunfähigen wird vielmehr die Fähigkeit zu einem rechtserheblichen Willen schlechthin abgesprochen. Privatautonomes Handeln in eigener Person soll damit den nicht zu diesem Personenkreis gehörenden Rechtsgenossen vorbehalten bleiben (vgl RG JW 1915, 570; MAX WOLFF JW 1914, 121, 122; KOHLER, BR I § 106 II). Die eigenständige Bedeutung des Gesichtspunktes der Rechtssicherheit gegenüber dem Schutzzweck geht daraus hervor, dass infolge der typisierenden Bestimmung der Geschäftsfähigkeit nach Altersstufen (s o Rn 9) auch das Rechtsgeschäft desjenigen Angehörigen der betreffenden Altersklasse nichtig bzw schwebend unwirksam ist, der individuell bereits über die Reife eines Angehörigen der nächsthöheren Altersklasse verfügt und deshalb des für seine Altersgenossen typischerweise für erforderlich gehaltenen Schutzes gar nicht bedarf. Diese verschiedenen Zweckrichtungen des Geschäftsfähigkeitsrechts stehen aber nicht beziehungslos nebeneinander, sondern sie finden ihre gemeinsame Wurzel in der Eigenart der Privatautonomie, deren optimaler Realisierung sie zu dienen bestimmt sind.

Als weiterer Zweck des Geschäftsfähigkeitsrechts, soweit es das Jugendalter betrifft, wird schließlich noch die **Erziehung** des Jugendlichen durch allmähliche Vorbereitung auf die volle rechtliche Selbstständigkeit bezeichnet (vgl MünchKomm/SCHMITT Vorbem 4, 5 zu § 104). In den Regelungen der Geschäftsfähigkeit als solchen (§§ 104 ff) entfaltet sich diese Zweckrichtung jedoch nur in relativ geringem Maße. In diesem das Außenverhältnis zwischen dem nicht (voll) Geschäftsfähigen und dem Partner eines von diesem geschlossenen Rechtsgeschäfts betreffenden Bereich muss der Erziehungszweck hinter den Gesichtspunkten des Schutzes des Geschäftsunfähigen und des beschränkt Geschäftsfähigen sowie der Rechtssicherheit zurücktreten. Die Erziehungsgedanke hat demgegenüber in erster Linie seinen Platz im Innenverhältnis zwischen dem Minderjährigen und dessen gesetzlichem Vertreter und damit im Recht der elterlichen Sorge (§§ 1626 ff, insbesondere § 1626 Abs 2) und im Vormundschaftsrecht (§§ 1793 ff, insbesondere § 1793 S 2). Die diesbezüglichen Vorschriften weisen, da bei ihnen das Erfordernis der Rechtssicherheit nach außen hin keine Rolle spielt, die für die Verwirklichung des Erziehungszwecks notwendige Flexibilität auf; sie bilden insoweit ein gewisses Gegengewicht im Verhältnis zu den notwendigerweise relativ starren Geschäftsfähigkeitsvorschriften (so BEITZKE AcP 172 [1972] 240, 246; vgl auch AK-BGB/KOHL Vorbem 5 zu § 104). Gleichwohl drückt sich auch in der Regelung der Geschäftsfähigkeit selbst der Erziehungsgedanke in gewisser Weise aus. Dies gilt einmal für das Institut der beschränkten Geschäftsfähigkeit als solcher, die den Minderjährigen zur Vornahme von Rechtsgeschäften in eigener Person grundsätzlich in die Lage versetzt und dessen rechtsgeschäftliches Handeln mit dem Zustimmungserfordernis für rechtlich nachteilige Geschäfte (§ 107) lediglich einer Kontrolle durch den gesetzlichen Vertreter unterwirft. Ganz deutlich wohnt ferner der Vorschrift des § 110 („Taschengeldparagraph") eine erzieherische Zweckrichtung inne.

4. Verhältnis zur gesetzlichen Vertretung

23 Nicht (voll) geschäftsfähige Personen können, da die von ihnen getätigten Rechtsgeschäfte unwirksam oder nur eingeschränkt wirksam sind, durch eigenes rechtsgeschäftliches Handeln am Rechtsverkehr entweder überhaupt nicht oder nur in gemindertem Umfang (§ 107) teilnehmen. Ein solcher weitgehender Ausschluss von der privatautonomen Rechtsgestaltung wäre für den genannten Personenkreis höchst nachteilig, unter den Bedingungen der heutigen hochmobilen Verkehrswirtschaft geradezu unmöglich; der mit dem Geschäftsfähigkeitsrecht intendierte Schutz des Minderjährigen und des unter geistiger Erkrankung Leidenden (o Rn 20) würde sich als unerträgliche Fessel auswirken. Die Rechtsordnung muss daher den nicht voll Geschäftsfähigen, soweit sie ihnen die eigene Teilnahme am rechtsgeschäftlichen Verkehr versagt, diese Teilnahme durch das Handeln anderer, geschäftsfähiger Personen möglich machen und sicherstellen. Das rechtstechnische Mittel zur Erfüllung dieser Aufgabe ist das Institut der **gesetzlichen Vertretung**. Ein entsprechender Regelungsmechanismus gewährleistet weitgehend das Vorhandensein eines Vertreters mit unmittelbar auf dem Gesetz beruhender Vertretungsmacht für jeden nicht voll Geschäftsfähigen. Der gesetzliche Vertreter kann dann die erforderlichen Rechtsgeschäfte für seinen Pflegebefohlenen in dessen Namen mit unmittelbarer Wirkung für und gegen diesen (§ 164) entweder selbst vornehmen oder – bei einer lediglich in der Geschäftsfähigkeit beschränkten Person – den von dem Pflegebefohlenen selbst getätigten Geschäften die nach den §§ 107 ff erforderliche Zustimmung erteilen. Zur Wirksamkeit bestimmter Rechtsgeschäfte (vgl §§ 1643, 1819–1822, 1907, 1908i) ist außerdem die Genehmigung des Familien- bzw Betreuungsgerichts erforderlich. Im einzelnen gestaltet sich diese Regelung unterschiedlich, je nach dem ob die fehlende oder nicht vollständige Geschäftsfähigkeit auf Minderjährigkeit oder auf psychischer Erkrankung oder geistiger oder seelischer Behinderung beruht.

24 Bei einem **Minderjährigen** steht die gesetzliche Vertretung gem § 1629 Abs 1 S 1 grundsätzlich dessen nach §§ 1626 ff sorgeberechtigten Eltern zu. Ist diese geborene gesetzliche Vertretung durch die Eltern nicht vorhanden, weil der Minderjährige nicht unter elterlicher Sorge (Tod der Eltern oder Entziehung des Sorgerechts nach § 1666) steht oder die Eltern weder in den die Person noch in den das Vermögen betreffenden Angelegenheiten des Minderjährigen vertretungsberechtigt sind oder dessen Familienstand nicht zu ermitteln ist, so erhält der Minderjährige gem § 1773 einen Vormund. Der Vormund ist nach § 1793 ebenfalls gesetzlicher Vertreter des Minderjährigen. Die in § 1774 vorgeschriebene amtswegige Anordnung der Vormundschaft durch das Familiengericht soll sicherstellen, dass jeder nicht der gesetzlichen Vertretung durch seine Eltern unterliegende Minderjährige einen Vormund erhält. Für diejenigen Angelegenheiten, an deren Besorgung die Eltern oder der Vormund rechtlich (zB nach §§ 1629 Abs 2 S 1, 1795) oder tatsächlich verhindert sind, erhält der Minderjährige gem § 1909 einen insoweit zur gesetzlichen Vertretung berechtigten Ergänzungspfleger. Durch die von dem gesetzlichen Vertreter geschlossenen oder von ihm konsentierten Rechtsgeschäfte kann der Minderjährige insbesondere mit Verbindlichkeiten in unbegrenzter Höhe belastet werden. Nach früherem Recht war der Minderjährige in solchen Fällen lediglich im Innenverhältnis durch den eine schuldhafte Pflichtverletzung voraussetzenden Schadensersatzanspruch gegenüber dem Vertreter geschützt (§ 1833), der gegenüber den Eltern auch noch gem § 1664 Abs 1 beschränkt ist; im Außenverhältnis haftete er hingegen dem Gläubiger unbeschränkt. Seit dem 1. 1. 1999 beschränkt sich jedoch die Haftung gem den durch das Minderjährigenhaftungsbeschränkungsgesetz vom 25. 8. 1998 (BGBl I 2487) eingefügten Vorschriften der §§ 1629a, 1793 Abs 2 auf den Bestand des bei Eintritt der Volljährigkeit vorhandenen Minderjährigenvermögens, sofern die Verbindlichkeiten nicht aus dem selbstständigen Betrieb eines Erwerbsgeschäfts durch den Minderjährigen gem § 112 oder aus Rechtsgeschäften resultieren, die allein der Befriedigung der persönlichen Bedürfnisse des Minderjährigen dienen.

Die Rechtsstellung der nicht (voll) geschäftsfähigen **Volljährigen** wird maßgeblich **25** bestimmt durch das mit Wirkung ab 1. 1. 1992 an die Stelle der bisherigen Vormundschaft über Volljährige und der Gebrechlichkeitspflegschaft des § 1910 aF getretene Institut der rechtlichen Betreuung gem den §§ 1896 ff. Ein Betreuer wird nach § 1896 Abs 1 S 1 für einen Volljährigen bestellt, der aufgrund einer psychischen Krankheit oder einer körperlichen, geistigen oder seelischen Behinderung seine Angelegenheiten ganz oder teilweise nicht besorgen kann. Die Voraussetzungen einer Betreuerbestellung umfassen damit auch die Geschäftsunfähigkeit des § 104 Nr 2, gehen aber weit über diese schwerste Fallgruppe hinaus. Ein Betreuer kann mithin auch für einen Geschäftsfähigen bestellt werden. Die Bestellung eines Betreuers hat als solche auf den Status des Betreuten als nach § 104 Nr 2 Geschäftsunfähiger oder mangels dieser Voraussetzungen als Geschäftsfähiger keinen Einfluss. Der Betreuer ist gesetzlicher Vertreter des Betreuten; dies ist zwar im Gesetz nicht klar ausgesprochen, ergibt sich aber aus § 1902 iVm § 1896 Abs 2 S 2. Die gesetzliche Vertretungsbefugnis des Betreuers bezieht sich jedoch, anders als die der Eltern oder des Vormunds, nicht auf grundsätzlich sämtliche Angelegenheiten des Pflegebefohlenen, sondern gem § 1902 nur auf den Aufgabenbereich, für den er bestellt worden ist, wobei die Bestellung nur für die eine Betreuung erfordernden Aufgabenkreise erfolgen darf (§ 1896 Abs 2). Die Geschäftsunfähigkeit des Betreuten nach § 104 Nr 2 erfordert deshalb eine Betreuung für alle (nicht höchstpersönlichen) Rechtsgeschäfte, da dem Betreuten anderenfalls die Teilnahme am rechtsgeschäftlichen Verkehr außerhalb des Aufgabenbereichs des Betreuers wegen § 105 Abs 1 verwehrt wäre. Für den geschäftsunfähigen Betreuten kann mithin nur dessen Betreuer rechtsgeschäftlich handeln. Ist der Betreute hingegen geschäftsfähig, so kann sowohl dieser selbst, und zwar ohne Zustimmung des Betreuers, als auch sein Betreuer Rechtsgeschäfte wirksam vornehmen (MÜLLER 64 ff; SACHSEN GESSAPHE § 8 III 3 a). Das Betreuungsgericht kann jedoch gem § 1903 Abs 1 S 1 anordnen, dass der Betreute zu einer den Aufgabenkreis des Betreuers betreffenden Willenserklärung der Einwilligung des Betreuers bedarf, soweit dies zur Abwendung einer erheblichen Gefahr für die Person oder das Vermögen des Betreuten erforderlich ist. Auch bei angeordnetem Einwilligungsvorbehalt ist die Einwilligung nicht erforderlich, wenn die Willenserklärung des (nicht geschäftsunfähigen) Betreuten diesem lediglich einen rechtlichen Vorteil bringt (§ 1903 Abs 3 S 1). Mangels anderweitiger Anordnung des Gerichts gilt gleiches für die eine geringfügige Angelegenheit des täglichen Lebens betreffende Willenserklärung (§ 1903 Abs 3 S 2). Für die übrigen Willenserklärungen ordnet § 1903 Abs 1 S 2 die entsprechende Geltung ua der §§ 108–113 an. Die Geschäftsfähigkeit des Betreuten wird hiernach durch den Einwilligungsvorbehalt gemindert (vgl o Rn 12). Die Stellung eines solchen Betreuten ähnelt damit derjenigen einer in der Geschäftsfähigkeit beschränkten Person. Unterschiede ergeben sich aber daraus, dass der Einwilligungsvorbehalt nur den in der Anordnung bestimmten Bereich erfasst, der Betreute selbst in diesem Bereich Geschäfte über geringfügige Angelegenheit des täglichen Lebens ohne Einwilligung vornehmen kann und ein Einwilligungsvorbehalt bezüglich der in § 1903 Abs 2 aufgeführten Willenserklärungen, insbesondere der auf Eingehung einer Ehe gerichteten und der Verfügungen von Todes wegen, nicht zulässig ist, der nicht geschäftsunfähige Betreute solche Erklärungen folglich in jedem Falle wirksam abgeben kann. Aus diesen Gründen gehören die (nicht geschäftsunfähigen) Betreuten bei angeordnetem Einwilligungsvorbehalt nicht zum Kreis der in der Geschäftsfähigkeit beschränkten Personen gem § 106, sondern sie bilden eine dritte Gruppe von Personen, deren Geschäftsfähigkeit gemindert ist, neben den geschäftsunfähigen und den in der Geschäftsfähigkeit beschränkten (vgl o Rn 12). Diejenigen Vorschriften, die sich auf in der Geschäftsfähigkeit beschränkte Personen beziehen, sind infolgedessen auf Betreute unter Einwilligungsvorbehalt außerhalb der im Betreuungsrecht enthaltenen Verweisungen grundsätzlich nicht anwendbar (D SCHWAB FamRZ 1992, 493, 504 f u in MünchKomm § 1903 Rn 3; MÜLLER 69 ff; SACHSEN GESSAPHE § 12 II 1 a) aa)).

II. Das Verhältnis von Geschäftsfähigkeit und Verkehrsschutz

1. Geltendes Recht

26 Als Wirksamkeitserfordernis der Rechtsgeschäfte steht die Geschäftsfähigkeit von der Sache her in einem Spannungsverhältnis zur Sicherheit des Rechtsverkehrs. Die Unwirksamkeit einer Willenserklärung, die ihrem äußeren Tatbestand nach dem Verkehr, insbesondere dem Erklärungsgegner, als einwandfrei erscheint, ist bei fehlender oder beschränkter Geschäftsfähigkeit des Erklärenden dann problematisch, wenn der Mangel der Geschäftsfähigkeit bei Geschäftsabschluss nach außen hin nicht erkennbar war (Minderjähriger, der den Eindruck eines Volljährigen machte, latent Geisteskranker). Hier entsteht, wie bei den sonstigen Wirksamkeitsvoraussetzungen von Rechtsgeschäften auch (Berechtigung, Verfügungsbefugnis, Vertretungsmacht usw), die Frage, ob die Rechtsordnung das berechtigte Vertrauen des Verkehrs auf das Vorliegen einer in Wirklichkeit nicht gegebenen Geschäftsfähigkeit in irgendeiner Weise schützen soll, indem sie das Geschäft gleichwohl für wirksam erklärt oder dem Geschäftsgegner wenigstens einen Schadensersatzanspruch gegen den nicht (voll) Geschäftsfähigen zuerkennt. Die geltende deutsche Rechtsordnung beantwortet diese Frage mit einem eindeutigen Nein. Das **Vertrauen** auf die Geschäftsfähigkeit des Urhebers eines Rechtsgeschäfts wird im BGB **nicht geschützt** (heute ganz allgM: RGZ 120, 170, 174; 145, 155, 159; BGHZ 17, 160, 168; NJW 1977, 622, 623; ZIP 1988, 829, 831; NJW 1992, 1503, 1504; BAG DB 1974, 2062, 2063; OLG Stuttgart MDR 1956, 673; LG Mannheim NJW 1969, 239; CANARIS NJW 1964, 1987, 1988, 1990; BREIT 38 ff; SOERGEL/HEFERMEHL Vorbem 10 zu § 104; MünchKomm/SCHMITT Vorbem 7 zu § 104). Das von einem nicht (voll) Geschäftsfähigen vorgenommene Rechtsgeschäft ist folglich nichtig (§§ 105 Abs 1, 111) oder schwebend unwirksam (§ 108 Abs 1), ungeachtet einer Gutgläubigkeit des Geschäftsgegners bezüglich der Geschäftsfähigkeit des Erklärenden. Die Wirksamkeit des Rechtsgeschäfts entfällt deshalb auch bei fehlender Erkennbarkeit des Geschäftsfähigkeitsmangels für den anderen Teil (RGZ 120, 170, 174). Die Unerkennbarkeit des Mangels begründet also keinen rechtserheblichen Rechtsschein der Geschäftsfähigkeit (Zur Verwirklichung sonstiger Rechtsscheintatbestände durch nicht [voll] Geschäftsfähige s u Rn 47 ff). Der Mangel der Geschäftsfähigkeit braucht – entgegen einer in der Anfangszeit des BGB von Anhängern der Freirechtsschule vertretenen Auffassung (DANZ JW 1913, 1016 ff; FUCHS JW 1914, 1011 ff; dagegen MAX WOLFF JW 1914, 121 ff; auch GRUBE 22 f) – für das Rechtsgeschäft nicht ursächlich gewesen zu sein; die Unwirksamkeit tritt also auch dann ein, wenn ein Geschäftsfähiger das Geschäft mit gleichem Inhalt geschlossen hätte. Unerheblich ist auch – abgesehen von der grundlegenden Vorschrift des § 107 für den beschränkt Geschäftsfähigen –, ob das Rechtsgeschäft für den Geschäftsunfähigen günstig ist (RG Gruchot 60 [1916] 118 ff = JW 1915, 570 f; JW 1937, 35 [Nr 14]; vgl auch BGHZ 115, 78, 81 f für Willenserklärung im Namen eines Dritten; für Anfechtbarkeit in diesem Fall LUTTER/GEHLING JZ 1992, 154, 155 f). Das BGB folgt damit dem Grundsatz *minor restituitur quasi minor.*

Dem Geschäftsgegner steht gegen den nicht (voll) Geschäftsfähigen auch **kein** **27 Schadensersatzanspruch** wegen seines enttäuschten Vertrauens auf die Wirksamkeit des Rechtsgeschäfts zu. Eine entsprechende Anwendung des § 122 auf ein wegen mangelnder Geschäftsfähigkeit unwirksames Rechtsgeschäft mit der Folge einer Verpflichtung des Geschäftsunfähigen bzw in der Geschäftsfähigkeit Beschränkten zum Ersatz des dem Erklärungsgegner oder einem Dritten entstandenen Vertrauensschadens, wie dies kurz nach dem Inkrafttreten des BGB vereinzelt befürwortet worden war (so von KUHLENBECK BankArch 5 [1905/06] 285, 286; RABEL RheinZ 4 [1912] 135, 165; verneinend mit überzeugenden Gründen SIMON JW 1913, 291, 293 f; auch LEVIS ZBlFG 14 [1914] 249, 265 ff), wird heute zu Recht ganz allgemein abgelehnt. Eine verschuldensunabhängige Haftung entsprechend § 122 bis zur Höhe des Erfüllungsinteresses würde die vom Geschäftsfähigkeitsrecht bezweckte Freistellung des nicht (voll) Geschäftsfähigen von Verpflichtungen aus rechtsgeschäftlichem Handeln im Ergebnis weitgehend zunichte machen. Aus diesem Grund soll der nicht voll Geschäftsfähige auch keiner Vertrauenshaftung aus solchem Handeln unterliegen, wie sich der eine solche Verantwortlichkeit für den Spezialfall der Vertretung ohne Vertretungsmacht ausdrücklich verneinenden Vorschrift des § 179 Abs 3 S 2 entnehmen lässt (CANARIS NJW 1964, 1987, 1988). Zur Frage einer Haftung des Vertretenen aus Geschäften des geschäftsunfähigen Vertreters (s u Rn 49, 50). Die Frage der Zulässigkeit einer **vertraglichen** Übernahme der Pflicht zum Ersatz des dem Vertragspartner durch die Unwirksamkeit des Geschäfts infolge einer später eintretenden Geschäftsunfähigkeit des anderen Teils entstehenden Schadens hat heute an praktischer Bedeutung verloren, weil die früheren Hauptfälle einer solchen Überwälzung, die entsprechenden Bestimmungen in den AGB-Banken und den AGB-Sparkassen über eine Schadensersatzpflicht des unter einem ohne Verschulden des Kreditinstituts unerkannten Geschäftsfähigkeitsmangel leidenden Kunden vom BGH als nach § 9 Abs 1 AGBG (jetzt § 307 Abs 1) unwirksam bezeichnet worden sind (BGHZ 115, 38, 42; zum Meinungsstreit vor diesem Urt s STAUDINGER/KNOTHE [2004] Rn 27) und deshalb seit 1993 nicht mehr verwendet werden. Die Wirksamkeit der in den AGB-Sparkassen unter Nr 4 Abs 2 auch noch in der jetzt maßgeblichen Fassung vom Oktober 2009 festgelegten Schadensersatzpflicht des Kunden bei unverschuldeter Unkenntnis der Sparkasse von einem zwar nicht beim Kunden selbst, wohl aber bei dessen Vertreter eingetretenen Geschäftsfähigkeitsmangel wird von der wohl überwiegenden Meinung im Schrifttum ebenfalls abgelehnt (GRAF VWESTPHALEN BB 1993, 8, 10; PALANDT/GRÜNEBERG § 307 Rn 64; zweifelnd auch ADEN NJW 1993, 832, 833; für Wirksamkeit H P WESTERMANN WM 1993, 1865, 1868 f). Für die Gültigkeit der Vertreterklausel spricht, dass durch die Schadensersatzregelung nicht die eigene Geschäftsunfähigkeit des Vertragspartners selbst überspielt werden, sondern ihm nur das Risiko eines Mangels in der Person seines Vertreters auferlegt werden soll, auf die es auch nach dem Gesetz (§ 166 Abs 1) grundsätzlich ankommt (vgl H P WESTERMANN aaO). Hält man hingegen mit dem BGH allein die Abweichung vom Grundsatz der Verschuldenshaftung für entscheidend (BGHZ 115, 38, 42), so ergibt sich in der Tat kein Unterschied zu der sich auf den Geschäftsfähigkeitsmangel des Kunden selbst beziehenden Klausel (so GRAF vWESTPHALEN aaO). In einem Individualvertrag ist eine Haftungsübernahme für die Folgen einer Geschäftsunfähigkeit des Vertreters grundsätzlich zulässig. Eine einzelvertraglich vereinbarte Schadensersatzpflicht für die Folgen eines Geschäftsfähigkeitsmangels des Vertragspartners selbst setzt wegen der Unabdingbarkeit der Geschäftsfähigkeitsvorschriften (vgl o Rn 11) dessen Geschäftsfähigkeit bei Vertragsschluss voraus, die Abrede kann sich also nur auf künftig eintretende Geschäftsfähigkeitsmängel beziehen. Die Vorschriften des § 104 ff können als solche aber auch für die Zukunft nicht abbedungen werden mit der Folge der Wirksamkeit eines späteren Geschäfts (vgl BREIT BankArch 1911/12, 140, 142; s aber LG Düsseldorf WM 1983, 406). Die Auferlegung einer Schadensersatzpflicht würde sich als eine Umgehung dieser zwingenden Regelung dann darstellen, wenn sie dem Vertragschließenden den Ersatz des dem Gegner entstandenen Nichterfüllungsschadens auferlegte, da er dann vermögensmäßig ebenso stände wie bei einer Wirksamkeit des Geschäfts; die Geschäftsfähigkeitsregeln würden dadurch unzulässigerweise umgangen. Keine Umgehung der §§ 104 ff läge wohl in einer (individualvertraglichen) Verpflichtung zum Ersatz des dem anderen Teil entstandenen Vertrauensschadens.

28 Der fehlende Gutglaubensschutz hinsichtlich der Geschäftsfähigkeit bringt die Gefahr mit sich, dass ein nicht (voll) Geschäftsfähiger zwecks Verleitung eines anderen zum Vertragsschluss seine Geschäftsfähigkeit vorspiegelt, um später, etwa nach erbrachter Leistung des anderen, den Geschäftsfähigkeitsmangel geltend zu machen. Auf eine besondere Sanktion für diese Fälle der **Arglist** haben die Verfasser des BGB, im Gegensatz zu anderen Rechtsordnungen der Vergangenheit und Gegenwart, bewusst verzichtet (Mot I 140 f = MUGDAN I 429; hierzu BREIT 37 f). Ein unter diesen Umständen geschlossenes Rechtsgeschäft ist deshalb weder wirksam (so aber SächsBGB §§ 1823, 1912 nach Wahl des anderen Teils; s auch CI 2, 42 [43], 2 u 3 pr) noch wird dem arglistig Handelnden aus diesem Grunde eine besondere Schadensersatzpflicht auferlegt (anders nach § 33 ALR I 5; urspr auch § 866 ABGB; Artt 411 Abs 2, 305 SchwZGB). Der nicht (voll) Geschäftsfähige ist – bei bestehender Deliktsfähigkeit – dem Geschädigten lediglich nach den allgemeinen Vorschriften über unerlaubte Handlungen (§ 823 Abs 2, StGB § 263; § 826) verantwortlich (RG SeuffA 67 Nr 255). Im Einzelfall kann allerdings die Berufung auf die Unwirksamkeit des Rechtsgeschäfts wegen Mangels der Geschäftsfähigkeit **treuwidrig** sein. Der vorrangige Schutz des nicht (voll) Geschäftsfähigen darf dadurch aber nicht beeinträchtigt werden (so zu Recht MünchKomm/SCHMITT Vorbem 8 zu § 104). So besteht im Allgemeinen keine vorvertragliche Verpflichtung des nahen Angehörigen eines Geschäftsunfähigen, der etwa als Miterbe oder Miteigentümer eines Gegenstandes an Vertragsverhandlungen über den Gegenstand mit einem Dritten beteiligt ist, den Dritten auf Anhaltspunkte für die Geschäftsunfähigkeit hinzuweisen; eine spätere Berufung des Angehörigen, der den Geschäftsunfähigen beerbt hat, auf die Nichtigkeit des Vertrages verstößt deshalb grundsätzlich nicht gegen Treu und Glauben (BGH ZEV 1994, 242, 243 m Anm LORITZ). Anders aber dann, wenn der Angehörige am Vertragsschluss schon in der Absicht mitgewirkt hat, sich nach Vereinnahmung des Kaufpreises für das veräußerte Grundstück auf die Geschäftsunfähigkeit zu berufen und das –

inzwischen im Wert gestiegene – Grundstück zurückzufordern (vgl BGHZ 44, 367, 371; hierzu CANARIS, Vertrauenshaftung 286, 319 f; s auch RG DR 1944, 728, 729 u OLG Karlsruhe Recht 1929 Nr 1458). Eher in Betracht kommt ein Treueverstoß bei einer Berufung des anderen Teils auf die Unwirksamkeit (vgl ENNECCERUS/NIPPERDEY § 150 Fn 5), etwa des Zahlenlotto-Unternehmens gegenüber einem geschäftsunfähigen Spieler, der alle „richtigen" Zahlen angekreuzt hat.

Den vorstehenden Ausführungen lässt sich zum Verhältnis von Geschäftsfähigkeits- **29** recht und Vertrauensschutz für das geltende deutsche Recht der **allgemeine Grundsatz** entnehmen: Dem Schutz des Geschäftsunfähigen und des in der Geschäftsfähigkeit Beschränkten kommt im rechtsgeschäftlichen Bereich der **Vorrang** zu vor der Sicherheit des Rechtsverkehrs. Mit dieser Regelung hat das Gesetz eine grundlegende Wertentscheidung zugunsten der Interessen des aufgrund persönlicher Eigenschaften typischerweise schwächeren Teilnehmers am rechtsgeschäftlichen Verkehr getroffen (vgl CANARIS NJW 1964, 1987, 1990: „Fundamentalsatz unserer Rechtsordnung"). Die daraus im Einzelfall resultierende Enttäuschung auch des begründeten Vertrauens in die Wirksamkeit eines Rechtsgeschäfts muss angesichts der eindeutigen gesetzlichen Lösung des Interessenwiderstreites in Kauf genommen werden.

2. Rechtspolitische Würdigung

Der grundsätzliche Vorrang des Schutzes des nicht (voll) Geschäftsfähigen gegen- **30** über dem Verkehrsschutz (vgl o Rn 29) ist seit dem Inkrafttreten des BGB immer wieder auf rechtspolitische Kritik gestoßen (vgl ua NEUBECKER, in: FS vGierke III [1910] 177, 205 ff; RÜMELIN 54 ff m zahlr w N; vTUHR, AT § 59 Rn 150; auch MAYER-MALY FamRZ 1970, 617, 620). Demgemäß wurde und wird *de lege ferenda* gefordert, die Belange des redlichen Vertragspartners, insbesondere bei Geschäften mit unerkennbar geschäftsunfähigen Personen gem § 104 Nr 2 nicht mehr völlig unberücksichtigt zu lassen. Von den im Einzelnen sehr unterschiedlichen Abhilfevorschlägen wird derjenige, der – unter Hinweis auf Regelungen vornehmlich des angelsächsischen Rechtskreises – einen Geschäftsfähigkeitsmangel nur noch bei dessen Ursächlichkeit für Abschluss und Inhalt des betreffenden Geschäfts erheblich sein lassen wollte, nicht aber dann, wenn ein „vernünftiger Mensch" (entsprechend der Figur des *reasonable man* des angelsächsischen Rechts) den Vertrag ebenso geschlossen hätte (DANZ JW 1913, 1016 ff; FUCHS JW 1914, 1011 ff; GERSTBERGER Gruchot 71 [1931] 1, 27; bes BRANDT 48 ff u passim), heute mit Recht wohl nicht mehr vertreten. Der das geltende deutsche Geschäftsfähigkeitsrecht beherrschende Grundsatz *minor restituitur tamquam minor* (s o Rn 26) würde dadurch abgelöst von dem entgegengesetzten Prinzip *minor restituitur non tamquam minor sed tamquam laesus*. Dieser Weg liefe schon wegen der Ungewissheit, mit der die dann im Streitfall erforderliche richterliche Feststellung eines Kausalzusammenhangs notwendig verbunden wäre, nicht auf ein Mehr, sondern auf ein Weniger an Verkehrsschutz gegenüber dem geltenden Rechtszustand hinaus. Andere Vorschläge wollen an der Unwirksamkeitsregelung des geltenden Rechts festhalten, jedoch dem Vertragsteil, der schuldlos von einer in Wirklichkeit nicht gegebenen Geschäftsfähigkeit seines Kontrahenten ausgeht, gegen diesen einen Anspruch auf Ersatz des erlittenen Vertrauensschadens bis zur Grenze des Nichterfüllungsschadens in Erweiterung der Regelung des § 122 gewähren (so PÜSCHEL JW 1914, 564, 566 f; JUNG, Recht u Wirtschaft 1 [1912] 434 ff; ferner Eingabe des Centralverbandes des Deutschen Bank- u Bankiergewerbes an das Reichsjustizamt v 18. 5. 1905, in: BankArch 5 [1905/06]

153 Fn 1). Hiergegen spricht der Umstand, dass der eingetretene Vertrauensschaden in den typischen Fällen (zB Abhebung eines Geldbetrages durch unerkennbar geschäftsunfähigen Bankkunden) dem Erfüllungsinteresse gleichkommt und der Geschäftsunfähige damit im Wege der Schadensersatzpflicht vermögensmäßig denjenigen Belastungen ausgesetzt wäre, vor den ihn die §§ 104 ff gerade bewahren wollen. Zu erwägen wäre daher allenfalls die Einführung einer Schadensersatzpflicht aus Billigkeitsgründen entsprechend der Normierung in § 829 für unerlaubte Handlungen (vgl LEONHARD BankArch 5 [1905/06] 153 f; BREIT BankArch 1911/12, 140, 141; LEVIS ZBlFG 14 [1914] 249, 267; OERTMANN DJZ 1931, 265, 268; DONATH BB 1991, 1881, 1883; STERN 63 ff; VOSS 48 f; vTUHR, AT § 59 Fn 150; vom psychiatr Standpunkt FRIEDLAENDER DJZ 1930, 1492, 1494 f). Eine solche Vorschrift sollte aber nur als Hilfsmittel in ganz gravierenden Fällen angewandt werden. Die Warnungen vor einer Aufweichung des mit dem geltenden Geschäftsfähigkeitsrecht geschaffenen Schutzmechanismus sind jedenfalls ernst zu nehmen (vgl AK-BGB/KOHL Vorbem 2 zu § 104).

III. Der Anwendungsbereich des Geschäftsfähigkeitsrechts

1. Rechtsgeschäfte

a) Grundsatz

31 Das eigentliche und unmittelbare Anwendungsgebiet der Vorschriften über die Geschäftsfähigkeit als der Fähigkeit zur Vornahme von Rechtsgeschäften (o Rn 1) bildet der Bereich rechtsgeschäftlichen Handelns (zum Begriff des Rechtsgeschäfts s BROX/WALKER, AT Rn 96). Zur Wirksamkeit eines rechtserheblichen Verhaltens bedarf es also dann der Geschäftsfähigkeit des Urhebers, wenn es sich bei diesem Verhalten um ein Rechtsgeschäft handelt. Für das Zustandekommen von Rechtsverhältnissen über Leistungen des modernen Massenverkehrs (Benutzung öffentlicher Verkehrsmittel, Bezug von elektrischer Energie, Wasser, Gas usw) wurde Geschäftsfähigkeit der Beteiligten aufgrund der Lehre von den Rechtsverhältnissen aus **sozialtypischem Verhalten** (vgl hierzu allg MünchKomm/KRAMER Vorbem 26 zu § 116) in der jüngeren Vergangenheit teilweise nicht für erforderlich gehalten, da nach dieser Lehre ein solches Rechtsverhältnis nicht auf rechtsgeschäftlichem Wege durch den Austausch entsprechender Willenserklärungen nach den §§ 145 ff, sondern durch die bloß tatsächliche Bereitstellung und Inanspruchnahme der betreffenden Leistung zustande käme (LG Bremen NJW 1966, 2360 f). Die Lehre vom sozialtypischen Verhalten als Entstehungsgrund von Rechtsverhältnissen über Leistungen der Daseinsvorsorge wird aber in jüngster Zeit zu Recht kaum noch vertreten (vgl die ausdrückl Aufgabe dieser Ansicht durch LARENZ, AT[7] § 28 II, jetzt LARENZ/WOLF, AT § 30 II Rn 25; zum ganzen s MünchKomm/KRAMER Vorbem 26 zu § 116). Unabhängig von der Beurteilung dieser Theorie im Allgemeinen besteht aber heute über die vorrangige Schutzwürdigkeit des nicht (voll) Geschäftsfähigen auch in diesem Bereich kein Streit mehr. Die Vorschriften der §§ 104 ff sind deshalb nach heute einhelliger Ansicht auf (privatrechtliche) Leistungsbeziehungen des Massenverkehrs ebenso anwendbar wie auf sonstige durch Rechtsgeschäft begründete Rechtsverhältnisse (DALHOFF 90 f; MEDICUS/PETERSEN, BR Rn 190; MEDICUS, AT Rn 245 ff; MünchKomm/SCHMITT § 105 Rn 27; AK-BGB/KOHL Vorbem 11 zu § 104; auch SIEBERT 36 f). In den praktisch bedeutsam gewordenen Fällen der Benutzung eines öffentlichen Verkehrsmittels durch einen Minderjährigen setzt ein Anspruch des Verkehrsunternehmens auf Zahlung des Beförderungsentgelts gegen den in der Geschäftsfähigkeit beschränkten Benutzer die Zustimmung von dessen gesetzlichem Vertreter

gem §§ 107 ff voraus (AG Hamburg NJW 1987, 448; AG Mülheim/Ruhr NJW-RR 1989, 175, 176; AG Wolfsburg NJW-RR 1990, 1142 f; ferner MEDICUS NJW 1967, 354 f; MEZGER NJW 1967, 1740 f; BERG MDR 1967, 448 f: KONOW DB 1967, 1840, 1842 f [alle gegen LG Bremen NJW 1966, 2360 f]; WINKLER VON MOHRENFELS JuS 1987, 692, 693; HARDER NJW 1990, 857, 858; insoweit auch AG Köln NJW 1987, 447 f; STACKE NJW 1991, 875 ff; WETH JuS 1998, 795, 797 ff; dahingestellt in AG Frankfurt/M VRS 51, 249, 250). Umstritten sind insofern lediglich Voraussetzungen und Umfang einer – schlüssig erteilten – Einwilligung des Vertreters in die Verkehrsmittelbenutzung, insbesondere hinsichtlich der Entstehung eines Anspruchs des Verkehrsunternehmens auf Zahlung eines in Beförderungsbedingungen vorgesehenen erhöhten Entgelts bei Benutzung des Verkehrsmittels ohne gültigen Fahrausweis (hierzu s § 107 Rn 40).

b) Besonderheiten bei Dauerschuldverhältnissen

Die Lehre vom Vertragsschluss durch sozialtypisches Verhalten hat allerdings trotz **32** ihrer grundsätzlichen Unhaltbarkeit (vgl o Rn 31) bewusst werden lassen, dass die bei Unwirksamkeit eines Rechtsgeschäfts aufgrund der Regelung des BGB notwendige Rückabwicklung der darauf erbrachten Leistungen nach Bereicherungsrecht (§ 812 ff) bei bestimmten Dauerschuldverhältnissen keine angemessene Lösung gewährleistet. Den Umstand der tatsächlichen Durchführung solcher Schuldverhältnisse trotz Unwirksamkeit ihrer vertraglichen Grundlage und dementsprechend ihrer Behandlung als wirksam seitens der Beteiligten uU über längere Zeiträume hinweg kann die Rechtsordnung nicht ignorieren. Die bereicherungsrechtliche Rückgewähr der von jedem Beteiligten erbrachten Leistungen nach Feststellung der Unwirksamkeit ist hier häufig mangels Individualisierbarkeit der möglicherweise schon geraume Zeit zurückliegenden einzelnen Leistungen entweder gar nicht mehr durchzuführen oder insbesondere bei einer Berufung des Leistungsempfängers auf einen eingetretenen Bereicherungswegfall (§ 818 Abs 3) nicht sachgerecht. Die Nichtigkeit oder Anfechtbarkeit vor allem von Gesellschafts- und Arbeitsverträgen kann deshalb nach Beginn ihrer tatsächlichen Ausführung, wie heute weitgehend anerkannt ist, jedenfalls nicht mehr mit Wirkung *ex tunc* geltend gemacht werden. Diese Rechtsverhältnisse sind vielmehr für die Vergangenheit als wirksam anzusehen mit der Folge, dass den Beteiligten für diesen Zeitraum die jeweiligen vertraglichen, nicht bereicherungsrechtlichen, Rechte und Pflichten zustehen. Eine Auflösung kommt lediglich für die Zukunft in Betracht. Die Frage nach der Anwendbarkeit dieser Grundsätze bei Unwirksamkeit von Gesellschafts- oder Arbeitsverträgen aufgrund von Geschäftsfähigkeitsmängeln eines Vertragsteils beantwortet sich für die einzelnen Vertragstypen unterschiedlich:

aa) Gesellschaftsverhältnisse

Unwirksame Gesellschaftsverträge oder Satzungen von (Personal- oder Kapital-) **33** Gesellschaften beurteilen sich nach den von Rechtsprechung und Schrifttum entwickelten Grundsätzen über die **fehlerhafte Gesellschaft** (vgl hierzu KARSTEN SCHMIDT, Gesellschaftsrecht § 6). Die Anwendbarkeit dieser Grundsätze erfordert zunächst den tatsächlichen Abschluss eines mit wirksamkeitshindernden Mängeln behafteten Gesellschaftsvertrages. Aufgrund dieses unwirksamen Vertrages muss die Gesellschaft entweder tatsächlich in Vollzug gesetzt (vgl hierzu BGHZ 116, 37, 39 f) oder, sofern sie – als rechtsfähiger Verein, Kapitalgesellschaft oder Genossenschaft – zum Erwerb der Rechtsfähigkeit der Eintragung in dem zuständigen Register (Vereins-, Handels-, Genossenschaftsregister) oder der staatlichen Verleihung (§ 22) bedarf, die Eintragung oder Konzessionierung erfolgt sein (vgl KARSTEN SCHMIDT, Gesellschaftsrecht § 6 II 1). Die so entstandene fehlerhafte Gesellschaft ist nach heutiger Auffassung eine wirkliche Gesellschaft, nicht bloß eine Gesellschaft kraft Rechtsscheins (KARSTEN SCHMIDT JuS 1990, 517, 520). Die fehlerhafte Gesellschaft zeitigt folglich die gleichen Rechtswirkungen wie eine auf einwandfreier vertraglicher Grundlage zustande gekommene. Die Vertragsschließenden haben demgemäß den Status von Gesellschaftern mit allen sich hieraus ergebenden Rechten und Pflichten. Aufgelöst werden kann die fehlerhafte Gesellschaft wegen der Unwirksamkeit des Gesellschaftsvertrages nur für die Zukunft nach den für die jeweilige Gesellschaftsform geltenden Vorschriften (§§ 723 BGB, 131 Abs 1 Nr 4, 133 HGB, 275 AktG, 75 GmbHG, 94 GenG).

34 Beruht die Unwirksamkeit des Gesellschaftsvertrages auf einem **Mangel der Geschäftsfähigkeit** eines Vertragsteils, wobei dieser Mangel hier auch in dem Fehlen der zum Abschluss eines Gesellschaftsvertrages zwecks Betriebs eines Erwerbsgeschäfts gem §§ 1822 Nr 3, 1643 Abs 1 erforderlichen familiengerichtlichen Genehmigung bestehen kann, so können die vorstehend dargelegten Grundsätze der fehlerhaften Gesellschaft (o Rn 33) nach insoweit einhelliger Meinung nicht unbeschränkt angewendet werden. Die sich andernfalls ergebende Belastung des nicht (voll) Geschäftsfähigen mit den sich aus dem (fehlerhaften) Gesellschaftsverhältnis ergebenden Pflichten, insbesondere der persönlichen Haftung für die Verbindlichkeiten der Personengesellschaft des Handelsrechts gem § 128 HGB, widerspräche eklatant dem Schutzzweck des Geschäftsfähigkeitsrechts (vgl o Rn 20), den der Gesetzgeber mit dem Erfordernis der Genehmigung des Gesellschaftsvertrages durch das Familiengericht nach § 1822 Nr 3 sogar noch besonders betont hat. Der Gedanke des Verkehrsschutzes, aufgrund dessen die Regeln über die fehlerhafte Gesellschaft entwickelt worden sind, muss auch und gerade auf diesem mit besonderen Risiken behafteten Rechtsgebiet hinter dem Erfordernis des Schutzes des nicht voll Geschäftsfähigen zurücktreten (vgl hierzu allg o Rn 29). Die Rechtsprechung verneint die Anwendbarkeit der Grundsätze über die fehlerhafte Gesellschaft allgemein dort, wo ihr gewichtige Interessen der Allgemeinheit oder einzelner schutzwürdiger Personen entgegenstehen (BGHZ 55, 5, 9 f). Zu den schutzwürdigen Einzelinteressen wird in erster Linie das Interesse der nicht voll geschäftsfähigen Personen gerechnet, nicht mit Verbindlichkeiten und sonstigen Nachteilen aus einem von ihnen ohne Mitwirkung des gesetzlichen Vertreters und ohne Genehmigung des Familiengerichts eingegangenen Gesellschaftsverhältnis belastet zu werden. Nach der Rechtsprechung und einem Teil des Schrifttums entsteht deshalb zwar auch bei Unwirksamkeit des Gesellschaftsvertrages wegen eines Mangels in der Geschäftsfähigkeit eines Beteiligten eine fehlerhafte Gesellschaft. Diese Gesellschaft umfasst aber nur die geschäftsfähigen Vertragsteile; der nicht voll geschäftsfähige Vertragsteil gehört ihr hingegen nicht an. Er wird deshalb aus dem Gesellschaftsverhältnis weder berechtigt noch verpflichtet; vornehmlich haftet er nicht für vereinbarte Gesellschafterbeiträge oder für die Gesellschaftsschulden (BGHZ 17, 160, 167 f = NJW 1955, 1067, 1069 m Anm GANSSMÜLLER = MDR 1955, 667, 668 f m Anm NIPPERDEY; BGHZ 38, 26, 29; NJW 1983, 748; BayObLG 1977, 669, 671; LAG Hamm NZA-RR 2001, 177, 179; BIDDERMANN GmbHR 1966, 4, 5 f; HAEGELE BWNotZ 1969, 2, 22; MAULTZSCH JuS 2003, 544, 549 ff; P ULMER, in: Großkomm HGB § 105 Rn 350; MünchKomm/SCHMITT § 105 Rn 59, 60; auch schon RGZ 145, 155, 159). Dies gilt auch bei erfolgter Registereintragung der Kapitalgesellschaft und staatlicher Konzessionierung des wirtschaftlichen Vereins (vgl HAEGELE BWNotZ 1969, 2, 24; Münch-

Titel 1 **Vorbem zu §§ 104–115**
Geschäftsfähigkeit

Komm/SCHMITT § 105 Rn 63). Auf die Kenntnis des Geschäftsfähigkeitsmangels durch einen anderen Beteiligten oder einen Dritten (Gesellschaftsgläubiger) kommt es nicht an (BGH NJW 1983, 748). Da der Gesellschaftsvertrag im Verhältnis zu dem nicht voll Geschäftsfähigen auch für die Vergangenheit unwirksam ist (BGHZ 38, 26, 29), kann dieser die Herausgabe von ihm in die Gesellschaft eingebrachter Sachen nach § 985, bei Grundstücken auch die Zustimmung zur Grundbuchberichtigung gem § 894, hinsichtlich sonstiger Leistungen an die Gesellschaft deren Rückgewähr nach Bereicherungsrecht fordern. Auch an seiner Erklärung des Ausscheidens aus der Gesellschaft kann der Gesellschafter, wenn die Erklärung mit einem Geschäftsfähigkeitsmangel behaftet oder in einem – die Geschäftsfähigkeit an sich unberührt lassenden (s § 105 Rn 11) – Zustand gem § 105 Abs 2 abgegeben worden ist, nicht nach den Grundsätzen über die fehlerhafte Gesellschaft festgehalten werden; der Betreffende gehört also der Gesellschaft weiterhin an (BGH NJW 1992, 1503 ff). Bei Gründung einer Personengesellschaft durch Eintritt in ein bisher einzelkaufmännisches Geschäft, das dessen Inhaber im Zustand der Geschäftsunfähigkeit käuflich erworben hatte, haftet die Gesellschaft nicht nach § 28 Abs 1 HGB auf Zahlung des Kaufpreises, da § 28 HGB eine wirksame Verbindlichkeit voraussetzt (RGZ 93, 227, 228). Die Anwendbarkeit der Grundsätze über die fehlerhafte Gesellschaft mit der Folge des ausbleibenden Erwerbs der Gesellschafterstellung des nicht (voll) Geschäftsfähigen ist durch die vom MHbeG eingeführten Möglichkeiten der Kündigung (§ 723 Abs 1 S 3 Nr 2) und der Haftungsbeschränkung (§ 1629a) nicht ersetzt worden, denn diese Rechte setzen eine wirksame Mitgliedschaft gerade voraus (GRUNEWALD ZIP 1999, 597, 600; aA HABERSACK/SCHNEIDER FamRZ 1997, 649, 655).

Die vorstehend dargelegte Auffassung von der fehlenden Gesellschafterstellung des **35** nicht voll geschäftsfähigen Vertragsteils stößt bei einem Teil des Schrifttums auf Widerspruch. Nach dieser Gegenmeinung wird auch der nicht voll Geschäftsfähige Gesellschafter der (fehlerhaften) Gesellschaft; gleichwohl haftet er nicht für die sich aus seiner Gesellschafterstellung im Innen- wie im Außenverhältnis ergebenden Verbindlichkeiten (GANSSMÜLLER NJW 1955, 1067 f; A HUECK, Das Recht der OHG [4. Aufl] § 7 III 4 c [S 95]; jetzt vornehmlich KARSTEN SCHMIDT JuS 1990, 517, 520 ff u Gesellschaftsrecht § 6 IV 3 c cc). In dem entscheidenden Punkt der fehlenden Verpflichtung des nicht voll Geschäftsfähigen stimmt diese Meinung also mit der in Rn 34 dargelegten überein. Die Stellung des nicht voll Geschäftsfähigen wäre hiernach die eines „hinkenden Gesellschafters", der zwar nicht die Pflichten, wohl aber die Rechte aus der Gesellschaft innehätte (so GANSSMÜLLER NJW 1955, 1067 f; ders, DB 1955, 257, 260). Die Rechtsfigur einer hinkenden Gesellschafterstellung lässt sich aber kaum mit den Grundsätzen des geltenden Geschäftsfähigkeitsrechts vereinbaren, das – in bewusster Ablehnung des römischen *negotium claudicans* (vgl Mot I 134, 136 = MUGDAN I 425 f, 427; Prot II 129 = MUGDAN I 676) – das unter einem Geschäftsfähigkeitsmangel leidende Rechtsgeschäft *in toto* entweder für unwirksam oder – ggf nach Genehmigung durch den gesetzlichen Vertreter – für wirksam erklärt; diese Konstruktion wird denn auch selbst von Vertretern der die Gesellschafterstellung des nicht voll Geschäftsfähigen bejahenden Ansicht abgelehnt (KARSTEN SCHMIDT JuS 1990, 517, 522; s ferner P ULMER, in: Großkomm HGB § 105 Rn 348). Umstritten ist die Frage eines Anspruchs des nicht voll Geschäftsfähigen auf die vereinbarte Beteiligung am Gewinn der Gesellschaft, die von den Anhängern einer hinkenden Mitgliedschaft folgerichtig bejaht (GANSSMÜLLER NJW 1955, 1067; ders, DB 1955, 257, 260; früher auch ROB FISCHER NJW 1955, 849, 851), insbesondere im gesellschaftsrechtlichen Schrifttum hingegen meist verneint wird (KARSTEN SCHMIDT JuS 1990, 517, 522 mwNw in Fn 72; ders, Gesellschaftsrecht § 6 IV 3 c cc [S 161]; P ULMER, in: Großkomm HGB § 105 Rn 348; SOERGEL/ HEFERMEHL Vorbem 15 zu § 104; NIPPERDEY MDR 1955, 669, 670; MAULTZSCH JuS 2003, 544, 550). An den Gewinnen, die die fehlerhafte Gesellschaft mit den von ihm eingebrachten Kapital- und/oder Arbeitsleistungen erzielt hat, sollte dem nicht voll Geschäftsfähigen in der Tat eine über einen Bereicherungsanspruch hinausgehende Beteiligung eingeräumt werden. Die Anerkennung einer hinkenden oder überhaupt einer Gesellschafterstellung ist hierzu aber nicht erforderlich; der Gewinnanspruch lässt sich bei Personalgesellschaften aus einer unmittelbaren, bei Kapitalgesellschaften aus einer entsprechenden Anwendung der Vorschriften über die Gemeinschaft (§§ 741 ff, insbesondere § 743 Abs 1), die auch rein tatsächlich ohne das Erfordernis der Geschäftsfähigkeit begründet werden kann, im Falle von Arbeitsleistungen aus einer entsprechenden Anwendung der Grundsätze über das faktische Arbeitsverhältnis (s u Rn 36 ff) herleiten (s BIDDERMANN GmbHR 1966, 4, 6; A HUECK aaO; FLUME, AT II § 13, 7e ee; MünchKomm/SCHMITT § 105 Rn 61), wobei dann allerdings auch eine Anrechnung entstandener Verluste (vgl § 748) zu erfolgen hat (GANSSMÜLLER NJW 1955, 1067; FLUME aaO). Die Notwendigkeit einer Gesellschafterstellung des nicht voll Geschäftsfähigen wird schließlich damit begründet, dass anderenfalls eine Einmann-GmbH oder eine zweigliedrige Personengesellschaft bei einem Geschäftsfähigkeitsmangel des Gesellschafters oder eines der beiden Gesellschafter mangels Zulässigkeit einer gesellschafterlosen GmbH oder einer Personengesellschaft mit nur einem Gesellschafter nicht, auch nicht als fehlerhafte Gesellschaft, bestände mit der Folge, dass sich die „Gesellschafts"gläubiger weder an die nicht existierende Gesellschaft noch an den nicht geschäftsfähigen Gesellschafter und auch nicht an den geschäftsfähigen anderen Gesellschafter der Personengesellschaft halten könnten, da auch dieser mangels Existenz der Gesellschaft nicht nach § 128 HGB für deren Verbindlichkeiten hafte; bei bestehender Gesellschaftereigenschaft des nicht voll Geschäftsfähigen seien hingegen auch hier (fehlerhafte) Gesellschaften entstanden und damit auch deren Haftung sowie die Haftung des geschäftsfähigen Gesellschafters der Zweimann-Personengesellschaft gegeben (so KARSTEN SCHMIDT JuS 1990, 517, 521 u Gesellschaftsrecht § 6 III 3 c cc; gegen diese Konstruktion MAULTZSCH JuS 2003, 544, 550 f). Diese besonderen Fälle nötigen jedoch nicht zu einer grundsätzlichen Ausdehnung der in Abweichung von den gesetzlichen Vorschriften der § 104 ff entwickelten Lehre von der fehlerhaften Gesellschaft auf eine Einbeziehung auch des nicht voll Geschäftsfähigen in den Gesellschaftsverband; in den Fällen der Zweimann-Personengesellschaft wird eine Haftung des geschäftsfähigen Beteiligten meist aus Rechtsscheingesichtspunkten (vgl u Rn 47 ff) herzuleiten sein (so in RGZ 145, 155, 159). Es ist daher der die fehlerhafte Gesellschaft auf die geschäftsfähigen Gesellschafter beschränkenden Meinung (o Rn 34) zu folgen. Eine Ausnahme von diesem Grundsatz ist allerdings für die Einmann-Kapitalgesellschaft anzuerkennen; diese entsteht auch bei Geschäftsunfähigkeit ihres einzigen Gründungsgesellschafters mit der Eintragung im Handelsregister als wirksame Gesellschaft, da die Unwirksamkeit der Gründungserklärung nicht zu den gem § 397 FamFG iVm den §§ 275 Abs 1 AktG, 75 Abs 1 GmbHG eine Amtslöschung rechtfertigenden Mängeln zählt (KG ZIP 2000, 2253, 2254).

bb) Arbeitsverhältnisse

36 Auf dem Gebiet des Arbeitsrechts werden die Folgen der Unwirksamkeit der Rechtsgeschäfte nach den Grundsätzen über das **faktische Arbeitsverhältnis** eingeschränkt (vgl BGHZ 53, 152, 158 = NJW 1970, 609, 610). Der eingebürgerte Ausdruck „faktisches Arbeitsverhältnis" darf nicht darüber hinwegtäuschen, dass das Faktum der erfolgten Arbeitsleistung auch hier nicht als Grund für das Zustandekommen des Arbeitsverhältnisses iSd Lehre von den faktischen Vertragsverhältnissen (so Rn 31) anzusehen ist, sondern diese Tatsache nur die Geltendmachung der Unwirksamkeit der an sich auch für das Arbeitsverhältnis zu fordernden rechtsgeschäftlichen Grundlage in gewissem Umfang hindert. Bei den Arbeitsverträgen rechtfertigt sich die Beschränkung der gesetzlichen Unwirksamkeitsfolgen nicht nur aus dem Gesichtspunkt der Irreversibilität der geleisteten Arbeit, sondern daneben noch aufgrund des dem gesamten Arbeitsrecht als Sonderprivatrecht das Gepräge gebende Schutzbedürfnis des Arbeitnehmers. Die Anwendbarkeit der Regeln über das faktische Arbeitsverhältnis setzt demzufolge voraus, dass der Arbeitnehmer aufgrund eines abgeschlossenen, aber nicht (voll) wirksamen Arbeitsvertrages die vereinbarte Arbeit aufgenommen und damit ganz oder teilweise geleistet hat. Ist es hingegen nicht zu der Arbeitsaufnahme gekommen, so bewendet es bei den gesetzlichen Unwirksamkeitsfolgen (Rückabwicklung nach Bereicherungsrecht). Beruht – bei (teilweise) erbrachter Arbeitsleistung – das Wirksamkeitshindernis des Arbeitsvertrages auf einem Geschäftsfähigkeitsmangel, so kommt es darauf an, ob dieser Mangel in der Person des Arbeitnehmers oder des Arbeitgebers vorliegt.

Ist der **Arbeitnehmer** geschäftsunfähig oder in der Geschäftsfähigkeit beschränkt und fehlt es im letztgenannten Fall an der Zustimmung des gesetzlichen Vertreters zum Abschluss des Arbeitsvertrages oder an den Voraussetzungen des § 113, so stände dem Arbeitnehmer wegen der Unwirksamkeit des Arbeitsvertrages statt des vereinbarten Arbeitsentgelts nur der Ersatz des Wertes der geleisteten Arbeit als Bereicherungsanspruch gem §§ 812 Abs 1 S 1, 818 Abs 2 zu, wobei er im Falle der Unkenntnis des Arbeitgebers von dem Geschäftsfähigkeitsmangel bis zur Rechtshängigkeit auch noch das Risiko eines bei diesem eintretenden Bereicherungswegfalls nach § 818 Abs 3 trüge. Die durch den Mangel der Geschäftsfähigkeit bedingte Unwirksamkeit des Arbeitsvertrages würde damit die Rechtsstellung des Arbeitnehmers im Vergleich zu der bei Geschäftsfähigkeit bestehenden entschieden verschlechtern. Diese Folge widerspräche aber der gerade in dem Schutz des nicht (voll) Geschäftsfähigen liegenden Zweckrichtung des Geschäftsfähigkeitsrechts (vgl o Rn 20). Der Zweck der §§ 104 ff verbietet deshalb eine Geltendmachung der Unwirksamkeit des Arbeitsvertrages gegenüber dem Arbeitnehmer mit Wirkung für die Vergangenheit, in der dieser Arbeit geleistet hat (FLUME, AT II § 13, 7 e dd; MünchKomm/SCHMITT § 105 Rn 54, 55, SOERGEL/HEFERMEHL Vorbem 14 zu § 104). Der Arbeitgeber würde sich bei einer Berufung auf die Unwirksamkeit des Vertrages mit seinem eigenen Verhalten in Widerspruch setzen (vgl allg BGHZ 53, 152, 158 = NJW 1970, 609, 610). Das eigene Verhalten des Arbeitgebers liegt in der Entgegennahme der Arbeit als solcher; auf seine Kenntnis von dem Geschäftsfähigkeitsmangel kommt es daher nicht an. Der Arbeitnehmer kann mithin für die geleistete Arbeit das vereinbarte oder tarifliche oder sich aus § 612 Abs 2 ergebende Entgelt verlangen. Desgleichen stehen dem Arbeitnehmer ggf Schadensersatzansprüche aus der Verletzung von Arbeitsschutzvorschriften zu, vornehmlich aus § 618, soweit solche Vorschriften nicht ohnedies unabhängig von der Wirksamkeit eines Arbeitsvertrages aufgrund der tatsächlichen Arbeitsaufnahme eingreifen (vgl SIEBERT 88). Hieraus folgt aber nicht, dass das Arbeitsverhältnis für die Vergangenheit unbeschränkt wirksam wäre, der nicht (voll) geschäftsfähige Arbeitnehmer also auch den vertraglichen Pflichten unterläge (so aber wohl BEITZKE, Dauerrechtsverhältnisse 32; SIEBERT 88). Die Berufung auf die Unwirksamkeit des Arbeitsvertrages ist vielmehr nur insoweit ausgeschlossen, als sie dem Schutzzweck des Geschäftsfähigkeitsrechts entgegensteht. Der Arbeitnehmer ist deshalb seinerseits an einer Geltendmachung der Unwirksamkeit des Vertrages auch für die Vergangenheit nicht gehindert. Vertragliche Ansprüche aus Leistungsstörungen stehen dem Arbeitgeber deshalb nicht zu (MünchKomm/SCHMITT, SOERGEL/HEFERMEHL jeweils aaO). Aus dem gleichen Grunde ist der Arbeitnehmer auch nicht auf einen vereinbarten Lohnanspruch beschränkt, sofern dieser, etwa bei fehlender Tarifbindung, hinter dem Wert seiner Arbeitsleistung zurückbleibt; in diesem Fall kann er vielmehr die Zahlung der wertentsprechenden Vergütung nach Bereicherungsrecht verlangen (FLUME, AT II § 13, 7 e dd; MünchKomm/SCHMITT aaO). Für die Zukunft kann sich jeder Vertragsteil auf die Unwirksamkeit des Arbeitsverhältnisses berufen. Auf selbstständige Dienstverhältnisse sind die Grundsätze des faktischen Arbeitsverhältnisses jedenfalls dann anwendbar, wenn das Dienstverhältnis wegen der wirtschaftlichen und sozialen Überlegenheit des Dienstberechtigten einem Arbeitsverhältnis entspricht (BGHZ 53, 152, 159 = NJW 1970, 609, 610).

38 Besteht der Geschäftsfähigkeitsmangel bei dem **Arbeitgeber** (auch keine Teilgeschäftsfähigkeit gem § 112), so entspricht es dem Schutzzweck des Geschäftsfähigkeitsrechts, die sich aus den §§ 104 ff ergebenden Unwirksamkeitsfolgen grundsätzlich auch für die Vergangenheit eintreten zu lassen (LAG Hamm NZA-RR 2001, 177, 179 f). Mangels eines wirksamen Arbeitsverhältnisses und damit einer Beschäftigung gem § 7 Abs 1 S 1 SGB IV entfällt deshalb bei fehlender oder beschränkter Geschäftsfähigkeit des Arbeitgebers auch dessen Pflicht zur Zahlung des Gesamtsozialversicherungsbeitrages aus § 28e Abs 1 S 1 SGB IV (vgl LSG RhPf AP § 107 BGB Nr 1 „fakt Arbeitsverh"). Ein Teil des Schrifttums gewährt demgegenüber dem Arbeitnehmer auch in diesem Fall den Anspruch auf das vereinbarte Arbeitsentgelt; begründet wird dieses Ergebnis mit dem Schutzbedürfnis des Arbeitnehmers, dem bei der gebotenen Abwägung mit dem hier – anders als bei mangelnder Geschäftsfähigkeit des Arbeitnehmers – entgegenstehenden Schutzbedürfnis des nicht voll Geschäftsfähigen auch aufgrund des Sozialstaatsprinzips des Grundgesetzes der Vorrang gebühre (SIEBERT 88; MünchKomm/SCHMITT § 105 Rn 57; SOERGEL/HEFERMEHL Vorbem 14 zu § 104; auch ZÖLLNER/LORITZ/HERGENRÖDER, Arbeitsrecht [6. Aufl] § 12 II 1b). Mit Hilfe des verfassungsrechtlichen Sozialstaatsgebots lässt sich dieser konkrete Interessenwiderstreit aber schon deshalb nicht eindeutig lösen, weil auch der Schutz des nicht voll Geschäftsfähigen als eine Ausprägung dieses Gebots zu qualifizieren ist (vgl o Rn 20). Die Konfliktlösung muss daher auf dem Boden des bürgerlichen Rechts iVm dem Arbeitsrecht erfolgen. Der Privatrechtsordnung lässt sich aber der behauptete Vorrang des Arbeitnehmerschutzes gegenüber dem Schutz des Geschäftsunfähigen weder allgemein noch für die vorliegende Problematik entnehmen. Bei Geschäftsunfähigkeit oder beschränkter Geschäftsfähigkeit des Arbeitgebers steht dem (geschäftsfähigen) Arbeitnehmer folglich nicht der Lohnanspruch, sondern der Anspruch aus ungerechtfertigter Bereicherung für die geleistete Arbeit zu (BEITZKE aaO; STAUDINGER/RICHARDI [1999] § 611 Rn 200 mwNw; PALANDT/ELLENBERGER Einf zu § 104 Rn 5; BROX/RÜTHERS/HENSSELER, Arbeitsrecht [17. Aufl] Rn 176). Schwierig zu beantworten ist die Frage nach vertraglichen Schadensersatzansprüchen des Arbeitnehmers aus Schutzpflichtverletzungen durch den Arbeitgeber (§ 618). Die Annahme eines von der Wirksamkeit des Vertrages unabhängigen Schutzverhältnisses zwischen den Beteiligten (vgl CANARIS JZ 1965, 475, 476 f) hilft bei einer auf Geschäftsfähigkeitsmängeln beruhenden Unwirksamkeit nicht weiter, da der Schutz des nicht voll Geschäftsfähigen auch gegenüber der Verantwortlichkeit aus einem solchen Schutzverhältnis vorrangig ist (so ausdrücklich CANARIS JZ 1965, 475, 482). Eine Haftung des Arbeitgebers lässt sich daher nur auf eine entsprechende Anwendung des § 829 stützen (so FLUME, AT II § 13, 7 e dd).

Das Verhältnis zwischen dem Schutz des nicht voll Geschäftsfähigen und dem Ar- **39** beitnehmerschutz wird auch im Falle des **Betriebsübergangs** nach § 613a bei Unwirksamkeit des den Übergang betreffenden Rechtsgeschäfts wegen Geschäftsfähigkeitsmangels bei einem Beteiligten problematisch. Grundsätzlich treten die Rechtsfolgen des § 613a (Eintritt des Erwerbers in die im Übergangszeitpunkt bestehenden Arbeitsverhältnisse) nach überwiegender Meinung auch bei Unwirksamkeit des Veräußerungsgeschäfts ein; entscheidend ist die tatsächliche Betriebsfortführung durch den neuen Inhaber (BAGE 48, 59, 62 ff = NJW 1986, 453 f mwNw; STAUDINGER/ANNUSS [2011] § 613a Rn 114; MünchKomm/MÜLLER-GLÖGE § 613a Rn 67; ablehnend SCHRÖDER NZA 1986, 286). Nach Ansicht des Bundesarbeitsgerichts soll dies selbst dann gelten, wenn die Unwirksamkeit auf einem Geschäftsfähigkeitsmangel des Erwerbers beruht (BAGE 48, 59, 64 f = NJW 1986, 453, 454). Die Pflichten aus den im Übergangszeitpunkt bestehenden Arbeitsverhältnissen träfen also auch den geschäftsunfähigen und – trotz fehlender Zustimmung des gesetzlichen Vertreters – den in der Geschäftsfähigkeit beschränkten Übernehmer, die dadurch unübersehbaren Haftungsrisiken ausgesetzt würden (sehr kritisch hierzu LORITZ RdA 1987, 65, 74: „Eine solche Absonderlichkeit sollte in unserer Rechtsordnung vermieden werden"; ferner SCHRÖDER NZA 1986, 286). Dem Schutzzweck der §§ 104 ff wird dies nicht gerecht. Die dem Erwerber verbleibende Möglichkeit der Rückabwicklung der Übernahme gegenüber dem Veräußerer, auf die das BAG aaO verweist, bietet dem Erwerber wegen des von ihm dann zu tragenden Risikos der Insolvenz des Veräußerers keinen vollwertigen Schutz. Dem Schutzzweck des Geschäftsfähigkeitsrechts muss deshalb auch gegenüber dem in § 613a normierten Arbeitnehmerschutz der Vorrang zukommen. Der nicht voll geschäftsfähige Betriebserwerber tritt folglich nicht in die bestehenden Arbeitsverhältnisse als Arbeitgeber ein (ERMAN/EDENFELD Rn 31, ErfK/PREIS Rn 34, KR/PFEIFFER Rn 80; auch STAUDINGER/ANNUSS [2011] Rn 115 jeweils zu § 613a; MünchArb/WANK § 120 Rn 88; LORITZ aaO). Die Ansprüche aus den Arbeitsverhältnissen stehen den Arbeitnehmern weiterhin allein gegen den Veräußerer zu. Bei auf Seiten des Veräußerer fehlender Geschäftsfähigkeit ist § 613a hingegen, sofern man nicht allgemein die Wirksamkeit des rechtsgeschäftlichen Übertragungsaktes verlangt, anwendbar, da dessen Wirkungen dem Veräußerer nicht nachteilig sind (vgl KR/PFEIFFER aaO).

cc) Dauerrechtsverhältnisse im Allgemeinen
Die im Wege der Rechtsfortbildung entwickelte Einschränkung der Folgen einer auf **40** fehlender oder geminderter Geschäftsfähigkeit eines Vertragsteils beruhenden Unwirksamkeit von in Vollzug gesetzten Gesellschafts- und Arbeitsverhältnissen für die Vergangenheit lässt sich nicht auf Dauerrechtsverhältnisse, insbesondere Dauerschuldverhältnisse, schlechthin übertragen. Dem steht nicht nur die bisher noch nicht befriedigend gelungene Abgrenzung des Kreises der Dauerschuldverhältnisse von den „vorübergehenden" Schuldverhältnissen (hierzu B OETKER, Das Dauerschuldverhältnis und seine Beendigung [1994] 66 ff) entgegen, sondern auch die erhebliche innere Verschiedenheit der einzelnen als Dauerschuldverhältnisse anerkannten Vertragstypen untereinander, wie dies schon aus der im Einzelnen sehr unterschiedlichen

Regelung bei den Gesellschaftsverträgen einerseits und den Arbeitsverträgen andererseits hervorgeht. Ein allgemeiner Grundsatz, nach dem Dauerschuldverhältnisse, auf die der nicht (voll) geschäftsfähige Vertragsteil seine Leistung schon ganz oder teilweise erbracht hat, nicht wegen des Geschäftsfähigkeitsmangels *ex tunc* unwirksam sind, kann deshalb *de lege lata,* nicht anerkannt werden (anders wohl SOERGEL/HEFERMEHL Vorbem 13 zu § 104). Vielmehr ist grundsätzlich umgekehrt von der Unwirksamkeit und damit von der Rückabwicklung nach Bereicherungsrecht auszugehen, sofern dies nicht zu dem Schutzzweck des Geschäftsfähigkeitsrechts gerade entgegengesetzten Ergebnissen führen würde, was für jeden Vertragstypus gesondert festgestellt werden muss.

2. Vertragsähnliche Rechtsverhältnisse

41 Die Frage einer Anwendbarkeit des Geschäftsfähigkeitsrechts über den Kreis der Rechtsgeschäfte hinaus stellt sich zunächst für diejenigen rechtlichen Sonderverbindungen, die wegen ihrer strukturellen Ähnlichkeit mit den Vertragsverhältnissen als vertragsähnliche Rechtsverhältnisse bezeichnet werden (vorvertraglicher Kontakt, Geschäftsführung ohne Auftrag). Da diese Rechtsverhältnisse nicht durch Rechtsgeschäft begründet werden, sondern durch ein tatsächliches (nicht rechtswidriges) Verhalten, kommt hier nur eine **entsprechende Anwendung** der §§ 104 ff in Betracht. Für eine solche Anwendbarkeit ist erforderlich, dass sich die subjektive Zurechnungsfähigkeit des Rechtssubjekts, dem das die Rechtsbeziehung begründende Verhalten zurechenbar sein soll (vgl o Rn 2), nach den Grundsätzen über die Geschäftsfähigkeit bestimmt. Die Frage beantwortet sich nach dem inneren Grund für die Entstehung des jeweiligen Rechtsverhältnisses.

a) Vorvertraglicher Kontakt gem § 311 Abs 2

42 Die Eigenart des Schuldverhältnisses aus vorvertraglichem Kontakt gem § 311 Abs 2 Nr 1–3 als eines Vorstadiums des eigentlichen Vertragsverhältnisses rechtfertigt jedenfalls die Ausdehnung des in den §§ 104 ff normierten Grundsatzes, dass der nicht voll Geschäftsfähige vertragliche Verpflichtungen entweder überhaupt nicht oder nur mit Zustimmung des gesetzlichen Vertreters soll begründen können, auch auf die Begründung der vorvertraglichen Sorgfaltspflichten usw nach § 241 Abs 2. Der in der Geschäftsfähigkeit Beschränkte – das Gleiche muss auch für den Betreuten bei angeordnetem Einwilligungsvorbehalt gelten (vgl o Rn 25) – unterliegt deshalb nach fast allgemeiner Auffassung nur dann den Pflichten aus vorvertraglichem Kontakt mit der Folge seiner Haftung aus den §§ 280 Abs 1, 311 Abs 2 im Falle ihrer Verletzung, wenn sein gesetzlicher Vertreter der Kontaktaufnahme entsprechend den §§ 107 ff zugestimmt hat (eingehend CANARIS NJW 1964, 1987 ff; ERMAN AcP 139 [1934] 273, 329; PETERSEN Jura 2003, 399; DALHOFF 64 ff; FLUME, AT II § 13, 7 e cc aE; AK-BGB/KOHL Vorbem 18, SOERGEL/HEFERMEHL Vorbem 12 jeweils zu § 104). Eine vereinzelt vertretene Gegenmeinung erklärt die Zustimmung des Vertreters deshalb für entbehrlich, weil das Geschäftsfähigkeitsrecht lediglich vor nicht konsentierten Vermögensdispositionen schützen wolle, während die Pflichten aus *cic* keinen unmittelbar vermögenswerten Charakter hätten (so KÜPPERSBUSCH 90 ff); hier wird verkannt, dass sich die §§ 104 ff keineswegs nur auf vermögensrechtliche Geschäfte beziehen und andererseits auch die vorvertraglichen Pflichten nicht nur die Person, sondern auch das Eigentum und sonstige vermögenswerte Rechte der Beteiligten schützen sollen. Der Vertreter muss aber nur der Kontaktaufnahme als solcher zustimmen; nicht zu fordern ist darüber hinaus die Fähigkeit des beschränkt Geschäftsfähigen zum wirksamen Abschluss des intendierten Rechtsgeschäfts und damit, falls das Geschäft rechtlich auch nachteilig ist, der Konsens des Vertreters auch zu diesem (so aber FROTZ, in: Gedenkschr Gschnitzer [1969] 163, 176 f). Denn schon die Notwendigkeit der Zustimmung nur zur Kontaktaufnahme verschafft dem Vertreter die Möglichkeit, die Vertragsanbahnung zu unterbinden und damit eine Haftung seines Pflegebefohlenen aus *cic* zu verhindern. War der gesetzliche Vertreter mit der Kontaktaufnahme einverstanden, bestimmt sich die Verantwortlichkeit des nicht voll Geschäftsfähigen für die einzelne Pflichtverletzung nach § 276 Abs 1 S 2 und damit nach den §§ 827, 828 (CANARIS NJW 1964, 1987, 1988). Keine zu einer Haftung aus *cic* führende Pflichtverletzung ist jedoch gem dem Schutzzweck des Geschäftsfähigkeitsrechts das Unterlassen des Hinweises auf den Geschäftsfähigkeitsmangel (MEDICUS/PETERSEN, BR Rn 177 u JuS 1965, 209, 215; ERMAN/PALM Vorbem 8 zu § 104; auch KÜPPERSBUSCH 103 ff). Ein Geschäftsunfähiger kann ein Schuldverhältnis aus vorvertraglichem Kontakt durch eigenes Verhalten nicht begründen (§ 105 Abs 1 analog; CANARIS NJW 1964, 1987, 1988; FROTZ, in: Gedenkschr Gschnitzer [1969] 163, 176).

Die **Rechte aus dem Verhältnis der Vertragsanbahnung** erwachsen dem nicht voll 43 Geschäftsfähigen hingegen auch dann, wenn er den vorvertraglichen Kontakt ohne die Zustimmung seines gesetzlichen Vertreters aufgenommen hat. Der (geschäftsfähige) andere Teil des vorvertraglichen Verhältnisses haftet mithin dem nicht voll Geschäftsfähigen für schuldhafte Verletzung einer Schutzpflicht durch ihn selbst und seinen Erfüllungsgehilfen (BGH NJW 1973, 1790, 1791 f = JR 1974, 62, 64 m Anm BERG; CANARIS NJW 1964, 1987, 1988 f; FROTZ, in: Gedenkschr Gschnitzer [1969] 163, 176; AK-BGB/ KOHL Vorbem 18 zu § 104). Diese Anwendbarkeit der Regeln des Rechtsverhältnisses der Vertragsanbahnung zugunsten des nicht voll Geschäftsfähigen rechtfertigt sich aus dem Schutzzweck sowohl dieses Instituts wie auch aus dem des Geschäftsfähigkeitsrechts. Das Institut der *cic* ist entwickelt worden, um den Parteien eines vorvertraglichen Kontakts den im Vergleich zu dem hier als unzulänglich empfundenen Deliktsrecht stärkeren Schutz einer rechtlichen Sonderverbindung zu verschaffen. Das Geschäftsfähigkeitsrecht will dem nicht voll Geschäftsfähigen einen zusätzlichen Schutz gewähren, ihm aber nicht sich aus anderen Grundsätzen (hier der *cic*) ergebende Schutzwirkungen entziehen. Die sich aus dem Regelungsmechanismus der §§ 104 ff ergebende Ablehnung der Rechtsfigur des „hinkenden Geschäfts" steht der Anwendung der *cic*-Regeln nur zugunsten des nicht voll Geschäftsfähigen nicht entgegen. Denn die Unzulässigkeit eines *negotium claudicans* erfasst nur die beiderseitigen vertraglichen Leistungspflichten, insbesondere aus gegenseitig verpflichtenden Verträgen, nicht aber die Schutzpflichten aus vorvertraglichem Kontakt, die zueinander nicht in einem Gegenseitigkeitsverhältnis stehen (vgl CANARIS JZ 1965, 475, 482). Eine vorvertragliche Pflichtverletzung kann etwa darin bestehen, dass der gewerbliche Kraftfahrzeugvermieter einen nicht voll geschäftsfähigen Mietinteressenten bei den Verhandlungen über den Abschluss eines – mangels Zustimmung des gesetzlichen Vertreters unwirksamen – Mietvertrages nicht auf das Fehlen eines ausreichenden Fahrzeugversicherungsschutzes für den Fall eines bei dem Gebrauch des Fahrzeugs entstehenden Unfallschadens an diesem hinweist; der sich dann ergebende Schadensersatzanspruch des nicht voll Geschäftsfähigen aus *cic* hindert die Geltendmachung des deliktischen Anspruchs des Vermieters wegen des Unfallschadens (BGH NJW 1973, 1790, 1791 f = JR 1974, 62, 64 m Anm BERG). Bei Geschäftsunfähigkeit eines Beteiligten an einem Vertragsanbahnungsverhältnis wird eine Haftung des geschäftsfähigen Teils vereinzelt mit der Begründung abgelehnt, dass dieser wegen der hier gem § 105 Abs 1 gegebenen rechtlichen Unmöglichkeit eines wirksamen Vertragsschlusses an dem vorvertraglichen Kontakt gar nicht interessiert sei und ein entsprechendes Rechtsverhältnis deshalb nicht zustande komme (vgl DALHOFF 71 ff). Diese Einschränkung ist abzulehnen (vgl auch CANARIS NJW 1964, 1987, 1989). Die Pflichten aus vorvertraglichem Kontakt entstehen anerkanntermaßen unabhängig von dem späteren Zustandekommen eines Vertrages; für ihre Entstehung muss die bloß tatsächliche Absicht ausreichen, ggf einen Vertrag abschließen zu wollen, so dass lediglich solche Personen, die sich völlig ohne einen solchen Willen in die Geschäftssphäre des anderen Teils (Kaufhaus) begeben, nicht von einem vorvertraglichen Verhältnis erfasst werden.

b) Geschäftsführung ohne Auftrag

44 Die entsprechende Anwendbarkeit des Geschäftsfähigkeitsrechts auf die auftragslose Geschäftsführung ist umstritten. Für die Anwendbarkeit wird neben einem Hinweis auf die diese Frage in der Tat bejahenden Gesetzesmaterialien (Mot II 860 = MUGDAN II 480) angeführt, die Geschäftsbesorgung iSd §§ 677 ff sei wegen des quasivertraglichen Charakters des Rechtsverhältnisses der GoA und wegen des beim Geschäftsführer erforderlichen Fremdgeschäftsführungswillens als rechtsgeschäftsähnliche Rechtshandlung, auf die die §§ 104 ff anzuwenden sind (vgl u Rn 86), zu qualifizieren (LG Aachen NJW 1963, 1252 f m abl Anm SCHULIEN). Eine wirksame Geschäftsführung kann hiernach ein Geschäftsunfähiger überhaupt nicht (§ 105 Abs 1), ein in der Geschäftsfähigkeit Beschränkter nur mit Zustimmung seines gesetzlichen Vertreters wirksam vornehmen. Hat ein beschränkt Geschäftsfähiger das Geschäft mit Zustimmung seines Vertreters geführt, so stehen ihm wie dem Geschäftsherrn bei Vorliegen der übrigen Voraussetzungen einer GoA alle Ansprüche aus diesem Rechtsverhältnis zu, insbesondere kann der Geschäftsherr vom Geschäftsführer die Herausgabe des aus der Geschäftsbesorgung Erlangten gem §§ 681 S 2, 667 fordern. Die Vorschrift des § 682 über die Beschränkung der Haftung des nicht (voll) geschäftsfähigen Geschäftsführers auf den Schadensersatz wegen unerlaubter Handlung und auf die Herausgabe einer ungerechtfertigten Bereicherung greift nach dieser Ansicht nur bei einer infolge des Geschäftsfähigkeitsmangels, also auch bei fehlender Zustimmung des gesetzlichen Vertreters, unwirksamen GoA ein (vgl FLUME, AT II § 13, 11 e; auch SOERGEL/HEFERMEHL Vorbem 21 zu § 104 u § 107 Rn 18). Das Erfordernis der Geschäftsfähigkeit des Geschäftsführers für die Wirksamkeit des Rechtsverhältnisses der GoA hätte allerdings zur Folge, dass dem nicht (voll) geschäftsfähigen Geschäftsführer – bei fehlender Zustimmung des gesetzlichen Vertreters im Falle beschränkter Geschäftsfähigkeit – auch die Ansprüche gegen den Geschäftsherrn nach den §§ 683, 684, insbesondere der Anspruch auf Aufwendungsersatz, nicht zuständen. Diese Konsequenz wird zwar nur selten gezogen (so vom LG Aachen aaO), sie lässt sich aber, verlangt man zur Wirksamkeit einer GoA die Geschäftsfähigkeit des Geschäftsführers, nur unter Schwierigkeiten vermeiden. So wird die Zustimmung des gesetzlichen Vertreters zur Geschäftsbesorgung durch einen in der Geschäftsfähigkeit Beschränkten deshalb analog § 107 für entbehrlich erklärt, weil die Geschäftsbesorgung dem Geschäftsführer wegen der Haftungsbeschränkung des § 682 nicht rechtlich nachteilig sei (MünchKomm/GITTER[3] Vorbem 53 zu § 104); dieser Konstruktion ist entgegenzuhalten, dass die Haftungsbeschränkung erst eine Folge des Geschäftsfähigkeitsmangels darstellt, die Frage des rechtlichen Nachteils aber aufgrund der von einem mangelfreien Geschäft ausgelösten Rechtsfolgen beantwortet werden muss, zu denen bei der GoA die sicher rechtlich nachteiligen Verpflichtungen des Geschäftsführers aus § 681 zählen. Teilweise wird auch ein hinkendes Rechtsverhältnis angenommen (so KNOCHE MDR 1964, 193, 195; wohl auch HASSOLD JR 1989, 358, 362). Bei der Geschäftsbesorgung durch einen Geschäftsunfähigen soll dem Geschäftsherrn die Berufung auf die Unwirksamkeit des Verhältnisses der GoA gegenüber den Ansprüchen aus den §§ 683, 684 gem § 242 versagt sein (so MünchKomm/GITTER³ aaO Rn 55).

Die heute wohl überwiegende Ansicht lehnt die Anwendbarkeit des Geschäftsfähigkeitsrechts auf die GoA entweder schlechthin (SCHULIEN NJW 1963, 1878 f; KÖBLER JuS 1979, 789, 793; KLATT 175 ff, 179 f, 241 ff; vTUHR, AT II 1 § 48 II 1 b m Fn 59; ESSER/WEYERS II § 46 II 1 b; MünchKomm/SEILER § 682 Rn 4; PALANDT/SPRAU Einf zu § 677 Rn 2, § 682 Rn 1; BGB-RGRK/KRÜGER-NIELAND § 104 Rn 5) oder für die Fälle ab, in denen die Geschäftsbesorgung nicht in einem Rechtsgeschäft (Kauf einer Sache von einem Dritten für den Geschäftsherrn), sondern in einer tatsächlichen Handlung (Zudrehen eines Wasserhahns im Hause des Geschäftsherrn) besteht (DIEDERICHSEN MDR 1964, 889, 891; KLEIN, Rechtshandlungen 89 f; BGB-RGRK/STEFFEN § 682 Rn 4; STAUDINGER/WITTMANN [1995] § 682 Rn 2; zuneigend auch BGB-RGRK/KRÜGER-NIELAND § 107 Rn 13). Dieser Ansicht ist zuzustimmen und zwar ohne Differenzierung nach der Art der Geschäftsbesorgung als Rechtsgeschäft oder tatsächlicher Handlung. Die Geschäftsbesorgung kann nicht als rechtsgeschäftsähnliche Rechtshandlung verstanden werden (vgl KLATT 228 ff, 238 f), da ihr der für diese Art von Rechtshandlungen typische Zweck der Kundgabe eines bestimmten Willens (vgl LARENZ/WOLF, AT § 22 III 1a Rn 14) nicht notwendig zukommt, zumal der Geschäftsherr von der erfolgten Geschäftsführung typischerweise erst später erfährt. Die entgegengesetzte Auffassung des historischen Gesetzgebers (vgl o Rn 44) verbietet ein anderweitiges dogmatisches Verständnis um so weniger, als der Wortlaut des § 682 eher für die Begründung eines wirksamen Rechtsverhältnisses der GoA auch durch einen nicht (voll) Geschäftsfähigen spricht (zu den Auslegungsproblemen vgl HASSOLD JR 1989, 358, 362 f). Auch die in der Vornahme eines Rechtsgeschäfts mit einem Dritten bestehende Geschäftsbesorgung erhält dadurch im Verhältnis zum Geschäftsherrn, auf das es hier allein ankommt, keinen rechtsgeschäftsähnlichen Charakter, während sich die Wirksamkeit des Rechtsgeschäfts als solches natürlich nach den §§ 104 ff richtet (vgl KLATT 230 f; LARENZ/CANARIS, SR II 1 § 57 I a [S 446]). Mangels Anwendbarkeit der §§ 104 ff kann mithin ein wirksames Verhältnis der GoA auch durch die Geschäftsbesorgung eines in der Geschäftsfähigkeit Beschränkten ohne Zustimmung des gesetzlichen Vertreters und selbst eines Geschäftsunfähigen begründet werden, falls die Geschäftsbesorgung nur von einem natürlichen Willen getragen ist und die übrigen Voraussetzungen der GoA vorliegen. Die Rechtsfolgen der GoA sind in diesem Fall nur insoweit zugunsten des nicht voll Geschäftsfähigen eingeschränkt, als dieser gem § 682 lediglich für Schadensersatz nach Deliktsrecht und für die Herausgabe einer ungerechtfertigten Bereicherung verantwortlich ist. § 682 setzt also – anders als nach der o Rn 44 dargelegten Meinung – eine wirksame GoA, die allerdings keine Geschäftsfähigkeit erfordert, voraus. Die Haftungsbeschränkung nach § 682 ändert aber nichts daran, dass dem nicht voll geschäftsfähigen Geschäftsführer umgekehrt die Ansprüche aus den §§ 683, 684 gegen den Geschäftsherrn zustehen (so neben den o angeführten Stimmen auch noch DALHOFF 107 ff; MANIGK, Das rechtswirks Verh 495 f; FLUME, AT II § 13, 11 e; einschr KNOCHE MDR 1964, 193, 195: bei Geltendmachung der Ansprüche durch den Geschäftsführer [den gesetzl Vertr] Haftung über § 682 hinaus; hiergegen überzeugend DIE-

DERICHSEN MDR 1964, 889 ff; KLATT 199 ff; kritisch auch CANARIS NJW 1964, 1987, 1988). Demgemäß kann der Geschäftsführer ungeachtet des Geschäftsfähigkeitsmangels vom Geschäftsherrn den Ersatz der ihm aus der Geschäftsbesorgung erwachsenen Aufwendungen verlangen, wozu nach heutiger Auffassung insbesondere die aus Rettungshandlungen entstandenen Personen- und Sachschäden gehören (vgl STAUDINGER/WITTMANN [1995] § 683 Rn 5). Die hier vertretene Auffassung vermag somit dieses heute fast einhellig als erwünscht anerkannte Ergebnis zwanglos zu begründen. Der Anwendbarkeit des Bereicherungsrechts über § 682 steht die nach dieser Ansicht vorliegende Wirksamkeit der GoA und damit das Bestehen eines rechtlichen Grundes nicht entgegen, denn bei § 682 handelt es sich um eine Rechtsfolgenverweisung auf das Bereicherungsrecht (§§ 818 ff), so dass die Voraussetzungen eines Bereicherungsanspruchs (§§ 812 ff) nicht vorzuliegen brauchen (RGZ 81, 204, 205 f *[obiter]*; KLATT 185 ff; insoweit auch MünchKomm/GITTER³ aaO Rn 54; **aA** von seinem Standpunkt eines nur einseitig bindenden Rechtsverhältnisses aus HASSOLD JR 1989, 358, 361 ff).

46 Auf Seiten des **Geschäftsherrn** ist für das Zustandekommen einer GoA nach allgemeiner Ansicht keine Geschäftsfähigkeit erforderlich, da der Geschäftsherr hier überhaupt keine rechtserhebliche Handlung vorzunehmen hat (so in bewusster Abweichung vom gemeinen Recht Mot II 865 = MUGDAN II 483 f; Prot II 3053 f = MUGDAN II 1201). Soweit es allerdings auf den Willen des Geschäftsherrn ankommt (so nach §§ 677, 678, 683), ist bei mangelnder Geschäftsfähigkeit des Geschäftsherrn grundsätzlich der Wille von dessen gesetzlichem Vertreter maßgeblich (FLUME, AT § 13, 11 e; STAUDINGER/WITTMANN [1995] Rn 5, MünchKomm/SEILER Rn 7, PALANDT/SPRAU Rn 3 jeweils zu § 682; MünchKomm/GITTER³ Vorbem 56 zu § 104; BGB-RGRK/KRÜGER-NIELAND § 104 Rn 5 u § 107 Rn 13 aE; auch schon Mot II aaO).

3. Rechtsscheintatbestände

a) Grundsatz

47 In der Frage, ob Rechtsscheintatbestände auch zu Lasten nicht (voll) geschäftsfähiger Personen wirken, ist zunächst klar zu stellen, dass das Vertrauen auf den Rechtsschein einer in Wirklichkeit nicht bestehenden Geschäftsfähigkeit jedenfalls des im eigenen Namen rechtsgeschäftlich Handelnden (zum Vertreterhandeln s u Rn 49) gem dem Grundsatz des Vorrangs des Schutzes des nicht voll Geschäftsfähigen vor dem Verkehrsinteresse (vgl o Rn 26, 29) keinen Schutz genießt (allgemeine Ansicht, anders nur offenbar KRÜCKMANN Recht 1913, 419 ff, 551 f). Bei den sich auf andere rechtliche Gegebenheiten als die Geschäftsfähigkeit selbst (Eigentum, Vertretungsmacht usw) beziehenden Rechtsscheintatbeständen ist zu unterscheiden zwischen den auf dem reinen Rechtsscheinprinzip (hierzu H WESTERMANN JuS 1963, 1, 6) und den auf den Veranlassungsprinzip beruhenden. Die reinen Rechtsscheintatbestände lösen die dem Rechtsschein entsprechende Rechtsfolge auch bei fehlender oder geminderter Geschäftsfähigkeit des von der Rechtsfolge Betroffenen aus, denn diese Tatbestände wirken unabhängig von ihrer Veranlassung durch den Betroffenen und müssen diesem deshalb nicht zurechenbar sein (NITSCHKE JuS 1968, 541; KARSTEN SCHMIDT JuS 1990, 517, 518; CANARIS, Vertrauenshaftung 471 f; AK-BGB/KOHL Vorbem 20, ERMAN/PALM Vorbem 11, MünchKomm/GITTER³ Vorbem 58 jeweils zu § 104). Die §§ 104 ff sind hierauf also nicht entsprechend anwendbar. Zu den auf dem reinen Rechtsscheingrundsatz beruhenden Rechtsscheinpositionen gehören in erster Linie die Eintragungen in öffentlichen Registern mit der Folge des Schutzes des Vertrauens auf die der Eintragung entsprechende Rechtslage beim Grundbuch gem §§ 892, 893 oder auf das Nichtbestehen von nicht eingetragenen Umständen beim Vereinsregister gem §§ 68, 70, Güterrechtsregister gem § 1412, Handelsregister gem § 15 HGB (zu § 15 Abs 3 HGB s u Rn 51) und Genossenschaftsregister gem § 29 GenG, ferner der Inhalt des Erbscheins, der gem § 2366 die gleiche Schutzwirkung entfaltet wie der Grundbuchinhalt. Gleiches gilt für den Besitz beweglicher Sachen nach § 851 (H WESTERMANN JuS 1963, 1, 7) und von den in § 935 Abs 2 genannten Sachen, da dort auch der vom Berechtigten nicht veranlasste Besitz des Veräußerers einen gutgläubigen Erwerb ermöglicht. Ein nicht im Grundbuch eingetragener Grundstückseigentümer verliert mithin unter den Voraussetzungen des § 892 ungeachtet seiner Geschäftsunfähigkeit das Eigentum an einen redlichen Erwerber. Gilt hingegen nicht das reine Zurechnungsprinzip, sondern verlangt das Gesetz für den Eintritt der Rechtsfolgen eines Rechtsscheintatbestandes dessen Veranlassung seitens des durch die Rechtsfolgen Benachteiligten, so beruht dies auf dem Gedanken, dass dem Betroffenen die Setzung der Rechtsscheinposition zurechenbar sein muss (vgl CANARIS, Vertrauenshaftung 472 ff, allerdings mit Kritik am Veranlassungsgrundsatz). Die Zurechenbarkeit der Veranlassung eines Rechtsscheintatbestandes bestimmt sich, worüber heute Einigkeit herrscht, da die Bedeutung des Rechtsscheingedankens im Bereich des rechtsgeschäftlichen Verkehrs liegt, im Grundsatz in entsprechender Anwendung der Vorschriften über die Geschäftsfähigkeit (vgl CANARIS, Vertrauenshaftung 452 f). Im Geltungsbereich des Veranlassungsprinzips ist folglich ein von einem nicht (voll) Geschäftsfähigen veranlasster Rechtsscheintatbestand diesem grundsätzlich nicht zurechenbar (so NITSCHKE JuS 1968, 541; KARSTEN SCHMIDT JuS 1990, 517, 518). Diese Regel ist jedoch bei einzelnen Arten veranlassten Rechtsscheins nach bestimmten Kriterien (hierzu NITSCHKE JuS 1968, 541 f) zu modifizieren. Für die wichtigsten Fälle gilt Folgendes:

b) Stellvertretung und Organstellung
Bei den im Recht der Stellvertretung normierten Tatbeständen der Setzung des Rechtsscheins einer wirksamen Bevollmächtigung im Wege der Kundmachung durch besondere Mitteilung an einen Dritten oder durch öffentliche Bekanntmachung (§ 171) oder durch Aushändigung und Vorlage einer Vollmachtsurkunde (§ 172) handelt es sich um rechtsgeschäftsähnliche Rechtshandlungen. Für diese Rechtsscheintatbestände gelten somit die Vorschriften des Geschäftsfähigkeitsrechts entsprechend (vgl allg u Rn 86). Bei **Geschäftsunfähigkeit oder beschränkter Geschäftsfähigkeit des Vertretenen** und fehlender Zustimmung des gesetzlichen Vertreters im letztgenannten Falle greifen die Vorschriften der §§ 171, 172 folglich nicht ein (BGH NJW 1977, 622, 623; NITSCHKE JuS 1968, 541, 542; GOTTHARDT 50; auch BGH NJW 2004, 1315, 1316). Geschäftsfähigkeit des Vollmachtgebers ist insbesondere für die Aushändigung der Vollmachturkunde nach § 172 Abs 1 erforderlich (OLG Stuttgart MDR 1956, 673 f). Die Rückgabe der Urkunde bringt hingegen die Vertretungsmacht auch bei Geschäftsunfähigkeit des Zurückgebenden nach § 172 Abs 2 zum Erlöschen, da diese Vorschrift nicht den Schutz des Zurückgebenden bezweckt, sondern den des Vollmachtgebers (vTUHR, AT II 1 § 59 X 2 m Fn 180). Geschäftsfähigkeit des Vertretenen verlangen auch die aus den §§ 170–173 entwickelten Rechtsscheintatbestände des Geschehenlassens des Auftretens eines anderen als Vertreter bei Kenntnis (Duldungsvollmacht) oder fahrlässiger Unkenntnis (Anscheinsvollmacht) hiervon, denn anderenfalls würde der nicht voll Geschäftsfähige aus dem Vertretergeschäft wie bei wirksamer Vollmachterteilung haften und es würde im Ergebnis das Vertrauen des

Geschäftsgegners auch auf die Geschäftsfähigkeit des Vertretenen geschützt (eingehend NITSCHKE JuS 1968, 541, 542; BayObLG AnwBl 1992, 234; auch GOTTHARDT 113).

49 Bei **Geschäftsunfähigkeit des Vertreters** kann eine Verpflichtung des Vertretenen zur Erfüllung des von dem Vertreter mit einem Dritten geschlossenen Rechtsgeschäfts angesichts der in § 105 Abs 1 angeordneten strikten Nichtigkeitsfolge, die auch die von dem Geschäftsunfähigen als Vertreter eines anderen abgegebene Willenserklärung umfasst (vgl RG HRR 1936 Nr 183; OLG Breslau HRR 1938 Nr 1346), nach bürgerlichem Recht (zu handelsrechtlichen Besonderheiten s u Rn 50) auch nicht aus dem Gesichtspunkt des veranlassten Rechtsscheins hergeleitet werden (vgl BGHZ 53, 210, 215 f = NJW 1970, 806, 808; BGH NJW 2004, 1315, 1316; auch RG Recht 1914 Nr 2843). Demgegenüber hat das OLG Hamm einer ein Bankgeschäft betreibenden eingetragenen Genossenschaft die Berufung auf die Nichtigkeit einer von ihren beiden gesamtvertretungsberechtigten Vorstandsmitgliedern formgerecht unterzeichneten Bankgarantie wegen Geschäftsunfähigkeit eines Unterzeichners versagt, da sich der geschäftliche Rechtsverkehr auf die Gültigkeit einer solchen Erklärung der Gesellschaft müsse verlassen können (OLG Hamm OLGZ 1967, 299 ff = NJW 1967, 1041, 1042 m abl Anm PROST). Diese ersichtlich auf die Besonderheiten des Bankverkehrs abstellende Entscheidung vermag, abgesehen von den grundsätzlichen Bedenken, schon wegen der wenig eindeutigen Kriterien, unter denen hier eine Rechtsscheinhaftung auf Erfüllung ausnahmsweise durchgreifen soll, kaum zu befriedigen (vgl hierzu PROST NJW 1967, 1041 f; abl auch MünchKomm/GITTER[3] Vorbem 6 zu § 104; im Ergebnis zustimmend, aber kritisch zur Begründung OSTHEIM AcP 169 [1969] 193, 227; PAULICK ZGenW 1968, 215 ff). Die allgemeinen Grundsätze über das Schweigen auf ein kaufmännisches Bestätigungsschreiben sind allerdings auch auf das wegen Geschäftsunfähigkeit des Vertreters nichtige Vertretergeschäft anwendbar, so dass ein solches Geschäft gleichwohl wirksam werden kann, wenn der Vertretene auf eine ihm zugegangene schriftliche Bestätigung des (vermeintlichen) Vertragsschlusses seitens des (gutgläubigen) anderen Teils nicht reagiert (vgl BGHZ 20, 149, 152 ff für den Fall der Fälschung der Unterzeichnung einer Bürgschaftserklärung eines gesamtvertretungsberechtigten Vorstandsmitgliedes durch den anderen; MünchKomm/GITTER[3] Vorbem 5 zu § 104; **aA** OLG Breslau HRR 1938 Nr 1346). Scheidet mithin eine Erfüllungshaftung des Vertretenen grundsätzlich aus, so ist jedoch dessen Verpflichtung zum Ersatz des dem anderen Teil durch das Vertrauen auf die Wirksamkeit des Vertretergeschäfts entstandenen Schadens in entsprechender Anwendung des § 122 zu befürworten (OSTHEIM AcP 169 [1969] 193, 222 f; bei Geschäftsunfähigkeit des Organs einer Kap-Gesellschaft o eG auch MünchKomm/GITTER[3] Vorbem 7, 8 zu § 104; **aA** RG Recht 1914 Nr 2843; ERMAN/PALM § 122 Rn 3, § 165 Rn 5; BGB-RGRK/STEFFEN § 167 Rn 5, wie hier aber § 165 Rn 2). Es geht hier nicht um den Schutz des Geschäftsunfähigen selbst, für den auch eine Haftung auf den Vertrauensschaden abzulehnen ist (vgl o Rn 27), sondern um die Verteilung des Schadensrisikos für die Nichtigkeit des Vertretergeschäfts. Und hier treffen die für die Zurechnung des Risikos an den Urheber der gem § 122 nichtigen oder anfechtbaren Willenserklärung maßgeblichen Gesichtspunkte auch auf die Nichtigkeit einer Willenserklärung mangels Geschäftsfähigkeit des Vertreters zu: Der (selbst geschäftsfähige) Vertretene hat regelmäßig die Bestellung des Vertreters veranlasst, der jedenfalls im Geschäftskreis des Vertretenen tätig wird, während der (gutgläubige; vgl § 122 Abs 2) andere Teil hierauf typischerweise keinen Einfluss hat. Bei Kenntnis oder fahrlässiger Unkenntnis der Geschäftsunfähigkeit des Vertreters durch den Vertretenen ist auch dessen Haftung aus §§ 311 Abs 2, 241 Abs 2, 280 Abs 1 begründet, deren Höhe – anders als bei § 122 –

nicht durch das Erfüllungsinteresse begrenzt wird (Ostheim aaO S 223 f; MünchKomm/ Gitter³ aaO; insoweit auch Erman/Palm § 166 Rn 5; ablehnend BGB-RGRK/Steffen § 167 Rn 25). Problematisch ist diese Vertrauenshaftung allerdings bei Personengesellschaften des Handelsrechts, wenn das betreffende Geschäft von einem (unerkennbar) geschäftsunfähigen Gesellschafter für die Gesellschaft geschlossen worden ist (§ 125 Abs 1 HGB), da sich diese Verantwortlichkeit wegen der Gewinn- und Verlustbeteiligung (§ 121 HGB) und vor allem wegen der Gesellschafterhaftung aus § 128 HGB auch zum Nachteil des Geschäftsunfähigen selbst auswirken würde. Deshalb aber die Haftung einer OHG oder KG – anders als die einer Kapitalgesellschaft oder eingetragenen Genossenschaft – ganz entfallen zu lassen (so aber MünchKomm/Gitter³ aaO Rn 8), ginge zu weit (vgl RGZ 145, 155, 158 ff, wo es sich allerdings um den Fall einer fehlerhaften Gesellschaft handelte, der der Minderjährige gar nicht angehörte [s o Rn 34, 35]). Es reicht aus, wenn der geschäftsunfähige Gesellschafter selbst nicht der persönlichen Haftung gem § 128 HGB unterworfen wird; bei den negativen Auswirkungen auf die Gewinn- und Verlustbeteiligung handelt es sich hingegen um mit der Gesellschafterstellung verbundene mittelbare Nachteile, die auch der Geschäftsunfähige in Kauf nehmen muss.

c) **Handelsrecht**
Im Bereich des Handelsrechts, wo das Vertrauen auf einen Rechtsschein in stärkerem Maße geschützt ist als im bürgerlichen Recht, bildet **§ 15 HGB** die zentrale Vorschrift über den registerrechtlichen Rechtsschein. § 15 Abs 1 schützt das Vertrauen des Verkehrs in das Nichtbestehen einer im Handelsregister nicht eingetragenen und bekanntgemachten eintragungspflichtigen Tatsache (negative Publizität), wobei das Vertrauen nicht auf dem Schweigen des Handelsregisters zu beruhen braucht (abstrakter Vertrauensschutz; vgl Karsten Schmidt, HR § 14 II 2 d [S 393 f]), sofern der Dritte nur keine Kenntnis vom Bestehen der Tatsache hat. Eine entsprechende Bestimmung enthält § 29 Abs 1 GenG hinsichtlich nicht im Genossenschaftsregister eingetragener und bekanntgemachter Änderungen des Vorstands oder der Vertretungsbefugnis eines Vorstandsmitglieds. § 15 Abs 1 HGB ist mit der überwiegenden Auffassung als Ausdruck des reinen Rechtsscheinprinzips anzusehen. Die Nichteintragung braucht also nicht auf einem pflichtwidrigen Unterlassen der Stellung eines Eintragungsantrags durch denjenigen, in dessen Angelegenheiten die Tatsache einzutragen war, zu beruhen; ebensowenig ist eine Veranlassung der früheren Eintragung, die durch die später eingetretene Tatsache unrichtig geworden ist, durch den Betroffenen erforderlich (so aber MünchKommHGB/Lieb § 15 Rn 26). Die Nichteintragung bzw die unterbliebene Änderung einer Primäreintragung braucht dem Betroffenen also nicht zurechenbar zu sein, so dass sich auch die Frage der Geschäftsfähigkeit nicht stellt. § 15 Abs 1 HGB wirkt deshalb nach zutreffender, wenn auch nicht unbestrittener Ansicht auch zu Lasten eines nicht (voll) geschäftsfähigen Eintragungspflichtigen (BGHZ 115, 78, 80 = NJW 1991, 2566, 2567 = JZ 1992, 152, 153 m Anm Lutter/Gehling; H Westermann JuS 1963, 1, 6 f; Karsten Schmidt JuS 1977, 209, 214; 1990, 517, 519; 1991, 1002, 1003 f; HR § 14 2 c; Canaris HR § 5 I 2 [Rn 21]; Gierke/Sandrock § 11 III 2b ä; Staub/Koch § 15 Rn 54; **aA** Hofmann JA 1980, 264, 270 f u HR C V 4 b; M Dreher DB 1991, 533, 535 ff; Hager Jura 1992, 57, 60 ff; MünchKommHGB/Lieb § 15 Rn 28). Entzieht folglich ein Kaufmann seinem eingetragenen Prokuristen wirksam die Prokura und wird er danach geschäftsunfähig und unterbleibt die Eintragung der Entziehung im Handelsregister, so wird der Prinzipal trotz eingetretener Geschäftsunfähigkeit aus von dem früheren Prokuristen in seinem Namen getätigten Geschäften einem

gutgläubigen Dritten gegenüber gleichwohl verpflichtet. Zu den gem § 15 HGB eintragungsfähigen oder auch nur eintragungspflichtigen Tatsachen gehört allerdings nicht die Geschäftsfähigkeit oder der Wegfall der Geschäftsfähigkeit des Vertretungsorgans einer Handelsgesellschaft oder eingetragenen Genossenschaft (BGHZ aaO; BGHZ 53, 210, 215; W-H ROTH JZ 1990, 1030; M DREHER DB 1991, 533, 534 f; KARSTEN SCHMIDT JuS 1991, 1002, 1004; LUTTER/GEHLING JZ 1992, 154). Eintragungspflichtig ist zwar gem den §§ 106 Abs 2 Nr 1 und 162 Abs 1 HGB das Geburtsdatum eines persönlich haftenden Gesellschafters, aber eine fehlende Eintragung begründet richtiger Ansicht nach kein Vertrauen auf die Volljährigkeit eines minderjährigen Gesellschafters, denn einzutragen ist das Geburtsdatum jedes Gesellschafters, nicht nur eines minderjährigen (MUSCHELER WM 1998, 2271, 2283; CHRISTMANN ZEV 2000, 45, 47; ATHANASIADIS 168). Der Wegfall der vollen Geschäftsfähigkeit des Geschäftsführers einer GmbH mit beschränkter Haftung oder des Vorstandes einer AG bewirkt jedoch nach den §§ 6 Abs 2 S 1 u 2 GmbHG, 76 Abs 3 S 1 u 2 AktG den Wegfall der Vertretungsbefugnis, der gem den §§ 39 Abs 1 GmbHG, 81 Abs 1 AktG eintragungspflichtig ist (s die vorigen Angaben sowie BayObLG DB 1982, 2129; OLG München JZ 1990, 1029). Hieraus folgt aber nicht, dass ein von dem Vertretungsorgan nach Verlust der Geschäftsfähigkeit mit einem (gutgläubigen) Dritten vorgenommenes Rechtsgeschäft gegenüber der Kapitalgesellschaft schon nach § 15 Abs 1 HGB wirksam ist. Denn § 15 Abs 1 HGB schließt nur die Berufung auf die nicht mehr bestehende Vertretungsmacht aus, nicht aber auch die Berufung auf die sich aus der Geschäftsunfähigkeit des Vertretungsorgans gem § 105 Abs 1 und dem Umkehrschluss aus § 165 ergebende Unwirksamkeit des Vertretergeschäfts (BGHZ 115, 78, 80 f; anders wohl OLG Hamm OLGZ 1967, 299, 301 = NJW 1967, 1041, 1042 f zu § 29 Abs 1 GenG; vgl auch OSTHEIM AcP 169 [1969] 193, 230 f). Eine Haftung der Gesellschaft lässt sich daher nur aus allgemeinen handelsrechtlichen Rechtsscheingrundsätzen herleiten (vgl hierzu u Rn 51).

51 **§ 15 Abs 3 HGB** schützt das Vertrauen in die Richtigkeit einer unrichtig bekanntgemachten eintragungspflichtigen Tatsache (positive Publizität). Würde man auch diese Vorschrift wie Abs 1 iS eines reinen Rechtsscheinprinzips verstehen, so drohten demjenigen, in dessen Angelegenheiten die Tatsache einzutragen ist, unübersehbare Rechtsnachteile, die sich – anders als nach der auf dem reinen Rechtsscheinprinzip beruhenden positiven Publizitätsvorschrift des § 892 – nicht auf den Verlust eines bestimmten Rechtes beschränkten, sondern eine uferlose persönliche Haftung des Betroffenen mit dem gesamten Vermögen auslösten (vgl CANARIS HR § 5 III 2 [Rn 51]). Diese erst 1969 eingefügte Vorschrift, deren Auswirkungen von ihren Verfassern offenbar nicht in voller Tragweite erkannt worden sind, wird deshalb von der hL zutreffend idS eingeschränkt, dass der Betroffene die Rechtsscheinbasis der unrichtigen Bekanntmachung veranlasst haben muss, wobei allerdings die Stellung eines auf die richtige Eintragung gerichteten Antrags ausreicht und die unrichtige Bekanntmachung und auch schon die unrichtige Eintragung allein auf ein Versehen des Registergerichts oder des Bekanntmachungsorgans zurückzuführen zu sein braucht. Gilt aber das Veranlassungsprinzip, so muss die Veranlassung dem Eintragungspflichtigen zuzurechnen sein. Die Zurechenbarkeit beurteilt sich, da Handelsregistereintragungen den rechtsgeschäftlichen Verkehr betreffen, nach der Geschäftsfähigkeit. Demzufolge wirkt eine unrichtige Bekanntmachung nicht zu Lasten eines bei ihrer Veranlassung nicht (voll) Geschäftsfähigen (VOLSHAUSEN BB 1970, 137, 142 f; HOFMANN JA 1980, 264, 270 f; HAGER Jura 1992, 57, 65; ATHANASIADIS 169 f; CANARIS HR § 5

III 2 [Rn 54]; GIERKE/SANDROCK § 11 III 3c ä; BAUMBACH/HOPT § 15 Rn 19; AK-BGB/KOHL Vorbem 21 zu § 104; **aA** KARSTEN SCHMIDT JuS 1977, 209, 216 f; 1990, 517, 519; HR § 14 III 3 b; BROX/ HENSSLER, Handels- und Wertpapierrecht Rn 102 aE; STAUB/KOCH § 15 Rn 111; ERMAN/PALM Vorbem 11 zu § 104).

Die **allgemeinen**, sich nicht notwendig auf eine Registereintragung gründenden **52** **handelsrechtlichen Rechtsscheintatbestände**, insbesondere das Auftreten als Scheinkaufmann, beruhen auf dem Veranlassungsgrundsatz und erfordern daher die Zurechenbarkeit der Veranlassung der Rechtsscheinbasis gegenüber dem Betroffenen. Die Zurechenbarkeit entscheidet sich ebenfalls nach den entsprechend anzuwendenden Vorschriften des Geschäftsfähigkeitsrechts. Diese Tatbestände wirken deshalb nicht zu Lasten eines nicht (voll) Geschäftsfähigen (BROX/HENSSLER, Handels- und Wertpapierrecht Rn 65; CANARIS HR § 6 VII 2 [Rn 70]; GIERKE/SANDROCK § 12 III 2b ä; HOFMANN, HR B III 2 d cc; BAUMBACH/HOPT § 5 Rn 11). Nach diesen allgemeinen handelsrechtlichen Rechtsscheingrundsätzen löst sich auch der von der Rechtsprechung wiederholt behandelte Fall der Geschäftsunfähigkeit des eingetragenen Vertretungsorgans einer Handelsgesellschaft oder eingetragenen Genossenschaft. Der durch das Organ mit der Gesellschaft kontrahierende Dritte kann sich zwar (auch nicht bei erst nach der Eintragung eingetretener Geschäftsunfähigkeit) nicht auf die negative Publizität des Handelsregisters gem § 15 Abs 1 HGB berufen, da die Geschäftsunfähigkeit als solche keine einzutragende Tatsache iSd Vorschrift ist (vgl o Rn 50). Die Eintragung als Vertretungsorgan erzeugt jedoch den Rechtsschein, dass der Eingetragene auch über die persönlichen Voraussetzungen eines wirksamen Vertreterhandelns und damit auch über die Geschäftsfähigkeit verfügt. Anders als nach § 15 Abs 1 HGB muss dieser allgemeine Rechtsschein aber von der Gesellschaft zurechenbar veranlasst worden sein; dies ist dann der Fall, wenn den zuständigen Personen, etwa den geschäftsfähigen übrigen Mitgliedern des Vertretungsorgans oder den Gesellschaftern der GmbH, die Geschäftsunfähigkeit erkennbar war und sie den geschäftsunfähigen Vertreter nicht durch einen anderen ersetzt haben. Die Gesellschaft kann sich dann gegenüber einem gutgläubigen Dritten nicht auf die Geschäftsunfähigkeit ihres Organs berufen, sie haftet also den Dritten nicht nur, wie nach allgemeinen bürgerlich rechtlichen Rechtsscheingrundsätzen (vgl o Rn 49), auf den Ersatz des Vertrauensschadens, sondern auf die Erfüllung des von dem Organ getätigten Rechtsgeschäfts (BGHZ 115, 78, 82 f = NJW 1991, 2566, 2567 = JZ 1992, 152, 153 f m Anm LUTTER/GEHLING; W-H ROTH JZ 1990, 1030, 1031; KARSTEN SCHMIDT JuS 1991, 1002, 1005; auch schon OSTHEIM AcP 169 [1969] 193, 224 ff; PAULICK ZGenW 1968, 215, 218 f; im Ergebnis auch OLG Hamm OLGZ 1967, 299 ff = NJW 1967, 1041 ff). Diese Haftung widerspricht nicht dem Schutzzweck des Geschäftsfähigkeitsrechts, denn der Rechtsschein wirkt hier nicht zu Lasten des geschäftsunfähigen Organs selbst, sondern zu Lasten der Gesellschaft (vgl auch RGZ 145, 155, 158 ff).

d) Wertpapierrecht
Im Wertpapierrecht kommt dem Rechtsscheingedanken eine besonders weitgehen- **53** de Bedeutung zwecks Gewährleistung der Umlauffähigkeit der Wertpapiere zu (vgl CANARIS, Vertrauenshaftung 232 ff). Auch bei Fehlen oder Unwirksamkeit des zur **Entstehung des im Wertpapierrecht verbrieften Rechts** nach der herrschenden Vertragstheorie an sich erforderlichen Begebungsvertrages zwischen dem Aussteller des Papiers oder einem sonstigen Verpflichteten (zB Aussteller oder Indossanten beim Wechsel gem Art 28 Abs 1, 15 Abs 1 WG) einerseits und dem (ersten) Nehmer bzw

Vorlegenden zur Annahme andererseits erwirbt zwar nicht dieser, wohl aber ein gutgläubiger weiterer Nehmer das Recht aufgrund des mit der Ausstellung und der Unterzeichnung des Papiers geschaffenen Rechtsscheins einer wirksamen Begründung der wertpapiermäßigen Verpflichtung (HUECK/CANARIS, Recht d Wertpapiere § 3 II; ZÖLLNER, Wertpapierrecht § 6 VI; RICHARDI, Wertpapierrecht § 7 II 3). Es handelt sich also auch hier um den Fall eines vom Verpflichteten (durch die Ausstellung oder den sonstigen Skripturakt) veranlassten Rechtsscheins. Die Veranlassung muss demzufolge dem Urheber des Rechtsscheins zurechenbar sein. An der Zurechenbarkeit fehlt es, wenn die Unwirksamkeit des Begebungsvertrages auf einem Geschäftsfähigkeitsmangel des Ausstellers usw beruht; denn der Schutz des nicht (voll) Geschäftsfähigen vor einer Haftung aus veranlasstem Rechtsschein ist auch gegenüber dem Vertrauensschutz des Erwerbers eines Wertpapiers als vorrangig anzusehen (allgM HUECK/CANARIS aaO § 3 II 3 b; ZÖLLNER aaO). Wer als Geschäftsunfähiger oder als in der Geschäftsfähigkeit Beschränkter bei fehlender Zustimmung des gesetzlichen Vertreters und fehlender Genehmigung des Familiengerichts bei Inhaberschuldverschreibungen und Orderpapieren (§§ 1822 Nr 9, 1643 Abs 1) eine wertpapiermäßige Verpflichtungserklärung abgegeben hat, kann deshalb auch gegenüber einem gutgläubigen Dritterwerber des Papiers die Ungültigkeit der Verpflichtung einwenden. Der Geschäftsfähigkeitsmangel muss allerdings sowohl bei der Ausstellung bzw der Annahme oder der Indossierung als auch bei Abschluss des Begebungsvertrages bestanden haben, da Geschäftsfähigkeit bei Abschluss des Begebungsvertrages eine rechtsgeschäftliche Verpflichtung schon gegenüber dem Vertragspartner entstehen lässt und Geschäftsfähigkeit bei der Ausstellung – nicht aber bei der Begebung – einen zurechenbaren Rechtsschein begründet (vgl CANARIS, Vertrauenshaftung 243 m Fn 25). Der Geschäftsfähigkeitsmangel ist mithin eine nicht präklusionsfähige (absolute) Gültigkeitseinwendung, die jedem Inhaber des Papiers ohne Rücksicht auf dessen Gut- oder Bösgläubigkeit entgegengehalten werden kann. Bei den Inhaberpapieren folgt dies für die Inhaberschuldverschreibung aus § 796 (vgl STAUDINGER/ MARBURGER [2009] Rn 3, PALANDT/SPRAU Rn 2 jeweils zu § 796), die gem den §§ 807, 1195 S 2 auch auf die Inhaberzeichen und den Inhabergrund- und Rentenschuldbrief anwendbar ist und auch für die Inhaberaktie gilt (ZÖLLNER aaO § 29 II 1), sowie für den Inhaberscheck aus Art 22 ScheckG. Bei den Orderpapieren kann der aus einem Wechsel in Anspruch Genommene seine fehlende Geschäftsfähigkeit gem Art 17 WG auch demjenigen Wechselinhaber entgegensetzen, der bei dem Erwerb des Papiers nicht bewusst zum Nachteil des Schuldners gehandelt hat (einhellige Meinung: WEIMAR WM 1966, 1194, 1195; CANARIS, Vertrauenshaftung 243; HUECK/CANARIS § 9 II 3 a; ZÖLLNER § 21 IV 3 b; BAUMBACH/HEFERMEHL/CASPER Art 17 WG Rn 35); Gleiches gilt gem dem gleichlautenden Art 22 ScheckG für den Orderscheck und gem § 364 Abs 2 HGB für die kaufmännischen Orderpapiere des § 363 HGB (ZÖLLNER aaO § 25 III). Für die Namensaktie, die gem § 68 Abs 1 AktG ebenfalls Orderpapier ist, gelten diese Grundsätze gleichfalls (HUECK/CANARIS aaO § 25 III 2). Bei den Rekta-(Namens-) papieren ergibt sich die Erheblichkeit des Einwandes der mangelnden Geschäftsfähigkeit auch gegenüber jedem weiteren Berechtigten ohne weiteres aus der hier durch schlichte Abtretung nach den §§ 398 ff, nicht durch Verfügung über das Papier, erfolgenden Rechtsübertragung mit der Folge der Anwendbarkeit des § 404.

54 Die **Übertragung des verbrieften Rechts** erfolgt bei Inhaberpapieren idR im Wege der Übereignung des Wertpapiers gem §§ 929 ff. Geschützt wird hierbei gem §§ 932 ff nur der gute Glaube des Erwerbers an die Berechtigung und unter den

Titel 1   **Vorbem zu §§ 104–115**
Geschäftsfähigkeit   **54**

Voraussetzungen des § 366 HGB auch an die Verfügungsbefugnis des Veräußerers mit der Besonderheit, dass der Gutglaubensschutz – anders als bei sonstigen beweglichen Sachen – sich nach § 935 Abs 2 auch auf dem Eigentümer abhanden gekommene Inhaberpapiere erstreckt. Die Streitfrage, ob bei freiwilliger Besitzweggabe durch einen nicht voll Geschäftsfähigen ein Abhandenkommen gem § 935 Abs 1 vorliegt (s u Rn 91), ist also für Inhaberpapiere insoweit ohne Bedeutung. Keinen Schutz genießt hingegen der gute Glaube an die Geschäftsfähigkeit des Veräußerers; der Erwerber eines Inhaberpapiers von einem nicht (voll) geschäftsfähigen Berechtigten erlangt folglich kein Eigentum an dem Papier und damit auch nicht die Gläubigerstellung an dem verbrieften Recht (vgl RICHARDI aaO § 9 V aE). Die Rechte aus Orderpapieren werden ebenfalls grundsätzlich durch Übereignung des Papiers nach den §§ 929 ff übertragen, wobei hier aber außerdem noch der Skripturakt des Indossaments erforderlich ist (Art 11 Abs 1, 14 Abs 1 WG, 14 Abs 1, 17 Abs 1 ScheckG, §§ 363, 364 Abs 1 HGB, 68 Abs 1 S 1 AktG). Der gutgläubige Erwerb ist hier in Art 16 Abs 2 WG, der gem den §§ 365 Abs 1 HGB, 68 Abs 1 S 2 AktG auch für die kaufmännischen Orderpapiere und die Namensaktie gilt, sowie durch den im Wesentlichen gleichlautenden Art 21 ScheckG geregelt, denn die Rechtsfolge dieser Vorschriften ist über den nur von dem Wegfall des Herausgabeanspruchs sprechenden Wortlaut hinaus iS einer Erlangung des Eigentums und damit auch des Rechts aus dem Papier zu verstehen. Die gleichfalls missverständliche Formulierung „irgendwie abhanden gekommen" meint nicht nur ein Abhandenkommen iSv § 935 Abs 1, sondern bezieht sich (erst recht) auf mit dem Willen des Eigentümers aus der Hand gegebene Papiere; ein unfreiwilliger Besitzverlust hindert also auch nicht den gutgläubigen Erwerb von Orderpapieren. Die Art 16 Abs 2 WG, 21 ScheckG gehen aber auch insoweit über die §§ 932 ff hinaus, als hiernach der gute Glaube des Erwerbers nicht nur die fehlende Rechtsinhaberschaft des Veräußerers heilt, sondern auch sonstige Mängel des zum Papiererwerb erforderlichen Begebungsvertrages wie fehlende Verfügungsbefugnis, Vertretungsmacht, Identität des Indossanten mit dem auf dem Papier genannten letzten Namensindossament usw. Nach wohl überwiegender Ansicht schützen die genannten Vorschriften sogar den guten Glauben an die Geschäftsfähigkeit des Veräußerers (BGH NJW 1951, 402 m zust Anm HEFERMEHL 598 [für Scheck]; WM 1968, 4 [für Wechsel], beide aber nur *obiter*; LIESECKE WM 1969, 2, 7; MÜLLER-CHRISTMANN/SCHNAUDER JuS 1991, 558, 561 f; ERMAN/PALM Vorbem 13 zu § 104; BAUMBACH/HEFERMEHL/CASPER Art 16 WG Rn 16; BGB-RGRK/KRÜGER-NIELAND § 104 Rn 3; AK-BGB/KOHL Vorbem 20 zu § 104; zweifelnd WEIMAR WM 1966, 1194, 1195; zu den Anforderungen an die Gutgläubigkeit einer Bank gem § 990 bei Hereinnahme eines von ihren minderjährigen Kunden unterschlagenen Verrechnungsschecks s BGH NJW 1962, 1056 f). Auch der nicht (voll) geschäftsfähige Veräußerer verliert hiernach sein Eigentum an dem Orderpapier und damit das dort verbriefte Recht an den gutgläubigen Erwerber. Diese Abweichung von dem sonst im Privatrecht anerkannten Grundsatz des fehlenden Schutzes des guten Glaubens an die Geschäftsfähigkeit (s o Rn 26) wird mit dem vorrangigen Interesse an der Sicherung der Umlauffähigkeit der Orderpapiere, insbesondere des Wechsels, begründet. Der nicht voll Geschäftsfähige werde dadurch nicht unvertretbar benachteiligt, da auch die Zulassung eines gutgläubigen Erwerbs an der Unfähigkeit des nicht voll Geschäftsfähigen zur Eingehung einer wertpapiermäßigen Verpflichtung (vgl o Rn 53) nichts ändere, der gutgläubige Erwerber die Rechte aus dem Papier folglich nur gegenüber den geschäftsfähigen Verpflichteten (Akzeptanten, Aussteller, Indossanten) geltend machen kann. Für den nicht voll geschäftsfähigen Veräußerer verbleibt aber der Nachteil des Verlustes des Rechtes aus dem Papier. Die hM rechtfertigt dieses Ergebnis mit der Legitimationswirkung der Indossamentenkette (vgl BAUMBACH/HEFERMEHL/CASPER Art 16 WG Rn 16). Dem wird nicht zu Unrecht entgegengehalten, dass diese Kette keinen Rechtsschein auch der Geschäftsfähigkeit des Veräußerers begründet und dass ferner die unterschiedliche Behandlung der Orderpapiere gegenüber den Inhaberpapieren, bei denen ein gutgläubiger Erwerb nicht möglich ist (s o), des inneren Grundes entbehrt (s HUECK/CANARIS aaO § 8 IV 2 b cc). Die singuläre Möglichkeit eines gutgläubigen Erwerbs von Orderpapieren auch bei einem Geschäftsfähigkeitsmangel in der Person des Veräußerers könnte nur dann bejaht werden, wenn anderenfalls die Umlauffähigkeit dieser Papiere in einer für den Verkehr unerträglichen Weise beeinträchtigt würde. Dem ist aber nicht so, wie schon ein Vergleich mit der andersartigen Rechtslage bei den Inhaberpapieren und sogar bei Geldscheinen und -münzen ergibt (vgl NITSCHKE JuS 1968, 541, 544). Vor allem aber hindert der nach der Gegenmeinung nicht wirksame Erwerb des Papiers von einem nicht voll Geschäftsfähigen nicht die nach Art 16 Abs 2 WG, 21 ScheckG wirksame Weiterübertragung des Papiers an einen Dritten, der dann allerdings gutgläubig sein muss, so dass auf diese Weise ein (weiterer) Umlauf durchaus möglich ist (NITSCHKE aaO). Schließlich ist auch bei Bejahung des gutgläubigen Erwerbs von einem Geschäftsunfähigen der Erwerber einem schuldrechtlichen Rückübereignungsanspruch des Veräußerers aus § 812 ausgesetzt, da der Geschäftsfähigkeitsmangel das Grundgeschäft auf jeden Fall unwirksam sein lässt; insofern ergibt sich auch nach hM eine Beeinträchtigung der Verkehrsfähigkeit. Diese Erwägungen sprechen für diejenige Ansicht, die auch hinsichtlich der Orderpapiere einen gutgläubigen Erwerb bei mangelnder Geschäftsfähigkeit des Veräußerers ablehnt (so eingehend NITSCHKE JuS 1968, 541, 543 f; HUECK/CANARIS aaO § 8 IV 2 b cc; RICHARDI aaO § 18 II d; ZÖLLNER aaO § 14 VI 1 c bb [5]; auch schon vTUHR, AT II 1 § 59 m Fn 152 [zu § 74 WO]). Ein gutgläubiger Erwerb des Rechts aus Rektapapieren von einem nicht (voll) Geschäftsfähigen scheitert an der aus diesem Grunde eintretenden Unwirksamkeit des Abtretungsvertrages nach § 398.

55 Zu Gunsten des Schuldners der verbrieften Forderung enthält das Recht der Inhaber- und Orderpapiere besondere Vorschriften über die **Befreiung** auch durch eine nicht dem § 362 entsprechende Leistung (§§ 793 Abs 1 S 2, 807, 1195 S 2 für die Inhaberpapiere, Art 40 Abs 3 für den Wechsel iVm § 365 Abs 1 HGB für die kaufmännischen Orderpapiere). Die Befreiung tritt auch bei den Inhaberpapieren nur im Falle der Gutgläubigkeit des Schuldners ein, obwohl § 793 Abs 1 S 2 diese Voraussetzung nicht ausdrücklich nennt; die Gutgläubigkeit bestimmt sich entsprechend Art 40 Abs 3 WG (heute allgM: STAUDINGER/MARBURGER [2009] § 793 Rn 26, 28). Bösgläubig ist der Schuldner nicht schon bei Kenntnis oder grob fahrlässiger Unkenntnis der fehlenden materiellen Berechtigung des formell legitimierten Papierinhabers, sondern erst dann, wenn ihm auch der Beweis dieses Mangels unschwer möglich ist (ZÖLLNER aaO § 20 II 2 a). Auch die Befreiungsvorschriften greifen nach heute hM nicht nur bei fehlender Rechtsinhaberschaft des das Papier Vorlegenden ein, sondern auch bei fehlender Verfügungsbefugnis und fehlender Vertretungsmacht. Ob der gutgläubige Schuldner hingegen auch bei einem Geschäftsfähigkeitsmangel in der Person des formell legitimierten Berechtigten geschützt wird, ist hier ebenso umstritten wie bei der Frage des gutgläubigen Erwerbs (vgl o Rn 54). Die überwiegende Meinung bejaht die Frage (für Wechsel WEIMAR WM 1966, 1194, 1196; SCHEERER BB 1971, 981, 986; RICHARDI aaO § 20 IV 2; BAUMBACH/HEFERMEHL/CASPER Art 40 WG Rn 8; SOERGEL/HEFERMEHL Vorbem 10 zu § 104 Rn 10; für Inhaberpapiere vGIERKE DJZ 1905, 92, 97 ff;

ZÖLLNER aaO § 27 I 3 aE; vTUHR, AT II 1 § 59 m Fn 154). Für den nicht (voll) geschäftsfähigen Gläubiger hat hiernach die Entgegennahme der Leistung auch bei fehlender Mitwirkung des gesetzlichen Vertreters den Verlust des wertpapierrechtlichen Anspruchs zur Folge. Verliert oder verschwendet er den gezahlten Betrag, so ist eine erneute Inanspruchnahme des Schuldners ausgeschlossen. Diese einschneidende Abweichung von dem außerhalb des Wertpapierrechts allgemein anerkannten Grundsatz, dass eine Leistung an den nicht voll geschäftsfähigen Gläubiger nur bei Mitwirkung des gesetzlichen Vertreters Erfüllungswirkung zeitigt (vgl u § 107 Rn 25), wird von der hM mit der besonderen Zwangslage des Schuldners einer wertpapiermäßigen Verpflichtung begründet, der die Geschäftsfähigkeit des Inhabers eines Umlaufpapiers praktisch kaum prüfen könne und bei Zahlungsverweigerung die entsprechenden Haftungsfolgen zu gewärtigen habe. Bei einer wechselmäßigen Verpflichtung komme für den Fall der Nichtzahlung noch die drohende Möglichkeit des Protestes nach Art 44 WG mit der Folge einer schwerwiegenden Gefährdung des Kredits des Schuldners hinzu. Aus diesen Gründen müsse sich die Legitimationswirkung der Indossamentenkette (Art 16 Abs 1 WG) auch auf die Geschäftsfähigkeit des Inhabers erstrecken. Diese Unzuträglichkeiten reichen aber, wie insbesondere NITSCHKE JuS 1968, 541, 544 ff dargetan hat, nicht aus, um die aus der hM folgende erhebliche Einschränkung des Schutzes des nicht voll geschäftsfähigen Gläubigers zu rechtfertigen. Bei Unerkennbarkeit des Geschäftsfähigkeitsmangels besteht die Gefahr des Protestes nicht; den Schuldner einer Wertpapierverpflichtung gegen die Gefahr einer nochmaligen Inanspruchnahme gegenüber einem gewöhnlichen Schuldner besonders zu schützen, besteht im übrigen kein Bedürfnis. Ist der Geschäftsfähigkeitsmangel erkennbar, aber für den beweisbelasteten (so Rn 7) Schuldner nicht oder nur unter unzumutbaren Schwierigkeiten beweisbar, so sind die Voraussetzungen einer Hinterlegung des geschuldeten Betrags gem § 372 S 2 gegeben (vgl HUECK/CANARIS aaO § 11 V 2 d). Bei einer Hinterlegung mit ausgeschlossener Rücknahme ist ein Protest mangels Zahlung wegen der dann nach § 378 eintretenden Erfüllungswirkung nicht mehr möglich und die Gefahr einer Kreditgefährdung damit gebannt. Die einen Gutglaubensschutz bei fehlender Geschäftsfähigkeit verneinende Ansicht verdient damit auch insofern den Vorzug (so NITSCHKE aaO; HUECK/CANARIS aaO § 11 V 2 d u § 24 III 3; für Inhaberpapiere ferner STAUDINGER/ MARBURGER [2009] § 793 Rn 29; auch schon OERTMANN DJZ 1904, 1127; SeuffBl 74 [1909] 573, 583). Gleiches muss hinsichtlich der für qualifizierte Legitimationspapiere (Sparbücher) in § 808 Abs 1 S 1 normierten Befreiungswirkung gelten (HUECK/CANARIS § 27 III 3; STAUDINGER/MARBURGER [2009] § 808 Rn 26; anders die hM: OLG Düsseldorf WM 1971, 231, 232 f; WEIMAR JR 1959, 218 f; HAGEMEISTER JuS 1992, 924, 927 f; ZÖLLNER aaO § 28 III 2 c).

Zum **Besitz** als Rechtsscheinbasis für das Eigentum s u Rn 91.

4. Einwilligung in die Verletzung persönlicher Rechte und Rechtsgüter

a) Problematik

Nach Straf- und Deliktsrecht tatbestandsmäßige Eingriffe in fremde Rechtspositionen sind, sofern die verletzten Recht(sgüter) der Disposition ihres Trägers unterliegen, gleichwohl nicht rechtswidrig, wenn die Verletzung mit Einwilligung des Verletzten erfolgt *(volenti non fit iniuria)*. Für die sich bei fehlender oder geminderter Geschäftsfähigkeit des Trägers der verletzten Rechtsposition stellende Frage der Anwendbarkeit des Geschäftsfähigkeitsrechts ist zunächst zwischen einem Eingriff in (auch) persönliche und in rein vermögensrechtliche Positionen zu unterscheiden. Auf die Einwilligung in die Verletzung von Vermögensrechten sind die §§ 104 ff ungeachtet der Rechtsnatur dieser Einwilligung mindestens entsprechend uneingeschränkt anwendbar (LENCKNER ZStW 72 [1960] 446, 456; KOHTE AcP 185 [1985] 105, 146; BGB-RGRK/KRÜGER-NIELAND § 106 Rn 10). Ein geschäftsunfähiger Rechtsträger kann folglich überhaupt nicht, ein in der Geschäftsfähigkeit beschränkter nur mit Einwilligung des gesetzlichen Vertreters wirksam einwilligen. Denn der gerade auch auf den Vermögensschutz gerichtete Zweck dieser Vorschriften (vgl o Rn 20) würde nur unzulänglich erfüllt, wenn ein nicht (voll) Geschäftsfähiger zwar keine vermögensschädigenden Rechtsgeschäfte selbstständig vornehmen, er sich aber seiner Rechte aus einer von einem Dritten begangenen Verletzung seiner Vermögensgegenstände durch eine wirksame Einwilligung begeben könnte. Auch bei Eingriffen in Rechtsgüter und Rechte der **Person** (körperliche Integrität, Gesundheit, Fortpflanzungsfähigkeit und bereits eingetretene Schwangerschaft, Freiheit, Ehre und sonstige ideelle Rechtsgüter usw) entsprach die – unmittelbare oder entsprechende – Geltung der §§ 104 ff für diese Eingriffe (zB ärztliche Operationen) rechtfertigende Einwilligungen ebenfalls dem Willen des Gesetzgebers, früher auch der Ansicht der zivilrechtlichen Judikatur und der überwiegenden Meinung des Schrifttums (Mot II 730 = MUGDAN II 408; RG JW 1907, 505; 1911, 748; OLG Darmstadt OLGE 14, 14 f; ZITELMANN AcP 99 [1906] 1, 62 f; DALHOFF 160 ff, 167; ENNECCERUS/NIPPERDEY § 151 II 1e m Fn 11; PLANCK/FLAD § 107 Anm I 4; s aber vTUHR, AT § 59 Rn 57). Das hieraus folgende Letztentscheidungsrecht des gesetzlichen Vertreters über die Rechtmäßigkeit eines Eingriffs auch bei abweichendem Willen seines Pflegebefohlenen mit der Folge, dass die Eltern eines minderjährigen Kindes die Rechtmäßigkeit eines von dem Kind gewünschten operativen Eingriffs durch Verweigerung ihrer Einwilligung verhindern oder umgekehrt dem Arzt die Einwilligung zu einer Operation gegen den Willen des Kindes wirksam erteilen könnten, wird in neuerer Zeit zunehmend als der heutigen Auffassung von der Rechtsstellung des Minderjährigen nicht mehr entsprechend angesehen. Über seine höchstpersönlichen Rechtsgüter müsse auch der Minderjährige, sobald er in seiner Entwicklung eine gewisse Reife erreicht habe, zumindest mitentscheiden können. Nach heute wohl überwiegender Ansicht, die sich hierfür auf das grundlegende Urteil des Bundesgerichtshofs vom 5.12.1958 (BGHZ 29, 33, 36 f = LM §§ 107, 1626 Nr 3 m Anm HAUSS = NJW 1959, 811 = FamRZ 1959, 200 m Anm BOSCH = MDR 1959, 383 m Anm BOEHMER 705 ff) sowie auf die schon seit Anfang des 20. Jahrhunderts in diesem Sinne entscheidende strafrechtliche Rechtsprechung (RGSt 41, 392 ff; vgl auch BGHSt 4, 88, 90 f = NJW 1953, 912; 23, 1, 3 f = NJW 1969, 1581, 1582 f; BayObLG NJW 1999, 372) beruft, finden deshalb auf die Einwilligung in die Verletzung persönlicher Rechtsgüter die §§ 104 ff weder unmittelbare noch entsprechende Anwendung; der Minderjährige könne vielmehr ohne seinen gesetzlichen Vertreter wirksam rechtfertigend einwilligen, wenn er nach seiner tatsächlichen seelisch-geistigen Reife die Bedeutung des Eingriffs und sich möglicherweise daraus ergebender Folgen und die Tragweite seiner Einwilligung zu ermessen vermag (vgl BayObLGZ 1954, 298, 302; 1985, 53, 56; OLG München NJW 1958, 633 f; OLG Karlsruhe FamRZ 1983, 742, 743; BELLING FuR 1990, 68, 76; EDLBACHER ÖJZ 1982, 365, 369 f; TROCKEL NJW 1972, 1493, 1495; KOHTE AcP 185 [1985] 105, 146; AMELUNG ZStW 104 [1992] 525, 526 ff; WÖLK MedR 2001, 80, 83 f; SPICKHOFF AcP 208 [2008] 345, 389 f; vTUHR, AT II 1 § 59 IV a E [S 343]; GERNHUBER/COESTER-WALTJEN § 57 VII 4; AK-BGB/KOHL Vorbem 10 zu § 104; BGB-RGRK/KRÜGER-NIELAND § 106 Rn 11; auch BayObLG FamRZ 1987, 87, 89; einschr LENCKNER ZStW 72 [1960] 446, 456 ff, 462 f). In dogmatischer Hinsicht wird zur Begründung hauptsächlich angeführt, bei Einwilligungen in die Verletzung persönlicher Rechtspositionen handele es sich nicht um Willenserklärungen und damit um Rechtsgeschäfte, sondern um bloße Gestattungen zur Vornahme in den Rechtskreis des Gestattenden eingreifender tatsächlicher Handlungen. Andere Stimmen bejahen demgegenüber den rechtsgeschäftlichen Charakter der Einwilligung, weil der Einwilligende damit den Eingriff zu einem rechtmäßigen macht mit der Folge des Verlustes ihm sonst zustehender Beseitigungs-, Unterlassungs- und Schadensersatzansprüche (DALHOFF 160 ff, 167; MünchKomm/SCHMITT § 105 Rn 22; insoweit auch ROSENER 126; vTUHR, AT II 1 § 59 Fn 57). Demgemäß betrachtet auch ein Teil der Rechtsprechung die Einwilligung als Willenserklärung (OLG München NJW-RR 1990, 999, 1000; OLG Darmstadt OLGE 14, 14; ZITELMANN AcP 99 [1906] 1, 51 ff; wohl auch RGZ 68, 431, 436; beiläufig auch BGHZ 90, 96, 101 f = NJW 1984, 1395, 1396; dahingestellt in RG JW 1911, 748). Ferner wird auf das sich gem § 1626 Abs 1 über den gesamten Zeitraum der Minderjährigkeit erstreckende elterliche Personensorgerecht hingewiesen (MünchKomm/SCHMITT § 105 Rn 21). Schließlich wird gegenüber der auf die tatsächliche Urteilsfähigkeit des Minderjährigen abstellenden Ansicht die damit verbundene Rechtsunsicherheit insbesondere für den Arzt bei medizinischen Eingriffen angeführt (vgl MünchKomm/WAGNER § 823 Rn 736). Aus diesen Gründen sieht denn auch ein Teil der neueren Rechtsprechung und Literatur in der Einwilligung des gesetzlichen Vertreters ein unverzichtbares Erfordernis für die Rechtmäßigkeit eines Eingriffs in persönliche Rechtsgüter eines nicht (voll) Geschäftsfähigen (OLG Düsseldorf FamRZ 1984, 1221, 1222; OLG Hamm NJW 1998, 3424, 3425; DALHOFF 160 ff, 167; PAWLOWSKI, in: FS Hagen [2000] 5, 19; MünchKomm/SCHMITT § 105 Rn 21; MünchKomm/MERTENS[3] § 823 Rn 39; grundsätzlich auch FLUME, AT II § 13, 7 f). Daneben wird heute jedoch meist auch die Einwilligung des einsichtsfähigen Minderjährigen selbst verlangt (MünchKomm/SCHMITT § 105 Rn 20, 21; MünchKomm/MERTENS aaO; SOERGEL/HEFERMEHL § 107 Rn 19; dahingestellt in BGH NJW 1974, 1947, 1949 f).

b) Grundsatz

Die Beantwortung der Frage nach der Fähigkeit zur Einwilligung in die Verletzung persönlicher Rechtsgüter und Rechte erfordert als Ausgangspunkt zunächst eine Klärung der Rechtsnatur dieser Einwilligung. Dass Gegenstand dieser Einwilligung, anders als derjenige der Einwilligung nach den §§ 182 ff, kein Rechtsgeschäft ist, sondern eine in den Rechtskreis des Betroffenen eingreifende tatsächliche Handlung, die der Betroffene damit gestattet (vgl BGHZ 29, 33, 36 f = NJW 1959, 811; NJW 1964, 1177 f; OLG Karlsruhe FamRZ 1983, 742, 743; OLG Hamm NJW 1998, 3424; LG Berlin FamRZ 1980, 285, 286), schließt ihre Qualifikation als Willenserklärung und damit als Rechtsgeschäft nicht notwendig aus. Die in der Einwilligung liegende Rechtfertigung des Eingriffs und die damit verbundene Nichtentstehung der aus einer rechtswidrigen Verletzung resultierenden Ansprüche des Betroffenen deutet im Gegenteil auf einen Verfügungscharakter der Einwilligung in der Form des Verzichts auf ein (künftiges) Recht und damit auf deren rechtsgeschäftliche Natur hin (vgl die Angaben o Rn 56). Richtiger erscheint es aber, in der Einwilligung eine rechtsgeschäftsähnliche Rechtshandlung zu sehen (so MANIGK, Rechtswirks Verhalten 508 ff; LENCKNER ZStW 72 [1960] 446, 456), denn der Wille des Einwilligenden braucht sich nur auf die Gestattung des Eingriffs als solche zu erstrecken, während das Ausbleiben ansonsten entstehender Ansprüche unabhängig von einem darauf gerichteten Willen eintritt. Auf rechtsgeschäftsähnliche Rechtshandlungen sind aber grundsätzlich die Vorschriften über die Geschäftsfähigkeit entsprechend anzuwenden (vgl u Rn 86). Der Umstand, dass die Einwilligung in erster Linie die persönlichen Rechtsgüter des Einwilligenden betrifft, lässt die §§ 104 ff für die Regelung der Einwilligungsfähigkeit jedenfalls nicht als schlechthin ungeeignet erscheinen. Der Schutzzweck des Geschäftsfähigkeitsrechts umfasst keineswegs nur das Vermögen des nicht (voll) Geschäftsfähigen, sondern auch dessen Person (vgl o Rn 19 ff), wie sich schon aus § 107 ergibt, der jede dem Minderjährigen nicht lediglich rechtlich vorteilhafte Willenserklärung an die Einwilligung des gesetzlichen Vertreters bindet, ohne zwischen Person und Vermögen zu differenzieren. Zudem kann sich die Einwilligung mit dem dadurch herbeigeführten Verlust eines Schadensersatzanspruchs des Einwilligenden gegen den Verletzer auch vermögensmäßig empfindlich auswirken. Es ist deshalb kein innerer Grund ersichtlich, die den §§ 104 ff zugrundeliegende Erwägung, wonach der nicht (voll) Geschäftsfähige ohne Mitwirkung seines gesetzlichen Vertreters durch eigenes (nicht deliktisches) Handeln seine Rechtsstellung nicht soll verschlechtern können, nicht auch auf die Rechtshandlung der Einwilligung zu erstrecken. Zur grundsätzlichen Anwendbarkeit des Geschäftsfähigkeitsrechts nötigt auch der sich aus der typisierenden Regelung dieser Vorschriften ergebende weitere Zweck der Herstellung von Rechtssicherheit (vgl o Rn 21). Bei Maßgeblichkeit allein der tatsächlichen Reife des Minderjährigen für die Wirksamkeit der Einwilligung könnte diesem Erfordernis nicht genügt werden. Die Rechtmäßigkeit des Eingriffs, etwa einer ärztlichen Operation als des praktischen Hauptfalls, hinge dann letztlich von der Beurteilung der Einsichtsfähigkeit durch das Gericht bzw den Sachverständigen in einem späteren (Zivil- oder Straf-)Verfahren ab; bei verneinter Einsichtsfähigkeit wäre der Arzt allenfalls gem § 17 S 1 StGB entschuldigt. Eine solche Rechtsunsicherheit ist kaum zumutbar. Diese Erwägungen gebieten im Grundsatz die entsprechende Anwendbarkeit des Geschäftsfähigkeitsrechts auf die Einwilligung in Eingriffe in persönliche Rechte und Rechtsgüter (anders STAUDINGER/DILCHER[12] [1980] § 107 Rn 27). Für den Geschäftsunfähigen kann hiernach nur der gesetzliche Vertreter wirksam einwilligen, der in der Geschäftsfähigkeit Beschränkte und der Betreute bei angeordnetem Einwilligungsvorbehalt, der sich auf den betroffenen Bereich der Person des Betreuten bezieht, bedarf hierzu der Einwilligung des gesetzlichen Vertreters (vgl die diesbezüglichen Angaben o Rn 56). Hinsichtlich des auf die tatsächliche Einsichtsfähigkeit abstellenden Urteils BGHZ 29, 33, 36 f ist zu bemerken, dass diese Entscheidung zu einer Zeit ergangen ist, als die Volljährigkeit erst mit der Vollendung des 21. Lebensjahres eintrat und der zu entscheidende Fall außerdem besondere Umstände aufwies (elterliche Einwilligung zur Operation des kurz vor Vollendung des 21. Lebensjahres stehenden Minderjährigen war nicht zu erlangen); in einer späteren Entscheidung war der Bundesgerichtshof bei der Bejahung der Einsichtsfähigkeit deutlich zurückhaltend (BGH NJW 1972, 335, 337). Das grundsätzliche Erfordernis der Einwilligung des gesetzlichen Vertreters ist für den nicht (voll) Geschäftsfähigen nicht mit unzumutbaren Nachteilen verbunden. Verweigert der gesetzliche Vertreter die Einwilligung zu einem erforderlichen Eingriff (lebensnotwendige Operation) aus sachfremden Gründen, sind Maßnahmen nach § 1666 angezeigt. Ist die Einschaltung des Familien- bzw Betreuungsgerichts in Eilfällen nicht mehr möglich, ist der Eingriff nach dem Rechtsgedanken des § 679 (ärztliche Behandlung als Teil der gesetzlichen Unterhaltspflicht) gerechtfertigt. Kann die Einwilligung des Vertreters nicht mehr eingeholt werden, ist von dessen mutmaßlicher Einwilligung auszugehen (STAUDINGER/DONAU[10/11] § 1626 Rn 78).

58 Von der Anwendbarkeit der §§ 104 ff auf die Einwilligungserklärung des nicht (voll) Geschäftsfähigen selbst zu unterscheiden ist die umgekehrte Frage, ob der gesetzliche Vertreter seinerseits kraft seines Personensorgerechts (§ 1626) in einen von dem Pflegebefohlenen selbst nicht gewünschten Eingriff entsprechend § 1629 wirksam einwilligen kann. In dieser Frage kann allerdings in der Tat nicht schematisch auf die Minderjährigkeit des Betroffenen allein abgestellt werden. Die Vornahme eines Eingriffs in die körperliche Integrität oder sonstige höchstpersönliche Rechtsgüter gegen den Willen eines einsichtsfähigen Minderjährigen bedeutete eine Verletzung von dessen Persönlichkeitsrecht, die – etwa bei Vornahme unter Gewaltanwendung – sogar die Menschenwürde berühren könnte (vgl Kohte AcP 185 [1985] 105, 145). Die auf die Einsichtsfähigkeit des Minderjährigen abstellende Ansicht hat hier ihren berechtigten Kern (vgl Lüderitz AcP 178 [1978] 263, 278). Es reicht auch nicht aus, für die Rechtmäßigkeit der Verletzung seitens des Eingreifenden die Einwilligung des Vertreters allein für notwendig zu erachten und in der Missachtung des Willens des Minderjährigen nur eine Pflichtverletzung des Vertreters im Innenverhältnis zwischen diesem und dem Pflegebefohlenen mit der Folge der Zulässigkeit von Maßnahmen nach § 1666 zu sehen. Die Rechtmäßigkeit des Eingriffs muss vielmehr auch im Außenverhältnis vom Einverständnis des Minderjährigen abhängen. Der gesetzliche Vertreter benötigt daher zur Wirksamkeit seiner Einwilligung in eine Verletzung persönlicher Rechte und Rechtsgüter eines einsichtsfähigen Minderjährigen dessen Zustimmung in den Eingriff (MünchKomm/Gitter³ Vorbem 89 zu § 104; MünchKomm/Wagner § 823 Rn 669; Soergel/Hefermehl § 107 Rn 19; östOGH JurBl 1985, 548, 550; auch schon H A Fischer 277 f; dahingestellt in BGH NJW 1974, 1947, 1949 f). Dann stellt sich aber wiederum die Frage nach der Bestimmung der erforderlichen Einsichtsfähigkeit. Eine allgemeine Altersgrenze unterhalb der Minderjährigkeit kann *de lege lata* nicht anerkannt werden; die gesetzlich geregelten Fälle, etwa der Religionsmündigkeit nach § 5 RKEG (vgl o Rn 15), sind zu unterschiedlich, als dass sich daraus ein allgemeiner Rechtsgedanke für alle Eingriffe in persönliche Positionen ableiten ließe (aA Rosener 146 ff). Die in § 1626a des Gesetzentwurfs der Bundesregierung zur Neuregelung des Rechts der elterlichen Sorge vorgesehene 14 Jahresgrenze (BT-Drucks 7/2060) ist nicht Gesetz geworden. Es bleibt daher nur der Weg einer individuellen Bestimmung der Einsichtsfähigkeit in die Bedeutung des Eingriffs und der Einwilligung nach der tatsächlichen Reife des Minderjährigen. Das damit doch wieder eintretende Moment der Rechtsunsicherheit für den eingreifenden Arzt muss angesichts der Bedeutung des Rechts der Persönlichkeit mit seiner Nähe zu der in Art 1 GG geschützten Menschenwürde hingenommen werden. *De lege ferenda* empfiehlt sich eine gesetzliche Regelung, wobei als Altersgrenze das vollendete 14. Lebensjahr in Betracht kommt. Eine solche Regelung enthält jetzt das österreichische Recht in dem mit Wirkung ab 1. 7. 2001 in das ABGB eingefügten § 146c. Das einsichts- und urteilsfähige Kind kann hiernach in eine medizinische Behandlung nur selbst einwilligen, wobei das Vorliegen der Einsichts- und Urteilsfähigkeit bei mündigen (= über 14-jährigen) Minderjährigen vermutet wird. Einer gewöhnlich mit einer schweren nachhaltigen Beeinträchtigung der körperlichen Unversehrtheit oder der Persönlichkeit verbundenen Behandlung muss daneben auch die mit der Pflege und Erziehung des Kindes betraute Person zustimmen. Ist die Behandlung so dringend notwendig, dass der mit der Einwilligung oder der Zustimmung verbundene Aufschub eine Lebens- oder schwere Gesundheitsgefahr für das Kind begründen würde, wird die Einwilligung des Kindes und die Zustimmung der Pflege- oder Erziehungsperson entbehrlich.

c) Wichtigste Arten von Eingriffen
aa) Ärztliche Operationen, Arzneimittelforschung, Humanforschung

59 Auch ein zu Heilzwecken vorgenommener **chirurgischer Eingriff** erfüllt nach hM den Tatbestand einer Körperverletzung; zu deren Rechtfertigung ist deshalb die Einwilligung des Patienten erforderlich (RGZ 68, 431, 433 f; 168, 206, 210; JW 1907, 505; 1911, 748; BGH NJW 1972, 335, 336). Die Einwilligung in den Eingriff als solchen ist zu unterscheiden von dem Abschluss des Behandlungsvertrages mit dem Arzt oder dem Krankenhausträger, auf den die §§ 104 ff (natürlich) unmittelbar anwendbar sind. Zur Einwilligung in die Operation selbst wird heute überwiegend die Erklärung des tatsächlich einsichtsfähigen Minderjährigen für ausreichend erachtet, während die Einwilligung des gesetzlichen Vertreters in diesem Fall nicht erforderlich sein soll (BGHZ 29, 33, 36 f = NJW 1959, 811; BayObLGZ 1985, 53, 56 [auch Entbindung v ärztlicher Schweigepflicht]; OLG München NJW 1958, 633 f; BOEHMER MDR 1959, 705, 707; EDLBACHER ÖJZ 1982, 365, 369 f; BELLING FuR 1990, 68, 76; TROCKEL NJW 1972, 1493, 1495; vTUHR, AT II 1 § 59 IV a E; GERNHUBER/COESTER-WALTJEN § 57 VII 4; MünchKomm/WAGNER § 823 Rn 736; AK-BGB/KOHL Vorbem 10 zu § 104). Nach hier vertretener Auffassung (vgl allg o Rn 57) ist jedoch die Einwilligung des gesetzlichen Vertreters in entsprechender Anwendung der §§ 104 ff zur Wirksamkeit erforderlich (so auch RG JW 1907, 505; 1911, 748; OLG Hamm NJW 1998, 3424, 3425; ENNECCERUS/NIPPERDEY § 151 II 1 e m Fn 11; PLANCK/ FLAD § 107 Anm I 4; MünchKomm/SCHMITT § 105 Rn 21, 22; MünchKomm/MERTENS[3] § 823 Rn 39; SOERGEL/HEFERMEHL § 107 Rn 19; grundsätzl auch FLUME, AT II § 13, 11 f). Zur Rechtmäßigkeit der Operation eines einsichtsfähigen Minderjährigen bedarf es in jedem Fall noch dessen Einwilligung (vgl allg o Rn 58). Nach der Rspr des BGH kann den über eine ausreichende Urteilsfähigkeit verfügenden minderjährigen Patienten bei einem nur relativ indizierten Eingriff mit der Möglichkeit erheblicher Folgen für ihre künftige Lebensgestaltung ein „Vetorecht" gegen die Fremdbestimmung durch den gesetzlichen Vertreter zuzubilligen sein (BGH, Urt v 10.10.2006 – VI ZR 74/05 [Rn 8] mwNw, NJW 2007, 217, 218; für Alleinentscheidungsrecht des einwilligungsfähigen Minderjährigen und gegen ein Vetorecht des gesetzlichen Vertreters SPICKHOFF AcP 208 [2008] 345, 389 f). Einige Stimmen sprechen auch den einwilligungsunfähigen Patienten ein begrenztes Vetorecht gegen die Entscheidung des gesetzlichen Vertreters zu (GOLBS 147 ff, 151 f; auch SPICKHOFF aaO). Zur Einwilligung des Betreuers in eine Operation des Betreuten ist unter den Voraussetzungen des § 1904 die Genehmigung des Betreuungsgerichts erforderlich (hierzu KERN MedR 1991, 66, 68 f; D SCHWAB, in: FS Henrich [2000] 511, 513 ff). Die gesetzliche Regelung der Einwilligung in die **klinische Prüfung von Arzneimitteln** richtet sich jetzt nach den 2004 auf Grund der europäische Arzneimittelrichtlinie v 4.4.2001 (2001/20/EG) geänderten §§ 40, 41 AMG idF der Bekanntmachung v 12.12.2005 (BGBl I 3394; hierzu ECK bes 323. Zur **Einwilligung in Humanexperimente an Minderjährigen** s EBERBACH FamRZ 1982, 450 ff; für grundsätzliche Unzulässigkeit von Humanexperimenten an Einwilligungsunfähigen [zB bei Alzheimer-Demenz] HÖFLING/DEMEL MedR 1999, 540, 542 ff [m Darst des Streitstandes]; einschr TAUPITZ JZ 2003, 109, 117 f).

bb) Sterilisation und Kastration

60 Ein unter elterlicher Sorge oder Vormundschaft stehendes Kind und damit ein Minderjähriger kann gem §§ 1631c S 2, 1800 nicht in eine Sterilisation einwilligen (hierzu kritisch GAIDZIK/HIERSCHE MedR 1999, 58, 61). Die Sterilisation eines Betreuten bedarf nach § 1905 dann der Einwilligung des Betreuers und der Genehmigung des Betreuungsgerichts, wenn der Betreute „nicht einwilligen kann", wobei unklar bleibt, ob die Einwilligungsfähigkeit des Betreuten von dessen Geschäftsfähigkeit oder natürlicher Einsichtsfähigkeit abhängig ist (kritisch D Schwab, BGB-FamR Rn 460; vgl auch Kern MedR 1991, 66, 69 f). Eine freiwillige Kastration, die erst nach Vollendung des 25. Lebensjahres zulässig ist (§ 2 Abs 1 Nr 3 KastrationsG, BGBl 1969 I S 1143), verlangt neben der Einwilligung des Betroffenen (§ 2 Abs 1 Nr 3 KastrationsG) gem § 3 Abs 3 Nr 2 KastrationsG auch diejenige eines in dieser Angelegenheit bestellten Betreuers. Bei noch nicht 25-Jährigen sind nur nicht auf eine dauernde Funktionsunfähigkeit der Keimdrüsen gerichtete Behandlungsmethoden zulässig (§ 4 Abs 1 S 2 KastrationsG); die Behandlung eines Minderjährigen erfordert die Einwilligung des Betroffenen und gem § 4 Abs 3 S 1 KastrationsG auch die Einwilligung seines gesetzlichen Vertreters und ggf eines anderen Personensorgeberechtigten. In Österreich können nach dem neu eingefügten § 146d ABGB weder ein minderjähriges Kind noch die Eltern in eine medizinische Maßnahme einwilligen, die eine dauernde Fortpflanzungsunfähigkeit des Kindes zum Ziel hat.

cc) Abbruch der Schwangerschaft

Ein Schwangerschaftsabbruch unterscheidet sich von sonstigen Eingriffen dadurch, **61** dass hierdurch nicht allein die Person der Schwangeren betroffen wird, sondern auch das durch Art 2 Abs 2 S 1 GG geschützte werdende Leben (BVerfGE 88, 203, 251 f = NJW 1993, 1751, 1753). Zudem ist ein nur unter den Voraussetzungen des § 218a Abs 1 StGB vorgenommener Abbruch – anders als nach Abs 2 und 3 daselbst – zwar nicht tatbestandsmäßig, wohl aber rechtswidrig. Die Schwangere muss also bei der Bildung ihres Willens zum Abbruch nicht nur ihre eigenen Belange, sondern auch das Lebensrecht des Kindes berücksichtigen (vgl Belling/Eberl FuR 1995, 287, 292 ff). Der auch für den Schwangerschaftsabbruch vertretenen Ansicht, für die Einwilligungsfähigkeit einer minderjährigen Schwangeren käme es allein auf deren tatsächliche Reife an und eine Einwilligung des gesetzlichen Vertreters sei daneben nicht erforderlich (LG München I FamRZ 1979, 850, 851; LG Berlin FamRZ 1980, 285, 286; AG Schlüchtern NJW 1998, 832 f; Siedhoff FamRZ 1998, 8, 10; E Schwerdtner NJW 1999, 1525, 1526; differenzierend Belling/Eberl FuR 1995, 287, 292 ff), kann deshalb keinesfalls gefolgt werden. Die teilweise vorgeschlagene Bestellung eines Pflegers gem § 1912 Abs 1 (Belling FuR 1990, 68, 74 ff), kann sicher nicht deshalb für unzulässig erklärt werden, weil jene Vorschrift nur von den „künftigen" Rechten der Leibesfrucht spricht, während es sich hier um deren gegenwärtiges Recht auf Leben handelt (so aber Vennemann FamRZ 1987, 1068 f; dagegen Geiger 1177). Aufgabe des Pflegers wäre aber einzig und allein die Wahrung des Rechtes des ungeborenen Kindes gegenüber dem Abtreibungswunsch der Schwangeren. Demgegenüber könnte der gesetzliche Vertreter der Schwangeren (deren personensorgeberechtigte Eltern) die Belange der Schwangeren wie diejenigen des Kindes angemessen gegeneinander abwägen. Zum Abbruch der Schwangerschaft einer Minderjährigen ist daher ebenfalls die Einwilligung des gesetzlichen Vertreters zu fordern (OLG Hamm NJW 1998, 3424, 3425; Scherer FamRZ 1997, 589, 592 f; Trockel NJW 1972, 1493, 1496; Mittenzwei MedR 1988, 43 ff; abw de lege ferenda Reiserer FamRZ 1991, 1136, 1140). Eine Ersetzung der Einwilligung des Vertreters durch das Familiengericht gem § 1666 ist auch hier möglich (vgl hierzu eingehend AG Celle NJW 1987, 2307 ff; LG München I FamRZ 1979, 850 f; LG Berlin FamRZ 1989, 285 ff). Gegen den Willen der Schwangeren ist ein Abbruch trotz Einwilligung der Eltern grundsätzlich unzulässig (Reiserer FamRZ 1991, 1136, 1140; Belling/Eberl FuR 1995, 287, 293; Scherer FamRZ 1997, 589, 593 f; Siedhoff FamRZ 1998, 8, 10; jedenfalls bei entspr Reife der Minderjährigen OLG Celle MDR 1960, 136 f; für Schwangere unter Betreuung Kern MedR 1991, 66, 70); eine Ausnahme ist allenfalls für einen Abbruch nach § 218a Abs 2

StGB und fehlende tatsächliche Einsichtsfähigkeit der Schwangeren anzuerkennen (BELLING/EBERL aaO). Zur Zulässigkeit der Bestellung eines Betreuers für eine einwilligungsunfähige volljährige Schwangere zwecks Einwilligung in einen gem § 218a Abs 2 StGB indizierten Abbruch s OLG Frankfurt v 1. 9. 2008 – 20 W 354/08, NJW 2008, 3790 ff.

dd) Anstaltsunterbringung

62 Zu einer mit Freiheitsentziehung verbundenen Unterbringung eines Minderjährigen bedarf es auch bei tatsächlicher Einsichtsfähigkeit des Minderjährigen der Einwilligung des gesetzlichen Vertreters (MünchKomm/GITTER³ Vorbem 89 zu § 104; aA BayObLGZ 1954, 298, 302). Zu einer Unterbringung gegen den Willen des Kindes ist nach § 1631b die Genehmigung des Familiengerichts erforderlich.

ee) Eingriff in sonstige Persönlichkeitsrechte

63 Die o Rn 57, 58 dargelegten allgemeinen Grundsätze gelten auch für die Einwilligungsfähigkeit in Eingriffe in ideelle Persönlichkeitsrechte. Praktisch geworden sind hier vornehmlich Verletzungen des Rechts am eigenen Bild (§ 22 KUG) durch Fotoaufnahmen Minderjähriger in unbekleidetem Zustand. Die Rechtswidrigkeit eines solchen Eingriffs wird hier ohne Rücksicht auf die individuelle Reife des Minderjährigen nur durch die Einwilligung des gesetzlichen Vertreters ausgeschlossen (OLG Düsseldorf FamRZ 1984, 1221, 1222; hier auch KOHTE AcP 185 [1985] 105, 150; aA OLG Karlsruhe FamRZ 1983, 742, 743). Bei tatsächlicher Einsichtsfähigkeit bedarf es auch der Einwilligung des Minderjährigen selbst (unentschieden BGH NJW 1974, 1947, 1949 f).

5. Übernahme einer Gefahr

64 In dem bewussten Sichbegeben in eine Situation, die typischerweise mit besonderen Gefahren für Rechtsgüter, vornehmlich Leben, körperliche Integrität, Gesundheit oder Sachgüter des Betreffenden verbunden sind (Hauptfälle: Mitfahren in Kfz mit angetrunkenem oder wenig geübtem Fahrer, Teilnahme an sportlichen Wettkämpfen, insbesondere Mannschaftsspielen) wurde früher eine (schlüssig erteilte) rechtfertigende Einwilligung in eine sich möglicherweise realisierende Verletzung gesehen mit der Folge des Wegfalls einer Haftung des Verursachers (Fahrers, gegnerischen Spielers) der Verletzung (grundlegend FLAD Recht 1919, 13, 16; RGZ 141, 262, 265; BGHZ 2, 159, 162 = NJW 1951, 916; NJW 1958, 905; OLG Bamberg NJW 1949, 506). Gem der damaligen Annahme einer rechtsgeschäftlichen Natur dieser Einwilligung (vgl o Rn 56) verlangte diese Meinung deshalb für die haftungsausschließende Wirkung der Gefahrübernahme die Geschäftsfähigkeit des Übernehmenden; ein Geschäftsunfähiger wurde folglich als zur wirksamen Übernahme überhaupt nicht, ein in der Geschäftsfähigkeit Beschränkter nur mit Einwilligung seines gesetzlichen Vertreters für fähig erachtet (vgl RGZ 141, 262, 265; BGH = LM § 107 Nr 2 = NJW 1958, 905 = MDR 1958, 503 m krit Anm BEITZKE 678 f; OLG Bamberg NJW 1949, 506; FLAD Recht 1919, 13, 17). Diese Konstruktion der Gefahrübernahme als Einwilligung in eine mögliche Verletzung ist heute mit Recht aufgegeben, da sie den wirklichen Gegebenheiten im Regelfall nicht gerecht wird. Wer sich in eine Gefahrenlage der genannten Art begibt, rechnet normalerweise gerade damit, dass es nicht zu einer Verletzung kommt; die Deutung des Verhaltens als Einwilligung in eine gleichwohl eintretende Verletzung stellt somit meist eine bloße Fiktion dar. Eine rechtfertigende Wirkung der Gefahrübernahme ist daher abzulehnen. Vielmehr setzt sich der Verletzte nach heute herr-

schender und zutreffender Ansicht, indem er den Verletzer auf Ersatz seines vollen Schadens in Anspruch nimmt, obwohl er sich in die gefährliche Situation bei voller Kenntnis der Umstände begeben hat, mit diesem eigenen früheren Verhalten in Widerspruch (§ 242); dieser eigene Beitrag zum Eintritt des Verletzungserfolges muss deshalb in Anwendung von § 254 Abs 1 zu einer entsprechenden Minderung bis hin zum Ausschluss des Ersatzanspruchs führen (grundlegend BGHZ 34, 355, 363 ff = NJW 1961, 655, 657 f = JZ 1961, 602, 604 f m Anm FLUME; FLUME, AT II § 13, 11 f; GERNHUBER/ COESTER-WALTJEN § 57 VII 5; ähnlich HANS STOLL 315 ff). Die persönliche Fähigkeit zur Übernahme einer Gefahr mit den Wirkungen des § 254 bestimmt sich folglich nicht nach dem Geschäftsfähigkeitsrecht, sondern in entsprechender Anwendung der für das Verschulden gegen sich selbst allgemein maßgeblichen Vorschriften der §§ 827 ff über die Deliktsfähigkeit (vgl die vorstehenden Nachweise). Bei Vorliegen entsprechender Umstände kann allerdings in einer Gefahrübernahme sehr wohl auch eine Einwilligung in eine ggf eintretende Verletzung gefunden werden, wenn der Eintritt eines solchen Erfolges nach Art der Gefahr besonders naheliegend ist, wie etwa bei bestimmten Sportarten zB Boxen (BGHZ 34, 363 = NJW 1961, 657). Die Wirksamkeit dieser Einwilligung richtet sich gem der hier vertretenen Auffassung von deren rechtsgeschäftsähnlicher Natur (s o Rn 57) nach den Bestimmungen über die Geschäftsfähigkeit (vgl MünchKomm/SCHMITT § 105 Rn 24).

6. Geschäftsfähigkeit und Verantwortlichkeit für unerlaubte Handlungen

Die persönliche Fähigkeit, sich für eigene unerlaubte Handlungen verantwortlich zu **65** machen, richtet sich nach den Vorschriften der §§ 827, 828 über die Deliktsfähigkeit (vgl o Rn 2). Bei den in § 104 genannten Personen decken sich Geschäftsunfähigkeit und Deliktsunfähigkeit (§§ 827 S 1, 828 Abs 1). Dagegen können die in der Geschäftsfähigkeit beschränkten Minderjährigen nach Vollendung des 7. Lebensjahres (§ 106) und die diesen gleichstehenden nicht geschäftsunfähigen Betreuten bei angeordnetem Einwilligungsvorbehalt (§ 1903 Abs 1 S 2) gem § 828 Abs 3 deliktsfähig sein, wenn sie bei Begehung der unerlaubten Handlung die zur Erkenntnis der Verantwortlichkeit erforderliche Einsicht haben. Demgemäß kann einen beschränkt Geschäftsfähigen, der mit einem anderen ein mangels Zustimmung des gesetzlichen Vertreters unwirksames Rechtsgeschäft geschlossen hat, bei gegebener Deliktsfähigkeit die Verpflichtung zum Ersatz des dem Geschäftsgegner infolge der Unwirksamkeit entstandenen Schadens treffen (allgM: RG SeuffA 67 Nr 255; vTUHR, AT II 1 § 59 IX 2; LARENZ/WOLF, AT § 25 III Rn 11; MEDICUS, AT Rn 554; AK-BGB/KOHL Vorbem 14 zu § 104; ERMAN/PALM Vorbem 9 zu § 104; MünchKomm/SCHMITT § 106 Rn 17). Eine solche Haftung kann sich vor allem aus den §§ 823 Abs 2 iVm 263 StGB oder aus § 826 (MünchKomm/ SCHMITT § 106 Rn 19) ergeben, wenn der nicht voll Geschäftsfähige die Voraussetzungen der Wirksamkeit des Geschäfts vorgespiegelt hat (zB durch Angabe eines unrichtigen Geburtsdatums, Versicherung der Einwilligung des gesetzlichen Vertreters oder der freien Verfügung über die überlassenen Mittel nach § 110). Der Schadensersatzanspruch des Geschäftsgegners kann sich aber wegen der Unwirksamkeit des Rechtsgeschäfts nicht auf das Erfüllungsinteresse richten; der Gegner ist vielmehr so zu stellen, wie er stände, wenn er nicht auf die Wirksamkeit des Geschäfts vertraut hätte, wobei auch hier das Erfüllungsinteresse die Obergrenze des Anspruchs bilden muss, da anderenfalls der beschränkt Geschäftsfähige schlechter gestellt wäre als bei Wirksamkeit des Geschäfts (vgl vTUHR, AT II 1 § 59 IX 2 m Fn 161). Die genannten Deliktstatbestände können aber nicht auch durch Unterlassen im Wege eines bloßen Verschweigens der den Geschäftsfähigkeitsmangel begründenden Umstände ohne entsprechende Nachfrage des Geschäftsgegners begründet werden; eine Rechtspflicht des mit einem anderen in geschäftlichen Kontakt tretenden beschränkt Geschäftsfähigen, solche Umstände von sich aus zu offenbaren ist abzulehnen, denn anderenfalls würde das nach denn §§ 104 ff den Geschäftsgegner treffende Risiko einer Wirksamkeit des Geschäfts im Ergebnis auf den nicht voll Geschäftsfähigen verlagert (vgl OLG Hamm NJW 1966, 2357, 2359; zust Pawlowski JuS 1967, 302, 307; eingehend MünchKomm/Schmitt § 106 Rn 18). Ist der nicht (voll) Geschäftsfähige gem §§ 827, 828 nicht verantwortlich, so kommt eine Billigkeitshaftung gem § 829 in Betracht. Erforderlich ist jedoch, dass der Betreffende mit seinem Handeln bei Geschäftsabschluss den Tatbestand einer unerlaubten Handlung gem den obigen Ausführungen erfüllt hat (vgl RGZ 146, 213 ff); eine allgemeine Billigkeitshaftung ohne diese Voraussetzung, etwa bei bloßem Verschweigen des Geschäftsfähigkeitsmangels, ist *de lege lata* abzulehnen (so zutreffend MünchKomm/Gitter[3] Vorbem 37 zu § 104).

66 Aus unerlaubter Handlung haftet ein nicht (voll) Geschäftsfähiger bei gegebener Deliktsfähigkeit auch für die Beschädigung und Zerstörung einer Sache, die ihm der andere Teil aufgrund des wegen des Geschäftsfähigkeitsmangels unwirksamen Vertrages übergeben hat. Die sich hier stellende Frage, ob diesem Anspruch bei Kenntnis oder Kennenmüssen des Vertragsgegners von der Unwirksamkeit des Vertrages der Einwand des Mitverschuldens (§ 254) oder gar des Rechtsmissbrauchs (§ 242) entgegengehalten werden kann, wurde vor der Herabsetzung des Volljährigkeitsalters auf das vollendete 18. Lebensjahr vor allem in den Fällen der Überlassung eines Kraftfahrzeugs an einen über 18, aber noch nicht 21-jährigen Führerscheininhaber als Selbstfahrer seitens eines Kfz-Vermieters in Erfüllung eines mangels Zustimmung des gesetzlichen Vertreters unwirksamen Kfz-Mietvertrages diskutiert. Die Rechtsprechung der Instanzgerichte war uneinheitlich. Teilweise wurde der Mitverschuldenseinwand schon dann zugelassen, wenn sich der Vermieter nicht der Geschäftsfähigkeit oder der Zustimmung des gesetzlichen Vertreters seines Kontrahenten vergewissert hatte (OLG Düsseldorf DAR 1965, 77, 78; MDR 1968, 46 f; LG Göttingen NJW 1962, 639 f; Roth-Stielow ZblJugR 1967, 33, 35; Winter NJW 1969, 1120, 1122; ablehnend Lorenz MDR 1968, 463 ff), teilweise wurde die Geltendmachung des Schadensersatzanspruchs bei nur fahrlässig verursachtem Schaden als rechtsmissbräuchlich angesehen, da der Vermieter sich mit der Überlassung des Kfz ohne Zustimmung der Eltern sich über die elterliche Sorge hinweggesetzt habe (OLG Stuttgart NJW 1969, 612 ff mit abl Anm Winter 1120 ff und Franz NJW 1969, 1632; kritisch auch Medicus JuS 1974, 221, 225; wie OLG Stuttgart im Ergebnis auch Metzler NJW 1971, 690 f); eine andere Meinung verlangte hingegen für eine Anspruchsminderung nach § 254 das Vorliegen von Gründen für eine Annahme des Vermieters, der Minderjährige werde sich im Straßenverkehr nicht ordnungsgemäß verhalten (OLG Nürnberg VersR 1964, 1178; OLG München VersR 1966, 1062, 1066; OLG Celle MDR 1964, 320 f; NJW 1970, 1850, 1851; OLG Köln NJW 1970, 285 f; Franz NJW 1969, 1632). Der BGH gewährte dem Minderjährigen einen Gegenanspruch aus Verschulden aus Vertragsanbahnung, wenn ihn der Vermieter bei Überlassung des Fahrzeugs nicht auf die Möglichkeit einer Absicherung gegen Beschädigungen durch Abschluss einer Kaskoversicherung mit Freistellung gegen den Rückgriffsanspruch des Versicherers aus (damals) § 67 Abs 1 VVG hingewiesen und ihm das Risiko der Benutzung eines nicht versicherten Kfz nicht deutlich vor Augen geführt hatte (BGH NJW 1973, 1790, 1791 f). Demgegenüber wurde zu Recht eingewandt, dass das sorgfaltswidrige Verhalten des Vermieters weniger in der unterlassenen Belehrung liege, da sich der Minderjährige über diese erfahrungsgemäß oft hinwegzusetzend pflegt, sondern in der Überlassung eines nicht kaskoversicherten Fahrzeugs als solcher, aufgrund deren eine Minderung des Ersatzanspruchs eintrete (so MEDICUS JuS 1974, 221, 225). Die Herabsetzung des Volljährigkeitsalters auf das vollendete 18. Lebensjahr durch das VolljkG mit Wirkung ab 1. 1. 1975 hat diese Problematik weitgehend beseitigt, da seitdem die Volljährigkeit mit dem Mindestalter zur Erteilung einer Fahrerlaubnis für Pkw (nunmehr Klasse B gem § 10 Abs 1 S 1 Nr 3 FahrerlaubnisVO vom 18. 8. 1998, BGBl I 2214, iVm § 6 Abs 1 S 1 FahrerlaubnisVO) zusammenfällt und Kraftfahrzeuge der Klassen A 1, L, M und T, für die § 10 Abs 1 S 1 Nr 4 FahrerlaubnisVO ein Mindestalter von 16 Jahren vorsieht, kaum an Selbstfahrer vermietet zu werden pflegen. Relevant werden können die dargelegten Grundsätze heute noch in den Fällen der Anmietung von Kfz durch Betreute ohne Zustimmung des Betreuers bei angeordnetem Einwilligungsvorbehalt auch für diesen Bereich, wobei allerdings ein Mitverschulden des Vermieters meist an dessen fehlender Kenntnis oder fahrlässigen Unkenntnis der Betreuung und des Einwilligungsvorbehaltes scheitern dürfte. Der nicht voll Geschäftsfähige darf durch die Schadenshaftung aus unerlaubter Handlung nach dem Schutzgedanken des Geschäftsfähigkeitsrechts nicht schlechter gestellt werden als ein Geschäftsfähiger bei vertraglicher Haftung für einen derartigen Schaden stände; für den betreffenden Vertragstypus bestehende Haftungsmilderungen, etwa kürzere Verjährungsfristen (§§ 548, 606 gegenüber § 199 Abs 2 und 3) oder ein auf grobe Fahrlässigkeit oder Beachtung der eigenüblichen Sorgfalt beschränkter Haftungsmaßstab sind daher auf die deliktische Haftung entsprechend anzuwenden (BGHZ 47, 53, 55 ff = NJW 1967, 1320 [LS] m Anm BERG; ArbG Bochum DB 1969, 1022 f; AK-BGB/KOHL Vorbem 15 zu § 104; ablehnend OLG München VersR 1966, 1062, 1063 f; HOHENESTER DAR 1967, 126, 128).

7. Gefährdungshaftung

Der Adressat einer Gefährdungshaftung (Tier- oder Kfz-Halter, Bahnbetriebsunternehmer, Anlagenbetreiber usw) ist für den durch Verwirklichung des Haftungstatbestandes entstandenen Schaden unabhängig von seiner Delikts- oder Geschäftsfähigkeit verantwortlich, da die Gefährdungshaftung nur die objektive, gefahrentypische Verursachung der Rechtsverletzung erfordert. Davon zu unterscheiden ist jedoch die Frage, ob für die Begründung der Eigenschaft, überhaupt geeigneter Adressat einer Gefährdungshaftung zu sein, eine bestimmte Einsichts- und Willensfähigkeit zu verlangen ist. Praktisch wird das Problem vor allem bei der Tierhalterhaftung nach § 833 und – wegen der schon vom vollendeten 16. Lebensjahr an zu erwerbenden Fahrerlaubnis besonders für Leicht- und Kleinkrafträder (vgl o Rn 66) – für die Haftung des Kraftfahrzeughalters nach § 7 StVG (zur Problematik bei dem auf Grund von § 6e STVG möglichen „begleiteten Fahren mit 17" FELTZ/KÖGEL DAR 2004, 121, 124; SAPP NJW 2006, 408 ff). Eine ältere Ansicht, die eine bestimmte persönliche Fähigkeit für den Erwerb der Haltereigenschaft nicht für erforderlich hielt (vgl die Nachweise bei CANARIS NJW 1964, 1987, 1990 Fn 26), wird heute nicht mehr vertreten. Gegenwärtig stehen sich diesbezüglich drei Meinungen gegenüber: Nach einer Auffassung bestimmt sich die Fähigkeit, Halter eines Tieres, eines Kfz usw zu werden, in entsprechender Anwendung der §§ 104 ff (eingehend CANARIS NJW 1964, 1987, 1989 ff; LARENZ/CANARIS, SR II 2 § 84 I g; ESSER/WEYERS, SR II § 63 II 3; DALHOFF 134 f; BIRR 114 ff; WEIMAR MDR 1964, 208; 1967, 100; ROTH-STIELOW ZBlJugR 1967, 33, 36). Andere befürworten demgegenüber die entsprechende Anwendung von § 828 und auch von § 829 (HOF-

MANN NJW 1964, 228, 232 f; DEUTSCH JuS 1981, 317, 324; 1987, 673, 678; MEDICUS Jura 1996, 561, 564; vCAEMMERER, in: FS Flume I [1978] 359, 363 f; AnwK-BGB/BALDUS § 104 Rn 4; AK-BGB/ KOHL Vorbem 16 zu § 104). Eine in jüngster Zeit entwickelte dritte Meinung sieht für die Tierhalterhaftung als entscheidend an die sich nach der tatsächlichen Reife des Minderjährigen bestimmende Fähigkeit zur Entscheidung über die Existenz und die Verwendung des Tieres (so EBERL-BORGES VersR 1996, 1070, 1075). Zustimmung verdient die auf die analoge Anwendung des Geschäftsfähigkeitsrechts abstellende Meinung. Dem kann nicht entgegengehalten werden, es bedeute einen Wertungswiderspruch, die Gefährdungshaftung, die mit dem Verzicht auf das Verschuldenserfordernis dem (potentiell) Geschädigten einen gegenüber der verschuldensabhängigen Delikthaftung weitergehenden Schutz gewähren will, an die erhöhten Voraussetzungen der Geschäftsfähigkeit zu binden (so aber MünchKomm/GITTER[3] Vorbem 42 zu § 104). Denn es geht eben nicht um die – zweifelsfrei keine Geschäftsfähigkeit voraussetzende – Verantwortlichkeit einer Person bei gegebener Haltereigenschaft usw, sondern um das dieser Verantwortlichkeit vorgelagerte Problem, ob die Haltereigenschaft und damit die Eignung für das Eingreifen der Gefährdungshaftung überhaupt gegeben ist. Und insoweit ist es mit der gesetzlichen Wertung keineswegs unvereinbar, für die Begründung der Haltereigenschaft, gerade weil diese eine verschuldensunabhängige Haftung für einen verursachten gefahrentypischen Schädigungserfolg bewirkt, an gegenüber der verschuldensabhängigen Deliktshaftung erhöhte Voraussetzungen zu knüpfen. Und hier besteht der entscheidende Gesichtspunkt darin, dass die Gefährdungshaftung – anders als die Haftung für unerlaubte Handlungen – nicht auf einem als solches rechtswidrigen Verhalten beruht, sondern einen Ausgleich für die Realisierung eines nach der Rechtsordnung an sich erlaubten Risikos schaffen will (vgl BGHZ 105, 65, 68 = NJW 1988, 3019; BGHZ 117, 337, 340 = NJW 1992, 1684, 1685). Die Begründung der Haltereigenschaft kann deshalb nicht schon als „ein Stück der Begehung der schädigenden Handlung" angesehen werden mit der Folge der entsprechenden Anwendbarkeit der Vorschriften über die Deliktsfähigkeit (so aber MEDICUS Jura 1996, 561, 564). Die Eröffnung und Beherrschung der Gefahrenquelle und die dadurch mögliche Absicherung gegen eine Gefahrverwirklichung zwecks Nutzung im eigenen Interesse als konstituierendes Merkmal der Haltereigenschaft ist vielmehr als eine Art der erlaubten Teilnahme am allgemeinen Verkehr zu qualifizieren (CANARIS NJW 1964, 1987, 1991). Insofern weist die Begründung der Haltereigenschaft trotz ihres Charakters als rein tatsächliches, auch nicht rechtsgeschäftsähnliches Verhalten doch eine entscheidende Parallele zur Teilnahme am rechtsgeschäftlichen Verkehr auf, die es rechtfertigt, die – als solche gesetzlich nicht geregelte – Zurechenbarkeit dieses Verhaltens grundsätzlich nach den Vorschriften des Geschäftsfähigkeitsrechts zu bestimmen (CANARIS NJW 1964, 1987, 1990 ff). Hierfür spricht insbesondere der Gesichtspunkt, dass die Möglichkeit, sich gegen das Risiko der Gefährdungshaftung durch Abschluss einer Haftpflichtversicherung und damit auf rechtsgeschäftlichem Wege abzusichern, dem nicht (voll) Geschäftsfähigen ohne seinen gesetzlichen Vertreter wegen der §§ 105 Abs 1, 107 ff nicht offensteht (LARENZ/CANARIS, SR II 2 § 84 I g).

68 Zum Erwerb der Haltereigenschaft seitens eines nicht (voll) Geschäftsfähigen reicht hiernach dessen bloß tatsächliche Fähigkeit zur Beherrschung der Gefahrenquelle nicht aus, sondern es ist hierzu die Mitwirkung des gesetzlichen Vertreters erforderlich. Der Geschäftsunfähige kann folglich die Tierhaltereigenschaft (allein diese Haltereigenschaft dürfte hier praktisch in Betracht kommen) nur durch entsprechendes Handeln seines gesetzlichen Vertreters begründen. Meist wird ein Geschäftsunfähiger (Kind unter 7 Jahren) allerdings auch schon tatsächlich zur Beherrschung der Gefahrenlage (noch) nicht imstande sein. In diesen Fällen ist der gesetzliche Vertreter selbst als Halter oder wenigstens Mithalter anzusehen. In der Geschäftsfähigkeit beschränkte Personen werden bei gegebener tatsächlicher Fähigkeit zur Verfügung über die Gefahrenlage, wofür es im Falle der Tierhalterhaftung auch auf die Art des Tieres ankommt (vgl EBERL-BORGES VersR 1996, 1070, 1074), Halter im Rechtssinne nur und erst dann, wenn der gesetzliche Vertreter vom Vorhandensein der von seinem Pflegebefohlenen tatsächlich beherrschten Gefahrenlage Kenntnis erlangt. Die bloße Kenntnis muss hier, anders als nach den eine Zustimmung verlangenden §§ 107 ff, wegen des Unterschiedes des Erwerbs der Haltereigenschaft gegenüber rechtsgeschäftlichem Handeln ausreichen, denn die erlangte Kenntnis versetzt den Vertreter in die Lage, über den Fortbestand der Gefahrenquelle zu entscheiden, also entweder das Tier abzuschaffen oder für eine gehörige Absicherung gegen die drohende Gefährdungshaftung etwa durch Abschluss einer Haftpflichtversicherung zu sorgen (vgl CANARIS NJW 1964, 1987, 1991). Ein Minderjähriger, der einen ihm zugelaufenen Hund bei sich aufnimmt, unterliegt also nicht der Haftung aus § 833 S 1 für von dem Tier angerichtete Schäden, solange seine Eltern von der Existenz des Hundes noch nichts wissen. Die entsprechende Anwendbarkeit des Geschäftsfähigkeitsrechts führt auch in den Fällen zu einem angemessenen Ergebnis, in denen ein bei dem Erwerb der Haltereigenschaft Geschäftsfähiger später nach § 104 Nr 2 geschäftsunfähig wird und sich nach eingetretener Geschäftsunfähigkeit der Haftungstatbestand verwirklicht (anders STAUDINGER/BELLING/EBERL-BORGES [2008] § 833 Rn 114); denn in diesem Fall hat ja vor dem Verlust der Geschäftsfähigkeit die Möglichkeit einer ausreichenden Absicherung bestanden (CANARIS aaO). Zu der Frage, ob bei ausnahmsweise bestehendem Versicherungsschutz eine Gefährdungshaftung trotz des Geschäftsfähigkeitsmangels im Wege einer teleologischen Reduktion der nur analog anzuwendenden §§ 104 ff begründet werden kann, vgl Canaris NJW 1964, 1987, 1991 f. Knüpft die Gefährdungshaftung nicht an die Beherrschung einer Gefahrenquelle an, sondern an eine, wenn auch nicht rechtswidrige, so doch abstrakt gefährliche Handlung (so nach den §§ 302 Abs 4 S 3, 600 Abs 2, 717 Abs 2, 945 ZPO, 89 WHG, 231 BGB), so spricht bei dieser „Handlungshaftung" viel für eine entsprechende Anwendung der §§ 828 f, da hier – anders als bei der „Anlagenhaftung" – doch in eine Rechtsposition des Geschädigten eingegriffen wird (so CANARIS NJW 1964, 1987, 1992).

8. Aufopferungshaftung

Das im öffentlichen Recht aus ALR Einl §§ 74, 75 entwickelte Prinzip einer Ersatzpflicht gegenüber demjenigen, der nach der Rechtsordnung die Aufopferung von Rechtsgütern dulden muss, ist auch im Privatrecht in verschiedenen Vorschriften positiviert, vornehmlich im Fall des aggressiven Notstandes gem § 904 S 2, ferner in den §§ 867 S 2, 1005, 906 Abs 2 S 2, 912 Abs 2 S 1, 917 Abs 2 S 1, 962 S 3 BGB, 14 S 2 BImSchG, 25 Abs 3 LuftVG. Die dort normierte Verpflichtung zum Ersatz des dem Duldungspflichtigen entstandenen Schadens bzw zum Ausgleich der erlittenen Beeinträchtigung besteht nach allgemeiner und zutreffender Ansicht unabhängig von einer Geschäfts- oder Deliktfähigkeit des Ersatzpflichtigen (CANARIS NJW 1964, 1987, 1992 f; ERMAN/LORENZ Rn 11, BGB-RGRK/AUGUSTIN Rn 9, PALANDT/BASSENGE Rn 5, SOERGEL/J F BAUR Rn 23, STAUDINGER/SEILER [2002] Rn 39 [jeweils zu § 904]). Denn die Duldungspflicht des Beeinträchtigten besteht auch gegenüber einem nicht Zurechnungsfähigen, dem seinerseits auch die Vorteile des Eingriffs zukommen. Bei Personenverschiedenheit von Eingreifendem und durch den Eingriff Begünstigtem, die vor allem in den Fällen des aggressiven Notstandes gegeben sein kann, ist mit der im Vordringen befindlichen Meinung (ausführliche Darstellung des Streitstandes bei STAUDINGER/SEILER [2002] § 904 Rn 34 ff) nicht der Eingreifende, sondern der Begünstigte als ersatzpflichtig anzusehen, auf dessen Zurechnungsfähigkeit es schon mangels Erforderlichkeit irgend eines Verhaltens auf seiner Seite nicht ankommen kann (CANARIS NJW 1964, 1987, 1993; LARENZ/CANARIS, SR II 2 § 85 I 1 b; MünchKomm/SÄCKER § 904 Rn 18; STAUDINGER/SEILER [2002] § 904 Rn 39). Dadurch wird auch der Wertungswiderspruch vermieden, zu dem die den Eingreifenden als passiv legitimiert betrachtende Gegenmeinung zwangsläufig führt, dass nämlich hiernach der Deliktsunfähige für die Folgen eines rechtmäßigen Handelns einzustehen hat, während dies bei einem rechtswidrigen Handeln wegen § 827 nicht der Fall ist, weshalb einzelne Vertreter dieser Ansicht eine entsprechende Anwendung von § 829 befürworten (so MÜLLER, SaR Rn 316 a).

9. Gut- und Bösgläubigkeit, Willensmängel

70 Der Kenntnis bzw (grob) fahrlässigen Unkenntnis von Umständen seitens einer Person schreibt das Gesetz in zahlreichen, im Einzelnen sehr unterschiedlichen Regelungen rechtliche Bedeutung insofern zu, als diese Bösgläubigkeit bestimmte ansonsten an die Erfüllung eines gesetzlichen Tatbestandes geknüpfte günstige Rechtsfolgen (zB Eigentumserwerb vom Nichtberechtigten) für die betreffende Person entfallen lässt (vgl SCHILKEN 51 f m Beispielen). Es stellt sich deshalb die Frage, ob eine solche Bösgläubigkeit Geschäftsfähigkeit der maßgeblichen Person erfordert, ob die §§ 104 ff also auch hier entsprechend gelten. Für die Klärung dieser Frage ist nach den Tatbeständen zu differenzieren, für deren Erfüllung Gut- oder Bösgläubigkeit eine Rolle spielt. Diese Tatbestände können im rechtsgeschäftlichen wie im außerrechtsgeschäftlichen Bereich liegen.

a) Rechtsgeschäftlicher Bereich

71 Im Zusammenhang mit der Vornahme von Rechtsgeschäften ist ein bestimmter Kenntnisstand eines Beteiligten ua gem §§ 116 S 2, 122 Abs 2, 407, 439 Abs 1, 460, 640 Abs 2, 694, 892, 932 ff, 1314 Abs 2 Nr 2, 2366, ferner nach den Anfechtungstatbeständen des AnfG (§ 3 Abs 1) oder der InsO (zB § 133 Abs 1) in der in Rn 70 dargelegten Weise rechtlich bedeutsam (umfassende Aufzählung der Tatbestände bei BOEHMER MDR 1959, 705, 706 Fn 1). Das Problem einer entsprechenden Anwendbarkeit des Geschäftsfähigkeitsrechts auf diese Tatbestände stellt sich, wenn ein nicht (voll) Geschäftsfähiger das betreffende Rechtsgeschäft selbst vornimmt oder in seiner Person die Wirkungen des Geschäfts – bei Vornahme durch den gesetzlichen Vertreter – eintreten.

72 Für den Fall der **Vornahme des Rechtsgeschäfts durch den gesetzlichen Vertreter** im Namen des Pflegebefohlenen kommt es gem der Vorschrift des § 166 Abs 1, die nach einhelliger Meinung auch für den gesetzlichen Vertreter gilt, allein auf dessen Gut- oder Bösgläubigkeit an. Die nachteiligen Wirkungen einer Kenntnis oder fahrlässigen Unkenntnis (zB nach § 122 Abs 2 der Verlust des Schadensersatzanspruchs) treffen den vertretenen Minderjährigen demnach nur, aber auch immer bei Bösgläubigkeit seines Vertreters, ungeachtet eigener Gutgläubigkeit; umgekehrt schadet

Bösgläubigkeit des Vertretenen bei Gutgläubigkeit des gesetzlichen Vertreters grundsätzlich nicht. Veranlasst ein bösgläubiger Minderjähriger seinen gutgläubigen gesetzlichen Vertreter zum Abschluss des Rechtsgeschäfts, so stellt sich allerdings die Frage einer Anwendbarkeit von § 166 Abs 2. Aufgrund des nur den gewillkürten Vertreter umfassenden Wortlauts der Vorschrift kann diese Anwendbarkeit zwar nur eine entsprechende sein, diese ist aber nicht schon wegen der fehlenden Weisungsgebundenheit des gesetzlichen Vertreters gegenüber seinem Pflegebefohlenen ausgeschlossen, denn das Erfordernis des Handelns nach bestimmten Weisungen des Vertretenen ist nach allgemeiner Ansicht weit auszulegen und umfasst deshalb auch die bloße Veranlassung des Vertreters zu dem Geschäft (vgl STAUDINGER/SCHILKEN [2009] § 166 Rn 33). Die Frage beantwortet sich richtiger Ansicht nach aufgrund des Rechtsgedankens des § 107. Ist das Vertretergeschäft dem Minderjährigen rechtlich (auch) nachteilig, so muss die entsprechende Anwendung des § 166 Abs 2 ausscheiden (vgl NEUMANN-DUESBERG JR 1950, 332, 333; SCHILKEN 169 f; STAUDINGER/SCHILKEN [2009] § 166 Rn 31; ERMAN/PALM § 166 Rn 17; MünchKomm/SCHRAMM § 166 Rn 57; aA SOERGEL/LEPTIEN § 166 Rn 32). Denn das sich aus § 107 ergebende Letztentscheidungsrecht des gesetzlichen Vertreters über die Wirksamkeit eines dem Minderjährigen nicht lediglich vorteilhaften Rechtsgeschäfts erfordert die Möglichkeit des Vertreters zu einer umfassenden Abwägung der Vor- und Nachteile, die das Geschäft für den Minderjährigen mit sich bringt, eine Abwägung, die der Vertreter nur aufgrund der ihm selbst bekannten Umstände wirksam treffen kann. Die daraus folgende Maßgeblichkeit des Kenntnisstandes allein des Vertreters muss sich auch auf die Entscheidung über die Inkaufnahme bestimmter bei Bösgläubigkeit eintretender Begleitnachteile des Geschäfts erstrecken, bei einem vom Vertreter namens des minderjährigen Käufers geschlossenen Kaufvertrag etwa darauf, ob der Kauf trotz eines bestehenden Mangels der Kaufsache und damit gem § 442 unter Verlust der Rechte des Minderjährigen aus § 437 gleichwohl geschlossen werden soll. Gerade das Beispiel des § 442 spricht für die hier vertretene Auffassung, denn bei einer entsprechenden Anwendbarkeit des § 166 Abs 2 mit der Folge eines Verlustes der Gewährleistungsansprüche des Minderjährigen allein aufgrund von dessen Kenntnis oder grob fahrlässiger Unkenntnis des Sachmangels würde dessen Äquivalenzinteresse beeinträchtigt, der Minderjährige büßte also durch den Vertragsschluss den Unterschiedsbetrag zwischen dem (vollen) Kaufpreis und dem geminderten Wert der mangelhaften Sache ein, ohne dass der gesetzliche Vertreter mangels des entsprechenden Kenntnisstandes dies unterbinden könnte; in der Verhinderung eines solchen Nachteils besteht aber der Zweck des Geschäftsfähigkeitsrechts. Ist das Vertretergeschäft für den – über siebenjährigen – Minderjährigen (Gleiches muss wegen § 1903 Abs 1 S 2 für den nicht geschäftsunfähigen Betreuten bei angeordnetem Einwilligungsvorbehalt gelten) hingegen lediglich rechtlich vorteilhaft oder neutral, so steht der Gedanke des Minderjährigenschutzes beim Abschluss von Rechtsgeschäften einer entsprechenden Anwendbarkeit des § 166 Abs 2 auf den Fall, dass der bösgläubig Pflegebefohlene den gutgläubigen gesetzlichen Vertreter zur Tätigung des Geschäfts vorschiebt, nicht entgegen (MÜLLER-FREIENFELS 395 f; SCHILKEN, STAUDINGER/SCHILKEN, MünchKomm/SCHRAMM jeweils aaO). Ein über siebenjähriger Minderjähriger, der seinen gesetzlichen Vertreter veranlasst, in seinem Namen von einem Dritten eine bewegliche Sache zu erwerben, von der zwar er, nicht aber der Vertreter, weiß oder grob fahrlässig nicht weiß, dass sie dem Veräußerer nicht gehört, erwirbt folglich nicht gem §§ 929, 932 das Eigentum, da ein solcher Erwerb auch bei Vornahme des Erwerbsgeschäfts durch den Minderjährigen selbst nicht eintreten würde. Das Erfordernis des Minderjährigenschutzes steht dieser Lösung nicht entgegen, denn dem Minderjährigen wird nur eine Vermögensmehrung versagt, sein Vermögen verringert sich aber nicht um den vor Tätigung des Rechtsgeschäfts vorhanden gewesenen Bestand. Bei einem Geschäftsunfähigen kommt dagegen die entsprechende Anwendung des § 166 Abs 2 nicht in Betracht, da hier der Rechtsgedanke des § 107 nicht eingreift.

73 Schließt ein nicht (voll) Geschäftsfähiger das betreffende Rechtsgeschäft **in eigener Person** ab, so kann die Frage der Berücksichtigung einer Bösgläubigkeit des Handelnden von vornherein nur bei einem beschränkt geschäftsfähigen Minderjährigen oder einem nicht geschäftsunfähigen Betreuten auftreten, da das Rechtsgeschäft eines Geschäftsunfähigen schon aus diesem Grund nichtig ist (§ 105 Abs 1) und es deshalb weder auf dessen Kenntnisstand noch auf den seines gesetzlichen Vertreters ankommen kann. Hinsichtlich der Rechtsgeschäfte eines über siebenjährigen Minderjährigen oder eines nicht geschäftsunfähigen Betreuten bei angeordnetem Einwilligungsvorbehalt (im folgenden soll als *pars pro toto* allein vom Minderjährigen die Rede sein) ist gem § 107 auch hier entscheidend, ob die Wirksamkeit des Geschäftes die Zustimmung des gesetzlichen Vertreters erfordert. Auf zustimmungsbedürftige, also dem Minderjährigen (auch) rechtlich nachteilige Rechtsgeschäfte muss § 166 Abs 1 entsprechend angewendet werden (vTUHR, AT II 1 § 59 V m Fn 69; SCHILKEN 173; STAUDINGER/SCHILKEN [2009] § 166 Rn 31). Der hier allein auf dem Kenntnisstand des Minderjährigen selbst als des rechtsgeschäftlich Handelnden abstellenden Gegenmeinung (RGZ 116, 134, 138 f; BGB-RGRK/KRÜGER-NIELAND § 108 Rn 5; auch BOEHMER MDR 1959, 705, 706) kann nicht gefolgt werden. Denn auch bezüglich des vom Minderjährigen geschlossenen, aber zustimmungsbedürftigen Geschäftes liegt die letzte Verantwortung beim gesetzlichen Vertreter (FLUME, AT II § 13, 7 d cc), insoweit nicht anders als wenn der Vertreter seinerseits das Geschäft im Namen des Minderjährigen geschlossen hätte. Der häufig zufällige Umstand eines Geschäftsabschlusses durch den Minderjährigen statt durch den Vertreter kann nicht ausschlaggebend sein. Entscheidend ist mithin auch beim zustimmungsbedürftigen Minderjährigengeschäft die Gut- oder Bösgläubigkeit des gesetzlichen Vertreters. Dabei kommt es grundsätzlich auf den Kenntnisstand des Vertreters im Zeitpunkt der Erteilung der Zustimmung als Einwilligung oder als Genehmigung an, da mit der Zustimmung über die Wirksamkeit des Geschäfts entschieden wird. Wird der Vertreter allerdings zwischen der erteilten Einwilligung und der Vornahme des Geschäfts durch den Minderjährigen bösgläubig und macht er von seiner nach § 183 bestehenden Widerrufsmöglichkeit keinen Gebrauch, so schadet diese spätere Bösgläubigkeit ebenfalls. Im Falle der Genehmigung führt die hier vertretene Auffassung freilich dazu, dass dem minderjährigen Käufer, obwohl er bei Kaufabschluss einen Mangel der Kaufsache nicht gekannt hat, gem § 442 nicht die Rechte aus § 437 zustehen, wenn der Vertreter den Kauf in Kenntnis des Mangels genehmigt, weshalb FLUME (aaO 202) hier die (fehlende) Kenntnis des Minderjährigen für maßgeblich erklärt; der Wegfall der Gewährleistungsrechte ist aber nicht unbillig, da der Vertreter bei seiner Entscheidung über die Genehmigung die ihm bekannte Mangelhaftigkeit der Sache in Rechnung stellen kann.

74 Für ein nach § 107 **nicht zustimmungsbedürftiges Rechtsgeschäft** des Minderjährigen, also ein diesem rechtlich lediglich vorteilhaftes oder neutrales Geschäft, ist demgegenüber allein der Kenntnisstand des Minderjährigen selbst maßgeblich (SCHILKEN

168 ff; vTuhr aaO; Flume aaO). Schließt also ein Minderjähriger mit einem nicht berechtigten Veräußerer ein Übereignungsgeschäft ab, so hindert allein eine Bösgläubigkeit des Minderjährigen einen Erwerb nach den §§ 932 ff, 892 usw; auf den guten oder bösen Glauben des gesetzlichen Vertreters kommt es nicht an (vTuhr aaO; Ennerccerus/Nipperdey I 2 § 151 Fn 7; Schilken 250 f; Staudinger/Schilken [2009] § 166 Rn 31; auch Boehmer aaO). Eine besondere „Bösglaubensfähigkeit" des Minderjährigen ist hier nicht zu fordern (so aber Müller-Freienfels 395 Fn 10; ihm insoweit folgend Schilken 250), denn § 107 weist die Entscheidung über ein rechtlich nicht nachteiliges Geschäft allgemein dem – nicht geschäftsunfähigen – Minderjährigen zu; entscheidend ist allein die konkrete Fähigkeit des Minderjährigen, die Nichtberechtigung des Veräußerers aufgrund einer „Parallelwertung in der Laiensphäre" zu erkennen. Diese eigene Verantwortlichkeit des Minderjährigen hindert auch eine entsprechende Anwendung des § 166 Abs 2 auf den bösgläubigen gesetzlichen Vertreter, etwa um den minderjährigen Erwerber eines vom gesetzlichen Vertreter (oder einem Dritten) mit Gläubigerbenachteiligungsvorsatz übertragenen Gegenstandes die nicht beim Minderjährigen, wohl aber beim Vertreter vorhandene Kenntnis des Benachteiligungsvorsatzes gem §§ 3 Abs 1 AnfG, 133 Abs 1 InsO zuzurechnen (zutreffend BGHZ 94, 232, 238 ff = NJW 1985, 2407, 2408 f). Eine entsprechende Anwendung des § 166 Abs 2 in diesen Fällen kann auch nicht auf eine „originäre Vermögensverantwortung" des gesetzlichen Vertreters gestützt werden (so aber Tintelnot JZ 1987, 795, 798 f; vgl auch OLG Celle NJW 1978, 2159 [LS]), da diese nur im Innenverhältnis zum Minderjährigen besteht; BGHZ 38, 65, 69 lässt sich für die Analogie ebenfalls nicht anführen, denn dort handelte auf seiten der Minderjährigen deren (allgemeiner) gesetzlicher Vertreter, indem er die Bestellung eines Ergänzungspflegers veranlasste. Hat der gesetzliche Vertreter zu einem bestimmten Kreis von zustimmungsbedürftigen Geschäften seine Einwilligung als beschränkten Generalkonsens erteilt (vgl hierzu § 107 Rn 37), so hat er in diesem Umfang die Verantwortlichkeit in die Hände des Minderjährigen gelegt; infolgedessen muss hier, ähnlich wie bei zustimmungsfreien Geschäften, der Kenntnisstand des Minderjährigen entscheidend sein (vgl Flume 201).

Willensmängel können immer nur in der Person dessen relevant sein, der die betreffende Willenserklärung abgegeben hat. Bei zustimmungsfreien Rechtsgeschäften des Minderjährigen berechtigt folglich nur ein bei diesem auftretender Willensmangel zur Anfechtung nach den §§ 119 oder 123. Bei zustimmungsbedürftigen Rechtsgeschäften hat ein Willensmangel des Minderjährigen die Anfechtbarkeit der von diesem abgegebenen rechtsgeschäftlichen Erklärung zur Folge, ein Willensmangel des gesetzlichen Vertreters die Anfechtbarkeit von dessen Zustimmungserklärung (Schilken 160, 174; Flume 201 f). **75**

b) Böser Glaube im Eigentümer-Besitzer-Verhältnis und bei der Ersitzung
Für die Bösgläubigkeit des nicht berechtigten Besitzers hinsichtlich seiner Nichtberechtigung gem § 990 Abs 1 ist die entsprechende Anwendbarkeit des Geschäftsfähigkeitsrechts umstritten. Die wohl überwiegende Ansicht verneint diese Anwendbarkeit und bestimmt die persönliche Fähigkeit des Besitzers zur Bösgläubigkeit in entsprechender Anwendung der Vorschriften über die Deliktsfähigkeit (Boehmer MDR 1959, 705, 706; vTuhr, AT II § 59 X 5 aE; Ennerccerus/Nipperdey I 2 § 151 II 1 a Fn 7; MünchKomm/Baldus § 990 Rn 22; Palandt/Bassenge § 990 Rn 8; für die Schadensersatzpflicht iVm § 989 auch H Ebel JA 1983, 296, 299). Nach der Gegenmeinung kommt es allein **76**

auf den gem Satz 1 oder Satz 2 des § 990 Abs 1 erforderlichen Kenntnisstand des gesetzlichen Vertreters des nicht (voll) geschäftsfähigen Besitzers an (METZLER NJW 1971, 690; PINGER MDR 1974, 184, 187; CZEGUHN Rn 176 aE; grundsätzlich auch SCHILKEN 289 ff). Die Lösung der Frage hängt ab von der rechtlichen Qualifikation des bösgläubigen Besitz(erwerbs) nach § 990. Der Besitzerwerb im bösen Glauben erfüllt als solcher zwar nicht notwendig den Tatbestand einer unerlaubten Handlung (Eigentumsverletzung), er ist aber doch mehr als eine wertmäßig noch neutrale bloße Voraussetzung der Haftung für eine nachfolgende verschuldete Unmöglichkeit der (unversehrten) Herausgabe und mehr als eine bloße Übernahme des entsprechenden Risikos (so aber L RAISER JZ 1961, 26, 27; PINGER MDR 1974, 184, 187; SCHILKEN 272 ff; STAUDINGER/GURSKY [1999] § 990 Rn 42). Der Bezugspunkt der fehlenden Besitzberechtigung und damit der Beeinträchtigung der Rechtssphäre eines anderen (des Eigentümers) verleiht dem Besitzerwerb im bösen Glauben und auch der nachfolgenden Kenntnis der Nichtberechtigung vielmehr bereits ein deliktsähnliches Gepräge (H WESTERMANN JuS 1961, 79, 82 m Fn 12; ISELE JZ 1963, 257, 258; BIRK JZ 1963, 354 f; KOETHER/RUCHATZ NJW 1973, 1444, 1446; BAUR/STÜRNER, SaR § 5 II 1 c) bb [1]; MEDICUS, AT Rn 903). Die Deliktsähnlichkeit rechtfertigt grundsätzlich die entsprechende Anwendung der §§ 827, 828 auf die Bösgläubigkeit. Gegen dieses Ergebnis spricht auch nicht die Entstehungsgeschichte des § 990. Die Gesetzesverfasser waren zwar in der Tat der Ansicht, der Besitzerwerb im bösen Glauben und erst recht die *mala fides superveniens* stellten regelmäßig kein Delikt dar, weshalb eine Schadensersatzhaftung nur aufgrund der besonderen Vorschriften der §§ 990 Abs 1, 989 eintreten könnte (vgl Mot III 402 ff = MUGDAN III 224 f); diese nach der heutigen Dogmatik des Deliktsrechts überholte Auffassung des historischen Gesetzgebers ist aber für die sachliche Einordnung des bösgläubigen Besitz-(erwerbes) nicht mehr als maßgeblich anzusehen (vgl KÖBL, Das Eigentümer-Besitzer-Verhältnis im Anspruchssystem des BGB [1971] 167 ff; auch BROX JZ 1965, 516, 518 f). Ein Minderjähriger über sieben Jahre kann folglich entsprechend § 828 Abs 3 bösgläubig sein. Der dort geforderten Einsicht der Erkenntnis zur Verantwortlichkeit für die unerlaubte Handlung entspricht hier die – ebenfalls individuell festzustellende – Fähigkeit zur Erkenntnis der fehlenden Besitzberechtigung und der hieraus folgenden Herausgabepflicht aufgrund einer „Parallelwertung in der Laiensphäre" (vgl STAUDINGER/GURSKY [1999] § 990 Rn 35; ferner KOETHER-RUCHATZ NJW 1973, 1444, 1446; bei Besitzverschaffung durch unerlaubte Handlung auch MünchKomm/GITTER[3] Vorbem 29, 30 zu § 104; einschr SCHILKEN 289 f). Gleiches gilt für die die Ersitzung einer beweglichen Sache hindernde Bösgläubigkeit nach § 937 Abs 2. Entscheidend ist auch hier die Kenntnis bzw grob fahrlässige Unkenntnis des fehlenden Eigentums durch den minderjährigen Besitzer selbst, sofern er entsprechend § 828 Abs 3 über die erforderliche Einsicht verfügt (vgl SOERGEL/MÜHL § 937 Rn 5; BOEHMER MDR 1959, 705, 706; wohl auch MünchKomm/QUACK § 937 Rn 28).

77 Die entsprechende Anwendung der Vorschriften über die Deliktsfähigkeit kann aber dann nicht Platz greifen, wenn der Minderjährige den Besitz aufgrund eines wegen des Geschäftsfähigkeitsmangels unwirksamen Rechtsgeschäfts (Kauf-, Mietvertrag usw) erlangt hat. Würde man hier entsprechend § 828 Abs 3 auf den Kenntnisstand des Minderjährigen abstellen mit der Folge seiner Haftung aus § 990 iVm § 989 oder § 987, so könnte der Minderjährige durch sein eigenes rechtsgeschäftliches Handeln ohne Mitwirkung des gesetzlichen Vertreters diejenigen Vermögenseinbußen erleiden, vor denen ihn die §§ 107 ff gerade bewahren wollen. Bei dem Besitzerwerb des Minderjährigen aufgrund eines nach den Geschäftsfähigkeitsvorschriften unwirksamen Rechtsgeschäfts ist deshalb für eine Haftung nach § 990 Abs 1 ein nach dieser Vorschrift notwendiger Kenntnisstand des gesetzlichen Vertreters in entsprechender Anwendung von § 166 Abs 1 zu fordern (vgl WACKE JuS 1978, 80, 84; KÖBLER JuS 1979, 789, 794; SCHIEMANN Jura 1981, 631, 640 f; KOETHER-RUCHATZ NJW 1973, 1444, 1446; KROPHOLLER; STAUDINGER/GURSKY [1999] jeweils aaO). Hat der Minderjährige mit der aufgrund unwirksamen Vertrages erfolgten Besitzverschaffung aber gleichzeitig eine unerlaubte Handlung begangen, so greift wiederum der Grundsatz durch, dass der Schutz des nicht (voll) Geschäftsfähigen seine Grenze am Deliktsrecht findet; in diesen Fällen kommt es also doch analog §§ 827, 828 auf die eigene Bösgläubigkeit des Minderjährigen an (so richtig MünchKomm/GITTER[3] Vorbem 30 zu § 104). Stellt die unerlaubte Handlung zugleich eine Straftat dar (Betrug nach § 263 StGB), so folgt dieses Ergebnis schon aus dem Rechtsgedanken des § 992. Das bloße Verschweigen der Minderjährigkeit oder der fehlenden Einwilligung des gesetzlichen Vertreters verwirklicht allerdings mangels einer dahingehenden Aufklärungspflicht des Minderjährigen noch nicht den Betrugstatbestand; erforderlich ist vielmehr ein positives Vorspiegeln der Volljährigkeit bzw des Konsenses des Vertreters in entsprechender Anwendung von § 166 Abs 1. Im Falle eines von dem minderjährigen Fremdbesitzer (zB aufgrund unwirksamen Mietvertrages) begangenen Fremdbesitzerexzesses muss ebenfalls der Kenntnisstand des Minderjährigen entscheidend sein (vgl H EBEL JA 1983, 296).

c) Ungerechtfertigte Bereicherung

Im Bereicherungsrecht stellt sich die Frage einer entsprechenden Anwendbarkeit **78** der Geschäftsfähigkeitsvorschriften für die Beurteilung der persönlichen Fähigkeit des Bereicherungsschuldners zur Kenntnis des fehlenden Rechtsgrundes der Bereicherung gem § 819 Abs 1 mit der Folge einer Haftung nach den „allgemeinen Vorschriften" gem § 818 Abs 4, die über § 292 zur Verantwortlichkeit gem §§ 987 ff und damit bei verschuldetem Bereicherungswegfall zum Ausschluss des Einwandes aus § 818 Abs 3 führt (verschärfte Bereicherungshaftung). Die diesbezügliche Problematik ähnelt stark der sich bezüglich der Bösgläubigkeit im Eigentümer-Besitzer-Verhältnis stellenden (s o Rn 76) und wird deshalb ähnlich kontrovers diskutiert. Die eine entsprechende Anwendung der §§ 104 ff bejahende Ansicht verlangt demgemäß für die verschärfte Haftung eines nicht (voll) geschäftsfähigen Bereicherungsschuldners die Kenntnis des gesetzlichen Vertreters von dem fehlenden Rechtsgrund (vgl CANARIS JZ 1971, 560, 562 f; LARENZ/CANARIS, SR II 3 § 73 II 2 a; METZLER NJW 1971, 690; grundsätzl auch SCHILKEN 297 f) oder sogar die Genehmigung der Leistung oder des Eingriffs durch den Vertreter (so H EBEL JA 1982, 373, 375 ff; 526, 527 f), während die Kenntnis des Bereicherungsschuldners allein nicht ausreichen soll. Die Gegenmeinung wendet die Vorschriften über die Deliktsfähigkeit entsprechend an und lässt deshalb die Kenntnis des gem § 828 Abs 3 deliktsfähigen Bereicherungsschuldners für die verschärfte Haftung genügen (BOEHMER MDR 1959, 705, 706; WEIMAR MDR 1978, 378, 379; vTUHR, AT II 1 § 59 X 5 aE; ENNECCERUS/NIPPERDEY I 2 § 151 Fn 7; auch KG OLGE 20, 249, 250). Die heute wohl überwiegende Meinung differenziert zwischen der durch Leistung und der „in sonstiger Weise" eingetretenen Bereicherung dergestalt, dass für jene die Kenntnis des gesetzlichen Vertreters, für diese die Kenntnis des deliktsfähigen Bereicherungsschuldners selbst entscheidend sein soll (vgl PAWLOWSKI JuS 1967, 302, 306 f; GURSKY NJW 1969, 2183, 2184 f; KNÜTEL JR 1971, 293, 294; KÖBLER JuS 1979, 789, 794; DALHOFF 119 f; FOMFEREK 88 f; AK-BGB/KOHL Vorbem 17 zu § 104; ERMAN/PALM Vorbem 7 zu § 104; PALANDT/ELLENBERGER Einf zu § 104 Rn 6).

79 Zu folgen ist der nach Kondiktionsarten differenzierenden Ansicht. Würde bei der **Leistungskondiktion** aufgrund eines wegen des Geschäftsfähigkeitsmangels des Bereicherungsschuldners unwirksamen Vertrages auf die Kenntnis des minderjährigen Bereicherungsschuldners selbst abgestellt, so schuldete dieser, falls der ursprünglich erlangte Bereicherungsgegenstand als solcher bei ihm nicht mehr vorhanden ist, gem § 818 Abs 2 den vollen Wertersatz, ohne sich auf einen nach Kenntniserlangung eingetretenen Bereicherungswegfall gem § 818 Abs 3 berufen zu können. Der Minderjährige würde dann wirtschaftlich regelmäßig so gestellt, als müsste er die in dem (unwirksamen) Vertrag vereinbarte Gegenleistung erbringen und dazu sein vor dem Vertragsschluss vorhandenes Vermögen angreifen. Damit wäre aber der Schutz vereitelt, den das Geschäftsfähigkeitsrecht dem nicht (voll) geschäftsfähigen Vertragsteil dadurch gewähren will, dass es die Entscheidung über die Erfüllung eines dem Minderjährigen rechtlich nicht lediglich vorteilhaften Vertrages in die Hände des gesetzlichen Vertreters legt. Nach dem Schutzzweck der §§ 104 ff kann somit bei der bereicherungsrechtlichen Rückabwicklung eines aufgrund Geschäftsfähigkeitsmangels unwirksamen Rechtsgeschäfts eine verschärfte Haftung des Minderjährigen erst von dem Zeitpunkt an eintreten, in dem dessen gesetzlicher Vertreter von dem fehlenden Rechtsgrund der Leistung Kenntnis erlangt hat; die Kenntnis allein des Minderjährigen kann diese Wirkung dagegen nicht herbeiführen (grundlegend RG JW 1917, 465; KG NJW 1998, 2911; OLG Nürnberg NJW-RR 1989, 1137; MEDICUS, BR Rn 176 u FamRZ 1971, 250, 251; ESSER/WEYERS II § 51 III 1a; auch RGZ 93, 227, 230; KG OLGE 22, 356 f; FamRZ 1964, 518, 519; OLG Hamm NJW 1966, 2357, 2359). Nicht gefolgt werden kann der weitergehenden Ansicht, die die bloße Kenntnis der Rechtsgrundlosigkeit seitens des gesetzlichen Vertreters nicht genügen lässt, sondern aus den §§ 107 ff folgert, eine Haftung des Minderjährigen nach § 819 Abs 1 komme bei fehlender Zustimmung des Vertreters zu dem der Leistung zugrundeliegenden Vertrag überhaupt nicht und bei Unwirksamkeit des (konsentierten) Vertrages aus einem anderen Grund nur dann in Betracht, wenn der Vertreter seine erteilte Genehmigung nicht aus diesem Grunde angefochten hat (so H EBEL JA 1982, 373, 375 ff). Diese Meinung berücksichtigt zu wenig den Unterschied zwischen vertraglicher und Bereicherungshaftung und überspannt damit den Minderjährigenschutz über Gebühr zum Nachteil des Geschäftsgegners des Minderjährigen. Im Bereicherungsrecht wird dem Schutz des nicht (voll) Geschäftsfähigen schon durch das Erfordernis der Kenntnis des gesetzlichen Vertreters für die verschärfte Haftung voll Rechnung getragen, denn der Vertreter kann dann die zur Verhinderung eines Bereicherungswegfalls notwendigen Maßnahmen ergreifen; ist er hierzu nicht willens oder imstande, so kann dies nicht dem Bereicherungsgläubiger zum Nachteil gereichen (vgl WILHELM AcP 183 [1983] 1, 29 m Fn 79; FOMFEREK 88).

80 Abweichend von dem Grundsatz der Maßgeblichkeit der Kenntnis des gesetzlichen Vertreters ist aber auch bei der Leistungskondiktion dann in entsprechender Anwendung der §§ 827, 828 auf die Kenntnis des deliktsfähigen Bereicherungsschuldners selbst abzustellen, wenn dieser die Leistung des anderen Teils durch Erfüllung des Tatbestandes einer **unerlaubten Handlung** herbeigeführt hat (BGHZ 55, 128, 136 f = NJW 1971, 609, 611; TEICHMANN JuS 1972, 247, 250; ERMAN/PALM Vorbem 7 zu § 104; MünchKomm/ SCHMITT § 108 Rn 38, 40). Die gegenüber dem Geschäftsfähigkeitsrecht eigenständige Regelung der Verantwortlichkeit für unerlaubte Handlungen muss sich insofern, ebenso wie auf die Haftung gem § 990 Abs 1 (vgl o Rn 77), auch auf das Bereicherungsrecht auswirken. Die entsprechende Anwendung der §§ 827, 828 lässt sich auch nicht mit dem Hinweis auf die für eine Bereicherungshaftung – anders als für eine Haftung aus unerlaubter Handlung – nicht erforderliche Entstehung eines über die deliktisch veranlasste Leistung als solche hinausgehenden weiteren Schadens des Bereicherungsgläubigers und der deshalb hier nicht eingreifenden Warnfunktion des Schadens, dem die Regelung der deliktischen Verantwortlichkeit zugrunde liege, verneinen (so aber CANARIS JZ 1971, 560, 562 f; LARENZ/CANARIS, SR II 2 § 73 II 2a; MEDICUS/PETERSEN, BR Rn 176, auch FamRZ 1971, 250, 251; CZEGUHN Rn 175 aE). Denn zum einen wird im Falle einer durch deliktisches Handeln des Bereicherungsschuldners verursachten Leistung die dem Leistungsempfänger erkennbare Möglichkeit eines weiteren Schadens des Leistenden kaum je auszuschließen sein (vgl den „Flugreise"-Fall BGHZ 55, 128, wo der minderjährige Beklagte, als er sich zum Sitzenbleiben in der Lufthansa-Maschine und damit zur Begehung der Tathandlung des § 265a StGB entschloss, noch gar nicht wissen konnte, dass das Flugzeug nicht ausgebucht war [andere Deutung bei CANARIS JZ 1971, 560, 563]). Vor allem aber ist im Rahmen einer entsprechenden Anwendung der §§ 827, 828 die für § 819 Abs 1 erforderliche Kenntnis des Minderjährigen eine ihm rechtlich – bei laienhafter Parallelwertung – nicht zustehende Leistung zu erlangen bzw (bei *mala fides superveniens*) erlangt zu haben, hinsichtlich ihrer Warnfunktion dem für die deliktische Haftung ausreichenden (BGH VersR 1970, 374 f) Wissen, durch Begehung der rechtswidrigen Handlung irgendwie zur Verantwortung gezogen werden zu können, gleich zu achten (vgl TEICHMANN JuS 1972, 247, 250). Ein über sieben Jahre alter Minderjähriger kann sich folglich bei Vorhandensein der entsprechend § 828 Abs 3 erforderlichen Einsicht nicht auf einen Bereicherungswegfall berufen, der nach erlangter Kenntnis der Rechtsgrundlosigkeit der von ihm durch deliktisches Verhalten veranlassten Leistung eingetreten ist. Der „Flugreise"-Fall (BGHZ 55, 128) ist daher auch bei der – allerdings zweifelhaften – Qualifikation des erschlichenen Hinfluges als eine von der Lufthansa dem Beklagten erbrachte Leistung im Ergebnis zutreffend entschieden worden. Bei Deliktsunfähigkeit des Bereicherungsschuldners gem §§ 827 S 1, 828 Abs 1 scheidet hingegen eine Haftung nach §§ 819 Abs 1, 818 Abs 4 in jedem Falle aus (vgl KG NJW 1998, 2911).

In den Fällen der Bereicherung „in sonstiger Weise" ist hinsichtlich der für § 819 **81** Abs 1 entscheidenden Kenntnis zwischen den einzelnen **Nichtleistungskondiktionen** zu differenzieren. Im Bereich der **Eingriffskondiktion** muss dabei die Bereicherung im Wege eines vom Bereichsschuldner selbst vorgenommenen Eingriffs in ein dem Bereicherungsgläubiger zugewiesenes Rechtsgut (nach der herrschenden Zuweisungstheorie) gesondert betrachtet werden, weshalb es sich empfiehlt, diesen Konditionstyp systematisch überhaupt auf Eingriffe seitens des Schuldners zu beschränken und die von einem Dritten in sonstiger Weise herbeigeführten Bereicherungsvorgänge anderen Arten der Nichtleistungskondiktion zuzurechnen (vgl MünchKomm/LIEB[4] § 812 Rn 223, 228 ff, 231; anders jetzt MünchKomm/SCHWAB § 812 Rn 235). Diese Verursachung der Bereicherung durch ein eigenes Verhalten des Bereicherten begründet gegenüber den sonstigen Nichtleistungskondiktionen eine Sonderstellung der Eingriffskondiktion als Usurpation eines fremden Rechtsgutes und verleiht ihr damit einen deliktsähnlichen Charakter (vgl eingehend REUTER/MARTINEK, Ungerechtfertigte Bereicherung [1983] § 7 II 2; auch MEDICUS/PETERSEN, BR Rn 176 aE). Diese Deliktsähnlichkeit führt bei der Eingriffskondiktion zu einer entsprechenden Anwendung der §§ 827, 828 hinsichtlich der Kenntnis des fehlenden Rechtsgrundes, für die es mithin auf den Kenntnisstand des minderjährigen Bereicherungsschuldners selbst ankommt (PAWLOWSKI JuS 1967, 302, 306 f; GURSKY NJW 1969, 2183, 2184 f; KNÜTEL JR 1971, 293, 294; DALHOFF 121 f;

MünchKomm/Schwab § 819 Rn 8 [anders Voraufl]; Palandt/Ellenberger Einf zu § 104 Rn 6; grundsätzl auch Medicus/Petersen, BR Rn 176; insoweit auch Reuter/Martinek aaO § 18 III 3; aA Canaris JZ 1971, 560, 562 f, Larenz/Canaris, SR II 2 § 72 II 2a; Metzler NJW 1971, 690; H Ebel JA 1982, 526, 527 f). Ein über den Eingriff als solchen hinausgehender Schaden des Bereicherungsgläubigers ist auch hier nicht erforderlich (aA Canaris, Medicus jeweils aaO); die für die entsprechende Anwendung des § 828 Abs 3 erforderliche Warnfunktion kommt hier dem Wissen des Minderjährigen zu, mit dem Eingriff einem anderen zugewiesene Befugnisse auszuüben (vgl Teichmann JuS 1972, 247, 250). Die Entscheidung des BGH im „Flugreise"-Fall (BGHZ 55, 128) verdient somit im Ergebnis auch dann Zustimmung, wenn man die Beförderung des Beklagten auf dem Hinflug nach New York, wohl zutreffend, als durch einen Eingriff erlangt ansieht; auch das bloße „Sitzenbleiben" in der Maschine stellt sich als ein die Bereicherung verursachendes Verhalten dar.

82 Die **sonstigen Nichtleistungskondiktionen**, insbesondere die auf eine Handlung des Bereicherungsgläubigers selbst zurückzuführende Aufwendungs- und Rückgriffkondiktion, unterscheiden sich von der Eingriffskondiktion, ungeachtet ihrer systematischen Gliederung im Einzelnen, durch das Fehlen eines die Bereicherung herbeiführenden usurpatorischen Verhaltens des Bereicherungsschuldners. Für eine Qualifikation dieser Kondiktionen als deliktsähnlich ist damit kein Raum. Folglich ist hier der Weg einer entsprechenden Anwendung der Deliktsfähigkeitsvorschriften versperrt. Vielmehr erscheint, wie grundsätzlich im Rahmen einer Leistungsbeziehung (so Rn 79), ein Schutz des Minderjährigen dagegen geboten, im Wege einer verschärften Haftung für die ohne sein Zutun eingetretene Bereicherung Einbußen an seinem sonstigen Vermögen zu erleiden. Deshalb ist eine entsprechende Anwendung des Geschäftsfähigkeitsrechts auch für die nach § 819 Abs 1 erforderliche Kenntnis notwendig. Eine verschärfte Bereicherungshaftung setzt demnach die Kenntnis des gesetzlichen Vertreters von der Rechtsgrundlosigkeit der Bereicherung voraus (vgl Reuter/Martinek aaO § 18 III 3).

83 Für die zum Kondiktionsausschluss des § 814 auf Seiten des Leistenden erforderliche **Kenntnis des Nichtbestehens der Verbindlichkeit** kommt es bei Leistungserbringung durch einen Vertreter nach allgemeiner Ansicht gem § 166 Abs 1 auf die Kenntnis des Vertreters an (RGZ 107, 329, 335; BGHZ 73, 202, 204 f = NJW 1979, 763; NJW 1999, 1024, 1025; BAGE 10, 176, 178 = JZ 1961, 456, 457 m Anm Herschel; MünchKomm/Schwab Rn 14, Staudinger/Lorenz [1999] Rn 4 jeweils zu § 814). Dies gilt auch für den gesetzlichen Vertreter eines nicht (voll) Geschäftsfähigen und für den Betreuer im Rahmen eines angeordneten Einwilligungsvorbehalts. Erbringt der minderjährige „Schuldner" die Leistung in eigener Person, so muss entsprechend § 166 Abs 1 ebenfalls die Kenntnis des gesetzlichen Vertreters maßgeblich sein. Dagegen verbietet sich eine entsprechende Anwendung von § 166 Abs 2, wenn ein Minderjähriger in Kenntnis des Nichtbestehens der Schuld den von deren Bestehen ausgehenden gesetzlichen Vertreter zur Leistung oder zur Zustimmung zur eigenen Leistung veranlasst (vgl allgemein o Rn 72).

d) Beginn der regelmäßigen Verjährungsfrist nach § 199 Abs 1 Nr 2

84 Für die zum Beginn der regelmäßigen Verjährungsfrist des § 195 gem § 199 Abs 1 neben der Entstehung des Anspruchs (Nr 1) erforderliche Erlangung der Kenntnis oder die auf grober Fahrlässigkeit beruhende Unkenntnis von den anspruchsbegründenden Umständen und der Person des Schuldners (Nr 2) kommt es bei fehlender (voller) Geschäftsfähigkeit des Gläubigers entspr § 166 Abs 1 auf den Kenntnisstand des gesetzlichen Vertreters an (so für § 852 aF RG WarnR 1913 Nr 143; BGH VersR 1963, 161, 162; NJW 1989, 2323; 1991, 2350). Die Vollendung einer auf Grund dieser Kenntnis (der grob fahrlässigen Unkenntnis) des Vertreters in Gang gesetzten Verjährungsfrist wird durch einen späteren vorübergehenden Wegfall der gesetzlichen Vertretung nicht gehindert, wenn der Mangel der Vertretung vor Beginn der 6-Monats-Frist des § 210 Abs 1 S 1 behoben worden ist (BGH VersR 1968, 1165, 1167).

10. Sonstige Rechtshandlungen

Zwischen den Rechtsgeschäften einerseits und den rechtswidrigen Handlungen (unerlaubte Handlungen, Forderungsverletzungen) andererseits liegt der breite **Bereich der rechtmäßigen Handlungen nichtrechtsgeschäftlicher Art** (vgl o HÜBNER, AT Rn 580), deren Rechtserfolg, anders als bei den Rechtsgeschäften, unabhängig von einem darauf gerichteten Willen ihres Urhebers eintritt. Eine allgemeine Regelung der Fähigkeit zur Vornahme solcher Rechtshandlungen entsprechend dem Recht der Geschäftsfähigkeit und der Deliktsfähigkeit ist angesichts der großen Verschiedenartigkeit der hierzu gehörenden Verhaltensweisen nicht möglich. Der Gesetzgeber hat deshalb auch nur für bestimmte Arten von Rechtshandlungen diesbezügliche Vorschriften aufgestellt (zB in § 8) und im übrigen die Beantwortung der Frage einer entsprechenden Anwendbarkeit des Geschäftsfähigkeitsrechts auf die Rechtshandlungen der Wissenschaft überlassen (vgl Mot I 127 = MUGDAN I 421 f). Die Antwort richtet sich nach der Eigenart der jeweiligen Rechtshandlung. Hierbei ist die von der Dogmatik seit dem Inkrafttreten des BGB entwickelte und ausgebaute Unterteilung der Rechtshandlungen in rechtsgeschäftsähnliche Rechtshandlungen und Realakte zugrunde zu legen.

a) Rechtsgeschäftsähnliche Rechtshandlungen

Als Eigenart der rechtsgeschäftsähnlichen Rechtshandlungen (hierzu MEDICUS, AT Rn 197) lässt sich der mit ihnen verfolgte Zweck bezeichnen, einem anderen oder der Allgemeinheit einen bestimmten rechtlich erheblichen Umstand (Wille, Vorstellung) mitzuteilen; über den Mitteilungseffekt hinaus lösen diese Handlungen weitere Rechtswirkungen unmittelbar kraft Gesetzes aus. Inwieweit dieser Mitteilungszweck eine entsprechende Anwendung der Vorschriften über die Rechtsgeschäfte auch auf die rechtsgeschäftsähnlichen Handlungen rechtfertigt, kann nicht allgemein beantwortet werden, sondern ist für die einzelnen Handlungen jeweils gesondert zu klären. Grundsätzlich muss die Anwendbarkeit des Geschäftsfähigkeitsrechts aber bejaht werden (BGHZ 47, 352, 357 = NJW 1967, 1800, 1802; ULRICI NJW 2003, 2053, 2054; vBECKER 34 f; vTUHR, AT § 59 X 1; ENNECCERUS/NIPPERDEY II § 137 IV 2a; LARENZ/WOLF, AT § 22 III 1b Rn 17; AK-BGB/KOHL Vorbem 7 zu § 104; ERMAN/PALM Vorbem 17 zu § 104 u Einl 6 zu § 104; MünchKomm/SCHMITT Vorbem 11 zu § 104 u § 105 Rn 10; SOERGEL/HEFERMEHL Vorbem 20 zu § 104; eingehend MANIGK, Rechtswirks Verh 489 ff; auch MEDICUS, AT Rn 198). Denn die Vornahme solcher Rechtshandlungen mit Kundmachungszweck bedeutet ebenfalls eine Teilnahme am Rechtsverkehr, gegen deren negative Folgen der nicht (voll) Geschäftsfähige auch dann geschützt werden muss, wenn diese ohne seinen darauf gerichteten Willen eintreten können. Es gilt somit folgender Grundsatz: Der Geschäftsunfähige kann rechtsgeschäftsähnliche Rechtshandlungen in eigener Person nicht wirksam vornehmen (§ 105 Abs 1 analog). Der in der Geschäftsfähigkeit Beschränkte und der nicht geschäftsunfähige Betreute im Rahmen eines angeordneten Einwilligungsvorbehalts ist zur persönlichen Vornahme rechtsgeschäftsähnlicher Rechtshandlungen imstande, er bedarf hierfür aber, wenn ihm hieraus auch rechtliche Nachteile erwachsen, entsprechend § 107 der Einwilligung seines gesetzlichen Vertreters (Betreuers).

87 Zu den dem beschränkt Geschäftsfähigen lediglich rechtlich vorteilhaften und damit ohne Einwilligung des gesetzlichen Vertreters wirksamen rechtsgeschäftsähnlichen Rechtshandlungen gehört vor allem die **Mahnung** gem § 286 Abs 1 S 1 (BGHZ 47, 352, 357 = NJW 1967, 1800, 1802; KG FamRZ 1989, 537; OLG Köln NJW 1998, 320; KLEIN ArchBürgR 36 [1911] 304, 313 f; vTUHR, AT § 59 X 1; MünchKomm/SCHMITT Vorbem 11 zu § 104; PLANCK Vorbem 2b zu § 104; BGB-RGRK/KRÜGER-NIELAND § 107 Rn 12; SOERGEL/HEFERMEHL Vorbem 20 zu § 104; STAUDINGER/OTTO [2004] § 281 Rn B 35; aA STAUDINGER/LÖWISCH [2001] § 284 Rn 41). Gleiches gilt für die **Aufforderung** des Gläubigers einer Wahlschuld durch den Schuldner zur Ausübung des Wahlrechts nach § 264 Abs 2. Von den in der **Androhung** eines bestimmten Verhaltens bestehenden Rechtshandlungen ist jedenfalls die Androhung der Besitzaufgabe gegenüber dem sich in Annahmeverzug befindlichen Gläubiger durch den Schuldner gem § 303 S 2 für den Schuldner lediglich rechtlich vorteilhaft (KLEIN ArchBürgR 36 [1911] 304, 313) und wohl auch die Androhung der Versteigerung einer nicht hinterlegungsfähigen Sache nach § 384, der Pfandversteigerung nach § 1220 Abs 1 und des Pfandverkaufs nach § 1234 (**aA** KLEIN aaO). Als rechtlich lediglich vorteilhaft ist weiterhin der **Widerspruch** des Vermieters gegen die Entfernung eingebrachter Sachen nach § 562a und des Nachbarn gegen den Überbau gem § 912 Abs 1 für den Widersprechenden zu bezeichnen (KLEIN ArchBürgR 36 [1911] 304, 318 f; vTUHR, AT § 59 X 1; STAUDINGER/EMMERICH [2011] § 562a Rn 14). Von den in der Äußerung einer Vorstellung bestehenden Rechtshandlungen eines in der Geschäftsfähigkeit Beschränkten sind ohne Einwilligung des gesetzlichen Vertreters wirksam die **Anzeige** der Verspätung des Zugangs der Annahmeerklärung durch den Annehmenden gem § 149, des Verlustes usw der eingebrachten Sache durch den Gast nach § 703 S 1 sowie des Verlustes eines Zins-, Renten- oder Gewinnanteilscheins durch den bisherigen Inhaber nach § 804 Abs 1 S 1 (KLEIN, Rechtshandlungen 150; MünchKomm/SCHMITT § 105 Rn 10; SOERGEL/HEFERMEHL Vorbem 20 zu § 104; STAUB/BRÜGGEMANN § 377 Rn 129; s auch BECKMANN/GLOSE BB 1989, 857, 858).

88 Rechtliche Nachteile mit der Folge der Einwilligungsbedürftigkeit entsprechend § 107 erwachsen den beschränkt geschäftsfähigen Handelnden aus der **Aufforderung** an den gesetzlichen Vertreter nach § 108 Abs 2 oder an den Vertretenen nach § 177 Abs 2 zur Erklärung über die Genehmigung des von dem Minderjährigen oder dem Vertreter ohne Vertretungsmacht geschlossenen Vertrages, denn diese Aufforderung macht eine vorher dem Minderjährigen bzw dem Vertreter gegenüber erteilte Genehmigung unwirksam und vernichtet damit einen bereits entstandenen vertraglichen Anspruch des Auffordernden und setzt ferner die Zwei-Wochen-Frist der §§ 108 Abs 2 S 2 und 177 Abs 2 S 2 in Lauf, nach deren fruchtlosem Ablauf sich die bisherige schwebende Unwirksamkeit des Vertrages in eine endgültige verwandelt (vgl KLEIN ArchBürgR 36 [1911] 304, 325; **aA** offenbar MünchKomm/GITTER³ Vorbem 79 zu § 104). Bei der **Setzung von Fristen** war (vor der Schuldrechtsmodernisierung) für die wichtigen Fälle der §§ 250, 281, 323 Abs 1 uä die Einordnung als Rechtsgeschäfte (so RGZ 53, 161, 167; BGHZ 114, 360, 366 = NJW 1991, 2552, 2553; LINDACHER JZ 1980, 48, 49; LARENZ/WOLF, AT § 22 III 1a Rn 15) oder als rechtsgeschäftsähnliche Rechtshandlungen (so

KLEIN ArchBürgR 36 [1911] 304, 322; SOERGEL/HEFERMEHL Vorbem 20 zu § 104; STAUDINGER/ OTTO/SCHWARZE [2009] § 326 Rn B 36) umstritten; für die letztgenannte Ansicht spricht der Umstand, dass der Eintritt der Rechtswirkungen der Fristsetzung einen hierauf gerichteten Willen des Fristsetzenden nicht erfordert. Eine Fristsetzung mit Ablehnungsandrohung gem § 250 verlangt wegen des dadurch bewirkten Ausschlusses des Primäranspruchs (S 2 letzter HS) die Einwilligung des gesetzlichen Vertreters (KLEIN aaO; anders wohl MünchKomm/GITTER³ Vorbem 79 zu § 104). Die Fristsetzungen nach den §§ 281 und 323 lassen hingegen unter dem neuen Recht den Primäranspruch nicht mehr entfallen, sondern führen nur zur Entstehung eines Schadensersatzanspruchs bzw eines Rücktrittsrechts des Gläubigers neben dem zunächst (§ 281 Abs 4) fortbestehenden Erfüllungsanspruch; diese Rechtsakte kann der beschränkt geschäftsfähige Gläubiger daher als ihm rechtlich lediglich vorteilhaft ohne Einwilligung des gesetzlichen Vertreters vornehmen. Die **Anzeige** der Forderungsabtretung durch den Gläubiger gegenüber dem Schuldner nach § 409 und die Mitteilung der Übereignung des vermieteten Grundstücks durch den Vermieter gegenüber dem Mieter nach § 566e sind als dem Anzeigenden nachteilige Tatbestände veranlassten Rechtsscheins (vgl hierzu allg o Rn 47) einwilligungsbedürftig (für § 409: NITSCHKE JuS 1968, 541, 542; VTUHR, AT § 59 X 3; SOERGEL/HEFERMEHL Vorbem 20 zu § 104; für § 566e: MünchKomm/ HÄUBLEIN § 566e Rn 3; STAUDINGER/EMMERICH [2011] § 566e Rn 3), desgleichen die Anzeige des Erlöschens einer Außenvollmacht gem § 170 (KLEIN, Rechtshandlungen 150), da sie den bis dahin fortbestehenden Rechtsschein der Bevollmächtigung vernichtet. Zur Kundgabe einer Bevollmächtigung nach § 171 und zur Aushändigung einer Vollmachtsurkunde nach § 172 s o Rn 48. Zur Einwilligung in die Verletzung persönlicher Rechte und Rechtsgüter s o Rn 56 ff. Einwilligungsbedürftig ist schließlich auch die **verjährungsunterbrechende Anerkennung** des Anspruchs gem § 212 Abs 1 Nr 1 wegen des dem Anerkennenden nachteiligen erneuten Verjährungsbeginns (vgl vTuhr, AT § 59 X 3; PALANDT/ELLENBERGER § 212 Rn 2; STAUDINGER/PETERS [2001] § 208 Rn 7, 8). Da die rechtsgeschäftsähnlichen Rechtshandlungen einseitige Rechtsakte darstellen, ist auf sie auch § 111 entsprechend anwendbar (PALANDT/ELLENBERGER § 111 Rn 1). Die fehlende Einwilligung macht die Rechtshandlung also (endgültig) unwirksam; bei der – idR gegebenen – Empfangsbedürftigkeit der Rechtshandlung tritt Unwirksamkeit auch bei erteilter, aber nicht in schriftlicher Form vorgelegter Einwilligung und unverzüglicher Zurückweisung der Handlung aus diesem Grunde durch den anderen Teil ein, sofern dieser vom Vertreter über die Erteilung nicht in Kenntnis gesetzt worden war. Die Erteilung einer **Quittung** ist mangels materiellrechtlicher Wirkungen keine rechtsgeschäftsähnliche Rechtshandlung, sondern als außergerichtliches Geständnis des Leistungserhalts ein in einer Willenserklärung bestehendes Beweismittel (STAUDINGER/OLZEN [2000] § 368 Rn 7), dessen formelle Beweiskraft sich nach § 416 ZPO auf die Abgabe durch den unterzeichneten Aussteller beschränkt, während die inhaltliche Richtigkeit der freien Beweiswürdigung gem § 286 ZPO unterliegt. Bei einem Geschäftsfähigkeitsmangel des Ausstellers ist der Beweiswert regelmäßig eingeschränkt (vgl OLG Köln MDR 1964, 155 [Nr 89]; OLG Karlsruhe MDR 1978, 667 f; auch STÖTTER MDR 1978, 632, 633).

b) Realakte

Den Realakten fehlt jener Mitteilungs- und Kundgabecharakter, der für die entsprechende Anwendbarkeit der Geschäftsfähigkeitsvorschriften auf die rechtsgeschäftsähnlichen Rechtshandlungen ausschlaggebend ist (s o Rn 86); ihre Rechtswirkungen treten vielmehr allein aufgrund eines durch die Handlung herbeigeführten, an sich außerrechtlichen tatsächlichen Erfolges ein (vgl LARENZ/WOLF, AT § 22 III 2 Rn 20; ferner KLEIN SeuffBl 76 [1911] 512 f; ENNECCERUS/NIPPERDEY I 2 § 137 IV 2b; MEDICUS, AT Rn 196; BGB-RGRK/KRÜGER-NIELAND Vorbem 14 zu § 104). Für die diesen Erfolg herbeiführende Handlung ist deshalb auch kein rechtlich qualifizierter Wille zu fordern, sondern es genügt der auf den Erfolgseintritt gerichtete natürliche Wille. Die Rechtsfolgen der Realakte treten deshalb nach allgemeiner Ansicht ohne Rücksicht auf die Geschäftsfähigkeit ihres Urhebers ein, die §§ 104 ff sind mithin auf diese Rechtshandlungen grundsätzlich nicht entsprechend anwendbar; es genügt die tatsächliche Erkenntnis- und Willensfähigkeit des Handelnden im Hinblick auf den herbeigeführten äußeren Erfolg (KLEIN SeuffBl 76 [1911] 512, 515; MANIGK, Rechtswirks Verh 488; FLUME, AT II § 13, 11b; LARENZ/WOLF, AT § 22 III 2 Rn 22; AK-BGB/KOHL Vorbem 8 zu § 104; ERMAN/PALM Vorbem 17 zu § 104 u Einl 7 f zu § 104; MünchKomm/SCHMITT § 105 Rn 14; SOERGEL/HEFERMEHL Vorbem 18, 19 zu § 104; anders nur DALHOFF 45 ff, 51 f). Durch **Verarbeitung** oder Umbildung eines oder mehrerer Stoffe wird der Verarbeiter daher auch bei fehlender Geschäftsfähigkeit Eigentümer der neu hergestellten Sache gem § 950 Abs 1. Für die Herstellung unkörperlicher Güter gilt Entsprechendes: Das **Urheberrecht** des Schöpfers eines literarischen, wissenschaftlichen oder künstlerischen Werkes entsteht nach § 7 UrhG durch den Realakt der Schöpfung (vgl LG Nürnberg-Fürth GRUR 1968, 252, 254) ungeachtet eines – etwa bei Minderjährigkeit auch hier durchaus möglichen (Beispiele bei FROMM/NORDEMANN, Urheberrecht [10. Aufl 2008] § 7 UrhG Rn 10) – Geschäftsfähigkeitsmangels des Schöpfers (SCHRICKER/KATZENBERGER/LOEWENHEIM, Urheberrecht [3. Aufl 2006] § 7 UrhG Rn 5). Das Recht auf das **Patent** – Gleiches gilt für andere gewerbliche Schutzrechte (Gebrauchsmuster, Geschmacksmuster) – entsteht nach § 6 PatG mit dem eine Geschäftsfähigkeit des Erfinders nicht erfordernden tatsächlichen Akt der Erfindung (BENKARD/BRUCHHAUSEN, PatG, [9. Aufl 1993] § 6 Rn 6), während die Patentanmeldung (§ 35 PatG) als Verfahrenshandlung Verfahrens- und damit Geschäftsfähigkeit verlangt (hierzu PFANNER GRUR 1955, 556 ff; BENKARD/SCHÄFERS § 35 Rn 2). Entbehrlich ist die Geschäftsfähigkeit auch für den Eintritt der Rechtsfolgen des **Fundes** nach den §§ 965 ff und des **Schatzfundes** gem § 984. Für die Rechtswirkungen der **Verbindung** (§§ 946 f) und der **Vermischung** (§ 948) gilt dies erst recht, da diese Tatbestände überhaupt keine menschliche Handlung erfordern, sondern auch durch Naturereignisse oä verwirklicht werden können. Der **Widerruf einer ehrenrührigen Behauptung** führt, wie diese Behauptung selbst, einen tatsächlichen Erfolg im Bereich der Vorstellungswelt herbei und ist daher den Realakten zuzurechnen (vgl BGH NJW 1952, 417); er ist deshalb schon bei Einsichtsfähigkeit in seine Bedeutung beachtlich und verlangt keine Geschäftsfähigkeit.

90 Der für den Erwerb des unmittelbaren **Besitzes** gem § 854 Abs 1 zu fordernde Besitzbegründungswille (vgl STAUDINGER/BUND [2007] § 854 Rn 14 ff) ist ebenfalls auf den bloß faktischen Erfolg der Erlangung der tatsächlichen Sachherrschaft gerichtet. Zu diesem Besitzerwerb bedarf es deshalb nach heute einhelliger Ansicht keiner Geschäftsfähigkeit des Erwerbers, sondern nur der zur Erlangung der Sachherrschaft tatsächlich notwendigen körperlichen und geistig-willensmäßigen Fähigkeit, die im Einzelfall auch einem Geschäftsunfähigen zukommen kann (KLEIN SeuffBl 76 [1911] 512, 516; MANIGK, Rechtswirks Verhalten 482; BREIT 242 ff, 249; STEINER 27 ff; DALHOFF 148 f; HECK, SaR § 10, 4b; FLUME, AT II § 13, 11c; AK-BGB/KOHL Vorbem 8 zu § 104; BGB-RGRK/KRÜGER-NIELAND Vorbem 14 zu § 104; MünchKomm/SCHMITT § 105 Rn 15; SOERGEL/ HEFERMEHL Vorbem 19 zu § 104; STAUDINGER/BUND [2000] § 854 Rn 17). § 800 Abs 1 E I, mit dessen Streichung die Zweite Kommission keine grundsätzliche Änderung beabsichtigte (vgl Prot 3343 = MUGDAN III 505), wollte zwar den Besitzerwerb durch einen Geschäftsunfähigen in eigener Person nicht zulassen, diese Ansicht des historischen Gesetzgebers beruhte aber auf der heute überwundenen Auffassung, die dem Geschäftsunfähigen jedweden rechtlich relevanten Willen absprach. Auf die Erlangung des Eigenbesitzes (§ 872) will ein Teil der Lehre allerdings die §§ 104 ff (entsprechend) anwenden (FLUME, AT II § 13, 11c; ERNST, Eigenbesitz 63 ff, 66). Jedoch braucht sich auch der Eigenbesitzwille nur auf ein tatsächliches Verhalten wie ein Eigentümer hinsichtlich der Sache zu richten, weshalb es auch hier nicht auf eine Geschäftsfähigkeit des Erwerbers ankommen kann (KIPP ZHR 54 [1904] 607, 609; FOMFEREK 7 f; WESTERMANN/GURSKY § 12 II 1; WOLFF/RAISER § 7 I 1; MünchKomm/SCHMITT § 105 Rn 16; BGB-RGRK/KRÜGER-NIELAND § 104 Rn 6, § 107 Rn 15). Auch der Verlust des unmittelbaren Besitzes tritt unabhängig von einer Geschäftsfähigkeit des bisherigen Besitzers ein. So kann auch der nicht (voll) Geschäftsfähige bei Vorhandensein des entsprechenden natürlichen Willens den Besitz aufgeben (RGZ 98, 131, 134) oder mittels Übergabe der Sache auf einen anderen übertragen (vgl BGH NJW 1988, 3260, 3262; aA eine frühere Meinung, die in der Besitzübertragung durch Übergabe eine Verfügung des Übergebenden erblickte RAAPE JherJb 71 [1922] 97, 163; auch vTUHR, AT § 59 X 1), denn auch der Besitzaufgabe- bzw-übertragungswille ist nur auf den tatsächlichen Erfolg der Beendigung der Sachherrschaft gerichtet.

Von dem Besitzverlust als solchen zu unterscheiden ist die sehr umstrittene Frage, ob ein von dem natürlichen Willen eines nicht (voll) Geschäftsfähigen getragener Besitzverlust auch als freiwillig in dem Sinne anzusehen ist, dass ein **Abhandenkommen** der Sache gem § 935 Abs 1 nicht vorliegt mit der Folge der Möglichkeit eines gutgläubigen Erwerbs vom Nichtberechtigten nach den §§ 932–934. Nach einer Ansicht soll ein Abhandenkommen bei einer Weggabe der Sache durch einen beschränkt Geschäftsfähigen zu verneinen, bei einer Weggabe durch einen Geschäftsunfähigen hingegen stets zu bejahen sein (KG OLGE 15, 356, 357; OLG Hamburg OLGE 43, 225; vgl auch OLG München NJW 1991, 2571; FOMFEREK 9; BGB-RGRK/KRÜGER-NIELAND § 104 Rn 6, § 107 Rn 15); diese Meinung hat zwar die Gesetzesmaterialien für sich (Mot III 348 f = MUGDAN III 194), die ihr zugrundeliegende Vorstellung einer dem Geschäftsunfähigen auch außerhalb des rechtsgeschäftlichen Bereichs völlig fehlenden, bei dem beschränkt Geschäftsfähigen hingegen grundsätzlich vorhandenen Willensfähigkeit ist aber so nicht haltbar. Eine andere Auffassung lässt für die Freiwilligkeit der Weggabe die tatsächliche Fähigkeit des bisherigen Besitzers genügen, die Bedeutung des Besitzverlustes zu erkennen (OERTMANN SeuffBl 74 [1909] 573, 581; MUSIELAK JuS 1992, 713, 722; H HÜBNER, Rechtsverlust 114 ff, 117; HECK, SaR § 60, 5; BAUR/STÜRNER, SaR § 52 E II 2a Rn 42; WESTERMANN/GURSKY § 49 I 3; SOERGEL/HEFERMEHL Vorbem 19 zu § 104; auch DALHOFF 149 f). Diese Gleichbehandlung der Freiwilligkeit der Besitzaufgabe mit dem Besitzverlust selbst berücksichtigt aber zu wenig die dem Abhandenkommen im Kontext der Regelung des gutgläubigen Erwerbs beweglicher Sachen zukommende besondere rechtliche Bedeutung. Mit der Freiwilligkeit der Weggabe des unmittelbaren Besitzes veranlasst der Eigentümer der beweglichen Sache den Rechtsschein der Berechtigung des die Sache veräußernden Nichteigentümers. Damit stellt sich hier die Frage der Zurechenbarkeit eines veranlassten Rechtsscheins, die bei fehlender (voller) Geschäftsfähigkeit des Veranlassenden zu verneinen ist (vgl allg o Rn 47). Aus diesem Grunde ist bei einer Weggabe der Sache durch einen nicht (voll) Geschäftsfähigen ohne den Willen des gesetzlichen Vertreters ein Abhandenkommen gem § 935 als gegeben anzusehen (NITSCHKE JuS 1968, 541,

543; MünchKomm/Schmitt § 105 Rn 17; m anderer Begr auch Breit 258 f; Steiner 59; Canaris, Vertrauenshaftung 453 m Fn 4; vTuhr, AT § 59 X 1 m Fn 175; Flume, AT II § 13, 11 d). Geschäftsfähigkeit ist auch für den die Pfandsache an den Verpfänder oder den Eigentümer zurückgebenden Pfandgläubiger zu fordern, damit hierdurch das in § 1253 Abs 1 S 1 angeordnete Erlöschen des Pfandrechts eintritt (umstr; bejahend Rud Schmidt AcP 134 [1931] 1, 68; Müller, SaR § 17 II 3 [Rn 2971]; vTuhr, AT § 59 X 2; MünchKomm/Schmitt § 105 Rn 11; BGB-RGRK/Kregel § 1253 Rn 2; Staudinger/Wiegand [2009] § 1253 Rn 9; auch Mot III 839 = Mugdan III 469; verneinend Westermann/Gursky § 132 III 4; MünchKomm/Damrau § 1253 Rn 4; Palandt/Bassenge § 1253 Rn 2; Soergel/Mühl § 1253 Rn 1). Die Rückgabe begründet zwar nicht eigentlich einen Rechtsschein der rechtsgeschäftlichen Aufgabe des Pfandrechts (so aber wohl MünchKomm/Schmitt § 105 Rn 11), denn das Pfandrecht erlischt unabhängig von einer Gutgläubigkeit etwa eines Dritten, dem die Sache anschließend verpfändet wird. Auch ist die Pfandrückgabe mangels eines Mitteilungscharakters nicht als rechtsgeschäftsähnliche Rechtshandlung, sondern als Realakt einzuordnen. Die Frage der Anwendbarkeit des Geschäftsfähigkeitsrechts darf jedoch nicht schematisch nach der Rechtsnatur der betreffenden Handlung beantwortet werden, sondern es ist bei jedem Rechtsakt besonders zu prüfen, ob der Schutzzweck der §§ 104 ff eine (entsprechende) Anwendung hierauf gebietet (so nachdrücklich Flume, AT II § 13, 11a). Dies ist aber hinsichtlich der Pfandrückgabe der Fall (eingehend Staudinger/Wiegand aaO). Denn die in § 1253 getroffene gesetzgeberische Entscheidung, das Pfandrecht durch die bloße Rückübertragung des Besitzes der Pfandsache auch ohne einen rechtsgeschäftlichen Willen zur Aufhebung des Rechts erlöschen zu lassen, bezweckte allein die konsequente Verwirklichung des Faustpfandprinzips (s Mot aaO). Diese Zielsetzung darf aber den Schutz des nicht (voll) Geschäftsfähigen nicht verringern.

92 Die **zum Besitzerwerb gem § 854 Abs 2** erforderliche und genügende Einigung des bisherigen Besitzers und des Erwerbers wird allgemein als echtes Rechtsgeschäft angesehen mit der Folge einer unmittelbaren Anwendung der §§ 104 ff (Breit 250 f; Steiner 36 f, 60; Heck, SaR § 10, 6; anders nur Manigk, Rechtswirks Verh 483 f). Gleiches gilt für die **Eigentumsaufgabe** (Dereliktion) nach § 959, denn dieser Akt erfordert neben der Besitzaufgabe noch die Absicht des Eigentumsverzichts und damit einen auf die Herbeiführung eines Rechtserfolgs gerichteten Willen (Flume, AT II § 9, 2a, bb; Breit 264 f; Manigk aaO S 457 ff; MünchKomm/Schmitt § 105 Rn 12; BGB-RGRK/Krüger-Nieland § 107 Rn 15; Staudinger/Gursky § 959 [1995] Rn 1). Die **Aneignung** einer beweglichen Sache ist hingegen auch dem nicht (voll) Geschäftsfähigen in eigener Person möglich, denn hierfür lässt § 958 Abs 1 den – nicht als Rechtsgeschäft zu qualifizierenden (s o Rn 90) – Eigenbesitzerwerb ohne das zusätzliche Erfordernis eines auf Eigentumserlangung gerichteten rechtsgeschäftlichen Willens ausreichen; zu fordern ist daher lediglich die tatsächliche Einsichtsfähigkeit in die Bedeutung der Eigenbesitzbegründung (vBecker 73; Steiner 44 f, 71 f; Dalhoff 154 f; Westermann/Gursky § 58 IV; Baur/Stürner, SaR § 53 F III 2; BGB-RGRK/Krüger-Nieland § 107 Rn 15; Soergel/Hefermehl Vorbem 19 zu § 104; **aA** Breit 262 f; Manigk, Rechtswirks Verh 457 ff; Flume, AT II § 13, 11c; Planck Vorbem 1a zu § 104). Die **Einbringung von Sachen** durch den Mieter oder den Gast lässt als ein dem Besitzverlust ähnlicher Realakt das gesetzliche Pfandrecht des Vermieters bzw des Gastwirts gem §§ 562 und 704 an diesen Sachen sowie die verschuldensunabhängige Schadensersatzpflicht des Gastwirts nach § 701 ebenfalls unabhängig von der Geschäftsfähigkeit des Einbringenden entstehen (Klein SeuffBl 76 [1911] 512, 518 f; Manigk, Rechtswirks Verh 486 f; MünchKomm/Schmitt § 105 Rn 18; Münch-

Titel 1   Vorbem zu §§ 104–115
Geschäftsfähigkeit   93, 94

Komm/Artz § 562 Rn 12; Soergel/Heintzmann § 559 Rn 23; Staudinger/Werner [1995] § 701 Rn 29; vgl auch RGZ 132, 116, 120 f; einschr Staudinger/Emmerich [2011] § 562 Rn 10). Die Gegenmeinung hält die entsprechende Anwendung der §§ 104 ff gem deren Schutzzweck für geboten (vTuhr, AT § 59 X 2; Flume, AT II § 13, 11d). Der nicht (voll) geschäftsfähige Mieter ist jedoch schon dadurch hinreichend geschützt, dass das Vermieterpfandrecht einen wirksamen Mietvertrag (MünchKomm/Artz § 562 Rn 6) und infolgedessen die Mitwirkung des gesetzlichen Vertreters bei dem Vertragsschluss voraussetzt, der dann auch die Einbringung solcher Sachen, an denen er die Entstehung des gesetzlichen Pfandrechts nicht wünscht, verhindern kann. Das Pfandrecht des Gastwirts nach § 704 entsteht zwar auch ohne wirksamen Beherbergungsvertrag, würde man aber eine Einbringung durch einen nicht (voll) geschäftsfähigen Gast mangels Mitwirkung des gesetzlichen Vertreters für unwirksam ansehen, so verhinderte dies auch die dem Gast günstige Haftung des Wirtes aus § 701, da anderenfalls eine Art hinkendes Rechtsverhältnis (kein gesetzliches Pfandrecht, aber verschuldensunabhängige Haftung) entstände, das sich kaum begründen ließe; auch insoweit sollte daher der hM gefolgt werden.

Gewisse Rechtshandlungen erfordern zur Auslösung ihrer Rechtsfolgen, anders als **93** die typischen Realakte (s o Rn 89), neben einem bestimmten äußeren Erfolg noch einen besonderen, diesem Erfolg gegenüber **selbstständigen Willen** dh einen Willen, der über den auf die bloße Erfolgsherbeiführung gerichteten hinausgeht. Die „Verselbstständigung des Willensmoments" (Flume, AT II § 9, 2a cc) nähert diese „gemischten Realakte" (Lehmann, AT § 38 I 3) den rechtsgeschäftsähnlichen Rechtshandlungen an, zu denen ein Teil des Schrifttums einige von ihnen auch rechnet. Die Kategorie der rechtsgeschäftsähnlichen Rechtshandlungen sollte jedoch auf die Akte mit Kundmachungscharakter beschränkt bleiben, der hier nicht notwendig vorzuliegen braucht. Gleichwohl lässt das Willensmoment im Grundsatz die entsprechende Anwendung des Geschäftsfähigkeitsrechts auf die gemischten Realakte als sachgerecht erscheinen. Für die **Begründung und Aufhebung des Wohnsitzes** nach § 7, die nicht als rechtsgeschäftsähnliche Rechtshandlung (so aber BGHZ 7, 104, 109 = NJW 1952, 1251, 1252; OLG Karlsruhe Rpfleger 1970, 202), sondern als ein solcher Realakt eingeordnet werden sollte (so Larenz/Wolf, AT § 22 III 2 Rn 23; auch BGB-RGRK/Krüger-Nieland Vorbem 14 zu § 104), trifft das Gesetz in § 8 selbst diese Regelung. Auch für **die Bestimmung einer beweglichen Sache zum Zubehör** einer Hauptsache gem § 97 Abs 1 S 1 sollte Geschäftsfähigkeit des Bestimmenden gefordert werden (so Manigk, Rechtswirks Verh 492 f; Enneccerus/Nipperdey § 126 Rn 7; Flume, AT II § 13, 11e; nur nat Willensfähigkeit lassen ausreichen Palandt/Ellenberger § 97 Rn 6; Soergel/Mühl § 97 Rn 25; Staudinger/Dilcher[12] § 97 Rn 20; auch BGB-RGRK/Kregel § 97 Rn 14). Gleiches gilt für die **Einverleibung** von Sachen in ein Inventar nach §§ 582a Abs 2 S 2, 1048 Abs 1 S 2 HS 2, 2111 Abs 2 (Manigk aaO S 493 f; Flume aaO; Westermann/Gursky § 56, 2; Staudinger/Emmerich/Veit [2005] § 582a Rn 25; aA Soergel/Stürner § 1048 Rn 5). Als Realakt in diesem Sinne ist auch die **Geschäftsführung ohne Auftrag** zu bezeichnen, die allerdings als solche keine Geschäftsfähigkeit erfordert, aus welcher der nicht (voll) geschäftsfähige Geschäftsführer aber nur in dem durch § 682 bestimmten Umfang verantwortlich ist (vgl o Rn 45).

c)   **Verzeihung**
Die Verzeihung ist jedenfalls kein Rechtsgeschäft (so schon Mot IV 603 = Mugdan IV **94** 823; ferner RGZ 15, 165, 167; BGH NJW 1974, 1084, 1085; 1984, 2089, 2090 f), denn die durch sie

gem den §§ 532, 2337, 2343 ausgelösten Rechtsfolgen erfordern keinen hierauf gerichteten Willen des Verzeihenden. Sie lässt sich aber auch nicht als rechtsgeschäftsähnliche Rechtshandlung erfassen, da ihr der Mitteilungscharakter nicht wesentlich ist, sondern ihm nur Indizfunktion zukommt (MANIGK JherJb 83 [1933] 1, 28 f). Ihre Eigenart besteht auch nicht in der Herbeiführung eines äußeren Erfolges, weshalb auch eine Qualifikation als Realakt nicht angängig ist. Die Verzeihung muss daher als Rechtshandlung eigener Art qualifiziert werden, deren entscheidendes Merkmal in dem Ausdruck einer inneren Haltung, einer Gesinnung besteht, das Verhalten desjenigen, dem verziehen wird, als nicht mehr zuzurechnen oder als ungeschehen zu erachten (eingehend MANIGK, Willenserklärung und Willensgeschäft 631 ff; BGH aaO). Die Vorschriften über die Geschäftsfähigkeit sind auf diese Rechtshandlung schon deshalb nicht anwendbar, weil die Verzeihung ihrer Natur nach ein höchstpersönlicher Akt ist, sie deshalb nicht durch den gesetzlichen Vertreter erfolgen oder auch nur von dessen Zustimmung abhängig gemacht werden kann. Für die Wirksamkeit der Verzeihung ist nicht Geschäftsfähigkeit des Verzeihenden entscheidend, sondern dessen von seiner tatsächlichen geistig-seelischen Reife abhängige Fähigkeit, die Bedeutung dieser Handlung zu erkennen (ENNECCERUS/NIPPERDEY § 137 Fn 22; FLUME, AT II § 13, 11e; PALANDT/WEIDENKAFF § 532 Rn 2; SOERGEL/DIECKMANN § 2337 Rn 7; STAUDINGER/WIMMER-LEONHARDT [2005] § 532 Rn 3).

11. Verfahrenshandlungen

95 Auf die **Prozessfähigkeit** oder (allgemeiner) **Verfahrensfähigkeit** (vgl LAPPE Rpfleger 1982, 10) als die rechtliche Fähigkeit, ein gerichtliches oder behördliches Verfahren selbst oder durch einen selbst bestellten Vertreter zu führen und alle Prozesshandlungen selbst oder durch einen selbst gewählten Vertreter vorzunehmen und entgegenzunehmen (so LAUBINGER, in: FS Ule [1987] 161, 165; ROSENBERG/SCHWAB/GOTTWALD § 44 I) sind die als solche nur die Rechtsgeschäfte des sachlichen Rechts betreffenden §§ 104 ff nicht unmittelbar anwendbar. Die verschiedenen Verfahrensordnungen legen jedoch ihren Regelungen der Verfahrensfähigkeit, die als „prozessuale Geschäftsfähigkeit" bezeichnet werden kann (so ROSENBERG/SCHWAB/GOTTWALD § 44 I), die Geschäftsfähigkeit zugrunde. So erklärt § 52 Abs 1 ZPO für das streitige Zivil- und das arbeitsgerichtliche Verfahren eine Person insoweit für prozessfähig, als sie sich durch Verträge verpflichten kann. Die Verpflichtungsfähigkeit muss nach ganz hM eine selbstständige in der Weise sein, dass die geschlossenen Verpflichtungsverträge ohne Mitwirkung des gesetzlichen Vertreters wirksam sind. Die für Verpflichtungsverträge eines in der Geschäftsfähigkeit Beschränkten grundsätzlich notwendige Einwilligung des gesetzlichen Vertreters begründet folglich keine Prozessfähigkeit; § 107 ist ebensowenig entsprechend anwendbar wie der – eine generelle Einwilligung betreffende (vgl u § 110 Rn 6) – § 110 (ROSENBERG/SCHWAB/GOTTWALD § 44 II 2a [2]; MünchKommZPO/LINDACHER §§ 51, 52 Rn 4, 14; anders GRUNSKY, Grundlagen d Verfahrensrechts [2. Aufl] § 27 II 2). Prozessfähig ist der Minderjährige daher nur im Bereich einer wirklichen Teilgeschäftsfähigkeit zB nach den §§ 113, 114. Es gibt also keine der beschränkten Geschäftsfähigkeit entsprechende beschränkte Prozessfähigkeit. Die Prozessführung seitens einer hiernach nicht prozessfähigen Partei kann aber durch die Genehmigung des gesetzlichen Vertreters rückwirkend geheilt werden (ROSENBERG/SCHWAB/GOTTWALD § 44 III 2; MünchKommZPO/LINDACHER aaO Rn 42; auch RG LZ 1933, 591 f); die Genehmigung muss allerdings für die gesamte Prozessführung erteilt sein, sie kann also nicht auf einzelne Prozesshandlungen beschränkt werden (RGZ 110, 228,

230 f; BSGE 76, 178, 181). Entsprechend geregelt ist die Verfahrensfähigkeit für die allgemeine Verwaltungsgerichtsbarkeit (§ 62 Abs 1 VwGO), die Finanzgerichtsbarkeit (§ 58 Abs 1 FGO), die Sozialgerichtsbarkeit (§ 71 Abs 1 und 2 SGG) sowie für das behördliche Verfahren in der allgemeinen (§ 12 Abs 1 Nr 1 und 2 VwVfG), der Finanz- (§ 79 Abs 1 Nr 1 und 2 AO) und der Sozialverwaltung (§ 11 Abs 1 Nr 1 und 2 SGB X). Auch diese Verwaltungs(streit)verfahren kennen keine beschränkte Verfahrensfähigkeit (vgl C-R MEYER 48 f, 79 ff; NOLTING-HAUFF 69, 81 ff; KOPP/SCHENKE VwGO [15. Aufl] § 62 Rn 17; KRAUSE, in: GK-SGB X 1 § 11 Rn 18, 20). Eine (volle) Verfahrensfähigkeit des in der Geschäftsfähigkeit Beschränkten ist hier allerdings auch dann gegeben, wenn der Verfahrensgegenstand einem Bereich angehört, für den das (materielle) öffentliche Recht – entsprechend der Teilgeschäftsfähigkeit im Privatrecht – ihm eine Teil-Handlungsfähigkeit zuerkennt (s hierzu u Rn 99). Im Verfahren vor dem Bundesverfassungsgericht ist die Prozeßfähigkeit nicht gesetzlich geregelt; auch hier kann ein beschränkt Geschäftsfähiger nach der Besonderheit der betreffenden Verfahrensart prozeßfähig sein (vgl BVerfGE 1, 87, 88 f = NJW 1952, 177; BVerfGE 28, 2243, 254 f; BVerfGE 72, 122, 132 f = NJW 1986, 3129), so bei einer Verfassungsbeschwerde wegen Verletzung des Grundrechts aus Art 4 GG bei gegebener Religionsmündigkeit (s hierzu o Rn 15). Auch ein geschäftsfähiger Betreuter ist bei einem den Verfahrensgegenstand betreffenden Einwilligungsvorbehalt nur im Rahmen einer solchen privat- oder öffentlich-rechtlichen Teilgeschäfts-(Handlungs-)fähigkeit verfahrensfähig (§§ 62 Abs 2 VwGO, 58 Abs 2 FGO, 12 Abs 2 VwVFG, 79 Abs 2 AO, 11 Abs 2 SGB X). Führt der Betreuer einen Rechtsstreit als Vertreter der betreuten Partei, wozu er in seinem Aufgabenbereich gem § 1902 auch unabhängig von einem Einwilligungsvorbehalt befugt ist, so steht der Betreute für dieses Verfahren trotz ansonsten bestehender Geschäfts- und damit auch Verfahrensfähigkeit einer nicht verfahrensfähigen Person gleich (§ 53 ZPO und die auf diese Bestimmung verweisenden Vorschriften der übrigen Verfahrensordnungen). Für bestimmte Verfahrensarten gewährt das Verfahrensrecht auch einem in der Geschäftsfähigkeit beschränkten Beteiligten die Verfahrensfähigkeit, der insoweit keine (Teil-)Geschäftsfähigkeit entspricht (vgl § 125 Abs 1 FamFG [bisher § 607 Abs 1 ZPO], § 9 Abs 1 Nr 3 FamFG); gleichwohl kann der beschränkt Geschäftsfähige für einen solchen Prozeß nach überwiegender Meinung selbstständig einen Dienstvertrag mit einem Rechtsanwalt als Prozeßbevollmächtigtem abschließen mit der Folge seiner Vergütungspflicht gem § 611 (LAPPE Rpfleger 1982, 10, 11; KROSCHEL 174 ff; NOLTING-HAUFF 176 f; auch OLG Hamburg NJW 1971, 199 f; aA AG Münster NVwZ 1994, 728 für die partielle Handlungsfähigkeit gem § 12 Abs 1 AsylVfG [hierzu u Rn 99]). Ein Geisteskranker muss auch bei Geschäftsunfähigkeit nach § 104 Nr 2 dennoch nach einem allgemeinen, letztlich auf Art 1 Abs 1 GG beruhenden Rechtsgedanken als verfahrensfähig für solche Verfahren behandelt werden, die wegen des Geisteszustandes dieser Person zu treffende Maßnahmen betreffen (so BVerfGE 10, 302, 306). Die durch die Vornahme einer Verfahrenshandlung (Klageerhebung, Antrag auf notarielle Beurkundung usw) nach den Kostengesetzen (§§ 22 ff GKG, 2 Nr 1 KostO) ausgelöste **Kostenerstattungspflicht** entsteht ungeachtet einer Geschäfts- und damit Verfahrensunfähigkeit des Handelnden jedenfalls bei Unerkennbarkeit dieses Zustandes, da auch eine solche Verfahrenshandlung rechtlich existent ist und beschieden werden muss (vgl KG DNotZ 1977, 500 f). Für den Gebührenanspruch des Notars gilt dies nur dann, wenn der Notar zu dem beauftragten Amtsgeschäft (zB nach § 15 Abs 1 S 1 BNotO) verpflichtet ist (KG aaO); bei bestehender Ablehnungsmöglichkeit entfällt die Kostentragungspflicht in entsprechender Anwendung der §§ 104 ff (KG DNotZ 1978, 568, 569).

96 Für das Verfahren in Familiensachen und in den Angelegenheiten der **freiwilligen Gerichtsbarkeit** ist die Verfahrensfähigkeit der Beteiligten jetzt im FamFG geregelt, sodass sich die unter dem FGG bestehende Streitfrage hinsichtlich einer entspr Anwendung der §§ 104 ff oder der §§ 52, 53 ZPO (s STAUDINGER/KNOTHE [2004] Vorbem 96 zu §§ 104 ff) erledigt hat. Verfahrensfähig sind gem § 9 Abs 1 FamFG die nach bürgerlichem Recht Geschäftsfähigen (Nr 1) und die für den Verfahrensgegenstand nach bürgerlichem Recht als (teil-)geschäftsfähig anerkannten beschränkt Geschäftsfähigen (Nr 2) sowie die beschränkt Geschäftsfähigen, soweit sie das 14. Lebensjahr vollendet haben und sie in einem ihre Person betreffenden Verfahren ein ihnen nach bürgerlichem Recht zustehendes Recht gelten machen (Nr 3) und schließlich diejenigen, die auf Grund des FamFG oder eines anderen Gesetzes als verfahrensfähig bestimmt werden (Nr 4). Für bestimmte Verfahrensarten enthält das FamFG besondere Vorschriften über die Verfahrensfähigkeit (vgl § 60 FamFG für Beschwerde, § 125 FamFG für Ehesachen, § 275 FamFG für Betreuungssachen).

97 Im **Strafverfahren** sind auf die Fähigkeit des Beschuldigten zur persönlichen Teilnahme an dem Verfahren die Geschäftsfähigkeitsvorschriften erst recht nicht entsprechend anwendbar. Das Verfahren erfordert zunächst die Strafmündigkeit des Beschuldigten gem §§ 19 StGB, 1 Abs 2 JGG, die neben ihrer sachlich-rechtlichen Notwendigkeit auch als Prozessvoraussetzung anzusehen ist (RGSt 57, 206 ff). Im übrigen kommt es auf die Verhandlungsfähigkeit des Beschuldigten an, die keine Geschäftsfähigkeit verlangt (OLG Hamm NJW 1973, 1894), sondern die tatsächliche Fähigkeit, der Verhandlung zu folgen sowie die Bedeutung des Verfahrens und seiner einzelnen Akte zu erkennen und sich sachgemäß zu verteidigen (LAUFHÜTTE, in: Karlsruher Kommentar z StPO[6] § 137 Rn 4). Nicht notwendig ist die Geschäftsfähigkeit auch zur Wahl eines Verteidigers durch den Beschuldigten selbst nach § 137 Abs 1 StPO neben dem Recht des gesetzlichen Vertreters, selbstständig einen Verteidiger zu wählen (§ 137 Abs 2 StPO); für die Verpflichtung des nicht (voll) geschäftsfähigen Beschuldigten zur Zahlung der Vergütung an den von ihm gewählten Verteidiger wird allerdings die Zustimmung des gesetzlichen Vertreters zum Abschluss des Anwaltsvertrages verlangt (OLG Schleswig NJW 1981, 1681 f mwNw). Einen Strafantrag kann der nicht (voll) geschäftsfähige Verletzte oder gem § 77 Abs 2 StGB sachlich Antragsberechtigte nicht in eigener Person stellen; für ihn übt das Antragsrecht gem § 77 Abs 3 StGB der gesetzliche Vertreter in persönlichen Angelegenheiten und der Personensorgeberechtigte aus (BGH NJW 1994, 1165; für Antragsbefugnis auch des einsichtsfähigen Minderjährigen aber T SCHWARZ/SENGBUSCH NStZ 2006, 673, 67 ff). Zur Frage, ob der Antrag auf Prozesskostenhilfe für das Klageerzwingungsverfahren nach §§ 172 Abs 3 S 2 HS 2 StPO, 117 ZPO Prozess- und damit Geschäftsfähigkeit des Antragstellers erfordert, s KG JR 1960, 29 f m Anm DÜNNEBIER u OLG Hamburg NJW 1966, 1934 (bejahend), OLG Nürnberg GA 1965, 118 ff (verneinend).

12. Willenserklärungen auf dem Gebiet des öffentlichen Rechts

a) Verwaltungsrechtliche Willenserklärungen im Allgemeinen

98 Auf Willenserklärungen des öffentlichen Rechts (hierzu KLUTH NVwZ 1990, 608 ff), die von einer Behörde abgegeben werden, insbesondere auf Verwaltungsakte, ist das Geschäftsfähigkeitsrecht des BGB nicht entsprechend anwendbar, da hier keine privatautonome Rechtsgestaltung und insbesondere keine Schutzbedürftigkeit des Erklärenden (vgl o Rn 20) gegeben ist; ein von einem geisteskranken Beamten erlassener Verwaltungsakt ist deshalb nicht analog § 105 Abs 1 nichtig (vgl Forsthoff, LB d Verw-Rechts I¹⁰ 233). Bei Willenserklärungen des Bürgers auf dem Gebiet des öffentlichen Rechts, sog nichtamtlichen Willenserklärungen (vgl Krause VerwArch 61 [1970] 297, 298 m Beispielen 304; Hablitzel BayVBl 1973, 197 f), besteht hingegen in ähnlicher Weise wie bei Willenserklärungen des Privatrechts das grundsätzliche Bedürfnis, deren Wirksamkeit von einer besonderen persönlichen Fähigkeit des Erklärenden zur Einsicht in die Bedeutung dieser Rechtshandlungen abhängig zu machen (vgl Ehlers JZ 1985, 675, 676). Für diese der privatrechtlichen Geschäftsfähigkeit entsprechende Fähigkeit hat sich die Bezeichnung **verwaltungsrechtliche Geschäftsfähigkeit, Verwaltungsfähigkeit** (Wolff/Bachof/Stober/Kluth I § 32 V 4 [Rn 47]) oder **Handlungsfähigkeit** (Wallerath, Allg Verwaltungsrecht § 8 II 2 Rn 7) eingebürgert. Die Verwaltungsfähigkeit ist nicht allgemein geregelt. Die Vorschriften der §§ 12 VwVfG, 79 AO, 11 SGB X betreffen nur die Fähigkeit zur Vornahme von Rechtshandlungen verfahrensrechtlicher Art (vgl o Rn 95). Auf nichtamtliche materiell-rechtliche Willenserklärungen des Verwaltungsrechts wurden vor Erlass des VwVfG, jedenfalls wenn sie vermögensrechtlicher Art waren, mangels einer verwaltungsrechtlichen Spezialregelung meist die Vorschriften der §§ 104 ff für entsprechend anwendbar gehalten (Middel 171 ff; Hablitzel BayVBl 1973, 197, 199; Forsthoff aaO 181 f; Flume, AT II § 13, 1 m Fn 1; auch KJG 40 A 10, 12 f; OLG Hamburg HansRZ 1926, 349 ff; zurückhaltend Schoenborn AöR 24 [1909] 126, 151 ff). Seit der allgemeinen Regelung der Verwaltungsverfahrensfähigkeit in den §§ 12 VwVfG usw stellt sich die Frage einer entsprechenden Anwendbarkeit dieser Vorschriften anstelle der §§ 104 ff auch auf die sachlich-rechtlichen Willenserklärungen des Verwaltungsrechts. Die praktische Bedeutung dieser Frage ist jedoch begrenzt, da auch die Regelungen der Verwaltungsverfahrensfähigkeit an die Geschäftsfähigkeitsregelung des BGB anknüpfen. Vor allem ist gem den grundlegenden Vorschriften der §§ 12 Abs 1 Nr 1 VwVfG, 79 Abs 1 Nr 1 AO (hierzu Dissars DStR 1997, 417, 419), 11 Abs 1 Nr 1 SGB X die nach bürgerlichem Recht geschäftsfähige natürliche Person auch verwaltungsverfahrensfähig. Die Verwaltungsfähigkeit des (voll) Geschäftsfähigen steht daher außer Streit (Robbers DVBl 1987, 709; Middel 182; Wolff/Bachof/Stober/Kluth aaO [Rn 48]; MünchKomm/Schmitt Vorbem 14 zu § 104; auch schon Schoenborn AöR 24 [1909] 126, 132 ff). Umgekehrt ist jeder nach § 104 Geschäftsunfähige auch verwaltungsunfähig mit der Folge der Nichtigkeit der von ihm abgegebenen öffentlich-rechtlichen Willenserklärungen. Zu diesem Ergebnis führt die entsprechende Anwendung der §§ 104, 105 (zur analogen Anwendung von § 105 Abs 2 s OVG NW OVGE 36, 264, 270) und ebenso diejenige der Verwaltungsverfahrensgesetze, denn eine partielle Verfahrensfähigkeit kann gem den §§ 12 Abs 1 Nr 2 VwVfG, 79 Abs 1 Nr 2 AO, 11 Abs 1 Nr 2 SGB X nur einem in der Geschäftsfähigkeit Beschränkten zukommen, nicht einem Geschäftsunfähigen. Nur hinsichtlich der in der Geschäftsfähigkeit beschränkten Personen, also der Minderjährigen über sieben Jahre, sowie der diesen weitgehend gleichgestellten geschäftsfähigen Betreuten im Bereich eines angeordneten Einwilligungsvorbehalts, wirkt sich die entsprechende Anwendung der Vorschriften über die Verfahrensfähigkeit gegenüber einer Analogie zu den Geschäftsfähigkeitsvorschriften unterschiedlich aus. Denn das Verwaltungsverfahrensrecht kennt, wie das Verfahrensrecht überhaupt (s o Rn 95), keine der beschränkten Geschäftsfähigkeit entsprechende beschränkte Verfahrensfähigkeit. Die Vorschriften der §§ 12 Abs 1 Nr 2 VwVfG, 79 Abs 1 Nr 2 AO, 11 Abs 1 Nr 2 SGB X, wonach in der Geschäftsfähigkeit beschränkte Personen insoweit verfahrensfähig sind, als sie das bürgerliche Recht für den Verfahrensgegenstand als geschäftsfähig anerkennt, erfassen nur die Fälle echter Teilgeschäftsfähigkeit gem den §§ 112, 113, nicht hingegen auch die nach den §§ 107 ff bestehende Fähigkeit zur wirksamen Vornahme von Rechtsgeschäften mit Zustimmung des gesetzlichen Vertreters und von dem Minderjährigen lediglich rechtlich vorteilhaften Geschäften ohne diese Zustimmung (BVerwG NJW 1982, 539 f; DÖV 1985, 407; eingehend NOLTING-HAUFF 69, 81 ff). Bei einer entsprechenden Anwendung der §§ 12 VwVG usw könnte also der Minderjährige außerhalb einer etwa bestehenden Teilgeschäfts- oder Teilhandlungsfähigkeit – gleiches würde für den geschäftsfähigen Betreuten im Rahmen eines Einwilligungsvorbehalts gelten (vgl §§ 12 Abs 2 VwVG, 79 Abs 2 AO, 11 Abs 2 SGB X) – auch sachlich-rechtliche Willenserklärungen verwaltungsrechtlicher Art, selbst ihm rechtlich nur vorteilhafte, nicht in eigener Person – ggf mit Einwilligung des gesetzlichen Vertreters – abgeben, sondern es wäre immer ein eigenes Handeln des Vertreters erforderlich. Diese Einschränkung der Handlungsfähigkeit des Minderjährigen und des geschäftsfähigen Betreuten auf dem Gebiet des öffentlichen Rechts erscheint als zu weitgehend und, anders als im Bereich des Verfahrensrechts, auch als von der Sache her nicht geboten. Die besseren Gründe dürften deshalb auch weiterhin für die Analogie zu den bürgerlich-rechtlichen Geschäftsfähigkeitsvorschriften sprechen (WALLERATH aaO; für das Sozialrecht SCHMITT 127 ff; MünchKomm/SCHMITT Vorbem 17, 24 zu § 104; aA LAUBINGER, in: FS Ule [1987] 161, 174). Für öffentlich-rechtliche Willenserklärungen, die außerhalb eines Verwaltungsverfahrens abgegeben werden (sog rein materiellrechtliche Willenserklärungen), wird die entsprechende Anwendung der §§ 107 ff allgemein befürwortet (vgl C-R MEYER 102 f; bei vermögensrechtl Bezug auch NOLTING-HAUFF 86 f). Aber auch für sachlich-rechtliche Willenserklärungen im Rahmen eines Verwaltungsverfahrens (§ 9 VwVfG) sollte nichts anderes gelten. Es ist deshalb derjenigen Ansicht zuzustimmen, die das Geschäftsfähigkeitsrecht des BGB sowohl auf die – von dem verfahrensrechtlichen Antrag gem § 22 VwVfG zu unterscheidende – zum Erlass eines mitwirkungsbedürftigen Verwaltungsaktes erforderliche materiell-rechtliche Zustimmung (STELKENS NuR 1985, 213, 219) als auch auf die ebenfalls sachlich-rechtliche Angebots- und Annahmeerklärung zum Abschluss eines öffentlich-rechtlichen Vertrages (vgl ROBBERS DVBl 1987, 709, 718; NOLTING-HAUFF 84 f; MünchKomm/SCHMITT Vorbem 15, 16 zu § 104; aA C-R MEYER 94) entsprechend anwendet.

99 Von erheblicher Bedeutung ist die in bestimmten Bereichen des öffentlichen Rechts dem Minderjährigen – idR von einer bestimmten Altersstufe an – eingeräumte **partielle Verwaltungs-(Handlungs-)fähigkeit** (hierzu eingehend ROBBERS DVBl 1987, 709 ff). Die partielle Handlungsfähigkeit ist das Gegenstück zur bürgerlich-rechtlichen Teilgeschäftsfähigkeit gem den §§ 112, 113: In ihrem Rahmen steht der Minderjährige einem Volljährigen gleich. Gem den §§ 12 Abs 1 Nr 2 VwVfG, 79 Abs 1 Nr 2 AO, 11 Abs 1 Nr 2 SGB X ist er insoweit auch verwaltungsverfahrensfähig. Partielle Handlungsfähigkeiten sind relativ zahlreich (vgl den Überblick bei ROBBERS DVBl 1987, 709 f; WOLFF/BACHOF/STOBER/KLUTH I § 33 VIII 4 Rn 75 u – teilw überholt – MIDDEL 50 ff). Die wichtigsten Fälle sind die „Sozialmündigkeit" in Sozialrecht gem § 36 SGB I nach Vollendung des 15. Lebensjahres (hierzu eingehend COESTER FamRZ 1985, 982 ff; SCHMITT 75 ff, 101 ff; HEINZE, in: SRH B 8 Rn 55 ff; GITTER, BeckKomm SGB-AT § 36 Rn 24 ff; MünchKomm/SCHMITT Vorbem 23 zu § 104), die auch öffentlich-rechtliche Erklärung erfassende Religionsmündigkeit des § 5 RKEG (hierzu NOLTING-HAUFF 158 ff; vgl o Rn 15), ferner die mit dem vollendeten 16. Lebensjahr beginnenden Teilhandlungsfähigkeiten gem § 68 Abs 1 AuslG (hierzu eingehend NOLTING-HAUFF 138 ff) und § 12 Abs 1 AsylVfG (hierzu ROBBERS DVBl 1987, 709, 712 f) usw. Weitere Fälle von partieller Handlungsfähigkeit haben Rechtsprechung und Schrifttum sonstigen Regelungen der Rechtsstellung des Minderjährigen auf bestimmten Gebieten entnommen. So ist auf ein von einem Minderjährigen mit Ermächtigung des gesetzlichen Vertreters begründetes öffentlich-rechtliches Dienst- insbesondere Beamtenverhältnis die Vorschrift des § 113 entsprechend anzuwenden (BVerwGE 34, 118, 169 ff; DVBl 1996, 1143, 1144; KRAUSE VerwArch 61 [1970] 297, 313). Die aus dem früheren §§ 19 Abs 5 WPflG über die Antragsfähigkeit im Musterungsverfahren hergeleitete partielle Handlungsfähigkeit des Minderjährigen für alle seine Wehrpflicht betreffenden Angelegenheiten (BVerwGE 7, 66, 67; 18, 16; 35, 247, 248; VG Kassel NJW 1967, 1339, 1340; GRÜTER 41 ff; ders, NJW 1967, 716; KREUTZER FamRZ 1962, 240, 241; MIDDEL 50 f; ROBBERS DVBl 1987, 709, 711 f) hat mit der Herabsetzung des Volljährigkeitsalters auf das vollendete 18. Lebensjahr erheblich an Bedeutung verloren, da die Wehrpflicht nach § 1 Abs 1 WPflG auch erst mit diesem Zeitpunkt beginnt (vgl auch Art 12 a GG); sie ist noch bedeutsam für die bereits ein Jahr vor Vollendung des 18. Lebensjahres mögliche Erfassung (§ 15 Abs 6 S 1 WPflG) und die ein halbes Jahr vor diesem Zeitpunkt zulässige Musterung (§ 16 Abs 3 S 2 HS 2 WPflG). Der Antrag eines Minderjährigen auf Heranziehung zum Grundwehrdienst schon vor dem in § 5 Abs 1a S 2 WPflG genannten Zeitpunkt bedarf gem § 5 Abs 1a S 3 WPflG der Zustimmung des gesetzlichen Vertreters. Auch im Verfahren über die Anerkennung der Berechtigung zur Verweigerung des Kriegsdienstes mit der Waffe wird ein Minderjähriger sechs Monate vor Vollendung seines 18. Lebensjahres als handlungsfähig angesehen, da der Antrag auf Anerkennung gem § 2 Abs 4 KDVG schon während dieses Zeitraums zulässig ist (vgl VG Köln NVwZ 1985, 217, 218). Überwiegend bejaht wird auch eine Teilhandlungsfähigkeit des Minderjährigen für die Stellung des Antrags und für das Verfahren zur Erteilung einer Fahrerlaubnis, sofern er das zur Erteilung der Erlaubnis für Kraftfahrzeuge der betreffenden Klasse vorgeschriebenen Mindestalter gem § 10 FeV (vorher § 7 StVZO) erreicht hat (BVerwGE MDR 1966, 442; BayVGH VRsp 9, 385, 387 f; ROBBERS DVBl 1987, 709, 712; NOLTING-HAUFF 72 f; dagegen MIDDEL 44 ff); die Frage ist nach Herabsetzung des Volljährigkeitsalters nur noch für die schon vom vollendeten 16. Lebensjahr an zu erwerbende Fahrerlaubnis für die Klassen A 1 (Leichtkrafträder), M (Kleinkrafträder), L und T (Zugmaschinen) gem § 10 Abs 1 Nr 4 FeV erheblich. Zu der umstrittenen Frage partieller Verwaltungsfähigkeiten für die Ausübung der Grundrechte („Grundrechtsmündigkeit") s u Rn 102 ff. Gegen eine zu großzügige Bejahung von Teilverwaltungsfähigkeiten ohne ausdrückliche Normierung durch ein (formelles) Gesetz werden vor allem unter dem Gesichtspunkt des Minderjährigenschutzes und der Wahrung des Elternrechts Bedenken erhoben (vgl HERTWIG FamRZ 1987, 124, 128; ROBBERS DVBl 1987, 709, 714; auch schon SCHOENBORN AöR 24 [1909] 126, 153). Eine partielle Handlungsfähigkeit umfasst in ihrem Bereich über § 62 S 1 VwVfG auch die Fähigkeit zum Abschluss eines öffentlich-rechtlichen Vertrages. Entsprechendes muss auch für die Fähigkeit zu rein materiell rechtlichen Willenserklärungen öffentlich-rechtlicher Art gelten. Zu der umstrittenen Frage der neben einer partiellen Handlungsfähigkeit fortbestehenden Vertretungsbefugnis des gesetzlichen Vertreters – ausdrückliche (bejahende) gesetzliche Regelung in den Fällen der §§ 5 Abs 1a S 3 WPflG, 2 Abs 5 Nr 1 KDVG, 76 ZDG – vgl ROBBERS DVBl 1987, 709, 716; für die partielle Handlungsfähigkeit nach § 36 SGB I zu Recht verneinend COESTER FamRZ 1985, 982, 983 f.

Auf öffentlich-rechtliche Rechtshandlungen Privater, die **keine Willenserklärungen** sind, sind die §§ 104 ff grundsätzlich auch nicht entsprechend anwendbar. Für den

100

Realakt der Aufgabe der Tätigkeit als landwirtschaftlicher Unternehmer mit der Folge der Beendigung der Pflichtmitgliedschaft in der Krankenversicherung der Landwirte gem § 24 Abs 1 Nr 2 KVLG 1989 hat das BSG allerdings wegen der dieser Aufgabe vorangegangenen und sie vorbereitenden Rechtsgeschäfte die Analogie zu den §§ 104 f bejaht (BSGE 82, 283, 289 f = SGb 1999, 564, 567 m abl Anm ZINDEL; zust hingegen D OPPERMANN SGb 2000, 309, 310). Ein die öffentliche Sicherheit oder Ordnung störendes oder gefährdendes Verhalten einer Person löst deren polizei- oder ordnungsrechtliche Verantwortlichkeit unabhängig von ihrer Geschäftsfähigkeit aus (vgl BayVGH DÖV 1984, 433, 434; VG Berlin NJW 2001, 2489, 2490; DREWS/WACKE/VOGEL/MARTENS, Gefahrenabwehr[9] § 19, 3; MünchKomm/SCHMITT Vorbem 17 zu § 104; eingehend ROBBERS DVBl 1987, 709, 713; WALLERATH aaO Rn 10, 11; SCHULTZENSTEIN VerwArch 28 [1921] 300, 302 ff), weshalb die meisten Polizei- und Ordnungsrechte der Länder neben einem noch nicht 14-jährigen Verhaltensstörer auch die für diesen personensorgeverpflichtete Person verantwortlich machen (zB § 69 Abs 2 SOG MV). Erst recht unterliegt jeder Rechtsgenosse unabhängig von einer persönlichen Fähigkeit der unmittelbar kraft Gesetzes (DREWS/WACKE/VOGEL/MARTENS aaO) gegenüber jedermann bestehenden Pflicht, sein Verhalten und den Zustand seiner Sachen so einzurichten, dass daraus keine Störungen oder Gefahren für die öffentliche Sicherheit oder Ordnung entstehen (Über die Fähigkeit zur Inanspruchnahme öffentlicher Einrichtungen s u Rn 101).

b) Begründung von öffentlich-rechtlichen Benutzungsverhältnissen

101 Die vorstehend dargelegten Regeln müssen im Grundsatz auch gelten für die Fähigkeit des Bürgers zur Begründung von Benutzungsverhältnissen mit den Trägern bzw Betreibern von **öffentlichen**, vornehmlich kommunalen, **Einrichtungen** (Wasser- und Energieversorgung, Abwasserbeseitigung, Verkehrsbetriebe, Kindergärten, Schulen, Friedhöfe, Sport- und Spielplätze, Schwimmbäder, Freizeitanlagen, Museen, Bibliotheken, Theater usw), wenn das Benutzungsverhältnis als öffentlich-rechtliches ausgestaltet ist (bei privatrechtlicher Ausgestaltung und Begründung des Benutzungsverhältnisses durch Rechtsgeschäft gelten die §§ 104 ff unmittelbar). Wird das Benutzungsverhältnis durch (mitwirkungsbedürftigen) Verwaltungsakt oder, was wegen des Schriftformerfordernisses des § 57 VwVfG selten ist, durch öffentlich-rechtlichen Vertrag begründet, so richtet sich die Fähigkeit des Bürgers zur Stellung des hierfür erforderlichen verfahrensrechtlichen Antrags mangels abweichender Regelung in der betreffenden Benutzungsordnung nach § 12 VwVfG; der nicht (voll) Geschäftsfähige kann also den Antrag, falls das Benutzungsverhältnis nicht von einer Teilgeschäfts- oder partiellen Handlungsfähigkeit (vgl o Rn 99) erfasst wird, nur durch seinen gesetzlichen Vertreter stellen (vgl EHLERS DVBl 1986, 912, 918; C-R MEYER 163 f; MünchKomm/SCHMITT Vorbem 19 zu § 104; insoweit auch JAUERNIG NJW 1972, 1, 2 m Fn 29; **aA** H SCHNEIDER NJW 1962, 705, 708). Für die sachlich-rechtlichen Erklärungen der Zustimmung zu der Zulassung oder des Angebots bzw der Annahme des öffentlich-rechtlichen Vertrages (vgl o zu Rn 98) gelten die § 104 ff und damit auch § 107 und der hier oft relevant werdende § 110 entsprechend (vgl HABLITZEL BayVBl 1973, 197, 201; DALHOFF 97 f). Umstritten und noch nicht endgültig geklärt ist die Fähigkeit zur Eingehung eines Benutzungsverhältnisses, das weder durch Verwaltungsakt noch durch öffentlich-rechtlichen Vertrag, sondern durch die bloße Inanspruchnahme der Einrichtung begründet wird. Die wohl überwiegende Meinung lässt hierfür die tatsächliche Einsichtsfähigkeit in die Bedeutung des Benutzungsverhältnisses genügen (JAUERNIG NJW 1972, 1, 3; TIEMANN VerwArch 65 [1974] 381, 403 f; C-R MEYER 162). Der genannten Auffassung kann jedenfalls in dieser Allgemeinheit nicht gefolgt werden. Das Erfordernis des Schutzes der zu eigenverantwortlicher Teilnahme am Rechtsverkehr (noch) nicht fähigen Personen muss wegen seiner verfassungsmäßigen Verwurzelung (vgl o Rn 20) auch im Bereich des öffentlichen Rechts und damit auch in öffentlich-rechtlichen Benutzungsverhältnissen berücksichtigt werden (EHLERS JZ 1985, 675 ff; HARTWIG FamRZ 1987, 124, 128; teilw abw BVerwG NJW 1984, 2304, 2305 = JZ 1985, 675; JAUERNIG NJW 1972, 1, 3). Bestehen keine diesbezüglichen Vorschriften des öffentlichen Rechts, so muss das Geschäftsfähigkeitsrecht des BGB entsprechend angewendet werden, sofern nicht Besonderheiten der betreffenden öffentlich-rechtlichen Beziehung Abweichungen gebieten. Solche Besonderheiten sind aber hinsichtlich der durch Inanspruchnahme einer öffentlichen Einrichtung begründeten Benutzungsverhältnisse im Allgemeinen nicht gegeben (anders TIEMANN VerwArch 65 [1974] 381, 403 f). Die besonderen Bedingungen des modernen Massenverkehrs sind hier nicht grundlegend verschieden von den bei ähnlichen privatrechtlich geregelten Verhältnissen bestehenden, wo eine Nichtanwendung der §§ 104 ff aufgrund der Lehre vom faktischen Vertrag heute einhellig abgelehnt wird (vgl o Rn 31). Die Inanspruchnahme einer öffentlichen Einrichtung, die grundsätzlich ein willentliches Verhalten voraussetzt (so OVG NW OVGE 36, 264, 269; hierzu C-R MEYER 164 f), ist mithin als öffentlich-rechtliche Willenserklärung zu werten mit der Folge der entsprechenden Anwendung der §§ 104 ff (MünchKomm/SCHMITT Vorbem zu § 104 Rn 19). Dies muss insbesondere dann gelten, wenn die öffentlich-rechtliche Benutzungsregelung eine Haftungsbeschränkung des Trägers der Einrichtungen für Pflichtverletzungen seiner Bediensteten gegenüber dem Benutzer vorsieht (zur Frage der Zulässigkeit einer Haftungsbeschränkung durch kommunale Benutzungsordnungen vgl C-R MEYER 172 einerseits, HARTWIG FamRZ 1987, 124, 128 f andererseits) oder für die Benutzung der Einrichtung ohne Entrichtung der vorgeschriebenen Gebühr (Schwarzfahren in öffentlichen Verkehrsmitteln) eine erhöhte Entgeltpflicht normiert. Die hier vertretene Ansicht, wonach zur Begründung auch eines öffentlich-rechtlich ausgestalteten Benutzungsverhältnisses durch einen Minderjährigen grundsätzlich die Zustimmung des gesetzlichen Vertreters erforderlich ist, stellt den Minderjährigen bei Fehlen dieser Zustimmung auch nicht schutzlos gegenüber Pflichtverletzungen des Betreibers der Einrichtung aus dem Benutzungsverhältnis; denn ähnlich wie bei der privatrechtlichen Haftung aus Verletzung vorvertraglicher Pflichten (vgl o Rn 43) ist auch bei diesen öffentlich-rechtlichen Verhältnissen von einer gesetzlich begründeten Haftung für die Verletzung der aus dem Benutzungsverhältnis folgenden Schutzpflichten unabhängig vom Zustandekommen des Benutzungsverhältnisses auszugehen (vgl C-R MEYER 168). Zu den Anforderungen, die an eine die entsprechende Anwendung der §§ 104 ff ausschließende öffentlich-rechtliche Spezialregelung der Fähigkeit zur Begründung von Benutzungsverhältnissen zu stellen sind, vgl EHLERS JZ 1985, 675 ff. Die seinerzeit sehr umstrittene Frage, ob ein Benutzungsverhältnis mit der früheren Deutschen Bundespost auch von einem nicht Geschäftsfähigen begründet werden konnte, weil gem § 8 Abs 1 S 2 PostG vom 28. 7. 1969 auch eine nicht voll geschäftsfähige Person Anspruch auf die Benutzung der Einrichtungen des Postwesens hatte (bejahend BVerwG NJW 1984, 2304 f = JZ 1985, 675 m abl Anm EHLERS; JAUERNIG NJW 1972, 1 ff; FamRZ 1974, 631; differenzierend EIDENMÜLLER NJW 1972, 1309 ff; KÄMMERER DVBl 1974, 273 ff; verneinend SCHEERER BB 1971, 981, 983, 984 f; MEDICUS, AT Rn 590 a; MünchKomm/GITTER[3] Vorbem 103 zu § 104), ist bereits durch die Neufassung des PostG vom 3. 7. 1989 obsolet geworden, die in ihrem § 7 S 1 die Rechtsbeziehungen zur Deutschen Bundespost Postdienst – im Gegensatz zur bisherigen Rechtslage – als privatrechtliche ausgestaltet und den bisherigen § 8 Abs 1 S 2 ersatzlos gestrichen hat. Erst recht ist das Benutzungsverhältnis mit den nunmehr durch Art 3 § 1 des Postneuordnungsgesetzes vom 14. 9. 1994 im Wege der Umwandlung errichteten Gesellschaften Deutsche Post AG, Deutsche Postbank AG und Deutsche Telekom AG privatrechtlicher Natur. Für diese Rechtsverhältnisse gelten nunmehr die §§ 104 ff unmittelbar.

c) Ausübung von Grundrechten („Grundrechtsmündigkeit")

102 Außerordentlich umstritten ist die Maßgeblichkeit des Geschäftsfähigkeitsrechts des BGB für die Fähigkeit der natürlichen Person zur Ausübung bzw Wahrnehmung der in der Verfassung garantierten Grundrechte. Die Frage der Stellung insbesondere des Minderjährigen hinsichtlich der Grundrechte wird seit den 50er Jahren (grundlegend H KRÜGER FamRZ 1956, 329 ff) unter dem – nicht sehr glücklichen – Stichwort „Grundrechtsmündigkeit" intensiv diskutiert; die diesbezügliche Vielfalt der Meinungen, die sich häufig nur in Nuancen unterscheiden, ist kaum noch zu übersehen (Darstellung d neueren Meinungsstandes bei BLECKMANN, Staatsrecht II – Die Grundrechte[4] § 17 Rn 4 ff). Von der Fähigkeit der selbstständigen Ausübung der (eigenen) Grundrechte (Grundrechtsausübungs-, Grundrechtswahrnehmungsfähigkeit) unterscheidet die heute hM, entsprechend dem allgemeinen Unterschied zwischen Handlungs-(Geschäfts-)fähigkeit und Rechtsfähigkeit (s o Rn 3, 4), die meist als Grundrechtsfähigkeit bezeichnete Fähigkeit, überhaupt Träger von Grundrechten zu sein, die Fähigkeit zum Haben von Grundrechten. Grundrechtsfähig ist hiernach, jedenfalls im Prinzip, jeder Mensch und damit auch der Minderjährige (HessStGH DÖV 1966, 51, 52; PERSCHEL RdJ 1963, 33; KITTNER AuR 1971, 280, 284; KUNZ ZblJugR 1975, 244; HOHM NJW 1986, 3107, 3108; vMUTIUS Jura 1987, 272; KUHN 31 ff u passim; HÖHNBERG 36; ROELL 21 f). Die einer Person unabhängig von irgendwelchen Ausübungsakten zustehenden Grundrechte hat die öffentliche Gewalt daher auch bei Minderjährigkeit des Trägers diesem gegenüber zu beachten; so ist etwa auch ein vorläufig festgenommener Minderjähriger nach dem justiziellen Grundrecht des Art 104 Abs 3 GG spätestens am Tag nach der Festnahme dem Richter vorzuführen. Die Frage nach der „Grundrechtsmündigkeit" lässt sich hiernach dahingehend konkretisieren, ob die Fähigkeit zur selbstständigen Ausübung von Grundrechten seitens ihres Trägers durch jugendliches Alter ausgeschlossen oder beschränkt ist. Im Grundgesetz selbst ist eine allgemeine Altersgrenze, mit deren Erreichung die Ausübungsfähigkeit von Grundrechten beginnt, nicht ausdrücklich festgelegt; lediglich für den Beginn des Wahlrechts sieht Art 38 Abs 2 GG das vollendete 18. Lebensjahr vor. Aus diesem Schweigen des Grundgesetzes wird verschiedentlich das Nichtbestehen altersmäßiger Voraussetzungen für die Fähigkeit zur Grundrechtsausübung gefolgert. Die Ausübungsfähigkeit fällt hiernach mit der Trägerschaft des Grundrechts zusammen. Sobald der junge Mensch tatsächlich zur selbstständigen Wahrnehmung seiner Grundrechte imstande sei, habe er hierzu auch die rechtliche Befugnis (s HOHM NJW 1986, 3107, 3109 ff; ROBBERS DVBl 1987, 709, 713; ROELL 32 ff; STEIN/FRANK, Staatsrecht[21] § 27 II; HESSE, Grundzüge d Verfassungsrechts d Bundesrep Deutschland[20] § 9 Rn 285; JARASS, in: JARASS/PIEROTH, GG[10] Art 19 Rn 13; SACHS, GG[5] vor Art 1 Rn 75; wohl auch STEFFEN RdJB 1971, 143, 144; W ROTH 46 ff, 66 ff, der aber bei bestimmten Grundrechten als tatbestandliche Voraussetzung ihrer Ausübbarkeit eine „Grundrechtsreife" verlangt). Eine andere Ansicht lässt demgegenüber die Fähigkeit zur selbstständigen Grundrechtswahrnehmung mangels abweichender Regelungen erst mit der Volljährigkeit eintreten, in der sie eine grundsätzlich auch für die Rechtsgebiete außerhalb des Privatrechts maßgebliche Altersgrenze erblickt (BLECKMANN aaO Rn 12: *arg a maiore ad minus*). Eine besondere Grundrechtsmündigkeit wird hier also mit

umgekehrter Konsequenz verneint. Zwischen diesen beiden Positionen stehen schließlich diejenigen Ansichten, die eine speziell für Grundrechte geltende Ausübungsfähigkeit verlangen. Welche Voraussetzungen hierfür zu fordern sind, beantworten die einzelnen Vertreter dieser Auffassung höchst verschieden. Eine Meinung stellt grundsätzlich oder nur für bestimmte Typen von Ausübungsakten ab auf die natürliche Handlungsfähigkeit des Grundrechtsträgers, deren Eintritt für die einzelnen Grundrechte unter Umständen unterschiedlich zu bestimmen sei (so u a KITTNER AuR 1971, 280, 291 bes f Grundrecht aus Art 9 Abs 3 GG; E SCHWERDTNER AcP 173 [1973] 227, 241 ff; vMUTIUS Jura 1987, 272, 275; MARTENS NJW 1987, 2561; STARCK, in: vMANGOLDT/KLEIN/ STARCK Art 1 Abs 3 Rn 210; differenzierend H KRÜGER FamRZ 1956, 329, 331 ff; PERSCHEL RdJ 1963, 33, 36 f; KUNZ ZblJugR 1975, 244 ff; KUHN 114; REUTER, Kindesgrundrechte 183 u öfter; ders, FamRZ 1969, 622 ff; ders, AcP 192 [1992] 108, 118 ff; vgl auch FEHNEMANN RdJ 1967, 281 ff). Für einzelne Grundrechte werden in Verallgemeinerung bestimmter positivrechtlicher Regelungen (zB Religionsmündigkeit) feste Altersgrenzen unterhalb der Volljährigkeit, etwa das 14. Lebensjahr, schon *de lege lata* für anwendbar erachtet (vgl H KRÜGER FamRZ 1956, 329, 334: vor Herabsetzung d Volljährigkeitsalters 18 Jahre f Einwilligung in Operation; auch VG Köln NVwZ 1985, 217, 218: 17 Jahre für Geltendmachung d Grundrechts aus Art 4 Abs 3 GG). Der Bundesgerichtshof geht bisher zwar nicht von dem Rechtsinstitut einer besonderen Grundrechtsmündigkeit aus, er hat jedoch für gewisse engbegrenzte Teilbereiche eine selbstständige Entscheidungsbefugnis oder ein echtes Mitspracherecht des Minderjährigen anerkannt (BGH NJW 1974, 1947, 1949 f).

Eine Lösung des Problems der persönlichen Fähigkeit zur Grundrechtswahrnehmung muss von dem Umstand ausgehen, dass die Ausübung von Grundrechten bei Minderjährigkeit ihres Trägers nicht nur das Verhältnis des Grundrechtsträgers zur öffentlichen Gewalt (Staat) als der Adressatin der Grundrechte betrifft, sondern auch das Verhältnis des Minderjährigen zu seinen Eltern oder sonstigen Sorgeberechtigten (Vormund) als den Inhabern des über das Kind (Mündel) bestehenden Sorgerechts. Zwischen diesen beiden Verhältnissen ist streng zu trennen. In dem öffentlich-rechtlichen **Verhältnis zum Staat** (und den sonstigen Hoheitsträgern) befindet sich der Minderjährige gleich jedem anderen Grundrechtsträger in der Position des Inhabers von mit Verfassungsrang ausgestatteten subjektiven Rechten, deren Ausübung die öffentliche Gewalt als Verpflichtete hinzunehmen hat. Hinsichtlich der Fähigkeit zur Ausübung dieser Rechte sollten mangels besonderer Regelungen für einzelne Ausübungsakte diejenigen Grundsätze angewendet werden, die für Rechtshandlungen im Allgemeinen, auch soweit sie die Ausübung anderer subjektiver Rechte als Grundrechte betreffen, entwickelt worden sind. Folgt man dem, so kommt es darauf an, welcher Art von Rechtshandlungen eine bestimmte Grundrechtsausübung angehört. Die Verhaltensweisen, durch die Grundrechte ausgeübt werden, bestehen zum Großteil nicht in rechtsgeschäftlichen oder rechtsgeschäftsähnlichen Handlungen, sondern in Handlungen tatsächlicher Art, etwa einer Meinungsäußerung (Art 5 GG), einer Erziehungsmaßnahme (Art 6 Abs 2 S 1 GG), der Teilnahme an einer Versammlung (Art 8 GG), der Werbung für eine Gewerkschaft (Art 9 Abs 3 GG) usw, rechtstechnisch gesprochen also in Realakten. Für die Fähigkeit zur Vornahme von Realakten kommt es aber allgemein nicht auf die Geschäftsfähigkeit an, sondern auf die natürliche Handlungsfähigkeit (vgl o Rn 89). Für tatsächliche Verhaltensweisen zur Wahrnehmung von Grundrechten sollte im Prinzip das Gleiche gelten. Auch ein Minderjähriger kann deshalb seine Grundrechte in dieser Weise ausüben, sobald er nach seiner geistig-seelischen Reife zu Einsicht in die Bedeutung der Handlung imstande ist (vgl STERN, Das Staatsrecht d Bundesrep Deutschland III 1 § 70 V 3 d; KUHN 114). Die Polizei darf deshalb einem Minderjährigen die Teilnahme an einer Demonstration als Ausübung des Grundrechts aus Art 8 GG nicht lediglich aus dem Grunde seiner Minderjährigkeit untersagen (zur Frage, ob den Eltern ein Untersagungsrecht zusteht, s sogleich u Rn 104). Gegen das Erfordernis der natürlichen Handlungsfähigkeit für die Grundrechtsausübung durch tatsächliches Verhalten sind – entgegen der Ansicht o Rn 102, die jedwede altersmäßige Einschränkung ablehnt – wohl auch aus der Verfassung selbst keine Bedenken ersichtlich. Denn wie jedwedes menschliches Handeln setzt auch die Grundrechtswahrnehmung ein willensgesteuertes Verhalten und damit eine entsprechende natürliche Willensfähigkeit voraus; hätte der Grundgesetzgeber für die Akte der Grundrechtsausübung auf dieses Erfordernis verzichten wollen, hätte er diese außergewöhnliche Regelung ausdrücklich getroffen. Sind jedoch für die Ausübung bestimmter Grundrechte besondere Altersgrenzen normiert, so sind diese Spezialregelungen entscheidend; auf die natürliche Handlungsfähigkeit kommt es dann nicht an. Eine solche Spezialregelung trifft vornehmlich § 5 RKEG mit der Festlegung der Religionsmündigkeit auf das vollendete 14. Lebensjahr (vgl o Rn 15). Diese Vorschrift ist zwar primär privatrechtlicher Natur, sie ist aber mittelbar auch für die Ausübung des Grundrechts der Religionsfreiheit durch das Kind gegenüber dem Staat (Schulverwaltung) maßgeblich, weshalb das in Art 7 Abs 2 GG dem Erziehungsberechtigten eingeräumte Recht zur Bestimmung über die Teilnahme des Kindes am Religionsunterricht mit eingetretener Religionsmündigkeit auch dem Schulträger gegenüber auf das Kind übergeht (vgl StGH f d Deutsche Reich RGZ 134, Anh 1, 6 ff zu dem entspr Art 149 Abs 2 WRV; auch RhPfOVG FamRZ 1981, 82 f). Die Festlegung solcher besonderer Altersgrenzen für die Grundrechtsausübung durch die einfache Gesetzgebung mit der Folge, dass im Einzelfall auch ein tatsächlich bereits handlungsfähiger Minderjähriger mangels Erreichung des betreffenden Alters an der selbstständigen Grundrechtswahrnehmung gehindert sein kann, ist aufgrund der verschiedenen Gesetzesvorbehalte der Freiheitsrechte bzw hinsichtlich des Grundrechts der allgemeinen Handlungsfreiheit gem Art 2 Abs 1 GG aufgrund der Schranke der verfassungsmäßigen Ordnung grundsätzlich zulässig; sachlich rechtfertigen sich diese das Außenverhältnis des Minderjährigen zum Staat oder zu Dritten betreffenden Grenzen insbesondere aus den hier relevanten Erfordernissen des Schutzes des Jugendlichen (zB die Altersgrenzen des JSchG als Einschränkung der allgemeinen Handlungsfreiheit) und der Sicherheit des auf feste Altersgrenzen angewiesenen Rechtsverkehrs (vgl HOHM NJW 1986, 3107, 3112 f; BLECKMANN aaO Rn 15; JARASS aaO Rn 12; SACHS aaO Rn 76; aA KITTNER AuR 1971, 280, 290). Diese Notwendigkeiten des Schutzes des jungen Menschen und der Verkehrssicherheit erlangen hervorragende Bedeutung für diejenigen Akte der Grundrechtsausübung, die nicht in einem tatsächlichen Verhalten bestehen, sondern in rechtsgeschäftlichen (auch rechtsgeschäftsähnlichen) Handlungen privat- oder öffentlich-rechtlicher (einschließlich verfahrensrechtlicher) Natur, so für den Abschluss von Verträgen in Ausübung der allgemeinen Handlungsfreiheit nach Art 2 Abs 1 GG, den Beitritt zu einer Religionsgemeinschaft oder den Austritt aus einer solchen (Art 4 GG), den Beitritt zu einem Verein (Art 9 Abs 1 GG), insbesondere zu einer Vereinigung gem Art 9 Abs 3 GG, die Begründung eines Arbeitsverhältnisses (Art 12 GG), die Verfügung über ein Vermögensrecht oder die Errichtung eines Testaments (jeweils Art 14 GG) usw. Die Bindung der Wirksamkeit solcher Rechtsakte an bestimmte typisierte persönliche Voraussetzungen anstelle der bloßen natürlichen Handlungs-

Titel 1
Geschäftsfähigkeit

Vorbem zu §§ 104–115
104

fähigkeit im Privatrecht (§§ 104 ff, 1303 f, 1903, 2229, RKEG § 5 usw), im Verfahrensrecht (s o Rn 95 ff) und im Verwaltungsrecht (s o Rn 98 ff) ist daher dem Grundgesetz gem (KUHN 41 ff; ROELL 40 f; STERN aaO § 70 V 3 d â). Dies gilt umso mehr, als die entsprechende einfachgesetzliche Regelung durchaus auf die allmähliche Entwicklung des Minderjährigen in Richtung auf die volle Selbstständigkeit Rücksicht nimmt (zB §§ 107, 110, 112, 113).

Der Schwerpunkt der Diskussion um die „Grundrechtsmündigkeit" ist aber nicht im Verhältnis des Minderjährigen zur öffentlichen Gewalt angesiedelt, sondern in dessen **Verhältnis zu seinen (sorgeberechtigten) Eltern** oder sonstigen Erziehungsberechtigten. Es handelt sich hierbei um das Innenverhältnis der Grundrechtsausübung und damit um die dieser Ausübung nach außen hin, also gegenüber dem Staat, vorgelagerte Frage, wem die Entscheidung darüber zusteht, ob und wie ein Grundrecht des Minderjährigen ausgeübt werden soll, diesem selbst oder dem Sorgeberechtigten. Bei einer Entscheidungskompetenz des Sorgeberechtigten könnte dieser dem Jugendlichen eine in tatsächlichen Handlungen bestehende Grundrechtsausübung ge- oder verbieten, etwa die Teilnahme an einer Demonstration, obwohl er uU gegenüber dem Staat schon grundrechtsausübungsfähig wäre (s o Rn 103); durch rechtsgeschäftliches Handeln könnten die Eltern usw Grundrechte des Kindes gegen dessen Willen aufgrund ihrer gesetzlichen Vertretungsbefugnis selbst ausüben oder die Ausübung seitens des Kindes durch Verweigerung ihrer erforderlichen Zustimmung verhindern. Eine besondere Brisanz erhält diese Frage im Verhältnis des minderjährigen Kindes speziell zu seinen Eltern deshalb, weil den Eltern gem Art 6 Abs 2 GG ihrerseits das Grundrecht auf Pflege und Erziehung des Kindes zusteht. Sowohl die Kindesgrundrechte als auch das Elternrecht wirken aber unmittelbar nur gegenüber dem Staat, nicht im Eltern-Kind-Verhältnis, denn dieses Verhältnis ist privatrechtlicher Natur und die Lehre von einer unmittelbaren Drittwirkung der Grundrechte auch unter Privaten ist mit der überwiegenden Meinung abzulehnen. Die allerdings gebotene Berücksichtigung der in den Grundrechten zum Ausdruck kommenden verfassungsrechtlichen Wertentscheidungen begründet im Eltern-Kind-Verhältnis richtiger Ansicht nach keinen wirklichen Widerstreit der beiderseitigen Grundrechtspositionen (OSSENBÜHL, Das elterl Erziehungsrecht iSd GG [= Soziale Orientierung 2], 1981, 55 f; D SCHWAB JZ 1970, 745, 746; STEFFEN RdJB 1971, 143, 145 ff; GERNHUBER FamRZ 1962, 89, 92; GERNHUBER/COESTER-WALTJEN § 7 I 3; DIEDERICHSEN FamRZ 1978, 461, 462 f; vMUTIUS Jura 1987, 272, 275; HESSE Rn 285; STARCK Rn 210, 258; SOERGEL/ STRÄTZ § 1626 Rn 47; einschr STAUDINGER/PESCHEL-GUTZEIT [2002] § 1626 Rn 16; aA H KRÜGER FamRZ 1956, 329, 331 ff; KUHN 59 ff). Dies folgt aus dem besonderen Charakter des Elternrechts, das, anders als die subjektiven Rechte im Allgemeinen, den Eltern primär nicht im eigenen, sondern im Kindesinteresse zusteht, weshalb des Bundesverfassungsgericht treffend von „Elternverantwortung" spricht (BVerfGE 24, 119, 143 = NJW 1968, 2233, 2235). Es ist deshalb derjenigen Meinung zu folgen, nach der sich das minderjährige Kind gegenüber seinen Eltern grundsätzlich nicht auf eine Fähigkeit zur selbstständigen Grundrechtsausübung berufen kann, sofern ihm diese Fähigkeit nicht für bestimmte Grundrechte (so für Art 4 GG in § 5 RKEG) besonders eingeräumt ist (OSSENBÜHL aaO; HESSE aaO; STARCK aaO; aA KITTNER AuR 1971, 280, 290 f; auch ROELL 51 f). Hieraus folgt aber keineswegs eine vollständige Unterwerfung des Kindes bis zum Volljährigkeitseintritt unter das elterliche Bestimmungsrecht bis zur Grenze des Missbrauchs und die rechtliche Unbeachtlichkeit eines abweichenden Kindeswillens, wie dies eine ältere Ansicht (vgl OVGRhPf NJW 1954, 1461, 1462) angenommen hat. Dies verbietet sich wegen der dargelegten grundsätzlichen Fremdnützigkeit des Elternrechts, dessen Zweck gerade in der Heranbildung des jungen Menschen zu einer selbstständig und eigenverantwortlich handelnden Persönlichkeit besteht, wodurch die elterliche Sorge überflüssig wird. Da diese Selbstständigkeit aber nicht plötzlich mit dem Volljährigkeitszeitpunkt erreicht wird, sondern im Laufe der Minderjährigkeit allmählich in einem kontinuierlichen Prozess fortschreitender Mündigwerdung eintritt (hierzu eingehend STEFFEN RdJB 1971, 143, 146 ff), vermindern sich mit fortschreitender Reife des Jugendlichen entsprechend auch Ausmaß und Intensität der sich aus dem Elternrecht ergebenden Befugnisse. Die jeweilige altersentsprechende Ausgestaltung dieser Befugnisse im Verhältnis zu den legitimen Wünschen des Kindes selbst lässt sich nicht unmittelbar der Verfassung entnehmen, sondern sie bestimmt sich nach dem einfachen Recht, dem Familienrecht, durch die Regelung der elterlichen Sorge (§§ 1626 ff), wobei insbesondere die durch das Sorgerechtsneuregelungsgesetz vom 18. 7. 1979 eingefügten §§ 1626 Abs 2, 1631a usw zu berücksichtigen sind (OSSENBÜHL aaO; STERN § 70 V 4 c: „Feineinstellung"; SOERGEL/ STRÄTZ aaO, auch W ROTH 93 ff, 132 ff). Es geht also um die fortschreitende Begrenzung des elterlichen Sorgerechts angesichts der zunehmenden Persönlichkeitswerdung des Kindes. Die Eltern müssen vor allem im Bereich der Persönlichkeitsrechte des Kindes schon frühzeitig auf dessen Willen gebührend Rücksicht nehmen; hieraus folgt etwa das Zustimmungsrecht des einsichtsfähigen Kindes in eine ärztliche Operation (vgl o Rn 57, 59). Im konkreten Einzelfall muss zwischen dem Selbstbestimmungsinteresse des Kindes und der von den Eltern für richtig gehaltenen Entscheidung abgewogen werden (vgl vMUTIUS Jura 1987, 272, 275; auch PERSCHEL RdJ 1963, 33, 36 ff). Bei einer schwerwiegenden Missachtung des hiernach legitimen Kindeswillens seitens der Eltern sind Maßnahmen nach § 1666 angezeigt.

105 Das (aktive und passive) **Wahlrecht** zum Deutschen Bundestag lässt das Grundgesetz in Art 38 Abs 2 mit dem vollendeten 18. Lebensjahr beginnen. Für die Wahlen zu den Landtagen und kommunalen Vertretungen bestehen entsprechende Regelungen. Diejenigen Staatsbürger, die diese Altersgrenze noch nicht erreicht haben, sind daher von der Wahl zur Volksvertretung und damit von der politischen Mitbestimmung ausgeschlossen. Die äußerst ungünstige demographische Entwicklung der deutschen Bevölkerung infolge der sich seit den 70er Jahren drastisch vermindernden Geburtenzahl, die nicht zuletzt auf einer erheblichen Benachteiligung der Familien mit Kindern durch die Politik beruht, da die Familien im Gegensatz zu anderen Bevölkerungsgruppen über eine wenig schlagkräftige Interessenvertretung verfügen, wird für die nächsten Jahrzehnte zu ganz tiefgreifenden gesellschaftlichen Problemen führen (zB Rentenfinanzierung). Zur Wahrung der Belange der jetzt jungen Generation wird daher neben einer Herabsetzung des Wahlalters unter die Volljährigkeitsgrenze (hierzu LANGHEID ZRP 1996, 131 ff), das naturgemäß nur bis zu einer bestimmten Altersgrenze (zB 16 Jahre) möglich ist (zur Verfassungsmäßigkeit einer Mindestaltersgrenze im Wahlrecht überhaupt BVerfGE 42, 312, 340 f = NJW 1976, 2123; NVwZ 2002, 69 f; BREUER NVwZ 2002, 43 ff), die jüngeren Jahrgänge also weiterhin vom Wahlrecht ausschließen würde, unter dem Stichwort „Familienwahlrecht" eine Berücksichtigung der Kinderzahl bei der Stimmabgabe der Eltern diskutiert (zu der entsprechenden Diskussion in Frankreich bis 1945 s SIMON-HOLTORF 22 ff), wodurch sich die Zahl der Wahlberechtigten auf Bundesebene um rund 15 Mio erhöhen würde. Für die rechtliche Konstruktion eines solche Familienwahlrechts kämen zwei Möglichkeiten in Betracht: Das eigene Wahlrecht der Eltern könnte in der Weise erweitert werden, dass ihnen für jedes Kind eine zusätzliche Stimme gewährt würde („Mehrstimmenmodell") oder den Kindern selbst könnte vom Zeitpunkt der Geburt ein eigenes Wahlrecht gewährt werden, das durch die Eltern als deren Vertreter lediglich ausgeübt würde („Stellvertretermodell"). Beide Modelle erforderten zumindest wegen Art 38 Abs 2 GG sicher eine entsprechende Grundgesetzänderung, so dass sich das Problem nur *de constitutione ferenda* unter Berücksichtigung von Art 79 Abs 3 GG stellt. Das Mehrstimmenmodell ließe sich mit dem in Art 38 Abs 1 GG normierten Grundsatz der Gleichheit der Wahl im Sinne eines gleichen Zählwertes kaum vereinbaren; es bedeutete eine Art Pluralwahlsystem, dessen Vereinbarkeit mit dem in Art 79 Abs 3 GG einer Grundgesetzänderung entzogenen Demokratieprinzip des Art 20 GG zweifelhaft wäre (PECHSTEIN FuR 1991, 142, 144 f, 145; SCHROEDER JZ 2003, 917 f; NOPPER 144 f; **aA** unter Hinw auf Art 6 Abs 2 GG wohl POST ZRP 1996, 377, 378 f). Gegen das Stellvertretermodell, bei dem es sich um die Wahlstimme nicht der Eltern, sondern jedes einzelnen Kindes handelte, bestände dieses Bedenken nicht. Die allgemein anerkannte Grundrechtsfähigkeit auch des Minderjährigen (vgl o Rn 102) ist sogar ein Argument für ein eigenes Kindeswahlrecht, denn bei dem Wahlrecht handelt es sich jedenfalls um ein grundrechtsähnliches Recht. Da die Stimmabgabe ferner keinen Realakt darstellt, sondern eine Willenserklärung auf dem Gebiet des öffentlichen Rechts (vgl MIDDEL 48 f), stände das Wahlrecht auch seiner Ausübung durch einen Vertreter offen. Die Ablehnung dieser Vertretungskonstruktion wird in erster Linie mit der höchstpersönlichen Natur der Stimmabgabe als Ausdruck der Selbstbestimmung des Aktivbürgers begründet (so PECHSTEIN FuR 1991, 142, 145 f). Die Befürworter dieser Lösung bezweifeln hingegen die grundlegende Bedeutung der Höchstpersönlichkeit der Wahl, da das Wahlrecht nicht eigentlich die Persönlichkeit des Wählers betreffe, sondern dessen Vermögen zur politischen Mitbestimmung (HATTENHAUER JZ 1996, 9, 16; auch PESCHEL-GUTZEIT NJW 1997, 2861 f; Löw FuR 1993, 25, 28 u ZRP 2002, 448 ff; eingehend zu diesem Modell NOPPER 145 ff). Eine politische Mitbestimmung auch der Minderjährigen wird insbesondere angesichts der Tatsache für wünschenswert gehalten, dass sich gerade die wichtigsten Entscheidungen der heutigen Abgeordneten erst in näherer oder fernerer Zukunft auswirken (Rentenreform) und damit in erster Linie die gegenwärtige junge Generation betreffen (PESCHEL-GUTZEIT NJW 1997, 2861 f unter Hinw auf Art 20 a GG; NOPPER 155 f). Eine Unvereinbarkeit des Stellvertretermodells mit der anerkanntermaßen eng auszulegenden Ewigkeitsgarantie des Art 79 Abs 3 GG dürfte deshalb zu verneinen sein (vgl HATTENHAUER aaO; Löw FuR 1993, 25, 28; **aA** PECHSTEIN FuR 1991, 142, 146; SCHROEDER JZ 2003, 920 ff). Insgesamt ist gegenwärtig in dieser Frage ein Diskussionsstand erreicht (Überblick hierzu bei SIMON-HOLTORF 255 ff), der eine pauschale Ablehnung des Gedankens eines Familienwahlrechts als abwegig nicht mehr zulässt. Angesichts der künftigen Entwicklung im gesellschaftlichen Bereich lässt die Zukunft eher noch eine verstärkte Erörterung dieser Frage erwarten.

IV. Die geschichtliche Entwicklung des Geschäftsfähigkeitsrechts

1. Römisches und gemeines Recht

Die in den §§ 104 ff getroffene Regelung der Geschäftsfähigkeit beruht im Wesentlichen auf römisch-rechtlichen Grundlagen. Das **römische Recht der Antike** (hierzu KNOTHE, Geschäftsfähigkeit §§ 2–6; HKK/THIER §§ 104–115 Rn 4–14) unterschied hinsichtlich der altersmäßigen Fähigkeit zur Vornahme von Rechtsakten in erster Linie zwischen mündigen *(puberes)* und unmündigen *(impuberes)* Personen. Die Mündigkeit war ursprünglich nicht allgemein auf ein bestimmtes Lebensalter festgelegt, sondern sie trat mit der Erreichung der Geschlechtsreife *(pubertas)* und damit individuell verschieden ein. Im Laufe der Entwicklung trat zunächst bei Mädchen an die Stelle der individuellen Reife das vollendete 12. Lebensjahr als allgemeiner Mündigkeitstermin. Bei Knaben wollte innerhalb der klassischen Jurisprudenz die Rechtsschule der Sabinianer an dem Mündigkeitseintritt mit der Pubertät festhalten, während die Schule der Prokulianer die Festlegung auf das vollendete 14. Lebensjahr befürwortete und eine dritte Richtung, die sich im Laufe der klassischen Zeit durchsetzte, sowohl die individuelle Reife als auch das Alter von 14 Jahren forderte (hierzu A B Schwarz SZRA 69 [1952] 345 ff). Justinian bestimmte schließlich in einem Reformgesetz von 529 (Inst 1, 22 pr) das vollendete 14. Lebensjahr ungeachtet der individuellen Reife als Mündigkeitstermin für Knaben, während es für Mädchen bei dem vollendeten 12. Lebensjahr blieb (A B Schwarz SZRA 69 [1952] 345, 380 ff). Mit erreichter Mündigkeit konnte der gewaltfreie männliche Römer ursprünglich alle Rechtsakte selbstständig wirksam vornehmen, er war also – in moderner Terminologie – voll geschäfts-(handlungs-)fähig. Die gewaltfreien Unmündigen (beiderlei Geschlechts) standen hingegen unter Vormundschaft *(tutela impuberis)*. Innerhalb der Gruppe der Unmündigen wurde wiederum unterschieden zwischen den Kindern *(infantes)* und den dem Kindesalter entwachsenen Unmündigen *(impuberes infantia maiores, pupilli)*. Das Kindesalter endete ursprünglich ebenfalls nicht mit einem bestimmten Lebensalter, sondern mit Erreichung der (individuellen) Sprechfähigkeit; wohl schon im Laufe der klassischen Periode (s Knothe SDHI 48 [1982] 239 ff) setzte sich der Termin des vollendeten 7. Lebensjahres durch, der unter Justinian endgültig anerkannt wurde. Die *infantes* waren zur Vornahme von Rechtsakten unfähig. Die dem Kindesalter entwachsenen Unmündigen konnten hingegen solche Geschäfte, die ihre Rechtsstellung lediglich verbesserten (Erwerbsgeschäfte, Geschäfte, aus denen nur dem anderen Teil eine Verpflichtung erwuchs), ohne Mitwirkung ihres Vormundes wirksam vornehmen. Zu Geschäften, die ihre Rechtslage verschlechterten (Veräußerungen, Freilassungen von Sklaven, Eingehung von Verbindlichkeiten, Annahme einer Leistung als Erfüllung) bedurften sie des Vollwortes *(auctoritas)* ihres Vormundes, das nur bei Vornahme des Geschäfts, nicht erst danach, wirksam erteilt werden konnte. Schloss ein Pupill *sine tutoris auctoritate* einen gegenseitig verpflichtenden Vertrag ab, so wurde hieraus der andere Teil ihm gegenüber verpflichtet, während umgekehrt eine Verbindlichkeit des Unmündigen nicht entstand (Inst 1, 21 pr). Die Glosse bezeichnete solche nur einseitig wirksamen Geschäfte als „hinkende Geschäfte" *(negotia claudicantia)*. Gegenüber der Klage des Unmündigen auf Erfüllung, die wiederum nur mit Vollwort des Vormundes möglich war, stand dem anderen Teil allerdings ein Zurückbehaltungsrecht wegen der – wenn auch nicht wirksam – versprochenen Gegenleistung zu (Paul D 18, 5, 7, 1), so dass die Klage letztlich doch nur bei Erfüllung des Vertrages auch von Seiten des Unmündigen Erfolg hatte. Eheschließung und Testamentserrichtung setzten die Mündigkeit voraus.

107 Der frühe Mündigkeitsbeginn mit der Folge der Beendigung der *tutela impuberis* und der vollen rechtlichen Selbstständigkeit des gewaltfreien römischen Jünglings setzte diesen mit den komplizierter werdenden rechtlichen und wirtschaftlichen Verhältnissen im Laufe der hohen und späten Republik der Gefahr der Verschleuderung seines Vermögens und der Verschuldung durch unbedacht eingegangene

Geschäfte aus. Einer Heraufsetzung des Mündigkeitsalters stand aber das starke Traditionsbewusstsein des Römers entgegen. Den erforderlichen Schutz des mündigen Jugendlichen suchten die Römer statt dessen unter Beibehaltung des frühen Mündigkeitsbeginns durch ein besonderes Gesetz, die etwa um 200 vChr erlassene *lex Laetoria,* herbeizuführen. Das lätorische Gesetz bedrohte denjenigen, der seinen noch nicht 25-jährigen Vertragspartner *(minor viginti quinque annis)* durch den Vertragsschluss übervorteilte, mit einer aufgrund einer Popularklage zu verhängenden Strafe, beließ es aber bei der Wirksamkeit des geschlossenen Geschäfts. Die *lex Laetoria* hatte somit eine **neue Altersklasse von (mündigen) Jugendlichen unter 25 Jahren** eingeführt, die als *minores viginti quinque annis* oder auch nur als *minores* (= Minderjährige) bezeichnet wurden. Auf der Grundlage des lätorischen Gesetzes wurde in den folgenden Jahrhunderten der Schutz der Minderjährigen weiter ausgebaut. Das Amtsrecht des Prätors gewährte dem *minor* gegen die Klage des anderen Teils aus dem geschlossenen – bei Mündigkeit des Minor ja wirksamen – Vertrag eine Einrede *(exceptio legis Laetoriae;* vgl PAUL D 44, 1, 7, 1) und bei Eintritt eines Vermögensschadens des Minderjährigen durch das Geschäft eine Wiedereinsetzung in den vorigen Stand *(in integrum restitutio propter minorem aetatem;* s den Digestentitel 4, 4); die Wiedereinsetzung erfolgte also *non tamquam minor, sed tamquam laesus.* Die kaiserliche Gesetzgebung setzte dann den Ausbau des Minderjährigenschutzes fort. Die Bestellung eines Pflegers *(curator minoris),* die der mündige Minderjährige wohl schon nach der prätorischen Rechtssetzung für bestimmte einzelne Angelegenheiten, etwa den Abschluss eines schwierigen oder gefährlichen Vertrages, verlangen konnte, war seit Mark Aurel generell für die Vermögensverwaltung des *minor* möglich (hierzu eingehend LENEL, Die cura minorum d klass Zeit, in: SZRA 35 [1914] 129 ff). Der Kurator konnte zu den Geschäften des Minderjährigen seine Zustimmung *(consensus curatoris)* erteilen, die – anders als die *auctoritas tutoris* (vgl o Rn 106) – formlos und damit auch nach Geschäftsabschluss möglich war. Die Bestellung eines *curator minoris* setzte aber einen entsprechenden Antrag des Minderjährigen voraus, der somit nicht notwendig einen Kurator haben musste. Ebenso war der *consensus curatoris* nicht zur Wirksamkeit des Minderjährigengeschäfts erforderlich; der mündige Minderjährige blieb also auch bei Vorhandensein eines Kurators grundsätzlich geschäftsfähig (PAUL D 44, 7, 43; Ulp D 50, 12, 2, 1; Mod D 45, 1, 101). Tatsächlich dürfte aber die Kuratorenbestellung wohl schon in der spätklassischen Zeit allgemein üblich geworden sein. Für bestimmte Rechtsakte erhob die spätere Kaisergesetzgebung den *consensus curatoris* auch rechtlich zur Wirksamkeitsvoraussetzung, so für die Führung eines Rechtsstreits durch einen *curator in litem* (C 5, 31, 1), zur schuldtilgenden Annahme einer Leistung (Ulp D 4, 4, 7, 2) und – spätestens seit Diokletian (C 2, 21, 3) – zur Verfügung über Vermögensgegenstände. Die allgemeine Tendenz der spätrömischen Rechtsentwicklung war mithin deutlich auf eine Gleichstellung der *puberes minores* mit den *impuberes* (vgl o Rn 106) und dementsprechend der *curatores minorum* mit den *tutores impuberum* gerichtet. Formell hat das antike römische Recht aber den Unterschied zwischen beiden Altersgruppen niemals aufgehoben. So ist es auch im justinianischen Recht bei der Freiwilligkeit der Kuratorenbestellung geblieben (Inst 1, 23, 2; vgl KRÄNZLEIN, Obligator. cura minorum im just. Recht?, in: Studi Grosso IV [Turin 1971] 315 ff; KNOTHE, Geschäftsfähigkeit § 6 II 3). Die Befugnisse des *curator minoris* beschränkten sich ferner auf die Vermögensangelegenheiten des Minderjährigen und dessen Fähigkeit, über sein Vermögen unter Lebenden zu verfügen. Die Ehe- und Testierfähigkeit trat hingegen weiterhin bereits mit der Mündigkeit, nach justinianischem Recht also mit dem vollendeten 14. bzw 12. Lebensjahr ein. Die jedenfalls faktische Beschränkung der Selbstständigkeit des jungen Menschen hinsichtlich seines Vermögens bis zu dem relativ fortgeschrittenem Alter des vollendeten 25. Lebensjahres erwies sich bei im Einzelfall gegebener Fähigkeit zu eigenverantwortlichem Handeln auf diesem Gebiet als unangemessen. Spätestens seit Konstantin konnte daher männlichen Minderjährigen vom vollendeten 20., weiblichen vom vollendeten 18. Lebensjahr an auf deren Antrag vom Kaiser die Volljährigkeitserklärung *(venia aetatis)* erteilt werden, die den Betreffenden einem Volljährigen gleichstellte, insbesondere eine *cura minorum* erlöschen ließ und eine Wiedereinsetzung wegen Minderjährigkeit ausschloss (C 2, 44, 2).

108 Neben den Unmündigen und Minderjährigen fehlte die volle Handlungsfähigkeit nach dem römischen Recht der älteren Zeit auch den **Frauen**, die als gewaltfreie auch nach erreichter Mündigkeit weiterhin einen Geschlechtsvormund *(tutor mulieris)* haben mussten, von dessen *auctoritas* die Wirksamkeit bestimmter wichtiger Geschäfte, vor allem von Veräußerungen, abhing (hierzu s Kaser, PR I § 65 III). Die Frauentutel und damit die geminderte Geschäftsfähigkeit der Frau schwächte sich seit der späten Republik fortschreitend ab und wurde schließlich in nachklassischer Zeit völlig beseitigt (Kaser, PR II § 207 II, § 231 II). Völlig handlungsunfähig waren die **Geisteskranken** *(furiosi)*, die deshalb unter einem *curator (furiosi)* standen (Kaser, PR I § 65 IV). Dem **Verschwender** *(prodigus)* konnte der Prätor die Verfügung über dessen Vermögen untersagen. Diese Entmündigung *(interdictio)* stellte den *prodigus,* der deshalb einen *curator (prodigi)* haben musste, im Wesentlichen einem dem Kindesalter entwachsenen Unmündigen (s o Rn 106) gleich (Ulp D 12, 1, 9, 7; 10, 10 pr; s Kaser PR I § 65 V).

109 In der Gestalt, die es im *Corpus Iuris Civilis* Justinians gefunden hatte, wurde das römische Recht der Geschäftsfähigkeit im Grundsatz in Deutschland als subsidiär geltendes **gemeines Recht** rezipiert (hierzu Knothe Geschäftsfähigkeit §§ 8, 12; HKK/Thier §§ 104–115 Rn 17, 18, 24). Die *cura minorum* wurde jedoch jetzt – anders als nach antikem Recht (vgl o Rn 108) – ganz überwiegend als für alle (mündigen) Minderjährigen obligatorisch angesehen; ein Kurator war somit auch ohne dahingehenden Antrag des Minderjährigen von Amts wegen zu bestellen (s Knothe, Geschäftsfähigkeit § 8 IV 1). Diese Notwendigkeit einer *cura* wurde teilweise schon aus den römischen Quellen hergeleitet, jedenfalls aber den Reichspolizeiordnungen von 1548 und 1577 entnommen, die im Titel XXXI bzw XXXII jeweils unter § 1 die Reichsstände verpflichteten „den pupillen und minderjährigen Kindern jederzeit ... Vormünder und Vorsteher" zu geben. Da hiernach auch alle mündigen Minderjährigen Kuratoren haben mussten, galt der römische Unterschied zwischen *tutela impuberum* und *cura minorum* allmählich überhaupt als beseitigt und die Doktrin des *usus modernus Pandectarum* wie auch die Praxis gingen von einem einheitlichen Institut der Vormundschaft für alle Minderjährigen aus. Besonders die ältere gemeinrechtliche Ansicht (bis etwa 1800) bestimmte demgemäß auch die Geschäftsfähigkeit aller, also auch der mündigen Minderjährigen nach den im *Corpus Iuris Civilis* für die Unmündigen aufgestellten Grundsätzen (vgl hierzu Knothe aaO § 8 IV 2). Sämtliche Minderjährige bedurften daher zum Abschluss von ihre Rechtsstellung beeinträchtigenden Verträgen jetzt der Zustimmung ihres Vormundes, die allerdings auch bei Unmündigen nicht mehr in der Form der als nicht rezipiert angesehenen römischen *auctoritas* (s o Rn 106) erteilt zu werden brauchte und daher auch erst nach Vertrags-

Titel 1 — Geschäftsfähigkeit — Vorbem zu §§ 104–115

schluss erfolgen konnte. Die in den römischen Quellen ausgesprochene Wirksamkeit eines ohne vormundschaftliche Zustimmung geschlossenen gegenseitig verpflichtenden Vertrages nur zu Gunsten des Unmündigen bzw jetzt auch des Minderjährigen fasste die gemeinrechtliche Lehre in dem Sinne auf, dass der Minderjährige bzw sein Vormund frei entscheiden konnte, an dem Vertrag festzuhalten, wodurch auch seine eigene Verpflichtung wirksam blieb, oder vom Vertrag abzugehen, was auch die Verpflichtung des anderen Teils unwirksam machte, während der andere Teil an die Entscheidung des Minderjährigen (des Vormundes) gebunden war. Zwischen dem mündigen und dem unmündigen Minderjährigen bestand jedoch insofern ein Unterschied, als jener im Gegensatz zu diesem dann an ein ohne vormundschaftlichen Konsens geschlossenes Geschäft gebunden blieb oder wenigstens keine Wiedereinsetzung in den vorigen Stand (s o Rn 107) verlangen konnte, wenn er den Vertrag eidlich bekräftigt hatte; diese Rechtsfolge wurde aus der von Kaiser Friedrich I. Barbarossa zu C 2, 27, 1 erlassenen sog *Authentica sacramenta puberum* hergeleitet. Im 19. Jahrhundert ging die gegenüber dem *usus modernus* um eine größere Quellennähe bemühte Pandektenjurisprudenz aufgrund von D 44, 7, 43 usw (vgl o Rn 107) teilweise wieder von einer Verpflichtungsfähigkeit der mündigen Minderjährigen aus (s Windscheid/Kipp, LB d Pandektenrechts I⁹ § 71 Fn 3 u 9 m Darlegung d Streitstandes). Die weitgehende Gleichstellung der mündigen Minderjährigen mit den unmündigen erfasste aber nur die allgemeine Geschäftsfähigkeit, nicht auch die Fähigkeit zur Eheschließung und zur Testamentserrichtung. Ehe- und testierfähig wurde der junge Mensch nach allgemeiner Ansicht weiterhin schon mit der Mündigkeit, dh mit dem vollendeten 14. bzw 12. Lebensjahr; für die Ehemündigkeit folgte dies aus dem kanonischen Recht (X 4, 2, 6), das im Hochmittelalter für das Eheschließungsrecht maßgeblich geworden war und dies nach der Reformation zunächst grundsätzlich auch in den protestantisch gewordenen Territorien geblieben ist.

2. Deutsche Rechtsentwicklung bis zur Rezeption des Römischen Rechts

110 Die deutschen Rechte des Mittelalters (hierzu Knothe Geschäftsfähigkeit § 7; HKK/Thier §§ 104–115 Rn 16) unterschieden ebenfalls zwischen mündigen und unmündigen Personen. Feste Mündigkeitstermine kannten bereits die germanischen Volksrechte *(leges)* der karolingischen Zeit. Die ursprünglich sehr niedrigen Altersgrenzen (12, 15 ja sogar 10 Jahre) erwiesen sich auch hier angesichts der fortschreitenden Komplizierung der Verhältnisse im Laufe des Hochmittelalters als nicht mehr angemessen. Anders als in Rom (vgl o Rn 107) wurde aber nicht eine neue Altergrenze neben der Mündigkeit eingeführt, sondern das Mündigkeitsalter in den Rechtsbüchern und in den Stadtrechten des Hoch- und Spätmittelalters erhöht, so nach dem älteren Lübischen Recht auf 18 (Codex v 1294, CCIII), nach dem Kleinen Kaiserrecht auf 24 (II Kap 17), nach dem – insoweit sicher vom Römischen Recht (vgl o Rn 107) beeinflussten – Schwabenspiegel auf 25 Jahre (Schwsp 51). Nach dem Sachsenspiegel konnte der junge Mensch, der das dortige Mündigkeitsalter von 12 Jahren überschritten hatte, bis zu seinem 21. Jahr freiwillig weiter unter Vormundschaft bleiben (Ssp Landrecht I 42 § 1). Die Unmündigen standen, sofern sie nicht der väterlichen Munt unterworfen waren, unter Vormundschaft (vgl Ssp 23 § 1). Die Unmündigkeit wirkte sich in einer vom römischen Recht verschiedenen Weise aus. Eine Mitwirkung des Vormundes bei den Geschäften des Unmündigen war unbekannt. Der Unmündige konnte vielmehr (auch ihm nachteilige) Verträge selbstständig wirksam abschließen; innerhalb einer Frist nach eingetretener Volljährigkeit stand ihm aber ein Recht zum Widerruf dieser Verträge gegenüber dem anderen Teil zu (Lex Burgundionum 87; Kl Kaiserrecht II 17; Schwsp 72). Ferner konnte der Unmündige ein geschlossenes Verpflichtungsgeschäft, solange er unter Vormundschaft stand, gegen den Willen des Vormundes nicht durch Leistungserbringung aus seinem Vermögen erfüllen, denn die Verwaltungs- und Verfügungsbefugnis über das Mündelvermögen stand dem Vormund zu (Ssp 23 § 2). Die Eingehung einer Ehe setzte grundsätzlich die Mündigkeit voraus (vgl MÜHLHÄUSER Reichsrechtsbuch 43, 1). Eine Geschlechtsvormundschaft über (mündige) Frauen war auch den meisten deutschen Rechten des Mittelalters bekannt (MÜHLHÄUSER Reichsrechtsbuch 26); an dem Vermögen der verheirateten Frau hatte der Ehemann die „Gewere" zur rechten Vormundschaft (Ssp 31 § 2) mit der Folge, dass auch sie ohne ihren Mann eingegangene Verbindlichkeiten nicht aus ihrem Vermögen erfüllen konnte. Unter geistigen oder bestimmten körperlichen Gebrechen leidende Personen standen nach dem Sachsenspiegel unter der Pflege ihrer Angehörigen, die anstelle der Pflegebefohlenen erbten (Ssp 4). Von Todes wegen konnte ein Mann seine Habe aber nur bei ausreichender Gesundheit vergeben, die durch einen „Vorritt" nachzuweisen war (Ssp 52 § 2).

3. Von den Kodifikationen der Aufklärungszeit bis zum BGB

111 Das als gemeines Recht rezipierte römisch-justinianische Recht der Geschäftsfähigkeit (s o Rn 109) verdrängte die diesbezüglichen Grundsätze der mittelalterlichen deutschen Rechte (s o Rn 110) auch in der Partikulargesetzgebung (hierzu KNOTHE Geschäftsfähigkeit § 9), jedenfalls außerhalb des Einflussbereichs des Sachsenspiegels, fast vollständig. Das Geschäftsfähigkeitsrecht der beiden großen um die Wende vom 18. zum 19. Jahrhundert ergangenen deutsch(sprachigen) Kodifikationen (hierzu KNOTHE Geschäftsfähigkeit § 10; HKK/THIER §§ 104–115 Rn 19, 20) des **preußischen ALR** und des **österreichischen ABGB** (in dieser u d folgenden Rn immer zitiert in der urspr Fassung von 1811) beruhte denn auch ganz weitgehend auf römisch-gemeinrechtlicher Grundlage, allerdings, besonders im ABGB, modifiziert durch das Gedankengut des Vernunftrechts der Aufklärung (hierzu jetzt eingehend MINZENMAY 117 ff, 172 ff). Beide Gesetzbücher behielten die römisch-gemeinrechtliche Dreiteilung der wegen jugendlichen Alters nicht voll handlungsfähigen Personen in Kinder, Unmündige und (mündige) Minderjährige formell bei (ALR I 1 §§ 25, 26; ABGB § 21). Das Kindesalter endete, wie nach gemeinem Recht, mit dem vollendeten 7. Lebensjahr. Die Unmündigkeit dauerte bis zum vollendeten 14. Lebensjahr und zwar im Gegensatz zum gemeinen Recht auch bei Mädchen. Den Volljährigkeitstermin legten beide Kodifikationen auf das vollendete 24. Lebensjahr fest, also um ein Jahr niedriger als das römisch-gemeine Recht (vgl o Rn 107). Beide Rechte kannten auch das Institut der Volljährigkeitserklärung nach dem Vorbild der römischen *venia aetatis*, die nach preußischem Recht, wie nach römischem (s o Rn 109), bei männlichen Jugendlichen die Vollendung des 20., bei weiblichen die des 18. voraussetzte (ALR II 18 § 719), während das österreichische Recht bei beiden Geschlechtern das vollendete 20. Lebensjahr verlangte (ABGB § 252). Gem dem im gemeinen Recht durchgedrungenen Grundsatz (s o Rn 109) standen auch alle mündigen Minderjährigen unter obligatorischer Vormundschaft, ohne dass noch zwischen *tutela impuberum* und *cura minorum* unterschieden wurde; vielmehr dauerte die Vormundschaft bis zum Eintritt der Volljährigkeit bzw der Erteilung der Volljährigkeitserklärung (ALR II 18 § 7; ABGB §§ 21, 188). Das österreichische Gesetzbuch stellte hierbei die unter väterlicher Gewalt stehenden Minderjährigen den unter Vormundschaft stehenden weitgehend gleich und beschritt damit Neuland gegenüber dem römischen und auch noch dem gemeinen Recht, nach dem die *patria potestas* gerade keine Vormundschaft gewesen war, sondern ein eigennütziges Recht des väterlichen Gewalthabers als des Repräsentanten des Familienverbandes; das römische Recht hatte deshalb auch nur die Handlungsfähigkeit der gewaltfreien Unmündigen und Minderjährigen besonders geregelt, während eine solche Regelung für die Gewaltunterworfenen mangels Fähigkeit zur Innehabung eigenen Vermögens als überflüssig erschienen war. An dem Unterschied zwischen väterlicher Gewalt und Vormundschaft hielt auch das ALR noch im Grundsatz fest und beschränkte deshalb die Befugnisse des Vaters nur im Hinblick auf das seiner Verwaltung und Nutznießung nicht unterliegende sog „freie Vermögen" des minderjährigen Kindes auf diejenigen eines Vormundes (II 2 § 159). Das ABGB gestaltete demgegenüber die väterliche Gewalt ganz im Sinne des Rechtsdenkens der Aufklärung als eine Art „natürliche Vormundschaft" aus, deren primärer Zweck in dem Schutz, der Fürsorge und der Erziehung des Kindes lag (hierzu ZEILLER, Comm über das allg bürgerl Gesetzbuch für die ges Deutschen Erbländer der Oest Monarchie [1811] Anm zu § 147; NIPPEL, Erläuterung d allg bürgerl Gesetzbuches f d ges deutschen Länder d öst Monarchie [1830] Anm zu § 147). Das ABGB erklärte deshalb in § 152 S 2 für Verpflichtungsgeschäfte des Minderjährigen unter väterlicher Gewalt die für Minderjährige unter Vormundschaft stehenden Vorschriften für entsprechend anwendbar und wies dem Vater auch die Befugnis zur Vertretung des minderjährigen Kindes zu (§ 152 S 3). Ferner erlosch nach österreichischem Recht die väterliche Gewalt, anders als noch nach preußischem (ALR II 2 §§ 210 ff), grundsätzlich mit der Volljährigkeit des Kindes (ABGB § 172). Willenserklärungen der Kinder waren nach beiden Rechten nichtig (ALR I 4 § 20; ABGB § 865 S 1). Unmündige und die diesen gleichstehenden mündigen Minderjährigen (ALR I 5 § 14) konnten nur ausschließlich vorteilhafte Geschäfte ohne Mitwirkung des Vormundes wirksam vornehmen (ALR I 4 § 21; ABGB § 244 HS 1). Zu Geschäften, die ihnen, auch neben einem Vorteil, Nachteile brachten, insbesondere also zu Veräußerungs- und Verpflichtungsgeschäften, bedurften sie hingegen der Zustimmung des Vormundes (ALR I 4 § 22, II 18 § 247; ABGB §§ 151 S 1, 244 HS 2). Ein von einem Minderjährigen ohne die hiernach erforderliche Zustimmung des Vormundes geschlossener gegenseitig verpflichtender Vertrag war – anders als nach römischem Recht der Antike (s o Rn 106) – nicht zugunsten des Minderjährigen wirksam, sondern gem der im gemeinen Recht zur Herrschaft gelangten Ansicht (s o Rn 109) hing die Wirksamkeit des ganzen Vertrages (so ausdr ALR I 5 § 11) von der Genehmigung des Vormundes ab (ALR aaO; ABGB § 865 S 2 HS 2) und der andere Teil konnte von dem Vertrag nicht zurücktreten (ALR I 5 § 12; ABGB § 865 S 3 HS 1). Beide Rechte regelten auch erstmals die Behebung des bis zur Erklärung des Vormundes sich ergebenden, für den am Rücktritt gehinderten anderen Teil misslichen Schwebezustandes: Der andere Teil konnte dem Vormund eine angemessene Frist zur Erklärung bestimmen (ALR I 5 § 13; ABGB § 865 S 3 HS 2), mit deren fruchtlosem Ablauf der gesamte Vertrag endgültig unwirksam wurde. Weiterhin war in beiden Kodifikationen die Frage eines Schutzes des Vertrauens des anderen Vertragsteils auf die Volljährigkeit eines Kontrahenten eingehend geregelt. Grundsätzlich wurde ein solcher Schutz versagt, dem anderen Teil vielmehr die Obliegenheit auferlegt, sich nach der Handlungsfähigkeit des Vertragspartners zu erkundigen (ALR I 5 §§ 31, 32; ABGB §§ 248, 866). Die bloße, selbst eidlich begründete, Versicherung der vollen Geschäftsfähigkeit durch den Minderjährigen schloss allein eine weitere Nachforschungspflicht nicht aus

(ALR I 5 § 35). Lediglich dann, wenn ein Minderjähriger über 18 (nach preußischem Recht) bzw über 20 Jahren (nach österreichischem Recht) im Bewusstsein seiner geminderten Handlungsfähigkeit den anderen zum Vertragsschluss verleitet oder sich für volljährig ausgegeben und „in listiger Weise" seine Vertragsfähigkeit vorgespiegelt hatte, war er dem anderen zum Ersatz des entstandenen Vertrauensschadens verpflichtet (ALR I 5 § 33; ABGB §§ 248, 866) und er war nach ALR auch wegen Betruges strafbar (I 5 § 36); der Vertrag als solcher blieb aber unwirksam (ROHGE 21, 215, 216). Die gemeinrechtlich angenommene Wirksamkeit einer eidlich bekräftigten Verpflichtung eines mündigen Minderjährigen (vgl o Rn 109) haben die beiden Gesetzbücher nicht übernommen. Gleiches galt für die Wiedereinsetzung in den vorigen Stand gegen Rechtsgeschäfte wegen Minderjährigkeit (FÖRSTER/ECCIUS, PREUSS Privatrecht I[7] § 60; ZEILLER § 1450 Anm 6). Die Gleichstellung der mündigen Minderjährigen mit den unmündigen galt aber, im Einklang mit dem gemeinen Recht, nur für Verpflichtungs-, Verfügungs- und Erwerbsgeschäfte unter Lebenden. Die Testierfähigkeit trat hingegen schon mit der Mündigkeit ein (ALR I 12 § 16; ABGB § 569). Mit der allgemeinen Mündigkeit, also mit der Vollendung des 14. Lebensjahres, wurden die Minderjährigen beiderlei Geschlechts nach dem Gesetzbuch des katholischen Österreich, das insoweit dem kanonischen Recht folgte (s o Rn 109), auch ehemündig (ABGB § 48). Nach dem ALR galt hingegen die 14-Jahresgrenze nur für die Ehemündigkeit weiblicher Jugendlicher, während bei männlichen das 18. Lebensjahr vollendet sein musste (II 1 § 37). Das weibliche Geschlecht beeinträchtigte als solches nach dem ABGB die Handlungsfähigkeit nicht mehr (ZEILLER § 21 Anm 2). Nach dem ALR galt dies nur im Grundsatz (I 1 § 24, 5 §§ 22, 23). Die unter geistigen Gebrechen leidenden Personen unterteilten beide Gesetzbücher entsprechend dem damaligen Stand der Psychiatrie (vgl NIPPEL § 21 Anm 3) in die „Rasenden und Wahnsinnigen" als die des Vernunftgebrauchs gänzlich Beraubten (ALR I 1 § 27, ABGB § 21) und die „Blödsinnigen" als die zur Erkenntnis der Folgen ihrer Handlung Unfähigen (ALR I 1 § 28, ABGB § 21). Beide Gruppen waren nach dem ALR unter Vormundschaft (II 18 §§ 12, 13), nach dem ABGB unter Kuratel zu stellen (§§ 21, 188 S 2). Die Rasenden und Wahnsinnigen stellte das ALR den Kindern gleich (I 1 § 29 HS 1) mit der Folge ihrer völligen Geschäftsunfähigkeit (I 4 § 23), wobei der Stellung unter Vormundschaft die Wirkung einer Entmündigung (Unbeachtlichkeit lichter Zwischenräume) zukam (I 4 §§ 24, 25). Nichtig waren auch die Willenserklärungen von Volltrunkenen oder sonst zeitweilig ihres Vernunftgebrauchs Beraubten (I 4 §§ 28, 29). Blödsinnige standen nach ALR den Unmündigen gleich (I 1 § 29 HS 2; I 4 § 26). Gleiches galt für unter Vormundschaft gestellte Blinde, Taube und Stumme (ALR I 5 § 25). Das ABGB erklärte in § 865 S 1 alle des Vernunftgebrauchs entbehrenden Personen, worunter auch die Blödsinnigen fielen (ZEILLER § 865 Anm 1), für vertragsunfähig. Vom Gericht für Verschwender erklärte Personen, die ebenfalls unter Vormundschaft (ALR II 18 § 14) bzw unter Kuratel (ABGB § 270) zu stellen waren, standen hinsichtlich ihrer Geschäftsfähigkeit den Minderjährigen gleich (ALR I 1 § 31; ABGB § 865 S 2 und 3).

112 Die in den vernunftrechtlichen Kodifikationen zu Tage getretenen Tendenzen (Herabsetzung des Volljährigkeitsalters, Modifikation der väterlichen Gewalt durch vormundschaftliche Elemente, Beseitigung der auf der Eigenart der antiken römischen Rechtsentwicklung [vgl o Rn 107] beruhenden Unterscheidung von unmündigen und mündigen Minderjährigen) setzten sich in der deutschen Gesetzgebung der zweiten Hälfte des 19. Jahrhunderts fort. Das **Bürgerliche Gesetzbuch für das Königreich**

Sachsen (hierzu KNOTHE Geschäftsfähigkeit § 13; HKK/THIER §§ 104–115 Rn 25) unterteilte die wegen jugendlichen Alters nicht voll handlungsfähigen Personen nur noch in die Gruppen der Kinder und der Minderjährigen; die Gruppe der Unmündigen, die das ALR und das ABGB als solche noch beibehalten hatten, übernahm das Gesetzbuch nicht mehr. Das Kindesalter endete nach gemeinrechtlichem Vorbild mit dem vollendeten 7., die Minderjährigkeit gem der Tradition des Sachsenspiegels (s o Rn 110) mit dem vollendeten 21. Lebensjahr (§ 47 SächsBGB). Das SächsBGB übernahm die von der Pandektenjurisprudenz entwickelte Kategorie der Handlungsfähigkeit als Oberbegriff von Geschäfts- und Deliktsfähigkeit. Handlungsunfähig waren die Kinder und die wegen Geistesgebrechen oder wegen eines vorübergehenden Zustandes des Vernunftgebrauchs beraubten Personen (§ 81 S 2 SächsBGB). Andere Personen erklärte das Gesetz für beschränkt handlungsfähig, wenn sie unter Vormundschaft standen oder wenn ihnen besondere Vorschriften gewisse Handlungen nicht gestatteten (§ 81 S 2 SächsBGB). Hierunter fielen die dem Kindesalter entwachsenen Minderjährigen – auch die unter väterlicher Gewalt stehenden (vgl § 1821 S 1 SächsBGB) –, ferner, außer den des Vernunftgebrauchs beraubten Personen (§ 1981 SächsBGB), bestimmte Taubstumme und Gebrechliche (§ 1982 SächsBGB) sowie Verschwender (§ 1987 SächsBGB). Frauen waren als solche hingegen in der Handlungsfähigkeit nicht beschränkt (§ 46 S 1 SächsBGB). Verträge handlungsunfähiger Personen waren nach § 786 SächsBGB nichtig. Beschränkt handlungsfähige Personen konnten selbstständig solche Verträge schließen, aus denen ihnen lediglich Ansprüche erwuchsen (§ 787 S 1 SächsBGB). Zu sonstigen Geschäften unter Lebenden bedurften sie hingegen der Einwilligung des Vaters (§ 1822 SächsBGB) bzw des Vormundes (§§ 1911, 1998 SächsBGB). Verpflichtungsgeschäfte, insbesondere gegenseitig verpflichtende Verträge, eines beschränkt Handlungsfähigen konnte dessen Vater oder Vormund, nach eingetretener voller Handlungsfähigkeit der Vertragsschließende selbst, gem § 787 S 2 SächsBGB entweder genehmigen oder für nichtig erklären. Der andere Teil konnte eine diesbezügliche Erklärung verlangen (§ 787 S 4 SächsBGB). Für diesen Fall normierte das Sächsische Gesetzbuch im Satz 5 des § 787 eine Frist von 30 Tagen, nach deren fruchtlosem Ablauf der andere Teil vom Vertrag abgehen konnte. Auch das Sächsische Gesetzbuch kannte grundsätzlich keinen Schutz des guten Glaubens des anderen Vertragsteils an die Handlungsfähigkeit seines Kontrahenten. Lediglich dann, wenn sich ein beschränkt Handlungsfähiger betrügerisch für handlungsfähig ausgegeben und dadurch den anderen Teil ohne dessen Verschulden zum Vertragsschluss verleitet hatte, konnte der andere nach seiner Wahl die Erfüllung des Vertrages fordern oder vom Vertrag abgehen und die Rückgabe bereits erbrachter Leistungen aus dem Vermögen des beschränkt Handlungsfähigen verlangen (§§ 1823, 1912, 1998 SächsBGB). Unter diesen Voraussetzungen konnte also ein nur beschränkt Handlungsfähiger trotz fehlender Zustimmung des Vaters oder Vormundes zum Vertragsschluss auf Erfüllung in Anspruch genommen werden. Die gemeinrechtlichen Institute der eidlichen Bekräftigung eines Vertragsschlusses und der Wiedereinsetzung in den vorigen Stand wegen Minderjährigkeit, die auch in der zeitgenössischen gemeinrechtlichen Doktrin überwiegend als veraltet angesehen wurden (WINDSCHEID/KIPP § 117 Fn 3; DERNBURG, Pandekten I^7 § 121, 3), hat das Sächsische Gesetzbuch bewusst fallen gelassen (SCHMIDT, Vorlesungen über das i Königreiche Sachsen geltende Privatrecht II [1869] § 168 II e; GRÜTZMANN, LB d Königl Sächs Privatrechts I [1887] § 27, 4). Die Ehemündigkeit fiel bei Männern mit der Volljährigkeit zusammen, während sie bei Frauen mit dem vollendeten 16. Lebensjahr begann (§ 1589 S 1 SächsBGB). Des Vernunftgebrauchs beraubte Personen waren eheunfähig (§ 1592 SächsBGB). Die Testierfähigkeit begann mit der Vollendung des 14. Lebensjahres (§ 2066 SächsBGB). Des Vernunftgebrauchs Beraubte sowie Taubstumme konnten nur unter besonderen Voraussetzungen ein Testament errichten (§§ 2069, 2070 SächsBGB).

113 Als Zeitpunkt des Eintritts der Volljährigkeit setzte sich schließlich allgemein das vollendete **21. Lebensjahr** durch. Für das gesamte Staatsgebiet der preußischen Monarchie legte diesen Termin das preußische Großjährigkeitsgesetz vom 9. 12. 1869 (PrGS S 1177) fest. Das Reichsgroßjährigkeitsgesetz von 17. 2. 1875 (RGBl S 71) dehnte diese Regelung auf das gesamte Reichsgebiet aus. Die wesentlich höheren Zeitpunkte des gemeinen Rechts von 25 und des ALR von 24 Jahren waren damit beseitigt. Die preußische Vormundschaftsordnung vom 5. 7. 1875 (PrGS S 431) bestimmte die Altersgrenze, nach deren Überschreitung ein Minderjähriger vom Vormundschaftsgericht für volljährig erklärt werden konnte, in ganz Preußen für beide Geschlechter auf das vollendete 18. Lebensjahr. Auch die Fähigkeit Minderjähriger zum Abschluss von Rechtsgeschäften unter Lebenden wurde nunmehr einheitlich für ganz Preußen geregelt in dem Gesetz betreffend die Geschäftsfähigkeit Minderjähriger und die Aufhebung der Wiedereinsetzung in den vorigen Stand – GeschäftsfähigkeitsG – vom 12. 7. 1875 (PrGS S 518; hierzu KNOTHE Geschäftsfähigkeit § 14; HKK/THIER §§ 104–115 Rn 26, 27). Dieses Gesetz, das den Terminus „Geschäftsfähigkeit" erstmals in die deutsche Gesetzessprache einführte, beruhte ganz auf der bisherigen deutschen Entwicklung und bedeutete deshalb eine wesentliche sachliche Rechtsänderung nur für das französische Rechtsgebiet Preußens, dessen Geschäftsfähigkeitsrecht bisher auf dem andersartigen System des Code civil (vgl u Rn 123 ff) beruht hatte. Das GeschäftsfähigkeitsG kannte ebenfalls nur noch Minderjährige unter und über 7 Jahren, also keine Unmündigen mehr. Die noch nicht 7-Jährigen waren nach § 1 GeschäftsfähigkeitsG zur Vornahme von Rechtsgeschäften unfähig. Bei den über 7-jährigen Minderjährigen unterschied auch dieses Gesetz zwischen Rechtsgeschäften, durch die sie Rechte erwarben oder sich von Verbindlichkeiten befreiten, einerseits und Rechtsgeschäften, die eine Verpflichtung oder die Aufgabe eines Rechtes zum Gegenstand hatten, andererseits. Geschäfte der erstgenannten Art konnten diese Minderjährigen selbstständig eingehen, während sie zu Geschäften der zweiten Art die Zustimmung des Vaters, Vormundes oder Pflegers benötigten (§ 2 GeschäftsfähigkeitsG). An ein von dem Minderjährigen ohne diese Zustimmung geschlossenes Geschäft war der andere Teil gebunden (§ 4 Abs 1 HS 1 GeschäftsfähigkeitsG). In Schrifttum und Praxis war umstritten, ob diese Bindung nur im Sinne eines fehlenden Rücktrittsrechts wie nach ALR und ABGB zu verstehen war (so DERNBURG, Das Vormundschaftsrecht d preuß Monarchie³ [1886] S 170 f) oder im Sinne einer einseitigen Erfüllungspflicht wie nach antikem römischen Recht (so KOCH/FÖRSTER, ALR 7 I 5 § 12 Anm 15, 16; wohl auch RGZ 3, 331, 333). Der andere Teil wurde jedoch mit der Verweigerung der Genehmigung des Rechtsgeschäfts frei (§ 4 Abs 1 HS 2 GeschäftsfähigkeitsG). Auch nach dem GeschäftsfähigkeitsG (§ 4 Abs 2) konnte der andere Teil den Vater usw zur Erklärung über die Genehmigung auffordern; das Gesetz normierte in bewusster Anlehnung an das SächsBGB eine Frist, nach deren Verstreichen die Genehmigung als verweigert galt, bemaß diese Frist aber statt auf 30 Tage auf bloß zwei Wochen. Den Schutz des über die Geschäftsfähigkeit seines Vertragspartners Irrenden gestaltete das GeschäftsfähigkeitsG stärker aus als das ALR und das ABGB: Einen Anspruch auf Ersatz des Vertrauensschadens hatte der Geschäftsgegner gem § 7 schon dann, wenn sich der Minderjährige auch ohne betrügerische Absicht fälschlich für geschäftsfähig ausgegeben hatte; ferner war die Schadensersatzpflicht nicht an eine bestimmte Altersgrenze gebunden. Ein Erfüllungsanspruch stand dem anderen Teil allerdings, anders als nach SächsBGB, nicht zu. § 9 Abs 1 GeschäftsfähigkeitsG beseitigte schließlich auch für das preußische Rechtsgebiet die Wiedereinsetzung in den vorigen Stand wegen Minderjährigkeit gegen Rechtsgeschäfte. Das GeschäftsfähigkeitsG bezog sich gem seinem § 8 nicht auch auf die Ehemündigkeit und die Testierfähigkeit. Die Ehemündigkeit wurde aber in dem Reichsgesetz über die Beurkundung des Personenstandes und die Eheschließung vom 6. 2. 1875 (RGBl S 23) reichseinheitlich für Männer auf das vollendete 20, für Frauen auf das vollendete 16. Lebensjahr festgesetzt.

4. Entwicklung unter dem BGB

114 Das BGB (hierzu KNOTHE Geschäftsfähigkeit § 15; HKK/THIER §§ 104–115 Rn 26, 27) beschritt auch in der Regelung der Geschäftsfähigkeit keine völlig neuen Wege, sondern übernahm im Wesentlichen den Ende des 19. Jahrhunderts erreichten Stand der deutschen Gesetzgebung und Rechtswissenschaft. Übernommen wurde der seit 1876 reichseinheitlich geltende Volljährigkeitstermin des vollendeten 21. Lebensjahres (§ 2 aF) mit der Möglichkeit der Volljährigkeitserklärung von der Vollendung des 18. Lebensjahres an (§ 3 aF). Der Minderjährige stand unter der gesetzlichen Vertretung grundsätzlich des Vaters (§ 1626 Abs 1 aF), anderenfalls des Vormundes (§ 1793) oder eines Ergänzungspflegers (§ 1909). Innerhalb der Minderjährigen unterscheidet das Gesetz nur zwischen solchen unter und über sieben Jahren (§§ 104 Nr 1, 106) ohne eine Altersgruppe der Unmündigen. Minderjährige unter sieben Jahren sind geschäftsunfähig, solche über sieben Jahren in der Geschäftsfähigkeit beschränkt. Geschäftsunfähig sind außerdem die sich in einem nicht nur vorübergehenden Zustand krankhafter Störung der Geistestätigkeit befindenden Personen (§ 104 Nr 2) und waren ursprünglich auch die wegen Geisteskrankheit entmündigten Personen (früherer § 104 Nr 3). Die Entmündigung wegen Geistesschwäche, Verschwendung oder Trunksucht (seit 1976 auch Rauschgiftsucht) und die Stellung unter vorläufiger Vormundschaft hatte beschränkte Geschäftsfähigkeit zur Folge (§ 114 aF). Auch diese aus einem anderen Grund als der Minderjährigkeit nicht voll Geschäftsfähigen wurden durch einen Vormund gesetzlich vertreten (§§ 1896 ff aF). Die Willenserklärung eines Geschäftsunfähigen sowie die im Zustand der Bewusstlosigkeit oder vorübergehenden Störung der Geistestätigkeit abgegebene Willenserklärung ist nach § 105 nichtig. Ein beschränkt Geschäftsfähiger kann nach § 107 eine ihm rechtlich lediglich vorteilhafte Willenserklärung selbstständig abgeben, während er ansonsten der Einwilligung des gesetzlichen Vertreters bedarf. Hiernach einwilligungsbedürftige, aber ohne Einwilligung geschlossene Verträge sind gem § 108 schwebend unwirksam und werden durch die Genehmigung des gesetzlichen Vertreters oder des volljährig gewordenen Minderjährigen voll wirksam oder durch deren Verweigerung endgültig unwirksam. Der andere Teil kann durch Aufforderung des gesetzlichen Vertreters zur Erklärung über die Genehmigung eine Frist von zwei Wochen in Lauf setzen, nach deren Verstreichen die Genehmigung als verweigert gilt (§ 108 Abs 2). Das BGB enthält auch eine Regelung über nicht konsentierte einseitige Rechtsgeschäfte eines beschränkt Geschäftsfähigen, die nach § 111 grundsätzlich nichtig sind. Besondere Vorschriften zum Schutz des auf die Geschäftsfähigkeit seines Vertragspartners Vertrauenden hat das BGB nicht aufgenommen (vgl o Rn 27, 28). Die Ehemündigkeit war nach der ursprünglichen Fassung des Gesetzes beim Mann an die Volljährigkeit, bei der Frau (mit Befreiungsmöglichkeit) an die Vollendung des 16. Lebensjahres geknüpft (§ 1303 aF). Die Testierfähigkeit tritt mit der Vollendung des 16. Lebensjahres ein (§ 2229).

115 Die Vorschriften der §§ 104 ff hinsichtlich der Rechtsfolgen fehlender oder geminderter Geschäftsfähigkeit sind während der bisherigen Geltungsdauer des BGB im Wesentlichen unverändert geblieben. Erheblich geändert wurden hingegen die Voraussetzungen der Geschäftsunfähigkeit und der beschränkten Geschäftsfähigkeit. Das Volljährigkeitsalter setzte das VolljährigkeitsG vom 31. 7. 1974 (BGBl I 1713) auf das vollendete 18. Lebensjahr herab und hob das Institut der Volljährigkeitserklärung durch Streichung der §§ 3–5 auf (hierzu Knothe Geschäftsfähigkeit § 16). Die Beseitigung der Entmündigung durch das Betreuungsgesetz vom 12. 9. 1990 (BGBl I 2002) ließ die Geschäftsunfähigkeit der wegen Geisteskrankheit (Aufhebung des § 104 Nr 3) und die beschränkte Geschäftsfähigkeit der wegen Geistesschwäche, Verschwendung, Trunksucht und Rauschgiftsucht Entmündigten und der unter vorläufiger Vormundschaft Gestellten (Streichung der §§ 114, 115) entfallen (hierzu HKK/Thier §§ 104–115 Rn 32). Volljährige sind jetzt nur noch unter den Voraussetzungen von § 104 Nr 2 geschäftsunfähig. Der Kreis der beschränkt Geschäftsfähigen umfasst nur noch die Minderjährigen über 7 Jahren. Beseitigt hat das BtG auch die Vormundschaft über Volljährige, die durch die rechtliche Betreuung nach den §§ 1896 ff ersetzt worden ist (vgl o Rn 25). Die Ehemündigkeit, die durch § 1 EheG 1938 (übernommen von § 1 EheG 1946) für den Mann sogar auf das vollendete 21. Lebensjahr festgesetzt worden war, so dass die Volljährigkeitserklärung die Ehemündigkeit nicht mehr ohne weiteres begründete, sondern eine besondere Befreiung erforderlich war, fällt seit dem VolljährigkeitsG für beide Geschlechter grundsätzlich mit der Volljährigkeit zusammen. Maßgeblich ist nunmehr die Regelung in § 1303 nF.

5. Recht der früheren DDR

116 In der SBZ und seit 1949 der DDR beruhte das Geschäftsfähigkeitsrecht bis zum 31. 12. 1975 grundsätzlich weiterhin auf dem BGB. Der Volljährigkeitsbeginn wurde jedoch schon durch Gesetz vom 17. 5. 1950 (GBl S 437) auf das vollendete 18. Lebensjahr herabgesetzt. Die §§ 104 ff blieben formell in Kraft, wurden aber nach den sozialistischen Rechtsprinzipien interpretiert und angewandt; so ging das Schrifttum von einer weitgehenden stillschweigenden Generaleinwilligung des gesetzlichen Vertreters zu Rechtsgeschäften des Minderjährigen hinsichtlich seines Arbeitsverdienstes aus, und sah deshalb die einschränkenden Voraussetzungen des § 110 als entbehrlich an (vgl Dornberger u a, Das Zivilrecht d DDR, AT [1955] 160). Das **Zivilgesetzbuch der DDR** regelte die Handlungsfähigkeit, die es in § 49 S 2 als die Fähigkeit zur Begründung von Rechten und Pflichten des Zivilrechts durch eigenes Handeln, insbesondere zum Abschluss von Verträgen und zur Vornahme anderer Rechtsgeschäfte definierte, in den §§ 49–52 (hierzu Knothe, Geschäftsfähigkeit § 17 II). Die Konzeption dieser Regelung stimmte der Sache nach im Wesentlichen mit der des BGB überein. Die Abweichungen in den Einzelheiten waren von der Tendenz gekennzeichnet, den Regelungsmechanismus zu vereinfachen und die Selbstständigkeit des nicht (voll) Handlungsfähigen im Vergleich zu den §§ 104 ff zu erhöhen. Auch das ZGB unterschied zwischen handlungsunfähigen (§ 52) und – ohne Verwendung dieses Terminus – beschränkt handlungsfähigen (§§ 50, 51) Personen. Die Obergrenze der Handlungsunfähigkeit des Kindes wurde in § 52 Abs 1 ZGB (DDR) auf das vollendete 6. Lebensjahr herabgesetzt. Handlungsunfähig waren ferner nach § 52 Abs 2 ZGB (DDR) entmündigte Personen. Von Handlungsunfähigen oder in einem die Entscheidungsfähigkeit ausschließenden Zustand vorgenommene Rechtsgeschäfte waren gem § 52 Abs 3 S 1 und 2 ZGB (DDR) grundsätzlich nichtig. Wirksam waren allerdings – anders als nach BGB – Verträge zur Befriedigung täglicher Lebensbedürfnisse über einen unbedeutenden Wert bei beiderseitiger sofortiger Erfüllung der daraus resultierenden Verpflichtungen (§ 52 Abs 3 S 3 ZGB). Personen zwischen dem vollendeten 6. und dem vollendeten 18. Lebensjahr bedurften nach dem Grundsatz des § 50 Abs 1 ZGB (DDR) zur Begründung von Rechten und Pflichten der Zustimmung ihres gesetzlichen Vertreters. Hierbei wurde nicht zwischen rechtlich lediglich vorteilhaften und sonstigen Rechtsgeschäften unterschieden. Nicht zustimmungsbedürftig waren aber zur Befriedigung täglicher Lebensbedürfnisse abgeschlossene sowie Verträge von über 16-jährigen Personen bei Erfüllung ihrer Zahlungsverpflichtungen aus eigenen Mitteln (§§ 50 Abs 5, 51 ZGB). Sonstige Verträge konnten, wenn sie ohne Einwilligung des gesetzlichen Vertreters abgeschlossen worden waren, durch dessen Genehmigung wirksam werden, während einseitige Rechtsgeschäfte in diesem Fall nichtig waren (§ 50 Abs 2 ZGB). Die Genehmigung für nicht der Schriftform bedürftige Verträge galt mit rückwirkender Kraft als erteilt, wenn sie der gesetzliche Vertreter nicht innerhalb eines Monats nach erlangter Kenntnis vom Vertragsabschluss verweigerte (§ 50 Abs 3 ZGB). Eine Entmündigung konnte nach § 460 Abs 2 ZGB (DDR) bei auf krankhafter Störung der Geistestätigkeit, Missbrauch von Alkohol oder anderer Rausch erzeugender Mittel oder Drogen beruhender erheblicher Beeinträchtigung der Fähigkeit erfolgen, in gesellschaftlicher Verantwortung über die Begründung von Rechten und Pflichten selbst zu entscheiden. Die Entmündigung hatte Handlungsunfähigkeit gem § 52 ZGB (DDR) zur Folge. Nach § 105 Abs 2 FGB (DDR) konnte einem Bürger bei Unfähigkeit zur Besorgung seiner Angelegenheiten infolge körperlicher Gebrechen oder zur Besorgung einzelner oder eines bestimmten Kreises seiner Angelegenheiten infolge geistiger Gebrechen ein Pfleger bestellt werden; der Pflegebedürftige stand im Rahmen des festgelegten Wirkungskreises des Pflegers einem Nichthandlungsfähigen gleich (§ 105 Abs 3 FGB). Die Ehemündigkeit, die schon das erwähnte VolljährigkeitsG von 1950 für den Mann auf 18 Jahre herabgesetzt hatte (für die Frau war es zunächst bei der 16-Jahres-Grenze des § 1 EheG 1946 geblieben), wurde in § 1 EheVO vom 24. 11. 1955 (GBl I 849), die das EheG 1946 für das Gebiet der DDR gänzlich aufhob, für beide Geschlechter ohne Befreiungsmöglichkeit auf das vollendete 18. Lebensjahr und damit auf den Volljährigkeitszeitpunkt festgesetzt; diese Regelung übernahm das FGB (DDR) in seinem § 5 Abs 4. Die Testierfähigkeit erforderte gem § 370 Abs 1 S 2 ZGB (DDR) Volljährigkeit und Handlungsfähigkeit des Testators. Zur Übergangsregelung anlässlich der deutschen Wiedervereinigung s o Rn 18.

V. Ausländische Rechte

1. Österreich

Das Geschäftsfähigkeitsrecht des Allgemeinen Bürgerlichen Gesetzbuchs in dessen ursprünglicher Fassung (hierzu o Rn 111) ist in den letzten Jahrzehnten tiefgreifend verändert worden, vornehmlich durch das Gesetz vom 14. 2. 1973, mit dem Bestimmungen über die Geschäftsfähigkeit und die Ehemündigkeit geändert wurden – VolljährigkeitsG – (österBGBl 1973/108), das Kindschaftsgesetz vom 30. 6. 1977 (österBGBl Nr 403 idF österBGBl 1979/168), das Kindschaftsrechts-Änderungsgesetz vom 15. 3. 1989 (österBGBl 1989/162), das Gesetz über die Sachwalterschaft für behinderte Personen vom 2. 2. 1983 – SachwalterschaftsG – (österBGBl 1983/136), das Kindschaftsrechts-Änderungsgesetz 2001 – KindRÄG 2001 – (österBGBl I 2000/135) sowie das Sachwalterschaftsrechts-Änderungsgesetz 2006 – SWRÄG – (österr BGBl I 2006/92). Der Volljährigkeitsbeginn, der schon durch das VolljährigkeitsG vom 6. 2. 1919 vom vollendeten 24. auf das vollendete 21. und durch das VolljährigkeitsG 1973 auf das vollendete 19. Lebensjahr herabgesetzt worden war, ist jetzt durch das KindRÄG 2001 auf das vollendete 18. Lebensjahr gesenkt worden (§ 21 Abs 2 HS 1 ABGB). Die bisherigen Möglichkeiten der Verlängerung der Minderjährigkeit bis zum vollendeten 21. Lebensjahr und der Volljährigkeitserklärung nach Vollendung des 18. Lebensjahres hat das KindRÄG 2001 durch Streichung der §§ 173, 174 ABGB beseitigt. Die Dreiteilung der Minderjährigen in Kinder (bis zur Vollendung des 7. Lebensjahres), unmündige (bis zur Vollendung des 14. Lebensjahres) und mündige Minderjährige hat das österreichische Recht in der Sache beibehalten; in § 21 Abs 2 ABGB wird zwar seit der Neufassung durch das KindRÄG 2001 die Gruppe der Kinder nicht mehr genannt, jedoch folgt die besondere Rechtsstellung dieser Altersgruppe auch nach neuestem Recht aus dem insoweit unverändert gebliebenen § 865 S 1 ABGB über die grundsätzliche Unfähigkeit der unter siebenjährigen Kinder zum Vertragsschluss. Die grundsätzliche Geschäftsunfähigkeit der Kinder wird von der Ausnahme durchbrochen, dass ein von einem Minderjährigen schlechthin und damit auch von einem Kind geschlossenes altersübliches und eine geringfügige Angelegenheit des täglichen Lebens betreffendes Rechtsgeschäft mit der Erfüllung der das Kind hieraus treffenden Pflichten rückwirkend wirksam wird (§§ 865 S 1 iVm 151 Abs 3 ABGB; hierzu eingehend WELSER VersRdsch 1973, 146, 150 ff; ADENA 95 ff). Die dem Kindesalter entwachsenen Minderjährigen sind in der Geschäftsfähigkeit beschränkt. Sie können „ein bloß zu ihrem Vorteil gemachtes Versprechen (selbstständig) annehmen" (§ 865 S 2 HS 1 ABGB). Nicht bloß vorteilhaft in diesem Sinne und daher zustimmungsbedürftig soll die Annahme eines Versprechens nach einem Teil der österreichischen Lehre – anders als nach § 107 – bereits dann sein, wenn mit dem Anspruch aus dem Versprechen zwar kein rechtlicher, wohl aber ein wirtschaftlicher oder sonstiger Nachteil (Schenkung von Kriegsspielzeug) verbunden ist; diese Meinung fasst den Vorteilsbegriff also nicht nur in einem rechtlichen, sondern in einem umfassenden Sinne auf (DULLINGER ÖJZ 1987, 33, 35 ff; auch KOZIOL/WELSER, Grundriß d bürgerl Rechts I[13] [2006] 55). Ferner kann der Minderjährige das Versprechen nur annehmen, während er zu dessen Ablehnung die Zustimmung des gesetzlichen Vertreters benötigt (DULLINGER ÖJZ 1987, 33, 34). Zu allen sonstigen Rechtsgeschäften, insbesondere Verpflichtungs- und Verfügungsgeschäften (§ 151 Abs 1 ABGB), bedürfen diese Minderjährigen hingegen der Einwilligung des gesetzlichen Vertreters. Die Gültigkeit eines ohne Einwilligung geschlossenen, den Minderjährigen (auch) belastenden Vertrages, insbesondere eines gegenseitig verpflichtenden Vertrages, hängt gem § 865 S 2 HS 2 ABGB von der Genehmigung des Vertreters bzw des Gerichtes ab, der Vertrag ist also schwebend unwirksam. Während des Schwebezustandes kann der andere Teil nicht zurücktreten, aber eine angemessene Frist zur Erklärung verlangen (§ 865 S 3 ABGB). Nicht einwilligungsbedürftig sind Verpflichtungs- und Verfügungsgeschäfte des mündigen Minderjährigen über ihm zur freien Verfügung überlassene Sachen sowie über sein Einkommen aus eigenem Erwerb, soweit dadurch nicht die Befriedigung seiner Lebensbedürfnisse gefährdet wird (§ 151 Abs 2 ABGB). Weiterhin kann sich der mündige Minderjährige nach § 152 ABGB grundsätzlich selbstständig durch Vertrag zu Dienstleistungen, nicht jedoch zu solchen aufgrund eines Lehr- oder sonstigen Ausbildungsvertrages, verpflichten, allerdings kann der gesetzliche Vertreter das Rechtsverhältnis aus wichtigen Gründen vorzeitig lösen. Die dem Minderjährigen in den §§ 151 Abs 2, 152 ABGB zuerkannten Befugnisse werden als echte Teilgeschäftsfähigkeiten angesehen (DULLINGER ÖJZ 1987, 33, 34). Beseitigt hat das KindRÄG 2001 durch Streichung des § 866 ABGB die besondere Schadensersatzpflicht des (seit dem VolljährigG) über 18 Jahre alten Minderjährigen bei arglistigem Vorspiegeln seiner Vertragsfähigkeit gegenüber dem gutgläubigen anderen Teil (s o Rn 111). Die Ehemündigkeit, die das EheG 1938 von ursprünglich 14 Jahren (s o Rn 111) auf 21 Jahre für den Mann und auf 16 Jahre für die Frau erhöht und das VolljährigkeitsG für den Mann wieder auf 19 Jahre gesenkt hatte, tritt nunmehr nach dem KindRÄG 2001 bei beiden Geschlechtern mit der Vollendung des 18. Lebensjahres ein bei Befreiungsmöglichkeit nach Vollendung des 16. Lebensjahres und Volljährigkeit des künftigen Ehegatten (§ 1 EheG idF KindRÄG 2001). Testierfähig wird der junge Mensch nach der schon mit dem Gesetz vom 12. 12. 1946 (österBGBl 1947/30) erfolgten Aufhebung des TestG 1938, das die Testierfähigkeit auf 16 Jahre festgelegt hatte, und der Wiederherstellung des Testamentsrechts des ABGB wieder mit der Mündigkeit (§ 569 ABGB).

Die Geschäftsfähigkeit der unter **geistigen Gebrechen** leidenden Personen hat das **118** mit dem 1. 7. 1984 in Kraft getretene SachwalterschaftsG gegenüber dem bisherigen Rechtszustand völlig neu gestaltet. Dieses Gesetz hat das durch die Entmündigungs-VO von 1916 eingeführte Institut der Entmündigung, die den Entmündigten bei voller Entmündigung einem Kind unter 7 Jahren, bei beschränkter Entmündigung einem mündigen Minderjährigen gleichgestellt hatte, beseitigt (ähnlich wie später in Deutschland das BtG) und stattdessen die Sachwalterschaft eingeführt, deren Regelung auch auf das deutsche Betreuungsrecht von Einfluss gewesen ist. Ein Sachwalter ist nach § 268 ABGB einer an einer psychischen Krankheit leidenden oder geistig behinderten volljährigen Person (behinderten Person) auf ihren Antrag oder von Amts wegen zu bestellen, die alle oder einzelne ihrer Angelegenheiten nicht ohne Gefahr eines Nachteils für sich selbst zu besorgen vermag, sofern nicht der Betreffende durch andere Hilfe zur Besorgung seiner Angelegenheiten im erforderlichen Ausmaß in die Lage versetzt werden kann. Je nach Ausmaß der Behinderung sowie nach Art und Umfang der zu besorgenden Angelegenheiten kann der Sachwalter mit der Besorgung einzelner, eines bestimmten Kreises oder aller Angelegenheiten der behinderten Person betraut werden (§ 268 Abs 3 ABGB). Die Bestellung eines Sachwalters beschränkt mit konstitutiver Wirkung die Geschäftsfähigkeit der behinderten Person im Wesentlichen auf die eines dem Kindesalter entwachsenen Unmündigen (GITSCHTHALER ÖJZ 1985, 193, 198; STEINBAUER ÖJZ 1985, 385, 387 f; ERDBACHER ÖJZ 1985, 161, 163 f; ZIERL Rpfleger 1989, 225, 226; ADENA 189). Der Behinderte kann nach § 280 Abs 1 ABGB innerhalb des Wirkungskreises des Sachwalters, bei einer Sachwalterbestellung für alle Angelegenheiten gem § 268 Abs 3 Nr 3 ABGB also bei allen Geschäften, ohne Einwilligung des Sachwalters rechtsgeschäftlich grundsätzlich weder verfügen noch sich verpflichten. Ein von ihm geschlossener, mit einer Last verbundener schuldrechtlicher Vertrag ist nach § 865 S 2 bis zur Genehmigung durch den Sachwalter schwebend unwirksam. Einen Einwilligungsvorbehalt kennt das österreichische im Gegensatz zum deutschen Recht nicht, weshalb es nicht zum Abschluss von die gleiche Angelegenheit betreffenden jeweils wirksamen Rechtsgeschäften sowohl des Sachwalters als auch des Behinderten selbst kommen kann. Vom Behinderten im Rahmen des Wirkungskreises des Sachwalters geschlossene Geschäfte über geringfügige Angelegenheiten des täglichen Lebens werden auch bei fehlender Einwilligung des Sachwalters mit der Erfüllung der den Behinderten hieraus treffenden Pflichten rückwirkend wirksam (§ 280 Abs 2 ABGB). Die Begründung einer lediglich beschränkten Geschäftsfähigkeit durch die Sachwalterbestellung führte bei der Bestellung eines Sachwalters für eine des Vernunftgebrauchs gänzlich beraubte Person dazu, dass diese Person, die vor der Bestellung gem § 865 S 1 ABGB völlig geschäftsunfähig gewesen ist, aufgrund der Sachwalterbestellung im Rahmen des Wirkungskreises des Sachwalters ungeachtet der fortbestehenden völligen Vernunftlosigkeit beschränkt geschäftsfähig würde; die österreichische Lehre löst diesen Wertungswiderspruch zwischen § 865 S 1 ABGB einerseits und den §§ 280, 865 S 2 ABGB andererseits zugunsten eines Vorrangs der erstgenannten Vorschrift und nimmt deshalb eine fortbestehende Geschäftsunfähigkeit des gänzlich Vernunftlosen auch nach dessen Stellung unter Sachwalterschaft an (vgl EDELBACHER ÖJZ 1985, 163 f; STEINBAUER ÖJZ 1985, 385, 389 f; ADENA 95, 190; KOZIOL/WELSER 55), wie dies auch für das deutsche Recht ganz überwiegend vertreten wird (vgl u § 105 Rn 10).

2. Schweiz

119 Die Regelung des Geschäftsfähigkeitsrechts im schweizerischen Zivilgesetzbuch beruht ebenfalls auf der Konzeption, die sich in den deutschen Rechten herausgebildet hat (vgl o Rn 109, 111 ff), allerdings modifiziert durch erhebliche Einflüsse des französischen Rechts (hierzu u Rn 123 ff). Die schweizerische Kodifikation geht aus von dem umfassenderen Begriff der Handlungsfähigkeit (vgl o Rn 2), die Art 12 SchwZGB definiert als die Fähigkeit zur Begründung von Rechten und Pflichten durch eigene Handlungen. Die Voraussetzungen der Handlungsfähigkeit werden – anders als nach dem BGB (vgl o Rn 6) – in den Art 13–16 SchwZGB positiv festgelegt; in den folgenden Art 17–19 SchwZGB normiert das Gesetz sodann Voraussetzungen und Rechtsfolgen der Handlungsunfähigkeit (krit zu dieser Verdoppelung RABEL RheinZ 4 [1912] 135, 144). Die Handlungsfähigkeit erfordert nach Art 13 SchwZGB die Mündigkeit und die Urteilsfähigkeit der betreffenden Person. Die Mündigkeit tritt seit 1996 mit der Vollendung des 18. Lebensjahres ein (Art 14 SchwZGB); die unter dem früheren Mündigkeitstermin von 20 Jahren mögliche Erlangung der Mündigkeit durch Eheschließung oder Volljährigkeitserklärung ist entfallen. Die Urteilsfähigkeit bestimmt die Vorschrift des Art 16 SchwZGB in der Weise, dass sie in negativer Formulierung die Voraussetzungen ihres Fehlens umschreibt. Fehlende Urteilsfähigkeit ist hiernach der Mangel der Fähigkeit zu vernunftgemäßem Handeln, allerdings nur dann, wenn dieser Mangel auf Kindesalter, Geisteskrankheit, Geistesschwäche, Trunkenheit oder „ähnlichen Zuständen" beruht (A BUCHER, Nat Personen u Persönlichkeitsschutz [1995] Rn 77; BSK ZGB I/BIGLER-EGGENBERGER [2010] Art 16 Rn 5; auch BGE 117 II 231, 233). Die schweizerische Rechtsprechung und Lehre gehen hierbei von dem Grundsatz der Relativität der Urteilsfähigkeit aus: Die Urteilsfähigkeit einer Person ist nicht *in abstracto* für sämtliche Rechtshandlungen entweder zu bejahen oder zu verneinen, sondern es ist jeweils in Bezug auf die konkrete

Titel 1
Geschäftsfähigkeit

Vorbem zu §§ 104–115
120, 121

Rechtshandlung, deren Vornahme in Frage steht, bei Rechtsgeschäften also auf das abzuschließende Rechtsgeschäft festzustellen, ob der Betreffende diesbezüglich zu vernunftgemäßem Handeln in der Lage ist, so dass eine Person hinsichtlich gewisser Rechtsgeschäfte als urteilsfähig angesehen werden muss, hinsichtlich anderer hingegen nicht (BGE 90 II 9, 12; 117 II 231, 232; 118 I 236, 238; A BUCHER Rn 86, 100; TUOR/SCHNYDER/SCHMID, Das Schweizerische ZGB [13. Aufl 2009] 84 f [Rn 30]; PEDRAZZINI/OBERHOLZER, Grundriss d Personenrechts [1993] 64; BSK ZGB I/BIGLER-EGGENBERGER [2010] Art 16 Rn 34 ff; RIEMER, Personenrecht d ZGB [2. Aufl 2002] § 3 Rn 55).

Als **handlungsunfähig** bezeichnet das Gesetz in Art 17 SchwZGB die nicht urteilsfähigen, unmündigen oder entmündigten Personen. Innerhalb dieser drei Gruppen von Handlungsunfähigen differenziert das Gesetz zwischen den nicht urteilsfähigen einerseits sowie den unmündigen und entmündigten andererseits. Handlungen von nicht urteilsfähigen Personen können nach Art 18 SchwZGB grundsätzlich keine rechtlichen Wirkungen herbeiführen. Diese Personen sind also handlungsunfähig im eigentlichen Sinne. Das einen der Gründe für die Urteilsunfähigkeit darstellende Kindesalter (vgl Art 16 SchwZGB) wird, anders als nach deutschem (§ 104 Nr 1) und österreichischem (§ 865 S 1 ABGB) Recht, nach oben nicht durch eine feste Altersgrenze bestimmt, sondern die jugendbedingte Unfähigkeit zu vernunftgemäßem Handeln ist jeweils nach der tatsächlichen Reife des Jugendlichen im Einzelfall zu ermitteln und kann deshalb, insbesondere wegen des Grundsatzes der relativen Rechtsfähigkeit, für bestimmte Geschäfte theoretisch bis zum Mündigkeitsbeginn reichen (vgl BSK ZGB I/BIGLER-EGGENBERGER [2010] Art 16 Rn 14; A BUCHER Rn 78; JENTSCH 41). Das SchwZGB folgt insoweit dem Vorbild des französischem Rechts (s u Rn 126; krit hierzu RABEL RheinZ [1912] 135, 147 ff m Fn 7). Eine Unterteilung des Kreises der Unmündigen, die der Sache nach den Minderjährigen des deutschen und des österreichischen Rechts entsprechen, nach abstrakten Altersgrenzen ist also dem schweizerischen Recht fremd. **120**

Urteilsfähige Unmündige oder Entmündigte – Entmündigungsgründe sind Geisteskrankheit und Geistesschwäche (Art 369 SchwZGB) sowie Verschwendung, Trunksucht, lasterhafter Lebenswandel und Misswirtschaft (Art 370 SchwZGB) – können sich gem Art 19 Abs 1 SchwZGB durch ihre Handlungen nur mit Zustimmung ihres gesetzlichen Vertreters verpflichten (hierzu EBERHARD, Die Zust d Vormundes zu Rechtsgeschäften d urteilsfähigen Mündels [Diss Bern 1990]). Über den auf Verpflichtungen beschränkten Wortlaut der Vorschrift hinaus ist die Zustimmung auch für sonstige den Unmündigen oder Minderjährigen belastende Rechtsgeschäfte – abgesehen von den unter Abs 2 des Art 19 SchwZGB fallenden – erforderlich, insbesondere auch für Verfügungsgeschäfte (A BUCHER Rn 129; vgl auch BSK ZGB I/BIGLER-EGGENBERGER [2010] Art 19 Rn 19). Das Schicksal eines ohne vorherige Zustimmung (= Ermächtigung in der schweizerischen Terminologie) geschlossenen zustimmungsbedürftigen Geschäfts ist im Wesentlichen übereinstimmend mit dem deutschen und österreichischen Recht geregelt. Ein solches Geschäft kann gem Art 410 Abs 1 SchwZGB durch Genehmigung seitens des gesetzlichen Vertreters wirksam werden. Genehmigt der Vertreter nicht innerhalb einer vom anderen Teil oder vom Gericht gesetzten angemessenen Frist, so wird der andere Teil nach § 410 Abs 2 SchwZGB frei. Bei Nichtigkeit des Rechtsgeschäfts infolge verweigerter oder nicht rechtzeitig erteilter Genehmigung ist der nicht voll handlungsfähige Vertragsteil gem § 411 Abs 1 SchwZGB zur Rückgewähr der empfangenen Leistung nur insoweit verpflichtet, als **121** die Leistung in seinen Nutzen verwendet wurde, er im Rückforderungszeitpunkt noch bereichert ist oder er sich böswillig der Bereicherung entäußert hat. Darüber hinaus haftet der nicht voll Handlungsfähige dem anderen Teil auf Schadensersatz, wenn er diesen zu der irrtümlichen Annahme seiner Handlungsfähigkeit verleitet hat (Art 411 Abs 2 SchwZGB). Mit dieser Regelung folgt das SchwZGB im Wesentlichen dem bis 2001 geltenden österreichischen Recht (vgl o Rn 111, 117).

122 Der Zustimmung des gesetzlichen Vertreters bedarf der urteilsfähige Unmündige oder Entmündigte gem Art 19 Abs 2 SchwZGB nicht zu solchen Rechtsgeschäften, durch die er (1) **unentgeltliche Vorteile** erlangt oder (2) ihm **um seiner Persönlichkeit willen** zustehende Rechte ausübt. Unentgeltliche Vorteile erwirbt der nicht voll Handlungsfähige in erster Linie durch Schenkungen seitens des anderen Teils, zu deren Erwerb er deshalb gem Art 241 Abs 1 OR imstande ist; der gesetzliche Vertreter kann jedoch nach Abs 2 von Art 241 OR die Annahme der Schenkung untersagen oder die Rückleistung anordnen, wodurch die Schenkung nicht erworben wird oder aufgehoben ist. Mit der Zuerkennung der Befugnis zur Ausübung der den nicht voll Handlungsfähigen um ihrer Persönlichkeit willen zustehenden Rechte (hierzu TUOR/SCHNYDER/SCHMID 88 f [Rn 43]) begründet das SchwZGB in diesem Bereich eine echte Teilmündigkeit; ein Handeln des gesetzlichen Vertreters neben dem nicht voll Handlungsfähigen ist insoweit ausgeschlossen (A BUCHER Rn 153; BSK ZGB I/BIGLER-EGGENBERGER [2010] Art 19 Rn 35). Eine weitere, in etwa den §§ 112, 113 entsprechende Teilmündigkeit normiert Art 412 SchwZGB, wonach der Bevormundete, dem die Vormundschaftsbehörde den selbstständigen Betrieb eines Berufes oder Gewerbes gestattet hat, alle zu dem regelmäßigen Betrieb gehörenden Geschäfte selbstständig vornehmen kann und er hieraus mit seinem gesamten Vermögen haftet. Die Nichtigkeit eines Arbeitsverhältnisses, aufgrund dessen der Arbeitnehmer in gutem Glauben Arbeit geleistet hat, kann jedoch nach Art 320 Abs 2 OR nur mit Wirkung für die Zukunft geltend gemacht werden, wie dies auch der hM nach deutschem Recht entspricht (vgl o Rn 37). Aufgrund der gem Art 19 Abs 1 und 2 SchwZGB bestehenden Fähigkeit zum Abschluss von Rechtsgeschäften sind die urteilsfähigen Unmündigen und Entmündigten trotz Platzierung der Vorschrift unter der Abschnittsüberschrift „Handlungsunfähigkeit" nicht völlig handlungsunfähig, sondern der Sache nach nur beschränkt handlungsfähig (so RABEL RheinZ [1912] 135, 163; W OPPERMANN ZBlFG 14 [1914] 533, 537). Die neuere schweizerische Lehre spricht hier von beschränkter Handlungs**un**fähigkeit (PEDRAZZINI/OBERHOLZER 85; kritisch zu diesem Begriff BSK ZGBI/BIGLER-EGGENBERGER [2010] Art 19 Rn 3) zur Unterscheidung von der in Art 395 SchwZGB ausdrücklich als Beschränkung der Handlungsfähigkeit bezeichneten Bestellung eines Beirats für eine Person, zu deren Entmündigung nach den Art 369, 370 kein genügender Grund vorliegt, gleichwohl aber zu ihrem Schutze eine Beschränkung der Handlungsfähigkeit als notwendig erscheint. Die Rechtshandlungen, zu denen die Mitwirkung des Beirats erforderlich ist, sind in Art 395 Abs 1 Nrn 1–9 abschließend aufgezählt; auch diese Regelung beruht auf dem französischen Recht (RABEL RheinZ [1912] 135, 166). Die Ehemündigkeit beginnt für beide Geschlechter mit dem vollendeten 18. Lebensjahr (Art 94 Abs 1 SchwZGB). Die Testierfähigkeit setzt gem Art 467 SchwZGB die Vollendung des 18. Lebensjahres und die Urteilsfähigkeit (hierzu BGE 117 II 232 ff) des Testators voraus.

3. Frankreich

In der französischen Rechtssprache entspricht der Geschäftsfähigkeit des deutschen **123**
Rechts der Begriff der *capacité d'exercice* (vgl FERID/SONNENBERGER, Das Französische
Zivilrecht, Bd 1/1: Erster Teil: Allg Lehren d Frz Zivilrechts: Einf u Allg Teil d Zivilrechts [2. Aufl
1994] 1 F 106; ausführl HOUIN, Les incapacités, Rev trim dr civil 45 [1947] 383 ff; zur urspr Regelung
im CC MINZENMAY 139 ff). Die *capacité de contracter* ist in Art 1108 CC fr als eines der
vier Wirksamkeitserfordernisse einer Vereinbarung *(convention)* normiert; diese
Vorschrift wird auch auf die – im CC fr nicht allgemein geregelten – einseitigen
Rechtsgeschäfte angewandt (vgl FERID/SONNENBERGER 1 F 104). Geschäftsfähig in diesem Sinne ist gem Art 1123 CC fr jede (natürliche) Person, die das Gesetz nicht für
unfähig *(incapable)* erklärt. Für geschäftsunfähig in dem vom Gesetz bestimmten
Umfang erklärt Art 1124 CC fr (1) die nicht emanzipierten Minderjährigen *(mineurs
non émancipés)* sowie (2) die gem Art 488 Abs 2 und 3 CC fr geschützten Volljährigen *(majeurs)*. Die in Art 1124 CC fr enthaltene Aufzählung der geschäftsunfähigen Personen ist abschließend (FERID/SONNENBERGER 1 F 301).

Minderjährige sind nach Art 388 CC fr idF des Gesetzes vom 5. 7. 1974 die Personen **124**
bis zur Vollendung des 18. Lebensjahres. Das mit Wirkung ab 1. 1. 2009 in den Artt
413-1–413-8 CC fr geregelte Institut der Emanzipation *(émancipation)* eines Minderjährigen, die im Wesentlichen der früheren deutschen Volljährigkeitserklärung
entspricht, hat der französische Gesetzgeber in einer allerdings durch die Gesetze
vom 14. 12. 1964 und vom 5. 7. 1974 grundlegend reformierten Gestalt. Unmittelbar
kraft Gesetzes wird der Minderjährige emanzipiert durch die Eheschließung
(Art 413-1 CC fr) gem dem auch den französischen *coutumes* des Mittelalters
bekannten Grundsatz „Heirat macht mündig". Die Eheschließung eines Minderjährigen ist nach französischem Recht insofern möglich, als vom Erfordernis der
Ehemündigkeit, die jetzt bei beiden Geschlechtern mit der Vollendung des 18. Lebensjahres eintritt (Art 144 CC fr), gem Art 145 CC fr Befreiung erteilt werden
kann; Minderjährige bedürfen zur Heirat allerdings der Zustimmung der in den
Art 148 ff CC fr genannten Personen. Außer durch Heirat kann die Emanzipation
eines Minderjährigen nach Vollendung des 16. Lebensjahres gem Art 413-2 ff CC fr
auch durch Ausspruch des Vormundschaftsgerichts *(juge des tutelles)* erfolgen. Der
emanzipierte Minderjährige steht seit der Reform von 1964 grundsätzlich einem
Volljährigen gleich (Art 413-6 CC fr). Lediglich für die Ehefähigkeit und die Fähigkeit adoptiert zu werden hat er – außer bei einer durch Eheschließung erfolgten
Emanzipation als *émancipation de plein droit* – weiterhin die Stellung eines nicht
emanzipierten Minderjährigen inne (Art 413-6 CC fr). Ein Handelsgewerbe kann er
seit dem Gesetz v 15. 6. 2010 mit gerichtlicher Ermächtigung betreiben (vgl näher
Art 413-8 CC fr).

Für die **nicht emanzipierten Minderjährigen** handelt deren gesetzlicher Vertreter, **125**
nämlich die Eltern als *administrateur légal* oder der Vormund *(tuteur)*, die den
Minderjährigen bei allen zivilen Rechtsakten vertreten (Art 389-3 Abs 1, 408 Abs 1
CC fr). Ein vom gesetzlichen Vertreter für den Minderjährigen unter Beachtung der
ggf hierfür erforderlichen Formen geschlossenes Rechtsgeschäft ist ebenso wirksam
wie wenn es ein Volljähriger vorgenommen hätte. Von der gesetzlichen Vertretung
ausgenommen sind jedoch nach den Art 389-3 Abs 1, 408 Abs 1 CC fr diejenigen
Fälle, in denen Gesetz oder Gewohnheit den Minderjährigen zu selbständigem

Handeln ermächtigen (dazu STOUFFLET, L'activité juridique du mineur non émancipé, in: Mélanges Voirin [1966] 782 ff); die hierzu gehörenden Rechtsgeschäfte kann der Minderjährige also selbst und ohne Mitwirkung des gesetzlichen Vertreters vornehmen. Es handelt sich hier einmal um solche Geschäfte, die als höchstpersönliche einer Vertretung unzugänglich sind, ferner um Geschäfte des täglichen Lebens, im Zusammenhang mit einem Arbeitsverhältnis usw (vgl die Aufzählung bei FERID/SONNENBERGER 1 f 318 ff; MALAURIE, Les Personnes. La protection des mineurs et des majeurs [2010] nr 613 ff). Hinsichtlich der übrigen Geschäfte geht der Code Civil von deren Vornahme allein durch den gesetzlichen Vertreter aus. Der Abschluss von Rechtsgeschäften durch den Minderjährigen selbst unter Zustimmung (Einwilligung oder Genehmigung) des gesetzlichen Vertreters ist in dem Gesetzbuch nicht geregelt; die Frage, ob statt des gesetzlichen Vertreters auch der Minderjährige mit dessen Zustimmung wirksam rechtsgeschäftlich handeln kann, ist daher in der französischen Lehre umstritten (vgl FERID/SONNENBERGER 1 f 314 m Fn 31). Jedenfalls die von einem Minderjährigen ohne Zustimmung des gesetzlichen Vertreters getätigten Rechtsgeschäfte müssten an sich gem den Art 1108, 1124 CC fr wegen *incapacité* ihres Urhebers nichtig sein. Bei dieser Nichtigkeit würde es sich allerdings nicht um eine *ipso iure* eintretende rechtliche Unbeachtlichkeit *(nullité absolue)* handeln; die zum Schutz bestimmter Personen angeordnete Nichtigkeit ist nach französischem Recht vielmehr nur eine relative *(nullité relative),* auf die sich gem Art 1125 CC fr nur die geschützte Person, also der Minderjährige, nicht hingegen der andere Vertragsteil berufen kann, und die durch eine besondere Nichtigkeitsklage *(action en nullité),* aufgrund derer das Geschäft durch gerichtliches Urteil mit rückwirkender Kraft für nichtig erklärt wird, oder durch Einrede geltend gemacht werden muss (vgl HOUIN Rev trim dr civil 45 [1947] 392). Eine solche Nichtigkeit oder besser Vernichtbarkeit in deutscher Terminologie hat jedoch nicht jedes an sich vom gesetzlichen Vertreter vorzunehmendes Minderjährigengeschäft zur Folge. Denn Art 1305 CC fr gewährt dem Minderjährigen lediglich ein Recht zur Anfechtung *(rescision)* und auch dies nur für den Fall, dass er durch das anzufechtende Geschäft eine Verletzung *(simple lésion)* erlitten hat. Nicht die Minderjährigkeit allein soll also zur Umstoßung des Vertrages berechtigen, sondern erst eine durch das Geschäft verursachte Schädigung des Minderjährigen *(minor restituitur non tamquam minor sed tamquam laesus).* Die Anfechtbarkeit ist außer durch Einrede ebenfalls durch Klage *(action en rescision)* des Minderjährigen geltend zu machen, bei der dieser die Verletzung vortragen und im Bestreitensfalle beweisen muss. Das Vorliegen einer Verletzung beurteilt sich nach den individuellen Vermögens- und sonstigen Verhältnissen des Minderjährigen, wobei grundsätzlich der Zeitpunkt des Abschlusses des Rechtsgeschäfts maßgeblich ist (vgl iE MALAURIE nr 611; FERID/SONNENBERGER 1 F 326). Einen Schutz des gutgläubigen anderen Vertragsteils gegen diese Wiedereinsetzung des Minderjährigen kennt auch das französische Recht grundsätzlich nicht, denn nach Art 1307 CC fr steht die bloße Behauptung des Minderjährigen, volljährig zu sein, der Restitution nicht entgegen; allerdings neigt die französische Rechtsprechung zu einer großzügigen Anwendung der das französische Deliktsrecht beherrschenden Generalklausel des Art 1382 CC fr bei Vorspiegelung der Volljährigkeit. Nicht wegen Verletzung anfechtbar sind im Rahmen einer Berufsausübung des Minderjährigen eingegangene Rechtsgeschäfte (Art 1308 CC fr), Vereinbarungen in einem Ehevertrag, die unter Mitwirkung der Personen geschlossen wurden, deren Zustimmung zur Wirksamkeit der Eheschließung erforderlich ist (Art 1309 CC fr) und grundsätzlich auch vom Minderjährigen nach Eintritt der Volljährigkeit genehmigte Geschäfte (Art 1311 CC fr). Das von dem anderen Vertragsteil aufgrund eines erfolgreich angefochtenen Geschäfts an den Minderjährigen Geleistete kann nach Art 1312 CC fr nur insoweit zurückgefordert werden, als es zum Nutzen des Minderjährigen verwendet worden ist, was der Leistende zu beweisen hat. Gleiches gilt für die Rückforderung einer aufgrund einer wirksamen Verbindlichkeit an einen minderjährigen Gläubiger ohne Mitwirkung von dessen gesetzlichem Vertreter erbrachten Leistung des Schuldners, da eine solche Leistung gem Art 1241 CC fr schlechthin unwirksam ist. Die *action en rescision* kann gem Art 1304 Abs 1 CC fr grundsätzlich nur innerhalb einer Frist von fünf Jahren erhoben werden; diese Frist beginnt erst mit der Volljährigkeit oder der Emanzipation des Minderjährigen zu laufen (Art 1304 Abs 3 HS 1 CC fr). Auf die Anfechtung wegen Verletzung, die wegen der dem Minderjährigen insoweit obliegenden Beweislast ein nicht unbeträchtliches Prozessrisiko für diesen birgt, ist der Minderjährige aber nur gegenüber solchen Rechtsgeschäften beschränkt, die im Falle ihrer Vornahme durch den gesetzlichen Vertreter ohne weiteres wirksam wären, deren einziger Mangel also darin besteht, dass hier statt des Vertreters der Minderjährige selbst gehandelt hat. Denn der Vorschrift des Art 1304 Abs 1 CC fr, die sowohl von der *action en nullité* als auch von der *action en rescision* spricht, lässt sich auch die Statthaftigkeit der Nichtigkeitsklage gegen Rechtsgeschäfte des Minderjährigen entnehmen. Gegen welche Geschäfte aber nun die Nichtigkeitsklage statt der bloßen Anfechtungs-(Restitutions-)klage gegeben sein soll, sagt der insoweit wenig klare Code nicht ausdrücklich. Die französische Rechtsprechung und Lehre gewähren die – gem Art 1304 CC fr ebenfalls innerhalb der mit der Volljährigkeit oder Emanzipation beginnenden Fünfjahresfrist zu erhebende – *action en nullité* gegen diejenigen Geschäfte des Minderjährigen, die auch der gesetzliche Vertreter nicht allein, sondern nur unter Mitwirkung eines weiteren Vormundschaftsorgans (Familienrat, Vormundschaftsgericht) hätte wirksam vornehmen können (FERID/SONNENBERGER 1 F 325; MALAURIE nr 610 m Rspr Nachw). Die positivrechtliche Stütze für diese seit langem gefestigte Ansicht wird in Art 1314 CC fr gefunden. Art 1314 CC fr betrachtet die von Minderjährigen oder von Volljährigen unter Vormundschaft vorgenommenen Liegenschaftsveräußerungen oder Erbschaftsteilungen bei Beachtung der hierfür vorgeschriebenen Förmlichkeiten als von Volljährigen bzw vor Beginn der Vormundschaft vorgenommen und damit als wirksam; diese Vorschrift wird auf alle übrigen Rechtsgeschäfte entsprechend angewandt. Hieraus wird die relative Nichtigkeit von Geschäften gefolgert, die gegen den Schutz des Minderjährigen bezweckende Formvorschriften verstoßen. Dies sind in erster Linie die eine Mitwirkung der weiteren Vormundschaftsorgane neben dem gesetzlichen Vertreter anordnenden Bestimmungen, deren Nichteinhaltung das Minderjährigengeschäft mithin *nul en sa forme* macht. Die dem Minderjährigen dann zustehende Nichtigkeitsklage bzw -einrede ist diesem wesentlich vorteilhafter als das Anfechtungsrecht, da sie keine *lésion* voraussetzt, sondern nur den regelmäßig wesentlich leichter zu beweisenden Formmangel. Mit der dargelegten Regelung weicht das französische Geschäftsfähigkeitsrecht vom deutschen, österreichischen und auch schweizerischen in der dogmatischen Konstruktion, wenn auch nicht notwendig in den praktischen Ergebnissen, wesentlich ab: Obwohl der Code Civil den Status einer beschränkten Geschäftsfähigkeit an sich nicht kennt, sondern alle nicht emanzipierten Minderjährigen grundsätzlich als *incapable* betrachtet, sind die Minderjährigengeschäfte nicht (schwebend) unwirksam, sondern sie werden, auch im Fall der *nullité,* da diese ja nur eine relative ist, praktisch zunächst als wirksam behandelt und können lediglich von Seiten des Minderjährigen durch Anfechtungs-

oder Nichtigkeitsklage vernichtet werden. Diese Lösung entspricht der Sache nach derjenigen der mittelalterlichen Rechte germanischen Ursprungs, die – anders als das römische Recht – das Minderjährigengeschäft ebenfalls nur als nach Eintritt der Volljährigkeit widerruflich angesehen hatten (vgl o Rn 110). Die Regelung des Code weist damit auf ihren Ursprung in den auf fränkisches Recht zurückgehenden nordfranzösischen *coutumes* hin.

126 Eine Unterteilung der Gruppe der nicht emanzipierten Minderjährigen in besondere Altersklassen kennt das französische Recht im Gegensatz zum deutschen und österreichischen ebenso wenig wie das schweizerische (vgl o Rn 120), das insoweit dem *Code Civil* gefolgt ist. Nach allgemeiner Ansicht auch der französischen Judikatur und Literatur fehlt jedoch den ganz kleinen Kindern die für die *capacité naturelle* erforderliche verstandes- und willensmäßige Reife, die als **Urteilsfähigkeit** *(discernement)* bezeichnet wird (FERID/SONNENBERGER 1 F 312). Das Vorhandensein der Urteilsfähigkeit wird, wie nach schweizerischem Recht, im Hinblick auf die einzelnen Rechtsgeschäfte gesondert ermittelt. Die Beseitigung eines von einem nicht urteilsfähigen Minderjährigen geschlossenen Rechtsgeschäfts setzt auch bei fehlendem Formmangel keine Anfechtungsklage und damit keine Verletzung des Minderjährigen voraus. Ob das Geschäft absolut nichtig und damit *per se* unbeachtlich oder nur relativ nichtig ist mit der Folge der Erforderlichkeit einer – allerdings schon wegen der fehlenden Urteilsfähigkeit begründeten – Nichtigkeitsklage, wird in der französischen Lehre unterschiedlich beurteilt (vgl FERID/SONNENBERGER 1 F 324; für bloß relative Nichtigkeit zB HOUIN 392; für absolute MALAURIE nr 605).

127 Das Instrumentarium des Schutzes bestimmter Gruppen von Volljährigen vor den der Teilnahme am rechtsgeschäftlichen Verkehr inhärenten Gefahren *(majeurs protégés par la loi)* wurde durch die Gesetze v 3. 1. 1968 und v 5. 3. 2007 grundlegend reformiert. Die Wirksamkeit eines Rechtsgeschäfts erfordert nach Art 414-1 S 1 CC fr die geistige Gesundheit des Handelnden; Geisteskranke sind daher zum persönlichen Abschluss eines Vertrages unfähig (vgl Art 1124 CC fr). Ein gleichwohl geschlossenes Geschäft ist gem Art 414-2 CC fr relativ nichtig, dh unter den dort genannten Voraussetzungen mit der *action en nullité* nach Maßgabe des Art 1304 CC fr ohne den Nachweis einer Verletzung anfechtbar. Der Kreis der als schutzbedürftig angesehenen Volljährigen umfasst aber im heutigen französischen Recht über die Geisteskranken hinaus alle Personen, die auf Grund einer medizinisch nachgewiesenen Verschlechterung ihrer geistigen oder körperlichen Fähigkeiten, die sie ihrer Natur nach an der Äußerung ihres Willens hindert, zur alleinigen Wahrnehmung ihrer Interessen außerstande sind (Art 425 Abs 1 CC fr). Zur Gewährleistung dieses Schutzes kennt der CC fr die gerichtliche Anordnung einer *sauvegarde de justice*, einer Pflegschaft *(curatelle)* oder einer Vormundschaft *(tutelle)*, wobei es von dem Grad der Schutzbedürftigkeit abhängt, welche dieser drei Maßnahmen im Einzelfall angezeigt ist. Die das mildeste Mittel darstellende *sauvegarde de justice* (Artt 433 ff CC fr) mindert als solche, ebenso wie die deutsche rechtliche Betreuung, die Geschäftsfähigkeit des Betreuten *(sauvegardé)* grundsätzlich nicht; ein von diesem vorgenommenes Rechtsgeschäft kann, sofern nicht Geisteskrankheit mit der Folge der relativen Nichtigkeit vorliegt (vgl o), von Seiten des Betreuten, ähnlich einem Geschäft des nicht emazipierten Mimderjährigen, im Klagewege bei Nachweis einer Verletzung vernichtet oder die Verpflichtung des Betreuten bei Nachweis seiner übermäßigen Belastung gemindert werden (Art 435 CC fr; hierzu MALAURIE nr 730; zum

Ganzen FERID/SONNENBERGER 1 F 352 ff). Eine *curatelle* darf nur angeordnet werden, wenn eine – grundsätzlich zeitlich befristete- *sauvegarde de justice* zum Schutze des Pflegebefohlenen nicht ausreicht (Art 440 Abs 2 CC fr). Der unter Kuratel Stehende bedarf zur Vornahme bestimmter Rechtsgeschäfte der Mitwirkung (assistance) des *curateur* (vgl Artt 467 ff CC fr); ein ohne diese Mitwirkung vom Pflegebefohlenen getätigtes Rechtsgeschäft kann nur im Falle eines diesem hierdurch entstandenen Schadens durch Klage unter Einhaltung der Fünfjahresfrist des Art 1304 CC fr vernichtet werden (Art 465 Abs 1 nr 2 CC fr). Eine *tutelle* darf als das die Selbstständigkeit des Bevormundeten am stärksten beeinträchtigende Schutzmittel nur angeordnet werden, wenn weder die *sauvegarde de justice* noch die *curatelle* einen ausreichenden Schutz gewährleisten (Art 440 Abs 4 CC fr). Der Vormund *(tuteur)* ist grundsätzlich Vertreter des Mündels in allen zivilrechtlichen Akten (Art 473 CC fr). Ein in den Bereich der Vertretungsbefugnis des Vormundes fallendes Rechtsgeschäft, das der Bevormundete selbst geschlossen hat, ist deshalb als *nul de plein droit* ohne Nachweis einer Schädigung des Mündels mit – innerhalb der Fünfjahresfrist des Art 1304 CC fr zu erhebenden – Nichtigkeitsklage angreifbar (Art 465 Abs 1 nr 3 CC fr).

4. Italien

Die Geschäftsfähigkeit *(capacità di agire)* fehlt den **(nicht emanzipierten) Minderjährigen**, den **vollständig Entmündigten**, den (tatsächlich) **Unzurechnungsfähigen** sowie – als ein nicht dem Schutz des Betroffenen dienender Grund der Geschäftsunfähigkeit – den **zu höherer Freiheitsstrafe Verurteilten** (zu diesen s TRABUCCHI, Istituzioni di diritto civile [44. Aufl 2009] § 107). Das Alter der Minderjährigkeit ist durch Gesetz vom 8. 3. 1975 vom vollendeten 21. auf das vollendete 18. Lebensjahr herabgesetzt worden (Art 2 Abs 1 S 1 CC it). Die Geschäftsfähigkeit tritt mangels abweichender gesetzlicher Regelungen für bestimmte Rechtsgeschäfte mit Erreichung der Volljährigkeit *(maggiore età)* ein (Art 2 Abs 1 S 2 CC it). Die Volljährigkeit begründet auch die Ehemündigkeit – mit Befreiungsmöglichkeit von diesem Erfordernis ab Vollendung des 16. Lebensjahres – (Art 84 CC it) sowie die Testierfähigkeit (Art 591 Abs 2 Nr 1 CC it). Die nach den arbeitsrechtlichen Vorschriften schon mit dem vollendeten 15. Lebensjahr eintretende Arbeitsmündigkeit *(capacità professionale;* hierzu TRABUCCHI § 102) befähigt gem Art 2 Abs 2 CC it zur Ausübung aller Rechte, die von dem Arbeitsvertrag abhängen, und macht den Minderjährigen in diesem Umfang auch prozessfähig. Die vollständige Entmündigung *(interdizione)* findet nach Art 414 CC it bei Geisteskrankheit statt, die den Betroffenen zur Wahrnehmung seiner eigenen Interessen unfähig macht. **128**

Die Angehörigen der o Rn 128 genannten Personenkreise können grundsätzlich in eigener Person nicht rechtsgeschäftlich handeln (Art 1425 CC it). Die erforderlichen Rechtsgeschäfte nimmt für sie, soweit es sich nicht um höchstpersönliche Geschäfte *(atti personalissimi)* handelt, der gesetzliche Vertreter *(rappresentante legale)* vor, nämlich für Minderjährige unter elterlicher Gewalt *(potestà dei genitori)* die Eltern, im übrigen der für nicht unter elterlicher Gewalt stehende Minderjährige und für vollständig Entmündigte zu bestellende Vormund *(tutore)*. Ein von einem in diesem Sinne Geschäftsunfähigen selbst geschlossenes Rechtsgeschäft ist jedoch, ebenso wie nach französischem Recht (vgl o Rn 125), nicht *ipso iure* nichtig, sondern gem § 1425 CC it lediglich **vernichtbar** *(annullabile)*. Das Geschäft wird **129** aufgrund einer Nichtigkeitsklage *(azione di annullamento)* durch rechtsgestaltendes Urteil für (rückwirkend) nichtig erklärt. Klagebefugt ist nach Art 1441 Abs 1 CC it nur derjenige Vertragsteil, in dessen Interesse das Gesetz die Vernichtbarkeit angeordnet hat, bei Vernichtbarkeit wegen Geschäftsunfähigkeit also nur der geschäftsunfähige Teil, außer bei Geschäftsunfähigkeit wegen strafgerichtlicher Verurteilung (Art 1441 Abs 2 CC it). Die Vernichtbarkeit ist mithin, wie nach französischem Recht, nur eine relative. Anders als grundsätzlich das französische Recht (o Rn 125) verlangt das italienische für die Nichtigkeitsklage aber keine Schädigung des Geschäftsunfähigen, sondern die Klage ist allein aufgrund des Geschäftsfähigkeitsmangels begründet; der Codice civile folgt also dem Grundsatz *minor restituitur non tamquam laesus sed tamquam minor*. Nur für die Klage wegen tatsächlicher Unzurechnungsfähigkeit bei Vornahme des Geschäfts fordert Art 428 Abs 1 CC it einen erheblichen Nachteil *(grave pregiudizio)* des Unzurechnungsfähigen. Die Nichtigkeitsklage muss innerhalb einer Frist von fünf Jahren beginnend mit dem Wegfall der Geschäftsunfähigkeit erhoben werden (Art 1442 Abs 1 u 2 CC it); einredeweise kann die Vernichtbarkeit einem Anspruch des Geschäftsgegners auch nach Fristablauf noch entgegengehalten werden (Abs 4). Die Vernichtbarkeit entfällt, wenn der Minderjährige gegenüber dem anderen Teil seine Minderjährigkeit betrügerisch verborgen hat, wozu allerdings die bloße Erklärung, volljährig zu sein, nicht ausreicht (Art 1426 CC it). Für die Nichtigerklärung des Geschäfts eines nicht entmündigten Unzurechnungsfähigen verlangt das Gesetz hingegen in Art 428 Abs 2 CC it eine Bösgläubigkeit des anderen Vertragsteils; das italienische Recht normiert also – anders das deutsche (s o Rn 26) – einen Schutz des redlichen Verkehrs gegenüber unerkannt Geisteskranken. Zur Rückgewähr der aufgrund eines für nichtig erklärten Geschäfts empfangenen Leistung ist der geschäftsunfähige Teil nur insoweit verpflichtet, als das Erlangte zu seinem Vorteil verwendet worden ist (Art 1443 CC it).

130 Eine **beschränkte Geschäftsfähigkeit** *(limitata capacità;* vgl TRABUCCHI § 102) wird durch die Emanzipation *(emancipazione)* eines Minderjährigen sowie durch die beschränkte Entmündigung *(inabilitazione)* begründet. Die Emanzipation erfolgt nach Art 390 CC it unmittelbar kraft Gesetzes mit der Eheschließung des Minderjährigen. Die beschränkte Entmündigung wird nach Art 415 CC it ausgesprochen bei leichter Geisteskrankheit (Abs 1), Verschwendung, Trunksucht oder Drogensucht, sofern der Betreffende dadurch sich oder seine Familie schweren wirtschaftlichen Nachteilen aussetzt (Abs 2), und bei von Geburt an Stummen oder Blinden, sofern hier nicht volle Entmündigung angezeigt ist (Abs 3). Der Emanzipierte und der beschränkt Entmündigte erhalten einen Kurator *(curatore)*. Emanzipierte und beschränkt entmündigte Personen können im Rahmen einer ordnungsgemäßen Verwaltung *(ordinaria amministrazione)* Rechtsgeschäfte ohne Mitwirkung des Kurators wirksam vornehmen (Art 394, 424 Abs 1 CC it). Zu darüber hinausgehenden Geschäften benötigen sie grundsätzlich die Zustimmung des Kurators und die Genehmigung des Vormundschaftsgerichts (vgl ie Art 394 Abs 2 u 3, 395, 375, 424 Abs 1 CC it). Werden diese Erfordernisse nicht beachtet, ist das Geschäft wie dasjenige eines Geschäftsunfähigen vernichtbar (Art 396, 427 Abs 2 iVm 1425). Der beschränkt Geschäftsfähige kann vom Gericht zur selbstständigen Führung eines Handelsgeschäfts (widerruflich) ermächtigt werden. Die Ermächtigung berechtigt zur Führung des Geschäfts ohne Beistand des Kurators und zur Vornahme aller über die ordnungsgemäße Verwaltung hinausgehenden Rechtsgeschäfte, auch wenn sie mit der

Unternehmensführung nicht zusammenhängen (Näheres s Art 397, 425 CC it). Eine beschränkte Geschäftsfähigkeit hat auch die durch Gesetz v 9. 1. 2004 eingeführte **Betreuung** *(amministrazione di sostegno)* zur Folge, die allerdings – anders als in Deutschland – das überkommene Institut der Entmündigung nicht beseitigt hat, sondern neben dieses getreten ist (vgl PATTI FamRZ 2006, 987, 988). Die Anordnung einer Betreuung setzt voraus, dass der zu Betreuende auf Grund einer physischen oder psychischen Schwäche seine eigenen Interessen ganz oder teilweise nicht wahrzunehmen vermag (Art 404 CC it). In dem die Betreuung anordnenden Beschluss hat das Vormundschaftsgericht die Handlungen aufzuführen, die vom Betreuer selbst in Vertretung des Betreuten vorzunehmen sind, sowie die Handlungen, zu denen der Betreute lediglich des Beistandes *(assistenza)* des Betreuers bedarf (Art 405 Abs 5 CC it); nur derartige ohne Vertretung durch den Betreuer bzw ohne dessen Beistand vorgenommene Handlungen des Betreuten sind vernichtbar (TRABUCCHI § 103 [S 264]), während der Betreute für alle übrigen Handlungen, zu denen besonders die Geschäfte des täglichen Lebens gehören (Art 409 CC it), geschäftsfähig bleibt.

5. Russland

Das mit seinem ersten Teil am 1. 1. 1995 in Kraft getretene neue Zivilgesetzbuch **131** *(Grashdanski Kodeks)* geht aus von dem Grundbegriff der *deesposobnost*. Nach der in Art 21 Abs 1 Russisches ZGB gegebenen Legaldefinition der *deesposobnost* als der Fähigkeit des Bürgers, durch seine Handlungen bürgerliche Rechte zu erwerben und auszuüben und für sich bürgerliche Pflichten zu begründen und zu erfüllen, entspricht dieser Begriff der Handlungsfähigkeit im Sinne der deutschen Terminologie. Eine Beschränkung der Handlungsfähigkeit ist gem Art 22 Abs 1 RussZGB nur in den gesetzlichen bestimmten Fällen zulässig; ein auf vollständigen oder teilweisen Verzicht der Handlungsfähigkeit gerichtetes Rechtsgeschäft erklärt Art 22 Abs 3 RussZGB für nichtig. Das russische Gesetzbuch bestimmt – anders als das BGB (vgl o Rn 6) – positiv, welche Personengruppen in welchem Umfang handlungsfähig sind. Die volle Handlungs- und damit auch die volle Geschäftsfähigkeit tritt gem Art 21 Abs 1 RussZGB mit der Volljährigkeit *(sowerschennoletje)*, dh mit der Vollendung des 18. Lebensjahres ein.

Die **Minderjährigen** *(nesowerschennoletnie)* unterteilt das russische Recht in meh- **132** rere Altersstufen mit den Zäsuren des vollendeten 14. und 6. Lebensjahres. Die Handlungsfähigkeit der – nicht emanzipierten und nicht verheirateten (vgl u) – Minderjährigen nach Vollendung des 14. Lebensjahres ist in Art 26 RussZGB geregelt. Diese Minderjährigen können Rechtsgeschäfte in eigener Person abschließen; sie bedürfen hierzu jedoch grundsätzlich der schriftlich zu erklärenden Zustimmung ihres gesetzlichen Vertreters *(sakony predstawitel)*, die als Einwilligung *(soglasija)* vor oder als Genehmigung *(odobrenie)* nach Vornahme des Minderjährigengeschäfts erteilt werden kann (Art 26 Abs 1 RussZGB). Für die in Art 26 Abs 2 Nr 1–4 RussZGB abschließend aufgeführten Geschäfte (Verfügung über Arbeitsentgelte, Stipendien und sonstigen Erwerb, Ausübung immaterieller Güterrechte, Tätigung von Einlagen bei Kreditanstalten und Verfügung über diese, Vornahme kleiner Alltagsgeschäfte, auf Erlangung eines unentgeltlichen Vorteils gerichtete und nicht formbedürftige Geschäfte, Geschäfte zur Verfügung über überlassene Mittel) ist die Zustimmung entbehrlich; gleiches gilt gem Art 26 Abs 2 S 2 RussZGB auch für den Eintritt in eine Genossenschaft nach Vollendung des 16. Lebensjahres. Die Haftung der Minderjährigen aus diesen von ihnen nach Abs 1 und 2 geschlossenen Geschäften ist in Abs 3 des Art 26 RussZGB ausdrücklich normiert. Die Befugnis eines – nicht emanzipierten und unverheirateten – Minderjährigen zur selbstständigen Vornahme der in Art 26 Abs 2 S 1 Nr 1 RussZGB aufgeführten Geschäfte kann das Gericht auf Antrag des gesetzlichen Vertreters oder des Organs der Vormundschaft und Pflegschaft bei Vorliegen hinreichender Gründe einschränken oder entziehen (Art 26 Abs 4 RussZGB). Folgen diese Regelungen in den Grundzügen dem System des BGB, so hat das RussZGB in Art 27 aus den romanischen Rechten doch das Institut der **Emanzipation** *(emansipazija)* übernommen: Ein Minderjähriger, der das 16. Lebensjahr vollendet hat, kann hiernach für voll handlungsfähig erklärt werden, wenn er aufgrund eines Arbeitsvertrages berufstätig oder mit Zustimmung seines gesetzlichen Vertreters unternehmerisch tätig ist. Damit kennt das russische Recht eine – anders als nach den §§ 112, 113 allerdings von der Emanzipation abhängige – Erwerbs- und Arbeitsmündigkeit. Die volle Handlungsfähigkeit erlangt der Minderjährige ferner gem Art 21 Abs 2 RussZGB durch eine nach dem Gesetz vor Vollendung des 18. Lebensjahres zulässige Eheschließung („Heirat macht mündig"). Denn das nach Art 13 RussFGB *(Semejny Kodeks)* an sich für beide Geschlechter mit der Volljährigkeit beginnende Alter der Eheschließungsfähigkeit kann durch Beschluss der Organe der örtlichen Selbstverwaltung aus triftigen Gründen auf 16 Jahre herabgesetzt werden (vgl SADIKOW, Kommentarii k Grashdanskomu Kodeksu Rossiskoj Federazii Tschasti perwoj [Moskau 1997] Art 21 Anm 2).

133 Die Minderjährigen bis zur Vollendung des 14. Lebensjahres bezeichnet das Gesetz gem der Legaldefinition in Art 28 Abs 1 RussZGB als Minderjährige im Kindesalter *(maloletnie)*. Diese Minderjährigen können Rechtsgeschäfte in eigener Person grundsätzlich nicht abschließen; für sie werden in ihrem Namen die gesetzlichen Vertreter rechtsgeschäftlich tätig (Art 28 Abs 1 RussZGB). Für *maloletnie* bis zum vollendeten 6. Lebensjahr gilt dies ausnahmslos; diese Personen sind also völlig geschäftsunfähig (vgl SADIKOW Art 28 Anm 1). Minderjährige zwischen dem vollendeten 6. und dem vollendeten 14. Lebensjahr sind hingegen fähig, die in Abs 2 des Art 28 aufgeführten Rechtsgeschäfte selbstständig und damit ohne Zustimmung des gesetzlichen Vertreters (SADIKOW Anm 2) vorzunehmen. Es sind dies kleine Alltagsgeschäfte (Nr 1), auf unentgeltliche Erlangung eines Vorteils gerichtete Rechtsgeschäfte, die keiner notariellen Beurkundung oder Eintragung in ein staatliches Register bedürfen (Nr 2) sowie – fast wörtlich übereinstimmend mit § 110 – Rechtsgeschäfte zur Verfügung über Mittel, die dem *maloletnij* vom gesetzlichen Vertreter oder mit dessen Zustimmung von einer dritten Person zu einem bestimmten Zweck oder zur freien Verfügung überlassen worden sind (Nr 3). Mit dieser grundsätzlichen Unfähigkeit der noch nicht 14-jährigen Minderjährigen zu rechtsgeschäftlichem Handeln in eigener Person hat der russische Gesetzgeber für diese Altersklasse im Kern das System der romanischen Rechte übernommen, allerdings mit dem Unterschied der Einführung einer festen Altersgrenze von 6 Jahren für die völlig Geschäftsunfähigen; die Geschäftsfähigkeit der Minderjährigen über 14 Jahre (vgl o Rn 132) ist hingegen näher nach dem Vorbild des BGB, des AGBG und des SchwZGB geregelt.

134 Außer durch Minderjährigkeit kann die Geschäftsfähigkeit durch **Staatsakt** entzogen oder beschränkt werden. Die Geschäftsunfähigkeitserklärung *(prisnanie grashdanina nedeesposobnim)* erfolgt nach Art 29 Abs 1 RussZGB durch das Gericht gegenüber einem Bürger, der aufgrund einer psychischen Störung die Bedeutung seiner Handlungen nicht verstehen oder sie nicht steuern kann; der Betreffende ist unter Vormundschaft *(opeka)* zu stellen. Der Vormund *(opekun)* schließt die Rechtsgeschäfte im Namen des für geschäftsunfähig Erklärten als dessen gesetzlicher Vertreter ab (Art 29 Abs 2 RussZGB). Eine Beschränkung der Geschäftsfähigkeit eines Bürgers *(ograntschenie deesposobnosti grashdanina)* kann das Gericht anordnen, wenn der Betreffende durch Missbrauch von geistigen Getränken oder Drogen seine Familie in eine „schwierige Vermögenslage" *(masholoje materialnoje poloshenje)* versetzt; der Betreffende ist unter Pflegschaft *(pobetschitelstwo)* zu stellen (Art 30 Abs 1 RussZGB). Zur Vornahme von Rechtsgeschäften bedarf der beschränkt Geschäftsfähige nach Art 30 Abs 3 S 1 RussZGB der Zustimmung des Pflegers *(pobetschitjel)*. Kleinere Alltagsgeschäfte kann er selbstständig vornehmen (Art 30 Abs 2 RussZGB). Da ein für geschäftsunfähig oder beschränkt geschäftsfähig erklärter Volljähriger unter Vormundschaft bzw Pflegschaft steht, kann eine Betreuung *(patronash)* gem Art 41 RussZGB nur über einen geschäftsfähigen Bürger, der aufgrund seines Gesundheitszustandes seine Rechte nicht selbstständig wahrnehmen und schützen sowie seine Pflichten nicht erfüllen kann, auf dessen Antrag angeordnet werden. Die Betreuung ist auf die Geschäftsfähigkeit ohne Einfluss.

Die Rechtsfolgen der Rechtsgeschäfte von nicht (voll) geschäftsfähigen Personen **135** regelt das RussZGB in den Art 171 ff. Rechtsgeschäfte eines Minderjährigen unter 14 Jahren (vgl o Rn 133), sofern sie nicht unter Art 28 Abs 2 RussZGB fallen, sowie Rechtsgeschäfte eines für geschäftsunfähig Erklärten sind nichtig (Art 172 Abs 1 S 1, 171 Abs 1 RussZGB). Als nichtiges Rechtsgeschäft *(nitschtoshnaja sdelka)* bezeichnet Art 166 Abs 1 RussZGB ein unabhängig von einer gerichtlichen Erklärung, mithin *per se* unwirksames Geschäft; die Nichtigkeit ist also eine absolute. Das Rechtsgeschäft eines für geschäftsunfähig Erklärten ist allerdings nicht notwendig endgültig nichtig; das Gericht kann es auf Antrag des Vormundes im Interesse des Entmündigten für wirksam erklären, wenn es zu dessen Vorteil vorgenommen worden ist (Art 171 Abs 2 RussZGB). Entsprechendes gilt gem Art 172 Abs 2 RussZGB für das Rechtsgeschäft eines Minderjährigen unter 14 Jahren. Ein von einem – nicht durch Eheschließung oder Emanzipation voll handlungsfähig gewordenen – Minderjährigen über 14 Jahren getätigtes Rechtsgeschäft, das dieser ohne die erforderliche Zustimmung seines gesetzlichen Vertreters geschlossen hat, sowie ein ohne die erforderliche Zustimmung des Pflegers geschlossenes vermögensmäßiges Rechtsgeschäft eines durch Gerichtsbeschluss in der Geschäftsfähigkeit beschränkten ist hingegen lediglich anfechtbar (Art 175 Abs 1, 176 Abs 1). Als anfechtbares Rechtsgeschäft *(osporimaja sdelka)* bezeichnet Art 166 Abs 1 RussZGB ein aufgrund gerichtlichen Ausspruchs unwirksames Geschäft. Die Anfechtungsklage muss beim Minderjährigengeschäft vom gesetzlichen Vertreter und beim Geschäft eines beschränkt Geschäftsfähigen vom Pfleger erhoben werden. Der andere Teil ist also an das Geschäft gebunden. Insoweit folgt das RussZGB wiederum den romanischen Rechten. Ebenfalls anfechtbar ist nach Art 177 Abs 1 RussZGB ein Rechtsgeschäft eines an sich zwar Geschäftsfähigen, aber im Zeitpunkt der Vornahme tatsächlich zum Verständnis der Bedeutung seiner Handlungen oder zu deren Steuerung Unfähigen. Die Anfechtungsklage kann hier nicht nur von dem betreffenden Bürger selbst, sondern auch von anderen Personen erhoben werden, deren Rechte oder gesetzlich geschützte Interessen als Ergebnis des Rechtsgeschäfts verletzt worden sind; nach dem Wortlaut der Vorschrift könnte hiernach auch der andere Vertragsteil anfechtungsberechtigt sein. Jede der Parteien eines *per se* nichtigen oder durch Anfechtung vernichteten Rechtsgeschäfts ist der anderen zur Rückgewähr des aufgrund des unwirksamen Geschäftes Geleisteten in Natur – oder bei Unmöglichkeit der Rückgabe in Natur – durch wertentsprechenden Geldersatz verpflichtet (Art 171 Abs 1 Unterabs 2 iVm 172 Abs 1 S 2, 175 Abs 1 Unterabs 2, 176 Abs 1 Unterabs 2, 177 Abs 3 RussZGB). Der geschäftsfähige Teil hat bei Kenntnis oder fahrlässiger Unkenntnis des Geschäftsfähigkeitsmangels seines Kontrahenten ferner den von diesem erlittenen „realen Schaden" *(realny uschtscherb)* zu ersetzen (Art 171 Abs 1 Unterabs 3 RussZGB mit den entspr Verweisungen). Unter dem realen Schaden ist nach der Legaldefinition des Art 15 Abs 2 die Einbusse an dem im Zeitpunkt des schadensstiftenden Ereignisses bereits vorhanden gewesenen Rechtsbestand des Verletzten zu verstehen, also das *damnum emergens* im Gegensatz zum entgangenen Gewinn *(upuschtschennaja wygoda).*

6. Angelsächsische Staaten

a) England

136 Auch die angelsächsischen Rechte verlangen für die volle Wirksamkeit eines Vertrages die *capacity to contract* der Vertragsschließenden. Die Personengruppen, deren Angehörigen diese Fähigkeit vollständig oder teilweise fehlt, sind im modernen englischen Recht die Minderjährigen *(minors,* früher *infants),* ferner Geisteskranke *(mentally disordered persons)* sowie die Betrunkenen *(drunken persons).* Die nach älterem Recht vorhanden gewesene *incapacity* der verheirateten Frauen hat die Gesetzgebung seit dem 19. Jahrhundert schrittweise beseitigt (hierzu WHITTAKER, in: Chitty on Contracts I: General Principles [The Common Law Library 1] [30. Aufl 2008] § 8-001 Fn 1 f). Im Unterschied zu den kontinentaleuropäischen Rechten kennt das angelsächsische Geschäftsfähigkeitsrecht kein allgemeines Institut einer gesetzlichen Vertretung der nicht (voll) geschäftsfähigen Personen; von solchen Personen vorgenommene Rechtsgeschäfte können daher grundsätzlich auch nicht durch die Zustimmung eines gesetzlichen Vertreters wirksam werden (vgl HARTWIG, Infant's Contracts in English Law: With Commonwealth and European Comparisions, in: IntCompLQ 15 [1966] 780, 786 f m Rspr-Nachw in Fn 28, 806 f, 821 [VI 3]; WILHELM ZfRvgl 1972, 161; MÜLLER-FREIENFELS 166 f; FOMFEREK 292 f).

137 Den Beginn des Alters der Volljährigkeit *(full age, age of majority)* hat der *Family Law Reform Act* von 1969 vom vollendeten 21. auf das vollendete 18. Lebensjahr herabgesetzt (zu diesem Gesetz H-J BARTSCH, Reform des Familienrechts in England, FamRZ 1970, 356 ff). Eine Unterteilung der Gruppe der Minderjährigen nach einer allgemeinen Altersgrenze kennt das englische Recht im Gegensatz zum deutschen und zum österreichischen nicht. Von ganz kleinen Kindern *(very young children)* geschlossene „Verträge" werden jedoch nach *common law* wegen fehlender Einsichtsfähigkeit als unwirksam *(void)* angesehen (HARTWIG 821 [VI 2]; WHITTAKER § 8-003; VIAL, Die Geschäftsfähigkeit d Minderjährigen i engl Recht [Diss Kiel 1974] 32 f). Verträge älterer Minderjähriger unterteilt das heutige *common law* in solche, die (auch) für den Minderjährigen bindend sind *(contracts binding on a minor),* und in solche, die eine Bindung nur für den anderen (volljährigen) Teil erzeugen, nicht aber für den Minderjährigen *(voidable contracts).* Die mit dem *Infant's Relief Act* von 1874 in das *statutory law* eingeführte Kategorie der als *absolutely void* bezeichneten Minderjährigenverträge (hierzu HARTWIG 789 ff) ist mit der Aufhebung dieses Gesetzes durch den *Minor's Relief Act* von 1987 beseitigt worden.

Für den Minderjährigen bindend sind einmal Verträge über für den *minor* **notwendige** **138 Gegenstände** *(necessaries). Necessaries* definiert der *Sale of Goods Act* von 1979, sec 3 (3) als „goods suitable to the condition in life of the minor and to the actual requirements at the time of the sale and delivery". Nach *common law* umfassen aber die *necessaries* nicht nur Sachgüter *(goods),* sondern auch für den *minor* notwendige Dienstleistungen *(services),* zB Leistungen eines Arztes oder Rechtsanwalts (WHITTAKER § 8-013). Die zweite Kategorie der Verträge *binding on a minor* bilden Verträge zum Wohle des Minderjährigen *(contracts for the minor's benefit).* Es sind dies vornehmlich Lehrverträge *(contracts of apprenticeship),* Erziehungs- und Ausbildungsverträge *(contracts for instruction and education)* sowie Dienst- und Arbeitsverträge *(contracts of service)* des Minderjährigen (WHITTAKER § 8-021 ff). Ein Vertrag über *necessaries* oder *for the minor's benefit* ist nur dann zu bejahen, wenn sich das Vertragsverhältnis bei einer Gesamtbetrachtung seines Inhalts als für den Minderjährigen in einem umfassenden Sinne, in erster Linie wirtschaftlich, als vorteilhaft erweist (WHITTAKER § 8-009, 029; FURMSTON, in: Cheshire, Fifoot & Fumston's Law of Contract [15. Aufl 2007] 550 f, 553 f; MENOLD-WEBER, Verträge Minderjähriger u ihre Rückabwicklung i engl Recht [Rechtswiss Forschung u Entwicklung 335] [1992, zugl Diss Bonn 1991] 28; VIAL 124 ff; FOMFEREK 206). Anders als das deutsche Recht (§ 107) legt also das englische keine rechtliche, sondern eine wirtschaftliche Betrachtungsweise zugrunde. Den Begriff der *necessaries* versteht die heutige englische Rechtsprechung und Lehre in einem weiten Umfang; es fallen darunter nicht nur die unmittelbar lebensnotwendigen, sondern alle wirklichen Gebrauchsgüter mit Ausnahme bloßer Luxusgüter und nur der Bequemlichkeit dienender Leistungen. Ist der Minderjährige mit Gütern dieser Art schon ausreichend versorgt, liegt kein Vertrag über *necessaries* vor. Diese subjektive Betrachtungsweise ist für den Vertragspartner mit erheblicher Unsicherheit hinsichtlich der Bindung des *minor* an den Vertrag verbunden, zumal dem anderen Teil die Beweislast für das Vorliegen eines *necessary* obliegt (vgl zum Ganzen WHITTAKER § 8-008). Hinsichtlich des Umfangs der Bindung des Minderjährigen enthält der *Sale of Goods Act* in sec 3 (2) eine Bestimmung nur für *necessary*-Verträge über Sachgüter: Der *minor* muss hiernach für diese Güter einen vernünftigen Preis *(a reasonable price)* zahlen, wenn sie ihm verkauft und geliefert *(sold and delivered)* worden sind. Der vom Minderjährigen zu entrichtende Kaufpreis beläuft sich also nicht notwendig auf den vertraglich vereinbarten, sondern auf einen uU von diesem abweichenden angemessenen Preis. Gem dem die englische Methodenlehre beherrschenden Grundsatz der Auslegung von *statutory law* streng nach dem Gesetzeswortlaut beschränkt sich die Anwendbarkeit dieser Vorschrift des *Sale of Goods Act* auf dem Minderjährigen bereits gelieferte Sachgüter, also auf diejenigen Verträge über *necessaries,* in denen der andere Teil seine (Haupt-)Leistungspflicht schon erfüllt hat. Die Zahlungspflicht des Minderjährigen aus *necessaries*-Verträgen über zwar gekaufte, aber vom anderen Teil noch nicht gelieferte Sachgüter *(executory contracts)* sowie über Dienstleistungen oder *for the minor's benefit* bestimmt sich daher weiterhin nach *common law.* Die Verpflichtung des *minor* zur Erbringung der Gegenleistung hängt hier ab von der im *common law* mangels eindeutiger Präjudizien noch nicht endgültig geklärten Frage, ob diese Verbindlichkeit vertraglicher *(contractual, ex contractu)* oder nur quasi vertraglicher *(quasi contractual, ex re)* Natur ist (zum Streitstand s WHITTAKER § 8-011; FURMSTON 551 f; MENOLD-WEBER 16 ff; VIAL

113 ff; FOMFEREK 208 ff). Für *executory contracts* über Sachgüter bejahen die Vertreter einer vertraglichen Natur der Gegenleistungspflicht eine Verbindlichkeit des Minderjährigen zur Zahlung eines *reasonable price,* da ja ein Vertrag geschlossen worden ist. Die Vertreter der Gegenmeinung lehnen eine Haftung des Minderjährigen aus *executory contracts* über *goods* ab, denn eine Verpflichtung des Minderjährigen kann sich hiernach nur auf die Tatsache der Lieferung des Sachgutes gründen, die aber gerade (noch) nicht erfolgt ist. Bei *necessaries*-Verträgen über Dienstleistungen und bei Verträgen *for the minor's benefit* wird hingegen eine Gegenleistungspflicht des *minor* überwiegend auch dann angenommen, wenn diese Verträge noch *executory* sind (vgl FURMSTON 552 ; WHITTAKER § 8-013).

139 Die **einseitige Bindung nur des volljährigen Teils** an den mit einem Minderjährigen geschlossenen Vertrag bildet die grundsätzliche Regelung des *common law (general rule at common law)* für Minderjährigengeschäfte. Diese *voidable contracts* umfassen mithin diejenigen Verträge, die nicht zu den o Rn 138 aufgeführten Geschäften gehören. Gemeinsam ist den *voidable contracts,* dass sich der volljährige Teil von diesen Verträgen nicht einseitig lösen kann, sondern deren endgültige Wirksamkeit von der Entscheidung des Minderjährigen abhängt. Im Hinblick auf diese Entscheidungsbefugnis des Minderjährigen sind zwei Untergruppen von *voidable contracts* zu unterscheiden: Verträge der einen Art sind zunächst wirksam, der Minderjährige kann sie aber widerrufen; Verträge der anderen Art sind zunächst unwirksam, sie können aber durch eine Bestätigung seitens des volljährig gewordenen Minderjährigen wirksam werden.

140 Die für den Minderjährigen **widerruflichen Verträge** *(contracts unless repudiated, positive voidable contracts)* umfassen hauptsächlich bestimmte Dauerschuldverhältnisse aufgrund deren der Minderjährige ein Recht an einem Vermögenswert erwirbt, während er seinerseits zur Erbringung wiederkehrender Gegenleistungen verpflichtet ist. Im einzelnen handelt es sich um die Miete oder Pacht von Grundstücken *(contracts to lease land)* durch den *minor,* den Abschluss von Eheverträgen *(marriage settlements),* die Zeichnung oder den Erwerb von Anteilen an einer Kapitalgesellschaft *(company)* und den Eintritt in eine Personengesellschaft *(partnership).* Noch nicht abschließend geklärt ist, ob diese Aufzählung erschöpfend ist oder ob auch ähnliche Dauerrechtsverhältnisse zur Kategorie der *repudiable contracts* gehören (vgl WHITTAKER § 8-031). Das Recht zum Widerruf *(repudiation)* hat der bei Vertragsschluss Minderjährige während seiner Minderjährigkeit und innerhalb eines angemessenen Zeitraums *(a reasonable time)* nach eingetretener Volljährigkeit. Der Widerruf wirkt grundsätzlich nur *ex nunc.* Seine bereits erbrachten Leistungen kann der Minderjährige grundsätzlich nicht zurückfordern; lediglich dann, wenn der andere Teil seine Leistung überhaupt nicht erbracht hat, besteht nach der angelsächsischen *consideration*-Doktrin ein Rückforderungsrecht wegen *total failure of consideration* (WHITTAKER § 8-040). Erst nach dem Wirksamwerden des Widerrufs fällig werdende Leistungen braucht der Minderjährige nicht mehr zu erbringen. Ob er auch schon vor diesem Zeitpunkt fällig gewordene, aber noch nicht erbrachte Leistungen verweigern kann, ist umstritten (für Leistungspflicht WHITTAKER aaO; zur Streitfrage FURMSTON 556 f; MENOLD-WEBER 47 ff).

141 Unwirksam bis zur Bestätigung *(ratification)* durch den bei Vertragsschluss Minderjährigen sind die übrigen Verträge *(contracts not binding until ratified, negative* *voidable contracts).* Die Bestätigung muss nach eingetretener Volljährigkeit erfolgen. Sie macht den Vertrag auch gegenüber dem seinerzeit Minderjährigen voll wirksam (Whittaker § 8-044). Die bei Unterbleiben der Bestätigung eintretende Nichtigkeit des Vertrages ist nur eine relative zugunsten des *minor:* Nur er, nicht auch der andere Teil, kann auf Erfüllung *(performance)* des Vertrages klagen, muss aber dann auch die ihm obliegende Gegenleistung erbringen (Whittaker § 8-042). Es bestehen also die Wirkungen eines *negotium claudicans.* Nach diesen Grundsätzen des *common law* über die *negative voidable contracts* beurteilen sich nunmehr auch wieder die seinerzeit von dem 1987 aufgehobenen *Infant's Relief Act* von 1874 erfassten Verträge.

Nach *common law* steht dem volljährigen Vertragsteil wegen der nur relativen **142** Nichtigkeit des Minderjährigengeschäfts auch **kein Rückforderungsanspruch** wegen von ihm erbrachter Leistungen zu, sofern nicht bei Ausbleiben jeder Gegenleistung des Minderjährigen ein *total failure of consideration* gegeben ist (vgl Whittaker § 8-049; Meinold-Weber 125 ff). Einen Schadensersatzanspruch aus unerlaubter Handlung *(tort)* hat der volljährige Teil nur dann, wenn das deliktische Verhalten des Minderjährigen von dem Vertragsschluss unabhängig war. Eine betrügerische Vorspiegelung der Volljährigkeit *(fraudulent misrepresentation of majority)* begründet hingegen keine Haftung des *minor* wegen Betruges *(deceit).* Das *equity law* gewährt dem volljährigen Teil aber in diesem Fall einen Rückgewähranspruch, sofern sich das vom Minderjährigen Erlangte noch in dessen Vermögen befindet (Whittaker § 8-050; Furmston 563 ff; Menold-Weber 161 ff; Fomferek 247). Nach dem *Minor's Contracts Act* von 1987, sec 3, kann das Gericht dem beklagten Minderjährigen unabhängig von einer betrügerischen Vorspiegelung der Volljährigkeit auferlegen „*any property acquired by the defendant under the contract, or any property representing it*" zurückzugewähren, „*if it is just and equitable to do so*".

Für die **unter psychischen Störungen leidenden Personen** enthält nunmehr der am **143** 1. 10. 2007 in Kraft getretene *Mental Capacity Act,* der diese Menschen als *persons lacking mental capacity* bezeichnet, wichtige Regelungen, von denen hier vornehmlich die sich auf die Geschäfte über *necessaries* beziehende sec 7 (1) von Interesse ist. Nach dieser Vorschrift hat ein die Vertragsfähigkeit Entbehrender, den ein anderer mit *necessary goods or services* versorgt *(supplied)* hat, dem Leistenden hierfür einen *reasonable price* zu entrichten. Diese Bestimmung entspricht weitgehend derjenigen des *Sale of Goods Act* 1979 (s o Rn 138), sie umfasst allerdings nicht nur Sachgüter, sondern auch Dienstleistungen und diese Gegenstände müssen dem Geisteskranken nicht „*sold an delivered*", sondern „*supplied*" sein (zur sachlichen Bedeutung dieser abweichenden Terminologie s Whittaker § 8-075). Für Verträge eines Geisteskranken, die keine *necessaries* betreffen, gelten mangels einer diesbezüglichen Regelung im *Mental Capacity Act* weiterhin die Grundsätze des *common law.* Solche Verträge sind zugunsten des Geisteskranken unwirksam *(voidable at his option),* allerdings nur unter den Voraussetzungen, dass (1) der Geisteskranke bei Vertragsschluss aufgrund seiner psychischen Störung die Bedeutung seines Handelns nicht erkennen konnte, sowie (2) der andere Teil diese *incapacity* seines Vertragspartners bei Vertragsschluss gekannt hat; beide Erfordernisse sind vom Geisteskranken zu beweisen. Gelingt dieser Beweis nicht, ist der Geisteskranke an den Vertrag gebunden (s Whittaker § 8-068, 070; Furmston 570). Das englische Recht kennt also, anders als das deutsche (s o Rn 26) und die meisten anderen kontinentaleuropäischen Rechte, bei

Geschäften mit Geisteskranken (nicht hingegen mit Minderjährigen; vgl o Rn 142) einen Schutz des Vertrauens des anderen Teils auf die Geschäftsfähigkeit seines Partners. Nach eingetretener Gesundung oder während eines lichten Zwischenraums kann der bisher Geisteskranke den während seiner Krankheit geschlossenen Vertrag bestätigen mit der Folge der vollen Wirksamkeit (WHITTAKER § 8-072). Die *capacity* von **Betrunkenen** *(drunken persons)*, denen neuerdings allgemein unter Drogen stehende Personen *(intoxicated persons)* gleichgestellt werden, entspricht nach *common law* im Wesentlichen derjenigen der Geisteskranken (WHITTAKER § 8-080; FURMSTON 571). Auch *drunken persons* haben nach sec 3 (2) *Sale of Goods Act* für gekaufte und gelieferte *necessary-goods* einen *reasonable price* zu zahlen (WHITTAKER § 8-081).

144 Die **Ehemündigkeit** beginnt nach sec 2 des *Marriage Act* von 1949 für beide Geschlechter mit der Vollendung des 16. Lebensjahres. Bis zur Erreichung der Volljährigkeit benötigt der Nupturient aber außerdem noch die Zustimmung seiner Eltern, die vom Gericht ersetzt werden kann; das Fehlen dieser Zustimmung bildet aber nur ein aufschiebendes Ehehindernis (vgl BARTSCH FamRZ 1970, 356, 358 f; VIAL 260 ff, 264). Die von einem noch nicht Ehemündigen geschlossene Ehe ist nichtig *(void)*, die Ehe eines Geisteskranken im Sinne des *Mental Health Act* ist gem sec 12 *Matrimonial Causes Act* von 1973 durch Urteil *(decree absolute)* auflösbar *(voidable)*. Die **Testierfähigkeit** beginnt nach sec 7 *Wills Act* von 1837 iVm sec 3 (1) *Family Law Reform Act* mit der Vollendung des 18. Lebensjahres (vgl BARTSCH FamRZ 1970, 356, 358; VIAL 277 f). Ein Geisteskranker ist testierunfähig. Einer chirurgischen, heilmedizinischen oder zahnmedizinischen Behandlung kann ein Minderjähriger nach Vollendung des 16. Lebensjahres wirksam zustimmen (BARTSCH FamRZ 1970, 356, 357).

b) Vereinigte Staaten von Amerika

145 Auch das US-amerikanische Geschäftsfähigkeitsrecht beruht in seinen Grundzügen noch auf dem *common law*. Die Modifikationen der *common law*-Regeln durch die Gesetzgebung betreffen vor allem das in den letzten Jahrzehnten von den meisten Bundesstaaten ebenfalls auf das vollendete 18. Lebensjahr herabgesetzte Volljährigkeitsalter (vgl FARNSWORTH, Contracts[4] [2004] 221 f). Hinsichtlich der Wirkungen der Minderjährigkeit auf vom Minderjährigen geschlossene Verträge gelten überwiegend weiterhin die Grundsätze des *common law*. Der Vertrag eines Minderjährigen ist, soweit er nicht *necessaries* zum Gegenstand hat, für den *minor* widerruflich, während der andere Teil an den Vertrag gebunden bleibt; das Widerrufsrecht erlischt durch Bestätigung *(ratification)* des Vertrages seitens des volljährig gewordenen bisherigen Minderjährigen (FARNSWORTH § 4.4). Bei einem wirksamen Widerruf des Vertrages durch den *minor* ist dieser zur Rückgewähr der ihm vom anderen Teil erbrachten Leistung nur insoweit verpflichtet, als der Leistungsgegenstand noch in seinem Vermögen vorhanden ist, es sei denn, die Leistung betraf *necessaries*, für die der Minderjährige einen *reasonable price* zu entrichten hat (vgl FARNSWORTH 224 ff). Hat sich der *minor* beim Vertragsschluss in betrügerischer Weise für volljährig ausgegeben, so neigen die Gerichte einiger Bundesstaaten – entgegen dem common law-Grundsatz (s o Rn 142) – zur Bejahung einer Verantwortlichkeit des Minderjährigen gegenüber dem gutgläubigen anderen Teil aus unerlaubter Handlung (tort) (hierzu FARNSWORTH 227 f). Bezüglich der Vertragsfähigkeit der psychisch gestörten Personen ist die Rechtslage in den Einzelstaaten gekennzeichnet durch „*a patch-*

work of statutes that ... vary considerably from one juirisdiction to another" (so FARNSWORTH 228). Ein von einer *person lacking capacitiy* geschlossener Vertrag, der keine *necessaries* zum Gegenstand hat, ist nach den meisten einzelstaatlichen Rechten, wie ein entsprechender Vertrag eines Minderjährigen, nicht schlechthin nichtig, sondern für den Geisteskranken widerruflich, sofern der andere Teil die Unfähigkeit seines Kontrahenten bei Vertragsschluss gekannt hat oder hätte kennen müssen; in einigen Staaten sieht das Statutarrecht hingegen völlige Nichtigkeit vor (FARNSWORTH 230 ff). Ist ein Vertrag widerrufen worden, so neigen die Gerichte eher als bei Minderjährigen zur Anerkennung einer Rückgewährpflicht des psychisch Gestörten in der vollen Höhe des Wertes des von ihm vom anderen Teil Geleisteten, auch bei einem zwischenzeitlich eingetretenen Bereicherungswegfall (FARNSWORTH 232 f).

§ 104
Geschäftsunfähigkeit

Geschäftsunfähig ist:

1. **wer nicht das siebente Lebensjahr vollendet hat,**

2. **wer sich in einem die freie Willensbestimmung ausschließenden Zustand krankhafter Störung der Geistestätigkeit befindet, sofern nicht der Zustand seiner Natur nach ein vorübergehender ist.**

Materialien: VE AT § 81 Abs 1; KE § 63 Abs 1, 2; E I § 64 Abs 1, 2; II § 78; III § 100; SCHUBERT, AT I 14, AT II 31 ff; Mot I 129 ff = MUGDAN I 423 f; Prot I 115 ff = MUGDAN I 673 ff; JAKOBS/SCHUBERT 498 f, 516 f, 519 f.

Schrifttum

S die Angaben bei den Vorbem zu §§ 104–115 sowie
BAROLIM/SCHAFFKNECHT, Zur Testier- u Geschäftsfähigkeit bei organischem Psychosyndrom am Beispiel des Schlaganfall-Patienten, MedSach 83 (1987) 110
BERINGER, Zur Frage der partiellen Geschäftsunfähigkeit, Deutsche Zeitschr f d gesamte gerichtliche Medizin 24 (1934) 275
BLAU, Prolegomena zur strafrechtlichen Schuldfähigkeit, Jura 1982, 393
ders, Besprechung von Norbert Nedopil. Forensische Psychiatrie, MSchrKrim 80 (1997) 269
BRASCH, Die Geisteskranken im Bürgerlichen Gesetzbuch für das Deutsche Reich (1899)
BRUNSWIG, Die Handlungsfähigkeit der Geisteskranken nach dem Bürgerlichen Gesetzbuche (= Rostocker Rechtswissenschaftl Studien I 1) (1902)
CORDING, Kriterien zur Feststellung der Testier(un)fähigkeit, ZEV 2010, 115
DERNBURG, Persönliche Rechtsstellung nach dem Bürgerlichen Gesetzbuch (1896)
DIETRICH, Querulanten (1973)
DITTENBERGER, Der Schutz des Kindes gegen die Folgen eigener Handlungen im Bürgerlichen Gesetzbuch für das Deutsche Reich (1903)
GEBAUER, Die Lehre von der Teilgeschäftsunfähigkeit und ihre Folgen, AcP 153 (1954) 332
GROSSFELD/HÜLPER, Analphabetismus im Zivilrecht, JZ 1999, 430

GRUBE, Die Handlungen des Geisteskranken im Rechtsverkehr (Diss Göttingen 1930)
HABERMEYER/SASS, Voraussetzungen der Geschäfts(-un)fähigkeit – Anmerkungen aus psychopathologischer Sicht, MedR 2003, 543
HADDENBROCK, Freiheit und Unfreiheit des Menschen im Aspekt der forensischen Psychiatrie, JZ 1969, 121
HARDELAND, Die Behandlung der Geisteskranken im Privatrecht, JherJb 37 (1897) 95
HENKEL, Die Selbstbestimmung des Menschen als rechtsphilosophisches Problem, in: FS Larenz (1973) 3
HESSEL, Die Geschäftsfähigkeit der Geisteskranken (Diss Heidelberg 1923; maschinenschriftl)
HITZIG, Über den Quärulantenwahnsinn (1895)
HOMBURGER, Zur Geschäftsunfähigkeit Geisteskranker, BankArch 10 (1910/11) 369
HOMMERS, Die Entwicklungspsychologie der Delikts- und Geschäftsfähigkeit (1983)
KLOCKGETHER, Biologie und Klinik der Demenz, in: SCHMÖCKEL (Hrsg), Demenz und Recht (2010) S 25
vKRAFFT-EBING, Die zweifelhaften Geisteszustände vor dem Civilrichter des deutschen Reiches (2. Aufl 1900)
KUHLENBECK, Einfluss seelischer Störungen auf die zivilrechtliche Handlungsfähigkeit (und das Ehescheidungsrecht), ZBlFG 7 (1907) 271
LENCKNER/SCHUMANN, Psychiatrische Probleme des Privatrechts, in: GÖPPINGER/WITTER (Hrsg), Hdb der forensischen Psychiatrie I (1972)
LEWIN, Der Einfluss von Giften auf die freie Willensbestimmung, DJZ 1908, 167
MANKOWSKI, Verändert die Neurobiologie die rechtliche Sicht auf Willenserklärungen?, AcP 211 (2011) 153
MEISTER, Die retrospektive Beurteilung der Geschäftsfähigkeit – eine empirische Untersuchung – (med Diss München 1993)
MENDEL, Die Geisteskranken in dem Entwurf des bürgerlichen Gesetzbuches für das Deutsche Reich, (Eulenburg's) Vierteljahrsschrift für gerichtl Medizin u öffentl Sanitätswesen nF 49 (1888) 252
MEYER, Testierfähigkeit beim Vorliegen heimlicher Geisteserkrankungen, DJ 1941, 755

H MEYER, Gibt es eine gegenständlich beschränkte Geschäftsunfähigkeit? (Diss Kiel 1932)
K vOEFELE/SASS, Die forensisch-psychiatrische Beurteilung von freier Willensbestimmung und Geschäftsfähigkeit, Versicherungsmedizin 46 (1994) 167
RASCH, Die psychiatrisch-psychologische Beurteilung der sogenannten schweren anderen seelischen Abartigkeit, StV 1991, 126
ders, Die Beurteilung der Geschäftsfähigkeit aus ärztlicher Sicht, Zeitschr f ärztl Fortbildung 86 (1992) 767
RASCH/BAYERL, Der Mythos vom luziden Intervall, Lebensversicherungsmedizin 37 (1985) 2
REYSCHER, Ueber die Unfähigkeit der Geisteskranken zur Vornahme von Rechtsgeschäften, Zeitschr f deutsches Recht 13 (1852) 303
SCHIMMEL, Der Schutz des Spielers vor sich selbst, NJW 2006, 958
SCHWALM, Schuld und Schuldunfähigkeit im Licht der Strafrechtsreformgesetze vom 25. 6. und 4. 7. 1969, des Grundgesetzes und der Rechtsprechung des Bundesverfassungsgerichts, JZ 1970, 487
VOSGERAU, Normalität und Willensfreiheit als rechtsnotwendige Fiktion: rechtstheoretische Aspekte in Albert Camus' L'Etranger, ARSP 86 (2000) 232
WALLENBORN, Der nicht entmündigte Geisteskranke im Geschäftsverkehr (Diss Köln 1922)
WEIMAR, Der Paralytiker im Recht, MDR 1973, 823
WEITBRECHT, Erkrankungen mit Demenz, FuR 1994, 289
WETTERLING, Psychopathologische Auffälligkeiten bei Demenz und deren Auswirkungen auf die Willensbildung – aus der Sicht eines Neuropsychiaters, in: SCHMÖCKEL (Hrsg), Demenz und Recht (2010) S 31
WILHELM, Geistesstörung und Geschäftsunfähigkeit nach BGB und ZPO, ZAkDR 2 (1935) 228
WITTER, Zur rechtlichen Beurteilung sogenannter Neurosen, VersR 1981, 301
ZITELMANN, Zur forensischen Beurteilung der periodischen Geistesstörungen, Das Recht 1906, 671.

Titel 1 §104
Geschäftsfähigkeit 1

Systematische Übersicht

I.	Bedeutung der Vorschrift	1	4. Nicht nur vorübergehender Zustand	12
			5. Sog lichte Zwischenräume	13
II.	Personen unter sieben Jahren (Nr 1)	2	6. Teilweise Geschäftsunfähigkeit	14
			7. Relative Geschäftsunfähigkeit	15
III.	Personen mit geistigen Störungen (Nr 2)		8. Feststellung der Voraussetzungen der Geschäftsunfähigkeit	16
1.	Allgemeines	4		
2.	Krankhafte Störung der Geistestätigkeit	5	IV. Geschäftsunfähigkeit als Folge	17
3.	Ausschluss der freien Willensbestimmung	10	V. Beweislast	18

Alphabetische Übersicht

Abnormität	7	– Voraussetzungen der	16
Alkohol- oder Drogenabhängigkeit	9		
Alzheimersche Erkrankung	9	Imbezillität	9
Analphabetismus	9	Intoxikation	12
Beweislast	18	Kinder	1
		Krankhaftigkeit der Störung der Geistestätigkeit	8
Debilität	9		
Demenz	9	Krankheitsbegriff	8
Entzugssymptome	12	lucida intervalla (= lichte Zwischenräume)	13
Epilepsie	12		
		Neurosen	8 f
Fieberwahn	12		
Freie Willensbestimmung	10 f, 14	Oligophrenie (= Schwachsinn)	9
Gehirnerkrankung	8	Psychopathien	8 f
Geisteskrankheit	9	Psychosen	8 f
Geistesschwäche	9		
Geschäftsfähigkeit	1, 14, 16, 18	Querulantenwahn	14
Geschäftsunfähigkeit			
– als Folge	17	Schädelhirntrauma	9
– relative	15	Spielsucht	14
– teilweise	14	Störung der Geistestätigkeit	7

I. Bedeutung der Vorschrift

Das BGB unterteilt die nicht voll geschäftsfähigen Personen in die beiden Untergruppen der Geschäftsunfähigen und der in der Geschäftsfähigkeit Beschränkten (s hierzu Vorbem 112 zu §§ 104–115). Die **Voraussetzungen der Geschäftsunfähigkeit** werden in § 104 umschrieben. Die Vorschrift legt damit den Kreis der Personen, denen die Rechtsordnung die Fähigkeit zur Vornahme von Rechtsgeschäften in eigener

1

Person (hierzu Vorbem 1 zu §§ 104–115) völlig abspricht, erschöpfend fest. Die beiden Gründe für fehlende Geschäftsfähigkeit sind der Mangel eines bestimmten Lebensalters sowie das Vorhandensein von die Willensfähigkeit beeinträchtigenden geistigen Störungen (vgl Vorbem 8 ff zu §§ 104–115). Geschäftsunfähig sind demgemäß die Minderjährigen bis zur Vollendung des 7. Lebensjahres (Nr 1) und die Personen, die sich in einem die freien Willensbestimmung ausschließenden, nicht nur vorübergehenden Zustand krankhafter Störung der Geistestätigkeit befinden (Nr 2). Psychische Anomalien haben Geschäftsunfähigkeit heute nur noch unter den Voraussetzungen des § 104 Nr 2, also bei deren tatsächlichem Vorliegen, zur Folge. Die typisierte Form einer Geschäftsunfähigkeit aufgrund geistiger Erkrankung, wie sie nach dem früheren § 104 Nr 3 bei einer Entmündigung wegen Geisteskrankheit *ipso iure* eintrat und ohne Rücksicht auf das tatsächliche Bestehen der Krankheit bis zur Aufhebung der Entmündigung fortdauerte, ist mit der Beseitigung des Instituts der Entmündigung durch das Betreuungsgesetz mit Wirkung ab 1. 1. 1992 unter Streichung von § 104 Nr 3 (Art 1 Nr 2b BtG) weggefallen.

II. Personen unter sieben Jahren (Nr 1)

2 Die erste Gruppe der Geschäftsunfähigen bilden gem § 104 Nr 1 die Minderjährigen bis zur Vollendung des 7. Lebensjahres. Die Geschäftsunfähigkeit ist hier **typisiert** (s hierzu allg Vorbem 9 zu §§ 104–115) und deshalb bei Vorliegen der altersmäßigen Voraussetzung schlechthin gegeben ohne Rücksicht darauf, ob ein Angehöriger dieser Altersgruppe im Einzelfall schon den Reifegrad eines über Siebenjährigen aufweist. Die Vollendung des 7. Lebensjahres berechnet sich nach den §§ 188 Abs 2 Alt 2 iVm 187 Abs 2 S 2. Die Geschäftsunfähigkeit endet deshalb mit dem Ablauf des Tages des 7. Lebensjahres, der dem Tage vorangeht, der nach seiner Zahl dem Tag der Geburt entspricht. Ein am 11. 6. 2003 Geborener hat also die Altersstufe des § 104 Nr 1 mit dem Ablauf des 10. 6. 2010 durchschritten.

3 Der in § 104 Nr 1 getroffenen Regelung liegt die Erwägung zugrunde, dass dem Menschen in den ersten Lebensjahren die verstandes- und willensmäßige Fähigkeit, die von der Rechtsordnung für die Wirksamkeit rechtsgeschäftlichen Handelns zu fordern ist (natürliche Willensfähigkeit), noch abgeht (Begr zu § 64 E I [bei Jakobs/ Schubert I 454]; Mot I 129 = Mugdan I 423). Im Gesetzgebungsverfahren war umstritten, ob die natürliche Willensfähigkeit nach dem Vorbild des französischen Rechts (vgl Vorbem 126 zu §§ 104–115) im Einzelfall festgestellt oder generell von der Erreichung einer bestimmten Altersstufe abhängig gemacht werden sollte (vgl Jakobs/Schubert I 517; Mugdan I 964). Für die positivrechtliche Normierung einer bestimmten Altersstufe entschieden sich die Gesetzesverfasser aus Gründen der praktischen Zweckmäßigkeit (so Begr z E I [bei Schubert I 454]). Diese Entscheidung verdient Zustimmung, da eine – naturgemäß erst im Rahmen eines späteren Rechtsstreits über die Wirksamkeit des Rechtsgeschäfts erfolgende – Einzelfallprüfung dem Erfordernis der Rechtssicherheit kaum entspricht (zust Rabel RheinZ 4 [1912] 135, 150 m Kritik am SchwZGB; Dittenberger 12 ff; Planck/Flad Anm I; abl Dernburg, Persönl Rechtsstellung 11 ff). Die Grenze des vollendeten 7. Lebensjahres wurde aus dem römisch-gemeinen Recht (vgl Vorbem 106 zu § 104–115) und den wichtigsten deutschen Partikularrechten (vgl Vorbem 111–113 zu § 104–115) übernommen, allerdings ohne die technische Bezeichnung der Angehörigen dieser Altersklasse als „Kinder". Auch die Angemessenheit dieser Zäsur ist nicht unumstritten. Das Alter von sieben

Jahren wird unter den heutigen Verhältnissen teilweise als zu hoch angesehen (so SCHWIMANN 136 f). Nach Ansicht von Vertretern der Entwicklungspsychologie reichen die gegenwärtig erarbeiteten empirischen Befunde noch nicht aus, um die sieben Jahres-Grenze als sachlich gerechtfertigt oder als verfehlt zu qualifizieren, jedoch sprächen gewisse Indizien für diese Grenze (HOMMERS 85, 165 ff, 196 ff, 207 ff).

III. Personen mit geistigen Störungen (Nr 2)

1. Allgemeines

Die zweite Gruppe der Geschäftsunfähigen bilden die Personen mit einer die freie Willensbestimmung nicht nur vorübergehend ausschließenden krankhaften Störung der Geistestätigkeit. Die Geschäftsunfähigkeit nach Nr 2 des § 104 knüpft damit nicht an ein typisches Merkmal (Lebensalter nach Nr 1, Entmündigung nach der früheren Regelung in Nr 3) an ohne Rücksicht auf die individuelle psychische Beschaffenheit, sondern die dort umschriebene geistige Anomalie muss bei der betreffenden Person tatsächlich vorhanden sein, was eine Feststellung im Einzelfall erfordert (s o Vorbem 10 zu §§ 104–115). Der die Geschäftsunfähigkeit nach Nr 2 begründende Zustand besteht aus zwei Erfordernissen, von denen das eine die Grundlage für das andere bildet: Notwendig ist zum einen eine krankhafte Störung der Geistestätigkeit und zum anderen ein hierauf beruhender Ausschluss der freien Willensbestimmung. Die Prüfung der Geschäftsunfähigkeit hat demgemäß in zwei Stufen zu erfolgen:

2. Krankhafte Störung der Geistestätigkeit

Bei der zunächst festzustellenden krankhaften Störung der Geistestätigkeit handelt es sich um diejenige Komponente der Geschäftsunfähigkeit, die einen empirischen, nämlich psychiatrisch-psychologischen Befund zur Grundlage hat. In der Strafrechtswissenschaft wird bezüglich der in § 20 StGB enthaltenen Merkmale der krankhaften seelischen Störung, tiefgreifenden Bewusstseinsstörung, des Schwachsinns oder einer schweren anderen seelischen Abartigkeit, denen für die Bestimmung der Schuldunfähigkeit eine ganz analoge Funktion zukommt wie der krankhaften Störung der Geistestätigkeit für die Geschäftsunfähigkeit, treffend von einem empirischen (psychologisch-psychopathologischen) Substrat des Rechtsbegriffs der Schuldunfähigkeit gesprochen (so BLAU Jura 1982, 393, 394; ähnl ders MSchrKrim 80 [1997] 269, 270). In diesem Sinne eines Substrats des Rechtsbegriffs der Geschäftsunfähigkeit kann auch das Erfordernis der krankhaften Störung der Geistestätigkeit qualifiziert werden.

Als Gegenstand der Störung bezeichnet das Gesetz die **Geistestätigkeit**. Dieser Begriff ist nicht auf die intellektuelle, verstandesmäßige Seite des menschlichen Seelenlebens, also die bloße Denktätigkeit, zu beschränken, sondern er umfasst die psychischen Vorgänge und Abläufe in ihrer Gesamtheit, einschließlich seiner voluntativen und emotionalen Komponente (vgl für den gleichlautenden Begriff in § 51 aF StGB RGSt 73, 121, 122; BGHSt 14, 30, 32); für die Frage der zivilrechtlichen Geschäftsfähigkeit kommt insbesondere dem Willenselement eine maßgebliche Bedeutung zu (BGH NJW 1953, 1342; 1970, 1680, 1681; BayObLG NJW 1992, 2100, 2101). Die demgegenüber entscheidend auf das intellektuelle Moment abstellende Formulierung „des Vernunftsgebrauchs beraubt" in § 64 Abs 2 E I ist denn auch aufgrund vielfältiger Kritik (vgl MENDEL Vjschr f gerichtl Med 49 [1888] 252, 262, 267; ZITELMANN, Die Rechtsgeschäfte i Entw eines BGB f d Deutsche Reich I [1889] 36, 38) in § 78 Nr 2 E II durch die Gesetz gewordene Ausdrucksweise ersetzt worden (zust HARDELAND JherJb 37 [1897] 95, 125 ff, 167). Mit dem Begriff der krankhaften Störung der Geistestätigkeit haben die Gesetzesverfasser bewusst die Formulierung der ursprünglichen Fassung des § 51 StGB übernommen, um damit das zu jener Vorschrift schon vorhandene umfangreiche strafrechtliche Schrifttum auch für die auf psychischer Störung beruhende Geschäftsunfähigkeit fruchtbar zu machen (vgl Prot 120 f = MUGDAN I 673). Noch angemessener ist freilich der in der geltenden Fassung des § 20 StGB enthaltene umfassendere Begriff der seelischen Störung. Aus dem Erfordernis einer Störung der Geistestätigkeit folgt, dass eine Störung bloß der körperlichen Funktionen, soweit hierdurch nicht auch die seelischen Vorgänge beeinträchtigt werden, unbeschadet der dann uU gegebenen Möglichkeit einer rechtlichen Betreuung nach § 1896, die Geschäftsfähigkeit unberührt lässt.

7 Die Geistestätigkeit muss durch eine **Störung** beeinträchtigt sein. Der Begriff der „Störung" ist hier in dem umfassenden Sinne jedweder Abweichung von der „normalen" psychischen Beschaffenheit zu verstehen und kann insofern etwa dem psychiatrischen Begriff der „Abnormität" gleichgesetzt werden (s GLATZEL, Art „Abnormität", in: Hdwb d Psychiatrie [2. Aufl 1992] 1 ff). Im Gegensatz zum Alltagssprachgebrauch fallen unter den Störungsbegriff nicht nur Beeinträchtigungen eines bisher seelisch gesunden Individuums, sondern auch angeborene Abnormitäten. Eine umfassende Auflistung der nach dem heutigen Stand der einschlägigen Erfahrungswissenschaften bekannten seelischen Störungen enthalten die seit 1992 eingeführte 10. Revision der von der Weltgesundheitsorganisation (WHO) entwickelten International Classification of Diseases (ICD-10) in ihrem Kapitel V (vgl den Überblick bei RASCH, Forens Psychiatrie [2. Aufl 1999] 52 ff) sowie die damit weitgehend übereinstimmende 4. Revision des Diagnostic and Statistical Manual of Mental Disorders der Amerikanischen Psychiatrischen Gesellschaft (DSM-IV); der dortige Katalog kann somit als erste Orientierung bei der Feststellung einer Geschäftsunfähigkeit nach § 104 Nr 2 dienen (vgl hierzu für die parallele Problematik der strafrechtl Schuldfähigkeit BGH NStZ 1992, 380).

8 Die Störung der Geistestätigkeit muss **krankhaft** sein. Dieser Begriff des Krankhaften ist das eigentlich problematische Merkmal der Geschäftsunfähigkeit nach § 104 Nr 2. Der historische Gesetzgeber hat – anders als etwa das ALR und das ABGB (s Vorbem 111 zu §§ 104–115) – von einer Aufzählung derjenigen Störungen, die als krankhaft anzusehen sind, bewusst abgesehen, da über Begriff und Klassifikation der geistigen Erkrankungen in der Psychiatrie der Entstehungszeit des BGB keine Einigkeit herrschte (vgl Begr z VE [bei SCHUBERT, AT I 32]). Durch diese billigenswerte Abstinenz (vgl ZITELMANN, Irrtum u Rechtsgeschäft [1879] 18 f) sind die Unzuträglichkeiten vermieden worden, die sich bei jenen älteren Kodifikationen aus der Festschreibung von Krankheitsbegriffen ergeben haben, die von der weiteren Entwicklung der medizinischen Wissenschaft bald überholt waren. Als krankhafte Störungen der Geistestätigkeit wollte der historische Gesetzgeber sicher nur solche Störungen verstanden wissen, die als psychische Erkrankungen im medizinisch-psychiatrischen Sinne anzusehen sind, nämlich solche, denen eine (angeborene oder erworbene) organische Ursache zugrunde liegt (Gehirnerkrankung) oder für die eine organische Ursache zwar noch nicht nachgewiesen, aber zu vermuten ist, also vor allem die

exogenen und endogenen Psychosen. Dieser streng medizinische oder „biologische" Krankheitsbegriff hat sich jedoch schon bald als für die Zweckrichtung des § 104 Nr 2 wie auch für die des § 51 StGB aF als zu eng erwiesen. Es hat sich gezeigt, dass auch solche Störungen, die keine (nachgewiesene oder vermutete) organische Grundlage haben und daher nicht als krankhaft im medizinischen Sinne zu bezeichnen sind, sondern etwa auf einer anomalen Persönlichkeitsstruktur (Psychopathien) oder auf abnormen Erlebnisreaktionen (Neurosen) beruhen und die in dem auf den Psychiater KURT SCHNEIDER zurückgehenden sog triadischen System der seelischen Störungen unter der Bezeichnung „Variationen seelischen Wesens" zusammengefasst werden (vgl G HUBER, Psychiatrie [7. Aufl 2005] 30 ff, 33 f), in schweren Fällen die freie Willensbestimmung auszuschließen geeignet sind. Im Zivilrecht, vor allem aber im Strafrecht unter der Geltung des § 51 StGB aF, hat sich deshalb ein gegenüber dem medizinisch-psychiatrischen Krankheitsbegriff weiterer „juristischer Krankheitsbegriff" herausgebildet, der auch die nicht organisch bedingten seelischen Störungen umfasst, „welche die bei einem normalen und geistig reifen Menschen vorhandenen, zur Willensbildung befähigenden Vorstellungen und Gefühle beeinträchtigen" (so BGHSt 14, 30, 32). Im Strafrecht ist der Gesetzgeber mit der Ersetzung des § 51 StGB aF durch den jetzigen § 20 StGB im Jahr 1969 insofern wieder zu dem medizinischen Krankheitsbegriff zurückgekehrt, als dort nunmehr zwischen einer „krankhaften seelischen Störung" als Störung im medizinischen Sinne einerseits und einer „schweren seelischen Abartigkeit" als Störungen nicht pathologischen Charakters (vgl BGHSt 34, 22, 24 = NJW 1986, 2893) differenziert wird. An der sachlichen Problematik hat sich hierdurch freilich wenig geändert, denn auch bei der Anwendung des § 20 StGB bleibt, wie bei der des unverändert gebliebenen § 104 Nr 2, die entscheidende Aufgabe der Feststellung, welchen nicht pathologisch verursachten Störungen eine die Schuld (§ 20 StGB) bzw die Geschäftsfähigkeit (§ 104 Nr 2) ausschließende Wirkung zukommen kann. Diese Entscheidung kann nicht im Wege einer bloßen Qualifikation bestimmter Arten psychischer Störungen nach einem psychiatrischen Klassifikationssystem als „krankhaft" und damit den Tatbestand des § 104 Nr 2 erfüllend getroffen werden, denn auch nach dem heutigen Stand der „Psychowissenschaften" kommt einer Klassifikation der psychischen Störungen, insbesondere wegen der noch weitgehend ungeklärten Ätiologie viele Anomalien, nur ein vorläufiger Charakter zu (vgl G HUBER 23; DITTMANN, Art, Klassifikation i d Psychiatrie [2. Aufl 1992] 264 f; LOTHAR R SCHMIDT, LB d Klin Psychologie [2. Aufl 1984] 89; s auch GEBAUER AcP 153 [1954] 332, 340), weshalb auch die modernen Klassifikationssysteme – ICD-10, DSM-IV (vgl o Rn 7) – auf eine ursachentypische Einteilung der dort aufgeführten Störungen weitgehend verzichten (vgl NEDOPIL, Forens Psychiatrie [2. Aufl 2000] 84) und statt von „Krankheiten" nur noch von „Störungen" *(diseases, disorders)* sprechen. Zu Recht wird es daher für die Einordnung einer Störung als „krankhaft" iSv § 104 Nr 2 als unerheblich angesehen, unter welchem medizinischen Begriff die psychische Anomalie einzuordnen ist (RGZ 162, 223, 229; OLG Düsseldorf FamRZ 1998, 1064, 1065; OLG München, Beschl v 5. 6. 2009 – 33 Wx 278, 279/08, NJW-RR 2009, 1599, 1600; AK-BGB/KOHL Rn 4; K vOEFELE/SASS Versicherungsmedizin 46 [1994] 167, 169; auch RASCH 289: „unabh von den terminolog Eigenheiten d ICD-10"). Entscheidend für die Krankhaftigkeit einer psychischen Störung iSd für § 104 Nr 2 weiterhin maßgeblichen juristischen Krankheitsbegriffs ist vielmehr der Grad, das Ausmaß der Störung im Hinblick auf die Möglichkeit eines Ausschlusses der freien Willensbestimmung (NEDOPIL 83 f); es kommt darauf an, ob die betreffende Anomalie hinsichtlich ihrer Wirkungen denjenigen psychischen Störungen gleichwertig ist, an deren krankhaftem Charakter innerhalb der zuständigen Erfahrungswissenschaften kein Zweifel besteht (vgl RASCH StV 1991, 126, 131; ders, Zeitschr f ärztl Fortbildung 86 [1992] 767 f; SCHWALM JZ 1970, 487, 493 f für den Begriff der „schweren seelischen Abartigkeit" gem § 20 StGB; diese Grundsätze lassen sich *mutatis mutandis* auch auf § 104 Nr 2 übertragen). Diese Gleichwertigkeit kann mit dem Begriff des „Krankheitswertes" umschrieben werden (so für § 20 StGB BGHSt 34, 22, 24 f = NJW 1986, 2893, 2894).

9 Als krankhafte Störungen der Geistestätigkeit sind nach den o zu Rn 8 dargelegten Grundsätzen jedenfalls die (exogenen und endogenen) **Psychosen** zu qualifizieren, über deren Krankheitswert in der psychiatrischen Wissenschaft kein Streit herrscht (vgl BRESSER, Art, Geisteskrankheit, in: Hdwb d Psychiatrie [2. Aufl 1992] 208). Unerheblich ist, ob die organische Bedingtheit einer psychischen Störung auf internen Krankheitsverläufen (zB Alzheimersche Erkrankung) beruht oder durch äußere körperliche Verletzungen hervorgerufen worden ist (vgl OLG München MDR 1989, 361: Schädelhirntrauma nach Verkehrsunfall). Zu denjenigen psychischen Störungen, die, um als krankhaft bezeichnet werden zu können, einen Schweregrad erreicht haben müssen, der ihre Gleichwertigkeit mit den allgemein anerkannten geistigen Erkrankungen begründet (vgl o Rn 8), zählt vornehmlich die Abnormität der Verstandesanlagen, der Persönlichkeiten, der Erlebnisreaktionen und Entwicklungen sowie der Trieblagen (vgl G HUBER 40 f). Die unter dem Begriff **Oligophrenie** (Schwachsinn) zusammengefassten abnormen Verstandesanlagen werden je nach dem Grad der Beeinträchtigung unterteilt in Debilität, Imbezillität und Idiotie (vgl BRESSER, Art, Geistesschwäche, in: Hdwb d Psychiatrie 209; SACHSE StAZ 1966, 261, 262). Das Vorliegen einer **Debilität** als des leichtesten Grades des Schwachsinns begründet nicht ohne weiteres die Möglichkeit eines Ausschlusses der freien Willensbestimmung (OLG Köln MDR 1975, 1017); erforderlich ist hierfür vielmehr eine besondere Schwere der Beeinträchtigung (K VOEFELE/SASS Versicherungsmedizin 46 [1994] 167, 170: „hochgradige Minderbegabung"), die wohl schon an der Grenze zur **Imbezillität** (zu dieser vgl BGH FamRZ 1966, 504 f) angesiedelt ist. Ein festgestellter Intelligenzquotient (IQ) im Streubereich der Debilität reicht daher zur Begründung einer Geschäftsunfähigkeit nicht aus (OLG Köln aaO). Nach OLG Düsseldorf VersR 1996, 1493 kommt ein Ausschluss der freien Willensbestimmung erst bei einem IQ von weniger als 60 in Betracht (vgl auch K VOEFELE/SASS aaO: IQ als „brauchbarer Anhaltspunkt"). Bei der **Demenz**, die im Unterschied zur Oligophrenie keine angeborene, sondern eine im Laufe des Lebens erworbene Intelligenzminderung darstellt (vgl BRESSER aaO; WEITBRECHT FuR 1994, 289 ff; KLOCKGETHER, 25 ff), kommt es für die Annahme einer Geschäftsunfähigkeit ebenfalls auf den Ausprägungsgrad der geistigen Behinderung an (hierzu eingehend OLG Düsseldorf FamRZ 1998, 1064, 1065 f; auch BayObLG ZEV 1998, 230, 231; FamRZ 2003, 391; WETTERLING 31, 39 f). Den hochgradigen Formen der Oligophrenie und der Demenz entsprach in etwa der Begriff der Geistesschwäche iSd früheren §§ 6 Nr 1 und 114. Zu Recht wurde deshalb angenommen, dass der Begriff der krankhaften Störung der Geistestätigkeit gem § 104 Nr 2 nicht mit dem der Geisteskrankheit iSd früheren §§ 6 Nr 1 und 104 Nr 3 identisch war, sondern auch die bloße Geistesschwäche umfassen konnte, da sich Geisteskrankheit und Geistesschwäche nur dem Grad nach voneinander unterschieden (RGZ 50, 203, 205; 130, 69, 70 f; 162, 223, 228; Gruchot 49 [1905] 881, 882; JW 1911, 179 [Nr 1]; WarnR 1913 Nr 78; BGH WM 1965, 895, 896; FamRZ 1966, 504; OLG Düsseldorf FamRZ 1998, 1064, 1065; OLG München NJW-RR 2009, 1599, 1600; AG Limburg/Lahn StAZ 1961, 48; HARDELAND JherJb 37 [1897] 95, 157 ff; RABEL RheinZ 4 [1912] 135, 144, 162 f; HESSEL 13 f; **aA** vTUHR, AT I § 25 II 1 m Fn 18; BRASCH 40). **Per-**

sönlichkeitsstörungen, die herkömmlicherweise mit dem inzwischen in der Psychiatrie problematisch gewordenen Begriff der Psychopathie bezeichnet worden sind (vgl GLATZEL, Art Psychopathie, in: Hdwb d Psychiatrie 492, 495), werden grundsätzlich nicht als krankhafte Störungen der Geistestätigkeit angesehen; auch hier ist vielmehr ein besonders hoher Grad der Störung zu fordern (BayObLGZ 1956, 377, 381 f), der insbesondere dann gegeben ist, wenn der Betroffene von Wahnvorstellungen beherrscht wird (vgl BGH NJW 2000, 3562; BayObLGZ 1958, 5, 7; K vOEFELE/SASS Versicherungsmedizin 46 [1994] 167, 169; auch RG JW 1922, 1007). Bei den **Neurosen** als den abnormen Erlebnisreaktionen und Entwicklungen ist hinsichtlich der Zuschreibung von Krankheitswert noch größere Zurückhaltung geboten (vgl PAWLOWSKI, AT Rn 190); als krankhaft dürften diese Störungen nur ganz ausnahmsweise einzuordnen sein (vgl K vOEFELE/ SASS S 170; auch WITTER VersR 1981, 301, 302). In den Fällen von **Alkohol- oder Drogenabhängigkeit** ist zu differenzieren: Die Trunkenheit oder die unmittelbare Wirkung der Droge sowie die Entzugserscheinungen können in schweren Fällen einen nur vorübergehenden und daher nicht unter § 104 Nr 2 fallenden Zustand krankhafter Störung der Geistestätigkeit (vgl u Rn 12) begründen. Die Sucht als solche ist dagegen grundsätzlich nicht als krankhafte seelische Störung anzusehen; anders nur, wenn die Abhängigkeit Symptom einer anderen geistigen Erkrankung ist oder sie zu einem als krankhaft zu bewertenden schwerwiegenden Verfall der Persönlichkeit geführt hat (vgl BayObLGZ 1956, 377, 382 f; 2002, 189, 201 f = NJW 2003, 216, 219 f; OLG Naumburg. Beschl v 9. 12. 2004 – 4 W 43/04, NJW 2005, 2017, 2018; ähnlich K vOEFELE/SASS aaO; weitergehend AK-BGB/KOHL Rn 4). **Analphabetismus** stellt als solcher schon keine psychische Störung, erst recht nicht eine solche mit Krankheitswert dar; die Lese- und Schreibunfähigkeit kann aber ihre Ursache in einer krankhaften Störung der Geistestätigkeit (zB Schwachsinn) haben und deshalb als Anzeichen für eine Geschäftsunfähigkeit gewertet werden (BGH NJW 1996, 918, 919; hierzu GROSSFELD/HÜLPER JZ 1999, 430, 433).

3. Ausschluss der freien Willensbestimmung

Eine krankhafte Störung der Geistestätigkeit führt nur dann zur Geschäftsunfähigkeit, wenn die Störung bei dem Gestörten im Zeitpunkt der Abgabe der betreffenden Willenserklärung die freie Willensbestimmung ausgeschlossen hat (RG WarnR 1919 Nr 179; OLG Breslau OLGE 40, 259; OLG Saarbrücken NJW 1999, 871, 872). Zwischen der krankhaften geistigen Störung und dem Ausschluss der freien Willensbestimmung muss also ein **ursächlicher Zusammenhang** bestehen. Aus der Normierung des Ausschlusses der freien Willensbestimmung als Erfordernis der Geschäftsunfähigkeit könnte gefolgert werden, der Gesetzgeber sehe beim „normalen" und damit geschäftsfähigen Menschen die Freiheit des Willens im philosophischen Sinne als gegeben an und habe sich damit in der metaphysischen Streitfrage zwischen Determinismus und Indeterminismus für eine indeterministische Position entschieden (so KUHLENBECK ZBlFG 7 [1907] 271, 285 f; wohl auch RABEL RheinZ 4 [1912] 135, 144, 156 f). Die Gesetzesverfasser wollten jedoch zu dem philosophischen Problem der Willensfreiheit, das in jüngster Zeit angesichts der rasanten Entwicklung der Hirnforschung besondere Aktualität erlangt hat, nicht Stellung nehmen; der Ausdruck „freie Willensbestimmung" sollte im Sinne des gewöhnlichen Sprachgebrauchs aufgefasst werden (vgl BRUNSWIG 112; PLANCK/FLAD Anm II 1a; auch WILHELM ZAKDR 2 [1935] 228, 229). In diesem eingeschränkten Sinne muss das Merkmal der freien Willensbestimmung in der Tat verstanden werden. Das Gesetz wollte mit diesem Begriff nicht eine empirisch unerweisliche Willensfreiheit des (geschäftsfähigen) Menschen als von Ursachenzusammenhängen unabhängige Selbstbestimmung als vorhanden behaupten oder als „rechtsnotwendige Fiktion" (vgl hierzu VOSGERAU ARSP 86 [2000] 232, 246 ff) dekretieren. Die Fähigkeit zu freier Willensbestimmung iSv § 104 Nr 2 bedeutet nicht eine ursachlose, gleichsam *ex nihilo* erfolgende Willensbildung; gemeint ist vielmehr eine Willensbildung, die zwar determiniert ist bzw – da auch ein strenger Determinismus nicht bewiesen werden kann – wahrscheinlich determiniert ist, unter deren Determinanten aber nicht die Wirkungen einer krankhaften Störung der Geistestätigkeit den Ausschlag geben, sondern die maßgeblich von vernünftigen Überlegungen bestimmt ist (zu dieser Fähigkeit zu vernunftgemäßer Steuerung s – allerdings aufgrund eines anthropologisch umstr Schichtenmodells der Persönlichkeit – HENKEL, in: FS Larenz [1973] 3, 15 ff). Lediglich eine solche grundsätzliche Steuerbarkeit menschlichen Verhaltens durch Vernunftgründe setzt das Gesetz voraus, um eine abgegebene Willenserklärung ihrem Urheber im Rechtssinne zuzurechnen (vgl vTUHR, AT I § 25 Fn 8; MANKOWSKI AcP 211 [2011] 153, 180 f; auch LAG Köln NZA-RR 1999, 232, 233). Diese Fähigkeit muss auch vorausgesetzt werden, da anderenfalls ein auf den Grundsätzen der Privatautonomie und der Vertragsfreiheit beruhendes Privatrecht, das die Wirkungen rechtsgeschäftlichen Handelns deshalb eintreten lässt, weil sie vom Handelnden gewollt sind, kaum sinnvoll zu begründen wäre (eingehend MANKOWSKI AcP 211 [2011] 153, 188 ff, 191). Der Ausschluss der freien Willensbestimmung ist mithin als das ausnahmsweise Fehlen dieser als Normalfall angesehenen Motivierbarkeit durch vernünftige Einsicht zu kennzeichnen. Die erforderliche Feststellung, ob die freie Willensbestimmung im konkreten Falle bei der Abgabe der betreffenden Willenserklärung infolge einer krankhaften Störung der Geistestätigkeit ausgeschlossen war, bereitet allerdings deshalb Schwierigkeiten, weil nach der in der Psychiatrie und den sonstigen Psychowissenschaften wohl überwiegend vertretenen „agnostischen" Position erfahrungswissenschaftlich eine sichere Aussage über ein völliges Fehlen der freien Willensbestimmung prinzipiell nicht möglich ist, die Störung vielmehr nur den Schluss auf eine mehr oder weniger große Wahrscheinlichkeit eines solchen Ausschlusses zulässt (vgl HADDENBROCK JZ 1969, 121 ff; zum „Gnostizismusstreit" auch BLAU Jura 1987, 393, 403); das Erfordernis des Ausschlusses der freien Willensbestimmung wird deshalb von psychiatrischer Seite als „theoretisches Konstrukt" bezeichnet (so K VOEFELE/SASS Versicherungsmedizin 46 [1994] 167, 169; ähnlich HABERMEYER/SASS MedR 2003, 543, 544). Die Frage nach dem Ausschluss der freien Willensbestimmung ist deshalb – anders als die biologisch-psychologische des Vorliegens einer krankhaften Störung der Geistestätigkeit (vgl o Rn 5) – keine empirische, sondern eine normative und damit eine Rechtsfrage.

11 In dem oben dargelegten Sinne einer Fähigkeit zu normaler Motivierung des Verhaltens setzt die freie Willensbestimmung nach der Rechtsprechung eine gegenüber den bestimmend auf den Willen einwirkenden verschiedenen Vorstellungen und Empfindungen sowie den Einflüssen dritter Personen freie Selbstentschließung aufgrund vernünftiger Überlegungen über das in der gegebenen Situation richtige Handeln voraus. Ausgeschlossen ist die freie Willensbestimmung dementsprechend bei einem Wegfall der Fähigkeit zum Handlungsentschluss aufgrund vernünftiger, der allgemeinem Verkehrsauffassung entsprechender Würdigung der gegebenen Verhältnisse infolge des übermächtigen, beherrschenden Einflusses der krankheitsbedingten Vorstellungen, Empfindungen oder der Einflüsse dritter Personen, denen der Betreffende widerstandslos ausgeliefert ist (vgl RGZ 103, 399, 401; 130, 69, 71; 162, 223,

228; BGH NJW 1953, 1342; FamRZ 1966, 504; NJW 1996, 918, 919; BAG, Beschl v 28. 5. 2009 – 6 AZN 17/09, NJW 2009, 3051, 3052; BFH Urt v 10. 4. 2003 – III B 86/01; BayObLGZ 2, 403, 406; NJW 1989, 1678; FamRZ 2003, 391; OLG Karlsruhe OLGE 3, 29; OLG Nürnberg WM 1958, 632; OLG Düsseldorf FamRZ 1998, 1064, 1065; OLG Naumburg, Beschl v 9. 12. 2004 – 4 W 43/04, NJW 2005, 2017, 2018; OLG Karlsruhe, Urt v 24. 9. 2009 – 4 U 124/04, juris [Rn 28]; AG Limburg/Lahn StAZ 1961, 48; auch BGH NJW 2000, 3562). Das Hauptgewicht legt die Judikatur also auf die Fähigkeit zum freien Willensentschluss, mithin auf die voluntative Seite der psychischen Vorgänge, nicht so sehr auf die verstandesmäßige, intellektuelle Komponente (BGH NJW 1953, 1342 [in BGHZ 10, 266 nicht mit abgedr]; 1970, 1680, 1681; BayObLG FamRZ 1988, 768, 769; NJW 1989, 1678 f; 1992, 2100, 2101; OLG Nürnberg WM 1958, 632). Teile des Schrifttums wollen demgegenüber unter Hinweis auf die untrennbare Einheit von Willen und Intellekt (vgl RASCH Zeitschr f ärztl Fortbildung 86 [1992] 767, 769) beide Komponenten im Wesentlichen gleichmäßig berücksichtigen, wie dies in der moderneren Formulierung des § 2229 idF von § 2 Abs 2 TestG (hierzu MEYER DJ 1941, 755 f) zum Ausdruck kommt; Geschäftsunfähigkeit besteht hiernach in der Unfähigkeit; die Bedeutung einer abgegebenen Willenserklärung einzusehen und nach dieser Einsicht zu handeln (so FLUME, AT II § 13, 3; AK-BGB/KOHL Rn 5; LARENZ/WOLF, AT § 6 II 2b Rn 18; GEBAUER AcP 153 [1954] 332, 357; HABEMEYER/SASS MedR 2003, 543, 544). Diese zustimmungswürdige Ansicht findet auch in der neueren Rechtsprechung Ausdruck (vgl OLG Saarbrücken NJW 1999, 871, 872). Die Möglichkeit einer freien Willensbildung, bei deren Vorliegen eine Geschäftsunfähigkeit nach § 104 Nr 2 nicht in Betracht kommt, wird nicht schon durch bloße Willensschwäche und leichte Beeinflussbarkeit durch andere Personen ausgeschlossen (BGH WM 1972, 972; OLG Saarbrücken aaO; LAG Köln NZA-RR 1999, 232, 233). Andererseits kann auch ein mit hohen intellektuellen Fähigkeiten ausgestatteter Mensch geschäftsunfähig sein, wenn er nur nicht imstande ist, seine Willensentschließungen von vernünftigen Erwägungen abhängig zu machen (OLG Frankfurt NJW-RR 1992, 763, 764). Überblick über die für die Feststellung eines Ausschlusses der freien Willensbestimmung maßgeblichen Kriterien bei CORDING ZEV 2010, 115, 116 ff.

4. Nicht nur vorübergehender Zustand

Eine Geschäftsunfähigkeit gem § 104 Nr 2 liegt ausweislich des letzten Halbsatzes **12** dieser Vorschrift dann nicht vor, wenn der dort bezeichnete Zustand seiner Natur nach nur ein vorübergehender ist. Nicht nur vorübergehender Natur muss der gesamte „Zustand" des Betroffenen sein und damit gem der Umschreibung in HS 1 nicht nur die krankhafte Störung der Geistestätigkeit, sondern auch der dadurch bewirkte Ausschluss der freien Willensbestimmung (vgl H MEYER 34). Bei der Abgrenzung der vorübergehenden von den dauernden Zuständen ist von dem Zweck der Ausklammerung der nur vorübergehenden Zustände aus dem Regelungsbereich des § 104 Nr 2 auszugehen: Eine nur vorübergehende Störung soll nicht die Geschäftsunfähigkeit des Betroffenen zur Folge haben, sondern nur eine von ihm in diesem Zustand abgegebene Willenserklärung gem § 105 Abs 2 nichtig werden lassen (vgl RG WarnR 1928 Nr 167). Gem dieser Orientierung auf die einzelne Willenserklärung ist das Merkmal „vorübergehend" auf Ausfälle von sehr **kurzer Dauer** zu begrenzen (vgl RASCH Zeitschr f ärztl Fortbildung 86 [1992] 767, 768: nur Stunden bis allenfalls einige Tage). Dementsprechend ist das Erfordernis der Dauer keineswegs mit der Unheilbarkeit und damit einem Fortbestehen des Zustandes auf Lebenszeit des Betroffenen zu identifizieren (s H MEYER 36; auch KUHLENBECK ZBlFG 7 [1907] 271, 283);

Geschäftsunfähigkeit kann deshalb auch bei Heilbarkeit der seelischen Störung vorliegen, wenn sich die Heilungsphase über einen längeren Zeitraum erstreckt (OLG München MDR 1989, 361). Der vorübergehende Charakter des Zustandes muss sich aus dessen Natur ergeben, weshalb ein seiner Natur nach dauernder Zustand auch bei im Einzelfall nur kurzzeitigem Bestehen unter § 104 Nr 2 HS 1 fällt. Als ihrer Natur nach nur vorübergehende krankhafte Störungen der Geistestätigkeit sind nach dem Gesagten in erster Linie **Intoxikationen**, insbesondere schwere Alkoholisierung, ferner **Entzugssymptome mit Delir** sowie die als **akute Prozesse ablaufende Störungen** mit Krankheitswert (zB epileptische Ausnahmezustände, Fieberwahn uä) anzusehen (s hierzu ie Rasch aaO sowie ders, Forens Psychiatrie 290; Bresser, Art, Geisteskrankheit, in: Hdwb d Psychiatrie 208 f). Rechtsprechung und juristisches Schrifttum ordnen auch die für ein manisch-depressives Irresein typischen phasenweise auftretenden Krankheitszustände als vorübergehende Störungen gem §§ 104 Nr 2 HS 2, 105 Abs 2 ein (BGH WM 1956, 1184, 1186; LAG Hannover DB 1956, 404; auch BGHZ 70, 252, 260 f; vTuhr, AT I § 25 II 1; Planck/Flad Anm II 1c; Habemeyer/Sass MedR 2003, 543, 545; einschr Zitelmann Recht 1906, 671); dagegen neigt die heutige forensische Psychiatrie zu einer Qualifikation der Zyklothymie mit depressiven oder manischen Phasen wegen des nicht vorhersehbaren Verlaufs dieser Erkrankung als dauernde Störung (s Rasch Zeitschr f ärztl Fortbildung aaO). Die gesetzliche Unterscheidung zwischen dauernden und vorübergehenden Störungen wird wegen der schwierigen Abgrenzbarkeit beider Zustände teilweise als wenig angemessen erachtet (so von Rabel RheinZ 4 [1912] 135, 158: „misslungen"; Gebauer AcP 153 [1954] 332, 363: „mehr als unglücklich"; vgl zur schwierigen Abgrenzbarkeit Habermeyer/Sass MedR 2003, 543, 544 f).

5. Sog lichte Zwischenräume

13 Von den nur vorübergehenden seelischen Störungen zu unterscheiden ist die Problematik, die mit dem schon im römischen Recht der Antike (s C 5, 70, 6; 6, 22, 9) geprägten Ausdruck „lichte Zwischenräume" *(lucida intervalla)* bezeichnet wird. Unter diesem Begriff werden Phasen eines zeitweiligen Abklingens einer an sich dauerhaften psychischen Erkrankung verstanden. Nach ganz hM in Rechtsprechung und juristischem Schrifttum ist eine unter einem die freie Willensbestimmung ausschließenden Zustand krankhafter Störung der Geistestätigkeit leidende Person während eines lichten Zwischenraums **geschäftsfähig**, eine von ihr in einer solchen Phase abgegebene Willenserklärung also wirksam (BGH WM 1956, 1184, 1186; Brunswig 133; Rabel RheinZ 4 [1912] 135, 156; vTuhr, AT I § 25 II 1; Flume, AT II § 13, 2; Hübner, AT § 33 I 1b; Larenz/Wolf, AT § 6 II 2 Rn 19; Planck/Flad Anm II 3; AK-BGB/Kohl Rn 6; MünchKomm/Schmitt Rn 13; BGB-RGRK/Krüger-Nieland Rn 20; Soergel/Hefermehl Rn 6; Erman/Palm Rn 4). Die moderne Psychiatrie lehnt hingegen die Vorstellung, dass psychische Erkrankungen von Zeiträumen geistiger Gesundheit unterbrochen werden können, als einen erfahrungswissenschaftlich überwundenen Standpunkt ab und hält lediglich zeitweilige Abschwächungen (Remissionen) von länger dauernden Störungen für möglich (eingehend Rasch/Bayerl Lebensversicherungsmedizin 37 [1985] 2 ff m psychiatriegeschichtl Rückblick; Rasch, Forens Psychiatrie 290 f: Begriff d lucida intervalla „vom Ansatz her verfehlt und entbehrlich"; auch Habermeyer/Sass MedR 2003, 543, 546). Dieser erfahrungswissenschaftliche Befund nötigt aber wohl nicht zu einer Aufgabe der herkömmlicherweise mit dem Stichwort der lichten Zwischenräume bezeichneten rechtlichen Betrachtung. In ihrem richtigen Kern trägt die Lehre von den *lucida intervalla* der Eigenart des § 104 Nr 2 als eines nicht typisierten, sondern auf die tatsächliche psychische Verfassung der betreffenden Person abstellenden Tatbestandes der Geschäftsunfähigkeit (s o Rn 4) Rechnung und verneint deshalb die Geschäftsunfähigkeit, wenn und solange der dort umschriebene Zustand realiter nicht vorliegt, anders als nach der durch die Entmündigung typisierten Regelung des früheren § 104 Nr 3, bei der es auf Phasen des Abklingens der Erkrankung nicht ankam. Die Geschäftsfähigkeit eines an sich psychisch Erkrankten ist daher auch unter Berücksichtigung der modernen psychiatrischen Auffassung beim Vorliegen von Remissionen zu bejahen, wenn diese Abschwächungen den Schluss auf eine (zeitweilig) wieder eingetretene Fähigkeit zur freien Willensbestimmung zulassen. In terminologischer Hinsicht ist allerdings an eine Verabschiedung des Terminus der lichten Zwischenräume zu denken. Zur Beweislast für das Vorliegen von Remissionen s u Rn 18.

6. Teilweise Geschäftsunfähigkeit

14 Die Frage nach der Möglichkeit einer nicht vollständigen Geschäftsunfähigkeit stellt sich wie in zeitlicher (hierzu o Rn 13) so auch in gegenständlicher Hinsicht (vgl GEBAUER AcP 153 [1954] 332, 343 ff). Die Problematik lässt sich hier dahingehend formulieren, ob einem Menschen, dessen geistige Störungen sich nur auf **einzelnen abgrenzbaren Lebensgebieten** manifestieren, die Geschäftsfähigkeit nur auf diesen sachlich bestimmten Bereichen abgesprochen werden kann, während sie in übrigen unberührt bleibt. Auch dieses Problem der Anerkennung einer bloß teilweisen (partiellen) Geschäftsunfähigkeit weist eine erfahrungswissenschaftliche und eine juristische Dimension auf. Die Psychiatrie zur Entstehungszeit des BGB neigte aufgrund der Theorie von der Einheit der psychischen Persönlichkeit zu einer Verneinung einer nur bestimmte Bereiche erfassenden geistigen Erkrankung; in entsprechenden Phänomenen wurden keine selbstständigen Krankheiten, sondern nur Symptome einer allgemeinen psychischen Gestörtheit gesehen (s den Überblick bei GEBAUER AcP 153 [1954] 332, 337 f). Im juristischen Schrifttum der Frühzeit des BGB finden sich daher Stimmen der Ablehnung einer teilweisen Geschäftsunfähigkeit (so HARDELAND JherJb 37 [1897] 95, 154 ff; BRUNSWIG 122; kritisch vTUHR, AT I § 25 II 1; RÜMELIN 37 ff; s auch ZITELMANN, Irrtum u Rechtsgeschäft 361). Bloß partiell sich äußernde geistige Störungen sollten ohne Einfluss auf die Geschäftsfähigkeit sein und nur die Nichtigkeit der in das betreffende Gebiet fallenden Willenserklärungen nach § 105 Abs 2 zur Folge haben (für diese Lösung PLANCK/FLAD Anm II 4). Heute wird in der Psychiatrie die Ansicht vertreten, dass zB isolierte Wahnbildungen die Entscheidungsfähigkeit in anderen Bereichen unberührt lassen können (so RASCH, Forens Psychiatrie 292). Insgesamt scheint sich aber in der medizinischen Wissenschaft über die Möglichkeit nur partieller geistiger Störungen noch keine einheitliche Meinung herausgebildet zu haben (Überblick über die psychiatr Diskussion der 50er Jahre bei GEBAUER AcP 153 [1954] 332, 334 ff). Juristisch ist entscheidend, dass es sich bei der Geschäftsunfähigkeit nicht um einen erfahrungswissenschaftlich bestimmten, sondern um einen Rechtsbegriff handelt, weshalb auch die Frage der Anerkennung einer partiellen Geschäftsfähigkeit nach spezifisch rechtlichen Gesichtspunkten, wenn auch unter gebührender Berücksichtigung des empirischen Substrats, beantwortet werden muss. An der Zweckrichtung des § 104 Nr 2 orientierte juristische Erwägungen sprechen aber für die Bejahung einer teilweisen Geschäftsunfähigkeit in den Fällen von nur bestimmte sachliche Bereiche betreffenden psychischen Störungen und darüber hinaus auch in den Fällen, in denen die Störung zwar das gesamte Seelenleben ergriffen hat, sie sich aber lediglich auf bestimmten Gebieten zu äußern pflegt (hierzu eingehend GEBAUER AcP 153 [1954] 332, 340 ff). Der heute in der Rechtsprechung und im ganz überwiegenden Schrifttum vertretenen Ansicht, dass sich unter den genannten Voraussetzungen die Geschäftsunfähigkeit auf die Lebensbereiche beschränkt, in denen aufgrund einer krankhaften psychischen Störung die freie Willensbestimmung allein ausgeschlossen ist (BVerfG NJW 2003, 1382, 1383; RGZ 162, 223, 229; JW 1912, 872 f; 1922, 1007 f m Anm HEINSHEIMER; SeuffA 55 Nr 129; HRR 1934 Nr 42; BGHZ 18, 184, 186 f = LM § 104 Nr 2 BGB m Anm JOHANNSEN = NJW 1955, 1714; BGHZ 30, 112, 117 f; WM 1970, 1366; NJW 1970, 1680, 1681; FamRZ 1971, 243, 244; ZIP 1999, 2073, 2075; OGHZ 4, 66, 71 = MDR 1950, 541, 542; BAG RdA 1963, 398 [Nr 258]; BVerwGE 30, 24, 25; BayObLGZ 1958, 5, 6 = MDR 1958, 346, 347; NJW 1989, 1678, 1679; FGPrax 1996, 143, 144; OLG Stuttgart WürttJb 24 [1912] 1, 2; OLG Breslau OLGE 40, 259 f; RABEL RheinZ 4 [1912] 135, 151 ff; SPICKHOFF AcP 208 [2008] 345, 382 f; H MEYER 52 f; FLUME, AT II § 13, 4; HÜBNER, AT § 33 I 1b; LARENZ/WOLF, AT § 6 II 2d Rn 24; MEDICUS, AT Rn 542; ERMAN/PALM Rn 5; MünchKomm/SCHMITT Rn 16, 17; BGB-RGRK/KRÜGER-NIELAND Rn 18; SOERGEL/HEFERMEHL Rn 7; umfassend GEBAUER AcP 153 [1954] 332, 357 f u *passim;* skeptisch AnwK-BGB/BALDUS § 104 Rn 6/7), ist deshalb zuzustimmen. Der Wortlaut des § 104 Nr 2 steht dem nicht entgegen, denn der dort genannte „Zustand" muss sich nicht notwendig auf sämtliche Lebensbereiche beziehen. Der Einwand, die Anerkennung einer teilweisen Geschäftsunfähigkeit unterwerfe das rechtsgeschäftliche Handeln des Betroffenen einer gerichtlichen Kontrolle über das gesetzlich vorgesehene Maß hinaus (so PAWLOWSKI, AT⁶ § 2 2d Rn 198, 199; auch AK-BGB/KOHL Rn 7), erscheint daher als nicht berechtigt. Im Gegenteil entspricht hier die Annahme einer partiellen (statt einer vollständigen) Geschäftsunfähigkeit dem verfassungsrechtlichen Grundsatz der Verhältnismäßigkeit (so zu Recht LARENZ/WOLF aaO). Die statt einer partiellen Geschäftsunfähigkeit vereinzelt befürwortete Anwendung des § 105 Abs 2 auf diese Fälle (so vTUHR, PLANCK/FLAD jeweils aaO), lässt sich mit dem dortigen Erfordernis eines nur vorübergehenden Zustandes nicht vereinbaren, denn die gegenständlich beschränkten Störungen sind typischerweise dauernder Art (vgl GEBAUER aaO). Eine teilweise Geschäftsunfähigkeit kann vornehmlich gegeben sein bei (themenbezogenen) **Wahnkrankheiten** (vgl BGH ZIP 1999, 2073 f; BayObLG DB 2003, 1565, 1566; aus psychiatr Sicht BERINGER Dt Zeitschr f gerichtl Med 24 [1935] 275 ff; BRESSER, Art, Geschäftsfähigkeit, in: Hdwb d Psychiatrie 216), von denen dem **Querulantenwahn** eine besondere Bedeutung zukommt (s RG HRR 1934 Nr 42; OLG Stuttgart WürttJb 24 [1912] 1 ff; umfassend die Monographie v DIETRICH), sowie auf den Bereich des **Ehelebens** beschränkten Wahnvorstellungen (RG JW 1922, 1007 f), darunter dem Eifersuchtswahn (RG JW 1912, 872 f). Auch ein krankhaft gesteigerter Geschlechtstrieb kann gegenstandsbeschränkt die freie Willensbestimmung ausschließen (s RG SeuffA 55 Nr 29; auch BGH NJW-RR 2002, 1424). Pathologische **Spielsucht** kann eine partielle Geschäftsunfähigkeit bezüglich aller mit dem Glücksspiel zusammenhängenden Vermögensverfügungen und getroffenen Regelungen nur ausnahmsweise zur Folge haben, wenn die Sucht zu schwersten Persönlichkeitsveränderungen mit der Folge des Ausschlusses der freien Willensbestimmung geführt hat (vgl LG Saarbrücken, Urt v 15. 10. 2008 – 9 O 259/06, juris [Rn 41 ff, bes 55]; auch SCHIMMEL NJW 2006, 958, 959). Einen Grenzfall stellt die Bejahung der partiellen Geschäfts- und Prozessunfähigkeit eines an fortgeschrittener Hirnarteriosklerose erkrankten Rechtsanwalts für die mit der Führung eines Prozesses zusammenhängenden Rechtshandlungen aufgrund des Schlüsselerlebnisses einer versäumten Berufungsfrist in BGHZ 30, 112 ff dar (hierzu eingehend MEDICUS, AT Rn 542; AK-BGB/KOHL Rn 7). Die Anerkennung einer teilweisen Geschäftsunfähigkeit wegen Analphabetismus angesichts der Bedeutung der Schriftlichkeit im heutigen

Rechtsverkehr, wie sie in der Literatur erwogen worden ist (GROSSFELD/HÜLPER JZ 1999, 430, 433), ist nach der *lex lata* nicht möglich, da es sich beim Analphabetismus nicht um eine krankhafte Störung der Geistestätigkeit handelt (vgl o Rn 9).

7. Relative Geschäftsunfähigkeit

Eine Begrenzung der Geschäftsunfähigkeit ist außer in zeitlicher (vgl o Rn 13) und **15** gegenständlicher (vgl o Rn 14) Hinsicht auch im Hinblick auf den **Schwierigkeitsgrad** der Rechtsgeschäfte denkbar. Eine solche relative Geschäftsunfähigkeit würde also – im Gegensatz zur partiellen (s o) – eine nicht auf Rechtsgeschäfte bestimmter Art, sondern bestimmter Schwierigkeit eingeschränkte Geschäftsunfähigkeit bedeuten. Eine relative Geschäftsunfähigkeit wird aber, anders als eine teilweise, in Rechtsprechung und Schrifttum nahezu einhellig abgelehnt (BGH NJW 1953, 1342; 1961, 261; WM 1970, 1366; OGHZ 2, 45, 53 = NJW 1949, 544; BayObLG NJW 1989, 1678, 1679; KG FamRZ 1969, 440; OLG Hamburg MDR 1950, 731, 732; OLG Nürnberg WM 1958, 732; OLG Köln MDR 1975, 1017 HÜBNER, AT § 33 I 1b; LARENZ/WOLF, AT § 6 II 2d Rn 25; AK-BGB/KOHL Rn 8; ERMAN/PALM Rn 5; MünchKomm/SCHMITT Rn 18; BGB-RGRK/KRÜGER-NIELAND Rn 19; SOERGEL/HEFERMEHL Rn 7; zust v psychiatr Seite RASCH, Forens Psychiatrie 291; für Anerkennung einer rel Geschäftsunfähigkeit bei Geistesschwachen hingegen FLUME, AT II § 13, 5; ferner SPICKHOFF AcP 208 [2008] 345, 383 f; PAWLOWSKI AT Rn 198, 199 unter Hinw auf § 1903 Abs 3 S 2). Die Ablehnung wird mit dem Gesichtspunkt der Rechtssicherheit begründet, da sich der Kreis der (besonders) schwierigen Geschäfte von den sonstigen Geschäften kaum eindeutig abgrenzen lasse und ferner bei Anerkennung einer relativen Geschäftsunfähigkeit das Hauptgewicht auf die Einsichts- statt auf die Willensfähigkeit (vgl hierzu o Rn 11) gelegt würde. Einzelne Literaturstimmen (AK-BGB/KOHL aaO) befürchten außerdem eine Beeinträchtigung des Persönlichkeitsrechts der Betroffenen durch die dann erforderliche Prüfung der intellektuellen Fähigkeiten. Der Verneinung einer Geschäftsunfähigkeit für besonders schwierige Rechtsgeschäfte ist zuzustimmen. Ein Kriterium, insbesondere ein auch für den Geschäftsgegner erkennbares, für schwierige Rechtsgeschäfte im Gegensatz zu weniger schwierigen lässt sich kaum festlegen, zumal sich ein und dasselbe Geschäft für den Intelligenzgrad des einen Rechtsgenossen schon als schwierig, für den eines anderen hingegen als in seiner Bedeutung noch erfassbar darstellen kann. Die Situation ist hier anders als bei der sich auf einen inhaltlich bestimmten Kreis von Geschäften beziehenden teilweisen Geschäftsunfähigkeit. Aus diesem Grund ist auch eine Geschäftsunfähigkeit lediglich für nicht alltägliche Rechtsgeschäfte – im Gegensatz zu Geschäften des täglichen Lebens –, wie sie in der Judikatur vereinzelt bejaht worden ist (vgl RG JW 1938, 1590, 1591 [hiergegen OLG Nürnberg WM 1958, 732]; OLG Köln NJW 1960, 1389), abzulehnen. Nicht ausreichend für eine Anwendbarkeit des § 104 Nr 2 ist demzufolge auch das bloße Unvermögen zur Erfassung der Tragweite einer Willenserklärung (RG WarnR 1911 Nr 164; BGH NJW 1953, 1342; OGHZ 4, 66, 72; OLG Nürnberg WM 1958, 632; OLG Köln NJW 1960, 1389; OLG Düsseldorf FamRZ 1998, 1064, 1065; LAG Köln NZA-RR 1999, 232, 233; anders wohl RG JW 1938, 1590, 1591).

8. Feststellung der Voraussetzungen der Geschäftsunfähigkeit

Das Vorliegen des für eine Geschäftsunfähigkeit nach § 104 Nr 2 erforderlichen, **16** seiner Natur nach nicht nur vorübergehenden Zustandes einer krankhaften Störung der Geistestätigkeit und des dadurch bewirkten Ausschlusses der freien Willensbestimmung kann das Gericht wegen der medizinisch-psychiatrisch-psychologischen Grundlage dieses Zustandes in aller Regel nur mit sachverständiger Beratung durch Vertreter dieser Erfahrungswissenschaften treffen (BayObLG FamRZ 2003, 391). Dies gilt vor allem für die Feststellung des Vorliegens einer krankhaften Störung der Geistestätigkeit als des empirischen Substrats der Geschäftsunfähigkeit (vgl o Rn 5); auf dieser „biologisch-psychologischen" Stufe kommt der Beurteilung durch den Sachverständigen tatsächlich meist das ausschlaggebende Gewicht zu. Eine Bindung des Gerichts an das Sachverständigengutachten besteht aber hier ebenso wenig wie auch sonst beim Sachverständigenbeweis; das Gericht hat vielmehr auch schon über das Vorliegen einer krankhaften Störung der Geistestätigkeit gem § 286 Abs 1 ZPO in freier Würdigung der Ausführungen des Sachverständigen zu entscheiden. Erst recht gilt dies für die nach Bejahung einer krankhaften Störung der Geistestätigkeit erforderliche Feststellung eines hierdurch verursachten Ausschlusses der freien Willensbestimmung und damit der Geschäftsunfähigkeit bei Vornahme des Rechtsgeschäfts. Denn bei der Geschäftsfähigkeit handelt es sich um einen reinen Rechtsbegriff (KG FamRZ 1969, 440, 441). Die Frage nach dem Ausschluss der freien Willensbestimmung hat der Richter daher in freier Würdigung des gesamten Tatsachenstoffes unter Zugrundlegung der Erfahrungen des Lebens und der Wissenschaft zu entscheiden; an das Ergebnis psychiatrischer oder sonstiger psychowissenschaftlicher Gutachten ist er dabei nicht gebunden und er kann demzufolge von ihnen aufgrund seiner richterlichen Überzeugung auch abweichen (RGZ 162, 223, 228; Gruchot 49 [1905] 881, 882; WarnR 1918 Nr 111, 156). Die für diese Überzeugungsbildung maßgeblichen Anzeichen liegen insbesondere in den Erscheinungen der Erkrankung, dem Verständnis, das der Betroffene vornehmlich auch für geschäftliche und rechtliche Vorgänge zeigt, der Wahrnehmung der Umgebung des Betroffenen über dessen Lebensführung und der bei der Behandlung der Krankheit gewonnen ärztlichen Einsichten (RG WarnR 1928 Nr 167 [S 340]; JW 1937, 35 [Nr 14]). Der Entscheidung über die Geschäftsfähigkeit ist die geistige Betätigung des Betroffenen in ihrer Gesamtheit zugrunde zu legen (RGZ 120, 170, 174; WarnR 1928 Nr 167; JW 1937, 35; LAG Hannover DB 1956, 404; auch OLG Köln MDR 1975, 1017). Die Frage nach den Voraussetzungen einer Geschäftsunfähigkeit gem § 104 Nr 2 liegt demgemäß im Wesentlichen auf **tatsächlichem Gebiet** (RGZ 162, 223, 230; Gruchot 49 [1905] 881, 882; WarnR 1918 Nr 111; HRR 1929 Nr 793; BayObLGZ 1956, 377, 380; FamRZ 1996, 969, 970; FGPrax 1996, 143, 144). Die Nachprüfung durch das Revisionsgericht beschränkt sich folglich namentlich auf die Frage, ob das Tatsachengericht den zutreffenden Begriff der Geschäftsunfähigkeit zugrunde gelegt hat (BayObLG FamRZ 2003, 391).

IV. Geschäftsunfähigkeit als Folge

17 Das Vorliegen der Merkmale des § 104 Nr 1 (noch keine Vollendung des 7. Lebensjahres) oder Nr 2 (seiner Natur nach nicht nur vorübergehender Zustand des Ausschlusses der freien Willensbestimmung aufgrund krankhafter Störung der Geistestätigkeit) hat die Geschäftsunfähigkeit der betreffenden Person zur Folge. Die Geschäftsunfähigkeit ist, wie die Geschäftsfähigkeit, eine den Status der Person betreffende Eigenschaft (s o Vorbem 1 ff zu §§ 104–115), nicht hingegen eine Eigenschaft der einzelnen Willenserklärung (vgl OGHZ 2, 45, 53 = NJW 1949, 544, 545). Für die Geschäftsunfähigkeit ist deshalb auch **kein Ursachenzusammenhang** zwischen ihren Voraussetzungen und dem abgeschlossenen Rechtsgeschäft erforderlich. Dies gilt nicht nur für die typisierte Geschäftsunfähigkeit nach Nr 1 des § 104, sondern auch für die Geschäftsunfähigkeit nach Nr 2: Auch hier ist unerheblich, ob der Betreffende die Willenserklärung, deren Wirksamkeit infrage steht, nur aufgrund seiner psychischen Störung abgegeben hat (RG WarnR 1914 Nr 107 [S 152]; 1928 Nr 167; GEBAUER AcP 153 [1954] 332, 342 f, 355; PLANCK/FLAD Anm II 3). Durch diese **absolute Geschäftsunfähigkeit** (GEBAUER aaO) unterscheidet sich das deutsche Recht von dem Rechtszustand in der Schweiz, wonach die Einsichts- und Willensfähigkeit im Hinblick auf das jeweils abgeschlossene Rechtsgeschäft maßgeblich ist (vgl Vorbem 119 zu §§ 104–115; befürwortend *de lege ferenda* GEBAUER AcP 153 [1954] 332, 361 ff).

V. Beweislast

§ 104 normiert einen **Ausnahmetatbestand** von der im Gesetz als Normalfall angesehenen Geschäftsfähigkeit der natürlichen Person (s Vorbem 6 zu §§ 104–115). Die Geschäftsunfähigkeit einer Person bei Abgabe oder Empfang (§ 131 Abs 1) einer Willenserklärung hat daher nach allgemeinen Grundsätzen derjenige zu behaupten und im Bestreitensfall zu beweisen, der sich auf diese Abweichung vom Normalzustand beruft (vgl allg z Geschäftsfähigkeitsmangel Vorbem 7 zu §§ 104–115). Eine Berufung auf den Geschäftsunfähigkeitstatbestand des § 104 Nr 1 erfordert folglich den Beweis, dass der Urheber eines Rechtsgeschäfts bei dessen Vornahme das 7. Lebensjahr noch nicht vollendet hatte (BGB-RGRK/KRÜGER-NIELAND Rn 22; jetzt auch BAUMGÄRTEL/LAUMEN, Hdb d Beweislast i Privatrecht I [2. Aufl 1991] § 104 Rn 2 abweichend von d Voraufl). Entsprechendes gilt hinsichtlich der Voraussetzungen von § 104 Nr 2 (RG WarnR 1913 Nr 243; 1928 Nr 167 [S 340]; BGHZ 18, 184, 189 f; WM 1956, 1184, 1186; 1965, 895, 896; 1970, 1366; NJW 1972, 681, 683; BVerwG NJW 1994, 2633 f; BayObLGZ 1956, 377, 380; 1958, 5; 2002, 203 = NJW 2003, 219 f; Rpfleger 1982, 286; OLG Hamm ZEV 1997, 75, 77; OLG Düsseldorf FamRZ 1998, 1064, 1065; OLG Saarbrücken NJW 1999, 871, 872; OLG Koblenz FamRZ 2003, 542, 543 f; BRUNSWIG 136; BAUMGÄRTEL/LAUMEN Rn 3). Im Interesse der Rechtssicherheit (zum fehlenden Schutz des guten Glaubens an die Geschäftsfähigkeit vgl Vorbem 26 ff zu §§ 104–115) sind an den Beweis einer Geschäftsunfähigkeit nach § 104 Nr 2 strenge Anforderungen zu stellen (RG WarnR 1919 Nr 179 [S 282]; KG [Ost] NJ 1953, 426; OLG Hamburg MDR 1950, 731, 732; für Überprüfung dieser Rspr AnwK-BGB/BALDUS § 104 Rn 21). Insbesondere muss auch der Ausschluss der freien Willensbestimmung in vollem Umfang bewiesen werden; das Vorliegen einer krankhaften Störung der Geistestätigkeit begründet keine tatsächliche Vermutung für einen solchen Ausschluss (vgl BGH WM 1965, 895, 896; BAG, Beschl v 28. 5. 2009 – 6 AZN 17/09, NJW 2009, 3051, 3052; auch OLG Karlsruhe, Urt v 24. 9. 2009 – 4 U 124/04, juris [Rn 29]). So reicht das Vorliegen einer unheilbar fortschreitenden Gehirnerweichung für sich allein zur Annahme einer Geschäftsunfähigkeit nicht aus, sondern es ist der zusätzliche Nachweis des Ausschlusses der freien Willensbestimmung im Zeitpunkt der Vornahme des Rechtsgeschäfts erforderlich (RG und OLG Hamburg jeweils aaO). Im Falle einer manisch-depressiven Erkrankung bedarf es des Nachweises, dass sich der Betreffende gerade bei Abgabe der zu beurteilenden Willenserklärung in einer der für diese Störung typischen Krankheitsphasen befunden hat (BGH WM 1956, 1184, 1186; LAG Hannover DB 1956, 404). Ein wesentliches Anzeichen für eine Geschäftsunfähigkeit liegt der Unvernünftigkeit des abgeschlossenen Geschäfts selbst (vgl HARDELAND JherJb 37 [1897] 95, 182 f); für die Frage der Vernünftigkeit kommt es auf die konkrete Situation des Erklärenden an (s BGH NJW 1996, 918, 919: zweimaliger Kauf teurer Lexika durch Analphabeten). Umstritten ist die Darlegungs- und Beweislast hinsichtlich des Vorliegens sog lichter Zwischenräume (vgl o Rn 13): Nach der hM muss derjenige, der sich auf die Wirksamkeit einer Willenserklärung einer sich gemeinhin in einem Zustand gem § 104 Nr 2 befindlichen Person beruft, das Bestehen eines „lichten Zwischenraums" bei Abgabe der Erklärung dartun (BGH WM 1956, 1186; NJW 1988, 3011; OLG Hamburg MDR 1954, 480). Diese Auffassung entspricht der im gemeinen Recht herrschend gewesenen Regel *semel demens semper talis praesumitur* (hierzu REYSCHER Zeitschr f deutsches Recht 13 [1852] 303, 312), während das ALR in I 4 § 24 bei nicht bevormundeten Geisteskranken von der umgekehrten Vermutung ausgegangen war. Nach der Gegenmeinung, für die die Gesetzesmaterialien sprechen (vgl Begr z TE-AT [bei SCHUBERT Vorlagen 33 f]; Mot I 131 = MUGDAN I 423 f), umfasst die Darlegungs- und Beweislast des die Geschäftsfähigkeit Bestreitenden auch das Nichtvorliegen von „lichten Zwischenräumen" (so HARDELAND JherJb 37, 95, 163, 178 f; BAUMGÄRTEL/LAUMEN Rn 5). Die erfahrungswissenschaftlich angezweifelte Möglichkeit wirklicher lichter Zwischenräume (s o Rn 13) spricht für den Grundsatz *semel demens semper talis praesumitur* und damit für die hM. Nach allgemeinen Beweisgrundsätzen ist die Geschäftsunfähigkeit nur dargetan, wenn sie zur vollen Überzeugung des Gerichts feststeht; bei verbleibenden Zweifeln ist von der Geschäftsfähigkeit auszugehen (BayObLG Rpfleger 1982, 286). Zur Frage der Prozessfähigkeit bei einem *non liquet* (s Vorbem 7 aE zu §§ 104–115).

§ 105
Nichtigkeit der Willenserklärung

(1) Die Willenserklärung eines Geschäftsunfähigen ist nichtig.

(2) Nichtig ist auch eine Willenserklärung, die im Zustand der Bewusstlosigkeit oder vorübergehender Störung der Geistestätigkeit abgegeben wird.

Materialien: VE AT § 81 Abs 2; KE § 63 Abs 2, 3; E I § 64 Abs 2, 3; II § 79; III § 101; SCHUBERT, AT I 15, AT II 31; JAKOBS/SCHUBERT 499, 517, 519, 534 f, 551, 557, 561 f, 567, 569, 572 f, 576 f, 579; Mot I 130 = MUGDAN I 423; Prot I 119 f, 8351 ff = MUGDAN I 673 f; Bericht d RT-Komm 35 ff = MUGDAN I 963 f.

Schrifttum

S die Angaben bei den Vorbem zu §§ 104–115, zu § 104 sowie

ALLMENDINGER, Vertretungsverbot bei Insichgeschäften, Ergänzungspflegschaft und gerichtliche Genehmigung: rechtsgeschäftlicher Minderjährigenschutz bei Eltern-Kind-Schenkungen (2009)

E BUCHER, Für mehr Aktionendenken, AcP 186 (1986) 1

CANARIS, Verstöße gegen das verfassungsrechtliche Übermaßverbot im Recht der Geschäftsfähigkeit und im Schadensersatzrecht, JZ 1987, 993

ders, Zur Problematik von Privatrecht und verfassungsrechtlichem Übermaßverbot, JZ 1988, 494

COESTER-WALTJEN, Überblick über die Probleme der Geschäftsfähigkeit, Jura 1994, 331

DÖLLE, Absurdes Recht?, in: FS Nipperdey (1965) 23

DUISBERG, Der Schutz der Geisteskranken bei Rechtsgeschäften und seine Grenzen (Diss Bonn 1914)

HERZFELD, Die Auslegung des § 105 Abs 1 BGB (Diss Jena 1914)

JOSEF, Zahlungen der Bank an geisteskranke Konteninhaber, Recht 1913, 769

JÜRGELEIT, Der geschäftsunfähige Betreute

unter Einwilligungsvorbehalt, Rpfleger 1995, 282
KNIEPER, Geschäfte von Geschäftsunfähigen (Diss Frankfurt/M 1999)
LACHWITZ, Übereinkommen der Vereinten Nationen über die Rechte von Menschen mit Behinderung, BtPrax 2008, 143
vLÜBTOW, Schenkungen der Eltern an ihre minderjährigen Kinder und der Vorbehalt dinglicher Rechte (1949)
MÖNCH, Der fehlende Schutz des Vertragsgegners bei Rechtsgeschäften mit unerkennbar Geisteskranken im deutschen bürgerlichen Recht unter Berücksichtigung fremder Rechte (Diss Breslau 1927)
NEUHAUSEN, Rechtsgeschäfte mit Betreuten, RNotZ 2003, 157
NEUNER, Was ist eine Willenserklärung? Jus 2007, 881
RAAPE, § 181 und Unterhaltspflicht, AcP 140 (1935) 352
RAMM, Drittwirkung und Übermaßverbot, JZ 1988, 489
REICHEL, Geisteskrankheit und Geschäftsfähigkeit, Wissenschaftl Vierteljahrsschrift zur Prager Jurist Zeitschr 1 (1923) 38
M ROTH, Die Rechtsgeschäftslehre im demographischen Wandel, AcP 208 (2008) 451
SÄCKER/KLINKHAMMER, Verbot des Selbstkontrahierens bei ausschließlich rechtlichem Vorteil des Vertretenen? – BGH NJW 1972, 2262, JuS 1975, 626
SCHREIEDER, Ist § 1903 BGB eine Spezialvorschrift zu § 105 BGB? BtPrax 1996, 96
SCHUBERT, Die Einschränkung des Anwendungsbereichs des § 181 BGB bei Insichgeschäften, WM 1978, 290
SCHLUND, Teilnahme von beschränkt Geschäftsfähigen und Geschäftsunfähigen an den Ausspielungen des Zahlenlottos, RdJ 1971, 77
SCHULTZE, Psychiatrische Bemerkungen zum BGB, ArchBürgR 17 (1900) 89
VEIT, Das Betreuungsverhältnis zwischen gesetzlicher und rechtsgeschäftlicher Vertretung, FamRZ 1996, 1309
VOSS, Schutz des guten Glaubens an Geschäftsfähigkeit bei Geisteskranken (Diss Leipzig 1929)
WEDEMANN, Die Rechtsfolgen der Geschäftsunfähigkeit, AcP 209 (2009) 668
dies, Die Geschäftsunfähigkeit, Jura 2010, 587
WIESER, Verstößt § 105 BGB gegen das verfassungsrechtliche Übermaßverbot?, JZ 1988, 493
ZERBA, Gibt es wirksame Rechtsgeschäfte Geisteskranker? (Diss Breslau 1923)
ZIMMERMANN, Das neue Verfahren in Betreuungssachen, FamRZ 1991, 270.

Systematische Übersicht

I. Bedeutung der Vorschrift	1
II. Nichtigkeit wegen Geschäftsunfähigkeit (Abs 1)	
1. Willenserklärung eines Geschäftsunfähigen	2
2. Nichtigkeit	3
a) Inhalt und Auswirkung der Regelung	3
b) Frage der Verfassungsmäßigkeit	7
c) Rechtspolitische Kritik und Reformvorschläge	8
3. Handeln durch gesetzlichen Vertreter	9
a) Allgemeines	9
b) Geschäftsunfähigkeit und rechtliche Betreuung	10
III. Nichtigkeit wegen vorübergehender psychischer Störung (Abs 2)	
1. Normzweck	11
2. Arten der Beeinträchtigung	12
a) Bewusstlosigkeit	12
b) Vorübergehende Störung der Geistestätigkeit	13
3. Nichtigkeit	14
4. Beweislast	15

Alphabetische Übersicht

Bestätigung gem § 141 (bei Nichtigkeit gem § 105)	4	ratio des § 105 Abs 1	3
Betreuung	10	Rechtsstellung des Geschäftsunfähigen – Spezialvorschriften	6
Beweislast	15		
Bewusstlosigkeit = Bewusstseinstrübung	12	Selbstkontrahieren	9
Bote (Geschäftsunfähigkeit)	5	Störung der Geistestätigkeit, vorübergehende	13
Eheschließung Geschäftsunfähiger	6		
		Ursächlichkeit (der Geschäftsunfähigkeit für die Willenserklärung)	2
Genehmigung (bei Nichtigkeit gem § 105)	4		
Gesamtvertreter, Geschäftsunfähigkeit einzelner	5	Verfassungsmäßigkeit des § 105 Abs 1	7
Geschäftsunfähigkeit	2 ff	Vertretung des Geschäftsunfähigen	9
		Vollmacht, wegen § 105 nichtige	5
Kritik, rechtspolitische	8		
Nichtigkeit der Willenserklärung	3, 14		

I. Bedeutung der Vorschrift

1 § 105 ordnet die **Nichtigkeit** der Willenserklärungen von Geschäftsunfähigen und von solchen Personen an, die bei Abgabe der Erklärung unter vorübergehenden psychischen Störungen leiden. Der gesetzgeberische Zweck der Nichtigkeitsfolge ist zum einen der Schutz der in der Vorschrift genannten Personen im rechtsgeschäftlichen Verkehr (hierzu allg Vorbem 20 zu §§ 104–115). Daneben soll der Kreis derjenigen Personen, die das Gesetz zur Bildung eines rechtserheblichen rechtsgeschäftlichen Willens für nicht fähig erklärt, möglichst eindeutig abgegrenzt und damit dem Erfordernis der Rechtssicherheit genügt werden (s Vorbem 19 zu §§ 104–115).

II. Nichtigkeit wegen Geschäftsunfähigkeit (Abs 1)

1. Willenserklärungen von Geschäftsunfähigen

2 Nichtig sind zunächst die Willenserklärungen der bei ihrer Abgabe geschäftsunfähigen Personen. Welche Personen geschäftsunfähig sind, ist in § 104 geregelt, an den die hier erläuterte Vorschrift anknüpft. Es handelt sich einmal um die Minderjährigen bis zur Vollendung des 7. Lebensjahres (§ 104 Nr 1) und zum anderen um die sich in einem seiner Natur nach nicht nur vorübergehenden Zustand des Ausschlusses der freien Willensbestimmung befindlichen Personen (§ 104 Nr 2). Der persönliche Status der Geschäftsunfähigkeit führt die Nichtigkeit der Erklärung ohne weiteres herbei. Das Alter von unter sieben Jahren oder der Ausschluss der freien Willensbestimmung brauchen für die Abgabe und den Inhalt der Willenserklärung **nicht ursächlich** zu sein (GEBAUER AcP 153 [1954] 332, 342 f; MünchKomm/SCHMITT Rn 2; s auch § 104 Rn 17). Von der Nichtigkeitsfolge des § 105 werden somit auch solche Erklärungen eines Geschäftsunfähigen erfasst, die ein über siebenjähriger und geistig gesunder Mensch in der gleichen Situation mit gleichem Inhalt abgegeben hätte (zu der abw Rechtslage nach dem SchwZGB s Vorbem 119 zu §§ 104–115). Die für die Geschäftsunfähigkeit nach § 104 Nr 2 (nicht für diejenige gem § 104 Nr 1) im älteren Schrifttum gelegentlich vertretene gegenteilige Ansicht, wonach das Geschäft, wenn es in gleicher Weise von einem Geschäftsfähigen geschlossen worden wäre, gültig sein sollte (so Danz JW 1913, 1016 ff; Fuchs JW 1914, 1011 ff; Herzfeld 11 ff; Duisberg 47 ff), lässt sich weder mit dem Wortlaut des § 105 vereinbaren, der lediglich Geschäftsunfähigkeit des Erklärenden verlangt, noch mit dem Zweck der Vorschrift, denn die von ihr intendierte Schaffung einer eindeutigen Rechtslage hinsichtlich der Willenserklärungen von Geschäftsunfähigen (vgl o Rn 1) würde durch die Notwendigkeit einer – häufig schwierigen – Ursächlichkeitsprüfung gerade vereitelt. Die Nichtigkeitsfolge tritt denn auch dann ein, wenn die Belange des Geschäftsunfähigen durch die Erklärung voll gewahrt sind (RG JW 1937, 35 [Nr 14]; 1938, 1590, 1591), die Willenserklärung ihm etwa (rechtlich oder wirtschaftlich) lediglich vorteilhaft ist (so schon Begr zu § 81 VE [bei Schubert 32]; Mot I 130 = Mugdan I 423; RG JW 1915, 570 f = Gruchot 60 [1916] 118 ff; WarnR 1928 Nr 167; 1930 Nr 161; BAG AP § 104 Nr 1; Max Wolff JW 1914, 121 ff; Dittenberger 12 ff; kritisch Zitelmann, Rechtsgeschäfte 41). Ein in der Reichstagskommission gestellter Antrag, dem Geschäftsunfähigen lediglich vorteilhafte Geschäfte bei gegebener natürlicher Einsichtsfähigkeit wirksam sein zu lassen, wurde ua unter Hinweis auf die Schwierigkeit der Ermittlung dieser Einsichtsfähigkeit von der Kommissionsmehrheit abgelehnt (Kommissionsbericht 35 f = Mugdan I 963 f; eingehend Jakobs/Schubert 576 ff; hierzu Wedemann AcP 209 [2009] 668, 672). Ein guter Glaube an die Geschäftsfähigkeit des Erklärenden wird im Fall des § 105 ebenso wenig geschützt wie auch sonst bei Geschäftsfähigkeitsmängeln (vgl RG DNotZ 1936, 62 [Nr 1]; allg Vorbem 26 zu §§ 104–115).

2. Nichtigkeit

a) Inhalt und Auswirkung der Regelung

Die Rechtsfolge der Geschäftsunfähigkeit des Urhebers einer Willenserklärung bei deren Abgabe ist die Nichtigkeit der Erklärung. Die Erklärung zeitigt also keinerlei rechtliche Wirkungen (zum Begriff der Nichtigkeit allg s Hübner, AT Rn 929). Dem Geschäftsunfähigen ist damit eine Teilnahme am rechtsgeschäftlichen Verkehr in eigener Person, soweit nicht § 105a eingreift, schlechthin unmöglich (vgl Breit 19). Da die Nichtigkeit ungeachtet einer Kausalität gerade der Geschäftsunfähigkeit für die Erklärung und auch bei für den Geschäftsunfähigen vorteilhaften Erklärungen eintritt (s o Rn 2), kann die *ratio* des § 105 Abs 1 nicht nur in dem Schutz des Geschäftsunfähigen vor ungünstigen Folgen seiner Erklärungen gesehen werden; Zweck der Vorschrift ist es vielmehr ebenso, dem Rechtsverkehr die Sicherheit zu geben, dass Willenserklärungen der Angehörigen der in § 104 genannten Personenkreise schon *per se*, ohne das Erfordernis ihrer inhaltlichen Prüfung, rechtlich unbeachtlich sind (vgl RG JW 1915, 570; zur Kritik s u Rn 8). Geschäftsunfähigkeit bedeutet daher Unfähigkeit zur Bildung eines rechtlich erheblichen Willens (so die Begründung zu § 81 [§ 1] VE [bei Schubert, Vorlagen 31]; auch Dittenberger 12 ff; hiergegen Kipp ZHR 54 [1904] 607, 609).

Als nichtig und damit absolut unwirksam kann die Willenserklärung eines Geschäftsunfähigen auch nicht durch Genehmigung seitens des gesetzlichen Vertreters oder des Erklärenden selbst nach Wegfall der Geschäftsunfähigkeit mit rückwirkender Kraft (§ 184 Abs 1) wirksam werden (zur Genehmigungsfähigkeit einer Prozessführung durch einen Prozessunfähigen s o Vorbem 95 zu §§ 104–115). Erforderlich ist vielmehr die erneute Vornahme des Geschäfts durch den Vertreter (den Erklärenden nach Wegfall der Geschäftsunfähigkeit) mit der Folge einer bloßen *ex nunc*-Wirkung. Eine Neuvornahme ist gem § 141 Abs 1 auch in einer Bestätigung des Rechtsgeschäfts zu erblicken, die deshalb neben einer Kenntnis der Nichtigkeit und des Willens zur Neuvornahme durch den Bestätigenden (RGZ 93, 227, 228) alle Erfordernisse des betreffenden Geschäfts erfüllen, insbesondere eine hierfür vorgeschriebene Form wahren muss. Bei fehlender Formbedürftigkeit kann auch darin, dass der gesetzliche Vertreter das Geschäft eines Geschäftsunfähigen in Kenntnis von dessen Abschluss lediglich gelten lässt, eine (schlüssige) Bestätigung und damit dessen Neuabschluss gefunden werden (FLUME, AT II § 13, 6).

5 Wer aufgrund einer wegen Geschäftsunfähigkeit des Bevollmächtigenden nichtigen **Vollmacht** rechtsgeschäftlich tätig wird, handelt als Vertreter ohne Vertretungsmacht; ein von diesem Vertreter mit einem Dritten geschlossener Vertrag ist deshalb, sofern der Vertreter selbst wenigstens beschränkt geschäftsfähig ist (§ 165), nicht seinerseits nichtig, sondern lediglich gem §§ 177, 178 schwebend unwirksam (RGZ 69, 263, 266 f; WarnR 1910 Nr 414; BayObLG NJW-RR 1988, 454, 455; zur Nichtigkeit einer Prozessvollmacht s BAG AP § 104 Nr 1 = RdA 1963, 398 [Nr 258]). Wird der Vollmachtgeber erst nach der (wirksamen) Vollmachterteilung geschäftsunfähig, so hängt die Fortdauer der Vollmacht gem § 168 S 1 davon ab, ob die eingetretene Geschäftsunfähigkeit das der Vollmachterteilung zugrunde liegende Rechtsgeschäft erlöschen lässt, was bei einem Auftrag nach § 672 S 1 im Zweifel nicht der Fall ist (PLANCK/FLAD Anm I 1). Wird ein Geschäftsunfähiger als Vertreter tätig, so ist das Vertretergeschäft gem § 105 Abs 1 nichtig (RGZ 145, 155, 159 f; DNotZ 1936, 62 [Nr 1]). Die für eine Genehmigungsfähigkeit der Vertretererklärung oder für eine entsprechende Anwendung von § 165 eintretende Gegenmeinung (CANARIS JZ 1987, 993, 998 u 1988, 494, 498 f: Nichtigkeit als Ergebnis „doktrinärer Konsequenzmacherei"; auch LUTTER/GEHLING JZ 1992, 154, 155 f: Anfechtbarkeit des Vertretergeschäfts nach § 119 II durch Vertretenen bei Unkenntnis der Geschäftsunfähigkeit des Vertreters und Ursächlichkeit der Geschäftsunfähigkeit für Geschäftsinhalt) berücksichtigt zu wenig den von § 105 Abs 1 verfolgten Zweck der Rechtssicherheit (gegen CANARIS auch WIESER JZ 1988, 493, 494; s ferner u Rn 7). Die Geschäftsunfähigkeit eines von mehreren (organschaftlichen) Gesamtvertretern hat daher die Nichtigkeit auch der Erklärungen der übrigen Gesamtvertreter zur Folge, da die Gesamtvertretung eine wirksame Erklärung sämtlicher Gesamtvertreter erfordert; § 139 ist hierauf nicht anwendbar (BGHZ 53, 210, 214 f; zu der einschr Ansicht d OLG Hamm OLGZ 1967, 299 ff = NJW 1967, 1041, 1042 m abl Anm PROST s Vorbem 49 zu §§ 104–115). Die Willenserklärung eines geschäftsunfähigen einzelvertretungsberechtigten Gesellschafters einer Personengesellschaft ist auch dann nichtig, wenn sie mit Wissen und Wollen eines geschäftsfähigen anderen einzelvertretungsberechtigten Gesellschafters abgegeben wird (RGZ 145, 155, 159 f; zum Schweigen des Geschäftsgegners auf ein kaufmännisches Bestätigungsschreiben in diesen Fällen s Vorbem 49 zu §§ 104–115). Als Bote kann dagegen auch ein Geschäftsunfähiger fungieren, denn die bloße Übermittelung einer fremden Willenserklärung stellt kein eigenes rechtsgeschäftliches Handeln dar (MünchKomm/SCHMITT Rn 29).

6 Ein Geschäftsunfähiger ist gem § 1304 auch unfähig zur **Eheschließung**. Eine gleichwohl geschlossene Ehe ist jedoch nicht nichtig, sondern nur aufhebbar (§ 1314 Abs 1) und damit erst durch rechtskräftigen Aufhebungsbeschluss (§ 1313 S 2) mit

Wirkung grundsätzlich nur für die Zukunft auflösbar. Berechtigt zur Stellung des Aufhebungsantrags ist nach § 1316 Abs 1 Nr 1 neben jedem der beiden Ehegatten (für den Geschäftsunfähigen gem § 1316 Abs 2 S 1 dessen gesetzlicher Vertreter) auch die zuständige Verwaltungsbehörde, die grundsätzlich zur Antragstellung verpflichtet ist (§ 1316 Abs 3). Die Aufhebbarkeit kann, anders als nach der allgemeinen Regelung des § 105 Abs 1 (s o Rn 4), gem § 1315 Abs 1 Nr 2 nach Wegfall der Geschäftsunfähigkeit durch Bestätigung mit rückwirkender Kraft geheilt werden. – Weitere die Rechtstellung des Geschäftsunfähigen regelnde Vorschriften enthalten die §§ 8 Abs 1 (Wohnsitzbegründung und -aufhebung; vgl Vorbem 93 zu §§ 104–115) 131 Abs 1 (Zugang von Willenserklärungen; vgl Vorbem 13), 210 Abs 1 (Ablaufhemmung der Verjährung), 682 (GoA; vgl Vorbem 44, 45), 828 Abs 1 (Deliktsunfähigkeit), 1411 Abs 2 (Ehevertrag; vgl Vorbem 15 aaO), 1596 Abs 1 S 3, Abs 2 S 1 (Vaterschaftsanerkennung; vgl Vorbem aaO), 1600a Abs 2 S 3, Abs 3 (Vaterschaftsanfechtung), 1673 Abs 1 (Ruhen der elterlichen Sorge), 1746 Abs 1 S 2 (Einwilligung in Annahme als Kind; vgl Vorbem aaO), 2201 (Ernennung zum Testamentsvollstrecker), 2347 Abs 2 S 2 (Erbverzicht), 2351 (Aufhebung des Erbverzichts).

b) Frage der Verfassungsmäßigkeit
Die Vorschrift des § 105 Abs 1 wird teilweise im Schrifttum als grundgesetzwidrig bezeichnet. Die dort angeordnete ausnahmslose Nichtigkeit der Willenserklärung eines Geschäftsunfähigen soll nach dieser Ansicht gegen den Verhältnismäßigkeitsgrundsatz als Ausprägung des verfassungsmäßigen Übermaßverbotes verstoßen und wohl auch gegen das ebenfalls zum Übermaßverbot gehörende Erforderlichkeitsprinzip, da die völlige Beseitigung der Privatautonomie des Geschäftsunfähigen zu dessen Schutz nicht erforderlich sei (so CANARIS JZ 1987, 993, 996 ff, 997: Nichtigkeitsfolge „rein doktrinär und gänzlich lebensfremd", 998: „theoretische Fehlleistung" d Gesetzgebers; ders, JZ 1988, 494, 496 ff). Die Nichtigkeit könne dem Geschäftsfähigen vielmehr auch zum Nachteil gereichen, da sich auch der Geschäftsgegner auf sie berufen könne, etwa ein Versicherer, um bei Eintritt des Versicherungsfalls seiner Leistung trotz jahrelanger pünktlicher Prämienzahlung seitens des geschäftsunfähigen Versicherten zu entgehen. Die Willenserklärung auch eines Geschäftsunfähigen müsse daher schon *de lege lata* entsprechend §§ 107 ff durch Genehmigung seitens des gesetzlichen Vertreters oder des Erklärenden nach Wegfall der Geschäftsunfähigkeit wirksam werden können (CANARIS aaO; zuneigend COESTER-WALTJEN Jura 1994, 331, 332). Das Verdikt der Verfassungswidrigkeit (zur rechtspolitischen Beurteilung s u Rn 8) greift aber wohl nicht durch. Dies gilt jedenfalls hinsichtlich der nach § 104 Nr 1 Geschäftsunfähigen. Bei einer schwebenden Unwirksamkeit statt der Nichtigkeit der Willenserklärungen auch der noch nicht Siebenjährigen müsste, wie auch Canaris als Hauptvertreter der die Verfassungswidrigkeit des § 105 Abs 1 bejahenden Meinung einräumt, im Einzelfall festgestellt werden, ob die „Erklärung" eines kleinen Kindes überhaupt als Willenserklärung im Rechtssinne und damit als genehmigungsfähig qualifiziert werden kann, wie dies auch nach denjenigen ausländischen Rechten erforderlich ist, die eine allgemeine Altersgrenze für die Geschäftsunfähigkeit nicht kennen (vgl Vorbem 120, 126, 137 jeweils zu §§ 104–115 für das schweizerische, französische und englische Recht). Die notwendige Feststellung des Vorhandenseins eines natürlichen Willens in einem späteren Rechtsstreit über die Wirksamkeit des Geschäfts brächte erhebliche Rechtsunsicherheit mit sich, die sich für das Kind auch nachteilig auswirken kann. Die vom deutschen (und österreichischen) Gesetzgeber getroffene typisierende Regelung (vgl hierzu allg Vorbem 9 zu §§ 104–115) durch Festlegung einer allge-

meinen Altersgrenze für die Abgabe einer rechtlich relevanten Willenserklärung kann deshalb nicht als unverhältnismäßig bezeichnet werden (vgl RAMM JZ 1988, 489, 490 f; WIESER JZ 1988, 493 f; LARENZ/WOLF, AT § 25 IV 1 Rn 14; BORK, AT § 23 Rn 989; PALANDT/ELLENBERGER Rn 1). Auch die Altersgrenze des vollendeten siebenten Lebensjahres ist angesichts der noch wenig geklärten empirischen Grundlagen in der Kinderpsychologie (vgl § 104 Rn 3) nicht als unverhältnismäßig hoch anzusehen. Die Möglichkeit auch des Geschäftsgegners, sich auf die Nichtigkeit zu berufen, bringt für die Angehörigen dieser Altersgruppe keine erheblichen Gefahren mit sich, da von ihnen Geschäfte von einiger wirtschaftlicher Bedeutung (Versicherungsverträge) schon rein tatsächlich nicht abgeschlossen und in Vollzug gesetzt werden und bei kleinen Alltagsgeschäften (Kauf von Süßigkeiten) kaum je Streit über deren Wirksamkeit entstehen wird (so schon die Mehrheit d RT-Kommission im Gesetzgebungsverfahren, bei MUGDAN I 963 f). Für die nach § 104 Nr 2 Geschäftsunfähigen besteht zwar keine typisierende Regelung (vgl allg Vorbem 10 zu §§ 104–113), jedoch wird auch hier eine sonst eintretende Rechtsunsicherheit dadurch vermieden, dass der auf geistiger Erkrankung beruhende dauernde Ausschluss der freien Willensbestimmung als solcher das Rechtsgeschäft nichtig macht, ohne erforderliche Prüfung eines im Einzelfall doch etwa vorhandenen natürlichen Willens (s § 104 Rn 17 sowie o Rn 5). Schwerwiegende Nachteile insbesondere des unerkennbar Geisteskranken durch Berufung des Geschäftsgegners auf die Nichtigkeit der Willenserklärung – neben den Versicherungsverträgen wird hier als Beispielsfall die Verweigerung der Auszahlung eines hohen Lottogewinns durch die Lottogesellschaft wegen Nichtigkeit des Lottospielvertrages angeführt – können uU mit dem Einwand der Treuwidrigkeit einer solchen Berufung abgewehrt werden (vgl Vorbem 28 zu §§ 104–115; auch WIESER JZ 1988, 493, 494; für Zahlenlottoverträge SCHLUND RdJ 1971, 77, 82). Die Gründe der Rechtssicherheit sprechen auch gegen eine Verfassungswidrigkeit der Nichtigkeit der Erklärung eines geschäftsunfähigen Vertreters (WIESER JZ 1988, 493, 494). Nach dem Beitritt der Bundesrepublik Deutschland zu dem Übereinkommen der Vereinten Nationen vom 13. 12. 2006 über die Rechte von Menschen mit Behinderungen durch Gesetz vom 21. 12. 2008 (BGBl II 1419) wird ferner eine Unvereinbarkeit von § 105 Abs 1 mit Art 12 Abs 2 des Übereinkommens behauptet, in dem die Vertragsstaaten „anerkennen, dass Menschen mit Behinderungen in allen Lebensbereichen gleichberechtigt mit anderen Rechts- und Handlungsfähigkeit genießen" (so LACHWITZ BtPrax 2008, 143, 147). Die dort statuierte völkerrechtliche Verpflichtung des deutschen Staates zur Anerkennung der Handlungsfähigkeit der Behinderten vermag aber eine ggf entgegenstehende Norm des innerstaatlichen Rechts nicht *ipso iure* außer Kraft zu setzen. § 105 Abs 1 ist deshalb *de lege lata* als gültige Norm anzusehen (vgl auch SPICKHOFF AcP 208 [2008] 345, 372 f).

c) **Rechtspolitische Kritik und Reformvorschläge**

8 Auch rechtspolitisch wird die Nichtigkeitsfolge der Willenserklärung eines Geschäftsunfähigen, die schon im Gesetzgebungsverfahren umstritten gewesen ist, immer wieder angegriffen (Überblick über die Diskussion bei WEDEMANN AcP 209 [2009] 668, 670 ff). Das im älteren Schrifttum oft anzutreffende Argument des fehlenden Schutzes des Vertragspartners eines für diesen unerkennbar Geschäftsunfähigen (vgl hierzu STAUDINGER/KNOTHE [2004] § 105 Rn 8) kann heute allerdings als obsolet gelten, da der wertungsmäßige Vorrang des Schutzes des Geschäftsunfähigen vor dem Verkehrsschutz (vgl Vorbem 30 zu §§ 104–115) jetzt als kaum noch bestrittener Grundsatz des geltenden Privatrechts angesehen wird. Dagegen konzentriert sich die heutige

Diskussion auf den ebenfalls traditionellen Kritikpunkt der Benachteiligung des Geschäftsunfähigen durch die Nichtigkeit auch sich für ihn günstig auswirkender Willenserklärungen und erhebt darüber hinaus die Forderung nach einer generellen Erweiterung des Selbstbestimmungsrechts des Geschäftsfähigen bis zu der für dessen Schutz unabdingbar notwendigen Grenze. Diese Forderung bezieht sich vornehmlich auf die nach § 104 Nr 2 geschäftsunfähigen Personen, deren Anzahl sich angesichts der gestiegenen Lebenserwartung („demographischer Wandel") mit der Folge zunehmender alterstypischer psychischer Störungen in den letzten Jahrzehnten stark erhöht hat und sich künftig weiterhin erhöhen wird (vgl hierzu M ROTH AcP 208 [2008] 451, 459 ff; SPICKHOFF AcP 208 [2008] 345 ff). Auf diesen Wandel der rechtspolitischen Beurteilung und des rechtstatsächlichen Befundes hat die Gesetzgebung bereits durch bestimmte Maßnahmen zu reagieren begonnen, besonders durch die Einführung der rechtlichen Betreuung, die die Autonomie des Betreuten weit stärker wahrt als die frühere Vormundschaft über Volljährige, und die Einführung gesetzlicher Vorschriften, die den Grundsatz der Nichtigkeit der Willenserklärungen eines Geschäftsunfähigen in seiner Wirkung einschränken (§§ 105a, 4 Abs 2 WBVG). Solche punktuellen Einschränkungen des an sich fortgeltenden Nichtigkeitsgrundsatzes bilden wegen der durch sie herbeigeführten Unübersichtlichkeit der Rechtslage ein weiteres Argument gegen eine Beibehaltung des Grundsatzes als solchen (vgl WEDEMANN AcP 209 [2009] 668, 669 f, 688 f; auch dies Jura 2010, 587, 594). Die in § 105 Abs 1 angeordnete Nichtigkeit sei, so die Quintessenz der Kritik, von der Sache her nicht geboten; sie beruhe allein auf der unzutreffenden Ansicht der Gesetzesverfasser von einer generellen Unfähigkeit der in § 104 genannten Personen zu einer rechtlich relevanten Willensbildung und sei daher Ausdruck einer doktrinären Überspitzung des Willensdogmas (vgl HARDELAND JherJb 37 [1897] 95, 161 ff u passim; RÜMELIN 46 ff; DERNBURG Pers Rechtsstellung 11 ff; FUCHS JW 1914, 1011: „echtes Kind des scholastischen Begriffsromanismus"; HESSEL 123 ff; CANARIS JZ 1987, 993, 997; WEDEMANN AcP 209 [2009] 668, 689; „de lege ferenda fragwürdig"; SCHWIMANN 132 ff; auch KIPP ZHR 54 [1904] 607, 609). Die Nichtigkeit solle deshalb ersetzt werden durch eine Unwirksamkeit, deren Geltendmachung vom gesetzlichen Vertreter des Geschäftsunfähigen bzw von diesem selbst nach Wegfall der Geschäftsunfähigkeit abhängt, entweder in Form einer schwebenden Unwirksamkeit wie bei den Verträgen der beschränkt Geschäftsfähigen (so HARDELAND JherJb 37, 184 ff; CANARIS JZ 1987, 993, 996 ff; eingehend WEDEMANN AcP 209 [2009] 668, 692 ff: Erstreckung der §§ 107–111, nicht auch der §§ 112, 113 auf Geschäftsunfähige; für geschäftsunfähige Betreute auch SPICKHOFF AcP 208 [2008] 345, 373 f; auch E BUCHER AcP 186 [1986] 1, 40 f) oder in Form einer Anfechtbarkeit der Willenserklärung nach dem Vorbild der romanischen und der angelsächsischen Rechte (so NEUBECKER 205 ff; GERSTBERGER Gruchot 71 [1931] 1, 27 ff; REICHEL Wissenschaftl Vierteljahrschr z Prager Jurist Zeitschr 1 [1923] 38, 40; HESSEL 126 f, 144 f; MÖNCH 52 ff; für Anfechtungsrecht beider Vertragsteile BRANDT 71 f). Erachtet man eine Abkehr vom Nichtigkeitsprinzip für geboten, so sollte das Modell der schwebenden Unwirksamkeit, nach dem sich schon nach der *lex lata* die beschränkte Geschäftsfähigkeit bestimmt, mit den notwendigen Modifikationen auch einer künftigen Regelung der Geschäftsunfähigkeit zu Grunde gelegt werden, da eine Übernahme des „Anfechtungsmodells" die Stellung der Geschäftsunfähigen und der beschränkt Geschäftsfähigen ohne überzeugenden Grund rechtstechnisch zu unterschiedlich ausgestalten würde. Das Grundproblem einer solchen Reform bestände in der Schwierigkeit, den für eine schwebende Unwirksamkeit statt der bisherigen Nichtigkeit der Willenserklärung erforderlichen natürlichen Willen des Geschäftsunfähigen bei Abgabe der Erklärung regelmäßig erst in einem längere Zeit danach stattfindenden Prozess festzustellen mit der Folge einer nicht zu unterschätzenden Beeinträchtigung der Rechtssicherheit (s o Rn 7). Jedenfalls sollte sich die Ausdehnung der §§ 107 ff auf die Geschäftsunfähigen nach § 104 Nr 2 beschränken unter Einschluss der Übersiebenjährigen (ebenso WEDEMANN AcP 209 [2009] 668, 704; auch SPICKHOFF AcP 208 [2008] 345, 373). Für die Untersiebenjährigen sollte hingegen an der Nichtigkeit der Willenserklärungen festgehalten werden (insoweit auch WEDEMANN AcP 209 [2009] 668, 703 f). Zu erwägen wäre allerdings eine Herabsetzung der Altersgrenze des § 104 Nr 1 auf das vollendete sechste (so § 52 Abs 1 ZGB/ DDR; s auch SCHWIMANN 136 f) oder gar das fünfte Lebensjahr; vor einem diesbezüglichen Tätigwerden des Gesetzgebers sollte jedoch eine weitere Klärung der erfahrungswissenschaftlichen (kinderpsychologischen) Grundlagen abgewartet werden (vgl § 104 Rn 3).

3. Handeln durch gesetzlichen Vertreter

a) Allgemeines

9 Die Nichtigkeit der Willenserklärung eines Geschäftsunfähigen hat zur Folge, dass dieser, außerhalb der Reichweite des 105 a, in eigener Person nicht am rechtsgeschäftlichen Verkehr teilnehmen kann. Für die Entgegennahme von Willenserklärungen folgt Entsprechendes aus § 131 Abs 1. Für den Geschäftsunfähigen kann daher allein dessen gesetzlicher Vertreter rechtsgeschäftlich handeln (vgl hierzu allg Vorbem 23–25 zu §§ 104–115). Will der gesetzliche Vertreter selbst mit dem Geschäftsunfähigen ein Rechtsgeschäft abschließen, so ist er an der Vertretung des Geschäftsunfähigen grundsätzlich durch § 181 gehindert; für den Geschäftsunfähigen muss dann ein Ergänzungspfleger gem § 1909 Abs 1 S 1 bestellt werden, der dann den Pflegebefohlenen bei dem Abschluss des betreffenden Geschäfts mit dem gesetzlichen Vertreter vertritt. Nach der älteren Rechtsprechung, die den § 181 als rein formale Ordnungsvorschrift aufgefasst hat, war die Bestellung eines Ergänzungspflegers auch für die Vornahme von dem Geschäftsunfähigen rechtlich lediglich vorteilhaften Geschäften mit dem gesetzlichen Vertreter, etwa für Schenkungen der Eltern an ihr noch nicht siebenjähriges Kind, erforderlich; nahm der Vertreter sein Schenkungsangebot im Namen des Geschäftsunfähigen an, so handelte er als Vertreter ohne Vertretungsmacht mit der Folge der schwebenden Unwirksamkeit des Vertrages gem § 177 bis zur Entscheidung eines Ergänzungspflegers (RG WarnR 1910 Nr 414; 1932 Nr 200). Für kleine Alltagsgeschäfte (Schenkung von Spielsachen) bedeutet die Bestellung eines Ergänzungspflegers fraglos einen unvertretbaren Aufwand. Für Geschenke von geringem Wert wurde daher schon früher teilweise ein Selbstkontrahieren des gesetzlichen Vertreters als wirksam angesehen (vgl LG Mönchengladbach JW 1934, 2179 f m Anm HENKE) und eine Begründung in der Weise versucht, dass solche Zuwendungen der Erfüllung der gesetzlichen Unterhaltspflicht der Eltern gegenüber dem Kind und damit der Erfüllung einer Verbindlichkeit im Sinne von § 181 dienen würden (so RAAPE AcP 140 [1935] 352 f). Die heute herrschende Auffassung sieht demgegenüber die *ratio* des § 181 in einem materiellen Sinne der Verhinderung eines Interessenwiderstreits zum Nachteil des Vertretenen und nimmt demzufolge eine teleologische Reduktion der Vorschrift nach dem Rechtsgedanken des § 107 in der Weise vor, dass Rechtsgeschäfte, die dem Vertretenen lediglich einen rechtlichen Vorteil bringen, von dem Verbot des Insichgeschäfts nicht erfasst werden (grundlegend BGHZ 59, 236, 270 f = NJW 1972, 2262, 2263 f = JZ 1973, 284 m Anm STÜRNER = JZ 1973, 60 m Anm GIESEN; BGHZ 94, 232, 235 f = NJW 1985, 2407 f; ERMAN/PALM § 105 Rn 2; MünchKomm/

SCHMITT § 105 Rn 34; SÄCKER/KLINKHAMMER JuS 1975, 626, 629 f; für Geschäfte d gesetzl Vertr auch SCHUBERT WM 1978, 290, 293 ff; schon vorher vLÜBTOW 15 ff; für Schenkungen ohne erhebl Wert auch DÖLLE, in: FS Nipperdey [1965] 23, 31 ff; nur für reine Schenkungen ALLMENDINGER 128 ff, 223). Diese Ansicht verdient trotz der gegen sie teilweise im Schrifttum unter Hinweis auf die unsichere Abgrenzbarkeit des Kreises der rechtlich lediglich vorteilhaften Geschäfte und der Verhinderung aufgedrängter Schenkungen (so JAUERNIG/JAUERNIG § 181 Rn 7) sowie auf die mögliche Beeinträchtigung schutzwürdiger Drittinteressen (vgl GIESEN JR 1973, 62) vorgebrachten Bedenken Zustimmung. Der gesetzliche Vertreter kann somit Schenkungen an den Geschäftsunfähigen im Wege des Selbstkontrahierens ohne Einschaltung eines Ergänzungspflegers wirksam vornehmen. Auch Schenkungen der in § 1795 Abs 1 Nr 1 genannten Personen an den Geschäftsunfähigen kann dessen gesetzlicher Vertreter wirksam annehmen, denn auch das Vertretungsverbot der §§ 1629 Abs 2, 1795 greift nach heute herrschender Ansicht bei dem Vertretenen rechtlich lediglich vorteilhaften Rechtsgeschäften nicht ein (BGH NJW 1989, 2542, 2543; MünchKomm/SCHMITT § 105 Rn 35).

b) Geschäftsunfähigkeit und rechtliche Betreuung
Für einen Volljährigen, der nach § 104 Nr 2 geschäftsunfähig ist, muss in aller Regel ein Betreuer bestellt werden, da ein in dieser Weise Geschäftsunfähiger wohl in fast allen Fällen zur Besorgung seiner Angelegenheiten ganz oder – etwa bei partieller Geschäftsunfähigkeit – teilweise außerstande sein wird (§ 1896 Abs 1 S 1). Zur Stellung des Antrags auf Betreuerbestellung ist deshalb gem § 1896 Abs 1 S 2 auch ein Geschäftsunfähiger verfahrensfähig. Der Aufgabenkreis des Betreuers wird bei Geschäftsunfähigkeit des Betreuten, sofern es sich nicht lediglich um eine teilweise Geschäftsunfähigkeit handelt (hierzu § 104 Rn 14), typischerweise umfassend zu bestimmen sein. In diesem Aufgabenkreis fungiert der Betreuer gem § 1902 als gesetzlicher Vertreter des Geschäftsunfähigen (hierzu allg Vorbem 25 zu §§ 104–115) und nimmt für diesen die erforderlichen Rechtsgeschäfte vor. Die Anordnung eines Einwilligungsvorbehalts wird bei Geschäftsunfähigkeit des Betreuten vereinzelt für nicht gem § 1903 Abs 1 S 1 erforderlich und damit für unzulässig gehalten, da der Betreute wegen § 105 Abs 1 eine durch Einwilligung wirksam werdende Willenserklärung gar nicht abgeben kann (so ZIMMERMANN FamRZ 1991, 270, 277 f). Rechtsprechung und heute ganz überwiegende Meinung im Schrifttum halten jedoch im Einklang mit den Materialien des Betreuungsgesetzes (vgl Begr z § 1903 idF d Reg-Entw eines BtG, in: BT-Drucks 11/4528, S 137 f) die Anordnung eines Einwilligungsvorbehalts auch bei der Betreuung eines Geschäftsunfähigen nicht schlechthin für unzulässig (so BayObLG FamRZ 1995, 1518, 1519; OLG Düsseldorf FamRZ 1993, 1224, 1225; CYPIONKA NJW 1992, 207, 209; D SCHWAB FamRZ 1992, 493, 505; MÜLLER 192 ff) oder sogar allgemein für zulässig (so KNIEPER 91 ff). Begründet wird diese Ansicht damit, dass der Einwilligungsvorbehalt den Betreuer, der ein von dem Betreuten selbst geschlossenes Geschäft nicht gelten lassen will, der anderenfalls bestehenden Notwendigkeit des Beweises der Geschäftsunfähigkeit des Betreuten enthebt; anstelle dieser im Einzelfall schwierigen Beweisführung braucht der Betreuer dann lediglich die erforderliche Einwilligung zu verweigern. Dieser Auffassung ist schon deshalb zuzustimmen, weil sie es dem Geschäftsgegner des Betreuten ermöglicht, durch eine an den Betreuer gerichtete Aufforderung gem §§ 1903 Abs 1 S 2, 108 Abs 2 oder ggf durch einen Widerruf nach §§ 1903 Abs 1 S 2, 109 eine endgültige Klärung der Rechtslage herbeizuführen. Dann stellt sich aber die weitere und im Zusammenhang mit § 105 Abs 1 entscheidende Frage, ob ein ange-

ordneter Einwilligungsvorbehalt, auch wenn der Betreute geschäftsunfähig ist, sämtliche der in § 1903 normierten Wirkungen entfaltet und dadurch der an sich geschäftsunfähige Betreute weitgehend die Stellung eines beschränkt Geschäftsfähigen erhält. Ein von dem Betreuten geschlossener Vertrag im Bereich des Einwilligungsvorbehalts wäre hiernach trotz bestehender Geschäftsunfähigkeit nicht gem § 105 Abs 1 nichtig, sondern nach §§ 1903 Abs 1 S 2, 108 nur schwebend unwirksam und eine dem Betreuten rechtlich lediglich vorteilhafte oder eine geringfügige Angelegenheit des täglichen Lebens betreffende Willenserklärung wäre sogar gem § 1903 Abs 3 voll wirksam. Diese Auffassung wird von einem Teil des Schrifttums mit der Begründung vertreten, § 1903 gehe als die speziellere Norm dem § 105 Abs 1 vor (JÜRGENS/KRÖGER/MARSCHNER/WINTERSTEIN, Das neue Betreuungsrecht [3. Aufl 1994] Rn 185, 186; KNIEPER 95 ff, 102 ff). Eine dem § 105 Abs 1 derogierende Wirkung des § 1903 ist aber mit der hM abzulehnen. Hätte der Gesetzgeber des Betreuungsgesetzes einen derart tiefgreifenden Eingriff in das geltende Geschäftsfähigkeitsrecht beabsichtigt, so wäre dies im Wortlaut des § 1903 und durch eine entsprechende Einschränkung des Geltungsbereichs des § 105 Abs 1 eindeutig zum Ausdruck gelangt. Die Gesetzesmaterialien lassen denn auch eher auf den gesetzgeberischen Willen schließen, es auch insoweit bei der Regelung des § 105 Abs 1 zu belassen (Begr z § 1903 aaO, in: BT-Drucks 11/4528, 52 f, 137 f). Das neueingeführte Institut der rechtlichen Betreuung sollte die Geschäfts(un)fähigkeit des Betreuten gerade unberührt lassen. Für eine Ausweitung der Fähigkeit zu rechtsgeschäftlichem Handeln eines von § 104 Nr 2 erfassten Betreuten bei angeordnetem Einwilligungsvorbehalt gegenüber einem geschäftsunfähigen Betreuten ohne eine solche Anordnung ist auch ein sachlicher Grund nicht ersichtlich, vielmehr wird ein Einwilligungsvorbehalt nach § 1903 Abs 1 S 1 häufig gerade bei besonderer Intensität der psychischen Störung angeordnet werden. Die Willenserklärung eines geschäftsunfähigen Betreuten ist deshalb ungeachtet eines angeordneten Einwilligungsvorbehalts gem § 105 Abs 1 nichtig. Auch ein solcher Betreuter kann mithin nur durch seinen Betreuer am rechtsgeschäftlichen Verkehr teilnehmen (D SCHWAB FamRZ 1992, 493, 505 u in MünchKomm § 1903 Rn 43; JÜRGELEIT Rpfleger 1995, 282, 283 ff; SCHREIEDER BtPrax 1996, 96 f; SPICKHOFF AcP 208 (2008) 345, 369 f; WEDEMANN Jura 2010, 587, 588; MÜLLER 64, 77 ff; ERMAN/A ROTH § 1903 Rn 22; PALANDT/DIEDERICHSEN § 1903 Rn 12; NEUHAUSEN RNotZ 2003, 157, 163; wohl auch VEIT FamRZ 1996, 1309, 1316 f). Die Willenserklärung eines geschäftsunfähigen Betreuten wird durch eine aufgrund des Einwilligungsvorbehalts erteilte Einwilligung des Betreuers nicht wirksam; es kommt lediglich eine Bestätigung gem § 141 in Betracht (vgl hierzu ie o Rn 4).

III. Nichtigkeit wegen vorübergehender psychischer Störung (Abs 2)

1. Normzweck

11 Die Nichtigkeit nach Abs 1 erfasst nur Willenserklärungen von Geschäftsunfähigen. Geschäftsunfähigkeit wegen eines die freie Willensbestimmung ausschließenden Zustandes krankhafter Störung der Geistestätigkeit liegt gem § 104 Nr 2 dann nicht vor, wenn dieser Zustand nur vorübergehender Natur ist. Jedoch kann auch die Willenserklärung eines nur vorübergehend geistig Gestörten und damit Geschäftsfähigen, wenn sie in diesem vorübergehenden Zustand des störungsbedingten Ausschlusses der freien Willensbestimmung abgegeben wird, nicht wirksam sein, da auch eine solche Erklärung nicht einen aufgrund vernünftiger Überlegung gebildeten

Willen als Voraussetzung privatautonomen Handelns ausdrückt. § 105 Abs 2 dehnt deshalb die Nichtigkeitsfolge auch auf in einem vorübergehenden Zustand psychischer Störung abgegebene Willenserklärungen aus.

2. Arten der Beeinträchtigung

a) Bewusstlosigkeit

§ 105 Abs 2 erfasst zum einen die im Zustand der Bewusstlosigkeit abgegebenen **12** Willenserklärungen. Der Begriff der Bewusstlosigkeit ist hier nicht im medizinischen oder alltagssprachlichen Sinne einer völligen Abwesenheit des Bewusstseins, einer Ohnmacht, zu verstehen, denn in einem solchen Zustand ist ein Handeln als willensgetragenes Verhalten überhaupt unmöglich und es fehlt deshalb mangels eines Handlungswillens (vgl hierzu allg MünchKomm/KRAMER Vorbem 8 zu § 116) schon am Tatbestand einer Willenserklärung (für Erfassung auch der Bewusstlosigkeit durch § 105 Abs 2 hingegen NEUNER Jus 2007, 881, 884). Gemeint ist vielmehr, entsprechend der *ratio* der Vorschrift, eine bloße Einschränkung des Bewusstseins, eine **Bewusstseinstrübung** aufgrund derer der Betroffene den Inhalt und den Sinn seines Handelns nicht mehr erkennen kann (vgl BGH WM 1972, 972; OLG Hamm ZEV 1997, 75, 76; SCHULTZE ArchBürgR 17 [1900] 89, 90; KUHLENBECK ZBlFG 7 [1907] 271, 295; MünchKomm/ SCHMITT Rn 39). Eine solche hochgradige Bewusstseinstrübung und damit eine Bewusstlosigkeit iSv § 105 Abs 2 kann typischerweise gegeben sein bei schwerer Trunkenheit (BGH WM 1972, 972; OLG Nürnberg NJW 1977, 1496: *in casu* über 3, 4⁰/₀₀), entsprechend starker Intoxikation durch Drogen, ferner im Fieberdelirium, unter Hypnose, bei epileptischen Anfällen, im letzten Stadium der Zuckerkrankheit (OLG Celle HRR 1941 Nr 1), bei Schlafwandeln, Schlaftrunkenheit sowie in den höchsten Graden physischer und psychischer Ermüdung (OLG Braunschweig OLGZ 1975, 441, 443). Die Bewusstseinstrübung braucht also nicht notwendig krankhafter Natur zu sein, sondern sie kann auch, wie im Fall der Schlaftrunkenheit oder hochgradigen Ermüdung, auf natürlichen Zuständen beruhen (BGB-RGRK/KRÜGER-NIELAND Rn 5; SOERGEL/ HEFERMEHL Rn 6).

b) Vorübergehende Störung der Geistestätigkeit

Die zweite Alternative des § 105 Abs 2 betrifft die in einem vorübergehenden Zu- **13** stand krankhafter Störung der Geistestätigkeit abgegebenen Willenserklärungen. Dieser Tatbestand stimmt bis auf das entscheidende Merkmal „vorübergehend" mit dem des § 104 Nr 2 überein. So muss die Störung der Geistestätigkeit auch hier, obwohl dies der Wortlaut des § 105 Abs 2 nicht ausdrücklich sagt, krankhafter Natur sein (MünchKomm/SCHMITT Rn 40). Zu dem Merkmal der krankhaften Störung ist auf die Erläuterung von § 104 Rn 5–9 zu verweisen. Desgleichen muss die krankhafte Störung der Geistestätigkeit trotz Nichterwähnung auch dieses Merkmals in § 105 Abs 2 den Ausschluss der freien Willensbestimmung bei dem Betroffenen zur Folge haben (RGZ 74, 110 ff; 103, 399, 400; 162, 223, 228; WarnR 1928 Nr 167; Gruchot 72 [1932] 203, 204; JRPV 1932, 167, 168; JW 1936, 1205 [Nr 1]; BGH VersR 1967, 341, 342; WM 1970, 1366; 1972, 972; OLG Saarbrücken NJW 1999, 871, 872). Notwendig ist, wie bei § 104 Nr 2, ein völliger Ausschluss der freien Willensbestimmung (OLG Düsseldorf WM 1988, 1407, 1408). Nicht ausreichend ist deshalb lediglich starker Stress und hoher Motivationsdruck (LAG Köln NZA-RR 1999, 232, 233). Anders als bei § 104 Nr 2, der einen dauernden Zustand voraussetzt, muss der Zustand bei § 105 Abs 2 seiner Natur nach ein nur vorübergehender sein (vgl RG WarnR 1928 Nr 167). Vorübergehend sind in erster Linie auf

Intoxikationen, insbesondere durch Alkohol (BGH WM 1972, 972; OLG Düsseldorf WM 1988, 1407, 1408) sowie durch Medikamente und Drogen beruhende Zustände. Ein Blutalkoholwert, von dem an die freie Willensbestimmung allgemein ausgeschlossen ist, lässt sich wegen der von der individuellen Konstitution abhängigen Wirkung des Alkoholgenusses nicht angeben; bei einem BAK-Wert von $2^0/_{00}$ wird ein solcher Zustand in der Regel noch nicht erreicht sein (BGH VersR 1967, 341, 342). Eine vorübergehende Störung der Geistestätigkeit kann auch dann vorliegen, wenn bei dem Betreffenden aufgrund krankhafter Trunksucht eine Begehrensvorstellung hervorgerufen worden ist, dass seine Willenserklärung mit weiterem Alkoholgenuss „belohnt" werden könnte (BGH WM 1972, 972, 973). Für weitere Fälle einer vorübergehenden Störung s § 104 Rn 12. Ebenso wie eine dauernde kann sich auch eine vorübergehende Störung der Geistestätigkeit auf einen bestimmten gegenständlich abgegrenzten Teilbereich beschränken (partielle Störung), so dass nur eine diesen Teilbereich betreffende Willenserklärung nichtig ist (OGH 4, 66, 71 = MDR 1950, 541, 542; aA AK-BGB/Kohl Rn 8). Dagegen wird die Anerkennung einer sich nur auf besonders schwierige Geschäfte beziehenden vorübergehenden Störung hier ebenso abgelehnt wie bei § 104 Nr 2 (BGH NJW 1961, 261 = LM § 105 Nr 2).

3. Nichtigkeit

14 Als Rechtsfolge einer in einem Zustand der Bewusstlosigkeit oder der vorübergehenden krankhaften Störung der Geistestätigkeit mit Ausschluss der freien Willensbestimmung abgegebenen Willenserklärung normiert § 105 Abs 2 die Nichtigkeit der Erklärung. Der persönliche Status des Erklärenden als Geschäftsfähiger bleibt hingegen von dem lediglich vorübergehenden Zustand unberührt (vgl RG Gruchot 72 [1932] 203, 204). Dieser Fortbestand der Geschäftsfähigkeit gewinnt Bedeutung für den Zugang einer Willenserklärung. Die Vorschrift des § 131 Abs 1 ist, da sie Geschäftsunfähigkeit des Adressaten der Erklärung voraussetzt, bei einer nur vorübergehenden Störung nicht anwendbar. Eine Willenserklärung ist daher grundsätzlich auch dann mit ihrem Gelangen in den Machtbereich des Adressaten selbst und zu erwartender Kenntnisnahme durch diesen gem § 130 zugegangen, wenn sich der Adressat zu diesem Zeitpunkt in einem Zustand gem § 105 Abs 2 befunden hat; eines Zugangs an den – in diesen Fällen meist gar nicht vorhandenen – gesetzlichen Vertreter bedarf es hier, anders als bei einem nach § 104 Nr 2 geschäftsunfähigen Adressaten, zur Herbeiführung der Wirkungen des § 130 nicht. Dies gilt allerdings nur für verkörperte Willenserklärungen, denn die für den Zugang von nicht verkörperten, insbesondere mündlichen, Erklärungen geforderte tatsächliche Kenntnisnahme oder wenigstens dem Erklärenden erkennbare Möglichkeit einer Kenntnisnahme (vgl Brox/Walker, AT Rn 156) ist bei einem Zustand gem § 105 Abs 2 in der Regel nicht gegeben. Diese Ermöglichung des Zugangs an den Adressaten selbst war auch der Grund, aus dem sich die zweite Kommission für die in § 105 Abs 2 Gesetz gewordene Fassung der Vorschrift entschieden hat in Abänderung von § 64 Abs 2 E I, wonach auch die nur vorübergehend des Vernunftgebrauchs Beraubten geschäftsunfähig sein sollten (s Jakobs/Schubert 573; Prot 8352 f = Mugdan I 674). Die Nichtigkeitsfolge tritt auch dann ein, wenn sich der Erklärende schuldhaft in den in § 105 Abs 2 genannten Zustand versetzt hat (OLG Nürnberg NJW 1977, 1496). Da es für die Nichtigkeit darauf ankommt, ob die vorübergehende Störung gerade im Zeitpunkt der Abgabe der Willenserklärung bestanden hat, kann bei einem zeitlichen Auseinanderfallen von Verpflichtungs- und Erfüllungsgeschäft (zB Kauf und Übereignung) nur eines dieser Geschäfte nichtig, das andere hingegen wirksam sein, wenn der Zustand nur bei Abschluss des einen Geschäftes bestanden hat (vgl RGZ 72, 61, 64). Ein von einem wirksam Bevollmächtigten geschlossenes Vertretergeschäft, bei dem der Vertreter nach bestimmten Weisungen des Vertretenen gehandelt hat, wird in entsprechender Anwendung von § 166 Abs 2 S 1 als nichtig angesehen, wenn sich der Vertretene bei Erteilung der Weisungen in einem Zustand gem § 105 Abs 2 befunden hat (OLG Braunschweig OLGZ 1975, 441 ff). Auch ein nach § 105 Abs 2 nichtiges Rechtsgeschäft muss der Erklärende, wenn er an ihn festhalten will, nach Wegfall der Störung mit Wirkung nur für die Zukunft erneut abschließen bzw nach § 141 bestätigen; eine bloße Genehmigung mit der Folge einer Heilung der Erklärung *ex tunc* ist nicht möglich. Wegen dieser fehlenden Genehmigungsfähigkeit ist auch § 105 Abs 2 als gegen das Übermaßverbot verstoßend und damit als verfassungswidrig bezeichnet worden (so CANARIS JZ 1987, 993, 998). Die Vorschrift findet jedoch ihre Rechtfertigung in dem Gesichtspunkt der Rechtsklarheit, denn die schlechthin eintretende Nichtigkeit einer in dem Zustand des § 105 Abs 2 abgegebenen Erklärung macht die sonst notwendige Prüfung einer Ursächlichkeit dieses Zustandes für die Abgabe der Erklärung entbehrlich (vgl auch WIESER JZ 1988, 493, 494). Weitere Vorschriften über Handlungen eines Bewusstlosen oder vorübergehend geistig Gestörten enthalten die §§ 827 (unerlaubte Handlungen) und 2229 Abs 4 (Testierunfähigkeit).

4. Beweislast

Auch § 105 Abs 2 hat den Charakter einer **Gegennorm** gegen die Wirksamkeit einer Willenserklärung. Wer sich auf die Nichtigkeit der Erklärung beruft, hat folglich zu beweisen, dass sich der Erklärende bei Abgabe der Erklärung in dem in § 105 Abs 2 genannten Zustand befunden hat; bei Misslingen dieses Beweises ist das Geschäft als wirksam anzusehen (RG JW 1905, 73 [Nr 5]; Gruchot 72 [1932] 204; BGH VersR 1967, 341; WM 1972, 972; 1980, 521; OLG Düsseldorf WM 1988, 1407, 1408; OLG Koblenz FamRZ 2003, 542, 543 f). Bloße Mutmaßungen hinsichtlich dieses Zustands genügen für die Beweisführung nicht (OLG Frankfurt VersR 1951, 147). Diese Grundsätze gelten auch für die Feststellungslast im Verfahren der freiwilligen Gerichtsbarkeit (OLG Hamm ZEV 1997, 75, 77).

§ 105a
Geschäfte des täglichen Lebens

Tätigt ein volljähriger Geschäftsunfähiger ein Geschäft des täglichen Lebens, das mit geringwertigen Mitteln bewirkt werden kann, so gilt der von ihm geschlossene Vertrag in Ansehung von Leistung und, soweit vereinbart, Gegenleistung als wirksam, sobald Leistung und Gegenleistung bewirkt sind. Satz 1 gilt nicht bei einer erheblichen Gefahr für die Person oder das Vermögen des Geschäftsunfähigen.

Materialien: Zum Diskussionsentwurf eines Zivilrechtl AntidiskriminierungsG (ZAG): ZAG-DiskE idF v 10. 12. 2001 Art 1 Nr 1a, 2, 20 f, 24 ff u idF v 17. 2. 2002 Art 1 Nr 1a, 2; Stellungnahme Dt Richterbund v Feb 2002 z LAG-DiskE sub I 1; Stellungnahme Dt Anwaltverein v 13. 2. 2002 z ZAG-DiskE sub III 1; Pos-Papier d SoVD v 22. 2. 2002 z ZAG-DiskE sub II 1.
Zum OLG-VertretungsänderungsG: BT-Drucks

14/8763; BT-Drucks 14/9266 Art 25 Abs 1 Nr 2,
19, 42 f; BR-Drucks 503/02 Art 25 Abs 1 Nr 2;
BR-Drucks 503/1/02 Nr 3; BT-Drucks 14/9531;
BT-Drucks 14/9633; BR-Drucks 614/02; Verh Dt
BT – Stenograph Berichte – 14. WP S 22832 C,
23468 D, 24092 C, 24856 A – B; Verh BR-
Stenograph Berichte – Plenarprot 777 v 21. 6.
2002, 350 A – B, 374 C – 375 C/Anl, 778 v 12. 7.
2002, 402 C – 403 B.

Schrifttum

S die Angaben bei den Vorbem zu §§ 104–115, zu den §§ 104, 105 sowie
ADENA, Rechtsgeschäfte des täglichen Lebens in Deutschland und Österreich (2009)
CASPER, Geschäfte des täglichen Lebens – kritische Anmerkungen zum neuen § 105a BGB, NJW 2002, 3425
FRANZEN, Rechtsgeschäfte erwachsener Geschäftsunfähiger nach § 105a BGB zwischen Rechtsgeschäftslehre und Betreuungsrecht, JR 2004, 221
HEIM, Gesetzgeberische Modifizierung der Auswirkungen der Geschäftsunfähigkeit Volljähriger beim Vertragsschluss, JuS 2003, 141
JOUSSEN, Die Rechtsgeschäfte des Geschäftsunfähigen – der neue § 105a BGB, ZGS 2003, 101
KOHLER, Die Kunst, ein nicht vorhandenes Problem nicht zu lösen – oder: die Smartiesgesetzgebung, JZ 2004, 348
LIPP, Die neue Geschäftsfähigkeit Erwachsener, FamRZ 2003, 721
LÖHNIG/SCHÄRTL, Zur Dogmatik des § 105a BGB, AcP 204 (2004) 25
LUDYGA, Die Stärkung der Rechtsstellung Geschäftsunfähiger – Auslegung von § 105a – BGB, FPR 2007, 3
PAWLOWSKI, Willenserklärungen und Einwilligungen in personenbezogene Eingriffe, JZ 2003, 66
RECK, Die Geschäfte des täglichen Lebens volljähriger Geschäftsunfähiger. § 105a BGB (2008, zugl Diss Düsseldorf 2007)
SCHNORR/WISSING, Vorfeld der Gesetzgebung, ZRP 2002, 48, 375, 423
SCHULTE-NÖLKE/BÖRGER, Synopse zu den Änderungen des BGB durch das OLG-Vertretungsänderungsgesetz, ZGS 2002, 323
STRAILE, Sind geschäftsunfähige Volljährige seit 1. 8. 2002 teilweise geschäftsfähig?, FuR 2003, 207
ULRICI, Alltagsgeschäfte volljähriger Geschäftsunfähiger, Jura 2003, 520
ZIMMERMANN, Neue Teilgeschäftsfähigkeit für geschäftsunfähige Betreute, BtPrax 2003, 26.

Systematische Übersicht

I. Zweckrichtung und Entstehungsgeschichte 1	IV. Wirksamkeitsfiktion 11
II. Regelungsgehalt 3	V. Beweislast 13
III. Voraussetzungen	VI. Keine Prozessfähigkeit 14
1. Volljähriger Geschäftsunfähiger 4	VII. Verhältnis zur rechtlichen Betreuung 15
2. Geschäft des täglichen Lebens 5	
3. Erfüllbarkeit mit geringwertigen Mitteln 7	VIII. Parallelvorschriften 16
4. Bewirkung von Leistung und Gegenleistung 8	
5. Keine erhebliche Gefährdung (Satz 2) 10	

Alphabetische Übersicht

Bargeschäft	8	Prozessfähigkeit	14
Beweislast	13		
Betreuung	1, 15	Regelungsgehalt	3
Bewirken der Leistung u Gegenleistung	8 f		
		Teilbarkeit von Leistung u Gegenleistung	7
Eintritt des Leistungserfolges	8	Teilgeschäftsfähigkeit	9, 11
Entstehungsgeschichte	2		
		Volljähriger Geschäftsunfähiger	4
Gefährdung	10		
Geschäft des täglichen Lebens	5	Wirksamkeitsfiktion	11 f
Mittel, geringwertige	7	Zweckrichtung	1

I. Zweckrichtung und Entstehungsgeschichte

Die in § 105 Abs 1 angeordnete (ausnahmslose) Nichtigkeit jedes von einem Geschäftsunfähigen vorgenommenen Rechtsgeschäfts ist von jeher auf rechtspolitische Kritik gestoßen. Wurde in den ersten Jahrzehnten nach dem Inkrafttreten des BGB vornehmlich der fehlende Schutz des ohne Fahrlässigkeit auf die Wirksamkeit der Willenserklärung vertrauenden Geschäftsgegners des Geschäftsunfähigen und damit das Interesse des Verkehrs als Argument für die Unangemessenheit der Regelung angeführt (vgl § 105 Rn 8), so wird etwa seit Ende der 60er Jahre des 20. Jahrhunderts zunehmend bemängelt, dass der Geschäftsunfähige, insbesondere der geschäftsunfähige Erwachsene gem § 104 Nr 2, durch seinen völligen Ausschluss von jeder Teilnahme am Rechtsgeschäftsverkehr in eigener Person in einer von dem Schutzzweck des Geschäftsfähigkeitsrechts nicht gebotenen Weise diskriminiert und damit letztlich in seiner Menschenwürde (Art 1 Abs 1 GG) beeinträchtigt werde (vgl § 105 Rn 7, 8). Diese veränderte Bewertung ist Ausfluss der die heutige sozialpolitische Diskussion in umfassender Weise beherrschenden Tendenz einer weitestmöglichen „Emanzipation" des Individuums von allen Formen einer Fremdbestimmung. Einen wichtigen gesetzgeberischen Niederschlag haben die Bestrebungen, den psychisch behinderten Personen ein größeres Maß an Selbstständigkeit zu verschaffen, bereits in der Ersetzung der Institute der Entmündigung und der Vormundschaft über Volljährige durch die rechtliche Betreuung nach dem Betreuungsgesetz gefunden. Diese tiefgreifende Rechtsänderung hat allerdings die §§ 104, 105 und damit die Nichtigkeit der Rechtsgeschäfte von Geschäftsunfähigen bestehen lassen (vgl § 105 Rn 10). Mit der neuen Vorschrift des § 105a soll nunmehr den volljährigen Geschäftsunfähigen, soweit sie hierzu tatsächlich überhaupt imstande sind, in gewissem Umfang eine selbstständige Teilnahme am rechtsgeschäftlichen Verkehr eröffnet werden (vgl Begr z ZAG-DiskE v 10. 12. 2001, 25). Zu diesem Zweck fingiert § 105a S 1 unter Beibehaltung des Grundsatzes der Nichtigkeit der Willenserklärungen Geschäftsunfähiger eine Wirksamkeit der von volljährigen Geschäftsunfähigen dort näher bestimmten Alltagsgeschäfte bei beiderseits erbrachten Leistungen, um eine bereicherungsrechtliche Rückabwicklung der durchgeführten Verträge zu verhindern. Der Gesetzgeber verspricht sich von dieser Neuerung eine Verbesserung der Rechtsstellung der geistig behinderten Menschen, eine Förderung der „sozialen Emanzipation" dieses Personenkreises und eine Stärkung der ihnen verbliebenen Fähigkeiten durch die Einräumung einer gewissen rechtlichen Bewegungsfreiheit (Begr z ZAG-DiskE aaO). Beseitigt werden sollen aber hierdurch nur diejenigen Beschränkungen, die das bisherige Recht den Geschäftsunfähigen nach Ansicht des Gesetzgebers über das notwendige Maß hinaus auferlegt hat; die für einen effektiven Schutz des Geschäftsunfähigen unverzichtbaren Einschränkungen sollen hingegen erhalten bleiben. Aus diesem Grund lässt Satz 2 des § 105a die vollständige Nichtigkeit auch der an sich unter Satz 1 fallenden Geschäfte bei einer erheblichen Gefahr für Person oder Vermögen des Geschäftsunfähigen bestehen.

2 Die Einfügung eines § 105a in das BGB sollte ursprünglich durch das von der Regierungskoalition der 14. Wahlperiode des Deutschen Bundestages geplante Gesetz zur Verhinderung von Diskriminierungen im Zivilrecht – Zivilrechtliches Antidiskriminierungsgesetz (ZAG) – erfolgen. Anlass für dieses Gesetzesvorhaben war die umzusetzende EU-Richtlinie vom 29. 6. 2000 (ABlEG Nr L 180 v 19. 7. 2000 22), die aber nur Diskriminierungen aus rassischen oder ethnischen Gründen erfasst. Ein von der Bundesjustizministerin Ende 2001 vorgelegter Diskussionsentwurf eines ZAG (vgl hierzu SCHNORR/WISSING ZRP 2002, 48) enthielt unter Art 1 Nr 2 eine aus drei Absätzen bestehende Fassung eines § 105a, dessen Absatz 1 wörtlich dem Satz 1 der Gesetz gewordenen Fassung entspricht. Insbesondere aufgrund des Widerspruchs der Kirchen wurde aber auf die Verabschiedung des ZAG in der 14. Wahlperiode verzichtet (s SCHNORR/WISSING ZRP 2002, 375, 423). Gesetz geworden ist § 105a dann durch Art 25 Abs 1 Nr 2 des Gesetzes zur Änderung des Rechts der Vertretung der Rechtsanwälte vor den Oberlandesgerichten – OLG-Vertretungsänderungsgesetz (OLGVertrÄndG) – vom 23. 7. 2002 (BGBl I 2850). Der von der Bundesregierung eingebrachte Entwurf dieses Gesetzes (BT-Drucks 14/8763) hatte die Bestimmung noch nicht enthalten. Die Vorschrift ist vielmehr, wie der gesamte Art 25 OLGVertrÄndG, der einen umfangreichen Katalog von Änderungen verbraucherrechtlicher Vorschriften im BGB und anderen Gesetzen enthält, sowie mehrerer anderer Artikel mit sehr heterogener Thematik erst im Verlauf der parlamentarischen Behandlung des Regierungsentwurfs vom Rechtsausschuss des Deutschen Bundestages eingefügt worden (BT-Drucks 14/9266, 19 m Begr 42 f). Mit Inhalt und Zweck des OLG-Vertretungsänderungsgesetzes weisen diese Ergänzungen keine sachlichen Berührungspunkte auf. Die Gesetzgebungsorgane haben sich damit auch hier des in jüngster Zeit häufiger zu beobachtenden, nicht unbedenklichen Verfahrens befleißigt, in einem Artikelgesetz Regelungen unterzubringen, die sich aus der Benennung dieses Gesetzes nicht entnehmen lassen. Nach Annahme des Gesetzentwurfs in der Fassung des Rechtsausschusses durch das Plenum des Deutschen Bundestages rief der Bundesrat auf Empfehlung seines Rechtsausschusses den Vermittlungsausschuss an ua mit dem Antrag, den in Art 25 Nr 2 des Entwurfs enthaltenen § 105a zu überarbeiten (BR-Drucks 503/1/02 Nr 3). Der Vermittlungsausschuss ließ aber den Art 25 Abs 1 Nr 2 des Entwurfs und damit den § 105a idF des BT-Rechtsausschusses unverändert (Beschlussempfehlung BT-Drucks 14/9633 m Anlage). Die Beschlussempfehlung des Vermittlungsausschusses mit dem unberührt gebliebenen § 105a wurde sodann vom Plenum des Bundestages einstimmig angenommen und der Bundesrat legte keinen Einspruch ein. § 105a ist daher gem Art 34 OLGVertrÄndG mit dem 1. 8. 2002 in Kraft getreten. Die vom BT-Rechtsausschuss für § 105a gegebene Begründung besteht im Wesentlichen aus einer verkürzten Fassung der entsprechenden Begründung zu Art 1 Nr 2 des ZAG-Diskussionsentwurfs (ZAG-DiskE v 10. 12. 2001,

20 f, 24 ff); Gründe für die gegenüber dem Diskussionsentwurf geänderte und Gesetz gewordene Fassung in dem OLGVertrÄndG-Entwurf werden nicht angegeben. Für die Auslegung des § 105a kann somit auf die in dem ZAG-Diskussionsentwurf enthaltene Begründung zurückgegriffen werden.

II. Regelungsgehalt

Der Kern der in § 105a getroffenen Regelung besteht in dem grundsätzlichen – Ausnahme: Satz 2 – **Ausschluss der Rückabwicklung** der von einem Geschäftsunfähigen getätigten (verpflichtenden) Alltagsgeschäfte, sobald die mit solchen Geschäften intendierten beiderseitigen Verpflichtungen erfüllt sind (ZAG-DiskE 25 f; BT-Rechtsausschuss BT-Drucks 14/9266, 43). Das rechtstechnische Mittel hierzu ist eine an die Erbringung der vereinbarten Leistung und ggf der Gegenleistung des anderen Teils geknüpfte Fiktion der Wirksamkeit des Grundgeschäfts mit der Folge des Wegfalls bereicherungsrechtlicher Ansprüche auf Rückgewähr der nunmehr mit Rechtsgrund erbrachten Leistungen (vgl hierzu ausführl u Rn 11 f). Auf diese Beständigkeit des erfolgten Leistungsaustausches beschränkt sich der Regelungsgehalt der Vorschrift. Der Status des von § 104 Nr 2 erfassten Personenkreises als Geschäftsunfähige bleibt hingegen von § 105a unberührt. Ebenso verbleibt es außerhalb der Reichweite der Wirksamkeitsfiktion der neuen Bestimmung bei der grundsätzlichen Nichtigkeit der von diesen Personen vorgenommenen Rechtsgeschäfte gem § 105 Abs 1. § 105a begründet hiernach keine Geschäftsfähigkeit (s o § 104 Rn 15) für die dort genannten Geschäfte (JAUERNIG/JAUERNIG Rn 2; zuneigend aber LIPP FamRZ 2003, 721, 729).

3

III. Voraussetzungen

1. Volljähriger Geschäftsunfähiger

§ 105a erfasst seinem Wortlaut nach nur volljährige Geschäftsunfähige. Es sind dies die in § 104 Nr 2 genannten Personen in einem nicht nur vorübergehenden Zustand des Ausschlusses der freien Willensbestimmung durch krankhafte Störung der Geistestätigkeit. Dagegen bezieht sich § 105a nicht auch auf die noch nicht 7 Jahre alten Geschäftsunfähigen gem § 104 Nr 1 (CASPER NJW 2002, 3425, 3426; LÖHNIG/SCHÄRTL AcP 204 [2004] 25, 27; M ROTH AcP 208 [2008] 451, 465; ADENA 10 ff; ERMAN/PALM Rn 2; MünchKomm/SCHMITT Rn 4; aA LUDYGA FPR 2007, 3 f). Alltagsgeschäfte der Kinder bleiben folglich auch bei erfolgter Leistungserbringung nichtig nach § 105 Abs 1 und stehen damit einer bereicherungsrechtlichen Rückabwicklung offen. Der Grund für diese unterschiedliche Behandlung der beiden Gruppen von Geschäftsunfähigen liegt in der sich auf eine Verstärkung der Bewegungsfreiheit nur der (psychisch) Behinderten beschränkten Zweckrichtung des § 105a (vgl o Rn 1; kritisch PAWLOWSKI JZ 2003, 66, 67; LÖHNIG/SCHÄRTL AcP 204 [2004] 25, 27; M ROTH AcP 208 [2008] 451, 465; auch RECK 86). Einer ausdehnenden Anwendung der Vorschrift auf Minderjährige über sieben Jahren, die nach § 104 Nr 2 geschäftsunfähig sind, stehen ebenfalls der allein von den volljährigen Geschäftsunfähigen sprechende Wortlaut und die Materialien des Gesetzes entgegen (CASPER NJW 2002, 3425, 3426; JOUSSEN ZGS 2003, 101, 103; RECK 92 f; BAMBERGER/ROTH/WENDTLAND Rn 2; PALANDT/ELLENBERGER Rn 2). Bei einem mit geringwertigen Mitteln zu bewirkenden Geschäft des täglichen Lebens zwischen einem volljährigen Geschäftsunfähigen und einem nach § 106 in der Geschäftsfähigkeit

4

beschränkten Minderjährigen darf der Schutzmechanismus der §§ 107 ff nicht durch § 105a überspielt werden; die Wirksamkeitsfiktion greift daher nur dann, wenn das Geschäft für den Minderjährigen lediglich rechtlich vorteilhaft ist, dessen gesetzlicher Vertreter ihm zugestimmt hat oder die Voraussetzungen des § 110 vorliegen (vgl CASPER NJW 2002, 3425, 3426; JOUSSEN ZGS 2003, 101, 102; ADENA 15; **aA** wohl 91 f). Die umstrittene Frage einer Anwendbarkeit des § 105a auch auf Geschäfte von Personen, die sich bei deren Abschluss in einem Zustand gem § 105 Abs 2 befunden haben, ist nach Wortlaut und Zweck der Vorschrift zu verneinen, denn ein Bewusstloser oder nur vorübergehend geistig Gestörter ist gerade nicht geschäftsunfähig, er kann ferner das Geschäft nach Beendigung des Zustandes wirksam nochmals schließen und wegen der nur temporären Natur der Störung als Ausnahmezustand besteht hier auch kein Bedürfnis zum Abbau einer diskriminierenden Stellung dieser Personen (vgl LÖHNIG/SCHÄRTL AcP 204 [2004] 25, 28; ADENA 16 ff; RECK 87 f; AnwK-BGB/BALDUS Rn 38; de lege lata ebenfalls zustimmend, aber kritisch FRANZEN JR 2004, 221, 226; PWW/VÖLZMANN-STICKELBROCK Rn 2; für entspr Anwendung hingegen LIPP FamRZ 2003, 721, 725; ERMAN/PALM Rn 3; wohl für direkte Anwendung CASPER NJW 2002, 3425, 3426). Nach allgemeiner und zustimmungswürdiger Ansicht erfasst dagegen § 105a auch zwischen zwei volljährigen Geschäftsunfähigen geschlossene Geschäfte, sofern die weiteren Erfordernisse (Bewirkung mit geringwertigen Mitteln, keine erhebliche Gefahr) bei beiden Beteiligten erfüllt sind (CASPER NJW 2002, 3425, 3426; JOUSSEN ZGS 2003, 101, 102; LÖHNIG/SCHÄRTL AcP 204 [2004] 25, 27; ADENA 16; RECK 90 ERMAN/PALM Rn 2). Tätigt ein (volljähriger) Geschäftsunfähiger das Geschäft in einem lichten Zwischenraum, so ist der Vertrag bereits nach allgemeinen Grundsätzen voll wirksam (vgl Rn 13), weshalb § 105a hier gar nicht eingreift (LIPP FamRZ 2003, 721, 725; LÖHNIG/SCHÄRTL AcP 204 [2004] 25, 28; ADENA 22 ff; JAUERNIG/JAUERNIG Rn 3, der allerdings bei Geschäften iSv § 105a grundsätzlich von einem lichten Zwischenraum ausgeht).

2. Geschäft des täglichen Lebens

5 Die der Vorschrift unterfallenden Rechtsgeschäfte werden mit „Geschäfte des täglichen Lebens" umschrieben. Dieses Merkmal ist gem dem Normzweck zu verstehen, dem Geschäftsunfähigen eine gewisse Betätigungsfreiheit im gewöhnlichen Alltagsverkehr zu eröffnen (vgl o Rn 1). Maßgeblich ist daher, ob es sich nach der Verkehrsauffassung um ein typisches Alltagsgeschäft handelt. Dagegen ist für ein Geschäft des „täglichen" Lebens nicht erforderlich, dass ein solches Geschäft jeden Tag geschlossen wird. Die Geschäfte müssen nicht notwendig entgeltlich sein, wie sich aus der für die Gegenleistung gebrauchten Wendung „soweit vereinbart" ergibt; es werden also auch Schenkungen erfasst, sowohl solche des Geschäftsunfähigen (insoweit abl LIPP FamRZ 2003, 721, 727) als auch solche an den Geschäftsunfähigen, wobei es sich in beiden Fällen nur um geringwertige Zuwendungen des täglichen Lebens (Anstands- und Gelegenheitsschenkungen) handeln darf (vgl LÖHNIG/SCHÄRTL AcP 204 [2004] 25, 32; ADENA 31, 33 f). Im eigentlichen Sinn existenznotwendig brauchen die Geschäfte nicht zu sein. Erfasst werden sowohl Erwerbsgeschäfte über Sachen des täglichen Bedarfs des Geschäftsunfähigen als auch Geschäfte über einfache Dienstleistungen. Als Beispiele für Gegenstände des täglichen Bedarfs nennen die Gesetzesmaterialien einfache, zum alsbaldigen Gebrauch bestimmte Nahrungs- und Genussmittel, die nach Menge und Wert das übliche Maß nicht übersteigen, wie Lebensmittel, kosmetische Artikel (Zahnpasta), einfache medizinische Produkte (Halsschmerztabletten), Presseerzeugnisse (Illustrierte), Versendung von Briefen,

Textilien; als einfache Dienstleistungen werden solche des Friseurs, ferner Museumsbesuche, Fahrten im Personennahverkehr bezeichnet (so DiskE 26; BT-Rechtsausschuss). Der Gesetzgeber hat sich insoweit, wie überhaupt bei der Ausgestaltung des § 105a, erklärtermaßen an den Grundsätzen des angelsächsischen Rechts über *necessaries*-Geschäfte (vgl Vorbem 138 zu §§ 104–115) orientiert. Nicht als Geschäft des täglichen Lebens anzusehen ist die entgeltliche Inanspruchnahme eines Krankentransportwagens für Ausflugsfahrten (so LG Gießen NJW-RR 2003, 439 zu § 1903 Abs 3 S 2). Ob der Beitritt zu einem (Betreuungs- oder Sport-)Verein noch ein alltägliches Geschäft darstellen kann (so PALANDT/ELLENBERGER Rn 3), ist zweifelhaft. Nicht berücksichtigt worden ist die im Vorfeld des Gesetzgebungsverfahrens von richterlicher Seite gemachte Anregung, den Kreis der erfassten Geschäfte zur Vermeidung von Unklarheiten, deren Beseitigung nicht allein den Gerichten überlassen werden könne, im Gesetzeswortlaut selbst näher zu bestimmen (vgl Stellungnahme d Deutschen Richterbundes unter I 1). Haustürgeschäfte nach § 312 Abs 1 und Fernabsatzverträge nach § 312b sind wegen ihres spezifischen Gefährdungspotentials aus dem Anwendungsbereich des § 105a S 1 auszunehmen (vgl PALANDT/ELLENBERGER Rn 3; ERMAN/PALM Rn 6; MünchKomm/SCHMITT Rn 6; aA für Fernabsatzverträge LÖHNIG/SCHÄRTL AcP 204 [2004] 25, 33). Fernabsatzverträge sind überdies, ebenso wie Verbraucherkreditgeschäfte, wohl (noch) nicht als gewöhnliche Alltagsgeschäfte zu qualifizieren (ADENA 37 f). Allerdings braucht es sich nicht notwendig um Bargeschäfte zu handeln; erfasst werden sollen auch künftig zu erfüllende Geschäfte, etwa aufgrund von in Heimen ausgefüllten Bestellzetteln oder Kataloggeschäfte (vgl DiskE 27). Von einem Geschäftsunfähigen als Unternehmer iSv § 14 getätigte Geschäfte sind keine Geschäfte des täglichen Lebens, ihre Einbeziehung in den Regelungsbereich des § 105a wird auch vom Normzweck nicht gefordert (CASPER NJW 2002, 3425, 3426; LÖHNIG/SCHÄRTL AcP 204 [2004] 25, 33; ADENA 36; RECK 99 f).

Das „Geschäft" muss von dem Geschäftsunfähigen „getätigt" worden sein. Regelungsgegenstand ist mithin – anders als nach der Systematik des Geschäftsfähigkeitsrechts des BGB – nicht die einzelne Willenserklärung (vgl §§ 105, 107), sondern das (Rechts-)Geschäft in seiner Gesamtheit. Diese Besonderheit wird in den Materialien mit der Vermeidung dogmatischer Schwierigkeiten begründet (so DiskE 26 f; BT-Rechtsausschuss 43; kritisch hierzu Stellungnahme d Deutschen Anwaltvereins v 13. 2. 2002 unter III 1). Unter dem „Geschäft" ist ein Vertrag zu verstehen und zwar ein auf die Erbringung einer Leistung und ggf einer Gegenleistung gerichteter Schuldvertrag, denn § 105a S 1 spricht in seiner Rechtsfolgenbestimmung ausdrücklich von dem geschlossenen „Vertrag". Einseitige Rechtsgeschäfte des Geschäftsunfähigen, etwa die Anfechtung oder der Rücktritt von einem Alltagsgeschäft über geringfügige Mittel, sind daher vom Anwendungsbereich der Vorschrift ausgeschlossen (LÖHNIG/SCHÄRTL AcP 204 [2004] 25, 31 f). Die „Tätigung" des Vertrages erfordert die Abgabe und den Zugang der beiderseitigen Willenserklärungen. 6

3. Erfüllbarkeit mit geringwertigen Mitteln

Die dem § 105a unterfallenden Geschäfte werden nicht nur nach ihrer Art (Alltagsgeschäfte), sondern auch nach ihrem Volumen begrenzt. Von § 105a werden daher nur solche Alltagsgeschäfte erfasst, deren Erfüllung mit geringwertigen Mitteln möglich ist. Nach dem insoweit passivisch gefassten Gesetzeswortlaut ist nicht ganz klar, ob das Erfordernis der Geringwertigkeit nur für die Leistung des Geschäfts- 7 unfähigen oder auch für die Gegenleistung des anderen Teils gilt. Die Frage kann praktisch werden in den seit jeher diskutierten Fällen einer Teilnahme des Geschäftsunfähigen an einer Lotto- oder Toto-Spielveranstaltung, bei der auf ihn ein erheblicher Gewinn entfällt (vgl Vorbem 28 aE zu §§ 104–115 sowie § 105 Rn 7). Würde eine Geringwertigkeit auch der Gegenleistung gefordert, so würde § 105a eine Rückforderung des ausgezahlten Gewinns seitens des Veranstalters nicht hindern, obgleich Lotto- oder Toto-Spielverträge wohl zu den Alltagsgeschäften iSd Vorschrift gehören. Zur Vermeidung solcher unbilliger Ergebnisse sollte es auf die Geringwertigkeit der Gegenleistung nicht ankommen (so auch ADENA 46 f). Der unbestimmte Rechtsbegriff der Geringwertigkeit ist unter dem Aspekt der Rechtssicherheit nicht unproblematisch, wie die Erfahrungen mit dem Begriff der *necessaries* des englischen Rechts gezeigt haben (vgl Vorbem 138 zu §§ 104–115), der der in § 105a getroffenen Regelung als Vorbild gedient hat. Der Gesetzgeber hat sich deshalb, wie allerdings nur aus den Materialien hervorgeht, zu Recht für eine objektive Betrachtungsweise entschieden: Die Geringwertigkeit ist nicht nach den individuellen wirtschaftlichen Verhältnissen des Geschäftsunfähigen zu bemessen, sondern maßgeblich ist das **durchschnittliche Preis- und Einkommensniveau** der Bevölkerung (DiskE S 26; BT-Rechtsausschuss aaO). Dieser rein objektive Maßstab wird im Schrifttum allerdings als wenig praktikabel kritisiert (vgl JAUERNIG/JAUERNIG Rn 5) und stattdessen ein objektiv-subjektiver Maßstab unter Berücksichtigung auch des Einkommensniveaus des Geschäftsunfähigen als Obergrenze (so ADENA 40), eine Orientierung an den für sozialhilfeberechtigte Heimbewohner geltenden Taschengeldsatz (so LIPP FamRZ 2003, 721, 726) oder in Anlehnung an § 1903 Abs 1 S 2, § 110 eine teleologische Reduktion der Vorschrift auf die Bewirkung der Leistung des Geschäftsunfähigen mit diesem vom Betreuer oder mit dessen Zustimmung von einem Dritten überlassenen Mitteln (so PAWLOWSKI JZ 2003, 66, 72) befürwortet. Umfasst ein einheitlicher Vertrag mehrere Leistungen (zB Kaufvertrag über mehrere Sachen), so sind nicht jeweils die einzelnen Posten gesondert zu betrachten, sondern die Geringwertigkeit beurteilt sich nach dem Gesamtpreis (ADENA 46; MünchKomm/SCHMITT Rn 7; kritisch hierzu CASPER NJW 2002, 3425, 3426; LÖHNIG/SCHÄRTL AcP 204 [2004] 25, 34;). Ist hiernach der vom Geschäftsunfähigen zu zahlende Gesamtpreis nicht mehr als geringwertig anzusehen, so bleibt es bei der Nichtigkeit des gesamten Vertrages gem § 105 Abs 1; bei Teilbarkeit auch der Gegenleistung ist aber eine Beschränkung der Nichtigkeit auf den die Geringfügigkeit übersteigenden Teil der Leistung gem § 139 zu erwägen. Auch bei der anzulegenden objektiven Betrachtungsweise verbleiben Unsicherheiten bei dem Begriff der Geringwertigkeit, der somit von der Rechtsprechung konkretisiert werden muss. Der Deutsche Richterbund hatte sich deshalb für die Bestimmung einer festen Wertgrenze ausgesprochen (Stellungnahme aaO). Ähnlich wie bei § 110 (vgl dort Rn 12) stellt sich auch hier die Frage, ob unter „Mitteln" auch die Arbeitskraft des Geschäftsunfähigen verstanden werden kann, so dass eine Rückforderung des für geringfügige Arbeitsleistungen (zB Rasenmähen) gezahlten Arbeitsentgelts gem § 105a ausschiede. Die Frage ist auch hier zu verneinen, da sich der Rückforderungsausschluss schon aus den Grundsätzen des faktischen Arbeitsverhältnisses ergibt (aA FRANZEN JR 2004, 221, 225).

4. Bewirkung von Leistung und Gegenleistung

8 Der von dem Geschäftsunfähigen geschlossene (schuldrechtliche) Vertrag gilt erst dann als wirksam, wenn sowohl der Geschäftsunfähige als auch der andere Teil ihre vereinbarten Leistungen bewirkt haben. Dieses Erfordernis folgt aus dem auf den Ausschluss der Rückabwicklung der Leistungen beschränkten Zweck der Vorschrift (vgl o Rn 3). Unter dem „Bewirken" der Leistung ist iSv § 362 die Herbeiführung des Leistungserfolges zu verstehen. Besteht die hierzu erforderliche Leistungshandlung in einem Rechtsgeschäft (zB Einigungserklärung nach § 929), so wird dessen – bei einer Vornahme durch den Geschäftsunfähigen an sich an § 105 Abs 1 scheiternde – Wirksamkeit ebenfalls fingiert (hierzu u Rn 9). Nicht „bewirkt" ist eine mangelhafte Leistung, wie sich dies jetzt auch für den Kauf als den hinsichtlich des § 105a weitaus wichtigsten Vertragstypus eindeutig aus § 433 Abs 1 S 2 ergibt (Heim JuS 2003, 141, 144 m Fn 40; Kohler JZ 2004, 348, 349 m Fn 16; Löhnig/Schärtl AcP 204 [2004] 25, 39 f ; Ulrici Jura 2003, 520, 521; Franzen JR 2004, 221, 225; M Roth AcP 208 [2008] 451, 465 f; Wedemann Jura 2010 587, 590; Reck 118; AnwK-BGB/Baldus Rn 34; Jauernig/Jauernig Rn 6; auch Joussen ZGR 2003, 101, 104 im Wege einer teleologischen Extension; aA Larenz/Wolf AT § 25 II 2 [Rn 8]; Palandt/Ellenberger Rn 6; Erman/Palm Rn 14). Entsprechendes gilt für eine nicht vollständig erbrachte Leistung oder Gegenleistung, die folglich ebenso zurückgefordert werden kann, wie eine mangelhafte; bei einem Abzahlungsgeschäft ist die Leistung daher erst mit Begleichung der letzten Rate bewirkt (Lipp FamRZ 2003, 721, 727; MünchKomm/Schmitt Rn 13). Die Leistung bzw Gegenleistung kann, wie im Fall des § 110 (dort Rn 9), grundsätzlich auch durch ein Erfüllungssurrogat bewirkt werden (ablehnend Löhnig/Schärtl AcP 204 [2004] 25, 40; einschr MünchKomm/Schmitt Rn 12: nicht durch Aufrechnung gegen nicht fingierte Forderung; auch Reck 111). Die Notwendigkeit der beiderseits bewirkten Leistung hat bei einer Vorleistung des Geschäftsunfähigen zur Folge, dass dieser vom anderen Teil mangels Eintritts der Wirksamkeitsfiktion nicht dessen Leistung verlangen kann (Casper NJW 2002, 3425, 3426; Lipp FamRZ 2003, 721, 728 f); der Geschäftsunfähige ist auf den Anspruch auf Rückgewähr der Vorleistung nach Bereicherungsrecht verwiesen.

Das Erfordernis der Leistungsbewirkung stößt aber dann, wenn die Leistungshand- 9 lung rechtsgeschäftlichen Charakter hat, wie die zur Übereignung nach § 929 erforderliche Einigung, auf folgende Schwierigkeit: Der geschäftsunfähige Teil kann die erforderlichen Einigungserklärungen wegen § 105 Abs 1 nicht wirksam abgeben und die Erklärungen des anderen Teils können mit ihrem Zugang an den Geschäftsunfähigen wegen § 131 Abs 1 nicht wirksam werden, so dass aus diesem Grund die Leistungsbewirkung und damit der Eintritt der Rechtsfolge des § 105a notwendig scheitern und die Vorschrift deshalb leer laufen müsste. Die Materialien zum OLGVertrÄndG nehmen zu diesem Problem nicht Stellung. Der Diskussionsentwurf eines ZAG sah hingegen für § 105a einen Abs 2 vor, wonach die erbrachten Leistungen nicht wegen der Geschäftsunfähigkeit des einen Vertragsteils als nicht bewirkt gelten sollten. Nach der Begründung zu diesem Entwurf sollte damit auch die Wirksamkeit der (beiderseitigen) Erfüllungsgeschäfte fingiert werden (so DiskE aaO). Dieser Absatz 2 ist zwar nicht in den Entwurf des OLGVertrÄndG übernommen worden und deshalb nicht Gesetz geworden, ohne dass sich den Materialien zum OLGVertrÄndG eine Begründung für diese Streichung entnehmen lässt. Es ist jedoch nicht anzunehmen, dass der Gesetzgeber des OLGVertrÄndG damit auch sachlich von der „Fiktionslösung" des ZAG-Entwurfs hat abgehen wollen. Denn der Rechtsausschuss des Deutschen Bundestages hat für die von ihm vorgenommene Einfügung des § 105a in den Regierungsentwurf des OLGVertrÄndG (vgl o Rn 2) im Wesentlichen die für diese Bestimmung im ZAG-Entwurf gegebene Begründung größtenteils wörtlich, nur in verkürzter Form, so auch unter Weglassung der Begründung zur Wirksamkeit der Erfüllungsgeschäfte, übernommen (vgl BT-Drucks 14/ 9266, 42 f). Wäre damals eine andere Konstruktion der Wirksamkeit der Erfüllungsgeschäfte beabsichtigt gewesen, etwa die Einräumung einer echten Teilgeschäftsfähigkeit für den Geschäftsunfähigen zur Vornahme der zur Erfüllung von Alltagsverträgen erforderlichen Geschäfte, so wäre ein solcher geradezu revolutionär zu nennender Schritt, der dem nach § 104 Nr 2 Geschäftsunfähigen insoweit sogar eine größere Selbstständigkeit gewähren würde als dem beschränkt Geschäftsfähigen, der zur Verfügungsgeschäften der Zustimmung des gesetzlichen Vertreters bedarf, wenigstens in der Begründung deutlich zum Ausdruck gelangt. Im Sinne einer Teilgeschäftsfähigkeit hat denn auch der Rechtsausschuss des Bundesrates die vom Bundestag im ersten Durchgang beschlossene und dann Gesetz gewordene Fassung nicht verstanden, sondern er ist in seiner Begründung für die Anrufung des Vermittlungsausschlusses im Gegenteil gerade von einer sich aus dieser Fassung ergebenden Unwirksamkeit der Erfüllungsgeschäfte ausgegangen (BR-Drucks 503/1/02 unter 3). Eine Unwirksamkeit des Erfüllungsgeschäftes wäre aber deshalb misslich, weil dann (bei einer Übereignung) Eigentum und Besitz auf Dauer auseinander fielen, denn der „Erwerber" könnte einem Herausgabeverlangen des Veräußerers aus § 985 trotz dessen fortbestehenden Eigentums den Einwand der verkauften (aufgrund des als wirksam fingierten Kaufvertrages) und übergebenen Sache nach § 986 entgegenhalten. Aus diesen Gründen ist § 105a S 1 so zu lesen, dass die Leistungen, sofern hierzu ein rechtsgeschäftliches Handeln des Geschäftsunfähigen erforderlich ist, lediglich als bewirkt gelten, der Eintritt der Leistungserfolge also ebenfalls nur fingiert wird (so auch LIPP FamRZ 2003, 721, 726; JOUSSEN ZGS 2003, 101, 104 f; ULRICI Jura 2003, 520, 521; HEIM JuS 2003, 141, 143 f; WEDEMANN Jura 2010, 587, 591; ADENA 49 ff, 65 ff; AnwK-BGB/BALDUS Rn 28; einschr MünchKomm/SCHMITT Rn 11, Rn 19: zwar Erfüllungsfiktion, aber kein Eigentumsübergang; ebenso FRANZEN JR 2004, 221, 224). Die Fiktion der erbrachten Leistungen löst dann die weitere Fiktion einer Wirksamkeit auch des schuldrechtlichen Grundgeschäfts aus. Etwas anderes gilt natürlich dann, wenn die bei Abschluss des Verpflichtungsgeschäfts vorhanden gewesene Geschäftsunfähigkeit des einen Vertragsteils bis zur Vornahme der Erfüllungsgeschäfte weggefallen ist; hier ist die Leistung als solche wirksam erbracht, wobei dann regelmäßig auch von einer Bestätigung des Verpflichtungsgeschäfts gem § 141 Abs 1 auszugehen sein wird, so dass § 105a gar nicht mehr eingreift. Eine andere Auffassung als die vorstehend vertretene gelangt zum gleichen Ergebnis einer wirksamen Übereignung auf Grund der Annahme einer halbseitigen Wirksamkeit des Vertragsverhältnisses (hierzu u Rn 12) zugunsten des Geschäftsunfähigen (CASPER NJW 2002, 3425, 3427; LUDYGA FPR 2007, 3, 4 f). Eine weitere Ansicht verneint einen (fingierten) Eigentumserwerb unmittelbar durch die Leistungshandlung und nimmt ein „Bewirken" der Leistung dann an, wenn der Geschäftsunfähige alle zur Herbeiführung des Leistungserfolgs notwendigen Handlungen vorgenommen hat, sodass er bei hypothetischer Annahme der Geschäftsfähigkeit Eigentum erworben bzw übertragen hätte und dieser Erfolg allein wegen der fehlenden Geschäftsfähigkeit ausbleibt; die Vertragsteile würden dann zunächst nur Besitzer der Sachen, könnten aber nach dem Rechtsgedanken der §§ 886, 1169, 1254 deren Übereignung verlangen (LÖHNIG/SCHÄRTL AcP 204 [2004] 25, 37 ff, 55 ff; auch RECK 116 f). Überträgt der Geschäftsunfähige zwecks Bewirkung der Leistung den Besitz des Leistungsgegenstandes auf den anderen Teil, so kann hierin – anders als grundsätzlich bei einer Besitzweggabe durch einen Geschäftsunfähigen (s Vorbem 91) – kein Abhandenkommen gem § 935 gesehen werden, da der andernfalls unmögliche Gutglaubenserwerb der Sache der von § 105a bezweckten erleichterten Teilnahme der Geschäftsunfähigen am Rechtsverkehr widerspräche (CASPER NJW 2002, 3425, 3428; LUDYGA FPR 2007, 3, 6).

5. Keine erhebliche Gefährdung (Satz 2)

Satz 2 des § 105a normiert das negative Erfordernis, dass die (fingierte) Wirksamkeit **10** des Verpflichtungsgeschäfts keine erhebliche Gefahr für Person oder Vermögen des Geschäftsunfähigen mit sich bringen darf. Das Merkmal ist im gleichen Sinne zu verstehen wie die wortgleich formulierte Voraussetzung für die Anordnung eines Einwilligungsvorbehalts in § 1903 Abs 1 S 1. Seine praktische Bedeutung wird allerdings im Rahmen des § 105a wesentlich geringer sein als im Betreuungsrecht, denn erhebliche Gefahren für den Geschäftsunfähigen dürften bei mit geringwertigen Mitteln zu erfüllenden Alltagsgeschäften nur selten in Betracht kommen (vgl Stellungnahme d Deutschen Anwaltvereins unter III 1; HEIM JuS 2003, 141, 144; JOUSSEN ZGS 2003, 101, 103; LÖHNIG/SCHÄRTL AcP 204 [2004] 25, 35 f; BAMBERGER/ROTH/WENDTLAND Rn 6). Eine erhebliche Personengefährdung des Geschäftsunfähigen kann etwa aus einem verfehlten Ver- oder Gebrauch der angeschafften Sachen (alkoholische Getränke durch Alkoholkranken, stark feuergefährliche Stoffe durch zu Zündeleien neigenden Demenzkranken) resultieren. Eine erhebliche Vermögensgefährdung ist möglich bei dem Abschluss zahlreicher Geschäfte des Geschäftsunfähigen mit verschiedenen Partnern, wobei das einzelne Geschäft jeweils mit geringwertigen Mitteln erfüllbar ist, der Gesamtbetrag der Mittel aber diesen Rahmen weit überschreitet (MünchKomm/SCHMITT Rn 17). Die Entstehung von hohen Folgekosten ist hingegen aus der Anschaffung von unter § 105a fallenden Gegenständen weniger zu befürchten (**aA** wohl MünchKomm/SCHMITT aaO). § 105a S 2 erfasst nur Gefahren für den Geschäftsunfähigen selbst, nicht auch solche für Dritte. Ist eine erhebliche Gefahr für den Geschäftsunfähigen gegeben, so bleibt es bei der Nichtigkeitsfolge des § 105 Abs 1. Der Diskussionsentwurf eines ZAG hatte demgegenüber für § 105a einen Absatz 3 vorgesehen, nach welchem die Unanwendbarkeit von Absatz 1 (= Satz 1 des Gesetzes) und damit die Nichtigkeit des Verpflichtungsgeschäfts im Falle einer erheblichen Gefahr nur aufgrund einer entsprechenden Anordnung des Vormundschaftsgerichts eintreten sollte. Von diesem Erfordernis der Einschaltung des Vormundschaftsgerichts hat das OLGVertrÄndG – wohl angesichts der hieran in der Diskussion geübten Kritik – abgesehen. Die Nichtigkeit tritt damit *ipso iure* ein. Die Regelung des § 105a S 2 hat der Gesetzgeber zur Gewährleistung des unabdingbaren Schutzes des Geschäftsunfähigen auch bei der Vornahme von Alltagsgeschäften für erforderlich gehalten.

IV. Wirksamkeitsfiktion

Die in § 105a S 1 normierte Rechtsfolge besteht darin, dass nach der – in ihrer **11** Wirksamkeit ebenfalls fingierten (vgl o Rn 9) – beiderseitigen Leistungserbringung der zugrundeliegende schuldrechtliche Vertrag als wirksam gilt. Da das Grundgeschäft mithin als wirksam lediglich fingiert wird, begründet § 105a S 1 keine Teilgeschäftsfähigkeit des Geschäftsunfähigen zur Vornahme von Alltagsgeschäften der bezeichneten Art; der Status des Betreffenden bleibt vielmehr auch in dieser Beziehung derjenige eines Geschäftsunfähigen gem § 104 Nr 2. Die Wirksamkeitsfiktion ist ferner in doppelter Hinsicht beschränkt. Sie tritt zum einen erst mit der erfolgten (beiderseitigen) Leistungsbewirkung ein und wirkt lediglich *ex nunc,* lässt den Vertrag also nicht rückwirkend wirksam werden. Diese Regelung soll die Entstehung von nicht erfüllten Vertragspflichten des Geschäftsunfähigen verhindern, die dessen Schutz zuwiderlaufen könnten (so BT-Drucks 14/9266, 43). Diese *ex nunc*-Wirkung erfasst den Vertrag nach dem Gesetzeswortlaut „in Ansehung von Leistung und, soweit vereinbart, Gegenleistung". Aus dieser Wendung folgt jedenfalls, dass der als wirksam fingierte Vertrag einen rechtlichen Grund für die erbrachten Leistungen bildet und deren Rückforderung gem § 812 Abs 1 S 1 Alt 1 deshalb ausgeschlossen ist. Insoweit besteht allgemein Einigkeit. Umstritten ist hingegen, ob der Vertrag über den Rückforderungsausschluss hinaus noch weitere Wirkungen zeitigt. Einige Stimmen im Schrifttum schreiben dem Vertrag nach erfolgter Leistungserbringung eine umfassende Wirksamkeit zu (so PALANDT/ELLENBERGER Rn 6; auch MEDICUS, AT Rn 551 a). Diese Ansicht geht aber über den Gesetzeswortlaut, der den Vertrag eben nur in Ansehung der Leistung und ggf der Gegenleistung als wirksam bezeichnet, ebenso hinaus wie über den erkennbaren Willen des Gesetzgebers, der die Erweiterung der Selbstständigkeit der Geschäftsunfähigen allein durch die Kondiktionsfestigkeit der erbrachten Leistungen zu erreichen sucht. Andere Autoren nehmen eine halbseitige Wirksamkeit des Vertrages in der Weise an, dass der Vertrag zugunsten des geschäftsunfähigen Teils alle Wirkungen entfalte, während gegenüber dem anderen Teil die Wirksamkeit nur fingiert werde; dann hätte der Geschäftsunfähige alle Rechte aus dem Vertrag, die Stellung des anderen Teils beschränkte sich hingegen auf das Behaltendürfen der empfangenen Leistung (LUDYGA FPR 2007, 3, 4 f; zuneigend auch CASPER NJW 2002, 3425, 3427). Ein solches *negotium claudicans,* das einen Fremdkörper im System des Geschäftsfähigkeitsrecht des BGB darstellte, kann aber nicht lediglich aus der allgemeinen *ratio* des § 105a hergeleitet werden, die Stellung des Geschäftsunfähigen gegenüber der bisherigen Rechtslage zu verbessern, und vermag deshalb nicht zu überzeugen (ablehnend auch JOUSSEN ZGS 2003, 101, 104; LIPP FamRZ 2003, 721, 728; WEDEMANN Jura 2010, 587, 591; ERMAN/PALM Rn 14). Alleinige Folge der Wirksamkeitsfiktion des § 105a S 1 ist somit der Ausschluss einer bereicherungsrechtlichen Rückabwicklung der erbrachten Leistungen; darüber hinaus bleibt es hingegen bei der Nichtigkeitsfolge des § 105 Abs 1 (so auch HEIM JuS 2003, 141, 143; JOUSSEN ZGS 2003, 101, 104; LIPP FamRZ 2003, 721, 728; ZIMMERMANN BtPrax 2003, 26, 27; LÖHNIG/SCHÄRTL AcP 204 [2004] 25, 41 ff; FRANZEN JR 2004, 221, 225; WEDEMANN Jura 2010, 587, 591; BORK AT Rn 989 a; BAMBERGER/ROTH/WENDTLAND Rn 7; JAUERNIG/JAUERNIG Rn 6).

12 Da der schuldrechtliche Vertrag nur „in Ansehung von Leistung und ... Gegenleistung" und damit allein zum Ausschluss der Rückabwicklung als wirksam fingiert wird, er im übrigen aber nichtig ist, stehen weder dem Geschäftsunfähigen noch dem anderen Teil Ansprüche auf Erfüllung oder Rechte wegen Leistungsstörung (Nacherfüllung, Rücktritt, Minderung, Schadens- oder Aufwendungsersatz) zu (s die Angaben o Rn 11 aE sowie AnwK-BGB/BALDUS Rn 33). Ansprüche wegen Verletzung der Pflichten aus § 241 Abs 2 durch den geschäftsfähigen anderen Teil hat der Geschäftsunfähige nur unter den Voraussetzungen der §§ 311 Abs 2, 280 Abs 1 oder bei Vorliegen einer unerlaubten Handlung. Diese Ablehnung vertraglicher Sekundäransprüche ist allerdings sehr umstritten. Teile des Schrifttums bejahen solche Ansprüche für beide Vertragspartner oder wenigstens für den Geschäftsunfähigen, mit unterschiedlichen Begründungen. Bei einem Verständnis des § 105a S 1 iSv einer umfassenden Wirksamkeit des Vertrages nach Leistungserbringung, nicht nur als Rückforderungsausschluss (s o Rn 11) würden sich Sekundärrechte beider Teile ohne weiteres ergeben (vgl PALANDT/ELLENBERGER Rn 6; MEDICUS, AT Rn 551a), bei Annahme einer halbseitigen Wirksamkeit hätte nur der Geschäftsunfähige vertragliche Ansprüche gegen den anderen Teil, nicht aber umgekehrt dieser gegen jenen (so LUDYGA FPR 2007, 3, 4 f; CASPER NJW 2002, 3425, 3427). Gleiches gilt für die Versuche einer Herleitung von Rechten aus Leistungsstörung für beide Vertragsteile (so ERMAN/PALM Rn 14; auch LARENZ/WOLF AT § 25 II 2 [Rn 8]) oder nur für den Geschäftsunfähigen (so ADENA 81 ff; MünchKomm/SCHMITT Rn 20 ff; Hk-BGB/DÖRNER Rn 5) allgemein aus dem mit § 105a verfolgten Zweck einer Verbesserung der Stellung des Geschäftsunfähigen herzuleiten, denn ein eindeutiger Wille des Gesetzgebers, zur Erreichung dieses Ziels auch vertragliche Sekundäransprüche zu gewähren, kann nicht dargetan werden. Den Vorzug verdient daher die derartige Ansprüche ablehnende Ansicht. In den Fällen einer unvollständigen oder mangelhaften Leistung des geschäftsfähigen Teils ist der Geschäftsunfähige ferner insoweit geschützt, als dann diese Leistung nicht als bewirkt gilt (s o Rn 8), die Wirksamkeitsfiktion nicht eintritt und der Geschäftsunfähige deshalb seine ggf bereits erbrachte Gegenleistung kondizieren bzw vindizieren kann. Gleiches gilt für eine Vorleistung eines Geschäftsunfähigen unter Berufung auf die Nichtigkeit des Vertrages (hierzu Deutscher Anwaltverein, Stellungnahme III 1 der in diesem Fall – mit entspr Formulierungsvorschlag – für eine vollständige und rückwirkende Wirksamkeit des Vertrages allein aufgrund der Leistungserbringung durch den Geschäftsunfähigen eingetreten ist). Ein – für den Geschäftsunfähigen vom Betreuer zu erklärender – Rücktritt von dem als wirksam fingierten schuldrechtlichen Vertrag, der zwar mangels Leistungsbewirkung nicht gem § 437 Nr 2 oder § 634 Nr 3 möglich ist (s o Rn 8), wohl aber aus sonstigen Gründen (zB § 313 Abs 3 S 1 oder als Widerruf oder Rückgabe nach den §§ 355, 356 mit der Folge des gem § 357 Abs 1 S 1 anwendbaren Rücktrittsrechts), kann auf Seiten des Geschäftsunfähigen nur die Pflicht zur Rückgewähr der empfangenen Leistungen und der bei ihm noch vorhandenen Nutzungen nach § 346 Abs 1 auslösen, nicht aber eine Verpflichtung zum Wertersatz nach § 346 Abs 2, denn eine solche Ersatzpflicht würde das Vermögen des Geschäftsunfähigen – entgegen der Zweckrichtung des § 105a – unter den ohne die erhaltene Leistung vorhandenen Stand vermindern (LÖHNIG/SCHÄRTL AcP 204 [2004] 25, 49 ff; auch KOHLER JZ 2004, 349). Entsprechendes gilt für eine Anfechtung des Vertrages: Die dadurch über § 142 Abs 1 ausgelöste Bereicherungshaftung des Geschäftsunfähigen beschränkt sich auch bei dessen vorhandener Kenntnis des Anfechtungsgrundes auf die bei ihm noch vorhandene Bereicherung bzw – bei einer Anfechtung auch des Erfüllungsgeschäfts – auf die Herausgabe der ihm geleisteten Sache gem § 985 ohne eine Schadensersatzpflicht nach den §§ 990, 989 (vgl LÖHNIG/SCHÄRTL AcP 204 [2004] 25, 52 f). Die in § 105a S 1 getroffene Rechtsfolgenregelung vermag nicht in jeder Hinsicht zu befriedigen. Indem sie sich unter Beibehaltung des Status der Geschäftsunfähigkeit auf den Ausschluss der Rückabwicklung beschränkt, handelt es sich bei der Vorschrift gesetzessystematisch gar nicht um eine Geschäftsfähigkeitsnorm, sondern um eine solche des Bereicherungsrechts, die deshalb besser in die §§ 812 ff eingestellt worden wäre (so BR-Rechts- u Wirtschaftsausschuss in: BR-Drucks 502/1/02 Nr 3; anders wohl LÖHNIG/SCHÄRTL AcP 204 [2004] 25, 57). Rechtspolitisch stellt sich die Frage, ob das gesetzgeberische Ziel einer größeren Selbstständigkeit der volljährigen Geschäftsunfähigen durch den bloßen Ausschluss der Rückabwicklung von Alltagsgeschäften überhaupt erreicht wird, da eine solche Rückabwicklung bei Bagatellgeschäften in der Praxis wohl kaum je verlangt wird (vgl BR-Rechts- u Wirtschaftsausschuss aaO; Deutscher Anwaltverein aaO; KOHLER JZ 2004, 348; ULRICI Jura 2003, 520, 522; JAUERNIG/JAUERNIG Rn 3; ferner JOUSSEN ZGS 2003, 101, 105; zweifelnd auch HEIM JuS 2003,

141, 144 f). Bezeichnenderweise ist zu § 105a trotz dessen nunmehr fast neunjähriger Geltungsdauer keine Gerichtsentscheidung bekannt geworden. Die im umgekehrten Verhältnis zur geringen praktischen Bedeutung der Norm stehenden schwierigen Auslegungsprobleme belegen die Schwächen einer Gesetzgebung, die dogmatische Stringenz und Kompatibilität mit dem vorhandenen System zugunsten einer rechtspolitischen Appellfunktion vernachlässigt.

V. Beweislast

13 Steht die Geschäftsunfähigkeit eines Beteiligten bei Geschäftsvornahme fest, so hat derjenige, der sich auf die Wirksamkeitsfiktion beruft, das Vorliegen eines mit geringwertigen Mitteln zu bewirkenden Geschäfts des täglichen Lebens zu beweisen. Ferner obliegt ihm der Beweis, dass die vereinbarten Leistungen bewirkt worden sind. Wer die Wirksamkeitsfiktion bestreitet, muss dartun, dass aus dem Geschäft eine erhebliche Gefahr für die Person oder das Vermögen des Geschäftsunfähigen resultiert.

VI. Keine Prozessfähigkeit

14 § 105a begründet keine Prozessfähigkeit des Geschäftsunfähigen hinsichtlich der dieser Vorschrift unterfallenden Geschäfte. Dies folgt daraus, dass die Norm keine – für eine Teil-Verfahrensfähigkeit erforderliche – Teil-Geschäftsfähigkeit festlegt, sondern an der (vollständigen) Geschäftsunfähigkeit des Volljährigen nichts ändert (vgl o Rn 3, 11). Da die Wirksamkeit des Verpflichtungsgeschäfts bei erfolgter Leistungsbewirkung lediglich zwecks Ausschlusses von Bereicherungsansprüchen fingiert wird, fehlt es zudem an der von § 52 ZPO verlangten selbstständigen Verpflichtungsfähigkeit des Geschäftsunfähigen.

VII. Verhältnis zur rechtlichen Betreuung

15 § 105a greift auch dann ein, wenn bei einem unter rechtlicher Betreuung stehenden Geschäftsunfähigen ein Einwilligungsvorbehalt gem § 1903 angeordnet ist (zu dessen Zulässigkeit vgl § 105 Rn 10). Die Wirksamkeitsfiktion wird mithin nicht wegen fehlender Einwilligung des Betreuers ausgeschlossen. Mit der weitgehend ähnlichen Vorschrift des § 1903 Abs 3 S 2 überschneidet sich der Anwendungsbereich des § 105a deshalb nicht, weil nach der hier vertretenen Auffassung (s o § 105 Rn 10; aA STAUDINGER/BIENWALD [1999] § 1903 Rn 8) § 1903 Abs 3 S 2 auf geschäftsunfähige Betreute nicht anwendbar ist (iE auch MünchKomm/SCHMITT Rn 28: § 105a lex specialis; vgl auch ZIMMERMANN BtPrax 2003, 26, 27; SPICKHOFF AcP 208 [2008] 345, 370).

VIII. Parallelvorschriften

16 Als dem § 105a entsprechende Vorschriften haben Art 30 OLGVertrÄndG dem § 138 SGB IX einen Absatz 5 und Art 31 OLGVertrÄndG dem § 5 des Heimgesetzes vom 5. 11. 2001 (BGBl I 2970) einen Absatz 12 angefügt. Nach § 138 Abs 5 SGB IX gilt ein von einem volljährigen behinderten Menschen, der in den Arbeitsbereich einer anerkannten Werkstatt für behinderte Menschen aufgenommen wurde und zu diesem Zeitpunkt geschäftsunfähig war, geschlossener Werkstattvertrag in Ansehung einer bereits bewirkten Leistung und deren Gegenleistung, soweit diese in

Titel 1 § 105a, 16
Geschäftsfähigkeit § 106

einem angemessenen Verhältnis zueinander stehen, als wirksam. § 5 Abs 12 des Heimgesetzes enthält die gleiche Regelung hinsichtlich eines von einem Geschäftsunfähigen geschlossenen Heimvertrages. Zu beiden Regelungen s LIPP FamRZ 2003, 721, 729. Das am 1. 10. 2009 in Kraft getretene Wohn- und Betreuungsvertragsgesetz – WBVG – vom 29. 7. 2009 (BGBl I 2319), das gem seinem § 1 Abs 1 Verträge zwischen einem Unternehmer und einem volljährigen Verbraucher regelt, in denen sich der Unternehmer zur Überlassung von Wohnraum und zur Erbringung von Pflege- und Betreuungsleistungen verpflichtet, die der Bewältigung eines durch Alter, Pflegebedürftigkeit oder Behinderung bedingten Hilfebedarfs dienen, enthält in § 4 Abs 2 eine weitergehende Bestimmung für den Fall der Geschäftsunfähigkeit des Verbrauchers bei Vertragsschluss. Die Wirksamkeit des Vertrages hängt hiernach von der Genehmigung eines Bevollmächtigten oder Betreuers des Verbrauchers ab, wobei § 108 Abs 2 für entsprechend anwendbar erklärt wird. Der Vertrag ist also – abweichend von § 105 Abs 1 – nicht nichtig, sondern schwebend unwirksam und wird, wie der Vertrag eines beschränkt Geschäftsfähigen, mit der Genehmigung voll wirksam. Schon vor der Genehmigung gilt der Vertrag, wie ein Vertrag nach § 105a, in Ansehung einer bereits bewirkten Leistung und deren Gegenleistung als wirksam geschlossen, diese Leistungen können mithin auch bei Verweigerung der Genehmigung nicht zurückgefordert werden. Vor wirksamem Vertragsschluss kann der Unternehmer das Vertragsverhältnis nur aus wichtigem Grund für gelöst erklären. Seit dem 1. 5. 2010 gilt § 4 Abs 2 WBVG auch für Heimverträge nach dem Heimgesetz (§ 17 Abs 1 S 2 WBVG). Zum Ganzen vgl WEDEMANN AcP 209 [2009] 668, 679 ff.

§ 106
Beschränkte Geschäftsfähigkeit Minderjähriger

Ein Minderjähriger, der das siebente Lebensjahr vollendet hat, ist nach Maßgabe der §§ 107 bis 113 in der Geschäftsfähigkeit beschränkt.

Materialien: VE AT § 82 Abs 1; KE § 64 Abs 1; E I § 65 Abs 1; II § 80; III § 102; SCHUBERT, AT I 15, AT II 41 f; JAKOBS/SCHUBERT 499 f, 505 f, 517, 522, 535 f, 540, 551, 557, 562, 567, 569, 571; Mot I 131 f, 145 ff = MUGDAN I 424 f, 432 f, Prot I 123 = MUGDAN I 675

Schrifttum

S die Angaben bei den Vorbem zu §§ 104–115, zu den §§ 104–105a sowie

BOSCH, Teil-Unmündigkeit trotz Volljährigkeit?, in: FS Schiedermair (1976) 51
BROX, Der Minderjährigenschutz beim Rechtsgeschäft, JA 1989, 441
ECKART, Über die Geschäftsfähigkeit Minderjähriger (Diss Heidelberg 1908)
GOERING, Das Recht der Minderjährigen und Entmündigten nach dem 1. 1. 1900 (1899)
KUNZ, Die rechtlich bedeutsamen Entwicklungsstufen des Minderjährigen, ZblJugR 1983, 258
LEENEN, Willenserklärung und Rechtsgeschäft, Jura 2007, 721
PAUCKSTADT-MAIHOLD, Geschäftsfähigkeit – Grundlagen und Wiederholung unter Berücksichtigung des Betreuungsrechts, JA 1994, 465
H W SCHMIDT, Zur Geschäftsfähigkeit der Heranwachsenden, SchlHA 1967, 91
SCHREIBER, Geschäftsfähigkeit, Jura 1991, 24
SÜSSHEIM, Die Altersstufen des Bürgerlichen Gesetzbuchs, Gruchot 45 (1901) 53.

Systematische Übersicht

I.	**Bedeutung der beschränkten Geschäftsfähigkeit**	1	**IV.** Beweislast	9
			V. Verfahrensfähigkeit	10
II.	**Minderjährige über sieben Jahre**	2		
			VI. Betreuter bei Einwilligungsvorbehalt	11
III.	**Rechtsstellung**			
1.	Grundsätzliche Regelung der §§ 107–113 (Überblick)	3		
2.	Besondere Regelungen	6		

Alphabetische Übersicht

Betreute	11	Realakte Minderjähriger	8
Beweislast	9		
		Schutzzweck der beschränkten Geschäftsfähigkeit	1
Ehemündigkeit	6		
		Sondervorschriften (über Rechtsgeschäfte Minderjähriger)	7
Gesetzlicher Vertreter (Handlungsalternativen)	5		
		Typisierung der beschränkten Geschäftsfähigkeit	2
Historische Entwicklung	4		
Prozessfähigkeit	10	Verweisung auf §§ 107–113 (Überblick)	3

I. Bedeutung der beschränkten Geschäftsfähigkeit

1 Neben der Geschäftsunfähigkeit kennt das BGB als zweite Kategorie nicht vollständiger Geschäftsfähigkeit die beschränkte Geschäftsfähigkeit. Diese Zweiteilung des Kreises der nicht voll geschäftsfähigen Personen ist eine auf das römisch-gemeine Recht zurückgehende (vgl Vorbem 106 zu §§ 104–115), von den meisten deutschen Partikularrechten übernommene (s Vorbem 111, 112 zu §§ 104–115) Eigenart des deutschen (auch des Rechts der früheren DDR; vgl Vorbem 116 zu §§ 104–115) und österreichischen (vgl Vorbem 117 zu §§ 104–115) Rechts (hierzu allg Vorbem 12 zu §§ 104–115). Die in der Geschäftsfähigkeit beschränkten Personen erachtet das Gesetz im Gegensatz zu den Geschäftsunfähigen zur Bildung und Äußerung eines rechtlich erheblichen Willens für fähig. Willenserklärungen solcher Personen sind daher grundsätzlich rechtlich beachtlich. Allerdings fehlt auch den über Siebenjährigen typischerweise noch die psychische Reife, innere Festigkeit und Lebenserfahrung, um die von ihnen abgeschlossenen Rechtsgeschäfte in ihrer Bedeutung und Tragweite angemessen zu beurteilen und die sich aus solchen Geschäften möglicherweise ergebenden Gefahren zutreffend einzuschätzen. Gerade unter den Verhältnissen der modernen Konsumgesellschaft können die jungen Menschen den Verführungen einer aggressiven, speziell an sie als Zielgruppe gerichteten Werbung erliegen und in jugendlicher Raschheit Rechtsgeschäfte etwa zum Erwerb begehrter Konsumartikel abschließen, ohne sich bei Vertragsschluss ausreichend im Klaren darüber zu sein, dass die dabei eingegangenen Verbindlichkeiten ihre finanzielle Leistungsfähigkeit erheblich, mitunter sogar mit ruinösen Auswirkungen, übersteigen können. Der dem gesamten Geschäftsfähigkeitsrecht zugrundeliegende Zweck eines Schutzes des zur selbstständigen Teilnahme am rechtsgeschäftlichen Verkehr (noch) nicht fähigen Menschen (vgl allg Vorbem 20 zu §§ 104–115) muss mithin auch im Hinblick auf die über sieben Jahre alten Minderjährigen Platz greifen. Diesem Schutzbedürfnis sucht das Gesetz zu genügen, indem es die Wirksamkeit derjenigen Rechtsgeschäfte, die dem in der Geschäftsfähigkeit Beschränkten rechtlich nicht lediglich vorteilhaft sind, an die Zustimmung des gesetzlichen Vertreters bindet, während der in der Geschäftsfähigkeit Beschränkte ihm rechtlich ausschließlich vorteilhafte Geschäfte bereits selbstständig vornehmen kann (vgl Begr zu § 82 [§ 2] VE AT S 22 f = Schubert, AT II 42 f; Mot I 131 aE = Mugdan I 424; Brox JA 1989, 441 ff; Schreiber Jura 1991, 24 f; BGB-RGRK/Krüger-Nieland Rn 1). Das Institut der beschränkten Geschäftsfähigkeit will damit auf der einen Seite den erforderlichen Minderjährigenschutz gewährleisten, den jungen Menschen andererseits aber durch die Möglichkeit eigenen rechtsgeschäftlichen Handelns auf die spätere volle Selbstständigkeit vorzubereiten. Der **Schutzzweck** wird auf diese Weise durch den **Erziehungszweck** (hierzu allg Vorbem 22 zu §§ 104–115) ergänzt (MünchKomm/Schmitt Rn 2; BGB-RGRK/Krüger-Nieland Rn 1; Soergel/Hefermehl Rn 1).

II. Minderjährige über sieben Jahre

Der Kreis der in der Geschäftsfähigkeit beschränkten Personen fällt seit dem 1. 1. 1992 mit dem Kreis der über siebenjährigen Minderjährigen zusammen. Die bis dahin bestehende beschränkte Geschäftsfähigkeit auch der wegen Geistesschwäche, Verschwendung, Trunk- oder Rauschgiftsucht Entmündigten oder unter vorläufige Vormundschaft Gestellten (früherer § 114) ist mit der Beseitigung der Institute der Entmündigung und der Vormundschaft über Volljährige durch das Betreuungsgesetz entfallen (s Vorbem 115 zu §§ 104–115). Innerhalb der Gruppe der Minderjährigen über sieben Jahre kennt das BGB im Hinblick auf die allgemeine Geschäftsfähigkeit keine weiteren Abstufungen. Die im römisch-gemeinen Recht vorhanden gewesene Unterteilung der dem Kindesalter entwachsenen Minderjährigen in Mündige und Unmündige (vgl Vorbem 107, 109 zu §§ 104–115), die noch das österreichische ABGB beibehalten hat (s Vorbem 111, 117 zu §§ 104–115), haben die Gesetzesverfasser als überlebt nicht übernommen (Mot I 132 = Mugdan I 424: „… wird den heutigen Verhältnissen wenig gerecht"). Die unterschiedslose Behandlung der jungen Menschen während der langen Periode der Minderjährigkeit nach Vollendung des 7. Lebensjahres als beschränkt geschäftsfähig ist insbesondere unter der Geltung der alten Volljährigkeitsgrenze von 21 Jahren vor 1975 kritisiert worden (vgl H W Schmidt SchlHA 1967, 91). Aber auch nach der Herabsetzung des Volljährigkeitsalters auf das vollendete 18. Lebensjahr ist die Einräumung von weiteren „Teilmündigkeiten", insbesondere für die Person des Minderjährigen betreffende Rechtsgeschäfte nach dem Vorbild der Religionsmündigkeit, *de lege ferenda* durchaus diskussionswürdig. In terminologischer Hinsicht bezeichnet das Gesetz in seinen Vorschriften über die beschränkte Geschäftsfähigkeit die über siebenjährigen Minderjährigen meist schlechthin als „Minderjährige"; der Terminus „Minderjährige" kann also einmal alle Personen bis zum vollendeten 18. Lebensjahr umfassen, also auch die noch nicht siebenjährigen, und sich zum anderen – so fortan auch in dieser Kommentierung – auf die Minderjährigen über sieben Jahre beschränken. Das Alter der Minderjährigkeit in diesem letztgenannten Sinne beginnt demnach gem §§ 106, 187 Abs 2 S 2 mit dem Beginn des Tages des letzten Monats des siebenten Lebensjahres, der durch seine Zahl dem Tage der Geburt entspricht (vgl § 104 Rn 2). Ein am 3. 11. 2003 Geborener erwirbt folglich am 3. 11. 2010 00.00 Uhr den Status eines in der Geschäftsfähigkeit Beschränkten. Dieser Status endet mit dem Eintritt der Volljährigkeit und somit gem § 2 mit der Vollendung des 18. Lebensjahres. Das 18. Lebensjahr ist nach § 188 Abs 2 Alt 2 mit dem Ablauf desjenigen Tages des letzten Monats dieses Lebensjahres vollendet, der dem Tag vorangeht, der durch seine Zahl dem Tag der Geburt entspricht. In vorstehendem Beispielsfall wird also ein am 3. 11. 2003 Geborener am 2. 11. 2022 um 24. 00 Uhr volljährig. Personen dieser Altersgruppe unterliegen gem § 106 der Beschränkung der Geschäftsfähigkeit ohne Rücksicht auf eine im Einzelfall etwa gegebene retardierte oder beschleunigte psychische Reife. Ein Achtjähriger ist also auch dann schon beschränkt geschäftsfähig, wenn er sich noch auf dem Entwicklungsstand eines Sechsjährigen befindet, sofern nicht Geschäftsunfähigkeit nach § 104 Nr 2 vorliegt; umgekehrt ist ein 17-Jähriger gleichwohl noch in der Geschäftsfähigkeit beschränkt, wenn seine Reife der eines 19-Jährigen entspricht. Der Status der beschränkten Geschäftsfähigkeit ist also ebenso wie derjenige der Geschäftsunfähigkeit wegen Kindesalters nach § 104 Nr 1 (s dort Rn 2) zwecks Wahrung der Rechtssicherheit und damit zum Schutze des Geschäftsgegners streng **typisiert** (s hierzu allg Vorbem 9 zu §§ 104–115). Die – unter den Voraussetzungen des § 1303 Abs 2 mögliche – Eheschließung eines Minderjährigen lässt die Beschränkung von dessen Geschäftsfähigkeit unberührt; den Satz „Heirat macht mündig" haben die Gesetzesverfasser bewusst nicht übernommen (Mot I 57 ff = MUGDAN I 384 f; kritisch hierzu unter Hinweis auf den früheren Art 14 Abs 2 SchwZGB RABEL RheinZ 4 [1912] 135, 145). Von dem Begriff des Minderjährigen bedeutungsverschieden und daher mit diesem nicht zu verwechseln ist die von anderen Gesetzen mit gegenüber dem bürgerlichen Geschäftsfähigkeitsrecht unterschiedlichem Regelungszweck gebrauchte Terminologie. So bezeichnet § 1 Abs 2 JGG als „Jugendlichen", wer zur Tatzeit das 14., aber noch nicht das 18., als „Heranwachsenden", wer zur Tatzeit das 18., aber noch nicht das 21. Lebensjahr vollendet hat. Das die Kinder- und Jugendhilfe regelnde SGB VIII unterscheidet in seinem § 7 Abs 1 die Altersklassen der noch nicht 14-jährigen „Kinder", der 14, aber noch nicht 18-jährigen „Jugendlichen", der 18, aber noch nicht 27-jährigen „jungen Volljährigen" und fasst schließlich alle noch nicht 27-Jährigen unter dem Begriff „junge Menschen" zusammen.

III. Rechtsstellung

1. Grundsätzliche Regelung der §§ 107–113 (Überblick)

3 Inhalt und Umfang der Beschränkung der Geschäftsfähigkeit der Minderjährigen werden in § 106 noch nicht bestimmt. Die Vorschrift verweist in dieser Hinsicht auf die folgenden §§ 107–113, deren Regelung hier zunächst überblicksartig skizziert werden soll: In § 107 trifft das Gesetz die für die weitere Regelung grundlegende Unterscheidung zwischen Willenserklärungen eines Minderjährigen, die diesem lediglich rechtlichen Vorteil bringen und solchen, die für ihn (auch) rechtliche Nachteile auslösen. Rechtlich lediglich vorteilhafte Willenserklärungen des Minderjährigen sind wirksam, ohne dass hierzu eine Mitwirkung des gesetzlichen Vertreters erforderlich ist. Willenserklärungen, die dem Minderjährigen nicht lediglich rechtlichen Vorteil bringen, bedürfen demgegenüber nach § 107 zu ihrer Wirksamkeit der Einwilligung (§ 183) des gesetzlichen Vertreters des Minderjährigen (anders LEENEN, in: FS Canaris 708 f u Jura 2007, 721, 724 f auf Grund einer strengen Unterscheidung zwischen Willenserklärung und Rechtsgeschäft: auch die dem Minderjährigen rechtlich nachteilige Willenserklärung ist ohne Einwilligung des gesetzlichen Vertreters wirksam und bringt einen Vertrag dem Tatbestand nach zustande; lediglich die Wirksamkeit des Vertrages hängt nach § 108 von der Genehmigung des Vertreters ab). Hinsichtlich des Schicksals der hiernach einwilligungsbedürftigen, aber ohne eine solche Einwilligung geschlossenen Rechtsgeschäfte unterscheidet das Gesetz zwischen Verträgen und einseitigen Rechtsgeschäften. Ein von dem Minderjährigen ohne Einwilligung seines gesetzlichen Vertreters mit einem Dritten geschlossener Vertrag ist nicht absolut unwirksam (= nichtig), sondern er kann gem § 108 Abs 1 durch die Genehmigung (§ 184 Abs 1) des Vertreters bzw von der erreichten unbeschränkten Geschäftsfähigkeit an des bisherigen Minderjährigen selbst (§ 108 Abs 3) mit rückwirkender Kraft wirksam werden (schwebende Unwirksamkeit). Eine an den Vertreter gerichtete Aufforderung des anderen Vertragsteils, sich über die Genehmigung zu erklären, hat gem § 108 Abs 2 S 1 zur Folge, dass diese Erklärung, abweichend von dem Grundsatz des § 182 Abs 1, nur noch dem anderen Teil gegenüber erfolgen kann und eine vorher bereits gegenüber dem Minderjährigen erklärte Genehmigung oder Verweigerung der Genehmigung unwirksam wird, ein durch die frühere Erklärung schon wirksam oder endgültig unwirksam gewordener Vertrag also wiederum in das Stadium der schwebenden Unwirksamkeit zurückversetzt wird. Ferner löst die Aufforderung gem § 108 Abs 2 S 2 eine Frist von zwei Wochen für die Erklärung über die Genehmigung aus, nach deren fruchtlosem Ablauf die Genehmigung als verweigert gilt mit der Folge der endgültigen Unwirksamkeit des Vertrages. § 109 räumt dem anderen Teil ein Widerrufsrecht ein, wenn er die Minderjährigkeit seines Kontrahenten bei Vertragsschluss nicht gekannt oder der Minderjährige wahrheitswidrig die Einwilligung des gesetzlichen Vertreters behauptet hat und dem anderen Teil das Fehlen der Einwilligung nicht bekannt war, wobei der Minderjährige eine bei dem anderen Teil doch vorhandene Kenntnis seiner Minderjährigkeit oder der fehlenden Einwilligung beweisen muss, während der andere Teil die Beweislast für die wahrheitswidrige Behauptung der Einwilligung des Vertreters trägt (Formulierung von § 109 Abs 2). § 110 erklärt einen von dem Minderjährigen ohne Zustimmung (Einwilligung oder Genehmigung) des gesetzlichen Vertreters geschlossenen Vertrag dann als von Anfang an wirksam, wenn der Minderjährige die ihm nach dem Vertrag obliegende Leistung mit Mitteln bewirkt, die ihm der gesetzliche Vertreter oder ein Dritter mit Zustimmung des Vertreters zu diesem Zweck oder zur freien Verfügung überlassen hat. Einwilligungsbedürftige einseitige Rechtsgeschäfte sind in § 111 geregelt. Die fehlende Einwilligung macht das Geschäft im Gegensatz zu dem nur schwebend unwirksamen Vertrag hier unwirksam ohne die Möglichkeit eines Wirksamwerdens durch eine Genehmigung (Satz 1). Die gleiche Rechtsfolge zeitigt nach Satz 2 auch ein mit Einwilligung vorgenommenes einseitiges empfangsbedürftiges Rechtsgeschäft, wenn der Minderjährige die Einwilligung nicht in schriftlicher Form vorlegt und der Empfänger der Erklärung sie aus diesem Grund unverzüglich zurückweist. Die Zurückweisung ist nach Satz 3 ausgeschlossen, wenn der Vertreter den anderen von der Einwilligung in Kenntnis gesetzt hatte. Nach den §§ 112 und 113 kann der Minderjährige für gewisse sachlich begrenzte Lebensbereiche eine unbeschränkte Geschäftsfähigkeit (Teilgeschäftsfähigkeit) erlangen. § 112 normiert eine solche Teilgeschäftsfähigkeit für alle mit dem selbstständigen Betrieb eines Erwerbsgeschäfts zusammenhängenden Rechtsgeschäfte („Handelsmündigkeit"), ausgenommen diejenigen Geschäfte, zu welchen der gesetzliche Vertreter der Genehmigung des Familiengerichts bedarf. Voraussetzung ist, dass der gesetzliche Vertreter den Minderjährigen zum selbstständigen Betrieb des Erwerbsgeschäfts ermächtigt hat, wozu ebenfalls die Genehmigung des Familiengerichts erforderlich ist. Der Vertreter kann die Ermächtigung nur mit Genehmigung des Familiengerichts zurücknehmen. Die in § 113 statuierte Teilgeschäftsfähigkeit erfordert eine Ermächtigung des Minderjährigen durch den gesetzlichen Vertreter, in Dienst oder in Arbeit zu treten. Der Minderjährige ist dann für solche Rechtsgeschäfte unbeschränkt geschäftsfähig, die die Eingehung oder Aufhebung eines Dienst- oder Arbeitsverhältnisses der gestatteten Art oder die Erfüllung der sich aus einem solchen Verhältnis gegebenen Verpflichtungen betreffen („Arbeitsmündigkeit"), mit Ausnahme derjenigen Verträge, zu denen der Vertreter der familiengerichtlichen Genehmigung bedarf. Die für einen Einzelfall erteilte Ermächtigung gilt im Zweifel als allgemeine Ermächtigung zur Eingehung von Verhältnissen derselben Art. Eine vom gesetzlichen Vertreter verweigerte Genehmigung kann das Familiengericht auf Antrag des Minderjährigen ersetzen und es muss dies tun, wenn die Ersetzung im Interesse des Minderjährigen liegt, sofern es sich bei dem gesetzlichen Vertreter um einen Vormund (nicht um die Eltern) handelt. Der Vertreter kann die Ermächtigung zurücknehmen oder einschränken.

4 Die in den §§ 107, 108 getroffene Regelung, insbesondere die Differenzierung zwischen den ohne Einwilligung wirksamen Rechtsgeschäften, die dem Minderjährigen lediglich rechtlich vorteilhaft sind, und den einwilligungsbedürftigen Geschäften mit einem rechtlichen Nachteil für den Minderjährigen, gehen im Kern zurück auf die im römischen Recht entwickelten Grundsätze über die Fähigkeit des Unmündigen zur Vornahme von Rechtsakten ohne oder mit *auctoritas* seines Vormundes (hierzu ausführlich Vorbem 106 zu §§ 104–115), die in modifizierter Form auch den älteren Kodifikationen zugrunde gelegen hatten (vgl Vorbem 111, 112 zu §§ 104–115). Unmittelbare Grundlage der im BGB getroffenen Regelung war das preußische Geschäftsfähigkeitsgesetz vom 12. 7. 1875 (hierzu Vorbem 113 zu §§ 104–115). Die Abweichungen des BGB von der römisch-rechtlichen Grundlage betreffen zunächst die Teilgeschäftsfähigkeiten der §§ 112 und 113, die dem Recht des *Corpus Iuris Civilis* unbekannt gewesen sind. Vor allem aber wird in den BGB-Vorschriften das Bestreben deutlich, einen angemessenen Ausgleich zu finden zwischen dem Schutz des Minderjährigen vor nachteiligen Folgen der von ihm geschlossenen Rechtsgeschäfte einerseits (vgl o Rn 1) und dem Erfordernis der Rechtssicherheit andererseits. Diesem Anliegen dienen insbesondere die in § 108 Abs 2 normierten Wirkungen der Aufforderung des anderen Vertragsteils an den gesetzlichen Vertreter betreffend die Erklärung über die Genehmigung; der Ablauf der dort vorgeschriebenen Zwei-Wochen-Frist verschafft dem anderen Teil die Gewissheit der endgültigen Unwirksamkeit des Vertrags. Das Widerrufsrecht nach § 109 beseitigt mit der gleichen Zielsetzung unter den dort genannten Voraussetzungen die grundsätzliche Bindung des anderen Vertragsteils an den mit den Minderjährigen geschlossenen nicht konsentierten Vertrag. Die Unwirksamkeit eines einseitigen Rechtsgeschäfts ohne Einwilligung oder bei fehlender schriftlicher Einwilligung und unverzüglicher Zurückweisung gem § 111 soll den Erklärungsgegner vor einem Schwebezustand bewahren, den er hier – anders als bei einem Vertrag – nicht durch Nichtannahme der Erklärung des Minderjährigen vermeiden könnte. Schließlich hat das BGB auch das römisch-rechtliche Institut der Wiedereinsetzung in den vorigen Stand wegen Minderjährigkeit, die schon die älteren Kodifikationen nicht übernommen hatten und die das preußische Geschäftsfähigkeitsgesetz für das gesamte preußische Staatsgebiet beseitigt hatte, vor allem deshalb abgelehnt, weil der andere Teil auf die endgültige Wirksamkeit eines mit Zustimmung des gesetzlichen Vertreters und ggf mit Genehmigung des (heute) Familiengerichts geschlossenen Geschäfts sollte vertrauen können (vgl Begr zu § 85 [§ 5] VE [bei Schubert, AT II 75 f]). Nicht geschützt wird hingegen auch insoweit ein guter Glaube des Geschäftsgegners an die Volljährigkeit oder eine in Wirklichkeit nicht vorliegende Zustimmung des gesetzlichen Vertreters des Minderjährigen; ein zustimmungsbedürftiges, aber ohne Konsens geschlossenes Minderjährigengeschäft wird auch dann nicht wirksam, wenn der andere Teil seinen Geschäftspartner ohne Verschulden für volljährig oder den Konsens als erteilt angesehen hat (vgl allg Vorbem 26 zu §§ 104–115). Zur bereicherungsrechtlichen Rückabwicklung eines endgültig unwirksamen Minderjährigengeschäfts s Vorbem 79, 80 zu §§ 104–115. Den Regelungsmechanismus der §§ 107–109, 111 verwendet das Gesetz auch in anderen Bereichen, so in den §§ 177, 178, 180 für Rechtsgeschäfte des Vertreters ohne Vertretungsmacht, den §§ 1365–1367, 1369 für Geschäfte eines Ehegatten im gesetzlichen Güterstand über sein Vermögen als Ganzes oder über Haushaltsgegenstände, den §§ 1423, 1424, 1427, 1453 für die dort genannten Geschäfte eines Ehegatten im Güterstand der Gütergemeinschaft sowie den §§ 1829, 1832 iVm 1643 Abs 3 für Geschäfte des gesetzlichen Vertreters, die der Genehmigung des Familiengerichts oder des Gegenvormundes bedürfen.

Der **gesetzliche Vertreter** (hierzu allg Vorbem 25 zu §§ 104–115) kann bezüglich der in der **5** Person des Minderjährigen wirksam werdenden Rechtsgeschäfte auf zweifacher Weise tätig werden. Zum einen kann er auch für den beschränkt Geschäftsfähigen, insoweit nicht anders als für einen Geschäftsunfähigen, in Ausübung seiner gesetzlichen Vertretungsmacht (§§ 1629, 1793 Abs 1 S 1) selbst Rechtsgeschäfte im Namen des Kindes/Mündels abschließen, die dann gem § 164 unmittelbar für und gegen den Minderjährigen wirken. Anders als bei einem Geschäftsunfähigen kann sich aber gesetzliche Vertreter eines beschränkt Geschäftsfähigen auch darauf beschränken, den von dem Minderjährigen selbst abgegebenen, nach § 107 zustimmungsbedürftigen Willenserklärungen diese Zustimmung zu erteilen und die Erklärungen dadurch voll wirksam zu machen.

2. Besondere Regelungen

Abweichend von den allgemeinen Vorschriften der §§ 107–113 ist die Fähigkeit **6** eines Minderjährigen zur **Eingehung einer Ehe** geregelt. Die Ehemündigkeit fällt nach § 1303 Abs 1 grundsätzlich mit der Volljährigkeit zusammen. Einem Minderjährigen kann jedoch unter der Voraussetzung des § 1303 Abs 2 (Vollendung des 16. Lebensjahres und Volljährigkeit des künftigen Ehegatten) auf Antrag von dem Erfordernis der Ehemündigkeit vom Familiengericht Befreiung erteilt werden. Die Mitwirkung des gesetzlichen Vertreters ist nunmehr in § 1303 Abs 3 und 4 so ausgestaltet, dass er dem Befreiungsantrag widersprechen kann, woraufhin das Familiengericht die Befreiung nur erteilen darf, wenn der Widerspruch nicht auf triftigen Gründen beruht. Erteilt das Familiengericht die Befreiung, so ist eine Einwilligung des gesetzlichen Vertreters oder eines sonstigen Personensorgeberechtigten nicht mehr erforderlich. Diese Regelung vermeidet die frühere Zweigleisigkeit von Befreiungsverfahren und Verfahren der Ersetzung der Zustimmung des Vertreters.

Eine von einem nicht Ehemündigen ohne erteilte Befreiung geschlossene Ehe ist nach § 1314 Abs 1 aufhebbar. Zum Ausschluss der Aufhebbarkeit, dem Verfahren und den Rechtsfolgen der Aufhebung s §§ 1315 Abs 1 S 1 Nr 1 und S 3, 1316 Abs 1 Nr 1, Abs 2 S 2, 1318 Abs 2 Nr 1.

7 Besondere Vorschriften über **rechtsgeschäftliches Handeln** des Minderjährigen enthalten die §§ 165, 179 Abs 3 S 2 (Vertreterhandeln), 1411 (Ehevertrag), 1516 Abs 2 S 2 (Zustimmung zu bestimmten Verfügungen des anderen Ehegatten bei Gütergemeinschaft), 1596 (Anerkennung der Vaterschaft), 1600a Abs 2 S 2 (Anfechtung der Vaterschaft), 1746 (Einwilligung in die Annahme als Kind), 2229 Abs 1 und 2, 2233 Abs 1, 2247 Abs 4 (Testamentserrichtung), 2275, 2296 Abs 1 S 2 (Abschluss des Erbvertrages und Rücktritt vom Erbvertrag) sowie 2347 Abs 1 und 2 S 1, 2351 (Erbverzicht). Der Zugang von gegenüber einem Minderjährigen abgegebenen Willenserklärungen ist in § 131 Abs 2 nach dem Muster des § 107 geregelt. Die in früheren Partikularrechten vorhanden gewesenen besonderen Vorschriften über die Verpflichtungsfähigkeit der Studierenden, die bei Schaffung des BGB in den meisten deutschen Staaten schon abgeschafft waren (so in Preußen durch Gesetz vom 29. 5. 1879), hat der BGB-Gesetzgeber bewusst nicht übernommen, da diese Bestimmungen auf überlebten ständischen Vorstellungen beruhten (Begr zu § 85 VE [bei SCHUBERT 67 f]; JAKOBS/SCHUBERT I 531; Mot I 145 ff = MUGDAN I 432 f).

8 Die Fähigkeit von beschränkt Geschäftsfähigen zur Vornahme bestimmter **Handlungen nicht rechtsgeschäftlicher Art** ist geregelt in den §§ 8 für die Wohnsitzbegründung und -aufhebung (hierzu Vorbem 93 zu §§ 104–115), 682 für die GoA (hierzu Vorbem 44 ff zu §§ 104–115) und in § 828 Abs 3 für die Verantwortlichkeit für unerlaubte Handlungen. Weitere Bestimmungen betreffen das Ruhen der elterlichen Sorge bei beschränkter Geschäftsfähigkeit (§ 1673 Abs 2), die Unfähigkeit der Bestellung zum Vormund (§ 1781) und zur Ernennung zum Testamentsvollstrecker (§ 2201). Der Ablauf der gegen einen beschränkt Geschäftsfähigen laufenden Verjährung ist während des Fehlens eines gesetzlichen Vertreters nach Maßgabe des § 210 gehemmt.

IV. Beweislast

9 Wer sich auf die beschränkte Geschäftsfähigkeit einer Person im Zeitpunkt der Abgabe einer Willenserklärung beruft, trägt hierfür die Beweislast. Da die beschränkte Geschäftsfähigkeit durch die Minderjährigkeit begründet wird und diese unter normalen Verhältnissen unschwer nachgewiesen werden kann, ist streitig und damit beweisbedürftig in der Regel nur die Frage, ob die Abgabe einer Willenserklärung (ohne Zustimmung des gesetzlichen Vertreters) noch zur Zeit der Minderjährigkeit oder schon nach eingetretener Volljährigkeit des Urhebers erfolgt ist. Lässt sich der Abgabezeitpunkt nicht klären, so ist von einer Abgabe bei Volljährigkeit und damit von der Wirksamkeit der Erklärung auszugehen (OLG Saarbrücken NJW 1973, 2065; BAUMGÄRTEL/KESSEN zu § 106).

V. Verfahrensfähigkeit

10 Eine der beschränkten Geschäftsfähigkeit entsprechende beschränkte Prozessfähigkeit kennen die Verfahrensrechte nicht. Minderjährige können also Verfahrenshand-

lungen nicht in eigener Person mit Zustimmung des gesetzlichen Vertreters, sondern nur durch den Vertreter vornehmen (vgl hierzu ie Vorbem 95 zu §§ 104–115). Verfahrensfähig ist der Minderjährige lediglich in den Bereichen einer materiellrechtlichen Teilgeschäftsfähigkeit auf den Gebieten des privaten oder des öffentlichen Rechts. Auf privatrechtlichem Gebiet sind solche Teilgeschäftsfähigkeiten in den §§ 112 und 113 normiert; im Bereich einer vorliegenden Handels- oder Arbeitsmündigkeit kann der Minderjährige also auch selbstständig Prozesse führen. Keine Prozessfähigkeit begründet hingegen die Vorschrift des § 110, denn diese normiert keine Teilgeschäftsfähigkeit, sondern lediglich einen Sonderfall der Einwilligung des gesetzlichen Vertreters, so dass hier die von § 52 ZPO geforderte Fähigkeit, sich selbstständig durch Verträge zu verpflichten, nicht gegeben ist. Zur Verfahrensfähigkeit sei im übrigen auf die Vorbem 95–97 zu §§ 104–115 verwiesen.

VI. Betreuer bei Einwilligungsvorbehalt

Für die Fähigkeit eines nicht geschäftsunfähigen Betreuten zur Vornahme von **11** Rechtsgeschäften in denjenigen Angelegenheiten, die von einem angeordneten Einwilligungsvorbehalt betroffen sind, verweist § 1903 Abs 1 S 2 auf die §§ 108–113. Ein Betreuer steht damit im Rahmen des Einwilligungsvorbehalts weitgehend einem Minderjährigen gleich. Wegen der besonderen Regelungen in § 1903 ist er hingegen nicht wie der Minderjährige als beschränkt geschäftsfähig zu bezeichnen, so dass die Vorschriften, die sich auf die beschränkte Geschäftsfähigkeit beziehen, mangels besonderer Verweisung auf den Betreuten unter Einwilligungsvorbehalt nicht anwendbar sind (vgl hierzu ausf Vorbem 25 zu §§ 104–113).

Zur beschränkten Geschäftsfähigkeit nach dem **Internationalen Privatrecht** und dem **Übergangsrecht nach der Wiedervereinigung** s Vorbem 17 und 18 zu §§ 104–115.

§ 107
Einwilligung des gesetzlichen Vertreters

Der Minderjährige bedarf zu einer Willenserklärung, durch die er nicht lediglich einen rechtlichen Vorteil erlangt, der Einwilligung seines gesetzlichen Vertreters.

Materialien VE AT § 82 Abs 2; KE § 64 Abs 2, Abs 3 S 1; E I § 65 Abs 2, Abs 3 S 1; II § 81; III § 104; SCHUBERT, AT I 15, 24 f, AT II 43 f; JAKOBS/SCHUBERT 499 f, 522, 526 f, 530 f, 535, 540, 551 f, 554 ff, 557, 560, 562 f, 567, 569, 571; Mot I 133 ff, 146 ff = MUGDAN I 425 ff, 432 f; Prot I 123 ff, 140 f = MUGDAN I 675 f, 682.

Schrifttum

S die Angaben bei den Vorbem zu §§ 104–115, zu den §§ 104–106 sowie
ADAM, Der Vertragsabschluss durch einen Minderjährigen in der Lebensversicherung, ZfV 1964, 625

ALETH, Der Vertragsschluss mit Minderjährigen, JuS 1995, L 9
ARMBRÜSTER, Zivilrechtliche Folgen des Gesetzes zur Regelung der Rechtsverhältnisse der Prostituierten, NJW 2002, 2763
AUTENRIETH, Die Abtretung einer Darlehens-

forderung der Eltern gegen eine Gesellschaft aus zivil- und steuerrechtlicher Sicht, DB 1984, 2547

BADEWITZ, Der Minderjährige als Gesellschafter der offenen Handelsgesellschaft (Diss Jena 1935)

vBLUME, Zustimmung kraft Rechtsbeteiligung und Zustimmung kraft Aufsichtsrechts, JherJb 48 (1904) 417

BÖTTCHER, Abschied von der „Gesamtbetrachtung" – Sieg des Abstraktionsprinzips, Rpfleger 2006, 293

BRAUN, Mitwirkung Minderjähriger bei Vereinsbeschlüssen, NJW 1962, 92

BROX, Die unentgeltliche Aufnahme von Kindern in eine Familien-Personengesellschaft, in: FS Bosch (1976) 75

COESTER-WALTJEN, Nicht zustimmungsbedürftige Rechtsgeschäfte beschränkt geschäftsfähiger Minderjähriger, Jura 1994, 668

DERLEDER/THIELBAR, Handys, Klingeltöne und Minderjährigenschutz, NJW 2006, 3233

DIECKMANN/SCHNEIDER, Zivilrechtliche Ansprüche gegen Minderjährige bei Beförderungserschleichung im System der Rechtsordnung, ZfJ 2002, 161

EHMANN, Die Funktion der Zweckvereinbarung bei der Erfüllung, JZ 1968, 549

ders, Ist die Erfüllung Realvertrag?, NJW 1969, 1833

EVERTS, Zivilrechtliche Wirksamkeit der Überlassung nießbrauchsbelasteten, vermieteten Grundbesitzes an minderjährige Familienangehörige, ZEV 2004, 231

FAHLBUSCH-WENDLER, Der Minderjährige im Sportverein, RdJB 1980, 278

FELLER, Teleologische Reduktion des § 181 letzter Halbs BGB bei nicht lediglich rechtlich vorteilhaften Erfüllungsgeschäften, DNotZ 1989, 66

FEMBACHER/FRANZMANN, Rückforderungsklauseln und Pflichtteilsklauseln in Überlassungsverträgen mit Minderjährigen, MittBayNot 2002, 78

FIELENBACH, Können Minderjährige aus zivilrechtlicher Sicht bedenkenlos schwarzfahren?, NZV 2000, 358

FINK, Abschluss von Automietverträgen mit Minderjährigen, DAR 1971, 291

FÜHR/MENZEL, Grundstücksschenkung des gesetzlichen Vertreters an Minderjährige, FamRZ 2005, 1729

GITTER/SCHMITT, Die geschenkte Eigentumswohnung – BGHZ 78, 29, JuS 1982, 253

GSCHOSSMANN, Belastungen des zugewendeten Grundstücks – (bloße) Einschränkung oder (mögliche) Aufhebung des rechtlichen Vorteils – zugleich Anmerkung zum Urteil des BGH vom 7. 11. 1997, XI ZR 129, 96 (MittBayNot 98, 105) und des OLG Köln vom 10. 11. 1997, 14 Wx 10/97 (MittBayNot 98, 106) –, MittBayNot 1998, 236

HÄHNCHEN, Schwebende Unwirksamkeit im Minderjährigenrecht – Ein Aufbauproblem aus historischer Sicht, Jura 2001, 668

HAMELBECK, Mitwirkung Minderjähriger bei Vereinsbeschlüssen, NJW 1962, 722

HARDER, Die Erfüllungsannahme durch den Minderjährigen – lediglich ein rechtlicher Vorteil, JuS 1977, 149

ders, Nochmals: Die Erfüllungsannahme durch den Minderjährigen – lediglich ein rechtlicher Vorteil, JuS 1978, 84

HARTE, Der Begriff des lediglich rechtlichen Vorteils i. S. d. § 107 BGB, Baden-Baden 2008 (zugl Diss FU Berlin 2005)

HETTESHEIMER, Die Fähigkeit Minderjähriger zu selbständigem rechtsgeschäftlichem Handeln (Diss Tübingen 1956, maschinenschriftl)

HIMER, Zum Abschluss von KfZ-Mietverträgen durch Minderjährige, DAR 1961, 330

HINTZE, Lukrative Rechtsgeschäfte des Minderjährigen (§ 107 BGB) (Diss Rostock 1930)

U HÜBNER, Interessenkonflikt und Vertretungsmacht (1977)

HUMMEL, Abschluss von Wohnungsmietverträgen durch minderjährige Ehefrauen, ZMR 1968, 257

IVO, Die Übertragung von Kommanditanteilen an minderjährige Kinder, ZEV 2005, 193

JAUERNIG, Noch einmal: Die geschenkte Eigentumswohnung – BGHZ 78, 29, JuS 1982, 576

JERSCHKE, Ist die Schenkung eines vermieteten Grundstücks rechtlich vorteilhaft?, DNotZ 1982, 459

JOAS, Grundstücksschenkungen an Minderjährige, BWNotZ 1974, 146

Josef, Auflassung an Minderjährige, DJZ 1911, 1267
Joussen, Die erbrechtliche Anfechtung durch Minderjährige, ZEV 2003, 181
Jülicher, Spannungsverhältnis von Rückforderungsrechten und Weiterleitungsklauseln in Schenkungsverträgen zu einzelnen Rechtsgebieten des Zivilrechts, ZEV 1998, 285
Klamroth, Zur Anerkennung von Verträgen zwischen Eltern und minderjährigen Kindern, BB 1975, 525
Kleinhenz, Der Widerruf der Vollmacht gegenüber dem beschränkt Geschäftsfähigen, Jura 2007, 810
Klüsener, Grundstücksschenkung durch die Eltern – §§ 181, 107 BGB bei der Schenkung von Grundstücken, grundstücksgleichen Rechten und Grundstücksrechten an Minderjährige, Rpfleger 1981, 258
Kohler, Hand Ware Hand oder: ein Prost auf das ProstG und die Schuldrechtsreform, JZ 2002, 345
Köhler, Grundstücksschenkung an Minderjährige – „ein lediglich rechtlicher Vorteil"?, JZ 1983, 225
ders, Die neuere Rechtsprechung zur Rechtsgeschäftslehre, JZ 1984, 18
Kölmel, Der Minderjährige in der notariellen Praxis – unentgeltlicher Erwerb von Grundstücken, RNotZ 2010, 618
Kuhlke, Probleme der beschränkten Geschäftsfähigkeit, JuS 2000, L 81, L 89
Kunkel, Das Junge Konto – Minderjährigenschutz im Rahmen des Girovertrages, Rpfleger 1997, 1
Kunz, Die rechtliche Stellung des Minderjährigen im Vereinsleben, ZBlJugR 1978, 453
Heinr Lange, Schenkungen an beschränkt Geschäftsfähige und § 107 BGB, NJW 1955, 1339
ders, Die Rechtsnatur von Antrag, Annahme und Ablehnung, geprüft bei Verträgen beschränkt Geschäftsfähiger, in: FS Reinhardt (1972) 95
Lautenschläger, Ist die Erfüllungsannahme ein lediglich rechtlicher Vorteil im Sinne des § 107 BGB?, BWNotZ 1976, 115
Lindacher, Überlegungen zu § 110 BGB – Funktion, Anwendungsbereich und dogmatische Einordnung, in: FS Bosch (1976) 533
Lorenz, Grundwissen – Zivilrecht: Rechts- und Geschäftsfähigkeit, JuS 2010, 11
Maier-Reimer/Marx, Die Vertretung Minderjähriger beim Erwerb von Gesellschaftsbeteiligungen, NJW 2005, 3025
Moritz, Selbstbestimmung und Fremdbestimmung Minderjähriger bei vermögenswirksamen Rechtsgeschäften – Darstellung am Beispiel der Eröffnung und Handhabung von Sparkonten, DB 1979, 1165
vOlshausen, Rechtsschein und „Rosinentheorie" oder Vom guten und vom schlechten Tropfen, AcP 189 (1989) 223
Pohlschmidt, Umfang und Wesen der Zustimmung im Rahmen von §§ 107 ff BGB (Diss Münster 1938)
vPradzynski, Minderjährige in eingetragenen Vereinen, JW 1912, 1012
Preuss, Das für den Minderjährigen lediglich rechtlich vorteilhafte Geschäft, JuS 2006, 305
Rastätter, Grundstücksschenkungen an Minderjährige, BWNotZ 2006, 1
Rautenberg, Prostitution – Das Ende der Heuchelei, NJW 2002, 650
Reiff, Die Dogmatik der Schenkung unter Nießbrauchsvorbehalt und ihre Auswirkung auf die Ergänzung des Pflichtteils und die Schenkungssteuer (1989)
Reimann, Die Grundstücksverwaltungsgesellschaft bürgerlichen Rechts unter Beteiligung Minderjähriger, in: FS Hagen (1999) 173
Roesch, Versicherungsvertragsabschluß mit Minderjährigen, ZfV 1972, 135
Röthel/Krackhardt, Lediglich rechtlicher Vorteil und Grunderwerb, Jura 2006, 161
Rohde, Muss ein Mahnschreiben gemäß § 39 VVG dem gesetzlichen Vertreter eines minderjährigen Versicherungsnehmers zugehen, um wirksam zu sein?, VersR 1960, 295
Ruppel, Der Minderjährige in personalen Handelsgesellschaften (Diss Frankfurt/M 1965)
Rust, Die Beteiligung von Minderjährigen im Gesellschaftsrecht, DStR 2005, 1942, 1992
Scherner, Generaleinwilligung und Vertretungsnotstand im Minderjährigenrecht, FamRZ 1976, 673
Schmitt, Der Begriff der lediglich rechtlich

vorteilhaften Willenserklärung i. S. d. § 107 BGB, NJW 2005, 1090

SCHNITZERLING, Die Einwilligung des gesetzlichen Vertreters zu Rechtsgeschäften Minderjähriger, BlGBW 1971, 205

SCHREIBER, Neutrale Geschäfte Minderjähriger (§ 107 BGB), Jura 1987, 221

E SCHULZ, Zweifelsfragen bei Vertragsabschlüssen mit Minderjährigen, ZfV 1961, 485

ders, Gibt es einen Generalkonsens im Minderjährigenrecht?, DB 1963, 407

D SCHWAB, Mündigkeit und Minderjährigenschutz, AcP 172 (1972) 266

SONNENFELD, Das Zusammenspiel von „rechtlichem Vorteil" und „Erfüllung einer Verbindlichkeit" als Ausnahmen vom Vertretungsausschluss, Rpfleger 2011, 475

STAUDACHER, Haftung von Minderjährigen bei Automietverträgen, NJW 1961, 1907

ANSGAR STAUDINGER, Abschied von der Gesamtbetrachtungslehre? Jura 2005, 547

STÜRNER, Der lediglich rechtliche Vorteil, AcP 173 (1973) 402

STUTZ, Der Minderjährige im Grundstücksverkehr, MittRhNotK 1993, 205

TIEDTKE, Unentgeltliche Beteiligung eines Kindes als stiller Gesellschafter, DB 1977, 1064

ULTSCH, Schenkung des gesetzlichen Vertreters an Minderjährige: Gesamtbetrachtung oder konsequente Einhaltung des Trennungsprinzips? – BGH, Beschl v 9. 7. 1980 – V ZB 16/79 = BGHZ 78, 28 –, Jura 1998, 524

VAN VENROOY, Erfüllung gegenüber dem minderjährigen Gläubiger, BB 1980, 1017

VORTMANN, Bankgeschäfte mit Minderjährigen, WM 1994, 965

WACKE, Nochmals: Die Erfüllungsannahme durch den Minderjährigen – lediglich ein rechtlicher Vorteil?, JuS 1978, 80

WEIMAR, Der Mietvertrag beschränkt geschäftsfähiger Personen, ZMR 1957, 145

ders, Der Generalkonsens bei Geschäften beschränkt Geschäftsfähiger, JR 1966, 90

ders, Mietverträge mit minderjährigen Ehefrauen, ZMR 1967, 353

ders, Mietverträge beschränkt Geschäftsfähiger, WuM 1968, 102

ders, Wann bringt eine Willenserklärung einem beschränkt Geschäftsfähigen lediglich einen rechtlichen Vorteil?, MDR 1972, 481

ders, Kreditaufnahme durch beschränkt Geschäftsfähige, JR 1974, 369

ders, Der lediglich rechtliche Vorteil (§§ 107, 131 Abs 2 BGB), MDR 1974, 375

ders, Der Wohn- und Geschäftsraummietvertrag mit beschränkt geschäftsfähigen Mietern, MDR 1977, 199

ders, Der minderjährige Mieter, BlGBW 1978, 221

WEINBRENNER, Ergänzungspflegschaft und vormundschafts- und familiengerichtliche Genehmigung bei der Schenkung von KG-Geschäftsanteilen an Minderjährige, FPR 2009, 265

WILHELM, Das Merkmal „lediglich rechtlich vorteilhaft" bei Verfügungen über Grundstücksrechte, NJW 2006, 2353

WOJCIK, Abschied von der Gesamtbetrachtung bei Schenkung an Minderjährige, DNotZ 2005, 655

ZORN, Erfüllung einer Verbindlichkeit oder lediglich rechtlicher Vorteil, FamRZ 2011, 776

ZURMÜHL, Die Rechtsgeschäfte des beschränkt Geschäftsfähigen (Diss Erlangen 1933).

Systematische Übersicht

I. Bedeutung der Vorschrift	1
II. Lediglich rechtlicher Vorteil als Abgrenzungsmerkmal	
1. Gesetzliche Regelung	2
a) Begriff des rechtlichen Vorteils	2
b) Ausschließlichkeit des rechtlichen Vorteils	3
2. Regelungszweck	4
3. Eingrenzung der rechtlichen Nachteile	5
III. Einwilligungsfreie Rechtsgeschäfte	
1. Schenkungsverträge	9
a) Reine Schenkungen	9
b) Schenkungen mit Verpflichtungsfolgen	10
2. Erwerbsgeschäfte	11

Titel 1
Geschäftsfähigkeit

§ 107

a)	Grundsatz	11
b)	Gesetzliche Pflichten und Lasten aus erworbenen Rechten	12
c)	Gesetzliche Schuldverhältnisse als Inhalt erworbener Rechte	13
aa)	Wohnungseigentum	13
bb)	Nießbrauch	14
d)	Erwerb eines Gegenstandes im Zusammenhang mit dessen Belastung	15
3.	Sonstige rechtlich lediglich vorteilhafte Geschäfte	19
4.	Neutrale Geschäfte	20
5.	Wirkung	21
IV.	**Einwilligungsbedürftige Rechtsgeschäfte**	22
1.	Verpflichtungsgeschäfte	23
2.	Verfügungsgeschäfte	24
3.	Leistung zwecks Erfüllung eines Anspruchs des Minderjährigen	25
4.	Erwerbsgeschäfte mit Verpflichtungsfolgen	26
a)	Arten	27
aa)	Grundstücke	27
bb)	Vermögensgesamtheiten	28
cc)	Beteiligung an Personen- und Kapitalgesellschaften	29
dd)	Tiere	30
b)	Verhältnis des rechtlich nachteiligen Erwerbsgeschäfts zum unentgeltlichen Grundgeschäft	31
5.	Ausübung von Gestaltungsrechten	32
6.	Vereinsmitgliedschaft	33
7.	Verlöbnis	34
V.	**Einwilligung**	
1.	Erfordernisse	35
2.	Umfang	36
a)	Allgemeines: Frage des Generalkonsenses	36
b)	Einzelfragen	39
aa)	Generalkonsens	39
bb)	Folgekonsens	41
3.	Wirkung	42
VI.	**Stellung des gesetzlichen Vertreters**	43
VII.	**Entsprechende Anwendung**	44
VIII.	**Beweislast**	45
IX.	**Betreuer bei Einwilligungsvorbehalt**	46

Alphabetische Übersicht

Auftrag	23
Ausgleichungsanordnung	10
Bestimmung der Schuldnerleistung	20
Betreute	46
Darlehen	23
Erbschaftsannahme	28
Erwerb eines Handelsgeschäfts	28
Folgegeschäfte	41
Generaleinwilligung	36 ff
Girovertrag	23
In-sich-Geschäft	31
Lasten bei Erwerbsgeschäft	12
Leihe	23
Leistung an Minderjährige, Erfüllungswirkung	25
Naturalobligation	23
Nießbrauchsvorbehalt	17
Pflichten bei Erwerbsgeschäft	12
Prozessfähigkeit (im Zusammenhang mit nicht einwilligungsbedürftigem Rechtsgeschäft)	21
Reallast	27
Rechtliche Betrachtungsweise	2
Rechtsgeschäftsähnliche Rechtshandlungen	44

Rechtsnachteile (des Minderjährigen bei Erwerbsgeschäft, persönliche)	26 ff	Unentgeltlicher Erwerb	5, 9 f
		Unmittelbare Folgen eines Geschäfts	6
Schenkung unter Auflage	10	Vermögensgesamtheiten	5, 28
Schwarzfahrten	40	Verwahrung, unentgeltliche	23
Sorgerechtliche Betrachtungsweise	7		
Stimmrecht des Minderjährigen	33	Widerrufsvorbehalt zugunsten des Schenkers	10
Tatsächliche Auswirkungen	2	Wirtschaftliche Auswirkungen	2, 7

I. Bedeutung der Vorschrift

1 § 107 normiert das dem Institut der beschränkten Geschäftsfähigkeit zugrundeliegende Prinzip. Der beschränkt Geschäftsfähige kann zwar grundsätzlich (zu den besonders im Familien- und Erbrecht bestehenden Ausnahmen vgl o Vorbem 14, 15 zu §§ 104–115) in eigener Person rechtsgeschäftlich handeln; seine Willenserklärungen sind nicht wie die des Geschäftsunfähigen – jetzt mit der Einschränkung des § 105a – rechtlich bedeutungslos. Ohne weiteres wirksam sind aber nur die dem Minderjährigen rechtlich lediglich vorteilhaften Rechtsgeschäfte. Diejenigen Geschäfte, die dem Minderjährigen (auch) rechtlich nachteilig sind, bedürfen dagegen zu ihrer Wirksamkeit der Einwilligung des gesetzlichen Vertreters, zu der unter den Voraussetzungen der §§ 1821, 1822 iVm § 1643 noch die Genehmigung des Familiengerichts und nach § 1812 diejenige des Gegenvormundes hinzukommen muss. Diese Regelung soll den dem Geschäftsfähigkeitsrecht allgemein zugrundeliegenden Schutz- und Erziehungszweck (vgl Vorbem 20, 22 zu §§ 104–115) für den Bereich der beschränkten Geschäftsfähigkeit verwirklichen. Dem Schutz des Minderjährigen dient das Einwilligungserfordernis für alle rechtlich nicht ausschließlich vorteilhaften Geschäfte. Rechtlich nachteiligen Geschäften ist die abstrakte Gefahr einer Schädigung des Minderjährigen inhärent. Deshalb macht das Gesetz die Wirksamkeit solcher Geschäfte von der Einwilligung des gesetzlichen Vertreters abhängig, dem somit die Prüfung obliegt, ob das Minderjährigengeschäft im konkreten Fall trotz der ihm innewohnenden Rechtsnachteile dem Minderjährigen gleichwohl tatsächlich vorteilhaft oder wenigstens ungefährlich ist. Bei rechtlich lediglich vorteilhaften Geschäften ist die Schädigungsgefahr hingegen von vornherein nicht gegeben, weshalb das Einwilligungserfordernis hier entfallen kann. Die gegebene Fähigkeit zur Vornahme von Rechtsgeschäften, die bei abstrakt gefährlichen Geschäften durch die notwendige Einwilligung beschränkt ist, soll den Minderjährigen mit dem rechtsgeschäftlichen Verkehr vertraut machen und ihn auf die spätere völlige Selbstständigkeit vorbereiten, ihm aber gleichzeitig den wegen seiner jugendlichen Unerfahrenheit noch erforderlichen Schutz vor Gefährdungen erhalten.

II. Lediglich rechtlicher Vorteil als Abgrenzungsmerkmal

1. Gesetzliche Regelung

a) Begriff des rechtlichen Vorteils

2 Das Merkmal der ausschließlichen rechtlichen Vorteilhaftigkeit der Willenserklärung soll den Kreis der für den beschränkt Geschäftsfähigen möglicherweise schädlichen und damit abstrakt gefährlichen Rechtsgeschäfte von denjenigen Geschäften abgrenzen, denen eine solche Schädigungsmöglichkeit nicht innewohnt und die der Minderjährige deshalb gem dem vorstehend Ausgeführten selbstständig vornehmen kann. Diesen Zweck sucht das Gesetz zu erreichen, indem es die Vorteilhaftigkeit oder Nachteiligkeit des Geschäfts, dessen Einwilligungsbedürftigkeit in Frage steht, nach einem **rechtlichen Maßstab** beurteilt und demzufolge für die Einwilligungsfreiheit einen rechtlichen Vorteil verlangt. Unter einem rechtlichen Vorteil ist eine positive Einwirkung des Geschäfts auf den Rechtsbestand des Minderjährigen zu verstehen entweder in Gestalt eines Zuwachses an Rechten oder sonstigen Aktiven oder in Form einer Verminderung seiner Verbindlichkeiten und sonstigen Belastungen. Diese rechtlichen Folgen sind für die Beurteilung der Einwilligungsbedürftigkeit oder -freiheit allein maßgeblich; unerheblich sind demgegenüber wirtschaftliche oder sonstige tatsächliche Auswirkungen des Geschäfts (BGH LM § 107 Nr 7; BayObLGZ 1979, 49, 53, 243, 246; LG Aachen MittRhNotK 1969, 574, 575 f; NJW-RR 1994, 1319, 1320; MünchKomm/Schmitt Rn 28; Soergel/Hefermehl Rn 1). Vorteilhaft iSd § 107 ist dem Minderjährigen daher auch der Erwerb einer gefährlichen Sache (schweres Motorrad); vor solchen Gefahren wird der Minderjährige nicht durch die Einwilligungsbedürftigkeit des Geschäfts im Außenverhältnis geschützt, sondern im Innenverhältnis durch das Sorgerecht des gesetzlichen Vertreters (§§ 1626, 1793), aufgrund dessen der Vertreter die erforderlichen Sicherungsmaßnahmen treffen kann. Ein rechtlich vorteilhaftes Geschäft setzt aber nicht notwendig voraus, dass es sich auch bei dem Gegenstand des dadurch bewirkten Erwerbs um ein Recht handelt, sondern es genügt auch die Erlangung einer bloß tatsächlichen Position *(know how, good will* oä). Aus diesem Grund hat im Gesetzgebungsverfahren die Vorkommission des Reichsjustizamtes die in § 65 Abs 2 E I vorgesehen gewesene Formulierung des Erwerbs von Rechten und der Befreiung von Verbindlichkeiten als Voraussetzungen der Einwilligungsfreiheit als zu eng angesehen und durch die Gesetz gewordene Formulierung des lediglich rechtlichen Vorteils ersetzt (vgl Jakobs/Schubert, Beratung I 557; Mot I 128 = Mugdan I 676). Der Begriff des rechtlichen Vorteils umfasst ferner nicht nur Vorteile vermögensmäßiger Art; er ist vielmehr auch bei einem Erwerb persönlicher, etwa familienrechtlicher Rechte und einem Wegfall entsprechender Verpflichtungen gegeben. Aus diesem Begriff des rechtlichen Vorteils folgt der Gegensatzbegriff des rechtlichen Nachteils: Einen Rechtsnachteil zeitigt ein Geschäft dann, wenn es den Bestand der Rechte und sonstigen Aktivpositionen des Minderjährigen verringert oder ihm Verbindlichkeiten oder Belastungen auferlegt.

b) Ausschließlichkeit des rechtlichen Vorteils
Nach dem Gesetzeswortlaut muss das Geschäft, soll die Einwilligung des gesetzlichen Vertreters entbehrlich sein, dem Minderjährigen **lediglich** rechtlichen Vorteil bringen (zu sog neutralen Geschäften s u Rn 20). Die Willenserklärung darf also für den Minderjährigen keinerlei Rechtsnachteil in dem oben dargelegten Sinn zeitigen. Hieraus folgt die Einwilligungsbedürftigkeit aller Rechtsgeschäfte, die für den Minderjährigen sowohl rechtliche Vorteile als auch rechtliche Nachteile zur Folge haben. Zur Wirksamkeit eines gegenseitig verpflichtenden Vertrages, der *per definitionem* auch eine Verpflichtung des Minderjährigen zur Erbringung der (Gegen-)Leistung und damit einen Rechtsnachteil begründet, ist folglich die Einwilligung des gesetzlichen Vertreters stets erforderlich. Auf das quantitative, wertmäßige und damit wirtschaftliche Verhältnis zwischen den rechtlichen Vorteilen und Nachteilen eines

Geschäfts kommt es gem der dem Gesetz zugrundeliegenden rechtlichen Betrachtungsweise (s o Rn 2) nicht an (LG Aachen NJW-RR 1994, 1319, 1321). Schon der kleinste Rechtsnachteil eines Geschäfts löst das Einwilligungserfordernis aus, mögen auch die aus dem Geschäft gleichfalls resultierenden rechtlichen Vorteile diesen Nachteil weit übersteigen. Einem von dem Minderjährigen getätigten Kauf muss der gesetzliche Vertreter somit ungeachtet eines gegenüber dem Wert des Kaufgegenstandes sehr geringen Kaufpreises zustimmen. Der Beurteilung der ausschließlichen rechtlichen Vorteilhaftigkeit ist trotz des Gesetzeswortlauts nicht die einzelne Willenserklärung zugrunde zu legen, sondern das gesamte (mehrseitige) Rechtsgeschäft, etwa der Vertrag als Ganzes (COESTER-WALTJEN Jura 1994, 668; ALETH JuS 1995, L 9, 10; s auch HÄHNCHEN Jura 2001, 668, 669 f m Darstellung der Entstehungsgeschichte des § 107). Lediglich rechtlich vorteilhaft ist ein (vermögensmäßiges) Rechtsgeschäft mithin dann, wenn es das Vermögen des Minderjährigen nicht unter den vor dem Geschäftsabschluss vorhanden gewesenen Stand mindert und der Minderjährige mit dem Geschäft keine neuen Verpflichtungen und Belastungen auf sich nimmt (so BayObLGZ 1967, 245, 247 = NJW 1967, 1912, 1913; DNotZ 1975, 219, 229; BayObLGZ 1979, 49, 53 = WM 1979, 1078, 1079; BayObLGZ 1998, 139, 143 f = Rpfleger 1998, 425, 426; FG Prax 2004, 123; NJW-RR 2004, 810, 811; OLG Köln Rpfleger 2003, 570, 572 m Anm BESTELMEYER Rpfleger 2004, 162).

2. Regelungszweck

4 Die Regelung der Einwilligungsbedürftigkeit der Minderjährigengeschäfte nach einer rein rechtlichen Betrachtungsweise bezweckt eine Synthese von Minderjährigenschutz und Rechtssicherheit. In dem lediglich rechtlichen Vorteil sah der Gesetzgeber ein Kriterium, das im Einzelfall eine eindeutige und unschwere Klärung der Einwilligungsbedürftigkeit eines Geschäfts ermöglicht. Wie sich ein Geschäft auf den Rechts- und Pflichtenbestand seines Urhebers auswirkt, lässt sich – so jedenfalls die Erwartung des Gesetzgebers – allein nach dessen Inhalt bestimmen. Die Klärung der Frage, ob sich das Geschäft wirtschaftlich zum Vorteil oder zum Nachteil des Minderjährigen auswirkt – hiernach richtet sich etwa im französischen Recht die Anfechtbarkeit des Minderjährigengeschäfts (s Vorbem 125 zu §§ 104–115) – erfordert hingegen eine Berücksichtigung aller Einzelfallumstände, die aus dem Geschäftsinhalt selbst, insbesondere für den Geschäftsgegner, nicht oder nur unvollständig erkennbar sind. Den Schutz des Minderjährigen sucht das Gesetz in der Weise optimal zu verwirklichen, dass es die Entscheidung über die Wirksamkeit eines rechtlich nicht lediglich vorteilhaften Rechtsgeschäfts dem gesetzlichen Vertreter zuweist. Dem Vertreter obliegt mithin die aufgrund seines Sorgerechts eigenverantwortliche Prüfung, ob das seinem Pflegebefohlenen rechtlich nicht lediglich vorteilhafte und damit abstrakt gefährliche Geschäft tatsächlich, insbesondere wirtschaftlich, gleichwohl doch nicht schädlich bzw sogar günstig ist (vgl HEINR LANGE NJW 1955, 1339; MünchKomm/SCHMITT Rn 28). Die wirtschaftliche Betrachtungsweise hat hiernach – anders als nach französischem (Vorbem 125 zu §§ 104–115) und in gewisser Hinsicht auch nach englischem (Vorbem 138 zu §§ 104–115) Recht – nicht das Streitgericht anzustellen, das vielmehr nur über die Frage der Einwilligungsbedürftigkeit aufgrund der rechtlichen Betrachtungsweise entscheidet, sondern die wirtschaftliche Wertung des Geschäfts ist allein Sache des gesetzlichen Vertreters.

3. Eingrenzung der rechtlichen Nachteile

Die Erwartung des historischen Gesetzgebers, mit der ausschließlichen rechtlichen 5
Vorteilhaftigkeit ein leicht handhabbares und zu eindeutigen Ergebnissen führendes
Unterscheidungsmerkmal der einwilligungsfreien von den einwilligungsbedürftigen
Rechtsgeschäften geschaffen zu haben, hat sich nicht vollständig erfüllt. Die Schwierigkeit ergibt sich aus der dem Erfordernis der Ausschließlichkeit („lediglich") des
rechtlichen Vorteils beizulegenden Reichweite. Bei einem Verständnis dieses Erfordernisses im weitesten Sinne würde jedweder Rechtsnachteil, der den Minderjährigen als Folge des Geschäfts träfe, auch ein ganz entfernter oder ein nur
möglicherweise eintretender, die Einwilligungsbedürftigkeit begründen. Einwilligungsfreie Geschäfte gäbe es dann praktisch gar nicht, denn irgendwelche rechtlichen Nachteile sind bei keinem Rechtsgeschäft auszuschließen (vgl STÜRNER AcP 173
[1973] 402, 416 f). So kann selbst der unentgeltliche Erwerb einer Sache mit öffentlich-rechtlichen Pflichten und Lasten (allgemeine Polizeipflicht, Steuerpflicht, Pflicht zur
Leistung von Kommunalabgaben usw) verbunden sein, die bei Grundstücken einen
erheblichen Umfang annehmen können. Privatrechtlich kann die Zuwendung bestimmter Vermögensgesamtheiten eine Haftung für die Verbindlichkeiten des Veräußerers begründen (zB nach § 25 HGB bei Handelsgeschäft, früher nach § 419 bei
Vermögensübernahme). Eine Schenkung kann für den minderjährigen Beschenkten
die Verpflichtung zur Vollziehung einer mit ihr verbundenen Auflage nach § 525 zur
Folge haben, ferner besteht die Möglichkeit einer Herausgabepflicht wegen Verarmung des Schenkers (§ 528) oder aufgrund eines Widerrufs wegen groben Undanks
(§ 531). Belastungen eines vom Minderjährigen (unentgeltlich) erworbenen Gegenstandes können die Verpflichtung zur Duldung der Zwangsvollstreckung in den
Gegenstand auslösen (§§ 1147, 1192 Abs 1) und dadurch zum Verlust des Gegenstandes führen; bestimmte Belastungen können auch schuldrechtliche Verpflichtungen (Nießbrauch nach den §§ 1041 ff, Reallast nach § 1108) zum Inhalt haben mit
der Folge auch einer persönlichen Haftung des Minderjährigen. Auch Verträge, die
nur eine einseitige Leistungspflicht des Vertragspartners des Minderjährigen begründen, können zu Rechtsnachteilen des Minderjährigen bei einem Annahmeverzug (§§ 300 ff) oder in Form von Schadensersatzpflichten bei einer Verletzung
seiner Pflichten aus § 241 Abs 2 führen. Würde auch bei jedem nur entfernt liegenden und nur möglicherweise eintretenden Rechtsnachteil die Einwilligung des
gesetzlichen Vertreters zu dem Rechtsgeschäft gefordert, so liefe die Vorschrift des
§ 107 weitgehend leer. Eine solche überwiegende Wirkungslosigkeit der Norm
widerspräche der Absicht des Gesetzgebers, dem Minderjährigen zwecks Vorbereitung auf die spätere volle Geschäftsfähigkeit die selbstständige Vornahme bestimmter Rechtsgeschäfte auch von einiger wirtschaftlicher Erheblichkeit zu ermöglichen.
Es besteht deshalb Einigkeit über das Erfordernis, den Kreis der rechtlichen Nachteile, die das Minderjährigengeschäft einwilligungsbedürftig machen, in einer mit
der *ratio* des § 107 zu vereinbarenden Weise einzuschränken. Über das dafür maßgebliche Kriterium, nicht notwendig auch hinsichtlich der Ergebnisse, gehen die
Meinungen jedoch auseinander. Im Wesentlichen werden folgende Ansichten vertreten:

Nach der bisher überwiegenden Ansicht ist das Minderjährigengeschäft nur dann 6
nicht lediglich rechtlich vorteilhaft iSd § 107, wenn sich die von ihm ausgelösten
Rechtsnachteile als **unmittelbare** Folgen des Geschäfts darstellen. Nicht einwilli-

gungsbedürftig wird das Geschäft hiernach durch solche nachteiligen Rechtsfolgen, die nur mittelbar, durch Hinzutreten weiterer Umstände von dem Geschäft verursacht werden (so ua BGB-RGRK/KRÜGER-NIELAND Rn 2; SOERGEL/HEFERMEHL Rn 1; PWW/ VÖLZMANN-STICKELBROCK Rn 6; Hk-BGB/DÖRNER Rn 3). Typische mittelbare und damit die ausschließliche rechtliche Vorteilhaftigkeit des Geschäfts nicht berührende Nachteile sind etwa die Herausgabepflicht des Beschenkten aus den §§ 528, 530, da diese erst als Folge einer Verarmung des Schenkers oder eines groben Undanks des Beschenkten und des daraufhin erfolgten Widerrufs der Schenkung eintritt. Gleiches gilt für eine Haftung des Beschenkten aus ungerechtfertigter Bereicherung als Folge einer Nichtigkeit bzw Vernichtung des Geschäfts oder aus einem Verstoß gegen § 241 Abs 2 oder aus unerlaubter Handlung (vgl HEINR LANGE NJW 1955, 1339, 1340; MünchKomm/SCHMITT Rn 32). Unmittelbare Rechtsnachteile begründen die Einwilligungsbedürftigkeit hingegen auch dann, wenn sie, wie die Haftung aus dem früheren § 419 oder aus § 25 HGB, kraft Gesetzes eintreten (PALANDT/ELLENBERGER Rn 2).

Gegen die auf die Unmittelbarkeit des Rechtsnachteils abstellende Auffassung wird eingewandt, dass diese Abgrenzungsmerkmal der nötigen Klarheit ermangele und dass sich ferner mittelbare Nachteile für den Minderjährigen ebenso gravierend auswirken können wie unmittelbare (s STÜRNER AcP 173 [1973] 402, 409; KÖHLER JZ 1983, 225, 227; PREUSS JuS 2006, 305, 306; RÖTHEL/KRACKHARDT Jura 2006, 161, 164; KÖLMEL RNotZ 2010, 618, 625 f; HARTE 34 ff; ALLMENDINGER 116; KÖHLER AT § 10 Rn 16; AK-BGB/KOHL Rn 13; kritisch auch MEDICUS, AT Rn 563; BORK AT Rn 1001; AnwK-BGB/BALDUS Rn 6). Die stattdessen unternommenen Abgrenzungsversuche vermögen aber unter dem Gesichtspunkt der Rechtsklarheit meist ebenso wenig zu überzeugen. Dies gilt etwa für die Ansicht von HEINRICH LANGE NJW 1955, 1339, 1340, der die Erheblichkeit des Nachteils für die Rechtsstellung des Minderjährigen als entscheidend für die Einwilligungsbedürftigkeit betrachtet. Nach der von KÖHLER JZ 1983, 225, 228 vertretenen „sorgerechtlichen Betrachtungsweise" ist das Merkmal des lediglich rechtlichen Vorteils wegen des mit der Einwilligungsfreiheit des Minderjährigengeschäfts verbundenen Eingriffs in das elterliche Sorgerecht gem Art 6 Abs 2 GG restriktiv zu verstehen und deshalb im Zweifel das Einwilligungserfordernis zu bejahen. Für einwilligungsbedürftig hält KÖHLER deshalb diejenigen Rechtsgeschäfte, bei denen nach Art und Umfang der damit verbundenen Nachteile eine Kontrolle durch den gesetzlichen Vertreter geboten ist, während einwilligungsfrei nur die Geschäfte sein sollen, deren Nachteile so geringfügig oder fernliegend sind, dass eine Kontrolle durch den gesetzlichen Vertreter entbehrlich erscheint. Diese Meinung begegnet neben der mangelnden Schärfe des Merkmals der Schwere der Nachteile noch dem Bedenken, dass hiernach letztlich nur ganz einfache und wirtschaftliche unerhebliche Geschäfte (zB nicht Grundstücksgeschäfte) zustimmungsfrei blieben, was mit dem von § 107 auch verfolgten Zweck einer Vorbereitung des Minderjährigen auf die spätere volle Selbstständigkeit kaum vereinbar wäre (vgl COESTER-WALTJEN Jura 1994, 668, 669 Fn 5; kritisch auch PREUSS JuS 2006, 305, 307; HARTE 30 f, 38). STÜRNER will die beachtlichen von den unbeachtlichen Rechtsnachteilen durch eine teleologische Reduktion des seiner Ansicht nach mit dem Abstellen auf den lediglich rechtlichen Vorteil zu weit geratenen Wortlauts des § 107 sondern. Seiner Ansicht nach sind nicht nur die lediglich vorteilhaften Rechtsgeschäfte generell ungefährlich, sondern auch solche mit einem rechtlichen Nachteil behafteten Geschäfte, die nach ihrer abstrakten Natur höchstens einen Verlust des Erwerbs, aber keine darüber hinausgehenden Vermögensbeeinträchtigungen herbeiführen können oder die eine unschwere Beherrschung des Rechtsnachteils zulassen, wozu STÜRNER entsprechende Fallgruppen bildet. Auch hiernach typischerweise ungefährliche Geschäfte sollen gleichwohl einwilligungsbedürftig sein, wenn sie ausnahmsweise im konkreten Fall zur Vermögensbeeinträchtigungen führen und dies dem Geschäftsgegner des Minderjährigen bekannt ist (zum Ganzen s STÜRNER AcP 173 [1973] 402, 403, 416 ff, 440 f, 448; zuneigend auch U HÜBNER 146; ähnl wohl auch AK-BGB/KOHL Rn 15). Die rein rechtliche Betrachtungsweise, nach der jedes rechtlich auch nachteilige Geschäft *per se* zustimmungsbedürftig ist, wird damit durch eine wirtschaftliche Betrachtungsweise zur Bestimmung der generellen Ungefährlichkeit oder im Einzelfall bestehenden Gefährlichkeit eines rechtlich auch nachteiligen Geschäfts eingeschränkt. Diese Gesetzeskorrektur wäre zu billigen, wenn sie zu einer klareren Abgrenzung der einwilligungsfreien von den einwilligungsbedürftigen Rechtsgeschäften führen würde, als dies nach dem herrschenden Unmittelbarkeitskriterium möglich ist; das Erfordernis einer typischen generellen Ungefährlichkeit und erst recht das einer gleichwohl bestehenden Gefährlichkeit im Einzelfall ermöglichen aber ebenfalls keine zweifelsfreie Lösung aller Problemfälle, weshalb dieser Ansicht nicht gefolgt werden kann (kritisch auch KÖHLER JZ 1983, 225, 227 f; HARTE 40; SOERGEL/HEFERMEHL Rn 1). Eine weitere Meinung hält die mit einem Erwerbsgeschäft verbundenen rechtlichen Nachteile dann für einwilligungsbegründend, wenn diese Nachteile den Erwerber als solchen treffen (so die Haftung nach dem früheren § 419); die an den Inhalt des erworbenen Rechts anknüpfenden Rechtsnachteile, vornehmlich die öffentlich-rechtlichen Pflichten als Ausfluss des Eigentums, lassen dagegen die ausschließliche rechtliche Vorteilhaftigkeit des Geschäfts nicht entfallen (so JAUERNIG/JAUERNIG Rn 4, 5; letztlich ablehnend AK-BGB/KOHL Rn 15). Eine neuere Ansicht will von der Einwilligungsbedürftigkeit ausnehmen einmal solche Nachteile, die schon unter abstrakt-generellen Gesichtspunkten zu einer Verminderung des Minderjährigenvermögens unter den vor Geschäftsabschluss vorhanden gewesen Stand nicht geeignet sind, zum anderen Rechtspflichten, in denen sich nur das allgemeine Lebensrisiko realisiert oder die vorhersehbar aus jedem rechtsgeschäftlichen Erwerb resultieren (HARTE 46 ff).

Ein Kriterium für eine klare und einfache Abgrenzung des lediglich rechtlich vorteilhaften Geschäfts lässt sich, wie die vorstehende Darstellung des Meinungsstandes gezeigt hat, kaum ohne Schwierigkeiten finden, weshalb *de lege ferenda* schon die Ersetzung der rechtlichen durch eine wirtschaftliche Betrachtungsweise gefordert worden ist (so von HEINR LANGE NJW 1955, 1339, 1343). Die Rechtsprechung hatte sich bis vor wenigen Jahren auf keines der im Schrifttum vorgeschlagenen Merkmale zur Eingrenzung der das Einwilligungserfordernis auslösenden Rechtsnachteile eindeutig festgelegt. Nunmehr hat der Bundesgerichtshof seit dem grundlegenden Beschluss vom 25. 11. 2004 – V ZB 13/04 (BGHZ 161, 170 ff = NJW 2005, 415 ff = JZ 2006, 147 ff m Anm MÜSSIG), der die unentgeltliche Überlassung eines mit einer Grundschuld belasteten Grundstücks durch eine Mutter an ihre beiden minderjährigen Kinder im Wege der vorweggenommenen Erbfolge zu jeweils hälftigem Miteigentum unter Nießbrauchsvorbehalt betrifft, eine diesbezügliche Konzeption entwickelt, die im Grundsatz der Lehre von STÜRNER (s o Rn 7) folgt. Den für die Auslegung des § 107 maßgeblichen Schutzzweck der Vorschrift erblickt der BGH bei einem auf den Erwerb einer Sache gerichteten Geschäft darin, dass der minderjährige Erwerber in der Folge des Erwerbs nicht mit Verpflichtungen belastet werden soll, für die er nicht nur dinglich mit der erworbenen Sache, sondern auch persönlich mit seinem sonstigen Vermögen haftet (BGHZ 161, 170, 175 = NJW 2005, 415, 417; ebenso BGHZ 162, 137, 140 = NJW 2005, 1430 f; NJW 2010, 3643 = JZ 2011, 157, 158 m Anm MEDICUS). Dies gilt, wie der BGH ausdrücklich betont, auch für eine kraft Gesetzes entstehende persönliche Haftung, denn diese gefährdet das Vermögen des Minderjährigen nicht weniger als eine kraft Rechtsgeschäfts eintretende (BGHZ 161, 170, 178). Hiernach wäre an sich jeder Erwerb, aus dem (auch nur mittelbar) eine persönliche Verbindlichkeit des Minderjährigen resultiert, diesem auch nachteilig und bedürfte der Einwilligung des gesetzlichen Vertreters. Dann bedeutete aber praktische jede Grundstücksübereignung für diesen auch einen rechtlichen Nachteil, besonders in Form der ihn persönlich treffenden Pflicht zur Leistung der aus dem Erwerb bzw dem Eigentum folgenden öffentlichen Abgaben. Zur Vermeidung dieser über den Schutzzweck des § 107 hinausgehenden Folge sieht der BGH Rechtsnachteile mit einem typischerweise ganz unerheblichen Gefährdungspotenzial nicht als von dem Einwilligungserfordernis erfasst an. Hierbei muss es sich um kraft Gesetzes entstehende Verpflichtungen handeln, die (1) ihrem Umfang nach begrenzt und (2) wirtschaftlich derart unbedeutend sind, dass sie unabhängig von den Umständen des Einzelfalls eine Verweigerung der Einwilligung durch den gesetzlichen Vertreter nicht rechtfertigen können (BGHZ 161, 170, 179 = NJW 2005, 415, 418). Mit dieser Herausnahme der wirtschaftlich völlig bedeutungslosen Verpflichtungen aus dem Kreis der die Einwilligungsbedürftigkeit auslösenden rechtlichen Nachteile soll aber keineswegs die der Regelung des § 107 zugrundeliegende rechtliche durch eine wirtschaftliche Betrachtungsweise ersetzt werden, denn auszuscheiden sind nur solche Verbindlichkeiten, denen bereits typischerweise und damit *in abstracto* keine Gefahr für das sonstige Vermögen des Minderjährigen inhärent ist; kann hingegen eine abstrakte Gefährdung nach dem Typus des Rechtsnachteils nicht ausgeschlossen werden, dann bleibt es bei der Notwendigkeit der Einwilligung und damit bei der Möglichkeit des gesetzlichen Vertreters zur Entscheidung darüber, ob im konkreten Einzelfall die wirtschaftlichen Vorteile des Geschäfts für den Minderjährigen die Nachteile überwiegen. Da sich die abstrakte Ungefährlichkeit eines Rechtsnachteils nach dessen Typizität bestimmt, hält der BGH die Zusammenfassung solcher die Einwilligungsfreiheit des Minderjährigengeschäfts unberührt lassender Nachteile in Fallgruppen für möglich und geboten, um auf diese Weise die Rechtssicherheit zu wahren. Gefährliche und damit das Erwerbsgeschäft einwilligungsbedürftig machende Rechtsnachteile müssen schon mit Geschäftsabschluss eintreten oder es müssen schon bestimmte Umstände vorliegen, auf Grund derer mit ihrem künftigen Eintritt zu rechnen ist; die bloß theoretische Möglichkeit einer künftigen Entstehung solcher Nachteile begründet hingegen nicht eine Zustimmungsbedürftigkeit, da der gesetzliche Vertreter hier noch keinerlei tatsächliche Anhaltspunkte für seine Entscheidung hat (BGHZ 161, 170, 179 f = NJW 2005, 415, 418).

8 Der vom BGH eingeschlagene Weg, typischerweise umfangmäßig begrenzte und wirtschaftlich unbedeutende rechtliche Nachteile wegen ihrer abstrakten Ungefährlichkeit für das Minderjährigenvermögen von dem Erfordernis der Einwilligung des gesetzlichen Vertreters in das Erwerbsgeschäft auszunehmen, wird im Schrifttum unterschiedlich bewertet. Die zustimmenden Ansichten sehen in der Einschränkung der rein rechtlichen durch eine typisierend wirtschaftliche Betrachtungsweise eine Methode, die unter dem Aspekt des Minderjährigenschutzes angemessenere Ergebnisse gewährleistet als etwa die Unterscheidung zwischen unmittelbaren und mittelbaren Rechtsnachteilen (vgl KÖLMEL RNotZ 2010, 618, 627 ff; im Grundsatz auch ALLMEN-

DINGER 124 f). Dagegen bezweifeln die Kritiker, dass die vom BGH befürwortete Bildung von Fallgruppen typischerweise wirtschaftlich ungefährlicher Rechtsnachteile zu einem gegenüber den anderen Abgrenzungsversuchen größeren Maß an Rechtssicherheit zu führen geeignet ist, denn statt über die Mittelbarkeit oder Unmittelbarkeit eines rechtlichen Nachteils werde künftig über die oft gleichfalls nicht eindeutig zu beantwortende Frage nach der typischen wirtschaftlichen Bedeutung gestritten (vgl SCHMITT NJW 2005, 1090, 1092; MÜSSIG JZ 2006, 150, 152; BÖTTCHER Rpfleger 2006, 293, 298; WILHELM NJW 2006, 2353, 2356; HARTE 43 ff; insoweit auch ALLMENDINGER 124). Ebenso könne es zweifelhaft sein, ob ein Rechtsnachteil, der nach erfolgtem Erwerb eintreten kann, bloß theoretisch möglich und damit unbeachtlich oder schon hinreichend konkret ist und das Erwerbsgeschäft deshalb einwilligungsbedürftig macht (insoweit auch ALLMENDINGER 119 f). Weiterhin berücksichtige die typisierende Betrachtung der Rechtsnachteile nicht die Möglichkeit, dass innerhalb einer typischerweise ungefährlichen Fallgruppe von nachteiligen Folgen gleichwohl Gefahren für das Minderjährigenvermögen zeitigende atypische Fälle auftreten können (SCHMITT NJW 2005, 1090, 1092; A STAUDINGER Jura 2005, 547, 551 f; auch MÜSSIG JZ 2006, 1050, 1052). Wohl allgemein begrüßt wird die Ansicht des BGH, wonach kraft Gesetzes entstehende Verbindlichkeiten ebenso wie rechtsgeschäftlich begründete dem Minderjährigen rechtlich nachteilig iSv § 107 sein können (SCHMITT aaO; FÜHR/MENZEL FamRZ 2005, 1729, 1730; A STAUDINGER aaO; RÖTHEL/KRACKHARDT Jura 2006, 161, 164; WILHELM NJW 2006, 2353, 2354; BÖTTCHER Rpfleger 2006, 293, 297; MEDICUS JZ 2011, 159, 160; HARTE 42), jedoch zweifeln die kritischen Stimmen die Brauchbarkeit der typisierend wirtschaftlichen Methode für die Beurteilung der Rechtsnachteile rechtsgeschäftlicher Natur an (MÜSSIG aaO; A STAUDINGER Jura 2005, 547, 552). Die Berechtigung dieser Kritikpunkte ist nicht von der Hand zu weisen. Die neue BGH-Rechtsprechung lässt in der Tat noch manche Zweifelsfragen offen. Insbesondere wird die Klärung der für eine Fallgruppenbildung entscheidende Frage einer typischerweise derart geringen wirtschaftlichen Bedeutung einer bestimmten Art von Rechtsnachteilen, das die Zustimmung des gesetzlichen Vertreters zu dem Erwerbsgeschäft zu einer reinen Formsache werden lässt, wegen der mangelnden Prägnanz dieses Merkmals häufig beträchtliche Schwierigkeiten bereiten. Auf Grund der Vielzahl der noch offenen Probleme kann daher der neuen Rechtsprechung, jedenfalls nach ihrem bisherigen Stand, nicht bescheinigt werden, dass sie eine klarere Abgrenzung der mit einem Erwerbsgeschäft Minderjähriger verbundenen Verpflichtungen, die den Erwerb auch rechtlich nachteilig werden lassen, von denjenigen, bei denen die ausschließliche rechtliche Vorteilhaftigkeit unberührt bleibt, ermöglichen, als dies die herkömmliche Abgrenzung nach der Unmittelbarkeit oder Mittelbarkeit des Nachteils vermag. Im Folgenden wird deshalb ein Erwerbsgeschäft dann als für den minderjährigen Erwerber auch rechtlich nachteilig angesehen, wenn der Rechtsnachteil die unmittelbare Folge des Geschäftes bildet, wobei es unerheblich ist, ob es sich hierbei um eine rechtsgeschäftliche oder eine gesetzliche Folge handelt.

III. Einwilligungsfreie Rechtsgeschäfte

Als dem Minderjährigen rechtlich lediglich vorteilhaft und damit der Einwilligung des gesetzlichen Vertreters nicht bedürftig sind nach den obigen Ausführungen die folgenden Rechtsgeschäfte zu qualifizieren: **9**

1. Schenkungsverträge

a) Reine Schenkungen

Die Schenkung gem §§ 516 ff kann als die typische Art eines für den Beschenkten rechtlich nur vorteilhaften Geschäfts bezeichnet werden. Dies gilt sowohl für den Schenkungsvertrag nach § 518 als auch für die Handschenkung gem § 516. Aus dem Schenkungsvertrag erwächst dem Beschenkten lediglich eine Forderung gegen den Schenker auf Leistung des Schenkungsgegenstandes, während der Beschenkte selbst zu keiner Leistung verpflichtet wird. Die Pflichten aus § 241 Abs 2 und aus § 242, die auch den Beschenkten treffen können, müssen als jedem Schuldverhältnis immanente Verpflichtungen trotz der unter den Voraussetzungen der §§ 276 Abs 1 S 2 auch für einen minderjährigen Beschenkten möglichen Haftung, die nur eine mittelbare Folge des Geschäfts darstellt (vgl o Rn 6), außer Betracht bleiben. Gleiches gilt für sonstige Nebenpflichten und Nebenfolgen auf Seiten des Beschenkten sowie für die Folgen eines Annahmeverzugs (vgl HEINR LANGE NJW 1955, 1139, 1340; STÜRNER AcP 173 [1973] 402, 423 f). Die bei einer Verarmung des Schenkers oder einem Widerruf der Schenkung wegen groben Undanks möglicherweise entstehende Pflicht des Beschenkten zur Herausgabe des Geschenks nach den §§ 528, 531 Abs 2 beseitigt ebenfalls nicht die ausschließliche Vorteilhaftigkeit der Schenkung, denn auch hier handelt es sich nur um mittelbare und zudem noch von atypischen Umständen abhängige Folgen des Vertrages und ferner ist die Herausgabepflicht des Minderjährigen wegen der Verweisung der genannten Vorschriften auf das Bereicherungsrecht noch durch § 818 Abs 3 begrenzt (BayObLG FG Prax 2004, 123; OLG Köln ZEV 1998, 110, 111; Rpfleger 2003, 570, 572; vLÜBTOW 95 ff; HEINR LANGE NJW 1955, 1339, 1340; STÜRNER AcP 173 [1973] 402, 424 f; KLÜSENER Rpfleger 1981, 258, 263). Der Minderjährige kann daher ein ihm gemachtes Schenkungsversprechen ohne Einwilligung des gesetzlichen Vertreters annehmen (vgl OLG Stuttgart NJW-RR 1992, 706 f: Schenkung einer Forderung). Bei einer Handschenkung liegt der rechtliche Vorteil in der Schaffung eines Rechtsgrundes gem § 812 für das Behaltendürfen der Zuwendung.

b) Schenkungen mit Verpflichtungsfolgen

Nicht lediglich rechtlich vorteilhaft ist eine Schenkungsvereinbarung hingegen dann, wenn sie eine vertragliche Leistungspflicht auch für den Beschenkten begründet. Grundsätzlich einwilligungsbedürftig ist deshalb die **Schenkung unter Auflage**, da sie gem § 525 nach erfolgter Leistung des Schenkungsgegenstandes einen persönlichen Anspruch gegen den Beschenkten auf Vollziehung der Auflage begründet (BFH NJW 1977, 456; OLG München DNotZ 1943, 75, 76; OLG Frankfurt Rpfleger 1974, 429; vLÜBTOW 99 f; HEINR LANGE NJW 1955, 1339, 1340 m Fn 23; STÜRNER AcP 173 [1973] 402, 423; U HÜBNER 147 f; auch OLG Stuttgart NJW-RR 1992, 706). Anders ist es mangels einer Gefährdung des sonstigen Vermögens des Minderjährigen dann, wenn die Auflage allein aus dem geschenkten Vermögensgegenstand zu vollziehen ist; die hier dem Beschenkten bei Nichtvollziehung drohende Haftung aus den §§ 280 ff ist als eine bloß mittelbare Folge unbeachtlich (vgl JÜLICHER ZEV 1998, 285, 286 f; s auch BayObLG 1974, 1142 f). Die Verbindung mit einer Ausgleichungsanordnung nach § 2050 Abs 3 macht die Schenkung ebenfalls nicht zu einer rechtlich auch nachteiligen, denn dem Beschenkten wird hierdurch nicht eine Leistungspflicht auferlegt, sondern der Wert der Schenkung ist lediglich bei der Ausgleichung zu berücksichtigen (BGHZ 15, 168, 170 f = NJW 1955, 1353; U HÜBNER 148; aA HEINR LANGE NJW 1955, 1339, 1343). Eine zwecks vorweg genommener Erbfolge gemachte Schenkung begründet nicht die Vermutung eines mit einem Erbverzicht des Beschenkten verbundenen Abfindungsvertrages; diese Schenkung ist folglich ebenfalls rechtlich nur vorteilhaft (LG Aachen MittRhNotK 1969, 574, 577 f; allg Stürner AcP 173 [1973] 402, 438 f). Ein Schenkungsvertrag über einen Geldbetrag, der mit der Abrede geschlossen wird, dass der Betrag nicht an den Beschenkten geleistet, sondern von diesem sogleich dem Schenker als Darlehenskapital zur Verfügung gestellt wird (solche Verträge werden aus steuerlichen Gründen auch zwischen Eltern und Kindern geschlossen), stellt sich als die schenkweise Einräumung einer Darlehensforderung im Wege eines Vereinbarungsdarlehens dar und damit als dem Minderjährigen rechtlich ausschließlich vorteilhafter Erwerb einer (Darlehens-)Forderung (so zutr OLG Hamm FamRZ 1978, 439, 440; Autenrieth DB 1984, 2547, 2548; auch BayObLG NJW 1974, 1142 f; aA BFH NJW 1977, 456). Die Festlegung einer Verpflichtung des Beschenkten zur (Rück-)übertragung des geschenkten Gegenstandes an den Schenker oder einen Dritten beim Eintritt bestimmter Umstände (Zwangsvollstreckung in den Gegenstand, Verstoß gegen vereinbartes Veräußerungsverbot) oder gar jederzeit ohne Vorliegen irgendwelcher Gründe stellt einen Rechtsnachteil für den Beschenkten dar (BayObLG DNotZ 1975, 219, 220 f; OLG Köln Rpfleger 2003, 570, 571 f m Anm Bestelmeyer Rpfleger 2004, 162; LG Bonn BWNotZ 1974, 132 f; Klüsener Rpfleger 1981, 258, 263 f; Fembacher/Franzmann MittBayNot 2002, 78, 82 f; MünchKomm/Schmitt Rn 48; insoweit auch LG Hechingen BWNotZ 1995, 67; Joas BWNotZ 1974, 146, 147; kritisch Gschossmann MittBayNot 1998, 236). Gleiches gilt für einen im Schenkungsvertrag vereinbarten Rücktrittsvorbehalt zugunsten des Schenkers, sofern die durch die Rücktrittsausübung ausgelöste Rückgewähr- und Nutzungsherausgabepflicht des Beschenkten (§ 346 Abs 1), deren Umfang sich grundsätzlich nach den allgemeinen Vorschriften richtet (arg § 346 Abs 4), nicht in dem Vertrag, wie gem § 531 Abs 2, auf die beim Beschenkten noch vorhandene Bereicherung beschränkt wird (BayObLG FG Prax 2004, 123, 124; OLG Köln NJW-RR 1998, 363; Jülicher ZEV 1998, 285, 287; aA Joas BWNotZ 1974, 146, 147, Gschossmann MittBayNot 1998, 236, 237). Ein vertraglicher Widerrufsvorbehalt zugunsten des Schenkers lässt hingegen, wie das gesetzliche Widerrufsrecht aus § 530, die ausschließliche rechtliche Vorteilhaftigkeit der Schenkung deshalb nicht entfallen, weil hier die Rückübertragungspflicht des Beschenkten über eine entsprechende Anwendung von § 531 Abs 2 oder gem § 812 Abs 1 S 2 Alt 1 auf die noch vorhandene Bereicherung nach § 818 Abs 3 beschränkt ist (LG Bonn BWNotZ 1974, 132 f; LG Saarbrücken MittRhNotK 1990, 109; Joas BWNotZ 1974, 146, 147; Gschossmann MittBayNot 1998, 236, 237; Jülicher ZEV 1998, 285, 287; Fembacher/Franzmann MittBayNot 2002, 78, 82; mit anderer Begr auch LG Münster BWNotZ 1974, 131 f). Aus dem gleichen Grund ist auch ein unter einer auflösenden Bedingung geschlossener (obligatorischer) Schenkungsvertrag dem Beschenkten lediglich rechtlich vorteilhaft, da sich bei Bedingungseintritt die Rückabwicklung des dinglichen Vollzugs nach Bereicherungsrecht richtet und somit auch hier § 818 Abs 3 eingreift (Klüsener Rpfleger 1981, 258, 264; Jülicher ZEV 1998, 285, 286 f). Einwilligungsfrei ist auch die Schenkung eines Miteigentumsanteils, die die Verpflichtung des minderjährigen Beschenkten vorsieht, die Miteigentümergemeinschaft während eines bestimmten Zeitraums nicht aufzulösen; denn diese Verpflichtung lässt das sonstige Vermögen des Minderjährigen ebenfalls unberührt (vgl LG Münster FamRZ 1999, 739).

2. Erwerbsgeschäfte

a) Grundsatz

Dem Minderjährigen rechtlich lediglich vorteilhaft ist der durch ein Verfügungs- **11** geschäft des anderen Teils erfolgte Erwerb eines Rechts oder einer sonstigen Aktivposition. Nach dem für das deutsche Recht bei Zuwendungsgeschäften charakteristischen Trennungs- und Abstraktionsgrundsatz kommt es allein auf die durch das (dingliche) Erwerbsgeschäft bewirkte Vermehrung des Rechtsbestandes des Erwerbers an; das Erwerbsgeschäft ist also auch dann als rechtlich ausschließlich vorteilhaft anzusehen, wenn das zugrundeliegende schuldrechtliche Geschäft, etwa als gegenseitiger Vertrag, auch rechtlich nachteilig ist. Die Notwendigkeit einer vom Grundgeschäft unabhängigen Beurteilung des dinglichen Erwerbsgeschäfts hinsichtlich des lediglich rechtlichen Vorteils betont jetzt – entgegen der bisher (BGHZ 78, 28, 35) vertretenen „Gesamtbetrachtungslehre" – auch wieder der Bundesgerichtshof (BGHZ 161, 170, 174 f = NJW 2005, 415, 416 f). Zum umgekehrten Fall eines lediglich vorteilhaften Grund- und eines nachteiligen dinglichen Geschäfts s u Rn 31. Ist daher das Grundgeschäft zB wegen fehlender Zustimmung des gesetzlichen Vertreters unwirksam, so hat der Minderjährige das Recht gleichwohl wirksam erworben. Die ihn dann treffende Pflicht zur Rückübertragung des erworbenen Gegenstandes aus ungerechtfertigter Bereicherung (§ 812 Abs 1 S 1) begründet keinen rechtlichen Nachteil des Erwerbsgeschäfts selbst, denn die Rückgewährpflicht gehört nicht zum Inhalt des Erwerbsgeschäfts, sondern stellt nur eine kraft Gesetzes eintretende mittelbare Folge dar (vTuhr, AT II 1 § 59 IV m Fn 49; Enneccerus/Nipperdey I 2 § 151 Fn 4; MünchKomm/Schmitt Rn 32; aA Heinr Lange NJW 1955, 1339, 1342); zudem beschränkt sich die Bereicherungshaftung bei der hier vorliegenden Leistungskondiktion gem § 818 Abs 3 auf die bei dem Minderjährigen noch vorhandene Bereicherung (vgl Vorbem 78, 79), lässt also den Bestand seines sonstigen Vermögens unberührt (BGHZ 161, 170, 175 f = NJW 2005, 415, 417). Dies gilt auch für die Herausgabepflicht des Minderjährigen aus § 816 Abs 1 S 2 beim unentgeltlichen Erwerb von einem nicht berechtigten Veräußerer (Soergel/Hefermehl Rn 7; aA Heinr Lange aaO). Desgleichen macht die mit einem Grundstückserwerb erfolgende Eintragung einer (Rück-)Auflassungsvormerkung zur Sicherung eines mit der Ausübung eines Rückübertragungsrechts oder Rücktrittsvorbehalts durch den Veräußerer entstehenden Rückübereignungsanspruchs den Erwerb für den minderjährigen Erwerber nicht rechtlich nachteilig, denn die Vormerkung begründet den zu sichernden Anspruch nicht, sondern setzt dessen Entstehung voraus (BGHZ 161, 170, 177 = NJW 2005, 415, 417). Nicht einwilligungsbedürftig ist folglich der Erwerb des Eigentums an einer beweglichen Sache gem §§ 929 ff; bei einem sich nach §§ 929 S 1, 930 vollziehenden Erwerb ist allerdings zur Vereinbarung des Besitzmittlungsverhältnisses wegen der dadurch begründeten Pflicht des Erwerbers zur weiteren Überlassung der Sache an den Veräußerer die Einwilligung erforderlich (Heinr Lange NJW 1955, 1339, 1342). Der Erwerb eines dinglichen Rechts ist jedenfalls dann lediglich rechtlich vorteilhaft, wenn mit der Berechtigung keine persönlichen Verpflichtungen des Erwerbers verbunden sind (zum Nießbrauch s u Rn 14). Keiner Einwilligung bedürfen weiterhin der Erwerb einer Forderung (BFH NJW 1989, 1631, 1632; OLG Stuttgart NJW-RR 1992, 706), wobei die dem Erwerber einer gesicherten Forderung ggf aus dem Sicherungsverhältnis erwachsenden Verpflichtungen keinen Rechtsnachteil der gegenüber dem zugrunde liegenden Sicherungsvertrag abstrakten Abtretung darstellen (iE auch Heinr Lange NJW 1955, 1339, 1341), die Annahme eines unbelasteten Vermächtnisses (MünchKomm/Schmitt Rn 47 aE; Soergel/Hefermehl Rn 2), die Begebung eines Schecks an einen Minderjährigen (SchlHFG EFG 1995, 1009, 1010), die Anmeldung eines gewerblichen Schutzrechts (RPA DJZ 1933, 368) usw. Für den Erwerb eines Nachlassgrundstücks durch einen minderjährigen Miterben zu Alleineigentum gilt nichts anderes, da der Erwerber hierdurch lediglich die Anteile der übrigen Miterben zu seinem eigenen Anteil erlangt, ohne von den ihm an dem Grundstück zustehenden Rechten etwas aufzugeben, insbesondere keinen Auseinandersetzungsanspruch, und ohne dass ihm hieraus eine Verpflichtung erwächst (BayObLG NJW 1968, 941); anders aber, wenn der Erwerber auch die alleinige persönliche Verpflichtung zur Erfüllung einer – auch nur möglicherweise bestehenden – schuldrechtlichen Wohnberechtigung eines Dritten übernimmt (OLG Hamm OLGZ 1983, 144, 147).

b) Gesetzliche Pflichten und Lasten aus erworbenen Rechten
Problematisch ist die ausschließliche rechtliche Vorteilhaftigkeit bei dem Erwerb solcher Rechte, die für den Erwerber kraft Gesetzes persönliche Pflichten oder sonstige Lasten und dadurch die Gefahr mit sich bringen, dass ein minderjähriger Erwerber durch deren Erfüllung auch Einbußen an seinem sonstigen Vermögen erleidet. Derartige Pflichten und Lasten sind insbesondere mit dem Eigentum an Grundstücken verbunden, so dass sich die Frage stellt, ob ein Minderjähriger deshalb die **Auflassung** eines Grundstücks ohne Einwilligung seines gesetzlichen Vertreters wirksam entgegen nehmen kann. Den Grundstückseigentümer treffen zahlreiche Verpflichtungen und Lasten öffentlich-rechtlicher Art, so die hier besonders ausgeprägte Ordnungs-(Polizei-)pflicht, ferner Steuerpflichten sowie zahlreiche und in den letzten Jahrzehnten immer spürbarer gewordene kommunale Abgabe-(Gebühren- und Beitrags-)pflichten, für die der Eigentümer auch persönlich und damit nicht nur beschränkt auf die erworbene Liegenschaft haftet. Nach bisher ganz überwiegender Ansicht machen diese Verbindlichkeiten die Auflassung gleichwohl nicht zu einem für den minderjährigen Erwerber auch rechtlich nachteiligen und damit einwilligungsbedürftigen Geschäft, da sie nicht auf Grund der Willens-(Auflassungs-)erklärung des Minderjährigen entstehen, sondern kraft Gesetzes als öffentlich-rechtliche Pflichten an die Eigentümerstellung geknüpft sind (BayObLGZ 9, 523, 526 = SeuffA 64 Nr 47; BayObLGZ 1998, 139, 144 = Rpfleger 1998, 425, 426; NJW 1968, 941; OLG Dresden MittBayNot 1996, 288, 290; OLG München DNotZ 1939, 206, 207; LG Aachen MittRhNotK 1969, 574, 576; vLübtow 101 ff; H Westermann JZ 1955, 244, 245; Weimar JR 1971, 414; Stürner AcP 173 [1973] 402, 426 ff; U Hübner 155; Brox JA 1989, 441, 445; Röthel/Krackhardt Jura 2006, 161, 165 f; Enneccerus/Nipperdey I 2 § 151 Fn 3; Larenz/Wolf, AT § 25 V 1b Rn 23; MünchKomm/Schmitt Rn 39; Soergel/Hefermehl Rn 4; einschr Klüsener Rpfleger 1981, 258, 261; AK-BGB/Kohl Rn 16; dahingestellt in BGHZ 15, 168, 170 = NJW 1955, 1353; BGHZ 78, 28, 31= NJW 1981, 109, 110; dagegen KGJ 45 A 237, 238 f; Heinr Lange NJW 1955, 1339, 1341; zuneigend auch Flume, AT II § 13, 7b [S 192]; für Kfz-Erwerb wegen der Entsorgungspflicht gem § 3 AbfallG auch VG Lüneburg, Urt v 31.10.1995 – 7 A 81/95) Dieser wirtschaftlichen Argumentation wird entgegengehalten, dass die Abgabepflichten in der Regel aus den laufenden Erträgen des Grundstücks erfüllt werden können, das sonstige Vermögen des Minderjährigen hierdurch also nicht in Mitleidenschaft gezogen wird (Larenz/Wolf aaO; Stürner AcP 173 [1973] 402, 427 f). Der Bundesgerichtshof lässt in seinem Grundsatzbeschluss vom 25.11.2004 (BGHZ 161, 170 ff = NJW 2005, 415 ff) das Argument der hM, auf Gesetz oder Satzung beruhende Pflichten öffentlich-rechtlicher Natur begründeten keine Rechtsnachteile iSd § 107, nicht gelten (s o Rn 7), sondern entwickelt seine Methode der Fallgruppenbildung nach abstrakt wirtschaftlichen Gesichtspunkten zur Prüfung der ausschließlich rechtlichen Vorteilhaftigkeit oder (auch) Nachteiligkeit eines Geschäfts gerade anhand dieser den Grundstückserwerber treffenden Verpflichtungen. Aus der Gesamtheit der öffentlich-rechtlichen Verbindlichkeiten bilden nach Ansicht des BGH jedenfalls die laufenden öffentlichen

Grundstückslasten, von denen die außerordentlichen zu unterscheiden sind, eine geschlossene, klar abgegrenzte Fallgruppe von Rechtsnachteilen, die für das Minderjährigenvermögen typischerweise ungefährlich sind und den Grundstückserwerb deshalb nicht zu einem für den Minderjährigen nachteiligen Geschäft machen; denn diese Lasten bemessen sich entweder nach dem Grundstückswert oder nach den Kosten, die der öffentlichen Hand durch die Erbringung der betreffenden Dienstleistungen entstehen, weshalb sie ihrem Umfang nach begrenzt sind und idR aus den laufenden Erträgen des Grundstücks gedeckt werden können (BGHZ 161, 170, 179 f = NJW 2005, 415, 417 f; ebenso OLG Koblenz, Beschl v 13. 7. 2005 – 13 UF 165/05, juris Rn 21). Für die laufenden öffentlichen Lasten des Grundstücks gelangt der BGH mithin, wenn auch mit anderer Begründung, zum gleichen Ergebnis wie die (bisher) hM: Die Auflassung bleibt für den Minderjährigen lediglich rechtlich vorteilhaft und bedarf nicht der Einwilligung des gesetzlichen Vertreters. Ob dies auch für die außerordentlichen d h nicht regelmäßig anfallenden Grundstücklasten gilt wie die Erschließungsbeiträge nach §§ 127 ff BauGB oder die Anliegerbeiträge nach den Kommunalabgabegesetzen der Länder, lässt der BGH in dem genannten Beschluss offen, da solche Lasten *in casu* nicht ersichtlich waren und in einer späteren Heranziehung der Erwerber zu solchen Beiträgen eine bloß theoretische Möglichkeit zu erblicken sei (BGHZ 161, 170, 180 = NJW 2005, 415, 418). Der Qualifikation der laufenden öffentlichen Lasten als nicht gem § 107 relevante Rechtsnachteile stimmt der BGH mit der Begründung zu, dass die (Vermögens-, Grunderwerbs- und Schenkungs-)steuern den erzielten Erwerb nicht ausschöpfen und den laufenden Beiträgen eine durch die diesbezüglichen Maßnahmen der öffentlichen Hand bewirkte entsprechende Steigerung des Grundstückswertes gegenübersteht. Diese Abgaben, die idR aus den laufenden Erträgen des Grundstücks geleistet werden (STÜRNER AcP 173 [1973] 402, 427 f; LARENZ/WOLF AT § 25 Rn 23), können mithin das Vermögen des Minderjährigen nicht unter den vor dem Erwerb gegebenen Stand schmälern (vgl HARTE 97 f; für Schenkungssteuern auch KÖLMEL RNotZ 2010, 618, 629; ALLMENDINGER 120 f). Von den außerordentlichen öffentlichen Lasten werden die Erschließungs- und Anliegerbeiträge, die Polizeipflicht in Form der Zustandsverantwortlichkeit für das erworbene Grundstück und die sich auf das Grundstück beziehende Verkehrssicherungspflicht, da diese Beiträge sowie die zur Gefahrenabwehr erforderlichen Aufwendungen uU den Grundstückswert übersteigen, dann als dem Minderjährigen rechtlich nachteilig betrachtet, wenn sich diese Belastungen im Erwerbszeitpunkt schon konkretisiert haben, etwa schon eine Zustandsgefahr oder ein Verstoß gegen die Verkehrssicherungspflicht gegeben ist, andernfalls eine – iSd der BGH-Rspr – unerhebliche bloß theoretische Möglichkeit einer künftigen Inanspruchnahme vorliegt (vgl KÖLMEL RNotZ 2010, 618, 632 ff; HARTE 107 ff; für Anlieger- und Erschließungsbeiträge auch ALLMENDINGER 121 f). Nach der hier vertretenen Auffassung handelt es sich bei allen öffentlich-rechtlichen Lasten nur um mittelbare Folgen des Erwerbs, die sich aus dem Inhalt des Grundeigentums ergeben und deshalb die ausschließlich rechtliche Vorteilhaftigkeit des Erwerbsgeschäfts selbst unberührt lassen. Auch die sonstigen zum Eigentumsinhalt gehörenden Beschränkungen und Verpflichtungen, insbesondere auf nachbarrechtlichem Gebiet, machen den Grundstückserwerb nicht rechtlich nachteilig (HEINR LANGE NJW 1955, 1339, 1341; U HÜBNER 152 f). Gleiches gilt für gewisse mit dem Sacherwerb verbundene Erhöhungen des Haftungsrisikos (Gefährdungshaftung, Haftung aus § 836), denn auch diese Folgen ergeben sich nicht unmittelbar aus dem Erwerbsgeschäft, sondern aus der vom Eigentumserwerb sogar meist unabhängigen Position des Haftenden, wie Haltereigenschaft oder – bei § 836 – Besitz (so mit abw Begr auch STÜRNER AcP 173 [1973] 402, 425 f; U HÜBNER 153 f). Aus vorstehenden Gründen gehört auch die Entgegennahme einer Auflassung grundsätzlich zu den dem minderjährigen Auflassungsempfänger rechtlich lediglich vorteilhaften Geschäften (BayObLG SeuffA 64 Nr 47; LG Aachen MittRhNotK 1969, 574, 577; JOSEF DJZ 1911, 1267, 1268; PLANCK/FLAD Anm 3d; aA KGJ 45 A 237, 238 f, später aufgegeben in JFG 13, 300, 303). Ein Erwerb wird auch durch seine Anfechtbarkeit im Insolvenzverfahren (§§ 129 ff InsO) oder nach dem Anfechtungsgesetz nicht rechtlich nachteilig (STÜRNER AcP 173 [1973] 402, 420 Fn 70; aA HEINR LANGE NJW 1955, 1339, 1340); es handelt sich hierbei ebenfalls nur um eine mittelbare Folge des Erwerbs, denn der Rückgewähranspruch aus § 143 Abs 1 S 1 InsO entsteht nach hM erst mit der Eröffnung des Insolvenzverfahrens (BGHZ 130, 38, 40 = NJW 1995, 2783, 2784) und der Anspruch aus § 11 Abs 1 S 1 AnfG entsteht erst bei Eintritt der Voraussetzungen des § 2 AnfG (KÜBLER/PRÜTTING/PAULUS, InsO IV § 11 AnfG Rn 5); der Anspruch aus der Anfechtung einer unentgeltlichen Leistung ist zudem nach §§ 143 Abs 2 S 1 InsO, 11 Abs 2 S 1 AnfG auf die vorhandene Bereicherung beschränkt.

c) **Gesetzliche Schuldverhältnisse als Inhalt erworbener Rechte**
aa) **Wohnungseigentum**
Der mit dem Erwerb von Wohnungs-(Teil-)eigentum verbundene Eintritt des Erwerbers in das gesetzliche Schuldverhältnis (BGHZ 141, 224, 228 = NJW 1999, 2108, 2109 mwNw) der Wohnungs-(Teil-)eigentümer gem §§ 10 ff WEG macht nach bisher h M den Erwerb für den minderjährigen Wohnungs-(Teil-)eigentümer nicht rechtlich nachteilig, denn die aus dem Schuldverhältnis resultierenden Folgen gehören zum Inhalt des erworbenen Eigentums, sie stellen hingegen keine unmittelbaren Auswirkungen des Erwerbs dar (BayObLGZ 1979, 243, 248 f; OLG Celle NJW 1976, 2214 f; STÜRNER AcP 173 [1973] 402, 432; SOERGEL/HEFERMEHL Rn 6; aA AK-BGB/KOHL Rn 23). Ein Rechtsnachteil des Erwerbsgeschäfts wird nur dann angenommen, wenn die den Eigentümer als solchen treffenden persönlichen Verpflichtungen durch Vereinbarungen gem §§ 5 Abs 4, 8 Abs 2, 10 Abs 2 WEG gegenüber der gesetzlichen Regelung im WEG nicht unerheblich verschärft sind (BGHZ 78, 28, 32 f = NJW 1981, 109, 110; BayObLG FGPrax 1998, 21, 22 m Anm BESTELMEYER; OLG Hamm NMZ 2000, 1028, 1029; LG Saarbrücken MittRhNotK 1990, 109 f; GITTER/SCHMITT JuS 1982, 253, 256; i Ergebnis auch JAUERNIG JuS 1982, 576, 577. Zur Frage, ob dieser Rechtsnachteil im Wege einer „Gesamtbetrachtung" auch das schuldrechtliche Grundgeschäft der Schenkung erfasst, s u Rn 31). Die Pflichten des Wohnungseigentümers aus einem Verwaltervertrag zwischen den Eigentümern und einem Verwalter, dessen Bestellung nach § 20 Abs 2 WEG zwingend vorgeschrieben ist, begründen nach dieser Ansicht als solche grundsätzlich ebenfalls keinen Rechtsnachteil des Erwerbsaktes; rechtlich nachteilig sind aber die das Auftragsverhältnis zum Verwalter, insbesondere die Verpflichtung zur Zahlung der Verwaltervergütung, festlegenden Teile des Vertrages (BayObLG NJW-RR 2004, 810, 811; OLG Celle NJW 1976, 2215; OLG Hamm NMZ 2000, 1029; insoweit abl JAHNKE NJW 1977, 960, 961). Von dieser Meinung ist die jüngste Rechtsprechung nunmehr abgerückt. Der Bundesgerichtshof hält jetzt in seinem Beschluss vom 30. 9. 2010 – V ZB 206/10 (BGH NJW 2010, 30643 f = JZ 2011, 157, 158 m zust Anm MEDICUS; vorher schon OLG München, Beschl v 6. 3. 2008 – 34 Wx 14/08, juris Rn 18; OLG Hamm, Beschl v 6. 7. 2010 – 15 W 330/10, juris Rn 5, 6 [Vorinstanz zu dem BGH-Beschl]) das dingliche Übereignungsgeschäft von Wohnungseigentum **stets** für den minderjährigen Erwerber rechtlich auch nachteilig; auf einen die Pflichten des Wohnungseigentümers über den gesetzlichen Umfang hinaus steigernden Inhalt der Gemeinschaftsordnung komme es hierfür ebenso wenig an wie auf

das Bestehen eines Verwaltervertrages oder eines Mietvertrages über die Eigentumswohnung. Denn rechtlich nachteilig werde das Geschäft schon durch die sich aus der mit dem Erwerb des Wohnungseigentums eintretenden Mitgliedschaft des Minderjährigen in die Wohnungseigentümergemeinschaft für diesen kraft Gesetzes ergebenden persönlichen Verpflichtungen (ebenso WILHELM NJW 2006, 2353, 2354; HARTE 120 ff). Als solche Verbindlichkeiten qualifiziert der BGH die gem § 16 Abs 2 WEG bestehende Pflicht zur Tragung der Lasten sowie der Kosten der Instandhaltung, Instandsetzung, sonstigen Verwaltung und eines gemeinschaftlichen Gebrauchs des gemeinschaftlichen Eigentums mit einer Beteiligung an Wohngeldausfällen durch Sonderumlagen und ferner die Außenhaftung für während der Zugehörigkeit zur Wohnungseigentümergemeinschaft entstehende oder fällig werdende Verbindlichkeiten der Gemeinschaft nach § 10 Abs 8 S 1 HS 1 WEG; diese Verpflichtungen treffen den Wohnungseigentümer zwar nur im Verhältnis seines Miteigentumsanteils, die Haftung beschränkt sich aber nicht auf das erworbene Wohnungseigentum, sondern erfasst auch das sonstige Vermögen des Eigentümers. Anders als in den laufenden öffentlich-rechtlichen Grundstückslasten (BGHZ 161, 170, 179) erblickt der BGH in den Verbindlichkeiten aus den §§ 16 Abs 2, 10 Abs 1 S 1 HS 1 WEG nicht lediglich typischerweise umfangmäßig begrenzte und wirtschaftlich so unbedeutende Pflichten, dass der gesetzliche Vertreter dem Erwerb in jedem Fall zustimmen muss; da diese Pflichten ein ganz erhebliches Ausmaß annehmen können, sei eine Entscheidung des gesetzlichen Vertreters nach den Umständen des Einzelfalls geboten. Ebenso wenig komme es auf die Wahrscheinlichkeit einer Geltendmachung der gegen den Minderjährigen gerichteten Ansprüche im konkreten Fall an; die Pflichten werden also nicht als bloß theoretische Möglichkeit angesehen (BGH NJW 2010, 3643, 3644). Diese für die Praxis nunmehr maßgebliche Judikatur verdient im Ergebnis Zustimmung. Zum Verhältnis des dinglichen Geschäfts zum schuldrechtlichen Grundgeschäft s u Rn 31.

bb) Nießbrauch

14 Die Bestellung eines Nießbrauchs zugunsten eines Minderjährigen und – bei schenkweiser Bestellung – auch der zugrundeliegende Schenkungsvertrag werden von der überwiegenden Ansicht wegen der den Nießbraucher kraft Gesetzes treffenden Verpflichtungen insbesondere zur Erhaltung (§ 1041), Versicherung (§ 1045) und Tragung der Lasten (§ 1047) der Sache nicht als rechtlich lediglich vorteilhaft angesehen (BFHE 131, 208, 210 f = NJW 1981, 141, 142; BFHE 159, 319, 322 = NJW-RR 1990, 1035, 1036; STÜRNER AcP 173 [1973] 402, 432 f; U HÜBNER 152; HARTE 126 ff; PALANDT/ELLENBERGER Rn 4; MünchKomm/SCHMITT Rn 48; BGB-RGRK/KRÜGER-NIELAND Rn 3; SOERGEL/HEFERMEHL Rn 11; offengelassen in BGH LM § 107 Nr 7). Auch diese Verpflichtungen aus dem gesetzlichen Schuldverhältnis des Nießbrauchs gehören aber zum Inhalt des erworbenen Rechts, sie bilden hingegen keinen Teil des Erwerbsaktes; die ausschließliche rechtliche Vorteilhaftigkeit sollte deshalb auch hier bejaht werden (so JAUERNIG/JAUERNIG Rn 5). Rechtlich nachteilig ist aber die Übernahme zusätzlicher vertraglicher Verpflichtungen durch den Nießbraucher (BGH LM § 107 Nr 7). Als rechtlich lediglich vorteilhaft wird die Bestellung eines Nießbrauchs allgemein dann angesehen, wenn die nach dem Gesetz dem Nießbraucher obliegenden Pflichten aufgrund des Bestellungsvertrages den Eigentümer der belasteten Sache treffen sollen, ohne dass ihm gegen den Nießbraucher ein Ersatzanspruch zusteht (sog Bruttonießbrauch; LG Stuttgart BWNotZ 1976, 170, 171; 1981, 65 f; LG Ulm BWNotZ 1977, 91, 92).

d) **Erwerb eines Gegenstandes im Zusammenhang mit dessen Belastung**
Problematisch wird die ausschließliche rechtliche Vorteilhaftigkeit eines Erwerbs- **15** geschäfts des Minderjährigen dann, wenn der zu erwerbende Gegenstand zugunsten des Veräußerers (oder eines Dritten) belastet ist oder eine solche Belastung im Zusammenhang mit dem Erwerbsvorgang begründet werden soll. In den typischen Fällen handelt es sich um die schenkweise Übereignung von Sachen, meist von Grundstücken, durch die Eltern oder einen Elternteil mit der Vereinbarung, dass dem Schenker an der Sache ein dingliches Recht, vornehmlich ein Nießbrauch, verbleiben soll. Hier stellt sich die Frage, ob in der Belastung ein rechtlicher Nachteil für den minderjährigen Erwerber zu erblicken ist; in diesem Fall müsste eine Schenkung durch die Eltern (einen Elternteil) auf Seiten des Minderjährigen durch einen für diesen zu bestellenden Ergänzungspfleger angenommen werden, denn der schenkende Elternteil selbst wäre an einer dann nach § 107 erforderlichen Einwilligung durch § 181 und der andere Elternteil durch § 1629 Abs 2 S 1 iVm § 1795 Abs 1 Nr 1 iSv § 1909 Abs 1 S 1 verhindert. Wäre der Erwerb hingegen rechtlich als lediglich vorteilhaft anzusehen, so wäre die Bestellung eines Ergänzungspflegers entbehrlich, da entweder der Minderjährige das Geschäft selbst ohne Einwilligung nach § 107 vornehmen oder der schenkende Elternteil hierbei für das Kind handeln könnte, ohne durch § 181, der nach der heute allgemein anerkannten teleologischen Reduktion bei dem Vertretenen rechtlich nur vorteilhaften Geschäften nicht eingreift (vgl § 105 Rn 9), gehindert zu sein. Für die Entscheidung der Frage ist danach zu differenzieren, ob die Sache schon vor ihrem Erwerb durch den Minderjährigen belastet war, der Schenker sich bei der Veräußerung das dingliche Recht vorbehält oder sich der Minderjährige im Schenkungsvertrag zu einer späteren Einräumung des Rechts nach erfolgtem Sacherwerb verpflichtet. Maßstab für die Entscheidung muss der Zweck des Einwilligungserfordernisses des § 107 sein, den Minderjährigen vor Beeinträchtigungen seines vor dem Rechtsgeschäft, dessen Einwilligungsbedürftigkeit in Frage steht, vorhandenen Vermögens sowie vor der Begründung von neuen Verpflichtungen oder Belastungen durch das Geschäft zu schützen (vgl o Rn 3).

Nach diesen Kriterien lässt eine **bereits bestehende dingliche Belastung** der schenk- **16** weise übereigneten Sache die ausschließliche rechtliche Vorteilhaftigkeit des Erwerbsgeschäfts (vgl o Rn 11) grundsätzlich unberührt. Denn die Belastung vermindert nur den Umfang des erworbenen Eigentums, das hier gleichsam abzüglich des in der Belastung liegenden „Eigentumssplitters" – bei einem Nießbrauch *deducto usufructu* – auf den Minderjährigen übergeht. Besteht die Belastung in einem Nutzungsrecht, so wird hierdurch lediglich die aus dem Eigentum folgende Nutzungsberechtigung des Minderjährigen an der erworbenen Sache entsprechend eingeschränkt; handelt es sich um ein (Grund-)pfandrecht, so droht allenfalls ein Verlust der erworbenen Sache im Wege der Zwangsvollstreckung. Das sonstige Vermögen des Minderjährigen wird hingegen von der Belastung nicht betroffen. Ebenso wenig entsteht eine persönliche Verbindlichkeit. Zur dinglichen Einigungserklärung (Entgegennahme der Auflassung) zum Zwecke des Eigentumserwerbs und, wenn dem Erwerb eine Schenkung zugrunde liegt, zur Annahme des Schenkungsantrags bedarf der Minderjährige deshalb nach heute ganz überwiegend vertretener Auffassung nicht der Einwilligung des gesetzlichen Vertreters bzw der Vertreter kann diese Erklärungen namens des Minderjährigen selbst ohne Einschaltung eines Ergänzungspflegers abgeben (BGHZ 161, 170, 176 = NJW 2005, 415, 417 f Grundschuld; BayObLGZ 1967, 245, 247 = NJW 1967, 1912, 1913 f dingl Wohnungsrecht; BayObLGZ 1998, 139, 144 = Rpfleger 1998, 425, 426;

OLG München DNotZ 1939, 206, 207 f Hypothek; LG Aachen MittRhNotK 1969, 574, 576; Stürner AcP 173 [1973] 402, 429; vLübtow 90 f Nießbrauch; Enneccerus/Nipperdey I 2 § 151 II 1 m Fn 3; MünchKomm/Schmitt Rn 40; auch Klüsener Rpfleger 1981, 258, 263; Everts ZEV 2004, 231, Fembacher/Franzmann MittBayNot 2002, 78, 82; **aA** Heinr Lange NJW 1955, 1339, 1341; Petersen Jura 2003, 399, 402). Dies gilt auch dann, wenn die Belastung den Wert der Sache völlig ausschöpft oder sogar übersteigt, da auch hier das sonstige Vermögen des Minderjährigen unberührt bleibt und nur die Gefahr eines Verlustes der Sache entsprechend groß ist (vgl BayObLGZ 1979, 49, 53 = WM 1979, 1078, 1079; **aA** insoweit Klüsener Rpfleger 1981, 258, 261). Mit der dinglichen Belastung dürfen allerdings keine persönlichen Verpflichtungen des Eigentümers, wie sie grundsätzlich bei der Belastung mit einer Reallast bestehen (hierzu u Rn 27), verbunden sein. Der Erwerb einer mit einem Nießbrauch belasteten Sache, insbesondere eines Grundstücks, den die ganz überwiegende Meinung als für den minderjährigen Erwerber wie sonstige dingliche Belastungen lediglich rechtlich vorteilhaft einordnet (vgl RGZ 148, 321, 324; BayObLG NJW 1998, 3574, 3576; OLG Köln Rpfleger 1998, 159; OLG Celle MDR 2001, 931 f; Stürner AcP 173 [1973] 402, 428; Fembacher DNotZ 2005, 627, 629 f; Müssig JZ 2006, 147, 151 f; Rastätter BWNotZ 2006, 1, 5; Röthel/Krackhardt Jura 2006, 161, 165; Böttcher Rpfleger 2006, 293, 296; vLübtow 90 f; Medicus, AT Rn 564; Leipold BGB I § 11 Rn 37; MünchKomm/Schmitt Rn 40; Jauernig/Jauernig Rn 5; PWW/Völzmann-Stickelbrock Rn 10; Hk-BGB/Dörner Rn 5; zweifelnd Klüsener Rpfleger 1981, 258, 261), wird neuerdings deshalb als rechtlich auch nachteilig angesehen, weil der Eigentümer dem Nießbraucher gem § 1049 Abs 1 zum Ersatz der von diesem ohne diesbezügliche Verpflichtung auf die Sache gemachten Verwendungen, vornehmlich der nach § 1041 S 2 nicht zur gewöhnlichen Unterhaltung der Sache gehörenden Ausbesserungen und Erneuerungen, ohne Beschränkung auf den Wert der erworbenen Sache persönlich verpflichtet ist und er im Falle einer Vermietung oder Verpachtung des Grundstücks durch den Nießbraucher gem § 1056 Abs 1 iVm §§ 566 Abs 1, 581 Abs 2, 593b nach Beendigung des Nießbrauchs auch in die gleichfalls persönlichen Verpflichtungen des Vermieters (Verpächters) eintritt (eingehend Kölmel RNotZ 2010, 618, 638 ff; Schreiber Jura 1991, 24, 29; Petersen Jura 2003, 399, 402; wohl auch Preuss JuS 2006, 305, 308; einschr Harte 85). Der Bundesgerichtshof hält in dem Beschluss vom 25. 11. 2004 die Übereignung eines nießbrauchsbelasteten Grundstücks an einen Minderjährigen jedenfalls dann nicht für rechtlich nachteilig, wenn der Nießbrauch vertraglich so ausgestaltet ist, dass auch die Kosten außergewöhnlicher Ausbesserungen und Erneuerungen sowie die außerordentlichen öffentlichen Lasten, abweichend von den §§ 1041 S 2 und 1047, der Nießbraucher und nicht der Eigentümer zu tragen hat (BGHZ 161, 170, 177 = NJW 2005, 415, 417). Als dem minderjährigen Grundstückserwerber rechtlich nachteilig wertet der BGH hingegen nunmehr auch bei einem vorbehaltenen Nießbrauch (s u Rn 17) die Vermietung oder Verpachtung des Grundstücks durch den Nießbraucher wegen des Eintritts des Eigentümers in ein vom Nießbraucher begründetes Miet-(Pacht-)verhältnis nach Beendigung des Nießbrauchs gem §§ 1056 Abs 1, 566 Abs 1, 581 Abs 2, 593 b; dies allerdings nur dann, wenn das Grundstück bereits im Erwerbszeitpunkt vermietet (verpachtet) war, denn der mögliche Übergang der Vermieter-(Verpächter-)pflichten auf den Minderjährigen sei dann schon hinreichend konkretisiert, während bei einer erst später erfolgten Vermietung im Erwerbszeitpunkt eine bloß theoretische Möglichkeit des Übergangs vorläge (Beschl v 3. 2. 2005 – V ZB 44/04, BGHZ 162, 137, 141 f = NJW 2005, 1430, 1431 = DNotZ 2005, 625 m krit Anm Fembacher; ferner BayObLG NJW 2003, 1129; OLG Karlsruhe OLG-Report 2000, 259; **aA** OLG Celle MDR 2001, 931, 932; Everts ZEV 2004, 231, 232). Gegen diese Differenzierung wird nicht zu Unrecht eingewandt, dass auch bei einem im Erwerbszeitpunkt bereits bestehenden Miet-(Pacht-)verhältnis ein späterer Eintritt des Minderjährigen in dieses Verhältnis von den noch ungewissen Ereignissen des Todes des Nießbrauchers (bei lebenszeitlichem Nießbrauch) vor Erreichen der Volljährigkeit des Erwerbers und des Fortbestandes des Miet-(Pacht-)verhältnisses nach dem Ende des Nießbrauchs abhängt, mithin auch hier von einer bloß theoretischen Möglichkeit gesprochen werden könne (FEMBACHER DNotZ 2005, 627, 629; auch MÜSSIG JZ 2006, 147, 151 f). Mit dem Beschluss vom 3. 2. 2005 gibt der BGH die bisher hM, wonach der Erwerb einer nießbrauchsbelasteten Sache durch einen Minderjährigen für diesen stets lediglich rechtlich vorteilhaft ist, insoweit auf. Die Unsicherheit der Abgrenzung zwischen einer konkreten und einer bloß theoretischen Möglichkeit spricht aber auch hier dafür, die Beendigung des Nießbrauchs vor dem Ende des Miet-(Pacht-)verhältnisses mit der Folge des Eintritts des minderjährigen Eigentümers in dieses Verhältnis als einen nur mittelbar durch die Willenserklärung des Minderjährigen herbeigeführten Rechtsnachteil auch im Falle eines bei Eigentumserwerb schon vermieteten oder verpachteten Grundstücks anzusehen, der die ausschließlich rechtliche Vorteilhaftigkeit des Erwerbes nicht berührt (vgl OLG Celle MDR 2001, 931 f; FEMBACHER DNotZ 2005, 627, 629; auch JAUERNIG/JAUERNIG Rn 5). Einen Rechtsnachteil des Grundstückserwerbs stellt auch nicht die Belastung des Grundstücks mit einem dinglichen Vorkaufsrecht dar, weil die Verpflichtung zur Grundstücksübereignung von den weiteren Umständen des Abschlusses eines Kaufvertrages zwischen dem Vorkaufsverpflichteten und einem Dritten sowie der Ausübung des Vorkaufsrechts durch den Berechtigten abhängt und zudem selbst bei Eintritt dieser Umstände dem Minderjährigen nur das erworbene Grundstück verloren geht (BayObLGZ 1998, 139, 145 = Rpfleger 1998, 425, 426 f; KLÜSENER Rpfleger 1981, 258, 264 f; aA HEINR LANGE NJW 1955, 1339, 1341). Die Belastung eines Grundstücks mit einem Grundpfandrecht macht den Grundstückserwerb ebenfalls nicht rechtlich auch nachteilig (BGHZ 161, 170, 176 = NJW 2005, 415, 417; BayObLGZ 1979, 49, 53 = WM 1979, 1078, 1079; OLG München DNotZ 1939, 206, 207; MünchKomm/SCHMITT Rn 40), sofern nicht bei einer Belastung mit einer Hypothek der minderjährige Erwerber auch der persönliche Schuldner wird. In der Pflicht zur Duldung der Zwangsvollstreckung in das Grundstück (§ 1147) als solcher kann nicht ein Rechtsnachteil iSd § 107 gesehen werden (PETERSEN Jura 2003, 399, 402; aA HEINR LANGE NJW 1955, 1339, 1341; U HÜBNER 151). Gleiches gilt für die den dinglichen Schuldner gem § 91 ZPO treffende Pflicht zur Tragung der zur Beschaffung des für eine evtl Vollstreckung nach § 1147 erforderlichen Duldungstitels notwendigen Kosten, deren Entstehung erst die Folge des weiteren Umstandes des Betreibens der Zwangsvollstreckung ist (vgl STÜRNER AcP 173 [1973] 402, 429 m abw Begr; aA KÖLMEL RNotZ 2010, 618, 637 f); jedenfalls ist der Erwerb des Grundstücks dann lediglich rechtlich vorteilhaft, wenn ein solcher Titel in Form einer notariellen Urkunde gem § 794 Abs 1 Nr 5 ZPO, in der sich der Eigentümer der sofortigen Zwangsvollstreckung nach § 800 Abs 1 ZPO gegen jeden Grundstückseigentümer unterworfen hat, bereits existiert und deshalb Kosten einer Titelbeschaffung nicht mehr anfallen können (BGHZ 161, 170, 176 f = NJW 2005, 415, 417; OLG München, Beschl v 17. 7. 2007 – 31 Wx 18/07, juris Rn 19). Eine Verpflichtung des Grundstückserwerbers zur Zahlung einer Überbau- oder Notwegrente (§§ 912 Abs 2, 917 Abs 2) ist nicht die unmittelbare Folge des Grundstückserwerbs, sondern Inhalt des Grundstückseigentums (vgl § 913 Abs 1); eine solche Belastung macht den Erwerb daher ebenfalls nicht einwilligungsbedürftig (STÜRNER AcP 173 [1973] 402, 431 f; U HÜBNER 152; aA HEINR LANGE NJW 1955, 1339, 1340).

17 Der schenkweise Erwerb einer Sache **unter Vorbehalt eines dinglichen Rechts (Nießbrauchs)** an dieser seitens des Veräußerers unterscheidet sich von den vorstehend behandelten Fällen dadurch, dass hier die Belastung erst mit dem Erwerb des Sacheigentums entstehen soll. Die Bestellung des vorbehaltenen Nießbrauchs kann im Zusammenhang mit der Eigentumsübertragung einmal in der Weise erfolgen, dass der Veräußerer selbst vor dem Übergang des Sacheigentums auf den Erwerber den Nießbrauch zunächst als Eigentümernießbrauch bestellt – die Bestellung eines Nießbrauchs an eigener Sache wird heute überwiegend als zulässig angesehen (vgl Reiff 54 ff mwNw) – und die mit diesem Nießbrauch belastete Sache sodann dem Erwerber übereignet. Bei einer Bestellung auf diesem Weg liegt die o Rn 16 dargelegte Fallgestaltung vor: Der minderjährige Erwerber erlangt hier die Sache von vornherein mit dem Nießbrauch des Veräußerers belastet. Diese dingliche Übereignung ist dem Minderjährigen rechtlich lediglich vorteilhaft (so schon grundlegend vLübtow 61 ff; Raape JR 1951, 159; eingehend Reiff 53 ff, 65, 73, 79). Gleiches gilt bei einer Schenkung unter Nießbrauchsvorbehalt für das schuldrechtliche Grundgeschäft, das hier eine reine Schenkung (vgl o Rn 9) darstellt (Reiff 103). Die Übereignung unter Nießbrauchsvorbehalt ist aber auch in der Weise möglich, dass der Nießbrauch vom Erwerber der Sache bestellt wird (vgl Reiff 26 ff, 79). Diese Nießbrauchsbestellung wäre aber dem minderjährigen Erwerber dann rechtlich nachteilig, wenn sie erst nach Erwerb des Sacheigentums erfolgte, da der Minderjährige hier durch die Belastung des erworbenen Eigentums mit dem Nießbrauch aus seinem vorhandenen Vermögen etwas weggäbe. Auch das schuldrechtliche Grundgeschäft wäre in diesem Fall nach hM keine reine Schenkung, sondern eine als rechtlich nachteilig anzusehende (vgl o Rn 10) Schenkung unter Auflage (Palandt/Weidenkaff § 525 Rn 7; aA Reiff 107: auch hier reine Schenkung). Lediglich rechtlich vorteilhaft sind Eigentumserwerb und Schenkungsgeschäft aber dann, wenn Nießbrauchsbestellung durch den Erwerber und Erwerb der Sache **gleichzeitig** erfolgen, da der minderjährige Erwerber hier ebenfalls niemals lastenfreies Eigentum innehatte, er deshalb von seinem Rechtsbestand nichts aufgibt und der Schenkungsvertrag ihn nicht zur Nießbrauchsbestellung verpflichtet, sondern lediglich den Rechtsgrund für das Behaltendürfen der (belasteten) Sache bildet. Eine solche Gleichzeitigkeit hat das Reichsgericht für die schenkweise Übereignung einer beweglichen Sache durch die Eltern an ihr minderjähriges Kind deshalb bejaht, weil dort die Einigung über den Eigentumsübergang nach § 929 S 1 und die Einigung über die Nießbrauchsbestellung gem § 1032 S 1 *uno actu* erfolgten, für die Nießbrauchsbestellung an der im (unmittelbaren) Besitz der Eltern verbleibenden Sache gem §§ 1032 S 2 HS 1, 929 S 2 die bloße Einigung genügte und mit dem so begründeten Nießbrauch gleichzeitig das für den Eigentumsübergang gem §§ 929 S 1, 930 erforderliche Besitzmittlungsverhältnis entstanden ist (RGZ 148, 321, 323 f). Die Gleichzeitigkeit ergibt sich hier aus dem Umstand, dass sich Übereignung wie Nießbrauchsbestellung wegen § 930 jeweils nur in einem einaktigen Verfügungstatbestand vollziehen, die in einer Handlung zusammenfallen. Bei dem zweiaktigen Verfügungstatbestand der schenkweisen Übereignung eines Grundstücks unter Nießbrauchsvorbehalt müssten sowohl die Einigung über den Eigentumsübergang (Auflassung) und über die Nießbrauchsbestellung als auch die Eigentumsumschreibung und die Eintragung des Nießbrauchs gleichzeitig erfolgen. Der Minderjährige verfügte aber dann mit der Nießbrauchsbestellung mangels (noch) nicht bestehenden Eigentums am Grundstück als Nichtberechtigter. Eine Wirksamkeit dieser Verfügung aufgrund einer Einwilligung des (noch) berechtigten Veräußerers gem § 185 Abs 1 setzte auch hier die Zulässigkeit der Bestellung eines

Eigentümernießbrauchs voraus, denn anderenfalls fehlte dem Veräußerer die für eine wirksame Ermächtigung zur Bestellung eines Nießbrauchs an seinem eigenen Grundstück notwendige Verfügungsbefugnis. Die Nießbrauchsbestellung könnte dann nur gem § 185 Abs 2 S 1 Alt 2 mit dem Erwerb des Grundstücks durch den Minderjährigen, also mit seiner Eintragung als neuer Eigentümer, wirksam werden. In diesem Fall läge aber zwischen Eigentumserwerb und Nießbrauchsentstehung mindestens eine logische Sekunde (bei erst späterer Eintragung des Nießbrauchs ein entsprechend längerer Zeitraum), so dass Gleichzeitigkeit zu verneinen wäre (so OLG München DNotZ 1943, 75, 77). Eine ältere, vor der Anerkennung der Zulässigkeit der Bestellung eines Eigentümernießbrauchs vertretene Ansicht betrachtete deshalb einen Grundstückserwerb unter Nießbrauchsvorbehalt als ein dem minderjährigen Erwerber rechtlich nachteiliges Geschäft (vgl außer OLG München aaO noch OLG Colmar OLGE 22, 160 f; vTuhr, AT § 59 IV Fn 38a; Planck/Flad Anm 3a). Die heute in Rechtsprechung und Schrifttum überwiegende Auffassung nimmt hingegen ein dem minderjährigen Erwerber rechtlich lediglich vorteilhaftes Geschäft an und zwar nicht nur für die Fälle der Bestellung eines Eigentümernießbrauchs durch den Veräußerer, sondern auch für die Fälle einer nach § 185 Abs 2 S 1 Alt 2 wirksam werdenden Nießbrauchsbestellung durch den Minderjährigen selbst (BayObLGZ 1967, 245, 247 = NJW 1967, 1912, 1913; BayObLGZ 1979, 49, 54 f = WM 1979, 1078, 1080 f; BayObLGZ 1998, 139, 144 = Rpfleger 1998, 425, 426; FG Prax 2004, 123; OLG Celle MDR 2001, 931, 932; OLG Colmar OLGE 24, 29, 30; OLG Dresden MittBayNot 1996, 288, 289; OLG Köln ZEV 1998, 110, 111; Rpfleger 2003, 570, 572; LG Augsburg Rpfleger 1967, 175 f; LG Aachen MittRhNotK 1969, 574, 576 f; Flume, AT II § 13, 7b [S 192]; H Hübner, AT § 33 II 2a Rn 708; Medicus, AT Rn 564; AK-BGB/Kohl Rn 21; MünchKomm/Schmitt Rn 41; Soergel/Hefermehl Rn 4; Everts ZEV 2004, 231, 232). Zur Begründung wird angeführt, es könne für die Bejahung der ausschließlichen rechtlichen Vorteilhaftigkeit keinen Unterschied machen, ob der Minderjährige das Grundstück schon von vornherein mit dem Nießbrauch des Veräußerers belastet erwerbe oder ob zwischen Grundstückserwerb und Nießbrauchsentstehung eine juristische Sekunde läge; in beiden Fällen müsse der Minderjährige von seinem sonstigen Vermögen nichts aufgeben, sondern er erhalte im Grundstückseigentum einen zusätzlichen Vermögenswert abzüglich des Nießbrauchs. Dieser „Gesamtbetrachtung" von Grundstücksübereignung und Nießbrauchsbestellung wird nicht zu Unrecht entgegengehalten, dass sie die von § 107 geforderte ausschließliche rechtliche Vorteilhaftigkeit des Geschäfts im Grund durch eine wirtschaftliche Vorteilhaftigkeit ersetze (so Reiff 92 ff). Gleichwohl ist der hM im Ergebnis zu folgen, ohne zu einem Rückgriff auf wirtschaftliche Erwägungen genötigt zu sein. Unter der Voraussetzung der Zulässigkeit eines Eigentümernießbrauchs (oder eines sonstigen Eigentümerrechts) kann nämlich auch bei einer Nießbrauchsbestellung durch den Minderjährigen selbst eine Gleichzeitigkeit von Eigentumserwerb und Entstehung der Belastung erreicht werden. Der Veräußerer ist dann befugt, den minderjährigen Erwerber zur Bestellung des Rechts zu ermächtigen. Diese Verfügungsbefugnis – und damit die Bewilligungsbefugnis nach § 19 GBO – muss allerdings bis zur Vollendung des Rechtserwerbs, dh bis zur Eintragung des Nießbrauchs im Grundbuch fortbestehen. Dies erfordert eine Gleichzeitigkeit der Eintragung des Minderjährigen als Grundstückseigentümer und des Veräußerers als Nießbraucher, da mit einer vorherigen Eigentumsumschreibung die Verfügungsbefugnis des Veräußerers entfiele. Mangels eines Rangverhältnisses zwischen Grundstückseigentum und beschränkten dinglichen Rechten richtet sich die zeitliche Reihenfolge der Eintragungen, da § 45 Abs 1 und 2 GBO gem § 45 Abs 3 GBO unanwendbar sind, allein nach

§ 17 GBO (RGZ 116, 356, 363). Die Gleichzeitigkeit beider Eintragungen kann daher durch gleichzeitige Stellung der entsprechenden Eintragungsanträge erreicht werden, die bei Grundstücksschenkungen unter Nießbrauchsvorbehalt in aller Regel (Antragstellung durch den Urkundsnotar nach § 15 GBO) gegeben sein wird. Werden beide Eintragungen in Abt I und Abt II (oder III) mit derselben Tagesangabe vorgenommen, so wird ihre gleichzeitige Vornahme entsprechend § 879 Abs 1 S 2 HS 2 vermutet (OLG Nürnberg DNotZ 1967, 761, 762; STAUDINGER/KUTTER [2000] § 879 Rn 7). Der Minderjährige hat also unter diesen Voraussetzungen niemals unbelastetes Grundeigentum erlangt, weshalb die Nießbrauchsentstehung für ihn keinen Rechtsnachteil darstellt (JAUERNIG/JAUERNIG Rn 5).

18 Ist im Schenkungsvertrag die Verpflichtung des Minderjährigen festgelegt, die geschenkte Sache nach ihrem Erwerb zugunsten des Schenkers oder eines Dritten zu belasten, so begründet dies einen rechtlichen Nachteil der Schenkung (MünchKomm/ SCHMITT Rn 42). Ebenso ist die Vornahme der Belastung durch den Minderjährigen ein dessen schon vorhandenes Vermögen minderndes und damit rechtlich nachteiliges Geschäft. Rechtlich nachteilig ist daher auch eine Schenkung **unter Auflage einer Nießbrauchsbestellung** zugunsten des Schenkers, denn die Auflage begründet nach § 525 die persönliche Verpflichtung des Beschenkten zu deren Vollziehung (OLG München DNotZ 1943, 75, 76; OLG Frankfurt Rpfleger 1974, 429 f; einschr LG Augsburg Rpfleger 1967, 175). Gleiches muss auch dann gelten, wenn sich der Schenker vorbehält, das geschenkte Grundstück **nach erfolgter Übereignung** bis zu einer bestimmten Höhe zu belasten; dieser Vorbehalt kann dem Vorbehalt für eine gleichzeitig mit dem Eigentumserwerb erfolgende Belastung (s o Rn 17) schon wegen § 137 S 1 nicht gleichgestellt werden (so zu Recht KLÜSENER Rpfleger 1981 258, 263 gegen OLG Frankfurt OLGZ 1981, 32, 32 f = MDR 1981, 139).

3. Sonstige rechtlich lediglich vorteilhafte Geschäfte

19 Rechtlich lediglich vorteilhaft ist für den minderjährigen Schuldner ferner der Abschluss eines **Erlassvertrages** (§ 397 Abs 1) oder die Annahme eines negativen **Schuldanerkenntnisses** (§ 397 Abs 2). Ebenso ist die Kündigung eines unverzinslichen Darlehens durch den minderjährigen Darlehnsgeber einwilligungsfrei (aA FOMFEREK 15). Ein an den Minderjährigen gerichteter Vertragsantrag bringt dem Adressaten in Gestalt der Gebundenheit des Antragstellers (§ 145) lediglich rechtlichen Vorteil; der Antrag wird deshalb mit dem Zugang an den Minderjährigen gem § 131 Abs 2 S 2 wirksam (ALETH JuS 1995, L 9, 11; einschränkend HEINR LANGE, in: FS Reinhardt [1972] 95, 98). Die Ablehnung des Angebots ist dem Minderjährigen wegen des dadurch bewirkten Wegfalls der Gebundenheit hingegen rechtlich nachteilig (HEINR LANGE, in: FS Reinhardt [1972] 95, 100; MünchKomm/SCHMITT Rn 48). Eine dem Minderjährigen erteilte Vollmacht – nicht notwendig auch das Grundgeschäft (Auftrag) – wird als dem Bevollmächtigten rechtlich lediglich vorteilhaft mit dem Zugang an den Minderjährigen wirksam, denn die Bevollmächtigung berechtigt nur zu rechtsgeschäftlichem Handeln im Namen des Vollmachtgegners, verpflichtet aber nicht hierzu (BROX JA 1989, 441, 447; KLEINHENZ Jura 2007, 810, 812 f); der diese Rechtsstellung beseitigende Widerruf der Vollmacht ist deshalb dem Minderjährigen rechtlich nachteilig und muss, um wirksam zu werden, nach § 131 Abs 2 S 1 dem gesetzlichen Vertreter zugehen (KLEINHENZ aaO).

4. Neutrale Geschäfte

Nach dem Wortlaut des § 107 setzt die Einwilligungsfreiheit des Minderjährigengeschäfts voraus, dass das Geschäft (lediglich) einen rechtlichen Vorteil bringt. Einwilligungsbedürftig wären hiernach nicht nur dem Minderjährigen (auch) nachteilige Rechtsgeschäfte, sondern auch solche Geschäfte, aus denen dem Minderjährigen kein rechtlicher Nachteil, aber auch kein rechtlicher Vorteil erwächst (neutrale oder indifferente Rechtsgeschäfte). Diese Konsequenz wird jedoch von der ganz hM nicht gezogen. Nach dieser Ansicht ist § 107 ausdehnend dahingehend zu verstehen, dass einwilligungsbedürftig nur die dem Minderjährigen einen rechtlichen Nachteil auslösenden Geschäfte sind; neutrale Geschäfte kann der Minderjährige mithin ebenso wie ihm rechtlich lediglich vorteilhafte Geschäfte selbstständig vornehmen (SCHREIBER Jura 1987, 221, 222; VOLSHAUSEN AcP 189 [1989] 223, 224 ff; PAEFGEN JuS 1992, 192, 193; HARTE 46; BORK, AT Rn 1008; FLUME, AT II § 13, 7 b [S 193 f]; LARENZ/WOLF, AT § 25 V 1c Rn 27; PLANCK/FLAD Anm 2b; MünchKomm/SCHMITT Rn 33, 34; PALANDT/ELLENBERGER Rn 7; SOERGEL/HEFERMEHL Rn 7; auch LG Köln NJW-RR 1991, 868; **aA** HEINR LANGE NJW 1955, 1339). Begründet wird diese Auffassung mit § 165, wonach die Minderjährigkeit des Vertreters der Wirksamkeit des Vertretergeschäfts, bei dem es sich um ein für den Minderjährigen neutrales Geschäft handelt, da dessen Wirkungen nach § 164 Abs 1 nicht in dessen Person, sondern in der des Vertretenen eintreten, nicht entgegensteht; in dieser Vorschrift wird der Ausdruck eines allgemeinen Rechtsgedankens gesehen, der auch für die übrigen neutralen Geschäfte gelten muss. Dieser Ansicht ist nach der Zweckrichtung des § 107 zuzustimmen, denn diese Vorschrift will den Minderjährigen in dessen rechtsgeschäftlicher Bewegungsfreiheit nur insoweit einschränken, als dies zur Verhinderung von Nachteilen geboten ist. Weitere rechtlich indifferente Geschäfte, zu denen hiernach die Einwilligung des gesetzlichen Vertreters nicht erforderlich ist, sind etwa die Bestimmung der Leistung eines Schuldners durch einen Minderjährigen als Dritten gem § 317 und der Abschluss eines Erbvertrages durch einen Minderjährigen mit einem Erblasser über eine erbvertragliche Zuwendung an eine dritte Person. Umstritten ist die Wirksamkeit der Verfügung eines nichtberechtigten Minderjährigen über eine fremde Sache zugunsten eines gutgläubigen Erwerbers nach den §§ 932, 892. Die Wirksamkeit wird teilweise mit der Begründung abgelehnt, dass der Erwerber in diesem Falle besser stände, als wenn der Minderjährige als Berechtigter ohne Einwilligung des gesetzlichen Vertreters verfügen würde, da dann die Verfügung nach § 107 unwirksam wäre (so MEDICUS, AT Rn 568 u ders/PETERSEN, BR Rn 542, ebenso PETERSEN Jura 2003, 399, 402; FOMFEREK 29; AnwK-BGB/BALDUS Rn 13). Dem wird zu Recht der gegenüber dem § 932 andersartige Schutzzweck des § 107 entgegengehalten, der lediglich den Minderjährigen, nicht aber den Erwerber schützen will, so dass es auf die Rechtslage nicht ankommen kann, die bestände, wenn der den Erwerber schützende Rechtsschein der Wirklichkeit entspräche (eingehend VOLSHAUSEN AcP 189 [1989] 223, 234 ff).

5. Wirkung

Der Abschluss eines nach § 107 nicht einwilligungsbedürftigen Rechtsgeschäfts durch einen Minderjährigen ist ebenso wirksam, wie wenn es ein Geschäftsfähiger getätigt hätte. Der Minderjährige wird allerdings in dem Umfang der Einwilligungsfreiheit des § 107 nicht partiell geschäftsfähig. Infolgedessen erlangt er insoweit auch keine Prozessfähigkeit gem § 52 ZPO (vgl Vorbem 95 zu §§ 104–115). Einen Rechtsstreit aus einem einwilligungsfreien Geschäft (zB Klage gegen den Schenker auf Erfüllung eines Schenkungsvertrages) kann der Minderjährige deshalb gleichwohl nur durch seinen gesetzlichen Vertreter führen.

IV. Einwilligungsbedürftige Rechtsgeschäfte

22 Die Einwilligung des gesetzlichen Vertreters ist demgegenüber erforderlich zu allen Rechtsgeschäften des Minderjährigen, aus denen diesem irgendwelche **rechtlichen Nachteile** erwachsen. Ob das Geschäft daneben auch rechtliche Vorteile für den Minderjährigen zeitigt, ist für die Einwilligungsbedürftigkeit ebenso unerheblich wie das wirtschaftliche Verhältnis zwischen Vor- und Nachteilen (vgl ie o Rn 3). Einwilligungsbedürftig sind deshalb im Wesentlichen die folgenden Geschäfte:

1. Verpflichtungsgeschäfte

23 Einen Rechtsnachteil stellt jede sich aus dem Rechtsgeschäft ergebende persönliche **Verbindlichkeit** des Minderjährigen dar. Hieraus ergibt sich die Einwilligungsbedürftigkeit sämtlicher von dem Minderjährigen (im eigenen Namen) abgeschlossenen Verpflichtungsgeschäfte. Hierzu zählen insbesondere alle gegenseitig verpflichtenden Verträge, aus denen für den Minderjährigen begriffsnotwendig sogar eine Hauptleistungspflicht resultiert. Ein Rechtsnachteil ist aber auch in allen durch ein Rechtsgeschäft ausgelösten Nebenleistungspflichten zu erblicken (vgl Mot I 137 = MUGDAN I 427). Einwilligungsbedürftig sind deshalb grundsätzlich auch die sog unvollkommen zweiseitigen Verträge, bei denen nur dem Vertragspartner des Minderjährigen eine Hauptleistungspflicht obliegt (vgl STÜRNER AcP 173 [1973] 402, 422 f; U HÜBNER 147). Hierzu zählt die Leihe, die den minderjährigen Entleiher zur Tragung der gewöhnlichen Erhaltungskosten (§ 601 Abs 1) und zur Rückgabe (§ 604) der Sache verpflichtet (HEINR LANGE NJW 1955, 1339, 1340 Fn 25; MünchKomm/SCHMITT Rn 31; i E auch HARTE 54 f). Rechtlich nicht lediglich vorteilhaft ist auch ein unverzinsliches Darlehen für den minderjährigen Darlehnsnehmer wegen der Rückzahlungs- bzw Rückerstattungspflicht aus den §§ 488 Abs 1 S 2, 607 Abs 1 S 2. Gleiches gilt für den von einem Minderjährigen erteilten Auftrag, der den Auftraggeber zum Ersatz der Aufwendungen des Beauftragten nach Maßgabe des § 670 verpflichtet. Der Abschluss eines Girovertrages nach § 676 f durch einen minderjährigen Kunden wird zu Recht auch dann als dem Kunden rechtlich nachteilig angesehen, wenn das Girokonto gebührenfrei und nur auf Guthabenbasis geführt wird; denn auch ein solches Giroverhältnis bringt für den Kunden gesteigerte Sorgfalts- und Obhutspflichten mit sich und zudem weichen die zugrundeliegenden AGB der Kreditinstitute in vielen Punkten zum Nachteil des Kunden vom dispositiven Gesetzesrecht ab (vgl Verlautbarung d Präs d BAKred v 23. 3. 1995, ZIP 1995, 691, 693; eingehend HAGEMEISTER JuS 1992, 839 f, 926 f: auch Eröffnung eines Sparkontos; VORTMANN WM 1994, 965 f; KUNKEL Rpfleger 1997, 1, 2; HARTE 58 f). Einwilligungsbedürftig sind weiterhin die Schuldübernahme und der Schuldbeitritt (vgl BGB-RGRK/KRÜGER-NIELAND Rn 3). Rechtliche Nachteile des unentgeltlichen Verwahrungsvertrages bestehen für den minderjährigen Hinterleger in der ggf eintretenden Pflicht zum Aufwendungsersatz (§ 693) und zum Schadensersatz (§ 694). Auch die Begründung einer Naturalobligation stellt für den Minderjährigen trotz der fehlenden Erzwingbarkeit der Leistung einen Rechtsnachteil dar, da auch eine solche Verbindlichkeit gewisse den Schuldner belastende Wirkungen zeitigt (Kondiktionsausschluss); einwilligungsbedürftig sind mithin auch die Heiratsvermittlung (§ 656) sowie Spiel und Wette (§ 762). Die Vereinbarung sexueller Handlungen gegen Entgelt ist für den minderjährigen „Freier" wegen der hieraus jetzt gem § 1 ProstG erwachsenden Verpflichtung zur Entgeltzahlung nachteilig. Der Einwand der Unwirksamkeit der Vereinbarung mangels Zustimmung des gesetzlichen Vertreters, deren Erteilung einen Missbrauch des Personensorgerechts bedeuten würde, wird durch den – teleologisch zu reduzierenden – § 2 S 3 ProstG nicht ausgeschlossen (ARMBRÜSTER NJW 2002, 2763, 2764; PALANDT/ELLENBERGER Anh zu § 138, ProstG § 2 Rn 1; allg KOHLER JZ 2002, 345 Fn 7). Da die Vereinbarung für die minderjährige Prostituierte keine Verpflichtung zur sexuellen Hingabe entstehen lässt, die selbst als Naturalobligation gegen Art 1 Abs 1 GG verstieße, soll sie für die Minderjährige rechtlich lediglich vorteilhaft und daher nicht einwilligungsbedürftig sein (ARMBRÜSTER aaO; Bedenken bei RAUTENBERG NJW 2002, 650, 652). Demgegenüber wird zu Recht auf die die Prostituierte trotz fehlender Hauptleistungspflicht treffenden spezifischen vertraglichen Schutzpflichten gegenüber dem anderen Teil hingewiesen, insbesondere die Pflicht zur Aufklärung über bei ihr ggf vorhandene ansteckende Krankheiten (Aids), die als eine Einwilligungsbedürftigkeit begründende rechtliche Nachteile zu qualifizieren sind (so HARTE 59 ff).

2. Verfügungsgeschäfte

Rechtlich nachteilig sind dem Minderjährigen alle Verfügungen über eigene Rechte **24** (zu Verfügungen über fremde Rechte s o Rn 18), da hierdurch sein Rechtsbestand unmittelbar vermindert wird. Der Minderjährige kann deshalb nur mit Einwilligung des gesetzlichen Vertreters Rechte übertragen, etwa eine Sache übereignen oder eine Forderung oder ein sonstiges Recht abtreten (einschr BGH NJW 1983, 162, 163 aE hinsichtl § 181 f Sonderfall d Abtretung von Gewährleistungsansprüchen an Wohnungseigentümer; hiergegen JAUERNIG/JAUERNIG Rn 5). Ein Minderjähriger vermag deshalb auch eine auf Übereignung einer Sache oder Zahlung eines Geldbetrages gerichtete Verbindlichkeit nicht ohne Einwilligung des Vertreters zu erfüllen. Ist eine (wirksam begründete) Verpflichtung hingegen nicht auf eine Verfügung, sondern auf ein tatsächliches Verhalten des Minderjährigen gerichtet (Dienst- oder Arbeitsleistung, Unterlassen usw), so tritt die Erfüllungswirkung durch die Vornahme dieser keine Geschäftsfähigkeit erfordernden (vgl o Vorbem 89 zu §§ 104–115) Realakte als solche ein (für Arbeitsleistung vTUHR, AT II 1 § 5 IV Fn 35 m anderer Begr). Einwilligungsbedürftig ist weiterhin eine in einer Inhaltsänderung oder Belastung eines Rechts bestehende Verfügung des Minderjährigen. Gleiches gilt für die Aufhebung eines Rechts des Minderjährigen, wie den Erlass einer Forderung nach § 397 (OLG Stuttgart FamRZ 1969, 39) oder der Aufgabe des Eigentums, die nach der hier vertretenen Auffassung Rechtsgeschäft ist (vgl Vorbem 92 zu §§ 104–115). Rechtlich nachteilig sind ferner Verfügungen des minderjährigen Bankkunden über das Guthaben seines Girokontos, vor allem Abhebungen, da sich hierdurch die Forderung des Kunden gegen das Kreditinstitut entsprechend vermindert; das Einverständnis des gesetzlichen Vertreters mit der Kontoeröffnung (vgl o Rn 21) umfasst im Zweifel nicht auch die Einwilligung mit solchen Verfügungen (vgl Präs BAKred ZIP 1995, 693; HAGEMEISTER JuS 1992, 840 f; VORTMANN WM 1994, 965, 966; KUNKEL Rpfleger 1997, 1, 5). Rechtlich nachteilig ist dem Minderjährigen auch die von ihm erklärte Aufrechnung, da sie gem § 389 zum Erlöschen auch seiner Aktivforderung führt. In diesem Zusammenhang ist auch die – keine Verfügung im eigentlichen Sinne darstellende – Vereinbarung eines Haftungsausschlusses zu erwähnen, an dessen stillschweigenden Abschluss freilich strenge Anforderungen zu stellen sind (vgl Vorbem 64 zu §§ 104–115); ein Ausschluss der Haftung des anderen Teils gegenüber dem Minderjährigen oder ein Verzicht des Minderjährigen auf die Haftung bedeutet für diesen einen Rechtsnachteil (RGZ 141, 262, 264; BGHZ 34, 355, 358; LM § 107 Nr 2 = NJW 1958, 905 = MDR 1958, 503 m Anm BEITZKE 678; auch OLG Schleswig NJW 1950, 226 f).

3. Leistung zwecks Erfüllung eines Anspruchs des Minderjährigen

25 Eine Leistung, die zwecks Erfüllung einer (wirklich bestehenden) Forderung eines Minderjährigen an diesen selbst erbracht wird, ohne dass der gesetzliche Vertreter hierin einwilligt, führt nach überwiegender Meinung nicht gem § 362 zum Erlöschen der Verbindlichkeit; die Erlöschenswirkung tritt vielmehr, sofern nicht sogleich an den gesetzlichen Vertreter geleistet wird, nur dann und insoweit ein, als der Leistungsgegenstand, zB der gezahlte Geldbetrag, an den Vertreter gelangt (eingehend WACKE JuS 1978, 80, 82; ferner BROX JA 1989, 441, 446; PETERSEN Jura 2003, 399 f; FOMFEREK 33 f; HARTE 150 f; BORK, AT Rn 1006, 1007; ENNECCERUS/NIPPERDEY II 1 § 151 II 1a m Fn 6, 7; MEDICUS, AT Rn 566; AK-BGB-KOHL Rn 26; BAMBERGER/ROTH/WENDTLAND Rn 6; ERMAN/PALM Rn 7; MünchKomm/SCHMITT Rn 43, 44; PALANDT/ELLENBERGER Rn 2; SOERGEL/HEFERMEHL Rn 8; auch RGZ 68, 269, 270). Besteht die geschuldete Leistung in der Übereignung einer Sache oder der Übertragung einer Forderung oder eines sonstigen Rechts, so erwirbt der Minderjährige, an den geleistet worden ist, nach dieser Ansicht auch bei fehlender Mitwirkung des gesetzlichen Vertreters gleichwohl das betreffende Recht, trotz des fortbestehenden Erfüllungsanspruchs. Denn auch dieser Erwerb ist dem Minderjährigen rechtlich lediglich vorteilhaft (vgl allg o Rn 22) und der Nichteintritt der Erfüllungswirkung ist nach dem Abstraktionsgrundsatz auf die Wirksamkeit des Erwerbsgeschäfts ohne Einfluss. Der Minderjährige ist dann freilich, da der Rechtserwerb den damit verfolgten Zweck der Schuldtilgung verfehlt hat, zur Rückübertragung des erworbenen Rechts gem § 812 Abs 1 S 1 Alt 1 verpflichtet und der Schuldner kann mit dieser Gegenforderung gegen den fortbestehenden Erfüllungsanspruch des Minderjährigen aufrechnen (abl insoweit GERNHUBER, Erfüllung § 5 IV 2c), jedenfalls aber ein Zurückbehaltungsrecht nach § 273 geltend machen. Gegenüber diesem Bereicherungsanspruch kann sich der Minderjährige jedoch auf einen Bereicherungswegfall nach § 818 Abs 3 insoweit berufen, als der erworbene Gegenstand, bevor der gesetzliche Vertreter auf ihn Zugriff nehmen konnte, ersatzlos aus dem Vermögen des Minderjährigen ausgeschieden ist, denn bei der hier vorliegenden Leistungskondiktion kommt eine verschärfte Bereicherungshaftung des Minderjährigen nicht in Betracht (vgl Vorbem 79 zu §§ 104–115). Das Ausbleiben der Erfüllungswirkung wird von den Anhängern der hM je nach der vertretenen Erfüllungstheorie unterschiedlich begründet: Die allgemeine und die besondere Vertragstheorie, die zur Erfüllung einen besonderen Erfüllungsvertrag fordern, gelangen zu diesem Ergebnis über eine unmittelbare Anwendung des § 107, da hiernach im Abschluss des Erfüllungsvertrages auf Seiten des Gläubigers eine Verfügung über die zu tilgende Forderung liegt, die für den minderjährigen Gläubiger den Rechtsnachteil des Verlustes der Forderung mit sich bringt (vgl vTUHR, AT II 1 § 59 IV [S 339 f] f die allg, FIKENTSCHER/HEINEMANN, SR § 38 II 3c Rn 316 f die beschr Vertragstheorie). Nach der Zweckvereinbarungstheorie (EHMANN JZ 1968, 549 ff u NJW 1969, 1833, 1836 f) ist der Abschluss der rechtsgeschäftlichen Zweckvereinbarung als Erfordernis des Erlöschens der Forderung für den minderjährigen Gläubiger ebenfalls rechtlich nachteilig, so dass auch hier § 107 unmittelbar eingreift. Nach der Theorie der finalen und der realen Leistungsbewir-

kung ist hingegen auf der Gläubigerseite eine rechtsgeschäftliche Erklärung für den Eintritt des Erfüllungserfolges nicht erforderlich, insbesondere verfügt der Gläubiger mit der Annahme der Leistung nicht über die Forderung, so dass eine unmittelbare Anwendung von § 107 ausscheidet; wegen der von diesen Lehren für eine Schuldtilgung verlangten Einziehungsberechtigung (GERNHUBER, Erfüllung § 5 IV 1) bzw Empfangszuständigkeit (MEDICUS, AT Rn 566 u ders/PETERSEN, BR Rn 171; BORK, AT Rn 1006) des Leistungsempfängers, die sozusagen das Gegenstück zur Verfügungsbefugnis darstellt und die deshalb dem nicht voll Geschäftsfähigen fehlt, tritt aber auch hiernach die Schuldtilgung nur bei Leistung an den gesetzlichen Vertreter oder mit dessen Zustimmung ein. Die gegen die überwiegende Ansicht vorgebrachten Einwände vermögen nicht zu überzeugen. Wenn gesagt wird, der Erwerb des Leistungsgegenstandes und die Erfüllungswirkung seien als Einheit zu betrachten, so dass diese nicht rechtlich nachteilig sein kann, wenn jener dem Minderjährigen vorteilhaft ist (vgl HEINR LANGE NJW 1955, 1339, 1342; auch VAN VENROOY BB 1980, 1017 ff: Akzessorietät v Forderung u Rechtserwerb), so widerspricht dies dem Abstraktionsgrundsatz, der entgegen VAN VENROOY aaO auch im Erfüllungsstadium gilt. Die Ansicht, der Forderungsverlust könne deshalb nicht als für den minderjährigen Gläubiger rechtlich nachteilig qualifiziert werden, da er stattdessen den Leistungsgegenstand erwerbe, der ein Mehr gegenüber der darauf gerichteten Forderung (so HARDER JuS 1977, 149, 151 f u JuS 1978, 84 ff; hiergegen WACKE JuS 1980, 80, 82) oder ein der Forderung gleichwertiges Surrogat mit der Folge eines rechtlichen neutralen Geschäfts (so LARENZ/WOLF AT § 25 Rn 21) darstelle, so wird verkannt, dass es für § 107 auf das quantitative Verhältnis von Vorteil und Nachteil gerade nicht ankommt, sondern jedweder Rechtsnachteil das Einwilligungserfordernis auslöst (vgl o Rn 3). Der Rechtsnachteil des Forderungsverlustes kann auch nicht deshalb als für eine direkte oder entsprechende Anwendung des § 107 unerheblich bezeichnet werden, weil er nicht eine rechtsgeschäftliche Folge der Erfüllungsannahme sei (so aber LAUTENSCHLÄGER BWNotZ 1976, 115, 116 f; LARENZ/WOLF aaO), denn auch kraft Gesetzes eintretende (unmittelbare) nachteilige Rechtsfolgen werden von § 107 erfasst (vgl o Rn 6 aE). Der hM ist hiernach zu folgen. Sie bewirkt im Ergebnis den erforderlichen Minderjährigenschutz auch im Hinblick auf die Erfüllung einer Forderung, ohne die schutzwürdigen Interessen des leistenden Schuldners zu vernachlässigen. Das Fortbestehen der Forderung sichert den Minderjährigen gegen die hier besonders naheliegende Gefahr eines Verlustes, einer Verschwendung usw des empfangenen Leistungsgegenstandes, bevor der gesetzliche Vertreter aufgrund seines Sorgerechts die erforderlichen Sicherungsmaßnahmen treffen kann. Der Schuldner ist gegen eine doppelte Inanspruchnahme durch das ihm aufgrund seines Bereicherungsanspruchs hinsichtlich der ersten Leistung zustehende Zurückbehaltungsrecht hinreichend geschützt; dass er das Entreicherungsrisiko des Minderjährigen trägt, ist eine notwendige Folge des vorrangigen Minderjährigenschutzes, die er durch Leistungserbringung an den gesetzlichen Vertreter vermeiden kann.

4. Erwerbsgeschäfte mit Verpflichtungsfolgen

Dingliche Erwerbsgeschäfte sind dem minderjährigen Erwerber, da sie dessen Rechtsbestand vergrößern, im Grundsatz lediglich rechtlich vorteilhaft (vgl o Rn 11 ff). Im Zusammenhang mit dem Erwerb können aber für den Minderjährigen persönliche Verpflichtungen entstehen, die dem Erwerbsgeschäft als solchem innewohnen, nicht erst (wie in den Fallgestaltungen o Rn 12–14) dem erworbenen Gegenstand. Solche Erwerbsgeschäfte begründen daher, abweichend von dem Grundsatz der ausschließlichen rechtlichen Vorteilhaftigkeit von Erwerbsakten, doch einen Rechtsnachteil für den Minderjährigen und damit die Einwilligungsbedürftigkeit.

a) Arten
27 Die vorstehend dargelegten Rechtsnachteile können vornehmlich bei dem Erwerb der folgenden Gegenstände eintreten.

aa) Grundstücke
Der Erwerb eines mit einer **Reallast** belasteten Grundstücks ist dem minderjährigen Erwerber wegen der dadurch gem § 1108 grundsätzlich ausgelösten persönlichen Haftung für die zu erbringenden Leistungen rechtlich auch nachteilig, sofern diese Haftung nicht gem § 1108 Abs 1 letzter HS ausgeschlossen ist (HEINR LANGE NJW 1955, 1339, 1340; STÜRNER AcP 173 [1973] 402, 430; KLÜSENER Rpfleger 1981, 258, 262; MünchKomm/ SCHMITT Rn 40; SOERGEL/HEFERMEHL Rn 4). Wegen der Reallastnatur des Erbbauzinses (§ 9 Abs 1 S 1 ErbbauRG) ist auch der Erwerb eines Erbbaurechts durch einen Minderjährigen einwilligungsbedürftig (PALANDT/ELLENBERGER Rn 4; insoweit auch STÜRNER AcP 173 [1973] 402, 432; U HÜBNER 152). Als rechtlich nachteilig muss der Erwerb eines im Erwerbszeitpunkt bereits vermieteten oder verpachteten und dem Mieter (Pächter) überlassenen Grundstücks bzw von auf diesem befindlichen Wohnräumen angesehen werden, da der Erwerber dann gem §§ 566 Abs 1, 578 Abs 1, 581 Abs 2, 593b in die miet-(pacht-)vertraglichen Pflichten des Veräußerers eintritt und er hiernach außer zur Überlassung des Gebrauchs bzw Fruchtgenusses gegenüber dem Mieter (Pächter) auch zum Schadens- und Aufwendungsersatz aus den §§ 536a, 581 Abs 2, 593b ohne Beschränkung seiner Haftung auf den erworbenen Gegenstand verpflichtet ist (BGHZ 162, 137, 140 f = NJW 2005, 1430, 1431; BayObLG NJW-RR 2004, 810, 811; OLG Oldenburg NJW-RR 1988, 839; DNotZ 1989, 92; OLG München FamRZ 2011, 828, 829; LG Oldenburg NdsRpfl 1987, 216; HEINR LANGE NJW 1955, 1339, 1341; U HÜBNER 151 f; KLÜSENER Rpfleger 1981, 258, 262; FELLER DNotZ 1989, 66, 72 f; STUTZ MittRhNotK 1993, 205, 2 II; KÖLMEL RNotZ 2010, 618, 636; HARTE 124 ff; PALANDT/ELLENBERGER Rn 4; aA RhPfFG EFG 1998, 304 f; STÜRNER AcP 173 [1973] 402, 431; JERSCHKE DNotZ 1982, 459, 469 ff). Der BGH erblickt in diesen Verbindlichkeiten – anders als in den laufenden öffentlichen Grundstückslasten (BGHZ 161, 170, 179) – keine typischerweise ungefährlichen Rechtsnachteile, da diese Pflichten umfangmäßig nicht begrenzt seien, ihre wirtschaftliche Bedeutung vielmehr von den Umständen des Einzelfalls abhänge, und deshalb eine einzelfallbezogene Prüfung des wirtschaftlichen Vorteils des Erwerbs durch den gesetzlichen Vertreter erfolgen müsse (BGHZ 162, 137, 140 = NJW 2005, 1430, 1431). Nach der hier vertretenen Auffassung folgt dieses Ergebnis schon daraus, dass der Eintritt des Erwerbers in die miet-(pacht-)vertraglichen Pflichten eine unmittelbare (gesetzliche) Folge des Erwerbsgeschäfts bildet (vgl FEMBACHER DNotZ 2005, 627, 628 m w N), im Gegensatz zur Vermietung oder Verpachtung eines nießbrauchsbelasteten Grundstücks durch den Nießbraucher, wo der Eintritt des minderjährigen Erwerbers in den Miet-(Pacht-)vertrag nicht unmittelbar mit dem Grundstückserwerb erfolgt, sondern erst auf Grund des weiteren Umstandes der Beendigung des Nießbrauchs (s o Rn 16).

bb) Vermögensgesamtheiten
28 Die **Annahme einer Erbschaft** ist für den minderjährigen Erben wegen des dadurch eingetretenen Wegfalls der Ausschlagungsmöglichkeit (§ 1943) und damit der Haf-

tung für die Nachlassverbindlichkeiten nach § 1967 nicht lediglich rechtlich vorteilhaft (Heinr Lange NJW 1955, 1339, 1340 Fn 20; Stürner AcP 173 [1973] 402, 434; U Hübner 149; Harte 138). Wegen dieser Haftung ist auch die (schenkweise) Übertragung eines Erbteils einwilligungsbedürftig (AG Stuttgart BWNotZ 1970, 177). Gleiches gilt für den **Erwerb eines Handelsgeschäfts** unter Firmenfortführung durch den minderjährigen Erwerber wegen der dadurch begründeten Haftung für die Altverbindlichkeiten nach § 25 Abs 1 S 1 HGB, sofern nicht die Haftung gem § 25 Abs 2 HGB ausgeschlossen ist; ist hiernach der Erwerb mangels Zustimmung des gesetzlichen Vertreters unwirksam, so muss – anders als bei sonstigen Unwirksamkeitsgründen – aufgrund des vorrangigen Minderjährigenschutzes auch die Haftung des Minderjährigen entfallen (Stürner AcP 173 [1973] 402, 434 f; U Hübner 152 f). Als rechtlich nachteilig wurde auch der Erwerb des gesamten Vermögens mit der Folge der Haftung des Erwerbers für die Verbindlichkeiten des Veräußerers nach dem aufgehobenen § 419 erachtet (BGHZ 53, 174, 178 = LM § 419 Nr 20/21 m Anm Rietschel).

cc) Beteiligungen an Personen- und Kapitalgesellschaften
Rechtlich nicht lediglich vorteilhaft ist der Erwerb einer **Beteiligung an einer offenen Handelsgesellschaft** durch einen Minderjährigen, denn dieser Erwerb löst die unbeschränkte und nach außen hin unbeschränkbare Haftung des Gesellschafters aus § 128 HGB aus (Stürner AcP 173 [1973] 402, 435; Brox, in: FS Bosch [1976] 75, 78; Klamroth BB 1975, 525, 527). Für den Beteiligungserwerb an einer **Gesellschaft bürgerlichen Rechts** muss grundsätzlich – anders allenfalls bei einer bloßen Innengesellschaft ohne Verlustbeteiligung – Entsprechendes gelten (so LG Aachen NJW-RR 1994, 1319, 1320 f; zur Beteiligung Minderjähriger an einer Grundstücksverwaltungs-GbR eingehend Reimann, in: FS Hagen [1999] 173, 175 ff). Der Erwerb eines **Kommanditanteils** begründet einen Rechtsnachteil, sofern die Kommanditeinlage noch nicht vollständig eingezahlt ist und der Erwerber deshalb gem § 171 Abs 1 HGB persönlich haftet (Stürner AcP 173 [1973] 402, 436; Brox, in: FS Bosch [1976] 75, 78). Darüber hinaus wird ein rechtlicher Nachteil auch bei volleingezahlter Kommanditeinlage bejaht aufgrund der auch den Kommanditisten treffenden Treuepflicht als Bündel von Rechten und Pflichten, einer möglichen Haftung für die Herabminderung der Kommanditeinlage durch Zurückzahlung oder Entnahme von Gewinnanteilen (§ 172 Abs 4 HGB), der unbeschränkten persönlichen Haftung für die zwischen dem Eintritt des Kommanditisten in die Gesellschaft und seiner Eintragung im Handelsregister begründeten Verbindlichkeiten der KG nach § 176 Abs 2 HGB sowie der Beweislast des Erwerbers für die erfolgte Einzahlung der Einlage (so LG Köln Rpfleger 1970, 245; auch Brox, in: FS Bosch [1976] 75, 79 f; Ivo ZEV 2005, 193, 194; Harte 130 ff; einschr Weinbrenner FPR 2009, 265, 267 f). Dem wird zu Recht entgegengehalten, dass die Haftung nach § 172 Abs 4 HGB nur im Umfang der Rückzahlung an den Kommanditisten selbst wieder auflebt und auf den im Handelsregister eingetragenen Betrag der Kommanditeinlage beschränkt ist, die Haftung aus § 176 Abs 2 HGB durch Ausgestaltung der Eintragung als aufschiebende Bedingung für den Eintritt verhindert werden kann und die Treuepflicht für den Minderjährigen nur mittelbar nachteilige, dessen erworbene Rechtsposition nur beschränkende Folgen zeitigt (OLG Bremen NGZ 2008, 750, 751; Maier-Reimer/Marx NJW 2005, 3025, 3026; Rust DStR 2005, 1942, 1946). Überdies handelt es sich hierbei nur um mittelbar nachteilige Folgen des Erwerbs, der deshalb bei voll eingezahlter Einlage als rechtlich lediglich vorteilhaft zu bezeichnen ist (so auch Klamroth BB 1975, 525, 527; U Hübner 150; Larenz/Wolf, AT § 25 Rn 56). Rechtlich nur vorteilhaft ist aus den genannten Gründen auch der (schenkweise) Erwerb der Beteiligung an einer **stillen**

Gesellschaft (überzeugend TIEDTKE DB 1977, 1064, 1065 f; auch KLAMROTH BB 1975, 525, 527; aA BFH DB 1974, 365; BROX, in: FS Bosch [1976] 75, 80; RUST DStR 2005, 1942, 1944, 1948; HARTE 135 ff). Bei dem Erwerb von **GmbH-Anteilen** werden die Möglichkeiten einer Ausfallhaftung nach § 24 GmbHG und einer Erstattungspflicht für verbotene Rückzahlungen gem §§ 30, 31 GmbHG als rechtliche Nachteile betrachtet (BGH MDR 1980, 737 [Nr 12]; STÜRNER AcP 173 [1973] 402, 436; KLAMROTH BB 1975, 525, 527; MAIER-REIMER/ MARX NJW 2005, 3025 f); gleiches soll für den Erwerb von **Namensaktien** wegen der nur bei diesen, nicht aber bei Inhaberaktien (vgl § 10 Abs 2 AktG) möglichen Ausfallhaftung nach § 64 Abs 4 S 2 AktG gelten (STÜRNER AcP 173 [1973] 402, 437). Diese Haftungsgefahren sind aber ebenfalls keine unmittelbaren Folgen des Anteilserwerbs, sondern sie realisieren sich nur aufgrund weiterer Umstände (Ausfälle, Rückzahlungen); nach der hier grundsätzlich vertretenen Auffassung (vgl o Rn 6, 8) können sie deshalb keine Rechtsnachteile iSv § 107 begründen (in diesem Sinne auch U HÜBNER 150). Der Erwerb von Inhaberaktien wird allgemein als rechtlich lediglich vorteilhaft erachtet (MAIER-REIMER/MARX NJW 2005, 3025).

dd) Tiere

30 Ohne Einwilligung des Erziehungsberechtigten dürfen nach § 11c TierschG **Wirbeltiere** an Kinder oder Jugendliche bis zum vollendeten 16. Lebensjahr nicht abgegeben werden. Dieses Verbot bezweckt allerdings nicht den Schutz dieser Minderjährigen, sondern den Schutz der Tiere vor unsachgemäßer Behandlung (vgl LORZ/ METZGER, TierschG Rn 1). Unter „Abgabe" in diesem Sinne ist denn auch die Übergabe in die tatsächliche Herrschaft, nicht die Übereignung der Tiere zu verstehen (vgl LORZ/METZGER Rn 3).

b) Verhältnis des rechtlich nachteiligen Erwerbsgeschäfts zum unentgeltlichen Grundgeschäft

31 Ein nach dem Vorstehenden dem Minderjährigen rechtlich nachteiliges Erwerbsgeschäft hat jedenfalls die Einwilligungsbedürftigkeit dieses „dinglichen" Geschäfts zur Folge. Beruht der Erwerb auf einer Schenkung als schuldrechtlichem Grundgeschäft, so fragt es sich, ob sich die Nachteiligkeit des Erwerbsgeschäfts auch auf die an sich zustimmungsfreie (vgl o Rn 9) Schenkung in der Weise auswirkt, dass deshalb auch für diese die Einwilligung erforderlich ist. Praktisch wird dieses Problem vor allem dann, wenn es der gesetzliche Vertreter selbst ist, der dem Minderjährigen die schenkweise Zuwendung macht, denn bei Bejahung der Einwilligungsbedürftigkeit auch des Grundgeschäfts könnte der Vertreter die Einwilligung wegen § 181 nicht selbst erteilen, sondern es müsste hierfür ein Ergänzungspfleger gem § 1909 bestellt werden. Gleiches würde gem §§ 1629 Abs 2 S 1, 1795 Abs 1 Nr 1 für eine unentgeltliche Zuwendung des Ehegatten, Lebenspartners oder Verwandten in gerader Linie des gesetzlichen Vertreters an den Minderjährigen gelten, zB für eine von einem Großelternteil seinem Enkel gemachte Schenkung. Der Bundesgerichtshof hatte in seiner älteren Rechtsprechung einen solchen Einfluss des Erwerbsgeschäfts auf das Grundgeschäft verneint mit der Folge, dass der Minderjährige den Schenkungsvertrag mit dem Vertreter ohne Einwilligung abschließen bzw der Vertreter selbst sein eigenes Schenkungsangebot im Namen des Minderjährigen annehmen kann, ohne durch § 181 gehindert zu sein, da diese Vorschrift aufgrund ihrer seit BGHZ 59, 236, 270 f allgemein anerkannten teleologischen Reduktion (vgl § 105 Rn 9) bei dem Vertretenen rechtlich lediglich vorteilhaften Geschäften nicht eingreift. Sei aber das Verpflichtungsgeschäft hiernach ohne weiteres wirksam, so könne der gesetzliche Vertreter auch die erforderliche Einwilligung zu dem Erwerbsgeschäft selbst erteilen oder dieses Geschäft in Vertretung des Minderjährigen mit sich selbst abschließen, da es dann ausschließlich in der Erfüllung der durch den Schenkungsvertrag begründeten Verbindlichkeit gem § 181 letzter HS bzw § 1795 Abs 1 Nr 1 letzter HS bestehe; der Einschaltung eines Ergänzungspflegers bedürfe es daher auch zum Abschluss des Erwerbsgeschäfts nicht (so BGHZ 15, 168, 170 = NJW 1955, 1353 = JZ 1955, 243 f m abl Anm H WESTERMANN = LM § 107 Nr 1 [LS] m Anm FISCHER; schon vorher KG JFG 13, 300, 303; OLG München DNotZ 1939, 206, 207; ferner LG Aachen MittRhNotK 1969, 574, 576). Diese auf einer strikten Trennung von Grund- und Erfüllungsgeschäft beruhenden Argumentation wurde in der Folgezeit von Teilen des Schrifttums als zu formalistisch und den Erfordernissen eines wirksamen Minderjährigenschutzes nicht gerecht werdend kritisiert; die gesamte Zuwendung müsse als Einheit angesehen und ihre Überprüfung durch einen Ergänzungspfleger möglich gemacht werden (H WESTERMANN JZ 1955, 244; HEINR LANGE NJW 1955, 1339, 1342 f; U HÜBNER 144 f; s auch vLÜBTOW 94). Wohl unter dem Eindruck der Kritik hat der Bundesgerichtshof seine ursprüngliche Auffassung zugunsten einer „Gesamtbetrachtung" von Grund- und Erfüllungsgeschäft aufgegeben; eine rechtliche Nachteiligkeit des dinglichen Erwerbs – *in casu* die Zuwendung von Wohnungseigentum mit gegenüber der gesetzlichen Regelung erheblich verschärften persönlichen Verpflichtungen des minderjährigen Erwerbers – mache auch die zugrundeliegende Schenkung einwilligungsbedürftig und damit bei Schenkung durch den gesetzlichen Vertreter die Mitwirkung eines Ergänzungspflegers erforderlich (so BGHZ 78, 28, 34 f = NJW 1981, 109, 110 f = JR 1981, 281 m zust Anm GITTER; ergangen auf Vorlagenbeschl BayObLGZ 1979, 243, 249 ff; ebenso BayObLGZ 1998, 139, 143; FG Prax 2004, 123; OLG Hamm ZEV 2000, 242; OLG Köln Rpfleger 2003, 570, 571 m zust Anm BESTELMEYER Rpfleger 2004, 162; LG Münster FamRZ 1999, 739). Im Ergebnis wurde diese spätere Rechtsprechung zu Recht allgemein gebilligt. Die Begründung mit einer Gesamtbetrachtung von schuldrechtlichem und dinglichem Geschäft wurde dagegen von Teilen des Schrifttums als mit dem Trennungs- und Abstraktionsgrundsatz unvereinbar abgelehnt und stattdessen eine teleologische Reduktion von § 181 letzter HS in der Weise befürwortet, dass dem Vertreter die Vornahme auch eines ausschließlich der Erfüllung> einer Verbindlichkeit dienenden dinglichen Geschäfts als In-sich-Geschäft dann nicht möglich sein soll, wenn dieses Erfüllungsgeschäft dem Vertretenen rechtlich nachteilig ist (so JAUERNIG JuS 1982, 576, 577; KÖHLER JZ 1984, 18; ULTSCH Jura 1998, 524, 528; FOMFEREK 27; ERMAN/PALM Rn 5 aE; kritisch zu einer Gesamtbetrachtung auch FELLER DNotZ 1989, 66, 73 ff). Diese Meinung erscheint als vorzugswürdig. Es ist deshalb zu begrüßen, dass die neueste Rechtsprechung des Bundesgerichtshofes die Gesamtbetrachtungslehre schrittweise zugunsten einer solchen teleologischen Reduktion von § 181 letzter HS und § 1795 Abs 1 Nr 1 letzter HS aufgegeben hat. Den Beginn dieser Entwicklung markiert auch insoweit der Grundsatzbeschluss vom 25. 11. 2004. Im dort entschiedenen Fall war das dingliche Erfüllungsgeschäft (Auflassung) den minderjährigen Erwerbern lediglich rechtlich vorteilhaft, während dem auf eine unentgeltliche Überlassung der Liegenschaft gerichteten Grundgeschäft auch ein rechtlicher Nachteil in Gestalt eines Rücktrittsvorbehalts der Veräußerin innewohnte. Der BGH distanzierte sich in dem Beschluss noch nicht grundsätzlich von der Gesamtbetrachtungslehre, sondern erklärte sie lediglich auf diese Konstellation für nicht anwendbar, da für den Schutz des Minderjährigen nicht erforderlich. Denn bei rechtlicher Nachteiligkeit des schuldrechtlichen Vertrages, der mithin mangels Einwilligung des gesetzlichen Vertreters bzw eines Ergänzungspflegers bis zu einer ggf erfolgenden Genehmigung schwebend unwirksam sei (§ 108), liegt gar keine zu erfüllende Verbindlichkeit vor, sodass die ein Insichgeschäft des gesetzlichen Vertreters zulassende Voraussetzung des § 181 letzter HS überhaupt nicht gegeben sei, weshalb hier einer getrennten Beurteilung des Grund- und des Erfüllungsgeschäfts unter dem Gesichtspunkt der jeweiligen rechtlichen Vorteilhaftigkeit oder Nachteiligkeit nichts im Wege stände (BGHZ 161, 170, 174 f = NJW 2005, 415, 416 f; s hierzu auch o Rn 11). Abgelehnt wird es richtigerweise auch, Grundgeschäft und Erfüllungsgeschäft als einheitliches Rechtsgeschäft iSv § 139 und demgemäß wegen der (schwebenden) Unwirksamkeit des Grundgeschäfts auch das dingliche Geschäft als unwirksam zu erachten, da eine solche Zusammenfassung durch den Willen der Vertragsschließenden zwar ausnahmsweise möglich sei, bei der Auflassung aber wegen § 925 Abs 2 ausscheide (BGHZ 161, 170, 175 = NJW 2005, 415, 417). Diese Ausklammerung jedenfalls der Fälle des rechtlich nachteiligen Grund- bei rechtlich lediglich vorteilhaftem Erfüllungsgeschäft fand in der Rechtslehre allgemein ein positives Echo (vgl SCHMITT NJW 2005, 1090, 1091; A STAUDINGER Jura 2005, 547, 552; MÜSSIG JZ 2006, 150 f; RASTÄTTER BWNotZ 2006, 1, 3 f; RÖTHEL/KRACKHARDT Jura 2006, 161, 162; PREUSS JuS 2006, 305, 309; BÖTTCHER Rpfleger 2006, 293, 296; auch WOJCIK DNotZ 2005, 655, 659). Über die Konstellation einer ausschließlichen rechtlichen Vorteilhaftigkeit des schuldrechtlichen und einer rechtlichen Nachteiligkeit des dinglichen Rechtsgeschäfts, für die der Beschluss vom 25. 11. 2004 die Anwendbarkeit der Gesamtbetrachtungslehre hatte ausdrücklich dahingestellt sein lassen, hatte der BGH erstmals in dem Beschluss vom 3. 2. 2005 zu entscheiden. Obwohl hier das Grundgeschäft ohne Zustimmung des gesetzlichen Vertreters bzw durch diesen als Insichgeschäft abschließbar ist und die Erfordernisse des § 181 letzter HS und des § 1795 Abs 1 letzter HS an sich gegeben sind, verneint der BGH gleichwohl die Anwendbarkeit der genannten Vorschriften; vielmehr kann der gesetzliche Vertreter auch das Erfüllungsgeschäft wegen der Gefahr einer Interessenkollision nicht selbst im Namen des Minderjährigen abschließen, sondern es ist für diesen ein Ergänzungspfleger zu bestellen (BGHZ 162, 137, 142 f = NJW 2005, 1430, 1431). Dies bedeutet der Sache nach die Aufgabe der Gesamtbetrachtungslehre, die in dieser Entscheidung allerdings überhaupt nicht erwähnt wird, zugunsten der teleologischen Reduktion des jeweils letzten Halbsatzes von § 181 und § 1795 Abs 1 Nr 1. Den Abschluss der Entwicklung bildet der Beschluss des BGH vom 30. 9. 2010, der die Gesamtbetrachtungslehre nunmehr ausdrücklich als aufgegeben bezeichnet (BGH NJW 2010, 3643 = JZ 2011, 157, 158 m zust Anm MEDICUS). Grund- und Erfüllungsgeschäft sind also in jedem Fall unter dem Gesichtspunkt des § 107 getrennt zu untersuchen; nur wenn beide Geschäfte dem Minderjährigen lediglich rechtlich vorteilhaft sind, kann sie dieser selbst ohne Einwilligung des gesetzlichen Vertreters schließen; bei rechtlicher Nachteiligkeit nur des nicht konsentierten Grundgeschäfts liegen schon die Voraussetzungen der §§ 181, 1795 Abs 1 Nr 1 jeweils letzter HS nicht vor, bei rechtlicher Nachteiligkeit nur des Erfüllungsgeschäfts sind diese Vorschriften kraft teleologischer Reduktion unanwendbar. Dies gilt unabhängig von der Art der Verpflichtung und damit des Rechtsgrundes für das Erfüllungsgeschäft, der etwa in einer Verbindlichkeit des mit einem Vermächtnis beschwerten gesetzlichen Vertreters zur Erfüllung des dem minderjährigen Vermächtnisnehmer zustehenden Anspruchs nach § 2174 bestehen kann; auch hier bedarf es bei (auch) rechtlicher Nachteiligkeit des zur Erfüllung des Vermächtnisses abzuschließenden dinglichen Geschäfts der Bestellung eines Ergänzungspflegers (OLG München FamRZ 2011, 828, 829; **aA** insoweit ZORN FamRZ 2011, 776, 778; SONNENFELD Rpfleger 2011, 475, 477). Das gegen die getrennte Betrachtung beider Verträge erhobene Bedenken, der Minderjährige könne bei Abschluss eines ihm lediglich rechtlich vorteilhaften und damit ohne Einwilligung wirksamen Vertrages und Verweigerung der Zustimmung zu dem ihm auch nachteiligen dinglichen Erfüllungsgeschäft seitens des Ergänzungspflegers in Annahmeverzug geraten mit der evtl Folge einer Schadens- oder Aufwendungsersatzpflicht aus § 304, was einen rechtlichen Nachteil auch des Grundgeschäfts darstelle (so FÜHR/ MENZEL FamRZ 2005, 1729, 1730), erscheint als unbegründet, weil es sich hierbei um eine bloß theoretische Möglichkeit iSd BGH-Rechtsprechung handelt (BÖTTCHER Rpfleger 2006, 293, 299) oder – nach hier vertretener Ansicht – um eine nur mittelbare Folge der Willenserklärung des Minderjährigen.

5. Ausübung von Gestaltungsrechten

Die Ausübung von Gestaltungsrechten (Anfechtung, Rücktritt, Widerruf, Kündigung) durch den minderjährigen Berechtigten bedarf wegen der regelmäßig rechtsvernichtenden Wirkung dieser Rechtsakte, im Falle der Anfechtung nach den §§ 119, 120 auch wegen der dann möglicherweise entstehenden Schadensersatzpflicht aus § 122, grundsätzlich der Einwilligung des gesetzlichen Vertreters (STÜRNER AcP 173 [1973] 402, 439 f; COESTER-WALTJEN Jura 1994, 668, 669; MünchKomm/SCHMITT Rn 48; PALANDT/ ELLENBERGER Rn 2; BGB-RGRK/KRÜGER-NIELAND Rn 3). Lediglich rechtlich vorteilhaft ist die Ausübung dieser Rechte nur dann, wenn ihre Folge allein in der Beseitigung von Verpflichtungen des Minderjährigen oder – so bei der Kündigung eines zinslos gewährten Darlehns – in der Entstehung bzw Fälligstellung von Ansprüchen des Minderjährigen besteht. Als schlechthin lediglich rechtlich vorteilhaft für den Minderjährigen wird hingegen zu Recht die Anfechtung einer letztwilligen Verfügung durch diesen nach den §§ 2078 ff erachtet, weil der Minderjährige damit nicht eine eigene Willenserklärung vernichtet, sondern eine fremde (des Erblassers) und ihm die Aufhebung der letztwilligen Verfügung gem § 2080 Abs 1 unmittelbar zustatten kommen muss, er dadurch also *per se* einen rechtlichen Vorteil erlangt (so überzeugend JOUSSEN ZEV 2003, 181, 183 f).

6. Vereinsmitgliedschaft

Die Teilnahme an der Gründung eines – rechtsfähigen oder nicht rechtsfähigen – Vereins und der Beitritt zu einem Verein ist einem Minderjährigen nicht rechtlich vorteilhaft, denn eine Vereinsmitgliedschaft begründet für das Mitglied auch verschiedene Pflichten, insbesondere die Beitragspflicht (KUNZ ZblJugR 1978, 453, 455; FAHLBUSCH-WENDLER RdJB 1980, 278, 280; HARTE 76 f; MünchKomm/SCHMITT Rn 48; SOERGEL/ HEFERMEHL Rn 13; aA vPRADZYNSKI JW 1912, 1012, 1013). Der sich hieraus ergebenden Einwilligungsbedürftigkeit dieser Rechtsakte steht nach der hier vertretenen Auffassung zur Frage einer Grundrechtsmündigkeit (vgl allg Vorbem 104 zu §§ 104–115) auch das Grundrecht der Vereinsfreiheit aus Art 9 GG nicht entgegen (anders insoweit REICHERT RdJ 1971, 234, 238 f). In der Zustimmung des gesetzlichen Vertreters zum Vereinsbeitritt eines Minderjährigen wird grundsätzlich auch die Einwilligung zur selbstständigen Ausübung der mitgliedschaftlichen Rechte und Pflichten als Folgegeschäfte des Beitritts (hierzu allg u Rn 38) zu erblicken sein. Der Minderjährige benötigt deshalb insbesondere zur Ausübung seines Stimmrechts in der Mitgliederversammlung nicht noch eine besondere Einwilligung des Vertreters, sofern nicht durch die Abstimmung, wie dies beim nicht rechtsfähigen Verein durch die Verweisung auf das Gesellschaftsrecht in § 54 S 1 der Fall sein kann, eine eigene vermögensmäßige Haftung des Minderjährigen begründet wird (KG OLGE 15, 324; REICHERT RdJ 1971, 239 f; KUNZ ZblJugR 1978, 453, 456 ff; FAHLBUSCH-WENDLER RdJB 1980, 278, 285; PALANDT/ELLENBERGER Rn 9; m anderer Begr vPRADZYNSKI JW 1912, 1012, 1014; ablehnend BRAUN NJW 1962, 92 f [gegen KG aaO]; auch HAMELBECK NJW 1962, 722 ff). Dieser Folgekonsens umfasst allerdings regelmäßig nicht auch die Annahme einer Wahl des Minderjährigen zum Mitglied eines Organs (Vorstandes) des Vereins, da eine Organstellung besondere Pflichten mit sich bringt; der Minderjährige kann eine solche Wahl daher nur mit Zustimmung des Vertreters annehmen (REICHERT RdJ 1971, 234, 236; FAHLBUSCH-WENDLER RdJB 1980, 278, 286; aA KUNZ ZblJugR 1978, 453, 460; auch vPRADZYNSKI JW 1912, 1012, 1014).

7. Verlöbnis

34 Die (umstrittene) Anwendbarkeit des § 107 auf die Eingehung eines Verlöbnisses hängt von der Beurteilung der Rechtsnatur der Verlobung ab. Nach der wohl überwiegend vertretenen Vertragstheorie wird das Verlöbnis durch einen Vertragsschluss begründet, auf den die Vorschriften des allgemeinen Teils und damit auch das Geschäftsfähigkeitsrecht grundsätzlich anwendbar sind (so RG JW 1906, 9; GERNHUBER/COESTER-WALTJEN § 8 I 4 u 5; MünchKomm/ROTH § 1297 Rn 5). Folgt man dem, dann bedarf ein Minderjähriger zu einer Verlobung der Einwilligung des gesetzlichen Vertreters, da das Verlöbnis hiernach eine – wenn auch nicht klagbare (§ 1297) – Verpflichtung zur Eheschließung begründet (RGZ 61, 267, 272; 98, 13, 15; OLG Hamburg SeuffA 60 Nr 193; MünchKomm/ROTH § 1297 Rn 8). Die abweichende Ansicht, die im Verlöbnis kein Vertragsverhältnis, sondern ein gesetzliches Rechtsverhältnis aufgrund gewährten und in Anspruch genommenen Vertrauens erblickt, lehnt demgemäß die Anwendbarkeit des § 107 ab (so SOERGEL/HEFERMEHL Rn 20). Für sonstige familienrechtliche Rechtsakte stellt das Gesetz meist besondere Altersgrenzen auf (vgl Vorbem 15 zu §§ 104–115). Auch die Zustimmungsbedürftigkeit des Vaterschaftsanerkenntnisses durch einen Minderjährigen ist seit dem NichtehelG ausdrücklich normiert (jetzt § 1596 Abs 1 u 2), wie dies auch schon zu § 1718 urspr F der hM entsprochen hatte (vgl BayObLGZ 2, 549, 550; OLG Königsberg HRR 1939 Nr 1157).

V. Einwilligung

1. Erfordernisse

35 Die Einwilligung des gesetzlichen Vertreters in ein einwilligungsbedürftiges Rechtsgeschäft des Minderjährigen ist nach der Legaldefinition des § 183 die vor dem Abschluss des Rechtsgeschäfts erklärte Zustimmung. Jedoch ist auch die gleichzeitig mit dem Rechtsgeschäft erklärte Zustimmung als Einwilligung, nicht als Genehmigung, zu qualifizieren, da auch hier das Geschäft sogleich mit seiner Vornahme wirksam wird, ein Schwebezustand also nicht eintritt (STAUDINGER/GURSKY [2009] Vorbem 3 zu §§ 182–185). Die Einwilligung ist eine einseitige empfangsbedürftige Willenserklärung. Als verkörperte Erklärung wird sie daher mit dem Zugang beim Empfangsberechtigten wirksam (§ 130 Abs 1 S 1), als nicht verkörperte richtiger Ansicht nach grundsätzlich mit dem akustisch richtigen Verständnis bzw bei fehlendem Anlass zu Zweifeln des Erklärenden an einem solchen Verständnis durch den Empfänger (vgl BROX/WALKER, AT Rn 156; LARENZ/WOLF, AT § 26 IV 4b Rn 36). Empfangsberechtigt ist nach § 182 Abs 1 sowohl der Minderjährige als auch der andere Teil des Minderjährigengeschäfts. Die Einwilligung bedarf gem § 182 Abs 2 auch bei Formbedürftigkeit des Minderjährigengeschäfts keiner Form; sie kann deshalb auch durch schlüssiges Handeln erteilt werden (RGZ 130, 124, 127 f; LAG Altona DRiZR 1931 Nr 514 = Das Recht 1931, 411 [Nr 514]). Für das neuartige Geschäft eines den Erwerb eines Handys und den Abschluss eines Mobilfunkvertrages umfassenden Kopplungsgeschäfts bei einer Quersubventionierung des Handyerwerbs wird aber – bei Erkennbarkeit der Quersubventionierung – eine sich auf das Kopplungsgeschäft beziehende ausdrückliche Einwilligung gefordert, um erhebliche Folgelasten für den Minderjährigen zu vermeiden (so DERLEDER/THIELBAR NJW 2006, 3233, 30234). Bis zur Vornahme des Minderjährigengeschäfts ist die Einwilligung gem § 183 S 1 grundsätzlich widerruflich. Auch der Widerruf kann dem Minderjährigen oder dem anderen Teil gegenüber erklärt werden (§ 183 S 2). Wegen der deshalb bestehenden Möglichkeit des Widerrufs einer gegenüber dem anderen Teil erklärten Einwilligung durch Erklärung des Vertreters gegenüber dem Minderjährigen sind in diesem Fall zum Schutz des Dritten die Vorschriften der §§ 170–173 entsprechend anzuwenden; die Einwilligung wird folglich dem gutgläubigen (§ 173) anderen Teil gegenüber erst dann unwirksam, wenn ihm der gesetzliche Vertreter den erfolgten Widerruf der Einwilligung entspr § 170 angezeigt hat (MEDICUS, AT Rn 576; BORK, AT Rn 1013).

2. Umfang

a) Allgemeines: Frage des Generalkonsenses

Gegenstand der Einwilligung ist nach dem Wortlaut des § 107 die einzelne Willenserklärung des Minderjährigen. Daraus ergibt sich die Frage, ob die Einwilligung stets nur als individuelle für jedes Rechtsgeschäft des Minderjährigen gesondert möglich ist oder ob sie auch als allgemeine Einwilligung **(Generalkonsens)** für eine mehr oder minder große Vielzahl künftiger Geschäfte erteilt werden kann. Unwirksam ist jedenfalls eine pauschale Einwilligung in sämtliche Geschäfte des Minderjährigen, denn dadurch würde sich der gesetzliche Vertreter seiner aus dem Sorgerecht folgenden Pflicht zur Prüfung des rechtsgeschäftlichen Handelns des Minderjährigen unzulässigerweise begeben und den Minderjährigen durch privatrechtlichen Akt im Ergebnis weitgehend für volljährig erklären, was mit dem zwingenden Charakter des Geschäftsfähigkeitsrechts (vgl Vorbem 11 zu §§ 104–115) unvereinbar wäre (vgl PAWLOWSKI JuS 1967, 302, 304; LARENZ/WOLF, AT § 25 V 3 Rn 34; MünchKomm/SCHMITT Rn 14; BGB-RGRK/KRÜGER-NIELAND Rn 19; SOERGEL/HEFERMEHL Rn 14; einschr MORITZ DB 1979, 1165, 1166). Umstritten ist aber die Zulässigkeit eines **beschränkten** Generalkonsenses für einen nach Inhalt, Zweck und Umständen näher bestimmten Kreis von Rechtsgeschäften. Mit der Herabsetzung des Volljährigkeitsalters auf das vollendete 18. Lebensjahr hat diese Frage zwar spürbar an Bedeutung verloren, sie ist aber dadurch keineswegs ganz obsolet geworden. Befürwortet wird ein beschränkter Generalkonsens vor allem für die Fälle, in denen ein Minderjähriger, etwa zu Ausbildungszwecken, in größerer Entfernung vom Elternhaus lebt und deshalb die Einholung des elterlichen Konsenses zu jedem einzelnen Geschäft, dessen Abschluss in dieser Lage als tunlich erscheint, nicht rechtzeitig möglich ist; das Einverständnis des gesetzlichen Vertreters mit dem auswärtigen Aufenthalt und dessen Zweck soll hiernach auch die generelle Einwilligung in diejenigen Geschäfte umfassen, die in dieser Lebenslage üblicherweise geschlossen zu werden pflegen (vgl LG Koblenz VersR 1956, 814; ROHDE VersR 1960, 295, 296; WEIMAR WuM 1968, 102, 103; HARDER NJW 1990, 857, 858;

Lorenz JuS 2010, 11, 13; vTuhr, AT II 1 § 59 V [S 346]; Larenz/Wolf, AT § 25 Rn 34, 35; Bork, AT Rn 1015; MünchKomm/Schmitt Rn 13, 14; BGB-RGRK/Krüger-Nieland Rn 19; auch BGH NJW 1977, 622 f; OLG München VersR 1958, 149; zurückhaltend BGHZ 47, 352, 359 = NJW 1967, 1800, 1802). Der Entwurf des Redaktors des Allgemeinen Teils wollte in § 85 ein Geschäft ohne besondere Einwilligung des gesetzlichen Vertreters wirksam sein lassen, das ein sich mit Einverständnis seines gesetzlichen Vertreters außerhalb von dessen Wohnort zwecks Ausbildung oder Berufsausübung aufhaltender Minderjähriger, ohne der besonderen Fürsorge einer Anstalt oder Person unterstellt zu sein, zwecks Beschaffung angemessenen Unterhalts oder als für den Beruf oder die Ausbildung angemessen und dienlich abschließt (Begr zu § 85 VE-AT [bei Schubert 66 f]). Die vorgesehene Bestimmung wurde jedoch von der Ersten Kommission als für den Minderjährigen gefährlich und unklar gestrichen (Jakobs/Schubert, Beratung I 530 f; Mot I 146 f = Mugdan I 432 f), ein späterer Antrag auf Aufnahme einer ähnlichen Vorschrift wurde von der Zweiten Kommission abgelehnt (Jakobs/Schubert 566; Prot 140 f = Mugdan I 482). Der historische Gesetzgeber stand hiernach einem Generalkonsens ohne die Kautelen des § 110 ablehnend gegenüber. Auch Teile des Schrifttums sehen in § 110 und in den Fällen der Teilgeschäftsfähigkeit nach den §§ 112, 113 eine abschließende Regelung, neben der auch für eine beschränkte generelle Einwilligung kein Raum sei (eingehend vBlume JherJb 48 [1904] 417, 444 ff; E Schulz DB 1963, 407, 408; ders, ZfV 1961, 485, 488; Pawlowski JuS 1967, 302, 304 f). Eine weitere Ansicht will den Generalkonsens auf für den Minderjährigen notwendige Geschäfte in den Fällen eines Vertretungsnotstandes beschränken, dessen Bestehen dann angenommen wird, wenn eine Zustimmung des Vertreters für das einzelne Geschäft des außer Reichweite des Vertreters lebenden Minderjährigen nicht eingeholt werden kann und die dem Minderjährigen nach § 110 überlassenen Mittel zur Leistungserbringung nicht ausreichen (so Scherner FamRZ 1976, 673, 677).

37 Der einen Generalkonsens für einen bestimmten Kreis von Rechtsgeschäften für zulässig haltenden Auffassung ist mit Einschränkungen zu folgen. Eine über ein einzelnes konkretes Rechtsgeschäft hinausgehende Einwilligung ist wohl auch nach der Herabsetzung des Volljährigkeitsalters nicht völlig zu entbehren. Der früher in diesem Zusammenhang diskutierte Hauptfall des minderjährigen Studenten an einer auswärtigen Hochschule dürfte zwar nach der Senkung des Volljährigkeitstermins kaum noch vorkommen; dafür sind die Fälle der noch nicht 18-jährigen Auszubildenden und Schüler an einer Ausbildungsstätte oder Schule in mehr oder weniger großer Entfernung vom Elternhaus mindestens ebenso zahlreich wie ehedem. Hier ist es nicht auszuschließen, dass sich ein solcher Minderjähriger in einer Situation befindet, in der ein für den Zweck des auswärtigen Aufenthaltes notwendiges oder auch nur nützliches Geschäft schnell abgeschlossen werden muss, etwa die Anmietung einer kostengünstigen Unterkunft, und der andere Teil die Einholung einer speziellen Zustimmung des gesetzlichen Vertreters zu diesem Geschäft nicht abzuwarten gewillt ist. Bei der Annahme einer generellen Einwilligung ist im Einzelfall allerdings Vorsicht geboten (für äußerste Zurückhaltung Flume, AT II § 13, 7c aa; für im Zweifel enge Auslegung Soergel/Hefermehl Rn 14). Wie der Bundesgerichtshof zu Recht ausführt, darf die Figur der Generaleinwilligung nicht über die Grenzen der §§ 112, 113 hinaus zu einer partiell erweiterten Geschäftsfähigkeit führen (BGHZ 47, 352, 359 = NJW 1967, 1800, 1802). Die bloße Üblichkeit eines Geschäfts reicht daher für die Anerkennung von dessen Wirksamkeit ohne speziellen Konsens des Vertreters allein nicht aus (so Lindacher, in: FS Bosch [1976] 533, 537 f). Hat der gesetzliche Vertreter dem

Minderjährigen gegenüber eine Einwilligung erklärt, so ist allein deren Umfang maßgeblich; auf das an der Üblichkeit orientierte Verständnis des anderen Teils kommt es dann nicht an (Pawlowski JuS 1967, 304 f; MünchKomm/Schmitt Rn 15, 17; ähnlich Flume, AT II § 13, 7c) bb). Zu weitgehend wäre es hingegen, nur von einem Generalkonsens gedeckte Kreditgeschäfte allgemein nicht zuzulassen (so aber BGB-RGRK/ Krüger-Nieland Rn 19); sie sind aber nur dann als wirksam anzusehen, wenn sie das objektive Interesse des Minderjährigen erfordert (so Lindacher, in: FS Bosch [1976] 533, 537 f).

Als Unterart des beschränkten Generalkonsenses kann der sog **Folgekonsens** betrachtet werden. Ein Folgekonsens liegt dann vor, wenn die zu einem Hauptgeschäft erteilte Einwilligung auch die Einwilligung in die mit dem Hauptgeschäft sachlich zusammenhängenden und diesem zeitlich nachfolgenden, aber noch nicht individualisierten Rechtsgeschäfte (Folgegeschäfte) umfasst. Ihrem Inhalt nach sind sie bestimmt von dem mit dem Hauptgeschäft verfolgten Zweck, dessen weiterer Verwirklichung sie dienen. So ist zB das Abstimmungsverhalten in der Mitgliederversammlung eines Vereins als Folgegeschäft des Hauptgeschäfts des Vereinsbeitritts zu qualifizieren (vgl o Rn 33). Die Problematik des Folgekonsenses liegt in der bei Erteilung der Einwilligung zum Hauptgeschäft noch fehlenden Individualisierung der Folgegeschäfte. Bei einer zu großzügigen Bejahung einer mit der Einwilligung in das Hauptgeschäft verbundenen Einwilligung auch in alle Folgegeschäfte würde dem gesetzlichen Vertreter die Möglichkeit zur Prüfung der konkreten Konditionen dieser Folgegeschäfte weitgehend genommen. Dieser Umstand rechtfertigt auch hinsichtlich des Folgekonsenses, wie des beschränkten Generalkonsenses überhaupt (vgl o Rn 37), eine gewisse Zurückhaltung, wie sie auch die Rechtsprechung erkennen lässt (vgl u Rn 39). Allgemein sind daher in ihren Auswirkungen schwer überschaubare und risikoreiche Folgegeschäfte nicht als von der Einwilligung in das Hauptgeschäft mit erfasst anzusehen. 38

b) Einzelfragen
aa) Generalkonsens
Die Problematik eines beschränkten Generalkonsenses wird insbesondere im Zusammenhang mit denjenigen Rechtsgeschäften virulent, die der nicht mehr bei den Eltern lebende Minderjährige zur Beschaffung und Einrichtung einer Unterkunft am Ausbildungs- bzw Arbeitsort abschließt. Auch hier ist ein – schlüssig erteilter – Generalkonsens für Rechtsgeschäfte mit nicht unerheblichem wirtschaftlichem Risiko bei bestehender Möglichkeit der Einholung einer speziellen Einwilligung in der Regel zu verneinen. Zu Recht ist daher in dem Einverständnis des gesetzlichen Vertreters mit der Aufnahme einer auswärtigen Berufstätigkeit, der Eingehung eines Verlöbnisses am Berufsort und der Aufnahme eines zinsgünstigen Anschaffungsdarlehens aus öffentlichen Mitteln grundsätzlich nicht auch die Einwilligung in den Kauf einer relativ teuren Wohnungseinrichtung durch den Minderjährigen gesehen worden (LG Berlin JR 1970, 346, 347). Kaum gefolgt werden kann hingegen der Ansicht, in der Anwesenheit der Eltern bei dem Einzug ihres minderjährigen Kindes in die von diesem gemietete Wohnung und in der von ihnen geleisteten Hilfe bei dem Einzug könne nicht auch auf die elterliche Einwilligung in die Anmietung der Wohnung geschlossen werden, da das Verhalten der Eltern auch aus anderen Gründen, wie der Vermeidung von Aufsehen, beruhen könne (so AG Köln WuM 1972, 165, 166); solche anderen Gründe sind in dieser Situation so außergewöhnlich, dass ihr 39

Vorliegen nicht ohne darauf hindeutende besondere Umstände angenommen werden kann. Die Einwilligung des gesetzlichen Vertreters in den Erwerb eines Handys oder den Abschluss eines Mobilfunkvertrages erstreckt sich nicht ohne weiteres auf Verträge mit Mehrwertdienstanbietern (DERLEDER/THIELBAR NJW 2005, 3233, 3237).

40 Die Rechtsfigur der generellen Einwilligung ist auch von Bedeutung für die umstrittene Frage der Verpflichtung eines Minderjährigen zur Zahlung des Beförderungsentgelts und des nach den allgemeinen Beförderungsbedingungen der Verkehrsunternehmen erhöhten Entgelts bei der Benutzung öffentlicher Verkehrsmittel ohne gültigen Fahrausweis **(Schwarzfahren).** Das Einverständnis des gesetzlichen Vertreters mit der Benutzung öffentlicher Verkehrsmittel durch den Minderjährigen beschränkt sich grundsätzlich auf eine erlaubte Benutzung, also eine Benutzung unter Lösung des erforderlichen Fahrausweises gegen Zahlung des Beförderungsentgelts; eine generelle Einwilligung in jedwede Benutzung, die auch das Fahren ohne Fahrausweis umfasst, ist hierin mangels besonderer Anhaltspunkte nicht zu erblicken. Mangels der erforderlichen Zustimmung des gesetzlichen Vertreters kommt mithin ein Vertragsverhältnis zwischen dem Verkehrsunternehmen und dem Minderjährigen in den Fällen einer Schwarzfahrt bei privatrechtlicher Ausgestaltung des Benutzungsverhältnisses – bei öffentlich-rechtlicher Ausgestaltung gilt grundsätzlich Entsprechendes (vgl Vorbem 101 zu §§ 104–115) – nicht zustande und ein vertraglicher Anspruch gegen den Minderjährigen auf das einfache wie das erhöhte Beförderungsentgelt besteht nicht (so die überwiegende Meinung: AG Hamburg NJW 1987, 448; AG Wolfsburg NJW-RR 1990, 1142 f; AG Bergheim NJW-RR 2000, 202, 203; AG Jena NJW-RR 2001, 1469; AG Bonn NJW-RR 2010, 417; WINKLER V MOHRENFELS JuS 1987, 692, 694; HARDER NJW 1990, 857, 858; DIECKMANN/SCHNEIDER ZfJ 2002, 161, 162 ff; einschr FIELENBACH NZV 2000, 358, 360; anders AnwK-BGB/BALDUS Rn 41 ff). Dem kann auch nicht entgegengehalten werden, eine Beschränkung der Einwilligung des Vertreters auf die Benutzung mit Fahrausweis wäre treuwidrig (so aber AG Köln NJW 1987, 447; STACKE NJW 1991, 875, 876 f; WETH JuS 1998, 795, 797 f) oder in der Beschränkung der Einwilligung auf Beförderungen mit Fahrausweis sei eine Bedingung der Einwilligung zu verstehen, die bei schuldhafter Schwarzfahrt gem § 162 Abs 1 als eingetreten gelte (so WETH aaO; insoweit auch FIELENBACH NZV 2000, 358, 360). Zum einen kann hier kaum von einer (aufschiebend oder auflösend) bedingten Einwilligung mit der Folge der Anwendbarkeit des § 162 gesprochen werden; die Einwilligung wird vielmehr unbedingt erteilt und sie erfasst nur die Fälle einer erlaubten Beförderung. Vor allem aber ist die Bestimmung des Umfangs der Einwilligung allein Sache des gesetzlichen Vertreters (vgl o Rn 37). Von einer Treuwidrigkeit der Berufung des Vertreters auf die Nichterteilung des Konsenses zu einer Beförderung ohne Fahrausweis könnte allenfalls dann gesprochen werden, wenn dem Vertreter bei Erteilung der so beschränkten Einwilligung eine Neigung des Minderjährigen zum Schwarzfahren bekannt ist oder bekannt sein muss, was aber regelmäßig nicht der Fall sein wird. Ein vertraglicher Entgeltanspruch kann wegen des vorrangigen Minderjährigenschutzes auch nicht auf die – heute ohnedies als überholt anzusehende – Figur des faktischen Vertragsverhältnisses gestützt werden (vgl Vorbem 31 zu §§ 104–115; teilw abw noch AG Oldenburg Personenverkehr 1974, 143). Mangels eines wirksamen Beförderungsvertrages ist auch ein Anspruch des Verkehrsunternehmens auf Zahlung des in seinen Allgemeinen Beförderungsbedingungen vorgesehenen erhöhten Beförderungsentgeltes bei einer Beförderung ohne gültigen Fahrausweis nicht begründet, denn die Pflicht zur Zahlung eines solchen Entgelts, bei dem es sich um eine Vertragsstrafe gem §§ 339 ff handelt, setzt ebenfalls ein wirksames Vertragsverhältnis voraus. Etwas anderes folgt auch nicht aus der Vorschrift des § 9 Abs 1 S 1 Nr 1 der VO über die Allgemeinen Beförderungsbedingungen für den Straßenbahn- und O-Busverkehr sowie den Linienverkehr mit Kraftfahrzeugen vom 27. 2. 1970 (BGBl I 230), wonach ein Fahrgast zur Zahlung eines erhöhten Beförderungsentgelts verpflichtet ist, wenn er sich keinen gültigen Fahrausweis beschafft hat. Die Wirkung der VO besteht nur darin, dass ihre Bestimmungen und damit auch § 9 nicht nach AGB-Recht (§ 305 Abs 2) in den Beförderungsvertrag einbezogen werden müssen; das Zustandekommen eines wirksamen Vertrages macht die VO aber nicht überflüssig (so zutr HARDER NJW 1990, 857, 861 f; ferner AG Oldenburg Personenverkehr 1974, 143; AG Frankfurt/M VR S 51, 249 ff; AG Hamburg NJW 1987, 448; AG Wolfsburg NJW-RR 1990, 1142; AG Bergheim NJW-RR 202, 203; AG Bonn NJW-RR 2010, 417; MEDICUS, AT Rn 252; ders, NJW 1967, 354 f; BERG MDR 1967, 448 f; FIELENBACH NZV 2000, 358, 359; insoweit auch WETH JuS 1998, 798 f; STACKE NJW 1991, 875; aA AG Mülheim NJW-RR 1989, 175, 176). Selbst bei Annahme eines gesetzlichen Anspruchs könnte die VO vom 27. 2. 1970 als bloße Rechtsverordnung nicht die formell-gesetzliche Vorschrift des § 107 insoweit außer Kraft setzen (WINKLER V MOHRENFELS JuS 1987, 692 f). Für die in § 12 Abs 1 Buchst a EVO festgelegte Verpflichtung des Reisenden zur Zahlung eines erhöhten Fahrpreises, wenn er bei Reiseantritt nicht mit einem gültigen Fahrausweis versehen ist, gilt nichts anderes. Auch die Anwendbarkeit dieser Bestimmung setzt einen gültigen Beförderungsvertrag mit dem Eisenbahnunternehmen voraus; ferner kann auch die EVO den Geltungsbereich des § 107 nicht einschränken (HARDER NJW 1990, 857, 860 f; vgl auch KONOW DB 1967, 1840, 1842; DIECKMANN/SCHNEIDER ZfJ 2002, 161, 165). Das Verkehrsunternehmen ist somit, da ein deliktischer Schadenersatzanspruch im Regelfall am fehlenden Schaden infolge der Schwarzfahrt scheitern wird, auf einen Bereicherungsanspruch in Höhe des Wertes der Beförderungsleistung gem § 812 Abs 1 S 1 Alt 1, 818 Abs 2 beschränkt. Auf einen Bereicherungswegfall nach § 818 Abs 3 kann sich der Minderjährige unter den Voraussetzungen des entsprechend anwendbaren § 828 Abs 3 nicht berufen, da er die Beförderungsleistung durch eine unerlaubte Handlung (§§ 823 Abs 2, 265a StGB) herbeigeführt hat (vgl Vorbem 80 zu §§ 104–115).

bb) Folgekonsens
Folgegeschäfte können sich besonders aus Dauerrechtsverhältnissen ergeben, die **41** der Minderjährige mit Zustimmung des gesetzlichen Vertreters eingegangen ist, zB aus dem konsentierten Abschluss eines Wohnungsmietvertrages. Die Einwilligung des gesetzlichen Vertreters in die Eingehung des Mietverhältnisses umfasst daher im Allgemeinen auch den Konsens zu denjenigen rechtsgeschäftlichen Handlungen, die die Durchführung des Mietverhältnisses gewöhnlich mit sich bringt (vgl LG München I NJW 1964, 456 für den Zugang einer Abmahnung [jetzt § 541] an den minderjährigen Mieter). Da sich die Einwilligung aber regelmäßig nicht auf besonders komplizierte und risikoreiche Folgegeschäfte beziehen wird, hat es die Rechtsprechung zu Recht abgelehnt, in der Zustimmung des gesetzlichen Vertreters zur Eheschließung des Minderjährigen (zB durch Unterlassen eines Widerspruchs nach § 1303 Abs 3 gegen einen gem § 1303 Abs 2 gestellten Befreiungsantrag) auch eine Einwilligung zum Abschluss eines Mietvertrages über die eheliche Wohnung zu erblicken (LG Flensburg ZMR 1966, 102, 103; AG Wuppertal MDR 1973, 317 f; AG Köln WuM 1974, 68 m Anm WEIMAR; grundsätzl auch HUMMEL ZMR 1968, 257 f; **aA** WEIMAR ZMR 1967, 353, 354). Erst recht muss dies für die Abwicklung eines von dem Minderjährigen mit Einwilligung des gesetzlichen Vertreters eingegangenen (privatrechtlichen) Versicherungsverhältnisses angesichts der

hierbei drohenden schwerwiegenden Nachteile gelten; insbesondere hat diese Einwilligung nicht auch die Wirksamkeit von solchen einseitigen Willenserklärungen des Versicherers mit dem Zugang an den Minderjährigen allein gem § 131 Abs 2 S 2 zur Folge, aufgrund derer schon eine bloße Untätigkeit oder Säumnis des minderjährigen Versicherungsnehmers zum Verlust des Versicherungsschutzes führen kann, wie die qualifizierte Mahnung gem § 38 Abs 1 VVG (2007) (vgl BGHZ 47, 352, 359 f = NJW 1967, 1800, 1802; AG Wiesbaden VersR 1986, 80; WEIMAR VersR 1960, 391; auch LG Verden MDR 1959, 665 f; aA ROHDE VersR 1960, 295, 296). Die unter dem früheren Volljährigkeitstermin von 21 Jahren viel diskutierte Frage, ob das Einverständnis des gesetzlichen Vertreters mit dem Erwerb der Fahrerlaubnis durch den Minderjährigen auch die Einwilligung in die Anmietung eines Kraftfahrzeugs seitens des Minderjährigen umfasst, hat mit der Herabsetzung des Volljährigkeitsalters auf das vollendete 18. Lebensjahr, das nunmehr mit dem Mindestalter für die Erteilung der Fahrerlaubnis in der hier praktisch allein in Betracht kommenden Fahrzeugklasse B (vgl §§ 10 Abs 1 Nr 3 iVm 6 Abs 1 FeV) zusammenfällt, erheblich an Bedeutung verloren. Die ganz überwiegende Meinung, der zuzustimmen ist, hat diese Frage zu Recht verneint, denn auch bei Einverständnis mit dem Fahrerlaubniserwerb will sich ein verantwortungsvoller gesetzlicher Vertreter regelmäßig eine Kontrolle hinsichtlich des Abschlusses eines wegen der Unfallgefahr besonders risikoreichen Kfz-Mietvertrages schon angesichts der unterschiedlichen Konditionen solcher Verträge mit den verschiedenen gewerblichen Vermietern und wegen der Auswahl des Vertragspartners für den Einzelfall vorbehalten (BGH NJW 1973, 1790 f; OLG Celle MDR 1964, 320; NJW 1970, 1850; OLG Düsseldorf DAR 1965, 77; OLG Oldenburg DAR 1965, 77; OLG Hamm NJW 1966, 2357 f [4. ZS]; OLG München VersR 1966, 1062, 1063; LG Göttingen NJW 1962, 639; LG Bielefeld NJW 1963, 908; LG Münster NJW 1964, 51; BEUTHIEN DAR 1961, 331 f; HIMER DAR 1961, 330 f; ROTH-STIELOW ZblJugR 1967, 33, 35; aA OLG Hamm [3. ZS] NJW 1961, 1120 m abl Anm KIENINGER 1582 f = RdJ 1961, 366 f m abl Anm PERSCHEL; auch LG Köln MDR 1962, 474 f). Dagegen wurde in der Zustimmung des gesetzlichen Vertreters zum Erwerb eines Kraftfahrzeugs durch den Minderjährigen auch die Einwilligung in den Abschluss der in § 1 PflVG zwingend vorgeschriebenen Kfz-Haftpflichtversicherung gesehen (LG Saarbrücken VersR 1966, 33; ROHDE VersR 1960, 295, 296; E SCHULZ ZfV 1961, 485, 486 f; MünchKomm/SCHMITT Rn 18; zuneigend auch BGH NJW 1977, 622 f; dahingestellt in BGHZ 47, 352, 358 f = NJW 352, 358 f = NJW 1967, 1800, 1802; ablehnend AK-BGB/KOHL Rn 3). Ob dieser Ansicht heute noch gefolgt werden kann, ist zweifelhaft, denn nach dem 1994 erfolgten Wegfall der Genehmigungspflicht der AVB der Versicherungsunternehmen durch Streichung von § 5 Abs 1 iVm Abs 3 Nr 2 aF VAG u von § 4 aF PflVersG – auch die gem § 5 Abs 5 Nr 1 nF VAG fortbestehende Einreichungspflicht der AVG der Pflichtversicherungsunternehmen berechtigt die Behörde nicht mehr zu einer inhaltlichen Vorabprüfung (vgl BAUER, Die Kraftfahrtvers [4. Aufl 1997] Einf I 3 Rn 10) – sowie der Tarifgenehmigungspflicht der Kfz-Haftpflichtversicherung gem § 8 aF PflVersG ist die frühere Einheitlichkeit und Transparenz der Konditionen für diese Versicherung trotz der KfzPflVV v 29. 7. 1994 erheblich gemindert worden (vgl BAUER Einf I 3 Rn 11 u II 3 Rn 74), so dass nunmehr eine besondere Prüfung seitens des gesetzlichen Vertreters angezeigt sein dürfte. Die Einwilligung in die Einschaltung eines Unfallhelferrings zur Abwicklung der Folgen eines von dem Minderjährigen erlittenen Verkehrsunfalls, insbesondere in die Bevollmächtigung eines von dem Ring gestellten Rechtsanwalts zum Empfang der Leistungen der Haftpflichtversicherung des Unfallgegners, wird von der Zustimmung des gesetzlichen Vertreters in den Erwerb des von dem Unfall betroffenen Kraftfahrzeugs durch den Minderjährigen nicht mitumfasst (BGH NJW 1977, 622 ff).

3. Wirkung

Ein von dem Minderjährigen mit Einwilligung seines gesetzlichen Vertreters abgeschlossenes Rechtsgeschäft ist ebenso wirksam, wie wenn es eine geschäftsfähige Person geschlossen hätte. **42**

VI. Stellung des gesetzlichen Vertreters

Der Minderjährige hat gegen seinen gesetzlichen Vertreter (zu dessen Person s o Vorbem 24 zu §§ 104–113) **keinen Anspruch** auf Erteilung einer zur Wirksamkeit des Rechtsgeschäfts erforderlichen Einwilligung (vgl OLG Kiel OLGE 22, 126 ff). Das Familiengericht kann jedoch gem § 1666 Abs 3 Nr 5 (bei einer Vormundschaft über § 1837 Abs 4, bei einer Ergänzungspflegschaft über § 1915 Abs 1 S 1) Erklärungen des Sorgeberechtigten ersetzen, wenn das Unterbleiben der Erklärung eine Gefährdung des Wohls des Minderjährigen oder seines Vermögens unter den Voraussetzungen des § 1666 Abs 1 zur Folge hätte. Zu den hiernach ersetzbaren Erklärungen gehört auch die Einwilligung in Rechtsgeschäfte des Minderjährigen (STAUDINGER/COESTER [2009] § 1666 Rn 224). Aus der Ersetzungsmöglichkeit folgt eine **Pflicht** des gesetzlichen Vertreters zur Einwilligungserteilung in den Fällen, in denen die Einwilligung zur Vermeidung einer Gefahr für Person oder Vermögen des Minderjährigen erforderlich ist. Einer Genehmigung des Familiengerichts nach den §§ 1819 ff (iVm § 1643) oder des Gegenvormunds nach den §§ 1809 ff bedarf es nicht nur für die vom gesetzlichen Vertreter selbst vorgenommenen Rechtshandlungen, sondern auch für die Erteilung der Zustimmung des Vertreters zu einer Vornahme solcher Rechtshandlungen durch den Minderjährigen (Mot IV 1136 = MUGDAN IV 602; OLG Düsseldorf NJW-RR 1995, 755, 757). Da die nach § 107 bestehende Befugnis des Minderjährigen zur selbstständigen Vornahme ihm rechtlich lediglich vorteilhafter Geschäfte keine partielle Geschäftsfähigkeit in diesem Umfang begründet (s o Rn 19), bleibt die gesetzliche Vertretung auch für solche Geschäfte bestehen; der Vertreter ist deshalb nicht gehindert, auch lediglich rechtlich vorteilhafte Geschäfte für den Minderjährigen selbst abzuschließen. Aus einem konsentierten Rechtsgeschäft wird im Außenverhältnis zum Geschäftsgegner allein der Minderjährige berechtigt und verpflichtet, nicht der gesetzliche Vertreter. Eine pflichtwidrig erteilte Zustimmung kann jedoch eine Schadensersatzpflicht des gesetzlichen Vertreters nach den §§ 1664, 1833, 1915 Abs 1 S 1 gegenüber dem Minderjährigen auslösen. **43**

VII. Entsprechende Anwendung

Die Vorschrift des § 107 gilt unmittelbar nur für Willenserklärungen und damit nur für rechtsgeschäftliche Handlungen. Wie das Geschäftsfähigkeitsrecht insgesamt (vgl Vorbem 86 zu §§ 104–115) ist sie aber auf **rechtsgeschäftsähnliche Rechtshandlungen** entsprechend anwendbar. Solche Handlungen kann der Minderjährige daher ohne Einwilligung des gesetzlichen Vertreters vornehmen, wenn sie ihm rechtlich lediglich vorteilhaft sind, während er zu ihm (auch) nachteiligen Rechtshandlungen dieser Art der Einwilligung des gesetzlichen Vertreters bedarf. Eine lediglich rechtlich **44** vorteilhafte und deshalb einwilligungsfreie rechtsgeschäftsähnliche Rechtshandlung ist die **Mahnung**, denn sie begründet nach § 286 Abs 1 S 1 den Verzug des Schuldners, aus dem für den mahnenden Gläubiger die Rechte gem den §§ 287 ff, aber keine Verpflichtungen erwachsen; der Minderjährige kann folglich ohne Einwilligung des Vertreters mahnen (KG FamRZ 1989, 537; OLG Köln NJW 1998, 320). Einwilligungsfrei ist auch die **Aneignung** einer beweglichen Sache durch den Minderjährigen gem § 958 Abs 1 (MünchKomm/SCHMITT Rn 47; PALANDT/ELLENBERGER Rn 4); nach der hier vertretenen Auffassung folgt dies nicht aus einer entsprechenden Anwendung des § 107, sondern schon aus der Rechtsnatur der Aneignung als bloßer Realakt (s Vorbem 92 zu §§ 104–115). Zum Gesuch eines Minderjährigen auf Gewährung von Prozesskostenhilfe s Vorbem 97 zu §§ 104–115.

VIII. Beweislast

45 Die Beweislast für die beschränkte Geschäftsfähigkeit des Betreffenden im Zeitpunkt der Vornahme des Rechtsgeschäfts obliegt demjenigen, der sich auf die Einwilligungsbedürftigkeit des Geschäfts beruft (vgl § 106 Rn 9). Steht die Minderjährigkeit zu diesem Zeitpunkt fest, so hat derjenige, der sich auf die Wirksamkeit des Minderjährigengeschäfts beruft, die hierfür nach § 107 bestehenden Voraussetzungen, also entweder die ausschließliche rechtliche Vorteilhaftigkeit des Geschäfts oder die Erteilung der Einwilligung des gesetzlichen Vertreters, zu beweisen (BAUMGÄRTEL/KESSEN § 107 Rn 1; AK-BGB/KOHL Rn 30; MünchKomm/SCHMITT Rn 49).

IX. Betreuer bei Einwilligungsvorbehalt

46 Ein Betreuter bedarf nach der dem § 107 nachgebildeten Vorschrift des § 1903 Abs 3 S 1 auch im Rahmen eines angeordneten Einwilligungsvorbehalts nicht der Einwilligung des Betreuers, wenn die Willenserklärung dem Betreuten lediglich einen rechtlichen Vorteil bringt. Nach der hier vertretenen Auffassung (vgl § 105 Rn 10) gilt § 1903 Abs 3 nicht bei Geschäftsunfähigkeit des Betreuten.

§ 108
Vertragsschluss ohne Einwilligung

(1) Schließt der Minderjährige einen Vertrag ohne die erforderliche Einwilligung des gesetzlichen Vertreters, so hängt die Wirksamkeit des Vertrags von der Genehmigung des Vertreters ab.

(2) Fordert der andere Teil den Vertreter zur Erklärung über die Genehmigung auf, so kann die Erklärung nur ihm gegenüber erfolgen; eine vor der Aufforderung dem Minderjährigen gegenüber erklärte Genehmigung oder Verweigerung der Genehmigung wird unwirksam. Die Genehmigung kann nur bis zum Ablauf von zwei Wochen nach dem Empfang der Aufforderung erklärt werden; wird sie nicht erklärt, so gilt sie als verweigert.

(3) Ist der Minderjährige unbeschränkt geschäftsfähig geworden, so tritt seine Genehmigung an die Stelle der Genehmigung des Vertreters.

Titel 1 § 108
Geschäftsfähigkeit

Materialien: VE AT § 82 Abs 4 u 5; KE § 64 Abs 3 S 2 HS 2 u Abs 4–6; E I § 65 Abs 3 S 2 u Abs 4–6; II § 82; III § 104; SCHUBERT, AT I 15; AT II 44 ff; JAKOBS/SCHUBERT 520 ff, 526 f, 536 ff, 551 ff, 557 f, 560, 562 ff, 567 ff, 571, 578, 580; Mot I 134 ff = MUGDAN I 425 ff; Prot I 123 ff = MUGDAN I 675 ff; Prot II 8361 ff = MUGDAN I 678 ff.

Schrifttum

S die Angaben bei den Vorbem zu §§ 104–115, zu den §§ 104–107 sowie
BAYER, Lebensversicherung, Minderjährigenschutz und Berechnungsausgleich, VersR 1991, 129
BRAUER, Vertragsschluss und Zugang bei Verträgen mit Minderjährigen, JuS 2004, 472
EBBECKE, Die Ungültigkeit in ihren verschiedenen Gestaltungen, Gruchot 63 (1919) 177
FINKENAUER, Rückwirkung der Genehmigung, Verfügungsmacht und Gutglaubensschutz, AcP 203 (2003) 282
HUKEN, Die Vernichtung schwebend unwirksamer Verträge durch Aufforderung gegenüber „dem anderen Vertragsteil", DNotZ 1966, 388
KOHLER, Gesetzestreue oder Gesetzeskorrektur in der Rechtsanwendung. Eine Untersuchung zur Zwiespältigkeit von § 108 Abs 2 BGB, Jura 1984, 349
LÖWISCH, Beschränkung der Minderjährigenhaftung und gegenseitiger Vertrag, NJW 1999, 1002
MÜNZEL, Nachträgliche Erteilung einer verweigerten Genehmigung?, NJW 1959, 601
NORPOTH/DITTBERNER, Die Genehmigung nach § 108 III BGB – immer eine empfangsbedürftige Willenserklärung?, JA 1996, 642
OERTMANN, Civilistische Rundschau, ArchBürgR 21 (1902) 95
PAAL/LEYENDECKER, Weiterführende Probleme aus dem Minderjährigenrecht, JuS 2006, 25
PALM, Die nachträgliche Erteilung der verweigerten Genehmigung (1964)
KARSTEN SCHMIDT, Beseitigung der schwebenden Unwirksamkeit durch Verweigerung einer Genehmigung, AcP 189 (1989) 1
ZUNFT, Anfechtbarkeit der Mitteilung des Vormundes aus § 1829 Abs 1 Satz 2 BGB, NJW 1959, 516.

Systematische Übersicht

I.	Bedeutung der Vorschrift	1
II.	**Vertragsschluss ohne Einwilligung**	
1.	Erfasste Verträge	2
2.	Rechtsfolge der fehlenden Einwilligung	3
III.	**Genehmigung**	
1.	Bedeutung	5
2.	Erteilung	6
3.	Wirkung	10
IV.	**Verweigerung der Genehmigung**	11
V.	**Aufforderung zur Erklärung über die Genehmigung (Abs 2)**	
1.	Zweck und Rechtsnatur	12
2.	Erklärung	13
3.	Wirkungen	14
a)	Wirkungslosigkeit früherer Erklärung	15
b)	Erklärung nur noch gegenüber dem anderen Teil	16
c)	Fristbeginn	17
4.	Folge des Fristablaufs	18
VI.	**Eigengenehmigung des bisherigen Minderjährigen**	
1.	Bedeutung	19
2.	Erklärung	20
3.	Rechtsmissbrauch	22
VII.	**Beweislast**	23
VIII.	**Parallelvorschriften**	24

Alphabetische Übersicht

Anfechtung	8 f	– konkludente	20
Aufforderung zur Genehmigung	12 f	– rechtsgestaltende Wirkung	9
		– vormundschaftsgerichtliche	24
Beitritt zu einer Kapitalgesellschaft	20	– Wirkung	10
Beweislast	23		
		Rechtsmissbrauch	22
Eigengenehmigung	19 f	Rückabwicklung	7
Erteilung der Genehmigung	5 f		
		Schwebezustand	3 f, 12, 15
Frist			
– Ablauf	18	Unwiderruflichkeit	9, 11
– Beginn	17		
		Vererblichkeit	4
Genehmigung		Verweigerung der Genehmigung	11, 14 ff
– Bedeutung	5		

I. Bedeutung der Vorschrift

1 § 108 knüpft an die im § 107 enthaltene Regelung an, wonach dem Minderjährigen rechtlich nicht lediglich vorteilhafte Rechtsgeschäfte der Einwilligung des gesetzlichen Vertreters bedürfen. Aus dieser Bestimmung folgt, dass solche Geschäfte, wenn sie der Minderjährige ohne die Einwilligung des gesetzlichen Vertreters geschlossen hat, der (vollen) Wirksamkeit entbehren. Diese Unwirksamkeit der nicht konsentierten Geschäfte wird in den §§ 108–111 näher bestimmt, wobei das Gesetz danach unterscheidet, ob es sich bei dem Minderjährigengeschäft um einen Vertrag (hierzu die §§ 108–110) oder um ein einseitiges Rechtsgeschäft (hierzu § 111) handelt. Die Vorschrift des § 108 enthält die grundsätzliche Regelung des Schicksals eines von dem Minderjährigen ohne die erforderliche Einwilligung des gesetzlichen Vertreters geschlossenen **Vertrages**. Die Unwirksamkeit eines solchen Vertrages ist hiernach keine absolute, sondern der Vertrag kann durch die Genehmigung des gesetzlichen Vertreters (Abs 1) oder des bisherigen Minderjährigen nach erreichter voller Geschäftsfähigkeit (Abs 3) doch noch wirksam werden. Die Verweigerung der Genehmigung hat hingegen die endgültige Unwirksamkeit des Vertrages zur Folge. Den in dem Zeitraum zwischen dem Vertragsschluss und der Erteilung oder der Verweigerung der Genehmigung bestehenden Schwebezustand kann der andere Vertragsteil durch eine an den gesetzlichen Vertreter gerichtete Aufforderung zur Erklärung über die Genehmigung nach Maßgabe von Abs 2 beenden.

II. Vertragsschluss ohne Einwilligung

1. Erfasste Verträge

2 § 108 setzt voraus, dass ein Minderjähriger einen Vertrag, der gem § 107 der Einwilligung seines gesetzlichen Vertreters bedarf, ohne diese Einwilligung mit einem Dritten abschließt. Von § 108 erfasst werden mithin in erster Linie Verpflichtungsverträge des Minderjährigen, darunter alle gegenseitig verpflichtenden Verträge (Kauf, Tausch, Miete, Pacht, Dienst- und Werkverträge usw) sowie den Minderjährigen einseitig verpflichtende (Schenkung) oder nur eine Nebenpflicht des Minderjährigen begründende Verträge (vgl iE § 107 Rn 23). Unter § 108 fällt auch die vertragliche Begründung von wertpapiermäßigen Verbindlichkeiten (Münch-Komm/SCHMITT Rn 5; SOERGEL/HEFERMEHL Rn 2; vgl allg Vorbem 53 f zu §§ 104–115). Einwilligungsbedürftig sind weiterhin Verfügungsverträge des Minderjährigen wie die Übereignung von Sachen, die Abtretung von Forderungen und sonstigen Rechten, die Belastung von Gegenständen ua (vgl § 107 Rn 24) und diejenigen Erwerbsverträge, die persönliche Verpflichtungen des Minderjährigen begründen (vgl § 107 Rn 26). Auf nicht konsentierte einseitige Rechtsgeschäfte findet dagegen nicht § 108, sondern § 111 Anwendung. Bildet aber das einseitige Rechtsgeschäft der Vollmachterteilung durch einen Minderjährigen mit dem diesem zugrunde liegenden Vertragsverhältnis eine rechtliche Einheit im Sinne des § 139, so ist auch die Vollmacht nicht gem § 111 S 1 unwirksam, sondern sie nimmt an der Genehmigungsfähigkeit des Grundgeschäfts selbst dann teil, wenn der andere Vertragsteil die Minderjährigkeit des Vollmachtgebers nicht gekannt hat, da dem anderen Teil dann das Widerrufsrecht aus § 109 zusteht (BGHZ 110, 363, 369 ff = NJW 1990, 1721, 1723).

2. Rechtsfolge der fehlenden Einwilligung

Die Wirksamkeit eines einwilligungsbedürftigen, aber ohne Einwilligung des gesetzlichen Vertreters geschlossenen Vertrages eines Minderjährigen hängt nach § 108 Abs 1 von der Genehmigung des gesetzlichen Vertreters ab. Ein solcher Vertrag ist also nicht rechtlich bedeutungslos und damit nichtig, sondern er kann durch die Genehmigung noch wirksam werden, während mit der Verweigerung der Genehmigung die endgültige und vollständige Unwirksamkeit eintritt. Diese Genehmigungsfähigkeit ist im Interesse des Minderjährigen normiert. Der gesetzliche Vertreter soll nicht nur vor Vertragsschluss durch die Einwilligungsmöglichkeit, sondern auch nach dem Vertragsschluss durch die Genehmigungsmöglichkeit nach seinem Ermessen unter dem Gesichtspunkt des Wohles des Minderjährigen über die Wirksamkeit oder Unwirksamkeit des Vertrages entscheiden können. Bis zu dieser Entscheidung des Vertreters befindet sich das Vertragsverhältnis daher in einem Schwebezustand. Während des Schwebezustandes ist der andere Vertragsteil insofern gebunden, als er sich von dem Vertragsverhältnis, sofern nicht die Voraussetzungen des § 109 vorliegen, nicht einseitig lösen kann. Gebunden ist aber auch der Minderjährige selbst. Er kann das Vertragsverhältnis weder einvernehmlich mit dem anderen Teil auflösen noch einseitig von dem Vertrag Abstand nehmen, denn dadurch würde er die in der Genehmigungsfähigkeit liegende vorteilhafte Rechtsposition aufgeben, was ihm nach § 107 ohne den gesetzlichen Vertreter nicht möglich ist (Begr zu § 82 VE AT [bei SCHUBERT, AT II 513]). Die Entscheidung über die Wirksamkeit oder Unwirksamkeit des Vertrages liegt damit allein beim gesetzlichen Vertreter. In dieser Bindung beider Vertragsteile im Sinne der Unmöglichkeit einer einseitigen oder einvernehmlichen Abstandnahme vom Vertrag erschöpfen sich aber die positiven Wirkungen des Vertragsverhältnisses in der Schwebezeit. Eine Verpflichtung zur Erbringung der vertraglichen Leistung besteht in dieser Phase noch für keinen Vertragsteil, auch nicht für den geschäftsfähigen

Vertragspartner des Minderjährigen; der nicht konsentierte Minderjährigenvertrag begründet also – anders als nach römischem Recht (vgl Vorbem 106 zu §§ 104–115) – kein „hinkendes Geschäft" *(negotium claudicans).* Die Rechtslage des Vertrages zwischen dem Abschluss und der Entscheidung des gesetzlichen Vertreters lässt sich daher als **schwebende Unwirksamkeit** bestimmen.

4 Die in der Bindungswirkung bestehende Rechtsposition der Vertragsteile ist für jeden Teil, wenn er während des Schwebezustands stirbt, **vererblich.** Beim Tode des Minderjährigen vor erteilter oder verweigerter Genehmigung geht daher die Genehmigungsbefugnis entsprechend § 108 Abs 3 vom gesetzlichen Vertreter des Minderjährigen auf den Erben des Minderjährigen bzw bei mangelnder Geschäftsfähigkeit auch des Erben auf den gesetzlichen Vertreter des Erben über (OERTMANN ArchBürgR 21 [1902] 95, 101; vTUHR, AT II 1 § 59 IC 2 m Fn 95; ENNECCERUS/NIPPERDEY I 2 § 152 II 2 Fn 7; FLUME, AT II § 13, 7c cc; BGB-RGRK/KRÜGER-NIELAND Rn 3; SOERGEL/HEFERMEHL Rn 9; **aA** BEROLZHEIMER DJZ 1917, 1024, 1025). Diese Wirkung kann allerdings nach dem Rechtsgedanken des § 153 dann nicht eintreten, wenn die vertragliche Leistung nach ihrer Beschaffenheit nur vom Verstorbenen selbst, nicht von dessen Erben zu erbringen oder entgegenzunehmen ist (so zutr PLANCK/FLAD Anm 8; BGB-RGRK/KRÜGER-NIELAND Rn 3; für Vererblichkeit in jedem Fall hingegen OERTMANN aaO, vTUHR u ENNECCERUS/NIPPERDEY jeweils aaO).

III. Genehmigung

1. Bedeutung

5 Die Genehmigung ist gem § 184 Abs 1 die nachträgliche Zustimmung zu dem von dem Minderjährigen geschlossenen Vertrag. Sie ist selbst kein Teil des Vertrages, gehört nicht zu dessen Tatbestand, der schon mit dem Austausch der Willenserklärung des Minderjährigen und des anderen Teils gem §§ 145 ff abgeschlossen ist. Bei der Genehmigung handelt es sich vielmehr um ein zu dem Vertrag hinzutretendes gesetzliches Wirksamkeitserfordernis, das demgemäß als **Rechtsbedingung** bezeichnet werden kann (Begr zu § 82 VE AT [bei SCHUBERT, AT II 49 ff]; Mot I 135 f = MUGDAN I 426). Obwohl hiernach die Willenserklärung des Minderjährigen durch die Genehmigung nicht zu einer Erklärung des gesetzlichen Vertreters wird, muss für die Frage der Kenntnis oder des Kennenmüssens bestimmter Umstände in entsprechender Anwendung des § 166 Abs 1 die Person des Vertreters und nicht die des Minderjährigen entscheidend sein, da eine unterschiedliche Behandlung des Vertrages je nachdem, ob ihn der Minderjährige oder der gesetzliche Vertreter selbst im Namen des Minderjährigen abgeschlossen hat, sachlich nicht gerechtfertigt ist (vTUHR, AT II 1 § 59 V [S 345] m Fn 69; FLUME, AT II § 13, 7d cc; **aA** RGZ 116, 134, 138 f; vgl allg Vorbem 73 zu §§ 104–115). Ein genehmigungsfähiger Vertrag ist trotz § 131 Abs 2 S 1 auch dann gegeben, wenn die Willenserklärung des anderen Teils nur dem Minderjährigen, nicht auch dem gesetzlichen Vertreter zugegangen ist. Dies entspricht der allgemeinen Ansicht, die teils mit einem Vorrang des § 108 Abs 1 gegenüber dem § 131 Abs 2 S 1 (so vTUHR, AT II 1 § 61 III 7; JAUERNIG/JAUERNIG § 131 Rn 3; jetzt eingehend BRAUER JuS 2004, 427 ff), teils damit begründet wird, dass der Zugang dieser Erklärung dem Minderjährigen keine Rechtsnachteile bringt und deshalb § 131 Abs 2 S 2 anzuwenden ist (so ALETH JuS 1996, L 9, L 12; wohl auch BGHZ 47, 352, 358 = NJW 1967, 1800, 1802; vgl auch HÄHNCHEN Jura 2001, 668, 670). Auf die Erteilung der

Genehmigung hat der Minderjährige gegenüber dem gesetzlichen Vertreter keinen Anspruch (OLG Kiel OLGE 22, 126 ff).

2. Erteilung

Als nachträgliche Zustimmung des gesetzlichen Vertreters zu dem Vertrag des **6** Minderjährigen setzt die Genehmigung die Erfüllung aller Tatbestandserfordernisse eines Vertragsschlusses zwischen dem Minderjährigen und dem anderen Teil voraus (vgl o Rn 5); eine vorher (auch noch während des Vertragsschlusses) erteilte Zustimmung ist hingegen als Einwilligung zu qualifizieren (vgl § 107 Rn 35). Die Genehmigung ist eine einseitige empfangsbedürftige Willenserklärung. Wirksam wird sie daher als verkörperte mit ihrem Zugang bei dem Empfänger (§ 130 Abs 1 S 1), als mündliche grundsätzlich mit dem akustisch richtigen Verständnis des Empfängers bzw bei fehlendem Anlass zu Zweifeln des Erklärenden an einem solchen Verständnis. Geeigneter Empfänger der Genehmigung ist nach der allgemeinen Vorschrift des § 182 Abs 1 – anders unter den Voraussetzungen des § 108 Abs 2 – sowohl der Minderjährige als auch dessen Vertragspartner. Dem gesetzlichen Vertreter steht es mithin frei, den Vertrag sowohl diesem als auch jenem gegenüber zu genehmigen.

Die Genehmigung kann **formlos** erteilt werden (vgl LG Düsseldorf RRa 2003, 173, 174 **7** m Anm RUHWEDEL); insbesondere bedarf sie nicht der gegebenenfalls erforderlichen Form des zu genehmigenden Vertrages (§ 182 Abs 2). Eine hiernach auch durch schlüssiges Handeln mögliche Genehmigung setzt aber voraus, dass der gesetzliche Vertreter die schwebende Unwirksamkeit des Vertrages kennt oder zumindest mit ihr rechnet, da ihm anderenfalls der erforderliche Genehmigungswille fehlt (RGZ 95, 70, 71; 111, 335, 337; BGHZ 2, 150, 153 = NJW 1951, 796; BGHZ 47, 341, 352 = NJW 1967, 622; BGHZ 53, 174, 178 = NJW 1970, 752; WM 1969, 1384, 1385; NJW 1641, 1643; LAG Altona DRiZR 1931 Nr 514 = Das Recht 1931, 411 f [Nr 514]). Ein Teil des Schrifttums hält diese hM mit der seit BGHZ 91, 324 = NJW 1984, 2279 vertretenen Ansicht, wonach auch ein schlüssiges Verhalten ohne Erklärungsbewusstsein als wirksame Willenserklärung zu werten ist, nicht mehr für vereinbar und will daher genügen lassen, dass der gesetzliche Vertreter bei Anwendung der verkehrserforderlichen Sorgfalt erkennen konnte, dass seine Äußerung nach Treu und Glauben und der Verkehrssitte als Genehmigung aufgefasst werden durfte und der Empfänger sie auch tatsächlich so verstanden hat (so LG Regensburg VersR 2004, 722 f; ERMAN/PALM Rn 3; JAUERNIG/JAUERNIG Rn 1 aE u § 182 Rn 4; AnwK-BGB/BALDUS Rn 4; FOMFEREK 43 f; für Ermächtigung nach § 362 Abs 2 auch BGHZ 109, 171, 177 = NJW 1990, 454, 456; vgl auch BGH NJW 2002, 2325, 2327). Für den speziellen Fall der Genehmigung des gesetzlichen Vertreters begegnet diese Ansicht unter dem Gesichtspunkt des Minderjährigenschutzes Bedenken. Die schlüssige Genehmigung eines Vertrages des Minderjährigen mit der Deutschen Telekom AG über die Einrichtung eines Telefonanschlusses ist darin zu erblicken, dass sich der gesetzliche Vertreter in einem fernmündlichen Gespräch mit der Deutschen Telekom AG in Kenntnis von Sinn und Zweck dieses Gesprächs über die näheren Einzelheiten der Vertragsabwicklung äußert und den Mitarbeitern der Deutschen Telekom AG Zugang zur Wohnung des Minderjährigen einräumt (AG Betzdorf ArchivPT 1998, 161). Ein vom Minderjährigen geschlossener Haftpflichtversicherungsvertrag für sein ohne Wissen des gesetzlichen Vertreters gekauftes Moped wird mit der Erhebung der Deckungsklage des gesetzlichen Vertreters schlüssig genehmigt (OLG Köln DAR 1962, 360 f). Die bloße Untätigkeit des gesetzlichen Vertreters erlaubt hingegen grundsätzlich keinen Schluss auf eine Genehmigung (vgl allg BGH JurBüro 1986, 545, 548). Keine Genehmigung kann deshalb in einem Schweigen des Vertreters zum Abschluss eines Wohnungsmietvertrages durch den Minderjährigen gesehen werden, nachdem der Vertreter von der neuen Anschrift des Minderjährigen Kenntnis erlangt hat (LG Mannheim NJW 1969, 239 f). Anders ist es hingegen, wenn der gesetzliche Vertreter nach erlangter Kenntnis von dem geschlossenen Vertrag diesen Zustand gebilligt hat (OLG Hamburg OLGE 13, 315). Unterlässt der gesetzliche Vertreter Maßnahmen zur Rückabwicklung eines Vertrages des Minderjährigen, so kann hierin noch keine Genehmigung erblickt werden (AK-BGB/Kohl Rn 3; MünchKomm/Schmitt Rn 10 gegen OLG Karlsruhe DAR 1966, 20, 21).

8 Angesichts der Eigenschaft der Genehmigung als eines zu dem Minderjährigenvertrag hinzutretendes Erfordernisses (vgl o Rn 5) kann der Vertrag nur mit dem vom Minderjährigen geschlossenen Inhalt genehmigt werden. Erklärt sich daher der gesetzliche Vertreter mit dem Vertrag nur unter inhaltlichen Änderungen einverstanden, so liegt hierin jedenfalls keine Genehmigung des Vertrages des Minderjährigen. Ob eine solche Erklärung als Genehmigungsverweigerung zu werten ist, muss durch Auslegung ermittelt werden (Planck/Flad Anm 4); in Betracht kommt auch eine Deutung als neuer Vertragsantrag des Vertreters oder als Einwilligung in einen Vertragsschluss des Minderjährigen zu dem geänderten Inhalt (Erman/Palm Rn 3). Beschränkt sich die erteilte Genehmigung auf einen gem § 139 abgrenzbaren Teil des Minderjährigenvertrages, so ist entscheidend, ob die Parteien den Vertrag auch ohne den nicht genehmigten Teil geschlossen hätten (MünchKomm/Schmitt Rn 12). Unwirksam ist eine Genehmigung, die der gesetzliche Vertreter aufgrund einer unzutreffenden Information über den Vertragsinhalt demjenigen gegenüber erteilt hat, von dem diese Falschinformation stammt (dem Minderjährigen oder dem anderen Teil). Umstritten ist hingegen, ob dies auch dann gilt, wenn der vom Minderjährigen unzutreffend unterrichtete Vertreter den Vertrag gegenüber dem anderen Vertragsteil genehmigt oder ob die Genehmigung mit dem Inhalt als erteilt zu gelten hat, den ihm der andere Teil beilegen musste, und dem Vertreter dann nur die Anfechtung der Genehmigung nach § 119 Abs 1 verbleibt; richtiger Ansicht nach ist ein Schutz des Vertrauens des anderen Teils auf zutreffende Information des gesetzlichen Vertreters durch den Minderjährigen nicht anzuerkennen und die Genehmigung deshalb als unwirksam zu werten (so Flume, AT II § 13, 7d bb; Medicus, AT Rn 575; aA Soergel/Hefermehl Rn 4).

9 Die erteilte Genehmigung ist **unwiderruflich** (Mot I 138 = Mugdan I 428; RGZ 139, 118, 127; JW 1906, 9; BGHZ 40, 156; 164 = NJW 1964, 243; Planck/Flad Anm 4; aA Münzel NJW 1959, 601, 602). Dies ergibt sich aus ihrer rechtsgestaltenden Wirkung und aus einem Umkehrschluss aus § 183. Eine Anfechtung der erteilten Genehmigung durch den gesetzlichen Vertreter versetzt den Minderjährigenvertrag gem § 142 Abs 1 wieder in das Stadium der schwebenden Unwirksamkeit zurück (MünchKomm/Schmitt Rn 19). Kann der gesetzliche Vertreter selbst einen Vertrag im Namen des Minderjährigen nicht schließen, so ist auch eine zu einem solchen Vertrag des Minderjährigen erteilte Genehmigung unwirksam, etwa gem § 1641 zu einer Schenkung des Minderjährigen, sofern es sich nicht um eine Pflicht- oder Anstandsschenkung handelt (OLG Stuttgart FamRZ 1969, 39, 40).

3. Wirkung

Durch die Genehmigung wird der Vertrag des Minderjährigen ebenso **wirksam**, wie wenn er von einem voll Geschäftsfähigen geschlossen worden wäre. Der bisher bestehende Schwebezustand wird damit im positiven Sinne beendet. Die Genehmigung wirkt gem § 184 Abs 1 auf den Zeitpunkt des Vertragsschlusses zurück (Begr zu § 82 VE AT [bei Schubert, AT II 50 f]; Mot I S 136 = Mugdan I 426 f; RG JW 1906, 9). Zwischenzeitlich getroffene Verfügungen des gesetzlichen Vertreters über den Gegenstand des Vertrages bleiben aber nach § 184 Abs 2 wirksam.

IV. Verweigerung der Genehmigung

Auch die Verweigerung der Genehmigung kann ausdrücklich oder durch schlüssiges Verhalten erklärt werden (Mot I 137 = Mugdan I 427). Sie ist aus den gleichen Gründen wie die Genehmigung unwiderruflich (BGHZ 13, 179, 187 = NJW 1954, 1155). Durch die Verweigerung wird der bisher schwebend unwirksame Vertrag **endgültig unwirksam** und damit nichtig (ganz hM; **aA** Palm 58 ff, 103 ff: fortdauernde Wirksamkeit, aber einseitiges außerordentliches Widerrufsrecht jedes Teils bei Unzumutbarkeit fortdauernder Bindung). Die Unwirksamkeit erfasst den Vertrag als Ganzes und damit auch die Verpflichtung des anderen Teils; die Regelung des römischen Rechts, wonach allein der andere Vertragsteil klagbar verpflichtet wurde (vgl Vorbem 106 zu §§ 104–115), hat der Gesetzgeber des BGB bewusst nicht übernommen (Begr zu § 82 VE AT [bei Schubert, AT II 45]; Mot I 134, 136 = Mugdan I 425 f, 427). Die Verweigerung der Genehmigung wirkt ebenfalls auf den Zeitpunkt des Vertragsschlusses zurück. Sie ist ebenso wenig widerruflich wie die Genehmigung (RGZ 139, 118, 125 ff; JW 1906, 9; Karsten Schmidt AcP 189 [1989] 1, 5 ff; **aA** Münzel NJW 1959, 601 ff). Spätestens von der Genehmigungsverweigerung an unterliegt der Minderjährige der verschärften Haftung auf bereicherungsrechtliche Rückgewähr der aufgrund des Vertrages erhaltenen Leistung, wenn dem gesetzlichen Vertreter der Leistungsempfang bekannt ist (BGH FamRZ 1977, 537; vgl allg Vorbem 79 zu §§ 104–115).

V. Aufforderung zur Erklärung über die Genehmigung (Abs 2)

1. Zweck und Rechtsnatur

Die bis zur Genehmigung oder Verweigerung der Genehmigung bestehende Bindung an den schwebend unwirksamen Vertrag (vgl o Rn 3) kann für den anderen Vertragsteil dann misslich sein, wenn der gesetzliche Vertreter des Minderjährigen seine Entscheidung über die Genehmigung längere Zeit hinauszögert. Denn bis zur Entscheidung des Vertreters muss der andere Teil mit einem Wirksamwerden des Vertrages durch die Genehmigung mit der Folge der Entstehung seiner Leistungspflicht rechnen und sich deshalb leistungsbereit halten, was uU den Verzicht auf vielleicht günstigere Vertragsabschlüsse mit dritten Interessenten bedeuten kann. Eine unbegrenzte Dauer des Schwebezustandes, etwa um es dem gesetzlichen Vertreter zu ermöglichen, künftige Entwicklungen der Marktverhältnisse abzuwarten, ist aber von dem Erfordernis des Minderjährigenschutzes nicht geboten. Mit dem in Abs 2 des § 108 normierten Recht, den gesetzlichen Vertreter zur Erklärung über die Genehmigung aufzufordern, gibt das Gesetz dem anderen Teil eine Möglichkeit zur Beendigung der Schwebelage und trägt damit dessen legitimem Interesse Rechnung, schließlich Gewissheit über das weitere Schicksal des Vertrages zu erlangen. Die Aufforderung gem Abs 2 wird zu Recht als eine **rechtsgeschäftsähnliche Rechtshandlung** angesehen (ZUNFT NJW 1959, 516; HUKEN DNotZ 1966, 388, 389 f; KOHLER Jura 1984, 349, 359; PAAL/LEYENDECKER JuS 2006, 25, 26; vTUHR, AT II 1 § 59 VI 2a Fn 98; ERMAN/PALM Rn 5; JAUERNIG/JAUERNIG Rn 2; MünchKomm/SCHMITT Rn 26; PALANDT/ELLENBERGER Rn 5; SOERGEL/ HEFERMEHL Rn 6; AnwK-BGB/BALDUS Rn 6), nicht als eine Willenserklärung (so aber BGB-RGRK/KRÜGER-NIELAND Rn 7 u STAUDINGER/DILCHER[12] Rn 12). Denn die Wirkungen der Aufforderung (s u Rn 14-17) treten unabhängig von einem darauf gerichteten Willen des Auffordernden ein.

2. Erklärung

13 Obwohl die Aufforderung keine Willenserklärung ist, muss sie als geschäftsähnliche Handlung gleichwohl nach dem für einseitige empfangsbedürftige Willenserklärungen geltenden Grundsätzen behandelt werden. Um wirksam zu werden, muss sie daher dem Empfänger entsprechend § 130 Abs 1 S 1 zugehen. Zu richten ist die Aufforderung an den gesetzlichen Vertreter des Minderjährigen, nicht an den Minderjährigen selbst. Eine an den Minderjährigen gerichtete Aufforderung zur Beschaffung der Genehmigung des gesetzlichen Vertreters löst die Wirkungen des Abs 2 nicht aus (vTUHR, AT II 1 § 59 VI 2a). Nach eingetretener Volljährigkeit des Minderjährigen ist allerdings dieser der richtige Adressat (vgl Prot II 8367 = MUGDAN I 480; BGH NJW 1989, 1728, 1729; NORPOTH/DITTBERNER JA 1996, 642, 643). Nach dem Tod des Minderjährigen ist die Aufforderung ebenfalls nicht mehr gegenüber dem gesetzlichen Vertreter zu erklären, sondern gegenüber den Erben des Minderjährigen (MünchKomm/SCHMITT Rn 27). Mit dem Tod des anderen Teils geht das Aufforderungsrecht auf dessen Erben über (MünchKomm/SCHMITT Rn 27). Die Aufforderung bedarf auch bei Formbedürftigkeit des Vertrages keiner Form.

3. Wirkungen

14 Die Aufforderung löst eine **dreifache Wirkung** aus:

a) Wirkungslosigkeit früherer Erklärung
Die Aufforderung lässt eine bereits erteilte oder verweigerte Genehmigung, die der gesetzliche Vertreter gegenüber dem Minderjährigen erklärt hat, unwirksam werden (S 1 HS 2). Der Vertrag, den die erfolgte Erteilung oder Verweigerung der Genehmigung bereits endgültig wirksam oder endgültig unwirksam gemacht hat, wird mithin durch die Aufforderung wieder in das Stadium der schwebenden Unwirksamkeit und damit der Genehmigungsfähigkeit zurückversetzt. Mit dieser von der Zweiten Kommission eingefügten Regelung, die als eine sachlich-rechtliche Wiedereinsetzung in den vorigen Stand bezeichnet werden kann (STAUDINGER/DILCHER[12] Rn 14), soll dem Bedürfnis nach Schaffung einer klaren Rechtslage entsprochen werden: Für den anderen Vertragsteil ist fortan nur noch die Reaktion des gesetzlichen Vertreters auf die Aufforderung entscheidend; um dessen frühere Erklärungen gegenüber dem Minderjährigen, von der er im Regelfall weder weiß, ob sie erfolgt ist noch welchen Inhalt sie hat, braucht er sich nicht mehr zu kümmern (vgl Prot II 8367 = MUGDAN I 480). Berechtigte Belange des Minderjährigen werden dadurch umso weniger verletzt, als auch der gesetzliche Vertreter nunmehr erneut die Möglichkeit erhält, über Wirksamkeit oder Unwirksamkeit des

Geschäfts frei und gegebenenfalls angesichts veränderter Verhältnisse in einem anderen Sinne als vorher gegenüber dem Minderjährigen zu entscheiden.

Umstritten ist die Anwendbarkeit des § 108 Abs 2 S 1 HS 2, die angesichts des 15 klaren Wortlauts der Vorschrift nur eine entsprechende sein kann, auch auf die vom gesetzlichen Vertreter dem Minderjährigen gegenüber erteilte **Einwilligung**. Der gesetzliche Vertreter hätte dann auch hier ein Aufforderungsrecht und die erklärte Aufforderung führte zur Wirkungslosigkeit auch der Einwilligung mit der Folge der – hier erstmals eintretenden – schwebenden Unwirksamkeit des Vertrages. Zugunsten der Analogie wird das auch hier bestehende Interesse des anderen Vertragsteils an einer Klärung der Rechtslage bei bestehender subjektiver Ungewissheit hinsichtlich einer erfolgten Einwilligung angeführt (BROX JA 1989, 441, 443 f; ERMAN/PALM Rn 7; JAUERNIG/JAUERNIG Rn 3; PALANDT/ELLENBERGER Rn 7). Gegen die entsprechende Anwendung spricht einmal der klare Wille des historischen Gesetzgebers, denn in der Zweiten Kommission wurde ein Antrag, dem § 82 E II eine entsprechende Fassung zu geben, gerade abgelehnt (Prot II 29 f = MUGDAN I 677). Ferner hat das Aufforderungsrecht nach der Konzeption des Gesetzes primär die Funktion, die bei noch ausstehender Erklärung über die Genehmigung bestehende schwebende Unwirksamkeit zu beseitigen. Dieser Schwebezustand hat auch in den Fällen einmal bestanden, in denen der gesetzliche Vertreter die Genehmigung inzwischen gegenüber dem Minderjährigen erteilt oder verweigert hat; die Ausdehnung der Aufforderungsbefugnis auch auf diese Fälle bedeutet nur eine Gleichstellung der dann noch bestehenden subjektiven Ungewissheit mit der vorher vorhanden gewesenen objektiven. Bei einem Vertragsschluss mit Einwilligung des gesetzlichen Vertreters hat demgegenüber eine Schwebelage niemals bestanden, sondern der Vertrag war von Anfang an wirksam und würde durch die Aufforderung erstmals schwebend unwirksam gemacht. Für eine solche Erweiterung des Aufforderungsrechts auf die Situation einer von Anfang an lediglich subjektiven Ungewissheit des anderen Teils besteht deshalb kein Anlass, weil der andere Teil den Vertragsschluss mit dem Minderjährigen von einer auch ihm gegenüber erklärten Einwilligung oder einem eindeutigen Nachweis der gegenüber dem Minderjährigen erklärten Einwilligung abhängig machen kann. Die Ausdehnung der Aufforderungsmöglichkeit auf die Einwilligung ist daher mit der überwiegenden Ansicht abzulehnen (KOHLER Jura 1984, 349, 358; PAAL/LEYENDECKER JuS 2006, 25, 26; FOMFEREK 50 f; ENNECCERUS/NIPPERDEY I 2 § 152 II 2b Fn 12; FLUME, AT II § 13, 7c cc S 1983; LARENZ/WOLF, AT § 25 Rn 52; BORK AT Rn 1031; MünchKomm/SCHMITT Rn 23, 24; SOERGEL/HEFERMEHL Rn 8; BGB-RGRK/KRÜGER-NIELAND Rn 8; PLANCK/FLAD Anm 5a; AK-BGB/KOHL Rn 7; BAMBERGER/ROTH/WENDTLAND Rn 2; AnwK-BGB/BALDUS Rn 13). Als Mittel zur Beseitigung der Ungewissheit steht dem anderen Teil die Klage auf Feststellung der Wirksamkeit oder Unwirksamkeit des Vertrages zur Verfügung. Reagiert der gesetzliche Vertreter auf eine Aufforderung des anderen Teils, sich über die Erteilung oder Verweigerung der Einwilligung zu erklären, schuldhaft nicht, so kann der Minderjährige für einen dem anderen Teil dadurch entstehenden Schaden gem §§ 280 Abs 1, 241 Abs 2, 278 verantwortlich sein (vTUHR, AT II 1 § 59 VI 2a [S 350]; FLUME aaO, MünchKomm/SCHMITT Rn 25; SOERGEL/HEFERMEHL Rn 8).

b) Erklärung nur noch gegenüber dem anderen Teil

Die weitere Wirkung der Aufforderung besteht nach S 1 HS 1 darin, dass der ge- 16 setzliche Vertreter die Erklärung über die Erteilung oder die Verweigerung der

Genehmigung fortan nur noch gegenüber dem anderen Teil wirksam abgeben kann, nicht mehr auch gegenüber dem Minderjährigen. Die Adressateneigenschaft beschränkt sich also – abweichend von der allgemeinen Norm des § 182 Abs 1 – auf den anderen Vertragsteil. Auch diese Regelung dient dem Interesse des anderen Teils an einer Klärung der Rechtslage. Entscheidend ist nunmehr allein die Reaktion des gesetzlichen Vertreters gegenüber dem Vertragspartner des Minderjährigen; eine Erklärung des Vertreters gegenüber dem Minderjährigen, deren Vorliegen der andere Teil nicht ohne weiteres nachprüfen kann, ist für diesen jetzt bedeutungslos.

c) Fristbeginn

17 Schließlich setzt die Aufforderung noch eine Frist von **zwei Wochen** in Gang, innerhalb derer sich der gesetzliche Vertreter gegenüber dem anderen Teil über die Erteilung oder Verweigerung der Genehmigung zu erklären hat (S 2 HS 1). Diese nunmehr eintretende Befristung der vorher unbefristet möglichen Erklärung ist das entscheidende Mittel zur Beendigung des Schwebezustandes. Die Frist beginnt nach § 187 Abs 1 mit dem auf den Tag des Zugangs der Aufforderung folgenden Tag und sie endet gem § 188 Abs 2 Alt 1 mit dem Ablauf des Tages der übernächsten Woche, dessen Benennung dem Tag des Zugangs der Aufforderung entspricht. Eine Verkürzung dieser gesetzlichen Frist ist nicht einseitig durch den anderen Teil, sondern nur mittels einer entsprechenden vertraglichen Abrede möglich, da sich hierdurch der dem gesetzlichen Vertreter für seine Entscheidung zur Verfügung stehende Zeitraum entsprechend vermindert (RG HRR 1937 Nr 786 [zu § 77]; ERMAN/PALM Rn 6; PALANDT/ELLENBERGER Rn 6; MünchKomm/SCHMITT Rn 30; SOERGEL/HEFERMEHL Rn 7). Die Verkürzung kann nur mit dem gesetzlichen Vertreter, nicht mit dem Minderjährigen selbst wirksam vereinbart werden; auch eine schon beim Vertragsschluss mit dem Minderjährigen vereinbarte kürzere Genehmigungsfrist kann den gesetzlichen Vertreter nicht binden (anders vTUHR, AT II 1 § 59 VI 2a, der hierin einen durch die fristgemäße Genehmigung bedingten Vertragsschluss erblickt), denn diese Abweichung von der gesetzlichen Rechtslage stellt einen rechtlichen Nachteil für den Minderjährigen dar, dessen Wirksamkeit wiederum von der Zustimmung des gesetzlichen Vertreters abhängt. Eine einseitige Fristverkürzung durch den anderen Teil kann allenfalls dann als wirksam angesehen werden, wenn eine Entscheidung des gesetzlichen Vertreters nach der besonderen Art des Rechtsgeschäfts ausnahmsweise geboten ist (vgl vTUHR aaO m Beispiel in Fn 101: Loskauf des Minderjährigen kurz vor Ziehung). Eine Fristverlängerung kann hingegen der andere Teil auch einseitig einräumen, da sich hierdurch der Entscheidungszeitraum des gesetzlichen Vertreters vergrößert.

4. Folge des Fristablaufs

18 Lässt der gesetzliche Vertreter die Zwei-Wochen-Frist ohne Erklärung über die Genehmigung verstreichen, so gilt die Genehmigung gem S 2 HS 2 als **verweigert**. Der Vertrag soll also nur durch eine entsprechende positive Erklärung des Vertreters, nicht durch bloßes Untätigbleiben zustande kommen. In dem fruchtlosen Verstreichenlassen der Frist erblickt das Gesetz nicht etwa eine schlüssige Verweigerungserklärung, sondern es normiert in S 2 HS 2, wie sich schon aus dessen Wortlaut ergibt, eine gesetzliche Fiktion, die unabhängig von einem entsprechenden Willen des gesetzlichen Vertreters gilt. Bei einer Unkenntnis des Vertreters über die Folge des Fristablaufs handelt es sich deshalb nicht um einen Willensmangel gem § 119 Abs 1, sondern nur um einen Rechtsfolgenirrtum, der zur Anfechtung nicht berechtigt (AK-BGB/Kohl Rn 6; MünchKomm/Schmitt Rn 29).

VI. Eigengenehmigung des bisherigen Minderjährigen

1. Bedeutung

Mit dem Eintritt der unbeschränkten Geschäftsfähigkeit, der seit der Beseitigung des Instituts der Volljährigkeitserklärung nur noch mit dem Eintritt der Volljährigkeit möglich ist, geht das Recht zur Erteilung oder Verweigerung der Genehmigung auf den bisherigen Minderjährigen selbst über. Der Vertrag wird also nicht etwa automatisch wirksam, sondern der nunmehr volljährig Gewordene kann jetzt anstelle des gesetzlichen Vertreters selbst über die endgültige Wirksamkeit oder Unwirksamkeit frei entscheiden. Auch die Eigengenehmigung stellt nicht erst den Vertragsschluss (Bestätigung) oder die Verweigerung die Ablehnung eines Vertragsantrags dar, sondern sie bildet wie die des gesetzlichen Vertreters eine Voraussetzung der Wirksamkeit bzw der endgültigen Unwirksamkeit des bereits geschlossenen Vertrages (vgl Begr zu § 82 VE AT [bei Schubert, AT II 52]). Erforderlich ist aber, dass der Vertrag bei Eintritt der vollen Geschäftsfähigkeit noch genehmigungsfähig ist. Ist der Vertrag hingegen schon durch die Genehmigung oder die Verweigerung der Genehmigung seitens des gesetzlichen Vertreters voll wirksam oder endgültig unwirksam geworden, so ist auch für entsprechende Erklärungen des bisherigen Minderjährigen kein Raum mehr. Will der volljährig Gewordene trotz erfolgter Genehmigungsverweigerung durch den gesetzlichen Vertreter an dem Vertrag festhalten, so muss er das Geschäft gem § 141 erneut vornehmen. Eine Neuvornahme kann auch in einer „Genehmigung" gesehen werden. Eine Aufforderung des anderen Teils gem Abs 2 ist nach eingetretener Volljährigkeit an den bisherigen Minderjährigen zu richten. Eine vorher vom gesetzlichen Vertreter gegenüber dem Minderjährigen erklärte Genehmigung oder Genehmigungsverweigerung wird in diesem Fall ebenfalls gem Abs 2 S 1 HS 2 unwirksam. Stirbt der volljährig Gewordene, bevor er sich über die Genehmigung erklärt hat, so geht die Erklärungsbefugnis, soweit die Verpflichtung des Verstorbenen nicht auf eine höchstpersönliche Leistung gerichtet war oder die Leistung des anderen Teils ihrer Natur nach nur an den Verstorbenen selbst erfolgen konnte, auf dessen Erben über (vgl o Rn 4).

2. Erklärung

Für die Erklärung des bisherigen Minderjährigen gelten die gleichen Grundsätze wie für die Erklärung des gesetzlichen Vertreters (vgl o Rn 7). So ist die Erklärung gem § 182 Abs 2 auch bei Formbedürftigkeit des Vertrages nicht an eine Form gebunden (BGH NJW 1989, 1728). Ein Minderjähriger, der einer GmbH unter Einhaltung der Form des § 2 GmbHG, aber ohne Einwilligung des gesetzlichen Vertreters beigetreten ist (vgl § 107 Rn 29), kann deshalb den Beitritt nach erreichter Volljährigkeit formlos genehmigen (BGH MDR 1980, 737). Auch die Eigengenehmigung ist durch schlüssiges Verhalten möglich. Die Deutung eines bestimmten Verhaltens als konkludente Genehmigung setzt freilich auch hier voraus, dass der volljährig Gewordene die Genehmigungsbedürftigkeit des Vertrages gekannt oder wenigstens damit gerechnet hat (RGZ 95, 70, 71; BGHZ 28, 78; 47, 341, 351; 53, 174, 178;

OLG Karlsruhe OLGE 39, 122; OLG Düsseldorf NJW-RR 1995, 755; LG München I VersR 1982, 644; LG Frankfurt/M NJW 1999, 3566). Eine Genehmigung ist daher nicht anzunehmen, wenn es dem Minderjährigen nicht bewusst ist, dass ein von ihm ohne Einwilligung des gesetzlichen Vertreters geschlossener Vertrag auch nach erlangter Volljährigkeit bis zu seiner Genehmigung schwebend unwirksam bleibt, was nach LG Ravensburg VuR 1987, 99, 100 üblicherweise der Fall sein soll. Gleiches gilt, wenn sich der Minderjährige beim Vertragsschluss zu Unrecht, etwa weil er von der Geltung des Satzes „Heirat macht mündig" ausging, für voll geschäftsfähig gehalten hat (BGH WM 1969, 1384 f). Eine schlüssige Genehmigung liegt im Allgemeinen in der Fortsetzung des Vertragsverhältnisses nach erreichter Volljährigkeit, zB eines Versicherungsvertrages (OLG Koblenz VersR 1991, 209; LG Mainz VersR 1967, 945, 946; BAYER VersR 1991, 129, 130) durch Zahlung der Versicherungsbeiträge (LG Osnabrück VersBAV 1984, 251; LG Regensburg VersR 2004, 722 f; AG Hamburg VersR 1986, 1185; AG Osnabrück VuR 1987, 101), auch durch Hinnahme von deren Abbuchung (OLG Koblenz VersR 1991, 209; LG Kaiserslautern VersR 1991, 539). Aber auch hier ist immer das Bewusstsein der Genehmigungsbedürftigkeit bei Vornahme dieser Handlungen notwendig (OLG Hamm NJW-RR 1992, 1186; LG Offenburg VuR 1987, 980; aA LG Regensburg aaO; AG Hamburg VersR 1986, 1185; AG Köln VersR 1992, 1117; AG München VersR 1992, 1117). Eine Neudatierung der Vertragsurkunde kann eine Eigengenehmigung darstellen (RGZ 95, 70, 71 = WarnR 1919 Nr 21). Mit der Eigengenehmigung verzichtet der volljährig Gewordene auf die Einrede seiner Haftungsbeschränkung gem § 1629a (LÖWISCH NJW 1999, 1002, 1003).

21 Da der volljährig Gewordene hinsichtlich der Genehmigungsbefugnis in die Position seines bisherigen gesetzlichen Vertreters einrückt, findet vor ergangener Aufforderung des anderen Teils § 182 Abs 1 auch auf die Eigengenehmigung Anwendung. Der bisherige Minderjährige kann die Eigengenehmigung hiernach sowohl gegenüber dem anderen Teil als auch sich selbst gegenüber erklären; im letztgenannten Fall ist die Genehmigung also nicht empfangsbedürftig (NORPOTH/DITTBERNER JA 1996, 642, 647 f; PAAL/LEYENDECKER JuS 2006, 25, 28 f: Analogie zu § 144). Hat der andere Teil allerdings den volljährig Gewordenen oder schon vorher den gesetzlichen Vertreter zur Erklärung über die Genehmigung aufgefordert, so kann auch die Eigenerklärung gem Abs 2 S 1 HS 1 nur dem anderen Teil gegenüber erfolgen.

3. Rechtsmissbrauch

22 Eine Berufung des früheren Minderjährigen auf die schwebende Unwirksamkeit des Vertrages kann rechtsmissbräuchlich sein, wenn sie erst lange nach eingetretener Volljährigkeit erfolgt, um den nachteiligen Folgen des Vertragsverhältnisses auszuweichen (BGH FamRZ 1961, 216 f; LG Verden VersR 1998, 42; LG Frankfurt/M RuS 1998, 270 f; LG Regensburg VersR 2004, 722, 723; einschr LG Frankfurt/M NJW 1999, 3566: 6 Jahre nicht ausr).

VII. Beweislast

23 Steht die Minderjährigkeit eines Vertragsteils bei Vertragsschluss fest, so hat derjenige, der sich auf die Wirksamkeit des Vertrages beruft, die Erteilung der Genehmigung (gegenüber dem Minderjährigen oder dem anderen Teil) zu beweisen. Ist die Genehmigung durch Erklärung gegenüber dem Minderjährigen erfolgt, so obliegt die Beweislast für eine erfolgte Aufforderung nach Abs 2 und für das Verstreichen der Zwei-Wochen-Frist dem die Wirksamkeit des Vertrages Bestreitenden; der sich auf die Wirksamkeit des Vertrages Berufende muss dann die Erteilung der Genehmigung gegenüber dem gesetzlichen Vertreter vor Fristablauf beweisen (PLANCK/ FLAD Anm 7; MünchKomm/SCHMITT Rn 47, 48; BGB-RGRK/KRÜGER-NIELAND Rn 12). Hat der Minderjährige nach erreichter Volljährigkeit den Vertrag genehmigt und beruft er sich dann auf eine vor Volljährigkeitseintritt verweigerte Genehmigung des gesetzlichen Vertreters, so trägt er für die Genehmigungsverweigerung vor Volljährigkeitseintritt die Beweislast (BGH NJW 1989, 1728 unter Aufhebung des vorinstanzlichen Urteils OLG Hamburg FamRZ 1988, 1167; BAUMGÄRTEL/KESSEN § 108 Rn 4).

VIII. Parallelvorschriften

Dem § 108 entsprechende Vorschriften finden sich auch an anderen Stellen des Gesetzes. So tritt schwebende Unwirksamkeit bis zur Erteilung oder Verweigerung einer Genehmigung auch ein beim Vertragsschluss des Vertreters ohne Vertretungsmacht nach § 177, eines Ehegatten im gesetzlichen Güterstand über sein Vermögen im Ganzen oder über Haushaltsgegenstände nach den §§ 1366, 1369, des das Gesamtgut verwaltenden Ehegatten bei Gütergemeinschaft nach den §§ 1427, 1453, wobei § 1427 über § 1487 auch für die fortgesetzte Gütergemeinschaft gilt, sowie des gesetzlichen Vertreters ohne familiengerichtliche Genehmigung nach § 1829. § 108 ist gem § 1903 Abs 1 S 2 entsprechend anwendbar auf von einem Einwilligungsvorbehalt erfasste, nicht unter § 1903 Abs 3 fallende Verträge, die ein (nicht geschäftsunfähiger) Betreuter ohne Einwilligung des Betreuers geschlossen hat.

24

§ 109
Widerrufsrecht des anderen Teils

(1) Bis zur Genehmigung des Vertrags ist der andere Teil zum Widerruf berechtigt. Der Widerruf kann auch dem Minderjährigen gegenüber erklärt werden.

(2) Hat der andere Teil die Minderjährigkeit gekannt, so kann er nur widerrufen, wenn der Minderjährige der Wahrheit zuwider die Einwilligung des Vertreters behauptet hat; er kann auch in diesem Fall nicht widerrufen, wenn ihm das Fehlen der Einwilligung bei dem Abschluss des Vertrags bekannt war.

Materialien: KE § 64 Abs 4; E I § 65 Abs 4; II § 83; III § 105; SCHUBERT, AT I 45; JAKOBS/ SCHUBERT 557, 562, 564, 569, 571, 573, 576;

Mot I 134 = MUGDAN I 426; Prot I 123 f, 130 f = MUGDAN I 675, 677; Prot II 8355 = MUGDAN I 680.

Schrifttum

S die Angaben bei den Vorbem zu §§ 104–115, zu den §§ 104–108 sowie
DÜLL, Die Lehre vom Widerruf (1934)
WILHELM, Aufforderung zur Erklärung über die

Genehmigung eines schwebend unwirksamen Geschäfts und Widerruf des Geschäfts, NJW 1992, 1666.

Systematische Übersicht

I.	Bedeutung der Vorschrift	1	3. Wirkung	6
II.	Widerruf		III. Beweislast	7
1.	Voraussetzungen	3		
2.	Erklärung	5		

Alphabetische Übersicht

Bedeutung	1	– der fehlenden Einwilligung	3
Beweislast	7	Widerruf	
Schwebezustand	4	– Erklärung	5
		– Voraussetzungen	3 f
Unkenntnis		– Wirkung	6
– der Minderjährigkeit	3, 7		

I. Bedeutung

1 Ein von einem Minderjährigen ohne die erforderliche Einwilligung des gesetzlichen Vertreters geschlossener Vertrag erzeugt an sich schon während des Schwebezustands bis zur Erklärung des Vertreters über die Genehmigung eine Bindung beider Vertragsteile, des Minderjährigen wie des anderen Teils, in der Weise, dass sich keine der Parteien einseitig von dem Vertrag lösen kann (vgl § 108 Rn 3). Diese Bindung folgt aus § 108 Abs 1, wonach die Entscheidung über das Wirksamwerden des Vertrages (allein) dem gesetzlichen Vertreter zukommt, sowie aus dem Grundsatz *pacta sunt servanda,* denn mit dem gem §§ 145 ff erfolgten Vertragsschluss ist der Tatbestand eines Vertrages bereits vollständig erfüllt; die Genehmigung des gesetzlichen Vertreters ist lediglich eine zur Wirksamkeit des Vertrages noch erforderliche Rechtsbedingung (s § 108 Rn 5). Das in der besonderen Vorschrift des § 109 dem anderen Vertragsteil eingeräumte grundsätzliche Widerrufsrecht lockert aber dessen vertragliche Bindung erheblich auf. Die Widerrufsbefugnis stellt eine vom BGB eingeführte Neuerung gegenüber den früheren Rechten dar. Noch der E I hatte in § 65 Abs 4, übereinstimmend mit § 4 des Preußischen GeschäftsfähigkeitsG von 1875, eine Bindung des anderen Teils an den Vertrag bis zur Verweigerung der Genehmigung ausdrücklich vorgesehen (Mot I 134 = MUGDAN I 426; auch Begr zu § 82 VE – AT [bei SCHUBERT 45]). Erst die Zweite Kommission gewährte dem anderen Teil in § 83 E II ein Rücktrittsrecht, das dann in den Beratungen des Bundesrates seine Gesetz gewordene Gestalt als Widerrufsrecht erhielt. Eine vollständige Bindung des anderen Teils sah die Zweite Kommission nicht als geboten an, da dem Erfordernis des Minderjährigenschutzes schon durch die Befugnis des gesetzlichen Vertreters zur Verweigerung der Genehmigung eines unvorteilhaften Vertrages genügt sei. Eine Abwägung der berechtigten Interessen des Minderjährigen und des anderen Teils spreche für ein Lösungsrecht, denn ohne dieses Recht drohe dem anderen Teil uU eine Einbuße an dessen vorhandenem Vermögen, während bei Zubilligung eines Widerrufs dem Minderjährigen höchstens der aus dem Geschäft zu erwartende Gewinn entgehen könne (Prot I 130 f = MUGDAN I 677). Voraussetzung für den

Widerruf ist allerdings die Unkenntnis des anderen Teils im Zeitpunkt des Vertragsschlusses über die Minderjährigkeit oder die fehlende Einwilligung des gesetzlichen Vertreters. Die Gesetzesverfasser hielten hier ein Lösungsrecht umso mehr für geboten, als diese Unkenntnis oft auf „illoyalem Verhalten" des Minderjährigen beruhen könne.

Die Widerrufsmöglichkeit des § 109 wird vereinzelt mit der Begründung kritisiert, es **2** sei nicht einzusehen, warum jemand nur wegen der Minderjährigkeit seines Vertragsgegners nicht zu seiner vertraglichen Erklärung solle stehen müssen (so Kötz, Europäisches Vertragsrecht I [1996] § 6 V 1 unter Hinweis auf ausländ Rechte). Diese Kritik berücksichtigt nicht ausreichend die unterschiedliche Lage des Vertragspartners eines Minderjährigen gegenüber dem Vertragspartner eines Volljährigen. Der Kontrahent eines Minderjährigen, der seinen Partner für volljährig oder mit Einwilligung des gesetzlichen Vertreters handelnd gehalten hatte – nur unter diesen Voraussetzungen besteht ja überhaupt das Widerrufsrecht –, sieht sich nach Entdeckung seines Irrtums überraschenderweise mit einer Situation der Ungewissheit über das Wirksamwerden des Vertrages konfrontiert, durch die seine Möglichkeit zur weiteren Dispositionen stark eingeschränkt ist. Auch das Aufforderungsrecht nach § 108 Abs 2 kann wegen der dadurch erst einmal in Gang gesetzten Zwei-Wochen-Frist in Eilfällen nicht angemessen sein. Das Widerrufsrecht ist insbesondere deshalb interessengerecht, weil das BGB keine besondere Sanktion für ein arglistiges Verleiten zum Vertragsschluss durch einen nicht voll Geschäftsfähigen kennt (vgl Vorbem 27 zu §§ 104–115).

II. Widerruf

1. Voraussetzungen

Das Widerrufsrecht besteht nur, wenn sich der andere Teil bei Vertragsschuss in **3** Unkenntnis der Minderjährigkeit seines Partners befunden hat oder er – bei vorhandener Kenntnis der Minderjährigkeit – von der in Wirklichkeit nicht vorliegenden Einwilligung des gesetzlichen Vertreters ausgegangen ist (Abs 2). Die Unkenntnis der fehlenden Einwilligung muss auf der wahrheitswidrigen Behauptung des Minderjährigen beruhen, dass die Einwilligung erteilt worden sei. Die Behauptung muss lediglich objektiv unwahr sein; auf ein Verschulden des Minderjährigen kommt es hier – anders als für eine Schadenersatzpflicht etwa aus den §§ 823 Abs 2, 263 StGB oder § 826 bei vorliegender Deliktsfähigkeit oder unter den Voraussetzungen des § 829 – nicht an. Die fehlende Kenntnis der Minderjährigkeit oder der nicht vorhandenen Einwilligung begründet die Schutzwürdigkeit des anderen Teils, der sich bei gegebener Kenntnis die dann eingetretene Bindungswirkung selbst zuzuschreiben hat. Eine auf Fahrlässigkeit beruhende Unkenntnis schließt aber das Widerrufsrecht nicht aus. Dem anderen Teil soll keine nur schwer erfüllbare Erkundigungspflicht auferlegt werden und der Minderjährige nicht aus der Leichtgläubigkeit seines Vertragspartners einen unberechtigten Vorteil ziehen (so Prot I 131 = Mugdan I 677).

Das Widerrufsrecht endet mit der Genehmigung des Vertrages durch den gesetz- **4** lichen Vertreter, da dann der Schwebezustand, dessen Beseitigung der Zweck der Widerrufsmöglichkeit ist, nicht mehr besteht. Dies gilt auch dann, wenn die außerdem erforderliche Genehmigung des Familiengerichts noch aussteht. Hat allerdings der gesetzliche Vertreter die Genehmigung dem Minderjährigen gegenüber erklärt und wird diese Genehmigung durch eine Aufforderung seitens des anderen Teils gem § 108 Abs 2 S 2 HS 2 unwirksam, so lebt damit auch das Widerrufsrecht wieder auf (weitergehend WILHELM NJW 1992, 1666, 1667; AnwK-BGB/BALDUS Rn 4: Widerrufsrecht hier auch ohne vorherige Aufforderung). Erklärt der andere Teil sogleich nach erfolgter Aufforderung den Widerruf, so ist hierin kein *venire contra factum proprium* zu erblicken, denn die Aufforderung ist nur auf eine Beendigung der Schwebelage in die eine oder andere Richtung gerichtet, nicht speziell auf die Erteilung der Genehmigung (überzeugend WILHELM NJW 1992, 1666 f; FLUME, AT II § 13, 7e cc; ERMAN/PALM Rn 2; BGB-RGRK/KRÜGER-NIELAND Rn 2; SOERGEL/HEFERMEHL Rn 1; grundsätzl auch PAAL/LEYENDECKER JuS 2006, 25, 27; **aA** ENNECCERUS/NIPPERDEY I 2 § 152 2b Fn 11; LARENZ/WOLF AT § 25 Rn 55; MünchKomm/SCHMITT Rn 9; BAMBERGER/ROTH/WENDTLAND Rn 2; PWW/VÖLZMANN-STICKELBROCK Rn 2).

2. Erklärung

5 Der Widerruf erfolgt durch einseitige, empfangsbedürftige Willenserklärung. Die Erklärung ist nicht formbedürftig (allg DÜLL 11). Die Erklärung kann gem Abs 1 S 2 – anders als nach der allgemeinen Vorschrift des § 131 Abs 2 S 1 – auch gegenüber dem Minderjährigen selbst erfolgen; diese Regelung soll die Ausübung des Widerrufsrechts erleichtern (Prot I 131 = MUGDAN I 677).

3. Wirkung

6 Der Widerruf lässt den Vertrag **endgültig unwirksam** werden. Eine Genehmigung kann fortan nicht mehr erfolgen.

III. Beweislast

7 Die Tatsache des erfolgten Widerrufs muss als Voraussetzung einer rechtsvernichtenden Einwendung derjenige beweisen, der sich auf die Unwirksamkeit des Vertrages beruft. Aus dem gleichen Grund trägt er die Beweislast dafür, dass der Widerruf rechtzeitig, also vor der Erteilung der Genehmigung des gesetzlichen Vertreters erfolgt ist (BGH LM § 109 Nr 5 = NJW 1989, 1728, 1729; MünchKomm/SCHMITT Rn 18; AnwK-BGB/BALDUS Rn 7; BAUMGÄRTEL/KESSEN Rn 1). Die Verteilung der Beweislast für die Voraussetzungen des Widerrufsrechts ergibt sich aus der Fassung von Abs 2: die Kenntnis der Minderjährigkeit durch den anderen Teil bei Vertragsschluss hat derjenige zu beweisen, der die Wirksamkeit des Widerrufs bestreitet. Der andere Teil kann dann den Gegenbeweis führen, dass der Minderjährige wahrheitswidrig die Einwilligung des gesetzlichen Vertreters behauptet habe. Hiergegen kann wiederum der Beweis der Kenntnis des anderen Teils von der fehlenden Einwilligung geführt werden.

§ 110
Bewirken der Leistung mit eigenen Mitteln

Ein von dem Minderjährigen ohne Zustimmung des gesetzlichen Vertreters geschlossener Vertrag gilt als von Anfang an wirksam, wenn der Minderjährige die vertragsmäßige Leistung mit Mitteln bewirkt, die ihm zu diesem Zweck oder zu freier Verfügung von dem Vertreter oder mit dessen Zustimmung von einem Dritten überlassen worden sind.

Materialien: VE AT § 86, KE § 68, E I § 69, E II § 84, E III § 106; Jakobs/Schubert, AT 531 f, 544, 553, 555, 556, 559, 566, 569, 571, 573; Mot I 147 f = Mugdan I 433 f; Prot I 141 f = Mugdan I 684.

Schrifttum

S die Angaben bei den Vorbem zu §§ 104–115, zu den §§ 104–109 sowie

Adam, Der Vertragsschluß durch Minderjährige in der Lebensversicherung, ZfV 1964, 625

Bins, Dürfen Minderjährige in einen Investmentclub?, WP 1972, 82

Boethke, Zu BGB § 110, DJZ 1903, 450

Brandt, Mit freien Mitteln erfüllte Rechtsgeschäfte des Minderjährigen (§ 110 BGB) (Diss Köln 1935)

Breme, Surrogationsprinzip für § 110 BGB, Recht 1912, 436

Bruns, Die Bewirkung der Leistung im Sinne des § 110 BGB (Diss Erlangen 1911)

Colonius, Das Wirksamwerden von Rechtsgeschäften Minderjähriger durch Erfüllungshandlungen (§ 110 BGB) (Diss Göttingen 1927)

Duvernell, Die Probleme des § 110 BGB (Diss Köln 1936)

Faltermeier, Konstruktion und Problematik des § 110 BGB (Diss München 1978)

Ganske, Fragen zum Taschengeldparagraphen, RdJ 1964, 208

Grzebinasch, Die Überlassung freier Mittel an Minderjährige (Diss Heidelberg 1912)

Hofmann, Der Vereinsbeitritt Minderjähriger, Rpfleger 1986, 5

Kalscheuer, Die fehlerhafte Dogmatik zu § 110 BGB, GreifRecht 2010, 120

Leenen, Die Heilung fehlender Zustimmung gemäß § 110 BGB, FamRZ 2000, 863

Nierwetberg, Der „Taschengeldparagraph" (§ 110 BGB) im System des Minderjährigenrechts, Jura 1984, 127

Ploschke, Die Rechtsgeschäfte Minderjähriger im Rahmen des § 110 des Bürgerlichen Gesetzbuches (Diss Breslau 1929)

Pulte, Dauerschuldverhältnisse mit minderjährigen Mitgliedern nicht rechtsfähiger Idealvereine, Rpfleger 1982, 262

Riezler, Die freie Verfügungsmacht des Minderjährigen und das „Surrogationsprinzip", DJZ 1903, 565

Rosendorf, Erläuterungen des § 110 BGB (Diss Jena 1910)

Saffrling, Herkunft der Mittel – Zur Auslegung des sogenannten Taschengeldparagraphen, Rpfleger 1972, 124

Schellwien, Der Versicherungsantrag des Minderjährigen, DJZ 1908, 29

Schilken, Die Bedeutung des „Taschengeldparagraphen" bei längerfristigen Leistungen, FamRZ 1978, 642

H Schmidt, Das Verhältnis des § 110 BGB zu § 1822 Ziff. 5 BGB bei Abschluß von Lebensversicherungsverträgen durch Minderjährige, VersR 1966, 313

Schweighäuser, Zur Stellung des Minderjährigen in der Privatversicherung, VN 1951, 77

Schwenk, Hat ein Minderjähriger, der sich gegen den Willen seines gesetzlichen Vertreters

verdingt, einen Lohnanspruch wegen seiner geleisteten Dienste? (Diss Breslau 1929)
vWATZDORF, Umfang des § 110 BGB (Diss Breslau 1930)
WEIMAR, Der Vertragsschluß Minderjähriger mit Taschengeld, RdJ 1956, 149
ders, Für den juristischen Nachwuchs: Der Taschengeldparagraph 110 BGB, MDR 1962, 273
ders, Wann führen Teilleistungen eines beschränkt Geschäftsfähigen zur Rechtswirksamkeit eines Vertrages?, DB 1963, 1602
ders, Rechtsfragen zum Taschengeldparagraphen, JR 1969, 219
ders, Die frei verfügbare Arbeitskraft als Mittel im Sinne des § 110 BGB, JR 1973, 143
WIESER, Der Anwendungsbereich des „Taschengeldparagraphen" (§ 110 BGB), FamRZ 1973, 434
WIMPFHEIMER, Anerkennung des Surrogationsprinzips für § 110 BGB, DJZ 1912, 277
WOLTERECK, Versicherungsverträge Minderjähriger oder Entmündigter und Genehmigung des Vormundschaftsgerichts, VersR 1965, 649.

Systematische Übersicht

I.	Bedeutung	1
II.	Dogmatische Begründung	2
III.	Voraussetzungen	
1.	Vertragsschluss des Minderjährigen	7
2.	Fehlende Zustimmung des gesetzlichen Vertreters	8
3.	Bewirken der vertragsmäßigen Leistung	9
4.	Mit überlassenen Mitteln	11
a)	Mittel	11
b)	Überlassung durch gesetzlichen Vertreter oder mit dessen Zustimmung durch Dritten	13
c)	Zweckbindung oder freie Verfügung	14
IV.	Rechtsfolgen	16
V.	Beweislast	17
VI.	Rechtliche Betreuung	18

Alphabetische Übersicht

Arbeitskraft	12
Bargeschäfte	2, 10
Beweislast	17
Bewirken der Leistung	17
Dogmatische Begründung	2
Erziehungszweck	1, 14
Freie Verfügung	14
Geldbeträge	1, 11
Genehmigung des Familien- oder Vormundschaftsgerichts	10, 13
Lebensversicherungsvertrag	10
Mittel iSd § 110	11
Rechtliche Betreuung	18
Surrogate	6, 13
Teilleistungen	10
Überlassen von Mitteln	13
Vereinsbeitritt	7
Vollständigkeit der Leistung	10, 16
Zustimmung	
– bei Überlassung von Mitteln durch Dritte	13
– Erforderlichkeit	1 f
– fehlende (des gesetzlichen Vertreters)	8
Zweckbindung	13 f

Titel 1 § 110
Geschäftsfähigkeit 1

I. Bedeutung

Nach den allgemeinen Vorschriften der §§ 107, 108 hätte der gesetzliche Vertreter **1**
nur die Wahl, entweder jedem einzelnen Vertragsschluss des Minderjährigen zuzustimmen oder – soweit zulässig (vgl § 107 Rn 39) – eine beschränkte Generaleinwilligung für den Abschluss eines mehr oder weniger großen Kreises von Verträgen zu erteilen. Eine Beschränkung auf die erste Alternative würde die Möglichkeit insbesondere des älteren Minderjährigen in den letzten Jahren vor Eintritt der Volljährigkeit zur Teilnahme am rechtsgeschäftlichen Verkehr in einer Weise reduzieren, die der von der Rechtsordnung erwünschten (vgl § 1626 Abs 2) allmählichen Vorbereitung des jungen Menschen auf die volle Selbstständigkeit widerspräche; in den nicht seltenen Fällen eines ausbildungs- oder berufsbedingten Aufenthalts des Minderjährigen fern vom Wohnsitz des gesetzlichen Vertreters wäre die Einholung einer Zustimmung zu jedem Vertragsschluss zudem tatsächlich kaum durchführbar. Eine zu großzügige Handhabung des Mittels des Generalkonsenses würde wiederum – abgesehen von dessen umstrittener umfangmäßiger Zulässigkeit mit der Folge einer entsprechenden Rechtsunsicherheit im Einzelfall – den Minderjährigen leicht unübersehbaren Haftungsrisiken aussetzen, da hiernach auch alle von dem Konsens erfassten Verpflichtungsverträge, auch Kreditgeschäfte, gem § 107 schon mit ihrem Abschluss wirksam wären. Diese Unzuträglichkeiten soll die Vorschrift des § 110, die den vor dem BGB geltenden Rechten unbekannt gewesen war (vgl Mot I 148 aE = MUGDAN I 434), vermeiden. Anknüpfungspunkt der Bestimmung ist der tatsächliche Befund, dass die Eltern oder Vormünder ihren Pflegebefohlenen Geldbeträge zur eigenen Verwendung als Taschengeld zu überlassen pflegen (Begr zu § 86 VE AT [bei SCHUBERT, AT 72]), weshalb § 110 auch (zu eng) als „Taschengeldparagraph" bezeichnet wird. In der heutigen Konsum- und Wohlstandsgesellschaft hat diese Praxis der Taschengeldgewährung sogar eine ungleich größere wirtschaftliche Bedeutung erlangt als zur Zeit der Schaffung des BGB. § 110 lässt nun einen von dem Minderjährigen geschlossenen Vertrag auch ohne Zustimmung des gesetzlichen Vertreters (zur Problematik dieses Merkmals s u Rn 2) wirksam werden, wenn der Minderjährige die von ihm nach dem Vertrag zu erbringende Leistung mit den überlassenen Mitteln bewirkt, sofern sich der Vertrag innerhalb der Grenzen einer ggf erfolgten Zweckbestimmung des gesetzlichen Vertreters hält. Das Gesetz räumt dem Minderjährigen damit die rechtliche Möglichkeit zur Vornahme von Rechtsgeschäften in einem erheblich größerem Umfang ein als dies bei der Erforderlichkeit einer Zustimmung des gesetzlichen Vertreters zu jedem einzelnen Minderjährigenvertrag der Fall wäre. Dem Minderjährigen wird hierdurch ein Freiraum (so COESTER-WALTJEN Jura 1994, 668, 669) zu eigenverantwortlicher Lebensgestaltung in einem gewissen Umfang eingeräumt. Der vom Geschäftsfähigkeitsrecht auch verfolgte **Erziehungszweck** kommt in dieser Regelung des § 110 in besonderer Weise zum Ausdruck (vgl MünchKomm/ SCHMITT, BGB-RGRK/KRÜGER-NIELAND, ERMAN/PALM jeweils Rn 1). Einer Beeinträchtigung des vorrangigen Schutzzwecks des Minderjährigenrechts beugt das Gesetz zum einen dadurch vor, dass der gesetzliche Vertreter dem Minderjährigen die Mittel nicht notwendig zur freien Verfügung überlassen muss, sondern er für deren Verwendung auch Zwecke vorgeben kann, wobei der Umfang dieser Zweckbindung seinem Ermessen anheim gestellt ist; der Vertreter kann damit die Betätigungsfreiheit des Minderjährigen nach dem Maßstab der von ihm zu beurteilenden Reife des Pflegebefohlenen erweitern oder einschränken. Vor allem aber sucht § 110 dem Schutzbedürfnis des Minderjährigen dadurch zu genügen, dass die Wirksamkeit

des Vertrages von der Bewirkung der vertraglichen Leistung durch den Minderjährigen mit den überlassenen Mitteln abhängig gemacht wird. Die Erfüllung der vertraglichen Verpflichtung ist damit als Voraussetzung für deren Entstehen ausgestaltet. Dieses Erfordernis verhindert die Begründung offenstehender Verbindlichkeiten durch den Minderjährigen mit der Folge einer Zugriffsmöglichkeit des anderen Vertragsteils auf dessen sonstiges Vermögen, insbesondere wenn der Minderjährige die überlassenen Mittel anderweitig verausgabt oder verloren hat oder er Verträge mit dem den Umfang der überlassenen Mittel übersteigenden Verpflichtungen abschließt (Begr zu § 86 VE AT [bei SCHUBERT, AT 74]). Das Erfüllungserfordernis schützt schließlich in gewisser Hinsicht auch den anderen Vertragsteil und damit den Rechtsverkehr, der bei erbrachter Leistung mit den überlassenen Mitteln im Rahmen einer erfolgten Zweckbindung auf die Wirksamkeit des Vertrages vertrauen kann (vgl LG Mönchengladbach VersR 1955, 429, 430).

II. Dogmatische Begründung

2 Die dogmatische Erfassung des § 110 ist umstritten (Darlegung des Meinungsstandes bei LINDACHER, in: FS Bosch [1976] 533, 541 f). Die ganz überwiegende Ansicht erblickt in § 110 keine Ausnahme von dem sich aus den §§ 107, 108 ergebenden Grundsatz der Zustimmungsbedürftigkeit des (rechtlich nachteiligen) Minderjährigengeschäfts. Die Vorschrift regelt hiernach vielmehr einen besonderen Fall der vom gesetzlichen Vertreter zu dem Minderjährigengeschäft erteilten Einwilligung bzw – bei Mittelüberlassung erst nach Vertragsschluss – Genehmigung, die der Vertreter mit der Überlassung der Mittel oder mit seiner Zustimmung zu der Überlassung seitens eines Dritten – in der Regel schlüssig – erklärt (grundlegend RGZ 74, 234, 235; OLG Nürnberg VersR 1963, 154, 155; OLG Stuttgart FamRZ 1969, 39, 40; AG Waldshut-Tiengen VersR 1985, 937, 938; AG Hamburg NJW-RR 1994, 721, 722; LINDACHER, in: FS Bosch [1976] 533, 545 f; DUVERNELL 36 f; ENNECCERUS/NIPPERDEY I 2 § 152 II 3; FLUME, AT II § 13, 7 c cc S 199; AK-BGB/ KOHL Rn 1; ERMAN/PALM Rn 1; Hk-BGB/DÖRNER Rn 1; MünchKomm/SCHMITT Rn 5, 9; BGB-RGRK/KRÜGER-NIELAND, SOERGEL/HEFERMEHL, PALANDT/ELLENBERGER, PWW/VÖLZMANN-STICKELBROCK jeweils Rn 1). In dieser durch die Mittelüberlassung dokumentierten Einwilligung, nicht in der Bewirkung der Leistung durch den Minderjährigen wird der rechtliche Grund für die Wirksamkeit des Vertrages gesehen (BGB-RGRK/KRÜGER-NIELAND Rn 1). Auf der Einwilligung beruht die Wirksamkeit nicht nur des dinglichen Erfüllungsgeschäfts (Übereignung des Geldes durch den Minderjährigen), sondern auch die des zugrundeliegenden Verpflichtungsvertrages (so RGZ 74, 235: „... nach der dingl wie nach der schuldrechtl Seite ... "; auch ENNECCERUS/NIPPERDEY aaO). Da § 110 die Wirksamkeit des Vertrages an die Leistungsbewirkung durch den Minderjährigen knüpft, muss die Einwilligung als hierdurch beschränkt aufgefasst werden, was konstruktiv unterschiedlich begründet wird, etwa iS einer Einwilligung nur zu Bargeschäften (so FLUME aaO) oder einer Erteilung in der Weise, dass der Vertrag durch seine Erfüllung (aufschiebend) bedingt sein soll (so LARENZ/WOLF, AT § 25 Rn 39; MünchKomm/SCHMITT Rn 1). Dieses Verständnis des § 110 als eines Sonderfalls der Zustimmung sieht sich aber mit der Schwierigkeit konfrontiert, dass das Gesetz ausdrücklich von einem „ohne Zustimmung des gesetzlichen Vertreters" geschlossenen (schuldrechtlichen) Vertrag spricht, der durch die Bewirkung der Leistung mit den überlassenen Mitteln wirksam wird. Nach der hM soll deshalb hier lediglich eine ausdrückliche, nicht aber auch eine schlüssige Einwilligung für überflüssig erklärt werden (BORK AT Rn 1021; MünchKomm/SCHMITT Rn 5, 9; DUVERNELL

36 f; PALANDT/ELLENBERGER, Hk-BGB/DÖRNER jeweils Rn 1; BAMBERGER/ROTH/WENDTLAND Rn 4; auch AK-BGB/KOHL Rn 1; kritisch zu diesem „interpretativen Kunstgriff" LEENEN FamRZ 2000, 863, 865). Eine bloß konkludente Erklärung genügt aber nach allgemeiner Ansicht auch für eine Einwilligung gem § 107 und insbesondere für den beschränkten Generalkonsens (vgl § 107 Rn 39), so dass die entsprechende Regelung in § 110 an sich überflüssig wäre. Diese Ansicht weist dem § 110 denn auch eine bloße Klarstellungsfunktion gegenüber den §§ 107, 108 zu: Erklärt der gesetzliche Vertreter seine Zustimmung zu einem Verpflichtungsvertrag des Minderjährigen oder zu einem Kreis solcher Verträge im Wege der Überlassung der zu deren Erfüllung erforderlichen Mittel, so ist der Wille des Vertreters im Zweifel darauf gerichtet, den Vertrag nur für den Fall seiner Erfüllung aus den überlassenen Mitteln wirksam werden zu lassen (so bes LINDACHER, in: FS Bosch [1976] 533, 541 [„Auslegungsdirektive"]; MEDICUS, AT Rn 579; MünchKomm/SCHMITT Rn 29 [„Vermutungswirkung"]).

Nach der Gegenmeinung enthält § 110 einen von der Zustimmung des gesetzlichen **3** Vertreters gem den §§ 107, 108 verschiedenen und dieser gegenüber eigenständigen Wirksamkeitsgrund für den Verpflichtungsvertrag des Minderjährigen und nur für diesen. Mit der Überlassung der Mittel oder der Zustimmung zur Mittelüberlassung seitens eines Dritten willigt der gesetzliche Vertreter in die Vornahme des dinglichen Verfügungsgeschäfts der Übereignung der Mittel an den anderen Vertragsteil ein. Die Wirksamkeit des dinglichen Vertrages ergibt sich daher nicht aus § 110, sondern bereits aus der allgemeinen Vorschrift des § 107. § 110 setzt eine solche wirksame Vornahme des Erfüllungsgeschäfts mit den überlassenen Mittel voraus; diese Wirksamkeit ist also nicht Rechtsfolge, sondern Tatbestandsmerkmal der Vorschrift. Die Rechtsfolge des § 110 besteht vielmehr allein in der aufgrund des wirksamen Erfüllungsgeschäfts eintretenden Wirksamkeit auch des zugrundeliegenden Verpflichtungsvertrages. Das Wirksamwerden des Verpflichtungsvertrages erfordert mithin nach dieser Ansicht – anders als nach der hM – keine, auch keine konkludente, Einwilligung des gesetzlichen Vertreters in diesen Vertrag, sondern diese Wirksamkeit tritt ohne eine solche Einwilligung unmittelbar kraft Gesetzes ein (NIERWETBERG Jura 1984, 127, 131 f; eingehend jetzt LEENEN FamRZ 2000, 863 ff; KALSCHEUER GreifRecht 2010, 120, 121; wohl auch PETERSEN Jura 2003, 97, 99; auch schon BRANDT 25; BRUNS 20; COLONIUS 28 ff; GRZEBINASCH 34; PLOSCHKE 21; vWATZDORF 29; CZEGUHN Rn 74 ff; vTUHR, AT II 1 § 59 VII m Fn 118; PLANCK/FLAD Anm 1: jedenfalls bei Überlassung zu freier Verfügung; wohl auch HARDER NJW 1990, 857, 859 f; JAUERNIG/JAUERNIG Rn 2; insoweit auch WIESER FamRZ 1973, 434, der allerdings von einer regelmäßig vorliegenden Einwilligung auch in den Verpflichtungsvertrag ausgeht). Die Wendung „ohne Zustimmung des gesetzlichen Vertreters" in § 110 ist nach dieser Ansicht wörtlich zu verstehen: Das schuldrechtliche Grundgeschäft wird auch bei fehlender Zustimmung des Vertreters zu diesem allein aufgrund der Leistungsbewirkung mit den überlassenen Mitteln wirksam.

Nach einer dritten Ansicht normiert § 110 für den Fall, dass die Mittel dem Minder- **4** jährigen nicht zweckgebunden, sondern zur freien Verfügung überlassen worden sind, eine Teilgeschäftsfähigkeit des Minderjährigen für die Verwendung der Mittel, entsprechend den in § 112 und § 113 vorgesehenen Teilgeschäftsfähigkeiten (so GANSKE RdJ 1964, 208 f; SAFFERLING Rpfleger 1972, 124, 125 f). Hiernach beruht auch die Wirksamkeit des Verfügungsgeschäfts nicht auf einer Einwilligung des gesetzlichen Vertreters, sondern sie ergibt sich als Rechtsfolge des § 110 aufgrund der Mittelüberlassung.

5 Im Rahmen einer Bewertung der verschiedenen Meinungen kann der o unter Rn 4 dargelegten nicht gefolgt werden. Gegen die Annahme einer Teilgeschäftsfähigkeit des Minderjährigen, dem die Mittel zur freien Verfügung überlassen worden sind, spricht zum einen der Wortlaut der Vorschrift, in der – anders als in den §§ 112, 113 – von einer unbeschränkten Geschäftsfähigkeit des Minderjährigen in dem entsprechenden Umfang keine Rede ist. Vor allem aber bestände dann ein grundsätzlicher Unterschied zwischen den beiden Alternativen der zweckgebundenen und der Überlassung zur freien Verfügung, bei der allein Teilgeschäftsfähigkeit eintreten soll. Für einen solchen Unterschied sprechen aber keine Anhaltspunkte. Die beiden Alternativen sind nicht als absolute Gegensätze aufzufassen, sondern das Gesetz dürfte eher von einer gleitenden Skala nach dem Grad der Zweckbindung ausgehen, die sich zwischen den beiden Endpunkten einer Mittelüberlassung nur für ein ganz bestimmtes einzelnes Geschäft und einer Mittelüberlassung mit weitgehender Freiheit in der Verwendung der Mittel bewegt. Auch eine Mittelüberlassung zu weitgehend freier Verfügung kann deshalb nach überwiegend vertretener Ansicht vom gesetzlichen Vertreter noch mit gewissen Einschränkungen versehen werden (vgl u Rn 14). Eine solche Elastizität bei der Überlassung wäre nicht möglich, wenn sie als gesetzliche Folge eine Teilgeschäftsfähigkeit des Minderjährigen zeitigte. Der gesetzliche Vertreter hätte dann nur die Wahl zwischen einer Mittelüberlassung ohne jede Einschränkung und einer relativ strengen Bindung. Der Gesichtspunkt des Vertrauensschutzes des anderen Teils kann wegen des vorrangigen Minderjährigenschutzes hiergegen nicht ins Feld geführt werden.

6 Die beiden o zu Rn 2 und 3 dargelegten Auffassungen führen trotz ihrer unterschiedlichen dogmatischen Ausgangspunkte praktisch kaum zu divergierenden Ergebnissen. Eine von dem Willen des gesetzlichen Vertreters nicht gedeckte Verwendung der überlassenen Mittel durch den Minderjährigen wird nach beiden Ansichten verhindert. Nach der hM geschieht dies durch die von ihr auch im Fall der Mittelüberlassung angenommene Zustimmungsbedürftigkeit des Verpflichtungsvertrages nach den §§ 107, 108, die in § 110 lediglich modifiziert wird; das Verpflichtungsgeschäft ist dann bei einer Überschreitung der Zweckbestimmung des gesetzlichen Vertreters schwebend unwirksam. Das gleiche Ziel erreicht aber auch die das Einwilligungserfordernis auf das dingliche Erfüllungsgeschäft beschränkende Gegenmeinung; sie führt bei fehlender Einwilligung zu einer schwebenden Unwirksamkeit des dinglichen Übereignungsvertrages mit der Folge, dass dann auch die Wirksamkeit des Verpflichtungsgeschäfts nach § 110 nicht eintritt. So gelangt auch diese Ansicht zB in dem „Lotterielos-Fall" RGZ 74, 234 ff zum gleichen Ergebnis wie das Reichsgericht: Die zwecks Kaufpreiszahlung erfolgte Übereignung des Geldes aus dem Lotteriegewinn gem § 929 S 1 war gem § 108 Abs 1 zunächst schwebend unwirksam, da sich die Einwilligung des gesetzlichen Vertreters nicht auch auf diese Verwendung des Surrogats des Taschengeldes erstreckte (vgl iE u zu Rn 13), und sie wurde mit der Verweigerung der Genehmigung endgültig unwirksam; infolgedessen war auch der zugrundeliegende Kaufvertrag des Minderjährigen nicht nach § 110 wirksam geworden und der Rückzahlungsanspruch aus § 985 war deshalb einredefrei begründet (vgl LEENEN FamRZ 2000, 863, 864; KALSCHEUER GreifRecht 2010, 120, 127). Die für die Wirksamkeit des Verfügungsgeschäfts erforderliche Einwilligung des gesetzlichen Vertreters nach § 107 als Voraussetzung für die Wirksamkeit des Verpflichtungsgeschäfts verhindert ferner auch nach dieser Ansicht die Begründung offener Verbindlichkeiten des Minderjährigen. Ist somit der von § 110 intendierte Minderjährigenschutz nach beiden dogmatischen Konzeptionen gleichermaßen gewährleistet, so sprechen für die eine Wirksamkeit des Verpflichtungsvertrages allein aufgrund des wirksamen Erfüllungsgeschäfts annehmende Meinung (o Rn 3) sowohl der Gesetzeswortlaut als auch die Entstehungsgeschichte und die systematische Stellung der Vorschrift. Die problematische Einschränkung des Merkmals „ohne Zustimmung des gesetzlichen Vertreters" auf eine nicht erforderliche ausdrückliche Zustimmung (vgl o Rn 2) wird hierbei vermieden; die Wirksamkeit des Verpflichtungsgeschäfts tritt auch ohne (konkludente) Zustimmung allein aufgrund des wirksamen Verfügungsgeschäfts ein. Dies entspricht auch der Auffassung des historischen Gesetzgebers. Die Wirksamkeit des Veräußerungsgeschäfts des Minderjährigen folgte nach Ansicht der Ersten Kommission ohne weiteres aus der Überlassung der Mittel. Das Problem wurde deshalb nur in der Schaffung einer schuldrechtlichen Grundlage für die beiderseits wirksam erbrachten Leistungen gesehen, um gegenseitige Kondiktionsansprüche zu verhindern. Mit § 110 (§ 69 E I) wurde somit allein bezweckt, den Verpflichtungsvertrag ohne die an sich nach § 108 notwendige Genehmigung des gesetzlichen Vertreters wirksam werden zu lassen (vgl Mot I 147 f = MUGDAN I 433; auch schon Begr zu § 86 VE AT [bei SCHUBERT, AT II 73 f]). Hielten die Gesetzesverfasser aber das Verpflichtungsgeschäft ohne die besondere Vorschrift des § 110 für genehmigungsbedürftig, so folgt daraus, dass sie in der Mittelüberlassung auch noch keine (schlüssige) Einwilligung des gesetzlichen Vertreters in diesen Vertrag gesehen haben, anderenfalls eine Genehmigung überflüssig gewesen wäre. Schließlich ergibt sich für die hM das Problem, die Einschränkung der ihrer Ansicht nach in der Mittelüberlassung liegenden Einwilligung des gesetzlichen Vertreters in das Grundgeschäft durch die nach § 110 erforderliche Leistungsbewirkung konstruktiv zu begründen; eine allgemein anerkannte Lösung (s Überblick bei LEENEN FamRZ 2000, 863, 865) ist bisher noch nicht gelungen. Bei einer Einwilligungsbedürftigkeit nur des Erfüllungsgeschäfts entfällt hingegen diese Schwierigkeit. Aus diesen Gründen ist – insoweit abweichend von der Vorauflage (dort Rn 1, 6) – derjenigen Ansicht zu folgen, nach der der Verpflichtungsvertrag eines Minderjährigen gem § 110 ohne Zustimmung des gesetzlichen Vertreters allein aufgrund des durch dessen Einwilligung wirksamen Verfügungsgeschäfts wirksam wird.

III. Voraussetzungen

1. Vertragsschluss des Minderjährigen

§ 110 verlangt zunächst den Abschluss eines (schuldrechtlichen) Vertrages des Minderjährigen mit einem Dritten. Es muss sich um einen Vertrag handeln, der gem § 107 zu seiner Wirksamkeit der Einwilligung des gesetzlichen Vertreters bedarf, also nicht um einen dem Minderjährigen rechtlich lediglich vorteilhaften oder neutralen Vertrag, da ein solcher auch ohne Einwilligung wirksam wäre. Der Vertrag muss auf eine Verpflichtung des Minderjährigen gerichtet sein, die ihrer Natur nach mit überlassenen Mitteln (hierzu u Rn 11 f) erfüllbar sind. In Betracht kommen daher in erster Linie Kauf-, Tausch-, Miet- und Pachtverträge. Auf nicht vermögenswerte Leistungen des Minderjährigen gerichtete Verträge können daher mangels Erfüllbarkeit mit überlassenen Mitteln nicht nach § 110 wirksam werden, so ein die Verpflichtung des Mitglieds zu immateriellen Leistungen mit sich bringender Vereinsbeitritt (HOFMANN Rpfleger 1986, 5, 6 f). Zu eng dürfte es hingegen sein, den Beitritt zu einem Verein generell aus dem Anwendungsbereich des § 110 herauszunehmen, weil die Leistungen des Vereins an den Minderjährigen nicht auf Grund des Beitrittsvertrages, sondern gem der Vereinsordnung erfolgen (so aber HOFMANN aaO). Zur Frage einer entsprechenden Anwendung des § 110 auf Dienst- oder Werkleistungen s u Rn 12.

2. Fehlende Zustimmung des gesetzlichen Vertreters

8 § 110 greift nach der hier vertretenen Auffassung (vgl o Rn 6) im Einklang mit seinem Wortlaut nur ein, wenn der auf die Verpflichtung des Minderjährigen gerichtete Schuldvertrag nicht durch eine Zustimmung des gesetzlichen Vertreters gedeckt ist, der Vertreter mithin in den Vertragsschluss weder eingewilligt noch ihn genehmigt hat, da der Vertrag andernfalls unabhängig von der Erfüllung bereits nach § 107 bzw § 108 wirksam wäre. Die Wirksamkeit gem § 107 tritt auch bei einem Vertragsschluss aufgrund einer beschränkten Generaleinwilligung ein, so dass bei deren Vorliegen für § 110 kein Raum mehr ist (OLG Stuttgart WRP 1978, 151, 154; WIESER FamRZ 1973, 434 f). Es muss daher im Einzelfall festgestellt werden, ob in einer Mittelüberlassung zur freien Verfügung oder zu einem nur allgemein bestimmten Zweck schon die Erteilung eines entsprechenden Generalkonsenses zu erblicken ist. Die Frage ist nach zutreffender allgemeiner Ansicht im Regelfall zu verneinen. Nach der dem § 110 zugrundeliegenden gesetzlichen Wertung willigt der gesetzliche Vertreter durch die Mittelhingabe allein im Regelfall gerade noch nicht auch schon in den Vertragsschluss ein, was wegen der mit der Erfüllung ohnedies eintretenden Wirksamkeit auch gar nicht erforderlich ist. Von einer (generellen) Einwilligung des gesetzlichen Vertreters ist deshalb als Ausnahme von dieser Regel nur dann auszugehen, wenn die dem Minderjährigen ohne ein Wirksamwerden des Vertrages schon vor Erbringung seiner Leistung drohenden Nachteile das Interesse, nicht mit offenen Verbindlichkeiten belastet zu werden, eindeutig überwiegen (in diesem Sinne LINDACHER, in: FS Bosch [1976] 533, 540, 546; NIERWETBERG Jura 1984, 127, 131 f; LEENEN FamRZ 2000, 863, 869 f; MEDICUS, AT Rn 579; MünchKomm/SCHMITT Rn 29, 30; SOERGEL/HEFERMEHL Rn 2, 4; auch HARDER NJW 1990, 858 f; aA WIESER FamRZ 1973, 434 f). Ein solcher Fall liegt typischerweise bei bestimmten Dauerschuldverträgen, insbesondere der Anmietung einer Unterkunft durch den Minderjährigen vor, denn ohne eine sofortige Wirksamkeit des Mietvertrages könnte das Mietverhältnis nach § 110 allenfalls für den auf die erfolgte erste Mietzahlung entfallenden Zeitraum wirksam werden mit der Folge, dass der Minderjährige danach ohne Anspruch auf Überlassung der Wohnmöglichkeit dastände.

3. Bewirkung der vertragsmäßigen Leistung

9 Der Minderjährige muss die Leistung, wie in dem Schuldvertrag vorgesehen, bewirken. Unter „Bewirken" ist die Erfüllung iSv § 362 zu verstehen, wobei allerdings eine wirksame Verbindlichkeit bis dahin noch gar nicht existiert, diese vielmehr erst mit der Erfüllung begründet werden soll. Die Erfüllung geschieht in der Regel im Wege eines entsprechenden Verfügungsgeschäfts, je nach Art der überlassenen Mittel (hierzu u Rn 11) durch Übereignung der Geldscheine oder -stücke nach § 929 S 2, durch Abtretung einer Forderung nach § 398 usw. Die Wirksamkeit dieser Verfügung des Minderjährigen ergibt sich aus § 107, denn mit der Überlassung der Mittel, über die verfügt wird, oder mit der Zustimmung zu der Überlassung seitens eines Dritten hat der gesetzliche Vertreter in das Verfügungsgeschäft eingewilligt (vgl o Rn 6). Bewirkt werden kann die Leistung auch durch ein **Erfüllungssurrogat**, also durch Leistung eines überlassenen Gegenstandes an Erfüllungs statt (§ 364 Abs 1), durch Hinterlegung unter Rücknahmeausschluss (§ 378) oder durch Aufrechnung (§ 389) mit einer überlassenen Gegenforderung (Weimar JR 1969, 219, 220; Duvernell 44 ff; vWatzdorf 9 f; MünchKomm/Schmitt Rn 11; BGB-RGRK/Krüger-Nieland Rn 5; einschr Bruns 39 f; Colonius 53 f; Ploschke 23 f; Planck/Flad Anm 1 aE: nicht durch Aufrechnung; Brandt 42: auch nicht durch Hinterlegung). Mittels bargeldloser Zahlung ist die Leistung also auch dann bewirkt, wenn in einer Banküberweisung nur eine Leistung an Erfüllungs Statt gesehen wird (LG Bochum VersR 1970, 25 f: Vers-Prämien; allg MünchKomm/Schmitt Rn 11). Bedürfte der gesetzliche Vertreter zu einer von ihm selbst in Vertretung des Minderjährigen vorgenommenen Verfügung der betreffenden Art der Genehmigung des Familiengerichts (§§ 1643, 1821 ff) oder des Gegenvormundes (§ 1812), so unterliegt auch seine Einwilligung zur Verfügung des Minderjährigen dem Genehmigungserfordernis; deshalb ist diese Genehmigung auch zur Leistungsbewirkung gem § 110 erforderlich (vgl RGZ 74, 235).

Indem das Gesetz die Leistungsbewirkung als Erfordernis für das Wirksamwerden des Verpflichtungsgeschäfts normiert, erreicht es den mit § 110 verfolgten grundlegenden Zweck, die Begründung von Verbindlichkeiten des Minderjährigen zu verhindern, die nicht sogleich mit den überlassenen Mitteln erfüllt werden und aus denen der andere Teil dann in das sonstige Vermögen des Minderjährigen vollstrecken kann (vgl o Rn 1). Der Minderjährige wird daher durch § 110 zur wirksamen Vornahme nur von **Bargeschäften**, nicht auch von Kreditgeschäften in die Lage versetzt (vBlume JherJb 48 [1904] 417, 451 f; Weimar JR 1969, 219; vWatzdorf 12 f; Flume, AT II § 13 7c cc S 199; Hübner, AT § 33 III 1 Rn 720; BGB-RGRK/Krüger-Nieland Rn 5; Soergel/Hefermehl Rn 2). So scheitert das Zustandekommen eines wirksamen Beförderungsvertrages zwischen einem öffentlichen Verkehrsunternehmen und einem minderjährigen Schwarzfahrer gem § 110 daran, dass der Schwarzfahrer den Fahrpreis gerade nicht entrichtet hat (AG Wuppertal Urt v 8. 4. 2009 – 35 C 376/08, juris Tz 11). Das Verpflichtungsgeschäft wird deshalb nur dann wirksam, wenn der Minderjährige die vereinbarte Leistung mit den überlassenen Mitteln **vollständig** erbringt; erbringt er nur eine Teilleistung, so bleibt grundsätzlich der gesamte Vertrag gem § 108 Abs 1 schwebend unwirksam. So tritt die Wirksamkeit eines Abzahlungskaufs des Minderjährigen erst mit Zahlung der letzten Rate ein (Medicus, AT Rn 580; MünchKomm/Schmitt Rn 13); eine bloße Anzahlung macht den Vertrag auch nicht teilweise wirksam (AG Herford DAVorm 1968, 363, 364). Gleiches gilt bei einer Anzahlung auf einen Kfz-Mietvertrag (OLG Hamm NJW 1966, 2357, 2358). Eine Ausnahme von diesem Grundsatz ist jedoch dann anzuerkennen, wenn auch die vereinbarte Leistung des anderen Vertragsteils **teilbar** ist. Der Vertrag wird dann mit der Erbringung der Teilleistungen seitens des Minderjährigen teilweise wirksam, nämlich im Umfang der den erbrachten Teilleistungen entsprechenden Gegenleistungspflicht des anderen Teils, auf die der Minderjährige dadurch einen Anspruch erlangt (AG Siegen FamRZ 1991, 1046, 1047; Weimar MDR 1962, 273; Schilken FamRZ 1978, 642, 643; Brandt 41; Bruns 43; vWatzdorf 12; Hübner, AT § 33 III 1 Rn 720; Medicus, AT Rn 580; Bork AT Rn 1019; MünchKomm/Schmitt Rn 13; Soergel/Hefermehl Rn 3), sofern nicht § 139 entgegensteht. Hierzu zählen insbesondere gewisse Dauerschuldverhältnisse, wie (Wohnungs-)Mietverträge, sofern hier nicht eine Wirksamkeit bereits nach § 107 anzunehmen ist (vgl o Rn 8), und Verträge über wiederkehrende Leistungen, wie Abonnementverträge (Schilken, Soergel/Hefermehl jeweils aaO; MünchKomm/

SCHMITT Rn 14). Gleiches wird für den Beitritt zu einem Verein hinsichtlich der gezahlten Beiträge angenommen (PULTE Rpfleger 1982, 262, 263). Bei (Fern-)Unterrichtsverträgen war die Teilbarkeit der Leistung des Veranstalters vor Inkrafttreten von § 2 Abs 2 FernunterrichtsschutzG vom 24. 8. 1976 (BGBl I 2525), das diese Frage im bejahenden Sinn entschieden hat, umstritten (für Teilbarkeit bei Sprachkurs aus mehreren Lektionen AG Bensberg MDR 1963, 840 f; kritisch hierzu WEIMAR DB 1963, 1602, 1603 u AK-BGB/KOHL Rn 10). Versicherungsverträge eines Minderjährigen sind grundsätzlich für den Zeitraum wirksam, für den der Minderjährige die Prämien aus den überlassenen Mitteln gezahlt hat; tritt in diesem Zeitraum der Versicherungsfall ein, hat der Versicherer dem Minderjährigen daher Versicherungsschutz zu gewähren (OLG Nürnberg VersR 1963, 164, 165; LG Koblenz VersR 1956, 314; LG Bochum VersR 1970, 25; SCHELLWIEN DJZ 1908, 29, 39 f; SCHWEIGHÄUSER VN 1951, 77; E SCHULZ ZfV 1961, 485, 538; SCHILKEN FamRZ 1978, 642, 643 f; DUVERNELL 51 f; HÜBNER, AT § 33 III 1 Rn 70; MünchKomm/ SCHMITT Rn 16; BGB-RGRK/KRÜGER-NIELAND Rn 5; SOERGEL/HEFERMEHL Rn 3). Für Kapitallebensversicherungen auf den Erlebens- und Todesfall gilt dies aber nach überwiegender Ansicht unter dem bisherigen Recht nicht, denn gem § 176 Abs 1, 3 VVG (alt), der auf vor dem 1. 1. 2008 geschlossene Versicherungsverträge weiterhin anwendbar ist, hat hier der Versicherungsnehmer bei Einstellung der Prämienzahlung und vorzeitiger Beendigung des Versicherungsverhältnisses nur einen Anspruch auf Erstattung des die gezahlten Prämien nicht erreichenden Rückkaufswertes (s auch § 6 Nr 6 ALB 94), sodass eine Aufrechterhaltung des Versicherungsverhältnisses für den Zeitraum bis zu dessen Beendigung gem § 139 nicht in Betracht kommt (SCHILKEN aaO; MünchKomm/SCHMITT Rn 17). Das für die ab 1. 1. 2008 geschlossenen Verträge maßgebliche neue VVG 2008 schreibt in § 169 Abs 3 zwar die dem Versicherungsnehmer günstigere Berechnung des Rückkaufswertes nach dem Deckungskapital statt wie bisher nach dem Zeitwert der Versicherung vor, gleichwohl erreicht der Rückkaufswert hiernach regelmäßig nicht den Gesamtbetrag der gezahlten Prämien, auch nicht notwendig im Falle einer Vertragsbeendigung durch Rücktritt oder Anfechtung des Versicherers, bei der nach § 169 Abs 1 S 3 VVG 2008 der volle Rückkaufswert zu zahlen ist; auch unter dem neuen Recht dürfte deshalb an der bisher hM festzuhalten sein. Lebensversicherungsverträge, deren Laufzeit sich auf einen Zeitraum von mehr als einem Jahr nach Eintritt der Volljährigkeit erstrecken, sind auch dann als genehmigungsbedürftig nach §§ 1822 Nr 5, 1643 Abs 1 anzusehen, wenn der Minderjährige die Prämien aus den überlassenen Mitteln zahlt (AG Hamburg NJW-RR 1994, 721, 722; ADAM ZfV 1964, 625 ff; SCHILKEN FamRZ 1978, 642, 645 f; MünchKomm/SCHMITT Rn 16; vgl auch BGHZ 28, 78 ff; aA WOLTERECK VersR 1965, 649, 650; grundsätzl auch H SCHMIDT VersR 1966, 313 ff).

4. Mit überlassenen Mitteln

a) Mittel

11 Als Mittel iSd § 110 kommen in erster Linie **Geldbeträge** in Betracht. Der Hauptfall ist das dem Minderjährigen gewährte Taschengeld. Hierauf beschränkt sich aber der Begriff der Mittel nicht, weshalb die übliche Bezeichnung „Taschengeldparagraph" für § 110 zu eng ist. So fallen unter die Vorschrift auch andere Geldbeträge, zB solche, die an außerhalb des Haushalts des gesetzlichen Vertreters lebende Minderjährige zur Bestreitung ihres Unterhalts gezahlt werden. Es muss sich jedoch bei den von § 110 erfassten Gegenständen keinesfalls um Geldmittel handeln. Überlassen werden können auch Sachen, Forderungen, Wertpapiere usw.

Eine unmittelbare Anwendung des § 110 auf vom Minderjährigen erbrachten **Ar-** 12
beitsleistungen scheidet wegen der gegenüber sächlichen Vermögenswerten andersartiger Natur des persönlichen Gutes der Arbeitskraft aus. Eine entsprechende Anwendung wird jedoch teilweise befürwortet, um den Minderjährigen für die geleistete Arbeit den Anspruch auch auf den vereinbarten Lohn und sonstige vertragliche Ansprüche gegen den Arbeitgeber zu verschaffen (WEIMAR JR 1973, 143 f; BRANDT 44; BRUNS 25; COLONIUS 38; POLSCHKE 27; ROSENDORF 20; VTUHR, AT II 1 § 59 VII; ENNECCERUS/NIPPERDEY I 2 § 152 II 3b; BGB-RGRK/KRÜGER-NIELAND Rn 9; PALANDT/ELLENBERGER Rn 3; Hk-BGB/DÖRNER Rn 2; einschr LARENZ/WOLF, AT § 25 Rn 43: nur f gelegentl Tätigkeiten). Ein Bedürfnis für eine solche Analogie ist aber nicht zu erkennen. In der für eine „Überlassung" der Arbeitskraft liegenden Gestattung einer Arbeitsaufnahme durch den gesetzlichen Vertreter wird meist eine zur Teilgeschäftsfähigkeit des Minderjährigen führende Ermächtigung iSv § 113 liegen. Macht der gesetzliche Vertreter den Lohnanspruch für die geleistete Arbeit gerichtlich geltend, so liegt hierin eine Genehmigung in den Abschluss des Arbeitsvertrages nach § 108. Im Übrigen ist der Schutz des Minderjährigen durch die Anwendung der Grundsätze über das faktische Arbeitsverhältnis gewährleistet, zumal hiernach – anders als entsprechend § 110 – Gegenansprüche des Arbeitgebers wegen Pflichtverletzung im Arbeitsverhältnis ausscheiden (vgl Vorbem 36, 37 zu §§ 104–115). Die entsprechende Anwendung des § 110 auf Arbeitsleistungen ist deshalb mit einer im Vordringen befindlichen Ansicht abzulehnen (SCHILKEN FamRZ 1978, 642, 644; HOFMANN Rpfleger 1986, 5, 6; AK-BGB/KOHL Rn 4; BAMBERGER/ROTH/WENDTLAND Rn 11; JAUERNIG/JAUERNIG Rn 4; MünchKomm/SCHMITT Rn 20; SOERGEL/HEFERMEHL Rn 6; AnwK-BGB/BALDUS Rn 9; anders STAUDINGER/DILCHER[12] Rn 13).

b) Überlassung durch gesetzlichen Vertreter oder mit dessen Zustimmung durch Dritten

Die Mittel müssen dem Minderjährigen überlassen sein. Die Überlassung kann 13
ausdrücklich oder schlüssig erfolgen. Überlassender kann sowohl der gesetzliche Vertreter selbst als auch eine dritte Person sein. Im letztgenannten Fall muss aber der gesetzliche Vertreter der Überlassung durch den Dritten und einer ggf von diesem bestimmten Zweckbindung der überlassenen Mittel zustimmen. Gegenstände, zu deren Veräußerung der gesetzliche Vertreter der Genehmigung des Familiengerichts bedarf, kann er gem §§ 1644, 1824 auch nicht dem Minderjährigen zur Erfüllung eines von diesem geschlossenen Vertrages oder zur freien Verfügung überlassen (RGZ 74, 235). Gegenstände, die der Minderjährige mit den ihm unmittelbar überlassenen Gegenständen erworben hat **(Surrogate)**, können auch dann nicht ohne weiteres als ebenfalls iSv § 110 überlassen angesehen werden, wenn die ursprünglichen Mittel zur freien Verfügung überlassen worden waren (so aber RIEZLER DJZ 1903, 565 ff). Entscheidend ist vielmehr, ob sich der (mutmaßliche) Überlassungswille des gesetzlichen Vertreters auch auf die Surrogate und deren Verwendung zu dem betreffenden Zweck erstreckt hat (so die ganz überwiegende Ansicht: BOETHKE DJZ 1903, 450, 451; WEIMAR MDR 1962, 273; COESTER-WALTJEN Jura 1994, 668, 670; BRANDT 47 f; BRUNS 32; FLUME, AT II § 13, 7c cc [S 199]; LARENZ/WOLF, AT § 25 Rn 44; AK-BGB/KOHL Rn 5; MünchKomm/SCHMITT Rn 31; BGB-RGRK/KRÜGER-NIELAND Rn 4; SOERGEL/HEFERMEHL Rn 5). Von einem solchen Willen ist grundsätzlich dann auszugehen, wenn die Surrogate den zunächst überlassenen Mitteln wertmäßig in etwa entsprechen (COESTER-WALTJEN aaO). Dies ist nicht der Fall bei einem mit dem überlassenen Taschengeld erzielten

Lotteriegewinn in Höhe eines vielfachen Betrages (RGZ 74, 234 ff; vgl auch BayObLGZ 17, 124, 127 ff: Anschaffung von Wertpapieren).

c) Zweckbindung oder freie Verfügung

14 Der gesetzliche Vertreter bestimmt den Umfang, innerhalb dessen der Minderjährige über die ihm überlassenen Mittel verfügen darf. In diesem Bestimmungsrecht ist der Vertreter nicht beschränkt. Seine Bestimmungsbefugnis reicht von einer ganz engen Zweckbindung etwa für ein bestimmtes einzelnes Geschäft mit einem bestimmten Vertragspartner über die Gewährung eines mehr oder weniger weiten Spielraums an den Minderjährigen bis hin zum Verzicht auf die Bestimmung irgendwelcher Zwecke durch Überlassung zu freier Verfügung. Dieses Bestimmungsrecht steht auch dem überlassenden Dritten zu, die Bestimmung muss jedoch von der Zustimmung des gesetzlichen Vertreters umfasst sein. Diese weitgehende Freiheit des gesetzlichen Vertreters beruht auf der dem § 110 zugrundeliegenden Erziehungszweck (o Rn 1). Der Vertreter kann am besten beurteilen, welches Maß an Verfügungsfreiheit dem Minderjährigen nach dessen individueller, insbesondere altersmäßiger Reife zuzugestehen ist. Auch mit einer Überlassung zur freien Verfügung räumt der gesetzliche Vertreter deshalb dem Minderjährigen nicht notwendig eine völlig unbeschränkte Befugnis zur Vornahme jedes (erlaubten) Rechtsgeschäftes ein; es können sich vielmehr auch hier aufgrund der Umstände des Einzelfalls gewisse immanente Beschränkungen ergeben (RGZ 74, 234, 235 f; LG Mönchengladbach VersR 1955, 429, 430; AG Freiburg NJW-RR 1999, 637, 638; LINDACHER, in: FS Bosch [1976] 533, 542 f; BRUNS 29; vWATZDORF 25; BORK AT Rn 1020; AK-BGB/KOHL Rn 6; MünchKomm/SCHMITT Rn 26; SOERGEL/HEFERMEHL Rn 4; offengelassen in OLG Hamm VersR 1954, 218, 219; **aA** SAFFERLING Rpfleger 1972, 124 f; KALSCHEUER GreifRecht 2010, 120, 126 f). So kann in der Mittelüberlassung grundsätzlich nicht auch die Einwilligung des Vertreters in die Vereinbarung einer Haftungsbeschränkung des anderen Vertragsteils durch den Minderjährigen gesehen werden (LG Mönchengladbach aaO). Ebenso wenig umfasst die Überlassung von Mitteln zum Erwerb eines Handys oder auch zur freien Verfügung nicht ohne weiteres auch den Abschluss eines mit dem Handyerwerb gekoppelten Mobilfunkvertrages bei Quersubventionierung des Handyerwerbs (DERLEDER/THIELBAR NJW 2006, 3233, 3234 f). Die Überlassung eines Prepaid-Handys durch einen Elternteil an sein minderjähriges Kind zur freien Verfügung über das Kartenguthaben deckt regelmäßig nicht auch den Vertragsschluss des Kindes über die Inanspruchnahme von Mehrwertdienstleistungen, insb von sog Klingeltönen (AG Düsseldorf, Urt v 2. 8. 2006 – 52 C 17756/05, juris Tz 11–15; zur Problematik auch DERLEDER/THIELBAR NJW 2006, 3233, 3237; ferner AnwK-BGB/BALDUS Rn 7). Auch die Finanzierung einer Pauschalurlaubsreise aus dem dafür ausreichenden Taschengeld kann die Einwilligungsschranke überschreiten (AG Siegburg Fremdenverkehrsrechtliche Entscheidungen 6, 270). Inwieweit die einem Minderjährigen überlassene Ausstattung der freien Verfügung unterliegt, ist durch Auslegung zu ermitteln. Maßgeblich ist dabei auf die in § 1624 genannte Zwecksetzung abzustellen; so kann etwa bei zur Erhaltung der Lebensstellung überlassenen Wertpapieren eine freie Verfügung des Minderjährigen nach § 110 wirksam sein. Für den Umfang der Beschränkung ist das Innenverhältnis zwischen gesetzlichem Vertreter und Minderjährigen maßgeblich; hat der Minderjährige die Beschränkung gekannt, so kann sich der andere Vertragsteil nicht auf seine Unkenntnis der entsprechenden Umstände berufen, denn sein guter Glaube wird auch insofern nicht geschützt (AG Freiburg NJW-RR 1999, 638; LINDACHER aaO; AK-BGB/KOHL Rn 11; MünchKomm/

SCHMITT Rn 27, 28; **aA** insoweit RGZ 74, 236). Der gesetzliche Vertreter kann dem Minderjährigen die Mittel nicht zu solchen Geschäften überlassen, die er selbst im Rahmen seines Sorgerechts nicht vornehmen dürfte. Da ihm gem §§ 1641, 1804 Schenkungen in Vertretung des Minderjährigen grundsätzlich untersagt sind, kann er dem Minderjährigen auch nicht die Mittel für einen von diesem vorzunehmende Schenkung überlassen, sofern es sich nicht um Pflicht- oder Anstandsschenkungen handelt (OLG Stuttgart FamRZ 1969, 39, 40). Die in der Mittelüberlassung liegende Einwilligung zur Verfügung des Minderjährigen kann der gesetzliche Vertreter gem § 183 bis zur Vornahme des Verfügungsgeschäfts widerrufen (OLG Celle NJW 1970, 1850, 1851; LG Mannheim ZMR 1977, 145; BGB-RGRK/KRÜGER-NIELAND Rn 6; SOERGEL/ HEFERMEHL Rn 7).

Die Zweckbestimmung oder die Überlassung zur freien Verfügung muss nicht ausdrücklich erfolgen; sie kann sich also auch aus den Umständen ergeben. So ist in der Regel davon auszugehen, dass der gesetzliche Vertreter den vom Minderjährigen erzielten Arbeitsverdienst, soweit er diesen ihm nicht abverlangt, zur freien Verfügung überlässt (OLG Nürnberg VersR 1963, 164, 165; OLG Celle NJW 1970, 1850; LG Mannheim ZMR 1977, 145; WEIMAR RdJ 1956, 149; vgl auch ArbG Herne ARST 1967, 3 [Nr 1]). Diese Überlassung des Lohns deckt dann grundsätzlich auch den Abschluss eines (Kfz-)Mietvertrages mit diesen Mitteln (LG Braunschweig VersR 1961, 1131, 1132). Ermächtigt der gesetzliche Vertreter den Minderjährigen zur Arbeitsaufnahme an einem entfernt liegenden Ort und zur freien Verfügung über das erzielte Arbeitseinkommen, so ist der Minderjährige auch zum selbstständigen Abschluss eines Mietvertrages über eine am Arbeitsort liegende Wohnung berechtigt, die nach Mietpreis, Größe und Ausstattung in einem vertretbaren Verhältnis zu seinem Arbeitseinkommen und seinem Wohnbedarf steht (LG Mannheim MDR 1969, 670 [Ls]). Die Gefährlichkeit der Benutzung eines Motorrades soll bei einer Mittelüberlassung zur freien Verfügung nicht darauf schließen lassen, dass sich die Einwilligung des gesetzlichen Vertreters nicht auf die Anmietung eines Motorrads erstreckt (OLG Hamm VersR 1954, 218, 219). Die Errichtung eines Spargiro- oder Sparkontos durch den Minderjährigen ist nach § 110 wirksam, wenn ihm die eingezahlten Mittel zur Errichtung des Kontos oder zur freien Verfügung überlassen worden sind (SCHEERER BB 1971, 981, 981, 985; HAGEMEISTER JuS 1992, 924, 927; VORTMANN WM 1994, 965, 967; einschr KUNKEL Rpfleger 1997, 1, 6 f). Gleiches gilt für eine von dem Minderjährigen vorgenommene Überweisung von dem Girokonto und bei einer Überlassung zur freien Verfügung – nicht notwendig auch zur Kontoerrichtung – auch von einer Abhebung (SCHEERER BB 1971, 981, 983 f, 985; HAGEMEISTER JuS 1992, 924, 927; VORTMANN WM 1994, 967). Der Abschluss eines Depotvertrages und eines Auftrags zum Erwerb von Effekten als Kommissionsgeschäft kann bei sofortiger Bewirkung der in der Zahlung des Gegenwertes an die Bank liegenden Gegenleistung des Minderjährigen gem § 110 wirksam sein (SCHEERER BB 1971, 981, 986). Die Ausstellung oder Annahme eines Wechsels durch den Minderjährigen ist hingegen gem §§ 1643, 1822 Nr 9 nur mit familiengerichtlicher Genehmigung wirksam (SCHEERER BB 1971, 981, 985). Zur Frage der Wirksamkeit eines Beitritts des Minderjährigen zu einem Investmentclub nach § 110 vgl BINS WP 1972, 82 ff. 15

IV. Rechtsfolgen

Die Bewirkung der Leistung mit den überlassenen Mitteln hat nach der hier ver- 16 tretenen Auffassung (s o Rn 6) die Wirksamkeit des dieser Verfügung zugrundeliegenden Verpflichtungsvertrages zur Folge, ohne dass hierfür eine besondere Zustimmung des gesetzlichen Vertreters erforderlich ist. Die Verfügung ist dadurch mit Rechtsgrund erfolgt, so dass eine Rückabwicklung der beiderseits erbrachten Leistungen nicht mehr in Betracht kommt. Dies gilt aber nur bei vollständiger Erbringung der Leistung des Minderjährigen (o Rn 10). Ferner muss die Leistung von der Zweckbestimmung des gesetzlichen Vertreters gedeckt sein, andernfalls bereits das Verfügungsgeschäft mangels Einwilligung nach § 107 schwebend unwirksam ist und eine Wirksamkeit des Verpflichtungsvertrages deshalb nicht eintreten kann. Solange der Minderjährige den Vertrag mit den überlassenen Mitteln nicht oder nicht vollständig erfüllt hat, steht dem anderen Vertragsteil auch hier das Widerrufsrecht aus § 109 zu, da sich der andere Teil dann in der gleichen Situation der Unsicherheit befindet wie bei einem mangels Genehmigung schwebend unwirksamen Vertrag (so MünchKomm/SCHMITT Rn 34; ferner ERMAN/PALM Rn 5; PALANDT/ELLENBERGER Rn 4; PWW/ VÖLZMANN-STICKELBROCK Rn 4; aA SOERGEL/HEFERMEHL Rn 7). Die Überlassung der Mittel begründet – anders als die Ermächtigung nach §§ 112, 113 – keine entsprechende Teilgeschäftsfähigkeit und damit mangels selbstständiger Verpflichtungsfähigkeit gem § 52 ZPO auch keine Prozessfähigkeit des Minderjährigen (OLG Nürnberg VersR 1963, 154, 155; WEIMAR RdJ 1956, 149, 150; PLOSCHKE 39; COESTER-WALTJEN Jura 1994, 668, 670; vTUHR, AT II 1 § 59 VII; MünchKomm/SCHMITT Rn 3; AnwK-BGB/BALDUS Rn 15). Die wahrheitswidrige Behauptung des Minderjährigen gegenüber dem anderen Teil, dass ihm die geleisteten Mittel zu dem betreffenden Zweck oder zur freien Verfügung überlassen worden seien, lässt den Vertrag nicht wirksam werden. Bei gegebener Deliktsfähigkeit kann sich der Minderjährige aber gem §§ 823 Abs 2, 263 oder 265a StGB oder aus § 826 schadenersatzpflichtig machen (MünchKomm/SCHMITT Rn 35; AK-BGB/ KOHL Rn 13).

V. Beweislast

17 Die Beweislast für die Voraussetzungen einer Wirksamkeit des Vertrages nach § 110 trägt derjenige, der sich auf die Wirksamkeit beruft. Er hat also darzutun, dass dem Minderjährigen die Mittel zu dem betreffenden Zweck oder zur freien Verfügung überlassen worden sind, dass bei einer Überlassung durch Dritte der gesetzliche Vertreter zugestimmt und der Minderjährige die Leistung aus diesen Mitteln erbracht hat (BAUMGÄRTEL/KESSEN Rn 1; MünchKomm/SCHMITT Rn 36). Im Grundbuchverkehr sind diese Voraussetzungen in der Form des § 29 GBO nachzuweisen (LG Aschaffenburg Rpfleger 1972, 134). Beruft sich der andere Teil auf die Wirksamkeit eines – mit den überlassenen Mitteln nicht vollständig erfüllten – Kreditgeschäfts des Minderjährigen aufgrund einer beschränkten Generaleinwilligung des gesetzlichen Vertreters, so muss er das Vorliegen dieser Einwilligung ebenfalls beweisen (BAUMGÄRTEL/KESSEN Rn 3; MünchKomm/SCHMITT Rn 36).

VI. Rechtliche Betreuung

18 § 110 findet auch im Falle einer rechtlichen Betreuung bei angeordnetem Einwilligungsvorbehalt entsprechende Anwendung (§ 1903 Abs 1 S 2).

Titel 1
Geschäftsfähigkeit

§ 111
Einseitige Rechtsgeschäfte

Ein einseitiges Rechtsgeschäft, das der Minderjährige ohne die erforderliche Einwilligung des gesetzlichen Vertreters vornimmt, ist unwirksam. Nimmt der Minderjährige mit dieser Einwilligung ein solches Rechtsgeschäft einem anderen gegenüber vor, so ist das Rechtsgeschäft unwirksam, wenn der Minderjährige die Einwilligung nicht in schriftlicher Form vorlegt und der andere das Rechtsgeschäft aus diesem Grund unverzüglich zurückweist. Die Zurückweisung ist ausgeschlossen, wenn der Vertreter den anderen von der Einwilligung in Kenntnis gesetzt hatte.

Materialien: VE AT § 82 Abs 2; KE § 64 Abs 3 S 2 Alt 1; E I § 65 Abs 3 S 2 Alt 1; E II § 85; E III § 107; SCHUBERT, AT I 54; JAKOBS/SCHUBERT, AT 522, 535, 537, 551, 554 f, 557 f, 562 f, 564, 567, 568 ff, 571; Mot I 133 f = MUGDAN I 425; Prot 123 ff, 132 f = MUGDAN I 675 f, 677 f.

Schrifttum

S die Angaben bei den Vorbem zu §§ 104–115 und zu den §§ 104–110 sowie
MÜNCH, Gibt es eine ausnahmsweise Genehmigung einseitiger Rechtsgeschäfte Minderjähriger? In: FS Dieter Leipold (2009) 1109.

Systematische Übersicht

I.	Bedeutung	1	2. Rechtsfolgen	13
II.	Fehlende Einwilligung (Satz 1)		IV. Beweislast	14
1.	Voraussetzungen	2		
2.	Rechtsfolgen	9	V. Rechtliche Betreuung	15
III.	Einwilligung nicht in schriftlicher Form (Satz 2 und 3)		VI. Ähnliche Vorschriften	16
1.	Voraussetzungen	10		

Alphabetische Übersicht

Betreuung _____ 15	Schutzbedürftigkeit (des Erklärungsempfängers) _____ 1, 16
Beweislast _____ 14	Überweisungsauftrag _____ 5
Einwilligung	Verletzung persönlicher Rechte und Rechtsgüter _____ 6
– fehlende _____ 2	
– Kenntnis _____ 12	
– Schriftform _____ 10 ff	Vollmacht (vom Minderjährigen erteilte) _____ 3 f
Gefahr (Sichaussetzen einer) _____ 6	Zurückweisungsrecht _____ 1, 10 f, 13
Rechtsgeschäftsähnliche Rechtshandlungen _____ 8	

I. Bedeutung

1 § 111 knüpft an den Grundsatz des § 107 an, wonach jedes dem Minderjährigen rechtlich nicht lediglich vorteilhafte Rechtsgeschäft zu seiner Wirksamkeit der Einwilligung des gesetzlichen Vertreters bedarf. Während sich die §§ 108–110 auf die ohne die erforderliche Einwilligung geschlossenen Verträge beziehen, regelt § 111 das Schicksal der nicht konsentierten einseitigen Rechtsgeschäfte. Im Gegensatz zu den nach § 108 Abs 1 nur schwebend unwirksamen Verträgen werden die ohne Einwilligung vorgenommenen einseitigen Rechtsgeschäfte in § 111 S 1 für schlechthin unwirksam und damit für nichtig erklärt. Diese abweichende Regelung dient dem **Schutz des Erklärungsgegners**. Dieser ist am einseitigen Rechtsgeschäft – anders als an einem Vertragsschluss – nur passiv beteiligt; die Willenserklärung bedarf zu ihrer Wirksamkeit keiner Annahme, sondern – bei Empfangsbedürftigkeit – lediglich des Zugangs (§ 130 Abs 1 S 1) beim Erklärungsempfänger bzw des akustisch richtigen Verständnisses durch diesen. Der Empfänger oder der von einer nicht empfangsbedürftigen einseitigen Willenserklärung Betroffene kann den für ihn mit einer schwebenden Unwirksamkeit verbundenen Unzuträglichkeiten folglich nicht wie beim Vertrag durch eine Verweigerung des Vertragsschlusses mit dem Minderjährigen entgehen, was insbesondere dann misslich ist, wenn dem einseitigen Rechtsgeschäft Gestaltungswirkung zukommt (zB Kündigung). Zwecks Vermeidung des dem Empfänger hier unzumutbaren Schwebezustandes erklärt das Gesetz das einseitige Rechtsgeschäft für nicht genehmigungsfähig (vgl Begr zu § 82 II VE AT [bei SCHUBERT, AT I 54]; Mot I 133 f = MUGDAN I 425; auch BGHZ 110, 363, 369 = NJW 1990, 1721, 1723). Aber selbst bei objektiv vorliegender Einwilligung des gesetzlichen Vertreters ist der Empfänger dann schutzwürdig, wenn er sich mangels eindeutigen Nachweises der Einwilligung über deren Erteilung und damit über die Wirksamkeit des Geschäfts nicht sicher sein kann. Den Schutz gegen diese subjektive Ungewissheit gewährleistet § 111 S 2 durch Einräumung eines Zurückweisungsrechts des Empfängers bei nicht schriftlich vorgelegter Einwilligung. Ist die Ungewissheit aufgrund einer Unterrichtung des Empfängers von der erteilten Einwilligung seitens des gesetzlichen Vertreters nicht gegeben, lässt § 111 S 3 die Zurückweisungsbefugnis folgerichtig entfallen.

II. Fehlende Einwilligung (Satz 1)

1. Voraussetzungen

2 Erforderlich ist die Vornahme eines **einseitigen Rechtsgeschäfts** (zum Begriff MEDICUS, AT Rn 202) durch den Minderjährigen. Für einseitige Rechtsgeschäfte, die ein anderer *gegenüber* einem Minderjährigen vornimmt, gilt § 131 Abs 2. Das von dem Minderjährigen vorgenommene einseitige Rechtsgeschäft muss diesem rechtlich (auch) nachteilig sein, da rechtlich lediglich vorteilhafte oder neutrale Geschäfte gem § 107 ohne Einwilligung wirksam sind. Satz 1 des § 111 findet sowohl auf einseitige empfangsbedürftige als auch auf einseitige nicht empfangsbedürftige Rechtsgeschäfte Anwendung. Die wichtigsten Arten der erstgenannten Gruppe sind ua Anfechtung, Kündigung, Rücktritt, Widerruf, Aufrechnung; zu den nicht empfangsbedürftigen Rechtsgeschäften gehören etwa die Auslobung nach § 657 und die Aufgabe des Eigentums nach § 659 (hierzu Vorbem 92 zu §§ 104–115). Für gewisse einseitige Rechtsgeschäfte familien- oder erbrechtlicher Art enthält das Gesetz auch insoweit besondere Regelungen. Die Anerkennung der Vaterschaft durch einen beschränkt

Titel 1 § 111
Geschäftsfähigkeit 3–5

Geschäftsfähigen bedarf nach § 1596 Abs 1 S 2 der Zustimmung des gesetzlichen Vertreters, so dass hier im Gegensatz zu § 111 S 1 auch eine Genehmigung (§ 184 Abs 1) möglich ist; anders als nach dem früheren § 1600e Abs 3 ist die Genehmigung nicht mehr an eine mit der öffentlichen Beurkundung der Anerkennung (§ 1597 Abs 1) beginnende Frist gebunden. Die Testamentserrichtung bedarf keiner Zustimmung des gesetzlichen Vertreters (§ 2229 Abs 2).

Umstritten ist die Behandlung der von einem Minderjährigen einem anderen erteilten **Vollmacht**. Ein Teil der Lehre betrachtet Vollmachterteilung und Vertretergeschäft als einen einheitlichen Gesamttatbestand und will deshalb auf die Bevollmächtigung nicht den § 111, sondern den § 108 dann anwenden, wenn die Vollmacht zum Abschluss eines Vertrages erteilt wird; der Bevollmächtigte werde durch die somit bestehende Genehmigungsfähigkeit auch der Bevollmächtigung bei erteilter Genehmigung vor einer Haftung als Vertreter ohne Vertretungsmacht geschützt (MÜLLER-FREIENFELS, Die Vertretung beim Rechtsgeschäft [1955] 245 ff; LARENZ/WOLF, AT § 47 Rn 30; AnwK-BGB/BALDUS Rn 3; AK-BGB/KOHL Rn 2). Die Genehmigungsfähigkeit nach § 108 besteht aber im Interesse des Minderjährigen, nicht des anderen Teils. Es ist deshalb derjenigen Ansicht zuzustimmen, die auch die Vollmachterteilung ungeachtet der Art des Vertretergeschäfts als unter § 111 fallendes Rechtsgeschäft ansieht (PAAL/LEYENDECKER JuS 2006, 25, 29; ENNECCERUS/NIPPERDEY I 2 § 152 II 1 Fn 4; MünchKomm/SCHMITT Rn 10; BAMBERGER/ROTH/WENDTLAND Rn 3). Eine Ausnahme von diesem Grundsatz ist jedoch dann anzuerkennen, wenn die Vollmacht mit dem ihrer Erteilung zugrundeliegenden Vertrag (zB Auftrag) eine rechtliche Einheit iSd § 139 bildet: Eine Behandlung der Vollmacht wie des Grundgeschäfts nach § 108 statt nach § 111 ist hier deshalb gerechtfertigt, weil sich der Bevollmächtigte durch den Vertragsschluss mit der Bevollmächtigung ebenfalls einverstanden erklärt hat (BGHZ 110, 363, 369 ff = NJW 1990, 1721, 1723). 3

Die im Fall einer Geschäftseinheit von Bevollmächtigung und Grundgeschäft Platz greifende Erwägung (o Rn 3) gilt allgemein: Erklärt sich der Empfänger der Willenserklärung des Minderjährigen mit dem Rechtsgeschäft **einverstanden**, so entfällt damit dessen dem § 111 zugrundeliegendes Schutzbedürfnis. Die Situation ist hier nicht anders, als wenn die Wirkung des einseitigen Rechtsgeschäfts durch einen entsprechenden Vertrag herbeigeführt, etwa statt einer Kündigung ein Aufhebungsvertrag oder statt einer Aufrechnung eine Verrechnungsvereinbarung geschlossen wird. Das einseitige Rechtsgeschäft ist deshalb auch in diesen Fällen nicht nach § 111 S 1 nichtig, sondern gem § 108 Abs 1 schwebend unwirksam (RGZ 76, 89, 91 f; BGHZ 110, 363, 370 = NJW 1990, 1721, 1723; PAAL/LEYENDECKER JuS 2006, 25, 29; AK-BGB/KOHL Rn 7; MünchKomm/SCHMITT Rn 8; BGB-RGRK/KRÜGER-NIELAND Rn 1; SOERGEL/HEFERMEHL Rn 1). Nicht zu folgen ist dagegen der Ansicht, die § 108 und nicht § 111 darüber hinaus auch noch auf diejenigen einseitigen Rechtsgeschäfte anwenden will, die dem Erklärungsempfänger rechtlich lediglich vorteilhaft sind zB die Aufgabe eines Grundstücksrechts nach § 875 (so ERMAN/PALM Rn 3); denn abgesehen von den mit dem Erfordernis des lediglich rechtlichen Vorteils verbundenen Zweifelsfragen kann der Empfänger auch hier an einer Vermeidung des Schwebezustandes interessiert sein (für Anwendung des § 111 auch hier die hM: MünchKomm/SCHMITT Rn 5; SOERGEL/HEFERMEHL Rn 2). 4

Der **Überweisungsauftrag** bei einer Banküberweisung wurde bisher als eine einseitige Weisung des Überweisenden an die Überweiserbank im Rahmen des mit dieser 5 bestehenden Giroverhältnisses qualifiziert und deshalb ein Überweisungsauftrag eines Minderjährigen nach § 111 behandelt (vgl HAGEMEISTER JuS 1992, 839, 841; VORTMANN WM 1994, 965, 966). Nunmehr erfolgt aber gem § 676a jede Überweisung aufgrund eines besonderen Überweisungsvertrages (anwendbar gem Art 228 Abs 1 EGBGB auf die Überweisungen, deren Abwicklung nach dem 14. 8. 1999 begonnen hat) mit der Folge der Anwendbarkeit des § 108. Ferner wurden früher **wertpapiermäßige** Verbindlichkeiten nach der sog Kreationstheorie als durch den einseitigen Skripturakt begründet aufgefasst und demzufolge zB auf die Wechselzeichnung durch einen Minderjährigen § 111 angewendet (s die Darstellung des früheren Meinungsstandes bei STAUDINGER/COING[10/11] Rn 2). Die heute ganz herrschende Auffassung verlangt hingegen einen unter § 108 fallenden Begebungsvertrag.

6 Die **Einwilligung in die Verletzung persönlicher Rechte und Rechtsgüter**, zu denen auch die Einwilligung in die Vornahme einer medizinischen Operation fällt, hat nach der hier vertretenen Auffassung Rechtsgeschäftscharakter (s Vorbem 57 zu §§ 104–115). Auf die Einwilligung eines Minderjährigen ist deshalb § 111 grundsätzlich anwendbar (**aA** AK-BGB/KOHL; ERMAN/PALM jeweils Rn 3). Dies gilt allerdings nur mit den sich aus der Eigenart dieser Erklärungen je nach den Umständen des Einzelfalls erforderlichen Modifikationen. Ist etwa der ärztliche Eingriff unaufschiebbar (lebenswichtige Operation), so kann von einer mutmaßlichen Einwilligung des gesetzlichen Vertreters ausgegangen werden, und es entfällt dann auch ein Zurückweisungsrecht nach S 2. Dagegen liegt in dem **bewussten Sichaussetzen einer Gefahr** (Mitfahrt in Kfz, Teilnahme an sportlichen Wettkämpfen) nach heutiger Auffassung grundsätzlich keine rechtsgeschäftliche Einwilligung in ggf dabei erfolgende Verletzungen (s Vorbem 64 zu §§ 104–115). Entsprechende Verhaltensweisen eines Minderjährigen sind daher nicht nach § 111 zu beurteilen, sondern sie führen – bei gegebener Deliktsfähigkeit gem dem entsprechend anzuwendenden § 828 Abs 3 – uU zu einer Minderung eines Schadenersatzanspruchs nach § 254 Abs 1 (MünchKomm/SCHMITT Rn 16, 17; SOERGEL/HEFERMEHL Rn 2; **aA** wohl BGB-RGRK/KRÜGER-NIELAND Rn 2).

7 Die **Unterwerfung unter die sofortige Zwangsvollstreckung** gem § 794 Abs 1 Nr 5 ZPO wird heute nicht mehr als sachlich-rechtliche Willenserklärung, sondern als Verfahrenshandlung angesehen (BGH NJW 1985, 2423). Sie ist daher nicht nach § 111, sondern nach § 52 ZPO zu beurteilen (RGZ 146, 308, 312, 314; ERMAN/PALM Rn 3; SOERGEL/HEFERMEHL Rn 2; anders noch RGZ 84, 317, 318 f; wohl auch OLG Königsberg HRR 1939 Nr 1157).

8 Auf einseitige **rechtsgeschäftsähnliche Rechtshandlungen** eines Minderjährigen, die diesem rechtlich auch nachteilig sind (vgl Vorbem 88 ff zu §§ 104–115), ist § 111 entsprechend anwendbar (s allgem Vorbem 86 zu §§ 104–115).

2. Rechtsfolgen

9 Ein ohne die erforderliche Einwilligung des gesetzlichen Vertreters vom Minderjährigen vorgenommenes einseitiges Rechtsgeschäft erklärt § 111 S 1 für **unwirksam**. Diese Unwirksamkeit ist eine endgültige und unheilbare; sie kann daher als **Nichtigkeit** bezeichnet werden (vTUHR, AT II 1 § 59 VI 1 m Fn 85). Das Rechtsgeschäft kann deshalb auch nicht durch eine Genehmigung des gesetzlichen Vertreters wirksam werden. Im Wege einer teleologischen Reduktion des § 111 Satz 1 ist jedoch eine ausnahmsweise Genehmigungsfähigkeit dann zu bejahen, wenn der andere Teil in

Kenntnis der maßgeblichen Umstände (fehlende Einwilligung, beschränkte Geschäftsfähigkeit des Erklärenden) dem Minderjährigen gegenüber sein Einverständnis mit dem bis zur Genehmigung oder deren Verweigerung bestehenden Schwebezustand erklärt und damit auf den durch § 111 Satz 1 bezweckten Schutz verzichtet hat, wozu allerdings die bloße Entgegennahme der Erklärung des Minderjährigen nicht ausreicht; das Schicksal des einseitigen Rechtsgeschäfts richtet sich dann nach § 108 (so MÜNCH, in: FS Leipold [2009] S 1109, 1123 ff). Im übrigen kann in einer Genehmigung des gesetzlichen Vertreters oder des Minderjährigen nach eingetretener Volljährigkeit eine Bestätigung des Geschäfts liegen, die gem § 141 Abs 1 als Neuvornahme zu betrachten ist und deshalb nur für die Zukunft wirkt, was insbesondere für fristgebundene Erklärungen (Kündigung) bedeutsam ist (vgl FLUME, AT § 13, 7c bb).

III. Einwilligung nicht in schriftlicher Form (Satz 2 und 3)

1. Voraussetzungen

Die Unwirksamkeit eines einseitigen Rechtsgeschäfts tritt nach § 111 S 2 auch dann ein, **10** wenn der Minderjährige das Geschäft mit Einwilligung des gesetzlichen Vertreters vornimmt, aber die Einwilligung **nicht in schriftlicher Form** dem Empfänger vorlegt und dieser das Geschäft aus diesem Grund unverzüglich zurückweist. Diese Vorschrift gilt aber – anders als Satz 1 – nur für empfangsbedürftige Rechtsgeschäfte, während nicht empfangsbedürftige nach § 107 aufgrund der erteilten Einwilligung stets wirksam werden. Das dem Erklärungsempfänger eingeräumte Zurückweisungsrecht, das den Grundsatz des § 107, wonach konsentierte Rechtsgeschäfte ohne weiteres wirksam sind, in gewisser Weise durchbricht, soll den Empfänger vor der Ungewissheit hinsichtlich einer vorliegenden Einwilligung und damit bzgl der Wirksamkeit des Rechtsgeschäfts bewahren. Es setzt deshalb die Nichtvorlage einer in schriftlicher Form erteilten Einwilligung des gesetzlichen Vertreters voraus, denn mit der Vorlage einer schriftlichen Einwilligung ist deren Vorhandensein eindeutig nachgewiesen und das Schutzbedürfnis entfällt. Die schriftliche Einwilligung kann vor, bei und auch noch nach Vornahme des Rechtsgeschäfts vorgelegt werden, allerdings nur bis zur erfolgten Zurückweisung; eine Vorlage erst nach erfolgter Zurückweisung kann an der dadurch eingetretenen Unwirksamkeit nichts mehr ändern, jedoch kann auch hierin eine Neuvornahme gem § 141 gesehen werden (BGB-RGRK/KRÜGER-NIELAND Rn 2; SOERGEL/ HEFERMEHL Rn 3). Eine in elektronischer Form (§ 126a) erteilte Einwilligung steht hier wegen der mit einer Kenntnisnahme verbundenen technischen Schwierigkeiten der Einwilligung in Schriftform nicht gem § 126 Abs 3 gleich (überzeugend Anw-BGB/BALDUS Rn 8; JAUERNIG/JAUERNIG Rn 5). § 111 S 2 erfordert nicht, dass der Minderjährige das Vorliegen der Einwilligung behauptet hat; will der Empfänger den Eintritt der Wirksamkeit des Rechtsgeschäfts verhindern, muss er auch in diesem Fall zurückweisen (RGZ 50, 212, 213 [zu § 1398 aF]). Mangels Zurückweisung wird das Rechtsgeschäft auch dann wirksam, wenn der Empfänger, etwa aufgrund einer vorgelegten gefälschten schriftlichen Einwilligung, vom Vorliegen des Konsenses ausgegangen ist, denn ein Gutglaubensschutz findet auch insoweit nicht statt (vgl FLUME, AT § 13, 7c bb).

Die Zurückweisung ist eine **einseitige empfangsbedürftige Willenserklärung**. Sie kann **11** entsprechend § 109 Abs 1 S 2, abweichend von § 131 Abs 2, auch gegenüber dem Minderjährigen wirksam erklärt werden (ERMAN/PALM Rn 4; MünchKomm/SCHMITT Rn 20; BGB-RGRK/KRÜGER-NIELAND Rn 8; SOERGEL/HEFERMEHL Rn 4) und sie kann auch durch schlüssiges Handeln erfolgen. Der Empfänger muss unverzüglich, also gem § 121 Abs 1 S 1 ohne schuldhaftes Zögern, zurückweisen. Hat der Minderjährige dem Empfänger die Vorlage der schriftlichen Einwilligung in Aussicht gestellt, so ist ein angemessenes Zuwarten mit der Zurückweisung nicht als schuldhaftes Zögern zu qualifizieren (MünchKomm/Schmitt Rn 20; Erman/Palm Rn 4; Soergel/Hefermehl Rn 4; s auch LAG Hamburg ARS 35 Nr 8 [LAG] zu § 174). Bei der Zurückweisung muss der Empfänger – nicht notwendig ausdrücklich – deutlich machen, dass sie wegen der nicht schriftlich vorgelegten Einwilligung erfolgt (BAG NJW 1981, 2374, 2375; ZIP 2003, 1161, 1163 u Vorinstanz LAG Düsseldorf BB 2001, 2479, 2480 f).

12 Nach § 111 S 3 entfällt das Zurückweisungsrecht, wenn der Vertreter den Empfänger von der erteilten Einwilligung **in Kenntnis gesetzt** hatte. Diese Unterrichtung lässt das Schutzbedürfnis des Empfängers in gleicher Weise entfallen wie eine schriftliche Einwilligung. Bei dem Inkenntnissetzen handelt es sich um eine rechtsgeschäftsähnliche Rechtshandlung (Mitteilung), da sich der Wille des gesetzlichen Vertreters nicht auf die dadurch herbeigeführte Rechtsfolge des Ausschlusses des Zurückweisungsrechts zu erstrecken braucht. Die Mitteilung muss erfolgt sein, bevor der Empfänger die Erklärung des Minderjährigen zurückgewiesen hat (BGB-RGRK/Krüger-Nieland Rn 8). Für die Wirksamkeit der Mitteilung reicht nach dem Rechtsgedanken des § 130 Abs 1 S 1 deren Zugang an den Empfänger aus; eine tatsächliche Kenntnisnahme durch den Empfänger, auf die der gesetzliche Vertreter keinen Einfluss hat, ist nicht erforderlich (MünchKomm/Schmitt Rn 22). Eine vom Empfänger auf andere Weise erlangte Kenntnis von der Einwilligung soll nach einer vertretenen Ansicht der Mitteilung gleichstehen (so Erman/Palm Rn 4); diese anderweitige Information muss aber ebenso zuverlässig sein wie eine schriftliche Einwilligung oder eine Mitteilung des gesetzlichen Vertreters.

2. Rechtsfolgen

13 Die (wirksame) Zurückweisung des Rechtsgeschäfts durch den Empfänger lässt das Geschäft **unwirksam** werden. Unterbleibt die Zurückweisung, so wird das Rechtsgeschäft endgültig wirksam. Sowohl die Unwirksamkeit als auch die Wirksamkeit treten rückwirkend auf den Zeitpunkt der Vornahme des Rechtsgeschäfts ein.

IV. Beweislast

14 Das Vorliegen der Einwilligung des gesetzlichen Vertreters muss derjenige beweisen, der sich auf die Wirksamkeit des einseitigen Rechtsgeschäfts beruft. Der diese Wirksamkeit Bestreitende kann dann den Beweis der rechtzeitig erfolgten Zurückweisung führen. Dem sich auf die Wirksamkeit des Geschäfts Berufenden steht hiergegen der Beweis der Vorlage einer schriftlichen Einwilligung nach Satz 2 oder der Mitteilung nach Satz 3 offen (zum Ganzen Baumgärtel/Kessen Rn 1; Planck/Flad Anm 5; Erman/Palm Rn 6; MünchKomm/Schmitt Rn 23; BGB-RGRK/Krüger-Nieland Rn 9; Soergel/Hefermehl Rn 6; AnwK-BGB/Baldus Rn 13).

V. Rechtliche Betreuung

15 Für einseitige Rechtsgeschäfte eines (nicht geschäftsunfähigen) Betreuten gilt bei angeordnetem Einwilligungsvorbehalt § 111 entsprechend (§ 1903 Abs 1 S 2).

VI. Ähnliche Vorschriften

Dem § 111 ähnliche Vorschriften, die ebenfalls auf dem Gedanken der Schutzbe- 16
dürftigkeit des Erklärungsempfängers beruhen, enthält das Gesetz in den §§ 174,
1367, 1427 Abs 1, 1453 Abs 1, 1487 Abs 1, 1831.

§ 112
Selbständiger Betrieb eines Erwerbsgeschäfts

(1) Ermächtigt der gesetzliche Vertreter mit Genehmigung des Familiengerichts den Minderjährigen zum selbständigen Betrieb eines Erwerbsgeschäfts, so ist der Minderjährige für solche Rechtsgeschäfte unbeschränkt geschäftsfähig, welche der Geschäftsbetrieb mit sich bringt. Ausgenommen sind Rechtsgeschäfte, zu denen der Vertreter der Genehmigung des Familiengerichts bedarf.

(2) Die Ermächtigung kann von dem Vertreter nur mit Genehmigung des Familiengerichts zurückgenommen werden.

Materialien: VE AT § 83, KE § 64, E I § 67, E II § 86, E III § 108; Schubert, AT I 15, AT II 61 ff; Jakobs/Schubert I 527 ff, 541 ff, 553, 554 f, 556, 558, 565, 568, 570, 571, 576, 578; Mot I 141 ff = Mugdan I 430 f; Prot 135 ff = Mugdan I 682; Bericht d RT-Kommission 37 = Mugdan I 964.

Schrifttum

S die Angaben bei den Vorbem zu §§ 104–115, zu den §§ 104–110 sowie
Ammermann, Beschränkt Geschäftsfähige in Personalgesellschaften (Diss Köln 1933)
Behrend, Aktuelle handelsrechtliche Fragen in Rechtsprechung und Praxis, NJW 2003, 1563
Büchel, Beteiligung von Minderjährigen an Familiengesellschaften (Diss Regensburg 2001)
Damrau, Die Fortführung des von einem Minderjährigen ererbten Handelsgeschäfts, NJW 1985, 2236
Förster, Der ermächtigte Minderjährige des Bürgerlichen Rechts (Diss Marburg 1930)
Kunz, Der Minderjährige als Kaufmann, ZBlJR 1981, 490
Lenz, Die rechtliche Stellung des minderjährigen Kaufmanns (Diss Greifswald 1903)
Müller, Die Ermächtigung eines Minderjährigen oder Mündels zum selbständigen Betrieb eines Erwerbsgeschäfts, BB 1957, 457

Pfaefflin, Die abgeleitete Geschäftsfähigkeit der Minderjährigen aufgrund der §§ 112, 113 BGB, Gruchot 48 (1904) 1
Ränsch, Der ein Erwerbsgeschäft selbständig betreibende Minderjährige (Diss Leipzig 1908)
Schefold, Die Geschäfts- und Prozessfähigkeit des Minderjährigen und das elterliche Verwaltungsrecht, AcP 94 (1903) 305
vSchimpff, Der Minderjährige als selbständiger Gewerbsmann (Diss Leipzig 1907)
Schnitzerling, Das „Erwerbsgeschäft" des Kindes und Mündels, RdJ 1959, 103
Weimar, Die partielle Geschäftsfähigkeit des Handelsmündigen, DB 1964, 1509
ders, Die Handelsmündigkeit als partielle Geschäftsfähigkeit, DB 1982, 1554
Woltereck, Der minderjährige Kaufmann im gemeinen Recht (Diss Göttingen 1894).

Systematische Übersicht

I. Bedeutung ... 1
II. Selbstständiger Betrieb eines Erwerbsgeschäfts
1. Erwerbsgeschäft ... 3
2. Selbstständiger Betrieb ... 5
III. Ermächtigung ... 6
IV. Genehmigung des Familiengerichts ... 7
V. Teilgeschäftsfähigkeit
1. Grundsatz ... 9

2. Umfang ... 10
3. Einschränkung nach Abs 1 S 2 ... 11
VI. Rücknahme der Ermächtigung ... 12
VII. Beweislast ... 14
VIII. Rechtliche Betreuung ... 15
IX. Ähnliche Vorschriften ... 16

Alphabetische Übersicht

Bedeutung der Norm ... 1
Beweislast ... 14

Ermächtigung
– Erteilung ... 6 f
– Gegenstand ... 3
– Rücknahme ... 12
– Umfang ... 10
– Wesen ... 6
– Wirkung ... 6
Ermessen (Ausübung) ... 8, 12
Erwerbsgeschäft ... 3 f
Genehmigung des Vormundschaftsgerichts ... 7

Prozessfähigkeit ... 9 f

Rechtliche Betreuung ... 15

Selbstständiger Betrieb (eines Erwerbsgeschäfts) ... 5
Selbstständiger Handelsvertreter ... 3

Teilgeschäftsfähigkeit
– Einschränkung ... 11
– Grundsatz ... 9
– Umfang ... 10

I. Bedeutung

1 Eine selbstständige Erwerbstätigkeit als Kaufmann, gewerblicher Unternehmer, Handwerker, Freiberufler oä setzt nach Handelsrecht, Gewerberecht usw grundsätzlich nicht die Volljährigkeit des in dieser Weise Tätigen voraus (für Betrieb eines Handelsgewerbes vgl GLITSCH, in: EHRENBERG [Hrsg], Hdb d ges Handelsrechts II [1918] § 18, 1; BROX/HENSSLER, Handelsrecht u Wertpapierrecht Rn 38). Als beschränkt Geschäftsfähige könnten die Minderjährigen aber die bei dieser Betätigung typischerweise anfallenden Rechtsgeschäfte, insbesondere Kreditgeschäfte, nur mit Zustimmung ihres gesetzlichen Vertreters vornehmen, was die Erwerbstätigkeit in eigener Person weitgehend unmöglich machen würde. Schon im gemeinen Recht der frühen Neuzeit bildete sich daher angesichts der nach römischem Recht mit dem vollendeten 25. Lebensjahr sehr spät eintretenden Volljährigkeit (vgl Vorbem 107 zu §§ 104–115) gewohnheitsrechtlich eine – dem römischen Recht unbekannte (vgl WOLTERECK 32 ff) – besondere „Handelsmündigkeit" oder „Erwerbsmündigkeit" heraus: Ein Minderjähriger, der mit Zustimmung der zuständigen Behörde einen bestimmten Beruf oder ein bestimmtes Gewerbe öffentlich ausübte, konnte die zur ordnungsgemäßen Ausführung dieser Tätigkeit erforderlichen Verträge ohne Zustimmung seines Vormundes wirksam abschließen, und eine Wiedereinsetzung in den vorigen Stand wegen der Minderjährigkeit war bei solchen Verträgen ausgeschlossen (hierzu KNOTHE, Geschäftsfähigkeit § 20 I 1). In einigen deutschen Partikularrechten des 18. und 19. Jahrhunderts wurde dieser Grundsatz positiviert, so in ALR I 5 §§ 20, 21 (hierzu MINZENMAY 128 f), die allerdings den wichtigsten Fall der kaufmännischen oder gewerblichen Betätigung nicht mit umfassten, oder im bayerischen Einführungsgesetz zum ADHGB Art 7, wonach Minderjährige, denen die Befugnis zum Betrieb eines Handelsgewerbes zustand, für alle auf den Gewerbebetrieb bezogenen Geschäfte als großjährig erachtet wurden (vgl i Übrigen Mot I 141 f = MUGDAN 430). Im Gebiet des rheinisch-französischen Rechts schloss Art 1308 Cc die Restitution wegen Verletzung gegenüber solchen Verträgen aus, die ein minderjähriger Kaufmann, Bankier oder Handwerker in Ausübung seiner gewerblichen Betätigung vorgenommen hatte (vgl Vorbem 125 zu §§ 104–115). Der unmittelbare Vorläufer von § 112 war § 5 des preußischen Geschäftsfähigkeitsgesetzes vom 12. 7. 1875 (vgl Vorbem 113 zu §§ 104–115). Ein Minderjähriger, dem der Vater oder mit vormundschaftsgerichtlicher Genehmigung der Vormund den selbstständigen Betrieb eines Erwerbsgeschäfts gestattet hatte, war hiernach zur selbstständigen Vornahme derjenigen Rechtsgeschäfte fähig, die der Betrieb des Erwerbsgeschäfts mit sich brachte.

Auf § 5 PrGeschäftsfähigkeitsG beruht im Wesentlichen die in § 112 getroffene **2** Regelung. Die Vorschrift soll, wie ihre Vorgängernorm, den Minderjährigen zur Ausübung einer selbstständigen Erwerbstätigkeit in eigener Person rechtlich in die Lage versetzen. Dies geschieht, indem § 112 für eine solche nach Handels- und Gewerberecht zulässige Betätigung im Bereich des Geschäftsfähigkeitsrechts die bürgerlich-rechtliche Grundlage schafft (vgl Begr zu § 83 VE AT [bei SCHUBERT, AT II 61]; Mot I 142 = MUGDAN I 430). Zu diesem Zweck räumt die Vorschrift dem Minderjährigen für den Bereich der Erwerbstätigkeit, zu der ihn der gesetzliche Vertreter mit Genehmigung des Familiengerichts ermächtigt hat, eine echte **Teilgeschäftsfähigkeit** ein. Eine bloße Generaleinwilligung, wie sie dem § 5 PrGeschäftsfähigkeitsG zugrunde gelegen hatte, erschien den Gesetzesverfassern hierfür als nicht ausreichend, da der gesetzliche Vertreter dann einem einzelnen Rechtsgeschäft des Minderjährigen widersprechen könnte und eine solche Lösung zudem nicht auch die erwünschte Prozessfähigkeit des Minderjährigen zur Folge hätte (Begr zu § 83 VE AT [bei SCHUBERT, AT 62, 64]; JAKOBS/SCHUBERT I 528 f; Mot I 143 = MUGDAN I 430). Das in § 112 Abs 1 S 2 normierte Erfordernis der familiengerichtlichen Genehmigung für diejenigen Rechtsgeschäfte, für die auch der gesetzliche Vertreter dieser Genehmigung bedarf, schränkt die Tragweite dieser partiellen Geschäftsfähigkeit und damit überhaupt die praktische Bedeutung des § 112 nicht unerheblich ein (vgl iE u Rn 11). Über diese Wirkung war sich der historische Gesetzgeber auch durchaus im Klaren; § 112 sollte denn auch dem Minderjährigen nur zum Betrieb von kleineren Erwerbsgeschäften in die Lage versetzen, etwa ererbten Handwerksbetrieben oder Bauernwirtschaften, während für den Betrieb größerer Unternehmungen die Volljährigkeitserklärung mit der Folge einer vollständigen Geschäftsfähigkeit als das geeignete Mittel angesehen wurde (Mot I 143 f = MUGDAN I 431; auch PFAEFFLIN Gruchot 48 [1904] 1, 20). Einen weiteren entscheidenden Bedeutungsverlust hat das Institut der Erwerbsmündigkeit durch die Herabsetzung des Volljährigkeitsalters vom vollendeten 21.

auf das vollendete 18. Lebensjahr mit Wirkung ab 1. 1. 1975 erfahren, denn einen noch nicht 18-Jährigen wird der gesetzliche Vertreter kaum zum selbstständigen Betrieb eines Erwerbgeschäfts ermächtigen und noch weniger wird das Familiengericht hierzu seine Genehmigung erteilen. In besonders gelagerten Fällen kann sich aber durchaus ein Bedürfnis für eine Teilgeschäftsfähigkeit nach § 112 ergeben, weshalb eine Streichung der Vorschrift auch angesichts des allgemein bejahten Erfordernisses einer Stärkung des Mutes zur Selbstständigkeit rechtspolitisch nicht zu empfehlen sein dürfte (für Streichung aber AK-BGB/KOHL Rn 2). Im Text des § 112 hat Art 50 Nr 4 FGG-ReformG v 17. 12. 2008 (BGBl I 2586) das Wort „Vormundschaftsgericht" entsprechend der durch das FamFG geänderten Rechtslage (vgl u Rn 7) mit Wirkung ab 1. 9. 2009 durch das Wort „Familiengericht" ersetzt; im Übrigen ist der ursprüngliche Wortlaut auch dieser Norm unverändert geblieben.

II. Selbstständiger Betrieb eines Erwerbsgeschäfts

1. Erwerbsgeschäft

3   Gegenstand der Ermächtigung gem § 112 ist der Betrieb eines Erwerbsgeschäfts. Der Ausdruck „Erwerbsgeschäft", durch den die Erste Kommission die in § 83 VE AT gebrauchte Formulierung „Gewerbe, Kunst oder Landwirtschaft" ersetzt hatte (JAKOBS/SCHUBERT I 541 f, 543), ist in einem weiten Sinn zu verstehen. Insbesondere geht dieser Begriff über den des Gewerbebetriebs iSv § 1 Abs 2 HGB und des Gewerbes iSd Gewerbeordnung hinaus. Unter einem Erwerbsgeschäft ist **jede erlaubte, dauernd ausgeübte und auf selbstständigen Erwerb gerichtete Tätigkeit** zu verstehen; es fällt hierunter eine Tätigkeit im Handel, im Betrieb eines industriellen oder sonstigen gewerblichen Unternehmens, eines Handwerks, einer Landwirtschaft, aber auch im künstlerischen oder wissenschaftlichen Bereich (Mot I 142 = MUGDAN I 430; RGZ 144, 1, 2; BGHZ 83, 76, 78 f; OLG Düsseldorf OLGE 22, 161; OLG Karlsruhe OLGZ 1976, 333, 334; ArbG Berlin VersR 1969, 96, 97). Erwerbsgeschäft ist damit – anders als eine Gewerbe nach § 1 Abs 2 HGB – insbesondere auch eine freiberufliche Tätigkeit. Ein Einsatz von Kapital ist für ein Erwerbsgeschäft nicht notwendig (so schon RGZ 28, 278, 279 f zu § 5 PrGeschäftsfähigkeitsG). Ein Erwerbsgeschäft betreibt daher zB auch der Makler. Gleiches gilt für den selbstständigen Handelsvertreter gem § 84 Abs 1 HGB ungeachtet einer ggf bestehenden wirtschaftlichen Abhängigkeit vom Unternehmer, weshalb § 112 auch auf den arbeitnehmerähnlichen Handelsvertreter iSd §§ 92a HGB, 5 Abs 3 ArbGG anwendbar ist; für den angestellten Handelsvertreter nach § 84 Abs 2 HGB gilt hingegen mangels Selbstständigkeit nicht § 112, sondern § 113 (BAGE 15, 335, 344 = NJW 1964, 1641, 1642 = AP § 90a HGB Nr 1 m Anm HEFERMEHL; ArbG Berlin VersR 1969, 96, 97 m Anm BRIEGER). Im Innenverhältnis zum Unternehmer ist allerdings auch auf den selbstständigen Handelsvertreter § 113 anwendbar, da auch dieser zum Unternehmer zwar nicht in einem Arbeitsverhältnis, wohl aber in einem Dienstverhältnis iSd Vorschrift steht (BAG aaO; HEFERMEHL Bl 1054; KUNZ ZBlJugR 1981, 490, 491; vgl u § 113 Rn 6; **aA** ArbG Berlin aaO m insoweit abl Anm BRIEGER; wohl auch BEHREND NJW 2003, 1563, 1564). Die früher umstrittene, aber überwiegend bejahte (WEIMAR DB 1964, 1509, 1510; SCHEERER BB 1971, 981, 987; AnwK-BGB/BALDUS Rn 4; BAMBERGER/ROTH/ WENDTLAND Rn 2; ERMAN/PALM Rn 3; MünchKomm/SCHMITT Rn 6; BGB-RGRK/KRÜGER-NIELAND Rn 2; SOERGEL/HEFERMEHL Rn 2; STAUDINGER/DILCHER[12] Rn 3) Qualifikation der Stellung eines Minderjährigen als (persönlich haftender) Gesellschafter einer Personengesellschaft folgt seit dem Inkrafttreten des Minderjährigenhaftungsbeschrän-

kungsgesetzes aus der – über §§ 105 Abs 3, 161 Abs 2 HGB auch für die OHG und KG geltenden – Vorschrift des § 723 Abs 1 S 5 (CHRISTMANN ZEV 2000, 45, 47). Aufgrund der Ermächtigung nach § 112 ist deshalb der Minderjährige für die Gesellschaft auch geschäftsführungs- und vertretungsbefugt (vgl AMMERMANN 23; BÜCHEL 140 f; SCHEERER BB 1971, 981, 987), sofern die Vertretung nicht schon als ein für den Minderjährigen neutrales und damit der Einwilligung nach § 107 nicht bedürftiges Geschäft (vgl § 107 Rn 20) angesehen wird, was allerdings wegen der persönlichen Haftung des Gesellschafters aus den geschlossenen Geschäften bedenklich ist. Vertretungsorgan einer juristischen Person des Handelsrechts (Vorstandsmitglied einer AG, Geschäftsführer einer GmbH) kann ein Minderjähriger hingegen auch nicht aufgrund einer Ermächtigung nach § 112 sein. Die Vorschriften der §§ 76 Abs 3 S 1 AktG, 6 Abs 2 S 1 GmbHG, die diese Positionen unbeschränkt geschäftsfähigen Personen vorbehalten, müssen in dem Sinn verstanden werden, dass hierfür die bloße Teilgeschäftsfähigkeit des § 112 nicht genügt, denn das Erfordernis der familiengerichtlichen Genehmigung gem Abs 1 S 2 gerade für die im Handelsverkehr besonders wichtigen Geschäfte (vgl § 1822 Nr 8, 9 u 11) ist mit der Notwendigkeit einer eigenverantwortlichen Führung der Kapitalgesellschaft unvereinbar (OLG Hamm NJW-RR 1992, 1253; SCHEERER aaO; MünchKomm/SCHMITT Rn 7).

Inhaber eines aus sächlichen Betriebsmitteln bestehenden Erwerbsgeschäfts kann **4** der Minderjährige durch Übertragung eines bereits bestehenden Geschäfts oder durch Neugründung werden. Ein rechtsgeschäftlicher Erwerb unter Lebenden bedarf, jedenfalls wenn es sich hierbei um ein Handelsgeschäft handelt und der Minderjährige die bisherige Firma fortführt, der Einwilligung des gesetzlichen Vertreters nach § 107 (vgl § 107 Rn 28) und – bei Entgeltlichkeit des Erwerbs des Erwerbsgeschäfts – der Genehmigung des Familien- bzw Vormundschaftsgerichts gem §§ 1643 Abs 1, 1822 Nr 3. Ein Erwerb kraft Erbfolge ist genehmigungsfrei (aA KARSTEN SCHMIDT, HR § 5 I 1 a [Fn 4]; hiergegen DAMRAU NJW 1985, 2236 f). Zur Neugründung eines Erwerbsgeschäfts für den Minderjährigen benötigt der gesetzliche Vertreter gem §§ 1645, 1823 eine familien- oder vormundschaftsgerichtliche Genehmigung (vgl SCHNITZERLING RdJ 1959, 103).

2. Selbstständiger Betrieb

Die Ermächtigung muss sich auf den selbstständigen Betrieb des Erwerbsgeschäfts **5** durch den Minderjährigen beziehen. Die Selbstständigkeit der Betriebsführung ist das entscheidende Abgrenzungsmerkmal gegenüber der Teilgeschäftsfähigkeit gem § 113, die unselbstständige Betätigungen erfasst (vgl OLG Düsseldorf OLGE 22, 161 f). Ein selbstständiger Betrieb in diesem Sinn verlangt die nicht nur vorübergehende Leitung des Erwerbsgeschäfts durch den Minderjährigen in eigener Person. Der Minderjährige darf hierbei nicht fremden Weisungen unterworfen sein, er muss über seine Arbeitskraft frei bestimmen können. Eine Tätigkeit als Arbeitnehmer, etwa als Handlungsgehilfe gem § 59 HGB, erfüllt daher nicht das Erfordernis der Selbstständigkeit (PFAEFFLIN Gruchot 48 [1904] 1, 5 f). Das Erwerbsgeschäft muss nicht nur im Namen des Minderjährigen, sondern auch von diesem selbst betrieben werden, nicht durch einen anderen, der im Namen des Minderjährigen handelt. Beschränkungen in der Geschäftsleitung, etwa aufgrund von Vereinbarungen mit anderen Unternehmen oder Wirtschaftsverbänden, lassen die Selbstständigkeit hingegen nicht entfallen (BGB-RGRK/KRÜGER-NIELAND Rn 2).

III. Ermächtigung

6 Zu dem selbstständigen Betrieb des Erwerbsgeschäfts muss der gesetzliche Vertreter den Minderjährigen ermächtigen. Mit der Verwendung des Begriffs „Ermächtigung" unterstreicht das Gesetz die über einen bloßen Generalkonsens hinausgehende Wirkung dieses Aktes. Die Erteilung der Ermächtigung liegt im Ermessen des gesetzlichen Vertreters, der sich hierbei am Wohl des Minderjährigen zu orientieren hat. Ein Anspruch des Minderjährigen auf die Ermächtigung besteht nicht. Die Ermächtigung kann auch nicht durch das Familiengericht ersetzt werden (WEIMAR DB 1964, 1509, 1510). Von der Normierung einer Mindestaltersgrenze für die Ermächtigung oberhalb der wegen § 104 Nr 1 erforderlichen Vollendung des 7. Lebensjahres hat der Gesetzgeber bewusst abgesehen (vgl Begr zu § 83 VE AT [bei SCHUBERT, AT II 64]). Die Ermächtigung erfolgt durch **einseitige empfangsbedürftige Willenserklärung**, die – abweichend von § 131 Abs 2 – mit dem Zugang an den Minderjährigen wirksam wird. Mangels einer vorgeschriebenen Form kann sie auch durch schlüssiges Verhalten des gesetzlichen Vertreters erfolgen (Begr zu § 83 VE AT [bei SCHUBERT, AT II 62]; PFAEFFLIN Gruchot 48 [1904] 1, 4 f; WEIMAR DB 1982, 1554). Die Ermächtigung kann nur für den Betrieb des Erwerbsgeschäfts insgesamt erteilt werden; eine Beschränkung auf bestimmte Arten von Rechtsgeschäften ist – anders als nach § 113 Abs 2 – hier nicht möglich (SOERGEL/HEFERMEHL Rn 4).

IV. Genehmigung des Familiengerichts

7 Die vom gesetzlichen Vertreter erteilte Ermächtigung bedarf zu ihrer Wirksamkeit der familiengerichtlichen Genehmigung. Die Genehmigung ist auch erforderlich, wenn es sich bei dem gesetzlichen Vertreter um die Eltern handelt. Diese auf die Erste Kommission zurückgehende Regelung (§ 83 VE AT hatte im Einklang mit § 5 Abs 1 PrGeschäftsfähigkeitsG das Genehmigungserfordernis nur für den Vormund vorgesehen) war im Gesetzgebungsverfahren besonders umstritten (vgl Bericht d RT-Kommission 37 = MUGDAN I 964) und wurde im älteren Schrifttum als ungerechtfertigte Einschränkung der elterlichen Gewalt kritisiert (so DERNBURG, Persönl Rechtsstellung 8 ff). Die Notwendigkeit der Genehmigung auch für die Ermächtigung seitens der Eltern sollte verhindern, dass diese den Minderjährigen nur als Deckmantel für die Vornahme eigener Geschäfte zum Nachteil ihrer Gläubiger vorschieben, sowie die eingetretene Teilgeschäftsfähigkeit zweifelsfrei klarstellen (JAKOBS/SCHUBERT I 528; Mot I 143 = MUGDAN I 431). Zuständig für die Genehmigung der Ermächtigung ist seit dem 1. 9. 2009 das nach der Aufhebung der Vormundschaftsgerichte durch die Familienverfahrensrechts- und FG-Reform (s o Rn 2) auch insoweit an die Stelle des Vormundschaftsgerichts getretene Familiengericht. Das Genehmigungsverfahren gehört zu den die elterliche Sorge (Personensorge) betreffenden Kindschaftssachen gem § 151 Nr 1 FamFG (KEIDEL/ENGELHARDT, FamFG § 151 Rn 6). Die Ausübung des Rechts der gegen den Beschluss des Familiengerichts gem § 58 FamFG statthaften Beschwerde steht dem bei Erlass des angefochtenen Beschlusses über 14jährigen Minderjährigen daher ohne Mitwirkung des gesetzlichen Vertreters zu (§ 60 S 1 u 3 FamFG). Gegen die Entscheidung des Beschwerdegerichts ist nach Maßgabe des § 70 FamFG die Rechtsbeschwerde statthaft. Wegen des Genehmigungserfordernisses kann eine bloße Duldung des Betriebes des Erwerbsgeschäfts seitens des gesetzlichen Vertreters, selbst wenn hierin eine konkludent erteilte Ermächtigung gesehen werden könnte (vgl o Rn 6), die Rechtsfolgen des § 112 nicht auslösen.

Andererseits reicht die familiengerichtliche Genehmigung allein ohne die Ermächtigung des gesetzlichen Vertreters nicht aus; ohne oder gegen den Willen des gesetzlichen Vertreters kann die Teilgeschäftsfähigkeit daher nicht eintreten.

Über die Erteilung der Genehmigung entscheidet das Familiengericht nach **pflicht-** 8 **gemäßem Ermessen** nach Lage der Sache unter Berücksichtigung der Interessen des Minderjährigen. Voraussetzung ist eine psychische und charakterliche Reife des Minderjährigen, die derjenigen eines Volljährigen entspricht. Auf dieser Grundlage ist dann zu erwägen, ob der Minderjährige über die zum selbstständigen Betrieb eines Erwerbsgeschäfts erforderlichen Eigenschaften, Fähigkeiten und Kenntnisse verfügt, ob er gewillt und imstande ist, die mit dem Geschäft verbundenen Verantwortungen und Verpflichtungen dritten Personen (hierzu AnwK-BGB/BALDUS Rn 7) und der Allgemeinheit gegenüber zu erfüllen und ob ihn nicht etwa sonstige tatsächliche Gründe (zB Krankheit) an der erforderlichen Sorge für das Geschäft hindern (so KG JW 1937, 470; OLG Köln NJW-RR 1994, 1450; AG Moers DAVorm 1997, 925, 926). Für die Entscheidung über die Genehmigung ist es ohne Einfluss, dass ein Minderjähriger nach ausländischem Recht für die zum Betrieb eines von ihm im Ausland gegründeten Unternehmens gehörenden Geschäfte als volljährig gilt (BayObLGZ 31, 8). Aufgrund der erteilten Genehmigung wird die Ermächtigung des gesetzlichen Vertreters nur für die Zukunft wirksam, da die Genehmigung keine Rückwirkung entfaltet. Ein schon vor der Genehmigung vom Minderjährigen geschlossenes und von der Ermächtigung gedecktes Geschäft wird deshalb nicht automatisch wirksam; aufgrund der erlangten Teilgeschäftsfähigkeit kann der Minderjährige aber dieses Rechtsgeschäft jetzt selbst gem § 108 Abs 3 genehmigen (OLG München HRR 1940 Nr 486).

V. Teilgeschäftsfähigkeit

1. Grundsatz

Als Rechtsfolge der familiengerichtlich genehmigten Ermächtigung erwirbt der Min- 9 derjährige nach § 112 Abs 1 S 1 grundsätzlich – zur Ausnahme des Satzes 2 s u Rn 11 – die unbeschränkte Geschäftsfähigkeit für diejenigen Rechtsgeschäfte, die der Betrieb des Erwerbsgeschäfts mit sich bringt. Der Minderjährige erlangt damit eine entsprechende Teilgeschäftsfähigkeit. Die hierfür eingebürgerte Bezeichnung „Handelsmündigkeit" ist allerdings zu eng, da ein Erwerbsgeschäft iSd § 112 keineswegs nur in einem Handelsgewerbe nach § 1 Abs 2 HGB bestehen muss (s o Rn 3); angemessener ist die Bezeichnung „Unternehmerfähigkeit" (vgl WEIMAR DB 1964, 1509). Die vom Minderjährigen im Bereich seiner Teilgeschäftsfähigkeit vorgenommenen Rechtsgeschäfte sind mithin ohne Zustimmung des gesetzlichen Vertreters von Anfang an wirksam. Der gesetzliche Vertreter verliert insoweit die Befugnis zur Vertretung des Minderjährigen. Wegen der Möglichkeit der Rücknahme der Ermächtigung nach Abs 2 kann die Vertretungsmacht für die Zeit der Wirksamkeit der Ermächtigung als ruhend bezeichnet werden (ERMAN/PALM Rn 1; BGB-RGRK/KRÜGER-NIELAND Rn 1; PALANDT/ELLENBERGER Rn 1). Für die Zeit des Ruhens verliert der gesetzliche Vertreter auch die Eigenschaft als Repräsentant des minderjährigen Versicherungsnehmers für eine den Betrieb des Erwerbsgeschäfts betreffende (private) Versicherung; führt der gesetzliche Vertreter bei einer Schadensversicherung den Versicherungsfall vorsätzlich herbei, so wird der Versicherer deshalb nicht gem § 81 Abs 1 VVG 2008 von seiner Leistungspflicht gegenüber dem Minderjährigen frei (RGZ 135, 370, 372) und bei grob fahrlässiger Herbeiführung durch den gesetzlichen Vertreter besteht nicht das Kürzungsrecht aus § 81 Abs 2 VVG 2008. Im Bereich der Teilgeschäftsfähigkeit ist der Minderjährige aufgrund der dadurch erlangten selbstständigen Verpflichtungsfähigkeit auch gem § 52 ZPO prozessfähig und in Familiensachen sowie im Verfahren der freiwilligen Gerichtsbarkeit nach § 9 Abs 1 Nr 2 FamFG allgemein verfahrensfähig. Im Umfang der Prozessfähigkeit können und müssen Zustellungen deshalb an den Minderjährigen selbst statt an den gesetzlichen Vertreter erfolgen (vgl AG Betzdorf JurBüro 1971, 371). Für Verbindlichkeiten aus einem von § 112 gedeckten Rechtsgeschäft kann der Minderjährige die Haftungsbeschränkung aus § 1629a Abs 1 nicht geltend machen (§ 1629a Abs 2 Alt 1) und bei einer Beteiligung an einer Personengesellschaft (vgl o Rn 3) entfällt gem § 723 Abs 1 S 5 auch das Kündigungsrecht aus § 723 Abs 1 S 3 Nr 2 (hierzu CHRISTMANN ZEV 2000, 45 f, 47; kritisch zum Wegfall d Haftungsbeschränkungsmöglichkeit MUSCHELER WM 1998, 2271, 2281 f: wohl verfassungswidrig). Die Ermächtigung zum Betrieb eines Handelsgewerbes ist nach hM erforderlich zum Erwerb der Kaufmannseigenschaft durch den Minderjährigen (BayObLGZ 1972, 106, 108; Bedenken hiergegen bei KARSTEN SCHMIDT, HR § 5 I 1 a [Fn 8]).

2. Umfang

10 Die Teilgeschäftsfähigkeit umfasst nach § 112 Abs 1 S 1 alle Rechtsgeschäfte, die der selbstständige Betrieb des Erwerbsgeschäfts mit sich bringt. Die Rechtsgeschäfte müssen demgemäß einen **Zusammenhang mit dem Aufbau oder der Fortführung des Erwerbsgeschäfts** aufweisen. Ob dies der Fall ist, bestimmt sich nach der Verkehrsauffassung. Für die Ermittlung des Zusammenhangs ist aber – anders als nach §§ 54, 56 HGB – nicht abstrakt auf die Typizität des Erwerbsgeschäfts abzustellen, sondern maßgeblich ist die konkrete Gestalt des einzelnen Rechtsgeschäfts, zu deren Bestimmung in Zweifelsfällen alle Umstände zu ermitteln sind, die dem Rechtsgeschäft das Gepräge geben (zum Ganzen s BGHZ 83, 76, 80; LARENZ/WOLF, AT § 25 Rn 63; SOERGEL/ HEFERMEHL Rn 4; MünchKomm/SCHMITT Rn 15). Als regelmäßig zum Geschäftsbetrieb gehörig sind hiernach anzusehen die Einstellung und Entlassung von Arbeitnehmern, das Anmieten des Geschäftslokals, der Einkauf der zur Produktion erforderlichen Roh- und Hilfsstoffe sowie Halbfabrikate, der Verkauf der produzierten Waren, der Beitritt zu Arbeitgeberverbänden des betreffenden Wirtschaftszweigs uä (vgl Münch-Komm/SCHMITT Rn 16). Nach der zugrunde zu legenden konkreten Betrachtungsweise können die unter § 112 fallenden Rechtsgeschäfte sehr verschieden sein. So ist zum Geschäftsbetrieb eines Reisenden, der über Land fahren muss, auch der Tausch eines Motorrades gegen einen Kraftwagen gerechnet worden (OLG München HRR 1940 Nr 486). Nach heute wohl einhelliger Auffassung gehören zum Geschäftsbetrieb auch die zur Beschaffung eines angemessenen Lebensunterhalts für den Minderjährigen geschlossenen Rechtsgeschäfte (anders noch PFAEFFLIN Gruchot 48 [1904] 1, 11), jedoch nicht Luxusausgaben (MünchKomm/SCHMITT Rn 16). Der aus dem Betrieb des Erwerbsgeschäfts erzielte Erwerb einschließlich des Gewinns unterliegt insoweit nicht der Vermögensverwaltung des gesetzlichen Vertreters (auch nicht der elterlichen Verwendungsbefugnis nach § 1649 Abs 2), als ihn der Minderjährige wiederum für den Geschäftsbetrieb verwendet; anderenfalls gelten keine Besonderheiten, wobei auf § 1649 Abs 1 S 2 hinzuweisen ist (SCHEFOLD AcP 94 [1903] 305, 307 ff; FLUME, AT II § 13, 8 S 209 f; MünchKomm/SCHMITT Rn 19; BGB-RGRK/KRÜGER-NIELAND Rn 4; SOERGEL/HEFERMEHL Rn 4). Die teilweise Geschäfts- und Prozessfähigkeit bezieht sich auch auf die mit dem Geschäftsbetrieb verbundenen, heute immer wichtiger werdenden Rechtshandlun-

gen öffentlich-rechtlicher Art, vornehmlich auf dem Gebiet des Steuer- und Sozialversicherungsrechts (KRAUSE VerwArch 61 [1970] 297, 313; DISSARS DStR 1997, 417, 419; vgl allg Vorbem 98 zu §§ 104–115). Teilgeschäftsfähig ist der Minderjährige nur für die zum Betrieb des Erwerbsgeschäfts (einschließlich des Aufbaus) erforderlichen Rechtsgeschäfte, nicht auch für die der Auflösung des Geschäftsbetriebes dienenden. Nicht nach § 112 wirksam sind daher die zwecks Aufgabe des Erwerbsgeschäfts vorgenommenen Rechtshandlungen, zu denen auch der Antrag auf Eröffnung des Insolvenzverfahrens zu rechnen ist (PFAEFFLIN Gruchot 48 [1904] 1, 10; WEIMAR DB 1964, 1509, 1510; MünchKomm/SCHMITT Rn 22; BGB-RGRK/KRÜGER-NIELAND Rn 4; SOERGEL/HEFERMEHL Rn 4). Für die Anwendbarkeit des § 112 kommt es nur auf die objektive Zugehörigkeit des Rechtsgeschäfts zu dem Geschäftsbetrieb an; der gute Glaube des Geschäftsgegners auf eine solche in Wirklichkeit nicht bestehende Zugehörigkeit, etwa aufgrund einer entsprechenden Behauptung des Minderjährigen, wird auch hier nicht gestützt (WEIMAR DB 1964, 1509, 1510; aA wohl PFAEFFLIN Gruchot 48 [1904] 1, 11 f).

3. Einschränkung gem Abs 1 S 2

§ 112 Abs 1 S 2 nimmt von der Teilgeschäftsfähigkeit diejenigen Rechtsgeschäfte **11** aus, die der gesetzliche Vertreter für den Minderjährigen nur mit Genehmigung des Familiengerichts abschließen kann. Es handelt sich vornehmlich um die in den §§ 1821 Abs 1, 1822 iVm 1643 Abs 1 aufgeführten Geschäfte. Für solche Geschäfte bleibt es mithin bei den Regeln der §§ 107–111. Diese erhebliche Einschränkung der Teilgeschäftsfähigkeit beruht darauf, dass es den Gesetzesverfassern als nicht angängig erschien, den Minderjährigen auch zu solchen Geschäften zu ermächtigen, die dem gesetzlichen Vertreter selbst nur mit vormundschaftsgerichtlicher Genehmigung möglich sind (Begr zu § 83 Abs 2 VE AT [bei SCHUBERT, AT II 64]; Mot I 143 f = MUGDAN I 431). Die Bewegungsfreiheit des Minderjährigen bei der Führung des Erwerbsgeschäfts wird vornehmlich durch die in § 1822 Nr 8 (Kreditaufnahme), Nr 9 (Eingehung bestimmter Wertpapierverbindlichkeiten, insbesondere von Wechselverpflichtungen), Nr 10 (Eingehung einer Bürgschaft) und Nr 11 (Prokuraerteilung) spürbar gemindert, zumal § 112 Abs 1 S 2 auch bei Erteilung einer allgemeinen Ermächtigung gem §§ 1643 Abs 3, 1825 für die in § 1822 Nr 8–10 bezeichneten Geschäfte Anwendung findet (PFAEFFLIN Gruchot 48 [1904] 1, 18; FÖRSTER 19; BGB-RGRK/KRÜGER-NIELAND Rn 4). Die Teilgeschäftsfähigkeit nach § 112 befähigt den Minderjährigen daher nur zur Führung von Erwerbsgeschäften kleineren Umfangs, was durchaus der Absicht des historischen Gesetzgebers entsprach (vgl o Rn 2). Ein aufgrund einer Ermächtigung nach § 112 Abs 1 S 1 geschäftsführungs- und vertretungsbefugter minderjähriger Gesellschafter einer Personengesellschaft (vgl o Rn 3) bedarf nach heute wohl überwiegender Auffassung zu den von ihm in dieser Eigenschaft vorzunehmenden, an sich genehmigungsbedürftigen Rechtsgeschäften nicht der familiengerichtlichen Genehmigung (AMMERMANN 24; WEIMAR DB 1964, 1509, 1510; SCHEERER BB 1971, 981, 987, aber für Zust d gesetzl Vertreters). Erst recht ist diese Genehmigung nicht erforderlich für Rechtsgeschäfte der Gesellschaft, bei deren Abschluss ein von der Vertretung ausgeschlossener Minderjähriger nicht mitgewirkt hat (RGZ 125, 380, 381). Zur Unwirksamkeit einer Ermächtigung zur Mitgliedschaft eines Minderjährigen im Vertretungsorgan einer Kapitalgesellschaft (vgl o Rn 3). Die Wirkung des § 112 Abs 1 S 2 ist unterschiedlich je nach dem, ob es sich bei dem gesetzlichen Vertreter des ermächtigten Minderjährigen um dessen Eltern oder einen Vormund handelt. Denn § 1643 Abs 1 verlangt die Genehmigung des Familiengerichts nicht für sämtliche Rechtsgeschäfte, zu denen der Vormund nach § 1822 der Genehmigung des Familiengerichts bedarf, sondern nur für einige aus dem Katalog der letztgenannten Vorschrift, zu denen allerdings auch die für den Betrieb eines Erwerbsgeschäfts besonders wichtigen der Nr 8–11 des § 1822 zählen. Die Teilgeschäftsfähigkeit des Minderjährigen unter elterlicher Sorge hat infolgedessen einen größeren Umfang als diejenige des Minderjährigen unter Vormundschaft, da der Minderjährige unter elterlicher Sorge auch diejenigen in § 1822 aufgeführten Rechtsgeschäfte, auf die § 1643 Abs 1 nicht verweist, selbstständig vornehmen kann (eingehend MÜLLER BB 1957, 457, 458). Diese unterschiedliche Stellung der beiden Gruppen von Minderjährigen wird im Schrifttum kritisiert (vgl FLUME, AT II § 13, 8 S 209: „wenig sinnvoll, aber dennoch Rechtens"), teilweise sogar als unter dem Gesichtspunkt des Art 3 Abs 1 GG bedenklich angesehen (so ERMAN/PALM Rn 8). Die rechtlich und tatsächlich unterschiedliche Ausgestaltung von elterlicher Sorge und Vormundschaft (idR bessere Kenntnis der Eltern hinsichtlich der Reife ihres Kindes) stellt aber wohl einen sachlichen Grund für die Differenzierung dar (auf die Unterschiede weist DERNBURG, Persönl Rechtsstellung 9 f in diesem Zusammenhang hin).

VI. Rücknahme der Ermächtigung

12 Der gesetzliche Vertreter kann die erteilte Ermächtigung zurücknehmen. Die Zurücknahme bedarf ebenso wie die Erteilung der Ermächtigung der Genehmigung des Familiengerichts (§ 112 Abs 2). Eine Rücknahme allein durch das Familiengericht ohne den gesetzlichen Vertreter ist nicht möglich. Über die Genehmigung entscheidet das Familiengericht nach pflichtgemäßem Ermessen. Eine Verweigerung der Genehmigung ist vornehmlich dann angezeigt, wenn die Rücknahme durch den gesetzlichen Vertreter auf sachfremden Erwägungen beruht. Die Ermächtigung kann nur insgesamt zurückgenommen werden; eine bloße Einschränkung der Ermächtigung ist – anders als nach § 113 Abs 2 – nicht möglich (MünchKomm/SCHMITT Rn 25; BGB-RGRK/KRÜGER-NIELAND Rn 8; als vollst Rücknahme verbunden mit einer neuen eingeschr Ermächtigung wird eine Beschränkung aufgefasst von ERMAN/PALM Rn 9; auch schon ZITELMANN, Rechtsgeschäfte 64). Erst recht kann der gesetzliche Vertreter nicht einzelne vom Minderjährigen im Rahmen der Ermächtigung getätigte Rechtsgeschäfte widerrufen, da es sich bei der Ermächtigung nicht lediglich um einen beschränkten Generalkonsens handelt (vgl o Rn 2, 9).

13 Die Rücknahme der Ermächtigung erfolgt wie deren Erteilung durch einseitige empfangsbedürftige Willenserklärung gegenüber dem Minderjährigen. Die Erklärung bedarf keiner Form und kann deshalb auch durch schlüssiges Handeln erfolgen. Die Rücknahme wirkt nur für die Zukunft ab Zugang der Erklärung bei dem Minderjährigen (§ 131 Abs 2 gilt auch hier nicht) bzw ab Wirksamkeit der familiengerichtlichen Genehmigung. Vor diesem Zeitpunkt geschlossene Rechtsgeschäfte des Minderjährigen bleiben daher wirksam. Die Rücknahme der Ermächtigung zum selbstständigen Betrieb eines Handelsgewerbes hat nicht notwendig den Verlust der Kaufmannseigenschaft des Minderjährigen zur Folge (SCHEERER BB 1971, 981, 987; anders wohl BayObLGZ 1972, 106, 108).

VII. Beweislast

14 Wer sich auf die Wirksamkeit eines Rechtsgeschäfts des Minderjährigen beruft, hat die Erteilung der Ermächtigung in dem für die Wirksamkeit des Rechtsgeschäfts erforderlichen Umfang und deren Genehmigung durch das Familiengericht zu beweisen. Die Beweislast für eine familiengerichtlich genehmigte Rücknahme der Ermächtigung obliegt demjenigen, der die Unwirksamkeit des Rechtsgeschäfts geltend macht (zum Ganzen BAUMGÄRTEL/KESSEN Rn 1; MünchKomm/SCHMITT Rn 27).

VIII. Rechtliche Betreuung

§ 112 findet gem § 1903 Abs 1 S 2 auch auf die rechtliche Betreuung bei angeordnetem Einwilligungsvorbehalt Anwendung. Auch ein in dieser Weise Betreuer kann folglich, sofern er nicht geschäftsunfähig nach § 104 Nr 2 ist, vom Betreuten mit hier betreuungsgerichtlicher Genehmigung zum selbstständigen Betrieb eines Erwerbsgeschäfts ermächtigt werden. Praktisch wird eine solche Ermächtigung aber nur in Ausnahmefällen in Betracht kommen. Das Betreuungsgericht hat hier die Voraussetzungen einer Genehmigung besonders sorgfältig zu prüfen (vgl KG JW 1937, 470, 471 betr Entmündigten wg Geistesschwäche nach dem früheren § 114). **15**

IX. Ähnliche Vorschriften

Dem § 112 ähnliche Vorschriften enthält das BGB in den §§ 1431 und 1456 für den selbstständigen Betrieb eines Erwerbsgeschäfts durch einen im Güterstand der Gütergemeinschaft lebenden Ehegatten (hierzu BGHZ 83, 76, 78 ff). **16**

§ 113
Dienst- oder Arbeitsverhältnis

(1) Ermächtigt der gesetzliche Vertreter den Minderjährigen, in Dienst oder in Arbeit zu treten, so ist der Minderjährige für solche Rechtsgeschäfte unbeschränkt geschäftsfähig, welche die Eingehung oder Aufhebung eines Dienst- oder Arbeitsverhältnisses der gestatteten Art oder die Erfüllung der sich aus einem solchen Verhältnis ergebenden Verpflichtungen betreffen. Ausgenommen sind Verträge, zu denen der Vertreter der Genehmigung des Familiengerichts bedarf.

(2) Die Ermächtigung kann von dem Vertreter zurückgenommen oder eingeschränkt werden.

(3) Ist der gesetzliche Vertreter ein Vormund, so kann die Ermächtigung, wenn sie von ihm verweigert wird, auf Antrag des Minderjährigen durch das Familiengericht ersetzt werden. Das Familiengericht hat die Ermächtigung zu ersetzen, wenn sie im Interesse des Mündels liegt.

(4) Die für einen einzelnen Fall erteilte Ermächtigung gilt im Zweifel als allgemeine Ermächtigung zur Eingehung von Verhältnissen derselben Art.

Materialien: VE AT § 84, KE § 67; E I § 68, E II § 87, E III § 109; SCHUBERT, AT I 65 f; JAKOBS/SCHUBERT I 529 f, 543, 555, 558 f, 570, 573, 576 ff; Mot I 14 f = MUGDAN I 431 f; Prot 137 ff, 8356, 8393 = MUGDAN I 683 f; Bericht d RT-Kommission 38 = MUGDAN I 964 f; Beratung i RT-Plenum = MUGDAN I 999 f.

Schrifttum

S die Angaben bei den Vorbem zu §§ 104–115, zu den §§ 104–112 sowie
BERNEMANN, Wesen und Methode der Ermächtigung nach § 113 BGB, RdJ 1971, 101
BRILL, Der minderjährige Arbeitnehmer in der Rechtsprechung, BB 1975, 284
CAPELLER, Lohnkonten Minderjähriger, BB 1961, 453
ders, Scheckverkehr minderjähriger Lohnkonteninhaber, BB 1961, 682
EBERHARD, Randglossen zu § 113 BGB, Recht 1911, 29
FELLER, Die Rücknahme oder Beschränkung der „Ermächtigung" des gesetzlichen Vertreters eines Minderjährigen nach § 113 Abs 2 BGB, FamRZ 1961, 420
FRAENKEL, Das Koalitionsrecht der Minderjährigen, Arbeitsrecht 14 (1927) Sp 837
FREYBE, Rechtswirksamkeit von Lehrverträgen im Handwerk bei berufsrechtlichen Mängeln?, BB 1956, 214
GAEDTKE, Der nach § 113 des Bürgerlichen Gesetzbuches ermächtigte Minderjährige in Dienst und Arbeit (Diss Göttingen 1931)
GEFAELLER, Entstehung und Bedeutungswandel der Arbeitsmündigkeit (§ 113 BGB) (Diss Berlin 1967)
GILLES/WESTPHAL, Bürgerliches Recht: Ein problematischer Gewerkschaftsbeitritt, JuS 1981, 899
GRÜTER, Minderjährige im Wehrdienstverhältnis, RdJ 1971, 353
HEINDL, Das Recht des Lehrlings (1955)
HERRMANN, Operae liberales, operae illiberales – vom Schicksal einer Unterscheidung, ZfA 2002, 1
HESS, Ermächtigung Minderjähriger zum Eingehen von Arbeitsverhältnissen BB 1960, 554
HOFFMANN, Krankheit und Unfall als Rechtsfragen in Lehrverträgen, RdJ 1957, 17
ders, Der Beitritt minderjähriger Arbeitnehmer zu einer Gewerkschaft, BB 1965, 126
HOHN, Gesetzliche Vertretung von Minderjährigen im Arbeits- und Lehrverhältnis, BB 1960, Beilage 24
KUBE, Die Koalitionsfreiheit des minderjährigen Arbeitnehmers (Diss Köln 1967)
ders, Die Problematik des Gewerkschaftsbeitritts eines Minderjährigen, DB 1968, 1126
LUBRICHS, Der Beitritt Minderjähriger zu Koalitionen (Diss Köln 1970)
NATZEL, Der Beginn des Berufsausbildungsverhältnisses, DB 1970, 1383
SCHATTER, Die Ermächtigung des gesetzlichen Vertreters an Minderjährige, in Arbeit zu treten (§ 113 BGB), RdA 1951, 445
E SCHMIDT, Der Volontär nach dem Berufsausbildungsgesetz, BB 1971, 622
H W SCHMIDT, Zur Geschäftsfähigkeit der Heranwachsenden, SchlHA 1967, 91
SIEBERT, Zum Abschluß von Lehrverträgen – Die Geschäftsfähigkeit des Lehrlings, BB 1951, 195
WEIMAR, Die partielle Geschäftsfähigkeit des Arbeitsmündigen, MDR 1963, 651
H P WESTERMANN, Die Bedeutung der Güterstände und der beschränkten Geschäftsfähigkeit für die Bankgeschäfte, FamRZ 1967, 645
WOLTERECK, Bedenkliche Entscheidungen zum Gewerkschaftsbeitritt, DB 1964, 1777
ders, Der Gewerkschaftsbeitritt Minderjähriger, AuR 1965, 193, 237, 263
ders, Zum Ersatzkassenbeitritt Minderjähriger, SGb 1965, 161
ZITELMANN, Die Rechtsgeschäfte in dem Entwurf eines Bürgerlichen Gesetzbuchs für das Deutsche Reich I (1889).

Systematische Übersicht

I. Bedeutung	1
II. Dienst- oder Arbeitsverhältnisse	5
III. Ermächtigung	
1. Rechtsnatur und Erteilung	10
2. Ersetzung (Abs 3)	12

Titel 1 § 113
Geschäftsfähigkeit 1

IV.	**Teilgeschäftsfähigkeit**		d)	Prozessfähigkeit	25
1.	Grundsatz	13	e)	Einschränkung durch Erfordernis familiengerichtlicher Genehmigung (Abs 1 S 2)	26
2.	Umfang	14			
a)	Unmittelbare Gestaltung des Dienst- oder Arbeitsverhältnisses	14			
aa)	Eingehung	14	V.	**Zurücknahme oder Einschränkung der Ermächtigung (Abs 3)**	27
bb)	Erfüllung der Vertragspflichten	15			
cc)	Aufhebung	16	VI.	**Beweislast**	31
b)	Geschäfte im Zusammenhang mit dem Dienst- oder Arbeitsverhältnis	17	VII.	**Rechtliche Betreuung**	32
c)	Erstreckung auf gleichartige Dienst- oder Arbeitsverhältnisse (Abs 4)	24			

Alphabetische Übersicht

Außergewöhnliche Geschäfte	13, 19	Genehmigung des Vormundschaftsgerichts	26	
		Gewerkschaftsbeitritt	19, 27	
Bedeutung der Norm	1 f, 4			
Berufsausbildungsverhältnisse	7	Hilfs- oder Folgegeschäfte	17 f	
Beweislast	31			
		Lohn- oder Gehaltsentgelt	21 f	
Dienst- oder Arbeitsverhältnisse	5, 14	Lohn- oder Gehaltskonto	21	
Erfüllung von Vertragspflichten	15	Öffentlich-rechtliche Dienstverhältnisse	8	
Ermächtigung				
– Einschränkung	27 f, 30	Prozessfähigkeit	25	
– Erklärungsempfänger	28			
– Ersetzung	12	Rechtliche Betreuung	32	
– Erteilung	10 f			
– Rechtsnatur	10	Schadensersatzansprüche	23	
– Rücknahme	27 f, 30	Selbstständiger Handelsvertreter	6	
– Umfang	14 f, 17	Sozialversicherungsrecht	20	
– Wirkung	13			
Ermessen (Ausübung)	27	Teilgeschäftsfähigkeit		
Erwerbsgeschäft	6	– Grundsatz	13	
		– Umfang	14 f, 17	

I. Bedeutung

In § 113 normiert das BGB den zweiten Fall einer **Teilgeschäftsfähigkeit** der Minderjährigen neben der in § 112 geregelten „Handelsmündigkeit". Gegenstand der partiellen Geschäftsfähigkeit des § 113 ist die Begründung, inhaltliche Ausgestaltung und Aufhebung von Dienst- oder Arbeitsverhältnissen, weshalb sich hierfür der Ausdruck „Arbeitsmündigkeit" eingebürgert hat. Die Vorschrift betrifft also ebenfalls die Erwerbstätigkeit des Minderjährigen, jedoch besteht diese Erwerbstätigkeit hier im Gegensatz zu § 112 nicht in der Führung eines Erwerbsgeschäfts, sondern in der Erbringung von Dienst- oder Werkleistungen aufgrund eines entsprechenden Rechtsverhältnisses gegenüber einem Gläubiger gegen Entgelt. Unter diesen Rechtsverhältnissen steht unter den Gegebenheiten des modernen Wirtschaftslebens die im

1

Rahmen eines Arbeitsverhältnisses vorzunehmende Leistung des (minderjährigen) Arbeitnehmers an einen Arbeitgeber ganz im Vordergrund. Auch die Arbeitsmündigkeit wird erworben aufgrund einer Ermächtigung des Minderjährigen durch den gesetzlichen Vertreter zur Eingehung von Arbeitsverhältnissen oder sonstigen Dienstverhältnissen bestimmter Art. Die Ermächtigung bedarf hier nicht der Genehmigung des Familiengerichts und sie kann auch ohne diese Genehmigung zurückgenommen oder beschränkt werden. Unter den Voraussetzungen des § 113 Abs 3 ist eine Ersetzung der Ermächtigung durch das Familiengericht möglich. Eine Ermächtigung zur Begründung eines bestimmten Dienst- oder Arbeitsverhältnisses umfasst nach § 113 Abs 4 im Zweifel allgemein die Befugnis zur Eingehung von Rechtsverhältnissen der betreffenden Art. Der Minderjährige wird hierdurch fähig zur Vornahme der die Begründung oder Auflösung eines Rechtsverhältnisses der gestatteten Art oder die Erfüllung der sich hieraus ergebenden Verpflichtungen betreffenden Rechtsgeschäfte. Der primäre Zweck der Teilgeschäftsfähigkeit des § 113 besteht nach heutiger Auffassung darin, denjenigen Minderjährigen, die auf Einkommenserzielung durch eigene Erwerbstätigkeit angewiesen sind, den schnellen und reibungslosen Abschluss der hierzu erforderlichen Geschäfte zu ermöglichen, insbesondere zu verhindern, dass ihnen sich gegebenenfalls auf dem Arbeitsmarkt bietende Chancen deshalb entgehen, weil die erforderliche Zustimmung des gesetzlichen Vertreters zu einem Vertragsschluss nicht rechtzeitig eingeholt werden kann. Daneben soll auch dem anderen Vertragsteil – in der Regel dem Arbeitgeber – die Sicherheit gegeben werden, dass eine mit dem Minderjährigen im Rahmen von dessen Teilgeschäftsfähigkeit getroffene Vereinbarung von Bestand ist; diese Sicherheit wird allerdings durch die mögliche Rücknahme oder Einschränkung der Ermächtigung erheblich relativiert. Auch der Wortlaut des § 113 ist bis auf die Ersetzung des Wortes „Vormundschaftsgericht" durch „Familiengericht" gem Art 50 Nr 4 FGG-ReformG seit 1990 unverändert geblieben.

2 Die in § 113 getroffene Regelung ist, wie die des § 112, das Ergebnis einer längeren **geschichtlichen Entwicklung** (hierzu eingehend GEFAELLER 16 ff; auch KNOTHE, Geschäftsfähigkeit § 20 II 1). Der Ursprung der erweiterten Selbstständigkeit der Minderjährigen bei der Verpflichtung zu Dienstleistungen liegt im Gesindewesen der vorindustriellen Zeit. Um dem Bedürfnis der potenziellen Dienstgeber nach Gewinnung des benötigten Dienstpersonals, das bei dem hohen gemeinrechtlichen Volljährigkeitstermin von 25 Jahren (vgl Vorbem 107 zu §§ 104–115) wohl sogar in der Mehrzahl der Fälle noch minderjährig war, zu genügen und umgekehrt den Jugendlichen der unteren Bevölkerungsschichten die Möglichkeit zu einem entsprechenden Broterwerb ohne die – unter dem damaligen Kommunikationsverhältnissen oft beschwerliche – Einschaltung des Vaters oder Vormundes zu verschaffen, war schon in der älteren gemeinrechtlichen Epoche ohne Grundlage im Corpus Iuris Civilis als allgemeines deutsches Gewohnheitsrecht anerkannt, dass der Minderjährige, der sich mit Zustimmung seines Vaters oder Vormundes als Dienstbote verdingte, befugt sei, andere Dienstbotenverträge gleicher Art wirksam abzuschließen. Dieser gemeinrechtliche Grundsatz wurde dann von den Gesetzgebungen verschiedener deutscher Staaten aufgenommen (so in ALR II 5 §§ 6, 8; pr GesindeO v 8. 11. 1810 – GS 101 – §§ 6, 8; s auch ABGB § 246 HS 2 aF). Im Laufe des 19. Jahrhunderts wurde dann diese „Dienstmündigkeit" zur Befriedigung des Arbeitsplatzbedarfs der sich entwickelnden Industrie auch auf die minderjährigen gewerblichen Arbeiter ausgedehnt (zu diesem Prozess s GEFAELLER 38 ff). So erklärte § 6 PrGeschäftsfähigkeitsG vom 12. 7. 1875 den Minderjährigen, dem der Vater oder Vormund die Genehmigung erteilt hatte, „in Dienst oder Arbeit" zu treten für selbstständig befugt zur Einführung und Auflösung von Dienst- oder Arbeitsverhältnissen der genehmigten Art. Auf dieser Vorschrift sowie auf einem württembergischen Gesetz vom 30. 6. 1865 Art 3 Nr 2 beruht im Wesentlichen auch § 113 (vgl Begr zu § 84 VE AT [bei SCHUBERT, AT I 66]). Die dem Minderjährigen in § 6 PrGeschäftsfähigkeitsG eingeräumte Befugnis war allerdings noch keine Teilgeschäftsfähigkeit, sondern die Folge einer entsprechenden Generaleinwilligung des Vaters oder Vormundes, wie dies auch noch § 68 E I vorgesehen hatte. Die Ausgestaltung der Dienst- und Arbeitsmündigkeit als Teilgeschäftsfähigkeit wurde erst von der Zweiten Kommission beschlossen (vgl Prot 8393 = MUGDAN I 683 f).

Das Institut einer besonderen Arbeitsmündigkeit ist von seiner historischen Entstehung und seiner Zweckrichtung her immer wieder auf scharfe rechtspolitische **Kritik** gestoßen. Das mit § 113 und seinen Vorgängernormen vom historischen Gesetzgeber verfolgte Ziel wird von der Kritik darin gesehen, die Jugendlichen der vermögenslosen Bevölkerungskreise des ansonsten vom Geschäftsfähigkeitsrecht normierten Schutzes zu berauben, um ihre verschärfte Ausbeutung durch die besitzenden Schichten zu ermöglichen (vgl MENGER, Das bürgerl Recht u die besitzlosen Volksklassen [1890] 70 ff; GEFAELLER 33 f u passim; Bedenken auch bei ZITELMANN, Rechtsgeschäfte 68 f, vgl auch D SCHWAB AcP 172 [1972] 276 f). Die Schaffung einer entsprechend vorteilhaften Position für den Dienstherrn bei Vertragsschluss mit den minderjährigen Dienstboten stand sicher insbesondere bei den älteren gesinderechtlichen Vorschriften im Vordergrund. Dass dies die alleinige Zweckrichtung der erweiterten Selbstständigkeit gewesen sei, muss aber für das ältere Recht und vollends im Hinblick auf die Entstehung des § 113 bezweifelt werden. Dagegen spricht schon das ebenfalls seit langem anerkannte Parallelinstitut der Handelsmündigkeit, das den Minderjährigenschutz gerade für die Angehörigen der über einiges Vermögen verfügenden Bevölkerungsgruppen ebenfalls spürbar verringert. Vor allem aber war gerade in früheren Zeiten sicher bei den arbeitssuchenden Minderjährigen und ihren Eltern durchaus ein Bedürfnis nach einer über das allgemeine Geschäftsfähigkeitsrecht hinausgehenden Selbstständigkeit in der Gestaltung ihrer Dienst- und Arbeitsverhältnisse vorhanden, da andernfalls ihre Verdienstmöglichkeiten erheblich geschmälert worden wären. Dies gilt insbesondere für solche junge Menschen, die sich auf Arbeitssuche fern vom Elternhaus begeben mussten; das Zustandekommen eines Vertrages wäre hier häufig an der nicht rechtzeitig beigebrachten Zustimmung gescheitert (vgl die Begr zu § 84 VE AT [bei SCHUBERT, AT I 65]). Bei der Beratung des § 109 E III (= § 113) im Reichstag wurde bezeichnenderweise von sozialdemokratischer Seite eine Ausdehnung der vormundschaftsgerichtlichen Ersetzungsbefugnis auf die vom elterlichen Gewalthaber verweigerte Ermächtigung wiederholt beantragt, um dem Minderjährigen eine Arbeitsaufnahme auch gegen den Willen des von eigennützigen Motiven geleiteten Vaters zu ermöglichen (Bericht d RT-Kommission 38 = MUGDAN I 965; Beratung im RT-Plenum bei MUGDAN I 999 f).

Die **praktische Bedeutung** des § 113 ging besonders in der Vergangenheit und geht auch heute noch über die des § 112 erheblich hinaus. Dies beruht in erster Linie darauf, dass der Kreis der als Arbeitnehmer tätigen Minderjährigen größer ist als derjenige der minderjährigen Gewerbetreibenden. Zudem bedarf der gesetzliche Vertreter zu einer Ermächtigung nach § 113 im Gegensatz zu einer solchen nach § 112 nicht der (jetzt) familiengerichtlichen Genehmigung. Gleichwohl hat sich auch die rechtstatsächliche Bedeutung der Arbeitsmündigkeit in den letzten Jahren stark vermindert. Hauptgrund hierfür ist auch hier die Herabsetzung des Volljährigkeitsalters auf das vollendete 18. Lebensjahr seit dem 1. 1. 1975. Diese Gesetzesänderung wirkte sich umso stärker aus, als sich andererseits die Ausbildungszeiten der Jugendlichen in den letzten Jahrzehnten wesentlich verlängert haben und auch berufliche Ausbildungsverhältnisse nicht von § 113 erfasst werden (vgl u Rn 7). Auf die Zeit nach dem 1. 1. 1975 sich beziehende veröffentlichte Gerichtsentscheidungen sind auch zu einem erheblichen Teil solche der Finanzgerichtsbarkeit, die sich mit der Wirksamkeit eines zwischen dem Minderjährigen und seinen Eltern vereinbarten Dienst- oder Arbeitsverhältnisses nach § 113 als Vorfrage für die Anerkennung des von den Eltern gezahlten Entgelts als Betriebsausgaben oder Werbungskosten befassen.

II. Dienst- oder Arbeitsverhältnisse

5 Die aus § 113 folgende Teilgeschäftsfähigkeit bezieht sich auf Dienst- oder Arbeitsverhältnisse des Minderjährigen als Dienstverpflichteten bzw Arbeitnehmer. Der Begriff des Dienst- und Arbeitsverhältnisses im Sinne des § 113 geht über denjenigen Dienstvertrages gem §§ 611 ff oder des Arbeitsvertrages im Sinne des Arbeitsrechts hinaus. Nach der *ratio* der Vorschrift, dem Minderjährigen einen Freiraum für die rechtsgeschäftliche Ausgestaltung seiner Erwerbstätigkeit zu geben (vgl o Rn 1), fallen hierunter alle Rechtsverhältnisse, die den Minderjährigen gegenüber einem anderen zur persönlichen Leistung irgendwelcher Dienste gegen Entgelt verpflichten (PFAEFFLIN Gruchot 48 [1904] 1, 8; SCHATTER RdA 1951, 445, 446; FÖRSTER 31 f; GAEDTKE 19). § 113 findet damit auch auf Werkverträge Anwendung (allg Meinung; anders nur AK-BGB/KOHL Rn 6, der die Vorschrift auf Arbeitsverträge beschränken will). Die Rechtsverhältnisse müssen, da sie dem Erwerb des Minderjährigen dienen sollen, auf entgeltliche Leistungen gerichtet, also gegen Lohn oder Gehalt zu erbringen sein, wobei die Gegenleistung allerdings nicht notwendig in Geld zu bestehen braucht (BGH NJW 1974, 1947, 1949; PFAEFFLIN Gruchot 48 [1904] 1, 8 f).

6 Nicht von § 113 erfasst wird (natürlich) der Betrieb eines Erwerbsgeschäfts gem § 112. Die beiden Teilgeschäftsfähigkeiten des § 112 und des § 113 sind nicht in der Weise voneinander abzugrenzen, dass unter § 113 nach dem Vorbild der gemeinrechtlichen Unterscheidung zwischen *operae liberales* und *operae illiberales* (hierzu jetzt HERRMANN ZfA 2002, 1 ff) nur die sogenannten niederen Dienste fielen, während Dienste höherer Art dem § 112 unterlägen, wie dies noch für § 5 und § 6 PrGeschäftsfähigkeitsG vertreten worden war (so RGZ 28, 278, 281). § 113 findet daher auf alle Dienstverhältnisse Anwendung, auch wenn sie die Leistung von freien Diensten zum Gegenstand haben (OLG Düsseldorf OLGE 22, 161 f; PFAEFFLIN Gruchot 48 [1904] 1, 5 f). Für die §§ 112, 113 sah das ältere Schrifttum die Selbstständigkeit der Erwerbstätigkeit als das entscheidende Abgrenzungsmerkmal an. Eine selbstständige, von fremden Weisungen unabhängige Tätigkeit stellte hiernach den Betrieb eines Erwerbsgeschäfts gem § 112 dar, während für ein Dienst- oder Arbeitsverhältnis nach § 113 die Weisungsunterworfenheit und damit die Unselbstständigkeit kennzeichnend sein sollte (so OLG Düsseldorf u PFAEFFLIN aaO; ferner SCHATTER RdA 1951, 445, 446; FÖRSTER 31 f, GAEDTKE 19). Das Bundesarbeitsgericht hat jedoch auch den zwischen einem selbstständigen Handelsvertreter gem § 84 Abs 1 HGB und dem Unternehmer bestehenden Dienstvertrag mit Geschäftsbesorgungscharakter nach § 113 beurteilt, daneben allerdings auch den § 112 für anwendbar erklärt

(BAGE 15, 335, 344 = NJW 1964, 1641, 1642 = AP § 90a HGB m zust Anm HEFERMEHL; ferner BRIEGER VersR 1969, 98). Diese Entscheidung ist von der neueren Kommentarliteratur dahingehend verallgemeinert worden, dass die Unselbstständigkeit der Dienst- und Arbeitsleistung für § 113 nicht erforderlich sei (ERMAN/PALM Rn 5; MünchKomm/SCHMITT Rn 7; PALANDT/ELLENBERGER Rn 2; aA AnwK-BGB/BALDUS Rn 1). Das BAG-Urteil ist aber auf die besondere Stellung des selbstständigen Handelsvertreters zugeschnitten, der einerseits in einem Rechtsverhältnis zum Unternehmer steht, andererseits aber nach außen hin selbstständig gegenüber dem Kunden auftritt. Für das Verhältnis des Handelsvertreters zum Unternehmer ist in der Tat die Anwendung des § 113 angemessen, während sein Tätigwerden gegenüber dem Kunden nach § 112 beurteilt werden muss (vgl SOERGEL/HEFERMEHL Rn 2). Von diesen und ähnlichen Besonderheiten abgesehen kann aber *cum grano salis* am Kriterium der Selbstständigkeit festgehalten werden. Für das Verhältnis des arbeitnehmerähnlichen Einfirmenvertreters gem §§ 92 HGB, 5 Abs 3 ArbGG zum Unternehmer gilt erst Recht § 113 (LAG Baden-Württemberg DB 1963, 734), auf den angestellten Handelsvertreter nach § 84 Abs 2 HGB ist allein diese Vorschrift anwendbar. Ebenso ist die Tätigkeit der Heimarbeiter, die nach dem HeimarbeitsG arbeitnehmerähnliche Personen sind, nach § 113 zu beurteilen. Mangels Beschränkung des § 113 auf einfache Dienste gilt diese Vorschrift auch für Engagementverträge von Schauspielern (OLG Düsseldorf OLGE 22 161 f; zu § 6 PrGeschäftsfähigkeitsG noch ablehnend RGZ 28, 278 ff).

Keine Dienst- und Arbeitsverträge im Sinne des § 113 sind diejenigen Verträge, bei **7** denen der **Ausbildungszweck** der Tätigkeit im Vordergrund steht. Berufsausbildungsverhältnisse nach dem Berufsausbildungsgesetz (früher Lehrverhältnisse) werden deshalb nach heute wohl einhelliger Ansicht nicht von § 113 erfasst (BFH BB 1987, 251; RAG ARS 34, 186, 191 [Nr 33] m Anm NIPPERDEY; LAG Breslau ARS 33, 187, 193 [Nr 37] m Anm HUECK; LAG Düsseldorf 1950, 290; LAG Hannover BB 1951, 813; LAG Kiel BB 1955, 997; 1958, 758; LAG Baden-Württemberg BB 1956, 925; LAG Bremen BB 1958, 738; SIEBERT BB 1951, 195; SCHATTER RdA 1951, 445, 446 f; WEIMAR MDR 1963, 651, 652; WOLTERECK AuR 1965, 193, 237, 263; GAEDTKE 23 f; LARENZ/WOLF, AT § 25 V 9 b Rn 67; MünchKomm/SCHMITT Rn 14; BGB-RGRK/ KRÜGER-NIELAND Rn 12; AnwK-BGB/BALDUS Rn 1; aA RAGE 3, 300, 302; RAG ARS 5, 330, 332 [Nr 81] m Anm HUECK; LAG Düsseldorf 1962, 606; auch BAGE 125, 285, 289 [Tz 18] = NJW 2008, 1833, 1834). Bei § 113 handelt es sich somit um eine dem Wesen und dem Zweck des Berufsausbildungsvertrages widersprechende Rechtsvorschrift für den Arbeitsvertrag, so dass § 10 Abs 2 BeBiG seine Anwendung auf den Berufsausbildungsvertrag ausschließt. Die Nichtanwendbarkeit des § 113 auf die Vertragsverhältnisse der Volontäre und Praktikanten gem § 26 BeBiG 2005 folgt heute zwar nicht mehr aus der schon durch § 10 BeBiG 1969 beseitigten früheren Unentgeltlichkeit dieser Beschäftigungen, wohl aber aus dem auch hier bestehenden primären Ausbildungszweck (RAG ARS 9, 281, 283 [Nr 64]; LAG Kiel BB 1955, 997; LAG Baden-Württemberg BB 1956, 925; LAG Düsseldorf AP HandwerksO § 21 Nr 1; WEIMAR MDR 1969, 651, 652; NATZEL DB 1970, 1383, 1384; E SCHMIDT BB 1971, 622; MünchKomm/SCHMITT Rn 14; ERMAN/PALM Rn 5; BGB-RGRK/KRÜGER-NIELAND Rn 12; SOERGEL/HEFERMEHL Rn 2; aA SCHATTER RdA 1951, 445, 447).

Auf **öffentlich-rechtliche Dienstverhältnisse** findet § 113 entsprechende Anwendung **8** (ERMAN/PALM Rn 5; SOERGEL/HEFERMEHL Rn 2; aA PFAEFFLIN Gruchot 48 [1904] 1, 9; FÖRSTER 23; AK-BGB/KOHL Rn 6). Die Vorschrift gilt daher für eine Dienstverpflichtung als Zeitsoldat bei der Bundeswehr (OVG Münster NJW 1962, 758; FamRZ 1966, 51) oder für den Dienst im Bundesgrenzschutz (BVerwGE 34, 168; DVBl 1996, 1143, 1144). § 113 wird sogar auf einen öffentlich-rechtlich geregelten Vorbereitungsdienst trotz des auch hier im Vordergrund stehenden Ausbildungszwecks (vgl o Rn 7) für anwendbar gehalten, da der erforderliche Minderjährigenschutz durch die öffentlich-rechtliche Ausgestaltung dieses Dienstverhältnisses gewährleistet sei (BVerwG DVBl 1996, 1143, 1144). Für unanwendbar erklärt hatte das BVerwG hingegen den § 113 auf Erklärungen von Wehrpflichtigen gem dem früheren § 19 Abs 5 WehrpflichtG (vgl hierzu Vorbem 99 zu §§ 104–115), so dass Minderjährige insoweit nicht den Beschränkungen des § 113 Abs 1 S 2 unterlagen (BVerwG NJW 1964, 1386).

9 Die Frage, ob ein Dienst- oder Arbeitsverhältnis der in § 113 genannten Art auch **mit dem gesetzlichen Vertreter selbst** begründet werden kann, beschäftigt seit neuerer Zeit die Finanzgerichte, da die bürgerlich-rechtliche Wirksamkeit eines solchen Vertragsverhältnisses als Voraussetzung für die Anerkennung des vom gesetzlichen Vertreter an den Minderjährigen gezahlten Entgelts als Betriebsausgabe nach § 4 Abs 4 EStG oder als Werbungskosten gem § 9 Abs 1 EStG angesehen wird. Ein solches Vertragsverhältnis wird grundsätzlich als nach § 113 möglich erachtet. Umstritten ist lediglich, ob der gesetzliche Vertreter die zum wirksamen Vertragsschluss notwendige Ermächtigung dem Minderjährigen selbst erteilen kann oder ob hierfür die Bestellung eines Ergänzungspflegers nach § 1909 erforderlich ist. Richtiger Ansicht nach muss ein Ergänzungspfleger in entsprechender Anwendung von § 181 bestellt werden, da die Ermächtigung zwar kein eigentliches In-Sich-Geschäft darstellt, aber eine Kollision zwischen den Interessen des Minderjährigen und des gesetzlichen Vertreters, deren Verhinderung nach neuerer Auffassung der Zweck des § 181 ist, als möglich erscheint (FG Schleswig-Holstein NJW 1987, 1784; Rh-PfFG EFG 1989, 274; BORK, AT Rn 1042; MünchKomm/SCHMITT Rn 12, 13; BAMBERGER/ROTH/WENDTLAND Rn 4; auch EFG 1990, 344, 345).

III. Ermächtigung

1. Rechtsnatur und Erteilung

10 Die entscheidende Voraussetzung für die Erlangung der Teilgeschäftsfähigkeit nach § 113 ist eine dem Minderjährigen vom gesetzlichen Vertreter erteilte Ermächtigung zum Eintritt in ein Dienst- oder Arbeitsverhältnis. Die Ermächtigung ist eine **einseitige empfangsbedürftige Willenserklärung**. Nach überwiegender Meinung muss die Ermächtigung zu ihrer Wirksamkeit dem Minderjährigen gegenüber erklärt werden (BAG AP § 113 Nr 6 = DB 1974, 2062; LAG Düsseldorf BB 1961, 1238; LAG Hamm BB 1971, 779 f; SCHATTER RdA 1951, 445; FOMFEREK 63 f; AK-BGB/KOHL Rn 5; BAMBERGER/ROTH/WENDTLAND Rn 3; PWW/VÖLZMANN-STICKELBROCK Rn 2; MünchKomm/SCHMITT Rn 17; BGB-RGRK/KRÜGER-NIELAND Rn 3; SOERGEL/HEFERMEHL Rn 3). Abweichende Ansichten lassen in Analogie zu § 182 Abs 1 die Erklärung auch gegenüber dem anderen Vertragsteil zu (so BERNEMANN RdJ 1971, 101, 104 ff) oder verlangen sogar eine an den anderen Vertragsteil gerichtete Erklärung (so FELLER FamRZ 1961, 420, 422). Die hM verdient wegen der die Teilgeschäftsfähigkeit des Minderjährigen begründenden Wirkung der Ermächtigung den Vorzug.

11 Die Ermächtigung bedarf **keiner Form**. Sie kann deshalb auch durch schlüssiges Verhalten erfolgen und wird regelmäßig auch auf diese Weise erteilt werden (BAG AP § 113 Nr 6 = DB 1974, 2062 = FamRZ 1975, 90 m Anm FENN; PFAEFFLIN Gruchot 48 [1904] 1, 4;

SCHATTER RdA 1951, 445, 446; FELLER FamRZ 1961, 420, 421; BERNEMANN RdJ 1971, 101, 102). Eine Ermächtigung kann folglich auch darin liegen, dass der gesetzliche Vertreter eine ihm bekannte Tätigkeit des Minderjährigen in einem bestimmten Betrieb oder einer bestimmten Branche duldet und dagegen nicht einschreitet (BAG AP § 113 Nr 6 = DB 1974, 2062 f = FamRZ 1975, 90 m Anm FENN; ArbG Wilhelmshaven ARST 1968, 94 [Nr 1164]; ERMAN/PALM Rn 3; aA AK-BGB/KOHL Rn 5). Nicht als Ermächtigung zu werten ist aber eine bloße Hinnahme der Tätigkeit aus Resignation, wenn der gesetzliche Vertreter mangels Durchsetzungsfähigkeit gegenüber dem Minderjährigen keine weitere Einwirkungsmöglichkeit auf diesen zu haben glaubt (BAG aaO). Von der Einwilligung gem § 107 unterscheidet sich die Ermächtigung dadurch, dass diese dem Minderjährigen eine gewisse freie Entschließung einräumt. Als bloße Einwilligung, nicht als Ermächtigung ist daher grundsätzlich anzusehen, wenn der gesetzliche Vertreter selbst den Vertrag mit dem anderen Teil abschließt (RAGE 3, 221, 223; 300, 303; RAG ASR 5 [auf Nr 81] 330, 332 m Anm HUECK; BayObLGZ 1978, 152, 155; auch LAG Düsseldorf DB 1968, 2221; LAG Hamm DB 1971, 779, 780). Gleiches gilt im Zweifel auch für eine Mitunterzeichnung des Vertrages durch den gesetzlichen Vertreter neben dem Minderjährigen (LAG Düsseldorf BB 1961, 1238; vgl aber LG Krefeld JW 1924, 1197). Eine wirksam erteilte Ermächtigung wirkt nur für die Zukunft; vom Minderjährigen schon vorher geschlossene Rechtsgeschäfte werden dadurch also nicht rückwirkend nach § 113 wirksam (PFAEFFLIN Gruchot 48 [1904] 1, 5).

2. Ersetzung (Abs 3)

Die vom Vormund als gesetzlichem Vertreter verweigerte Ermächtigung kann nach **12** § 113 Abs 3 S 1 vom Familiengericht ersetzt werden. Gem Abs 3 S 2 ist das Familiengericht zur Ersetzung verpflichtet, wenn sie im Interesse des Minderjährigen liegt. Der die Ersetzung aussprechende Beschluss des Familiengerichts unterliegt gem § 58 FamFG der innerhalb eines Monats ab schriftlicher Bekanntgabe des Beschlusses an den Beschwerdeführer (§ 63 Abs 1 u 3 FamFG) einzulegenden Beschwerde; der beim Erlass des Ersetzungsbeschlusses über 14 Jahre alte Minderjährige kann das Beschwerderecht, da es sich bei dem Verfahren um eine seine Person betreffende Angelegenheit (§ 151 Nr 1 FamFG) handelt, nach § 60 S 1 FamFG ohne Mitwirkung des gesetzlichen Vertreters ausüben. Gegen die Entscheidung des Beschwerdegerichts ist nach Maßgabe des § 70 FamFG die ebenfalls binnen Monatsfrist einzulegende Rechtsbeschwerde statthaft. Eine von den Eltern verweigerte Ermächtigung ist hingegen nicht nach § 113 Abs 3 ersetzbar (kritisch hierzu FÖRSTER 54). Anträge, auch insoweit die Ersetzung zuzulassen, wurden im Gesetzgebungsverfahren als mit der elterlichen Stellung unvereinbar abgelehnt (vgl o Rn 3). Eine Ersetzung der elterlichen Ermächtigung kommt aber nach § 1666 Abs 3 Nr 5 in Betracht. Hierzu ist jedoch eine Gefährdung des Kindeswohls nach § 1666 Abs 1 erforderlich, die nicht ohne Weiteres schon dann zu bejahen ist, wenn die Ermächtigung im Interesse des Minderjährigen liegt (MünchKomm/SCHMITT Rn 44; aA KG OLGE 3, 347, 348).

IV. Teilgeschäftsfähigkeit

1. Grundsatz

Die Rechtsfolge der erteilten Ermächtigung besteht darin, dass der Minderjährige in **13** dem durch sie bestimmten Umfang **unbeschränkt geschäftsfähig** wird. Auch die Ermächtigung nach § 113 stellt also keine bloße Generaleinwilligung des gesetzlichen Vertreters dar, sondern sie begründet – ebenso wie die Ermächtigung nach § 112 – eine echte Teilgeschäftsfähigkeit des Minderjährigen. Wegen dieser weitreichenden Wirkung ist die Ermächtigung, bei der im Gegensatz zu § 112 auch keine familiengerichtliche Kontrolle vorgesehen ist, einschränkend auszulegen. Sie umfasst daher im Zweifel nicht außergewöhnliche Geschäfte, aus denen sich für den Minderjährigen möglicherweise nachteilige Folgen ergeben können, sondern nur solche Geschäfte, die mit der Eingehung, Abwicklung und Beendigung des Dienst- oder Arbeitsverhältnisses **üblicherweise** verbunden sind (BAG AP § 113 Nr 7 m Anm GITTER = BB 2000, 567, 568 mwNw; LAG Bremen DB 1971, 2318). Nach heute allgemein anerkannter Ansicht verliert der gesetzliche Vertreter in dem Umfang der erlangten Teilgeschäftsfähigkeit seine Vertretungsbefugnis (BAG aaO; LAG Düsseldorf BB 1961, 1238; GAEDTKE 15 f; ENNECCERUS/NIPPERDEY I 2 § 151 III 4 c; BGB-RGRK/KRÜGER-NIELAND Rn 10; SOERGEL/HEFERMEHL Rn 1). Eine früher teilweise angenommene konkurrierende Vertretungsbefugnis des gesetzlichen Vertreters (so FÖRSTER 37 ff) wäre mit dem Status der partiellen Geschäftsfähigkeit unvereinbar.

2. Umfang

a) Unmittelbare Gestaltung des Dienst- oder Arbeitsverhältnisses

14 Die erlangte Teilgeschäftsfähigkeit erfasst zunächst nach dem Wortlaut des § 113 Abs 1 S 1 solche Rechtsgeschäfte, die das Dienst- oder Arbeitsverhältnis unmittelbar betreffen.

aa) Eingehung

Partiell geschäftsfähig wird der Minderjährige für die Eingehung des Dienst- oder Arbeitsverhältnisses (hierzu BRILL BB 1975, 284, 287). Der Minderjährige kann also die ein solches Verhältnis begründenden Verträge mit dem anderen Teil wirksam abschließen, ohne hierzu der Zustimmung des gesetzlichen Vertreters nach den §§ 107, 108 zu bedürfen. Der Begriff der „Eingehung" eines Dienst- oder Arbeitsverhältnisses beschränkt sich hierbei nicht auf den bloßen Abschluss eines inhaltlich bereits festgelegten Vertrages, sondern er umfasst auch die Ausgestaltung der Rechte und Pflichten aus dem Vertragsverhältnis im Einzelnen (BAG AP § 113 Nr 7 m Anm GITTER = BB 2000, 568 GILLES/WESTPHAL JuS 1981, 899, 902).

bb) Erfüllung der Vertragspflichten

15 Als weiteren Bereich der Teilgeschäftsfähigkeit nennt das Gesetz diejenigen Rechtsgeschäfte, die die Erfüllung der sich aus dem Dienst- oder Arbeitsverhältnis ergebenden Verpflichtungen betreffen. Hierunter fallen sowohl die Verpflichtungen des Minderjährigen als auch diejenigen des anderen Vertragsteils. Hinsichtlich dieser Verbindlichkeiten kann der Minderjährige also selbstständig modifizierende Abreden treffen. Er ist deshalb fähig zur Erteilung einer Ausgleichsquittung an den Arbeitgeber (LAG Plauen ARS 4, 53, 54 [Nr 14]; LAG Frankfurt/M ARS 9, 12, 13 [Nr 3] m zust Anm NIPPERDEY; LAG Niedersachsen DB 1964, 115; LAG Hamm DB 1971, 779; **aA** AK-BGB/ KOHL Rn 10). Die Verabredung einer Vertragsstrafe mit dem Arbeitgeber fällt richtiger Ansicht nach nur dann unter § 113, wenn sie für ein Vertragsverhältnis der betreffenden Art üblich ist (RAG 1, 355, 356 = JW 1928, 1672; SCHATTER RdA 1951, 445, 447). Gleiches gilt für die Vereinbarung von Wettbewerbsverboten, soweit diese nicht überhaupt von Minderjährigen nicht wirksam begründet werden können, wie nach

§§ 74a Abs 2 S 1 HGB, 110 S 2 GewO (Gaedtke 35 f; generell ablehnend RAG ARS 2, 282, 284 [Nr 81]; ebenso die Vorinstanz LAG Hamburg ARS 2, 171, 172 [Nr 57] m zust Anm Hueck; Schatter aaO; Weimar MDR 1963, 651, 652; für entspr Anwendung v § 74a Abs 2 S 1 auf arbeitnehmerähnliche Handelsvertreter LAG Baden-Württemberg DB 1963, 734). Als einschneidend und außergewöhnlich und damit nicht von § 113 gedeckt bezeichnet wurde die Vereinbarung eines dreijährigen Wettbewerbsverbots für eine Tätigkeit in der Steuer- und Buchprüfungsberatung mit einer Vertragsstrafe von 1000 DM für jeden Fall der Zuwiderhandlung (LAG Berlin BB 1963, 897). Unwirksam und auch nicht gem § 113 Abs 1 gedeckt ist eine Vereinbarung, durch welche sich der Minderjährige nach Kündigung zur Erstattung von Lehrgangskosten verpflichtet hat (ArbG Wilhelmshaven AuR 1963, 347; ArbG Celle ARST 1971, 2 [Nr 2]). Grundsätzlich zulässig sind Vereinbarungen über die Regulierung von Schadensersatzansprüchen aus dem Vertragsverhältnis (vgl ArbG Herne DB 1963, 1362 f).

cc) **Aufhebung**
Schließlich wird auch die Aufhebung eines Dienst- oder Arbeitsverhältnisses von § 113 erfasst. Der Minderjährige ist daher ermächtigt, das Vertragsverhältnis ordentlich oder außerordentlich zu kündigen oder eine Kündigung von Seiten des anderen Teils entgegen zu nehmen (OLG Colmar Recht 1903, 102 [Nr 440]; ArbG Wilhelmshaven DB 1965, 1864). Auch einen Aufhebungsvertrag kann der Minderjährige zustimmungsfrei abschließen. Wegen der gebotenen engen Auslegung des § 113 gilt dies aber nicht für den Aufhebungsvertrag einer schwangeren Arbeitnehmerin, die dadurch auf die ihr im Rahmen des Mutterschutzgesetzes zustehenden Vorteile verzichtet (LAG Bremen DB 1971, 2318).

b) **Geschäfte im Zusammenhang mit dem Dienst- oder Arbeitsverhältnis**
Nach dem Wortlaut des § 113 Abs 1 S 1 erstreckt sich die Teilgeschäftsfähigkeit nur auf solche Rechtsgeschäfte, die das Dienst- oder Arbeitsverhältnis unmittelbar betreffen. Es ist aber heute anerkannt, dass die Teilgeschäftsfähigkeit auch solche Geschäfte erfassen muss, die mit dem Dienst- oder Arbeitsverhältnis in einem so engen Zusammenhang stehen, dass dieses Verhältnis ohne deren Abschluss nicht oder nur unter erheblichen Schwierigkeiten durchführbar wäre. Es handelt sich hierbei um **Hilfsgeschäfte** oder **Folgegeschäfte** des Dienst- oder Arbeitsverhältnisses. Derartige Geschäfte können nicht nur mit dem anderen Teil des Dienst- oder Arbeitsvertrages, sondern auch, wie das häufig erforderlich sein wird, mit dritten Personen abgeschlossen werden.

Als Hilfsgeschäfte sind vornehmlich solche Rechtsgeschäfte anzusehen, die zur Beschaffung des für den Minderjährigen erforderlichen **Lebensbedarfs** (Nahrung, Kleidung) und einer **Unterkunft** am Arbeitsort notwendig sind. Diese Geschäfte kann der Minderjährige daher auf Grund seiner Teilgeschäftsfähigkeit zustimmungsfrei abschließen (OLG Karlsruhe OLGE 12, 11, 17; Schatter RdA 1951, 445, 448). Für die Anmietung eines Zimmers oder einer Wohnung gilt dies aber nur, wenn der gesetzliche Vertreter den Minderjährigen zur Arbeitsaufnahme an einem von dem Wohnort der Eltern weit entfernten Ort ermächtigt hat; die Wohnung muss zudem nach Mietpreis, Größe und Ausstattung in einem angemessenen Verhältnis zum Arbeitseinkommen und dem Wohnbedarf des Minderjährigen stehen (LG Mannheim WuM 1969, 110 f). Ist die Dienst- oder Arbeitsleistung hingegen am Wohnort des gesetzlichen Vertreters oder in dessen unmittelbarer Nähe zu erbringen, so ist die Beschaffung einer eigenen Wohnung mangels Vorliegens besonderer Gründe nicht von § 113 gedeckt (LG Mannheim NJW 1969, 239). Ebenso wenig erfasst die Ermächtigung in der Regel die Einwilligung auch des gesetzlich krankenversicherten Minderjährigen in eine nicht unumgänglich gebotene ärztliche Operation (RG JW 1907, 505 [Nr 2]). Die gelegentliche Anmietung eines Kraftfahrzeugs ist hingegen als normale Urlaubsgestaltung eines gut verdienenden minderjährigen Facharbeiters als nach § 113 wirksam angesehen worden (so OLG München VersR 1958, 149).

19 Den Beitritt des minderjährigen Arbeitnehmers zu einer **Gewerkschaft** hat eine ältere Ansicht nicht als von § 113 erfasst angesehen (LG Frankfurt/M NJW 1963, 1361 f m abl Anm FARTHMANN NJW 1963, 1982, 1983; AG Köln BB 1964, 1171). Nach heutiger Auffassung wird hingegen eine Teilgeschäftsfähigkeit auch für diesen Vertragsschluss ganz überwiegend bejaht (LG Frankenthal DB 1966, 586 f; LG Düsseldorf BB 1966, 587 LG Essen DB 1965, 2302 f; LG Frankfurt/M FamRZ 1967, 680 f; AG Bamberg DB 1964, 1558; AG Oberhausen DB 1964, 1778 f; AG Fürth DGVZ 1972, 187, 188; FRAENKEL Arbeitsrecht 14 [1927] Sp 837, 840; HOFFMANN BB 1965, 126 ff; SCHATTER RdA 1951, 445, 447 f; LUBERICHS 193; eingehend GILLES/WESTPHAL JuS 1981, 899, 901 ff; WOLTERECK DB 1964, 1777 f; ders, AuR 1965, 193, 237, 263, 264 ff; i Ergebnis auch KUBE DB 1968, 1126, 1128 ff; ders, Koalitionsfreiheit 95 ff). Dieser Ansicht ist zuzustimmen. Bei Tarifbindung des Arbeitgebers wirkt sich der Gewerkschaftseintritt auf Grund von § 4 Abs 1 TVG unmittelbar auf den Inhalt des Arbeitsverhältnisses aus und zwar in der Regel wesentlich stärker als dies heute durch Individualvereinbarung geschieht. Aber auch wenn der Arbeitgeber nicht tarifgebunden ist, liegt ein Gewerkschaftsbeitritt angesichts der heutigen Bedeutung der Gewerkschaften im Wirtschaftsleben durchaus im Interesse des Minderjährigen. Schließlich ist der minderjährige Arbeitnehmer auf Grund seiner Arbeitsmündigkeit auch zur selbstständigen Ausübung seines Grundrechts aus Art 9 Abs 3 GG berechtigt. Eine Einschränkung der Ermächtigung seitens des gesetzlichen Vertreters gem § 113 Abs 2 in der Weise, dass der Gewerkschaftsbeitritt von der Ermächtigung nicht mehr erfasst wird, dürfte daher unzulässig sein. Als außergewöhnliches Geschäft nicht von § 113 gedeckt ist hingegen die Aufnahme eines Darlehens des Minderjährigen bei seiner Gewerkschaft selbst dann, wenn es sich bei diesem Kredit um eine Streik-Unterstützungsmaßnahme handelt (LG Münster MDR 1968, 146 f). Tarifvertraglich vorgesehene Gestaltungsmöglichkeiten sind idR als verkehrsüblich von der Ermächtigung erfasst (BAG AP § 113 Nr 7 m insoweit abl Anm GITTER = BB 2000, 567, 568).

20 Die Frage der Anwendbarkeit des 113 auch auf Rechtshandlungen im Bereich des **Sozialversicherungsrechts** hat sich mit dem Inkrafttreten des § 36 SGB I nicht erledigt, denn die dort eingeführte „Sozialmündigkeit" umfasst mit der Stellung und Verfolgung von Anträgen auf Sozialleistungen (vgl Vorbem 99 zu §§ 104–115) nur einen Ausschnitt der möglichen sozialversicherungsrechtlichen Handlungen. Die Verfahrensfähigkeit des § 11 Abs 1 Nr 2 SGB X knüpft an eine bestehende Teilgeschäftsfähigkeit, etwa nach § 113, an, erfordert also die Bestimmung von deren Umfang auf diesem Rechtsgebiet. Klärungsbedürftig ist insbesondere die Erstreckung der Teilgeschäftsfähigkeit des § 113 auf den freiwilligen Beitritt zu einer Sozialversicherung und die Stellung eines Antrags auf Befreiung von der Versicherungspflicht. Der Abschluss einer Krankenversicherung mit einer Ersatzkasse an Stelle der Pflichtversicherung bei der AOK wird als gem § 113 wirksam angesehen (AG Wiesbaden DGVZ 1962, 156; WOLTERECK SGb 1965, 161, 164; ERMAN/PALM Rn 14; PALANDT/ELLENBERGER Rn 4). Die sachlich enge Beziehung der Sozialversicherung des Arbeitnehmers zu dessen Arbeitsverhältnis spricht in der Tat dafür, dem arbeitsmündigen Minderjährigen auch die Fähigkeit zur selbstständigen Gestaltung der mit seinem Arbeitnehmerstatus verbundenen Sozialversicherungsverhältnisse zuzuerkennen (vgl auch SOERGEL/HEFERMEHL Rn 4; aA KRAUSE VerwArch 61 [1970] 297, 313; MünchKomm/SCHMITT Rn 26).

Die Teilgeschäftsfähigkeit umfasst auch die Befugnis des Minderjährigen zur Verfügung über die ihm gegen den Dienstberechtigten oder den Arbeitgeber zustehende **Entgelt-(Lohn- oder Gehalts-)forderung**. Denn hierbei handelt es sich um Rechtsgeschäfte, die die Erfüllung einer Verpflichtung betreffen, zu denen § 113 Abs 1 S 1 den Minderjährigen für fähig erklärt. Der Minderjährige kann deshalb den Arbeitslohn mit für den Arbeitgeber befreiender Wirkung entgegennehmen, er kann auf den Lohnanspruch verzichten, ihn stunden, mit ihm aufrechnen, sich über ihn vergleichen und er kann auch eine Ausgleichsquittung erteilen (LAG Hamm DB 1971, 779). Der gesetzliche Vertreter ist nach der Erteilung der Ermächtigung gem § 113 Abs 1 dagegen nicht zum Einklagen des Lohnes befugt (RAG ARS 13, 447, 448 [Nr 103] m Anm GERSTEL; LG Landsberg/Warthe KGBl 1905, 74; SCHEFOLD AcP 94 [1903] 305, 308 f). Angesichts der heute allgemein üblichen bargeldlosen Überweisung des Arbeitsentgelts auf ein **Lohn- oder Gehaltskonto** des Arbeitnehmers, zu dessen Unterhaltung dieser arbeitsvertraglich sogar meist verpflichtet ist, ergibt sich aus der Verfügungsbefugnis über den Entgeltanspruch auch das Recht des Minderjährigen zur selbstständigen Eröffnung eines solchen Kontos (CAPELLER BB 1961, 453, 454; HAGEMEISTER JuS 1992, 839, 842; VORTMANN WM 1994, 965, 967; MünchKomm/SCHMITT Rn 28; SCHEERER BB 1971, 981, 983 f: auch Kündigung des Kontos). Der Minderjährige ist auch zu Verfügungen über das Konto in Form von Barabhebungen in Höhe des Wertes des Arbeitsentgeltes berechtigt (CAPELLER BB 1961, 453, 455; HAGEMEISTER JuS 1992, 839, 842; ERMAN/PALM Rn 12; MünchKomm/SCHMITT Rn 28; SOERGEL/HEFERMEHL Rn 5; zweifelnd SCHEERER BB 1971, 981, 983; aA AK-BGB/KOHL Rn 15). In diesem Fall erhält der Minderjährige sein Arbeitsentgelt nicht anders als bei einer Barauszahlung durch den Arbeitgeber. Nicht von § 113 gedeckt sind aber mangels Beziehungen zum Arbeitsverhältnis Verfügungen über das Lohnkonto mittels Banküberweisung oder Scheckausstellung (CAPELLER BB 1961, 453, 455; SCHEERER BB 1971, 981, 983; H P WESTERMANN FamRZ 1967, 645, 649 ff; SOERGEL/HEFERMEHL Rn 5). Etwas anderes gilt nur für die Überweisung von Gewerkschaftsbeiträgen, denn hier ist eine Verbindung zum Arbeitsverhältnis zu bejahen (vgl o Rn 19; ebenso VORTMANN WM 1994, 965, 967; HAGEMEISTER JuS 1992, 839, 842, der gleiches auch für die Rücküberweisung von Lohnüberzahlungen annimmt).

Auf das – durch Abhebung von dem Lohn- oder Gehaltskonto oder durch Barzahlung des Arbeitgebers erlangte – **Arbeitsentgelt** selbst erstreckt sich die Teilgeschäftsfähigkeit nicht. Das Entgelt unterliegt folglich gem §§ 1626, 1793 der Verwaltungs- und Verfügungsbefugnis des gesetzlichen Vertreters (ArbG Göttingen DB 1962, 606; ArbG Celle ARST 1971, 2 [Nr 2]; KJG 37, A 39, A 43 [Nr 8]; HAGEMEISTER JuS 1992, 839, 842, SCHEFOLD AcP 94 [1903] 305, 308; VORTMANN WM 1994, 965, 967; FÖRSTER 44 f; GAEDTKE 38 f; FLUME, AT II § 13 8; BGB-RGRK/KRÜGER-NIELAND Rn 6; ERMANN/PALM Rn 12; MünchKomm/SCHMITT Rn 31; SOERGEL/HEFERMEHL Rn 5; aA – für ein Verfügungsrecht des Minderjährigen über das erlangte Entgelt – SCHATTER RdA 1951, 445, 447). Dem Minderjährigen steht nach § 113 nur insoweit ein Verfügungsrecht zu, als er das Arbeitsentgelt zur Erfüllung des Dienst- oder Arbeitsverhältnisses benötigt (vgl o Rn 17). Häufig kann auch davon ausgegangen werden, dass der gesetzliche Vertreter dem Minderjährigen das erlangte Arbeitsentgelt zur freien Verfügung gem § 110 überlässt (BGH WM 1976, 1351,

1352; OLG Celle NJW 1970, 1850; vgl § 110 Rn 15). Der gesetzliche Vertreter kann auch bestimmten Verfügungen konkludent nach § 107 zustimmen. Für eine schlüssige Zustimmung müssen jedoch besondere Anhaltspunkte vorliegen, da sie nach Sinn und Zweck des Minderjährigenschutzes wie auch nach dem Wortlaut des § 113 nicht als Regelfall anzusehen ist (aA wohl GEFAELLER 92 ff; SOERGEL/HEFERMEHL Rn 5).

23 **Schadensersatzansprüche**, die aus dem Dienst- oder Arbeitsverhältnis entstanden sind, kann der Minderjährige gegen seinen Arbeitgeber geltend machen, dieser allerdings auch umgekehrt gegen den Minderjährigen (LAG Hamm DB 1971, 779).

c) **Erstreckung auf gleichartige Dienst- oder Arbeitsverhältnisse (Abs 4)**
24 Die Teilgeschäftsfähigkeit des Minderjährigen erstreckt sich nach der Auslegungsregel des § 113 Abs 4 auch auf die Eingehung gleichartiger Beschäftigungsverhältnisse. Die Gleichartigkeit eines Beschäftigungsverhältnisses bestimmt sich nach der Verkehrsanschauung, nicht nach der Rechtsnatur des Vertrages. Bei der Beurteilung der Vergleichbarkeit ist auf die Entwicklung des Minderjährigen Rücksicht zu nehmen. Deshalb kann durch die Ermächtigung auch der Wechsel in einen anderen verwandten Berufszweig gedeckt sein. Nicht gleichartig sind die Tätigkeiten als Haushaltshilfe und als Serviererin oder als kaufmännische Angestellte (KG DJZ 1906, Sp 322; LAG Altona DRiZR 1931 Nr 514 = Das Recht 1931, 441 [Nr 514]), als Büromaschinentechniker und als Kraftfahrer (ArbG Wilhelmshaven DB 1965, 1863), in einer Wäscherei und als Bedienung in einer Gaststätte (LAG Bayern ARST 1968, 163), sowie als Fotomodell für Werbeaufnahmen und als Modell für Aktaufnahmen (BGH NJW 1974, 1947, 1949). Auch erfasst die Ermächtigung, als Kellnerin tätig zu sein, nicht die Tätigkeit als Bardame in einem Nachtlokal (ERMAN/PALM Rn 15; MünchKomm/SCHMITT Rn 46).

d) **Prozessfähigkeit**
25 Ob die Ermächtigung des Minderjährigen auch eine entsprechende **Prozessfähigkeit** begründen sollte, war im Gesetzgebungsverfahren rechtspolitisch besonders umstritten. Zunächst überwog die verneinende Ansicht; in § 87 Abs 1 S 1 E II sollte dem Minderjährigen die Prozessfähigkeit ausdrücklich abgesprochen werden, damit er von leichtsinnigem Austragen von Prozessen abgehalten und der Dienstherr gegen die Gefahr geschützt (werde), durch frivoles Prozessieren des Minderjährigen Einbuße an Zeit und Geld zu erleiden (MUGDAN I 683). Die Vorschrift wurde erst in zweiter Lesung der Zweiten Kommission nach vorheriger Ablehnung entsprechender Anträge (JAKOBS/SCHUBERT 573; Prot 8356 = MUGDAN I 683) schließlich gestrichen und die Prozessfähigkeit als Konsequenz der eingeräumten Teilgeschäftsfähigkeit sowie deshalb zuerkannt, weil sie in einem großen Teil Deutschlands bereits geltendes Recht war, ohne Nachteile zu zeitigen und sie einem praktischen Bedürfnis entspräche (Prot 8393 = MUGDAN I 683 f). Soweit der Umfang der Teilgeschäftsfähigkeit nach § 113 reicht, ist der Minderjährige folglich auch gem § 52 ZPO prozessfähig (RG WarnR 1931, 214; AG Bamberg DB 1964, 1558; AG Fürth DGVZ 1972, 187 f; PFAEFFLIN Gruchot 48 [1904] 1, 13 ff; SCHATTER RdA 1951, 445, 446; BGB-RGRK/KRÜGER-NIELAND Rn 8). Die Gegenansicht (EBERHARD Recht 1911, 29 f; WEIMAR MDR 1963, 651, 652), nach der grundsätzlich von einer Prozessführungsbefugnis durch den gesetzlichen Vertreter aufgrund einer (schlüssigen) Einschränkung der Ermächtigung gem § 113 Abs 2 auszugehen sei, ist schon auf Grund der dargelegten Entstehungsgeschichte abzulehnen. Die Prozessfähigkeit erfasst alle Prozesshandlungen und gilt auch im Rah-

men der Zwangsvollstreckung (AG Bamberg DB 1964, 1558). Der Minderjährige kann deshalb auch selbstständig Vollstreckungsgegenklage gem § 767 ZPO erheben (LG Essen NJW 1965, 2302, 2303). Aus einer nach § 113 wirksam begründeten Verpflichtung ist der Minderjährige auch fähig zur Leistung der eidesstattlichen Versicherung nach § 899 ff ZPO (AG Wiesbaden DGVZ 1962, 156).

e) Einschränkung durch Erfordernis familiengerichtlicher Genehmigung (Abs 1 S 2)

Gem § 113 Abs 1 S 2 ist die Ermächtigung ausgeschlossen, sofern der gesetzliche **26** Vertreter für einen von der Ermächtigung erfassten Vertrag seinerseits der Genehmigung des Familiengerichtes bedürfte (vgl §§ 1643, 1821, 1822). Die Eingehung eines Dienst- oder Arbeitsverhältnisses fällt nicht unter § 1822 Nr 5, sondern unter die speziellere Vorschrift des § 1822 Nr 7. Für Minderjährige unter elterlicher Sorge ist deshalb – anders als für bevormundete Minderjährige – mangels Verweisung des § 1643 Abs 1 auch auf § 1822 Nr 7 zur Eingehung eines Dienst- oder Arbeitsverhältnisses für länger als ein Jahr auf Grund elterlicher Ermächtigung eine familiengerichtliche Genehmigung nicht erforderlich (RAGE 2, 135, 137 = JW 1929, 1263 f m Anm KASKEL; LG Essen NJW 1965, 2302, 2303; GILLES/WESTPHAL JuS 1981, 899, 904 f: entspr Anwendung v § 1822 Nr 7 auf Gewerkschaftsbeitritt; aA ENNECCERUS/NIPPERDEY I 2 § 151 III 2 [Fn 20]; zu vormundschaftsgerichtlicher Genehmigung u Gewerkschaftsbeitritt vgl WOLTERECK AuR 1965, 193, 237 ff). Die Einschränkung des § 113 Abs 1 S 2 wird somit vornehmlich praktisch für den Abschluss von Dienst- und Arbeitsverträgen durch unter Vormundschaft stehende Minderjährige.

V. Zurücknahme oder Einschränkung der Ermächtigung (Abs 2)

Der gesetzliche Vertreter kann die erteilte Ermächtigung nach § 113 Abs 2 zurück- **27** nehmen oder einschränken. Die Rücknahme oder Einschränkung der Ermächtigung liegt im Ermessen des gesetzlichen Vertreters. Sie ist also nicht anders zu behandeln als die Erteilung der Ermächtigung. Bei Gefährdung des Kindeswohls kann das Vormundschaftsgericht allerdings Maßnahmen nach §§ 1666, 1667 treffen. Teilweise wird angenommen, dass das **Verbot eines Gewerkschaftsbeitritts** des Minderjährigen als Einschränkung der Ermächtigung unter dem Aspekt des Eingriffs in die Koalitionsfreiheit *per se* eine Gefährdung des Kindeswohls darstelle (KUBE DB 1968, 1126; SCHATTER RdA 1951 445, 446; LUBERICHS 193 f; MünchKomm/GITTER³ Rn 31 ff; aA MünchKomm/ SCHMITT Rn 39). Dem ist zuzustimmen. Zum einen kommt durch das Verbot des Beitritts die Möglichkeit in Betracht, dass der Arbeitgeber den minderjährigen Arbeitnehmer nicht in den einschlägigen Tarifvertrag miteinbezieht, da es insoweit an der Tarifgebundenheit fehlt (vgl o Rn 19). Zum anderen würde ein Verbot, der Gewerkschaft beizutreten, die Wahrnehmung des in Art 9 Abs 3 GG enthaltenen Grundrechts auf Koalitionsfreiheit verhindern, welches ua auch das Recht zum Beitritt zu einer Gewerkschaft gewährleistet (JARASS-PIEROTH/JARASS, Kommentar zum GG [6. Aufl 2002] Art 9 Rn 25).

Rücknahme und Einschränkung der Ermächtigung sind **einseitige empfangsbedürf-** **28** **tige Willenserklärungen**. Sie sind formlos wirksam. Grundsätzlich bedürfen sie nicht der Genehmigung durch das Familiengericht, es sei denn die Ermächtigung ist gem § 113 Abs 3 durch das Familiengericht ersetzt worden (vgl o Rn 12). Auch bei der Einschränkung oder der Rücknahme der Ermächtigung ist der Erklärungsempfänger der Minderjährige (BAG AP § 113 Nr 7 m Anm GITTER = BB 2000, 567, 568; FOMFEREK 65 f; MünchKomm/SCHMITT Rn 36; AK-BGB/KOHL Rn 19; BAMBERGER/ROTH/WENDTLAND Rn 6; BGB-RGRK/KRÜGER-NIELAND Rn 3). Beide Erklärungen erfordern zu ihrer Wirksamkeit nicht die Kenntnis des Vertragspartners des Minderjährigen (BAG AP § 113 Nr 7 m Anm GITTER = BB 2000, 567, 568; PrOVGE 43, 424, 426; LAG Berlin AuR 1962, 187; PFAEFFLIN Gruchot 48 [1904] 1, 19; WEIMAR MDR 1963, 651, 652; KUBE, Koalitionsfreiheit 17; BGB-RGRK/KRÜGER-NIELAND Rn 3; MünchKomm/SCHMITT Rn 36; PALANDT/ELLENBERGER Rn 1). Die von der Gegenansicht vertretene Auffassung (LAG Dortmund ARS 34, 63, 65 [Nr 12] m zust Anm HUECK; ArbG Bremen DB 1959, 863; BERNEMANN RdJ 1971, 101, 107; FELLER FamRZ 1961, 420, 423; HOHN DB 1960, Beilage 24; SOERGEL/HEFERMEHL Rn 8; differenzierend JAUERNIG/JAUERNIG Rn 7), die Rücknahme- bzw Einschränkungserklärung könne oder müsse gegenüber dem Vertragspartner erfolgen, wenn ein solcher vorhanden ist, ist abzulehnen. Das für alle Beteiligten bestehende Interesse, den Vertragspartner von der neuen Rechtslage in Kenntnis zu setzen, kann durch Kundgabe der Rücknahme- bzw Einschränkungserklärung in beliebiger Weise erfüllt werden. Es ist nicht erforderlich, die Erklärung von Rücknahme oder Einschränkung zur Wirksamkeitsvoraussetzung zu machen. Eine Erklärung gegenüber dem Vertragspartner als Wirksamkeitsvoraussetzung entbehrt auch einer gesetzlichen Grundlage. Die Ermächtigung ist eben keine besondere Form der Zustimmung, welche auch gegenüber dem Vertragspartner des Minderjährigen erteilt oder verweigert werden kann (vgl § 182 Abs 1), sondern durch sie erhält der Minderjährige in Teilbereichen den Status eines Volljährigen. Folglich haben sowohl Rücknahme als auch Einschränkung der Ermächtigung als *actus contrarius* zur Ermächtigung ebenfalls eine statusverändernde Bestimmung und können nur dem Minderjährigen gegenüber erklärt werden (MünchKomm/SCHMITT Rn 36).

29 Eine Rücknahme oder Einschränkung der Ermächtigung wirkt nur **für die Zukunft** (BAG AP § 113 Nr 7 m Anm GITTER = BB 2000, 567, 568; ArbG Wilhelmshaven ARST 1957, 215). Sie muss daher vor der Vornahme des betreffenden Rechtsgeschäfts durch den Minderjährigen erklärt werden.

30 Greift der gesetzliche Vertreter in das Arbeitsverhältnis des Minderjährigen ein, ohne dies diesem gegenüber zuvor ausdrücklich erklärt zu haben, ist darin idR eine konkludente Rücknahme oder Einschränkung der Ermächtigung zu sehen (LAG Dortmund ARS 34, 63, 66 f [Nr 12] m zust Anm HUECK; LAG Hamm DB 1971, 779, 780). Erklärt der gesetzliche Vertreter dem Arbeitgeber gegenüber die Kündigung des Arbeitsverhältnisses, so ist darin eine Einschränkung oder Rücknahme der Ermächtigung zu erblicken (JAUERNIG/JAUERNIG Rn 7). In der Rücknahme der Ermächtigung liegt allerdings als solche noch keine Kündigung des Dienst- oder Arbeitsverhältnisses. Der gesetzliche Vertreter muss dann die Kündigung besonders erklären (LAG Gleiwitz ARS 31, 158, 159 [Nr 41] m zust Anm HUECK; PFAEFFLIN Gruchot 48 [1904] 1, 19; SCHATTER RdA 1951, 445, 446).

VI. Beweislast

31 Wer sich bei feststehender Minderjährigkeit auf die Wirksamkeit eines Rechtsgeschäfts beruft, hat die Erteilung der Ermächtigung in dem für die Wirksamkeit des Rechtsgeschäfts erforderlichen Umfang zu beweisen (BAUMGÄRTEL/KESSEN Rn 1). Auch derjenige, der sich auf eine Einschränkung oder Rücknahme einer Ermächtigung

gem § 113 beruft, ist hierfür beweispflichtig (MünchKomm/Schmitt Rn 47). Wegen § 113 Abs 4 („im Zweifel") muss derjenige, der behauptet, die Ermächtigung sei nur für einen einzelnen Vertrag erteilt worden, diese Behauptung beweisen (Schatter RdA 1951, 445, 448; Baumgärtel/Kessen Rn 3).

VII. Rechtliche Betreuung

§ 113 gilt gem § 1903 Abs 1 S 2 entsprechend für einen – nicht geschäftsunfähigen – **32** Betreuten im Rahmen eines angeordneten Einwilligungsvorbehaltes. Auch bei einem sich auf die gesamte Vermögenssorge beziehenden Einwilligungsvorbehalt kann mithin der Betreuer eine Ermächtigung entspr § 113 erteilen, in deren Umfang Willenserklärungen des Betreuten nicht der Einwilligung des Betreuers bedürfen (BAGE 125, 345, 351 f [Tz 28–30] m zust Anm Joussen RdA 2009, 182 f, insoweit gegen Vorinstanz LAG Berlin Urt v 22. 6. 2006 – 18 Sa 385/06, juris [Tz 56–58]). An die Stelle des Familiengerichts tritt hier das Betreuungsgericht.

§§ 114, 115
(aufgehoben)

§ 114 betraf die beschränkte Geschäftsfähigkeit der wegen Geistesschwäche, Ver- **1** schwendung, Trunk- oder Rauschgiftsucht Entmündigten sowie der unter vorläufige Vormundschaft Gestellten. § 115 regelte die Folgen einer Aufhebung des Entmündigungsbeschlusses oder der Rücknahme eines Entmündigungsantrages auf die vorher geschlossenen Rechtsgeschäfte. Mit der Beseitigung des Instituts der Entmündigung durch das BtG sind beide Vorschriften mit Wirkung ab 1. 1. 1992 aufgehoben worden (Art 1 Nr 3 BtG v 12. 9. 1990 – BGBl I 2002).

Titel 2
Willenserklärung

Vorbem zu §§ 116 ff

Schrifttum

ADOMEIT, Die gestörte Vertragsparität – ein Trugbild, NJW 1994, 2467
BÄHR, Ueber Irrungen im Contrahiren, JherJb 14 (1875) 393
BARTHOLOMEYCZIK, Die subjektiven Merkmale der Willenserklärung, in: FS Ficker (1967) 51
BICKEL, Rechtsgeschäftliche Erklärungen durch Schweigen?, NJW 1972, 607
BREHM, Zur automatisierten Willenserklärung, in: FS Niederländer (1991) 233
BREHMER, Willenserklärung und Erklärungsbewusstsein – BGHZ 91, 324, in: JuS 1986, 440
BUSCHE, Privatautonomie und Kontrahierungszwang (1999)
F BYDLINSKI, Privatautonomie und objektive Grundlagen des verpflichtenden Rechtsgeschäfts (1967)
ders, Erklärungsbewusstsein und Rechtsgeschäft, JZ 1975, 1
ders, Die Entmythologisierung des „kaufmännischen Bestätigungsschreibens" im österreichischen Recht, in: FS Flume I (1978) 335
ders, Kriterien und Sinn der Unterscheidung von Privatrecht und öffentlichem Recht, AcP 194 (1994) 319
ders, Das Privatrecht im Rechtssystem einer „Privatrechtsgesellschaft" (1994)
CANARIS, Die Vertrauenshaftung im deutschen Privatrecht (1971)
ders, Schweigen im Rechtsverkehr als Verpflichtungsgrund, in: FS Wilburg (1975) 77
ders, Grundrechte und Privatrecht, AcP 184 (1984) 201
ders, Bewegliches System und Vertrauensschutz im rechtsgeschäftlichen Verkehr, in: BYDLINSKI ua (Hrsg), Das Bewegliche System im geltenden und künftigen Recht (1986) 102
ders, Verfassungs- und europarechtliche Aspekte der Vertragsfreiheit in der Privatrechtsgesellschaft, in: FS Lerche (1993) 873
ders, Die Feststellung von Lücken im Gesetz (1993)
ders, Die Bedeutung der iustitia distributiva im deutschen Vertragsrecht (1997)
ders, Wandlungen des Schuldvertragsrechts – Tendenzen zu seiner „Materialisierung", AcP 2000 (2000) 274
ders, Die Vertrauenshaftung im Lichte der Rechtsprechung des BGH, in: 50 Jahre Bundesgerichtshof. Festgabe aus der Wissenschaft (2000) 129
CLEMENS, Die elektronische Willenserklärung, NJW 1985, 1998
CORNELIUS, Vertragsabschluss durch autonome elektronische Agenten, MMR 2002, 353
DANZ, Die Auslegung der Rechtsgeschäfte. Zugleich ein Beitrag zur Rechts- und Tatfrage (1911)
DIEDERICHSEN, Der Vertragsschluss durch kaufmännisches Bestätigungsschreiben, JuS 1966, 129
ders, Das Bundesverfassungsgericht als oberstes Zivilgericht – ein Lehrstück der juristischen Methodenlehre, AcP 198 (1998) 171
DIESSELHORST, Die Lehre des Hugo Grotius vom Versprechen (1959)
DREXL, Die wirtschaftliche Selbstbestimmung des Verbrauchers (1998)
DULCKEIT, Zur Lehre vom Rechtsgeschäft im klassischen römischen Recht, in: FS Schulz I (1951) 148
EBERT, Schweigen im Vertrags- und Deliktsrecht, JuS 1999, 754
ENDERLEIN, Rechtspaternalismus und Vertragsrecht (1996)
vEINEM, Die Rechtsnatur der Option (1974)

ESSER, Wert und Bedeutung der Rechtsfiktionen (1969)
FABRICIUS, Stillschweigen als Willenserklärung, JuS 1966, 50
FASTRICH, Richterliche Inhaltskontrolle im Privatrecht (1992)
FROTZ, Verkehrsschutz im Vertretungsrecht (1972)
HABERSACK, Fehlendes Erklärungsbewusstsein zu Lasten des Erklärungsempfängers? – BGH NJW 1995, 953, JuS 1996, 585
HANAU, Objektive Elemente im Tatbestand der Willenserklärung, AcP 165 (1965) 220
HEIDERHOFF, Internetauktionen als Umgehungsgeschäfte, MMR 2001, 640
HEINRICH, Formale Freiheit und materiale Gerechtigkeit (2000)
vHIPPEL, Das Problem der rechtsgeschäftlichen Privatautonomie (1936)
HÖNN, Der Schutz des Schwächeren in der Krise, in: FS Alfons Kraft (1998) 18
HOFFMANN/HÖPFNER, Verbraucherschutz bei Internetauktionen, EWS 2003, 107
HONSELL, Bürgschaft und Mithaftung einkommens- und vermögensloser Familienmitglieder, NJW 1994, 565
HORN, Übermäßige Bürgschaften mittelloser Bürgen: wirksam, unwirksam oder mit eingeschränktem Umfang?, WM 1997, 1081
HUSSERL, Rechtskraft und Rechtsgeltung. Erster Band. Genesis und Grenzen der Rechtsgeltung (1925)
ISAY, Die Willenserklärung im Tatbestande des Rechtsgeschäfts (1899)
JAHR, Geltung des Gewollten und Geltung des Nicht-Gewollten – Zu Grundfragen des Rechts empfangsbedürftiger Willenserklärungen, JuS 1989, 249
KINDL, Rechtsscheintatbestände und ihre rückwirkende Beseitigung (1999)
KÖHLER, Die Problematik automatisierter Rechtsvorgänge, insbesondere von Willenserklärungen, AcP 182 (1982) 126
KRAMER, Grundfragen der vertraglichen Einigung. Konsens, Dissens und Erklärungsirrtum als dogmatische Probleme des österreichischen, schweizerischen und deutschen Privatrechts (1972)

ders, Schweigen als Annahme eines Antrages, Jura 1984, 235
ders, Der Irrtum beim Vertragsschluss. Eine weltweit rechtsvergleichende Bestandsaufnahme (1998)
KRAUSE, Schweigen im Rechtsverkehr (1933)
KRÜGER/BÜTTER, Elektronische Willenserklärungen im Bankgeschäftsverkehr: Risiken des Online-Banking, WM 2001, 221
KUCHINKE, Zur Dogmatik des Bestätigungsschreibens, JZ 1965, 167
LARENZ, Die Methode der Auslegung des Rechtsgeschäfts (1930)
ders, Richtiges Recht: Grundzüge einer Rechtsethik (1979)
LEENEN, Die Anfechtung von Verträgen – Zur Abstimmung zwischen § 142 Abs 1 und §§ 119 ff BGB, Jura 1991, 393
ders, Willenserklärung und Rechtsgeschäft in der Regelungstechnik des BGB, in: FS Canaris (2007), 699
LENEL, Parteiabsicht und Rechtserfolg, JherJb 19 (1881) 154
LIESECKE, Die typischen Klauseln des internationalen Handelsverkehrs in der neueren Praxis, WM-Sonderbeilage Nr 3/1978, 6
LOBINGER, Rechtsgeschäftliche Verpflichtung und autonome Bindung (1999)
ders, Privatautonome Gestaltung oder Prinzipienpluralismus als Grundlage rechtsgeschäftlicher Bindungen?, in: Jahrbuch junger Zivilrechtswissenschaftler (1994) 77
S LORENZ, Der Schutz vor dem unerwünschten Vertrag: eine Untersuchung von Möglichkeiten und Grenzen der Abschlusskontrolle im geltenden Recht (1997)
LÜDERITZ, Auslegung von Rechtsgeschäften. Vergleichende Untersuchung angloamerikanischen und deutschen Rechts (1966)
MANIGK, Willenserklärung und Willensgeschäft (1907)
ders, Irrtum und Auslegung (1918)
ders, Das rechtswirksame Verhalten (1939)
MANKOWSKI, Beseitigungsrechte (2003)
ders, Verhindert die Neurobiologie die rechtliche Sicht auf Willenserklärungen?, AcP 211 (2011) 153
NEUNER, Privatrecht und Sozialstaat (1999)
ders, Was ist eine Willenserklärung?, JuS 2007, 881

OECHSLER, Gerechtigkeit im modernen Austauschvertrag (1997)
OERTMANN, Bemerkungen über die Bedeutung des Schweigens im Handelsverkehr, ZBH 1 (1926) 7
PAEFGEN, Bildschirmtext – Herausforderung zum Wandel der allgemeinen Rechtsgeschäftslehre?, JuS 1988, 592
PAWLOWSKI, Rechtsgeschäftliche Folgen nichtiger Willenserklärungen (1966)
PETERSEN, Schweigen im Rechtsverkehr, Jura 2003, 687
PHILIPOWSKI, Schweigen als Genehmigung, BB 1964, 1069
POHL, Mängel bei der Erbschaftsannahme und -ausschlagung, AcP 177 (1977) 52
REINACH, Die apriorischen Grundlagen des bürgerlichen Rechts, Zweiter unveränderter Abdruck (Sonderdruck aus: Jahrbuch für Philosophie und phänomenologische Forschung) Bd I (1922) 685
ders, Zur Phänomenologie des Rechts (1953)
REPGEN, Abschied von der Willensbetätigung. Die Rechtsnatur der Vertragsannahme nach § 151 BGB, AcP 200 (2000) 533
RITTNER, Über das Verhältnis von Vertrag und Wettbewerb, AcP 188 (1988) 101
ders, Über den Vorrang des Privatrechts, in: FS Müller-Freienfels (1986) 509
RÖVER, Über die Bedeutung des Willens bei Willenserklärungen (1874)
SCHMIDT-RIMPLER, Grundfragen einer Erneuerung des Vertragsrechts, AcP 147 (1941) 130
SCHREIBER, Freier Wille als Voraussetzung von Haftung und Verantwortung, JbJZivRWiss 2006, 33
M SCHWAB, Willenserklärung ohne Erklärungsbewusstsein?, Iurratio 2009, 86
SCHWARZE, Die Annahmehandlung in § 151 BGB als Problem der prozessualen Feststellbarkeit des Annahmewillens, AcP 202 (2002) 607
SINGER, Geltungsgrund und Rechtsfolgen der fehlerhaften Willenserklärung, JZ 1989, 1030
ders, Selbstbestimmung und Verkehrsschutz im Recht der Willenserklärungen (1995)
ders, Vertragsfreiheit, Grundrechte und der Schutz des Menschen vor sich selbst, JZ 1995, 1133
ders, Rezension zu Thomas Lobinger: Rechtsgeschäftliche Verpflichtung und autonome Bindung, AcP 201 (2001) 93
ders, Das Sozialmodell des Bürgerlichen Gesetzbuchs im Wandel, in: FS 200 Jahre Juristische Fakultät der Humboldt-Universität zu Berlin (2010) 981
SONNENBERGER, Verkehrssitten im Schuldvertrag (1970)
SPINDLER, Vertragsabschluss und Inhaltskontrolle bei Internetauktionen, ZIP 2001, 809
STATHOPOULOS, Zur Methode der Auslegung der Willenserklärung, in: FS Larenz (1973) 357
STÜSSER, Die Anfechtung der Vollmacht nach bürgerlichem Recht und Handelsrecht (1986)
ULRICI, Die enttäuschende Internetauktion – LG Münster, MMR 2000, 280, JuS 2000, 947
VYTLACIL, Die Willensbetätigung, das andere Rechtsgeschäft (2009)
WEDEMEYER, Der Abschluss des obligatorischen Vertrags durch Erfüllungs- und Aneignungshandlung (1904)
WEILER, Die beeinflusste Willenserklärung (2002)
WENZEL, Vertragsabschluss bei Internet-Auktion – ricardo.de, NJW 2002, 1550
WERBA, Die Willenserklärung ohne Willen (2005)
WESTERMANN, Einheit und Vielfalt der Wertungen in der Irrtumslehre, JuS 1964, 169
WIEACKER, Willenserklärung und sozialtypisches Verhalten, in: FS OLG Celle (1961) 263
WIEBE, Die elektronische Willenserklärung (2002)
WINDSCHEIDT, Wille und Willenserklärung, AcP 63 (1880) 72
WOLF, Willensmängel und sonstige Beeinträchtigungen der Entscheidungsfreiheit in einem europäischen Vertragsrecht, in: Basedow (Hrsg), Europäische Vertragsrechtsvereinheitlichung und deutsches Recht (1999) 85
ZITELMANN, Die juristische Willenserklärung, JherJb 16 (1878) 357
ZÖLLNER, Die Privatrechtsgesellschaft im Gesetzes- und Richterstaat (1996)
ders, Regelungsspielräume im Schuldvertragsrecht, AcP 196 (1996) 1
ZUNFT, Anfechtbarkeit des Schweigens auf kaufmännisches Bestätigungsschreiben, NJW 1959, 276.

Systematische Übersicht

I. Grundlagen
1. Rechtsgeschäft und Willenserklärung 1
2. Wesen und Funktion der Willenserklärung 6

II. Rechtsgeschäftslehren
1. Willens- und Erklärungstheorie 15
2. Geltungstheorie 17
3. Normative, legale und fiktive Rechtsgeschäftslehren 18
4. Kombinatorische Theorie 19
   a) Herrschende Lehre: Selbstbestimmung, Verkehrs- und Vertrauensschutz als Elemente der Willenserklärung 19
   b) Stellungnahme 21

III. Willensmängel und ihre Rechtsfolgen
1. Arten der Willensmängel 26
   a) Handlungswille und Handlungsfähigkeit 27
   b) Erklärungsbewusstsein 28
   c) Geschäfts- und Rechtsfolgewille 29
2. Die gesetzliche Regelung im Überblick 30
3. Ungeregelte und streitige Fälle 33
   a) Fehlendes Erklärungsbewusstsein 33
   aa) HM: Analoge Anwendung der §§ 119, 121, 122 34
   bb) Stellungnahme 37
   cc) Vertrauensschutz zu Lasten des Erklärungsempfängers 41
   dd) Sonderfälle konkludenter Willenserklärungen: Genehmigung, Bestätigung, Verzicht 43
   b) Abhandenkommen von Willenserklärungen 49
   c) Handlungswille 50

IV. Ausdrückliche und konkludente Willenserklärungen
1. Begriffe und Beispiele 51
   a) Ausdrückliche Willenserklärungen 51
   b) Konkludente Willenserklärungen 53
   c) Betriebliche Übung 55
   d) Elektronische und automatisierte Willenserklärungen 57
2. Die Gleichwertigkeit ausdrücklicher und konkludenter Willenserklärungen 58
3. FLUMES Lehre vom konkludenten Verhalten 59
4. Schweigen als Willenserklärungen 60
   a) Vereinbartes Schweigen 61
   b) Gesetzlich normiertes Schweigen 62
   aa) Tatbestände 62
   bb) Bedeutung und Reichweite der Fiktionen, insbesondere für Willensmängel 65
   c) Individuell-konkludentes Schweigen 73
   aa) Konkludenz kraft Verkehrssitte, insbesondere im Handelsverkehr 73
   bb) Indizien mutmaßlichen Willens 76
   cc) Dogmatische Einordnung 77
   dd) Willensmängel 79
   d) Stellungnahme 80

I. Grundlagen

1. Rechtsgeschäft und Willenserklärung

1 Der zweite Titel des dritten Abschnitts im Ersten Buch des BGB enthält Regelungen über die Willenserklärung. Damit gewinnt der **Begriff der Willenserklärung** zentrale Bedeutung, nicht nur für die Anwendung der betreffenden Vorschriften im zweiten Titel, sondern wegen der Klammerfunktion des Allgemeinen Teils für alle Regelungen und Institute des BGB, die eine Willenserklärung voraussetzen. Das Gesetz hat den Begriff der Willenserklärung nicht definiert und auch einige Zweifelsfälle, aus deren Lösung mittelbar Rückschlüsse gezogen werden könnten, unentschieden gelassen, so dass der alte Streit über den Begriff der Willenserklärung bis heute fortdauert (vgl dazu näher unten Rn 12 ff). Dabei geht es weniger um den **objektiven Tatbestand** der Willenserklärung. Nach einer gebräuchlichen Definition handelt es sich um die Äußerung eines Willens, der unmittelbar auf die Herbeiführung einer Rechtswirkung gerichtet ist (BGH NJW 2001, 289 [290]; PALANDT/ELLENBERGER Vorb § 116 Rn 1; MEDICUS AT Rn 175). Umstritten ist vor allem die Frage, ob neben dem äußeren Tatbestand der Willenserklärung, durch den der innere Wille nach außen sichtbar wird, **subjektive Mindestvoraussetzungen** vorliegen müssen. Inzwischen wird dies von der hM zwar für den Handlungswillen bejaht (unten Rn 27), für das Erklärungsbewusstsein und den Geschäftswillen aber verneint (unten Rn 30, 34–36). Auch die Frage nach dem sog **Rechtsbindungswillen** ist nach hM mit den Mitteln der objektiven Auslegung festzustellen (vgl Rn 29, § 133 Rn 25 f). Nach hM liegt folgerichtig nicht nur dann eine Willenserklärung vor, wenn das Erklärte gewollt ist, sondern auch dann, wenn in zurechenbarer Weise der **Anschein** einer solchen Erklärung hervorgerufen wurde und der dafür Verantwortliche keine oder andere Rechtsfolgen in Geltung setzen wollte (Einzelheiten unten Rn 34 ff).

Bereits am objektiven Tatbestand einer Willenserklärung fehlt es bei bloßen **geschäftsähnlichen Handlungen**. Dabei handelt es sich um Erklärungen („Willensäußerungen"), denen ein bestimmter Kundgabesinn zukommt (vgl LARENZ AT § 26 = S 514), die jedoch im Unterschied zu Willenserklärungen nicht unmittelbar auf den Eintritt dieser Rechtsfolgen gerichtet sind oder gerichtet sein müssen (LARENZ AT § 26 = S 512; MEDICUS AT Rn 197; ULRICI NJW 2003, 2053, 2054). Beispiele sind Anmeldung (§ 651g Abs 1; vgl dazu BGH NJW 2001, 289, 290), Anzeige (zB §§ 149, 374 Abs 2, 409, 410 Abs 2, 556b Abs 2, 650 Abs 2, 663, 665 S 2, 673, 692 S 2, 703, 789, 1280), Aufforderung (§§ 108 Abs 2, 177 Abs 2; 295 Abs 2, 415 Abs 2 S 2, 451 Abs 1 S 2, 516 Abs 2), Beanstandung (§ 180 S 2), Benachrichtigung (§§ 384 Abs 2, 411, 1220 Abs 2), Fristsetzung (§§ 264 Abs 2, 281 Abs 1 u 4, 323 Abs 1; 455 S 1), Information (§ 611a Abs 5), Mängelrüge (§ 377 HGB), Mahnung (§ 286) und Mitteilung (zB §§ 171, 411, 415 Abs 1 S 2, 416 Abs 1 S 1, 469, 554 Abs 3, 566e). Auf geschäftsähnliche Handlungen sind die Regeln über die **Geschäftsfähigkeit, Auslegung** und **Zugang** nach allg Ansicht entsprechend anzuwenden (BGH NJW 1983, 1542; 2001, 289, 290; MünchKomm/KRAMER vor § 116 Rn 36 f; LARENZ AT § 27 = S 514). Dagegen führt die Anwendung der Regeln über **Willensmängel** nicht immer zu sachgerechten Ergebnissen, so dass die §§ 116 ff je nach Interessenlage analog anzuwenden sind oder nicht (vgl näher § 119 Rn 106).

Im Unterschied zu geschäftsähnlichen Handlungen erschöpfen sich **willentliche Realakte** wie zB Besitzergreifung (§ 854 Abs 1), Besitzaufgabe (§ 858 Abs 1) oder Verzeihung (§§ 532, 2337, 2343) in der Herbeiführung eines tatsächlichen Erfolges und werden grundsätzlich nicht mit Bezug auf die Herbeiführung bestimmter Rechtsfolgen vorgenommen. Bei diesen Realakten dürfen daher die Regeln für Rechtsgeschäfte im Allgemeinen nicht entsprechend angewendet werden (RGZ 123, 235, 237; BGHZ 4, 10, 34 f; BGH NJW 1952, 417; 1953, 1506, 1507; FLUME, § 9, 2 a bb = S 111; MünchKomm/KRAMER vor § 116 Rn 33). Eine eigenartige Ausnahme macht in Bezug auf die Geschäftsfähigkeit § 8. Bei der **Wohnsitzbegründung** handelt es sich um einen Realakt, bei dem das Willensmoment nicht im Akt selbst aufgeht, sondern daneben selbständige Bedeutung hat. Die Wohnsitzbegründung steht daher auf einer Stufe mit geschäftsähnlichen Handlungen (oben Rn 2; vgl MünchKomm/KRAMER vor § 116 Rn 34; STAUDINGER/HABERMANN/WEICK § 8 Rn 1).

4 Von den Willenserklärungen werden in Rechtsprechung und Schrifttum die sog **Willensbetätigungen** unterschieden (BGHZ 111, 97, 101; BGH WM 1986, 322, 324; NJW 2000, 276, 277; LARENZ/WOLF § 22 Rn 9 ff; MEDICUS AT Rn 383; P BYDLINSKI JuS 1988, 36, 37; VYTLACIL 50 ff, 106 ff). Dabei handelt es sich um Handlungen, die zwar Ausdruck eines auf eine bestimmte Rechtsfolge gerichteten Willens sind, denen aber kein Kundgabezweck zukommt und die dementsprechend nicht empfangsbedürftig sind, zB die nicht zugangsbedürftige Annahme eines Vertragsangebots (§ 151), die Aneignung einer beweglichen Sache (§ 958) und die Eigentumsaufgabe (§ 959). Die Unterscheidung von Willenserklärungen soll nach dieser Auffassung insbesondere deswegen erforderlich und gerechtfertigt sein, weil das Wirksamwerden von Willensbetätigungen keinen Zugang erfordere und infolgedessen bei der Auslegung nicht auf den Empfängerhorizont abzustellen sei, sondern lediglich ein tatsächlicher Annahme-, Aneignungs- oder Aufgabewille vorliegen müsse (LARENZ/WOLF aaO Rn 12 f). Aus Gründen der Rechtssicherheit und des Vertrauensschutzes, die auch bei nicht empfangsbedürftigen Willenserklärungen Beachtung verdienen (§ 122 Abs 1), sollte freilich entweder ein tatsächlicher Annahmewille vorliegen oder der Rechtsfolgewille „nach außen" hervorgetreten sein (vgl dazu näher unten Rn 47; § 133 Rn 16; zur Erlassfalle § 133 Rn 56; **aA** SCHWARZE AcP 202 [2002] 607 [614], der selbst die Manifestation des Annahmewillens gem § 151 für entbehrlich hält). Wenn sich die Willensbetätigungen nur dadurch von den gewöhnlichen Willenserklärungen unterscheiden, dass sie nicht an einen bestimmten Adressaten gerichtet sind, andererseits darin übereinstimmen, dass sie Ausdruck eines bestimmten Rechtsfolgewillens sind, sollte man die sog Willensbetätigung als nicht empfangsbedürftige, **konkludente Willenserklärung** (Rn 53 f) anerkennen und auf die Kundgabe als Wesensmerkmal der Willenserklärung verzichten (zutr REPGEN AcP 200 [2000] 533, 548 ff; STAUDINGER/BORK [2010] § 151 Rn 15; BAMBERGER/ROTH/ WENDTLAND § 133 Rn 4; vgl auch SINGER, Selbstbestimmung 163 ff).

5 Die Begriffe **Willenserklärung und Rechtsgeschäft** decken sich weitgehend, sind aber nicht synonym (eingehend LEENEN, in: FS Canaris [2007] 699, 701 ff): *Einseitige Rechtsgeschäfte* wie zB Kündigung oder Anfechtung bestehen aus einer Willenserklärung, *mehrseitige* wie Vertrag oder Satzung aus mehreren Willenserklärungen (FLUME Bd II § 2, 3 a und b). Die Willenserklärung ist aber nicht nur Bestandteil des Rechtsgeschäfts, sondern auch Mittel, um den Tatbestand des betreffenden Rechtsgeschäfts „zu schaffen" (LEENEN aaO = 705 f; ähnlich MEDICUS Rn 175). Manche Rechtsgeschäfte bedürfen zu ihrer Wirksamkeit außer der Abgabe einer Willenserklärung eines weiteren Aktes, zB bei dinglichen Rechtsgeschäften der Übergabe der Sache (§ 929) oder der Eintragung der Rechtsänderung in das Grundbuch (§ 873). Das BGB verwendet die Begriffe Willenserklärung und Rechtsgeschäft zwar in der Regel gleichbedeutend (Mot I 125; MEDICUS Rn 242 m Bsp), unterscheidet aber nicht ohne Bedacht. So bezieht sich die *Anfechtbarkeit* gem §§ 119, 120 und 123 sinnvollerweise auf die „Erklärung", weil nur demjenigen ein Anfechtungsrecht zustehen soll, von dem die Erklärung stammt. *Gegenstand der Anfechtung* ist aber bei einem Vertrag nicht diese Erklärung, sondern das „Rechtsgeschäft" (§ 142 Abs 1), weil es dem Anfechtenden gerade darauf ankommt, dessen Wirkungen zu beseitigen. Die einzelne Willenserklärung ist nun nicht mehr von Bedeutung, da sie mit dem Zustandekommen des Vertrages ihre eigenständige Funktion eingebüßt hat (vgl näher

LEENEN Jura 1991, 393 f; krit GIESEN Rn 201). Indem das Gesetz im Störungsfall nicht die Gültigkeit der Willenserklärung in Frage stellt, sondern Regelungen in Bezug auf das Rechtsgeschäft trifft, ermöglicht es eine Steuerung des Verkehrs durch ein breites Spektrum flexibler Sanktionen, das nicht nur Totalnichtigkeit und Teilnichtigkeit umfasst, sondern auch Nichtigkeitswirkungen *ex tunc* und *ex nunc* sowie schwebende und relative Unwirksamkeit von Rechtsgeschäften (LEENEN, in: FS Canaris [2007] 716 f).

2. Wesen und Funktion der Willenserklärung

Rechtsgeschäft und Willenserklärung sind *die* Gestaltungsinstrumente der **Privat-** **autonomie** (CANARIS, Vertrauenshaftung 413). Privatautonomie bezeichnet ein Rechtsprinzip, das den einzelnen die Möglichkeit einräumt, ihre Beziehungen untereinander innerhalb bestimmter Grenzen durch Rechtsgeschäfte selbst zu regeln (LARENZ, AT § 2 II e). Da solche „Selbstgestaltung durch Selbstbestimmung" (FLUME § 1, 1) für jeden einzelnen gewährleistet sein muss, vollzieht sich die Regelung privatautonomer Beziehungen typischerweise durch einverständliches Handeln, also durch den Abschluss von Verträgen. Sofern Privatautonomie nicht nur von untergeordneter Bedeutung ist, sondern das Rechtssystem eines Gemeinwesens geradezu prägt, kann man die Gesellschaftsform mit dem von BÖHM (ORDO 17 [1966] 75 ff) geprägten Begriff der **„Privatrechtsgesellschaft"** kennzeichnen. Trotz der sich zunehmend verdichtenden Regulierung privatrechtlicher Beziehungen durch staatliche und überstaatliche Rechtsetzungsakte, die Funktionsdefizite der Vertragsfreiheit kompensieren sollen (krit ZÖLLNER, Privatrechtsgesellschaft 21 ff; CANARIS, in: FS Lerche 873, 887 ff; vgl auch F BYDLINSKI, Privatrechtsgesellschaft 62 ff; ders, AcP 194 [1994] 319, 327 f mwNw), ist die Privatautonomie nach wie vor wesensbestimmendes Element dieser „Privatrechtsgesellschaft". Allerdings ist das bürgerlich-rechtliche **Sozialmodell** nicht nur vom Bild autonomer, selbstverantwortlich handelnder Akteure geprägt, sondern – als Folge eines gesellschaftlichen und sozialen Wandels und dem daraus resultierenden Prozess der „Materialisierung" des Vertrags- und Schuldrechts (CANARIS AcP 200 [2000] 274) – zunehmend auch von einem sozialstaatlich gefärbten Menschenbild (SINGER, in: FS 200 Jahre Juristische Fakultät der Humboldt-Universität [2010] 990 ff).

Als Sinngebilde ist die Willenserklärung nicht bloße Mitteilung eines Wollens oder Ankündigung einer Handlung, sondern bestimmender Akt. In den Kategorien der analytischen Sprachphilosophie handelt es sich um eine **„performative Äußerung"**, also einen Sprechakt, durch dessen Vollzug genau das bewirkt wird, wovon darin die Rede ist (CANARIS, in: FS 50 Jahre BGH [2000] 129 [139]). Da die Willenserklärung zum Ausdruck bringt, dass bestimmte Rechtsfolgen fortan gelten sollen, und zugleich bewirkt, dass diese Rechtsfolgen gelten, ist sie ihrem Wesen nach **Geltungserklärung** (grundlegend LARENZ, Methode 34 ff; ders, AT BGB § 19 I = S 334). Über diese Bedeutung der Geltungstheorie besteht heute Einigkeit (vgl STATHOPOULOS, in: FS Larenz [1973] 357, 358 f; FLUME Bd II § 4, 7; SOERGEL/HEFERMEHL Rn 7). Dagegen konnte sich der weitergehende Gedanke von LARENZ, mit Hilfe der Geltungstheorie auch den Gegensatz von Wille und Erklärung zu überwinden, nicht durchsetzen (vgl näher Rn 17).

Selbstgestaltung durch Selbstbestimmung ist gewährleistet, wenn die in Geltung gesetzten Rechtsfolgen dem **Willen** der Beteiligten entsprechen. Dementsprechend definierte die Erste Kommission zum Entwurf des BGB das Rechtsgeschäft als

„Privatwillenserklärung, gerichtet auf die Hervorbringung eines rechtlichen Erfolges, der nach der Rechtsordnung deswegen eintritt, weil er gewollt ist" (Mot I 126). Privatautonomie bedeutet daher nach richtiger – aber bestrittener – Auffassung (näher unten Rn 19 ff) *finale Gestaltung der Rechtsverhältnisse nach dem eigenen Willen* (FLUME Bd II § 10, 1 = S 114). Das bedeutet freilich nicht, dass es auf einen – wie auch immer feststellbaren – **biologischen Willen** ankäme (zutr MANKOWSKI AcP 211 [2011] 153, 174 ff in Auseinandersetzung mit den neueren Erkenntnissen der Hirnforschung; vgl dazu auch SCHREIBER JbJZivRWiss 2006, 33, 36 ff). Das Recht der Willenserklärungen gründet nicht auf der Voraussetzung eines „freien" undeterminierten Willens, sondern auf der normativen Zurechnung menschlichen Verhaltens, das die Gestaltung von Rechtsverhältnissen bezweckt und – unter bestimmten objektiven und subjektiven Voraussetzungen (unten Rn 11 u 26 ff), zu denen nicht der **„freie Wille"** gehört – von der Rechtsordnung anerkannt wird. Es wäre auch vollkommen unsinnig, die Gültigkeit von Willenserklärungen davon abhängig zu machen, ob die betreffenden Akteure im Einzelfall einen „freien Willen" im indeterministischen Sinne gebildet haben. Abgesehen von den Schwierigkeiten, die eine solche Feststellung mit sich brächte, wäre die Funktionsfähigkeit des Rechtsgeschäftsverkehrs in inakzeptalem Maße gefährdet (eingehend MANKOWSKI aaO 191).

9 Der Hinweis der Ersten Kommission auf die Rechtsordnung weist daraufhin, dass autonome Rechtssetzung durch Private sowohl der grundsätzlichen **Anerkennung** als auch der näheren **Ausgestaltung durch die Rechtsordnung** bedarf. Man hat zwar versucht, die apriorische Verbindlichkeit eines Versprechens zu begründen. Sie folge aus dem Wesen des Versprechensaktes an sich (REINACH, Grundlagen 685, 730 ff; s a LARENZ, Richtiges Recht 60 ff; ders abweichend, AT § 2 II e = S 41 f), entstehe kraft originärer Rechtschöpfung (G HUSSERL, Rechtskraft 26 und 39) oder kraft Naturrechts (vHIPPEL, Privatautonomie 98 ff; zu den spätmittelalterlichen Naturrechtslehren, insbesondere in der Ausprägung durch Hugo Grotius DIESSELHORST, Versprechen 34 ff). Daran ist richtig, dass das Versprechen seinem Sinn gemäß darauf gerichtet ist, verbindlich zu sein. Aber die genannten Lehren haben Schwierigkeiten zu erklären, warum der Gesetzgeber bestimmte Versprechen nicht anerkennen oder Einschränkungen unterwerfen darf. Es ist aber völlig unzweifelhaft, dass rechtsgeschäftliche Versprechen bestimmten Mindestanforderungen genügen müssen, um Wirksamkeit zu erlangen (vgl insb §§ 104 ff, 134 und 138). Ob ein Versprechen rechtlich bindet und durch Rechtsgeschäft erworbene Rechte notfalls mit staatlicher Hilfe durchgesetzt werden können, beruht folglich mindestens auch auf spezifisch rechtlichen Erwägungen, nicht nur auf dem Wesen des Versprechensaktes an sich (LARENZ, AT § 2 II e = S 41 ff; FLUME Bd II § 1, 2; CANARIS AcP 184 [1984] 201, 217 ff; BUSCHE 102 ff). Ohne Rechtsordnung gäbe es für die Parteien keine Planungssicherheit. Darüber hinaus wäre es in hohem Maße ineffizient, wenn die Vertragspartner für jede denkbare Störungssituation eine individuelle Regelung vorsehen müssten (LEENEN § 1 Rn 11).

10 Indem die Rechtsordnung autonome Rechtssetzung durch Private anerkennt, erkennt sie zugleich an, dass die betreffenden Selbstbestimmungsakte als solche verbindlich sind und insoweit ihre Rechtfertigung in sich selbst tragen. Staatliche Anerkennung bedeutet aber nicht heteronome Rechtssetzung. Denn die Rechtsordnung akzeptiert private Akte grundsätzlich um ihrer selbst willen. Es gilt der Grundsatz: **„stat pro ratione voluntas"** (FLUME Bd II § 1, 5). Aus der Anerkennung der Selbstbestimmungsakte um ihrer selbst willen folgt indes nicht, dass diesen die materiale Qualifikation des Rechts fehle und nicht gefragt werden dürfe, ob die Selbstbestimmung „rechtens" sei (so aber FLUME § 1, 5 und 6 a). Eine Rechtsordnung, die den Privatrechtspersonen die Freiheit zur eigenmächtigen Gestaltung ihrer Beziehung überlässt, darf zwar diese Entscheidung nicht wieder in Frage stellen, indem sie generell überprüft, ob die jeweiligen Selbstbestimmungsakte den Anforderungen der **Gerechtigkeit** genügen. Aber man kann auf einer tiefer liegenden Ebene die Frage stellen, ob dieses System willkürlicher Selbstbestimmung grundsätzlich geeignet ist, gerechte Ergebnisse hervorzubringen.

Diese Frage ist mit der hM zu bejahen (vgl näher CANARIS, Vertragsrecht 44 ff; ders, in: FS Lerche 873 [881]; RITTNER, in: FS Müller-Freienfels 509 [514 f]; ders, AcP 188 [1988] 101 [121 ff]; SINGER, Selbstbestimmung 39 ff). Privatautonomie bedeutet allerdings nicht, dass der Einzelne ausschließlich nach seinem Belieben bestimmen kann, was gilt. Sofern er in den Rechtskreis anderer hineinwirkt und demzufolge die Möglichkeit zur Fremdbestimmung besteht, bedarf der Einzelne entweder der Zustimmung zur Rechtsgestaltung in Gestalt eines Vertrages, oder – bei einseitigen Rechtsgeschäften – einer vom Gesetzgeber verliehenen Rechtsmacht zu einseitiger Gestaltung. Während im letztgenannten Fall eine legislatorische und daher demokratische Legitimation besteht, beruht die **Gerechtigkeit privatautonomer Regelungen** bei Verträgen maßgeblich auf dem **Vertragsmechanismus**. Dieser gewährleistet, dass ohne die Zustimmung jedes Einzelnen keine Rechtsfolgen in Geltung gesetzt werden können (grundlegend SCHMIDT-RIMPLER AcP 147 [1941] 130, 156), und ist somit eine Ausprägung der Maxime **„volenti non fit iniuria"** (CANARIS, Vertragsrecht 46, mit Diskussion weiterer Gerechtigkeitspostulate aaO 64 ff; LOBINGER, Prinzipienpluralismus 83), also der Anerkennung der Selbstbestimmung der Person (OHLY, Volenti non fit iniuria [2002] 64 f). Es geht also nicht um die Gewährleistung inhaltlicher Richtigkeit, sondern um **prozedurale Gerechtigkeit** (CANARIS aaO; ders, AcP 200 [2000] 273, 283 ff). Ihr Wert hängt davon ab, inwiefern die Freiheit zur Selbstbestimmung nicht nur *formal,* sondern auch *materiell* gewährleistet ist (eingehend CANARIS AcP 200 [2000] 273, 277 ff). Mit dem Prinzip der materialen Selbstbestimmung korrespondiert das Prinzip materialer **Selbstverantwortung** (vgl dazu die Beiträge in RIESENHUBER [Hrsg], Das Prinzip der Selbstverantwortung – Grundlagen und Bedeutung im heutigen Privatrecht [2011]). Aus diesem Grunde bestimmt das geltende Recht ua, dass die Vertragspartner geschäftsfähig sein müssen (§§ 104 ff), Irrtum und Täuschung zur Anfechtung berechtigen (§§ 119 ff) sowie Unerfahrenheit und Notlagen nicht ausgenutzt werden dürfen (§ 138 Abs 2). Eine der großen Kontroversen am Ende des vergangenen Millenniums drehte sich um die Frage, in welchem Maße die Privatrechtsordnung Freiheitseinschränkungen verträgt und unter welchen Voraussetzungen insbesondere der Rechtsanwender zu Eingriffen in die Vertragsfreiheit berechtigt ist (zuletzt monographisch DREXL, der ausgehend von einem ordoliberalen Verständnis wirtschaftlicher Selbstbestimmung Beschränkungen daran misst, ob sie dem verbraucherschutzrechtlichen Verhältnismäßigkeitsprinzip genügen [insbes 449 ff]; großzügiger ENDERLEIN [135 ff], der paternalistische Freiheitseinschränkungen mit – beweglichen – Kriterien zu rechtfertigen sucht; ähnlich HEINRICH [325 ff], der aus dem flexiblen „Zusammen- und Widerspiel" systemprägender Wertungselemente Entscheidungsparameter gewinnen will; anders wiederum OECHSLER [199 ff], der den Gegensatz zwischen formaler und materialer Selbstbestimmung dadurch zu überwinden sucht, dass er die Vertragsrechtsordnung als eine die Gerechtigkeit des Austauschvertrages zugleich prägende Überformung der Parteivereinbarung begreift). Umstritten ist nach wie vor, ob in sog **Ungleichgewichtslagen** eine **Inhaltskontrolle** von Verträgen (grdl FASTRICH, Richterliche Inhaltskontrolle im Privatrecht [1992]) durchgeführt werden soll. Seit der viel diskutierten **Bürgschaftsentscheidung** wird diese Frage vom Bundesverfassungsgericht unter den Voraussetzungen bejaht, dass der Inhalt des Vertrages für eine Seite ungewöhnlich belastend, dh als Interessenausgleich offensichtlich unangemessen ist, und diese Regelung das Ergebnis strukturell ungleicher Verhandlungsstärke ist (BVerfGE 89, 214, 234 im Anschluss an E 81, 242, 255; zustimmend zB WIEDEMANN JZ 1994, 411, 412; H HONSELL NJW 1994, 565 f; SINGER JZ 1995, 1133, 1137; CANARIS AcP 200 [2000] 273, 296 ff; scharf ablehnend insb ADOMEIT NJW 1994, 2467 ff; ZÖLLNER AcP 196 [1996] 1 ff mwNw; zur Rolle des Bundesverfassungsgerichts als „oberstes Zivilgericht" krit DIEDERICHSEN, AcP 198 [1998] 171). Dabei handelt es sich nicht um den – mit Blick auf die §§ 104 ff nicht gesetzeskonformen – Versuch, die **„wirtschaftliche Selbstbestimmung"** (DREXL 206 ff) als Vertragsaufhebungsgrund zu installieren, sondern um eine Fortbildung des lückenhaften Gesetzes in Fällen, die eine signifikante Rechtsähnlichkeit mit dem **Wuchertatbestand** des § 138 Abs 2 BGB aufweisen (vgl SINGER, in: FS 200 Jahre Juristische Fakultät der Humboldt-Universität [2010] 998 ff im Anschluss an CANARIS AcP 200 [2000] 296 u NEUNER 270). Beim Wuchertatbestand müssen zwei Elemente kumulativ vorliegen, um der vertraglichen Regelung ihre Wirksamkeit und Verbindlichkeit abzusprechen: Neben einer gravierenden Störung der Funktionsvoraussetzungen freier Selbstbestimmung durch Ausnutzen einer Zwangslage des Bewucherten muss auch das inhaltliche Resultat evident unangemessen sein. Bei Bürgschaften und Mitverpflichtungen vermögensloser Ehegatten oder Kinder des Kreditschuldners sind dies zum einen die familiäre Zwangslage der Mitverpflichteten, zum anderen die fehlende Ausgewogenheit von Sicherungsinteresse und Haftungsrisiken. Das Sicherungsinteresse der Kreditinstitute rechtfertigt lediglich einen Schutz vor konkreten Vermögensverschiebungen zwischen den Familienangehörigen, nicht aber die pauschale Mithaftung unbeteiligter Personen, denen im Haftungsfalle jahrelang ein Leben am Rande des Existenzminimums droht (vgl außer BVerfGE 89, 214, 235 noch BGHZ 156, 302, 307; BGH NJW 2005, 973, 975; STAUDINGER/SACK [2003] § 138 Rn 314 ff; HORN WM 1997, 1081 ff; DREXL 505 ff). Um vergleichbare Konstellationen handelt es sich bei dem nachvertraglichen **Wettbewerbsverbot** für einen wirtschaftlich abhängigen Handelsvertreter, das diesem auf die Dauer von 2 Jahren seiner Existenzgrundlage beraubt hätte (BVerfGE 81, 242, 253), sowie dem vollständigen **Unterhaltsverzicht** eines Ehepartners, der sich auf diese unangemessene Regelung nur eingelassen hatte, weil er andernfalls auf die Eheschließung hätte verzichten müssen (BVerfGE 103, 89, 102; BVerfG NJW 2001, 2248), im Fall BVerfGE 103, 89 noch dazu auf den Ehelichkeitsstatus des erwarteten Kindes. Begrenzt man die richterliche Vertragskorrektur auf solche Tatbestände, in denen eine Zwangslage oder ein strukturelles Ungleichgewicht zum Abschluss eines **inhaltlich unangemessenen Vertrages** ausgenutzt wurde, droht keine größere Unsicherheit über die Eingriffsvoraussetzungen als bei der Subsumtion unter den Tatbestand des § 138 BGB selbst. Der Umfang der richterrechtlichen Eingriffe in die Vertragsfreiheit ist deutlich begrenzt. Es gilt nach wie vor ein Vorrang formaler Selbstbestimmung, aber dieser gilt nicht absolut, da zu den ungeschriebenen Funktionsvoraussetzungen des Selbstbestimmungsprinzips – auch nach den Vorstellungen des historischen Gesetzgebers – ein angemessener Schutz vor unzumutbaren, gravierenden Folgen faktischer **Fremdbestimmung** gehört. Davon abgesehen obliegt es der Entscheidungsprärogative des Gesetzgebers, der formalen Vertragsfreiheit zum Schutze des Schwächeren Grenzen zu ziehen. Nachdem lange Zeit das soziale Arbeits- und Mietrecht Hauptgegenstand legislativer Schutzmaßnahmen war, dominiert in jüngerer Zeit der **Schutz des Verbrauchers** und die **Gleichbehandlung** benachteiligter und von Ausgrenzung bedrohter Personen und gesellschaftlicher Gruppen (zum Verbraucherschutz s insbes Drexl aaO; Meller-Hanich, Verbraucherschutz im Schuldvertragsrecht [2005]; Reymann, Das Sonderprivatrecht der Handels- und Verbraucherverträge [2009]; Tamm, Verbraucherschutzrecht [2011]; zum Schutz vor Diskriminierung vgl insbes Leible/Schlachter [Hrsg], Diskriminierungsschutz durch Privatrecht [2006]; Schiek [Hrsg], Allgemeines Gleichbehandlungsgesetz [AGG] [2007]; Repgen/Lobinger/Hense [Hrsg], Vertragsfreiheit und Diskriminierung [2007]; Schreier, Das AGG in der zivilrechtlichen Fallbearbeitung, JuS 2007, 308; Singer, Vertragsfreiheit und Antidiskriminierung – zur rechtspolitischen, verfassungs- und europarechtlichen Kritik am Allgemeinen Gleichbehandlungsgesetz, in: FS Adomeit [2008] 703).

In der Regel will derjenige, der eine Willenserklärung abgibt, einen **wirtschaftlichen oder gesellschaftlichen Erfolg** herbeiführen. Wer etwa eine Sache kauft, will diese zu einem bestimmten Zweck in seine Verfügungsgewalt bringen, diese benutzen oder mit Gewinn weiterverkaufen und dergleichen. Daraus folgt aber nicht, dass der wirtschaftliche oder gesellschaftliche Erfolg Inhalt der Willenserklärung sei (so die Vertreter der *Grundfolgentheorie*, vgl Lenel JherJb 19 [1881] 154 ff; Danz, Auslegung 6 ff mwNw). Inhalt der Willenserklärung ist, dass etwas von Rechts wegen gelten soll. Wer eine Sache „kauft", will ein Rechtsverhältnis begründen, das ihm die rechtliche Verfügungsmacht verschaffen soll. Dafür verspricht er, den Kaufpreis zu zahlen. Weitergehende wirtschaftliche oder gesellschaftliche Zwecke sind – wenn die Parteien nichts anderes vereinbart haben – nicht *Inhalt des Rechtsgeschäfts,* sondern bloßes Motiv (Flume Bd II § 4, 5; s a Larenz/Wolf, AT § 22 Rn 4).

Nach verbreiteter Ansicht besteht eine weitere wichtige Funktion der Willenserklärung in der Verständigung der Verkehrsteilnehmer. Die Willenserklärung habe eine Doppelfunktion: einerseits Akt der Selbstbestimmung, andererseits **Kommunikations- oder Sozialakt** (Reinach, Phänomenologie 1953, 37 ff, 54 ff; Enneccerus/Nipperdey, AT § 164 III = S 1023 f; Flume II § 4, 8 = S 61; Larenz, AT § 19 I = S 335; Soergel/Hefermehl Rn 7; MünchKomm/Kramer Rn 39; Wieacker, in: FS Celle 263 [278]). Das Hauptanliegen dieser Lehren besteht darin, die bei gescheiterter Kommunikation geltenden Regeln und Grundsätze, insbesondere die Prinzipien des Verkehrs- und Vertrauensschutzes, in die Rechtsgeschäftslehre zu integrieren. Dieses Ziel stößt nicht nur deshalb auf Bedenken, weil die maßgebenden Prinzipien und damit das Wesen der Willenserklärung aus dem pathologischen Fall und nicht aus dem Normal-Fall abgeleitet werden (vgl Flume Bd II § 4, 3 = S 49; Jauernig Rn 3). Die Funktionsbeschreibung als Kommunikations- oder Sozialakt ist auch zu allgemein, um daraus konkrete Schlussfolgerungen für die tragenden Prinzipien rechtsgeschäftlicher Selbstbestimmung ziehen zu können. Ob bei gestörter Kommunikation das Erklärte gilt oder durch Anfechtung beseitigt werden kann, ob Vertrauen des Erklärungsempfängers eine positive Einstandspflicht rechtfertigt oder nur das negative Interesse zu ersetzen ist, all diese Fragen hängen von der konkreten Ausgestaltung der Rechtsgeschäftslehre durch den Gesetzgeber ab und lassen sich allein mit dem Wesen und der Funktion der Willenserklärung nicht ausreichend beantworten.

II. Rechtsgeschäftslehren

Bedeutet Privatautonomie rechtliche Selbstbestimmung, dürfte bei fehlerhaften Erklärungen eigentlich nicht das Erklärte gelten. Andererseits steht der Erklärende dem Risiko von Willensmängeln wesentlich näher als der Erklärungsempfänger.

Dieser wiederum verdient Schutz für sein Vertrauen, das Erklärte entspreche dem Gewollten. Bezüglich dieses Konflikts zwischen **Selbstbestimmung** einerseits, **Vertrauens- und Verkehrsschutz** andererseits gibt es keine a priori richtige Lösung (FLUME Bd II § 4, 8 = S 62). Vor Inkrafttreten des BGB und für eine gewisse Zeitspanne danach gehörte die Problematik der Willensmängel zu den umstrittensten Themen im rechtswissenschaftlichen Schrifttum (instruktiv KRAMER, Grundfragen 119 ff mwNw).

1. Willens- und Erklärungstheorie

15 Die im gemeinen Recht vorherrschende, im 19. Jahrhundert besonders von SAVIGNY (System III 257 ff) geprägte **Willenstheorie** ging davon aus, dass „der Wille an sich als das einzig Wichtige und Wirksame gedacht werden" müsse (SAVIGNY 258). Außer der Erklärung verlangte man regelmäßig noch einen ihr entsprechenden Willen (WINDSCHEIDT, Wille und Willenserklärung, AcP 63 [1880] 72 ff; ZITELMANN JherJB 16, 357 ff). Bei Divergenz von Wille und Erklärung war die Erklärung nichtig (sog Willensdogma). Der Willenstheorie entsprach der erste Entwurf des BGB (§ 98 E I). **Vertreter der Erklärungstheorie** behaupteten demgegenüber, auch die irrtümliche Erklärung gelte. Entscheidend sei, wie die Erklärung verstanden werde und nach Treu und Glauben verstanden werden dürfe (BÄHR JherJb 14 [1875] 393 ff [400 f]; RÖVER, Willenserklärungen 17 f; DANZ, Auslegung 14 ff, 75 ff).

16 Beide Theorien sind nicht Gesetz geworden. Mit der Willenstheorie ist die Preisgabe des Nichtigkeitsdogmas zugunsten der bloßen Anfechtbarkeit gemäß § 119 nicht zu vereinbaren, ebenso wenig die Unbeachtlichkeit des geheimen Vorbehalts gemäß § 116 S 1. Die Erklärungstheorie disharmoniert mit der gesetzlichen Grundentscheidung für das Anfechtungsmodell, da die vollzogene Anfechtung die Rechtsfolgen der fehlerhaften Erklärung beseitigt. Der äußere Tatbestand der Willenserklärung, wie ihn der Empfänger verstehen durfte, ist also nicht in dem Sinne verlässlich, dass sein Bestand gesichert ist. Außerdem hat die Erklärungstheorie keine plausible Begründung dafür, dass das von den Vertragsparteien wirklich Gewollte ohne Rücksicht auf die objektive Bedeutung des Erklärten gilt *(„falsa demonstratio non nocet";* dazu näher unten § 133 Rn 13 ff).

2. Geltungstheorie

17 Die Willenserklärung ist ihrem Wesen nach Geltungserklärung in dem Sinne, dass sie unmittelbare Geltungsanordnung ist (oben Rn 7). Die vor allem im älteren Schrifttum vertretene **Geltungstheorie** ging über diese allgemein anerkannte Deutung hinaus und versuchte, den „Dualismus von Wille und Erklärung" zu überwinden. Für LARENZ war der Akt des In-Geltung-Setzens zugleich Geltungsgrund der rechtsgeschäftlichen Regelung. Auch die irrige Erklärung bleibe ihrem Sinn nach Geltungserklärung (Methode 68 f). Ob sie gelte, sei eine Frage der Zurechnung, bei der aber der sog Geschäftswille „vollkommen ausscheide" (LARENZ 53). Denn auch bei der irrtümlichen Willenserklärung liege ein willentliches In-Geltung-Setzen vor (ebenso DULCKEIT, in: FS Fritz Schulz I 148 ff, 158; CANARIS, Vertrauenshaftung 422; SOERGEL/HEFERMEHL Rn 14; SONNENBERGER, Verkehrssitten 147). Gegen die Geltungstheorie ist berechtigterweise eingewendet werden, dass der Dualismus von Wille und Erklärung nicht beseitigt, sondern nur elegant überspielt werde. Als Faktum sei er nun einmal nicht aus der Welt zu schaffen (KRAMER, Grundfragen 131; FLUME II § 4, 7; F BYDLINSKI, Privat-

autonomie 3 f). Davon abgesehen kommt die Geltungstheorie nicht daran vorbei, dass Privatautonomie Selbstbestimmung der in Geltung gesetzten *Rechtsfolgen* bedeutet (oben Rn 8). Bei einem Inhalts- und Erklärungsirrtum (Rn 29) verhält es sich aber so, dass die verlautbarten Rechtsfolgen nicht gelten sollten, sondern andere. Von Selbstbestimmung kann freilich nicht die Rede sein, wenn zwar der Akt als solcher willentlich in Geltung gesetzt worden ist, nicht aber die in diesem Akt verlautbarten Rechtsfolgen. Fehlerhafte Selbstbestimmung ist daher in Wahrheit keine Selbstbestimmung (SINGER, Selbstbestimmung 74 f).

3. Normative, legale und fiktive Rechtsgeschäftslehren

Die Tatsache, dass das Gesetz unter bestimmten Voraussetzungen die Geltung auch der fehlerhaften Willenserklärung anordnet und sogar unbewusstes Erklärungsverhalten voll zurechnet, hat manche Autoren dazu bewogen, das Defizit an Selbstbestimmung durch die Hereinnahme normativer Elemente in den Begriff der Willenserklärung zu überwinden. In diesem Sinne rechnete MANIGK auch die fehlerhafte Willenserklärung zum „*legalen Begriff der We.*" (Verhalten 102 ff; Willenserklärung 150 ff), obwohl hier dem Prinzip der Selbstbestimmung in Bezug auf die in Geltung gesetzten Rechtsfolgen nicht entsprochen wird. MANIGK genügte, dass eine fehlerhafte Willenserklärung immerhin eine „vorsätzliche" Erklärung darstellt, berücksichtigte aber – wie die Vertreter der Geltungstheorie (Rn 17) – nicht, dass es nicht auf das Wollen der Erklärung, sondern auf das Wollen der in Geltung gesetzten Rechtsfolgen ankommt. HEFERMEHL begründet die „normative" Bedeutung der Willenserklärung damit, dass es nicht „Sinn der Privatautonomie" sei, den Erklärenden vom Risiko eines Irrtums zu befreien (Rn 17). In Wirklichkeit gestattet aber das Gesetz dem Irrenden, sich durch Anfechtung von der fehlerhaften Erklärung zu befreien. Für PAWLOWSKI ist Grundlage der Privatautonomie der „vernünftige, freie" – und das heißt der vom Recht bestimmte – Wille (Folgen 232 ff, 251). Auch dieses normative Konzept ist nur schwer damit zu vereinbaren, dass Privatautonomie die Parteien gerade nicht zur Vernunft zwingt, sondern ihnen eine wirklich freie Gestaltung der Rechtsverhältnisse ermöglicht. Rein fiktiv ist schließlich die Theorie der Willenserklärung von BREHMER, der dem rechtsgeschäftlichen Willen zu Unrecht bloße „Leitbildfunktion" beimisst (38 f), ihn im Irrtumsfall dann aber doch ersetzt durch eine „normative Willensprämisse" (228; ders, JuS 1986, 445). Die Theorie trägt wenig zur Klärung bei und ist zudem nicht gesetzeskonform, da fehlerhafte Willenserklärungen gemäß §§ 119, 123 angefochten werden können.

4. Kombinatorische Rechtsgeschäftslehren

a) Herrschende Lehre: Selbstbestimmung, Verkehrs- und Vertrauensschutz als Elemente der Willenserklärung

Indem das Gesetz bei bestimmten Willensmängeln die Anfechtung der Willenserklärung gestattet, zugleich aber bestimmt, dass nach Ablauf der Anfechtungsfrist die fehlerhafte Willenserklärung mit dem verlautbarten Inhalt gilt, liegt die Annahme nahe, dass zum **Tatbestand der Willenserklärung** nicht nur die Selbstbestimmung gehört, sondern weitere Elemente hinzukommen müssen. Nach geltendem Recht trifft den Teilnehmer am rechtsgeschäftlichen Verkehr auch eine Selbstverantwortung, muss auf die Interessen des Verkehrs und das Vertrauen des Erklärungsempfängers Rücksicht genommen werden. Nach inzwischen **herrschender Lehre** erschöpft sich der Tatbestand einer Willenserklärung deshalb nicht in der finalen Gestaltung der Rechtsverhältnisse, vielmehr genügt auch ein Verhalten, das objektiv auf die Verwirklichung eines Rechtsfolgewillens schließen lasse, sofern der Handelnde mit einer solchen Deutung nach den Umständen rechnen konnte und musste. Mit anderen Worten: Nicht nur die finale, sondern auch die normativ zugerechnete Erklärung ist Willenserklärung im Sinne des BGB (KRAMER, Grundfragen 171; ders, in: MünchKomm Rn 39; F BYDLINSKI JZ 1975, 1, 4; differenzierend ders, Privatautonomie 144 ff; ders, in: Mélanges Schmidlin [1998] 189, 196 ff – gegen dessen „bewegliches System" der Rechtsgeschäftslehre CANARIS, in: BYDLINSKI, Das Bewegliche System [1986] 102 ff; WERBA 32 ff, 106 f; LARENZ, AT § 19 I = S 336; LARENZ/WOLF § 28 Rn 10; MEDICUS, AT Rn 323; WIEACKER, in: FS Celle 278 f; SOERGEL/HEFERMEHL Rn 13; JAUERNIG Rn 5 f; BAMBERGER/ROTH/WENDTLAND § 133 Rn 5 ff; PALANDT/ELLENBERGER Rn 3 und 17; im älteren Schrifttum insb MANIGK, Verhalten 97; vTUHR, AT II 1 § 61 IV mwNw).

20 Die **Rechtsprechung** geht von ähnlichen Grundsätzen aus. So hat das Reichsgericht den Satz geprägt, dass „eine Partei ihre Erklärung in dem Sinne gegen sich gelten lassen müsse, wie ihn die Gegenpartei nach Treu und Glauben und der Verkehrssitte auffassen durfte" (vgl RGZ 67, 431, 433; 68, 126, 128; 86, 86, 88; 95, 122, 124; 101, 401, 405; 126, 348, 351; 131, 343, 350; 134, 195, 198; RG JW 1908, 324, 325; 1915, 19; Gruchot 71, 605, 606; SeuffA 78 Nr 62). Der Bundesgerichtshof hat diese Grundsätze übernommen (BGHZ 21, 102, 106 f; 36, 30, 33; 47, 75, 78; 53, 304, 307; 56, 204, 210; BGH WM 1963, 528, 529; 1964, 224, 225; 1986, 643, 644; NJW 1984, 721) und in dem bekannten Sparkassen-Fall BGHZ 91, 324 dogmatisch untermauert: „Das Recht der Willenserklärung baut nicht nur auf der Selbstbestimmung des Rechtsträgers auf; es schützt in §§ 119, 157 BGB das Vertrauen des Erklärungsempfängers und die Verkehrssicherheit, indem es dem Erklärenden auch an nicht vorgestellte und, was dem gleich zu achten ist, an nicht bewusst in Geltung gesetzte Rechtsfolgen bindet" (BGHZ 91, 330; bestätigt in BGHZ 109, 171, 177; 152, 63, 70; BGH NJW 1995, 953; ebenso BAGE 47, 130, 133; 49, 290, 296; 59, 73, 85 f; BAG NZA 1995, 419, 420; zust PRÜTTING/WEGEN/WEINREICH/AHRENS, BGB [6. Aufl 2011], Vor §§ 116 ff Rn 17). Daraus folgt insbesondere, dass das Erklärungsbewusstsein nicht zum Tatbestand der Willenserklärung gehört.

b) **Stellungnahme**
21 Dem BGH ist darin zuzustimmen, dass die gesetzliche Irrtumsregelung nicht nur auf dem Prinzip des Vertrauensschutzes beruht, sondern auch der **Verkehrssicherheit** im weiteren Sinne dient. Die Geltung der fehlerhaften Willenserklärung ist nicht allein mit dem Vertrauensprinzip zu begründen (vgl SINGER JZ 1989, 1030; Selbstbestimmung 61 ff; zweifelnd auch CANARIS, Vertrauenshaftung 422; ders, in: FS 50 Jahre BGH 2000, 129 [152 f]; FROTZ, Verkehrsschutz 476 f; LOBINGER 53 ff und 134 ff). Das wäre nur zutreffend, wenn das Gesetz ohne Rücksicht auf etwaige Willensmängel die volle Geltung des Verlautbarten anordnen würde. Indem das Gesetz aber dem Irrenden gestattet, gemäß § 119 eine fehlerhafte Willenserklärung anzufechten, den Erklärungsempfänger bei erfolgter Anfechtung auf einen Schadensersatzanspruch gemäß § 122 verweist und den Irrenden nur beim Versäumen der Anfechtungsfrist des § 121 an seine Erklärung bindet, bietet es eine differenziertere Lösung des Interessenkonflikts zwischen Erklärendem und Erklärungsempfänger.

22 In der Verschiedenheit der Rechtsfolgen, je nachdem, ob die Anfechtung erklärt oder verfristet ist, kann man ein **mehrstufiges System des Vertrauensschutzes** sehen (S

LORENZ 224; anders noch SINGER, Selbstbestimmung 62 f). Das bedeutet, dass die §§ 119, 121 durch die endgültige Bindung an das Erklärte jedenfalls auch dem Vertrauen des Erklärungsempfängers Rechnung tragen, nicht nur § 122. Aber Vertrauensschutz allein erklärt diese endgültige Bindung nicht (ebenso JAHR JuS 1989, 249, 255). Andernfalls wäre nicht verständlich, warum das Gesetz im Konflikt zwischen Selbstbestimmung und Vertrauensschutz grundsätzlich dem Selbstbestimmungsrecht den Vorrang vor dem Bestandsinteresse des Erklärungsempfängers einräumt und diesen – im Falle der Anfechtung – auf die Liquidierung des Vertrauensinteresses verweist. Die Gründe, die zu der differenzierten Irrtumsregelung geführt haben, sind also offenbar komplexer. Indem sich das Gesetz – bei Ausübung des Selbstbestimmungsrechts – für einen konkreten Schadensausgleich entscheidet, trägt es zunächst einmal dem Verhältnismäßigkeitsprinzip Rechnung (SINGER 91 ff). Das Vertrauensprinzip rechtfertigt nicht ohne weiteres eine Erfüllungshaftung, da im Irrtumsfall der Vertragsmechanismus nicht funktioniert und daher nicht gewährleistet ist, dass der Vertrauende die irrtümlich versprochene Leistung wirklich „verdient". Zu Recht hat F BYDLINSKI darauf hingewiesen, dass die volle Aufrechterhaltung des Vertrages häufig auf „glatte Ausbeutung" hinauslaufe (Privatautonomie 144; das wird von WOLF, Vertragsrechtsvereinheitlichung 94, zu wenig berücksichtigt). Der Ausweg kann allerdings nicht darin bestehen, die Erfüllungshaftung einer Äquivalenzkontrolle zu unterziehen (so F BYDLINSKI 145), da es dafür keine rationalen Maßstäbe gibt und das Gesetz eine solche zu Recht nicht vorsieht, auch nicht in § 119 Abs 1 letzter HS.

Nach den Vorstellungen der Zweiten Kommission beruht das Anfechtungsmodell **23** vor allem darauf, dass der Erklärende uU nicht „die Geltendmachung des Irrtums für zweckmäßig halte, vielmehr nicht selten auch nach Erkenntnis desselben es bei seiner Erklärung belassen würde" (MUGDAN I 719; s a Prot I 106 f). Ihm sollte ein **Wahlrecht** eingeräumt werden (ebenso BGHZ 91, 324, 329 f; MEDICUS, AT Rn 607; F BYDLINSKI JZ 1975, 1, 3; HABERSACK JuS 1996, 585, 586). Die dem Anfechtungsberechtigten dadurch eröffnete Möglichkeit, erneut über die Geltung der fehlerhaften Willenserklärung zu entscheiden, trägt zum einen dem Prinzip der Selbstbestimmung Rechnung (ebenso WEILER 495 ff). Zum andern soll die strenge Frist des § 121 verhindern, dass der Anfechtungsberechtigte auf Kosten des Gegners spekuliert (MUGDAN I 718). Ein Wahlrecht hätte der Gesetzgeber freilich nicht nur – wie geschehen – in Gestalt „schwebender Wirksamkeit" gewährleisten können, sondern auch durch die Anordnung „schwebender Unwirksamkeit". Die Entscheidung für die vorläufige und nach Ablauf der Anfechtungsfrist endgültige Bindung an das Erklärte beruht folglich auf zusätzlichen Erwägungen, die mit der Wahlfreiheit des Irrenden und seiner Selbstbestimmung nichts zu tun haben. Da „schwebende Wirksamkeit" tendenziell die Aufrechterhaltung fehlerhafter Rechtsgeschäfte begünstigt, dient diese Regelung jedenfalls auch dem (generellen) **Verkehrsinteresse** (zweifelnd WEILER 492 f; WERBA 53). Eine verkehrsfreundliche Lösung der pathologischen Fälle erscheint ausgesprochen sinnvoll, um den Rechtsgeschäftsverkehr nicht noch stärker mit Unsicherheiten und Risiken zu belasten als dies wegen der relativ großzügigen Anfechtungsmöglichkeit im Vergleich zu **ausländischen Rechtsordnungen** (dazu eingehend KRAMER, Irrtum Rn 26 ff) sowie den **Europäischen und Unidroit-Prinzipien** (dazu WOLF 97 ff) ohnehin der Fall ist.

Hinzu kommt, dass den Irrenden eine größere Verantwortung für die Beseitigung **24** des Rechtsscheins einer einwandfreien Willenserklärung trifft, nachdem er von der

Anfechtungsmöglichkeit Kenntnis erlangt hat (vgl auch FROTZ, Verkehrsschutz 434 und 481 f; LARENZ, AT § 20 I b; FLUME II § 20, 3; MEDICUS, AT Rn 604; MünchKomm/KRAMER § 118 Rn 8). Die Regelung der §§ 119, 121 ist zwar mit den Tatbeständen der Rechtsscheinhaftung gemäß §§ 170–172 (so FROTZ aaO) und § 116 Satz 1 (so LARENZ aaO) nicht identisch, weil der Erklärungsempfänger durch die Anfechtungsfrist absolut und ohne Rücksicht auf eine zwischenzeitliche Bösgläubigkeit geschützt wird (vgl SINGER, Selbstbestimmung 67 und 182 f). Aber diesen und ähnlichen Bestimmungen (zB §§ 179 Abs 1, 463 Satz 1) ist jedenfalls die übereinstimmende Wertung zu entnehmen, dass bei positiver Kenntnis von einem Vertrauenstatbestand **erhöhte Zurechnungsmöglichkeiten** bestehen, wenn der Verantwortliche den Rechtsschein nicht unverzüglich beseitigt.

25 Das gesetzliche Modell der Irrtumsanfechtung beruht also im Ganzen nicht nur auf einem Kompromiss zwischen Selbstbestimmung und Vertrauensschutz, sondern auf einem komplexeren System teilweise komplementärer, teilweise aber auch kollidierender Prinzipien. Selbstbestimmungsfreiheit wahrt das Anfechtungsrecht gemäß § 119, Vertrauensschutz gewährleistet § 122, ferner § 121, der aber darüber hinaus auch dem generellen Verkehrsinteresse dient sowie dem Prinzip der Selbstbestimmung Rechnung trägt. Die Einstandspflicht für das in Anspruch genommene Vertrauen ist gerechtfertigt durch das Prinzip der Selbstverantwortung, wobei die volle Zurechnung der erklärten Rechtsfolgen an eine erhöhte Verantwortlichkeit des informierten und trotzdem säumigen Anfechtungsberechtigten anknüpfen kann. Dieses System kann natürlich nicht beanspruchen, die einzig denkbare „richtige" Lösung des Interessenkonflikts zwischen Irrendem und Erklärungsempfänger darzustellen. Die in ausländischen Rechtsordnungen und supranationalen Entwürfen stärker entwickelte Tendenz, dem Gedanken des Verkehrsschutzes und der Risikoverantwortung größeres Gewicht beizulegen (vgl KRAMER, Irrtum Rn 26 ff; WOLF 97 ff), beruht auf mindestens genauso fundierten Gerechtigkeitsvorstellungen wie das deutsche Recht.

III. Willensmängel und ihre Rechtsfolgen

1. Arten der Willensmängel

26 Vom äußeren Tatbestand der Willenserklärung unterscheidet man ihre subjektiven Elemente, die üblicherweise in Handlungswille, Erklärungsbewusstsein und Geschäftswille gegliedert werden (vgl BARTHOLOMEYCZIK, in: FS Ficker [1967] 51 ff). Von Willensmängeln spricht man, wenn eines oder mehrere dieser Elemente fehlen.

a) Handlungswille und Handlungsfähigkeit

27 Die Willenserklärung ist Ausdruck menschlichen Verhaltens und daher „**Handlung**". Als solche setzt die Willenserklärung ein vom Willen beherrschbares Verhalten voraus (BGHZ 39, 103, 106; 98, 135, 137; DUNZ JR 1987, 239 f; abw HEPTING, in: FS Univ Köln [1988] 209, 211, der die Zurechenbarkeit mangels Verschuldens verneint). Das bedeutet nicht zwingend, dass ein Handlungswille im Sinne eines ziel- und erfolgsgerichteten Verhaltens vorliegen muss. Wer durch eine unbewusste Bewegung eine Vase umstößt, nimmt trotz fehlenden Handlungswillens eine Handlung vor (LARENZ/CANARIS, Schuldrecht II/1 § 75 II 1 a = S 361). Daher kommt es für den Tatbestand der Willenserklärung nicht auf einen Handlungswillen oder ein Handlungsbewusstsein (BARTHOLOMEYCZIK

55 und 67) an, sondern auf die Beherrschbarkeit des Verhaltens, auf die **Handlungsfähigkeit** (NEUNER JuS 2007, 881, 884). Diese fehlt, wenn eine Person im Zustande der Bewusstlosigkeit, aufgrund eines unkontrollierten **Reflexes** (Bsp bei LEENEN § 5 Rn 24 u 35: „Mausklick"), unter dem Einfluss von **Hypnose** (Bsp bei WERTENBRUCH AT § 6 Rn 4) oder aufgrund von Gewalt („**vis absoluta**") den äußeren Tatbestand einer Willenserklärung verwirklicht (FLUME § 4, 2 a). Ein beachtlicher Einwand gegen die Annahme subjektiver Mindestvoraussetzungen der Willenserklärung ist der Umstand, dass das Gesetz auch in diesen pathologischen Fällen begrifflich von einer „Willenserklärung" spricht (LEENEN § 5 Rn 29 u 34; ders, Ist das so richtig? – Typen von Defiziten der Zivilrechtsdogmatik, JuS 2008, 577, 579 unter Hinweis auf § 105; ebenso M SCHWAB Iurratio 2009, 142, 144; KELLMANN JuS 1971, 609, 614). Die Wortwahl sollte freilich nicht überschätzt werden, da der Gesetzgeber ja Nichtigkeit anordnet und damit der Sache nach zu erkennen gibt, dass solche Akte eben nicht dem von Rechts wegen anzuerkennenden Tatbestand der Willenserklärung entsprechen. Zu „elektronischen" Willenserklärungen s näher Rn 57 und § 119 Rn 35 ff.

b) Erklärungsbewusstsein
Auf der nächsten Stufe steht das Fehlen des **Erklärungsbewusstseins**. Hier hat derjenige, der den äußeren Tatbestand einer Willenserklärung setzt, zwar Handlungswillen, weiß aber nicht, dass seine Handlung berechtigterweise als Willenserklärung aufgefasst werden darf. Schulbeispiel ist der legendäre, von ISAY erfundene Fall der Trierer Weinversteigerung, bei der ein Ortsfremder eine Gastwirtschaft besucht, ohne zu bemerken, dass in den Räumen eine Weinversteigerung abgehalten wird; als er einem Freund zuwinkt, um ihn zu begrüßen, wird seine Geste – ohne dass ihm das bewusst ist – als Gebot verstanden (ISAY, Willenserklärung 25 f; abgewandelt bei LARENZ, AT § 19 III; ähnliche Lehrbuchbeispiele bei WEDEMEYER 58 [„Blaufeuer"]; MANIGK, Irrtum 111 [„Fahnensignal"], 243 f und ders, Willenserklärung 178; Verhalten 133, 235 [„Lampensignal"]; STÜSSER 71 [„Glückwunschschreiben"]; einen Klausurfall schildert GEBAUER, Die ungewollte Reise in die Hauptstadt, Jura 2002, 482). Praktische Fälle sind eher selten. In der grundlegenden Entscheidung im Sparkassen-Bürgschaftsfall BGHZ 91, 324 fehlte das Erklärungsbewusstsein nur dann, wenn man mit dem BGH annimmt, dass der Sparkassenbeamte objektiv eine Bürgschaftserklärung abgab und irrtümlich annahm, er würde über eine früher einmal erteilte Bürgschaft lediglich Auskunft geben. Bei richtiger Auslegung ist die Erklärung bereits objektiv als bloße Auskunft zu verstehen, so dass ohne Rücksicht auf die subjektiven Vorstellungen des Beamten der Tatbestand einer Willenserklärung fehlte (CANARIS NJW 1984, 2281; MEDICUS, AT Rn 608 a; zu weiteren – ebenfalls nicht einschlägigen – Bsp aus der Rechtsprechung vgl BYDLINSKI JZ 1975, 1 f; SINGER 130 ff). Häufig fehlt das Erklärungsbewusstsein bei stillschweigenden Genehmigungen, Verzichtserklärungen und dergleichen; typischerweise liegt hier auch objektiv keine Willenserklärung vor (dazu unten Rn 44 ff).

c) Geschäfts- oder Rechtsfolgewille
Der **Geschäftswille** fehlt ua in den Fällen des § 119 Abs 1. Hier will der Erklärende eine Willenserklärung abgeben, irrt aber über die objektive Bedeutung des Erklärten *(Inhaltsirrtum* gem § 119 Abs 1 1. Alt) oder verwechselt die Erklärungszeichen, indem er sich verspricht, vergreift oder verschreibt (sog *Erklärungsirrtum* oder *Irrung* gemäß § 119 Abs 1 2. Alt). Da der Geschäftswille darauf gerichtet ist, bestimmte Rechtsfolgen in Geltung zu setzen, wird der sog **Rechtsfolgewille** als Synonym des Geschäftswillens verwendet (vgl den Leitsatz BGHZ 91, 324; FLUME § 4, 3 c; krit

JAUERNIG Rn 5). Vom Rechtsfolgewillen streng zu unterscheiden ist aber der sog **Rechtsbindungswille**. Mit diesem Begriff sollen bloße gesellschaftliche Verpflichtungen, die Übernahme von **Gefälligkeiten** oder sog **gentleman-agreements**, sowie die bloße Aufforderung zur Abgabe von Willenserklärungen (**invitatio ad offerendum**) von rechtsverbindlichen Erklärungen abgegrenzt werden (ausf STAUDINGER/BORK [2010] Vorbem 3, 79 ff zu §§ 145–156). Die Abgrenzung ist anhand objektiver Kriterien vorzunehmen (vgl auch § 133 Rn 25 f; zur sog Erlassfalle § 133 Rn 57; s aber § 117 Rn 10). Sofern danach kein Rechtsbindungswille festgestellt werden kann, fehlt bereits der objektive Tatbestand einer Willenserklärung, und es bedarf im Gegensatz zum fehlenden Geschäfts- oder Rechtsfolgewillen keiner Anfechtung, um den Mangel zur Geltung zu bringen.

2. Die gesetzliche Regelung im Überblick

30 Fehlt der Geschäftswille infolge eines *Inhalts- oder Erklärungsirrtums*, ist die Willenserklärung nicht nichtig, sondern innerhalb der Frist des § 121 BGB anfechtbar (§ 119 Abs 1). Rechtsfolge wirksamer Anfechtung ist dann Nichtigkeit des angefochtenen Rechtsgeschäfts (§ 142 Abs 1). Beim *Übermittlungsirrtum* gem § 120 kommt die Erklärung beim Empfänger mit einem anderen Inhalt an als der mit der Übermittlung betrauten Person oder Anstalt mitgeteilt wurde. Dieser Willensmangel ähnelt dem Erklärungsirrtum gem § 119 Abs 1, 2. Alt und berechtigt deshalb ebenso zur Anfechtung wie jener. Der Geschäftswille fehlt auch beim *geheimen Vorbehalt* (§ 116). Hier liegt jedoch kein Irrtum vor, sondern eine bewusste Lüge. Der Lügner muss für sein Versprechen einstehen (§ 116 S 1), es sei denn, der Erklärungsempfänger ist bösgläubig, weil er den Vorbehalt kennt (§ 116 S 2). Der Geschäftswille fehlt auch, wenn die Willenserklärung nur zum *Schein* abgegeben wird. Geschieht dies im Einverständnis mit dem Erklärungsempfänger, entspricht die Interessenlage dem durchschauten geheimen Vorbehalt. Das Scheingeschäft ist daher nichtig (§ 117 Abs 1).

31 Im Gegensatz zum „bösen" Scherz gem § 116 S 1, wo dem Erklärenden bewusst ist, dass er eine Willenserklärung abgibt, fehlt beim „guten" *Scherz* gem § 118 BGB das *Erklärungsbewusstsein*. Der Erklärende hofft vergebens, dass die fehlende Ernstlichkeit seiner Erklärung erkannt wird, irrt also darüber, dass er den Anschein einer (ernsten) Willenserklärung hervorruft. Das Gesetz bestimmt in dem rechtspolitisch umstrittenen § 118 (dort Rn 5), dass die zum Scherz abgegebene Erklärung nichtig ist, verpflichtet aber den Scherzenden zum Ersatz des Vertrauensschadens (§ 122).

32 Während Handlung oder Handlungswille, Geschäftswille und Erklärungsbewusstsein den Vorgang der Willensäußerung betreffen, spricht man von einem **Motivirrtum**, wenn sich der Irrtum auf Umstände bei der Willensbildung bezieht. Beispiel: Kauf von Trauringen für die geplante, später aber geplatzte Hochzeit. Würde man bei Motivirrtümern die Anfechtung zulassen, hätte dies für die Zuverlässigkeit des Geschäftsverkehrs kaum erträgliche Konsequenzen (anschaulich H WESTERMANN JuS 1964, 169, 171). Das Gesetz gestattet daher die Anfechtung nur in besonderen Fällen: §§ 119 Abs 2, 123, 779, 2078 Abs 2, 2079, 2281 Abs 1, 2308 Abs 1. Im Umkehrschluss folgt daraus der Grundsatz, dass ein reiner Motivirrtum unbeachtlich ist (BGH NJW 1999, 2664, 2665; OLG Bamberg MDR 2003, 80; PALANDT/ELLENBERGER § 119 Rn 29; zur Entwicklungsgeschichte des Grundsatzes vgl WIELING Jura 2001, 577, 578 f; zur Kritik aus rechtspolitischer

Sicht vgl § 119 Rn 5; zum Kalkulationsirrtum § 119 Rn 51 ff). Auch wenn diese Regel durch zahlreiche Ausnahmen durchbrochen ist (vgl § 119 Rn 52), sollte man schon deshalb am Grundsatz festhalten, weil jede Ausnahme besonderer Begründung bedarf und dieses Erfordernis durch die Betonung des Prinzips verdeutlicht wird.

3. Ungeregelte und streitige Fälle

a) Fehlendes Erklärungsbewusstsein

Welche **Rechtsfolgen bei fehlendem Erklärungsbewusstsein** gelten, ist gesetzlich nicht (eindeutig) geregelt. § 118 betrifft nur einen Spezialfall, dessen Aussagekraft in Bezug auf den Normalfall des fehlenden Erklärungsbewusstseins lange Zeit die entscheidende Streitfrage war (vgl einerseits Canaris, Vertrauenshaftung 427 f und 550 f; andererseits Flume § 20, 3 = S 414 f; F Bydlinski JZ 1975, 1 [2]). 33

aa) HM: Analoge Anwendung der §§ 119, 121, 122

Nachdem sich der Bundesgerichtshof lange Zeit einer eindeutigen Stellungnahme entzogen hatte, schloss sich der IX. Zivilsenat im Urteil vom 7. 6. 1984 (BGHZ 91, 324) dem Kreis jener Autoren an, die zwischen Geschäftsirrtum und fehlendem Erklärungsbewusstsein keine signifikanten Unterschiede sahen und daher nicht §§ 118, 122, sondern **§§ 119, 121, 122 analog** anwenden wollten (F Bydlinski JZ 1975, 1, 4 f; ders, Privatautonomie 163 f und 177 f; Larenz, AT § 19 III = S 356; Kramer, Grundfragen 169 f). Anders als im Fall des § 118, wo sich der Erklärende bewusst gegen die Geltung der Erklärung entschieden habe, erschien es auch dem BGH sinnvoll, bei unbewusstem Erklärungsverhalten dem Verantwortlichen die Wahl zu belassen, ob er anficht und den Vertrauensschaden bezahlt (§ 122) oder ob er es bei der Erklärung belässt und uU in den Genuss der versprochenen Gegenleistung kommt (BGHZ 91, 329 f im Anschluss an F Bydlinski JZ 1975, 1, 3; MünchKomm/Kramer § 119 Rn 98; vgl im Übrigen bereits Flume § 20, 3 = S 415). Dem Einwand von Canaris, dass bei fehlendem Erklärungsbewusstsein nicht einmal ein Minimum an Selbstbestimmung vorliege (Vertrauenshaftung 427 f; ders NJW 1984, 2282), begegnet der BGH mit dem Argument, dass das Recht der Willenserklärungen nicht nur auf dem Grundsatz der Selbstbestimmung aufbaue, sondern auch auf dem Prinzip des Verkehrs- und Vertrauensschutzes, indem es den Erklärenden „auch an nicht vorgestellte und, was dem gleichzuachten ist, an nicht bewusst in Geltung gesetzte Rechtsfolgen" binde (BGHZ 91, 330; ebenso F Bydlinski JZ 1975, 3; MünchKomm/Kramer § 119 Rn 99). 34

Allerdings ist die Bindung an das unbewusste Erklärungsverhalten davon abhängig, dass dieses dem Erklärenden **zugerechnet** werden kann. Das setzt nach Ansicht des BGH voraus, „dass dieser bei Anwendung der im Verkehr erforderlichen Sorgfalt hätte erkennen und vermeiden können, dass seine Erklärung oder sein Verhalten vom Empfänger nach Treu und Glauben und mit Rücksicht auf die Verkehrssitte als Willenserklärung aufgefasst werden durfte" (BGHZ 91, 330 im Anschluss an Larenz, AT § 19 III = S 356; ebenso F Bydlinski, Privatautonomie 159 f; ders, JZ 1975, 1, 5; MünchKomm/Kramer § 119 Rn 99). Liegen diese Voraussetzungen – wie zumeist – vor, kann sich der Erklärende von der Bindung an das Erklärte nur befreien, wenn er innerhalb der Frist des § 121 die Anfechtung erklärt. Gerade bei fehlendem Erklärungsbewusstsein wird diese Frist häufig versäumt, ua deswegen, weil der BGH auch hier strenge Anforderungen an die Eindeutigkeit der Anfechtungserklärung stellt (vgl näher Staudinger/Roth [2010] § 143 Rn 3). 35

36 Der Ansicht des BGH hat sich die überwiegende Meinung in Rechtsprechung und Schrifttum angeschlossen. Dem BGH folgen inzwischen BAG (BAGE 47, 130, 133; 49, 290, 296; 59, 73, 85; NZA 1995, 419, 420; NJW 2000, 308, 309), Oberlandesgerichte (OLG Nürnberg WM 1990, 928, 930; OLG Hamm BB 1992, 2177; anders noch OLG Düsseldorf OLGZ 82, 240, 242), sämtliche Kommentare und fast alle einschlägigen Lehrbücher (LARENZ, AT § 19 III; MEDICUS, AT Rn 607; LEENEN § 5 Rn 33–35; GIESEN, AT Rn 27; RÜTHERS/STADLER, AT § 17 Rn 9 ff; LÖWISCH, AT Rn 274; PAWLOWSKI, AT Rn 447 f; KÖHLER, AT § 14 II 2; BROX/WALKER, AT Rn 137; ERMAN/PALM[10] Rn 3; MünchKomm/KRAMER § 119 Rn 95 ff; PALANDT/ELLENBERGER Rn 4; BAMBERGER/ROTH/WENDTLAND § 133 Rn 6; SOERGEL/HEFERMEHL Rn 13 f; JAUERNIG Rn 5; AK-BGB/HART Rn 127; eingehend LORENZ, Schutz 216 ff mwNw; WERBA 28 ff, 106 f).

bb) Stellungnahme

37 Ungeachtet der überwältigenden Zustimmung zur Position des BGH (oben Rn 36) sollen die **Bedenken gegen die Gleichstellung** von Geschäftsirrtum und fehlendem Erklärungsbewusstsein weiterhin nicht unterschlagen werden (krit insb CANARIS NJW 1984, 2282; ders, in: FS 50 Jahre BGH 2000, 129 [140 ff]; SONNENBERGER, Verkehrssitten 142 ff; SCHUBERT JR 1985, 15, 16; SINGER JZ 1989, 1030 ff; ders, Selbstbestimmung 169 ff; ders, AcP 201 [2001] 93, 99 f; HÜBNER, AT Rn 677 f; GIESEN Rn 202; LOBINGER 172 ff und 219 f; NEUNER JuS 2007, 881, 886; im älteren Schrifttum insb ENNECCERUS/NIPPERDEY § 145 II A 4). Bei der Auseinandersetzung um § 118 wird von der hM verkannt, dass die gesetzlich vorgesehene Rechtsfolge – Nichtigkeit der Scherzerklärung und Ersatz des Vertrauensschadens – nicht allein damit erklärt werden kann, dass der Scherzende auf ein **Wahlrecht** bewusst verzichtet hat. Unter diesem Gesichtspunkt spräche nämlich alles dafür, den Scherzenden angesichts seiner gesteigerten Verantwortung für das gefährliche Verhalten auf Erfüllung haften zu lassen. Wenn der Gesetzgeber von einer solchen strengen Haftung Abstand genommen hat, so kann dies nur darauf beruhen, dass bei fehlendem Erklärungsbewusstsein Bedenken gegen eine Erfüllungshaftung bestehen. Diese bestehen in der Tat, da die §§ 119, 121, 122 nicht nur auf dem Prinzip des Vertrauensschutzes beruhen, sondern auch dem Bedürfnis des Verkehrs, die Störanfälligkeit von Rechtsgeschäften in Grenzen zu halten (oben Rn 21). Dieses Bedürfnis hat der Gesetzgeber im Fall des § 118 offenbar nicht als gravierend angesehen, da an der Geltung von Scherzerklärungen kein ausgeprägtes Interesse besteht. Entsprechendes gilt bei unbewussten Erklärungen, da derjenige, dem die Willenserklärung zugerechnet werden soll, in diesen Fällen von vornherein keinen Geschäftsabschluss geplant hat. Insofern greift es zu kurz, wenn fehlendes Erklärungsbewusstsein und fehlender Geschäftswille als potentiell gleichwertige Mängel der Selbstbestimmung qualifiziert werden. Zwar ist es richtig, dass in beiden Fällen die Selbstbestimmung mangelhaft ist und bei Kenntnis des Irrtums hier wie dort nicht diese Willenserklärung abgegeben worden wäre, aber strukturell betrifft das Fehlen des Erklärungsbewusstseins einen anders gearteten und bei typisierender Betrachtung auch gravierenderen Mangel.

38 Dies zeigt sich spätestens auf der Ebene der Zurechnung des Missverständnisses, die bei der von der hM befürworteten Analogie allergrößte Schwierigkeiten bereitet. Unter Zurechnungsgesichtspunkten erscheint es nämlich evident leichter, das von der gesetzlichen Regelung in den §§ 118–120 und 122 verwirklichte Prinzip der **Risikozurechnung** anzuwenden, wenn sich jemand bewusst auf die – potentiell gefährliche – Ebene des Rechtsgeschäftsverkehrs begibt, als bei unbewusstem Handeln. Näher liegt es, die Fälle, in denen es bereits am „Partizipationswillen" fehlt, ebenso zu behandeln wie die Fälle, in denen es wegen Geschäftsunfähigkeit, Bewusstlosigkeit oder abhandengekommenen Willenserklärungen nicht zu einer wirksamen rechtsgeschäftlichen Verpflichtung kommt (zutreffend NEUNER JuS 2007, 881, 885 f unter Hinweis auf die Wertungen der §§ 105 Abs 2, 130 Abs 2, 172 Abs 1 sowie § 794 Abs 1 BGB und Art 16 f WG e contrario). Das Risikoprinzip als die schärfste und einschneidendste Zurechnungsform kann ja nicht beliebig herangezogen werden. Vielmehr bedarf es mindestens einer Verknüpfung mit einem typisierbaren potentiell gefährlichen Verhalten. Genau diesem Erfordernis trägt das Gesetz Rechnung. Die Zurechnung des Verständigungsrisikos beim Geschäftsirrtum gem § 119 Abs 1 setzt voraus, dass der Verantwortliche bewusst am Rechtsgeschäftsverkehr teilnimmt. Dabei handelt es sich um einen typischen Bereich mit erhöhtem Gefahrenpotential, bei dem es gerechtfertigt ist, das Risiko entsprechend der Steuer- und Beherrschbarkeit zu verteilen (vgl auch WERBA 124 ff). Entsprechendes gilt für die bewusste Einschaltung von Hilfspersonen bei der Übermittlung von Willenserklärungen gem § 120, die ebenfalls einen typischen, abgrenzbaren Bereich mit erhöhtem Verständigungsrisiko betrifft. Und schließlich greift die Risikohaftung beim misslungenen Scherz gem § 118 deswegen ein, weil der Scherzende nach der Natur des Aktes bewusst ein hochgradig riskantes Manöver unternommen hat. Wenn man jedoch dem betreffenden Akteur kein riskantes Verhalten vorwerfen kann und ihm nicht einmal bewusst war, dass er am – gefährlichen – Rechtsgeschäftsverkehr teilnehmen würde, fehlt es an geeigneten Anknüpfungsgesichtspunkten für die Anwendung des Risikoprinzips (dafür aber WERBA 139 ff), so dass hM und Rspr im Ergebnis zu Recht das **individuelle Verschuldensprinzip** als Zurechnungsform heranziehen, wenn keine bewusste Teilnahme am Rechtsgeschäftsverkehr festgestellt werden kann (vgl BGHZ 91, 324, 330; LARENZ, AT § 19 III = S 356 f; F BYDLINSKI JZ 1975, 1, 5; MünchKomm/KRAMER § 119 Rn 99; SINGER AcP 201 [2001] 93, 99 f; teilw abw ders, Selbstbestimmung 194 ff).

Mit dem Rekurs auf das Verschuldensprinzip ist aber zum einen das Eingeständnis verbunden, dass Geschäftsirrtum und Fehlen des Erklärungsbewusstseins eben nicht vollkommen gleich gelagert sind. Zum anderen bedient man sich unverkennbar der Zurechnungselemente einer Haftung aus **culpa in contrahendo** (§§ 280 Abs 1, 241 Abs 2, 311 Abs 2). Die Haftung wegen vorvertraglicher Pflichtverletzung stellt zweifellos die sachgerechtere und dem Prinzip der Verhältnismäßigkeit erheblich besser entsprechende Sanktion für missverständliches Verhalten dar, wenn nicht einer der gesetzlich geregelten Irrtumsfälle mit erhöhter Risikoverantwortung des Irrenden vorliegt (s a NEUNER JuS 2007, 881, 886: „deplatziert und unverhältnismäßig"). Die angemessene Rechtsfolge ist gem § 280 Abs 1 die Verpflichtung zum Schadensersatz, die iE Ersatz des negativen Interesses bedeutet. Eine Erfüllungshaftung für „Erklärungsfahrlässigkeit" (vgl MANIGK, Verhalten 210 ff [217]; ders, Irrtum und Auslegung 110 f) ist demgegenüber nicht systemkonform und kann daher nicht durch analoge Anwendung der §§ 119, 121 und 122 begründet werden, sondern höchstens durch Umkonstruktion dieser Normen. Dazu fehlt jedoch den Gerichten aus Gründen der Gewaltenteilung die Kompetenz. An der mangelnden Befugnis zur Umgestaltung der gesetzlichen Regelung scheitert auch LOBINGERS Vorschlag, bei fehlendem Erklärungsbewusstsein in Analogie zu den §§ 108, 177 schwebende Unwirksamkeit anzuordnen und den Erklärenden, der schuldhaft gehandelt hat, bei Verweigerung seiner Genehmigung analog § 122 haften zu lassen (aaO 219 f).

Selbst wenn man sich aber über diese Bedenken hinwegsetzen und trotz unterschiedlicher Zurechnungskriterien an der angeblichen Rechtsähnlichkeit von Geschäftsirrtum und fehlendem Erklärungsbewusstsein festhalten wollte, so ist damit immer noch nicht entschieden, dass die aus Gründen der Ähnlichkeit befürwortete **Analogie** von Rechts wegen **erlaubt** ist. Die veröffentlichten Gerichtsurteile zum fehlenden Erklärungsbewusstsein belegen, dass den ohne Erklärungsbewusstsein Handelnden überhaupt nicht klar war, dass sie zur Vermeidung einer rechtsgeschäftlichen Bindung unverzüglich eine ordnungsgemäße Anfechtungserklärung abgeben mussten (vgl insb die Fälle BGHZ 91, 324; 109, 171 und BGH NJW 1995, 953). Die auf den ersten Blick willkürlich erscheinende Mutmaßung, dass den unbewusst Handelnden – anders als bei einem Geschäftsirrtum – kein „urwüchsiger innerer Drang" befalle, seinen wahren Willen umgehend klarzustellen (so LOBINGER 159 f und 203), hat durchaus einen realen Hintergrund, da die Notwendigkeit einer Anfechtung bei fehlendem Erklärungsbewusstsein nicht mit der erforderlichen Klarheit im Gesetz zum Ausdruck kommt. Die Befürworter einer Analogie setzen sich über das Bedürfnis nach Voraussehbarkeit solch einschneidender Sanktionen hinweg. Wegen des aus dem Rechtsstaatsprinzip abzuleitenden **Vorhersehbarkeitsgrundsatzes** wird indessen im methodologischen Schrifttum zu Recht eine ausdehnende Auslegung von Fristbestimmungen nur mit äußerster Zurückhaltung zugelassen (vgl CANARIS, Die Feststellung von Lücken im Gesetz [2. Aufl 1993] 183 Fn 40 und 186 f). Zurückhaltung ist im vorliegenden Zusammenhang schon deshalb geboten, weil die Gleichartigkeit der Fälle gerade nicht so evident ist, wie behauptet wird. Immerhin hat sich der Mangel der Vorhersehbarkeit in den einschlägigen Fällen entscheidend ausgewirkt. Auf der anderen Seite geschieht dem Erklärungsempfänger kein gravierendes Unrecht, wenn nicht der Bestand der scheinbaren Erklärung gesichert ist, da der unbewusst Handelnde im Falle seines Verschuldens gemäß § 280 Abs 1 auf Schadensersatz haftet. Im Ergebnis sollten daher Mängel des Erklärungsbewusstseins und Geschäftswillens nicht gleich behandelt werden (vgl auch § 122 Rn 9 ff).

cc) Vertrauensschutz zu Lasten des Erklärungsempfängers?

41 Wenn man mit der hM die §§ 119, 121 und 122 analog anwendet, gilt die normativ zugerechnete Willenserklärung ohne Rücksicht darauf, ob diese Wirkung zugunsten oder zu Lasten des Erklärungsempfängers geht. Demgegenüber hat BGH NJW 1995, 953 den Standpunkt eingenommen, dass der **Erklärungsempfänger** auch noch nach Ablauf der Anfechtungsfrist den **Mangel des Erklärungsbewusstseins** geltend machen dürfe. Anlass für diese Entscheidung bot ein Fall, in dem nicht – wie üblich – der Irrende, sondern der Erklärungsempfänger daran interessiert war, das Fehlen des Erklärungsbewusstseins geltend zu machen. Es ging um den angeblichen Widerruf einer postmortalen Vollmacht, die eine Tante des Erblassers dazu ermächtigte, die ihr anvertrauten Wertpapiere an die Lebensgefährtin des Erblassers auszuhändigen, falls ihm etwas passiere. Das Berufungsgericht sah einen konkludenten Widerruf der Vollmacht darin, dass sich die Alleinerbin und frühere Ehefrau des Erblassers bei der bevollmächtigten Tante und der Lebensgefährtin des Erblassers nach dem Verbleib der Papiere erkundigt hatte. Die auf Herausgabe der Wertpapiere verklagte Lebensgefährtin vertrat demgegenüber den Standpunkt, dass die Alleinerbin, die nach dem Tode ihres Mannes rechtlich die Stellung einer Vollmachtgeberin innehatte, überhaupt keine Kenntnis von der Vollmacht gehabt und ihr somit für den angeblichen Widerruf das Erklärungsbewusstsein gefehlt hätte. Der BGH hielt diesen Einwand für beachtlich, weil tatsächlichem Verhalten ohne Erklärungsbewusstsein nur dann die Wirkungen einer Willenserklärung beigelegt werden könnten, wenn dies zum Schutze des redlichen Verkehrs erforderlich sei. Der sich Äußernde müsse Vertrauen auf einen bestimmten Erklärungsinhalt geweckt haben. „Dieser Begründungsansatz und der Schutzzweck der §§ 119 ff schlössen es aus, aus einem tatsächlichen Verhalten ohne Erklärungsbewusstsein **Rechtsfolgen zu Lasten Dritter** herzuleiten" (BGH aaO). Das erscheint inkonsequent (insoweit zu Recht krit HABERSACK JuS 1996, 585, 587), da auch die fehlerhafte Willenserklärung ohne Rücksicht auf konkretes Vertrauen des Empfängers gilt. Außerdem hat sich der Gesetzgeber beim Geschäftsirrtum gerade deswegen für das Anfechtungsmodell entschieden, um zu vermeiden, dass sich Erklärungsempfänger oder Dritte auf den angeblichen Willensmangel berufen (Prot I 106).

Dennoch hat der BGH im Ergebnis richtig entschieden (oben Rn 41), da es im **42** konkreten Fall nicht nur am subjektiven, sondern auch am *objektiven* Tatbestand einer Willenserklärung fehlte. Weder aus Sicht der Alleinerbin – der „Erklärenden" – noch aus Sicht der Bevollmächtigten oder Schenkungsempfängerin gab es irgendeinen Anhaltspunkt für die Annahme, dass die Alleinerbin die vom Erblasser erteilte Vollmacht widerrufen habe. Diese hatte keine Kenntnis vom Bestehen der Vollmacht, die sie widerrufen haben soll, und aus der Perspektive des Erklärungsempfängers ist es beim konkludenten Widerruf einer Willenserklärung regelmäßig unmöglich, ohne Kenntnis der inneren Willensrichtung anhand bloßer äußerer Umstände auf das Vorhandensein eines rechtsgeschäftlichen Willens zu schließen. Bei solchen **konkludenten Widerrufserklärungen** steht der BGH seit jeher zu Recht auf dem Standpunkt, dass sie „das Bewusstsein voraussetzen, eine rechtsgeschäftliche Erklärung sei wenigstens möglicherweise erforderlich" (vgl die Nachw in Rn 44). Diese Sonderregelung beruht darauf, dass Genehmigungen, Bestätigungen, Widerrufs- und Verzichtserklärungen jeweils eine Bezugnahme auf ein früheres Rechtsgeschäft voraussetzen. Ohne diese kann bei konkludentem Verhalten nicht auf einen entsprechenden Geschäftswillen geschlossen werden. Ein konkludenter Widerruf setzt daher hier – ausnahmsweise – Erklärungsbewusstsein voraus.

dd) Sonderfälle konkludenter Willenserklärungen: Genehmigung, Bestätigung, Verzicht

Im *Zwangsverwalter-Fall* BGHZ 109, 171 hat der BGH seine neue Rspr **zum Erklä- 43 rungsbewusstsein auch auf konkludente Willenserklärungen ausgedehnt**. Dem ist zuzustimmen, da das BGB zwischen ausdrücklichen und konkludenten Willenserklärungen nicht unterscheidet (vgl auch § 164 Abs 1 S 2) und daher auch keine Unterschiede hinsichtlich der subjektiven Wirksamkeitsvoraussetzungen gerechtfertigt sind (eingehend F BYDLINSKI, Privatautonomie 56 gegen FLUME § 5, 4 = S 74, der zu Unrecht zwischen ausdrücklichen und konkludenten Willenserklärungen unterscheidet und nur bei den letztgenannten ein Erklärungsbewusstsein verlangt).

Auf der anderen Seite hat die Rspr bei bestimmten konkludenten Willenserklärun- **44** gen wie **Genehmigungen, Bestätigungen oder Verzichtserklärungen** lange Zeit auf subjektiven Mindestanforderungen bestanden und verlangt, „dass sich der Genehmigende der schwebenden Unwirksamkeit des Vertrages bewusst ist oder doch jedenfalls mit einer solchen Möglichkeit rechnet" (BGHZ 2, 150, 153; ständige Rspr, vgl außerdem BGHZ 53, 174, 178; BGH NJW 1973, 1789; 1982, 1099, 1100; 1988, 1200; WM 1988, 216, 217). Bei der Bestätigung eines anfechtbaren Rechtsgeschäfts wurde folgerichtig verlangt, „dass der Bestätigende sein Anfechtungsrecht kennt oder doch zumindest aus der Vorstellung heraus handelt, es könne ihm ein solches Recht zustehen" (RGZ 68, 398, 399 ff; BGHZ 110, 220, 222; 129, 371, 377; BGH NJW 1971, 1795, 1800; WM 1977, 387, 389). Auch bei der **konkludenten Annahmeerklärung gem § 151** verlangte der BGH „Erklärungsbewusstsein" oder einen „wirklichen Annahmewillen" (BGHZ 111, 97, 101; BGH WM 1986, 324; NJW 1990, 1656, 1658; 2000, 276, 277), ebenso bei der **stillschweigenden Abtretung** einer Forderung (LM Nr 20 zu § 398 BGB) und – wie soeben Rn 41 f erörtert – beim **konkludenten Widerruf** einer Vollmacht (NJW 1995, 953). Allerdings ist die Rspr nicht ganz einheitlich, da der BGH im *Zwangsverwalter-Fall* eine konkludente Zustimmung zur Einziehung einer Forderung gem §§ 185, 362 Abs 2 ohne Rücksicht auf fehlendes Erklärungsbewusstsein angenommen hat (BGHZ 109, 171, 177; ebenso BGH DtZ 1995, 250, 252; WM 1989, 650, 652: Verweigerung einer Genehmigung gem § 108; BGH WM 2004, 21, 24; BKR 2005, 501, 503).

45 Entgegen dem ersten Eindruck beinhaltet die Rspr zu den Sonderfällen konkludenter Genehmigung, Bestätigung und dergleichen keine grundsätzliche Abweichung von den allgemeinen Grundsätzen zum fehlenden Erklärungsbewusstsein (SINGER, Selbstbestimmung 134; vgl auch FROTZ, Verkehrsschutz 495 ff; MEDICUS, AT Rn 531). Die scheinbare Sonderstellung (vgl F BYDLINSKI JZ 1975, 1, 2 Fn 4; POHLE MDR 1958, 84; PHILIPOWSKI BB 1964, 1069 ff) dieser konkludenten Willenserklärungen – FLUMES konkludentes „Verhalten" (dazu unten Rn 59) – hängt damit zusammen, dass bei Genehmigungen oder Bestätigungen die **Auslegung konkludenten Verhaltens** auf nahezu unüberwindliche Schwierigkeiten stößt. Der Schluss auf einen bestimmten Rechtsfolgewillen kann in diesen Fällen nicht ohne Berücksichtigung subjektiver Elemente gezogen werden. So kann man etwa aus der Erfüllung eines genehmigungsbedürftigen Vertrages nur dann auf dessen stillschweigende Genehmigung schließen, wenn der *Erklärungsempfänger* davon ausgehen darf, dass der Handelnde von der Genehmigungsbedürftigkeit des Vertrages weiß oder zumindest mit ihr rechnet (BGH BKR 2005, 501, 503). Andernfalls ist es regelmäßig unmöglich, aus dem äußeren Verhalten auf das Vorliegen einer rechtsgeschäftlichen Regelung zu schließen. Das wird gerade auch in jenen Entscheidungen deutlich, in denen auf das Erfordernis eines Erklärungsbewusstseins verzichtet wird (vgl außer BGH BKR 2005, 501, 503 noch BGH WM 2004, 21, 24). Die Annahme eines Rechtsgeschäfts scheitert deshalb regelmäßig an den Schwierigkeiten, den objektiven Tatbestand einer Willenserklärung feststellen zu können (SINGER 147; s a FROTZ 497; MEDICUS Rn 531). Es kommt daher bei der Auslegung des fraglichen Verhaltens darauf an, ob die Person zustimmen, genehmigen oder bestätigen wollte (iE übereinstimmend VYTLACIL 193 ff).

46 Ausgehend von diesen Grundsätzen hätte im *Zwangsverwalter-Fall* (BGHZ 109, 171) keine Zustimmung zur Einziehung der Fremdforderungen angenommen werden dürfen, da der Verwalter irrtümlich von der Berechtigung des Einziehenden ausging und daher keinen Anlass hatte, eine konkludente Willenserklärung abzugeben. Auch aus der Sicht der Schuldner bestand keine Veranlassung, eine konkludente Genehmigung des Verwalters anzunehmen, da diese von einem wirksamen Rechtsübergang auf den Forderungsprätendenten ausgingen. Insofern bestand für sie kein Grund, der Duldung durch den Zwangsverwalter konstitutive rechtsgeschäftliche Bedeutung beizumessen (aA LOBINGER, Jahrb junger Zivilrechtswissenschaftler 1994, 77, 81 f). Zutreffend entschieden ist dagegen der *Vollmachtswiderrufs-Fall* BGH NJW 1995, 953, da hier aus Sicht der Bevollmächtigten des Erblassers kein Anhaltspunkt dafür bestanden hat, die Alleinerbin habe Kenntnis von ihrer Bevollmächtigung und demzufolge Veranlassung gehabt, diese zu widerrufen (oben Rn 42; aA HABERSACK JuS 1996, 585, 588; JAUERNIG 5).

Keine Besonderheiten sind dagegen bei der **konkludenten Annahme** gem § 151 **47** anzuerkennen, da hier die objektive Auslegung des Erklärungsverhaltens typischerweise keine Schwierigkeiten bereitet. Mangels Empfangsbedürftigkeit der Willenserklärung kommt es allerdings nicht auf den Empfängerhorizont an, sondern darauf, ob das Verhalten des Angebotsempfängers vom Standpunkt eines unbeteiligten objektiven Dritten aufgrund der äußeren Indizien auf einen „wirklichen Annahmewillen" gemäß § 133 schließen lässt (BGHZ 111, 97, 101; BGH NJW 2000, 276, 277; vgl auch § 133 Rn 16; aA VYTLACIL 188 ff, der sich auch hier für die subjektive Auslegung ausspricht, 193, 196 f). Wenn man mit der hM (oben Rn 34, 36) das Erklärungsbewusstsein im Allgemeinen nicht zum subjektiven Tatbestand der Willenserklärung rechnet, ist es folgerichtig, auch bei § 151 kein Erklärungsbewusstsein zu verlangen (zutr STAUDINGER/BORK [2010] § 151 Rn 16 mwNw; REPGEN AcP 200 [2000] 533 [553 f]). Liegen dagegen die subjektiven Voraussetzungen wie Genehmigungs- oder Bestätigungsbewusstsein vor (zB BGHZ 2, 150, 153), spielt es für die Verbindlichkeit der konkludenten Willenserklärung in der Regel keine Rolle, dass der Rechtsfolgewille uU nicht objektiv zum Ausdruck gekommen ist (SINGER 148 ff). Bei genehmigten oder bestätigten Verträgen wird ohnehin dem rechtsgeschäftlichen Willen des Vertragspartners entsprochen, so dass entsprechend den Grundsätzen der *falsa demonstratio* jedenfalls individueller Konsens gegeben ist. Im Übrigen hat der Vertragspartner das Recht, den missverständlich Auftretenden an seinem wahren Rechtsfolgewillen festzuhalten (unten § 119 Rn 103).

Falls weder der objektive noch der subjektive Tatbestand einer konkludenten Genehmigung oder Zustimmung vorliegt, kommt allenfalls noch eine Haftung nach den Grundsätzen der **Vertrauenshaftung** in Betracht. Im *Zwangsverwalter-Fall* (BGHZ 109, 171) mussten die Mieter den Eindruck gewinnen, der Verwalter dulde und bestätige, dass die Einziehung der Mietzinsforderungen durch den (scheinbaren) Gläubiger zu Recht erfolge. Für diese – deklaratorische – Bestätigung einer falschen Rechtslage, die der Verwalter fahrlässig verursacht hat, haftet er gegenüber den gutgläubigen Mietern aufgrund dieser *culpa in contrahendo* gem §§ 280 Abs 1, 241 Abs 2, 311 Abs 2 auf Schadensersatz (vgl allgemein CANARIS, Vertrauenshaftung 73 und 318), was in diesem Fall einer Erfüllungshaftung praktisch gleichkommt. **48**

b) Abhandenkommen von Willenserklärungen

Dem Fehlen des Erklärungsbewusstseins entspricht in struktureller Hinsicht das **49** **Abhandenkommen von Willenserklärungen** (ebenso NEUNER JuS 2007, 881, 886). Schulbeispiel ist der Fall, dass die Sekretärin den auf dem Schreibtisch liegenden, unterschriebenen Brief in der Meinung absendet, dieser sei versehentlich liegen geblieben; in Wahrheit wollte es sich der Verfasser noch einmal überlegen. Da auch hier das Vertrauen des Erklärungsempfängers Schutz verdient und für den Verfasser das Wahlrecht des § 119 Abs 1 ausgesprochen sinnvoll erscheint (MEDICUS, AT Rn 266 und 607; FLUME § 23, 1 = S 449 f; SOERGEL/HEFERMEHL § 130 Rn 5), spricht in der Tat alles für eine Gleichbehandlung der Fälle. Begriffliche Überlegungen, ob etwa zum Mindesttatbestand der Willenserklärungen Handlung und Handlungswille gehören (zuletzt S LORENZ 220 Fn 35 im Anschluss an Mot I 157; früher auch STAUDINGER/COING[11] § 130 Rn 18 und 24), sollten demgegenüber nicht den Ausschlag geben. Insofern ist es folgerichtig, dass die wohl hM im Schrifttum wie bei einem Geschäftsirrtum gem § 119 Abs 1 von der vorläufigen Geltung der versehentlich in den Verkehr gelangten Erklärung ausgeht (MEDICUS, FLUME, HEFERMEHL aaO; MünchKomm/EINSELE § 130 Rn 14; PALANDT/ELLENBERGER § 130 Rn 4). Nach der hier vertretenen Auffassung (oben Rn 37 ff) bedeutet die gebotene Gleichbehandlung der Fälle jedoch, dass der Urheber der Erklärung nicht auf Erfüllung haften, sondern nur einen etwaigen Vertrauensschaden ersetzen sollte, wenn er das Missverständnis zu vertreten hat (§§ 280 Abs 1, 241 Abs 2, 311 Abs 2). Dafür spricht bei abhanden gekommenen Willenserklärungen auch die Wertung des § 794 Abs 1, der in einem Sonderfall – nämlich dem Abhandenkommen eines Umlaufpapiers – den Aussteller in vollem Umfang verpflichtet, wenn die Urkunde ohne seinen Willen in den Verkehr gelangt ist (NEUNER JuS 2007, 881, 886; ders, Der Redlichkeitsschutz bei abhanden gekommenen Sachen, JuS 2007, 401, 410). Außerhalb des Wertpapierrechts ist der Aussteller folglich nicht verpflichtet – so der gebotene Umkehrschluss. Auf diesem Standpunkt steht nunmehr eindeutig auch die höchstrichterliche Rechtsprechung. Zunächst hat der BGH bei einer **abhanden gekommenen Vollmachtsurkunde** die Ausstellerin nicht auf Erfüllung des Vertrages, sondern lediglich wegen der ihr vorzuwerfenden *culpa in contrahendo* haften lassen, da sie es ihrem Ehemann leicht gemacht hat, an die Urkunde zu gelangen und unter deren Vorlage ein in ihrem Eigentum stehendes Grundstück zu verkaufen. Obwohl in diesem Fall objektiv der **Anschein einer wirksamen Bevollmächtigung** hervorgerufen wurde, hat sich der BGH nicht zu einer Erfüllungshaftung der scheinbaren Vollmachtgeberin entschließen können, sondern diese lediglich für den Vertrauensschaden nach den Grundsätzen der culpa in contrahendo haften lassen (BGHZ 65, 13, 15). In zwei Urteilen aus den Jahren 2002 und 2006 hat der BGH diese Rechtsprechung bestätigt und vertritt nunmehr ganz allgemein bei abhanden gekommenen Willenserklärungen die Ansicht, dass es an einem **Begebungsakt** und damit an einer wirksamen Willenserklärung **fehle** (BGH NJW–RR 2003, 384; 2006, 847, 849; ebenso OLG München NJW-RR 2005, 1470 f). Das entspricht der hier vertretenen Auffassung, wonach bei unbewusstem Erklärungsverhalten eine Haftung auf das negative Interesse grundsätzlich angemessen ist (oben Rn 39; vgl auch BGH NJW 2000, 3127, 3128 m Anm SINGER LM Nr 20 zu § 117). Wegen des erhöhten Missbrauchsrisikos (insoweit zutreffend WERBA 141) kommt sogar eine verschuldensunabhängige Haftung analog § 122 in Betracht, nicht nur eine Haftung auf das negative Interesse gemäß § 280 Abs 1 wegen Verschuldens bei Vertragsschluss (vgl näher § 122 Rn 11; offen BGH NJW-RR 2006, 847, 850; inkonsequent LARENZ, AT § 21 II a = S 418 f, der hier § 122 anwendet, ohne die bei fehlendem Erklärungsbewusstsein geforderte Anfechtung analog §§ 119, 121 zu verlangen).

c) Handlungswille

50 Entsprechendes gilt beim fehlenden **Handlungswillen**. Hier ist sich die hM zwar einig, dass nach der Wertung der §§ 104 Ziff 2, 105 Abs 2 Nichtigkeit solcher „Willenserklärungen" angenommen werden müsse (MEDICUS, AT Rn 606; MünchKomm/KRAMER Rn 8). Das ist auch vollkommen richtig, weil derjenige, der „unbewusst" eine Willenserklärung abgibt, demjenigen gleichsteht, der dies – wie es in § 105 Abs 2 heißt – im Zustande der „Bewusstlosigkeit" tut. Allerdings gilt auch hier, dass etwaige Vertrauensschäden wegen Verschuldens bei Vertragsverhandlungen zu ersetzen sind, wenn das Missverständnis zurechenbar ist (aA S LORENZ, Schutz 216). Das wird bei Bewusstlosigkeit, Hypnose oder vis absoluta in der Regel nicht in Betracht kommen, ist aber auch nicht undenkbar. So soll sich in Großbritannien der Fall tatsächlich ereignet haben, dass der Besucher einer Immobilienversteigerung den

Zuschlag erhielt, weil ein unwillkürliches „Zucken" seiner rechten Hand vom Auktionator als Gebot missverstanden wurde (vgl zu diesem in den Medien verbreiteten Fall aus dem Jahre 1987 SINGER, Selbstbestimmung 129 mwNw). Beruhte dieses nervöse Zucken auf einem chronischen Leiden, hätte dem Besucher der Versteigerung vorgehalten werden können, dass sich dieser in Kenntnis des Leidens in eine Situation gebracht hatte, ohne Vorkehrungen gegen eventuelle Missverständnisse getroffen zu haben (vgl auch WERBA 147). Nach deutschem Recht hätte er in einem solchen Fall wegen Verschuldens bei Vertragsschluss den Vertrauensschaden ersetzen müssen (§§ 280 Abs 1, 241 Abs 2, 311 Abs 2).

IV. Ausdrückliche und konkludente Willenserklärungen

1. Begriffe und Beispiele

a) Ausdrückliche Willenserklärungen

Bei **ausdrücklichen Willenserklärungen** wird der Wille, Rechtsfolgen in Geltung zu setzen, unmittelbar zum Ausdruck gebracht. Die Parteien schließen ausdrücklich einen „Vertrag" oder treffen eine „Vereinbarung", der Käufer „bestellt" die gewünschte Sache oder „nimmt" das „Angebot" des Verkäufers an. Auch bei einer **Stimmabgabe** (zB auf einer Eigentümerversammlung) handelt es sich in der Regel um eine ausdrückliche Willenserklärung (BayObLG BayObLGZ 2000, 66, 69); wie jede andere Willenserklärung kann die Stimmabgabe aber auch konkludent erfolgen oder durch bloßes **Schweigen** (BGHZ 152, 63, 68). 51

„**Ausdrücklichkeit**" der Willenserklärung ist erforderlich, wenn die Parteien dies **vereinbart** haben. Das **Gesetz** verlangt ausdrückliche Erklärungen in §§ 244 Abs 1, 700 Abs 2, 1059 a Nr 1 BGB, 48 Abs 1 HGB und §§ 38 Abs 3, 1027 Abs 1 S 1 ZPO. Dabei handelt es sich um ungewöhnliche oder besonders gefährliche Rechtsgeschäfte. Das Ausdrücklichkeitserfordernis hat somit Klarstellungs- und/oder Warnfunktion (vgl MEDICUS, AT Rn 335; BGH NJW 1982, 431, 432) und ist insoweit mit einem Formerfordernis vergleichbar. Eine ausdrückliche Willenserklärung liegt vor, wenn der rechtsgeschäftliche Wille eindeutig zum Ausdruck kommt und dem Empfänger völlige Klarheit über die Rechtslage verschafft wird (BGH NJW 1982, 431, 432 zu § 247 Abs 2 S 2 aF). Zuweilen verlangt die Rechtsprechung eine „ausdrückliche" Erklärung auch dann, wenn dies gesetzlich nicht vorgeschrieben ist. Dabei handelt es sich um außergewöhnliche Vereinbarungen oder besonders gefährliche Rechtsgeschäfte, deren Abschluss bei interessengerechter Auslegung nicht unterstellt werden kann. Das Erfordernis ausdrücklicher Klarstellung ist hier kein „echtes" Wirksamkeitserfordernis, sondern ergibt sich mittelbar aus der Anwendung **anerkannter Auslegungsgrundsätze** (vgl § 133 Rn 55, 63). Ausdrückliche Vereinbarung erfordern zB das Nebeneinander von schuldrechtlichen und dinglichen Nutzungsrechten ähnlichen Inhalts (BGH NJW 1974, 2123), der Ausschluss eines Gesellschafters ohne Vorliegen eines wichtigen Grundes (BGH NJW 1977, 1292, 1293) sowie das Einverständnis von Patienten mit der Weitergabe der Behandlungsunterlagen an Übernehmer einer Arztpraxis (BGHZ 116, 268, 275). 52

b) Konkludente Willenserklärungen

Als **konkludente Willenserklärung** bezeichnet man ein Verhalten, das zwar nicht unmittelbar einen bestimmten Rechtsfolgewillen zum Ausdruck bringt, aber mittel- 53 bar den Schluss auf einen solchen ermöglicht (LARENZ, AT § 19 IV b = S 358). Die vielfach verwendete Bezeichnung „**stillschweigende Willenserklärung**" empfiehlt sich im vorliegenden Zusammenhang nicht, weil dadurch das Missverständnis hervorgerufen werden könnte, es ginge um bloßes „**Schweigen**" (PRÜTTING/WEGEN/WEINREICH/ AHRENS Vor §§ 116 ff Rn 20; PALANDT/ELLENBERGER Einf v § 116 Rn 6). Konkludente Willenserklärungen sind aber durchaus auch solche, die sich in positivem Tun äußern.

54 Typische Fälle konkludenter Willenserklärungen sind **die Inanspruchnahme von Waren oder Dienstleistungen**, die üblicherweise nur gegen Entgelt angeboten werden. Wer in ein Taxi einsteigt, das Fahrziel ansagt und vom Fahrer wortlos befördert wird, hat einen konkludenten Beförderungsvertrag abgeschlossen (LARENZ/WOLF, AT § 24 Rn 17; BROX/WALKER, AT Rn 90; BayObLG NWwZ 1998, 727, 728). Entsprechendes gilt für Handlungen **zur Ausführung und Erfüllung schuldrechtlicher Verpflichtungen**. Die Übergabe der verkauften Sache bringt den Willen des Verkäufers zum Ausdruck, die Sache übereignen zu wollen, es sei denn, dass ein Eigentumsvorbehalt vereinbart war (LARENZ S 359). Der Schluss auf den rechtsgeschäftlichen Willen zur Übereignung macht sich die Erfahrung zunutze, dass sich die Beteiligten am rechtsgeschäftlichen Verkehr im Regelfall folgerichtig und redlich verhalten (vgl LÜDERITZ, Auslegung 340 ff; LARENZ 359 Fn 70; BGH LM § 151 Nr 12 unter II 2 a aa). Feststellung und Inhaltsermittlung konkludenter Willenserklärungen sind insofern eine Frage der Auslegung gem §§ 133, 157 (vgl die Erläuterungen zu § 133 Rn 44 ff und bei STAUDINGER/ROTH [2010] § 157 Rn 3). Bei der **Zusendung unbestellter Waren** an einen Verbraucher kommt allerdings gem § 241a kein Vertrag durch bloße Aneigungs- und Gebrauchshandlungen zustande, sondern erst, wenn der Verbraucher zahlt oder ausdrücklich sein Einverständnis erklärt (SCHWARZ NJW 2001, 1449, 1451; MünchKomm/KRAMER § 241a Rn 10).

c) Betriebliche Übung

55 Nach Rechtsprechung und hM können Arbeitnehmer (und Arbeitgeber) auch aufgrund betrieblicher Übung Ansprüche erwerben (BAGE 37, 228, 234, 39, 271, 276; 40, 126, 133; 52, 33, 49; 52, 340, 346; 59, 73, 85; 91, 283, 287; 118, 16, 18; 130, 21, 24; BAG NZA 1995, 418, 419; 2010, 283, 285; STAUDINGER/RICHARDI [2011] § 611 Rn 319 ff; SCHAUB, Arbeitsrechtshandbuch § 111 Rn 2 ff, 9; HROMADKA, Zur betrieblichen Übung, NZA 1984, 241; BEPLER, Betriebliche Übungen, RdA 2004, 226; ders, Die „zweifelhafte Rechtsquelle" der betrieblichen Übung, RdA 2005, 323; WALTERMANN, Die betriebliche Übung, RdA 2006, 257). Eine betriebliche Übung liegt vor, „wenn der Arbeitgeber bestimmte Verhaltensweisen regelmäßig wiederholt, aus denen die Arbeitnehmer schließen können, dass ihnen eine Leistung oder Vergünstigung auf Dauer gewährt werden soll" (BAGE 49, 151, 159). Zumeist handelt es sich um Gratifikationen, Zulagen und andere Vergünstigungen wie zB Weihnachtsgeld, Essenszuschüsse oder die bezahlte Arbeitsfreistellung am Rosenmontag (vgl die Aufstellung bei SEITER, Die Betriebsübung [1967] 74 ff). Beim Weihnachtsgeld soll der Anspruch nach dreimaliger vorbehaltloser Leistungsgewährung entstehen. In der Leistungsgewährung kommt nach Auffassung des BAG ein Rechtsbindungswille des Arbeitgebers zum Ausdruck (vgl BAGE 47, 130, 133; 49, 290, 295). Dessen Angebot nehme der Arbeitnehmer gemäß § 151 an. Seit BAGE 118, 16, 19 geht das BAG davon aus, dass die betriebliche Übung ein kollektives Element enthalte und sich daher auf eine Vielzahl oder abgrenzbare Gruppe von Arbeitnehmern beziehen müsse. Im Ergebnis spielt das allerdings keine Rolle, da auch bei individuellen Leistungen gegenüber einzelnen Arbeitnehmern ein konkludentes Angebot vorliegen könne, das in der Regel durch schlüssiges Verhalten unter Verzicht auf den Zugang gem § 151 angenommen werde (BAG NZA 2010, 808, 810). Gegen die **Vertragstheorie** spricht, dass sich der Arbeitgeber bei freiwillig erbrachten Leistungen gerade nicht verpflichten will, schon gar nicht bei irrtümlich gewährten Zuschlägen und Vergünstigungen (Canaris, Vertrauenshaftung 257 f, 388 f; Singer, Vertrauensschutz und Verhältnismäßigkeit als Grundelemente der Arbeitgeberhaftung bei freiwilligen Zuwendungen, in: FS Canaris [2007] 1467, 1469 ff; Zöllner, Betriebsübung und Vertrauenshaftung, in: FS Canaris [2007] 1519, 1524 ff; ErfK/Preis, § 611 BGB Rn 221). Bei einer Betriebsübung im Bereich des öffentlichen Dienstes geht das BAG denn auch zutreffend – von seinem Standpunkt aus aber inkonsequent – davon aus, dass der Arbeitgeber zum Normvollzug verpflichtet sei und sich folglich nicht zu einer übertariflichen Zulage verpflichten wolle (BAGE 6, 59, 62; 37, 228, 234; 38, 291, 297; 52, 33, 49 f; 59, 73, 85; AP Nr 121 zu § 242 BGB Ruhegehalt; AP Nr 31 zu § 75 BPersVG; einschränkend BAGE 51, 115, 118; krit Singer, Neue Entwicklungen im Recht der Betriebsübung, ZfA 1993, 487, 498 ff). Schutzwürdig ist allerdings das **Vertrauen** des Arbeitnehmers darauf, dass er die vom Arbeitgeber gewährte Leistung mit Recht erhält, und zwar bei privaten Arbeitgebern genauso wie im Bereich des öffentlichen Dienstes (**aA** das BAG in std Rspr, vgl nur BAGE 59, 73, 85; ferner zuletzt C Picker, Erfüllungshaftung kraft Vertrauens?, Jahrbuch Junger Zivilrechtswissenschaftler 2010, 205, 222 ff). Das bedeutet zum einen, dass der Arbeitnehmer die in der Vergangenheit gutgläubig empfangenen Leistungen behalten darf – freiwillige Zuwendungen genauso wie irrtümlich gewährte. Für die Zukunft besteht dagegen nur eingeschränkter Vertrauensschutz. Art und Umfang des Vertrauensschutzes sind davon abhängig, in welchem Maße sich der Arbeitnehmer auf den Fortbestand der Leistungen eingerichtet hat. Bei bloßen **Annehmlichkeiten** wie der Gewährung von freien Tagen (BAGE 22, 429, 435; BAG AP Nr 38 und 43 zu § 242 BGB Betriebliche Übung), der kostenlosen Beförderung zur Arbeitsstätte (BAG AP Nr 61 zu § 611 BGB Direktionsrecht), der Zuweisung eines Parkplatzes auf dem Betriebsgelände (LAG Schleswig-Holstein, Lage § 242 BGB Betriebliche Übung Nr 25) oder der Duldung privater Internetnutzung (Waltermann RdA 2006, 257, 259) kann der Arbeitgeber die Übung mit Wirkung für die Zukunft einstellen, wenn er dafür einen sachlichen Grund hat. Das werden in der Regel wirtschaftliche Gründe sein, doch kommen auch ethische Gründe in Betracht wie zB bei der Aussetzung der traditionellen Arbeitsbefreiung an Rosenmontag, die mit Rücksicht auf den ersten Golfkrieg 1990/91 erfolgte. Am anderen Ende des Spektrums bewegen sich Fälle, in denen Arbeitnehmer irreversible Dispositionen getroffen haben wie insbesondere bei Maßnahmen zur **Altersvorsorge** (BAGE 47, 130, 135). Hier schützt das BAG sogar das Vertrauen auf eine gar nicht nach außen in Erscheinung getretene Praxis des Arbeitgebers, die Versorgungszusagen an interne Richtlinien anzupassen (BAG AP Nr 50 zu § 16 BetrAVG). Bei den übrigen Leistungen des Arbeitgebers ist zu differenzieren: Am stärksten ist der Vertrauensschutz bei freiwilligen **Leistungen**, die **zum laufenden Verdienst** gezahlt werden. Hierauf stellt sich der Arbeitnehmer erfahrungsgemäß stärker in seiner Lebensführung ein als auf die fortdauernde Gewährung von **Jahressonderzahlungen** wie Jubiläumszuwendungen, Weihnachtsgratifikationen oder Urlaubsgeld, deren Zweck in der Abdeckung eines Sonderbedarfs besteht. Auf dieser Unterscheidung beruht jedenfalls auch die stärkere Bindung des Arbeitgebers an **Widerrufsvorbehalte** im Vergleich zu **Freiwilligkeitsvorbehalten**. Nur beim **Widerruf** von Bestandteilen des laufenden Verdienstes gilt die Grenze, dass in der Regel nur 30% des Gesamtverdienstes flexible Lohnbestandteile sein dürfen (BAG NZA 2005, 465, 467). Ein Freiwilligkeitsvorbehalt gibt dem Arbeitgeber hingegen die Möglichkeit, sich ohne Einschränkung von einer früheren Betriebsübung für die Zukunft zu lösen. Ungeachtet der Formulierung des Vorbehalts gilt dies aber nur, wenn es sich um Jahressonderzahlungen und nicht um Leistungen zum laufenden Verdienst handelt (BAG NZA 2007, 853, 855; NZA 2008, 1173, 1174 f). In die gleiche Richtung tendierte bis vor kurzem die Rechtsprechung des BAG zur **gegenläufigen Betriebsübung**, die im Ergebnis die Ablösung von Ansprüchen ermöglichte, wenn der Arbeitgeber nachträglich dreimal die Leistung verbunden mit dem Hinweis erbracht hat, dass diese nunmehr unter dem Vorbehalt der Freiwilligkeit erfolge und auf diese in Zukunft kein Rechtsanspruch mehr bestehe (BAG AP Nr 50 und 70 zu § 242 BGB Betriebliche Übung; BAGE 91, 283, 288 f; BAG NZA 2003, 924, 927; BAG EzA BGB 2002, Nr 5 zu § 611 BGB Gratifikation). An dieser Rechtsprechung wurde zwar zurecht kritisiert, dass das Schweigen des Arbeitnehmers ebenso wenig wie die widerspruchslose Fortsetzung der Tätigkeit als Einverständnis mit dem Angebot auf Änderung des Arbeitsvertrages gewertet werden dürfe und auch die Grundlage für einen Vertrauensschutz des Arbeitgebers fehle (vgl HENSSLER, Tarifbindung durch betriebliche Übung, in: FS 50 Jahre BAG [2005] 683, 704 ff; WALTERMANN RdA 2006, 257, 268 f; MATIES, Die gegenläufige Betriebsübung [2003] 50 ff), aber die Rechtsprechung beruhte auf dem zutreffenden Kern, dass die durch Betriebsübung erworbene Position des Arbeitnehmers unter bestimmten Voraussetzungen schwächeren Schutz genießen sollte als ein Anspruch, der auf einer „echten" vertraglichen Verpflichtung beruht. Mit seinem Urteil vom 18. 3. 2009 (BAGE 130, 21, 24 ff) hat das BAG jedoch seine Rechtsprechung zur gegenläufigen Betriebsübung aufgegeben, weil alleine die dreimalige widerspruchslose Entgegennahme der Zahlung, die mit einem **nachträglichen Freiwilligkeitsvorbehalt** versehen ist, den Bedingungen, unter denen gem § 308 Nr 5 die Annahme des Vertragsangebots durch den Arbeitnehmer fingiert werden könne, nicht entspreche. Das ist zwar richtig (vgl auch BAG NZA 2010, 284, 285), schließt aber eben nur eine vertragliche Änderung der durch Betriebsübung entstandenen Ansprüche aus. Die Chance, bei Anerkennung der Vertrauenstheorie einen differenzierten Schutz des Arbeitnehmers zu ermöglichen, andererseits aber auch dem Arbeitgeber ein gewisses Maß an Flexibilität zu gewähren (dafür auch BEPLER RdA 2004, 226, 236 ff; RdA 2005, 323, 327 ff), ist damit noch nicht vertan. Voraussetzung dafür wäre freilich, dass sich das BAG zur Vertrauenstheorie bekennen würde.

56 Geht man hingegen mit der vom BAG vertretenen Vertragstheorie davon aus, dass aufgrund betrieblicher Übung ein unwiderruflicher vertraglicher Anspruch entstehe, kann dieser vom Arbeitgeber grundsätzlich nur unter engen Voraussetzungen beseitigt werden. In Betracht kommt zum einen eine **Anfechtung der betrieblichen Übung** wegen eines **Irrtums** über die Bedeutung seines Verhaltens (dazu ausf HOUBEN, Anfechtung einer betrieblichen Übung, BB 2006, 2301 ff; HROMADKA, Die betriebliche Übung: Vertrauensschutz im Gewande eines Vertrags. Widerrufsrecht statt Anfechtung, NZA 2011, 65, 67 f), doch trägt der Arbeitgeber die **Beweislast**, dass er sich über die Bedeutung seines Verhaltens geirrt hat. Da es zum arbeitsrechtlichen Gemeingut gehört, dass sich Arbeitgeber durch wiederholte und vorbehaltlose Leistungen für die Zukunft binden, sind an den Nachweis des Irrtums strenge Anforderungen zu stellen (allg zur Beweislast bei der Irrtumsanfechtung § 119 Rn 28). Strenge Anforderungen gelten auch für die Beseitigung vertraglicher Ansprüche im Wege einer **Änderungskündigung** (vgl BAG AP Nr 50, 51 zu § 2 KSchG; NZA 2002, 147, 149) oder **Vereinbarung** (BAG NJW 1998, 475). **Schweigen** oder **widerspruchslose Fortsetzung der Tätigkeit** nach einem Änderungsangebot des Arbeitgebers können nur dann als **Annahme** angesehen werden, wenn sich die Änderung wenigstens teilweise unmittelbar im Arbeitsverhältnis auswirkt (BAG AP Nr 2 und 4 zu § 305; NZA 2003, 924, 927; 2010, 284, 285; dazu auch unten Rn 75).

Die früher für möglich gehaltene Ablösung der Ansprüche durch **gegenläufige Betriebsübung** (BAG AP Nr 8 zu § 242 BGB Betriebliche Übung; NJW 1998, 475, 476; 2000, 308, 309) ist dem Arbeitgeber seit dem Urteil vom 19. 3. 2009 versperrt (BAGE 130, 21, 24 ff; ausf oben Rn 55). Ihm bleibt nur die Möglichkeit, durch einen klar und eindeutig formulierten Vorbehalt der Freiwilligkeit von vorneherein eine Bindung zu vermeiden (vgl BAG AP Nr 187, 193 zu § 611 BGB Gratifikation; AP Nr 55 zu § 242 BGB Betriebliche Übung; ZIP 2000, 2127, 2129). Das BAG (NZA 2007, 853, 855; NZA 2008, 1173, 1174 f) erkennt solche **Freiwilligkeitsvorbehalte** allerdings uneingeschränkt nur bei **Sondervergütungen** (Weihnachtsgratifikation, Urlaubsgeld, Jubiläumszuwendung) an, während es bei **Zulagen zum laufenden Verdienst** die Grundsätze über **Widerrufsvorbehalte** (grdl BAG NZA 2005, 465, 467; s a BAG NZA 2006, 40; 2007, 87) anwendet und wegen des Klauselverbots des § 308 Nr 4, das wegen der Verbrauchereigenschaft des Arbeitnehmers (BAG NZA 2005, 1111, 1115; 2006, 324, 328; BVerfG NZA 2007, 85, 86) gem § 310 Abs 3 praktisch bei jedem Arbeitsvertrag zur Anwendung kommt, den Umfang der flexiblen Lohnbestandteile in der Regel auf 30% der Gesamtvergütung beschränkt. Die Ermittlung eines Rechtsbindungswillens hängt von den Verhältnissen des Einzelfalles ab und ist nur schwer zu kalkulieren (krit ErfK/Preis § 611 Rn 222). So hat das BAG bei jährlichen Gehaltsanpassungen (BAG AP Nr 15 zu § 4 TVG Übertariflicher Lohn u Tariflohnerhöhung; NZA 1986, 521, 522), Weihnachtsgratifikationen in unterschiedlicher Höhe (BAG NZA 1996, 758, 759) oder bei der Gewährung freier Tage (BAGE 22, 429, 434 f) einen rechtsgeschäftlichen Bindungswillen des Arbeitgebers nicht zu erkennen vermocht. Was bei Weihnachtsgratifikationen gilt, scheint auf jährliche Bonuszahlungen nicht zuzutreffen. Da die Zahlung eines Jahresbonus erkennbar von dem jeweiligen Betriebsergebnis und/oder der persönlichen Leistung des Arbeitnehmers abhänge, könne aus der unterschiedlichen Höhe der Zahlungen in der Vergangenheit nicht auf einen fehlenden Bindungswillen des Arbeitgebers geschlossen werden (BAG NZA 2010, 808, 810). Damit werden freilich tatbestandlich sehr eng beieinanderliegende Fälle diametral entgegengesetzt entschieden, ohne dass dies sachlich zwingend geboten erscheint. An den früher relativ großzügig angenommenen stillschweigend erklärten Widerrufsvorbehalten (BAGE 53, 42, 57 f; BAG EzA Nr 20 zu § 77 BetrVG) kann seit der Schuldrechtsreform und der strikten Geltung des Transparenzgebots (§ 307 Abs 1 S 2) ohnehin nicht mehr festgehalten werden. Im Ergebnis hängt der Schutz des Arbeitnehmers nach der Rechtsprechung des BAG vom Ergebnis einer kaum zu kalkulierenden Auslegung des Arbeitgeberverhaltens ab. Denn ablehnen kann man eine rechtsgeschäftliche Verpflichtung immer, da sich der Arbeitgeber ja niemals verpflichten wollte. Die besseren Gründe sprechen daher nach wie vor für eine – den Prinzipien der Verhältnismäßigkeit und des Vertrauensschutzes stärker Rechnung tragende – Bewältigung der Betriebsübung auf der Grundlage einer Vertrauenshaftung (vgl näher Singer, in: FS Canaris [2007] 1467, 1469 ff).

d) Elektronische und automatisierte Willenserklärungen
Sofern Formvorschriften nicht entgegenstehen, können Willenserklärungen auch durch **elektronische Übermittlung** einer Datei „per Mausklick" im Internet abgegeben werden (BGHZ 149, 129, 133 „ricardo.de"; OLG Hamm NJW 2001, 1142; Spindler ZIP 2001, 809, 810; Ulrici JuS 2000, 947 [948]; Wiebe 213; zum Zugang § 130 Rn 51). Um „echte" Willenserklärungen handelt es sich auch bei sog **„computergestützten Willenserklärungen"** (zum Begriff Wiebe 203; abweichender Sprachgebrauch bei Köhler AcP 182 [1982] 126, 132 ff; Brehm, in: FS Niederländer [1991] 234; weitere Nachw § 119 Rn 35), bei denen ein Teil der Erklärung (zB die Höhe der Kreditraten bei einem Online-Kreditantrag) von

einem Computerprogramm erzeugt, das Gesamtergebnis aber vom Erklärenden als eigene Willenserklärung in den Verkehr gebracht wird. Sogar bei **„automatisierten Willenserklärungen"** (WIEBE 203; KRÜGER/BÜTTER WM 2001, 221 [223] bezeichnen diese als sog „Computererklärungen"), die vollständig von einem Computerprogramm generiert werden (zB die Annahme eines Vertragsangebots [BGH NJW 2005, 976]), handelt es sich zweifelsfrei um Willenserklärungen, da die durchgeführten Rechenoperationen aufgrund menschlicher Bedienungsanweisungen durchgeführt werden und somit dem Willen ihres Urhebers zuzurechnen sind (vgl BREHM, in: FS Niederländer [1991] 233, 234; PAEFGEN JuS 1988, 592, 593). Entsprechendes gilt beim Vertragsschluss durch „intelligente" elektronische Agenten (CORNELIUS MMR 2002, 353 [355]). Für die Neuschöpfung einer **„elektronischen Willenserklärung"**, die aufgrund des Risikoprinzips dem Betreiber zugerechnet werden soll (dafür WIEBE 206 ff; vgl auch CLEMENS NJW 1985, 1998, 2001 ff), besteht daher kein Bedarf. Sofern keine Manipulationen „von außen" in Frage stehen, besteht an der (vorläufigen) Zurechnung auch fehlerhafter Computererklärungen kein Zweifel. Sofern Dritte über das Konto eines registrierten Nutzers einer Internet-Plattform unbefugt Rechtsgeschäfte tätigen, soll der Kontoinhaber für Rechtsgeschäfte nur haften, wenn die Voraussetzungen einer Anscheins- oder Duldungsvollmacht vorliegen. Die **unsorgfältige Verwahrung der Kontaktdaten** durch den Kontoinhaber soll – anders als bei Urheberrechtsverletzungen und Wettbewerbsverstößen (BGHZ 180, 134, 139; 185, 330, 335 f) – nicht genügen (BGH NJW 2011, 2421, 2423; zust BORGES, Rechtsscheinhaftung im Internet, NJW 2011, 2400, 2403). Es ist freilich kaum nachzuvollziehen, warum ein und dasselbe Verhalten unterschiedliche Verantwortlichkeiten begründen soll. Es läge auch im rechtsgeschäftlichen Bereich nahe, den Nutzer wie im Vollmachtsmissbrauchs-Fall BGHZ 65, 13 (dazu § 120 Rn 3) wegen einer Verletzung vorvertraglicher Pflichten gem §§ 280 Abs 1, 241 Abs 2, 311 Abs 2 auf das negative Interesse haften zu lassen (dafür auch HERRESTHAL, Haftung bei Account-Überlassung und Account-Missbrauch im Bürgerlichen Recht, K&R 2008, 705, 708 ff). Auch bei fehlerhafter Programmierung stellen sich diffizile Anfechtungsfragen (s näher § 119 Rn 36 f). Davon abgesehen ist die auf den Abschluss eines Fernabsatzvertrages (§ 312b) gerichtete Willenserklärung des Verbrauchers grundsätzlich **widerruflich** (§ 312d). Dies gilt zwar nicht für „Versteigerungen (§ 156)" (§ 312d Abs 4 Nr 5), doch sind von dieser Ausnahme nicht **Internet-Auktionen** betroffen, bei denen der Vertrag durch Willenserklärungen der Parteien – Angebot und Annahme – geschlossen wird (BGH NJW 2005, 53 [54 f] – ebay). Die Ausnahmevorschrift des § 312d Abs 4 Nr 5 gilt nur für Versteigerungen im Rechtssinne, bei denen der Fernabsatzvertrag durch einen Zuschlag des Auktionators gem § 156 zustande kommt. Der bloße Zeitablauf ist kein Zuschlag im Rechtssinne. Für ein Widerrufsrecht spricht neben der Gesetzgebungsgeschichte (vgl die Begründung des Rechtsausschusses BT-Drucks 14/3195, 30) der Zweck des Fernabsatzrechts, den Verbraucher davor zu schützen, dass er eine Ware erwirbt, die er vor Vertragsschluss regelmäßig nicht besichtigen kann (BGH aaO; PALANDT/GRÜNEBERG § 312d Rn 13; STAUDINGER/SCHMIDT-BENDUN Anm BB 2005, 732, 734; **aA** Voraufl).

2. Die Gleichwertigkeit ausdrücklicher und konkludenter Willenserklärungen

58 Das geltende Recht geht von **der Gleichwertigkeit ausdrücklicher und konkludenter Willenserklärungen** aus (vgl schon Mot I 153; RGZ 95, 122, 123 f; 134, 195, 197; BGH NJW 1980, 2245, 2246; WM 1984, 243; PALANDT/ELLENBERGER Rn 6; MünchKomm/KRAMER Rn 22). Soweit Parteivereinbarung oder Gesetz nicht ausdrückliche Willenserklärungen verlangen (oben Rn 53), finden die allgemeinen Regeln für Willenserklärungen Anwendung, insbesondere hinsichtlich Auslegung und Anfechtung (MünchKomm/KRAMER aaO; PALANDT/ELLENBERGER aaO). Erweist sich nach Treu und Glauben und der Verkehrssitte (§ 157) der Schluss auf einen bestimmten Rechtsfolgewillen als berechtigt, ist das Vertrauen des Empfängers nicht weniger schutzwürdig als wenn eine ausdrückliche Willenserklärung abgegeben worden wäre (MünchKomm/KRAMER aaO).

3. Flumes Lehre vom konkludenten Verhalten

In Widerspruch dazu differenziert FLUME zwischen echten (finalen) Willenserklärungen durch schlüssiges Verhalten und bloßem „**konkludenten Verhalten**", das nur den Anschein einer Willenserklärung verkörpere und nur dadurch zum Rechtsgeschäft werde, dass sich der Handelnde der Schlüssigkeit seines Handelns bewusst sei (FLUME § 5, 4 = S 74; vgl auch § 23, 1 = S 450). Diese Unterscheidung ist mit Recht kritisiert worden, weil zwischen ausdrücklichen und konkludenten Willenserklärungen kein Unterschied gemacht werden darf, auch nicht in der Frage des Erklärungsbewusstseins (vgl insb F BYDLINSKI, Privatautonomie 56 ff; KRAMER, Grundfragen 165 ff). FLUMES Theorie kommt freilich nicht von ungefähr, sondern knüpft zum Teil ausdrücklich an die gefestigte Rechtsprechung zu stillschweigenden Genehmigungen, Bestätigungen und Verzichtserklärungen an, wo in der Tat zur Voraussetzung von Willenserklärungen gemacht wird, dass sich der Genehmigende, Bestätigende oder Verzichtende der Konkludenz seines Handelns bewusst sein müsse (oben Rn 44). FLUME übersieht aber, dass der Grund für diese Sonderbehandlung nichts mit erhöhten Anforderungen an das Erklärungsbewusstsein zu tun hat, sondern auf dem Versagen der objektiven Auslegungsmethode bei den genannten stillschweigenden Willenserklärungen beruht (näher dazu oben Rn 45). Nur weil objektiv nicht der Schluss auf einen bestimmten Rechtsfolgewillen gezogen werden konnte, kam es darauf an, ob der Genehmigende, Bestätigende oder Verzichtende tatsächlich einen Rechtsfolgewillen hatte.

4. Schweigen als Willenserklärung

Eine konkludente Willenserklärung kann auch in bloßem „**Schweigen**" bestehen (BGH NJW 2002, 3629 [3631]; MünchKomm/KRAMER, vor § 116 Rn 24; PRÜTTING/WEGEN/WEINREICH/AHRENS Vor §§ 116 ff Rn 21; CANARIS, in: FS Wilburg 78; aA PALANDT/ELLENBERGER vor § 116 Rn 7). Darunter ist – im Gegensatz zur „**stillschweigenden Willenserklärung**" (oben Rn 53) – nur der Fall zu verstehen, dass überhaupt kein Erklärungszeichen gesetzt worden ist. Insofern gehören auch die Tatbestände des § 151 nicht in den vorliegenden Zusammenhang, da diese Vorschrift lediglich auf den Zugang der Annahmeerklärung verzichtet (EBERT JuS 1999, 754, 755; REPGEN AcP 200 [2000] 533 [546]; SCHWARZE AcP 202 [2002] 607 [611 f], der freilich der Sache nach § 151 wie eine – nach allgemeinen Regeln [Rn 76] nicht zu rechtfertigende – Annahme durch Schweigen behandelt). Zu Unrecht wird bestritten, dass beim Schweigen überhaupt eine Erklärung vorliegen könne (vgl HANAU AcP 165 [1965] 241; BICKEL NJW 1972, 608; formal auch STAUDINGER/BORK [2010] § 146 Rn 5; PALANDT/ELLENBERGER Einf v § 116 Rn 7). Schweigen kann – je nach Situation – durchaus „beredt" sein, zB wenn die Parteien dies als Erklärungszeichen verabredet haben oder die Indizien so eindeutig sind, dass im Wege der **Auslegung** gem §§ 133, 157 auf einen bestimmten rechtsgeschäftlichen Willen geschlossen werden kann (BGHZ 152, 63, 68; MünchKomm/KRAMER, vor § 116 Rn 24; LARENZ, AT § 19 IV a =

S 357; CANARIS, in: FS Wilburg 79). Dieser Schluss mag zwar „nie sicher" sein (HANAU AcP 165 [1965] 241), aber dies trifft auf alle Willenserklärungen zu (CANARIS, in: FS Wilburg 78; KRAMER Jura 1984, 242). Allerdings ist bei der Interpretation des Schweigens als Willenserklärung Vorsicht geboten, weil aufgrund der latenten Mehrdeutigkeit des Schweigens die Gefahr von Fehldeutungen besonders groß ist. Schweigen mit Erklärungswirkung ist daher nur in **besonderen Fällen** anzuerkennen.

a) Vereinbartes Schweigen

61 Schweigen hat Erklärungsbedeutung, wenn dies im Voraus so **vereinbart** war. Eine solche Vereinbarung kann auch **konkludent** getroffen werden und sich zB aus einer zwischen den Parteien eingebürgerten Übung ergeben, dass Schweigen als Annahme eines Angebots gelten soll (MEDICUS AT Rn 393; MEDER WM 1999, 2137, 2138). Auch ohne Vereinbarung bedeutet Schweigen Zustimmung (oder Ablehnung), wenn der Versammlungsleiter bei einer **Abstimmung** über einen Beschlussantrag (zB auf der Versammlung von Wohnungseigentümern; oben Rn 51) das Abstimmungsergebnis bereits nach der Abstimmung über zwei von drei – auf Zustimmung, Ablehnung oder Enthaltung gerichteten – Abstimmungsfragen feststellt, indem er die Zahl der noch nicht abgegebenen Stimmen als Ergebnis der dritten Abstimmungsfrage wertet (BGHZ 152, 63, 69 f und amtl Leitsatz). Bei dieser sog Subtraktionsmethode wird keinem Versammlungsteilnehmer eine ungewollte Stimmabgabe aufgezwungen. Wer sich der Abstimmung entziehen will, wird zwar gezwungen, bei der Frage nach Stimmenthaltungen zu votieren, da Passivität als Zustimmung oder Ablehnung gewertet würde. Aber dieser Zwang beeinträchtigt nicht die Privatautonomie des Schweigenden. Dies beruht allerdings nicht darauf, dass es sich um die üblichen Regeln bei Abstimmungen handelt, die von jedem Teilnehmer stillschweigend akzeptiert werden (so der BGH aaO), sondern darauf, dass Schweigen die von allen (stillschweigend) verabredete Bedeutung hat. Anders verhält es sich, wenn jemand sein Angebot mit der Bestimmung versieht, dass Schweigen als Zustimmung gewertet werde. Die Privatautonomie in ihrer negativen Ausprägung erlaubt es nicht, dass der Antragende über die **Bedeutung des Schweigens einseitig** und aus eigener Machtvollkommenheit **bestimmt**. Wenn mit einem Angebot die Aufforderung verbunden ist, binnen einer Frist zu antworten, kann der Empfänger daher gefahrlos schweigen (SchlHP ArbG SchlHA 1971, 84 f). Auch die jahrelange widerspruchslose Hinnahme von **Provisionsabrechnungen** ist nicht als stillschweigender Verzicht des Handelsvertreters auf seine Provisionsansprüche zu werten, selbst wenn diese Rechtsfolge im Vertretervertrag vereinbart wurde. Eine solche Vereinbarung, wonach Schweigen als Anerkenntnis zu werten sei, verstößt gegen die zwingenden Schutzbestimmungen der §§ 87a Abs 5, 87c Abs 5 HGB (BGH NJW 1996, 588, 589; NJW-RR 2007, 246, 248). Bei einem Vollkaufmann, der nicht als wirtschaftlich schwächere Partei einzustufen ist, kann hingegen – auch mit Blick auf die Wertung des § 362 HGB – die widerspruchslose Hinnahme von Provisionsabrechnungen als negatives Schuldanerkenntnis gewertet werden (LG Mannheim VersR 2005, 1532, 1533). Wegen der Gefährdung der Selbstbestimmungsfreiheit des Kunden bestimmt § 308 Nr 5, dass einseitige **Erklärungsfiktionen in AGB** nur wirksam werden, wenn sich der Verwender verpflichtet, den Vertragspartner bei Beginn der Frist auf die Bedeutung des Schweigens als Zustimmung oder Annahme hinzuweisen, und dieser Verpflichtung auch nachkommt (STAUDINGER/COESTER-WALTJEN [2006] § 308 Nr 5 BGB Rn 14). Dem entsprechen inzwischen die AGB der Banken (zB Nr 7 II AGB-Banken idF Okt 2009; Abschn A Nr 2.4 der Sonderbedingungen für den Lastschriftverkehr idF Okt 2009), die dem Kunden die Ob-

liegenheit auferlegen, Einwendungen wegen Unrichtigkeit oder Unvollständigkeit eines **Rechnungsabschlusses** spätestens vor Ablauf von sechs Wochen nach dessen Zugang zu erheben. Versäumt der Kunde die Frist, gilt das Unterlassen als Genehmigung. Im **Schweigen auf die Zusendung von Kontoauszügen** vor Ablauf der 6-Wochenfrist kann in der Regel keine Genehmigung eventueller Fehlbuchungen gesehen werden (vgl BGHZ 95, 103, 108; 144, 349, 354), da es sich bei den Auszügen um rein tatsächliche Mitteilungen handelt. Unter besonderen Umständen kann jedoch auch schon vor Ablauf der 6-Wochenfrist die widerspruchslose Fortsetzung des Zahlungsverkehrs als **konkludente Genehmigung** vorheriger Belastungsbuchungen aufgefasst werden. Ausreichende Indizien für eine stillschweigende Genehmigung liegen insbesondere vor, wenn der Kunde den Zahlungsverkehr mit seiner Bank abstimmt oder in Kenntnis erfolgter Abbuchungen durch konkrete Einzahlungen oder Überweisungen für ausreichende Kontodeckung sorgt (BGH WM 2011, 63, 65; NJW 2010, 3510, 3516; 2011, 994, 996). Im unternehmerischen Geschäftsverkehr darf die Bank davon ausgehen, dass Kontobewegungen von dem Kontoinhaber im Allgemeinen zeitnah nachvollzogen werden; bei regelmäßig wiederkehrenden Lastschriften muss der Kunde widersprechen, wenn er schon einmal keine Einwendungen erhoben hat (BGH NJW 2010, 3510, 3516; WM 2011, 482, 483 f; OLG München WM 2011, 1268, 1270). Im Verkehr mit Verbrauchern gilt entsprechendes, wenn der Kunde Mitteilung von zwei Folgeabbuchungen erhalten und nicht widersprochen hat (BGH WM 2011, 1252, 1253).

b) Gesetzlich normiertes Schweigen
aa) Tatbestände
In einigen Fällen bestimmt das **Gesetz**, dass Schweigen die Wirkung einer Willenserklärung hat. Nicht einschlägig sind allerdings die §§ 108 Abs 2 S 2, 177 Abs 2 S 2, 415 Abs 2 S 2, 451 Abs 1 S 2, da hier dem Selbstbestimmungsrecht lediglich **zeitliche Schranken** gesetzt werden. Die gesetzliche Fiktion einer Willenserklärung ist hier ohne sachliche Bedeutung und hätte genauso gut unterbleiben können (F BYDLINSKI, Privatautonomie 73 f). Entsprechendes gilt bei § 455 S 2, der das Rücktrittsrecht des Käufers lediglich zeitlich befristet (vEINEM, Option 95 f; abw ESSER, Fiktionen 60), für das befristete Ausschlagungsrecht des § 1943, das nach Fristablauf den vom Erblasser oder von Gesetzes wegen verfügten Erwerb der Erbschaft sicherstellt (POHL AcP 177 [1977] 52, 59; aA STÜSSER, Anfechtung 268; ESSER, Fiktionen 60), und für die Genehmigungsfiktion des § 377 Abs 2 HGB, die der Sache nach eine Abkürzung der bürgerlichrechtlichen Gewährleistungsfristen darstellt (vgl F BYDLINSKI, Privatautonomie 73). 62

Positive Rechtsgeschäftsfolgen bestimmen die §§ 149 S 2, 416 Abs 2 S 2, 516 Abs 2 S 2, 2307 Abs 2 S 2 BGB und die §§ 75h, 91a, 362 HGB. Es handelt sich um Tatbestände, in denen Schweigen mutmaßlich **Annahme eines Antrags** oder **Genehmigung** eines Rechtsgeschäfts bedeutet, weil das Zustandekommen eines Rechtsgeschäfts im *Interesse* des Schweigenden liegt oder einer entsprechenden *kaufmännischen Verkehrssitte* entspricht (CANARIS, in: FS Wilburg [1975] 78 und 90 f; ders, Vertrauenshaftung 197 ff; KRAMER Jura 1984, 244 f und 248 f). Die gesetzliche Regelung bezweckt, Missverständnisse über die Bedeutung des Schweigens auszuschließen und definitiv klarzustellen, dass Schweigen Annahme oder Zustimmung bedeutet. Die §§ 545 und 625 gehören ebenfalls in den vorliegenden Zusammenhang, da das Gesetz klarstellt, dass die widerspruchslose Fortsetzung des beendeten Miet-, Arbeits- oder Dienstverhältnisses als Verlängerung „gilt". Nach der gesetzlichen Wertung wird ein vertragsloser 63

Zustand als nicht interessengerecht angesehen, weil dies dem mutmaßlichen Willen der Parteien widerspräche und die für die vereinbarte Vertragsdauer ausgehandelten Bedingungen sachgerechter erscheinen als eine sonst erforderliche Abwicklung nach Bereicherungsrecht (zutr F BYDLINSKI, Privatautonomie 82 f).

64 Um einen Fall des **§ 362 HGB** handelt es sich beim Zustandekommen von Überweisungsverträgen gemäß § 676a BGB. Der **Überweisungsvertrag** kommt dadurch zustande, dass das Kreditinstitut dem Antrag des Kunden auf Abschluss eines Überweisungsvertrages nicht unverzüglich widerspricht (MEDER JZ 2003, 443; DERLEDER/ KNOPS/BAMBERGER-SINGER, Handbuch zum deutschen und europäischen Bankrecht [2. Aufl 2009] § 31 Rn 5, 19 f mwNw). Da der Sinn des **Girovertrages** gerade darin besteht, den Zahlungsverkehr für den Kunden durchzuführen, dürfen Kreditinstitute trotz der Beschränkung des § 676f S 1 auf „abgeschlossene" Überweisungsverträge die Ausführung eines Überweisungsantrags nur aus sachlichen Gründen ablehnen, zB beim Verdacht der Geldwäsche, bei Überweisungen an radikale Parteien oder in unsichere Länder (BT-Drucks 14/745, S 19; P BYDLINSKI, Bemerkungen zum Regierungsentwurf eines Überweisungsgesetzes, WM 1999, 1046 [1048] mit Fn 25; DERLEDER/KNOPS/BAMBERGER/SINGER Rn 19). Falls die Bank einem Antrag unbegründet widerspricht, ist dieser **Widerspruch** wegen Treuwidrigkeit unbeachtlich. Die damit scheinbar verbundene Einschränkung der Privatautonomie ist nur äußerlicher Natur, da das Kreditinstitut – der Privatautonomie gemäß – in den Abschluss des Girovertrages eingewilligt hat (iE wie hier MEDER JZ 2003, 443 [447], der jedoch die Maxime *protestatio facto contraria non valet* heranzieht, die nach der hier vertretenen Ansicht keine Grundlage im geltenden Recht hat, vgl dazu § 133 Rn 60). Die gleichen Grundsätze gelten für den aus der Erteilung einer **Gutschrift** (§ 656g) resultierenden Zahlungsanspruch. Hier ist es der Kunde, der im Hinblick auf sein grundsätzliches Einverständnis im Girovertrag nur beim Vorliegen eines triftigen Grundes widersprechen darf und durch sein **Schweigen** das Zustandekommen des Schuldanerkenntnisvertrages (§§ 780, 781) bewirkt (MEDER aaO im Anschluss an BGHZ 128, 135, 139).

bb) Bedeutung und Reichweite der Fiktionen, insbesondere für Willensmängel

65 Umstritten sind **Bedeutung und Reichweite der gesetzlichen Fiktionen** (vgl dazu MANIGK, Verhalten 105 ff, 279 ff; KRAUSE 127 ff; ESSER, Rechtsfiktionen 50 ff; HANAU AcP 165 [1965] 220, 223 ff; F BYDLINSKI 70 ff; FLUME §§ 10, 2 und 21, 9; CANARIS, Vertrauenshaftung 196 ff; ders, in: FS Wilburg 77 ff MANKOWSKI 525). Eine Fiktion kann zum einen bedeuten, dass die normierte Wirkung schlechthin „gilt", also allein aufgrund der Verwirklichung des gesetzlichen Tatbestandes und ohne Rücksicht auf einen etwa entgegenstehenden Willen (so insb MANIGK, Verhalten 284 f; m Einschr auch OERTMANN ZBH 1 [1926] 7, 9 f). Eine Fiktion kann aber auch bedeuten, dass der normierte Tatbestand in jeder Hinsicht als Willenserklärung zu beurteilen ist mit der weiteren Folge, dass bei entgegenstehendem Willen des Betroffenen auch die gesetzlich normierte Erklärungswirkung angefochten werden kann (so insb F BYDLINSKI, Privatautonomie 74). In diesem Sinne bestimmt § 1956 „aus Billigkeitsgründen" (Prot V 632), dass das bloße Verstreichenlassen der für die Ausschlagung einer Erbschaft bestimmten Frist (§ 1944) anfechtbar ist. Dieses Anfechtungsrecht wird damit gerechtfertigt, dass derjenige, dessen Verhalten als Annahme der Erbschaft fingiert wird, nicht schlechter stehen dürfe als derjenige, der tatsächlich die Annahme erklärt hat (STAUDINGER/OTTE [2008] § 1956 Rn 3). Die **Anfechtung** richtet sich nach den allgemeinen Regeln der §§ 119 ff und umfasst folglich auch den Irrtum über die Bedeutung des Fristversäumnisses (RGZ

143, 419, 424; OLG Hamm OLGZ 85, 286, 288 f; STAUDINGER/OTTE [2008] § 1956 Rn 3; PALANDT/ EDENHOFER § 1956 Rn 2; überholt RGZ 58, 81, 85; vgl auch unten § 119 Rn 72).

Stellungnahme: Ersichtlich zu weit ginge die Auffassung, dass Willensmängel beim gesetzlich normierten Schweigen überhaupt keine Rolle spielen dürfen. Dies würde zu dem ungereimten Ergebnis führen, dass man sich auf das Schweigen stärker verlassen könnte als auf ausdrückliche Willenserklärungen, der schwächere Vertrauenstatbestand also weitergehenden Schutz gewährte als der stärkere (F BYDLINSKI 75). Im Allgemeinen besteht aber kein Grund, den Schweigenden schlechter zu stellen als denjenigen, der eine ausdrückliche Willenserklärung abgegeben hat. Dementsprechend lässt die ganz hM die **Anfechtung wegen arglistiger Täuschung, Drohung oder wegen Irrtums über verkehrswesentliche Eigenschaften** zu, und aus dem gleichen Grunde verlangt man **Geschäftsfähigkeit** des Schweigenden (FLUME § 10, 2 = S 119; CANARIS, Vertrauenshaftung 205 f; ders, Handelsrecht [23. Aufl] § 25 Rn 6 und 38; PETERSEN Jura 2003, 687, 690; SCHLEGELBERGER/HEFERMEHL, HGB § 362 Rn 21; BAUMBACH/HOPT § 362 Rn 5). 66

Auf der anderen Seite ginge es ebenfalls zu weit, die Regeln über Willenserklärungen in vollem Umfang anzuwenden (so aber F BYDLINSKI 74 ff). Dies hätte zur Konsequenz, dass gesetzliche Fiktionen in erheblichem Umfang leer liefen, weil allzu leicht mit der Begründung angefochten werden könnte, man habe die gesetzlich normierte Wirkung des Schweigens nicht gekannt. Die ganz überwiegende Meinung in Rechtsprechung und Schrifttum hält deshalb eine Anfechtung wegen Irrtums über die Bedeutung des Schweigens (sog **„Schlüssigkeitsirrtum")** mit Recht für ausgeschlossen (KRAUSE 135; CANARIS, Vertrauenshaftung 190, 202, 218 f; ders, Handelsrecht § 25 Rn 4 und 34; MünchKomm/KRAMER § 119 Rn 68; HANAU AcP 165 [1965] 124; KINDL 167). Der Einwand, auf diese Weise erfahre ein minderwürdiger Tatbestand stärkeren Bestandsschutz als eine normale Willenserklärung (F BYDLINSKI 75), erweist sich demgegenüber als nicht durchschlagend. Gerade weil der rechtsgeschäftliche Tatbestand in objektiver und subjektiver Hinsicht nicht eindeutig ist und eine gesetzliche Klarstellung erfordert, wäre die Bestandskraft der gesetzlichen Regeln in weit höherem Maße gefährdet als bei sonstigen Willenserklärungen. Bei diesen kommen Schlüssigkeitsirrtümer nicht so häufig vor und können auch nicht so leicht behauptet werden, weil das Konkludenzurteil auf der Annahme beruht, das Übliche und Redliche (oben Rn 54) sei gewollt. Insofern macht es durchaus Sinn, die schwächeren Vertrauenstatbestände stärker gegen den Einwand abzuschirmen, die keineswegs zwingende, aus Rechtssicherheitsgründen aber gesetzlich festgelegte Rechtsfolge habe nicht dem Willen des Betroffenen entsprochen. 67

Beruht der Irrtum des Schweigenden nicht darauf, dass er die Bedeutung seines Verhaltens verkannt hat, sondern auf Unkenntnis der zugrunde liegenden Tatsachen (sog **„Tatsachenirrtum"**), plädiert die hM im kaufmännischen Verkehr ebenfalls für einen Ausschluss der Irrtumsanfechtung, wenn der **Irrtum verschuldet** ist (so FLUME § 21, 9 c; MEDICUS/PETERSEN, BürgR Rn 58; ZUNFT NJW 1959, 276, 277; MünchKomm/KRAMER § 119 Rn 69; MANKOWSKI 525). Schulbeispiel ist der Fall, dass dem Kaufmann ein Antrag gem § 362 HGB zwar zugegangen, aber von ihm unbemerkt geblieben ist. Er hat zB den Brief ungelesen in seine Rocktasche gesteckt und ihn dort vergessen (RGZ 54, 176, 177), das Schreiben flüchtig gelesen und dabei wesentliche Punkte missverstanden (CANARIS, Handelsrecht § 25 Rn 6) oder das Schreiben nicht erhalten, weil es ein ungetreuer Angestellter nicht weitergeleitet hat (RGZ 103, 401, 403; vgl auch DIEDERICH- 68

SEN JuS 1966, 129, 137). Allerdings kann der Anfechtungsausschluss nicht nur damit begründet werden, dass den Irrenden ein Verschulden treffe. Nach dem gesetzlichen Leitbild der §§ 119 ff kann auch bei verschuldetem Irrtum angefochten werden (CANARIS, Vertrauenshaftung 228). Der Anfechtungsausschluss folgt auch nicht aus dem Erfordernis „unverzüglicher" Antwort (so MEDICUS/PETERSEN, BürgR Rn 58), da sich das Verhaltensgebot des § 121, wonach „ohne schuldhaftes Zögern" zu handeln ist, nicht auf die Umstände eines etwaigen Irrtums bezieht, sondern allein auf die Ausnutzung der für die Anfechtung zur Verfügung stehenden Zeit (zutr CANARIS, Handelsrecht § 25 Rn 5).

69 Auch **Risikozurechnungsgründe** rechtfertigen den Anfechtungsausschluss nicht. Unanwendbar ist in diesem Zusammenhang insbesondere der Rechtsgedanke des § 130, da dieser nur die Risikoverteilung beim Empfang fremder Willenserklärungen, nicht aber bei Abgabe eigener Willenserklärungen regelt (OERTMANN ZBH 1 [1926] 10; CANARIS, in: FS Wilburg 92). Keine ausschlaggebende Bedeutung hat ferner der Gesichtspunkt des kaufmännischen Organisationsrisikos, da das Irrtumsrisiko ohnehin der Irrende trägt, beim Versäumen der Anfechtungsfrist sowieso und im Falle der Anfechtung wenigstens im Rahmen von § 122. Die entscheidende Frage ist nicht, wen das Irrtumsrisiko trifft – das ist regelmäßig der Irrende –, sondern welche Rechtsfolgen mit der Risikotragung verbunden sind. Für einen Anfechtungsausschluss wird hier insbesondere das Bedürfnis für einen **gesteigerten Vertrauens- und Verkehrsschutz im Handelsverkehr** angeführt (CANARIS, Vertrauenshaftung 201 ff, 218; zT ähnl MünchKomm/KRAMER § 119 Rn 71; KINDL 171; PETERSEN Jura 2003, 687, 690). Dieses Bedürfnis besteht freilich nicht nur beim gesetzlich normierten Schweigen, sondern generell bei Willenserklärungen, die unter Kaufleuten ausgetauscht werden (so folgerichtig CANARIS, Vertrauenshaftung 229; s a FLUME § 21, 9 c; MünchKomm/KRAMER § 119 Rn 72 und 75 m Fn 193). Der Anfechtungsausschluss müsste folgerichtig auf alle Rechtsgeschäfte im Handelsverkehr ausgedehnt werden, eine Konsequenz, die jedoch offensichtlich keine Stütze im Handelsrecht findet und deshalb in dieser Allgemeinheit auch nicht vertreten wird (insoweit übereinstimmend CANARIS, Vertrauenshaftung 229 f).

70 Zu weitgehend erscheint freilich auch eine Beschränkung des Anfechtungsausschlusses im Handelsverkehr auf sämtliche Erklärungsirrtümer, die auf **„professioneller Unsorgfalt"** beruhen (so MünchKomm/KRAMER § 119 Rn 72 im Anschluss an FLUME §§ 21, 4 und 9 c; 36, 7 aE; LG Tübingen JZ 1997, 312, 313 f m zust Anm LINDEMANN). Auf Verschulden kommt es nach dem Leitbild des gesetzlichen Irrtumsrechts nicht an. Ferner fehlt es an nachvollziehbaren Gründen dafür, warum nur kaufmännisches Verschulden, nicht aber das sonstiger Privatpersonen schaden soll. Aus dem gleichen Grunde erscheint es bedenklich, zwar solche Irrtümer zuzurechnen, die ihren Grund in den **Organisationsrisiken des kaufmännischen Betriebs** haben, nicht aber solche, die dem Betriebsinhaber selbst unterlaufen. Wertungsmäßig leuchtet es zwar ein, dass dem Geschäftspartner durch die arbeitsteilige Organisation kein Nachteil entstehen dürfe. Aus dem Verbot der Schlechterstellung folgt aber nicht, dass er *besser* stehen soll als bei Fehlern des Betriebsinhabers selbst. Davon abgesehen dürfte eine Unterscheidung zwischen solchen Irrtümern, die auf Mängeln der kaufmännischen Betriebsorganisation beruhen, und solchen, die dem Geschäftsinhaber selbst unterlaufen, daran scheitern, dass die Sonderbehandlung von Irrtümern, die auf Mängeln der kaufmännischen Betriebsorganisation beruhen, keine Grundlage im Gesetz

findet (abw Canaris, Vertrauenshaftung 228, der diesen Einwand nicht gelten lässt; vgl auch MünchKomm/Kramer § 119 Rn 70).

Im **Ergebnis** ist somit ein Anfechtungsausschluss nur bei einem Schlüssigkeitsirrtum, **71** nicht aber bei Tatsachenirrtümern anzuerkennen. Die Sonderstellung des Schlüssigkeitsirrtums ist im Übrigen nicht begrenzt auf die Fälle gesetzlich normierten Schweigens, sondern lässt sich übertragen **auf jeden Irrtum über die verkehrsmäßige Typisierung von Erklärungen im Handelsverkehr**. Dementsprechend ist anerkannt, dass ein Kaufmann nicht mit der Begründung anfechten kann, ihm sei zB die Bedeutung einer *Handelsklausel* unbekannt gewesen (so schon RGZ 42, 143, 146 bezügl der Klausel "cif"; OLG Hamburg AWD 1966, 120 bezügl der Klausel „Hamburger freundschaftliche Arbitrage", wo allerdings zu Unrecht ein Motivirrtum angenommen wird; zust Flume § 21, 9 c; K Schmidt, Handelsrecht § 19 IV 2; Canaris, Handelsrecht § 24 Rn 31; Liesecke WM Sonderbeilage Nr 3/1978, S 6). Die gesteigerte Haftung ist damit zu rechtfertigen, dass man von einem Kaufmann Kenntnis der Handelsbräuche und -sitten erwarten kann und daher das Vertrauen des Geschäftspartners insoweit stärkeren Schutz verdient als bei sonstigen Irrtümern (zutr Canaris, Vertrauenshaftung 219; ders, Handelsrecht § 25 Rn 3).

In dogmatischer Hinsicht lassen sich die Rechtsfolgen der Erklärungsfiktion nur **72** begrenzt rechtsgeschäftlich erklären. Wer am Erfordernis des Erklärungsbewusstseins festhält (oben Rn 34, 36), könnte zwar das Zustandekommen eines Vertrages mit der Notwendigkeit des Verkehrs- und Vertrauensschutzes erklären (so Canaris, Vertrauenshaftung 200 ff; ders, in: FS Wilburg 87 ff). Aber auch der hM, die auf das Erklärungsbewusstsein verzichtet (oben Rn 34, 36), gelingt eine vollständige Einordnung der Fiktion in die Rechtsgeschäftslehre nicht, da die Konkludenzindizien nicht immer ausreichen, um auf einen entsprechenden Rechtsfolgewillen zu schließen (Kramer Jura 1984, 235, 245; Larenz, SchR I § 19 IV c = S 361). Da hier nicht auf das Zustandekommen eines Vertrages vertraut werden darf, kann die gesetzliche Regelung auch nicht allein auf das Prinzip des Vertrauensschutzes zurückgeführt werden. Die positive Erklärungswirkung beruht zwar tendenziell auf der Vermutung, dass diese dem Willen des Schweigenden entspricht, und hat somit eine gewisse Grundlage in den Prinzipien der **Selbstbestimmung** und des **Vertrauensschutzes**. Diese Prinzipien bedürfen aber der Ergänzung durch den Grundsatz der **Verkehrs- und Rechtssicherheit** (vgl Singer, Selbstbestimmung 119 ff; auch K Schmidt, Handelsrecht §§ 19 III 1 d = S 575: „Verkehrsschutzregel"), der es rechtfertigt, die Rechtsverhältnisse klarzustellen ohne Rücksicht darauf, wie das Schweigen im jeweiligen Einzelfall gemeint oder zu verstehen war.

c) Individuell-konkludentes Schweigen
aa) Konkludenz kraft Verkehrssitte, insbesondere im Handelsverkehr
Die Tatbestände des normierten Schweigens waren Vorbild für eine Reihe weiterer **73** Fälle, in denen Rspr und Schrifttum dem Schweigen positive Erklärungswirkung beigemessen haben. So beruhen die Grundsätze über das **Schweigen auf ein kaufmännisches Bestätigungsschreiben** auf dem gleichen Grundgedanken wie § 362 HGB. Auch hier ist es die kaufmännische Verkehrssitte, welche die Bedeutung des Schweigens als Zustimmung zum Inhalt des Bestätigungsschreibens prägen soll, und auch hier besteht die Notwendigkeit, dem Schweigenden den Einwand zu versagen, er habe die Bedeutung des Schweigens verkannt (Canaris, Vertrauenshaftung 206 ff; ders, Handelsrecht § 25 Rn 34; G Roth, Handels- und Gesellschaftsrecht § 29, 4 b und c; Kramer Jura

1984, 235, 246 f; KINDL 209). Schweigen gilt allerdings nur dann als Zustimmung, wenn sich der Inhalt des Bestätigungsschreibens nicht so weit von dem zuvor Vereinbarten entfernt, dass der Absender vernünftigerweise mit dem Einverständnis des Empfängers rechnen kann (BGHZ 40, 42, 44; 61, 282, 286; 93, 338, 343; 101, 357, 365; BGH NJW 1987, 1940, 1942; 1994, 1288; vgl dazu näher K SCHMIDT § 19 III 5 b = S 590 ff; CANARIS, Handelsrecht § 25 Rn 25; abw KRAMER Jura 1984, 246; ders, in: MünchKomm § 151 Rn 37 m strengeren Anforderungen an die Konsensfähigkeit des Bestätigungsschreibens; nach F BYDLINSKI, Privatautonomie 201; ders, in: FS Flume [1978] [I] 335, 350 hat Schweigen lediglich die Bedeutung eines deklaratorischen Anerkenntnisses, das die Beweislast für Abweichungen auf den Schweigenden verlagert; das entspricht aber nicht der kaufmännischen Verkehrssitte; ausf Replik bei CANARIS, Vertrauenshaftung 207 Fn 50 a; K SCHMIDT, Handelsrecht § 19 III 6 a).

74 Die gleichen Grundsätze gelten beim Schweigen auf die **Schlussnote eines Handelsmaklers** gem § 94 HGB, da dieses dem gleichen Zweck dient wie ein kaufmännisches Bestätigungsschreiben (RGZ 58, 366, 367; 59, 350, 351; 90, 166, 168; 105, 205, 206; 123, 97, 99; BGH NJW 1955, 1916; CANARIS, Handelsrecht § 25 Rn 48). Entsprechendes gilt für ein zeitnah zur Verhandlung über einen bereits geschlossenen Vertrag erstelltes **Protokoll** (BGH 27. 1. 2011 – VII ZR 186/09; iuris). Dagegen ist der Empfänger einer **Rechnung** oder **Saldenmitteilung** nicht ohne weiteres verpflichtet, die mitgeteilten Salden zu überprüfen und unrichtigen Angaben zu widersprechen (BGH NJW 1959, 1679; WM 1972, 283, 285; 1973, 1014; NJW 1997, 1578, 1579; weitergehend OLG Köln NJW 1960, 1669; sa oben Rn 61). Aus dem gleichen Grund bedeutet die **vorbehaltlose Annahme einer Schlussrechnung** durch den Auftraggeber keinen Verzicht auf etwaige Restforderungen. Die entsprechende Regelung des § 16 Nr 3 Abs 2 VOB/B über den „Ausschluss" von Nachforderungen verstößt sogar gegen § 307 Abs 1, wenn nicht die VOB „als Ganzes" vereinbart worden ist und dadurch die mit der Klausel verbundene erhebliche Beeinträchtigung der Kundeninteressen durch andere Bestimmungen kompensiert wird (BGHZ 101, 357, 364 ff).

75 Auch im **kaufmännischen Verkehr** bedeutet Schweigen auf ein Angebot grundsätzlich keine Annahme oder Zustimmung (BGHZ 101, 357, 364; BGH NJW 1981, 43, 44; 1988, 1790, 1791; LM Nr 7 zu § 346 HGB [D]). Dies gilt insbesondere für das Schweigen des Kaufmanns auf eine **Auftragsbestätigung** (BGHZ 18, 212, 215 f; 61, 282, 285; BGH WM 1977, 451, 452; OLG Düsseldorf DB 1982, 592 f; CANARIS, Handelsrecht § 25 Rn 49; aA K SCHMIDT, Handelsrecht § 19 III 3 d; EBERT JuS 1999, 754, 757). Im Unterschied zum Bestätigungsschreiben bezieht sich die Auftragsbestätigung nicht auf einen bereits erfolgten Vertragsschluss, sondern stellt eine Annahmeerklärung dar, die den Vertrag erst zustande bringen soll (BGHZ 61, 282, 285 f; BGH NJW-RR 1986, 456, 457; hM; teilw abw und weitergehend CANARIS, Handelsrecht § 25 Rn 49 f und § 6 Rn 85). Weicht die Auftragsbestätigung vom Angebot ab (modifizierte Auftragsbestätigung), gilt die Annahmeerklärung als Ablehnung verbunden mit einem neuen Angebot (§ 150 Abs 2). Schweigen auf dieses neue Angebot bedeutet zwar nicht Zustimmung, wohl aber – unter bestimmten Voraussetzungen – die **widerspruchslose Annahme der** erbrachten **Leistung** (BGHZ 61, 282, 287 f; BGH WM 1977, 451, 452; NJW 1995, 1671, 1672; LG Potsdam WM 2011, 71, 73). Auch diese Bedeutung des Schweigens kann aber durch eine vorausgegangene Verlautbarung des gegenteiligen Willens – zB durch Abwehrklauseln in AGB – ausgeschlossen werden (BGHZ 61, 282, 288; BGH WM 1977, 451; NJW 1985, 1838, 1839 f). Bietet ein Arbeitgeber eine Änderung des Arbeitsvertrages zu schlechteren Bedingungen an, ist in dem Schweigen des Arbeitnehmers und seinem widerspruchslosen Weiterarbeiten nur dann eindeutig eine Zustimmung zu sehen, wenn sich die Vertragsänderung unmittelbar im Arbeitsverhältnis auswirkt und der Arbeitnehmer deshalb umgehend feststellen kann, welchen Einfluss die Änderung auf seine Rechte und Pflichten hat (BAG AP Nr 2 und 4 zu § 305 BGB; NZA 1986, 474 [475]; 2003, 924, 927; 2010, 284, 285; dazu auch oben Rn 56).

bb) Indizien mutmaßlichen Willens
In bestimmten typischen Situationen kann entsprechend den Fällen gesetzlich normierten Schweigens gem §§ 149 S 2, 455 S 2 und 516 Abs 2 S 2 an den **mutmaßlichen Willen** des Schweigenden angeknüpft werden. Ausreichende „**Konkludenzindizien**" (KRAMER § 151 Rn 4 a; CANARIS, in: FS Wilburg 78 und 90 f; SOERGEL/HEFERMEHL Rn 36; EBERT JuS 1999, 754, 756 f) bestehen, wenn der angebotene Vertrag für den Schweigenden *lediglich vorteilhaft* ist (OLG Frankfurt aM NJW-RR 1986, 1164; vgl auch BGH NJW 2000, 276, 277; SCHWARZE AcP 202 [2002] 607 [609 f]), wenn für ihn *Kontrahierungszwang* besteht (gesetzliches Beispiel § 5 Abs 4 PflVG) oder wenn der Schweigende – wenn auch rechtlich nicht verbindlich – seine *Zustimmung* zum Vertragsschluss *bereits erteilt* hat. So verhält es sich beim Schweigen auf *eine verspätete Annahmeerklärung,* falls keine Umstände vorliegen, die eine mögliche Sinnesänderung nahe legen (BGH NJW 1951, 313; 1986, 1807, 1809; BB 1953, 957; NJW-RR 1994, 1163, 1165; LM Nr 7b zu § 346 HGB [D]), beim Schweigen auf die *Annahme eines „freibleibenden" Angebots* (RGZ 102, 227, 229 f; nicht bei abweichender Annahme iSd § 150 Abs 2 RGZ 103, 312, 313) oder auf ein Angebot, das einer *Aufforderung zur Abgabe eines Angebots* nachkommt (BAG ZTR 1993, 248, 249). Entsprechendes gilt bei einer *Annahmeerklärung mit geringfügigen Abweichungen,* die gem § 150 Abs 2 als neues Angebot gilt (LARENZ/WOLF, AT Rn 51). Sogar die zur *Auflassung* eines Grundstücks erforderlichen Willenserklärungen können durch Schweigen zum Ausdruck gebracht werden, da die erforderliche Einigung des Eigentümers und Erwerbers gem § 925 Abs 1 lediglich bei gleichzeitiger Anwesenheit beider Teile vor einem Notar oder sonst einer zuständigen Stelle erklärt zu werden braucht und somit auch durch schlüssiges Verhalten erfolgen kann (STAUDINGER/PFEIFER [2011] § 925 Rn 86). Wenn der spätere Miteigentümer eines Grundstücks zur Beurkundung des notariellen Vertrages erscheint und dem verlesenen Vertragstext, der eine von ihm selbst erklärte Auflassung enthält, nicht widerspricht, ist in der Tat keine andere Deutung möglich als dass er dem Vertragstext und der darin enthaltenen Auflassung zustimmt (OLG Rostock NJW-RR 2006, 1162, 1163). Mutmaßliches Einverständnis ist schließlich zu vermuten, wenn auf ein endgültiges Angebot geschwiegen wird, das aufgrund einverständlicher, alle wichtigen Punkte betreffenden *Vorverhandlungen* ergeht (BGH LM Nr 2 zu § 151 BGB; 4 zu § 157 [Gb]; NJW 1995, 1281). Das ist nicht der Fall, wenn die Vorverhandlungen noch zu keiner Übereinstimmung geführt haben (BGH NJW 1996, 919, 920). Mit der Deutung des Schweigens als Zustimmung ist insbesondere dann größte Zurückhaltung geboten, wenn es sich um *außergewöhnliche oder besonders bedeutsame Geschäfte* handelt (BGH NJW-RR 1994, 1163, 1165; RG WarnRspr 1919 Nr 131) oder der Vertragsschluss *rechtliche oder wirtschaftliche Nachteile* für den Schweigenden zur Folge hätte (BGH NJW 1981, 43, 44; LM Nr 7, 7 b zu § 346 HGB [D]).

cc) Dogmatische Einordnung
Sofern Schweigen nach den vorstehend dargelegten Grundsätzen Zustimmung bedeutet, liegt es nahe, eine rechtsgeschäftliche Bindung anzunehmen. In der Maxime „qui tacet, consentire videtur, ubi loqui potuit ac debuit" klingt zwar an, dass der

Schweigende **zum Widerspruch verpflichtet ist**, um die Deutung als Zustimmung auszuschließen (vgl auch BGHZ 1, 353, 355; 11, 1, 5; 20, 149, 154; BGH NJW 1981, 43, 44). Dabei handelt es sich aber nicht um eine echte Rechtspflicht oder auch nur um eine Obliegenheit (so aber HANAU AcP 165 [1965] 220, 239 ff; FABRICIUS JuS 1966, 50, 51 ff; ähnl MANIGKS Lehre vom Tatbestand der „Erklärungsfahrlässigkeit", Verhalten 215 ff), da damit nur die Verpflichtung zum Schadensersatz oder der Verlust eines Rechts, nicht aber das Zustandekommen eines Vertrages erklärt werden könnte (zutr CANARIS, in: FS Wilburg 83). Vielmehr drückt die Maxime nur aus, dass Schweigen wegen des zu erwartenden Widerspruchs als Zustimmung erscheint, also die Konkludenz des Schweigens begründet (CANARIS, in: FS Wilburg 82; KRAMER Jura 1984, 247).

78 Rspr und Teile des Schrifttums stehen deshalb auf dem Standpunkt, dass *Schweigen als konkludente Willenserklärung* zu qualifizieren ist (RGZ 115, 266, 268; 145, 87, 94; BGHZ 1, 353, 355; 152, 63, 68; BGH LM Nr 1 zu § 150 BGB; NJW 1995, 1281; NJW-RR 1986, 456, 457; 1994, 1163, 1165; KRAMER Jura 1984, 246 f; ders, in: MünchKomm § 151 BGB Rn 5; wohl auch SOERGEL/WOLF § 147 BGB Rn 26). Schweigt der Angebotsempfänger bewusst, was grundsätzlich zu vermuten ist (CANARIS, in: FS Wilburg 80), liegt zweifellos ein **Rechtsgeschäft** vor. Da nach hM das Erklärungsbewusstsein nicht zum Tatbestand einer Willenserklärung gehört (oben Rn 34, 36), gilt dies folgerichtig auch, wenn dem Schweigenden die Bedeutung seines Verhaltens nicht bewusst ist (KRAMER Jura 1984, 247; ders, MünchKomm Rn 5). Folgt man dagegen der hier vertretenen Meinung, wonach das Erklärungsbewusstsein zum Tatbestand einer Willenserklärung gehört und eine Gleichstellung mit einer echten „finalen" Willenserklärung nicht in Betracht kommt, lassen sich die Grundsätze über das Schweigen im Rechtsverkehr nur vertrauenstheoretisch erklären. Der Schweigende wird an dem von ihm zurechenbar gesetzten **Rechtsschein** der Zustimmung festgehalten, so als ob er sich rechtsgeschäftlich wirksam verpflichtet hätte (so CANARIS, Vertrauenshaftung 206 ff; ders, in: FS Wilburg 89 ff; für gesetzliche Zurechnung auch BAUMBACH/HOPT § 346 HGB Rn 33; K SCHMIDT, Handelsrecht § 19 III 1 d = S 575; DIEDERICHSEN JuS 1966, 137; FLUME II § 36, 7; wohl auch SCHLEGELBERGER/ HEFERMEHL § 346 HGB Rn 120).

dd) Willensmängel

79 Ob und ggf unter welchen Voraussetzungen **beim Schweigen auf ein kaufmännisches Bestätigungsschreiben** Willensmängel geltend gemacht werden können, entscheidet die hM im Grundsatz wie bei den Tatbeständen des gesetzlich normierten Schweigens im Handelsverkehr (oben Rn 66 ff). Unstreitig kann sich derjenige, der schweigt, nicht darauf berufen, ihm sei die Bedeutung des Schweigens nicht bewusst gewesen („**Schlüssigkeitsirrtum**", vgl BGHZ 11, 1, 5; 20, 149, 154; BGH NJW 1969, 1711, 1712; 1972, 45; SCHLEGELBERGER/HEFERMEHL, HGB § 346 Rn 121; CANARIS, Handelsrecht § 25 Rn 34 mwNw). Einigkeit besteht ferner darüber, dass die irrtümliche Annahme, das „richtig verstandene" Bestätigungsschreiben gebe die Verhandlungen richtig wieder, als bloßer **Motivirrtum** unbeachtlich ist (BGH NJW 1972, 45; LARENZ, AT § 33 IV; HANAU AcP 165 [1965] 226; BAUMBACH/HOPT § 346 HGB Rn 33; s aber RGZ 97, 191, 195: Bösgläubigkeit des Absenders). Ein bei den vorhergehenden Verhandlungen unterlaufener Irrtum ist dann von Bedeutung, wenn er auch das Schweigen erfasst wie zB regelmäßig bei arglistiger Täuschung gem § 123 BGB (CANARIS, Vertrauenshaftung 211). Im Übrigen kommt es darauf an, ob Schweigen auf ein Bestätigungsschreiben auch solche Einwendungen präkludiert, die sich gegen die Wirksamkeit des bestätigten Vertrages richten. Dies ist mit Rücksicht auf den Zweck des Bestätigungsschreibens, Zustandekommen und Inhalt des Vertrages klar und sicher festzulegen, zu bejahen (ebenso iE RGZ 129, 347 f; Kuchinke JZ 1965, 167, 168; enger Canaris, Vertrauenshaftung 212). Hauptstreitpunkt sind im übrigen jene Fälle, in denen der Empfänger des Bestätigungsschreibens einem „**Tatsachenirrtum**" unterliegt, der zu einem Mangel des Geschäftswillens oder Erklärungsbewusstseins führt. So verhält es sich, wenn der Adressat das Schreiben ungelesen weglegt und dann vergisst (RGZ 54, 176, 177; **aA** Canaris, Handelsrecht § 24 Rn 32), aufgrund flüchtigen Lesens inhaltlich missversteht (RG Gruchot 55, 888, 891; MünchKomm/Kramer § 119 Rn 75; Canaris, Handelsrecht §§ 24 Rn 32, 25 Rn 38; Flume § 21, 9 c) oder vom Zugang des Bestätigungsschreibens keine Kenntnis erlangt, weil er sich auf Reisen befindet (RGZ 105, 389), sein Büro schlecht organisiert (RG JW 1928, 1607 f) oder ein Angestellter das Schreiben unterschlägt (RGZ 103, 401, 403; Hanau AcP 165 [1965] 225). Früher dominierte die Ansicht, dass bei einem „Tatsachenirrtum" uneingeschränkt angefochten werden könne, weil der Schweigende sonst schlechter stünde als bei einer ausdrücklich erklärten Zustimmung (Krause 137 f; Zunft NJW 1959, 276; F Bydlinski 74 ff; Larenz, AT § 33 IV = S 649; Baumbach/Hopt § 346 Rn 33; RGZ 103, 401, 405; offen BGH NJW 1969, 1711; 1972, 45). Nach einer im Vordringen begriffenen Ansicht soll die Anfechtung aber dann ausgeschlossen sein, wenn der Irrtum auf „professioneller Unsorgfalt" des Kaufmanns beruhe (Flume § 21, 9 c und 36, 7; Medicus/Petersen, BürgR Rn 58 und 65; MünchKomm/Kramer § 119 Rn 71 f und 75) oder seinen Grund in Mängeln des kaufmännischen Organisationsrisikos habe (Canaris, Vertrauenshaftung 209 f, 228 f; ders, Handelsrecht § 25 Rn 4 f und 35 ff).

d) Stellungnahme
Die oben bei Rn 68 ff erhobenen Bedenken gegen eine Einschränkung der Irrtumsanfechtung wegen Verschuldens oder aus Gründen des kaufmännischen Betriebsrisikos gelten an sich auch hier. Im Unterschied zu § 362 HGB ist allerdings bei einem kaufmännischen Bestätigungsschreiben ein besonderes Bedürfnis für den **Anfechtungsausschluss auch bei Tatsachenirrtümern** anzuerkennen. Denn der *Zweck des Bestätigungsschreibens* ist nicht nur darauf gerichtet, dem unterbliebenen Widerspruch die Bedeutung einer Zustimmung zu verleihen, sondern darüber hinausgehend auch Inhalt und Zustandekommen des Vertrages von Einwendungen freizustellen. Dem Adressaten des Bestätigungsschreibens ist folglich zu Recht verwehrt, Mängel des Vertragsschlusses wie Dissens oder Vertretung ohne Vertretungsmacht geltend zu machen (vgl Canaris, Vertrauenshaftung 210; ders, Handelsrecht § 25 Rn 13 ff). Das Bestätigungsschreiben würde seinen Zweck, den Inhalt des Vertragsschlusses auf eine eindeutige und sichere Grundlage zu stellen, nur unvollkommen erfüllen, wenn der Vertrag wegen Inhaltsirrtums oder fehlenden Erklärungsbewusstseins angefochten werden könnte. Insofern ist hier der im Vordringen begriffenen Ansicht zu folgen und – insoweit über sie hinausgehend – ohne Rücksicht auf ein Verschulden des Kaufmanns die Anfechtung auch bei Tatsachenirrtümern auszuschließen. Bei dieser Lösung wird zwar befürchtet, dass der Schweigende schlechter gestellt wird als derjenige, der eine ausdrückliche Erklärung abgibt (Medicus/Petersen, BürgR Rn 56, 65; Canaris, Handelsrecht § 25 Rn 38). Entsprechend der Funktion des Bestätigungsschreibens, den Inhalt des Vertrags einwandfrei darzustellen, ist diesem Wertungswiderspruch aber dadurch zu begegnen, dass auch die ausdrückliche Zustimmung zu einem Bestätigungsschreiben definitiv bindet und einer Anfechtung entzogen ist.

In den übrigen Fällen **individuell-konkludenten Schweigens** sind dagegen keine Besonderheiten hinsichtlich der Behandlung von Willensmängeln anzuerkennen (ebenso KRAMER Jura 1984, 249; § 119 Rn 51; LARENZ/WOLF § 28 Rn 53). Die hierzu entwickelten Regeln besagen nur, dass Schweigen als konkludente Zustimmung zu werten ist, erschöpfen sich also in der Begründung des objektiven Tatbestandes einer Willenserklärung. Da für konkludente Willenserklärungen keine anderen Regeln gelten als für ausdrückliche (oben Rn 53), besteht kein Grund, die Berufung auf einen Schlüssigkeitsirrtum abzuschneiden. Allerdings sind strenge Anforderungen an den Nachweis eines Schlüssigkeitsirrtums zu stellen, da idR davon auszugehen ist, dass dem Handelnden die verkehrsübliche Bedeutung seines Verhaltens bekannt ist (vgl auch oben Rn 56 zur Anfechtbarkeit der betrieblichen Übung).

§ 116
Geheimer Vorbehalt

Eine Willenserklärung ist nicht deshalb nichtig, weil sich der Erklärende insgeheim vorbehält, das Erklärte nicht zu wollen. Die Erklärung ist nichtig, wenn sie einem anderen gegenüber abzugeben ist und dieser den Vorbehalt kennt.

Materialien: E I § 95; II § 91; III § 112; Mot I 191; Prot I 94; STAUDINGER/BGB-Synopse 1896–2000 § 116.

Schrifttum

F BYDLINSKI, Privatautonomie und objektive Grundlagen des verpflichtenden Rechtsgeschäfts (1967)
CANARIS, Die Vertrauenshaftung im deutschen Privatrecht (1971)
FABRICIUS, Stillschweigen als Willenserklärung, JuS 1966, 1
HENLE, Vorstellungs- und Willenstheorie in der Lehre von der juristischen Willenserklärung (1910)
HOLZHAUER, Dogmatik und Rechtsgeschichte der Mentalreservation, in: FS Gmür (1983) 119
LARENZ, Die Methode der Auslegung des Rechtsgeschäfts (1930)
LOBINGER, Rechtsgeschäftliche Verpflichtung und autonome Bindung (1999)

MIGSCH, Der durchschaute geheime Vorbehalt und verwandte Erscheinungen, in: FS Schnorr (1988) 737
NEUNER, Was ist eine Willenserklärung?, JuS 2007, 881
POHL, Mängel bei der Erbschaftsannahme und -ausschlagung, AcP 177 (1977) 52
PREUSS, Geheimer Vorbehalt, Scherzerklärung und Scheingeschäft, Jura 2002, 815
SINGER, Selbstbestimmung und Verkehrsschutz im Recht der Willenserklärungen (1995)
WACKE, Mentalreservation und Simulation bei formbedürftigen Geschäften, in: FS Medicus (1999) 651
WIEACKER, Die Methode der Auslegung des Rechtsgeschäfts, JZ 1967, 385.

Systematische Übersicht

I. Dogmatik und Anwendungsbereich	**II. Einzelfragen**
1. Dogmatische Grundlagen _____ 1	1. Geheimer Vorbehalt gem § 116 S 1 _____ 4
2. Anwendungsbereich _____ 2	2. Entsprechende Anwendung von § 116 S 1 _____ 5
3. Praktische Bedeutung _____ 3	

3.	Vorbehalt bei der Stellvertretung	8	3. Kenntnis bei der Stellvertretung	12
4.	Bewusst mehrdeutige Erklärung	9	4. Teilnichtigkeit	13

III. Durchschauter Vorbehalt gem § 116 S 2
1. Tatbestand ___ 10
2. Anwendungsbereich und Sonderregeln ___ 11

IV. Abgrenzung zu verwandten und konkurrierenden Tatbeständen ___ 14

V. Beweislast ___ 15

I. Dogmatik und Anwendungsbereich

1. Dogmatische Grundlagen

Behält sich der Erklärende insgeheim vor, das Erklärte nicht zu wollen, darf diese **1** sog **Mentalreservation** die Verbindlichkeit der Willenserklärung nicht beeinträchtigen. Wer bewusst lügt, verdient keinen Schutz. Über die rechtsethische Selbstverständlichkeit von § 116 S 1 besteht kein Zweifel (vgl schon SAVIGNY, System III S 258 f; s ferner HOLZHAUER, in: FS Gmür [1983] 119 u 131 f). Umstritten ist aber die **dogmatische Begründung** dieses Grundsatzes und dessen Ausnahme bei durchschautem Vorbehalt gemäß § 116 S 2. Während die hL die Verbindlichkeit des Rechtsgeschäfts damit erklärt, dass ungeachtet des Vorbehalts eine rechtsgeschäftliche Regelung „willentlich" in Geltung gesetzt werde (so zB FLUME, AT II § 20, 1 = S 402; ähnl LARENZ, Methode 88; ders, AT § 20 I a = S 363 f; LARENZ/WOLF, AT § 35 Rn 6; F BYDLINSKI, Privatautonomie 112 f; CANARIS, Vertrauenshaftung 420; SOERGEL/HEFERMEHL § 116 Rn 1; NEUNER, JuS 2007, 881, 886), gab es schon immer gegenteilige Stimmen (vgl etwa HENLE, Willenstheorie 39; ENNECCERUS/NIPPERDEY, AT § 153 IV B 2 a = S 948 f Fn 21). In der Tat entspricht es dem Wesen der Privatautonomie, dass die in Geltung zu setzenden *Rechtsfolgen* vom Willen getragen sein sollten, nicht bloß die Erklärung als solche (vgl näher SINGER 203; ebenso LOBINGER 114 ff). Die Bindung an das Erklärte kann daher nicht als Konsequenz *rechtsgeschäftlicher* Selbstbestimmung gedeutet werden. Es handelt sich auch nicht um einen – unbeachtlichen – **Motivirrtum** (vgl aber HOLZHAUER, in: FS Gmür [1983] 122), da ein Irrtum eine unbewusste Abweichung von Vorstellung und Realität voraussetzt. Nicht zu folgen ist auch WIESER (AcP 189 [1989] 112, 115), der die Geltung des Erklärten auf die normative Auslegung der Erklärung zurückführt, dabei aber vernachlässigt, dass § 116 S 1 auch bei nicht empfangsbedürftigen Willenserklärungen gilt und in den Fällen des Inhalts- und Erklärungsirrtums die normative Auslegung zum gleichen Ergebnis, aber zu unterschiedlichen Rechtsfolgen führt. Außerdem hat die hL Schwierigkeiten, die Ausnahme des § 116 S 2 zu erklären, weil die Bösgläubigkeit des Empfängers kein ausreichender Grund wäre, einem fehlerfreien Rechtsgeschäft die Verbindlichkeit abzuerkennen (vgl F BYDLINSKI 113; MünchKomm/KRAMER Rn 10). Vor diesem Hintergrund ist die teilweise scharfe Polemik gegen den **Gerechtigkeitsgehalt** von § 116 S 2 zu sehen, am entschiedensten vorgetragen von LARENZ, der sogar einen Verstoß gegen die Rechtsidee reklamierte (Methode 88 f; zurückhaltender ders, AT § 20 I a = S 364; s ferner MünchKomm/KRAMER Rn 10; krit WIEACKER JZ 1967, 385, 390). Indessen leuchtet nicht ein, dass ein Lügner und Vertragsbrüchiger unter allen Umständen und ohne Rücksicht auf die Schutzwürdigkeit des anderen Teils haften soll. Denn „die Möglichkeit einer Täuschung oder Schädigung des anderen Teiles liegt nicht vor", wenn dieser den Vorbehalt kennt (Mot I 192). Auf der anderen Seite lassen sich beide Rechtssätze des § 116 durchaus als in sich folgerichtige Ausprägung einer gesetzlichen **Vertrauenshaftung** plausibel erklären (ebenso POHL AcP 177 [1977] 52, 62; krit LOBINGER 110 f), die darüber hinaus dem Bedürfnis nach Rechtssicherheit entspricht: Zum einen setzt Vertrauen Gutgläubigkeit voraus, woran es im Fall des S 2 fehlt; zum anderen lässt sich die positive Bindung an den Rechtsschein eines gültigen Selbstbestimmungsaktes gemäß S 1 bei empfangsbedürftigen Willenserklärungen auf das im BGB in den §§ 171 Abs 1, 172 Abs 1, 179 Abs 1 immerhin rudimentär verankerte Prinzip zurückführen, dass für die wissentliche Schaffung eines **Rechtsscheins** unbedingt einzustehen und für das positive Interesse aufzukommen ist (vgl CANARIS, Vertrauenshaftung 29 und 31; SINGER, Selbstbestimmung 204; vgl auch OLG Düsseldorf OLGZ 1982, 240, 242). Wenn man mit WIEACKER (aaO), als typische Fälle des § 116 S 2 solche vermutet, in denen der Erklärungsgegner eine gesellschaftliche oder moralische Zwangslage des Erklärenden ausnutzt, wird besonders anschaulich, dass der Empfänger, der den Vorbehalt durchschaut, nicht schutzwürdig ist. Voraussetzung für die Anwendbarkeit des § 116 S 2 sind solche Manöver freilich nicht. Bei nicht empfangsbedürftigen Willenserklärungen entspricht es dem Gebot der **Rechtssicherheit**, dass die Erklärung nicht dem willkürlichen Widerruf durch den Erklärenden ausgesetzt sein soll (vgl Rn 2 sowie § 133 Rn 1). Andernfalls wäre die Funktionsfähigkeit des Rechtsgeschäftsverkehrs auf das Schwerste beeinträchtigt (vgl auch LOBINGER 123 ff).

2. Anwendungsbereich

2 § 116 S 1 gilt für alle Willenserklärungen, ausdrückliche und konkludente, für empfangsbedürftige und – im Gegensatz zu § 116 S 2 – nicht empfangsbedürftige, privatrechtliche ebenso wie für **öffentlich-rechtliche** (RGZ 147, 36, 40; RG DNotZ 1937, 839 Nr 3; offen bei amtsempfangsbedürftigen Willenserklärungen BGHZ 172, 218, 221 [dazu Rn 4 aE]; zur entsprechenden Anwendbarkeit s unten Rn 5 ff). Bei **letztwilligen Verfügungen** hatte noch die erste Kommission entschieden, dass das Willensdogma mit Rücksicht auf die Interessen der gesetzlichen Erben strikt durchgeführt werden und § 95 – der spätere § 116 – folglich nicht gelten sollte (§ 1779 E I; vgl MUGDAN Bd 5, 24), doch hat die zweite Kommission die Ausnahmebestimmung wieder gestrichen, da auch dem Erblasser nicht gestattet werden dürfe, „mit letztwilligen Verfügungen gewissermaßen sein Spiel zu treiben" (MUGDAN Bd 5, 539). Diese gesetzgeberische Entscheidung darf man nicht mit dem Argument außer Kraft setzen, dass bei letztwilligen Verfügungen dem Vertrauensschutz keine Bedeutung zukäme (so zB BROX/WALKER, Erbrecht Rn 257; LANGE/KUCHINKE, Lehrb des Erbrechts § 35 I 1b). Auch im Erbrecht erfordern Rechtssicherheit und Rechtsklarheit, dass ein geheimer Vorbehalt unbeachtlich ist (BayObLG FamRZ 1977, 347, 348; OLG Frankfurt aM OLGZ 1993, 461, 466; STAUDINGER/OTTE [2003] Vorbem 12 ff zu §§ 2064–2086; HOLZHAUER, in: FS Gmür [1983] 134 f; WACKE, in: FS Medicus [1999] 651, 656 ff). Dies gilt auch dann, wenn der geheime Vorbehalt durchschaut wurde, da § 116 S 2 nur für empfangsbedürftige Willenserklärungen gilt und bei letztwilligen Verfügungen nicht analog angewendet werden darf (vgl näher unten Rn 11).

3. Praktische Bedeutung

3 Die praktische Bedeutung der Vorschrift ist schon deswegen groß, weil sie das Funktionieren des rechtsgeschäftlichen Verkehrs sicherstellt. Auch in der Gerichtspraxis spielt die Berufung auf einen geheimen Vorbehalt eine größere Rolle als gemeinhin angenommen (vgl etwa SOERGEL/HEFERMEHL Rn 2; LARENZ/WOLF, AT § 35 Rn 8), zumal ihre Einschlägigkeit gelegentlich übersehen wird. So ist etwa das **Betrugsmanöver** eines Käufers, der die in einem Vertragsentwurf vorgesehene Klausel über die Haftungsbeschränkung des Verkäufers bei Lieferschwierigkeiten „in einer Weise eingeklammert (hat), dass die Klammern leicht übersehen werden konnten", durchaus ein typischer Fall von heimlichem Vorbehalt, so dass § 116 anzuwenden war und nicht, wie das Reichsgericht annahm, § 242 (RGZ 100, 134, 135; dazu MEDICUS, AT Rn 592. – Weitere einschlägige Fälle: RGZ 73, 220, 222; 147, 36, 40; RG DNotZ 1937, 839 Nr 3; BGH NJW 1966, 1915 f; 1999, 2882 f; NJW-RR 2001, 1130, 1131; OLG München HRR 1940, Nr 615; BayObLG FamRZ 1977, 347, 348; OLG Frankfurt OLGZ 1993, 461, 466 f; OLG München NJW-RR 1993, 1168, 1169; OLG Düsseldorf MittBayNot 2001, 321, 323; AG Köln VersR 1977, 944; AG Delmenhorst WM 1996, 580 f; LG Frankfurt, WM 2002, 455, 457; LG Berlin, NJW-RR 2004, 1061, 1063; OLG Hamburg, NJW 2005, 3003, 3004).

II. Einzelfragen

1. Geheimer Vorbehalt gem § 116 S 1

Die Mentalreservation gem § 116 S 1 kennzeichnet – im Unterschied zu § 118 (vgl unten Rn 14) – die bewusste Geheimhaltung der Absicht, das Erklärte nicht zu wollen. Gleichgültig ist, aus welchen **Motiven** die Erklärung unter Vorbehalt abgegeben wird. Es kann sich um einen „bösen Scherz" handeln (vgl auch unten Rn 14), zB wenn man einen Handwerker, um ihn zu ärgern, an eine nicht vorhandene Adresse bestellt (LARENZ/WOLF, AT § 35 Rn 8). Es kann aber auch in guter Absicht getäuscht werden, wenn etwa der Gläubiger den schwerkranken Schuldner durch den Erlass seiner Schuld zunächst einmal beruhigen, später jedoch bei dessen Genesung seinen inneren Vorbehalt aufdecken möchte (MEDICUS, AT Rn 597; FLUME, AT II § 20, 1 = S 403). Auch hier liegt kein Fall des § 118 vor, da der Gläubiger seinen Vorbehalt nicht offenbaren konnte und wollte. Der Vorbehalt gem § 116 muss sich auf die in der Erklärung bezeichnete Rechtsfolge selbst beziehen und ist daher zu unterscheiden von der **Absicht**, die durch das Rechtsgeschäft eingegangene Verpflichtung **nicht zu erfüllen**. Auf diese Absicht kommt es erst recht nicht an (LARENZ, AT § 20 I a = S 364). In Betracht kommt höchstens eine Anfechtung des Rechtsgeschäfts gem § 123 durch den Vertragspartner, der über die Erfüllungsbereitschaft getäuscht wurde. Auch § 116 S 2 ist nicht anzuwenden, nicht einmal analog, da der Erklärende ungeachtet seiner fehlenden Erfüllungsbereitschaft – vorbehaltlich der Anfechtung durch den Vertragspartner – ein gültiges Rechtsgeschäft abgeschlossen hat. Kein Fall des § 116 S 1 liegt schließlich dann vor, wenn es an hinreichenden objektiven Anhaltspunkten für einen Geschäftswillen mangelt. § 116 S 1 setzt das Bestehen einer Willenserklärung voraus (BGH NJW-RR 2001, 1130 [1131]). Nicht einschlägig ist § 116 S 1 beim sog **Scheingebot in der Zwangsversteigerung** (BGHZ 172, 218, 222). Dabei handelt es sich um ein Gebot, das unterhalb der Hälfte des Verkehrswerts des versteigerten Grundstücks liegt und darauf abzielt, dass nach Versagung des Zuschlags gem § 85a Abs 1 ZVG ein neuer Versteigerungstermin angesetzt wird, in dem gem § 85a Abs 2 ZVG keine Wertgrenzen erreicht werden müssen. Um einen Fall des § 116 S 1 handelt es sich hier nicht, weil der Bieter mit dem „Scheingebot" genau die Rechtsfolge erreichen will, die das Gesetz an sein Angebot knüpft (BGH aaO; ebenso schon BGH NJW 2006, 1355). Der BGH hält jedoch das Eigengebot eines Gläubigervertreters im Regelfall für rechtsmissbräuchlich, weil (und sofern) es dazu dient, den Schuldnerschutz des § 85a ZVG zu unterlaufen (aaO; krit HASSELBLATT NJW 2006, 1320, 1323 f). Das ist im Ergebnis überzeugend, doch besteht eine gesetzesnähere Begründung darin, den Schuldnerschutz des § 85a Abs 1 ZVG auch auf solche Umgehungsversuche auszudehnen (zum Umgehungsgeschäft s § 117 Rn 15 f).

2. Entsprechende Anwendung von § 116 S 1

5 Eine entsprechende Anwendung des § 116 S 1 wird **im Bereich des § 151** erwogen, wenn sich der Angebotsempfänger trotz objektiv eindeutiger Manifestation des Annahmewillens, insbesondere durch Aneignung, Gebrauch oder Vollzug der für die Annahme des Angebots gestatteten Handlung, darauf beruft, er habe das Angebot nicht annehmen wollen (BGH NJW-RR 1986, 415, 416; MünchKomm/KRAMER § 151 Rn 51; LARENZ, AT § 28 I = S 533; krit STAUDINGER/BORK [2010] § 151 Rn 16; zu § 151 vgl noch Vorbem 4 u 47 zu §§ 116 ff). In den genannten Fällen begründet der Angebotsempfänger seinen fehlenden Annahmewillen häufig damit, dass ihm die Bedeutung seines Verhaltens nicht bewusst gewesen sei. Gegen diese Einwendung bietet § 116 S 1 keine geeignete Handhabe, weil der „geheime" Vorbehalt schon begrifflich voraussetzt, dass der Erklärende über seinen wahren Willen **bewusst täuscht**. Obwohl § 116 S 1 nicht einschlägig ist, führt die Berufung auf den fehlenden Annahmewillen in den genannten Fällen zumeist nicht zum Ziel. Wer die tatsächlichen Verhältnisse kennt, aus denen auf einen Annahmewillen geschlossen wird, kann nämlich in der Regel keine überzeugende Erklärung anbieten, warum trotzdem der Annahmewille gefehlt haben soll. Der Einwand scheitert daher dann an der Substantiierungs- bzw Beweislast (Rn 15) desjenigen, der sich auf das Fehlen des Annahmewillens beruft (vgl auch MünchKomm/KRAMER § 151 Rn 51; teilw abw PAWLOWSKI, AT Rn 608, der dem Angebotsempfänger zu Unrecht gestattet, die rechtliche Bedeutung seiner Handlung selbst festzulegen, und insoweit im Rahmen von § 151 auch geheime bzw dem Empfänger unbekannte Vorbehalte berücksichtigt).

6 Allerdings fehlt es an einer eindeutigen Manifestation des Annahmewillens, wenn das Angebot eine sog **Erlassfalle** darstellt. Dabei handelt es sich um Fälle, in denen der Schuldner dem Gläubiger einen Scheck über einen verhältnismäßig geringen Teil der geschuldeten Summe aushändigt und die Einlösung nur gestattet, wenn der Gläubiger das zugleich übermittelte Angebot auf Teilerlass annimmt (vgl näher § 133 Rn 57). Die nach allgemeinen **Auslegungsgrundsätzen** begründete Annahme, dass sich die Teilnehmer am rechtsgeschäftlichen Verkehr redlich verhalten (§ 133 Rn 56), ist bei solchen Erlassfallen häufig durch die besonderen Umstände des Falles entkräftet. So ist der Schluss auf einen Annahmewillen jedenfalls dann nicht mehr gerechtfertigt, wenn sich der Angebotsempfänger gegen die Deutung seines Verhaltens ausdrücklich verwahrt (BVerfG NJW 2001, 1200; BGHZ 111, 97, 102 f; BGH NJW-RR 1987, 937) oder der angebotene Teilerlass für den Angebotsempfänger überraschend ist, weil zwischen dem Betrag der Gesamtforderung und der angebotenen Abfindung ein grobes Missverhältnis besteht oder der Vergleichsvorschlag keine Grundlage in vorausgegangenen Verhandlungen hat (BGH NJW 2001, 2324, 2325; STAUDINGER/BORK [2010] § 151 Rn 18 mwNw; zur sog „Erlassfalle" s näher § 133 Rn 57). Entgegen verbreiteter Ansicht (WIEACKER JZ 1957, 61; OLG Köln NJW-RR 2000, 1073) bietet § 116 S 1 auch keine Handhabe, den Angebotsempfänger an der ihm aufoktroyierten Interpretation seines Verhaltens als Annahmeerklärung festzuhalten, wenn dieser widerspricht. Denn § 116 S 1 erklärt nur den geheimen, nicht den offen erklärten Vorbehalt für unbe-

achtlich. Eine Bindung des Angebotsempfängers lässt sich auch nicht mit der Maxime **„protestatio facto contraria non valet"** (vgl dazu TEICHMANN, Die protestatio facto contraria, in: FS Michaelis [1972] 294; KÖHLER, Kritik der Regel „protestatio facto contraria non valet", JZ 1981, 464) begründen. Soweit dieses Sprichwort erklären soll, dass auch die offene Verwahrung gegen die Deutung des eigenen Verhaltens unbeachtlich sei, bietet dafür jedenfalls § 116 S 1 keine Grundlage. Und als allgemeine Auslegungsregel verdient die Maxime ebenfalls keine Anerkennung. Da nach dem Grundsatz der Vertragsfreiheit niemand zum Vertragsschluss gezwungen werden darf, verlangt der offene Widerspruch gegen einen solchen Vertrag volle Beachtung (dazu näher § 133 Rn 57 und 60).

Entsprechend anwendbar ist § 116 S 1 bei **geschäftsähnlichen Handlungen** (vgl Münch-Komm/KRAMER Rn 4; PALANDT/ELLENBERGER Rn 3; allgemein zur geschäftsähnlichen Handlung s Vorbem 2 zu §§ 116 ff). **7**

3. Vorbehalt bei der Stellvertretung

Wenn jemand als Vertreter ein Rechtsgeschäft abschließt und sich insgeheim vorbehält, das Erklärte nicht zu wollen oder im eigenen Namen zu handeln, handelt es sich jeweils um eine unbeachtliche Mentalreservation gem § 116 S 1 (zur Kollusion des Vertreters vgl Rn 12; § 117 Rn 8; § 118 Rn 7). Tritt jemand im eigenen Namen auf und hat dieser die Absicht, für einen anderen zu handeln, folgt schon aus § 164 Abs 2, dass der „Mangel des Willens, im eigenen Namen zu handeln", unerheblich ist. Dies gilt auch bei einer Mentalreservation (MünchKomm/KRAMER Rn 6; LARENZ/WOLF, AT § 35 Rn 8). **8**

4. Bewusst mehrdeutige Erklärung

Besonderheiten gelten auch in dem praktisch wohl eher seltenen Fall, dass der Erklärende seine Erklärung bewusst mehrdeutig formuliert, um sich sodann auf diese Mehrdeutigkeit als Nichtigkeitsgrund zu berufen und dadurch die Herbeiführung von Rechtsfolgen zu verhindern. Wie sonst auch ist zunächst der objektive Erklärungsinhalt durch Auslegung zu ermitteln. Sofern sich ein eindeutiger Erklärungsinhalt ermitteln lässt, ist die Erklärung mit diesem Inhalt in Anwendung des § 116 S 1 wirksam. Ist die Erklärung jedoch trotz Ausschöpfen aller Erkenntnismöglichkeiten tatsächlich mehrdeutig, fehlt es streng genommen am Tatbestand der Willenserklärung (vgl dazu oben Rn 4 u § 133 Rn 23), sodass daraus an sich auch keine Bindung resultieren kann (MünchKomm/KRAMER Rn 7; SOERGEL/HEFERMEHL Rn 6). Aus bewusst treuwidrigem Verhalten darf man jedoch nach den Grundsätzen des redlichen Geschäftsverkehrs keine Vorteile ziehen. Der Arglistige verdient keinen Schutz (vgl die Wertung der §§ 438 Abs 3, 442 Abs 1 S 2, 444, 536b S 2, 639; CANARIS 280 f; SINGER, Das Verbot widersprüchlichen Verhaltens [1993] 129 ff). Das bedeutet, dass der Urheber des Missverständnisses „beim Wort" genommen werden darf. Da dieses „Wort" mehrdeutig ist, bleibt keine andere Wahl, als die Erklärung so gelten zu lassen, wie sie der Erklärungsempfänger tatsächlich verstanden hat (iE übereinstimmend FLUME, AT II § 20, 1 = S 403). **9**

III. Durchschauter Vorbehalt gem § 116 S 2

1. Tatbestand

10 Wird der geheime Vorbehalt durchschaut, ist der Erklärungsempfänger nicht schutzwürdig (zur ratio legis oben Rn 1). Bedingter Vorsatz genügt, nicht aber Kennenmüssen (SOERGEL/HEFERMEHL Rn 7; s a LG Berlin NJW-RR 2004, 1062, 1063). Gemäß § 116 S 2 kommt es auf die **Kenntnis des Erklärungsempfängers** an, doch wird dies der Interessenlage nicht immer gerecht. Wird eine **Vollmacht** unter dem Vorbehalt erteilt, sie nicht erteilen zu wollen oder nicht aus ihr verpflichtet zu werden, so ist dieser Vorbehalt gem § 116 S 1 wirkungslos, wenn der *Geschäftsgegner* den Vorbehalt nicht kennt. Auf die *Kenntnis des Bevollmächtigten* kommt es nicht an (BGH NJW 1966, 1915, 1916; JAUERNIG Rn 2; LARENZ/WOLF, AT § 35 Rn 6). Wird der **Vorbehalt** nicht geheim gehalten, sondern dem Erklärungsempfänger ausdrücklich **bekannt gegeben**, soll entsprechend dem Rechtsgedanken des § 116 S 2 das förmlich Erklärte nicht verbindlich sein (RGZ 78, 371, 376 f). Das ist im Ergebnis richtig, folgt aber bereits daraus, dass in einem solchen Fall die Auslegung der Erklärung ergibt, ob und in welchem Umfang das Rechtsgeschäft gelten soll (vgl STAUDINGER/DILCHER¹² Rn 11; LARENZ, AT § 20 I a = S 365). Erklärt zB der Grundstücksverkäufer, dass bestimmte Parzellen von der Veräußerung ausgenommen sein sollen, dann ist dieser Vorbehalt Inhalt der Willenserklärung. Erklärt nun der Käufer seinerseits, er wolle die Auflassung nur mit den streitigen Parzellen entgegennehmen (wie im Fall RGZ 78, 371), besteht Dissens (LARENZ aaO).

2. Anwendungsbereich und Sonderregeln

11 § 116 S 2 gilt seinem Wortlaut nach nur für **empfangsbedürftige Willenserklärungen**. Auf nicht empfangsbedürftige Willenserklärungen kann dieser Rechtssatz zumindest teilweise entsprechend angewendet werden, da es sich bei der Einschränkung des Vertrauensschutzes gegenüber Bösgläubigen um einen allgemeinen Rechtsgedanken handelt (FLUME, AT II § 20, 1 = S 404; ERMAN/BROX Rn 3; SOERGEL/HEFERMEHL Rn 7; STAUDINGER/DILCHER¹² Rn 8; BAMBERGER/ROTH/WENDTLAND Rn 7; JAUERNIG Rn 4; PREUSS Jura 2002, 815, 818; aA MünchKomm/KRAMER Rn 12; BGB-RGRK/KRÜGER-NIELAND Rn 5). Dementsprechend kann sich derjenige, der bei einer **Auslobung** den geheimen Vorbehalt erkannt hat, nicht auf den Wortlaut von § 116 S 2 berufen. Bei **letztwilligen Verfügungen** sprechen freilich Rechtssicherheitsgründe für die Unbeachtlichkeit des § 116 S 2, da die Vererbung nur einheitlich vollzogen werden kann und die erbrechtliche Lage nicht von dem uU unterschiedlichen Kenntnisstand der Erbprätendenten und anderer Beteiligter abhängen kann (gegen die Anwendung von § 116 S 2 RGZ 104, 320, 322; BayObLG FamRZ 1977, 347, 348; OLG Frankfurt aM OLGZ 1993, 461, 467 f; PREUSS Jura 2002, 815, 818; vgl auch oben Rn 2 aE und § 117 Rn 3). Aus dem gleichen Grunde kann § 116 S 2 auch nicht angewendet werden, wenn zwar der Empfänger den Vorbehalt erkennt, nicht aber ein anderer, für den die Erklärung materiell-rechtlich bestimmt ist. Dementsprechend schadet es bei **amtsempfangsbedürftigen Willenserklärungen** wie der Erbschaftsausschlagung nicht, dass der Rechtspfleger am Nachlassgericht den Vorbehalt durchschaut (BayObLG DtZ 1992, 284, 285; FLUME, AT II § 20, 1 = S 404; MünchKomm/KRAMER Rn 10; ERMAN/PALM Rn 6; MünchKomm/LEIPOLD § 1945 Rn 2). Entgegen POHL (AcP 177 [1977] 52, 62 f) sollte es auch nicht darauf ankommen, ob die Erbschaftsbeteiligten den Vorbehalt kennen. Die erbrechtliche Lage kann nicht davon abhängen, dass einige Beteiligte den Vorbehalt erkennen, andere nicht (vgl insbesondere

OLG Frankfurt aM OLGZ 1993, 461, 467). Keine Anwendung findet § 116 auf die Eheschließung (Soergel/Hefermehl Rn 10), da die §§ 1310, 1313 ff eine **abschließende Sonderregelung** für fehlerhafte Ehen enthalten und nur die einverständliche Simulation als Aufhebungsgrund gilt (§ 1314 Abs 2 Nr 5; s a § 1315 Abs 1 S 1 Nr 5). Entsprechendes gilt für den Vorrang anderer Sonderwertungen, die auch zur Einschränkung der Irrtumsanfechtung führen, zB bei Prozesshandlungen, beim Abschluss von Versicherungs-, Gesellschafts- und Arbeitsverträgen oder Registereintragungen (Soergel/Hefermehl Rn 10; MünchKomm/Kramer Rn 12; ausf § 119 Rn 111 ff; zur Anwendbarkeit auf das Gebot in der Zwangsvollstreckung s BGH NJW 2006, 1355 sowie BGHZ 172, 218, 221 f; dazu oben Rn 4 aE).

3. Kenntnis bei der Stellvertretung

Wird beim Vertretergeschäft der Vertretene getäuscht, während der Vertreter den geheimen Vorbehalt des Geschäftspartners durchschaut, muss sich der Vertretene die **Kenntnis** seiner Vertrauensperson nicht gem §§ 116 S 2, 166 Abs 1 **zurechnen** lassen. In einem solchen Fall des **kollusiven Zusammenwirkens** von Vertreter und Geschäftspartner zum Nachteil des Vertretenen ist alleine der Vertretene schutzwürdig. Ihm gegenüber stellt sich der Vorbehalt als „geheim" dar, so dass die Unbeachtlichkeit des Willensmangels gemäß § 116 S 1 die sachgerechte Rechtsfolge darstellt (BGH NJW 1999, 2882 f = LM Nr 6 m Anm Singer; Flume, AT II § 20, 1 = S 404; aA MünchKomm/Schramm § 166 Rn 4; vgl dazu auch § 117 Rn 8 u § 118 Rn 7). Der zugleich gegebene Missbrauch der Vertretungsmacht durch den Vertreter sollte entgegen der hM (Staudinger/Schilken [2009] § 167 Rn 100; MünchKomm/Schramm § 164 Rn 107) nicht zur Nichtigkeit des Geschäfts führen, sondern zur schwebenden Unwirksamkeit, die durch Genehmigung des Vertretenen gemäß §§ 177 Abs 1, 182 Abs 1 geheilt werden kann (vgl Singer, Anm LM Nr 6; für Gültigkeit des Geschäfts iE auch BGH NJW 1999, 2882, 2883). Umgekehrt gilt nicht § 166 Abs 1, sondern Abs 2 (iVm § 116 S 2), wenn der Vertretene den Vorbehalt des Geschäftspartners durchschaut. Bei mehreren Vertretern schadet dem Vertretenen die Bösgläubigkeit eines Vertreters (BGH NJW 1999, 2882 = LM Nr 6 m Anm Singer; Soergel/Hefermehl Rn 8; vgl auch § 117 Rn 8 u § 118 Rn 7).

4. Teilnichtigkeit

Sofern der Geschäftspartner den Vorbehalt nur zum Teil kennt, richtet sich die Gültigkeit des verbleibenden Teils des Rechtsgeschäfts nach § 139 (MünchKomm/Kramer Rn 17; Bamberger/Roth/Wendtland Rn 8).

IV. Abgrenzung zu verwandten und konkurrierenden Tatbeständen

Beim **Scheingeschäft** sind sich beide Parteien darüber einig, dass das Erklärte nicht gelten soll (Jauernig Rn 4). Um einen Fall des § 117 und nicht des § 116 S 2 handelt es sich daher in dem Fall LG Köln BB 1963, 1153: Ein Großhändler ließ sich von seinen Kunden unter Androhung von Schadensersatz versprechen, dass diese die Waren zum Weiterverkauf erwerben, nahm dieses Versprechen aber selbst nicht ernst und überprüfte seine Einhaltung auch nicht, da er es lediglich zur Vorlage bei den beliefernden Herstellerfirmen benötigte. Für ein Scheingeschäft im Sinne von § 117 reicht das beiderseitige Bewusstsein, dass das Erklärte nicht gelten soll (§ 117 Rn 7). Um einen Anwendungsfall von § 118 handelt es sich, wenn der Erklärende – irrtümlich –

davon ausgeht, der Empfänger werde die mangelnde Ernstlichkeit erkennen. Im Gegensatz zu diesem **„guten Scherz"** kennzeichnet § 116 die Absicht des Erklärenden, dass der Erklärungsempfänger den Vorbehalt nicht durchschaut, umfasst also auch den **„bösen Scherz"**. Abgrenzungsprobleme können schließlich zu § 123 bestehen, da der Bedrohte die Geltung des Rechtsgeschäfts typischerweise nicht will und der Drohende dies mutmaßlich erkennt. Für den überwiegenden Teil des Schrifttums geht hier § 116 S 2 vor (FLUME, AT II § 27, 1 = S 530; MünchKomm/KRAMER Rn 15; JAUERNIG Rn 4; PALANDT/ELLENBERGER Rn 6; HOLZHAUER, in: FS Gmür [1983] 119, 122). Das würde aber zu dem ungereimten Ergebnis führen, dass die von § 123 eigentlich vorgesehene Rechtsfolge der Anfechtbarkeit des Rechtsgeschäfts in den meisten Fällen der **Drohung** gerade nicht zum Zuge käme, sondern die von § 116 S 2 vorgesehene Nichtigkeit. Der Grundtatbestand des § 116 geht jedoch von dem Fall aus, dass der Erklärende der Betrüger ist, während im Falle der Drohung der Vorbehalt unter dem Einfluss von Druck und Zwang zustande gekommen ist. Insofern macht es Sinn, bei einer durch Drohung hervorgerufenen Mentalreservation dem Erklärenden das Wahlrecht des § 123 zu belassen, nicht aber, wenn diese besondere Zwangslage nicht vorliegt. § 123 geht somit als die speziellere Regelung dem § 116 vor und nicht umgekehrt (iE übereinstimmend FABRICIUS JuS 1966, 1, 7; STAUDINGER/COING[11] Rn 11). Bei einer **arglistigen Täuschung** besteht dagegen keine Konkurrenz mit § 123, da diese einen Irrtum des Getäuschten voraussetzt, eine Mentalreservation dagegen das Bewusstsein, das Erklärte nicht zu wollen (zutr FABRICIUS aaO).

V. Beweislast

15 Wer sich auf die Nichtigkeit der Erklärung gem § 116 S 2 beruft, muss sowohl den geheimen Vorbehalt beweisen als auch die positive Kenntnis des Erklärungsempfängers oder desjenigen, für den die Erklärung bestimmt ist (vgl oben Rn 11).

§ 117
Scheingeschäft

(1) Wird eine Willenserklärung, die einem anderen gegenüber abzugeben ist, mit dessen Einverständnis nur zum Schein abgegeben, so ist sie nichtig.

(2) Wird durch ein Scheingeschäft ein anderes Rechtsgeschäft verdeckt, so finden die für das verdeckte Rechtsgeschäft geltenden Vorschriften Anwendung.

Materialien: E I § 96; II § 92; III § 113; Mot I 192; Prot I 95; STAUDINGER/BGB-Synopse 1896–2000 § 117.

Schrifttum

BAECK, Das Scheingeschäft – ein fehlerhaftes Rechtsgeschäft (Diss Würzburg 1988)
BAER, Scheingeschäfte (1931)
BEHR, Die Inzahlungnahme von Gebrauchtwagen als Beispiel der Entstehung eigenen Rechts für verkehrstypische Verträge, AcP 185 (1985) 401

BENNECKE, Gesetzesumgehung im Zivilrecht 2004
BUSS/HONERT, Die „prozesstaktische" Zession, JZ 1997, 694
BRUNS, Anm zu BGH 22. 11. 2006 – VIII ZR 72/06, NJW 2007, 761
CANARIS, Gesetzliches Verbot und Rechtsgeschäft (1983)
CREZELIUS, Zivilrechtliche Beziehungen beim Bauherren-Modell – BGH NJW 1980, 992, in: JuS 1981, 494
ders, Scheingeschäfte und Strohmanngeschäfte, insbesondere im Steuerrecht, in: FS Otte (2005) 39
HATTENHAUER, Scheingeschäft und Einwendungsdurchgriff beim finanzierten Grundstückskauf – OLG Koblenz, NJW-RR 2002, 194, JuS 2002, 1162
vHEIN, Der Abschluss eines Scheingeschäfts durch einen Gesamtvertreter: Zurechnungsprobleme zwischen Corporate Governance und allgemeiner Rechtsgeschäftslehre, ZIP 2005, 191
HOFMANN, Agenturverträge im Gebrauchtwagenhandel, JuS 2005, 8
HOHMEISTER, Arbeits- und sozialversicherungsrechtliche Konsequenzen eines vom Arbeitnehmer gewonnenen Statusprozesses, NZA 1999, 1009
ders, Letztmals: Zur Abgrenzung zwischen Scheingeschäft und Umgehungsgeschäft bei vorsätzlich falscher Rechtsformenwahl, NZA 2000, 408
HONSELL, Sachmängelprobleme beim Neuwagenkauf mit Inzahlungnahme eines Gebrauchtwagens, Jura 1983, 523
HUBER, Typenzwang, Vertragsfreiheit und Gesetzesumgehung, Jura 1970, 784
KALLIMOPOULOS, Die Simulation im bürgerlichen Recht (1966)
KELLER, Faktisches Arbeitsverhältnis bei Vorliegen eines Umgehungsgeschäfts?, NZA 1999, 1311
KIEHL, Schutz des Dritten gegen Scheingeschäfte, Gruchot 63, 558

KRAMER, Das Scheingeschäft des Strohmanns – BGH, NJW 1982, 569, in: JuS 1983, 423
KROPFF, Zur Wirksamkeit bilanzpolitisch motivierter Rechtsgeschäfte, ZGR 1993, 41
O KUHN, Strohmanngründung bei Kapitalgesellschaften (1964)
T KUHN, Scheinvertrag und verdeckter Vertrag im Anwendungsbereich des § 405 BGB, AcP 208 (2008) 101
MICHAELIS, Scheingeschäft, verdecktes Geschäft und verkleidetes Geschäft im Gesetz und in der Rechtspraxis, in: FS Wieacker (1978) 444
OEHLER, Die Inzahlungnahme gebrauchter Kraftfahrzeuge, JZ 1979, 787
OERTMANN, Scheingeschäft und Kollusion, Recht 1923 Sp 74
OTTE, „Wenn der Schein trügt" – zum zivil-, verfahrens- und kollusionsrechtlichen Umgang mit der sog „Aufenthaltsehe" in Deutschland und Europa, JuS 2000, 148
POHL, Mängel bei der Erbschaftsannahme und -ausschlagung, AcP 177 (1977) 52
SCHNEIDER, Die Rückdatierung von Rechtsgeschäften, AcP 175 (1975) 279
SCHULZE-OSTERLOH, Zivilrecht und Steuerrecht, AcP 190 (1990) 139
THIESSEN, Scheingeschäft, Formzwang und Wissenszurechnung, NJW 2001, 3025
WAAS, Scheingeschäft des Vertreters gem § 117 BGB und Missbrauch der Vertretungsmacht, Jura 2000, 292
WACKE, Mentalreservation und Simulation bei formbedürftigen Geschäften, in: FS Medicus (1999) 651
WALZ, Die steuerrechtliche Herausforderung des Zivilrechts, ZHR 147 (1983) 281
WALZ/WIENSTROH, Das Verhältnis von Form und Inhalt in Zivil- und Steuerrecht am Beispiel der Inzahlungnahme gebrauchter Kraftfahrzeuge, BB 1984, 1693
WURSTER, Das Scheingeschäft bei Basissachverhalten, DB 1983, 2057.

Systematische Übersicht

I.	Tatbestand und Normzweck	1	a)	Umgehungsgeschäft	15
			b)	Strohmanngeschäft	17
II.	Anwendungsbereich		c)	Treuhand	20
1.	Empfangsbedürftige Willenserklärungen	3	IV.	Rechtsfolgen	21
2.	Scheinehe, Scheinadoption	4			
3.	Scheingesellschaft	6	V.	Das verdeckte Geschäft gem § 117 Abs 2	
III.	Voraussetzungen des Scheingeschäfts gem § 117 Abs 1		1.	Wirksamkeitshindernisse gem §§ 134, 138	25
1.	Einverständnis der Parteien	7	2.	Schwarzbeurkundung	26
2.	Fehlender Rechtsbindungswille	10	3.	Scheingeschäfte und staatliches Teilungsunrecht	27
a)	Beispiele	11			
b)	Bloße Falschbezeichnungen	12	VI.	Darlegungs- und Beweislast	28
c)	Steuerlich motivierte Vertragsgestaltungen	13			
3.	Abgrenzungen: Umgehungs-, Strohmanngeschäft und Treuhand	15			

I. Tatbestand und Normzweck

1 Beim Scheingeschäft **(Simulation)** sind sich die Parteien darüber einig, dass sie nur den äußeren Schein des Abschlusses eines Rechtsgeschäfts hervorrufen, die mit dem betreffenden Rechtsgeschäft verbundenen Rechtswirkungen aber nicht eintreten lassen wollen (BGHZ 34, 84, 87 f; 67, 334, 339; BGH LM Nr 5; NJW 1980, 1572, 1573; 1982, 569, 570; 1984, 2350; NJW-RR 1997, 238; BAG NJW 1993, 2767; PALANDT/ELLENBERGER Rn 3; JAUERNIG Rn 2). Schulfall ist die **Schwarzbeurkundung** oder Unterverbriefung beim Grundstückskaufvertrag. Dabei lassen die Parteien nicht den vereinbarten, sondern einen niedrigeren Kaufpreis beurkunden, um Gebühren für den Notar und das Grundbuchamt sowie Grunderwerbssteuer zu sparen (vgl dazu Rn 14, 23 u 26). § 117 Abs 1 ist Ausdruck des allgemeinen Grundsatzes, dass es bei der Auslegung von Willenserklärungen primär auf den übereinstimmenden Willen der Parteien ankommt und sich dieser auch gegenüber einer abweichenden objektiven Bedeutung der Erklärung behauptet (LARENZ, AT § 20 I c = S 366; zum Vorrang der individuellen Auslegung vgl näher § 133 Rn 13 f und 33). Indem das Gesetz die simulierte Erklärung für nichtig erklärt, trägt es der **Privatautonomie in negativer Hinsicht** Rechnung (BGHZ 144, 331, 333 f; MünchKomm/KRAMER Rn 1; PRÜTTING/WEGEN/WEINREICH/AHRENS Rn 1; KALLIMOPOULOS S 19). Die Nichtgeltung des Erklärten ist geradezu Geschäftsinhalt, so dass es entgegen dem Wortlaut der Vorschrift am Rechtsbindungswillen und damit bereits am **Tatbestand einer Willenserklärung fehlt** (MEDICUS, AT Rn 594; PALANDT/ELLENBERGER Rn 1; SOERGEL/HEFERMEHL Rn 1 [„Nichterklärung"]; T KUHN AcP 208 [2008] 101, 105; vgl auch BGHZ 45, 376, 379; BGHZ 144, 331, 333; aA LARENZ/WOLF, AT § 35 Rn 18; BAMBERGER/ROTH/WENDTLAND Rn 1). Daraus folgt zugleich, dass es sich nicht um eine antizipierte Aufhebungsvereinbarung handelt (so aber WACKE, in: FS Medicus [1999] 651 ff im Anschluss an vTUHR, AT II 1 § 66 II = S 564). Es kann nur aufgehoben werden, was bereits Rechtsgeltung erlangt hat. Insofern überzeugt es nicht, den Simulationswillen etwaigen für

Aufhebungsvereinbarungen geltenden Förmlichkeiten zu unterziehen (so WACKE aaO). Da die Parteien auch nicht auf die Gültigkeit der simulierten Willenserklärung vertrauen, besteht grundsätzlich keine Veranlassung, diese an ihrer objektiven Erklärung festzuhalten. In § 117 Abs 1 wird somit nichts ausgesprochen, was nicht ohnehin gelten würde (MICHAELIS, in: FS Wieacker [1978] 444, 447). § 117 Abs 2 entspricht wiederum dem **positiven Prinzip der Privatautonomie**. Sofern durch das simulierte ein anderes Rechtsgeschäft verdeckt werden soll, entspricht es dem übereinstimmenden Willen der Parteien, dass dieses sog **dissimulierte Rechtsgeschäft** gelten soll. Folgerichtig verlangt aber § 117 Abs 2, dass auch die Wirksamkeitsvoraussetzungen des verdeckten Geschäfts erfüllt sein müssen (vgl näher Rn 25 ff).

Von den §§ 116 und 118 unterscheidet sich die Simulation dadurch, dass sich die Parteien **über die Nichtgeltung einig** sind, der Erklärungsempfänger also nicht getäuscht oder wenigstens vorübergehend verblüfft werden soll (zur Abgrenzung vgl auch § 116 Rn 14 und § 118 Rn 7). Insofern handelt es sich nicht um einen Fall des § 117, wenn dem *Geschäftspartner* ein Darlehensvertrag mit der Begründung *untergeschoben* wird, es handele sich um eine „Formalie" (aA KG JW 1934, 1796, 1797; vgl auch Rn 11). Da der Darlehensgläubiger in solchen Fällen weiß oder wissen muss, dass der Geschäftspartner seine Erklärung nicht ernst nimmt, führt freilich die Auslegung des Rechtsgeschäfts gem §§ 133, 157 zum gleichen Resultat, dass nämlich keine verbindliche Willenserklärung abgegeben wurde (zur untergeschobenen Willenserklärung vgl § 119 Rn 9 ff). Das **misslungene Scheingeschäft** ist kein Fall des § 117, da es an einer Einigung über die Nichtgeltung des Erklärten fehlt. Da hier jedenfalls eine Partei das Erklärte nicht gelten lassen will, zugleich aber annimmt, dass auch die andere Seite keinen Geschäftswillen hat, liegt ein klassischer Anwendungsfall des § 118 vor (vgl BGHZ 144, 331, 334 und dazu näher Rn 9). Beim Scheingeschäft besteht zumeist eine **Täuschungsabsicht gegenüber Dritten**, zB Gläubigern, Steuerbehörden oder Urkundspersonen, doch handelt es sich insoweit nicht um eine Tatbestandsvoraussetzung des § 117 (RGZ 90, 273, 277; 95, 160, 162; LARENZ, AT § 20 I c = S 366; MünchKomm/KRAMER Rn 13; abw KALLIMOPOULOS S 48, der bei fehlender Täuschungsabsicht § 118 für einschlägig hält; zur Abgrenzung gegenüber § 118 vgl dort Rn 7). Die Getäuschten genießen weitestgehenden Schutz durch die allgemeinen Vorschriften zum **Verkehrs- und Vertrauensschutz** (vgl näher Rn 21 ff). Eine feste Regel, dass das Scheingeschäft gegenüber Dritten gültig sein soll, ist dem Gesetz aber fremd. Sie wäre auch nicht sachgerecht, da der Dritte je nach Sachlage auch an der Nichtigkeit des Scheingeschäfts interessiert sein kann (vgl näher Rn 21 u 23).

II. Anwendungsbereich

1. Empfangsbedürftige Willenserklärungen

§ 117 Abs 1 gilt ausdrücklich nur für empfangsbedürftige Willenserklärungen. Bei nicht-empfangsbedürftigen Willenserklärungen fehlt es von vornherein an einem Partner, mit dem das erforderliche Einverständnis über die Nichtgeltung des Erklärten erzielt werden könnte. Insofern kommen bei **letztwilligen Verfügungen** nur die Tatbestände der §§ 116 S 1, 118 in Betracht, nicht aber § 117 (RGZ 104, 320, 322; OLG Düsseldorf WM 1968, 811, 812 f; BayObLG FamRZ 1977, 347, 348; OLG Frankfurt aM OLGZ 1993, 461, 466 f; FLUME, AT II § 20, 2 a = S 405; PALANDT/ELLENBERGER Rn 2). **Amtsempfangsbedürftige Erklärungen** wie zB Annahme oder Ausschlagung einer Erbschaft werden nicht dadurch zu Scheingeschäften, dass der zuständige Beamte des Nachlassgerichts den Scheincharakter der Erklärung erkennt und billigt. Dies folgt schon daraus, dass die Behörden nur formal Adressaten der Erklärung sind und ihrem Einverständnis daher keine Bedeutung zukommen kann (insoweit zutr POHL AcP 177 [1977] 62 u 64; ferner zB STAUDINGER/DILCHER[12] Rn 7; SOERGEL/HEFERMEHL Rn 2). Entgegen POHL (aaO 64) kommt es freilich auch nicht auf das Einverständnis der materiell-rechtlich Beteiligten an, da der betreffende Personenkreis nur schwer abgrenzbar ist und die Gefahr gespaltener Rechtsverhältnisse aus Rechtssicherheitsgründen vermieden werden sollte. Die Vorstellung, dass etwa die Erbfolge nicht gegenüber allen Beteiligten einheitlich gelten würde, wäre nur schwer erträglich (zutr OLG Frankfurt OLGZ 1993, 467; hM, vgl schon RG LZ 1911, 379; PALANDT/ELLENBERGER Rn 2; s ferner § 116 Rn 11 zum Parallelproblem des durchschauten Vorbehalts). Setzt die Wirksamkeit empfangsbedürftiger Willenserklärungen die **Mitwirkung staatlicher Stellen oder Behörden** voraus, zB in Form einer Beurkundung oder Eintragung, kommt es für die rechtliche Qualifikation als Scheingeschäft ausschließlich auf das Einverständnis der Vertragspartner an. Das Rechtsgeschäft ist also nichtig, wenn diese über den Scheincharakter einig sind. Es ist gültig, wenn nur der Vertreter der Behörde eingeweiht war (FLUME, AT II § 20, 2 a = S 405; ERMAN/PALM Rn 2). Die Eintragung einer zum Schein erklärten Auflassung bewirkt selbstverständlich keine Heilung des Willensmangels (STAUDINGER/DILCHER[12] Rn 8). Bei einer Erklärung, die wahlweise entweder einem Beteiligten *oder* einer Behörde gegenüber abzugeben ist (idR dem Grundbuchamt, vgl §§ 875 Abs 1 S 2, 876 S 3, 880 Abs 2 S 3, 1168 Abs 2 S 2, 1180 Abs 1 S 2), liegt ein Scheingeschäft vor, wenn zwischen dem Erklärenden und Beteiligten Einverständnis über den Scheincharakter herrscht, und zwar auch dann, wenn die Erklärung gegenüber der Behörde abgegeben wird (ENNECCERUS/NIPPERDEY, AT § 165 II = S 1025 Fn 6; FLUME, AT II § 20, 2 a = S 405; MünchKomm/KRAMER Rn 7). Auf **Prozesshandlungen** findet § 117 keine Anwendung (MünchKomm/KRAMER Rn 2; BAMBERGER/ROTH/WENDTLAND Rn 6). Bei einem lediglich zum Schein ausgetragenen Rechtsstreit ist die Klage als unzulässig abzuweisen, da dem Kläger das erforderliche Rechtsschutzbedürfnis fehlt. Ein dennoch ergangenes Urteil ist dagegen sowohl wirksam als auch zunächst grds vollstreckbar. Die Scheinabrede stellt allerdings eine vollstreckungshindernde Vereinbarung dar, die im Wege der Vollstreckungsabwehrklage gem § 767 ZPO geltend zu machen ist, da diese den titulierten Anspruch betrifft (MünchKommZPO/K SCHMIDT § 766 Rn 34; MUSIELAK/LACKMANN § 766 ZPO Rn 7; aA OLG Karlsruhe NJW 1974, 2242: Erinnerung gem § 766 ZPO).

2. Scheinehe, Scheinadoption

4 Nicht anwendbar ist § 117 auf simulierte Eheschließungen. Seit Inkrafttreten des Eherechtsreformgesetzes am 1. 7. 1998 ist die **Scheinehe gültig, aber aufhebbar** (§§ 1314 Abs 2 Nr 5, 1315 Abs 1 S 1 Nr 5). Das Gesetz betrachtet die zum Schein geschlossenen „Aufenthaltsehen" nicht unter dem Aspekt des Willensmangels, sondern als Fall des Rechtsmissbrauchs wegen eines vom Gesetz missbilligten Eheschließungsmotivs (vgl HEPTING FamRZ 1998, 720 u 727 mwN; krit WACKE, in: FS Medicus [1999] 651, 662 ff; OTTE JuS 2000, 148, 150 ff; ausf Dokumentation STAUDINGER/MANKOWSKI [2011] Art 13 EGBGB Rn 328 ff). Für **Eheverträge** gelten aber keine Besonderheiten, so dass insoweit § 117 anwendbar ist (MünchKomm/KRAMER Rn 5).

5 Auf die **Scheinadoption** ist § 117 ebenfalls nicht anzuwenden, weil das frühere Vertragssystem durch das sog Dekretsystem abgelöst wurde: Gem § 1752 erfolgt die Adoption durch Beschluss des Vormundschaftsgerichts (MünchKomm/MAURER § 1752 Rn 1 und Vorbem § 1741 Rn 13; BGHZ 103, 12, 17). Scheinadoptionen sind zwar unzulässig (vgl BayObLG FamRZ 1980, 1158, 1159; PALANDT/DIEDERICHSEN § 1767 Rn 7 mwN), aber trotz rechtsmissbräuchlicher Begründung zunächst einmal gültig und auch nicht ohne weiteres aufhebbar (zu Scheinadoptionen Volljähriger vgl BGHZ 103, 12, 15 f; KG FamRZ 1987, 655, 636; OLG Schleswig FamRZ 1995, 1016; zum früheren Recht BGHZ 35, 75, 81; zur Adoption Minderjähriger vgl OLG Frankfurt FamRZ 1982, 848, 849; MünchKomm/MAURER § 1763 Rn 2).

3. Scheingesellschaft

Weiteren Einschränkungen unterliegt die Geltendmachung des Simulationseinwandes im Gesellschaftsrecht (Bsp unten Rn 11). Im **Kapitalgesellschaftsrecht** folgt aus den Vorschriften über die Nichtigkeitsklage (§§ 275 ff AktG, 75 ff GmbHG, 94 ff GenG), dass der Einwand der Scheingründung nach der Registereintragung präkludiert ist. Bei den **Personengesellschaften** vertritt hingegen der BGH in ständiger Rechtsprechung die Ansicht, dass im *Innenverhältnis* die Grundsätze über die fehlerhaft gegründete Gesellschaft nicht anwendbar sein sollen (grdl BGH NJW 1953, 1220 sowie BGHZ 11, 190, 191). Dem ist zuzustimmen (ganz hM, vgl nur MünchKomm/ULMER § 705 Rn 377 mwN), weil die Lehre von der fehlerhaften Gesellschaft zur Minimalvoraussetzung hat, dass wenigstens ein konkludenter Vertragsschluss vorliegt, mag dieser auch fehlerhaft sein. Beim Scheingeschäft fehlt es bereits am Tatbestand der Willenserklärung (oben Rn 1). Im Übrigen wird – wie der BGH zutreffend bemerkt – dem tatsächlichen Willen gem § 117 Abs 2 entsprochen, wenn die Rechtsbeziehungen der Beteiligten nicht dem Gesellschaftsrecht unterstellt werden (NJW 1953, 1220). Im *Außenverhältnis* ist die Gesellschaft nach Rechtscheingrundsätzen als wirksam zu behandeln (STAUB/ULMER § 105 HGB Rn 381; zu Haftungsproblemen der Scheinsozietät vgl SCHÄFER DStR 2003, 1078). 6

III. Voraussetzungen des Scheingeschäfts gem § 117 Abs 1

1. Einverständnis der Parteien

Maßgebliches Kennzeichen des Scheingeschäfts ist das **Einverständnis** der Parteien über die Simulation (oben Rn 2). Dieses verlangt keine selbständige Willenserklärung neben dem Scheingeschäft, aber im Unterschied zu § 116 S 2 mehr als Kenntnis des Vorbehalts (JAUERNIG Rn 2). Es genügt allerdings das „beiderseitige Bewusstsein", dass den simulierten Erklärungen kein Wille entsprechen soll, da hier typischerweise anzunehmen ist, die Parteien seien sich über den Simulationscharakter einig (RGZ 134, 33, 37; BGH NJW 1999, 2882 = LM Nr 6 zu § 116 m Anm SINGER; BGHZ 144, 331, 333; SOERGEL/HEFERMEHL Rn 3, vgl auch BGHZ 45, 376, 379; LG Köln BB 1963, 1153 [dazu § 116 Rn 14]; strenger MünchKomm/KRAMER Rn 9 Fn 3). 7

Bei rechtsgeschäftlicher **Stellvertretung** kommt es gem § 166 Abs 1 darauf an, ob mit dem *Vertreter* Einverständnis über den Scheincharakter des Rechtsgeschäfts herrscht (BGHZ 1, 181, 184; ERMAN/PALM Rn 4). Im Falle der *Gesamtvertretung* genügt das Einverständnis eines Vertreters (RGZ 134, 33, 37; BGH NJW 1996, 663, 664; ERMAN/PALM Rn 4; PALANDT/ELLENBERGER Rn 3; aA MünchKomm/KRAMER Rn 11; vHEIN ZIP 2005, 191, 197 f), da 8 positive Rechtsgeschäftswirkungen im Falle der Gesamtvertretung eine intakte Selbstbestimmung aller Vertreter voraussetzen. Zwar hat der – illoyale – Gesamtvertreter nicht die „Befugnis" zur Simulation (vHein ZIP 2005, 191, 197), doch bedarf es dieser Befugnis nicht, weder mit Rücksicht auf die Privautonomie, da das simulierte Geschäft den Vertretenen ja gerade nicht bindet, noch mit Rücksicht auf den Schutz des Vertretenen. Sofern Geschäftspartner und Vertreter zum Nachteil des Vertretenen **kolludieren**, handelt es sich nämlich diesem gegenüber um einen „bösen" Scherz, so dass nicht § 117 anzuwenden ist, sondern § 116 S 1 (BGH NJW 1999, 2882 f = LM Nr 6 zu § 116 m Anm Singer; vgl schon RG Gruchot 52, 933, 936; RGZ 134, 33, 37 im Anschluss an Oertmann Recht 1923 Sp 74, 76; s ferner Flume, AT II § 20, 2 c = S 411; Palandt/Ellenberger Rn 7; iE auch vHein ZIP 2005, 191, 198; einschränkend Waas Jura 2000, 292, 295; dazu auch § 118 Rn 7 mwNw). Dies gilt auch, wenn ein Gesamtvertreter und der Geschäftsgegner bewusst zum Nachteil des Vertretenen zusammenwirken, zB indem sie gegenüber dem Vertretenen geheim halten, dass das ausgereichte Darlehen nicht von dem – solventen – Scheinschuldner, sondern in Wahrheit von einer nicht kreditwürdigen Person zurückgezahlt werden sollte (BGH NJW 1999, 1882 f). Hier haftet der Scheinschuldner. Entsprechendes gilt, wenn auf einer Seite des Rechtsgeschäfts **mehrere Parteien** stehen und nicht alle über den Scheincharakter einig sind. Vereinbaren zB mehrere Gläubiger mit dem Schuldner einen teilweisen Forderungsverzicht und trifft einer der Gläubiger mit dem Schuldner eine heimliche Sonderabsprache, dass die Forderung zwischen diesen beiden Parteien fortbestehen soll, hat das „Scheingeschäft" gegenüber den gutgläubigen Parteien die Qualität eines geheimen Vorbehalts gem § 116 S 1. Daraus folgt einerseits die Unbeachtlichkeit der Sonderabsprache, andererseits die Gültigkeit des „Scheingeschäfts" (iE zutr OLG Celle NJW 1965, 399, 400; Soergel/Hefermehl Rn 3; vgl auch Medicus, AT Rn 599 und § 116 Rn 1). Da es um den *Vertrauensschutz* des Gutgläubigen geht, darf ihm dieser jedoch nicht aufgedrängt werden (vgl auch Rn 23). Wird einem von zwei Verkäufern eines Grundstücks verheimlicht, dass mit dem Geschäftspartner ein höherer Kaufpreis als der beurkundete vereinbart war, kann sich dieser mit Recht auf den Standpunkt stellen, dass das beurkundete Rechtsgeschäft als Scheingeschäft nichtig ist (§ 117 Abs 1) und auch das verdeckte Rechtsgeschäft nicht dem Willen *aller* Beteiligten entspricht. Das wäre aber Voraussetzung für die Anwendung von § 117 Abs 2. In einem solchen Fall bleibt daher nur die Möglichkeit, das gesamte Rechtsgeschäft für nichtig zu erklären (iE zutr OLG Schleswig SchlHA 1996, 67; Palandt/Ellenberger Rn 3).

9 Sind sich der **Verhandlungsbevollmächtigte** des Käufers und der Verkäufer eines Grundstücks über die Unterverbriefung des Kaufpreises einig, während der den notariellen Vertrag abschließende Käufer selbst (angeblich) keine Kenntnis von der Simulationsabrede hat, fehlt es am Tatbestand eines Scheingeschäfts (BGHZ 144, 331, 333 f; BGH NJW 2001, 1062; zust Thiessen NJW 2001, 3025, 3027; Schubert JR 2001, 330 f; Lorenz EWiR 2000, 997 f; Singer LM Nr 20 zu § 117; wohl auch M Wolf LM Nr 44 zu § 166; für Anwendung des § 117 dagegen Schöpflin JA 2001, 1, 3; Koos WuB IV A. § 117 BGB 1.01; für Anwendung des § 116 Grziwotz MDR 2000, 1309, 1310). § 117 Abs 1 fordert das Einverständnis der „Parteien" über die Simulation. Dafür genügt es nicht, wenn dem Vertretenen das **Wissen seines Verhandlungsbevollmächtigten analog § 166 zugerechnet** wird, da damit nur den kognitiven, nicht aber den volitiven Voraussetzungen des § 117 Abs 1 entsprochen wird (aA Schöpflin, M Wolf aaO). § 117 Abs 1 ist Ausdruck der Privautonomie in ihrer negativen Ausprägung (oben Rn 1). Das Erfordernis eines übereinstimmenden – negativen – Rechtsfolgewillens ist daher nicht mit Hilfe von § 166 Abs 1 substituierbar. Im Ergebnis unterscheiden sich die Rechtsfolgen freilich nicht. Zwar gelten im Falle einer solchen **misslungen Simulation** die §§ 118, 122 BGB, da in einem solchen Fall die eine Partei irrtümlich davon ausgeht, auch die andere Seite sei mit der Unterverbriefung einverstanden (vgl BGHZ 144, 331, 334 f), aber der nicht eingeweihte Vertragspartner hat – wie bei § 117 Abs 1 – grundsätzlich keinen Anspruch auf Ersatz eines Vertrauensschadens, weil ihm das Wissen seines Verhandlungsbevollmächtigten analog § 166 Abs 1 zugerechnet werden muss (Singer LM Nr 20 zu § 117; ebenso vHein ZIP 2005, 191, 199). Wenn der Käufer eines Grundstücks dem Verhandlungsbevollmächtigten des Verkäufers eine Provision für das Zustandekommen des Kaufvertrages verspricht, unterliegt diese Abrede grundsätzlich nicht dem Formzwang des § 311 b Abs 1; bei Nichtbeurkundung einer solchen Absprache gelten daher auch nicht die Regeln für das misslungene Scheingeschäft (BGH NJW 2001, 1062 f = LM Nr 44 zu § 166 m Anm M Wolf).

2. Fehlender Rechtsbindungswille

Ob ein Scheingeschäft gewollt ist, richtet sich danach, ob den Parteien zur Errei- 10 chung des mit dem Rechtsgeschäft erstrebten Erfolges eine Simulation genügt oder ob sie ein ernst gemeintes Rechtsgeschäft für nötig halten – sog **subjektiver Simulationsbegriff** (vgl BGHZ 21, 378, 382; 36, 84, 88; Huber Jura 1971, 784, 794; Soergel/Hefermehl Rn 4). Kann der mit dem Rechtsgeschäft bezweckte Erfolg nur bei dessen Gültigkeit erreicht werden, ist dieses in der Regel nicht zum Schein abgeschlossen (BGH NJW 1982, 569 f; OLG Köln NJW 1993, 2623; OLG Hamm NJOZ 2002, 469, 472; VersR 2003, 446, 447; Kramer JuS 1983, 423, 424). **Strohmann-, Treuhand und Umgehungsgeschäfte** sind daher in der Regel keine Scheingeschäfte (ausf Rn 15 ff). Kennzeichnend für das Scheingeschäft ist der fehlende **Rechtsbindungswille** (BGHZ 36, 84, 88; OLG Hamm NJW-RR 1996, 1233). Ob ein Rechtsbindungswille vorliegt, ist in diesem Zusammenhang (vgl demgegenüber Vorbem 29 zu §§ 116 ff) nicht vom Standpunkt eines objektiven neutralen Beobachters zu entscheiden, sondern hängt davon ab, was die Parteien tatsächlich und ernsthaft gewollt haben (BGH WM 1986, 1179, 1181; Larenz, AT § 20 I c = S 366; missverständlich BAG NJW 1993, 2767: Auslegung gem §§ 133, 157; aA M Wolf LM Nr 44 zu § 166).

a) Beispiele
Kein Scheingeschäft ist die Bestellung einer Hypothek für eine zum Schein begrün- 11 dete Forderung, wenn die bestellte Sicherheit nach dem Willen der Parteien dazu dienen soll, für eine in Aussicht stehende andere Hypothek den Rang zu sichern (BGHZ 36, 84, 88; vgl auch RGZ 79, 74, 75). Denn die beabsichtigte **Rangsicherung** ist nur bei einer wirksamen Hypothekenbestellung zu erreichen und daher auch ernsthaft gewollt. Dabei spielt es keine Rolle, dass der Hypothekenbestellung eine gem § 117 nichtige Scheinforderung zugrunde liegt, da eine Hypothek ohne akzessorische Forderung gem §§ 1163 Abs 1 S 1, 1177 Abs 1 als Eigentümergrundschuld entsteht. Die **prozesstaktische Abtretung einer Forderung**, damit der Zedent im Prozess als Zeuge auftreten kann, ist ebenfalls ernstlich gewollt, da die angestrebte Verfahrensstellung des Zedenten nur bei wirksamer Zession erreicht werden kann (OLG München BauR 1985, 209, 210; Buss/Honert JZ 1997, 694). **Arbeitsverträge zwischen Ehegatten** (zu Schenkungen vgl Rn 16) sind nicht allein deshalb Scheinverträge, weil sie das Ziel verfolgen, den Unterhalt der Familie zu sichern. Dieses Ziel kann mit der Begründung eines Arbeitsverhältnisses durchaus erreicht werden, da der Unterhaltsbedarf

entfällt, wenn der Berechtigte selbst für seinen Unterhalt sorgen kann (§§ 1569, 1577). Um ein Scheingeschäft handelt es sich aber dann, wenn beide Teile darüber einig sind, dass keine Arbeitsleistung zu erbringen ist (BGH NJW 1984, 2350; vgl auch BGH WM 1977, 922, 923; BAG NJW 1996, 1299, 1301) oder wenn es sich um Tätigkeiten handelt, die über unbedeutende Hilfeleistungen nicht hinausgehen (vgl BFHE 126, 285, 287 – Pflege des häuslichen Arbeitszimmers). Ein Arbeitsvertrag ist auch dann als Scheingeschäft nichtig, wenn er lediglich zur Vorlage bei der Handwerkskammer dient, um die **Eintragung** des Betriebs **in die Handwerksrolle** zu ermöglichen (BAG AP § 134 BGB Nr 26 = GewArch 2009, 456). Kein Scheingeschäft liegt dagegen vor, wenn ein Arbeitsvertrag geschlossen wurde, um dem Arbeitnehmer die Inanspruchnahme der **sozialen Sicherungssysteme**, insbesondere der Arbeitslosen- und Krankenversicherung, zu ermöglichen. Denn dieses Ziel kann nur bei einem wirksamen Beschäftigungsverhältnis erreicht werden (BAG NZA 2007, 580, 581). Ein **Gesellschaftsvertrag**, der ausschließlich **zu dem Zweck einer Grundstücksübertragung** abgeschlossen wird, ist ein Scheingeschäft, weil die Parteien kein gemeinschaftliches Ziel verfolgen, sondern für ihre individuellen Ziele die äußere Form des Gesellschaftsvertrages benutzen (BGH DNotZ 1977, 416, 417; vgl auch RG JW 1930, 2655 f m zust Anm HACHENBURG). Der Geschäftswille fehlt auch, wenn die Unterzeichnung eines Darlehensformulars nur „**pro forma**" – zur Vorlage bei der bankinternen Revision – erfolgt (BGH NJW 1993, 2435 f), ein Architektenvertrag nachträglich geschlossen wird, um Ansprüche aus der Haftpflichtversicherung des Architekten zu erlangen (OLG Hamm NJW-RR 1996, 1233), oder eine Vielzahl von Kaufverträgen über in Wahrheit nicht existierende Bohrsysteme, um Kreditgeber zu täuschen (LG Frankfurt aM WM 2002, 455, 457 „FlowTex"). Zwar liegt ein Scheingeschäft nicht vor, wenn der erstrebte Erfolg die Gültigkeit des Rechtsgeschäfts voraussetzt (oben Rn 10). Aber dieses Rechtsgeschäft muss dann auch wirklich gewollt sein und nicht bloß dessen äußerer Schein.

b) Bloße Falschbezeichnungen

Bloße Falschbezeichnungen lassen die Gültigkeit des Rechtsgeschäfts unberührt, sofern dadurch der eigentliche Geschäftswille nicht in Frage gestellt wird (JAUERNIG Rn 3). So handelt es sich nicht um ein Scheingeschäft, wenn die Vertragsparteien einen Vertrag lediglich **vordatieren**, da und sofern der Vertrag wirklich gewollt ist (RG Recht 1930 Nr 1482; BGH WM 1986, 1179, 1181; allg zur Rückdatierung von Rechtsgeschäften SCHNEIDER AcP 175 [1975] 279, 283). Wird in einem **Schuldschein** der Wahrheit zuwider der Empfang eines Darlehens bescheinigt, handelt es sich um eine irrelevante Falschbezeichnung, wenn die Parteien darüber einig sind, dass der Aussteller gegenüber einem künftigen Erwerber der Forderung haften soll (RGZ 60, 21, 23). Insofern ist nicht mehr entscheidend, dass der Zessionar gemäß § 405 gegen den Einwand des Scheingeschäfts geschützt ist, wenn ihm die Forderung unter Vorlage des Schuldscheins abgetreten wird. Die **unrichtige Bezeichnung des Geschäftstyps** ist ebenfalls unschädlich, da es für die rechtliche Qualifizierung des Vertragstyps und die daran anknüpfenden Rechtsfolgen nicht auf die Bezeichnung ankommt, sondern auf die objektiven Verhältnisse (FLUME, AT II § 20, 2 a = S 406; LARENZ, AT § 20 I c = S 367; HUBER Jura 1971, 784, 796; BGH FamRZ 1998, 908, 910; vgl auch BFH DB 1972, 514, 515: Falschbezeichnung einer Gesellschaft des bürgerlichen Rechts als „OHG"). Verbirgt sich hinter einem „Erbvertrag" ein verschleierter Kaufvertrag, ist – entsprechend den wirklichen Willen der Parteien – ein **Verkaufsfall** eingetreten (BGH FamRZ 1998, 908, 910). Auch der **rechtliche Status eines Arbeitnehmers hängt grundsätzlich davon ab**, wie die Vertragsbeziehung von Rechts wegen einzuordnen ist; ausschlaggebend dafür ist die tatsächliche Durchführung des Vertrages, nicht die uU abweichende Bezeichnung als *freies Mitarbeiter- oder Dienstverhältnis*. Die zwingenden gesetzlichen Regelungen für Arbeitsverhältnisse können nicht dadurch abbedungen werden, dass die Parteien ein objektiv bestehendes Arbeitsverhältnis anders bezeichnen (BAGE 69, 62, 69 f; BAG NZA 1996, 477, 478 f; 2003, 854, 855 f; KELLER NZA 1999, 1311, 1312; aA HOHMEISTER NZA 1999, 1009, 1010 und NZA 2000, 408, 409). Sofern jedoch die Parteien ein *Arbeitsverhältnis* vereinbart haben, ist es in aller Regel auch als solches einzuordnen (BAGE 84, 108, 113; BAG NZA 1996, 813, 814; AP Nr 46 zu § 2 BeschFG 1985; AP Nr 134 zu § 1 KSchG 1969 Betriebsbedingte Kündigung).

c) Steuerlich motivierte Vertragsgestaltungen
Wählen die Parteien eine bestimmte Rechtsgestaltung lediglich aus steuerlichen **13** Gründen, fehlt es in der Regel nicht am erforderlichen Rechtsbindungswillen, da die steuerliche Anerkennung ein gültiges, ernstlich gewolltes Rechtsgeschäft voraussetzt (vgl BFH DB 2007, 2017 m Bspr KESSELER/THOUET NJW 2008, 125; CREZELIUS, in: FS Otte [2005] 38, 50; PRÜTTING/WEGEN/WEINREICH/AHRENS Rn 4). Allein daraus, dass sich die Vertragsgestaltung als zivilrechtlich nachteilig herausstellt, kann nicht der Einwand des Scheingeschäfts hergeleitet werden. Eine vertragliche Regelung kann **nicht gleichzeitig als steuerrechtlich gewollt und zivilrechtlich nicht gewollt** angesehen werden (BGHZ 67, 334, 338; 76, 86, 89; BGH NJW-RR 1993, 367; 2006, 1555, 1556; NJW 1993, 2609, 2610; LM Nr 129 zu § 242 [Bb]; PALANDT/ELLENBERGER Rn 4; MEDICUS, AT Rn 594; krit WALZ ZHR 147 [1983] 281, 302 ff, der freilich der Privatautonomie zu enge – objektiv-rechtliche – Grenzen setzt; vgl auch WALZ/WIENSTROH BB 1984, 1693, 1696; dagegen mit Recht SCHULZE-OSTERLOH AcP 190 [1990] 146 f, 149). Das setzt aber voraus, dass die steuerlichen Vorteile auf legalem Weg erreicht werden sollen (BGH NJW-RR 2006, 283). Ist die vertragliche Regelung zivilrechtlich nicht ernstlich gewollt, wird diese aber gegenüber den Finanzbehörden behauptet, so handelt es sich um ein Scheingeschäft mit dem Ziel der **Steuerhinterziehung** (vgl BGHZ 67, 334, 338; BVerfG NJW 2008, 3346, 3347). Die beim **Bauherrenmodell** aus steuerlichen Gründen erteilte Vollmacht für den Baubetreuer, im Namen des Erwerbers Bauarbeiten zu vergeben, ist daher auch zivilrechtlich wirksam, weil die angestrebten steuerlichen Vorteile zur Voraussetzung haben, dass der Erwerber als „Bauherr" anerkannt wird. Das kann er nur, wenn er auf eigene Rechnung baut oder bauen lässt (BGHZ 67, 334, 337 f; 76, 86, 94; CREZELIUS JuS 1981, 494, 498). Nehmen Kommanditisten einer mit Verlust arbeitenden KG im eigenen Namen ein Darlehen auf und stellen sie dieses der Gesellschaft unverzinslich zur Verfügung, dann ist der beabsichtigte steuerliche Vorteil, dass nämlich die Darlehenszinsen von den Kommanditisten als Betriebsausgaben abgesetzt werden können und nicht unter das Verbot des Schuldabzugs für negative Einkünfte gem § 15 a EStG fallen, nur zu erreichen, wenn die Gesellschafter persönlich für die Darlehensschuld und die Zinsen haften. Insofern ist der Darlehensvertrag kein Scheingeschäft, selbst wenn die Absicht bestanden haben sollte, die wirtschaftlichen Folgen der Kreditaufnahme von der Gesellschaft tragen zu lassen (BGH NJW 1993, 2609, 2610 m Anm JASPERS WIB 1994, 33; zur Problematik des Umgehungsgeschäfts vgl unten Rn 15). Auch die Gründung von sog **„Basisgesellschaften"** im Ausland ist regelmäßig kein simuliertes Rechtsgeschäft, da nur mit einer wirksam errichteten Gesellschaft die Transaktionen durchgeführt werden können, durch die das Steuergefälle zwischen dem Inland und dem Staat, in dem die Gesellschaft ihren Sitz hat, ausgenutzt werden kann (WURSTER DB 1983, 2057, 2058 f). Der im **Gebrauchtwagenhandel** verbreitete **Agenturvertrag** hat seit Einführung der Differenzbesteuerung gem § 25 a UStG (dazu WIDMANN DB 1990, 1057; DZIAD-

KOWSKI DStR 1990, 123) aus steuerlicher Sicht an Attraktivität verloren, wird aber seit der Schuldrechtsreform wegen der strengen Unternehmerhaftung beim Verbrauchsgüterkauf (§ 475 Abs 1 S 1) wieder verstärkt vereinbart. Dabei handelt es sich jedenfalls dann um ein verbotenes **Umgehungsgeschäft**, wenn der Gebrauchtwagenhändler bei wirtschaftlicher Betrachtungsweise als Verkäufer des Fahrzeugs anzusehen ist (BGH NJW 2005, 1039). Eine solche Verkäuferstellung kommt dem Händler insbesondere dann zu, wenn er dem Eigentümer des Fahrzeugs einen Mindestverkaufspreis für das Altfahrzeug garantiert und ihm beim Kauf eines Neuwagens den entsprechenden Teil des Kaufpreises gestundet hat. In diesem Fall findet das Agenturgeschäft gem § 475 Abs 1 S 2 keine Anerkennung, so dass der Händler als Unternehmer gegenüber dem Käufer der strengen Haftung des Verbrauchsgüterkaufrechts gem § 475 Abs 1 S 2 ausgesetzt ist (BGH NJW 2005, 1039, 1040; 2007, 759, 760; ebenso STAUDINGER/MATUSCHE-BECKMANN, § 475 Rn 47; BAMBERGER/ROTH/FAUST, § 474 Rn 7; HOFMANN JuS 2005, 8, 10; **aA** MünchKomm/LORENZ, § 475 Rn 36; BRUNS NJW 2007, 761, 762). Entsprechendes gilt, wenn das Agenturgeschäft missbräuchlich dazu eingesetzt wird, ein in Wahrheit vorliegendes Eigengeschäft des Unternehmers zu verschleiern, indem der Verkäufer einen Verbraucher als Verkäufer vorschiebt (BGH NJW 2007, 759, 760: Verkauf durch den Geschäftsführer der GmbH, auf die das verkaufte Fahrzeug zugelassen war). Offen gelassen hat der BGH bisher die Frage, ob der vorgeschobene Kaufvertrag als **Scheingeschäft** nichtig ist und gem § 475 Abs 1 S 2 ausschließlich ein Verbrauchsgüterkauf zwischen dem Käufer und dem Händler zustande kommt (so MÜLLER NJW 2003, 1975, 1980), oder ob der vermittelte Kaufvertrag bestehen bleibt und der Käufer einen eigenständigen Anspruch gegen den Händler gem § 475 Abs 1 erwirbt (so REINKING/EGGERT, Der Autokauf [10. Aufl 2009] Rn 1225 ff). Für die letztgenannte Auffassung spricht, dass Umgehungsverbote nicht die Nichtigkeit des betreffenden Rechtsgeschäfts erfordern, sondern lediglich die entsprechende Anwendung der Norm, die umgangen werden soll (vgl näher Rn 15). Der Umstand, dass es auf diese Weise zu einer Verdoppelung der Haftungssubjekte kommt (GRUNEWALD, Kaufrecht [2006] § 3 Rn 32), sollte kein unüberwindbares Hindernis bilden, weil im Verhältnis zum privaten Verkäufer der Gewährleistungsausschluss greift, sich also die Haftungsmasse wirtschaftlich nicht verdoppelt. Die Eigenhaftung Dritter ist im Übrigen seit langem anerkannt (ausdrücklich § 311 Abs 3) und trifft typischerweise auch KfZ-Händler (vgl insbesondere BGH NJW 1997, 1233 f; PALANDT/GRÜNEBERG § 311 Rn 60 ff mwNw). Auch die früher mit dem Agenturgeschäft beabsichtige **Steuerersparnis** setzte voraus, dass die Vertragsgestaltung von beiden Seiten ernsthaft gewollt war, so dass in der Regel kein Scheingeschäft vorlag (BGH NJW 1978, 1482; 1980, 2184, 2185; 1980, 2190, 2191; 1981, 388, 389; 1982, 1699). Selbst wenn die übliche Vereinbarung eines Mindestpreises steuerschädlich war und einen steuerpflichtigen Vorgang auslöste, änderte sich nichts an der zivilrechtlichen Verbindlichkeit des Agenturvertrages, da die beabsichtigte Steuerersparnis einen entsprechenden Geschäftswillen voraussetzte (BGH NJW 1980, 2184, 2185; zust SOERGEL/HUBER Vor § 433 Rn 219 m Fn 34).

14 Das klassische Beispiel für ein steuerlich motiviertes Scheingeschäft ist die **Schwarzbeurkundung beim Grundstückskauf** (Rn 1, 23 u 26). Lassen die Parteien absichtlich einen zu niedrigen Kaufpreis beurkunden, um Steuern und Gebühren zu sparen, ist der beabsichtigte steuerliche Effekt nicht durch eine *legale* rechtliche Gestaltung zu erreichen, sondern nur durch das Vorspiegeln einer in Wahrheit nicht gewollten vertraglichen Regelung (BGHZ 67, 334, 338). Ein solcher Tatbestand, bei dem nur der äußere Anschein einer steuerlich günstigen Vertragsgestaltung hervorgerufen wird, ist unstreitig als Scheingeschäft gemäß § 117 Abs 1 zu qualifizieren (BGHZ 54, 56, 62; 89, 41, 43; OLG Koblenz NJW-RR 2002, 194, 195 m Bspr HATTENHAUER JuS 2002, 1162; PALANDT/ ELLENBERGER § 311 b Rn 36; MEDICUS, AT Rn 595; LARENZ, AT § 20 I c = S 369; zur Gültigkeit des dissimulierten Geschäfts unten Rn 26). Weder der Tatbestand des § 117 Abs 1 noch der des § 311 b Abs 1 ist freilich einschlägig, wenn Kaufvertragsparteien wahrheitswidrig beurkunden lassen, dass der Käufer eine angeblich im Kaufpreis von 1 235 000 DM enthaltene, in Wahrheit aber nicht gewollte Sanierung des verkauften Objekts im Wert von 235 000 DM übernehme. Diese – überflüssige – Angabe kann gestrichen werden, ohne dass sich am Inhalt des gewollten Vertrages etwas ändert (BGH NJW-RR 2002, 1527; OLG Oldenburg MDR 2000, 877).

3. Abgrenzungen: Umgehungs-, Strohmanngeschäft und Treuhand*

a) Umgehungsgeschäft
Bei einem **Umgehungsgeschäft** versuchen die Parteien, rechtliche Hindernisse, Verbote oder Belastungen dadurch zu vermeiden, dass sie den gleichen rechtlichen oder wirtschaftlichen Erfolg mit Hilfe anderer rechtlicher Gestaltungsformen zu verwirklichen suchen (BAECK 96; SOERGEL/HEFERMEHL Rn 12; MünchKomm/KRAMER Rn 19). So verkörperte der Agenturvertrag im Gebrauchtwagenhandel bis zur Einführung der Differenzbesteuerung gem § 25a UStG eine rechtliche Gestaltung, durch die beim Neuwagenverkauf das Entstehen der *Umsatzsteuerpflicht* im Falle der Weiterveräußerung des in Zahlung genommenen Gebrauchtwagens vermieden werden konnte. Seit der Schuldrechtsreform 2002 besteht das Hauptmotiv für Vertragsgestaltungen beim Gebrauchtwagenhandel in der Umgehung der strengen Unternehmerhaftung gem § 475 Abs 1 (BGH NJW 2005, 1039; 2007, 759; ausf oben Rn 13). Für Umgehungsgeschäfte ist **typisch**, dass die **alternative Gestaltung ernstlich gewollt** ist, um die unerwünschten Rechtsfolgen zu vermeiden und das erwünschte wirtschaftliche Ziel dennoch zu erreichen. Insofern versucht man heute **nicht** mehr, das Problem des Umgehungsgeschäfts durch seine **Einordnung als Scheingeschäft** zu lösen (vgl TEICHMANN 7 f; SCHRÖDER 42 mwNw zum ält Schrifttum; missverständlich noch SAVIGNY Bd 1, 325; zu den Ursprüngen der Gesetzesumgehung als Folge der römischen Gesetzesinterpretation HONSELL, in: FS Kaser [1976] 111, 113 ff; BEHRENDS, Die fraus legis [1982] 19 ff; rechtsvergleichend SCHURIG, in: FS Ferid [1988] 375 ff). Umgehungsgeschäfte sind auch nicht per se

---

* **Schrifttum**: BEHRENDS, Die fraus legis (1982); BENNECKE, Gesetzesumgehung im Zivilrecht (2004); COING, Die Treuhand kraft privaten Rechtsgeschäfts (1973); CREZELIUS, Scheingeschäfte und Strohmanngeschäfte, insbesondere im Steuerrecht, in: FS Otte (2005), 38; FLUME, Die GmbH-Einmanngründung, ZHR 146 (1982) 205; GERNHUBER, Die fiduziarische Treuhand, JuS 1988, 355; GRUNDMANN, Der Treuhandvertrag: insbesondere die werbende Treuhand (1997); HÄSEMEYER, Die Spannungen zwischen Insolvenzrecht und Privatautonomie als Aufgabe der Rechtsprechung – ein Beitrag zur Lehre vom „Umgehungs"-Geschäft, in: FS Juristische Fakultät Heidelberg (1986) 163; HENSSLER, Treuhandgeschäft – Dogmatik und Wirklichkeit, AcP 196 (1996) 37; HONSELL, In fraudem legis agere, in: FS Kaser (1976) 111; HÜFFER, Zuordnungsprobleme und Sicherung der Kapitalaufbringung bei der Einmanngründung der GmbH, ZHR 145 (1981) 521; REGELSBERGER, Zwei Beiträge zur Lehre von der Zession, AcP 63 (1880) 157; SCHRÖDER, Gesetzesauslegung und Gesetzesumgehung (1985); SCHURIG, Die Gesetzesumgehung im Privatrecht, in: FS Ferid (1988) 375; SIEKER, Umgehungsgeschäfte (2001); SONTHEIMER, Vertragsgestaltung und Steuerrecht, JuS 1999, 872; TEICHMANN, Die Gesetzesumgehung (1962).

unzulässig, sondern nur, wenn diese gegen Sinn und Zweck bestimmter Normen verstoßen (BORK, AT Rn 1120; MünchKomm/ARMBRÜSTER § 134 Rn 17; LARENZ/WOLF, AT § 40 Rn 31; SIEKER 8 ff; STAUDINGER/SACK [2003] § 134 Rn 145 ff; der aber stattdessen § 138 Abs 1 heranzieht; dagegen zutr TEICHMANN 70 f). Häufig ergibt schon die **extensive oder restriktive Auslegung** einer Norm, dass diese auf den betreffenden Umgehungstatbestand anzuwenden ist (vgl TEICHMANN 48 ff, der insoweit aber keine „Umgehungsgeschäfte" ieS annimmt, 65). Im Übrigen handelt es sich um das Problem der **analogen Anwendung** dieser Norm (TEICHMANN 89 ff; HUBER Jura 1971, 784, 796 ff; HÄSEMEYER, in: FS Juristische Fakultät Heidelberg [1986] 163, 172 ff; MünchKomm/ARMBRÜSTER § 134 Rn 15), die freilich nur bei eindeutiger Gesetzeslage geboten ist und daher zB nicht der Begründung des von § 930 zugelassenen Sicherungseigentums (HUBER Jura 1971, 799 f) oder der Strohmanngründung einer Einmann-GmbH (O KUHN 153 ff) im Wege steht. Erkennt man die von den Parteien gewählte Rechtsform an – zB Sicherungseigentum –, darf man diese Wahlfreiheit nicht dadurch wieder zunichte machen, dass man die Regeln der vermiedenen Rechtsform – zB des Pfandrechts gem §§ 1204 ff – analog anwendet (HUBER Jura 1971, 804 ff). Im **Steuerrecht** verbietet § 42 AO einen „Missbrauch von Gestaltungsmöglichkeiten des Rechts" und ermöglicht dadurch eine den wirtschaftlichen Vorgängen angemessene Besteuerung (vgl SONTHEIMER JuS 1999, 872, 874 f; gegen das Missbrauchskriterium SIEKER 18 ff). Darüber hinaus enthält das **Verbraucherschutzrecht des BGB** zahlreiche **spezielle Umgehungsverbote** (vgl §§ 306a, 312g S 2, 475 Abs 1 2, 487 S 2, 511 S 2 u 655e Abs 1 S 2), die den zwingenden Charakter des Verbraucherschutzrechts verdeutlichen und klarstellen (BENNECKE 71 ff). Daraus folgt freilich nicht, dass diesen speziellen Verboten eine **eigenständige Bedeutung** zukäme, weil sie Fälle erfassten, die sich nicht mit den Instrumentarien der Gesetzesauslegung und Rechtsfortbildung lösen ließen (so BENNECKE 73 ff). Dagegen spricht schon, dass die Umgehungsverbote den Zweck der Schutzvorschriften durchsetzen sollen, also der Sache nach auf eine analoge Anwendung oder teleologische Extension dieser Normen abzielen. Das offenkundige Bedürfnis nach analoger Anwendung der Schutznormen spricht im Übrigen dafür, dass das von BENNECKE in bestimmten Fällen unterstellte Analogieverbot in Wahrheit nicht besteht (abl auch MünchKomm/ARMBRÜSTER § 134 Rn 15). Mit Blick auf die ausreichenden Instrumentarien der Gesetzesauslegung und Rechtsfortbildung besteht auch für ein – vom historischen Gesetzgeber bewusst abgelehntes (vgl Prot I 257) – **allgemeines Umgehungsverbot** (dafür STAUDINGER/SACK [2003] § 134 Rn 151; aA BORK, AT Rn 1121) kein Bedürfnis, ebenso wenig für besondere subjektive Voraussetzungen wie zB eine **Umgehungsabsicht** (MünchKomm/ARMBRÜSTER § 134 Rn 13, 15 f). § 117 Abs 1 ist allerdings anzuwenden, falls die rechtliche Gestaltung lediglich dazu dienen soll, den wirklichen Rechtsfolgewillen zu verschleiern. Aus diesem Grunde handelt es sich bei der Falschbeurkundung beim **Schwarzkauf** um ein Scheingeschäft (vgl Rn 14, 23 u 26). Entsprechendes gilt, wenn aus steuerlichen Gründen ein Teil des Kaufpreises für einen GmbH-Anteil durch ein fingiertes Beraterhonorar abgegolten werden soll (BGH NJW 1983, 1843, 1844; MünchKomm/KRAMER Rn 15). Es ist zwar grundsätzlich das Recht des Steuerpflichtigen, diejenige Rechtsgestaltung zu wählen, die für ihn die günstigste ist. Es genügt aber nicht das bloß **äußere Erscheinungsbild eines Rechtsgeschäfts**, das in Wirklichkeit nur dazu dienen soll, den Steuertatbestand zu verdecken (SCHULZE-OSTERLOH AcP 190 [1990] 139, 147 f; FLUME, AT II § 20, 2 b cc = S 409).

16 Einzelfälle: Ein **Mietvertrag mit Familienangehörigen**, dessen alleiniger Zweck darin besteht, die Räumung eines Grundstücks gem § 93 ZVG zu verhindern, wird im

Regelfall nur zum Schein abgeschlossen (vgl OLG Frankfurt aM Rpfleger 1989, 209; LG Freiburg Rpfleger 1990, 266, 267; LG Wuppertal Rpfleger 1993, 81; **aA** LG Krefeld Rpfleger 1987, 259 m krit Anm MEYER/STOLTE). Jedenfalls sind an den Nachweis des Rechtsbindungswillens strenge Anforderungen zu stellen. Der Mietvertrag sollte mindestens ortsüblichen Bedingungen entsprechen und tatsächlich praktiziert werden. Besteht aber der alleinige Zweck des Vertrages darin, die Räumung zu verhindern, wird das Recht offenkundig missbraucht (**aA** OLG Düsseldorf NJW-RR 1996, 720). **Zuwendungen unter Ehegatten** sind zwar in der Regel keine Schenkungen iSv § 516, weil sie ihre Grundlage in der ehelichen Lebensgemeinschaft haben, sondern sog „ehebedingte Zuwendungen" (BGHZ 82, 227, 230 f; 116, 167, 169 f: 129, 259, 263; BGH NJW 1999, 2962, 2965; zu Arbeitsverträgen oben Rn 11). Eine Schenkung ist aber möglich, wenn dies dem rechtsgeschäftlichen Willen der Partner entspricht. Davon ist zB auszugehen, wenn der Notar ausdrücklich einen „Schenkungsvertrag" beurkundet (BGHZ 87, 145, 146 f) oder wenn durch die rechtliche Qualifizierung der Zuwendung als Schenkung vermieden werden soll, dass für den Erwerb eines Grundstücks Grunderwerbsteuer anfällt (BGH LM Nr 129 zu § 242 [Bb]). Auch im Erbrecht ist die ehebedingte Zuwendung grds wie eine Schenkung zu behandeln, da es dort nicht um die Rückabwicklung von Vermögensverschiebungen unter Ehegatten geht, nachdem ihre Ehe gescheitert ist (BGHZ 116, 167, 170). Die **steuerliche Anerkennung** von Vereinbarungen unter nahen Angehörigen macht die Finanzrechtsprechung davon abhängig, dass diese bürgerlich-rechtlich wirksam abgeschlossen sind und sowohl die Gestaltung als auch die Durchführung des Vereinbarten dem zwischen Fremden Üblichen entspricht (vgl insbes BFH GrS BStBl 1990 II, 160, 164; BVerfG BStBl 1996, 34, 36; STEEGER DStR 1998, 1339, 1342 f; SONTHEIMER JuS 1999, 872, 876; vgl auch BVerfGE 69, 188, 205 ff). Das Erfordernis der **Meisterprüfung** für den selbständigen Betrieb eines Handwerks kann derjenige, der nicht über diese Qualifikation verfügt, dadurch umgehen, dass er mit einem in die Handwerksrolle eingetragenen Meister als Konzessionsträger eine Personengesellschaft gründet (vgl §§ 1 Abs 1 S 1; 7 Abs 1 S 1, Abs 4 S 2 HandwO). Das hat freilich zur Konsequenz, dass dieser als Gesellschafter auch persönlich haftet und nicht einwenden kann, seine Gesellschafterstellung sei nur zum Schein gegründet worden (BAG NJW 1994, 2973, 2974; ähnl BGH WM 1965, 370, 371: Gründung einer KG zur Umgehung zwingender Tarifvorschriften des GüKG). Ein Vertrag, mit dem ein Handwerksmeister einem Handwerksbetrieb lediglich seinen Meistertitel zur Verfügung stellt, ohne dass er tatsächlich als Betriebsleiter tätig wird, ist kein Scheingeschäft, sondern eine Umgehung des § 7 HandwO (BAG AP § 134 BGB Nr 26 = GewArch 2009, 456). Ernstlich gewollt sind auch Vertragsgestaltungen, durch die das vom Hersteller von Kraftfahrzeugen praktizierte **einstufige Vertriebssystem** (OLG Schleswig NJW 1988, 2247) oder das von einem Vertragshändler ausgesprochene **Reimportverbot** umgangen werden sollen (OLG Oldenburg DAR 1987, 120, 121), da es den Parteien gerade auf die Gültigkeit des Umgehungsgeschäfts ankommt. Eine andere Frage ist, ob die rechtsgeschäftlichen Verbote sinngemäß auch Umgehungsgeschäfte erfassen sollten. Dadurch werden aber nur Ansprüche gegen den Vertragspartner begründet, nicht gegen den Strohmann; dieser haftet gegenüber Dritten nur unter den Voraussetzungen des § 826 (vgl Rn 24). Zur Umgehung der Schuldnerschutzvorschriften in der **Zwangsversteigerung** oben § 116 Rn 4 aE.

b) Strohmanngeschäft

Ein **Strohmann** soll im eigenen Namen, aber für Rechnung und im Interesse des im Hintergrund bleibenden Geschäftsherrn Rechtsgeschäfte abschließen. Die Mittelsperson wird aus den von ihr abgeschlossenen Geschäften selbst unmittelbar berechtigt und verpflichtet, ist aber ihrem Auftraggeber gemäß §§ 675, 667 zur Herausgabe verpflichtet (BGH NJW 1995, 727 f; LARENZ, AT § 20 I c = S 367; BAMBERGER/ROTH/WENDTLAND Rn 14; vgl auch soeben Rn 16). Strohmänner werden eingeschaltet, um Ziele zu verwirklichen, die der Hintermann selbst nicht verwirklichen will oder kann (STAUDINGER/SCHILKEN [2009] Vorbem 49 zu §§ 164 ff), zB um beim Erwerb eines Gegenstandes die Identität des wahren Geschäftspartners *geheim zu halten* (BGH NJW 1959, 332, 333; LARENZ aaO) oder um unerwünschte Rechtsfolgen *zu umgehen,* die an sich den Hintermann treffen würden (zum Umgehungsgeschäft oben Rn 15 f). Da und sofern diese Ziele nur verwirklicht werden können, wenn sowohl das Geschäft des Strohmanns als auch sein Auftrag zur Geschäftsbesorgung gültig sind, handelt es sich **in der Regel nicht um Scheingeschäfte** (RGZ 84, 304 f; BGHZ 21, 379, 381; NJW 1959, 332, 333; 1982, 569 f; 1995, 727; 2002, 2030, 2031; LM Nr 5; PRÜTTING/WEGEN/WEINREICH/AHRENS Rn 8; MünchKomm/ KRAMER Rn 14). Maßgeblich ist, wer aus dem abgeschlossenen Geschäft tatsächlich berechtigt und verpflichtet werden soll (vgl BGH NJW-RR 2007, 1209, 1210). Sofern eine natürliche Person als Strohmann für einen anderen ein eigenes Gewerbe anmeldet und betreibt, hat dies auch zur Folge, dass der Strohmann grundsätzlich nicht als **Verbraucher** im Sinne des § 13 BGB anzusehen ist (BGH NJW 2002, 2030, 2031 zu § 1 Abs 1 VerbrKrG aF). Ohne Bedeutung ist, ob der Geschäftspartner die Strohmanneigenschaft der Mittelsperson kennt (BGH NJW 1980, 1572, 1573; 1982, 569, 570; WM 1980, 1085, 1086 – *„BKG-Fall";* 1985, 348 f; LM Nr 5; anders noch RGZ 69, 44, 47). Allerdings gibt es auch **Scheingeschäfte des Strohmanns** (BGHZ 21, 378, 382; BAMBERGER/ROTH/WENDTLAND Rn 15: „vorgetäuschtes Strohmanngeschäft"). Ein solches liegt zB vor, wenn der Strohmann nicht nur im Innenverhältnis von den haftungsrechtlichen Konsequenzen eines lediglich „papiermäßig" abgeschlossenen Darlehensvertrages freigestellt werden soll, sondern auch im Außenverhältnis. Insofern handelt es sich um ein Scheingeschäft, wenn zur **Umgehung der Bardepotpflicht** für Auslandskredite die Kreditabwicklung über Zwischenfirmen organisiert wird und alle Beteiligten sich darüber einig sind, dass diese nicht für die Rückzahlung des Darlehens aufkommen sollen (so im „BKG-Fall" BGH NJW 1980, 1573 f; 1982, 569, 570; WM 1980, 1087; KRAMER JuS 1983, 423, 424). Entsprechendes gilt, wenn eine 20-jährige Schülerin nur ihren Namen hergeben soll, um die Vermittlungstätigkeit ihres schlecht beleumundeten Vaters, die er für eine Versicherung ausübt, dieser gegenüber zu verdecken (BAG NJW 1993, 2767). Kein Scheingeschäft ist dagegen bei einem Pachtvertrag über eine Gaststätte anzunehmen, wenn die darin als Pächter bezeichnete Person eine Schankerlaubnis erhalten kann, nicht aber der tatsächliche Betreiber (OLG Naumburg MDR 2005, 741).

18 Schwierigkeiten bereitete die Ermittlung des Rechtsbindungswillens bei der nach früherem Recht unzulässigen Gründung einer **Einmann-GmbH**. Die Errichtung einer GmbH kann nämlich nicht nur Bestandskraft erlangen, wenn ein gültiger Gesellschaftsvertrag vorliegt, sondern auch wenn eine Scheingründung erfolgt, da nach erfolgter Eintragung im Handelsregister nur noch bestimmte Nichtigkeitsgründe geltend gemacht werden können, nicht aber § 117 Abs 1 (vgl § 75 GmbHG und oben Rn 6). Sollen die vorgeschobenen Strohmänner nicht Gesellschafter werden, insbesondere keine Stammeinlagen übernehmen, liegt ein Scheingeschäft vor, wenn die Beteiligten glauben, „die Eintragung der ‚Gesellschaft' schon durch eine nicht ernstlich gemeinte Gründung herbeiführen zu können" (BGHZ 21, 378, 381). Wenn die Beteiligten für die Verwirklichung ihrer Ziele einen Scheinvertrag für genügend erachten, liegt in der Tat ein Fall des § 117 Abs 1 vor (vgl auch OGHZ 4, 105, 107;

LARENZ, AT § 20 I c = S 367 f; MünchKomm/KRAMER Rn 17; O KUHN 138; dazu unten Rn 20). Im Einzelfall kann die Feststellung eines Rechtsbindungswillens aber schwierig werden, so dass häufig die Beweislast den Ausschlag geben wird (vgl dazu O KUHN 138 f sowie unten Rn 28). Inzwischen hat die Problematik an Bedeutung verloren, seit § 1 GmbHG die Gründung einer Einmann-GmbH ausdrücklich erlaubt (zur Problematik der Einmann-Vorgesellschaft im Gründungsstadium HÜFFER ZHR 145 [1981] 521 ff; FLUME ZHR 146 [1982] 205 ff).

Sofern das Strohmanngeschäft zugleich ein **Umgehungsgeschäft** darstellt (dazu eingehend, aber nur in besonderen Fällen wie zB bei einer Steuerhinterziehung bejahend O KUHN 157 ff), gelten auch dessen Regeln (oben Rn 15 f). Strohmanngeschäfte können daher auch gemäß §§ 134, 138 nichtig sein. Im Übrigen haftet der Strohmann aus den abgeschlossenen Geschäften persönlich. **Gegen den Hintermann** können die Gläubiger des Strohmanns nur **vorgehen**, wenn sie den Schuldbefreiungsanspruch des Strohmanns pfänden und sich überweisen lassen (STAUDINGER/DILCHER[12] Rn 31). Zu den sachenrechtlichen und vollstreckungsrechtlichen Konsequenzen der Strohmanngeschäfte vgl näher STAUDINGER/SCHILKEN (2009) Vorbem 50 zu §§ 164 ff mwNw. **19**

c) Treuhand
Durch das Treuhandgeschäft wird dem Treuhänder eine Rechtsposition übertragen, die dieser nicht im eigenen, sondern im Interesse des Treugebers ausüben soll (vgl COING, Treuhand 85; HENSSLER AcP 196 [1996] 37, 41 f; STAUDINGER/SCHILKEN [2009] Vorbem 48 zu §§ 164 ff). Kennzeichnend für die so umschriebene **fiduziarische Vollrechtstreuhand** (zur Abgrenzung von der bloßen Ermächtigungs- und Vollmachtstreuhand vgl GERNHUBER JuS 1988, 355; HENSSLER AcP 196 [1996] 42) ist die schuldrechtliche Bindung des Treuhänders durch die Treuhandabrede, die sein Können im Außenverhältnis an die Interessen des Treugebers im Innenverhältnis bindet (RGZ 153, 366, 368; BGH LM Nr 206 zu § 13 GVG unter II 2 b der Gründe; COING, Treuhand 91 ff; BÜLOW, Der Treuhandvertrag [3. Aufl 2000] 2; GERNHUBER JuS 1988, 355, 357; ausf GRUNDMANN, Treuhandvertrag 169 ff, der die Treubindung mit der dem Treuhänder unentgeltlich eingeräumten Einwirkungsmacht rechtfertigt). Von größter praktischer Bedeutung ist die Treuhand im Kreditsicherungsrecht in Gestalt der Sicherungsübereignung und Sicherungszession (vgl dazu STAUDINGER/WIEGAND [2004] Anh zu §§ 929–931 Rn 51 ff; MünchKomm/ROTH § 398 Rn 100 ff). Die Treuhandkonstruktion setzt voraus, dass die Übertragung der dinglichen Rechtsposition **ernstlich gewollt** ist. Nur so kann der Treuhänder erreichen, dass er gegenüber dem Zugriff durch andere Gläubiger des Sicherungsgebers geschützt ist (MEDICUS, AT Rn 601; zu den Grenzen des Schutzes in Zwangsvollstreckung und Insolvenz STAUDINGER/WIEGAND [2004] Anh zu §§ 929–931 Rn 249 ff; zur Rechtslage im Steuerrecht vgl BÜLOW, Der Treuhandvertrag [3. Aufl 2000] 8 ff). Entsprechendes gilt, wenn von der Treuhand im Sinne ihrer Verbergungs- und Umgehungsfunktion Gebrauch gemacht wird (RGZ 153, 366, 368; HENSSLER AcP 196 [1996] 45; zu solchen Strohmanngeschäften vgl Rn 19). Es handelt sich daher **grundsätzlich nicht** um ein **Scheingeschäft** (grdl REGELSBERGER AcP 63 [1880] 157, 170 ff; COING, Treuhand 30 ff). Im Einzelfall können die Parteien freilich auch andere Absichten verfolgt haben (BAMBERGER/ROTH/WENDTLAND Rn 13: „vorgetäuschtes Treuhandgeschäft"). So ist die Übertragung eines Gesellschaftsanteils an einen Mitgesellschafter, durch die ein Gläubiger vom Zugriff auf das eigene Vermögen abgehalten werden soll, durchaus Scheingeschäft, wenn die Vertragspartner davon ausgegangen sind, der Gläubiger ließe sich durch die bloße Vorlage der Urkunde über einen nur dem Schein nach geschlossenen Vertrag abschrecken (OGHZ 4, 105, 107; LARENZ, AT § 20 I c = S 367; **20**

MünchKomm/KRAMER Rn 15; im gleichen Sinne BGHZ 21, 378, 382 [dazu oben Rn 10]; OLG Hamburg NJW-RR 1992, 1496; anders noch RGZ 69, 44, 46 f). Treuhandgeschäfte, die zugleich **Umgehungsgeschäfte** darstellen, können ferner gem § 134 nichtig sein (dazu oben Rn 19). Der früher gegen die **Sicherungsübereignung** durch Vereinbarung eines Besitzkonstituts erhobene Einwand der Gesetzesumgehung (skeptisch noch LARENZ, Methodenlehre der Rechtswissenschaft [6. Aufl 1991] 414 f) war allerdings nicht berechtigt und ist spätestens durch gewohnheitsrechtliche Anerkennung des Instituts obsolet geworden (vgl eingehend STAUDINGER/WIEGAND [2004] Anh zu §§ 929-931 Rn 52-55).

IV. Rechtsfolgen

21 Die **Nichtigkeit des Scheingeschäfts** kann nicht nur von den Parteien untereinander geltend gemacht werden, sondern **wirkt absolut** gegenüber jedermann. Sie erstreckt sich auch auf **Dritte**, die nicht Vertragspartner sind. Ein **Makler**, dem im Grundstückskaufvertrag eine Provision für die Vermittlung des Kaufvertrages versprochen wurde, geht daher bei einer Schwarzgeldabrede leer aus, weil die Provisionsabrede die Gültigkeit des vermittelten Vertrages voraussetzt (OLG Koblenz NJW-RR 2007, 1548 f). Falls der Schuldner Vermögensgegenstände zum Schein einem anderen überträgt, kann auch der **Gläubiger** die Nichtigkeit des Scheingeschäfts geltend machen und im Rahmen der Zwangsvollstreckung auf die Gegenstände zugreifen (LARENZ, AT § 20 I c = S 368; MünchKomm/KRAMER Rn 22). In diesem Fall wirkt sich also die Nichtigkeit zugunsten des Dritten aus (vgl auch Rn 8 u 22). Sofern Dritte auf die Gültigkeit des Scheingeschäfts vertrauen, ist diesen aber zumeist mit der Nichtigkeit nicht gedient. Ihnen kommen deshalb die allgemeinen Vorschriften über den Verkehrs- und **Vertrauensschutz** zugute, die in weitem Umfang den **guten Glauben** auf die Gültigkeit eines Scheingeschäfts schützen (so explizit Mot I 193; daran anknüpfend RGZ 90, 273, 278; ERMAN/PALM Rn 9; SOERGEL/HEFERMEHL Rn 16; BAMBERGER/ROTH/WENDTLAND Rn 17): Beruht der Rechtserwerb des Veräußerers einer Sache oder eines dinglichen Rechts seinerseits auf einem Scheingeschäft, schützen den Dritten die §§ 932 ff und 892 f, bei einer Scheinverpfändung oder einem Scheinnießbrauch die §§ 1207, 1032. Auf eine Scheinvollmacht darf man gem §§ 171 f vertrauen. Der gutgläubige Schuldner kann gem § 409 an den Scheinzessionar mit befreiender Wirkung leisten, wenn ihm die Abtretung angezeigt wurde. Gleichen Schutz bietet § 566e zugunsten des Mieters, dem die Eigentumsübertragung angezeigt worden ist. Schließlich ermöglicht § 405 den gutgläubigen Erwerb einer scheinbaren, urkundlich verbrieften Forderung, wenn diese unter Vorlage der Urkunde abgetreten wird. Entsprechendes gilt gem § 413 für andere verbriefte Rechte, zB das Angebot zum Kauf eines Grundstücks (RGZ 111, 46, 47; T KUHN AcP 208 [2008] 101, 108 f). Erwirbt der Zessionar gem § 405 eine Forderung aus einem nach § 117 Abs 1 nichtigen Scheingeschäft, kann sich der Schuldner auch auf solche Einwendungen und Einreden berufen, die ihm aus dem nichtigen Vertrag gegen den Zedenten zustehen (T KUHN aaO 107 f).

22 Für einen weitergehenden, **allgemeinen Vertrauensschutz** bestand nach Ansicht des Gesetzgebers kein Bedürfnis (vgl Mot I 193; Prot I 204; zust ENNECCERUS/NIPPERDEY, AT § 165 II 4 = S 1027; ERMAN/PALM Rn 8; LARENZ, AT § 20 I c = S 368; STAUDINGER/DILCHER[12] Rn 17). Im weiteren Verlauf der Rechtsentwicklung ist aber deutlich geworden, dass der in den genannten Einzelvorschriften ausgeformte Vertrauensschutz nicht ausreicht (vgl schon BAER 37 f). Allgemein anerkannt ist denn auch die schon vom Reichs-

gericht vollzogene Erweiterung des Vertrauensschutzes, **wenn ein Vertreter mit dem Geschäftspartner kolludiert** und den Scheincharakter des Geschäfts dem Vertretenen gegenüber verheimlicht (RG Gruchot 52, 933, 936; RGZ 134, 33, 37; dazu oben Rn 8). Ihre dogmatische Rechtfertigung findet dieser erweiterte Vertrauensschutz in einer Verallgemeinerung des in § 116 S 1 zum Ausdruck kommenden Rechtsgedankens, wonach zu seinem Wort stehen muss, wer bewusst den Rechtsverkehr täuscht (vgl CANARIS, Vertrauenshaftung 28 ff u 280 f; SINGER, Selbstbestimmung 115 u 204). Dieser Gedanke trifft nun aber – über den Tatbestand der Kollusion hinausgehend – den typischen Fall des Scheingeschäfts, da es nur selten vorkommen wird, dass der an einem Scheingeschäft Beteiligte nicht mit der Täuschung Dritter rechnet (vgl CANARIS, Vertrauenshaftung 282 f; SOERGEL/HEFERMEHL Rn 15). Auch der in den §§ 171 f, 405 und 409 verankerten Einstandspflicht bei der Zession einer Scheinforderung sowie der Scheinzession und Scheinvollmacht lässt sich ein verallgemeinerungsfähiges Rechtsprinzip entnehmen. In der Aushändigung einer Urkunde über ein Scheingeschäft sowie in dessen Anzeige oder Mitteilung liegt eine **bewusste Kundgabe des Rechtsscheins**, die auch in anderen vergleichbaren Fällen eine Haftung des Verantwortlichen rechtfertigt. Ausdrücklich anknüpfend an die §§ 171 f, 405 und 409 hat das RG den guten Glauben eines Scheinzessionars auf den Erwerb einer Hypothekenforderung geschützt, obwohl es nicht wie im Fall des § 405 um die Zession einer beurkundeten Scheinforderung ging, sondern um eine beurkundete Scheinzession zwischen dem Erst- und Zweitzedenten (vgl RGZ 90, 273, 279; zust KIEHL Gruchot 63, 558, 574; BAECK 148; CANARIS, Vertrauenshaftung 93 f; MEDICUS, AT Rn 599; MünchKomm/KRAMER Rn 23; noch weitergehend RGZ 20, 336, 340; FLUME, AT II § 20, 2 c = S 411 f [dagegen wiederum mit Recht CANARIS, Vertrauenshaftung 89 f; LARENZ, AT § 20 I c Fn 20 = S 368]). Die analoge Anwendung der §§ 171 f, 405, 409 einerseits, des § 116 S 1 andererseits führt im Ergebnis zu einem **nahezu umfassenden Vertrauensschutz** für Dritte, der sich zwar von den (bloßen) *Vorstellungen des Gesetzgebers* entfernt, dafür aber die Autorität des *Gesetzes* und des in ihm enthaltenen Systems besitzt (allg zum Vorrang des Normzwecks vor den Vorstellungen des Normgebers CANARIS, in: FS Medicus [1999] 25, 50 ff).

Vertrauensschutz und Rechtsscheinhaftung können dem getäuschten Dritten nach allgemeinen Grundsätzen (vgl insbes CANARIS, Vertrauenshaftung 518 ff) nicht aufgedrängt werden. Das bedeutet, dass dieser ohne Einschränkung die Nichtigkeit des Scheingeschäfts geltend machen kann (vgl die Bsp oben Rn 8 u 21). Notar oder Fiskus müssen also bei nachträglichem Bekanntwerden einer **Schwarzbeurkundung** nicht etwa den simulierten niedrigen Preis als Berechnungsgrundlage ihrer Ansprüche akzeptieren, sondern können die wirklich gewollte Kaufsumme zugrunde legen (dazu auch MEDICUS, AT Rn 598). Will ein Dritter die Nichtigkeit des Scheingeschäfts im Wege der **Feststellungsklage gem § 256 ZPO** geltend machen, muss er nach allgemeinen Grundsätzen ein eigenes rechtliches Interesse besitzen (vgl BAECK 134 f in Auseinandersetzung mit KALLIMOPOULOS 117 ff; BAMBERGER/ROTH/WENDTLAND Rn 19). 23

Neben der Vertrauens- und Rechtsscheinhaftung der an einem Scheingeschäft Beteiligten kommt auch eine **deliktische Haftung gem §§ 823 Abs 2, 826** in Betracht (BAMBERGER/ROTH/WENDTLAND Rn 18; ERMAN/PALM Rn 8; JAUERNIG Rn 4; SOERGEL/HEFERMEHL Rn 15; BAER 28 ff). Wer sich zB in Kenntnis einer Treuhandabrede am Vertragsbruch des Treuhänders beteiligt, haftet für Schäden des Treugebers gem § 826 (BGH NJW-RR 1993, 367, 368). Vereitelt oder erschwert die Scheinzession einer Hypothek an die Ehefrau die Durchsetzung der schuldrechtlichen Verpflichtung, einer Baugeldhypo- 24 thek des Eigentümers den Vorrang zu verschaffen, kann der Gläubiger gem § 826 Bewilligung des Vorrangs von der Scheinzessionarin verlangen (RGZ 95, 160, 163).

V. Das verdeckte Geschäft gem § 117 Abs 2

1. Wirksamkeitshindernisse gem §§ 134, 138

25 Die Gültigkeit des dissimulierten Rechtsgeschäfts gem § 117 Abs 2 trägt dem Parteiwillen Rechnung (oben Rn 1). Voraussetzung ist, dass auch die Wirksamkeitsvoraussetzungen dieses Rechtsgeschäfts, zB **Form- oder Genehmigungserfordernisse**, erfüllt sind. Seine Wirksamkeit wird nicht allein dadurch beeinträchtigt, dass es sich um ein verdecktes Rechtsgeschäft handelt (BGH NJW 1983, 1843, 1844; ERMAN/PALM Rn 17; PALANDT/ELLENBERGER Rn 8). Allerdings kann das verdeckte Rechtsgeschäft nach den für Umgehungsgeschäfte geltenden Regeln gem §§ 134, 138 nichtig sein (eingehend STAUDINGER/SACK [2003] § 134 Rn 145 ff mwNw). So verstößt zB eine den Wert der verkauften Einrichtungsgegenstände weit übersteigende Ablösevereinbarung zwischen Vor- und Nachmieter, die einen Maklervertrag verdecken soll, jedenfalls dann gegen § 138 Abs 1, wenn der Vormieter ein Vielfaches der üblichen Courtage verlangt und dabei die Zwangslage des Wohnungssuchenden ausnutzt (LG Frankfurt aM NJW-RR 1992, 715 f; zu weitgehend LG Hamburg NJW-RR 1991, 1161 f). Sofern die Parteien durch die Simulation eine Steuerhinterziehung beabsichtigen, verstößt der Vertrag, der diese erst vorbereitet, noch nicht gegen ein gesetzliches Verbot (BGHZ 14, 25, 30 f; BGH NJW 1983, 1843, 1844; NJW-RR 1989, 1099, 1100; CANARIS, Gesetzliches Verbot 48).

2. Schwarzbeurkundung

26 Hauptanwendungsfall des § 117 Abs 2 ist die **Schwarzbeurkundung beim Grundstückskauf** (Rn 14). Die beurkundete Vereinbarung zu dem niedrigeren Preis ist nichtig, weil sie von den Parteien nur zum Schein getroffen worden ist (§ 117 Abs 1). Der tatsächlich gewollte Vertrag über den höheren Grundstückspreis ist hingegen nicht formgerecht beurkundet und daher gem §§ 311 b Abs 1 S 1, 125 S 1 nichtig. Der Grundsatz *falsa demonstratio non nocet* (vgl dazu § 133 Rn 13 ff) hilft den Kaufvertragsparteien hier nicht, weil diese nur bei versehentlicher, nicht aber bei bewusster Falschbeurkundung schutzwürdig sind (BGHZ 74, 116, 119; 89, 41, 43; LARENZ, AT § 20 I c = S 369; zweifelnd KRAMER JuS 1983, 423, 426). Allerdings kann der Formmangel gem § 311 b Abs 1 S 2 geheilt werden, wenn Auflassung und Eintragung des Erwerbers in das Grundbuch erfolgen (BGH NJW-RR 1991, 613, 615; vgl auch BGH NJW 1983, 1843, 1844 zu § 15 Abs 4 S 2 GmbHG). Zuvor hat der Erwerber noch keine sichere Erwerbsaussicht. Auch eine Vormerkung des Auflassungsanspruchs nützt ihm nichts, da der gesicherte Anspruch nicht rückwirkend, sondern erst mit **Heilung ex nunc** wirksam wird (BGHZ 54, 56, 63 f; BGH NJW 1983, 1543, 1545; OLG Hamm NJW 1986, 136; STAUDINGER/WUFKA [2006] § 311b Abs 1 Rn 302; STAUDINGER/GURSKY [2008] § 883 Rn 46 mwNw). Es handelt sich mangels gefestigter Rechtsgrundlage auch nicht um einen vormerkungsfähigen künftigen Anspruch iSd § 883 Abs 1 S 2 Alt 1 (ausf STAUDINGER/GURSKY [2008] § 883 Rn 45). Solange der Erwerber nicht im Grundbuch eingetragen ist, kann die Auflassung gem § 812 Abs 1 S 1 Alt 1 kondiziert werden. Diesen Anspruch kann der Veräußerer seinerseits durch ein Erwerbsverbot sichern, so dass die Eintragung des Erwerbers und damit die Heilung des formnichtigen Kaufvertrages verhindert werden kann (vgl RGZ 117, 287, 290 ff; STAUDINGER/WUFKA [2006] § 311b Abs 1 Rn 288; allg z

Erwerbsverbot MünchKomm/KOHLER § 888 Rn 30). Scheitert die Heilung des Formmangels endgültig, so kann der bereits gezahlte Kaufpreis gem § 812 Abs 1 S 2 Alt 2 wegen Zweckverfehlung grds zurückverlangt werden (so bereits RGZ 98, 237, 240). Das Berufen auf die Formnichtigkeit ist den Vertragsparteien idR auch nicht aufgrund von Treuwidrigkeit iSd § 815 Alt 2 verwehrt, sofern nicht weitere, besondere Umstände hinzukommen (BGH WM 1966, 194, 196 f; 1983, 1340, 1342; vgl dazu auch SINGER WM 1983, 254, 256; MünchKomm/SCHWAB § 815 Rn 8). Solange keine Heilung eingetreten ist, kann der Anspruch aus dem verdeckten Kaufvertrag auch nicht gem § 405 erworben werden, da nach dieser Vorschrift nur der Einwand der Simulation, nicht aber der Formangel überwunden werden kann (aA T KUHN AcP 208 [2008] 101, 131 f).

3. Scheingeschäfte und staatliches Teilungsunrecht

Etwas anders gelagert sind die **zum Schein vereinbarten Grundstücksschenkungen oder** 27 **-veräußerungen**, durch deren Vornahme ausreisewillige DDR-Bürger einer drohenden Zwangsveräußerung zuvorkommen wollten (vgl dazu BGHZ 122, 204; 124, 321; BGH LM Nr 1 zu § 63 DDR-ZGB; Nr 1 zu § 66 DDR-ZGB m Anm M WEBER; Nr 206 zu § 13 GVG; DtZ 1996, 112; OLG Naumburg OLG-NL 1994, 1; BezG Potsdam OLG-NL 1994, 2 m Anm P BYDLINSKI). Durch die Scheingeschäfte sollten entweder Veräußerungsverträge oder die treuhänderische Übertragung von Vermögenswerten verdeckt werden. Obwohl das **Zivilrecht der DDR** keine dem § 117 BGB vergleichbare Regelung enthielt, wurden zum Schein abgegebene Willenserklärungen ebenfalls als unwirksam angesehen (Kollektivlehrbuch zum Zivilrecht [1981] Teil 1, 206; BGH LM Nr 1 zu § 66 ZGB [DDR] unter II 1 a der Gründe; OLG Naumburg OLG-NL 1994, 1, 2). Die verdeckten Treuhandgeschäfte oder Kaufverträge waren wegen Nichteinhaltung der in § 297 Abs 1 S 2 ZGB (DDR) vorgeschriebenen Beurkundungsform gem § 66 Abs 2 ZGB (DDR) ebenfalls nichtig. Im Unterschied zum damaligen § 313 S 2 BGB (nunmehr § 311b Abs 1 S 2) gab es nach dem Zivilrecht der DDR jedoch keine Heilung, so dass eigentlich von der Nichtigkeit der Scheingeschäfte auszugehen ist (BGH LM Nr 1 zu § 66 ZGB [DDR]; BGHZ 122, 204, 206; 124, 321, 324). Eine zivilrechtliche Rückabwicklung kommt dennoch in der Regel nicht in Betracht, weil der Mangel der Beurkundung in untrennbarem Zusammenhang mit dem **staatlichen Teilungsunrecht** steht und dessen Wiedergutmachung ausschließlich nach dem VermG, das insoweit abschließende Wirkung hat (grdl BGHZ 118, 34, 38 f), erfolgen soll (BGHZ 122, 204, 207 ff; BGH NJW 1993, 2530; ausf FREUDENBERG, Die Entwicklung des rechtsgeschäftlichen Eigentumserwerbs in der DDR [1997] 168 ff mwNw). Bestandsschutz gewährt der BGH auch bei Grundstückskaufverträgen, die zur Umgehung der staatlichen Preislenkung mit vorgetäuschtem Kaufpreis abgeschlossen wurden, begründet jedoch die Aufrechterhaltung des Vertrags zum wirklich gewollten und nicht – wie § 305 Abs 3 ZGB (DDR) vorsah – zum beurkundeten Preis mit dem „Zweck des Gesetzes, jedenfalls aber mit Treu und Glauben" (BGH WM 1999, 1720, 1721). Im Gegensatz dazu ließ der BGH bei der **verdeckten Treuhand** die zivilrechtliche Geltendmachung des Mangels zu, obwohl es auch hier um Teilungsunrecht ging (LM Nr 1 zu § 66 ZGB [DDR] m krit Anm M WEBER). Die inzwischen gefestigte Rechtsprechung (vgl BGH LM Nr 206 zu § 13 GVG; DtZ 1996, 112, 113; aA aber BVerwG ZIP 1995, 415, 418 f) ist im Ergebnis zu billigen, da die treuhänderische Rechtsposition ihrem Wesen nach nur eine vorläufige sein sollte und der Treuhänder auch nach den Wertungen des VermG keinen Vertrauens- und Bestandschutz verdient. Für den Treugeber wäre es daher nur schwer nachzuvollziehen, wenn die zivilrechtliche Rückabwicklung am Vorrang des VermG scheitern würde.

VI. Darlegungs- und Beweislast

28 Darlegungs- und Beweislast für den Scheincharakter einer Vereinbarung treffen den, der sich auf die Nichtigkeit des Rechtsgeschäfts beruft (BGH NJW 1982, 1572, 1573; 1988, 2597, 2599; 1991, 1617, 1618; 1999, 3481 f; WM 1978, 785, 786; BAG NJW 1996, 1299, 1300; NZA 2003, 854, 856; LAG Köln DB 1985, 1647). Bei einem **non liquet** ist folglich von der Gültigkeit des Rechtsgeschäfts auszugehen. Wer sich auf rechtsgeschäftliche Erklärungen beruft, braucht nicht etwa ihre Ernstlichkeit nachzuweisen (BGH NJW 1988, 2597, 2599). Beruht der vom Gläubiger als Schadensersatz geltend gemachte entgangene Gewinn auf einem nicht zur Ausführung gekommenen Kaufvertrag mit einem Dritten, ist es Sache des Schuldners, die fehlende Ernstlichkeit des Rechtsgeschäfts darzulegen und zu beweisen (BGH NJW 1999, 3481 f). Umgekehrt muss derjenige, der aus dem *verdeckten* Rechtsgeschäft Rechte ableitet, den erforderlichen Rechtsbindungswillen darlegen und ggf beweisen (BAMBERGER/ROTH/WENDTLAND Rn 22; PALANDT/ELLENBERGER Rn 9). Der Beweis des Scheingeschäfts kann – allgemeinen Regeln entsprechend – durch **Indizien** geführt werden, wobei auch aus **nachträglichem Verhalten** der Parteien Rückschlüsse gezogen werden können (BGH WM 1978, 785, 786; NJW-RR 1997, 238). So spricht zB gegen ein Scheingeschäft, dass ein Rechtsanwalt seiner Inanspruchnahme aus einem angeblichen Scheingeschäft nicht unverzüglich widersprochen hat (BGH NJW-RR 1997, 238; vgl auch LG Mannheim ZMR 1993, 117 f). Hat ein Vertreter der Darlehensgläubigerin, die auf Rückzahlung klagt, ein Jahr nach Abschluss des Darlehensvertrages bestätigt, die Unterschriften seien nur der Form halber zu leisten gewesen, so spricht dies für die Anwendung von § 117 (BGH NJW 1993, 2435, 2436). Kein ausreichendes Indiz für ein Scheingeschäft ist aber der Umstand, dass der Nießbraucher dem Eigentümer vorläufig die Grundstücksverwaltung und Einziehung der Mietzinsen überlässt (RG Recht 1918 Nr 962). Es existiert auch kein allgemeiner Erfahrungssatz des Inhalts, dass die Übertragung von Vermögensgegenständen zur Vereitelung von Gläubigerzugriffen stets nur scheinbar (oder treuhänderisch) erfolgt (BGH WM 1962, 1372), oder dass der Abschluss eines Arbeitsvertrages mit einem bisher als freier Mitarbeiter tätigen Berater im insolvenznahen Zeitpunkt lediglich zum Schein erfolgt (BAG NZA 2003, 854, 856). Im Rahmen der Gesamtbeurteilung der Beweismittel sind diese Verdachtsmomente allerdings zu würdigen.

§ 118
Mangel der Ernstlichkeit

Eine nicht ernstlich gemeinte Willenserklärung, die in der Erwartung abgegeben wird, der Mangel der Ernstlichkeit werde nicht verkannt werden, ist nichtig.

Materialien: E I § 97 Abs 1, 2 und 4; II § 93; III § 114; Mot I 193; Prot I 98; STAUDINGER/BGB-Synopse 1896–2000 § 118.

Titel 2 § 118
Willenserklärung 1

Schrifttum

BAILAS, Das Problem der Vertragsschließung und der vertragsbegründende Akt (1962)
BROX, Die Einschränkung der Irrtumsanfechtung (1960)
F BYDLINSKI, Erklärungsbewusstsein und Rechtsgeschäft, JZ 1975, 1
CANARIS, Die Vertrauenshaftung im deutschen Privatrecht (1971)
DANZ, Die Auslegung der Willenserklärungen (1906)
ders, Zur Willens- und Erklärungstheorie des Bürgerlichen Gesetzbuchs, DJZ 1906, 1280
FROTZ, Verkehrsschutz im Vertretungsrecht (1972)

JACOBI, Die Theorie der Willenserklärungen (1910)
OERTMANN, Scheingeschäft und Kollusion, Recht 1923 Sp 74
SINGER, Selbstbestimmung und Verkehrsschutz im Recht der Willenserklärungen (1995)
ders, Wann ist widersprüchliches Verhalten verboten?, NZA 1998, 1309
TSCHERWINKA, Die Schmerzerklärung gem § 118 BGB, NJW 1995, 308
WEILER, Wider die Schmerzerklärung, NJW 1995, 2608.

Systematische Übersicht

I.	Tatbestand		III. Anwendungsbereich	6
1.	Nichternstlich gemeinte Erklärungen	1	IV. Abgrenzungen	7
2.	Subjektive Voraussetzungen	2	V. Beweislast	9
II.	§ 118 als Sonderfall fehlenden Erklärungsbewusstseins	5		

I. Tatbestand

1. Nicht ernstlich gemeinte Erklärungen

§ 118 unterscheidet sich von § 116 dadurch, dass der Erklärende nicht täuschen will, **1** sondern – irrtümlich – davon ausgeht, sein fehlender Geschäftswille würde vom Empfänger erkannt. Gemäß § 118 sind solche Erklärungen nichtig, doch muss der Erklärende einen etwaigen Vertrauensschaden des Erklärungsempfängers ersetzen (§ 122). Nach den Vorstellungen der Gesetzesverfasser handelt es sich um **„scherzweise Erklärungen"**, um solche, die „als höfliche Redensart, als Lehrbeispiel usw" gebraucht werden, schließlich um den Fall des **misslungenen Scheingeschäfts**, bei dem nur eine Partei Simulationsabsichten hat, die andere wider Erwarten das Rechtsgeschäft ernst nimmt (BGHZ 144, 331, 334 f m Anm SINGER LM Nr 20 zu § 117; Mot I 194 f; dazu unten Rn 7 u § 117 Rn 2 u 9). Die Beispiele sind zu ergänzen um ironische Übertreibungen (vgl zB OLG Rostock OLGE 40, 273), Erklärungen aus Prahlerei oder zum Zwecke reißerischer Reklame (LARENZ, AT § 20 I b = S 365; ERMAN/PALM Rn 2). Unter § 118 fällt jede Erklärung, die nach dem Willen des Erklärenden nicht gelten soll, sofern dieser nur glaubt, auch der Empfänger erkenne dies (FLUME AT II § 20, 3 = S 413). Auch Erklärungen aus Wut, Enttäuschung oder Verzweiflung – **„Schmerzerklärungen"** – können unter § 118 fallen, wenn diese nicht ernst gemeint sind, sondern in erster Linie Aufmerksamkeit erregen sollen (TSCHERWINKA NJW 1995, 308 f; PALANDT/

ELLENBERGER Rn 2; krit MEDICUS, AT Rn 596; WEILER NJW 1995, 2608). So sind die Kündigung eines Mietvertrages aus Verzweiflung über das Verhalten des Vermieters, der zugleich Nachbar und Verwandter ist (vgl den von TSCHERWINKA mitgeteilten Fall NJW 1995, 308; s a AG Bonn WuM 1992, 611), oder die Eigenkündigung eines Arbeitsvertrages durch den Arbeitnehmer als Reaktion auf Kollegen-Mobbing (vgl den Fall BAG NZA 1998, 420 m Bspr SINGER NZA 1998, 1309, 1313) häufig nicht ernsthaft gewollt, sondern womöglich nur als – moralische – Appelle zur Besinnung und Umkehr gedacht. Wer solche Absichten plausibel darstellen kann (zur Beweislast Rn 9), darf nicht beim Wort genommen werden. Falls die Person aber in unzulässiger Weise unter Druck gesetzt wurde, liegt kein Fall des § 118 vor, sondern eine widerrechtliche Drohung gem § 123 Abs 1 (PRÜTTING/WEGEN/WEINREICH/AHRENS Rn 3).

2. Subjektive Voraussetzungen

2   Falls der **Empfänger die fehlende Ernstlichkeit tatsächlich erkennt oder erkennen musste**, ergibt sich schon aus allgemeinen Auslegungsgrundsätzen, dass es am **Tatbestand einer Willenserklärung** mangelt (LARENZ, AT § 20 I b = S 365; MEDICUS, AT Rn 596; BAMBERGER/ROTH/WENDTLAND Rn 1; SOERGEL/HEFERMEHL Rn 1). Dies gilt insbesondere für Erklärungen zu theatralischen oder didaktischen Zwecken, reklamehafte Übertreibungen, Gefälligkeitsvereinbarungen oder Abreden im gesellschaftlichen Bereich (aA PAWLOWSKI, AT Rn 476 b), während gelungene Scherze und ironisch gemeinte Erklärungen gerade darauf angelegt sind, nicht leicht durchschaut zu werden. Im Übrigen tritt die Rechtsfolge der Nichtigkeit gem § 118 gerade dann ein, wenn der Empfänger den Scherz nicht erkannt hat und auch nicht erkennen konnte (LARENZ, AT § 20 I b = S 365). Dieser trägt also das Risiko eines Missverständnisses, jedenfalls in Bezug auf die Ungültigkeit als Willenserklärung, und muss sich im Übrigen, wenn er den Scherz nicht erkennen konnte (§ 122 Abs 2), mit dem Ersatz des Vertrauensschadens begnügen (§ 122 Abs 1).

3   § 118 ist auch nicht dahingehend einzuschränken, dass die **Erwartung des Erklärenden**, die mangelnde Ernstlichkeit werde erkannt, für den Empfänger **erkennbar zum Ausdruck kommen** muss (BGHZ 144, 331, 334 f m Anm SINGER LM Nr 20 zu § 117; aA DANZ DJZ 1906, 1279, 1280 f; ders, Die Auslegung der Willenserklärungen [2. Aufl 1906] 15 f; JACOBI, Theorie 55 ff; BAILAS, Vertragsschließung 60 f; PAWLOWSKI, AT Rn 476 a). Abgesehen davon, dass dem Text des § 118 kein Anhaltspunkt für eine solche einschränkende Auslegung zu entnehmen ist, widerspräche eine solche Restriktion auch der Regelung des § 122 Abs 2. Da gem § 122 Abs 2 der Anspruch auf Ersatz des Vertrauensschadens ausgeschlossen ist, wenn der Empfänger den Grund der Nichtigkeit kennen musste, hätte § 118 zur Voraussetzung, was gem § 122 Abs 2 zum Verlust des Schadensersatzes führen würde. Im Falle des § 118 wäre also stets der Anspruch auf Schadensersatz ausgeschlossen. Das kann schon deshalb nicht richtig sein, weil § 122 ausdrücklich von seiner Anwendbarkeit im Falle des § 118 ausgeht (vgl FROTZ, Verkehrsschutz 116 f Fn 277; CANARIS, Vertrauenshaftung 550 Fn 53; F BYDLINSKI JZ 1975, 3; BAMBERGER/ROTH/WENDTLAND Rn 2; MünchKomm/KRAMER Rn 4). Nicht gesetzeskonform ist auch die früher von STAUDINGER/J SCHMIDT ([1995] § 242 Rn 364) aufgestellte Forderung, dass die Erwartung wenigstens eine „objektive Grundlage in den Erklärungsumständen" haben müsse (anders jetzt STAUDINGER/LOOSCHELDERS/OLZEN [2009] Rn 422). Die Befürchtung von J SCHMIDT, andernfalls würde die Grenzziehung zu § 116 S 1 verwischt, ist zwar verständlich, aber keine Frage der tatbestandlichen Abgrenzung,

sondern der Plausibilität und Überzeugungskraft des geltend gemachten Willensvorbehalts, über die im Rahmen der Beweiswürdigung zu urteilen ist (zutr MünchKomm/KRAMER Rn 6; ähnl ERMAN/PALM Rn 2; vgl dazu auch unten Rn 5).

Ebenfalls keine Rolle spielt, ob die irrige Annahme des Erklärenden, die Nichternstlichkeit der Erklärung werde erkannt, vermeidbar war (SOERGEL/HEFERMEHL Rn 7). Sogar bei **grober Fahrlässigkeit** kann sich der Scherzende auf § 118 berufen (CANARIS, Vertrauenshaftung 550). Der erste Entwurf hatte noch in § 97 Abs 2 bestimmt, dass die irrige Erwartung bei grober Fahrlässigkeit keinen Schutz verdiene und daher eine gültige Willenserklärung vorliege (vgl auch Mot I 194). Von der zweiten Kommission wurde diese systemwidrige „Anomalie" aber zu Recht wieder beseitigt (Prot I 206; zum Ganzen FLUME AT II § 20, 3 = S 413; MünchKomm/KRAMER Rn 5). 4

II. § 118 als Sonderfall fehlenden Erklärungsbewusstseins

Da der Erklärende irrtümlich davon ausgeht, der falsche Schein einer Willenserklärung würde erkannt, fehlt ihm in den Fällen des § 118 das sog **Erklärungsbewusstsein** (LARENZ, AT § 19 III = S 356; CANARIS, Vertrauenshaftung 428 Fn 16, 549). Da ferner der Erklärende nicht an dem Anschein einer ernstlichen Willenserklärung festgehalten wird und bloß auf das negative Interesse haftet (§ 122), hat man zum Teil in § 118 das gesetzliche Leitbild für die rechtliche Behandlung des fehlenden Erklärungsbewusstseins (dazu ausf Vorbem 30 ff zu §§ 116 ff) gesehen. Wenn schon bei einer bewusst abgegebenen Scherzerklärung ipso iure Nichtigkeit eintrete, dann erst recht bei den übrigen Fällen fehlenden Erklärungsbewusstseins, wo die Zurechnungsvoraussetzungen schwächer sind (CANARIS, Vertrauenshaftung 550). Der Einwand, § 118 betreffe einen Sonderfall, bei dem das Wahlrecht des § 119 nicht sachgerecht sei (FLUME AT II § 20, 3 = S 415; zust MEDICUS, AT Rn 607; F BYDLINSKI JZ 1975, 1, 3; MünchKomm/KRAMER Rn 10), überzeugt freilich nicht (vgl CANARIS NJW 1984, 2281; SINGER, Selbstbestimmung 178 ff). Es geht nicht um das Wahlrecht des Irrenden. Wer das Erklärte gelten lassen will, was bei fehlendem Erklärungsbewusstsein reichlich Phantasie voraussetzt (SCHACK, AT Rn 206, hält dies für „lebensfremd"), braucht nur den Mangel im Erklärungsbewusstsein nicht aufzudecken. Entscheidend ist vielmehr die Frage, ob eine Bindung an das Erklärte gerechtfertigt ist, und das ist eine Frage der Zurechnung. Diese bereitet nun aber auch aus Sicht der hM bei fehlendem Erklärungsbewusstsein erhebliche Schwierigkeiten, da sie auf das systemwidrige Verschuldensprinzip zurückgreifen muss (vgl Vorbem 35 ff zu §§ 116 ff). Damit kann zwar der Tatbestand der culpa in contrahendo begründet werden, nicht aber die Bindung an das Erklärte. Die Regelung des § 118 zeigt, dass allein der Vertrauensschutz des Erklärungsempfängers noch keine Bindung an den Anschein einer rechtsgeschäftlichen Erklärung rechtfertigt. Vielmehr löst das Gesetz den Interessenkonflikt zwischen Erklärendem und Erklärungsempfänger dahingehend, dass zwar einerseits an dem Risikoprinzip als Zurechnungsmaßstab festgehalten (§ 122), andererseits aber die Einstandspflicht auf das negative Interesse reduziert wird (§§ 118, 122). Diese Kompromisslösung ist keineswegs systemwidrig (so aber PALANDT/HEINRICHS Rn 2; aA SONNENBERGER, Verkehrssitten im Schuldvertrag [1970] 144) oder ein bloßes Relikt des dem Willensdogma verpflichteten ersten Entwurfs zum BGB (so BROX, Irrtumsanfechtung 53; auch MünchKomm/ KRAMER Rn 1, der die Regelung nur aus der Perspektive des Erklärenden für plausibel hält), sondern vermeidet im Gegenteil eine **Verabsolutierung des Vertrauensprinzips**, die dem geltenden Recht auch sonst fremd ist (vgl außer den §§ 119, 122 noch die 5

§§ 179, 663; bis zum 31. 12. 2001 auch die §§ 307, 309 aF, die inzwischen in § 280 Abs 1 aufgehen). Insofern kann aus § 118 durchaus der Schluss gezogen werden, dass bei noch schwächeren Zurechnungsvoraussetzungen erst recht keine Bindung an das Erklärte in Betracht kommt (vgl näher Vorbem 34 ff zu §§ 116 ff). Davon geht nun auch der V. Senat des BGH aus, der in Bezug auf die Rechtsfolgen eines misslungenen Scheingeschäfts den Anspruch auf Vertrauensentsprechung ausdrücklich ablehnt und den Ersatz des Vertrauensschadens als sachgerecht ansieht, selbst wenn der Geschädigte auf die Richtigkeit einer notariellen Urkunde vertraut hat (BGHZ 144, 331, 334 f m Bspr THIESSEN NJW 2001, 3025; dazu auch Rn 7). Es ist kaum nachzuvollziehen, dass der Erklärende bei unbewusstem Verhalten strenger haften soll als in Fällen wie diesem, in dem der Erklärende eine bewusst unrichtige Erklärung notariell beurkunden ließ. Außerhalb des Anwendungsbereiches des § 118 sprechen allerdings die besseren Gründe für eine Haftung wegen culpa in contrahendo und gegen eine analoge Anwendung von § 122, da das Risikoprinzip nur bei bewusster Teilnahme am rechtsgeschäftlichen Verkehr – wie im Fall der §§ 119, 120 – oder bei risikoerhöhendem Verhalten – wie im Fall des § 118 – sachgerecht und angemessen ist (vgl Vorbem 38 f zu §§ 116 ff).

III. Anwendungsbereich

6 § 118 gilt für alle Arten von Willenserklärungen, auch für nicht empfangsbedürftige wie zB das Testament (RGZ 104, 320, 322). Im Übrigen gelten die gleichen Beschränkungen wie bei der Anfechtung gem § 119 (vgl dort Rn 102 ff). Zu beachten sind also insbesondere der Vorrang von Spezialnormen und -wertungen (§ 119 Rn 109 ff), zB bei Aufhebung der Ehe gem § 1314, ferner die Einschränkung der Nichtigkeitsfolge bei Dauerschuldverhältnissen (§ 119 Rn 111 ff) und der Einwendungsausschluss für Gültigkeitsmängel im Wertpapierverkehr (§ 119 Rn 115). Entsprechend anwendbar ist § 118 auf geschäftsähnliche Handlungen (ebenso BAMBERGER/ROTH/WENDTLAND Rn 3), nicht aber auf Prozesshandlungen (zur Anwendbarkeit der §§ 116 ff im Prozessrecht s MünchKomm/KRAMER, § 119 Rn 43 mwNw).

IV. Abgrenzungen

7 Beim **Scheingeschäft (§ 117)** sind sich die Parteien über die fehlende Ernstlichkeit ihrer Erklärungen einig, während bei § 118 der Erklärende den Empfänger nicht eingeweiht hat, sondern wenigstens für einen Augenblick verblüffen will (vgl RGZ 168, 204, 205; MEDICUS, AT Rn 596). § 118 ist aber auf das **misslungene Scheingeschäft** anwendbar (oben Rn 1, § 117 Rn 2 u 9). Allerdings gilt dies wiederum **nicht, wenn** durch das Scheingeschäft **ein Dritter**, insbesondere der an dem Rechtsgeschäft selbst nicht unmittelbar beteiligte Vertretene, **getäuscht** werden soll (RGZ 134, 33, 37; 168, 204, 206; BGH NJW 1999, 2882 f = LM Nr 6 zu § 116 m Anm SINGER; FLUME AT II § 20, 2 c = S 411 und 20, 3 = S 414; SOERGEL/HEFERMEHL Rn 8; MEDICUS, AT Rn 599). Gegenüber dem *Vertretenen* handelt es sich in solchen Fällen um einen „bösen Scherz", so dass die Regeln über die **Mentalreservation gem § 116 S 1** anzuwenden sind (vgl dazu § 116 Rn 8) und nicht § 117 (zutr OERTMANN Recht 1923 Sp 74, 76; dazu § 117 Rn 2 u 9). Von solchen Täuschungsfällen abgesehen spielt es aber keine Rolle, ob der Willensvorbehalt eine mündliche oder **beurkundete Erklärung** betrifft (BGHZ 144, 331, 334 f m Anm SINGER LM Nr 20 zu § 117; missverständlich RGZ 168, 204, 206; OLG München NJW-RR 1993, 1168, 1169; STAUDINGER/DILCHER[12] Rn 7). Ist zwischen dem Verkäufer eines Grundstücks und dem Verhand-

lungsbevollmächtigten des Käufers aus steuerlichen Gründen die Unterverbriefung des Kaufpreises verabredet, ohne dass der Käufer, der den notariellen Vertrag selbst abgeschlossen hat, davon wusste, bestimmten sich die Rechtsfolgen nicht nach den §§ 116 oder 117, sondern nach den §§ 118, 122 (BGHZ 144, 331, 334 f; dazu § 117 Rn 2 und 9 mwNw). Die Beweis- und Klarstellungsfunktion der notariellen Urkunde ändert daran nichts, weil Formvorschriften nicht bezwecken, die Ermittlung des rechtsgeschäftlichen Willens zu beschränken, sondern lediglich sicherstellen sollen, dass das Gewollte auch formgerecht erklärt wird (BERNARD, Formbedürftige Rechtsgeschäfte 1979, 21 ff). Nicht unter § 118 fällt der **Unterschriftsirrtum**, da und sofern sich der Erklärende über den Inhalt des Rechtsgeschäfts überhaupt keine Gedanken macht und die Erklärung daher so akzeptiert wie sie ist, also ihrem objektiven Inhalt gemäß (OLG Celle WM 1988, 1436, 1437; zu den Rechtsfolgen bei den verschiedenen Spielarten des Unterschriftsirrtums § 119 Rn 9 ff).

Nach verbreiteter Ansicht wird aus dem „guten Scherz" ein „böser" im Sinne von **8** § 116 S 1, **wenn der Erklärende erkennt, dass sein Scherz vom Empfänger missverstanden** und die Erklärung ernst genommen **wurde** (FLUME AT II § 20, 3 = S 413; MEDICUS, AT Rn 604; MünchKomm/KRAMER Rn 8). Der Erklärende sei nach Treu und Glauben gem § 242 zu sofortiger **Aufklärung** des Gegners verpflichtet; andernfalls werde aus der Scherzerklärung nachträglich ein nicht durchschauter geheimer Vorbehalt im Sinne von § 116 S 1 (ähnl LARENZ, AT § 20 I b = S 365 f; s a STAUDINGER/LOOSCHELDERS/OLZEN [2009] Rn 423, die einen Fall widersprüchlichen Verhaltens annehmen). Dem ist jedoch nicht zu folgen, weil auf dem Umweg über die Begründung einer Aufklärungspflicht und die Gleichstellung der unterlassenen Aufklärung mit einer in Täuschungsabsicht verübten Mentalreservation der Wille des Gesetzes missachtet würde. Denn der Sache nach hätte eine Pflicht zu sofortiger Aufklärung die gleichen Voraussetzungen (Kenntnis, unverzüglich) und Rechtsfolgen (Geltung des objektiv Erklärten) wie die Anfechtungsobliegenheit des § 119, die der Gesetzgeber jedoch bei § 118 gerade nicht aufgestellt hat. Nach richtiger Ansicht muss es genügen, wenn der Erklärende auch bei nachträglicher Kenntniserlangung von dem ernst genommenen – weil missverstandenen – Scherz auf das negative Interesse haftet (iE übereinstimmend STAUDINGER/J SCHMIDT [1995] § 242 Rn 365).

V. Beweislast

Die Beweislast für den Willensvorbehalt trifft nach allgemeinen Grundsätzen den, der **9** sich auf den Tatbestand des § 118 beruft (BAUMGÄRTEL/LAUMEN/PRÜTTING Rn 1; MünchKomm/KRAMER Rn 11). Zu beweisen ist im Streitfall die fehlende Ernstlichkeit sowie die Erwartung, diese werde erkannt. Der allgemeinen, nicht näher substantiierten Behauptung, das betreffende Rechtsgeschäft sei nicht ernstlich gewollt, muss das Gericht nicht nachgehen (OLG Celle WM 1988, 1436, 1437 betr Bürgschaft). Nicht ausreichend ist ferner zB die Behauptung, eine Erklärung sei nur „der Form wegen" abgegeben worden (OLG Hamburg SeuffA 63 Nr 240). Der Beweispflichtige muss in einem solchen Fall konkret nachvollziehbar darlegen, zu welchem Zweck eine bloß scheinbare Verpflichtung hätte begründet werden sollen (BAMBERGER/ROTH/WENDTLAND Rn 9). Je nach den konkreten Umständen kann es durchaus plausibel sein, dass die Erklärung nicht ernst gemeint war, etwa bei Prahlereien am Biertisch oder bei unverkennbar ironischen Überzeichnungen (vgl etwa OLG Rostock OLGE 40, 263; vgl auch SOERGEL/HEFERMEHL Rn 9). Dann liegt freilich im Regelfall schon objektiv keine Willenserklärung vor.

§ 119
Anfechtbarkeit wegen Irrtum

(1) Wer bei der Abgabe einer Willenserklärung über deren Inhalt im Irrtum war oder eine Erklärung dieses Inhalts überhaupt nicht abgeben wollte, kann die Erklärung anfechten, wenn anzunehmen ist, dass er sie bei Kenntnis der Sachlage und bei verständiger Würdigung des Falles nicht abgegeben haben würde.

(2) Als Irrtum über den Inhalt der Erklärung gilt auch der Irrtum über solche Eigenschaften der Person oder der Sache, die im Verkehr als wesentlich angesehen werden.

Materialien: E I §§ 98, 99 Abs 1 und 3; II § 94; III § 115; Mot I 196; Prot I 102 und 114; VI 122; STAUDINGER/BGB-Synopse 1896–2005 § 119.

Schrifttum

ADAMS, Irrtümer und Offenbarungspflichten im Vertragsrecht, AcP 186 (1986) 453
ARENS, Willensmängel bei Parteihandlungen im Zivilprozess (1968)
BAILAS, Das Problem der Vertragsschließung und der vertragsbegründende Akt (1962)
BAUMGÄRTEL, Neue Tendenzen der Prozesshandlungslehre, ZZP 87 (1974) 121
BECKMANN/GLOSE, Irrtumsanfechtung bei der Mängelrüge nach § 377 HGB, BB 1989, 857
BEITZKE, Anfechtung des Verlöbnisses?, JR 1947, 141
BEUTHIEN, Das fehlerhafte Arbeitsverhältnis als bürgerlich-rechtliches Abwicklungsproblem, RdA 1969, 161
BIRK, § 119 BGB als Regelung für Kommunikationsirrtümer, JZ 2002, 446
BRAUER, Der Eigenschaftsirrtum (1941)
BROX, Die Einschränkung der Irrtumsanfechtung (1960)
F BYDLINSKI, Privatautonomie und objektive Grundlagen des verpflichtenden Rechtsgeschäfts (1967)
ders, Erklärungsbewusstsein und Rechtsgeschäft, JZ 1975, 1
CANARIS, Das Verlöbnis als „gesetzliches" Rechtsverhältnis, AcP 165 (1965) 1
ders, Die Vertrauenshaftung im deutschen Privatrecht (1971)
ders, Leistungsstörungen beim Unternehmenskauf, ZGR 1982, 395
ders, Wandlungen des Schuldvertragsrechts – Tendenzen zu seiner „Materialisierung", AcP 200 (2000) 273
DANZ, Über das Verhältnis des Irrtums zur Auslegung nach dem BGB, JherJb 46 (1904) 381
DIEDERICHSEN, Der Auslegungsdissens, in: FS Hübner (1984) 421
DIESSELHORST, Zum Irrtum beim Vertragsschluss, in: Sympotica Wieacker (1970) 180
DÖRNER, Anfechtung im Arbeitsrecht, AR-Blattei SD 60
ECKERT, Ungerechtfertigte Bereicherung im Arbeitsrecht, AR-Blattei SD 1620
N FISCHER, Anfechtung von Willenserklärungen im Mietrecht, WuM 2006, 3
ders, Zur Frage der Anfechtung im Mietrecht, ZMR 2007, 157
FLEISCHER, Konkurrenzprobleme um die culpa in contrahendo: Fahrlässige Irreführung versus arglistige Täuschung, AcP 200 (2000) 91
ders, Zum Verkäuferirrtum über werterhöhende Eigenschaften im Spiegel der Rechtsvergleichung, in: ZIMMERMANN (Hrsg), Störungen der Willensbildung bei Vertragsschluss (2007) 35
FLUME, Eigenschaftsirrtum und Kauf (1948)
ders, Eigenschaftsirrtum und Sachmängelhaftung beim Spezieskauf, DB 1979, 1637

ders, Die Problematik der Änderung des Charakters der großen Kommentare, JZ 1985, 470
FROTZ, Verkehrsschutz im Vertretungsrecht (1972)
GAMILLSCHEG, Mutterschutz und Sozialstaat, in: FS Molitor (1962) 57
ders, Der Abschluss des Arbeitsvertrages im neuen Arbeitsvertragsgesetz, in: FS Weber (1974) 793
ders, Zivilrechtliche Denkformen und die Entwicklung des Individualarbeitsrechts, AcP 176 (1976) 197
GAUL, Willensmängel bei Prozesshandlungen, AcP 172 (1972) 342
GIERKE, Sachmängelhaftung und Irrtum beim Kauf, ZHR 114 (1951) 73
GOETTE, Fehlerhafte Personengesellschaftsverhältnisse in der jüngeren Rechtsprechung des Bundesgerichtshofes, DStR 1996, 266
GOTTWALD, Die Haftung für culpa in contrahendo, JuS 1982, 877
GRADENWITZ, Anfechtung und Reurecht beim Irrthum (1902)
GRIGOLEIT, Vorvertragliche Informationshaftung (1997)
ders, Abstraktion und Willensmängel, AcP 199 (1999) 380
GRUNEWALD, Die Anfechtung wegen arglistiger Täuschung bei der Übertragung von GmbH-Geschäftsanteilen, ZGR 1991, 452
HABERSACK, Verkauf einer Grafik aufgrund veralteter Preisliste – LG Bremen NJW 1991, 915, in: JuS 1992, 548
HARDER, Die historische Entwicklung der Anfechtbarkeit von Willenserklärungen, AcP 173 (1973) 209
HARTMANN, Zur Widerruflichkeit und Anfechtbarkeit von öffentlich-rechtlichen Willenserklärungen am Beispiel der Nachbarunterschrift gem Art 73 BayBO, DÖV 1990, 8
HAUPT, Über faktische Vertragsverhältnisse (1943)
HEISS, Widerruflichkeit und Anfechtbarkeit der Nachbarunterschrift gem Art 89 BayBO, BayVBl 1973, 260
HENRICH, Die Unterschrift unter einer nichtgelesenen Urkunde, RabelsZ 35 (1971) 55
HÖNN, Zur Problematik fehlerhafter Vertragsverhältnisse, ZfA 1987, 61

HOKE, Willensmängel beim Verwaltungsakt, DÖV 1962, 281
HOUBEN, Anfechtung einer betrieblichen Übung?, BB 2006, 2301
HROMADKA, Die betriebliche Übung: Vertrauensschutz im Gewande eines Vertrags, Widerrufsrecht statt Anfechtung, NZA 2011, 65
P HUBER, Irrtumsanfechtung und Sachmängelhaftung (2001)
JACOBSOHN, Die Anfechtung stillschweigender Willenserklärungen wegen Irrtums, JherJb 56 (1910) 329
A JUNKER, Die Bindung an eine fehlerhafte Rechnung, ZIP 1982, 1158
KÄSSER, Der fehlerhafte Arbeitsvertrag (1975)
KIRCHHOF, Der Verwaltungsakt auf Zustimmung, DVBl 1985, 651
KLING, Sprachrisiken im Privatrechtsverkehr (2008)
KLUTH, Rechtsfragen der verwaltungsrechtlichen Willenserklärung, NVwZ 1990, 608
KOCH, Die Ökonomie der Gestaltungsrechte, in: FS Zweigert (1981) 851
KÖHLER, Rückabwicklung fehlerhafter Unternehmenszusammenschlüsse, ZGR 1985, 307
ders, Das Rücktrittsrecht nach § 13a UWG, JZ 1989, 262
KÖHLER/FRITSCHE, Anfechtung des Verkäufers wegen Eigenschaftsirrtums – BGH NJW 1988, 2597, in: JuS 1990, 16
KORNBLUM, Die überzähligen Klorollen – LG Hanau NJW 1979, 721, in: JuS 1980, 258
KRAISS, Die Anfechtung der Annahme und Ausschlagung der Erbschaft, BWNotZ 1992, 31
KRAMER, Grundfragen der vertraglichen Einigung (1972)
ders, Der Irrtum beim Vertragsschluss. Eine weltweit rechtsvergleichende Bestandsaufnahme (1998)
ders, Bundesgerichtshof und Kalkulationsirrtum: Ein Plädoyer für eine rechtsvergleichende Öffnung im Irrtumsrecht, in: 50 Jahre Bundesgerichtshof, Band I (2000) 57
KRAMPE/BERG, Ein willkommener Druckfehler, Übungsklausur Zivilrecht, Jura 1986, 206
KRAUSE, Die Willenserklärung des Bürgers im Bereich des öffentlichen Rechts, VerwArch 1970, 298
ders, Willensmängel bei mitwirkungsbedürftigen

Verwaltungsakten und öffentlichrechtlichen Verträgen, JuS 1972, 425
KÜCHENHOFF, Die öffentlich-rechtliche Willenserklärung der Privatperson, in: FS Laforet (1952) 317
LAMBRECHT, Die Lehre vom faktischen Vertragsverhältnis (1994)
LARENZ, Die Methode der Auslegung des Rechtsgeschäfts (1930)
LEENEN, Der „vertragsgemäße Gebrauch" der Mietsache als Problem der Rechtsgeschäftslehre, MDR 1980, 353
ders, Abschluss, Zustandekommen und Wirksamkeit des Vertrages, AcP 188 (1988) 381
LENZEN, Die „vorbehaltlose" Erteilung der Schlussrechnung im Baurecht, BauR 1982, 23
LESSMANN, Irrtumsanfechtung nach § 119 BGB, JuS 1969, 478 u 525
LIESECKE, Neuere Rechtsprechung, insbesondere des Bundesgerichtshofes, zum Einheitlichen Wechsel- und Scheckrecht, WM 1969, 1366
LOBINGER, Irrtumsanfechtung und Reurechtsausschluss, AcP 195 (1995) 274
ders, Rechtsgeschäftliche Verpflichtung und autonome Bindung (1999)
LÖHNIG, Irrtum über Eigenschaften des Vertragspartners (2001)
ders, Irrtumsrecht nach der Schuldrechtsmodernisierung, JA 2003, 516
LORENZ, Der Schutz vor dem unerwünschten Vertrag (1997)
LORENZ/RIEHM, Lehrbuch zum neuen Schuldrecht (2002)
LÜDERITZ, Das neue Adoptionsrecht, NJW 1976, 1865
LÜKE, Die persönlichen Ehewirkungen und die Scheidungsgründe nach dem neuen Ehe- und Familienrecht, in: FS Bosch (1976) 627
MANIGK, Das Wesen des Vertragsschlusses in der neueren Rechtsprechung, JherJb 75 (1925) 127
MANKOWSKI, Beseitigungsrechte 2003
MAYER, Der Rechtsirrtum und seine Folgen im bürgerlichen Recht (1989)
MAYER-MALY, Rechtsirrtum und Rechtsunkenntnis als Probleme des Privatrechts, AcP 170 (1970) 133

MIDDEL, Öffentlichrechtliche Willenserklärungen von Privatpersonen (1971)
MÖSCHEL, Das Außenverhältnis der fehlerhaften Gesellschaft, in: FS Hefermehl (1976) 171
G MÜLLER, Umsätze und Erträge – Eigenschaften der Kaufsache?, ZHR 147 (1983) 501
G MÜLLER, Zur Beachtlichkeit des Eigenschaftsirrtums des Käufers, in: FS Huber (2006) 449
M MÜLLER, Beschränkung der Anfechtung auf das Gewollte, JuS 2005, 18
NEUFFER, Die Anfechtung der Willenserklärung wegen Rechtsfolgeirrtums (1991)
NEUNER, Die Rechtsfindung contra legem (1992)
ders, Die Rückwirkung von Tarifverträgen, ZfA (1998) 83
ORFANIDES, Die Berücksichtigung von Willensmängeln im Zivilprozess (1982)
PASCHKE, Die fehlerhafte Korporation, ZHR 155 (1991) 1
PAWLOWSKI, Die Kalkulationsirrtümer: Fehler zwischen Motiv und Erklärung, JZ 1997, 741
PETERS, Die Handwerkerrechnung und ihre Begleichung, NJW 1977, 552
PEUSQUENS, Der Irrtum über den Steuersatz als Irrtum über die Kalkulationsgrundlage, NJW 1974, 1644
PICKER, Die Anfechtung von Arbeitsverträgen, ZfA 1981, 1
PLANDER, Ansätze bürgerlichrechtlichen Verbraucherschutzes bei Vertretergeschäften, BB 1980, 133
POHL, Mängel bei der Erbschaftsannahme und -ausschlagung, AcP 177 (1977) 52
PREIS, Arbeitsrecht, Verbraucherschutz und Inhaltskontrolle, NZA 2003, Sonderbeil zu Heft 16, 19
RAAPE, Sachmängelhaftung und Irrtum beim Kauf, AcP 150 (1949) 481
REHBINDER, Die Abwicklung fehlerhafter Unternehmensverträge beim GmbH-Vertragskonzern, in: FS Fleck (1988) 253
ROTHER, Die Bedeutung der Rechnung für das Schuldverhältnis, AcP 164 (1964) 97
ROTHOEFT, System der Irrtumslehre als Methodenfrage der Rechtsvergleichung, dargestellt am deutschen und englischen Vertragsrecht (1968)

SACK, Der rechtswidrige Arbeitsvertrag, RdA 1975, 171
SCHMIDT-DE CALUWE, Zur Anfechtung privater Willenserklärungen im Öffentlichen Recht, insbesondere im Sozialrecht, Jura 1993, 399
SCHMIDT-RIMPLER, Grundfragen einer Erneuerung des Vertragsrechts, AcP 147 (1941) 130
ders, Eigenschaftsirrtum und Erklärungsirrtum, in: FS Lehmann I (1956) 213
SCHMIDT-SALZER, Gewährleistungsausschluss und Irrtumsanfechtung, JZ 1967, 661
SCHNELL, Der Antrag im Verwaltungsverfahren (1986)
SCHUBERT/CZUB, Die Anfechtung letztwilliger Verfügungen, JA 1980, 257
SCHWAB, Gegenwartsprobleme der deutschen Zivilprozessrechtswissenschaft, JuS 1976, 69
ders, Probleme der Prozesshandlungslehre, in: FS Baumgärtel (1990) 503
SCHWINTOWSKI, Grenzen der Anerkennung fehlerhafter Gesellschaften, NJW 1988, 937
SIEBERT, Faktische Vertragsverhältnisse (1959)
SIEGEL, Die privatrechtlichen Funktionen der Urkunde, AcP 111 (1914) 1
SIMITIS, Die faktischen Vertragsverhältnisse als Ausdruck der gewandelten sozialen Funktion der Rechtsinstitute des Privatrechts (1957)
SINGER, Das Verbot widersprüchlichen Verhaltens (1993)
ders, Selbstbestimmung und Verkehrsschutz im Recht der Willenserklärungen (1995)
ders, Fehler beim Kauf – Zum Verhältnis von Mängelgewährleistung, Irrtumsanfechtung und culpa in contrahendo, in: Festgabe aus der Wissenschaft anlässlich des 50-jährigen Bestehens des Bundesgerichtshofs (2000) 381
ders, Arbeitsvertragsgestaltung nach der Reform des BGB, RdA 2003, 194
SINGER/MÜLLER, Eigenmächtige Vertreterin, Übungsklausur Zivilrecht, Jura 1988, 485
SPELLENBERG, Fremdsprache und Rechtsgeschäft, in: FS Ferid (1988) 463
SPIESS, Zur Einschränkung der Irrtumsanfechtung, JZ 1985, 593
STAHLHACKE, Ausgleichsquittung und Kündigungsschutz, NJW 1968, 580
STEWING/SCHÜTZE, Irrtumsanfechtung bei der Mängelrüge nach § 377 HGB, BB 1989, 2130

STICHLBERGER, Anfechtung öffentlich-rechtlicher Willenserklärungen durch Private, BayVBl 1980, 393
STOLL, Schädigung durch Vertragsschluss, in: FS Deutsch (1999) 361
TITZE, Die Lehre vom Missverständnis (1910)
ders, Vom sogenannten Motivirrtum, in: FS Heymann II (1940) 72
TRUPP, Die Bedeutung des § 133 für die Auslegung von Willenserklärungen, NJW 1990, 1346
ULMER, Der Einwendungsausschluss im einheitlichen Wechselgesetz, in: FS Raiser (1974) 225
ders, Fehlerhafte Unternehmensverträge im GmbH-Recht, BB 1989, 10
ders, Hundert Jahre Personengesellschaftsrecht: Rechtsfortbildung bei OHG und KG, ZHR 161 (1997) 102
ULRICI, Geschäftsähnliche Handlungen, NJW 2003, 2053
WAGNER, Lügen im Vertragsrecht, in: ZIMMERMANN (Hrsg), Störungen der Willensbildung bei Vertragsschluss (2007) 59
WALKER, Der Vollzug des Arbeitsverhältnisses ohne wirksamen Arbeitsvertrag, JA 1985, 138
WALZ, Die steuerliche Herausforderung des Zivilrechts, ZHR 147 (1989) 281
WEBER, Zur Lehre von der fehlerhaften Gesellschaft (1978)
WESTERMANN, Einheit und Vielfalt der Wertungen in der Irrtumslehre, JuS 1964, 169
WIEDEMANN, Das Arbeitsverhältnis als Austausch- und Gemeinschaftsverhältnis (1966)
WIEGAND, Vertragliche Beschränkungen der Berufung auf Willensmängel (2000)
WIELING, Die Bedeutung der Regel „falsa demonstratio non nocet" im Vertragsrecht, AcP 172 (1972) 297
WIESER, Zurechenbarkeit des Erklärungsinhalts, AcP 184 (1984) 40
WIESNER, Die Lehre von der fehlerhaften Gesellschaft (1980)
WILLEMSEN, Zum Verhältnis von Sachmängelhaftung und culpa in contrahendo beim Unternehmenskauf, AcP 182 (1982) 515
WITTE, Die Irrtumsanfechtung von Willenserklärungen gegenüber dem Patentamt, GRUR 1962, 497

WOLF, Das Anerkenntnis im Prozessrecht (1969)
WOLF/GANGEL, Anfechtung und Kündigungsschutz, AuR 1982, 271

ZITELMANN, Irrtum und Rechtsgeschäft (1879)
ZWEIGERT, Irrtümer über den Irrtum, ZfRVgl 1966, 12.

Systematische Übersicht

I. Grundlagen der Irrtumsregelung	
1. Die gesetzliche Regelung im Überblick	1
2. Die rechtspolitische Unterscheidung zwischen Geschäfts- und Motivirrtum	3
II. Irrtum	6
1. Der Grundsatz Auslegung vor Anfechtung	7
2. Bewusste Unkenntnis vom Inhalt der Erklärung	8
a) Unterschriftsirrtum	9
b) Unerkannter Verzicht in Ausgleichsquittungen	14
c) Sprachbedingte Missverständnisse und Irrtumsanfechtung	17
aa) Zugang und Auslegung	18
bb) Erklärungen von sprachunkundigen Personen	21
cc) Anfechtung	24
d) Irrtum über allgemeine Geschäftsbedingungen	26
e) Blankettmissbrauch	31
III. Erklärungsirrtümer gem § 119 Abs 1	33
1. Irrtum in der Erklärungshandlung	34
a) Ungewollte Bedeutungszeichen: Versprechen, Vergreifen, Verschreiben	34
b) Irrtümer bei elektronischen und automatisierten Erklärungen	35
2. Inhaltsirrtum	38
a) Das Verhältnis von Auslegung und Anfechtung	39
b) Arten des Inhaltsirrtums	43
aa) Verlautbarungsirrtum	43
bb) Identitätsirrtum	45
cc) Irrtum über die Soll-Beschaffenheit	47
3. Der Kalkulationsirrtum und die Lehre vom erweiterten Inhaltsirrtum	51
a) Unschädliche Falschbezeichnungen	54
b) Vom Geschäftspartner veranlasster oder gemeinsamer Irrtum über die Berechnungsgrundlage	55
aa) Veranlassung des Kalkulationsirrtums durch den Vertragspartner	57
bb) Gemeinsamer Irrtum über die Berechnungsgrundlage	60
c) Der erkannte und ausgenutzte interne Kalkulationsirrtum	62
aa) Die fehlende Schutzwürdigkeit des Erklärungsempfängers	62
bb) Treu und Glauben statt Anfechtung?	63
d) Kenntnis und treuwidrige Kenntnisvereitelung	65
4. Rechtsfolgeirrtum und Rechtsfolgemotivirrtum	67
a) Die Unterscheidung von autonomen und heteronomen, wesentlichen und mittelbaren Rechtsfolgen	67
b) Alternativen: teleologische Auslegung des Rechtsgeschäfts, erweiterte Irrtumsanfechtung bei vorvertraglicher Pflichtverletzung und Wegfall der Geschäftsgrundlage	68
c) Einzelfälle	69
aa) Irrtümer über autonome und heteronome Rechtsfolgen	69
bb) Teleologische Auslegung des Rechtsgeschäfts	71
cc) Vom Anfechtungsgegner verschuldeter Rechtsfolgemotivirrtum	74
dd) Wegfall der Geschäftsgrundlage	77
5. Verallgemeinerung: Die Erweiterung der Irrtumsanfechtung gemäß §§ 119, 121 beim gemeinsamen oder vom Geschäftspartner verschuldeten oder erkannten Motivirrtum	78
IV. Eigenschaftsirrtum (§ 119 Abs 2)	79
1. Verkehrswesentlichkeit	80
a) Verkehrswesentlichkeit im Sinne von „Geschäftswesentlichkeit"	80

b)	Verkehrswesentlichkeit von Eigenschaften, die zur vereinbarten oder üblichen Soll-Beschaffenheit gehören	83	VI.	**Einschränkungen der Anfechtung**
			1.	Ausschluss der Irrtumsanfechtung wegen Rechtsmissbrauchs (§ 242) — 102
2.	Der Vorrang des Leistungsstörungs- und Gewährleistungsrechts vor der Anfechtung wegen Eigenschaftsirrtums	85	2.	Anfechtungsausschluss durch Rechtsgeschäft und Verwirkung — 105
			VII.	**Anwendungsbereich der §§ 119 ff und Konkurrenzen**
3.	Eigenschaften der Person oder Sache	87	1.	Anwendungsbereich — 106
			2.	Vorrang konkurrierender Sondernormen und -wertungen — 109
a)	Verkehrswesentliche Eigenschaften der Person	89	a)	Sondernormen — 109
aa)	Person	89	b)	Einschränkung der Irrtumsanfechtung bei Dauerschuldverhältnissen — 111
bb)	Einzelne Eigenschaften: Vertrauenswürdigkeit und Zuverlässigkeit	90	c)	Willenserklärungen mit normativer Wirkung — 114
b)	Verkehrswesentliche Eigenschaften einer Sache	95	d)	Verkehrs- und Vertrauensschutz — 115
aa)	Sachen	95	VIII.	**Beweislast** — 117
bb)	Einzelne Eigenschaften der Sache	96		
V.	**Kausalität des Irrtums**	101		

I. Grundlagen der Irrtumsregelung

1. Die gesetzliche Regelung im Überblick

Bedeutet Privatautonomie „Selbstgestaltung in Selbstbestimmung" (oben Vorbem 3 zu §§ 116 ff), so fehlt es offensichtlich am tragenden Grund für die Rechtsgeltung der Erklärung, wenn die Selbstbestimmung an irgendeinem Mangel leidet. Dies trifft nicht nur auf Irrtümer bei der Erklärungshandlung zu (Inhalts- und Erklärungsirrtum), sondern auch auf Irrtümer bei der Willensbildung (Motivirrtum). Indessen würden Rechts- und Verkehrssicherheit geradezu unerträglich beeinträchtigt, wenn jeder Irrtum die Ungültigkeit des Rechtsgeschäfts zur Folge hätte. Der **Kreis der relevanten Irrtümer** bedarf einer Begrenzung. Auch das Vertrauen des Erklärungsempfängers verdient Schutz, da und sofern der Mangel seinen Ursprung in der Sphäre des Erklärenden hat und diesem folglich der Vertrauenstatbestand zugerechnet werden kann. Insofern dürfte sich der Urheber einer Willenserklärung eigentlich nicht beschweren, wenn er jedenfalls für endogene Willensmängel in vollem Umfang zur Verantwortung gezogen würde.

1

Der Gesetzgeber entschied sich jedoch für keine der denkbaren, in dem historischen Streit zwischen Willens- und Erklärungstheorie (dazu oben Vorbem 12 f zu §§ 116 ff) leidenschaftlich umkämpften Extrempositionen, sondern bemühte sich um einen **Kompromiss**. Dieser besteht zum einen darin, dass der Kreis der relevanten Irrtümer grundsätzlich auf solche begrenzt ist, die den Erklärungsvorgang selbst und nicht die Willensbildung betreffen (§ 119 Abs 1). Abgesehen von Sonderfällen, zu denen auch der in § 119 Abs 2 geregelte Irrtum über Eigenschaften der Person oder Sache gehört, ist ein **Motivirrtum** grundsätzlich unbeachtlich (vgl Vorbem 29 zu §§ 116 ff).

2

Das BGB knüpft hier an die in der Lehre des 19. Jahrhunderts bei SAVIGNY schon angelegte (System Band III [1840] 112 ff; dazu FLUME § 22, 2; MünchKomm/KRAMER Rn 2; KRAMER, Irrtum Rn 20), später von ZITELMANN subtil weitergeführte **psychologische Unterscheidung der Irrtumsarten** an (Irrtum und Rechtsgeschäft [1879] 359 ff; dazu ROTHOEFT 64 ff). Ein weiterer, wichtiger Kompromiss zwischen Willens- und Erklärungstheorie besteht darin, dass die relevanten Irrtümer gem §§ 119, 120 nicht zur Nichtigkeit der Willenserklärung führen, sondern lediglich zur Anfechtung berechtigen (zur historischen Entwicklung des Anfechtungsrechts vgl HARDER AcP 173 [1973] 209 ff). Dem Irrenden wird dadurch ein – gem § 121 befristetes – **Wahlrecht** eingeräumt und somit – entsprechend dem Grundsatz der Privatautonomie – keine Regelung aufgedrängt, sondern rechtsgeschäftliche Entscheidungsfreiheit zurückgegeben. Dem **Vertrauensschutz** des Empfängers wird im Falle der Anfechtung nur noch in abgeschwächter Form durch die Verpflichtung zum Schadensersatz gem § 122 entsprochen (Vorbem 19 zu §§ 116 ff).

2. Die rechtspolitische Unterscheidung zwischen Geschäfts- und Motivirrtum

3 Die gesetzliche Regelung des BGB ist oft **kritisiert** worden (eindringlich TITZE, in: FS Heymann 72 ff; ZWEIGERT ZfRVgl 1966, 12 ff; MünchKomm/KRAMER Rn 7 ff und 97 ff; KRAMER, Irrtum Rn 20; dazu ausf SINGER, Selbstbestimmung 241 ff). Anstatt der eher zufälligen und in Grenzfällen unsicheren Unterscheidung nach psychologischen Kriterien sollte darauf abgestellt werden, ob der Erklärungsempfänger den Irrtum veranlasst, erkannt hat oder hätte erkennen können (SOERGEL/HEFERMEHL Rn 2; MünchKomm/KRAMER Rn 10 aE). Dem Bedürfnis, eine sachgerechte Risikoverteilung zu erzielen, entsprechen Ausweichkonstruktionen wie die Lehren vom erweiterten Inhaltsirrtum (unten Rn 51) oder Wegfall der Geschäftsgrundlage (unten Rn 52, 55). Auf Kritik stößt auch die Verkehrsfeindlichkeit der Anfechtung, die zu großflächigen Ausnahmen nötige, insbesondere im Arbeits-, Gesellschafts- und Handelsrecht (MünchKomm/KRAMER Rn 10).

4 **Stellungnahme**: Der Kritik ist zuzugeben, dass sich mit der Unterscheidung zwischen Erklärungs- und Motivirrtum nicht alle Probleme sachgerecht lösen lassen und insbesondere dort Korrekturen erforderlich sind, wo die Verantwortung für einen Motivirrtum nicht oder jedenfalls nicht allein beim Irrenden selbst liegt (dazu näher Rn 51 ff). Auch ist die Grenzziehung zwischen Irrtümern in der Erklärungshandlung und im Stadium der Vorbereitung nicht immer leicht zu vollziehen. Daraus folgt aber nicht, dass de lege lata das geltende Irrtumsrecht umgeschrieben und statt dessen – beschränkt auf die Kategorie der sog Sachverhaltsirrtümer – auf die Erkennbarkeit oder Veranlassung des Irrtums durch den Erklärungsempfänger abgestellt werden dürfte (so aber MünchKomm/KRAMER Rn 10 und 97 ff). Zu einer solch weitreichenden Umkonstruktion der Irrtumslehre, die als **Rechtsfindung contra legem** zu qualifizieren wäre, fehlt dem Rechtsanwender die Kompetenz (zutr LARENZ, AT § 20 II b; MEDICUS, AT Rn 770; FLUME JZ 1985, 470, 474; zu den allg Grenzen des contra-legem-Justizierens vgl die unterschiedlichen Ansätze von LARENZ/CANARIS, Methodenlehre der Rechtswissenschaft [3. Aufl 1995] 246 ff und NEUNER, Die Rechtsfindung contra legem [1992] 132 ff).

5 Dessen ungeachtet beruht die Unterscheidung zwischen Geschäfts- und Motivirrtum jedenfalls im Grundsatz auf durchaus fundierten **Gerechtigkeitserwägungen** (ebenso FLUME § 21, 11 = S 433; LARENZ/WOLF § 36 Rn 9 ff; ausf SINGER 241 ff; aus ökonomischer Sicht auch H KOCH, in: FS Zweigert [1981] 851, 869 ff). Sie ist Ausprägung der für das BGB

charakteristischen **Unterscheidung von formaler und materialer Selbstbestimmung**. Danach ist für die Verbindlichkeit autonomer Willenserklärungen erforderlich, aber auch ausreichend, dass die erklärten Rechtsfolgen wirklich gewollt sind. Unter welchen materialen Bedingungen sich dieser Wille gebildet hat, interessiert nur in Ausnahmefällen. Dabei handelt es sich im Wesentlichen um gravierende Störungen der Selbstbestimmung, wie sie etwa bei arglistiger Täuschung und Drohung gem § 123 oder bei Ausnutzung bestimmter Schwächen des Geschäftspartners gem § 138 in Erscheinung treten. Demgegenüber bildet die Beeinträchtigung der Entscheidungsfreiheit bei intellektueller oder informationeller Unterlegenheit eines Vertragspartners keinen generell wirksamen Vertragsaufhebungsgrund. Schutz gewährt die Vertragsrechtsordnung des BGB vertrags- und situationsspezifisch, wobei sich die Entwicklung zunächst in Sonderprivatrechtskodifikationen wie dem AGBG, HWG und VerbrKrG vollzogen und erst die Schuldrechtsreform 2002 die Integration dieser Schutznormen ins Bürgerliche Gesetzbuch herbeigeführt hat (vgl insbes §§ 305 ff; 312 ff; 474 ff; 491 ff). Das Privatrecht kennzeichnet nunmehr eine größere Sensibilität für die Bedingungen materieller Vertragsfreiheit, ohne jedoch den prinzipiellen Vorrang formaler Selbstbestimmung und Vertragsfreiheit gänzlich in Frage zu stellen. Auf der gleichen Ebene wie die beschränkte Rücksichtnahme auf Störungen der materiellen Vertragsfreiheit liegt die beschränkte Relevanz des Motivirrtums. Diese hat ihren Grund hauptsächlich, aber nicht nur im Bedürfnis nach **Rechts- und Verkehrssicherheit**. Würde man die Verbindlichkeit rechtsgeschäftlicher Abreden davon abhängig machen, ob im Einzelfall wirklich Entscheidungsfreiheit gewährleistet war, wäre die Bestandskraft von Verträgen kaum gesichert, geschweige denn berechenbar (vgl das instruktive Beispiel von WESTERMANN JuS 1964, 169, 171; ferner SCHMIDT/RIMPLER AcP 147 [1941] 130, 191 f). Die weitreichende Anerkennung des Motivirrtums im Erbrecht beruht denn auch darauf, dass dort auf Verkehrs- und Vertrauensschutzinteressen nicht in vergleichbarem Maße Rücksicht genommen werden muss. Im Geschäftsverkehr gehen persönliche Motive und Entscheidungsfaktoren den Vertragspartner jedoch nichts an (FLUME § 21, 11 = S 433). Ihre Berücksichtigung widerspräche dem Prinzip der **Selbstverantwortung**, das die Kehrseite autonomer Gestaltungsfreiheit darstellt und schlechthin konstitutiv ist für die Anerkennung der Person als Subjekt rechtsgeschäftlichen Handelns (LARENZ, AT § 2 II e = S 41; OHLY, Volenti non fit iniuria [2002] 77). Während Irrtümer bei Abgabe der Erklärung nicht mehr korrigiert werden können, besteht bei Irrtümern im Stadium der Willensbildung noch die Möglichkeit der Ergebniskontrolle und Fehlerberichtigung (BERGER, Anm LM Nr 36 zu § 119); dieser größeren Beherrschbarkeit des Irrtumsrisikos korrespondiert ein höheres Maß an Verantwortung. Außerdem entspricht es geradezu dem **Sinn des rechtsgeschäftlichen Versprechens**, dass der Erklärende das Risiko für die Verwirklichung persönlicher Zweckvorstellungen und Motive übernimmt. Die im Rechtsgeschäft unbedingt übernommene Verpflichtung im Sinne eines rechtsethischen „Sollens" kann nur ernst genommen werden, wenn sie eine unbedingte Bindung bedeutet (DIESSELHORST, in: Sympotica Wieacker [1970] 180 [190 f]). Die Gegenprobe zeigt: Kaum je ein Vertrag käme zustande, wenn die Erfüllung persönlicher Motive oder die Gewährleistung vollkommener Entscheidungsfreiheit zur Vertragsbedingung gemacht würde. Rechtsethisch handelt es sich bei Motiv und Geschäftswille um verschiedene Ebenen: Wer ein Versprechen eingeht und sich wieder davon lösen will, weil sich seine persönlichen Ziele und Zwecke nicht erfüllt haben, bricht das „bewusst" gegebene Wort (DIESSELHORST 190; s a F BYDLINSKI, Privatautonomie 58). Beim Erklärungs- und Geschäftsirrtum ist dies nicht der Fall, weil das Versprechen selbst an einem Mangel leidet. Das erklärt die unterschiedlichen Sanktionen: Für das bewusst gegebene Wort muss man im geltenden Recht unbedingt einstehen, wie insbesondere die §§ 116 S 1, 170–172, 179 Abs 1, 405 und 463 S 1 zeigen. Fehlt dem Verantwortlichen das volle Bewusstsein für die Rechtsfolgen, die seine Erklärung auslöst, kann die Einstandspflicht für das rechtsgeschäftliche Versprechen nicht mehr mit dem Prinzip der Selbstbestimmung begründet werden, sondern bedarf der Rechtfertigung mit heteronomen Erwägungen wie dem Prinzip des Verkehrs- und Vertrauensschutzes. Dieses ist im Hinblick auf Sanktionen durchaus indifferent und solchen Abstufungen zugänglich wie sie das geltende Recht in Gestalt der Kombination von Anfechtungsrecht und negativem Vertrauensschutz gem § 122 vorsieht. Insgesamt beruht die Unterscheidung von Geschäfts- und Motivirrtum auf Erwägungen, die im Kern durchaus überzeugen. Dass sie in Grenzfällen unsicher wird und sachlich an Überzeugungskraft verliert, spricht nicht gegen das Prinzip, rechtfertigt aber in bestimmten Fallgruppen eine die tragenden Prinzipien des Irrtumsrechts wahrende, teleologische **Rechtsfortbildung**. Der Sache nach wird diese längst praktiziert und zwar auf der einen Seite durch Erweiterung der Irrtumsanfechtung, insbesondere beim offenen Kalkulationsirrtum, auf der anderen Seite durch die Ausweitung anerkannter, ursprünglich ebenfalls im Wege der Rechtsfortbildung entstandenen schuldrechtlichen Institute, zB durch Anerkennung des gemeinschaftlichen Irrtums als Geschäftsgrundlage des Vertrages (vgl nunmehr § 313), der vorvertraglichen Haftung für verschuldete Motivirrtümer (vgl nunmehr §§ 280 Abs 1, 241 Abs 2, 311 Abs 2) und der Einrede unzulässiger Rechtsausübung gem § 242 (vgl näher unten Rn 53 ff).

II. Irrtum

6 Nach allgemeinem Sprachgebrauch bezeichnet man als Irrtum jede Fehlvorstellung von der Wirklichkeit (Larenz/Wolf § 36 Rn 1). Der Irrtum kann sich auf die Erklärung selbst, auf den Geschäftsgegenstand oder auf sonstige Umstände beziehen, die für den Vertragsschluss von Bedeutung sind (Larenz, AT § 20 II a = S 370). Bezieht sich der Irrtum auf die Erklärung selbst, kennzeichnet ihn das **unbewusste Auseinanderfallen von Wille und Erklärung** (RGZ 85, 322, 324; 134, 25, 31 f; BGH WM 1983, 447; LM Nr 21 zu § 119; BAG NJW 1960, 2211, 2212; 1969, 184; zur *bewussten* Übernahme von Risiken bei sog tel quel-Geschäften unten Rn 11 f).

1. Der Grundsatz Auslegung vor Anfechtung

7 Um überhaupt feststellen zu können, ob Wille und Erklärung auseinander fallen, muss zunächst der genaue Inhalt der Willenserklärung ermittelt werden. **Auslegung geht Anfechtung** prinzipiell vor (RGZ 85, 322, 324; Medicus, AT Rn 317; Larenz, AT § 20 II a = S 371). Diese entfällt somit, wenn der Erklärungsempfänger das Gewollte erkennt, da hier kein Anlass besteht, aus Gründen des Vertrauensschutzes am Grundsatz der objektiven Auslegung festzuhalten. Vielmehr gilt getreu der Maxime „*falsa demonstratio non nocet*" das Gewollte – ohne Rücksicht darauf, ob dieses in der Erklärung irgendwie zum Ausdruck gekommen ist (vgl dazu näher § 133 Rn 13 ff; s ferner unten Rn 9 u 39).

2. Bewusste Unkenntnis vom Inhalt der Erklärung

Fraglich wird die Anfechtung wegen Inhalts- oder Erklärungsirrtums, wenn dem **8** Erklärenden bewusst ist, dass er den Inhalt der Erklärung nicht kennt. Dabei sind verschiedene Fallkonstellationen bewusster Unkenntnis zu unterscheiden: der Unterschriftsirrtum beim Unterschreiben ungelesener Urkunden (Rn 9 ff), insbesondere bei der Ausgleichsquittung (Rn 14 ff), sprachbedingte Missverständnisse (Rn 17 ff), Irrtümer bei der Einbeziehung von AGB (Rn 26 ff) und der Blankettmissbrauch (Rn 31 ff).

a) Unterschriftsirrtum

Wenn eine Urkunde unterzeichnet wird, ohne dass sie der Unterzeichnende vorher **9** gelesen hat, sind verschiedene **Fallkonstellationen** zu unterscheiden (vgl HENRICH RabelsZ 35 [1971] 55 ff). Denkbar ist zunächst der Fall, dass sich die Parteien eines Vertrages über den Inhalt der Urkunde einig sind, diese ihren Willen aber nicht einwandfrei zum Ausdruck bringt. Hier besteht nach dem Grundsatz **falsa demonstratio non nocet** (§ 133 Rn 13 ff) kein Anlass, die Erklärung anzufechten, da das übereinstimmend Gewollte gilt. Entsprechendes gilt, wenn der Partner den abweichenden Willen des Unterzeichnenden erkannt hat (FLUME § 23, 2 b; MünchKomm/KRAMER Rn 50; HENRICH RabelsZ 35 [1971] 68 f; vgl auch BGH WM 1983, 92; OLG Düsseldorf MittBayNot 2001, 321, 323). So verhält es sich etwa, wenn einer Partei, die Kaufvertragsformulare zu unterschreiben glaubt, gegen ihren Willen Darlehensantragsformulare untergeschoben werden (BGH WM 1973, 750, 751). Obwohl das Verhalten des Geschäftspartners eine arglistige Täuschung darstellt, bedarf es hier wegen des Vorrangs der Auslegung keiner Anfechtung. Notwendig bleibt die Anfechtung aber, wenn der Geschäftspartner die Täuschung nicht kennt wie zB beim Abschwindeln von Abonnements durch eigenmächtig handelnde Zeitschriftenwerber (MEDICUS, AT Rn 753). Um **untergeschobene Verträge** handelt es sich auch in den früher viel diskutierten Wechselzeichnungsfällen, bei denen der erste Wechselnehmer dem Aussteller vorspiegelt, dieser unterschreibe einen Spesenbeleg für das Finanzamt (so der Fall OGH JBl 1965, 323; dazu F BYDLINSKI JZ 1975, 1 f), Abrechnungsquittungen über Prolongationsspesen oder eine Ermächtigung zur Grundstücksbesichtigung durch Kaufinteressenten (so BGH NJW 1968, 2102; dazu SINGER, Selbstbestimmung 131 f), während er in Wirklichkeit einen Wechsel zeichnet. Gegenüber dem ersten Wechselnehmer hätte der Aussteller nicht gehaftet, da er für diesen erkennbar keine Wechselzeichnung eingegangen ist. Dritten gegenüber greift jedoch die wertpapierrechtliche Rechtsscheinhaftung ein, weil und sofern die Einwendungen des Ausstellers gem Art 10, 16 Abs 2 WG präkludiert sind (BGH NJW 1973, 282, 283; BAUMBACH/HEFERMEHL Art 17 WG Rn 45).

Im Übrigen unterscheiden Rechtsprechung und hM danach, ob der Unterzeichnen- **10** de geradezu „blind" unterschrieben oder sich (auch) **konkrete Vorstellungen vom Inhalt der Urkunde** gemacht hat. Ausgehend von dem Grundsatz, dass der Irrtum durch das unbewusste Auseinanderfallen von Willen und Erklärung gekennzeichnet ist (oben Rn 6), hat das Reichsgericht den Umkehrschluss gezogen und festgestellt, dass bei bewusster Unkenntnis vom Inhalt einer unterzeichneten Urkunde kein Irrtum vorliege (RGZ 62, 201, 205; 77, 309, 312; 88, 278, 282). Der Erklärende irre nicht, „weil er sich klar über seine Unkenntnis ist und auf alle Fälle will, mag die Sache so oder anders liegen" (RGZ 62, 201, 205; s a RGZ 134, 25, 32). Davon zu unterscheiden sei aber der Fall, dass der Anfechtende die Urkunde in dem irrenden Glauben unterschrieben hat, diese gebe die vorausgegangenen Vertragsverhandlungen richtig wieder, oder wenn er sich sonst eine unrichtige Vorstellung über den Inhalt der Urkunde gemacht hat (RGZ 88, 278, 283). Die Rechtsauffassung des Reichsgerichts hat sich in Rechtsprechung und Schrifttum durchgesetzt (zust BGH BB 1956, 254; NJW 1995, 190, 191; 1999, 2664, 2665; 2002, 956, 957; BAG NJW 1971, 639, 640; OLG Frankfurt aM WM 1984, 962; OLG Düsseldorf MittBayNot 2001, 321, 323; LG Krefeld NJW-RR 1998, 1522; OLG Stuttgart, Urt v 21. 12. 2009 – 6 U 110/09 – iuris; MEDICUS, AT Rn 755; LARENZ, AT § 20 II a = S 372; MünchKomm/KRAMER Rn 51 ff).

11 Stellungnahme: Rechtsprechung und hL ist im Wesentlichen zuzustimmen. Wer einen Vertragstext ungelesen unterzeichnet, hat grundsätzlich den rechtsgeschäftlichen Willen, die Urkunde so gelten zu lassen, wie sie nun einmal ist – „**tel quel**" (SIEGEL AcP 111 [1914] 1, 92). Eine Anfechtung kommt hier nicht in Betracht, weil sich Wille und Erklärung in der Tat decken. Wer einen Bürgschaftsvertrag ungelesen unterschreibt, kann daher nicht mit der Begründung anfechten, er habe mit einem Verzicht auf die Einrede der Vorausklage nicht gerechnet. Der Wille, die Erklärung so zu akzeptieren, wie sie nun einmal ist, hat bei lebensnaher Betrachtung allerdings Grenzen. Auch wer „blind" unterschreibt, hat idR gewisse Mindestvorstellungen über Art und Umfang des Rechtsgeschäfts (MEDICUS, AT Rn 755; LARENZ aaO 372; LARENZ/WOLF § 36 Rn 42; BAMBERGER/ROTH/WENDTLAND Rn 25). In Bezug auf diese Vorstellungen ist dem Unterzeichner der Inhalt der Urkunde keineswegs gleichgültig, so dass eine Divergenz zwischen Wille und Erklärung sehr wohl in Betracht kommt (ähnl SPELLENBERG, in: FS Ferid 472 und 475, der den Maßstab für das Überschreiten des übernommenen Risikos § 3 AGBG aF [§ 305c Abs 1 BGB] entnimmt).

12 Beispiele: Wer glaubt, eine Erklärung bezüglich seines Sparguthabens abzugeben, akzeptiert alle einschlägigen Sparbedingungen „tel quel", aber nicht den Abschluss eines *Bürgschaftsvertrages* (BGH NJW 1995, 190, 191). Wenn ein Kunde im **Postident-Verfahren** ein vorformuliertes Formular des Anbieters unterzeichnet hat (zur Qualifikation als Willenserklärung BGH NJW 2004, 3699) und glaubt, lediglich den Empfang der Sendung zu quittieren, hat er zwar kein **Erklärungsbewusstsein** (dazu Vorbem 33 zu §§ 116 ff), erliegt aber einer im Regelfall nur schwer zu beweisenden Fehlvorstellung (zu großzügig MÖLLER NJW 2005, 1605, 1606 f; zur Beweislast unten Rn 28). Effektiveren Schutz dürfte hier das bei solchen Fernabsatzgeschäften bestehende Widerrufsrecht gem § 312d bieten. Plausibel ist ein Inhaltsirrtum hingegen, wenn die Aufmerksamkeit des Lesers auf bestimmte irreführende Angaben gelenkt wird und der Unterzeichnete dadurch andere wichtige Angaben zum Umfang seiner Verpflichtungen übersieht (LG Waldshut-Tiengen NJW-RR 1995, 1075 f). Wer bei der Unterzeichnung eines *Krankenhausaufnahmevertrages* den Wunsch nach Unterbringung in einem Einbett- oder Zweibettzimmer geäußert hat, muss nicht damit rechnen, dass er ein Formular über die Inanspruchnahme privatärztlicher Leistungen unterzeichnet (LG Köln NJW 1988, 1518; VersR 1989, 1265, 1266; abw LG Flensburg MedR 1993, 200, 201 bei „blinder" Unterschrift). Entsprechendes gilt bei einer notariell beurkundeten Erklärung, wenn die Partei eine vom *Notar* eingefügte, vorher nicht besprochene Klausel beim Vorlesen überhört (BGHZ 71, 260, 263 f; überholt RGZ 50, 420, 422 f; BGH LM Nr 3 zu § 415 ZPO mwNw, wonach mangels Kenntnisnahme von der Klausel bereits tatbestandlich keine Genehmigung vorliege und somit eine Anfechtung entbehrlich sei). Wurde über die betreffende Klausel vorher gesprochen, dürfte der Beweis eines Irrtums schwer fallen. Zu weit geht aber VGH

Baden Württemberg (Justiz 1983, 105), der in einem solchen Fall wegen der prozessbeendigenden Wirkung des *Prozessvergleichs* jedwede Irrtumsanfechtung kategorisch ausschloss. Dabei wird nicht ausreichend berücksichtigt, dass der Prozessvergleich nicht nur Prozesshandlung, sondern auch bürgerlich-rechtlicher Vertrag ist und eine wirksame Prozessbeendigung davon abhängt, dass dieser Vertrag als Rechtsgeschäft gültig ist (vgl BGHZ 79, 71 [74]; OLG München NJW-RR 1990, 1406). Typische „tel quel"-Geschäfte sind Verkäufe auf Flohmärkten und dergleichen. Keinem (beachtlichen) Irrtum unterliegt daher der Verkäufer, der auf dem **Flohmarkt** ein Bündel Notenhefte veräußert, ohne zu merken, dass sich darunter wertvolle Notenmanuskripte befinden *(„Mozart*-Fund", AG Coburg NJW 1993, 988; LEENEN § 14 Rn 68 Fn 37, 80; **aA** PALANDT/ELLENBERGER Rn 27; vgl auch unten Rn 96).

Sofern nach den vorstehend genannten Grundsätzen ein Irrtum anzunehmen ist, handelt es sich idR um einen **Inhaltsirrtum gem § 119 Abs 1, 1. Alt**, nicht um einen Irrtum in der Erklärungshandlung gem § 119 I, 2. Alt, da das Erklärungszeichen – die Unterschrift – bewusst und gewollt gesetzt worden ist (MEDICUS, AT Rn 755; vgl schon SIEGEL AcP 111 [1914] 91). Um einen unbeachtlichen **Motivirrtum** handelt es sich aber, wenn ein Kreditnehmer irrtümlich davon ausgeht, dass ein Kreditvertrag mit einer 5-jährigen Laufzeit vorzeitig gekündigt werden kann (**aA** OLG Frankfurt NJW-RR 2006, 447 f). UU fehlt aber das **Erklärungsbewusstsein** (Bsp oben Rn 9). 13

b) Unerkannter Verzicht in Ausgleichsquittungen
Bei Beendigung des Arbeitsverhältnisses entspricht es verbreiteter Praxis, dass dem ausscheidenden Arbeitnehmer eine so genannte Ausgleichsquittung zur Unterschrift vorgelegt wird. Dabei handelt es sich um eine vorformulierte Erklärung, die bescheinigt, dass der Arbeitnehmer seine Arbeitspapiere (Lohnsteuerkarte, Versicherungsausweis) und eventuellen Restlohn erhalten hat, dass ihm aber darüber hinaus keine Ansprüche mehr aus dem Arbeitsverhältnis und seiner Beendigung zustehen (SCHAUB, Arbeitsrechtshandbuch § 72 II 2; KRAMER/MARHOLD, AR-Blattei „Ausgleichsquittung" [Stand Sept 1993] Rn 1 f). Umfang und Tragweite des Verzichts sind zunächst durch **Auslegung** der abgegebenen Willenserklärung zu ermitteln. Dabei geht der Zehnte Senat des BAG davon aus, dass Ausgleichsklauseln in Aufhebungsverträgen grundsätzlich weit auszulegen sind, weil die Parteien in der Regel das Arbeitsverhältnis abschließend bereinigen und alle Ansprüche erledigen wollen (AP Nr 48 zu § 611 BGB Konkurrenzklausel – unter II 2 b cc; Nr 74 zu § 74 HGB – unter II 3 c aa; NZA 2004, 554, 555). Wird vom Arbeitnehmer im Anschluss an den Aufhebungsvertrag eine umfassende Ausgleichsquittung unterzeichnet, soll dieser in der Regel auch den vertraglichen Anspruch des Arbeitnehmers auf ein anteiliges 13. Monatsgehalt erfassen (BAGE 111, 315, 318). Die Rechtsprechung des BAG ist jedoch nicht einheitlich und kommt insbesondere dann zu abweichenden Ergebnissen, wenn unklar ist, ob die betreffende Erklärung überhaupt als Verzicht auf Ansprüche aus dem Arbeitsverhältnis aufzufassen ist. Wird zB erklärt, dass die bestehenden Ansprüche „abgegolten" sein sollen, bestätigt der Arbeitnehmer lediglich, dass diese vollständig erfüllt seien (BAGE 124, 349, 353). Auch liegt nach Ansicht des Zweiten Senats kein Verzicht auf die Erhebung oder Durchführung einer *Kündigungsschutzklage* vor, wenn der Arbeitnehmer lediglich erklärt hat, es bestünden „nunmehr keinerlei Rechte aus dem Arbeitsverhältnis" mehr (BAG AP Nr 5 zu § 4 KSchG 1969) oder „aus dem Arbeitsverhältnis und seiner Beendigung" (AP Nr 6 aaO). Auch ein Verzicht auf Ruhegeldansprüche kommt in einer solchen Erklärung nicht mit der nötigen Klarheit zum 14

Ausdruck (AP Nr 163 zu § 242 BGB Ruhegehalt). Dagegen hat der Vierte Senat des BAG die ausdrückliche Erklärung, dass „sämtliche Ansprüche aus dem Arbeitsverhältnis und seiner Beendigung, gleich aus welchem Rechtsgrunde, ausgeglichen sind" und „gegen die Kündigung ... keine Einwendungen erhoben" werden, als hinreichend deutlich angesehen (AP Nr 4 zu § 4 KSchG 1969).

15 Der Fünfte Senat des BAG stellt nicht nur Anforderungen an die textliche Verdeutlichung des Verzichts, sondern verlangt darüber hinaus, dass der Arbeitgeber „nach **Wortlaut und Begleitumständen**" deutlich mache, dass vom Arbeitnehmer ein Verzicht auf mögliche Ansprüche erwartet werde (AP Nr 3 zu § 9 LohnfG). Dies sei nicht der Fall, wenn sich die als „Ausgleichsquittung" überschriebene und daher für den flüchtigen Leser missverständliche Erklärung im ersten Teil ausschließlich mit der Bestätigung von Tatsachen beschäftige und bescheinige, dass der Arbeitnehmer Arbeitspapiere und Restlohn erhalten habe. Wenn im Anschluss daran ohne drucktechnische Hervorhebung oder besondere Kennzeichnung die Erklärung folge, dass damit „alle Ansprüche abgegolten" seien und der Arbeitnehmer „keine Forderungen gegen die Firma mehr habe", dürfe der Arbeitgeber nicht annehmen, dass der Arbeitnehmer mit seiner Unterschrift mehr bestätige als den Empfang der Papiere und die Richtigkeit der Lohnabrechnung. Diese Auffassung hatte schon immer breite Unterstützung im Schrifttum (vgl GRUNSKY Anm zu AP Nr 6 zu § 4 KSchG 1969; BERNERT Anm AP Nr 5 zu § 4 KSchG 1969 unter II und III 1; BAG NJW 1982, 1479; KRAMER/ MARHOLD, AR-Blattei „Ausgleichsquittung" Rn 40 ff und 49 ff; SPELLENBERG, in: FS Ferid 471 f; ebenso ArbG Bochum BB 1980, 1323). Für strenge Anforderungen an die Klarheit der Ausgleichsquittung sprechen jedoch die Unklarheitenregel und das Transparenzgebot gem §§ 305c Abs 1, 307 Abs 1 S 2, die wegen der Verbrauchereigenschaft des Arbeitnehmers (vgl BAG NZA 2005, 1111, 1115) gem § 310 Abs 3 bei Ausgleichsquittungen grundsätzlich anzuwenden sind. Darüber hinaus dürfte der einseitige Verzicht auf bestehende Rechte ohne kompensatorische Gegenleistung in der Regel eine unangemessene Vertragsgestaltung darstellen, die dem Maßstab des § 307 Abs 1 nicht standhält (PREIS NZA 2003, Sonderbeil zu Heft 16, S 19, 29). Es ist nicht ersichtlich, inwiefern arbeitsrechtliche Besonderheiten dies rechtfertigen könnten (vgl dazu auch SINGER RdA 2003, 194, 198 f).

16 Wenn man einen Verzicht in Ausgleichsquittungen nicht schon am Maßstab der §§ 305c Abs 1, 307 Abs 1 scheitern lässt, kommt subsidiär eine **Anfechtung wegen Inhaltsirrtums** in Frage. Dabei gelten die allgemeinen Grundsätze des Unterschriftsirrtums (oben Rn 9 ff). Es kommt also darauf an, ob der Arbeitnehmer irrig der Meinung war, er unterschreibe lediglich eine einfache Quittung und verzichte nicht auf Ansprüche oder Rechte aus dem Arbeitsverhältnis (so RAG JW 1930, 2729, 2730 f; BAG NJW 1971, 639, 640; LAG Baden-Württemberg BB 1966, 860). Die Durchsetzung des Anfechtungsrechts kann zwar bei eindeutigen und klar gestalteten Verzichtserklärungen auf Beweisschwierigkeiten stoßen (STAHLHACKE NJW 1968, 580, 581; KRAMER/ MARHOLD aaO Rn 154 f; zur Beweislast unten Rn 28), aber bei Ausgleichsquittungen ist die Behauptung eines Inhaltsirrtums typischerweise plausibel. Eine Anfechtung scheidet nach den allgemeinen Grundsätzen des Unterschriftsirrtums nur aus, wenn der Arbeitnehmer das ihm vorgelegte Schriftstück ungelesen unterschreibt, ohne sich **konkrete Vorstellungen** über den Inhalt zu machen. Obwohl die Gerichte häufig von einem solchen Tatbestand ausgehen (vgl zB LAG Düsseldorf BB 1968, 125; ArbG Heilbronn BB 1969, 535; ArbG Gelsenkirchen BB 1967, 999; LAG Hamm DB 1976, 923 f), dürfte gerade dieser Fall nicht der Realität entsprechen (zutr schon SIEGEL AcP 111 [1914] 92; SPELLENBERG, in: FS Ferid 472 und 490 Fn 69). Die Umstände der Unterzeichnung und die äußere Aufmachung der Ausgleichsquittungen (vgl die Formulierungen bei KRAMER/MARHOLD aaO Rn 2; BAG AP Nr 4–6 zu § 4 KSchG 1969; oben Rn 15) legen es im Gegenteil nahe, dass der Arbeitnehmer bei seiner Unterschrift von der konkreten Vorstellung beherrscht wird, lediglich den Empfang der Papiere und etwaigen Restlohn zu quittieren (SPELLENBERG, in: FS Ferid 471; TRINKNER BB 1967, 999, 1001; ders BB 1968, 125, 128; CORTS Anm AP Nr 1 zu § 4 TVG Formvorschriften). Folglich sollte er auch wegen Inhaltsirrtums anfechten dürfen, wenn seiner Erklärung eine weitreichendere Bedeutung beigelegt wird.

c) **Sprachbedingte Missverständnisse und Irrtumsanfechtung***
Bei Rechtsgeschäften, die von oder gegenüber **fremdsprachigen Geschäftspartnern** vorgenommen werden, stellt sich bei misslungener sprachlicher Verständigung die Frage, welche Partei das sog „**Sprachrisiko**" zu tragen hat (vgl dazu KLING 240 ff; SPELLENBERG, in: FS Ferid 463 ff; ders, in: MünchKomm Art 10 Rom I-VO Rn 41 ff; SCHLECHTRIEM, in: FS Weitnauer [1980] 129 ff; DROBNIG, in: FS Mann [1977] 591 ff; JAYME, in: FS Bärmann [1975] 509 ff; JANCKE, Das Sprachrisiko des ausländischen Arbeitnehmers im Arbeitsrecht [1987]; H KOCH, in: COULMAS, A Language policy for the European Community [1991] 147 ff). Die Anwendung deutschen Rechts vorausgesetzt (vgl Art 10 Rom I-VO; das Sprachrisiko folgt der „lex causae" und ist nach hM kein tauglicher Gegenstand einer Sonderanknüpfung, vgl insb LINKE ZVR 79 [1980] 1 ff [23 ff]; s ferner MünchKomm/SPELLENBERG Art 10 Rom I-VO

---

* **Schrifttum:** BLEISTEIN, Die angefochtene Ausgleichsquittung – Arbeitsrechtsklausur, JuS 1970, 406; DROBNIG, Allgemeine Geschäftsbedingungen im internationalen Handelsverkehr, in: FS Mann (1977) 591; G FISCHER, Die Blanketterklärung (1975); P FISCHER, Die dogmatische Stellung der Blanketterklärung (Diss Bonn 1969); GÖTZ, Zum Schweigen im rechtsgeschäftlichen Verkehr (1968); GRUNSKY, Neue Literatur und Rechtsprechung zum Recht der Allgemeinen Geschäftsbedingungen, JurA 1969, 87; JANCKE, Das Sprachrisiko des ausländischen Arbeitnehmers im Arbeitsrecht (1987); JAYME, Sprachrisiko und internationales Privatrecht beim Bankverkehr mit ausländischen Kunden, in: FS Bärmann (1975) 509; KOCH, Legal aspects of a language policy for the European Communities: Language risks, equal opportunities, and legislating a language, in: COULMAS, A language Policy for the European Community (1991) 147; LINKE, Sonderanknüpfung der Willenserklärung?, ZVR 79 (1980) 1; LOCHER, Zur Anfechtung wegen Irrtums über die Einbeziehungsvoraussetzungen und über den Inhalt einzelner Klauseln in AGB, BB 1981, 818; LOEWENHEIM, Irrtumsanfechtung bei Allgemeinen Geschäftsbedingungen, AcP 180 (1980) 433; MARTINY, Babylon in Brüssel?, ZEuP 1998, 227; MÜLLER, Zu den Grenzen der analogen Anwendbarkeit des § 172 BGB in den Fällen des Blankettmissbrauchs und den sich daraus ergebenden Rechtsfolgen, AcP 181 (1981) 515; NEUNER, Die Stellung Körperbehinderter im Privatrecht, NJW 2000, 1822; REINICKE/TIEDTKE, Die Haftung des Blankettgebers aus dem abredewidrig ausgefüllten Blankett im bürgerlichen Recht, JZ 1984, 550; ROTH/HELMKE, „Diese verflixten allgemeinen Geschäftsbedingungen", Der praktische Fall Zivilrecht, JuS 1977, 243; SCHÄFER, Vertragsschluss unter Einbeziehung von Allgemeinen Geschäftsbedingungen gegenüber Fremdmuttersprachlern, JZ 2003, 879; SCHLECHTRIEM, Das „Sprachrisiko" – ein neues Problem?, in: FS Weitnauer (1980) 129; SCHMIDT, Grundlagen und Grundzüge der Inzidentkontrolle allgemeiner Geschäftsbedingungen nach dem AGB-Gesetz, JuS 1987, 929; SIEGEL, Die Blanketterklärung (1908); TILMANN, Das AGB-Gesetz und die Einheit des Privatrechts, ZHR 142 (1978) 52; WURM, Blanketterklärung und Rechtsscheinhaftung, JA 1986, 577.

Rn 40 ff; MARTINY ZEuP 1998, 227, 247 f; aA JAYME, in: FS Bärmann 514 ff), geht es einerseits um Fragen des Zugangs und der Auslegung von Willenserklärungen (Rn 18 ff), andererseits um Fragen der Irrtumsanfechtung, wenn nämlich der fremdsprachige Partner das Sprachrisiko trägt (Rn 24 ff).

aa) Zugang und Auslegung

18 Auszugehen ist von dem Grundsatz, dass das deutsche **Recht keine bestimmte Sprache** vorschreibt, sondern den Gebrauch jeder lebenden und toten Sprache erlaubt (MünchKomm/SPELLENBERG Art 10 Rom I-VO Rn 32, 45; zu Ausnahmen bei der Zustellung gerichtlicher und außergerichtlicher Schriftstücke gem der EuZVO KLING 245 ff). Auch § 130 bildet in der Regel keine Grenze für das Wirksamwerden von Willenserklärungen in einer fremden Sprache (KLING 290 f). Empfangsbedürftige Willenserklärungen erlangen Wirksamkeit, wenn sie dem Adressaten zugegangen sind. **Zugang** setzt voraus, dass sich der Empfänger unter gewöhnlichen Verhältnissen Kenntnis vom Inhalt der Erklärung verschaffen konnte und nach den Gepflogenheiten des Verkehrs von ihm zu erwarten war, dass er sich diese tatsächlich verschaffte (RGZ 142, 402, 407; BGH NJW 1980, 990; FLUME § 14, 3 b; MünchKomm/EINSELE § 130 Rn 9 mwNw). Insofern kann man **bei schriftlich verkörperten Willenserklärungen unter Abwesenden** im Regelfall Zugang annehmen, da es nicht auf die tatsächliche Kenntnisnahme vom Inhalt der Erklärung ankommt, sondern lediglich auf die im Rahmen des Zumutbaren liegende Möglichkeit der Kenntnisnahme. Bei der gedanklich vorrangigen **Auslegung** der Erklärung gilt im Wesentlichen der gleiche Maßstab (aA NEUNER NJW 2000, 1822, 1825). Deshalb liegt das Verständigungsrisiko nach den Wertmaßstäben des BGB nicht zwangsläufig beim Empfänger (so aber KLING 291), sondern nur dann, wenn es ihm zuzumuten ist, sich um das Verständnis des fremdsprachigen Textes zu bemühen. Im Regelfall trägt daher der Empfänger das Verständigungsrisiko, wenn sich der Absender der **Verhandlungs- und Vertragssprache** bedient (BGHZ 87, 112, 114; OLG Hamm WM 1991, 1460, 1462; LG Köln WM 1986, 821, 822; OLG Bremen WM 1973, 1228, 1229; krit MünchKomm/SPELLENBERG Art 10 Rom I-VO Rn 47 ff). Wenn sich jemand auf eine ihm fremde Sprache als Verhandlungs- und Vertragssprache einlässt, liegt es in der Konsequenz dieses Einvernehmens, auch das Verständigungsrisiko zu tragen. Ob die eigenen Kenntnisse der fremden Sprache zur Verständigung ausreichen, kann der Empfänger besser beurteilen als der Absender (vgl auch SCHÄFER JZ 2003, 879, 883). Nicht erforderlich ist eine rechtsgeschäftlich verbindliche Regelung der Vertragssprache. Soweit eine Verhandlungs- und Vertragssprache (noch) nicht existiert, gelten die gleichen Grundsätze. Wer sich bei **Rechtsgeschäften im Inland** der **landesüblichen Sprache** bedient, darf auch im Verkehr mit Ausländern grundsätzlich mit ausreichender Sprachkunde rechnen (vgl auch MEDICUS, AT Rn 296; SCHLECHTRIEM 137; aA JANCKE 219). Nur wenn konkrete Anhaltspunkte für mangelnde Sprachkenntnisse des Adressaten sprechen (vgl zB OLG Stuttgart MDR 1964, 412 f; IPrax 1988, 293, 294; OLG Karlsruhe NJW 1972, 2185; LAG Berlin BB 1973, 1030), ist das Vertrauen auf die dem Empfänger mögliche und zumutbare Kenntnisnahme nicht gerechtfertigt. Dem Erklärenden grundsätzlich das Sprachrisiko zuzuweisen (so MünchKomm/SPELLENBERG aaO Rn 45; NEUNER NJW 2000, 1822, 1825) oder ihm eine Erkundigungspflicht aufzuerlegen (so JANCKE 218 ff), ginge hingegen zu weit, weil dadurch die Verkehrssicherheit beeinträchtigt und berechtigtes Vertrauen des Absenders enttäuscht würde. Insofern besteht auch nicht die Obliegenheit, eine Übersetzung rechtsgeschäftlicher Erklärungen zur Verfügung zu stellen. Es ist vielmehr dem Adressaten zuzumuten, sich selbst die erforderliche Übersetzung zu beschaffen (BGHZ 87, 112, 114 f; BGH NJW 1995,

190; OLG Bremen WM 1973, 1228, 1230; OLG Frankfurt aM WM 1984, 962; OLG Hamm WM 1991, 1460, 1462; LG Memmingen NJW 1975, 452, 453; LG Köln WM 1986, 821, 822; Soergel/Hefermehl § 130 Rn 8; MünchKomm/Einsele § 130 Rn 31; Kling 288). Bei **fristgebundenen Willenserklärungen** wie zB einer **Kündigung** ist zwar zu bedenken, dass die Beschaffung einer Übersetzung je nach Umfang und Schwierigkeit des Textes Zeit in Anspruch nehmen kann. Würde man aber hier den Zugang um unbestimmte Zeit verschieben, wäre die Rechtssicherheit erheblich beeinträchtigt. Die gesetzlichen Fristen sind denn auch regelmäßig so bemessen, dass keine zusätzliche Frist für den Zugang angesetzt werden muss (Kling 285 f; **aA** LAG Hamm NJW 1979, 2488; Soergel/Hefermehl aaO, vgl dazu auch § 130 Rn 72).

19 Bei der Einbeziehung von **Allgemeinen Geschäftsbedingungen** gem § 305 Abs 2 Nr 2 gelten im Wesentlichen die gleichen Grundsätze. Ist Verhandlungs- und Vertragssprache deutsch, werden deutschsprachige AGB bei **Inlandsgeschäften** auch gegenüber sprachunkundigen Ausländern Vertragsbestandteil (BGHZ 87, 112, 114 f; OLG Bremen WM 1973, 1228, 1229; differenzierend Wolf/Lindacher/Pfeiffer, AGB-Recht, Einl II [IntGV] Rn 41; **aA** MünchKomm/Spellenberg Art 10 Rom I-VO Rn 202). Im Regelfall darf der Verwender davon ausgehen, dass der Kunde die **Inlandssprache** versteht und sich gegebenenfalls der Hilfe eines Übersetzers bedient (Wolf/Lindacher/Pfeiffer aaO; kritisch MünchKomm/Spellenberg Art 10 Rom I-VO Rn 65, 197 ff). Die Vermutung zu erwartender Sprachkenntnis ist aber widerleglich: Wer auf einer Messe mit einem des Deutschen erkennbar nicht mächtigen Portugiesen auf Englisch verhandelt, darf nicht darauf vertrauen, dass dieser deutsche AGB zur Kenntnis nimmt (OLG Stuttgart IPrax 1988, 293, 294; ebenso OLG München/Augsburg NJW 1974, 2181). Bei **internationalen Distanzgeschäften** darf man nicht generell voraussetzen, dass der Kunde die Sprache des Verwenders versteht. Immerhin ist die Vermutung gerechtfertigt, dass der Geschäftspartner seine Muttersprache, die Verhandlungssprache und – jedenfalls im kaufmännischen Verkehr – eine in seinem Kulturkreis gebräuchliche Weltsprache beherrscht (MünchKomm/Spellenberg Art 10 Rom I-VO Rn 198; Wolf/Lindacher/Pfeiffer Einl II [IntGV] Rn 38; Martiny ZEuP 1998, 249; OLG Hamburg NJW 1980, 1232, 1233; OLG Koblenz IPrax 1988, 46, 48; OLG Karlsruhe DZWiR 1994, 70, 71; krit Kling 539 f; einschränkend OLG Hamm NJW-RR 1996, 1271, 1272, das eine Rückfrage beim Absender verlangt). Streitig ist aber, ob AGB in der von der Verhandlungssprache abweichenden **Vertragssprache** wirksam einbezogen werden können. Die überwiegende Meinung verneint dies zu Recht, weil die Konfrontation mit AGB in einer anderen Sprache als der Verhandlungssprache für den Geschäftspartner überraschend ist und der Verwender gerade nicht darauf vertrauen darf, dass der Kunde eine andere als die Verhandlungssprache versteht (zutr Drobnig, in: FS Mann [1977] 591, 595; Ulmer/H Schmidt Anh § 305 Rn 16; OLG Saarbrücken NJW 1953, 1832, 1833; OLG Düsseldorf AWD 1974, 103; OLG Karlsruhe NJW 1972, 2185; OLG Frankfurt RIW/AWD 1976, 532, 533; OLG Stuttgart IPrax 1988, 293, 294; **aA** Wolf/Lindacher/Pfeiffer Einl II [IntGV] Rn 38: wer als Unternehmer eine von der Verhandlungssprache abweichende Vertragssprache akzeptiert, übernimmt die Obliegenheit, für das Verständnis des unterzeichneten Textes zu sorgen; Staudinger/Schlosser [2006] § 305 Rn 105, 127: Verhandlungs- oder Vertragssprache; vgl auch Canaris, Bankvertragsrecht² Rn 2508 f und 2514 f). Zur Anfechtung beim Irrtum über die Einbeziehung und den Inhalt von Allgemeinen Geschäftsbedingungen s allg unten Rn 26 ff.

20 Bei **mündlichen Erklärungen unter Anwesenden** trägt nach der im älteren Schrifttum herrschenden Vernehmungstheorie der Erklärende das Sprachrisiko (Flume § 14, 3 f;

STAUDINGER/COING[11] Rn 12). Dieser Theorie ist jedoch mit einer im Vordringen begriffenen Ansicht nicht zu folgen, da sie die Interessen des Erklärenden, insbesondere sein **Vertrauen** auf eine gelungene Verständigung, nicht ausreichend berücksichtigt. Wie bei Erklärungen unter Abwesenden ist vielmehr darauf abzustellen, ob der sich sprachlich und akustisch deutlich ausdrückende Erklärende davon ausgehen konnte, dass der Empfänger ihn richtig verstanden hat (LARENZ, AT § 21 II c; SOERGEL/HEFERMEHL § 130 Rn 21; ERMAN/PALM[10] § 130 Rn 18; vgl dazu unten § 130 Rn 16). Das Risiko einer **nicht erkennbaren Sprachunkenntnis** des ausländischen Geschäftspartners braucht der Erklärende nicht zu tragen (MünchKomm/SPELLENBERG Art 10 Rom I-VO Rn 71, 202; MünchKomm/EINSELE § 130 Rn 20; KLING 298 f). Entscheidend ist, wie sich der Geschäftspartner präsentiert. Wenn der Partner kein Wort deutsch versteht und nur radebrecht, darf man nicht darauf vertrauen, verstanden zu werden (MünchKomm/SPELLENBERG Art 10 Rom I-VO Rn 45, 71; OLG Stuttgart IPrax 1988, 293, 294). Bei Ausländern, die längere Zeit in Deutschland leben, besteht aber eine – widerlegbare (vgl LAG Berlin BB 1973, 1030; OLG München/Augsburg NJW 1974, 1659, 1660) – Vermutung genügender Sprachkenntnisse (MünchKomm/SPELLENBERG aaO Rn 50, 74; s a MEDICUS, AT Rn 296).

bb) Erklärungen von sprachunkundigen Personen

21 Nach allgemeinen Auslegungsgrundsätzen gem §§ 133, 157 liegt keine gültige Willenserklärung vor, wenn der Empfänger erkennt oder erkennen muss, dass der Geschäftspartner wegen mangelnder Sprachkenntnisse den Inhalt seiner Erklärung nicht durchschaut (JAYME, in: FS Bärmann [1975] 509, 518; MünchKomm/SPELLENBERG Art 10 Rom I-VO Rn 45 ff). Es gelten also bei der Auslegung von Erklärungen sprachunkundiger Personen die gleichen Maßstäbe wie bei der Frage, ob und mit welchem Inhalt eine fremdsprachige Willenserklärung für den Adressaten wirksam wird (oben Rn 18).

22 Hauptanwendungsfall ist die Unterzeichnung von **Ausgleichsquittungen** (oben Rn 14 ff) durch sprachunkundige Ausländer (vgl dazu SCHAUB § 72 II 4; SPELLENBERG, in: FS Ferid [1988] 463 ff [470]; ders, in: MünchKomm, Art 10 Rom I-VO Rn 47). Nach der hier vertretenen Auffassung darf der Arbeitgeber ohne deutlichen Hinweis auf den wirklichen Inhalt von Ausgleichsquittungen nicht annehmen, dass Arbeitnehmer auf Forderungen oder die Erhebung der Kündigungsschutzklage verzichten wollen (oben Rn 15). Erst recht gilt dies, wenn **ausländischen Arbeitnehmern** Ausgleichsquittungen zur Unterschrift vorgelegt werden, obwohl diese erkennbar sprachunkundig sind (vgl die Fälle LAG Baden-Württemberg BB 1966, 860 und DB 1967, 867 und DB 1971, 245; ArbG Gelsenkirchen BB 1967, 999; ArbG Heilbronn BB 1969, 535; LAG Frankfurt BB 1975, 562; zust KLING 345 f m Fn 170; aA LAG Berlin AP § 4 TVG Nr 1 m abl Anm CORTS; LAG Düsseldorf/Köln BB 1968, 125; vgl auch TRINKNER BB 1967, 999, 1000; ders, BB 1968, 125, 127; STAHLHACKE NJW 1968, 580, 582). Einer besonderen **Fürsorgepflicht** des Arbeitgebers bedarf es hier nicht (zutr TRINKNER BB 1968, 127).

23 Die vorstehend dargelegten Auslegungsgrundsätze gelten allerdings nicht, wenn sich der Ausländer eines **Dolmetschers** oder sonstiger sprachkundiger Hilfspersonen bedient (BGH NJW 1995, 190; LG Memmingen NJW 1975, 451, 452; MünchKomm/SPELLENBERG Art 10 Rom I-VO Rn 51). Wer in Begleitung eines Dolmetschers zur Vertragsunterzeichnung erscheint, muss sich die Vertragsbedingungen notfalls übersetzen lassen (BGH NJW 1995, 190). Etwaiges Fehlverhalten der Hilfsperson ist der sprachunkundigen Partei zuzurechnen (OLG Bremen WM 1973, 1228, 1229).

cc) **Anfechtung**

Für eine Anfechtung bleibt in all jenen Fällen Raum, in denen der Sprachunkundige 24 das Sprachrisiko zu tragen hat. Das trifft insbesondere zu, wenn dieser trotz bestehender Obliegenheit die Hilfe eines Dolmetschers nicht in Anspruch genommen hat. Wer die Möglichkeit von Übersetzungshilfen nicht nutzt, steht nach zutreffender Auffassung des BGH demjenigen gleich, der eine Urkunde unterschrieben hat, ohne sich über ihren Inhalt Gewissheit verschafft zu haben (BGH NJW 1995, 190, 191; OLG München WM 1988, 1408, 1409). Es gelten also die Regeln des **Unterschriftsirrtums** (oben Rn 9 ff). Eine Anfechtung kommt daher nicht in Betracht, wenn ganz allgemein behauptet wird, den Text einer Vertragsurkunde nicht verstanden zu haben (OLG Stuttgart, Urt v 21. 12. 2009 – 6 U 110/09 – iuris; zweifelnd KLING 466), wohl aber, wenn sich der Unterzeichnende vom Inhalt des Schriftstücks eine **bestimmte**, und, wie sich später herausstellt, **unrichtige Vorstellung** gemacht hat (oben Rn 10–12). Wer zB ein Bürgschaftsformular unterzeichnet in der Annahme, eine rechtsgeschäftliche Erklärung bezüglich eines Sparguthabens abzugeben, unterliegt einem gem § 119 Abs 1, 1. Alt relevanten Inhaltsirrtum (BGH NJW 1995, 191; KLING 449 – iE scheiterte die Anfechtung an der **Beweislast** des Anfechtenden, vgl BGH NJW 1997, 3230, 3231; unten Rn 28). Davon abgesehen berechtigt natürlich auch ein Irrtum über die Bedeutung fremdsprachiger Ausdrücke ebenso wie das Missverständnis deutschsprachiger Texte zur Anfechtung. Wer also zB glaubt, der norwegische Ausdruck für Haifischfleisch „**Haakjöringsköd**" bedeute Walfischfleisch (vgl RGZ 99, 147, 148), kann wegen Inhaltsirrtums anfechten (bei beiderseitigem Irrtum – wie im Originalfall RGZ 99, 147 – handelt es sich freilich um eine unschädliche Falschbezeichnung).

Für Personen, die des Lesens nicht mächtig sind, gelten die gleichen Grundsätze. 25 **Analphabeten** müssen sich notfalls der Hilfe anderer Personen bedienen, um sich Kenntnis vom Inhalt der unterschriebenen Urkunde zu verschaffen (OLG Karlsruhe VersR 1983, 169, 170). Unabhängig davon besteht aber ein Anfechtungsrecht, wenn sie sich vom Inhalt der Urkunde konkrete und unrichtige Vorstellungen gemacht haben.

d) **Irrtum über allgemeine Geschäftsbedingungen**

Hinsichtlich der Irrtumsanfechtung von allgemeinen Geschäftsbedingungen (eingehend LOEWENHEIM AcP 180 [1980] 433 ff) bestehen ebenfalls Parallelen zum Unterschriftsirrtum. Zu unterscheiden sind der Irrtum über die Einbeziehung von AGB und der Irrtum über deren Inhalt. Weiß der Kunde, dass dem Vertrag AGB zugrunde liegen, kommt ein **Irrtum über den Inhalt einzelner Klauseln** nur in Betracht, wenn sich dieser konkrete Fehlvorstellungen über den Inhalt gemacht hat. Sofern der Kunde die AGB nicht oder nur flüchtig gelesen hat und später von ihrem Inhalt überrascht wird, liegt tatbestandlich kein Irrtum vor (LG Mannheim DB 1956, 304; LOEWENHEIM 444; LOCHER BB 1981, 818, 819; E SCHMIDT JuS 1987, 929, 932; GÖTZ, Schweigen 129 f; BAMBERGER/ROTH/WENDTLAND Rn 26; MEDICUS, AT Rn 419). In der Tat verhält es sich hier wie beim Unterschriftsirrtum, wo der Vertragstext „tel quel" akzeptiert wird. Auch ungelesene AGB akzeptiert der Kunde so, wie sie nun einmal sind. Eine Divergenz zwischen Wille und Erklärung besteht hier nicht. Macht sich hingegen der Kunde **konkrete Fehlvorstellungen**, etwa weil er einzelne Klauseln inhaltlich missversteht, die Bedingungen irrtümlich von früher her zu kennen glaubt oder der Verwender sie zwischenzeitlich geändert hat, liegen die tatbestandlichen Voraussetzungen eines Irrtums vor. Eine Irrtumsanfechtung soll aber im Fall inhaltlicher Fehlinterpretation daran scheitern, dass ein unbeachtlicher Rechtsfolgeirrtum über bloße Nebenwirkungen der Willenserklärung vorliegt (LOEWENHEIM 445). Dem ist nicht zu folgen. Beruht die Geltung von AGB, wie dies § 305 Abs 2 unmissverständlich klarstellt, auf rechtsgeschäftlichen Einbeziehungsvoraussetzungen, handelt es sich um einen beachtlichen Irrtum über die zum Inhalt der Willenserklärung gehörenden Rechtsfolgen. Ein Rechtsfolgeirrtum berechtigt nur dann nicht zur Anfechtung, wenn die ungewollte Rechtsfolge bloß mittelbare Folge eines Rechtsgeschäfts ist, ihren Geltungsgrund also heteronomer Rechtssetzung verdankt (grd RGZ 88, 278, 284; FLUME, AT § 23, 4 d = S 465; Einzelheiten Rn 69 ff). AGB-Klauseln sind jedoch autonomes Recht (CANARIS, Vertrauenshaftung 215; GRUNSKY JurA 1969, 87, 88).

27 Ein Teil des Schrifttums hält die Anfechtung wegen Irrtums über allgemeine Geschäftsbedingungen generell für unzulässig, weil der Kunde durch Einbeziehungs- und Inhaltskontrolle gem §§ 305 ff und 307 ff ausreichend geschützt sei und **die normativen Wertungen des AGB-Rechts** nicht durch Anfechtung wieder in Frage gestellt werden dürften (so im Kern übereinstimmend ROTH/HELMKE JuS 1977, 243, 247; TILMANN ZHR 142 [1978] 52, 61; E SCHMIDT JuS 1987, 929, 932). Die Beachtung der gesetzlichen Kautelen bei der Einbeziehung und Inhaltskontrolle von Allgemeinen Geschäftsbedingungen ändern jedoch nichts am rechtsgeschäftlichen Geltungsgrund der Klauseln. Es liegt in der Konsequenz der Privatautonomie und des geltenden Irrtumsrechts, dass auch angemessene Verträge und Klauseln nicht gegen den Willen des Einzelnen durchgesetzt werden können (MEDICUS, AT Rn 419). Auch wenn die zumutbare Möglichkeit bestanden hat, vom genauen Inhalt der AGB Kenntnis zu nehmen, und aufgetretene Missverständnisse gem § 305c nicht dem Verwender, sondern dem Kunden zur Last fallen (E SCHMIDT JuS 1987, 932), ändert dies nichts am Bestehen des – verschuldensunabhängigen – Anfechtungsrechts. Es stellt keine Besonderheit des AGB-Rechts dar, dass das Ergebnis wertender Zurechnung (ROTH/HELMKE JuS 1977, 247) bei widersprechendem Individualwillen im Wege der Anfechtung wieder beseitigt wird (zu der überholten Unterwerfungstheorie bei Allgemeinen Geschäftsbedingungen CANARIS, Vertrauenshaftung 215).

28 Dennoch dürfte nur in den seltensten Fällen eine Anfechtung erfolgreich sein. Der Anfechtungsberechtigte muss gem § 119 Abs 1, letzter HS darlegen und **beweisen**, dass er „bei Kenntnis der Sachlage und verständiger Würdigung des Falles" die Willenserklärungen nicht abgegeben haben würde. Das dürfte im allgemeinen schon schwer fallen, weil der Kunde meist nur durch Parteivernehmung gem § 448 ZPO den Irrtum beweisen kann und diese nur zulässig ist, wenn zumindest eine gewisse Wahrscheinlichkeit für die Behauptung spricht (ZÖLLER/GREGER, ZPO § 448 Rn 2 und 4; LOEWENHEIM AcP 180 [1980] 453 Fn 79, BLEISTEIN JuS 1970, 406, 409; vgl auch Rn 12, 16, 24). Bei branchenüblichen AGB-Klauseln ist der Beweis nahezu unmöglich, da nachgewiesen werden müsste, dass sich entweder der Verwender auf Änderungswünsche eingelassen oder der Kunde auf den Vertragsschluss verzichtet hätte (vgl CANARIS, Vertrauenshaftung 216; STAUDINGER/SCHLOSSER [2006] § 305 Rn 162; GRUNSKY JurA 1969, 87, 90).

29 Auch bei einem **Irrtum über die Einbeziehung von AGB** dürfte in den seltensten Fällen ein Anfechtungsrecht durchgreifen. Ein Urteil des Reichsgerichts aus dem Jahre 1901 betraf einen Fall, in dem ein Kunde die auf der Rückseite eines Bestellformulars abgedruckte Gerichtsstandsvereinbarung nicht zur Kenntnis genommen hatte (RGZ 48, 218). Es war extrem unwahrscheinlich und daher auch kaum zu beweisen, dass der Kunde bei Kenntnis der – nebensächlichen – Prorogation keinen Kaufvertrag abgeschlossen hätte. Zugleich liegt darin der Hauptgrund, warum die vom Reichsgericht (RGZ 48, 218, 220 f) noch ohne Umschweife bejahte Anfechtung wegen Irrtums über die Einbeziehung von AGB in der heutigen Praxis kaum eine Rolle spielt. Davon abgesehen scheitert eine Anfechtung häufig daran, dass es am **Tatbestand eines Irrtums** fehlt. Wer ein Bestellformular unterzeichnet, ohne dies genau durchzulesen und deshalb den Hinweis auf die AGB des Verwenders übersieht, akzeptiert den Vertrag „tel quel" (oben Rn 10; aA aber GRUNSKY JurA 1969, 89). Allerdings gilt dies nicht generell. Beruht der Irrtum nicht auf flüchtigem Lesen, sondern zB darauf, dass ein Aushang am Ort des Vertragsschlusses übersehen wurde (§ 305 Abs 2 Nr 1; vgl auch STAUDINGER/SCHLOSSER [2006] § 305 Rn 162), dann ist dies kein Fall, in dem der Kunde bewusst ein Risiko über den genauen Inhalt des Vertrags eingegangen ist. Ein Irrtum kann hier folglich nicht mit der Begründung verneint werden, das Gewollte richte sich nicht auf die „Nichteinbeziehung" der AGB (so aber LOEWENHEIM 442). Es muss vielmehr genügen, dass der Kunde von einem Vertrag ohne **Einbeziehung von AGB** ausgegangen ist. Ein Inhaltsirrtum liegt auch vor, wenn der Kunde aufgrund eines Rechtsirrtums nicht erkennt, dass sein Verhalten als stillschweigendes Einverständnis mit AGB gewertet wird. Das kommt etwa bei ausländischen Kunden in Betracht, wenn nach ihrem Heimatrecht strengere Einbeziehungsvoraussetzungen gelten (vgl den Fall BGH NJW 1971, 2126). Eine Anfechtung findet hier dennoch kaum statt, weil diese regelmäßig an der fehlenden Kausalität des Irrtums für den Vertragsschluss scheitern dürfte.

Ein **Anfechtungsrecht des Verwenders**, der irrtümlich von der Einbeziehung seiner **30** AGB ausgeht, ist grundsätzlich ausgeschlossen. Die Rechtsfolgen gescheiterter Einbeziehung ergeben sich ausschließlich aus § 306. Sofern sich der Verwender über den Inhalt einzelner Klauseln irrt, besteht zwar die Möglichkeit der Anfechtung wegen Inhaltsirrtums (aA LOEWENHEIM 447 f; MEDICUS, AT Rn 420: Rechtsfolgeirrtum als Motivirrtum), aber dennoch dürfte auch hier der Sinn des § 306 einer Anfechtung des Rechtsgeschäfts im Wege stehen. Danach muss der Wille des Verwenders, den Vertrag nur unter Zugrundelegung seiner AGB zu schließen, gegenüber dem Interesse des Kunden am Bestand des Vertrages zurückstehen (ähnl MEDICUS, AT Rn 420).

e) Blankettmissbrauch
Häufig wird im Zusammenhang mit dem „Unterschriftsirrtum" die Einstandspflicht **31** für **missbräuchlich ausgefüllte Blanketterklärungen** diskutiert (vgl MünchKomm/KRAMER Rn 56; PALANDT/ELLENBERGER Rn 10; zur Blanketterklärung vgl noch G MÜLLER AcP 181 [1981] 515 ff; G FISCHER, Die Blanketterklärung [1975]; P FISCHER, Die dogmatische Stellung der Blanketterklärung [Diss Bonn 1969]; WURM JA 1986, 577 ff; CANARIS, Die Vertrauenshaftung im deutschen Privatrecht [1971] 54 ff; KINDL, Rechtsscheintatbestände und ihre rückwirkende Beseitigung [1999]). Die Parallelen sind augenscheinlich, weil der Unterzeichner in beiden Fällen bewusst das Risiko eingeht, dass der Inhalt der Erklärung seinem Willen und seinen Vorstellungen nicht entspricht. Es bestehen aber auch Unterschiede. So lässt sich die Haftung des Blankettausstellers bei abredewidriger Ausfüllung nicht rechtsgeschäftlich begründen (so zB P FISCHER 161 ff), sondern lediglich mit dem vom Aussteller zurechenbar geschaffenen **Rechtsschein** (BGHZ 40, 65, 67; 40, 297, 304; 113, 48, 54; BGH WM 1973, 750, 751; CANARIS, Vertrauenshaftung 54 ff; G FISCHER 82). Bei der „verdeckten" Ausfüllung wird der Rechtsschein erzeugt, dass eine Willenserklärung des Ausstellers und Botenmacht des Überbringers vorliegt (CANARIS, Vertrauenshaftung 65), bei der

"offenen" Ausfüllung, dass der Blankettinhaber zur Ausfüllung befugt ist (CANARIS 57 f). Die Befugnis des Blankettinhabers, Rechtswirkungen für und gegen den Unterzeichnenden herbeizuführen, lässt sich zwar nicht als rechtsgeschäftliche Vertretungsmacht einordnen, kommt dieser aber so nahe, dass Stellvertretungsrecht analog anzuwenden ist (überzeugend CANARIS 56 ff; zust G MÜLLER AcP 181 [1981] 521 ff; KINDL 137; aA SIEGEL, Die Blanketterklärung [1908] 46; KOPPENSTEINER RdA 1974, 313, 314: § 120 analog; MünchKomm/KRAMER Rn 56 Fn 137). Daraus folgt zum einen, dass ein **Irrtum des Ausfüllenden** analog § 166 Abs 1 zur Anfechtung berechtigt (FLUME § 22, 2 c). Beim Missbrauch der Ausfüllungsbefugnis haftet zum anderen der Aussteller für den zurechenbar hervorgerufenen Rechtsschein entsprechend den für die Vollmachtskundgabe geltenden §§ 171 ff. Der Erteilung eines Blanketts entspricht, wenn der Geschäftsherr einem Angestellten **Postkarten mit aufgedruckter Firma** (RGZ 105, 183) oder mit **Faksimile-Stempel** (BGHZ 21, 122, 128) überlässt. Dagegen begründet eine blanko geleistete **"Oberschrift"** (BGHZ 113, 48, 54) nicht den Rechtsschein, dass die darunter stehende Erklärung vom Aussteller stammt. Eine Rechtsscheinhaftung bei formnichtigen **Blankett-Bürgschaften** dürfte oft daran scheitern, dass der Gläubiger den Mangel kennt (BGHZ 132, 119, 128).

32 Eine **Irrtumsanfechtung** kommt beim Blankettmissbrauch grundsätzlich nicht in Betracht (FLUME, AT § 23 2 c = S 455; CANARIS, Vertrauenshaftung 60; WURM JA 1986, 577, 580; KINDL 136 ff; aA RGZ 105, 183, 185; REINICKE/TIEDTKE JZ 1984, 550, 552; G FISCHER 83 ff; SIEGEL 46 ff; vgl auch OLG Hamm WM 1984, 829). Zwar treten beim Blankettmissbrauch ungewollte Rechtsfolgen in Kraft, aber diese beruhen nicht auf einem unbewussten Auseinanderfallen von Wille und Erklärung. Wer ein Blankett ausstellt, weiß, dass dieses beliebig ausgefüllt werden kann. Die Erwartung, der Blankettnehmer werde sich an die ihm auferlegten Beschränkungen halten, ist als bloßes **Motiv** unbeachtlich (CANARIS, Vertrauenshaftung 60; WURM JA 1986, 580; G MÜLLER AcP 181 [1981] 540). Der Rechtsschein beim Blankettmissbrauch ähnelt dem Rechtsschein beim Vertreten ohne Vertretungsmacht, wenn der Vertreter extern bevollmächtigt wurde oder im Besitz einer Urkunde ist (§§ 171 f). Auch hier haftet der Hintermann, ohne sich auf Willensmängel berufen zu können (vgl BGHZ 40, 65, 68; 40, 297, 305, wo – etwas ungenau – der Rechtsgedanke von § 172 Abs 2 anstatt von Abs 1 herangezogen wird; krit CANARIS, Vertrauenshaftung 58 Fn 16). Die strenge Erfüllungshaftung hat ihren Grund in den erhöhten Zurechnungsmöglichkeiten, die bewusstes Schaffen eines Rechtsscheins bietet (CANARIS, Vertrauenshaftung 106 f; SINGER, Verbot 115). Grenzen der Rechtsscheinhaftung bestehen – entsprechend dem Rechtsgedanken des § 173 – bei Bösgläubigkeit des Geschäftspartners (BGH NJW 1984, 798). Bei unüblichen und ungewöhnlichen Geschäften darf der Geschäftspartner daher nicht auf die Legitimation des Blankettnehmers vertrauen (CANARIS, Vertrauenshaftung 59 und 66; FLUME aaO). Im Wertpapierverkehr haftet der Aussteller eines Blanketts kraft ausdrücklicher Bestimmung gem Art 10 WG bzw Art 13 ScheckG gegenüber gutgläubigen Erwerbern (HUECK/CANARIS, Recht der Wertpapiere[12] § 10 IV 2 = S 123 mwNw).

III. Erklärungsirrtümer gem § 119 Abs 1

33 § 119 Abs 1 regelt zwei Irrtumsarten, die den **Erklärungsvorgang** betreffen. Anfechten kann, wer „bei der Abgabe einer Willenserklärung über den Inhalt im Irrtum war" oder „eine Erklärung dieses Inhalts überhaupt nicht abgeben wollte". Der erste Fall ist dadurch gekennzeichnet, dass die Erklärung einen anderen Inhalt hat als der Erklärende glaubt. Man bezeichnet ihn daher als **Inhaltsirrtum**, seltener als Bedeutungsirrtum (LARENZ/WOLF § 36 Rn 18). § 119 Abs 1, 2. Alt betrifft einen **Irrtum in der Erklärungshandlung**. Das sind Tatbestände, bei denen schon der äußere Erklärungstatbestand nicht dem Willen des Erklärenden entspricht (BGH NW-RR 2009, 1641, 1643), insbesondere weil der Erklärende versehentlich andere Worte oder Zeichen verwendet als beabsichtigt (LARENZ § 20 II a; FLUME § 21, 3). Manche bezeichnen den Irrtum in der Erklärungshandlung auch als **Erklärungsirrtum** – ein Begriff, den LARENZ für die Kennzeichnung beider Fälle des § 119 Abs 1 reservieren möchte (AT S 371) – oder als **Irrung**.

1. Irrtum in der Erklärungshandlung

a) Ungewollte Bedeutungszeichen: Versprechen, Vergreifen, Verschreiben

Irrtümer in der Erklärungshandlung beziehen sich auf die verwendeten Worte oder Zeichen (oben Rn 6). Es handelt sich in erster Linie um die Fälle des **Versprechens, Verschreibens und Vergreifens.** So verhält es sich, wenn der Verkäufer sich vertippt und statt für 154 für 145 € anbietet oder ein 2 €-Stück anstatt eines 1 €-Stücks herausgibt (SOERGEL/HEFERMEHL Rn 11; MEDICUS, AT Rn 746). Wer bei einer **Abstimmung** mit „Ja" stimmen will, versehentlich jedoch eine ungültige Stimme abgibt, unterliegt einem Irrtum in der Erklärungshandlung (BayObLGZ 2000, 66, 69). Ein vergleichbarer Fall ist die unrichtige Übermittlung durch einen **Boten**, da dieser wie ein Erklärungswerkzeug eingesetzt wird (BGH NJW 2005, 976, 977; OLG Frankfurt MMR 2003, 405, 406; OLG Hamm NJW 2004, 2601; BROX/WALKER, AT Rn 413; vgl auch § 120 Rn 1). Bei Abweichungen von der zu übermittelnden Erklärung werden aus der Sicht des Auftraggebers ungewollte Erklärungszeichen gesetzt. Ähnlich liegt der Fall, in dem die Hilfsperson nicht selbst übermittelt, sondern nur bei der Herstellung der verkörperten Willenserklärung beteiligt ist wie zB die Sekretärin, die das Diktat falsch versteht oder sich an den Auftrag falsch erinnert (LARENZ/WOLF § 36 Rn 20). Auch hier führt der Fehler der Hilfsperson zu einem Erklärungsirrtum gem § 119 Abs 1, 2. Alt, da die abgegebenen Erklärungszeichen nicht dem Willen des Erklärenden entsprechen. Übermittelt der rechtsgeschäftliche **Vertreter** falsch, gilt nicht § 120, sondern § 166 Abs 1. Es kann also entsprechend den allgemeinen Regeln der §§ 119 ff angefochten werden, wenn *diesem* ein Irrtum unterlief (LARENZ/WOLF § 36 Rn 22; STAUDINGER/SCHILKEN [2004] § 166 Rn 12) oder wenn bei der Vollmachtserteilung ein Willensmangel aufgetreten ist (vgl näher STAUDINGER/SCHILKEN [2004] § 167 Rn 77 ff). Um einen Motivirrtum des Verkäufers handelt es sich aber, wenn ein Ladenangestellter das **Preisschild** falsch abliest (ebenso HABERSACK JuS 1992, 548, 551; **aA** LG Hannover MDR 1981, 579; LG Hamburg NJW-RR 1986, 156; LARENZ/WOLF § 36 Rn 20; für entspr Anw des § 119 Abs 1, 2. Alt auch PALANDT/ELLENBERGER Rn 10; PRÜTTING/WEGEN/WEINREICH/AHRENS Rn 23). Der Irrtum ist zwar äußerlich nahe bei der Erklärungshandlung, aber die Grenzlinie verläuft nun einmal beim Erklärungsvorgang selbst, der beim Ablesen des Preisschildes noch nicht begonnen hat (iE richtig LG Hamburg NJW-RR 1986, 156). Allerdings dürfte der Käufer zumeist die Preisauszeichnung kennen, so dass ein beachtlicher (externer) **Kalkulationsirrtum** vorliegt. Sofern nämlich der Käufer das eigentlich Gewollte erkennt, kann durch Auslegung der richtige Preis bestimmt werden (zutr MEDICUS, AT Rn 758; unten Rn 54). Die Unterscheidung zwischen Geschäftswille und Motiv kann hier ausnahmsweise vernachlässigt werden, da der eingeweihte Käufer kein schutzwürdiges Interesse an dieser formalen Abgrenzung hat (ebenso iE LG Hamburg aaO). Entnimmt der Verkäufer den Preis einer veralteten (internen) **Preis-**

liste, liegt dagegen ein einseitiger und daher unbeachtlicher Motivirrtum vor (LG Bremen NJW 1992, 915; HABERSACK JuS 1992, 548; MEDICUS, AT Rn 762; PALANDT/ELLENBERGER Rn 10; PRÜTTING/WEGEN/WEINREICH/AHRENS Rn 23). Die Abgrenzung zwischen Verlesen und Verschreiben verliert in solchen Grenzfällen zwar an sachlicher Überzeugungskraft, liegt aber in der Konsequenz der Unterscheidung von Motiv- und Erklärungsirrtum, die wiederum aus Rechtssicherheitsgründen auch in Grenzsituationen nicht aufgeweicht werden sollte (allg FLUME § 23, 2 a = S 451; für entspr Anw des § 119 Abs 1, 2. Alt aber PALANDT/ELLENBERGER Rn 10). Zur Anfechtung beim Kalkulationsirrtum ausf unten Rn 51 ff; zum fehlenden Erklärungsbewusstsein Vorbem 33 ff zu §§ 116 ff.

b) Irrtümer bei elektronischen und automatisierten Erklärungen*

35 Abgrenzungsfragen stellen sich auch bei Irrtümern, die bei der Herstellung elektronischer und automatisierter Willenserklärungen vorkommen (ausf KÖHLER AcP 182 [1982] 126, 134 ff). Falls sich der Kunde bei Abgabe einer elektronischen Willenserklärungen mit der Maustaste „verklickt" hat, handelt es sich zumeist um einen **Erklärungsirrtum** gemäß § 119 Abs 1, 2. Alt (vgl zB OLG Nürnberg MMR 2003, 183, 184: Ankauf von 150 statt 15 Aktien; vgl dazu BALZER WM 2001, 1533, 1538; ders EWiR 2003, 403 f; ESCHER WuB I G 2.-2. 01; HELD EWiR 2003, 57 f; unten Rn 41), seltener um Fälle, in denen das Erklärungsbewusstsein oder gar der Handlungswille fehlt (Bsp schildert CZEGUHN

---

* **Schrifttum**: BRAUNER, Das Erklärungsrisiko beim Einsatz von elektronischen Datenverarbeitungsanlagen (1988); BREHM, Zur automatisierten Willenserklärung, in: FS Niederländer (1991) 233; BULTMANN-RAHN, Rechtliche Fragen des Teleshopping, NJW 1988, 2432; CLEMENS, Die elektronische Willenserklärung, NJW 1985, 1998; CZEGUHN, Vertragsschluss im Internet, JA 2001, 708; DAUMKE, Rechtsprobleme der Telefaxübermittlung, ZIP 1995, 722; DEUTSCH, Vertragsschluss bei Internetauktionen – Probleme und Streitstände, MMR 2004, 586; DÖRNER, Rechtsgeschäfte im Internet, AcP 202 (2002) 363; EBNET, Die Entwicklung des Telefax-Rechts seit 1992, JZ 1996, 507; FRITSCHE-MALZER, Ausgewählte zivilrechtliche Probleme elektronisch signierter Willenserklärungen, DNotZ 1995, 3; GILLES, Recht und Praxis des Telemarketing, NJW 1988, 2423; GROSSFELD, Computer und Recht, JZ 1984, 696; HÄRTING, Internetrecht (4. Aufl 2010); HEUN, Die elektronische Willenserklärung, CR 1994, 595; HOEREN/SIEBER/KITZ, Handbuch Multimedia-Recht, Teil 13. 1 (2010); KÖHLER, Die Problematik automatisierter Rechtsvorgänge, insbesondere von Willenserklärungen, AcP 182 (1982) 126; ders, Rechtsgeschäfte mittels Bildschirmtext, in: HÜBNER ua, Rechtsprobleme des Bildschirmtextes (1986) 51; KÖHLER/ARNDT/ FETZER, Recht des Internet (7. Aufl 2011); KUHN, Rechtshandlungen mittels EDV und Telekommunikation (1991); LÖHNIG, Irrtumsrecht nach der Schuldrechtsmodernisierung, JA 2003, 516; PAEFGEN, Bildschirmtext aus zivilrechtlicher Sicht. Die elektronische Anbahnung und Abwicklung von Verträgen (1988); ders, Forum: Bildschirmtext – Herausforderung zum Wandel der allgemeinen Rechtsgeschäftslehre?, JuS 1988, 592; PLATH, Zu den rechtlichen Auswirkungen betrieblicher Rationalisierungsmaßnahmen im Versicherungswesen (Diss Hamburg 1967); SCHMIDT, Rationalisierung und Privatrecht, AcP 166 (1966) 1; SCHMITTMANN, Zu Telefaxübermittlungen im Geschäftsverkehr und den Gefahren der Manipulation, Betr 1993, 2575; SPINDLER/SCHUSTER, Recht der elektronischen Medien (2. Aufl 2011); TAUPITZ/KRITTER, Electronic Commerce – Probleme bei Rechtsgeschäften im Internet, JuS 1999, 839; ULTSCH, Digitale Willenserklärungen und digitale Signaturen, in: Jahrbuch junger Zivilrechtswissenschaftler (1998) 127; VIEBKE, „Durch Datenverarbeitungsanlagen abgegebene" Willenserklärungen und ihre Anfechtung (Diss Marburg 1972); WALDENBERGER, Grenzen des Verbraucherschutzes beim Abschluss von Verträgen im Internet, BB 1996, 2365; WIEBE, Die elektronische Willenserklärung (2002).

JA 2001, 708). Da Missverständnisse wegen der Anonymität der Vertragsschlusssituation nicht sofort aufgeklärt werden können, besteht für den Kunden ein erhöhtes Schutzbedürfnis. § 312g Abs 1 Nr 1 verpflichtet daher den Unternehmer beim Vertragsschluss im elektronischen Geschäftsverkehr, „angemessene, wirksame und zugängliche **technische Mittel** zur Verfügung zu stellen, mit deren Hilfe der Kunde Eingabefehler vor Abgabe seiner Bestellung erkennen und berichtigen kann" (zum Anwendungsbereich der Vorschrift vgl Lorenz/Riehm Rn 138). Über die Handhabung dieser Mittel muss der Unternehmer rechtzeitig vor Abgabe der Bestellung „klar und verständlich" **informieren** (§ 312g Abs 1 Nr 2, Art 246 § 3 Nr 3 EGBGB). Falls der Unternehmer seinen Pflichten nachkommt, ist die Geltendmachung von Willensmängeln gleichwohl nicht ausgeschlossen (BT-Drucks 14/6040, 173). Falls er seine Pflichten verletzt, muss er den anfechtenden Kunden gemäß § 280 Abs 1 von dessen Schadensersatzpflicht aus § 122 frei stellen. Zum gleichen Ergebnis führt die in der Regierungsbegründung angestellte Überlegung, der Anspruch aus § 122 sei wegen widersprüchlichen Verhaltens des Unternehmers ausgeschlossen (BT-Drucks aaO; Löhnig JA 2003, 516 [520]; ähnlich Dörner AcP 202 [2002] 363 [382], der den Ausschluss mit § 122 Abs 2 begründet). Sofern der Kunde Verbraucher ist (§ 13), ist dieser freilich nicht auf die Anfechtung angewiesen, sondern kann das Geschäft mit dem Unternehmer (§ 14) gemäß §§ 312d Abs 1 S 1, 355 **widerrufen**, allerdings nur innerhalb der Widerrufsfristen des § 355 Abs 2 u 4. Vor Inkrafttreten der Informationspflichten gem § 312g (§ 312e aF) bestand zwar keine Pflicht, bei elektronisch erteilten Aufträgen Sicherungsmaßnahmen zu ergreifen. In der instanzgerichtlichen Rechtsprechung wurde aber eine **Direktbank** gleichwohl zur Nachfrage verpflichtet, wenn sich das Versehen eines Kunden geradezu aufdrängte (OLG Nürnberg MMR 2003, 183, 184). Wegen des Vorrangs der Irrtumsanfechtung überzeugt das allerdings nicht (vgl dazu unten Rn 41). Umgekehrt besteht für den Online-Anbieter, der seinen Irrtum korrigiert, keine Verpflichtung, das positive Interesse zu ersetzen, da § 281 Abs 1 ein bestehendes Schuldverhältnis voraussetzt. Der Anspruch auf das negative Interesse ist bei offensichtlichen Fehlern gemäß § 122 Abs 2 regelmäßig ausgeschlossen (Hoffmann MMR 2003, 276; iE auch OLG München MMR 2003, 274).

Besondere Irrtumsprobleme bereiten sog. **automatisierte Computererklärungen** (zum Begriff Vorbem 57 zu §§ 116 ff), die der Rechner selbst herstellt und die ohne menschliche „Inhaltskontrolle" in den Verkehr gebracht werden (vgl zB OLG Frankfurt MMR 2003, 405; BGH NJW 2005, 976). Auch insoweit handelt es sich um **echte Willenserklärungen**, da der Computer keine autonomen Entscheidungen trifft, sondern lediglich logische Operationen aufgrund menschlicher Bedienungsanweisungen ausführt (Vorbem 57 zu §§ 116 ff). **Eingabefehler** wirken sich zwangsläufig auf das Endprodukt aus und sind daher – auch wenn die eingegebenen Daten noch nicht die fertige Willenserklärung verkörpern – nicht mit einem bloßen **Motivirrtum** vergleichbar (BGH NJW 2005, 976, 977; AG Lahr NJW 2005, 991, 992; abw noch LG Köln MMR 2003, 481 f; Köhler AcP 182 [1982] 136, Brehm, in: FS Niederländer [1991] 241). Wertungsmäßig liegt es vielmehr nahe, das Recht der Irrtumsanfechtung jedenfalls dann bereits auf den Vorgang der **Dateneinspeisung** oder **Programmierung** (Spindler JZ 2005, 793, 794) anzuwenden, wenn sich dieser Fehler unmittelbar auf den Inhalt der automatisierten Erklärung auswirkt. Hatte zB der Sachbearbeiter einer Versicherung anlässlich einer Tarifumstellung bei der Eingabe von Zahlen das Datenfeld verwechselt und wurde daraufhin automatisch ein falscher Versicherungsschein ausgestellt, der ein Vielfaches der tatsächlich geschuldeten Versicherungssumme auswies, dann ist der Eingabefehler genauso zu behandeln, als hätte sich der Sachbearbeiter beim Ausfertigen des Versicherungsscheins auf der Schreibmaschine verschrieben (zutr OLG Hamm NJW 1993, 2321; ebenso OLG Oldenburg NJW-RR 2007, 268; OLG Köln NVersZ 2001, 351 [352]; AG Bad Homburg NJW-RR 2002, 1282; OLG Frankfurt MMR 2003, 405, 406; PALANDT/ELLENBERGER Rn 10; TAUPITZ/KRITTER JuS 1999, 839, 843; MEDICUS, AT Rn 256). Um einen Erklärungsirrtum handelt es sich folgerichtig auch, wenn durch einen **Codierfehler** sich die Angebotspreise automatisch um zwei Kommastellen verringern (OLG Frankfurt MMR 2003, 405, 406; OLG Hamm NJW 2004, 2601, die beide einen Übermittlungsfehler entsprechend § 120 annehmen) oder bei der Online-Buchung eines Fluges ein „First-Class-Ticket" für den Preis der „Economy-Class" angeboten wird (OLG München NJW 2003, 367 m Anm HOFFMANN MMR 2003, 274 f). Bei einer irrtümlichen Kaufpreisauszeichnung auf der Internetseite des Verkäufers, die durch **fehlerhafte Software beim Datentransfer** verursacht wurde, gelten die gleichen Grundsätze. Zwar stellt die fehlerhafte Offerte im Internet rechtlich eine unverbindliche **invitatio ad offerendum** dar, aber der Fehler wirkt in der später versendeten, automatischen Annahmeerklärung des Verkäufers fort und berechtigt daher in gleicher Weise zur Anfechtung wie ein Fehler bei der Abgabe dieser Willenserklärung (BGH NJW 2005, 976, 977; AG Lahr NJW 2005, 991, 992; SPINDLER JZ 2005, 793, 794 f). Es handelt sich somit nicht um einen bloßen Motivirrtum, aber auch nicht um einen Irrtum in der Erklärungshandlung gem §§ 119 Abs 1, 2. Alt, 120 (so der BGH aaO), sondern um einen Inhaltsirrtum gem § 119 Abs 1, 1. Alt, da das Kennzeichen des Erklärungsirrtums – der äußere Erklärungstatbestand entspricht nicht dem Willen des Erklärenden (Rn 33) – nur auf die (unverbindliche) invitatio ad offerendum zutrifft, nicht auf die Annahmeerklärung (SINGER LMK 2005, 67, 68; zust LEENEN § 14 Rn 52).

37 Um einen bloßen Motivirrtum handelt es sich, wenn **fehlerhaftes Datenmaterial** eingegeben wurde (AG Frankfurt NJW-RR 1990, 116 f). Dieser Irrtum betrifft nicht die der Abgabe der Willenserklärung vergleichbare Dateneingabe, sondern das vorausgehende Stadium der Datenerhebung. Insofern ähnelt der Fall der Verwendung veralteter Preislisten (oben Rn 34), die grundsätzlich nicht zur Anfechtung berechtigt (OLG Frankfurt VersR 1996, 1353, 1354; PALANDT/ELLENBERGER Rn 10; BREHM, in: FS Niederländer [1991] 241 f; WIEBE 375 f; MEDICUS aaO 256). Um einen unbeachtlichen Motivirrtum handelt es sich auch, wenn sich der Preis für Optionsscheine an einer bestimmten Bezugsgröße orientieren sollte, der Mitarbeiter aber versehentlich das für Silber-Optionsscheine geltende Bezugsverhältnis von 1 anstatt das für Gold-Optionsscheine maßgebliche Bezugsverhältnis von 0,1 eingegeben hat (BGH NJW-RR 2009, 1641, 1643; zur Anfechtbarkeit wegen eines – hier nicht ersichtlichen – Irrtums über die gemeinsame Geschäftsgrundlage Rn 55 ff).

2. Inhaltsirrtum

38 Ein Inhaltsirrtum liegt vor, wenn sich der Erklärende zwar bewusst ist, welche Worte oder Zeichen er benutzt, aber sein Wille und seine Vorstellung über das Erklärte und die rechtlich maßgebende Bedeutung des Erklärten auseinander fallen (BGH WM 1980, 875, 876; FLUME § 23, 4 = S 457; JAUERNIG Rn 7; MünchKomm/KRAMER Rn 57). Rechtlich maßgebend ist gem §§ 133, 157 die objektiv normative Bedeutung der Willenserklärung aus der Sicht des Erklärungsempfängers (vgl § 133 Rn 18). Inhaltsirrtum ist also **Divergenz zwischen individuellem Erklärungswillen und objektiv-normativer Bedeutung** der Erklärung.

a) Das Verhältnis von Auslegung und Anfechtung

Wegen des Vorrangs der Auslegung vor der Anfechtung (oben Rn 7) scheidet trotz **39** entsprechender Divergenz eine Anfechtung bei **beiderseitigen Falschbezeichnungen** (§ 133 Rn 13 ff) aus. Entsprechendes gilt bei einseitigen Falschbezeichnungen, wenn der Erklärungsempfänger durch Zufall oder aufgrund eindeutiger Begleitumstände den wahren Willen des Erklärenden erkannt hat (**erkannter und ausgenutzter Irrtum**, vgl RGZ 66, 427, 429; BGH LM Nr 6 zu § 119 BGB; WM 1972, 1422, 1424; 1983, 92; NJW-RR 1995, 859; LG Aachen NJW 1982, 1106; MünchKomm/KRAMER Rn 62). Wird zB bei Verhandlungen über den Abschluss eines Lebensversicherungsvertrages über das Verhältnis zwischen Prämie und Laufzeit ausführlich gesprochen und sind in dem Antrag des Versicherungsnehmers eine Versicherungsdauer von 26 Jahren und eine Prämie von halbjährlich 1833,20 DM angegeben, dann ist nicht die im *Versicherungsschein* versehentlich angegebene und daher wegen § 5 VVG eigentlich maßgebende Laufzeit von nur 16 Jahren, sondern die nach dem Ergebnis der Vertragsverhandlungen eindeutig gewollte Vertragsdauer von 26 Jahren Vertragsinhalt (BGH NJW-RR 1995, 859; s ferner das Bsp von KRAMER, in: MünchKomm Rn 61). Kündigt der Abonnent der Zeitschrift *JuS* versehentlich die nicht bestellte Zeitschrift *Jura,* muss dem Buchhändler klar sein, dass sich die Kündigung auf die einzige von dem Kunden bestellte Zeitschrift, also die *JuS* bezieht (AG Wedding NJW 1990, 1797). Einschlägig sind schließlich auch jene Fälle, in denen der Erklärungsempfänger dem Erklärenden rechtsgeschäftliche Erklärungen unterschiebt (vgl die Bsp oben Rn 9 und 15).

§ 122 Abs 2 steht dem nicht entgegen. Die Vorschrift geht zwar ersichtlich von der **40** Anfechtbarkeit einer Willenserklärung aus, wenn der Erklärungsempfänger „den **Grund der Anfechtbarkeit kannte oder** infolge von Fahrlässigkeit nicht kannte (**kennen musste**)". Aber eine unreflektierte Anwendung dieses Rechtssatzes hätte die systemwidrige Konsequenz, dass Anfechtung der Auslegung vorginge. Das Gegenteil ist richtig und folgt insbesondere daraus, dass die §§ 119 ff eine den Anforderungen des § 122 Abs 2 entsprechende, objektiv-normative Auslegung von Willenserklärungen voraussetzen (grdl LARENZ, Die Methode der Auslegung des Rechtsgeschäfts [1930] 75; s ferner TRUPP NJW 1990, 1346 f; PALANDT/ELLENBERGER § 133 Rn 9). Infolgedessen ist die **Anwendung des § 122 Abs 2** auf den Fall beschränkt, dass der Erklärungsempfänger erst *nach dem Vertragsschluss* den Irrtum bemerkt (DANZ JherJb 46 [1904] 381, 426; WIELING AcP 172 [1972] 297, 300 Fn 15 mwNw; TRUPP NJW 1990, 1346, 1347) oder einem Eigenschaftsirrtum erliegt (LARENZ, Methode 79 f Fn 2; WIELING aaO). Nicht einschlägig ist § 122 Abs 2 jedoch in dem häufig erwähnten Fall, dass der Empfänger zwar den Irrtum erkennt, nicht aber den wahren Willen des Erklärenden; mangels Schutzwürdigkeit des Empfängers ist hier von der Nichtigkeit der Erklärung auszugehen (zutr LARENZ aaO; SOERGEL/WOLF § 155 Rn 12; für Anfechtbarkeit und Anwendung des § 122 Abs 2 WIELING aaO; MünchKomm/KRAMER § 122 Rn 10).

Aus Vorstehendem folgt im Übrigen auch, dass nicht nur der erkannte Irrtum bei der **41** Inhaltsermittlung berücksichtigt werden muss, sondern auch der erkennbare. Im Fall des erkannten Willens handelt es sich um individuelle Auslegung entsprechend dem Grundsatz *falsa demonstratio non nocet,* wohingegen die **Beachtlichkeit des bloß erkennbaren Geschäftsirrtums** das Ergebnis objektiv-normativer Auslegung ist (vgl RGZ 97, 191, 195; LARENZ, AT § 20 II c = S 387; LEENEN MDR 1980, 353, 357; KRAMER, Grundfragen 194 ff; vgl schon JACOBSOHN JherJb 56 [1910] 329, 361 f; **aA** insoweit BGH LM Nr 6 zu § 119 unter unrichtiger Bezugnahme auf MANIGK JherJb 75 [1925] 127, 211; FLUME § 16, 1 d = S 302; nicht eindeutig BGH NJW-RR 1995, 859). Motiv- und Kalkulationsirrtümer sind zwar grundsätzlich unbeachtlich, doch verdient der Erklärungsempfänger in den Fällen, in denen er den Irrtum erkannt hat oder dieser geradezu in die Augen springen musste, nach den gleichen Wertungsgesichtspunkten ebenfalls keinen Schutz (vgl dazu näher unten Rn 53). Beim automatisierten Vertragsschluss im **Online-Verkehr** (Rn 35) wird bei evidenten Eingabefehlern des Kunden ebenfalls eine **Nachfragepflicht des Vertragspartners** bejaht, deren Verletzung Schadensersatzansprüche gemäß § 280 Abs 1 begründen soll (LG Nürnberg-Fürth WM 2001, 988; OLG Nürnberg MMR 2003, 183, 184; Escher WuB I G 2.-2. 01; Balzer WM 2001, 1533, 1538; ders EWiR 2003, 403 f; krit Held EWiR 2003, 57 f). Das überzeugt allerdings nicht, weil der Irrende die Möglichkeit hat, Eingabefehler zu korrigieren und seine fehlerhafte Willenserklärung gemäß § 119 Abs 1, 2. Alt anzufechten. Schutzpflichten dürfen nicht dazu benutzt werden, um die gesetzliche Risikoverteilung, insbesondere das Erfordernis einer unverzüglichen Anfechtung gemäß §§ 119, 121, zu umgehen (vgl auch Rn 35 aE).

42 **Abgrenzung zum Dissens**: Der unbewusste, „versteckte" **Dissens** (zum „offenen" Dissens vgl Staudinger/Bork [2010] § 154 Rn 2 f; zu den verschiedenen Arten des Dissenses ausf Diederichsen, in: FS Hübner [1984] 421 ff) wurde in der Lehre des 19. Jahrhunderts als Irrtumsfall angesehen (Leenen AcP 188 [1988] 381, 414 ff; Staudinger/Bork [2010] § 155 Rn 2; Flume § 34, 4 = S 623 f). Noch der Erste Entwurf des BGB behandelte beide Fälle gleich (vgl §§ 98 u 100 E I), weil nach Ansicht der 1. Kommission auch beim Dissens die erforderliche „Übereinstimmung des Willens der Vertragsschließenden" (§ 100 E I) fehle. Ein **Irrtum** liegt in der Tat vor, da die Parteien beim versteckten Dissens meinen, sie hätten einen Vertrag geschlossen. Da aber Willenserklärungen objektiv-normativ auszulegen sind (§ 133 Rn 18), kann trotz fehlender Willensübereinstimmung eine vertragliche Einigung zustande kommen. Für einen versteckten Dissens bleiben jene Fälle, in denen weder der individuelle Wille der Parteien übereinstimmt (§ 133 Rn 13), noch die durch Auslegung ermittelte objektive Bedeutung der beiderseitigen Willenserklärungen (BGH LM § 155 Nr 1 und 2; Diederichsen, in: FS Hübner [1984] 421, 426 f; Staudinger/Bork [2010] § 155 Rn 3 jew mit Bsp). Eine **Anfechtung** wegen Irrtums setzt hingegen übereinstimmende Willenserklärungen voraus (Erman/Armbrüster § 155 Rn 2). Dabei ist gleichgültig, ob nur einer der Kontrahenten oder beide irren. Selbst wenn jede Partei eine vom objektiven Inhalt der Erklärung und vom subjektiven Willen des Gegners abweichende Vorstellung hat (Fall des **beiderseitig getrennten Erklärungsirrtums** – Bsp: A und B erklären x, A meint jedoch y und B meint z), liegt kein Dissens vor. Vielmehr kommt der Vertrag im Sinne des objektiv Erklärten zustande (im Bsp x) und kann von beiden Parteien wegen Inhaltsirrtums gem § 119 Abs 1 angefochten werden (Diederichsen, in: FS Hübner [1984] 425 f; Frotz 422 Fn 1018; Titze, Missverständnis 421; ders, in: FS Heymann [1940] [II] 72, 75 f; **aA** – für Anwendung des § 155 – Bailas 19 ff; MünchKomm/Kramer § 155 Rn 13; für Lösungsrecht aus § 242 Enneccerus/Nipperdey § 177 VI = S 1086).

b) Arten des Inhaltsirrtums
aa) Verlautbarungsirrtum

43 Ein Inhaltsirrtum kann darauf beruhen, dass der Erklärende seinen Worten und Zeichen einen anderen Sinn beilegt, als ihnen aus der Perspektive des Empfängers objektiv zukommt. Man spricht dann von einem **Verlautbarungsirrtum** (Palandt/Ellenberger Rn 11; MünchKomm/Kramer Rn 76). Nicht nur Lehrbuchbeispiele (dazu Soergel/Hefermehl Rn 22) sind Verwechslungen von **Maß-, Gewichts- und Münzbezeich-**

nungen. Im Fall LG Hanau NJW 1979, 721 (dazu KORNBLUM JuS 1980, 258; PLANDER BB 1980, 133; SINGER/MÜLLER Jura 1988, 485; MEDICUS, AT Rn 745) bestellte eine Lehrerin 25 Gros (= 3600) Rollen Toilettenpapier in der irrigen Annahme, die Bezeichnung „Gros" sei eine Maß-, nicht eine Mengenangabe. Anschauliche Beispiele liefert auch der Gebrauch **fach- und fremdsprachlicher Ausdrücke** (zum Sprachrisiko oben Rn 17 ff). In dem bekannten „**Haakjöringsköd**"-Fall (RGZ 99, 147) hätte der Käufer wegen Inhaltsirrtums anfechten können, wenn nur er (und nicht wie im Originalfall auch der Verkäufer) den norwegischen Ausdruck für Haifischfleisch mit Walfischfleisch verwechselt hätte (zum Originalfall und dem dort anzuwendenden Grundsatz falsa demonstratio non nocet § 133 Rn 13; zur Variante FLUME § 23, 4 c = S 461). RGZ 70, 391 (394) betraf einen Irrtum über einen juristischen Fachausdruck: Bei der Abfassung eines Testaments verkannte der Erblasser, dass gem § 1925 zu den „gesetzlichen Erben" auch die halbbürtigen Geschwister zählen (weitere Bsp MünchKomm/KRAMER Rn 76; SOERGEL/ HEFERMEHL Rn 22). **Rechtsirrtümer**, die sich auf den Inhalt von Willenserklärungen und nicht auf gesetzliche Rechtsfolgen beziehen, ermöglichen also grundsätzlich die Anfechtung (vgl näher unten Rn 67). Voraussetzung ist jedoch, dass es sich um einen relevanten Irrtum iS von § 119 Abs 1, 2. HS handelt. Wer einen von Pferden gezogenen Planwagen samt Kutscher anmietet und weiß, dass es sich um eine entgeltliche Gebrauchsüberlassung handelt, kann nicht wegen Irrtums über die rechtliche Einordnung dieses Rechtsgeschäfts als „Miete" anfechten (iE richtig OLG Karlsruhe NJW 1989, 907 [908]; PALANDT/ELLENBERGER Rn 15; ebenso BAG AP Nr 7 zu § 242 Geschäftsgrundlage mit Anm MAYER-MALY: Irrtum über Arbeitnehmerstatus). Beim Irrtum über die gesetzlich normierte Bedeutung des rechtsgeschäftlichen Verhaltens, insbesondere **Schweigens**, scheidet eine Anfechtung wegen Irrtums über die Bedeutung des Verhaltens ebenfalls aus, da sonst die Klarstellungsfunktion der gesetzlichen Erklärungsfiktionen entwertet würde (Vorbem 67 f zu §§ 116 ff). Aus dem gleichen Grunde ist eine Anfechtung wegen Irrtums über die Bedeutung sog „materialer **Auslegungsregeln**" abzulehnen (aA LARENZ, AT § 19 II g; MünchKomm/KRAMER Rn 64 aE). Davon abgesehen unterliegen jedoch die Ergebnisse objektiv-normativer Auslegung der Anfechtung wegen Inhaltsirrtums, wenn der Anfechtende tatsächlich über die normative Bedeutung seiner Erklärung irrte (abw LEENEN MDR 1980, 353, 357). Gem § 119 Abs 1 geht die Selbstbestimmung dem Vertrauensschutz vor, sogar bei objektiv **eindeutigen Erklärungen**.

Auch bei sprachlich richtiger Ausdrucksweise kann ein Inhaltsirrtum vorliegen, **44** wenn die Erklärung ihren Sinn durch **Bezugnahme auf bestimmte Umstände** erhält und der Erklärende darüber irrt. Wer einen objektiv eindeutigen **Antrag missversteht** und ihn so, wie er vorliegt, annimmt (also mit „ja" oder „einverstanden"), macht sich die objektive Bedeutung des Antrags zu eigen (FLUME § 343 = S 620; WIESER AcP 184 [1984] 40 [44]). Sein Missverständnis wirkt sich bei dieser **indifferenten Annahme** als Irrtum über den Inhalt der eigenen Erklärung aus (MünchKomm/KRAMER Rn 49; SOERGEL/HEFERMEHL Rn 23; vgl auch RG Recht 1926 Nr 386 = S 156). Dementsprechend handelt es sich auch um einen Inhaltsirrtum, wenn ein Gesellschafter einem Beschluss zustimmt, ohne zu bemerken, dass er dadurch einer Vertragsänderung zustimmt (BGH LM § 119 HGB Nr 10 unter 4 c), oder wenn ein Arbeitnehmer einen befristeten Arbeitsvertrag abschließt und dadurch unbewusst ein unbefristetes Arbeitsverhältnis ablöst (SINGER, Selbstbestimmung 238 f; J MAYER, Der Rechtsirrtum und seine Folgen im bürgerlichen Recht [1989] 206; aA BAG AP § 119 Nr 8 unter I 2, das diesen Rechtsirrtum zu Unrecht als Motivirrtum bewertete; dazu näher unten Rn 76).

bb) Identitätsirrtum

45 In den vorliegenden Zusammenhang wird häufig auch der **Identitätsirrtum** eingeordnet (vgl MünchKomm/KRAMER Rn 77 f). Das trifft zu, wenn die Erklärung auf eine bestimmte Person oder einen bestimmten Gegenstand bezogen ist, aber aufgrund der Begleitumstände auf eine andere als die gemeinte Person oder einen anderen als den gemeinten Gegenstand zutrifft (FLUME § 23 4 = S 457; LARENZ, AT § 20 II a = S 373; MünchKomm/KRAMER Rn 77 f). Bsp: M will dem bekannt tüchtigen Rechtsanwalt R 1 einen Auftrag zu seiner Prozessvertretung erteilen, ruft aber versehentlich den gleichnamigen R 2 an und erteilt diesem den Auftrag. Ein solcher **error in persona**, bei der die Individualisierung des Geschäftspartners misslingt, ist als Irrtum über den Inhalt der Willenserklärung zu qualifizieren (LARENZ aaO; s a PALANDT/ELLENBERGER Rn 13; OLG Karlsruhe JW 1938, 662: Irrtum über den Namen des Gläubigers bei Erteilung eines Überweisungsauftrags). Gegenbeispiel: M trifft R 2 auf der Straße und erteilt ihm einen Auftrag, weil er ihn mit R 1 verwechselt, der ihn vor Jahren erfolgreich vertreten hat. Hier ist der Geschäftspartner durch die persönliche Kontaktaufnahme einwandfrei individualisiert; die Vorstellung von M, er spreche mit R 1, ist unbeachtliches Motiv (GIESEN, AT Rn 260 ff [262]; BROX/WALKER, AT Rn 427). Inhaltsirrtum kann auch der Irrtum über die Identität des Geschäftsgegenstandes sein (**error in objecto**; vgl dazu auch Rn 46). Es kann sich aber auch um einen Irrtum in der Erklärungshandlung handeln, zB wenn man sich im Selbstbedienungsmarkt vergreift und die falsche Ware einpackt oder statt eines 1 €-Stücks ein 2 €-Stück hinlegt (MEDICUS, AT Rn 763). Wird bei einem Grundstückskaufvertrag die falsche Parzelle bezeichnet, liegt zwar auch ein Identitätsirrtum vor (PALANDT/ELLENBERGER Rn 14; MünchKomm/KRAMER Rn 78), aber dieser lässt sich idR nach dem Grundsatz *falsa demonstratio non nocet* durch Auslegung berichtigen (BGHZ 87, 150, 153; PALANDT/ELLENBERGER § 133 Rn 19).

46 Gewisse Schwierigkeiten bereitet die **Abgrenzung des Identitätsirrtums und Eigenschaftsirrtums**, wenn die Beschaffenheit dazu dient, Geschäftsgegner oder Geschäftsgegenstand zu identifizieren. Das trifft in erster Linie auf Gattungskäufe zu (vgl ERMAN/PALM Rn 39; LESSMANN JuS 1969, 525, 528), kommt aber auch bei Spezieskäufen vor. Von TITZE stammt das **Beispiel des Rennpferdes „Nixe"**, das von A dem B brieflich zum Verkauf angeboten und von B in der irrigen Vorstellung akzeptiert wird, es handele sich um eine bekannte Preisträgerin (FS Heymann II [1940] 72 ff [81 f]). Während TITZE der Auffassung war, es handele sich um einen Inhaltsirrtum, weil B nur sein Einverständnis zum Ankauf einer Preisträgerin erklären wollte (aaO 81; zust MünchKomm/KRAMER Rn 79), differenziert FLUME (§ 23, 4 b = S 459): Wird das Pferd ausschließlich durch seine Bezeichnung als „Nixe" identifiziert, ist bei Mehrdeutigkeit der Namensangabe Dissens anzunehmen (abw PAWLOWSKI, AT Rn 551); ist die Bezeichnung eindeutig, kommt ein Inhaltsirrtum in Gestalt eines Identitätsirrtums in Betracht, wenn B irrtümlich davon ausgeht, „Nixe" sei die bekannte Preisträgerin, die aber in Wahrheit anders, zB „Nike", heißt. Ist das Pferd dagegen schon einmal vorgeführt worden und daher vom Aussehen her identifiziert, liegt kein Identitätsirrtum vor, da sich die Erklärung in diesem Fall auf den wirklich gemeinten Gegenstand bezieht (vgl auch LARENZ, AT § 20 II a = S 373; MEDICUS, AT Rn 764). Es handelt sich vielmehr um einen Eigenschaftsirrtum, den KRAMER (in: MünchKomm Rn 79) gleichwohl wie in der ersten Fallvariante entweder als Dissens oder als Inhaltsirrtum qualifiziert, da B das „Angebot ‚Nixe' in Bezug auf deren Eigenschaften falsch" interpretiere. Dem ist jedoch nicht zu folgen, da auch insoweit keine Divergenz zwischen Wille und Erklärung vorliegt, sondern eine solche zwischen Erklärung und

Wirklichkeit (einschränkend PAWLOWSKI aaO; zur Abgrenzung von Eigenschaftsirrtum und Inhaltsirrtum sogl näher Rn 47 ff).

cc) Irrtum über die Soll-Beschaffenheit

Die Kontroverse im Fall „Nixe" berührt sich hier mit der allgemeinen – nach wie vor **47** umstrittenen – Frage, wie **Eigenschaftsirrtum und Inhaltsirrtum** voneinander **abzugrenzen** sind. Praktische Bedeutung hat die Abgrenzung trotz der gleichen Rechtsfolge gemäß § 119 (vgl MEDICUS, AT Rn 765; PALANDT/ELLENBERGER Rn 13) in jenen Fällen, in denen – wie im Fall „Nixe" (Rn 46) – eine Anfechtung wegen Eigenschaftsirrtums am Vorrang des Sachmängelgewährleistungsrechts scheitern würde. Als Ausgangspunkt ist zunächst festzuhalten, dass zum Inhalt eines Rechtsgeschäfts die ausdrückliche oder stillschweigende Vereinbarung gehören kann, eine Person oder Sache solle bestimmte Eigenschaften haben (FLUME, Eigenschaftsirrtum 13 ff; SCHMIDT/RIMPLER, in: FS Lehmann [1956] 213 ff [215]; anders noch ZITELMANN, Irrtum und Rechtsgeschäft [1879] 439 f u 459: bloßes Motiv). Eine solche **Soll-Beschaffenheitsvereinbarung** (BRAUER, Eigenschaftsirrtum 26 ff) ist wesenstypisch für den Gattungskauf, wird aber nicht selten auch bei Speziesgeschäften getroffen. So ist etwa ein Ring „als golden" verkauft, wenn dies ausdrücklich gesagt wird oder sich aufgrund der Gesamtumstände – zB einem hohen Preis und/oder der Exklusivität des Warenangebots – ergibt (FLUME § 23, 4 c = S 463). Ist der Ring in Wirklichkeit nur „vergoldet", ist streitig, welcher Kategorie der dann vorliegende Irrtum zuzuordnen ist. Nach der von BRAUER (Eigenschaftsirrtum 24 ff) entwickelten Lehre von der Soll-Beschaffenheit soll es sich um einen Inhaltsirrtum handeln, da ein Irrtum über den Inhalt der „Norm" vorliege (aaO 33 f) bzw die versprochene Eigenschaft des Rings „golden" Geschäftsinhalt geworden sei (so SCHMIDT/RIMPLER aaO 220; SOERGEL/HEFERMEHL Rn 26; RAAPE AcP 150 [1949] 481, 494 ff; dazu wiederum krit vGIERKE ZHR 114 [1951] 73, 81 ff; im jüngeren Schrifttum BIRK JZ 2002, 446 [447 f]: „Eigenschaftsirrtum als Kommunikationsirrtum"). Indessen befindet sich der Käufer bei einem Irrtum über die Beschaffenheit des Rings nicht in einem **Irrtum über die Soll-Beschaffenheit**. Er irrt sich nicht über die Bedeutung des Erklärten – er will einen goldenen Ring kaufen und erklärt dies auch –, sondern über die *Ist-Beschaffenheit* des erworbenen Gegenstandes. Ein solcher **Realitätsirrtum** ist seinem Wesen nach Motivirrtum, nicht Inhaltsirrtum (vgl näher SINGER, Selbstbestimmung 214; LESSMANN JuS 1969, 525, 528; LORENZ 297 ff).

Die Einordnung als Inhaltsirrtum wird in solchen Fällen zum Teil auch damit be- **48** gründet, dass die *erklärte* Sollbeschaffenheit mit der *gewollten* Sollbeschaffenheit nicht übereinstimme (ENNECCERUS/NIPPERDEY § 167 IV 3 = S 1038 mit Fn 17; vgl auch MünchKomm/KRAMER Rn 79, 80: Falschinterpretation in Bezug auf Eigenschaften). Zu Unrecht! Es kommt nicht darauf an, was der Erklärende *wollte,* sondern was er *erklären* wollte. § 119 Abs 1 fordert einen Irrtum über den Inhalt der Erklärung; es genügt daher nicht die *allgemeine* Feststellung, dass das Erklärte nicht gewollt ist (insoweit zutr SCHMIDT/RIMPLER, in: FS Lehmann [1956] 213 [219]). Andernfalls würde sich ein Motivirrtum in einen Inhaltsirrtum verwandeln und damit würde der grundlegenden Abgrenzungen des geltenden Irrtumsrechts aufgegeben. Keinem Inhaltsirrtum, sondern einem Eigenschaftsirrtum erliegt folglich auch der Kunde, der ein rechtshistorisches Buch über „Gewere" ersteht in der Meinung, es unterrichte über Schusswaffen, oder in der Rossschlachterei ein Filet verlangt, das er für Rindfleisch hält, oder „Deidesheimer" bestellt im Glauben, es handele sich um Rheinwein usw (ebenso FLUME § 23, 4 c = S 463; STAUDINGER/DILCHER[12] Rn 43; FIKENTSCHER, Schuldrecht

Rn 709; SCHACK, AT Rn 280; **aA** BRAUER 23 ff [34]; SOERGEL/HEFERMEHL Rn 26; SCHMIDT/RIMPLER 224; BROX/WALKER, AT Rn 426; BIRK JZ 2002, 446 [449]; ENNECCERUS/NIPPERDEY § 167 IV 3 = S 1039 in offenkundigem Gegensatz zum Bsp des goldenen Rings, wo NIPPERDEY mit Recht einen Inhaltsirrtum ablehnt). Recht hat insoweit FLUME (aaO): Wer „Deidesheimer" kauft, weiß, dass „Deidesheimer" nicht Rheinwein *heißt;* er kann nur darüber irren, dass „Deidesheimer" Rheinwein *ist.*

49 Aus Vorstehendem folgt zugleich, dass ein **Eigenschaftsirrtum als Inhaltsirrtum** zu bewerten ist, wenn sich der Erklärende über die *Bedeutung* der zur Beschreibung der Eigenschaften verwendeten Worte und Zeichen irrt. Um einen solchen **Doppelirrtum** (BRAUER 23) handelt es sich zB, wenn jemand „Haakjöringsköd" kauft in der Meinung, es handele sich um Walfischfleisch (dazu oben Rn 43), oder irrtümlich glaubt, „Cognac" bezeichne ausschließlich französischen Weinbrand (vgl FLUME § 23, 4 c = S 461 ff; MünchKomm/KRAMER Rn 81; zu Unrecht **aA** SCHACK, AT Rn 280). Ein **Irrtum in der Erklärungshandlung** gem § 119 Abs 1, 2. Alt liegt vor, wenn der Erklärende versehentlich Angaben zur Soll-Beschaffenheit vergisst (FLUME aaO 464; S LORENZ 298) oder sich bei deren Beschreibung verschreibt oder verspricht. Wer zB bei der Offerte von chemischen Produkten hinsichtlich des Mischungsverhältnisses versehentlich das Komma falsch setzt, kann gem § 119 Abs 1, 2. Alt anfechten (vgl auch RG WarnRspr 1910 Nr 137, wo allerdings ein Motivirrtum vorlag, weil der Schreibfehler nicht dem Angebot, sondern dem vom Käufer eingeholten Gutachten über die Warenprobe anhaftete; entgegen RG [aaO] hätte allerdings die Anfechtung wegen Eigenschaftsirrtums durchgreifen müssen; zutr FLUME § 23 4 c = S 462; MünchKomm/KRAMER Rn 81; **aA** BRAUER 22 ff).

50 Auf eine Erweiterung des Anwendungsbereichs des Bedeutungsirrtums zielt der Vorschlag von SCHMIDT/RIMPLER (in: FS Lehmann [1956] 213 [220 ff]), wonach zum Bestandteil der Willenserklärung auch jene **Eigenschaften** zählen, über die **bei Vertragsschluss nicht gesprochen** wurde. Dies gelte jedenfalls, wenn die betreffende Eigenschaft „so typisch für jedermann wesentlich ist und deshalb in die Rechtsfolge mit aufgenommen wird, dass der Erklärungsempfänger damit rechnen muss" (aaO 222). Gegen diese Lehre spricht schon im Ansatz, dass sie sich einer Fiktion bedienen muss, um den Erklärungsinhalt auszuweiten (SINGER, Selbstbestimmung 216 f; zust S LORENZ 297 f). Auch wertungsmäßig leuchtet nicht ein, den zu schützen, der „den Mund nicht aufgemacht" hat (FLUME aaO 465). Schließlich dürfte ein solcher Bedeutungsirrtum ausgesprochen selten vorkommen, geschweige denn beweisbar sein. Wie soll man sich den Fall vorstellen, in dem der Käufer objektiv normativ erklärt, er wolle einen vergoldeten Ring erwerben, tatsächlich aber glaubt, seine Erklärung *bezeichne* einen goldenen (vgl auch die Bsp von FLUME aaO 464 – „Meißner Porzellan" – und MEDICUS, AT Rn 766 – „Taucheruhr")? Typisch ist gerade der umgekehrte Fall, dass die Soll-Beschaffenheitsvereinbarung fehlerfrei zustande kam („golden"), tatsächlich aber nicht eingehalten wurde. Das aber ist Realitäts-, nicht Bedeutungsirrtum (zur **Lehre vom geschäftswesentlichen Eigenschaftsirrtum** s näher unten Rn 80).

3. Der Kalkulationsirrtum und die Lehre vom erweiterten Inhaltsirrtum*

51 Kalkulationsfehler betreffen nicht den Inhalt der Willenserklärung, sondern die

---

* **Schrifttum:** BASEDOW, Preiskalkulation und culpa in contrahendo, NJW 1982, 1030; CHIOTELLIS, Rechtsfolgenbestimmung bei Geschäftsgrundlagenstörungen in Schuldverträgen

Willensbildung. Insofern handelt es sich eigentlich um (unbeachtliche) **Motivirrtümer**. Hinsichtlich des **internen Kalkulationsirrtums** entspricht dies auch ganz herrschender Meinung (vgl BGH NJW 1998, 3192 [3193]; BGH WM 2003, 973 [974]; LG Bremen NJW 1992, 915 [dazu oben Rn 34]; LARENZ, AT § 20 II a = S 374; PALANDT/ELLENBERGER Rn 18 mwN; aA TITZE, in: FS Heymann II 72 [88 f]; BIRK JZ 2002, 446 [450]). Nach der insbesondere vom Reichsgericht vertretenen **Lehre vom „erweiterten Inhaltsirrtum"** ist ein Kalkulationsirrtum unter den Tatbestand des § 119 Abs 1 zu subsumieren, wenn es sich nicht nur um einen verdeckten, sondern um einen **offenen Kalkulationsirrtum** handelt. Ausgangspunkt für diese Erweiterung des Inhaltsirrtums war der Fall RGZ 64, 266, in dem der Käufer eines Inventars aufgrund falscher Angaben eines Beauftragten des Verkäufers irrtümlich angenommen hatte, der Preis berechne sich auf der Grundlage von Einkaufspreisen, während in Wirklichkeit Verkaufspreise zugrunde gelegt wurden. Die Anfechtung des Käufers hatte zwar in diesem Fall zu Recht keinen Erfolg, aber das Reichsgericht sprach sich in einem *obiter dictum* eindeutig für eine Anfechtung wegen Inhaltsirrtums aus, sofern nur der verlangte Kaufpreis „dem anderen Teile erkennbar" als ein „durch näher bezeichnete Kalkulationen zustande gekommener bezeichnet ist" (RGZ 64, 266, 268). Seither hat das Reichsgericht in st Rspr einen Kalkulationsfehler als Inhaltsirrtum qualifiziert, „wenn die Berechnung in der Erklärung selbst oder doch bei den entscheidenden Verhandlungen erkennbar zum Ausdruck gekommen ist" (RGZ 162, 198, 201; s ferner RGZ 90, 268, 270 [Altmetall-Fall]; 101, 107, 108 [Silber-Fall]; 105, 406, 407 [Rubel-Fall]; 116, 15, 18 [Börsenkurs-Fall]; 149, 235, 239 [Friedensmiete-Fall]; für analoge Anwendung des § 119 Abs 1 im Fall des erkennbaren Irrtums ADAMS AcP 186 [1986] 453, 486 ff; beim erkannten Irrtum auch WIESER NJW 1972, 708 ff; CHIOTELLIS, Rechtsfolgenbestimmung 106; für analoge Anwendung des § 119 Abs 2 MünchKomm/KRAMER § 119 Rn 87 ff; PAWLOWSKI JZ 1997, 741, 746). Der wohl

(1981); FLEISCHER, Der Kalkulationsirrtum, RabelsZ 65 (2001) 264; GIESEN, Zur Relevanz des Kalkulationsirrtums, JR 1971, 403; GOLTZ, Motivirrtum und Geschäftsgrundlage im Schuldvertrag (1973); GRIGOLEIT, Neuere Tendenzen zur schadensrechtlichen Vertragsaufhebung, NJW 1999, 900; HEIERMANN, Der Kalkulationsirrtum des Bieters beim Bauvertrag, BB 1984, 1836; HENRICH, Die unbewusste Irreführung, AcP 162 (1963) 88; JOHN, Auslegung, Anfechtung, Verschulden beim Vertragsschluss und Geschäftsgrundlage beim sog Kalkulationsirrtum – BGH, NJW 1981, 1551, in: JuS 1983, 176; KINDL, Der Kalkulationsirrtum im Spannungsfeld von Auslegung, Irrtum und unzulässiger Rechtsausübung, WM 1999, 2198; LARENZ, Bemerkungen zur Haftung für „culpa in contrahendo", in: FS Ballerstedt (1975) 397; LIEB, Vertragsaufhebung oder Geldersatz?, in: FS Universität Köln (1988) 251; ders, Culpa in contrahendo und rechtsgeschäftliche Entscheidungsfreiheit, in: FS Medicus (1999) 337; S LORENZ, Vertragsaufhebung wegen culpa in contrahendo: Schutz der Entscheidungsfreiheit oder des Vermögens?, ZIP 1998, 1053; MEDICUS, Grenzen der Haftung für Culpa in contrahendo, JuS 1965, 209; PFEIFER, Der Rubel-Fall: Dogmatische Einordnung und Rechtsfolgen des Kalkulationsirrtums nach der Rechtsprechung des Reichsgerichts und nach aktueller Betrachtung, Jura 2005, 774; REINICKE, Das Verhältnis der Ausschlussfrist des § 124 BGB zu der Verjährung von Vertragsaufhebungsansprüchen aus Delikt und cic, JA 1982, 1; SACK, Wettbewerb und Folgeverträge (1974); SCHUBERT, Unredliches Verhalten Dritter bei Vertragsschluss, AcP 168 (1968) 470; SCHUMACHER, Vertragsaufhebung wegen fahrlässiger Irreführung unerfahrener Vertragspartner (1979); SINGER, Der Kalkulationsirrtum – ein Fall für Treu und Glauben?, JZ 1999, 342; WAAS, Der Kalkulationsirrtum zwischen Anfechtung und unzulässiger Rechtsausübung – BGHZ 139, 177, JuS 2001, 14; WIESER, Der Kalkulationsirrtum, NJW 1972, 708.

überwiegende Teil des Schrifttums ist dem mit Recht nicht gefolgt (vgl FLUME, AT II § 23, 4 e; LARENZ, AT § 20 II a = S 375 f; MEDICUS, AT Rn 758; JOHN JuS 1983, 176, 178; PALANDT/ ELLENBERGER Rn 18 mwNw), denn es handelt sich nicht um einen Fall des § 119 Abs 1. Auch wenn die Kalkulationsgrundlage dem Geschäftspartner mitgeteilt wird, bezieht sich der Irrtum nicht auf die Bedeutung des Erklärten oder die verwendeten Erklärungszeichen, sondern auf die Realität. Insofern bleibt es bei der Einordnung als Motivirrtum.

52 Nachdem der BGH lange Zeit offen gelassen hat, welcher Auffassung er Gefolgschaft leisten will (BGH LM Nr 8, 21 zu § 119; NJW 1981, 1551, 1552; 1983, 1671, 1672; WM 1986, 564, 565), liegt seit dem Urteil des X. Senats vom 7. 7. 1998 eine richtungsweisende Entscheidung vor (BGHZ 139, 177; vgl dazu BERGER, Anm LM Nr 36 zu § 119; FLEISCHER RabelsZ 65 [2001] 264; HARDER WuB IV A.-1. 99; MEDICUS EWiR 1998, 871; KINDL WM 1999, 2198; PETERS JR 1999, 157; SINGER JZ 1999, 342; WAAS JuS 2001, 14; PFEIFER Jura 2005, 777 f). Danach ist die **Anfechtung wegen eines internen Kalkulationsirrtums** selbst dann **ausgeschlossen**, wenn der Erklärungsempfänger diesen erkannt oder sich dieser Kenntnis bewusst verschlossen hat. Allerdings könne es eine gem § 242 **unzulässige Rechtsausübung** darstellen, „wenn der Empfänger ein Vertragsangebot annimmt und auf der Durchführung des Vertrages besteht, obwohl er wusste (oder sich treuwidrig der Kenntnisnahme entzog), dass das Angebot auf einem Kalkulationsfehler beruht" (BGHZ 139, 177 [184]; zur unzul Rechtsausübung vgl bereits BGHZ 46, 268, 273; BGH LM Nr 8; NJW 1980, 180; 1983, 1671, 1672). Dabei legt der BGH einen strengen Maßstab an und verlangt, dass „die Vertragsdurchführung für den Erklärenden schlechthin unzumutbar ist, etwa weil er dadurch in erhebliche wirtschaftliche Schwierigkeiten geriete" (aaO 185; vgl dazu die Kritik Rn 62 ff). In Betracht kommen auch Schadensersatzansprüche wegen **vorvertraglicher Pflichtverletzung** gem §§ 280 Abs 1, 241 Abs 2, 311 Abs 2. Diese setzen aber nach hM ebenfalls voraus, dass der Geschäftspartner den Kalkulationsirrtum der Gegenseite *erkennt,* wohingegen nicht genügen soll, dass er ihn hätte *erkennen können* (BGH NJW 1980, 180; 1998, 3194; WM 1986, 564; NJW-RR 1995, 1360; OLG Köln BauR 1995, 98, 99). Sind die Parteien übereinstimmend davon ausgegangen, dass der Verkäufer den Kaufpreis nach den Selbstkosten berechnet, muss dieser den Käufer darüber aufklären, wenn er von dieser Absprache abweicht und einen höheren Kaufpreis verlangt (BGH NJW 1981, 2050 f). Nach der umstrittenen Rechtsprechung zum Unternehmenskauf (BGHZ 69, 53, 58) soll der Käufer als Schaden sogar den Betrag verlangen können, den er beim Erwerb der Kaufsache zu viel aufgewendet hat (NJW 1981, 2051; krit BASEDOW NJW 1982, 1030 f). Im Allgemeinen besteht aber keine **Aufklärungspflicht** über Methoden und andere Umstände der Preisberechnung (LORENZ 275 f Fn 359 gegen OLG Bremen NJW 1963, 1455, 1457). Jedoch ist eine Anpassung des Vertrages nach den Grundsätzen über den **Wegfall der Geschäftsgrundlage** möglich, wenn beide Parteien einen bestimmten Berechnungsmaßstab zur Grundlage ihrer Vereinbarung gemacht haben (BGHZ 46, 268, 273; BGH NJW-RR 1995, 1360). Voraussetzung ist aber, dass der Geschäftswille der Parteien auf dieser Grundlage aufbaut. Dies hat der BGH beim Kauf eines Grundstücks, dessen Kaufpreis nach einem Vielfachen der Jahresmiete berechnet werden sollte, verneint (NJW 1981, 1551 m zust Bspr JOHN JuS 1983, 176), ebenso bei einem Pauschalpreisvertrag über Bauleistungen (NJW-RR 1995, 1360) und bei der Berechnung von Aufwendungen, die vertragsgemäß erstattet werden sollten und in einer gesonderten Anlage zum Vertrag zusammengestellt, aber nicht vollständig erfasst worden waren (BGH NJW 2006, 3139, 3140). Dagegen hat der BGH das ausdrücklich vereinbarte, erheblich überhöhte

Honorar für einen Vermögensverwalter wegen Wegfalls der Geschäftsgrundlage angemessen herabgesetzt, weil sich die Parteien zugleich darüber einig waren, dass für die Vergütung „die üblichen Regeln gelten" sollten (BGHZ 46, 268, 272 f). Eine Vertragsanpassung kommt aber nicht schon bei einseitigen Erwartungen einer Vertragspartei in Betracht, selbst wenn diese bei Vertragsschluss offenbart, erkannt oder sogar gebilligt werden (Medicus, AT Rn 758; Giesen JR 1971, 403, 406; Singer, Selbstbestimmung 238; abw OLG Bremen NJW 1963, 1455, 1456; Adams AcP 186 [1986] 453, 486 ff).

Die in Rechtsprechung und Schrifttum unternommenen Bemühungen, bei Kalkulationsfehlern das Dogma der Unbeachtlichkeit des **Motivirrtums** zu durchbrechen, beruhen darauf, dass vor allem hier die Abgrenzung zwischen beachtlichem Inhaltsirrtum und unbeachtlichem Motivirrtum als fragwürdig angesehen wird. Während ein Fehler bei der Bedienung der Schreibmaschine gemäß § 119 Abs 1, 2. Alt zur Anfechtung berechtigt, müsse der gleiche Fehler bei der Bedienung der **Rechenmaschine** als Irrtum bei der Willensbildung außer Betracht bleiben (vgl Titze, in: FS Heymann II 72, 88; Brox, Irrtumsanfechtung 64). Dennoch würden die Grenzen zulässiger **Rechtsfortbildung** überschritten, wenn man die Entscheidung des Gesetzgebers kurzerhand beiseite schieben würde. Diese beruht im Übrigen auf durchaus nachvollziehbaren Erwägungen (ausf oben Rn 5): Im Unterschied zu einem Fehler bei Abgabe der Erklärung kann man einen Fehler bei der Willensbildung durch Ergebniskontrolle noch erkennen und berichtigen (Berger, Anm LM Nr 36 zu § 119). Eine Rechtsfortbildung kann daher nicht auf einem schlichten Analogieschluss beruhen, sondern nur dort sinnvoll anknüpfen, wo der vom Gesetzgeber beabsichtigte Verkehrs- und Vertrauensschutz nicht gerechtfertigt ist. Dabei lassen sich – in weitgehender Übereinstimmung mit Rechtsprechung und Schrifttum – folgende **Fallgruppen** unterscheiden, in denen der **Erklärungsempfänger nicht schutzwürdig** ist: bei unschädlicher Falschbezeichnung, beim gemeinsamen oder vom Geschäftspartner veranlassten Irrtum über die Berechnungsgrundlage und beim Ausnutzen eines internen, aber erkannten oder evidenten Kalkulationsirrtums (vgl schon Henrich AcP 162 [1963] 88, 97). 53

a) Unschädliche Falschbezeichnungen

Zum Teil lässt sich die fehlerhafte Kalkulation bereits durch **Auslegung des Rechtsgeschäfts** korrigieren. Eine solche Berichtigung des Geschäftsergebnisses durch konsequente Beachtung der Kalkulationsgrundlagen kommt allerdings nur in Betracht, wenn die Auslegung ergibt, dass beide Parteien einerseits die richtige Kalkulation für wesentlich und andererseits deren konkretes Ergebnis für unwesentlich halten, so dass dieses als unschädliche Falschbezeichnung nach dem Grundsatz *falsa demonstratio non nocet* (vgl nur RGZ 99, 147 f; BGHZ 87, 150, 153; BGH NJW 1984, 721; Medicus Rn 327) außer Betracht bleiben kann. Das trifft in der Regel zu, wenn aus mehreren Einzelposten eine Gesamtsumme gebildet wird und lediglich bei der Addition ein **offenkundiger Rechenfehler** vorkommt (LG Aachen NJW 1982, 1106; OLG Frankfurt WM 2001, 565; Larenz, AT § 20 II a = S 375; Larenz/Wolf § 36 Rn 73; Bamberger/Roth/Wendtland Rn 34; Medicus/Petersen, BürgR Rn 134; MünchKomm/Kramer Rn 91; Titze, in: FS Heymann II 72, 87; großzügiger Pfeifer Jura 2005, 777). Wegen **Evidenz des Fehlers** gilt Entsprechendes in dem Beispiel von Medicus/Petersen (BürgR Rn 134), in dem ein Unternehmer verspricht, 100 cbm Erdreich zum Preis von 100 € pro cbm zu bewegen und dafür versehentlich als Gesamtpreis nur 1 000 € statt richtig 10 000 € verlangt (zust Fleischer RabelsZ 65 [2001] 264 [268]; Birk JZ 2002, 446 [449]). Zweifelhaft ist dagegen die Offen- 54 kundigkeit des Fehlers in dem vom LG Aachen für beachtlich gehaltenen Irrtum eines Bauhandwerkers, der in seiner Schlussrechnung den Einheitspreis in einen Materialanteil von 54,70 DM und einen Lohnanteil von 19,23 DM aufgeschlüsselt und als Gesamtpreis 54,20 DM statt 73,93 DM berechnet hat (NJW 1982, 1106). Da (und sofern) eine Schlussrechnung eine Vielzahl aufgelisteter Rechnungsposten enthält, muss ein solcher Fehler nicht ins Auge springen – und eine Nachprüfung kann man vom Geschäftspartner nicht verlangen, da man sonst das eigene Risiko auf diesen abwälzen würde. Eine offensichtliche Falschbezeichnung dürfte regelmäßig vorliegen, wenn der Verkäufer ein für den Käufer deutlich sichtbares **Preisschild** falsch abliest (LG Hamburg NJW-RR 1986, 156), wohingegen der Irrtum irrelevant bleibt, wenn der Verkäufer den Preis einer internen **Preisliste** entnimmt und sich dabei verliest oder versehentlich ein veraltetes Exemplar benutzt (LG Bremen NJW 1991, 915; HABERSACK JuS 1992, 548; vgl dazu näher oben Rn 34). Um eine unschädliche *falsa demonstratio* handelt es sich schließlich beim Irrtum über den richtigen Wechselkurs, da es beim Umtausch von Valuta nach dem Willen der Parteien ausschließlich auf das richtige Äquivalenzverhältnis und nicht auf die angegebenen Nominalwerte ankommt. Insofern hat das Reichsgericht den sog **Rubel-Fall** richtig entschieden und den Schuldner, der 30 000 Rubel als Darlehen erhalten hatte, nur zur Rückzahlung des wirklichen Gegenwerts in Höhe von 300 Mark – anstatt irrtümlich errechneter 7500 Mark – verurteilt (RGZ 105, 406 f; ähnl LG Kleve WM 1991, 2060 f [Bankangestellter übersah Abwertung jugoslawischer Dinare]). Dagegen kann in den übrigen Fällen, in denen sich die Parteien bei der Preisberechnung an einem bestimmten Kurs oder anderen Berechnungsmaßstab orientieren, zB am aktuellen **Börsenkurs** beim Kauf von Wertpapieren (RGZ 94, 65; 97, 138; 101, 51; 116, 15) oder am Preis pro Gewichtseinheit (zB RGZ 90, 268 – **Altmetall**; 101, 107 – **Silber**), nicht angenommen werden, dass der Geschäftspartner auch die größere Menge zum höheren Preis akzeptierte. Hier würde eine Anpassung des Geschäftsergebnisses entsprechend der beiderseitigen Kalkulationsgrundlage mit der Selbstbestimmungsfreiheit des anderen Teils kollidieren, weil nicht auszuschließen ist, dass sich dieser nur in Höhe der bezeichneten Endsumme verpflichten wollte. Außerdem ist sein Vertrauen auf die Maßgeblichkeit des Endergebnisses schutzwürdig (LARENZ/WOLF § 36 Rn 74), solange der Fehler nicht bemerkt wird oder offen zu Tage tritt. Die sich inhaltlich widersprechenden Bestimmungen über Menge und Preis sind also entgegen verbreiteter Ansicht häufig nicht „gleichrangig" (so aber FLUME § 26, 4 b = S 502 f; teilw auch MünchKomm/KRAMER Rn 92 f; PFEIFER Jura 2005, 777; dazu sogl näher unter Rn 55), so dass der Widerspruch zwischen Geschäftsergebnis und Geschäftsgrundlage im Regelfall nicht durch Auslegung behoben werden kann, sondern nur in den genannten, besonders gelagerten Fällen des Wechselkursirrtums und bei offensichtlichen Additionsfehlern (zust BGH NJW 2006, 3139, 3140). Nicht um einen Irrtum bei Abgabe der Willenserklärung handelt es sich dagegen, wenn sich die Parteien bei der Preiskalkulation auf ein bestimmtes Reglement verständigen und es lediglich bei dessen Anwendung auf das konkrete Geschäft zu einem Rechenfehler kommt. Dieser führt lediglich zu einer **rechtsgrundlosen Überzahlung**, die – ohne Anfechtung – nach Bereicherungsrecht wieder rückgängig gemacht werden kann (BGH WM 2003, 973, 974 f).

b) Vom Geschäftspartner veranlasster oder gemeinsamer Irrtum über die Kalkulationsgrundlage

55 Sofern mit dem Instrumentarium der Auslegung keine Vertragsanpassung erzielt werden kann, besteht allerdings weitgehend Einvernehmen darüber, dass sich der

vom Geschäftspartner veranlasste oder von ihm geteilte Irrtum über die Berechnungsgrundlage eines Vertrages jedenfalls auf dessen Bestand auswirken kann (vgl Palandt/Ellenberger Rn 21a; MünchKomm/Kramer Rn 93; Soergel/Hefermehl Rn 31 mwNw). So kann man die gemeinsame Berechnungsgrundlage gemäß § 313 Abs 1 als **Geschäftsgrundlage** des Vertrages ansehen, wie dies der BGH vielfach praktiziert hat (BGHZ 46, 268 [273]; BGH LM Nr 8; ebenso Palandt/Ellenberger Rn 21a; Larenz, AT § 20 IIa, III). In Betracht kommt des Weiteren eine Vertragsauflösung wegen **vorvertraglicher Pflichtverletzung** gem §§ 280 Abs 1, 241 Abs 2, 311 Abs 2, wenn der Geschäftspartner den Irrtum zu vertreten hat (Medicus, AT Rn 761; Pfeifer Jura 2005, 779; vgl auch BGH NJW 1980, 180; 1998, 3192, 3194; 2001, 284, 285; 2006, 3139, 3141). Eine Vertragsauflösung wegen Willensmangels setzt allerdings nach geltendem Recht grundsätzlich die Anfechtung des Vertrages voraus, so dass **die Abstimmung mit den Vorschriften des Anfechtungsrechts** zur Kardinalfrage der zu dieser Fallgruppe vertretenen Lösungsvorschläge und Konstruktionen wird. Der für einen Teil der Fälle vertretene Vorschlag, die Willenserklärungen wegen **Dissenses** (so teilweise MünchKomm/Kramer Rn 92 im „Silberfall" RGZ 101, 107; zust Palandt/Ellenberger Rn 21) oder **Perplexität** der sich widersprechenden Elemente (so Medicus, AT Rn 759; Medicus/Petersen, BürgR Rn 134 bei offensichtlichen Rechenfehlern) ipso iure für nichtig zu erklären, berücksichtigt diesen Gesichtspunkt zu wenig.

Für einen Vorrang der Anfechtung plädiert Kramer in Gestalt seiner **Lehre vom erweiterten Sachverhaltsirrtum**. Danach soll eine Irrtumsanfechtung in Analogie zu § 119 Abs 2 zugelassen werden, wenn der Motivirrtum vom anderen Kontrahenten veranlasst worden ist oder ihm hätte offenbar auffallen müssen oder von ihm geteilt worden ist und sich auf einen Umstand bezog, der auch für diesen nach Treu und Glauben die Grundlage des Geschäfts ausmachte (in: MünchKomm Rn 113 ff [115]; ähnl Pawlowski JZ 1997, 741 [746]; abl Larenz, AT § 20 II b = S 382; Medicus, AT Rn 770; Lorenz, Schutz 284 ff; Flume JZ 1985, 470, 474; Waas JuS 2001, 14, 16 f). Die genannten Kriterien sind rechtspolitisch überzeugend, lassen sich aber schwerlich in § 119 Abs 2 hineininterpretieren. Nach dem klaren Wortlaut von § 119 Abs 2 besteht ein Anfechtungsrecht auch dann, wenn es sich um einen einseitigen Irrtum über „verkehrswesentliche" Eigenschaften handelt und die von Kramer aufgezählten einschränkenden Voraussetzungen eines beachtlichen Motivirrtums nicht vorliegen. In dem Zielkonflikt zwischen Verkehrsinteresse und Rücksichtnahme auf Störungen der Selbstbestimmung hat der Gesetzgeber eine typisierende Entscheidung getroffen und den Eigenschaftsirrtum als besonderen Motivirrtum wegen dessen großer Bedeutung für das vertragliche Äquivalenzverhältnis für beachtlich erklärt. Eine solche Typisierung darf nicht im Wege der Rechtsfortbildung korrigiert werden, auch wenn diese sachgerechter erscheint und Wertungswidersprüche vermieden werden könnten (dafür erneut Kramer, in: FS 50 Jahre BGH [2000] 57, 64 f; ebenso Fleischer RabelsZ 65 [2001] 264, 289 f). Auch die Lehre vom **geschäftswesentlichen Eigenschaftsirrtum** eröffnet insoweit keine zusätzliche Legitimation (so aber Pawlowski JZ 1997, 741 [746] im Anschluss an Flume, Eigenschaftsirrtum und Kauf [1948] 83 ff; ders, AT II § 24, 2 b), denn diese Lehre hat die Funktion, die an sich zulässige Anfechtung aus Gründen des Verkehrsschutzes zu beschränken, wohingegen es hier um die Begründung einer an sich nicht gegebenen Anfechtungsmöglichkeit geht. Auf der anderen Seite braucht man den Begründungsansatz nur zu modifizieren, um wesentliche – insoweit von Kramer mit Recht für maßgeblich gehaltene – Wertungsgesichtspunkte in das System des geltenden Rechts zu integrieren.

aa) Veranlassung des Kalkulationsirrtums durch den Vertragspartner

57 Hat der Vertragspartner den **Irrtum zurechenbar veranlasst** (vgl MünchKomm/KRAMER Rn 113; SINGER 227), erscheint es nicht nur evident ungerecht, den Irrenden das Risiko eines Kalkulationsirrtums tragen zu lassen. Vielmehr besteht schon nach allgemeinen Grundsätzen die Möglichkeit, den Partner jedenfalls bei fahrlässiger Irreführung wegen **vorvertraglicher Pflichtverletzung** gem §§ 280 Abs 1, 241 Abs 2, 311 Abs 2 in Anspruch zu nehmen und als Schadensersatz Aufhebung des bei pflichtgemäßem Verhalten nicht zustande gekommenen Vertrages zu verlangen (grundl BGH NJW 1962, 1196, 1198 f; bestätigt durch BGH NJW 1998, 302, 304 mit der Klarstellung, dass durch die Pflichtverletzung ein Vermögensschaden entstanden sein muss; insoweit zu Recht krit Anm von WIEDEMANN aaO 1177; S LORENZ ZIP 1998, 1053, 1055; MEDICUS Anm LM Nr 13 zu § 249 [A]; GRIGOLEIT NJW 1999, 900, 901 f; STOLL, in: FS Deutsch [1999] 361, 368; einschränkend CANARIS AcP 200 f [2000] 273, 314; zum Ganzen eingehend GRIGOLEIT, Informationshaftung 50 ff und 137 ff; vgl dazu auch § 123 Rn 101). Von da an ist es nur noch ein kleiner Schritt, das gleiche Ergebnis auch auf dem Wege der – sachnäheren – Anfechtung herbeizuführen (zutr GRIGOLEIT, Informationshaftung 140; vgl auch SINGER, Selbstbestimmung 238). Bei bloßer Veranlassung des Irrtums besteht zwar keine vollkommene Symmetrie zwischen culpa in contrahendo und Irrtumsanfechtung (vgl S LORENZ, Schutz 268 Fn 311, 284 ff), aber zum einen ist das Verschuldenserfordernis gem § 280 Abs 1 praktisch stets erfüllt (vgl GRIGOLEIT, Informationshaftung 8), zum anderen gibt es außer dem Verschulden weitere Zurechnungsmöglichkeiten, die in Gestalt der Risikozurechnung insbesondere im Bereich der Vertrauenshaftung weitgehend anerkannt sind (vgl CANARIS, Vertrauenshaftung 481, 485 f; SINGER, Verbot 132 ff; BGHZ 29, 6, 12; 48, 396, 399; BGH WM 1972, 1027; 1981, 491, 492). Eine Anfechtung wegen veranlassten Kalkulationsirrtums wäre zB auch in der grundlegenden Entscheidung RGZ 64, 266 in Betracht gekommen, weil die Annahme des Käufers, das Lager sei „unter Einkaufspreisen aufgenommen", durch die unrichtige Information eines Beauftragten des Verkäufers hervorgerufen wurde (vgl auch RGZ 95, 58: falsche Angaben zur Straßenoberkante gegenüber einem Bauunternehmer führen zu ungenügender Preiskalkulation; MEDICUS, AT Rn 761). Die Unbeachtlichkeit des Motivirrtums beruht auf dem Schutz des rechtsgeschäftlichen Verkehrs und dem Prinzip der Selbstverantwortung des Irrenden (vgl oben Rn 5). Unter beiden Gesichtspunkten besteht aber kein Anlass, den Geschäftspartner zu schützen, wenn *dieser* die Verantwortung für die Störung der Willensbildung zu tragen hat (aA S LORENZ 268 Fn 311, 293 f). Methodisch handelt es sich um eine **teleologische Restriktion** (zu Begriff und Methode vgl LARENZ, Methodenlehre der Rechtswissenschaft [6. Aufl 1991] 391; CANARIS, Die Feststellung von Lücken im Gesetz [2. Aufl 1983] 82 ff) **des Prinzips von der Unbeachtlichkeit des Motivirrtums** oder – anders gewendet – um eine **teleologische Extension** (LARENZ 397; CANARIS 90) **der Irrtumsvorschriften**, wobei die größere Sachnähe zu § 119 Abs 1 und nicht zu § 119 Abs 2 (dafür KRAMER, in: FS 50 Jahre BGH [2000] 57, 64; FLEISCHER RabelsZ 65 [2001] 264, 289 f) bestehen dürfte.

58 Gegen einen Vorrang der Anfechtung wurde insbesondere die größere Flexibilität des Schadensrechts ins Feld geführt (S LORENZ, Schutz 336; PFEIFER Jura 2005, 778). Indessen hat sich der Gesetzgeber bei Willensmängeln grundsätzlich für die Anfechtung des Rechtsgeschäfts entschieden, so dass es systemgerechter erscheint, auch bei gesetzlich nicht geregelten Motivirrtümern an dieser Wertung festzuhalten. Das schließt Schadensersatzansprüche wegen culpa in contrahendo nicht aus, doch ist der Anwendungsbereich dieses Instituts enger als die Fallgruppen der Anfechtung wegen Motivirrtums, und es bedarf aus Gründen der Systemgerechtigkeit einer

Harmonisierung der konkurrierenden Institute (dazu sogleich Rn 59). Gegen eine Erweiterung der Anfechtungsmöglichkeit wegen Motivirrtums könnte allerdings sprechen, dass § 123 die Selbstbestimmungsfreiheit nur bei vorsätzlicher Irrtumserregung schützt – ein Einwand, der auch gegenüber einer **Vertragsauflösung wegen vorvertraglicher Pflichtverletzung** gem §§ 280 Abs 1, 241 Abs 2, 311 Abs 2 (vgl oben Rn 57) erhoben worden ist (urspr gegen eine Vertragsauflösung kraft culpa in contrahendo MEDICUS JuS 1965, 209 [212 ff], der aber inzwischen bei einer „Garantenstellung" des Informationspflichtigen eine Vertragsauflösung akzeptiert [vgl MEDICUS/PETERSEN, BürgR Rn 150]; ähnlicher Wandel bei CANARIS, vgl früher ZGR 1982, 395, 417 f; heute AcP 200 [2000] 273, 306; vgl auch WILLEMSEN AcP 182 [1982] 515 [540] und GOTTWALD JuS 1982, 877 [881]. – Die Vertragsauflösung gem cic einschränkend SCHUBERT AcP 168 [1968] 470, 504 ff [Vertragsauflösung, sofern weitere Vermögensschäden entstanden sind]; LIEB, in: FS Universität Köln [1988] S 251, 258 ff; ders, in: FS Medicus [1999] 337, 339 ff; R SCHUMACHER, Vertragsaufhebung wegen fahrlässiger Irreführung unerfahrener Vertragspartner [1979] 31 ff, 118 f [Vertragsauflösung nur zugunsten geschäftlich Unerfahrener]). Indessen darf § 123 nicht isoliert betrachtet werden. Die Vorschrift ist vielmehr im Kontext zu sehen mit der im BGB selbst angelegten, lediglich unvollkommen geregelten Haftung für Vertrauensdispositionen des Partners, wenn diese schuldhaft oder jedenfalls zurechenbar herbeigeführt worden sind (vgl insb die §§ 122, 170–172, 179 u 663). Seit der Schuldrechtsreform ist die Haftung wegen vorvertraglicher Pflichtverletzung gem § 280 Abs 1 unleugbar ein *gesetzlicher* Tatbestand, der in gleicher Weise Verbindlichkeit beansprucht wie § 123 (SINGER, Selbstbestimmung 238; zust FLEISCHER AcP 200 [2000] 91, 99). Im Hinblick auf die Verantwortung für irrtümliche Dispositionen des Vertragspartners bestehen also jedenfalls keine eindeutigen, wenn nicht sogar widersprüchliche gesetzliche Anordnungen, so dass der formale Hinweis auf § 123 nicht ausreicht, um die Verantwortung für fahrlässige Irreführung des Vertragspartners einzuschränken (eingehend GRIGOLEIT, Informationshaftung 50 ff [80]; s ferner S LORENZ, Schutz 333; WIEDEMANN JZ 1998, 1176; CANARIS AcP 200 [2000] 273, 308 ff). Unter teleologischen Gesichtspunkten erscheint es jedenfalls nicht gerechtfertigt, den Irrenden das Risiko eines Fehlers tragen zu lassen, obwohl nicht ihn, sondern den Kontrahenten die Verantwortung dafür trifft. Darüber hinaus wäre es inkonsistent, die als gesetzeskonform akzeptierte Vertrauenshaftung für geschäftliche Dispositionen ausgerechnet in dem ebenso typischen wie wichtigen Fall einzuschränken, in dem die entscheidende Disposition im Vertragsschluss selbst besteht (vgl auch § 123 Rn 101 sowie MünchKomm/KRAMER Rn 113, unter Hinw auf CANARIS, Vertrauenshaftung S 511).

Bejaht man aber eine Vertragsaufhebung wegen vorvertraglicher Pflichtverletzung, **59** ist es nur folgerichtig, auch die Anfechtung wegen veranlassten Motivirrtums zuzulassen. Zur Vermeidung von Wertungswidersprüchen müssen allerdings die einschlägigen Normen aufeinander abgestimmt werden (vgl zB MEDICUS JuS 1965, 209, 211; MünchKomm/KRAMER Rn 121; gegen eine analoge Anwendung der §§ 121, 124 aber BGH NJW 1979, 1983 f; 1984, 2814, 2815; FLUME §§ 21, 11 und 25; S LORENZ, Schutz 275 ff, 345 ff). Der Gesetzgeber hat die Berücksichtigung von Willensmängeln einerseits vom Willen des Irrenden abhängig gemacht, dieses Wahlrecht aber zur Verhinderung von Spekulationen zeitlich befristet (MUGDAN I 718 f; MünchKomm/KRAMER § 121 Rn 2; SINGER, Selbstbestimmung 66 f). Wenn man aber bereits **bei Geschäftsirrtümern rechtzeitig anfechten** muss, dann **erst recht bei bloßen Motivirrtümern**, die nach dem Willen des Gesetzgebers grundsätzlich geringere Bedeutung besitzen sollen, dort aber, wo dieser sie für beachtlich hält (vgl §§ 119 Abs 2, 2078), im Wege der Anfechtung geltend zu machen sind (eine – systemwidrige – Ausnahme bildet § 779, der einen Sonderfall fehlender Geschäftsgrundlage darstellt [vgl MünchKomm/HABERSACK § 779 Rn 1]). Fraglich kann nur sein, ob die §§ 119, 121 oder die §§ 123, 124 analog anzuwenden sind. Zum Teil wird eine **Analogie zu den §§ 123, 124** vorgeschlagen, weil diese Tatbestände eine fremdverantwortliche Störung der Selbstbestimmung betreffen (HENRICH AcP 162 [1963] 88, 104; SACK, Wettbewerb und Folgeverträge [1974] 18 f; M REINICKE JA 1982, 1, 6; GRIGOLEIT, Informationshaftung 150 f; CANARIS AcP 200 [2000] 273, 319), wohingegen die knappe Anfechtungsfrist der §§ 119, 121 auf solche Fälle zugeschnitten ist, in denen der Irrtum in den Verantwortungsbereich des Irrenden selbst fällt. Für die **Analogie zu den §§ 119, 121** spricht jedoch, dass bei bloßen Motivirrtümern nicht großzügiger spekuliert werden sollte als bei Geschäftsirrtümern (vgl auch ADAMS AcP 186 [1986] 453, 488). Die relativ lange Frist des § 124 von einem Jahr beruht ersichtlich darauf, dass es sich um besonders massive Störungen der Selbstbestimmung durch den Anfechtungsgegner handelt und dieser somit nicht besonders schutzwürdig erscheint (vgl in anderem Zusammenhang RGZ 84, 131 [134]; BGH NJW 1979, 1983). Bei bloß fahrlässiger Irrtumserregung trifft dies nicht in gleichem Maße zu. Außerdem hat die Anwendung der relativ schneidigen Präklusionsnorm des § 121 den Vorteil, dass sie einer ausufernden Berücksichtigung von Kalkulationsfehlern entgegenwirkt und dadurch zum Schutz des Verkehrs beiträgt. Dem gesetzgeberischen Anliegen, einem Motivirrtum grundsätzlich die Relevanz zu versagen, wird also tendenziell durchaus Rechnung getragen (vgl auch § 123 Rn 101).

bb) Gemeinsamer Irrtum über die Berechnungsgrundlage

60 Ist ein bestimmter Berechnungsmaßstab für beide Parteien Grundlage des Rechtsgeschäfts, erscheint es ebenfalls nicht gerechtfertigt, den Irrenden das Irrtumsrisiko alleine tragen zu lassen. Die teleologischen Gründe für den Ausschluss des Motivirrtums (oben Rn 5) treffen auch hier nicht zu, da und sofern beide Parteien für den Irrtum in gleichem Maße verantwortlich sind. Es erscheint geradezu willkürlich, nur den für die Folgen eines Irrtums haften zu lassen, zu dessen Nachteil sich der beiderseitige Irrtum auswirken würde, obwohl ihn nicht alleine die Verantwortung trifft. Auf dieser Wertung beruht denn auch die allgemeine Akzeptanz der seit 1. 1. 2002 in § 313 gesetzlich verankerten Lehre von der **Geschäftsgrundlage** (vgl LARENZ, AT § 20 III). Der Gegenvorschlag von FLUME, jeder Partei wahlweise das Recht zuzubilligen, den anderen Teil an den für diesen günstigeren Bedingungen festzuhalten (AT II § 26, 4 b), ist zwar auch teleologisch gerechtfertigt (vgl MünchKomm/KRAMER Rn 112 mit zutr Hinw auf die im Irrtumsrecht allg anerkannte „Reduktion auf das Gewollte"), kommt aber dann nicht zum Tragen, wenn keine Partei an einem solchen ungünstigen Vertrag Interesse zeigt. Für diesen Fall hält auch FLUME den Vertrag für „hinfällig" (477), was im Ergebnis dem Fehlen der Geschäftsgrundlage entspricht. Beide Konstruktionen können freilich Wertungswidersprüche mit dem Irrtumsrecht nicht vermeiden (vgl oben Rn 59), so dass auch bei beiderseitigem Irrtum über die Geschäftsgrundlage die Loslösung vom Vertrag von der rechtzeitigen Ausübung eines Anfechtungsrechts abhängig gemacht werden sollte. Dies hätte dann auch zur Konsequenz, dass der Anfechtende gemäß § 122 für den **Vertrauensschaden** des anderen Teils aufkommen müsste. Das wird zum Teil als unbillig angesehen, weil eben beide Parteien dem Irrtum erlegen sind und daher auch gemeinsam die Verantwortung tragen sollten (vgl LARENZ, AT § 20 III = S 293; MünchKomm/KRAMER Rn 113; ders, in: FS 50 Jahre BGH 2000, 57, 63 f; FLUME, AT II § 26, 4 b = S 503; GIESEN JR 1971, 403, 404). Indessen kann man die Ersatzpflicht als Kompensation für die Zubilli-

gung eines tatbestandlich an sich nicht einschlägigen Anfechtungsrechts durchaus rechtfertigen, zumal damit dem Prinzip rechtsgeschäftlicher Selbstverantwortung wenigstens auf der Ebene des Schadensersatzrechts entsprochen wird (vgl auch MEDICUS/PETERSEN, BürgR Rn 162; STAUDINGER/LOOSCHELDERS/OLZEN [2009] § 242 Rn 442).

Voraussetzung für die Erweiterung der Irrtumsanfechtung auf den gemeinsamen **61** Irrtum über die Geschäftsgrundlage ist freilich, dass auch der **Geschäftswille** der anderen **Partei auf der Kalkulation aufbaut**. Andernfalls kann von einer gemeinsamen Verantwortung für Fehler der Willensbildung nicht die Rede sein. Es gibt keinen Erfahrungssatz, dass der Auftraggeber bereit ist, die Folgen eines Kalkulationsirrtums seines Auftraggebers zu tragen (BGH NJW-RR 2000, 1219, 1220). Im **Jahresmiete-Fall** (BGH NJW 1981, 1551 [1552]) hat der BGH folgerichtig den Kalkulationsirrtum des Verkäufers nicht berücksichtigt, weil dessen Kalkulationsgrundlage – der Kaufpreis sollte nach seinen Vorstellungen das 11-fache der Jahresmiete betragen – nur für seinen Geschäftswillen, nicht aber für den des Käufers maßgebend war (ebenso BGH NJW-RR 1995, 1360; 2006, 3139, 3140; Wegfall der Geschäftsgrundlage bejahend aber BGHZ 46, 268 [272 f]). Die **bloße Offenlegung der Kalkulationsgrundlage** genügte dem BGH mit Recht nicht, weil sich der Käufer typischerweise am Geschäftsergebnis orientiert und nicht an dessen Berechnungsmethode (vgl auch JOHN JuS 1983, 176 [179]; abw ADAMS AcP 186 [1986] 453, 486 f). Anders verhält es sich in den **Börsenkursfällen** (RGZ 94, 65; 97, 138; 101, 51; 116, 15) und im **Silber-Fall** (RGZ 101, 107). Der dort zugrunde gelegte (relative) Bewertungsmaßstab ist aus der Sicht beider Parteien schlechthin konstitutiv für die Äquivalenz der Leistungspflichten. Es ist daher nur folgerichtig, dass das Risiko eines Kalkulationsfehlers nicht einer Partei alleine zur Last fällt, sondern von der anderen geteilt wird. Entsprechendes gilt, wenn sich der Grundstückspreis nach dem Willen der Parteien zwar nach dem objektiven, durch neutrale Dritte zu ermittelnden Verkehrswert richten sollte, es dann aber zu einer Einigung zu einem deutlich unter dem Verkehrswert liegenden Preis gekommen ist (BGH NJW 2001, 284 f). Anders verhält es sich jedoch, wenn der Kalkulationsirrtum – wie im **Altmetall-Fall** (RGZ 90, 268) – auf einer einverständlichen, aber unrichtigen Schätzung beruht; denn diese beinhaltet eine bewusste Risikoentscheidung, die ihrem Wesen nach eine Korrektur von Schätzungsfehlern gerade ausschließt (vgl BGHZ 74, 370, 374; ebenso GOLTZ, Motivirrtum und Geschäftsgrundlage im Schuldvertrag [1973] 244; iE auch CHIOTELLIS, Rechtsfolgenbestimmung bei Geschäftsgrundlagenstörungen in Schuldverträgen [1981] 107 f).

c) Der erkannte und ausgenutzte interne Kalkulationsirrtum
aa) Die fehlende Schutzwürdigkeit des Erklärungsempfängers
Hat der Erklärungsempfänger vor dem Vertragsschluss **erkannt**, dass dem Erklä- **62** renden bei der Abgabe seiner Willenserklärung ein **interner Rechenfehler** unterlaufen ist, kann an die erste Fallgruppe der unschädlichen Falschbezeichnung angeknüpft werden. Auch hier erscheint es nicht gerechtfertigt, wegen der formalen Unterscheidung von Geschäfts- und Motivirrtum den Irrenden das Irrtumsrisiko tragen zu lassen, obwohl der Geschäftspartner in seinem **Vertrauen** auf den äußeren Inhalt der Willenserklärung **nicht schutzwürdig** ist. Erkennt er gar den wirklich gewollten Betrag, ist dieser nach der Maxime *falsa demonstratio non nocet* maßgebend (zutr WIESER NJW 1972, 708, 709; FLEISCHER RabelsZ 65 [2001] 264, 270; MEDICUS, AT Rn 758). Erkennt er nur, dass der genannte Betrag nicht stimmen kann und folglich ein Kalkulationsirrtum vorliegen müsse, besteht zwar keine Möglichkeit, dem un-

bekannten wahren Willen zur Geltung zu verhelfen. Aber jedenfalls ist ein Festhalten am Vertrag nicht gerechtfertigt, wenn der Empfänger positiv weiß, dass das Erklärte nicht gewollt ist. Motivirrtümer sind deswegen unbeachtlich, weil sich der Verkehr auf das gegebene Wort verlassen können soll (oben Rn 5). Dieser Schutz ist nicht erforderlich, wenn der Geschäftspartner den Willensmangel **kennt** oder wenn dieser **evident** ist (überzeugend FLEISCHER RabelsZ 65 [2001] 264, 286). Vielmehr liegt es nahe, dem Irrenden ein **Anfechtungsrecht analog § 119 Abs 1** zu gewähren (WIESER [aaO]; ebenso HEIERMANN BB 1984, 1836, 1840; G MÜLLER ZHR 147 [1983] 501, 533; ADAMS AcP 186 [1986] 453, 488). Zum gleichen Ergebnis führt auch die von einem Teil des Schrifttums befürwortete **analoge Anwendung von § 119 Abs 2** (MünchKomm/KRAMER Rn 113, 123; FLEISCHER RabelsZ 65 [2001] 264, 289; ähnl PAWLOWSKI JZ 1997, 741, 745 f) oder die Qualifizierung des Festhaltens am erkannten Irrtum als **unzulässige Rechtsausübung** (vgl insb FLUME, AT II § 25 = S 493, der zudem mit Recht verlangt, dass der Irrende „unverzüglich" seine Rechte geltend macht; SOERGEL/HEFERMEHL Rn 29; S LORENZ S 275 und 283; ebenso OLG München NJW 2003, 367 m Anm HOFFMANN MMR 2003, 274 f; PETERS JR 1999, 157, 158; dazu auch oben Rn 36 aE). Auch der BGH hat in dieser Fallgruppe früher entweder mit dem Einwand unzulässiger Rechtsausübung operiert oder den Empfänger aus culpa in contrahendo haften lassen (vgl oben Rn 52), weil dieser den Irrenden nicht auf seinen Irrtum hingewiesen habe. In seinem Grundsatzurteil vom 7. 7. 1998 (BGHZ 139, 177) hat der BGH zwar an diese Rechtsprechung angeknüpft, aber zugleich dezidiert die Möglichkeit der Irrtumsanfechtung ausgeschlossen und stattdessen dem Irrenden unter bestimmten, engen Voraussetzungen lediglich die **Einrede der unzulässigen Rechtsausübung** zugestanden (ebenso FLUME § 25 = S 493; LORENZ, Schutz 283). Ein solcher Tatbestand komme nur in Betracht, wenn die Vertragsdurchführung für den Erklärenden schlechthin unzumutbar sei, etwa weil er dadurch in erhebliche wirtschaftliche Schwierigkeiten geriete (BGHZ 139, 177, 185). Die vom BGH gegebene Begründung überzeugt jedoch nicht.

bb) Treu und Glauben statt Anfechtung?

63 Die entscheidenden Gründe, die gegen ein Anfechtungsrecht ins Feld geführt werden, sind nicht – wie der BGH betont – „teleologisch-wertende", sondern „systematische" (BGHZ 139, 137 [183]). Damit will der BGH zum Ausdruck bringen, dass der erkannte und ausgenutzte Kalkulationsirrtum durchaus rechtlich relevant sein könne, aber die Lösung des Problems „außerhalb der §§ 119 ff BGB" gefunden werden müsse (zust WAAS JuS 2001, 14 [15 f]; PETERS JR 1999, 157 [158]). Maßgeblicher Grund für diese **„Flucht aus dem Anfechtungsrecht"** ist die Vorschrift des § 121. Bei einer Anfechtung wegen erkannten Kalkulationsirrtums käme es für den Beginn der Anfechtungsfrist des § 121 darauf an, „wann der Erklärende Kenntnis von der Kenntnis des Erklärungsempfängers erlangt". Eine solche **„Häufung subjektiver Umstände"** würde die mit jeder Anfechtungsmöglichkeit verbundene Rechtsunsicherheit „in unerträglichem Maße" verstärken, und im Falle treuwidriger Kenntnisvereitelung wäre § 121 überhaupt nicht mehr sinnvoll anwendbar (alle Zitate aaO 183). Dieser Einwand ist schon deshalb nicht überzeugend, weil im konkreten Fall über die Rechtzeitigkeit der Anfechtung überhaupt nicht gestritten wurde und somit nicht die vom BGH angeführte Rechtsunsicherheit bestanden hat. Die Verdrängung der Anfechtung gemäß §§ 119, 121 durch das Institut der unzulässigen Rechtsausübung hätte auf der anderen Seite zur Konsequenz, dass die Funktion von § 121, Spekulationen des Irrenden auf Kosten des Empfängers zu vermeiden (vgl § 121 Rn 1 und oben Rn 59), ausgerechnet bei dem grundsätzlich weniger schutzwürdigen und

wohl auch stärker missbrauchsanfälligeren Motivirrtum überhaupt nicht zum Zuge käme (vgl näher SINGER JZ 1998, 342, 347; krit auch BERGER Anm LM Nr 36 zu § 119; KINDL WM 1999, 2198, 2203; FLEISCHER RabelsZ 65 [2001] 264, 290). Der Gesetzgeber hat sich jedoch nun einmal dafür entschieden, bei gestörter Selbstbestimmung dem Irrenden ein Wahlrecht einzuräumen, dieses aber zur Vermeidung von Spekulationen auf Kosten des Erklärungsempfängers an eine knappe Präklusivfrist zu binden (vgl § 121 Rn 1 und oben Rn 59). Bei einem bloßen Motivirrtum ist dieser Spekulationsgefahr erst recht zu begegnen (vgl auch FLUME, AT II § 26, 4 b = S 503; WIESER NJW 1972, 708 [710]; aA GIESEN JR 1971, 403, 406; LORENZ, Schutz 332 ff). Dann erscheint es aber auch folgerichtig, die Lösung innerhalb des Irrtumsrechts zu suchen und nicht mit einer diffusen unzulässigen Rechtsausübung zu operieren, die eher eine stärkere Beeinträchtigung der Rechtssicherheit darstellen dürfte (zust KRAMER, in: FS 50 Jahre BGH [2000] 57 [62 f]; aA WAAS JuS 2001, 14 [15 f]).

Nicht zu folgen ist ferner der Einschränkung des Rechtsmissbrauchseinwandes auf eine **„schlechthin unzumutbare" Vertragsdurchführung** (dem BGH insoweit folgend LORENZ, Schutz 283). Abgesehen von der mangelnden Justiziabilität dieses Kriteriums besteht kein Anlass, bei dieser Fallgruppe der unzulässigen Rechtsausübung auf die Zumutbarkeitsformel der Geschäftsgrundlagenstörung (vgl zB BGHZ 121, 378, 393; BGH NJW 1985, 313, 314) zurückzugreifen. Diese macht Sinn, wenn an einem an sich intakten Rechtsgeschäft wegen zwischenzeitlich eingetretener Veränderungen – zB wegen Leistungserschwerung oder Äquivalenzstörung – nicht mehr ohne Modifikationen festgehalten werden könnte, ohne gegen Treu und Glauben zu verstoßen. Beim **Wegfall** einer solchen **„objektiven" Geschäftsgrundlage** wird das Prinzip *pacta sunt servanda* außer Kraft gesetzt, obwohl ein völlig einwandfreier Akt der Selbstbestimmung vorliegt. Da dies allenfalls in äußersten Extremfällen gerechtfertigt sein kann, wird eine Befreiung von der eingegangenen rechtsgeschäftlichen Bindung mit Recht nur in Betracht gezogen, wenn die Vertragsdurchführung „schlechterdings unzumutbar" ist (zutr LARENZ, SchuldR I § 21 II = S 325). Beim gemeinsamen Irrtum über die „subjektive" Geschäftsgrundlage, die LARENZ zutr in die Irrtumslehre einordnet (vgl auch § 313 Abs 2), liegt hingegen eine Störung der Selbstbestimmung vor. Da hier die Maxime pacta sunt servanda nicht in gleichem Maße tangiert ist, besteht kein Anlass, den Irrtum nur beim Überschreiten einer wie auch immer gearteten Zumutbarkeitsschwelle zu berücksichtigen (LARENZ, AT § 20 III = S 392 f; aA MEDICUS/ PETERSEN, BürgR Rn 134 iVm Rn 166). Erst recht besteht dazu keine Veranlassung beim erkannten und ausgenutzten Motivirrtum (dafür aber MEDICUS EWiR 1998, 871 [872]). Die Einschränkung der rechtsgeschäftlichen Bindung beruht hier darauf, dass diese vom Zweck der gesetzlichen Vorschriften über die Willensmängel und ihrer Differenzierung zwischen Erklärungs- und Motivirrtum nicht gefordert ist. Die formale Unterscheidung von Geschäfts- und Motivirrtum bezweckt den **Schutz des rechtsgeschäftlichen Verkehrs** (oben Rn 5). Dieser soll sich auf das Versprechen verlassen können, ohne sich um Beweggründe und Interna des Geschäftspartners kümmern zu müssen. Dieses Schutzes bedarf aber nicht, wer als Empfänger die fehlerhafte Grundlage des Selbstbestimmungsaktes kennt und somit nicht auf dessen Verbindlichkeit vertrauen darf (zutr WIESER NJW 1972, 708, 709 f; ebenso HEIERMANN BB 1984, 1836, 1840; aA WAAS JuS 2001, 14 [15 f]). Es ist also auch hier eine **teleologische Extension der Irrtumsvorschriften** geboten. In einer älteren Entscheidung hat der BGH bei einem Kalkulationsirrtum denn auch völlig zu Recht auf das Zumutbarkeitskriterium verzichtet und eine Rechtsausübung bereits für unzulässig gehalten, „ohne dass ein grobes Missverhältnis der beiderseitigen Leistungen vorzuliegen braucht" (BGH LM Nr 8 zu § 119 BGB [unter 2 c]). Richtig ist zwar, dass der Irrtum ein Mindestmaß an Erheblichkeit besitzen muss, um nicht als bloßer Vorwand für ein nach geltendem Recht nicht anzuerkennendes Reurecht missbraucht zu werden. Aber dies erfordert nur die entsprechende Anwendung des § 119 Abs 1, 2. Alt, die bei der vorzugswürdigen Anerkennung eines Anfechtungsrechts ganz selbstverständlich ist. Im Ergebnis ist somit von der Anfechtbarkeit einer Willenserklärung auszugehen, wenn dem Erklärenden ein vom Gegner erkannter oder evidenter Kalkulationsirrtum unterlaufen ist und dieser die Erklärung bei Kenntnis der Sachlage und verständiger Würdigung des Falles nicht abgegeben haben würde (vgl SINGER JZ 1999, 342, 349; ebenso mit unterschiedlicher Begründung KINDL WM 1999, 2198, 2207 f; KRAMER, in: FS 50 Jahre BGH [2000] 57, 65 ff; FLEISCHER RabelsZ 65 [2001] 253, 289; BIRK JZ 2002, 446, 450; abw MEDICUS Anm EWiR 1998, 871 f; WAAS JuS 2001, 14, 19).

d) Kenntnis und treuwidrige Kenntnisvereitelung

65 Der **maßgebliche Zeitpunkt**, bis zu dem Kenntnis des Erklärungsempfängers schadet, ist nach Ansicht des BGH der Zeitpunkt des **Vertragsschlusses**. Bei der **Beteiligung an einer Ausschreibung** kann folglich der Bieter bis zur Erteilung des Zuschlags noch dafür sorgen, dass der Auftraggeber „bösgläubig" wird und daraufhin das Angebot nicht mehr annehmen kann. Das erscheint nicht unbedenklich, weil auf diese Weise bereits begründetes Vertrauen in die Gültigkeit einer Willenserklärung nachträglich wieder enttäuscht werden kann. Insbesondere scheint dies der Wertung des § 130 Abs 1 Satz 2 zu widersprechen, wonach das Vertrauen in den Bestand einer Willenserklärung ab dem Zeitpunkt des Wirksamwerdens, also ab Zugang, schutzwürdig ist, und zwar ohne Rücksicht auf besondere Dispositionen des Empfängers. Dennoch erscheint es sachgerecht, die Anfechtung auch noch nach dem Zugang der angefochtenen Erklärung zuzulassen, da § 130 Abs 1 BGB von einer fehlerfreien Willenserklärung ausgeht, während hier die Gültigkeit einer jedenfalls in materieller Hinsicht fehlerhaften Willenserklärung in Frage steht. Unter diesem Gesichtspunkt leuchtet es ein, die Schutzwürdigkeit des Empfängers und damit die teleologische Rechtfertigung der Irrtumsanfechtung bei einem bloßen Berechnungsfehler davon abhängig zu machen, ob der Erklärungsempfänger im Vertrauen auf die Gültigkeit der Willenserklärung bereits **Dispositionen getroffen** hat. Eine solche Disposition stellt jedenfalls die Annahme des Angebots bzw der Vertragsschluss dar, so dass ab diesem Moment die Kenntnis des Empfängers vom Kalkulationsirrtum des Erklärenden nicht mehr schadet.

66 Der Kenntnis von einem Kalkulationsirrtum steht im Übrigen gleich, dass sich **der Empfänger bewusst einer Kenntnisnahme verschlossen** hat (offen BGH NJW 1998, 3192, 3195). Dabei handelt es sich um **evidente**, gleichsam ins Auge springende **Kalkulationsfehler** (FLUME, AT II § 25 = S 493; FLEISCHER RabelsZ 65 [2001] 264, 286). Der Maßstab deckt sich mit dem Kriterium der **groben Fahrlässigkeit** (FLEISCHER aaO), doch sollte man an die Evidenz strenge Anforderungen stellen, weil man sonst entgegen dem Grundsatz von der Unbeachtlichkeit des Motivirrtums den Erklärungsempfänger zu Nachforschungen und Misstrauen nötigen würde (SINGER JZ 1999, 342, 349). Gerade das wollte der Gesetzgeber mit seiner Entscheidung gegen die Beachtlichkeit des Motivirrtums vermeiden (zutr S LORENZ 293 f in Auseinandersetzung mit MünchKomm/KRAMER Rn 107 und 108). Wenn der Vertragspartner den Irrtum lediglich hätte erkennen können, also bei **einfacher Fahrlässigkeit**, sollte es folglich bei der Unbeachtlichkeit

des Kalkulations- und Motivirrtums bleiben (BGHZ 139, 177, 181; BGH NJW 1980, 182; 2006, 3139, 3141; BAG AP Nr 1 zu § 1 BetrAVG Auskunft). Um einen evidenten Kalkulationsirrtum handelt es sich hingegen, wenn das Gebot deutlich aus dem Rahmen der übrigen Gebote fällt (Thüringer OLG OLG-NL 2002, 73, 75, iE verneint). Daran fehlte es zB im Fall BGH NJW 1980, 180: Die Auftraggeberin hatte die Aufwendungen auf 80 000 DM geschätzt, das Gebot der Beklagten lag bei 63 000, die übrigen Gebote bei 85 000, 101 000, 133 000 und 185 000 DM (für Evidenz dagegen FLEISCHER RabelsZ 65 [2001] 264, 291).

4. Rechtsfolgeirrtum und Rechtsfolgemotivirrtum

a) Die Unterscheidung von autonomen und heteronomen, wesentlichen und mittelbaren Rechtsfolgen

Den Grenzbereich zwischen Inhalts- und Motivirrtum berührt auch das Problem des Rechtsfolgeirrtums. Nachdem das Reichsgericht lange Zeit im Banne der Maxime „error iuris nocet" stand und jeden Rechtsirrtum für unbeachtlich hielt (vgl zB RGZ 51, 281, 283; 57, 270, 273; 62, 201, 202; 76, 439, 440), leitete das Urteil vom 3. 6. 1916 (RGZ 88, 278) eine bis heute maßgebliche Differenzierung ein. Danach berechtigt ein **Rechtsirrtum** im gleichen Umfang zur Anfechtung wie jeder andere Tatsachenirrtum auch (vgl § 146 E I und dazu MAYER-MALY AcP 170 [1970] 133, 144 ff). „Ein Irrtum über den Inhalt der Erklärung liegt ... vor, wenn infolge Verkennung oder Unkenntnis seiner rechtlichen Bedeutung ein Rechtsgeschäft erklärt ist, das nicht die mit seiner Vornahme erstrebte, sondern eine davon wesentlich verschiedene Rechtswirkung, die nicht gewollt ist, hervorbringt, nicht dagegen, wenn ein rechtsirrtumsfrei erklärtes und gewolltes Rechtsgeschäft außer der mit seiner Vornahme erstrebten Rechtswirkung noch andere, nicht erkannte und nicht gewollte Rechtswirkungen hervorbringt" (RGZ 88, 284). Das bedeutet zwar im Wesentlichen, dass ein Irrtum über Rechtsfolgen, die als **autonome Rechtssetzung** erscheinen, die Anfechtung wegen Inhaltsirrtums erlaubt, nicht aber ein Irrtum über Rechtsfolgen, die auf **heteronomer Rechtssetzung** beruhen (MAYER-MALY AcP 170 [1970] 133 [170]; LARENZ, AT § 20 II a = S 376; FLUME, AT II § 23, 4 d = S 465; MEDICUS, AT Rn 751; MEDICUS/PETERSEN, BürgR Rn 133, MünchKomm/KRAMER § 119 Rn 83; SOERGEL/HEFERMEHL § 119 Rn 24; J MAYER, Rechtsirrtum 176 ff, 190). Jedoch stellt der BGH in jüngeren Urteilen klar, dass auch ein Irrtum über gesetzliche Rechtsfolgen zur Anfechtung wegen Inhaltsirrtums berechtige, „wenn das vorgenommene Rechtsgeschäft **wesentlich andere** als die beabsichtigten Wirkungen" erzeuge (BGHZ 134, 152, 156; 168, 210, 218; 177, 62, 67; OLG München NJW 2010, 687; ähnlich NEUFFER, Anfechtung 124 ff, der Rechtsirrtümer über gesetzliche *Hauptwirkungen* eines Rechtsgeschäfts für beachtlich hält; enger LORENZ, Schutz 269, der wenigstens Irrtümer über *dispositives Recht* für beachtlich hält). Die Grenze verläuft dann bei einem Irrtum über den **Eintritt zusätzlicher und mittelbarer Rechtswirkungen**, die zu den gewollten und eingetretenen Rechtsfolgen hinzutreten und daher nicht mehr den Inhalt der Erklärung betreffen (BGHZ 177, 62, 67).

b) Alternativen: teleologische Auslegung des Rechtsgeschäfts, erweiterte Irrtumsanfechtung bei vorvertraglicher Pflichtverletzung und Wegfall der Geschäftsgrundlage

Die Lockerung der formalen Grenzziehung zwischen autonomer und heteronomer Rechtssetzung beruht auf dem verständlichen Bestreben, die in Grenzbereichen fragwürdige Unterscheidung zugunsten des Irrenden aufzulockern. Die Unterscheidung zwischen wesentlichen und unwesentlichen, unmittelbaren und mittelbaren Rechtsfolgen erweist sich allerdings nicht als taugliches Instrument, da der anzuwendende Maßstab – wie die umfangreiche Kasuistik Rn 69 ff zeigt – kaum justiziabel ist. Rechtsfolgen, die nicht zum Inhalt des Rechtsgeschäfts gehören, sind stets „mittelbare" Rechtswirkungen. Wer ein Rechtsgeschäft wegen Rechtsirrtums anficht, wird im Übrigen stets behaupten, dass er sich über „wesentliche" Rechtswirkungen des Geschäfts geirrt hat. Insofern ist es nicht nur gesetzestreuer, sondern auch wertungsmäßig überzeugender, die Entscheidung des Gesetzgebers für die Unbeachtlichkeit des Motivirrtums grundsätzlich zu respektieren und auftretende Härten mit anderen Instrumenten zu bekämpfen. Zu kurz greift es freilich, wenn man die Unbeachtlichkeit des Rechtsfolgenirrtums damit rechtfertigt, dass die gesetzlichen Rechtsfolgen unabhängig vom Parteiwillen „richtig" seien und es daher unbeachtlich sei, „wenn sich jemand über die ‚richtige' Rechtsfolge irrt" (FLUME, AT II § 23, 4 d = S 465; krit WIELING Jura 2001, 577 [581]; LORENZ, Schutz 269, der den Bereich des Inhaltsirrtums weiter fasst; vgl Rn 51). Wenn der Irrende eine bestimmte Rechtsfolge herbeiführen will und irrtümlich glaubt, diese mit der angefochtenen Willenserklärung herbeiführen zu können, ergibt eine am **Zweck des Rechtsgeschäfts** orientierte **Auslegung des Rechtsgeschäfts** gem §§ 133, 157, dass nicht nur die dem Wortlaut der Erklärung entsprechenden Rechtsfolgen, sondern auch die dem Zweck des Rechtsgeschäfts entsprechenden Rechtsfolgen zum „Inhalt" des Rechtsgeschäfts gehören. Dabei handelt es sich insbesondere um jene Fälle, in denen der Irrende die Annahme der Erbschaft erklärt und sich über den Verlust seiner Pflichtteilsansprüche im Irrtum befunden hat (BGHZ 168, 210; dazu Rn 72) oder einen Antrag auf Löschung eines im Grundbuch eingetragenen Rechts gestellt und sich über die Rangfolge der nachrückenden Rechte geirrt hat (RGZ 88, 278; unten Rn 71). In beiden Fällen bestand der **Hauptzweck** des Rechtsgeschäfts in der Herbeiführung einer Rechtsfolge, die mit der betreffenden Erklärung nicht erreicht werden konnte, so dass sich der Erklärende in der Tat in einem Irrtum über den Inhalt der von ihm abgegebenen oder ihm zugerechneten Erklärung befunden hat, nicht nur in einem Motivirrtum. Im Übrigen ist die Unbeachtlichkeit des Irrtums über heteronom bestimmte Rechtsfolgen nicht unbillig, sondern eine Konsequenz der **Selbstverantwortung** des Erklärenden, sich über die von Gesetzes wegen eintretenden Rechtsfolgen seines Handelns selbst Klarheit zu verschaffen. Das Risiko, die gesetzlichen Konsequenzen eines Rechtsgeschäfts richtig zu beurteilen, ist auch leichter beherrschbar als die Vermeidung von Verlautbarungsfehlern. Insoweit liegt es jedoch in der Konsequenz dieser teleologischen Betrachtung, einer Anfechtung wegen Motivirrtums dann nicht die Anerkennung zu versagen, wenn der Irrende nicht die (alleinige) Verantwortung für die irrige Beurteilung der Rechtslage trägt. Das ist insbesondere dann der Fall, wenn der Geschäftspartner für den Rechtsirrtum verantwortlich ist, insbesondere weil *dieser* den **Irrtum veranlasst** hat, *diesen* eine **Pflicht zur Aufklärung** über die Rechtslage trifft (näher unten Rn 74 ff) oder die *gemeinsame* **Geschäftsgrundlage** des Vertrages weggefallen ist (unten Rn 77).

c) Einzelfälle
aa) Irrtümer über autonome und heteronome Rechtsfolgen

69 Besonders anschaulich wird die Sachgerechtigkeit der gesetzlichen Wertung in dem Fall BGHZ 177, 62. Im Rahmen einer **Grundstücksversteigerung** hatte der Ersteher das betreffende Grundstück für 70 000 € erworben, später jedoch sein Gebot mit der Begründung angefochten, dass ihm das Bestehenbleiben der dinglichen Belastungen des Grundstücks, das eine Folge des in §§ 44 Abs 1, 52 Abs 1 ZVG angeordneten Deckungs- und Erhaltungsprinzips darstellt, nicht bekannt gewesen sei. Auf diese Rechtsfolge wurde in den – zu Beginn der Versteigerung bekannt gegebenen – **Versteigerungsbedingungen** ausdrücklich hingewiesen, doch hatte der Ersteher dies nicht mitbekommen, weil er erst später zu der Versteigerung erschienen war. Es wäre schwer erträglich, wenn der Ersteher die Folgen dieses eigenen Versäumnisses auf andere Beteiligte abwälzen könnte. Die Unbeachtlichkeit seines Motivirrtums beruht daher nicht darauf, dass es sich bloß um eine mittelbare Folge der Erklärung handelt (darüber kann man wohl sogar streiten, aA zB OLG Hamm OLGZ 1972, 250, 251; OLG Stuttgart Justiz 1979, 332, 333), sondern darauf, dass der Rechtsirrtum in den Verantwortungsbereich des Erstehers fiel. Es handelt sich um einen internen **Kalkulationsirrtum** (BGHZ 177, 62, 67; dazu oben Rn 51 ff). In aller Regel halten Rspr und hM den Irrtum über Rechtsfolgen, die kraft Gesetzes eintreten, für unbeachtlich. Wer irrig glaubt, als Verkäufer ohne besondere Zusage nicht für **Sach- und Rechtsmängel** zu haften, kann daher nicht wegen Inhaltsirrtums anfechten (Mayer-Maly AcP 170 [1970] 133, 171; Larenz, AT § 20 II a = S 376; Flume, AT II § 23, 4 d = S 465; krit S Lorenz, Schutz 277), desgleichen, wer über das Bestehen eines gesetzlichen Irrtumsrechts irrt (BGH NJW 2002, 3100 [3103]), über die Haftung gem § 28 HGB beim **Eintritt in das Geschäft eines Einzelkaufmanns** (RGZ 76, 439, 440; Flume, AT II § 23, 4 d = S 466; MünchKomm/Kramer § 119 Rz 84 f), die nähere Ausgestaltung des übernommenen Vertrages bei der **Vertragsübernahme** (BGH NJW 1999, 2664, 2665), die Wirkung eines **Vorkaufsrechts** gem § 505 Abs 2 BGB (OLG Stuttgart JZ 1987, 570, 571, mit insoweit zust Anm Flume) oder die Auswirkungen einer „Führungsklausel" beim Abschluss eines Vergleichs mit dem führenden Versicherer (OLG Hamm VersR 1998, 1440). Umgekehrt irrt eindeutig über den Inhalt seiner Erklärung, wer in einem Testament die **„gesetzlichen Erben"** einsetzt, nichts ahnend, dass gem § 1925 auch die halbbürtigen Geschwister dazugehören (RGZ 70, 391, 394; MünchKomm/Kramer § 119 Rn 84, 85; im Grundsatz übereinst auch Flume, AT II § 23, 4 d = S 467, der eine unschädliche „falsa demonstratio" annimmt). Gleiches gilt, wenn jemand eine Sache „verleiht", in der Meinung, **Leihe** bedeute entgeltliche Gebrauchsüberlassung, oder wenn jemand auf die „Eviktionshaftung" verzichtet und glaubt, **Eviktionshaftung** bedeute Sachmängelhaftung (MünchKomm/Kramer Rn 76, 83). Die automatische Auflösung des unbefristeten Arbeitsverhältnisses durch Abschluss eines neuen **befristeten Arbeitsvertrages** ist rechtsgeschäftliche Konsequenz des neuen Vertrages, nicht – wie das BAG (BAGE 57, 13, 18) annimmt – „bloße rechtliche Nebenfolge"; ein diesbezüglicher Irrtum ist daher Inhalts-, nicht nur Motivirrtum (zutr J Mayer 206). Zweifel bestehen aber am objektiven Auflösungswillen (richtig noch BAGE 36, 171, 176; 36, 235, 238; dazu näher Singer, Selbstbestimmung 238 f m Fn 176). Die Verkennung der anspruchsbegründenden Wirkung der betrieblichen Übung kann – wenn man der Vertragstheorie folgt – die Anfechtung wegen Inhaltsirrtums rechtfertigen (Houben BB 2006, 2301, 2302 f), doch dürfte der Beweis dieses Irrtums schwer fallen (dazu oben Vorbem 56 zu §§ 116 ff).

Inkonsequent ist teilweise die ältere Rechtsprechung. So hat das Reichsgericht beim **70** **Irrtum des Konkursverwalters** über die Wirkung seines Erfüllungsverlangens gem § 17 KO aF (jetzt § 103 InsO) zu Unrecht eine Irrtumsanfechtung zugelassen. Zwar betonte das Gericht zu Recht, dass der Irrtum über die Rechtsfolge des § 17 KO als unbeachtlicher Rechtsirrtum zu qualifizieren sei (RGZ 51, 281, 283; 98, 136, 137), aber unverständlich ist dann die Zulassung der Irrtumsanfechtung gem § 119 Abs 1, wenn der Konkursverwalter bei der Ausübung seines Erfüllungsverlangens nicht wusste, dass der Geschäftspartner noch ausstehende Forderungen hatte, die nun als Masseschulden voll zu begleichen waren (so aber RGZ 51, 281, 284; 62, 201, 204; 85, 221, 223). Dabei handelt es sich nicht um einen Irrtum über die Bedeutung der Erklärung, sondern über deren wirtschaftliche Auswirkungen, also um einen internen Kalkulationsirrtum (ebenso MünchKomm/KRAMER § 119 Rn 85; MEDICUS/PETERSEN, BürgR, Rn 133). Nicht zuzustimmen ist auch FLUME, der wenigstens dann einen gem § 119 Abs 1 beachtlichen Erklärungsirrtum annehmen würde, wenn der Verwalter Erfüllung verlangt, ohne zu wissen, dass der Vertrag bereits teilweise vom Geschäftspartner erfüllt ist (AT II § 23, 4 d = S 467). Denn auch hier irrt der Verwalter nicht über die *Bedeutung* der Erklärung, sondern über ihre *gesetzlichen Rechtsfolgen* und wirtschaftlichen Auswirkungen.

bb) Teleologische Auslegung des Rechtsgeschäfts

71 Um einen Inhaltsirrtum handelt es sich dagegen, wenn der Hauptzweck der Erklärung in der Herbeiführung von Rechtsfolgen besteht, die der Erklärende aufgrund einer falschen Beurteilung der Rechtslage nicht erreichen konnte (oben Rn 68). Wer beim Grundbuchamt **Löschung einer Hypothek** beantragt und über die von Gesetzes wegen eintretende, sog **„gleitende" Rangfolge der nachrückenden Rechte** irrt (vgl RGZ 88, 278; FLUME aaO 468; MEDICUS/PETERSEN, BürgR Rn 133; MünchKomm/KRAMER Rn 83; MAYER, Rechtsirrtum 193 ff; s a RGZ 89, 29, 33 f), erliegt durchaus einem Inhaltsirrtum, weil die **teleologische Auslegung** der rechtsgeschäftlichen Erklärung ergibt, dass der Antragsteller durch das Rechtsgeschäft nicht nur die Löschung des dinglichen Rechts, sondern auch eine bestimmte Rangfolge der nachrückenden Rechte herbeiführen wollte. Im Fall RGZ 88, 278 hatte der Eigentümer außer der Löschung seiner Eigentümergrundschuld ausdrücklich beantragt, der an dritter Stelle eingetragenen Hypothek einer Sparkasse den „unbedingten Vorrang" vor der an zweiter Stelle stehenden Hypothek einzuräumen. Da diese Rechtsfolge nicht herbeigeführt werden konnte, hat man im Schrifttum vorgeschlagen, der Löschungsbewilligung die rechtliche Anerkennung zu versagen, weil dieses Rechtsgeschäft mit einer unmöglichen und daher gem § 275 Abs 1 nicht durchsetzbaren rechtlichen Verpflichtung eine Geschäftseinheit bilde und daher gem § 139 unwirksam sei (so FLUME § 23 II, 4 d = S 466; MEDICUS/PETERSEN, BürgR Rn 133 und MünchKomm/KRAMER Rn 85; vgl auch BGHZ 102, 237, 240 f und das Bsp unten Rn 74; krit J MAYER 194). Zum gleichen Ergebnis führt eine teleologische Auslegung der Lösuchungsbewilligung. Deren **Hauptzweck** bestand darin, der an 2. Stelle eingetragenen Hypothek den Vorrang einzuräumen. Da diese Rechtsfolge nicht herbeigeführt werden konnte, lag auch ein Irrtum über den Inhalt des Rechtsgeschäfts vor, der gem § 119 Abs 1 zur Anfechtung berechtigte.

72 Vergleichbar ist die Rechtslage bei einem Rechtsirrtum über den Verlust von Pflichtteilsansprüchen bei der **Annahme einer Erbschaft** (vgl dazu KRAISS BWNotZ 1992, 31 ff sowie unten Rn 99). Wer die **Erbschaft durch schlüssiges Verhalten** annimmt, ohne das Ausschlagungsrecht zu kennen, kann nach zutreffender Ansicht in Rspr und Schrifttum wegen Inhaltsirrtums anfechten (BayObIGZ 1983, 153, 162 f; MünchKomm/LEIPOLD § 1954 Rn 6). Die Erbschaftsannahme (§ 1943 1. HS) bedeutet objektiv-normativ Verzicht auf das Ausschlagungsrecht, so dass ein Irrtum über den Verlust des Ausschlagungsrechts in der Tat den Inhalt des Rechtsgeschäfts betrifft (BGHZ 168, 210, 220; MünchKomm/LEIPOLD § 1943 Rn 9). § 1943 1. HS ist insoweit materiale Auslegungsregel (vgl dazu LARENZ, AT § 19 II g), da die gesetzlich angeordnete Rechtsfolge dem typischen Sinn der Erbschaftsannahme entspricht. Beim **Versäumen der Ausschla-**

gungsfrist (§ 1943 2. HS) handelt es sich zwar um eine *gesetzliche* Fiktion, aber gem § 1956 kann die Fristversäumnis „in gleicher Weise wie die Annahme angefochten" werden, also auch dann, wenn der Anfechtende keine Kenntnis vom Ausschlagungsrecht hatte oder irrtümlich glaubte, Schweigen sei Ausschlagung (RGZ 143, 419, 424; OLGZ 1985, 286, 288 f; vgl auch Vorbem 62 zu §§ 116 ff). Bei **ausdrücklicher Annahme der Erbschaft** ist nicht anders zu entscheiden. Die Erklärung erschöpft sich nicht – wie früher von der hM angenommen (BayObLGZ 1987, 356, 359; NJW-RR 1995, 904, 906; MünchKomm/LEIPOLD § 1954 Rn 6; KRAISS BWNotZ 1992, 31, 33) – in der Bedeutung, endgültig Erbe sein zu wollen. Vielmehr besteht ihre Hauptbedeutung bei einer den Pflichtteil zwar übersteigenden, aber beschränkten oder beschwerten Erbschaft (§ 2306 Abs 1 S 2) im Verlust des **Pflichtteilsrechts**. Insofern handelt es sich in den Fällen, in denen der Annehmende über den Verlust des Pflichtteilsrechts irrt, um einen Inhaltsirrtum (BGHZ 168, 210, 218 ff; **aA** Voraufl).

Um einen Inhaltsirrtum handelt es sich folgerichtig auch, wenn der Ausschlagende versehentlich davon ausgeht, der Nachlass falle infolge der **Ausschlagung** einer bestimmten Person zu, während gemäß § 1953 Abs 2 andere Personen als Nächstberufene bestimmt sind. Die hM geht zwar bei einem **Irrtum über die Personen**, die als **Nächstberufene** den Nachlass erben, von einem Motivirrtum des Ausschlagenden aus (KG SeuffA 58 Nr 216; HRR 1932 Nr 8; JW 1938, 858; OLG Düsseldorf FamRZ 1997, 905; OLG München NJW 2010, 687; POHL AcP 177 [1977] 52, 74; KRAISS BWNotZ 1992, 31, 34; MünchKomm/LEIPOLD § 1954 Rn 7; s a OLG Stuttgart OLGZ 1983, 304), doch dürfte auch diese Position seit dem Urteil des BGH vom 5. 7. 2006 (BGHZ 168, 210; oben Rn 72) in dieser Allgemeinheit nicht mehr zu halten sein. Entscheidend ist, ob der Hauptzweck der Ausschlagung darin besteht, bestimmten Personen die Erbschaft zukommen zu lassen. Wird dieser Zweck verfehlt, liegt ein Irrtum über den Inhalt des Rechtsgeschäfts und nicht nur Motivirrtum vor. Ein solches weites, durch teleologische Auslegung des Rechtsgeschäfts gewonnenes Verständnis der Ausschlagung wurde vereinzelt auch schon früher von Obergerichten vertreten. Im Urteil des OLG Hamm aus dem Jahre 1981 (OLGZ 1982, 41) hatte die Mutter zweier minderjähriger Kinder die Erbschaft in der Absicht ausgeschlagen, statt des mit Auflagen beschwerten Nachlasses für ihre Kinder den gesetzlichen Pflichtteil zu erlangen, doch scheiterte dies an § 2306 Abs 1 S 2 aF, der den Erwerb eines Pflichtteilsanspruchs durch den Erben davon abhängig machte, dass der hinterlassene Erbteil größer als der Pflichtteil ist (seit 1. 1. 2010 gilt diese Einschränkung nicht mehr, Art 1 G v 24. 9. 2009, BGBl I 3142). In Wahrheit war der Pflichtteil gleich groß, so dass die Kinder leer ausgegangen wären, wenn die Ausschlagung Bestand gehabt hätte. Da der Hauptzweck des Rechtsgeschäfts, den minderjährigen Kindern den Pflichtteil zu verschaffen, verfehlt wurde, hat das OLG jedoch mit Recht den Rechtsirrtum der Mutter als Irrtum über den Inhalt des Rechtsgeschäfts gewertet und den Kindern wenigstens ihre Stellung als gesetzliche Erben gesichert (OLGZ 1982, 42, 50). Selbst wenn man sich dieser weiten teleogischen Auslegung nicht anschließen wollte, so dürfte sich der Rechtsirrtum in vielen Fällen als **Geschäftsgrundlage** der Ausschlagung darstellen, so dass auch mit diesem Instrument die Ausschlagung revidiert werden kann, wenn sich nachträglich herausstellen sollte, dass die Beteiligten ihr Ziel verfehlt haben. Im Fall des OLG München (NJW 2010, 687) scheiterte zB die geplante Erbfolge daran, dass einer der Ausschlagenden – wie sich später herausstellte – geschäftsunfähig war. Das OLG hat die Anfechtung der Ausschlagung durch die übrigen Erbberechtigten nicht durchgreifen lassen, weil die Fehlvorstellung über die nächstberufenen Erben einen reinen Motivirrtum darstelle. Dabei hat das OLG nicht berücksichtigt, dass es offensichtlich zur Geschäftsgrundlage der Ausschlagung gehörte, dass alle Beteiligten geschäftsfähig sind (weitere Bsp unten Rn 77).

cc) Vom Anfechtungsgegner verschuldeter Rechtsfolgemotivirrtum

74 Beachtung verdient ein Rechtsfolgemotivirrtum ferner, wenn die Verantwortung für den Irrtum nicht beim Irrenden allein, sondern zumindest auch beim Geschäftspartner liegt. Der Grundsatz von der Unbeachtlichkeit des Motivirrtums ist durch neuere Rechtsentwicklungen eingeschränkt, wobei den Schadensersatzansprüchen wegen **culpa in contrahendo** und der Vertragsanpassung wegen Irrtums über die **Geschäftsgrundlage** maßgebliche Bedeutung zukommt. Die Gründe, die insoweit für die Unbeachtlichkeit des Motivirrtums sprechen, treffen hier nicht oder nicht in gleichem Maße zu (vgl näher oben Rn 57). Auch besitzt die Maxime *error iuris nocet* längst nicht mehr absoluten Geltungsanspruch (MAYER-MALY AcP 170 [1970] 133 [143 ff]), sondern erfordert eine differenzierte, den Ursachen des Irrtums und den Verantwortungssphären gerecht werdende Betrachtung. Hinsichtlich der Verantwortung für Rechtsirrtümer kann an zwei Entwicklungen in der Rechtspraxis angeknüpft werden, die jeweils eine Verlagerung des Irrtumsrisikos vom Irrenden auf den Kontrahenten zum Gegenstand haben. So ist anerkannt, dass Personen mit besonderer Sach- und Rechtskompetenz bei der Vertragsanbahnung uU auch **über rechtliche Risiken der Vertragsgestaltung aufklären** müssen (vgl GOTTWALD JuS 1982, 877, 882; BGHZ 33, 293, 296; 40, 22, 27; 47, 207, 210 f; BGH NJW 1969, 1625, 1626; 1979, 2092, 2093 f; 1980, 1514, 1517; 1983, 2630, 2631; 1999, 3335, 3338). Auf der gleichen Linie liegt die umfangreiche Rechtsprechung zur Überwindung von Formmängeln und anderen gesetzlichen Wirksamkeitserfordernissen. In ihrem sachlichen Kern gewährt die Rechtsprechung Vertrauensschutz zugunsten rechtsunkundiger, geschäftsunerfahrener Personen, wenn diese mit Partnern zu tun haben, die den **Rechtsirrtum „veranlasst"** haben oder aufgrund ihrer größeren **Sach- und Rechtskompetenz** „näher dran" sind, für die Einhaltung der Rechtsvorschriften zu sorgen (vgl PALANDT/ELLENBERGER § 125 Rn 25 f; ERMAN/PALM, § 125 Rn 25; CANARIS, Vertrauenshaftung 274 ff, 298 f; SINGER, Verbot 120 ff – BGHZ 16, 334, 338; 85, 315, 318; 92, 164, 175; 99, 101, 107 f; BGH NJW 1984, 606, 607; 1999, 3335, 3338). In all diesen Fällen geht es zwar primär um die Aufrechterhaltung unwirksamer Verträge oder um die Begründung von Schadensersatzpflichten, aber dabei handelt es sich nur um eine andere Ausprägung des gleichen Phänomens: Es geht um die Risikoverteilung für einen Rechtsirrtum, den primär nicht der irrende, sondern der andere Vertragspartner zu verantworten hat (im Ergebnis übereinstimmend und in der Begründung ähnl MünchKomm/KRAMER § 119 Rn 113 ff der allerdings bei § 119 Abs 2 ansetzt; dazu oben Rn 56). Allerdings muss sich der Vertragspartner grundsätzlich nicht um die Angelegenheiten des Kontrahenten kümmern, sondern nur dann, wenn er für diesen eine Art **„Garantenstellung"** einnimmt (insoweit zutr MEDICUS/PETERSEN, BürgR Rn 150 aE). Eine solche „Garantenstellung" lässt sich insbesondere bei Veranlassung des Irrtums oder bei überlegener Sachkunde begründen, wohingegen die bloße Erkennbarkeit des Irrtums nicht genügt (vgl auch oben Rn 62).

75 Nach diesen Grundsätzen hätte die Rechtsprechung in bestimmten Fällen, in denen sie die Anfechtung eines Vertrages wegen unbeachtlichen Motivirrtums abgelehnt hat, prüfen müssen, ob nicht primär der Vertragspartner für den Rechtsirrtum verantwortlich war, weil dieser eine **Aufklärungspflicht verletzt** hat. Geradezu klassisch ist der Fall der schwangeren Arbeitnehmerin, die vom Arbeitgeber mit Erfolg zum unverzüglichen **Abschluss eines Aufhebungsvertrages** gedrängt wurde (BAG AP Nr 22 zu § 123 BGB m krit Anm HERSCHEL; s a ArbG Bremen BB 1956, 307), nachdem dieser Kenntnis von der **Schwangerschaft** erlangt hatte. Kennt der Arbeitgeber die Schwangerschaft nicht, besteht weder eine Aufklärungspflicht, noch ein Anfechtungsrecht der Arbeitnehmerin (BAG NJW 1992, 2173, 2174). Das BAG hielt die Anfechtung aber auch für unwirksam, wenn der Arbeitgeber von der Schwangerschaft wusste, weil die Arbeitnehmerin einem „reinen Rechtsfolgeirrtum" erlegen sei und das Verhalten des Arbeitgebers nicht die von § 123 Abs 1 gezogenen Grenzen überschritten habe (BAG AP Nr 22 aaO; zust BAMBERGER/ROTH/WENDTLAND Rn 32; aA HERSCHEL Anm aaO, der sogar den Tatbestand des § 123 bejaht; abw auch GAMILLSCHEG, in: FS Molitor [1962] 57, 80, der ein Anfechtungsrecht gem § 119 Abs 2 annimmt, vgl dazu auch unten Rn 89 und 94). Damit war das Argumentationspotential indessen nicht ausgeschöpft, da der Arbeitgeber grundsätzlich „näher dran" war, die Verantwortung für den Motivirrtum der Arbeitnehmerin zu tragen. Er verfügt über die größere Sach- und Rechtskompetenz und hat den Rechtsirrtum zudem „veranlasst", da er den Vertragstext vorbereitet und durch sein Drängen zudem verhindert hat, dass die Arbeitnehmerin ihren Entschluss in Ruhe überdenken und gegebenenfalls rechtliche Erkundigungen einziehen konnte.

76 Auf der Grundlage vorstehender Überlegungen hätte das BAG zB auch im Befristungs-Fall BAGE 57, 13 eine Irrtumsanfechtung zulassen müssen. Der Rechtsirrtum des Arbeitnehmers betraf hier die Folgen eines im Anschluss an einen **befristeten Arbeitsvertrag** abgeschlossenen weiteren befristeten Arbeitsvertrages. Nach ständiger Rechtsprechung des BAG beinhaltet der vorbehaltlose Abschluss eines befristeten Arbeitsvertrages automatisch die Auflösung eines bis dahin bestehenden Arbeitsverhältnisses, das wegen unwirksamer Befristung von Rechts wegen als unbefristetes anzusehen ist (seit BAGE 49, 73, 79 f; 50, 298, 307; 51, 319, 323 f; einschränkend BAG AP Nr 4 zu § 620 BGB Hochschule, aA noch BAGE 36, 171, 176; 36, 235, 238). Kennt der Arbeitnehmer diese Rechtsfolge nicht, kann er seine Willenserklärung nach Auffassung des BAG gleichwohl nicht anfechten, weil die **„automatische Auflösung" des unbefristeten Arbeitsvertrages** eine „bloße rechtliche Nebenfolge" des nunmehr maßgeblichen befristeten Arbeitsverhältnisses darstelle (BAGE 57, 13, 18). Auch hier hätte es indessen nahe gelegen, nach der Verantwortung für den Rechtsirrtum des Arbeitnehmers zu fragen. Denn die Vertragsgestaltung beruhte auf der Initiative des Arbeitgebers, einer Hochschule, und diese verfügte im Vergleich zu dem Beschäftigten, einem Diplom-Soziologen, über erheblich größere Sach- und Rechtskunde. Demnach war ihr der Rechtsirrtum des Arbeitnehmers zuzurechnen, und dieser hätte analog §§ 119, 121 wirksam anfechten können (vgl auch OLG Zweibrücken VersR 1977, 806: Falschauskunft einer Versicherung über Rechtsfolgen einer Erklärung des Versicherungsnehmers).

dd) Wegfall der Geschäftsgrundlage

77 Rechtsirrtümer können ferner wegen Irrtums über die **Geschäftsgrundlage** (§ 313) relevant sein. Das ist in der Rechtsprechung im Grundsatz anerkannt (BGHZ 25, 390, 392 f) und zB in einem Fall angenommen worden, in dem alle Vertragsbeteiligten bei der Änderung einer gesellschaftsvertraglichen *Nachfolgeklausel* von einer falschen erbrechtlichen Rechtslage ausgegangen sind (BGHZ 62, 20, 24 f). Im gleichen Sinne hatte der BGH in Bezug auf einen *Erbverzicht* entschieden, den ein Erbprätendent und die übrigen Parteien in der (irrigen) Annahme vereinbart hatten, die Erblasserin sei Nacherbin, während sie in Wahrheit Vollerbin war (BGH WM 1980, 875; s ferner oben Rn 73 aE). Entsprechendes gilt, wenn jemand zugunsten des **Hofeserben** auf alle Erb- und Pflichtteilsansprüche verzichtet, nichtsahnend, dass damit zugleich das Recht verloren geht, im Falle der Veräußerung des Hofes **Abfindungsergänzungsansprüche** gem § 13 HöfeO geltend zu machen. Bei diesem Irrtum handelt es sich zweifellos um einen reinen Motivirrtum, doch hat der BGH das Motiv des Verzichts, den Hof im Besitz der Familie zu halten, mit Recht als Geschäftsgrundlage des Erbverzichts angesehen (BGHZ 134, 152, 157). Ein Rechtsirrtum ist freilich nur dann Geschäftsgrundlage, wenn er so **erheblich** ist, dass ohne ihn der Vertrag nicht abgeschlossen worden wäre (§ 119 Abs 1 2. HS; dazu oben Rn 43). Daran fehlt es, wenn sich nachträglich herausstellt, dass ein als freier Mitarbeiter eingestellter Fahrlehrer in Wahrheit Arbeitnehmerstatus hatte (BAG AP Nr 7 zu § 242 BGB Geschäftsgrundlage m zust Anm MAYER-MALY). Zum Rechtsirrtum über steuerrechtliche Fragen vgl PEUSQUENS NJW 1974, 1644; WALZ ZHR 147 (1989) 281, 310.

5. Verallgemeinerung: Die Erweiterung der Irrtumsanfechtung gemäß §§ 119, 121 beim gemeinsamen oder vom Geschäftspartner verschuldeten oder erkannten Motivirrtum

78 Die Untersuchung des Rechtsirrtums (Rn 67 ff) hat im Wesentlichen die beim Kalkulationsirrtum (Rn 55 ff) gefundenen Ergebnisse bestätigt, so dass sich die **Verallgemeinerung** der betreffenden **Grundsätze** geradezu aufdrängt. Kalkulations- und Rechtsirrtum verkörpern auch nicht eigenständige Irrtumskategorien (MEDICUS, AT Rn 762), sondern nur spezielle Erscheinungsformen des **Motivirrtums**, die in wesentlicher Hinsicht gleich gelagert sind und daher auch gleich behandelt werden müssen (vgl auch die teilw übereinst Anfechtungstatbestände in Art 3.5 der „UNIDROIT-Grundsätze" [Abdr IPRax 1997, 205]; dazu auch der Hinw von WIEDEMANN JZ 1998, 1176). Im Ergebnis berechtigen solche Rechtsirrtümer und Kalkulationsfehler zur Irrtumsanfechtung, die sich auf die vom gemeinsamen Willen getragene Berechnungsgrundlage beziehen, die der Geschäftspartner verschuldet oder erkannt und bewusst zum eigenen Vorteil ausgenutzt hat. Die Einschränkung des Dogmas von der Unbeachtlichkeit des Motivirrtums ist denn auch in teleologischer Hinsicht weitgehend anerkannt (vgl die Nachw oben Rn 52), auch wenn Rechtsprechung und teilweise das Schrifttum andere Konstruktionen bevorzugen und die Folgen des Irrtums mit Schadensersatzansprüchen wegen culpa in contrahendo, der Lehre vom Fehlen der Geschäftsgrundlage oder dem Einwand unzulässiger Rechtsausübung korrigieren (vgl MünchKomm/KRAMER Rn 113, 117; GRIGOLEIT 80, 140; S LORENZ, Schutz 332 ff; prinzipiell gegen die damit vollzogene Rechtsfortbildung LIEB, in: FS Medicus [1999] 337 ff). Indessen gilt generell, was insbesondere zum Kalkulationsirrtum ausgeführt worden ist, dass nämlich Wertungswidersprüche zum Irrtumsrecht vermieden werden müssen und eine Berücksichtigung des Irrtums von der **unverzüglichen Anfechtung** des Rechtsgeschäfts analog § 121 abhängig sein sollte (vgl näher Rn 59). Da es sich um eine äußerst schneidige Präklusionsfrist handelt, trägt diese Lösung auch den Belangen des Verkehrs Rechnung und kommt so dem Anliegen, die Berücksichtigung von Motivirrtümern in Grenzen zu halten, in nicht unerheblichem Maße entgegen.

IV. Eigenschaftsirrtum (§ 119 Abs 2)*

Beim Irrtum über Eigenschaften einer Sache oder Person stimmen Erklärung und **79** Geschäftswille überein (FLUME, Eigenschaftsirrtum 101). Abgesehen von sog Doppelirrtümern (dazu oben Rn 49) bezieht sich der Eigenschaftsirrtum gerade nicht auf die Soll-Beschaffenheit, sondern auf die Ist-Beschaffenheit. Bei einem solchen Irrtum

---

* **Schrifttum:** BAUR, Die Gewährleistungshaftung des Unternehmensverkäufers, BB 1979, 381; BECKER/EBERHARD, Der nicht beweisbar echte Elvis – OLG Düsseldorf NJW 1992, 1326, in: JuS 1992, 461; BRORS, Zu den Konkurrenzen im neuen Kaufgewährleistungsrecht, WM 2002, 1780; BUCHNER, Gleichbehandlungsgebot und Mutterschutz, in: FS Stahlhacke (1995) 83; CANARIS, Die Bedeutung der iustitia distributiva im deutschen Vertragsrecht (1997); DÖRNER, „Mängelhaftung" bei Sperre des transferierten Fußballspielers? – BGH NJW 1976, 565, in: JuS 1977, 225; DÖTSCH, Anfechtung wegen Eigenschaftsirrtums gem § 119 II BGB im Mietrecht – Konkurrenz zum Gewährleistungsrecht?, NZM 2011, 457; N FISCHER, Anfechtung von Willenserklärungen im Mietrecht, WuM 2006, 3; ders, Zur Frage der Anfechtung im Mietrecht, ZMR 2007, 157; FLUME, Eigenschaftsirrtum und Sachmängelhaftung beim Spezieskauf, DB 1979, 1637; ders, Der Kauf von Kunstgegenständen und die Urheberschaft des Kunstwerks, JZ 1991, 633; HASSOLD, Die Mängelhaftung im Mietrecht, JuS 1975, 550; HEROLD, Wann kann ein Mietvertrag angefochten werden?, BlGBW 1962, 278; HIDDEMANN, Leistungsstörungen beim Unternehmenskauf aus der Sicht der Rechtsprechung, ZGR 1982, 435; HOFMANN, Zur Offenbarungspflicht des Arbeitnehmers, ZfA 1975, 1; HOMMELHOFF, Zur Abgrenzung von Unternehmenskauf und Anteilserwerb, ZGR 1982, 366; ders, Die Sachmängelhaftung beim Unternehmenskauf (1975); ders, Der Unternehmenskauf als Gegenstand der Rechtsgestaltung, ZHR 150 (1986) 254; HONSELL, Der defekte Mähdrescher – BGHZ 78, 216, in: JuS 1982, 810; HUBER, Mängelhaftung beim Kauf von Gesellschaftsanteilen, ZGR 1972, 395; ders, Eigenschaftsirrtum und Kauf, AcP 209 (2009) 143; IMMENGA, Fehler oder zugesicherte Eigenschaft?, AcP 171 (1971) 1; KÖHLER, Grundfälle zum Gewährleistungsrecht bei Kauf, Miete und Werkvertrag, JuS 1979, 647; LINDACHER, Rechte des vorleistungspflichtigen Verkäufers bei anfänglicher Kreditunwürdigkeit des Käufers, MDR 1977, 797; LINNENKOHL, Arbeitsverhältnis und Vorstrafenfragen, AuR 1983, 129; MÖSSLE, Leistungsstörungen beim Unternehmenskauf – neue Tendenzen, BB 1983, 2146; G MÜLLER, Zur Beachtlichkeit des Eigenschaftsirrtums des Käufers, in: FS Huber (2006) 449; ders, Arbeitsrechtliche Aufhebungsverträge (1991); ders, Zur Beachtlichkeit des einseitigen Eigenschaftsirrtums beim Spezieskauf, JZ 1988, 381; ders, Haftungs- und Lossagungsrecht des Verkäufers von GmbH-Anteilen bei einseitiger oder gemeinsamer Fehleinschätzung der Unternehmenslage (Diss Bonn 1980); NEUMANN-DUESBERG, Gewährleistung für Unternehmensmängel bei Verkauf von Gesellschaftsanteilen, WM 1968, 494; OTTO, Gewährleistungspflicht des Vermieters trotz anfänglicher objektiver Unmöglichkeit – BGH NJW 1985, 1025, in: JuS 1985, 848; PRÖLSS, Die Haftung des Verkäufers von Gesellschaftsanteilen für Unternehmensmängel, ZIP 1981, 337; SCHRÖDER, Irrtumsanfechtung und Sachmängelhaftung beim Kunsthandel nach deutschem und Schweizer Recht, in: FS Kegel (1977) 397; WASMUTH, Wider das Dogma vom Vorrang der Sachmängelhaftung gegenüber der Anfechtung wegen Eigenschaftsirrtums, in: FS Piper (1996) 1083; WEBER/EHRICH, Anfechtung eines Aufhebungsvertrages – der verständig denkende Arbeitgeber, NZA 1997, 414; WEIMAR, Der Irrtum des Vermieters über verkehrswesentliche Eigenschaften des Mieters, ZMR 1982, 196; WESTERMANN, Neuere Entwicklungen der Verkäuferhaftung beim Kauf von Unternehmensbeteiligungen, ZGR 1982, 45; WEYERS, Über die „Unmittelbarkeit" als Rechtsbegriff, JZ 1991, 999; WIEDEMANN, Die Haftung des Verkäufers von Gesellschaftsanteilen für Mängel des Unternehmens, in: FS Nipperdey I (1965) 815.

über die Verhältnisse in der Wirklichkeit handelt es sich grundsätzlich um einen reinen **Motivirrtum** (vgl näher oben Rn 47 f), den das Gesetz aber wie einen Erklärungsirrtum gemäß § 119 Abs 1 behandelt, wenn die Eigenschaften verkehrswesentlich sind. Die **ratio legis des § 119 Abs 2** wird aus den Beratungen der Gesetzgebungskommission nicht recht deutlich. Während noch der erste Entwurf den Eigenschaftsirrtum für unerheblich erachtete (Mot I 199), begründete die zweite Kommission das Anfechtungsrecht recht vage damit, dass der erste Entwurf „dem Bedürfnisse des Verkehrs, der Billigkeit und dem Zuge der modernen Rechtsentwicklung nicht gerecht werde" (Prot I 238 ff; vgl dazu FLUME § 24, 1 = S 472 ff). Immerhin lässt sich für die Anfechtung anführen, dass es sich bei den Eigenschaften einer Sache oder Person typischerweise um besonders wichtige, für das Zustandekommen des Rechtsgeschäfts und die beiderseitige Äquivalenzbewertung meist ausschlaggebende Motive handelt. Erst später erkannte man die durch den relativ konturlosen Tatbestand des Eigenschaftsirrtums heraufbeschworene Gefahr für die Sicherheit des rechtsgeschäftlichen Verkehrs (vgl RGZ 90, 342, 343 f). „Das Problem der Beachtlichkeit des Eigenschaftsirrtums wie des Irrtums überhaupt ist ihre Beschränkung" (FLUME, Eigenschaftsirrtum 83). Diese versucht man im Allgemeinen mit Hilfe des Tatbestandsmerkmals der Verkehrswesentlichkeit zu bewältigen.

1. Verkehrswesentlichkeit

a) Verkehrswesentlichkeit im Sinne von „Geschäftswesentlichkeit"

80 Was unter verkehrswesentlichen Eigenschaften zu verstehen ist, wird in Rechtsprechung und Schrifttum im Wesentlichen nach gleichen oder jedenfalls ähnlichen Kriterien entschieden. Die **Rechtsprechung** hält solche Eigenschaften für verkehrswesentlich, die von dem Erklärenden in irgendeiner Weise **dem Vertrag zugrunde gelegt** worden seien, ohne dass er sie geradezu zum Inhalt seiner Erklärung gemacht haben müsse (BGHZ 88, 240, 264; s ferner RGZ 64, 266, 269; BGHZ 16, 54, 57; BGH LM Nr 20 zu § 81 BEG). Dies könne auch konkludent geschehen: Verstehe „es sich von selbst", dass bestimmte Eigenschaften von entscheidender Bedeutung für den Vertragsschluss seien (zB das **Alter oder Baujahr** eines gekauften Fahrzeugs), müssten diese nicht ausdrücklich zum Gegenstand der Vertragsverhandlungen gemacht werden (BGH NJW 1979, 160, 161 unter I 3 b = in BGHZ 72, 252 nicht abgedruckt; vgl dazu die Kritik unten Rn 84). Bei atypischen Eigenschaften muss der Anfechtungswillige nach diesen Grundsätzen deutlich machen, dass es auf das Vorhandensein bestimmter Eigenschaften ankommen soll. In dem Paradebeispiel des Verkaufs eines imitierten **Barockleuchters** ergibt sich aus dem durch Auslegung zu ermittelnden Inhalt des Rechtsgeschäfts, ob dessen „Echtheit" geschäftswesentlich ist (vgl auch PAWLOWSKI Rn 544; G MÜLLER JZ 1988, 383; BAMBERGER/ROTH/WENDTLAND Rn 40). Ob die Eintragung eines Handwerkers in die **Handwerksrolle** verkehrswesentliche Eigenschaft eines Werkvertrages ist, macht die Rechtsprechung nach dem gleichen Muster davon abhängig, ob der Besteller erkennbar Wert auf diese Eigenschaft des Vertragspartners legt (so BGHZ 88, 240, 246 f; LG Görlitz NJW-RR 1994, 117, 118 f; vgl dazu unten Rn 90). Auch wenn der Unternehmer mit dem Prestige eines „Fach- oder Meisterbetriebs" wirbt, wird seine Eintragung in die Handwerksrolle im Vertrag vorausgesetzt (OLG Hamm NJW-RR 1990, 523; OLG Nürnberg BauR 1985, 322). Entsprechendes gilt für die Indikationsbreite eines **Ultraschallgeräts**, der vom BGH Verkehrsrelevanz zugesprochen wurde, wenn diese Gegenstand einer ausdrücklichen oder konkludenten Vereinbarung war (BGHZ 16, 54, 57; G MÜLLER JZ 1988, 383; vgl dazu Rn 88). Wer auf die

gesundheitliche Verträglichkeit eines Wohnsitzes in **Höhenlage** besteht muss dies folgerichtig zum Ausdruck bringen (BGH DB 1972, 479, 481).

Nach FLUMES Lehre vom **„geschäftswesentlichen Eigenschaftsirrtum"** (grdl Eigenschaftsirrtum 69 f, 86 f; ders, AT II § 24, 2 b; ders, DB 1979, 1637, 1638; zust MEDICUS/PETERSEN, BürgR Rn 140; PAWLOWSKI JZ 1997, 741, 746; BAG AP Nr 13 zu § 119; vgl auch MünchKomm/ KRAMER Rn 111) besteht der „eigentliche Grund" für die Beachtlichkeit des Eigenschaftsirrtums nicht im Irrtum, sondern in der Tatsache, dass „der Gegenstand oder die Person hinsichtlich einer Eigenschaft nicht dem Rechtsgeschäft entspricht" (§ 24, 2 = S 478). Insofern komme es darauf an, ob es sich bei der betreffenden Eigenschaft um einen Umstand handele, auf den „sich das Rechtsgeschäft kraft besonderer Bestimmung oder nach der Art des Geschäftstypus bezieht" (§ 24, 2 d = S 481). Danach geht es also gerade nicht um einen Irrtum über die „Soll-Beschaffenheit", auf den FLUME in diesem Zusammenhang (S 478) zu Unrecht hinweist, sondern um die Berücksichtigung einer Leistungsstörung (HUBER AcP 209 [2009] 143, 154 f). Das entspricht aber nicht dem Gesetz, das keine Regelung der Nichterfüllung, sondern eine solche des Irrtums beinhaltet und bezweckt (zutr SOERGEL/HEFERMEHL Rn 34; S LORENZ 300 ff; vgl auch SCHMIDT-RIMPLER, in: FS Lehmann 227 ff). **81**

Zu weitgehend übereinstimmenden Ergebnissen kommen schließlich jene Autoren, die das Merkmal der **Verkehrswesentlichkeit objektiv bestimmen** und auf das **konkrete Geschäft** beziehen (so KÖHLER JR 1984, 324, 325; G MÜLLER JZ 1988, 381, 383). Auch hier verlangt man „Geschäftswesentlichkeit" des Irrtums (PALANDT/ELLENBERGER Rn 25). Ob die Vorstrafe des Vertragspartners für den Geschäftsentschluss wesentlich ist, hängt nach dieser Ansicht nicht nur von der Art der Vorstrafe, sondern auch von der Art des Rechtsgeschäfts und dessen Zweck ab (näher Rn 90 ff). Im Übrigen hat das Tatbestandsmerkmal „verkehrswesentlich" ersichtlich die Funktion, eine missbräuchliche Ausübung des Anfechtungsrechts durch vorgeschobene Anfechtungsgründe zu verhindern, und diese Aufgabe erfordere eine Objektivierung der Kausalität. Maßstab für die Erheblichkeit des Irrtums könne daher nur die **Verkehrsauffassung** sein, nicht die subjektive Anschauung des Erklärenden (KÖHLER JR 1984, 324, 325; BROX/WALKER Rn 419). Danach sollen auf jeden Fall solche Eigenschaften relevant sein, deren Erheblichkeit sich in Bezug auf das konkrete Geschäft „von selbst versteht", während solche, deren Bedeutung objektiv nicht geschäftstypisch sei, nur dann objektive – „verkehrswesentliche" – Bedeutung erlangen, wenn sie dem Rechtsgeschäft erkennbar zugrunde gelegt worden seien. **82**

b) Verkehrswesentlichkeit von Eigenschaften, die zur vereinbarten oder üblichen Soll-Beschaffenheit gehören

Es fällt auf, dass sich die Kriterien, nach denen die Verkehrs- und Geschäftswesentlichkeit einer Eigenschaft bestimmt wird, weitgehend mit den Voraussetzungen decken, die nach den Regeln des besonderen Schuldrechts erfüllt sein müssen, damit sich der Gläubiger wegen einer **Abweichung der Ist-Beschaffenheit von der vereinbarten oder üblichen Soll-Beschaffenheit** einer Sache vom Vertrag lösen kann. Diese Konizidenz ist kein Zufall, sondern Folge der tatbestandsmäßigen Überlappung von Eigenschaftsirrtümern und Sachmängeln. Würde man die Anfechtung wegen eines Eigenschaftsirrtums zulassen, ohne dass eine Abweichung von der nach dem Inhalt des Rechtsgeschäfts vorausgesetzten Beschaffenheit vorliegen muss, riskierte man einen massiven **Wertungswiderspruch** zwischen den beiden konkurrierenden Rechts- **83** behelfen. Positiv formuliert ist es ein Gebot normativer Folgerichtigkeit, den Begriff der Verkehrswesentlichkeit so zu interpretieren, dass er mit der Soll-Beschaffenheit von Sachen im Gewährleistungsrecht des Käufers, Mieters und Bestellers (§§ 434, 536 und 633) harmoniert. Dem entspricht im Bereich des Kaufrechts ohnehin die von der hM vertretene Lehre vom Vorrang der Sachmängelgewährleistungsvorschriften (vgl näher Rn 85 ff), doch geht die Bedeutung der hier vorgeschlagenen normativen Auslegung des Begriffs der „verkehrswesentlichen Eigenschaft" darüber hinaus. Es liegt nämlich auch in der Konsequenz der **Harmonisierung der Anfechtungsvorschriften und des Gewährleistungsrechts,** dass der Begriff der „verkehrswesentlichen Eigenschaft" nicht nur bei einer Konkurrenz mit den Gewährleistungsvorschriften des Besonderen Schuldrechts angepasst werden muss, sondern generell bei einem Irrtum über Eigenschaften einer Person oder Sache. Denn sonst drohen Wertungswidersprüche innerhalb der Auslegung des § 119 Abs 2, die aus Gründen der inneren Folgerichtigkeit und wertungsmäßigen Konsistenz des Rechts (zu diesem Postulat und seiner Verankerung in der Rechtsidee grdl CANARIS, Systemdenken und Systembegriff in der Jurisprudenz [2. Aufl 1983] S 16) ebenfalls nicht hingenommen werden können. **Verkehrswesentlich sind danach generell nur solche Eigenschaften, die zu der vereinbarten oder üblichen Soll-Beschaffenheit einer Person oder Sache gehören.** Es ist daher geboten, zB auch die Anfechtung wegen eines Irrtums über verkehrswesentliche Eigenschaftern eines **Arbeitnehmers** zu beschränken (näher unten Rn 86) und zwar unabhängig von den Beschränkungen des AGG, die zusätzliche Anfechtungsschranken enthalten (unten Rn 94). Es ist ferner erforderlich, auch das Anfechtungsrecht des **Verkäufers** oder **Vermieters** auf solche Eigenschaften zu beschränken, die zu den üblichen oder vertraglich vereinbarten Eigenschaften gehören, weil der Verkäufer nicht besser gestellt werden darf als der Käufer, der Vermieter nicht besser als der Mieter usw (Rn 86).

84 Diese Grundsätze entsprechen weitgehend den Ergebnissen, die von der Rechtsprechung erzielt werden. Nicht überzeugend sind allerdings jene Urteile, die – ausnahmsweise – eine Anfechtung durch den Käufer zulassen, weil sich dieser über das **Alter bzw Baujahr** des verkauften Fahrzeugs im Irrtum befunden hat, ohne dass es sich dabei um eine Abweichung der Ist-Beschaffenheit von der vertraglich vereinbarten Soll-Beschaffenheit handeln musste (BGH NJW 1979, 160, 161; BGHZ 78, 216, 218 f; ebenso RG Recht 1928 Nr 2458; OLG Stuttgart NJW 1989, 2547). Dieser Ausdehnung der Irrtumsanfechtung auf Eigenschaften, die nicht zur Soll-Beschaffenheit gehören und daher bei einem einseitigen Motivirrtum die Lösung vom Vertrag ermöglichen, ist nicht zu folgen. Ohne besondere Abrede über die Soll-Beschaffenheit des verkauften Fahrzeugs ist dieses nun einmal verkauft wie es ist. Es liegt daher tatbestandlich kein Sachmangel vor. Die weitere Konsequenz kann dann freilich nicht darin bestehen, in solchen Fällen, in denen scheinbar keine Konkurrenz mit den Sachmängelgewährleistungsvorschriften besteht, die Anfechtung zuzulassen; vielmehr muss das Fehlen einer Soll-Beschaffenheitsvereinbarung erst recht zu ihrem Ausschluss führen (zutreffend FLUME, Eigenschaftsirrtum 134; G MÜLLER JZ 1988, 387 f; SOERGEL/HUBER Vor § 459 Rn 195 f; S LORENZ, Schutz 306 f; s ferner OLG Düsseldorf NJW 1992, 1326, 1327; SINGER, in: BGH Festgabe [2000] 381, 385; dazu unten Rn 85). Andernfalls würde man den Käufer, der es entgegen dem **Prinzip „caveat emptor!"** unterlassen hat, seine Interessen durch Abschluss einer Beschaffenheitsvereinbarung zu wahren, uU besser stellen als den vorsichtigen, der sich mit Erfolg um eine solche Absprache bemüht hat, aber zB erst nach Ablauf der Verjährungsfrist den Mangel bemerkt. Vor allem jedoch würde bei der Anerkennung eines Anfechtungsrechts bei bloß einseitig gebliebenen Fehlvorstellungen die Wertung des Gesetzgebers, dass eine Vertragslösung eine Abweichung der Ist- von der Soll-Beschaffenheit voraussetzt, unterlaufen. Folglich ist aus objektiv-normativen Gründen daran festzuhalten, dass ein Irrtum über Eigenschaften nur dann verkehrswesentlich ist, wenn die betreffende Eigenschaft zu der vereinbarten oder üblichen Soll-Beschaffenheit gehört.

2. Der Vorrang des Leistungsstörungs- und Gewährleistungsrechts vor der Anfechtung wegen Eigenschaftsirrtums

Während bei einem **Erklärungsirrtum (§ 119 Abs 1) und einer arglistigen Täuschung (§ 123 Abs 1) uneingeschränkt angefochten** werden kann (vgl nur PALANDT/ELLENBERGER Rn 28), ist nach überwiegender Ansicht eine Anfechtung durch den **Käufer** gemäß § 119 Abs 2 ausgeschlossen, wenn sich der Irrtum auf solche **Eigenschaften einer Kaufsache** bezieht, „welche Gewährleistungsansprüche begründen können". Diese vor der Schuldrechtsreform in Rechtsprechung und Schrifttum vorherrschende Ansicht (BGHZ 16, 54, 57; 34, 32, 34; 63, 369, 376; 78, 216, 218; BGH NJW 1979, 160, 161; SOERGEL/ HEFERMEHL Rn 78 f; G MÜLLER JZ 1988, 386; krit aber J SCHRÖDER, in: FS Kegel [1977] 397 ff; WASMUTH, in: FS Piper [1996] 1083 ff; WIEGAND 27 ff; P HUBER 306 ff; LARENZ/WOLF § 36 Rn 53) dominiert auch nach der Reform (BT-Drucks 14/6040, 210; BGH NJW-RR 2008, 222; OLG Oldenburg NJW 2005, 2556, 2557; LORENZ/RIEHM, Lehrbuch Rn 573; HUBER/FAUST, Schuldrechtsmodernisierung [2002] Kap 14, Rn 6; P HUBER 297; BAMBERGER/ROTH/WENDTLAND Rn 8; PRÜTTING/WEGEN/WEINREICH/AHRENS Rn 5; PALANDT/ELLENBERGER Rn 28; BRORS WM 2002, 1780, 1781; krit LÖHNIG JA 2003, 516, 521; EMMERICH, SchuldR BT § 5 Rn 40; MÜLLER, in: FS Huber [2006] 449, 451). Für die Präklusion der Anfechtung spricht insbesondere, dass sich der Käufer auch nach Ablauf der Verjährungsfrist des § 438, die mit der Übergabe oder Ablieferung beginnt, durch Anfechtung vom Vertrag lösen kann, sofern er die zwar knappe, aber erst mit Kenntnis des Irrtums beginnende Ausschlussfrist des § 121 wahrt. Außerdem könnte das prinzipielle Erfordernis einer Nachfristsetzung gemäß §§ 437 iVm §§ 439, 323, 281 ebenso umgangen werden wie andere gewährleistungsrechtliche Besonderheiten wie der Haftungsausschluss bei grober Fahrlässigkeit des Käufers gemäß § 442. Aus diesen Gründen sollte der Vorrang des Gewährleistungsrechts auch auf die Haftung wegen eines **Rechtsmangels** (§§ 434 Abs 1 S 2, 435) oder einer **Falschlieferung** (§ 434 Abs 3) erstreckt werden, da sich diese nunmehr ebenfalls nach Gewährleistungsrecht richtet und dessen Wertungen nicht unterlaufen werden dürfen (BRORS, WM 2002, 1780, 1781; PALANDT/ELLENBERGER Rn 28). Für zulässig hielt die hM eine Anfechtung allerdings in der Vergangenheit dann, wenn **kein Sachmangel im Sinne des § 434 Abs 1** (§ 459 Abs 1 aF) vorlag. Dem ist weder nach altem noch nach neuem Recht zu folgen. Ungeachtet des subjektiven Fehlerbegriffs (§ 434 Abs 1 S 1), der bei einer konkludenten Beschaffenheitsvereinbarung einen Gleichlauf von Mängelgewährleistung und verkehrswesentlicher Eigenschaft gewährleistet, würde danach gerade in dem problematischen Fall des einseitig gebliebenen Eigenschaftsirrtums (oben Rn 83 f) die Anfechtung Erfolg haben. Den Urteilen, die auch in diesem Fall eine Anfechtung wegen Eigenschaftsirrtums für möglich halten (BGHZ 78, 216, 218 f; BGH NJW 1979, 160, 161; RG Recht 1928 Nr 2458; OLG Stuttgart NJW 1989, 2547), ist daher nicht zu folgen, da und sofern es an einer Abrede über die Soll-Beschaffenheit fehlt (oben Rn 84). Die §§ 434 ff verkörpern eine abschließende Regelung für den Fall, dass die Eigenschaften der Kaufsache den Erwartungen des Käufers nicht entsprechen, gleichgültig ob es sich um einseitige Erwartungen an die Soll-Beschaffenheit handelt oder solche, die zu einer Beschaffenheitsvereinbarung oder Garantie geführt haben. Im Ergebnis führt diese Lösung also zu dem rechtspolitisch vielfach begrüßten Ausschluss der Anfechtung bei einseitigem Eigenschaftsirrtum des Käufers (zutr S LORENZ, Schutz 307; MÜLLER, in: FS Huber [2006] 449, 456 f). Das **Anfechtungsrecht des Verkäufers** ist demgegenüber im Regelfall nicht ausgeschlossen, weil es insoweit keine Konkurrenz zwischen der Anfechtung und den Gewährleistungsrechten gibt. Dem Verkäufer ist es zwar verwehrt, dem Käufer durch Anfechtung des Kaufvertrages seine Gewährleistungsrechte zu entziehen, aber dieser Einwand einer unzulässigen Rechtsausübung kommt nur in Betracht, wenn der Käufer solche Rechte nicht geltend machen will, was vor allem dann nahe liegt, wenn ihm die erworbene Sache wertvoll erscheint (BGH NJW 1988, 2597, 2599 – *Leibl/Duveneck;* für weitergehenden Ausschluss der Anfechtung durch den Verkäufer PALANDT/ELLENBERGER Rn 28; OLG Oldenburg NJW 2005, 2556, 2557; vgl auch Rn 96, 101). Einseitige Irrtümer berechtigen den Verkäufer jedoch nur dann zur Anfechtung, wenn eine Abweichung von der vertraglich vereinbarten oder erkennbar vorausgesetzten Beschaffenheit vorliegt. Das liegt aber nicht daran, dass der Verkäufer stets das Risiko für Irrtümer über wertbildende Faktoren wie zB die Herkunft eines Gemäldes und dgl tragen müsste (so aber FLEISCHER, in: ZIMMERMANN [Hrsg], Störungen der Willensbildung [2007] 36, 53), denn § 119 Abs 2 befreit ihn ja unter bestimmten Voraussetzungen von diesem vertraglich übernommenen Risiko. Vielmehr folgt der weitgehende Ausschluss der Irrtumsanfechtung daraus, dass es an der Verkehrswesentlichkeit der Eigenschaften fehlt, deren Vorhandensein nicht vertraglich vereinbart oder erkennbar vorausgesetzt wurde.

86 Ein dem **Kaufrecht** entsprechender **Vorrang des Leistungsstörungsrechts sollte auch für andere Vertragstypen gelten**, zB für **Miete** (LG Ravensburg WuM 1984, 297; HASSOLD JuS 1975, 550, 552; KÖHLER JuS 1979, 647, 651; FLUME § 24, 3b = S 486; MünchKomm/KRAMER Rn 38; MünchKomm/HÄUBLEIN § 536 Rn 23 f; STAUDINGER/ROLFS [2011] § 542 Rn 181; PALANDT/ELLENBERGER Rn 28; **aA** RGZ 157, 173, 174; HEROLD BlGBW 1962, 278, 279; N FISCHER WuM 2006, 3, 6 f; ders, ZMR 2007, 157, 160 f; DÖTSCH NZM 2011, 457; differenzierend OTTO JuS 1985, 852 f; vgl auch das Urteil BGHZ 178, 16 Rn 34 ff, das sich allerdings nur mit der Zulässigkeit der Anfechtung wegen arglistiger Täuschung befasst, die auch im Kaufrecht unstreitig gegeben ist) und **Werkvertrag** (RGZ 62, 282, 284 f; BGH BB 1960, 152; NJW 1967, 719; MünchKomm/KRAMER Rn 39; PALANDT/ELLENBERGER Rn 28). Entgegen hM (vgl BAGE 5, 157, 162 f; BAG AP Nr 3 zu § 119 m zust Anm KÜCHENHOFF; SCHAUB § 36 II 2; bezogen auf die außerordentliche Kündigung eingehend PICKER ZfA 1981, 1, 20 ff) sollte auch beim **Arbeitsvertrag** ein Vorrang des spezifisch arbeitsrechtlichen Sanktionensystems anerkannt werden. Denn Anlass für die Anfechtung des Arbeitsvertrages bilden regelmäßig Störungen beim Leistungsvollzug (vgl Rn 111). Die Anfechtung soll also in funktionaler Hinsicht die zumeist rechtlich schwierige, wenn nicht unmögliche Kündigung ersetzen. Wenn diese aber rechtlich nicht möglich ist, sollte diese gesetzliche Wertung nicht durch Gewährung eines Anfechtungsrechts konterkariert werden. Der Einwand der hM, dass sich Anfechtung und Kündigung wesensmäßig unterscheiden (BAGE 5, 157, 161 f; BAG AP Nr 3 zu § 119; PICKER ZfA 1981, 24 ff), ist nicht sehr überzeugend, da dieses Argument die Funktionsgleichheit der Rechtsbehelfe vernachlässigt und nicht berücksichtigt, dass die gleiche Situation bei den konkurrierenden Tatbeständen des Gewährleistungs- und Anfechtungsrechts gem §§ 434 ff und § 119 Abs 2 vorliegt, dort jedoch nach hM das Leistungsstörungsrecht vorgeht. Für einen **Vorrang des Kündigungsrechts** spricht insbesondere, dass die hM ihrerseits genötigt ist, die als

unsachgerecht angesehenen Anfechtungsfolge der Nichtigkeit *ex tunc* (§ 142) zu korrigieren. Bei einem Vorrang der Kündigung versteht sich von selbst, dass das Arbeitsverhältnis nur *ex nunc* aufgelöst werden kann. Ferner ist sichergestellt, dass die zum Schutze der Arbeitnehmer bestehenden Vorschriften des KSchG, MuSchG und §§ 85 ff SGB IX nicht umgangen werden können und zweifelhafte Abgrenzungen wie die, ob und unter welchen Voraussetzungen zB Krankheit, Schwerbehinderung oder Schwangerschaft verkehrswesentliche Eigenschaften sind (vgl unten Rn 87, 93 f), vermieden werden. Davon unberührt bleibt lediglich die Anfechtung wegen **arglistiger Täuschung**, weil der Arbeitnehmer hier nicht schutzwürdig ist (BAG NZA 1999, 584, 585 f). Die Anfechtungsfrage konzentriert sich dann im Arbeitsvertragsrecht auf die in der Praxis ohnehin im Vordergrund stehende Frage, ob der Arbeitgeber ein berechtigtes Interesse an bestimmten Eigenschaften des Arbeitgebers hat und dieses durch Erkundigungen bzw Fragen erkennbar zum Ausdruck gebracht hat (dazu näher § 123 Rn 30 ff). Ein darüber hinausgehendes Anfechtungsrecht – zusätzlich zu den Kündigungsvorschriften – anzuerkennen, ist weder rechtlich geboten noch praktisch notwendig (vgl auch Rn 111). Unabhängig vom Vorrang der Leistungsstörungsvorschriften des Besonderen Schuldrechts hat eine Anfechtung wegen ungünstiger Eigenschaften zur Voraussetzung, dass diese zur **Soll-Beschaffenheit** der Person oder Sache gehören, auf die sich das Schuldverhältnis bezieht; eine Anfechtung wegen eines einseitig gebliebenen Motivirrtums ist danach ausgeschlossen (oben Rn 83 f).

3. Eigenschaften der Person oder Sache

Unter **Eigenschaften** versteht die Rechtsprechung nicht nur die natürlichen Merkmale einer Person oder Sache, sondern auch solche **tatsächlichen und rechtlichen Verhältnisse, die infolge ihrer Beschaffenheit und Dauer auf die Brauchbarkeit und den Wert von Einfluss sind** (BGHZ 16, 54, 57; 34, 32, 41; 70, 47, 48; 88, 240, 245; PALANDT/ELLENBERGER Rn 24; JAUERNIG Rn 13). Es muss sich um gegenwärtige oder vergangene Umstände handeln, nicht um künftige, da man in Bezug auf **zukünftige Verhältnisse** nur hoffen, nicht aber irren kann (RGZ 85, 322, 325; OLG Stuttgart MDR 1983, 751; SOERGEL/HEFERMEHL Rn 37). Eine fehlerhafte Prognose über die künftige politische und wirtschaftliche Entwicklung – insbesondere die Wiedervereinigung – berechtigt daher nicht zur Irrtumsanfechtung (BVerfG DtZ 1994, 312; OLG Frankfurt OLGZ 1992, 35, 40; KG DtZ 1992, 188, 189 und 355, 356; OLG Düsseldorf ZEV 1995, 32, 34; s a BGHZ 124, 270, 280 f), wohl aber die Unkenntnis über vorhandenes Vermögen auf dem Gebiet der ehemaligen DDR (KG OLGZ 1993, 1, 4). Nicht zu den Eigenschaften zählen auch **vorübergehende Erscheinungen** wie zB die akute Erkrankung eines Arbeitnehmers (AP Nr 3 zu § 119), doch sollte man entgegen einer vom Bundesarbeitsgericht vertretenen Ansicht (BAGE 11, 270, 272; BAG NJW 1983, 2958 f; insoweit offen NJW 1992, 2173, 2174; krit auch LÖHNIG, Irrtum 196) dazu nicht die **Schwangerschaft** rechnen, da diese auf das Rechtsverhältnis zwischen Arbeitnehmer und Arbeitgeber für eine nicht unerhebliche Zeit maßgeblichen Einfluss hat und der durch die einschränkende Interpretation des Eigenschaftsbegriffs ursprünglich bezweckte Schutz der weiblichen Arbeitnehmer auf andere Weise erreicht werden kann (vgl unten Rn 89 und 94). Entgegen BGH NJW 1970, 653, 655 stellen auch die Jahresumsätze eines Unternehmens genauso wie dessen Ertragsfähigkeit Eigenschaften dar, da sie den Wert des Unternehmens wenigstens mitbestimmen (zutr PUTZO Anm aaO; zur Anfechtung s aber unten Rn 98).

87

88 Aus Gründen der **Rechtssicherheit** sollen nach der Rechtsprechung ferner nur solche Umstände berücksichtigt werden, die den Gegenstand selbst kennzeichnen, nicht solche, die nur **mittelbar** Einfluss auf seine Bewertung oder Verwertbarkeit auszuüben vermögen (RGZ 149, 235, 238; RG Gruchot 48, 100, 102; BGHZ 16, 54, 57; 70, 47, 48; LM Nr 2 zu § 779; OLG Hamm NJW 1966, 1080, 1081; Palandt/Ellenberger Rn 24; Larenz/Wolf § 36 Rn 49). Diese Voraussetzung war nach Ansicht der Gerichte zB nicht erfüllt hinsichtlich der Indikationsbreite eines **Ultraschallgerätes** (BGHZ 16, 54, 57), der wirtschaftlichen Ertragsfähigkeit eines Grundstücks für die darauf lastende Grundschuld (RGZ 149, 235, 238) oder hinsichtlich der Gefahr einer Inanspruchnahme des Erwerbers gemäß § 419 bei der Veräußerung eines Erbbaurechts (BGHZ 70, 47, 48 f). Auf der anderen Seite hat die Rechtsprechung nicht nur anerkannt, dass auch die **Beziehungen zur Umwelt** wie die Lage oder Bebaubarkeit eines Grundstücks zu den Eigenschaften einer Sache gehören (RGZ 61, 84, 86; RG JW 1912, 850, 851; OLG Köln MDR 1965, 292), sondern sogar ausdrücklich gefordert, dass diese Eigenschaften „durch Umstände bedingt sind, die außerhalb der Sache selbst liegen" (BGHZ 34, 32, 41; OLG Hamm NJW 1966, 1080, 1081). Insofern erweist sich das Kriterium der **Unmittelbarkeit** kaum als praktikables Abgrenzungskriterium (krit auch Medicus/Petersen, BürgR Rn 139; H Honsell JuS 1982, 810, 812; MünchKomm/Kramer Rn 105; allg zur Untauglichkeit des Begriffs „Unmittelbarkeit"; Weyers JZ 1991, 999 ff), da Wert und Brauchbarkeit einer Sache letztlich stets von Faktoren bestimmt werden, die nicht nur in der Sache selbst ihren Grund haben, sondern in ihrer Beziehung zur Umwelt. Dementsprechend leuchtet auch nicht ein, wieso zB die Ertragsfähigkeit des belasteten Grundstücks keine verkehrswesentliche Eigenschaft beim Kauf einer Grundschuld sein soll (so RGZ 149, 235, 239), obwohl diese ersichtlich von ausschlaggebender und daher zwangsläufig unmittelbarer Bedeutung für den Wert der Grundschuld als Sicherheit ist (krit auch Larenz/Wolf § 36 Rn 52). Die mit dem Unmittelbarkeitserfordernis angestrebte Einschränkung der Irrtumsanfechtung lässt sich indessen auf andere Weise bewältigen (vgl auch Rn 97). Eine gewisse, freilich auch nicht rechtssicher handbare Begrenzung leistet bereits das Erfordernis der **Verkehrswesentlichkeit** (oben Rn 83), jedenfalls aber der **Vorrang des Leistungsstörungs- und Gewährleistungsrechts**, wenn man diesen konsequent durchsetzt (dazu ausf oben Rn 85 f). Im Falle BGHZ 70, 47 (Anm Messer NJW 1978, 1257 f) hätte es zB nahe gelegen, den Veräußerer wegen der damals drohenden Haftung des Erwerbers gemäß § 419 aF nach Gewährleistungsrecht haften zu lassen, wobei heute dahingestellt bleiben könnte, ob es sich um einen Sach- oder Rechtsmangel handelt (§ 433 Abs 1 S 2). Wenn man aber eine solche Haftung ablehnt, wofür sich der BGH im Falle der §§ 459 ff aF aus den gleichen Gründen wie bei der Anfechtung wegen Eigenschaftsirrtums entschieden hat, so hätte sich doch jedenfalls eine Haftung des Veräußerers wegen fahrlässiger Informationspflichtverletzung förmlich aufgedrängt, so dass entgegen BGHZ 70, 47 das Risiko einer Inanspruchnahme des Erwerbers nicht dieser, sondern der dafür verantwortliche Veräußerer hätte tragen müssen. Im Ergebnis richtig entschieden ist dagegen der **Ultraschallgeräte**-Fall BGHZ 16, 54, da die fehlende Indikationsbreite des Geräts nicht vertraglich vorausgesetzt war, daher kein Sachmangel vorlag und somit erst recht nicht wegen Eigenschaftsirrtums angefochten werden konnte (oben Rn 80).

a) Verkehrswesentliche Eigenschaften der Person
aa) Person

89 Der Eigenschaftsirrtum wird zwar in der Regel die **Person des Vertragspartners** betreffen, doch verlangt dies § 119 Abs 2 nicht (aA Löhnig, Irrtum 176 ff; ders JA 2003,

516, 518; iE auch Mankowski 502). Der Irrtum kann sich daher auch auf **Eigenschaften Dritter** beziehen, wenn diese für das konkrete Rechtsgeschäft von wesentlicher Bedeutung sind (RG Gruchot 52, 923, 925; RGZ 98, 206, 208). So kann zB der Gläubiger seine Kreditzusage gegenüber dem Schuldner anfechten, wenn er sich über die **Zahlungsfähigkeit des Bürgen** irrt (RG Recht 1915 Nr 2216; Medicus/Petersen, BürgR Rn 137; Flume § 24, 4 = S 489 f). Dagegen ist die **Anfechtung für den Bürgen**, der sich über die **Vermögensverhältnisse des Hauptschuldners** geirrt hat, **ausgeschlossen**, weil der Bürge nach Inhalt und Zweck des Bürgschaftsvertrages für das Risiko solcher Fehleinschätzungen einstehen soll (RGZ 134, 126, 129; BGH WM 1956, 885, 889; 1965, 80 f; NJW 1988, 3205, 3206; Flume § 24, 4 = S 490; MünchKomm/Habersack § 765 Rn 37 mwNw; abw aber RGZ 158, 166, 170). Dies gilt auch dann, wenn die Parteien übereinstimmend von einer bestimmten Vermögenslage ausgegangen sind, da eine Bürgschaft gerade auch das unwägbare, nicht erkannte oder voraussehbare Risiko abdecken soll (RGZ 134, 129; BGH NJW 1988, 3806; **aA** Soergel/Hefermehl Rn 43). Aus dem gleichen Grunde kann ein Irrtum des Bürgen über die Verwendung des Kredits, über das Bestehen von Ausgleichsansprüchen im Falle der Inanspruchnahme (BGH WM 1957, 66, 67) oder über die Werthaltigkeit anderer Kreditsicherheiten (BGH WM 1966, 92, 94) nicht berücksichtigt werden. Da § 119 Abs 2 nicht danach unterscheidet, mit welcher Person die betreffenden Eigenschaften verknüpft sind, kann sich der Irrtum auch auf **Eigenschaften des Erklärenden selbst** beziehen, zB seinen Gesundheitszustand (Rn 93), eine bestehende Schwangerschaft (Rn 94) oder das Verbot einer Nebenbeschäftigung (OLG Düsseldorf JW 1921, 537), nicht aber seine eigene Leistungsfähigkeit (Leenen § 14 Rn 76). Rechtsprechung und Schrifttum (insbes Löhnig, Irrtum 276 ff; ders JA 2003, 516, 518) versuchen zum Teil, diese Anfechtungsmöglichkeit einzuschränken. Indessen überzeugt es nicht, dass BGH LM Nr 20 zu § 81 BEG einem Verfolgten, der in Unkenntnis seines schlechten Gesundheitszustandes auf einen Rentenanspruch verzichtete, die Anfechtung mit der Begründung versagt hat, für die Entschädigungsbehörde sei dieses Motiv nicht erkennbar gewesen. Die Bedeutung der Gesundheit liegt bei einem Verzicht auf einen Rentenanspruch so offen zu Tage, dass sich ihre Wesentlichkeit offensichtlich von selbst versteht. Im Ergebnis ist dem BGH aber zuzustimmen, da der Verzicht gerade die Funktion hatte, die Frage einer künftigen Bedürftigkeit außer Streit zu stellen, so dass **nach dem Inhalt des Rechtsgeschäfts ein Anfechtungsausschluss** vereinbart war (zum Anfechtungsausschluss bei einer Krankenhauskostenübernahmeerklärung und Irrtum der Versicherung über die Mitgliedschaft des Patienten zutr BSG SozR 7610 § 119 Nr 4). Zu den Eigenschaften des Erklärenden selbst gehört auch die **Schwangerschaft**. Insofern leuchtet nicht ein, dass das BAG die Anfechtung eines **Aufhebungsvertrages**, dem eine Arbeitnehmerin in Unkenntnis ihrer Schwangerschaft zugestimmt hatte, an der fehlenden Dauerhaftigkeit dieses Zustands scheitern ließ und damit die in anderem Zusammenhang gefundene – freilich überflüssige (vgl Rn 94) – Notbegründung, die der schwangeren Arbeitnehmerin ihre von einer Arbeitgeberanfechtung bedrohten Mutterschutzrechte erhalten sollte, glatt in ihr Gegenteil verkehrte (NJW 1983, 2958 f; 1992, 2173, 2174; zust MünchKomm/Kramer Rn 130; Leenen § 14 Rn 71; Weber/Ehrich NZA 1997, 414, 419 mwNw). Auch bei der Zahlungsfähigkeit, Kreditwürdigkeit oder Zuverlässigkeit einer Person handelt es sich nicht zwangsläufig um dauerhafte Merkmale, und dennoch besteht an ihrer Relevanz kein Zweifel (ebenso MünchArb/Wank § 112 Rn 27; MünchArb/Richardi § 44 Rn 34; Gamillscheg, in: FS Molitor [1962] 57, 80; ders RdA 1968, 117, 118; vgl auch unten Rn 92). Sofern die Schwangerschaft und ihre Folgen nicht unter dem Gesichtspunkt der Leistungsstörungen zu erfassen sind und wegen des Vorrangs des Kündigungsrechts eine Anfechtungsmöglichkeit ausscheidet (vgl oben Rn 86), bestehen keine Bedenken, die Schwangerschaft als verkehrswesentliche Eigenschaft anzusehen und demnach die Anfechtung von Aufhebungsverträgen bei Vorliegen eines Irrtums zuzulassen. Allerdings gilt dies nur für den Irrtum der Arbeitnehmerin. Dem Arbeitgeber ist nach dem Inkrafttreten des AGG eine Anfechtung wegen Irrtums über die Schwangerschaft der Arbeitnehmerin verwehrt, da es sich um eine unzulässige **Diskriminierung wegen des Geschlechts** handeln würde (vgl näher unten Rn 94).

90 bb) Einzelne Eigenschaften
Vertrauenswürdigkeit und Zuverlässigkeit des Geschäftspartners sind in der Regel nur bei solchen Rechtsgeschäften von wesentlicher Bedeutung, die auf eine vertrauensvolle Zusammenarbeit angelegt sind. Entscheidend ist, ob die betreffenden Umstände das Risiko von Leistungsstörungen erhöhen (LÖHNIG, Irrtum 203 ff). Das ist hauptsächlich der Fall bei **langfristigen, stark persönlich bestimmten Verträgen** wie zB der Tätigkeit als „Repräsentant" eines Unternehmens (RG Recht 1921 Nr 2322; BGH WM 1969, 291, 292) oder als dessen „Vertreter" (RGZ 143, 429, 432), bei einem Dienst- oder Arbeitsvertrag (BAG AP Nr 2 zu § 123 m Anm A HUECK), Personalberatungsvertrag (LG Darmstadt NJW 1999, 365, 366: Scientology-Mitgliedschaft; differenzierend LÖHNIG, Irrtum 206), Transfervertrag über den Vereinswechsel eines Fußballspielers (BGH NJW 1976, 565 [566], der die – wegen Bestechung versagte – Spielerlaubnis als Geschäftsgrundlage des Transfervertrages ansah; gegen die Anfechtung DOERNER JuS 1977, 225, 226), Baubetreuungsvertrag (BGH WM 1970, 906 f), langfristigen Werkvertrag über die Errichtung zweier Häuser (RGZ 90, 342, 346), Sukzessivlieferungsvertrag (RGZ 100, 205, 207; einschränkend BGH BB 1960, 152), Maklervertrag (PALANDT/ELLENBERGER Rn 26; aA OLG Köln MDR 1961, 231) und Miet- oder Pachtvertrag (RGZ 102, 225, 226; OLG Augsburg SeuffA 77 Nr 18; N FISCHER WuM 2006, 3, 7; ZMR 2007, 157, 162 f). Dagegen ist die Vertrauenswürdigkeit des Vertragspartners bei reinen **Güteraustauschverträgen** grundsätzlich nicht verkehrswesentlich (RGZ 107, 208, 212; BGH BB 1960, 152). An der Verkehrswesentlichkeit fehlt es evidentermaßen auch bei der Partei- oder Glaubenszugehörigkeit des Mieters (LG Köln WuM 1986, 81, 82; WEIMAR ZMR 1982, 196, 197), so dass es nicht darauf ankommt, ob je nach Sachlage auch das Benachteiligungsverbot des § 19 AGG Anwendung findet. Auch die Nichtraucher-Eigenschaft eines Mieters dürfte nicht verkehrswesentlich sein (LG Stuttgart NJW-RR 1992, 1360), wenn es an einer ausdrücklichen Vereinbarung zwischen den Parteien fehlt (oben Rn 83). Darüber hinaus scheitert eine Anfechtung des Mietvertrages am Erfordernis einer erheblichen Beeinträchtigung der Vermieterinteressen, die der sachnähere und daher vorrangige (oben Rn 86) § 543 Abs 2 Nr 2 ausdrücklich verlangt. Aus **Einzelverstößen** kann man nicht ohne weiteres auf eine schon bei Vertragsschluss bestehende Vertrauensunwürdigkeit des Vertragspartners schließen. Da und sofern die Unzuverlässigkeit erst aus dem Inhalt der erbrachten Leistung hervorgeht, gehen ohnehin die gesetzlichen Vorschriften über die **Nicht- oder Schlechterfüllung** der Irrtumsanfechtung vor (vgl näher oben Rn 85 f). Dementsprechend kommt es nicht darauf an, ob bei einem Werkvertrag der Auftragnehmer über eine entsprechende **berufsrechtliche Qualifikation** verfügt, es sei denn, dass bereits darin ein „Mangel" des Werks iSd § 633 Abs 2 zu Tage tritt. Dies hängt nach dem „subjektiven Fehlerbegriff", der auch § 633 Abs 2 zugrunde liegt, davon ab, ob eine entsprechende Soll-Beschaffenheit des Werkes vereinbart wurde. Dies kann auch konkludent geschehen, indem zB der Auftragnehmer trotz fehlender Eintragung in die **Handwerksrolle** mit der fachlichen Qualifikation seines „Meisterbetriebs" wirbt wie im Fall BGHZ 88, 240, der folglich im Ergebnis richtig entschieden

wurde (oben Rn 80). Bei **juristischen Personen** kommt es auf die Vertrauenswürdigkeit jener Personen an, die auf die Erfüllung des Vertrages maßgeblichen Einfluss nehmen. Das sind regelmäßig die Organe, je nach Sachlage auch der Hauptgesellschafter und etwaige Hintermänner, welche die Gesellschaft beherrschen (RGZ 143, 429, 431; SOERGEL/HEFERMEHL Rn 40), nicht aber bloße Bevollmächtigte (RG WarnR 1937 Nr 87).

Vorstrafen stellen zwar als solche keine verkehrswesentlichen Eigenschaften dar, 91 doch können aus der strafgerichtlichen Verurteilung mittelbar Rückschlüsse auf bestimmte Charaktereigenschaften einer Person wie Zuverlässigkeit oder Vertrauenswürdigkeit gezogen werden. Hauptanwendungsgebiet ist der Abschluss eines Arbeitsvertrages durch vorbestrafte Arbeitnehmer (vgl näher MünchArb/RICHARDI § 44 Rn 33; zum Fragerecht des Arbeitgebers s näher § 123 Rn 30 ff; zur Anfechtbarkeit wegen Vorstrafen eines Pächters RG JW 1912, 25; Geschäftsführers beim Architektenvertrag OLG Düsseldorf BauR 1996, 574; s aber BGH ZIP 1991, 321, 323, wonach durch Vorstrafen belegte Charakterschwäche eines maßgeblichen Mitarbeiters keine dem verkauften Unternehmen anhaftende Eigenschaft darstellt). Verkehrswesentlich sind aber nur einschlägige Vorstrafen, also solche, die einen Bezug zum Aufgabenbereich des Arbeitnehmers haben. Das trifft auf Verkehrsdelikte zu, wenn jemand als Kraftfahrer eingestellt wird, nicht aber bei einer Tätigkeit als Bankangestellter. Dieser wiederum darf nicht wegen Vermögensdelikten straffällig geworden sein (BAGE 5, 159, 165; krit zum Erfordernis der Einschlägigkeit HOFMANN ZfA 1975, 1, 33). Als unwesentlich wurde die Wahrheitsliebe bei einem ungelernten Arbeiter angesehen (BAG AP Nr 17 zu § 123 m zust Anm BEUTHIEN). Bei Führungspositionen bestehen hingegen erhöhte Anforderungen an die Zuverlässigkeit und Vertrauenswürdigkeit, so dass auch bei nicht einschlägigen Vorstrafen je nach Indizwirkung eine Anfechtung in Betracht kommt (vgl LINNENKOHL AuR 1983, 129, 137; MünchArb/RICHARDI § 38 Rn 141). Sofern sich ein Arbeitnehmer gemäß § 53 BZRG als ungestraft bezeichnen darf, dürfte schon der Rückschluss auf ungünstige persönliche Eigenschaften nicht mehr möglich sein; jedenfalls fehlt den persönlichen Merkmalen aus objektiv-normativen Gründen die Verkehrswesentlichkeit.

Zahlungsfähigkeit und Kreditwürdigkeit einer Person sind verkehrswesentliche Ei- 92 genschaften, wenn es sich um **Kreditgeschäfte** handelt (RGZ 66, 385, 387; RG Recht 1915 Nr 2216; SeuffA 84 Nr 1; LINDACHER MDR 1977, 797 [798 f]), ebenso bei **Dauerschuldverhältnissen** wie zB Miete oder Pacht, die für beide Seiten erkennbar regelmäßig im Vertrauen auf die finanzielle Leistungsfähigkeit des Vertragspartners abgeschlossen werden (N FISCHER WuM 2006, 3, 8; ders ZMR 2007, 157, 163). Dagegen spielt die Kreditwürdigkeit bei Bargeschäften regelmäßig keine Rolle (RGZ 105, 206 [208 f]). Das in § 321 dem vorleistungspflichtigen Vertragsteil zuerkannte Leistungsverweigerungsrecht wegen Vermögensverschlechterung der anderen Seite schließt die Irrtumsanfechtung nicht aus, da bei fern liegender Fälligkeit nur die Anfechtung eine rasche Klärung der Rechtsverhältnisse ermöglicht (LINDACHER MDR 1977, 797 [799 f]; MünchKomm/KRAMER Rn 129; aA FLUME § 24, 3 b = S 487: Vorrang des § 321). Kein Anfechtungsrecht hat aber der **Bürge**, der sich über die Vermögenslage des Hauptschuldners irrt (vgl näher oben Rn 89).

Beim Abschluss von Arbeitsverträgen spielen die Beeinträchtigung der Leistungs- 93 fähigkeit durch **Krankheit oder mangelnde Eignung des Arbeitnehmers** eine wesentliche Rolle (zur Aufklärungspflicht des Arbeitnehmers und zum Fragerecht des Arbeitgebers in diesen Fällen § 123 Rn 28, 30). Zu Recht hält allerdings das Bundesarbeitsgericht den Grad der **Leistungsfähigkeit** des Arbeitnehmers noch nicht für eine verkehrswesentliche Eigenschaft (BAG AP Nr 3 zu § 119 [unter 2. der Gründe]; MünchKomm/KRAMER Rn 130), da sich der Arbeitnehmer lediglich im Rahmen seiner persönlichen Leistungsfähigkeit (§ 613) verpflichtet und das Kündigungsrecht als speziellere Regelung für Leistungsstörungen vorgeht (vgl oben Rn 86). Keine Zustimmung verdient hingegen, dass das BAG die Anfechtung ausnahmsweise zulässt, wenn dem Arbeitnehmer wegen eines nicht nur kurzfristig auftretenden Leidens (zB Epilepsie) die Fähigkeit fehlt oder erheblich beeinträchtigt ist, die vertraglich übernommene Arbeit auszuführen (BAG aaO; zust KÜCHENHOFF Anm AP Nr 3 zu § 119; ErfK/PREIS § 611 Rn 351; MünchArb/RICHARDI § 44 Rn 32; MünchKomm/KRAMER Rn 130; s a BAG AP Nr 87 zu § 1 LohnFG: keine Lohnfortzahlung bei missglücktem Arbeitsversuch eines an Lungen-TBC leidenden Arbeitnehmers). Aus dem Erfordernis der Verkehrswesentlichkeit des Eigenschaftsirrtums lässt sich diese Differenzierung kaum ableiten, wohl aber, wenn man von vorneherein das Kündigungsrecht als *sedes materiae* ansieht (oben Rn 86). Denn eine **Kündigung** wegen Krankheit kommt unter der Geltung des Kündigungsschutzgesetzes nur bei dauerhaften Leiden in Betracht, die zu einer erheblichen Beeinträchtigung der betrieblichen Interessen führen (BAGE 61, 131, 138; BAG AP Nr 26 zu § 1 KSchG 1969 Krankheit; NZA 1992, 1073, 1076; 1994, 67, 68). Die gleichen Grundsätze gelten bei mangelnder Leistungsfähigkeit des Arbeitnehmers, so dass im Ergebnis das Arbeitsverhältnis in der Tat nur beendet werden kann, wenn die für eine bestimmte Arbeitsaufgabe erforderliche durchschnittliche Leistungsfähigkeit erheblich beeinträchtigt ist. Entsprechend strenge Grundsätze gelten beim Irrtum über die **Schwerbehinderteneigenschaft** des Arbeitnehmers (BAGE 49, 214, 220; BAG AP Nr 19 zu § 123; NJW 1985, 645; NZA 1994, 407; 1996, 371, 372). Eine verbotene **Diskriminierung** gem §§ 1, 7 AGG liegt unter Beachtung dieser Grundsätze nicht vor, weil (und sofern) die Fähigkeit, die vertragsgemäße Leistung auf Dauer zu erbringen, eine „wesentliche und entscheidende berufliche Anforderung darstellt" (§ 8 Abs 1 AGG; ebenso BAG NZA 2010, 383, 387; ErfK/PREIS § 611 Rn 274 und 351).

94 Hinsichtlich der **Schwangerschaft** steht die Rechtsprechung auf dem – nicht überzeugenden (oben Rn 89) – Standpunkt, es handele sich wegen des vorübergehenden Zustandes regelmäßig nicht um eine verkehrswesentliche Eigenschaft (BAG AP Nr 2 zu § 9 MuSchG [unter III der Gründe]; Nr 1 zu § 8 MuSchG 1968 [unter II 2 a]; BAGE 11, 270, 272; NJW 1963, 222). Mit diesem Begründungsansatz ist nur schwer zu rechtfertigen, dass „etwas anderes in den Fällen zu gelten habe, in denen die im Vertrag übernommene Tätigkeit infolge der Schwangerschaft nicht ausgeübt werden kann, wozu die immer wieder angeführten Fälle der Tänzerin, Sportlehrerin oder Vorführdame gehören" (BAGE 11, 272 f). Ebensowenig erscheint es verständlich, dass das BAG bei einem **befristeten Arbeitsverhältnis** die Anfechtung des Arbeitsvertrages zugelassen hat, wenn sich der Arbeitgeber über die Schwangerschaft geirrt hat und die Arbeitnehmerin infolge der Beschäftigungsverbote und Beschäftigungsbeschränkungen des MuSchG für einen erheblichen Teil der Vertragsdauer ausfiel (BAG AP Nr 24 zu § 9 MuSchG; vgl auch Nr 1 zu § 8 MuSchG 1968: wegen der beantragten Ausnahmeerlaubnis gemäß § 8 Abs 6 MuSchG bestehe nicht von vornherein eine Unvereinbarkeit der geschuldeten Tätigkeit als Nachtschwester und der Schwangerschaft). Nach der neueren Rechtsprechung, die maßgeblich vom europäischen Gerichtshof geprägt worden ist (vgl insbesondere EuGH Slg I [1994] 1657 – *Habermann-Beltermann*), stellt die Anfechtung eines Arbeitsvertrages wegen Irrtums über die Schwangerschaft eine sowohl nach europäischem

Recht (Art 157 AEUV; Art 2 Abs 2 RL 2002/73/EG; Art 2 Abs 1 und 3 Abs 1 RL 76/ 207 EWG) als auch nach nationalem Recht (§§ 1, 7 AGG; Art 3 Abs 2 und 3 GG) verbotene **Diskriminierung aufgrund des Geschlechts** dar (vgl auch BAG NZA 1993, 257, 258 im Anschluss an EuGH Slg I [1990] 3941 – *Dekker;* teilweise abweichend noch BAGE 51, 167, 175; eingehend dazu BUCHNER, in: FS Stahlhacke [1995] 83 ff). Dabei räumt der EuGH mit Recht dem Diskriminierungsschutz Vorrang ein vor den ökonomischen Interessen des Arbeitgebers (NJW 2002, 123, 124). Auch soweit ein **Beschäftigungsverbot** besteht und die schwangere Arbeitnehmerin zB von Anfang an daran gehindert ist, die vertraglich vorgesehene Tätigkeit als Nachtwache in einem Altenheim auszuüben, widerspreche es dem Schutzzweck des Diskriminierungsverbots, wenn der Vertrag wegen der bloß zeitweiligen Verhinderung angefochten werden könnte (EuGH Slg I [1994] 1657 Tz 24–26; vgl auch EuGH NZA 2000, 255 f – *Mahlburg:* Schwangerschaft kein Grund zur Ablehnung einer Bewerberin, auch wenn die vorgesehene Tätigkeit als OP-Schwester von Anfang an nicht ausgeübt werden konnte). Eine Anfechtung ist nach diesen Grundsätzen selbst dann nicht zulässig, wenn die Arbeitnehmerin **befristet** eingestellt wurde und wegen bestehender Beschäftigungsverbote erhebliche Zeit ausfällt, da die fehlende Beschäftigungsmöglichkeit der Arbeitnehmerin und die damit verbundene finanzielle Belastung des Arbeitgebers nichts daran ändert, dass die Arbeitnehmerin aufgrund ihres Geschlechts benachteiligt wird (EuGH NJW 2002, 123, 124; ErfK/PREIS § 611 Rn 352; krit THÜSING DB 2001, 2451, 2452; bei Täuschung über die Schwangerschaft auch CANARIS, Die Bedeutung der iustitia distributiva im deutschen Vertragsrecht [1997] 101 ff; BUCHNER 98 ff; überholt BAG AP Nr 24 zu § 9 MuSchG; Nr 1 zu § 8 MuSchG). Das Verbot der Diskriminierung wegen des Geschlechts steht auch einer Anfechtung wegen Irrtums über die **Geschlechtszugehörigkeit** eines Arbeitnehmers entgegen (EuGH NZA 1996, 695, 696; ErfK/PREIS, § 611 Rn 352 f; anders noch BAG NZA 1991, 719, 722 = AP Nr 35 zu § 123). Aus diesem Grunde hätte der Arbeitsvertrag eines transsexuell veranlagten und eine Änderung seiner Geschlechtszugehörigkeit gemäß §§ 8, 10 TSG anstrebenden Mannes, der in einer Arztpraxis als „Arzthelferin" eingestellt wurde, nicht mit der Begründung angefochten werden dürfen, dass sich die Patienten in ihrem Intimbereich (angeblich) nur einer weiblichen Arzthelferin anzuvertrauen wünschen (so aber BAG aaO). Wenn überhaupt hätte man an eine Kündigung in Gestalt der umstrittenen „Druckkündigung" (BAG AP Nr 33 zu § 1 KSchG 1969 Betriebsbedingte Kündigung; krit MünchArb/BERKOWSKY § 140 Rn 16 ff mwNw) denken können, doch durfte man ohne konkrete Anhaltspunkte eine Gefährdung betrieblicher Interessen – etwa durch das Abwandern von Patienten – nicht unterstellen (vgl in anderem Zusammenhang treffend BAG NJW 2003, 1685, 1687; BVerfG NJW 2003, 2815, 2816: Kündigung wegen Tragens eines – islamischen – Kopftuchs). Zur Anfechtung eines arbeitsrechtlichen **Aufhebungsvertrages** wegen Irrtums über die Schwangerschaft oben Rn 89.

b) Verkehrswesentliche Eigenschaften einer Sache
aa) Sachen

95

Sachen im Sinne des § 119 Abs 2 sind nicht nur körperliche Gegenstände (§ 90), sondern im weiteren Sinne sämtliche „Gegenstände" wie zB Forderungen (BGH LM Nr 2 zu § 779; WM 1963, 252, 253), Rechte (RGZ 149, 235, 238: Grundschuld; BGHZ 65, 246, 255: GmbH-Anteile), Sachinbegriffe (BGH MDR 1997, 260, 262; BayObLG NJW-RR 1995, 904, 905: Nachlass) oder Unternehmen (BGH NJW 1959, 1584 [1585]; 1969, 184; MünchKomm/KRAMER Rn 131; FLUME § 24, 2e = S 482). Als Eigenschaften gelten nicht nur ihre natürlichen Merkmale, sondern auch solche tatsächlichen und rechtlichen Verhältnisse, die infolge ihrer Beschaffenheit und Dauer auf die Brauchbarkeit und den Wert von

Einfluss sind (RGZ 64, 266, 269; BGHZ 16, 54, 57; 34, 32, 41; 70, 47, 48; OLG Düsseldorf NJW 1992, 1326; oben Rn 87). Um angesichts dieses weiten Eigenschaftsbegriffs die Anfechtbarkeit nicht ausufern zu lassen, bemüht sich die Rechtsprechung um Einschränkungen, indem sie nur **unmittelbare Eigenschaften** der Sache anerkennt (vgl dazu oben Rn 88) und das Merkmal der **Verkehrswesentlichkeit** auf solche Umstände begrenzt, die vom Erklärenden in irgendeiner Weise dem Vertrag erkennbar zugrunde gelegt worden sind, ohne dass er sie geradezu zum Inhalt seiner Erklärung gemacht haben muss (BGH LM Nr 20 zu § 81 BEG; BGHZ 16, 54, 57; 88, 240, 246; ebenso BAG NJW 1992, 2173, 2174; ausf dazu oben Rn 80). Nach der hier vertretenen Auffassung ist der Begriff der Verkehrswesentlichkeit etwas enger und erfasst **nur Abweichungen von der vereinbarten oder üblichen Beschaffenheit einer Sache** (oben Rn 83 f). Auf das Kriterium der Unmittelbarkeit sollte verzichtet werden, weil die im Ansatz richtige Einbeziehung von Umweltfaktoren als Eigenschaften zwangsläufig auch mittelbare Umwelteinflüsse erfast, so dass eine rechtssichere Abgrenzung nicht geleistet werden kann (oben Rn 88). Stattdessen empfiehlt es sich, dem Leistungsstörungs- und Gewährleistungsrecht den Vorrang vor einer Anfechtung wegen Eigenschaftsirrtums einzuräumen, und zwar nicht nur beim Kaufvertrag, sondern auch bei den anderen Vertragstypen des BGB wie Miete, Werk- und Arbeitsvertrag (näher oben Rn 85 f).

bb) Einzelne Eigenschaften der Sache

96 Als verkehrswesentliche Eigenschaften anerkannt hat die Rechtsprechung **Alter und Baujahr** eines Fahrzeugs (RG Recht 1928 Nr 2458; BGH NJW 1979, 160, 161; BGHZ 78, 216, 221), wobei nach richtiger Ansicht die **abschließende Regelung der Sachmängelgewährleistungsvorschriften** auch in negativer Hinsicht hätte beachtet werden müssen (näher oben Rn 85). Dies gilt entsprechend bei anderen Eigenschaften eines Fahrzeugs wie zB der **Fahrleistung** (OLG München DB 1974, 1059, 1060) oder **Fabrikneuheit** (OLG Zweibrücken MDR 1970, 325), für die **Größe** einer Sache (BGH NJW 1959, 1584 [1585]; LG Mannheim MDR 1974, 672, 673) oder den **Bestand** einer verkauften Plantage mit Gummibäumen (RGZ 101, 64, 68). Auch die Kinderfreundlichkeit einer Mietwohnung kann eine verkehrswesentliche Eigenschaft sein, wenn deren Bedeutung in den Vertragsverhandlungen deutlich gemacht wurde (LG Essen WuM 2005, 47 f). Bereits an der **fehlenden Verkehrswesentlichkeit** scheiterte die Berücksichtigung der wirtschaftlichen Verwertbarkeit einer Sache (BGHZ 16, 54, 57; BGH LM Nr 52 zu § 123; dazu oben Rn 88 aE), der Weiterverkaufsmöglichkeit eines Fahrzeugs (OLG Frankfurt BB 1974, 1093 f) und der – wissenschaftlich nicht erwiesenen – Gesundheitsgefährdung durch den Betrieb von Mobilfunkstationen (LG München I NVwZ 2002, 647), wenn diese Faktoren nicht vertraglich zugesichert waren. Entsprechendes gilt bei – einseitigen – falschen Vorstellungen über den bisherigen Umsatz und die Rendite gepachteter/ gemieteter Geschäftsräume (Fischer WuM 2006, 3, 9). Die **Herkunft** eines Kunstwerks und die **Urheberschaft** an einem Gemälde sind dagegen verkehrswesentliche Eigenschaften der verkauften Sache, wenn der Irrtum auf einer falschen Zuschreibung des Objekts beruht (RGZ 124, 115, 120 – *Ming-Vasen;* BGH NJW 1988, 2597, 2598 f – *Duveneck* m Bspr H Honsell JZ 1989, 44; H Schulz JA 1989, 40; Köhler/Fritsche JuS 1990, 16; differenzierend Flume JZ 1991, 633 f). Anders als beim Eigenschaftsirrtum des *Käufers* (RGZ 135, 339, 342 – *Ruysdael;* BGHZ 63, 369, 376 – *Jawlensky;* s a BGH NJW 1980, 1619, 1621 – *Bodensee-Kunstauktion*) stehen die Gewährleistungsvorschriften einer Anfechtung durch den **Verkäufer** nicht im Wege, sofern nicht zu besorgen ist, dass sich dieser durch die Anfechtung seiner Gewährleistungshaftung entziehen will (BGH NJW 1988, 2597, 2598; oben Rn 85 aE). Die bloße Überzeugung der Vertragsparteien von der Echtheit eines

Kunstwerks ist freilich keine Eigenschaft, da sie im Unterschied zu der Expertise eines Kunstsachverständigen (BGH NJW 1972, 1658) auf den (objektiven) Wert der Sache selbst keinerlei Einfluss hat (zutr OLG Düsseldorf NJW 1992, 1326, 1327 – Warhol). Sofern unsicher ist, ob die verkauften Bilder wirklich unecht sind, scheitert die Anfechtung am erforderlichen Beweis durch den Anfechtungsberechtigten. Dieses Defizit kann nicht durch die Verlagerung der Irrtumsproblematik auf eine Diskrepanz zwischen „Überzeugung" und „Zweifel" an der Echtheit umgangen werden. Im übrigen scheitert die Anfechtung am Vorrang des Gewährleistungsrechts, das auch dann die Anfechtung wegen Eigenschaftsirrtums sperrt, wenn ein Sachmangel nicht vorliegt oder wegen bloßer Zweifel an der Echtheit des Kunstwerks nicht bewiesen werden kann (zutr OLG Düsseldorf aaO; G MÜLLER JZ 1988, 381, 382; SOERGEL/HUBER [1991] vor § 459 aF, Rn 196; S LORENZ 306 f; für einen Sachmangel bei bloßen Echtheitszweifeln BECKER-EBERHARD JuS 1992, 461, 467). Bereits an einem Irrtum fehlt es bei sog **tel quel-Geschäften**, bei denen die verkaufte Sache so verkauft wird wie sie ist. Hier gehen die Parteien bewusst das Risiko ein, dass sich ihre Vorstellungen über den Wert des Gegenstandes und bestimmte wertbildende Merkmale als unrichtig herausstellen. Dies ist zB der Fall, wenn auf dem Flohmarkt ein Bündel **Notenblätter** verkauft wird und sich hinterher herausstellt, dass es sich um Aufzeichnungen von Mozart handelt (vgl oben Rn 12; iE zutr AG Coburg NJW 1993, 938 [939]; LEENEN § 14 Rn 80 f; aA PALANDT/ELLENBERGER Rn 27). Auch beim Kauf von **Aktien** geht der Erwerber entsprechend dem Inhalt des Rechtsgeschäfts bewusst das Risiko ein, dass seine Vorstellungen über bestimmte Eigenschaften des Unternehmens nicht der Realität entsprechen (zutr FLUME, Eigenschaftsirrtum 189 f). Es liegt daher nicht an der bloßen **Mittelbarkeit** der Eigenschaften, dass eine Irrtumsanfechtung ausscheidet, wenn sich der Erwerber über die Qualität der von dem Unternehmen ausgebeuteten Grube und ihrer Erze im Irrtum befunden hat (so aber RGZ 59, 240, 243; vgl die Kritik oben Rn 88), sondern am Spekulationscharakter des Geschäfts und am Vorrang anderer Haftungsinstitute (§§ 434 ff; culpa in contrahendo [§§ 280, 311 Abs 2]; dazu näher unten Rn 98). Auch in ökonomischer Hinsicht wäre es fragwürdig, könnte der Verkäufer dem Käufer, der sich uU mühsam Expertenwissen angeeignet hat, das „Schnäppchen" im Wege der Anfechtung wegen Eigenschaftsirrtums nachträglich entreißen (WAGNER, in: ZIMMERMANN [Hrsg], Störungen der Willensbildung bei Vertragsschluss [2007] 59, 94 f; LEENEN § 14 Rn 81).

Bei **Grundstücken** sind deren Umweltbeziehungen von großer Bedeutung, allerdings in erster Linie als Sachmängel. Wegen des Vorrangs der §§ 434 ff ist daher die folgende Rechtsprechung nur bedingt aussagekräftig für die Anfechtbarkeit wegen Eigenschaftsirrtums. Als verkehrswesentlich gilt die Eigenschaft eines Grundstücks, an einen See anzugrenzen (BGHZ 60, 319, 320: **Seeufer-Grundstück**) oder einen unverbaubaren Blick auf Naturschönheiten zu ermöglichen (RGZ 161, 330, 333: Venusberg; s a RGZ 61, 84, 86), nicht aber die gesundheitliche Verträglichkeit seiner Höhenlage (BGH DB 1972, 479, 481). **Bebaubarkeit** und Freiheit von Baubeschränkungen des erworbenen oder angrenzenden Grundstücks sind verkehrswesentlich (RG WarnR 1911 Nr 172; JW 1912, 850, 851; RGZ 61, 84, 86 f; BGHZ 34, 32, 41; BGH DB 1977, 91 f; OLG Köln MDR 1965, 292, 293), ebenso die mit dem Eigentum verbundenen Berechtigungen (RG Recht 1912 Nr 1273; BGHZ 34, 32, 41), die gewerbliche Verwendbarkeit (RG WarnR 1911 Nr 172; 1912 Nr 65), **Belastung** mit Steuern und Abgaben (RG SeuffA 40 Nr 102; JW 1912, 850, 851; Recht 1929 Nr 1460), Hypotheken (MünchKomm/KRAMER Rn 135; einschränkend RG Recht 1915 Nr 2215), **Ertragsfähigkeit** (RGZ 61, 84, 86; BGH NJW 1959, 1584, 1585; 1970, 653, 655), schließlich **Grenzen** (RG Recht 1912 Nr 2797) sowie **Umfang und Lage** (RG WarnR 1911 Nr 368; 1912 Nr 205). Nicht zu den verkehrswesentlichen Eigenschaften zählt die Rechtsprechung die Ertragsfähigkeit eines Grundstücks, wenn es um den Erwerb einer **Hypothek oder Grundschuld** geht (RGZ 149, 235 [239]; RG WarnR 1909 Nr 134; 1931 Nr 60). Das trifft im Regelfall zu, doch beruht dies nicht darauf, dass die Eigenschaften des Grundstücks bloß mittelbar einen Einfluss auf die Bewertung des erworbenen Rechts auszuüben vermögen (vgl dazu bereits oben Rn 88). Entscheidend ist, ob der Erwerber der Grundschuld eine bestimmte **Soll-Beschaffenheit** des Grundstücks erwarten durfte, was nach der Wertung der §§ 434 ff, 453 Abs 1 idR voraussetzt, dass diese dem Vertragsschluss erkennbar zugrunde gelegt wurde (vgl schon FLUME, Eigenschaftsirrtum 180). Liegen die Voraussetzungen einer Haftung des Veräußerers für Mängel des für die Sicherheit haftenden Grundstücks nicht vor, wäre es erst recht nicht gerechtfertigt, dem Erwerber die Anfechtung wegen Eigenschaftsirrtums zu gestatten. Dies gilt auch bei einem Irrtum über Rang, Fälligkeit und Verzinsung der Sicherheit (**aA** RGZ 149, 235 [239]; MünchKomm/KRAMER Rn 137).

98 Beim **Unternehmenskauf** (vgl dazu HÖLTERS, Handbuch Unternehmenskauf [7. Aufl 2010] Teil VII F; SCHRÖCKER, Unternehmenskauf und Anteilskauf nach der Schuldrechtsreform, ZGR 2005, 63; WEIGL, Auswirkungen der Schuldrechtsreform auf den Unternehmenskauf, DNotZ 2005, 246; WOLF/KAISER, Die Mängelhaftung beim Unternehmenskauf nach neuem Recht, DB 2002, 411; KNOTT, Unternehmenskauf nach der Schuldrechtsreform, NZG 2002, 249; GRONSTEDT/JÖRGENS ZIP 2002, 52; EIDENMÜLLER, Rechtskauf und Unternehmenskauf, ZGS 2002, 290; zum alten Recht vgl insbes HUBER ZGR 1972, 395; J PRÖLSS ZIP 1981, 337; H P WESTERMANN ZGR 1982, 45; HOMMELHOFF, Die Sachmängelhaftung beim Unternehmenskauf [1975]; ders, ZGR 1982, 366; ders, ZHR 150 [1986] 254; G MÜLLER, Haftungs- und Lossagungsrecht des Verkäufers von GmbH-Anteilen bei einseitiger oder gemeinsamer Fehleinschätzung der Unternehmenslage [Diss Bonn 1980]; ders ZHR 147 [1983] 501; ders JZ 1988, 381 [384 f]; CANARIS ZGR 1982, 395; WILLEMSEN AcP 182 [1982] 515) handelt es sich zwar nicht um den Verkauf einer „Sache", sondern um einen Inbegriff von Gegenständen. Dennoch hat die Rechtsprechung die §§ 434 ff (459 ff aF) analog angewendet, wenn ein Mangel dem Unternehmen insgesamt anhaftete oder bestimmte Eigenschaften zugesichert wurden (RGZ 63, 57, 61; BGH NJW 1959, 1584, 1585; 1970, 556 f; 1977, 1538 f; 1979, 33 m Anm FRIESEN NJW 1979, 2288; BGHZ 65, 246, 251; 85, 367, 370; STAUDINGER/HONSELL [1995] § 459 aF Rn 8 mwNw; WILLEMSEN AcP 182 [1982] 515, 526). Hier schied eine Irrtumsanfechtung gemäß § 119 Abs 2 wegen des Vorrangs der Sachmängelgewährleistung unproblematisch aus (oben Rn 85). Dies galt auch beim Verkauf von **Gesellschaftsanteilen,** der zwar primär als Rechtskauf zu qualifizieren ist, bei dem aber die §§ 434 ff (459 ff aF) analog angewendet wurden, wenn die Veräußerung sämtliche Anteile umfasste, da dies im wirtschaftlichen Ergebnis dem Verkauf des Unternehmens entsprach (RGZ 120, 283, 287; 122, 378, 381; 146, 120; BGHZ 65, 246, 251; 85, 367, 370; BGH NJW 1969, 184; WM 1970, 819, 821; 1980, 284, 287; ZIP 1991, 321, 322; SOERGEL/HUBER [1991] § 459 aF Rn 289). Entsprechend war die Rechtslage, wenn die verbleibenden Anteile so geringfügig waren, dass sie die unternehmerische Leitungs- und Verfügungsbefugnis des Erwerbers nicht beeinträchtigten, wobei die Rechtsprechung nur grobe prozentuale Grenzen umrissen hat (nach BGHZ 65, 246, 252 und BGH NJW 1980, 2408, 2409 genügten Erwerb von 50 bzw 60% nicht; unschädlich dagegen verbleibender Rest von 0,25%, BGH WM 1970, 819, 821). Die Anwendung der §§ 434 ff bedeutete der Sache nach, dass eine Einstandsverpflichtung im Regelfall eine Vereinbarung über die Soll-Beschaffenheit des verkauften Unternehmens voraussetzte (vgl HUBER ZGR 1972, 395, 404; HOMMELHOFF ZGR 1982, 366, 370 ff).

Im Übrigen wurde die Gewährleistungshaftung weitgehend verdrängt durch die Haftung aus **culpa in contrahendo** (§§ 280 Abs 1, 311 Abs 2), da und sofern es – wie meist – um **unrichtige Angaben über Umsatz und/oder Ertrag bzw falsche Bilanzen** ging (BGH NJW 1970, 653, 655; 1977, 1536, 1537; 1990, 1658, 1659; DB 1974, 231). Eine Anfechtung wegen Eigenschaftsirrtums kam hier ebenfalls nicht in Betracht. Die hM begründete allerdings die Unanwendbarkeit des § 119 Abs 2 mit dem angreifbaren (oben Rn 88) Argument, die Ertragsfähigkeit eines Unternehmens, einzelne Umsatzzahlen oder Bilanzen seien keine auf Dauer dem Unternehmen selbst anhaftenden Eigenschaften, sondern beruhten maßgeblich auf anderen Faktoren wie der Person des Inhabers und der konjunkturellen Lage (RGZ 67, 86, 87; BGH NJW 1970, 653, 655 m krit Anm PUTZO; DB 1974, 231; NJW 1977, 1536, 1537; 1977, 1538, 1539; 1979, 33; 1990, 1658, 1659; krit auch Münch-Komm/KRAMER Rn 133). In Widerspruch dazu wurde freilich die Anfechtung wegen Eigenschaftsirrtums zugelassen, wenn die Voraussetzungen der Sachmängelgewährleistung nicht gegeben waren wie zB beim Verkauf von Geschäftsanteilen an einer GmbH in Höhe von 49% des Stammkapitals (BGHZ 65, 246, 253; s a BGH NJW 1969, 184). Nach der **Reform des Schuldrechts** sollten solche Ungereimtheiten der Vergangenheit angehören. Denn zum einen ist mit der Gleichstellung von Rechts- und Sachkauf die einheitliche Anwendung des Kaufrechts gewährleistet, und zum anderen ermöglicht es die weite Fassung des Fehlerbegriffs gemäß § 434 Abs 1, auch falsche **Ertrags- und Umsatzangaben** als **Beschaffenheitsmerkmale** des Unternehmens und der Unternehmensbeteiligung zu qualifizieren (WOLF/KAISER DB 2002, 414 u 416; KNOTT NZG 2002, 249, 251; GRONSTEDT/JÖRGENS ZIP 2002, 52, 55; PRÜTTING/WEGEN/WEINREICH/AHRENS Rn 40; aA EIDENMÜLLER ZGS 2002, 290, 295). Im Ergebnis scheidet also beim Unternehmens- und Anteilskauf nicht anders als bei einem gewöhnlichen Sachkauf (oben Rn 85) eine Anfechtung wegen Eigenschaftsirrtums durchgängig aus (ebenso zur Rechtslage vor der Schuldrechtsreform G MÜLLER 387 und 391; ders ZHR 147 [1983] 501, 530 f; ders JZ 1988, 385).

Bei **Annahme und Ausschlagung einer Erbschaft** (vgl schon oben Rn 72 f) hat die Recht- **99** sprechung insbesondere auch den Umfang des Nachlasses als verkehrswesentliche Eigenschaften anerkannt, weil durch ihn dessen Wert mitbestimmt wird (BGH LM Nr 2 zu § 779; KG OLGZ 1993, 1, 4 m zust Anm KRAMER EwiR § 119 BGB 1/92, 1053 f; vgl schon RGZ 101, 64, 68). Entsprechendes gilt für den quotenmäßigen Anteil am Nachlass (OLG Hamm NJW 1966, 1080, 1081). Auch die Überschuldung des Nachlasses oder dessen Belastung mit wesentlichen Verbindlichkeiten sind verkehrswesentliche Eigenschaften (BayObLG NJW-RR 1999, 590, 592; POHL AcP 177 [1977] 78). Die Erbschaftsannahme ist daher anfechtbar, wenn der (vorläufige) Erbe keine Kenntnis von einem Vermächtnis hatte, das seinen Pflichtteil gefährdete (BGHZ 106, 359, 363), oder wenn ein zusätzlicher Miterbe berufen ist, von dessen Existenz der Anfechtende bei Annahme der Erbschaft nichts wusste (BGH WM 1997, 272, 274). Voraussetzung ist aber, dass der Irrtum ursächlich für die Annahme der Erbschaft war. Bei unwesentlichen Verbindlichkeiten scheidet daher eine Anfechtung regelmäßig aus (BayObLG NJW-RR 1999, 590, 592). Die Zugehörigkeit bestimmter Vermögensgegenstände zum Nachlass ist auch dann Irrtum über eine verkehrswesentliche Eigenschaft, wenn der Anfechtungsberechtigte infolge eines Rechtsirrtums (hier: über die Sittenwidrigkeit eines Rechtsgeschäfts) glaubte, Eigentümer der betreffenden Nachlassgegenstände zu sein (BayObLG NJW-RR 1998, 797 f). Um einen unbeachtlichen Motivirrtum handelt es sich, wenn der Ausschlagende irrtümlich davon ausgegangen ist, ein Gläubiger würde seine Forderung gegen den Nachlass rechtzeitig vor Ablauf der Verjährungsfrist geltend machen (LG Berlin NJW 1975, 2104).

100 Nicht zu den verkehrswesentlichen Eigenschaften einer Sache gehören ihr **Wert als solcher** oder ihr **Marktpreis** (vgl RGZ 116, 15, 18; RG JW 1912, 525; HRR 1932 Nr 224; BGHZ 16, 54, 57; BGH LM Nr 2 zu § 779; ZEV 1995, 34; BayObLG NJW-RR 1995, 904, 905; OLG Düsseldorf NJW-RR 1995, 1396). Die Rechtsprechung leitet diese Einschränkung aus der Definition von Eigenschaften einer Sache ab, indem sie diese in erster Linie durch wertbestimmende Merkmale gekennzeichnet sieht (oben Rn 87 f). Gerade dies treffe auf den Wert oder Preis einer Sache nicht zu, ebenso wenig auf ihre wirtschaftliche Verwertbarkeit (BGH LM Nr 52 zu § 779; BGHZ 16, 54, 57) oder das Eigentum an einer Sache (BGHZ 34, 32, 41). Soweit die Rechtsprechung einem Irrtum über Wert oder Marktpreis einer Sache keine Relevanz beimisst, ist ihr im Ergebnis zu folgen. Wenig überzeugend ist allerdings die formal begriffliche Ableitung aus der selbst geschaffenen Definition einer Eigenschaft im Sinne von wertbildenden Merkmalen, da diese unverkennbar zirkulären Charakter hat. Entsprechendes gilt für das Erfordernis, Eigenschaften müssten der Sache selbst (unmittelbar) anhaften (so BGHZ 16, 54, 57; krit H Honsell JZ 1989, 44), zumal gerade dieses Abgrenzungsmerkmal nicht konsequent durchgehalten wird. So soll das Eigentum an einer Sache deshalb keine Eigenschaft sein, weil es sich nicht um einen Umstand handelt, der „außerhalb der Sache selbst" liegt (BGHZ 34, 32, 41; krit auch MünchKomm/Kramer Rn 134). Richtig ist vielmehr, dass das Eigentum durchaus als rechtliche „Umweltbeziehung" der Sache anerkannt werden könnte, jedoch im konkreten Fall BGHZ 34, 32 keine verkehrswesentliche Bedeutung erlangte, weil der Verkäufer in der Lage war, den zur Zeit des Kaufvertragsschlusses noch im Eigentum seiner Ehefrau stehenden Miteigentumsanteil an den Erwerber zu übereignen. Auch die Beeinträchtigung der wirtschaftlichen Verwertbarkeit einer Filmlizenz durch die Vergabe einer Zweitlizenz stellt entgegen BGH LM Nr 52 zu § 123 eine solche „Umweltbeziehung" dar, so dass die erwünschte Einschränkung der Anfechtung überzeugender aus dem Vorrang der gemäß § 453 Abs 1 anwendbaren §§ 434 ff abgeleitet werden sollte. Hinsichtlich des Irrtums über den Wert oder Marktpreis einer Sache sollte der Anfechtungsausschluss ebenfalls nicht mit dem Begriff der Eigenschaft, sondern treffender mit dem Prinzip der Privatautonomie begründet werden, da diese den Parteien die Preisfestsetzung weitestgehend in eigener Verantwortung überlässt und damit zwangsläufig auch die Risiken von Fehleinschätzungen zuweist. Von Fällen unzulässiger Beeinflussung abgesehen (vgl dazu § 123 Rn 14) darf man sich diesem Risiko nicht durch Anfechtung wieder entledigen, ohne das System der freien Preisbildung am Markt zu (zer)stören (vgl Staudinger/Coing[11] Rn 29; Larenz, AT § 20 II 2 b = S 383 f; MünchKomm/Kramer Rn 132; Flume JZ 1991, 634; H Honsell JZ 1989, 44; teilw einschr Adams AcP 186 [1986] 453 [472]: wenn der Informationsvorsprung des Vertragspartners auf einer „offensichtlich sozial schädlichen Informationsverschaffung beruhte").

V. Kausalität des Irrtums

101 Voraussetzung für das Anfechtungsrecht gemäß § 119 ist sowohl für den Geschäftsirrtum gemäß Abs 1 als auch für den Eigenschaftsirrtum, der gemäß Abs 2 als Inhaltsirrtum gilt und daher den gleichen Regeln unterliegt, dass der Irrende die Erklärung „bei Kenntnis der Sachlage und bei verständiger Würdigung des Falles nicht abgegeben haben würde" (§ 119 Abs 1). Das Gesetz verlangt also **subjektive und objektive Erheblichkeit des Irrtums**. Der Maßstab der „**verständigen Würdigung**" soll einen Missbrauch des Anfechtungsrechts ausschließen, indem es „subjektiven Launen" (Prot I 231) den Schutz versagt. Die Berufung auf den Irrtum muss – mit anderen Worten – frei sein von Willkür, Eigensinn und „törichten Anschauungen" (vgl RGZ 62, 201, 206; BGH NJW 1988, 2597, 2599; BAG NJW 1991, 2723, 2726; PALANDT/ ELLENBERGER Rn 31; SINGER, Selbstbestimmung 69 f). Danach ist die Anfechtung insbesondere zu versagen, wenn der Erklärende **durch den Irrtum keine wirtschaftlichen Nachteile** erleidet (vgl RGZ 128, 116, 121; OLG Zweibrücken FGPrax 1996, 113, 114 f; ERMAN/PALM Rn 54), doch gilt dies nicht ausnahmslos, wie der Fall *Duveneck* (BGH NJW 1988, 2597, 2599; dazu oben Rn 85, 96) zeigt. Der BGH gestattete hier dem Verkäufer zurecht die Anfechtung eines Kaufvertrages über ein Gemälde von *Wilhelm Leibl*, das irrtümlich dem Künstler *Frank Duveneck* zugeschrieben wurde, obwohl die irrtümliche Zuschreibung ohne Einfluss auf den Wert des Kunstwerkes war. Die Regel, dass ein verständiger Mensch nicht anficht, wenn er durch den Irrtum wirtschaftlich keine Nachteile erleidet, kann hier offensichtlich nicht gelten, da beim Kauf von Kunstgegenständen nicht nur wirtschaftliche Gesichtspunkte, sondern auch subjektive Vorlieben, insbesondere die persönliche Wertschätzung eines Künstlers, eine wesentliche Rolle spielen. Beim Eigenschaftsirrtum dürfte die Einschränkung der Irrtumsanfechtung durch den Maßstab verständiger Würdigung ohnehin nur geringe praktische Bedeutung erlangen, da schon das Erfordernis verkehrswesentlicher Eigenschaften verhindert, dass aus unsinnigen Gründen angefochten wird und der Irrtum lediglich als Vorwand dient (vgl oben Rn 82; MünchKomm/KRAMER Rn 138). Im Übrigen widerspricht die Anfechtung verständiger Würdigung, wenn sich der Irrtum nur auf **unwesentliche Nebenpunkte** eines Vertrages bezieht (RG Recht 1915 Nr 2214), insbesondere auf einzelne **AGB-Klauseln**, weil diese erfahrungsgemäß keinen Einfluss auf die Bereitschaft zum Vertragsschluss haben (vgl CANARIS, Vertrauenshaftung 216). Entsprechendes gilt, wenn der Anfechtende ohnehin **zur Abgabe der** betreffenden **Willenserklärung** aus Rechtsgründen **verpflichtet** war und folglich gar keine andere Wahl hatte, als die nun angefochtene Erklärung abzugeben (OLG München WRP 1985, 237, 238 betr Unterlassungserklärung wegen unlauteren Wettbewerbs).

VI. Einschränkungen der Anfechtung

1. Ausschluss der Irrtumsanfechtung wegen Rechtsmissbrauchs (§ 242)

In engem Zusammenhang mit dem Erfordernis objektiver Kausalität (soeben Rn 101) **102** steht die allgemein befürwortete Einschränkung des Anfechtungsrechts, wenn der Irrtum zwar beim Abschluss des angefochtenen Rechtsgeschäfts erheblich war, aber im Zeitpunkt der Ausübung des Anfechtungsrechts seine Relevanz eingebüßt hat, so dass die **Rechtslage des Anfechtenden nicht mehr beeinträchtigt** ist (vgl auch § 123 Rn 92). § 119 Abs 1 2. Alt passt zwar nicht unmittelbar, wohl aber der tragende Grundgedanke der Vorschrift, eine missbräuchliche Ausübung des Anfechtungsrechts zu verhindern. Als rechtsmissbräuchlich wäre aber zu bewerten, wenn der Berechtigte kein objektives Interesse an der Ausübung eines Rechts hätte (vgl SINGER, Selbstbestimmung 69 f). Solche Fälle kommen hauptsächlich bei Dauerschuldverhältnissen vor, also insbesondere bei der Durchführung von Arbeits-, Gesellschafts-, Versicherungs-, Miet- und Pachtverträgen in Betracht (RGZ 128, 116, 121; BGH WM 1977, 343, 344; 1983, 1055, 1056; BAG AP Nr 17 und 32 zu § 123; NJW 1991, 2723, 2726; OLG Frankfurt NJW-RR 1986, 1205, 1206; PICKER ZfA 1981, 1, 83 ff). So verhält es sich zB, wenn die zunächst fehlende Genehmigung später doch noch erteilt wird (BGH WM 1983, 1055, 1056) bzw der unzuverlässige Arbeitnehmer jahrelang unbeanstandet seine Aufgaben erfüllt (BAG AP Nr 17 zu § 123) oder die beim Vertragsschluss noch fehlende

Eignung zwischenzeitlich erworben hat (STAUDINGER/LOOSCHELDERS/OLZEN [2009] § 242 Rn 433).

103 Ebenfalls kein schutzwürdiges Interesse an der Ausübung des Anfechtungsrechts hat der Irrende, wenn sich der Anfechtungsgegner bereit erklärt, die Willenserklärung in dem vom Anfechtenden wirklich gewollten Sinne gelten zu lassen (LOBINGER AcP 195 [1995] 274 [278]). Besteht der Käufer von „Haakjöringsköd" (oben Rn 43; § 133 Rn 13) darauf, dass der Verkäufer das von ihm irrtümlich falsch bezeichnete Walfischfleisch liefern soll, dann kann er sich dieser Verpflichtung nicht durch Anfechtung wegen Inhaltsirrtums entziehen. Der Ausschluss der Irrtumsanfechtung beruht hier darauf, dass der tragende Grund des Anfechtungsrechts, einen Akt fehlerhafter Selbstbestimmung zu beseitigen, entfällt, wenn der Selbstbestimmung durch **Anpassung des Rechtsgeschäfts an das wirklich Gewollte** entsprochen wird. Es handelt sich also genau genommen nicht um einen Anwendungsfall von Treu und Glauben, sondern um eine teleologische Restriktion des Anfechtungsrechts (zum Begriff LARENZ, Methodenlehre 391), die im Ergebnis allerdings in der Tat vermeidet, dass das **Anfechtungsrecht als Reurecht** missbraucht werden kann (vgl dazu schon GRADENWITZ, Anfechtung und Reurecht [1902] 74 ff; MEDICUS, AT Rn 781; LARENZ, AT § 20 II c = S 386; FLUME § 21, 6 = S 421 f; LOBINGER AcP 195 [1995] 274 [278 ff]; STAUDINGER/LOOSCHELDERS/OLZEN [2009] § 242 Rn 435; M MÜLLER JuS 2005, 18; **aA** SPIESS JZ 1985, 593 ff; dazu KRAMPE/BERG Jura 1986, 206 ff). Auch beim Eigenschaftsirrtum ist die **Reduktion auf das Gewollte** durchaus sachgerecht und muss nicht durch Umdeutung gemäß § 140 entsprechend dem hypothetischen Parteiwillen korrigiert werden (so aber KÖHLER/FRITSCHE JuS 1990, 16 [19]). Es ist nichts Ungerechtes daran zu finden, wenn etwa der Verkäufer für ein gewolltes, aber nicht einwandfrei erfüllbares Rechtsgeschäft einstehen müsste, also zB dafür, dass das verkaufte Gemälde nicht von *Duveneck,* sondern von *Leibl* stammt (vgl zu diesem Fall oben Rn 101).

104 Im umgekehrten Fall, in dem der Anfechtungsgegner den **Irrenden an seinem Irrtum festhalten** will (MünchKomm/KRAMER Rn 142), greifen solche teleologischen Überlegungen nicht. Das Anfechtungsrecht hat ja gerade die Funktion, die Bindung an das – fehlerhafte! – Rechtsgeschäft zu beseitigen, dient also der Verwirklichung von Selbstbestimmung. Davon abgesehen kann der Anfechtungsgegner neben der Reduktion auf das Gewollte Ersatz des Vertrauensschadens verlangen. Denn § 122 verlangt nur, dass die Erklärung angefochten ist. Im Übrigen kann der Anfechtungsgegner durchaus ein berechtigtes Interesse daran haben, den trotz der reduzierten Geltung des Geschäfts verbleibenden Schaden ersetzt zu bekommen, etwa weil er vergebliche Mehraufwendungen bei der Erfüllung seiner – vermeintlichen – Verpflichtungen hatte (M MÜLLER JuS 2005, 18, 19). Darüber hinaus stellt sich die Frage, ob in besonderen Fällen uU ein über § 122 hinausgehender positiver Vertrauensschutz in Betracht kommt. Diese unter bestimmten Voraussetzungen – insbesondere bei irreversiblen Investitionen und Schutzwürdigkeit des Vertrauens – durchaus zu bejahende Frage gehört systematisch zum Komplex der sog **Vertrauenshaftung** (grdl CANARIS, Vertrauenshaftung, insbes 287 ff; speziell zum Ausschluss der Irrtumsanfechtung SINGER, Selbstbestimmung 113). Praktische Anschauungsbeispiele sind etwa die Einschränkung der Irrtumsanfechtung bei in Vollzug gesetzten Arbeits- und Gesellschaftsverträgen, da hier die Nichtigkeitsfolge der Anfechtung wegen der Irreversibilität der Verhältnisse jedenfalls nicht auf die Vergangenheit durchschlagen darf (vgl näher Rn 111).

2. Anfechtungsausschluss durch Rechtsgeschäft und Verwirkung

Wie jedes Recht unterliegt auch die Anfechtung der **Verwirkung** (vgl MünchKomm/ KRAMER Rn 141). Da das Anfechtungsrecht ausschließlich die Interessen des Erklärenden berührt, kann der Berechtigte darauf **verzichten** (FLUME Bd II § 21, 1 = S 417) oder das Rechtsgeschäft gem § 144 Abs 1 **bestätigen** (BGH NJW 1971, 1795, 1800). Allerdings darf der Vertragspartner, der bei der Kenntnisnahme der Erklärung den Irrtum erkennt, diesen nicht treuwidrig ausnutzen (FLUME aaO; weitergehend D WIEGAND 145 ff, der die Vereinbarung bereits dann nicht gelten lässt, wenn auch der Vertragspartner den Irrtum zu verantworten hat; für individualvertragliche Vereinbarungen dürfte diese Einschränkung der Vertragsfreiheit zu weit gehen, wie auch § 476 zeigt). Im Übrigen kann der Verzicht im Voraus und auch konkludent erklärt werden. Ein **stillschweigender Verzicht** kommt freilich nur unter besonderen Umständen in Betracht, da niemand ohne Grund freiwillig auf bestehende Rechte verzichtet (§ 133 Rn 55, 63). Von einem Verzicht ist jedoch regelmäßig dann auszugehen, wenn nach Sinn und Zweck des Rechtsgeschäfts **der Irrende selbst das Risiko** etwaiger Fehleinschätzungen **tragen** soll. Das haben Rechtsprechung und Schrifttum insbesondere beim **Irrtum des Bürgen** über die finanzielle Leistungsfähigkeit des Hauptschuldners angenommen (grdl RGZ 134, 126, 129; oben Rn 89), beim Abschluss eines **Vergleichs**, wenn sich der Irrtum auf die durch den Vergleich beizulegenden Streitpunkte bezieht (RGZ 106, 233, 234; 162, 198, 201; BGHZ 1, 57, 61; OLG Stuttgart NJW-RR 2000, 1036, 1037; STAUDINGER/MARBURGER § 779 Rn 80 mwNw), bei einer Kostenübernahmeerklärung durch den Versicherer (BSG SozR 7610 § 119 Nr 4; oben Rn 89), beim Verzicht auf eine Vertriebenenrente (BGH LM Nr 20 zu § 81 BEG; dazu oben Rn 89), ferner zB bei spekulativen Rechtsgeschäften wie dem Erwerb von **Aktien** (SOERGEL/HEFERMEHL Rn 76; FLUME, Eigenschaftsirrtum 189 f) oder Verkäufen auf dem **Flohmarkt** (AG Coburg NJW 1993, 988 – „Mozart-Fund"; oben Rn 12 und 96). In **Allgemeinen Geschäftsbedingungen** ist ein Ausschluss der Irrtumsanfechtung allerdings im Regelfall unzulässig, weil den Irrtumsvorschriften Leitbildfunktion iSv § 305 Abs 2 Nr 1 zukommt (BGH NJW 1983, 1671 [1672]; SOERGEL/HEFERMEHL Rn 73; D WIEGAND aaO 162 f; abw MünchKomm/KRAMER Rn 141; ERMAN/PALM Rn 6). Mit Recht hat es der BGH sogar beanstandet, dass die AGB eines Bauträgers die Berücksichtigung eines Kalkulationsirrtums seitens des Auftragnehmers kategorisch ausschlossen, obwohl die Rechtsprechung jedenfalls beim beiderseitigen oder erkannten Kalkulationsirrtum eine Auflösung des Vertrages oder jedenfalls eine Anpassung ermöglicht (BGH aaO; ebenso OLG München BB 1984, 1386). Allerdings ist die Anfechtung wegen Eigenschaftsirrtums regelmäßig ausgeschlossen, wenn die AGB des Verkäufers einen – beim Verbrauchsgüterkauf gem § 475 inzwischen stark eingeschränkten – **Gewährleistungsausschluss für Sachmängel** enthalten (vgl schon RG JW 1905, 79; BGHZ 63, 369, 376 f; BGH BB 1967, 96; **aA** SCHMIDT-SALZER JZ 1967, 661, 664). Der entscheidende Grund besteht freilich weniger darin, dass der Gewährleistungsausschluss im Wege der Auslegung auf den Ausschluss der Irrtumsanfechtung erstreckt werden müsste (so insbesondere RG JW 1905, 79; BGH BB 1967, 96; zust ERMAN/PALM Rn 6; MünchKomm/KRAMER Rn 128), sondern in der abschließenden Regelung der Vorschriften über die Sachmängelgewährleistung (zutr BGHZ 63, 369, 376; OLG Karlsruhe NJW-RR 1993, 1138, 1139; FLUME DB 1979 1637, 1638; **aA** BGH WM 1962, 511, 512; NJW 1979, 160, 161; OLG Stuttgart NJW 1989, 2547). Haftet der Verkäufer nicht, insbesondere weil die Sache nicht mangelhaft ist oder die Gewährleistung ausgeschlossen wurde, darf dieses Ergebnis nicht auf dem Umweg über die Anfechtung wegen Eigenschaftsirrtums wieder korrigiert werden (ausf oben Rn 85 f). Das gilt auch für die Irrtumsanfechtung wegen ungünstiger Eigenschaften einer im Wege der **Zwangsversteigerung** erworbenen Sache, da sonst der gesetzliche Gewährleistungsausschluss gem § 56 Satz 3 ZVG unterlaufen würde (BGH NJW-RR 2008, 222; unten Rn 109).

V. Anwendungsbereich der §§ 119 ff und Konkurrenzen

1. Anwendungsbereich

106 Die §§ 119 ff gelten für alle privatrechtlichen Willenserklärungen, ausdrückliche wie konkludente (vgl oben Vorbem 52 f zu §§ 116 ff; zur abw Ansicht von FLUME § 5, 4 vgl oben Vorbem 59 zu §§ 116 ff; zur Anfechtung beim Schweigen vgl Vorbem 65 ff zu §§ 116 ff; beim kaufmännischen Bestätigungsschreiben Vorbem 79 f zu §§ 116 ff; fachübergreifender Vergleich „Der Irrtum und seine Rechtsfolgen" RÖNNAU/FAUST/FEHLING JuS 2004, 667). Auch **nichtige** oder **widerrufbare Willenserklärungen** sind anfechtbar (BGHZ 183, 235). Die **Stimmabgabe** in einer Wohnungseigentümerversammlung unterliegt als Willenserklärung den Vorschriften des BGB über die Anfechtung (BayObLGZ 2000, 66, 69). **Geschäftsähnliche Handlungen** (Vorbem 2 zu §§ 116 ff) sind im allgemeinen unter den gleichen Voraussetzungen wie Willenserklärungen anfechtbar, da diese zwar nicht auf die Herbeiführung der vom Gesetz daran geknüpften Rechtsfolgen gerichtet sind, aber doch bezwecken, die Voraussetzungen herbeizuführen, von denen das Gesetz die Begründung von Ansprüchen oder Rechtspositionen abhängig macht (vgl LARENZ, AT § 26 = S 512). Folgerichtig hat der BGH die Anfechtung einer **Tilgungsbestimmung** gem § 366 Abs 1 zugelassen, da es sich jedenfalls um eine geschäftsähnliche Handlung handelt (BGHZ 106, 163, 166; für die Qualifikation als Willenserklärung zB SOERGEL/ZEISS § 366 Rn 7; vgl auch STAUDINGER/OLZEN [2006] § 366 Rn 27, 34). Soweit bestimmte deklaratorische Erklärungen Grundlage einer **Rechtsscheinhaftung** sind, wie zB die Kundgabe einer erteilten Innenvollmacht (§ 171), ist die Anfechtung wegen Irrtums nicht prinzipiell ausgeschlossen, sondern nur in jenen Fällen, in denen ein Bedürfnis für gesteigerten Verkehrsschutz besteht, wie insbesondere im Handelsverkehr (vgl Vorbem 69 ff zu §§ 116 ff). Aus Gründen des Vertrauensschutzes sollte auch die Anfechtung bei einem Irrtum des Arbeitgebers über die Bedeutung der **betrieblichen Übung** ausgeschlossen sein (Vorbem 55 f zu §§ 116 ff; aA HOUBEN BB 2006, 2301, 2302 f; für ein Widerrufsrecht HROMADKA NZA 2011, 65, 70). Dient die geschäftsähnliche Handlung der Erhaltung von Rechten wie zB **Mahnung, Fristsetzung** oder **Mängelrüge**, fehlt ein praktisches Bedürfnis für die Anfechtung wegen Irrtums. Werden etwa beim Handelskauf bestimmte Mängel aufgrund eines Schreibfehlers versehentlich nicht gerügt, nützt die Anfechtung dem Käufer nichts (ULRICI NJW 2003, 2053, 2054 f; STEWING/SCHÜTZE BB 1989, 2130, 2131; aA BECKMANN/GLOSE BB 1989, 857, 859). Diesem bleibt nur die Möglichkeit, das Versäumte „unverzüglich" nachzuholen. Nicht anfechtbar ist das Auslassen einer Widerrufsmöglichkeit in einem Prozessvergleich, da das **Unterlassen einer Willenserklärung** selbst keine Willenserklärung ist (OLG Celle NJW 1970, 48). Auch auf **Realakte** (Vorbem 3 zu §§ 116 ff) finden die §§ 119 ff keine Anwendung, da diese lediglich auf einen tatsächlichen Erfolg gerichtet sind (LARENZ, AT § 26 = S 511). **Rechnungen** sind nur insoweit anfechtbar, als ihnen konstitutive Wirkung zukommt. Dies ist bei der Schlussrechnung von Architekten, Statikern und Ingenieuren nicht der Fall, da sich die Höhe des Honorars nach der HOAI richtet (vgl BGHZ 120, 133, 137). Entgegen einer zum Teil vertretenen Auffassung hat auch die Abrechnung von Dienst- und Werkleistungen keine konstitutive Bedeutung, da sich die Höhe der Vergütung aus dem Gesetz – §§ 612 Abs 2, 632 Abs 2 – ergibt: Geschuldet ist die

Titel 2 § 119
Willenserklärung 107, 108

übliche Vergütung (SINGER, Verbot 220; LENZEN BauR 1982, 23, 25; aA ROTHER AcP 164 [1964] 97, 110; PETERS NJW 1977, 552, 553 ff; JUNKER ZIP 1982, 1158, 1163).

Auf **Prozesshandlungen** sind die Vorschriften über Willensmängel nach hM nicht **107** anwendbar. Auch eine analoge Anwendung kommt nicht in Betracht, weil das Prozessrecht die Verfahrenslage weitgehend vor Unsicherheit schützen will und deshalb einen Widerruf von Prozesshandlungen nur in Ausnahmefällen zulässt (BGHZ 80, 389, 392; BGH NJW-RR 1986, 1327 f; ZÖLLER/GREGER, ZPO, vor § 128 Rn 21 ff mwNw; MünchKommZPO/RAUSCHER Einl Rn 393; GAUL AcP 172 [1972] 342, 354 f; aA mit Unterschieden im Einzelnen ARENS, Willensmängel bei Parteihandlungen im Zivilprozess [1968] 22 ff; ORFANIDES, Die Berücksichtigung von Willensmängeln im Zivilprozess [1982] 55 ff; M WOLF, Das Anerkenntnis im Prozessrecht [1969] 71; ders, AcP 184 [1984] 517 f; dagegen wiederum überzeugend SCHWAB, in: FS Baumgärtel [1990] 503, 505 f; ders, JuS 1976, 69, 70 f). Für die Zulassung der Irrtumsanfechtung besteht kaum ein Bedürfnis. In dem praktisch wichtigsten Fall, dass die Prozesshandlung von einem Irrtum über die Sach- und Rechtslage beeinflusst ist, liegt ohnehin ein unbeachtlicher **Motivirrtum** vor (vgl OLG Celle NJW 1971, 145 f; BAUMGÄRTEL ZZP 87 [1974] 121, 130 f; SCHWAB 506). Offensichtliche Irrtümer lassen sich zumeist durch Auslegung bereinigen (BGH NJW-RR 1994, 568; ZÖLLER/GREGER, ZPO, vor § 128 Rn 25). In den besonders wichtigen Fällen der arglistigen Täuschung oder Drohung sorgt die Restitutionsklage gemäß § 580 ZPO für Abhilfe (vgl RGZ 150, 392, 395 f; BGHZ 12, 284, 285 f; 80, 389, 394; BGH NJW-RR 1986, 1327 f). Beim **Prozessvergleich** ist aufgrund seiner „Doppelnatur" als materiell-rechtliches Rechtsgeschäft und Verfahrenshandlung davon auszugehen, dass Willensmängel gemäß §§ 116 ff auch auf seine verfahrensbeendigende Wirkung durchschlagen und diese rückwirkend beseitigen (BGHZ 16, 388, 390; 28, 171, 172; 41, 310, 311; 79, 71, 74; BGH NJW 1985, 1962, 1963; WM 1983, 825, 826; ZÖLLER/STÖBER, ZPO, § 794 Rn 15; vgl auch BVerwG NJW 1994, 2306 f). Als unanfechtbare Verfahrenshandlung hat die Rechtsprechung den Antrag auf Eintragung einer Rechtsänderung im **Grundbuch** und die Eintragungsbewilligung angesehen (BayObLG ZfIR 2003, 682; DEMHARTER, GBO § 19 Rn 115). Entsprechendes gilt für die Anmeldung zum **Handelsregister** (BayObLG DB 1990, 168, 169), doch sollte dies nicht in Bezug auf die materiell-rechtliche Willenserklärung gelten, die mit der Anmeldung verbunden ist wie zB das erklärte Ausscheiden eines Gesellschafters. Rücknahme einer **Patentanmeldung und Patentverzicht** sind ungeachtet ihres verfahrensrechtlichen Charakters wegen der materiell-rechtlichen Auswirkungen der Anmeldung gemäß §§ 119 ff anfechtbar (BPatGE 12, 128, 131; 16, 11, 13; BPatG GRUR 1983, 432 f; BENKARD, PatG § 35 Rn 151; WITTE GRUR 1962, 497, 499 f; einschränkend hinsichtlich § 119 Abs 2 BPatGE 8, 28, 36 f). Ausgeschlossen ist die Irrtumsanfechtung jedoch, wenn die Erklärung des Anmelders Grundlage einer Entscheidung geworden ist, die Wirkung nach außen entfaltet, wie die Bekanntmachung nach früherem Recht und die Patenterteilung nach heutigem Recht (BGH GRUR 1977, 780, 782 f m zust Anm FISCHER unter Aufgabe von BGH GRUR 1966, 146, 149; vgl auch BENKARD Rn 160).

Bei **öffentlich-rechtlichen Willenserklärungen Privater** (zum Begriff vgl KRAUSE VerwArch **108** 1970, 298 u 304; ERICHSEN, AllgVerwR [14. Aufl 2010] § 28 I Rn 1 f m Bsp), zB bei Anträgen oder Zustimmungen im Verwaltungsverfahren, Beitritts-, Widmungs- oder Verzichtserklärungen sowie im Rahmen mitwirkungsbedürftiger Verwaltungsakte, ist die Anwendung der §§ 119 ff im Grundsatz zu Recht anerkannt (RGZ 132, 232 ff; OVG Koblenz NVwZ 1984, 316, 317; OVG Münster NJW 1987, 1964, 1965; 1988, 1043; BSGE 37, 257, 260; 60, 79, 82; VGH Mannheim VBlBW 1983, 22 f; 1988, 151, 152 f; ERICHSEN § 22 IV = S 355; KOPP/

RAMSAUER, VwVfG [11. Aufl 2010] § 35 Rn 128; KNACK/HENNEKE, VwVfG [9. Aufl 2010] § 9 Rn 5.4; MIDDEL, Öffentlichrechtliche Willenserklärungen von Privatpersonen [1971] 112 ff; SCHNELL, Der Antrag im Verwaltungsverfahren [1986] 142 ff; KÜCHENHOFF, in: FS Laforet [1952] 317, 321; HEISS BayVBl 1973, 260, 264; STICHLBERGER BayVBl 1980, 393, 394; KLUTH NVwZ 1990, 608, 613; HARTMANN DÖV 1990, 8, 13 f; SCHMIDT-DE CALUWE Jura 1993, 399, 402 ff; RÖNNAU/ FAUST/FEHLING, JuS 2004, 673 f; einschränkend VGH NJW 1985, 1723; 1990, 268 betr Begründung einer Baulast; für eine – dem geltenden Recht fremde – Unterscheidung zwischen verschuldetem und unverschuldetem Irrtum KRAUSE VerwArch 1970, 297, 329; ders, JuS 1972, 425, 430). Dem ist zuzustimmen, da auch die Richtigkeitsgewähr öffentlichrechtlicher Willenserklärungen davon abhängt, dass diese in freier Selbstbestimmung zustande kommen. Wie sonstige Fehler des Verwaltungsaktes sind auch Mängel der Mitwirkung – zB wegen Irrtums – grundsätzlich durch (fristgemäße) Anfechtung geltend zu machen (KIRCHHOF DVBl 1985, 651, 659 ff; KOPP/RAMSAUER, VwVfG § 35 Rn 128; s a KRAUSE VerwArch 1970, 317 u 332 f). Eine öffentlich-rechtliche Willenserklärung stellt auch die Abgabe eines **Gebots in der Zwangsversteigerung** dar (BAUR/STÜRNER/BRUNS, Zwangsvollstreckungsrecht [13. Aufl] Rn 36.15; GERHARDT ZZP 93 [1980] 109, 110; aA OLG Hamm Rpfleger 1972, 378; LG Krefeld Rpfleger 1989, 166). Die Regeln über die Anfechtung sind aber entsprechend anzuwenden (BGH NJW 1984, 1950, 1951; OLG Frankfurt Rechtspfleger 1980, 441, 442; OLG Hamm Rechtspfleger 1998, 438, 439; BAUR/STÜRNER/BRUNS aaO; BROX/WALKER, Zwangsvollstreckungsrecht [8. Aufl] Rn 910; aA BÖTTCHER, ZVG § 71 Rn 44; offen BGHZ 177, 62, 65); sobald der Zuschlag in Rechtskraft erwächst, ist die Anfechtung jedoch ausgeschlossen (BAUR/ STÜRNER/BRUNS aaO; STÖBER, ZVG § 71 Rn 3). Sofern die Willenserklärung zu einem abschließenden, unanfechtbar gewordenen Verwaltungsakt geführt hat, darf dessen **Bestandskraft** allerdings nicht durch Anfechtung wegen Willensmängeln rückwirkend beseitigt werden. Auch die Anfechtung des **gemeindlichen Einvernehmens** ist nicht zulässig, weil sonst das Ziel des § 36 Abs 2 S 2 BauGB, innerhalb der dort geregelten Frist klare Verhältnisse zu schaffen, gefährdet wäre (OVG Schleswig NVwZ-RR 2002, 821). **Verfahrensrechtliche Erklärungen** unterliegen zwar nicht generell den gleichen Regeln wie Prozesshandlungen, jedenfalls aber solche im verwaltungsgerichtlichen Vorverfahren; die Rücknahme eines Widerspruchs kann daher (vgl oben Rn 107) nur beim Vorliegen eines Restitutionsgrundes angefochten werden (BVerwGE 57, 342, 347 f; BayObLG BayVBl 1975, 674, 675; ERICHSEN aaO; KLUTH NVwZ 1990, 614; s a KRAUSE VerwArch 1970, 334 f). Auf **Willenserklärungen der Verwaltung** sind die §§ 119 ff nicht anwendbar, auch nicht analog, da Rechtmäßigkeit und Geltungsgrund des Verwaltungshandelns nicht von privatautonomer Willkür der staatlichen Entscheidungsinstanzen abhängt, sondern von Gesetz und Recht. Im übrigen gibt es Sondervorschriften im allgemeinen und besonderen Verwaltungsrecht, die den Interessenkonflikt zwischen Willensmängeln einerseits und Vertrauensschutz andererseits in eigenständiger Form lösen (vgl insbes §§ 47 ff VwVfG), so dass für eine Irrtumsanfechtung von **Verwaltungsakten** kein Raum bleibt (ERICHSEN 356; KOPP/RAMSAUER, VwVfG § 79 Rn 1 ff; STICHLBERGER BayVBl 1980, 393, 396; KLUTH NVwZ 1990, 613; vgl schon FORSTHOFF § 12, 1 e aa = S 240; HOKE DÖV 1962, 281, 288 f). **Öffentlich-rechtliche Verträge** beruhen ungeachtet des in § 54 S 1 VwVfG betonten Vorrangs des Gesetzes auf der Selbstbestimmung der Beteiligten. Insofern versteht sich hier die Geltung der §§ 116 ff von selbst (vgl KOPP/RAMSAUER, VwVfG § 54 Rn 7, 18a; KRAUSE JuS 1972, 425, 430; OVG Koblenz DVBl 1965, 771; VGH München BayVBl 1978, 148; RGZ 148, 266).

2. Vorrang konkurrierender Sondernormen und -wertungen

a) Sondernormen

Die Vorschriften des besonderen Schuldrechts über Leistungsstörungen und die Gewährleistung wegen Sachmängeln sind abschließende Regelungen hinsichtlich des Vorhandenseins oder Fehlens von Eigenschaften einer Sache oder Person. Die §§ 434 ff, §§ 536 ff und §§ 633 ff gehen daher der Anfechtung wegen eines **Eigenschaftsirrtums** vor, und zwar auch, soweit tatbestandlich kein Mangel vorliegt (ausf Rn 85 f). Aus dem gleichen Grunde schließt der in § 56 S 3 ZVG bei der **Grundstücksversteigerung** geregelte Gewährleistungsausschluss die Anfechtung wegen eines Irrtums über ungünstige Eigenschaften des Grundstücks aus (BGH NJW-RR 2008, 222; LG Bielefeld MDR 1978, 678). Eine **Schenkung** ist nicht wegen Irrtums über bestimmte Eigenschaften des Beschenkten anfechtbar, da die §§ 530 ff eine spezielle und abschließende Regelung für den Widerruf darstellen (ERMAN/PALM Rn 15; aA RG Recht 1913 Nr 2830). Vorrangig ist ferner die Regelung des § 779, soweit sich der Irrtum auf die Vergleichsgrundlage bezieht (ERMAN/PALM Rn 14; vgl auch STAUDINGER/MARBURGER § 779 Rn 80; zum Anfechtungsausschluss wegen Irrtums über die durch den Vergleich beizulegenden Streitpunkte oben Rn 105). Nach Ansicht des BGH ist die Anfechtung eines **Versicherungsvertrages** wegen Vorrangs der §§ 16 ff VVG aF (jetzt §§ 19 ff) ausgeschlossen, soweit der Irrtum des Versicherers gefahrerhebliche Umstände betrifft (BGH NJW-RR 1987, 148, 149; 1995, 725, 726; PRÖLSS/MARTIN, VVG [28. Aufl 2010] § 19 Rn 84; BRUCK/MÖLLER, VVG [8. Aufl 1961] § 22 Anm 11 mwNw). Im Bereich des § 119 Abs 2 sollte dies freilich erst recht gelten, wenn der Irrtum Umstände betrifft, die nicht gefahrerheblich sind. Eine abschließende Sonderregelung enthalten schließlich auch die **§§ 1036 ff ZPO** über die Ablehnung eines Schiedsrichters. Daneben kommt eine Anfechtung wegen Irrtums über ungünstige Eigenschaften eines Schiedsrichters gemäß § 119 Abs 2 nicht mehr in Betracht (BGHZ 17, 7, 8). Das früher bei unwahren und irreführenden Werbeangaben bestehende Rücktrittsrecht des Verbrauchers gem § 13a UWGaF ist mit der UWG-Reform 2004 abgeschafft worden, so dass sich insoweit keine Konkurrenzfragen mehr stellen (vgl dazu auch § 123 Rn 103). Da jedoch der Verkäufer gem § 434 Abs 1 S 3 in bestimmtem Umfang auch für falsche **Werbeaussagen** haftet, folgt wiederum aus dem Vorrang des sachnäheren Gewährleistungsrechts die Unzulässigkeit der Irrtumsanfechtung. Entgegen der hM sollte auch bei **Arbeitsverträgen** die Kündigung der Anfechtung wegen eines Eigenschaftsirrtums vorgehen (Rn 86), während die Anfechtung wegen arglistiger Täuschung zulässig ist (dazu näher Rn 111; § 123 Rn 89).

Im **Familien- und Erbrecht** bestehen Sonderregelungen für Willensmängel, die der Anfechtung nach den allgemeinen Vorschriften vorgehen. Eine Ehe kann auch bei Irrtum, Täuschung und Drohung nur durch Urteil aufgehoben werden (§§ 1313, 1314 Abs 2 Nr 2–4 [seit 1. 7. 1998]). Für die Anerkennung der Vaterschaft enthalten die §§ 1598 ff eine abschließende Regelung (PALANDT/DIEDERICHSEN § 1598 Rn 2). Deshalb kann auch die Zustimmung zur Anerkennung der Vaterschaft nicht angefochten werden (KG NJW-RR 1987, 388 f; STAUDINGER/GÖPPINGER § 1600 f Rn 10). Die Annahme als Kind unterliegt seit 1976 nicht mehr dem Vertragssystem, sondern gem § 1752 dem sog Dekretsystem (MünchKomm/MAURER § 1752 Rn 1). Inhalts- und Erklärungsirrtümer rechtfertigen die Aufhebung der Adoption gem § 1760 Abs 2 lit b (MünchKomm/MAURER § 1760 Rn 8). Streitig ist die Anfechtbarkeit des Verlöbnisses. Wegen der besonderen Rechtsfolgen ist der Rücktritt vom Verlöbnis einer Anfechtung vorzuziehen (zutr BEITZKE JR 1947, 141, 142; BROX Irrtumsanfechtung 228; ders, in ERMAN⁹ Rn 13; CANARIS AcP 165 [1965] 1, 20 f; GERNHUBER/COESTER-WALTJEN, Lehrb des Familienrechts [6. Aufl 2010] § 8 II 4 = S 56 f; aA RG JW 1936, 863: Eigenschaftsirrtum ist zugleich Rücktrittsgrund). Ebenfalls speziell sind die Vorschriften über die Berichtigung von Einträgen in Personenstandsbüchern gemäß §§ 46 a ff PStG, so dass die Erklärung über die Namenswahl gemäß § 1355 Abs 2 oder § 1617a unanfechtbar ist (BayObLG NJW 1993, 337, 338; OLG Stuttgart Justiz 1987, 28; OLG Zweibrücken NJWE-FER 2000, 4; LÜKE, in: FS Bosch [1976] 627, 630; PALANDT/BRUDERMÜLLER § 1355 Rn 6; ERMAN/PALM Rn 13; für Anfechtung bei § 1355 Abs 3 OLG Celle FamRZ 1982, 267, 268). Für das Erbrecht gelten vorrangig die §§ 1949, 1954, 1956, 2078, 2080, 2281, 2283, 2308 (vgl zur Anfechtung letztwilliger Verfügungen SCHUBERT/CZUB JA 1980, 257 ff u 334 ff; zur Anfechtung der Erbschaftsannahme und -ausschlagung Rn 72 f, 99; s ferner WESTERMANN JuS 1964, 169, 174 ff).

b) Einschränkung der Irrtumsanfechtung bei Dauerschuldverhältnissen

111 Bedeutsamen Einschränkungen unterliegt die Irrtumsanfechtung im Arbeits- und Gesellschaftsrecht. Das Thema ist freilich nicht irrtumsspezifisch, sondern betrifft sämtliche Nichtigkeitsgründe wie zB auch die §§ 134, 138. Der Sache nach geht es um die Regeln über die Rechtsfolgen der Vertragsnichtigkeit, die hier im Allgemeinen nicht passen (vgl BAG AP Nr 2, 15, 19 und 23 zu § 123 BGB; AP Nr 4 zu § 60 HGB und Nr 32 zu § 63 HGB; BROX, Irrtumsanfechtung 233 ff und 271 f; WALKER JA 1985, 138, 140 ff; DÖRNER AR-Blattei SD 60: „Anfechtung im Arbeitsrecht", Rn 90 ff; MünchArb/RICHARDI § 44 Rn 58 ff; ErfK/PREIS § 611 BGB Rn 170 f und 511 ff; vgl auch Rn 86, 93 f). Bei einem **Arbeitsverhältnis**, das in Vollzug gesetzt worden ist, würde die von § 142 Abs 1 angeordnete ex-tunc Nichtigkeit zur Rückabwicklung nach Bereicherungsrecht führen. Dann müsste die bei intaktem Arbeitsverhältnis irrelevante Frage nach dem objektiven Wert der geleisteten Arbeit beantwortet werden, und soziale Schutzvorschriften, etwa über die Entgeltfortzahlung oder bezahlten Urlaub, würden rückwirkend außer Kraft gesetzt (für flexible Anpassung des Bereicherungsrechts aber BEUTHIEN RdA 1969, 161, 164 ff). Die dogmatische Begründung ist umstritten. Das ältere Schrifttum vertrat zum Teil die Lehre vom **faktischen Arbeitsverhältnis** (HAUPT, Über faktische Vertragsverhältnisse [1943] 19 ff; NIKISCH, Arbeitsrecht I, 174; SIMITIS, Die faktischen Vertragsverhältnisse [1957] 379 ff; SIEBERT, Faktische Vertragsverhältnisse [1959] 68 ff; aus dem jüngeren Schrifttum noch SCHAUB § 35 III 3 = S 268; dogmengeschichtlich LAMBRECHT, Die Lehre vom faktischen Vertragsverhältnis [1994]), die freilich mit dem Prinzip der Privatautonomie nicht vereinbar ist. Heute dominieren teleologische sowie vertrauens- und verkehrsschutzorientierte Überlegungen (vgl WALKER JA 1985, 149; KÄSSER, Der fehlerhafte Arbeitsvertrag [1975] 109 ff; SACK RdA 1975, 171 ff; MünchArb/RICHARDI § 44 Rn 64). Hauptstreitpunkt ist im Wesentlichen die Reichweite des Arbeitnehmerschutzes, insbesondere bei **arglistiger Täuschung**. Während vertrauensorientierte Lehren konsequent die Schutzwürdigkeit auch des Täuschenden verneinen (BAG NJW 1984, 646, 647; WIEDEMANN, Das Arbeitsverhältnis als Austausch- und Gemeinschaftsverhältnis [1966] 79; F BYDLINSKI, Privatautonomie [1967] 147; MAYER-MALY Anm AP Nr 32 zu § 63 HGB; ders, Anm AP Nr 24 zu § 123 BGB; KÄSSER 130; WALKER JA 1985, 149; wohl auch BAG AP Nr 24 zu § 123 BGB), ziehen andere die Grenze erst dort, wo die Arbeitsleistung infolge der Täuschung für den Arbeitgeber ohne jedes Interesse ist (KÜCHENHOF Anm AP Nr 3 zu § 119 BGB; PICKER ZfA 1981, 1 [58]; MünchArb/RICHARDI § 44 Rn 66; ECKERT, AR-Blattei SD 1620 „Ungerechtfertigte Bereicherung", Rn 72; ähnl BAG AP Nr 32 zu § 63 HGB: nur bei einem Vermögensschaden für den Arbeitgeber). Vom hier vertretenen Standpunkt aus (oben Rn 86) ist der erstgenannten Auffassung zu folgen. Da die Anfechtung die Funktion hat, eine ungestörte Ausübung der

Privatautonomie zu gewährleisten, ginge es zu weit, der Kündigung generell den Vorrang vor der Anfechtung von Willenserklärungen einzuräumen (für die „Kündigungstheorie" zB MünchKomm/HENSSLER § 626 Rn 37; ders, Arbeitsrecht I 1976, Rn 8 und 24; GAMILLSCHEG, in: FS Werner Weber [1974] 793 [813]; AcP 176 [1976] 197 [217]; in modifizierter Form nunmehr auch HÖNN ZfA 1987, 61 [84 ff]; aA die hM, vgl insbes BAGE 5, 159 [162]; PICKER ZfA 1981, 1 [23 ff]; WOLF/GANGEL AuR 1982, 271 [272 f]). Die **Kündigung** stellt lediglich insoweit eine **Sonderregelung** dar, als es um das Verhältnis zwischen der Anfechtung wegen ungünstiger **Eigenschaften des Arbeitnehmers** und der Kündigung wegen Leistungsstörungen geht (Rn 86), nicht aber im Verhältnis zur **arglistigen Täuschung**. Gegen die Rückwirkung der Anfechtung bestehen im Falle arglistiger Täuschung keine grundsätzlichen Bedenken, da der Arbeitnehmer in diesem Fall nicht schutzwürdig ist (BAG NZA 1999, 584, 585 f) und deshalb in Kauf nehmen muss, dass der Wert der Arbeitsleistung geringer bewertet wird als die empfangene Arbeitsvergütung. Beim Erschleichen staatlicher Sozialleistungen oder Subventionen sehen die einschlägigen Vorschriften ohne Einschränkung die Rücknahme des Verwaltungsaktes mit Wirkung für die Vergangenheit vor und zeigen nachdrücklich, dass das Vertrauen des Begünstigten in solchen Fällen nicht schutzwürdig ist (vgl zB § 48 Abs 2 S 3 u 4 VwVfG; § 45 Abs 2 S 3 u Abs 4 S 1 SGB X). Entsprechendes gilt für das Verhältnis zu anderen Nichtigkeitsgründen, deren Rückwirkung wegen des Vorrangs des Kündigungsrechts je nach Schutzwürdigkeit des Vertrauens zum Tragen kommt (vgl auch SACK RdA 1975, 171, 175 ff). Dies gilt erst recht, wenn sich die Ausnutzung des Vorrangsprinzips als rechtsmissbräuchlich darstellt, weil die aufgrund der Täuschung erschlichene Arbeit gänzlich wertlos ist (BAG NZA 1999, 584, 586; vgl schon PICKER aaO; MünchArb/RICHARDI § 44 Rn 66 f). Dagegen sind die Sonderregeln des fehlerhaften Arbeitsverhältnisses nicht schon deshalb unanwendbar, wenn dieses infolge einer unwirksamen (!) Kündigung durch den Arbeitgeber angeblich „außer Funktion gesetzt" worden ist (so noch BAG AP Nr 24 zu § 123 BGB; zurückhaltend BAG NZA 1999, 584, 586).

Auch im **Gesellschaftsrecht** besteht ein praktisches Bedürfnis, die Rückabwicklung eines Rechtsverhältnisses zu vermeiden, das bereits ins Leben getreten ist. Mit der tatsächlichen Durchführung des Gemeinschaftsverhältnisses sind auch im Innenverhältnis Fakten geschaffen worden, die mit dem bereicherungsrechtlichen Instrumentarium nicht mehr „entwirrt", sondern nur noch „gesellschaftsrechtlich auseinandergesetzt werden können und sollten" (K SCHMIDT § 6 I 2 = S 146 f; stRspr, vgl insbes BGHZ 3, 285, 288; 55, 5, 8; aus dem umfangr Schrifttum vgl FLUME I/1 § 2 III = S 13 ff; MünchKomm/ULMER § 705 Rn 272 f; WIESNER, Die Lehre von der fehlerhaften Gesellschaft [1980]; den bereicherungsrechtlichen Ausgleich verteidigend HANSJÖRG WEBER, Zur Lehre von der fehlerhaften Gesellschaft 1978, 102 ff; für eine Rechtsscheinhaftung im Außenverhältnis MÖSCHEL, in: FS Hefermehl [1976] 177 ff; SCHULZE-OSTERLOH, Das Prinzip der gesamthänderischen Bindung [1972] 237 ff; CANARIS, Vertrauenshaftung 175 ff). Insofern liegt es nahe und deckt sich mit der hier vertretenen Konzeption vom Vorrang spezialgesetzlicher Beendigungsnormen, dass den **Vorschriften über die Kündigung und Auflösung der Gesellschaft** (§ 723 BGB; §§ 133, 140, 142 HGB) der Vorrang gebührt, wobei es für die Beendigung der Gesellschaft für die Zukunft genügt, dass ein zur Anfechtung berechtigender Vertragsmangel vorliegt (RGZ 165, 193, 204 f; BGHZ 3, 285, 289 f; 13, 320, 323; 55, 5, 10; 63, 338, 345; MünchKomm/ULMER § 705 Rn 263; SOERGEL/HADDING § 705 Rn 78; GOETTE DStR 1996, 266, 269 f; ULMER ZHR 161 [1997] 102, 117). Grenzen sollen bei Gesetzesverstößen oder besonders grober Sittenwidrigkeit bestehen (BGHZ 62, 234, 241; 75, 214, 217 f; 97, 243,

250 f; BGH WM 1980, 12, 14), nicht aber bereits dann, wenn der Abschluss des Gesellschaftsvertrages auf arglistiger Täuschung beruht (BGHZ 26, 330, 335 f; 55, 5, 9 f; BGH WM 1975, 512, 514; NJW-RR 1988, 1379; OLG Rostock NZG 2000, 930, 931 f; MünchKomm/ULMER § 705 Rn 247; zu Scheingründungen vgl § 117 Rn 6). Demgegenüber tritt ein Teil des Schrifttums zu Recht dafür ein, auch in diesen Fällen den Vorrang der gesellschaftsrechtlichen Auseinandersetzung zu wahren (K SCHMIDT § 6 III 3 c bb = S 158 f; SCHWINTOWSKI NJW 1988, 937, 942). Bei reinen Innengesellschaften ohne Gesamthandsvermögen besteht an sich keine Rechtfertigung, die Rückwirkung der Anfechtung auszuschließen (vgl MünchKomm/ULMER § 705 Rn 276), doch wendet die Rechtsprechung gleichwohl die Sonderregeln auch hier an (BGHZ 55, 5, 8; BGH WM 1973, 900, 901; 1977, 196, 197). Die für die fehlerhafte Gesellschaft geltenden Grundsätze gelten auch für den **fehlerhaften Beitritt** in eine bestehende Personengesellschaft (BGHZ 26, 330, 334 f; 63, 338, 344; BGH NJW 1988, 1324 f). Im Recht der **Korporationen** gewährleisten die §§ 241 ff, 275 ff AktG, 75 ff GmbHG und 94 ff GenG noch weitergehenden Bestandsschutz, da die ex nunc zu vollziehende Auflösung von einer fristgerecht erhobenen Nichtigkeitsklage und dem Vorliegen bestimmter Nichtigkeitsgründe abhängt. Eine rückwirkende Auflösung scheidet hier auch bei schweren Mängeln des Gesellschaftsvertrages wie dem Verstoß gegen §§ 134, 138 aus (PASCHKE ZHR 155 [1991] 1, 17). Die Grundsätze über die fehlerhafte Gesellschaft gelten schließlich auch für **fehlerhafte Unternehmensverträge** (BGHZ 103, 1, 4; BGH ZIP 1992, 29; REHBINDER, in: FS Fleck [1988] 253, 264 f; ULMER BB 1989, 10, 15 f; abw KÖHLER ZGR 1985, 307, 310 ff; LAUBER-NÖLL, Die Rechtsfolgen fehlerhafter Unternehmensverträge [1993] 26 ff) und **fehlerhafte Anteilsübertragungen** (BGH WM 1968, 892, 893; NJW 1988, 1324, 1325; MünchKomm/ULMER § 705 Rn 374; aA K SCHMIDT § 6 IV 3 = S 143). Allerdings wendet der BGH diese Grundsätze im Recht der Kapitalgesellschaften nicht an, weil gemäß §§ 67 Abs 2 AktG, 16 GmbHG die Rückwirkungsfolge der Anfechtung ohne Einfluss auf die Rechtsbeziehungen zwischen Gesellschaft und Gesellschafter ist (BGH NJW 1990, 1915, 1916; zust GRUNEWALD ZGR 1991, 452 [460 ff]).

113 Im Allgemeinen unterliegt die Anfechtung von **Mietverträgen** keinen Einschränkungen, auch wenn diese zum Zeitpunkt der Anfechtung bereits tatsächlich durchgeführt oder sogar beendet waren (BGHZ 178, 16, 27 zur Anfechtung gemäß § 123 bei einer Geschäftsraummiete). Besonderheiten gelten jedoch bei der Anfechtung wegen eines Eigenschaftsirrtums, die nach der hier vertretenen Auffassung von den vorrangigen Gewährleistungs- und Kündigungsregeln (§§ 536 f, 543) verdrängt wird (Rn 86). Im Übrigen erfolgt die Anfechtung wegen eines Erklärungsirrtums oder wegen arglistiger Täuschung mit Wirkung ex tunc (BGHZ 178, 16, 27; DÖTSCH, aA SCHMIDT-FUTTERER/BLANK, Mietrecht [9. Aufl 2007] vor § 535 Rn 7). Bei einem Mietvertrag handelt es sich im Gegensatz zu Arbeit- und Gesellschaftsverträgen um ein einfach strukturiertes synallagmatisches Austauschverhältnis, bei dem die Rückabwicklung keine besonderen Schwierigkeiten aufwirft. Die Rückabwicklung hat nach den Grundsätzen der Saldotheorie zu erfolgen, wobei sich der Wert der Gebrauchsüberlassung an der ortsüblichen Miete für vergleichbare Objekte orientiert.

c) **Willenserklärungen mit normativer Wirkung**
114 Keine Rückwirkung kommt ferner der **Anfechtung eines Tarifvertrages** zu, da sich dessen normative Wirkung gemäß § 4 Abs 1 TVG auf die Tarifunterworfenen erstreckt und deren Vertrauen in die Verbindlichkeit der Tarifnormen geschützt werden muss (vgl MünchKomm/KRAMER Rn 25; LÖWISCH § 1 TVG Rn 355; allg zu den Grenzen der

Rückwirkung von Tarifverträgen NEUNER ZfA 1998, 83, 96 ff). Entsprechendes gilt für **Betriebsvereinbarungen**, die in ihrem normativen Teil ebenfalls nicht durch Irrtumsanfechtung rückwirkend beseitigt werden können (BAG AP Nr 1 zu § 615 BGB Kurzarbeit). Dagegen gelten für die Anfechtung eines schuldrechtlichen **Vorvertrages** zwischen Tarifvertragsparteien keine Einschränkungen, da dieser für die Tarifunterworfenen keine unmittelbaren Rechtswirkungen erzeugt (BAG NJW 1977, 318, 319).

d) Verkehrs- und Vertrauensschutz

Einschränkungen unterliegt die Irrtumsanfechtung auch dort, wo besondere Bedürfnisse für einen über den von §§ 119, 122 hinausgehenden Verkehrs- und Vertrauensschutz bestehen. Dies ist insbesondere im **Wertpapierrecht** der Fall, wo es allerdings nicht um eine Haftung kraft Rechtsgeschäfts, sondern um eine solche kraft **Rechtsscheins** geht und die §§ 119 ff somit allenfalls analog herangezogen werden können. Davon abgesehen ist eine Anfechtung wegen Irrtums gegenüber gutgläubigen Erwerbern gemäß Art 10, 16 Abs 2 WG ausgeschlossen (vgl BGH NJW 1973, 282, 283; HUECK/CANARIS, Recht der Wertpapiere [12. Aufl 1986] § 9 II 3 d = S 114; BAUMBACH/HEFERMEHL Art 17 WG Rn 45; ULMER, in: FS Raiser [1974] 225 [237]; LIESECKE WM 1969, 1366, 1369; BERG NJW 1969, 604; abw noch BGH NJW 1968, 2102, 2103, wo Art 17 WG angewendet wurde), da es sich um einen Gültigkeitseinwand handelt (vgl auch § 796 BGB; § 364 HGB). Grenzen der Zurechnung bestehen, wenn der Rechtsschein wechselmäßiger Haftung nicht in zurechenbarer Weise herbeigeführt wurde, zB bei nachträglicher Verfälschung der Unterschrift oder der Erklärung (BAUMBACH/HUECK aaO). Dazu gehört insbesondere auch der Fall des untergeschobenen Wechsels, etwa bei einer Autogrammstunde, wohingegen die Zeichnung eines Wechsels im Glauben, eine Glückwunschkarte zu unterschreiben, ein zurechenbares Risiko darstellt (abw CANARIS aaO, der die Zurechnung vom Bewusstsein, am Wertpapierverkehr teilzunehmen, abhängen lässt).

Außerhalb des Wertpapierrechts besteht im Allgemeinen kein Grund, die **Rechtsscheinhaftung** von der Irrtumsanfechtung zur Gänze auszuschließen. Andernfalls geriete man in Wertungswidersprüche zum Recht der Willenserklärungen, die ja ebenfalls einen Vertrauenstatbestand verkörpern und gleichwohl gemäß §§ 119 ff anfechtbar sind (zutr CANARIS, Vertrauenshaftung 35 f, 455; LARENZ, AT § 33 I b = S 641 und § 33 II = S 643). Dementsprechend ist die Kundgabe einer Bevollmächtigung und die Aushändigung einer Vollmachtsurkunde unter den gleichen Voraussetzungen anfechtbar, wie die Erteilung einer Außenvollmacht (STAUDINGER/SCHILKEN [2009] § 171 Rn 9 und § 172 Rn 10 mwNw). Allerdings besteht – vor allem im Handelsrecht – ein gesteigertes Verkehrsschutzbedürfnis, wenn der Rechtsschein gegenüber einem unbestimmten Personenkreis erzeugt wird (CANARIS 36 f, 455). Hier wäre die Rückwirkung der Irrtumsanfechtung kaum erträglich (BAUMBACH/HOPT, HGB § 5 Rn 11; vgl auch MünchKomm/KRAMER Rn 28 f in einem gewissen Gegensatz zu Rn 35 a vor § 116). So muss sich nach der Lehre vom **Scheinkaufmann** auch derjenige als Kaufmann behandeln lassen, der womöglich schuldlos den unrichtigen Eindruck seiner Kaufmannseigenschaft hervorgerufen hat (vgl CANARIS, Handelsrecht [24. Aufl 2006] § 6 Rn 8; BAUMBACH/HOPT § 5 Rn 11). Entsprechendes gilt für den zurechenbar hervorgerufenen **Rechtsschein, persönlich haftender Gesellschafter** einer Handelsgesellschaft zu sein (BGHZ 17, 13, 16), für den Rechtsschein der Haftungsübernahme bei Firmenfortführung (BGHZ 22, 234, 239) oder zB für die registerrechtliche Rechtsscheinhaftung des § 15 Abs 3, die den Verkehr selbst bei richtiger Anmeldung durch den Betroffenen schützt, wenn nur die Eintragung falsch war (CANARIS, Vertrauenshaftung 158; ders, Handelsrecht § 5

Rn 52). Im Übrigen hängt es von der jeweiligen Funktion des gesetzlich normierten Vertrauensschutzes ab, ob die Irrtumsanfechtung einzuschränken ist. Bei der **Fiktion des § 5 Abs 3 VVG**, wonach der Inhalt des Versicherungsantrags als vereinbart gilt, wenn der Versicherer auf Abweichungen im Versicherungsschein nicht hingewiesen hat, spricht zB der vom Gesetz bezweckte Schutz des Versicherten dafür, die Anfechtung auszuschließen (OLG Hamm VersR 1980, 1164 f; HENNRICHS JuS 2002, 975, 979; **aA** LG Hannover VersR 1979, 1146, 1147; PRÖLSS/MARTIN, VVG [28. Aufl 2010] § 5 Rn 15). Zur Einschränkung der Irrtumsanfechtung beim gesetzlich typisierten **Schweigen** vgl Vorbem 65 ff zu §§ 116 ff; bei individuell-konkludentem Schweigen vgl Vorbem 73 zu §§ 116 ff; beim Schweigen auf ein **kaufmännisches Bestätigungsschreiben** vgl Vorbem 79 f zu §§ 116 ff; allg bei Willenserklärungen im **kaufmännischen Verkehr** vgl Vorbem 69 ff zu §§ 116 ff; zur Anfechtung beim **Blankettmissbrauch** vgl Rn 31; bei der Erteilung einer **Innenvollmacht** STAUDINGER/SCHILKEN (2009) § 167 Rn 79.

VII. Beweislast

117 Wer sich auf die Rechtsfolgen der Anfechtung beruft, hat aufgrund des Charakters des Anfechtungsrechts als Gegenrecht **sämtliche Voraussetzungen** des § 119 darzulegen und ggf zu **beweisen** (BGH WM 1959, 348, 349; LAG Düsseldorf NZA-RR 2002, 12, 14). Insofern tragen je nach Sachlage auch andere Personen als der Anfechtende die Beweislast, zB der Anfechtungsgegner oder ein Dritter, wenn sich einer von diesen auf die Anfechtung beruft (BAUMGÄRTEL/LAUMEN/PRÜTTING/KESSEN Rn 1). Zu den beweispflichtigen Umständen gehört nicht nur das Vorliegen des Irrtums, sondern auch seine Ursächlichkeit einschließlich der von § 119 Abs 1, 2. HS geforderten subjektiven und objektiven Erheblichkeit des Irrtums (oben Rn 101). Ausreichend ist, dass an Hand von Indizien auf das Vorliegen eines Irrtums geschlossen wird (RG JW 1905, 525), aber es müssen konkrete Tatsachen vorgetragen werden (OLG Hamm NJW-RR 1988, 1308, 1309; OLG Düsseldorf NJW-RR 1995, 1396; BAUMGÄRTEL/LAUMEN/PRÜTTING/KESSEN Rn 2). Sofern es sich um ungewöhnliche, bei durchschnittlicher Sorgfalt vermeidbare Irrtümer handelt (vgl RG HRR 1935 Nr 1372 „denen ein sorgfältig handelnder Mann, zumal ein gewandter und die Lage überblickender Kaufmann, nicht anheim zu fallen pflegt"), sind an den Nachweis strenge Anforderungen zu stellen.

§ 120
Anfechtbarkeit wegen falscher Übermittlung

Eine Willenserklärung, welche durch die zur Übermittlung verwendete Person oder Anstalt unrichtig übermittelt worden ist, kann unter der gleichen Voraussetzung angefochten werden wie nach § 119 eine irrtümlich abgegebene Willenserklärung.

Materialien: E I § 101; II § 95; III § 116; Mot I 202; Prot I 116; STAUDINGER/BGB-Synopse 1896–2000 § 120.

Titel 2
Willenserklärung

§ 120

Schrifttum

CANARIS, Die Vertrauenshaftung im deutschen Privatrecht (1971)
FRITSCHE/MALZER, Ausgewählte zivilrechtliche Probleme elektronisch signierter Willenserklärungen, DNotZ 1995, 3
GRAMLICH, Ende gut, alles gut? – Anmerkungen zum neuen Postgesetz, NJW 1998, 866
A HUECK, Bote – Stellvertreter im Willen – Stellvertreter in der Erklärung, AcP 152 (1952) 432
KIEHNLE, Die Falschübermittlung durch den Erklärungsboten: zwischen Erklärungsirrtum und Stellvertretung ohne Vertretungsmacht, RabelsZ 75 (2011) 318
ders, Der Bereicherungsausgleich nach Zuvielüberweisung – Überlegungen zur Überschreitung der Boten- und der Vertretungsmacht, VersR 2008, 1606
MARBURGER, Absichtliche Falschübermittlung und Zurechnung von Willenserklärungen, AcP 173 (1973) 137
MEHRINGS, Vertragsabschluß im Internet, MMR 1998, 30
SCHWUNG, Die Verfälschung von Willenserklärungen durch Boten, JA 1983, 12.

Systematische Übersicht

I.	Tatbestand und ratio legis		II.	Die zur Übermittlung verwendete	
1.	Ähnlichkeit mit § 119 Abs 1, 2. Alt	1		Person oder Anstalt	6
2.	Vorsätzliche Abweichungen und angemaßte Botenstellung	2	III.	Innenverhältnis zwischen Absender und Erklärungsboten	8
3.	Besondere Übermittlungsfehler	5			

I. Tatbestand und ratio legis

1. Ähnlichkeit mit § 119 Abs 1, 2. Alt

Die falsche Übermittlung einer Willenserklärung durch eine vom Absender verwendete Person oder Anstalt behandelt das Gesetz wie einen Irrtum bei der Abgabe der Erklärung gem § 119 Abs 1, 2. Alt. Die unrichtige Erklärung eines Boten ist daher ebenso wie ein **Erklärungsirrtum** innerhalb der Frist des § 121 anfechtbar; im Falle der Anfechtung muss der Absender gem § 122 einen etwaigen Vertrauensschaden des Erklärungsempfängers ersetzen (vgl RG SeuffA 76 Nr 189). Die Gleichstellung mit dem Irrtum in der Erklärungshandlung gem § 119 Abs 1, 2. Alt. ist in der Tat gerechtfertigt, da der Bote wie ein **„Werkzeug"** bei der Erklärung eingesetzt wird und daher falsch übermittelte Erklärungszeichen nicht mit den vom Absender gewollten übereinstimmen (MEDICUS, AT Rn 747; BROX/WALKER, AT Rn 413; aA KIEHNLE RabelsZ 75 [2011] 318, 348). Die falsche Übermittlung wird daher mit Recht als spezielle Form des Erklärungsirrtums angesehen (BGH NJW 2005, 976, 977; OLG Frankfurt MMR 2003, 405, 406; OLG Hamm NJW 2004, 2601; vgl auch § 119 Rn 34). Da der Absender die Gefahr der Falschübermittlung potentiell eher beherrschen und beeinflussen kann als der Empfänger, ist es auch sachgerecht, dass jener für das ihm vom Empfänger entgegengebrachte **Vertrauen** einstehen muss, und zwar bei rechtzeitiger Anfechtung durch Ersatz des Vertrauensschadens gem § 122, bei Versäumnis der Anfechtungsfrist sogar durch Bindung an das Erklärte (MARBURGER AcP 173 [1973] 137, 155; zu Unrecht zweifelnd FLUME § 23, 3 = S 456; KIEHNLE RabelsZ 75 [2011] 318, 333; dazu unten Rn 4 aE). In diesem eingeschränkten Umfang verdient der verbreitete Satz Zustimmung, dass der

1

Auftraggeber für das **Risiko** der gewählten Übermittlungsart einstehen müsse (LARENZ § 20 II a = S 377; SOERGEL/HEFERMEHL Rn 1; MünchKomm/KRAMER Rn 1; zum Risikoprinzip als Zurechnungsgrund fehlerhafter Willenserklärungen § 122 Rn 2).

2. Vorsätzliche Abweichungen und angemaßte Botenstellung

2 Die Gleichstellung von Irrtum und Falschübermittlung beschränkt sich nach hM auf die unbewusste Falschübermittlung. Für die **bewusst verfälschte oder frei erfundene Willenserklärung** soll der Auftraggeber dagegen nicht haften (RG HRR 1940 Nr 1278; BGH WM 1963, 165, 166; OLG Düsseldorf OLGR 2009, 67; FLUME § 23, 3 = S 456; LARENZ, AT § 20 II a = S 377; LARENZ/WOLF § 46 Rn 44; BAMBERGER/ROTH/WENDTLAND Rn 5; ERMAN/PALM Rn 3; PALANDT/ELLENBERGER Rn 4; STAUDINGER/DILCHER[12] Rn 9; STAUDINGER/SCHILKEN [2009] Vorbem 81 zu §§ 164 ff; SCHILKEN, Wissenszurechnung im Zivilrecht [1983] 220; JAUERNIG Rn 4; ENNECCERUS/NIPPERDEY § 167 III 2 = S 1036; SCHWUNG JA 1983, 12, 13 f), da nicht mehr eine Willenserklärung des Absenders zugegangen sei, sondern eine eigene des Boten. Dieser sei folglich wie ein Vertreter ohne Vertretungsmacht zu behandeln, so dass allenfalls dieser, nicht aber der Auftraggeber hafte (OLG Oldenburg NJW 1978, 951; G HUECK AcP 152 [1952] 432, 442; PALANDT/ELLENBERGER aaO; ERMAN/PALM aaO). Dem ist im Wesentlichen nicht zu folgen. Zunächst trifft es nicht zu, dass aus dem Boten bei vorsätzlicher Falschübermittlung ein Vertreter ohne Vertretungsmacht wird. Die Qualifikation des Boten richtet sich nach seinem *äußeren Auftreten als Übermittler* (vgl STAUDINGER/SCHILKEN [2009] Vorbem 74 mwNw zu §§ 164 ff), und in dieser Hinsicht gibt es keine Unterschiede zwischen vorsätzlichen und fahrlässigen Abweichungen von der zu übermittelnden Erklärung. Im Übrigen ist zu differenzieren:

3 Nicht zurechenbar sind nur Willenserklärungen, die ausgerichtet werden, **ohne dass der „Pseudobote"** vom angeblichen Absender **überhaupt beauftragt worden ist** (LARENZ aaO; LEENEN § 14 Rn 63; MEDICUS/PETERSEN, BürgR Rn 80). Für solche Fälschungen muss der angebliche Urheber der Erklärung nicht einstehen, sofern er nicht – wie zB beim Ausstellen eines **Blanketts** – ein erhöhtes Fälschungsrisiko geschaffen hat (vgl dazu CANARIS, Vertrauenshaftung 482 f und 487 f). Von solchem gefahrerhöhenden Verhalten abgesehen, besteht jedoch kein Grund, den angeblichen Absender der Erklärung für das eigenmächtige Tätigwerden des „Pseudoboten" einstehen zu lassen, denn es fehlt insoweit an der Beherrschbarkeit des Risikos. Folglich haftet hier nur der „Pseudobote", wobei keine Bedenken bestehen, neben deliktischen Ansprüchen gem §§ 823 Abs 2, 826 auch Ansprüche wegen Vertretung ohne Vertretungsmacht analog § 179 zu gewähren (OLG Oldenburg NJW 1978, 951 f; MEDICUS, AT Rn 747, 997; krit STAUDINGER/DILCHER[12] Rn 10), weil insoweit die tragenden Haftungselemente vergleichbar sind. Eigenmächtig handelt der „Pseudobote" auch, wenn die zu übermittelnde Willenserklärung noch vor ihrer Weiterleitung an den Empfänger **widerrufen** worden ist (BGH NJW 2008, 2702, 2705; OLG Koblenz BB 1994, 819, 820). Der weitergehende Vertrauensschutz des Zuwendungsempfängers beim Widerruf einer Anweisung (BGHZ 176, 234, 238 ff; BGH NJW 2011, 66, 69) steht dazu nicht in Widerspruch, weil (und sofern) der Empfänger mit einem Eingang der Zahlung rechnet und daher bei der *bereicherungsrechtlichen* Rückabwicklung schutzwürdiger erscheint als der, der sich auf die Zuverlässigkeit des Erklärungsboten bei der Übermittlung von Willenserklärungen verlässt. Wenn der Bote von einer **urkundlich verkörperten Willenserklärung** Gebrauch macht, die der Aussteller zwar widerrufen hat, die sich aber noch im Besitz des Boten befindet, kommt allerdings uU eine **Rechts-**

scheinhaftung des Ausstellers in Betracht. Für einen urkundlich erzeugten Rechtsschein muss der Aussteller nach dem Rechtsgedanken des § 172 Abs 2 einstehen (zu Unrecht nicht berücksichtigt von OLG Koblenz BB 1994, 819, 820). Anders verhält es sich aber, wenn der Bote die Urkunde entwendet, diese also vom Aussteller nicht willentlich in den Verkehr gebracht wurde. In einem ähnlich gelagerten Fall, in dem es um die Entwendung einer **Vollmachtsurkunde** durch einen falsus procurator ging, hat der BGH mit Recht den Aussteller nicht auf Erfüllung gem § 172 Abs 2 haften lassen, sondern lediglich wegen vorvertraglicher Pflichtverletzung gem §§ 280 Abs 1, 311 Abs 2 zum Ersatz des negativen Interesses verpflichtet (BGHZ 65, 13, 15; dazu Vorbem 49 zu §§ 116 ff). Dem entspricht, dass bei abhanden gekommenen Willenserklärungen wie zB bei dem Entwurf eines Briefes, den die Sekretärin versehentlich zur Post gibt, nicht § 120 oder § 172 Abs 2 analog anzuwenden sind, sondern allenfalls eine Haftung auf das negative Interesse analog § 122 gerechtfertigt ist (dazu Vorbem 49 zu §§ 116 ff sowie unten Rn 4). Keine Anwendung findet § 120 auch beim Versand unverschlüsselter und nicht digitalisierter E-Mails durch Unbefugte (BAMBERGER/ROTH/WENDTLAND Rn 5; zur Haftung des registrierten Nutzers Vorbem 57 zu §§ 116 ff).

Von der angemaßten Botenstellung ist die **Verfälschung** einer abgegebenen Willens- **4** erklärung **durch den beauftragten Boten** zu unterscheiden. Hat der Erklärende zur Übermittlung seiner Willenserklärung einen Boten eingeschaltet, treffen die Gründe für die Risikozurechnung gem § 120 auch zu, wenn der Bote vorsätzlich von dem Auftrag abweicht (MARBURGER AcP 173 [1973] 137 [153]; MEDICUS, AT Rn 748; LEENEN § 14 Rn 63; **aA** hM, vgl Rn 2). Der Auftraggeber hat die Möglichkeit, zuverlässige und geeignete Übermittlungspersonen auszuwählen sowie diese zu überwachen; er vermag daher auch das Risiko *vorsätzlich* falscher Übermittlung in gewissem Umfang zu beherrschen oder zu steuern. Insofern ist er auch näher dran als der Adressat der Erklärung, das Fälschungsrisiko in gleichem Umfang zu tragen, als wäre ihm selbst ein Fehler bei der Abgabe der Erklärung unterlaufen (MARBURGER AcP 173 [1973] 137, 155 f; MEDICUS, AT Rn 748; tendenziell auch MünchKomm/KRAMER Rn 4; LARENZ aaO, die jedenfalls eine Haftung des Auftraggebers analog § 122 befürworten). § 120 verlangt dagegen nicht eine Parallelität zur Irrtumsregelung dergestalt, dass der Botenirrtum unter einen der Tatbestände der §§ 116 ff zu subsumieren ist (so SCHILKEN 220) oder entsprechend dem § 119 wenigstens einen unbewussten Fehler voraussetzt (dagegen zutr MARBURGER AcP 173 [1973] 137, 145 f). Neben der Haftung gem §§ 120, 122 besteht im Übrigen kein Bedürfnis mehr für eine Haftung des Auftraggebers wegen **culpa in contrahendo** (dafür zB SOERGEL/HEFERMEHL Rn 4 aE; PALANDT/ELLENBERGER Rn 4). Teilweise wird eine einschränkende Auslegung des § 120 auch deshalb befürwortet, weil sonst Wertungswidersprüche zu den Regeln der – tatbestandlich nur unwesentlich verschiedenen – **Stellvertretung** drohten (KIEHNLE RabelsZ 75 [2011] 318, 333; ders VersR 2008, 1606, 1609 ff). Indessen darf man bei dem Vergleich nicht außer Acht lassen, dass der Geschäftsherr nicht nur bei der Einschaltung eines pflichtwidrig agierenden Boten dem Haftungsrisiko der §§ 120, 122 ausgesetzt ist, sondern auch bei einer Stellvertretung. Angesichts weitgehender gesetzlicher Typisierungen der Vertretungsmacht im kaufmännischen Verkehr und Gesellschaftsrecht sowie den Regeln über die Rechtsscheinhaftung (PRÜTTING/WEGEN/WEINREICH/AHRENS Rn 4) und das Verschulden bei Vertragsschluss (BGHZ 65, 13, 15; Vorbem 49 zu §§ 116 ff) bleiben nur wenige Fälle, in denen der Vertretene für Vollmachtsüberschreitungen nicht haftet. Bei einseitigen Rechtsgeschäften wie Kündigung, Anfechtung und dgl. sowie der Annahme eines Vertragsangebots (MünchKomm/Schramm § 174 Rn 2) kann sich der Empfänger zudem dadurch schützen, dass er die Vorlage einer Vollmachtsurkunde verlangt (§ 174).

3. Besondere Übermittlungsfehler

5 Aus den gleichen Gründen spielt es für die Anwendung von § 120 keine Rolle, ob der Sinn der **Erklärung völlig verändert** wird wie zB in dem Fall, in dem die per Telegramm aufgegebene Offerte mit dem Inhalt „verkaufen" beim Empfänger in verstümmelter Form mit dem Inhalt „kaufen" ankommt (genau umgekehrt verhielt es sich im legendären *Köln–Frankfurter Telegraphenfall* aus dem Jahre 1856, vgl LG Köln Zs f dt Recht u dt Rechtswiss 19 [1859] 456 ff; dazu Marburger AcP 173 [1973] 137, 150 f; Kiehnle RabelsZ 75 [2011] 317, 322 f; s ferner Larenz, AT § 20 II a = S 377). Entsprechendes gilt für die Übermittlung an den **falschen Adressaten**, sofern sich nicht aus dem Inhalt der Erklärung ergibt, dass sie für einen anderen Adressaten bestimmt ist (Flume § 23, 3 = S 457; Palandt/Ellenberger Rn 3; Soergel/Hefermehl Rn 7). Unerheblich ist des Weiteren, ob die Falschübermittlung auf einer mentalen Veränderung der Erklärung beruht oder durch **Naturereignisse** verursacht wird. So handelt es sich durchaus um einen Fall von § 120, wenn eine Postkarte vom Postboten dem Regen ausgesetzt und dadurch teilweise unleserlich wird (aA Staudinger/Dilcher¹² Rn 7). Auch hier erfordert das Selbstbestimmungsprinzip, dass Ungewolltes außer Kraft gesetzt werden kann, rechtfertigt andererseits das Prinzip der Risikozurechnung, dass das Vertrauen des Empfängers auch bei solchen Übermittlungspannen geschützt wird. Wegen der gleich zu bewertenden Interessenlage sollte § 120 auch dann zur Anwendung kommen, wenn eine **urkundlich verkörperte Willenserklärung übermittelt** wurde, doch gilt dies nicht, wenn die Erklärung widerrufen wurde (OLG Koblenz BB 1994, 819, 820; zur Rechtsscheinhaftung in diesem Fall oben Rn 3). **Ergibt die Erklärung** für den Empfänger infolge des Übermittlungsfehlers **überhaupt keinen Sinn**, zB bei einer in fremder Sprache abgefassten Erklärung, fehlt es nach allgemeinen Auslegungsgrundsätzen bereits am Tatbestand einer Willenserklärung, so dass es hier keiner Anfechtung bedarf (Staudinger/Dilcher¹² Rn 8; Erman/Palm Rn 3).

II. Die zur Übermittlung verwendete Person oder Anstalt

6 § 120 betrifft die Übermittlung fremder Willenserklärungen. Bei den zur Übermittlung verwendeten Personen handelt es sich also um **Boten** (Staudinger/Dilcher¹² Rn 2). Als Bote wird auch der Dolmetscher tätig (BGH WM 1963, 165, 166). Bei den Anstalten, die zur Übermittlung verwendet werden, dachten die Gesetzesverfasser zwar in erster Linie an „Telegraphen- oder Fernsprechanstalten" (Mot I 203), doch ist der Begriff untechnisch zu verstehen und umfasst im weitesten Sinne sämtliche Unternehmen, die Nachrichten übermitteln, also die Deutsche Post AG und ihre Mitbewerber (vgl §§ 5, 51 PostG vom 30. 12. 1997, BGBl I 3294), die Deutsche Telekom AG und andere Anbieter von Telekommunikationsdienstleistungen (vgl Fritsche/Malzer DNotZ 1995, 3, 13 f; Mehrings MMR 1998, 30, 32; OLG Frankfurt MMR 2003, 405, 406; vgl dazu auch § 119 Rn 36). Auf **telefonisch übermittelte Willenserklärungen** ist § 120 **nicht** anzuwenden, da hier keine anderen Missverständnisse auftreten können als bei einem direkten rechtsgeschäftlichen Kontakt und folglich kein Bedarf für die Anwendung von § 120 besteht (ähnl Larenz, AT § 20 II a = S 377). Anders verhält es sich wiederum bei der telefonischen Aufgabe oder Übermittlung eines **Telegramms**, da

hier Boten in den Übermittlungsvorgang eingeschaltet und somit Tatbestand und Funktion von § 120 unmittelbar einschlägig sind.

Beim Tätigwerden von **Stellvertretern** ist § 120 nicht anzuwenden, da der Stellvertreter eine eigene Willenserklärung abgibt und somit keine fremde übermittelt (zur Abgrenzung STAUDINGER/SCHILKEN [2009] Vorbem 73 ff zu §§ 164 ff). Der Irrtum des Stellvertreters berechtigt zur Anfechtung (§ 166), wenn ein unter §§ 119 ff subsumierbarer Irrtum vorliegt (ERMAN/PALM Rn 2). Anfechtungsberechtigt ist der Vertretene, bei vollmachtloser Vertretung wegen § 179 der Vertreter (STAUDINGER/SCHILKEN § 166 Rn 19 u § 179 Rn 10). § 120 gilt des Weiteren nur für Übermittlungsfehler des *vom Absender beauftragten* **Erklärungsboten**. Bei der Falschübermittlung durch einen **Empfangsboten** handelt es sich dagegen um eine Frage des Zugangs gem § 130. Nach hM trägt hier der Erklärungsempfänger das Risiko von Fehlübermittlungen, sofern von einer Empfangsermächtigung der Übermittlungsperson auszugehen ist (FLUME § 23, 3 = S 456 f; LARENZ, AT § 20 IIa = S 377; SCHILKEN 221 f; SOERGEL/HEFERMEHL Rn 9; PALANDT/ELLENBERGER Rn 2; Einzelheiten § 130 Rn 54 ff). Eine Anfechtung wegen Irrtums kommt im Übrigen nur hinsichtlich der eigenen Willenserklärung in Betracht (FLUME § 23, 3 = S 457; SCHILKEN 221). So liegt zB ein Fall des § 119 Abs 1, 1. Alt vor, wenn der Empfänger sein Einverständnis mit dem falsch übermittelten Angebot des Absenders erklärt. Kommt zB das Angebot des A „Verkaufe Aktien" durch einen Übermittlungsfehler des Empfangsboten mit dem Inhalt „Kaufe Aktien" an, dann bedeutet das Einverständnis des Adressaten B objektiv (aus der Sicht des Antragenden), dass B Aktien „kaufen" will, während sein Wille darauf gerichtet ist, Aktien zu „verkaufen". 7

III. Innenverhältnis zwischen Absender und Erklärungsboten

Die §§ 120, 122 betreffen lediglich das Verhältnis zwischen Absender und Adressaten der Willenserklärung. Die Haftung des Boten gegenüber seinem Auftraggeber bestimmt sich nach dem jeweiligen Innenverhältnis, das Auftrag, Geschäftsbesorgungsvertrag, Dienst- oder Arbeitsverhältnis oder bloße Gefälligkeit sein kann (MünchKomm/KRAMER Rn 8). Für Verträge mit der **Deutschen Post AG** sehen für Briefsendungen einen vollständigen **Haftungsausschluss** vor (vgl insbes Ziff 6 Abs 2 AGB Brief National, Stand 01/2004), der trotz der damit verbundenen Rechtlosstellung des Kunden einer Inhaltskontrolle nach § 307 Abs 2 Nr 2 standhalten dürfte. Denn die Massenbeförderung von Briefen kann im Interesse der Allgemeinheit nur schnell und kostengünstig erfolgen, wenn auf umfangreiche und kostspielige Überwachungs- und Sicherungsmaßnahmen zugunsten der Individualinteressen verzichtet wird (vgl OLG Köln ArchPT 1992, 144, 146 f; BGH ArchPT 1992, 147 f zu § 11 Abs 1 PostG aF; die dort maßgebenden Gründe besitzen auch für Aussagekraft für die Interessenabwägung gem § 307 Abs 2 Nr 2, vgl ALTMANNSPERGER ArchPT 1992, 148, 149; STOBER/MOELLE, in: Stern [Hrsg], Postrecht der Bundesrepublik Deutschland [1997] § 11 PostG Rn 5 u 21; aA GRAMLICH NJW 1998, 866, 871 f). Auch für Anbieter von **Telekommunikationsdienstleistungen** sind haftungsrechtlich keine Besonderheiten anzuerkennen. Die gem § 44a TKG (Telekommunikationsgesetz v 22. 6. 2004, BGBl I 1190) vorgesehene Haftungsbeschränkung für Vermögensschäden bis zum Höchstbetrag von 12 500 € je Endnutzer verstößt als *gesetzliche* Haftungsbegrenzung nicht gegen § 309 Nr 7. 8

§ 121
Anfechtungsfrist

(1) Die Anfechtung muss in den Fällen der §§ 119, 120 ohne schuldhaftes Zögern (unverzüglich) erfolgen, nachdem der Anfechtungsberechtigte von dem Anfechtungsgrund Kenntnis erlangt hat. Die einem Abwesenden gegenüber erfolgte Anfechtung gilt als rechtzeitig erfolgt, wenn die Anfechtungserklärung unverzüglich abgesendet worden ist.

(2) Die Anfechtung ist ausgeschlossen, wenn seit der Abgabe der Willenserklärung zehn Jahre verstrichen sind.

Materialien: E II § 96; III § 117; Prot I 112; VI 122; BT-Drucks 14/6040, S 98; STAUDINGER/BGB-Synopse 1896-2000 § 121.

Schrifttum

ARNOLD, Zu den Grenzen der Normentheorie. Die Beweislast bei non liquet über das Verstreichen von Anfechtungsfristen, AcP 209 (2009) 285

PICKER, Die Anfechtung von Arbeitsverträgen, ZfA 1981, 1

WOLF/GANGEL, Anfechtung und Kündigungsschutz, AuR 1992, 271.

Systematische Übersicht

I.	**Allgemeines**		c)	Bewusstsein des Irrtums	7
1.	Überblick über die Regelung und ihre Funktion	1	2.	Unverzüglichkeit der Anfechtung	8
2.	Ausschlussfristen	2	**III.**	**Beweislast**	10
3.	Anwendungsbereich	3			
			IV.	**Die Rechtzeitigkeit der „Abgabe" gemäß § 121 Abs 1 S 2**	11
II.	**Anfechtungsfrist des § 121 Abs 1**				
1.	Kenntnis des Anfechtungsgrundes	4			
a)	„Zuverlässige Kenntnis" und treuwidrige Kenntnisverweigerung	5	**V.**	**Die Ausschlussfrist des § 121 Abs 2**	13
b)	Einzelfälle treuwidriger Kenntnisverweigerung	6			

I. Allgemeines

1. Überblick über die Regelung und ihre Funktion

1 § 121 macht die Ausübung des Anfechtungsrechts von der Einhaltung bestimmter Fristen abhängig. Sobald der Anfechtungsberechtigte weiß, dass einer der Anfechtungsgründe der §§ 119, 120 vorliegt, muss er unverzüglich die Anfechtung erklären, spätestens aber 10 Jahre nach Abgabe der Willenserklärung (zur Anfechtungserklärung, Anfechtungsberechtigung und zum Anfechtungsgegner vgl STAUDINGER/ROTH [2010]

§ 143 Rn 2 ff, 14 ff und 17 ff). Die Regelung des § 121 ist eine Konsequenz der gesetzgeberischen Entscheidung für das Anfechtungsmodell (dazu Vorbem 23 ff zu §§ 116 ff). Das Anfechtungsrecht verleiht dem Irrenden ein **Wahlrecht**, das nach freiem Belieben ausgeübt werden kann. Geschäftspartner oder Dritte sollten darauf keinen Einfluss haben und den Mangel nicht gegen den Willen des Irrenden geltend machen dürfen (Prot I 106). Das Wahlrecht bedarf aber zeitlicher Begrenzung, um zu verhindern, dass der Anfechtungsberechtigte auf Kosten des Gegners spekuliert (MUGDAN Bd 1 S 718). Die durch die Ausübung des Gestaltungsrechts auflösend bedingte, „schwebende" Wirksamkeit des anfechtbaren Rechtsgeschäfts begünstigt tendenziell die Aufrechterhaltung gestörter Rechtsgeschäfte und dient somit auch dem **Verkehrs- und Vertrauensschutz** (Vorbem 23 ff zu §§ 116 ff). Die endgültige Bindung an das Erklärte lässt sich mit der erhöhten Verantwortung für den Willensmangel rechtfertigen, nachdem der Irrende davon Kenntnis erlangt hat und nun weiß, dass der Geschäftspartner auf die Gültigkeit der Erklärung vertraut. In vergleichbaren Fällen bewusster Täuschung hält das Gesetz den Verantwortlichen ebenfalls an seinem Versprechen fest (vgl §§ 116 S 1, 170–172, 179 Abs 1 und § 463 S 1; näher dazu Vorbem 24 zu §§ 116 ff).

2. Ausschlussfristen

Die Anfechtungsfristen gem § 121 Abs 1 und 2 sind **Ausschlussfristen** (zum Begriff vgl STAUDINGER/PETERS/JACOBY [2009] Vorbem 14 zu §§ 194 ff). Das bedeutet, dass das Anfechtungsrecht nur innerhalb der Fristen wirksam ausgeübt werden kann und ihr Ablauf von Amts wegen zu berücksichtigen ist (ERMAN/PALM Rn 1). Eine Unterbrechung oder Hemmung des Fristablaufs kommt nicht in Betracht (MünchKomm/KRAMER Rn 10). 2

3. Anwendungsbereich

§ 121 bezieht sich nur auf die Anfechtungsgründe gem §§ 119, 120, nicht auf § 123, für den die Ausschlussfrist des § 124 gilt. Soweit Rechtsgeschäfte wegen eines **Motivirrtums** angefochten werden können, was nach der hier vertretenen Auffassung bei dessen Veranlassung durch den Anfechtungsgegner, bei einem gemeinsamen Irrtum über die Geschäftsgrundlage und beim erkannten und ausgenutzten Motivirrtum in Betracht kommt (vgl § 119 Rn 57 ff, 74 ff), finden die §§ 119 Abs 1 und 121 entsprechende Anwendung (vgl § 119 Rn 59 u 78). 3

II. Anfechtungsfrist des § 121 Abs 1

1. Kenntnis des Anfechtungsgrundes

Die Anfechtung muss unverzüglich erfolgen, nachdem der Anfechtungsberechtigte von dem Anfechtungsgrund (Rn 3) Kenntnis erlangt hat. Die Kenntnis des **Vertreters** wird dem Vertretenen gem § 166 Abs 1 zugerechnet, sofern dieser zur Anfechtung ermächtigt ist (BGH LM Nr 5 zu § 96 BEG 1956 [unter 6.]; NJW 1983, 2034, 2035; BVerwG NJW 2010, 3048, 3049; STAUDINGER/SCHILKEN [2009] § 166 Rn 13; zur Unverzüglichkeit in diesem Fall vgl Rn 9 aE; zur Zurechnung des Anwaltsverschuldens vgl Rn 10). Liegen **mehrere Anfechtungsgründe** vor, laufen für jeden einzelnen Willensmangel getrennte Fristen, die jeweils in dem Zeitpunkt beginnen, in dem der Anfechtungsberechtigte von ihnen Kenntnis erlangt (ERMAN/PALM Rn 2; MünchKomm/KRAMER Rn 3). Wird die Anfechtung mit einer 4 bestimmten Begründung erklärt, können andere Gründe, deren Geltendmachung verfristet ist, nicht **nachgeschoben** werden (BGH NJW 1966, 39; BAG BB 1981, 1156 f). Nur **positive Kenntnis** setzt die Frist in Lauf, bloßes **Kennenmüssen genügt nicht** (RG LZ 1916 Sp 1225; BGH WM 1973, 750, 751; BAG NJW 1984, 446, 447; STAUDINGER/DILCHER[12] Rn 6; MünchKomm/KRAMER Rn 5). Der Anfechtungsberechtigte muss sich die erforderliche Kenntnis daher nicht durch besondere Nachforschungen verschaffen (weitergehend bei ernsthaften Zweifeln ERMAN/PALM Rn 2; dazu sogleich Rn 5).

a) „Zuverlässige Kenntnis" und treuwidrige Kenntnisverweigerung

5 Rechtsprechung und Schrifttum fordern allerdings nicht, dass der Anfechtungsberechtigte volle Überzeugung vom Vorliegen eines Irrtums haben müsse, sondern verlangen lediglich eine **„zuverlässige"** Kenntnis, die über bloße Zweifel, Vermutungen oder den Verdacht eines Irrtums hinausgehen soll (RG Recht 1912 Nr 2915; JW 1914, 347; Gruchot 1915, 481, 483; BGH DB 1967, 1807; WM 1973, 750, 751; BAG NJW 1984, 446, 447; DB 1988, 2107, 2108; BayObLG NJW-RR 1998, 797, 798; KG NJW-RR 2004, 942, 943; LG Berlin NJW 1991, 1238, 1240; SOERGEL/HEFERMEHL Rn 3; STAUDINGER/DILCHER[12] Rn 6; ERMAN/PALM Rn 2; MünchKomm/KRAMER Rn 5; PALANDT/ELLENBERGER Rn 2; LARENZ/WOLF § 36 Rn 98). Die genannten Abgrenzungskriterien ermöglichen allerdings keine zuverlässige Subsumtion. So herrscht denn auch Uneinigkeit in der Frage, ob bereits die erkannte Möglichkeit, dass eine Willenserklärung anders ausgelegt werden könnte, als sie der Erklärende versteht, das nötige Maß an Überzeugung gewährleistet und eine – zulässige – **Eventualanfechtung** erzwingt (so BGH NJW 1968, 2099; OLG München WM 1988, 1408, 1409; OLG Bamberg NJW 1993, 2813, 2815; PALANDT/ELLENBERGER Rn 2; MünchKomm/KRAMER § 143 Rn 6; SOERGEL/HEFERMEHL Rn 8; BGB-RGRK/KRÜGER-NIELAND Rn 10), oder ob es sich um bloße Zweifel handelt, auf die noch nicht reagiert werden muss (so RG Gruchot 1915, 481, 483; LZ 1916 Sp 1225; wohl auch BGH WM 1961, 785, 787 und LS 5, wo offenbar verlangt wird, dass der Irrtum durch die Auslegung der Erklärung „endgültig festgestellt" wird; dagegen wiederum ERMAN/PALM Rn 2). Die gleiche Problematik stellt sich bei anderen gesetzlichen Vorschriften, die ebenfalls positive Kenntnis voraussetzen, zB bei den §§ 116 S 2, 138, 179 Abs 1, 814, 817 S 2, 819 Abs 1, 852 Abs 1, 990 Abs 1 S 2 oder § 1954 Abs 2 S 1 (vgl LARENZ/CANARIS, SchR II/1 § 73 II 1a = S 309 f; KG NJW-RR 2004, 942, 943). Dabei ist einerseits der Versuchung zu widerstehen, fahrlässiges Nichtkennen der Kenntnis gleichzustellen (deutlich BGH WM 1973, 750, 752; vgl auch BAG DB 1988, 2107, 2108). Es ist daher nicht zutreffend, wenn man bei einem Irrtum über die richtige Auslegung eines Rechtsgeschäfts ausschließlich auf das – zumeist vorliegende – Verschulden des Anfechtungsberechtigten abstellt (so aber SOERGEL/HEFERMEHL Rn 8; MünchKomm/KRAMER Rn 6). Das Verschulden bezieht sich bei § 121 nur auf die Verzögerung der Anfechtungserklärung, setzt jedoch die Kenntnis des Anfechtungsgrundes voraus. Andererseits ist **Missbräuchen** durch die nur schwer zu widerlegende Vortäuschung fehlender Kenntnis wirksam zu begegnen. Dabei kann auf Grundsätze zurückgegriffen werden, die bei anderen, positive Kenntnis voraussetzenden Normen ebenfalls zur Anwendung kommen und – anknüpfend an den Rechtsgedanken des § 162 Abs 1 – die treuwidrige Kenntnisverweigerung der Kenntnis gleich stellen. Danach ist von einer **positiven Kenntnis** auszugehen, wenn **der Anfechtungsberechtigte vor sich aufdrängenden Schlussfolgerungen gleichsam die Augen verschließt** (vgl zu dieser im Zusammenhang mit den §§ 138 Abs 1, 819 Abs 1 oder 990 Abs 1 S 2 so oder ähnlich verwendeten Formel BGHZ 26, 256, 260; 32, 76, 92; 80, 153, 160 f; 133, 246, 251; BGH NJW 1996, 2030, 2031; LARENZ/CANARIS § 73 II 1 a = S 309 f; STAUDINGER/SACK [2003] § 138 Rn 61; STAUDINGER/W LORENZ [2007] § 819 Rn 6; PALANDT/BASSENGE § 990 Rn 5).

b) Einzelfälle treuwidriger Kenntnisverweigerung

Eine treuwidrige Kenntnisverweigerung iSv § 162 Abs 1 ist anzunehmen, wenn einer **6** des Deutschen nicht hinreichend mächtigen Ausländerin jedenfalls klar war, dass die von ihr unterzeichneten Erklärungen wesentlich inhaltsreicher waren als das, was sie (angeblich) verstanden hatte (vgl OLG München WM 1988, 1408, 1409; dazu auch § 119 Rn 24); einer Eventualanfechtung bedarf es hier nicht. Ergibt sich aus den Gründen eines erstinstanzlichen Urteils, dass sich der Anfechtungsberechtigte im Irrtum über die Nachlasszugehörigkeit eines Vermögensgegenstandes befindet, so läuft spätestens mit dem Datum der Berufungsschrift, die diesen Standpunkt bekämpft, die Anfechtungsfrist (BayObLG NJW-RR 1998, 797, 798). Von einem „die Augen Verschließen" kann freilich keine Rede sein, wenn dem Berechtigten eine Mitteilung zugeht, die zu gewichtigen Zweifeln Anlass bietet (BGH DB 1967, 1807; STAUDINGER/DILCHER[12] Rn 6), wenn die an den Berechtigten gerichtete Mahnung inhaltlich nicht aussagekräftig ist (BGH WM 1973, 750, 752) oder noch weitere Ermittlungen erforderlich sind, um den Sachverhalt aufzuklären (RG JW 1914, 347). Bloße Behauptungen des Gegners verschaffen noch keine zuverlässige Kenntnis (RG WarnR 1918 Nr 25). Erst recht genügt es nicht, wenn der Tatbestand des Irrtums objektiv noch nicht feststeht (abw LG Berlin NJW 1991, 1238, 1240 betr Irrtum über politische Stabilität der ehem DDR; vgl dazu wiederum § 119 Rn 87). Aus dem gleichen Grunde sollte schließlich die bloße **Möglichkeit eines Irrtums** nicht ausreichen und den Berechtigten zu einer vorsorglichen Anfechtung nötigen, wenn eine andere, von ihm nicht geteilte Auslegung der Willenserklärung in Betracht kommt (vgl die Nachw oben Rn 5). Solange nicht feststeht, ob sich der Anfechtungsberechtigte in einem Irrtum befunden hat, kann er schon aus Gründen der Logik keine Kenntnis davon haben. Insofern hat er auch keine Veranlassung, tätig zu werden. Gänzlich unvertretbaren Zweifeln am Vorliegen eines Irrtums sollte freilich – wie dargelegt – durch entsprechende Anwendung des § 162 Abs 1 begegnet werden. Besteht somit zwar keine Obliegenheit zur Anfechtung bei nur möglichen Irrtümern, so bestehen andererseits auch keine Bedenken gegen die Wirksamkeit und damit auch Rechtzeitigkeit einer **Eventualanfechtung**, die bereits zu einem Zeitpunkt erfolgte, als der Irrtum über die Auslegung eines Rechtsgeschäfts noch nicht endgültig festgestanden hat (BGH WM 1961, 785, 787; s a BGH NJW 1968, 2099; 1979, 765). Hat der Anfechtungsberechtigte seinen Irrtum bemerkt und hält er lediglich eine Anfechtung für überflüssig, geht es nicht um die Unkenntnis des Anfechtungsgrundes, sondern um die Unkenntnis der Anfechtungsbedürftigkeit. Insofern stellt sich höchstens die Frage, ob das Versäumen der Anfechtungsfrist verschuldet ist (vgl dazu Rn 7 und 9).

c) Bewusstsein des Irrtums

Anfechtungsgrund ist der Irrtum, nicht die **Tatsachen**, auf die sich der Irrtum bezieht **7** (RGZ 85, 221, 223; vgl aber OLG Hamm OLGZ 1985, 286, 290; BayObLG NJW-RR 1997, 72, 74). Daraus wird zum Teil abgeleitet, dass die Kenntnis des richtigen Sachverhalts nicht immer ausreicht, um die Anfechtungsobliegenheit des § 121 zu begründen, sondern dass sich der Erklärende **seines Irrtums bewusst sein** müsse (RGZ 85, 221, 223 f; STAUDINGER/DILCHER[12] Rn 7; SOERGEL/HEFERMEHL Rn 5). Wenn der Anfechtungsberechtigte die maßgeblichen Tatsachen kennt, aus denen sich der Irrtum ergibt, dürfte freilich regelmäßig der Einwand erhoben werden, dass dieser *vor nahe liegenden Schlussfolgerungen nicht die Augen verschließen* darf (vgl soeben Rn 5 f; auch KG NJW-RR 2004, 742, 743). Dies gilt nicht zuletzt auch für den Konkursverwalter, der die Konsequenzen seines Erfüllungsverlangens nicht erkannt haben will und damit vom Reichsgericht zu Unrecht gehört wurde (RGZ 85, 221, 224). Von der Unkenntnis des Anfechtungsgrundes ist die **Unkenntnis der Anfechtungsbedürftigkeit** zu unterscheiden. Sofern der Anfechtungsberechtigte den Anfechtungsgrund kennt, beginnt die Frist des § 119 zu laufen ohne Rücksicht darauf, ob der Anfechtungsberechtigte über das Bestehen eines Anfechtungsrechts und die Notwendigkeit anzufechten Bescheid weiß (RGZ 134, 25, 32; BayObLGZ 1993, 88, 94 f; NJW-RR 1997, 72, 74; 1998, 797, 798; OLG Hamm OLGZ 1985, 286, 289; SOERGEL/HEFERMEHL Rn 5). Allerdings kann ein solcher Rechtsirrtum unter besonderen Voraussetzungen den Vorwurf entkräften, es handele sich um ein „schuldhaftes" Zögern (vgl dazu unten Rn 9). Um eine Frage der Anfechtungsbedürftigkeit geht es auch in dem Fall, in dem der Anfechtungsberechtigte seinen Irrtum erkannt hat und irrtümlich glaubt, *eine Anfechtung sei überflüssig, weil der Gegner den Irrtum erkannt hat.* Hat er für diese Annahme keine plausiblen Anhaltspunkte, ist das Versäumen der Anfechtungsfrist verschuldet (iE zutr daher ENNECCERUS/NIPPERDEY § 170 I 1 a = S 1056; ERMAN/PALM Rn 3; SOERGEL/HEFERMEHL Rn 8; MünchKomm/KRAMER Rn 6).

2. Unverzüglichkeit der Anfechtung

8 Während die zehnjährige Frist gem Abs 2 genau bestimmt ist, handelt es sich bei dem Erfordernis unverzüglicher Anfechtung gem Abs 1 um eine „elastische" Frist (LARENZ, AT § 20 II c = S 385). „Unverzüglich" bedeutet nach der Erläuterung des § 121 Abs 1 S 1 „ohne schuldhaftes Zögern". Die **Legaldefinition** gilt für das gesamte Privatrecht (§§ 377 Abs 1, Abs 3 HGB, 92 Abs 1 AktG, 9 MuSchG, 91 Abs 5 SGB XI) und öffentliche Recht (§§ 216 Abs 2 ZPO, 68 b Abs 1 S 1 Nr 8 StGB, 23 Abs 2 S 1 u 3 VwVfG, 94 Abs 4 S 1 SGB XII), stellt aber je nach Kontext durchaus unterschiedliche Anforderungen an die Reaktionszeit des Verpflichteten. So ist bei der Mängelanzeige des § 377 Abs 2 HGB im Zweifel größere Eile geboten als bei der Anfechtungsobliegenheit des § 121 (RGZ 64, 159, 162; BGH WM 1962, 511, 513). Auf den Maßstab des § 121 Abs 1 S 1 wird im übrigen auch verwiesen, wenn der Begriff „unverzüglich" in einem Rechtsgeschäft (RGZ 75, 354, 357: Fristsetzung gem § 542 Abs 1 S 2 aF; jetzt § 543 Abs 3 S 1), in AGB (vgl zB § 2 Nr 8 Abs 2 VOB/B; dazu BGH NJW-RR 1994, 1108, 1109; s ferner OLG Bamberg NJW 1993, 2813, 2814: Verlustanzeige für Kreditkarte) oder in einem Tarifvertrag (LAG Köln DB 1983, 1771 f: Mitteilung der Arbeitsunfähigkeit gem § 47 Abs 6 BAT) verwendet wird.

9 Da nur „**schuldhaftes Zögern**" schadet, bedeutet „**unverzüglich**" **nicht** etwa **sofort** (RGZ 124, 115, 118; BGH WM 1962, 511, 513; SOERGEL/HEFERMEHL Rn 7). Vielmehr hat der Anfechtungsberechtigte die Erklärung so rechtzeitig abzugeben, wie ihm dies unter den gegebenen Umständen und unter Berücksichtigung der Interessen des anderen Teils an alsbaldiger Aufklärung **möglich und zumutbar** war (BGH NJW-RR 1994, 1108, 1109; LARENZ, AT § 20 II c = S 385). Danach steht dem Berechtigten eine angemessene Überlegungsfrist zu, um sich über Bedeutung und Folgen der Anfechtung klar zu werden. Soweit erforderlich, darf er – in der gebotenen Eile (BAG NJW 1991, 2723, 2725) – **Rechtsrat** einholen (RG HRR 1931 Nr 584; RGZ 156, 334, 336). Selbst wenn Rechtsrat eingeholt werden muss, darf mit der Anfechtung **nicht drei Wochen** gewartet werden, wenn sonst keine besonderen Umstände vorliegen (OLG Hamm NJW-RR 1990, 523; vgl auch BGH NJW-RR 1994, 1108, 1109; BAG BB 1981, 1156, 1157; OLG Braunschweig VersR 1967, 73, 74 [mehrere Monate]; KG NJOZ 2001, 1121, 1123 [ein Monat]). Bei der Anfechtung von Arbeitsverträgen wegen Eigenschaftsirrtums orientiert sich das

BAG an der **Frist des § 626 Abs 2 S 1** (BAG NJW 1980, 1302, 1303; Wolf/Gangel AuR 1992, 271, 274 f; Larenz/Wolf § 36 Rn 100; Palandt/Ellenberger Rn 3; krit Picker ZfA 1981, 15 ff und 111 ff; ders, SAE 1981, 86, 87; Soergel/Hefermehl Rn 7), doch handelt es sich hier um eine Obergrenze, die selbst bei der gebotenen Einholung von Rechtsrat nicht zwangsläufig ausgeschöpft werden darf (BAG NJW 1991, 2723, 2726; vgl auch BAG NJW 1981, 1332, 1335: 9 Tage für Kündigung gem § 18 Abs 6 SchwBG aF = § 91 Abs 5 SGB XI nicht mehr „unverzüglich"). Nach dem hier vertretenen Standpunkt (vgl § 119 Rn 86 u 111) geht bei einem Irrtum über Eigenschaften des Arbeitnehmers das vertragsnahe Leistungsstörungsrecht vor, so dass § 626 Abs 2 S 1 nur gilt, falls wegen der Leistungsstörung außerordentlich gekündigt würde. Für die ordentliche Kündigung gilt § 626 Abs 2 nicht (vgl Staudinger/Preis [2002] § 626 Rn 285). Davon abgesehen sollte bei der Konkretisierung des § 121 Abs 1 S 1 nicht allein der **Zeitraum** entscheiden, der zwischen Kenntniserlangung und Abgabe der Anfechtungserklärung verstreicht (BGH WM 1962, 511, 513). Es gibt keine Regel des Inhalts, dass „am Tage nach Erlangung der Kenntnis" angefochten werden müsse (Staudinger/Dilcher[12] Rn 4; zu eng daher RGZ 64, 159, 163). Unter besonderen Umständen kann es gerechtfertigt sein, dass der Anfechtungsberechtigte die Erlangung eines Arrestbefehls gegen den Anfechtungsgegner abwartet und sogar erst nach einem Monat die Anfechtung erklärt, wenn er bei früherem Vorgehen befürchten muss, dass dieser Waren ins Ausland schafft und dadurch die mit der Anfechtung bezweckte Restitution des früheren Zustandes vereitelt (RGZ 124, 115, 118 f). Es ist ferner nicht zu beanstanden, wenn der Anfechtungsberechtigte zunächst eine vergleichsweise Erledigung der durch den Irrtum aufgeworfenen Differenzen anstrebt und erst wenige Tage nach der Ablehnung seines Vergleichsvorschlages die Anfechtung erklärt (BGH WM 1962, 511, 513) oder wenn er eine notwendige Aufklärung des Sachverhaltes abwartet (RGZ 64, 159, 163; 156, 334, 337), die freilich ihrerseits mit der gebotenen Eile durchgeführt werden muss (BAG NJW 1980, 1302, 1303). Sofern bei Geschäftsunfähigkeit des Erklärungsgegners für diesen ein Pfleger bestellt werden muss (§§ 131 Abs 1, 1629 Abs 2, 1795 Abs 2), ist der erforderliche Antrag ebenfalls unverzüglich zu stellen (RGZ 156, 334, 336 f). Falls ein Vertreter anfechtungsberechtigt ist und er Kenntnis vom Anfechtungsgrund erlangt hat, darf dieser erst noch mit dem Vollmachtgeber Kontakt aufnehmen, bevor er die Anfechtung erklärt (RG SeuffA 84 Nr 1). Ein **Rechtsirrtum über die Anfechtungsbedürftigkeit** (oben Rn 7 aE) ist nicht immer verschuldet, sondern kann unter bestimmten Voraussetzungen (vgl § 119 Rn 74 ff) den Vorwurf „schuldhaften" Zögerns ausräumen (vgl auch RGZ 152, 228, 232: unter „strengen" Voraussetzungen; ebenso Staudinger/Dilcher[12] Rn 5; MünchKomm/Kramer Rn 7). Entschuldigt ist der Rechtsirrtum insbesondere, wenn er primär vom Gegner zu verantworten ist (§ 119 Rn 74), was im vorliegenden Zusammenhang noch am ehesten denkbar ist, wenn dieser den Rechtsirrtum veranlasst hat. Ansonsten genügt es, dass der Anfechtungsberechtigte seine irrige Rechtsansicht aufgrund sorgfältiger Prüfung der Rechtslage gebildet hat (Palandt/Ellenberger Rn 3). Bei **Vertretung durch einen Anwalt** ist aber dessen Verschulden dem Berechtigten zuzurechnen (LAG Düsseldorf DB 1964, 1032; Staudinger/Dilcher[12] Rn 5; zur Wissenszurechnung oben Rn 4). Auch Verzögerungen, die durch die Überlastung der zuständigen Behörde oder Mängel der kaufmännischen Organisation verursacht sind, exkulpieren nicht (RAG HRR 1929 Nr 508; Erman/Palm Rn 3; MünchKomm/Kramer Rn 6). Geht es dagegen um die **Rechtsfrage, ob ein Irrtum besteht**, schadet gem § 121 Abs 1 S 1 nur positive Kenntnis (abw Soergel/Hefermehl Rn 8; MünchKomm/Kramer Rn 5 f, die Verschulden prüfen und im Regelfall bejahen). Ein diesbezüglicher Rechtsirrtum ist daher grundsätzlich beachtlich, sofern er nicht auf gänzlich unvertretbaren Erwägungen beruht und nach dem Rechtsgedanken von § 162 Abs 1 außer Betracht bleiben muss (oben Rn 5).

III. Beweislast

10 Auszugehen ist zunächst von dem Grundsatz, dass die Voraussetzungen der Anfechtung von der Partei darzulegen und ggf zu beweisen sind, die sich auf die Anfechtung beruft (vgl § 119 Rn 117). Beruft sich nun der Prozessgegner auf die Verspätung der Anfechtung, obliegt jedoch ihm – nicht dem Anfechtenden – der Beweis dafür, zu welchem Zeitpunkt der Anfechtende **Kenntnis** von seinem Irrtum erlangt hat (RGZ 57, 358, 362; BGH WM 1959, 348, 349; BAG NJW 1980, 1302, 1303; OLG München WM 1988, 1408, 1409; BAUMGÄRTEL/LAUMEN/PRÜTTING/KESSEN Rn 2 f; SOERGEL/HEFERMEHL Rn 12; vgl auch BGH NJW 1983, 2034, 2035; LM Nr 1 zu § 1594; RG JW 1914, 347; SeuffA 84 Nr 1). Entgegen ARNOLD (AcP 109 [2009] 285, 297) handelt es sich bei der Frage, ob das Anfechtungsrecht rechtzeitig ausgeübt wurde, nicht um eine Frage, welche die – vom Anfechtenden zu beweisenden – Voraussetzungen des Anfechtungsrechts betrifft, sondern um eine rechtsvernichtende Einwendung gegen das infolge des Irrtums zunächst entstandene und uU wegen Verfristung wieder erloschene Anfechtungsrecht. Die Tatsachen, aus denen sich das Erlöschen des Anfechtungsrechts ergibt, muss daher – wie die hM mit Recht annimmt – der Anfechtungsgegner beweisen. Der Beweis kann auch durch Indizien erbracht werden (BGH NJW 1983, 2034, 2035). Sofern danach festzustellen ist, dass die Anfechtungserklärung verspätet abgegeben wurde, ist es wiederum Aufgabe des Anfechtenden, den Nachweis zu führen, dass eine etwaige Verzögerung der Anfechtung nicht **schuldhaft** erfolgt sei (Nachw aaO). Die Frage, ob sich das Zögern als schuldhaftes darstellt, ist dabei eine Rechtsfrage, die der Nachprüfung durch das **Revisionsgericht** unterliegt (RGZ 64, 159, 161; 124, 115, 118).

IV. Die Rechtzeitigkeit der „Abgabe" gemäß § 121 Abs 1 S 2

11 Wird die Anfechtung gegenüber Abwesenden erklärt, bedarf es zu ihrer Wirksamkeit des Zugangs (§ 130 Abs 1). Hinsichtlich der Rechtzeitigkeit der Anfechtung weicht § 121 Abs 1 S 2 von dieser Regel ab und bestimmt, dass für die Rechtzeitigkeit unverzügliche Absendung genügt. Die Anfechtung muss also zwar nach wie vor zugehen, aber der Empfänger trägt das **Verzögerungsrisiko** (iE zutr ERMAN/PALM Rn 4). Das ist sachgerecht, weil und sofern der Absender auf die Verzögerung keinen Einfluss nehmen kann und auf der anderen Seite die Interessen des Anfechtungsgegners durch § 122 geschützt werden. Umgekehrt werden auch die Grenzen der Risikoverlagerung auf den Anfechtungsgegner sichtbar: Die Anwendung von § 121 Abs 1 S 2 ist nicht gerechtfertigt, wenn der Absender einen **unzuverlässigen oder umständlichen Übermittlungsweg** gewählt hat. Nur solche Risiken, die der Absender nicht beherrschen oder beeinflussen kann, dürfen ihn von seiner Verantwortung für die rechtzeitige Information des Gegners entlasten. Erklärt der Berechtigte die **Anfechtung in der Klageschrift**, liegen diese Voraussetzungen nicht vor, da die Klageschrift gem §§ 253 Abs 1, 271 Abs 1 ZPO bei Gericht eingereicht und erst von diesem an die beklagte Partei zugestellt wird (BGH NJW 1975, 39; WM 1981, 1302; BVerwG NJW 2010, 3048, 3050; STAUDINGER/DILCHER[12] Rn 2; PALANDT/ELLENBERGER Rn 4; SOERGEL/HEFERMEHL Rn 10; aA SCHUBERT JR 1975, 152 f, der – zu Unrecht – die Zustellung einer Klageschrift wie einen Zustellungsauftrag an den Gerichtsvollzieher gem § 132 Abs 1 behandeln möchte). Insoweit scheidet auch eine analoge Anwendung von § 167 ZPO aus, der die Wirkungen der Zustellung auf den Zeitpunkt der Einreichung der Klage zurückbezieht. Der Zweck des § 167 ZPO besteht darin, denjenigen, der für die Wahrung einer Frist auf die Mitwirkung des Gerichts angewiesen ist (wie zB bei der Verjährungsunterbrechung), vor Verzögerungen durch das Tätigwerden der staatlichen Organe zu schützen. Dieses Schutzbedürfnis entfällt, wenn es um die Frist des § 121 geht, da diese durch einfachen Brief gewahrt werden kann (BGH NJW 1975, 39, 40; WM 1981, 1302 f; zust ZÖLLER/GREGER, ZPO [28. Aufl 2010] § 167 Rn 12; THOMAS/PUTZO/HÜSSTEGE, ZPO [31. Aufl 2010] § 167 Rn 5; MUSIELAK/WOLST, ZPO § 167 Rn 2; STEIN/JONAS/ROTH, ZPO [22. Aufl 2005] § 167 Rn 6; vgl auch BAG AP Nr 3 zu § 496 ZPO m krit Anm G HUECK; Nr 4 zu § 496 ZPO m zust Anm WIEDEMANN; Nr 4 zu § 345 ZPO m krit Anm GRUNSKY jew zur Wahrung tariflicher Ausschlussfristen durch rechtzeitige Klageeinreichung bei verspäteter Zustellung).

§ 121 Abs 1 S 2 ist nicht ohne weiteres **entsprechend anzuwenden**, wenn andere ge- 12 setzliche Vorschriften eine unverzügliche Erklärung verlangen. Wenn zB die außerordentliche Kündigung eines Schwerbehinderten gem § 91 Abs 5 SGB IX unverzüglich nach Erteilung der Zustimmung durch das Integrationsamt „erklärt" werden muss, bedeutet dies, dass sie innerhalb kürzester Zeit „zugehen" muss (BAG NJW 1981, 1332, 1334 zu § 21 Abs 5 SchwBG aF). Dem ist zuzustimmen, da das Zugangserfordernis bei Erklärungen unter Abwesenden gem § 130 gesetzliche Wirksamkeitsvoraussetzung ist. Das Anfechtungsrecht bei Mängeln der Selbstbestimmung ist dagegen Resultat einer besonderen Interessenbewertung, bei der die Interessen des Anfechtungsgegners auch bei verspäteter Anfechtung durch die Regelung des § 122 nicht ungeschützt bleiben. Insofern ist es bei der Anfechtung (oben Rn 11) gerechtfertigt, den Erklärenden vom Verzögerungsrisiko zu entlasten, nicht aber, wenn der Erklärungsempfänger bei einer Verspätung ungeschützt bliebe.

V. Die Ausschlussfrist des § 121 Abs 2

Die Anfechtung ist endgültig ausgeschlossen, wenn seit der Abgabe der Willenser- 13 klärung **zehn Jahre** verstrichen sind (§ 121 Abs 2). Bis zum 31. 12. 2001 war die Anfechtung für denjenigen, der keine Kenntnis vom Anfechtungsgrund hatte, erst ausgeschlossen, wenn seit der Abgabe der Willenserklärung dreißig Jahre verstrichen waren. Mit der Verkürzung der Ausschlussfrist auf zehn Jahre wollte der Gesetzgeber die Anfechtungsfrist an die Neuregelung des Verjährungsrechts im Zuge der **Schuldrechtsmodernisierung** angleichen (BT-Drucks 14/6040, 98). Die reformierte Obergrenze für die **Verjährung** von Ansprüchen beträgt ohne Rücksicht darauf, ob der Gläubiger die anspruchsbegründenden Umstände und die Person des Schuldners kennt oder kennen muss, ebenfalls zehn Jahre (§ 199 Abs 2 S 1).

Ebenso wie bei § 121 Abs 1 handelt es sich bei der Zehnjahresfrist um eine **Aus-** 14 **schlussfrist** (oben Rn 2). Im Unterschied zu § 121 Abs 1 besteht hier aber kein Bedürfnis, den Berechtigten bei einer Anfechtung gegenüber Abwesenden von dem **Verzögerungsrisiko** zu entlasten. § 121 Abs 1 S 2 gilt hier also nicht, so dass die Anfechtung innerhalb von zehn Jahren zugehen muss (MünchKomm/KRAMER Rn 9).

§ 122
Schadensersatzpflicht des Anfechtenden

(1) Ist eine Willenserklärung nach § 118 nichtig oder auf Grund der §§ 119, 120 angefochten, so hat der Erklärende, wenn die Erklärung einem anderen gegenüber abzugeben war, diesem, andernfalls jedem Dritten den Schaden zu ersetzen, den der andere oder der Dritte dadurch erleidet, dass er auf die Gültigkeit der Erklärung vertraut, jedoch nicht über den Betrag des Interesses hinaus, welches der andere oder der Dritte an der Gültigkeit der Erklärung hat.

(2) Die Schadensersatzpflicht tritt nicht ein, wenn der Beschädigte den Grund der Nichtigkeit oder der Anfechtbarkeit kannte oder infolge von Fahrlässigkeit nicht kannte (kennen musste).

Materialien: E I §§ 97 Abs 3, 99 Abs 2 und 3, 101, 146; II § 97; III § 118; Mot I 194, 200 und 281; Prot I 98 und 116; STAUDINGER/BGB-Synopse § 122.

Schrifttum

BEUTHIEN, Zweckerreichung und Zweckstörung im Schuldverhältnis (1969)
BORSUM/HOFFMEISTER, Rechtsgeschäftliches Handeln unberechtigter Personen mittels Bildschirmtext, NJW 1985, 1205
BYDLINSKI, Erklärungsbewusstsein und Rechtsgeschäft, JZ 1975, 1
ders, Privatautonomie und objektive Grundlagen des verpflichtenden Rechtsgeschäfts (1967)
CANARIS, Die Vertrauenshaftung im deutschen Privatrecht (1971)
CLASEN, Die Haftung für Vertrauensschaden, NJW 1952, 14
vCRAUSHAAR, Haftung aus culpa in contrahendo wegen Ablehnung des Vertragsabschlusses – BGH LM § 276 (Fa) BGB Nr 28, in: JuS 1971, 127
ERMAN, Beiträge zur Haftung für das Verschulden bei Vertragsverhandlungen, AcP 139 (1934) 273
FROTZ, Verkehrsschutz im Vertretungsrecht (1972)
GOTTWALD, Die Haftung für culpa in contrahendo, JuS 1982, 877
GRUNEWALD, Das Scheitern von Vertragsverhandlungen ohne triftigen Grund, JZ 1984, 708
HARKE, Positives als negatives Interesse. Beweiserleichterung beim Vertrauensschaden, JR 2003, 1
HENLE, Vorstellungs- und Willenstheorie in der Lehre von der juristischen Willenserklärung (1910)
HEPTING, Erklärungswille, Vertrauensschutz und rechtsgeschäftliche Bindung, in: FS Universität Köln (1988) 209
JHERING, Culpa in contrahendo oder Schadensersatz bei nichtigen oder nicht zur Perfection gelangten Verträgen, JherJb 4 (1861) 1
KAISER, Schadensersatz aus culpa in contrahendo bei Abbruch von Verhandlungen über formbedürftige Verträge, JZ 1997, 448
KÖHLER, Unmöglichkeit und Geschäftsgrundlage bei Zweckstörungen im Schuldverhältnis (1971)
ders, Die Problematik automatisierter Rechtsvorgänge, insbesondere von Willenserklärungen, AcP 182 (1982) 126
KOLLER, Die Risikozurechnung bei Vertragsstörungen in Austauschverträgen (1979)
KÜPPER, Das Scheitern der Vertragsverhandlungen als Fallgruppe der culpa in contrahendo (1988)
KUHLENBECK, Zur Lehre vom sog negativen Vertragsinteresse, DJZ 1905 Sp 1142

Titel 2 § 122
Willenserklärung

LARENZ, Geschäftsgrundlage und Vertragserfüllung (1963)
ders, Bemerkungen zur Haftung für „culpa in contrahendo", in: FS Ballerstedt (1975) 397
LESSMANN, Schadensersatzpflicht nach Irrtumsanfechtung des Meistbietenden – BGH NJW 1984, 1950, in: JuS 1986, 112
MANIGK, Irrtum und Auslegung (1918)
ders, Das Wesen des Vertragsschlusses in der neueren Rechtsprechung, JherJb 75 (1925) 127
ders, Das rechtswirksame Verhalten (1939)
K MÜLLER, Verschulden bei Vertragsschluss und Abbruch von Verhandlungen über formbedürftige Rechtsgeschäfte, DB 1997, 1905
MÜLLER-ERZBACH, Gefährdungshaftung und Gefahrtragung, AcP 106 (1910) 309
NIRK, Culpa in contrahendo – eine geglückte richterliche Rechtsfortbildung – Quo vadis?, in: FS Möhring (1975) 71
OERTMANN, Die Verantwortlichkeit für den eigenen Geschäftskreis, Recht 1922 Sp 5
OSTHEIM, Probleme bei Vertretung durch Geschäftsunfähige, AcP 169 (1969) 193
OTTO/STIERLE, (Fehl-)Entwicklungen beim girovertraglichen Stornorecht der Kreditinstitute?, WM 1978, 530
PICKER, Fristlose Kündigung und Unmöglichkeit, Annahmeverzug und Vergütungsgefahr im Dienstvertragsrecht, JZ 1985, 641 u 693
RAISER, Schadenshaftung bei verstecktem Dissens, AcP 127 (1927) 1
ROTHOEFT, Faktoren der Risikoverteilung bei privatautonomem Handeln, AcP 170 (1970) 230
SINGER, Selbstbestimmung und Verkehrsschutz im Recht der Willenserklärungen (1995)
ders, Das Verbot widersprüchlichen Verhaltens (1993)
ders, Vertrauenshaftung beim Abbruch von Vertragsverhandlungen, in: FS Canaris (2002) 135
STOLL, Tatbestände und Funktionen der Haftung für culpa in contrahendo, in: FS vCaemmerer (1978) 435
VEIT, Die Anfechtung von Erbverträgen durch den Erblasser, NJW 1993, 1553
WIEACKER, Leistungshandlung und Leistungserfolg im bürgerlichen Schuldrecht, in: FS Nipperdey I (1965) 783.

Systematische Übersicht

I. Grundlagen
1. Normzweck und Rechtsgrund der Haftung _____ 1
2. Zurechnungsmaßstab _____ 2

II. Anwendungsbereich
1. Beschränkung auf die Tatbestände der §§ 118–120 _____ 3
2. Analoge Anwendung des § 122 auf andere Mängel _____ 4
a) Formfehler und andere Wirksamkeitshindernisse _____ 5
b) Leistungsstörungen _____ 8
c) Fehlendes Erklärungsbewusstsein _____ 9
d) Sonderfälle _____ 11

III. Schadensersatzanspruch
1. Ersatzberechtigte _____ 12
2. Umfang des Ersatzanspruchs
a) Vertrauensschaden _____ 13
b) Erfüllungsinteresse _____ 15
c) Maßgeblicher Zeitpunkt _____ 16
3. Ausschluss bei Kenntnis und Kennenmüssen (§ 122 Abs 2) _____ 17

IV. Verhältnis zur culpa in contrahendo
1. § 122 als abschließende Regelung _____ 20
2. Die Begrenzung auf das Erfüllungsinteresse gem § 122 Abs 1 als allgemeines Prinzip _____ 21
3. Verallgemeinerungsfähigkeit des § 122 Abs 2 _____ 22

V. Verjährung _____ 23

VI. Beweislast _____ 24

I. Grundlagen

1. Normzweck und Rechtsgrund der Haftung

1 Ein wichtiger Bestandteil des vom Gesetzgeber gefundenen Kompromisses zwischen Selbstbestimmung und Verkehrs- und Vertrauensschutz ist die Regelung des § 122. Wer auf eine Willenserklärung vertraut, die wegen fehlender Ernstlichkeit gem § 118 nichtig oder wegen Irrtums oder falscher Übermittlung gem §§ 119, 120 rechtswirksam angefochten ist, muss zwar hinnehmen, dass seinem Vertrauen auf die Verbindlichkeit des Rechtsgeschäfts nicht entsprochen wird. Aber der Erklärende muss ihm gem § 122 den sog Vertrauensschaden ersetzen, haftet also wenigstens auf das negative Interesse (zur Unterscheidung von positiver und negativer Vertrauenshaftung grdl CANARIS, Vertrauenshaftung 5 f, 266 f und 526 ff; vgl auch SINGER, Verbot 112 ff). **Rechtsgrund der Haftung ist der Schutz des Vertrauens** des Erklärungsempfängers (vgl auch Rn 3). Im Zusammenspiel mit den §§ 119, 120, 121 besteht ein mehrstufiges System der Vertrauenshaftung (Vorbem 22 f zu §§ 116 ff), die am weitesten reicht, wenn der Erklärende sein Anfechtungsrecht versäumt, aber mindestens den Ersatz des Vertrauensschadens umfasst. Die Vertrauenshaftung ist zwar auch Konsequenz der **rechtsgeschäftlichen Verantwortung** für das gegebene Wort (vgl FLUME § 21, 7 = S 423; LARENZ, AT § 20 II c = S 386 f), beruht aber selbst nicht mehr auf dem rechtsgeschäftlichen Geltungsgrund der Selbstbestimmung (zu diesem Vorbem 6 und 10 ff zu §§ 116 ff). Die Haftung auf Schadensersatz tritt nicht ein, weil sie gewollt ist, sondern weil ein Vertrauenstatbestand geschaffen wurde. Es handelt sich also um eine **Vertrauens- oder Rechtsscheinhaftung** (LARENZ aaO; ders, SchR I § 9 I = S 107; ders, in: FS Ballerstedt [1975] 415 ff; BEUTHIEN, Zweckerreichung und Zweckstörung im Schuldverhältnis [1969] 93; MEINCKE AcP 179 [1979] 170, 171; SOERGEL/HEFERMEHL Rn 1 aE).

2. Zurechnungsmaßstab

2 Die Verantwortung des Erklärenden setzt nach Wortlaut und Entstehungsgeschichte des § 122 **kein Verschulden** voraus (aA LOBINGER 207 ff; vgl auch ROTHOEFT AcP 170 [1970] 230, 241). In den meisten Fällen beruht der Irrtum zwar auf einem Verschulden des Erklärenden; doch gibt es auch Konstellationen, in denen dies nicht zutrifft, insbesondere beim Irrtum über verkehrswesentliche Eigenschaften. Einen atypischen unverschuldeten Inhaltsirrtum betrifft zB der **Speisekarten-Fall** (dazu § 133 Rn 20). Überwiegend wird die Haftung mit dem **Veranlassungsprinzip** begründet (RGZ 81, 395, 398; BGH NJW 1969, 1380; STAUDINGER/DILCHER¹² Rn 2; PALANDT/ELLENBERGER Rn 1; JAUERNIG Rn 2; BGB-RGRK/KRÜGER-NIELAND Rn 1; vgl schon JHERING JherJB 4 [1861] 1, 20, 26; einschränkend FLUME § 21, 7 = S 422 f). Das ist insofern ungenau, als das reine Veranlassungsprinzip eine reine Kausalhaftung darstellt und daher einem weitgehenden Verzicht auf Zurechungskriterien gleichkommt (krit CANARIS S 473 ff; s a FROTZ, Verkehrsschutz 474). Die Verantwortung des Irrenden beruht denn auch nicht nur auf der Veranlassung des Irrtums, sondern auch auf dem Umstand, dass sich der Verantwortliche in einem *typisierbaren Bereich erhöhter Gefahr* bewegt und die dabei auftretenden *Risiken potentiell besser beherrscht* als derjenige, der auf die Erklärung vertraut (vgl Prot I 452 f). Sowohl bei der Teilnahme am rechtsgeschäftlichen Verkehr (§ 119) als auch bei der Abgabe riskanter Erklärungen (§ 118) oder der Einschaltung von Übermittlungspersonen (§ 120) handelt es sich um Situationen, die als Quellen erhöhter Gefahr hinreichend typisierbar sind und daher für die Risikozurechnung in Frage kommen. Maßgebliches Zurechnungskriterium ist also das **Risikoprinzip** (vgl schon MÜLLER-ERZBACH AcP 106 [1910] 309, 351 ff und 437 f; OERTMANN Recht 1922 Sp 5, 11; R RAISER AcP 127 [1927] 1, 27; ERMAN AcP 139 [1934] 273, 327; aus dem jüngeren Schrifttum eingehend CANARIS, Vertrauenshaftung 479 ff und 535 f; BEUTHIEN 93 f; HEPTING, in: FS Universität Köln [1988] 219 ff; SOERGEL/HEFERMEHL Rn 1; MünchKomm/KRAMER Rn 3; ERMAN/PALM Rn 1; SINGER, Selbstbestimmung 189 mwNw).

II. Anwendungsbereich

1. Beschränkung auf die Tatbestände der §§ 118–120

Die Haftung auf das Vertrauensinteresse besteht nach dem Gesetz nur bei Nichtigkeit der Willenserklärung gem § 118 oder gem §§ 119, 120 iVm § 142 Abs 1. Die Vorschrift des § 122 ist daher nicht anzuwenden, wenn neben den §§ 118–120 noch andere Nichtigkeitsgründe bestehen, sofern diese nicht ebenfalls der Sphäre des Erklärenden zuzurechnen sind (dazu näher Rn 4 f). Bei der Anfechtung einer **letztwilligen Verfügung** bestimmt § 2078 Abs 3 ausdrücklich, dass die Vorschrift des § 122 nicht anzuwenden ist. Dies gilt auch für die Anfechtung eines gemeinschaftlichen Testaments und gemäß ausdrücklicher Bestimmung des § 2281 für die **Anfechtung eines Erbvertrages** (MünchKomm/LEIPOLD § 2078 Rn 12). Das leuchtet unmittelbar ein bei der Anfechtung durch Dritte, da diese für den Irrtum des Erblassers nicht haftbar gemacht werden können, sollte aber auch bei einer Anfechtung durch den Erblasser selbst gelten. Abgesehen vom Wortlaut des § 2281, der ohne Einschränkung auf § 2078 verweist, spricht für den Ausschluss des § 122, dass der Bedachte durch Testament und Erbvertrag keine rechtlich gesicherte Anwartschaft erwirbt und sein Vertrauen daher nicht schutzwürdig ist (OLG München NJW 1997, 2331; MünchKomm/MUSIELAK § 2281 Rn 21; LANGE/KUCHINKE § 25 X 4 = S 489; VEIT NJW 1993, 1553, 1556; einschränkend vLÜBTOW, Erbrecht I S 448 [nur Beurkundungskosten]; aA STAUDINGER/KANZLEITER [2006] § 2281 Rn 37; SOERGEL/WOLF § 2281 Rn 6; PALANDT/EDENHOFER § 2281 Rn 10; vgl auch RGZ 170, 65, 69). Bei **Falschübermittlung durch Boten** gilt § 122 unmittelbar (zur – umstrittenen – Anwendung des § 122 bei bewusster Verfälschung und dem Auftreten eines Pseudoboten vgl § 120 Rn 2 f). § 122 ist ferner anzuwenden, wenn ein **Gebot in der Zwangsversteigerung** wirksam angefochten wurde, da es sich zumindest um einen rechtsgeschäftsähnlichen Akt handelt, auf den die §§ 116 ff (entsprechend) anzuwenden sind (BGH NJW 1984, 1950; LESSMANN JuS 1986, 112, 114 f; zur Rechtsnatur des Gebots und zum Anfechtungsausschluss nach Rechtskraft des Zuschlags vgl § 119 Rn 108). Nicht anwendbar ist § 122 aber auf den **Widerruf** einer Willenserklärung (STAUDINGER/COING[11] Rn 13).

2. Analoge Anwendung des § 122 auf andere Mängel

Einigkeit besteht zunächst darin, dass § 122 bei der Anfechtung wegen **arglistiger Täuschung oder Drohung** (§ 123) nicht gilt (RG Recht 1912 Nr 8; FLUME § 27, 4 = S 532; SOERGEL/HEFERMEHL Rn 2) und auch nicht analog anzuwenden ist, da im Unterschied zu den §§ 118–120 der Mangel nicht aus der „Sphäre" des Anfechtenden stammt. Im Übrigen ist die entsprechende Anwendung des § 122 auf andere als die in §§ 118–120 genannten Mängel eines Rechtsgeschäfts streitig. Das Reichsgericht sah in § 122 die Grundlage für einen **allgemeinen Rechtsgedanken** und wendete diesen an, wenn jemand im berechtigten Vertrauen auf den Bestand eines Rechtsgeschäfts einen Schaden erlitten und der Mangel des Rechtsgeschäfts seine alleinige Ursache in der

Person eines Beteiligten hatte (RGZ 170, 65, 69; ähnl BGH WM 1986, 608, 610; zust CANARIS, Vertrauenshaftung 537 f; MünchKomm/KRAMER Rn 4 f; früher schon KUHLENBECK DJZ 1905 Sp 1142, 1145; ERMAN AcP 139 [1934] 273, 336). Nach der Gegenansicht darf man die Vorschrift des § 122 nicht auf andere Fälle der Nichtigkeit oder Anfechtbarkeit ausdehnen (ERMAN/PALM Rn 2; SOERGEL/HEFERMEHL Rn 2; PALANDT/ELLENBERGER Rn 2; STAUDINGER/DILCHER[12] Rn 3; STAUDINGER/COING[11] Rn 13). Diese restriktive Haltung wird freilich in dieser Allgemeinheit nicht durchgehalten, da die genannten Autoren durchweg keine Bedenken haben, § 122 bei fehlendem Erklärungsbewusstsein und abhanden gekommenen Willenserklärungen entsprechend anzuwenden (dazu unten Rn 9 u 11). Im Ergebnis ist denn auch zu differenzieren zwischen Mängeln, die bei typisierender Betrachtung dem Risikobereich einer Partei zuzuordnen sind und solchen Mängeln, die eine individualisierende Zurechnung nach Verschuldenskriterien erfordern. Letztere überwiegen, so dass bei anderen Mängeln als den §§ 118–120 vorwiegend Ansprüche wegen vorvertraglicher Pflichtverletzung gem §§ 280 Abs 1, 241 Abs 2, 311 Abs 2 in Betracht kommen.

a) Formfehler und andere Wirksamkeitshindernisse

5 Bei **Formfehlern und anderen gesetzlichen Wirksamkeitshindernissen** ist § 122 in der Regel nicht entsprechend anzuwenden, da (und sofern) die Einhaltung der gesetzlichen Vorschriften grundsätzlich beide Parteien in gleicher Weise angeht und ein Mangel daher nicht dem Risikobereich eines Beteiligten zugewiesen werden kann. Auf der anderen Seite ist es nur konsequent, in bestimmten Fällen eine Vertrauenshaftung anzuerkennen, wenn nämlich ausnahmsweise doch eine der Parteien für den Mangel des Rechtsgeschäfts oder den Irrtum des Gegners verantwortlich gemacht werden kann (vgl CANARIS, Vertrauenshaftung 288 ff; SINGER, Verbot 86 ff, 120 ff). Da und sofern diese außergewöhnlichen Situationen einer typisierenden Risikozurechnung nach Sphärengesichtspunkten nicht zugänglich sind, kann allerdings diese Vertrauenshaftung grundsätzlich nicht bei § 122 anknüpfen, sondern lediglich bei § 280 Abs 1 und dem dort geltenden individuellen Verschuldensprinzip (vgl näher SINGER, Verbot 95 ff unter Bezugnahme auf die §§ 307, 309 aF, die eine Vertrauenshaftung bei unwirksamen Rechtsgeschäften vorsahen, wenn eine Partei eine Aufklärungspflicht verletzt hatte; ähnlich schon ERMAN AcP 139 [1934] 273, 327). Das Risikoprinzip kommt aber subsidiär zur Anwendung, wenn bei typisierender Betrachtung der Fehler in die Zuständigkeit einer Partei fällt. So haftet etwa bei der Erteilung einer falschen Auskunft der dafür zuständige und mit überlegener Sach- und Rechtskompetenz ausgestattete Pensionssicherungsverein auch dann, wenn dessen Mitarbeiter in concreto kein Verschuldensvorwurf gemacht werden konnte, weil die Rechtslage noch nicht höchstrichterlich geklärt war (BAG AP Nr 4 zu § 9 BetrAVG; zust SINGER, Verbot 184). Eine solche Typisierung ist auch möglich bei der Ausübung des **Stornorechts gem Ziff 8 Abs 1** (früher Ziff 4 Abs 1 S 3) **AGB der Banken**, da das Stornorecht dogmatisch dem Anfechtungsrecht ähnelt und es typischerweise um Mängel geht, die allein aus der Sphäre des Kreditinstituts stammen (CANARIS, Bankvertragsrecht I [3. Bearb 1988] Rn 451; OTTO/STIERLE WM 1978, 530, 546; aA BAUMBACH/HOPT Ziff 8 AGB Banken Rn 1 u 3: verschuldensabhängiger Anspruch). Dagegen lässt sich das Risiko der **Geschäftsunfähigkeit eines Vertreters** nicht nach Sphärengesichtspunkten aufteilen. War die Geschäftsunfähigkeit des Vertreters nicht erkennbar, stehen beide Parteien diesem Mangel gleich nah oder fern. Eine Haftung gem § 122 ist daher nicht gerechtfertigt; der Vertretene haftet daher nur wegen vorvertraglicher Pflichtverletzung gem §§ 280 Abs 1, 241 Abs 2, 311 Abs 2, wenn er den Mangel erkennen konnte (iE übereinstimmend ERMAN/

Palm Rn 3; aA Ostheim AcP 169 [1969] 193, 222 f; Canaris, Vertrauenshaftung 537; MünchKomm/ Kramer Rn 5; Palandt/Ellenberger Rn 2).

Entgegen hM (vgl RGZ 104, 265, 268; 143, 219, 221; R Raiser AcP 127 [1927] 1, 35; Palandt/ **6** Ellenberger § 155 Rn 5; Staudinger/Bork § 155 Rn 17; Medicus, AT Rn 439) gibt es auch keine Haftung analog § 122 oder wegen vorvertraglicher Pflichtverletzung gem §§ 280 Abs 1, 241 Abs 2, 311 Abs 2, wenn ein Vertrag wegen **Dissenses** nicht zustande gekommen ist. Wenn es zu einem Dissens kommt, obwohl von den Parteien nach den Grundsätzen der objektiv-normativen Auslegung (§ 133 Rn 18) verlangt wird, dass sie die Willenserklärungen des Kontrahenten unter Beachtung der im Verkehr erforderlichen Sorgfalt auslegen, ist es denknotwendig ausgeschlossen, dass einer von ihnen zugleich für das Missverständnis verantwortlich ist (Manigk JherJb 75 [1925] 189 ff, 198; Flume § 34, 5; MünchKomm/Kramer § 155 Rn 14; Singer, Verbot 167 f). Ein Teil des Schrifttums befürwortet die entsprechende Anwendung des § 122, wenn das Vertragsangebot gem § 153 infolge **Tod oder Geschäftsunfähigkeit des Offerenten** unwirksam geworden ist (Kuhlenbeck DJZ 1905 Sp 1142, 1145; Erman AcP 139 [1934] 273, 336; Clasen NJW 1952, 14; Larenz § 27 I b = S 520; Canaris, Vertrauenshaftung 537). Auch dieser Auffassung ist nicht zu folgen. War für den Angebotsempfänger erkennbar, dass das Angebot nur den Offerenten verpflichten und nicht über seinen Tod hinaus gelten sollte, durfte der Angebotsempfänger nicht auf dessen unbeschränkte Gültigkeit vertrauen. Der Tod des Offerenten ist dann ein Risiko, das zum Inhalt des Angebots gehört (zutr Flume § 35 I 4 = S 647). War der abweichende Wille aber nicht erkennbar, ist er für den Inhalt des Rechtsgeschäfts auch nicht maßgeblich, das Angebot des Verstorbenen also zunächst einmal verbindlich (vgl Flume aaO im Anschluss an die Fassung des ersten und zweiten Entwurfs [§ 89 E I; § 125 E II]; ihm folgend MünchKomm/Kramer Rn 5; Staudinger/Bork § 153 Rn 8; vgl auch Soergel/Wolf § 153 Rn 13). In Betracht kommt aber uU eine Anfechtung wegen Inhaltsirrtums des Erblassers durch dessen Erben. In diesem Fall würde § 122 unmittelbar gelten.

Beim **Abbruch von Vertragsverhandlungen** ist der Vertrauensschaden zu ersetzen, **7** wenn eine Partei über ihre fehlende Verhandlungsbereitschaft oder bestehende Hindernisse **nicht aufklärt** (BGHZ 139, 259, 261 f; BGH WM 1987, 1052, 1055; OLG Düsseldorf NJW 1977, 1064, 1065) oder die **Verhandlungen ohne triftigen Grund abbricht**, nachdem sie zuvor den Vertragsschluss als sicher hingestellt oder die andere Partei zu Dispositionen veranlasst hat (BGH LM Nr 28 zu § 276 [Fa] BGB; NJW-RR 2001, 381, 382; Larenz, in: FS Ballerstedt [1975] 397, 416; ders, SchR I § 9 I = S 108; MünchKomm/Kramer Rn 5; Singer, Vertragsverhandlungen [2002] 141 f). Nach hM handelt es sich um eine Haftung für **vorvertragliche Pflichtverletzung** gem §§ 280 Abs 1, 241 Abs 2, 311 Abs 2, die folgerichtig Verschulden voraussetzt und somit nicht aus § 122 folgt (BGH NJW-RR 2001, 381, 382; Palandt/Grüneberg § 311 Rn 33; MünchKomm/Ernst § 311 Rn 213 f; Medicus/ Lorenz, Schuldrecht AT Rn 106 ff). Das trifft jedoch nur auf die Fallgruppe zu, in der über bestehende Vertragshindernisse einschließlich der eigenen Abschlussbereitschaft nicht aufgeklärt wird, nicht hingegen, wenn es um das bloße Scheiternlassen der Verhandlungen geht, nachdem der Vertragsschluss als sicher hingestellt wurde. Denn das Setzen eines Vertrauenstatbestandes ist nicht per se pflichtwidrig, und bei der Enttäuschung des einmal hervorgerufenen Vertrauens erschöpft sich deren Unwertgehalt in der Verletzung des Gebots, einmal begründetes Vertrauen nicht zu enttäuschen (Larenz, in: FS Ballerstedt [1975] 416 f; Grunewald JZ 1984, 708, 710; Singer, Vertragsverhandlungen 141 f). Genau diesem Gebot entspricht der – verschuldensunabhängige – § 122. Beim Abbruch von Vertragsverhandlungen geht es zwar nicht wie in den Fällen der §§ 119, 120 um Vertrauen auf die Gültigkeit einer (angefochtenen) Willenserklärung, sondern um Vertrauen auf künftiges Verhalten der anderen Partei, aber auch dieses Vertrauen ist jedenfalls dann schutzwürdig, wenn der Gegner den Vertragsschluss als sicher hingestellt hat. In einem solchen Fall kann man dem Vertrauenden nicht entgegenhalten, dass er sich des Instrumentariums der Privatautonomie hätte bedienen sollen, um Handlungssicherheit zu gewinnen. Bei **formbedürftigen Rechtsgeschäften** verlangt der BGH allerdings im Regelfall einen besonders schwerwiegenden Treueverstoß der untreu gewordenen Partei und damit in der Regel eine **vorsätzliche Treupflichtverletzung** (BGH NJW 1996, 1884, 1885; 2001, 2713, 2714; zust PALANDT/GRÜNEBERG § 311 Rn 31; ebenso OLG Koblenz NJW-RR 1997, 974; OLG Frankfurt MDR 1998, 957, 958; krit KAISER JZ 1997, 448, 451 f). Dem ist nicht zu folgen, weil es nicht um die Bindung an ein formnichtiges Rechtsgeschäft geht, sondern um den Ersatz des negativen Interesses. Insoweit ist nun aber seit jeher anerkannt, dass weder Formvorschriften, noch Vertretungs- oder Zustimmungserfordernisse einer Vertrauenshaftung entgegenstehen. Denn bei der Vertrauenshaftung geht es nicht um eine Bindung kraft Rechtsgeschäfts, sondern um die Verantwortung für ein nicht verkehrsgerechtes Verhalten (vgl näher SINGER, Vertragsverhandlungen 149 ff, 157; zur Vertrauenshaftung bei Formfehlern vgl BGHZ 29, 6, 12; BGH NJW 1965, 812, 814; 1975, 43, 44; WM 1965, 674, 675; 1972, 1027; LM Nr 80 zu § 313 BGB [unter III 2b]).

b) Leistungsstörungen

8 Maßgebliche Bedeutung hat der Sphärengedanke im Leistungsstörungsrecht, insbesondere in den Fällen der **Verwendungszweckstörung oder Zweckerreichung** (vgl nur LOOSCHELDERS, Schuldr AT Rn 458 f, 726; MünchKomm/ERNST § 275 Rn 151 ff). Wenn die geschuldete Leistung ihren vertragsgemäßen Sinn aus Gründen verloren hat, die in der Sphäre des Gläubigers ihren Grund haben (zB wenn das frei zu schleppende Schiff von alleine freikommt), liegt es nahe, die Aufwendungen des Schuldners, die dieser im Vertrauen auf die Durchführbarkeit des Vertrages gemacht hat, entsprechend § 122 zu ersetzen (CANARIS, Vertrauenshaftung 537 m Fn 62; MünchKomm/KRAMER Rn 5). Die hM geht aber zu Recht andere Wege und wendet **nicht § 122, sondern** die sachnäheren Risikotragungsregeln der **§§ 537, 615 und 644 f** (entsprechend) an (KÖHLER, Unmöglichkeit 38 ff; PICKER JZ 1985, 694 [698, 703]; LARENZ, SchR I § 21 I c = S 314 f; ders, Geschäftsgrundlage 178 f; SOERGEL/WIEDEMANN § 275 Rn 34; vgl schon WIEACKER, in: FS Nipperdey I [1965] 783, 808; hinsichtlich §§ 644 f auch BGHZ 40, 71, 75; 60, 14, 20 f; 77, 320, 324 f; 78, 352, 354 f; 83, 197, 203 ff; 136, 303, 308; OLG Köln OLGZ 1975, 323, 324 f; hinsichtlich § 615 BGH NJW 2002, 595). Die genannten Vorschriften beschränken die Risikozuweisung auf *bestimmte* Umstände aus der Sphäre des Gläubigers und beinhalten eine Absage an eine allgemeine „Sphärentheorie" (dagegen schon Prot II 234 zu § 645; s ferner KÖHLER 39; BEUTHIEN 231 ff [251]; offen BGHZ 40, 71, 75; 78, 352, 355; sehr weitgehend aber BGHZ 83, 197, 204 f). Diese Entscheidung des Gesetzgebers darf durch die Analogie zu § 122 nicht unterlaufen werden, zumal es hier nicht um Störungen der Selbstbestimmung, sondern um Risiken der Vertragsdurchführung geht (abl auch PALANDT/ELLENBERGER Rn 2; BEUTHIEN 97; KOLLER 70). Auch der Vorschlag, den Schuldner im Falle **anfänglich unmöglicher Leistung** analog § 122 wenigstens zum Ersatz des Vertrauensschadens des Gläubigers zu verpflichten (CANARIS JZ 2001, 499, 507 f; zust BOSAK JA 2002, 858, 859), gerät in Konflikt mit dem im Zuge der Schuldrechtsmodernisierung reformierten Haftungssystem. Nach § 311a Abs 2 muss der Schuldner das positive Interesse des Gläubigers befriedigen und Schadensersatz statt der Leistung oder Aufwendungs-

ersatz leisten, wenn er das Leistungshindernis kannte oder hätte erkennen können. Eine zusätzliche, verschuldensunabhängige Vertrauenshaftung soll zwar nach der Regierungsbegründung nicht ausgeschlossen sein (BT-Drucks 14/6040, 166) und stünde auch im Einklang mit den allgemeinen Prinzipien der Vertrauenshaftung (vgl SINGER, Verbot 95 ff). Aber man darf nicht übersehen, dass sich der Gesetzgeber nun einmal dafür entschieden hat, die früher für diese Fälle vorgesehene und als unbefriedigend angesehene negative Vertrauenshaftung gem §§ 307, 309 aF abzulösen und stattdessen eine verschuldensabhängige Haftung auf das positive Interesse zu begründen. § 311a Abs 2 sollte daher als abschließende Sonderregelung anerkannt werden (iE hM, vgl PALANDT/GRÜNEBERG § 311a Rn 15; FAUST, in: HUBER/FAUST Rn 7/38; AnwKomm/DAUNER-LIEB § 311a Rn 18; MünchKomm/ERNST § 311a Rn 41; WEBER, in: WESTERMANN/BYDLINSKI/WEBER, SchuldR AT § 7/94).

c) Fehlendes Erklärungsbewusstsein
Nach hM ist § 122 bei **fehlendem Erklärungsbewusstsein analog** anzuwenden (BGHZ **9** 91, 324, 329 f; F BYDLINSKI, Privatautonomie 177; ders JZ 1975, 1, 5; LARENZ § 19 III = S 356; KÖHLER, AT § 14 II 2 = S 138; ERMAN/PALM Rn 3; SOERGEL/HEFERMEHL vor § 116 Rn 49; differenzierend FLUME § 23, 1, der § 122 bei konkludenten Willenserklärungen nicht anwenden will; vgl dazu die Kritik Vorbem 59 zu §§ 116 ff). Nach Ansicht von KRAMER handelt es sich sogar um eine unmittelbare Anwendung, da der Tatbestand des fehlenden Erklärungsbewusstseins unter § 119 Abs 1 Alt 2 zu subsumieren sei (in: MünchKomm Rn 5; § 119 Rn 95 ff). Dabei ist allerdings zu beachten, dass das unbewusste Verhalten nur dann als Willenserklärung zugerechnet wird, wenn der Verantwortliche bei Anwendung der im Verkehr erforderlichen Sorgfalt hätte erkennen und vermeiden können, dass sein Verhalten als Willenserklärung aufgefasst wird (BGHZ 91, 324, 330; vgl dazu näher Vorbem 35 f zu §§ 116 ff). Für die (entsprechende) Anwendung von § 122 sind schließlich auch jene Autoren, die zwar das Erklärungsbewusstsein zum Tatbestand der Willenserklärung rechnen und daher von der Nichtigkeit einer solchen Erklärung analog § 118 ausgehen; da im Falle des § 118 für den Vertrauensschaden des Adressaten gem § 122 aufzukommen ist, erscheint die Erweiterung der Analogie auf § 122 nur folgerichtig (CANARIS, Vertrauenshaftung 537, 550; FROTZ, Verkehrsschutz 469 ff; HÜBNER, AT Rn 677; SINGER, Selbstbestimmung 194 ff; aus dem älteren Schrifttum HENLE, Vorstellungstheorie 495, 500 f). Auch hier findet sich regelmäßig die Einschränkung, dass die Ersatzpflicht Erkennbarkeit und Vermeidbarkeit des missverständlichen Verhaltens voraussetzt (CANARIS 550; FROTZ 472; HÜBNER Rn 684). Die Rechtsfigur der **Erklärungsfahrlässigkeit** (MANIGK, Verhalten 210 ff [217]; ders, Irrtum und Auslegung 110 f) widerspricht aber dem System der gesetzlichen Vorschriften über die Irrtumsanfechtung, da sowohl die Bindung an den objektiven Tatbestand einer Erklärung gem §§ 119, 121 als auch der Ersatz des Vertrauensschadens gem § 122 kein Verschulden voraussetzen. Da es auf der anderen Seite aber auch nicht sachgerecht wäre, das Risiko unbewusster Missverständnisse stets demjenigen zuzuweisen, von dem die (scheinbare) Erklärung stammt (vgl die Einzelfälle unten Rn 10), ist die **analoge Anwendung von § 122 in sich unschlüssig und daher grundsätzlich abzulehnen** (krit auch MEDICUS, AT Rn 608; vgl Vorbem 38 f zu §§ 116 ff). Richtig ist vielmehr, dass die Verantwortung für einen Vertrauenstatbestand, der durch unbewusste Teilnahme am Rechtsgeschäftsverkehr entstanden ist, nicht wie bei der gesetzlichen Risikohaftung der §§ 118, 119 und 120 iVm § 122 typisierend, sondern entsprechend den Umständen des Einzelfalls grundsätzlich nur individualisierend festgestellt werden kann. Als Zurechnungsmaßstab eignet sich daher in erster Linie das **Verschuldensprinzip**, so dass es in der

Tat darauf ankommt, ob der Anschein einer gültigen Willenserklärung erkennbar und vermeidbar war. Soweit danach das Verschuldensprinzip als Zurechnungsmaßstab zur Anwendung kommt, ist die Rechtsfortbildung nicht mehr ein Anwendungsfall des § 122, sondern ein Fall der **culpa in contrahendo** (zutr ENNECCERUS/NIPPERDEY § 145 II A 4 Anm 26).

10 Im Lehrbuch-Fall der **Trierer Weinversteigerung** zeigt sich die Überlegenheit des Verschuldensprinzips als Zurechnungsmaßstab. Da es nicht möglich ist, bestimmte Risikosphären zu definieren, kann es sinnvollerweise nur darauf ankommen, ob für den Besucher der Gaststätte erkennbar war, dass dort gerade eine Auktion stattfand, was bei Ortsfremden im Zweifel zu verneinen ist (zutr LARENZ, AT § 19 III = S 356; HÜBNER, AT Rn 684; vgl auch SINGER, Selbstbestimmung 199 f). Die Anwendung des Verschuldensprinzips beim fehlenden Erklärungsbewusstsein hat ferner zur Konsequenz, dass bei untergeschobenen Willenserklärungen (zB der Vorlage eines Wechselformulars auf der **Autogrammstunde** eines Prominenten) eine Zurechnung des Rechtsscheins zumeist ausscheidet, weil der Massencharakter solcher Veranstaltungen geradezu blindes Signieren erfordert und daher die Täuschung über die Bedeutung der Unterschrift meist nicht zu erkennen und zu vermeiden ist (anders noch in der Begründung SINGER 196). Umgekehrt ist von demjenigen, der beim Versand von Glückwunschschreiben versehentlich eine Vertragsofferte mit unterzeichnet, im Regelfall zu erwarten, dass er einen solchen Irrtum erkennt und vermeidet. Bei **automatischen Willenserklärungen** hängt die Zurechnung ungewollt in den Verkehr gelangter Willenserklärungen davon ab, ob der Betreiber des Automaten dafür verantwortlich gemacht werden kann. Eine rechtsgeschäftliche Gefährdungshaftung erscheint hier nicht zwingend gerechtfertigt, da der Betreiber nicht für jeden Fehler verantwortlich gemacht werden kann, insbesondere wenn dieser auf Manipulationen durch Dritte beruht. Eine Haftung für Rechtsgeschäfte, die Dritte unter unbefugter Nutzung des Kontos eines registrierten Mitglieds einer Internet-Plattform getätigt haben, kommt nur unter den Voraussetzungen einer Duldungs- oder Anscheinsvollmacht in Betracht (BGH NJW 2011, 2421, 2423; dazu oben Vorbem 57 zu §§ 116 ff; vgl auch schon KÖHLER AcP 182 [1982] 126, 136; BORSUM/HOFFMEISTER NJW 1985, 1205, 1206; für Risikozurechnung aber HEPTING, in: FS Universität Köln [1988] 220 f).

d) Sonderfälle

11 Das Verschuldensprinzip gilt aber nicht ausnahmslos. So muss man auch **ohne Verschulden** für bestimmte Risiken einstehen, wenn man durch risikoerhöhendes Verhalten eine besondere Gefahrenlage für die Vermögensinteressen anderer Verkehrsteilnehmer geschaffen hat (zur Risikoerhöhung als qualifizierendem Zurechnungsmerkmal vgl CANARIS, Vertrauenshaftung 482 u 485). So verhält es sich etwa beim **Blankett-Missbrauch**. Hier darf es den Aussteller nicht entlasten, dass er mit einem Missbrauch nicht gerechnet hat oder damit nicht rechnen musste, weil bereits das Ausstellen eines Blanketts diese Gefährdung herbeigeführt oder doch wenigstens erhöht hat. Allerdings handelt es sich hier nicht um eine rechtsgeschäftliche Haftung, sondern um die Einstandspflicht für einen vom Blankettgeber gesetzten Rechtsschein, der analog §§ 171 f zu behandeln ist (vgl § 119 Rn 31 f). Ein vergleichbarer Fall ist das **Abhandenkommen einer Vollmachtsurkunde**, da hier ebenfalls ein erhöhtes Missbrauchsrisiko geschaffen wurde. Eine Haftung analog §§ 171 f scheidet hier aber aus, wenn der Anschein einer bestehenden Vollmacht nicht – wie in §§ 171 f vorausgesetzt – willentlich erzeugt wurde. Wegen des riskanten Verhaltens des Ausstellers kann es auch nicht darauf ankommen, ob der Missbrauch fahrlässig ermöglicht wurde (so BGHZ 65, 13, 15; offen BGH NJW-RR 2006, 347, 350), so dass die **analoge Anwendung des § 122** in der Tat sachgerecht ist (vgl Canaris JZ 1976, 132, 134; ders, Vertrauenshaftung 548; Singer, Selbstbestimmung 197). Auch bei **abhanden gekommenen Willenserklärungen** (vgl dazu Vorbem 49 zu §§ 116 ff) ist eine Typisierung der Zurechnung im Sinne des Risikoprinzips möglich. Wer eine Willenserklärung so vorbereitet, dass sie im Verkehr als einwandfreie Willenserklärung erscheint, hat ein erhöhtes, typisierbares und mit den Tatbeständen der §§ 118–120 vergleichbares Fehlerrisiko geschaffen. Der vermeintliche Absender haftet daher analog § 122, wenn sich das Risiko verwirklicht und der Entwurf entgegen seinem Willen, und ohne dass ihn daran ein Verschulden trifft, in den Verkehr gelangt (Canaris JZ 1976, 132, 134; Larenz, AT § 21 II a = S 418 f; MünchKomm/ Kramer Rn 5; Erman/Palm Rn 3; für culpa in contrahendo Medicus, AT Rn 266 aE iVm Rn 608). Handelt es sich freilich um ein unterzeichnetes Schriftstück, das für die Entstehung des Schadens gänzlich untergeordnete Bedeutung hatte (hier: Kündigung eines Sparbuchs durch den Erblasser im Vergleich zur schadensstiftenden Auszahlung des Sparguthabens durch die Post an Nichtberechtigten), scheidet eine verschuldensunabhängige Haftung analog § 122 aus (BGH WM 1986, 608, 610).

III. Schadensersatzanspruch

1. Ersatzberechtigte

Bei einer *empfangsbedürftigen* Willenserklärung bestimmt § 122 Abs 1 ausdrücklich, dass nur der Erklärungsempfänger **anspruchsberechtigt** sein soll. Dies gilt auch beim Vertrag zugunsten Dritter (Erman/Palm Rn 4). Bei *nicht empfangsbedürftigen* Willenserklärungen (zB Auslobung) ist jeder ersatzberechtigt, der berechtigterweise auf die Willenserklärung vertraut hat und dadurch geschädigt wurde. Entsprechendes gilt für *amtsempfangsbedürftige* Willenserklärungen: Ficht bei der Zwangsversteigerung eines Grundstücks der Meistbietende sein Gebot an (zur Zulässigkeit der Anfechtung und ihren Grenzen vgl § 119 Rn 105 u 108 f), so hat er dem Gläubiger, der auf die Wirksamkeit des Gebots vertraut hat, dessen Vertrauensschaden zu ersetzen (BGH NJW 1984, 1950; Lessmann JuS 1986, 112, 114). Bei Anfechtung einer Forderungsabtretung wird das Vertrauen des Schuldners, der an den bisherigen Gläubiger leistet, gem § 409 f geschützt, so dass § 122 nicht anzuwenden ist (Erman/Palm Rn 4). Zum **Ersatz verpflichtet** ist derjenige, dessen Erklärung gem § 118 oder §§ 119, 120 iVm § 142 nichtig ist, im Falle rechtsgeschäftlicher Stellvertretung also der Vertretene (Palandt/ Ellenberger Rn 3).

2. Umfang des Ersatzanspruchs

a) Vertrauensschaden

Der gem § 122 zu ersetzende Schaden umfasst alle Vermögensnachteile, die durch das Vertrauen auf die Gültigkeit der Erklärung entstanden sind, den sog **Vertrauensschaden**. Der Ersatzberechtigte ist wirtschaftlich so zu stellen, wie er stehen würde, wenn er sich *nicht* auf die Gültigkeit der Erklärung oder das Zustandekommen des Vertrages eingestellt hätte (RGZ 170, 281, 284; RG SeuffA 61 Nr 131; BGH NJW 1984, 1950, 1951; Larenz, AT § 20 II c). Man spricht daher auch vom Ersatz des **negativen Interesses**. Dieses umfasst *nutzlos gewordene Aufwendungen* im Zusammenhang mit der *Vertragsdurchführung* (zB Transportkosten), die *Kosten des Vertragsschlusses* selbst (zB Beurkundungsgebühren), da diese ohne den Vertragsschluss nicht entstanden wären (vgl auch FLUME § 21, 7 = S 423; ERMAN/PALM Rn 5; STAUDINGER/COING[11] Rn 9), *Schadensersatzleistungen,* die der Anspruchsberechtigte gegenüber seinem Vertragspartner wegen Nichterfüllung erbringen muss, den *Gewinn,* der dem Geschädigten dadurch entgangen ist, dass er den Abschluss eines anderen Geschäfts unterlassen hat (BGH NJW 1984, 1950, 1951), Mehrkosten eines *Deckungsgeschäfts* (RG SeuffA 62 Nr 226), und schließlich *eigene Leistungen* des Ersatzberechtigten an den Anfechtenden (LG Ulm WM 1984, 27, 28). § 122 verschafft dadurch dem Leistenden einen von dem Entreicherungseinwand der Leistungskondiktion (§ 818 Abs 3) unabhängigen Rückforderungsanspruch, so dass der Anfechtende im Ergebnis das Risiko des zufälligen Untergangs oder der zufälligen Verschlechterung der empfangenen Leistung trägt (FLUME, AT § 21, 7 = S 423 f; LARENZ, AT § 20 II c = S 388). Für den Kondiktionsanspruch des Anfechtenden gilt § 818 Abs 3, doch gilt dieser Einwand bei gegenseitigen Verträgen nur bei Untergang der empfangenen Leistung durch Zufall oder höhere Gewalt (vgl zu diesem sehr streitigen Problem statt aller STAUDINGER/LORENZ [2007] § 818 Rn 41 f mwNw).

14 Ein Vertrauensschaden kann auch darin bestehen, dass der Geschädigte im Vertrauen auf die Gültigkeit einer Willenserklärung **verfahrensrechtliche Maßnahmen unterlassen** hat, durch die Vermögensnachteile hätten abgewendet werden können (BGH NJW 1984, 1950, 1951; LESSMANN JuS 1986, 112, 115: Widerspruch gegen Höchstgebot gem § 72 Abs 1 S 1 ZVG). Streitig ist, ob die **Kosten eines** infolge Anfechtung einer Willenserklärung **verlorenen Prozesses** ersatzfähig sind (dafür ERMAN/PALM Rn 5; PALANDT/ELLENBERGER Rn 4; PRÜTTING/WEGEN/WEINREICH/AHRENS Rn 5 aE; dagegen BGH NJW 1962, 1670, 1671; OLG Celle OLGZ 72, 193, 195; zweifelnd BGB-RGRK/KRÜGER-NIELAND Rn 8). Die Frage ist nicht einheitlich zu beantworten (vgl STAUDINGER/DILCHER[12] Rn 8). Wurde die Anfechtung vor dem Prozess erklärt, handelt der Gegner wie bei jedem sonstigen Prozess auf eigenes – wohl auch durch § 122 Abs 2 zugewiesenes – Risiko, wenn er die Anfechtung nicht gelten lassen will und sich mit seinem Standpunkt nicht durchsetzt (zutr BGH aaO). Wird die Anfechtung erst im Prozess erklärt, sind die Kosten der Prozessführung im Vertrauen auf die Rechtsbeständigkeit der angefochtenen Erklärung entstanden. Man könnte dem Gegner des Anfechtenden höchstens vorwerfen, dass er es entgegen § 254 Abs 2 S 1 *unterlassen* hat, den Prozess durch Klagerücknahme oder Anerkenntnis zu beenden und sich von der Kostenlast analog § 93 ZPO zu befreien (so OLG Celle aaO). Aber zum einen hätte auch in diesem Fall der Anfechtende die Kosten des Prozesses tragen müssen, so dass es allenfalls noch um die Differenz zu den höheren Kosten eines durch Urteil beendeten Verfahrens geht. Zum anderen dürfte bei Abwägung des beiderseitigen Verschuldens die Obliegenheit, das streitige Verfahren durch Klagerücknahme oder Anerkenntnis zu beenden, gegenüber der Verantwortung des Anfechtenden, der den Prozess veranlasst hat, zurücktreten.

b) Erfüllungsinteresse

15 Da durch die Anfechtung die Selbstbestimmung des Irrenden gewahrt werden soll, hat der Geschädigte **keinen Anspruch auf Erfüllung oder das Erfüllungsinteresse.** Er kann also nicht verlangen, dass der Zustand hergestellt wird, der sich bei Gültigkeit des angefochtenen Rechtsgeschäfts und dessen Ausführung ergeben würde (RGZ 103, 154, 159; STAUDINGER/DILCHER[12] Rn 7). Zum positiven Interesse gehört zB auch der Gewinn, der bei Weiterveräußerung der gekauften Sache erzielt worden wäre

(LARENZ, AT § 20 II c = S 388). Nicht zu folgen ist daher dem Vorschlag von HARKE (JR 2003, 1, 5), im Rahmen des § 122 auch den Vertrauensschaden abstrakt zu berechnen und zugunsten des Gläubigers zu vermuten, dass diesem durch sein Vertrauen auf das nicht zur Entstehung gelangte Geschäft ein Gewinn entgangen sei, der dem positiven Interesse an der Durchführung des nicht zustande gekommenen Geschäfts entspreche. Wie man es dreht und wendet: Der durch Weiterveräußerung erzielbare Gewinn entspricht dem positiven Interesse des Gläubigers. Dieses ist im Rahmen des § 122 nicht ersatzfähig, bildet aber gemäß § 122 Abs 1, letzter HS die **Obergrenze** des zu ersetzenden Vertrauensschadens. Der Geschädigte soll nicht besser stehen, als er stünde, wenn sein Vertrauen berechtigt gewesen wäre (SOERGEL/HEFERMEHL Rn 4; LARENZ aaO). Es besteht daher keine Ersatzpflicht, wenn das angefochtene Rechtsgeschäft überhaupt keine Vorteile erbracht hätte (PALANDT/ELLENBERGER Rn 4).

c) **Maßgeblicher Zeitpunkt**
Ersatzfähig sind nur die Schäden, die bis zu dem Zeitpunkt entstanden sind, in dem 16 der Ersatzberechtigte den Anfechtungsgrund noch nicht kannte und auch nicht kennen musste. Dies folgt unmittelbar aus § 122 Abs 2, der *Gutgläubigkeit* des Geschädigten voraussetzt (RG Gruchot 57, 906, 907; ERMAN/PALM Rn 6).

3. **Ausschluss bei Kenntnis und Kennenmüssen (§ 122 Abs 2)**

Haftungsgrund der Ersatzpflicht ist das Vertrauensprinzip (oben Rn 1). Insofern ist es 17 eigentlich konsequent, dass § 122 Abs 2 die Verpflichtung zum Schadensersatz ausschließt, wenn der Geschädigte den Grund der Nichtigkeit oder Anfechtbarkeit kannte oder kennen musste. Denn in diesen Fällen hat der Anfechtungsgegner entweder **nicht** auf die Gültigkeit der Erklärung **vertraut** oder sein **Vertrauen** war **nicht schutzwürdig** (BGB-RGRK/KRÜGER-NIELAND Rn 4). Indessen sind diese Grundsätze schon bei der **Auslegung** der betreffenden Willenserklärungen zu beachten, und diese **geht der Anfechtung vor** (vgl dazu ausf § 119 Rn 39–41). Daher gilt die Erklärung entweder in dem Sinne, in dem sie zu verstehen war, oder es liegt überhaupt keine gültige Willenserklärung vor, wenn nämlich der Empfänger zwar erkennen konnte, dass ein Irrtum vorlag, nicht aber, was der Irrende erklären wollte (§ 119 Rn 40). In all diesen Fällen bedarf es nicht der Anfechtung, so dass § 122 Abs 2 überhaupt nicht zum Zuge kommt. Die **Anwendung des § 122 Abs 2** ist daher auf den Eigenschaftsirrtum oder den Fall **beschränkt**, dass der Erklärungsempfänger den Irrtum erst nach dem Vertragsschluss bemerkt (§ 119 Rn 40). Anzuwenden ist § 122 Abs 2 auch bei der in dieser Kommentierung für möglich gehaltenen Anfechtung wegen gemeinsamen Irrtums über die Geschäftsgrundlage (§ 119 Rn 60) und wegen erkannten Motivirrtums (§ 119 Rn 62 ff), sofern in diesen Fällen der Irrtum nicht bereits im Wege der Auslegung berücksichtigt werden kann. Bei der (Mit-) Verursachung des Irrtums durch den Anfechtungsgegner scheidet dagegen eine Vertrauenshaftung des Irrenden zur Gänze aus, so dass auch § 122 Abs 2 nicht zur Anwendung kommt (dazu näher Rn 18).

Kennenmüssen bedeutet nach dem Gesetz fahrlässige Unkenntnis. Dabei genügt 18 jeder Grad von Fahrlässigkeit, es muss sich nicht um eine grobe Fahrlässigkeit handeln (RGZ 83, 348, 353; **aA** MANKOWSKI 556). Danach ist die Ersatzpflicht ausgeschlossen, wenn zB der Irrtum bei gehöriger Aufmerksamkeit, die ggf eine Rückfrage beim Absender erfordert, entdeckt worden wäre (RGZ 116, 15, 19; RG JW 1927,

1081, 1082 jew bzgl eines Kalkulationsirrtums; s ferner RG PucheltsZ 36 [1905] 442, 444). Die **Legaldefinition von Kennenmüssen** gem § 122 Abs 2 gilt im gesamten Privatrecht (PALANDT/ELLENBERGER Rn 5).

19 § 122 geht als **lex specialis** den allgemeinen Vorschriften über die Schadensberechnung gem §§ 249 ff vor. Dies hat insbesondere Konsequenzen für die **Anwendung des § 254**, der zum Teil von der Sonderregelung des § 122 Abs 2 verdrängt wird. Bezieht sich der Vorwurf des Mitverschuldens allein darauf, dass der Geschädigte den Grund der Nichtigkeit oder Anfechtbarkeit kannte oder kennen musste, ist ausschließlich § 122 Abs 2 anzuwenden (RGZ 57, 87, 89 f; STAUDINGER/DILCHER[12] Rn 12). Für eine Abwägung der Verursachungsbeiträge ist kein Raum, da es in diesen Fällen bereits an einem schutzwürdigen Vertrauen und damit an dem maßgeblichen Haftungsgrund mangelt (vgl auch SINGER, Verbot 166; vgl auch Rn 20). Bezieht sich der Mitverschuldensvorwurf nicht auf den Haftungsgrund, sondern auf den Umfang des Schadens, etwa weil der Geschädigte schadensverhütende oder -mindernde Maßnahmen unterlassen hat, bestehen hingegen keine Bedenken gegen die Anwendung des § 254 Abs 2 im Rahmen des Schadensersatzanspruchs gem § 122 (RGZ 116, 15, 19; MEDICUS/PETERSEN, BürgR Rn 145; FLUME § 21, 7 = S 424; SOERGEL/HEFERMEHL Rn 6). Bezüglich der Schadensminderungspflicht des Geschädigten trifft § 122 keine Regelung, die vorrangig beachtet werden müsste. Folgerichtig wendet die hM **§ 254 analog** an, wenn der Geschädigte den zur Anfechtung berechtigenden **Irrtum mitverschuldet oder wenigstens mit veranlasst** hat (BGH NJW 1969, 1380; STAUDINGER/DILCHER[12] Rn 13; SOERGEL/HEFERMEHL Rn 6; ERMAN/PALM Rn 8; krit MEDICUS/PETERSEN, BürgR Rn 145). Indessen sollte man noch weiter gehen und eine Haftung des Irrenden gem § 122 überhaupt ausschließen, wenn der Mangel nicht aus der Sphäre des Irrenden, sondern aus der des Anfechtungsgegners stammt, zumal in solchen Fällen regelmäßig anzunehmen ist, dass der Irrtum für den Anfechtungsgegner erkennbar war. Das § 122 zugrunde liegende Prinzip der Risikozurechnung setzt voraus, dass bei typisierender Betrachtung alleine der Anfechtende das Irrtumsrisiko beherrscht. Gerade dies trifft auf den vom Gegner verschuldeten oder veranlassten Irrtum nicht zu, so dass § 122 aus teleologischen Gründen zu reduzieren und auf solche Fälle überhaupt nicht anzuwenden ist (ebenso CANARIS, Vertrauenshaftung 486; FLUME § 21, 7 = S 424; MünchKomm/KRAMER Rn 12; ähnlich RGZ 81, 395, 399, das mit der exceptio doli zum gleichen Ergebnis kam). Sofern beim Anfechtenden ein Schaden entstanden ist, kann dieser seinerseits den Irrtumsverursacher wegen vorvertraglicher Pflichtverletzung gem §§ 280 Abs 1, 311 Abs 2 in Anspruch nehmen (STAUDINGER/DILCHER[12] Rn 4 u 13).

IV. Verhältnis zur culpa in contrahendo

1. § 122 als abschließende Regelung

20 Nach hM schließt die Vertrauenshaftung gem **§ 122 eine konkurrierende Haftung wegen culpa in contrahendo** (§§ 280 Abs 1, 241 Abs 2, 311 Abs 2) **nicht aus**, da es sich um verschiedene Anspruchsgrundlagen mit unterschiedlichen Voraussetzungen handelt (MünchKomm/KRAMER Rn 6; ERMAN/PALM Rn 10; SOERGEL/HEFERMEHL Rn 7; PALANDT/ELLENBERGER Rn 6). Daraus wird ganz überwiegend die Konsequenz gezogen, dass die Beschränkung des § 122 auf den Ersatz des **Erfüllungsinteresses** bei der Haftung wegen vorvertraglicher Pflichtverletzung nicht gelte (so RGZ 151, 357, 359 f; BGHZ 49, 77, 82; 57, 191, 193; 69, 53, 56; BGH NJW-RR 1990, 229, 230; NIRK, in: 2. FS Möhring [1975] 70, 89;

PALANDT/ELLENBERGER Rn 6; PALANDT/GRÜNEBERG Vorbem v § 249 Rn 17; ERMAN/PALM Rn 10; MünchKomm/KRAMER Rn 6; aA ENNECCERUS/NIPPERDEY § 171 II 4 = S 1058; STAUDINGER/DILCHER[12] Rn 4) und bei **Bösgläubigkeit des Geschädigten** § 254 anstelle von § 122 Abs 2 anzuwenden sei (RGZ 151, 357, 360; BGHZ 99, 101, 109; BAGE 14, 206, 211; BGH WM 1967, 798, 799; PALANDT/ELLENBERGER Rn 5, § 276 Rn 99; MEDICUS, Verschulden bei Vertragsverhandlungen, in: Gutachten und Vorschläge zur Überarbeitung des Schuldrechts I [1981] 515; aA ENNECCERUS/NIPPERDEY § 171 II 5 = S 1059). Diese Ansicht verdient nur teilweise Zustimmung. Im Ausgangspunkt richtig ist die Beobachtung, dass der Anwendungsbereich für die Haftung wegen vorvertraglicher Pflichtverletzung wesentlich weiter reicht als das von § 122 erfasste Fallspektrum (RGZ 151, 357, 359; SOERGEL/HEFERMEHL Rn 7; zu den verschiedenen Fallgruppen der culpa in contrahendo vgl STAUDINGER/OTTO [2009] Vorbem 10 ff zu §§ 280 ff). Während § 122 ausschließlich das Vertrauen auf eine nichtige Willenserklärung schützt, setzt eine vorvertragliche Pflichtverletzung weder den Abschluss eines Vertrages noch Vertrauen auf die Gültigkeit einer nichtigen Willenserklärung voraus. Außerhalb des von § 122 erfassten Bereichs kann diese Norm also keine Sperrwirkung entfalten, und es geht nur um die Frage, ob die in § 122 genannten Beschränkungen des Vertrauensschutzes auf den Umfang des Erfüllungsinteresses und der Haftungsausschluss bei Bösgläubigkeit des Geschädigten verallgemeinerungsfähige Grundsätze darstellen, die auch auf die Haftung wegen vorvertraglicher Pflichtverletzung übertragen werden können (dazu unten Rn 21 f). **Soweit sich aber der Anwendungsbereich von § 122 und** der Haftung gem §§ 280 Abs 1, 311 Abs 2 **überschneiden**, dürfen die speziellen Regelungen von § 122 nicht durch die allgemeinen Haftungsregeln des § 280 Abs 1 unterlaufen werden. Bezieht sich der Verschuldensvorwurf auf die Herbeiführung einer gem §§ 118–120 nichtigen Willenserklärung, **enthält § 122** folglich **eine abschließende Regelung** (ebenso SOERGEL/HEFERMEHL Rn 7; STAUDINGER/DILCHER[12] Rn 4; ENNECCERUS/NIPPERDEY § 171 II 4 = S 1058). Andernfalls hätte § 122 so gut wie keine eigenständige Bedeutung mehr, da sich ein Irrtum bei gehöriger Sorgfalt fast immer vermeiden ließe und somit in den Fällen der §§ 118–120 in aller Regel zugleich ein Verschulden bei Vertragsschluss vorläge.

2. Die Begrenzung auf das Erfüllungsinteresse gem § 122 Abs 1 als allgemeines Prinzip

Geht es um eine Haftung wegen vorvertraglicher Pflichtverletzung, die sich **nicht mit dem Anwendungsbereich von § 122 überschneidet**, besteht kein Grund, § 122 eine Sperrwirkung zuzubilligen. Insoweit stellt sich nur die Frage, inwieweit die in § 122 enthaltenen Beschränkungen des Vertrauensschutzes verallgemeinerungsfähig sind. Hinsichtlich der **Begrenzung des Schadensersatzanspruches auf das Erfüllungsinteresse** wird dies von der überwiegenden Meinung bestritten (BGHZ 49, 77, 82; 57, 191, 193; 69, 53, 56; BGH NJW-RR 1990, 229, 230; NIRK, in: 2. FS Möhring [1975] 71, 89; PALANDT/ELLENBERGER Rn 6; PALANDT/GRÜNEBERG Vorbem vor § 249 Rn 17; ERMAN/PALM Rn 10; MünchKomm/KRAMER Rn 6), doch ist dem in dieser Allgemeinheit nicht zu folgen, sondern wie folgt zu differenzieren. Bei Schutzpflichtverletzungen geht es um den Schutz des Integritätsinteresses; hier macht die Begrenzung des Schadensersatzes durch das Erfüllungsinteresse in der Tat keinen Sinn, weil der Geschädigte keinen Vertrauensschaden geltend macht. Als sinnlos erweist sich die Begrenzung auf das Erfüllungsinteresse auch, wenn der Geschädigte geltend macht, dass ohne das Verschulden bei Vertragsschluss überhaupt kein Vertrag zustande gekommen wäre oder jedenfalls zu anderen Bedingungen; denn hier verlangt der Geschädigte ja gerade Befreiung von der eingegangenen Verpflichtung, so dass er schadensrechtlich auch nicht an seiner Entscheidung für den Vertrag festgehalten werden darf (allg zur Schadensberechnung in solchen Fällen STAUDINGER/OTTO [2009] Vorbem 10 ff zu §§ 280 ff). Darin besteht im Übrigen der zutreffende Kerngehalt der grundlegenden Entscheidung RGZ 151, 357, 359, bei der es um die Herbeiführung eines nicht erwartungsgerechten Vertrages ging und der Geschädigte so gestellt werden wollte wie er ohne den Vertragsschluss gestanden hätte. Insofern wird die Entscheidung des Reichsgerichts in den genannten Kommentaren und Gerichtsurteilen zu Unrecht als verallgemeinerungsfähiger Beleg für die Ablehnung einer Schadensersatzbegrenzung durch das Erfüllungsinteresse herangezogen (differenzierend aber SOERGEL/HEFERMEHL Rn 7; GOTTWALD JuS 1982, 877, 884; MEDICUS, in: Gutachten und Vorschläge I [1981] 514). Macht der Geschädigte dagegen geltend, dass er im Vertrauen auf die Gültigkeit einer Willenserklärung, deren Nichtigkeit vom Gegner zu vertreten ist, Schaden erlitten hat, ist die Begrenzung auf das Erfüllungsinteresse durchaus folgerichtig. Wer auf die Gültigkeit einer Erklärung vertraut, kann nicht verlangen, besser gestellt zu werden als er stünde, wenn sein Vertrauen berechtigt und die Erklärung mithin gültig gewesen wäre. Er soll also – wie das Reichsgericht in jener Entscheidung zutreffend ausgeführt hat – „Schaden, der ihn auch bei Gültigkeit des Vertrages getroffen hätte, selbst tragen müssen" (RGZ 151, 357, 359; ebenso BGH VersR 1962, 562, 563; SOERGEL/ HEFERMEHL Rn 7; GOTTWALD aaO; SINGER, Verbot 102; iE auch HANS STOLL, in: FS vCaemmerer [1978] 435, 440). Im gleichen Sinne hat der BGH bei der Verletzung von Beratungs- und Auskunftspflichten entschieden und dabei den Grundsatz aufgestellt, dass der Ersatz des Vertrauensschadens durch das Interesse an der Richtigkeit der Auskunft begrenzt ist (BGHZ 116, 209, 213; BGH NJW 1998, 982, 983). Dass der Geschädigte nicht besser gestellt werden darf, als er bei Erfüllung des Vertrages stünde, wird von der Rechtsprechung schließlich auch anerkannt, wenn sich das Vertrauensinteresse *inhaltlich* mit dem Erfüllungsinteresse deckt (BGHZ 49, 77, 83; NIRK, in: 2. FS Möhring 91). Insofern erscheint es geradezu zwingend, dass dieser Grundsatz der Schadensberechnung konsequent auch bei anderen Fällen vorvertraglicher Pflichtverletzung angewendet wird, *wenn das Vertrauen auf Zustandekommen und Gültigkeit eines Vertrages enttäuscht worden ist.* Auf diesem Grundsatz beruht auch die übereinstimmende Regelung der Vertrauenshaftung gem § 179 Abs 2.

3. Verallgemeinerungsfähigkeit des § 122 Abs 2

22 Nach herrschender Ansicht (RGZ 151, 357, 360; BGHZ 99, 101, 109; BGH WM 1967, 798, 799; BAGE 14, 206, 211; PALANDT/ELLENBERGER Rn 5; MünchKomm/KRAMER Rn 6; vgl auch LARENZ, SchR I § 8 III = S 104) ist anstelle des **Haftungsausschlusses gem § 122 Abs 2 die Vorschrift des § 254 entsprechend** anzuwenden, wenn jemand (außerhalb des Anwendungsbereichs der §§ 118–120, 122) für die von ihm verschuldete Unwirksamkeit des Vertrages wegen vorvertraglicher Pflichtverletzung haften soll, der Geschädigte aber die Unwirksamkeit kannte oder kennen musste. Auch diese Ansicht verdient keine Zustimmung, da der Haftungsausschluss auch bei einer auf culpa in contrahendo begründeten Haftung aus teleologischen Gründen zwingend ist (**aA** aber RGZ 104, 265 – Weinsteinsäure; STAUDINGER/BORK [2010] § 155 Rn 17; PALANDT/ELLENBERGER § 155 Rn 5; R RAISER AcP 127 [1977] 1, 35; wie hier insbes FLUME, AT § 34, 5 = S 626; KRAMER, Grundfragen 193 f). Der Haftungsausschluss liegt in der Konsequenz des tragenden Haftungsprinzips, da die Schutzwürdigkeit des anderen Teils auf dem in Anspruch genommenen Vertrauen beruht und folgerichtig entfällt, wenn dieser die Unwirksamkeit des Ver-

trages kannte oder kennen musste (vgl Frotz 61; Singer, Verbot 102 u 166; zust Mankowski 555; differenzierend Gottwald JuS 1982, 877, 884; der Sache nach auch BGH VersR 1969, 796, 797; WM 1970, 253, 255; 1978, 1092, 1093). Ein Verschuldensvorwurf dergestalt, dass der Geschädigte die Unwirksamkeit oder das Scheitern des Vertrages mitverursacht hat, kann im Übrigen sinnvollerweise nur erhoben werden, wenn der Geschädigte das Hindernis erkennen konnte und sein Vertrauen daher nicht schutzwürdig war. In diesen Fällen ist die Haftung daher regelmäßig nach § 122 Abs 2 ausgeschlossen (aA BGH WM 1967, 798, 799).

V. Verjährung

23 Der Anspruch auf Ersatz des Vertrauensschadens gem § 122 verjährt in der gleichen Frist wie der Erfüllungsanspruch aus dem angefochtenen Rechtsgeschäft (BGHZ 57, 191, 196; Staudinger/Dilcher¹² Rn 9; MünchKomm/Kramer Rn 15). Das Erfüllungsinteresse bildet gem § 122 Abs 1 die Obergrenze des zu ersetzenden Vertrauensschadens. Diesem Rechtssatz ist die allgemeine Wertung zu entnehmen, dass der Schadensersatzanspruch in seiner „Intensität" nicht weiterreichen kann als der Erfüllungsanspruch (so zutr BGHZ 49, 77, 83; vgl auch oben Rn 21 f), und dies gilt auch für die Länge der Verjährungsfrist. An diesen Grundsätzen hat sich durch die Vereinheitlichung der Verjährungsfristen im Zuge der Schuldrechtsmodernisierung (§ 195) nichts geändert, da der Beginn der Verjährung wegen § 199 Abs 1 Nr 2 nach wie vor zu unterschiedlichen Verjährungsfristen führen kann.

VI. Beweislast

24 Wer den Vertrauensschaden ersetzt haben will, muss folgende Tatbestandsmerkmale beweisen (vgl Baumgärtel/Laumen/Prütting/Kessen Rn 1–3): Nichtigkeit oder wirksame Anfechtung einer Willenserklärung aus einem der in §§ 118–120 genannten Gründe (Rn 3–11), einen dadurch verursachten Vertrauensschaden (Rn 13 f) und seine Zugehörigkeit zum Kreis der Ersatzberechtigten (Rn 12). Dem Ersatzpflichtigen obliegt der Beweis dafür, dass der geltend gemachte Schaden das Erfüllungsinteresse übersteigt (Rn 15) oder der Geschädigte bösgläubig war (Rn 17 ff).

§ 123
Anfechtbarkeit wegen Täuschung oder Drohung

(1) Wer zur Abgabe einer Willenserklärung durch arglistige Täuschung oder widerrechtlich durch Drohung bestimmt worden ist, kann die Erklärung anfechten.

(2) Hat ein Dritter die Täuschung verübt, so ist eine Erklärung, die einem anderen gegenüber abzugeben war, nur dann anfechtbar, wenn dieser die Täuschung kannte oder kennen musste. Soweit ein anderer als derjenige, welchem gegenüber die Erklärung abzugeben war, aus der Erklärung unmittelbar ein Recht erworben hat, ist die Erklärung ihm gegenüber anfechtbar, wenn er die Täuschung kannte oder kennen musste.

Materialien: E I § 103; II § 98; III § 119; Mot I 204; Prot I 118; VI 128; STAUDINGER/BGB-Synopse 1896–2005, § 123.

Schrifttum

CANARIS, Die Vertrauenshaftung im deutschen Privatrecht (1971)
COESTER-WALTJEN, Die fehlerhafte Willenserklärung, Jura 1990, 362
GRIGOLEIT, Vorvertragliche Informationshaftung (1997)
HANAU, Objektive Elemente im Tatbestand der Willenserklärung, AcP 165 (1965) 220
HAUSMANN, Die Reaktion auf Willensmängel beim Arbeitsvertragsschluss (2008)
HOPT, Haftung der Banken bei der Finanzierung von Publikumsgesellschaften und Bauherrenmodellen – Zur Grenzziehung bei § 123 Abs 2 BGB, Einwendungsdurchgriff, culpa in contrahendo und Prospekthaftung, in: FS Stimpel (1985) 265
JÜTTNER, Die Zurechnung der arglistigen Täuschung Dritter im rechtsgeschäftlichen Bereich unter besonderer Berücksichtigung des Problems der „gespaltenen" Arglist (Diss Münster 1998)
KAISER, Betrug durch bewusstes Ausnutzen von Fehlern beim Geldwechseln, NJW 1971, 601
KARKATSANES, Die Widerrechtlichkeit in § 123 BGB (1974)
KOLBE, Vorsatz und Arglist, JZ 2009, 550
S LORENZ, Der Schutz vor dem unerwünschten Vertrag (1997)
vLÜBTOW, Zur Anfechtung von Willenserklärungen wegen arglistiger Täuschung, in: FS Bartholomeyczik (1973) 249
MARTENS, Durch Dritte verursachte Willensmängel (2007)
MAYER-MALY, Was leisten die guten Sitten?, AcP 194 (1994) 105

MEDICUS, Verschulden bei Vertragsverhandlungen, in: Gutachten und Vorschläge zur Überarbeitung des Schuldrechts, Band I (1981) 479
NEUMANN-DUESBERG, Rechtswidrigkeitserfordernis und Rechtswidrigkeitsausschluss (Notwehr) im Täuschungstatbestand des § 123 BGB, JR 1967, 1
ders, Persönlichkeitsrecht, Vertragsfreiheit und gegenseitige Sozialpflichtigkeit, JZ 1962, 204
PFEIFFER/DAUCK, BGH-Rechtsprechung aktuell: Haustürgeschäftewiderrufsgesetz, NJW 1996, 2077
PIKART, Die Rechtsprechung des Bundesgerichtshofs zur Anfechtung von Willenserklärungen, WM 1963, 1198
REINKING/KIPPELS, Arglisthaftung und Organisationsverschulden, ZIP 1988, 892
ROESCH, Haftpflicht des Arztes bei arglistiger Täuschung, ZfV 1975, 100
SCHUBERT, Unredliches Verhalten Dritter bei Vertragsabschluß, AcP 168 (1968) 470
SINGER, Selbstbestimmung und Verkehrsschutz im Recht der Willenserklärungen (1995)
ders, Vertragsfreiheit und Antidiskriminierung – zur rechtspolitischen, verfassungs- und europarechtlichen Kritik am Allgemeinen Gleichbehandlungsgesetz, in: FS Adomeit (2008) 703
WAGNER, Lügen im Vertragsrecht, in: ZIMMERMANN (Hrsg), Störungen der Willensbildung bei Vertragsschluss (2007) 59
WEIMAR, Die Anfechtung wegen arglistiger Täuschung, MDR 1961, 204.

Systematische Übersicht

I.	Bedeutung und Anwendungsbereich des § 123	1
II.	Geschichtliche Entwicklung	3
III.	Anfechtbarkeit wegen arglistiger Täuschung	5
	1. Begriff der Täuschung	6
	a) Tatsachencharakter	7
	b) Äußere und innere Tatsachen	8

2.	Täuschung durch positives Tun	9	b)	Die Person des Dritten	49
3.	Täuschung durch Unterlassen	10	c)	Einzelfälle	51
a)	Begründung von Aufklärungspflichten	10	(1)	Vertreter	51
			(2)	Verhandlungsgehilfen	52
b)	Aufklärungspflichten bei einzelnen Vertragstypen	13	(3)	Vermittler	53
			(4)	Verbundene Geschäfte	54
(1)	Kaufverträge	13	(5)	Finanzierter Beitritt zu Publikumsgesellschaften und Immobiliardarlehen	55
(2)	Mietverträge	19			
(3)	Aufklärungspflichten der Banken	20			
(4)	Aufklärungspflichten bei Werk- und Werklieferungsverträgen	24	(6)	Finanzierungsleasing	57
			(7)	Täuschung eines Sicherungsgebers	58
(5)	Aufklärungspflichten bei Bürgschaftsverträgen	25	(8)	Gesellschafter	59
			d)	Kenntnis oder Kennenmüssen	60
(6)	Anzeigepflichten bei Versicherungsverträgen	26	8.	Anfechtung gegenüber demjenigen, der aus der Erklärung unmittelbar ein Recht erworben hat, § 123 Abs 2 S 2	61
(7)	Aufklärungspflichten bei Arbeitsverträgen	28			
4.	Rechtswidrigkeit der Täuschung	29	9.	Anfechtung einer Vollmachterteilung oder Zustimmungserklärung	62
a)	Das Merkmal der „Widerrechtlichkeit"	29	10.	Anfechtung wegen arglistiger Täuschung bei Schuldübernahme	63
b)	Fragerechte des Arbeitgebers beim Abschluss von Arbeitsverträgen	30	IV.	**Anfechtbarkeit wegen widerrechtlicher Drohung**	
(1)	Schulischer und beruflicher Werdegang	32	1.	Sinn und Zweck	64
			2.	Begriff der Drohung	65
(2)	Persönliche Verhältnisse, sexuelle Orientierung	33	a)	Vis absoluta und vis compulsiva	65
			b)	Inaussichtstellung eines Übels	66
(3)	Finanzielle Verhältnisse	34	c)	Abgrenzung: nicht zu beeinflussende Übel	67
(4)	Graphologische und psychologische Gutachten, Intelligenz- und Eignungstests	35			
			d)	Die Person des Drohenden	68
(5)	Konfessions-, Gewerkschafts- und Parteizugehörigkeit	36	e)	Die Person des Bedrohten	70
			3.	Kausalität	71
(6)	Schwerbehinderteneigenschaft	37	4.	Widerrechtlichkeit	72
(7)	Krankheiten	38	a)	Drohung mit einem rechtswidrigen Mittel	73
(8)	Schwangerschaft	39			
(9)	Vorstrafen	40	b)	Erstreben eines rechtswidrigen Erfolges	74
(10)	Öffentlicher Dienst	41			
(11)	Tätigkeit für das Ministerium für Staatssicherheit	42	c)	Inadäquanz von Mittel und Zweck	75
			(1)	Drohung mit einer Strafanzeige	76
(12)	Anschlussbeschäftigung	43	(2)	Drohung mit einer Kündigung	78
c)	Fragerechte des Vermieters beim Abschluss von Mietverträgen	44	(3)	Drohung mit einer Klage	80
			(4)	Drohung mit sonstigen Mitteln	81
5.	Kausalität zwischen Täuschung und Willenserklärung	45	5.	Subjektiver Tatbestand	82
			a)	Bestimmungsvorsatz	82
6.	Der subjektive Tatbestand der arglistigen Täuschung	46	b)	Subjektive Vorstellungen hinsichtlich der Widerrechtlichkeit	83
7.	Täuschung durch Dritte, § 123 Abs 2 S 1	48	c)	Irrtum über die Widerrechtlichkeit	84
a)	Begrenzung des Anfechtungsrechts	48	d)	Weitere subjektive Merkmale	85

V. Beweislast	86	6. Kein Ersatz des Vertrauensschadens	95
VI. Rechtsfolgen		**VII. Sonderregeln und Konkurrenzen**	
1. Anfechtbarkeit der Willenserklärung	87	1. Sonderregeln	96
2. Rückwirkung der Anfechtung	88	2. Irrtumsanfechtung	97
3. Ausnahmen bei Dauerschuldverhältnissen	89	3. Sittenwidrigkeit gem § 138	98
		4. Rücktritt und Kündigung	99
4. Ausschluss der Anfechtung	92	5. Gewährleistungsrechte	100
5. Rückforderung der erbrachten Leistung nach §§ 812 ff	94	6. Culpa in contrahendo	101
		7. Unerlaubte Handlung	102
		8. Lauterkeitsrecht (UWG)	103

I. Bedeutung und Anwendungsbereich des § 123

1 § 123 gewährt ein Anfechtungsrecht, wenn die Entscheidungsfreiheit durch eine arglistige Täuschung oder widerrechtliche Drohung beeinflusst wurde. Die Vorschrift schützt die rechtsgeschäftliche **Selbstbestimmung** vor gravierenden Störungen im Bereich der Willensbildung (Mot I 204; RGZ 134, 43, 55; BGHZ 51, 141, 147). Anders als bei dem Inhalts- und Erklärungsirrtum gem § 119 Abs 1, der nur Fehler bei der **Willenserklärung** berücksichtigt, gewährt § 123 auch bei **Mängeln der Willensbildung** Schutz (LARENZ/WOLF, AT § 37 Rn 1; Vorbem 32 zu §§ 116 ff). Die Relevanz von „Motivirrtümern" beruht darauf, dass in den Fällen des § 123 Willensbildung und -entschließung durch äußere Einwirkungen des Erklärungsempfängers oder Dritter beeinträchtigt werden, die dem Erklärenden nicht zugerechnet werden können. Eine unter dem Einfluss von Täuschungshandlungen oder einer Drohung zustande gekommene Willenserklärung leidet an einem so schweren Mangel, dass der Erklärende nicht auf seine formale Selbstbestimmung verwiesen werden darf (SINGER 209). Der Gesetzgeber hat trotz der schwerwiegenden Störung der Selbstbestimmung nicht Nichtigkeit angeordnet, sondern sich für bloße Anfechtbarkeit entschieden. Der Getäuschte oder Bedrohte soll die Wahl haben, ob das Rechtsgeschäft trotz Täuschung oder Drohung gelten soll oder nicht (zur Rechtsfolge auch Rn 87). Die Anfechtung muss nicht unverzüglich (§ 121), sondern binnen Jahresfrist nach § 124 erfolgen, nachdem der Anfechtungsberechtigte die Täuschung entdeckt oder die Zwangslage aufgehört hat. Wegen der fehlenden Zurechenbarkeit der angefochtenen Willenserklärung haftet der Getäuschte oder Bedrohte anders als bei einer Anfechtung nach § 119 nicht für den Vertrauensschaden. § 123 greift im Übrigen erst recht ein, wenn die Täuschung nicht nur die Willensbildung, sondern den Erklärungsakt selbst beeinflusst hat. Es ist also gleichgültig, ob die Täuschung zu einem Erklärungsirrtum oder zu einem Sachverhaltsirrtum geführt hat (MünchKomm/KRAMER Rn 13).

2 § 123 ist auf **alle Arten von** privatrechtlichen rechtsgeschäftlichen **Willenserklärungen** anwendbar, empfangsbedürftige und nicht empfangsbedürftige, ausdrückliche und konkludente (Vorbem 51 zu §§ 116 ff, § 119 Rn 106), sofern nicht besondere Vorschriften vorgehen (vgl dazu Rn 96 ff und § 119 Rn 109 f). Wird **Schweigen** vom Gesetz als Ablehnung fingiert, ist § 123 nicht anwendbar (HANAU AcP 165 [1965] 220, 224), wohl aber, wenn es Erklärungswirkung hat (Vorbem 66 zu §§ 116 ff). § 123 gilt nicht für den durch rechtswidrige Willensbeeinflussung bewirkten **Widerruf ehrenkränkender Behauptungen**, weil es sich dabei nicht um eine Erklärung mit rechtsgeschäftlichem Charakter handelt. In Betracht kommt aber ein Beseitigungsanspruch analog § 1004 (BGH NJW 1952, 417).

II. Geschichtliche Entwicklung

Die Anfechtung wegen arglistiger Täuschung hat ihren **Ursprung** in der *actio de dolo malo* des **römischen Rechts** und in dem römisch-gemeinrechtlichen Dolusbegriff (MARTENS 5 ff u 45 ff; KASER 627 f mwNw). Unter dem vieldeutigen Begriff *dolus malus* ist nach hM die Vorspiegelung eines unrichtigen Sachverhalts zu verstehen (vgl dazu vLÜBTOW 249, 261 ff). Man unterschied danach, ob der Erklärende durch Vorspiegelung falscher Tatsachen zur Abgabe einer Erklärung veranlasst worden war, die er tatsächlich gar nicht abgeben wollte – dann war das Geschäft nichtig –, oder ob lediglich der Geschäftswille selbst durch arglistige Täuschung hervorgerufen wurde – dann war das Geschäft gültig. In diesem Fall wurde aber der Getäuschte durch die Einrede der *exceptio doli* und durch den Wiederherstellungsanspruch der *actio doli* geschützt (vgl dazu STAUDINGER/RIEZLER[7,8] § 123 II; STAUDINGER/COING[10,11] Rn 2). Bezüglich des Umfangs dieses Wiederherstellungsanspruchs unterschied man den Fall des sog *dolus causam dans* (in dem angenommen werden muss, der Erklärende hätte ohne den Betrug das Geschäft überhaupt nicht abgeschlossen) und den Fall des *dolus incidens* (in dem er ohne den Betrug das Geschäft nicht unterlassen, sondern nur in anderer Weise abgeschlossen hätte). Beim *dolus causam dans* hatte er die Wahl, Reszission des Geschäftes und Schadensersatz oder Schadensersatz unter Aufrechterhaltung des Geschäftes (mit der sog Differenzklage) zu fordern. Beim *dolus incidens* dagegen hatte er diese Wahl nicht, sondern war auf einen durch den Differenzbetrag begrenzten Entschädigungsanspruch beschränkt (vgl REGELSBERGER 535 ff; WINDSCHEID 207 ff; DERNBURG 239, 245).

Der Begriff der Drohung hatte im **gemeinen Recht** regelmäßig die Bezeichnung Zwang und Furcht. Man unterschied die Willensbeeinflussung durch *vis absoluta* und *vis compulsiva*. Eine durch *vis absoluta* herbeigeführte Erklärung war nichtig. Bei *vis compulsiva*, also insbesondere bei durch Drohung hervorgerufener Furcht *(metus)*, ging man davon aus, dass der wirkliche Wille erklärt wurde, und betrachtete deshalb die Willenserklärung als wirksam. Dem Bedrohten stand aber ein ausgedehnter Rechtsschutz gegen die Nachteile zu, die ihm aus seiner Erklärung entstehen konnten. Ansprüchen konnte er mit der Einrede *exceptio quod metus causa* begegnen. Hatte er auf Grund seiner Willenserklärung einen Vermögensverlust erlitten, so konnte er mit der *actio quod metus causa* vom Drohenden selbst vollen Schadensersatz, von anderen das verlangen, was infolge des Geschäfts in ihrem Vermögen war (STAUDINGER/RIEZLER[7,8] § 123 Abs 2; DERNBURG 239 ff; REGELSBERGER 529 ff; WINDSCHEID 213 ff).

III. Anfechtbarkeit wegen arglistiger Täuschung

Voraussetzung für die Anfechtung einer Willenserklärung wegen arglistiger Täuschung ist eine Täuschung zum Zweck der Erregung oder Aufrechterhaltung eines Irrtums (Rn 6), die durch positives Tun (Rn 9) oder durch ein Unterlassen (Rn 10 ff) begangen werden kann. Zwischen der Täuschung und der irrtumsbedingten Willenserklärung muss ein Kausalzusammenhang bestehen (Rn 24). Die Täuschung erfordert in subjektiver Hinsicht Arglist (Rn 46 ff) und muss rechtswidrig sein (Rn 29 ff).

1. Begriff der Täuschung

6 Unter einer Täuschung im Sinne des § 123 versteht man die vorsätzliche Erregung, Bestärkung oder Aufrechterhaltung eines Irrtums, sei es durch das **Vorspiegeln** falscher oder das **Verschweigen** wahrer Tatsachen, um den Willensentschluss des Getäuschten zu beeinflussen (BGH NJW 1957, 988; LARENZ/WOLF, AT § 37 Rn 5; Münch-Komm/KRAMER Rn 8; PALANDT/ELLENBERGER Rn 2). Ob die Täuschung den Erklärungswillen erst geweckt hat oder ihn in eine bestimmte Richtung gelenkt hat, ist ohne Bedeutung (SOERGEL/HEFERMEHL Rn 2). Es empfiehlt sich nicht, die arglistige Täuschung als „zivilrechtlichen Betrug" zu bezeichnen (vLÜBTOW 249, 250). Mit dem strafrechtlichen Betrug nach § 263 StGB ist die arglistige Täuschung nach § 123 zwar hinsichtlich der Merkmale der Täuschung zum Zwecke der Irrtumserregung, Irrtumsbestärkung oder Irrtumserhaltung vergleichbar, aber § 123 schützt anders als § 263 StGB nicht das Vermögen und setzt weder eine Vermögensschädigung noch die Absicht einer Vermögensvorteilsverschaffung voraus.

a) Tatsachencharakter

7 Die Täuschung muss sich auf **objektiv nachprüfbare Tatsachen** beziehen, dh der Inhalt der Täuschungsaussage muss dem Urteil „wahr" oder „falsch" zugänglich sein. Dies trifft auf Aussagen über wertbildende Merkmale des Vertragsgegenstandes zu, zB die Fahrleistung eines Motors (OLG Köln DB 1971, 2015), die Bezeichnung von Bremsen als „neu" (KG MDR 1972, 604, 605), eines Gegenstandes als „generalüberholt" (BGH NJW 1995, 955, 956), die Kundenzahl eines Fitness-Studios (OLG Düsseldorf WuM 2003, 138), die Höhe einer Forderung, für die gebürgt werden soll (RG SeuffA 89 Nr 68), oder das Alter eines Orientteppichs (BGH WM 1977, 260, 261). Eine Täuschung liegt vor, wenn Nachbildungen alter Möbel und Gemälde aus jüngster Zeit als „Kunst und Antiquitäten" aus einer „Schlossauflösung" angeboten werden (OLG Düsseldorf NJW 2002, 612). Eine falsche Tatsachenbehauptung ist auch zu bejahen, wenn ein erheblich überhöhtes Angebot als „ordentlicher" Preis bezeichnet wird oder wenn der Verkäufer eines Gebrauchtwagens fälschlich vorspiegelt, der Preis in der „Schwacke-Liste" liege höher als der betreffende Kaufpreis (LG Osnabrück DAR 1987, 121, 122). Worauf sich die Täuschung bezieht, ist unerheblich. Es ist also gleichgültig, ob über eine Eigenschaft eines Gegenstandes, über einen Bewertungsfaktor wie zB den Marktpreis oder Börsenkurs oder über andere Umstände, die auf die Willensbildung Einfluss nehmen, getäuscht wird (LARENZ/WOLF, AT § 37 Rn 8). **Subjektiven Werturteilen, Vermutungen und Angaben**, die ihrem Inhalt nach **unbestimmt** sind, kann hingegen kein sachlicher Gehalt beigemessen werden (SOERGEL/HEFERMEHL Rn 3; PALANDT/ELLENBERGER Rn 3). **Marktschreierische Anpreisungen und Werbemaßnahmen** sind ebenfalls keine Tatsachenbehauptungen, solange diese nach der Verkehrsauffassung keine sachliche Bedeutung besitzen und deshalb von einem verständigen Menschen nicht ernst genommen werden (SOERGEL/HEFERMEHL Rn 3; vgl auch Rn 103). Jedoch können auch einzelne Werbemaßnahmen objektiv nachprüfbare Aussagen enthalten. Wenn dieser sog **„Tatsachenkern"** nachweisbar objektiv falsch ist, kommt eine Anfechtung gem § 123 in Betracht. Die Erklärung, die verkaufte Eigentumswohnung werde sich durch Mieten und Steuerersparnisse selbst tragen, ist keine bloße Anpreisung, sondern eine Tatsachenbehauptung (KG NJW 1998, 1082, 1083). Wirbt ein Baubetreuer mit hohen Vorsteuererstattungsansprüchen, ist er verpflichtet, Interessenten auf geltend gemachte Bedenken der Finanzbehörden zur Erstattungsfähigkeit von Vorsteuern hinzuweisen (OLG Düsseldorf NJW-RR 1986, 320,

321; vgl auch KG ZIP 2000, 268 ff). Preist ein Verkäufer in seiner Broschüre Diamanten als Ersatzwährung an, obwohl der Kaufpreis mehr als 20% über dem Preisniveau des deutschen Einzelhandels liegt, so erweckt er fälschlich den Eindruck, es gebe einheitlich festliegende Bewertungskriterien und keinen Spielraum für eine individuelle Preisgestaltung (LG Frankfurt NJW-RR 1994, 241). Wer ein Time-Sharing-Nutzungsrecht hinsichtlich einer Ferienanlage derart bewirbt, dass das Publikum einen First-Class-Charakter erwarten darf, begeht eine arglistige Täuschung, wenn es sich nur um eine 3-Sterne-Kategorie handelt (OLG Düsseldorf NJW-RR 1995, 686). Das Äußern einer **Rechtsansicht** kann ebenfalls eine Tatsachenbehauptung darstellen (RG LZ 1926, 324 f), zB wenn nach einem Verkehrsunfall die Einschätzung der materiellen Rechtslage bewusst falsch wiedergegeben wird, um ein Schuldanerkenntnis zu erwirken (KG OLGZ 1972, 257, 261).

b) Äußere und innere Tatsachen

Die Täuschung kann sich auf Tatsachen der äußeren Erscheinungswelt, aber auch **8** auf **innere Tatsachen** beziehen. Über innere Tatsachen wird zB getäuscht, wenn wider besseres Wissen bestimmte Kenntnisse, Fähigkeiten oder die Ernsthaftigkeit der Vertragsabschlussbereitschaft vorgespiegelt werden. Eine Täuschung über innere Tatsachen liegt auch vor, wenn jemand einen Vertrag schließt, ohne ihn erfüllen zu wollen oder zu können (RGZ 48, 282, 284 f; BGH LM Nr 12; Bamberger/Roth/Wendtland § 123 Rn 10), denn in der Eingehung einer Verpflichtung liegt die konkludente Behauptung der Erfüllungsmöglichkeit und -absicht. Wer zB auf Kredit kauft, erklärt schlüssig durch den Vertragsschluss, den Kaufpreis bei Fälligkeit zahlen zu wollen und zu können (OLG Köln NJW 1967, 740, 741). Im Übrigen besteht grundsätzlich keine Aufklärungspflicht über wirtschaftliche Bedrängnisse, es sei denn die wirtschaftliche Situation ist für die Erreichung des Vertragszwecks von erheblicher Bedeutung (BGH NJW 1974, 1505, 1506; 1983, 1607, 1609; s a Rn 12, 19).

2. Täuschung durch positives Tun

Die Täuschung kann durch positives Tun oder durch Unterlassen begangen werden, **9** wobei es für die Anfechtbarkeit nach § 123 auf die konkrete Täuschungsform nicht ankommt. Eine Täuschung durch positives Tun kann zB durch Behauptungen über Zustände oder Ereignisse, durch Vorspiegeln, Unterdrücken oder Entstellen von Tatsachen, durch mündliche oder schriftliche Äußerungen, konkludentes Verhalten, Tathandlungen (wie zB das Verdecken von Sachmängeln) oder auch durch das Gesamtverhalten des Handelnden erfolgen. Der Inhalt der Täuschung ist ggf durch Auslegung zu ermitteln. Dabei sind Halbwahrheiten und unvollständige Angaben regelmäßig der aktiven Täuschungshandlung zuzuordnen (Fleischer 250 ff).

3. Täuschung durch Unterlassen*

a) Begründung von Aufklärungspflichten

Das Verschweigen von Umständen, die für die Willensentschließung des Erklärungs- **10**

---

* **Schrifttum:** Adams, Irrtümer und Offenbarungspflichten im Vertragsrecht, AcP 186 (1986) 453; Böhmer, Zur Anfechtung von Versicherungsverträgen nach § 123 BGB, MDR 1958, 207; Breidenbach, Die Voraussetzungen von Informationspflichten beim Vertragsabschluß (1989); F Bydlinski, Über listiges Verschweigen beim Vertragsschluss, JBl 1980, 393;

gegners wesentlich sind, kann ebenfalls eine Täuschung darstellen. Dabei ist zu unterscheiden, ob auf eine Frage wahre Tatsachen verschwiegen werden oder ob auch ohne ausdrückliche Nachfrage eine Offenbarungspflicht besteht. Auf **ausdrückliche Fragen** muss der Vertragspartner, sofern er die Beantwortung nicht vollkommen ablehnt, grundsätzlich vollständig und richtig antworten (RGZ 91, 80, 81; BGHZ 74, 383, 392; NJW 1967, 1222 f; 1977, 1914, 1915; LG Bremen DAR 1984, 91, 92; FLEISCHER 254; MünchKomm/KRAMER Rn 18; PALANDT/ELLENBERGER Rn 5a; zu Ausnahmen Rn 30 ff). Große Schwierigkeiten bereitet hingegen die Begründung von Aufklärungspflichten ohne solche Nachfrage. Grundsätzlich besteht **keine allgemeine Pflicht**, den Vertragspartner hinsichtlich aller Einzelheiten und Umstände aufzuklären, die seine Willensentschließung beeinflussen könnten (statt vieler BGH LM Nr 64 = NJW 1983, 2493, 2494; MünchKomm/KRAMER Rn 18; PRÜTTING/WEGEN/WEINREICH/AHRENS Rn 8; PALANDT/ELLENBERGER Rn 5 f). Zum Wesen der Privatautonomie gehört die **Selbstverantwortung** für rechtsgeschäftliches Handeln. Insofern ist es im Grundsatz jedermanns eigene An-

EIDENMÜLLER, Effizienz als Rechtsprinzip (1995); FLEISCHER, Informationsasymmetrie im Vertragsrecht – Eine rechtsvergleichende und interdisziplinäre Abhandlung zu Reichweite und Grenzen vertragsschlussbezogener Aufklärungspflichten (2001); GRUNEWALD, Die Anfechtung wegen arglistiger Täuschung bei der Übertragung von GmbH-Geschäftsanteilen, ZGR 1991, 452; HEERSTRASSEN, Arglistige Täuschung beim Kunstkauf – OLG Hamm NJW-RR 1993, 628, in: JuS 1995, 197; HOMMELHOFF, Verbraucherschutz im System des deutschen und europäischen Privatrechts (1996); KLINGLER, Aufklärungspflichten im Vertragsrecht (1981); KNOCHE, Sachmängelgewährleistung beim Kauf eines Altlastengrundstücks, NJW 1995, 1985; LANDSCHEIDT/SEGBERS, Der Verkauf eines Unfallwagens, NZV 1991, 289; OTT, Vorvertragliche Aufklärungspflichten im Recht des Güter- und Leistungsaustausches, in: OTT/SCHÄFER, Ökonomische Probleme des Zivilrechts (1991) 142; MANKOWSKI, Beseitigungsrechte (2003); ders, Arglistige Täuschung durch vorsätzlich falsche oder unvollständige Antworten auf konkrete Fragen, JZ 2004, 121; MAYER, Vertragsanfechtung durch Kartellgeschädigte, WuW 2010, 29; PAULUSCH, Die Rechtsprechung des Bundesgerichtshofs zum Kaufrecht, WM Beilage Nr 9/1991; REHM, Aufklärungspflichten im Vertragsrecht (2003); REICH, Schuldrechtliche Informationspflichten gegenüber Endverbrauchern, NJW 1978, 513; REINKING/EGGERT, Der Autokauf. Rechtsfragen beim Kauf neuer und gebrauchter Kraftfahrzeuge sowie beim Leasing (10. Aufl 2009); SCHÄFER, Ökonomische Analyse von Aufklärungspflichten, in: OTT/SCHÄFER, Ökonomische Probleme des Zivilrechts (1991) 117; SCHÜNEMANN, Aufklärungspflicht und Haftung, BB 1987, 2243; SKIBBE, Zur Aufklärungspflicht bei Kaufvertragsverhandlungen, in: FS Kurt Rebmann (1989) 807; STENGEL/SCHOLDERER, Aufklärungspflichten beim Beteiligungs- und Unternehmenskauf, NJW 1994, 158; STRUTZ, Umfang der Aufklärungspflicht beim Verkauf eines gebrauchten Kraftfahrzeugs, NJW 1968, 436; THAMM/PILGER, Vertragliche Nebenpflicht zur Aufklärung und Beratung bei Lieferverträgen und deren Regelung in Geschäftsbedingungen des kaufmännischen Verkehrs, BB 1994, 729; TESKE, Zur Untersuchungspflicht des Gebrauchtwagenhändlers, NJW 1983, 2428; TIEDTKE, Der Inhalt des Schadensersatzanspruchs aus Verschulden beim Vertragsabschluß wegen fehlender Aufklärung, JZ 1989, 569; WERRES, Aufklärungspflichten in Schuldverhältnissen und deren Grenzen (Diss Köln 1985); WILBURG, Entwicklung eines beweglichen Systems im bürgerlichen Recht. Rede, gehalten bei der Inauguration als Rector magnificus der Karl-Franzens-Universität am 22. 11. 1950 (ohne Ort und Jahr); WINKLER VON MOHRENFELS, Abgeleitete Informationsleistungspflichten im deutschen Zivilrecht (1986); ZAHRNT, Die Rechtsprechung zu Aufklärungs- und Beratungspflichten bei der Beschaffung von DV-Leistungen, BB 1992, 720.

gelegenheit, die für die eigene Willensentscheidung notwendigen Informationen auf eigene Kosten und auf eigenes Risiko selbst zu beschaffen (statt vieler BGH NJW 1989, 763, 764). Wann und in welchem Ausmaß Aufklärungspflichten ausnahmsweise doch bestehen, hat der Gesetzgeber nicht normiert, weil ihm eine generelle Regelung unmöglich erschien (Mot I 208). Im Bereich der Verbraucherverträge gibt es zwar zunehmend gesetzlich angeordnete Informationspflichten, durch die der Gesetzgeber seiner Pflicht zur Umsetzung verbraucherrechtlicher EG-Richtlinien nachkommt (vgl z. B. § 491a iVm Art 247 EGBGB). Außerhalb des vom Gesetzgeber normierten Bereichs fällt es jedoch schwer, die Voraussetzungen zu bestimmen, unter welchen Umständen und in welchem Umfang ein Vertragsbeteiligter Informationen dem Vertragspartner weitergeben muss und wann er einen Informationsvorsprung als eigenen Vorteil nutzen darf, also bewusst schweigen darf. Diese Aufgabe ist bisher nur ansatzweise gelöst und wohl auch nicht umfassend lösbar (so auch Medicus, Gutachten 479, 539; MünchKomm/Schürnbrand § 17 EGBGB Rn 1 ff; monografisch Fleischer [2001] und Rehm [2003]). Viele Definitionen sind vage und reine Leerformeln.

Die Rechtsprechung bejaht eine Informationspflicht bei der Vertragsanbahnung **11** auch ohne Nachfrage des Vertragspartners, wenn eine Aufklärung nach Treu und Glauben (§ 242) und den im Verkehr üblichen Gewohnheiten geboten ist und der Vertragspartner daher mit einer Aufklärung der Sachlage redlicherweise rechnen darf (statt vieler RGZ 77, 309, 314; 111, 233, 235; BGH NJW 1989, 763, 764). Eine Aufklärungspflicht könne immer nur aus besonderen Gründen anhand der **Umstände des Einzelfalles** bejaht werden (BGH NJW 1983, 2493, 2494). Angesichts dieses Defizits an subsumtionsfähigen Kriterien ist die Begründung von Aufklärungspflichten zwangsläufig nicht frei von Willkür. Im Schrifttum gibt es unterschiedliche Ansatzpunkte zur Konkretisierung der Aufklärungspflichten, die aber auch nicht zu wesentlich präziseren und praktikableren Ergebnissen führen. Vor allem die Kommentarliteratur beschränkt sich darauf, die Einzelfälle aus der Judikatur nach abstrakten Merkmalen zu ordnen. Zum Teil wird dabei nach der Art des jeweiligen Schuldverhältnisses unterschieden (zB Flume § 29, 1 = S 541; Larenz/Wolf, AT § 37 Rn 6; MünchKomm/Kramer Rn 17 ff). Andere differenzieren danach, ob es sich bei dem angestrebten Vertrag um einen interessengegengesetzten, einen interessenwahrenden Vertrag oder einen Gemeinschaftsvertrag handelt (Soergel/Hefermehl Rn 6; Soergel/Teichmann § 242 Rn 136). Sofern einzelne Sachkriterien herangezogen werden, um Aufklärungspflichten zu begründen, lassen sich diese häufig auf **Vertrauensschutzerwägungen** zurückführen (BGH NJW 1965, 812; BGHZ 56, 81, 84 f; Larenz, in: FS Ballerstedt [1975] 397 [398 f, 403]). Weitere pflichtbegründende Umstände sind die besondere **Sachkunde des Vertragspartners** und seine **Berufserfahrung** (zust Prütting/Wegen/Weinreich/Ahrens Rn 10), das Bestehen einer **laufenden Geschäftsbeziehung** zwischen den Vertragspartnern (RGZ 27, 118, 121; 126, 50, 52; BGHZ 13, 198, 200; 21, 102, 107; OLG Saarbrücken OLGZ 1981, 248; Soergel/Hefermehl Rn 8; S Lorenz 433 f) sowie der Umstand, dass sich Vertragsverhandlungen über einen **längeren Zeitraum** hinwegziehen (vgl BGH LM Nr 64 = NJW 1983, 2493, 2494). Pflichtbegründend wirken ferner die **strukturelle Überlegenheit** des Informationspflichtigen einerseits und die Unerfahrenheit des Vertragspartners andererseits (zust Prütting/Wegen/Weinreich/Ahrens Rn 8). Strenger ist insbesondere Medicus und – seit der 14. Aufl des Lehrbuchs zum Bürgerlichen Recht – auch sein Co-Autor Petersen (vgl Rn 150). Ihrer Ansicht nach setzt die Begründung von Aufklärungspflichten eine **Garantstellung** des Verpflichteten voraus. Damit wird immerhin der Ausnahmecharakter der Aufklärungspflicht verdeutlicht. Angesichts der relativen Offenheit der Kriterien liegt es nahe, die verschiedenen Gesichtspunkte zu einem **beweglichen System** zu verknüpfen und das Bestehen und die Intensität von Aufklärungspflichten aus dem Zusammenspiel dieser Kriterien je nach ihrer Zahl und Stärke zu begründen (F BYDLINSKI JBl 1980, 393, 397; BREIDENBACH 61 ff im Anschluss an WILBURG 12 ff; vgl auch S LORENZ 416 ff). Das System von BREIDENBACH kommt mit drei, ebenfalls relativ offenen Elementen aus: dem Informationsbedarf des Berechtigten, der Möglichkeit der Information durch den Verpflichteten und der Zugehörigkeit der Information zu seinem Funktionskreis. Ferner wurden Aufklärungspflichten mit ökonomischen Gesichtspunkten begründet (SCHÄFER 117 ff; OTT 142, 148; ADAMS AcP 186 [1986] 453, 468 ff; REHM [2003] 24 ff; krit GRIGOLEIT 73 ff). In diesem Kontext wird zurecht darauf aufmerksam gemacht, dass Informationen grundsätzlich einen wirtschaftlichen Wert beinhalten und ohne Gegenleistung grundsätzlich keine vorvertragliche Aufklärung erwartet werden könne (REHM 235 ff). Dem entspricht die mit ökonomischen Erwägungen begründete Maxime, dass Informationen, die zufällig und ohne Einsatz von Ressourcen erworben wurden, leichter offenbart werden müssen als solche, die unter erheblichem **Aufwand** erst erworben wurden (WAGNER 76 ff). Das Verdienst der sehr materialreichen Monographie von FLEISCHER besteht wiederum darin, die aus rechtsgeschichtlichen Erfahrungen und informationsökonomischen Einsichten gewonnene Interessenlage herauszustellen und zu versuchen, den Konflikt der im Widerstreit stehenden Interessen durch „Hin- und Herwandern des Blickes" nachvollziehbar zu lösen (FLEISCHER 277 ff). Insgesamt kann man sich jedoch trotz der vielfältigen, partiell einleuchtenden Topoi der Einsicht kaum verschließen, dass es beim Versuch, rational handhabbare Kriterien für die Begründung von Aufklärungspflichten zu entwickeln, geblieben ist und wohl auch bleiben muss.

12 Die folgende Darstellung verzichtet daher auf eine deduktive Ableitung von Aufklärungspflichten, sondern beschränkt sich darauf, einige **Basiswertungen** herauszustellen, die dem Rechtsanwender zwar die Richtung vorgeben, aber nicht als subsumtionsfähige Kriterien für die Begründung von Aufklärungspflichten im Einzelfall verstanden werden dürfen. Wo immer dies möglich ist, bemüht sich die Kommentierung darum, bei der folgenden Dokumentation der Fallgruppen und Einzelfälle aus der Rechtsprechung auf diese Basiswertungen Bezug zu nehmen. Ausgangspunkt ist die dem System der Privatautonomie immanente **Selbstverantwortung** für die Folgen rechtsgeschäftlichen Handelns (vgl auch REHM 235 ff). Infolgedessen kommen Aufklärungspflichten in erster Linie dort in Betracht, wo die **Funktionsvoraussetzungen der Privatautonomie** nicht gewährleistet oder erheblich **beeinträchtigt** sind. Das trifft insbesondere zu, wenn dem Partner die erforderliche Geschäftserfahrung fehlt und daher von Selbstbestimmung in Selbstverantwortung nur noch sehr eingeschränkt die Rede sein kann (vgl bezgl des Konsumentenkredits SINGER ZBB 1998, 141, 143 mwNw; s ferner Rn 20). Privatautonomer Selbstschutz versagt regelmäßig dort, wo es sich um komplexe Vertragestaltungen handelt, deren rechtliche oder wirtschaftliche Tragweite der unterlegene Vertragsteil nicht zu beurteilen vermag und daher nicht erwartet werden darf, dass sich die betreffende Partei die erforderlichen Informationen selbst beschafft (vgl zB Rn 17). Eine besondere Rolle spielt dabei, dass dem Vertragspartner aufgrund seiner überlegenen Sach- und Rechtskompetenz besonderes **Vertrauen** entgegengebracht wird und entgegengebracht werden darf (vgl zB Rn 15). Aus dem immanenten Zweck eines jeden Vertrages folgt schließlich, dass der

Kontrahent über Umstände, welche die **Vertragsdurchführung gefährden** oder vereiteln oder die vorausgesetzte **Äquivalenz** der beiderseits zu erbringenden Leistungen erheblich **beinträchtigen**, aufklären muss (vgl Rn 13 ff). Dem **Äquivalenzprinzip** entspricht ferner die Maxime, dass Informationen einen eigenen wirtschaftlichen Wert verkörpern, der grundsätzlich nicht ohne Gegenleistung dem Vertragspartner zugewendet werden muss. Ausnahmen von diesem Prinzip sind begründungsbedürftig und kommen eher dort in Betracht, wo die betreffende Information ohne weiteres verfügbar ist und ohne erheblichen Aufwand beschafft wurde (Rn 13, 14 aE).

b) Aufklärungspflichten bei einzelnen Vertragstypen
(1) Kaufverträge

Mit der Selbstverantwortung des Käufers korrespondiert der Grundsatz, dass der Verkäufer einer Sache nicht ungefragt über alle Umstände aufklären muss, die für dessen Kaufentschluss von Bedeutung sein können. Eine Offenbarungspflicht besteht nach std Rspr nur, wenn es sich um Umstände handelt, die für den Vertragsentschluss des Käufers erkennbar von Bedeutung sind und deren Mitteilung er nach der Verkehrsauffassung erwarten darf (statt vieler BGH NJW 1983, 2493, 2494 mwNw; guter Überblick über die Rspr PRÜTTING/WEGEN/WEINREICH/AHRENS Rn 15 ff). Das ist vor allem dann der Fall, wenn das vertraglich vorausgesetzte **Äquivalenzverhältnis** erheblich beeinträchtigt ist. Aufzuklären ist daher zB über eine versicherungsrechtlich ausgesteuerte Augenerkrankung des verkauften Dressurpferdes, weil die Versicherungsfähigkeit eines wertvollen Pferdes den Wert der erworbenen Leistung entscheidend beeinflusst und daher einen wesentlichen Umstand für den Kaufentschluss bildet (OLG Nürnberg OLGZ 1984, 121, 122). Aus dem gleichen Grund muss der Verkäufer eines Mehrfamilienhauses auf erhebliche Zahlungsrückstände eines Mieters hinweisen (OLG Celle NJW-RR 1999, 280 f). Bei Kaufverträgen dürfen wegen des natürlichen Interessengegensatzes die Anforderungen aber nicht überhöht werden (vgl aber BGH LM Nr 52). Auch ungünstige Eigenschaften der Kaufsache müssen grundsätzlich nicht ohne Nachfrage mitgeteilt werden (OLG München NJW 1967, 158; OLGZ 1970, 409, 411 f). Der Käufer einer Forderung darf zB nicht ohne weiteres erwarten, dass der Verkäufer ihn ungefragt über die wirtschaftlichen Verhältnisse des Schuldners aufklärt (BGH WM 1975, 157, 158). Es ist dem Käufer zuzumuten, sich entsprechende Informationen selbst zu beschaffen. Er muss jedoch darüber aufgeklärt werden, dass eine Kaufsache für den Käufer **nicht erkennbare Mängel** aufweist, die ihren Wert erheblich mindern oder sogar unbrauchbar machen. Denn durch eine mangelhafte Leistung wird der **Vertragszweck erheblich beeinträchtigt**.

Zum Wesen der Privatautonomie gehört, dass die Preise am Markt das Ergebnis eines von den Marktteilnehmern selbst (mit)bestimmten Prozesses verkörpern. Insofern braucht ein Verkäufer keine Angaben über Grundlagen von **Preisberechnungen** zu machen, auch nicht darüber, ob nach der Marktlage mit einem Steigen oder Fallen der Preise zu rechnen ist (RGZ 111, 233, 234). Eine Verpflichtung, ohne Nachfrage auf erhebliche Abweichungen vom Listenpreis hinzuweisen, besteht nicht. Auch seine Verdienstspanne muss der Verkäufer nicht offenbaren. Die Grenze zulässiger Preisgestaltung zieht § 138 Abs 2 (OLG Düsseldorf NJW-RR 1989, 116, 117). Eine Aufklärungspflicht besteht daher erst, wenn von einer **sittenwidrigen Übervorteilung** des Käufers auszugehen ist; diese Voraussetzung ist erst erfüllt, wenn der Wert der Leistung knapp doppelt so hoch ist wie der Wert der Gegenleistung (BGH NJW 2004, 2378, 2380; WM 2004, 417, 418; WM 2004, 521, 524). Wer bei Geschäftsverhandlungen ungefragt Angaben zu Preisgestaltungen oder zu seiner Verdienstspanne macht, muss auch unterhalb dieser Schwelle bei der Wahrheit bleiben (BGH LM Nr 30a = NJW 1964, 811). So liegt eine arglistige Täuschung vor, wenn im Einzelfall unter Hervorhebung besonderer Umstände von einem besonders günstigen Angebot oder von einem „Sonderpreis" gesprochen wird, der tatsächlich verlangte Preis aber keineswegs günstig ist oder über der Preisempfehlung liegt (OLG Frankfurt DAR 1982, 294 f; OLG Hamm NJW-RR 1993, 628, 629). Hat zB der Verkäufer wahrheitswidrig erklärt, das verkaufte Bild stamme aus dem Nachlass einer Malerfamilie und sei deshalb preislich günstiger als in Galerien üblich, berechtigt dies den Käufer zur Anfechtung wegen arglistiger Täuschung (OLG Hamm NJW-RR 1993, 628 f; HEERSTRASSEN JuS 1995, 197 ff). Dabei handelt es sich freilich im Kern um eine Täuschung durch positives Tun. Der Verkäufer, der bei den Vertragsverhandlungen auf der Grundlage seines Listenpreises einen Nachlass von 30% gewährt hat, ist nicht verpflichtet, das erhebliche Sinken des Herstellerlistenpreises zwischen Abschluss der Verhandlungen und Unterzeichnung des Vertrages mitzuteilen, wenn dieser Preis nicht Gegenstand der Vertragsverhandlungen war (BGH LM Nr 64 = NJW 1983, 2493 f). Hat der zur Aufklärung Verpflichtete seinem Vertragspartner eine **entgeltliche Übertragung** der durch ein entgeltliches Gutachten erworbenen Informationen angeboten, besteht ebenfalls keine unentgeltliche Aufklärungspflicht (BGH NJW 1993, 1643 f). Verschweigt ein Makler einem Kaufinteressenten, dass er auch vom Verkäufer die Provision verlangt, also letztlich den doppelten Betrag kassieren will, liegt hingegen eine arglistige Täuschung vor (OLG Frankfurt NJW-RR 1988, 1199).

15 Der Verkäufer kann zu einer erhöhten Aufklärung verpflichtet sein, wenn der Käufer erkennbar geschäftlich oder sachlich unerfahren ist bzw auf die **Fachkenntnisse und den Rat des Verkäufers vertraut** (BGH NJW 1971, 1795, 1799; LG Berlin NJW-RR 1989, 504, 505). Umgekehrt kann eine Aufklärungs- bzw Offenbarungspflicht begrenzt sein oder sogar ganz entfallen, wenn angenommen werden kann, dass der Geschäftspartner aufgrund seines Berufs oder besonderer Erfahrungen eigene entsprechende Kenntnisse hat. So braucht zB eine Bank über den spekulativen Charakter einer Kapitalanlage nicht aufzuklären, wenn der Anleger von einem Vermögensberater betreut wird und bereits feste Vorstellungen von dem gewünschten Geschäft hat (BGH NJW 1996, 1744).

16 Die Anfechtung wegen Verschweigens von Informationen hat insbesondere im **Kraftfahrzeughandel** große praktische Bedeutung. Der BGH hat in ständiger Rechtsprechung eine Offenbarungspflicht insbesondere bei **Unfallschäden** eines verkauften Gebrauchtwagens bejaht (BGHZ 29, 148, 150; 63, 382, 386; 74, 383, 391). Wegen entsprechender Wertminderung, unter Umständen Reparaturanfälligkeit und möglicherweise bestehender materialbedingter Gefahren ist die Kenntnis über einen Unfall für den Käufer grundsätzlich von kaufentscheidender Bedeutung. Nach einem schweren Unfall muss über den Umfang des Schadens und über alle Einzelheiten der ausgeführten Instandsetzungsarbeiten ungefragt aufgeklärt werden (OLG Karlsruhe MDR 1992, 645; OLG Köln VersR 1994, 111). Hingegen muss nicht darüber hinaus über die Beurteilung des Schadens als sog wirtschaftlichen Totalschaden aufgeklärt werden, da die Einholung dieser Information dem Käufer selbst möglich und zuzumuten ist (str, OLG Düsseldorf NJW-RR 1991, 1402; OLG Karlsruhe DAR 1992, 151; **aA** OLG Hamm DAR 1983, 355). Eine möglicherweise vorliegende Verkehrsunsicherheit des Fahrzeugs nach nicht vollständig durchgeführter Reparatur ist dem Käufer mitzuteilen (OLG Hamm DAR 1996, 499 f; OLG Koblenz DAR 2002, 169 f). Keiner Mitteilung bedürfen „**Bagatellschäden**", da ein geringfügiger Unfall bei vernünftiger Betrachtungsweise den Kaufentschluss nicht beeinflussen kann (vgl zB OLG Karlsruhe DAR 2002, 167 f). Beim Kauf von *Pkw* wird jedoch nur bei ganz geringfügigen äußeren Lackschäden ein Bagatellschaden angenommen (BGH WM 1987, 137, 138; NJW 2008, 53, 54). Bei *Lastkraftwagen* ist es gerechtfertigt, auch etwas weitergehende Schäden als „Bagatellschäden" zu behandeln, weil hier weniger auf das äußere Erscheinungsbild Wert gelegt wird. Dies gilt aber nur, wenn weitergehende Beeinträchtigungen tragender oder wesentlicher Fahrzeugteile auszuschließen sind (BGH NJW 1982, 1386 f; WM 1982, 511; 1987, 137, 138). Beim Verkauf eines unfallgeschädigten Wagens besteht eine Offenbarungspflicht auch dann, wenn der *Käufer* Gebrauchtwagenhändler ist (OLG Köln NJW-RR 1995, 51). Umgekehrt sind die Anforderungen an Aufklärungspflichten höher, wenn der **Verkäufer** nicht Privatperson, sondern **Gebrauchtwagenhändler** ist. Diesem wird als Fachmann in der Regel mehr **Vertrauen** entgegengebracht als einer Privatperson, weshalb auch ein höherer Kaufpreis in Kauf genommen wird. Der gesamte Gebrauchtwagenhandel beruht auf der berechtigten Erwartung des Kunden, dass der Händler über den Zustand des Wagens besser informiert ist als ein privater Verkäufer (OLG Frankfurt VersR 1981, 388, 389; OLG Koblenz VRS Bd 77 [1989] 404; STRUTZ NJW 1968, 436). Es ist üblich, dass ein Händler einen übernommenen Wagen vor einer Weiterveräußerung insbesondere auf Unfallschäden und auf die Zulassungsfähigkeit hin untersucht. Ist eine solche Untersuchung unterblieben, muss er darauf hinweisen (OLG Hamburg DAR 1992, 378 f; OLG Düsseldorf VersR 1993, 1027, 1028; OLG Köln NJW-RR 1997, 1214, 1215). Bereits der begründete Verdacht eines Unfallschadens verpflichtet den **Gebrauchtwagenhändler** zur Aufklärung (OLG Frankfurt NJW-RR 1999, 1064). Wer **Unfallfreiheit zusichert**, muss die Begrenztheit seines Kenntnisstandes deutlich machen, wenn keine eigenen Erkenntnisse vorliegen; andernfalls handelt es sich um eine Zusicherung „ins Blaue hinein", die den Tatbestand arglistiger Täuschung erfüllt (BGHZ 168, 64, 70). Eine so weitreichende Untersuchungspflicht trifft den **privaten Verkäufer** nicht (OLG Köln NJW-RR 1992, 49, 50). Bei einem sehr niedrigen Kaufpreis kann der Käufer grundsätzlich weniger Aufklärung erwarten als bei einem verhältnismäßig hohem Preis, da vom Preis auf den Zustand der verkauften Sache zu schließen ist (BGH LM Nr 10). Nicht nur über Unfälle, sondern auch über **andere wertbildende Faktoren**, Schäden oder Mängel muss aufgeklärt werden, sofern davon auszugehen ist, dass der Kaufentschluss dadurch beeinflusst wird. Rechnet ein fachlich erfahrener Gebrauchtwagenhändler mit der Durchrostung eines Pkw, muss er den Käufer ungefragt darauf hinweisen (BGH NJW 1979, 1707). Entsprechendes gilt, wenn die wahre Laufleistung eines Pkw von dem Tachostand abweicht. Die Gesamtlaufleistung eines Fahrzeuges ist Grundlage für die Prognose, wie lange das Fahrzeug noch laufen wird, und ist deshalb für den Kaufentschluss und den Kaufpreis von ausschlaggebender Bedeutung (OLG Köln NJW-RR 1988, 1136). Aufklärungspflichten bestehen auch hinsichtlich eines „grau" importierten Pkws, der zum vollen Richtpreis verkauft wird (LG Düsseldorf DAR 1987, 385), ebenso wenn bei einem Importauto aus den USA ein Ölkühler fehlt (OLG Düsseldorf NJW-RR 1993, 1463 f). Auch über den Umstand, dass das verkaufte Fahrzeug aus dem Ausland importiert oder reimportiert ist, muss aufgeklärt werden, da **Importfahrzeuge** einen deutlich niedrigeren Marktpreis haben. Ferner besteht die Gefahr, dass das Fahrzeug nicht den in Deutschland geltenden Zulassungsbestimmungen, den kaufvertraglichen Vereinbarungen und dem Stand der Technik entspricht (OLG Saarbrücken NJW-RR 1999, 1063 f; LG Ellwangen

NJW 2003, 517, 518; anders OLG Köln VRS 89 [1995] 362, 364 f). Keine Aufklärungspflicht besteht, wenn ein nicht gebrauchtes, aber einige Zeit eingelagertes Kfz als **fabrikneu** verkauft wird, sofern es noch dem neuesten Modell entspricht und keine durch die Standzeit bedingten Mängel aufweist (BGH NJW 1980, 1097 f; 1980, 2127 f). Der Verkäufer eines fabrikneuen Wagens muss dem Käufer nicht das baldige Erscheinen eines neuen Modells desselben Typs ungefragt mitteilen, da dies alleine noch keine ungünstige Eigenschaft des verkauften Fahrzeugs begründet (OLG München NJW 1967, 158). Wird ein Wagen, der in einem Betrieb eines Kfz-Händlers kurz als Mietwagen genutzt wurde, als Vorführwagen bezeichnet, besteht eine Aufklärungspflicht, weil Mietwagen gem Anlage VIII zur StVZO bereits nach einem Jahr zur Hauptuntersuchung nach § 29 StVZO vorgeführt werden müssen, während allgemein ein Pkw erstmals nach drei Jahren nach der Erstzulassung und dann alle zwei Jahre vorgeführt werden muss (etwas anders der Fall OLG Düsseldorf NJW-RR 1997, 427, 428). Der Käufer muss nicht über seine **Wiederverkaufsabsicht** aufklären, selbst wenn er weiß, dass dem Verkäufer vom Hersteller untersagt ist, an nicht autorisierte Händler zu verkaufen (BGHZ 117, 280, 283), denn der Käufer ist an dieses Verbot nicht gebunden und im Übrigen nicht verpflichtet, dem Verkäufer mitzuteilen, wofür er die Sache verwenden will.

17 Auch beim **Haus- bzw Grundstücksverkauf** gilt der Grundsatz, dass den Verkäufer eine Aufklärungspflicht trifft, wenn der Verkaufsgegenstand für den Käufer nicht erkennbare Mängel aufweist, die seinen Wert erheblich mindern oder ihn sogar unbrauchbar machen. Eine Aufklärung über Mängel, die einer Besichtigung zugänglich und ohne weiteres erkennbar sind, kann der Käufer mit Rücksicht auf seine rechtsgeschäftliche Selbstverantwortung nicht erwarten. Der Umfang der Informationspflicht richtet sich danach, welche Erwartungen der Käufer mit Rücksicht auf **Qualität** und **Erhaltungszustand** des Kaufobjekts an dessen Beschaffenheit stellen kann. Über die Verwendung von fäulnisbefallenen Bauhölzern (BGH LM Nr 50), den erheblichen Befall des Dachgebälks von Holzbockkäfern (BGH NJW 1965, 34), nach Renovierung erneut auftretende Nässe (BGH NJW 1993, 1703 f), Trocken- oder Nassfäule (BGH LM Nr 8 zu § 463; OLG Celle MDR 1971, 392), das Bestehen einer Einsturzgefahr (BGHZ 109, 327, 330), das Fehlen der Bauerlaubnis für das verkaufte Haus (BGH NJW 1979, 2243), schikanöses Verhalten eines Miteigentümers (OLG Hamm NJW-RR 1997, 1168 f; vgl auch BGH NJW 1991, 1673, 1674), erhebliche Mängel des Abwasserabflusses (OLG Koblenz NJW-RR 1990, 149) oder der Fäkalienhebeanlage (BGH NJW-RR 1990, 847, 848) muss aufgeklärt werden. Baustoffe, die bei der Errichtung eines Wohnhauses gebräuchlich waren, später aber als gesundheitsschädlich erkannt worden sind, können einen offenbarungspflichtigen Mangel begründen (BGHZ 180, 205, 209, 214 – Asbest). Dagegen besteht keine Aufklärungspflicht eines Altbauverkäufers bei starken Rissebildungen am Estrich infolge unfachmännisch durchgeführter Umbauarbeiten vor dem Kamin, weil und sofern derartige Risse bei sorgfältiger Inaugenscheinnahme durch den Käufer erkennbar waren (OLG München BB 1997, 961 f). Wenn am verkauften Objekt Arbeiten in Eigenleistung (OLG Düsseldorf MDR 1997, 1010) oder im Wege der Schwarzarbeit durchgeführt worden sind, besteht ebenfalls keine Aufklärungspflicht, sofern diese Arbeiten von einwandfreier Qualität sind (OLG Celle MDR 1997, 926, 927). Hier fehlt es an einem schutzwürdigen Interesse des Erwerbers. Dagegen ist für den Käufer eines Grundstücks die Kenntnis von **Altlasten** von besonderer Bedeutung, da Schadstoffkontaminationen den Wert bzw die Gebrauchstauglichkeit des Grundstücks erheblich beeinflussen. Ein Grundstückskäufer

darf daher erwarten, über sanierungsbedürftige Altlasten (vgl BGH ZIP 2000, 2257) und alle Auffälligkeiten bezüglich der Bodenbeschaffenheit aufgeklärt zu werden. Das Vorhandensein von Fundamentresten eines alten Gebäudes muss ebenfalls mitgeteilt werden (OLG Köln ZIP 2000, 1486 ff). Aufklärungspflichten bestehen selbst dann, wenn nur der Verdacht einer Bodenverunreinigung besteht (vgl dazu KNOCHE NJW 1995, 1985, 1989 ff mwNw; vgl auch BGH NJW 2001, 64 ff). So begründet die dem Verkäufer bekannte Nutzung des Grundstücks als ehemalige Mülldeponie eine Mitteilungspflicht, weil bei einer Deponie immer in Rechnung gestellt werden muss, dass auf ihr auch Abfälle gelagert werden, die wegen ihrer chemischen Zusammensetzung eine besondere Gefahr darstellen (BGH NJW 1991, 2900, 2901; 1992, 1953, 1954; 1995, 1549 ff; OLG Düsseldorf NJW 1996, 3284 f). Dagegen wurde vom BGH eine Aufklärungspflicht bei dem Verkauf eines Grundstücks, das ehemals als Gaswerk genutzt wurde, verneint, da nicht jedes Industriegelände von vornherein als altlastenverdächtig einzustufen sei, vor allem wenn die Nutzung schon längere Zeit zurückliege (BGH NJW 1994, 253, 254; krit KNOCHE NJW 1995, 1985, 1991). Aus dem gleichen Grunde musste der Verkäufer eines zu Wohnzwecken verkauften Grundstücks die frühere Nutzung des Betriebes einer chemischen Reinigung in einer geschlossenen Halle nicht offenbaren, da keine konkreten Anhaltspunkte für Bodenbelastungen bestanden (OLG Celle NJW-RR 1997, 848 ff). Über die zurückliegende Nutzung eines Wohnhauses als bordellähnlicher Swinger-Club muss nicht aufgeklärt werden, sofern gegenwärtig keine Beeinträchtigung mehr zu besorgen ist (OLG Hamm NJW-RR 2000, 1183 f). Über **rechtliche Nutzungshindernisse ist der Käufer hingegen** aufklären, zB über ein baurechtliches Verbot der Nutzung des Hauses zu Wohnzwecken (BGH NJW-RR 1988, 1290), über eine Veränderungssperre (BGH IBR 2002, 382) oder über ein baurechtliches Verbot, den für die gewerbliche Nutzung erforderlichen Kamin zu errichten (BGH NJW-RR 1988, 394, 395). Auch das Planungsvorhaben der Gemeinde, nach der das Grundstück zur Straßenerweiterung in Anspruch genommen werden soll (BGH LM Nr 45) oder nach der eine Verkehrsumgestaltung vorgesehen ist, die mit der vom Käufer beabsichtigten Nutzung unvereinbar ist (OLG Frankfurt NJW-RR 2002, 522 ff), muss offenbart werden.

Im Zusammenhang mit dem **Erwerb von Unternehmen** bzw Unternehmensbeteiligungen (vgl dazu STENGEL/SCHOLDERER NJW 1994, 158 ff mwNw) gelten im Wesentlichen die gleichen Grundsätze. Der Käufer ist daher über sämtliche Tatsachen zu informieren, die den Vertragszweck vereiteln bzw für den Kaufentschluss wesentlich sind (BGH NJW-RR 1998, 1406 f). Dies gilt vor allem für **Mängel**, die den Wert oder die Tauglichkeit des Unternehmens zu dem gewöhnlichen oder dem nach dem Vertrag vorausgesetzten Gebrauch aufheben oder mindern, sowie für Hinderungsgründe, die der Produktionsfortsetzung des Unternehmens entgegenstehen können. Der Käufer muss daher über den Fehlbestand bei der technischen Ausrüstung des Unternehmens (BGH NJW 1979, 33), in der Bilanz nicht aufgeführte Schulden (BGH NJW 1980, 2408, 2409 f) sowie rückständige Umsatzsteueransprüche des Finanzamtes informiert werden (OLG Köln NJW-RR 1994, 1064, 1065). Über Einzelheiten des Umsatzes und Ertrages besteht keine generelle Informationspflicht (zu den Besonderheiten der Honorarstruktur beim Verkauf einer Arztpraxis BGH NJW 1989, 763 f). Bei der Änderung von **Gesellschaftsverträgen** müssen sich die Gesellschafter aufgrund ihrer gesellschaftlichen Verbundenheit und der daraus resultierenden Treuepflicht untereinander über nachteilige Veränderungen aufklären (BGH NJW 1992, 300, 302; zur arglistigen Täuschung bei der Übertragung von GmbH-Geschäftsanteilen vgl auch GRUNEWALD ZGR 1991, 452 ff;

ferner BGH NJ 2001, 483). Im Rahmen einer Auseinandersetzung muss ein Gesellschafter seine Mitgesellschafter über solche Vorgänge vollständig und zutreffend informieren, die deren mitgliedschaftliche Vermögensinteressen berühren (BGH ZIP 2003, 73 f).

(2) Mietverträge*
19 Bei einem **Mietvertrag** ist über solche Umstände aufzuklären, die den reibungslosen Verlauf des Mietverhältnisses gefährden, für den anderen Teil nicht erkennbar sind und für die Entschließung des Partners von wesentlicher Bedeutung sein können (STERNEL Rn 256; zur ex-tunc-Wirkung der Anfechtung unten Rn 91). **Offenbarungspflichten des Vermieters** bestehen daher, wenn beim Abschluss des Mietvertrages bereits Zwangsverwaltung und Zwangsversteigerung des Grundstücks angeordnet worden war (OLG Hamm MDR 1988, 585), Teile der vermieteten Flächen zum dauernden Aufenthalt von Menschen bauordnungsrechtlich nicht zugelassen sind (BGHZ 178, 16, 23) oder die angebotene Neubauwohnung baurechtlich noch nicht genehmigt ist (STAUDINGER/DILCHER[12] Rn 14). Bei einem Mietvertrag auf unbestimmte Zeit ist auf eine drohende Beendigung des Vertrages durch Geltendmachung von Eigenbedarf hinzuweisen (BVerfG NJW 1989, 970, 972), ebenso auf die Absicht, bald wegen Aufnahme einer Pflegeperson zu kündigen (LG Trier WuM 1990, 349, 350), auf künftig zu erwartende finanzielle Mehrbelastungen, zB aufgrund geplanter Modernisierungen, sowie auf unerkennbare Störfaktoren im Hause. Nebenkosten sind realistisch anzugeben (LG Frankfurt WuM 1979, 24; OLG Düsseldorf ZMR 2000, 604 f). Der Vermieter darf nicht eine sicher zu erwartende Überschreitung der vereinbarten Heizkostenpauschale verschweigen (etwas anders der Fall AG Augsburg ZMR 1959, 295 f). Entgegen LG Kassel (WuM 1989, 620, 621) muss der Vermieter einer Hochhauswohnung mitteilen, dass in einer Nachbarwohnung der Prostitution nachgegangen wird. Dagegen muss der Vermieter den Mieter nicht über die Existenz eines Swinger-Clubs aufklären, der in einem Kilometer Entfernung vom gemieteten Objekt betrieben wird (LG Dortmund NJW-RR 2002, 1162 f). **Offenbarungspflichten des Mieters** (dazu STERNEL I Rn 283 ff; zum Fragerecht des Vermieters vgl Rn 44) bestehen insbesondere bei unsicheren Vermögensverhältnissen. Mit Abschluss des Mietvertrages behauptet der Mieter seine **Zahlungsfähigkeit und -willigkeit**. Besteht aufgrund schlechter Vermögensverhältnisse die Befürchtung, dass der Mieter die Miete nicht ordnungsgemäß bezahlen kann, muss er dies dem Vermieter auch ungefragt offenbaren (LAMMEL § 535 Rn 29; AG Frankfurt WuM 1989, 620; AG Gießen ZMR 2001, 894 f; zurückhaltend EMMERICH NJW 2011, 2321, 2323). Im Übrigen ist der Mieter nicht verpflichtet, den Vermieter vor Vertragsschluss ohne Befragen über seine Einkommens- und Vermögensverhältnisse (LG Ravensburg WuM 1984, 297), den Bezug von Sozialhilfe (aA LG Mannheim ZMR 1990, 303) oder sonstige persönliche Verhältnisse, die zu seiner Privatsphäre gehören (WAGNER 67), aufzuklären. Ein Mietvertrag über den **Standort für eine Mobilfunkstation** kann von der vermietenden Gemeinde nicht mit der Begründung angefochten werden, sie sei von dem Betreiber des Funknetzes nicht über die „elektromagnetische Umweltverträglichkeit" aufgeklärt worden, denn dazu existieren öffentliche und allgemein

---

* Schrifttum: EMMERICH, Aufklärungspflichten des Mieters, NJW 2011, 2321; HILLE, Zur Anfechtung des Mietvertrages wegen arglistiger Täuschung und zu den vorvertraglichen Informationspflichten des Mieters, WuM 1984, 292;

LAMMEL, Wohnraummietrecht (1998); SCHMID, Anfechtung von Wohnraummietverträgen, WuM 2009, 155; STERNEL, Mietrecht (3. Aufl 2009).

zugängliche Publikationen (OLG Karlsruhe NJW 1994, 2100, 2101). Auf der anderen Seite ist der Mieter verpflichtet, den Vermieter vor Abschluss eines Mietvertrages über **außergewöhnliche Umstände** aufzuklären, mit denen der Vermieter nicht rechnen kann und die offensichtlich für diesen von erheblicher Bedeutung sind. Dazu gehört der Verkauf von Waren einer Marke, die in der öffentlichen Meinung mit **rechtsradikalen Gesinnungen** in Verbindung gebracht wird und die im Bundestag und mehreren Fußballstadien wegen dieser Einschätzung nicht getragen werden dürfen, weil der Vermieter dadurch in den Ruf gerät, rechtsradikales Gedankengut zu vertreten, und mit Protesten, Belästigungen, womöglich sogar Angriffen auf seine Person oder sein Eigentum rechnen muss (BGH NJW 2010, 3362 und NZM 2010, 788; einschränkend EMMERICH NJW 2011, 2321, 2323).

(3) Aufklärungspflichten der Banken*
Im Bereich des Bank- und Kapitalmarktrechts bestehen zahlreiche und zum Teil weitreichende Aufklärungs-, Beratungs- und Warnpflichten zum Schutz des Kunden. Diese Pflichten resultieren zum Teil aus Gesetzen, zum Teil aus vertraglichen Beziehungen oder aus dem Vertragsanbahnungsverhältnis. ZB ordnet § 492 Abs 2 den schriftlich festzuhaltenden Inhalt des **Verbraucherdarlehens** an und bezweckt damit auch die Aufklärung des Darlehensnehmers (PALANDT/WEIDENKAFF § 492 Rn 1; vgl auch § 4 VerbrKrG aF; dazu SINGER ZBB 1998, 141, 142), und die §§ 31 ff WpHG normieren für den **Anlegerschutz** Verhaltenspflichten der Wertpapierdienstleistungsunternehmen (dazu HORN ZBB 1997, 139, 142; LANG WM 2000, 450 ff; HELMSCHROTT/WASSMER WM 1999, 1853 ff; überholt ist § 53 Abs 2 BörsG aF, der die Börsentermingeschäftsfähigkeit durch Information

---

* **Schrifttum:** BRUCHNER, Die Bankenhaftung bei vermittelten Immobilienkrediten, ZfIR 2000, 677; CANARIS, Bankvertragsrecht, Teil 1 (3. Aufl 1988) Rn 100 ff; DÖTSCH/KELLNER, Aufklärungs- und Beratungspflichten der Kreditinstitute beim Vertrieb von Aktienanleihen, WM 2001, 1994; EDELMANN, Bankenhaftung – Aufklärungs- und Hinweispflichten bei der Finanzierung von Bauherren- und Erwerbermodellen, MDR 2000, 1172; ELLENBERGER, Die neuere Rechtsprechung des Bundesgerichtshofes zu Aufklärungs- und Beratungspflichten bei der Anlageberatung, WM Sonderbeil Nr 1 zu Heft 15, 2001; FRÜH, Zur Bankenhaftung Bei Immobilien-Kapitalanlagen, ZIP 1999, 701; FUELLMICH/RIEGER, Die Haftung der Banken für massenhaft fehlerhafte Treuhandmodellfinanzierungen, ZIP 1999, 465; ders, Zur Bankenhaftung bei Immobilien-Kapitalanlagen, ZIP 1999, 701; HELMSCHROTT/WASSMER, Aufklärungs-, Beratungs- und Verhaltenspflichten von Wertpapierdienstleistern nach §§ 31, 32 WpHG bei der Anlage in Aktien des Neuen Marktes, WM 1999, 1853; HEYMANN, Handelsgesetzbuch, Band 4 (2. Aufl 2005); vHEYMANN, Bankenhaftung bei Immobilienanlagen: Neueste Rechtsprechung, BB 2000, 1149; HOPT, Funktion, Dogmatik und Reichweite der Aufklärungs-, Warn- und Beratungspflichten der Kreditinstitute, in: FS Gernhuber (1993) 169; ders, Haftung der Banken bei der Finanzierung von Publikumsgesellschaften und Bauherrenmodellen, in: FS Stimpel (1985) 265; HORN, Die Aufklärungs- und Beratungspflichten der Banken, ZBB 1997, 139; KÜMPEL/WITTIG, Bank- und Kapitalmarktrecht (4. Aufl 2011); LANG, Die Beweislastverteilung im Falle der Verletzung von Aufklärungs- und Beratungspflichten bei Wertpapierdienstleistungen, WM 2000, 450; SCHIMANSKY/BUNTE/LWOWSKI, Bankrechts-Handbuch (3. Aufl 2008); SCHOCH, Bankenhaftung wegen Aufklärungs- und Beratungspflichtverletzung bei Börsentermingeschäften, BB 2000, 163; SINGER, Aufklärungspflichten (und Sittenverstöße) im Konsumentenkreditgeschäft, ZBB 1998, 141; SPICKHOFF/PETERSHAGEN, Bankenhaftung bei fehlgeschlagenen Immobilienerwerber-Treuhandmodellen, BB 1999, 165; VORTMANN, Aufklärungs- und Beratungspflichten der Banken (9. Aufl 2009).

regelte, vgl dazu noch SCHOCH BB 2000, 163 ff). Im Übrigen sind die sich aus dem Vertragsanbahnungsverhältnis ergebenden Beratungs- und Aufklärungspflichten hinsichtlich Art und Umfang unsicher. Zunächst ist auch im Verhältnis zwischen Bank und Kunden von dem Grundsatz auszugehen, dass jeder für die Risiken des Rechtsgeschäfts selbst einstehen muss (HEYMANN/HORN § 347 Rn 49). Auch Banken dürfen grds ihr eigenes geschäftliches Interesse verfolgen. Aufklärungspflichten können aber aufgrund der besonderen Sachkunde, des Wissensvorsprungs (BGH NJW 2000, 2352 ff; WM 1999, 678 f; OLG Jena ZIP 1999, 1554, 1556; OLG München ZIP 1999, 1751, 1752), des strukturellen Ungleichgewichts (BVerfGE 89, 214, 230 ff), des besonderen Vertrauensverhältnisses und der Einwirkungsmöglichkeit der Bank auf die Vermögensangelegenheiten des Kunden bestehen (vgl SINGER ZBB 1998, 141, 143 mwNw; vgl auch BRUCHNER ZfIR 2000, 677 ff; FRÜH ZIP 1999, 701 ff). Die Schwierigkeit besteht darin, jeweils die Grenze zu der Eigenverantwortung des Kunden zu ziehen.

21 Im Einzelnen hängen die Aufklärungs- und Beratungspflichten von der Art und den Umständen des betreffenden Bankgeschäfts ab (HORN ZBB 1997, 139, 142). Zu berücksichtigen sind insbesondere **Kompliziertheit** und **Risiko** des betreffenden Geschäfts auf der einen Seite sowie **Wissensstand** und **Risikobereitschaft des Kunden** auf der anderen Seite. Bei der Vermittlung oder dem Vertrieb von Geld- oder Kapitalanlagen bestehen gegenüber dem Anlageinteressenten Aufklärungspflichten über die entscheidungsrelevanten Informationen (OLG Koblenz ZIP 1999, 1667 ff; OLG Karlsruhe WM 1999, 1059, 1062; KG ZIP 2000, 268 ff [erkennbar unerfahrener Anleger]; HEYMANN/HORN § 347 Rn 86; Anh § 372 Rn III/35 ff). Selbst von einem eingetragenen Kaufmann und mittelständischen Unternehmer kann die Kenntnis der Technik von **Warenterminoptionsgeschäften** nicht erwartet werden, wenn er nicht mit dieser Art von Geschäften beruflich befasst ist (BGH NJW 1981, 1440). Bei der Vermittlung der hochriskanten und wenig aussichtsreichen Spekulation an ausländischen Warenterminbörsen besteht sogar die Pflicht zur schriftlichen Aufklärung und Warnung des Kunden (BGHZ 124, 151, 154 ff; BGH WM 1994, 492 f). Nach der Grundsatzentscheidung des BGH vom 6. 7. 1993 (BGHZ 123, 126, 128 f – **Bond-Anleihen**) muss die Bank den Wissensstand des Kunden und dessen Risikobereitschaft berücksichtigen (**„anlegergerechte" Beratung**) und bei ihrer Empfehlung diesen Kriterien Rechnung tragen (**„objektgerechte" Beratung**). Infolgedessen darf einem Kunden, der sich bisher stets für sichere Anlageformen wie Sparkonten, Bundesschatzbriefe und Sparkassenbriefe entschieden hat, nicht empfohlen werden, wesentliche Teile seines Vermögens in ausländischen Industrieanleihen anzulegen. Dies gilt umso mehr, als kritische Berichte über das Unternehmen in der Wirtschaftspresse veröffentlicht worden sind. Bei hochriskanten Geschäften wie zB einem **CMS Spread Ladder Swap-Vertrag** muss die beratende Bank dem Kunden in verständlicher und nicht verharmlosender Weise insbesondere klar vor Augen führen, dass das für ihn nach oben nicht begrenzte Verlustrisiko nicht nur ein „theoretisches" ist, sondern abhängig von der Entwicklung des „Spreads" real und ruinös sein kann (BGH NJW 2011, 1949, 1952).

22 Beim **Verbraucherdarlehen** bestehen gemäß § 491a und Art 247 EGBGB umfangreiche Informationspflichten. Darüber hinaus gehende Aufklärungspflichten bestehen im Allgemeinen jedoch nicht (BGHZ ZIP 1986, 1537; CANARIS Rn 104, 109). Die Bank muss insbesondere nicht über die Risiken der Darlehensverwendung aufklären, da dieses Risiko aus dem Verhältnis des Kunden mit einem Dritten hervorgeht (SINGER ZBB 1998, 141, 149). Anders ist die Rechtslage, wenn die Bank mit dem Partner des

Kreditnehmers in der Weise zusammenwirkt, dass beide Rechtsgeschäfte als „**verbundene Verträge**" gemäß § 358 Abs 3 gelten (vgl auch Rn 54). **Immobilienfinanzierungen** sind jedoch auch nach Inkrafttreten der neuen Verbraucherkreditrichtlinie nur unter engeren Voraussetzungen verbundene Verträge (§ 358 Abs 3 S 3). Der Gesetzgeber hat sich dabei an der nicht sehr anlegerfreundlichen Rechtsprechung des XI. Zivilsenats des BGH (zur Kritik Rn 55) orientiert. Kreditinstitute sind daher im Allgemeinen nicht verpflichtet, einen Immobilienerwerber über den Zustand des zu finanzierenden Objekts und über die Unangemessenheit des Kaufpreises aufzuklären, solange nicht die Wuchergrenze überschritten ist (BGH NJW 2000, 2352 f; WM 2004, 417, 418). Eine Verletzung von Aufklärungspflichten kommt jedoch in Betracht, wenn die Bank ihre **Rolle als Kreditgeberin überschritten** (BGHZ 72, 92, 99, 103 ff; NJW 1978, 2547 f) oder einen **besonderen Gefährdungstatbestand** geschaffen oder dessen Entstehung begünstigt hat, außerdem wenn sie sich in schwerwiegende **Interessenkonflikte** verwickelt oder in Bezug auf spezielle Risiken des Vorhabens einen **konkreten Wissensvorsprung** vor dem Darlehensnehmer besessen hat (BGHZ 159, 294, 316; 161, 15, 20; BGH NJW-RR 1988, 1071, 1072; NJW 1999, 2032 ff; WM 2004, 417, 418; 2005, 521, 523; CANARIS Rn 110; HORN ZBB 1997, 139, 141; PRÜTTING/WEGEN/WEINREICH/AHRENS Rn 18). Bei steuersparenden **Bauherren- und Erwerbermodellen** muss die finanzierende Bank, die den Beitritt des Darlehensnehmers zu einem für das Erwerbsobjekt bestehenden **Mietpool** zur Voraussetzung der Darlehensauszahlung gemacht hat, nicht ohne Weiteres über die damit verbundenen Risiken aufklären, weil eine solche Konstruktion auch den Vorteil bietet, dass das Risiko eines Wohnungsleerstandes auf alle Poolteilnehmer verteilt wird (BGH NJW 2007, 2396, 2397). Eine Haftung kommt aber dann in Betracht, wenn die Bank Kenntnis von einer bereits bestehenden Überschuldung besitzt oder von überhöhten Ausschüttungen an die Poolmitglieder, da solche Praktiken einen falschen Eindruck von der Rentabilität des Vorhabens vermitteln (BGH NJW 2007, 2396, 2398). In diesem Fall besitzt sie nämlich einen konkreten Wissensvorsprung vor dem Anleger, den sie nicht zu ihrem Vorteil ausnutzen darf. Das finanzierende Kreditinstitut ist grundsätzlich auch nicht verpflichtet, über eine im finanzierten Kaufpreis „versteckte **Innenprovision**" aufzuklären (zur Abgrenzung zu aufklärungspflichtigen Rückvergütungen KÜMPEL/WITTIG/SEYFRIED Rn 3.135). Eine solche Pflicht besteht nur in dem extrem gelagerten Fall, dass die Innenprovision das vertragliche **Äquivalenzverhältnis** so verschlechtert, dass von einer sittenwidrigen Übervorteilung des Käufers auszugehen ist; dies setzt voraus, dass der Wert der Leistung nahezu das Doppelte der Gegenleistung ausmacht (BGH NJW 2003, 424, 425; zur Einstandspflicht der Bank für falsche Angaben des Vermittlers vgl Rn 53 f). Eine Haftung kommt schließlich dann in Betracht, wenn Bank und Vertrieb in institutionalisierter Weise zusammenwirken (dazu sogleich Rn 23) und ihr eine **arglistige Täuschung durch den Vertrieb** über die Höhe der Vermittlungsprovisionen zugerechnet werden kann (BGHZ 186, 96, 102; BGH NJW 2011, 2349 f). Eine solche Täuschung liegt vor, wenn der formularmäßige Objekt- und Finanzierungsvermittlungsauftrag über die Höhe der Gesamtprovision **unvollständig informiert**.

Eine überfällige **Verbesserung des Anlegerschutzes** bedeutet das Urteil des BGH vom 16. 5. 2006. Nunmehr wird widerleglich vermutet, dass die finanzierende Bank positive Kenntnis von einer arglistigen Täuschung des Anlegers durch Verkäufer, Vertreiber oder Fondsinitiatoren besitzt, wenn diese und die finanzierende Bank „in institutionalisierter Art und Weise zusammenwirken, auch die Finanzierung der Kapitalanlage vom Verkäufer oder Vermittler, sei es auch nur über einen von ihm

23

benannten besonderen Finanzierungsvermittler, angeboten wurde und die Unrichtigkeit der Angaben des Verkäufers, Fondsinitiators oder der für sie tätigen Vermittler bzw des Verkaufs- oder Fondsprospekts nach den Umständen des Falles evident ist, so dass sich aufdrängt, die Bank habe sich der Kenntnis der arglistigen Täuschung geradezu verschlossen" (BGHZ 168, 1, 23). Ein solches **institutionalisiertes Zusammenwirken** setzt entweder ständige Geschäftsbeziehungen zwischen diesen Beteiligten voraus oder die Überlassung von Büroräumen der Bank an die Verkäufer, Initiatoren und ihre Vermittler oder die von der Bank nicht beanstandete Benutzung ihrer **Kreditvertragsformulare** oder die wiederholte Vermittlung von Finanzierungen durch diese Personen (vgl BGHZ 91, 9, 12; 159, 294, 301; 168, 1, 23; BGH WM 2005, 124, 126; 2005, 295, 297; OLG Bamberg WM 2005, 593, 596).

(4) Aufklärungspflichten bei Werk- und Werklieferungsverträgen

24 Auch bei Werk- und Werklieferungsverträgen kommen Aufklärungspflichten in erster Linie dort in Betracht, wo die Vertragsdurchführung durch Umstände, die für den anderen Teil nicht erkennbar sind, gefährdet ist. Ein Unternehmer, der neue und weitgehend unerprobte Technik liefert, ist daher verpflichtet, den Besteller über die Brauchbarkeit des Werks für dessen Verwendungszwecke zu beraten und ihn auf Bedenken gegen die Brauchbarkeit hinzuweisen (BGH WM 1987, 1303, 1304; BB 1993, 26, 27). Ebenso muss der Architekt, der neue Baustoffe verwendet, den Kunden beraten und aufklären (vgl BGH BauR 1970, 177 ff; WM 1975, 1275 ff; BauR 1976, 66 ff). Ein Werkvertrag über einen Behindertenlifteinbau kann wegen arglistiger Täuschung angefochten werden, wenn der Besteller nicht darüber aufgeklärt wurde, dass für das Betreiben eine Erlaubnis des Gewerbeaufsichtsamtes erforderlich ist und sich aus der Aufzugsverordnung den Gebrauch des Aufzugs einschränkende Auflagen ergeben können (OLG Nürnberg NJW-RR 1993, 694, 695). Dagegen kann ein Architektenvertrag nicht wegen arglistiger Täuschung angefochten werden, wenn zwar der Vertragspartner nicht in der Architektenliste der Architektenkammer eingetragen ist, aber die materiellen Voraussetzungen für eine Eintragung vorliegen (OLG Düsseldorf BauR 1982, 86; zur Anfechtung wegen Nichteintragung in Handwerksrolle vgl § 119 Rn 80 u 90). Ohne Nachfrage des Käufers muss der Lieferant beim Verkauf einer Vorführanlage nicht über deren Alter aufklären, da aus dem Alter einer Maschine als solchem nichts über ihre Gebrauchstauglichkeit abzuleiten ist (OLG Düsseldorf BB-Beilage 24/1990, 4 Nr 3). Es besteht keine Hinweispflicht des Lieferers einer Scanner-Kasse auf künftige hohe Anpassungskosten für das Weiterverarbeitungsprogramm, da es sich um Kosten der Software und nicht um solche der zu liefernden Kasse handelt (OLG Köln NJW 1992, 1772, 1773). Eine Aufklärungspflicht kommt auch bei der Vergabe von Leistungen durch öffentliche oder private Auftraggeber in Betracht, wenn zwischen den Bietern **Kartellabsprachen** getroffen wurden (dafür MORITZ, in: jurisPK-BGB [5. Aufl 2010] § 123 BGB Rn 46. 1; ablehnend MAYER WuW 2010, 29, 32). In Wahrheit dürfte eine Täuschung durch positives Tun vorliegen, da mit der Angebotsabgabe zugleich konkludent erklärt wird, dass zwischen den Bietern keine solchen Absprachen bestehen (BGH NJW 2001, 3718, 3719; BGH 28. 1. 2010 – VII ZR 50/09 – juris Rn 12).

(5) Aufklärungspflichten bei Bürgschaftsverträgen

25 Ein Gläubiger ist nach der Rechtsprechung grundsätzlich nicht verpflichtet, den in Betracht kommenden Bürgen über die **wirtschaftlichen Verhältnisse des Hauptschuldners** aufzuklären (RGZ 91, 80, 81; BGH WM 1956, 885, 888; 1990, 59, 61; 1996, 475, 476; NJW 1988, 3205, 3206 f; OLG München WM 1984, 469, 471). Denn nach dem Inhalt des Bürg-

schaftsvertrages übernimmt der Bürge das aus der Vermögenslage des Hauptschuldners resultierende Risiko. Macht jedoch der Gläubiger dem Bürgen Angaben über die Hauptschuld oder den Hauptschuldner, so müssen diese wahrheitsgemäß sein (BGH WM 1956, 885, 888). Auch die Tatsache, dass eine Bank oder Sparkasse Gläubigerin eines Bürgschaftsvertrages ist, begründet gegenüber ihrem langjährigem Kunden als Bürgen noch keine weitergehenden Aufklärungspflichten über das Bürgschaftsrisiko durch Hinweise auf eine Kreditunwürdigkeit des Hauptschuldners, soweit nicht besondere Umstände in der Person des Hauptschuldners (zB betrügerisches Verhalten) oder seiner Vermögenssituation (zB bevorstehende Zahlungsunfähigkeit) vorliegen (OLG Köln NJW-RR 1990, 755, 756). Weigert sich der Bürge, eine Grundschuld zu bestellen, muss die Bank darauf hinweisen, dass durch die Bürgschaft mit dem Grundstück letztlich ebenso gehaftet werde wie bei einer Grundschuldbestellung (BGH WM 1999, 1614 ff). Ist bei der Übernahme einer Bürgschaft die Erwartung, dass „Geld fließen" werde, offensichtlich von entscheidender Bedeutung, so ist darüber aufzuklären, wenn von falschen Voraussetzungen ausgegangen wird (BGH NJW 2001, 3331, 3332). Im Schrifttum wird zum Teil bei Bürgschaften vermögensloser **Familienangehöriger** (vgl insb BVerfGE 89, 214) vorgeschlagen, die Kreditinstitute für eine (etwaige) Aufklärungspflichtverletzung haftbar zu machen (HOMMELHOFF 26 ff; KÖNDGEN NJW 1991, 2018 f; WIEDEMANN JZ 1994, 411, 413). Allerdings ist die Selbstbestimmung der Kreditgeber weniger aufgrund ihrer informationellen Unterlegenheit beeinträchtigt, als vielmehr aufgrund der familiären und finanziellen Drucksituation, so dass eine Aufklärung letztlich nicht geeignet ist, das Problem adäquat zu lösen (vgl SINGER ZBB 1998, 141, 147; zum Schutz der Selbstbestimmung gem § 138 in diesen Fällen Vorbem 11 zu §§ 116 ff).

(6) Anzeigepflichten bei Versicherungsverträgen
Beim Abschluss eines Versicherungsvertrages hat der Versicherungsnehmer gem **26** § 19 Abs 1 S 1 VVG alle ihm bekannten Umstände, die für den Entschluss des Versicherers, den Vertrag mit dem vereinbarten Inhalt abzuschließen, erheblich sind und nach denen dieser in Textform bis zur Vertragsannahme gefragt hat, anzuzeigen. Beruht eine unrichtige Antwort auf einer mehrdeutigen Fragestellung, geht das im Zweifel zu Lasten des Versicherers (OLG Frankfurt NJW-RR 1992, 1248, 1249). Werden Anzeigeobliegenheiten vorsätzlich oder grob fahrlässig verletzt, so kann der Versicherer gem § 19 Abs 2 VVG von dem Vertrag **zurücktreten**, andernfalls **kündigen** gem § 19 Abs 3 S 2 VVG. § 22 VVG stellt aber klar, dass das Recht des Versicherers, den Vertrag wegen **arglistiger Täuschung** über Gefahrumstände anzufechten, unberührt bleibt (vgl zu den Konkurrenzen Rn 96). Das Anfechtungsrecht wird nicht dadurch eingeschränkt, dass der Versicherer erst aufgrund einer zu weit gefassten und deshalb **unwirksamen Schweigepflichtsentbindung** (vgl dazu BVerfG VersR 2006, 1669) Informationen über den Gesundheitszustand des Versicherten erlangt hat (BGH NJW 2010, 289, 290 f). Darüber hinaus ist umstritten, ob die fehlende Angabe nicht erfragter gefahrerheblicher Umstände eine Täuschung sein kann, da die Täuschung durch **Unterlassen** eine Pflicht zur Offenbarung voraussetzt. Die Zweifel beruhen darauf, dass das reformierte VVG eine Anzeigepflicht des Versicherungsnehmers auf konkret gestellte Fragen zu beschränken scheint (§ 19 Abs 1 VVG). Für eine Aufklärungspflicht spricht, dass das Interesse des Versicherers an einer Offenbarung **gefahrerheblicher Umstände** auch für den Versicherten offensichtlich ist (PRÖLSS/MARTIN [28. Aufl 2010] VVG § 22 Rn 3). Daher ist eine solche Pflicht zu bejahen, wenn die Gefahrerheblichkeit bestimmter Umstände auch aus Sicht des Versicherungsneh-

mers auf der Hand liegt wie etwa beim Vorliegen schwerer oder chronischer Erkrankungen (BGH NJW-RR 1995, 216 ff; OLG Köln VersR 1992, 1252, 1253; OLG Frankfurt NVersZ 2002, 401 f; OLG Koblenz VersR 2004, 849; OLG Saarbrücken VersR 2006, 824; OLG Köln VersR 1996, 831 f; OLG Hamm VersR 2008, 477; OLG Oldenburg 21. 4. 2010 – 5 U 78/09 – juris Rn 74 ff; MünchKommVVG/MÜLLER-FRANK § 22 Rn 16). Liegen diese Voraussetzungen nicht vor, kommt eine Anfechtung nur bei konkreten, in Textform gestellten Fragen des Versicherers in Betracht (§ 19 Abs 1 VVG). **Fragen eines Versicherungsmaklers**, der im Interesse des *Versicherungsnehmers* tätig ist, sind nicht als Fragen des Versicherers anzusehen (OLG Hamm MDR 2011, 163, 164). Umgekehrt bestehen auch für den **Versicherer** Aufklärungspflichten: kraft seiner Sachkunde muss er den künftigen Versicherungsnehmer über alle Punkte aufklären, denen dieser erkennbar Bedeutung beimisst (OLG Celle VersR 1963, 648, 649; weitere Beispiele in PRÖLSS/MARTIN § 22 Rn 7; vgl auch BÖHMER MDR 1958, 207 f).

27 Ist **die Täuschung** für den Versicherungsschutz **nicht relevant**, darf sich der Versicherer nach Treu und Glauben gem § 242 nicht uneingeschränkt auf vollständige Leistungsfreiheit berufen (BGHZ 40, 387 ff; 96, 88, 92; BGH VersR 1992, 1465 f). Eine unzulässige Rechtsausübung kommt vor allem dann in Betracht, wenn zwischen dem arglistig verschwiegenen Umstand und dem Eintritt des Versicherungsfalls eindeutig kein sachlicher Zusammenhang besteht (OLG Nürnberg VersR 1998, 217 f; 2000, 437 ff; 2001, 1369 f; **aA** OLG Saarbrücken VersR 2001, 751 f). Der BGH stellt darüber hinaus auf die Umstände des Einzelfalles ab, insbesondere auf das Maß des Verschuldens und die Folgen, welche dem Versicherungsnehmer bei Wegfall des Versicherungsschutzes drohen (aaO). Dem ist ungeachtet der damit verbundenen Rechtsunsicherheit zuzustimmen, weil sich nur so verhindern lässt, dass arglistiges Verhalten folgenlos bleibt (zu den Rechtsfolgen der Anfechtung s unten Rn 92). Auf der anderen Seite ist es für den Versicherungsnehmer unzumutbar, sich unaufgefordert der Begehung strafbarer Handlungen zu bezichtigen, die bislang unentdeckt geblieben sind, und sich so überhaupt erst der Gefahr strafrechtlicher Verfolgung auszusetzen (BGH VersR 1986, 1089, 1090).

(7) Aufklärungspflichten bei Arbeitsverträgen*

28 Beim Abschluss von Arbeitsverträgen bestehen für den **Arbeitnehmer** insbesondere

---

* **Schrifttum**: ADOMEIT, Schwangerschaftsfrage vor der Einstellung, Anm zum Urt des BAG v 15. 10. 1992, JZ 1993, 844; BAUER/BAECK/MERTEN, Scientology-Fragerecht des Arbeitgebers und Kündigungsmöglichkeiten, DB 1997, 2534; BELLGARDT, Die Zulässigkeit der Frage nach der Schwangerschaft und das Benachteiligungsverbot des § 611a BGB, BB 1983, 2187; ders, Anm zu Urt des BAG v 20. 2. 1986, BB 1986, 2414; BEPLER, Persönlichkeitsverletzung durch graphologische Begutachtung im Arbeitsleben, NJW 1976, 1872; BRILL, Die Frage nach dem Gesundheitszustand des Stellenbewerbers, BlStSozArbR 1985, 113; BRORS, Berechtigtes Informationsinteresse und Diskriminierungsverbot – Welche Fragen darf der Arbeitgeber bei Einstellung eines behinderten Bewerbers stellen?, BB 2003, 1734; BUSCHBECK-BÜLOW, Fragerecht des Arbeitgebers nach der Schwangerschaft, Anm zum Urt des BAG v 20. 2. 1986, JZ 1987, 311; ders, Die Unzulässigkeit der Frage nach der Schwangerschaft, BB 1993, 360; CONZE, Fragerecht des öffentlichen Arbeitgebers und Offenbarungspflicht des Bewerbers bei der Vertragsanbahnung, ZTR 1991, 99; COLNERIC, Recht auf Diskriminierung beim Einstellungsgespräch?, BB 1986, 1573; DAMMANN/KUTSCHA, Das Verschweigen einer früheren MfS-Tätigkeit von Beschäftigten im öffentlichen Dienst – ein Pflichtverstoß mit un-

dann Aufklärungspflichten, wenn der verschwiegene Umstand die Durchführung des Arbeitsverhältnisses (BAGE 15, 261, 264; BAG NJW 1987, 398 f [Bandscheibenleiden]; oben Rn 12; unten Rn 38) oder – im Rahmen der betrieblichen Tätigkeit – Rechtsgüter

absehbaren Konsequenzen?, NJ 1999, 281; Donat, Die Frage nach der Schwangerschaft beim Einstellungsgespräch, BB 1986, 2413; Ehrich, Die Entscheidung des BAG zur Zulässigkeit der Frage nach bestehender Schwangerschaft – Ein Beitrag zur Verwirklichung des Diskriminierungsverbots?, DB 1993, 431; ders, Fragerecht des Arbeitgebers bei Einstellungen und Folgen der Falschbeantwortung, DB 2000, 421; Falkenberg, Fragen des Arbeitgebers an den einzustellenden Arbeitnehmer, BB 1970, 1013; Farthmann, Anfechtung des Arbeitsvertrages – BAGE 5, 159, in: JuS 1964, 141; Götz, Zur Zulässigkeit der Befragung von Stellenbewerbern nach Vorstrafen, BB 1971, 1325; Gola, Krankheit im Arbeitsverhältnis, BB 1987, 538; Grossmann, Schwerbehinderte im Konflikt zwischen Statusrecht und Offenbarungspflicht, NZA 1989, 702; Heilmann, Rechtsprobleme von Einstellungsuntersuchungen, AuA 1995, 157; ders, Aids und (Arbeits-) Recht, BB 1989, 1413; ders, Fragerecht des Arbeitgebers Anm zum Urt des BAG v 20. 2. 1986, ArbuR 1987, 117; Heilmann/Thelen, Der werksärztliche Fragebogen – ein Mitbestimmungsproblem, BB 1977, 1556; Hofmann, Zur Offenbarungspflicht des Arbeitnehmers, ZfA 1975, 1; Hromadka, Die Frage nach der Schwangerschaft – Gedanken zu Diskriminierungsverbot und Mutterschutz, DB 1987, 687; Hunold, Das Fragerecht des Arbeitgebers nach Schwangerschaft einer Bewerberin, NZA 1987, 4; Janker, Das Fragerecht des Arbeitgebers bei der Einstellung, AuA 1991, 264; Joussen, Si tacuisses – Der aktuelle Stand zum Fragerecht des Arbeitgebers nach einer Schwerbehinderung, NJW 2003, 2857; ders, Schwerbehinderung, Fragerecht und positive Diskriminierung nach dem AGG, NZA 2007, 174; Klak, Aids und die Folgen für das Arbeitsrecht, BB 1987, 1382; Klein, Ausforschung von Stellenbewerbern durch Fragebogen und psychologische Tests, AuR 1978, 266; vKoppenfels-Spies, Schwangerschaft und Schwerbehinderung – zwei weiterhin unbeliebte Fragen im Arbeitsrecht, ArbuR 2004, 43; Leipold, Einstellungsfragebögen und das Recht auf Arbeit, AuR 1971, 161; Kursawe, Die Aufklärungspflicht des Arbeitgebers bei Abschluß von Arbeitsverträgen, NZA 1997, 245; Liebscher, Wahrheitswidrige Antwort auf Frage nach Anschlussbeschäftigung, Anm zu LAG Hamm v 19. 5. 1994, BB 1995, 2117; Löwisch, Arbeitsrechtliche Fragen von Aids-Erkrankung und Aids-Infektion, DB 1987, 939; Mallmann, Gegen HIV/Aids-Diskriminierung – Schutzmöglichkeiten nach dem AGG, AiB 2008, 212; Meilicke, Recht auf Lügen beim Einstellungsgespräch?, BB 1986, 1288; Messingschlager, „Sind Sie schwer behindert?" – Das Ende einer (un)beliebten Frage, NZA 2003, 301; Moritz, Fragerecht des Arbeitgebers sowie Auskunfts- und/oder Offenbarungspflicht des Arbeitnehmers bei der Anbahnung von Arbeitsverhältnissen?, NZA 1987, 329; Pahlen, Die Frage nach der Schwerbehinderteneigenschaft vor der Einstellung und Art 3 Abs 3 Satz 2 GG, RdA 2001, 143; Pallasch, Diskriminierungsverbot wegen Schwangerschaft bei der Einstellung, NZA 2007, 306; Picker, Die Anfechtung von Arbeitsverträgen, ZfA 1981, 1; Raab, Das Fragerecht des Arbeitgebers nach schwebenden Strafverfahren und die Unschuldsvermutung des Bewerbers, RdA 1995, 36; Reinfeld, Vorstrafen im Arbeitsverhältnis, AR Blattei SD 1780; Rose, Fragerecht des Arbeitgebers nach der Schwangerschaft, BetrR 1986, 614; Sander, Fragerechte und Auskunftspflichten, AuA 1995, 9; Schatzschneider, Frage nach der Schwangerschaft und gemeinschaftsrechtliches Diskriminierungsverbot, NJW 1993, 1115; Schaub, Ist die Frage nach der Schwerbehinderung zulässig?, NZA 2003, 299; Schmid, Die rechtliche Zulässigkeit psychologischer Testverfahren im Personalbereich, NJW 1971, 1863; Schmidt, Weiterleitung von Erkenntnissen über Stasi-Mitarbeit an einen Stellenbewerber durch den Arbeitgeber, RdV 1993, 63; Schulte Westenberg, Die Frage nach der Schwangerschaft – Entwicklung der Rechtsprechung, NJW 1994, 1573; ders, Nichtarbeit von anderer gefährdet (Einzelheiten HAUSMANN 54 ff). Auch nach dem Ende des Arbeitsverhältnisses können Auskunftspflichten bestehen, zB wenn der Arbeitgeber die Einhaltung eines nachvertraglichen **Wettbewerbsverbots** sicherstellen will (BAG AP Nr 41 zu § 242 BGB Auskunftspflicht). Offenbarungspflichtig sind nur solche Informationen, an denen der Arbeitgeber ein berechtigtes Interesse hat. Daran fehlt es, wenn der betreffende Umstand ohne Bedeutung für die betrieblichen Belange ist, wie regelmäßig bei persönlichen Verhältnissen oder der politischen Einstellung von Bewerbern (unten Rn 33–36). Weitere Grenzen ergeben sich – wie beim **Fragerecht des Arbeitgebers** (dazu ausf unten Rn 30 ff) – aus den Diskriminierungsverboten des AGG. Eine Arbeitnehmerin ist danach nicht verpflichtet, über eine bestehende **Schwangerschaft** zu informieren (Rn 39) oder über eine sich abzeichnende **Transsexualität** (BAG NJW 1991, 2723), wohl aber über eine **Aids-Erkrankung**, wenn akute Ansteckungsgefahr besteht oder dauerhafte Arbeitsunfähigkeit droht (Rn 38). Einzelfragen der Aufklärungspflicht des Arbeitnehmers werden im Rahmen des Fragerechts des Arbeitgebers behandelt (Rn 30 ff). Auch den **Arbeitgeber** treffen Aufklärungspflichten (ausf KURSAWE NZA 1997, 245 ff). Insbesondere ist dieser verpflichtet, über solche Umstände aufzuklären, welche die Durchführung des Vertrages gefährden (oben Rn 12). Dazu gehört zB der Hinweis auf **Zahlungsschwierigkeiten**, die dem Arbeitnehmer nicht bekannt sind (BAG AP Nr 1 zu § 13 GmbHG) oder besondere **Gesundheitsgefährdungen** wie zB bei einer Asbestbelastung des Arbeitsplatzes (KURSAWE NZA 1997, 245, 248). Außerdem besteht die Verpflichtung, den Arbeitnehmer über solche Umstände aufzuklären, die zu einer vorzeitigen Beendigung des Arbeitsverhältnisses führen können, zB wenn beabsichtigt ist, nicht alle eingestellten Arbeitnehmer nach der Probezeit zu übernehmen (ErfK/PREIS § 611 BGB Rn 261; HAUSMANN 62; vgl auch – ablehnend – BAG AP Nr 10 zu § 276 BGB Verschulden bei Vertragsschluss).

4. Rechtswidrigkeit der Täuschung

a) Das Merkmal der „Widerrechtlichkeit"

29 Das Merkmal „widerrechtlich" bezieht sich nach dem Wortlaut des § 123 Abs 1 nur auf die Drohung, nicht auf die arglistige Täuschung. Dies bedeutet aber nicht, dass der **Rechtswidrigkeit** bei der arglistigen Täuschung keinerlei Bedeutung zukommt. Der Gesetzgeber hat es lediglich als überflüssig angesehen, auch der arglistigen

---

Schwangeren und Kündigung des Arbeitsvertrages, NJW 1995, 761; SCHWENK, Die Auskunftspflicht des Arbeitnehmers über Vorstrafen, MDR 1960, 353; SCHWERDTNER, Arbeitsrecht I, Individualarbeitsrecht (1976); SIMITIS, Datenschutz und Arbeitsrecht, ArbuR 1977, 97; SOWKA, Die Frage nach der Schwangerschaft, NZA 1994, 967; SPIEKER, Alkohol im Betrieb, AuA 1994, 21; STREHLE, Verschweigen einer Tätigkeit für das frühere Ministerium für Staatssicherheit bei Neueinstellungen im öffentlichen Dienst, RiA 1994, 128; STRICK, Die Anfechtung von Arbeitsverträgen durch den Arbeitgeber, NZA 2000, 695; THÜSING/LAMBRICH, Das Fragerecht des Arbeitgebers – aktuelle Probleme zu einem klassischen Thema, BB 2002, 1146; WALKER, Zur Zulässigkeit der Frage nach der Schwangerschaft, DB 1987, 273; WIESE, Der Persönlichkeitsschutz des Arbeitnehmers gegenüber dem Arbeitgeber, ZfA 1971, 273; WISSKIRCHEN/BISSELS, Das Fragerecht des Arbeitgebers bei Einstellung unter Berücksichtigung des AGG, NZA 2007, 169; WOHLGEMUTH, Fragerecht und Erhebungsrecht, AuR 1992, 46; ZELLER, Die arbeitsrechtlichen Aspekte des Personalfragebogens als Mittel der Personalauswahl, BB 1987, 1522; ders, Die Unzulässigkeit der Frage nach der Schwangerschaft, BB 1993, 219; ders, Die Zulässigkeit der Frage nach der Schwangerschaft, BB 1991, 1124.

Täuschung das Attribut „widerrechtlich" ausdrücklich voranzustellen, weil er davon ausging, dass jede arglistige Täuschung selbstverständlich auch widerrechtlich sei (vgl Beratungen der Reichstagskommission S 39; MUGDAN Bd 1 S 965; NEUMANN-DUESBERG JR 1967, 1, 2; ErfK/PREIS § 611 BGB Rn 361).

b) Fragerechte des Arbeitgebers beim Abschluss von Arbeitsverträgen*
Große Bedeutung hat das Merkmal der Rechtswidrigkeit beim **Abschluss von Arbeitsverträgen**. Nicht jede Täuschung des Stellenbewerbers ist rechtswidrig. Wird dieser beim Einstellungsgespräch oder Ausfüllen eines Personalfragebogens mit Fragen konfrontiert, die in unzulässiger Weise in sein Persönlichkeitsrecht eingreifen, darf er unwahre Antworten geben. Der Arbeitnehmer wäre nämlich nicht ausreichend geschützt, wenn er nicht lügen, sondern nur die Antwort verweigern dürfte. Bei einer solchen Weigerung müsste er damit rechnen, dass der Arbeitgeber dies zu seinen Lasten werten und ihn womöglich nicht einstellen würde. Die Notlüge des Bewerbers auf **unzulässige Fragen** ist somit die erforderliche **Verteidigung gegen den rechtswidrigen Angriff** auf sein Persönlichkeitsrecht und daher **als Notwehr (§ 227) gerechtfertigt** (NEUMANN-DUESBERG JR 1967, 1, 3; vLÜBTOW 249, 275; krit LEIPOLD AuR 1971, 161, 163). Während das BAG früher das Anfechtungsrecht gem § 123 mit der Begründung abgelehnt hat, die Notlüge erfülle nicht den *Tatbestand* der „Arglist" (BAGE 11, 270, 273; NJW 1958, 516, 517), scheint sich das BAG inzwischen der hM anzunähern, da es die Täuschung eines männlichen Stellenbewerbers über seine Transsexualität wegen des Schutzzwecks des Transsexuellengesetzes jedenfalls als nicht *rechtswidrig* qualifiziert hat (NJW 1991, 2723, 2724).

Umfang und Grenzen des Fragerechts des Arbeitgebers richten sich nach dem Gewicht der jeweils betroffenen Interessen. Ein Fragerecht des Arbeitgebers bei den Einstellungsverhandlungen wird vom BAG nur insoweit anerkannt, als der Arbeitgeber „ein berechtigtes, billigenswertes und schutzwürdiges Interesse an der Beantwortung seiner Frage im Hinblick auf das Arbeitsverhältnis hat" (BAG NZA 1976, 371 f). Das Interesse des Arbeitgebers muss dabei so gewichtig sein, dass dahinter das Interesse des Arbeitnehmers, seine persönlichen Lebensumstände zum Schutz seines Persönlichkeitsrechts und zur Sicherung der Unverletzlichkeit seiner Individualsphäre geheim zu halten, zurückzutreten hat (BAG AP Nr 26; NZA 1996, 372). Ein berechtigtes Interesse besteht von vornherein nur bei solchen Fragen, die mit dem Arbeitsplatz oder der zu leistenden Arbeit in einem Zusammenhang stehen (SCHAUB § 26 III 2 b). Wesentliche das Arbeitsverhältnis betreffende Tatsachen muss ein Arbeitnehmer sogar **ungefragt** offenbaren. Ist die Erfüllung der arbeitsvertraglichen Hauptpflicht dauerhaft oder unter Umständen auch nur zeitweilig unmöglich, besteht auch ohne explizite Nachfragen eine **Aufklärungspflicht** (vgl Rn 28). Kann beispielsweise der Bewerber die in Aussicht stehende Arbeit gesundheitsbedingt gar nicht leisten, zB wenn der Aufgabenbereich das Transportieren von Lasten umfasst, der Bewerber aber einen Bandscheibenschaden hat, so muss er dies von sich aus ungefragt dem Arbeitgeber mitteilen (vgl BAG NJW 1987, 398 f; MORITZ NZA 1987, 329, 331; zu datenschutzrechtlichen Bedenken im Zusammenhang mit Einstellungsfragen des Arbeitgebers vgl SIMITIS AuR 1977, 97 ff; THÜSING/LAMBRICH BB 2002, 1146, 1149; ferner BAG BB 1987, 1461 ff; zum Irrtum des Bewerbers über die Grenzen des Fragerechts vgl STRICK NZA 2000, 695, 697). Bedeutende Grenzen setzen die **Diskriminierungsverbote des AGG**. Die §§ 1, 7

---
* Literatur oben vor Rn 28.

AGG untersagen eine Benachteiligung von Arbeitnehmern bei der Einstellung, Beendigung oder beim beruflichen Aufstieg aus Gründen der Rasse oder wegen der ethnischen Herkunft, des Geschlechts, der Religion oder Weltanschauung, einer Behinderung, des Alters oder der sexuellen Identität. Darüber hinaus verbietet § 7 Abs 2 **Bundesgleichstellungsgesetz** (BGleiG) in Vorstellungs- oder Auswahlgesprächen Fragen nach dem Familienstand, einer bestehenden oder geplanten Schwangerschaft sowie der Sicherstellung der Betreuung von Kindern, behinderten oder pflegebedürftigen Angehörigen neben der Berufstätigkeit. An einer wahrheitsgemäßen Beantwortung von solchen unzulässigen Fragen kann der Arbeitgeber kein berechtigtes Interesse haben (ErfK/Preis § 611 BGB Rn 272; MünchKomm/Kramer § 123 Rn 20; differenzierend Wisskirchen/Bissels NZA 2007, 169, 170 f). Dem Bewerber steht daher bei Fragen, die auf ein Diskriminierungsmerkmal des AGG abzielen, neben den Sanktionen des AGG ein „Recht zur Lüge" zu (ErfK/Preis aaO; Wagner 65 f; Wisskirchen/Bissels NZA 2007, 169, 170).

Einzelfälle:
(1) Schulischer und beruflicher Werdegang

32 Der Arbeitnehmer muss wahrheitsgemäß Fragen nach seinem schulischen und beruflichen Werdegang, nach Zeugnissen, nach früheren Arbeitgebern und nach der Dauer der jeweiligen Beschäftigungsverhältnisse beantworten (LAG Köln MDR 1996, 615 f). Die Frage nach der **Wehr- oder Ersatzdienstleistung** wird zum Teil als zulässig angesehen (Schaub § 26 III 3). Ein türkischer Bewerber muss nach Ansicht des BAG (NJW 1984, 575, 576) auf Befragen des Arbeitgebers eine bevorstehende oder erfolgte Einberufung zum Grundwehrdienst in seiner Heimat mitteilen und behördliche Bescheinigungen vorweisen. Im Rahmen eines bestehenden Arbeitsverhältnisses ist gegen eine entsprechende Mitteilungspflicht nichts einzuwenden, da der Arbeitnehmer vor Sanktionen geschützt ist (BAG NJW 1984, 575 f), wohl aber, wenn er bei der Einstellung – gefragt oder ungefragt – zur Mitteilung verpflichtet werden sollte. Da die Frage nach dem Wehrdienst in der Regel nur männlichen Bewerbern gestellt wird, besteht die Gefahr, dass männliche Bewerber wegen des Geschlechts in unzulässiger Weise benachteiligt werden (§§ 1, 7 AGG). Dies gilt nicht nur für die Frage nach dem in der Vergangenheit geleisteten Wehrdienst, sondern auch für die Frage nach einer bevorstehenden, künftigen Verpflichtung oder Einberufung. Die – vorübergehende – Beeinträchtigung betrieblicher Interessen (Ehrich DB 2000, 421, 425 f; ErfK/Preis § 611 BGB Rn 273 mwNw) rechtfertigt nach dem Maßstab, den der EuGH bei den Beschäftigungsverboten für schwangere Arbeitnehmerinnen aufgestellt hat (EuGH NZA 2000, 255, 256; unten Rn 39), keine Diskriminierung wegen des Geschlechts. Ohne Zweifel unzulässig ist die Frage, wenn der Bewerber nicht mehr im grundwehrdienstfähigen Alter ist (Wohlgemuth ArbuR 1992, 46, 48). Die Frage dürfte nach der Abschaffung der Wehrpflicht am 1. 7. 2011 bei deutschen Arbeitnehmern an Bedeutung verlieren.

(2) Persönliche Verhältnisse, sexuelle Orientierung

33 **Private Beziehungen**, Verwandtschaftsverhältnisse, Freizeitbeschäftigung und Wohnbedingungen gehören zum Intimbereich des Arbeitnehmers, den der Arbeitgeber nicht ausforschen darf (Moritz NZA 1987, 329, 333; Schaub § 26 III 3). Allgemeine Angaben zur Person musste der Bewerber vor Inkrafttreten des AGG weitgehend ohne Einschränkungen wahrheitsgemäß mitteilen. Mit Inkrafttreten des AGG sind jedoch nunmehr Fragen nach dem **Familienstand** und etwaigen **Kindern** wegen der darin liegenden Gefahr einer mittelbaren Diskriminierung wegen der sexuellen Orientierung als unzulässig zu qualifizieren (vgl auch § 7 Abs 2 BGleiG; oben Rn 31). Entsprechendes gilt für die **Staatsangehörigkeit**, da sie eine mittelbare Benachteiligung wegen der Rasse oder der ethnischen Herkunft darstellen kann, sowie die Frage nach dem **Alter** (ErfK/Preis § 611 BGB Rn 275; Wisskirchen/Bissels NZA 2007, 169, 173). Auch die Aufforderung, der Bewerbung ein **Lichtbild** beizufügen, stellt ein Indiz für eine Benachteiligung wegen des Alters dar (§ 22 AGG). Fragen nach dem **Sexualverhalten** und bestehenden **Heiratsabsichten** erlauben Rückschlüsse auf die sexuelle Orientierung und damit auf ein verbotenes Merkmal gem § 1 AGG. Ein **transsexueller Arbeitnehmer** muss nicht über sein wahres Geschlecht aufklären, nicht nur, weil sonst der Schutzzweck des Transsexuellengesetzes unterlaufen würde, sondern auch weil es sich um eine verbotene Diskriminierung wegen des Geschlechts handelt (anders noch BAG NJW 1991, 2723, das eine Anfechtung wegen Eigenschaftsirrtums zuließ; dagegen mit Recht EuGH NZA 1996, 695 f; vgl dazu § 119 Rn 94). Zulässig sind lediglich Fragen nach „unverdächtigen" persönlichen Verhältnissen wie die nach der zuständigen Krankenkasse und sonstigen Sozialversicherungsverhältnissen (Zeller BB 1987, 1522 ff). Nicht unverdächtig ist jedoch die Aufforderung, **Wohnanschrift und Namen** anzugeben, da aus diesen Angaben Rückschlüsse auf Merkmale iSd § 1 AGG (Geschlecht, ethnische Herkunft) gezogen werden können. Man wird jedoch ohne gesetzliche Grundlage die Arbeitgeber nicht verpflichten können, von sich aus **anonymisierte Bewerbungen** zu verlangen, da die allgemeine Aufforderung, sich zu bewerben, noch als „neutrales" Verhalten einzustufen ist und kein Indiz für eine Benachteiligungsabsicht (§ 22 AGG) darstellt.

(3) Finanzielle Verhältnisse
Fragen nach den Vermögensverhältnissen sind nur zulässig, wenn der Arbeitgeber ein berechtigtes Interesse an geordneten Vermögensverhältnissen des Bewerbers hat. Die Frage nach **bestehenden Lohnpfändungen** oder Sicherheitsabtretungen ist trotz des damit verbundenen Aufwands und der Risiken für den Arbeitgeber unzulässig, weil das Interesse des Arbeitnehmers an der Erlangung eines Arbeitsplatzes überwiegt (ErfK/Preis § 611 BGB Rn 280; Ehrich DB 2000, 421, 422; aA Voraufl; Zeller BB 1987, 1522, 1523). Fragen nach **Schulden** des Bewerbers sind nur zulässig, wenn es sich bei dem zu besetzenden Arbeitsplatz um eine besonders verantwortungsvolle Stelle handelt. Fragt der Arbeitgeber nach der **bisherigen Lohn- oder Gehaltshöhe**, so ist dies unzulässig, wenn das bisherige Gehalt für die neue Stelle keine Aussagekraft und der Bewerber das bisherige Gehalt auch nicht als Mindestvergütung gefordert hat (BAG AP Nr 25; Ehrich DB 2000, 421). Dem ist zuzustimmen, weil das Arbeitsentgelt nach dem Grundsatz der Vertragsfreiheit frei auszuhandeln ist und eine Verpflichtung zur wahrheitsgemäßen Auskunft einseitig die Verhandlungsposition des Bewerbers schwächen würde (Moritz NZA 1987, 329, 333; aA Schaub § 26 III 3).

(4) Graphologische und psychologische Gutachten, Intelligenz- und Eignungstests
Bei der Anwendung derartiger Tests und Gutachten besteht die Gefahr, dass die gesamte Persönlichkeit des Bewerbers erfasst wird. Deshalb wird für Intelligenz- und Eignungstests, graphologische und psychologische Gutachten stets die **Einwilligung** des Bewerbers verlangt (dazu ausf ErfK/Schmidt Art 2 GG Rn 92 ff). Verlangt der Arbeitgeber einen **handgeschriebenen Lebenslauf**, so kann man zwar davon ausgehen, dass der Bewerber mit einer graphologischen Begutachtung rechnet (offen BAG AP Nr 24; krit und abl Schwerdtner Rn 16 mwNw). Selbst wenn dieser aber (wie im Fall BAG

AP Nr 24) ausdrücklich seine Sympathie mit den Methoden der Graphologie bekundet, kann man wegen der Zwangslage, in die der Bewerber durch die unzulässige Anforderung gerät, nicht unterstellen, er sei mit einer graphologischen Begutachtung wirklich einverstanden. Da der Bewerber mit einer Weigerung der Einwilligung ebenso wie beim Schweigen auf unzulässige Fragen schlechtere Einstellungschancen befürchten muss, fehlt es an wirklicher Entscheidungsfreiheit. Dieses Defizit kann man entgegen Brox (Anm AP aaO) nicht dadurch relativieren, dass man ein berechtigtes Interesse des Arbeitgebers an einer Persönlichkeitsausforschung auch ohne Einverständnis des Arbeitnehmers anerkennt. Das ist mit dem freiheitlichen Charakter des Grundrechts, das gerade vor einer unfreiwilligen Ausforschung der Persönlichkeit schützen soll (vgl nur BAG AP Nr 14 zu § 611 BGB Persönlichkeitsrecht – unter I 1b), nicht zu vereinbaren, so dass dem Arbeitnehmer auch hier das Recht zugestanden werden muss, sich gegen die Verletzung des Persönlichkeitsrechts mit einer „Täuschung" zur Wehr zu setzen (vgl auch BEPLER NJW 1976, 1872 ff; SCHMID NJW 1971, 1863 ff; KLEIN AuR 1978, 266 ff).

(5) Konfessions-, Gewerkschafts- und Parteizugehörigkeit

36 Der Arbeitgeber darf grundsätzlich nicht Fragen zur **Religionszugehörigkeit** oder **Weltanschauung** stellen, weil es sich dabei um eine unmittelbare Diskriminierung iSd §§ 1, 7 AGG handelt. Eine unterschiedliche Behandlung wegen der Religion oder Weltanschauung ist nach der gegenwärtigen Rechtspraxis mit Blick auf die verfassungsrechtliche Gewährleistung der Kirchenautonomie (Art 140 GG iVm Art 137 Abs 3 WRV), auf die die Ausnahmeregelung des § 9 AGG zugeschnitten ist, trotz der zunehmenden Zweifel an der arbeitsrechtlichen Sonderstellung der Kirchen und ihrer Einrichtungen bei konfessionell geprägten Beschäftigungsverhältnissen erlaubt. In der höchstrichterlichen Rechtsprechung ist das Recht der Religionsgemeinschaften, von ihren Beschäftigten die Einhaltung von **Loyalitätspflichten** zu verlangen, prinzipiell anerkannt (BVerfG NJW 1986, 367; BAG NJW 1985, 1855), vor allem wenn es sich um Funktionsträger handelt (EGMR NZA 2011, 277, 279). Fragen zur **Gewerkschafts- oder Parteizugehörigkeit** sind zwar nicht vom AGG erfasst, da die hinter der Mitgliedschaft stehende Haltung nicht schon als „Weltanschauung" zu qualifizieren ist (ErfK/PREIS § 611 BGB Rn 274). Aber dessen ungeachtet ist die Frage nach der Gewerkschaftszugehörigkeit des Bewerbers (EHRICH DB 2000, 421, 426; FALKENBERG BB 1970, 1013, 1016; SIMITIS ArbuR 1977, 97, 99) im Allgemeinen verboten, weil dadurch die **Koalitionsfreiheit** des Bewerbers Art 9 Abs 3 S 1 GG beeinträchtigt wird. Die prinzipielle Unzulässigkeit der Frage nach der Parteizugehörigkeit (LAG Mainz NJW 1985, 510) folgt wiederum aus Art 33 Abs 3 GG. Anders verhält es sich jedoch bei **Tendenzbetrieben** (§ 118 BetrVG). Da die tendenzbezogene unternehmerische Betätigung schutzwürdig ist und der Bewerber weiß, für welchen Betrieb er tätig werden soll, sind Fragen zur Tendenztreue des Bewerbers legitim (MORITZ NZA 1987, 329, 333). Die Frage nach der Zugehörigkeit zur **Scientology-Organisation** ist nicht bereits wegen der generellen Unzulässigkeit von Fragen nach der Religionszugehörigkeit untersagt. Das BAG ist nach ausführlicher Analyse von Selbstverständnis, Lehre und Praktiken der Scientology-Organisation zu Recht zu dem Ergebnis gekommen, dass es sich dabei nicht um eine Religions- oder Weltanschauungsgemeinschaft im Sinne der Art 4, 140 GG, 137 WRV handelt (BAGE 79, 319, 339). Da sich die Organisation zum Ziel gesetzt hat, durch Besetzung von „Schlüsselpositionen" die Lehre ihres Gründers wirkungsvoll zu verbreiten, ist die Frage nach der Zugehörigkeit zu dieser Organisation jedenfalls für die Besetzung von besonders vertrauensvollen Stellen

zulässig (BAUER/BAECK/MERTEN DB 1997, 2534 ff). Der Bewerber für eine Führungsposition muss auch ungefragt über die Mitgliedschaft in einer Scientology-Organisation oder die enge Verbindung zu ihr aufklären (OLG Stuttgart NJW 1999, 3640, 3641; aA LG Darmstadt NJW 1999, 365, 366, das aber eine Anfechtung gem § 119 Abs 2 durchgreifen lässt).

(6) Schwerbehinderteneigenschaft
Nach der früheren Rechtsprechung und überwiegenden Meinung galt die Frage nach 37 einer Schwerbehinderteneigenschaft oder einer Gleichstellung (§ 2 Abs 3 SGB IX) als zulässig und zwar unabhängig davon, ob die Schwerbehinderung für die auszuübende Tätigkeit von Bedeutung ist. Begründet wurde diese Auffassung damit, dass an die Schwerbehinderteneigenschaft zahlreiche gesetzliche Pflichten anknüpfen, so dass der Arbeitgeber auf entsprechende Informationen angewiesen sei (BAG NJW 1987, 398 f; ZELLER BB 1987, 1522, 1524 mwNw; FALKENBERG BB 1970, 1013, 1015). Diese Rechtsprechung ist schon früher auf berechtigte Kritik gestoßen (GOLA BB 1987, 538; GROSSMANN NZA 1989, 702 ff) und ist seit der Verstärkung des Schwerbehindertenschutzes durch die ausdrückliche Normierung eines Diskriminierungsverbots gem § 81 Abs 2 SGB IX im Jahre 2002 (STAUDINGER/SINGER/vFINCKENSTEIN [2004] Rn 38 mwNw), spätestens aber durch das am 18. 8 2006 erfolgte Inkrafttreten des AGG im Jahre 2002 nicht mehr haltbar (JOUSSEN NZA 2007, 174, 177). Nunmehr geht auch das BAG davon aus, dass Fragen nach einer Behinderung „diskriminierungsrelevant" sein können (BAG NZA 2010, 383, 385). Eine Benachteiligung Schwerbehinderter stellt jedenfalls eine unmittelbare Diskriminierung gem §§ 1, 7 AGG dar und kann nur mit wesentlichen und entscheidenden beruflichen Anforderungen gerechtfertigt werden (§ 8 AGG). Ein generelles Fragerecht des Arbeitgebers nach der Schwerbehinderung oder der Schwerbehinderteneigenschaft des Bewerbers kann daher unter der Geltung der §§ 1, 7 AGG nicht mehr anerkannt werden (ErfK/PREIS § 611 BGB Rn 274; LAG Hamm Urt v 19. 10. 2006 – 15 Sa 740/06 – iuris; ArbG Berlin Behindertenrecht 2009, 121; in der Tendenz eindeutig auch BAG NZA 2010, 383, 385 f). Vielmehr darf der Arbeitgeber nur noch danach fragen, ob der Stellenbewerber an gesundheitlichen, seelischen oder ähnlichen Beeinträchtigungen leidet, die seine Eignung für die vorgesehene Tätigkeit wesentlich beeinträchtigen (WISSKIRCHEN/BISSELS NZA 2007, 169 ff; BRORS DB 2003, 1734 ff; MESSINGSCHLAGER NZA 2003, 301, 303; THÜSING/LAMBRICH BB 2002, 1146, 1149; aA SCHAUB NZA 2003, 299 ff). Bereits die Frage nach der Behinderung begründet die Vermutung einer Diskriminierung gem § 22 AGG, so dass der Arbeitnehmer zu entschädigen ist, wenn der Arbeitgeber die fehlende Eignung des Bewerbers nicht darlegen und beweisen kann (BAG NZA 2010, 383, 387). Keine Benachteiligung stellen **positive Maßnahmen** zur Integration Schwerbehinderter dar (§ 5 AGG). Um diese umzusetzen, darf der Arbeitgeber gezielt nach der Schwerbehinderung fragen (JOUSSEN NZA 2007, 174, 177 f). Sanktionen muss er trotz § 22 AGG nicht befürchten, da (und sofern) er die Integrationsabsicht beweisen kann.

(7) Krankheiten
Fragen nach **Krankheiten** werden häufig darauf abzielen, über eine **Behinderung** 38 Kenntnis zu erlangen (zur Irrtumsanfechtung § 119 Rn 93). Damit stellt sich auch bei diesen Fragen die Vereinbarkeit mit dem AGG. Anknüpfend an die Gesetzesbegründung orientiert sich das BAG in seinem grundlegenden Urteil vom 17. 12. 2009 an den sozialrechtlich entwickelten gesetzlichen Definitionen nach § 2 I 2 SGB IX und § 3 des Gesetzes zur Gleichstellung behinderter Menschen (Behindertengleichstellungsgesetz – BGleiG; BT-Drucks 16/1780, 31). Danach sind Menschen behindert,

wenn ihre körperliche Funktion, geistige Fähigkeit oder seelische Gesundheit mit hoher Wahrscheinlichkeit länger als sechs Monate von dem für das Lebensalter typischen Zustand abweichen und dadurch ihre Teilhabe am Leben in der Gesellschaft beeinträchtigt ist (BAG NZA 2010, 383, 385). Fragt der Arbeitgeber nach solchen Krankheiten, ist zu vermuten, dass die Frage eine unzulässige Benachteiligung darstellt. Es obliegt dann dem Arbeitgeber, die Vermutung zu widerlegen, indem er die fehlende Eignung des Bewerbers darlegt und beweist (BAG NZA 2010, 383, 387). Sofern die Krankheit nicht das Ausmaß einer Behinderung erreicht, richtet sich die Zulässigkeit einer Frage nach den allgemeinen Grundsätzen. So darf der Arbeitgeber nach Krankheiten fragen, bei denen eine Ansteckungsgefahr für Kollegen oder Geschäftskunden besteht. Der Arbeitgeber darf mit Blick auf § 8 Abs 1 AGG auch danach fragen, ob zum Zeitpunkt des **Dienstantritts** oder in absehbarer Zeit mit einer Arbeitsunfähigkeit zu rechnen ist, zum Beispiel wegen einer geplanten Operation oder einer bereits bewilligten Kur (PALLASCH NZA 2007, 306, 309 f). Die Frage nach früheren, ausgeheilten oder für den Arbeitsplatz irrelevanten Krankheiten ist dagegen unzulässig (vgl BRILL BlStSozArbR 1985, 113 f). Bei **Aids** ist zwischen Infizierung und akuter Erkrankung zu differenzieren. Zulässig ist nur die Frage nach der akuten Erkrankung, nicht dagegen nach einer HIV-Infektion, weil (und sofern) die bloße Infizierung mit dem Virus die arbeitsvertraglich geschuldete Leistung nicht berührt und keine Ansteckungsgefahr für andere Arbeitnehmer oder Dritte besteht (MALLMANN AiB 2008, 212, 215). Die akute Aids-Erkrankung führt zwar zu einer Behinderung, rechtfertigt aber wegen der drohenden dauerhaften Arbeitsunfähigkeit eine darauf abzielende Frage gem § 8 AGG (ErfK/PREIS § 611 BGB Rn 274). Auf die Frage nach erhöhtem **Alkoholkonsum** muss der Stellenbewerber ebenfalls wahrheitsgemäß antworten, da Alkoholabhängigkeit mit hoher Wahrscheinlichkeit die vertraglich geschuldete Arbeitsleistung erheblich beeinträchtigt, so dass ein berechtigtes Interesse des Arbeitgebers an der begehrten Auskunft besteht (SPIEKER AuA 1994, 21; ErfK/PREIS BGB § 611 Rn 274; zul ist auch die Frage nach der Teilnahme an einer Entziehungskur LAG Köln MDR 1996, 615, 616). Werden Arbeitnehmer vor ihrer Einstellung **werksärztlich** untersucht, so kann dadurch das Fragerecht wegen der Anamnese grundsätzlich nicht erweitert werden (ausf zur Einstellungsuntersuchung ErfK/PREIS § 611 BGB Rn 292 ff). Dem Arbeitgeber dürfen nur Angaben zur Gesundheit des Bewerbers mitgeteilt werden, die für den konkreten Arbeitsplatz relevant sind. Genaue Befunde und Diagnosen dürfen aber dem Arbeitgeber ohne Einwilligung des Bewerbers nicht bekannt gegeben werden (HEILMANN AuA 1995, 157 ff). **Genomanalysen**, durch die Erbanlagen für Krankheiten offen gelegt werden, bedeuten eine besonders hohe Gefahr für das Persönlichkeitsrecht des Bewerbers und werden überwiegend auch ohne ausdrückliches gesetzliches Verbot als unzulässige Untersuchungsmethode abgelehnt (DÄUBLER CR 1994, 101, 105; DIEKGRÄF BB 1991, 1854, 1859; dazu auch ErfK/PREIS § 611 BGB Rn 300 ff; ferner WIESE RdA 1988, 217, 222).

(8) Schwangerschaft

Es war lange Zeit umstritten, ob die Frage nach einer vorliegenden oder beabsichtigten Schwangerschaft als zulässig zu bewerten ist (vgl zur Schwangerschaftsfrage ua ADOMEIT JZ 1993, 846 ff; BELLGARDT BB 1983, 2187 ff; EHRICH DB 1993, 431 ff; ders DB 2000, 421, 424 f; HROMADKA DB 1987, 687 f; HUNOLD NZA 1987, 4 ff; vKOPPENFELS-SPIES ArbuR 2004, 43 ff; PALLASCH NZA 2007, 306; SCHATZSCHNEIDER NJW 1993, 1115 f; SOWKA NZA 1994, 967 ff; THÜSING/LAMBRICH BB 2002, 1146 ff; WALKER DB 1987, 273 ff jeweils mwNw). Ursprünglich hielt das BAG die Frage nach einer bestehenden Schwangerschaft für grundsätzlich zulässig (grdl BAG AP Nr 15 m Anm LARENZ; krit FALKENBERG BB 1970, 1013, 1015; LEIPOLD ArbuR 1971, 161, 166). Später galt die Frage nur noch dann als zulässig, wenn sich nur Frauen um einen Arbeitsplatz bewarben, da in diesem Fall keine Diskriminierung aufgrund des Geschlechts zu befürchten sei (sog gespaltene Lösung, vgl BAGE 51, 167, 174 f = ArbuR 1987, 117 ff m Anm HEILMANN). Der EuGH schließlich sah die Frage nach einer Schwangerschaft mit Recht als generell unzulässig an, da sie gegen Art 141 (Art 119 EG aF) AEUV sowie die EG-Richtlinie 76/207 zur Gleichbehandlung von Männern und Frauen hinsichtlich des Zugangs zur Beschäftigung, zur Berufsbildung und zum beruflichen Aufstieg sowie in Bezug auf die Arbeitsbedingungen verstoße (EuGH Slg I 1990, 3941, 3974 – DEKKER; AP Nr 23 zu Art 119 EWG-Vertrag). Da die Frage nur Frauen gestellt wird, beinhalte sie eine unmittelbare Diskriminierung aufgrund des Geschlechts. Das BAG passte daraufhin seine Rechtsprechung an (vgl die grundlegende Entscheidung BAG NJW 1993, 1154) und hielt die Frage nach der Schwangerschaft nur noch in wenigen Ausnahmefällen für zulässig. Ein solcher Ausnahmefall liege vor, wenn eine Schwangerschaft mit dem eingegangenen Arbeitsverhältnis völlig unvereinbar sei (wie zB bei einer Tänzerin oder einem Mannequin), die Tätigkeit wegen sogleich eintretender Mutterschutzfristen oder Erziehungsurlaubs überhaupt nicht ausgeübt werden könne, Beschäftigungsverbote entgegenstünden (BAG NJW 1989, 929 ff) oder wenn es um den gesundheitlichen Schutz der Arbeitnehmerin oder des ungeborenen Kindes gehe (BAG NJW 1994, 148 f; vgl zur Entwicklung der älteren Rechtsprechung SCHULTE-WESTENBERG NJW 1994, 1573 ff). Demgegenüber ist nach der überzeugenden **Rechtsprechung des EuGH** allein die **zeitweilige Verhinderung** einer schwangeren Arbeitnehmerin kein ausreichender Grund, einen auf unbestimmte Zeit geschlossenen Arbeitsvertrag für nichtig oder anfechtbar zu halten (NJW 1994, 2077, 2078; Nachtarbeitsverbot für Altenpflegerin). Die Mutterschutzvorschriften dürfen sich nicht nachteilig bei der Begründung eines Arbeitsverhältnisses auswirken, auch wenn die Arbeitnehmerin die vorgesehene Tätigkeit aufgrund eines während der Schwangerschaft bestehenden Verbotes zunächst nicht ausüben kann (EuGH Slg I 2000, 549 – MAHLBURG). Die Frage nach der Schwangerschaft stellt daher stets eine unzulässige Diskriminierung dar, selbst wenn es lediglich um eine Bewerbung für einen **befristeten Arbeitsvertrag** gehe (EuGH DB 2001, 2451 ff m Anm THÜSING – Tele Danmark). In diesem Kontext ist nun auch die Richtlinie 2002/73/EG zu beachten, nach der jede unterschiedliche Behandlung einer Frau im Zusammenhang mit der Schwanger- oder Mutterschaft als Diskriminierung wegen des Geschlechts anzusehen ist. Mit der Entscheidung vom 6. 2. 2003 passte das BAG seine Rechtsprechung den europarechlichen Vorgaben des EuGH an und bewertete die Schwangerschaftsfrage als eine unzulässige Diskriminierung, wenn eine unbefristet eingestellte schwangere Arbeitnehmerin die vereinbarte Tätigkeit wegen eines Beschäftigungsverbots zunächst nicht ausüben könne. Die Schwangerschaft sei ein vorübergehender Zustand und beeinträchtige das Arbeitsverhältnis nicht dauerhaft (BAG NZA 2003, 848 f). Bisher noch nicht geäußert hat sich das BAG dazu, ob es den europäischen Vorgaben auch bei befristeten Arbeitsverhältnissen folgen wird, doch sollte daran kein Zweifel bestehen (vgl dazu auch vKOPPENFELS-SPIES ArbuR 2004, 43, 44; ErfK/ PREIS § 611 BGB Rn 274). Allerdings ist eine Ablehnung dann gem § 8 Abs 1 AGG gerechtfertigt, wenn aufgrund der Schwangerschaft die vorgesehene Tätigkeit zur Gänze oder ganz überwiegend nicht ausgeübt werden kann (zu eng PALLASCH NZA 2007, 306, 308 [Grenze bei ca 50 %]; HAUSMANN 55 f).

(9) Vorstrafen
40 Aus Gründen der Resozialisierung Straffälliger ist die Frage nach Vorstrafen nur eingeschränkt zulässig. Soweit es die Aufgaben des zu besetzenden Arbeitsplatzes erfordern, darf nach „einschlägigen" Vorstrafen gefragt werden (vgl BAG NJW 1958, 516 f; BB 1970, 803 f; GÖTZ BB 1971, 1325 f; EHRICH DB 2000, 421, 422 f; LINNENKOHL ArbuR 1983, 129 ff; REINFELD AR Blattei SD 1780; ZELLER BB 1987, 1522, 1525). Wenn sich der Arbeitnehmer gem § 53 BundeszentralregisterG als unbestraft bezeichnen darf, begeht er allerdings keine rechtswidrige Täuschung. Die Frage nach einem schwebenden Strafverfahren kann zulässig sein, wenn das Verfahren einschlägige Straftatbestände betrifft oder wenn mit einer erheblichen zeitlichen Inanspruchnahme durch Ermittlungsverfahren oder Hauptverhandlung zu rechnen ist, so dass die Verfügbarkeit des Arbeitnehmers stark eingeschränkt wird (RAAB RdA 1995, 36 ff). Aus der in Art 6 Abs 2 EMRK verankerten Unschuldsvermutung kann nicht der Schluss gezogen werden, dass dem Betroffenen, gegen den ein Ermittlungsverfahren anhängig ist, überhaupt keine Nachteile entstehen dürfen (vgl BAG NJW 1999, 3653, 3654). Ein Arbeitnehmer, der demnächst eine mehrmonatige Freiheitsstrafe verbüßen muss, ist bei Bewerbung einer Dauerstellung auch ungefragt zur Mitteilung verpflichtet (LAG Frankfurt NZA 1987, 352, 353 ff). Bei der *gewerblichen Nutzung eines Adelsnamens* hat der Namensträger die Pflicht, über erhebliche Vorstrafen aufzuklären (BGH NJW-RR 1991, 439, 440).

(10) Öffentlicher Dienst
41 Für Arbeiter und Angestellte des öffentlichen Dienstes gelten hinsichtlich des Fragerechts des Arbeitgebers prinzipiell die gleichen Grundsätze (CONZE ZTR 1991, 99, 101). Davon abgesehen ist aufgrund der Vorgaben von Art 33 Abs 2 GG, wonach jeder Deutsche nach seiner Eignung, Befähigung und fachlichen Leistung gleichen Zugang zu jedem öffentlichen Amt hat, eine differenzierte Betrachtungsweise erforderlich. Entsprechend den Anforderungen des Amtes können Fragen zur Eignung zulässig sein (dazu ausf CONZE ZTR 1991, 99, 101 ff). Von den Angehörigen des öffentlichen Dienstes wird je nach Bedeutung und Funktion der Tätigkeit erwartet, dass sie sich mit ihrem gesamten Verhalten zur freiheitlich demokratischen Grundordnung bekennen (vgl BAGE 39, 235, 253; 40, 1, 8, 10; BAG AP Nr 24 zu § 1 KSchG 1969 Verhaltensbedingte Kündigung). Die Zulässigkeit der Frage hängt nach der Rechtsprechung des BVerfG nicht davon ab, ob die Verfassungswidrigkeit der Organisation bereits festgestellt wurde (AP Nr 2 zu Art 33 Abs 5 GG), doch tritt darin eine Inkonsistenz der Rechtsprechung und Praxis des sog „Radikalenerlasses" zu Tage, die dem neutralen Beobachter nicht einleuchtet (vgl EGMR NJW 1996, 375, 378 Rn 60 – betr den Fall des DKP-Mitglieds Vogt, einer Lehrerin für Deutsch und Französisch) und historisch überholt ist. Lehrer und Erzieher mögen einer gesteigerten politischen Treuepflicht unterliegen, doch genügt die bloße Mitgliedschaft in der DKP nicht aus, wenn die politische Einstellung des Lehrers nicht „in seine Lehrtätigkeit hineinwirkt" (AP Nr 24 aaO betr eine Kündigung; EGMR NJW 1996, 375, 378). Solange politische Einstellungen den Arbeitnehmer nicht an der ordnungsgemäßen Erfüllung seiner Berufspflichten hindern, besteht erst recht keine Pflicht, politische Einstellungen und Mitgliedschaften ungefragt zu offenbaren (vgl LAG Mainz NJW 1985, 510 zur Offenbarungspflicht der Mitgliedschaft in der DKP).

(11) Tätigkeit für das Ministerium für Staatssicherheit
42 Die Befragung hinsichtlich einer ehemaligen Mitarbeit im Staatssicherheitsdienst ist dann zulässig, wenn es um die Einstellung in den öffentlichen Dienst geht (vgl nur

BAG AP Nr 53 zu Einigungsvertrag Anlage I Kap XIX; Nr 33 zu § 1 KSchG 1969; BVerfG NZA 1997, 992, 995 betr die Kündigung gem Sonderkündigungsrecht gem Anl I Kap XIX Einigungsvertrag; BAG NZA 1998, 474, 475) oder um einen Arbeitsplatz, bei dem besondere Sicherheit oder Integrität vorausgesetzt wird (ArbG Darmstadt BB 1994, 2495 ff m Anm Heidsiek; BAG BB 1996, 749 ff; NZA 2003, 265, 266; Janker AuA 1991, 264, 266; Dammann/Kutscha NJ 1999, 281 ff). Fragen nach einer Tätigkeit für das MfS, die vor 1970 abgeschlossen sind, verletzen jedoch regelmäßig den Befragten in seinem allgemeinen Persönlichkeitsrecht und sind deshalb unzulässig. Dieser vom BVerfG aufgestellte Grundsatz ist jedoch nicht im Sinne einer Stichtagsregelung zu verstehen, sondern es kommt jeweils auf den Zeitablauf und die Bedeutung der Umstände des Einzelfalls an (BVerfGE 96, 171, 187 f; NZA 1998, 418 f; 1999, 1095). So darf der öffentliche Arbeitgeber auch nach einer vor 1970 abgeschlossenen Stasitätigkeit fragen, wenn es sich um besonders schwerwiegende Tätigkeiten handelt (BAG AP Nr 58). Umgekehrt ist eine knapp dreimonatige Berichtstätigkeit für das MfS in der Zeit von Oktober bis Dezember 1973, als die Mitarbeiterin gerade 18 Jahre alt war, nicht als schwerwiegend eingestuft worden, da die Berichte keinen denunziantorischen Charakter hatten (BAG NZA 1998, 474, 475 f). Die pauschale Aufforderung, Kontakte zum MfS zu offenbaren, ist nach zutreffender Ansicht des BAG zu allgemein gehalten und daher nicht zulässig, weil sonst ausgenutzt werden könnte, dass ein Arbeitnehmer mehr offenbart als er von Rechts wegen sagen müsste (BAG NZA 2003, 265, 266 f).

(12) Anschlussbeschäftigung
Der Arbeitnehmer ist bei Vergleichsgesprächen im Prozess nicht verpflichtet, ungefragt über eine Anschlussbeschäftigung Auskunft zu geben. Nur auf Nachfrage des Gerichts oder des Arbeitgebers muss er wahrheitsgemäß antworten (LAG Hamm BB 1994, 2072; Liebscher BB 1995, 2117 ff).

c)   Fragerechte des Vermieters beim Abschluss von Mietverträgen
Fragen des Vermieters nach den persönlichen Verhältnissen des Mieters sind durch dessen Persönlichkeitsrecht und die Diskriminierungsverbote des AGG – soweit dieses zur Anwendung kommt (§ 19 Abs 1 Nr 1, Abs 2, 3 u 5) – begrenzt. Es dürfen nur solche Fragen gestellt werden, die für den Bestand des Mietverhältnisses erforderlich sind. Da auch hier der Mieter bei Nichtbeantwortung von unzulässigen Fragen der Gefahr ausgesetzt ist, als Vertragspartner auszuscheiden, darf er insoweit falsche Antworten geben (Lammel § 535 Rn 28). Der Vermieter darf nach Umständen fragen, die die Erfüllung der Hauptpflicht des Mieters, die Mietzahlung in Frage stellen können. Der Umfang der Mitteilungspflicht des Mieters richtet sich nach § 321 BGB analog. Es sind also nur solche Vermögensverschlechterungen zu offenbaren, die nach Inkrafttreten eines Vertrages zur Leistungsverweigerung des Vorleistungspflichtigen führen würden. Der Mieter muss zB die Frage nach der Abgabe einer eidesstattlichen Versicherung, der Einleitung eines Vergleichsverfahrens, der Hingabe ungedeckter Schecks, nach Wechselprotesten und dem Erdulden zahlreicher Zwangsvollstreckungsmaßnahmen wahrheitsgemäß beantworten (Lammel § 535 Rn 29). Der Empfang von Sozialhilfe ist anzugeben, weil das Sozialamt nicht in jedem Fall verpflichtet ist, die Miete zu zahlen (BVerwG NJW 1994, 2968 ff; LG Mannheim ZMR 1990, 303). Fragen nach sonstigen persönlichen Verhältnissen, wie zB nach dem Familienstand (**aA** LG Landau WuM 1986, 133), dem Geburtsdatum, dem Gesundheitszustand, der Staatsangehörigkeit, der Aufenthaltsberechtigung (AG Wiesbaden WuM 1992, 597 f), einem laufenden staatsanwaltlichen Ermittlungsverfahren (AG Hamburg

WuM 1992, 598) oder bisherigen Mietverhältnissen (AG Kerpen WuM 1990, 62) brauchen grundsätzlich nicht wahrheitsgemäß beantwortet zu werden, weil sie für die Erfüllungsbereitschaft des Mieters unbedeutend sind und – im Anwendungsbereich des AGG (§ 19 Abs 1 Nr 1, Abs 2, 3 u 5) – auf eine unzulässige Benachteiligung wegen verbotener Merkmale gem §§ 1, 19 AGG (sexuelle Orientierung, Alter, Rasse, ethnische Herkunft) schließen lassen. Die mit dem Inkrafttreten des AGG dem Vermieter auferlegten Sonderopfer (PICKER, Antidiskriminierungsprogramme im freiheitlichen Privatrecht, Karlsruher Forum 2004, 70 ff; ders, Antidiskriminierung im Zivil- und Arbeitsrecht, ZfA 2005, 167, 178) sind verfassungsrechtlich nicht zu beanstanden, da die Diskriminierung nicht anders abgewehrt werden kann als durch solche Beschränkungen der Vertragsfreiheit (SINGER, in: FS Adomeit [2008] 703, 706 f; ders, Grundfragen der Gleichbehandlung im Zivil- und Arbeitsrecht, in: FS Zachert [2010] 341, 348 ff). Der Vermieter ist im Übrigen berechtigt, in einem Fragebogen, der von dem Mieter vor Vertragsabschluss auszufüllen ist, danach zu fragen, ob schon einmal ein Mietverhältnis zwischen den Parteien bestanden hat (LG Braunschweig WuM 1984, 297). Wird in einer Anzeige mit dem Angebot zur Vermietung einer Einliegerwohnung ein „Nichtraucher" gesucht und gibt die Mieterin auf die Frage, ob sie Nichtraucherin sei, an, sie habe aufgehört, dann begründet gelegentliches Rauchen der Mieterin und ihrer Gäste nicht ohne weiteres eine Arglistanfechtung des Mietvertrages, da (und sofern) nicht erwiesen ist, dass die Mieterin die Unwahrheit gesagt hat (iE auch LG Stuttgart NJW-RR 1992, 1360; vgl dazu oben Rn 19).

5. Kausalität zwischen Täuschung und Willenserklärung

45 § 123 setzt einen Kausalzusammenhang zwischen der Täuschung und der irrtumsbedingten Willenserklärung voraus (MünchKomm/KRAMER Rn 12; vLÜBTOW 249, 256). Der durch die Täuschung hervorgerufene Irrtum muss also den Erklärenden zur Abgabe der anzufechtenden Willenserklärung bestimmt haben (RG JW 1911, 275; SOERGEL/HEFERMEHL Rn 20). Eine **Mitverursachung** genügt (RGZ 77, 309, 314; LG Berlin NJW-RR 1988, 504, 505; vLÜBTOW 249, 256 mwNw). Kausalität ist auch gegeben, wenn der Erklärende ohne Täuschung *die Erklärung nicht zu dem konkreten Zeitpunkt abgegeben* hätte, die Täuschung also entscheidenden Einfluss auf die Beschleunigung des Vertragsabschlusses hatte (RGZ 134, 43, 51; BGH NJW 1964, 811; SOERGEL/HEFERMEHL Rn 20; MünchKomm/KRAMER Rn 12). Erfolgte die Täuschung erst nach Abgabe der Erklärung, fehlt es am Kausalzusammenhang. Die Kausalität der Täuschung ist subjektiv zu beurteilen und nicht nach dem Maßstab eines rechtsverständigen Dritten (BGH WM 1978, 221, 222; MünchKomm/KRAMER Rn 12). Es fehlt daher die Ursächlichkeit, wenn der Erklärende die **Täuschung durchschaut** hat (BGH NJW 1971, 1795, 1798). Entsprechendes gilt, wenn der Erklärende vor einer solchen Täuschung bewusst die Augen verschlossen hat. So kommt zB trotz Falschbeantwortung der Frage nach einer Schwerbehinderung keine Anfechtung wegen arglistiger Täuschung in Betracht, wenn die Schwerbehinderung für den fragenden Arbeitgeber **offensichtlich** war (BAG NJW 2001, 1885 ff; inzwischen ist zwar das Beispiel überholt, da die Frage nach der Schwerbehinderung eine unzulässige Diskriminierung gem §§ 1, 7 AGG; 81 II SGB IX darstellt [vgl dazu näher oben Rn 37], nicht aber der allgemeine Rechtssatz). Hat der Erklärende mit einer Täuschung gerechnet, die Willenserklärung aber trotzdem abgegeben, fehlt es an der Kausalität (BGH LM Nr 4). Dagegen besteht ein Kausalzusammenhang, wenn der Erklärende mit einer Täuschung von einem gewissen Umfang gerechnet hat, sich aber später herausstellt, dass er noch in weit größerem Umfang getäuscht wurde

(BGH WM 1972, 1443, 1446; 1975, 1279, 1282; LM Nr 4; NJW-RR 1986, 1258, 1259; Soergel/ Hefermehl Rn 21; MünchKomm/Kramer Rn 12). Hatte der Erklärende bloß fahrlässige Unkenntnis von der Täuschung, ist der ursächliche Zusammenhang zu bejahen. Auf ein Verschulden des Getäuschten kommt es nicht an (BGH NJW 1971, 1795, 1798; 1989, 287, 288; MünchKomm/Kramer Rn 12).

6. Der subjektive Tatbestand der arglistigen Täuschung

Nach dem Wortlaut des § 123 muss die Täuschung **arglistig** sein. Was unter „Arglist" zu verstehen ist, geht aus dem Gesetz nicht hervor. Der **Begriff** wird auch noch in §§ 438 Abs 3, 442 Abs 1 S 2, 444, 536 b S 2, 536 d, 634 a Abs 3, 639, 2183 S 2 und § 377 Abs 5 HGB verwendet, aber an keiner Stelle definiert (vgl Staudinger/Matusche-Beckmann [2003] § 438 Rn 85; § 442 Rn 39, § 444 Rn 42; Jüttner 52 ff). Die Aufnahme des Tatbestandsmerkmals „Arglist" basiert auf einem Missverständnis der römischrechtlichen Lehre von *dolus malus* und *dolus bonus* (MünchKomm/Kramer Rn 9 mwNw). Dolus war in neutralem Sinne als List zu verstehen und konnte daher auch Klugheit bedeuten. Erst durch die Verknüpfung mit dem Adjektiv *malus* gelangte man zur „argen List" (vLübtow 249, 263). In sachlicher Hinsicht ist das zusätzliche Erfordernis der Arglist überflüssig, weil schon dem **Wortsinn** nach keine Täuschung vorliegt, wenn jemand unrichtige Angaben macht, ohne zu wissen, dass sie unrichtig sind. Da § 123 den Schutz der rechtsgeschäftlichen Entscheidungsfreiheit bezweckt, kommt es nicht darauf an, ob der Täuschende eine moralisch verwerfliche oder gute Gesinnung hatte. Es kommt nur auf die Lage des Getäuschten an, der zu einer Erklärung bestimmt wurde, die er ohne Täuschung nicht oder nicht so abgegeben hätte (vLübtow 249, 269 ff mwNw). Daraus folgt, dass der Getäuschte eine Willenserklärung auch anfechten kann, wenn der Täuschende erklärt, er habe nur „das Beste" für den Vertragspartner gewollt, denn über „das Beste" soll jeder selbst frei entscheiden können (Flume § 29, 2 = S 543; MünchKomm/Kramer Rn 9; Medicus, AT Rn 789; Larenz/ Wolf at § 37 Rn 11; **aA** BGH LM Nr 9; Palandt/Ellenberger Rn 11; Kolbe JZ 2009, 550, 555; dazu unten Rn 47).

Der **Vorsatz** des Täuschenden muss sich auf die Täuschungshandlung, die Irrtumserregung und die dadurch erfolgende Willensbeeinflussung erstrecken. Ein Täuschungswille kann nur vorliegen, wenn der Täuschende die Unrichtigkeit seiner Angaben kennt. Der Täuschende muss ferner das Bewusstsein und den Willen haben, durch das Vorspiegeln oder Verschweigen von Tatsachen im Erklärungsgegner einen Irrtum zu erregen und diesen dadurch zur Abgabe einer konkreten Willenserklärung veranlassen (BGH NJW 1957, 988; WM 1990, 505, 506; vLübtow 249, 259 mwNw; MünchKomm/Kramer Rn 8; Bamberger/Roth/Wendtland Rn 17 f). Als Vorsatzform ist mindestens **dolus eventualis** erforderlich (BGHZ 7, 301, 302; WM 1974, 866, 867; OLG Nürnberg NJW-RR 2002, 1705 ff; Staudinger/Dilcher[12] Rn 22; Bamberger/Roth/Wendtland Rn 17; Larenz/Wolf, AT § 37 Rn 10; MünchKomm/Kramer Rn 8; Palandt/Ellenberger Rn 11; vgl auch Mankowski, Beseitigungsrechte 339 mit zahlr Nachw). Bei einer Täuschung durch **Verschweigen** eines offenbarungspflichtigen Mangels handelt arglistig, wer einen Fehler mindestens für möglich hält, gleichzeitig weiß oder damit rechnet und billigend in Kauf nimmt, dass der Vertragsgegner den Fehler nicht kennt und bei Offenbarung den Vertrag nicht oder nicht mit dem vereinbarten Inhalt geschlossen hätte (BGH NJW 1994, 253, 254). Macht der Täuschende unrichtige **Angaben „ins Blaue hinein"**, rechnet er mit der Unrichtigkeit und nimmt dies billigend in Kauf

(BGH NJW 1981, 1441, 1442; NJW-RR 1986, 700; dazu DAUNER-LIEB, in: FS Kraft [1998] 43, 55). **Fahrlässigkeit** ist nicht ausreichend (SOERGEL/HEFERMEHL Rn 27; MünchKomm/KRAMER Rn 8; vgl aber MANKOWSKI, Beseitigungsrechte 342 ff, der bei einer fahrlässigen Täuschung für eine analoge Anwendung der §§ 123 Abs 1, 124 plädiert; vgl ferner FLEISCHER AcP 200 [2000] 91, 93 ff). Eine fahrlässige Irreführung kann aber eine Haftung wegen vorvertraglicher Pflichtverletzung gem §§ 280 Abs 1, 241 Abs 2, 311 Abs 2 auslösen und berechtigt uU zur Anfechtung wegen eines ausnahmsweise beachtenswerten Motivirrtums analog §§ 119, 121 (vgl dazu näher § 119 Rn 67 ff). Für eine Täuschung im Sinne des § 123 ist im Gegensatz zu § 263 StGB **keine Bereicherungsabsicht** des Täuschenden und **keine Absicht der Vermögensschädigung** des Getäuschten erforderlich (RGZ 111, 5, 7; 134, 43, 55; **aA** KOLBE JZ 2009, 550, 553 unter Berufung auf § 28 Abs 3 S 2 VVG, der freilich einen besonderen Präventionszweck verfolgt und schon aus historischen Gründen nicht zur Interpretation der BGB-Normen herangezogen werden darf). Es kommt ferner nicht darauf an, dass für den Getäuschten der Irrtum vermeidbar war. Schuldlosigkeit des Getäuschten wird nicht vorausgesetzt (BGHZ 33, 302, 310; BGH NJW 1962, 1907; 1989, 287, 288; 1997, 1845, 1847).

7. Täuschung durch Dritte, § 123 Abs 2 S 1*

a) Begrenzung des Anfechtungsrechts

48 § 123 Abs 2 S 1 beschränkt die Anfechtbarkeit von **empfangsbedürftigen Willenserklärungen** („Erklärungen, die einem anderen gegenüber abzugeben waren"), wenn die Täuschung durch einen Dritten verübt wurde. Eine Willenserklärung ist in diesem Fall nur dann anfechtbar, wenn der Erklärungsempfänger die Täuschung kannte oder kennen musste. Das Anfechtungsrecht wurde vom Gesetzgeber eingeschränkt, um „Härten" zu vermeiden, „wenn bei einer Willenserklärung ... die Beeinflussung von einem Dritten ausging, während der Empfänger der Willenserklärung bei der Beeinflussung nicht beteiligt war, auch dieselbe weder kannte noch kennen musste" (Mot I 206; zur Entstehungsgeschichte des § 123 Abs 2 vgl WINDEL AcP 199 [1999] 421, 425 ff). Das Gesetz hält also in diesem Fall das Vertrauen des Erklärungsempfängers für schutzwürdiger als die Willensfreiheit des Erklärenden. Der Anfechtungsausschluss gilt nicht für **nicht empfangsbedürftige Willenserklärungen** (zB Auslobungen), auch wenn ein gutgläubiger Dritter auf die Gültigkeit der angefoch-

---

* **Schrifttum**: BÜLOW, Verbraucherkreditgesetz (3. Aufl 1998); CANARIS, HGB, Bankvertragsrecht, 3. Band (2. Bearb 1981); GAUL, Die Neuregelung des Abstammungsrechts durch das Kindschaftsreformgesetz, FamRZ 1997, 1441; HECKELMANN, Zur Anfechtbarkeit von Schuldübernahmen (Diss Münster 1965); HIRSCH, Die Anfechtung der Schuldübernahme, ihre Voraussetzungen und Wirkungen, JR 1960, 291; HOFFMANN, Arglist des Unternehmers aus der Sicht für ihn tätiger Personen, JR 1969, 372; IMMENGA, Der Begriff des Dritten nach § 123 Abs 2 BGB beim finanzierten Beitritt zu einer Abschreibungsgesellschaft, BB 1984, 5; PAULUS, Zur Zurechnung arglistigen Vertreterhandelns, in: FS Michaelis (1972) 215; RIMMELSPACHER, Schuldübernahmetheorien und Anfechtbarkeit der befreienden Schuldübernahme, JR 1969, 201; STÖTTER, Anfechtung eines Darlehensvertrages bei Täuschung durch Repräsentanten der Bank, NJW 1983, 1302; vWESTPHALEN, Der Leasingvertrag (6. Aufl 2008); WINDEL, Welche Willenserklärungen unterliegen der Einschränkung der Täuschungsanfechtung gem § 123 Abs 2 BGB?, AcP 199 (1999) 421; WUNDERLICH, Zur Haftung der Kreditinstitute gegenüber den Bauherren bei der Finanzierung von Immobilienerwerb nach dem Bauherrenmodell, DB 1980, 913.

tenen Erklärung vertraut und ggf Dispositionen getroffen hat (MünchKomm/Kramer Rn 22; Soergel/Hefermehl Rn 30; Windel AcP 199 [1999] 421, 440, der aber § 122 analog anwenden will; dagegen spricht, dass dem arglistig Getäuschten sein Verhalten nicht zurechenbar ist). Nicht zu folgen ist der von Windel (aaO) befürworteten analogen Anwendung des § 123 Abs 2 bei bestimmten Fällen nicht empfangsbedürftiger Willenserklärungen (zB der Willensbetätigung gem § 151), da der Gesetzgeber bewusst eine typisierende Regelung getroffen hat. Dementsprechend ist auch bei der Anfechtung des **Vaterschaftsanerkenntnisses** gegenüber dem Kind der Anfechtungsausschluss nicht zu beachten, wenn die Mutter getäuscht hat, da es sich bei dem Anerkenntnis um eine den Beteiligten zwar zu übersendende (§ 1597 Abs 2), aber eben nicht empfangsbedürftige Erklärung handelt (RGZ 58, 348, 353; 107, 175, 176; zur Rechtsnatur des Vaterschaftsanerkenntnisses vgl Palandt/Diederichsen § 1594 Rn 4; Gaul FamRZ 1997, 1441, 1449 und zur Anfechtung 1454 ff; iE auch Windel AcP 199 [1999] 421, 451 ff).

b) Die Person des Dritten
Bei der Interpretation des Begriffs des „Dritten" geht es um die Abgrenzung der 49 Personen, deren täuschendes Verhalten sich der Erklärungsempfänger zurechnen lassen muss, von solchen Personen (Dritten), die zwar auch in täuschender Weise den Vertragsschluss kausal beeinflusst haben, für die der Erklärungsempfänger aber nicht zur Verantwortung gezogen werden kann. Nur im Falle der Zurechnung besteht das Anfechtungsrecht uneingeschränkt. Ansonsten kann der Getäuschte nur anfechten, wenn der Erklärungsempfänger die Täuschung des Dritten kannte oder kennen musste. Je weiter der Begriff des Dritten verstanden wird, desto stärker ist das Anfechtungsrecht begrenzt. Nach den Motiven ist als Dritter nur ein am Geschäft Unbeteiligter anzusehen (Mot I 206). Diese Definition ist sehr vage und lässt (zu) große Auslegungsspielräume zu. Auch die Umschreibungen des „Dritten" in Rechtsprechung und Literatur sind unpräzise. Das RG neigte zu einer noch stärkeren Anfechtungsbegrenzung als heute der BGH und betrachtete als Dritte auch jene, die nicht autorisierte Erklärungsempfänger, Stellvertreter oder Verhandlungsgehilfen waren (vgl RGZ 61, 207, 212; 72, 133, 135; 81, 433, 436). „Dritter" iSd § 123 Abs 2 war der Vertreter des Erklärungsgegners dagegen dann nicht, wenn er zwar zunächst ohne Vertretungsmacht gehandelt hat, das Geschäft jedoch später vom Vertretenen genehmigt wurde (Rn 51). Inzwischen tendiert man dazu, durch restriktive Interpretation des Begriffs „Dritter" erhöhte, über die Haftung für Vertreterhandeln hinausgehende Zurechnungsmöglichkeiten zu schaffen, um die Anfechtungsmöglichkeit bei arglistiger Täuschung nicht zu stark zu begrenzen (MünchKomm/Kramer Rn 23 ff; Soergel/Hefermehl Rn 32; Medicus, AT Rn 801).

Über die **Abgrenzungskriterien** hat sich noch keine einheitliche Auffassung gebildet 50 (Soergel/Hefermehl Rn 32). Nach einer häufig verwendeten Formel kann als unbeteiligter Dritter nicht angesehen werden, wer auf der Seite des Erklärungsgegners steht und maßgeblich an dem Zustandekommen des Geschäfts mitwirkt (so Flume § 29, 3 = S 544; Soergel/Hefermehl Rn 32; krit zu dem Ausmaß der Mitwirkung Schubert AcP 168 [1968] 470, 484). Verkaufen die Eigentümer einer im Eigentum einer **Erbengemeinschaft** stehenden Sache gemeinschaftlich und täuscht einer der Verkäufer den Käufer arglistig, ohne dass die anderen von der Täuschung wissen oder wissen müssen, so ist der Käufer dennoch allen Verkäufern gegenüber zur Anfechtung berechtigt, da der täuschende Verkäufer als Vertragspartner nicht als Dritter iSv § 123 Abs 2 angesehen werden kann (OLG Koblenz NJW-RR 2003, 119 ff). Zum Teil wird darauf abgestellt, ob der Täuschende von dem Geschäft wirtschaftlich unmittelbar betroffen wurde (STAUDINGER/COING[11] Rn 37). Nach Ansicht des BGH ist maßgeblich, ob die Beziehungen des Täuschenden zum Erklärungsempfänger so eng sind, dass dieser die Täuschung wie eine eigene zu vertreten habe und deshalb den Getäuschten nicht am Vertrage festhalten dürfe. **Repräsentanten** (vgl Rn 53), **Vertrauenspersonen des Erklärungsempfängers** (BGHZ 33, 302, 310) sowie diejenigen, deren Verhalten diesem „**nach Billigkeitsgesichtspunkten** unter Berücksichtigung der Interessenlage" (BGH NJW 1978, 2144, 2145) **zuzurechnen** ist, seien nicht Dritte. Zur Konkretisierung dieser allgemeinen Kriterien hat der BGH insbesondere die Zurechnungsnorm für Pflichtverletzungen des Schuldners – § 278 – herangezogen (BGHZ 47, 224, 229; BGH NJW 1962, 2195, 2196; 1967, 1026, 1027; WM 1963, 250, 252). Diesen Gedanken hat SCHUBERT (AcP 168 [1968] 470, 476 ff) aufgegriffen und weiterentwickelt. Er sieht in § 123 eine gesetzliche Sonderregelung der Haftung für culpa in contrahendo. Niemand dürfe bei Vertragsverhandlungen den Kontrahenten täuschen. Bediene sich der Erklärungsgegner bei den Verhandlungen einer anderen Person, so müsse er sich deren Verhalten nach § 278 auch unter dem Gesichtspunkt des § 123 Abs 2 S 1 zurechnen lassen. Die **Anknüpfung an § 278** erweist sich aber insoweit als zu eng, als dadurch die Haftung für Vertreter ohne Vertretungsmacht ausgeschlossen würde. Dies ist weder sachgerecht, wenn der Geschäftsherr das vollmachtlose Auftreten später genehmigt (§§ 177, 184), noch wenn zu seinen Lasten die Grundsätze über die Anscheins- oder Duldungsmacht eingreifen (vgl auch SCHUBERT AcP 168 [1968] 470, 483, der allerdings nur die Grundsätze der Duldungsvollmacht, nicht jedoch die der Anscheinsvollmacht heranziehen will). Insofern ist die Zurechnung gem § 278 noch um die **Zurechnungsnormen für Vertreterhandeln (§§ 164 ff) zu ergänzen**. Da die Beschränkung des Anfechtungsrechts nur Härten für den Anfechtungsgegner vermeiden soll, ist ein restriktives Verständnis des Dritten geboten. Dritte können daher nur diejenigen sein, die unter keinem rechtlichen Gesichtspunkt dem Kreis des Erklärungsgegners zurechenbar sind. In **Zweifelsfällen** ist der Täuschende als Nichtdritter anzusehen, denn nach dem Regel-Ausnahme-Prinzip des § 123 Abs 1 u 2 ist im Regelfall von der Anfechtbarkeit bei arglistiger Täuschung auszugehen.

c) Einzelfälle
(1) Vertreter

51 Ein Vertreter des Erklärungsempfängers ist kein Dritter (BGHZ 20, 36, 39; NJW 1974, 1505, 1506), auch nicht der **Vertreter ohne Vertretungsmacht**, wenn der Geschäftsherr den Vertragsschluss genehmigt (RGZ 76, 107, 108; BGH WM 1979, 235, 237). Wegen der Abstraktheit der Vollmacht nützt es dem Vertretenen nichts, dass er dem Vertreter im Innenverhältnis Täuschungen untersagt hat (vgl auch HOFFMANN JR 1969, 372). Auch der **mittelbare Stellvertreter** und der **Strohmann** sind nicht Dritte iSd § 123 Abs 2 S 1, da sie regelmäßig im Auftrag des Geschäftsherrn tätig werden und somit § 278 greift. Entsprechendes gilt für den **Kommittenten**, da das vom Kommissionär als Vertragspartei geschlossene Ausführungsgeschäft sachlich ein Geschäft des Kommittenten ist (SOERGEL/HEFERMEHL Rn 34). Der **Versicherungsvertreter** (früher Versicherungsagent), der gem § 59 Abs 2 VVG vom Versicherer damit betraut ist, Versicherungsverträge abzuschließen oder zu vermitteln, ist ebenfalls nicht Dritter (PRÖLSS/MARTIN/DÖRNER, VVG [28. Aufl 2010] § 59 Rn 33). Dies gilt auch bei einer Vollmachtsüberschreitung (RG JW 1928, 1740, 1741), und zwar selbst dann, wenn ein Antrag falsch ausgefüllt wurde, um die Provision zu erschleichen (**aA** OLG Hamm VersR 1974, 562 f). Nicht Dritte sind Vertreter von Personengesellschaften und **Organe juristischer Personen** (RGZ 81,

433 ff; Schubert AcP 168 [1968] 470, 485). Auch **gesetzliche Vertreter** zählen nicht zum Kreis der Dritten iSd § 123 Abs 2 S 1, also insbesondere Eltern (§ 1626), Vormund (§ 1793), Betreuer (§ 1902), Insolvenzverwalter (§§ 56 ff InsO), Nachlaßverwalter (§ 1985) und Testamentsvollstrecker (§ 2205; vgl Schubert AcP 168 [1968] 470, 487). Wurde umgekehrt der Vertreter vom Vertragspartner getäuscht und dadurch zur Erteilung einer Weisung an den Vertretenen zum Abschluss des Vertrages bestimmt, so ist der Vertretene analog § 166 Abs 2 zur Anfechtung berechtigt (BGHZ 51, 141, 145 ff; Soergel/Hefermehl Rn 32).

(2) Verhandlungsgehilfen
Kein Dritter ist nach dem Rechtsgedanken des § 278 BGB der Verhandlungsgehilfe, **52** der **ohne Abschlussvollmacht** an den Verhandlungen mitgewirkt und den Vertrag, der anschließend ohne seine Beteiligung geschlossen wird, vollständig ausgehandelt und vorbereitet hat (RGZ 72, 133, 137; BGH NJW 1962, 2195; 1978, 2144 f; 1989, 2879, 2880; KG NJW 1998, 1082, 1084). Zum Teil wird verlangt, dass der Verhandlungsgehilfe im Auftrag des Erklärungsgegners tätig geworden ist (Medicus, AT Rn 801; Soergel/Hefermehl Rn 32; so auch BGH NJW 1996, 1051: eine nicht beauftragte, aus eigenem Antrieb einen Vertragsabschluss anbahnende Person sei Dritter; nach MünchKomm/Kramer Rn 23 soll es ausreichend sein, wenn der Täuschende nach außen hin als „Vertrauensmann" des Anfechtungsgegners erschien). Regelmäßig wird aber in dem später zustande kommenden Vertragsschluss eine Genehmigung der Verhandlungsführung durch den Gehilfen zu sehen sein, so dass es nach vertretungsrechtlichen Grundsätzen gerechtfertigt ist, sein Handeln dem Erklärungsgegner zuzurechnen (dazu Rn 51). Sofern der Verhandlungsgehilfe mit dem Geschäftspartner mündliche Abreden trifft und damit zugleich über das in den Allgemeinen Geschäftsbedingungen enthaltene Verbot mündlicher Vereinbarungen hinwegsetzt, wirkt sich dies wegen § 305b nicht zum Nachteil des Geschäftspartners aus, so dass die Anfechtung gem § 123 unzulässig ist (überholt Schubert AcP 168 [1968] 470, 488).

(3) Vermittler
Ein **Makler** ist in der Regel Dritter (RGZ 101, 97 ff; BGHZ 33, 302, 309; Flume § 29, 3 = **53** S 544). Dies gilt jedenfalls, wenn der Makler uneingeschränkt für beide Seiten des Geschäfts tätig ist. Nimmt der Makler jedoch nicht die Interessen beider Parteien wahr, sondern führt die Verhandlungen nur für eine Partei oder ist aufgrund enger Beziehungen als deren Vertrauensperson anzusehen, so ist dieser Partei eine arglistige Täuschung des Maklers zuzurechnen (BGH NJW 1996, 451 f mwNw; OLG Schleswig ZMR 2000, 543 ff; OLG Zweibrücken NJW-RR 2002, 418 f). Auch wenn der **Handelsmakler** nach § 98 HGB jeder der beiden Parteien für den durch sein Verschulden entstehenden Schaden haftet, kann daraus nicht gefolgert werden, dass er hinsichtlich beider Partner die gleiche Stellung hat (Flume § 29, 3 = S 544). Dies gilt erst recht für den **Handelsvertreter** iSv § 84 Abs 1 HGB (OLG Hamburg BB 1959, 612). Ein **Kreditvermittler**, der den Darlehensnehmer durch arglistige Täuschung zum Abschluss des Darlehensvertrages bestimmt, ist kein Dritter, wenn er wegen seiner engen Beziehungen zum Erklärungsempfänger als dessen **Vertrauensperson** erscheint (BGH NJW 1979, 1593, 1594; Soergel/Hefermehl Rn 33) oder mit einer Bank als deren **Repräsentant** in der Weise zusammenarbeitet, dass er von dieser ein im Zinssatz stehendes Honorar bekommt (OLG Stuttgart NJW 1982, 1599; dazu Stötter NJW 1983, 1302 f). Bei der Vermittlung von **kreditfinanzierten Immobiliengeschäften** musste sich die Bank nach der älteren Rechtsprechung des BGH falsche Vermittlerangaben im Grundsatz nur

dann zurechnen lassen, wenn sich diese auf das Kreditgeschäft bezogen. Angaben über den Zustand des Objekts, über erzielbare Steuervorteile sowie Mieteinkünfte brauchte sich das Kreditinstitut nicht zurechnen zu lassen (BGH WM 2000, 1685, 1686; krit SINGER WuB I G. 5. Immobilienanlagen 2. 01). Inzwischen wird dem Kreditinstitut die Täuschung durch den Vertrieb bereits dann zugerechnet, wenn das Kreditinstitut und die mit der Vermittlung und dem Verkauf der Immobilie tätigen Personen in **institutionalisierter Form zusammenwirken** (BGHZ 168, 1, 23; vgl dazu oben Rn 23 und unten Rn 55). In den übrigen Fällen ist der Vermittler hingegen als als Dritter zu betrachten. Diese Schlussfolgerung hat der BGH insbesondere auch für die Zurechnung der Vermittlertätigkeit beim Abschluss von **Haustürkreditgeschäften** gezogen, da der in einer Haustürsituation Überrumpelte nicht besser stehen dürfe als der arglistig Getäuschte. Allein die Kenntnis der Bank davon, dass die Immobilie über einen Vermittler verkauft wird, genüge für die Zurechnung der Haustürsituation nicht (BGH NJW 2003, 424, 425; 2003, 1390, 1391). Allerdings können sich die Kreditinstitute einer Zurechnung nicht mehr entziehen, wenn dem Vermittler zur Vertragsanbahnung Kreditantragsformulare überlassen wurden, da dann von einem **institutionalisierten Zusammenwirken** mit dem Vermittler auszugehen ist und dieser infolgedessen nicht mehr als „Dritter" iSd § 123 Abs 2 angesehen werden darf (vgl BGHZ 159, 294, 301; 168, 1, Rn 23; zum finanzierten Abzahlungskauf schon BGHZ 91, 9, 12). Ein Vermittler ist auch dann kein Dritter, wenn er mit Wissen und Wollen einer der späteren Vertragsparteien Aufgaben übernimmt, die typischerweise ihr obliegen, da er damit in ihrem Pflichtenkreis tätig und als ihre Hilfsperson zu betrachten ist (BGH NJW 2001, 358 f). Der **Versicherungsmakler (§ 59 Abs 3 VVG)** ist nicht Dritter im Sinne von § 123 Abs 2, sondern wird dem „Lager" des Versicherungsnehmers zugerechnet (OLG Hamm MDR 2011, 163, 164). Allerdings kann ihm nur schwer Arglist nachgewiesen werden, wenn er im Rahmen der sekundären Darlegungs- und Beweislast einen Schreibfehler beim Übertragen seiner Notizen in den Fragebogen vorträgt (OLG Hamm aaO).

(4) Verbundene Geschäfte (§§ 358–359a)

54 Beim finanzierten Abzahlungskauf, an dem gewöhnlich unerfahrene Käuferschichten beteiligt sind, ist der das Darlehen vermittelnde **Verkäufer** nach der Rspr und dem überwiegenden Schrifttum seit jeher nicht als Dritter iSd § 123 Abs 2 zu bewerten (BGHZ 20, 36, 41; 33, 302, 308 ff; 47, 224, 227 ff; BGH NJW 1978, 2144, 2145; 1979, 1593, 1594; PRÜTTING/WEGEN/WEINREICH/AHRENS Rn 29; SOERGEL/HEFERMEHL Rn 33; MEDICUS, AT Rn 802; MünchKomm/KRAMER Rn 24; FLUME § 29, 3 = S 544). Die finanzierende Bank muss sich folglich eine arglistige Täuschung des Käufers durch den Verkäufer zurechnen lassen, auch wenn sie von der Täuschung nichts weiß und auch nichts wissen muss. Der Zurechnungsgrund wird in erster Linie auf das Schutzbedürfnis des Käufers und auf den **engen wirtschaftlichen Zusammenhang** des Kauf- und Kreditgeschäftes gestützt (BGH NJW 1981, 389 ff). Voraussetzung ist nach der gesetzlichen Regelung des § 358 Abs 3, dass der finanzierte Vertrag und das Darlehen eine wirtschaftliche Einheit bilden. Das ist nach der – unwiderlegbaren (BGH NJW 2006, 1788) – Vermutung des § 358 Abs 3 S 2 insbesondere dann der Fall, wenn Kreditinstitut und Unternehmer bei der Vorbereitung oder dem Abschluss des Darlehensvertrages arbeitsteilig zusammengewirkt haben (BGHZ 156, 46, 51; BGH NJW 2006, 1788, 1789; PALANDT/ GRÜNEBERG § 358 Rn 12). Typischerweise hat der Verkäufer die Kreditantragsformulare der Bank dem Käufer übergeben, ihm beim Ausfüllen der Formulare geholfen und diese schließlich an die Bank weitergeleitet. Das genügt, um eine wirtschaftliche

Einheit der Geschäfte zu begründen. Für die Zurechnung kommt es nicht auf die anfänglich stets betonte *ständige Geschäftsverbindung* des Verkäufers mit dem Darlehensgeber an (BGHZ 33, 302, 308 ff). Die Bank muss sich Täuschungshandlungen des Verkäufers auch dann als eigene anrechnen lassen, wenn das Rahmenverhältnis erst kurze Zeit bestanden, der Verkäufer keine Originalformulare der Bank verwendet und nur in einem Einzelfall beim Zustandekommen des Darlehensvertrages mitgewirkt hat (BGHZ 47, 224, 229 ff). Der Käufer ist auch schutzwürdig, wenn er über eine gehobene Bildung und soziale Stellung verfügt (BGHZ 33, 302, 309). Im Übrigen kommt es für die wirtschaftliche Einheit der Rechtsgeschäfte nicht darauf an, ob die Bank den Verkäufer mit den Kreditverhandlungen beauftragt hat; vielmehr genügt es, dass er tatsächlich eingeschaltet wurde. Das zeitliche Auseinanderfallen von Kauf- und Darlehensvertrag sowie der Umstand, dass diese Verträge von verschiedenen Personen vermittelt wurden, bedeuten nicht, dass diese Dritte iSv § 123 Abs 2 werden, sofern sie nur eng mit der Verkäuferfirma zusammenarbeiten (BGH NJW 1979, 1593, 1594 in Fortentwicklung von BGH NJW 1978, 2144, 2145).

(5) Finanzierter Beitritt zu Publikumsgesellschaften und Immobiliendarlehen
In den Fällen der **Immobilienfinanzierung** wurde hingegen der **Anlagevermittler** 55 lange Zeit uneingeschränkt als **Dritter** iSd § 123 Abs 2 S 1 angesehen (IMMENGA BB 1984, 5 ff; HOPT, in: FS Stimpel 265 ff; aA WUNDERLICH DB 1980, 913, 917). Die unterschiedliche Bewertung gegenüber den gewöhnlichen verbundenen Geschäften, insbesondere des finanzierten Abzahlungskaufs, wurde damit begründet, dass der Anlageinteressent in der Regel über mehr Kenntnisse verfüge als der Abzahlungskäufer und deshalb weniger schutzwürdig sei. Aus diesem Grund hat die Rechtsprechung lange Zeit konsequent einen **Einwendungs- und Widerrufsdurchgriff** bei **Immobilienfinanzierungen** abgelehnt (BGH WM 1980, 1446, 1448; 1986, 1561, 1562; 2002, 1181, 1186; krit SINGER DZWiR 2003, 221, 223 f) und nur unter engen Voraussetzungen eine Haftung der Bank wegen Verletzung eigener Aufklärungspflichten angenommen (oben Rn 22). Der Gesetzgeber hat trotz teilweise massiver Bedenken gegen die rigide Rechtsprechung des XI. Zivilsenats des BGH (eindringlich VORWERK, Schrottimmobilien – Die Geschichte von einem, der auszog das Fürchten zu lernen [2008]; DERLEDER, Subprime Judikatur, KJ 2009, 3) bei der Reform des Rechts der verbundenen Verträge sehr enge Voraussetzungen für eine wirtschaftliche Einheit von Finanzierungs- und Anlagegeschäft bei Immobilienkrediten aufgestellt (§ 358 Abs 3 S 3). Seit dem Urteil des Bankensenats vom 16. 5. 2006 besteht allerdings für die Anleger eine günstigere Aussicht, der Verpflichtung zur Zahlung der Darlehensraten zu entkommen, wenn er nachweist, dass Kreditgeber, Vertrieb und Vermittler **in institutionalisierter Weise zusammengewirkt haben.** In diesem Sonderfall wird widerlegbar vermutet, dass die Bank positive Kenntnis von der arglistigen Täuschung durch Verkäufer, Vertreiber oder Fondsinitiatoren besaß und dementsprechend kraft dieses Wissensvorsprungs (oben Rn 22) gegenüber dem Anleger zur Aufklärung verpflichtet war (BGHZ 168, 1, 23; zum Tatbestand des institutionalisierten Zusammenwirkens oben Rn 23).

Ist ein Darlehensnehmer durch falsche Angaben zum Erwerb einer **Fondsbeteiligung** 56 bewogen worden, kann er auch den mit dem Anlagevertrag gemäß § 358 Abs 3 verbundenen Darlehensvertrag nach § 123 Abs 1 anfechten, wenn die Täuschung auch für dessen Abschluss kausal war. Den daneben bestehenden Anspruch aus Verschulden bei Vertragsschluss gem §§ 280 Abs 1, 241 Abs 2, 311 Abs 2 gegen den Vermittler kann der Darlehensnehmer ebenfalls gegen die kreditgebende Bank geltend machen, da der Vermittler bei einem verbundenen Geschäft nicht Dritter im Sinne von § 123 Abs 2 ist (BGHZ 167, 239, 250). Grund für die anlegerfreundlichere Behandlung von Fondsbeteiligungen ist die fehlende Erwähnung dieser Anlageform im Tatbestand des § 358 Abs 3 Satz 3, so dass hier unter den leichter zu erfüllenden Voraussetzungen des § 358 Abs 3 S 1, 2 im Regelfall von verbundenen Geschäften ausgegangen werden kann.

(6) Finanzierungsleasing
57 Dem Leasinggeber ist eine **Täuschung des Lieferanten** des Leasingobjektes gegenüber dem Leasingnehmer zuzurechnen, wenn der Lieferant mit dem Leasingnehmer verhandelt, insbesondere wenn der Lieferant Vertragsformulare des Leasinggebers verwendet und einzelne Modalitäten des Leasingvertrages ausgehandelt hat. Der Lieferant ist nicht Dritter iSd § 123 Abs 2, so dass es nicht darauf ankommt, ob der Leasinggeber vom täuschenden Verhalten des Lieferanten Kenntnis hatte oder haben musste (MünchKomm/KRAMER Rn 24). Anders als bei den sonstigen Finanzierungsgeschäften, wie zB beim finanzierten Abzahlungskauf (vgl Rn 54), spielt der Lieferant keine Doppelrolle. Der Leasinggeber steht dem Leasingnehmer als einziger Vertragspartner gegenüber (JÜTTNER 121). Während die den Kauf finanzierende Bank nicht verpflichtet ist, über den Kaufgegenstand aufzuklären, trifft den Leasinggeber sowohl hinsichtlich der Finanzierungsfragen als auch über den Gegenstand selbst eine umfassende Aufklärungsverpflichtung. Bedient sich der Leasinggeber zur Vorbereitung des Leasingvertrages eines Lieferanten, so ist ihm jede Täuschung des Lieferanten, gleichgültig ob über Finanzierungsmodalitäten oder über technische Details, zuzurechnen. Eine Ausnahme ist aber anzunehmen, wenn der Lieferant nur bei Gelegenheit der ihm vom Leasinggeber übertragenen Aufgaben tätig wird und in diesem Zusammenhang zB Anreize für den Abschluss von Leasingverträgen durch Vermittlung von Verträgen mit Dritten schafft (BGH MDR 2011, 647). Davon abgesehen handelt der Lieferant aber regelmäßig als Verhandlungs- bzw Erfüllungsgehilfe iSd § 278 des Leasinggebers und kann als „Vertrauensperson" bzw als „Repräsentant" des Leasinggebers bezeichnet werden (so BGH NJW 1989, 287, 288). Eine Täuschung des Lieferanten ist auch dann dem Leasinggeber zuzurechnen, wenn Lieferant und Leasingnehmer zunächst alle Details vollständig ausgehandelt haben und der Leasinggeber erst nachträglich eingeschaltet wurde. Mit Abschluss des Leasingvertrages billigt der Leasinggeber die bisherigen Verhandlungen des Lieferanten. Der Lieferant wird nachträglich Erfüllungs- bzw Verhandlungsgehilfe des Leasinggebers (JÜTTNER 124). Zum Teil wird die Täuschung des Lieferanten dem Leasinggeber nur beim absatzfördernden Händlerleasing zugerechnet. Beim reinen Finanzierungsleasing sei der Lieferant dagegen Dritter iSd § 123 Abs 2 (CANARIS, HGB, Bankvertragsrecht, 3. Bd [2. Bearb 1981] Rn 1746 und 1752; ders, NJW 1982, 305, 311). Nach Ansicht des BGH besteht zwischen dem absatzfördernden Händlerleasing und dem sog reinen Finanzierungsleasing kein erheblicher Unterschied (BGH NJW 1989, 287, 288). Für die Zurechnung des Lieferantenverhaltens spricht, dass der Leasinggeber durch den Einstieg in den Vertrag die bisherigen Verhandlungen billigt. Eine Unterscheidung zwischen absatzförderndem und reinem Finanzierungsleasing lässt sich praktisch ohnehin kaum durchführen, da es sich oft um Mischformen handelt (JÜTTNER 124). Unabhängig von der rechtlichen Einordnung des Leasingvertrages gehört die Aufklärung über technische und kommerzielle Details zu dem Pflichtenkreis des Leasinggebers. Im Fall der arglistigen Täuschung ist daher der Lieferant

sowohl beim Händlerleasing als auch beim reinen Finanzierungsleasing *Verhandlungsgehilfe* des Leasinggebers und kein Dritter iSd § 123 Abs 2.

(7) Täuschung eines Sicherungsgebers
Das Beteiligtenproblem des § 123 Abs 2 S 1 stellt sich auch im Zusammenhang mit **58** Geschäften, bei denen ein Schuldner Sicherheiten beibringen soll und dabei den Sicherungsgeber täuscht. Wird für eine Schuld seitens eines Dritten Sicherheit geleistet, beispielsweise eine **Bürgschaft** übernommen oder eine **Grundschuld** bestellt, so steht der Schuldner der zu sichernden Schuld grundsätzlich nicht auf der Seite des Gläubigers. Der Schuldner nimmt mit der Besorgung eines Bürgen seine eigenen Interessen und nicht die des Gläubigers wahr (BGH NJW 1962, 1907, 1908; NJW 1962, 2195, 2196; 1968, 986, 987; LG Ulm WM 1984, 27 f; FLUME § 29, 3 = S 545; MEDICUS, AT Rn 803; SOERGEL/HEFERMEHL Rn 34; MünchKomm/KRAMER Rn 24; SCHUBERT AcP 168 [1968] 470, 497 ff; anders noch die frühere Rspr RG JW 1934, 219, 220). Dies gilt selbst dann, wenn der Schuldner auf Veranlassung des Gläubigers eine Bürgschaftserklärung beschafft und hierbei den Bürgen durch arglistige Täuschung zur Abgabe der Bürgschaftserklärung bestimmt hat. Es genügt nicht, dass der Gläubiger die Bürgschaftsurkunde entworfen und den Anstoß für die Verhandlungen gegeben hat (BGH NJW-RR 1992, 1005, 1006). Unerheblich ist auch die Tatsache, dass der Gläubiger ein wirtschaftliches Interesse an der Sicherheitsleistung hat. Der Bürge kann sich nur dann dem Gläubiger gegenüber auf die arglistige Täuschung des Schuldners berufen, wenn der Schuldner gegenüber dem Bürgen als Beauftragter oder als Vertrauensperson des Gläubigers auftritt (BGH NJW 1962, 1907 f; LM Nr 31; OLG Köln OLGZ 1968, 130, 131). Eine solche Konstellation wird in den seltensten Fällen vorliegen.

(8) Gesellschafter
Der Allein- oder Mehrheitsgesellschafter einer **GmbH** ist nicht Dritter, wenn er sein **59** Weisungsrecht gegenüber der Geschäftsführung dazu missbraucht, einen Geschäftspartner der GmbH arglistig zu täuschen. In diesem Fall einer **Täuschung in mittelbarer Täterschaft** sind die Beziehungen zwischen dem Täuschenden und dem Erklärungsempfänger so eng, dass dieser die Täuschung wie eine eigene zu vertreten hat (BGH NJW 1990, 1915 mwNw). Wer zu einer gegenüber einer **Aktiengesellschaft** abgegebenen Erklärung durch eine von deren einzigem Aktionär verübte arglistige Täuschung bestimmt worden ist, kann die Erklärung anfechten, wenn die Aktiengesellschaft lediglich ein Werkzeug ist, mit dem der Aktionär seine eigenen Belange wahrnimmt. In diesem Fall ist der Aktionär im Verhältnis zur Aktiengesellschaft nicht Dritter (OLG Düsseldorf WM 1976, 1257, 1262). Demgegenüber soll in einer **Kommanditgesellschaft** mit einer Vielzahl von Kommanditisten eine arglistige Täuschung des persönlich haftenden Gesellschafters, durch die ein Kommanditist zum Beitritt bewogen wurde, den übrigen Gesellschaftern nicht zugerechnet werden, auch wenn die Beitrittsverträge aufgrund einer im Gesellschaftsvertrag enthaltenen Ermächtigung mit dem persönlich haftenden Gesellschafter abzuschließen sind (BGH LM Nr 3 zu § 132 HGB; MünchKomm/KRAMER Rn 24). Das steht zwar in Widerspruch zu den allgemeinen Zurechnungsgrundsätzen bei der Täuschung (oben Rn 50), ist aber deswegen gerechtfertigt, weil die Anfechtung zu Lasten der nicht minder schutzwürdigen Mitgesellschafter ginge und es keinen sachlichen Grund gibt, einzelne Beitretende zu bevorzugen.

d) Kenntnis oder Kennenmüssen

60 Hinsichtlich der Kenntnis bzw des Kennenmüssens des Erklärungsgegners von der Täuschung ist jede Form von Fahrlässigkeit ausreichend. Hat der Erklärungsempfänger Anhaltspunkte dafür, dass die Willenserklärung nicht einwandfrei zustande gekommen ist, muss er dem nachgehen (RGZ 104, 191, 194; BGH NJW-RR 1992, 1005, 1006 = LM Nr 75 m Anm PECHER; MünchKomm/KRAMER Rn 25; aA FLUME § 29, 3 = S 543, der eine Erkundigungspflicht ablehnt).

8. Anfechtung gegenüber demjenigen, der aus der Erklärung unmittelbar ein Recht erworben hat, § 123 Abs 2 S 2

61 Im Unterschied zu § 123 Abs 2 S 1 geht es bei § 123 Abs 2 S 2 nicht um die Frage der Zurechnung der Täuschung eines Dritten, sondern in erster Linie darum, ob ein aus dem Rechtsgeschäft Begünstigter die erlangten Vorteile behalten darf oder nicht. Die beiden Sätze des § 123 Abs 2 verfolgen also unterschiedliche Zwecke (SCHUBERT AcP 168 [1968] 470, 495). § 123 Abs 2 S 2 gewährt dem arglistig Getäuschten gegenüber demjenigen ein Anfechtungsrecht, der aus der Erklärung unmittelbar ein Recht erworben hat und die Täuschung kannte oder kennen musste. In der Regel sind im Fall des § 123 Abs 2 S 2 **vier Personen** beteiligt: Aufgrund der Täuschung eines Dritten gibt der Getäuschte gegenüber einem gutgläubigen Erklärungsempfänger eine Erklärung ab, aus der ein „anderer" – der Vierte – unmittelbar ein Recht erwirbt (BGHZ 31, 321, 327; SOERGEL/HEFERMEHL Rn 36). Typischer Fall ist der Abschluss eines **Vertrages zugunsten Dritter** (zB eines Lebensversicherungsvertrages), bei dem ein „Vierter" begünstigt wird und nicht der Vertragspartner (= VersN), sondern ein „anderer" (zB Arzt) täuscht (SOERGEL/HEFERMEHL Rn 37; MEDICUS, AT Rn 800; FLUME § 29, 3 = S 546). Erst recht hat der Getäuschte ein Anfechtungsrecht, wenn der Begünstigte selbst getäuscht hat (FLUME § 29, 3 = S 546). Beim Lebensversicherungsvertrag begründet die **Täuschung durch den Bezugsberechtigten** aber dann kein Anfechtungsrecht iSd § 123 Abs 2 S 2, wenn die Bezugsberechtigung jederzeit frei widerruflich ist, weil dann nur eine unsichere Chance auf den künftigen Rechtserwerb bestanden hat (OLG Hamm VersR 1988, 458, 460). § 123 Abs 2 S 2 ist praktisch bedeutungslos, wenn der Erklärende bereits ein Anfechtungsrecht nach § 123 Abs 2 S 1 hat, etwa weil der Erklärungsempfänger wusste oder wissen musste, dass ein Dritter oder der Begünstigte selbst den Erklärenden getäuscht hat. Bei dem weiterreichenden Anfechtungsrecht gem § 123 Abs 2 S 1 entfällt das Recht des Dritten mit der Anfechtung gegenüber dem Vertragspartner gem § 334 (SOERGEL/HEFERMEHL Rn 37; FLUME § 29, 3 = S 546). Das Recht des Begünstigten steht diesem nur bei Gültigkeit des Vertrages zu. Die **Anfechtung** nach § 123 Abs 2 S 2 **erfolgt** nicht gegenüber dem Erklärungsempfänger, sondern **nur gegenüber dem Begünstigten** (vgl auch § 143 Abs 2). Mit einer solchen Anfechtung verliert der Begünstigte seinen Anspruch gegenüber dem Erklärenden. Die Anfechtung gegenüber dem Begünstigten wirkt nur in dem Umfang, wie das aus der Erklärung erworbene Recht reicht. Dagegen bleibt die Verpflichtung des Erklärenden gegenüber dem Erklärungsempfänger bestehen. Inwiefern sich die Anfechtung auf den sonstigen Bestand des Rechtsgeschäfts auswirkt, beurteilt sich nach § 139 (SOERGEL/HEFERMEHL Rn 37; aA ERMAN/PALM Rn 41). Falls der gutgläubige Erklärungsempfänger wegen der Anfechtung seine Rechte aus den §§ 332, 335 verliert, ist ihm analog § 122 sein Vertrauensschaden zu ersetzen (SOERGEL/HEFERMEHL aaO).

9. Anfechtung einer Vollmachtserteilung oder Zustimmungserklärung

In den Fällen, in denen eine Anfechtung wegen arglistiger Täuschung einer Vollmachtserteilung oder Zustimmungserklärung in Betracht kommt, ist zu beachten, dass diese Anfechtung auch das mit der Vollmacht oder Zustimmung getätigte Rechtsgeschäft beseitigt. In solchen Fällen erscheint der Vertragspartner des Vertretergeschäfts in seinem Vertrauen auf die abgegebene Erklärung ebenso wie in den anderen Fällen des § 123 Abs 2 schutzwürdig. Daher sollen Vollmachtserteilung oder Zustimmung nach verbreiteter Auffassung mit Wirkung gegenüber dem Vertragspartner nur dann angefochten werden können, wenn dieser die arglistige Täuschung kannte oder kennen musste (FLUME § 29, 3 = S 546; STAUDINGER/SCHILKEN [2009] § 167 Rn 80; MünchKomm/KRAMER Rn 27; krit PETERSEN AcP 201 [2001] 375, 384 f). Bei Anfechtung der Vollmacht ist die Rechtslage aber anders, weil das Vertrauen des Geschäftspartners auf das Bestehen einer Vertretungsmacht bereits gem § 179 geschützt wird. Diese Vorschrift geht einer Erweiterung des § 123 Abs 2 als lex specialis vor. Falls aber eine schriftliche Vollmacht vorgelegt wird, kann die Anfechtbarkeit der Vollmacht dem Geschäftspartner gem §§ 142 Abs 2, 173, 172 iVm § 171 nur entgegengehalten werden, wenn dieser die Täuschung kannte oder kennen musste (BGH NJW 1989, 2879, 2880). Ein Vermieter kann die von ihm erteilte Zustimmung zu einer zwischen dem bisherigen und einem neuen Mieter vereinbarten Vertragsübernahme im Fall einer arglistigen Täuschung seitens des neuen Mieters nur dann anfechten, wenn der bisherige Mieter die Täuschung gekannt oder infolge Fahrlässigkeit nicht gekannt hat (BGH NJW 1998, 531, 533; dazu Anm KRAMER LM Nr 79; ferner Anm SCHUBERT JR 1998, 460 f; Bespr EMMERICH JuS 1998, 495 ff).

10. Anfechtung wegen arglistiger Täuschung bei Schuldübernahme

Bei der Anfechtung wegen arglistiger Täuschung bei Schuldübernahme ist zwischen den beiden Varianten gem § 414 und § 415 zu unterscheiden. Im Fall der **Schuldübernahme nach § 414** erfolgt diese durch Vertrag zwischen Gläubiger und Schuldübernehmer. Hat der Altschuldner den Übernehmer arglistig getäuscht, ist der Altschuldner im Hinblick auf den Schuldübernahmevertrag zwischen Übernehmer und Gläubiger „Dritter". Eine Anfechtung erfolgt nach § 123 Abs 2 S 1, dh der Übernehmer kann dem Gläubiger gegenüber nur dann anfechten, wenn dieser die Täuschung kannte oder kennen musste (SOERGEL/HEFERMEHL Rn 38). § 417 Abs 2 steht dem nicht entgegen. Die Vorschrift besagt, dass der Übernehmer Einwendungen aus den der Schuldübernahme zugrunde liegenden Rechtsverhältnissen zwischen ihm und dem bisherigen Schuldner dem Gläubiger gegenüber nicht geltend machen kann. Dieser Wertung trägt § 123 Abs 2 S 1 durchaus Rechnung. Im Fall der **Schuldübernahme nach § 415** erfolgt die Schuldübernahme durch Vertrag des Übernehmers mit dem Altschuldner und Genehmigung durch den Gläubiger. Wenn der Altschuldner den Übernehmer arglistig getäuscht hat, wendet die Rechtsprechung § 123 Abs 1 an und lässt – konstruktiv konsequent – die Anfechtung des Übernahmevertrages ohne Einschränkung zu, also ohne dass es auf die Kenntnis oder das Kennenmüssen des Gläubigers ankommt (RGZ 119, 418, 421; BGHZ 31, 321, 324 ff; LM Nr 2 zu § 417). Im Schrifttum wird überwiegend die Ansicht vertreten, dass die Anfechtung gegenüber dem Gläubiger nur dann durchschlagen soll, wenn dieser bösgläubig ist. Allerdings sind die Konstruktionen unterschiedlich: Zum Teil wird § 123 Abs 2 Satz 2 (vgl HECKELMANN 108 ff; ESSER/E SCHMIDT, SchuldR AT § 37 II 1 b) oder § 123 Abs 2 Satz 1 entsprechend angewendet (RIMMELSPACHER JR 1969, 201, 208 mit Fn 51; BROX JZ 1960, 367, 369 ff), andere stützen sich auf die Wertung des § 417 Abs 2 (FLUME § 29, 3 = S 547; Münch-Komm/KRAMER Rn 26; MEDICUS, AT Rn 800; SOERGEL/HEFERMEHL Rn 38) oder den Rechtsschein, der von der Anzeige gem § 415 Abs 1 S 2 dem Gläubiger gegenüber hervorgerufen wird (CANARIS, Vertrauenshaftung 127 ff). Im Ergebnis sollte in der Tat kein Zweifel bestehen, dass der Schutz des Gläubigers nicht von der technischen Durchführung der Übernahme abhängen kann (zu Unrecht einschränkend MünchKomm/ MÖSCHEL § 417 Rn 15 ff). Da ohne die privatautonome Beteiligung des Gläubigers eine Schuldübernahme nicht rechtswirksam zustande kommt, ist dieser in materialer Hinsicht als Partner der von Willensmängeln beeinflussten Schuldübernahme anzusehen. Daraus folgt aber, dass der Gläubiger im Falle einer Täuschung durch den Altschuldner schutzwürdig ist, wenn er die Täuschung weder kannte noch kennen musste. Im Verhältnis zu der in materieller Hinsicht ausschlaggebenden Rechtsbeziehung Übernehmer/Gläubiger ist der Altschuldner nämlich trotz seiner formalen Stellung als Partner des Übernahmevertrages wegen der fehlenden „Nähe" zum Gläubiger „Dritter" iSv § 123 Abs 2 Satz 1.

IV. Anfechtbarkeit wegen widerrechtlicher Drohung*

1. Sinn und Zweck

64 Zweck des Anfechtungsrechtes wegen widerrechtlicher Drohung ist ebenso wie bei der Anfechtungsmöglichkeit wegen arglistiger Täuschung der Schutz der freien Selbstbestimmung des Erklärenden (vgl oben Rn 1; Mot I 204; MünchKomm/KRAMER Rn 37). Der Gesetzgeber hat die Drohung als die schlimmere und gefährlichere Willensbeeinflussung angesehen (vgl schon SAVIGNY, System III 117; FLUME § 27, 2 = S 530 f; eingehend zur römischen Geschichte der Willensbeeinflussung durch Zwang und ihrer Rezeption im kontinental-europäischen Recht MARTENS 5 ff). Das zeigt sich darin, dass bei einer **Drohung durch Dritte** anders als bei einer arglistigen Täuschung durch Dritte das Anfechtungsrecht uneingeschränkt gewährt wird. § 123 Abs 2 gilt nur für den Fall der arglistigen Täuschung. Die Rechtfertigung dieser Unterscheidung erklärt der Gesetzgeber (Mot I 206) mit dem besonderen Schutzbedürfnis bei **Kollektivdrohungen**, da nämlich „nicht selten, namentlich in aufgeregten Zeiten, einzelne Personen Drohungen im Interesse Vieler mit Erfolg anwenden" würden. Man brauche sich nur

---

* **Schrifttum:** FRIEDLÄNDER, Grenzlinien von Drohung und Wucher, JherJb 82 (1932) 149; KURZ, Die widerrechtliche Bestimmung durch Drohung als Erfordernis für die Anfechtung einer Willenserklärung nach § 123 BGB (Diss Münster 1956); S LORENZ, Vertragsaufhebung wegen unzulässiger Einflussnahme auf die Entscheidungsfreiheit: Der BGH auf dem Weg zur reinen Abschlusskontrolle?, NJW 1997, 2578; W LORENZ, Zur Widerrechtlichkeit der Drohung, Anm zum BGH-Urteil v 20. 6. 1962, JZ 1963, 318; MANKOWSKI, Beseitigungsrechte 349; MARTENS, Das Anfechtungsrecht bei einer Drohung durch Dritte, AcP 207 (2007) 371; OFFENLOCH, Rechtswidriger Zwang im rechtsgeschäftlichen Verkehr (Diss Freiburg 1967); RÖCKRATH, Anfechtung bei Drohung durch Dritte – Freikauf auf fremde Rechnung?, in: FS Canaris (2007) 1105; SCHEUERLE, Die Kapitulation des (kündigenden) Arbeitnehmers, BB 1962, 882; TITZE, Rechtsvergleichendes Handwörterbuch, Bd V (1936); WALTHER, Unter welchen Voraussetzungen ist die Drohung eines Unternehmers mit dem Abbruch der Geschäftsverbindung rechtswidrig?, WRP 1957, 97; WENZEL, Gütversuch, Vergleichsdruck und Drohung von der Richterbank, NJW 1967, 1587.

vorzustellen, „in welcher ungünstigen Lage der durch solche Drohungen zu Leistungen Veranlasste sich befinden würde, wenn er jedem, der infolgedessen etwas erlangt hat, seine Mitschuld oder nur sein Kennen oder Kennenmüssen nachweisen sollte". Die Privilegierung der Anfechtung wegen Drohung wird auch damit begründet, dass „im Fall des Drittbetruges dem Betrogenen noch immer die Anfechtungsrechte, die ihm in seiner Eigenschaft als Irrenden zustehen", bleiben, während „der Schutz des Bedrohten im Falle der von einem Dritten ausgehenden Drohung ausschließlich von dessen Schadenshaftung und dessen Zahlungsfähigkeit abhängig" ist, wenn man „der Drohung die in rem-Wirkung" versagt (TITZE 838). Dass der Getäuschte in einem stärkeren Umfang als der Bedrohte das Risiko der Willensbeeinflussung zu tragen hat, erscheint zwar nicht unproblematisch (kritisch MARTENS, Willensmängel 337 f; ders AcP 207 [2007] 371, 379 ff), aber jedenfalls nicht so willkürlich, dass die Norm als verfassungswidrig anzusehen wäre. Im Unterschied zum Bedrohten nimmt der Getäuschte freiwillig am Rechtsgeschäftsverkehr teil. Niemand ist gezwungen, sich dem Urteil eines anderen anzuvertrauen und sich auf Tatsachenbehauptungen Dritter zu verlassen. Insofern besteht im Falle arglistiger Täuschung wenigstens ein Mindestmaß an Selbstverantwortung, wohingegen bei der Drohung aufgrund der Zwangslage keine Möglichkeit besteht, sich in zumutbarer Weise selbst zu schützen (SINGER 208 ff, 211; vgl auch COESTER-WALTJEN Jura 1990, 362, 366). Die von MARTENS empfohlene **telelogische Reduktion** des Anfechtungsrechts bei Drohung durch Dritte (§ 123 Abs 1 Fall 2), wenn der unbeteiligte Vertragspartner keine Schutzobliegenheit gegenüber dem Bedrohten verletzt hat (Willensmängel 386; ders, AcP 207 [2007] 396 f), scheitert am entgegenstehenden Willen des Gesetzgebers, der bei Drohung durch Dritte gerade keine Einschränkung des Anfechtungsrechts wollte (zu dieser Grenze der Rechtsfortbildung LARENZ/CANARIS, Methodenlehre der Rechtswissenschaft [3. Aufl 1995] 139; SINGER, in: FS Adomeit [2008] 703, 709; abw MARTENS, Willensmängel 370).

2. Begriff der Drohung

a) Vis absoluta und vis compulsiva

Die Anfechtung wegen widerrechtlicher Drohung betrifft nur den Fall, dass psychischer Zwang – **vis compulsiva** – ausgeübt wurde (LARENZ/WOLF, AT § 37 Rn 23). Voraussetzung für eine Anfechtung wegen widerrechtlicher Drohung ist nämlich, dass dem Bedrohten noch ein gewisser Entscheidungsspielraum zur Abgabe der Willenserklärung zur Verfügung stand. Der Drohende lenkt die Willensbildung insofern noch in die von ihm gewollte Richtung, als er dem Bedrohten die Entscheidungsfreiheit zwischen zwei verschiedenen Übeln belässt, wobei die abgenötigte Erklärung als das kleinere Übel erscheint. Im Fall von physischer Gewalteinwirkung – **vis absoluta** – ist die Selbstbestimmung dagegen völlig ausgeschlossen. Die Erklärung wird hier dem Erklärenden aufgezwungen. Es fehlt an einem zurechenbaren Handlungswillen des Erklärenden (vgl Vorbem 27 zu §§ 116 ff), so dass bereits begrifflich keine Willenserklärung vorliegt (LARENZ/WOLF, AT § 37 Rn 23). Wurde zB ein Wechselakzept durch Schläge erzwungen, ist dieses nichtig und bedarf keiner Anfechtung (BGH WM 1975, 1002 f; SOERGEL/HEFERMEHL Rn 39).

b) Inaussichtstellung eines Übels

Unter einer Drohung versteht man das vom Gegner ernst genommene **Inaussichtstellen eines künftigen Übels**, auf dessen Eintritt oder Nichteintritt der Drohende einwirken zu können behauptet und das verwirklicht werden soll, wenn der Bedrohte nicht die von dem Drohenden gewünschte Willenserklärung abgibt (BGHZ 2, 287, 295; 6, 348, 351; BGH NJW 1988, 2599, 2600 f; NJW-RR 1996, 1281, 1282; SOERGEL/HEFERMEHL Rn 40; MünchKomm/KRAMER Rn 40; LARENZ/WOLF, AT § 37 Rn 23; FLUME § 28, 1 = S 534). Der Drohende muss Einfluss auf die Verwirklichung des Übels haben oder dies in der Weise vortäuschen, dass der Bedrohte glaubt, das Übel hänge vom Einfluss des Drohenden ab. Das Inaussichtstellen eines Übels muss nicht ausdrücklich, sondern kann auch versteckt erfolgen (BGH NJW 1988, 2599, 2601). Aus dem Gesetz geht nicht hervor, welcher Art und Intensität das angedrohte Übel sein muss. Es kann in einem Tun oder Unterlassen bestehen, ideeller oder materieller Natur sein. Ferner kann auch mit einem objektiv geringfügigen Übel gedroht werden. Aus § 124 Abs 2 ist jedoch zu entnehmen, dass die Drohung geeignet sein muss, den Bedrohten in eine Zwangslage zu versetzen; andernfalls würde auch die Kausalität zwischen Drohung und Abgabe der Willenserklärung fehlen (SOERGEL/HEFERMEHL Rn 41; ERMAN/PALM Rn 59; FLUME § 28, 1 = S 534).

c) **Abgrenzung: nicht zu beeinflussende Übel**

67 Im Unterschied zur Drohung wird bei einer bloßen **Warnung** lediglich auf Risiken oder sowieso eintretende Übel hingewiesen (PRÜTTING/WEGEN/WEINREICH/AHRENS Rn 34). Entsprechendes gilt für den **Hinweis auf Schwierigkeiten**. Eine Drohung setzt voraus, dass der Warnende auf das aufgezeigte Übel Einfluss hat und der Erklärende deshalb in eine Zwangslage gerät. Daran fehlt es, wenn zB auf ohnehin gegebene Schwierigkeiten im Falle des Scheiterns von Vertragsverhandlungen hingewiesen wird (SOERGEL/HEFERMEHL Rn 40). Keine Drohung ist auch der Hinweis auf eine bereits vollzogene Maßnahme, wie zB die Mitteilung einer bereits erstatteten Strafanzeige (SOERGEL/HEFERMEHL Rn 40). Vergleichsvorschläge, welche auch den Interessen des Adressaten Rechnung tragen, sind ebenfalls nicht als Drohung zu verstehen (KARAKATSANES 35 ff). Kontrovers diskutiert wurde ein Fall, in dem der Vorsitzende Richter dem Beklagten die Verurteilung androhte, wenn er nicht den vom Kläger angebotenen **Vergleich** abschließe. Während das Berufungsgericht das Vorliegen einer Drohung verneinte, entschied der BGH mit Recht genau umgekehrt, weil der Vorsitzende den Eindruck erweckt hatte, mit einer bereits feststehenden Entscheidung gegen Verfahrensvorschriften zu verstoßen. Außerdem war die freie Willensentscheidung dadurch beeinträchtigt, dass der Beklagte befürchten musste, sich der Autorität des Gerichts beugen zu müssen (BGH NJW 1966, 2399 ff m Bespr SCHNEIDER; OSTLER NJW 1966, 2400 f; ARNDT NJW 1967, 1585 ff; WENZEL NJW 1967, 1587 ff; KUBISCH NJW 1967, 1605 f; vgl auch KARAKATSANES 25 f). Um keine Drohung handelt es sich, wenn die **Befreiung aus einer Notlage** von der Bedingung abhängig gemacht wird, dass die gewünschte Willenserklärung abgegeben wird. Auch der Hinweis auf eine unabhängig vom Drohenden bestehende Notlage, die ausgenutzt wird, ist keine Drohung (BGH NJW 1988, 2599, 2601; SOERGEL/HEFERMEHL Rn 40). Das abgeschlossene Rechtsgeschäft kann in diesen Fällen aber nach § 138 nichtig sein. Eine Drohung kann im Übrigen vorliegen, wenn eine bestehende Notlage ohne Verlängerung durch den Drohenden enden würde (STAUDINGER/DILCHER[12] Rn 49).

d) **Die Person des Drohenden**

68 Im Unterschied zur arglistigen Täuschung ist es unerheblich, von wem die Drohung ausgeht. Drohender kann der Erklärungsempfänger und jeder Dritte sein. Hat ein **Dritter** gedroht, so wird für die Anfechtbarkeit nicht vorausgesetzt, dass der Erklärungsempfänger von der Drohung wusste oder hätte wissen müssen. § 123 Abs 2 S 1

findet auf den Fall der Drohung keine Anwendung (oben Rn 64, unten Rn 86). Daran ist auch bei den im Schrifttum diskutierten Fällen des **„Freikaufs auf fremde Rechnung"** festzuhalten. Dabei handelt es sich um Konstellationen, in denen der Bedrohte von einem Freund Geld „leiht", um die Forderungen des Erpressers zu erfüllen, oder seine Bank um Überweisung der erpressten Summe bittet. Hält man mit der hier vertretenen Auffassung auch den Darlehens- bzw Überweisungsvertrag für uneingeschränkt anfechtbar (aA MARTENS AcP 207 [2007] 371, 393 f; dazu oben Rn 64), ist sicherzustellen, dass sich der Erpresste im Falle der Anfechtung nicht auf fremde Rechnung bereichern darf. Ihm ist daher gegenüber dem Bereicherungsanspruch des Darlehensgebers oder der Bank die Berufung auf den Wegfall seiner Bereicherung gem § 818 Abs 3 zu versagen und im Überweisungsfall darüber hinaus auch sein Einwand, dass bei angefochtener Anweisung die Kondiktion eigentlich (vgl nur LARENZ/CANARIS, Lehrbuch des Schuldrechts II/2 [13. Aufl 1994] § 70 IV 4 a) zwischen der Bank und dem Drohendem stattfinden müsste (RÖCKRATH, in: FS Canaris [2007] 1105, 1125 f).

Auch eine **politische Kollektivdrohung** kann zur Anfechtung berechtigen, wenn zB **69** eine ganze Bevölkerungsgruppe politisch verfolgt wird und auch die weiteren Voraussetzungen des § 123 „Kausalzusammenhang" (Rn 71) und „Bestimmungsvorsatz" (Rn 82) vorliegen (KG JR 1947, 83 ff; OLG Hamburg MDR 1947, 253; RÖCKRATH, in: FS Canaris 2007, 1105, 1108).

e) Die Person des Bedrohten
Das angedrohte Übel muss nicht den Bedrohten in Person treffen. Es kann sich auch **70** auf andere Personen beziehen, deren Wohlergehen dem Bedrohten wichtig ist. Bsp: Geiselnahme mit dem Ziel, Angehörige zu erpressen, oder Drohung mit einer Strafanzeige eines Angehörigen für den Fall, dass der Bedrohte die gewünschte Willenserklärung nicht abgibt (RGZ 60, 371, 373; dazu auch Rn 77).

3. Kausalität

Der Bedrohte muss zur Abgabe einer Willenserklärung **bestimmt worden** sein. Der **71** insoweit erforderliche Kausalzusammenhang liegt vor, wenn der Bedrohte die Erklärung ohne Drohung überhaupt nicht, mit einem anderen Inhalt oder zu einem anderen Zeitpunkt abgegeben hätte (RGZ 134, 43, 51; BGHZ 2, 287, 299; BGH LM Nr 30 a). Die Drohung muss nicht die einzige Ursache für die Abgabe der Willenserklärung gewesen sein. Es genügt, wenn sie für die Erklärung **mitentscheidend** war (BGHZ 2, 287, 299; BGH BB 1963, 452, 453; NJW 1991, 1673, 1674). So schließt der Umstand, dass jemand zur Abgabe einer Erklärung verpflichtet ist, die Kausalität der Drohung nicht aus. Entscheidend ist, ob sich der Erklärende von der Drohung oder von selbständigen Überlegungen hat leiten lassen (vgl auch BGH WM 1974, 1023; PALANDT/ELLENBERGER Rn 24). Zwischen Drohung und Willenserklärung kann ein längerer Zeitraum liegen. Der Kausalzusammenhang zwischen Drohung und Abgabe der Willenserklärung ist **subjektiv** – aus der Sicht des Bedrohten – zu beurteilen. Hat der Erklärende eine Handlung nicht als Drohung aufgefasst, fehlt es an der Ursächlichkeit. Es ist nicht entscheidend, ob die Drohung einen besonnenen Menschen beeinflusst hätte. Auch eine unbedeutende, imaginäre oder schwer zu verwirklichende Drohung kann daher für die Abgabe der Willenserklärung kausal sein (SOERGEL/HEFERMEHL Rn 43; MünchKomm/KRAMER Rn 47).

4. Widerrechtlichkeit

72 Gem § 123 Abs 1 muss die Drohung **widerrechtlich** sein. Nicht jeder Hinweis auf einen Nachteil, der den Willen eines anderen beeinflusst, gewährt ein Anfechtungsrecht (LARENZ/WOLF, AT § 37 Rn 26). „Soweit ein Recht besteht, einen Anderen zur Abgabe einer Willenserklärung zu nöthigen, ist die abgenöthigte Erklärung gültig" (vgl Mot I 207; MUGDAN Bd 1 S 467). Die Widerrechtlichkeit ist auf alle Fälle ausgeschlossen, wenn ein allgemeiner Rechtfertigungsgrund herangezogen werden kann (RGZ 64, 52, 59). Darüber hinaus haben sich für die Beurteilung der Widerrechtlichkeit drei **Fallgruppen** herausgebildet (BGHZ 25, 217, 218 ff; BGH LM Nr 32; NJW 2010, 1364, 1366; LEENEN § 14 Rn 119): Die widerrechtliche Bestimmung zur Abgabe der Willenserklärung kann erstens aus einer Drohung mit einem rechtswidrigen Mittel (dazu Rn 73), zweitens aus dem Erstreben eines rechtswidrigen Erfolges (dazu Rn 74) und schließlich drittens aus der inadäquaten Verwendung eines an sich rechtmäßigen Mittels zur Erreichung eines an sich rechtmäßigen Erfolgs resultieren (dazu Rn 75 ff).

a) Drohung mit einem rechtswidrigen Mittel

73 Widerrechtlichkeit liegt vor, wenn das drohende Verhalten separat betrachtet bereits rechtswidrig ist. Es kommt dann nicht mehr auf den mit der Drohung bezweckten Erfolg an. Auch einen erlaubten Erfolg darf man nicht **mit rechtswidrigen Mitteln** erlangen (SOERGEL/HEFERMEHL Rn 45; MEDICUS, AT Rn 816; LARENZ/WOLF, AT § 37 Rn 29). Zieht ein Gläubiger beispielsweise eine fällige Forderung ein, indem er dem Schuldner Prügel oder das Aufschneiden der Autoreifen androht, falls dieser nicht umgehend leistet, darf der Schuldner anfechten. Der drohende Gläubiger darf dann gegenüber dem Bereicherungsanspruch des Bedrohten weder aufrechnen noch eine Zurückbehaltungseinrede erheben (§§ 393, 273 Abs 2 analog). Mit einem rechtswidrigen Mittel wird gedroht, wenn die angedrohte Handlung durch die Rechtsordnung verboten ist. Es wird aber nicht vorausgesetzt, dass mit der Drohung ein Straftatbestand, insbesondere §§ 240 ff StGB, verwirklicht wird (STAUDINGER/DILCHER[12] Rn 53). Das Verbot kann auch aus Vorschriften des Zivil-, Verwaltungs- oder Verfassungsrechts herrühren. Rechtswidrig ist daher die Androhung einer Vertragsverletzung (KARAKATSANES 43 ff). Die **von der Rechtsordnung zugelassenen Handlungen, Rechte und Rechtsbehelfe** zur Durchsetzung eigener oder allgemeiner Interessen, insbesondere eines Rechtsanspruchs, sind grundsätzlich **rechtmäßig**. Daher kann nicht angefochten werden, wenn mit einer Klage oder anderen Rechtsbehelfen wie zB Arrest, einstweilige Verfügung, Zwangsvollstreckung, Eröffnung des Insolvenzverfahrens oder berechtigter Selbsthilfe gedroht wird (BGH WM 1972, 946 f; zur Drohung mit einer Intervention bei amerikanischen Behörden LM Nr 23; zur Drohung mit einem Insolvenzantrag MANKOWSKI, Beseitigungsrechte 361 ff; vgl ferner KARAKATSANES 103 ff; FLUME § 28, 2 b = S 535 f). Neben den zivilprozessualen Behelfen ist auch das Drohen mit einem strafprozessualen Vorgehen, zB dem Erstatten einer **Strafanzeige**, grds rechtmäßig (vgl aber Rn 76; vgl auch BGH DB 1965, 30; dazu ferner MANKOWSKI, Beseitigungsrechte 358 ff). Auch ist die Geltendmachung zivilrechtlicher Mittel, zB Kündigung oder Berufung auf ein Zurückbehaltungsrecht, grds rechtmäßig (OLG Düsseldorf WM 1970, 998, 1000; vgl aber Rn 78 ff). Wer bei zweifelhafter Rechtslage einen vertretbaren Standpunkt einnimmt und die sich daraus ergebenden Forderungen androht, wenn der Partner die gewünschte Erklärung nicht abgibt, handelt nicht rechtswidrig (BGH JZ 1963, 318 m Anm LORENZ). **Streik** und **Aussperrung** gehören grundsätzlich zu den rechtlich zulässigen

Arbeitskampfmitteln und können daher nicht Gegenstand einer widerrechtlichen Drohung sein (BAG NJW 1977, 318, 319).

b) Erstreben eines rechtswidrigen Erfolges
Widerrechtlichkeit liegt auch vor, wenn die mit der Drohung erstrebte Erklärung **74** nach ihrem Inhalt und der sich ergebenden **Rechtsfolge** für sich betrachtet von der Rechtsordnung **missbilligt** wird (LARENZ/WOLF, AT § 37 Rn 31; SOERGEL/HEFERMEHL Rn 46). Der Erfolg selbst muss rechtswidrig sein. Rechtswidrig sind zB die Androhung der ordentlichen Kündigung, um die Mitwirkung an Steuerhinterziehungen oder die Teilnahme an anderen Straftaten zu erreichen, desgleichen die Drohung mit der Rückforderung eines gewährten Darlehens, falls der Bedrohte dem Drohenden nicht Haschisch unter dem Marktpreis verkauft (LARENZ/WOLF, AT § 37 Rn 32; SCHEUERLE BB 1962, 882, 884). Die Widerrechtlichkeit kann aber nicht schon dann bejaht werden, wenn dem Drohenden kein Anspruch auf den erstrebten Erfolg zusteht. Für die Rechtmäßigkeit des erstrebten Erfolges genügt es, dass an ihm ein berechtigtes Interesse besteht (BGHZ 2, 287, 296 f; 25, 217, 219 f; WM 1963, 511, 512; 1974, 967, 969; 1983, 1146, 1147; LM Nr 32; BAG AP Nr 13; SOERGEL/HEFERMEHL Rn 46, 48; BGB-RGRK/KRÜGER-NIELAND Rn 45, 46; FLUME § 28, 2 b = S 536; KARAKATSANES 56 ff; anders noch die frühere Rspr RGZ 108, 102, 104 f; 110, 382, 384; 112, 226, 227). Droht zB ein Rechtsanwalt die **Niederlegung des Mandats** rechtzeitig für den Fall an, dass sein Auftraggeber nicht bereit ist, ihm eine höhere als die gesetzliche Vergütung zu zahlen, so ist dies rechtmäßig, nicht weil der Anwalt nach den Umständen des Einzelfalls ein berechtigtes Interesse an einer zusätzlichen Vergütung hat, sondern weil die Ablehnung des Mandats der Vertragsfreiheit entspricht (iE zutr BGH LM Nr 49; vgl auch BGH NJW 2002, 2774 ff; MünchKomm/KRAMER Rn 44) bzw eine Kündigung jederzeit zulässig ist (zur Kündigung zur Unzeit BGH NJW 2010, 1364, 1366; dazu unten Rn 81 aE). In den meisten Fällen wird eine auf einen rechtswidrigen Erfolg gerichtete Erklärung bereits gem §§ 134, 138 nichtig sein, so dass es auf eine Anfechtbarkeit gar nicht mehr ankommt (LARENZ/WOLF, AT § 37 Rn 31; SOERGEL/HEFERMEHL Rn 46).

c) Inadäquanz von Mittel und Zweck
Widerrechtlichkeit der Bestimmung zu der Abgabe einer Willenserklärung kann **75** auch in Fällen anzunehmen sein, in denen der Drohende zwar mit einem erlaubten Mittel einen erlaubten Erfolg erreichen will, aber der **Einsatz des konkreten Mittels im Verhältnis zum Erfolg inadäquat** und somit unangemessen ist (MünchKomm/KRAMER Rn 43; LARENZ/WOLF, AT § 37 Rn 33; SOERGEL/HEFERMEHL Rn 47; PALANDT/ELLENBERGER Rn 21; KARAKATSANES 56 ff). Die Frage, wann diese Mittel-Zweck-Relation zu missbilligen und somit rechtswidrig ist, erfordert die schwierige Abgrenzung eines noch sozial adäquaten von einem schon widerrechtlichen Geschäftsgebaren. Nach der Rechtsprechung ist die Adäquanz nach dem Grundsatz von Treu und Glauben aufgrund einer umfassenden Würdigung aller Umstände des Falles zu beurteilen, wobei sich die Wertung an Verfassung, Gesetz, Verkehrsanschauung und den sittlichen Maßstäben aller billig und gerecht Denkenden orientieren soll (BGHZ 2, 287, 296; 25, 217, 220; LM Nr 32; NJW 1969, 1627; 1982, 2301, 2302; 1983, 384, 385; WM 1983, 1017, 1019; BAG AP Nr 16). Die Formel lässt richterlichem Ermessen einen überaus weiten Spielraum (LARENZ/WOLF, AT § 37 Rn 36) und bedarf daher der Konkretisierung, die anhand der wichtigsten Fallgruppen (vgl dazu KARAKATSANES 84 ff) vorgenommen werden soll:

(1) Drohung mit einer Strafanzeige

76 Paradebeispiel für die Inadäquanz von Mittel und Zweck ist die **Drohung mit einer für sich genommen berechtigten Strafanzeige**, wenn damit ein Erfolg erreicht werden soll, der mit der Straftat in keinem Zusammenhang steht. Das ist zB der Fall, wenn jemand mit einer Strafanzeige wegen eines zufällig beobachteten Verkehrsdelikts droht, um die Zahlung einer fälligen Schuld zu erreichen (MünchKomm/Kramer Rn 45; Jauernig Rn 15). Dagegen ist die Drohung als adäquat zu bewerten, wenn zum einen der der Anzeige zugrunde liegende Sachverhalt mit der **Forderung in einem inneren Zusammenhang** steht und zum anderen, wenn der Drohende keine unangemessenen oder ihm materiellrechtlich nicht zustehenden Vorteile erstrebt. Rechtmäßig ist die Drohung zB, wenn der Verletzte den Täter zur **Wiedergutmachung** eines *feststehenden* Schadens veranlassen will (dazu RGZ 59, 351, 353; 102, 311, 312; 110, 382, 384; 112, 226, 227; BGHZ 25, 217, 221; BGH WM 1963, 511, 512; 1973, 574, 575; BAG AP Nr 1 zu § 781 BGB; NZA 1999, 417, 419 = EzA § 781 BGB Nr 5 m Anm Franzen; Soergel/Hefermehl Rn 52; Karakatsanes 87 ff). Von dem Bedrohten darf jedoch keine übertürzte Entscheidung erzwungen werden, vielmehr muss ihm eine **Überlegungszeit** gelassen werden (Flume § 28, 2 c = S 537 f). Droht zB der Betrogene mit Betrugsanzeige, falls der Betrüger den Schaden nicht wieder gutmacht oder ein schriftliches Schuldanerkenntnis nach § 781 abgibt, so ist dies als adäquat zu bewerten, sofern dem Bedrohten noch eine Überlegungszeit gelassen wird (MünchKomm/Kramer Rn 45). Auch darf die Forderung einer Ersatzleistung wegen Unterschlagung mit der Drohung einer Strafanzeige verfolgt werden (Staudinger/Dilcher¹² Rn 63). Gewährleistungsansprüche können mit der Androhung einer Betrugsanzeige rechtmäßig verfolgt werden (RGZ 110, 382, 384 f). Verlangt dagegen der Verletzte zur Wiedergutmachung unangemessene Leistungen oder steht die Höhe des wieder gut zu machenden Schadens nicht fest, so ist die Drohung mit einer Strafanzeige widerrechtlich. Rechtswidrig ist auch die Drohung mit der Anzeige wegen Doppelehe, um bei einem Auseinandersetzungsvergleich zwischen Ehegatten überhöhte Unterhaltszahlungen zu erreichen (RGZ 166, 40, 44 ff). Der Verletzte kann den Täter nicht durch Drohung mit einer Strafanzeige dazu veranlassen, den Betrag an eine Wohltätigkeitsorganisation zu zahlen, da dies nicht die geschuldete Leistung gem § 362 ist (abl auch Flume § 28, 2 c = S 537 mit dem Arg, dem Einzelnen stehe keine Strafjustiz zu; differenzierend Karakatsanes 98 f; aA Soergel/Hefermehl Rn 52; Enneccerus/Nipperdey § 173 II 2 b = S 1064).

77 Umstritten ist, ob die Drohung mit einer Strafanzeige widerrechtlich ist, wenn durch sie nicht der Täter, sondern ein **Dritter wegen seiner engen verwandtschaftlichen oder gesellschaftlichen Beziehung** zu diesem unter Druck gesetzt wird. Nach einer zum Teil vertretenen Ansicht soll es unbeachtlich sein, ob eine Drohung mit der Strafanzeige zur Wiedergutmachung des Schadens allein dem Täter gegenüber oder ihm nahe stehenden Dritten ausgesprochen wird. Wenn sich Dritte mit dem Täter so verbunden fühlen, dass sie ihn vor einer Strafverfolgung schützen wollen, so sollen sie auch die Wiedergutmachung des Schadens tragen. Es sei alltäglich, dass Angehörige oder Freunde einen Schaden durch eine Ersatzleistung wiedergutmachen, um eine drohende Strafanzeige gegen den Täter zu vermeiden (Flume § 28, 2 c = S 537). Nach wohl überwiegender und iE überzeugender Ansicht ist die Ausnutzung einer engen verwandtschaftlichen oder gefühlsmäßigen Verbundenheit zwischen Täter und Drittem besonders verwerflich (Enneccerus/Nipperdey § 173 II 2 b = S 1064 f Fn 22; Karakatsanes 92 ff; Soergel/Hefermehl Rn 5; Zweigert Anm JZ 1958, 570 f). Schon das Reichsgericht hielt die **Drohung gegen Angehörige** mit Recht für widerrechtlich, weil der Geschädigte nur gegen den Täter selbst, nicht aber gegen Dritte einen Anspruch auf Wiedergutmachung habe (RG JW 1913, 638 f; 1915, 238 f; 1917, 459; HRR 1940 Nr 140). Diesem Argument wird zwar entgegengehalten, dass es für die Widerrechtlichkeit nicht nur darauf ankomme, ob der Drohende einen Rechtsanspruch gegen den Angehörigen besitze, sondern darauf, ob dieser ein berechtigtes Interesse an dieser Form der Wiedergutmachung habe (vgl bereits Rn 76). Die Widerrechtlichkeit ist jedoch schon deshalb zu bejahen, weil es allein Angelegenheit des Täters ist, seine verwandtschaftlichen oder freundschaftlichen Beziehungen heranzuziehen, um durch Wiedergutmachung des Schadens eine Strafanzeige zu vermeiden. Der Geschädigte darf die aus diesen Beziehungen bestehende Hilfsbereitschaft jedenfalls nicht zu seinem Vorteil durch Anwendung von sachfremden Mitteln ausnützen (so auch MünchKomm/KRAMER Rn 45; KARAKATSANES 95 f). Insofern ist die Drohung mit einer Strafanzeige gegen Verwandte oder Freunde des Täters grundsätzlich widerrechtlich. Entgegen der hM (aA BGHZ 25, 217, 221; OLG Hamm FamRZ 1986, 269; KARAKATSANES 96 f; SOERGEL/HEFERMEHL Rn 52) gilt dies auch, wenn eine enge wirtschaftliche Beziehung zwischen dem Täter und dem Dritten besteht und dieser von der Straftat profitiert hat. Solange ein Dritter nicht straf- oder zivilrechtlich zurechenbar an der Straftat mitgewirkt hat und somit nicht von der Rechtsordnung verpflichtet wird, erlangte Vorteile an den Drohenden herauszugeben, sind diese Wertungen auch für die Bewertung der Widerrechtlichkeit der Drohung zu respektieren (zutr ZWEIGERT Anm JZ 1958, 570). Alles andere liefe auf eine undifferenzierte „Sippenhaftung" hinaus, die der geltenden Rechtsordnung fremd ist. Unproblematisch sind aber die Fälle, in denen nahe stehende Dritte aufgrund autonomer Entscheidung die Wiedergutmachung des Schadens auf sich genommen haben, denn hier fehlt es entweder bereits an der Drohung oder jedenfalls an der Kausalität zwischen Drohung und Abgabe der Willenserklärung (vgl Rn 71; SOERGEL/HEFERMEHL Rn 52; KARAKATSANES 95).

(2) Drohung mit einer Kündigung*
Praktisch von großer Bedeutung ist die Frage, unter welchen Voraussetzungen das **78** Verhalten des Arbeitgebers, der den Arbeitnehmer zum Abschluss eines **Aufhebungsvertrages** bewegt, als widerrechtliche Drohung zu beurteilen ist. Die zum Abschluss eines Aufhebungsvertrages führenden Motive können höchst unterschiedlich

---

* **Schrifttum:** BENGELSDORF, Arbeitsrechtlicher Aufhebungsvertrag und gestörte Vertragsparität, BB 1995, 978; BLAESE, Die arbeitsrechtliche Druckkündigung, DB 1988, 178; BOEMKE, Anm zu BAG AP Nr 37 zu § 123 BGB; BURKARDT, Der arbeitsrechtliche Aufhebungsvertrag (2004); DEUBNER, Kündigungsdrohung als Zwang zur Abgabe einer Willenserklärung – BAG NJW 1970, 775, in: JuS 1971, 71; EHRICH, Unwirksamkeit eines Aufhebungsvertrages wegen „Überrumpelung" durch den Arbeitgeber, NZA 1994, 438; GALPERIN, Die Anfechtung von Willenserklärungen des Arbeitnehmers wegen Drohung mit Entlassung oder Anzeige, DB 1961, 238; LINGEMANN, Neues zum arbeitsrechtlichen Aufhebungsvertrag – Klarstellung des BAG, NJW 1997, 640; MÜLLER, Arbeitsrechtliche Aufhebungsverträge (1991); PAULY, Widerrufsrecht bei arbeitsrechtlichen Aufhebungsverträgen, MDR 1995, 1081; SCHLACHTER, Anm EWiR 1998, 1065; SCHLÜTER/SCHRÖDER, Anm zu BAG v 16.11.1979, SAE 1981, 121; SINGER, Arbeitsvertragsgestaltung nach der Reform des BGB, RdA 2003, 194 ff; WANK, Zur Wirksamkeit eines Auflösungsvertrages, EzA § 611 BGB Aufhebungsvertrag Nr 21; WEBER/EHRICH, Anfechtung eines Aufhebungsvertrages – der verständig denkende Arbeitgeber, NZA 1997, 414; ZWANZIGER/BENGELSDORF, Aufhebungsverträge und Vertragsfreiheit, BB 1996, 903.

sein. So kann die Initiative vom Arbeitnehmer ausgehen, der vermeiden möchte, dass das Arbeitsverhältnis durch Kündigung beendet wird. Häufig wird es aber darum gehen, einen unliebsam gewordenen Arbeitnehmer loszuwerden, ohne dass die Voraussetzungen einer sozialen Rechtfertigung nach dem KSchG oder eines wichtigen Grundes iSv § 626 vorliegen. Hier besteht die Gefahr, dass die Kündigungsdrohung dazu missbraucht wird, um eine von Rechts wegen nicht mögliche einseitige Auflösung des Arbeitsverhältnisses durch den Abschluss eines Aufhebungsvertrags zu erreichen. Rspr und Literatur vertreten dazu unterschiedliche Auffassungen. Zum Teil wurde bereits bezweifelt, ob das Inaussichtstellen einer Kündigung überhaupt eine **Drohung** darstellt oder bloß eine rechtlich unbedenkliche Warnung (HERSCHEL Anm zu BAG AP Nr 16; dazu Rn 67). Indessen liegt das angedrohte Übel durchaus in der Macht des Arbeitgebers. Das Inaussichtstellen der Kündigungserklärung ist daher zweifellos eine Drohung (vgl auch BAG AP Nr 13 m Anm HUECK; DEUBNER JuS 1971, 71 mwNw). Hingegen liegt in der Ankündigung, das **befristete Arbeitsverhältnis** durch Fristablauf enden zu lassen, wenn der Arbeitnehmer nicht zu einer befristeten Fortsetzung zu den vorgeschlagenen Bedingungen bereit sei, jedenfalls dann keine rechtswidrige Drohung, wenn der Arbeitnehmer nicht die Entfristung des Arbeitsverhältnisses verlangen kann (BAG, NZA-RR 2008, 341, 342).

79 Hauptsächlich geht die Diskussion um die Frage, unter welchen Voraussetzungen das Androhen einer Kündigung **widerrechtlich** ist. In nunmehr ständiger Rechtsprechung vertritt das BAG die Auffassung, dass die Drohung mit einer rechtlich nicht zulässigen Kündigung des Arbeitsvertrages durchaus rechtmäßig sei und nicht zur Anfechtung des Aufhebungsvertrages berechtige, wenn ein **verständiger Arbeitgeber** die Kündigung ernsthaft in Betracht gezogen hätte (BAG AP Nr 8, 16 und 21; NJW 1994, 1021; 1997, 676, 677; 2004, 2401, 2402; 2007, 1831, 1834; NZA 1987, 91, 92; 1992, 1023, 1024; 1996, 756, 757; 1996, 811; 1996, 875, 876; 2000, 27, 28; 2008, 348, 353; BB 2002, 1814, 1815; DB 2003, 1685 f; LAG Mecklenburg-Vorpommern NZA 1996, 535, 537; teilweise abweichend BAG AP Nr 13 m Anm HUECK; vgl ferner den Fall BGH NJW-RR 2000, 1227 f, in dem der Dienstherr einem Richter auf Probe mit Entlassung droht). Dabei dürfe der Arbeitgeber nur dann eine Kündigung nicht in Aussicht stellen, wenn diese „mit hoher Wahrscheinlichkeit" einer arbeitsgerichtlichen Überprüfung nicht standhalten würde. Das Vorliegen dieser Schranke müsse der Arbeitnehmer beweisen. Wegen der Schwierigkeit, einen solchen negativen Beweis zu führen, dürfe sich dieser jedoch zunächst mit der pauschalen Behauptung einer unwirksamen Kündigung begnügen. Es sei dann Sache des Arbeitgebers, im Einzelnen darzulegen, dass er in vertretbarer Weise einen Kündigungsgrund annehmen durfte (BAG NZA 2008, 348, 354). Diese Rechtsprechung ist durchaus nicht ohne kritische Einwände geblieben (MÜLLER 126 ff; SINGER RdA 2003, 194, 197; WEBER/EHRICH NZA 1997, 414, 416), insbesondere weil der Maßstab des „verständigen Arbeitgebers" nicht justiziabel ist. Inzwischen hat sich die Rspr. freilich so gefestigt (vgl ErfK/MÜLLER-GLÖGE § 620 BGB Rn 11; LINGEMANN NJW 1997, 640 f), dass sich die Praxis darauf einstellen muss. Immerhin lässt das BAG eine Anfechtung wegen rechtswidriger Drohung durchgreifen, wenn die geltend gemachten Kündigungsgründe ohne greifbare Substanz sind (BAG NZA 2008, 348, 353). Schädlich ist auch die fehlende **Anhörung des Betriebsrates** (BAG AP Nr 13; krit STAUDINGER/SINGER/vFINCKENSTEIN [2004] Rn 74) sowie die Drohung mit einer Kündigung, der eine **Abmahnung** vorausgehen müsste (BAG NZA 1992, 1023, 1024). Die gegenüber einem türkischen Gastarbeiter wegen dessen **Wehrdienstverpflichtung** ausgesprochene Drohung mit einer fristlosen Kündigung für den Fall, dass dieser nicht selbst kündige, ist widerrechtlich, weil der Bedrohte wegen des obligatorischen Wehrdienstes in seinem Heimatland ein Leistungsverweigerungsrecht hat und somit kein Kündigungsgrund gegeben ist (BAG AP Nr 23 m Anm Kramer = RdA 1983, 254, 256). Zweifelhaft ist auch, ob die **Drohung mit einer Strafanzeige** den Arbeitnehmer zur Anfechtung des Aufhebungsvertrages wegen widerrechtlicher Drohung berechtigt. Das BAG stellt auch in diesem Fall auf den „verständigen Arbeitgeber" ab (BAG NZA 1987, 91, 92; Hess LAG DB 1998, 82; dazu ferner LAG Köln EWiR 1998, 1065 f m Anm Schlachter). Die Drohung mit einer Strafanzeige ist jedoch nur dann als rechtmäßig einzustufen, wenn die Straftat objektiv feststeht (Karakatsanes 94, 101). Im Übrigen muss die Straftat in einem inneren Zusammenhang mit dem Arbeitsverhältnis stehen (Müller 134 mwNw). Im Falle einer widerrechtlichen Drohung hilft es dem Arbeitgeber im Übrigen nicht, wenn er dem Arbeitnehmer eine Bedenkzeit einräumt, da die angedrohte rechtswidrige Kündigung dadurch nicht wirksamer wird (BAG NZA 2008, 348, 354). Bereits am Begriff der Drohung soll es fehlen, wenn die **Kündigung bereits erklärt** war, bevor Verhandlungen über den angefochtenen Aufhebungsvertrag aufgenommen wurden (BAG NJW 2007, 1831, 1834). Das ist zu formal gedacht, da die Zwangslage für den Arbeitnehmer so oder so besteht, gleich ob die Kündigung bereits ausgesprochen oder lediglich in Aussicht gestellt wurde (krit auch Burkardt 218).

(3) Drohung mit einer Klage

Die Drohung mit einer **Klage** oder anderen von der Rechtsordnung zur Verfügung **80** gestellten Rechtsbehelfen wird in den meisten Fällen rechtmäßig sein (vgl Rn 73). Dies gilt vor allem dann, wenn der Drohende einen Anspruch auf die Willenserklärung hat, den er auch mittels Klageerhebung oder anderen Rechtsbehelfen durchsetzen könnte. Aber auch dann, wenn der Drohende im Ergebnis keinen Anspruch auf den gewünschten Erfolg hat, kann man die Drohung mit einer Klage nicht ohne weiteres als rechtswidrig bezeichnen. Mit einem Rechtsstreit werden legitime Interessen verfolgt, wenn zB eine unsichere Rechtslage geklärt werden soll. Grundsätzlich muss daher jeder eine Klageandrohung akzeptieren, auch wenn sie nicht berechtigt sein sollte, zumal sich der Drohende mit Klageerhebung auch einem Kostenrisiko aussetzt (BGH WM 1972, 946 f; Levy Anm zu RG JW 1925, 1485; Bälz AcP 176 [1976] 373, 376; Bamberger/Roth/Wendtland Rn 31; Soergel/Hefermehl Rn 53). Auch gegenüber einem rechtlich unerfahrenen Gegner darf mit einer Klage gedroht werden (BGH WM 1972, 946, 947). Die Drohung mit einem Rechtsstreit kann aber dann widerrechtlich sein, wenn lediglich eine formale Rechtsposition ohne konkrete Erfolgschancen und -absichten ausgenutzt werden soll, zB wenn die angedrohte Prozessführung nur dazu dient, Zeit zu gewinnen (dazu BGHZ 79, 131, 143; MünchKomm/Kramer Rn 42) oder sich unter Verstoß gegen § 8 Abs 4 UWG die Rechtsstellung ankaufen zu lassen (OLG Hamburg 7.7.2010 – 5 U 16/10 – juris; OLG Hamm GRUR-RR 2005, 11). Missbräuchlich handelt auch, wer mit der Klageandrohung seine stärkere Rechtsposition ausnutzt, um im Ergebnis mehr zu erreichen als bei Durchsetzung der Klage. Dies gilt freilich nicht, wenn eine „adäquate Entwicklung" zwischen alter und neuer Verbindlichkeit und eine Vergleichbarkeit der wirtschaftlichen Situation gegeben ist, da dann legitime Interessen verfolgt werden (vgl Karakatsanes 103 ff; Lorenz Anm zu BGH JZ 1963, 319 ff). Kein Anfechtungsrecht besteht daher, wenn jemand unter dem Druck einer Klageandrohung eine objektiv bestehende Schuld durch Schuldanerkenntnis anerkennt (RGZ 110, 382 ff) oder für die bestehende Schuld eine Sicherheit bestellt (zB BGH LM Nr 23).

(4) Drohung mit sonstigen Mitteln

81 Die Drohung einer Mutter, ihre erwachsene **Tochter aus dem Elternhaus zu verstoßen**, wenn sie nicht in die Adoption ihres nichtehelichen Kindes einwillige, hat die Rspr nicht als widerrechtlich angesehen (BGHZ 2, 287, 295 ff). Dem ist nicht zu folgen, da die Entscheidung über die Adoption nicht gegen den Willen der Tochter erfolgen kann und es somit nicht genügen kann, dass der Ausschluss einer volljährigen Tochter aus der Familiengemeinschaft als angedrohtes Übel rechtlich unbedenklich ist. Sofern der Grundstücksverkäufer dem Makler androht, er werde das **Grundstück nicht verkaufen**, sofern dieser nicht auf seine Verkäuferprovision verzichte, liegt darin noch keine inadäquate Verknüpfung von Mittel und Zweck. Eine solche liegt erst vor, wenn die Ursache für die Drohung allein auf dem Hintergedanken beruht, der Makler werde darauf eingehen, um wenigstens die Käuferprovision zu erhalten (BGH NJW 1969, 1627 f; vgl auch NJW 1993, 2494 ff; **aA** LG Frankfurt NJW-RR 1992, 1273, 1274). Die vorbehaltlose Abnahme eines mangelhaften Hauses ist nicht wegen widerrechtlicher Drohung, das Haus werde nur im Fall der Abnahme übergeben, anfechtbar (BGH NJW 1983, 384 f). Dagegen ist ein Anfechtungsrecht wegen Unverhältnismäßigkeit zwischen Vor- und Nachteilen in einem Fall bejaht worden, in dem die vorbehaltlose Anerkennung einer Abrechnung mit der Drohung, das verkaufte Haus werde nicht übergeben, erzwungen wurde (BGH NJW 1982, 2301, 2302). Inadäquanz von Mittel und Zweck liegt ohne Zweifel vor, wenn jemand mit der ruinösen **Nichteinlösung eines Wechsels** droht, um den Bedrohten zu einem Grundstücksverkauf zu bewegen (BGH LM Nr 32). Die Androhung, einen Wechsel ohne vorherige Mängelbeseitigung nicht einzulösen, ist aus dem gleichen Grund als rechtswidrig zu bewerten (STAUDINGER/DILCHER[12] Rn 63; OLG Hamburg OLGE 45, 111 f). Demgegenüber handelt es sich nicht um inadäquaten Druck, wenn eine Bürgschaftserklärung unter der Drohung abgegeben wurde, anderenfalls werde der Hauptschuldner oder der Bürge aus früherer **Bürgschaft** in Anspruch genommen (BGH LM Nr 28; vgl auch NJW 1996, 1274, 1275). Entsprechendes gilt für die Drohung, andernfalls werde der **Kredit** der GmbH **gekündigt** (BGH NJW 1997, 1980, 1981). In all diesen Fällen wird mit rechtlich zulässigen Mitteln Druck ausgeübt. Im Wesentlichen gelten die gleichen Gesichtspunkte für die Drohung mit einer **Presseveröffentlichung** (vgl STAUDINGER/DILCHER[12] Rn 63). Wer etwa in einer privatrechtlichen Auseinandersetzung zur Erfüllung eines in vertretbarer Weise für berechtigt gehaltenen Anspruchs mit einer Presseinformation droht, handelt nicht widerrechtlich, wenn der Pressebericht seinerseits nicht rechtswidrig wäre (BGH NJW 2005, 2766). Die Drohung eines **Rechtsanwalts**, das **Mandat niederzulegen**, falls der Mandant keine Honorarvereinbarung unterzeichnet, ist im Regelfall nicht rechtswidrig, weil der Anwalt grundsätzlich das Recht zur fristlosen Kündigung besitzt (BGH AnwBl 1978, 227, 228). Dies gilt freilich nicht, wenn der Verteidiger den Mandanten erstmals unmittelbar vor oder in der Hauptverhandlung mit seiner Honorarforderung konfrontiert, weil dann eine gem § 627 Abs 2 unzulässige Kündigung zur Unzeit drohte (BGH NJW 2010, 1364, 1366).

5. Subjektiver Tatbestand

a) Bestimmungsvorsatz

82 Der Drohende muss jemanden zur Abgabe einer Willenserklärung **bestimmen** wollen. Das bedeutet, dass dieser bewusst, mindestens mit **dolus eventualis**, den Zweck verfolgen muss, den Bedrohten zur Abgabe einer bestimmten Willenserklärung zu bewegen – sog **Nötigungs- oder Erpressungswille** (MÜLLER 123). Mit der Ankündigung des Übels muss der Drohende den Bedrohten bewusst in eine Zwangslage versetzen wollen (BGH NJW-RR 1996, 1281, 1282; Prütting/Wegen/Weinreich/Ahrens Rn 40). Der Drohende muss sich der Geeignetheit seiner Drohung zur Willensbeeinflussung bewusst sein (RGZ 104, 79, 80), also der Tatsache, dass dieser nur noch die Wahl zwischen zwei Übeln hat, von denen die Abgabe der gewünschten Willenserklärung nach der Vorstellung des Drohenden als das kleinere und damit favorisierte Übel erscheint (Larenz/Wolf, AT § 37 Rn 23). Er muss aber nicht seine Drohung in die Tat umsetzen wollen. Das Inaussichtstellen eines Übels muss sich auf die **konkrete, angefochtene Willenserklärung beziehen** (Larenz/Wolf, AT § 37 Rn 24; MünchKomm/Kramer Rn 40; kritisch Martens AcP 207 [2007] 371, 392). Droht zB ein Mieter seinem Vermieter mit Gewalt für den Fall, dass dieser den Mietzins nicht senkt, und verkauft daraufhin der Vermieter das Haus, um die unangenehmen Auseinandersetzungen zu umgehen, so ist der Kaufvertrag nicht wegen widerrechtlicher Drohung anfechtbar, weil der Mieter diesen Erfolg nicht bezweckte und der Vermieter den Verkaufsentschluss aufgrund eigenständiger Überlegungen gefasst hat (Larenz/Wolf, AT § 37 Rn 25). Möglich ist aber eine Anfechtung wegen widerrechtlicher Drohung, wenn das Rechtsgeschäft mit einem Dritten dazu dienen soll, die Forderung des Drohenden zu erfüllen, zB wenn das Erpressungsopfer einen Überweisungsvertrag mit seiner Bank abschließt, um die erpresste Summe zu bezahlen (Röckrath, in: FS Canaris [2007] 1107 f; dazu oben Rn 64, 68).

b) Subjektive Vorstellungen hinsichtlich der Widerrechtlichkeit
Umstritten ist die Frage, ob für die Bejahung der Widerrechtlichkeit seitens des Drohenden gewisse innere Merkmale vorliegen müssen (Deubner JuS 1971, 71, 72; Mankowski, Beseitigungsrechte 369 ff; Larenz/Wolf, AT § 37 Rn 37 ff; MünchKomm/Kramer Rn 46; Soergel/Hefermehl Rn 51). Die Rechtsprechung verlangt, dass der Drohende entweder die Umstände kennt, die seiner Drohung den sittlich anstößigen Charakter geben oder dass seine Unkenntnis auf **Fahrlässigkeit** beruht (RGZ 104, 79, 80; 108, 102, 104; 112, 226, 228; BGHZ 25, 217, 225). In der Literatur wird diese Auffassung jedoch zu Recht überwiegend abgelehnt (Soergel/Hefermehl Rn 51; Schlüter-Schröder, Anm zu BAG SAE 1981, 121, 124; Deubner JuS 1971, 71, 72; Flume § 28, 3 = S 538 f). Nach dem Sinn und Zweck des § 123 (vgl Rn 1 und 64) kann es nur darauf ankommen, ob die Entschließungsfreiheit des Bedrohten **objektiv widerrechtlich** beeinflusst wurde. § 123 will die Freiheit der Willensentschließung sichern, nicht aber eine Sanktion gegen den Drohenden verhängen. Über den Bestimmungsvorsatz hinaus ist weder das Bewusstsein der Rechtswidrigkeit noch die Erkennbarkeit der Rechtswidrigkeit zu verlangen. Für den Anfechtungstatbestand der Drohung ist es also nicht entscheidend, ob der Drohende hinsichtlich der Umstände, welche die Widerrechtlichkeit begründen, gutgläubig ist. **83**

c) Irrtum über die Widerrechtlichkeit
Nach den vorstehend (Rn 83) erörterten Grundsätzen ist es folgerichtig, dass die Rechtsprechung eine Anfechtung für ausgeschlossen hält, wenn der Drohende sich unverschuldet über Tatsachen im Irrtum befand, aus denen die Widerrechtlichkeit folgt (BGHZ 25, 217, 224; BGH WM 1962, 843, 845). Diese Auffassung wird im Schrifttum mit Recht abgelehnt, da sie Sinn und Zweck des § 123 zu wenig berücksichtigt (vgl die Nachw Rn 83). Das Risiko des **schuldlosen Irrtums** über die Widerrechtlichkeit ist daher vom Drohenden und nicht vom Bedrohten zu tragen (vgl auch die Wertung des § 231). **84**

d) Weitere subjektive Merkmale

85 Der Drohende muss keine Bereicherungs- oder Schädigungsabsicht haben. Auf die **Verschuldens-** oder **Deliktsfähigkeit** des Drohenden kommt es nicht an. Auch ein **Geisteskranker** kann die Entschließungsfreiheit eines anderen widerrechtlich bedrohen (SOERGEL/HEFERMEHL Rn 51).

V. Beweislast*

86 Die Voraussetzungen der Anfechtung wegen arglistiger Täuschung bzw wegen widerrechtlicher Drohung sind in vollem Umfang von demjenigen **zu beweisen**, der sich auf die Anfechtung beruft (BGH NJW 1957, 988 f; LM Nr 23, 47; WM 1976, 1330, 1331; NJW-RR 1987, 1415, 1416; OLG Köln VersR 1973, 1161; MünchKomm/KRAMER Rn 49; SOERGEL/HEFERMEHL Rn 57). In den meisten Fällen wird das der Anfechtende sein. Es ist aber auch denkbar, dass der Anfechtungsgegner Ansprüche geltend macht, die eine wirksame Anfechtung voraussetzen. Macht der Anfechtende geltend, durch **arglistiges Verschweigen** getäuscht worden zu sein, obliegt ihm auch für diese negativen Tatsachen die Beweislast (BGH LM Nr 47; OLG Köln NJW-RR 1992, 908, 910; PALANDT/ELLENBERGER Rn 30; BGB-RGRK/KRUEGER-NIELAND Rn 69; SOERGEL/HEFERMEHL Rn 57). Die Anforderungen an diesen Beweis dürfen aber nicht überzogen werden, so dass der Anfechtende nicht alle theoretisch denkbaren Möglichkeiten einer unterlassenen **Aufklärung** ausräumen muss. Er genügt vielmehr seiner Darlegungs- und Beweislast, wenn er die von dem Aufklärungspflichtigen vorzutragende konkrete, dh räumlich, zeitlich und inhaltlich spezifizierte Aufklärung widerlegt (BGH NJW 2001, 64, 65). Nach den Grundsätzen des Anscheinsbeweises kann der Beweis als erbracht angesehen werden, wenn Umstände dargelegt werden, die vermuten lassen, dass die erforderliche Aufklärung unterlassen wurde (BGH VRS 31 [1966] 321, 324; MünchKomm/KRAMER Rn 30; vgl auch LANG WM 2000, 450 ff). Umstritten ist, ob für den Nachweis der **Kausalität** der **Beweis des ersten Anscheins** ausreichend ist. Auch die Rspr beurteilt diese Frage nicht einheitlich (vgl BGH JZ 1978, 111, 112 m Anm WALTER. – Grds **dafür**: BGH LM Nr 16; WM 1976, 111, 113; OLG Karlsruhe NJW-RR 1992, 1144; SOERGEL/HEFERMEHL Rn 122; vLÜBTOW 249, 257; BAUMGÄRTEL/LAUMEN/PRÜTTING Rn 8 ff; grds **dagegen**: BGH NJW 1957, 988, 989; 1968, 2139; 1996, 1051; WM 1958, 991, 992; BGB-RGRK/KRUEGER-NIELAND Rn 68; MEDICUS, AT Rn 804). Im Regelfall ist kein Anscheinsbeweis möglich, denn „die Frage, ob eine arglistige Täuschung für den Willensentschluss eines anderen Menschen ursächlich gewesen ist, ist von zahlreichen individuellen Umständen abhängig und kann nicht generell nach einem allgemeinen Erfahrungssatz beantwortet werden. Die Verhältnisse des jeweils in Betracht kommenden Einzelfalles können so verschieden gelagert sein, dass es nicht möglich ist, aus den Erfahrungssätzen des Lebens von einem allgemein üblichen Verlauf auch einen Schluss auf den Verlauf im jeweiligen Einzelfall zu ziehen" (BGH WM 1958, 991, 992). Der Anscheinsbeweis sollte deshalb nur ausnahmsweise zugelassen werden, wenn die Art des Rechtsgeschäfts einen typischen Geschehensablauf mit sich bringt (BGH LM Nr 87 zu § 286 ZPO [C]; NJW 1968, 2139; WM 1976, 111, 113). Kein typischer Geschehensablauf liegt zB vor, wenn es um die Geldanlage von

---

* **Schrifttum:** BAUMGÄRTEL/LAUMEN/PRÜTTING, Handbuch der Beweislast im Privatrecht, Bd 1 (3. Aufl 2007) § 123; HAASEN, Zur Beweislast bei der Anfechtung wegen arglistiger Täuschung, VersR 1954, 482 f; SCHULTZ, Beweislast für fremde Willensentschlüsse nach Aufklärungsfehlern, VersR 1990, 808; STODOLKOWITZ, Beweislast und Beweiserleichterungen bei der Schadensursächlichkeit von Aufklärungspflichtverletzungen, VersR 1994, 11.

Privatpersonen geht, denn ein solches Geschäft beruht auf einer individuellen Willensentscheidung, auf die die Grundsätze des Anscheinsbeweises nicht angewendet werden können (BGH MDR 1960, 660). Dagegen kann man bei gewöhnlichen Umsatzgeschäften einen typischen Geschehensablauf annehmen (BGH LM Nr 16). Dann müssen Umstände dargelegt werden, die für die Willensentschließung bedeutsam sein können und im Hinblick auf die Art des Rechtsgeschäfts nach der Lebenserfahrung auch einen Einfluss auf die Entschließung auszuüben pflegen (BGH LM Nr 16). Hat der Getäuschte den Beweis geführt, dass er durch den Irrtum zur Willenserklärung bestimmt worden ist, muss der Gegner den Gegenbeweis führen, indem er etwa eine spätere Beseitigung des Irrtums darlegt (BGH LM Nr 47). Es geht hier um eine Frage der Beweiswürdigung, nicht der Beweislastumkehr (BGH WM 1976, 1330, 1331; LM Nr 47; zur Beweislast bei Aufklärungsfehlern vgl auch SCHULTZ VersR 1990, 808 ff). Den Anfechtenden trifft die volle Beweislast auch hinsichtlich des **subjektiven Tatbestandes** der arglistigen Täuschung oder widerrechtlichen Drohung (BGH NJW 1957, 988, 989; OLG Stuttgart NJW 1983, 1200; BGB-RGRK/KRUEGER-NIELAND Rn 68; SOERGEL/ HEFERMEHL Rn 57). Es gibt keinen Erfahrungssatz, dass der Täuschende stets arglistig in Hinsicht auf die Willensbildung des Getäuschten gehandelt hat (BGH NJW 1957, 988, 989). Meistens wird die Arglist durch Indizien nachzuweisen sein (BGHZ 53, 245, 260 ff). Verschweigt zB ein Versicherungsnehmer schwere Erkrankungen, so kann dies als Indiz für das Vorliegen der Täuschungsabsicht gewertet werden (OLG Köln VersR 1973, 1161; OLG Koblenz NVersZ 2001, 503 f; NVersZ 2002, 498 f; zu den Anforderungen an den Nachweis arglistigen Verschweigens einer Vorerkrankung, wenn diese langwierig und einschneidend war OLG Hamm VersR 1990, 765). Der Anfechtende muss schließlich den Beweis führen, dass der Erklärungsempfänger die Täuschung des „Dritten" iSv § 123 Abs 2 S 1 kannte oder kennen musste (BAUMGÄRTEL/LAUMEN/PRÜTTING Rn 17). Bei der **Anfechtung wegen widerrechtlicher Drohung** muss der Anfechtende Tatsachen darlegen und beweisen, die die Widerrechtlichkeit begründen (BGH WM 1960, 1325, 1326; 1961, 580, 582; 1983, 1017, 1019; MünchKomm/KRAMER Rn 49; BAUMGÄRTEL/LAUMEN/PRÜTTING Rn 15). Zwar hat bei einer unerlaubten Handlung gem § 823 BGB derjenige, der ein geschütztes Rechtsgut verletzt hat, die Beweislast dafür, dass sein Verhalten im Einzelfall gerechtfertigt ist (BGHZ 24, 21, 27 f). Diese Grundsätze können aber nicht auf die Anfechtung übertragen werden, da nicht jede Ankündigung eines Übels verboten und deren Rechtswidrigkeit somit nicht indiziert ist. Die bei der arglistigen Täuschung entwickelten Grundsätze über den Anscheinsbeweis können nicht ohne weiters auch auf die Anfechtung wegen widerrechtlicher Drohung übertragen werden. Dies gilt insbesondere dann, wenn es sich um einen in keine Regel einzuordnenden Sachverhalt handelt (BGH WM 1961, 580, 582). In einem Sonderfall – bei der Anfechtung eines Aufhebungsvertrages durch den Arbeitnehmer wegen der Drohung des Arbeitgebers mit einer Kündigung des Arbeitsverhältnisses – mildert das BAG jedoch mit Recht die Beweisschwierigkeiten des Arbeitnehmers mittels einer **abgestuften Darlegungs- und Beweislast** (BAG NZA 2008, 348, 354; dazu oben Rn 79).

VI. Rechtsfolgen

1. Anfechtbarkeit der Willenserklärung

Eine arglistige Täuschung bzw widerrechtliche Drohung führt zur **Anfechtbarkeit der Willenserklärung**. Die Erklärung ist zunächst gültig, kann aber durch eine Anfechtungserklärung vernichtet werden. Der Gesetzgeber hat nicht Nichtigkeit angeordnet, sondern sich für Anfechtbarkeit entschieden. Dahinter verbirgt sich das berechtigte Anliegen, auch dem Getäuschten und Bedrohten ein **Wahlrecht** einzuräumen, ob er trotz Täuschung oder Drohung das Rechtsgeschäft gelten lassen möchte oder nicht (MünchKomm/KRAMER Rn 1; SINGER 209). Falls sich die Täuschung nur auf einzelne, inhaltlich abgrenzbare Teile des Rechtsgeschäfts bezieht, besteht im Rahmen des § 139 die Möglichkeit einer isolierten Anfechtung dieser Teile (BAG NJW 1970, 1941, 1943). Der getäuschte Vertragspartner ist jedoch nicht verpflichtet, sich an einem Vertrag zu geänderten Bedingungen festhalten zu lassen. Seine Privatautonomie ist jedoch gewahrt, wenn anzunehmen sein sollte, dass sich dieser in Kenntnis der verschwiegenen Umstände auf einen geänderten Vertrag – hier: Berufsunfähigkeitsversicherung mit Leistungsausschluss für bestimmte Vorerkrankungen – eingelassen hätte (zu streng daher BGH NJW 2010, 289, 290).

2. Rückwirkung der Anfechtung

88 Die wirksam angefochtene Willenserklärung ist **gem § 142 Abs 1 als von Anfang an nichtig** anzusehen. Grundsätzlich bewirkt die Anfechtung des Grundgeschäfts nicht auch die Wirksamkeit des **Erfüllungsgeschäfts**, es sei denn, Anfechtungsgrund und Anfechtungserklärung erstrecken sich auf beide Rechtsgeschäfte (RGZ 70, 55, 57; BGH DB 1966, 818). Täuscht der Käufer den Verkäufer über Eigenschaften der verkauften Sache, liegen die Voraussetzungen der Anfechtung für beide Rechtsgeschäfte vor (LEENEN § 14 Rn 101 mwNw). Wurde ein bindender **Vorvertrag** und ein Hauptvertrag geschlossen, so müssen auch diese unabhängig voneinander angefochten werden (BGH WM 1973, 238 f; BGB-RGRK/KRÜGER-NIELAND Rn 71). Ob bei einer teilweisen Anfechtung das gesamte Rechtsgeschäft nichtig ist, beurteilt sich nach § 139 (vgl BAG NJW 1970, 1941, 1943; vgl auch Rn 87).

3. Ausnahmen bei Dauerschuldverhältnissen

89 Die genannten Grundsätze gelten nach hM bei **Dauerschuldverhältnissen** nicht uneingeschränkt. Die **Anfechtung eines bereits in Vollzug gesetzten Arbeitsvertrages** soll nicht auf den Zeitpunkt des Vertragsschlusses zurückwirken, sondern nach der Lehre vom **fehlerhaften, aber in Vollzug gesetzten Arbeitsverhältnis** dieses grundsätzlich nur für die Zukunft beenden (zu Einzelheiten und dogmatischer Begründung vgl § 119 Rn 111). Umstritten ist allerdings, ob diese Ausnahme auch im Fall der Anfechtung wegen arglistiger Täuschung gerechtfertigt ist. Nach der hier vertretenen Auffassung handelt es sich um eine Frage der Konkurrenz mit vorrangigen Sondernormen des besonderen Schuldrechts. Danach ist zwar die Anfechtung wegen Irrtums über verkehrswesentliche Eigenschaften ausgeschlossen, weil insoweit das Kündigungsrecht vorgeht (vgl § 119 Rn 111); hinsichtlich der **arglistigen Täuschung** und Drohung besteht dieses Konkurrenzverhältnis jedoch nicht, so dass die Anfechtung uneingeschränkt zulässig ist. Handelt der Arbeitnehmer arglistig, ist er auch unter keinem rechtlichen Gesichtspunkt schutzwürdig, so dass es bei der gesetzlichen Folge der Rückwirkung der Anfechtung gem § 142 bleiben sollte (vgl § 119 Rn 86). Eine mit diesem Ergebnis übereinstimmende Wertung findet sich auch beim Erschleichen von staatlichen Sozialleistungen oder Subventionen. In diesen Fällen sehen die entsprechenden Vorschriften die Rücknahme des Verwaltungsaktes mit Wirkung für die Vergangenheit vor und erklären das Vertrauen des Begünstigten nicht für schutzwürdig (vgl § 119 Rn 111).

Im Wesentlichen die gleichen Grundsätze gelten für die **Anfechtung des Gesell-** 90
schaftsvertrages (§ 119 Rn 112). Nicht nur im Außenverhältnis, auch im Innenverhältnis sind Fakten geschaffen worden, die mit bereicherungsrechtlichen Regeln nicht mehr „entwirrt", sondern nur noch „gesellschaftsrechtlich auseinandergesetzt werden können und sollten" (K Schmidt § 6 I 2 = S 146 f). Aus diesem Grunde rechtfertigt hier nicht einmal die Anfechtung wegen **arglistiger Täuschung** die Auflösung der Gesellschaft mit Wirkung ex tunc, sondern nur die gesellschaftsrechtliche Auseinandersetzung mit Wirkung für die Zukunft (str, vgl näher § 119 Rn 112 mNw zu Rspr und Lit). Gleiches gilt für den anfechtbaren Beitritt eines Gesellschafters in eine Personengesellschaft (MünchKommHGB/Karsten Schmidt § 105 Rn 240).

Bei einem in Vollzug gesetzten **Mietverhältnis** bestehen dagegen grundsätzlich keine 91
Schwierigkeiten bei der bereicherungsrechtlichen Rückabwicklung (BGHZ 178, 16, 27). Sofern die Anfechtung nicht wegen des Vorrangs des Gewährleistungs- und Kündigungsregeln (§§ 536 f, 543) verdrängt wird – wie beim Irrtum über verkehrswesentliche Eigenschaften (§ 119 Rn 86) – erfolgt diese mit Wirkung *ex tunc* (vgl näher § 119 Rn 113; zur Problematik der Anfechtung bei Veräußerung von Wohnraum vgl Staudinger/ Emmerich [2011] § 566 Rn 43; Dötsch, Anfechtung eines Mietvertrages in Veräußerungssachverhalten, ZMR 2011, 257 ff).

4. Ausschluss der Anfechtung

Die Täuschungsanfechtung steht wie die Irrtumsanfechtung unter dem Vorbehalt 92
von **Treu und Glauben gem § 242** (vgl § 119 Rn 102 ff). Die Anfechtung ist daher ausgeschlossen, wenn die arglistige Täuschung zu keiner Einbuße beim Erklärenden geführt hat und seine Rechtsposition nicht beeinträchtigt worden ist (vgl die Nachw § 119 Rn 102 sowie MünchKomm/Kramer Rn 29). Für die Feststellung, ob die Rechtslage des Getäuschten beeinträchtigt ist, ist der **Zeitpunkt** der Abgabe der Anfechtungserklärung und nicht der des Zugangs maßgeblich (BGH NJW 2000, 2894). Die Anfechtung ist aber wirksam, wenn der Anfechtungsgrund im Zeitpunkt der Anfechtungserklärung vorübergehend weggefallen war, dann aber in dem Zeitpunkt, in dem über sie zu entscheiden ist, wieder vorliegt (BGH NJW 1992, 2346, 2348). Die Anfechtung ist erst recht ausgeschlossen, wenn dem Erklärenden durch die Täuschung im Ergebnis Vorteile zugeflossen sind (Erman/Palm Rn 45). Falls der **Versicherungsnehmer** unwahre Angaben gemacht hat, die für den Versicherungsfall folgenlos sind, liegt dagegen nicht automatisch eine unzulässige Rechtsausübung vor. Mit Blick auf die besondere Bedeutung redlichen Verhaltens im Versicherungsrecht verdient die einzelfallbezogene Prüfung, ob die Leistungsverweigerung der Billigkeit entspricht (BGHZ 40, 387 ff; 96, 88, 92; BGH VersR 1992, 1465 f), Zustimmung (abw Staudinger/Singer/vFinckenstein [2004] Rn 86; vgl auch oben Rn 27).

Das Anfechtungsrecht kann nicht durch **AGB** ausgeschlossen werden (vgl näher § 119 93
Rn 105). Im Übrigen ist auch ein **individualvertraglich vereinbarter Ausschluss der Anfechtung** nichtig, wenn die Vereinbarung durch arglistige Täuschung des Geschäftspartners selbst oder von einer Person herbeigeführt wurde, die nicht Dritter im Sinne von § 123 Abs 2 ist (BGH NJW 2007, 1058). Wer von einer Täuschung des Vertragspartners profitieren will, verdient nicht den Schutz der Privatautonomie. Wurde der vertragliche Ausschluss der Anfechtung durch einen „**Dritten**" veranlasst (oben Rn 48 ff), ist dieser ebenfalls unwirksam, wenn der Geschäftspartner von der

Täuschung wusste oder wissen musste (vgl MünchKomm/KRAMER Rn 28). Das Anfechtungsrecht kann unter besonderen Umständen **durch Verzicht, Verwirkung** oder **Bestätigung** (§ 144 Abs 1) ausgeschlossen sein (vgl § 119 Rn 105; § 124 Rn 9).

5. Rückforderung der erbrachten Leistung nach Bereicherungsrecht

94 Nach einer wirksamen Anfechtung kann jeder Partner seine erbrachte Leistung nach den Vorschriften der **ungerechtfertigten Bereicherung gem §§ 812 ff** herausverlangen, wobei zu beachten ist, dass der arglistig Täuschende gem § 819 verschärft haftet. Ihm steht deshalb das Haftungsprivileg des § 818 Abs 3 nicht zu (vgl näher STAUDINGER/ LORENZ § 818 Rn 43 f). In der Dreieckskonstellation von **verbundenen Verträgen** erfolgt die Rückabwicklung geleisteter Kreditraten gegenüber dem finanzierenden Kreditinstitut gem § 813 Abs 1 S 1, wenn das finanzierte Geschäft wegen arglistiger Täuschung nichtig ist und dem Kreditnehmer gem § 359 aufgrund der Nichtigkeit dieses verbundenen Vertrages eine dauerhafte Einrede gegen die Darlehensverbindlichkeit zusteht (BGHZ 174, 334, 342; 183, 112, 128). Das Risiko der Insolvenz des Unternehmers, der auf auf Anweisung des Verbrauchers die Zahlung seiner Bank entgegennimmt, trägt in den Fällen des § 359 die Bank (MünchKomm/HABERSACK § 359 Rn 56 ff). Eine Besonderheit besteht auch bei der Anfechtung eines **Versicherungsvertrages** wegen arglistiger Täuschung des Versicherungsnehmers. Der Versicherer kann in diesem Falle nicht nur die Rückerstattung der erbrachten Versicherungsleistungen verlangen, sondern darf gem § 39 Abs 1 Satz 2 VVG auch die vom Versicherten bis zum Wirksamwerden der Anfechtungserklärung gezahlten Prämien behalten (BGHZ 163, 148, 151; BGH NJW 2010, 289, 290; krit LOOSCHELDERS JR 2006, 423 f).

6. Kein Ersatz des Vertrauensschadens

95 Aus Wortlaut und Stellung des § 122 folgt, dass der wegen arglistiger Täuschung oder widerrechtlicher Drohung Anfechtende keinen Ersatz des Vertrauensschadens zu leisten braucht (ERMAN/PALM Rn 49). Aus der Täuschung folgen allerdings regelmäßig Ansprüche des Anfechtenden (vgl dazu unten Rn 101 f).

VII. Sonderregeln und Konkurrenzen*

1. Sonderregeln

96 Im **Familien- und Erbrecht** gibt es Sonderregeln, die der Anfechtung – auch nach

---

* **Schrifttum:** ADLERSTEIN/ADLERSTEIN, Das Verhältnis zivilrechtlicher Anfechtung zum Vermögensgesetz bei Grundstücksveräußerungen von Ausreisewilligen, DtZ 1991, 417; BEITZKE, Anfechtung des Verlöbnisses?, JR 1947, 141; CANARIS, Leistungsstörungen beim Unternehmenskauf, ZGR 1982, 395; ders, Das Verlöbnis als „gesetzliches" Rechtsverhältnis, AcP 165 (1965) 1; FLEISCHER, Konkurrenzprobleme um die culpa in contrahendo: Fahrlässige Irreführung versus arglistige Täuschung, AcP 200 (2000) 91; GERNHUBER/COESTER-WALTJEN, Lehrbuch des Familienrechts (5. Aufl 2006); GRIGOLEIT, Neuere Tendenzen zur schadensrechtlichen Vertragsaufhebung, NJW 1999, 900; GOTTWALD, Die Haftung für culpa in contrahendo, JuS 1982, 877; HUBERNAGEL, Doppelwirkungen und Konkurrenzen, AcP 137 (1933) 205; KÖHLER, Das Verhältnis der Gewährleistungsansprüche zu den anderen Rechtsbehelfen des Käufers, JA 1982, 157; LARENZ, Bemerkungen zur Haftung für „culpa

§ 123 – vorgehen (vgl näher § 119 Rn 109 f). Für den **Versicherungsvertrag** gelten hinsichtlich der aufklärungspflichtigen Gefahrumstände die besonderen Regeln der §§ 19 ff VVG. Eine Anfechtung wegen arglistiger Täuschung gem § 123 ist aber gem § 22 VVG nicht ausgeschlossen. Ein **Vergleich** (§ 779) kann wegen arglistiger Täuschung angefochten werden, wenn sich die Anfechtung auf die beim Vertragsschluss bestrittenen und unzweifelhaften Punkte bezieht. Anders als bei einem Irrtum erstreckt sich die streiterledigende Funktion des Vergleichs nicht auf eine arglistige Täuschung, da mit einem unredlichen Verhalten des Geschäftspartners niemand zu rechnen braucht (BGH WM 1972, 1443, 1446; LM Nr 4; MünchKomm/KRAMER Rn 2). Ist in **Allgemeinen Geschäftsbedingungen** eine überraschende Klausel im Sinne von § 305c enthalten, trifft den Verwender gegenüber dem Kunden eine Aufklärungspflicht aufgrund seines vorangegangenen gefährdenden Vorverhaltens (vgl BGH NJW 1994, 1656, 1657). Sofern der Vertragspartner mit den betreffenden Klauseln nicht gerechnet hat und im Falle ihrer Kenntnis den Vertrag nicht abgeschlossen hätte, ist es interessengerecht, neben der AGB-Kontrolle eine Anfechtung des gesamten Vertrages wegen arglistiger Täuschung zuzulassen. § 306 will zwar den Kunden im Allgemeinen am gesamten Vertrag festhalten und nur die entsprechende Klausel als Vertragsbestandteil eliminieren (vgl LASS JZ 1997, 67, 71 f); die Norm ist aber lediglich eine Sonderregel zu § 139, nicht zu § 123. Eine Anfechtung des Vertrages dürfte dennoch in der Regel daran scheitern, dass die Kausalität der Täuschung für den Vertragsschluss kaum nachzuweisen ist (vgl CANARIS, Vertrauenshaftung 216). Die Restitutionsregelung des **Vermögensgesetzes** für die Wiedergutmachung staatlichen Unrechts auf dem Gebiet der DDR verdrängt in ihrem Anwendungsbereich eine Anfechtung wegen arglistiger Täuschung oder widerrechtlicher Drohung (BGHZ 118, 34, 39; PALANDT/ELLENBERGER Rn 29; ADLERSTEIN/ADLERSTEIN DtZ 1991, 417 ff; vgl dazu auch § 117 Rn 27 mwNw). Rückerstattungsansprüche wegen nationalsozialistischer Verfolgungsmaßnahmen sind durch die Rückerstattungsgesetze der Militärregierungen geregelt, die als abschließende Sonderregelungen dem § 123 vorgehen (BGHZ 10, 340 ff).

---

in contrahendo", in: FS Ballerstedt (1975) 397; LASS, Zum Lösungsrecht bei arglistiger Verwendung unwirksamer AGB, JZ 1997, 67; LIEB, Vertragsaufhebung oder Geldersatz?, in: FS der Rechtswissenschaftlichen Fakultät zur 600-Jahrfeier der Universität Köln (1988) 251; LIEBS, „Fahrlässige Täuschung" und Formularvertrag, AcP 174 (1974) 26; S LORENZ, Vertragsaufhebung wegen unzulässiger Einflussnahme auf die Entscheidungsfreiheit: Der BGH auf dem Weg zur reinen Abschlusskontrolle?, NJW 1997, 2578; LÜDERITZ, Das neue Adoptionsrecht, NJW 1976, 1865; LÜKE, Die persönlichen Ehewirkungen und die Scheidungsgründe nach dem neuen Ehe- und Familienrecht, in: FS Bosch (1976) 627; MEDICUS, Grenzen der Haftung für culpa in contrahendo, JuS 1965, 209; REINICKE, Das Verhältnis der Ausschlussfrist des § 124 zu der Verjährung von Vertragsaufhebungsansprüchen aus Delikt und cic, JA 1982, 1; SACK, Das Rücktrittsrecht gem § 13a UWG, in: Beilage 2/1987 zu BB 1987 Heft 5; SCHUMACHER, Vertragsaufhebung wegen fahrlässiger Irreführung unerfahrener Vertragspartner (1979); STOLL, Schädigung durch Vertragsschluss, in: FS Deutsch (1999) 361; WEITNAUER, Der arglistig getäuschte Käufer, NJW 1970, 637; WIEDEMANN, Anm BGH 26. 9. 1997, JZ 1998, 1173, 1176; WILLEMSEN, Zum Verhältnis von Sachmängelhaftung und culpa in contrahendo beim Unternehmenskauf, AcP 182 (1982) 515.

2. Irrtumsanfechtung

97 Neben § 123 kann auch ein Anfechtungsrecht nach § 119 gegeben sein (BGHZ 34, 32, 38 ff; 78, 216, 221; MünchKomm/KRAMER Rn 31; ERMAN/PALM Rn 3; BGB-RGRK/KRUEGER-NIELAND Rn 85). Der Anfechtende hat die **Wahl**, auf welchen Grund er die Anfechtung stützen will. Er kann die beiden Anfechtungsmöglichkeiten auch miteinander verbunden geltend machen. Auch ohne ausdrückliche Erklärung kann eine wegen arglistiger Täuschung geltend gemachte Anfechtung eine Irrtumsanfechtung nach § 119 enthalten. Dies ist durch **Auslegung** zu ermitteln (RGZ 57, 358, 362; BGHZ 34, 32, 38 ff; BGH NJW 1979, 160, 161; MünchKomm/KRAMER Rn 31; PALANDT/ELLENBERGER Rn 28). In der Regel werden die beiden Anfechtungsmöglichkeiten nur hilfsweise für den Fall verbunden werden, dass die Täuschungsanfechtung nach § 123 keinen Erfolg hat, da sich der Anfechtende im Falle des § 123 anders als im Falle des § 119 keiner Schadensersatzpflicht nach § 122 aussetzt (vgl § 122 Rn 4). Nach § 123 kann auch dann noch angefochten werden, wenn zuerst die wirtschaftlich uU ungünstigere Irrtumsanfechtung geltend gemacht worden ist (LARENZ, AT § 20 IV mwNw; MünchKomm/KRAMER Rn 31). Das Anfechtungsrecht nach § 119 kann für den Getäuschten dann bedeutsam sein, wenn ein **Dritter** ohne Kenntnis bzw ohne zurechenbare Unkenntnis des Erklärungsempfängers getäuscht hat (MünchKomm/KRAMER Rn 31). Zu beachten sind die unterschiedlich geregelten Anfechtungsfristen. Gemäß § 124 muss die Anfechtung nach § 123 nicht unverzüglich, sondern binnen Jahresfrist erfolgen. Auch eine Anfechtung wegen Drohung und eine Anfechtung wegen arglistiger Täuschung schließen sich nicht gegenseitig aus (BGH NJW-RR 1996, 1281, 1282).

3. Sittenwidrigkeit gem § 138

98 § 123 kann mit § 138 konkurrieren. Aufgrund einer unzulässigen Willensbeeinflussung zustande gekommene Rechtsgeschäfte sind aber nicht zwangsläufig sittenwidrig und damit per se nichtig, da sonst die spezifische Rechtsfolge der §§ 123, 124 obsolet würde (BGH NJW 1988, 902, 903). Erst wenn weitere Umstände hinzukommen wie zB ein auffälliges Missverhältnis zwischen Leistung und Gegenleistung (§ 138 Abs 2) oder einseitig belastende Regelungen in AGB, kann § 138 in Betracht gezogen werden (RGZ 72, 216, 218; 114, 338, 341 f; 115, 378, 383; BGHZ 60, 102, 104; NJW 1988, 2599, 2601; 1995, 1425, 1428; auch schon WM 1966, 585, 589; PALANDT/ELLENBERGER § 138 Rn 15; MünchKomm/KRAMER Rn 34).

4. Rücktritt und Kündigung

99 Neben der Anfechtungsmöglichkeit gem § 123 kann auch ein Rücktritts- oder Kündigungsrecht bestehen. Der Berechtigte hat die **Wahl**, welches der Rechte er geltend machen will. Die Anfechtung wegen arglistiger Täuschung ist im Allgemeinen nicht wegen eines bereits erklärten Rücktritts oder einer Kündigung ausgeschlossen (OLG München NJW 1953, 424; OLG Hamburg MDR 1966, 49; ERMAN/PALM Rn 5; MünchKomm/KRAMER Rn 32), doch gilt im Gesellschaftsrecht ein Vorrang der Kündigung (§ 119 Rn 112; zur Rechtslage im Arbeitsrecht § 119 Rn 111). Umgekehrt kommt nach erfolgter Anfechtung ein Rücktrittsrecht nicht in Betracht, da der Rücktritt einen gültigen Vertrag voraussetzt (RGRK/KRUEGER-NIELAND Rn 87). Werden im Prozess sowohl Anfechtung als auch Rücktritt erklärt, ist erst die Anfechtung zu überprüfen und dann über den Rücktritt zu entscheiden (SOERGEL/HEFERMEHL Rn 61; ERMAN/PALM Rn 5). Unter Umständen kann eine Anfechtungserklärung in einen Rücktritt **umgedeutet** werden (str, dazu OLG Köln VersR 1993, 297 mwNw).

5. Gewährleistungsrechte

Im Unterschied zur Irrtumsanfechtung (dazu oben § 119 Rn 85 f, 109) wird die Anfechtung gem § 123 durch die Gewährleistungsvorschriften des Kaufrechts (§§ 434 ff) nicht ausgeschlossen. Gewährleistungsansprüche und Anfechtungsrecht aus § 123 stehen wahlweise nebeneinander, jedenfalls solange ihre Voraussetzungen gegeben sind. Wenn einer der gewünschten Rechtsbehelfe erfolglos bleibt, kann noch der andere geltend gemacht werden (RGZ 96, 156, 157 f; BGHZ 110, 220, 222; SOERGEL/HEFERMEHL Rn 62; MünchKomm/KRAMER Rn 35; MEDICUS, AT Rn 809; PALANDT/ELLENBERGER Rn 29; ERMAN/PALM Rn 6; BGB-RGRK/KRÜGER-NIELAND Rn 86; vgl auch KÖHLER JA 1982, 157, 158). Zu beachten ist jedoch, dass die Anfechtung das Rechtsgeschäft gemäß § 142 Abs 1 rückwirkend vernichtet, Gewährleistungsrechte aber einen gültigen Vertrag voraussetzen (BGH NJW 1960, 237 f; MEDICUS, AT Rn 809; MünchKomm/KRAMER Rn 35; SOERGEL/HEFERMEHL Rn 62; ERMAN/PALM Rn 6; FLUME § 31, 6 = S 568; GIESEN Anm zu BGH NJW 1971, 1795, 1797). Umgekehrt schließt aber der **Rücktritt** wegen eines Sachmangels, der im Regelfall den Ablauf einer dem Schuldner gesetzten, angemessenen Nachfrist voraussetzt (§§ 434, 437 Nr 2, 323, 326 Abs 5), die Anfechtung nicht aus (BGHZ 110, 220, 222; GIESEN, Anm zu BGH NJW 1971, 1795, 1797), da die Anfechtung wegen § 142 Abs 1 der weitergehende Rechtsbehelf ist. Nach beiden Richtungen hin ist eine Umdeutung gem § 140 möglich, so dass der Rücktritt als Anfechtungserklärung und die Anfechtung als Rücktritt ausgelegt werden kann (GIESEN, Anm zu BGH NJW 1971, 1795, 1797). Wird neben der Anfechtung **Schadensersatz statt der Leistung** verlangt, ist das dahin auszulegen, dass der Erklärende nicht anfechten will (ERMAN/PALM Rn 6; FLUME § 31, 6 = S 567 f; MünchKomm/KRAMER Rn 35; vgl dazu auch § 133 Rn 47; **aA** wohl BGB-RGRK/KRUEGER-NIELAND Rn 86). Muss man aber von einer Anfechtung ausgehen, ist dem Schadensersatzanspruch aus §§ 437 Nr 3 iVm 281 die Rechtsgrundlage entzogen (BGH NJW 1960, 237, 238). Die Mängelrechte sind in Bezug auf die Verjährung gem § 438 Abs 3 im Regelfall günstiger als die Anfechtung wegen arglistiger Täuschung, da die Frist des § 195 grundsätzlich wesentlich länger ist als die des § 124 und nur im Fall des § 199 Abs 1 Nr 2, 2. Alt kürzer sein kann. Werden Gewährleistungsrechte geltend gemacht, so liegt darin nach Ansicht des BGH weder **ein Verzicht auf die Anfechtung noch eine Bestätigung des anfechtbaren Rechtsgeschäfts gem § 144 Abs 1**, es sei denn, der Berechtigte besteht trotz Kenntnis aller die Anfechtung begründenden Tatsachen auf Vertragserfüllung (BGH NJW 1958, 177; BGHZ 110, 220, 221 ff; FLUME § 31, 7 = S 569; BGB-RGRK/KRUEGER-NIELAND Rn 86). Vom vertraglichen **Ausschluss sämtlicher Gewährleistungsansprüche** wird das Recht zur Anfechtung wegen arglistiger Täuschung nicht betroffen (OLG Nürnberg DAR 1962, 202, 203; BGB-RGRK/KRUEGER-NIELAND Rn 86). Das Vorliegen einer arglistigen Täuschung kann die Anwendung der Gewährleistungsvorschriften modifizieren. So ist eine den Rücktritt und die Geltendmachung von Schadensersatz statt der ganzen Leistung ausschließende **unerhebliche Pflichtverletzung** (§ 281 Abs 1 S 3) in der Regel zu verneinen, wenn der Verkäufer über das Vorhandensein eines Mangels arglistig getäuscht hat (BGHZ 167, 19, 22). Ansprüche wegen Verschuldens bei Vertragsschluss sind im Sachbereich der §§ 434 ff nicht ausgeschlossen, wenn der Verkäufer über die Beschaffenheit der Sache getäuscht hat (BGHZ 180, 205, 212; zur Konkurrenz von Schadensersatzansprüchen wegen Verschuldens bei Vertragsschluss mit § 122 s dort Rn 20; zur Konkurrenz mit § 123 unten Rn 101).

6. Culpa in contrahendo

101 Neben der Anfechtung des Vertrages wegen arglistiger Täuschung oder widerrechtlicher Drohung kommt gleichzeitig auch ein Anspruch aus culpa in contrahendo gem §§ 280 Abs 1, 241 Abs 2 iVm 311 Abs 2 u 3 in Betracht. Diesen Anspruch kann der Getäuschte auch noch nach erklärter Anfechtung geltend machen, da die Haftung aus culpa in contrahendo keinen wirksamen Vertrag voraussetzt. Der sich daraus ergebende Schadensersatzanspruch richtet sich nach den §§ 249 ff. Umstritten ist, ob der Getäuschte bzw Bedrohte auch gemäß § 249 als Naturalrestitution die Rückgängigmachung des Vertrages verlangen kann. Dies ist problematisch, weil für die Anfechtung nach § 123 die Jahresfrist gem § 124 gilt, wogegen ein Anspruch aus culpa in contrahendo gem §§ 195, 199 frühestens in 3 Jahren verjähren kann. Außerdem ist für Ansprüche aus culpa in contrahendo als Verschuldensform bereits Fahrlässigkeit nach § 276 ausreichend, während § 123 Arglist und daher mindestens dolus eventualis (vgl Rn 47) erfordert. Die Rechtsprechung gewährte zunächst Ansprüche aus culpa in contrahendo neben § 123 ohne Einschränkung (grdl BGH NJW 1962, 1196, 1198), schränkt dies aber später dahingehend ein, dass die **Vertragsaufhebung** wegen vorvertraglicher Pflichtverletzung gemäß §§ 280, 241 Abs 2, 311 Abs 2 wenigstens einen **Vermögensschaden** erfordere (BGH NJW 1998, 302, 304; 1998, 898 f; NJW-RR 2002, 308, 310). Diese Grundsätze gelten auch bei einer vorsätzlichen Täuschung (BGH NJW 1998, 302, 303), überzeugen jedoch nicht (vgl eingehend § 119 Rn 57 f). Auch bei dem Erfordernis eines Vermögensschadens in dem vom BGH verstandenen Sinne, der teilweise subtile Betrachtungen erfordert (vgl BGH NJW 1998, 304 f; 1998, 895 f), laufen Vorsatzdogma und Fristen des Anfechtungsrechts weitgehend leer. Die Naturalrestitution gem § 249 setzt zudem gerade nicht einen Vermögensschaden voraus (s LORENZ ZIP 1998, 1053, 1055; GRIGOLEIT NJW 1999, 900, 901 f; MEDICUS Anm LM Nr 113 zu § 249 [A]; vgl auch FLEISCHER AcP 200 [2000] 91, 108 ff). Und schließlich wird man sogar den Abschluss eines nicht gewollten oder in freier Selbstbestimmung getätigten Vertrages als Vermögensschaden qualifizieren können (so GRIGOLEIT, Informationshaftung 20 f, 88). Seit der Schuldrechtsreform ist die Haftung wegen culpa in contrahendo unleugbar ein gesetzlicher Haftungstatbestand, der in gleicher Weise Verbindlichkeit beansprucht wie § 123 (vgl SINGER, Selbstbestimmung 238; FLEISCHER AcP 200 [2002] 91, 99]). Drohenden Wertungswidersprüchen kann man dadurch begegnen, dass man die **§§ 121, 124** auch auf die Vertragsaufhebung wegen vorvertraglicher Pflichtverletzung **analog** anwendet (eingehend GRIGOLEIT 137 ff; ders, NJW 1999, 900, 903; s ferner LARENZ, in: FS Ballerstedt [1975] 397, 409 ff; REINICKE JA 1982, 1, 61; SACK Beilage 2/1987 zu BB 1987 Heft 5, 26 f; vgl auch § 119 Rn 59). Danach kann bei fahrlässiger Irreführung eine unter dem Titel der culpa in contrahendo geltend gemachte Vertragsaufhebung lediglich in den Grenzen des § 121, bei vorsätzlicher Täuschung in den Grenzen des § 124 geltend gemacht werden (ebenso MünchKomm/KRAMER Rn 35a; vgl auch § 119 Rn 59). Auch eine **Drohung** begründet regelmäßig eine Haftung wegen Verschuldens bei Vertragsschluss (BGH NJW-RR 2002, 308 ff); insofern gelten hier die gleichen Überlegungen. Im Unterschied zur Rechtsprechung des BGH aaO will das BAG bei der Verletzung vorvertraglicher Pflichten jedenfalls dann keinen Anspruch auf Vertragsaufhebung anerkennen, wenn dies – wie bei der Aufhebung eines **Aufhebungsvertrages** – im Ergebnis auf eine Fortsetzung des vertragsgemäß beendeten Arbeitsverhältnisses hinausliefe (BAG 24. 2. 2011 – 6 AZR 626/09 – juris). Das widerspricht § 249 Abs 1 und leuchtet vor allem deshalb nicht ein, weil bei einer wirksamen Anfechtung gem § 123 genau diese perhorreszierte Rechtsfolge eintritt.

7. Unerlaubte Handlung

Mit dem Anfechtungsrecht nach § 123 konkurriert häufig auch ein Schadensersatzanspruch aus unerlaubter Handlung, insbesondere aus § 823 Abs 2 iVm §§ 240 oder 263 StGB, § 826 (BGH NJW 1974, 1505, 1506; OLG Saarbrücken NJW-RR 1989, 1211, 1212; MünchKomm/KRAMER Rn 35a; PALANDT/ELLENBERGER Rn 26; ERMAN/PALM Rn 7). Der Umfang dieses Schadensersatzanspruches richtet sich nach §§ 249 ff. Als Naturalrestitution kann die **Beseitigung des Vertrages** verlangt werden. § 124 verdrängt nicht die längere Regelverjährung für deliktische Ansprüche (§§ 195, 199). Der Gesetzgeber hat das Problem der kollidierenden Fristen erkannt und wollte die Möglichkeit eines auf Vertragsaufhebung gezielten Schadensersatzanspruchs nicht ausschließen (vgl Mot I 308). Der deliktische Schadensersatzanspruch kommt also auch dann in Betracht, wenn die Anfechtung wegen Ablaufs der Anfechtungsfrist ausgeschlossen ist (RGZ 84, 131, 134; 103, 154, 159; MünchKomm/KRAMER Rn 35a; ausf S LORENZ 332 ff). Nach Ablauf der Frist des § 124 steht dem Getäuschten auch die Einrede nach § 853 zu (PALANDT/ELLENBERGER Rn 26). Der Schadensersatzanspruch richtet sich grundsätzlich auf das **negative Interesse** (RGZ 103, 154, 159; BGHZ 57, 137, 139; BGH NJW 1960, 237, 238; 1974, 1505, 1506; OLG Köln NJW-RR 1994, 1064, 1066). Danach ist die hypothetische Vermögenslage, wie sie ohne unerlaubte Handlung bestünde, mit der durch den Vertragsschluss herbeigeführten Lage zu vergleichen. Der Schädiger muss dann die Differenz ersetzen. Ein **Ersatz des Erfüllungsinteresses** kommt nur in Betracht, wenn ohne die unerlaubte Handlung nachweislich ein anderes Geschäft mit günstigeren Bedingungen zustande gekommen wäre (RGZ 83, 245, 246; 103, 47, 51; 103, 154, 160; BGH NJW 1960, 237, 238; DB 1969, 877, 878; BGB-RGRK/KRUEGER-NIELAND Rn 81; ERMAN/PALM Rn 52; PALANDT/ELLENBERGER Rn 26). Der Getäuschte kann auch dann das Erfüllungsinteresse verlangen, wenn sich die Täuschung auf bestimmte Eigenschaften einer Sache bezog, die bei ihrem Vorliegen den Wert der Sache erhöhen würden (RGZ 66, 335, 337; 103, 154, 160; BGH NJW 1960, 237, 238; **aA** FLUME § 31, 6 = S 567 f). Hat ein Dritter getäuscht oder gedroht, kann, außer in den Fällen der §§ 830 f, nur von diesem Schadensersatz verlangt werden (ERMAN/PALM Rn 7).

8. Lauterkeitsrecht (UWG)

Irreführende geschäftliche Handlungen iSv §§ 5, 5a UWG können gem §§ 8, 9 UWG Beseitigungs-, Unterlassungs- und Schadensersatzansprüche auslösen. Im Unterschied zur Anfechtung setzen die Lauterkeitsansprüche keinen Vorsatz voraus, sondern lediglich die objektive Eignung der geschäftlichen Handlung zur Irreführung (KÖHLER/BORNKAMM, UWG [29. Aufl 2011] Einl Rn 7.10). Anspruchsberechtigt sind allerdings nicht einzelne Verbraucher, sondern nur Mitbewerber und qualifizierte Verbände bzw Einrichtungen. Das früher in § 13a UWG aF enthaltene, praktisch nicht bedeutsame Rücktrittsrecht des Verbrauchers bei irreführenden Werbeangaben (STAUDINGER/SINGER/vFINCKENSTEIN [2004] Rn 97) wurde mit der UWG-Novelle 2004 ersatzlos gestrichen.

§ 124
Anfechtungsfrist

(1) Die Anfechtung einer nach § 123 anfechtbaren Willenserklärung kann nur binnen Jahresfrist erfolgen.

(2) Die Frist beginnt im Falle der arglistigen Täuschung mit dem Zeitpunkt, in welchem der Anfechtungsberechtigte die Täuschung entdeckt, im Falle der Drohung mit dem Zeitpunkt, in welchem die Zwangslage aufhört. Auf den Lauf der Frist finden die für die Verjährung geltenden Vorschriften der §§ 206, 210 und 211 entsprechende Anwendung.

(3) Die Anfechtung ist ausgeschlossen, wenn seit der Abgabe der Willenserklärung zehn Jahre verstrichen sind.

Materialien: E I § 104; II § 99; III § 120; Mot I 204 und 208; Prot I 120; VI 129 und 290; BT-Drucks 14/6040, S 98; STAUDINGER/BGB-Synopse 1896–2005, § 124.

Schrifttum

ARNOLD, Zu den Grenzen der Normentheorie. Die Beweislast bei non liquet über das Verstreichen von Anfechtungsfristen, AcP 209 (2009) 285

LESSMANN, Nachschieben von Gründen und Arglisteinrede bei verspäteter Anfechtung wegen arglistiger Täuschung, JuS 1970, 504.

Systematische Übersicht

I.	**Allgemeines**		
1.	Bedeutung und Anwendungsbereich		1
2.	Ausschlussfristen		2
II.	**Die Anfechtungsfrist des § 124 Abs 1**		3
1.	Beginn der Einjahresfrist bei empfangsbedürftigen Willenserklärungen		
a)	Bei arglistiger Täuschung		4
b)	Bei widerrechtlicher Drohung		5
2.	Beginn der Einjahresfrist bei nicht empfangsbedürftigen Willenserklärungen		6
3.	Zugang der Anfechtungserklärung		7
III.	**Die Ausschlussfrist des § 124 Abs 3**		8
IV.	**Ausschluss des Anfechtungsrechts vor Fristablauf**		9
V.	**Rechtsfolgen des Fristablaufs**		10
VI.	**Beweislast**		12

I. Allgemeines

1. Bedeutung und Anwendungsbereich

Durch die gesetzlichen Ausschlussfristen des § 124 (Rn 2) wird die Anfechtbarkeit **1** wegen Täuschung und Drohung zeitlich begrenzt. Die Anfechtungsfrist beträgt ein Jahr und beginnt mit dem Zeitpunkt, in welchem der Anfechtungsberechtigte die Täuschung entdeckt oder die Zwangslage aufhört; gem § 124 Abs 3 muss aber spätestens innerhalb von zehn Jahren nach Abgabe der Willenserklärung angefochten werden (Rn 8). Diese Fristen sind für den Anfechtenden vorteilhafter als die bei der Irrtumsanfechtung nach §§ 119, 120, da § 121 Abs 1 S 1 eine unverzügliche Anfechtung verlangt. Das Privileg des § 124 ist durchaus gerechtfertigt, weil das Interesse des Anfechtungsgegners an der Gewissheit über den Bestand der Willenserklärung aufgrund der schweren, ihm zurechenbaren Mängel kaum schutzwürdig ist (SOERGEL/HEFERMEHL Rn 1). Das Wahlrecht der Anfechtbarkeit der Willenserklärung bedarf jedoch auch hier zeitlicher Begrenzung, um zu verhindern, dass der Anfechtungsberechtigte die Schwebelage ausnutzen kann (Mot I 209). Außerdem soll das Rechtsgeschäft im Interesse des Rechtsverkehrs nicht allzu lange in der Schwebe bleiben (ERMAN/PALM Rn 1; vgl auch § 121 Rn 1). Ob diese lange Anfechtungsfrist auch angemessen ist, wenn nicht der Täuschende oder Drohende, sondern ein **Dritter der Anfechtungsgegner** ist, wird teilweise bezweifelt (vgl MünchKomm/KRAMER Rn 1; FLUME § 27, 3 = S 531 f). FLUME (aaO) billigt in diesem Fall dem Anfechtungsgegner das Recht zu, dem Anfechtungsberechtigten eine angemessene Frist zur Anfechtung zu setzen, nach deren Ablauf der Anfechtungsberechtigte keine Rechte mehr aus der Anfechtung herleiten dürfe. Dies überzeugt nicht, da die Interessen des Anfechtungsgegners bei der Täuschung durch Dritte bereits durch § 123 Abs 2 berücksichtigt sind. Sofern die täuschende Person nicht ohnehin dem Anfechtungsgegner zuzurechnen ist (vgl § 123 Rn 48 ff), hängt die Anfechtbarkeit der Willenserklärung davon ab, ob der Anfechtungsgegner die Täuschung des Dritten kannte oder kennen musste (vgl dazu § 123 Rn 48). Liegen diese Voraussetzungen vor, ist der Anfechtungsgegner in seinem Vertrauen auf den Bestand der Willenserklärung ebenso wenig schutzwürdig als wenn er selbst getäuscht hätte. Bei der **Leistungsbestimmung** der Leistung **durch einen Dritten** muss die Anfechtung wegen arglistiger Täuschung oder Drohung jedoch gem **§ 318 Abs 2 unverzüglich** erfolgen. Die Frist des § 124 gilt auch für die Anfechtung von Arbeitsverträgen (BAG WM 1984, 352, 353), nicht aber für das Leistungsverweigerungsrecht des Versicherers bei Täuschung über gefahrenerhebliche Umstände, da insoweit die §§ 16 ff VVG eine abschließende Sonderregelung darstellen (BGH NJW 1984, 2814, 2815; SOERGEL/HEFERMEHL Rn 1).

2. Ausschlussfristen

Die Fristen des § 124 sind **Ausschlussfristen** (zum Begriff vgl STAUDINGER/REPGEN [2009] **2** § 186 Rn 5). Nur innerhalb dieser festen Fristen kann das Anfechtungsrecht wirksam ausgeübt werden, danach geht es ersatzlos unter. Der Fristablauf ist von Amts wegen zu berücksichtigen (ERMAN/PALM Rn 1). **Verjährungsregeln** finden nur im Rahmen von § 124 Abs 2 Anwendung, wo das Gesetz ausdrücklich auf die §§ 206, 210 u 211 verweist. Gemäß § 206 ist bei **höherer Gewalt** der Fristablauf gehemmt. § 210 will verhindern, dass eine geschäftsunfähige oder in der **Geschäftsfähigkeit** beschränkte Person ihr Recht allein deshalb verliert, weil sich niemand rechtzeitig um das Recht kümmert. Die Verjährung tritt deshalb in diesen Fällen nicht vor Ablauf von sechs Monaten nach dem Zeitpunkt ein, in dem die Person unbeschränkt geschäftsfähig geworden ist oder ein Vertreter bestellt wurde (vgl dazu MünchKomm/KRAMER Rn 6; PALANDT/ELLENBERGER § 210 Rn 4). Eine entsprechende Regelung trifft § 211 für den Fall, dass sich das Anfechtungsrecht auf einen **Nachlass** bezieht und die Erbschaft noch nicht angenommen wurde. Andere als die in § 124 Abs 2 genannten Hemmungsgründe greifen nicht ein; zB ist bei einem Rechtsstreit über die Bindung an eine Vertragsbestimmung der Lauf der Anfechtungsfrist nicht bis zur rechtskräftigen Erledigung dieses Rechtsstreits aufgeschoben (SOERGEL/HEFERMEHL Rn 4). Die Fristberechnung richtet sich nach den §§ 187 Abs 1, 188 Abs 2 (ERMAN/PALM Rn 2; MünchKomm/KRAMER Rn 4).

II. Die Anfechtungsfrist des § 124 Abs 1

3 Der nach § 123 Anfechtungsberechtigte muss die Anfechtung binnen Jahresfrist erklären.

1. Beginn der Einjahresfrist bei empfangsbedürftigen Willenserklärungen

a) Bei arglistiger Täuschung

4 Die einjährige Frist des § 124 Abs 1 beginnt gem § 124 Abs 2 im Fall der arglistigen Täuschung mit dem Zeitpunkt, in welchem der Anfechtungsberechtigte die Täuschung entdeckt. Entscheidend ist der Moment, in dem er von dem Irrtum und dem arglistigen Verhalten des anderen Teils Kenntnis erlangt hat und über die Täuschung bestimmte Behauptungen treffen kann (MANKOWSKI, Beseitigungsrechte 751; SOERGEL/HEFERMEHL Rn 2; PALANDT/ELLENBERGER Rn 2). Der Anfechtungsberechtigte muss sowohl die objektive Unrichtigkeit der seine Willensentschließung beeinflussenden Angaben erkannt haben, als auch die Täuschungsabsicht des Anfechtungsgegners (RGZ 65, 86, 89). Nur **positive Kenntnis** setzt die Frist in Lauf. Nicht ausreichend ist lediglich ein Verdacht, eine Vermutung oder die auf Fahrlässigkeit beruhende Nichtkenntnis (vgl dazu § 121 Rn 4 ff; BGH WM 1973, 750, 751; PALANDT/ELLENBERGER Rn 2). Der Anfechtungsberechtigte muss sich wirkliche Kenntnis auch nicht durch Nachforschungen verschaffen (RG JW 1936, 1950; vgl aber zur treuwidrigen Kenntnisverweigerung § 121 Rn 5 f). Allerdings ist nicht erforderlich, dass der Anfechtungsberechtigte alle beliebigen Einzelheiten der Täuschung kennt, vielmehr ist der **Gesamteindruck** entscheidend (RG JW 38, 2202; PALANDT/ELLENBERGER Rn 2; BAMBERGER/ROTH/WENDTLAND Rn 2). Alle möglicherweise **relevanten Umstände** müssen bekannt sein (OLG Saarbrücken WM 2006, 2251). Die Frist beginnt mit der Kenntnis und nicht mit der Beschaffung der notwendigen Beweismittel (BGB-RGRK/KRUEGER-NIELAND Rn 4).

b) Bei widerrechtlicher Drohung

5 Im Fall der widerrechtlichen Drohung beginnt die einjährige Frist des § 124 Abs 1 gem § 124 Abs 2 mit dem Zeitpunkt, in welchem die Zwangslage aufhört. Die Zwangslage endet entweder mit der Verwirklichung des angedrohten Übels oder dann, wenn mit dem Eintritt des Übels nicht mehr ernsthaft zu rechnen ist (RGZ 60, 371, 374; 90, 411 f; MANKOWSKI, Beseitigungsrechte 800; PALANDT/ELLENBERGER Rn 2). Auf die objektive Sachlage kommt es nicht an (RG JW 1929, 242 ff). Ob die Zwangslage aufgehört hat, lässt sich nur unter Berücksichtigung der Eigenart des Bedrohten, seiner Persönlichkeit und seines Verhaltens feststellen. Entscheidend ist, ab wann

sich der Anfechtungsberechtigte **subjektiv nicht mehr bedroht fühlt**. Wurde zB mit einer Strafanzeige gedroht, hört die Zwangslage auf, wenn der Bedrohte nach seiner Vorstellung die Erstattung nicht mehr befürchten muss oder weiß, dass die Strafanzeige bereits erstattet wurde (RGZ 60, 371, 373; 90, 411 f).

2. Beginn der Einjahresfrist bei nicht empfangsbedürftigen Willenserklärungen

Wann die Einjahresfrist des § 124 Abs 1 bei nicht empfangsbedürftigen Willenserklärungen beginnt, ist gesetzlich nicht gesondert geregelt (MünchKomm/Kramer Rn 3). Aufgrund der Seltenheit des Falles wollte der Gesetzgeber dieses Problem Wissenschaft und Praxis überlassen (Mot I 209). Gem § 143 Abs 4 S 1 ist bei nicht empfangsbedürftigen Willenserklärungen derjenige Anfechtungsgegner, der aus dem Rechtsgeschäft unmittelbar einen rechtlichen Vorteil erlangt hat. Sinnvoll ist es daher, die Anfechtungsfrist in dem Moment beginnen zu lassen, in dem ein Anfechtungsgegner vorhanden ist und der Anfechtungsberechtigte davon erfährt (Palandt/Ellenberger Rn 3). Davon zu unterscheiden ist die Unkenntnis über die **Person des Anfechtungsgegners** oder ihren **Aufenthalt**. Hier kann der Fristbeginn nicht davon abhängen, ob der Anfechtungsberechtigte die erforderlichen Ermittlungen durchgeführt hat, da er den Zugang der Anfechtung durch öffentliche Zustellung gem § 132 Abs 2 bewirken kann (Bamberger/Roth/Wendtland Rn 4). 6

3. Zugang der Anfechtungserklärung

Die Anfechtungserklärung muss dem Anfechtungsgegner innerhalb der Einjahresfrist iSv § 130 zugehen. Der Absender trägt also das **Verzögerungsrisiko**. Die Erleichterung des § 121 Abs 1 S 2, wonach es für die Fristwahrung ausreichend ist, wenn die Anfechtungserklärung rechtzeitig abgegeben ist, ist nicht entsprechend anwendbar, da aufgrund der längeren Anfechtungsfrist des § 124 kein vergleichbares Schutzbedürfnis des Anfechtungsberechtigten besteht (MünchKomm/Kramer Rn 4; Soergel/Hefermehl Rn 6). 7

III. Die Ausschlussfrist des § 124 Abs 3

Spätestens mit Ablauf von **zehn Jahren** seit der Abgabe der Willenserklärung ist die Anfechtung ausgeschlossen. Die Frist wurde im Zuge der **Schuldrechtsmodernisierung** an die neue zehnjährige Obergrenze für die Verjährung von Ansprüchen (§ 199 Abs 2 S 1) angepasst (BT-Drucks 14/6040, 98). Die Frist ist eine **Ausschlussfrist** (oben Rn 2). Es kommt hier nicht darauf an, wann der Anfechtungsberechtigte die arglistige Täuschung entdeckt bzw wann die Zwangslage geendet hat. Auf die Obergrenze kommt es freilich nur an, wenn das Anfechtungsrecht nicht bereits durch Ablauf der einjährigen Frist nach Abs 1 erloschen ist (Mot I 209). Im Gegensatz zur Einjahresfrist kann die Zehnjahresfrist weder unterbrochen noch gehemmt werden (MünchKomm/Kramer Rn 8). 8

IV. Ausschluss des Anfechtungsrechts vor Fristablauf

Grundsätzlich kann der Anfechtungsberechtigte die Fristen des § 124 voll ausnutzen. Nur in Ausnahmefällen kommt eine **Verwirkung** des Anfechtungsrechts vor Ablauf der Frist in Betracht. Verwirkt ist das Anfechtungsrecht zB, wenn der Anfechtungs- 9 gegner aufgrund des Verhaltens des Anfechtungsberechtigten schon vor Ablauf der Frist nicht mehr mit einer Anfechtung rechnen musste (BGH NJW 1971, 1795, 1800; MünchKomm/KRAMER Rn 9; SOERGEL/HEFERMEHL Rn 5). Ausgeschlossen ist die Anfechtung vor Fristablauf auch dann, wenn der Anfechtungsgrund der arglistigen Täuschung oder Drohung für die Vertragsdurchführung, insbesondere bei Dauerschuldverhältnissen, inzwischen bedeutungslos geworden ist (BAG NJW 1970, 1565, 1566; WM 1984, 352, 353) oder die Rechtslage des Getäuschten nicht mehr beeinträchtigt (vgl dazu § 123 Rn 92). Ferner ist die Anfechtung vor Fristablauf ausgeschlossen, wenn der Anfechtungsberechtigte das Rechtsgeschäft iSv § 144 bestätigt hat (BGB-RGRK/KRUEGER-NIELAND Rn 8). An das Vorliegen einer **Bestätigung** durch konkludentes Verhalten sind aber strenge Anforderungen zu stellen, weil nicht anzunehmen ist, dass jemand ohne weiteres auf bestehende Befugnisse oder Gestaltungsmöglichkeiten verzichtet. Nicht jede Benutzung der Kaufsache ist schon eine Bestätigung, insbesondere nicht, wenn sie wirtschaftlicher Notwendigkeit entspricht (BGH NJW 1971, 1795, 1800). Verlangt der Käufer in Kenntnis der Anfechtbarkeit vom Verkäufer Gewährleistung, so ist daraus nicht zwingend auf einen Bestätigungswillen zu schließen (BGH ZIP 1990, 314 f; dazu Anm MAYER-MALY EWiR § 144 BGB 1/90, 335 f). Dagegen liegt eine Verwirkung des Anfechtungsrechts vor, wenn der Anfechtungsberechtigte trotz Kenntnis des Anfechtungsgrundes im Prozess ein Urteil oder einen Schiedsspruch gegen sich ergehen ließ (MünchKomm/KRAMER Rn 9; SOERGEL/HEFERMEHL Rn 5). Bei einer **Vollstreckungsgegenklage** ist die Anfechtung gem § 767 Abs 2 ZPO ausgeschlossen, wenn zum Zeitpunkt der letzten mündlichen Verhandlung der Anfechtungsgrund bereits objektiv gegeben war. Auf die Kenntnis des Getäuschten von dem Anfechtungsgrund kommt es nicht an. Unerheblich ist es auch, ob die Anfechtung zu diesem Zeitpunkt erklärt wurde. Durch § 767 Abs 2 ZPO wird somit die Anfechtungsfrist des § 124 beschnitten (BGHZ 42, 37, 42; SOERGEL/HEFERMEHL Rn 5). Wurde rechtzeitig angefochten, so können neue Anfechtungsgründe nur berücksichtigt werden, wenn sie innerhalb der Anfechtungsfrist nachgeschoben wurden. Durch das **Nachschieben** von Anfechtungsgründen kann die Frist des § 124 nicht ausgedehnt werden (BGH NJW 1966, 39; LESSMANN JuS 1970, 504, 505).

V. Rechtsfolgen des Fristablaufs

10 Bei Fristablauf geht das Anfechtungsrecht verloren. Unabhängig von dem Verlust des Anfechtungsrechts kann der Getäuschte oder Bedrohte jedoch **Schadensersatzansprüche** aus **unerlaubter Handlung** und **culpa in contrahendo** geltend machen (vgl dazu eingehend § 119 Rn 58 f; § 121 Rn 20 f; § 123 Rn 101 f). Das Problem der kollidierenden Fristen von § 124 und den Ansprüchen aus unerlaubter Handlung hat der Gesetzgeber gesehen und gebilligt (Mot I 308; Prot I 121 f; S LORENZ 332 f). Die Rechtsprechung gewährt darüber hinaus Ansprüche aus culpa in contrahendo bei vorsätzlicher und fahrlässiger Täuschung des Vertragspartners, die auf Vertragsaufhebung gerichtet sein können und nicht den für die Anfechtung geltenden Ausschlussfristen der §§ 121, 124 unterliegen, aber voraussetzen, dass der Getäuschte einen Vermögensschaden erlitten hat (BGH NJW 1998, 302, 307 f; 1998, 898 f; vgl näher § 123 Rn 101). Nach der hier vertretenen Auffassung sollte man auf die Voraussetzung eines Vermögensschadens verzichten und stattdessen zur Vermeidung von Wertungswidersprüchen bei fahrlässiger Täuschung § 121, bei vorsätzlicher § 124 analog anwenden (vgl oben §§ 119 Rn 59 und § 123 Rn 101; ebenso MünchKomm/KRAMER § 123 Rn 35a).

Gemäß §§ 438 Abs 4 u 5, 821, 853 kann einem durch arglistige Täuschung oder Drohung erworbenen Recht trotz Abschluss der Verjährungsfrist die **Einrede der Arglist** entgegengehalten werden. In Bezug auf § 124 fehlt eine entsprechende Regelung. Allein auf das Vorliegen der Anfechtungsgründe des § 123 kann die Arglisteinrede auch nicht gestützt werden, weil sonst die Ausschlussfrist des § 124 weitgehend leer liefe (Lessmann JuS 1970, 504, 506; BGH NJW 1969, 604 f). Für die Arglisteinrede müssen demgemäß über den Anfechtungstatbestand hinaus weitere Umstände hinzukommen. Handelt es sich um Fälle, die zugleich eine unerlaubte Handlung darstellen, so kann die spezielle Arglisteinrede des § 853 erhoben werden (MünchKomm/Kramer Rn 7; Palandt/Ellenberger Rn 1). Da § 853 nur ein besonderer Fall der allgemeinen Arglisteinrede ist, kann die Arglisteinrede aber auch bei Vorliegen anderer zusätzlicher Umstände, die keine unerlaubte Handlung darstellen, in Betracht kommen. Ein solcher Verstoß gegen Treu und Glauben kann zB gegeben sein, wenn der Anfechtungsgegner den Anfechtungsberechtigten bewusst dazu veranlasst hat, die Anfechtungsfrist verstreichen zu lassen (Lessmann JuS 1970, 504, 506).

VI. Beweislast

Auszugehen ist von dem Grundsatz, dass von demjenigen alle Voraussetzungen der Anfechtung darzulegen und zu beweisen sind, der sich auf sie beruft (oben § 119 Rn 117). Danach muss der Anfechtende eine arglistige Täuschung oder widerrechtliche Drohung beweisen. Beruft sich der Anfechtungsgegner auf die Verspätung der Anfechtung, muss jedoch dieser beweisen, zu welchem Zeitpunkt der Anfechtende Kenntnis von der arglistigen Täuschung erlangt hat oder die durch widerrechtliche Drohung geschaffene Zwangslage beendet war (BGH WM 1973, 750, 751; ZIP 1992, 775, 777; NJW 1992, 2346, 2347 f; OLG Nürnberg VersR 2001, 1368, 1369; MünchKomm/Kramer Rn 11; Soergel/Hefermehl Rn 6; Palandt/Ellenberger Rn 5). Entgegen Arnold (AcP 109 [2009] 285, 297) handelt es sich bei der Frage, ob das Anfechtungsrecht rechtzeitig ausgeübt wurde, nicht um eine Frage, welche die – vom Anfechtenden zu beweisenden – **Voraussetzungen** des Anfechtungsrechts betrifft, sondern um eine **rechtsvernichtende Einwendung** gegen das im Moment der Täuschung oder Drohung zunächst entstandene Anfechtungsrecht. Die Voraussetzungen dieser rechtsvernichtenden Einwendung gegen das Anfechtungsrecht muss daher – wie die hM mit Recht annimmt – der Anfechtungsgegner beweisen. Das Vorliegen eines die Frist gem § 124 Abs 2 S 2 verlängernden Umstandes muss dagegen die Partei beweisen, die sich auf die Wirksamkeit der Anfechtung beruft (Baumgärtel/Laumen/Prütting Rn 2). Der Nachweis des Verstreichens der zehnjährigen Frist des § 124 Abs 3 ist vom Anfechtungsgegner zu erbringen (Baumgärtel/Laumen/Prütting Rn 3).

Die Kommentierung der §§ 125–129; BeurkG erscheint in einem eigenen Band.

§ 130
Wirksamwerden der Willenserklärung gegenüber Abwesenden

(1) Eine Willenserklärung, die einem anderen gegenüber abzugeben ist, wird, wenn sie in dessen Abwesenheit abgegeben wird, in dem Zeitpunkt wirksam, in welchem sie ihm zugeht. Sie wird nicht wirksam, wenn dem anderen vorher oder gleichzeitig ein Widerruf zugeht.

(2) Auf die Wirksamkeit der Willenserklärung ist es ohne Einfluss, wenn der Erklärende nach der Abgabe stirbt oder geschäftsunfähig wird.

(3) Diese Vorschriften finden auch dann Anwendung, wenn die Willenserklärung einer Behörde gegenüber abzugeben ist.

Materialien: E I § 74; II §§ 107 und 109; III § 126; Mot I 156; Prot I 68 und 330; IV 131; STAUDINGER/BGB-Synopse 1896–2000 § 130.

Schrifttum

ARMBRÜSTER, Wirksamwerden beurkundungsbedürftiger Willenserklärungen gegenüber Abwesenden, NJW 1996, 438
BAUER/DILLER, Kündigung durch Einwurf – Einschreiben – Ein Kunstfehler!, NJW 1998, 2795
BEHLING, Der Zugang elektronischer Willenserklärungen in modernen Kommunikationssystemen (2007)
BEHN, Das Wirksamwerden von schriftlichen Willenserklärungen mittels Einschreiben: Zur Bedeutung der Zurücklassung des Benachrichtigungszettels, AcP 178 (1978) 505
BENEDICT, Versuch einer Entmythologisierung der Zugangsproblematik (2000)
ders, Einschreiben und Zustellungen durch die Post – lauter Kunstfehler?, NVwZ 2000, 167
ders, Die rechtliche Einordnung des Anlagevermittlers, AcP 204 (2004) 697
BOTZ, Über das Wirksamwerden von Willenserklärungen unter Abwesenden. Eine dogmengeschichtliche Untersuchung insbesondere der letzten drei Jahrhunderte (Diss Heidelberg 1957)
J BREIT, Zur Lehre vom Rechtsgeschäft, SächsArch 15 (1905) 165, 637
M BREIT, Die Willenserklärung als Äußerung und Leistungsgegenstand nach dem deutschen bürgerlichen Gesetzbuche, Gruchot 55 (1911) 1
BREXEL, Zugang verkörperter Willenserklärungen (Diss Augsburg 1998)
F J BRINKMANN, Der Zugang von Willenserklärungen (Diss Münster 1984)
BURGARD, Das Wirksamwerden empfangsbedürftiger Willenserklärungen im Zeitalter moderner Telekommunikation, AcP 195 (1995) 74
CLASEN, Wann gilt ein Einschreibebrief als zugestellt bzw zugegangen?, WM 1963, 166
COESTER-WALTJEN, Das Wirksamwerden empfangsbedürftiger verkörperter Willenserklärungen, Jura 1992, 272
dies, Einige Probleme des Wirksamwerdens empfangsbedürftiger Willenserklärungen, Jura 1992, 441
W COHN, Das Zugehen einer Willenserklärung (Diss Straßburg 1910)
CORDES, Form und Zugang von Willenserklärungen im Internet im deutschen und US-amerikanischen Recht (2001)
DILCHER, Der Zugang von Willenserklärungen, AcP 154 (1955) 120
ERNST, Der Mausklick als Rechtsproblem – WE im Internet, NJW – CoR 1997, 165
FAULHABER/RIESENKAMPFF, Die Beweiskraft

des ok-Vermerks des Telefaxsendeberichts, DB 2006, 376
FRANZEN, Zugang und Zugangshindernisse bei eingeschriebenen Briefsendungen, JuS 1999, 429
GANSCHOW, Das Wirksamwerden von Willenserklärungen unter Abwesenden (Diss Greifswald 1911)
GOTTSCHALK, Die empfangsbedürftige Willenserklärung nach dem BGB (Diss Erlangen 1902)
GREGOR, Der OK-Vermerk des Telefaxsendeprotokolls als Zugangsnachweis, NJW 2005, 2885
HAAS, Das Wirksamwerden von Willenserklärungen, JA 1997, 116
HELLWIG, Reichsgerichtliche Judikatur über das Zugehen von Willenserklärungen, JW 1905, 356
HELWING, Wirksamwerden einer gegenüber dem abwesenden Arbeitnehmer abgegebenen Kündigungserklärung, BB 1968, 511
HEUN, Die elektronische Willenserklärung, CR 1994, 595
HEYNE, Beiträge zur Lehre vom Zugang empfangsbedürftiger Willenserklärungen unter Abwesenden (Diss Rostock 1935)
HOHMANN, Die Übermittlung von Schriftstücken in der Zivil-, Verwaltungs- und Finanzgerichtsbarkeit (1977)
HOHN, Wirksamwerden von Willenserklärungen unter Abwesenden im Arbeitsleben, BB 1963, 273
JACOBI, Erläuterungen des § 130 BGB (Diss Jena 1909)
JÄNICH, Übermittlung empfangsbedürftiger Willenserklärungen im Versicherungsvertragsrecht – Übergabe-Einschreiben contra Einwurf-Einschreiben, VersR 1999, 535
JOHN, Grundsätzliches zum Wirksamwerden empfangsbedürftiger Willenserklärungen, AcP 184 (1984) 385
JÖSTING, Wann geht nach § 130 BGB eine Willenserklärung zu? (Diss Marburg 1917)
J KAISER, Beweis und Inhalt vorprozessualer Schreiben, NJW 2009, 2187
E KANTOROWICZ, Methodologische Studie über den Zugangsbegriff (Diss Göttingen 1917)
W KOCH, Der Zugang der Willenserklärung (Diss Marburg 1929)
M KUHN, Rechtshandlungen mittels EDV und Telekommunikation (Diss München 1991)

KUNSTMANN, Das Zugehen der rechtsgeschäftlichen Willenserklärung nach den §§ 130, 131 BGB (Diss Erlangen 1906)
LEIPOLD, Der Zugang von Willenserklärungen im 21. Jahrhundert, in: FS Medicus (2009) 251
F LEONHARD, Die Wahl bei der Wahlschuld, zugleich ein Beitrag zur Lehre von der Wirksamkeit der Rechtsgeschäfte, JherJb 41 (1900) 1
MANKOWSKI, Zum Nachweis des Zugangs bei elektronischen Erklärungen, NJW 2004, 1901
MERTES/DANERS, Der Zugang von E-Mails im Rechtsverkehr, ZAP 2008, 1239
NEUGEBAUER, Was ist in § 130 BGB unter „Zugehen" zu verstehen? (Diss Breslau 1908)
NITZ, Die Voraussetzungen des Zuganges von Willenserklärungen im Sinne des § 130 BGB (Diss Marburg 1936)
PUTZ, Beweisfragen bei Einschreibesendungen NJW 2007, 2450
REICHEL, Vertragsmäßige Fiktion des Zugangs einer Erklärung, DJZ 1911, 1534
RIESENKAMPFF, Beweisbarkeit der form- und fristgemäßen Übermittlung durch Telefaxgeräte, NJW 2004, 3296
RHODOVI, Das Wirksamwerden der empfangsbedürftigen Willenserklärungen (Diss Rostock 1911)
ROEDEL, Willenserklärungen und ihr Wirksamwerden (Diss Marburg 1931)
SAMOLEWITZ, Über das Wirksamwerden von Willenserklärungen (Diss Heidelberg 1907)
SCHIPPERS, Form und Erklärung, DNotZ 2006, 726
SCHREIBER, Abgabe und Zugang von Willenserklärungen, Jura 2002, 249
SIECKE, Was bedeutet das Zugehen bei den empfangsbedürftigen Willenserklärungen (Diss Rostock 1905)
SOKOLOWSKI, Willenserklärungen mittels Fernsprecher und Ferndrucker (Diss Rostock 1908)
STEFFEK, Zustellungen und Zugang von Willenserklärungen nach dem Regierungsentwurf zum MoMiG – Inhalt und Bedeutung der Änderungen für GmbHs, AGs und ausländische Kapitalgesellschaften, BB 2007, 2077
STEINFELD, Die Vollendung und das Wirksamwerden der adressierungsbedürftigen formfreien Willenserklärung (Diss Münster 1912)
THALMAIR, Kunden-Online-Postfächer: Zugang

von Willenserklärungen und Textform, NJW 2011, 14
TITZE, Der Zeitpunkt des Zugehens bei empfangsbedürftigen schriftlichen Willenserklärungen, JherJb 47 (1904) 379
ULTSCH, Zugangsprobleme bei elektronischen Willenserklärungen, NJW 1997, 3007
R WEBER, Der problematische Zugang von Einschreibesendungen, JA 1998, 593
WEDEMEYER, Die Äußerungstheorie im geltenden Recht, DJZ 1912, 252
WEILER, Der Zugang von Willenserklärungen, JuS 2005, 788

WIETZOREK, Der Beweis des Zugangs von Anhängen in E-Mails, MMR 2007, 156
WOLFF, Das Zugehen der empfangsbedürftigen Willenserklärung (Diss Greifswald 1911)
ZITELMANN, Die Rechtsgeschäfte im Entwurf eines Bürgerlichen Gesetzbuches für das deutsche Reich, 1889/90.

Weitere Literaturhinweise zu einzelnen Spezialfragen im Text; vgl insbesondere zu:
- Empfangspersonen (Rn 54)
- Zugangshindernissen (Rn 79)
- Tod oder Geschäftsunfähigkeit (Rn 104)
- Erklärung unter Anwesenden (Rn 111).

Systematische Übersicht

I. Vollendung und Wirksamkeit der Willenserklärung	1
II. Geltungsbereich	
1. „Empfangsbedürftige" Willenserklärungen	9
2. Willenserklärungen gegenüber Behörden	13
3. Geschäftsähnliche Handlungen und Mitteilungen	14
4. Abwesenheit des Erklärungsempfängers	15
a) Die Unterscheidung von Erklärungen unter Anwesenden und Abwesenden	15
b) Der Zustand der Abwesenheit	18
5. Disponibilität und Ausnahmen	22
III. Abgabe der Willenserklärung	
1. Allgemeine Bedeutung	27
2. Voraussetzungen	28
a) Geeignetes Erklärungsmittel	29
b) Endgültigkeit der Äußerung	30
c) Erklärungsbote und Erklärungsgehilfe	31
d) Abhanden gekommene Willenserklärung	32
e) Übermittlung an den richtigen Adressaten	33
3. Der maßgebliche Zeitpunkt	36
IV. Zugang der Willenserklärung	
1. Die Möglichkeit der Kenntnisnahme und ihre Konkretisierung durch Rechtswissenschaft und Praxis	39
a) Herrschafts- und Machtbereich des Empfängers	41
b) Tatsächliche Verfügungsgewalt und Besitz des Empfängers	42
c) Bereitstellen einer Empfangseinrichtung	43
d) Speicherung der Erklärung	44
e) Zugang durch sinnliche Wahrnehmung oder Empfangseinrichtungen	45
2. Kriterien der Risikoverlagerung auf den Empfänger	46
a) Sinnliche Wahrnehmung	46
b) Die Widmung von Empfangseinrichtungen	49
aa) Zugang kraft Widmung als Akt der Selbstbestimmung	49
bb) Konkrete Empfangsbereitschaft	52
cc) Personen als „Empfangseinrichtung"	54
3. Keine Erweiterungen des „Machtbereichs"	63
4. Keine Einschränkungen durch „gewöhnliche Verhältnisse"	68
a) Subjektive Kenntnisnahmehindernisse	69
aa) Kenntnis von der Abwesenheit	70
bb) Fehlende Sprachkenntnisse beim Empfänger	72

b)	Normative Kenntnisnahmehindernisse	73	6.	Zugang formbedürftiger Willenserklärungen	93
aa)	Zugang zur „Unzeit"	73			
bb)	Fristen	76	**V.**	**Rechtzeitiger Widerruf**	99
cc)	Zusammentreffen mit anderen Ereignissen	77	**VI.**	**Tod oder Geschäftsunfähigkeit des Erklärenden**	104
5.	Keine Besonderheiten bei „Zugangshindernissen"	79			
a)	Tatbestand und Rechtsfolgen der Zugangsfiktion	80	**VII.**	**Beweis des Zugangs**	108
b)	Dogmatische Bedenken	83	**VIII.**	**Die Erklärung unter Anwesenden**	
aa)	Fiktionen als Folge der bisherigen Zugangsdefinition	84	1.	Der Standpunkt des Gesetzes	111
bb)	Die gesetzliche Wertung des § 132	86	2.	Missverständnisse bei Erklärungen unter Anwesenden	112
c)	Pflicht zu Empfangsvorkehrungen?	88	3.	Rücksichtnahme auf offensichtliche Missverständnisse?	114
d)	Schadensersatz bei Beseitigung von Empfangseinrichtungen	91			

I. Vollendung und Wirksamkeit der Willenserklärung*

Die grundlegende Frage, welche Elemente zum Tatbestand einer Willenserklärung **1** gehören, wird seit dem Inkrafttreten des BGB vornehmlich als ein Problem des subjektiven Tatbestandes angesehen (Vorbem 15 ff zu §§ 116 ff). In der Lehre des 19. Jahrhunderts war dies anders. Die in der gemeinrechtlichen Literatur als Problem des Vertragsschlusses behandelte Frage nach der **Vollendung eines Vertrages**, wann also die Annahme eines Vertragsangebotes zum Vertragsschluss führt, verdichtete sich allmählich zu der allgemeineren Frage, **in welchem Zeitpunkt eine Willenserklärung vollendet sei** (zur historischen Genese dieser Frage BENEDICT 12 ff mwNw). Dabei kommen im wesentlichen vier Möglichkeiten in Betracht, denen in der Lehre des gemeinen Rechts vier Theorien des Vertragsschlusses korrespondierten:

Dem frühstmöglichen Zeitpunkt entspricht die **Äußerungstheorie**. Danach soll sich **2** das Rechtsgeschäft in dem Moment vollenden, in welchem der Wille seine äußere Gestalt gewonnen hat (vSAVIGNY, System Bd 8, 235 ff; PUCHTA, Pandekten § 251; WENING AcP 2 [1819] 267, 271; vJHERING JherJb 4 [1861] 1, 86). Da es nach dieser Lehre nur auf die Willensäußerung und nicht auf das Verständnis des Erklärungsempfängers an-

---

* **Schrifttum**: BEKKER, Über Verträge unter Abwesenden nach gemeinem Rechte und nach dem Entwurfe eines allgemeinen deutschen Handelsgesetzbuchs, Jahrb d gem dt Rechts 2 (1858) 342; ders, Sprachliches und Sachliches zum BGB, JherJb 49 (1905) 1; FRITZE, Die stillschweigende Willenserklärung im Bürgerlichen Gesetzbuch, ArchBürgR 14 (1898) 181; HÖLDER, Das Wesen der rechtswirksamen Willenserklärung, JherJb 55 (1909) 413; ders, Zur Theorie der Willenserklärung, in: SOHM/HÖLDER/STROHAL (Hrsg), Drei Beiträge zum Bürgerlichen Recht, Heinrich Degenkolb dargebracht (1905); KOEPPEN, Der obligatorische Vertrag unter Abwesenden, JherJb 11 (1872) 139; KOHLER, Über den Vertrag unter Abwesenden, ArchBürgR 1 (1889) 283; ders, Der Gläubigerverzug, ArchBürgR 13 (1897) 149; REGELSBERGER, Civilrechtliche Erörterungen, Heft 1, 1868; vSCHEURL, Vertragsschluß unter Abwesenden, JherJb 2, 259; SCHOTT, Der obligatorische Vertrag unter Abwesenden (1873).

kommt, wird in ihr der Grundstandpunkt der Willenstheorie sichtbar, dass nämlich „der Wille an sich als das einzig Wichtige und Wirksame gedacht werden" muss (Savigny, System Bd 3, 258; vgl dazu Vorbem 15 zu §§ 116 ff). Zugleich wird deutlich, dass diese Ansicht allein von der **Dogmatik des Vertragsschlusses** beeinflusst ist: Ist der Konsens das konstituierende Merkmal des Vertrages, genügt die Koinzidenz von Angebots- und Annahmewille, und es bedarf nicht noch der Kundgabe des Annahmewillens gegenüber dem Offerenden – ein Gedanke, der heute noch in § 151 zum Ausdruck kommt. Andererseits war Voraussetzung für die Willenseinigung, dass der Wille des Offerenden im Moment der Annahme noch Bestand hatte. Eine Offerte blieb also nicht allein mit ihrer Äußerung wirksam; sie blieb es nur, solange der Offerend an ihr festhielt (zur Bedeutung für den Widerruf unten Rn 99).

3 Nach der **Entäußerungstheorie** (Übermittlungstheorie) bedarf es bereits einer Direktion (Absendung) der Äußerung in Richtung auf den Empfänger (Windscheid, Pandekten, Bd II § 309, 2; vScheurl JherJb 2 [1858] 248 ff).

4 Die **Empfangstheorie** geht noch einen Schritt weiter und stellt auf das Empfangen der Äußerung beim Adressaten ab. Die Erklärung soll erst dann wirksam werden, wenn sie auch zum Empfänger gelangt ist (Kohler ArchBürgR Bd 1, 283, 293; Koeppen JherJb Bd 11, 139, 374).

5 Den spätmöglichsten Zeitpunkt bildet der Moment, in dem der Empfänger die Erklärung inhaltlich richtig zur Kenntnis genommen hat. Da es hiernach auf die tatsächliche „Vernehmung" des Erklärten ankommt, hat sich für diese Position die Bezeichnung **Vernehmungstheorie** eingebürgert (Bekker Jahrb d gem dt Rechts 2 [1858] 350 f; Regelsberger, Civilrechtl Erörterungen, Heft 1 [1868] 25; zur aktuellen Bedeutung des Theorienstreits für die Erklärungen „unter Anwesenden", vgl noch unten Rn 111).

6 Bei der sich aus dem gemeinrechtlichen Streit entwickelnden Frage nach der Vollendung einer Willenserklärung geht es ebenso wie beim Vertragsschluss im Kern um die **Beschaffenheit des objektiven Tatbestandes**: Genügt für die Erklärung ihre sinnlich wahrnehmbare Gestalt oder muss diese sinnliche Form in einer bestimmten räumlich-zeitlichen Beziehung zum Empfänger stehen? Ausgehend von der Theorie mit den weitestgehenden Anforderungen an das Wirksamwerden der Erklärung, der Vernehmungstheorie, verzichten die anderen Theorien stufenweise auf ein für die Vervollkommnung der Willenserklärung wesentliches Element: die Empfangstheorie auf die tatsächliche Kenntnisnahme durch den Empfänger, die Entäußerungstheorie darüber hinaus auf den Zugang der Erklärung und die Äußerungstheorie sogar auf die Entäußerung der Erklärung.

7 Das BGB hat in § 130 allein die **Wirksamkeit einer Willenserklärung** behandelt und damit den **Begriff der Willenserklärung** vorausgesetzt, die Frage nach ihrer **Vollendung** letztlich offen gelassen. Auch die **Abgabe** wurde bewusst nicht geregelt. Der Gesetzgeber hielt es für „selbstverständlich", dass die Erklärung dem „anderen Theile infolge des Willens des Erklärenden zugekommen sein muss" (Mot I 157). Hinsichtlich der Vollendung des objektiven Tatbestandes ging der Gesetzgeber somit von der Entäußerungstheorie aus, während das Wirksamwerden der Willenserklärung gemäß § 130 Zugang erfordert und daher im Sinne der Empfangstheorie

entschieden wurde. Im Ergebnis ist also nur die tatsächliche Kenntnisnahme durch den Empfänger entbehrlich.

Die **Entscheidung für die Empfangstheorie** basiert auf einer sachgerechten Verteilung **8** der mit einer Übermittlung zwischen Abwesenden zwangsläufig verbundenen Risiken: Verlust, Entstellung und Verzögerung der Erklärung. Jeder Beteiligte soll das überwiegend von ihm zu beherrschende Risiko tragen. Mit dem Begriff des Zugangs ist dafür ein Zeitpunkt bezeichnet, der eine **Zäsur bei der Risikoverteilung** markiert. Ab diesem Moment endet das Übermittlungsrisiko des Erklärenden, während die Verantwortung für die tatsächliche Kenntnisnahme durch den Empfänger bei diesem liegt. Die Verfasser des BGB sind einerseits davon ausgegangen, dass eine Willenserklärung strenggenommen nur dann ihren Zweck zu erfüllen vermag, wenn derjenige, für den sie bestimmt ist, auch von ihr Kenntnis nimmt und ihren Inhalt versteht. **Gegen** eine der **Vernehmungstheorie** entsprechende Regelung sprachen jedoch zwei durchschlagende Gründe. Zum einen stünde es dann weitgehend im Belieben des Empfängers, *ob* und *wann* eine an ihn gerichtete Willenserklärung wirksam wird. Zum anderen geriete der Erklärende in unüberwindbare Beweisschwierigkeiten, wenn er den internen Vorgang der Kenntnisnahme als Wirksamkeitsvoraussetzung zu beweisen hätte (vgl Mot I 156; FLUME § 14, 3 = S 228; LEENEN § 6 Rn 49). Auf der anderen Seite kam auch eine Entscheidung für die **Entäußerungstheorie**, die ua auch WINDSCHEID vertrat, nicht in Betracht. Soweit einige Rechtsordnungen sich bis heute mit der Absendung begnügen, basiert das auf der Annahme, dass die regelmäßige Beförderung durch die staatliche Post gewährleistet sei. Der deutsche Gesetzgeber war schon mit Rücksicht auf die sog „exceptio Kallabbiana" – die Einrede der unterschlagenen Briefe (illustrativ zu dem seinerzeit bekannten Postoffizianten Kallab, einem „Briefmarder größten Stils", vJHERING, Scherz und Ernst in der Jurisprudenz [1884] 35) – nicht so zuversichtlich. In der Sache handelt es sich um ein Problem der gesonderten Behandlung von Erklärungsboten, die man wegen ihrer herausgehobenen Vertrauensstellung keiner der beiden Seiten als Risiko zurechnen kann, gleichwohl aber einer Seite zurechnen muss. Die Entscheidung für die Empfangstheorie führte somit zwangsläufig zur Diskussion um das Einschreiben der Deutschen Post (dazu unten Rn 48, 89, 108 f; BENEDICT NVwZ 2000, 167 ff). Der deutsche Gesetzgeber hat das Problem der Vertrauenswürdigkeit der Übermittlung und der Sicherung des Beweises unabhängig von der Post in § 132 gesondert geregelt.

II. Geltungsbereich

1. „Empfangsbedürftige" Willenserklärungen

Das Gesetz verlangt einen Zugang nur für solche Willenserklärungen, die „einem **9** anderen gegenüber abzugeben" sind. Für derartige Willenserklärungen hat sich in Anlehnung an eine von ZITELMANN (Rechtsgeschäfte 93 ff) geprägte Terminologie die Bezeichnung **„empfangsbedürftige Willenserklärungen"** durchgesetzt (abw noch zB KOHLER ArchBürgR 13 [1897] 218: „ankunftsbedürftig"; vTUHR II 1 § 61 III: „richtungsbedürftig"). Zugang iSv § 130 ist demnach bei denjenigen Willenserklärungen entbehrlich, die keinem anderen gegenüber abzugeben sind, also bei **„nicht-empfangsbedürftigen Willenserklärungen"** (zu „amtsempfangsbedürftigen" Willenserklärungen vgl Rn 13).

Gegen diese Unterscheidung könnte man einwenden, dass Sinn und Zweck einer **10**

Willenserklärung grundsätzlich darin liege, „einem anderen gegenüber" zur Kenntnis gebracht zu werden (FLUME § 11, 4 = S 139; eingehend BENEDICT 29 ff). Für **mehrseitige Rechtsgeschäfte** liegt dies in der Natur der Sache. Eine Verständigung setzt zwangsläufig voraus, dass der Wille jedes Beteiligten mit dem anderen korrespondiert. Dies setzt voraus, dass er diesem „gegenüber" zur Kenntnis gebracht wird. Lediglich der potentielle Adressat eines Akzepts kann als Betroffener selbst auf eine Kundgabe sich gegenüber verzichten (§ 151). Im Übrigen sind nicht-empfangsbedürftige Willenserklärungen hauptsächlich bei **einseitigen Rechtsgeschäften** anzutreffen. Regelfall ist allerdings auch hier die Empfangsbedürftigkeit. Diese wird entweder vom Gesetz ausdrücklich bestimmt (vgl zB §§ 143, 167 Abs 1, 182 Abs 1, 349, 388 S 1) oder sie ergibt sich aus der Natur der Sache (zB bei der Kündigung). Bei einseitigen Rechtsgeschäften kommt es zwar gerade nicht auf das Herbeiführen einer Übereinkunft an, aber in aller Regel wird auf ein bestehendes Rechtsverhältnis eingewirkt oder ein neues Rechtsverhältnis begründet. Da insoweit unmittelbar in subjektive Rechte anderer eingegriffen werden soll, kann die Erklärung diesen gegenüber nur Geltung erlangen, wenn ihnen die angestrebte Rechtswirkung wenigstens bekannt gegeben wurde (vgl auch FLUME aaO; LARENZ/WOLF § 28 Rn 11). Soweit Rechtspositionen erweitert werden sollen, wie zB bei Erteilung einer Vollmacht, kann der Begünstigte im Regelfall davon nur Gebrauch machen, wenn er über die Erweiterung seiner Rechte informiert ist.

11 Für den Anwendungsbereich von § 130 folgt daraus: **Nicht-empfangsbedürftige Willenserklärungen** sind alle diejenigen einseitigen Rechtsgeschäfte, bei denen **subjektive Rechte anderer typischerweise nicht beeinträchtigt** werden (BENEDICT 29 ff). Zu weit dürfte es allerdings gehen, für die Vollendung und Wirksamkeit „streng einseitiger Rechtsgeschäfte" die gleichen allgemeinen Regeln anzuwenden (so aber BENEDICT aaO). Um unklare Rechtsverhältnisse nach dem Tode des Erblassers zu vermeiden, muss das Testament bereits mit dem Erbfall wirksam werden und nicht erst, wenn Betroffene davon Kenntnis erlangen. Bei der Dereliktion gemäß § 959 muss zwar der Verzichtswille erkennbar betätigt werden (vgl Vorbem 4 zu §§ 116 ff; § 133 Rn 16 mwNw), aber die Möglichkeit der Okkupation soll gerade nicht davon abhängen, dass dieser dem Aneignenden gegenüber erklärt wird. Auch die Auslobung ist so konstruiert, dass der Anspruch auf die Belohnung allein die Vornahme der Handlung voraussetzt und gerade nicht, dass der Handelnde „mit Rücksicht auf die Auslobung gehandelt hat" (§ 657; freilich wird derjenige, der seinen Lohn geltend macht, notwendig zuvor Kenntnis von der Auslobung erlangt haben). Da für all diese Willenserklärungen nach allgemeiner Auffassung gilt, dass sie unabhängig davon gelten, ob sie zur Kenntnis genommen werden, sind sie bereits entsprechend der Äußerungstheorie **mit ihrer formgerechten Äußerung vollendet und wirksam** (MünchKomm/ EINSELE Rn 5; zum Zugangsverzicht gem § 151 vgl unten Rn 22).

12 **Missverständlich** ist in jedem Fall die Aussage, nicht-empfangsbedürftige Willenserklärungen zeichneten sich gerade dadurch aus, dass es bei ihnen auf die Wahrnehmung durch eine bestimmte Person nicht ankomme (vgl SOERGEL/HEFERMEHL Rn 1). Hier wird der Eindruck erweckt, es gebe Willenserklärungen, die für niemanden bestimmt sind. Das trifft aber allenfalls für die Dereliktion zu, bei welcher es dem Erklärenden im Regelfall gleichgültig ist, ob sie zur Kenntnis genommen wird oder nicht. Im Übrigen ist aber zweifellos auch jede nichtempfangsbedürftige Willenserklärung vom Erklärenden mit der Intention abgefasst, dass sie auch wahrgenommen werden möge (ausf Manigk, Verhalten 305 ff; Benedict aaO mwNw). Daher ist es grundsätzlich widerspruchsfrei möglich, mit einem **„nicht-empfangsbedürftigen" Testament empfangsbedürftige Willenserklärungen abzugeben**, zB den Widerruf einer Schenkung (RGZ 170, 380; Flume § 14, 2 = S 226). Der Zugang empfangsbedürftiger Willenserklärungen erfordert gem § 130 Abs 2 nicht, dass der Erklärende ihn noch erlebt, und „abgegeben" ist der Widerruf, weil und sofern der Erblasser davon ausgegangen ist, dieser werde dem Adressaten auch zugehen (zu den damit verbundenen Problemen vgl näher unten Rn 104 ff).

2. Willenserklärungen gegenüber Behörden

§ 130 Abs 3 stellt klar, dass die Zugangsregeln auch für Willenserklärungen gelten, **13** die **gegenüber einer Behörde** abzugeben sind (**„amtsempfangsbedürftige Willenserklärungen"**). Damit gilt § 130, vorbehaltlich abweichender Sonderregelungen, grundsätzlich auch im **öffentlichen Recht**. Im BGB ist die Empfangsstellung einer Behörde ausdrücklich geregelt für Erklärungen in Zusammenhang mit einer Stiftung (§ 81 Abs 2), bei der Hinterlegung (§ 376), beim Fund (§ 976), bei Erklärungen gegenüber dem Nachlassgericht (§ 1945), Familiengericht (§ 1681 Abs 2; § 1750) und Grundbuchamt (§§ 875, 876, 928, 1168, 1180, 1183). Mit amtsempfangsbedürftigen Willenserklärungen nicht zu verwechseln sind diejenigen Erklärungen, die zur Wahrung der vorgeschriebenen Form **vor einer Behörde** abzugeben sind (insb vor einem Notar, vgl zB §§ 128, 925). Der Gesetzgebungsgeschichte lässt sich entnehmen, dass der Eindruck vermieden werden sollte, solche Erklärungen bräuchten dem anderen Teil nicht mehr zugehen (Mot I 159; Prot I 69 f). Die Abgabe *vor* einer Behörde betrifft also nur die gehörige Form der Erklärung (§ 125), nicht auch schon ihre Wirksamkeit gem § 130 (hierzu noch unten Rn 93).

3. Geschäftsähnliche Handlungen und Mitteilungen

§ 130 regelt ausdrücklich nur das Wirksamwerden von *Willenserklärungen*. Wegen **14** der übereinstimmenden Interessenlage ist die Vorschrift auf **geschäftsähnliche Handlungen** (dazu Vorbem 2 zu §§ 116 ff) **analog anzuwenden**. So sind zB auch Mängelanzeigen und Mängelrügen (§ 377 HGB), Mahnungen (§ 286 Abs 1) und Fristsetzungen (§§ 281 Abs 1, 323 Abs 1) einem anderen gegenüber zur Kenntnis zu bringen. Entsprechendes gilt für **Mitteilungen, die auf einer Informations- oder Aufklärungspflicht beruhen**, nicht aber für bloße **Wissenserklärungen** (BAG 15. 3. 2011- 1 AZR 808/09, juris). Dabei kann sich die Mitteilungspflicht aus einem Vertrag (BGH NJW 1989, 1671: Mitteilung der Kontosperrung) oder aus dem Gesetz ergeben (BSG NJW 1969, 2255: Meldung der Arbeitsunfähigkeit). Andererseits soll § 130 BGB bei Benachrichtigungen nach **§ 666 und ähnlichen Erklärungspflichten** nach hM nicht zur Anwendung kommen, weil es sich bei der Benachrichtigungspflicht um eine **Schickschuld** handele und diese am Wohn- oder Geschäftssitz des Beauftragten zu erfüllen sei (BGHZ 151, 5, 9 f; MünchKomm/Einsele Rn 5; Palandt/Ellenberger Rn 3). Das ist zwar in schuldrechtlicher Hinsicht richtig, wird aber der besonderen Interessenlage bei empfangsbedürftigen Erklärungen nicht gerecht. Wenn schon das Übermittlungsrisiko bei nicht geschuldeten Erklärungen aus gutem Grund beim Erklärenden liegt, dann sollte das erst recht für Erklärungen gelten, zu deren Abgabe er verpflichtet ist. Schließlich sollte § 130 auch Anwendung auf Erklärungen finden, die im Zusammenhang mit der **Einberufung einer AG-Hauptversammlung** stehen. Die gegenteilige Ansicht des

BGH (BGHZ 143, 339: Gegenanträge gem § 126 Abs 1 AktG waren erst um 22.00 Uhr zugegangen) ist allein durch die nach dem hier vertretenen Standpunkt abzulehnende Doktrin von der „Unzeit" veranlasst. Wäre der BGH dieser Doktrin nicht gefolgt (dazu ausf unten Rn 73 ff), hätte kein Grund bestanden, Erklärungen nach § 126 AktG vom Anwendungsbereich des § 130 auszunehmen. **Patientenverfügungen** gem § 1901a sind – wie die Einwilligung in ärztliche Heileingriffe – geschäftsähnliche Handlungen, die ähnlich wie Testamente (dazu oben Rn 11) – nicht empfangsbedürftig sind und daher mit der Errichtung einer Verfügung in der Form des § 1901a Abs 1 Rechtsgeltung erlangen (W LANGE, Inhalt und Auslegung von Patientenverfügungen [2008] 36, 60).

4. Abwesenheit des Erklärungsempfängers

a) Die Unterscheidung von Erklärungen unter Anwesenden und Abwesenden

15 Die Empfangstheorie gilt gem § 130 nur für Willenserklärungen, die gegenüber Abwesenden abgegeben werden. Für Erklärungen unter Anwesenden fehlt eine gesetzliche Regelung. Diese gesetzliche Differenzierung wurde schon früh kritisiert, da die Empfangstheorie auch bei verkörperten Erklärungen zwischen Anwesenden als sachgerecht angesehen wurde. Insofern lag es nahe, nicht zwischen Erklärungen unter An- und Abwesenden zu unterscheiden, sondern danach, ob die Erklärungen **verkörpert oder unverkörpert** sind (vgl BREIT SächsArch 15 [1905] 649; OERTMANN Recht 1906, 271 ff; TITZE, Missverständnis 210; STAUDINGER/COING[11] Rn 1 mwNw; STAUDINGER/DILCHER[12] Rn 12; BRINKMANN 22; SOERGEL/HEFERMEHL Rn 5 ff, 16 a ff, 20 ff; MEDICUS, AT Rn 291).

16 Die Entwicklung im Bereich der Telekommunikation wirft insoweit aber neue Fragen auf: Sollen etwa die modulierten Signale, die „online" übermittelt werden, den verkörperten Erklärungen zugeordnet werden, nur weil sie demoduliert auf dem Bildschirm des Empfängers wieder sichtbar geworden sind? Oder soll eine unverkörpert abgegebene Erklärung, die auf einem Anrufbeantworter aufgezeichnet worden ist, als verkörperte Erklärung gelten? Verlangt man für die Anwendung von § 130, dass es sich um verkörperte Willenserklärungen handelt, lässt sich im übrigen nicht plausibel erklären, warum auch bei einer unverkörperten Erklärung die Empfangstheorie Anwendung finden soll, wenn sie gegenüber einem Empfangsboten erfolgt (RGZ 60, 334, 336 f; STAUDINGER/COING[11] § 130 Rn 1). Insofern wird von einem Teil des Schrifttums mit Recht auch diese Klassifizierung abgelehnt. Stattdessen wird vorgeschlagen, zwischen **gespeicherten und ungespeicherten** Erklärungen zu unterscheiden (JOHN AcP 184 [1984] 385, 389 ff; ähnl Terminologie schon bei SOKOLOWSKI 19: „bleibende" und „vorübergehende" Erklärung; BEHLING 124: „frei abrufbare Speicherung"). Die mündliche und daher an sich unverkörperte Erklärung gegenüber einem Empfangsboten ist nach dieser Ansicht eine (im Gedächtnis des Empfangsboten) „gespeicherte", für die gem § 130 die Empfangstheorie gelten soll. Damit ist zwar eine widerspruchsfreie Behandlung der Empfangsbotenfälle gewährleistet, aber dennoch wenig gewonnen, da ein so weit verstandener Begriff der Speicherung auf jede mündlich verlautbarte Erklärung zutrifft und daher keine Unterscheidungskraft mehr besitzt. Wenig hilfreich ist diese Unterscheidung auch deshalb, weil der Begriff der „Speicherung" nicht nur die Anwendung von § 130 begründen soll, sondern zugleich maßgebliches Tatbestandsmerkmal der von JOHN befürworteten Zugangsdefinition ist (hierzu Rn 44). Jede gespeicherte Erklärung wäre daher regelmäßig zugleich eine zugegangene und daher wirksame Willenserklärung (vgl auch BURGARD AcP 195 [1995] 74, 91 f). Da letztlich keine der angebotenen Differenzierungen völlig

konsistent durchgehalten werden kann, liegt es nicht fern, **auf eine Systematisierung ganz zu verzichten** und die Empfangstheorie unterschiedslos für sämtliche Willenserklärungen heranzuziehen (zuletzt wieder Burgard AcP 195 [1995] 74, 87 ff, 94, 134) oder auch gleich alle Differenzierungen zu vertreten (MünchKomm/Einsele Rn 2, 17 ff und 28 ff). Damit wird freilich der Intention des Gesetzes, das ja ausdrücklich zwischen Erklärungen unter An- und Abwesenden unterscheidet, nicht entsprochen.

Nach der **Intention des Gesetzgebers** sollte nur geregelt werden, was auch einer Regelung bedurfte. Dies war die empfangsbedürftige Willenserklärung, die gegenüber einem Abwesenden erfolgt. Für Erklärungen unter Anwesenden sah man hingegen keinen Regelungsbedarf, weil sich insoweit bereits aus der „Natur der Sache" ergebe, dass diese bereits im Moment der Abgabe wirksam würden (Mot I 156). Das Wirksamwerden von Willenserklärungen bedurfte nur insoweit einer Regelung, als aufgrund der Streckung des Übermittlungsvorgangs überhaupt eine zeitliche Diskrepanz zwischen Abgabe und Kenntnisnahme eintreten konnte. Nur für diesen Fall war die Frage, ab welchem Zeitpunkt einer Willenserklärung Rechtswirkungen beizumessen sind und wer das Risiko eines Verlustes oder einer Veränderung der Erklärung zu tragen hat, relevant. Für diese Frage kommt es aber nicht auf die **Form der Erklärung** an, also auf ihre Verkörperung oder Speicherung, sondern **allein** auf die **zeitliche Dimension des Übermittlungsvorgangs**. Insofern hat der Gesetzgeber mit Recht die Regelung über das Wirksamwerden der Willenserklärung gem § 130 auf empfangsbedürftige Erklärungen unter Abwesenden beschränkt (zu den Anforderungen an die Wirksamkeit einer Erklärung unter Anwesenden unten Rn 111 ff). 17

b) Der Zustand der Abwesenheit
Folgt man der vom Gesetz vorgegebenen Unterscheidung, so stellt sich zunächst die Frage, nach welchen Kriterien der Zustand der Abwesenheit zu bestimmen ist. Der **Begriff der Abwesenheit** bereitete keine Probleme, solange ein wirksames Rechtsgeschäft nur bei unmittelbarer sinnlicher Gegenwart der Parteien vorgenommen werden konnte: im Formalgeschäft. Im römischen Recht wurde ein rechtliches Übereinkommen *(„conventio")* nicht anders gedacht als durch physische Zusammenkunft (ausf zum römischen Formalismus vJhering, Geist des römischen Rechts, 2. Teil [3. Aufl 1875] §§ 45 ff). Erst als sich der Wandel vom Formal- zum Konsensualgeschäft vollzog, kam es nicht mehr auf die *physische,* sondern nunmehr auf die *psychische* Übereinkunft – den Konsens – zwischen den Parteien an, welcher dann natürlich auch *inter absentes* durch Brief *(per epistulam)* oder durch Boten *(per nuntium)* herbeigeführt werden konnte (vgl Paulus D. 2.14.2; Ulpian D. 2.14.1.3.). Damit ist der Begriff der Abwesenheit determiniert als ein Zustand „ab-sens", bei dem also die **sinnliche Wahrnehmung** des anderen ausgeschlossen ist (treffend für den Begriff der „Anwesenheit" schon Staudinger/Coing[11] § 147 Rn 3: „wenn ... eine unmittelbar sinnliche Wahrnehmung stattfindet"; ebenso MünchKomm/Kramer § 147 Rn 2). Das sinnlich wahrnehmbare „Wesen", die Person des anderen, ist nicht gegenwärtig, es ist *ab-wesend*. Der Begriff „Abwesenheit" hat daher nicht primär einen örtlichen, sondern vor allem einen sinnlichen Aspekt. Seine eigentliche Bedeutung liegt in der nicht bestehenden **unmittelbaren sinnlichen Wahrnehmung des jeweiligen Geschäftspartners**. 18

Die sinnliche Wahrnehmung ist am intensivsten, wenn bei unmittelbarer Gegenwart sämtliche Sinne angesprochen sind (insbes Sehen, Hören, Fühlen). Die Unterscheidung von An- und Abwesenheit verliert dementsprechend an Evidenz, wenn Kom- 19 munikationsmöglichkeiten bestehen, bei denen trotz räumlicher Distanz einzelne Aspekte sinnlicher Wahrnehmung weiterhin gewährleistet sind. Paradigma hierfür ist die **Verständigung mittels Telefon**, das lediglich eine **akustische Wahrnehmung** ermöglicht. Die dogmatische Einordnung des Telefonats bereitete dementsprechend einige Schwierigkeiten (vgl nur SOKOLOWSKI 12 ff, BENEDICT 35 ff). Soweit man sich dieser Schwierigkeiten nicht bereits mit der Behauptung entzog, als eigentlich entscheidendes Kriterium für die Anwendung des § 130 habe die Verkörperung der Erklärung zu gelten (oben Rn 15 f), wurde die Erklärung mittels Fernsprechers den Erklärungen unter Anwesenden gleich geachtet. Zur Begründung wurde und wird dabei auf die Regelung des § 147 Abs 1 S 2 (so insbesondere RGZ 61, 125, 126; 90, 166, 167) und/oder den insoweit bestehenden **direkten Übermittlungskontakt** „von Person zu Person" hingewiesen (mit dieser Tendenz bereits Mot I 160; deutlich Prot I 78 f; BRINKMANN 23, 85; JOHN AcP 184 [1984] 385, 390 ff).

20 Durch die nur partielle sinnliche Wahrnehmung besteht ein **erhöhtes Risiko von Missverständnissen**. Die Kommunikation „unter vier Augen" hat per se eine größere Intensität als ein bloß fernmündliches Gespräch. Es verwundert daher nicht, dass gerade die telefonischen Erklärungen dazu geführt haben, die bei Erklärungen unter Anwesenden angenommene Anwendung der Vernehmungstheorie in Frage zu stellen. Bei der Behandlung mündlicher (unverkörperter) Erklärungen werden jedoch zwei eigenständige Probleme nicht streng voneinander unterschieden: der Zeitpunkt der Wirksamkeit einer Erklärung einerseits und die erhöhte Gefahr von Missverständnissen andererseits. Sofern es um die Wirksamkeit fernmündlicher Erklärungen geht, ist die Zuordnung zu den Erklärungen unter Anwesenden zwingend. Wenn nämlich im Moment der Äußerung zugleich die Kenntnisnahme erfolgen kann, bleibt von vornherein kein Raum für einen dazwischen liegenden Zeitpunkt, in welchem die Erklärung zugehen könnte: Die oben (Rn 2–5) genannten vier Elemente der Verständigung (Äußerung, Entäußerung, Empfang, Vernehmung) fallen in dem einen Moment des Sprechaktes unauflöslich zusammen. Das erhöhte Risiko von Missverständnissen beruht demgegenüber auf der unsicheren (flüchtigen) Form der Erklärung. Sofern aber Formfreiheit herrscht, darf es für die Wirksamkeit keine Rolle spielen, in welcher Form eine Erklärung abgegeben wird und ob die Erklärung alle Sinne oder nur einen anspricht. Falls aber die sinnliche Wahrnehmung ausgeschlossen ist, wie zB bei einem mündlichen Vertragsangebot an einen **Gehörlosen** (vgl dazu Rn 117), können nicht die Regeln über Willenserklärungen unter „Anwesenden" gelten. Hier kommt es daher auf den – in solchen Fällen gerade nicht bewirkten – Zugang gem § 130 Abs 1 an.

21 Ein zeitlich unmittelbares Kommunizieren ist auch im Bereich der **Online-Medien** – zB beim „chatten" im Internet – nur über die durch Tastatur und Bildschirm vermittelte Schrift möglich – ohne jedwede sinnliche Wahrnehmung der Kommunikationspartner. Soweit man für die Abgrenzung zwischen An- und Abwesenden mit der überwiegenden Meinung am Kriterium des direkten (beiderseitigen) Übermittlungskontaktes festhält, könnte man auch hier den Austausch von Erklärungen unter Anwesenden annehmen; denn die Übermittlung braucht ja nicht notwendig akustisch, sondern kann auch optisch erfolgen (vgl nur LARENZ/WOLF § 26 Rn 33; BORK Rn 605). Das würde aber voraussetzen, dass sich der jeweilige Teilnehmer am Empfangsgerät befindet (krit BURGARD AcP 195 [1995] 74, 89). Außerdem wäre die Anwendung der Vernehmungstheorie, die von der hM bei Erklärungen unter Anwesenden

grundsätzlich herangezogen wird, wenig sachgerecht, wenn Kommunikationsstörungen zB auf fehlerhafter Hard- oder Software des Empfängers beruhen. Die neue Kommunikationstechnik würde also nach Ansicht mancher zu einer Modifikation der bisherigen Dogmatik nötigen (eingehend BURGARD AcP 195 [1995] 74, 133 f). Nach dem hier vertretenen Kriterium der sinnlichen Wahrnehmung bedarf es keiner solchen Modifikation. Vielmehr ist zu differenzieren: Die Übertragung eines Schriftsatzes gewährleistet im Gegensatz zum Fernsprechverkehr **keinerlei sinnliche Wahrnehmung der anderen Person**. Daran ändert die Möglichkeit der „Unmittelbarkeit" nichts. Derartige Erklärungen sind mithin von vornherein solche unter Abwesenden (MünchKomm/EINSELE Rn 18; **aA** BAMBERGER/ROTH/WENDTLAND Rn 29). Anders gestaltet sich die Situation bei unmittelbarer Übertragung von Ton und Bild, zB im Rahmen einer **Videokonferenz**. Hier handelt es sich um Erklärungen, die unter Anwesenden ausgetauscht werden (MünchKomm/EINSELE Rn 18). Entscheidend ist also nicht das Übertragungsmedium (Fernsprecher, Telegraf, Internet), sondern das übertragene Medium (Schrift, Ton, Bild).

5. Disponibilität und Ausnahmen

Ausnahmen vom Zugangserfordernis sind mit Blick auf die dargestellten Theorien **22** (Rn 2 ff) in zwei Richtungen möglich: Nach „oben" in Richtung Vernehmungstheorie, nach „unten" in Richtung Entäußerungstheorie. Alle anderen Vereinbarungen, wie zB die geforderte „Kündigung per Einschreiben", betreffen die Erklärungsform und sind daher an § 125 zu messen (hierzu noch unten Rn 93). Da § 130 kein zwingendes Recht ist, unterliegen beide Möglichkeiten grundsätzlich der **Disposition der Parteien** (RGZ 108, 91, 96 f; BGHZ 130, 71, 75; ARMBRÜSTER NJW 1996, 438, 439; **aA** BENEDICT 45 ff mwNw). Durch Individualabrede können also entweder der Zugang abbedungen oder eine positive Kenntnisnahme durch den Empfänger ausbedungen werden. Grenzen bestehen aber bei Verwendung **Allgemeiner Geschäftsbedingungen**. § 309 Nr 13 verbietet die Vereinbarung besonderer Zugangserfordernisse, § 308 Nr 6 die Regelung einer Zugangsfiktion. Da Arbeitnehmer als Verbraucher gelten (BAGE 115, 19, 28 f), gelten die Schranken des AGB-Rechts gem § 310 Abs 3, 4 auch im Regelfall für abweichende Vereinbarungen in **Arbeitsverträgen**. Die im Arbeitsvertrag enthaltene Abrede, dass für eine wirksame Kündigung das „Datum der Aufgabe" genüge, hat das BAG daher mit Recht nicht gelten lassen (AP Nr 9 zu § 130). Entsprechendes gilt für die in der Gemeinschaftsordnung von Miteigentümern vorgesehene Bestimmung, dass die Absendung von Einladungen zur Eigentümerversammlung an die zuletzt bekannte Anschrift des Wohnungseigentümers genüge (LG Magdeburg NJW-RR 1997, 969; s a BayObLG WE 1991, 296 zu einer entsprechenden Klausel in einem Verwaltervertrag). § 151 stellt im Übrigen aber klar, dass der **Zugang beim Vertragsschluss** zur Disposition des (potentiellen) Adressaten steht. Dies gilt auch für die Entbehrlichkeit des Zugangs kraft „Verkehrssitte", da diese auf einem stillschweigenden Verzicht beruht (FLUME § 35 II 3; MünchKomm/KRAMER § 151 Rn 47 ff).

Um keine Ausnahme vom Erfordernis des Zugangs handelt es sich in jenen Fällen, **23** in denen **das Gesetz** für die *Rechtzeitigkeit* einer Erklärung **auf deren Absendung abstellt** (Anfechtung: § 121 Abs 1 S 2; Mängelrüge: §§ 478 Abs 1 S 1 a F; 377 Abs 4 HGB; Widerruf: § 355 Abs 1 S 2, 2. HS). Hier wird nicht auf den Zugang verzichtet, sondern lediglich das mit der Übermittlung verbundene **Verzögerungsrisiko** vom Erklärenden auf den Empfänger verlagert. Das **Verlustrisiko** und die mit diesem verbundene Beweislast für den Zugang verbleibt den allgemeinen Regeln entsprechend beim Absender (MünchKomm/EINSELE Rn 15; OLG Dresden NJW-RR 2000, 354: Wiederholung eines Widerrufs nach § 7 VerbrKrG; ausf BGHZ 101, 49 [Mängelanzeige] mwNw zum Streitstand; abl M REINICKE JZ 1987, 1031; krit J HAGER JR 1988, 287; differenzierend STAUDINGER/ DILCHER[12] Rn 16 f).

24 Der Sache nach verkörpern auch **Zugangsfiktionen** eine Ausnahme von § 130. Eine Zugangsfiktion wird man nur annehmen dürfen, wenn sie ausdrücklich geregelt ist wie zB bei § 132 BGB, § 13 Abs 1 VVG und §§ 179 S 3, 180 S 2, 181 Abs 1 S 4, 184 Abs 2 S 1 ZPO. Entsprechendes gilt für **Rechtzeitigkeitsfiktionen** (vgl § 149). Die gegenteilige Ansicht, die eine Zugangs- bzw Rechtzeitigkeitsfiktion auch kraft Zurechnung von Zugangshindernissen annimmt, ist abzulehnen (ausführlich unten Rn 79 ff).

25 Andererseits soll es in Fällen, in denen **das Gesetz ausschließlich auf die „Kenntnis" einer Person abstellt**, nicht genügen, wenn die Kenntnisnahme durch entsprechenden Zugang einer Mitteilung „nur" möglich war (vgl RGZ 135, 247, 251; SOERGEL/HEFERMEHL Rn 2). Zeigt zB der Gläubiger dem Schuldner die Abtretung einer Forderung an, so hat der Zugang der Anzeige zwar die Wirkungen des § 409, schützt also den Schuldner bei Leistungen an den *scheinbaren Zessionar*. Die zugegangene Abtretungsanzeige soll aber eine tatsächliche Kenntnisnahme von einer wirksamen Abtretung nicht ersetzen können, so dass der Schuldner gemäß § 407 Abs 1 mit befreiender Wirkung nach wie vor an den *bisherigen Gläubiger* leisten kann, wenn er die Anzeige nicht zur Kenntnis genommen hat. Dem ist nicht zu folgen. § 130 regelt das Wirksamwerden von Willenserklärungen, enthält aber eine verallgemeinerungsfähige Regel des Inhalts, dass der Empfänger einer Erklärung sich so behandeln lassen muss, als habe er vom Inhalt der Erklärung Kenntnis erlangt. Andernfalls könnte der Empfänger einer Erklärung in Widerspruch zu der Wertung des § 130 Abs 1 die vom Absender bezweckte Information nach Belieben vereiteln (vgl BENEDICT 47 ff). Im Falle des § 407 Abs 1 muss es dem Zessionar daher möglich sein, den Rechtsschein der fortbestehenden Legitimation des Zedenten durch Anzeige an den Schuldner zu zerstören, ohne dass der Schuldner dies verhindern kann.

26 Sofern es um das **Wirksamwerden von Willenserklärungen** oder geschäftsähnlichen Handlungen geht, gilt § 130 Abs 1 unmittelbar. Insofern darf man nicht abweichend vom Gesetz positive Kenntnis des Empfängers verlangen, sondern muss sich auch bei Erklärungen, die den Empfänger informieren oder zu einer Änderung seines Verhaltens motivieren sollen, mit dem gesetzlich vorgeschriebenen Zugang begnügen. Sonst kommt der Erklärende in eben jene Schwierigkeiten, die der Gesetzgeber mit seiner Entscheidung für die Empfangstheorie ausdrücklich vermeiden wollte. Keine Zustimmung verdient daher die Entscheidung des BAG, das für eine wirksame **Abmahnung** positive Kenntnisnahme durch den Arbeitnehmer verlangt und dies aus dem Sinn und Zweck von § 326 Abs 1 S 2 aF ableitet (NJW 1985, 823, 824). Es entspricht zwar in der Tat dem „Sinn und Zweck" von **Mahnungen oder Fristsetzungen**, dass der Empfänger sie auch zur Kenntnis nimmt. Dieser „Sinn und Zweck" liegt aber sämtlichen empfangsbedürftigen Willenserklärungen zugrunde, so dass kein Grund besteht, Sonderregeln für einzelne Arten von Willenserklärungen oder geschäftsähnlichen Handlungen zu schaffen. Der Gesetzgeber hat sich aus guten Gründen gegen die Vernehmungstheorie entschieden (oben Rn 8); daran ist die

Rechtsprechung gebunden (krit auch BICKEL AP Nr 12 zu § 1 KSchG 1969 Verhaltensbedingte Kündigung; DORNDORF SAE 1987, 137 ff).

III. Abgabe der Willenserklärung

1. Allgemeine Bedeutung

Der Begriff der Abgabe wird in § 130 vorausgesetzt und ist ebenso wenig wie der des **27** Zugangs gesetzlich definiert. Die **Bedeutung der Abgabe** besteht darin, dass sich in ihr die **Vollendung des Willens** in der Erklärung manifestiert. Sie ist daher maßgeblich, wenn Rechtsfolgen vor allem an den Willen anknüpfen und der Gesichtspunkt des Vertrauensschutzes dem nicht entgegen steht oder zurücktritt. Nicht-empfangsbedürftige Willenserklärungen werden daher im Augenblick ihrer Abgabe wirksam. Bei der Wahrung von Fristen kommt es in bestimmten Fällen nicht auf den rechtzeitigen Zugang, sondern auf die rechtzeitige Abgabe an (dazu unten Rn 36 ff). Von ausschlaggebender Bedeutung ist der Zeitpunkt der Abgabe schließlich für solche Umstände, die von der Rechtsordnung für die Anerkennung und Zurechnung rechtsgeschäftlichen Handelns verlangt werden. In § 130 Abs 2 kommt dieser Gedanke deutlich zum Ausdruck, da es auf die Wirksamkeit einer vollendeten Willenserklärung keinen Einfluss haben soll, wenn der Erklärende nach der Abgabe seiner Erklärung stirbt oder geschäftsunfähig wird. Zu Recht wird darin die Grundlage für eine Verallgemeinerung gesehen und **§ 130 Abs 2** auf vergleichbare Fälle – wie zB den Bestand einer Prozessvollmacht – **analog angewendet** (VOLLKOMMER Rpfleger 1971, 229; OLG Frankfurt NJW 1984, 2896).

2. Begriff und Voraussetzungen

Über den Begriff der Abgabe herrscht weitgehend Einigkeit. Danach gilt eine **28** Willenserklärung als abgegeben, wenn der Erklärende alles getan hat, was seinerseits zum Wirksamwerden der Erklärung erforderlich war (MEDICUS, AT Rn 263, krit BENEDICT 54 ff). Für FLUME (§ 14, 2 = S 225, 226) handelt es sich um den „Akt" des rechtsgeschäftlichen Handelns schlechthin, das „in Geltung Setzen der Erklärung, ...ungeachtet dessen, ob die Erklärung sogleich mit der Abgabe wirksam wird". Dieser Akt muss so beschaffen sein, dass an der Endgültigkeit des geäußerten Willens kein Zweifel bestehen kann (LARENZ, AT § 21 II a = S 417; BGH WM 1983, 712 f). Die Abgabe ist somit nichts anderes als **objektiver Ausdruck eines bestehenden Rechtsbindungswillens**. Damit sind bestimmte Anforderungen an den Tatbestand der Erklärung verbunden.

a) Geeignetes Erklärungsmittel

Von einer Verlautbarung des Rechtsbindungswillens kann im Allgemeinen nicht die **29** Rede sein, wenn der Empfänger überhaupt nicht in der Lage ist, die Äußerung zu verstehen. Man könnte deshalb daran zweifeln, ob bei einer mündlichen Erklärung gegenüber einem der benutzten Sprache nicht mächtigen **Ausländer** von der Abgabe einer Willenserklärung auszugehen ist. Um ein **völlig ungeeignetes Erklärungsmittel** handelt es sich freilich nur, wenn entweder niemand das Gesprochene verstehen kann oder wenn der Erklärende weiß, dass er von dem konkreten Empfänger nicht verstanden wird. Nur dann ist der Schluss gerechtfertigt, dass der Erklärende in Wahrheit nichts in Geltung setzen wollte. Wie bei einer Scherzerklärung fehlt es dann am Rechtsbindungswillen. Im Übrigen handelt es sich bei der Willenserklärung gegenüber **Sprachunkundigen zunächst um eine Frage des Sprachrisikos**, bei dem gem §§ 133, 157 und – bei empfangsbedürftigen Willenserklärungen – gem § 130 Abs 1 einerseits auf die Verständnismöglichkeiten des Empfängers Rücksicht zu nehmen ist, andererseits aber auch dem berechtigten Vertrauen des Erklärenden, seine Erklärung würde verstanden, Rechnung getragen werden muss (vgl § 119 Rn 18 u 20; aA BENEDICT 99; dazu auch unten Rn 114; zu Erklärungen gegenüber Gehörlosen unten Rn 117).

b) Endgültigkeit der Äußerung

30 Der Schluss auf einen Rechtsbindungswillen setzt ferner voraus, dass sich der Erklärende der Disposition endgültig begeben hat. Die fertig ausformulierte und unterschriebene Vertragsannahme auf dem Schreibtisch des Prokuristen ist noch keine endgültige Willenserklärung, da und sofern der Erklärende nicht das Erforderliche veranlasst hat, um die Erklärung in den Verkehr zu bringen. Bei einer **verkörperten Erklärung** bedarf es der endgültigen Entäußerung. Die Abgabe wird zur Übergabe. Das gilt insbesondere für formbedürftige Rechtsgeschäfte wie den **Bürgschaftsvertrag**, zu dessen Gültigkeit das Bürgschaftsversprechen schließlich erteilt werden muss. Die Unterschrift allein genügt hierfür noch nicht. Der Gläubiger muss mit Willen des Erklärenden in den Besitz der Urkunde gelangt sein (wichtig in RGZ 61, 414: Selbsttötung des Schuldners im Nebenzimmer). Bei verkörperten Erklärungen unter Anwesenden gibt es daher streng genommen kein Zugangsproblem (unten Rn 97).

c) Erklärungsbote und Erklärungsgehilfe

31 Der Übermittlungsvorgang beginnt, wenn die Willenserklärung vollendet ist. Ein Bote gibt keine eigene Willenserklärung ab, sondern überbringt eine vollendete Willenserklärung des Erklärenden. Insofern liegt regelmäßig in der **Übergabe der Erklärung an einen Boten** ihre **Abgabe**. Anders verhält es sich, wenn eine Hilfsperson bei der Vollendung der Erklärung mitwirkt. Diese ist dann nicht Bote, sondern **Erklärungsgehilfe**. Mit der Übergabe der Diktierkassette an die Sekretärin liegt daher noch keine vollendete Erklärung vor, da das Diktat nicht in dieser Form in den Verkehr gelangen soll, sondern in verkörperter Form als Schriftstück, ggf nach Korrektur und Unterschrift des Verfassers. Sofern die Sekretärin einen diktierten Brief mit dem Zusatz „nach Diktat verreist" versieht und absendet, ist sie in Bezug auf diesen Brief nur Erklärungsgehilfin, nicht Erklärungsbotin. Solange der Brief nicht in der vorgesehenen Form vollendet ist, kann von einer Abgabe keine Rede sein (aA STAUDINGER/DILCHER[12] Rn 6). Entsprechendes gilt, wenn die Erklärung zwar in der vorgesehenen Form vorliegt, aber dafür der Wille, sich endgültig zu binden, noch fehlt. So verhielt es sich in dem Fall der **widerrufenen Prozessvollmacht**, in dem ein Prozessbevollmächtigter die vollständige, unterschriebene und mit Gerichtsmarken versehene Berufungsschrift einer Kanzleimitarbeiterin übergeben hatte mit dem Auftrag, diese zwei Tage vor Ablauf der Rechtsmittelfrist zur Post zu geben. Entgegen OLG Frankfurt NJW 1984, 2896 (m zust Anm MÜNZBERG NJW 1984, 2871 f) liegt in der Übergabe des Schriftsatzes an die Mitarbeiterin noch keine Vollendung der Willenserklärung, da der Wille, sich der Erklärung *endgültig* zu begeben, fehlte. Der Auftrag, den Schriftsatz nicht sofort bei Gericht einzureichen, sondern bis zwei Tage vor Fristablauf zu warten, hatte offensichtlich den Sinn, sich noch die Disposition über das Rechtsmittel vorzubehalten. Dann fehlte aber noch der Rechtsbindungswille, und der nach Einreichen des Schriftsatzes erklärte Widerruf der Prozessvoll-

macht erfolgte noch rechtzeitig (zum Problem der Verfälschung der Erklärung durch den Boten vgl § 120 Rn 2 und 4).

d) Abhanden gekommene Willenserklärung
An der Abgabe einer Willenserklärung fehlt es, wenn diese ohne Willen des Absenders in den Verkehr gelangt ist (BGH NJW-RR 2003, 384; NJW-RR 2006, 847, 849 f; OLG München NJW-RR 2005, 1470, 1471). Der Verkehr ist jedoch in seinem **Vertrauen** auf die Verbindlichkeit der Erklärung zu schützen, sei es nach den Regeln über das Verschulden bei Vertragsschluss (BGHZ 65, 13, 15) oder analog § 122, weil (und sofern) der Aussteller der abhandengekommenen Willenserklärung ein erhöhtes Missbrauchsrisiko geschaffen hat (offen BGH NJW-RR 2006, 347, 350; vgl dazu § 122 Rn 11 und Vorbem 49 zu §§ 116 ff). 32

e) Übermittlung an den richtigen Adressaten
Gerät die Willenserklärung zunächst an den falschen Adressaten und wird sie von diesem an den richtigen Adressaten weitergeleitet, steht die Vollendung der Willenserklärung nicht in Frage. Der Erklärende will sich erkennbar binden, wählt aber den falschen Weg. Dennoch wird überwiegend die Ansicht vertreten, dass zur Vollendung ihre **Entäußerung in Richtung des Adressaten** gehört (vgl BGH NJW 1975, 39; 1979, 2032; 1980, 990; 1989, 1671). Demgegenüber ist wie folgt zu differenzieren: Im Fall BGH NJW 1979, 2032 (zust Förschler JuS 1979, 2032) kam es darauf an, ob ein erklärter Rücktritt noch rechtzeitig vor dem Wegfall der Rücktrittsvoraussetzungen wirksam geworden war. Unstreitig war die Erklärung dem Rücktrittsgegner rechtzeitig zugegangen. Die Willenserklärung hatte ihr Ziel erreicht. Dennoch stellte der V. Senat die Wirksamkeit des Rücktritts deshalb in Frage, weil die **Erklärung** nicht gegenüber dem Rücktrittsgegner (§ 349), sondern **gegenüber dem Notar**, welcher seinerzeit den zugrunde liegenden Vertrag protokolliert hatte, abgegeben und erst von diesem an den richtigen Empfänger weitergeleitet wurde. Für das Wirksamwerden einer Willenserklärung sei „erforderlich, aber auch ausreichend, dass diese – neben dem Zugehen – mit Willen des Erklärenden in den Verkehr gelangt und der Erklärende damit rechnen konnte und gerechnet hat, sie werde (auf welchem Wege auch immer) den Erklärungsgegner erreichen" (NJW 1979, 2033; ebenso OLG München NJW-RR 2005, 1470, 1471; Flume § 14, 2 = S 225 f; Soergel/Hefermehl § 130 Rn 6; MünchKomm/ Einsele § 130 Rn 13; vgl auch RGZ 170, 380, 382; OLG Köln NJW 1950, 702). Der BGH begreift die Abgabe der Willenserklärung (auch wenn er den Begriff Abgabe an keiner Stelle erwähnt) als eigenständige Wirksamkeitsvoraussetzung und hält die Erklärung für unwirksam, obwohl diese der zuständigen Person zugegangen ist. Das überzeugt nicht, weil der Erklärende seinen Rechtsbindungswillen unmissverständlich zum Ausdruck gebracht hat und somit an der Vollendung der Willenserklärung kein Zweifel besteht. Insofern sollte es für die Wirksamkeit der Erklärung nur noch auf ihren Zugang ankommen. Ist dieser erfolgt, spielt die Wahl des falschen Adressaten keine Rolle. Eine andere Frage ist, zu wessen Lasten **Verzögerungen** gehen, die auf der Wahl des Übermittlungsweges beruhen (dazu unten Rn 36 ff). 33

Im Fall BGH NJW 1980, 990 ging es um die Wirksamkeit einer fristlosen **Kündigung**, die dem in dieser Sache (zunächst) **vollmachtlosen Rechtsanwalt** für dessen Mandanten zugesandt wurde. Auch in diesem Fall wurde die Erklärung an den Mandanten weitergeleitet. Im Unterschied zum oben Rn 33 dargestellten Fall BGH NJW 1979, 2032 ist der BGH hier von einem wirksamen Zugang ausgegangen. Da der 34

Erklärende sogar von der Weiterleitung der Kündigung an den Mandanten und dessen Kenntnisnahme ausgegangen war und auch ausgehen durfte, hatte er erst recht alles Nötige für das Wirksamwerden getan und mithin seine Willenserklärung vollendet. Da mit der Kenntnisnahme auch Zugang vorlag (vgl hierzu unten Rn 39), war auch die Kündigung wirksam. Ob dem Anwalt auch in dieser Angelegenheit und in welchem Umfang ein Mandat erteilt wurde, ist insoweit ohne Bedeutung. Entschärft hat sich die Frage nach dem richtigen Adressaten im Falle des **Widerrufs eines Prozessvergleichs**. Aufgrund der Doppelnatur des Widerrufsvergleichs geht der BGH mit Recht davon aus, dass der Widerruf nicht nur gegenüber dem – materiell-rechtlich zuständigen – Prozessgegner, sondern auch gegenüber dem – zur Entgegennahmen von Prozesshandlungen zuständigen – Gericht erklärt werden kann (BGH NJW 2005, 3576, 3578 m zust Anm WÜRDINGER JZ 2006, 627 f).

35 In Fällen, in denen die Erklärung zunächst an die unzuständige Person übermittelt wurde (vgl auch BGH NJW 1989, 1671: Mitteilung an Eltern des volljährigen Kontoinhabers), besteht für den Erklärenden oft die Schwierigkeit, den **Zugang beim Empfänger zu beweisen**. Unstreitig wird zumeist der Zugang beim Erklärungsmittler sein. Steht dieser aber „im gleichen Lager" wie der Empfänger, wird die Tatsache der Weiterleitung regelmäßig im Dunkeln bleiben. Dies wäre unschädlich, wenn der **Erklärungsmittler** als **Empfangsbote** des Erklärungsempfängers angesehen werden könnte, weil ab Zugang beim Empfangsboten das Risiko der verspäteten, verfälschten oder fehlenden Übermittlung der Erklärung auf den Empfänger überginge (vgl unten Rn 54 ff). Vollmachtlose Vertreter (BGH NJW 1980, 990) sind als solche jedoch keine Empfangsboten, auch nicht die Eltern eines volljährigen Kontoinhabers. Wenn diese von der Bank zur Weiterleitung einer Mitteilung aufgefordert wurden (BGH NJW 1989, 1671, 1672), werden sie nicht als Empfangs-, sondern als **Erklärungsboten** tätig. Insofern liegt in der Übergabe der Erklärung an einen Erklärungsboten zugleich ihre Abgabe (oben Rn 31).

3. Der maßgebliche Zeitpunkt

36 Mit dem räumlich-zeitlichen Auseinanderfallen von Abgabe und Zugang gibt es zwei Bezugspunkte, die für das Wirksamwerden einer Willenserklärung in zeitlicher Hinsicht Bedeutung erlangen können. Dabei ist zu unterscheiden: Geht es um den Zeitpunkt, zu dem eine Willenserklärung wirksam wird, kommt es gem § 130 grundsätzlich auf den **Zeitpunkt des Zugangs** an. Dies gilt insbesondere für die Einhaltung von Fristen. In bestimmten Ausnahmefällen (oben Rn 11) hat das Gesetz die Wirkungen der Erklärung allerdings auf den **Zeitpunkt der Abgabe** vorverlagert. Hier stellt sich dann die Frage, ob es für die Rechtzeitigkeit der Abgabe genügt, wenn die Erklärung den Empfänger erst auf **Umwegen** erreicht. BGH NJW 1975, 39 (abl m Hinw auf § 132 Abs 1 W SCHUBERT JR 1975, 152) verlangt, dass im Rahmen des § 121 Abs 1 S 2 „eine Absendung *an* den Anfechtungsgegner" vorgenommen wird, wenn durch die Absendung eine Frist gewahrt werden soll. In dem zugrunde liegenden Fall kam es auf die Rechtzeitigkeit einer Anfechtungserklärung an. Der V. Senat hat diese verneint, weil die Erklärung nicht dem Erklärungsgegner (§ 143), sondern in einer Klageschrift **dem Gericht zugesandt** worden war. Dem ist zuzustimmen, weil der Zweck des § 121 Abs 1 S 2 darin besteht, den Absender vor dem **Verzögerungsrisiko** zu bewahren. Dieser Zweck ist erfüllt, wenn sich Transportrisiken verwirklichen, die außerhalb seiner Einflusssphäre und Beherrschungsmöglichkeit liegen. Beruht die

Verzögerung aber darauf, dass der Absender nicht den direkten Übermittlungsweg wählt, sondern einen Umweg über eine Behörde, ein Gericht oder einen Prozessbevollmächtigten macht, dann erscheint der Absender bei dadurch bedingten Verzögerungen nicht schutzwürdig. Im Beschreiten eines Umwegs liegt regelmäßig ein „schuldhaftes Zögern" iSv § 121 Abs 1 S 1 (aA BENEDICT 64 ff). Bei der Übermittlung in einem zuzustellenden Schriftsatz, der dem zuständigen Gericht zugänglich gemacht wird, sollte dem Anfechtungsberechtigten auch nicht die Vorschrift des § 167 ZPO zugute kommen (ebenso BGH NJW 1982, 172 f zu § 270 Abs 3 ZPO aF; ihm folgend das prozessuale Schrifttum, vgl nur THOMAS/PUTZO [32. Aufl] § 167 Rn Rn 5). Danach werden zwar Fristen bereits mit Einreichung eines Schriftsatzes bei Gericht gewahrt, wenn die Zustellung „demnächst erfolgt", aber die Vorschrift möchte nur denjenigen begünstigen, der darauf angewiesen ist, sich der Mitwirkung der Gerichte zu bedienen, um bestimmte Fristen zu wahren oder zB die Verjährung zu unterbrechen. Dies trifft nicht auf Erklärungen zu, die dem Adressaten durch einfachen Brief zugestellt werden können (BGH NJW 1982, 173; zum Sonderfall des Prozessvergleichs oben Rn 34).

Für sonstige **Wirksamkeitsvoraussetzungen, welche die Person des Erklärenden betreffen**, kommt es grundsätzlich auf den Zeitpunkt der Abgabe an, da in diesem Moment die Erklärung vollendet ist. Das betrifft Geschäftsfähigkeit, Willensmängel, Beweggründe des Rechtsgeschäfts sowie die Kenntnis oder das Kennenmüssen bestimmter Umstände. Folgerichtig kommt es für die **Auslegung** einer Willenserklärung (BGH NJW 1998, 3268) oder die Frage, ob die Ausübung eines **Anfechtungsrechts** treuwidrig ist, weil die Rechtslage des Getäuschten nicht oder nicht mehr beeinträchtigt ist, auf den Zeitpunkt der Abgabe der Anfechtungserklärung, nicht den des Zugangs an (BGH NJW 2000, 2894). Dem entspricht grundsätzlich § 130 Abs 2, wonach Tod oder Fortfall der **Geschäftsfähigkeit** keinen Einfluss auf die vollendete Willenserklärung haben. Die Abgabe der Willenserklärung ist der Akt des rechtsgeschäftlichen Handelns (FLUME § 14, 2 = S 226). Insofern ist es nur folgerichtig, dass die Wirksamkeitsvoraussetzungen der Selbstbestimmung in dem Zeitpunkt vorliegen müssen, in dem der Selbstbestimmungsakt vorgenommen wird. § 130 Abs 2 dient ferner dem Vertrauensschutz des Erklärungsempfängers, der von den in der Person des Erklärenden liegenden Umständen und etwaigen Veränderungen regelmäßig keine Kenntnis hat (Mot I 159; BGHZ 48, 374, 380). 37

Handelt es sich um **Voraussetzungen, welche den Inhalt der Willenserklärung oder die Person des Empfängers betreffen**, kommt es auf den Zeitpunkt des Wirksamwerdens der Erklärung, also auf ihren Zugang an. Wird zB zwischen Abgabe und Zugang eines Rechtsgeschäfts eine **Verbotsnorm** erlassen oder wird der Empfänger in dieser Zeit bösgläubig, erlangen die betreffenden Rechtsgeschäfte keine Wirksamkeit (FLUME § 14, 2 = S 227). Entsprechendes gilt für zwischenzeitliche **Verfügungsbeschränkungen** des Erklärenden, zB bei Eröffnung des Insolvenzverfahrens gem § 81 Abs 1 InsO. 38

IV. Zugang der Willenserklärung

1. Die Möglichkeit der Kenntnisnahme und ihre Konkretisierung durch Rechtswissenschaft und Praxis

Wirksame Selbstbestimmung durch Rechtsgeschäft setzt im Anwendungsbereich 39 von § 130 Zugang voraus. Rechtswissenschaft und Praxis stehen damit vor der Aufgabe, Kriterien zu finden, die diesen Begriff näher konkretisieren. Der Gesetzgeber hat sich zwar für die **Empfangstheorie** (oben Rn 8) entschieden, aber sonst keine präziseren Angaben gemacht. „Der Ausdruck – Zugehen – bezeichnet nur ein Gelangen zum Adressaten, lässt aber nicht erkennen, wie weit die Erklärung gelangen muss" (F Leonhard JherJb 41 [1900] 1, 34 f). Aus der Entscheidung des Gesetzgebers für die Empfangstheorie lässt sich freilich ableiten, dass der Erklärende das Übermittlungsrisiko, der Empfänger das Risiko der Kenntnisnahme tragen soll. Da die Willenserklärung ihrer Funktion gemäß zur Kenntnisnahme bestimmt ist, sollte der Zugang möglichst nahe dem Ideal tatsächlicher Kenntnisnahme kommen. Eine abgegebene Willenserklärung ist also spätestens dann wirksam, wenn der Empfänger sie **tatsächlich zur Kenntnis genommen hat** (ebenso Medicus AT Rn 276; John AcP 184 [1984] 385, 409 f; Bork Rn 621). Der Zugang selbst erfolgt freilich schon zuvor: bei **Eintritt der Kenntnisnahmemöglichkeit**. Diese bildet die Basis sämtlicher gebräuchlicher Zugangsdefinitionen (vgl statt vieler Brinkmann 35 mwNw).

40 Das Problem der Kenntnisnahmemöglichkeit besteht freilich darin, dass diese außerordentlich weite Zurechnungsmöglichkeiten bietet und deshalb weiterer Konkretisierung bedarf. Dafür gibt es im Wesentlichen zwei Ansätze: Zum einen kann man dabei **individuell** vorgehen und die Möglichkeit der Kenntnisnahme **von Fall zu Fall** beurteilen. Als Maßstab dienen relativ offene Kriterien wie „Treu und Glauben", „Verkehrssitte" oder die „gewöhnlichen Lebensverhältnisse" (vgl Hölder JherJb 55 [1909] 413, 458, 465; ders, Theorie 21, 28, 43; Wolff 22; Rhodovi 27; Staudinger/Riezler[8] Anm 3: wenn die Möglichkeit der Wahrnehmung durch den Adressaten empirisch begründet ist). In diesem Sinne judizierte auch das Reichsgericht und beurteilte den Zugang stets anhand der Verhältnisse im Einzelfall: „Zugegangen ist eine Erklärung dann, wenn der Empfänger sich unter normalen Verhältnissen die Kenntnis von dem Inhalte der Erklärung verschaffen kann und nach den Gepflogenheiten des Verkehrs von ihm zu erwarten ist, dass er die Kenntnis sich tatsächlich verschafft" (RGZ 99, 20, 23; stRspr seit RGZ 61, 334, 336; zuletzt RGZ 142, 402, 407). Die Nachteile dieser Formel liegen vor allem darin, dass sie die Rechtssicherheit erheblich beeinträchtigt und den Rechtsanwender mit einer umfangreichen Kasuistik konfrontiert. Um diesen Gefahren zu entgehen und einen Rückgriff auf ausschließlich empirische Billigkeitserwägungen zu vermeiden, fehlt es zum anderen nicht an Versuchen, die Kenntnisnahmemöglichkeit **generell, dh für sämtliche Fallgestaltungen einheitlich**, zu bestimmen.

a) Herrschafts- und Machtbereich des Empfängers

41 Im Hinblick auf die zu gewährleistende Risikoverteilung wurde schon früh der „**Herrschafts- und Machtbereich**" zur Präzisierung herangezogen (Prot II 663; RGZ 56, 262, 263; im älteren Schrifttum schon Schott, Der obligatorische Vertrag [1873] 83; Siecke 21; Neugebauer 27; umf Nachw bei Titze JherJb 47 [1904] 379, 383 Fn 9; nunmehr ganz hM, unten Rn 45). Dieses Kriterium orientiert sich an der vom Gesetzgeber vorgenommenen Interessenabwägung und ist insoweit sachgerecht, als jeder das Risiko tragen soll, das zu beherrschen er auch allein in der Lage ist (oben Rn 8). Es versagt allerdings dort, wo die Grenzziehung zwischen dem Machtbereich des Erklärenden und dem des Empfängers nicht so eindeutig ist. Da gerade diese Fälle Probleme bereiten, ist es letztendlich nicht viel aussagekräftiger als der bloße Hinweis auf Treu und Glauben (vgl schon Titze 384 f; ausf zuletzt Brinkmann 51 ff mwNw). Herrschafts- und Machtbereich sind letztlich nur Umschreibungen der Möglichkeitstheorie mit anderen Worten. Sofern damit das Vorliegen einer bestimmten räumlichen Beziehung zur Bedingung gemacht werden soll (so vTuhr 433), sind die Vorteile gegenüber der Möglichkeitstheorie keineswegs zwingend. So ist durchaus zweifelhaft, ob die rein räumliche Betrachtung bei Einschreibesendungen, die auf der Post niedergelegt worden sind, zu einer gerechten Risikoverteilung führt. Die Einschreibesendung ist etwa zugegangen nach RGZ 144, 289, nur aufgrund einer Zugangsfiktion nach RGZ 95, 315, aufgrund einer Rechtzeitigkeitsfiktion nach BGHZ 67, 271 und nicht zugegangen nach BGHZ 137, 205. Wenig eindeutig sind die Ergebnisse auch in folgenden Fällen: Hinterlassen eines Briefes im Hausflur eines Mehrfamilienhauses, Anheften an der Wohnungs- oder Haustür, Ablage in einem an der Hauseingangstür eines Mehrfamilienhauses angebrachten Körbchens, Einwurf durch ein geöffnetes Fenster in die Wohnung des Empfängers oder in dessen Auto (vgl dazu unten Rn 63 ff). Außerhalb des räumlichen Machtbereichs soll der Zugang von Erklärungen liegen, die auf offener Straße übergeben, unter den Scheibenwischer des Autos geklemmt oder durch Aushang (am Schwarzen Brett) bekannt gegeben werden. Andererseits gibt es Fälle, in denen die Erklärung in den Machtbereich des Empfängers gelangt, ein Zugang aber dennoch abgelehnt wird (RGZ 56, 262: Vorzeigen der Erklärung am Arbeitsplatz; RGZ 110, 34: Annahmeverweigerung). Nach einem Urteil des LAG Berlin-Brandenburg (ZTR 2007, 513) soll der Antrag auf Zustimmung zu einer Kündigung dem Personalrat nicht zugegangen sein, wenn dieser im nicht verschließbaren Postfach abgelegt wurde und somit nicht der alleinigen Gewalt des Personalrates unterlag (vgl dazu Rn 64).

b) Tatsächliche Verfügungsgewalt und Besitz des Empfängers

42 Mit dem Kriterium des Machtbereichs ist die Unterscheidung zwischen verkörperten und unverkörperten Erklärungen deutlich präjudiziert. Insofern ist es nur folgerichtig, wenn stattdessen die auf verkörperte Erklärungen zugeschnittene „**tatsächliche Verfügungsgewalt**" maßgeblich sein soll (so insbes das RG in seinen frühen Entscheidungen, vgl RGZ 50, 191, 194; 56, 262, 263; ebenso BGH NJW 1965, 965, 966; BAG DB 1976, 1018). Von diesem Kriterium war es dann nur noch ein kleiner Schritt, die Verfügungsgewalt an den sachenrechtlichen Begriff des (unmittelbaren) „**Besitzes**" zu knüpfen (ausf Titze JhJb 47 [1904] 385 ff; zuerst wohl Thiele AcP 89 [1899] 136; ebenso Breit SächsArch 15 [1905] 656 f; Hellwig JW 1905, 356 ff; Kunstmann 55; ausf Verteidigung der Besitztheorie bei Ganschow 24 ff). Abgesehen davon, dass beide Kriterien von vornherein nur für verkörperte Erklärungen passen, sind sie insbesondere deshalb abzulehnen, weil die Wirksamkeit der Erklärung dann immer auch vom (Besitz-)Willen des Empfängers abhängig gemacht werden müsste. Gerade das wollte der Gesetzgeber mit seiner Entscheidung für die Empfangstheorie vermeiden (gegen Titze schon Manigk, Willenserklärung 309 ff; Hölder, Theorie 3 ff; vgl auch Dilcher AcP 154 [1955]120, 123 ff und Brinkmann 53 ff; Behling 155 mwNw).

c) Bereitstellen einer Empfangseinrichtung

43 Die Nachteile der Besitzlehre sollen dadurch umgangen werden, dass die Möglichkeit zur Kenntnisnahme dann angenommen wird, wenn die Erklärung eine „**Empfangseinrichtung**" des Empfängers erreicht hat (grundl RGZ 144, 289, 292; Dilcher AcP 154 [1955] 127 ff; Staudinger/Coing[11] Rn 3; Staudinger/Dilcher[12] Rn 22). Damit ist bisher nur vordergründig ein brauchbares Kriterium zur Grenzziehung der Risikosphären gewonnen, denn sofort drängt sich die Frage auf, was unter Empfangseinrichtung zu verstehen ist. Solange es sich nur um einen Sammelbegriff für die in den bekannten Kasuistiken ohnehin auftauchenden Zugangsvarianten (Briefkasten, Postschließfach, Empfangsbote) handelt oder die Zuordnung anhand der „Verkehrsanschauung" erfolgen soll, ist an begrifflicher Schärfe nichts gewonnen. Ansonsten ist bezüglich der kritischen Fälle kein entscheidender Fortschritt erzielt. Empfangseinrichtungen gibt es nur für verkörperte Erklärungen, und das Problem der Zugangsvereitelung wird nicht gelöst, sondern verschärft sich geradezu, weil sich nun die allgemein abgelehnte Pflicht des Empfängers zur Entgegennahme der Erklärung in eine Pflicht zur Einrichtung von Empfangsvorkehrungen verwandelt (DILCHER 131 ff; ausf unten Rn 88 ff). Die nur zögerliche Rezeption dieses Kriteriums basiert allerdings darauf, dass man es für zu eng und einen Zugang auch dann für möglich hält, wenn die Erklärung in den Machtbereich des Empfängers gelangt, ohne dass Empfangsvorkehrungen genutzt worden sind (vgl nur FLUME § 14, 3 c = S 234; LARENZ/WOLF § 26 Rn 19 f; MünchKomm/EINSELE Rn 17).

d) Speicherung der Erklärung

44 Dem zuletzt genannten Einwand scheint die von JOHN begründete Ansicht gerecht zu werden, die auf das Kriterium der **Speicherung** der Erklärung abstellt (AcP 184 [1984] 385, 403 ff; ihm folgend MEDICUS AT Rn 274). Danach ist eine Willenserklärung zugegangen, wenn diese „aus der Sicht eines sorgfältigen Erklärenden ... zuverlässig und für den Empfänger zugänglich gespeichert ist" (JOHN 412; ähnlich BEHLING 124: „frei abrufbar gespeichert"). Der Vorteil dieser Lehre besteht im Wesentlichen darin, dass die Unterscheidung von verkörperten und unverkörperten Erklärungen (scheinbar) obsolet wird. Aus der Empfangseinrichtung wird im Ergebnis eine Speichereinrichtung. Im Übrigen bleibt aber die entscheidende Konkretisierung im Dunkeln. Da für JOHN jede schriftliche Erklärung eine gespeicherte Erklärung darstellt, kommt es nach seiner Zugangsdefinition nur noch darauf an, ob sie dem Empfänger auch zugänglich ist. Insoweit enthält die Definition einen Zirkel, weil sie den Zugang danach bestimmt, ob die Erklärung dem Empfänger zugänglich ist, er also Zugang zu ihr hat.

e) Zugang durch sinnliche Wahrnehmung oder Empfangseinrichtungen

45 Eine ausschließlich auf faktische Kriterien gestützte Zugangsdefinition wurde bisher von niemandem vertreten. Auch TITZE, der mit dem sachenrechtlichen Besitz über ein objektives Kriterium zu verfügen schien, relativierte den Besitz als einen Zustand, bei dem unter „normalen Verhältnissen" eine Kenntnisnahme erwartet werden kann (JherJb 47 [1904] 387). Entsprechend verfährt bis heute die **herrschende Meinung**, die den Zugang einer Willenserklärung als gegeben ansieht, sobald diese derart in den **Machtbereich des Adressaten** gelangt ist, dass bei Annahme **gewöhnlicher Verhältnisse** damit zu rechnen sei, dieser könne von ihr Kenntnis nehmen (st Rspr seit RGZ 144, 289, 291; 170, 285, 288; BGHZ 67, 271, 275;137, 205, 207; BGH NJW 2004, 1320; MünchKomm/EINSELE Rn 19; SOERGEL/HEFERMEHL Rn 8; PALANDT/ELLENBERGER Rn 5; LARENZ/ WOLF § 26 Rn 17; MEDICUS AT Rn 274; LEENEN § 6 Rn 28; BORK Rn 622). Die Konkretisierung des Machtbereichs durch den Maßstab der „gewöhnlichen Verhältnisse" ist im Ergebnis nicht weiterführend, da es sich seinerseits um ein relativ unbestimmtes Kriterium handelt und daher die Gefahr besteht, dass die Risikosphären von Erklärendem und Empfänger weitgehend nach Bedarf zu Lasten der einen oder der anderen Seite verschoben werden können (krit insbes BENEDICT 4 f; HKK/OESTMANN Rn 28 f). Der Eintritt der Wirksamkeit einer Willenserklärung muss aber in einer **auf Selbstbestimmung basierenden Rechtsordnung** sicher und auch im vornherein bestimmbar sein. Nicht von ungefähr galt die Regelung, die den Zeitpunkt dieser Wirksamkeit festlegt, als der „Centralparagraph des ganzen Rechtsgeschäftsgebiets" (ZITELMANN Rechtsgeschäfte 98). Der Zugang einer Willenserklärung ist daher wie folgt zu **definieren**: Eine Willenserklärung ist gem § 130 dann zugegangen, wenn die Möglichkeit, von ihrem Inhalt Kenntnis zu nehmen, dem Adressaten dadurch vermittelt wird, dass sie zu seiner **sinnlichen Wahrnehmung** oder in eine zum Zweck der späteren Kenntnisnahme **gewidmete Empfangseinrichtung** gelangt ist (vgl BENEDICT 96). Diese Definition bedarf im Folgenden der näheren Darlegung:

2. Kriterien der Risikoverlagerung auf den Empfänger

a) Sinnliche Wahrnehmung

Angesichts der Unbestimmtheit der bisher verwendeten bereichsspezifischen Zugangskriterien, erscheint es sinnvoll, das Hauptaugenmerk nicht auf eine Konkretisierung der Bereiche zu lenken, die von den Beteiligten beherrscht werden können, sondern zunächst **von der jeweiligen Handlung auszugehen**, welche dem einen und dem anderen Teile nach der Wertung des Gesetzes obliegt, damit die Erklärung ihren „bezweckten vollen rechtlichen Erfolg erheischt" (Mot I 157): Es ist der Erklärende, der dafür zu sorgen hat, dass der Empfänger die Erklärung zur Kenntnis nehmen kann. Allein der vom Empfänger nicht beeinflussbare Vorgang der Kenntnisnahme fällt diesem anheim. **Die Schnittstelle**, die diese beiden Verantwortungsbereiche miteinander verbindet, liegt in der **sinnlichen Wahrnehmung** der Willenserklärung durch den Empfänger. Spätestens ab diesem Moment besteht für ihn die geforderte Kenntnisnahmemöglichkeit, so dass es nun gerechtfertigt erscheint, dem Empfänger das Verlust- und Verspätungsrisiko für eine Erklärung aufzubürden, von deren Existenz er erst jetzt erfährt. Eine Willenserklärung ist also grundsätzlich erst, aber auch immer dann zugegangen, wenn der Empfänger sie als eine solche wahrgenommen hat. Damit schließt sich der Kreis an der Stelle, wo die Zugangsproblematik ihren Ausgangspunkt genommen hat. Es war ja gerade die sinnliche Wahrnehmung, die durch die Bedingung der Abwesenheit aufgehoben war (oben Rn 18), und diese ist nun wieder hergestellt, weil sie für das Wirksamwerden der Willenserklärung unter Abwesenden Voraussetzung ist. In diesem Fall sind auch die Bedingungen, die für die Empfangstheorie sprechen, erfüllt. Denn die sinnliche Wahrnehmung ist im Gegensatz zur Kenntnisnahme ein unwillkürlicher und dem Beweis zugänglicher Vorgang. Die Frage, ob und wann eine Willenserklärung wirksam wird, ist somit objektiviert und der Willkür des Empfängers entzogen. Die von der **Empfangstheorie** getroffene Aussage über „das Erreichen" des Empfängers oder „das Gelangen" zu diesem bedeutet also zunächst nichts anderes, als dass die Erklärung **zur sinnlichen Wahrnehmung des Empfängers gelangt** sein muss: in seine Hände, vor seine Augen oder zu seinen Ohren (idS bereits Mot I 157). Das Kriterium der sinnlichen Wahrnehmung war in der Literatur nicht unbekannt. So schreibt etwa WOLFF (17): „Der Erklärende muss also seinen Willen kundgegeben haben mit der bewussten Absicht, ihn dadurch – nun *durch die Sinne erkennbar* – in die Wahrnehmungssphäre des Erklärungsempfängers zu übertragen. Ist dies geschehen, hat der Willensurheber alles getan, was ihm oblag" (vgl auch BREIT Gruchot 55 [1911] 7 u passim: „Wahrnehmungsmöglichkeit"; MANIGK, Willenserklärung 193: „Wahrnehmungssphäre").

Eine den Zugang bewirkende Wahrnehmung hat folgende **Voraussetzungen**: Zunächst muss die wahrgenommene **Erklärung bereits abgegeben** worden sein; anderenfalls handelt es sich noch nicht um eine vollendete Willenserklärung, die wirksam werden könnte (oben Rn 28 ff). Ferner muss der Empfänger die ihn betreffende **Adressierung und den Absender erkannt** haben; anderenfalls hat er die Erklärung noch nicht *als Willenserklärung* wahrgenommen und wäre daher zur Annahmeverweigerung berechtigt (vgl nur MünchKomm/EINSELE Rn 28). Zum Wesen der Willenserklärung gehört, dass sie zur Kundgabe gegenüber einem bestimmten Adressaten bestimmt ist (oben Rn 10). Dieser „teleologische Aspekt" der Willenserklärung (BENEDICT 24 f) muss vom Adressaten erfasst werden (hierzu passt die Rspr von BGH und BAG, dass bei falscher Adressierung ein Schriftsatz erst dann fristwahrend zugeht, wenn er das zuständige Gericht erreicht hat, vgl nur BAG NJW 2002, 845 mwNw). Schließlich muss der Empfänger **die Erklärung als solche wahrgenommen** haben (vgl schon OERTMANN Recht 1906, 725). Anderenfalls hat der Erklärende die ihm obliegende Handlung noch nicht erbracht. Es genügt also nicht, wenn der Empfänger lediglich von der Existenz der Willenserklärung erfährt. Eine Erklärung, die sich der Empfänger in den Geschäftsräumen des Erklärenden abholen soll, geht folglich erst in dem Moment zu, in dem die Abholung tatsächlich erfolgt und nicht schon dann, wenn der Empfänger dazu lediglich aufgefordert wird. Zwar wäre eine abstrakte Kenntnisnahmemöglichkeit gegeben. Der Erklärende kann jedoch die ihm obliegende **Übermittlungshandlung und damit verbundene Risiken nicht einseitig auf den Empfänger abwälzen**. Aus diesem Grunde muss man einen Zugang auch dann ablehnen, wenn der Empfänger zwar nicht die Übermittlungshandlung, wohl aber die diesbezüglichen Kosten verantworten soll (vgl OVG Hamburg MDR 1996, 313: unfrankierter Brief). Der Empfänger kann auch in diesem Fall die Entgegennahme der Erklärung verweigern.

48 Entsprechendes gilt, wenn der Empfänger durch den Erklärungsboten aufgefordert wird, eine Briefsendung abzuholen. Scheitert beim **Einschreiben Eigenhändig** (früher: **„Übergabe-Einschreiben")** der Deutschen **Bundespost** AG die persönliche Zustellung an den Adressaten, hinterlässt der Postbote für den Empfänger eine **Benachrichtigung**, dass die Sendung innerhalb von sieben Tagen beim zuständigen Postamt zu den angegebenen Zeiten abgeholt werden kann (www.deutschepost.de). Allein durch den Zugang der Benachrichtigung ist der Zugang der niedergelegten Briefsendung und der darin enthaltenen Erklärung ebenso wenig erfolgt wie in dem Fall, da der mit der Übermittlung einer Erklärung betraute Nachbar den Empfänger bittet, sich zum Zweck der Aushändigung bei ihm zu melden (insow im Ergebnis zutr die stRspr seit RAG JW 1932, 2565; zuletzt BGHZ 137, 205, 208 mwNw; OLG Brandenburg NJW 2005, 1585, 1586; MEDICUS AT Rn 280; MünchKomm/EINSELE Rn 21 und 38; JAUERNIG [13. Aufl] Rn 6; **aA** aber LG Freiburg NJW-RR 2004, 1377 f; FLUME § 14, 3c = S 235; LARENZ § 21 II b = S 422 f; LARENZ/WOLF § 26 Rn 24; PALANDT/ELLENBERGER Rn 18; BEHN AcP 178 [1978] 505, 531; RICHARDI Anm zu BAG AP Nr 4; auch noch SINGER LM Nr 27). Die rechtliche Beurteilung des (Übergabe-)Einschreibens Eigenhändig war nur solange zweifelhaft, wie die Post quasi ein mit hoheitsrechtlichem Status ausgestattetes Erklärungsbotenmonopol besaß und bei den Postbenutzern der falsche Eindruck hervorgerufen wurde, bei der Zustellung durch Einschreiben handele es sich um eine sichere Übermittlungsart (ausf BENEDICT NVwZ 2000, 167 ff). Spätestens mit ihrer Privatisierung ist **die Post jedoch grundsätzlich so zu behandeln, wie jeder andere Erklärungsbote** auch. Dieser Problematik Rechnung tragend, bietet die Deutsche Post AG mit dem **Einschreiben Einwurf** eine Übermittlungsform an, wie sie auch von der privaten Konkurrenz praktiziert wird: Der Bote protokolliert in durchaus beweis- und gerichtsverwertbarer Form (unten Rn 108 ff) den Einwurf der Sendung in die Empfangseinrichtung, also ihren unmittelbaren Zugang. Der Streit um die rechtliche Beurteilung eines Benachrichtigungsscheins sollte damit keine praktische Relevanz mehr besitzen (ausf zum Meinungsstreit noch BEHN AcP 178 [1978] 505; R WEBER JA 1998, 593; FRANZEN JuS 1999, 429; zur Zugangsverhinderung, wenn das Übergabe-Einschreiben nicht abgeholt wird, vgl noch unten Rn 89).

b) Die Widmung von Empfangseinrichtungen
aa) Zugang kraft Widmung als Akt der Selbstbestimmung
Das Kriterium der sinnlichen Wahrnehmung bedarf der Ergänzung, wenn der Empfänger besondere **Vorkehrungen für den Empfang von Willenserklärungen** getroffen hat. Richtet der Empfänger ein Postschließfach ein, etwa weil er seine Privatadresse nicht mitteilen will, so können Erklärungen, die dorthin gesandt werden, nicht erst mit ihrer sinnlichen Wahrnehmung wirksam werden. Sonst **stünde ihre Wirksamkeit allein im Belieben des Empfängers**. Bereits das Reichsgericht nahm in „ständiger Rechtsprechung" Zugang an, wenn „der Empfänger nach den *von ihm selbst zur Empfangnahme derartiger Erklärungen im allgemeinen getroffenen Einrichtungen ... in den Stand gesetzt worden ist, von ihnen Kenntnis zu nehmen*" (RGZ 144, 289, 992: Nachsendeauftrag; vgl auch RGZ 142, 402, 406: Postschließfach). Damit hat bereits das Reichsgericht das für die Zugangsproblematik wichtige Institut der Empfangseinrichtung anerkannt, und es hat mit dem Zustellungsreformgesetz vom 25. 6. 2001 eine erste gesetzliche Ausprägung gefunden (vgl § 180 ZPO nF: Ersatzzustellung durch Einlegen in den Briefkasten „oder eine ähnliche Vorrichtung ..., die der Adressat für den Postempfang eingerichtet hat"; zur Präzisierung dieser Definition unten Rn 51 f). Erst an dieser Stelle, wo **der Empfänger durch seine Dispositionen auf den Übermittlungsvorgang einwirkt**, macht eine Abgrenzung nach Herrschaftsbereichen mit entsprechender Risikoverteilung Sinn. Denn mit **Widmung der Empfangseinrichtung** erweitert der Empfänger bewusst seinen Wahrnehmungsbereich und damit die Möglichkeit, eine Erklärung zur Kenntnis zu nehmen. 49

Mit der Widmung einer Empfangseinrichtung bestimmt der Empfänger, wo das Übermittlungsrisiko des Erklärenden endet. Die damit verbundene Erweiterung des eigenen Verantwortungs- und Wahrnehmungsbereichs lässt sich so letztlich auf die **Selbstbestimmung des Empfängers** zurückführen und plausibel begründen. Treffend formulierte schon PLETTENBERG (47): „Durch Anbringung gewisser Empfangseinrichtungen (Briefkasten, Telefon ...) habe der Erklärungsempfänger nur dokumentieren wollen, dass er auf eine persönliche Abgabe der Erklärung an sich selbst verzichte und damit einverstanden sei, dass letztere durch andere Empfangsmöglichkeiten ihm übermittelt werde". Die Dispositionsbefugnis des Empfängers bezieht sich also nicht nur auf das „ob" des Zugangs (§ 151, oben Rn 22), sondern auch auf den relevanten **Ort des Zugangs**. Den **Zeitpunkt** bestimmt hingegen weiterhin der Erklärende: Richtet der Empfänger eine **Mailbox** ein, weil er nicht will, dass sein Tagesablauf in unregelmäßigen Abständen durch Telefonate unterbrochen wird, so muss er in Kauf nehmen, dass die Erklärung bereits dann wirksam wird, wenn der Erklärende sich der Widmung des Empfängers gemäß verhält und die Erklärung in die bereitgestellte Empfangseinrichtung befördert. Das ist der Moment, in dem die Übermittlung vollendet und die Erklärung in der Mailbox gespeichert ist (LEIPOLD, in: FS Medicus [2009] 251, 254; ähnlich BEHLING 188 u 209: wenn sie die Schnittstelle zur Infrastruktur des Empfängers erreicht hat). Entsprechend verhält es sich, wenn der Erklärende eine Nachricht an die Postfach-Anschrift einer **Behörde** versendet. Zugang liegt bereits 50 dann vor, wenn die Nachricht ins **Postfach** gelangt ist, nicht erst dann, wenn diese ein Bediensteter aus dem Postfach entnommen hat. Der Erklärende kann nämlich nicht überblicken, wann das Postfach einer Behörde geleert wird (aA BFHE 216, 297, 303). Das gilt auch für den Eingang eines fristgebundenen Schriftsatzes bei Gericht (BVerfGE 52, 203, 207 ff). Haben sich die Parteien eines Rechtsstreits den Widerruf eines vorläufig geschlossenen Vergleichs durch „schriftliche **Anzeige zur Gerichtsakte**" vorbehalten, genügt es, wenn der Widerruf am letzten Tag der Frist vor 24 Uhr in die Verfügungsgewalt des Gerichts – zB in dessen Nachtbriefkasten – gelangt ist (OLG Hamm MDR 2005, 1071),

51 Die Einrichtungen, die der Empfänger zum Empfang von Erklärungen gesondert vorhalten kann, sind so vielfältig wie die Kommunikationsmöglichkeiten. Eine **Beschränkung auf einzelne Erklärungsformen besteht nicht**, insbesondere bedarf es keiner Differenzierung zwischen verkörperten und unverkörperten Erklärungen (aA DILCHER AcP 154 [1955] 120, 128). Neben den traditionellen Empfangseinrichtungen für schriftliche Erklärungen wie **Briefkasten, Nachsendeauftrag, Postschließfach oder Postlagerung** gibt es inzwischen auch die Möglichkeit, mündliche Erklärungen unter Abwesenden einer Empfangseinrichtung zuzuleiten, indem diese zB auf einen **Anrufbeantworter** oder eine **Mailbox** bei elektronischer Datenübermittlung gesprochen werden. Die „mündliche Erklärung unter Abwesenden" (krit JOHN AcP 184 [1984] 388) ist also mit dem Kriterium der Widmung von Empfangseinrichtungen durchaus zu bewältigen. Entsprechendes gilt, wenn Erklärungen mittels **Telefax** oder **E-Mail** versendet werden. Solche Erklärungen sind in dem Moment zugegangen, in welchem die digitalisierten Signale das Empfangsgerät – ein Faxgerät oder einen Online-Server – abrufbar erreicht haben (BEHLING 186 ff; zum Zugang zur Unzeit vgl unten Rn 73 ff). Es genügt also die **abrufbare Speicherung** der Erklärung. Voraussetzung ist jedoch, dass die Mail im **Postfach (account)** des Empfängers eingetroffen ist (ULTSCH NJW 1997, 3007), wohingegen es nicht genügen sollte, dass die Mail lediglich die Schnittstelle des Empfänger-Providers passiert hat (dafür MERTES/DANERS ZAP 2008, 1239, 1243 f). Es widerspricht der Lebenserfahrung, dass der Teilnehmer am E-Mailverkehr auch das nicht zu beherrschende Risiko eines Zugangs von Sendungen übernehmen will, von deren Existenz er nicht einmal Kenntnis erlangt hat (vgl auch Rn 46). Der Provider ist daher insoweit nicht Empfangs-, sondern Erklärungsbote. Davon zu unterscheiden ist der Fall, dass der Empfänger die abrufbar gespeicherte Sendung nicht zur Kenntnis nimmt, weil er die von ihm eingesetzte Technik nicht beherrscht (vgl OLG Köln NJW 1990, 1608: Btx) oder die von ihm verwalteten technischen Einrichtungen versagen (BVerfG NJW 2001, 2473). Zu Recht hat das BVerfG (aaO) Zugang einer Berufungsbegründung angenommen, die wegen **Störung des Empfangsgerätes** nicht rechtzeitig empfangen wurde. Das Risiko einer **besetzten Rufleitung** verbleibt freilich beim Erklärenden. Beim Telefax erfolgt im Regelfall unmittelbar nach dem Dateneingang ein **Ausdruck der Erklärung**. Aus diesem Grund haben Rspr und Schrifttum bisher für einen Zugang generell verlangt, dass der eingegangene Text vollständig ausgedruckt ist (so noch BGHZ 101, 276, 280; BGH NJW 1994, 2097; BGH NJW 2004, 1320; EBNET NJW 1992, 2985, 2987; MünchKomm/EINSELE Rn 20; aA BGHZ 167, 214, 219 ff: bei per Telefax übermittelten Schriftsatz ans Gericht; OLG Karlsruhe DB 2008, 2479, 2480: zumindest wenn der Empfänger ein Kaufmann ist; OLG Celle VersR 2008, 1477, 1479). Das Ergebnis ist von der Vorstellung beeinflusst, für den Zugang bedürfe es der Verkörperung der Willenserklärung (deutlich M KUHN 98 f, der den Zugang verneint, weil und soweit die „Verkörperung ... misslingt"). Nach dieser Ansicht kommt es nicht darauf an, wann die Erklärung, sondern wann ihre Verkörperung den Empfänger erreicht. Dies führt vor allem dann zu unbefriedigenden Ergebnissen, wenn der Ausdruck nicht automatisch erfolgt, sondern vom Empfänger abgerufen werden muss (vgl zB Computerfax). Dann wäre nämlich der Zugang von der Willkür des Empfängers abhängig. Stellt man hingegen auf die **abrufbare Speicherung** ab (BEHLING 126; LEENEN § 6 Rn 25; STAUDINGER/SINGER [2004]), wird dies der gesetzlichen Risikoverteilung und dem Bedürfnis nach einer einheitlichen Lösung für alle Formen der Übermittlung gerecht. Vermeidbar sind dann auch problematische Erwägungen zur Zugangsverhinderung für den Fall, dass dem Empfangsgerät nicht ausreichend Papier zur Verfügung steht oder dieses sogar absichtlich entfernt wird (vgl LAG Hamm ZIP 1993, 1109). Bei der Übermittlung **fristgebundener Schriftsätze** an das zuständige Gericht trägt der BGH den technischen Gegebenheiten der modernen Telekommunikation inzwischen Rechnung und stellt in Übereinstimmung mit der Rechtsprechung des Bundesverfassungsgerichts (BVerfG NJW 1996, 2857) und des Bundesarbeitsgerichts (BAGE 90, 329, 331 f) nicht mehr auf den vollständigen Ausdruck, sondern auf den Zeitpunkt der vollständigen **Datenspeicherung** im Telefaxgerät ab (BGHZ 167, 214, 219 ff). Einige Instanzgerichte haben diese Entscheidung zum Teil bereits als vollständige Aufgabe der bisherigen Rechtsprechung interpretiert und wenden die gleichen Grundsätze auch auf die Nachrichtenübermittlung im privaten Rechtsverkehr an (OLG Celle VersR 2008, 1477, 1479; OLG Karlsruhe DB 2008, 2479, 2480: zumindest wenn der Empfänger – eine AG – Kaufmann ist). Dies verdient Zustimmung, da es für den Zugang nur auf die abrufbare Speicherung der übermittelten Erklärung ankommt, nicht auf ihre Verkörperung (ebenso PRÜTTING/WEGEN/WEINREICH/AHRENS Rn 14).

bb) Konkrete Empfangsbereitschaft
Kraft seiner Selbstbestimmung kann der Empfänger dem Erklärenden bestimmte Einrichtungen für die Übermittlung von (Willens-)Erklärungen anbieten. Eine solche „**Widmung**" der Empfangseinrichtungen (treffend ULTSCH NJW 1997, 3007; ausf BENEDICT 81 ff) kann ausdrücklich oder konkludent erfolgen. Ein Fall der konkludenten Widmung liegt etwa vor, wenn ein in den Geschäftsbögen des Empfängers nicht genannter Telex-Nebenanschluss bei einem vorangegangenen Telex an den Absender verwendet und dieser – ohne Wissen des Benutzers – zu einer Antwort unter der betreffenden Nebenstellen-Nummer aufgefordert wurde (OLG Köln NJW 1990, 1608, 1609). Eine stillschweigende Widmung liegt zB auch darin, dass eine über **längere Zeit geübte Zustellpraxis** widerspruchslos hingenommen und geduldet wird (RGZ 170, 285; OLG München OLGR 1998, 363 f: Gemeinschaftsbriefkasten; LG Berlin Grundeigentum 1994, 1383: beschädigter Briefkasten). Dagegen genügt es nicht, wenn sich der Erklärende eigenmächtig Informationen etwa über die E-Mail-Adresse des Geschäftspartners besorgt und an diese rechtsgeschäftliche Erklärungen übermittelt. Hier verbleibt es bei dem allgemeinen Grundsatz, wonach der Zugang von Willenserklärungen voraussetzt, dass diese vom Empfänger auch wahrgenommen werden müssen. Entsprechendes gilt, wenn sich der Erklärende über Adressen und Telefonnummern aus allgemein zugänglichen Quellen (zB **Telefonverzeichnissen)** unterrichtet, weil die Aufnahme in solche Verzeichnisse nicht als Widmung gegenüber der Allgemeinheit aufgefasst werden kann. Dies ergibt sich schon daraus, dass jemand mit mehreren Wohnsitzen typischerweise nicht an allen Orten gleichzeitig erreichbar sein will. Wer hingegen dem Geschäftspartner seine **Visitenkarte** aushändigt und keine besonderen Abreden für den Geschäftsverkehr trifft, muss unter allen mitgeteilten Adressen mit

dem Eingang rechtserheblicher Erklärungen rechnen, gegebenenfalls auch mit E-Mails. Nachdem sich der Versand von E-Mails zu einem Standardkommunikationsmittel entwickelt hat, gilt dies inzwischen auch für Privatpersonen, wenn diese ihre E-Mail-Adresse im geschäftlichen Verkehr benutzen (THALMAIR NJW 2011, 14, 15; MünchKomm/EINSELE Rn 18). Auch die im **Impressum** eines Verlagsmediums angegebene Telefaxnummer kann als geeignete Empfangsadresse angesehen werden, weil die betreffende Kommunikationseinrichtung allgemein bekannt gemacht wurde (OLG Bamberg AfP 2009, 595). Hingegen ist der **Kontoauszugsdrucker** einer Bank keine Empfangseinrichtung des Kunden, sondern lediglich eine Ausgabestelle der Bank (OLG Köln BKR 2007, 170, 172). Es kommt also stets auf die **konkrete Widmung gegenüber dem Absender** an (vgl auch DILCHER AcP 154 [1955] 121, 128). Davon ging auch das Reichsgericht aus, das zu guter Letzt immer auf den Einzelfall und die konkreten Gepflogenheiten des Empfängers im Verhältnis zum Erklärenden abstellte (vgl RGZ 61, 215; 142, 403). Aber maßgebend sind nicht vage normative Kriterien wie die Verkehrsanschauung, Treu und Glauben oder die Form der Erklärung, sondern der privatautonom begründete Akt der „Widmung".

53 Mit der maßgeblichen Bedeutung der privatautonomen Widmung wird die **Grundentscheidung für die Empfangstheorie** nicht in Frage gestellt; denn der Empfänger disponiert nicht über das „Ob" des Zugangs, sondern nur über das „Wie" und „Wo". Auf diesem Standpunkt stand auch das Reichsgericht (RGZ 108, 96 f), das mit der Frage befasst war, ob eine genügende Mitteilung des Kaufvertragsinhalts an den Vorkaufsberechtigten vorliegt, wenn dieser nach der Vereinbarung der Parteien beim Notar eingesehen werden konnte. Geht der Vorkaufsberechtigte nicht zum Notar, ist nicht anders zu entscheiden als in dem Fall, in dem der Empfänger die in seinem Postfach eingegangenen Sendungen nicht durchsieht. Das Notariat war als „Wahrnehmungsbereich" des Empfängers gewidmet, die dort vorgehaltene Erklärung mithin vollumfänglich wirksam geworden.

cc) **Personen als „Empfangseinrichtung"***

54 Der Empfänger kann seinen Wahrnehmungsbereich auch durch Einschaltung von

---

* **Schrifttum:** ASSMANN, Die Rechtsstellung des Boten (Diss Berlin 1906); BETTERMANN, Vom stellvertretenden Handeln (1937); E BRINKMANN, Die unrichtige Übermittlung von Willenserklärungen gemäß § 120 BGB, unter Berücksichtigung des österreichischen und schweizerischen Rechts (Marburg 1933); E COHN, Der Empfangsbote (Diss Breslau 1927); DÖTZER, Der Empfangsbote (Diss Marburg 1930); FRANZKE, Die Rechtsstellung des Boten, insbesondere die unrichtige Übermittlung von Botenerklärungen (Diss Breslau 1912); HEPNER, Der Bote ohne Ermächtigung, eine Parallele zum Vertreter ohne Vertretungsmacht (Diss Erlangen 1908); HUECK, Bote – Stellvertreter im Willen – Stellvertreter in der Erklärung, AcP 152 (1952/53) 432; JOUSSEN, Abgabe und Zugang von Willenserklärungen unter Einschaltung einer Hilfsperson, Jura 2003, 577; MARBURGER, Absichtliche Falschübermittlung und Zurechnung von Willenserklärungen, AcP 173 (1973) 137; MORITZ, Die Wirksamkeit eines Kündigungsschreibens bei Aushändigung an den Vermieter des Arbeitnehmers, BB 1977, 400; PLETTENBERG, Vertreter und Bote bei Empfangnahme von Willenserklärungen (Diss Erlangen 1916); RICHARDI, Die Wissenszurechnung, AcP 169 (1969) 385; SANDMANN, Empfangsbotenstellung und Verkehrsanschauung, AcP 199 (1999) 455; STOLL, Rezension zu Ernst Cohn, Der Empfangsbote, AcP 131 (1929) 228; VOSWINKEL, Die unrichtige Übermittlung von Willenserklärungen durch den Empfangs-

Personen ausdehnen. Ein Problem besteht allerdings darin, **diese Empfangspersonen von den Erklärungsboten abzugrenzen.** Fehler bei der Übermittlung durch Erklärungsboten gehören in den Grenzen des § 120 zum Risikobereich des Erklärenden, während der Empfänger für die Empfangsboten verantwortlich ist. § 120 kann auf Falschübermittlungen durch Empfangsboten nicht angewendet werden (OLG Hamm VersR 1980, 1164; § 120 Rn 7 mwNw). Insofern bedarf es klarer und überzeugender Kriterien, um die Verantwortungssphären voneinander abzugrenzen. Die erforderliche Wissenszurechnung beim Empfänger kann sich dabei nur aus einer **Bevollmächtigung** zum Empfang von rechtsgeschäftlichen Erklärungen ergeben. Maßgebend ist also – in Anlehnung an die Widmung von Empfangseinrichtungen (Rn 49 ff) – ein Akt der Selbstbestimmung.

Ein klarer und eindeutiger Fall von Widmung liegt in der Einschaltung eines rechtsgeschäftlichen **Vertreters** durch den Empfänger. Im Rahmen seiner Vollmacht ist dieser nicht nur zur Abgabe, sondern auch zur Entgegennahme von Willenserklärungen befugt (§ 164 Abs 3). Mit der Wahrnehmung der Erklärung durch den Vertreter oder dem Erreichen einer von diesem vorgehaltenen Empfangseinrichtung entfaltet die Willenserklärung ihre Wirksamkeit unmittelbar für und gegen den Adressaten (zutr BGH NJW 2002, 1041: Bezirksleiter eines Mineralölunternehmens; BGH NJW 2003, 1820: privates Postfach eines GmbH-Geschäftsführers). Daneben ist aber auch eine **reine Empfangsbevollmächtigung** mit gleicher Wirkung denkbar, zB wenn der Adressat den Nachbarn bittet, ein Vertragsangebot in seiner Abwesenheit entgegenzunehmen. Ausreichend ist ferner der Zugang der betreffenden Willenserklärung an einen **Vertreter ohne Vertretungsmacht**, wenn der schwebend unwirksame Vertrag später genehmigt wird (HÄUBLEIN, Entbehrlichkeit von Vertretungsmacht für das Zustandekommen von Verträgen bei Beteiligung eines Vertreters, Jura 2007, 728, 729; LEENEN § 6 Rn 14). 55

Die Terminologie für die bevollmächtigten Empfangspersonen ist nicht einheitlich. Sie werden entweder als **Empfangsvertreter**, als passive Stellvertreter (vgl nur LARENZ/WOLF § 46 Rn 6 ff; MünchKomm/EINSELE Rn 25, 27) und/oder als **Empfangsbote** bezeichnet (MEDICUS, AT Rn 285 f; LARENZ, AT § 30 I a = S 584 einerseits, § 30 I c = S 592 andererseits). Diese Begriffsvielfalt wäre unproblematisch, wenn die inhaltlichen Folgen dieselben blieben und der Zugang bei der Empfangsperson einheitlich unmittelbar für und gegen den Adressaten wirken würde (so Teile des Schrifttums LARENZ, AT § 21 II = S 424; SOERGEL/HEFERMEHL Rn 9; RICHARDI AcP 169 [1969] 399 f; MARBURGER AcP 173 [1973] 137, 142 f). Der BGH will aber diese Wirkung nur für den Empfangsvertreter gelten lassen. Bei der Erklärung gegenüber einem Empfangsboten soll die Erklärung erst in dem Zeitpunkt zugehen, in dem nach dem regelmäßigen Verlauf der Dinge die Weiterleitung an den Adressaten zu erwarten war (BGH NJW 1965, 965, 966: Leiter einer Zweigstelle; NJW-RR 1989, 758: BMW-Vertragshändler; NJW 1994, 2613, 2614: Ehegatte auf hoher See; grdl E COHN 48 ff). Damit wird es notwendig, beide Personengruppen voneinander abzugrenzen, was auf erhebliche Schwierigkeiten stößt (vgl die Abgrenzungsbemühungen von RICHARDI AcP 169 [1969] 399 f; MünchKomm/SCHRAMM Vor § 164 Rn 59; BRINKMANN S 117 ff mwNw). Eine Abgrenzung muss unvermeidlich scheitern, wenn man sich die Voraussetzungen für die Stellung als Empfangsvertreter und -bote vergegenwärtigt. Beiden Hilfspersonen ist gemeinsam, dass diese zum Empfang der Erklärung er- 56

---

boten, ArchBürgR 32 (1908) 386; WIRTHS, Die Empfangsbotenstellung (Diss Köln 1937).

mächtigt wurden. Da es für die Rechtsfigur des Empfangsboten jedoch genügen soll, dass die eingeschaltete Hilfsperson neben ihrer Geeignetheit zur Übermittlung über eine **Ermächtigung kraft Verkehrsanschauung** verfügt (MünchKomm/EINSELE Rn 25; PALANDT/ELLENBERGER Rn 9; SOERGEL/HEFERMEHL § 120 Rn 9; STAUDINGER/COING[11] Vorbem 33 zu § 164), liegt der wesentliche Unterschied in der Art der Ermächtigung: Der Empfangsvertreter ist positiv ermächtigt (kraft Vollmacht oder Gesetz), beim **Empfangsboten** hingegen wird die **Ermächtigung fingiert.**

57 Als Kriterien für eine Empfangsbotenschaft kraft Verkehrsanschauung gelten vor allem **räumliche und/oder persönliche Nähe**, doch geht die Zurechnung im Einzelfall darüber hinaus:

– **Im Wohnbereich des Adressaten**: *Ehegatte* (RGZ 60, 334; BGH NJW 1951, 313; grundsätzlich bestätigt durch BGH NJW 1994, 2613, 2614); *9-jähriger Sohn* (AG Friedberg WuM 1992, 596; BSG NJW 2005, 1303 f – volljährige Tochter); *Lebenspartner* (LAG Bremen NZA 1988, 548; OVG Hamburg NJW 1988, 1808); *Dienstbote* (RGZ 56, 262, 263; 91, 62); *Zimmervermieter* (RGZ 50, 191, 195; BAG AP Nr 7 unter 2a), nicht aber der *Hauptmieter* für den allein die Wohnung nutzenden *Untermieter* (LG München NJW-RR 2008, 319); *Putzfrau* (OLG Karlsruhe VersR 1977, 902; aA WEILER JuS 2005, 788, 791).

– **Außerhalb des unmittelbaren Wohnbereichs**: *Ehegatte* (OLG München OLGZ 1966, 1 f; BAG 9. 6. 2011, 6 AZR 687/09, juris); *Mutter*, nicht aber der beim Spaziergang angetroffene *Onkel* (BAG NJW 1993, 1093); die *Tochter* (OLG Köln RuS 1996, 337), bei Volljährigen auch *nicht* die *Eltern* (BGH NJW 1989, 1671: Kontosperrung; aA Vorinstanz OLG Saarbrücken WM 1988, 1227); wohl *aber* der *Vermieter* (RGZ 50, 191; BAG AP Nr 7; BAG NJW 1993, 1093, 1094; LG Berlin NJW-RR 1992, 1038); *Schwägerin* des Empfängers, die im selben Mehrfamilienhaus, aber in einer anderen Wohnung wohnt (OLG Köln MDR 2006, 866).

– **Im Geschäftsbereich des Adressaten**: *Kaufmännische Angestellte* (RGZ 102, 295); *Buchhalter im Hotel* (BAG AP Nr 8); *Maurerpolier auf Baustelle* (OLG Celle NJW 1960, 870); *Telefonistin im Geschäftsbetrieb* (Kündigung ja: LAG BW 18. 11. 1982 – 11 Sa 118/82, juris; Angebotsannahme nein: RGZ 97, 337); *Oberarzt für Chefarzt* (Kündigung eines Behandlungsvertrages als Privatpatient: OLG Köln VersR 1989, 1264); *Verkaufsleiter für Ladeninhaber* (Abmahnung: OLG Nürnberg 30. 10. 1989 – 3 W 2870/89, juris); *Personalleiter für Dienststellenleiter* (Zustimmungserklärung des Personalrats: BAG 18. 10. 1990 – 2 AZR 157/90, juris).

– **Sonstiges**: *Leiter eines Heims, in dem der Adressat als Arbeitnehmer arbeitet* (BAG NZA-RR 2009, 79, 87); *Bürgermeister für Bauaufsichtsbehörde* (VGH BW 11. 6. 1980 – 3 S 821/80, juris); *Kapitalanlagevermittler für KG* (BGH ZIP 1985, 611); *Verkäufer für finanzierendes Kreditinstitut* (finanzierter Kauf: OLG Düsseldorf OLGR 1995, 49; die Lieferfirma ist aber gegenüber dem *Leasinggeber* nur Erklärungsbote des *Leasingnehmers*: OLG Koblenz BB 1994, 819); *Vertragshändler für Leasinggeber* (BGH NJW-RR 1989, 758); *Reisebüro für Reiseveranstalter* (OLG Köln VersR 1989, 52); *Reisebüro für Reisenden* (AG Kleve RRa 1996, 10); *Versicherungsagentur für Versicherer* (OLG Hamm VersR 1980, 1164).

58 Die Konstruktion einer „Empfangsbotenschaft kraft **Verkehrsanschauung**" stößt auf grundsätzliche Bedenken (krit schon PLETTENBERG 46 ff; ausf zum Meinungsstand BRINKMANN 108 ff). Denn im Gesetz findet diese Rechtsfigur keine tragfähige Stütze. Aus den §§ 120, 164 Abs 3, 180 S 3 BGB, 174 ZPO und insbes aus § 132 BGB iVm § 181 ZPO lässt sich eher der Umkehrschluss ziehen, dass die Erklärung gegenüber nicht bevollmächtigten Personen grundsätzlich nicht ausreichen soll. Die Zurechnung fremden Wissens oder Verhaltens bedarf in einer Rechtsordnung, die von der Selbstbestimmung und Selbstverantwortung der Rechtssubjekte ausgeht, entweder gesetzlicher oder rechtsgeschäftlicher Grundlagen. In Betracht kommt daher allenfalls eine **konkludente Ermächtigung**, die freilich konkret dokumentiert werden muss. Allgemeine normative Erwägungen mit dem Ziel, die betreffenden Personen dem „Machtbereich" des Empfängers zuzuordnen, werden diesen Anforderungen nicht gerecht und gehen an der Notwendigkeit vorbei, die Übermittlung an Empfangseinrichtungen der privatautonomen Verfügung des Empfängers zu überlassen. Der klassische Standardfall des sog „Empfangsboten" liegt jedenfalls in der Bevollmächtigung – in der Bevollmächtigung des zunächst als Erklärungsboten mit der Überbringung einer Erklärung Betrauten, auf eine unverzügliche Antwort zu dringen und mit dieser zurückzukehren.

Akzeptiert man die Einordnung einer **Empfangsperson als personifizierte Empfangseinrichtung** (vgl schon PLETTENBERG 47 f; heute allgM, vgl BGH NJW 1965, 965, 966; NJW-RR 1989, 758; NJW 1994, 2613, 2614; MünchKomm/EINSELE Rn 25), hat dies auch Konsequenzen für den **Zeitpunkt des Zugangs**. Während nämlich der BGH davon ausgeht, dass noch ein relativ unbestimmter Übermittlungszeitraum hinzugerechnet werden muss, bis der Empfänger vom Inhalt der Erklärung unter gewöhnlichen Umständen benachrichtigt wird, kommt nach dem Konzept einer Empfangsbotenstellung kraft Widmung einer Empfangseinrichtung ein solches Hinausschieben des Zugangs von vornherein nicht in Betracht. Denn eine Empfangseinrichtung ist ja gerade dadurch gekennzeichnet, dass der Zugang bewirkt ist, wenn diese erreicht wurde. Anderenfalls käme man zu dem widersprüchlichen Ergebnis, dass eine in den Briefkasten geworfene Erklärung sofort, eine an den (bevollmächtigten) Empfangsboten ausgehändigte Erklärung hingegen erst nach einer für die Weiterleitung an den Adressaten erforderlichen Frist wirksam würde. Im Übrigen kommt es für die Bestimmung des entsprechenden Personenkreises ausschließlich darauf an, ob und inwieweit der Adressat Personen dazu berufen hat, ihm Erklärungen zur Kenntnisnahme zuzuleiten **(Widmung durch Bevollmächtigung)**. Eine wie auch immer geartete Ermächtigungsfiktion kann die erforderliche Zurechnung nicht ersetzen und ist daher abzulehnen (im gleichen Sinne die überwiegende ältere Literatur, vgl insbes HELLWIG JW 1905, 356 ff; KOCH 30 ff; RHODOVI 143 ff; KOPPERS Gruchot 46 [1902] 229 f; gegen eine Empfangsbotenfiktion auch BRINKMANN 127 ff; differenzierend SANDMANN AcP 199 [1999] 455, 476; MEDICUS, AT Rn 286: Empfangsermächtigung für Haushaltsangehörige nur bei einfachen Erklärungen des täglichen Lebens; das lässt sich wohl nur für den Ehegatten mittels § 1357 plausibel begründen, s u Rn 61). Das gilt erst recht, wenn der Empfänger ausdrücklich Zugang an sich selbst ausbedungen hat. Die gegenteilige Auffassung (OLG Hamm NVersZ 2001, 258: Versicherungsagent als Empfangsbote entgegen § 15 Nr 3 ALB) missachtet die Selbstbestimmung des Empfängers und wird dem Sinn einer Beschränkung von Empfangsvollmachten in jenen Fällen, in denen der Empfänger nicht durchweg mit der Neutralität des Empfangsboten rechnen kann, nicht gerecht (REHBERG, Der Versicherungsabschluss als Informationsproblem [2003] 178; BENEDICT AcP 204 [2004] 697).

60 Eine **konkludente Bevollmächtigung** zum Empfang rechtsgeschäftlicher Erklärungen kann nur angenommen werden, wenn aus der Sicht des Erklärenden der Schluss auf einen rechtsgeschäftlichen Willen zur Erweiterung der Empfangsbereitschaft gerechtfertigt ist. Dies folgt aus den allgemeinen Grundsätzen zur Auslegung rechtsgeschäftlicher Erklärungen (vgl § 133 Rn 18, 44). Die Ermächtigung bedarf also, ebenso wie die „Widmung" anderer Empfangseinrichtungen, einer Publizität. Diese schützt zugleich das **Vertrauen des Absenders** darauf, dass mit der Übergabe der Erklärung auch das Verlust- und Verspätungsrisiko auf den Adressaten übergeht (zutr STAUDINGER/COING[11] Rn 4). Der Schluss auf eine rechtsgeschäftliche Ermächtigung der Empfangsperson ist insbesondere dann gerechtfertigt, wenn die Empfangsperson ihre Ermächtigung zum Ausdruck bringt (§ 164 Abs 1 S 2). Zweifel gehen zu Lasten des Erklärenden. Dieser trägt daher das Auswahlrisiko hinsichtlich der Personen, derer er sich zur Übermittlung seiner Erklärung bedient (zutr SCHWARZ NJW 1994, 891). Anwendbar sind aber auch die **Grundsätze zur Duldungs- und Anscheinsvollmacht** (so auch BRINKMANN 130 ff). Nimmt zB ein **Nachbar** regelmäßig Postsendungen in Abwesenheit des Adressaten entgegen, verdient das Vertrauen des Erklärenden oder des von ihm beauftragten Erklärungsboten (Postbote oder Kurierdienst) Schutz, dass sich der Empfänger konsequent verhält. Insofern muss sich der Empfänger an einer dauernden Übung festhalten lassen (vgl schon RGZ 170, 285, 287 f: Übergabe an einen Arbeitskollegen, der ständig Post für den Empfänger entgegengenommen hatte). Zumindest eine Duldungsvollmacht ist auch dann anzunehmen, wenn unter einer ausdrücklich mitgeteilten Telefonnummer nicht der gewünschte Gesprächspartner, sondern aufgrund einer internen **Rufumleitung** lediglich das Sekretariat oder eine andere Person zu erreichen ist. Hier kann es nun umgekehrt keinen Unterschied machen, ob der Adressat eine technische Empfangseinrichtung (Anrufbeantworter) zur Gewährleistung seiner Empfangsbereitschaft einsetzt oder eine personifizierte (zutr BGH NJW 2002, 1565 zum Problem der Entwidmung von Empfangseinrichtungen s unten Rn 91).

61 Auf eine ausdrückliche Offenlegung der Empfangsermächtigung kommt es auch dann nicht an, wenn sich diese aus dem Innenverhältnis zwischen Empfangsperson und Adressaten ergibt und dieses aufgrund der nach außen hervortretenden **Organisationsstruktur offenkundig** ist (Gedanke des § 164 Abs 3, Abs 1 S 2; ähnl JOHN AcP 184 [1984] 406 f: Kooperationsverhältnis). So braucht eine **Sekretärin** regelmäßig nicht zu betonen, dass sie zur Entgegennahme von Erklärungen ermächtigt ist. Wer jederzeit auf sonstige Empfangseinrichtungen des Adressaten (Postschließfach, Telefax oder Anrufbeantworter) Zugriff nehmen darf, muss auch befugt sein, Erklärungen persönlich entgegenzunehmen (mit Einschränkung auf verkörperte Erklärungen BRINKMANN 140 ff). Bei **Ehegatten** wird man eine solche Organisationsstruktur nicht per se annehmen können. Allein die Tatsache, dass sich Empfänger und Adressat persönlich nahe stehen, rechtfertigt nicht das Abwälzen der Übermittlungslast. Etwas anderes ergibt sich auch nicht aus dem Institut der Ehe (§ 1353) oder der Dienstleistungspflicht der Kinder (§ 1619). Diese Vorschriften sind nicht geeignet, Aufgaben und Risiken, die einem Dritten obliegen, einem Familienangehörigen aufzubürden (aA STAUDINGER/DILCHER[12] Vorbem 77 zu § 164). Eine Zurechnung kommt hier aber gemäß § 1357 Abs 1 in Betracht, da der nach dieser Vorschrift vertretungsberechtigte Ehepartner entsprechend § 164 Abs 3 Empfangszuständigkeit besitzt. Entscheidend ist daher, ob sich die für den Ehepartner bestimmte Willenserklärung auf ein Geschäft zur Deckung des angemessenen Lebensbedarfs bezieht. Im

Fall BGH NJW 1994, 2613 traf dies nicht zu, weil die Willenserklärung den betrieblichen Geschäftsbereich des Ehemannes betraf. In dem Rechtsstreit ging es um die Frage, ob dem auf hoher See befindlichen Inhaber einer Bergungsfirma Abmahnung und Rücktrittserklärung seines Vertragspartners zugegangen sind, obwohl nur seine Ehefrau beide Erklärungen erhalten hat und nicht geklärt war, ob die Eheleute in telefonischer oder telegrafischer Verbindung standen. Der BGH verneint zu Recht eine Empfangsbotenstellung, die sich lediglich auf das bestehende Ehegattenverhältnis gründet. Sofern nicht ein Fall des § 1357 vorliegt, hängt der Zugang davon ab, welche Empfangsvorkehrungen der Firmeninhaber insbesondere in Bezug auf seine Vertragspartner getroffen hat und ob er seine Ehefrau zum Empfang rechtserheblicher Erklärungen bevollmächtigt hat. Ist dies nicht der Fall, verbleiben Last und Risiko der Übermittlung beim Erklärenden.

Rechtsfolgen: Sofern eine **Empfangsermächtigung** gegeben ist, tritt die Empfangsperson an die Stelle des Empfängers selbst. Der Zugang ist in dem Moment bewirkt, in welchem die Erklärung von der Empfangsperson sinnlich wahrgenommen wurde (Rn 46). Fehlt es an einer entsprechenden **Ermächtigung** durch den Empfänger, so kann die vermeintliche Empfangsperson die Annahme verweigern, so wie jeder potentielle (Erklärungs-)Bote den Übermittlungsauftrag zurückweisen kann. Für eine Zugangsfiktion ist dann von vornherein kein Platz (iE daher zutreffend, aber mit bedenklicher Begründung BAG NJW 1993, 1093, 1094 f; insoweit zu Recht krit BREHM EzA Nr 24; SCHWARZ NJW 1994, 891 f). Wird die Erklärung hingegen angenommen und übermittelt, handelt die eingeschaltete Person allein im Auftrag des Erklärenden und ist daher als Erklärungsbote zu qualifizieren. 62

3. Keine Erweiterungen des „Machtbereichs"

Das gem § 130 dem Erklärenden zugewiesene Übermittlungsrisiko endet an der Stelle, wo die Erklärung zur sinnlichen Wahrnehmung des Empfängers gelangt oder eine von diesem für den Verkehr mit dem Absender gewidmete Empfangseinrichtung erreicht. Nach überwiegender Auffassung soll es darüber hinaus für den Zugang auch genügen, wenn der Absender die Erklärung auf andere Weise in den „Machtbereich" des Adressaten gebracht hat (vgl nur FLUME § 14, 3c = S 234; LARENZ/WOLF § 26 Rn 19 f; MünchKomm/EINSELE Rn 17, oben Rn 43). Paradebeispiel ist der **unter der Wohnungstür hindurchgeschobene Brief**. Soweit es sich nicht bereits um einen Türschlitz handelt, der ohnehin als – zumindest geduldete – Empfangseinrichtung anzusehen ist (vgl den Fall AG Bergisch-Gladbach WuM 1994, 193) wird beim „Durchschieben" regelmäßig das Ziel verfehlt. In den Fällen, in denen der Brief nur teilweise unter der Tür hindurchgeschoben und deshalb außerhalb der Wohnung für Unbefugte erreichbar war (AG Elze ZMR 1968, 13; ArbG Hagen BB 1976, 1561), kann man lange darüber streiten, ob der Machtbereich eine ausschließliche Herrschaftsbeziehung voraussetzt. Darauf kommt es nach der hier vertretenen Auffassung nicht an; es stellt sich höchstens die Frage, ob die beiden zugangsbegründenden Kriterien „sinnliche Wahrnehmung" und „Widmung von Empfangseinrichtungen" angesichts dieser und ähnlicher Fälle ergänzt oder modifiziert werden müssen. 63

Entgegen LAG Berlin (ZTR 2007, 513) liegt daher Zugang vor, wenn ein Antrag auf Zustimmung zur Kündigung in ein **nicht verschließbares Postfach** des Personalrats gelangte, da (und sofern) diese Einrichtung zum Empfang von Schriftstücken ge- 64 widmet war. Umgekehrt sollte das Übermittlungsrisiko jedenfalls dann nicht auf den Empfänger übergehen, wenn die Erklärung **trotz vorhandener Empfangseinrichtung** an anderer Stelle in den vermeintlichen Wahrnehmungsbereich des Empfängers gebracht wird (überzeugend BRINKMANN 58 ff). Ein zwischen Glasscheibe und Metallgitter einer Haustür geklemmtes Kündigungsschreiben ist daher nicht zugegangen, wenn ein Briefkasten zur Verfügung stand und die Wahrnehmung des Briefes durch den Empfänger sich nicht erweisen lässt (vgl LAG Hamm NZA 1994, 32; ähnlich LG Krefeld [Urt v 6. 2. 2009, 1 S 117/08, juris]: Einwurf in ein an der Hauseingangstür angebrachtes Körbchen anstatt in den im Hausflur des Mehrfamilienhauses befindlichen Briefkasten). Wie aber kann der Zugang herbeigeführt werden, wenn der Empfänger **keine Empfangseinrichtungen** zur Verfügung stellt? Im allgemeinen wird hier die Ansicht vertreten, dass Zugang bewirkt ist, wenn es dem Erklärenden gelingt, seine Willenserklärung in den Machtbereich des Empfängers zu bringen, unabhängig davon, ob der Empfänger die Erklärung tatsächlich wahrnehmen konnte oder nicht (oben Rn 63, **aA** nur STAUDINGER/DILCHER[12] Rn 23: Zugang mit Kenntnis vom Übermittlungsversuch; unklar BRINKMANN 67 f). Gelingt dies nicht, geht die hM von einem Zugangshindernis aus, das ggf zur Fiktion des Zugangs führt (hierzu unten Rn 79 ff). Dem ist nicht uneingeschränkt zu folgen.

65 Der **Machtbereich entspricht nicht dem Wahrnehmungsbereich**. Daher ist zunächst die Annahme bedenklich, es käme allein darauf an, ob eine Erklärung in den Bereich gebracht worden ist, den der Empfänger „beherrscht". Das ist nur dann richtig, wenn der Empfänger um die Risiken weiß, die es zu beherrschen gilt, damit er eine Erklärung wahrnehmen kann. Fällt der durch ein offenes Fenster geworfene **Brief** hinter einen Schrank oder bleibt er, unter der Tür hindurch geschoben, unter einem Teppich für lange Zeit **unentdeckt**, so liegt es schwerlich allein in seiner Herrschaft begründet, wenn er die Erklärung nicht oder erst verspätet zur Kenntnis nehmen konnte. Das Risiko einer nur theoretischen Kenntnisnahmemöglichkeit wird primär vom Erklärenden verursacht. Für „untergeschobene" Erklärungen ist das unbestritten (vgl nur FLUME, AT § 14, 3b = S 230 f; BGH NJW 1953, 217: Eigentumsvorbehalt an versteckter Stelle des Lieferscheins). Der Zugang ist kein Selbstzweck, sondern soll die Kenntnisnahme vermitteln. Insofern genügt es nicht, dass die Erklärung nur irgendwie in den Machtbereich des Empfängers gelangt, sondern es kommt darauf an, dass diese auch wahrgenommen werden kann (iE ebenso schon TITZE JherJb 47 [1904] 410 f mwNw).

66 Schwierigkeiten bereiten auch die Fälle, in denen unklar ist, ob die Erklärung schon in den Machtbereich des Empfängers gelangt ist oder diesen nur räumlich berührt. So verhält es sich, wenn etwa die Kündigung **an die Haustür** eines Einfamilienhauses zwischen Glasscheibe und Metallgitter **geklemmt** (LAG Hamm NZA 1994, 32) oder der Brief nur teilweise unter dem Türspalt durchgeschoben wurde, so dass ein Zugriff von Unbefugten nicht ausgeschlossen ist (ArbG Hagen BB 1976, 1561). **Der Wahrnehmungsbereich entspricht hier nicht dem ausschließlichen Machtbereich.** In Rechtsprechung und Schrifttum wird teilweise eine Erweiterung des Zugangs auf solche Fälle befürwortet, in denen lediglich eine gewisse räumliche Nähe zum Machtbereich des Empfängers besteht (LARENZ/WOLF § 26 Rn 18: dem Empfänger „nahe gebracht"; vgl auch schon HÖLDER DJZ 1901, 340, 341; mit Recht abl TITZE JherJb 47 [1404] 410 Fn 52). Letztlich hängt der Zugang in diesen Fällen davon ab, wie groß die Wahrscheinlichkeit einzustufen ist, dass die Erklärung vor dem Zugriff Dritter sicher war und folglich von dem Adressaten auch zur Kenntnis genommen werden konnte. Damit ist die Frage des Zugangs mit allzu großer Unsicherheit belastet, so dass diese Erweiterung des Zugangsbegriffs im Ergebnis abzulehnen ist (krit auch BRINKMANN 69 ff).

Im Ergebnis bleibt es also dabei: Gelangt eine Erklärung nicht in eine Empfangseinrichtung, sondern lediglich in den räumlichen Machtbereich des Empfängers oder gar nur in dessen Nähe, so wird diese erst in dem Moment wirksam, in dem sie vom Empfänger tatsächlich wahrgenommen wird (Kriterium 1, Rn 46). Da nach der hier vertretenen Auffassung auch eine außergesetzliche Zugangsfiktion nicht in Betracht kommt (ausf dazu unten Rn 79 ff), gibt es bei fehlenden Empfangseinrichtungen nur die Möglichkeit, die Willenserklärung persönlich zu übermitteln. Da dann freilich der Zugang so lange scheitert, bis der Empfänger persönlich erreicht wird, gibt es bei wichtigen, insbesondere fristgebundenen Willenserklärungen nur ein Verfahren, das **ausreichend Sicherheit** bietet: die **Zustellung durch Gerichtsvollzieher gem § 132** (hierzu unten Rn 86 ff). **67**

4. Keine Einschränkungen durch „gewöhnliche Verhältnisse"

Für den Fall, dass die Willenserklärung eine Empfangseinrichtung des Adressaten erreicht hat, stellt sich die Frage, ob damit immer sogleich und uneingeschränkt der Zugang bewirkt ist, oder ob im Einzelfall die aktuelle Kenntnisnahmemöglichkeit des Empfängers zu berücksichtigen ist. Nach einer gebräuchlichen Formulierung kommt es darauf an, ob „bei Annahme gewöhnlicher Verhältnisse" damit zu rechnen sei, dass der Empfänger von der Erklärung Kenntnis erlangt (oben Rn 45). Mit dieser Formel versucht man im Wesentlichen zwei Zugangsprobleme zu bewältigen: Sollen in der Person des Empfängers liegende **Verhinderungen**, wie zB Krankheit oder urlaubsbedingte Abwesenheit, Beachtung finden (dazu Rn 69 ff)? Soll die Möglichkeit zur Kenntnisnahme auch in **zeitlicher Hinsicht** bestehen (dazu Rn 73 ff)? **68**

a) Subjektive Kenntnisnahmehindernisse
Mit Blick auf die Entscheidung des Gesetzgebers gegen die Vernehmungstheorie und für die Empfangstheorie (oben Rn 8) dürfte es keinem Zweifel unterliegen, dass in der Person des Empfängers liegende Umstände grundsätzlich nicht geeignet sind, den Zugang der Willenserklärung zu beeinflussen (so auch BGH NJW 2004, 1320 f: Zugang einer per Telefax übermittelten Mietvertragskündigung, deren Adressat urlaubsbedingt abwesend ist). Im Gesetzgebungsverfahren wurde zwar erwogen, den Adressaten bei unverschuldeten Verhinderungen zu schützen. Hierfür fand sich jedoch keine Mehrheit (Prot I 71). Diese Grundaussage wird jedoch zum Teil wieder in Frage gestellt, **wenn der Erklärende die Verhinderung des Empfängers kennt**. **69**

aa) Kenntnis von der Abwesenheit
Von großer praktischer Bedeutung ist die Problematik bei der Kündigung von Arbeitsverhältnissen. Denn dem kündigenden Arbeitgeber ist die **urlaubs- oder krankheitsbedingte Verhinderung des Arbeitnehmers** regelmäßig bekannt. Insofern liegt es nahe, von ihm besondere Rücksicht auf die Belange des sozial schutzbedürftigen Arbeitnehmers zu nehmen. Das BAG hat aus diesem Grund lange Zeit den Standpunkt vertreten, dass die Kündigung erst nach Wegfall des Hindernisses wirksam werden sollte. Begründet wurde dieses Ergebnis hauptsächlich mit der Gefahr, der Arbeitnehmer könne die Klagefrist des § 4 KSchG versäumen, und mit der Befürchtung, die Verkürzung der Überlegungsfrist sei unzumutbar (grdl BAG **70**

NJW 1981, 1470; FLUME, AT § 14, 3e = S 239; SOERGEL/HEFERMEHL Rn 26; ausf KLEVEMAN Anm zu LAG Hamm LAGE Nr 11; NIPPE JuS 1991, 285, 287 ff jeweils mwNw).

71 Inzwischen hat das BAG seine Rechtsprechung korrigiert und mit Recht entschieden, dass die Berücksichtigung subjektiver Zugangshindernisse den Zugang nicht hindere, da sonst die Rechtssicherheit gefährdet sei (BAG NJW 1989, 606; NZA 2004, 1330, 1331, LAG München AuA 2008, 432, 433; vgl auch BAG NJW 1989, 2213: Untersuchungshaft; eingehend BRINKMANN 74 ff). Für eine Modifizierung der Zugangserfordernisse bestand auch keine Veranlassung, da der Gesetzgeber den Fall der **unverschuldeten Verhinderung an einer rechtzeitigen Erhebung der Kündigungsschutzklage** berücksichtigt und **gemäß § 5 KSchG** der Sache nach eine Wiedereinsetzung in den vorigen Stand gewährt. Im Übrigen steht es dem Adressaten nach der hier vertretenen Auffassung frei, einen Zugang in Abwesenheit dadurch zu verhindern, dass er seine **Empfangseinrichtung** dem Erklärenden gegenüber wieder **entwidmet**. Da eine Verpflichtung zu Empfangsvorkehrungen nicht besteht (unten Rn 88 ff), ist eine solche Entwidmung jederzeit möglich. Allerdings ist dem Geschäftspartner die Unerreichbarkeit einer Empfangseinrichtung in gleicher Weise mitzuteilen, wie ursprünglich die Erreichbarkeit mitgeteilt wurde (actus contrarius zur „Widmung"). Unterbleibt das, darf der Erklärende weiterhin darauf vertrauen, dass Erklärungen den Empfänger wie bisher erreichen. Die bloße Kenntnis von Urlaub, Kur, Krankenhaus oder Untersuchungshaft hindert den Zugang nicht, denn wie der Empfänger die Kenntnisnahme von an ihn gerichteten Erklärungen organisiert, zB durch Nachsendeauftrag oder Bevollmächtigung von Empfangspersonen, bleibt ihm selbst überlassen.

bb) Fehlende Sprachkenntnisse beim Empfänger

72 Als subjektives Zugangshindernis gelten zuweilen auch fehlende Sprachkenntnisse des Empfängers (LAG Hamm NJW 1979, 2990; vgl auch BAG NJW 1985, 824). Auch diese Einschränkung des Zugangsbegriffs verdient keine Zustimmung, da es nach der **Entscheidung des Gesetzgebers für die Empfangstheorie** nicht auf die tatsächliche Kenntnisnahme der Erklärung ankommt, sondern auf den Zugang. Bedient sich der Erklärende der landesüblichen Sprache, darf er auch im Verkehr mit Ausländern grundsätzlich mit ausreichender Sprachkunde rechnen (vgl näher § 119 Rn 18 mwNw). Hier eine zusätzliche Frist für die Beschaffung einer erforderlichen Übersetzung zu gewähren, würde die Rechtssicherheit erheblich beeinträchtigen (abl auch LAG Köln NJW 1988, 1870; LAG Hamburg LAGE § 130 Nr 16). Im Regelfall sind die gesetzlichen Fristen so bemessen, dass ausreichend Zeit zur Einholung von Übersetzungen besteht. Bei prozessualen Fristen besteht zudem die Möglichkeit der Wiedereinsetzung in den vorigen Stand, wenn die Verzögerung vom Adressaten nicht zu vertreten war (vgl § 5 KSchG; dazu schon oben Rn 71).

b) Normative Kenntnisnahmehindernisse
aa) Zugang zur „Unzeit"

73 Nach überwiegender Auffassung sollen Willenserklärungen, die zur **„Unzeit"** die Empfangseinrichtung des Adressaten erreichen, erst zugehen, wenn die tatsächliche Kenntnisnahme nach der Verkehrsanschauung auch erwartet werden kann (vgl MEDICUS, AT Rn 275; LARENZ/WOLF § 26 Rn 21; LEENEN § 6 Rn 28 ff; PALANDT/ELLENBERGER Rn 6; BAMBERGER/ROTH/WENDTLAND Rn 13). Der Empfänger müsse davor bewahrt werden, schon vor der von ihm zu erwartenden tatsächlichen Kenntnisnahme mit nachteiligen Rechtswirkungen der eingegangenen Willenserklärung überzogen zu werden

(BRINKMANN 40). Zunächst betraf diese Problematik ausschließlich den **Einwurf von Briefen außerhalb der üblichen Geschäftszeiten oder zur Nachtzeit**. Der Zugang soll hier erst in dem Zeitpunkt erfolgen, zu dem mit der Briefkastenleerung üblicherweise gerechnet werden kann: am nächsten Morgen oder nächsten Geschäftstag. So soll ein Schreiben, das am Silvesternachmittag kurz vor 16 Uhr in den Briefkasten eines Bürobetriebes eingeworfen wurde, erst am nächsten Werktag zugegangen sein, wenn in dem Bürobetrieb branchenüblich am Silvesternachmittag nicht mehr gearbeitet werde. Daran ändere auch der Umstand nichts, dass Silvester in dem betreffenden Jahr auf einen Werktag fiel und der Empfänger auf seinen Geschäftsbriefen angab, an Werktagen außer freitags von 14 bis 17 Uhr Sprechzeiten abzuhalten (BGH NJW 2008, 843; zur Kritik unten Rn 75). Im Bereich der modernen Telekommunikation stellt sich die Frage, wann und wie oft bei der **Benutzung von E-Mail, Telefax oder Mailbox** die Abfrage der Speichereinrichtung erwartet werden kann (vgl dazu THALMAIR NJW 2011, 14, 16). In einem Geschäftsbetrieb soll sinnvollerweise nur mit dem Abruf innerhalb der normalen Geschäftszeiten gerechnet werden. Außerhalb des geschäftlichen Verkehrs ließen sich keine entsprechenden Regeln aufstellen. Insofern begnügt man sich hier mit einer einmaligen „**Nachforschungsobliegenheit**" pro Tag (vgl nur HEUN CR 1994, 595, 598 f; THALMAIR NJW 2011, 14, 16). Der Zugang erfolge daher regelmäßig erst am darauf folgenden Tag (S ERNST NJW-CoR 1997, 165, 166; THALMAIR NJW 2011, 14, 16).

Man hat freilich erkannt, dass eine derartige Verschiebung des Zugangs der vom Gesetzgeber beabsichtigten Risikoverteilung widerspricht. Das gesamte Übermittlungsrisiko verbliebe weiterhin beim Absender, obwohl die Erklärung inzwischen im alleinigen Herrschaftsbereich des Empfängers angelangt ist. Diesem Dilemma versucht man dadurch zu entgehen, dass man den **Zugang von einer seiner wesentlichen Wirkungen, der Rechtzeitigkeit, löst**. Der Zugang erfolge zwar sofort, die auf später verschobene Kenntnisnahmemöglichkeit sei aber für die Wahrung von Fristen oder das Kennenmüssen von Bedeutung (STAUDINGER/COING[11] Rn 4; FLUME § 14, 3 = S 231 ff; SOERGEL/HEFERMEHL Rn 8). Diese Konstruktion macht die Antwort auf Zugangsfragen komplizierter (MEDICUS, AT Rn 275), wenn nicht unmöglich, da sich die einzelnen Zugangswirkungen rechtlich wie praktisch kaum trennen lassen (ausf Kritik BRINKMANN 41 ff, der freilich die Doktrin der „Unzeit" nicht in Frage stellt; anders BENEDICT 100 ff; BREXEL 24 ff). Der Einwand von FLUME (aaO), eine solche Trennung werde bei der Zugangsverhinderung von der hM ohnehin propagiert, ist zwar berechtigt, schafft aber keine sachliche Legitimation für die von ihm befürwortete Rechtzeitigkeitsfiktion.

Gegen die Verschiebung des Zugangszeitpunkts kraft Verkehrsanschauung spricht **74**
bereits, dass **Beginn und Ende einer „Unzeit"** weitgehend willkürlicher Festlegung obliegen: So umfasst zB die „Unzeit" bei TITZE (JherJb 47 [1904] 428 f, 435 f) die Nachtzeit von 22 bis 7 Uhr. In Bayern soll die „Unzeit" jedenfalls *nach* 18.05 Uhr beginnen können (BayVerfGH NJW 1993, 519 f), während sie für das BAG (NJW 1984, 1651) schon um 16.30 Uhr und für das OLG Hamm um 16.50 Uhr begonnen hat (NJW-RR 1995, 1188). Selbst die scheinbar klare Beschränkung auf Geschäftszeiten ist keinesfalls sicher. Für den Bereich des Handelsverkehrs vertrat das Reichsgericht die Ansicht, dass Abgabe und Annahme von Willenserklärungen nicht auf die gewöhnliche Geschäftszeit beschränkt seien (RGZ 142, 403, 407). Während der BGH jedenfalls bei Aktiengesellschaften allgemein verbindliche Geschäftszeiten

75

ablehnt (NJW 2000, 1328, 1329), weil es sich nicht um eine „einheitliche Adressatengruppe" handele, für die sich „unter Berücksichtigung der gewöhnlichen Verhältnisse eine übliche Geschäftszeit bestimmen ließe", wollen die Richter auf die branchenüblichen Arbeitszeiten am **Silvesternachmittag** Rücksicht nehmen und ein kurz vor 16.00 Uhr in den Briefkasten eines Bürobetriebs eingeworfenes Schreiben erst am darauffolgenden Werktag zugehen lassen (BGH NJW 2008, 843). Die mit der Rücksichtnahme auf individuelle Geschäftszeiten verbundenen Unwägbarkeiten sind jedoch für den Erklärenden nicht zumutbar. Dieser muss sich darauf verlassen können, ob er seine Willenserklärung noch rechtzeitig auf den Weg gebracht hat oder nicht (ebenso LEIPOLD, in: FS Medicus [2009] 252 u 262; BEHLING 141, 147 f). Bei der **Ersatzzustellung** gilt das zuzustellende Schriftstück mit dem Einlegen in den Briefkasten als zugestellt (§ 180 S 2 ZPO). Dies gilt auch für Schriftstücke, die erst **nach Geschäftsschluss** eingeworfen werden, da der Gesetzgeber mit der Reform des Zustellungsrechts 2002 eine einfache Möglichkeit der Ersatzzustellung eröffnen wollte, wenn die Zustellung in den Geschäftsräumen scheitert, weil sie nicht geöffnet sind (BGH NJW 2007, 2186, 2187 [Einwurf um 19.35 Uhr]; BT-Drucks 14/4554, 21). Entsprechendes sollte bei der einfachen Zustellung von Postsendungen gelten. Der Empfänger, der ein nachvollziehbares Interesse daran hat, nicht vom Zugang von Schriftstücken mit rechtserheblicher Wirkung zur „Unzeit" überrascht zu werden, ist deswegen nicht schutzlos. Er hat es nämlich in der Hand, sich entweder den Zugang bis zu einem bestimmten Zeitpunkt ausdrücklich auszubedingen oder bereits seine **Empfangseinrichtung nur für konkrete Zeiten der Empfangsbereitschaft zu widmen**. Hinter der Einschränkung für Zustellungen zur Unzeit und der Rücksichtnahme auf die „Verkehrsanschauung" oder die „gewöhnlichen Verhältnisse" verbergen sich der Sache nach ohnehin Vorstellungen zur Widmung der Empfangseinrichtung. Diese bedarf freilich konkreter Anhaltspunkte als der Mutmaßung über verkehrsübliches Verhalten, zB einer deutlichen Mitteilung auf dem Briefkasten oder der Mailbox (vgl schon PLANCK Anm 1 aE; ENNECCERUS/NIPPERDEY § 158 Fn 13). Auch die klare und deutliche Angabe von **Büro- oder Geschäftszeiten** sind ausreichende Hinweise an den Absender, dass der Empfänger nur beschränkt empfangsbereit ist. Falls es an solchen Hinweisen mangelt, sollte der **Grundsatz** gelten, dass ein **Zugang jederzeit möglich** ist. Falls der Kunde auf dem Internet-Portal eines Unternehmens ein **Online-Postfach** unterhält, ist Zugang der im Postfach abrufbar eingestellten Erklärung anzunehmen, sobald der Kunde eine Benachrichtigungs-Mail empfangen hat (vgl auch THALMAIR NJW 2011, 17, der anknüpfend an die hM zum Zugang von E-Mails Zugang am darauffolgenden Tag annimmt).

bb) Fristen

76 Darüber hinaus ist für den Einzelfall zu differenzieren, ob es für die Rechtzeitigkeit des Zugangs auf die Wahrung einer Frist oder die zeitliche Reihenfolge von Ereignissen ankommt. Soll einerseits die **Erklärung innerhalb einer Frist** zugehen, so stellt § 188 für alle Fristen unmissverständlich klar, dass es eine „Unzeit" nicht geben kann, weil die **Frist erst mit dem Ablauf des letzten Tages endigt**. Dem Erklärenden muss demgemäß bis 24.00 Uhr ein fristwahrender Zugang möglich sein, was aber ausgeschlossen wird, wenn man den Zugang beispielsweise nur bis 16.29 Uhr zulässt (ähnl BURGARD AcP 195 [1995] 74, 109 ff; BEHLING 141 ff; BVerfGE 52, 203, 207 ff: für fristgebundene Schriftsätze; für Anträge von Aktionären gem § 126 AktG auch BGH NJW 2000, 1328; dazu oben Rn 14). Auf der anderen Seite ist das Interesse des Empfängers, die Erklärung noch am selben Tage zur Kenntnis zu nehmen, von geringem Gewicht. Selbst wenn mit dem Zugang **für den Empfänger eine Frist zu laufen beginnt**, wie zB bei einer Kündigung eines Arbeitsverhältnisses (§§ 4, 13 KSchG), nimmt das Gesetz darauf Rücksicht: Gem § 187 Abs 1 beginnt nämlich eine solche Frist ohnehin erst am nächsten Tag.

cc) Zusammentreffen mit anderen Ereignissen

Beim Zusammentreffen der Willenserklärung mit anderen juristischen Ereignissen sollte man in Anlehnung an die Wertung des § 130 Abs 1 S 2 auf **die chronologische Reihenfolge der Ereignisse** abstellen (vgl RGZ 60, 334: Angebotsänderung vor Annahmeerklärung; ähnl RGZ 99, 20, 23: Vinkulation vor Vertragsannahme). Denn ob der Empfänger zunächst das eine oder zuvor das andere Ereignis zur Kenntnis nimmt, ist genauso wenig von Bedeutung wie die Frage, ob er es überhaupt tut. Evident ist dies bei zufälligen juristischen Tatsachen wie Geburt, Tod oder unerlaubten Handlungen. Diese sind vom Empfänger nicht zu beeinflussen. Er kann daher vor den dadurch verursachten Rechtswirkungen nicht bewahrt werden, indem er von ihnen umgehend Kenntnis erlangt. Im Fall RGZ 142, 403 hing der Anspruch auf Auszahlung einer Versicherungssumme davon ab, ob die den Versicherungsschutz wahrende Annahme einer Stundungsvereinbarung noch vor dem **Tod des Versicherungsnehmers** zugegangen war. Dieser war an dem Tag gestorben, an dem die Annahmeerklärung in das Postschließfach der Versicherungsgesellschaft gelangt war. Da aber dieser Tag ein Ostersonntag war, hing die Entscheidung davon ab, ob es im Jahre 1932 zu den objektiven, für den Absender erkennbaren Verkehrsgepflogenheiten in *Gotha* gehörte, die an Sonn- und Feiertagen eingegangene Post abzuholen (aaO 408). Diese rechtstatsächlich schwierige Feststellung wäre entbehrlich gewesen, wenn das Reichsgericht das **Postschließfach** als Empfangseinrichtung eingestuft hätte, da es dann nicht auf die Möglichkeit der tatsächlichen Kenntnisnahme, sondern auf das Einlegen in das Schließfach angekommen wäre (zutr RGZ 144, 290). Inzwischen haben sich die Gepflogenheiten ohnehin geändert. In einem nahezu identischen Fall hat der BGH es für ausgeschlossen gehalten, dass „an einem Samstag oder Sonntag in der Hauptstelle oder einer Bezirksdirektion eines Versicherungsunternehmens größeren Zuschnitts Mitarbeiter mit Zuständigkeit für die Kenntnisnahme von Geschäftspost anwesend sind". Das habe zur Folge, „dass der Zugang eines außerhalb der Geschäftsstunden zugetragenen Schriftstücks grundsätzlich nicht vor Beginn der Geschäftsstunden am nächsten Arbeitstag anzunehmen ist" (BGH VersR 1994, 586).

Nach der Entscheidung des Gesetzgebers für die Empfangstheorie dürfte es auf die Kenntnisnahme oder die normative Möglichkeit dazu nicht ankommen. Man könnte dies allenfalls dann erwägen, wenn die Kenntnisnahme durch den Empfänger erforderlich ist, um Rechtsnachteile durch **geschäftliche Dispositionen** zu vermeiden (hiergegen schon Prot I 71). Im Fall RGZ 61, 125 hing die Wirksamkeit eines Kaufvertrages über Aktien davon ab, ob der beauftragte Börsenmakler noch über die notwendige Vertretungsmacht verfügte. Das war deshalb zweifelhaft, weil der Auftraggeber ca zwei Stunden vor Abschluss des Geschäfts im Kontor angerufen und gegenüber einem Angestellten den Auftrag widerrufen hatte. Der Makler hatte davon zwar nichts erfahren und konnte demgemäß auch nicht mehr reagieren. Dennoch hat das RG mit Recht einen Zugang für möglich gehalten, sofern es zu den Geschäftsgepflogenheiten des Maklers gehörte, vor dem Gang zur Nachmittagsbörse in seinem Kontor nochmals vorbeizuschauen, um sich nach zwischenzeitlich eingetroffenen Nachrichten zu erkundigen. Auch hier verbirgt sich hinter dem

Hinweis auf die Geschäftsgepflogenheit nichts anderes als die individuelle Widmung einer Empfangseinrichtung, an der sich der Adressat festhalten lassen muss.

5. Keine Besonderheiten bei „Zugangshindernissen"*

79 Unter dem Oberbegriff „Zugangshindernisse" werden jene Fälle erfasst, in denen der Zugang scheitert oder nicht rechtzeitig erfolgt und es als gerecht angesehen wird, den Empfänger dafür die Verantwortung tragen zu lassen. Der klassische Fall „*Der Empfänger lässt den Boten nicht vor oder hört ihn nicht an*" hat schon ZITELMANN dazu bewogen, die von ihm vertretene Vernehmungstheorie einzuschränken und nach der Maxime *dolus pro facto est* insoweit für die Wirksamkeit der Erklärung auch ohne Kenntnisnahme einzutreten (Rechtsgeschäfte 103 f). Er bediente sich also einer **Fiktion, um die Vernehmungstheorie gegenüber der Empfangstheorie zu verteidigen**. Nunmehr gilt zwar die Empfangstheorie, aber auch diese kann sich nicht ohne Fiktionen behaupten.

a) Tatbestand und Rechtsfolgen der Zugangsfiktionen
80 Die **Voraussetzungen** für eine Zugangsfiktion reichen vom Erfordernis der Arglist

---

* **Schrifttum:** BARTSCH, Über die Verhinderung des Zugehens von Willenserklärungen (Diss Greifswald 1921); vBLUME, Versäumnis des Empfangs von Willenserklärungen, JherJb 51 (1907) 1; BORGMANN, Das Verhindern einer empfangsbedürftigen Willenserklärung durch den Adressaten (Diss Marburg 1935); J BREIT, Die Verhinderung der Vollziehung einer Willenserklärung, SeuffBl 71 (1906) 589; CALLOMON, Die Pflicht zur Entgegennahme von Willenserklärungen (Diss Breslau 1910); DAUE, Wird eine Willenserklärung wirksam, wenn der Empfänger ihr Zugehen absichtlich verhindert? (Diss Greifswald 1908); DAVID, Verhinderung bei Abgabe einer empfangsbedürftigen Willenserklärung, Gruchot 46 (1902) 232; FABRICIUS, Welche Wirkungen hat die Nichtannahme von Schriftstücken und die Verhinderung ihres Zugehens? (Diss Göttingen 1926); HABICHT, Die Verhinderung der Abgabe einer Willenserklärung, DJZ 1901, 265; HAUMANN, Die Nichtannahme empfangsbedürftiger Willenserklärungen (Diss Erlangen 1913); HÖLDER, Der Zugang der Willenserklärung, DJZ 1901, 340; IVEN, Hindernisse beim Zugang von Willenserklärungen (Diss Köln 1934); KLINGMÜLLER, Zugang von Willenserklärungen bei Verweis der Wohnung, VersR 1967, 1109; KRÜCKMANN, Verhinderung des Vertragsschlusses, Recht 1911, 56; O KUHN, Die Verhinderung des rechtzeitigen Zugehens von Willenserklärungen (Diss Greifswald 1922); LANDAU, Die vom Adressaten vereitelte Willenserklärung (Diss Göttingen 1905); LOHMAR, Verhinderung der Entgegennahme einer empfangsbedürftigen Willenserklärung durch den Adressaten (Diss Göttingen 1926); MAUER, Zugangsfiktion für Kündigungserklärungen in Arbeitsverträgen, DB 2002, 1442; MOSEF, Die Verhinderung des Zugehens von Willenserklärungen durch den Adressaten (Diss Breslau 1919); MÜHLHOFF, Wirksamwerden und Verhindern einer Willenserklärung (Diss Marburg 1913); MÜLLER, Die mündliche Willenserklärung und ihre Vereitelung (Diss Marburg 1936); RATHENAU, Der Zugang der Willenserklärung bei Abholung von Postsendungen, DJZ 1902, 147; RELLING, Das fingierte Zugehen empfangsbedürftiger Willenserklärungen (Diss Rostock 1909); SCHÜLER, Die Verhinderung des rechtzeitigen Zugehens einer Willenserklärung durch den Empfänger (Diss Breslau 1910); SCHWARZ, Kein Zugang bei Annahmeverweigerung des Empfangsboten?, NJW 1994, 891; SEITLER, Welche Rechtsfolgen treten ein, wenn derjenige, an den eine Willenserklärung gerichtet ist, das rechtzeitige Zugehen vorsätzlich oder fahrlässig verhindert (Diss Erlangen 1911); WENDT, Unterlassungen und Versäumnisse im bürgerlichen Recht, AcP 92 (1902) 1.

über einfaches Verschulden bis zum Verstoß gegen die Gebote von Treu und Glauben. Während nach dem ursprünglichen dogmatischen Ansatz gem § 826 und § 162 **nur arglistiges Verhalten des Empfängers** eine Sonderbehandlung rechtfertigte **(Zugangsvereitelung ieS)**, trat das Maß der Pflichtverletzung immer mehr hinter den offenen Tatbestand von „Treu und Glauben" zurück, und es genügte **bloß schuldhaftes Verhalten** (instruktiv RGZ 58, 406, 408: schuldhafte Abwesenheit; RGZ 110, 34, 36 f: Annahmeverweigerung ohne Arglist; HABICHT DJZ 1901, 265, 266). Insofern ist es nur folgerichtig, dass es nach verbreiteter, früher sogar herrschender Meinung im Einklang mit dem verschuldensunabhängigen Maßstab des § 242 selbst auf ein Verschulden nicht mehr ankommt. Vielmehr soll genügen, dass die **Ursache für das Scheitern des Zugangs im Verantwortungsbereich, in der Sphäre oder Person des Empfängers** liegt (vgl bereits RGZ 95, 315, 317: Auflösung der Geschäftsadresse; BGH LM Nr 1: Geschäftsverlegung; VersR 1971, 262, 263: Urlaubsabwesenheit; BAG, NZA 2003, 719: Kuraufenthalt; BRINKMANN 182; STAUDINGER/DILCHER[12] Rn 51; MünchKomm/EINSELE Rn 35 ff; SOERGEL/HEFERMEHL Rn 24). Es genügen daher auch zufällige Verhinderungen, zB infolge einer Krankheit oder eines Unglücksfalles, um von § 130 abzuweichen (FLUME § 14, 3e = S 239; differenzierend MEDICUS AT Rn 281; noch ausdrücklich offen gelassen in RGZ 58, 406, 409). Inzwischen verlangt der BGH allerdings wieder Verschulden des Adressaten (BGH NJW 1996, 1967, 1968: Urlaubsabwesenheit; zustimmend MEDICUS, AT Rn 282), doch soll es dafür ausreichen, dass der Empfänger **mit dem Eingang rechtsgeschäftlicher Erklärungen rechnen musste** (zuletzt BGHZ 137, 205, 208 mwNw; OLG Bamberg WM 2010, 1457, 1458 f). Da man dies fast immer annehmen kann, lässt sich eine Zugangsfiktion leicht begründen.

Hinsichtlich der fingierten **Rechtsfolge** werden zwei Möglichkeiten vertreten: Entweder wird der Zugang unmittelbar mit dem gescheiterten Versuch fingiert **(Zugangsfiktion)** oder der Erklärende bleibt „Herr der Erklärung" und muss sich, will er ihre Wirksamkeit herbeiführen, erneut, ggf gem § 132, um Zugang bemühen. Erst wenn ihm dieser schließlich gelingt, soll es dem Empfänger nach Treu und Glauben verwehrt sein, sich auf eine etwaige Verspätung zu berufen. Im zweiten Fall wird also nur die temporäre Wirkung des Zugangs fingiert **(Rechtzeitigkeitsfiktion)**. Welche Rechtsfolge anzunehmen ist, lässt sich nicht mit wünschenswerter Sicherheit bestimmen. So hat das Reichsgericht als Konzession für die Ausdehnung der Fiktion nach dem Grad des Verschuldens differenziert: Bei arglistiger Zugangsverhinderung wird der Zugang, bei jedem anderen Verschuldensgrad bloß die Rechtzeitigkeit fingiert (grdl RGZ 110, 34, 35 ff; wohl auch SOERGEL/HEFERMEHL Rn 28 und FRANZEN JuS 1999, 433; MEDICUS, AT Rn 282, der allerdings auch treuwidriges Verhalten genügen lässt). Diese Differenzierung wirkt bis heute nach, wenn vorrangig die Rechtzeitigkeit fingiert wird (zuerst wohl PLANCK Anm 5 mit zutr Hinw, dass Zugang wegen § 132 nie ganz verhindert werden kann; ebenso TITZE JherJb 47 [1904] 445 ff; FLUME, AT § 14, 3e = S 238; SOERGEL/HEFERMEHL Rn 27 f; LARENZ, AT § 21 II b = S 424; vgl auch BRINKMANN 153 f mwNw) und lediglich im Falle grundloser **Annahmeverweigerung** (Zugangsvereitelung ieS) sofortiger Zugang (BGH NJW 1952, 1169; 1983, 929, 930). Die Grenzen sind freilich eher fließend. So soll es für eine Zugangsfiktion zB auch genügen, wenn es der Adressat – ohne nachgewiesene Vereitelungsabsicht – versäumt, bei einem Faxgerät Papier nachzufüllen (LAG Hamm ZIP 1993, 1109), er unter seiner polizeilich gemeldeten Adresse nicht zu erreichen ist (BGH VersR 1971, 262, 263), die Benachrichtigung über eine Niederlegung verloren (LAG Düsseldorf LAGE § 130 Nr 14; LG Berlin Grundeigentum 1994, 1383) oder ein auf der Post niedergelegtes Einschreiben nicht abgeholt hat (BGHZ 67, 271, 276; OLG

Köln CR 1992, 334; LAG Frankfurt LAGE § 130 Nr 7; LG Aachen WuM 1989, 250; BAG, NZA 2003, 719, 723).

82 Angesichts wenig Erfolg versprechender Bemühungen um eine klare Grenzziehung erscheint es nur folgerichtig, wenn BGHZ 137, 205, 209 f auf solche Differenzierungen ganz verzichtet und sich für eine offene **Abwägung** zwischen der Schwere des Sorgfaltsverstoßes auf Seiten des **Empfängers** und dem erforderlichen und zumutbaren Verhalten auf Seiten des **Erklärenden** entscheidet. Den gleichen Grundgedanken verfolgte schon einmal das Reichsgericht, als es in der Entscheidung RGZ 97, 336, 339 beiden Parteien die Vernachlässigung von Sorgfaltspflichten vorwarf und einen Schaden, den der Erklärende aufgrund eines gescheiterten Vertrages geltend machte, gem § 254 teilte. Damit entscheidet über die Vollendung des Zugangs eine rein normative Verhaltenszurechnung (idS bereits der dogmatische Ansatz von ARNDT 29 ff) – ein Verfahren, das zwar Flexibilität, aber geringe Rechtssicherheit bietet (vgl dazu eingehend BENEDICT 4 f).

b) Dogmatische Bedenken

83 Die zentrale Schwäche der Zugangsfiktionen besteht darin, dass sie **die gesetzlichen Regelungen ignoriert**, und zwar sowohl § 130 als auch § 132. Über die scheinbare Evidenz der Unbilligkeit einer arglistigen Annahmeverweigerung wurde außer Acht gelassen, dass für die Begründung einer Fiktionsnorm zunächst eine Gesetzeslücke positiv festzustellen wäre. Eine solche lässt sich aber angesichts der bewussten Entscheidung für die Empfangstheorie in § 130 und der Bereitstellung eines sicheren Übermittlungsweges gem § 132 (unten § 132 Rn 1) nicht nachweisen (BENEDICT 112 ff; HKK/OESTMANN Rn 37 f).

aa) Fiktionen als Folge der bisherigen Zugangsdefinition

84 Von der überwiegenden Meinung wird die Rechtsgrundlage der Zugangsfiktion in den Geboten von **Treu und Glauben gem § 242** gesehen (grdl RGZ 58, 406, 408 ff; DAVID Gruchot 46 [1902] 232 ff; seither hM, vgl nur BGHZ 137, 205, 209; BAG NZA 2003, 719, 723; 2006, 204, 205 f; PALANDT/ELLENBERGER Rn 18; mit Ausnahme arglistiger und absichtlicher Verhinderung auch SOERGEL/HEFERMEHL Rn 28; zurückhaltend MEDICUS, AT Rn 278 ff). Andere stützen diese auf eine **Analogie zu § 162** (grdl ZITELMANN, Rechtsgeschäfte 103; HABICHT DJZ 1901, 265, 266; MEDICUS, AT Rn 282; SOERGEL/HEFERMEHL Rn 28; LAG Hessen NZA-RR 2001, 637), **zu §§ 123, 530** (WENDT AcP 92 [1902] 1, 212; vBLUME JherJb 51 [1907] 1, 11 ff), **§§ 121 Abs 1 S 2, 149** (LANDAU 45 ff) oder **den Vorschriften des Gläubigerverzugs** (TITZE JherJb 47 [1904] 397, 452 ff; ausf zum Meinungsspektrum BRINKMANN 152 ff). Die Begründung mit Hilfe einer Fiktion bedeutet zwar nicht unbedingt „das Ende allen positiven Rechts" (so ARNDT 16), aber zweifellos eine dogmatische Verlegenheitslösung, die nach Möglichkeit vermieden werden sollte. Sie ist denn auch überflüssig, da mit der Entscheidung des Gesetzgebers für die Empfangstheorie gerade erreicht werden sollte, die Wirksamkeit einer Willenserklärung unabhängig von den Launen des Empfängers eintreten zu lassen. Ein von der Willkür des Empfängers unabhängiger Zugang kann aber per definitionem von diesem nicht verhindert werden.

85 So ist die Doktrin der **Annahmeverweigerung** unvermeidliche Folge der von der herrschenden Meinung verwendeten Zugangskriterien „tatsächliche Verfügungsgewalt" und „Machtbereich". Stellt man für den Zugang hingegen mit der hier vertretenen Auffassung darauf ab, ob der Empfänger die Willenserklärung als solche

wahrgenommen hat (oben Rn 46), kommt es nicht darauf an, ob der Empfänger zur Entgegennahme bereit ist oder ob es dem Überbringer noch gelingt, den Brief geistesgegenwärtig durch den geöffneten Türspalt zu werfen, bevor ihm diese vor der Nase zugeschlagen wird. Zum gleichen Ergebnis kommen auch jene, die hier auf die weitest mögliche Definition der Empfangstheorie zurückgreifen und die „Möglichkeit der Kenntnisnahme" genügen lassen (vTuhr II 1 = S 434; Staudinger/Coing[11] Rn 6; Larenz, AT § 21 II b = S 424; Brinkmann 56, 64). Weitere Fälle, in denen Zugangsfiktionen aufgrund der Machtbereichsdefinition notwendig, nach der hier vertretenen Auffassung aber entbehrlich sind, betreffen die Verspätung, die der Empfänger durch Stellen eines **Nachsendeauftrages** bei der Post verursacht (vgl Titze JhJb 47 [1904] 446 f; Larenz/Wolf § 26 Rn 43) oder dadurch, dass er postlagernde Sendungen nicht sofort abholt (Titze aaO). Hier liegt nach den Grundsätzen über die Widmung von Empfangseinrichtungen (oben Rn 49 ff) Zugang vor, sobald die Sendung das Postlagerfach oder die Nachsendestelle erreicht. Auch bei Nichtabholung des auf dem Postamt niedergelegten **Einschreibens** gibt es keinen Grund für Sonderregeln, wenn man die Beweiskraft der privaten Zustellung per Einwurfeinschreiben (vgl dazu Rn 48, 108 f) und die gesetzliche Regelung des § 132 akzeptiert.

bb) Die gesetzliche Wertung des § 132

Sinnliche Wahrnehmung und gewidmete Empfangseinrichtung scheiden als zugangsbegründende Kriterien in zwei Fällen aus: Wenn der Aufenthalt des Empfängers unbekannt ist und/oder keine Empfangseinrichtungen vorhanden sind. Auch in diesen Fällen besteht aber kein zwingender Grund, eine außergesetzliche Fiktion zu bemühen, weil in diesen Fällen der **Zugang gem § 132** bewirkt werden kann (vgl schon Titze JherJb 47 [1904] 379, 445 ff). § 132 Abs 1 eröffnet über die §§ 166 Abs 1, 191 ZPO die Möglichkeit der **Ersatzzustellung** gem §§ 178 ff ZPO, und § 132 Abs 2 ermöglicht die **öffentliche Zustellung** gem §§ 185 ff ZPO. Damit stellt das Gesetz für alle Formen von Zugangshindernissen eine adäquate Lösung zur Verfügung, die den berechtigten Interessen des Erklärenden in angemessener Weise Rechnung trägt. Der dagegen erhobene Einwand, die Zustellung durch Vermittlung des Gerichtsvollziehers sei unzumutbar und vernachlässige die praktischen Bedürfnisse des Rechtsverkehrs (vgl nur Brinkmann 174; Medicus, AT Rn 282) ist de lege ferenda vielleicht beachtlich, hat aber nicht so viel Gewicht, dass deswegen die §§ 130, 132 durch eine ungeschriebene Fiktionsnorm ersetzt werden dürften. Weder das Kosten- noch das Zeitargument erweisen sich bei näherer Betrachtung als wirklich durchschlagend. Nach der in den Bundesländern einheitlich anzuwendenden **Geschäftsanweisung für Gerichtsvollzieher** hat die Zustellung innerhalb von drei Tagen nach dem Empfang des Auftrags zu erfolgen, möglichst jedoch schon am darauffolgenden Tag, wenn an seinem Amtssitz oder unter seiner Vermittlung durch die Post zuzustellen ist; bei **Eilbedürftigkeit** muss der Gerichtsvollzieher ggf sofort zustellen (§ 22 GVGA). Die **Zustellkosten** (dazu § 132 Rn 4) erscheinen ebenfalls nicht sehr hoch, wenn man die Sicherheit der Zustellung und ihren Beweiswert in Rechnung stellt (vgl auch R Weber JA 1998, 599 Fn 86). Darüber hinaus ist die Zustellung gem § 132 ohnehin eine unvermeidliche Konsequenz der von der hM vertretenen **Rechtzeitigkeitsfiktion** (oben Rn 81, deutlich Dilcher AcP 154 [1955] 131 f; Bork Rn 637), da der Absender keine rechte Gewissheit darüber hat, wie viele Zustellversuche im Zweifel nötig sind, um den Zugang schließlich doch durch Fiktion zu bewirken.

Die Antwort des BGH bestand zunächst darin, dem Absender einen **erneuten**

Zustellversuch mittels (Übergabe-)Einschreibens abzuverlangen; dann verwandele sich die Rechtzeitigkeits- in eine Zugangsfiktion (BGH VersR 1971, 262, 263; ebenso BRINKMANN 177 ff). In der Grundsatzentscheidung vom 26. 11. 1997 lehnte der BGH im Ergebnis wiederum eine Zugangsfiktion ab, ließ für die Zukunft allerdings offen, welche Bemühungen dem Erklärenden konkret obliegen würden, um diese zu erreichen: „Welcher Art dieser erneute Versuch des Erklärenden sein muss, hängt von den konkreten Umständen wie den örtlichen Verhältnissen, dem bisherigen Verhalten des Adressaten, den Möglichkeiten des Erklärenden und auch von der Bedeutung der abgegebenen Erklärung ab und kann allgemein nicht entschieden werden" (BGHZ 137, 205, 209; in diesem Sinne abwägend verfährt BAG, NZA 2003, 719, 723, freilich ohne einen zweiten Zustellungsversuch zu verlangen; ähnlich BAG NZA 2006, 204, 205 f). Für die Praxis kann man nur raten, bei fehlenden Empfangseinrichtungen den Weg über § 132 von vornherein zu beschreiten. Das OLG Nürnberg macht dieses Vorgehen immerhin jedem Anwalt zur Pflicht, wenn Zugangshindernisse zu besorgen sind (NJW-RR 1991, 414). Die Zustellung gem § 132 bietet sichere Gewähr für den Absender, wichtige, fristgebundene Erklärungen wirksam werden zu lassen. Sie macht daher Zugangsfiktionen entbehrlich. In Betracht kommt allenfalls ein **Schadensersatzanspruch** nach den allgemeinen Regeln (§§ 280 Abs 1, 241 Abs 2), wenn dem Adressaten eine schuldhafte Pflichtverletzung vorzuwerfen und dem Absender dadurch ein Schaden entstanden ist (MünchKomm/EINSELE Rn 34; BORK Rn 638; BEHLING 172 ff). Dies setzt freilich voraus, dass es überhaupt eine Pflicht zur Empfangsbereitschaft gibt.

c) Pflicht zu Empfangsvorkehrungen?

88 Eine Pflicht, sich selbst den Empfang und anderen die Ablieferung von Willenserklärungen zu ermöglichen, lässt sich weder im allgemeinen (allg Ansicht, vgl nur BGH NJW 1996, 1967, 1968 mwNw), noch im besonderen, nämlich im Rahmen eines bestehenden Rechtsverhältnisses begründen (TITZE JherJb 47 [1904] 379, 450 ff; vBLUME JherJb 51 [1907] 1, 14; FLUME § 14, 3e; BENEDICT 117 ff; **aA** hM; grdl PLANCK § 130 Anm 5; STAUDINGER/ COING[11] § 130 Rn 21; DILCHER AcP 154 [1955] 131 ff; MünchKomm/EINSELE Rn 36; PALANDT/ ELLENBERGER Rn 17; BORK Rn 638; BEHLING 175; stRspr seit RGZ 110, 34, 36; grdl BGHZ 137, 205, 208 mNw; zu Besonderheiten aufgrund sozialrechtlicher Vorschriften zur Erreichbarkeit BSG, NJW 2002, 166). Allein aus dem Umstand, dass durch Benutzung einer vorhandenen Empfangseinrichtung Zugang bewirkt wird (oben Rn 49 ff), folgt noch nicht, dass auch eine **Pflicht zur Bereitstellung von Empfangseinrichtungen** besteht. Die gegenteilige Auffassung unterstellt im Ergebnis eine Garantenstellung zum Empfang von Willenserklärungen (vgl etwa W COHN 57, der sogar ein „Recht auf Zugang" proklamiert), ohne diese ausreichend zu begründen. Aus der Empfangsbedürftigkeit der Willenserklärung folgt diese jedenfalls nicht (so aber HABICHT DJZ 1901, 265). Kritisch fragte schon TITZE (aaO 450 f), ob man wirklich dafür Sorge tragen soll, dass der *Gegner* wirksam anfechten, kündigen oder zurücktreten kann. „Wird man dem Verkäufer, der dem Käufer für vier Wochen ...ein Rücktrittsrecht eingeräumt hat, verbieten wollen, während der Dauer dieser Frist oder doch wenigstens während ihrer letzten Tage sein Haus zuzuschließen, weil dann die Rücktrittserklärung nicht abgegeben werden könne?...Kann man beim Mietverhältnis den Parteien zumuten, an jedem Quartalsersten mit Rücksicht darauf, dass eine Kündigung ... nicht ausgeschlossen ist, die stete Möglichkeit der Briefbestellung im Auge zu behalten?" Die Beispiele zeigen die fiktive Grundlage der angenommenen Pflicht zu Empfangsvorkehrungen. Da sie die persönliche Freiheit des Adressaten einschränkt, bedarf sie einer fundierten

Legitimation. Dies gilt auch für die von der hM vertretene Beschränkung auf Fälle, in denen der „Empfänger mit dem Eingang rechtsgeschäftlicher Erklärungen rechnen musste" (BGH NJW 1996, 1967, 1968; BAG NZA 2006, 204, 205 f; MEDICUS, AT Rn 282), zumal diese Formel vielfach keine sichere Prognose zulässt. So soll zB bei einem Versicherungsvertrag eine entsprechende Pflicht bei längerer Abwesenheit immer dann bestehen, wenn sich ein Schadensfall ereignet hat (BGH VersR 1971, 262), bei nur einwöchiger Abwesenheit, wenn besondere Umstände hinzukommen (OLG Köln VersR 1992, 85). Die Wirksamkeit einer Willenserklärung würde unter Geltung einer derart unbestimmten **Empfangspflicht** erst dann mit Sicherheit feststehen, wenn die Gerichte in letzter Instanz entschieden haben. Ob dies den Parteien eher zuzumuten ist als die Anwendung des § 132, darf man bezweifeln. Und es ist angesichts dieser Vorschrift von vornherein bedenklich, der Empfängerseite lieber eine neue Pflicht zu oktroyieren als den Erklärenden auf den Gebrauch der ihm eingeräumten Möglichkeiten einer sicheren Zustellung zu verweisen.

Der notwendigen Rechtssicherheit genügt auch nicht ein „**Mindeststandard**" von **Empfangseinrichtungen**, der etwa die Pflicht enthält, einen Briefkasten einzurichten, die Verlegung des Wohn- oder Geschäftssitzes anzuzeigen oder niedergelegte Einschreiben abzuholen (dafür BRINKMANN 175 ff). Wer legt solche Standards fest, und mit welcher Kompetenz? Die von der Rechtsprechung entschiedenen Fälle beziehen sich überwiegend auf die **Pflicht, niedergelegte Einschreiben abzuholen** (zuletzt BGHZ 137, 205; weitere Nachw oben Rn 84). Insoweit ist diese aus der Not geboren. Da der Benachrichtigungszettel noch nicht den Zugang bewirken soll (oben Rn 48), scheint das Übergabeeinschreiben der ihr im Verkehr zugedachten Funktion einer besonders zuverlässigen Übermittlungsform enthoben, wenn der Empfänger das bei der Post niedergelegte Schriftstück ignorieren dürfte. Nicht überzeugend ist es allerdings, wenn der Ausweg in einem fristwahrenden **zweiten Zustellversuch** gesehen wird, gleichgültig ob dieser in einem erneuten (Übergabe-)*Einschreiben Eigenhändig* (so BGHZ 137, 205, 209; krit SINGER LM Nr 27) oder *Einschreiben Einwurf* (so MünchKomm/EINSELE Rn 38) besteht. Bei beiden Konstruktionen ist nicht nachzuvollziehen, wie ein nachfolgendes Fehlverhalten des Empfängers bewirken kann, dass aus einer verfristeten Willenserklärung nachträglich eine fristwahrende Willenserklärung wird. Da die Zustellung durch Vermittlung des Gerichtsvollziehers die gewünschte Sicherheit bietet (§ 132 Rn 2 f), liegt es näher, den Absender darauf zu verweisen. Falls der Absender darauf verzichtet und Zustellung durch die Post bevorzugt, empfiehlt sich am ehesten die Zustellung per *Einschreiben Einwurf* (unten Rn 108). Diese versagt nur, wenn der Empfänger über keine Empfangseinrichtung verfügt.

Die Versuchung liegt nahe, vom Empfänger wenigstens die **Installation eines Briefkastens** zu verlangen. In der Tat neigen Instanzgerichte bereits dazu, den Zugang bei fehlendem Briefkasten zu fingieren (ArbG Köln DB 1981, 1642, 1643; ähnl AG Magdeburg WM 1992, 588). Aber auch hier sollte man sich zurückhalten, von einer verbreiteten Praxis vorschnell auf eine Rechtspflicht zu schließen (abl schon TITZE JerhJb 47 [1904] 379, 437: niemand sei verpflichtet, „anderen die Ablieferung von Briefen zu erleichtern"). Briefkästen befinden sich nicht selten im Hausflur; es bedürfte also zusätzlich der Pflicht, den Zugang für Boten zu gewährleisten. Falls die Haustür aus Sicherheitsgründen verschlossen bleiben soll, müsste der Briefkasten vor dem Haus angebracht werden, wozu freilich allein der Hauseigentümer berechtigt ist. Von einem Mieter kann aber kaum verlangt werden, zur Erfüllung einer angenommenen Empfangspflicht die

Duldung eines an der Außenwand befestigten Briefkastens zunächst gerichtlich durchzusetzen (zutr LG Neuruppin NJW 1997, 2337, 2338 mwNw). Auch das Gesetz zur Modernisierung des GmbH-Rechts und zur Bekämpfung von Missbräuchen (**MoMiG**) schafft keine Verpflichtung zur Einrichtung von Empfangsvorkehrungen. Zwar besteht für Gesellschaften mit beschränkter Haftung, Aktiengesellschaften und Zweigniederlassungen ausländischer Kapitalgesellschaften eine Pflicht zur Anmeldung einer inländischen Geschäftsanschrift, unter der Willenserklärungen wirksam zugehen können (vgl § 8 Abs 4 Nr 1 GmbHG, § 37 Abs 3 Nr 1 AktG, § 13 Abs 1 HGB), aber damit ist nicht zwingend die Einrichtung eines Briefkastens gemeint, da Willenserklärungen auch zB im Wege der Ersatzzustellung durch Anheften an der Tür des Geschäftsraums gem § 132 S 2 iVm § 181 Abs 1 S 3 ZPO wirksam zugehen können (vgl auch STEFFEK BB 2007, 2077, 2080; zur erleichterten öffentlichen Zustellung an die genannten Gesellschaften gem § 185 Nr 2 ZPO vgl § 132 Rn 7).

d) Schadensersatz bei Beseitigung von Empfangseinrichtungen

91 Von der fiktiven Begründung einer Pflicht zu Empfangsvorkehrungen sind jene Fälle zu unterscheiden, bei denen der Adressat bereits Empfangsvorkehrungen getroffen hat. Denn im Falle der Widmung von Empfangseinrichtungen ist der Empfänger an diesen Akt der **Selbstbestimmung** gebunden, solange keine Entwidmung gegenüber dem Absender stattgefunden hat. Aufgrund der Widmung dürfen der Absender und der von ihm beauftragte Erklärungsbote darauf vertrauen, dass widmungsgemäße Übermittlung den Zugang bewirkt. Verzögerungen, die durch den Zugang an eine zwischenzeitlich oder vorübergehend nicht genutzte Adresse verursacht worden sind, gehen zu Lasten des Empfängers, wenn dieser keine **Entwidmung** veranlasst hat. Erteilt zB der Empfänger einen **Nachsendeauftrag** für seinen Zweitwohnsitz, werden Willenserklärungen nicht erst wirksam, wenn sie dort eintreffen, sondern bereits dann, wenn sie am Erstwohnsitz eingegangen sind (zutr FLUME § 14, 3 e). Entgegen BGH NJW 1996, 1968 kann man vom *Absender,* der auf den Bestand der gewöhnlichen Empfangseinrichtung vertraut, gerade nicht verlangen, die Erklärung früher abzusenden. Aus dem gleichen Grunde muss der Empfänger die zwischenzeitliche **Auflösung eines Postschließfaches** und die **Änderung seiner Wohn- oder Geschäftsanschrift** (vgl RGZ 95, 315, 317; BGH LM Nr 1) denjenigen gegenüber bekannt geben, denen er zuvor seine diesbezügliche Empfangsbereitschaft mitgeteilt hat. Wer im Rahmen eines Arbeitsverhältnisses zur Beschleunigung der Kommunikation ein Faxgerät ausgehändigt bekommt, ist verpflichtet, für dessen Betriebsbereitschaft zu sorgen und dieses insbesondere mit Papier zu füllen (LAG Hamm ZIP 1993, 1109, 1110). **Werden verschiedene Empfangseinrichtungen** dem Erklärenden alternativ angeboten, kann der Absender darauf vertrauen, dass der Empfänger unter allen bekannt gegebenen Adressen empfangsbereit ist. Wer seinem Partner eine **Visitenkarte** aushändigt, auf der sich neben der Geschäftsanschrift auch Telefon- und Faxnummer sowie E-Mailadresse befindet, muss folglich damit rechnen, dass Nachrichten auf allen gewidmeten Empfangseinrichtungen zugehen. Nicht mehr bestehende Einrichtungen müssen **entwidmet** werden, um Zugangswirkungen auszuschließen. Bei einer **Rufumleitung** liegt es nicht am Erklärenden, dem gewünschten Erklärungsempfänger „hinterher zu telefonieren"; vielmehr ist die Person, die unter der mitgeteilten Adresse oder Nummer zu erreichen ist, nach den Grundsätzen der Duldungsvollmacht als zum Empfang der Erklärung bevollmächtigt anzusehen (zutr BGH NJW 2002, 1565, oben Rn 60).

Falls die betreffende Willenserklärung eine gewidmete Empfangseinrichtung er- **92** reicht, sind die Voraussetzungen des § 130 erfüllt. Es bedarf also keiner Fiktion, um den Zugang zu begründen. Falls der Zugang vereitelt wird, weil etwa die angegebene E-Mailadresse falsch ist oder nicht mehr stimmt, liegt darin ein pflichtwidriges Verhalten, das den Empfänger gemäß §§ 280 Abs 1, 241 Abs 2 – ggf iVm § 311 Abs 2 – zum Schadensersatz gegenüber dem Absender verpflichtet. Dieser besteht gem § 249 S 1 in der Herstellung des Zustandes, der bei pflichtgemäßem Verhalten des Empfängers bestünde, so dass dieser eine verspätete Erklärung wie eine rechtzeitige gegen sich gelten lassen muss (grdl PLANCK Anm 5; DILCHER AcP 154 [1955] 120, 132; aA BENEDICT 123 ff). Wird durch **Beseitigung einer Empfangsvorkehrung** ein Vertragsschluss verhindert, ist der Empfänger so zu stellen, als wäre ein Vertrag zustande gekommen. Im Fall RGZ 97, 337 (vgl dazu KOPPERS DJZ 1901, 112) konnte ein mittels Fernsprecher abgegebenes kurzfristiges Vertragsangebot deshalb nicht rechtzeitig angenommen werden, weil der Offerent innerhalb der von ihm selbst gesetzten Annahmefrist **telefonisch nicht zu erreichen** war. Allerdings durfte auch der Absender nach lediglich einem Versuch nicht darauf vertrauen, dass die daraufhin der Telefonistin als Erklärungsbotin (zutr FLUME § 14, 3 e) übermittelte Erklärung an den Adressaten rechtzeitig weitergeleitet würde, da die Annahmefrist in einer ¾ Stunde ablief. Insofern fehlte es an schutzwürdigem Vertrauen und damit an der wesentlichen Grundlage für einen Schadensersatzanspruch wegen culpa in contrahendo und der vom Reichsgericht vertretenen Schadensteilung gem § 254 (eine Haftung aus cic und § 249 grds ablehnend BENEDICT aaO). Schließlich kann man diesen Fall auch als Lehrstück dafür ansehen, warum Anträge unter Anwesenden – zumal mittels Fernsprechers gemachte – gem § 147 Abs 1 S 1 grds nur sofort angenommen werden können: Mündliche Erklärungen sind flüchtig, und den Zustand der Anwesenheit erneut herzustellen ist ein unsicheres Unterfangen. Findet sich aber unter der angegeben Adresse/Telefonnummer eine andere Person, so hängt die Wirksamkeit der dieser gegenüber abgegebenen Erklärung allein von der rechtlichen Zuordnung dieser Person, nicht aber von der Bemessung gegenseitiger Verschuldensanteile gem § 254 ab (im Grds zutr BGH NJW 2002, 1565: Mängelanzeige bei Rufumleitung).

6. Zugang formbedürftiger Willenserklärungen

Bei formbedürftigen Erklärungen wird überwiegend gefordert, sie müssten in der für **93** die Abgabe vorgeschriebenen Form auch zugehen (MünchKomm/EINSELE Rn 33; STAUDINGER/DILCHER[12] Rn 26; PALANDT/ELLENBERGER Rn 10; BAMBERGER/ROTH/WENDTLAND Rn 11; PRÜTTING/WEGEN/WEINREICH/AHRENS Rn 8; BGHZ 31, 5, 6 f; 36, 201, 204 f; 48, 374, 377 f; 121, 224, 228 f; BGH NJW 1981, 2299; BGH NJW 2006, 681, 682; BAG NJW 2007, 250, 253). Diese Aussage ist zumindest missverständlich. Es handelt sich nämlich nur um ein Form-, nicht um ein Zugangsproblem, wenn dem Empfänger nicht das Original oder eine notarielle Ausfertigung der Urkunde (§ 47 BeurkG), sondern bloß eine beglaubigte Abschrift der Urkunde zugeht (BGHZ 130, 71, 74 f). Geht dem Empfänger (nur) eine Abschrift zu, so ist die Erklärung gem § 130 zweifelsohne wirksam geworden; ob ihrer Wirksamkeit im Übrigen § 125 entgegensteht, ist eine andere Frage. Würde am Formmangel bereits der Zugang der Willenserklärung scheitern, hätte § 125 S 1 keinen Anwendungsbereich – „ein ganz unsinniges Ergebnis" (LEENEN § 6 Rn 63). § 130 Abs 1 soll die Kommunikation zwischen Absender und Empfänger einer Willenserklärung gewährleisten. Kommunikation ist jedoch nicht körperlicher, sondern geistiger Natur (SCHIPPERS DNotZ 2006, 726, 734). Die **Unterscheidung von Form**

und Zugang ist nicht nur von theoretischer, sondern auch von praktischer Bedeutung, da § 130 disponibel ist (oben Rn 22), während gesetzliche Formvorschriften nicht abbedungen werden können. Demgemäß verlangt zwar der BGH für das Wirksamwerden einer empfangsbedürftigen, einem Abwesenden gegenüber abgegebenen Willenserklärung, die der notariellen Beurkundung bedurfte, dass dem Empfänger eine Ausfertigung der Notarurkunde zugeht (BGHZ 130, 71, 73). Er hält dieses (Zugangs-)Erfordernis jedoch für disponibel, so dass die Übermittlung einer bloßen Abschrift der Urkunde genügt, wenn nur die Erklärung selbst formgerecht beurkundet wurde (aaO 74 f). Dem ist im Ergebnis zuzustimmen (ebenso LEENEN § 6 Rn 66 f; ARMBRÜSTER NJW 1996, 438, 439; BAMBERGER/ROTH/WENDTLAND Rn 11).

94 In Bezug auf die Form geht es um die Anforderungen an ein wirksames Rechtsgeschäft. Dabei sind mit dem Gesetz zwei Fälle zu unterscheiden: Die **"schriftliche Erteilung"** von Willenserklärungen (vgl §§ 761, 766, 780 f, 1154; § 3 Abs 1 BRAGO) und die **"notarielle Beurkundung"** von Verträgen (vgl §§ 518, 925, 1516 Abs 2, 1730, 2282 Abs 2, 2291, 2296, 2301). Im ersten Fall muss die Willenserklärung nicht nur in der gehörigen Form geäußert (§ 126 Abs 1), sondern auch entäußert werden, wenn dies die Zwecke der jeweiligen Formvorschrift gebieten (vgl nur STAUDINGER/HORN [1996] § 766 Rn 33). Eine Kopie wäre bloße Wissensmitteilung über die formgerechte Herstellung der Urkunde, genügt aber gerade nicht den Anforderungen an eine formgerechte Erklärung. Die Erteilung eines Bürgschaftsversprechens kann daher nicht formgerecht per Telefax erfolgen (BGHZ 121, 224, 228 f: Telefaxbürgschaft), auch nicht die Erteilung eines Schuldanerkenntnisses (OLG Koblenz MittBayNot 2006, 35: Zugang einer Kopie der notariell beurkundeten Erklärung; **aA** wegen des beschränkten Beweissicherungszwecks des § 781 SCHIPPERS DNotZ 2006, 726, 739 ff) oder eines Honorarversprechens gem § 3 Abs 1 BRAGO (OLG Hamm MDR 2006, 1139 f).

95 Bei notarieller Beurkundung genügt an sich schon die **gehörige Abgabe der Erklärung gegenüber dem Notar**. Insofern stellt sich die Frage, ob darüber hinaus auch die Urkunde oder eine Ausfertigung dem eigentlichen Destinatär zugesandt werden muss oder ob eine – uU sogar formlose – Wissensmitteilung genügt. Dass nur eine Wissensmitteilung gefordert ist, ergibt sich aus § 45 Abs 1 BeurkG, denn die Urschrift verbleibt regelmäßig beim Notar. Gestritten wird hier also, daran dürfte auch die Fiktion des § 47 BeurkG nichts ändern, lediglich um die **Form der Wissensmitteilung**. Dass diese wiederum in derselben Form wie die Urschrift abgegeben werden muss, ist keineswegs zwingend und auch von den Formzwecken keineswegs gefordert (zutr KANZLEITER DNotZ 1996, 931 ff; **aA** BGHZ 130, 71, 73 mwNw zur stRspr; differenzierend OLG Hamm NJW 1982, 1002 f). Um ein Zugangsproblem handelt es sich jedenfalls nicht.

96 Die Zugangsthematik ist bei notariellen Beurkundungen nur insoweit berührt, als sich die grundsätzliche Frage nach der Notwendigkeit von Wissensmitteilungen stellt. Zumindest bei der notariellen Beurkundung von Verträgen gem §§ 152, 128 sind diese entbehrlich (vgl nur SOERGEL/HEFERMEHL § 128 Rn 6). § 152 ist freilich im Kontext mit § 151 zu lesen, so dass diese Ausnahme von § 130 nur die Vertragsannahme betrifft und nicht vorschnell verallgemeinert werden darf (STAUDINGER/HERTEL § 128 Rn 26). Die Abgabe *vor* einer Behörde ist insoweit von der Erklärung, die *gegenüber* einer Behörde vorzunehmen ist, zu unterscheiden. Nur im Fall der **amtsempfangsbedürftigen Erklärungen** (oben Rn 13) ist die Behörde auch Adressat der

Erklärung (§ 130 Abs 3). Bei den **Erklärungen** hingegen, die **vor einer Behörde** oder zuständigen Stelle abzugeben sind, dient die Einschaltung der Urkundspersonen nur der Wahrung der vorgeschriebenen Form. Auf die Notwendigkeit des Zugangs beim eigentlichen Adressaten hat der Zugang bei der Urkundsperson keinen Einfluss. Der Gesetzgebungsgeschichte lässt sich entnehmen, dass der Eindruck vermieden werden sollte, solche Erklärungen bräuchten dem anderen Teil überhaupt nicht mehr zugehen (Mot I 159; Prot I 69 f).

Für die Zugangsproblematik ist weiterhin relevant, ob auch bei formbedürftigen 97 Erklärungen die Kenntnisnahmemöglichkeit genügt oder ob der Empfänger eine dauernde Verfügungsgewalt über die Urkunde erlangen muss. Dabei sind zwei Problemkreise zu unterscheiden: die **Annahmeverweigerung** und der spätere **Verlust der Urkunde**. Überbringt ein Bote die formgerecht erteilte Bürgschaftserklärung dem Destinatär und verweigert dieser die Entgegennahme, handelt es sich wiederum nicht um ein Zugangsproblem. Die Bürgschaftserklärung ist durchaus wirksam zugegangen (Kriterium der sinnlichen Wahrnehmung, Rn 46), aber mangels Annahmeerklärung ist kein Bürgschaftsvertrag (§ 765 Abs 1) zustande gekommen. Nimmt der Gläubiger hingegen die Urkunde in Empfang, so sind Erteilung des Bürgschaftsversprechens und dessen Zugang unzweifelhaft bewirkt, und ein späterer Verlust vermag an der einmal erlangten Wirksamkeit der Bürgschaft nichts mehr zu ändern. Das gilt selbst dann, wenn die Urkunde später wieder in die Verfügungsgewalt des Erklärenden gelangt ist (zutr BGH WM 1976, 422, 423), ohne dass damit ein Erlass verbunden ist.

Die Unterscheidung von Form und Zugang spielt auch eine Rolle bei der **Übermitt-** 98 **lung formgebundener Schriftsätze per Telefax**. Obwohl der Ausdruck am Empfangsort nicht die Unterschrift des Absenders trägt, ist die Übermittlung per Fax im Verfahrensrecht anerkannt, zunächst von der Rechtsprechung, inzwischen auch vom Gesetzgeber (§ 130 Nr 6, 2. Alt ZPO). Voraussetzung ist allerdings, dass eine auf Veranlassung des Absenders am Empfangsort erstellte körperliche Urkunde vorliegt (BGHZ 144, 160, 165). Dabei schadet es für die **Rechtzeitigkeit der Übermittlung** nicht, wenn der Ausdruck nicht sofort erfolgt, sofern die gesendeten Signale noch vor Fristablauf vom Aufnahmegerät gespeichert worden sind (BGHZ 167, 214, 219 ff). Das ist mit Blick auf die Voraussetzungen des Zugangs konsequent, weil die Erklärung bis zur Empfangseinrichtung gelangt ist und der Absender auf den weiteren Vorgang beim Empfänger keinen Einfluss hat. Zur Wahrung der Form genügt zwar eine **eingescannte Unterschrift** (BGHZ 144, 160, 165), doch liegt so lange noch keine Urkunde vor, wie das Fax nicht ausgedruckt ist. Eine Übermittlung auf elektronischem Wege setzt gem § 130a Abs 2 ZPO eigentlich voraus, dass diese Form durch Rechtsverordnung zugelassen ist. Unabhängig davon ließ der BGH in konsequenter Fortentwicklung der Formerleichterungen beim Zugang zum Gericht (BGHZ 79, 314, 316; 144, 160, 162 ff; BVerfG NJW 1996, 2857 f) bereits eine **elektronische Übermittlung** genügen, wenn eine Datei im PDF-Format mit eingescannter Unterschrift übermittelt wurde (BGH NJW 2008, 2649, 2650).

V. Rechtzeitiger Widerruf

Das Kontrahieren unter Abwesenden war im Gemeinen Recht mit einer eigentüm- 99 lichen Gefahr für den Angebotsempfänger verbunden: In dem Moment, in dem er die Offerte akzeptierte, konnte diese bereits gegenstandslos sein, weil ein Brief abgesandt war, in dem die Offerte widerrufen wurde *(revocatio)*. Hierin lag ein wesentliches **Problem der Willenstheorie** (vgl oben Rn 1 f). Zur Lösung standen im wesentlichen drei Möglichkeiten zur Wahl: Den Wankelmut des Erklärenden unberücksichtigt lassen und einen Widerruf gänzlich zu verbieten (so zB ALR I 5 §§ 90 ff; REGELSBERGER, Civilrechtl Erörterungen 70 ff), dem Angebotsempfänger einen Schadensersatzanspruch aus culpa in contrahendo zu gewähren (so vJHERING JherJb 4 [1861] 86 ff) und schließlich nicht erst auf die Wirksamkeit des Vertrages, sondern schon auf die Wirksamkeit der Offerte abzustellen. Die Verfasser des BGB haben sich bekanntlich für Letzteres entschieden und die Wirksamkeit einer Willenserklärung vom Zugang abhängig gemacht (ausf BENEDICT 12 ff).

100 Ist eine Erklärung zugegangen, so ist sie wirksam und steht nicht mehr zur Disposition des Absenders. Aufgrund dieser formal klar definierten Wirksamkeitsvoraussetzung konnte das Widerrufsrecht beibehalten und auf einen Schadensersatzanspruch gegen den Offerenden verzichtet werden. Die beiden maßgeblichen Wertungsgesichtspunkte, **Primat des Erklärungswillens** begrenzt durch den **Schutz des Vertrauens beim Adressaten**, haben ihre Berücksichtigung in der Bestimmung des § 130 Abs 1 S 2 gefunden: Der Erklärende kann sich von einer ihn reuenden Erklärung nur befreien, wenn ihm ein mindestens gleichzeitig zugehender Widerruf gelingt.

101 Obwohl der Wortlaut an dieser Lösung Zweifel nicht zulässt (zutr RGZ 91, 60, 63; BGH NJW 1975, 384; MEDICUS, AT Rn 300) und der Empfangstheorie konsequent entspricht, wird von einigen § 130 Abs 1 S 2 extensiv interpretiert. Die Rechtsfolge soll nicht vom **Zeitpunkt des Zugangs**, sondern von der chronologischen Reihenfolge der **tatsächlichen Kenntnisnahme** abhängen. Danach erfolge ein Widerruf noch rechtzeitig, wenn er gleichzeitig mit der widerrufenen, aber bereits vorher zugegangenen Erklärung zur Kenntnis genommen wurde (HÜBNER, AT Rn 737; RÜTHERS/STADLER, AT § 17 Rn 65; einschränkend auf den Vertragsantrag STAUDINGER/COING[11] Rn 17 mwNw zur früher hM). Dies soll sogar dann gelten, wenn der Widerruf zwar noch nicht zugegangen ist, der Empfänger aber weiß, dass ein Widerruf unterwegs ist (ERMAN/PALM Rn 15; BROX/WALKER, AT Rn 154).

102 Für die Maßgeblichkeit der tatsächlichen Kenntnisnahme spricht, dass Vertrauensschutz erst mit Kenntnisnahme in Betracht kommen kann. So erscheint es in dem Fall RGZ 91, 60, in dem es dem Offerenten gelungen war, sich das Angebot von dem Dienstmädchen wieder aushändigen zu lassen, nicht sachgerecht, dem Empfänger einen Nichterfüllungsschaden zuzusprechen, obwohl dieser erst Wochen später von dem zugegangenen und nicht mehr rechtzeitig widerrufenen Vertragsangebot erfahren hat. Nach dem **Willen des Gesetzgebers** kommt es jedoch auf das konkrete Vertrauen des Erklärungsempfängers nicht an. Mit der Entscheidung für die Empfangstheorie sollte die **Wirksamkeit einer Willenserklärung objektiv und unbeeinflussbar fixiert** sein. Mit dieser Wertung geriete man in Widerspruch, wenn man beim Widerruf von Erklärungen unversehens die Vernehmungstheorie anwenden wollte. Die Gerichte gerieten in bedenkliche Beweiskonstellationen, die vermieden werden sollten. Im Übrigen geht es nicht nur um den Schutz des Empfängers vor nachteiligen Vertrauensdispositionen, wie der Fall RGZ 50, 191 zeigt: Dem Kläger war hier ein **Lotterielos** an demselben Tage zugegangen, an welchem es auch gezogen und

gewonnen hatte. Dem Beklagten war es daraufhin gelungen, das Schreiben mit dem Los wieder in seinen Besitz zu bringen, noch bevor der Kläger davon Kenntnis nehmen konnte. Dass dem Kläger nicht wieder entzogen werden darf, was er wirksam (und unwiderruflich) erlangt hat, sollte niemand bestreiten.

Der Widerruf muss nicht in derselben **Form** erfolgen, in der zuvor die Willenserklärung abgegeben wurde. Aus § 130 Abs 1 S 1 ergibt sich nicht, dass eine schriftliche Willenserklärung nur schriftlich widerrufen werden kann (BFH NVwZ-RR 2009, 822, 823: telefonischer Widerruf eines schriftlichen Steuerbescheids). Das Widerrufsrecht kann **abbedungen** werden, im Regelfall allerdings nicht in AGB (PALANDT/ELLENBERGER Rn 1). Der Ausschluss des Widerrufsrechts bei **online-Auktionen** stellt allerdings keine unangemessene Benachteiligung des Kunden dar, weil sonst der Bieter der Willkür des Anbieters ausgesetzt wäre (KG NJW 2005, 1053, 1054; LG Koblenz NJW 2010, 159, 160; PRÜTTING/WEGEN/WEINREICH/AHRENS Rn 5, 20). Aus dem gleichen Grund vermag die in den AGB der Internetplattform vorgesehene Möglichkeit, ein Angebot schon vor dem festgelegten Vertragsende zu löschen, gegenüber einem bereits abgegebenen Höchstgebot keine Wirkung mehr zu entfalten. Bei einem extremen Missverhältnis zwischen Leistung und Gegenleistung (KG NJW 2010, 159: Porsche für 5,50 €) handelt es sich jedoch um ein unzulässiges Ausnutzen eines erkannten Motivirrtums durch den Bieter, das den Anbieter nach der hier vertretenen Auffassung zur Irrtumsanfechtung berechtigt (§ 119 Rn 62 ff; KG aaO: unzulässige Rechtsausübung). **103**

VI. Tod oder Geschäftsunfähigkeit des Erklärenden*

Die Regelung in Absatz 2 bringt zum Ausdruck, dass eine vollendete Willenserklärung noch wirksam werden kann, obgleich die Quelle des Willens versiegt ist. Zum **104**

---

* **Schrifttum:** BORK, Schenkungsvollzug mit Hilfe einer Vollmacht, JZ 1988, 1059; BRUN, Die postmortale Willenserklärung, Jura 1994, 291; DAMRAU, Zuwendungen unter Lebenden auf den Todesfall, Jura 1970, 716; DILCHER, Der Widerruf wechselbezüglicher Verfügungen im gemeinschaftlichen Testament, JuS 1961, 20; FRITZE, In welcher Weise wirkt bei unvollendeten Willenserklärungen, die an einen Abwesenden gerichtet sind, der einseitige Widerruf, der Tod und der Verlust der Handlungsfähigkeit ihres Urhebers? (Diss Kiel 1896); HARDER, Das Valutaverhältnis beim Vertrag zugunsten Dritter auf den Todesfall, FamRZ 1976, 418; HOPT, Die Auswirkungen des Todes des Vollmachtgebers auf die Vollmacht und das zugrundeliegende Rechtsverhältnis, ZHR 1970, 305; JANKO, Die bewusste Zugangsverzögerung auf den Todesfall: ein Beitrag zur so genannten „postmortalen Willenserklärung" (Diss Bielefeld 1998); JANSEN, Zum Widerruf eines gemeinschaftlichen Testaments gegenüber einem abwesenden Ehegatten, NJW 1960, 475; KUCHINKE, Das versprochene Bankguthaben auf den Todesfall und die zur Erfüllung des Versprechens erteilte Verfügungsvollmacht über den Tod hinaus, FamRZ 1984, 109; KÜMPEL, Konto-Depot zugunsten Dritter auf den Todesfall und das Widerrufsrecht der Erben, WM 1993, 825; J MAIER, Der Fortbestand von Willenserklärungen über den Tod hinaus (1966); OLZEN, Lebzeitige und letztwillige Rechtsgeschäfte, Jura 1987, 16 und 116; M REINICKE, Die unmittelbaren Schenkungen von Todes wegen (Diss Münster 1979); ROTH, Probleme des postmortalen Zugangs von Willenserklärungen, NJW 1992, 791; CH SCHÄFER, Konto und Depot zugunsten Dritter auf den Todesfall (Diss Köln 1983); R SCHMIDT, Zum Widerruf korrespektiver Verfügungen von Todes wegen bei Lebzeiten der Ehegatten, JZ 1954, 605; WIEACKER, Zur lebzeitigen Zuwendung auf den Todesfall, in: FS Lehmann I (1956) 271.

einen wird hiermit dem **Gedanken der Selbstbestimmung** (über Tod und Zurechnungsfähigkeit hinaus) Rechnung getragen (vgl auch § 153). Primär aber wird der Gedanke konsequent fortgedacht, der zur Behebung der Widerrufs-Problematik im Gemeinen Recht geführt hat (oben Rn 99). Hier wie dort erfordert das **Verkehrsinteresse**, dass der Empfänger einer Willenserklärung von ihrer Wirksamkeit ausgehen kann, wenn sie ihn erreicht. Ihre Wirksamkeit soll nicht mehr von Tatsachen abhängen, von denen er nicht oder doch nicht zur geeigneten Zeit Kenntnis erlangt hat (vgl Mot I 159). Über den Wortlaut des § 130 Abs 2 hinaus ist die Norm auf **Wirksamkeitsvoraussetzungen**, die in der Person des Erklärenden liegen, **analog** anzuwenden. Diese müssen daher grundsätzlich im Zeitpunkt der Abgabe vorliegen (BayOLG DNotZ 2004, 935, 936 f). Infolgedessen ist § 130 Abs 2 auch auf die mit der Anordnung eines Einwilligungsvorbehalts gem § 1903 verbundene Beschränkung der Geschäftsfähigkeit anzuwenden (OLG Celle NJW 2006, 3501, 3502), nicht aber auf Wirksamkeitsvoraussetzungen, die nicht die Person des Erklärenden, sondern **Dritte** betreffen, wie zB die Minderjährigkeit des Kindes, dem der sorgeberechtigte Elternteil gem § 1617a Abs 2 den Namen des anderen Elternteils erteilen will (BayOLG DNotZ 2004, 935, 937). Auch die **Verfügungsbefugnis** muss bis zum Wirksamwerden rechtsgeschäftlicher Verfügungen, also zum Zeitpunkt des Zugangs der betreffenden Willenserklärung, vorliegen (BGHZ 27, 360, 366; BAMBERGER/ROTH/WENDTLAND Rn 8; PRÜTTING/WEGEN/WEINREICH/AHRENS Rn 21).

105 Besteht die Willenserklärung in einer **letztwilligen Verfügung**, zögert der Erklärende ihr Wirksamwerden bewusst bis zu einem Zeitpunkt hinaus, den er nicht mehr erlebt. § 130 Abs 2 ist zwar nicht für diesen Fall konzipiert, findet aber – seinem Wortlaut gemäß – auch insoweit grundsätzlich Anwendung (allgM seit RGZ 65, 273: Widerruf eines gemeinschaftlichen Testaments; RGZ 170, 380, 382 ff: Widerruf einer Schenkung; **aA** aber TITZE ZAkDR 1943, 134). Dadurch kann es zum **Konflikt mit Bestimmungen des Erbrechts** kommen, zB wenn eine wechselbezügliche Verfügung in einem **gemeinschaftlichen Testament** von nur einem Teil testamentarisch widerrufen wird. Ein solcher Widerruf widerspricht §§ 2271, 2296 (stRspr seit BGHZ 9, 233; zuletzt BGH NJW 1976, 1095, 1096 mwNw; **aA** noch RGZ 65, 274; OLG München DNotZ 1944, 114; R SCHMIDT JZ 1954, 605). Zutreffend betont aber BGHZ 9, 233, 236, dass es nicht um eine Einschränkung des § 130 Abs 2, sondern um die Beachtung von § 2271 gehe. Dies wird man verallgemeinern können: Die „postmortale Willenserklärung" ist generell gem § 130 Abs 2 wirksam. Ob ihrer Wirksamkeit im Übrigen erbrechtliche Bestimmungen entgegenstehen, hängt von der Auslegung dieser Bestimmungen ab. Uneinigkeit besteht insoweit beim Vollzug des Schenkungsversprechens von Todes wegen (§ 2301 Abs 2) und beim Vertrag zugunsten Dritter auf den Todesfall (§ 331; ausf BRUN Jura 1994, 291, 294 ff mwNw).

106 Eine „postmortale Willenserklärung" wird erst mit ihrem Zugang wirksam. Daher können ihr **andere juristische Tatsachen zuvor kommen**. So steht zu befürchten, dass ein testamentarischer **Schenkungswiderruf** (vgl RGZ 170, 380) wegen der einjährigen Ausschlussfrist des § 532 häufig verspätet sein wird. Immer zu spät ist die testamentarische **Änderung der Bezugsberechtigung aus einer Lebensversicherung**. Denn der Tod des Erblassers markiert zugleich den Versicherungsfall, so dass der bis dahin Bezugsberechtigte bereits den Anspruch auf die Versicherungssumme erlangt hat und dieser nicht mehr nachträglich mit dem Zugang der Änderungserklärung entfallen kann (BGHZ 81, 95; BGH NJW 1993, 3133, 3135; OLG Zweibrücken VersR 2007, 195,

196). Es handelt sich also nicht um eine Ausnahme, sondern um eine konkrete Folge des § 130 Abs 2 (**aA** LG Detmold VersR 1995, 615).

Ein besonderes Problem bereitet in diesem Zusammenhang die **Ausübung des Wi-** **107** **derrufsrechts (§ 130 Abs 1 S 2) durch die Erben** des Erklärenden. Denn diese werden regelmäßig vor dem eigentlichen Destinatär Kenntnis von der Erklärung erlangen und könnten zB die Wirksamkeit einer Schenkungsofferte auf den Todesfall durch Widerruf vereiteln (vgl BGH NJW 1975, 382, 384: Konto zugunsten Dritter auf den Todesfall). Um hier dem Erblasser seinen Willen zu belassen, wird ein **mit der Erklärung verbundener Widerrufsverzicht** erwogen, der in der Praxis bereits fester Bestandteil entsprechender Bankformulare geworden ist (vgl schon BGH WM 1976, 1130, 1131; KÜMPEL WM 1993, 825 f). Freilich ist die dogmatische Konstruktion eines solchen Verzichts mit Bindungswirkung für die Erben schwerlich haltbar. Das Widerrufsrecht kann nur entweder wahrgenommen oder nicht wahrgenommen, keineswegs aber durch eine Erklärung an den Erklärungsboten abbedungen werden (zutr FUCHS AcP 196 [1996] 313, 367 ff; OLG Celle WM 1993, 591 m abw dogm Konstruktion: Verpflichtung zum Unterlassen des Widerrufs). Dem Erblasser bleibt nur, die Erben durch ein Vermächtnis an seinen Widerrufsverzicht zu binden. Dann mag er aber ebenso gut von vornherein die beabsichtigte Zuwendung testamentarisch absichern.

VII. Beweis des Zugangs

Jede Partei hat grundsätzlich die juristischen Tatsachen zu beweisen, auf die sie sich **108** im Streitfall berufen will. Wer also aus einer Willenserklärung Rechtsfolgen ableiten möchte, hat deren **Vollendung (Abgabe) und Wirksamkeit (Zugang) zu beweisen** (BGH NJW 1991, 1052, 1053; 1995, 666; OLG Saarbrücken NJW 2004, 2908, 2909; PALANDT/ ELLENBERGER Rn 21). Falls der Zugang unstreitig oder bewiesen ist, wird man **prima facie** auch die Abgabe vermuten können. Im Übrigen entstehen für den Absender **Beweisprobleme**, wenn er sich nicht eines Boten bedient, der den Zugang substantiiert bezeugen kann, wie zB beim Einwurf eines Schriftstücks in den Briefkasten des Empfängers durch einen Beauftragten (zB einen Mitarbeiter des Auftraggebers), der den Vorgang protokolliert. Für den Zugang spricht auch kein **Anscheinsbeweis**, dass die Willenserklärung zugegangen ist, wenn die Abgabe der Erklärung unstreitig oder bewiesen ist. Da es immer wieder vorkommt, dass **Briefe** – auch **Einschreibsendungen** – verloren gehen, besteht nach der Rechtsprechung des BGH keine ausreichende Grundlage für die Vermutung, dass ein bei der Post eingelieferter Brief beim Adressaten auch ausgeliefert wurde (BGHZ 24, 308, 312 f; ebenso OLGR Jena 2006, 197; OLG Schleswig GRUR-RR 2008, 138). Dem ist zuzustimmen, weil sonst das Erklärungsrisiko in Widerspruch zu § 130 auf den Adressaten überginge. Allerdings bieten die verschiedenen Formen von Einschreibesendungen, die von der Deutschen Post AG angeboten werden, durchaus Beweismöglichkeiten. So hat der **Auslieferungsbeleg** beim **Einschreiben Einwurf** der Deutschen Post AG (oben Rn 48) zwar nicht den Charakter einer Privaturkunde, weil lediglich eine Reproduktion des elektronisch archivierten Belegs zur Verfügung steht (KAISER NJW 2009, 2187), aber der Beleg ist damit nicht beweisrechtlich wertlos (so aber BAUER/DILLER NJW 1998, 2795 f; dagegen BENEDICT NVwZ 2000, 167; REICHERT NJW 2001, 2523), sondern hat wenigstens den Charakter eines Augenscheinobjekts, das im Wege der Beweiswürdigung für den Absender spricht (vgl auch BGHZ 24, 308, 312 ff: zur Indizwirkung des Auslieferungsbelegs). Darüber hinaus wird man sogar beim Vorliegen eines Auslieferungsbelegs einen Anscheinsbeweis für den Zugang annehmen können (OLG Koblenz OLGR 2005, 869 f; JÄNICH VersR 1999, 535, PUTZ NJW 2007, 2450, 2452; KAISER NJW 2009, 2187 f; PALANDT/ ELLEBERGER Rn 21; **aA** AG Kempen NJW 2007, 1215; LG Potsdam NJW 2000, 3722). Entsprechendes gilt bei der Versandform **Einschreiben Eigenhändig**, bei dem die Sendung nur dem Empfänger persönlich oder einem zum Empfang besonders Bevollmächtigten ausgehändigt wird, während der Absender beim **Einschreiben Rückschein** sogar eine Empfangsbestätigung mit der Originalunterschrift des Empfängers oder Empfangsberechtigten erhält, also eine beweiskräftige Privaturkunde iSd § 416 ZPO. In beiden Fällen stehen die Auslieferungsbelege auch in reproduzierter Form zur Verfügung (KAISER NJW 2009, 2187; Verzeichnis Leistungen www.deutschepost.de). Freilich sind die beiden zuletzt genannten Übermittlungsarten unsicher, wenn der Empfänger nicht angetroffen wird, weil der von der Post hinterlassene Benachrichtigungszettel nicht den Zugang des zuzustellenden Schriftstücks ersetzt (oben Rn 48, 89). Um materiell-rechtlich und beweisrechtlich ganz sicher zu gehen, empfiehlt sich daher trotz der zunehmend anerkannten Beweiserleichterungen eine Zustellung durch Vermittlung des **Gerichtsvollziehers** gem § 132. Dann besteht die Möglichkeit der Ersatzzustellung gem §§ 180 f ZPO, und der Absender erhält eine öffentlichen Urkunde in Gestalt der **Zustellungsurkunde** gem §§ 182 Abs 1 S 2, 418 ZPO.

109 Beweisrechtliche Unsicherheiten bestehen bei der Übermittlung durch moderne Telekommunikationseinrichtungen wie **Telefax und E-Mail**. Bei der Versendung einer Willenserklärung per **Telefax** hat der Bundesgerichtshof noch im Jahre 1995 einen **Anscheinsbeweis** abgelehnt, selbst wenn der Absender einen Sendebericht mit ok-Vermerk vorlegen konnte (BGH NJW 1995, 665, 666 mwNw; ebenso BFHE 186, 491, 493; BAG NZA 2003, 158, 159; PALANDT/ELLENBERGER Rn 21; BAMBERGER/ROTH/WENDTLAND Rn 35; PRÜTTING/WEGEN/WEINREICH/AHRENS Rn 31). Diese Rechtsprechung hat mit Blick auf die technische Weiterentwicklung der Telefaxgeräte zunehmend weniger Gefolgschaft gefunden. Eine Reihe instanzgerichtlicher Urteile und weite Teile des jüngeren Schrifttums sehen inzwischen den Anscheinsbeweis als geführt an, wenn der Absender nicht nur einen Sendebericht mit ok-Vermerk vorlegen, sondern auch mittels Zeugen darlegen und beweisen kann, dass das Fax tatsächlich versendet wurde (OLG München NJW 1994, 527; OLGR München 2008, 777; KG CR 1994, 164; LG Hamburg NJW-RR 1994, 1486; LG Osnabrück NJW-RR 1994, 1487; OLG Karlsruhe DB 2008, 2479, 2480; OLG Celle VersR 2008, 1477, 1479 f; OLG Sachsen-Anhalt 18. 5. 2006 – 9 U 50/03, juris; BURGARD AcP 195 [1995] 74, 129 ff; RIESENKAMPFF NJW 2004, 3296; GREGOR NJW 2005, 2885; FAULHABER/RIESENKAMPFF DB 2006, 376, 378 f; **aA** OLG München 20. 4. 2011, 20 U 4821/10, juris; OLG Brandenburg BB 2008, 901; Schleswig-Holsteinisches OLG GRUR-RR 2008, 138 f; AG Hamburg-Altona MDR 2007, 705 f). Dem ist jedenfalls bei der Nachrichtenübermittlung durch Telefaxgeräte, die den einschlägigen internationalen Standards entsprechen (GREGOR NJW 2005, 2885; vgl auch die Bewertung des Sachverständigen im Verfahren OLG Karlsruhe DB 2008, 2479, 2480), zu folgen, da das Sendeprotokoll auf einer Rückmeldung der Gegenstelle über den Empfangserfolg beruht und technische Fehler, die den Empfang beeinträchtigen können, in den Verantwortungsbereich des Empfängers fallen. Bei der Kommunikation mit Behörden und Gerichten ist inzwischen längst anerkannt, dass der Empfänger auch die Transportrisiken tragen muss, wenn dieser die Übermittlung per Telefax offiziell zugelassen hat (BVerfG NJW 1996, 2857; 2001, 3473). Nachdem die technische Entwicklung weitere Fortschritte gemacht hat, besteht kein gewichtiger Grund, bei der Nachrichtenübermittlung unter Privaten dem Absender Beweiserleichterungen zu versagen. Der mutmaßliche Empfänger, der den Eingang des

Faxes bestreitet, wird ohnehin nur mit substantiiertem Vorbringen gehört (vgl OLG Karlsruhe DB 2008, 2479, 2480; OLG Sachsen-Anhalt 18. 5. 2006 – 9 U 50/03, juris), so dass häufig schon nach den Grundsätzen der abgestuften Darlegungs- und Beweislast Zugang angenommen werden kann.

Bei der Versendung von **E-Mails** wird ebenfalls mit Recht ein Anscheinsbeweis **110** befürwortet, wenn der Absender eine **Eingangs- und Lesebestätigung** vorweisen kann (MANKOWSKI NJW 2004, 1901, 1905; PALANDT/ELLENBERGER Rn 21). Dagegen genügt die Vorlage eines schlichten Sendeprotokolls nicht, weil diesem nur in Bezug auf die Absendung, nicht aber in Bezug auf den Empfang Beweiswert zukommt (OLG Düsseldorf MDR 2009, 974; OLG Köln 5. 12. 2006 – 3 U 167/05, juris). Beim Empfang von **E-Mail-Anhängen** besteht ein höheres Gefährdungspotential für den Empfänger, so dass diese häufig gelöscht, blockiert oder einfach nicht geöffnet werden. Eine Eingangs- oder Lesebestätigung besitzt daher keine Aussagekraft für den Empfang angehängter Nachrichten und genügt infolgedessen insoweit nicht, um einen Anscheinsbeweis zu führen (Anwaltskommentar/FAUST Rn 42, 81; WIETZOREK MMR 2007, 156, 158).

VIII. Die Erklärung unter Anwesenden*

1. Der Standpunkt des Gesetzes

Eine Erklärung erfolgt dann unter Anwesenden, wenn die Erklärung unmittelbar **111** sinnlich wahrgenommen werden kann (oben Rn 18). Dabei sind zwei Grundkonstellationen zu unterscheiden: Entweder besteht die sinnliche Wahrnehmung unmittelbar zwischen Erklärendem und Adressaten oder zwischen Erklärungsboten und Adressaten. Bei der Übermittlung durch Erklärungsboten wird die zwischen den Parteien an sich bestehende Abwesenheit überbrückt, so dass die betreffende Willenserklärung ebenfalls wirksam wird, wenn der Adressat sie als solche wahrgenom-

---

* **Schrifttum:** BIEBER, Der Zugang empfangsbedürftiger mündlicher Willenserklärungen (1908); BONGARDT, Über Zugang empfangsbedürftiger Willenserklärungen mittels Fernsprecher (Diss Rostock 1921); COCHEMS, Das Wirksamwerden der mündlich an Mittelspersonen bestellten Willenserklärung (Diss Heidelberg 1927); DIERINGER, Willenserklärungen durch Fernsprecher (Diss Tübingen 1910); JOERGES, Zum Recht des Fernsprechverkehrs, ZHR 56 (1905) 44; JUNG, Das Wirksamwerden der mündlich an Mittelspersonen bestellten Willenserklärungen, AcP 117 (1919) 73; KOPPERS, Die Vollendung empfangsbedürftiger mündlicher Willenserklärungen, Gruchot 46 (1902) 225; ders, Willenserklärungen mittels Fernsprecher, DJZ 1901, 112; ders, Zugehen mündlicher Willenserklärungen, DJZ 1906, 75; LEPKE, Die Beschäftigung ausländischer Arbeitnehmer (1978); R MÜLLER, Die mündliche Willenserklärung und ihre Vereitelung (Diss Marburg 1936); OERTMANN, Zugehen und Vernehmen, Recht 1906, 721; REGELSBERGER, Die Erklärung der Annahme eines Vertragsangebots durch den Fernsprecher, Bank-Archiv 1910, 273; REICHAU, Der Vertragsschluß durch Fernsprecher, insbesondere beim Eintreten von Mittelspersonen (Diss Jena 1908); REINHART, Verwendung fremder Sprachen als Hindernis beim Zustandekommen von Kaufverträgen?, RIW/AWD 1977, 16; SCHLECHTRIEM, Das „Sprachrisiko" – Ein neues Problem?, in: FS Weitnauer (1980) 129; STARKE, Der Zeitpunkt des Wirksamwerdens eines Vertragsangebots an einen Anwesenden (Diss Leipzig 1909); SOKOLOWSKI, Willenserklärungen mittels Fernsprecher und Ferndrucker (Diss Rostock 1908); TITZE, Die Lehre vom Mißverständnis (1910).

men hat (oben Rn 46 ff). Entsprechendes gilt bei Erklärungen gegenüber Empfangspersonen (oben Rn 54 ff). Da bei Erklärungen unter Anwesenden die wechselseitige sinnliche Wahrnehmbarkeit von vornherein gegeben ist, bedarf es in diesem Zustand nur noch der Vollendung der Willenserklärung, dh ihrer Abgabe (oben Rn 27 ff). **Vollendung und Wirksamkeit der Willenserklärung fallen zusammen.** Hierin liegt die „Natur der Sache", die der Gesetzgeber selbstverständlich voraussetzte und den Ausschlag dafür gab, auf eine besondere Regelung ihres Wirksamwerdens zu verzichten (Mot I 156; Prot I 69; ebenso im ält Schrifttum CROME I § 88, 2; HÖLDER, Komm S 291; PLANCK § 130 Anm 2; vTUHR S 439). Eine verkörperte Willenserklärung wird also in dem Moment wirksam, in dem sie übergeben wird, eine mündliche, wenn sie kundgetan ist. Bei der **Übergabe** eines verkörperten Schriftstücks genügt es, wenn dieses dem Adressaten lediglich zum Durchlesen überlassen wird und diesem genügend Zeit verbleibt, um vom Inhalt der Erklärung Kenntnis zu nehmen (BAG NJW 2005, 1533).

2. Missverständnisse bei Erklärungen unter Anwesenden

112 Freilich hielt auch der Gesetzgeber **Zweifelsfälle** für **denkbar**. Diese aufzuzeigen, zu systematisieren und nach allgemeinverbindlichen Kriterien zu entscheiden, wurde der Jurisprudenz anheim gestellt. Während die Zweifelsfälle schnell als **Fälle des Missverständnisses** ausgemacht waren, bei denen der Empfänger der Willenserklärung einen anderen Inhalt entnahm, als sie in Wahrheit hatte (ausf TITZE, Missverständnis 207 ff, insbes 210), ging es bei der Lösung nicht ernsthaft um die Systematisierung von Ausnahmen, die ggf einer besonderen Regelung bedürften, sondern immer um die Begründung einer den § 130 ergänzenden *generellen Theorie* zum **Wirksamwerden mündlicher Willenserklärungen** überhaupt. In dem Theorienstreit können im wesentlichen vier Ansichten unterschieden werden (vgl die umf Nachw zur ält Lit bei TITZE 207 ff Fn 1–4; BRINKMANN 85 Fn 3, 7):

– Nach der im älteren Schrifttum verbreiteten, heute kaum noch vertretenen strengen (gemeinrechtlichen) Form der **Vernehmungstheorie** erlangt eine Erklärung erst dann Wirksamkeit, wenn sie vom Empfänger *gehört* und ihrer objektiven Bedeutung gemäß *richtig verstanden* wird (BIEBER S 15; DAVID Gruchot 46 [1902] 235; SOKOLOWSKI 17 ff; STARKE 64; neuerdings bei Sprachproblemen SCHLECHTRIEM 137).

– Für die heute gebräuchliche Form der Vernehmungstheorie **(Wahrnehmungstheorie)** ist entscheidend, dass die Erklärung *akustisch* oder *visuell* (kurz: sinnlich) richtig *wahrgenommen* wird (FLUME § 14, 3 f; SOERGEL/HEFERMEHL Rn 21; JAUERNIG Rn 12; STAUDINGER/DILCHER[12] Rn 14; PALANDT/ELLENBERGER Rn 14).

– Die **Empfangstheorie** stellt auch hier darauf ab, ob der Empfänger die *Möglichkeit* hatte, die Erklärung wahrzunehmen (RHODOVI 55 ff; KOPPPERS Gruchot 46 [1902] 225 ff; jüngst BURGARD AcP 195, 87 ff, 94, 134).

– Die **Rücksichtnahmetheorie** versucht, zwischen Empfangs- und Wahrnehmungstheorie zu vermitteln und verlangt vom Absender, auf die Interessen des Empfängers nach Möglichkeit Rücksicht zu nehmen. Nach dieser Theorie hängt die Wirksamkeit der Erklärung davon ab, ob der Erklärende nach den ihm erkennbaren Umständen auf eine korrekte Wahrnehmung durch den Empfänger vertrauen durfte (grdl TITZE 210 ff [226]; LARENZ/WOLF § 126 Rn 35 f = S 426 f; MEDICUS, AT Rn 289; BRINKMANN 97 f).

Die Schwäche der Vernehmungs- und Wahrnehmungstheorie besteht darin, dass sie 113 den Erklärenden mit Risiken belastet, die ihn nichts angehen (vgl oben Rn 8). Daraus resultiert das Bedürfnis für Korrekturen im Sinne der Empfangs- oder Rücksichtnahmetheorie. Nach dem hier vertretenen Konzept sind solche Korrekturen weitgehend entbehrlich, wenn man auch bei Erklärungen unter Anwesenden grundsätzlich auf die **sinnliche Wahrnehmung** als wirksamkeitsbegründendes Kriterium der Willenserklärung abstellt. Damit wird einerseits der berechtigten Forderung entsprochen, die Wirksamkeit empfangsbedürftiger Willenserklärungen nach einheitlichen Maßstäben zu bestimmen, andererseits der Interessenlage der Parteien: Denn erst in dem Moment, in dem der Adressat die Erklärung als eine an ihn gerichtete rechtsgeschäftliche Erklärung wahrgenommen hat, liegt es an ihm, sich über den genauen Inhalt Klarheit zu verschaffen und ggf nachzufragen. Die Gefahr ungeahnter Rechtsfolgen ist ab diesem Moment auf den Empfänger übergegangen, so wie es bei der römischen Stipulation nach dem Gebrauch der Formel „*spondesne?*" der Fall war (vgl vJHERING, Geist des römischen Rechts 497 f). Auf der anderen Seite besteht kein Grund, die Vergewisserung über die richtige Wahrnehmung dem Erklärenden aufzubürden (zutr von verschiedenen Standpunkten aus JAUERNIG Rn 12; BURGARD AcP 195 [1995] 89).

3. Rücksichtnahme auf offensichtliche Missverständnisse?

Sofern über die **Grundsätze der Vollendung (Abgabe)** einer Willenserklärung Einig- 114 keit erzielt werden kann, sollte auch hier der Ausgangspunkt zur Klärung der Frage liegen, ob und inwieweit Missverständnisse die Rechtsgültigkeit von Willenserklärungen beeinflussen können. Insoweit ist der Blick der Rücksichtnahmetheorie auf den Erklärenden zutreffend: Wählt dieser von vornherein **ungeeignete Erklärungszeichen** oder ist seine Erklärung derart **undeutlich in Schrift oder Aussprache**, dass schon objektiv ein Inhalt ihr nicht zu entnehmen ist, so wird es regelmäßig am objektiven Tatbestand einer Willenserklärung fehlen (oben Rn 29). Der Wille zur Verständigung ist unverzichtbares Kriterium der Abgabe empfangsbedürftiger Willenserklärungen. Insofern wird dem Erklärenden von der Rücksichtnahmetheorie zu Recht auch verwehrt, erkannte oder offensichtliche Missverständnisse des Empfängers auszunutzen. Die Erklärung kann hier nur wirksam werden, wenn der Erklärende auf eine Wahrnehmung durch den Empfänger vertrauen darf. Dabei geht es nicht nur um eine Frage des Wirksamwerdens von Willenserklärungen – wie bei empfangsbedürftigen Willenserklärungen unter Abwesenden gem § 130 Abs 1 –, sondern auch um die gedanklich vorgelagerte Frage, wie die Erklärung aufgrund objektiv-normativer **Auslegung gem §§ 133, 157** zu verstehen ist (zum Sprachrisiko vgl näher oben § 119 Rn 18, 20).

Des Weiteren muss man zwischen **Wahrnehmungs- und Deutungsfehlern** unterschei- 115 den (TITZE, Missverständnis 11 ff). Bei Deutungsfehlern wird die Erklärung sinnlich korrekt wahrgenommen, aber inhaltlich falsch interpretiert. Der Vermieter kündigt zum „Tag der deutschen Einheit", der Mieter glaubt irrtümlich, dies sei (immer noch) der 17. Juni. Bei Wahrnehmungsfehlern misslingt hingegen bereits die sinnliche Wahrnehmung: Der Vermieter kündigt zum „1. Juni", der Mieter versteht aber

„1. Juli". Freilich ist diese Grenzziehung häufig unsicher. Denn das Verständnis prägt immer auch die Wahrnehmung, so dass der Empfänger regelmäßig nur das wahrgenommen zu haben meinen wird, was er auch verstanden hat (das räumt auch Titze, Missverständnis 13 Fn 8, 216 ein): Wahrnehmungsfehler werden daher oft auf Deutungsfehlern beruhen.

116 Soweit aber die Unterscheidung tatsächlich getroffen werden kann, herrscht Einigkeit darüber, dass **Deutungsfehler** die Wirksamkeit einer Willenserklärung nicht beeinflussen können (oben Rn 112). Die Auslegung von Willenserklärungen erfolgt gem §§ 133, 157 objektiv-normativ aus der Sicht des Erklärungsempfängers (vgl § 133 Rn 18), so dass davon abweichende Deutungen zunächst zu Lasten des Empfängers gehen. Gibt dieser eine eigene korrespondierende Willenserklärung ab, dann wird aus dem unbeachtlichen Missverständnis bei der Auslegung der fremden Willenserklärung ein Irrtum über den Inhalt der eigenen Erklärung, der gem § 119 Abs 1 zur Anfechtung berechtigt.

117 Deutungsfehler sind nun freilich kein ausschließliches Phänomen mündlicher Erklärungen. Der Hinweis auf den „Tag der deutschen Einheit" kann auch beim Zugang einer schriftlichen Kündigung missgedeutet werden. In einem solchen Fall würde niemand ernsthaft erwägen, die missinterpretierte Kündigung sei nicht wirksam geworden. Das Spezifikum von **Missverständnissen bei mündlichen Erklärungen** liegt denn auch darin, dass nicht über die Bedeutung des Erklärten, sondern über das, was tatsächlich erklärt wurde, gestritten wird. Dies kann auf einem Wahrnehmungsfehler beruhen. Umgekehrt ist aber auch nicht ausgeschlossen, dass dem Erklärenden ein Fehler unterlaufen ist. Der **Wahrnehmungsfehler** des Empfängers ist das **Pendant zum Erklärungsirrtum** auf Seiten des Erklärenden (zutr Titze, Missverständnis 3; Cosack I 265). Insofern stellt sich das Missverständnis in erster Linie als ein auf der Erklärungsform beruhendes **Beweisproblem** dar: Behauptet der Vermieter, er habe zum 1. Juni gekündigt, der Mieter hingegen, er habe den 1. Juli verstanden, so ist sowohl ein Wahrnehmungsfehler des Mieters wie auch ein Erklärungsirrtum des Vermieters denkbar. Bei einem **non liquet** trifft das mit der Erklärungsform verbundene Risiko eines Missverständnisses von vornherein denjenigen, der diese – riskante – Erklärungsform gewählt hat, also den Erklärenden. Dementsprechend obliegt der Beweis, dass einem **hör- und sprachgeschädigten Arbeitnehmer** tatsächlich das mündliche Angebot zu einer Lohnkürzungsvereinbarung gemacht wurde, dem Arbeitgeber (LAG Rheinland-Pfalz 31. 3. 2008 – 5 Sa 715/07 m zust Anm Kohte/Weber jurisPR-ArbR 43/ 2008 Anm 5). Eine mündliche Willenserklärung gegenüber einem **Gehörlosen** erlangt erst recht keine Wirksamkeit, da es an der – bei Erklärungen unter Anwesenden selbstverständlich vorausgesetzten (dazu oben Rn 18 ff) – **sinnlichen Wahrnehmung** durch den Empfänger mangelt (mit Recht abl auch Neuner, Die Stellung Körperbehinderter im Privatrecht, NJW 2000, 1822, 1855).

118 Sofern man bei **Deutungs- und Wahrnehmungsfehlern** mit der hier vertretenen Auffassung die Erklärung so gelten lässt, wie sie objektiv zu verstehen war, führt dies im Ergebnis nicht zu einer ungerechtfertigten Bevorzugung des Erklärenden. Dieser kann zwar uU wegen eines **Erklärungsirrtums** seine Willenserklärung anfechten, aber bei **einseitigen Rechtsgeschäften** nützt ihm dies wenig, weil er ja eine Erklärung in Geltung setzen wollte. Bei **Verträgen** wiederum steht dem Angebotsempfänger ebenfalls ein **Anfechtungsrecht** zu, da sein Wahrnehmungsfehler bei der Entgegennahme der Offerte zu einem Erklärungsirrtum bei der Annahmeerklärung führt. Lehrreich ist insoweit eine Entscheidung des Reichsgerichts (Gruchot 50, 893 ff): Nach Vorverhandlungen, in denen es immer um die Lieferung von 100 Ballen Baumwolle ging, bestellte die Klägerin telefonisch 200 Ballen, was vom Empfänger mit den Worten „schön, gut" akzeptiert wurde. Der Schadensersatzklage des Bestellers wegen nur 100 gelieferter Ballen hielt der beklagte Verkäufer entgegen, es seien auch nur 100 Ballen bestellt gewesen; eine andere Menge sei ihr im Telefonat nicht mitgeteilt worden. Das Reichsgericht hatte die Frage nach der Wirksamkeit der *Bestellung* mit keiner Silbe erwähnt, sondern den Fall ausschließlich danach beurteilt, ob Dissens vorlag (dafür auch FLUME § 34, 4 Fn 13) oder der Verkäufer sein Akzept anfechten konnte. Richtig ist, dass ein Wahrnehmungs- oder Deutungsfehler zunächst in den Risikobereich des Angebotsempfängers fällt, dieser aber sein Akzept wegen Inhaltsirrtums gem § 119 Abs 1, 1. Alt anfechten kann. Ein Dissens scheidet hingegen aus, da sich die Bedeutung solch schlichter Annahmeerklärungen wie zB „schön gut" nach dem Sinn der Offerte richtet (zutr FLUME § 34, 3 = S 620; WIESER AcP 184 [1984] 40, 44; iE auch MEDICUS, AT Rn 326; für Dissens aber LARENZ, AT § 19 II a = S 341 f). Diese war aber objektiv-normativ auf Bestellung von 200 Ballen gerichtet. Die Problematik des „Missverständnisses" ist also mit dem herkömmlichen Instrumentarium interessengerecht aufzulösen, ohne dass die Dogmatik der Wirksamkeit von Willenserklärungen modifiziert werden müsste. Es bleibt dabei: Eine Erklärung unter Anwesenden wird mit ihrer Vollendung (Abgabe) wirksam (oben Rn 17, 111, OLG Nürnberg NZG 2001, 810 Kündigung durch Gesellschafterbeschluss in Anwesenheit des Geschäftsführers).

§ 131
Wirksamwerden gegenüber nicht voll Geschäftsfähigen

(1) Wird die Willenserklärung einem Geschäftsunfähigen gegenüber abgegeben, so wird sie nicht wirksam, bevor sie dem gesetzlichen Vertreter zugeht.

(2) Das gleiche gilt, wenn die Willenserklärung einer in der Geschäftsfähigkeit beschränkten Person gegenüber abgegeben wird. Bringt die Erklärung jedoch der in der Geschäftsfähigkeit beschränkten Person lediglich einen rechtlichen Vorteil oder hat der gesetzliche Vertreter seine Einwilligung erteilt, so wird die Erklärung in dem Zeitpunkte wirksam, in welchem sie ihr zugeht.

Materialien: E I § 66; II § 107 Abs 3; III § 127; Mot I 139; Prot I 62 und 71; VI 132; Staudinger/BGB-Synopse 1896–2000 § 131.

Schrifttum

Vgl das Schrifttum zu § 130 sowie:
BRAUER, Vertragsschluss und Zugang bei Verträgen mit Minderjährigen, JuS 2004, 472

WUSSOW, Genehmigungsfähigkeit von Handlungen, die der Wahrung gesetzlicher Fristen dienen, NJW 1963, 1756.

Empfangsbedürftige Willenserklärungen entfalten mit ihrem Zugang unmittelbare **1**

Rechtswirkungen nicht nur für den Erklärenden, sondern immer auch für den Empfänger. Dieser Umstand begründet den „teleologischen Aspekt" der Willenserklärung und die Notwendigkeit einer angemessenen Risikoverteilung bei der Bestimmung ihrer Wirksamkeit (vgl BENEDICT 23 ff). Es ist daher folgerichtig, die **Geschäftsfähigkeit** nicht nur bei der aktiven, sondern auch **bei der passiven Teilnahme am Rechtsverkehr** zu berücksichtigen. Eine solche Regelung trifft § 131, indem er auch für den *Empfang* von Willenserklärungen an die Regelungen der §§ 104 ff anknüpft. Modifiziert werden insoweit die §§ 105 Abs 1, 107. Die anderen Regelungen, insbesondere die §§ 105 Abs 2, 108 ff bleiben als generelle Bestimmungen unberührt.

2 **Geschäftsunfähige** iSd § 104 können weder Urheber noch Empfänger einer wirksamen Willenserklärung sein. Eine Willenserklärung, die gegenüber einem **Geschäftsunfähigen** abgegeben wird, erlangt gem § 130 Abs 1 keine Wirksamkeit, bevor sie dem gesetzlichen Vertreter zugeht. Demgegenüber können Erklärungen an **Bewusstlose** oder **vorübergehend Geistesgestörte** (§ 105 Abs 2) durchaus zugehen, wenn die allgemeinen Voraussetzungen des Zugangs gem § 130 Abs 1 vorliegen (PALANDT/ELLENBERGER Rn 1). Davon zu unterscheiden ist der Fall, dass ein nach § 104 Nr 2 wegen Geisteskrankheit Geschäftsunfähiger später – nach dem Empfang der Willenserklärung – wieder seine volle Geschäftsfähigkeit erlangt. § 131 Abs 1 sieht nicht vor, dass die Erklärung nach **Beendigung der Geschäftsunfähigkeit** automatisch wirksam wird (BAG NZA 2011, 340, 342 f). Nach Ansicht des BAG geht die spezielle Vorschrift der allgemeinen Regel des § 130 vor. Das überzeugt, weil in solchen Fällen nicht gesichert ist, dass die in den Machtbereich des Empfängers gelangte Erklärung tatsächlich sinnlich wahrgenommen wird. Eine solche Unwägbarkeit ist wegen des gebotenen **Schutzes von Geschäftsunfähigen** und aus Gründen der Rechtssicherheit unbedingt zu vermeiden.

3 Die Erklärung muss nach **hM** zwar nicht an den Vertreter gerichtet zu sein; aber es wird zumindest verlangt, dass sie mit Willen des Erklärenden in Richtung auf den Empfänger in den Verkehr gelangt ist und der Erklärende damit rechnen konnte und damit gerechnet hat, sie werde – und sei es auf Umwegen – den von ihm bestimmten Empfänger erreichen (BGH NJW 1979, 2032; BAG NZA 2011, 340, 341 f; LAG Schleswig-Holstein AuA 2008, 631, 632; OLG Düsseldorf VersR 1961, 878; LG Berlin MDR 1982, 321; LG Dresden WuM 1994, 377; PALANDT/ELLENBERGER Rn 2). Wenn die Erklärung dem Empfänger über Dritte zugeleitet werde, müsse dies zielgerichtet erfolgen. Es genüge nicht, dass der gesetzliche Vertreter die Erklärung zufällig finde (BAG NZA 2011, 340, 341). Nach der hier vertretenen Ansicht (§ 130 Rn 33 f) handelt es sich bei dem Erfordernis einer **zielgerichteten Absendung in Richtung auf den Adressaten** jedoch um ein überflüssiges Kriterium, das Sinn und Zweck des Zugangserfordernisses nicht fordern. Dementsprechend sollte **die einem Geschäftsunfähigen gegenüber abgegebene Erklärung** dem zuständigen Vertreter auch dann zugehen, wenn sie dem Vertreter von Dritten übermittelt wird oder er sie zufällig findet. Der Geschäftsunfähige kann sich also nach richtiger Ansicht nicht darauf berufen, die Erklärung sei **nicht an den Vertreter adressiert** gewesen (zutr LAG Hamm DB 1975, 407; vgl auch LAG Berlin 22. 6. 2006 – 18 Sa 385/06, juris). § 131 behandelt im Übrigen ausschließlich den Fall, dass die Erklärung an den Geschäftsunfähigen adressiert ist. Der andere Fall, dass die Erklärung an den Vertreter gerichtet wird, bedarf keiner

besonderen Regelung, da hier sowieso die allgemeinen Grundsätze gelten (§ 164 Abs 3).

Geschäftsunfähige können nicht dazu ermächtigt werden, Erklärungen **als Empfangsperson** entgegenzunehmen (PALANDT/ELLENBERGER Rn 2; aA SOERGEL/HEFERMEHL Rn 3). Eine Ermächtigung kraft Verkehrsanschauung ist erst recht abzulehnen (SOERGEL/ HEFERMEHL aaO; aA PALANDT/ELLENBERGER Rn 2). Unmündige Kinder können also keinesfalls Empfangsboten in eigener Sache sein. Denn § 131 dient ausschließlich dem Schutz des Geschäftsunfähigen. Und der steht weder zur Disposition des gesetzlichen Vertreters, noch unterliegt er der Derogation durch die Verkehrsanschauung (allg zum Empfangsboten § 130 Rn 54 ff). 4

Für **beschränkt Geschäftsfähige** gilt die Rechtsfolge des Abs 1 entsprechend, außerdem für **Betreute**, für die ein Einwilligungsvorbehalt angeordnet worden ist (§ 1903 Abs 1 S 2). Die Willenserklärung muss daher grundsätzlich dem gesetzlichen Vertreter, im Fall des § 1903 dem Betreuer zugehen. Dies gilt auch, wenn der Absender keine Kenntnis von der Betreuung hatte (LAG Berlin 22. 6. 2006 – 18 Sa 385/06, juris). Wie bei den allgemeinen Regeln für Willenserklärungen Minderjähriger (§ 107) gelten gem § 131 Abs 2 S 1 Ausnahmen, wenn die Erklärung dem beschränkt Geschäftsfähigen lediglich einen rechtlichen Vorteil bringt oder der gesetzliche Vertreter seine Einwilligung erteilt hat. In diesen Fällen genügt der Zugang an den beschränkt Geschäftsfähigen. Inhaltlich gibt es keine Abweichungen von § 107. So bedürfen auch „rechtlich neutrale" Erklärungen zu ihrer Wirksamkeit nicht des Zugangs beim gesetzlichen Vertreter (OLG Frankfurt MDR 1964, 756: Erteilung einer Vollmacht). Eine erteilte Einwilligung wird sich im Regelfall nicht auf den Zugang einer für den Minderjährigen bestimmten Erklärung, sondern auf das in Aussicht genommene Rechtsgeschäft insgesamt beziehen. Eine **neben § 107 eigenständige Bedeutung** käme der Einwilligung des § 131 Abs 2 S 2 also **nur bei einseitigen Rechtsgeschäften** zu, die gegenüber dem Minderjährigen vorgenommen werden sollen. Ist nämlich die Einwilligung zu einem Vertragsschluss erteilt worden, so erfasst diese Einwilligung auch den Zugang der für den Vertragsschluss erforderlichen Erklärungen beim Minderjährigen. Hingegen deckt die Einwilligung grundsätzlich nicht den Zugang von aus dem Vertrag herrührenden Folgeerklärungen (vgl BGHZ 47, 352, 356: Zahlungsaufforderung). Anders verhält es sich im Bereich der §§ 112, 113, da hier die Ermächtigung des gesetzlichen Vertreters eine partielle Geschäftsfähigkeit des Minderjährigen begründet. Bei dem praktisch wichtigen **Ausbildungsverhältnis** findet § 113 allerdings keine Anwendung, so dass im Falle einer Kündigung § 131 zu beachten ist (BAG AP Nr 1, Nr 4 zu § 15 BBiG; LAG Schl-H EzB BGB § 113 Nr 2). 5

Die **Genehmigung von** dem Minderjährigen gegenüber erklärten **einseitigen Rechtsgeschäften** ist nicht vorgesehen. Eine entsprechende Regelung ist auch nicht notwendig. Denn einer Genehmigung bedarf es nicht, wenn der Vertreter die Erklärung vor Ablauf einer einzuhaltenden Frist zur Kenntnis bekommen hat: Der Zugang ist bewirkt, und die Erklärung ist rechtzeitig wirksam geworden (vgl oben § 130 Rn 39). Ist hingegen eine Frist bereits abgelaufen, so vermag auch eine Genehmigung hieran nichts mehr zu ändern: Das Rechtsgeschäft ist verfristet und bedarf der Neuvornahme (vgl nur PALANDT/ELLENBERGER § 182 Rn 5 mwNw; WUSSOW NJW 1963, 1756 ff). Für die **Genehmigung von Verträgen** bleibt es hingegen bei der Regelung des § 108. Die Genehmigung erfasst ebenso wie die Einwilligung das komplette Rechtsgeschäft. 6

Daher bedarf es weder einer speziellen Genehmigung der Vertragsannahme, noch einer analogen Anwendung des § 108 im Rahmen des § 131 Abs 2. Es fehlt bereits eine Regelungslücke (zutr BGHZ 47, 352, 358 mit systematischer Auslegung: keine Anwendung des § 131 neben § 108; ähnlich BRAUER Jus 2004, 472, 473 f; aA zB STAUDINGER/DILCHER¹² Rn 9; SOERGEL/HEFERMEHL Rn 6: analoge Anwendung des § 108).

7 Von einer Einwilligung unberührt bleibt freilich die Eigenschaft, als gesetzlicher Vertreter auch weiterhin wirksam Erklärungen für den Vertretenen entgegenzunehmen (§ 164 Abs 3). Die **Empfangszuständigkeit** endet erst da, wo auch die Vertretungsmacht aufhört (zutr OLG Köln RDJ 1962, 270). Hat der Geschäftsunfähige noch vor Eintritt der Geschäftsunfähigkeit einem Vertreter **Generalvollmacht** erteilt, genügt der Zugang einer an den Geschäftsunfähigen gerichteten Willenserklärung an den Vertreter (§ 164 Abs 3); die Bestellung eines Betreuers gem § 1896 ist nicht erforderlich (LG Leipzig FamRZ 2010, 403, 405).

§ 132
Ersatz des Zugehens durch Zustellung

(1) Eine Willenserklärung gilt auch dann als zugegangen, wenn sie durch Vermittlung eines Gerichtsvollziehers zugestellt worden ist. Die Zustellung erfolgt nach den Vorschriften der Zivilprozessordnung.

(2) Befindet sich der Erklärende über die Person desjenigen, welchem gegenüber die Erklärung abzugeben ist, in einer nicht auf Fahrlässigkeit beruhenden Unkenntnis oder ist der Aufenthalt dieser Person unbekannt, so kann die Zustellung nach den für die öffentliche Zustellung einer Ladung geltenden Vorschriften der Zivilprozessordnung erfolgen. Zuständig für die Bewilligung ist im ersteren Falle das Amtsgericht, in dessen Bezirk der Erklärende seinen Wohnsitz oder in Ermangelung eines inländischen Wohnsitzes seinen Aufenthalt hat, im letzteren Falle das Amtsgericht, in dessen Bezirk die Person, welcher zuzustellen ist, den letzten Wohnsitz oder in Ermangelung eines inländischen Wohnsitzes den letzten Aufenthalt hatte.

Materialien: E I §§ 75, 76; II § 108; III § 128; Mot I 160; Prot I 73; STAUDINGER/BGB-Synopse 1896–2000 § 132.

Schrifttum

Vgl das Schrifttum zu § 130 sowie:
FISCHER, Die öffentliche Zustellung im Zivilprozeß, ZZP 1994, 163
FOERSTE, Die Zustellung der Prozessbürgschaft NJW 2010, 3611
HOHMEISTER, Beweisschwierigkeiten beim Zugang einer Kündigung, BB 1998, 1477
ders, Zustellung von Willenserklärungen durch Einschreibesendungen oder Gerichtsvollzieher?, JA 1999, 260
W LÖWE/P LÖWE, Zum Wegfall des öffentlichen Urkundencharakters bei Postzustellungen – ein bislang unbemerktes Opfer der Poststrukturreform, ZIP 1997, 2002
SELTMANN, Zustellung durch die privatisierte Post, AnwBl 1996, 403
SIEBERT/DECKER, Die GmbH-Reform kommt!

Zur Verabschiedung des Gesetzes zur Modernisierung des GmbH-Rechts und zur Bekämpfung von Missbräuchen (MoMiG) im Deutschen Bundestag, ZIP 2008, 1208

Späth, Nochmals: Wirksamkeit der Zustellung durch die Post, NJW 1997, 2155
Wedemann, Das neue GmbH-Recht, WM 2008, 1381.

Mit der **Entscheidung für die Empfangs- und gegen die Entäußerungstheorie** hat gem § 130 der Erklärende grundsätzlich das Übermittlungsrisiko zu tragen. Das bedeutet insbesondere, dass die Personen, derer er sich zur Übermittlung seiner Erklärung bedient, in seiner Risikosphäre, nämlich als **Erklärungsboten** tätig werden. Das gilt, anders als in Rechtsordnungen, die sich aus diesem Grunde für die Entäußerungstheorie entschieden haben, auch dann, wenn der Erklärungsbote in Gestalt der Post mit hoheitlichen Befugnissen ausgestattet ist und mithin eine neutrale und zuverlässige Position zwischen den Parteien einnimmt. Der deutsche Gesetzgeber hat in der Post die sichere und zuverlässige Übermittlungsinstitution nicht gesehen (vgl oben § 130 Rn 8) und mit der Zustellung durch den **Gerichtsvollzieher** gem § 132 einen besonderen Weg zur sicheren Lösung des Übermittlungsproblems gewählt. 1

Der Absender einer empfangsbedürftigen Willenserklärung muss nicht nur dafür sorgen, dass die Erklärung dem Empfänger zugeht, sondern er muss den Zugang ggf auch beweisen. Hieran bemisst sich die **Frage nach einer sicheren Übermittlungsvariante** (dazu Benedict NVwZ 2000, 167 ff mwNw); denn beides kann durch Umstände, die in der Person oder im Verhalten des Empfängers begründet sind, zu einem schwer lösbaren Problem werden. Das hat Rechtswissenschaft und Praxis veranlasst, die Interessen des Absenders durch **außergesetzliche Zugangs- oder Rechtzeitigkeitsfiktionen** zu wahren (§ 130 Rn 79 ff). Im Hinblick auf § 132 erweisen sich solche Konstruktionen als unzulässig, da die Vorschrift sichere Wege weist, den Zugang herbeizuführen und auch zu beweisen, selbst wenn die Zugangsvoraussetzungen an sich nicht erfüllt sind (vgl Mot I 160 f; oben § 130 Rn 86 f). Immerhin ist spätestens seit der Privatisierung der Postdienstleistungen und der damit verbundenen Diskussion um die Brauchbarkeit des Einwurf-Einschreibens der Deutschen Post AG (vgl dazu § 130 Rn 89, 108) Möglichkeit und Notwendigkeit der Zustellung gem § 132 wieder in den Blick geraten und als die **sicherste Übermittlungsvariante** auch erkannt (Hohmeister BB 1998, 1477; ders, JA 1999, 260). 2

§ 132 gibt eine **Antwort auf die Probleme der Zugangsbehinderung** (§ 130 Rn 79 ff), wenn nämlich die Willenserklärung nicht in eine Empfangseinrichtung des Adressaten gelangt oder der Absender den Empfänger und/oder dessen Aufenthaltsort nicht kennt. Falls der Absender den Gerichtsvollzieher mit der Zustellung beauftragt, finden gem § 132 Abs 1 S 2 die Vorschriften über die **Ersatzzustellung** gem §§ 178 ff ZPO Anwendung. Der Empfänger kann also den Zugang dann nicht mehr dadurch verhindern, dass er zB das bei der Post niedergelegte Schriftstück trotz Benachrichtigung nicht abholt. Die gem § 182 ZPO aufgenommene Zustellungsurkunde hat als öffentliche Urkunde die volle Beweiskraft des § 415 ZPO. Im Falle unverschuldeter Unkenntnis über die Person des Empfängers oder Unkenntnis über dessen Aufenthalt ermöglicht § 132 Abs 2 dem Absender, durch öffentliche Zustellung gem §§ 185 ff ZPO Zugangswirkungen herbeizuführen. Ist im Prozess **Sicherheit** durch **Bankbürgschaft** zu leisten (§ 108 Abs 1 S 2 ZPO), empfiehlt sich ebenfalls eine Zustellung an den Sicherungsberechtigten durch Vermittlung eines Gerichts- 3 vollziehers gem § 132 Abs 1. Zur Wahrung der **Schriftform** gem § 108 Abs 1 S 2 ZPO genügt nicht die Aushändigung einer beglaubigten Abschrift, sondern bedarf es der Übermittlung der Urschrift oder einer formgerechten Ausfertigung (FOERSTE NJW 2010, 3611, 3612 f).

4 Die **Zustellung durch den Gerichtsvollzieher** (Absatz 1) richtet sich nach den §§ 166 ff ZPO und §§ 11 ff GVGA. Dieser nimmt die **Zustellung entweder persönlich** vor oder beauftragt **die Post mit der Zustellung** (§§ 192 ff ZPO, 19, 21 GVGA). Beides geschieht im Regelfall bereits am Tag nach Empfang des Zustellungsauftrags; bei Eilbedürftigkeit der Sache stellt der Gerichtsvollzieher auch sofort zu (§ 22 GVGA). Eine unzumutbare Verzögerung des Zugangs kann also in diesem Weg nicht gesehen werden (zum Unzumutbarkeitseinwand vgl § 130 Rn 86). Auch die Höhe der Zustellungskosten sind keinesfalls unzumutbar (vgl Anlage zu § 9 GvKostG). Eine persönliche Zustellung durch den Gerichtsvollzieher kostet 7,50 € (Anlage zu § 9 GVKostG, KV 100), die sonstige Zustellung 2,50 € (KV 101) zuzüglich Auslagen, insbes für Entgelte für Zustellungen mit Zustellungsurkunde (KV 701), z Zt 3,45 € bei der Deutschen Post AG (Stand: März 2008; vgl auch PRÜTTING/WEGEN/WEINREICH/AHRENS Rn 2). **Der Weg zum Gerichtsvollzieher** ist empfehlenswert, wenn fristgebundene Erklärungen sicher zugestellt werden sollen (§ 130 Rn 108). Er ist notwendig, wenn der Zugang zB an einer fehlenden Empfangseinrichtung scheitert. Für die Mehrkosten muss dann ggf der Empfänger aufkommen (hierzu § 130 Rn 92). Grundsätzlich liegt es jedoch allein beim Erklärenden, den ersten Übermittlungsversuch so früh zu unternehmen, dass die Zustellung gem § 132 Abs 1 noch rechtzeitig erfolgen kann. Wer sich diese Zeit nicht nimmt, der mag von vornherein für den sichersten Weg auch mehr bezahlen. Es bleiben **rechtspolitische Bedenken**: Der anwaltlich nicht beratene Bürger wird von der Möglichkeit und Notwendigkeit einer Zustellung durch den Gerichtsvollzieher nur selten wissen und sich auf die von der Post angebotenen Formen der Zustellung verlassen (SINGER LM § 130 Nr 27). Wenn aber auch der Gerichtsvollzieher die Zustellung nicht persönlich vornehmen muss, sondern durch die Post durchführen lassen kann, ist nicht leicht vermittelbar, warum eine privat veranlasste Zustellung durch die Post die Wirkungen des § 132 nicht auszulösen vermag (vgl nur BGHZ 67, 271, 276; BVerwG NJW 1981, 2712; BAG NZA 2003, 719, 723): Erklärungsbote ist und bleibt die Post, und die Zustellung ist in diesem Fall so sicher oder unsicher wie in jenem.

5 Der Gerichtsvollzieher kann auch die Post mit der Zustellung beauftragen (Rn 4). Mit der **Privatisierung der Postdienstleistungen** ist die Wirksamkeit derartiger Zustellungen bezweifelt worden. Einerseits hat man der Deutschen Post AG als einem Privatrechtssubjekt generell die Fähigkeit abgesprochen, rechtswirksam nach den Vorschriften der ZPO zustellen zu können (SELTMANN AnwBl 1996, 403; SPÄTH NJW 1997, 2155; aA OLG Frankfurt NJW 1996, 3159; BFH ZIP 1997, 2012). Andererseits hat man den von ihren Bediensteten verfertigten Zustellungsurkunden den Charakter einer öffentlichen Urkunde abgesprochen (W LÖWE/P LÖWE ZIP 1997, 2002; VG Frankfurt/M NJW 1997, 3329; aA LG Bonn ZIP 1998, 401). Diese Bedenken sind zwar rechtlich unbegründet (vgl nur BGH NJW 1998, 1716; 2001, 832), doch sind sie **Ausdruck eines rechtspolitischen Unbehagens** bei der Verlagerung hoheitlicher Aufgaben auf Private (ausführlich BENEDICT NVwZ 2000, 167, 168 f). Der Gesetzgeber hat dieser Veränderung bei den Postdienstleistungen gleichwohl Rechnung getragen und mit dem Zustellungsreformgesetz (BGBl 2001, 1206) den Begriff der „Post" in § 168 Abs 1 S 2 ZPO neu legaldefiniert. Nunmehr kann jeder „nach § 33 Abs 1 des Postgesetzes beliehene Unternehmer (Post)" mit der Zustellung betraut werden.

Mit der **öffentlichen Zustellung** (Absatz 2) wird am stärksten vom Ideal der Wirksamkeit einer Willenserklärung abgewichen, denn hier ist die Wahrscheinlichkeit, dass die Erklärung auch zur Kenntnis des Empfängers gelangt, relativ gering. Um einen Missbrauch zu vermeiden, kann diese *ultima ratio* **nur unter engen Voraussetzungen** zum Zuge kommen. Diese entsprechen den Voraussetzungen des § 185 Nr 1 ZPO (PALANDT/ELLENBERGER Rn 3). So ist der Aufenthalt des Empfängers regelmäßig nur dann unbekannt, wenn er allgemein und nicht nur dem Antragsteller unbekannt ist. Den Erklärenden trifft deshalb eine **Nachforschungsobliegenheit**, deren Erfüllung von ihm darzulegen und ggf zu beweisen ist (instruktiv RGZ 59, 259, 263; vgl auch OLG Koblenz NJW 1953, 1797). Welche Nachweise vom Antragsteller zu erbringen sind, hängt von den konkreten Umständen des Einzelfalles ab. Ist bekannt, dass sich der Erklärungsgegner im **Ausland** aufhält, sind gegebenenfalls die dort offiziell üblichen Suchdienste in Anspruch zu nehmen (vgl AG Landstuhl FamRZ 1994, 309: Militärsuchdienst). Im Allgemeinen sollten eine ergebnislose Anfrage an das **Einwohnermeldeamt sowie** eine **Anschriftenprüfung** bei der Deutschen Post AG oder anderen Postdienstleistern genügen (OLG Naumburg NJW-RR 2001, 1148, 1149; LG Berlin NJW-RR 1991, 1152). Diese Maßnahmen sind jedenfalls dann ausreichend, wenn es um die öffentliche Zustellung eines Pfändungs- und Überweisungsbeschlusses geht, da das Schutzbedürfnis des Schuldners geringer ist als das eines Prozessbeteiligten bei einer öffentlichen Zustellung im Erkenntnisverfahren (BGH NJW 2003, 1530 f). Dagegen reichen bei der Zustellung einer Kreditkündigung Ermittlungen beim Einwohnermeldeamt des letzten Wohnsitzes sowie die Vorlage einer Auskunft aus dem Schuldnerverzeichnis nicht aus (OLG Köln Köln 6. 12. 2010 – 16 Wx 88/10, juris; s a OLG Zweibrücken FamRZ 1983, 630). Erst recht fehlt es an ausreichenden Nachforschungen, wenn der Gesuchte mit einer Zweitwohnung ordnungsgemäß gemeldet und dort auch postalisch zu erreichen war (BGHZ 149, 311, 314 ff). Ob man darüber hinaus Anfragen beim letzten Vermieter, bei Nachbarn oder Verwandten verlangen soll (dafür OLG Frankfurt MDR 1999, 1402; OLG Hamm OLGZ 1994, 451, 452 f; KG KG-Report 1994, 211, 212; FISCHER ZZP 1994, 163, 167; dagegen LG Berlin NJW-RR 1991, 1152; OLG Naumburg NJW-RR 2001, 1148, 1149), erscheint angesichts des enormen Aufwandes und mutmaßlich geringer Erfolgsaussichten (eindringlich BGH NJW 2003, 1530, 1531) zweifelhaft. Die Nachforschungsobliegenheit darf letztlich nicht dazu führen, dass dem Erklärenden die Möglichkeit genommen oder erheblich erschwert wird, die Rechtsfolgen einer dringend notwendigen Erklärung herbeizuführen (OLG Celle MDR 2007, 170, 171). Insbesondere bei einem länger währenden **Verstoß gegen die öffentlich-rechtliche Meldepflicht** ist in der Regel davon auszugehen, dass „der Aufenthalt dieser Person unbekannt" ist (vgl auch BGH NJW 2003, 1530, 1531).

Durch das Gesetz zur Modernisierung des GmbH-Rechts und zur Bekämpfung von Missbräuchen (MoMiG) wurde die **Zustellung und der Zugang von Willenserklärungen an Kapitalgesellschaften** wesentlich verbessert. Gem § 185 Nr 2 ZPO kann eine öffentliche Zustellung erfolgen, wenn bei den juristischen Personen, die zur Anmeldung einer inländischen Geschäftsanschrift zum Handelsregister verpflichtet sind (GmbH, AG, ausländische Kapitalgesellschaften mit inländischer Niederlassung; vgl § 130 Rn 90), vergebliche Zustellversuche unter der eingetragenen Geschäftsanschrift sowie unter der eingetragenen Anschrift einer empfangsberechtigten Person unternommen wurden und eine andere inländische Anschrift nicht bekannt ist (Einzelheiten STEFFEK BB 2007, 2077, 2082 f; SIEBERT/DECKER ZIP 2008, 1208, 1212; WEDEMANN WM 2008, 1381, 1385).

8 Falls die **Voraussetzungen des § 132 Abs 2 tatsächlich nicht gegeben** waren, führt dies grundsätzlich **nicht** zur **Unwirksamkeit der Zustellung**. Der Bewilligungsbeschluss ist nämlich rechtsgestaltend und muss im Interesse der Rechtssicherheit auch dann Bestand haben, wenn er – ex post beurteilt – nicht hätte ergehen dürfen (RGZ 59, 259, 263 ff; BGHZ 57, 108, 110; 64, 5, 8; BGH NJW 2007, 303, 304). Beim **Versäumen prozessualer Rechtsmittelfristen** gewährt die Rechtsprechung allerdings seit langem mit Recht **Wiedereinsetzung in den vorigen Stand**, wenn die Voraussetzungen des § 185 ZPO für eine öffentliche Zustellung des Titels nicht gegeben waren (BGHZ 118, 45, 48). Mit Rücksicht auf die Wertung des Art 103 GG und dem Anspruch der Gegenseite auf rechtliches Gehör für einen fairen Prozess (BVerfG NJW 1988, 2361) hat der Bundesgerichtshof den Schutz des Adressaten auch auf Konstellationen ausgedehnt, in denen ein Wiedereinsetzungsantrag verspätet gestellt wurde. Jedenfalls in solchen Fällen, in denen die öffentliche Zustellung auf einer erkennbar fehlerhaften Anwendung des § 185 ZPO beruhe, würden keine Rechtsmittelfristen in Lauf gesetzt (BGHZ 149, 311, 321; BGH NJW 2007, 303, 304). Zugleich hat der BGH allerdings einschränkend klargestellt, dass durch diese prozessuale Behandlung der fehlerhaften Zustellung ihre **materiell-rechtliche Wirksamkeit unberührt** bleibe (BGH NJW 2007, 303, 304 Rn 13; PRÜTTING/WEGEN/WEINREICH/AHRENS Rn 3). Hier hilft dem Adressaten einer unberechtigten öffentlichen Zustellung nur die Einrede der **unzulässigen Rechtsausübung** (§ 242). Diese steht ihm jedenfalls dann zur Seite, wenn der Absender die öffentliche Zustellung „**erschlichen**" hat. Dazu genügt die Kenntnis vom Aufenthalt des Adressaten (BGHZ 64, 5, 8; vgl auch RGZ 59, 259, 266, das allerdings lediglich eine Schadensersatzanspruch gem § 826 für möglich hielt), nicht aber, wenn die Wohnung oder Anschrift des Adressaten trotz ausreichender Bemühungen nicht ermittelt werden konnten (KG NJW-RR 2006, 1380, 1381 f; PALANDT/ELLENBERGER Rn 3).

§ 133
Auslegung einer Willenserklärung

Bei der Auslegung einer Willenserklärung ist der wirkliche Wille zu erforschen und nicht an dem buchstäblichen Sinne des Ausdrucks zu haften.

Materialien: E I § 73; II § 90; III § 129; Mot I 154; Prot I 68; STAUDINGER/BGB-Synopse 1896–2000 § 133.

Schrifttum

BERNARD, Formbedürftige Rechtsgeschäfte (1979)
BETTI, Zur Grundlegung einer allgemeinen Auslegungslehre, in: FS Rabel II (1954) 79

ders, Allgemeine Auslegungslehre als Methodik der Geisteswissenschaften (1967)
BÖHRINGER, Die Auslegung von Grundbuch-Verfahrenserklärungen, Rpfleger 1988, 389
BRANDNER, Die Umstände des einzelnen Falles

bei der Auslegung und bei der Beurteilung von allgemeinen Geschäftsbedingungen, AcP 162 (1963) 237

BROX, Die Einschränkung der Irrtumsanfechtung (1960)

F BYDLINSKI, Privatautonomie und objektive Grundlagen des verpflichtenden Rechtsgeschäfts (1967)

ders, Die Grundlagen des Vertragsrechts im Meinungsstreit, Basler Juristische Mitteilungen 1982, 1

P BYDLINSKI, Probleme des Vertragsschlusses ohne Annahmeerklärung, JuS 1988, 36

ders, Die aktuelle höchstgerichtliche Judikatur zum Bürgschaftsrecht in der Kritik, WM 1992, 1301

CANARIS, Die Vertrauenshaftung im deutschen Privatrecht (1971)

ders, Gesamtunwirksamkeit und Teilgültigkeit rechtsgeschäftlicher Regelungen, in: FS Steindorff (1990) 536

ders, Das Rangverhältnis der „klassischen" Auslegungskriterien, demonstriert an Standardproblemen aus dem Zivilrecht, in: FS Medicus (1999) 25

COING, Die juristischen Auslegungsmethoden und die Lehren der allgemeinen Hermeneutik (1959)

ders, Zur Auslegung der Verträge der Personengesellschaften, ZGR 1978, 359

DANZ, Die Auslegung der Rechtsgeschäfte (3. Aufl 1911)

DILTHEY, Der Aufbau der geschichtlichen Welt in den Geisteswissenschaften, Bd VII (4. Aufl 1965)

FLUME, Testamentsauslegung bei Falschbezeichnung, NJW 1983, 2007

FRITSCHE, Das Verhältnis von Dereliktion und Vernichtungsabsicht, MDR 1962, 714

GAUL, Aktuelle Fragen zur Internetversteigerung, WM 2000, 1783

GRUNEWALD, Die Auslegung von Gesellschaftsverträgen und Satzungen, ZGR 1995, 68

HÄSEMEYER, Die gesetzliche Form der Rechtsgeschäfte (1971)

ders, Rezension von Inge Scherer, Andeutungsformel und falsa demonstratio beim formbedürftigen Rechtsgeschäft in der Rechtsprechung des Reichsgerichts und des Bundesgerichtshofes, AcP 188 (1988) 427

HAGER, Gesetzes- und sittenkonforme Auslegung und Aufrechterhaltung von Rechtsgeschäften (1983)

ders, Die gesetzeskonforme Aufrechterhaltung übermäßiger Vertragspflichten – BGHZ 89, 316 und 90, 69, JuS 1985, 264

ders, Der lange Abschied vom Verbot der geltungserhaltenden Reduktion, JZ 1996, 175

HEPTING, Erklärungswille, Vertrauensschutz und rechtsgeschäftliche Bindung, in: FS Rechtswiss Fakultät Köln (1988) 209

HOEREN/HILDERINK, Die Schwarzmacher, JuS 1999, 668

HÖLDER, Das Wesen der rechtswirksamen Willenserklärung, JherJb 55 (1909) 413

HONSELL, Rezension von Johannes Hager, Gesetzes- und sittenkonforme Auslegung und Aufrechterhaltung von Rechtsgeschäften, ZHR 148 (1984) 298

JHERING, Zivilrechtsfälle ohne Entscheidungen (4. Aufl 1881)

JOOST, Wechselauslegung und Wechselstrenge; Zum Einwendungsausschluss gegenüber dem ersten Wechselnehmer, WM 1977, 1394

KELLMANN, Grundprobleme der Willenserklärung, JuS 1971, 609

KLING, Sprachrisiken im Privatrechtsverkehr (2008)

KÖHLER, Kritik der Regel „protestatio facto contraria non valet", JZ 1981, 464

ders, Die Problematik automatisierter Rechtsvorgänge insbesondere von Willenserklärungen, AcP 182 (1982) 126

KORNBLUM, „Die verflixte schwebende Jungfrau" – OLG Karlsruhe, Die Justiz 1980, 436, JuS 1981, 801

KÖTZ, Vertragsauslegung – Eine rechtsvergleichende Skizze, in: FS Zeuner (1994) 219

ders, Vertragsrecht (2009)

KRAMER, Grundfragen der vertraglichen Einigung. Konsens, Dissens und Erklärungsirrtum als dogmatische Probleme des österreichischen, schweizerischen und deutschen Privatrechts (1972)

KRAMPE, Die Unklarheitenregel: bürgerliches und römisches Recht (1983)

ders, Aufrechterhaltung von Verträgen und Vertragsklauseln, AcP 194 (1994) 1
LAMBRECHT, Die Lehre vom faktischen Vertragsverhältnis: Entstehung, Rezeption und Niedergang (1994)
LARENZ, Die Methode der Auslegung des Rechtsgeschäfts (1966)
LEENEN, Die Bedeutung der teleologischen Methode für die Rechtsfindung. Gilt § 564b BGB auch für die Kündigung des Vormieters gem § 569 BGB?, Jura 2000, 248
LEONHARD, Die Auslegung der Rechtsgeschäfte, AcP 120 (1922) 14
LOBINGER, Rechtsgeschäftliche Verpflichtung und autonome Bindung (1999)
LÜDERITZ, Auslegung von Rechtsgeschäften (1966)
MANGOLD, Eigentliche und ergänzende Vertragsauslegung, NJW 1961, 2284
ders, Probleme der Auslegung des Individualvertrages, NJW 1962, 1597
MANIGK, Willenserklärung und Willensgeschäft (1907)
ders, Irrtum und Auslegung (1918)
ders, Das Wesen des Vertragsschlusses in der neueren Rechtsprechung, Beiträge zur Lehre vom Konsens und Dissens, JherJb 75 (1925) 127
ders, Das rechtswirksame Verhalten (1939)
MAY, Die Auslegung rechtsgeschäftlicher Willenserklärungen im Revisionsverfahren, NJW 1959, 708
MÜLLER-GRAFF, Auswirkungen einer laufenden Geschäftsverbindung (1974)
NITSCHKE, Die körperschaftlich strukturierte Personengesellschaft (1970)
OERTMANN, Rechtsordnung und Verkehrssitte (1914)
PAEFGEN, Forum: Bildschirmtext – Herausforderung zum Wandel der allgemeinen Rechtsgeschäftslehre?, JuS 1988, 592
PAWLOWSKI, Rechtsgeschäftliche Folgen nichtiger Willenserklärungen (1966)
PFLUG, Zur Auslegung wechselmäßiger Erklärungen gegenüber dem ersten Wechselnehmer und gegenüber weiteren Erwerbern des Papiers, ZHR 148 (1984) 1
POHLE, Auslegung und Beweislast, MDR 1951, 91

ROTH, Geltungserhaltende Reduktion im Privatrecht, JZ 1989, 411
RÜFNER, Verbindlicher Vertragsschluss bei Versteigerungen im Internet, JZ 2000, 715
SÄCKER, Rechtsgeschäftsauslegung und Vertrauensprinzip, Jura 1971, 509
SAMBUC, Unklarheitenregel und enge Auslegung von AGB, NJW 1981, 313
SAVIGNY, System des heutigen Römischen Rechts, Bd III (840)
SCHERER, Andeutungsformel und falsa demonstratio in der Rechtsprechung des RG und des BGH (1987)
dies, Die Auslegung von Willenserklärungen „klaren und eindeutigen" Wortlauts, Jura 1988, 302
SCHIMMEL, Zur Auslegung von Willenserklärungen, JA 1998, 979
SCHLACHTER, Folgen der Unwirksamkeit Allgemeiner Geschäftsbedingungen für den Restvertrag, JuS 1989, 811
SCHMIDT, Vertragsfolgen und Nichteinbeziehung und Unwirksamkeit von AGB (1986)
SCHÖNE/VOWINCKEL, Vertragsschluss bei Internet-Auktionen, Jura 2001, 680
SIBER, Auslegung und Anfechtung der Verfügungen von Todes wegen, in: Die Reichsgerichtspraxis im deutschen Rechtsleben III (1929) 350
SINGER, Das Verbot widersprüchlichen Verhaltens (1993)
ders, Selbstbestimmung und Verkehrsschutz im Recht der Willenserklärungen (1995)
ders, „Der vielbegehrte Lastkran", JA 1998, 466
ders, Rezension von Thomas Lobinger: Rechtsgeschäftliche Verpflichtung und autonome Bindung (1999), AcP 201 (2001) 93
SONNENBERGER, Verkehrssitten im Schuldvertrag (1970)
STATHOPOULUS, Zur Methode der Auslegung der Willenserklärung, in: FS Larenz (1973) 357
STUMPF, Zur Revisibilität der Auslegung von privaten Willenserklärungen, in: FS Nipperdey I (1965) 957
TEICHMANN, Gestaltungsfreiheit in Gesellschaftsverträgen (1970)
ders, Die protestatio facto contraria, in: FS Michaelis (1972) 294
TITZE, Die Lehre vom Missverständnis (1910)

Trupp, Die Bedeutung des § 133 BGB für die Auslegung von Willenserklärungen, NJW 1990, 1346
Ulmer/Schmidt, Nachträglicher „einseitiger" Eigentumsvorbehalt – BGH NJW 1982, 1749 und 1751, JuS 1984, 18
Ulrici, Die enttäuschende Internetauktion – LG Münster, MMR 2000, 280, JuS 2000, 947
ders, Zum Vertragsschluss bei Internetauktionen, NJW 2001, 1112
Vytlacil, Die Willensbetätigung, das andere Rechtsgeschäft (2009)
H Wagner, Interpretationen in Literatur- und Rechtswissenschaft, AcP 165 (1965) 520
Walsmann, Der Verzicht: allgemeine Grundlagen einer Verzichtslehre und Verzicht im Privatrecht (1912)
Wenzel, Vertragsabschluss bei Internet-Auktion – ricardo.de, NJW 2002, 1550
Wieacker, Die Methode der Auslegung des Rechtsgeschäftes, JZ 1967, 385
ders, Willenserklärung und sozialtypisches Verhalten, in: Göttinger FS Oberlandesgericht Celle (1961) 263
Wiebe, Vertragsschluss bei Online-Auktionen, MMR 2000, 323
Wiedemann, Die Auslegung von Satzungen und Gesellschaftsverträgen, in: 75 Jahre Deutsche Notar-Zeitschrift, Sonderheft der DNotZ 1977, 99
Wieser, Empirische und normative Auslegung, JZ 1985, 407
ders, Wille und Verständnis bei der Willenserklärung, AcP 189 (1989) 112
ders, Zurechenbarkeit des Erklärungsinhalts?, AcP 184 (1984) 40
Zimmermann, Richterliches Moderationsrecht oder Totalnichtigkeit? (1979)
Zweigert/Kötz, Einführung in die Rechtsvergleichung auf dem Gebiete des Privatrechts, Bd II: Institutionen (2. Aufl 1984).

Systematische Übersicht

I.	**Grundfragen**	
1.	Begriff, Aufgabe und Ziel der Auslegung	1
2.	Die §§ 133 und 157 als allgemeine Auslegungsregeln und ihr Verhältnis zueinander	3
3.	Verhältnis zu § 242	7
II.	**Voraussetzungen der Auslegung**	
1.	Gegenstand und Mittel der Auslegung	8
2.	Auslegungsbedürftigkeit	9
3.	Auslegungsfähigkeit	10
III.	**Empirischer Wille und objektiv normative Erklärungsbedeutung**	11
1.	Empirische Auslegung	12
a)	„Falsa demonstratio non nocet"	13
b)	Nicht empfangsbedürftige Willenserklärung	15
2.	Objektiv normative Auslegung	
a)	Grundsatz: Auslegung nach dem Empfängerhorizont	18
b)	Zurechenbarkeit des Erklärungsinhalts	20
c)	Rechtsfolgen	23
d)	Geltungsbereich	
aa)	Allgemeine Geltung	24
bb)	Bestehen einer Willenserklärung („ob")	25
cc)	Konkludente Willenserklärungen	26
dd)	Auslegung im Prozess	27
ee)	Öffentlichrechtliche Erklärungen	29
IV.	**Auslegung formbedürftiger Rechtsgeschäfte**	
1.	Die Unterscheidung von Inhaltsermittlung und Formzwang	30
2.	Die Andeutungstheorie	31
3.	Wahrung der Formgebote trotz Falschbezeichnungen	
a)	Inhalt der Formgebote und Formzwecke	34
b)	Schutzwürdigkeit bei Falschbezeichnungen	36
c)	Besonderheiten bei der Testamentsauslegung	37
4.	Abgrenzung und Einzelfälle	39

V.	Auslegungsmaximen und Erfahrungssätze	44	f)	Unklarheitenregel und restriktive Auslegung	63
1.	Wortlaut der Erklärung	45	5.	Treu und Glauben und Verkehrssitte	
2.	Gesamtzusammenhang (grammatische und systematische Auslegung)	47	a)	Treu und Glauben	64
			b)	Verkehrssitte	65
3.	Begleitumstände der auszulegenden Erklärung	48	6.	Rangverhältnis der Auslegungsmaximen	71
a)	Vorverhandlungen und Entstehungsgeschichte	49	VI.	**Sonderregeln: Erklärungen an einen bestimmten Personenkreis**	
b)	Nachträgliches Verhalten	50			
4.	Teleologische Auslegung		1.	Erklärungen an die Öffentlichkeit	72
a)	Interessenlage und Zweck einer Regelung	52	2.	Gesellschaftsverträge und Satzungen	73
			3.	Tarifverträge und Betriebsvereinbarungen	75
b)	Vernünftige und gesetzeskonforme Auslegung	55	VII.	**Die Auslegung im Prozess**	
c)	Treu und Glauben contra Selbstbestimmung („protestatio facto contraria non valet")	59	1.	Auslegung und Beweislast	77
			2.	Revisibilität der Auslegung	80
d)	Gesetzes-, verfassungs- und richtlinienkonforme Auslegung	61	3.	Überprüfung von Auslegungsfehlern im Berufungsverfahren	85
e)	Geltungserhaltende Reduktion	62			

I. Grundfragen

1. Begriff, Aufgabe und Ziel der Auslegung

1 Durch Willenserklärungen werden private Rechtsverhältnisse nach dem Willen der Beteiligten gestaltet. Das von den Parteien selbst geschaffene Recht gilt, weil es gewollt ist (vgl näher Vorbem 8 zu §§ 116 ff). Dem Prinzip der **Selbstbestimmung** würde es deshalb am ehesten entsprechen, wenn sich der Inhalt der Rechtsgeschäfte nach dem Willen der Parteien richten würde. Der bloß innerlich gebliebene **Wille** ist nach der Privatrechtsordnung aber aus verschiedenen Gründen nicht maßgeblich. Die Rechtsordnung verlangt, dass der Wille in irgendeiner Weise „**erklärt**" werden muss, um Rechtswirksamkeit zu erlangen (vgl LARENZ, AT § 18 I = S 315; WIESER JZ 1985, 407; ders AcP 189 [1989] 112, 115; JAUERNIG Rn 1; SOERGEL/HEFERMEHL Rn 10; BGHZ 124, 64, 68; BGH JZ 1977, 341; krit, in der Sache aber übereinst MünchKomm/BUSCHE Rn 13). In der Regel erfordert die autonome Rechtsetzung eine Kommunikation zwischen denen, deren Rechtskreis durch die Rechtsakte berührt wird. Aber auch bei Rechtsgeschäften, die nicht fremde Rechtssphären berühren und daher nicht empfangsbedürftig sind (vgl § 130 Rn 11), bedarf der verborgene, „unsichtbare Wille" eines äußeren „Zeichens", nicht nur – wie SAVIGNY meinte (System III 258) – um „erkannt zu werden", sondern auch um nachträgliche Manipulationen auszuschließen. Dieses Bedürfnis nach einem Mindestmaß an **Rechtssicherheit** kommt deutlich im Verbot der **Mentalreservation** gemäß § 116 S 1 zum Ausdruck: Die Vorschrift stellt sicher, dass der Erklärende zu seinem Wort stehen muss und sich nicht willkürlich auf einen nicht nachprüfbaren inneren Willen zurückziehen kann. Dies gilt sowohl für empfangsbedürftige als auch für nicht empfangsbedürftige Willenserklärungen (§ 116 Rn 2). Nach der klar geäußerten Absicht des Gesetzgebers soll es auch dem Erblasser untersagt sein, „mit letztwilligen Verfügungen gewissermaßen sein Spiel zu treiben" (MUGDAN Bd 5, 539; vgl dazu näher § 116 Rn 2 mwNw).

Da es somit für das Wirksamwerden und den Inhalt von Rechtsgeschäften auf den erklärten Willen ankommt, besteht die **Aufgabe der Auslegung** darin, den Sinn dieser **Willenserklärungen** zu verstehen (zur Auslegung der [Privatrechts-]**Gesetze** eingehend STAUDINGER/COING[11] Einl 114 ff zum BGB). Dabei macht man sich die Erfahrung zunutze, dass die Erklärung im Normalfall das zum Ausdruck bringt, was der Erklärende wirklich wollte. Die **Übereinstimmung des Willens mit der Erklärung** ist nach dem bekannten Satz von SAVIGNY „nicht etwas Zufälliges, sondern ihr naturgemäßes Verhältnis" (System III 258). Angesichts der Komplexität sprachlicher Äußerungen, die selbst bei begrifflicher Präzision je nach ihrem örtlichen, zeitlichen und sozialen Zusammenhang mehrdeutig sein können, ist der Schluss auf den zugrunde liegenden Geschäftswillen mitunter schwierig, zum Teil auch unmöglich. Es bedarf deshalb eines methodisch geleiteten Vorgehens, um den „richtigen" Sinn dieser Äußerungen zu verstehen und der Rechtsanwendung zugrunde zu legen. Dieses **„kunstmäßige Verstehen"** bezeichnet man als Auslegung (grdl DILTHEY 216 ff [217]; COING, Auslegungsmethoden 13; LARENZ, AT § 19 II a = S 337; MünchKomm/BUSCHE Rn 3). Es charakterisiert „Handlung und Verfahren, dessen Erfolg und zweckdienliches Ergebnis ein Verstehen ist" (BETTI, in: FS Rabel II [1954] 91). Die Aufgabe der Auslegung stellt sich zwar nicht nur bei Rechtssätzen, sondern auch bei anderen „objektiven Bekundungen" (BETTI, in: FS Rabel II [1954] 79) oder „Lebensäußerungen" (DILTHEY 205), bei theologischen oder historischen Texten ebenso wie bei literarischen und anderen künstlerischen Werken. Entsprechend ihrer unterschiedlichen Funktion unterscheiden sich aber **Methoden und Ziele** (eingehend H WAGNER AcP 165 [1965] 520 ff; s ferner DILTHEY 84 f, 220 ff; BETTI, in: FS Rabel II [1954] 86 ff, 142 ff; COING, Auslegungsmethoden 13 ff; ders, in: STAUDINGER[11] Einl 120 f zum BGB; BROX, Irrtumsanfechtung 92 ff; LARENZ, AT § 19 II a = S 337). SAVIGNY sah den Zweck der Auslegung darin, „den in dem toten Buchstaben niedergelegten lebendigen Gedanken vor unserer Betrachtung wieder entstehen zu lassen" (System III 244). Ihm ging es primär darum, den „Willen als das einzig Wichtige und Wirksame" (258) zu erkennen, doch hat sich sein willenstheoretischer Ansatz bei der Beratung des BGB nur höchst unvollkommen durchsetzen können (vgl Vorbem 15 f zu §§ 116 ff), weil er zu wenig die Verständnismöglichkeiten des Empfängers berücksichtigt. Die juristische Auslegung der Rechtsgeschäfte verfolgt daher auch das Ziel, das **Risiko** von Missverständnissen gerecht **zu verteilen**. Es geht um ein normativ geleitetes Verstehen (BETTI, in: FS Rabel II [1954] 133; ders, Allgemeine Auslegungslehre 600 ff [Verstehen mit normativer Aufgabe]; COING, Auslegungsmethoden 23; ders, in: STAUDINGER[11] Einl 119 ff zum BGB); dieses hat zum Ziel, unter Wahrung der berechtigten Interessen der Beteiligten den **rechtlich maßgebenden Sinn der Willenserklärung** zu ermitteln (BGH FamRZ 1987, 475, 476; LARENZ, AT § 19 II a = S 337 f; vgl auch FLUME, AT II § 16, 1a = S 292; MEDICUS, AT Rn 323; STATHOPOULOS, in: FS Larenz [1973] 357, 361; rechtsvergleichend KÖTZ, in: FS Zeuner [1994] 219; ders, Vertragsrecht [2009] Rn 63 f). Das BGB enthält zwei Vorschriften, die zu diesem Zweck allgemeine, generalklauselartige Regeln für die Auslegung aufstellen: § 133 und § 157.

2. Die §§ 133 und 157 als allgemeine Auslegungsregeln und ihr Verhältnis zueinander

§ 133 bezieht sich seinem Wortlaut nach auf die Auslegung einer *Willenserklärung* und ordnet an, den wirklichen Willen zu erforschen und nicht an dem buchstäblichen Sinne des Ausdrucks zu haften. § 157 gilt ausdrücklich nur für *Verträge* und schreibt vor, bei der Auslegung die – normativen – Maßstäbe von Treu und Glauben und der Verkehrssitte zu beachten. Da es sachlich nicht gerechtfertigt ist, zwischen der Auslegung von Willenserklärungen und Verträgen zu unterscheiden, **gelten die §§ 133 und 157 in gleicher Weise für einzelne Willenserklärungen, Verträge, Beschlüsse und Rechtsgeschäfte aller Art**, für die Zeit bis zum Vertragsschluss ebenso wie für die Zeit danach (RGZ 169, 122, 124 f; BGHZ 21, 319, 328; LARENZ, Methode 7; MEDICUS, AT Rn 319 f; MünchKomm/BUSCHE Rn 17 f; SOERGEL/WOLF § 157 Rn 8 ff; ERMAN/PALM Rn 5; PALANDT/ELLENBERGER Rn 2; abw LANGE, AT § 43 I 3). Im Rahmen der folgenden Kommentierung werden daher die **gemeinsamen Auslegungsgrundsätze** beider Normen berücksichtigt, während die Kommentierung des § 157 sich ausschließlich auf die **ergänzende Auslegung** bezieht (vgl STAUDINGER/ROTH [2010] § 157 Rn 2).

4 In der Rechtspraxis wird in der Regel auf beide Vorschriften verwiesen (vgl zB BGHZ 47, 75, 78; 124, 64, 67; 146, 280, 284; BGH NJW 1984, 721), doch ist sowohl der sachliche Gehalt als auch das **Verhältnis der Normen zueinander** umstritten. Während zum Teil die Ansicht vertreten wird, dass sich die Normen wegen ihrer gegensätzlichen Präferenz für die subjektive und objektive Auslegungsmethode widersprächen (so zB STAUDINGER/COING[11] Rn 18; ZWEIGERT/KÖTZ, Einführung in die Rechtsvergleichung II [1969] 98; LARENZ, Methode 8 f), bestehen vom Standpunkt **objektiver Auslegungslehren** nur scheinbare Gegensätze zwischen § 133 und § 157, da nach dieser Auffassung der „wirkliche" Wille gemäß § 133 objektiv zu interpretieren ist (zB DANZ, Auslegung 14; MANIGK, Willenserklärung 147 f; ders, Irrtum 201; ders, Verhalten 201; TITZE 85; LEONHARD AcP 120 [1922] 14, 79 ff; im jüngeren Schrifttum KELLMANN JuS 1971, 610 ff; SONNENBERGER 148 ff; SOERGEL/ HEFERMEHL Rn 1). Eine objektive Interpretation des wirklichen Willens gemäß § 133 setzt sich freilich dem Einwand aus, dass ein in sich widersprüchliches Auslegungsziel formuliert wird. Normative Deutung erkennt gerade nicht die der Privatautonomie eigene Willkür an, sondern setzt sich im Zweifel darüber hinweg (problematisch daher auch PAWLOWSKIS Lehre vom „vernünftigen" Willen als Grundlage der Privatautonomie [232 ff, 251]; krit SÄCKER Jura 1971, 509, 520 ff). Außerdem wird gegen die anerkannte Regel verstoßen, dass der übereinstimmende oder vom Empfänger erkannte Parteiwille einer objektiven Falschbezeichnung vorgeht (Rn 13). Das gleiche Ziel verfolgt die von LARENZ entwickelte **Geltungstheorie**, die den Dualismus zwischen objektiver und subjektiver Auslegungsmethode auf andere, elegantere Weise zu überspielen versucht und die Ermittlung des rechtlich maßgebenden Sinnes der Erklärung als die eigentliche, von beiden Vorschriften vorgesehene Aufgabe der Auslegung ansieht (grdl Methode 69; vgl dazu näher Vorbem 17 zu §§ 116 ff). Auf dieser Grundlage ist dann § 133 kaum noch von § 157 abzugrenzen (vgl zB STUMPF, in: FS Nipperdey I [1965] 957, 961 f). Die Orientierung an dem rechtlich maßgebenden Willen überwindet den Dualismus von Wille und Erklärung oder von subjektiver und objektiver Auslegungsmethode nur äußerlich und begrifflich. In sachlicher Hinsicht bleibt es dabei, dass zwischen dem, was die Parteien wollen, und dem, was sie erklären, klar unterschieden werden kann und mit Rücksicht auf die Irrtumslehre auch unterschieden werden muss (vgl KRAMER, Grundfragen 131 ff; FLUME, AT II § 4, 7 = S 59; F BYDLINSKI 3 f; WIEACKER JZ 1967, 385, 390 f; SINGER, Selbstbestimmung 74). Daran ändert auch nichts die Lesart, dass nach § 133 alle äußeren Indizien heranzuziehen sind, die auf den „inneren Erklärungswillen" schließen lassen (so KRAMER, Grundfragen 141 ff im Anschluss an RHODE 32 ff), und die normative Auslegung erst einsetzt, wenn das Erklärte nach Treu und Glauben unter Berücksichtigung der Verkehrssitte gemäß § 157 zugerechnet wird. Zum einen können Indizien trügen, so dass sich auch bei dieser „natürlichen Auslegung" gemäß § 133 Wille und Erklärung widersprechen können; zum anderen ist auch die Interpretation anhand äußerer Indizien normativ, da sie den Interpreten dazu zwingt, Erfahrungssätze und Gesetzmäßigkeiten, insbesondere der Logik und Sprache, zu beachten.

Der **sachliche Gehalt** der in den §§ 133, 157 enthaltenen, generalklauselartigen Auslegungsrichtlinien ist vage und konkretisierungsbedürftig (vgl FLUME, AT II § 16, 3a = S 308; vgl auch PALANDT/ELLENBERGER Rn 1). Der Gesetzgeber hat bewusst darauf verzichtet, konkrete Auslegungsgrundsätze aufzustellen, weil diese doch nur „Belehrungen über praktische Logik" enthielten (Mot I 155). Gegenüber dem Versuch, aus den Vorschriften konkrete Auslegungsleitlinien abzuleiten, ist deshalb Zurückhaltung geboten, doch braucht man andererseits auch nicht soweit zu gehen, ihnen jede Aussagekraft absprechen (zu weitgehend daher TRUPP NJW 1990, 1346). So enthält die Vorschrift des § 133 neben dem negativen Verbot der Buchstabeninterpretation jedenfalls auch die positive Aufforderung an den Interpreten, den wirklichen Willen zu erforschen. Damit kann eigentlich nur der **empirische Parteiwille** gemeint sein (ebenso STAUDINGER/COING[11] Rn 7; WIESER JZ 1985, 407; **aA** FLUME aaO im Anschluss an Mot I 155; SOERGEL/HEFERMEHL Rn 1; WIEACKER JZ 1967, 385; vgl dazu auch MünchKomm/BUSCHE Rn 9), denn ein *normativer Wille* wäre ein Widerspruch in sich (abw MEDICUS, AT Rn 323; SOERGEL/WOLF § 157 Rn 29). Dafür spricht auch die historische Genese der Vorschrift. Diese gibt eine Antwort auf den klassischen Konflikt des römischen Rechts zwischen der Auslegung nach dem objektiven Wortsinn und der inneren Meinung des Erklärenden und gewährt in Übereinstimmung mit dem noch den Ersten Entwurf prägenden „Willensdogma" (dazu Vorbem 15 f zu §§ 116 ff) der „voluntas" oder „sententia" den Vorrang gegenüber den „verba" (STAUDINGER/COING[11] Rn 2). Insofern besteht durchaus ein Gegensatz zu der Auslegungsvorschrift des § 157, der zur Berücksichtigung der Erfordernisse von Treu und Glauben sowie der Verkehrssitte verpflichtet und damit als **Basisnorm objektiv normativer Auslegung** angesehen werden kann (ebenso WIESER JZ 1985, 407; ders AcP 189 [1989] 113; MEDICUS, AT Rn 320 f; LARENZ/WOLF, AT § 28 Rn 34 ff, 22; JAUERNIG Rn 7; PALANDT/ELLENBERGER Rn 1; auch KRAMER, Grundfragen 141 ff, der aber den aufgrund äußerer Indizien erfolgten Schluss auf den wirklichen Willen nicht als normative, sondern noch als „natürliche" Auslegung begreift; vgl dazu Rn 4). Auch die eher pragmatische Sicht, dass die Normen nur „verschiedene Aspekte der einen hermeneutischen Aufgabe" bezeichnen (WIEACKER JZ 1967, 385), schließt es nicht aus, Elemente des daraus entstandenen „Kanons gemeinsamer Auslegungsgrundsätze" (PALANDT/ELLENBERGER Rn 1) je nach ihrer Ausrichtung § 133 *oder* § 157 zuzuordnen.

Mit der Zuordnung der subjektiven Auslegungsmethode zu § 133 und der objektiven zu § 157 ist für die Rechtsanwendung noch nichts gewonnen. Angesichts der Gegenläufigkeit der Auslegungsmaximen ist in jedem Fall die Frage zu klären, **welche Norm und welche Methode Vorrang haben soll** (zum Rangverhältnis eingehend SOERGEL/ WOLF § 157 Rn 10 ff mwNw). Aus § 133 folgt nicht etwa, dass ein nicht erkannter Wille maßgeblich sein soll, und § 157 ist auch nicht zu entnehmen, dass stets das objektiv Erklärte gilt. Beide Normen kommen jeweils nur unter bestimmten Voraussetzungen *(falsa demonstratio;* erkannter Geschäftswille; Empfangsbedürftigkeit der Erklärung) zur Anwendung und ergänzen sich daher (WIEACKER JZ 1967, 385; SÄCKER Jura 1971, 509, 517 f; HEPTING, in: FS Rechtswiss Fakultät Köln [1988] 209, 215; FLUME, AT II § 16, 3a =

S 308; MünchKomm/BUSCHE Rn 17 f; SOERGEL/HEFERMEHL Rn 2; BGHZ 47, 75, 78; 105, 24, 27; 160, 83, 88). Über ihr Verhältnis zueinander und das zwischen objektiver und subjektiver Methode ist den Normen selbst aber nichts zu entnehmen (WIEACKER JZ 1967, 385; TRUPP NJW 1990, 1346). Hierüber entscheiden die das Recht der Willensmängel prägenden Grundsätze (PALANDT/ELLENBERGER Rn 7 im Anschluss an TRUPP aaO, der freilich seinerseits die Gegensätze zu § 133 und § 157 überbetont), also das Verhältnis zwischen den Prinzipien der Selbstbestimmung und Selbstverantwortung einerseits sowie des Verkehrs- und Vertrauensschutzes andererseits (vgl näher Vorbem 21 ff zu §§ 116 ff). Zum Schwur kommt die Vorrangfrage, wenn die Parteien eines Vertrages übereinstimmend etwas anderes erklären wollten als sie objektiv erklärt haben. Insoweit besteht nun freilich Einigkeit darüber, dass unter dem Gesichtspunkt der Auslegung (zu Formfragen Rn 30 ff) der übereinstimmende Wille vorgeht und nicht die objektive Erklärung (Rn 12 f). *Die empirische Auslegung gem § 133 genießt Vorrang*, wenn und soweit sie der Selbstbestimmung der Parteien entspricht und kein Grund besteht, das Vertrauen des anderen Vertragsteils oder des Verkehrs zu schützen (vgl nur LARENZ/WOLF, AT § 28 Rn 14, 29 ff; WIESER JZ 1985, 407). Aus diesem Grund gilt auch das Recht der letztwilligen Verfügungen als Domäne des § 133, und folgerichtig bezieht sich die Rechtsprechung bei der **Auslegung von Testamenten** primär auf diese Vorschrift und nicht auf § 157 (stRspr BGHZ 80, 246, 249; 86, 41, 45; BGH WM 2009, 1755, 1757; BayObLG NJW-RR 1996, 1351; LARENZ, AT § 19 II f = S 348; MEDICUS, AT Rn 322). Die gleiche Interessenlage besteht, wenn der Erklärungsempfänger erkennt, wie der Erklärende selbst seine Erklärung verstanden hat (vgl auch Rn 13). *Die normative Auslegung gem § 157 geht vor,* wenn die Erklärung gegenüber einem anderen abzugeben ist und dieser den wirklichen Willen des Erklärenden nicht erkennt. Dann erfordern es der Schutz des Verkehrs und der Vertrauensschutz des Erklärungsempfängers, dass die Erklärung vorbehaltlich einer Irrtumsanfechtung gemäß §§ 119 ff entsprechend ihrem objektiv normativen Gehalt gilt (vgl näher Vorbem 21 ff zu §§ 116 ff). Das in § 133 ausgesprochene **Verbot der Buchstabeninterpretation** ist sowohl bei der empirischen als auch bei der normativen Auslegung zu beachten (BGHZ 124, 64, 68; BGH NJW 2011, 1666, 1667; FLUME, AT II § 16, 3a = S 308).

3. Verhältnis zu § 242

7 Nach dem Wortlaut und der Entstehungsgeschichte von § 242 (Prot II 1251 = MUGDAN Bd 2, 522) bezieht sich das Gebot, die Erfordernisse von Treu und Glauben und der Verkehrssitte zu beachten, ausschließlich auf die Art und Weise der Schulderfüllung. § 242 hatte die Funktion, den für die Begründung und den Inhalt der Rechtsgeschäfte maßgebenden § 157, der den gleichen Maßstab vorgibt, zu ergänzen. Mit anderen Worten: § 242 betrifft das „Sollen", § 157 das „Wollen" (so zB OERTMANN 314; BGHZ 16, 4, 8). Über die beschränkte Bedeutung des § 242 als Richtschnur für das „Wie" ist die Rechtsentwicklung freilich längst hinausgegangen (eingehend STAUDINGER/J SCHMIDT [1995] § 242 Rn 51 ff), so dass die Grenzziehung zwischen beiden Normen an Präzision und Bedeutung verloren hat (vgl auch FLUME, AT II § 16, 3a = S 308). Der Klarheit halber sollte man freilich nicht von Auslegung gemäß § 242 sprechen (so aber BGHZ 12, 357, 375; BayObLGZ 1981, 30, 34; dagegen MünchKomm/BUSCHE Rn 19). Da es bei der ergänzenden Auslegung um die Verwirklichung des – hypothetischen – Parteiwillens geht, kommt Treu und Glauben nur mittelbare Bedeutung zu – als Maßstab für das, was redliche Parteien mutmaßlich vereinbart hätten (STAUDINGER/LOOSCHELDERS/OLZEN [2009] § 242 Rn 182 ff, 189).

II. Voraussetzungen der Auslegung

1. Gegenstand und Mittel der Auslegung

Die Auslegung vollzieht sich in **zwei Stufen**: Grundlage und erste Stufe der Auslegung 8 ist die **Feststellung des Erklärungstatbestandes** (SOERGEL/HEFERMEHL Rn 15; PALANDT/ELLENBERGER Rn 5; BGH NJW-RR 1992, 772, 773), seine **Deutung** bildet die zweite Stufe. Zum Erklärungstatbestand gehören alle Tatsachen, die den *Gegenstand der Auslegung* verkörpern sowie die *Hilfsmittel,* aus denen Rückschlüsse auf ihren Inhalt gezogen werden können. Diese bilden das „Material" der Auslegung (vgl BGH NJW 1984, 721, 722), für das folglich die allgemeinen Grundsätze über die Behauptungs- und Beweislast im Prozess gelten (vgl Rn 77). Die Sinndeutung selbst ist dagegen nicht mehr Tatsachenfeststellung, sondern Akt normativer Wertung und daher Rechtsfrage (BGH aaO; LARENZ, AT § 19 II h = S 352; PALANDT/ELLENBERGER Rn 5, 29; zur prozessualen Bedeutung der Unterscheidung unten Rn 77 ff). **Auslegungsgegenstand** ist das Verhalten des Erklärenden, dem die Bedeutung einer Willenserklärung zukommt, also die Worte, Zeichen oder Gebärden, denen sich dieser zur Verlautbarung seines Rechtsfolgewillens bedient. Dagegen ist der bloße innere, nicht erklärte Wille nicht Gegenstand der Auslegung, weil er als solcher rechtlich nicht maßgeblich ist (vgl oben Rn 1). **Mittel** der Auslegung sind die außerhalb des Erklärungsaktes liegenden Umstände, die Rückschlüsse auf den Sinn der Erklärung, ihren Inhalt und ihre Eigenschaft als Willenserklärung ermöglichen (PALANDT/ELLENBERGER Rn 5; SOERGEL/HEFERMEHL Rn 9). Zu berücksichtigen sind sämtliche Begleitumstände, das Gesamtverhalten der Parteien (MünchKomm/BUSCHE Rn 48 u 52) einschließlich der Vorgeschichte des Rechtsgeschäfts, frühere Geschäftsgepflogenheiten und das Verhalten nach Vertragsschluss, ein besonderer Sprachgebrauch ebenso wie zB Ort und Zeit des Vertragsschlusses (Einzelheiten unten Rn 45 ff). Da die Ermittlung der Bedeutung eines Selbstbestimmungsaktes die grundsätzliche Frage nach dem Vorhandensein eines Rechtsbindungswillens einschließt, dient die Auslegung nicht nur der Inhaltsermittlung, sondern auch bereits der **Feststellung, ob überhaupt eine Willenserklärung vorliegt** (vgl näher Rn 25).

2. Auslegungsbedürftigkeit

Nach einer nicht nur in der älteren Rechtsprechung vertretenen Ansicht bildet die 9 Auslegungsbedürftigkeit eine Voraussetzung der Auslegung. Daran soll es fehlen, wenn eine Willenserklärung „absolut eindeutig", „unmissverständlich" oder „völlig klar und unzweideutig" ist (vgl RGZ 70, 391, 393; 160, 109, 111; BGHZ 32, 60, 63; BGH LM Nr 7 zu § 2084; NJW 1984, 289, 290; 1996, 2648, 2650; 2007, 1460 f; BayObLGZ 1981, 30, 34; 1982, 159, 163; SOERGEL/HEFERMEHL Rn 4; PALANDT/ELLENBERGER Rn 6; SCHIMMEL JA 1998, 979, 983). Die Beurteilung einer Willenserklärung als „eindeutig" ist freilich zwangsläufig das Ergebnis eines interpretatorischen Vorgangs, der nicht ohne Berücksichtigung der Begleitumstände erfolgen kann (KRAMER, Grundfragen 138; MünchKomm/BUSCHE Rn 49 f; JAUERNIG Rn 2; ERMAN/PALM Rn 11; SCHERER Jura 1988, 302, 304; in diesem Sinne auch RGZ 158, 119, 124, das zu Unrecht als Beleg für die Gegenmeinung dient; BGHZ 86, 41, 47; BGH NJW 2002, 1260, 1261; BAG NJW 2005, 1144 f; der Sache nach auch BGHZ 121, 13, 17; **aA** aber MANGOLD NJW 1961, 2284, 2285; 1962, 1597, 1599 f). Die **Eindeutigkeitsformel** ist zudem missverständlich, weil sie dahin fehlinterpretiert werden kann, als würde der eindeutige *Wortlaut* einer Willenserklärung die Auslegung entbehrlich machen (vgl insbes RG JW

1912, 102, 103 m krit Anm Heck; BGH LM Nr 7 zu § 2084; NJW 1996, 2648, 2650; BayObLGZ 1981, 30, 34). Weil das Ziel der Auslegung darin besteht, dem erklärten Parteiwillen zur Geltung zu verhelfen und § 133 nachdrücklich eine reine **Buchstabeninterpretation** verbietet, können Willenserklärungen auch gegen ihren (scheinbar) eindeutigen Wortlaut ausgelegt werden (vgl BGHZ 80, 246, 249 f; 86, 41, 45 f; BGH NJW 1984, 721; 2002, 1260, 1261; NJW-RR 2004, 628, 629; WM 1987, 1501, 1502; BayObLG Rpfleger 1988, 97; NJW-RR 1991, 6, 7; BAGE 22, 424, 426; Heck JW 1919, 102; Brox JA 1984, 549, 552; Erman/Palm Rn 11; **aA** unrichtig Mangold NJW 1962, 1597, 1599 f). Aus dem gleichen Grunde darf sich der Interpret bei schriftlichen Verträgen nicht auf die Vermutung der Richtigkeit und Vollständigkeit der Vertragsurkunde zurückziehen (BGH NJW 1995, 1494, 1496 mwNw). Der Wortlaut einer Urkunde ist zwar wichtiges, aber widerlegliches Indiz für den Geschäftswillen. Die Feststellung, eine Erklärung sei eindeutig, kann somit die Auslegung nicht einschränken, sondern darf höchstens als abschließende Würdigung eines nicht nur den Wortlaut, sondern alle Umstände berücksichtigenden Auslegungsverfahrens verwendet werden (vgl Häsemeyer, Form 131; Bernard, 29 mwNw). In diesem Sinne sind auch Typisierungen zulässig. Wenn zB bei der Abgrenzung zwischen **Bürgschaft** und **Schuldbeitritt** kein anderes Kriterium zur Verfügung steht, als das wenig trennscharfe „Fehlen des eigenen sachlichen Interesses" (vgl Staudinger/Horn [1997] Vorbem 367 zu §§ 765 ff), bestehen keine Bedenken, wenn die Rechtsprechung darauf nur in Not- und Zweifelsfällen zurückgreift, sich aber nicht über den Wortlaut des betreffenden Haftungsversprechens hinwegsetzt (abw MünchKomm/Busche Rn 50). Die als „selbstschuldnerische Bürgschaft" bezeichnete Erklärung kann daher nicht in einen Schuldbeitritt „umgedeutet" werden, wenn der „Bürge" ein eigenes sachliches Interesse an den Leistungen aus dem Hauptvertrag haben sollte. Und umgekehrt ist das Fehlen eines eigenen sachlichen Interesses kein Grund, einen erklärten Schuldbeitritt als – formnichtige – Bürgschaft zu qualifizieren (BGH LM Nr 7 zu § 133 [B]; Nr 34 zu § 133 [C]; Soergel/Hefermehl Rn 4; Palandt/Ellenberger Rn 18).

3. Auslegungsfähigkeit

10 Auf dem gleichen Grundgedanken wie die Eindeutigkeitsregel beruht der in der älteren Rechtsprechung verbreitete, soweit ersichtlich aber nicht praktisch gewordene Satz, dass **in sich widerspruchsvolle und ganz und gar widersinnige Willenserklärungen** nicht auslegungsfähig seien (vgl RG JW 1910, 801; 1916, 405, 407; BGHZ 20, 109, 110; BGH NJW-RR 2006, 281, 282; Jauernig Rn 2; Titze, Missverständnis 354). Ihr ist daher im Wesentlichen aus den gleichen Gründen nicht zu folgen, da die angebliche Auslegungsschranke ebenfalls auf einer Missachtung des in § 133 ausgesprochenen **Verbotes der Buchstabeninterpretation** beruht. Die höchstrichterliche Rechtsprechung toleriert denn auch nicht, wenn der Tatrichter vor Auslegungsschwierigkeiten vorschnell kapituliert und scheinbare Widersprüche in der Formulierung von Rechtsgeschäften nicht aufzulösen versucht. Vielmehr ist von dem Erfahrungssatz auszugehen, dass die Parteien des Rechtsgeschäfts einen bestimmten wirtschaftlichen Zweck verfolgt haben und zum Ausdruck bringen wollten. Insofern muss der Richter aufzuklären versuchen, welche Überlegungen und Vorstellungen den widerspruchsvoll erscheinenden Regelungen zugrunde lagen (BGH NJW 1986, 1035; vgl schon RG JW 1916, 405, 407; BGHZ 20, 109, 110; BGH NJW 1981, 2745; 1984, 721; MünchKomm/Busche Rn 49). Das Scheitern der Auslegung ist höchst seltener Ausnahmefall, der dann, aber nur dann zur **Nichtigkeit des Rechtsgeschäfts wegen Perplexität** führt, wenn der Widerspruch auch nach Ausschöpfen aller Instrumente zur Inhaltsermittlung des Rechtsgeschäfts nicht aufzulösen ist (vgl unten Rn 23 mit Bsp).

III. Empirischer Wille und objektiv normative Erklärungsbedeutung

Gemäß § 133 ist bei der Auslegung der wirkliche Wille zu erforschen. Darunter ist nicht ein „verobjektivierter, normativer Wille" (SOERGEL/HEFERMEHL Rn 1) zu verstehen, sondern der empirische Wille (vgl oben Rn 5). Da dieser Wille irgendwie erklärt werden muss (oben Rn 1), kommt es bei der Auslegung gemäß § 133 genau betrachtet **nicht** auf die Ermittlung des **inneren Willens** an, sondern darauf, wie der Erklärende seine Verlautbarung subjektiv verstanden hat (WIESER JZ 1985, 407; ders AcP 189 [1989] 112, 115; SCHERER Jura 1988, 302, 305; STAUDINGER/COING¹¹ Rn 7, 30; SOERGEL/HEFERMEHL Rn 1). Dies gilt allerdings nur, wenn schutzwürdige Interessen des Erklärungsempfängers nicht entgegenstehen. Kennt dieser den wahren Willen nicht, schützt das Gesetz in bestimmtem Umfang dessen Vertrauen auf die objektive Bedeutung des Erklärten (vgl näher Vorbem 21 ff zu §§ 116 ff). Dem korrespondiert die nach § 157 am Maßstab von Treu und Glauben sowie der Verkehrssitte auszurichtende objektiv normative Auslegung.

1. Empirische Auslegung

Die empirische Auslegung trägt dem Prinzip der Selbstbestimmung in vollem Umfang Rechnung. Ihr gebührt deshalb im Prinzip der Vorrang (vgl schon Rn 6), soweit nicht Interessen des Erklärungsempfängers entgegenstehen. Darauf beruht die Parömie „falsa demonstratio non nocet" (Rn 13 f) und die bei nicht empfangsbedürftigen Willenserklärungen im Allgemeinen befürwortete, aber in Einzelheiten umstrittene Auslegung nach dem subjektiven Verständnis des Erklärenden (Rn 15 f).

a) „Falsa demonstratio non nocet"*

Sind sich sämtliche an einem Rechtsgeschäft Beteiligte über die Bedeutung der jeweiligen Abreden einig oder weiß der Empfänger zufällig, was der Erklärende gemeint hat, besteht kein Anlass, den Parteien den objektiven Inhalt des Erklärten aufzuzwingen: „falsa demonstratio non nocet" (zu den historischen Wurzeln im römischen Recht BANG JhJb 66 [1916] 309, 310 ff; WIELING AcP 172 [1972] 298 f). Die Unschädlichkeit solcher Falschbezeichnungen lässt sich mit großer Deutlichkeit aus den Vorschriften über Willensmängel ableiten, insbesondere aus den §§ 117 Abs 1 und 2, 116 S 2 und 122 Abs 2 (vgl M REINICKE JA 1980, 455, 457 f; FOER 30 ff). Sie folgt im Übrigen aus dem für die Privatautonomie grundlegenden **Prinzip der Selbstbestimmung**. Dieses wird

---

* **Schrifttum**: BANG, Falsa demonstratio, Ein Beitrag zur Lehre der Auslegung und Anfechtung, JherJb 66 (1916) 309; BROX, Der Bundesgerichtshof und die Andeutungstheorie, JA 1984, 549 ff; CORDES, Der Haakjöringsköd-Fall, Jura 1991, 352; FOER, Die Regel „falsa demonstratio non nocet" unter der besonderen Berücksichtigung der Testamentsauslegung (1987); FLUME, Testamentsauslegung bei Falschbezeichnungen, NJW 1983, 2007 ff; KOEBL, Falsa demonstratio non nocet? – Verstoß gegen den Formzwang?, DNotZ 1983, 598 ff; MARTINEK, Haakjöringsköd im Examinatorium, JuS 1997, 136; M REINICKE, Der Satz von der „falsa demonstratio" im Vertragsrecht, JA 1980, 455; WIELING, Die Bedeutung der Regel „falsa demonstratio non nocet" im Vertragsrecht, AcP 172 (1972) 298; ders, Falsa demonstratio non nocet, Jura 1979, 524.

nur insoweit von den Prinzipien des Verkehrs- und Vertrauensschutzes verdrängt, als dies der Schutz des Erklärungsempfängers erfordert. Seit der berühmten Entscheidung des Reichsgerichts im Fall „**Haakjöringsköd**" (RGZ 99, 147, 148; dazu zuletzt CORDES Jura 1991, 352; MARTINEK JuS 1997, 136), in dem beide Vertragspartner den norwegischen Ausdruck für Haifischfleisch verwechselten und glaubten, einen Vertrag über die Lieferung von Walfischfleisch geschlossen zu haben, ist in Rechtsprechung und Schrifttum anerkannt, dass solche übereinstimmenden Falschbezeichnungen unschädlich sind (RGZ 61, 264, 265; 62, 49, 50 f; 109, 334, 336; BGHZ 20, 109, 110; 71, 75, 77 f; 71, 243, 247; 74, 117, 119; 87, 150, 153; NJW 1984, 721; 1995, 1212, 1213; 1996, 1678, 1679; 1998, 746, 747; 1999, 486, 487; 2008, 1658, 1659; BAGE 22, 169, 174; BayObLG 1996, 149, 152; LARENZ, AT § 19 II a = S 338 f; PALANDT/ELLENBERGER Rn 8; MEDICUS, AT Rn 327; krit, iE aber zust WIELING AcP 172 [1972] 297, 307; ders Jura 1979, 524, 525 f). Entsprechendes gilt, wenn der Empfänger **das Gemeinte erkannt** hat. Es ist nicht erforderlich, dass sich dieser den erkannten Willen des Erklärenden *zu eigen gemacht* hat (BGH NJW 1984, 721; 2002, 1038, 1039; 2004, 2156, 2157; NJW-RR 1993, 373; PALANDT/ELLENBERGER Rn 8; aA LARENZ/WOLF, AT § 28 Rn 30), da die Frage des Konsenses erst die Ebene des Zustandekommens von Verträgen betrifft, nicht bereits die Ebene des Verstehens. Wer das wirklich Gewollte erkennt, wäre auch in Bezug auf die objektive Bedeutung der Erklärung „bösgläubig". Einer objektiv-normativen Auslegung bedarf es auch nicht, wenn der Erklärungsempfänger bereit ist, den vom Erklärenden gemeinten Sinn gelten zu lassen (vgl § 119 Rn 103). Sofern der Empfänger **das Gewollte** zwar nicht erkannt hat, aber **hätte erkennen können**, liegt diesem Urteil eine objektiv-normative Auslegung zugrunde, die der Erklärungsempfänger gemäß § 157 gegen sich gelten lassen muss (zutr FLUME, AT II § 16 I 1d = S 302). Die Parömie „falsa demonstratio non nocet" macht keinen Halt vor dem *klarem und eindeutigem Wortlaut* einer Erklärung. Auch insoweit gilt das Gemeinte, nicht das Erklärte. Unschädlich sind Falschbezeichnungen sogar bei **Insichgeschäften**, die der Vertreter mit sich im eigenen Namen abschließt, soweit nicht Verkehrsinteressen berührt sind (BGH NJW 1991, 1730 f; 1999, 486, 487). Da es auch bei Falschbezeichnungen darauf ankommt, den Sinn des Gewollten zu erfassen und uU zu ergänzen, handelt es sich entgegen BGH LM Nr 2 zu § 157 (Gf) durchaus noch um Auslegung, nicht bloß um Tatsachenfeststellung (vgl unten Rn 78 mwNw).

14 Die *falsa demonstratio*-Regel gilt nicht nur bei Individualverträgen, sondern auch bei **Auslegung von AGB**, wenn die beteiligten Vertragsparteien übereinstimmend einer Klausel einen von ihrer objektiven Bedeutung abweichenden Sinn beilegen (BGHZ 113, 251, 259; BGH NJW 1983, 2638; 1986, 1807; BRANDNER AcP 162 [1963] 237, 255). Gemäß § 305b genießt die individuelle Auslegung Vorrang und ist daher im Verhältnis zwischen den Vertragsparteien maßgebend, im Einzelfall auch zugunsten des Verwenders (BGH NJW 1995, 1494, 1496). Im Verbandsprozess kommt es dagegen auf die objektive Bedeutung der Klausel aus der Sicht eines „verständigen Dritten" an (BGHZ 7, 365, 368; 33, 216, 218; 109, 240, 248 f; BGH NJW 1983, 2638; vgl STAUDINGER/SCHLOSSER [2006] § 305c Rn 125 ff; zur kundenfeindlichen Auslegung unten Rn 63). Ähnlich ist die Problematik bei der Auslegung von **Wechseln**, die nach Ansicht der Rechtsprechung wegen ihrer Umlauffunktion und dem darauf beruhenden Prinzip der formellen Wechselstrenge grundsätzlich objektiv auszulegen sind (BGHZ 21, 155, 162; 53, 11, 14 f; 64, 11, 14; 124, 263, 265; BAUMBACH/HEFERMEHL/CASPER, Wechselgesetz, Scheckgesetz, Recht der kartengestützten Zahlungen [23. Aufl] Einl WG Rn 63 mwNw; krit JOOST WM 1977, 1394 ff). Das schließt aber nicht aus, im Verhältnis zwischen den Parteien des Begebungsvertrages deren individuelles Verständnis gelten zu lassen (BGHZ 34, 179, 183; 64, 11, 15 f; BGH WM 1981, 375 f; PFLUG ZHR 148 [1984] 1, 15 f; BAUMBACH/HEFERMEHL/CASPER Einl WG Rn 65; iE übereinstimmend JOOST WM 1977, 1394, 1397 ff; HUECK/CANARIS, Recht der Wertpapiere [12. Aufl 1986] § 6 VI: keine „gespaltene Auslegung" von Wechsel und Begebungsvertrag, sondern Schutz des auf den äußeren Schein des Papiers vertrauenden Inhabers nach den Regeln über den Einwendungsausschluss; vgl auch JACOBI, Wechsel- und Scheckrecht § 87 IV 1b = S 677; im Ergebnis ist die Konstruktion von untergeordneter Bedeutung: Wer die individuelle Bedeutung des Erklärten kennt, darf nicht auf den objektiven Inhalt des Papiers vertrauen). Je nach Sachlage können somit Wechselverpflichtungen gegen den Wortlaut der Urkunde begründet oder eingeschränkt werden. Zeichnet zB ein Vertreter auf einem Wechsel mit seinem Namen ohne Vertreterzusatz und erkennt der erste Nehmer, dass dieser keine persönliche Verpflichtung übernehmen wollte, haftet er nicht diesem, sondern nur späteren Erwerbern aus dem Wechsel (BGH WM 1981, 375 f; vgl auch BGHZ 34, 179, 183). Entsprechendes gilt für erkannte oder – was dem gleich steht – evidente Falschbezeichnungen bei der Scheckbegebung (BGH NJW-RR 1991, 229 f; WM 1992, 567, 568). Wurde zB in Frankreich versehentlich ein **Scheck** über 33.991,18 *DM* ausgestellt, obwohl die zu begleichende Rechnung über 33.991,18 französische *Francs* lautete, haftet nach einem zutreffenden Urteil des OLG Köln der Aussteller gegenüber dem ersten Schecknehmer nach den Grundsätzen der individuellen Auslegung nur in Höhe des offensichtlich gewollten Betrages in *Francs* (NJW-RR 1997, 940 f). Auch bei der **Auflassung** von Grundstücken gilt der Grundsatz „falsa demonstratio non nocet" (BGH DNotZ 1966, 172, 173; WM 1978, 194, 196; NJW 1986, 1867, 1868; 2002, 1038, 1039). Will der Verkäufer ein ihm gehörendes Grundstück ohne eine vom Grundstücksnachbarn genutzte, diesem mündlich versprochene, aber noch nicht zu Eigentum übertragene Teilfläche veräußern und ist dies weder im notariellen Vertrag noch bei den Vertragsverhandlungen mit dem Käufer erwähnt worden, so umfasst die Auflassung entgegen BGH NJW 2002, 1038 durchaus auch diese Teilfläche. Bloße Erkennbarkeit der Falschbezeichnung genügt gerade nicht. Insofern ist eine unschädliche *falsa demonstratio* nicht erwiesen, wenn dem Käufer bei der Besichtigung des Objekts zwar optisch deutlich war, dass der Nachbar die betreffende Teilfläche nutzte; daraus musste aber nicht zwangsläufig der Schluss gezogen werden, dieser sei auch dinglich berechtigt (mit Recht krit WILHELM WuB IV A. § 133 BGB 1.02). Bei **formbedürftigen Rechtsgeschäften** sind im Übrigen nur versehentliche Falschbezeichnungen unschädlich, nicht absichtliche, weil sonst die Zwecke der Formvorschriften unterlaufen werden könnten (vgl dazu näher unten Rn 36). Nicht alle absichtlichen Falschbezeichnungen sind Scheingeschäfte iSv § 117 Abs 1 (missverständlich zB SOERGEL/HEFERMEHL Rn 17; vgl zu unwesentlichen Falschbezeichnungen § 117 Rn 12).

b) Nicht empfangsbedürftige Willenserklärungen
Da nicht empfangsbedürftige Willenserklärungen bereits mit der Abgabe wirksam werden, dürfte es grundsätzlich nicht darauf ankommen, wie sie von Dritten verstanden worden sind oder verstanden wurden, und zwar selbst dann, wenn diese von dem Rechtsgeschäft irgendwie betroffen sind. Insofern liegt es nahe, dass sich die Auslegung nach dem **individuellen Verständnis des Erklärenden** selbst richten soll (vgl LARENZ/WOLF, AT § 28 Rn 94; SOERGEL/HEFERMEHL Rn 11). Dies gilt insbesondere für die **Auslegung des einfachen Testaments**, die zu Recht als Domäne der empirischen Auslegung gem § 133 angesehen wird (vgl näher Rn 37). Die unbegrenzte Berücksichtigung des Erblasserwillens kollidiert zwar mit den Formvorschriften für letztwillige Verfügungen und wird deshalb von der Rechtsprechung gemäß der sog „Andeu-

tungsformel" nur zugelassen, soweit dieser im Wortlaut des Testaments irgendwie – wenn auch nur versteckt oder andeutungsweise – Ausdruck gefunden hat (vgl RGZ 160, 109, 111; BGHZ 26, 204, 210; 80, 242, 244; 80, 246, 250; LM Nr 7 zu § 2084; Nr 10 zu § 2078). Inzwischen ist jedoch anerkannt, dass es sich nicht um eine Frage der Auslegung, sondern um eine Frage der Form handelt (vgl BGHZ 86, 41, 46). Dafür sollte es ausreichen, dass der Erklärende aus seiner Sicht einen förmlichen Ausdruck für seinen Geschäftswillen gewählt hat (vgl näher Rn 37). Nur absichtliche Falschbezeichnungen stehen der Verwirklichung des Erblasserwillens im Wege, nicht versehentliche. Im Übrigen verhindert § 116 S 1, der auch bei nicht empfangsbedürftigen Willenserklärungen gilt, dass der Erblasser mit den Erbprätendenten „sein Spiel treibt" (vgl § 116 Rn 2).

16 Bei **anderen nicht empfangsbedürftigen Willenserklärungen**, den sog **Willensbetätigungen** (Vorbem 4 zu §§ 116 ff), wird zum Teil ebenfalls die Auffassung vertreten, dass ein Vertrauensschutz nicht in Betracht komme und sich die Auslegung daher nach dem subjektiven Verständnis des Erklärenden richte (LARENZ/WOLF, AT § 28 Rn 5; auch MEDICUS, AT Rn 322; MünchKomm/BUSCHE Rn 44; SOERGEL/HEFERMEHL Rn 11, die aber konkret nur das Testament behandeln). Dem kann in dieser Allgemeinheit nicht zugestimmt werden, weil zum einen ein Vertrauensschutz gem § 122 Abs 1, 2. Alt ausdrücklich auch bei nicht empfangsbedürftigen Willenserklärungen in Betracht kommt (vgl MünchKomm/KRAMER § 151 Rn 51 aE; SINGER, Selbstbestimmung 164, 167) und zum andern der Gefahr zu begegnen ist, dass der Erklärende die Bedeutung seines Verhaltens willkürlich festlegt. Dementsprechend besteht weitgehende Einigkeit darüber, dass zB bei der **Annahme durch nicht empfangsbedürftige Willenserklärung gemäß § 151** der Annahmewille als solcher nicht genügt, sondern objektiv „nach außen" hervorgetreten sein muss (BGHZ 74, 352, 356; 111, 97, 101; BGH WM 1986, 322, 324; STAUDINGER/ BORK [2010] § 151 Rn 15; MünchKomm/KRAMER § 151 Rn 50; SINGER, Selbstbestimmung 168; aA FLUME, AT II § 35 II 3 = S 655; LARENZ/WOLF, AT § 28 Rn 8 f; SCHWARZE AcP 202 [2002] 607, 614). Ob dies der Fall ist, beurteilt die Rechtsprechung danach, ob aus der Perspektive eines unbeteiligten objektiven Dritten das Verhalten des Angebotsempfängers aufgrund aller äußeren Indizien auf einen „wirklichen Annahmewillen" schließen lässt (BGHZ 111, 97, 102; BGH WM 1986, 322, 324; NJW 2000, 276, 277), was im Ergebnis der Auslegung nach dem Empfängerhorizont sehr nahe kommt (zutr STAUDINGER/BORK [2010] § 151 Rn 15 mwNw; abw P BYDLINSKI JuS 1988, 36, 37 f; MünchKomm/KRAMER § 151 Rn 50; PALANDT/ELLENBERGER § 151 Rn 2). Spätestens wenn das annahmebegründende Verhalten des Empfängers nach außen gedrungen ist, besteht wie bei einer empfangsbedürftigen Willenserklärung das Bedürfnis nach Rechtssicherheit und Vertrauensschutz, der bei einer Auslegung nach dem empirischen Willen des Angebotsempfängers nicht gewährleistet wäre. Dem entspricht, dass sich nach hM entsprechend dem Rechtsgedanken des § 116 S 1 die objektive Deutung des Annahmeverhaltens gegenüber willkürlichen Interpretationen des Empfängerverhaltens durchsetzt (dafür LARENZ, AT § 28 I; MünchKomm/KRAMER § 151 Rn 51; aA PAWLOWSKI, AT Rn 607, 609; SCHWARZE AcP 202 [2002] 607, 618 ff; VYTLACIL 193, 196 f). Bei der **Dereliktion** gem § 959 ist die Interessenlage ähnlich, doch schließt hier die überwiegende Ansicht aus der fehlenden Empfangsbedürftigkeit dieser Willenserklärung (nach aA Willensbetätigung, vgl STAUDINGER/GURSKY [2004] § 959 Rn 1), dass die Auslegung nach dem tatsächlichen Willen des Handelnden zu fragen hat (RGZ 83, 223, 229; STAUDINGER/GURSKY aaO; WESTERMANN, Sachenrecht [7. Aufl] § 58, 2b = S 471; LARENZ/WOLF, AT [9. Aufl] § 28 Rn 5; PAWLOWSKI, AT Rn 607, 609; FRITSCHE MDR 1962, 714; vgl auch RGSt 67, 294, 298).

Nach der Gegenansicht muss der Wille zur Eigentumsaufgabe „erkennbar betätigt" werden, so dass auch hier von den objektiven Umständen abhängen würde, ob im Wege der Auslegung auf einen Verzichtswillen geschlossen werden kann. Wer die Dereliktion bereut, kann sich daher nicht darauf berufen, dass er die weggeworfenen Sachen nicht endgültig aufgeben wollte oder versehentlich die falschen Sachen weggeworfen habe, sondern muss ggf anfechten (LG Ravensburg NJW 1987, 3142, 3143; LG Bonn NJW 2003, 673, 674; MünchKomm/Oechsler § 959 Rn 5; Hölder JherJb 55 [1909] 413, 448; Walsmann 276 f; Repgen AcP 200 [2000] 533, 550; Palandt/Ellenberger § 959 Rn 1). Für die letztgenannte Auffassung sprechen die gleichen Gründe wie beim Zugangsverzicht gem § 151, also Rechtssicherheit, Vertrauensschutz und Vermeidung willkürlicher Interpretationen durch den Dereliquenten.

Bei einseitigen **Rechtsgeschäften, die an die Öffentlichkeit gerichtet sind**, besteht **17** weitgehende Einigkeit darüber, dass auf die Verständnismöglichkeiten des Verkehrs Rücksicht zu nehmen ist (MünchKomm/Busche Rn 11 u 27; Palandt/Ellenberger Rn 12; vgl auch unten Rn 72 ff). So handelt es sich bei der **Auslobung** zwar um ein einseitiges, aber gem § 657 für die Öffentlichkeit bestimmtes und bekannt zu machendes Versprechen, so dass bei der Auslegung auch deren Horizont maßgeblich sein sollte. Für die Auslobung gelten daher die Grundsätze objektiver Auslegung (Kornblum JuS 1981, 801, 803; Larenz/Wolf, AT § 28 Rn 81; Bamberger/Roth/Wendtland Rn 31; wohl enger Pawlowski, AT Rn 610a: objektiver Wortsinn; vgl auch BGHZ 17, 366, 371, der die §§ 133, 157 auf eine allerdings „unechte", vertraglich vereinbarte „Auslobung" anwendete). Derjenige, der den wahren Willen des Auslobenden erkennt, darf aber keine weiterreichenden Rechte in Anspruch nehmen (Flume, AT II § 16, 2a = S 304). An die Öffentlichkeit oder wenigstens an einen größeren Personenkreis richtet sich auch das **Stiftungsgeschäft** gem § 81 sowie die **Gründungserklärungen bei der Einmann-GmbH** (§§ 1, 7 Abs 1 GmbHG) **und Einmann-AG** (§§ 2, 36 Abs 1 AktG). Diese sind folglich ebenfalls objektiv auszulegen (Larenz/Wolf, AT [9. Aufl] § 28 Rn 9). Zur individuellen Auslegung von **Gesellschaftsverträgen und Satzungen** vgl unten Rn 73 f.

2. Objektiv normative Auslegung

a) Grundsatz: Auslegung nach dem Empfängerhorizont

Bei **empfangsbedürftigen Willenserklärungen** ist auf die Verständnismöglichkeiten **18** des Empfängers Rücksicht zu nehmen. Sofern dieser nicht weiß oder erkennt, was der Erklärende gemeint hat (dazu Rn 13), kommt es darauf an, wie sie nach Treu und Glauben unter Berücksichtigung der Verkehrssitte von dem verstanden werden musste, für den sie bestimmt war (BGHZ 36, 30, 33; 47, 75, 78; 103, 275, 280; NJW 1988, 2878, 2879; 1990, 3206 f; 1992, 1446 f; 2006, 3777, 3778; 2007, 2110; 2010, 2422; 2425; NJW-RR 1993, 946; WM 2011, 951, 952 f; BAG NJW 1994, 3373; 2000, 308, 309; Jauernig Rn 10; Soergel/Hefermehl Rn 14; Palandt/Ellenberger Rn 9). Der **Erklärungsempfänger** darf sich also nicht darauf verlassen, dass die Erklärung so gilt, wie er sie verstanden hat oder es für ihn am günstigsten ist. Er wird zwar üblicherweise vom Wortlaut ausgehen und sich dabei am allgemeinen Sprachgebrauch und der verkehrsüblichen Bedeutung orientieren, darf sich aber darauf nicht verlassen (§ 133), sondern muss sich seinerseits mit der gebotenen Sorgfalt darum bemühen, anhand aller erkennbaren Umstände den Sinn der Erklärung zu erforschen (BGH NJW 1981, 2295, 2296; 1992, 170; 2008, 2702, 2704; BAG NJW 2006, 2284, 2286; 2008, 461, 462; Larenz, AT § 19 II a = S 339; MünchKomm/Busche Rn 28; Soergel/Hefermehl Rn 14; Palandt/Ellenberger Rn 9; Erman/Palm Rn 18).

Diese **normativen Anforderungen an die Sorgfalt des Interpreten** finden einen gewissen Anklang in der Bezugnahme des § 157 auf die Erfordernisse von Treu und Glauben. Entscheidend sind aber die gesetzlichen Wertungen des Irrtumsrechts gemäß §§ 119 ff, die das Ergebnis einer Abwägung zwischen den das Recht der Rechtsgeschäfte dominierenden Prinzipien der Selbstbestimmung und Selbstverantwortung einerseits sowie des Verkehrs- und Vertrauensschutzes andererseits verkörpern (Vorbem 21 ff zu §§ 116 ff). Aus den §§ 119, 121, 122 folgt, dass auf das Vertrauen des Erklärungsempfängers Rücksicht zu nehmen ist, wobei Art und Umfang des Vertrauensschutzes davon abhängen, ob der Irrende sein Anfechtungsrecht fristgemäß ausübt. Entsprechend den allgemeinen Grundsätzen des Vertrauensschutzes genügt nicht blindes Vertrauen. Wer das Gemeinte zwar nicht erkennt, aber erkennen kann, ist in seinem Vertrauen nicht schutzwürdig und darf sich nicht auf sein individuelles Verständnis vom Inhalt der Willenserklärung berufen (vgl die Wertung der §§ 173, 179 Abs 3 S 1, 405, 932 Abs 2 sowie im vorliegenden Zusammenhang insbes § 122 Abs 2, der freilich nur eingeschränkt zutrifft; vgl § 119 Rn 40 mwNw; im Schrifttum statt vieler CANARIS, Vertrauenshaftung 504 ff).

19 **Beispiele**: Bestellt jemand in einem Hotel telefonisch „zwei Zimmer mit drei Betten" (vgl LARENZ, AT § 19 II = S 340), darf der Hotelier nicht auf die für ihn günstige Auslegung vertrauen, dass der Gast insgesamt sechs Betten bestellen wollte. Ausschlaggebend ist, wie er die Erklärung verstehen musste (Rn 18). Gibt es keine weiteren Anhaltspunkte für den wirklichen Geschäftswillen des Gastes, ist die rechtsgeschäftliche Erklärung wegen Mehrdeutigkeit nichtig (vgl näher Rn 23; dort auch zu der Frage, ob der Hotelier wenigstens Abnahme von drei Betten verlangen kann). Treffen die Grundstücksnachbarn A und B die Vereinbarung, dass in den Gebäudewänden von A, soweit sie dem Grundstück von B zugewandt sind, keine „Fenster" angebracht werden dürfen (vgl BGH LM Nr 17 zu § 133 [C]), dann darf A dieser Abrede nicht den für ihn günstigen Inhalt entnehmen, dass „Glasbausteine" nicht von dem Verbot betroffen sind. Gegen diese Auslegung spricht die Interessenlage, da im Falle des Einbaus von Glasbausteinen die künftige Bebauung des Grundstücks von B erheblichen Einschränkungen ausgesetzt wäre (vgl dazu auch unten Rn 54). Weitere Bsp und Einzelheiten zur objektiv-normativen Auslegung unten Rn 44 ff. Die Frage, ob und in welchem Umfang sich **Ausländer** darum bemühen müssen, den Inhalt einer *fremden* Willenserklärung zu verstehen, hängt davon ab, ob es dem Empfänger zuzumuten ist, sich notfalls um eine Übersetzung zu bemühen. Dies ist im Regelfall zu bejahen, wenn die Erklärung in der landesüblichen Sprache verfasst ist oder der Vertrags- oder Verhandlungssprache entspricht (ausf § 119 Rn 18). Auslegungsprobleme stellen sich darüber hinaus, wenn der Ausländer eine *eigene* Willenserklärung in einer für ihn fremden Sprache abgibt. Ist der Erklärende erkennbar der verwendeten Sprache nicht mächtig, darf sich der Empfänger nicht darauf verlassen, dass dieser meint, was er objektiv erklärt hat (vgl näher § 119 Rn 21 f).

b)   Zurechenbarkeit des Erklärungsinhalts

20 Da sich der Erklärungsempfänger darum bemühen muss, den objektiven Sinn des Erklärten zu erfassen und ihm dabei jede Fahrlässigkeit schadet, spricht sich das Schrifttum für eine *Gleichbehandlung des Erklärenden* aus (grdl LARENZ, Methode 72 ff; zust F BYDLINSKI, Privatautonomie 160; ders, Basler Juristische Mitteilungen 1982, 1, 18; FLUME, AT II § 16, 3c = S 311; SOERGEL/HEFERMEHL Rn 21; aA KELLMANN JuS 1971, 609, 614 f). Auch ihm soll die Erklärung nur insoweit als eigene zugerechnet werden können, als er bei gehöriger Sorgfalt ihre objektive Bedeutung erkennen konnte. Dieser dem Recht der Willensmängel fremde Zurechnungsmaßstab ist zuletzt auch von der Rechtsprechung herangezogen worden, um die Zurechnung unbewusster Willenserklärungen zu begründen und gleichzeitig zu beschränken (vgl dazu Vorbem 35 zu §§ 116 ff). Seine Berechtigung bei gewöhnlichen Inhaltsirrtümern wird im Schrifttum am Beispiel des sog **Speisekarten-Falles** diskutiert (vgl LARENZ, AT § 19 II a = S 341 f; LARENZ/WOLF, AT § 28 Rn 58; MEDICUS, AT Rn 324–326; WIESER AcP 184 [1984] 40 ff; LOBINGER 212 ff). In diesem auf JHERING (Zivilrechtsfälle ohne Entscheidungen [2. – 4. Aufl 1881] Nr LXXVI = S 156 f bzw 159 f) zurückgehenden und von MEDICUS (AT Rn 324; dieser und FLUME, AT II § 16, 3c = S 312 Fn 43a zitieren Nr 49 II) abgewandelten Schulbeispiel hat ein Jurastudent die reichverzierte Speisekarte einer Studentenkneipe mitgehen lassen und zehn Jahre später als Staatsanwalt wieder reumütig zurückgelegt (in JHERINGS Fall aaO wurde eine Ziffer radiert). Ein Gast bestellt im Glauben, besonders günstig zu speisen, und erfährt erst bei Präsentation der Rechnung, dass das Gericht eigentlich das Doppelte kosten würde. Während LARENZ (342) einen Dissens annimmt (ebenso S LORENZ 239; KLING 353 f m Fn 214), bejahen insbes MEDICUS (Rn 326), WIESER (43) und WOLF (in: LARENZ/WOLF, AT § 28 Rn 58) einen Konsens auf der Basis der alten Preise. Letzteres trifft zu, da der Vertragsantrag des Gastes objektiv so ausgelegt werden muss, wie das der von ihm in Bezug genommenen Speisekarte entspricht. Entgegen verbreiteter Ansicht (LARENZ, AT § 19 IIa = S 341; LOBINGER 213; KLING 353 f Fn 214) darf man dabei nicht auf den konkreten Empfängerhorizont des Wirtes abstellen, der von dem Austausch weder wusste noch wissen musste, weil sonst die Verantwortung, die dieser für den Inhalt seiner eigenen Willenserklärung hat, auf einer anderen Ebene – nämlich bei der Auslegung der fremden Willenserklärung – wieder in Frage gestellt würde. Wie WIESER (AcP 184 [1984] 40, 43 f) nachgewiesen hat, käme man sonst in solchen Fällen stets zum **Dissens**. Das ist schon deshalb **nicht sachgerecht**, weil der Wirt ja nach seiner eigenen Erklärung Speisen zu den alten Preisen anbietet und der Gast damit einverstanden ist (zutr MEDICUS, AT Rn 325). Bei einem Dissens könnte der Wirt hingegen seiner Verantwortung für die eigene Willenserklärung entgehen, ohne das dafür vorgesehene Instrument der Anfechtung in Anspruch zu nehmen und ohne Rücksicht auf das Vertrauen des Erklärungsempfängers. Man muss deshalb die **Willenserklärung des Gastes** unter Berücksichtigung der Speisekarte auslegen, da diese den *objektiven* Bezugsrahmen seiner Erklärung bildet und sich der Wirt im Rahmen der ihn treffenden Auslegungssorgfalt den Verständnishorinzont zurechnen lassen muss, für den ihn bei normativer Wertung die Verantwortung trifft (SINGER AcP 201 [2001] 93, 97).

Für die **Vertragsannahme** durch den Wirt gilt dies wegen des übereinstimmenden Empfängerhorizonts des Gastes ohnehin. Würde man nun verlangen, dass auch dem Wirt diese Bedeutung seiner eigenen Willenserklärung – also Vertragsannahme zu den alten Preisen – zurechenbar sein müsse, käme man wieder zu einem Dissens, den LARENZ (aaO) von seinem Standpunkt aus folgerichtig befürwortet. Weder das Erfordernis der Zurechenbarkeit noch die Annahme eines Dissenses werden jedoch den Interessen des Erklärungsempfängers gerecht und widersprechen zudem der Entscheidung des Gesetzgebers, der dieses Problem gesehen und anders gelöst hat (zutr KELLMANN JuS 1971, 609, 615). Die Verantwortung für die objektive Erklärungsbedeutung der eigenen Willenserklärung ist nämlich gleichbedeutend mit der **Verantwortung für Willensmängel**, die sich wiederum von der Verantwortung des Erklärungsempfängers klar unterscheidet. Anders als dieser braucht nämlich der Erklärende die erkennbare Bedeutung *seiner* Erklärung nicht gelten zu lassen, sondern kann gemäß § 119 Abs 1 anfechten und muss nur den Vertrauensschaden ersetzen, wenn ein solcher entstanden sein sollte. Das *Symmetrieargument* scheitert also in erster Linie daran, dass der Gesetzgeber die Verantwortung für die missverstandene eigene Willenserklärung anders geregelt hat, wobei die auf der Schadensersatzebene eintretende Risikohaftung gemäß § 122 durchaus sachgerecht ist (vgl SINGER, Selbstbestimmung 186 f; ebenso LARENZ/WOLF, AT § 28 Rn 56; aA KLING 353 Fn 214). Denn bei der vom Gesetzgeber in Abgrenzung von der Verschuldenshaftung gemäß § 280 Abs 1 nF (früher noch deutlicher in den §§ 307, 309 aF) mit Bedacht vorgesehenen strengeren Risikohaftung des § 122 im Bereich der Willensmängel (vgl Prot I 452 f) ist die typisierende Vermutung gerechtfertigt, dass solche Mängel ihren Ursprung in der Sphäre des Erklärenden haben und dieser potentiell eher in der Lage ist, Missverständnisse zu vermeiden und auftretende Risiken zu beherrschen.

22 Im Speisekarten-Fall kommt es also weder darauf an, ob der Gast die Befugnis hatte, den Wirt rechtsgeschäftlich zu verpflichten, oder wenigstens Anscheinsvollmacht besaß (so WIESER AcP 184 [1984] 43; abl auch MEDICUS, AT Rn 325), noch ist entscheidend, ob Auslegungszweifel im allgemeinen zu Lasten desjenigen gehen, der die Formulierung ausgewählt, in den Vertrag eingeführt oder sonst in der Erklärung benutzt hat (so LARENZ/WOLF, AT § 28 Rn 56 im Anschluss an FLUME, AT II § 16, 3c = S 311 f). Die nur beschränkt verallgemeinerungsfähige **„interpretatio contra proferentem"** (vgl dazu unten Rn 63) trifft nicht ganz den vorliegenden Fall, weil hinsichtlich des den Sinn der Willenserklärung prägenden Bezugsrahmens keine Interpretations-, sondern Zurechnungszweifel bestehen. Diese löst der Gesetzgeber aber in der Weise, dass dem Erklärenden gemäß §§ 119, 121, 122 die Möglichkeit eingeräumt wird, sich von der normativen Zurechnung nicht gewollter Rechtsfolgen durch fristgemäße Anfechtung zu befreien (SINGER AcP 201 [2001] 93, 97). Für ein weitergehendes Zurechnungserfordernis in gestalt der Anscheinsvollmacht oder einer analogen Anwendung der **Unklarheitenregel** besteht überhaupt kein Bedürfnis. Auf die Zurechnung der Speisekarte zur Sphäre des Wirts kommt es nur hinsichtlich der Schadensersatzhaftung gemäß § 122 an. Die hier getroffene Entscheidung des Gesetzgebers für das Risikoprinzip sollte man dann freilich auch respektieren und nicht durch Heranziehen systemfremder Zurechnungskriterien unterlaufen. Im Ergebnis erscheint die Haftung des Wirtes gemäß § 122 mit Rücksicht auf die abstrakte Beherrschbarkeit des Risikos durchaus gerechtfertigt (**aA** KLING 353 Fn 214). Man denke nur an die in vielen Gaststätten übliche Anweisung an das Bedienpersonal, aufwendig gestaltete Speisekarten vor „Sammlern" in Sicherheit zu bringen und nach der Bestellung durch den Gast am Tisch wieder abzuholen. Die Schadensersatzhaftung gem § 122 führt in der Regel zu einer Preisminderung zugunsten des Gastes, da man als plausibel unterstellen darf, dass dieser bei Kenntnis der wahren Preise ein preiswerteres oder gar kein Gericht bestellt hätte und in Bezug auf das verzehrte Gericht „entreichert" ist (§ 818 Abs 3).

c) Rechtsfolgen
23 Führt die Auslegung zu **keinem eindeutigen Ergebnis**, ist die betreffende Willenserklärung wegen Unbestimmtheit nichtig (FLUME, AT II § 16, 3e = S 314; LARENZ, AT § 19 II a = S 340; MEDICUS, AT Rn 759; JAUERNIG Rn 2; SOERGEL/HEFERMEHL Rn 23; vgl auch OLG Düsseldorf MittBayNot 2001, 321, 323; KG NJW-RR 2008, 300, 301: Dissens). Sofern sich allerdings

im Rahmen einer mehrdeutigen Erklärung ein *eindeutiger Kerngehalt* ermitteln lässt, muss sich der Erklärende an diesem unzweifelhaften Ausdruck seines Geschäftswillens festhalten lassen. Ob ein solcher Kerngehalt unzweifelhaft gewollt ist, bedarf sorgfältiger Prüfung. Wenn jemand in einem Hotel telefonisch zwei Zimmer mit drei Betten reservieren lässt (oben Rn 19), ist ohne zusätzliche Indizien für die tatsächlich benötigte Bettenkapazität unsicher, ob insgesamt drei oder sechs Betten bereitstehen sollen. Mit LARENZ wird man ferner annehmen dürfen, dass der Hotelier wenigstens drei Betten bereitstellen muss, wenn der Gast dies wünscht (vgl AT § 19 II = S 340). Denn dies war aus Sicht des Wirtes das Minimum, auf das er sich in jedem Fall einrichten musste (zur Reduktion auf das Gewollte § 119 Rn 103 f). Hingegen kann man – insoweit abweichend von LARENZ (aaO) – den Gast nicht für verpflichtet halten, in jedem Fall drei Betten zu bezahlen, da für *ihn* die Bettenzahl nicht ohne weiteres teilbar ist. Wollte er zB mit seiner sechsköpfigen Familie verreisen, wäre ihm mit einer Übernachtungsgelegenheit in drei Hotelbetten ersichtlich nicht gedient, so dass ihm dies auch nicht als Mindestwunsch unterstellt werden kann. Der Gast könnte sich also auf die Nichtigkeit der Bestellung berufen und müsste wegen der für den Erklärungsempfänger bestehenden Sorgfaltsanforderungen der objektiv normativen Auslegung auch nicht für einen etwaigen Vertrauensschaden des Wirtes aufkommen, da dieser nicht auf die Gültigkeit der Bestellung vertrauen durfte (vgl zum Fall des verschuldeten Dissenses § 122 Rn 22; zum Standpunkt der hM vgl STAUDINGER/BORK [2010] § 155 Rn 17 mwNw).

d) Geltungsbereich
aa) Allgemeine Geltung
Die allgemeinen Auslegungsregeln der §§ 133, 157 gelten nicht nur für Verträge **24** (oben Rn 3), sondern für alle Arten von **Willenserklärungen** (vgl PALANDT/ELLENBERGER Rn 2 f; SOERGEL/HEFERMEHL Rn 5 ff; ERMAN/PALM Rn 2 ff): formbedürftige (Rn 30 ff), abstrakte wie zB Wechsel- oder Scheckerklärungen (Rn 14, 72), Inhaberschuldverschreibungen (Rn 72) oder dingliche Rechtsgeschäfte (Rn 49 – Eigentumsvorbehalt; RGZ 152, 189, 192; BayObLGZ 1996, 149, 152 – Auflassung), für Prozessvergleiche (Rn 81 aE; BAG NJW 1973, 918, 919), Schiedsvereinbarungen (BGHZ 24, 15, 19), **geschäftsähnliche Handlungen** (Vorbem 2 zu §§ 116 ff) wie zB Mahnung, Zahlungsaufforderung (BGHZ 47, 352, 357), oder Anzeige (BGH WM 1977, 819; BFH WM 1982, 1138, 1139 – Forderungsabtretung; BAGE 2, 355, 357 – Krankmeldung), Zustands- und Leistungsbeschreibung (BGH NJW-RR 1995, 914, 915; NJW 1995, 45, 46), Einwilligung (BGH NJW 1980, 1903, 1904 – ärztlicher Eingriff; BGHZ 20, 345, 348 – Veröffentlichung eines Prominentenfotos) oder Freigabeerklärung des Konkursverwalters. Für **Erklärungen**, die sich **an einen unbestimmten Personenkreis** richten, wie zB Allgemeine Geschäftsbedingungen, Vollmachtsurkunden, Umlaufpapiere, Satzungen, Gesellschaftsverträge, Tarifverträge und Betriebsvereinbarungen, gelten besondere, in den Einzelheiten umstrittene Regeln (vgl näher Rn 72 ff). Zur Auslegung **nicht empfangsbedürftiger Willenserklärungen** vgl Rn 15 ff; des **Schweigens** als konkludente Willenserklärung Vorbem 76 ff zu §§ 116 ff.

bb) Bestehen einer Willenserklärung („ob")
Die Grundsätze objektiv normativer Auslegung gelten auch, wenn zu klären ist, **ob** **25** **überhaupt eine Willenserklärung abgegeben worden ist** (BGHZ 21, 102, 106 f; 91, 324, 330; 109, 171, 177; BGH NJW 1984, 721; 1994, 188, 189; 1996, 2574, 2575; 2006, 3777, 3778; LM Nr 13 zu § 2084; BAG NJW 1971, 1422, 1423; 1998, 475; 2000, 308, 309; LARENZ, AT § 19 III = S 354; JAUERNIG Rn 1; PALANDT/ELLENBERGER Rn 3, 9). Hinsichtlich der Interessenlage unter-

scheiden sich die Fälle nicht, da die vom Interpreten anzustellende Erforschung, welche konkreten Rechtsfolgen der Erklärende in Geltung setzen wollte, zwangsläufig die Ermittlung einschließt, ob er überhaupt welche herbeiführen wollte. Damit ist allerdings entgegen verbreiteter Ansicht (PALANDT/ELLENBERGER Rn 9; wohl auch BGHZ 91, 324, 330) nicht die Frage präjudiziert, ob der Erklärende an einen objektiven Erklärungstatbestand gebunden ist oder sich auf das uU fehlende **Erklärungsbewusstsein**, ggf nach Anfechtung seiner Erklärung, berufen darf (dazu oben Vorbem 33 ff zu §§ 116 ff). Solange er dies nicht tut, ist in jedem Fall vom objektiven Erklärungswert seines Verhaltens auszugehen, so dass die Auslegung eine von der Zurechnung des Erklärungsverhaltens unabhängige, eigenständige Aufgabe erfüllt. Dies beweist auch § 118, der einen gesetzlich geregelten Fall des Erklärungsbewusstseins darstellt und gerade einen solchen Tatbestand betrifft, bei dem das objektiv Erklärte wegen eines Willensmangels nicht gilt (vgl § 118 Rn 2 u 5). Schließlich stellt auch das Erfordernis eines **Handlungswillens**, der nach allgemeiner Ansicht subjektive Mindestvoraussetzung einer gültigen Willenserklärung ist, die Möglichkeit und Notwendigkeit objektiv normativer Auslegung nicht in Frage (vgl LARENZ/WOLF, AT § 28 Rn 21).

cc) Konkludente Willenserklärungen

26 Die für ausdrückliche Willenserklärung geltenden Grundsätze sind auch bei **konkludenten Willenserklärungen** anzuwenden (PALANDT/ELLENBERGER Rn 11). Allerdings gelten gewisse Besonderheiten bei **konkludenten Bestätigungen, Genehmigungs-, Zustimmungs- und Verzichtserklärungen** (vgl Vorbem 44 ff zu §§ 116 ff). Diese setzen nach einer lange Zeit gefestigten Rechtsprechung (vgl insbes BGHZ 2, 150, 153; 53, 174, 178; 110, 220, 222; 129, 371, 377; BGH NJW 1973, 1789; 1982, 1099, 1100; 1995, 953) das Bewusstsein voraus, dass eine Willenserklärung wenigstens möglicherweise erforderlich ist. Obwohl der BGH im Anschluss an die grundlegende Entscheidung zum Erklärungsbewusstsein inzwischen dazu neigt, auch bei diesen konkludenten Willenserklärungen auf das subjektive Erfordernis des Genehmigungs- oder Bestätigungsbewusstseins zu verzichten (BGHZ 109, 171, 177 f; BGH WM 2004, 21, 24; 2011, 743, 745; BKR 2005, 501, 503; ebenso PALANDT/ELLENBERGER Rn 11; dazu krit Vorbem 46 u 48 zu §§ 116 ff), ist dem nicht zu folgen. Die ältere Rechtsprechung hatte durchaus ihre Berechtigung und beruhte auf den Schwierigkeiten, in solchen Fällen allein anhand der objektiven Umstände auf einen Genehmigung- oder Verzichtswillen schließen zu müssen. Da hier die **objektive Auslegungsmethode versagt**, kann die Feststellung eines **Rechtsbindungswillens** in der Tat nicht ohne Berücksichtigung der tatsächlichen Bewusstseinslage des Verzichtenden, Genehmigenden oder Bestätigenden erfolgen (vgl dazu näher Vorbem 45 ff zu §§ 116 ff).

dd) Auslegung im Prozess

27 Nach stRspr richtet sich auch die **Auslegung von Prozesshandlungen** nach den §§ 133, 157 (BGHZ 22, 267, 269; 63, 389, 392; BGH NJW 1991, 2630, 2631 f; NJW-RR 1994, 568; 1995, 1183 f; FamRZ 1986, 1087; BVerwG JZ 1990, 824; STEIN/JONAS/LEIPOLD, ZPO Vorbem § 128 Rn 247 ff; ZÖLLER/GREGER, ZPO [28. Aufl] Vorbem § 128 Rn 25; ROSENBERG/Schwab/GOTTWALD, Zivilprozessrecht § 65 Rn 18 ff). Auch im Prozessrecht ist also nicht am **Wortlaut** der Erklärung zu haften, sondern der wirkliche Wille der Partei zu erforschen (BGH NJW 1991, 2630, 2632; NJW-RR 1994, 568). Maßgebend ist nicht der innere, sondern der geäußerte Wille, wie er aus der **Erklärung und den gesamten Umständen** erkennbar wird (BGH NJW 1981, 2816, 2817; BVerwG JZ 1990, 824; ZÖLLER/GREGER, ROSENBERG/SCHWAB/GOTTWALD aaO). Dabei ist „zugunsten einer Prozesspartei stets davon auszugehen,

dass sie im Zweifel mit ihrer Prozesshandlung das bezweckt, was nach Maßgabe der Rechtsordnung vernünftig ist und der recht verstandenen Interessenlage entspricht" (BGH NJW-RR 1995, 1184; vgl zu diesen Auslegungsmaximen unten Rn 52 ff). Aus diesem Grunde enthält die Rüge der örtlichen Unzuständigkeit im Zweifel auch die Rüge der internationalen Unzuständigkeit (BGH NJW-RR 2005, 1518, 1519 f). Ferner kann die ausdrückliche Geltendmachung eines Zurückbehaltungsrechts, das zur Zug-um-Zug-Verurteilung führen würde, als Schadensersatz- oder Minderungsverlangen zu qualifizieren sein, wenn der Beklagte seinen Klageabweisungsantrag in vollem Umfang aufrechterhält (BGH NJW 1991, 2630, 2632). **Offensichtliche Falschbezeichnungen** wie zB die versehentliche Bezeichnung der Berufungsbegründungsfrist als „Berufungserwiderungsfrist" sind zu berichtigen (BGH NJW-RR 1994, 568). Im übrigen sind nach Ansicht des BGH Verfahrenshandlungen so auszulegen, wie sie bei **objektiver Betrachtung** zu verstehen sind, selbst wenn ihnen die Beteiligten einschließlich des zuständigen Richters übereinstimmend einen anderen Sinn beilegen (BGH NJW 1981, 2816, 2817; zust ROSENBERG/SCHWAB/GOTTWALD aaO; SOERGEL/HEFERMEHL Rn 6). Diese Ansicht überzeugt nur in dem vom BGH (aaO) zu beurteilenden Fall eines Rechtsmittelverzichts, da dessen Umfang vom Rechtsmittelgericht lediglich an Hand des äußeren Erklärungstatbestandes festgestellt werden kann. Ansonsten ist eine **falsa demonstratio** unschädlich, wenn sich *alle* Beteiligten einschließlich des Gerichts über den Sinn einer Prozesshandlung einig sind.

Bei **Urteilen und Schiedssprüchen** gelten andere Grundsätze. Zwar handelt es sich auch hier um auslegungsfähige Texte (MünchKomm/BUSCHE Rn 41), aber die Auslegung richtet sich nicht nach dem Verständnis der Parteien oder der Meinung des Gerichts, welches das Urteil gefällt hat, sondern nach dem **gesamten Inhalt des Urteils** einschließlich Tatbestand und Gründen (RGZ 90, 290, 292; 97, 118, 121; BGH NJW 1986, 2703; 1990, 2933, 2935; SOERGEL/HEFERMEHL Rn 6; ROSENBERG/SCHWAB/GOTTWALD, Zivilprozessrecht § 153 Rn 23 ff). Bei einem Schiedsspruch kommt es aber auch darauf an, was die Parteien durch das Schiedsgericht entschieden haben wollten. Insoweit ist auch der – gem §§ 133, 157 auszulegende – Schiedsvertrag heranzuziehen (BGHZ 24, 15, 20). Ähnlich verhält es sich bei einem Anerkenntnisurteil, dessen volle Bedeutung sich erst aus dem Klageantrag und der Anerkenntniserklärung erschließt (BGHZ 5, 189, 192; RGZ 147, 27, 30; ROSENBERG/SCHWAB/GOTTWALD aaO S 926; aA MünchKomm/BUSCHE Rn 38). 28

ee) Öffentlichrechtliche Erklärungen
Öffentlichrechtliche Erklärungen sind ebenfalls gemäß §§ 133, 157 auszulegen. Für **öffentlichrechtliche Verträge** folgt dies aus § 62 S 2 VwVfG (BVerwGE 84, 257, 264 f; OVG Münster NVwZ 1992, 988, 989). Darüber hinaus ist allgemein anerkannt, dass die bürgerlich-rechtlichen Auslegungsregeln auch für **andere Willensäußerungen staatlicher Behörden** gelten wie zB **Verwaltungsakte** (BVerwGE 41, 305, 306; 67, 305, 307 f; BGH NJW 1994, 2893), Zusagen (BVerwG NJW 1976, 303, 304) oder **Beschlüsse** von Selbstverwaltungskörperschaften (BGH NJW 1998, 2138, 2140; BGHZ 86, 104, 110). Maßgeblich ist daher nicht der innere, sondern der erklärte Wille der Behörde, wie er sich bei **objektiver Betrachtung** darstellt (BVerwGE 29, 310, 312; 60, 223, 228 f). Dabei ist in erster Linie auf Sinn und Zweck der Regelung, ihre Entstehungsgeschichte sowie die Interessenlage abzustellen und nicht am buchstäblichen Ausdruck der Willensäußerung zu haften (BVerwGE 19, 198, 204; BGHZ 86, 104, 110; BGH NJW 1994, 2893; 1998, 2138, 2140). Bei der Auslegung von Steuerbescheiden ist folglich nicht nur auf dessen 29

Tenor abzustellen, sondern auch auf den materiellen Regelungsgehalt einschließlich der für den Bescheid gegebenen Begründung (BFHE 218, 494, 497; BFH NJW 2010, 1552). Verbleibende Unklarheiten gehen zu Lasten der Verwaltung (BVerwGE 41, 305, 306; BGH NJW 1994, 2893). Auch **Willenserklärungen des Bürgers gegenüber dem Staat** sind gemäß § 133 auszulegen (BVerwGE 16, 198, 203; BFH WM 1982, 1138, 1139). Dabei kommt es auch hier auf die Verständnismöglichkeit des Erklärungsempfängers zum Zeitpunkt des Zugangs der Erklärung an (BVerwG NVwZ-RR 2000, 135). Anders als im Bürgerlichen Recht fehlt es jedoch an einem Interessengegensatz zwischen Bürger und Staat, so dass die Behörden bei entsprechenden Anhaltspunkten für ein mögliches Missverständnis dazu verpflichtet sind, den wahren Willen zu erforschen (ERICHSEN/EHLERS/GURLIT, in: ERICHSEN, Allg VerwR [14. Aufl] § 28 Rn 10; vgl auch BVerwGE 25, 191, 194, das in Lastenausgleichssachen von einer entsprechenden staatlichen Betreuungspflicht ausgeht).

IV. Auslegung formbedürftiger Rechtsgeschäfte*

1. Die Unterscheidung von Inhaltsermittlung und Formzwang

30 Die allgemeinen Auslegungsgrundsätze gemäß §§ 133, 157 gelten auch bei der Auslegung formbedürftiger Willenserklärungen. Die Auslegung darf auch hier nicht etwa Halt machen am Wortlaut des Erklärten, da zum Verständnis des Erklärten zwangsläufig auch auf Umstände außerhalb der Erklärung zurückgegriffen werden muss und der Interpret andernfalls gegen das Verbot der Buchstabeninterpretation verstieße. Formgebote beinhalten auch keine Vorschriften über die Inhaltsermittlung von Rechtsgeschäften, sondern regeln ihrem Inhalt und Zweck nach ausschließlich die Frage, wie das Erklärte beschaffen sein muss, um wirksam zu werden. **Die Formfrage ist deshalb von der Inhaltsfrage zu unterscheiden** (BGHZ 86, 41, 47 im Anschluss an HÄSEMEYER 155 ff und BERNARD 21 ff; inzwischen hM, vgl ferner zB BGH NJW 1996, 2792, 2793; WM 2000, 886, 887; BayObLG FamRZ 1989, 1118, 1119; BROX JA 1984, 549, 552; WIESER JZ 1985, 407, 408; SCHERER 46; GERHARDS JuS 1994, 642, 645; MEDICUS, AT Rn 330; PALANDT/HEINRICHS Rn 19; LARENZ/WOLF, AT § 28 Rn 86; MünchKomm/BUSCHE Rn 29 f; PRÜTTING/WEGEN/WEINREICH/AHRENS Rn 9; BAMBERGER/ROTH/WENDTLAND Rn 26; früher schon DANZ 169, 180; krit LEIPOLD JZ 1983, 711, 712). Die in Rechtsprechung und Schrifttum früher vorherrschende Sicht, bei der unter Anwendung der Andeutungstheorie (Rn 31) Auslegungs- und Formfragen vermischt wurden (vgl die eingehende Dokumentation von SCHERER 15 ff [34]; dies Jura 1988, 302 f), kann inzwischen als überholt angesehen werden. Für die Auslegung formbedürftiger Willenserklärungen sind nach heutigem Ver-

---

* **Schrifttum**: BROX, Der Bundesgerichtshof und die Andeutungstheorie, JA 1984, 549; FOERSTE, Die Form des Testaments als Grenze seiner Auslegung, DNotZ 1993, 84; GERHARDS, Ergänzende Testamentsauslegung und Formvorschriften („Andeutungstheorie"), JuS 1994, 642; HÄSEMEYER, Die Bedeutung der Form im Privatrecht, JuS 1980, 1; JOHN, Probleme des Erbrechts im Spiegel zweier neuer Großkommentierungen, FamRZ 1983, 1090; LEIPOLD, Wille, Erklärung und Form – insbesondere bei der Auslegung von Testamenten, in: FS Müller-Freienfels (1986) 421; REYMANN, Falsa demonstratio und Erwerbsverhältnis bei der Auflassung, NJW 2008, 1773; SMID, Probleme bei der Auslegung letztwilliger Verfügungen, JuS 1987, 283; WELTER, Auslegung und Form testamentarischer Verfügungen (1985); WOLF/GANGEL, Der nicht formgerecht erklärte Erblasserwille und die Auslegungsfähigkeit eindeutiger testamentarischer Verfügungen – BGH NJW 1981, 1737 und NJW 1981, 1736, in: JuS 1983, 663.

ständnis zwei Etappen zu unterscheiden: In einem *ersten Schritt* ist der Inhalt der Erklärung zu ermitteln; dabei sind **sämtliche Umstände, auch solche außerhalb der Erklärung**, zu berücksichtigen, wenn diese nach den allgemeinen Regeln des Prozessrechts unstreitig oder bewiesen sind (vgl schon RGZ 80, 403 u 405; BERNARD 22 ff; PALANDT/ELLENBERGER Rn 19). Der *zweite Schritt* betrifft dann ausschließlich die Frage, ob das, was als Inhalt der Erklärung ermittelt worden ist, den jeweiligen Formvorschriften genügt.

2. Die Andeutungstheorie

In Bezug auf die Formgebote folgt die Rechtsprechung nach wie vor grundsätzlich der **Andeutungstheorie** und lässt daher den durch Auslegung festgestellten Inhalt des Rechtsgeschäfts nur gelten, wenn dieser in der Urkunde einen wenn auch nur unvollkommenen oder andeutungsweisen Ausdruck gefunden hat (RGZ 59, 217, 219; 96, 286, 289; 154, 41, 45; BGHZ 63, 359, 362; 74, 116, 119 f; 80, 242, 245; 87, 150, 154; BGH NJW 1996, 2792 f; WM 2000, 886, 887; 2008, 1658, 1659; BAG NJW 2008, 1243, 1244; BayObLGZ 1988, 165, 169; BayObLG FamRZ 1994, 853, 854; ZEV 1994, 377, 378; vgl schon LEONHARD AcP 120 [1922] 14, 23 f; eingehend SCHERER, Andeutungsformel 61 ff). Dabei soll die Grenze der Berücksichtigung außerhalb der Urkunde liegender Umstände jedenfalls dann überschritten sein, wenn der Text die Richtung des rechtsgeschäftlichen Willens nicht einmal dem Grunde nach erkennen lässt (BGHZ 63, 359, 364; BGH NJW-RR 2010, 821). Sonderregeln gelten aber für versehentliche Falschbezeichnungen. Obwohl es für Falschbezeichnungen typisch ist, dass das Gewollte in der Erklärung nicht einmal andeutungsweise in der Erklärung zum Ausdruck kommt, sollen diese getreu der Maxime **„falsa demonstratio non nocet"** auch unter Formgesichtspunkten grundsätzlich unschädlich sein (RGZ 61, 264, 265; 63, 164, 169; 73, 154, 157; 109, 134, 136; 133, 279, 281; BGHZ 87, 150, 153; BGH LM Nr 22 zu § 133 [C]; NJW 1969, 2043, 2045; 1991, 1730 f; 2008, 1658, 1659; WM 1967, 701, 702; 1971, 1084, 1085; 1973, 869, 870; BFH NJW 1967, 1391; DANZ 181 f; BROX, Irrtumsanfechtung 110 f, 141 ff; HÄSEMEYER, Form 140 ff, 280 ff; ders JuS 1980, 1, 6; FLUME, AT II § 16, 2 = S 306 f; ders NJW 1983, 2007, 2008; REYMANN NJW 2008, 1773, 1775 f; MünchKomm/BUSCHE Rn 29; aA WIELING AcP 172 [1972] 297, 307 ff; ders Jura 1979, 524, 526). Das gilt freilich in erster Linie nur für zweiseitig verpflichtende synallagmatische Austauschverträge und ihre Erfüllungsgeschäfte (eingehend REYMANN NJW 2008, 1773 ff), wohingegen die Rechtsprechung bei sonstigen Rechtsgeschäften, insbesondere **letztwilligen Verfügungen** (RGZ 70, 391, 393 f; BGHZ 80, 242, 246; 80, 246, 250 f) und **Bürgschaften** (RGZ 82, 70, 71; BGHZ 26, 142, 146 f; 63, 359, 363; NJW 1989, 1484, 1486; WM 2000, 886, 887; vgl aber BGH NJW-RR 1993, 945, 946) mit Rücksicht auf die Zwecke der betreffenden Formvorschriften (§§ 766, 2247) am Andeutungserfordernis festhält (differenzierend auch FOER 81 ff u 156 ff; SCHERER 55 u 74 ff). Die Andeutungstheorie verkörpert einen **Kompromiss** zwischen den beiden denkbaren Extremlösungen des Formproblems. Würde man verlangen, dass der durch Auslegung ermittelte Geschäftswille vollständig in der förmlichen Urkunde zum Ausdruck kommt, würde nicht nur der Formalismus ins Unerträgliche gesteigert (LEONHARD AcP 120 [1922] 14, 25), sondern auch gegen das Verbot der Buchstabeninterpretation des § 133 verstoßen (vgl M REINICKE JA 1980, 455, 460; BROX JA 1984, 549, 553). Das kunstmäßige Verstehen sprachlicher Äußerungen kann gar nicht ohne Berücksichtigung außerhalb der Urkunde liegender Umstände wie Sprachregeln, Erfahrungssätzen, sozialen Umständen und dgl erfolgen (vgl HÄSEMEYER, Form 149; WOLF/GANGEL JuS 1983, 663, 664), so dass es höchstens darum gehen kann, ihre Relevanz in Grenzen zu halten. Auf der anderen Seite will die Andeutungstheorie auch die andere Extremposition vermeiden und nicht auf jeden Anhalt des empirischen Willens in der förmlichen Urkunde verzichten. Man befürchtet, dass eine potentiell unbegrenzte Freistellung des Erklärungsinhalts vom Formzwang mit den Zwecken der Formvorschriften, insbesondere dem Beweissicherungszweck, in Widerspruch gerate und dadurch das Ziel, Streitigkeiten über den Inhalt der Urkunde möglichst hintanzuhalten, verfehle (BGHZ 80, 242, 246; 80, 246, 251; WIELING AcP 172, [1972] 297, 308 ff; ders Jura 1979, 524, 528 f; WOLF/GANGEL JuS 1983, 663, 665; GERHARDS JuS 1994, 642, 647). Die Andeutungstheorie stellt daher den Versuch dar, einen extremen Formalismus zu vermeiden, aber nicht jeden Formbezug aufzugeben, sondern ihn durch Aufstellen objektiver Kriterien im Ansatz („andeutungsweise") zu wahren (in diesem Sinne insbesondere WOLF/GANGEL, GERHARDS aaO).

32 Dieser Versuch einer objektiven Absicherung überzeugt nur vordergründig, weil nicht mit Hilfe objektiver Kriterien entschieden werden kann, ob der Erklärungsinhalt in der Urkunde „Andeutung" oder „Anklang" findet (zutr BERNARD 66 ff; BROX JA 1984, 549, 555; M REINICKE JA 1980, 455, 460 f; MEDICUS, AT Rn 331; vgl auch HÄSEMEYER, Form 145 ff). Die Rechtsprechung hat denn auch **ähnlich gelagerte Fälle** durchaus unterschiedlich gewertet (vgl HÄSEMEYER, Form 130 f; BERNARD 67; BROX aaO): So hat der BGH in der Einsetzung eines *„Ersatzerben"* bzw von „leiblichen *Nachkommen"* noch eine hinreichende Andeutung für die darüber hinaus gewollte Berufung als *„Nacherben"* gefunden (LM Nr 1 zu § 2100 [unter 3.]; NJW 1993, 256, 257; s a BGH NJW 1999, 1118, 1119). Genauso entschied das RG, als ein Erblasser die Verwandten *„vierter Ordnung"* mit denen *„vierten Grades"* verwechselte (SeuffA 70 Nr 223 = S 412 f), ferner das BayObLG, das zu den als Erben eingesetzten *„Kindern"* nur die *leiblichen* rechnete, weil der Erblasser wiederholt erklärt hatte, eine gewisse *Adoptivtochter* bekomme „sowieso nichts" (FamRZ 1989, 1118, 1119). Keine Berücksichtigung fand der Erblasserwille dagegen in den sachlich im Wesentlichen gleich gelagerten Fällen, in denen der Erblasser *„gesetzliche Erbfolge"* anordnete und dabei im einen Fall die Existenz einer *nichtehelichen Tochter* übersah (BGHZ 80, 246, 251), im anderen Fall irrtümlich glaubte, dass die *vollbürtigen* Geschwister den *halbbürtigen* vorgingen (RGZ 70, 390, 393 f). Man kann zu den Ergebnissen stehen wie man will: eine rationale Entscheidung, warum der Wille hier noch eine Andeutung gefunden hat und dort nicht, wird man vergebens suchen. Zu guter Letzt entscheidet doch richterliche Willkür. Insofern erfüllt die Andeutungstheorie gerade nicht den Zweck, den sie im Interesse der Wahrung der Form erfüllen soll: Streitigkeiten über den Inhalt der Urkunde werden nicht vermieden, sondern eher noch vermehrt, weil zu der Ungewissheit, ob der wirkliche Wille tatsächlich unverfälscht festgestellt worden ist, noch die Unsicherheit hinzukommt, ob der Grad der Andeutung in der Urkunde ausreicht.

33 Eine weitere Schwäche der Andeutungsformel besteht darin, dass sie mit der **falsa demonstratio Regel** nicht vereinbar ist. Die Lösung aus diesem Dilemma kann freilich nicht darin bestehen, dass man den Spieß umdreht und kurzerhand Falschbezeichnungen in förmlichen Rechtsgeschäften für schädlich erklärt (so WIELING AcP 172 [1972] 297, 314 ff; ders, Jura 1979, 524, 528 f), denn dies liefe auf jenen unerträglichen Formalismus hinaus, vor dem Rechtsprechung und Schrifttum nahezu einhellig und zu Recht zurückschrecken (oben Rn 30). Es darf nicht überschätzt werden, was die Beurkundung eines Rechtsgeschäfts zu leisten vermag (vgl BGHZ 87, 150, 154 im Anschluss an BERNARD 71). Entsteht **Streit** über die Bedeutung des förmlich Erklärten, kann dieser **nicht aus der Urkunde allein entschieden** werden; andernfalls würde man sich in Widerspruch zu dem klaren Votum des Gesetzgebers in § 133 setzen und für förmliche Rechtsgeschäfte doch wieder die Buchstabeninterpretation einführen. Wenn man aber umgekehrt für die Unschädlichkeit bloßer Falschbezeichnungen eintritt, muss man zwangsläufig die damit unvereinbare Andeutungsformel aufgeben und kann diese nicht ohne inneren Widerspruch für einen bestimmten Kreis von Rechtsgeschäften, insbesondere Testamente und Bürgschaften, aufrechterhalten. Die **partielle Aufrechterhaltung der Andeutungstheorie** ist auch nicht damit zu rechtfertigen, dass bei **Bürgschaften und Testamenten** im Unterschied zu synallagmatischen Verträgen eine einseitige, besonders missbrauchsanfällige Beweissituation vorliege und daher hier der Beweissicherung gesteigerte Bedeutung zukomme (so Scherer, Andeutungsformel 67 ff, 75 ff; ähnlich Foer 159). Im Ergebnis würde diese Lösung zu einem wenig praxisgerechten „gespaltenen Formzwang" für Falschbezeichnungen führen, und in sachlicher Hinsicht leuchtet nicht ein, wieso für identische Formerfordernisse unterschiedliche Anforderungen an den Geschäftsinhalt urkundlicher Erklärungen gestellt werden sollen. Schließlich liegt auch dieser Differenzierung die unzutreffende Vorstellung zugrunde, als wäre die Andeutungsformel ein geeignetes Instrument, den Erklärungsinhalt in beweis- und rechtssicherer Form präsentieren zu können. Es bestehen deshalb die gleichen, eben in Rn 32 dargelegten Einwände (vgl Häsemeyer AcP 188 [1988] 427, 428 f). Die Kritik an der Andeutungstheorie trifft im Kern auch auf andere, zum Teil ähnliche Versuche zu, mittels objektiver Kriterien eine annähernd beweissichere Verknüpfung zwischen dem Inhalt der förmlichen Erklärung und dem wirklichen Geschäftswillen herzustellen (vgl Wolf/Gangel JuS 1993, 663, 666 „Nachvollziehbarkeit"; für die ergänzende Testamentsauslegung auch Gerhards JuS 1994, 642, 648, der eine objektive Manifestation der Erblasserziele im Testament verlangt; MünchKomm/Leipold § 2084 Rn 18, der auf die Objektivierung der außerurkundlichen Auslegungsmittel setzt; wohl auch John FamRZ 1983, 1090, 1091).

3. Wahrung der Formgebote trotz Falschbezeichnungen

a) Inhalt der Formgebote und Formzwecke

Die Suche nach objektiven Anhaltspunkten für den wirklichen Geschäftswillen ist von der Vorstellung beeinflusst, der Formzwang würde sich nicht nur auf die Erklärung als den Gegenstand der Auslegung, sondern auch auf die Mittel der Auslegung beziehen. Dem Formzwang unterliegt indessen nur die Erklärung selbst, nicht die Umstände, die zu ihrer Sinnermittlung herangezogen werden müssen (vgl schon Danz 169, 181 f). Daraus folgt, dass auch bei **Falschbezeichnungen eine formgerechte Erklärung** vorliegt (zutr Bernard 76 f, 80 f). Die Sorge, dass dadurch die Zwecke der Formvorschriften vernachlässigt werden, ist nur zum Teil berechtigt. Die bei den §§ 311b Abs 1, 518 und 766 einschlägige Warn- und Schutzfunktion wird bei der Unschädlichkeit von Falschbezeichnungen nicht ernsthaft in Frage gestellt, da diesen Funktionen auch entsprochen wird, wenn sich der Erklärende aus seiner Sicht eine zutreffende Vorstellung vom Inhalt des Rechtsgeschäfts macht (zutr BGHZ 87, 150, 153; Lüderitz 196; Medicus, AT Rn 331). Beeinträchtigt ist zwar der Klarstellungs- und Beweissicherungszweck, aber es darf in der Tat nicht überschätzt werden, was Formvorschriften zu leisten vermögen (BGHZ 87, 150, 154 im Anschluss an Bernard 71). Kommt es zu Streitigkeiten über den Inhalt des Rechtsgeschäfts, kann dieser nicht aus der Urkunde heraus entschieden werden. Was ein Erblasser zu seinem „sonstigen Vermögen" rechnet (BGHZ 86, 41, 46 ff) oder wen er zB mit „P" meint (BGH NJW

1988 l, 1562 f), ist nur anhand aller Umstände, auch solcher außerhalb der Urkunde, zu erkennen. Geben aber die außerhalb der Urkunde liegenden Umstände den Ausschlag, wird – auch wenn man der Andeutungstheorie folgt – eine Beeinträchtigung der Formzwecke – jedenfalls in negativer Hinsicht – in Kauf genommen. Als ernsthafte Alternative kommt aber auch ein strenger Wortformalismus keinesfalls in Betracht, da derartiges § 133 eindeutig verbietet. Vor allem würde man jenen Fällen nicht gerecht, in denen ein abweichender Wille feststeht, sei es, dass er unstreitig ist, sei es, dass er ohne Schwierigkeiten bewiesen werden kann. Hier gibt es keinen vernünftigen Grund, die Geltung des Erklärten daran scheitern zu lassen, dass die Form nicht gewahrt ist oder der Wille keinen ausreichende „Andeutung" in der Urkunde gefunden hat. Scheidet aber ein Formalismus – und sei es in abgeschwächter Form – aus, kann es nur darum gehen, auf andere Weise ein **Mindestmaß an Beweissicherheit** zu gewinnen. Da die Andeutungstheorien nur scheinbar Sicherheit gewährleisten, erscheint es vorzugswürdig, offen dort ansetzen, wo die Unsicherheit ihren Ursprung und Ausgangspunkt hat, also beim Problem des Beweises und der **Beweiswürdigung**. Für die Urkunde streitet die **Vermutung der Richtigkeit und Vollständigkeit** (RGZ 52, 23, 26; 68, 15 f; BGH LM Nr 17 zu § 133 [C]; Nr 11 zu § 2078; DNotZ 1986, 78 f; NJW 1998, 3268; 1999, 486, 487; 1999, 1702, 1703; Häsemeyer, Form 265 f; ders JuS 1980, 1, 7; Foer 87; Soergel/Loritz § 2084 Rn 19). Diese Vermutung ist zwar widerleglich, aber die Last der Widerlegung obliegt dem, der einen abweichenden Geschäftsinhalt behauptet (BGHZ 121, 357, 364; BGH LM Nr 7 zu § 242 [A]; NJW 1999, 1702, 1703; Brox, Irrtumsanfechtung 156; ders JA 1984, 549, 554). Je mehr sich das Auslegungsergebnis von dem allgemeinen Sprachgebrauch entfernt, desto höhere Anforderungen müssen an die Plausibilität und Überzeugungskraft des Tatsachenvortrags und -beweises gestellt werden. Unterschwellig spielt dies ohnehin eine Rolle, wenn der Richter darüber befindet, ob der Wille noch in der Urkunde Anklang gefunden hat. Auch im Schrifttum besteht die Tendenz, leicht beweisbaren individuellen Sprachgewohnheiten des Erblassers eher Rechnung zu tragen als „willkürlichen", eher manipulierbaren Falschbezeichnungen (vgl insbes MünchKomm/Leipold § 2084 Rn 12 und 18). Dann sollte man aber auch eine offene Auseinandersetzung mit dem Beweisthema führen. Immerhin ist die Rechtsprechung großzügiger, wenn es sich um eine ungewöhnliche Regelung handelt und deshalb die Annahme nahe liegt, dass der Wortlaut (hier: eines Testaments) nicht dem Willen des Erklärenden entspricht (vgl BGH NJW 1993, 256, 257).

35 Bei einem **non liquet** sollte es bei dem objektiv normativen Sinn der Verfügung bleiben (Flume, AT II § 16, 5 = S 355). Insofern kann keine Rede davon sein, dass der Geschäftsinhalt von Rechtsgeschäften, auch von Testamenten oder Bürgschaften, durch die Zulassung sämtlicher Beweismittel *beliebig* verfälscht werden kann. Wie bei jeder Tatsachenfeststellung ist zwar richterliche Willkür nicht gänzlich auszuschließen, aber man sollte die – bei nicht förmlichen Rechtsgeschäften ohnehin in Kauf genommene – Gefahr auch nicht überschätzen. Eine offene Auseinandersetzung über die Beweiswürdigung ist allemal einem Verfahren vorzuziehen, das nur scheinbar objektiv ist und den von einer Tatsachenbehauptung überzeugten Richter dazu zwingt, entweder Auslegungskunststücke zu vollführen (vgl Medicus, AT Rn 331) oder gar seine Überzeugung zu ignorieren, weil er für die unter Beweis gestellte Behauptung keine Andeutung in der Urkunde finden kann. Erst recht muss dies gelten, wenn der wirkliche Wille – wie zB im Fall BGHZ 87, 150, 152 – unstreitig oder evident ist (vgl auch BGH NJW 1981, 1562, 1563; 1984, 721; WM 2000, 886, 887; BGHZ 86, 41, 46; Welter 88 m Fn 210; formale Bedenken trägt Leipold JZ 1983, 712 f).

b) Schutzwürdigkeit bei Falschbezeichnungen

Da der **Zweck der Formvorschriften** mindestens auch darin besteht, die Parteien zu **36** einer möglichst klaren und beweissicheren Fassung der förmlichen Erklärung anzuhalten, verdient nur derjenige Schutz, der sich **wenigstens subjektiv um eine formgerechte Erklärung bemüht** (vgl schon RGZ 80, 400, 405; grdl HÄSEMEYER, Form 270 ff; ders JuS 1980, 1, 6 f; zust M REINICKE JA 1980, 455, 461 f; WIESER JZ 1985, 407, 408; BROX JA 1984, 557; PALANDT/ELLENBERGER Rn 19). Bei **absichtlichen Falschbezeichnungen** wie zB bei der **Schwarzbeurkundung** ist dies nach einhelliger Ansicht **nicht** der Fall (BGHZ 74, 116, 119; 89, 41, 43; MEDICUS, AT Rn 330; LARENZ, AT § 20 I c = S 369; LÜDERITZ 198; HÄSEMEYER JuS 1980, 1, 6 f; BERNARD 76 f; vgl auch § 117 Rn 26). Demgegenüber darf Fahrlässigkeit nicht schaden (WELTER 80), da dies wiederum auf einen Zwang zum sprachlich korrekten Ausdruck hinausliefe und ein solcher Zwang mit der Wertung des § 133 nicht vereinbar ist.

c) Besonderheiten bei der Testamentsauslegung?

Bei der **Auslegung von einfachen Testamenten**, bei der auch § 2084 zu beachten ist, **37** führt die Anwendung der *falsa demonstratio Regel* dazu, dass sich der Inhalt der letztwilligen Verfügung nach dem individuellen, subjektiven Verständnis des Erblassers richtet. Testamente sind nicht empfangsbedürftige Willenserklärungen, bei denen das Vertrauen auf den Inhalt und die Beständigkeit des Rechtsgeschäfts nicht schutzwürdig ist und kraft ausdrücklicher Bestimmung des § 2078 Abs 3 auch nicht geschützt wird. Insofern kommt es bei der Auslegung von letztwilligen Verfügungen nicht auf den Empfängerhorizont oder die Verständnismöglichkeiten Dritter an (BROX 137; ders JA 1984, 549, 552; LÜDERITZ 202 f; LARENZ/WOLF, AT § 28 Rn 95; WOLF/GANGEL JuS 1983, 663, 664; SMID JuS 1987, 283, 284; WIESER AcP 189 [1989] 112 u 120; FLUME, AT II § 16, 5 = S 331; aus dem ält Schrifttum vgl insbes DANZ 282; SIBER, in: Reichsgerichtspraxis III [1929] 150, 152). Umstritten ist allerdings, ob und inwieweit die gesetzlichen Formvorschriften einer Berücksichtigung des subjektiven Erblasserwillens im Wege stehen. Rechtsprechung und Teile des erbrechtlichen Schrifttums folgen auch insoweit der **Andeutungstheorie** oder akzeptieren lediglich einen besonderen **persönlichen Sprachgebrauch des Erblassers** (STAUDINGER/OTTE [2003] Vorbem 28 ff zu §§ 2064 ff; SOERGEL/LORITZ § 2084 Rn 12, 15, 19 f; LEIPOLD, in: FS Müller-Freienfels [1986] 421, 438; ders, in: MünchKomm § 2084 Rn 18 f; LANGE/KUCHINKE, Lehrb d Erbrechts § 34 III, 2a = S 732; FOER 145 ff, 173 ff; SCHERER 74 ff; LARENZ, AT § 19 II f = S 348 f; LARENZ/WOLF, AT § 28 Rn 97 f; WOLF/GANGEL JuS 1983, 663, 666; GERHARDS JuS 1994, 642, 647 f). Nicht überzeugend ist freilich der Hinweis auf die besondere Missbrauchsanfälligkeit der subjektiven Auslegungsmethode, die Erbschleicher und andere interessierte Personen dazu ermuntern könnte, einen vom Wortlaut des Testaments abweichenden Willen zu behaupten und durch bereitwillige Zeugen unter Beweis zu stellen (in diesem Sinne WIELING AcP 172 [1972] 297, 309; STAUDINGER/OTTE [2003] Vorbem 39 zu §§ 2064 ff; KUCHINKE JZ 1985, 748 f; WOLF/GANGEL JuS 1983, 663, 665; GERHARDS JuS 1994, 642, 647). Dieser Ansicht liegt der Trugschluss zugrunde, Streitigkeiten über Inhalt und Geltung der letztwilligen Verfügung könnten aus der Urkunde selbst oder mit Hilfe der Andeutungstheorie entschieden werden (dazu oben Rn 32). In Wirklichkeit ist gerade das Testament sogar besonders anfällig für Streitigkeiten um den wahren Willen des Erblassers, da es sogar wegen eines Motivirrtums angefochten werden kann.

Das stärkste Argument gegen die subjektive Auslegungsmethode ist der Einwand, **38** dass die **Anfechtung wegen Inhaltsirrtums gemäß § 2078 Abs 1 obsolet** würde, wenn

Falschbezeichnungen bereits durch Auslegung im Sinne des Gewollten korrigiert werden könnten (vgl schon RGZ 70, 391, 393; s ferner LARENZ, AT § 19 II f = S 349; Münch-Komm/LEIPOLD § 2084 Rn 7, 19). Entgegen einer zum Teil vertretenen Auffassung bleibt jedoch durchaus noch Raum für eine Anfechtung des Testaments wegen Inhaltsirrtums, wenn lediglich bewiesen ist, *dass* der Erblasser irrte, nicht aber, was er erklären wollte. Die Regel, dass mehrdeutige Willenserklärungen auch ohne Anfechtung nichtig sind (LARENZ/WOLF, AT § 28 Rn 98), trifft hier nicht zu, weil die Unklarheit nicht die anzufechtende Erklärung, sondern den abweichenden Willen betrifft. Im Übrigen sollte der Widerspruch zu § 2078 Abs 1 nicht überbewertet werden, weil sich die Gesetzeslage insgesamt als widersprüchlich und verworren darstellt. Eine ausdrückliche Regelung des Inhalts, dass die „unrichtige Bezeichnung des Bedachten oder des Gegenstandes der Zuwendung" die Gültigkeit der Verfügung nicht beeinträchtigen solle, wurde von der Zweiten Kommission lediglich deshalb abgelehnt, weil man die Geltung dieses Rechtsatzes „mit Rücksicht auf die allgemeine Bestimmung des § 73 E I (§ 90 E II)" – dem jetzigen § 133 – „für selbstverständlich erachtet(e)" (MUGDAN Bd 5, 540). Der Gesetzgeber stand also insoweit durchaus auf dem Boden der subjektiven Auslegungsmethode und hatte ersichtlich keine Bedenken gegen die (Form-) Gültigkeit von Falschbezeichnungen (zur Entstehungsgeschichte eingehend FOERSTE DNotZ 1993, 84, 94 f). Angesichts dieser unmissverständlichen – und teleologisch überzeugenden – Wertung durch den historischen Gesetzgeber verliert der Gegensatz zu § 2078, der offensichtlich nicht bemerkt wurde, an Bedeutung und Aussagekraft.

4. Abgrenzung und Einzelfälle

39 Zu den unabsichtlichen und somit durch individuelle Auslegung korrigierbaren **Falschbezeichnungen** gehören sämtliche Fälle, in denen sich der Erblasser über die Bedeutung seiner Erklärung unrichtige Vorstellungen machte, zB über den Gegenstand der Verfügung (BGH LM Nr 22 zu § 133 [C]: „Nachlass des Großvaters") oder über die Bedeutung von Rechtsbegriffen (RG SeuffA 70 Nr 223: „Verwandte vierter Ordnung"; BGH LM Nr 1 zu § 2100: „Ersatzerben"; **aA** RGZ 70, 391, 393 f; BGHZ 80, 246, 251: „gesetzliche Erbfolge"). Wenn der Erblasser seinen Weinkeller als „Bibliothek" bezeichnet hat, ist seinen **persönlichen Sprachgewohnheiten** Rechnung zu tragen (vgl zu diesem Lehrbuchfall nur BROX/WALKER, AT Rn 127). Ein formaler Zwang zum „genauen" Ausdruck widerspräche dem Verbot der Buchstabeninterpretation gem § 133 und würde der Aufgabe der Auslegung, die in der Beseitigung von Ungenauigkeiten eine ihrer typischen Funktionen hat (vgl BGHZ 87, 150, 155; OLG Karlsruhe NJW-RR 2011, 874, 875), nicht gerecht. Daher kann die Bestimmung in einem Testament, dass die zum Zeitpunkt des Erbfalls nicht mehr lebende „Mutter Teresa" eine bestimmte Geldsumme erhalten soll und die den Zusatz „für ihr Hilfswerk" enthält, als Vermächtnis zugunsten des von der Bedachten gegründeten Ordens ausgelegt werden (Thüringer OLG OLG-NL 2003, 89 f). Unschädliche Falschbezeichnungen sind auch die relativ häufigen **Parzellenverwechslungen** bei Grundstückskäufen (RGZ 61, 264, 265; 63, 164, 169; 133, 279, 281; BGHZ 87, 150, 154 f; BGH WM 1967, 701, 702) sowie die falsche oder fehlende Angabe eines **Gemeinschaftsverhältnisses**, zB wenn die erwerbswilligen Ehegatten nicht im Güterstand der Zugewinngemeinschaft, sondern der Gütergemeinschaft leben (vgl dazu und den grundbuchrechtlichen Konsequenzen der falsa demonstratio REYMANN NJW 2008, 1773, 1776 f) . Ein Vertrag über eine noch zu vermessende **Teilfläche** muss aber, soll er als Rechtsgeschäft Verbindlichkeit erlangen, hinreichend bestimmt sein. An der fehlenden **Bestimmtheit** scheitert eine solche Vereinbarung, wenn die

Parteien die Grenzziehung durch eine der Urkunde beigefügte zeichnerische Darstellung verbindlich festlegen wollen, der Vertrag aber keine solche Zeichnung enthält (BGHZ 74, 116, 120 f). Demgegenüber genügt es, wenn die Parteien sich mit einem geringeren Grad an Bestimmtheit begnügen und sich die Teilfläche aus einer nicht notwendig maßstabsgerechten Skizze ergibt (BGHZ 150, 334, 340; BGH NJW-RR 2004, 735). Entsprechendes gilt, wenn die Parteien ihre konkreten Vorstellungen über die verkaufte Fläche bei einer Besichtigung des Grundstücks gewinnen und sich dabei an optischen Eindrücken, zB an einer unterschiedlichen Pflasterung der Flächen (BGH NJW 2002, 1038, 1040) oder am Verlauf von Hecken oder Zäunen (BGH NJW 2008, 1658, 1660) orientieren.

Bei **unvollständigen Erklärungen** muss der Interpret das Mindesterfordernis einer **40** jeden Auslegung – auch von nicht förmlichen Willenserklärungen – beachten, wonach der Wille „erklärt" werden muss, um wirksam zu werden (oben Rn 1). Wer „vergessen" hat, die im Entwurf des gemeinschaftlichen Testaments vorgesehene wechselseitige Erbeinsetzung in die verbindliche förmliche Fassung zu übernehmen, kann daher **grundsätzlich nicht Ergänzung** der Urkunde nach dem wirklichen Willen verlangen (BGHZ 80, 242, 245 f; BERNARD 83; SOERGEL/LORITZ § 2084 Rn 11). Zwischen Auslegung und Ergänzung, zwischen ungenauen, unrichtigen und unvollständigen Willenserklärungen, bestehen allerdings fließende Übergänge, so dass die Abgrenzung in den **Randbereichen** nicht nur nach formalen Kriterien erfolgen darf (dafür aber BERNARD, Formbedürftige Rechtsgeschäfte 81; PALANDT/ELLENBERGER Rn 19; FLUME NJW 1983, 2009; WIESER JZ 1985, 407; anders aber ders AcP 189 [1989] 112, 119). Entscheidend ist vielmehr, ob man auch unter Zugrundelegung eines subjektiven Maßstabs – also aus Sicht der Parteien – noch davon ausgehen kann, dass der rechtsgeschäftliche Wille in der Erklärung seinen Ausdruck finden sollte oder ob man eine solche Regelung vollkommen versäumt hat. Im letztgenannten Fall – für den exemplarisch der *Testaments-Fall* BGHZ 80, 242 steht – liegt nämlich überhaupt keine **Erklärung** vor, so dass die **Grenzen der Auslegung** überschritten würden, wenn man dem nicht erklärten Willen zur Geltung verhelfen würde. Genau umgekehrt verhält es sich in den Fällen, in denen die Unvollständigkeit der Falschbezeichnung sehr nahe kommt wie im *Grundstückskaufs-Fall* BGHZ 87, 150. Hier gingen die Parteien davon aus, dass der Kaufgegenstand – die drei Parzellen – korrekt bezeichnet wurde. Wenn nun aufgrund einer Nachlässigkeit nicht bemerkt wird, dass eine der Parzellen in der notariellen Urkunde vergessen worden ist, dann liegt die Parallele zu einer unschädlichen Falschbezeichnung auf der Hand. Dieser Fall unterscheidet sich höchstens um Nuancen von dem der Parzellenverwechslung, bei der nahezu unstreitig von der Unbeachtlichkeit der *falsa demonstratio* ausgegangen wird (oben Rn 39). Der BGH nahm sogar eine Falschbezeichnung an. Dem ist auch aus teleologischen Gründen zuzustimmen (ebenso BROX JA 1984, 549, 557). Wenn das Gewollte zwischen den Parteien unstreitig ist und sie ferner davon ausgehen, dass sie ihren Willen formgerecht zum Ausdruck gebracht haben, dann verlangen weder die Formzwecke noch das Erfordernis einer Willens„erklärung", dass dem beiderseitigen Willen nicht entsprochen wird (aA LEIPOLD JZ 1983, 712 f). Nicht überzeugend ist daher auch die strenge Rechtsprechung zu solchen Beurkundungsmängeln, bei denen in der Urkunde **auf andere rechtsgeschäftliche Erklärungen Bezug genommen** wird, ohne sie der Urkunde beizufügen. So soll bei der Bezugnahme auf Baubeschreibungen, Pläne und Teilungserklärungen die gesetzliche Form des § 311b Abs 1 S 1 nicht gewahrt sein, weil hier ein wesentlicher Teil der Vereinbarung aus der Urkunde heraus verlagert wurde (vgl BGHZ 69, 266, 268 f; BGH NJW 1977, 2072; 1979, 1495; 1979, 1498; 1979, 1984; BERNARD 84 ff). Die Beurteilung dieser Fälle steht jedoch in auffälligem Kontrast zu der großzügigen Behandlung der ähnlich unvollkommen beurkundeten Verträge über nicht vermessene Grundstücksflächen (oben Rn 39). Hier wie dort sollte ausschlaggebend sein, dass sich die Parteien über die urkundlich unvollständig niedergelegten Punkte unstreitig einig waren und ferner davon ausgegangen sind, dass sie ihren Willen auch formgerecht zum Ausdruck gebracht hätten. Unschädlich ist es im Übrigen auch, wenn sich die genaue Bedeutung des Vereinbarten aus einer nicht beigefügten Skizze ergibt, sofern nur die Vereinbarung selbst – sei sie auch allgemein gehalten – vollständig ist (BGH NJW 1996, 2792, 2793).

41 Eine Sonderstellung beanspruchen auch die Scheinbeurkundungen, die zur **Verhinderung oder Umgehung staatlichen Unrechts** bewusst unvollständig vorgenommen worden sind. Im Fall BGH WM 1976, 744, 745 ging es um das Testament eines Juden, der in den dreißiger Jahren zum Schein einen Arier als Erben bestimmt hatte, in Wirklichkeit aber zwei Jüdinnen einsetzen wollte, wie sich anhand eines verschlüsselten Briefwechsels nachweisen ließ. Im Unterschied zu den gewöhnlichen Fällen der Schwarzbeurkundung liegen dieser Simulation alles andere als unlautere Motive zugrunde. Angesichts des staatlichen Zwangs zur Täuschung bestehen im Gegenteil nicht nur ein schutzwürdiges Interesse an der Aufdeckung und Ingeltungsetzung des wirklichen Erblasserwillens, sondern auch ein unvergleichbar stärkeres Bedürfnis als in den Fällen unabsichtlicher, wenngleich zumeist fahrlässiger Falschbezeichnungen (dem BGH zust SMID JuS 1987, 283, 287; MünchKomm/LEIPOLD § 2084 Rn 16 m Fn 31; s ferner BGH LM Nr 4 zu § 7 FGG [unter 1.]; zum DDR-Unrecht vgl näher § 117 Rn 27).

42 Auf einer Stufe mit bewussten Falschbeurkundungen steht die Verwendung von **Code-Wörtern** oder von **verschlüsselten Begriffen**. Wer etwa mit dem Geschäftspartner vereinbart, dass *„Semilodei"* einen bestimmten Geschäftswillen ausdrücken soll (RGZ 68, 6, 8 f), könnte damit nicht formgerecht einen Grundstückskauf abschließen oder eine Bürgschaft übernehmen, da das Gewollte nicht nur bewusst der Form entzogen, sondern auch unvollständig erklärt ist (zutr BERNARD 101). Es handelt sich um – nicht schutzwürdige – Scheingeschäfte, die sich vom individuellen Sprachgebrauch (Weinkeller als „Bibliothek", Ehefrau als „Mutter"), bei dem die Maxime „falsa demonstratio non nocet" gilt, durch das Bestehen einer **Verheimlichungsabsicht** unterscheiden.

43 Besonderheiten gelten schließlich bei **Formvorschriften, die im Interesse Dritter** den Inhalt der Rechtsgeschäfte förmlich festlegen wollen. So besteht etwa der Zweck des § 550 S 1 auch darin, mit Rücksicht auf die Wirkung des § 566 Abs 1 künftigen Erwerbern Klarheit über den konkreten Inhalt der übergehenden **Mietverträge** zu verschaffen (Prot MUGDAN Bd 2, 825; RGZ 86, 30, 32; BGHZ 40, 255, 261; 52, 25, 28), und die §§ 1 Abs 2 TVG bzw 77 Abs 2 BetrVG wollen sicherstellen, dass die Tarifunterworfenen bzw Betriebsangehörigen über die für sie geltenden **Tarifverträge** und **Betriebsvereinbarungen** Kenntnis erlangen (BAG AP Nr 9 zu § 59 BetrVG; Nr 6–8 zu § 1 TVG Form; THÜSING, in: WIEDEMANN, TVG § 1 Rn 310; WIEDEMANN Anm AP Nr 7 aaO unter II 1). Bei Falschbezeichnungen wird dieser Zweck verfehlt, aber dem geschützten Interesse wird vollauf gedient, wenn die Vereinbarungen gegenüber Dritten in ihrem durch objektive Auslegung zu ermittelndem Sinn gelten und nicht etwa nichtig sind (BERNARD 123; ausf THÜSING, in: WIEDEMANN, TVG § 1 Rn 978 ff). Besonderheiten gelten

auch bei **Verbraucherkreditverträgen**. Diese sind gem § 494 Abs 1 nur formnichtig, wenn die Schriftform insgesamt nicht eingehalten ist oder wenn eine der in § 492 Abs 1 S 5 Nr 1 bis 6 vorgeschriebenen Angaben fehlt. Diese Voraussetzung liegt nicht vor, wenn lediglich der Bestimmungszweck einer **Kostenposition** unrichtig angegeben (BGH NJW 2004, 154, 155) oder die **Gesamtbelastung** des Darlehensnehmers aufgrund eines Additionsfehlers oder wegen *irrtümlicher* Nichtberücksichtigung einer Kostenposition falsch berechnet wurde (BGH NJW-RR 2006, 1419, 1421), wohl aber dann, wenn das Kreditinstitut *bewusst* ausschließlich eine Teilbelastung des Darlehensnehmers und damit etwas anderes als den Gesamtbetrag angegeben hat (BGH aaO 1421). In diesem Fall schuldet der Verbraucher lediglich den gesetzlichen Zinssatz von 4% (§ 494 Abs 2 S 2). Bei einer zu niedrigen Angabe des effektiven Jahreszinses tritt ebenfalls nicht Nichtigkeit des Darlehensvertrages ein, sondern aus Gründen des Verbraucherschutzes eine Ermäßigung des Zinssatzes um den Prozentsatz, der im Vertrag zu niedrig angegebenen ist (§ 494 Abs 3).

V. Auslegungsmaximen und Erfahrungssätze

Bei der objektiv-normativen Auslegung einer Willenserklärung kommt es darauf **44** an, wie diese der Erklärungsempfänger nach Treu und Glauben unter Berücksichtigung der Verkehrssitte verstehen durfte (Rn 18). Ziel dieser Auslegung ist es also grundsätzlich nicht, den wirklichen Willen des Erklärenden zu erforschen (vgl aber Rn 12 ff); auf der anderen Seite ist dieser Wille aber auch nicht gleichgültig. Da die auszulegende Erklärung ihrem Wesen nach Akt der Selbstbestimmung ist, muss der Interpret „die rechtsgeschäftliche Erklärung als Manifestation einer willentlichen Gestaltung werten" (FLUME, AT II § 16, 3b = S 310). Der Gesetzgeber hat zwar davon abgesehen, für dieses Verfahren *allgemeine* Auslegungsregeln aufzustellen (oben Rn 5), aber in der Rechtspraxis haben sich gleichwohl konkrete **Erfahrungssätze** herausgebildet, die typischerweise Rückschlüsse auf den rechtsgeschäftlichen Willen der Beteiligten ermöglichen und von der Rechtsprechung als verbindliche Auslegungsgrundsätze betrachtet werden. Danach wird zB vermutet, dass sich die Parteien gewöhnlich redlich und folgerichtig verhalten, also eine vernünftige, gesetzeskonforme Regelung treffen wollen, die einen rechtserheblichen und in sich widerspruchsfreien Inhalt hat (vgl näher Rn 52 ff). Diese **formalen Auslegungsregeln**, die eine bestimmte Methode der Auslegung vorschreiben, werden in besonderen Fällen ergänzt durch **materiale Auslegungsregeln**, bei denen der Gesetzgeber ein bestimmtes Ergebnis der Auslegung als im Zweifel gewollt unterstellt (zur Terminologie vgl LARENZ, AT § 19 II g = S 350 f). Solche gesetzlichen Vermutungen enthalten zB die §§ 164 Abs 2, 186 ff, 311c, 364 Abs 2, 926 Abs 1 S 2, 2066 ff sowie die Bestimmungen, die dem Schweigen rechtsgeschäftliche Erklärungsbedeutung beimessen (vgl dazu Vorbem 62 ff zu §§ 116 ff). Eine ähnliche Funktion hat das dispositive Gesetzesrecht (zB gem §§ 434 ff), das sich ebenfalls am mutmaßlichen Parteiwillen orientiert, aber im Unterschied zu den materialen Auslegungsregeln nicht nur Verständnisschwierigkeiten überwindet, sondern – wie die ergänzende Vertragsauslegung – eine Lücke in der Parteivereinbarung schließt.

1. Wortlaut der Erklärung

Ausgangspunkt einer jeden Auslegung ist der von SAVIGNY treffend beschriebene **45** Erfahrungssatz, dass die Übereinstimmung des Willens mit der Erklärung nicht etwas Zufälliges, sondern im Gegenteil „ihr naturgemäßes Verhältnis" sei (System III 258; vgl dazu oben Rn 2). Der Satz beruht auf der Normativität und Akzeptanz von Sprachregeln und bildet die Grundlage für die von der Rechtsprechung mit Recht an den Anfang einer jeden Auslegung gestellten Frage nach dem **Wortlaut der Erklärung** (vgl BGHZ 121, 13, 16; 124, 39, 45; 150, 32, 37; BGH LM Nr 7 zu § 133 [C]; Nr 4 zu § 133 [Fb]; NJW 1994, 188, 189; 1995, 1212, 1213; 1998, 2966; 2000, 2099; 2001, 2535 f; 2007, 912 f; 2010, 2422, 2425; NJW-RR 1998, 801, 802; 2003, 1053, 1054; 2007, 976, 977; OLG Köln VIZ 1999, 736, 737; LÜDERITZ 322 f; SOERGEL/HEFERMEHL Rn 24; PALANDT/ELLENBERGER Rn 14; ERMAN/PALM Rn 30; JAUERNIG Rn 10). Die Bedeutung der verwendeten Worte richtet sich grundsätzlich nach dem **allgemeinen Sprachgebrauch** (LM Nr 4 zu § 133 [Fb]; Nr 17 zu § 133 [C]; OLG München NJW-RR 1996, 239). Anhand dieses Maßstabs hat der BGH zB entschieden, dass für den Begriff „Fenster" die Lichtdurchlässigkeit entscheidend ist (LM Nr 17 zu § 133 [C]) und der Begriff „Wohnhaus" in einem Kaufvertrag ein Gebäude kennzeichne, das zwar vorwiegend, aber nicht zwingend ausschließlich zu Wohnzwecken genutzt werde (LM Nr 4 zu § 133 [Fb]). Das auf dem Etikett von Getränkeflaschen verwendete Wort „Pfand" in Verbindung mit der Angabe eines bestimmten Geldbetrages vermittelt dem Erklärungsadressaten die Vorstellung, dass der Vertreiber an der Rückgabe der Flaschen interessiert ist und deshalb bereit ist, jedem beliebigen Dritten für die Rückgabe der Flaschen den angegebenen Betrag zu zahlen (BGH NJW 2007, 2912). Existiert in bestimmten Verkehrskreisen ein spezieller Sprachgebrauch, ist zu vermuten, dass die dem Kreis angehörenden Personen sich dessen bedienen. **Örtliche Verkehrssitten und Handelsbräuche** (vgl dazu unten Rn 65) sind gemäß § 157 ebenso zu beachten wie die in den maßgeblichen Verkehrskreisen gebräuchlichen technischen Regeln wie zB DIN-Normen (BGH NJW-RR 1994, 1108, 1109). Bei dem Begriff der „Wohnfläche" hat sich bisher kein völlig eindeutiger Sprachgebrauch entwickelt (BGHZ 146, 250, 254 f). Im Regelfall ist zwar im frei finanzierten Wohnungsbau von den Bestimmungen für preisgebundenen Wohnraum (§ 19 Abs 1 S 2 WoFlV; früher §§ 42–44 der II. BerechnungsVO) auszugehen, aber im Einzelfall kann sich eine abweichende örtliche Verkehrssitte gebildet haben, die Vorrang genießt (BGH NJW 2004, 2230, 2231). Die **spezielle Verkehrssprache** geht innerhalb des einschlägigen Verkehrskreises dem allgemeinen Sprachgebrauch vor (vgl BGH NJW-RR 1994, 1108, 1109 „Schalung"; NJW-RR 1995, 364 f „Mobilbagger"; NJW 1999, 3191 f; ERMAN/PALM Rn 31; SCHIMMEL JA 1998, 979, 984). So kommt es im Rechtsverkehr mit Kaufleuten nur auf deren Verständnishorizont an, nicht auf den von Nichtkaufleuten (BGH NJW 1996, 1209, 1210). Die in einem Werbeagenturvertrag verwendeten Begriffe „Kommunikationsstrategie und Werbekonzeption", „Marketing", „Public Relations" und „Verkaufsförderung" sind im Sinne des wirtschaftswissenschaftlichen Sprachgebrauchs zu verstehen, wenn beide Vertragspartner unternehmerisch tätig sind (BGH NJW-RR 1986, 1106, 1107 f). Gehören die **Adressaten nicht dem Expertenkreis** an, kommt es auf deren Verständnismöglichkeiten an. So ist der in allgemeinen Versicherungsbedingungen vorgesehene Leistungsausschluss für wissenschaftlich nicht allgemein anerkannte Behandlungsmethoden oder Arzneimittel aus der Sicht des durchschnittlichen Versicherungsnehmers und nicht aus der des Bundesgesundheitsamtes oder von Ärzten auszulegen (vgl BGHZ 123, 83, 86, das der Klausel eine – gemäß § 307 Abs 2 Nr 2 unzulässige – Beschränkung auf Leistungen der „Schulmedizin" entnahm; zum Maßstab des „durchschnittlichen Vertragspartners" vgl auch BGHZ 84, 268, 272; zur Irrelevanz einer vom Wortlaut abweichenden Bankpraxis OLG Karlsruhe NJW 2003, 2322). Bei **Gesten** wie Nicken, Kopfschütteln, Handaufheben oder Schweigen (dazu Vorbem 60 ff zu §§ 116 ff) entscheiden primär die Vereinbarung der Parteien und, falls keine getroffene wurde, der „soziale Konsens" darüber, welche Bedeutung dem Verhalten zukommt (HK-BGB/Dörner Rn 4).

Juristische Fachausdrücke sind im Sinne des einschlägigen, von Wissenschaft und **46** Praxis geprägten Sprachgebrauchs auszulegen. Dies gilt insbesondere, wenn die fragliche Erklärung von einem **Volljuristen** abgegeben wurde (LG Berlin NJW 2005, 993, 994 betr „Schuldanerkenntnis" eines Hochschullehrers des öffentlichen Rechts). Bedienen sich jedoch **Laien** technischer Ausdrücke der Rechtssprache (Bsp „Laientestamente" oben Rn 39 und „Rücktritts"-Erklärungen unten Rn 47), kann nicht ohne weiteres unterstellt werden, dass diese fachgerecht verwendet wurden. Ihr Sinn muss daher individuell beurteilt werden (Lüderitz 327 f; Schimmel JA 1998, 979, 985). Verspricht ein geschäftlich unerfahrener Bürge in einem von der Bank vorgelegten Formular **„Zahlung auf erstes Anfordern"**, ist die Erklärung als einfache Bürgschaft auszulegen. Da Bürgschaften auf erstes Anfordern außerhalb des Bank- und Außenhandelsverkehrs weitgehend unbekannt sind, kann der Gläubiger nicht darauf vertrauen, einem Laien sei die spezifische Bedeutung des Begriffs als Sicherungsinstrument geläufig (BGH NJW 1992, 1446, 1447). Die im Zusammenhang mit einer Darlehensgewährung stehende Bestellung einer **Grundschuld** kann die konkludente Willenserklärung zum Abschluss eines Sicherungsvertrags zur Verknüpfung der Sicherungsgrundschuld mit dem in Aussicht gestellten Darlehen enthalten, da die abstrakte Bestellung einer Grundschuld für einen juristischen Laien lebensfremd ist (OLG Frankfurt NJW-RR 2005, 18). Bei der Beurkundung durch einen **Notar** bietet die Verwendung einschlägiger *termini technici* zwar eine größere Gewähr für richtigen Sprachgebrauch, aber rechtlich maßgebend sind nicht die Vorstellungen des Notars, sondern die der Parteien (BGH NJW-RR 1986, 1019, 1020; FamRZ 1998, 908, 909; Palandt/Ellenberger Rn 14; Lüderitz 197; Soergel/Loritz § 2084 Rn 18). So kann ein notariell beurkundeter Erbvertrag durchaus als Kaufvertrag ausgelegt werden, wenn dies dem wirtschaftlichen Zweck des Vertrages und seinem sachlichen Inhalt entspricht (BGH aaO). Als **Adressaten** haben nicht rechtskundige Personen im Rahmen des Zumutbaren die Obliegenheit, sich über die normative Bedeutung von Fachausdrücken Kenntnis zu verschaffen. Insoweit gelten die gleichen Regeln wie bei Willenserklärungen gegenüber nicht Sprachkundigen (vgl dazu § 119 Rn 18 ff). Dies gilt freilich nicht für das Verständnis von **AGB**, das sich nach dem Maßstab des rechtlich nicht vorgebildeten Durchschnittskunden richtet (BGHZ 101, 270, 274; 151, 337, 348; 165, 12, 22; BGH NJW 2005, 1183, 1184; 2010, 671, 673; MünchKomm/Busche Rn 24). Ein **besonderer Sprachgebrauch** des Erklärenden ist bei empfangsbedürftigen Willenserklärungen nur dann zu berücksichtigen, wenn ihn der Erklärungsempfänger kannte oder kennen musste (Palandt/Ellenberger Rn 14; Prütting/Wegen/Weinreich/Ahrens Rn 32; zu nicht empfangsbedürftigen Willenserklärungen s Rn 15 f).

2.   Gesamtzusammenhang (grammatische und systematische Auslegung)

Einzelne Worte können je nach ihrer Stellung und Verknüpfung mit anderen Be- **47** standteilen der Erklärung unterschiedliche Bedeutung haben. Bei der Auslegung nach dem Wortlaut ist daher neben der reinen Wortbedeutung auch der sprachliche Zusammenhang des Textes (**grammatikalische Auslegung**) und die systematische Stellung der Formulierung im Gesamtzusammenhang (**systematische Auslegung**) zu berücksichtigen (vgl BGHZ 101, 271, 273; BGH LM Nr 1 und 3 zu § 133 [B]; NJW 1957, 873; 1988, 2878 f; 1996, 1209, 1210; NJW-RR 1986, 1106, 1107; 2003, 727; WM 1964, 906, 907; BVerwG

NJW 1990, 1926, 1928; BAG NZA 2003, 435, 436; OLG München NJW-RR 1987, 1500, 1502; OLG Frankfurt NJW-RR 1997, 1458, 1459; Lüderitz 324, 330; Prütting/Wegen/Weinreich/Ahrens Rn 33; Soergel/Wolf § 157 Rn 32). Flume (AT II § 16, 3b = S 309 f) lehnt die systematische Auslegung von Rechtsgeschäften ab, weil Willenserklärungen nicht unter den Anspruch stünden, den Rechtsgedanken zu verwirklichen. Dieser Einwand überzeugt nicht, weil das Gebot systematischer Auslegung nicht auf einem Postulat der Gerechtigkeit beruht, sondern auf dem Erfahrungssatz, dass sich die Parteien im Regelfall vernünftig (und systemkonform) verhalten (dazu unten Rn 52 u 55). Befindet sich zB die Freizeichnungsklausel „richtige und rechtzeitige Selbstbelieferung vorbehalten" unter der **Überschrift** „Lieferzeit", will sich der Verkäufer – systematisches und folgerichtiges Denken unterstellt – nicht von *jeder* Haftung für die Nichtlieferung frei zeichnen, sondern nur für die Nichteinhaltung der *Lieferzeit* (BGH NJW 1957, 873). Die Leistungsbeschreibung eines **Bauvertrages** ist als **„sinnvolles Ganzes"** auszulegen. Soweit die „Vorbemerkungen" genauere, auf das konkrete Bauvorhaben bezogene Angaben enthalten, kommt diesen bei der Auslegung größeres Gewicht zu als den allgemeinen Formulierungen eines Standardleistungsverzeichnisses (BGH NJW 1999, 2432, 2433; ähnlich BGH NJW 2003, 743: Vorrang der Leistungsbeschreibung gegenüber Plänen). In diesen Kontext gehört auch die früher in der Rechtsprechung vorherrschende Auslegungspraxis, wonach selbst ein von einem Rechtsanwalt erklärter **„Rücktritt"** nicht wörtlich zu nehmen war, wenn sich aus dem Zusammenhang ergab, dass der Gläubiger zugleich Schadensersatzansprüche geltend machte (BGH NJW 1982, 1279, 1280; 1988, 2878 f; NJW-RR 1988, 1100; vgl auch BGH NJW 1996, 2648, 2650). Die früher wegen der Alternativität von Rücktritt und Schadensersatz erforderlichen Auslegungskunststücke sind seit der Schuldrechtsreform entbehrlich, da sich Rücktritt und Schadensersatzansprüche gemäß § 325 nF nicht mehr ausschließen. Hingegen schließen sich Anfechtung und Schadensersatz statt der Leistung nach wie vor aus, so dass die erklärte **„Anfechtung"** wie früher der Rücktritt nicht wörtlich zu nehmen ist (vgl näher § 123 Rn 99).

3. Begleitumstände der auszulegenden Erklärung

48 Die Interpretation der sprachlichen Bedeutung einer Erklärung bildet nur die erste Stufe des Auslegungsvorgangs. Selbst bei **klarem und eindeutigem Wortlaut** muss der Interpret wegen des Verbots der Buchstabeninterpretation **alle sonstigen Umstände** berücksichtigen, aus denen Rückschlüsse auf den zugrunde liegenden – uU abweichenden – Geschäftswillen gezogen werden können (näher oben Rn 9). Zu berücksichtigen ist das **Gesamtverhalten** des Erklärenden einschließlich aller bei Vertragsschluss vorliegenden Begleitumstände (BGH LM Nr 1 und 3 zu § 133 [B]; Nr 2 zu § 176 FGG; WM 1964, 906, 907; ZIP 1985, 921, 922; NJW 2003, 1317; BAGE 23, 213, 220; BAG NJW 1994, 3372, 3373; 2008, 1243, 1244; NJW-RR 2000, 1002, 1004; Flume, AT II § 16, 3c; MünchKomm/Busche Rn 48; Erman/Palm Rn 23) sowie die **beiderseitige Interessenlage** (BGH NJW 2002, 747, 748; vgl näher Rn 54). Die früher zT auch bei formlosen Willenserklärungen vertretene „Eindeutigkeitsregel" ist inzwischen überholt (Soergel/Hefermehl Rn 27; zu ihrer Bedeutung bei formbedürftigen Erklärungen oben Rn 31 ff). Aus dem gleichen Grunde bildet ein **mehrdeutiger Wortlaut** nicht etwa ein Auslegungshindernis, sondern stellt den Interpreten vor die Aufgabe, anhand aller sonstigen Umstände Rückschlüsse auf den Geschäftswillen des Erklärenden zu ziehen (oben Rn 10). So spricht zB für eine **stillschweigende Rechtswahl** (hier: des französischen Rechts), wenn in einem Vergleich auf Vorschriften des Code civil Bezug genommen wird, die Vergleichsverhandlungen von den beiderseits durch französische Anwälte vertretenen Parteien in einem Ort in Frankreich in französischer **Sprache** geführt worden sind und der Vergleich im Original in französischer Sprache abgefasst wurde (BGH NJW-RR 2000, 1002, 1004 m teilw krit Anm DÖRNER LM Nr 8 zu Art 27 EGBGB 1986. Zur Problematik der Auslegung im internationalen Privatrecht vgl STAUDINGER/MAGNUS [2011] Art 12 Rom I-VO Rn 29 ff). Zu den beachtenswerten Umständen gehört auch der **Ort**, an dem der **Vertrag durchgeführt** werden soll. Wird zB in einem Bauvertrag auf einen Tariflohn der Arbeitnehmer Bezug genommen, den es weder im Tarifgebiet West noch im Tarifgebiet Ost gab, kommt bei der Auslegung des mehrdeutigen Textes der Tatsache besonders Gewicht zu, dass das betreffende Bauwerk im Tarifgebiet Ost zu errichten war (BGH WM 2011, 951, 952).

a) Vorverhandlungen und Entstehungsgeschichte

Zu den Begleitumständen, die Rückschlüsse auf den erklärten Geschäftswillen ermöglichen, gehört in erster Linie die Entstehungsgeschichte des Rechtsgeschäfts, insbesondere der Inhalt von **Vorverhandlungen** (BGHZ 63, 359, 362; 109, 19, 22 f; BGH LM Nr 1 zu § 133 [B]; NJW 1999, 3191; NJW-RR 1986, 984, 985; 1986, 1019 f; ZIP 1985, 921, 923; 1998, 106, 107; WM 1999, 1884, 1885; JAUERNIG Rn 3; MünchKomm/BUSCHE Rn 48; PALANDT/ELLENBERGER Rn 16; PRÜTTING/WEGEN/WEINREICH/AHRENS Rn 35). Da bei formbedürftigen Rechtsgeschäften der Auslegung keine förmlichen Grenzen gesetzt sind (oben Rn 32 f), sind auch *formlose Absprachen*, die im vorvertraglichen Stadium getroffen wurden, zu berücksichtigen (einschränkend BGH NJW 1987, 2437, 2438). Voraussetzung ist aber, dass die bei den Vorverhandlungen vorhandene Willensübereinstimmung beim Abschluss des Vertrages noch besteht. Weicht der Wortlaut des schließlich abgeschlossenen Vertrages von früheren Entwürfen ab, darf nicht ohne weiteres unterstellt werden, die Bedingungen des alten Vertrages seien in den neuen unverändert aufgenommen worden (BGH NJW 1986, 1035, 1036). War eine der Parteien an den Vertragsverhandlungen nicht beteiligt, kann dieser nur zugerechnet werden, was ihr vom Inhalt der Vorgespräche bekannt geworden ist (BGH NJW-RR 1986, 1019). Zur Vorgeschichte gehören insbesondere ein dem Rechtsgeschäft vorausgegangener Schriftwechsel (BGHZ 109, 19, 22 f), frühere Gepflogenheiten der Parteien (vgl dazu MÜLLER-GRAFF, Auswirkungen einer laufenden Geschäftsverbindung [1974] 129 ff, der allerdings die Maßgeblichkeit des *„Geschäftsverbindungsbrauchs"* nicht rechtsgeschäftlich, sondern mit dem – im vorliegenden Zusammenhang entbehrlichen – Prinzip des „venire contra factum proprium" begründet [aaO 183]; wie hier K SCHMIDT, Handelsrecht [5. Aufl] § 19 II 2c = S 553 ff u § 20 II 1b = S 607 f), dem Vertragspartner mitgeteilte Verkaufsprospekte, Kataloge, Preislisten sowie bloße *invitationes ad offerendum* (BGHZ 61, 275, 279; BGH NJW 1981, 2295; FLUME, AT II § 16, 3c = S 312). Insofern hätte das Reichsgericht in dem bekannten *Weinsteinsäure-Fall* (RGZ 104, 265) einen Dissens vermeiden können, obwohl die zwischen den Parteien ausgetauschten Telegramme für sich betrachtet nicht erkennen ließen, welche Partei Verkäuferin und welche Käuferin sein sollte. Diesem inhaltlich mehrdeutigen Schriftwechsel ging ein *freibleibendes Angebot* des Klägers voraus, aus dem sich eindeutig ergab, dass er verkaufen wollte. Das hätte bei der Auslegung der Vertragserklärungen berücksichtigt werden müssen (MANIGK JherJb 75 [1925] 189, 191; FLUME, AT § 34, 5 = S 626 f m FN 22; LEENEN § 5 Rn 68; KÖTZ, in: FS Zeuner [1994] 219, 227; SINGER, Verbot 167 Fn 76). Erst recht gilt dies bei **mündlichen Äußerungen oder Erläuterungen**, die den Vertragsschluss begleiten (FLUME, AT II § 16, 3c = S 312). Es genügt, wenn diese einem *Empfangsvertreter* zugehen. Wenn zB ein Kunde in einem Reisebüro unwidersprochen einen Sonderwunsch geltend macht, muss dies der

Reiseveranstalter als Vertragspartner gegen sich gelten lassen (BGHZ 82, 219, 222). Von maßgeblicher Bedeutung sind auch **rechtsgeschäftliche Erklärungen in anderen Verträgen**, sofern diese mit dem auszulegenden Rechtsgeschäft in Zusammenhang stehen (vgl auch BGH NJW-RR 2003, 926, 927: Garantieheft). So ist das dingliche Rechtsgeschäft unter Berücksichtigung des zugrunde liegenden Kausalgeschäfts auszulegen. Enthält zB der Kaufvertrag einen **Eigentumsvorbehalt**, so steht die Übereignung auch ohne ausdrückliche Erklärung unter der im Kaufvertrag vereinbarten Bedingung für den Eigentumserwerb (BGH NJW 1982, 1751; SINGER JA 1998, 466, 468). Dabei macht man sich den Erfahrungssatz zunutze, dass sich die Parteien im Zweifel redlich und folgerichtig verhalten (vgl Rn 56). Selbst unwirksame Klauseln in AGB sind bei der Auslegung zu berücksichtigen, da sie ungeachtet ihrer Rechtsunwirksamkeit Rückschlüsse auf den tatsächlichen Geschäftswillen des Verwenders erlauben. Dementsprechend ist ein in den Lieferbedingungen des Veräußerers vorgesehener, aber wegen Dissenses oder § 306 Abs 2 nicht Vertragsinhalt gewordener Eigentumsvorbehalt bei der Auslegung der sachenrechtlichen Willenserklärungen des Verwenders zu berücksichtigen (BGHZ 104, 129, 137; BGH NJW 1982, 1749, 1750; 1982, 1751; ULMER/SCHMIDT JuS 1984, 18, 23; SINGER JA 1998, 469 f mwNw).

b) Nachträgliches Verhalten

50 Die Begleitumstände sind bei der Auslegung grundsätzlich nur insoweit zu berücksichtigen, als sie zum Zeitpunkt der Abgabe, bei empfangsbedürftigen Willenserklärungen zum **Zeitpunkt des Zugangs** für den Erklärungsempfänger oder den Personenkreis, an den sich die Erklärung richtet (Rn 17 u 72 f), erkennbar waren (BGH WM 2011, 951, 952 f). Mit dem Wirksamwerden einer Willenserklärung liegt zugleich ihr Inhalt fest, so dass dieser nicht durch spätere Ereignisse beeinflusst oder gar verändert werden kann (BGH LM Nr 7 zu § 133 [B] unter 3; Nr 27 zu 157 [D] unter IV; NJW 1988, 2878, 2879; BVerwG NVwZ-RR 2000, 135; SOERGEL/HEFERMEHL Rn 26; MünchKomm/ BUSCHE Rn 5). Bei der interessengerechten Auslegung eines Vertrages (Rn 52, 54) sind daher nicht die Interessen der Parteien zum Zeitpunkt der richterlichen Entscheidung maßgebend, sondern die beim Zugang der Erklärung bestehenden. Eine zwischenzeitlich überholte Rechtsprechung kann daher zur Deutung des rechtsgeschäftlichen Willens herangezogen werden (BGH NJW 1998, 3268, 3269 f). Soweit die Rechtsprechung gleichwohl das **nachträgliche Verhalten** der Parteien bei der Auslegung berücksichtigt (vgl BGH NJW 1971, 1844; 1988, 2878, 2879; NJW-RR 1989, 198, 199; 1998, 259 f; 1998, 801, 803; 2004, 924; 2005, 1323, 1324; 2007, 529, 530; BAG AP Nr 32 zu § 133; zust FLUME, AT II § 16, 3c = S 310; PALANDT/ELLENBERGER Rn 17), scheint darin ein Gegensatz zu bestehen (so zB SCHIMMEL JA 1998, 986), der jedenfalls nicht dadurch beseitigt werden kann, dass man diese nachträglichen Umstände als bloßes Indiz wertet (so PALANDT/ ELLENBERGER Rn 17). Indizwirkung kommt allen äußeren Umständen zu, aus denen Rückschlüsse auf den Geschäftswillen der Parteien gezogen werden können, auch solchen, die bereits beim Wirksamwerden der Willenserklärung vorhanden sind. Entscheidend ist, dass die Auslegung anhand des nachträglichen Parteiverhaltens nicht zu Lasten desjenigen gehen darf, der als Erklärungsempfänger auf die objektive Bedeutung der Erklärung zum Zeitpunkt ihres Wirksamwerdens vertraut hat.

51 Zu Recht berücksichtigt der BGH nachträgliche Vorgänge nur, soweit diese „Rückschlüsse auf den *tatsächlichen* Willen und das *tatsächliche* Verständnis der an dem Rechtsgeschäft Beteiligten zulassen können" (BGH NJW 1988, 2878, 2879; NJW-RR 1998, 801, 803; Hervorhebung hinzugefügt; ebenso FLUME aaO). Voraussetzung ist dabei, dass es

von Rechts wegen auf den **tatsächlichen Willen** der Beteiligten und **nicht** auf die **normative Erklärungsbedeutung** ankommt. Das trifft auf den individuellen Konsens (vgl den Fall BGH NJW-RR 1998, 259 f; FLUME, AT II § 16, 3c = S 311; oben Rn 11 ff) sowie eine über längere Zeit geübte und einverständliche Vertrags- und Zahlungspraxis zu (BGH NJW 1993, 1847, 1849), gilt aber auch in jenen Fällen, in denen der Erklärende Zeugnis gegen sich selbst ablegt und vom Erklärungsempfänger – berechtigterweise (vgl oben § 119 Rn 103; MünchKomm/KRAMER § 119 Rn 132) – an seinem wirklichen Willen festgehalten wird (vgl BGH NJW-RR 1989, 198, 199; OLG München NJW-RR 1987, 1500, 1502; BAG AP Nr 32 zu § 133). Insofern hätte im Fall BGH NJW 1988, 2878, 2879 die nachträgliche Selbstinterpretation der Rücktrittserklärung durch den Erklärenden durchaus gegen ihn verwendet werden müssen, da der Erklärungsempfänger nicht auf die vom BGH zu Unrecht für maßgeblich gehaltene objektive Erklärungsbedeutung vertraute und somit nicht schutzwürdig war.

4. Teleologische Auslegung

a) Interessenlage und Zweck einer Regelung

Von erheblicher Bedeutung für die Auslegung von Rechtsgeschäften sind **Interessenlage** (BGHZ 21, 319, 328; 84, 268, 274 f; 109, 19, 22; 131, 136, 138 f; 152, 153, 158 f; BGH NJW 1981, 1549, 1550; 1981, 2295 f; 1994, 1537, 1538; 2004, 2449; 2005, 2618, 2619; 2007, 2320, 2322; 2010, 1592, 1594; NJW-RR 1988, 1100; 1998, 801, 802; ZIP 1994, 857, 858; 2006, 337, 338 f; 2006, 976, 977 f; 2010, 773, 774; 2010, 1592, 1593; WM 1999, 2517, 2518; 1999, 2303, 2304; 2011, 716, 717; BAGE 99, 120, 126 f; BAG NJW 2006, 2284, 2286; ZIP 2003, 1906, 1907) und **Zweck** einer Regelung (BGHZ 2, 379, 385; 20, 109, 110; BGH LM Nr 17 zu § 133 [C]; Nr 4 zu § 133 [Fb]; NJW 1998, 2138, 2140; NJW-RR 1994, 1108, 1109; 2003, 916 f; 2007, 2320; 2010, 1592, 1593; WM 1964, 906, 907; 2000, 149, 150; DNotZ 1990, 733 f; FLUME, AT II § 16, 3 f = S 319 f) im Zeitpunkt des Vertragsschlusses (BGH NJW-RR 2007, 1470, 1471). Auch bei diesen teleologischen Kriterien macht man sich die **Erfahrung** zunutze, dass die Parteien im Zweifel eine **vernünftige Regelung** treffen wollen, die den *beiderseitigen* Interessen entspricht und zu dem erstrebten Erfolg führt (RGZ 131, 343, 350; BGHZ 20, 109, 110; 79, 16, 19; 98, 303, 312 f; 131, 136, 138; 137, 69, 72; 149, 337, 353; 150, 32, 39; 152, 153, 156; BGH NJW 2000, 1403, 1404; 2001, 2535, 2536; 2002, 747, 748; 2003, 819, 820; 2005, 2618, 2619; WM 2003, 795, 797; NJW-RR 2003, 152; GRUR 2003, 173, 175). So ist zB bei der Auslegung des Begriffs „*Vertragsbeginn*" in einem Versicherungsvertrag davon auszugehen, dass der Versicherungsnehmer im Regelfall keine Prämien entrichten will, ohne dafür eine Gegenleistung zu erhalten. Das spricht dafür, dass die Klausel nicht nur den technischen Vertragsbeginn, sondern den Beginn des materiellen Versicherungsschutzes bezeichnet (BGHZ 84, 268, 274 f). Aus ähnlichen Gründen ist eine Regelung in einem Grundstücksveräußerungsvertrag, die dem Erwerber das Risiko aufbürdet, den Kaufpreis zu bezahlen, ohne selbst Eigentümer des Grundstücks zu werden, im Zweifel nicht gewollt (BGH WM 1964, 234, 235). Bei vertraglich vereinbarten **Haftungsbeschränkungen** ergibt sich aus dem Vertragszweck und der Interessenlage, dass diese nicht nur dem Schuldner zugute kommen soll, sondern auch **Dritten**, die erkennbar und typischerweise im Pflichtenkreis des Schuldners tätig werden wie Arbeitnehmer (BGH NJW 1962, 388, 389) und andere Erfüllungsgehilfen wie Spediteure und Frachtführer (BGHZ 130, 223, 228), aber auch beauftragte Nachunternehmer, die im Auftrag eines Bauunternehmers Aufgaben der Bauleitung übernehmen (BGH NJW 2010, 1592, 1593 f). Die Erstreckung der Haftungsbeschränkung setzt voraus, dass die Einschaltung des Dritten in die Vertragsabwicklung typisch und für den Vertragspartner erkennbar ist. Die Regel, dass der für eine Leistung in Rechnung gestellte Preis grundsätzlich auch die Aufwendungen für die vom Leistenden zu entrichtende Mehrwertsteuer abgelte und somit als **Bruttopreis** zu verstehen ist (BGHZ 58, 292, 295; 60, 199, 203; 103, 284, 287; BGH NJW 2001, 2464; 2002, 2312), hat ihren Grund zum einen darin, dass diese Auslegung am ehesten dem Gebot der Rechtssicherheit gerecht wird, zum anderen darin, dass jede Vertragspartei für ihre eigenen steuerlichen Belange selbst verantwortlich ist. Bei einem beiderseitigen Irrtum über die Mehrwertsteuerpflicht kommt folgerichtig eine Anpassung des Vertrages im Wege ergänzender Vertragsauslegung in Betracht (BGH NJW 2001, 2464, 2465). Bei der Eröffnung eines **Girokontos** kommt der Bezeichnung des Kontoinhabers im Rahmen der gebotenen Auslegung maßgebliche Bedeutung zu, weil im Giroverkehr ein praktisches Bedürfnis für einfache und klare Rechtsverhältnisse besteht und die Bank mit Rücksicht darauf, dass Girokonten auch passiv werden können, ein stärkeres Interesse an einer eindeutigen Festlegung des Kontoinhabers hat (BGH NJW 1996, 840, 841; OLG Köln WM 1998, 1327, 1328; OLG München WM 1999, 317, 320; Canaris, Bankvertragsrecht 1. Hb [3. Bearb 1988] Rn 154; Singer, in: Derleder/Knops/Bamberger, Handbuch zum europäischen Bankrecht [2. Aufl 2009] § 37 Rn 35). Bei **Sparkonten** hat dagegen der Besitz vorrangige Bedeutung, weil die Bank gem § 808 Abs 1 S 1 an den Inhaber mit befreiender Wirkung leisten kann und daher der Schluss nahe liegt, dass diesem auch die Verfügungsbefugnis zustehen soll (BGHZ 46, 198, 200 f; Singer, in: Derleder/Knops/Bamberger aaO Rn 33). Eine dynamische Bezugnahme auf die einschlägigen Tarifverträge in einem vorformulierten **Arbeitsvertrag** hat zwar aus Sicht des Arbeitgebers den Zweck, die nicht tarifgebundenen Arbeitnehmer mit den tarifgebundenen gleichzustellen. Würde man mit der früheren Rechtsprechung (BAGE 99, 120, 126 f; BAG NZA 2003, 1207, 1208) die **Bezugnahmeklausel** als **Gleichstellungsabrede** auslegen, hätte dies zur Konsequenz, dass nicht tarifgebundene Arbeitnehmer bei einem Verbandsaustritt des Arbeitgebers nicht in den Genuss dynamischer Entwicklungen kämen. Da dies mit der seit der Schuldrechtsreform auch für Arbeitsverträge geltenden **Unklarheitenregel des § 305c Abs 2** nicht zu vereinbaren ist, hat das BAG unter dem Eindruck der Kritik (vgl insbes Thüsing/Lambrich, Arbeitsvertragliche Bezugnahme auf Tarifverträge, RdA 2002, 193, 196 ff; Thüsing, Statische Rechtsprechung zur dynamischen Bezugnahme, NZA 2003, 1184 ff) seine Rechtsprechung mit Recht korrigiert und erhält nunmehr den Arbeitnehmern die ihr nach dem Wortlauf der Klausel zugesagte Tarifdynamik (BAG NZA 2006, 607, 609 ff; 2009, 151; Giesen, Bezugnahmeklausel – Auslegung, Formulierung und Änderung, NZA 2007, 625; ErfK/Franzen § 3 TVG Rn 38 f, bei Altverträgen, die vor dem 1.1.2002 abgeschlossen worden sind, gewährt das BAG Vertrauensschutz, vgl BAG NJW 2008, 102, 104; 2011, 1531, 1533 mwNw).

53 Nicht interessengerecht sind in der Regel Auslegungsresultate, die eine **Partei** weitgehend **rechtlos stellen** würden, wie zB die Annahme eines Tauschvertrages zwischen zwei Sicherungsgebern, wenn diese bereits gegenüber dem Sicherungsnehmer zum Tausch verpflichtet sind und daher eine doppelte Verpflichtung eingehen würden (BGH NJW 2000, 2508, 2510). Entsprechendes gilt für die Annahme eines aufschiebend bedingten Vertrages, der vertragliche Schadensersatzansprüche gerade in dem als regelungsbedürftig angesehenen Verzugsfall ausschließen würde (zB BGH NJW-RR 1998, 801, 802 f), oder für eine Auslegung, die das von der Partei erklärte oder sonst erkennbar zum Ausdruck gebrachte **Ziel der Willenserklärung verfehlt** wie zB bei der wortlautgetreuen Auslegung des „Rücktritts" im technischen Sinne, da diese vor dem Inkrafttreten des § 325 nF einen gleichzeitig geltend gemachten Schadensersatzanspruch vereitelt hätte (dazu oben Rn 47). Aus der Interessenlage kann sich

Titel 2 § 133
Willenserklärung 54

ergeben, dass Rechtsgeschäfte auch **gegen den eindeutigen Wortlaut ausgelegt** werden müssen. Wird zB eine *Bürgschaft auf erstes Anfordern* als Kreditsicherheit vereinbart, obwohl das spezifische Bedürfnis für dieses üblicherweise zur Liquiditätssicherung im Außenhandel verwendete Sicherungsinstrument überhaupt nicht besteht, führt eine interessengerechte Auslegung zu dem Ergebnis, dass lediglich eine gewöhnliche Bürgschaft übernommen wurde (BGH NJW 1994, 1546, 1547).

Der Interpret muss sich um eine **„nach allen Seiten interessengerechte Beurteilung"** 54 und darf insbesondere nicht wesentliche Interessen übergehen (BGHZ 131, 136, 138; 137, 69, 72; 149, 337, 353; 150, 32, 39; 152, 153, 156; BGH NJW 2000, 2099; 2000, 2508, 2509 ff; 2002, 506; 2002, 747, 748; NJW-RR 2003, 1053, 1054; 2005, 34, 36; 2007, 1309, 1310; 2010, 773, 774; ZIP 1985, 921, 922; WM 1999, 2171, 2173 f; 2003, 795, 797; 2011, 889, 891; 2011, 993, 896; 2011, 909, 911; 2011, 914, 916; GRUR 2003, 545, 546; OLG Hamm NJW 2011, 1606, 1608; Prütting/Wegen/ Weinreich/Ahrens Rn 40; Leipold, AT § 15 Rn 17). Die im *Fenster-Fall* BGH LM Nr 17 zu § 133 (C) (vgl dazu oben Rn 19) unter Nachbarn getroffene Vereinbarung, dass in den Gebäudewänden des A, soweit sie dem Grundstück des B zugekehrt sind, keine „Fenster" angebracht werden dürfen, hatte das Berufungsgericht so verstanden, dass der Einbau von *Glasbausteinen* nicht von dem Verbot erfasst sei. Ausschlaggebend war dabei der vermutete Zweck der Regelung, Einblicke und Einwirkungen vom Nachbargrundstück aus zu vermeiden. Der BGH beanstandete diese Auslegung mit Recht, weil die angeführte Zweckbestimmung nicht bewiesen war, vor allem jedoch, weil diese Interpretation zur Folge hätte, dass die künftige Bebaubarkeit des geschützten Grundstücks aufgrund bestehender baurechtlicher Vorschriften erheblich eingeschränkt und somit ein wesentliches Interesse des Klägers beeinträchtigt würde (zust Flume, AT II § 16, 3 f = S 319). Die auf eigene Initiative von einer Spielbank verhängte **Spielsperre** dient ausschließlich ihrem eigenen Interesse, unwillkommene Gäste vom Spiel auszuschließen (zur Rechtfertigung des Verbots vgl BGH ZIP 1994, 1274, 1275 f). Insofern verbietet sich in diesem Fall die Auslegung, dass die Spielbank diesem gegenüber die Verpflichtung eingeht, die Einhaltung des Verbots durchzusetzen und zu überwachen. Anders verhält es sich jedoch, wenn die Spielbank einem Antrag des Spielers entspricht, da sie damit zum Ausdruck bringt, dass sie einem von ihr als berechtigt erkannten Individualinteresse des Spielers, der seine Spielsucht bekämpfen und sich „vor sich selbst schützen" will, Rechnung tragen will (BGHZ 165, 276, 280; 174, 255, 258; Peters, Die Selbstsperre des Glücksspielers, JR 2002, 177, 180 f; Gursky, Anm EWiR § 157 BGB 1/96, 11, 12; **aA** noch BGHZ 131, 136, 139). Führt die teleologische Auslegung zu keinem eindeutigen Ergebnis, weil zur Verwirklichung des angestrebten Erfolges mehrere „interessengerechte" Regelungen in Betracht kommen, muss man sich an den Wortlaut halten (zutr Palandt/Ellenberger Rn 18). Eine *Bürgschaft* kann daher nicht in einen Schuldbeitritt umgedeutet werden, nur weil der Sicherungsgeber ein eigenes wirtschaftliches Interesse an den Leistungen des Gläubigers hat – und umgekehrt (BGH LM Nr 7 zu § 133 [B]; 34 zu § 133 [C]; vgl bereits oben Rn 9). Die nachträgliche Analyse der beiderseitigen Interessenlage führt auch dann nicht zu gerechten Ergebnissen, wenn vom begünstigten Vertragspartner zu erwarten ist, dass sich *dieser* klar und unmissverständlich ausdrückt. Ist zB in einem Darlehensvertrag zwischen einer Gesellschaft bürgerlichen Rechts und ihrem Gläubiger, der der Finanzierung eines geschlossenen **Immobilienfonds** dient, die Haftung der Gesellschafter auf den ihrer Beteiligungsquote entsprechenden Teil beschränkt (sog **quotale Haftung**), entspricht es laienhaftem Verständnis, dass sich die anteilige Schuld verringert, wenn es zu Tilgungsleistungen oder der Verwertung von Sicherheiten kommt. Nach der Rechtsprechung des BGH bedarf es dazu jedoch eindeutiger Vereinbarungen, weil sich eine Anrechnung weder aus dem Wortlaut des Darlehensvertrages noch aus der beiderseitigen Interessenlage ergebe. Sofern der Darlehensvertrag keine Verwertungsreihenfolge vorschreibt, hinge eine quotale Berücksichtigung von Tilgungsleistungen von dem Zeitpunkt ab, zu dem die Gesellschafter in Anspruch genommen würden. Ein vorsichtiger Gläubiger müsste folgerichtig zunächst die Gesellschafter in Anspruch nehmen und erst dann die dingliche Sicherheit verwerten; das liege jedoch nicht im beiderseitigen Interesse (BGH NJW 2011, 2040, 2044 f; 2011, 2045, 2047). Mit Blick auf die strukturelle Unterlegenheit der Gesellschafter gegenüber den Initiatoren des Fonds und der zur Finanzierung eingeschalteten Bank dürfte es jedoch näher liegen, von diesen eine klare und eindeutige Formulierung im Gesellschafts- und Darlehensvertrag zu verlangen, nicht von den Anlegern (zur **Auslegung contra proferentem** bei struktureller Unterlegenheit einer Vertragspartei unten Rn 63, 73). Teleologische Auslegung darf sich **nicht in Widerspruch zum erklärten Willen** der Parteien setzen (vgl BGHZ 90, 69, 77; BGH NJW 1995, 1212, 1213 betr ergänzende Vertragsauslegung, dazu auch Rn 48). Das bei einer **Internet-Versteigerung** vom Anbieter stammende, nach den AGB des Versteigerers verbindliche „Angebot", an den Meistbietenden zu verkaufen, kann daher nicht im Wege der Auslegung dahingehend eingeschränkt werden, dass ein bestimmter Mindestpreis erzielt werden müsse (BGH NJW 2002, 363, 364; OLG Hamm NJW 2001, 1142, 1144; RÜFNER JZ 2000, 715, 717 f; WIEBE MMR 2000, 323, 327; GAUL WM 2000, 1783, 1792; ULRICI JuS 2000, 947, 949 f; ders NJW 2001, 1112, 1113; SCHÖNE/VOWINCKEL Jura 2001, 680, 683; **aA** LG Münster JZ 2000, 730, 731; zum Widerrufsrecht des Verbrauchers Vorbem 57 zu §§ 116 ff; zur Irrtumsanfechtung § 119 Rn 35 ff).

b) Vernünftige und gesetzeskonforme Auslegung

55 Auf dem **Erfahrungssatz**, dass die Parteien eine Regelung treffen wollen, die nach den Maßstäben der Rechtsordnung **vernünftig** ist (Rn 52), beruhen eine Reihe weiterer **Auslegungsgrundsätze**. Dazu gehört die Regel, dass die Parteien eines Vertrages keine Regelung treffen wollen, für die *kein Anlass* besteht (BGH NJW 2000, 2508, 2511; AG Köln NZA 1999, 269) oder die *in sich widersprüchlich* (BGH NJW 1993, 1976, 1978; 2003, 743; 2004, 1240), *unwirksam* (BGHZ 152, 153, 158 f; BGH NJW 1994, 1537, 1538; 2011, 1666, 1667; NJW-RR 1989, 254, 255) sowie ganz oder teilweise *ohne rechtserhebliche Bedeutung* ist (BGH NJW 1992, 243; 1998, 2966; 2005, 2618, 2619). Aus diesem Grunde hat der BGH angenommen, dass der durch Anruf bei einer **Anwaltshotline** zustande gekommene Beratungsvertrag im Zweifel mit dem den Anruf entgegen nehmenden Rechtsanwalt zustande kommt und nicht mit dem – zur Rechtsberatung nicht befugten – Betreiber der Hotline (BGHZ 152, 153, 158 f). **Ungewöhnliches Verhalten** darf insbesondere bei Erklärungen von Rechtskundigen nicht unterstellt werden. Daher hat der BGH das von einer Rechtsanwältin erklärte Einverständnis mit einer Abstammungsbegutachtung mit Recht nur als rechtlich unverbindliche Absichtserklärung und nicht als rechtsgeschäftliche Verpflichtung gewertet, weil nicht unterstellt werden kann, dass die Anwältin ohne entsprechende Vollmacht eine verpflichtende Erklärung von solch erheblicher Tragweite abgibt (BGH NJW 2007, 912 f). An die Auslegung einer Erklärung als **Erlass** oder **Verzicht** sind strenge Anforderungen zu stellen (vgl auch unten Rn 63). Selbst bei eindeutig scheinender Erklärung darf ein Verzicht nicht ohne Berücksichtigung aller Begleitumstände angenommen werden (BGH NJW 2002, 1044, 1066). Wenn ein Rechtsanwalt bei der Abrechnung einer Verkehrsunfallregulierung in seiner Kostennote auf das DAV-Abkommen Bezug nimmt, kann daraus im Allgemeinen nicht der Schluss gezogen werden, dass er zugleich auf

materiell-rechtliche Ansprüche seines Mandanten verzichtet (BGH NJW 2006, 1511, 1512; 2007, 368, 369). Auch bei der Auslegung von Verzichtserklärungen in **Ausgleichsquittungen** (dazu ausf § 119 Rn 14 f) ist in besonderem Maße darauf zu achten, ob die Begleitumstände gegen einen Verzichtswillen des Arbeitnehmers sprechen (BAG NJW 2008, 461, 462). Aus den gleichen Erwägungen sollte die wiederholte, jahrelang unbeanstandete Zahlung ungerechtfertigter **Nebenkosten** durch den Mieter nicht als stillschweigende Änderung des Mietvertrages interpretiert werden (so aber BGH NJW-RR 2000, 1463 f; LG Heilbronn NJW-RR 2004, 660). Warum sollte der Mieter mit ungerechtfertigten Nebenkostenpositionen einverstanden sein? Auf einem anderen Blatt steht, dass der Vermieter für die Vergangenheit – nicht aber für die Zukunft – Vertrauensschutz genießen sollte (zur Verwirkung bei Fehlinterpretationen ausf SINGER, Verbot 182 ff). **Essensreste**, die von einem Gast im Restaurant zurückgelassen werden, sind nicht herrenlose Sachen, sondern bleiben im Besitz des Gastwirts, der sich diese – ggf mittels des Personals – aneignet. Die Gegenauffassung (SCHALL, Maultaschen im Sachenrecht, NJW 2010, 1248, 1250) berücksichtigt nicht, dass der Gastwirt schon im Hinblick auf die erforderliche Entsorgung einen Aneignungswillen hat und Mitarbeiter daher nicht ohne weiteres annehmen dürfen, dass ihnen diese zur Aneignung überlassen werden.

Eine weitere Regel lautet, dass sich die Parteien im Zweifel **redlich und folgerichtig** 56 verhalten (BGH WM 1986, 322, 324; LÜDERITZ 343 ff, 356 ff; LARENZ, AT § 19 IV b = S 359; LARENZ/WOLF, AT § 28 Rn 43, 45; PALANDT/ELLENBERGER Rn 26; HAGER, Auslegung 137; vgl auch LG Darmstadt NJW 1989, 2067; BayObLG NVwZ 1998, 727, 728). Auch dieser Erfahrungssatz darf nicht starr und schematisch gehandhabt werden, sondern muss im Zusammenhang mit allen Begleitumständen gewürdigt werden. Wenn zB der Kunde einer Kfz-Reparaturwerkstatt seinen Porsche in einer Metallic-Farbe neu lackieren will und nach längeren Verhandlungen mit dem Meister über den Preis schließlich erklärt: „Dann machen Sie es halt *schwarz*!", darf der Werkunternehmer angesichts der mehrdeutigen Formulierung und Begleitumstände nicht ohne Nachfrage darauf vertrauen, dass der Kunde keine **Steuerhinterziehung** beabsichtige, sondern sein Fahrzeug in schwarzer Farbe lackiert haben wolle (vgl zu diesem in der Fernsehsendung *RTL Explosiv* präsentierten „Fall" HOEREN/HILDERINK JuS 1999, 668, die mit Recht an dessen Authentizität zweifeln; der Fall geistert anscheinend in Journalisten-Archiven herum und war als angeblicher Rechtsstreit vor dem Rosenheimer Amtsgericht schon einmal Gegenstand eines Presseberichts, vgl Münchner Abendzeitung vom 16. 3. 1994). Der Erfahrungssatz, dass sich die Menschen im Allgemeinen rechtstreu verhalten, ist zwar eine wichtige Auslegungshilfe (nicht nur – wie HOEREN/HILDERINK JuS 1999, 668, 669 meinen – eine Frage des § 134), führt aber *hier* nicht zu einem eindeutigen Auslegungsergebnis, weil Fall und Begleitumstände in hohem Maße zwielichtig erscheinen. Vertrauen wäre *hier* in der Tat fehl am Platze.

Unterbreitet der Schuldner dem Gläubiger ein abschließendes Vergleichsangebot, 57 das je nach Sachlage einen erheblichen Teilerlass beinhaltet, und übersendet er gleichzeitig einen Scheck zur Vertragserfüllung mit der Bestimmung, dass dieser nur bei Annahme des Vergleichsangebotes eingelöst werden darf, handelt es sich möglicherweise um eine sog **Erlass-Falle**, bei der die Schutzwürdigkeit des Schuldners kritisch zu hinterfragen ist. So ist zunächst genau zu prüfen, ob überhaupt ein Angebot auf Abschluss eines Erlassvertrages vorliegt (BGH NJW 2001, 2325 f). Die Vermutung, dass sich der Gläubiger als Angebotsempfänger redlich verhalte (BGH

WM 1986, 322, 324), hat im Regelfall nur dann eine solide Grundlage, wenn der angebotene Teilerlass das Ergebnis einvernehmlicher und alle wichtigen Punkte umfassenden Vergleichsverhandlungen darstellt (BGH NJW 1995, 1281 f). Dagegen ist die Vermutung des Annahmewillens widerlegt, wenn das Angebot für den Gläubiger eine Überraschung darstellt, etwa weil zwischen dem Betrag der Gesamtforderung und der Abfindungssumme ein krasses Missverhältnis besteht oder der Vergleichsvorschlag keine Grundlage in vorausgegangenen Verhandlungen hat (BGH NJW 2001, 2324; OLG Jena VersR 2001, 980, 981; OLG Dresden WM 1999, 487; 1999, 488, 489; 1999, 949, 951; OLG Karlsruhe WM 1999, 490, 491; ZIP 2000, 534, 536; OLG Hamburg ZIP 1988, 835, 836; RANDOW, Die Erlassfalle, ZIP 1995, 445, 448 f; FRINGS, Die „Vergleichsfalle" als Fall der Auslegung annahmeloser Annahmeerklärungen nach § 151 S 1 BGB, BB 1996, 809, 810 f; ECKARDT, Annahme des Erlassangebots durch Scheckeinlösung, BB 1996, 1945, 1951 f; SCHNEIDER, Neue Rechtsprechung zur „Erlassfalle", MDR 2000, 857 f; SCHÖNFELDER, Die Erlassfalle – ein unmoralisches Angebot?, NJW 2001, 492, 494; STAUDINGER/BORK [2010] § 151 Rn 18; PALANDT/ELLENBERGER § 151 Rn 2a; aA noch BGH WM 1986, 322, 324). Die Vermutung, dass der Gläubiger mit Einlösung des Schecks seinen Annahmewillen betätige (dafür zB OLG Hamm NJW-RR 1998, 1662), ist ferner entkräftet, wenn sich der Empfänger gegen die Deutung seines Verhaltens spätestens bei Einlösung des Schecks verwahrt (BVerfG NJW 2001, 1200; BGHZ 111, 97, 102 f; BGH NJW-RR 1987, 937; OLG Celle NJW-RR 1992, 884 f). Eine **protestatio facto contraria** ist daher durchaus beachtlich (vgl auch Rn 59 f). Darüber hinaus bestehen grundsätzliche Zweifel, ob es unabhängig von solchen Besonderheiten des Einzelfalles in der Macht des Anbietenden liegen soll, die Bedeutung des Empfängerverhaltens *einseitig* festzulegen. Bei der Erklärungswirkung des **Schweigens** wird dies zu Recht abgelehnt (Vorbem 61 zu §§ 116 ff). Aus eben diesem Grunde müssen bei der Auslegung von Willenserklärungen solche Begleitumstände außer Betracht bleiben, die sich im Ergebnis als „aufgedrängte" Fiktion einer Willenserklärung und damit als Fremdbestimmung darstellen (vgl auch MEDICUS, AT Rn 393a; OLG Dresden WM 1999, 949, 951). Insofern sollte die bloße Einlösung eines vom Schuldner übermittelten Schecks in den vorliegend geschilderten Fällen grundsätzlich nicht als Manifestation des Annahmewillens gewertet werden (abl auch OLG Jena VersR 2001, 980, 981; LANGE, Die Erlass- bzw Vergleichsfalle, WM 1999, 1301, 1305).

58 Um eine ähnliche Manipulation des Vertragsabschlusses handelt es sich in jenen Fällen, in denen Kunden eine **in die äußere Form einer Rechnung gekleidete Offerte** gemacht wird in der Hoffnung, dass der unaufmerksame Empfänger zahlt, weil er sich irrtümlich für verpflichtet hält. Auch wenn aus dem Kleingedruckten hervorgeht, dass erst mit der Bezahlung ein Vertrag zustande kommen soll, darf sich der auf die Unaufmerksamkeit möglichst vieler Empfänger spekulierende und daher bösgläubige Offerend nicht auf das erschlichene Einverständnis berufen (AG Hannover NJW-RR 1998, 267; wettbewerbsrechtlich verstoßen solche Offerten gegen § 1 UWG, vgl BGHZ 123, 330, 334; BGH NJW 1995, 1361, 1362 f; vUNGERN-STERNBERG, Kundenfang durch rechnungsähnlich aufgemachte Angebotsschreiben, WRP 2000, 1057; strafrechtlich handelt es sich um Betrug, vgl BGH NJW 2001, 2187, 2188 f m Bspr MARTIN JuS 2001, 1031; LOOS JR 2002, 77; BAIER JA 2002, 364; KRACK JZ 2002, 613). Entsprechendes gilt für Offerten, die beim flüchtigen Leser den Eindruck erwecken sollen, es handle sich um einen **Korrekturabzug** (AG Leonberg NJW-RR 2002, 855; AG Frankfurt/M NJW-RR 2001, 913, 914; aA AG Bruchsal NJW-RR 2001, 274 f) sowie für die verbreiteten **„Kostenfallen" im Internet**, bei denen der Betreiber durch die geschickte Aufmachung der Internetseite verschleiert, dass ein Mausklick das Zustandekommen eines Vertrages bewirken soll.

Auch hier scheitert der Vertrag schon daran, dass der Betreiber bei der gebotenen normativen Betrachtung das angebliche Einverständnis des Nutzers nicht als Ausdruck eines auf Abschluss eines Rechtsgeschäfts gerichteten Willens auffassen darf (BUCHMANN/MAJER/HERTFELDER/VÖGELEIN, Vertragsfallen im Internet – Rechtliche Würdigung und Gegenstrategien, NJW 2009, 3189, 3190; LEENEN § 5 Rn 60). Ein Gesetzentwurf der Bundesregierung vom 24. 8. 2011 sieht vor, dass durch das Anklicken einer Schaltfläche im Internet nur dann ein Vertrag zustande kommen soll, wenn der Kunde auf die Kostenfolge durch unmissverständliche Hinweise aufmerksam gemacht wird (BR-Drucks 525/11). Das ist nicht unproblematisch, weil bei einem versehentlichen Anklicken ein Irrtum kaum zu beweisen ist und der Verbraucher einen gleichwohl fehlenden Rechtsbindungswillen nicht mehr plausibel darstellen kann.

c) Treu und Glauben contra Selbstbestimmung („protestatio facto contraria non valet")?

Die allgemeine Auslegungsmaxime, dass sich die Parteien im rechtsgeschäftlichen Verkehr redlich verhalten, bildet auch eine der Säulen, auf denen das Sprichwort „protestatio facto contraria non valet" beruht. Als Schulbeispiel gilt der **Hamburger Parkplatzfall** (BGHZ 21, 319 m Anm WIEACKER JZ 1957, 61; MEDICUS/PETERSEN, BürgR Rn 191), in dem der BGH einen verbindlichen, entgeltlichen Vertrag über die Parkplatzbenutzung annahm, obwohl die Kraftfahrerin bei Beginn des Parkens dem anwesenden Ordner gegenüber zum Ausdruck gebracht hatte, dass sie die Bewachung ihres Fahrzeugs und die Bezahlung des Entgelts ablehne. Der BGH ging zwar davon aus, dass zwischen den Parteien kein „Vertrag durch übereinstimmende Willenserklärungen" zustande gekommen sei, hielt dieses Ergebnis jedoch vor allem wegen der Unzulänglichkeiten des Bereicherungs- und Deliktsrechts für unbefriedigend. Im Anschluss an die Lehren von HAUPT (Über faktische Vertragsverhältnisse [1941], 27 ff; ders, in: FS Siber II [1943] 5 ff) und TASCHE (Vertragsverhältnis nach nichtigem Vertragsschluss?, JherJb 90 [1943] 101, 128 ff), die von LARENZ unter der Bezeichnung „**Schuldverhältnisse aus sozialtypischem Verhalten**" (SchR I, § 4) übernommen und weiterentwickelt wurden (dazu eingehend LAMBRECHT, Die Lehre vom faktischen Vertragsverhältnis [1994]; STAUDINGER/OLZEN [2009] § 241 Rn 94 ff), hielt es der V. Zivilsenat ebenfalls für möglich, unter den Bedingungen des damaligen „Massenverkehrs" Vertragswirkungen ohne Vertrag zu begründen und behandelte die Parkplatzbenutzerin trotz ihres entgegenstehenden Willens so, als hätte sie einen Vertrag geschlossen (aaO 333 f). Dazu ist vorab klarzustellen, dass die Inanspruchnahme einer üblicherweise gegen Entgelt angebotenen Leistung durchaus grundsätzlich als konkludente Willenserklärung aufgefasst werden kann, so dass viele Fälle rechtsgeschäftlich gelöst werden können (zB BGH NJW 1965, 387; WM 1976, 929, 930; NJW 1983, 1777; 2003, 3131; NJW-RR 2004, 928; 2005, 639; zu den Grenzen dieses Konzepts bei unaufgefordert erbrachter Maklertätigkeit BGHZ 99, 393, 399). Indessen versagt dieser Ansatz, wenn der Angebotsempfänger deutlich zum Ausdruck bringt, dass er keinen Vertrag schließen will wie zB beim Diebstahl (TEICHMANN, in: FS Michaelis [1972] 294), bei der Leistungserschleichung (BGHZ 55, 128; anders noch BGHZ 23, 175, 177 f) oder ausdrücklichen Verwahrung gegen den Vertragsschluss (LARENZ/WOLF, AT § 30 Rn 26; MünchKomm/KRAMER Vor § 116 Rn 26; SOERGEL/HEFERMEHL vor § 116 Rn 39; F BYDLINSKI, Privatautonomie 96 ff; TEICHMANN aaO; KÖHLER JZ 1981, 464, 467; aA BGHZ 21, 319, 333 ff; BGH MDR 2000, 956, 957; PALANDT/ELLENBERGER Einf v § 145 Rn 26; STAUDINGER/BORK [2010] Vorbem 39 zu §§ 145–156). Der Spruch, dass Worte nicht durch Taten Lügen gestraft werden dürfen (MünchKomm/BUSCHE Rn 53), verdient als Auslegungsregel jedenfalls keine allgemeine Anerkennung, da er die Privatautonomie des Handelnden missachtet (vgl auch unten Rn 60).

60 In der weiteren Entwicklung wurde rasch deutlich, dass die Lehre vom sozialtypischen Verhalten mit dem Grundsatz der **Vertragsfreiheit** nicht zu vereinbaren ist und zudem wegen der zwangsläufigen Geltung der §§ 104 ff zu wenig Handhabe bietet, um die erwünschte – im Ergebnis aber nicht haltbare – Haftung bei Beförderungserschleichungen durch Minderjährige zu begründen (Flugreise: BGHZ 55, 128, 134 ff; dazu CANARIS JZ 1971, 560, 562; MEDICUS FamRZ 1971, 250, 252; STAUDINGER/LORENZ [2007] § 819 Rn 10; MünchKomm/KRAMER Einl Buch 2 Rn 63 ff – Erhöhtes Beförderungsentgelt für minderjährige Schwarzfahrer: LG Bremen NJW 1969, 2360 f; AG Köln NJW 1987, 447; dagegen mit Recht AG Hamburg NJW 1987, 448; MEDICUS/PETERSEN, BürgR Rn 190; WINKLER VON MOHRENFELS, Der minderjährige Schwarzfahrer, JuS 1987, 692, 694; HARDER, Minderjährige Schwarzfahrer, NJW 1990, 857, 858; einen Vertragsschluss generell ablehnend TRITTEL, „Erhöhtes Beförderungsentgelt" bei Schwarzfahrten, BB 1980, 497, 500 f). Nachdem zuletzt auch LARENZ seine Lehre vom sozialtypischen Verhalten aufgegeben hat (AT7, § 28 II), wird in neueren Urteilen das gleiche Ergebnis mit der angeblichen Unbeachtlichkeit der sog *„protestatio facto contraria"* und dem **Verbot widersprüchlichen Verhaltens** begründet. Wer eine Leistung in Anspruch nehme, die im Allgemeinen nur gegen Entgelt erbracht werde, müsse den „objektiven Erklärungswert" des Verhaltens „gegen sich gelten lassen", behauptete unlängst der VI. Zivilsenat des BGH (MDR 2000, 956, 957 betr Krankenhausleistungen trotz Widerspruchs des Patienten gegen die Zahlungspflicht). „Zeigt nämlich jemand ein Verhalten, das nach Treu und Glauben und der Verkehrssitte nur als Ausdruck eines bestimmten Willens aufgefasst werden kann, so ist seine wörtliche Verwahrung gegen eine entsprechende Deutung des Verhaltens unbeachtlich, denn er setzt sich in Widerspruch mit seinem eigenen tatsächlichen Verhalten (sog *protestatio facto contraria*) und hat durch sein tatsächliches Verhalten die Geltendmachung einer anderweitigen Auslegung verwirkt". Diese Begründung vermag schon deshalb nicht zu überzeugen, weil das Sprichwort *„protestatio facto contraria non valet"* von der höchstrichterlichen Rechtsprechung selbst nicht durchgängig beachtet wird. So lässt diese den Gläubiger mit Recht nicht in die ihm vom Schuldner gestellte Erlassfalle tappen, wenn er sich vor oder bei Einlösung des Schecks gegen den dadurch hervorgerufenen Anschein eines Teilverzichts verwahrt hat (dazu ausf oben Rn 57). Dass eine solche *protestatio facto contraria* beachtlich ist, ist in der Tat ein elementares Gebot der **Vertragsfreiheit**. Da es den Parteien frei gestellt ist, ob und mit wem sie Verträge abschließen, kann es auch nach den Grundsätzen von Treu und Glauben (§ 242) prinzipiell (zu Ausnahmen vgl STAUDINGER/BORK [2010] Vorbem 15 ff zu §§ 145–156) keine Rechtspflicht zu einem solchen Vertragsschluss geben. **Widersprüchliches Verhalten** ist im Übrigen entgegen verbreiteter Ansicht nicht per se verboten, sondern höchstens dann, wenn jemand auf konsequentes Verhalten des Handelnden vertraut und auch vertrauen darf (DETTE, Venire contra factum proprium nulli conceditur [1985] 61; SINGER, Verbot 73 f, 77 f und 179 f; ders NZA 1998, 1309, 1311 f; MARTINEK JZ 1996, 470, 471; aA PALANDT/ELLENBERGER § 242 Rn 57; MünchKomm/ROTH § 242 Rn 255 ff; BGHZ 50, 191, 196; 130, 317, 375; BAG AP Nr 159 zu § 242 Ruhegehalt; Nr 7 zu § 4 BetrVG 1972; BAG NZA 1998, 420, 421). Davon kann in jenen Fällen aber gerade keine Rede sein, da ja die Ablehnung des Vertragsschlusses und der Leistungsbereitschaft mit aller Deutlichkeit zum Ausdruck kommt. Der Satz *„protestatio facto contraria non valet"* hat somit weder als Rechtsregel noch als Auslegungsmaxime eine Grundlage im geltenden Recht

(MEDICUS/PETERSEN, BürgR Rn 191; TEICHMANN, in: FS Michaelis [1972] 294, 297 ff; SINGER, Verbot 51).

d) Gesetzes-, verfassungs- und richtlinienkonforme Auslegung

Auf dem Erfahrungssatz, dass sich die Parteien im Zweifel um einen redlichen Inhalt 61 der Rechtsgeschäfte bemühen (oben Rn 56), beruht auch das **Gebot gesetzeskonformer Auslegung**. Nach dieser Auslegungsmaxime, die bei letztwilligen Verfügungen dem erklärten Willen des Gesetzgebers entspricht (§ 2084), ist im Zweifel die Auslegung vorzuziehen, die nicht zur Nichtigkeit des Rechtsgeschäfts führt (BGHZ 152, 153, 159; HAGER, Auslegung 31 ff; PALANDT/ELLENBERGER Rn 25). In diesem Sinne gilt auch ein **Gebot verfassungskonformer Auslegung** von Verträgen (MünchKomm/BUSCHE § 157 Rn 13; MEDICUS, AT Rn 310; BAGE 54, 113, 127). Diesem korrespondiert die Maxime **gemeinschafts- bzw richtlinienkonformer** Auslegung, die freilich bisher – soweit ersichtlich – nicht für die hier in Frage stehende Vertragsauslegung relevant geworden ist, sondern ausschließlich als Richtschnur für die Auslegung von Gesetzen (EuGH, Rs 14/83, *von Colson und Kamann*, Slg 1984, 1891, 1909, Rn 26; Rs C-106/89, *Marleasing*, Slg 1990, I-4135, 4159, Rn 8; Rs C-91/92, *Faccini/Dori*, Slg 1994, I-3347, 3356, Rn 26; Rs C-397/01, *Pfeiffer*, Slg 2004, I-8835, Rn 113; MünchKomm/BUSCHE Rn 26). Seine Rechtfertigung findet dieser Auslegungsgrundsatz in der Pflicht zur Rechtstreue, die für Gesetzgeber und Rechtssubjekte gleichermaßen Beachtung beansprucht. Zu den anerkannten Maximen bei der **Auslegung des Gemeinschaftsrechts** gehört der Grundsatz des „**effet utile**". Danach sind Gemeinschaftsnormen möglichst so auszulegen, dass diese „volle" oder „praktische" Wirksamkeit erlangen. Aus diesem Grunde war der Gesetzgeber zB gezwungen, der Richtlinie zur Gleichbehandlung von Männern und Frauen (76/207/EWG v 29. 2. 1976, AblEG Nr L 39/40; geändert durch RL 2002/73/EG v 23. 9. 2002, AblEG Nr L 269/153) zur vollständigen Wirksamkeit zu verhelfen und durfte diskriminierte Bewerber nicht mehr lediglich symbolhaft mit dem Ersatz der Bewerbungskosten entschädigen (EuGH, Rs 14/83, *von Colson und Kamann*, Slg 1984, 1891, 1909 Rn 28; weiteres Bsp EuGH, Rs C-6/90, *Francovich*, Slg 1991, I-5357, 5414 f, Rn 33 u 39; STREINZ, Europarecht Rn 570 u 798). In den vorliegenden Zusammenhang gehört auch die vom BAG angestellte Vermutung, dass sich **Arbeitgeber des öffentlichen Dienstes** im Zweifel **tarifkonform** verhalten (BAGE 6, 59, 62; 37, 228, 234; 38, 291, 297; 52, 33, 49 f; 59, 73, 85; AP Nr 121 zu § 242 BGB Ruhegehalt; AP Nr 31 zu § 75 BPersVG; einschränkend BAGE 51, 115, 118; vgl dazu auch Vorbem 55 zu §§ 116 ff). Daraus folgt zwar im Regelfall, dass öffentliche Arbeitgeber im Zweifel die tarifgerechte Vergütung bezahlen wollen, doch gilt dies nicht, wenn sich die Parteien in einem individuellen Vergleich, der die Weiterbeschäftigung des gekündigten Arbeitnehmers vorsieht, ausdrücklich auf eine abweichende, nicht den Merkmalen der betreffenden Tätigkeit entsprechende Vergütungsgruppe (im Fall BAG NJW 2005, 524: Vergütungsgruppe Ib statt Ia BAT) verständigt haben.

e) Geltungserhaltende Reduktion

Von der gesetzeskonformen Auslegung ist die umstrittene **geltungserhaltende Re-** 62 **duktion nichtiger Rechtsgeschäfte** auf ihren angemessenen oder gerade noch zulässigen Inhalt zu unterscheiden (dafür HAGER, Auslegung 132 ff; ders, JuS 1985, 264 ff; ders, JZ 1996, 175 ff; ROTH JZ 1989, 411 ff; ders, in: STAUDINGER [2010] § 139 Rn 3; STAUDINGER/SACK [2003] § 134 Rn 89 ff u § 138 Rn 109 ff; differenzierend CANARIS, in: FS Steindorff [1990] 536 ff u 547 ff; MünchKomm/BASEDOW § 306 Rn 12 ff; **aA** hM, grdl BGHZ 84, 109, 115 ff; seither stRspr, vgl noch BGHZ 96, 18, 25 f; 106, 259, 267; 114, 338, 342 f; 124, 371, 375; 125, 343, 348 f; ZIMMERMANN,

Richterliches Moderationsrecht 80 ff; LINDACHER, in: WOLF/LINDACHER/PFEIFFER, AGB-Recht § 306 BGB Rn 26 ff; H SCHMIDT, in: ULMER/BRANDNER/HENSEN, AGB-Recht § 306 BGB Rn 14 ff; ders, Vertragsfolgen der Nichteinbeziehung und Unwirksamkeit von AGB [1986] 107 ff; STAUDINGER/SCHLOSSER [2006] § 306 Rn 22 ff). Auch wenn im Grenzbereich die Übergänge eher fließend sind (vgl HAGER, Auslegung 132 ff; MünchKomm/BASEDOW § 306 Rn 15 f), handelt es sich bei der geltungserhaltenden Reduktion der Sache nach um Rechtsgestaltung, nicht mehr um Auslegung (ebenso HONSELL ZHR 148 [1984] 298, 302; ROTH JZ 1989, 411, 417; s a KRAMPE AcP 194 [1994] 19 u 41). Von (erläuternder) Auslegung kann nur die Rede sein, wenn das Auslegungsergebnis unter Berücksichtigung aller Nebenumstände noch als Ausdruck autonomer Selbstbestimmung aufgefasst werden kann. Bei der gesetzeskonformen Auslegung ist das durchaus der Fall, da und soweit diese mit dem Erfahrungssatz arbeitet, dass die Parteien eine rechtlich erlaubte und wirksame Regelung treffen wollen (HAGER, Auslegung 137). Verbietet der Vertrag zweier Konkurrenten das „Eindringen in den Kundenkreis" und verstieße ein Verbot, das auch die passive Entgegennahme von Bestellungen durch Kunden des Vertragspartners umfasst, gegen § 1 GWB, dann spricht die Vermutung für einen gesetzeskonformen Inhalt des Vertrages, so dass nur aktives Abwerben von Kunden als „Eindringen" zu verstehen ist (OLG Düsseldorf WuW 1974, 645, 647; MünchKomm/BUSCHE § 157 Rn 14; weitere Bsp gesetzeskonformer Auslegung: BGHZ 87, 246, 252; BGH NJW 1985, 53, 54). Bereits um heteronome Gestaltung handelt es sich aber, wenn das Auslegungsergebnis wenigstens zum Teil in **Widerspruch** steht **zu anderen Auslegungskriterien**, insbesondere dem Wortlaut der Erklärung (BGH NJW 1985, 53, 54; NJW 1986, 1803, 1804), weil dann nicht mehr der Schluss gezogen werden kann, die gesetzeskonforme Regelung entspringe dem wirklichen Willen des Erklärenden. Wo empirischer Wille unwahrscheinlich ist, kann nicht mehr ausgelegt werden (LÜDERITZ, Auslegung 355; abw HAGER, Auslegung 139 f). So besteht etwa bei der ergänzenden Auslegung eines Neuwagenkaufvertrages, die dem Verwender an Stelle der nichtigen **Tagespreisklausel** ein Leistungsbestimmungsrecht und dem Kunden ein Rücktrittsrecht einräumt, kein greifbarer Anhaltspunkt oder Erfahrungssatz, der auf einen entsprechenden tatsächlichen Willen der Beteiligten schließen ließe. Insofern handelt es sich hier eindeutig um heteronome Ergänzung eines durch Nichtigkeit einer Klausel unvollständig gewordenen Vertrages. Diese mag eine sinnvolle und interessengerechte Lösung des durch die Nichtigkeitsfolge ausgelösten Konflikts sein (in diesem Sinne BGHZ 90, 69, 78 f), kann aber nicht mehr mit „*vernünftiger*" Vertragsauslegung (vgl dazu BGHZ 79, 16, 18; 98, 303, 312 f; oben Rn 52, 55), sondern nur mit vernünftiger Gesetzesauslegung begründet werden. Im Kern geht es um das objektive Bedürfnis, eine überschießende, vom Schutzzweck der verletzten Norm nicht geforderte Totalnichtigkeit zu vermeiden (vgl BGHZ 134, 19, 36 im Anschluss an P BYDLINSKI WM 1992, 1301, 1306). Nicht um Vertragsauslegung, sondern um Auslegung des Gesetzes (§ 434 Abs 1 S 2 Nr 2) geht es auch bei der Frage, ob gelieferte Software Jahr-2000-Fähigkeit zukommen soll (dafür LG Leipzig NJW 1999, 2975 f).

f) Unklarheitenregel und restriktive Auslegung

63 Nach dem in Rechtsprechung und Schrifttum weitgehend anerkannten **Restriktionsgrundsatz** sind Vertragsbestimmungen, die wesentliche Rechte einer Partei einschränken – insbesondere **Freizeichnungsklauseln** – im Zweifel eng und gegen denjenigen auszulegen, der sich auf die Beschränkung des Rechts beruft (BGHZ 5, 111, 115; 22, 90, 96; 24, 39, 45; 62, 83, 88 f; 67, 359, 366; 87, 246, 251 f; BGH NJW 1971, 1840, 1842; 1985, 53, 54; 1986, 2757, 2758; SCHLACHTER JuS 1989, 811, 813; abl MünchKomm/BASEDOW § 305c Rn 27;

ULMER/SCHÄFER, in: ULMER/BRANDNER/HENSEN, AGB-Recht § 305c BGB Rn 97 ff mwNw). Der Auslegungsgrundsatz ist eine besondere Ausprägung des allgemeinen Rechtsgrundsatzes, dass ein *non liquet* zu Lasten desjenigen geht, der besondere Rechte in Anspruch nimmt (FLUME, AT II § 16, 3e = S 318; KRAMPE, Unklarheitenregel 40). Er setzt also voraus, dass die Auslegung zu keinem eindeutigen Ergebnis geführt hat, und wirkt sich insofern auch als Sonderregel gegenüber den Dissens-Vorschriften aus (SAMBUC NJW 1981, 313, 314; teilw **aA** KRAMPE 45 ff, 66 f). Die Regel wird durch den Erfahrungssatz untermauert, dass niemand ohne weiteres auf bestehende Rechte verzichtet (vgl statt vieler BGH NJW 1983, 678, 679 – Zustimmung zur befreienden Schuldübernahme). Es bedarf deshalb eines klaren und unmissverständlichen Ausdrucks, um aus einer Erklärung den **Verzicht auf bestehende Rechte** abzuleiten (BGHZ 41, 79, 81; 63, 140, 144; 96, 18, 28; BGH NJW 2002, 1044; NJW-RR 1996, 237; BAG NJW 2006, 2287; 2008, 461, 462: LAG Köln NZA-RR 2001, 523, 524; LARENZ/WOLF, AT § 28 Rn 61 f mwNw; vgl auch oben Rn 55). Umgekehrt gilt: Je belastender eine vereinbarte Sanktion ist, desto eher ist eine eng am Wortlaut orientierte Auslegung des Sanktionstatbestandes geboten (BGH GRUR 2003, 545, 546: Vertragsstrafe). Im Geltungsbereich des AGB-Rechts überschneidet sich der Restriktionsgrundsatz weitgehend mit der **Unklarheitenregel des § 305c Abs 2** (dazu eingehend KRAMPE, Unklarheitenregel 40 ff; SAMBUC NJW 1981, 313 ff), da eine extensive Auslegung selten zu Lasten des Verwenders gehen dürfte. Soweit eine **kundenfeindliche Auslegung** zu dem Ergebnis führt, dass eine Klausel gegen die §§ 307–309 verstößt, ist mit einer im Vordringen begriffenen Ansicht auch im Individualprozess die kundenfeindliche einer restriktiven (und kundenfreundlichen) Auslegung vorzuziehen, da diese im Ergebnis für den Kunden günstiger ist und der Schutzzweck des AGB-Rechts effektiver zum Tragen kommt (vgl STAUDINGER/SCHLOSSER [2006] § 305c Rn 125; ULMER/SCHÄFER, in: ULMER/BRANDNER/HENSEN, AGB-Recht § 305c BGB Rn 90 ff). Wenn über die Person des **Vertragspartners** Unklarheit herrscht, nützt die Unklarheitenregel nichts, weil ihre Anwendung zu Lasten einer Partei voraussetzt, dass mit dieser ein Vertrag geschlossen wurde. Gerade das ist in diesem Fall die Frage (BGH NJW-RR 2003, 926, 927). Bei gewöhnlichen **individualvertraglichen Vereinbarungen** bleibt es bei dem allgemeinen Grundsatz, dass mehrdeutige Willenserklärungen wegen Dissenses bzw Perplexität nichtig sind. In dem Beispiel der missglückten Hotelreservierung von „zwei Zimmern mit drei Betten" (oben Rn 19, 23) kann man den Erklärenden nicht etwa an dem für ihn ungünstigen Inhalt seiner Erklärung festhalten. Eine **analoge Anwendung der Unklarheitenregel** gemäß § 305c Abs 2 kommt bei Individualvereinbarungen daher grundsätzlich nicht in Betracht (BGH LM Nr 14 zu § 157 [A]; VersR 1971, 172, 173; SAMBUC NJW 1981, 313, 315 f; JAUERNIG Rn 11). Diese stellt eine gewisse Kompensation für die Gestaltungsfreiheit des Verwenders dar und soll diesen zu transparenter Vertragsgestaltung veranlassen (vgl nur ULMER/SCHÄFER, in: ULMER/BRANDNER/HENSEN, AGB-Recht § 305c BGB Rn 61). Die Norm kann daher zwar analog angewendet werden, wenn vergleichbare Bedingungen struktureller Überlegenheit herrschen und der Vertragstext von dem überlegenen Vertragspartner entworfen wurde (Bsp: Wettbewerbsverbot für Angestellte, vgl OLG Frankfurt OLGZ 1973, 230 u 232 f; automatisierte Willenserklärungen, vgl KÖHLER AcP 182 [1982] 126, 141; PAEFGEN JuS 1988, 592, 595; MünchKomm/BUSCHE § 157 Rn 8; PALANDT/ELLENBERGER Rn 23; zu Gesellschaftsverträgen vgl unten Rn 73 f), nicht aber, wenn es an einem entsprechenden Einfluss auf die Selbstbestimmung des anderen Teils fehlt wie in dem Hotelbetten-Beispiel. Eine generelle „*interpretatio contra proferentem*" (dafür LARENZ/WOLF, AT § 28 Rn 56; wohl auch KÖTZ, in: FS Zeuner [1994] 219, 230) verstieße gegen den Grundsatz der normativen Auslegung, dass allen Beteiligten, insbesondere auch dem Erklärungsempfänger, eine Auslegungssorgfalt obliegt (oben Rn 18). Bei mehrdeutigen Formulierungen darf man daher außerhalb des besonderen Geltungsbereichs der Unklarheitenregel nicht auf ein bestimmtes enges Verständnis von Formulierungen vertrauen, auch wenn diese von einer Partei ausgewählt oder sonst in den Vertrag eingeführt worden sind (iE übereinstimmend RGZ 131, 343, 350; SAMBUC NJW 1981, 313, 316; JAUERNIG Rn 11).

5. Treu und Glauben und Verkehrssitte

a) Treu und Glauben

64 Das in § 157 verankerte Gebot, Verträge so auszulegen, wie es den Erfordernissen von Treu und Glauben unter Berücksichtigung der Verkehrssitte entspricht, gilt nicht nur für die Auslegung von Verträgen, sondern generell für die Auslegung von Willenserklärungen (oben Rn 3). Was **Treu und Glauben** entspricht, lässt sich freilich nicht begrifflich oder deduktiv erfassen (STAUDINGER/LOOSCHELDERS/OLZEN [2009] § 242 Rn 113 bezweifeln darüber hinaus grundsätzlich die Subsumtionsfähigkeit von Treu und Glauben), sondern bedarf der Konkretisierung durch Unterprinzipien, die sich im wesentlichen in den unter Rn 44 ff erörterten Auslegungsmaximen und Erfahrungssätzen widerspiegeln. Diese lassen sich dahingehend zusammenfassen, dass den Geboten von Treu und Glauben eine objektiv-normative Auslegung (Rn 5) gerecht wird, die auf das schutzwürdige Ver*trauen* des Erklärungsempfängers (Rn 18), die berechtigten Interessen *aller* Beteiligten (vgl Rn 54) und die Anforderungen eines *redlichen* Geschäftsverkehrs (Rn 56, 61) Rücksicht nimmt (vgl MünchKomm/BUSCHE § 157 Rn 7 ff).

b) Verkehrssitte*

65 § 157 schreibt außerdem vor, dass bei der Auslegung die **Verkehrssitte** zu berücksichtigen ist. Diese hat somit die Funktion eines **Auslegungsmittels** bei der normativen Auslegung von Willenserklärungen (BGH NJW 1966, 502 f). Große praktische Bedeutung haben die im Handelsverkehr geltenden **Handelsbräuche und Gewohnheiten** (vgl § 346 HGB), die „Verkehrssitten des Handels" (zur synonymen Bedeutung der Begriffe vgl SONNENBERGER, Verkehrssitten 61; LARENZ/WOLF, AT § 28 Rn 47; GroßkommHGB/KOLLER [4. Aufl 2001] § 346 Rn 3; abw – aber eher verwirrende – Terminologie noch bei GroßkommHGB/RATZ [3. Aufl] § 346 Anm 15 f, der zwischen „Handelsgewohnheiten" und „Handelsbrauch" einerseits, sowie „Handelssitte", „Handelsübung" und „Usancen" andererseits unterschieden hat, und RUMMEL, Vertragsauslegung 78 ff, der die das Leistungsverhalten betreffenden „echten" Verkehrssitten den zur normativen Auslegung herangezogenen „Erklärungssitten" zur Seite stellt, obwohl auch diese zweifellos „echte" Verkehrssitten sind; mit Recht krit CANARIS, Handelsrecht § 22 Rn 4 m Fn 4). Handelsbräuche gelten nach dem Wortlaut von § 346 HGB grundsätzlich nur zwischen Kaufleuten. Sofern sich in bestimmten Wirtschafts-

---

* **Schrifttum:** BASEDOW, Handelsbräuche und AGB-Gesetz, ZHR 150 (1986) 469; HELDRICH, Die Bedeutung der Rechtssoziologie für das Zivilrecht, AcP 186 (1986) 74; LEO/GHASSEMI-TABAR, Ausgequalmt! Und nun? – Rechtsfolgen der Nichtraucherschutzgesetze für gewerbliche Mietverhältnisse, insbesondere Gaststättenmiet- und -pachtverträge, NZM 2008, 271; LIMBACH, Die Feststellung von Handelsbräuchen, in: FS Hirsch (1968) 77; PFLUG, Schecksperre und Handelsbrauch, ZHR 135 (1970) 1; RUMMEL, Vertragsauslegung nach der Verkehrssitte (1972); SIEG, Der Wirkungsbereich und die Feststellung von Handelsbräuchen, BB 1953, 985; SONNENBERGER, Verkehrssitten im Schuldvertrag (1969); K WAGNER, Zur Feststellung eines Handelsbrauches, NJW 1969, 1282.

kreisen eine einheitliche Verkehrsauffassung gebildet hat wie zB hinsichtlich der **Tegernseer Gebräuche im Holzhandel**, gilt dieser Handelsbrauch als branchenspezifische Verkehrssitte auch gegenüber **Nicht-Kaufleuten** (OLG Koblenz NJW-RR 1988, 1306). Die Maßgeblichkeit der Verkehrssitte folgt in solchen Fällen (vgl auch BGH NJW 1952, 257) schon aus § 157 (zutr K Schmidt, Handelsrecht [5. Aufl] § 3 II 1 = S 51 f).

Als Verkehrssitte bezeichnet man eine **tatsächliche**, in den betreffenden Verkehrs- 66 kreisen herrschende **Übung** (RGZ 49, 157, 162; 55, 375, 377; BGH LM Nr 1 zu § 157 [B]; OLG Koblenz NJW-RR 2010, 203; Sonnenberger, Verkehrssitten 61 ff; Larenz/Wolf, AT § 28 Rn 47; Flume, AT II 16, 3d = S 312 f; Palandt/Ellenberger Rn 21). Ihre Beachtung bei der Auslegung verdankt auch sie dem allgemeinen Erfahrungssatz, dass sich die Teilnehmer am Rechtsverkehr gewöhnlich an die in ihrem Verkehrskreis bestehenden Sitten und Gebräuche halten (Larenz/Wolf, AT § 28 Rn 49; Canaris, Handelsrecht § 22 Rn 2). Von einer Übung kann nur die Rede sein, wenn diese über einen **längeren Zeitraum** praktiziert worden ist (RGZ 110, 47, 48; RG JW 1938, 859; BGH NJW 1952, 257; 1990, 1723, 1724; WM 1973, 677, 678; OLG Koblenz NJW-RR 1988, 1306). Bei Geschäften, die verhältnismäßig selten vorkommen, wie zB der Verkauf von Schiffen, sind bereits wenige Fälle geeignet, einen Handelsbrauch zu begründen (BGH NJW 1966, 502, 503 f; OLG Hamburg MDR 1963, 849). Auch wenn eine außerordentlich große Zahl einschlägiger Rechtsgeschäfte getätigt wird, kann sich in relativer kurzer Zeit eine Übung entwickeln (RG LZ 1920 Sp 439 f; JW 1938, 859 betr Lieferungen an die Heeresverwaltung). Das Bestehen der Übung wird nicht dadurch in Frage gestellt, dass diese in Krisenzeiten vorübergehend nicht zur Ausführung gekommen ist, solange sie nur nach dem Übergang zur Normalität wieder auflebt (BGH NJW 1952, 257). Falls sich eine Verkehrssitte nach Vertragsschluss **ändert** – wie zB bei dem inzwischen verbotenen Rauchen in Gaststätten –, kommt eine Anpassung des Vertrages gem § 313 in Betracht (Leo/Ghassemi-Tabar NZM 2008, 271, 273 f). Falls keine konkreten Absprachen getroffen wurden, ist das Risiko, dass sich die Nutzungsmöglichkeit einer verpachteten Gaststätte wegen der öffentlich-rechtlichen Vorschriften zum Nichtraucherschutz ändert, vom Pächter zu tragen (OLG Koblenz NJW-RR 2010, 203 f).

Ob neben der tatsächlichen Übung noch verlangt werden soll, dass diese von den 67 Verkehrsteilnehmern als verbindlich angesehen wird, ist umstritten. Während die hM ihre Anerkennung davon abhängig macht, dass sie von einer gemeinsamen **Pflichtvorstellung** der Beteiligten (BGH NJW 1994, 659, 660; WM 1984, 1000, 1002; Limbach, in: FS Hirsch [1968] 77, 90 f; K Wagner NJW 1969, 1282, 1283; Heldrich AcP 186 [1986] 74, 92) oder jedenfalls von deren **Zustimmung** getragen wird (RGZ 114, 9, 12; BGH NJW 1952, 257; NJW 1966, 502, 504; 1990, 1723, 1724; OLG Koblenz NJW-RR 1988, 1306; Heymann/Horn, HGB § 346 Rn 23; Canaris, Handelsrecht § 22 Rn 5 und 12; wohl auch K Schmidt, Handelsrecht [5. Aufl] § 1 III 3a = S 24), genügt anderen die Übung als bloßes Faktum (Sonnenberger 62 ff; Larenz/Wolf, AT § 28 Rn 48; Palandt/Ellenberger Rn 21). Eine vermittelnde Meinung steht auf dem Standpunkt, dass durch die **tatsächliche Übung** die – in Übereinstimmung mit der hM für erforderlich gehaltene – Zustimmung der Übenden indiziert ist (Pflug ZHR 135 [1970] 1, 48; Schlegelberger/Hefermehl, HGB § 346 Rn 10; Staudinger/Looschelders/Olzen [2009] § 242 Rn 165; vgl auch K Wagner NJW 1969, 1282, 1283 f). Eine Übung entsteht durch gleichförmiges, übereinstimmendes Handeln der beteiligten Verkehrskreise. Gewohnheiten und Bräuche, die nicht von der Zustimmung sämtlicher in dem betreffenden Verkehrsbereich beteiligten Kreise getragen sind, können daher nicht als Verkehrssitte qualifiziert werden (RGZ 69, 150, 153; 75, 338,

341 f; 110, 47, 49; 114, 9, 12; BGH LM Nr 1 zu § 157 [B]; LM Nr 8 zu § 346 [B] HGB; OLG Köln OLGZ 1972, 10, 12). So kann zB die Frage, ob die Außenwände vermieteter Geschäftsräume als zu Werbezwecken mitvermietet gelten, nicht allein nach den Anschauungen der Eigentümer und ihrer Interessenvertreter beurteilt werden, sondern es kommt auch auf die Ansichten der Mieter an (BGH LM Nr 1 zu § 157 [B]; ähnl RGZ 69, 150, 153 für das Verhältnis von Maschinenfabrikanten zu ihren Endabnehmern). Keine rechtliche Anerkennung verdient insbesondere ein Brauch, den eine Interessengruppe durch Ausnutzen wirtschaftlicher Überlegenheit einseitig und gegen den Widerstand der Marktgegenseite oder einer nennenswerten Zahl von Verkehrsteilnehmern durchsetzt und so zu einem unbeachtlichen *Miss*brauch macht (RG JW 1938, 859; FLUME, AT II § 16, 3d = S 313; GroßkommHGB/RATZ [3. Aufl] § 346 Rn 30; zu dem Versuch von Banken, zur Einziehung überlassene Fremdwährungsschecks in „Mark" gutzuschreiben und dies gegen die Interessen ihrer Kunden durchzusetzen, vgl RGZ 110, 47, 49; s ferner RGZ 114, 9, 13 f; LM Nr 8 zu § 346 [B]). Die **Zustimmung durch sämtliche beteiligte Verkehrskreise** ist also Voraussetzung für das Entstehen einer Übung, kann aber als typischer Normalfall unterstellt werden, wenn keine Anhaltspunkte für die einseitige Durchsetzung von Geschäftspraktiken bestehen (PFLUG, K WAGNER aaO; GroßkommHGB/KOLLER [4. Aufl 2001] § 346 Rn 11). Ohne rechtliche Relevanz ist die Frage, ob die Übung als verbindliche „**Sozialnorm**" anzusehen ist (dafür LIMBACH, in: FS Hirsch [1968] 77, 80 ff; zust K WAGNER NJW 1969, 1282, 1283; MünchKomm/BUSCHE § 157 Rn 16; vgl schon OERTMANN, Rechtsordnung 26 f; krit SONNENBERGER 62 ff; MÜLLER-GRAFF, Geschäftsverbindung 181 f; PFLUG ZHR 135 [1970] 1, 15 ff). Verkehrssitten „gelten", weil §§ 157 BGB und 346 HGB dies bestimmen, nicht weil Sozialnormen an sich rechtliche Verbindlichkeit zukäme. Vom Gewohnheitsrecht unterscheidet sich die Verkehrssitte gerade darin, dass diese **nicht als Rechtsnorm** zu qualifizieren ist (RGZ 55, 375, 377; BGH NJW 1966, 502, 503; K SCHMIDT, Handelsrecht [5. Aufl] § 1 III 3a = S 24) und deshalb nicht von einer „opinio iuris" – nach richtiger Ansicht auch nicht von einer „opinio necessitatis" (vgl dazu STAUDINGER/LOOSCHELDERS/OLZEN [2009] § 242 Rn 167 mwNw) – getragen sein muss.

68 Da die Berücksichtigung der Verkehrssitte auf allgemeinen, normativen Auslegungsgrundsätzen beruht, gilt diese ohne Rücksicht auf die **Kenntnis** der Beteiligten vom Bestehen und Inhalt der betreffenden Verkehrssitte (BGH LM Nr 1 zu § 157 [B]). Wie sonst auch genügt es, dass sie der *Empfänger* **kennen musste** (LÜDERITZ 302; CANARIS, Handelsrecht § 22 Rn 28; aA FLUME, AT II § 16, 3d = S 313). Auf die Kenntnis und das Kennenmüssen des *Erklärenden* kommt es dagegen nicht an, da nach der hier vertretenen Ansicht die objektiv-normative Bedeutung einer Erklärung solange maßgebend ist, wie der Erklärende nicht wegen Inhaltsirrtums anficht (oben Rn 21; teilw aA LARENZ/WOLF, AT § 28 Rn 56). Im Übrigen kann der **Geltungsbereich der Verkehrssitte** in örtlicher und persönlicher Hinsicht beschränkt sein (RGZ 114, 9, 12; BGH LM Nr 1 zu § 157 [B]; zum örtlichen Sprachgebrauch oben Rn 45). Allerdings muss der Verkehrskreis hinreichend klar abgrenzbar sein. Einen auf „erstrangige Kunsthandlungen" beschränkten Handelsbrauch, Bilder zurückzunehmen, wenn sie sich nachträglich als unecht erweisen, hat das Reichsgericht mit Recht nicht anerkannt (RGZ 135, 339, 344 f; zust CANARIS, Handelsrecht § 22 Rn 6). Soweit spezielle Verkehrsregeln existieren, kommen diese in der Regel dann zur Anwendung, wenn alle Beteiligten dem gleichen Verkehrskreis angehören. Besteht die Sitte nur im Verkehrskreis der einen Partei, kommt es auf die Verständnismöglichkeiten des Empfängers an. Kennt dieser die besondere Sitte nicht, wird man immerhin, aber wohl auch nur im Handelsverkehr verlangen können, dass er sich um die im Geschäftskreis seines Partners geltenden Sitten und Gebräuche kümmert (vgl RGZ 97, 215, 218 f; BGHZ 6, 127, 134; iE auch schon RGZ 53, 59, 62; ebenso LARENZ/WOLF, AT § 28 Rn 51 f; tendenziell auch LÜDERITZ 301 f; aA SCHLEGELBERGER/HEFERMEHL, HGB § 346 Rn 33, der sich aber zu Unrecht auf RGZ 97, 215, 218 stützt; FLUME aaO, der geschäftskreisfremde Sitten nicht zu Lasten Unwissender gelten lässt und – zu Unrecht – keine normativen Anforderungen stellt; ihm ausdr zust MünchKomm/BUSCHE § 157 Rn 24). Daraus folgt, dass sich die Bedeutung einer Erklärung im Regelfall nach der Verkehrssitte richtet, die an dem **Ort, an dem die Erklärung abzugeben ist**, herrscht (RGZ 53, 59, 62; BGHZ 6, 127, 134; MünchKomm/BUSCHE § 157 Rn 24; aA SIEG BB 1953, 985, 986; einschränkend LARENZ/WOLF, AT § 28 Rn 53: bei empfangsbedürftigen Willenserklärungen Ort des Zugangs; zweifelnd auch LARENZ § 19 II d = S 346). Bemerkt aber ein Partner, dass der andere Teil die für das Verständnis der Willenserklärung maßgebende Verkehrssitte nicht kennt, wird diese auch nicht Inhalt der betreffenden Erklärung (FLUME, AT II § 16, 3d = S 313; CANARIS, Handelsrecht § 22 Rn 29). Bei örtlich unterschiedlichen, sich widersprechenden Verkehrssitten setzt sich im Zweifel diejenige durch, der für das gesamte Rechtsverhältnis das größere Gewicht zukommt. Wird das „erste Stockwerk" einer in Norddeutschland gelegenen Wohnung vermietet, bestimmt sich das Gemeinte auch gegenüber einem aus dem Süden stammenden Mieter nach dem Sprachgebrauch am Belegenheitsort, weil hier das Vertragsverhältnis seinen Schwerpunkt hat. Vermietet wäre also nicht das unterste, sondern das darüber liegende Stockwerk (vgl LÜDERITZ 301; aA LARENZ, Methode 73 f, der dem Süddeutschen die objektive Bedeutung seiner Erklärung nicht zurechnen würde; zur Zurechnungsproblematik vgl demgegenüber oben Rn 20).

Da der Verkehrssitte die Funktion eines Auslegungsmittels zukommt, mit dessen **69** Hilfe lediglich Rückschlüsse auf den rechtsgeschäftlichen Willen der Beteiligten gezogen werden, geht ein **abweichendes übereinstimmendes Verständnis** der Parteien vor (RGZ 114, 9, 12; BGHZ 23, 131, 136 f; BGH LM Nr 1 zu § 157 [B] Nr 1). Selbst wenn nur eine Partei mit der Geltung der Verkehrssitte nicht einverstanden ist und ihren abweichenden Willen dem Geschäftsgegner gegenüber zum Ausdruck bringt, kann die Verkehrssitte nicht Vertragsinhalt werden (BGH BB 1955, 868). Sogar formularmäßige Bedingungen in AGB behaupten sich im Allgemeinen gegenüber abweichenden Handelsklauseln und -gebräuchen (RGZ 123, 97, 102). Entsprechendes gilt, falls die typische Erklärungsbedeutung durch **konkurrierende Auslegungsgrundsätze** wie zB das Gebot systematischer oder teleologischer Auslegung (oben Rn 47 u 52) widerlegt ist (vgl zB BGH WM 1984, 1000, 1002; CANARIS, Handelsrecht § 22 Rn 14). Und schließlich gelten Verkehrssitten dann nicht, wenn sie gegen Treu und Glauben oder geltendes Recht verstoßen und sich gleichsam als **Unsitten oder Missbräuche** darstellen (RGZ 114, 9, 13 f; BGHZ 16, 4, 12; BayObLG NJW-RR 1996, 994, 995; vgl schon OERTMANN 27).

Das Hauptanwendungsgebiet der Auslegung nach der Verkehrssitte bildet der **Han- 70 delsverkehr**. So ist insbesondere die Bedeutung standardisierter Formeln und Klauseln wie zB *fob* („free on board"), *cif* („cost, insurance, freight") oder *„Kasse gegen Dokumente"* jedenfalls ursprünglich durch entsprechende Übung des Handels geprägt worden (zu den Einzelheiten vgl die handelsrechtliche Spezialliteratur, insbes SCHLEGELBERGER/HEFERMEHL, HGB § 346 Rn 50 ff; GroßKommHGB/KOLLER Vor § 373 Rn 167 ff; HEYMANN/HORN, HGB § 346 Rn 73 ff; LIESECKE WM 1978, Sonderbeilage Nr 3). Entsprechendes gilt für die verkehrstypische Bedeutung anderer Ausdrucksformen, insbesondere des Schweigens, das nach den im kaufmännischen Verkehr üblichen Gepflogenheiten häufig als Zustimmung zu werten ist (Vorbem 73 ff zu §§ 116 ff). Ob ein Handelsbrauch besteht und welchen Inhalt er hat, ist **Tatfrage** (BGH LM Nr 8 zu § 346 [B]). Im Streitfall wird in der Regel ein **Sachverständigengutachten** der Industrie- und Handelskammer eingeholt, das seinerseits die erforderlichen Tatsachen durch Befragung ihrer Mitglieder ermittelt (vgl BGH NJW 1966, 502, 503 f; LM Nr 2 zu § 346 [B]; LIMBACH, in: FS Hirsch [1968] 77, 78 ff; K WAGNER NJW 1969, 1282, 1283 f; s a BGH NJW-RR 1995, 914, 915). Gemäß § 114 GVG können die Kammern für Handelssachen auch aus eigener Sachkunde über das Bestehen von Handelsgebräuchen entscheiden. Trotz einer gewissen Verdrängung der Handelsbräuche durch die AGB-Kautelarpraxis (vgl BASEDOW ZHR 150 [1986] 468 ff), kommt diesen nach wie vor eigenständige, gem § 310 Abs 1 S 2, 2. HS auch bei der Inhaltskontrolle von AGB zu beachtende Bedeutung zu (K SCHMIDT, Handelsrecht [5. Aufl] § 1 III 3b = S 25 f).

6. Rangverhältnis der Auslegungsmaximen

71 Eine bestimmte **Rangordnung** zwischen den Auslegungsgrundsätzen lässt sich nicht generell aufstellen (BGH LM Nr 6 zu § 157 [C]; vgl auch BGH LM Nr 14 zu § 157 [A]; BAG AP Nr 144 zu § 1 TVG Auslegung), da diese als bloße Indizien herangezogen werden, um Rückschlüsse auf den rechtlich maßgebenden Willen des Erklärenden zu ziehen. Entscheidend ist eine umfassende Würdigung der Gesamtumstände (oben Rn 48), die allerdings nicht dem freien Belieben des Rechtsanwenders unterliegt, sondern gesetzliche oder allgemein anerkannte Auslegungsregeln, Denkgesetze und Erfahrungssätze beachten muss (näher Rn 80). Da der Interpret nicht am Wortlaut der Erklärung haften soll (§ 133), gebührt zwar teleologischen Kriterien ein gewisser Vorrang (vgl auch – bzgl der Auslegung von *Gesetzen* – BGHZ 17, 267, 276; CANARIS, in: FS Medicus 1999, 25, 51; LEENEN Jura 2000, 248, 249 f). Heteronome Wertungen dürfen sich aber nicht über den deutlich erkennbar entgegenstehenden empirischen Willen hinwegsetzen (LÜDERITZ 355). Gegen diese Regel verstößt die gemeinrechtliche Parömie „**protestatio facto contraria non valet**", die in Rechtsprechung und Schrifttum verbreitet Anerkennung gefunden hat, heute aber als überholt gelten darf. Die Maxime widerspricht dem Prinzip der Privatautonomie, bei dem sich auch der unvernünftige und unmoralische Wille Geltung verschaffen darf, sofern er nur deutlich zum Ausdruck kommt (dazu ausf oben Rn 59 f). Ein nur auf den ersten Blick ähnliches Kollisionsproblem stellt sich bei dem Konflikt zwischen einem allgemein vereinbarten Gewährleistungsausschluss und einer konkreten Beschaffenheitsvereinbarung (§ 434 Abs 1 S 1). Hier geht es um die **Kollision widersprüchlicher privatautonomer Regelungen**, wobei sich grundsätzlich eine konkrete Zusicherung durchsetzt, selbst wenn der allgemeine Gewährleistungsausschluss nicht formularmäßig (§ 305b; vgl auch BGHZ 93, 338, 342), sondern individualvertraglich vereinbart worden ist (BGH NJW 1983, 1423, 1424; FLUME JZ 1992, 367; SOERGEL/HUBER § 459 Rn 191). So ist die in einem Formular-Kaufvertrag individuell eingefügte, allgemeine Angabe, dass „keine Zusicherungen" abgegeben worden seien, nicht maßgeblich, wenn der Verkäufer gegenüber dem Erwerber trotzdem eine konkrete Zusage über das Datum der Erstzulassung des verkauften Kfz gemacht hat (zutr FLUME aaO; aA BGH NJW 1992, 170 f). Das Besondere geht dem Allgemeinen vor. Dementsprechend vertraut der Verkehr regelmäßig auf die konkretere Absprache (BGH NJW 1999, 2432, 2433), weil er diese im Zweifel als Ausnahme von einer anders lautenden, aber allgemein gehaltenen Regelung versteht. Aus diesem Grunde ist auch zwischen konkludenten und ausdrücklichen Zusicherungen nicht zu unterscheiden (aA BGH WM 1981, 224, 225; SOERGEL/ HUBER aaO).

VI. Sonderregeln: Erklärungen an einen unbestimmten Personenkreis

1. Erklärungen an die Öffentlichkeit

Erklärungen, die sich **an einen unbestimmten Personenkreis** richten, wie zB Vollmachtsurkunden, Auslobungen, Ausschreibungen, Grundbuch- und Registereintragungen, Gemeinschaftsordnungen, Gesellschaftsverträge einer GmbH, AG oder GmbH & Co KG, Vereinssatzungen, zum Umlauf bestimmte Wertpapiere, Emissionsprospekte sowie Allgemeine Geschäftsbedingungen, sollen nach allgemeiner Ansicht nicht nach dem individuellen Verständnis der Beteiligten, sondern ausschließlich „aus sich selbst heraus" auszulegen sein. Abgesehen von Wortlaut, Sinn und Zweck der Erklärung seien nur solche Umstände zu berücksichtigen, die für die Allgemeinheit erkennbar sind (vgl zB BGHZ 28, 259, 263 f; 53, 304, 307; 63, 282, 290; 123, 347, 350; 124, 64, 67; 167, 64, 69 f; BGH NJW 2004, 3413, 3416; 2007, 2912; COING ZGR 1978, 659 ff; LARENZ/WOLF, AT § 28 Rn 81; SOERGEL/HEFERMEHL Rn 15; PALANDT/ELLENBERGER Rn 12; MünchKomm/BUSCHE Rn 40; ERMAN/PALM Rn 40) Der hier zugrunde gelegte Vorrang **objektiver Auslegung** ist zumindest in dieser Allgemeinheit missverständlich (krit auch BRANDNER AcP 162 [1963] 237, 255 [bezogen auf AGB]; WIEDEMANN, Sonderheft DNotZ 1977, 99, 106 f; GRUNEWALD ZGR 1995, 68, 74 ff [bezogen auf Gesellschaftsverträge]). So ist bei **Allgemeinen Geschäftsbedingungen** völlig unstreitig, dass sich das individuelle Verständnis der Vertragspartner gemäß § 305b im Konfliktfall gegenüber der objektiven Auslegung durchsetzt (oben Rn 14; zur Auslegung von AGB vgl noch Rn 63 sowie eingehend STAUDINGER/SCHLOSSER [2006] § 305c Rn 108 ff). Entsprechendes gilt für die Auslegung von **Wechsel und Scheck**, soweit es um das Verhältnis zwischen den Parteien des Begebungsvertrages geht (oben Rn 14). Auch **Inhaberschuldverschreibungen** müssen nicht zwangsläufig einheitlich ausgelegt werden, wohl aber muss sich der Verkehr auf deren äußeren Schein verlassen können (RGZ 117, 379, 382; missverständlich BGHZ 28, 259, 263). Das schließt nicht aus, dass auch hier die besonderen Begleitumstände bei der Ausgabe solcher Papiere, insbesondere Erklärungen der emittierenden Gesellschaft in der Hauptversammlung oder in der Presse, zu berücksichtigen sind (BGHZ 28, 264). Auf die individuelle Verständnismöglichkeit kommt es bei der Auslegung einer Vollmachtsurkunde oder **Grundbucheintragung** schon deshalb an, weil Bösgläubige nicht geschützt werden (vgl §§ 173, 892). Die Zweckbestimmung des Grundbuchs, „über bestehende dingliche Rechte jedem Gutgläubigen sowie jedem der unbestimmten Rechtsnachfolger und Rechtsverpflichteten eindeutig Aufschluss zu geben" (vgl BGHZ 59, 205, 208 f; BGH LM Nr 4 und 25 zu § 1018; s ferner BGHZ 47, 190, 195 f; 90, 181, 184; 92, 351, 355 f; BGH NJW-RR 1991, 457; BÖHRINGER Rpfleger 1988, 389), erfordert die objektive Auslegung nur gegenüber diesem unbestimmten Personenkreis und nur insoweit, als diese gutgläubig iSd § 892 sind (anders im Grundbuchverfahrensrecht, vgl BGHZ 129, 1, 3 f; BayObLGZ 1974, 112, 115; BayObLG NJW-RR 1999, 620, 621: Wegen des Bestimmtheitsgrundsatzes kommt eine Auslegung nur in Betracht, wenn sie zu einem zweifelsfreien und eindeutigen Ergebnis führt). Da der Vertrag über die Begründung von **Wohnungseigentum** und die **Gemeinschaftsordnung** im Grundbuch einzutragen sind, gelten für diese die gleichen Auslegungsgrundsätze wie für die Grundbucheintragung (BayObLG DNotZ 2003, 541). Auch bei der **Auslobung** ist anerkannt, dass derjenige, der den wahren Willen des Auslobenden erkennt, keine weitergehenden

Rechte in Anspruch nehmen kann (oben Rn 17). Im Ergebnis gelten also auch bei der Auslegung von Willenserklärungen, die an die Allgemeinheit gerichtet sind, die allgemeinen Auslegungsgrundsätze der §§ 133, 157. Die objektive Auslegung trifft hier allerdings im Regelfall das Richtige, weil bei diesen Erklärungen selten individuelle Umstände erkennbar in Erscheinung treten. Bei der Auslegung eines **Insolvenzplans** gelten folgerichtig die allgemeinen Regeln, weil dessen normative Wirkung nicht über den Kreis derjenigen, die den Plan beschlossen haben, hinausgeht (BGH NJW-RR 2006, 491, 493).

2. Gesellschaftsverträge und Satzungen

73 **Gesellschaftsverträge von Personengesellschaften** werden im Allgemeinen nach den für individualrechtliche Vereinbarungen geltenden Grundsätzen der §§ 133, 157 ausgelegt (BGH WM 1975, 662; 1978, 514, 515; COING ZGR 1978, 659, 666; GRUNEWALD, Gesellschaftsrecht Rn 28). Nach den oben Rn 13 dargelegten Grundsätzen ist daher ein uU vom Wortlaut des Gesellschaftsvertrages abweichendes individuelles Verständnis *aller* (BGH WM 1974, 372, 373) Gesellschafter maßgebend. Eine gesellschaftsvertragliche Bestimmung, dass die Gesellschafterrechte nicht übertragen werden dürfen, erfasst zB auch den Anspruch auf Auszahlung eines Auseinandersetzungsguthabens, wenn sämtliche Gesellschafter darüber einig waren, gleichgültig ob dies für Dritte oder die Allgemeinheit erkennbar war (BGH WM 1978, 514 f). Keine Besonderheiten gelten für die **Stille Gesellschaft**, da durch den Gesellschaftsvertrag nur die Belange der Vertragschließenden berührt werden (RGZ 156, 129, 133). Bei **Körperschaften** sollen die Gesellschaftsverträge und Satzungen dagegen **objektiv ausgelegt** werden, *wenn es sich um Regelungen mit körperschaftlichem Bezug handelt* (vgl BGHZ 47, 172, 180; 63, 282, 290 – Verein; BGHZ 14, 25, 36 f; 116, 359, 364; BGH WM 1974, 372, 373; LM Nr 25 zu § 549 ZPO; Nr 20 zu § 47 GmbHG; OLG Hamm NZG 2003, 545 – GmbH; BGHZ 123, 347, 350; BGH NJW 1997, 1510, 1511 – AG). Der Grundsatz objektiver Satzungsauslegung beschränkt die Auslegungsmittel auf Wortlaut, Sinn und Zweck der Regelung sowie deren systematischen Bezug zu anderen Satzungsvorschriften (BGHZ 123, 347, 350). Außer Betracht zu bleiben haben Umstände, die außerhalb der Vertragsurkunde liegen und nicht allgemein erkennbar sind, insbesondere die Entstehungsgeschichte der Satzung, Vorentwürfe sowie Vorstellungen und Äußerungen von Personen, die an der Abfassung des Gesellschaftsvertrages mitgewirkt haben (BGH WM 1973, 372, 373; 1989, 1809, 1810). Dies gilt auch bei Familiengesellschaften (BGH GmbH-Rdsch 1982, 129, 130). Auf ein abweichendes individuelles Verständnis der Vertragschließenden kommt es nur an, wenn es sich um Regelungen unterhalb der Ebene des Gesellschaftsvertrages handelt, die – wie zB Pensionszusagen für Witwen der Geschäftsführer – nur für die Beziehungen der Gesellschafter untereinander von Bedeutung sind (BGH WM 1955, 65, 66; LM Nr 20 zu § 47 GmbHG). Nach Auffassung der Gerichte gilt der Grundsatz objektiver Auslegung auch für Verträge von **Publikumspersonengesellschaften**. Soweit diese belastende Klauseln enthalten, sind diese darüber hinaus im Interesse und zum Schutz der Kommanditisten **einschränkend auszulegen** (vgl oben Rn 63). Diese sollen sich darauf verlassen können, dass ihnen nur solche Pflichten auferlegt werden, die eindeutig im Vertragstext festgelegt sind (BGH NJW 1979, 419, 420; 1979, 2102; 1982, 877, 878; 1990, 2684, 2685; NJW-RR 2005, 1347, 1348; 2006, 827, 828; 2006, 829, 830; 2007, 832, 833; OLG Hamburg NJW-RR 1996, 1436, 1437). Anerkannt ist der Grundsatz objektiver Auslegung schließlich bei **Hauptversammlungsbeschlüssen** (RGZ 146, 145,

154) und Beschlüssen von **Wohnungseigentümergemeinschaften** (OLG Stuttgart NJW-RR 1991, 913).

Stellungnahme: Dem Prinzip objektiver Satzungsauslegung ist im Grundsatz zuzustimmen, da eine Regelung mit korporativem Bezug gegenüber Rechtsnachfolgern und Gläubigern in der Tat nur einheitlich gelten kann. Allerdings sollte **nicht nach der Rechtsform differenziert** werden (zutr TEICHMANN 132 f; K SCHMIDT, Gesellschaftsrecht § 5 I 4b = S 89 f; GRUNEWALD ZGR 1995, 68, 71), da körperschaftliche Regelungen nicht nur bei Körperschaften, sondern **auch bei Personengesellschaften** einheitlich gehandhabt werden sollten. Soweit aber noch kein Gesellschafterwechsel eingetreten ist und *alle* Gesellschafter eine Satzungsbestimmung im gleichen Sinne verstehen, gibt es – unabhängig von der Gesellschaftsform – keinen Grund, dieses individuelle Verständnis nicht gelten zu lassen (NITSCHKE 172; LUTTER AcP 180 [1980] 84, 96; WIEDEMANN, Gesellschaftsrecht I [1980] § 3 II 2 = S 169; ders, in: Sonderheft DNotZ 1977, 99, 107; GRUNEWALD ZGR 1995, 68, 87; dies, Gesellschaftsrecht Rn 28; K SCHMIDT, Gesellschaftsrecht § 5 I 4c = S 90 f; LUTTER/HOMMELHOFF, GmbHG [14. Aufl] § 2 Rn 11; **aA** BGHZ 123, 347, 350; BGH LM Nr 20 zu § 47 GmbHG; GmbH-Rdsch 1982, 129, 130: objektive Auslegung auch im Interesse künftiger Gesellschafter und/oder Gläubiger). Und gegenüber später eintretenden Gesellschaftern gilt eine individuelle, aus dem Gesellschaftsvertrag selbst nicht ersichtliche Interpretation dann, wenn der Eintretende davon wissen musste (COING ZGR 1978, 659, 669 f; vgl auch WIEDEMANN, Gesellschaftsrecht I [1980] § 3 II 2 = S 168 f). Darüber hinaus kann sich ein individuelles Verständnis auch bei langjähriger Übung durchsetzen (BGH NJW 1966, 826 f; WIEDEMANN Sonderheft DNotZ 1977, 99, 109). Zu weit dürfte es aber gehen, dem Eintretenden bei unklaren Formulierungen Erkundigungspflichten aufzuerlegen (GRUNEWALD ZGR 1995, 68, 78 f), da die Verfasser eines unklaren Textes „näher dran" sind, die Verantwortung für ein etwaiges Missverständnis zu tragen. Lässt sich die Unklarheit bei der gebotenen objektiven Auslegung nicht beseitigen, ist die Klausel wegen Unbestimmtheit nichtig (oben Rn 23); im Übrigen erscheint hier mit Rücksicht auf die Vorformulierung durch die Alt-Gesellschafter eine **Auslegung „contra proferentes"** gerechtfertigt (vgl dazu oben Rn 63).

3. Tarifverträge und Betriebsvereinbarungen*

Bei der **Auslegung von Tarifverträgen** und Betriebsvereinbarungen ist die Rechtslage

---

* ANIANIDIS, Die Auslegung von Tarifverträgen (1974); BUCHNER, Tarifwille und Richtermacht, SAE 1987, 45; DIETERICH, Die Grundrechtsbindung von Tarifverträgen, in: FS Schaub (1998) 117; DÜTZ, Subjektive Umstände bei der Auslegung kollektivvertraglicher Normen, in: FS Molitor (1988) 63; HERSCHEL, Die Auslegung der Tarifvertragsnormen, in: FS Molitor (1962) 161; ders, Eigenart und Auslegung der Tarifverträge, AuR 1976, 1; MÜLLER, Die Auslegung des normativen Teiles eines Tarifvertrags nach der Rechtsprechung des Bundesarbeitsgerichts, DB 1960, 119; NEUMANN, Zur Auslegung von Tarifverträgen, AuR 1985, 320; SCHAUB, Auslegung und Regelungsmacht von Tarifverträgen, NZA 1997, 597; SIEGERS, Die Auslegung tarifvertraglicher Normen, DB 1967, 1630; SINGER, Neue Entwicklungen im Recht der Betriebsübung, ZfA 1993, 487; ders, Tarifvertragliche Normenkontrolle am Maßstab der Grundrechte?, ZfA 1995, 611; SÖLLNER, Grenzen des Tarifvertrages, NZA 1996, 897; WANK, Die Auslegung von Tarifverträgen, ZfA 1998, 71; ZACHERT, Auslegung und Überprüfung von Tarifverträgen durch die Arbeitsgerichte, in: FS zum 100-jährigen Bestehen des Deutschen Arbeitsgerichtsverbandes (1994) 573; ZÖLLNER, Das Wesen der Tarifnormen, RdA 1964, 443.

insofern ähnlich, als deren normativer Teil für die Tarifunterworfenen und Betriebsangehörigen unmittelbar Rechtsgeltung erlangt und daher auf die Verständnismöglichkeiten dieser Verkehrskreise Rücksicht zu nehmen ist. Wegen der normativen Wirkung neigt die **Rechtsprechung des BAG** zwar zu einer der **Gesetzesauslegung** (dazu STAUDINGER/COING/HONSELL [2004] Einl 114 ff zum BGB) entsprechenden Methode, wendet aber dabei nicht nur objektive Auslegungsgrundsätze an, sondern versucht, den **wirklichen Willen** der Tarifpartner weitgehend zu berücksichtigen. Voraussetzung ist zwar seit jeher, dass dieser Wille in den Tarifnormen oder dem tariflichen Gesamtzusammenhang seinen Niederschlag gefunden hat (BAGE 42, 86, 89; 46, 308, 313; 58, 31, 33; 66, 134, 137; BAG AP Nr 117 zu § 1 TVG Auslegung m Anm MAYER-MALY SAE 1966, 251; Nr 121 m zust Anm RICHARDI; Nr 144; Nr 174; Nr 11 zu § 1 TVG Tarifverträge: Presse mit iE zust Anm RÜTHERS/HEILMANN JZ 1991, 422 f; Nr 201 zu § 1 TVG Tarifverträge: Metallindustrie; SIEGERS DB 1967, 1630, 1633; BUCHNER SAE 1987, 45, 51; vgl auch die authentische Interpretation der BAG-Rechtsprechung durch MÜLLER DB 1960, 119; NEUMANN AuR 1985, 320 u SCHAUB NZA 1994, 597). Verbleiben hiernach Zweifel, sind aber nach der jüngeren Rechtsprechung des für die Auslegung zuständigen Vierten Senats des BAG darüber hinaus auch „weitere Kriterien wie die Entstehungsgeschichte des Tarifvertrages, gegebenenfalls auch die praktische Tarifübung heranzuziehen" (BAG AP Nr 144 zu § 1 TVG Auslegung; Nr 57 zu § 1 TVG Tarifverträge: Einzelhandel; BAGE 46, 308, 314; 54, 113, 126; 66, 134, 137; vgl auch NEUMANN AuR 1985, 320, 322). Dabei sind auch Protokolle und sonstige schriftliche Unterlagen sowie Aussagen und Auskünfte der Teilnehmer über die Tarifverhandlungen zu verwerten (AP Nr 117 zu § 1 TVG Auslegung; Nr 7 zu § 9 TVG; Nr 2 zu § 51 BAT; LAG Hamburg DB 1967, 1725; MAYER-MALY SAE 1966, 251, 252; DÜTZ, in: FS Molitor [1988] 63, 71). Angesichts der bei mehrdeutigem Wortlaut der Tarifvorschrift möglichen Berücksichtigung außerurkundlicher Umstände unterscheidet sich die Methode der Gesetzesauslegung nur geringfügig von der (subjektiven) **Vertragstheorie**, die von vornherein die autonomen Grundlagen der Tarifautonomie stärker betont und daher dem übereinstimmenden Verständnis der Tarifvertragspartner grundsätzlich Priorität einräumt (so zB mit Modifikationen im einzelnen ZÖLLNER RdA 1964, 443, 448 f; STEIN, Tarifvertragsrecht Rn 84; WIEDEMANN/WANK, TVG [7. Aufl 2007] § 1 Rn 991; DÜTZ, in: FS Molitor [1988] 63, 74 f; ZACHERT, in: FS zum 100-jährigen Bestehen des Deutschen Arbeitsgerichtsverbandes [1994] 573, 587; ders, in: KEMPEN/ZACHERT, TVG Grundlagen Rn 240; DÄUBLER, Tarifvertragsrecht Rn 129 ff, 135 ff). Unterschiede bestehen nur hinsichtlich der **falsa demonstratio** (oben Rn 13 f), *wenn* sich für den wirklichen Willen der Tarifpartner auch aus den stufenweise ergänzend heranzuziehenden Auslegungsmitteln kein Anhaltspunkt gewinnen lässt. Während die genannten Autoren auch hier (zT mit Einschränkungen, vgl ZÖLLNER RdA 1964, 449; STEIN, Tarifvertragsrecht Rn 86; WANK ZfA 1998, 71, 78 f; ders, in: WIEDEMANN, TVG § 1 Rn 1005) den wirklichen Willen für beachtlich halten (ebenso RÜTHERS/HEILMANN JZ 1991, 422, 423; ANANIADIS 43 ff; THÜSING/BRAUN/WISSMANN, Tarifrecht [2011] 4. Kap Rn 156), folgt die Rechtsprechung der **Andeutungstheorie** und hält eine *falsa demonstratio* ohne Anhalt in den Tarifnormen und dem tariflichen Gesamtzusammenhang für schädlich (vgl BAG AP Nr 68 zu Art 3 GG; auch BAG AP Nr 11 zu § 1 TVG Tarifverträge: Presse, wo freilich ein Redaktionsversehen mit Rücksicht auf den tariflichen Gesamtzusammenhang gegen den eindeutigen Wortlaut korrigiert wurde; dem BAG zust ErfK/FRANZEN § 1 TVG Rn 93; HERSCHEL, in: FS Molitor [1962] 161, 179 f; ders AuR 1976, 1, 4; LÖWISCH/RIEBLE, TVG § 1 Rn 547; s aber Rn 384; MünchKomm/BUSCHE Rn 38; MAYER-MALY SAE 1966, 251, 252). Die Auslegung von **Betriebsvereinbarungen** erfolgt nach dem gleichen Muster (vgl BAGE 60, 94, 98; BAG AP Nr 3 zu § 77 BetrVG 1972; NZA 1997, 877, 878; RICHARDI, BetrVG § 77 Rn 115; vHOYNINGEN-HUENE, Betriebsverfassungsrecht § 11 Rn 78).

Titel 2 § 133
Willenserklärung 76

Stellungnahme: Eine **falsa demonstratio** sollte auch dann nicht schaden, wenn diese 76
für die Tarifunterworfenen nicht erkennbar war (allg für Erkennbarkeit, aber ohne Bindung
an die Wortsinngrenze WANK ZfA 1998, 71, 78 ff [90]; ders, in: WIEDEMANN, TVG § 1 Rn 1005). Auch
eine „Andeutung" in den Tarifnormen oder dem tariflichen Gesamtzusammenhang
sollte man nicht verlangen. Die Andeutungstheorie täuscht eine Rechtssicherheit
vor, die mangels justiziabler Kriterien für die geforderte „Andeutung" gerade nicht
gewährleistet und überdies mit dem Verbot der Buchstabeninterpretation gem § 133
nicht zu vereinbaren ist (zu der ähnlichen Problematik bei der Auslegung formbedürftiger
Rechtsgeschäfte vgl oben Rn 32 f). Auf der anderen Seite spricht für die ausschlaggebende Bedeutung des wirklichen Willens der Tarifpartner, dass diesen kraft des von
ihren Mitgliedern anvertrauten Mandats die alleinige Regelungskompetenz zukommt und die Mitglieder – innerhalb der von der Rechtsordnung gezogenen
Grenzen – den Inhalt der Tarifnormen so hinnehmen müssen wie er von den Verbänden ausgehandelt worden ist (vgl mit Unterschieden und teilweisen Einschränkungen
ZÖLLNER RdA 1964, 443, 449; DÜTZ, in: FS Molitor [1988] 63, 72 f; RÜTHERS/HEILMANN JZ
1991, 423; WANK ZfA 1998, 71, 78 u 83; ders, in: WIEDEMANN, TVG § 1 Rn 1005; GAMILLSCHEG,
Kollektives Arbeitsrecht I [1997] § 15 XI 2b = S 654 f). Dass es schwierig sein mag, im
Einzelfall anhand von Erklärungen oder Protokollnotizen den wirklichen Willen
der Tarifpartner festzustellen (vgl WIEDEMANN/WANK, TVG § 1 Rn 1005), relativiert zwar
den Meinungsstreit in praktischer Hinsicht, macht ihn aber nicht entbehrlich. Auf
das Vertrauen der Tarifunterworfenen, die sich möglicherweise an dem objektiven
Erscheinungsbild der Tarifnormen orientieren (nicht ohne Grund zweifelnd RÜTHERS/
HEILMANN JZ 1991, 423; WANK ZfA 1998, 71, 78 f), kommt es jedenfalls für den Inhalt
des Tarifvertrages – und zwar auch seines normativen Teils – nicht an, weil diese am
Tarifabschluss nicht beteiligt sind. Das Tarifvertragssystem ist nicht staatlich abgeleitetes Recht, sondern staatlich anerkannte **„kollektive Privatautonomie"** (so auch
BAG NZA 1998, 715, 716 im Anschluss an Tendenzen im jüngeren Schrifttum, vgl insbes A WIEDEMANN, Die Bindung der Tarifnormen an Grundrechte, insbesondere an Art 12 GG [1994] 29 ff;
SINGER ZfA 1995, 611, 620; ders, SAE 1997, 213, 216 f; DIETERICH, in: FS Schaub [1998] 117, 121; **aA**
zB SÖLLNER NZA 1996, 897, 902). Diese beruht auf zwei Säulen: dem Erfordernis eines
Vertrages zwischen den Tarifpartnern – hier bildet der „Vertragsmechanismus" die
Legitimation für das von den Partnern autonom geschaffene Recht – und dem durch
die Mitgliedschaft in den jeweiligen Verbänden geschaffenen Mandat, das gegenüber den Repräsentierten eine gleichfalls autonome Legitimation zur Rechtssetzung
beinhaltet. Dieses System kollektiver Privatautonomie kombiniert Elemente der
rechtsgeschäftlichen und – wegen der Schutzbedürftigkeit der Tarifunterworfenen
im Bereich der Mindestarbeitsbedingungen (§ 4 Abs 3 TVG) – der gesetzlichen
Stellvertretung (vgl SINGER ZfA 1995, 626 f m Fn 81; **aA** ZÖLLNER RdA 1964, 443, 444 f). Im
Bereich der Stellvertretung kommt es aber nach dem – entweder unmittelbar oder
jedenfalls analog – anzuwendenden **§ 166 Abs 1** nicht auf die Vorstellungen der
Repräsentierten, sondern auf die der „Vertreter" an. Infolgedessen richtet sich
die **Auslegung des Vertrages** nach dem **Vertrauen der Tarifpartner** und nicht nach
dem Vertrauen der Repräsentierten. Dieses ist damit nicht schutzlos, richtet sich
aber nach den allgemeinen Grundsätzen der – nicht rechtsgeschäftlichen – Vertrauenshaftung. Danach ist zwar Vertrauen auf eine scheinbar bestehende Rechtslage
schutzwürdig, aber nicht abstraktes, sondern nur durch konkrete Vertrauensinvestitionen im Einzelfall nachgewiesenes Vertrauen, wie es zB beim Vertrauen auf Fehlinterpretationen anerkannt ist (vgl dazu CANARIS, Vertrauenshaftung 254 ff, 392 ff; SINGER,
Verbot 234 ff; vgl zur Betriebsübung näher Vorbem 55 f zu §§ 116 ff).

VII. Die Auslegung im Prozess*

1. Auslegung und Beweislast

77 Nach allgemeinen prozessualen Grundsätzen ist zwischen der Ermittlung der relevanten Tatsachen und ihrer rechtlichen Beurteilung zu unterscheiden. Danach ist die Feststellung des Erklärungstatbestandes **Tatfrage**, während dessen rechtliche Würdigung nach Maßgabe der §§ 133, 157 als reine **Rechtsfrage** anzusehen ist (vgl BGHZ 20, 109, 111; BGH LM Nr 1 zu § 133 [B]; NJW 1984, 721 f; 1987, 901; NJW-RR 1989, 1282; POHLE MDR 1951, 91; FLUME, AT II § 16, 6 = S 338; ERMAN/PALM Rn 41 f; PALANDT/ELLENBERGER Rn 29; vgl auch oben Rn 8). Das bedeutet zum einen, dass sich der Richter Schwierigkeiten bei der **rechtlichen Würdigung** der auslegungsrelevanten Tatsachen nicht dadurch entziehen kann, dass er nach **Beweislastgrundsätzen** entscheidet (RGZ 131, 343, 350; BGH LM Nr 7 zu § 242 [A]; NJW 1984, 721, 722; 1987, 901; WM 1975, 662; 1977, 707, 709). Einen „Auslegungsbeweis" darf er nicht fordern. Er darf auch nicht in sich widerspruchsvoll erscheinende Bestimmungen in einem Vertragstext als ungeschrieben werten, sondern muss sich darum bemühen, die zugrunde liegenden Überlegungen und Vorstellungen der Parteien sowie den wirtschaftlichen Zweck des Rechtsgeschäfts zu ergründen (BGHZ 20, 109, 110; BGH NJW 1986, 1035; vgl dazu schon oben Rn 10 mwNw). Falls sich aber je die Mehrdeutigkeit einer Erklärung nach Ausschöpfen aller Auslegungsmittel nicht beheben lässt, ist das Rechtsgeschäft mangels Bestimmtheit nichtig (oben Rn 23).

78 Im Unterschied dazu gelten für das **„Auslegungsmaterial"**, also die der rechtlichen Würdigung zugrunde liegenden Tatsachen, die Grundsätze der **Darlegungs- und Beweislast**. Das Gericht hat somit nicht etwa von Amts wegen alle für die Auslegung wesentlichen Umstände zu ermitteln, sondern darf nur berücksichtigen, was von den Parteien an auslegungsrelevanten Tatsachen vorgetragen und im Streitfall bewiesen wird (BGHZ 20, 109, 111; BGH WM 1977, 707, 709). **Tatfrage** ist, ob eine Erklärung abgegeben worden ist, welchen Wortlaut sie hat, die Vorgeschichte des Vertrages, das Bestehen einer Verkehrssitte oder eines Handelsbrauchs (BGH LM Nr 1 zu § 157 [B]; NJW 1990, 1723, 1724; NJW-RR 1995, 914, 915; BGHZ 16, 71, 81; 40, 332, 333 f), die Zugehörigkeit der Beteiligten zu dem betreffenden Verkehrskreis (LARENZ, AT § 19 II h = S 352), und schließlich das Vorliegen aller sonstigen Begleitumstände, aus denen Rückschlüsse auf den rechtsgeschäftlichen Willen gezogen werden können (BGH NJW-RR 1989, 1282; NJW 1987, 901 [„Material"]; LARENZ/WOLF, AT § 28 Rn 127; ERMAN/PALM

---

* GOTTWALD, Die Revisionsinstanz als Tatsacheninstanz (1975); HASPL, Die Kontrolle der tatrichterlichen Auslegung von individuellen Willenserklärungen durch die Rechtsmittelinstanz (2008); HENKE, Die Tatfrage (1966); ders, Rechtsfrage oder Tatfrage – eine Frage ohne Antwort?, ZZP 81 (1968) 196 u 321; KUCHINKE, Grenzen der Nachprüfbarkeit tatrichterlicher Würdigung und Feststellungen in der Revisionsinstanz (1964); MANIGK, Die Revisibilität der Auslegung von Willenserklärungen, in: Die Reichsgerichtspraxis im deutschen Rechtsleben VI (1929) 94; MAY, Die Auslegung rechtsgeschäftlicher Willenserklärungen im Revisionsverfahren, NJW 1959, 708; ders, Auslegung individueller Willenserklärungen durch das Revisionsgericht?, NJW 1983, 980; ders, Die Revision (2. Aufl 1997); POHLE, Auslegung und Beweislast, MDR 1951, 91; SCHÄFER, Die Revisibilität der Vertragsauslegung nach der ZPO-Reform, NJW 2007, 3463; STUMPF, Zur Revisibilität der Auslegung von privaten Willenserklärungen, in: FS Nipperdey I (1965) 957.

Rn 42). Dazu gehören auch innere Tatsachen wie zB die Kenntnisse des Erklärungsempfängers (BGH LM Nr 2 zu § 157 [Gf]; BAG AP Nr 1 u 2) sowie der Wille der am Rechtsgeschäft Beteiligten (BGHZ 86, 41, 46; 87, 150, 152). Sind sich die Parteien über den Sinn einer Erklärung einig, und sei es erst im Prozess, muss sich der Richter an diese Tatsache halten (BGHZ 86, 41, 46; BGH LM Nr 2 zu § 157 [Gf]; Nr 5 zu § 288 ZPO; NJW 1984, 721; 1996, 1678, 1679; WIESER JZ 1985, 407, 409; oben Rn 27 aE). Allerdings ist **empirische Auslegung** nicht ausschließlich Tatsachenfeststellung (so aber BGH LM Nr 2 zu § 157 [Gf]; LARENZ, AT § 19 II h = S 352; WIESER aaO; KUCHINKE 155 f), da Auslegung die Funktion hat, den rechtlich maßgeblichen Sinn der Willenserklärung zu ermitteln (oben Rn 2) und daher zwangsläufig rechtliche Erwägungen über die Geltung des Gewollten (mit-)bestimmen (zutr BGHZ 160, 83, 88; MünchKomm/BUSCHE Rn 64 f; KRAMER, Grundfragen 133; MAY NJW 1959, 708, 709). Schon die – unstreitige – Vorfrage, ob der empirische Wille maßgebend ist (oben Rn 11 ff), erfordert spezifisch rechtliche Erwägungen; erst recht gilt dies für die – streitige – Anwendung der empirischen Auslegung bei formbedürftigen (oben Rn 30 ff) und bestimmten nicht empfangsbedürftigen Erklärungen (Rn 16 f).

Erheblichen Einfluss auf die Beweisführung und Beweislastverteilung haben die **79** anerkannten **Auslegungsregeln und Erfahrungssätze** (oben Rn 44 ff). Dies gilt insbesondere für die Vermutung der Richtigkeit und Vollständigkeit einer über ein Rechtsgeschäft ausgestellten Urkunde (vgl die Nachw oben Rn 34). Wer einen vom **Wortlaut** der Urkunde abweichenden Inhalt des Rechtsgeschäfts behauptet, trägt für die außerhalb der Urkunde liegenden Umstände die volle Beweislast (BGHZ 121, 357, 364; BGH LM Nr 17 zu § 133 [C]; Nr 7 zu § 242 [A]; NJW 1999, 1702, 1703; SOERGEL/HEFERMEHL Rn 35; BAUMGÄRTEL/LAUMEN/PRÜTTING Rn 2). Umgekehrt ist eine Auslegung nicht zu beanstanden, bei der sich das Gericht auf eine Ausdeutung des Wortlauts einer Erklärung beschränkt, wenn es die darlegungs- und beweispflichtige Partei unterlassen hat, weitere Tatsachen vorzutragen und unter Beweis zu stellen, die eine vom Wortlaut abweichende Auslegung rechtfertigen würden (BGHZ 20, 109, 112). Entsprechende Beweislastregeln gelten für andere Erfahrungssätze, wie zB die Vermutung, dass die Parteien eine dem Zweck des Rechtsgeschäfts entsprechende Regelung treffen wollten (BGH WM 1977, 707, 709; vgl auch ERMAN/PALM Rn 42; zur teleologischen Auslegung oben Rn 52 ff).

2. Revisibilität der Auslegung

Obwohl der BGH in Bezug auf die Beweislast klar zwischen Tat- und Rechtsfrage **80** unterscheidet (oben Rn 77 f), nimmt er in Bezug auf die Revisibilität der Auslegung einen anderen Standpunkt ein. Die **Auslegung individueller Willenserklärungen** ist nach ständiger Rechtsprechung „**Sache des Tatrichters**" und vom Revisionsgericht „nur" daraufhin zu überprüfen, ob gesetzliche Auslegungsregeln, anerkannte Auslegungsgrundsätze, Denkgesetze, Erfahrungssätze oder Verfahrensvorschriften verletzt worden sind (vgl zB RGZ 131, 343, 350; BGHZ 23, 263, 278; BGH NJW 1992, 1446; 1995, 45, 46; 1995, 1211, 1212; 2005, 2618, 2619; 2006, 3777; 2010, 2648; 2010, 3510, 3516; 2011, 2045, 2046; NJW-RR 2010, 1219, 1220; 2010, 1508, 1509 f; zust KUCHINKE, Grenzen der Nachprüfbarkeit 158 ff; LARENZ, AT § 19 II h = S 353 f; LARENZ/WOLF, AT § 28 Rn 130 ff; MünchKommZPO/WENZEL § 546 Rn 9; BAUMBACH/LAUTERBACH/ALBERS/HARTMANN, ZPO § 546 Rn 9; THOMAS/PUTZO/REICHOLD, ZPO [30. Aufl 2009] § 546 Rn 6; PALANDT/ELLENBERGER Rn 30), wesentlicher Auslegungsstoff außer Acht gelassen wurde (BGHZ 121, 284, 289; BGH NJW 1988, 332, 333; 1992, 1446; 1992,

1967, 1968; 2000, 2508, 2509; 2010, 3510, 3516; WM 1991, 495, 496; BAG NJW 2006, 1832, 1833; 2006, 3659, 3660; 2007, 250, 252; 2008, 1243, 1244; 2011, 1469, 1470; NZA 2006, 854, 857) oder eine Auslegung gänzlich unterblieben ist (BGHZ 16, 4, 10 f; 96, 141, 144). Das Revisionsgericht überprüft die Einhaltung der Auslegungsgrundsätze ohne Bindung an die geltend gemachten Revisionsgründe, wohingegen die Feststellung der auslegungsrelevanten **Tatsachen** (oben Rn 78) nur bei einem Verfahrensverstoß überprüft wird und daher eine Verfahrensrüge voraussetzt (BGH WM 1989, 1344, 1345; NJW-RR 1990, 455). Sofern die Auslegung des Berufungsgerichts revisibel ist, nimmt der BGH die Auslegung selbst vor, wenn nach dem tatsächlichen Vorbringen der Parteien weitere Feststellungen nicht mehr getroffen werden müssen (grdl BGHZ 65, 107, 112; s ferner BGHZ 96, 141, 144; 109, 19, 22; 121, 284, 289; BGH NJW 1988, 2878, 2879; 1991, 1180, 1181; 1992, 436, 437; 2006, 3777; WM 2006, 871, 872; FamRZ 1980, 1104 f; einschränkend noch BGH WM 1975, 470, 471: wenn lediglich *eine* Auslegung in Frage kommt).

81 Die vorstehend beschriebenen Grundsätze zur beschränkten Revisibilität der Auslegung gelten allerdings nicht bei der Interpretation **„typischer" Erklärungen**, weil eine von Berufungsgericht zu Berufungsgericht verschiedene Auslegung von ein und derselben Klausel im Interesse der Rechtseinheit vermieden werden soll (seit RGZ 81, 117, 119 stRspr, vgl RGZ 155, 133, 135; BGHZ 5, 111, 114; 7, 365, 368; 8, 55, 56; 22, 109, 112 f; BGH LM Nr 5 zu § 157 [Gf]; ebenso bereits BAGE 5, 221, 223; BAG NZA 2000, 771, 772; 2006, 1157, 1158). Danach kann die Auslegung **Allgemeiner Geschäftsbedingungen** (vgl Rn 72) vom Revisionsgericht uneingeschränkt überprüft werden (BGHZ 40, 332, 333; 104, 292, 293; BGH NJW 1992, 1236, 1237; 2005, 2919, 2921), sofern sich ihr Anwendungsbereich über den Bezirk des Berufungsgerichts hinaus erstreckt (RGZ 146, 1, 3; BGHZ 7, 365, 368; LM Nr 15 zu § 549 ZPO; BGH NJW 2005, 2919, 2921; NJW-RR 2006, 1210, 1211) und es sich nicht um ausländische AGB handelt (BGHZ 49, 356, 362 f; 104, 178, 181; BGH WM 1966, 450, 451; 1986, 461; krit BRANDNER AcP 162 [1963] 237, 263 f). Revisionsgerichtlicher Überprüfung unterliegt aber jedenfalls die Frage, ob es sich um ausländische oder inländische AGB handelt (BGHZ 112, 204, 210; vgl auch BGHZ 32, 76, 84 f). Denn die bloße Möglichkeit, dass ausländische Geschäftsbedingungen vorliegen, sperrt noch nicht die Prüfungskompetenz des Revisionsgerichts. Die unbeschränkte Revisibilität der Auslegung typischer Vertragsklauseln gilt auch im Rechtsentscheidverfahren, das ja gerade der Rechtsvereinheitlichung dienen soll (BGHZ 84, 345, 349). Aus dem gleichen Grunde unterliegt die Auslegung typischer Klauseln in einer **Gemeinschaftsordnung** für Wohnungseigentümer der Nachprüfung durch die Revisionsinstanz (BGHZ 88, 302, 305), von **Grundbucheintragungen** (BGHZ 47, 190, 195 f; 59, 205, 208 f; BGH NJW-RR 1991, 457), zum Umlauf bestimmten **Wertpapiere** (LARENZ/WOLF, AT § 28 Rn 131), **Satzungen juristischer Personen** (BGHZ 9, 279, 281; 47, 172, 180; 96, 245, 250; 113, 237, 240; 123, 347, 350; BGH NJW 1994, 185, 185; ZIP 1993, 1709, 1711) sowie von Gewerkschaften (BAGE 16, 329, 336 f) und anderen nicht rechtsfähigen Vereinen (BGHZ 21, 370, 374; aA BAG AP Nr 2 zu § 549 ZPO), nicht aber die **Gesellschaftsverträge** von Personengesellschaften (BGH WM 1959, 1396; 1964, 199, 200), es sei denn, es handelt sich um standardisierte Verträge von Publikumsgesellschaften (BGH NJW 1982, 877, 878). Voraussetzung der revisionsgerichtlichen Überprüfung ist im Übrigen, dass die betreffende Klausel nicht nur individualrechtlichen, sondern körperschaftsrechtlichen Bezug hat (BGHZ 14, 25, 36 f; 123, 347, 350; BGH LM Nr 25 zu § 549 ZPO; vgl dazu Rn 73). Uneingeschränkt nachprüfbar ist nach der Rechtsprechung des BGH auch die Auslegung von **Prozesshandlungen**, selbst wenn es sich nicht um typische Erklärungen handelt (BGHZ 4, 328, 334; 109, 19, 22; BGH NJW 1991, 1683; 1992, 2346, 2347; WM 1990, 6, 8; PALANDT/ELLENBERGER Rn 30; ZÖLLER/

HESSLER, ZPO [27. Aufl 2009] § 546 Rn 11). Doch besteht eigentlich kein sachlich einleuchtender Grund, bei der Auslegung zwischen materiell-rechtlichen Willenserklärungen und Prozesshandlungen zu unterscheiden (WIECZOREK/SCHÜTZE/PRÜTTING, ZPO [3. Aufl 2005] § 546 Rn 29; GRUNSKY, in: STEIN/JONAS, ZPO [21. Aufl] §§ 549, 550 IV Rn 45; MünchKommZPO/WENZEL, ZPO [3. Aufl 2007] § 546 Rn 11). Die Sachgerechtigkeit einer Gleichbehandlung der Fälle zeigt sich vor allem bei der Auslegung von Prozesshandlungen, die auch materiellrechtlichen Inhalt haben, insbesondere **Prozessvergleichen**. Deren Auslegung gilt seit jeher als nur beschränkt revisibel (RGZ 154, 319, 320; BGH LM Nr 4 zu § 133 [D]; BAGE 3, 116, 118 f; AP Nr 32 m Anm GRUNSKY; BAG NJW 2005, 524, 525).

Eine **plausible Begründung** für die eingeschränkte Revisibilität der tatrichterlichen Auslegung bei individuellen Willenserklärungen hat die Rechtsprechung bislang **nicht** gegeben (vgl HENKE ZZP 81 [1968] 196, 200 m Fn 6; STUMPF, in: FS Nipperdey I [1965] 957, 959; MünchKomm/BUSCHE Rn 71; WIECZOREK/SCHÜTZE/PRÜTTING, ZPO [3. Aufl 2005] § 546 Rn 26 aE). In dem Hinweis auf die Aufgabenzuweisung an den Tatrichter (vgl zB BGHZ 23, 263, 278; 65, 107, 110) klingt zwar an, dass es sich bei der Auslegung um Tatsachenfeststellung handele. Noch deutlicher wird dies in der Formel, wonach die Auslegung eines Vertrages „im Wesentlichen auf tatsächlichem Gebiet" liege und „*deshalb* der Nachprüfung in der Revisionsinstanz nur in beschränktem Umfang zugänglich" sei (BGHZ 24, 39, 41; Hervorhebung hinzugefügt). Aber auf tatsächlichem Gebiet liegt genau betrachtet eben nur die Feststellung des Auslegungsmaterials, nicht dessen rechtliche Würdigung gem §§ 133, 157. Entgegen der in einem Urteil des Bundesarbeitsgericht besonders klar zum Ausdruck gekommenen Vorstellung, dass sich „Tatsachenfeststellung und Beurteilung" zu einem „einheitlichen Denkvorgang" verbinde (BAGE 4, 360, 365; auch BGHZ 160, 83, 88 f, doch unterscheidet der Senat in der Sache durchaus beide Elemente), ist eine gedankliche und praktische Unterscheidung von Tat- und Rechtsfrage durchaus möglich und gemäß § 545 ZPO auch erforderlich, da die Revision nur auf eine Verletzung des Rechts gestützt werden kann (vgl GOTTWALD 139 f; HENKE, Tatfrage 138 ff; ders ZZP 81 [1968] 196, 218 f; MAY, Revision Rn 271; ders NJW 1959, 708, 709; ders NJW 1983, 980; STUMPF, in: FS Nipperdey I [1965] 957, 968 f; ROSENBERG/SCHWAB/GOTTWALD, Zivilprozessrecht § 142 Rn 1; LARENZ, AT § 19 II h = S 354; PALANDT/ELLENBERGER Rn 30; ERMAN/PALM Rn 43; HASPL 257, 305 und öfter; aA KUCHINKE, Grenzen der Nachprüfbarkeit 64 ff [87] und 144 ff [151]; GRUNSKY, in: STEIN/JONAS, ZPO [21. Aufl] §§ 549, 550 IV Rn 22; MünchKommZPO/WENZEL § 546 Rn 9). Wenn es darauf ankommt, steht auch der BGH auf dem Standpunkt, dass eine fehlerhafte Auslegung durch das Tatsachengericht vom Revisionsgericht korrigiert werden muss (vgl zB BGHZ 32, 60, 63; BGH FamRZ 1980, 1104 f; NJW 1991, 1180, 1181; 1992, 436, 437). Ganz offen lässt BGH NJW 1995, 1212, 1213 eine revisionsrichterliche Überprüfung zu, „wenn sie von einer unzutreffenden rechtlichen Würdigung beeinflusst ist". Der im allgemeinen übliche Vorbehalt, dass die Auslegung nur bei bestimmten Verstößen gegen Auslegungsregeln der Überprüfung unterliege (Rn 80), bedeutet denn auch in Wahrheit keine effektive Einschränkung der Revisibilität, da kein Rechtsfehler denkbar ist, der nicht zugleich als Verstoß gegen Denkgesetze, Erfahrungssätze oder das Gebot vollständiger Berücksichtigung des Tatsachenstoffes qualifiziert werden kann. Folgerichtig vermutet FLUME, dass der BGH stets, wenn er die Auslegung durch das Berufungsgericht für unrichtig hält, auch seine revisionsrechtliche Kompetenz zu begründen vermag (AT II § 16, 6 = S 340). Mit Recht! Denn die Beachtung der Auslegungsregeln – und damit des Rechts (§ 546 ZPO) – ist ohnehin nur gewährleistet, wenn das Revisionsgericht auch das konkrete Ergebnis der tatrichterlichen Auslegung überprüft (vgl dazu auch die kritische Analyse von HASPL 96 ff).

83 Im **Schrifttum** wird die eingeschränkte Revisibilität der Auslegung insbesondere mit der Sachferne des Revisionsrichters und dem Zweck des Rechtsmittels, die Einheitlichkeit der Rechtsprechung zu sichern, begründet (vgl ROSENBERG/SCHWAB/GOTTWALD, Zivilprozessrecht [16. Aufl] § 141 Rn 27; LARENZ, AT § 19 II h = S 354 Fn 56; LARENZ/WOLF, AT § 28 Rn 131). Zum Teil wird aus diesem Grunde sogar die vollständige Irrevisibilität der Auslegung individueller Erklärungen gefordert (HENKE ZZP 81 [1968] 321, 369 ff; GRUNSKY, in: STEIN/JONAS §§ 549, 550 IV Rn 38; GRUNSKY Anm AP Nr 32). Die von der Rechtsprechung praktizierte Unterscheidung zwischen individuellen und typischen Erklärungen (oben Rn 80 f) hat ersichtlich ihren Grund darin, dass der Auslegung individueller Willenserklärungen und solcher, die keine überörtliche Bedeutung haben, keine „Leitbildfunktion" zuerkannt wird. Indessen demonstriert die Rechtsprechung, dass sie genau diese Aufgabe in Anspruch nimmt und – wenn sie die bisherige Überprüfungspraxis beibehalten will – mit Blick auf die hohen Anforderungen an die Revisionszulassung gem § 545 ZPO durch die ZPO-Reform 2002 auch in Anspruch nehmen muss (dazu sogleich Rn 84; gegen die Leitbildfunktion allerdings früher MAY, Revision 285; ders NJW 1983, 980, 981; MANIGK, Reichsgerichtspraxis VI [1929] 94 ff [160, 180]). Auch die Sachnähe des Berufungsgerichts spielt keine entscheidende Rolle, da es nicht um die vom persönlichen Eindruck abhängige Feststellung und den Beweis von Tatsachen geht, sondern um deren rechtliche Würdigung, die vom Revisionsgericht nach dem gleichen Maßstab getroffen wird wie vom Berufungsgericht. Es mag zwar einen gewissen Beurteilungsspielraum bei dem aus dem Tatsachenmaterial gezogenen Schluss auf den zugrunde liegenden rechtsgeschäftlichen Willen geben (vgl MANGOLD NJW 1962, 1597, 1598 im Anschluss an OERTMANN 504; LARENZ, AT § 19 II h = S 353 f; LARENZ/WOLF, AT § 28 Rn 130), aber dies ändert nichts daran, dass die Revision gemäß § 545 ZPO dabei unterlaufene Rechtsfehler korrigieren soll und kann. Hält sich das Berufungsgericht im Rahmen des Beurteilungsspielraums, den ein normatives Werturteil zwangsläufig beinhaltet, wird auch niemand einen Rechtsfehler feststellen können. Im Ergebnis dürfte diese Position trotz anders lautender Maximen ohnehin der von der Rechtsprechung praktizierten – in Wirklichkeit (vgl soeben Rn 82) nur vordergründig eingeschränkten – Rechtskontrolle entsprechen. Es sind jedenfalls keine Urteile bekannt geworden, in denen dem BGH sachlich nicht gerechtfertigte Zurückhaltung beim Umfang der revisionsgerichtlichen Nachprüfung vorgeworfen wurde, so dass schlussendlich der Unterscheidung zwischen individuellen und typischen Erklärungen keine nennenswerte praktische Bedeutung zukommt.

84 Seit der **ZPO-Reform 2002** ist die Revision gem § 543 Abs 2 ZPO nur zuzulassen, wenn die Rechtssache grundsätzliche Bedeutung hat (Nr 1) oder die Fortbildung des Rechts oder die Sicherung einer einheitlichen Rechtsprechung eine Entscheidung des Revisionsgerichts erfordert (Nr 2). Zunächst hatte es den Anschein, als würde eine revisionsgerichtliche Überprüfung der Auslegung von Willenserklärungen auf solche Fälle beschränkt sein, in denen die angegriffene Auslegung unter keinem denkbaren Aspekt rechtlich vertretbar erscheint und daher gegen das verfassungsrechtlich verankerte **Willkürverbot** verstößt (dafür – nach früherem und reformiertem Revisionsrecht – HASPL 262 f, 318 und 321). Davon ist der BGH in einem Fall ausgegangen, in denen das Berufungsgericht ohne greifbaren Anhaltspunkt in einem Kaufvertrag

eine Eigenschaftszusicherung iSv § 459 Abs 2 aF angenommen hatte. Solche Fehler seien geeignet, das Vertrauen in die Rechtsprechung zu beschädigen und müssten zur Sicherung einer einheitlichen Rechtsprechung vom Revisionsgericht beseitigt werden (BGH NJW 2005, 153 f). Diesem Urteil stehen jedoch eine Kette von revisionsgerichtlichen Entscheidungen gegenüber, in denen an der bisherigen Rechtsprechung unverändert festgehalten und lediglich geprüft wird, ob die Auslegung des Instanzgerichts gegen Denkgesetze oder anerkannte Auslegungsgrundsätze verstößt (vgl BGH NJW 2005, 2618, 2619; 2006, 2773, 2774; 2007, 368, 369; WM 2006, 871, 872; 2011, 889, 891; BAG NZA 2006, 1157, 1158; NJW 2008, 1243, 1244; 2011, 1469, 1470). In der prozessrechtlichen Literatur wird ebenfalls an den bisherigen Grundsätzen festgehalten (vgl zB ZÖLLER/HESSLER, ZPO [27. Aufl 2009] § 546 Rn 9; WIECZOREK/SCHÜTZE/PRÜTTING, ZPO [3. Aufl 2005] Rn 26; ROSENBERG/SCHWAB/GOTTWALD, Zivilprozessrecht [17. Aufl 2010] § 142 Rn 13 ff; THOMAS/PUTZO/REICHOLD, ZPO [30. Aufl 2009] § 546 Rn 6 f) und nur selten die Frage aufgeworfen, ob die erhöhten Anforderungen gem § 543 Abs 2 ZPO die Zulassung der Revision verhinderten oder jedenfalls erschweren (SCHÄFER NJW 2007, 3463; HASPL 312 ff). In der Tat dürfte die bisherige Praxis fortgeführt werden können, da die – beschränkte – revisionsgerichtliche Überprüfung der Auslegung jedenfalls zur Sicherung einer einheitlichen Rechtsprechung gem § 543 Abs 2 S 1 Nr 2, 2. Alt ZPO erforderlich ist. Nach der Rechtsprechung des BGH ist dieser Zulassungsgrund nicht auf Divergenzfälle beschränkt, sondern kommt auch in Betracht, wenn ein über den Einzelfall hinausgehendes Interesse an einer korrigierenden Entscheidung besteht, wie zB bei einem Fehler, dem **symptomatische Bedeutung** oder **Signalwirkung** zukommt (grdl BGHZ 154, 288, 294 f; BGH NJW 2003, 754, 755; 2004, 1960, 1961; MünchKommZPO/WENZEL [3. Aufl 2007] § 543 Rn 17 mwNw). Nun kann man darüber streiten, ob „einfache" Verstöße gegen anerkannte Auslegungsgrundsätze symptomatische Bedeutung besitzen (SCHÄFER NJW 2007, 3463, 3465; abl HASPL 314 f), da und sofern sich der Fehler auf die Auslegung individueller, nicht-typischer Rechtsgeschäfte bezieht. Da aber den anerkannten Auslegungsgrundsätzen eine über den Einzelfall hinausweisende **Leitbildfunktion** zukommt (vgl zu diesem Kriterium MünchKommZPO/WENZEL § 546 Rn 3 und 9), wird man in der Tat annehmen dürfen, dass diese Aufgabe nur erfüllt werden kann, wenn auch eine **einheitliche Handhabung** der Auslegungsregeln erfolgt. Die revisionsgerichtliche Überprüfung auch nicht-typischer Willenserklärungen ist daher zur Sicherung einer einheitlichen Rechtsprechung erforderlich (§ 543 Abs 2 S 1 Nr 2, 2. Alt ZPO). Dies gilt erst recht, wenn es um die **Auslegung typischer Erklärungen** (oben Rn 81) geht. Die unbeschränkte Revisibilität der Auslegung wird in diesen Fällen ja gerade mit dem Interesse der Allgemeinheit an einheitlicher Rechtsanwendung begründet – also mit einem Grund, der eindeutig die Zulassung der Revision gem § 543 Abs 2 S 1 Nr 2, 2. Alt ZPO rechtfertigt (BGHZ 151, 221, 226 f; 154, 288, 294 f; BGH NJW 2002, 2957; 2003, 65, 66; 2003, 831; 2003, 2319, 2320; ZÖLLER/HESSLER, ZPO [27. Aufl 2009] § 546 Rn 11).

3. Überprüfung von Auslegungsfehlern im Berufungsverfahren

Aufgrund der ZPO-Reform ist verbreitet die Ansicht vertreten worden, dass die Auslegung von Rechtsgeschäften durch das **Berufungsgericht** nur noch im gleichen Umfang erfolgen dürfe wie im Revisionsverfahren (OLG München MDR 2003, 952; RIMMELSPACHER, Die Berufungsgründe im reformierten Zivilprozess, NJW 2002, 1897, 1899; GEHRLEIN, Erste Erfahrungen mit der reformierten ZPO, MDR 2003, 421, 426: nicht bei vertretbarer Gewichtung der Auslegungsgrundsätze). Dem ist der BGH mit Recht entgegengetreten.

Auch das Berufungsgericht ist in vollem Umfang dazu befugt, Auslegungsfehler der Vorinstanz zu korrigieren. § 513 Abs 1 ZPO enthält keine Beschränkung des Berufungsverfahrens auf revisible Rechtsfehler, sondern erlaubt die vollumfängliche Überprüfung von Rechtsverletzungen und darüber hinaus auch die Überprüfung von Tatsachenfeststellungen, wenn „ernstliche" Zweifel an der Richtigkeit und Vollständigkeit der erstinstanzlichen Feststellungen bestehen (BGHZ 160, 83, 86 ff).

Sachregister

Die fetten Zahlen beziehen sich auf die Paragraphen, die mageren Zahlen auf die Randnummern.

Abbaurechte
Unbeweglichkeit **90** 60
Abbruch von Vertragsverhandlungen
Treuepflichtverletzung, vorsätzliche **122** 7
Vertrauensschaden **122** 7
Abgabe der Willenserklärung
Abhandenkommen von Willenserklärungen **130** 32
Begriff **130** 7, 27 f
Beweislast **130** 108
nach Diktat verreist **130** 31
vor einer Behörde **130** 13, 96
Erklärungen unter Anwesenden **130** 111
Erklärungsbote **130** 31
Erklärungsgehilfe **130** 31
Form des Rechtsgeschäfts **130** 30
Geschäftsfähigkeit **130** 37; **131** 1
Geschäftsfähigkeit des Erklärenden **106** 9; **130** 27, 37
Inverkehrbringen der Erklärung **130** 30
Kennenmüssen **130** 37
Kenntnis **130** 37
mündliche Erklärung **130** 29
prima facie-Beweis **130** 108
Rechtsbindungswille **130** 28 ff, 33
Tod des Erklärenden **130** 27, 37
Übergabe **130** 30 f, 111
Unterschrift **130** 30
verkörperte Erklärung **130** 30
Verständigungswille **130** 114
Vertrauensschutz **130** 32
Vollendung der Willenserklärung **130** 33, 108
Volljährigkeit **106** 9
Wahrnehmung, sinnliche **130** 47
Weiterleitung der Erklärung **130** 33 ff
Willensmängel **130** 37
Willensvollendung **130** 27
Wirksamkeitsvoraussetzung **130** 33
Wirksamwerden der Willenserklärung **130** 36 f
Abgabenordnung
Handlungsfähigkeit, partielle **Vorbem 104–115** 99
Verfahrensfähigkeit **Vorbem 104–115** 95, 98
ABGB
s Österreich
Abhandenkommen
Geschäftsfähigkeitsmangel **Vorbem 104–115** 91
Wille, natürlicher **Vorbem 104–115** 91

Abhandenkommen (Forts)
Willenserklärungen **Vorbem 116 ff** 49
Abmahnung
Kenntnisnahme **130** 26
Abonnement
Anfechtung **119** 9
Irrtum, erkannter **119** 39
Taschengeldgewährung **110** 10
Abstammungsanfechtung
Internationales Privatrecht **Vorbem 104–115** 17
Abstammungsbegutachtung
Auslegung **133** 55
Abstimmung
s Stimmabgabe
Abtretung
Genehmigung **108** 2
Rechtsnachteil **107** 24
Scheinforderung **117** 22
Scheingeschäft **117** 11, 22
stillschweigende Abtretung, Erklärungsbewusstsein **Vorbem 116 ff** 44
Vertrauensschutz **122** 12
Abtretungsanzeige
Kenntnisnahme **130** 25
Abwasserbeseitigung
Benutzungsverhältnis, öffentlich-rechtliches **Vorbem 104–115** 101
Abwasserleitungen
s a Versorgungsleitungen
Duldungsanspruch **95** 18
Abwesenheit
Begriff **130** 18
Wahrnehmung, sinnliche **130** 18 ff
Abzahlungskauf, finanzierter
arglistige Täuschung **123** 54
Ackerbau
Gebrauchsvorteile **100** 4
Inventar, landwirtschaftliches **98** 10
Adoption
Anfechtung **Vorbem 104–115** 17; **119** 110
Annehmender, Alterserfordernisse **Vorbem 104–115** 15
Aufhebungsantrag **Vorbem 104–115** 15
Dekretsystem **117** 5; **119** 110
Einwilligung in die Adoption **Vorbem 104–115** 15; **105** 6; **106** 7
Erklärungsirrtum **119** 110
Inhaltsirrtum **119** 110
Scheinadoption **117** 5
Volljährigenadoption **Vorbem 104–115** 15

Änderungskündigung
Annahme der Vertragsänderung **Vorbem 116 ff** 56
Ärztliche Behandlung
Einwilligung **Vorbem 104–115** 57 ff; **111** 6
Operation
s dort
AGB-Banken
Geschäftsfähigkeitsmangel **Vorbem 104–115** 27
Rechnungsabschluss **Vorbem 116 ff** 61
Stornorecht **122** 5
AGB-Sparkassen
Geschäftsfähigkeitsmangel **Vorbem 104–115** 27
Agenturvertrag
Scheingeschäft **117** 13
Umgehungsgeschäft **117** 13, 15
Aggregatzustand
Einfluss auf Sachqualität **90** 3
Aids
Fragerecht des Arbeitgebers **123** 38
Aktien
Anfechtungsausschluss **119** 105
Dividenden **99** 17; **101** 6 f
Eigenschaftsirrtum **119** 96
Aktiengesellschaft
arglistige Täuschung **123** 59
Auflösung, rückwirkende **119** 112
Hauptversammlung, Einberufung **130** 14
Akzessionsprinzip
Grundstücksbestandteile **94** 1; **95** 1
Alarmanlage
Bestandteileigenschaft **94** 32
Zubehöreigenschaft **97** 13
Alkoholabhängigkeit
Störung der Geistestätigkeit **104** 9
Allgemeine Geschäftsbedingungen
Auslegung **133** 24, 46, 72, 81
  unwirksame Klauseln **133** 49
Erklärungsfiktionen **Vorbem 116 ff** 61
falsa demonstratio non nocet **133** 14
Irrtumsanfechtung **119** 8, 26 ff
  Anfechtungsausschluss **119** 105
  Anfechtungsrecht des Verwenders **119** 30
  Einbeziehung der AGB **119** 26, 29
  Inhalt der AGB **119** 26
Sprachrisiko **119** 19
überraschende Klauseln **123** 96
Unklarheitenregel **133** 63
Unverzüglichkeit **121** 8
Zugangserfordernisse **130** 22
Zugangsfiktion **130** 22
Allgemeiner Teil des BGB
Sachen **Vorbem 90–103** 1
Allgemeines Gleichbehandlungsgesetz
s Diskriminierungsverbote

Alltagsgeschäfte
Abzahlungsgeschäft **105a** 8
Anfechtung **105a** 6, 12
Aufwendungsersatz **105a** 12
Ausflugsfahrt mit Krankentransportwagen **105a** 5
Ausschluss der Rückabwicklung **105a** 3, 12
Bargeschäfte **105a** 5
Bedarf, täglicher **105a** 5
Begriff **105a** 5
Betreuung, rechtliche **105a** 15
Bewegungsfreiheit, rechtliche **105a** 1, 5
Beweislast **105a** 13
Bewusstlosigkeit **105a** 4
Briefversendung **105a** 5
Dienstleistungen **105a** 5
Einkommensniveau **105a** 7
Entgeltlichkeit **105a** 5
Erfüllungsansprüche **105a** 12
Erfüllungsgeschäfte **105a** 9
Erwerbsgeschäfte **105a** 5
Existenznotwendigkeit **105a** 5
faktisches Arbeitsverhältnis **105a** 7
Fernabsatzverträge **105a** 5
Gegenleistungsbewirkung **105a** 8, 11
Genussmittel **105a** 5
Geringwertigkeit **105a** 7
  Gegenleistung **105a** 7
  – Teilbarkeit **105a** 7
  Gesamtpreis **105a** 7
Geschäfte des täglichen Lebens **105a** 5
Gesetzgebungsverfahren **105a** 2
Haustürgeschäfte **105a** 5
Kataloggeschäfte **105a** 5
Kinder **105a** 4
kosmetische Artikel **105a** 5
Lebensmittel **105a** 5
Leistungsbewirkung **105a** 8 f, 11
Leistungsstörungsrechte **105a** 12
Lotto **105a** 7
medizinische Produkte **105a** 5
Minderung **105a** 12
Museumsbesuche **105a** 5
Nacherfüllung **105a** 12
Nahrungsmittel **105a** 5
necessaries **105a** 5, 7
Personengefährdung **105a** 1, 10
Personennahverkehr **105a** 5
Presseerzeugnisse **105a** 5
Prozessfähigkeit **105a** 14
Rechtsgeschäfte **105a** 6
Rechtsgeschäfte, einseitige **105a** 6
Rückforderungsausschluss **105a** 11 f
Rücktritt **105a** 6, 12
Schadensersatz **105a** 12
Schenkung **105a** 5
Status des Geschäftsunfähigen **105a** 11, 14
Störung der Geistestätigkeit, vorübergehende **105a** 4

Alltagsgeschäfte (Forts)
 Tätigung des Vertrages **105a** 6
 Toto **105a** 7
 Übereignung **105a** 9
 Verbraucherkreditgeschäfte **105a** 5
 Vereinsbeitritt **105a** 5
 Vermögensgefährdung **105a** 1, 10
 Vertrag **105a** 6, 11
 volljährige Geschäftsunfähige **105a** 4
  lichte Zwischenräume **105a** 4
 Vorleistung des Geschäftsunfähigen
  105a 8, 12
 Wertgrenze **105a** 7
 Willenserklärung **105a** 6
 Wirksamkeitsfiktion **105a** 1, 3 f, 8, 11 f, 14
 ex nunc-Wirkung **105a** 11
Altenheim
 kirchliches Altenheim **Vorbem 90–103** 19
 Privatrecht **Vorbem 90–103** 19
Alter
 Fragerecht des Arbeitgebers
 s Arbeitsvertrag
Altlasten
 Aufklärungspflicht **123** 17
 Verdacht **123** 17
Altmetall
 Falschbezeichnung, unschädliche
  119 54, 61
 Kalkulationsirrtum **119** 61
Alzheimersche Erkrankung
 Störung der Geistestätigkeit **104** 9
Amtsempfangsbedürftigkeit
 Adressat **130** 96
 Scheingeschäft **117** 3
 Vertrauensschaden **122** 12
 Willenserklärung, durchschauter Vorbehalt **116** 11
 Zugang **130** 13
Analphabetismus
 Anfechtungsrecht **119** 25
 Geschäftsunfähigkeit **104** 9
  teilweise Geschäftsunfähigkeit **104** 14
 Kenntnisverschaffung vom Urkundeninhalt **119** 25
Androhung
 Geschäftsfähigkeitsmangel **Vorbem 104–115** 87
Aneignung
 Aneignungswille **Vorbem 116 ff** 4; **133** 55
 Einsichtsfähigkeit **Vorbem 104–115** 92
 Einwilligungsfreiheit **107** 44
 Essensreste **133** 55
 Körperbestandteile **90** 49 f
 Leichnam **90** 48, 52
 wesentliche Bestandteile **93** 25, 37
 Willensbetätigung **Vorbem 116 ff** 4
Anfechtbarkeit
 Erklärung **Vorbem 116 ff** 5

Anfechtung
 Auslegung vor Anfechtung **119** 7, 9, 39;
  122 17
 Bestätigung des Rechtsgeschäfts **119** 105
 Einwilligungsbedürftigkeit **107** 32
 Eventualanfechtung **121** 5
 Genehmigungsunfähigkeit **111** 2
 Nichtigkeitsfolge **Vorbem 116 ff** 30
 Rechtsgeschäft **Vorbem 116 ff** 5
 Selbstbestimmung **Vorbem 116 ff** 25;
  119 104
 sprachbedingte Missverständnisse **119** 8
 Treuwidrigkeit **130** 37
 untergeschobener Vertrag **119** 9
 Unverzüglichkeit **121** 8 ff
 Verkehrsfeindlichkeit **119** 3
 Verkehrsschutz **121** 1
 Verkehrssicherheit **Vorbem 116 ff** 21, 23
 Verschuldensunabhängigkeit **119** 27
 Vertrauensschaden **119** 104
 Vertrauensschutz **Vorbem 116 ff** 22, 25, 72;
  119 104; **121** 1
 Verwirkung **119** 105
 Verzicht auf das Anfechtungsrecht **119** 105
  stillschweigender Verzicht **119** 105
 Wahlrecht des Irrenden **119** 2; **121** 1
 Willenserklärungen, übereinstimmende
  119 42
 Willensmängel **Vorbem 116 ff** 19
 Zustimmungsbedürftigkeit des Rechtsgeschäfts **Vorbem 104–115** 75
Anfechtungsausschluss
 Gewährleistungsrecht **119** 85
 Leistungsstörungsrecht **119** 86
Anfechtungsbedürftigkeit
 Unkenntnis **121** 6 f, 9
Anfechtungsberechtigung
 Vertreter **121** 9
Anfechtungserklärung
 Auslegung **133** 47
 Klageschrift **121** 11
 Rechtzeitigkeit **130** 23, 36
 Verzögerung, Verschulden **121** 5
 Verzögerungsrisiko **121** 11 f; **130** 36
 Zugang **121** 11
Anfechtungsfrist
 arglistige Täuschung **123** 1
 Ausschlussfrist **121** 2, 12 ff
 Beweislast **121** 10
 Bewusstsein des Irrtums **121** 7
 Drohung **123** 1
 Fristablauf **Vorbem 116 ff** 19; **121** 2
 Fristversäumung **121** 6 f
 Irrtumsanfechtung **121** 3
 Jahresfrist **121** 1
 Kenntnis des Anfechtungsgrundes **121** 4, 7
 Missbrauch **121** 5
 Nachforschungspflicht **121** 4 f
 positive Kenntnis **121** 4 f

Anfechtungsfrist (Forts)
  Vertreter **121** 4, 9
  zuverlässige Kenntnis **121** 5
  Kenntnisverweigerung, treuwidrige **121** 6
  mehrere Anfechtungsgründe **121** 4
  Nachschieben von Anfechtungsgründen **121** 4
  Rechtsirrtum **121** 7, 9
  Unverzüglichkeit **121** 1, 4, 8 ff
  Verschulden **121** 5, 7
  Zehnjahresfrist **121** 1, 13 f
Anfechtungsgrund
  Irrtum **121** 7
  Kenntnis **121** 4 f
  Unkenntnis **121** 6 f
Angebot
  Ablehnung durch Minderjährigen **107** 19
  Geschäftsunfähigkeit **122** 6
  Korrekturabzug **133** 58
  Rechnungsform **133** 58
  Tod des Offerenten **122** 6
  überhöhtes Angebot **123** 7
Anker
  Bestandteilseigenschaft **94** 38
  Reserveanker **97** 26
Anlagenbetreiber
  Fähigkeiten, persönliche **Vorbem 104–115** 67 f
Anlagevermittler
  arglistige Täuschung **123** 55
Anlandungen
  Bodenbestandteile **94** 20
Anlegerschutz
  Verhaltenspflichten **123** 20
  Zusammenwirken, institutionalisiertes **123** 23
Anliegerbeiträge
  Auflassung, Vorteilhaftigkeit **107** 12
  Lastentragung **103** 7
Anliegerrecht
  Bestandteilsfiktion **96** 6
Anliegerstreupflicht
  s Streupflicht
Anmeldung
  geschäftsähnliche Handlung **Vorbem 116 ff** 2
Annahmeerklärung
  Abweichungen, geringfügige **Vorbem 116 ff** 76
  Annahmewille **Vorbem 116 ff** 4, 44; **116** 5 f; **133** 16
  Anzeige der Verspätung des Zugangs **Vorbem 104–115** 87
  Erklärungsbewusstsein **Vorbem 116 ff** 44
  indifferente Annahme **119** 44
  konkludente Annahmeerklärung **Vorbem 116 ff** 44, 47
  Schweigen **Vorbem 116 ff** 63, 76
  Vorbehalt, geheimer **116** 5

Annahmeerklärung (Forts)
  Willensbetätigung **Vorbem 116 ff** 4
Annahmeverweigerung
  formbedürftige Erklärung **130** 97
  Zugang **130** 47, 62, 81, 85
Annahmeverzug
  Androhung der Besitzaufgabe **Vorbem 104–115** 87
Anrufbeantworter
  Zugang der Willenserklärung **130** 51
Anscheinsvollmacht
  Empfangspersonen **130** 60
  Geschäftsfähigkeit **Vorbem 104–115** 48
Anschlussbeschäftigung
  Auskunftspflicht **123** 43
Anschriftenprüfung
  Zustellung, öffentliche **132** 6
Anstaltsgebrauch
  Sachen, öffentliche **Vorbem 90–103** 15
Anstandsschenkung
  Alltagsgeschäfte **105a** 5
  Genehmigung **108** 9
Anteilskauf
  Eigenschaftsirrtum **119** 98
Anteilsübertragung, fehlerhafte
  Anfechtbarkeit **119** 112
Antidiskriminierung
  s Diskriminierungsverbote
Antiquitätenhandel
  res sacrae **Vorbem 90–103** 21
Anwaltshotline
  Beratungsvertrag **133** 55
Anwaltsvertrag
  Geschäftsfähigkeit, beschränkte **Vorbem 104–115** 95
Anweisung
  vertretbare Sachen **91** 8
Anweisungen, kaufmännische
  vertretbare Sachen **91** 8
Anzeige
  Auslegung **133** 24
  geschäftsähnliche Handlung **Vorbem 116 ff** 2
Apotheke
  Zubehör **98** 5
Apothekenprivileg
  Bestandteilsfiktion **96** 5
Application Service Providing
  s Software
Arbeitgeber
  Aufklärungspflichten **123** 28
  Geschäftsfähigkeitsmangel **Vorbem 104–115** 38
Arbeitnehmer
  Aids-Erkrankung **123** 28
  Aufklärungspflichten **123** 28, 31
  Eigenschaft, verkehrswesentliche **119** 83
  Eignung, mangelnde **119** 93

Arbeitnehmer (Forts)
  Geschäftsfähigkeitsmangel **Vorbem 104–115** 37
  Geschlechtszugehörigkeit **119** 94
  Krankheit **119** 93
  Leistungsfähigkeit **119** 93
  Schwangerschaft **119** 75, 87, 89, 94; **123** 28
  Schwerbehinderteneigenschaft **119** 93
  Transsexualität **123** 28, 30, 33
Arbeitsentgelt
  Überlassung zur freien Verfügung **113** 22
  Verfügungsbefugnis **113** 22
  Zustimmung, konkludente **113** 22
Arbeitserfolge
  Gegenstandsbegriff **Vorbem 90–103** 4
Arbeitsleistung
  Gegenstandsbegriff **Vorbem 90–103** 5
  Taschengeldgewährung **110** 12
Arbeitsmündigkeit
  Ermächtigung **106** 3; **113** 1
    Beschränkung **113** 1
    Ersetzung **113** 1
    Rücknahme **113** 1
  Generalkonsens, beschränkter **107** 36 f, 39
  Teilgeschäftsfähigkeit **113** 1, 3, 5 f
  unselbstständige Betätigungen **112** 5
  Verfahrensfähigkeit **106** 10
  Volljährigkeitsalter, Herabsetzung **113** 4
Arbeitsverdienst
  Überlassung zur freien Verfügung **110** 15
Arbeitsverhältnis
  Arbeitnehmerschutz **119** 111
  Arbeitsentgelt **113** 22
  Aufhebung **113** 16
  Aufhebungsvertrag **113** 16; **119** 75
  Aufklärungspflichten **123** 28
  Ausgleichsquittung **113** 15, 21
  eidesstattliche Versicherung **113** 25
  Eingehung **113** 14, 26
    Beschäftigungsverhältnisse, gleichartige **113** 24
  Entgeltforderung, Verfügung über **113** 21
  Ermächtigung **106** 3; **113** 10 ff, 27
  faktisches Arbeitsverhältnis **Vorbem 104–115** 35, 36; **119** 111
  fehlerhaftes Arbeitsverhältnis **123** 89
  Folgegeschäfte **113** 17
  Gehaltskonto **113** 21
  Genehmigung, familiengerichtliche **113** 26, 28
  gesetzlicher Vertreter als Vertragspartei **113** 9
  Gewerkschaftsbeitritt **113** 19, 27
  Grundrechtsausübung **Vorbem 104–115** 103
  Hilfsgeschäfte **113** 17
  Involuzsetzung **Vorbem 104–115** 40; **119** 104, 111
  Irrtumsanfechtung **119** 104

Arbeitsverhältnis (Forts)
  Kündigung **113** 16, 30
  Kündigungsrecht, Vorrang **119** 111
  Lebensbedarf **113** 18
  Lehrgangskosten, Erstattung **113** 15
  Lohnkonto **113** 21
  Mutterschutz **113** 16
  Probezeit **123** 28
  Prozessfähigkeit **113** 25
  Schadensersatzansprüche, Regulierung **113** 15, 23
  Scheingeschäft **117** 12
  Teilgeschäftsfähigkeit **106** 3; **112** 5; **113** 1, 10, 13 ff
  Unterkunft am Arbeitsort **107** 39; **113** 18
  Vertragsmitunterzeichnung **113** 11
  Vertragspflichten **113** 15
  Vertragsstrafe **113** 15
  Vollstreckungsgegenklage **113** 25
  unter Vormundschaft stehende Minderjährige **113** 26
  vorzeitige Beendigung **123** 28
  Wettbewerbsverbote **113** 15
  Wohnungsmietvertrag **113** 18
Arbeitsvertrag
  Anfechtungsausschluss **119** 86, 95
  arglistige Täuschung **119** 86, 109, 111; **123** 89, 101
  Anfechtungsfrist **124** 1
  Notlüge **123** 30
  Rechtswidrigkeit **123** 30
  Rückwirkung der Anfechtung **119** 111
  Aufklärungspflichten **123** 28, 31
    nachvertragliche Auskunftspflichten **123** 28
  Befristung **119** 69, 76, 94; **123** 39, 78
  Drohung, widerrechtliche **123** 89
  zwischen Ehegatten **117** 11
  Eigenkündigung **118** 1
  Eigenschaftsirrtum **119** 90, 93, 109
    Anfechtungsfrist **121** 9
  Einwilligungsbedürftigkeit **107** 24
  Fragerecht des Arbeitgebers **123** 28, 31
  Aids **123** 38
  Alkoholkonsum **123** 38
  Alter **123** 33
  Anschlussbeschäftigung **123** 43
  Arbeitgeber, frühere **123** 32
  Behinderung **123** 38
  beruflicher Werdegang **123** 32
  Beschäftigungsverhältnisse, Dauer **123** 32
  Bundesgleichstellungsgesetz **123** 31
  Diskriminierungsverbote **123** 28, 31
  Eignungstest **123** 35
  Ersatzdienstleistung **123** 32
  Familienstand **123** 33
  finanzielle Verhältnisse **123** 34
  Freizeitbeschäftigung **123** 33

Arbeitsvertrag (Forts)
  Genomanalyse **123** 38
  Gewerkschaftszugehörigkeit **123** 36
  Gleichstellung **123** 37
  graphologisches Gutachten **123** 35
  Heiratsabsichten **123** 33
  Intelligenztest **123** 35
  Intimbereich des Arbeitnehmers **123** 33
  Kinder **123** 33
  Konfession **123** 36
  Krankenkasse **123** 33
  Krankheiten **123** 38
  Lebenslauf, handgeschriebener **123** 35
  Lohn-/Gehaltshöhe, bisherige **123** 34
  Lohnpfändung **123** 34
  Name **123** 33
  Operation **123** 38
  Parteizugehörigkeit **123** 36
  Persönlichkeitsausforschung **123** 35
  private Beziehungen **123** 33
  psychologisches Gutachten **123** 35
  Recht zur Lüge **123** 31
  Religionszugehörigkeit **123** 36
  Schulden **123** 34
  schulischer Werdegang **123** 32
  Schwangerschaft **123** 32, 39
  Schwerbehinderteneigenschaft **123** 37, 45
  Scientology **123** 36
  Sexualverhalten **123** 33
  sexuelle Orientierung **123** 33
  Sicherheitsabtretung **123** 34
  Sozialversicherung **123** 33
  Staatsangehörigkeit **123** 33
  Transsexualität **123** 33
  Verwandtschaftsverhältnisse **123** 33
  Vorstrafen **123** 40
  Wehrdienstleistung **123** 32
  Weltanschauung **123** 36
  Wohnanschrift **123** 33
  Wohnbedingungen **123** 33
  Zeugnisse **123** 32
Geschäftsfähigkeitsmangel **Vorbem 104–115** 32, 36 f
Arbeitsentgelt **Vorbem 104–115** 37 f
Gesamtsozialversicherungsbeitrag - **Vorbem 104–115** 38
Leistungsstörungen **Vorbem 104–115** 37
Schadensersatz **Vorbem 104–115** 37
Schutzpflichtverletzungen des Arbeitgebers **Vorbem 104–115** 38
Tarifbindung **Vorbem 104–115** 37
Gesundheitsgefährdungen **123** 28
Irrtumsanfechtung **119** 69, 111
Irrtumsanfechtung, Rechtsmissbrauch **119** 102
Kündigung, Datum der Aufgabe **107** 32
Kündigung per Einschreiben **130** 22
Kündigungsrecht, Vorrang **119** 86

Arbeitsvertrag (Forts)
  Mangel der Ernstlichkeit **118** 1
  Mentalreservation **116** 11
  Scheingeschäft **117** 11 f
  Unklarheitenregel **133** 52
  Vertrauenshaftung **119** 104
  Wettbewerbsverbot, nachvertragliches **123** 28
  Zahlungsschwierigkeiten des Arbeitgebers **123** 28
  Zugang **130** 22
Architektenvertrag
  Aufklärungspflichten **123** 24
  Scheingeschäft **117** 11
Arglisteinrede
  unerlaubte Handlung **124** 11
Arglistige Täuschung
  Allgemeine Geschäftsbedingungen **123** 93
  Anfechtbarkeit **Vorbem 116 ff** 66; **116** 14; **119** 85; **123** 5
    Willenserklärung **123** 87
    – empfangsbedürftige Willenserklärung **123** 48
  Anfechtungsausschluss **123** 92 f
    Bestätigung **123** 93
    Verwirkung **123** 93
    Verzicht **123** 93
  Anfechtungserklärung **123** 92
    Umdeutung **123** 99 f
    Zugang **124** 7
  Anfechtungsfrist **123** 1, 97; **124** 1, 3 f
    Ausschlussfrist **124** 2, 8
    Fristablauf **124** 10
    Nachschieben von Anfechtungsgründen **124** 9
    nicht empfangsbedürftige Willenserklärung **124** 6
    Vollstreckungsgegenklage **124** 9
  Anfechtungsgegner **124** 1
  Anfechtungsrecht **123** 1
    Bestätigung **124** 9
    Verwirkung **124** 9
  Arglist **123** 46
  Aufklärungspflicht **123** 10 ff, 86
  Bereicherungsabsicht **123** 47
  Betrug, zivilrechtlicher **123** 6
  Beweislast **123** 86; **124** 12
  culpa in contrahendo **123** 101; **124** 10
  Dauerschuldverhältnisse **123** 89
  dolus eventualis **123** 47
  Drohung, widerrechtliche **123** 97
  Erfüllungsbereitschaft **116** 4
  Erfüllungsgeschäft, Anfechtung **123** 88
  Fahrlässigkeit **123** 47
  Gewährleistungsrechte **123** 100
  Grundgeschäft, Anfechtung **123** 88
  Irrtumsanfechtung **123** 97
  Irrtumsbestärkung **123** 6
  Irrtumserhaltung **123** 5 f

Arglistige Täuschung (Forts)
Irrtumserregung **123** 5 f
Jahresfrist **123** 1, 97; **124** 1, 3 f
Kausalität **123** 45
Anscheinsbeweis **123** 86
konkludentes Verhalten **123** 9
Kündigungsrecht **123** 99
Leistungsbestimmung durch Dritte **124** 1
Mitverursachung **123** 45
Rechtserwerb, unmittelbarer **123** 61
Restitutionsklage **119** 107
Rückforderung erbrachter Leistungen **123** 94
Rücktrittsrecht **123** 99 f
Rückwirkung der Anfechtung **123** 88 ff
Arbeitsverhältnis **119** 111
Sachmängel, Verdecken **123** 9
Schadensersatz **122** 4
Schadensersatz statt der Leistung **123** 100
Schuldübernahme **123** 63
Selbstbestimmung **119** 5; **123** 1
Sittenwidrigkeit **123** 98
subjektiver Tatbestand **123** 86
Täuschung **123** 5 ff
Anpreisungen, marktschreierische **123** 7
Auslegung **123** 9
durch Dritte **123** 48 ff
– Anlagevermittler **123** 55
– Erbengemeinschaft **123** 50
– Gesellschafter **123** 59
– gesetzliche Vertreter **123** 51
– Handelsmakler **123** 53
– Handelsvertreter **123** 53
– Haustürgeschäfte **123** 53
– Kommittent **123** 51
– Kreditvermittler **123** 53
– Makler **123** 53
– mittelbarer Stellvertreter **123** 51
– Organe juristischer Personen **123** 51
– Repräsentanten **123** 50, 53, 57
– Sicherungsgeber **123** 58
– Strohmann **123** 51
– verbundene Geschäfte **123** 54 ff
– Verhandlungsgehilfen **123** 52, 57
– Versicherungsmakler **123** 53
– Versicherungsvertreter **123** 51
– Vertrauensperson des Erklärungsempfängers **123** 50, 53, 57
– Vertreter des Erklärungsempfängers **123** 51
– Vertreter ohne Vertretungsmacht **123** 51
Fahrleistung **123** 7
Forderungshöhe **123** 7
Kennenmüssen **123** 60
Kenntnis **123** 60
Kundenzahl **123** 7
Rechtswidrigkeit **123** 29 f
Tatsachen, äußere **123** 8

Arglistige Täuschung (Forts)
Tatsachen, innere **123** 8
– Erfüllungsmöglichkeit **123** 8
– Fähigkeiten **123** 8
– Kenntnisse **123** 8
– Vertragsabschlussbereitschaft **123** 8
Tatsachen, Vorspiegeln **123** 9
Tatsachenkern **123** 7
Tun, positives **123** 5, 9
Unterlassen **123** 5, 9 f
wertbildende Merkmale **123** 7, 16
Treu und Glauben **123** 92
unerlaubte Handlung **123** 102; **124** 10
Untersuchungspflicht **123** 16
Vermögensgesetz **123** 96
Vermögensschädigung **123** 6, 47, 101
Vermögensvorteilsverschaffung **123** 6
Verschweigen wahrer Tatsachen **123** 6, 10, 16, 47, 86
Vertrauensschaden **123** 95
Vollmachterteilung **123** 62
Vorsatz **123** 5, 47
Vorspiegeln falscher Tatsachen **123** 6, 9
Wahlrecht **123** 87, 97, 99; **124** 1
Willensbildung **123** 1, 6
Willenserklärungen **123** 2
Zehnjahresfrist **124** 1, 8
Zustimmungserklärung **123** 62
Artenschutz
Pflanzenschutz **90a** 14
Tierschutz **90a** 8
Arztpraxis
Behandlungsunterlagen, Weitergabe **Vorbem 116 ff** 52
good will **97** 4
Asche eines Verstorbenen
Sachqualität **90** 39
Aufenthaltsberechtigung
Fragerecht des Vermieters **123** 44
Aufenthaltsehe
Rechtsmissbrauch **117** 4
Aufforderung
geschäftsähnliche Handlung **Vorbem 116 ff** 2
Aufforderung zur Erklärung über die Genehmigung
s Genehmigung
Aufhebungsvertrag
Ausgleichsklauseln **119** 14
Drohung, widerrechtliche **123** 78
Beweislast, abgestufte **123** 86
Rechtsfolgeirrtum **119** 75
schwangere Arbeitnehmerin **119** 75, 89
Aufklärungspflicht
Äquivalenzprinzip **123** 12 f
arglistige Täuschung **123** 10
Berufserfahrung des Vertragspartners **123** 11
Beweislast **123** 86

Aufklärungspflicht (Forts)
  Fachkenntnisse des Verkäufers **123** 15
  Garantenstellung **123** 11
  Geschäftsbeziehung, laufende **123** 11
  Sachkunde des Vertragspartners **123** 11, 15, 20
  Selbstverantwortung **123** 12
  System, bewegliches **123** 11
  Treu und Glauben **123** 11
  Überlegenheit, strukturelle **123** 11
  überraschende Klauseln **123** 96
  Unentgeltlichkeit **123** 14
  Vertragsverhandlungen, Dauer **123** 11
  Vertrauen, besonderes **123** 12, 15, 20
  Vertrauensschutz **123** 11
  Wissensvorsprung **123** 20, 22
Auflassung
  Auslegung **133** 24
  Dissens **116** 10
  Einwilligungsbedürftigkeit **107** 12, 31
  falsa demonstratio non nocet **133** 14
  Scheingeschäft **117** 3
  Schweigen **Vorbem 116 ff** 76
  Vorbehalt, durchschauter **116** 10
Auflassungsvormerkung
  Grundstückserwerb, lediglich rechtlicher Vorteil **107** 11
Aufmerksamkeit, gehörige
  Kennenmüssen **122** 18
Aufopferungshaftung
  Duldungspflicht des Beeinträchtigten **Vorbem 104–115** 69
  Ersatzpflicht **Vorbem 104–115** 69
Aufrechnung
  Rechtsnachteil **107** 24
Auftrag
  Rechtsnachteil **107** 23
Auftragsbestätigung
  Annahmeerklärung **Vorbem 116 ff** 75
  Schweigen des Kaufmanns **Vorbem 116 ff** 75
Aufwendungskondiktion
  Geschäftsfähigkeitsmangel **Vorbem 104–115** 82
Aufzug
  Bestandteileigenschaft **94** 32
Ausbeute, sonstige
  Bestimmungsveränderung **99** 8
  Bodenbestandteile, anorganische **99** 8
  Sachcharakter **99** 10
  Sacherhaltung **99** 9
  Sachfrüchte **99** 4 f, 8 ff
  Verkehrsüblichkeit der Nutzung **99** 12
  Verkehrsübung **99** 8
  Wirtschaftlichkeit **99** 9
Ausbildungsverhältnis
  Generalkonsens, beschränkter **107** 36 f, 39
  Teilgeschäftsfähigkeit **113** 7

Ausfallhaftung
  Rechtsnachteil **107** 29
Ausgleichsquittung
  Auslegung **119** 14; **133** 55
  Inhaltsirrtum **119** 16
  sprachunkundige Personen **119** 22 f
  Transparenzgebot **119** 15
  unangemessene Vertragsgestaltung **119** 15
  Unkenntnis vom Inhalt der Erklärung, bewusste **119** 8
  Unklarheitenregel **119** 15
  Unterschriftsirrtum **119** 16
  Verzicht, unerkannter **119** 14 ff
Auskunft
  Vertrauenshaftung **122** 5
Ausländerrecht
  Teilhandlungsfähigkeit **Vorbem 104–115** 99
Auslandskredite
  Umgehungsgeschäft **117** 17
Auslegung
  Abgabe der Willenserklärung **130** 37
  Andeutungstheorie **133** 30 ff
  Auslegung vor Anfechtung **119** 7, 9, 39; **122** 17
  Auslegungsbedürftigkeit **133** 9
  Auslegungsbeweis **133** 77
  Auslegungsfähigkeit **133** 10
  Auslegungsgegenstand **133** 8
  Auslegungsregeln **133** 79
    Leitbildfunktion **133** 84
  Auslegungssorgfalt **133** 63
  Begleitumstände **133** 8, 48 ff
  Behauptungslast **133** 8
  Berufungsverfahren **133** 85
  Beweislast **133** 8, 78 f
  Buchstabeninterpretation **133** 5 f, 9 f, 30, 39
  Darlegungslast **133** 78
  DIN-Normen **133** 45
  effet utile **133** 61
  Eindeutigkeitsformel **133** 9
  Empfängerhorizont **133** 16, 18 f
    Speisekarten-Fall **133** 20 ff
  empirische Auslegung **133** 5 f, 12 f, 15, 78
  Erfahrungssätze **133** 44, 55 f, 63, 71, 79
  ergänzende Auslegung **133** 3, 7, 62
  Erklärungsinhalt, Zurechenbarkeit **133** 20
  Erklärungstatbestand **133** 8, 77 f
  Erklärungswille, innerer **133** 4
  erläuternde Auslegung **133** 62
  falsa demonstratio non nocet **133** 12 f, 31
  formale Auslegungsregeln **133** 44
  formbedürftige Erklärung **133** 30 ff
  geltungserhaltende Reduktion **133** 62
  Geltungstheorie **133** 4
  gemeinschaftskonforme Auslegung **133** 61
  Gesamtverhalten der Parteien **133** 8, 48
  Gesamtzusammenhang **133** 47, 71
  Geschäftsgepflogenheiten **133** 8, 49

Auslegung (Forts)
  gesetzeskonforme Auslegung **133** 61 f
  Gesten **133** 45
  Gewohnheiten **133** 65
  Gleichbehandlung des Erklärenden **133** 20
  grammatikalische Auslegung **133** 47
  Handelsbrauch **133** 45, 65 ff
  Indizien, äußere **133** 4
  Interessenlage, beiderseitige **133** 48, 52, 54, 64
  interpretatio contra proferentem **133** 22, 54, 63, 73 f
  kundenfeindliche Auslegung **133** 63
  kundenfreundliche Auslegung **133** 63
  Leitlinien **133** 5
  materiale Auslegungsregeln **119** 43; **133** 44
  Methoden **133** 2
  Missverständnisse, Vermeidung **133** 2
  Mittel **133** 8
  nachträgliches Verhalten **133** 50 f
  natürliche Auslegung **133** 4
  Nichtigkeit des Rechtsgeschäfts **133** 10
  Nichtigkeit der Willenserklärung **133** 23
  non liquet **133** 35
  normative Auslegung **133** 4, 6, 63
  objektive Auslegung **133** 4, 73 f
  objektiv-normative Auslegung **119** 38, 42; **133** 11, 18, 25, 44, 64
    Anfechtung **119** 43
    im Prozess **133** 77 ff
  Rangordnung der Auslegungsgrundsätze **133** 71
  Rechtsbindungswille **133** 8, 26
  Rechtstreue **133** 61
  Restriktionsgrundsatz **133** 63
  Revisibilität, beschränkte **133** 80 ff
    grundsätzliche Bedeutung der Rechtssache **133** 84
  richtlinienkonforme Auslegung **133** 61
  Schriftwechsel **133** 49
  Selbstbestimmung **133** 6, 12, 18, 44
  Selbstverantwortung **133** 6, 18
  Sinndeutung **133** 2, 8
  Sprachgebrauch **133** 8, 37, 39, 45 f
    juristische Fachausdrücke **133** 46
    notarielle Beurkundung **133** 46
    Verkehrssprache **133** 45
  subjektive Methode **133** 6
  systematische Auslegung **133** 47, 69
  Tatfrage **133** 77 f
  teleologische Auslegung **133** 52, 69
  Treu und Glauben **133** 5, 7, 11, 44, 64
  typische Erklärungen **133** 81, 84
  Umstände außerhalb der Erklärung **133** 30, 34
  unbestimmter Personenkreis **133** 72
  Unklarheitenregel **133** 63
  verfassungskonforme Auslegung **133** 61
  Verhalten, folgerichtiges **133** 56

Auslegung (Forts)
  Verhalten, redliches **133** 56, 59, 64
  Verhalten, ungewöhnliches **133** 55
  Verhalten nach Vertragsschluss **133** 8
  Verkehrsschutz **133** 6, 18
  Verkehrssitte **133** 5, 7, 11, 44, 64 ff
    abweichendes Verständnis, übereinstimmendes **133** 69
    Auslegungsmittel **133** 69
    Geltungsbereich **133** 68
    Handelsverkehr **133** 70
    Kennenmüssen **133** 68
    Kenntnis **133** 68
    Missbrauch **133** 69
    örtliche Verkehrssitte **133** 45
    Sozialnorm **133** 67
    Übung, tatsächliche **133** 66 f
    Unsitte **133** 69
  vernünftige Auslegung **133** 55, 62
  Verträge **133** 3
  Vertragsdurchführung, Ort **133** 48
  Vertragsschluss, mündliche Erläuterungen **133** 49
  Vertragsschluss, Ort **133** 8
  Vertragsschluss, Zeit **133** 8
  Vertragsurkunde **133** 9
  Vertrauensschutz **119** 7; **133** 6, 18, 64
  Vorgeschichte des Rechtsgeschäfts **133** 8
  Vorverhandlungen **133** 49
  Wille, wirklicher **133** 5, 11, 27, 44
  Willenserklärung **133** 3, 24 f
    abstrakte Erklärung **133** 24
    formbedürftige Erklärung **133** 24
    konkludente Willenserklärung **133** 26
    nicht empfangsbedürftige Willenserklärung **133** 15
    unvollständige Erklärung **133** 40
    Vorliegen der Willenserklärung **133** 8
  Wortlaut der Erklärung **133** 9, 27, 30, 45, 48, 62, 71
    Mehrdeutigkeit **133** 48
  Ziele **133** 2
Auslobung
  arglistige Täuschung **123** 48
  Auslegung **133** 17, 72
  Mentalreservation, durchschaute **116** 11
Ausschlagung
  Amtsempfangsbedürftigkeit **116** 11
  Eigenschaftsirrtum **119** 99
  Fristversäumung **119** 72
  Inhaltsirrtum **119** 72 f
  Motivirrtum **119** 99
  Nächstberufener, Erbrecht **119** 73
  Pflichtteilsrecht, Verlust **119** 72
  Rechtsirrtum **119** 72
  Scheingeschäft **117** 3
  Vorbehalt, geheimer **116** 11
  Wegfall der Geschäftsgrundlage **119** 73

Ausschluss der freien Willensbestimmung
s Störung der Geistestätigkeit
Ausschreibung
Auslegung **133** 72
Kalkulationsirrtum **119** 65
Außenvollmacht
Anzeige des Erlöschens **Vorbem 104–115** 88
Irrtumsanfechtung **119** 116
Aussperrung
Drohung **123** 73
Austauschvertrag
Auslegung **133** 31
Autogrammstunde
Willenserklärung, untergeschobene **122** 10
Avatar
Sachqualität **90** 17

Baden-Württemberg
Eigentum, öffentliches **Vorbem 90–103** 14
Badewanne
Bestandteilseigenschaft **94** 33
Sonderrechtsfähigkeit **95** 21
Badezimmereinbauschrank
Bestandteilseigenschaft **94** 33
Badezimmereinrichtung
Bestandteilseigenschaft **93** 23; **94** 33
Bäckerei
Zubehör **98** 8
Bäume
Beschädigung **90a** 13
Erträgnisse **99** 7
Erzeugnisse **99** 7
von Natur aus einheitliche Sachen **93** 8
Scheinbestandteile **95** 13
Zerstörung **90a** 13
Bagatellschäden
Aufklärungspflicht **123** 16
Bahnbetriebsunternehmer
Fähigkeiten, persönliche **Vorbem 104–115** 67
Bahnkonzessionen
Gebäude, Scheinbestandteilseigenschaft **95** 8
Balken
Bestandteilseigenschaft **94** 30
Bankbürgschaft
Schriftform **132** 3
Zustellung durch Gerichtsvollzieher **132** 3
Banken
Aufklärungspflichten **123** 20 ff
Innenprovision **123** 22
Beratungspflichten **123** 20 f
anlegergerechte Beratung **123** 21
hochriskante Geschäfte **123** 21
objektgerechte Beratung **123** 21
Warnpflichten **123** 20
Banknoten
Vertretbarkeit **91** 6

Bardepotpflicht
Umgehungsgeschäft **117** 17
Bargeschäfte
Alltagsgeschäfte **105a** 5
Kreditwürdigkeit **119** 92
Taschengeldgewährung **110** 2, 10
Basisgesellschaften
Scheingeschäft **117** 13
Baubetreuungsvertrag
Eigenschaftsirrtum **119** 90
Bauernhof
s a Landgut
Sondervermögen **90** 76
Baufahrzeuge
Zubehöreigenschaft **98** 8
Baugeräte
Zubehöreigenschaft **98** 8
Bauherrenmodell
Scheingeschäft **117** 13
Baukran
Zubehöreigenschaft **97** 14
Bauleistungen
Kalkulationsirrtum **119** 52
Baumaschinen
Zubehöreigenschaft **97** 14
Baumaterial
Zubehöreigenschaft **97** 17
Baumittelstücke
Zubehöreigenschaft **97** 17
Baumschulbestände
Verbindung, vorübergehende **95** 13
Zubehöreigenschaft **97** 16
Baumstamm
s Bäume
Baustoffe
Bestandteilseigenschaft **94** 26, 30
Bauvertrag
Auslegung **133** 24, 47 f
Bauwerk
Bestandteilseigenschaft **93** 13; **94** 4
Gebäudebegriff **94** 23
Beamtenverhältnis
Handlungsfähigkeit, partielle **Vorbem 104–115** 99
Beanstandung
geschäftsähnliche Handlung **Vorbem 116 ff** 2
Bebauungsplan
Widmung **Vorbem 90–103** 17
Bedeutungsirrtum
Eigenschaften **119** 50
Beförderungserschleichung
protestatio facto contraria **133** 60
sozialtypisches Verhalten **133** 60
widersprüchliches Verhalten **133** 60
Begebungsvertrag
Geschäftsfähigkeitsmangel **Vorbem 104–115** 53

Begräbnisplatz
s Friedhöfe
Behandlungsvertrag
Empfangsbotenschaft **130** 57
Geschäftsfähigkeit **Vorbem 104–115** 59
Behelfsheime
Scheinbestandteilseigenschaft **95** 8
Behinderte
Emanzipation, soziale **105a** 1
Handlungsfähigkeit **105** 7
psychisch Behinderte **105a** 1
Behinderung
Fragerecht des Arbeitgebers **123** 38
Beitrittserklärung
Anfechtbarkeit **119** 108
Beleuchtungskörper
Bestandteilseigenschaft **94** 36
Belüftungsanlage
Bestandteilseigenschaft **94** 32
Benachrichtigung
geschäftsähnliche Handlung **Vorbem 116 ff** 2
Benachrichtigungs-Mail
Zugang **130** 75
Benachrichtigungspflicht
Zugang **130** 14
Benachrichtigungsschein
Zugang **130** 48
Benutzungsverhältnis, öffentlich-rechtliches Vorbem 104–115 101
Antrag **Vorbem 104–115** 101
Einsichtsfähigkeit **Vorbem 104–115** 101
Geschäftsfähigkeit **Vorbem 104–115** 101
Haftungsbeschränkung **Vorbem 104–115** 101
Handlungsfähigkeit, partielle **Vorbem 104–115** 101
Inanspruchnahme der Einrichtung **Vorbem 104–115** 101
Pflichtverletzungen **Vorbem 104–115** 101
Teilgeschäftsfähigkeit **Vorbem 104–115** 101
Zulassung **Vorbem 104–115** 101
Bereicherungsrecht
Bereicherungswegfall **Vorbem 104–115** 37
Deliktsfähigkeit **Vorbem 104–115** 78
Flugreise-Fall **Vorbem 104–115** 80 f
Genehmigung durch den Vertreter **Vorbem 104–115** 78
Geschäftsfähigkeitsmangel **Vorbem 104–115** 78 ff
Kenntnis des Bereicherungsschuldners **Vorbem 104–115** 78, 80
Kenntnis des gesetzlichen Vertreters **Vorbem 104–115** 78, 80
Kenntnis des Nichtbestehens der Verbindlichkeit **Vorbem 104–115** 83
Nutzungsherausgabe **102** 7
Rückabwicklung des Rechtsgeschäfts **Vorbem 104–115** 32, 37

Bereicherungsrecht (Forts)
Schwarzfahren **107** 40
unerlaubte Handlung **Vorbem 104–115** 80
verschärfte Bereicherungshaftung **Vorbem 104–115** 78
Vorteilhaftigkeit, rechtliche **107** 6
Wegfall der Bereicherung **107** 9, 11, 25
Bergbauanlagen
Bergwerkseigentum **95** 25
Bergbaumaschinen
Bergwerkseigentum **95** 25
Bergwerkseigentum
Bestandteile **93** 13
Unbeweglichkeit **90** 60
Zubehör **97** 8
Berufsausbildungsverhältnis
s Ausbildungsverhältnis
Beschäftigungsverhältnis
Gleichartigkeit **113** 24
Beschlagnahme
Pfändung ungetrennter Früchte **93** 34
Zubehör **97** 35
Beschluss
Auslegung **133** 3, 29
Beschränkte dingliche Rechte
Bestandteilseigenschaft **96** 7
Beschränkte persönliche Dienstbarkeit
Scheinbestandteile **95** 18
Versorgungsanlagen, Sonderrechtsfähigkeit **95** 20
Zubehör **97** 31
Besitz
Besitzaufgabe **Vorbem 104–115** 89
Androhung **Vorbem 104–115** 87
Besitzbegründungswille **Vorbem 104–115** 90
Besitzübertragung **Vorbem 104–115** 89
Besitzverlust **Vorbem 104–115** 90 f
Freiwilligkeit **Vorbem 104–115** 90 f
Einigung bisheriger Besitzer/Erwerber **Vorbem 104–115** 92
Geschäftsfähigkeit **Vorbem 104–115** 47, 90, 92
Sachen **Vorbem 90–103** 9
wesentliche Bestandteile **93** 32
Besitzaufgabe
Realakt **Vorbem 116 ff** 3
Besitzergreifung
Realakt **Vorbem 116 ff** 3
Bestandteile
abgetrennte Bestandteile **90** 61; **93** 17 f
vorübergehende Abtrennung **93** 12
Abtrennung **93** 39, 42
Begriff **93** 7
Bezeichnung, einheitliche **93** 10
chemophysikalische Verbindung **93** 9
Dauer der Bestandteilseigenschaft **93** 12
Eigentumsvorbehalt **93** 1, 18, 26 f, 42; **94** 4, 40

Bestandteile (Forts)
einfache Bestandteile **93** 38 ff
einheitliche Sache **93** 7, 9
von Natur aus einheitliche Sachen **93** 8
feste Verbindung **93** 9
Hauptsache **97** 8
lose Verbindung **93** 9
mechanische Verbindung **93** 9
Rückführung in früheren Zustand **93** 11
Schwerkraft **93** 9
Sonderrechte **93** 1, 14
Sonderrechtsfähigkeit **93** 38
Unselbständigkeit **97** 5
Unterbestandteile **93** 7
unwesentliche Bestandteile **93** 14, 38 f, 41 ff; **95** 27
 bewegliche Sachen **93** 39
 Eigentumserwerb **93** 41
 Eigentumsvorbehalt **93** 42
 Grundstücksbestandteile **93** 40
 gutgläubiger Erwerb **93** 42
 Pfändung **93** 44
 Pfandrecht **93** 42
 Sondereigentum **93** 42
 Verfügungen **93** 41
 Zubehöreigenschaft **97** 5
 Zwangsvollstreckung **93** 44
Verkehrsanschauung **93** 7, 9 ff, 15; **97** 2
wesentliche Bestandteile
 s Bestandteile, wesentliche
zusammengesetzte Sachen **93** 9
Zweckbestimmung **93** 10

Bestandteile, wesentliche
abgetrennte Bestandteile **93** 17, 17 f
Aneignungsgestattung **93** 37
Abtrennung **93** 25, 35 f
 künftige Trennung **93** 35
beschränkte dingliche Rechte **93** 25 f
Eigentumsverlust **93** 6
Eigentumsvorbehalt **93** 1, 18, 26 f, 42; **94** 4, 40
Einzelvollstreckungsmaßnahmen **93** 26
Ersitzung **93** 32
Immaterialgüterrechte **93** 31
Insolvenzverfahren **93** 26
Kunstwert **93** 31
Miteigentum **93** 26
obligatorische Rechte **93** 35 ff
 Insolvenz des Sacheigentümers **93** 37
Pfändung **93** 26
Pfandrecht, gesetzliches **93** 30
Restsache **93** 18
Sachen, unbewegliche **90** 60
Schrottwert **93** 17
selbständige Sache **94** 28
Serienware **93** 18 f
Sondereigentum **93** 25, 28
Sonderrechtsunfähigkeit **93** 1, 5, 14 ff, 24 ff
Teilbesitz **93** 32

Bestandteile, wesentliche (Forts)
Trennung
 s Abtrennung
Verfügung über wesentliche Bestandteile **93** 25
Verkehrsanschauung **94** 28
Verselbständigung **95** 15
Wesensveränderung der Gesamtsache **93** 14 ff
Zerstörung der Gesamtsache **93** 14 ff
Zwangsvollstreckung **93** 33
Bestätigung
Auslegung **133** 26
Erklärungsbewusstsein **Vorbem 116 ff** 44 f
Willenserklärung, konkludente **Vorbem 116 ff** 44; **133** 26
Bestattung
s Totensorgerecht
Bestattungsbedarf
Unpfändbarkeit **Vorbem 90–103** 29
Besteck
Sachgesamtheit **93** 10
Beteiligungserwerb
Aufklärungspflicht **123** 18
Rechtsnachteil **107** 29
Beton
Bestandteileigenschaft **94** 30
Betreuung, rechtliche
Alltagsgeschäfte **105a** 15
Antrag **105** 10
Arbeitsverhältnis, Ermächtigung zur Eingehung **113** 32
Aufgabenkreis **Vorbem 104–115** 25
Betreuerbestellung **Vorbem 104–115** 25
Deliktsfähigkeit **Vorbem 104–115** 65
Einwilligungsvorbehalt
 s dort
Erwerbsgeschäft, selbstständiger Betrieb **112** 15
Genehmigung, betreuungsgerichtliche **Vorbem 104–115** 59
Geschäftsfähigkeit **Vorbem 104–115** 10, 25
Geschäftsunfähigkeit **Vorbem 104–115** 25; **105** 10
gesetzliche Vertretung **Vorbem 104–115** 25
Kastration **Vorbem 104–115** 60
Operation, Einwilligung in **Vorbem 104–115** 59
Prozessführung durch Betreuer **Vorbem 104–115** 95
Rechtsgeschäfte, einseitige **111** 15
rechtsgeschäftsähnliche Handlungen **Vorbem 104–115** 86 f
Schwangerschaftsabbruch **Vorbem 104–115** 61
Sterilisation **Vorbem 104–115** 60
Verfahrensfähigkeit **Vorbem 104–115** 95; **105** 10
Vertretungsbefugnis **Vorbem 104–115** 25

Betreuung, rechtliche (Forts)
Volljährige **Vorbem 104–115** 115
Zugang von Willenserklärungen **131** 5
Betreuungssachen
Verfahrensfähigkeit **Vorbem 104–115** 96
Betrieb
Begriff **90** 83
Betriebliche Übung
Anfechtungsausschluss **119** 106
Anspruchsentstehung **Vorbem 116 ff** 55
Begriff **Vorbem 116 ff** 55
Beweislast **Vorbem 116 ff** 56
Freiwilligkeitsvorbehalt **Vorbem 116 ff** 55 f
gegenläufige Betriebsübung **Vorbem 116 ff** 56
Irrtumsanfechtung **Vorbem 116 ff** 56; **119** 69
Sondervergütung **Vorbem 116 ff** 56
Vertragstheorie **Vorbem 116 ff** 55 f
Vertrauensschutz **119** 106
Vertrauenstheorie **Vorbem 116 ff** 55
Betriebseinstellung, vorläufige
Zubehörverhältnis **97** 28
Betriebsgebäude
Fertigstellung **98** 6
Gebäudeteil **98** 6
gewerblicher Betrieb **98** 5 ff
Hauptsache **98** 6
Inventar, gewerbliches
s Inventar
Betriebsgeheimnisse
Gebrauchsvorteile **99** 15; **100** 7
Betriebsgrundstück
Zubehör **97** 9, 14
Betriebsmittel
Bestandteilseigenschaft **94** 26
Betriebsübergang
Geschäftsfähigkeitsmangel **Vorbem 104–115** 39
Erwerber **Vorbem 104–115** 39
Veräußerer **Vorbem 104–115** 39
Betriebsvereinbarung
Anfechtung **119** 114
Auslegung **133** 24, 75
Falschbezeichnung **133** 43
Betriebszubehör
Zubehöreigenschaft **98** 4 ff
Beurkundung, notarielle
s Notarielle Beurkundung
Beurkundungsgebühren
Vertrauensschaden **122** 13
Beurkundungsmängel
Bezugnahme **133** 40
Bevollmächtigung
Anfechtbarkeit **119** 116
Anschein **Vorbem 116 ff** 49
Genehmigungsfähigkeit **111** 3
Geschäftsfähigkeit **Vorbem 104–115** 48

Bewegliche Sachen
Begriff **90** 59 ff
Sachqualität **90** 1
Zubehör **97** 8
zusammengesetzte Sachen **90** 1, 64
Bewerbung
anonymisierte Bewerbung **123** 33
Fragerecht des Arbeitgebers
s Arbeitsvertrag
Lichtbild **123** 33
Bewusstlosigkeit
Begriff **105** 12
Beweislast **105** 15
Diabetes **105** 12
epileptische Anfälle **105** 12
Ermüdung, hochgradige **105** 12
Fieberdelirium **105** 12
Handlungsfähigkeit **Vorbem 116 ff** 27
Hypnose **105** 12
Intoxikationen **105** 12
Nichtigkeit der Willenserklärung **105** 12, 14
Schlaftrunkenheit **105** 12
Schlafwandeln **105** 12
Testierunfähigkeit **105** 14
Trunkenheit **105** 12 f
unerlaubte Handlungen **105** 14
Bewusstseinstrübung
Nichtigkeit der Willenserklärung **105** 12
Bezugnahmeklausel
Auslegung **133** 52
Bezugsrechte
Aktien, junge **99** 17; **100** 7
Bibliothek
Benutzungsverhältnis, öffentlich-rechtliches **Vorbem 104–115** 101
Eigentumsübertragung **90** 69
Sachgesamtheit **90** 67
Bier
Zubehöreigenschaft **97** 16
Bierschankanlage
Bestandteilseigenschaft **94** 36
Bildstock
Zubehöreigenschaft **97** 13, 26
Billigkeitshaftung
Geschäftsfähigkeitsmangel **Vorbem 104–115** 30 f, 38
unerlaubte Handlungen **Vorbem 104–115** 65
Binnengewässer
Sachqualität **90** 22
Strand **90** 23
Blankett-Bürgschaft
Rechtsscheinhaftung **119** 31
Blankettmissbrauch
Einstandspflicht **119** 31; **122** 11
Erfüllungshaftung **119** 32
Irrtumsanfechtung **119** 8, 31 f
Rechtsschein **119** 31; **122** 11

Blitzschlag
Sachqualität **90** 10
Blockhütte
Grundstücksbestandteil, wesentlicher **94** 8
Blut
Sachqualität **90** 28, 31
Blutalkoholkonzentration
Ausschluss der freien Willensbestimmung **105** 13
Blutspende
Weitergabeverbot **90** 33
Bodenbestandteile
Abtrennung **94** 20
gewonnene Bestandteile **99** 13
Grundstücksbestandteile, wesentliche **94** 20
Substanz des Grundstücks **94** 19
Börsenkurs
Falschbezeichnung, unschädliche **119** 54, 61
Bösgläubigkeit
Eigengeschäft
Zustimmungsbedürftigkeit **Vorbem 104–115** 73
Eigengeschäft des Minderjährigen **Vorbem 104–115** 73 f
Eigentümer-Besitzer-Verhältnis **Vorbem 104–115** 76
Geschäftsfähigkeit **Vorbem 104–115** 70 ff
gesetzlicher Vertreter **Vorbem 104–115** 72
Vertretergeschäft **Vorbem 104–115** 72
Bohrinsel
Meeresboden, Aneignung **90** 25
Bond-Anleihen
Beratungspflichten **123** 21
Bonuszahlungen
Rechtsbindungswille **Vorbem 116 ff** 56
Bootsanlage
Scheinbestandteilseigenschaft **95** 8
Botenschaft
Abgabe der Willenserklärung **130** 31
angemaßte Botenschaft **120** 3
Falschübermittlung, Anfechtbarkeit **120** 1, 6
Geschäftsunfähigkeit **105** 5
Haftung des Boten **120** 8
Irrtum in der Erklärungshandlung **119** 34
Pseudobote **120** 3
Rechtsscheinhaftung **120** 3
Brandversicherungssumme
Surrogat **99** 18; **100** 2
Brennrecht
Bestandteilseigenschaft **96** 7; **97** 4
Briefkasten
Zugang **130** 51, 73, 89 f
Briefversendung
Haftungsausschluss **120** 8
Brillen
Sachqualität **90** 36

Brücken
Gebäudebegriff **94** 23
Buchgeld
Geldbegriff **91** 7
Sachbegriff **90** 5
Bücher
Früchte, unmittelbare **99** 17
Sachbegriff **90** 4
Bürgermeister
Empfangsbotenschaft **130** 57
Bürgschaft
Abgabe der Willenserklärung **130** 30
Annahmeverweigerung **130** 97
arglistige Täuschung **123** 58
Aufklärungspflichten **123** 25
Auslegung **133** 9, 31, 33, 35, 46, 53
Blankett-Bürgschaft **119** 31
Familienangehörige, vermögenslose **123** 25
Irrtumsanfechtung **119** 11 f, 89, 92, 105
Umdeutung **133** 9
Verlust der Urkunde **130** 97
Zahlung auf erstes Anfordern **133** 46, 53
Zwangslage, familiäre **Vorbem 116 ff** 11; **123** 25
Büroeinrichtung
Zubehöreigenschaft **97** 26
Bundesartenschutzverordnung
s Artenschutz
Bundesjagdgesetz
Jagdrecht als Grundstücksbestandteil **96** 6
Schutz der Tiere **90a** 8
Bundesverfassungsgericht
Prozessfähigkeit **Vorbem 104–115** 95
Bundeswaldgesetz
Pflanzenschutz **90a** 14

caveat emptor
Eigenschaftsirrtum **119** 84
cif
Handelsklausel **133** 70
CMS Spread Ladder Swap-Vertrag
Beratungspflichten **123** 21
Code civil
Geschäftsfähigkeit **Vorbem 104–115** 113
Computererklärung
Codierfehler **119** 36
Dateneinspeisung **119** 36
Eingabefehler **119** 36
invitatio ad offerendum **119** 36
Irrtumsanfechtung **119** 36
Motivirrtum **119** 37
Programmierung **119** 36
Software, fehlerhafte **119** 36
Willenserklärung, automatisierte **Vorbem 116 ff** 57
Computerprogramm
Sachqualität **90** 12 f, 18
Containerunterkunft
Bestandteilseigenschaft **94** 10

Contracting
s Energie-Contracting
culpa in contrahendo
arglistige Täuschung **123** 101; **124** 10
Drohung, widerrechtliche **123** 101; **124** 10
unbewusste Teilnahme am Rechtsgeschäftsverkehr **122** 9
Vertrauenshaftung **122** 20
vorvertraglicher Kontakt **Vorbem 104–115** 43
s a dort

Dachstuhl
Bestandteilseigenschaft **94** 24
Dachziegel
Bestandteilseigenschaft **94** 24, 30
Darlehen
Kapital, Nutzungsmöglichkeit **100** 2, 5
Schuldzinsen **100** 5
Scheingeschäft **117** 2, 11, 28
unverzinsliches Darlehen, Einwilligungsbedürftigkeit **107** 23
unverzinsliches Darlehen, Kündigung durch minderjährigen Darlehensgeber **107** 19
Darlehenszinsen
Früchte, unmittelbare **99** 17
Daseinsvorsorge
sozialtypisches Verhalten **Vorbem 104–115** 31 f
Daten
Eigentumsverletzung **90** 19
Kaufvertrag **90** 17
Recht am eigenen Datenbestand **90** 19
Sachqualität **90** 17 f
Datenträger
deliktischer Schutz **90** 19
Eigentum **90** 13, 19
Eigentumsverletzung **90** 19
Sachbegriff **90** 12 f
Übereignung **90** 14
Wegnahme **90** 14
Dauernutzungsrecht
Scheinbestandteile **95** 26
Sonderrechte **93** 28
Dauerschuldverhältnisse
Eigenschaftsirrtum **119** 92
Geschäftsfähigkeitsmangel **Vorbem 104–115** 32 ff, 40
Irrtumsanfechtung **119** 111
Rechtsmissbrauch **119** 102
Mangel der Ernstlichkeit **118** 6
Taschengeldgewährung **110** 10
Dauerwohnrecht
Scheinbestandteile **95** 26
Sonderrechte **93** 28
DDR
Bestandteile, wesentliche **94** 5
Ehemündigkeit **Vorbem 104–115** 116

DDR (Forts)
Entmündigung **Vorbem 104–115** 18, 116
Geschäftsfähigkeit **Vorbem 104–115** 116
Altersgrenze **105** 8
beschränkte Geschäftsfähigkeit **106** 1
Handlungsfähigkeit **Vorbem 104–115** 116
Scheingeschäft **117** 27
Testierfähigkeit **Vorbem 104–115** 116
Volljährigkeit **Vorbem 104–115** 116
Deakzession
öffentliche Sachen **Vorbem 90–103** 18
Debilität
Ausschluss der freien Willensbestimmung **104** 9
Deckungsgeschäft
Vertrauensschaden **122** 13
Deich- und Sielrecht
Landesrecht **94** 20
Deichstavengerechtigkeit
Sondereigentum **93** 29
Deliktsfähigkeit
Bestandteile, wesentliche **Vorbem 104–115** 2
Drohung, widerrechtliche **123** 85
Gefahrübernahme **Vorbem 104–115** 64
Geschäftsfähigkeit, beschränkte **106** 8
Geschäftsunfähigkeit **Vorbem 104–115** 65; **105** 6
unerlaubte Handlungen **Vorbem 104–115** 65
Delir
Störung der Geistestätigkeit, vorübergehende krankhafte **104** 12
Demenz
Geschäftsunfähigkeit **104** 9
Denkmalschutz
Erhaltungsgebote **Vorbem 90–103** 30
Veränderungsverbote **Vorbem 90–103** 30
Depotvertrag
Mittelüberlassung zur freien Verfügung **110** 15
Dereliktion
Aufgabewille **Vorbem 116 ff** 4; **133** 16
Auslegung **133** 16
Geschäftsfähigkeit **Vorbem 104–115** 92
Kenntnisnahme **130** 12
Körperbestandteile **90** 30
Willensbetätigung **Vorbem 116 ff** 4
Deutsche Post AG
Haftungsausschluss **120** 8
Diabetes
Bewusstlosigkeit **105** 12
Diebstahl
Vertragsschluss, Ablehnung **133** 59 f
Dienstboten
Empfangsbotenschaft **130** 57
Dienstbotenvertrag
Teilgeschäftsfähigkeit **113** 2

Dienstleistungen
  Abrechnung, Anfechtbarkeit **119** 106
  Inanspruchnahme **Vorbem 116 ff** 54
Dienstmündigkeit
  Teilgeschäftsfähigkeit **113** 2 f, 5 f
Dienstverhältnis
  s a Arbeitsverhältnis
  Aufhebung **113** 16
  Eingehung **113** 14
  Ermächtigung **106** 3; **113** 10
    s a dort
  gesetzlicher Vertreter als Vertragspartei **113** 9
  Scheingeschäft **117** 12
  Teilgeschäftsfähigkeit **106** 3; **113** 10, 13 ff
  Vertragsmitunterzeichnung **113** 11
  Vertragspflichten **113** 15
Dienstverhältnis, öffentlich-rechtliches
  Handlungsfähigkeit, partielle **Vorbem 104–115** 99
  Teilgeschäftsfähigkeit **113** 8
Dienstvertrag
  Eigenschaftsirrtum **119** 90
  Einwilligungsbedürftigkeit **107** 24
  Genehmigung **108** 2
Dingliches Rechtsgeschäft
  Auslegung **133** 24, 49
Direktbank
  elektronische Willenserklärung, Anfechtung **119** 35
Diskothek
  Licht-/Tonanlage **94** 36
  Notstromaggregat **94** 32
Diskriminierungsverbote
  Fragerecht des Arbeitgebers **123** 28, 31, 33
  Geschäftsunfähigkeit **105** 7; **105a** 1
  Mietvertrag **123** 44
  Schwächerenschutz **Vorbem 116 ff** 11
  Schwangerschaft, Irrtumsanfechtung wegen **119** 89, 94
  Schwerbehinderteneigenschaft **123** 37
  Vermutung einer Diskriminierung **123** 37
Dissens
  Pflichtverletzung, vorvertragliche **122** 6
  Schadensersatz **122** 6
  versteckter Dissens **119** 42
Distanzgeschäfte, internationale
  Sprachrisiko **119** 19
Dividenden
  Fruchtbegriff **99** 17
  Fruchtverteilung **101** 6
Dolmetscher
  Botenschaft **120** 6
  Vertragsunterzeichnung **119** 23 f
dolus malus
  Sachverhalt, Vorspiegelung **123** 3
Doppelhaushälften
  Grundstücksteilung **94** 14

Doppelirrtum
  Eigenschaftsirrtum **119** 79
  Irrtum **119** 49
Dressurpferd
  Aufklärungspflicht **123** 13
Drogenabhängigkeit
  Störung der Geistestätigkeit **104** 9
Drohung
  Allgemeine Geschäftsbedingungen **123** 93
  Anfechtbarkeit der Willenserklärung **116** 14; **123** 87
  Anfechtungserklärung, Zugang **124** 7
  Anfechtungsfrist **123** 1; **124** 1, 3, 5
    Ausschlussfrist **124** 2
    Fristablauf **124** 10
    Nachschieben von Anfechtungsgründen **124** 9
    nicht empfangsbedürftige Willenserklärung **124** 6
    Vollstreckungsgegenklage **124** 9
  Anfechtungsgegner **124** 1
  Anfechtungsrecht **Vorbem 116 ff** 66; **123** 1
    Bestätigung **124** 9
    Selbstbestimmung **123** 64 f
    Verwirkung **124** 9
  gegen Angehörige **123** 77
  Bedrohter **123** 70
  Begriff **123** 65 f
  Bereicherungsabsicht **123** 85
  Bestimmungsvorsatz **123** 69, 82 f
  Beweislast **123** 86; **124** 12
  culpa in contrahendo **123** 101; **124** 10
  Dauerschuldverhältnisse **123** 89
  Deliktsfähigkeit **123** 85
  dolus eventualis **123** 82
  durch Dritte **123** 64
  gegen Dritte **123** 77
  Drohender **123** 68
  Erfüllungsgeschäft, Anfechtung **123** 88
  Erpressungswille **123** 82
  Familiengemeinschaft, Ausschluss aus **123** 81
  Freikauf auf fremde Rechnung **123** 68
  Grundgeschäft, Anfechtung **123** 88
  Grundstücksverkauf **123** 81
  Inaussichtstellung eines Übels **123** 66, 82
  Irrtumsanfechtung **123** 97
  Jahresfrist **123** 1; **124** 1, 3, 5
  Kausalität **123** 66, 69, 71
    Anscheinsbeweis **123** 86
  mit Klage **123** 80
  Kollektivdrohungen **123** 64, 69
  mit Kündigung **123** 78 f, 86
  Leistungsbestimmung durch Dritte **124** 1
  mit Mandatsniederlegung **123** 81
  Nötigungswille **123** 82
  Notlage, Befreiung aus **123** 67
  mit Presseveröffentlichung **123** 81
  Restitutionsklage **119** 107

Drohung (Forts)
　Rückwirkung der Anfechtung **123** 88 ff
　Schadensersatz **122** 4
　Schädigungsabsicht **123** 85
　Schwierigkeiten, Hinweis auf **123** 67
　Selbstbestimmung **119** 5; **123** 1
　Sittenwidrigkeit **123** 98
　mit Strafanzeige **123** 67, 70, 73, 76 f, 79
　subjektiver Tatbestand **123** 86
　Täuschungsanfechtung **123** 97
　unerlaubte Handlung **123** 102; **124** 10
　Vergleichsvorschlag **123** 67
　Vermögensgesetz **123** 96
　Verschuldensfähigkeit **123** 85
　Vertrauensschaden **123** 95
　vis absoluta **123** 65
　vis compulsiva **123** 65
　vollzogene Maßnahmen **123** 67
　Wahlrecht **123** 87, 97, 99; **124** 1
　Warnung **123** 67
　Wechsel, Nichteinlösung **123** 81
　Widerrechtlichkeit **123** 29, 72 ff, 83, 86
　　Bewusstsein der Rechtswidrigkeit **123** 83
　　Erfolg, rechtswidriger **123** 72, 74
　　Erkennbarkeit **123** 83
　　Gutgläubigkeit **123** 83
　　Inadäquanz Mittel/Zweck **123** 72, 75, 81
　　Irrtum über die Widerrechtlichkeit **123** 84
　　Kenntnis **123** 83
　　Mittel, rechtswidriges **123** 72 f
　　Unkenntnis, fahrlässige **123** 83
　Willensbildung **123** 1
　Willenserklärungen **123** 2
　Zehnjahresfrist **124** 1
DSM-IV
　seelische Störungen **104** 7 f
Dünger
　Gutszubehör **98** 2 f, 14
　Hofeszubehör **98** 15
Duldung der Zwangsvollstreckung
　Rechtsnachteil **107** 16
Duldungsvollmacht
　Empfangspersonen **130** 60, 91
　Geschäftsfähigkeit **Vorbem 104–115** 48
DVD
　Sachbegriff **90** 4

E-Books
　Sachqualität **90** 17
Echtheit
　Eigenschaft, verkehrswesentliche **119** 80
EDV-Kabelanlage
　Bestandteilseigenschaft **93** 23
effet utile
　Auslegung, gemeinschaftskonforme **133** 61

Ehe
　Arbeitsverträge zwischen Ehegatten **117** 11
　Aufhebbarkeit **106** 6; **117** 4
　Geschäftsunfähigkeit, teilweise **104** 14
　Mentalreservation **116** 11
　Mitverpflichtung vermögensloser Ehegatten **Vorbem 116 ff** 11
　Scheinehe **117** 4
　Unterhaltsverzicht **Vorbem 116 ff** 11
Eheaufhebung
　Mangel der Ernstlichkeit **118** 6
Ehebedingte Zuwendung
　Schenkung **117** 16
Ehefähigkeit
　Internationales Privatrecht **Vorbem 104–115** 17
Ehegatten
　Empfangsbotenschaft **130** 57
Ehemündigkeit
　Altersgrenze **Vorbem 104–115** 113
　Aufhebbarkeit der Ehe **106** 6
　Befreiungsantrag **106** 6
　gesetzlicher Vertreter, Mitwirkung **106** 6
　Volljährigkeit **Vorbem 104–115** 15, 115; **106** 6
Ehesachen
　Verfahrensfähigkeit **Vorbem 104–115** 96
Eheschließung
　Aufhebungsantrag **105** 6
　Drohung **119** 110
　Folgekonsens **107** 41
　Geschäftsunfähigkeit **105** 6
　Heirat macht mündig **Vorbem 104–115** 17, 124
　Irrtum **119** 110
　Minderjährige **106** 2
　Reife **Vorbem 104–115** 14
　Täuschung **119** 110
Eheunfähigkeit
　Kinder **Vorbem 104–115** 4
Ehevertrag
　Geschäftsfähigkeit **Vorbem 104–115** 15; **105** 6
　Minderjährige **106** 7
　Scheingeschäft **117** 4
Ehrenrührige Behauptung, Widerruf
　Beseitigungsanspruch **123** 2
　Einsichtsfähigkeit **Vorbem 104–115** 89
Eifersuchtswahn
　Geschäftsunfähigkeit, teilweise **104** 14
Eigenblutspende
　Infektion außerhalb des Körpers **90** 31
　Sachqualität **90** 31
Eigenschaftsirrtum
　Anfechtung **Vorbem 116 ff** 66
　Anfechtungsausschluss **119** 105
　Doppelirrtum **119** 79
　Eigenschaftsbegriff **119** 87 f, 95

Eigenschaftsirrtum (Forts)
einseitiger Eigenschaftsirrtum **119** 83, 85
Erheblichkeit **119** 82, 101 f
Erkrankung **119** 87, 89
geschäftswesentlicher Eigenschaftsirrtum **119** 56
Gewährleistungsrecht, Vorrang **119** 85, 95
Identitätsirrtum, Abgrenzung **119** 46 f
Inhaltsirrtum **119** 49, 101
Ist-Beschaffenheit **119** 79
Kaufvertrag **119** 83
Kausalität **119** 101
Leistungsstörungsrecht, Vorrang **119** 86, 95, 109
Mietereinbauten **119** 83
Person **119** 2, 79, 87, 89
  Dritter **119** 89
  Erklärender **119** 89
  Kreditwürdigkeit **119** 92
  Vertragspartner **119** 89
  Vertrauenswürdigkeit **119** 90
  – Einzelverstöße **119** 90
  – juristische Personen **119** 90
  Vorstrafen **119** 82, 91
  Zahlungsfähigkeit **119** 92
  Zuverlässigkeit **119** 90
Sachbegriff **90** 5
Sache **119** 2, 79, 95
  Alter **119** 96
  Baujahr **119** 96
  Bestand **119** 96
  Eigentum **119** 100
  Fabrikneuheit **119** 96
  Fahrleistung **119** 96
  Größe **119** 96
  Herkunft **119** 96
  Marktpreis **119** 100
  Verwertbarkeit **119** 96, 100
  Wert **119** 100
Sachmängel **119** 83
Sachmängelgewährleistung **119** 109
Schwangerschaft **119** 87
Soll-Beschaffenheit **119** 83
Umweltbeziehungen **119** 88, 95, 97, 100
Unmittelbarkeit **119** 88, 95 f
Verkehrswesentlichkeit **119** 79 ff, 95
  atypische Eigenschaften **119** 80
  Barockleuchter **119** 80
  Beschaffenheitsvereinbarung, konkludente **119** 85
  Echtheit **119** 80
  Fahrzeuge, Alter **119** 80, 84, 96
  Fahrzeuge, Baujahr **119** 80, 84, 96
  Geschäftswesentlichkeit **119** 80 ff
  verständige Würdigung **119** 101
Eigentümer-Besitzer-Verhältnis
Besitzererwerb **Vorbem 104–115** 76
Bösgläubigkeit **Vorbem 104–115** 76 f
Fruchtverteilung **101** 7

Eigentümerhypothek
Bestandteilseigenschaft **96** 7
Eigentum
Eigenschaft, verkehrswesentliche **119** 100
Fruchtziehung **99** 11
Sachen **Vorbem 90–103** 9
Eigentum, öffentliches
Privateigentum, modifiziertes **Vorbem 90–103** 18
Eigentumsanteil
Begriff **93** 6
Eigentumsaufgabe
s Dereliktion
Eigentumsvorbehalt
Auslegung **133** 24, 49
Bestandteile **93** 1
Bestandteile, unwesentliche **93** 42
Bestandteile, wesentliche **93** 18, 26 f
Grundstücksbestandteile, wesentliche **94** 4, 40
Verbindung, vorübergehende **95** 7, 13
verbrauchbare Sachen **92** 6
Verkehrsüblichkeit **93** 27
Zubehör **97** 17 f
  Anwartschaftsrecht **97** 32
Eigentumswohnung
s Wohnungseigentum
Abgeschlossenheitsbescheinigung **93** 28
arglistige Täuschung **123** 7
Rechtsnachteil **107** 14
Zubehör **97** 13
Einbauküche
angefertigte Einbauküche **94** 35
Bestandteilseigenschaft **93** 23; **94** 25, 35
Einfügung durch Mieter **95** 16; **97** 19
Küchengeräte **94** 35
serienmäßig hergestellte Einbauküche **94** 35
Verkehrsanschauung **94** 35
Zubehöreigenschaft **97** 25
Einfügung von Sachen zur Herstellung
s Gebäude
Eingabefehler
Irrtumsanfechtung **119** 35 f
Nachfragepflicht **119** 41
Eingriffskondiktion
Deliktsähnlichkeit **Vorbem 104–115** 81
Geschäftsfähigkeitsmangel **Vorbem 104–115** 81
Einkommensteuer
Lastenbegriff **103** 7
Schuldabzug für negative Einkünfte **117** 13
Einmann-AG
Gründungserklärung, Auslegung **133** 17
Einmann-GmbH
Geschäftsfähigkeitsmangel **Vorbem 104–115** 35
Gründungserklärung, Auslegung **133** 17
Rechtsbindungswille **117** 18

Einmann-Kapitalgesellschaft
Geschäftsfähigkeitsmangel **Vorbem 104–115** 35
Einrichtungen, öffentliche
Fotografierverbote/-beschränkungen **Vorbem 90–103** 18
öffentliche Sachen im engeren Sinne **Vorbem 90–103** 15
Einschreiben
Abholung **130** 89
Verlust **130** 108
Zugang **130** 41
Zustellversuch, zweiter **130** 89
Einschreiben Eigenhändig
Auslieferungsbeleg **130** 108
Benachrichtigungsschein **130** 48
Übergabe-Einschreiben **130** 48, 89
Zugang **130** 48
Zugangsverhinderung **130** 89
Einschreiben Einwurf
Auslieferungsbeleg **130** 108
Zugang **130** 48, 89; **132** 2
Einschreiben Rückschein
Empfangsbestätigung **130** 108
Einsichtsfähigkeit
Geschäftsfähigkeit **Vorbem 104–115** 8 f
unerlaubte Handlungen **Vorbem 104–115** 65
Einstellungsgespräch
arglistige Täuschung
s Arbeitsvertrag
Einvernehmen, gemeindliches
Unanfechtbarkeit **119** 108
Einwilligung
ärztliche Behandlung **Vorbem 104–115** 57 ff
  chirurgischer Eingriff **Vorbem 104–115** 59
  Gesundheitsgefahr, schwere **Vorbem 104–115** 58
  Lebensgefahr **Vorbem 104–115** 58
Altersgrenze de lege ferenda **Vorbem 104–115** 58
Arzneimittelprüfung **Vorbem 104–115** 59
Auslegung **133** 24
Befugnis zur selbstständigen Vornahme durch Minderjährige **107** 43
Beweislast **107** 45
Einwilligungsersetzung **107** 43
Empfangszuständigkeit **107** 35
Erteilung, Anspruch auf **107** 43
Erteilung, Pflicht zur **107** 43
Erwerbsgeschäfte **108** 2
fehlende Einwilligung **108** 1 f
Form **107** 35
Gefahrübernahme **Vorbem 104–115** 64
Generalkonsens **107** 36
Geschäftsfähigkeit, beschränkte **106** 3; **107** 1

Einwilligung (Forts)
Geschäftsfähigkeitsmangel **Vorbem 104–115** 56
Humanexperimente **Vorbem 104–115** 59
Kastration **Vorbem 104–115** 60
Minderjährigengeschäfte **107** 4, 21, 42
mutmaßliche Einwilligung **Vorbem 104–115** 57
pauschale Einwilligung **107** 36
persönliche Rechte **Vorbem 104–115** 56 f
Persönlichkeitsrechte, Eingriffe in **Vorbem 104–115** 63
Personengefährdung **107** 43
rechtsgeschäftsähnliche Handlung **Vorbem 104–115** 56 f, 64
rechtsgeschäftsähnliche Rechtshandlungen **107** 44
Rechtsnachteil, unmittelbarer **107** 6
Rechtsnatur **Vorbem 104–115** 56 f, 64
Schadensersatzpflicht **107** 43
Schwangerschaftsabbruch **Vorbem 104–115** 61
sportliche Wettkämpfe **Vorbem 104–115** 64
Sterilisation **Vorbem 104–115** 60
Unterbringung **Vorbem 104–115** 62
Unwirksamkeit nicht konsentierter Geschäfte **108** 1
Verfügungsgeschäfte **107** 24; **108** 2
Vermögensgefährdung **107** 43
Vermögensrechte **Vorbem 104–115** 56
Verpflichtungsgeschäfte **107** 23, 24
Verträge, unvollkommen zweiseitige **107** 23
Vertragsmitunterzeichnung **113** 11
Widerruflichkeit **107** 35
Wille des Minderjährigen, entgegenstehender **Vorbem 104–115** 58
Willenserklärung **Vorbem 104–115** 56 f; **107** 36
  einseitige empfangsbedürftige Willenserklärung **107** 35
Wirksamwerden **107** 35
Zugang **107** 35
Zugang der Willenserklärung **131** 5
Zustimmung, gleichzeitige **107** 35; **108** 6
Zustimmung, vorherige **107** 35
Einwilligungsvorbehalt
Alltagsgeschäfte **105a** 15
Deliktsfähigkeit **Vorbem 104–115** 65
Eheschließung **Vorbem 104–115** 25
Empfangsermächtigung **131** 5
Erwerbsgeschäft, selbstständiger Betrieb **112** 15
geringfügige Angelegenheiten des täglichen Lebens **Vorbem 104–115** 25
Geschäftsfähigkeit **Vorbem 104–115** 25
beschränkte Geschäftsfähigkeit **Vorbem 104–115** 10, 12, 25; **107** 46; **130** 104

Einwilligungsvorbehalt (Forts)
Geschäftsunfähigkeit des Betreuten
105 10; **107** 46
lediglich rechtlich vorteilhafte Geschäfte
Vorbem 104–115 25; **107** 46
Mittelüberlassung zur freien Verfügung
110 18
nicht geschäftsunfähige Betreute **Vorbem
104–115** 12, 25, 72; **106** 10; **111** 15; **113** 32
Rechtsgeschäfte, einseitige **111** 15
Verfahrensfähigkeit **Vorbem 104–115** 98
Verfügungen von Todes wegen **Vorbem
104–115** 25
vorvertraglicher Kontakt **Vorbem 104–
115** 42
Einwohnermeldeamtsanfrage
Zustellung, öffentliche **132** 6
Einzelhandelsgeschäft
Eintritt in das Geschäft eines Einzelkaufmanns, Irrtumsanfechtung **119** 69
gewerblicher Betrieb **98** 5
Eizelle
Sachqualität **90** 31
Elektrizität
Netzanschluss **94** 37
Sachqualität **90** 2, 9, 11
Strafrecht **90** 6, 9
Versorgungsleitungen, Bestandteilseigenschaft **94** 11, 37; **95** 20
Elektromagnetische Felder
Sachqualität **90** 10
Elektronische Bauteile
Sonderrechtsfähigkeit **93** 19
Elektronischer Geschäftsverkehr
Eingabefehler, Berichtigung **119** 35
Informationspflicht **119** 35
Elterliche Sorge
Geschäftsfähigkeit **Vorbem 104–115** 22;
105 6
Ruhen der elterlichen Sorge **105** 6
Geschäftsfähigkeit, beschränkte **106** 8
Eltern
Empfangsbotenschaft **130** 57
Elternrecht
Elternverantwortung **Vorbem 104–115** 104
Fremdnützigkeit **Vorbem 104–115** 104
Grundrechtsausübung des Kindes **Vorbem
104–115** 104
E-Mail
Anhänge **130** 110
Anscheinsbeweis **130** 110
Eingangsbestätigung **130** 110
Lesebestätigung **130** 110
Zugang **130** 51 f, 73, 109
Embryo
Sachqualität **90** 37
Emission
Genehmigung **90** 21

Emissionsprospekt
Auslegung **133** 72
Empfängerhorizont
Annahmewille **133** 16
Willenserklärung, empfangsbedürftige
133 18 f
Empfangsbote
Falschübermittlung **120** 7; **130** 54
Zugang
s dort
Empfangseinrichtung
s Zugang
Empfangsermächtigung
s Zugang
Empfangspersonen
s Zugang
Empfangsvertreter
Zugang der Willenserklärung **130** 56
Energie
Energiegewinnung **99** 10
Energieverbrauch **90** 8
Gebrauch vorhandener Energie **100** 3
Sachqualität **90** 2, 8 ff
schuldrechtliche Verträge **90** 9
Energie-Contracting
Scheinbestandteilseigenschaft **95** 16, 20
Übernahmerecht **95** 16
Energieerzeugungsanlage
Scheinbestandteilseigenschaft **95** 16, 20
Energiegewinnung
Energie **90** 8
Gebrauchsvorteil **99** 10; **100** 3, 7
Energieverbrauchszähler
s Verbrauchszähler
Energieversorgung
Benutzungsverhältnis, öffentlich-rechtliches **Vorbem 104–115** 101
England
Bestandteile **95** 33
Wegnahmerechte **97** 38
Betrunkene **Vorbem 104–115** 143
capacity to contract **Vorbem 104–115** 136
Ehemündigkeit **Vorbem 104–115** 144
emblements **99** 22
Ernterecht **99** 22
fixtures **93** 50
agricultural fixtures **97** 38
domestic fixtures **95** 33
ornamental fixtures **95** 33
trade fixtures **95** 33; **97** 38
Fruchtbegriff **99** 22
Gegenstandsbegriff **Vorbem 90–103** 8
Geisteskranke **Vorbem 104–115** 143
Geschäftsfähigkeit **Vorbem 104–115** 136
gesetzliche Vertretung **Vorbem 104–
115** 136
Maschinen **93** 50
Minderjährige **Vorbem 104–115** 137

England (Forts)
Minderjährigenverträge **Vorbem 104–115** 137 ff
Bestätigung **Vorbem 104–115** 141
for the minor's benefit **Vorbem 104–115** 138
Rückforderungsanspruch **Vorbem 104–115** 142
widerrufliche Verträge **Vorbem 104–115** 140
necessaries **Vorbem 104–115** 138; **105a** 5, 7
ornamentations **97** 38
personal property **Vorbem 90–103** 8
property **Vorbem 90–103** 8
psychisch gestörte Personen **Vorbem 104–115** 143
real property **Vorbem 90–103** 8
Testierfähigkeit **Vorbem 104–115** 144
Volljährigkeitsalter **Vorbem 104–115** 137
Zubehör **97** 38
Enteignungsentschädigung
Surrogat **99** 18
Entlüftungsanlage
Bestandteilseigenschaft **94** 32
Entmündigung
DDR **Vorbem 104–115** 18, 116
Geisteskrankheit **104** 1
Geschäftsfähigkeit **Vorbem 104–115** 114
Geschäftsunfähigkeit **Vorbem 104–115** 10, 114
Entschädigungsansprüche, öffentlich-rechtliche
Bestandteilseigenschaft **96** 7
Entwidmung
Verkehrsfähigkeit **Vorbem 90–103** 12
Entzugssymptome
Störung der Geistestätigkeit, vorübergehende krankhafte **104** 12
Epilepsie
Bewusstlosigkeit **105** 12
Störung der Geistestätigkeit **104** 12
Erbbaurecht
Bauwerk **93** 13; **95** 18, 24; **97** 8
Einwilligungsbedürftigkeit **107** 27
Heimfallanspruch **96** 3
Lastentragung **103** 5
Scheinbestandteile **95** 24
Unbeweglichkeit **90** 60
Zubehör **97** 8, 31
Erbbauzinsreallast
Bestandteilsfiktion **96** 3
Rechtsnachteil **107** 27
Erbengemeinschaft
arglistige Täuschung **123** 50
Erbrecht
Anfechtung **123** 96
ehebedingte Zuwendung **117** 16
Geschäftsfähigkeit **Vorbem 104–115** 14, 16
Motivirrtum **119** 5
Vorbehalt, geheimer **116** 2

Erbrecht (Forts)
Willensmängel **119** 110
Erbschaftsannahme
Eigenschaftsirrtum **119** 99
Rechtsirrtum **119** 72
Rechtsnachteil **107** 28
Scheingeschäft **117** 3
Erbschaftsausschlagung
s Ausschlagung
Erbschein
Geschäftsfähigkeit **Vorbem 104–115** 47
Erbteilsübertragung
Rechtsnachteil **107** 28
Erbvertrag
Abschluss **Vorbem 104–115** 16; **106** 7
Anfechtung **Vorbem 104–115** 16
Schadensersatz **122** 3
Aufhebung **Vorbem 104–115** 16
Minderjährige **106** 7
Rücktritt **Vorbem 104–115** 16; **106** 7
Erbverzicht
Aufhebung **105** 6
Geschäftsunfähigkeit **105** 6
Rechtsirrtum **119** 77
Erdgas
Sachqualität **90** 8
Erdmasse
Sachqualität **94** 20
Erdöl
Sachqualität **90** 8
Erfindungen
Sachbegriff **90** 4
Erfüllung
Abstraktionsgrundsatz **107** 25
Einziehungsberechtigung **107** 25
Empfangszuständigkeit **107** 25
konkludente Willenserklärung **Vorbem 116 ff** 54
Leistungen an Minderjährige **107** 25
Theorie der finalen Leistungsbewirkung **107** 25
Theorie der realen Leistungsbewirkung **107** 25
Vertragstheorie, allgemeine **107** 25
Vertragstheorie, besondere **107** 25
Zweckvereinbarungstheorie **107** 25
Erfüllungsbereitschaft
arglistige Täuschung **123** 8
Erfüllungsgeschäft
Auslegung **133** 31
Ergänzungspflegschaft
gesetzliche Vertretung **Vorbem 104–115** 24
Insichgeschäft **105** 9
Schenkung **107** 15 f
Erklärungen unter Abwesenden
Sprachrisiko **119** 20
Willenserklärung **119** 20; **130** 15, 17
Zugang **130** 15, 17
Abwesenheit **130** 18 f

Erklärungen unter Anwesenden
  Abgabe der Willenserklärung **130** 111
  Beweislast **130** 117
  Deutungsfehler **130** 115 ff
  Empfangstheorie **130** 112
  Erklärungsirrtum **130** 118
  Missverständnis **130** 112, 114 f
  non liquet **130** 117
  Rücksichtnahmetheorie **130** 112, 114
  Sprachrisiko **119** 20
  Vernehmungstheorie **130** 112 f
  Wahrnehmung, sinnliche **130** 113
  Wahrnehmungsfehler **130** 115, 117 f
  Wahrnehmungstheorie **130** 112 f
  Willenserklärung **119** 20; **130** 15, 111 f
  Zugang **130** 15, 111 f
Erklärungsbewusstsein
  Anfechtung **Vorbem 116 ff** 33 ff
  culpa in contrahendo **Vorbem 116 ff** 39
  Geschäftsirrtum **Vorbem 116 ff** 34, 37, 39 f
  Scherzerklärung **Vorbem 116 ff** 33 f
  Schweigen **Vorbem 116 ff** 78
  Verschuldensprinzip **Vorbem 116 ff** 38 f; **122** 9 f
  Vertrauensschaden **122** 4, 9
  Vertrauensschutz **Vorbem 116 ff** 34, 41
  Widerrufserklärungen **Vorbem 116 ff** 41 f, 46
  Willenserklärung **Vorbem 116 ff** 1, 26, 28, 32, 78; **122** 9
    konkludente Willenserklärung **Vorbem 116 ff** 42 ff
  Zurechnung **Vorbem 116 ff** 35, 38
Erklärungsbote
  Abgabe der Willenserklärung **130** 31
  Falschübermittlung **120** 7; **130** 54
Erklärungsfahrlässigkeit
  Schadensersatzpflicht **122** 9
Erklärungsgehilfe
  Abgabe der Willenserklärung **130** 31
Erklärungshandlung
  Irrtum in der Erklärungshandlung s dort
Erklärungsirrtum
  Anfechtung **119** 85
  Anfechtungsfrist **121** 3
  Bedeutungsirrtum **119** 33
  beiderseitig getrennter Erklärungsirrtum **119** 42
  Beweislast **119** 28 f
  Darlegungslast **119** 28
  elektronische Willenserklärung **119** 35
  Erklärungen unter Anwesenden **130** 118
  Geschäftswille **Vorbem 116 ff** 29 f
  Inhaltsirrtum **119** 33
  Irrtum in der Erklärungshandlung **119** 33 f
  Vertrauensschaden **122** 17
Erklärungstatbestand
  Auslegung **133** 8, 77

Erklärungstatbestand (Forts)
  Rechtsfrage **133** 77
  Tatfrage **133** 77 f
Erlass
  Auslegung **133** 55
Erlassfalle
  Annahmewille **116** 6; **133** 57
  Rechtsbindungswille **Vorbem 116 ff** 29
Erlassvertrag
  Vorteilhaftigkeit, rechtliche **107** 19
Ermächtigung
  Adressat **113** 10, 28
  ärztliche Operation **113** 18
  Arbeitsverhältnis **106** 3; **113** 1, 10
  Beweislast **113** 31
  Dienstverhältnis **106** 3; **113** 10
  Einschränkung **106** 3; **113** 1, 27 ff
  Ersetzung **113** 1, 12, 28
  Erwerbsgeschäft **112** 6, 9, 12 f
  Form **113** 11
  Genehmigung, familiengerichtliche **113** 28
  Kaufmannseigenschaft **112** 9
  Kfz-Mietvertrag **113** 18
  konkludente Ermächtigung **113** 11
  konkludente Rücknahme/Einschränkung **113** 30
  Prozessfähigkeit **113** 25
  Rechtsnatur **113** 10
  Rücknahme **106** 3; **112** 9, 12 f; **113** 1, 27 ff
  Teilgeschäftsfähigkeit **113** 13 ff
    außergewöhnliche Geschäfte **113** 13
    Vertretungsbefugnis des gesetzlichen Vertreters **113** 1
  Vertragsmitunterzeichnung **113** 11
Erpressungswille
  Bestimmungsvorsatz **123** 82
error in persona
  Identitätsirrtum **119** 45
error iuris nocet
  Rechtsirrtum **119** 67, 74
Ersatzzustellung
  Anheften an der Tür des Geschäftsraums **130** 90
  Empfangseinrichtung **130** 49
  Geschäftsschluss **130** 75
  Zugang **130** 86
  Zustellungsfiktion **130** 75
  Zustellungsurkunde **130** 108; **132** 3
Erschließungsbeiträge
  Auflassung, Vorteilhaftigkeit **107** 12
  Lastentragung **103** 7
Erträge
  s Früchte
Erwerbsgeschäft
  Arbeitsverbände, Beitritt **112** 10
  Aufbau **112** 10
  Auflösung **112** 10
  Begriff **112** 3
  Betrieb **112** 10

Erwerbsgeschäft (Forts)
  Beweislast **112** 14
  Einkauf **112** 10
  Einstellungen **112** 10
  Entlassungen **112** 10
  Ermächtigung **112** 6, 9
    s a dort
    Rücknahme **112** 9, 12 f
  Erwerb, erzielter **112** 10
  Erwerb unter Lebenden **112** 4
  Erwerb von Todes wegen **112** 4
  Familiensache **112** 7
  Forderungserwerb **107** 11
  Fortführung **112** 10
  freiberufliche Tätigkeit **112** 3
  Genehmigung, familiengerichtliche
    112 7 ff, 12
  Geschäftslokal, Anmietung **112** 10
  Gewinn **112** 10
  Gutglaubensschutz **112** 10
  Halbfabrikate **112** 10
  Hilfsstoffe **112** 10
  Insolvenzantrag **112** 10
  Kaufmannseigenschaft **112** 9
  Lebensunterhalt **112** 10
  Luxusausgaben **112** 10
  Minderjährigenhaftungsbeschränkung
    112 9
  Neugründung **112** 4
    Genehmigung, gerichtliche **112** 4
  Prozessfähigkeit **112** 9 f
  Rohstoffe **112** 10
  Rückgewährpflicht **107** 11
  Schadensversicherung **112** 9
  Selbstständigkeit der Betriebsführung
    112 5
  Sozialversicherungsrecht **112** 10
  Steuerrecht **112** 10
  Teilgeschäftsfähigkeit **106** 3; **112** 5, 7 ff
    elterliche Sorge **112** 10
    Vormundschaft **112** 10
  unentgeltlicher Erwerb vom Nichtberechtigten **107** 11
  Unternehmensbegriff **90** 81
  Verfahrensfähigkeit **112** 9
  Verkauf produzierter Waren **112** 10
  Vertretungsmacht, Ruhen **112** 9
  Vorteilhaftigkeit, rechtliche **107** 11
  Wegfall der Bereicherung **107** 11
Erwerbsmündigkeit
  Minderjährige **112** 1
  Teilgeschäftsfähigkeit **112** 2
Erwerbstätigkeit
  Minderjährige **112** 1
Erz
  Ausbeute, sonstige **99** 8
Erzeugnisse
  Begriff **94** 17
  Bestandteil der Muttersache **99** 6

Erzeugnisse (Forts)
  Bestandteilseigenschaft **94** 17
  Bodenprodukte, organische **99** 7
  Eier **99** 7
  Eigentumserwerb **94** 17
  Grundstücksbestandteile, wesentliche **94** 6
  landwirtschaftliche Erzeugnisse
    s dort
  Milch **99** 7
  Pflanzen **94** 17
  Sachfrüchte **99** 4, 6 f; **101** 4
  Sonderrechtsunfähigkeit **94** 17
  Tierjunge **99** 7
  Tierprodukte **99** 7
  Verarbeitung **99** 7
  Verkehrsauffassung **99** 7
  Wolle **99** 7
  Zubehöreigenschaft **97** 16
Euro
  vertretbare Sachen **91** 6
Europapass
  Eigentum **90** 58
Eventualanfechtung
  Anfechtungsfrist **121** 6
  Kenntnis des Anfechtungsgrundes, zuverlässige **121** 5
Eviktionshaftung
  Irrtumsanfechtung **119** 69
ex nunc-Wirkung
  Rechtsgeschäft **Vorbem 116 ff** 5
ex tunc-Wirkung
  Rechtsgeschäft **Vorbem 116 ff** 5
Exhumierung
  Zustimmungsbedürftigkeit **90** 46

Fabrikationsmaschinen
  Zubehöreigenschaft **97** 17
Fabrikgebäude
  Betrieb, gewerblicher **98** 5
  Einrichtung für den Betrieb **98** 7
  Heizungsanlage **94** 31
  Scheinbestandteilseigenschaft **95** 6
  wesentliche Bestandteile **94** 27
Fahrerlaubnis
  107 41
  Teilhandlungsfähigkeit **Vorbem 104–115** 99
Fahrgestell
  Bestandteil, wesentlicher **93** 20
Fahrzeuge
  Eigenschaftsirrtum **119** 80, 84; 96
Faksimile
  Rechtsscheinhaftung **119** 31
falsa demonstratio non nocet
  Allgemeine Geschäftsbedingungen **133** 14
  Auslegung **133** 31, 39
    empirische Auslegung **133** 12 f
  beiderseitige Falschbezeichnung **119** 39
  einseitige Falschbezeichnung **119** 39
  Falschbezeichnung, unschädliche **119** 54

falsa demonstratio non nocet (Forts)
  formbedürftiges Rechtsgeschäft **133** 14
  Geltung des Gewollten **Vorbem 116 ff** 16; **119** 7, 9; **133** 13
  Insichgeschäft **133** 13
  Prozesshandlungen **133** 27
  Scheingeschäft **117** 12
  Schwarzbeurkundung **117** 26; **133** 36
  Selbstbestimmung **133** 13
  unschädliche Falschbezeichnung **119** 53 f
Falschbeurkundung
  Code-Wörter **133** 42
  Scheinbeurkundung **133** 41
  Schwarzbeurkundung **117** 26
  verschlüsselte Begriffe **133** 42
Falschbezeichnung
  s falsa demonstratio non nocet
Falschlieferung
  Gewährleistungsrecht, Vorrang **119** 85
Falschübermittlung
  Adressat, falscher **120** 5
  Anfechtbarkeit **120** 1 f
  Anstalten, zur Übermittlung verwendete **120** 6
  Ausschlussfrist **121** 3
  Dolmetscher **120** 6
  Empfangsbote **120** 7
  Erklärungsbote **120** 7
  Naturereignisse **120** 5
  Person, zur Übermittlung verwendete **120** 6 f
  Rechtsscheinhaftung **120** 3
  Stellvertretung **120** 7
  Telefon **120** 6
  Telegramm **120** 6
  unbewusste Falschübermittlung **120** 2
  urkundlich verkörperte Willenserklärung **120** 3, 5
  Vertrauensschaden **122** 1, 3
  Vertretung ohne Vertretungsmacht **120** 2
  Vorsatz **120** 2
  Willenserklärung, erfundene **120** 2
  Willenserklärung, verfälschte **120** 2, 4
Familienangehörige
  Bürgschaft **123** 25
  Empfangsbotenschaft **130** 57
  Mietvertrag **117** 16
Familiengericht
  Willenserklärung, amtsempfangsbedürftige **130** 13
Familiengesellschaft
  Gesellschaftsvertrag, Auslegung **133** 73
Familienrecht
  Anfechtung **123** 96
  Geschäftsfähigkeit **Vorbem 104–115** 14 f
  Willensmängel **119** 110
Familiensachen
  Erwerbsgeschäft, selbstständiger Betrieb **112** 7

Fehlerhafte Gesellschaft
  Geschäftsfähigkeitsmangel **Vorbem 104–115** 33 ff
  Irrtumsanfechtung **119** 112
  Scheingründung **117** 6
Fenster
  Bestandteilseigenschaft **93** 23; **94** 30
Fensterläden
  Bestandteilseigenschaft **94** 24, 30
Fernabsatzvertrag
  Widerrufsrecht **119** 12
  Willenserklärung, Widerruflichkeit **Vorbem 116 ff** 57
Fernmeldeleitungen
  s a Versorgungsleitungen
  Scheinbestandteile **95** 20
Fernsprechanlage
  Zubehöreigenschaft **97** 25
Fernunterrichtsvertrag
  Taschengeldgewährung **110** 10
Fernwärme
  Netzanschluss **94** 37
  Sachqualität **90** 9
  Versorgungsleitungen, Bestandteilseigenschaft **94** 11
  Warenbegriff **Vorbem 90–103** 10
Fertighaus
  Bestandteilseigenschaft **94** 8, 10, 30
Fertigprodukte
  Zubehöreigenschaft **97** 16
Feste Verbindung
  s Grundstücksbestandteile, wesentliche Bestandteile
Festnahme, vorläufige
  Minderjährige **Vorbem 104–115** 102
Film
  Sachbegriff **90** 4
Filmlizenz
  Eigenschaft, verkehrswesentliche **119** 100
Finanzierungsleasing
  arglistige Täuschung **123** 57
Finanzvermögen
  Begriff **Vorbem 90–103** 16
  Zwangsvollstreckung **Vorbem 90–103** 16
Firmenfortführung
  Rechtsscheinhaftung **119** 116
Firmenschild
  Bestandteilseigenschaft **94** 36
Fischereirecht
  Bestandteilsfiktion **96** 5 f
  Eigentümerfischereirecht **96** 6
  Schutz der Tiere **90a** 8
Fischereiwirtschaft
  Inventar **98** 10
Fitness-Studio
  arglistige Täuschung **123** 7
Flohmarkt
  Irrtumsanfechtung **119** 12, 96, 105

Flüssigkeiten
Sachqualität **90** 3
Flugzeuge
Bestandteile **94** 39
Flugzeugtriebwerke **94** 39
Rumpf **94** 39
Tragflächen **94** 39
Flussbetten
Landesrecht **94** 20
Flutlichtanlage
Grundstücksbestandteil, wesentlicher **94** 8
fob
Handelsklausel **133** 70
Folgekonsens
Generalkonsens, beschränkter **107** 38, 41
Individualisierung der Folgegeschäfte **107** 38
Wohnungsmietvertrag **107** 41
Fondsbeteiligung
arglistige Täuschung **123** 56
Forderungen
arglistige Täuschung **123** 7
Eigenschaftsirrtum **119** 95
Forderungsabtretung
s Abtretung
Anzeige **Vorbem 104–115** 88
Forderungskauf
Aufklärungspflicht **123** 13
Formfehler
Vertrauenshaftung **122** 5
Formmangel
Zugang der Willenserklärung **130** 93 ff
Forstwirtschaft
Inventar **98** 10
Fossilien
Bestandteilseigenschaft **93** 13
Fotografieren
Widmungszweck **Vorbem 90–103** 18
Fotovoltaikanlage
Scheinbestandteilseigenschaft **95** 20
Fracht
Güterbegriff **Vorbem 90–103** 10
Fragerecht des Arbeitgebers
s Arbeitsvertrag
Frankreich
accessions **93** 48; **99** 22
accessoires **97** 38
action en rescision **Vorbem 104–115** 125
Adoptionsfähigkeit **Vorbem 104–115** 124
Baumschulbestände **95** 33
Baupacht **95** 33
Bestandteile **93** 48; **95** 33; **97** 38
bien **Vorbem 90–103** 8
capacité de contracter **Vorbem 104–115** 123
capacité d'exercice **Vorbem 104–115** 123
capacité naturelle **Vorbem 104–115** 126
curatelle **Vorbem 104–115** 127

Frankreich (Forts)
dingliche Rechte an beweglichen Sachen **Vorbem 90–103** 8
droit de superficie **95** 33
Ehefähigkeit **Vorbem 104–115** 124
Ehevertrag **Vorbem 104–115** 125
Eigentumsvorbehalt **93** 48
Elektrizität **90** 11
Emanzipation **Vorbem 104–115** 124 f
Ersitzung **93** 48
Erzeugnisse **93** 48
fonds de commerce **90** 84
Fruchtbegriff **99** 22
fruits **99** 22
  fruits civils **99** 22
  fruits industriels **99** 22
  fruits naturels **99** 22
Gebrauchsvorteile **99** 22
Gegenstandsbegriff **Vorbem 90–103** 8; **90** 11
Geisteskranke **Vorbem 104–115** 127
Geschäftsfähigkeit **Vorbem 104–115** 123
Geschäftsunfähigkeit **Vorbem 104–115** 123
gesetzliche Vertretung **Vorbem 104–115** 125
Grundstücksüberbauten **95** 33
Heirat macht mündig **Vorbem 104–115** 124
immeubles **Vorbem 90–103** 8; **93** 48
  bewegliche Sachen, Immobilisierung **93** 48
  immeubles par destination **93** 48; **97** 38
  immeubles par nature **93** 48; **95** 33
incapacité **Vorbem 104–115** 123, 125
meubles **Vorbem 90–103** 8; **93** 48
Minderjährige **Vorbem 104–115** 124
Minderjährige, nicht emanzipierte **Vorbem 104–115** 123, 125
Minderjährigengeschäft **Vorbem 104–115** 125
Nichtigkeitsklage **Vorbem 104–115** 125 ff
privilège **93** 48
produits **99** 22
Rechtsgeschäfte, einseitige **Vorbem 104–115** 123
sauvegarde de justice **Vorbem 104–115** 127
tutelle **Vorbem 104–115** 127
Unternehmen **90** 84
Urteilsfähigkeit **Vorbem 104–115** 126
Volljährigenschutz **Vorbem 104–115** 127
Volljährigkeit, Vorspiegelung **Vorbem 104–115** 125
Zubehör **93** 48; **97** 38
Freiberuflerpraxis
Sachbegriff **90** 5
Freibleibend
Schweigen **Vorbem 116 ff** 76
Freie Mitarbeit
Scheingeschäft **117** 12

Freigabeerklärung
   Auslegung **133** 24
Freikauf auf fremde Rechnung
   Drohung **123** 68
Freiwillige Gerichtsbarkeit
   Bewusstlosigkeit **105** 15
   Geschäftsfähigkeit **Vorbem 104–115** 7
   Störung der Geistestätigkeit, vorübergehende **105** 15
   Verfahrensfähigkeit **Vorbem 104–115** 96
   Beschwerde **Vorbem 104–115** 96
Freizeichnungsklausel
   Auslegung **133** 47, 63
Freizeitanlagen
   Benutzungsverhältnis, öffentlich-rechtliches **Vorbem 104–115** 101
Fremdgeschäftsführungswille
   Geschäftsfähigkeit **Vorbem 104–115** 44
Friedhöfe
   Außerdienststellung **Vorbem 90–103** 25
   Benutzungsregelungen **Vorbem 90–103** 26
   Benutzungsverhältnis, öffentlich-rechtliches **Vorbem 104–115** 101
   Entwidmung **Vorbem 90–103** 21, 25
   gemeindliche Friedhöfe **Vorbem 90–103** 25 f
   kirchliche Friedhöfe **Vorbem 90–103** 25 f
   öffentliche Sachen **Vorbem 90–103** 25
   Widmung **Vorbem 90–103** 25 f
   Zweckbindung **Vorbem 90–103** 25
Fristsetzung
   geschäftsähnliche Handlung **Vorbem 116 ff** 2
   Irrtumsanfechtung **119** 106
   Kenntnisnahme **130** 26
   Rechtsnatur **Vorbem 104–115** 88
   Zugang **130** 14
Fristsetzung mit Ablehnungsandrohung
   Einwilligung des gesetzlichen Vertreters **Vorbem 104–115** 88
Fristwahrung
   Zugang **130** 76
Fruchtbezug
   Fruchtverteilung **99** 1
Fruchtverteilung
   Erträge, regelmäßig wiederkehrende **101** 5 f
   Fälligkeitsprinzip **101** 4 f
   Gewinnungskosten **102** 1 ff
   Herausgabeanspruch **101** 1
   Subsidiarität **101** 7
Fruchtziehungsrecht
   Wechsel der Fruchtziehungsberechtigung **101** 1 f, 6; **103** 1
   Wirtschaftsperiode, laufende **101** 1
fructus civiles
   Rechtsverhältnis **99** 2
fructus naturales
   Gewinnung, bestimmungsgemäße **99** 2

Früchte
   Begriff **99** 1, 3 ff
   Eigentumserwerb **99** 1
   Erträge **99** 18
   bestimmungsgemäßer Ertrag **99** 3
   Erträge eines Rechts **99** 4
   Erzeugnisse, organische **99** 4, 6 f
   Fälligkeit **101** 4
   Herausgabepflicht **99** 1
   juristische Früchte **99** 4
   mittelbare Früchte **99** 4, 18; **101** 2
   Mobiliarvollstreckung **90** 61
   Muttersache, Zerstörung **99** 6, 9, 13
   natürliche Früchte **99** 4
   Nutzungen **99** 1; **100** 1
   Pfändung ungetrennter Früchte **93** 34; **99** 5
   Rechtsfrüchte **99** 4, 11; **101** 2
   Rechtsverhältnisfrüchte **99** 18 ff
   fruchtbringende Rechte **99** 20
   Schuldverhältnis, gesetzliches **99** 19
   Sachfrüchte **99** 4; **101** 2, 4
   Unternehmenserträge **99** 14
   Wirtschaftlichkeit **99** 4
   Zivilfrüchte **99** 4
Früchte, ungetrennte
   Gestattung der Aberntung **93** 34
   Grundstücksbestandteile **93** 34
   Pfändung **93** 34
   Pfandrecht, gesetzliches **93** 30
Früchte auf dem Halm
   Pfändbarkeit **93** 34
Führerschein
   s Fahrerlaubnis
Führungsklausel
   Irrtumsanfechtung **119** 69
Fuhrpark
   Zubehöreigenschaft **97** 9, 14; **98** 7
Fund
   Geschäftsfähigkeitsmangel **Vorbem 104–115** 89
   Willenserklärung, amtsempfangsbedürftige **130** 13
Fundament
   Bestandteilseigenschaft **94** 8, 10, 30
Futtermittel
   Zubehöreigenschaft **98** 13

Gallensteine
   Eigentumsverzicht **90** 28
   Sachqualität **90** 28
Garten
   Zubehöreigenschaft **97** 26
Gas
   Netzanschluss **94** 37
   Versorgungsleitungen, Bestandteilseigenschaft **94** 11
   Warenbegriff **Vorbem 90–103** 10
Gasförmige Körper
   Sachqualität **90** 3

Gastank
  Bestandteilseigenschaft **94** 8
Gaststätten
  Belüftungsanlage **94** 32
  Bierschankanlage **94** 36
  gewerblicher Betrieb **98** 5
  Hauptsache **97** 8
Gastwirtschaftsinventar
  Zubehöreigenschaft **97** 25; **98** 8
Gastwirtshaftung
  Einbringung von Sachen **Vorbem 104–115** 92
  Verlustanzeige **Vorbem 104–115** 87
Gattungskauf
  Identitätsirrtum **119** 46
  Soll-Beschaffenheitsvereinbarung **119** 47 f
Gattungsschuld
  beschränkte Gattungsschuld **91** 11
  vertretbare Sachen **91** 11
Gebäude
  Baukörper **94** 23, 26, 28, 30
  Begriff **94** 23; **95** 17
  Bestandteile, wesentliche **94** 22 ff
    Sonderrechtsunfähigkeit **94** 40
  Bestandteilseigenschaft **94** 10
    feste Verbindung **94** 10
    Fundament **94** 10, 30
    unwesentliche Bestandteile **93** 40
    wesentliche Bestandteile **94** 2 ff
  Betriebsanlage, vollendete **94** 23
  Demontage **94** 10
  Einfügung von Sachen zur Herstellung **94** 22, 24 f
    Abnahme **94** 24
    Anfügen **94** 24
    Gebrauchsfertigkeit **94** 24
    Hineinstellen **94** 24
    probeweise Einfügung **94** 24
    Sachgesamtheiten **94** 24
    Schwerkraft **94** 24
    Verkehrsanschauung **94** 25
    Zeitpunkt **94** 28
  Erbbaurecht **95** 24
  Errichtung in Ausübung eines Rechts **95** 17 ff
    durch Berechtigten **95** 22
    Beweislast **95** 31
    dingliche Rechte **95** 18, 21
    – Wegfall **95** 23
    Eintragungsantrag **95** 21
    Geschäftsführung ohne Auftrag **95** 22
  Hauptsache **97** 8
  Inventar, gewerbliches **98** 4
  Nachbargrundstück, Hinüberbauen auf **94** 13 ff
  Nutzungsart **94** 23
  Schutzfunktion **94** 29
  Verbindung, nicht feste **94** 23
  Verbindung, vorübergehende **94** 23

Gebäude (Forts)
  Verwendungszweck **94** 26 f
Gebäudeausstattung
  Bestandteilseigenschaft **94** 31
Gebäudeeigentum
  Grundstücksbestandteile **94** 5
Gebäudeeinrichtungen
  Bestandteilseigenschaft **93** 23
Gebäudeteil
  Hauptsache **97** 8
Gebäudeversicherung
  Grundstücksbestandteile, wesentliche **94** 40
Gebeine
  Abräumen des Grabes **Vorbem 90–103** 27; **90** 52
  Eigentum **90** 52
Gebrauchsmuster
  Geschäftsfähigkeitsmangel **Vorbem 104–115** 89
Gebrauchsvorteile
  Betriebszusammenhang **100** 6
  Grundeigentum **100** 1
  Herausgabe **100** 5
  Nutzungen **99** 1; **100** 1
  Nutzungsherausgabe **100** 5
    Mietwert **100** 5 f
    Pachtwert **100** 5
  Nutzungsmöglichkeit **100** 2
  Rechte **100** 7
  Rechtsordnung **100** 2
  Sachbesitz **100** 2
  Unternehmenserträge **99** 14 f
  Verbrauch einer Sache **100** 1
  Vermögenswert **100** 1
  Wertersatz **100** 5
  Wohnhaus **100** 2
Gebrauchtwagen
  Unvertretbarkeit **91** 5
Gebrauchtwagenhandel
  arglistige Täuschung **123** 7
  Aufklärungspflicht **123** 16
  Bagatellschäden **123** 16
  Durchrostung **123** 16
  fabrikneu, Verkauf als **123** 16
  Gesamtlaufleistung **123** 16
  Grauimporte **123** 16
  Mietwagen **123** 16
  Scheingeschäft **117** 13
  Umgehungsgeschäft **117** 15
  Unfallfreiheit, Zusicherung **123** 16
  Unternehmerhaftung **117** 13, 15
  Untersuchungspflicht **123** 16
  Verschweigen wahrer Tatsachen **123** 16
  Vorführwagen **123** 16
  Wiederverkaufsabsicht **123** 16
Gefährdungshaftung
  Deliktsfähigkeit **Vorbem 104–115** 67
  Einsichtsfähigkeit **Vorbem 104–115** 67

Gefährdungshaftung (Forts)
Geschäftsfähigkeit **Vorbem 104–115** 67
Minderjährigkeit **Vorbem 104–115** 67
Willensfähigkeit **Vorbem 104–115** 67
Gefälligkeiten
Rechtsbindungswille **Vorbem 116 ff** 29
Gefahrübernahme
Deliktsfähigkeit **Vorbem 104–115** 64; **111** 6
Einwilligung **111** 6
Geschäftsfähigkeit **Vorbem 104–115** 64
Haftungsausschluss **Vorbem 104–115** 64
Mannschaftsspiele **Vorbem 104–115** 64
Mitfahren im Kfz **Vorbem 104–115** 64; **111** 6
sportliche Wettkämpfe **Vorbem 104–115** 64; **111** 6
Geflügel
Zubehöreigenschaft **98** 12
Geflügelfarm
Inventar, landwirtschaftliches **98** 10
Geflügelhalle
Belüftungsanlage **94** 32
Gegenstand
Definition **Vorbem 90–103** 4 ff
formaler Begriff **Vorbem 90–103** 4, 6
materialer Begriff **Vorbem 90–103** 5 ff
unkörperliche Gegenstände **Vorbem 90–103** 10; **90** 4
Verfügbarkeit **Vorbem 90–103** 6 f
Verkehrsfähigkeit **Vorbem 90–103** 12
virtuelle Gegenstände **90** 17
Gegenvormund
Genehmigung des Gegenvormunds **106** 4; **107** 1
Gehaltsanpassung
Rechtsbindungswille **Vorbem 116 ff** 56
Gehaltskonto
Gewerkschaftsbeiträge **113** 21
Teilgeschäftsfähigkeit **113** 21
Geheimer Vorbehalt
s Mentalreservation
Gehörlosigkeit
Zugang der Willenserklärung **130** 20
Geisteskrankheit
Störung der Geistestätigkeit **104** 9
Geistesschwäche
Störung der Geistestätigkeit **104** 9
Geistestätigkeit
s Störung der Geistestätigkeit
Geisteswerke
Gegenstandsbegriff **Vorbem 90–103** 4
Sachbegriff **90** 4
Verkörperung **90** 4
Geld
Buchgeld **91** 7
GeldKarte **91** 7
Geldschuld **91** 7
Netzgeld **91** 7
überstaatliches Geld **91** 6

Geld (Forts)
Verbrauchbarkeit **92** 2
Vertretbarkeit **91** 6; **92** 2
Geldanlage
Beratungspflichten **123** 21
GeldKarte
Geldbegriff **91** 7
Geldzeichen
ausländische Geldzeichen **91** 6
Sachbegriff **Vorbem 90–103** 16
Verbrauchbarkeit **92** 2
Gelegenheitsschenkung
Alltagsgeschäfte **105a** 5
Geltungserhaltende Reduktion
Rechtsgeschäfte, Aufrechterhaltung **133** 62
Gemälde
arglistige Täuschung **123** 7
Urheberschaft **119** 96, 101
Gemeinderechte
Bestandteilsfiktion **96** 5
Gemeines Recht
actio quod metus causa **123** 4
Drohung **123** 4
Ehemündigkeit **Vorbem 104–115** 109
Erwerbsmündigkeit **112** 1
exceptio quod metus causa **123** 4
Fruchtbegriff **99** 2 f
Fruchtverteilung **101** 3
Geschäftsfähigkeit **Vorbem 104–115** 109, 111
Grundstücksbestandteile **95** 1
Handelsmündigkeit **112** 1
Kuratorenbestellung **Vorbem 104–115** 109
patria potestas **Vorbem 104–115** 111
revocatio **130** 99
Sachbegriff **Vorbem 90–103** 2
semel demens semper talis praesumitur **104** 18
Testamentserrichtung **Vorbem 104–115** 109
Verkehrsunfähigkeit **Vorbem 90–103** 12
Volljährigkeit **Vorbem 104–115** 107 f; **113** 2
Zubehör **97** 1
Gemeingebrauch
Besitz **Vorbem 90–103** 18
Sachen, öffentliche **Vorbem 90–103** 15
Gemeinschaftsordnung
Auslegung **133** 72, 81
Genehmigung
Adressat **108** 16
Änderungen, inhaltliche **108** 8
Aufforderung zur Erklärung über die Genehmigung **108** 12, 14
Adressat **108** 13
Beweislast **108** 23
Erklärung gegenüber dem anderen Teil **106** 3
Form **108** 13
Nachteil, rechtlicher **Vorbem 104–115** 88

Genehmigung (Forts)
rechtsgeschäftsähnliche Rechtshandlung **108** 12 f
Schwebezustand, Beseitigung **108** 14 f, 17
Tod des anderen Teils **108** 13
Tod des Minderjährigen **108** 13
Volljährigkeit des Minderjährigen **108** 13
Wirkungslosigkeit früherer Einwilligung **108** 15
Wirkungslosigkeit früherer Genehmigung **108** 14
Wirkungslosigkeit früherer Genehmigungsverweigerung **108** 14
Zugang **108** 13
Zwei-Wochen-Frist **Vorbem 104–115** 114; **106** 3; **108** 17 f
– Fristablauf **108** 18, 23
– Fristbeginn **108** 17
– Verkürzung **108** 17
– Verlängerung **108** 17
Auslegung **133** 26
Eigengenehmigung des Minderjährigen **108** 19 ff
Form **108** 20
ohne Einwilligung getätigte Rechtsgeschäfte **108** 1 ff
Erklärungsbewusstsein **Vorbem 116 ff** 44 f
Erteilung **108** 9
Form **108** 7
Genehmigungswille **108** 7
Inhalt **108** 8
Kennenmüssen **108** 5
Kenntnis **108** 5
konkludente Genehmigung **Vorbem 116 ff** 44; **108** 7, 20; **133** 26
Rechtsbedingung **108** 5
Rückabwicklung des Rechtsgeschäfts, Unterlassen der **108** 7
Rückwirkung **108** 10
schwebende Unwirksamkeit des Rechtsgeschäfts **108** 3 f
Schweigen **Vorbem 116 ff** 63
Tod des Minderjährigen **108** 4
Untätigkeit des gesetzlichen Vertreters **108** 7
Unwiderruflichkeit **108** 9
Verpflichtungsgeschäfte **108** 2
Verweigerung der Genehmigung **108** 3, 8, 11
Beweislast **108** 23
Fristablauf **108** 18
Haftungsverschärfung **108** 11
Rückwirkung **108** 11
schlüssiges Verhalten **108** 11
Unwiderruflichkeit **108** 11
Volljährigkeit des Minderjährigen **108** 19 ff
Widerrufsrecht des anderen Teils **109** 1 ff

Genehmigung (Forts)
Beweislast **109** 7
Einwilligung, fehlende **109** 3
Genehmigung, familiengerichtliche **109** 4
Unkenntnis der Minderjährigkeit **109** 3
Willenserklärung, einseitige empfangsbedürftige **109** 5
Willenserklärung, einseitige empfangsbedürftige **108** 6
Wirksamkeitserfordernis **108** 5, 8, 10
Wirksamwerden **108** 6
Zugang **108** 6
Zugang der Willenserklärung **131** 6
Zustimmung, nachträgliche **108** 5 f
Zwischenverfügungen **108** 10
Genehmigung, familien-/betreuungsgerichtliche
Rechtsgeschäfte **Vorbem 104–115** 23; **106** 4
Genehmigung des Gegenvormunds
s Gegenvormund
Generalkonsens
Beförderungsentgelt, erhöhtes **107** 40
beschränkter Generalkonsens **107** 36 f
Folgekonsens **107** 38, 41
Einwilligung, allgemeine **107** 36
Haftungsrisiko **110** 1
Üblichkeit eines Geschäfts **107** 37
Unterkunft, Anmietung **107** 37, 39
Generalvollmacht
Zugang von Willenserklärungen **131** 7
Genossenschaft
Auflösung, rückwirkende **119** 112
Geschäftsfähigkeitsmangel **Vorbem 104–115** 33 f
Genossenschaftsregister
Geschäftsfähigkeit **Vorbem 104–115** 47, 50
gentleman-agreements
Rechtsbindungswille **Vorbem 116 ff** 29
Gerätschaften, sonstige
Zubehöreigenschaft **98** 8
Gerechtigkeit
Selbstbestimmung **Vorbem 116 ff** 10 f
Germanisches Recht
Fruchtverteilung **101** 3
Mündigkeitstermine **Vorbem 104–115** 110
Scheinbestandteile **95** 1
Gesamtgut
schwebende Unwirksamkeit **108** 24
Sondervermögen **90** 76
Surrogation **90** 80
Gesamtvermögensgeschäfte
Rechtsgeschäfte **106** 4
schwebende Unwirksamkeit **108** 24
Gesamtvertretung
Geschäftsunfähigkeit **105** 5
Scheingeschäft **117** 8
Geschäfte des täglichen Lebens
s Alltagsgeschäfte

Geschäftsähnliche Handlung
Anfechtbarkeit **119** 106
Auslegung **Vorbem 116 ff** 2; **133** 24
Geschäftsfähigkeit **Vorbem 116 ff** 2
Mangel der Ernstlichkeit **118** 6
Vorbehalt, geheimer **116** 7
Willensäußerung **Vorbem 116 ff** 2
Willensmängel **Vorbem 116 ff** 2
Wirksamwerden **130** 14, 26
Zugang **Vorbem 116 ff** 2; **130** 26
Geschäftsbetrieb
Empfangsbotenschaft **130** 57
Zubehör **98** 8
Geschäftsfähigkeit
Aktivbeteiligung am Rechtsgeschäft **Vorbem 104–115** 13
Altersgrenzen **Vorbem 104–115** 9, 21; **105** 7
Begriff **Vorbem 104–115** 1, 113
beschränkte Geschäftsfähigkeit
s Geschäftsfähigkeit, beschränkte
Beweislast **Vorbem 104–115** 7; **108** 23
de lege ferenda **Vorbem 104–115** 30, 58; **105** 8; **106** 2
Einsichtsfähigkeit **Vorbem 104–115** 8 f
Erziehungszweck **Vorbem 104–115** 22; **106** 1; **107** 1; **110** 1
fehlende Geschäftsfähigkeit
s Geschäftsunfähigkeit
Feststellungslast **Vorbem 104–115** 7
Gegennormen **Vorbem 104–115** 6
Geschäftsführung ohne Auftrag **Vorbem 104–115** 41, 44 ff, 93
Handlungsfähigkeit **Vorbem 104–115** 2
höchstpersönliche Geschäfte **Vorbem 104–115** 14
konkludente Genehmigung **Vorbem 116 ff** 48
Mangel der Geschäftsfähigkeit
s Geschäftsfähigkeitsmangel
natürliche Personen **Vorbem 104–115** 1, 6, 12
nicht voll geschäftsfähige Personengruppen **Vorbem 104–115** 12
partielle Geschäftsfähigkeit **104** 14; **105** 10; **107** 37
Passivbeteiligung **Vorbem 104–115** 13
Privatautonomie **Vorbem 104–115** 19 ff, 23
Rechtsbegriff **104** 16
Rechtserwerb/-verlust **Vorbem 104–115** 3
rechtsgeschäftliches Handeln **Vorbem 104–115** 2, 6, 14, 20, 31 f
Rechtsschein **Vorbem 104–115** 26, 47 f, 50
Rechtssicherheit **Vorbem 104–115** 19, 21
Schutzzweck **Vorbem 104–115** 20 f, 37 f, 40; **106** 1; **107** 1
sozialtypisches Verhalten **Vorbem 104–115** 31 f
Status **Vorbem 104–115** 1, 9, 11, 19; **104** 17; **105** 14; **105a** 3

Geschäftsfähigkeit (Forts)
Typisierung **Vorbem 104–115** 9; **104** 2; **105** 7
Veranlassungsprinzip **Vorbem 104–115** 47, 51 f
Verkehrsschutz **Vorbem 104–115** 26, 29 f
vermögensrechtliche Geschäfte **Vorbem 104–115** 14
Vermögensschutz **Vorbem 104–115** 20, 56
Vertrauensschutz **Vorbem 104–115** 29 f
verwaltungsrechtliche Geschäftsfähigkeit
s Verwaltungsfähigkeit
Verzicht auf die Geschäftsfähigkeit **Vorbem 104–115** 11
Vorfrage **Vorbem 104–115** 17
vorvertraglicher Kontakt **Vorbem 104–115** 41 ff
Willenserklärung **Vorbem 104–115** 13
empfangsbedürftige Willenserklärung - **Vorbem 104–115** 13
zwingendes Recht **Vorbem 104–115** 11, 27
Geschäftsfähigkeit, beschränkte
Altersgrenze **Vorbem 104–115** 9, 19
Aufforderung zur Erklärung über die Genehmigung
s dort
Beweislast **106** 9; **107** 45
Deliktsfähigkeit **Vorbem 104–115** 65
Einwilligungsbedürftigkeit **106** 3 f
Rechtsgeschäfte, einseitige **106** 3
Verträge **106** 3
Einwilligungserfordernis **107** 1
Entmündigung **106** 2
Erziehungszweck **Vorbem 104–115** 22; **106** 1; **107** 1; **110** 1
Genehmigung **106** 3
jugendliches Alter **Vorbem 104–115** 8 f
Minderjährige **Vorbem 104–115** 115
über Siebenjährige **106** 1 f
rechtsgeschäftliches Handeln **107** 1
Reife, psychische **106** 2
Schutzzweck **106** 1; **107** 1
Status **106** 2
Typisierung **106** 2
Vormundschaft, vorläufige **106** 2
Willensfähigkeit **106** 1
Zustimmungserfordernis **Vorbem 104–115** 22
Geschäftsfähigkeitsmangel
Arglist **Vorbem 104–115** 28
Billigkeitshaftung **Vorbem 104–115** 30 f, 38
Erfüllungsinteresse **Vorbem 104–115** 30 f
Erkennbarkeit **Vorbem 104–115** 26
Günstigkeit des Rechtsgeschäfts **Vorbem 104–115** 26
Gutglaubensschutz **105** 2
Hinweispflicht **Vorbem 104–115** 28
Kausalität **Vorbem 104–115** 26, 30

Geschäftsfähigkeitsmangel (Forts)
  Nichtigkeit des Rechtsgeschäfts **Vorbem 104–115** 26
  Rückabwicklung des Rechtsgeschäfts **Vorbem 104–115** 32
    Bereicherungswegfall **Vorbem 104–115** 37
    Dauerschuldverhältnisse **Vorbem 104–115** 40
  Schadensersatz **Vorbem 104–115** 27
    Haftungsübernahme **Vorbem 104–115** 27
  schwebende Unwirksamkeit des Rechtsgeschäfts **Vorbem 104–115** 26, 88
  Treuwidrigkeit **Vorbem 104–115** 28
  Verschweigen **Vorbem 104–115** 65
  Vertrauenshaftung **Vorbem 104–115** 27, 49
  Vertrauensschaden **Vorbem 104–115** 30 f
  Vertreterklausel **Vorbem 104–115** 27
Geschäftsführung ohne Auftrag
  Geschäftsfähigkeit **Vorbem 104–115** 41, 44 ff, 93; **105** 6
  beschränkte Geschäftsfähigkeit **106** 8
Geschäftsgeheimnisse
  Sachbegriff **90** 5
Geschäftsgrundlage
  Irrtum, gemeinschaftlicher **119** 5
Geschäftsirrtum
  Erheblichkeit **119** 101 f
  Erkennbarkeit **119** 41
  Erklärungsbewusstsein **Vorbem 116 ff** 34, 37, 39 f
  Irrtumsart **119** 5
  Kausalität **119** 101
  Verkehrsschutz **119** 64
  verständige Würdigung **119** 101
  Willenserklärung
    Abhandenkommen **Vorbem 116 ff** 49
Geschäftsunfähigkeit
  absolute Geschäftsunfähigkeit **104** 17
  Alltagsgeschäfte
    s dort
  Alter, jugendliches **Vorbem 104–115** 8 f; **104** 1 f, 17
  Altersgrenze **Vorbem 104–115** 9, 19
    Herabsetzung de lege ferenda **105** 8
  Anfechtbarkeit der Willenserklärung **105** 8
  Ausschluss der freien Willensbestimmung
    s Störung der Geistestätigkeit
  Beweislast **104** 18
  Deliktsunfähigkeit **Vorbem 104–115** 65
  Entgegennahme von Willenserklärungen **105** 9
  Entmündigung **Vorbem 104–115** 10, 114
  Gehirnerweichung **104** 18
  Geistesschwäche **Vorbem 104–115** 10, 18, 115
  geistige Erkrankungen **Vorbem 104–115** 8, 10, 12
  geistige Störungen **104** 1, 4 ff

Geschäftsunfähigkeit (Forts)
  Geschäfte des täglichen Lebens
    s Alltagsgeschäfte
  Gutglaubensschutz **105** 2
  7-Jahres-Grenze **104** 2; **105** 2
    Vollendung des 7. Lebensjahres **104** 3
  Lebensalter **104** 1, 4
  lucidum intervallum **Vorbem 104–115** 10
  Minderjährige **104** 1 f, 17; **105** 1 f
  nicht nur vorübergehender Zustand **104** 12
  Nichtigkeit der Willenserklärung **105** 1 ff; **105a** 1
  Erforderlichkeitsprinzip **105** 7
    Genehmigung **105** 4
    günstige Willenserklärungen **105** 8
    Übermaßverbot **105** 7
    Verhältnismäßigkeitsgrundsatz **105** 7
    vorteilhafte Erklärungen **105** 3
  Rauschgiftsucht **Vorbem 104–115** 10, 18, 21, 115
  relative Geschäftsunfähigkeit **104** 15
  Revisibilität **104** 16
  schwebende Unwirksamkeit des Rechtsgeschäfts **105** 8
  Schwierigkeitsgrad der Rechtsgeschäfte **104** 15; **105** 13
  Status **105a** 3, 11
  Störung der Geistestätigkeit
    s dort
  teilweise Geschäftsunfähigkeit **104** 14; **105** 10
  Trunksucht **Vorbem 104–115** 10, 18, 115
  Unvernünftigkeit des Geschäfts **104** 18
  Ursächlichkeit **104** 17; **105** 2
  Verschwendung **Vorbem 104–115** 10, 18, 115
  Volljährige **Vorbem 104–115** 115
  Vormundschaft, vorläufige **Vorbem 104–115** 10
  Wahnbildungen, isolierte **104** 14
  Wegfall **105** 4, 7
    Neuvornahme des Geschäfts **105** 4
  Willensfähigkeit, natürliche **104** 3
Geschäftswille
  s Willenserklärung
  Rechtsfolgewille **Vorbem 116 ff** 29
Geschlechtstrieb
  Geschäftsunfähigkeit, teilweise **104** 14
Geschlechtsvormundschaft
  Frauen **Vorbem 104–115** 108, 110
Geschlechtszugehörigkeit
  Eigenschaft, verkehrswesentliche **119** 94
Geschmacksmuster
  Geschäftsfähigkeitsmangel **Vorbem 104–115** 89
Gesellschafter, persönlich haftende
  Rechtsscheinhaftung **119** 116

Gesellschafterausschluss
  Willenserklärung, ausdrückliche **Vorbem 116 ff** 52
Gesellschafterbeiträge
  vertretbare Sachen **91** 8
Gesellschafterbeitritt
  arglistige Täuschung **123** 90
Gesellschafterstellung
  Geschäftsführungsbefugnis **112** 3
  Minderjährige **112** 3
  Vertretungsbefugnis **112** 3
Gesellschaftsauseinandersetzung
  Aufklärungspflicht **123** 18
Gesellschaftsbeteiligung
  Rechtsnachteil **107** 29
Gesellschaftsvermögen
  Rechtsgesamtheit **90** 72
  Sondervermögen **90** 76
  Surrogation **90** 80
Gesellschaftsvertrag
  arglistige Täuschung **119** 112; **123** 90
  Aufklärungspflicht **123** 18
  Auflösung der Gesellschaft **119** 112
  Auslegung **133** 24, 72 f, 81
  Genehmigung, familiengerichtliche
    Vorbem 104–115 34
  Geschäftsfähigkeitsmangel **Vorbem 104–115** 32 f
    Gewinne **Vorbem 104–115** 35
    Verlustanrechnung **Vorbem 104–115** 35
  hinkende Mitgliedschaft **Vorbem 104–115** 35
  Invollzugsetzung **Vorbem 104–115** 33, 40; **119** 104, 112
  Irrtumsanfechtung **119** 104
    Rechtsmissbrauch **119** 102
  Kündigung, Vorrang **119** 112
  Mentalreservation **116** 11
  Scheingeschäft **117** 11
  Treuepflicht **123** 18
  Vertrauenshaftung **119** 104
Gesetzliche Vertretung
  Betreuung, rechtliche **Vorbem 104–115** 25
  Einwilligung **Vorbem 104–115** 56 ff
  Empfangszuständigkeit **131** 7
  Genehmigung einwilligungsbedürftiger Verträge **108** 3
  Geschäftsfähigkeit **Vorbem 104–115** 23 ff
  Minderjährige **Vorbem 104–115** 24; **107** 43
  Rechtsgeschäfte **106** 5
  schwebende Unwirksamkeit **108** 24
  Vormundschaft **Vorbem 104–115** 24
  Zugang der Willenserklärung **131** 2 f
  Zustimmungserteilung **106** 5
Gesten
  Auslegung **133** 45
Getreide
  Mengensache **93** 10

Gewächshaus
  Bestandteileigenschaft **94** 30
Gewährleistungsrecht
  Anfechtungsausschluss **119** 85, 95, 109
Gewässer
  Binnengewässer
    s dort
  Eigentum, öffentliches **Vorbem 90–103** 14
Gewässerbett
  Grundstückseigentum **90** 23
Gewerbebetrieb
  Begriff **98** 5
  Betriebsgebäude
    s dort
  Dienstleistungsbetriebe **98** 5
  Einnahmeerzielung **98** 5
  Einrichtung für den Betrieb **98** 6
    dauernde Einrichtung **98** 7
    vorübergehende Einrichtung **98** 7
  Handelsbetriebe **98** 5
  Handwerk **98** 5
  Hauptsache **97** 9
  Krankenhaus **98** 5
  Versorgung **98** 5
  Warenproduktion **98** 5
  Zubehör **97** 9
Gewerkschaftsbeitritt
  Teilgeschäftsfähigkeit **113** 19
  Verbot **113** 27
    Kindeswohlgefährdung **113** 27
Gewinn
  Gebrauchsvorteile **100** 4
  Vertrauensschaden **122** 13
Gewinnanteile
  Fruchtverteilung **101** 6
Gewinnanteilschein
  Verlustanzeige **Vorbem 104–115** 87
Gewinnungskosten
  Arbeitsleistung **102** 4
  Aufrechnung **102** 2
  Begriff **102** 4
  Beweislast **102** 5
  Fruchterhaltung **102** 4
  Fruchtgewinn, Steigerung **102** 4
  Fruchtverteilung **102** 1 ff
  Herausgabepflicht **102** 3, 7
  Untergang der Früchte **102** 6
  Wirtschaft, ordnungsgemäße **102** 5
Gewohnheiten
  Auslegungsmittel **133** 65, 67
Giebelmauer, halbscheidige
  s Kommunmauer
Giralgeld
  s Buchgeld
Girokonto
  Mittelüberlassung zur freien Verfügung **110** 15
  Rechtsnachteil **107** 24

Girovertrag
 Auslegung **133** 52
 Rechtsnachteil **107** 23
 Überweisungsauftrag, Ablehnung der Ausführung **Vorbem 116 ff** 64
Gläubigeranfechtung
 Bösgläubigkeit **Vorbem 104–115** 71, 74
Gleise
 Bestandteilseigenschaft **94** 9
Glocken
 liturgisches Läuten **Vorbem 90–103** 24
 Rechtsweg **Vorbem 90–103** 24
 res sacrae **Vorbem 90–103** 19 f, 24
 Zeitschlagen **Vorbem 90–103** 24
 Zubehöreigenschaft **97** 13, 27
GmbH
 arglistige Täuschung **123** 59
 Auflösung, rückwirkende **119** 112
 gesellschafterlose GmbH **Vorbem 104–115** 35
 Scheingründung **117** 18
GmbH-Anteilserwerb
 Rechtsnachteil **107** 29
GmbH-Beitritt
 Eigengenehmigung des Minderjährigen **108** 20
GmbH-Geschäftsführer
 Geschäftsfähigkeit **Vorbem 104–115** 50
Gottesdienst
 res sacrae **Vorbem 90–103** 19
Grabbeigaben
 Eigentum **Vorbem 90–103** 27
Grabschmuck
 Eigentum **Vorbem 90–103** 28 f
Grabsteine
 Eigentum **Vorbem 90–103** 28
 Pfändbarkeit **Vorbem 90–103** 29
Gräber
 Abräumen alter Gräber **Vorbem 90–103** 27; **90** 52
 Dereliktion **Vorbem 90–103** 27
 Schatzfund **Vorbem 90–103** 27
Gratifikationen
 betriebliche Übung **Vorbem 116 ff** 56
Grauimporte
 Aufklärungspflicht **123** 16
Grenzstein
 Scheinbestandteilseigenschaft **95** 8
Grenzüberschreitung
 s Überbau
Grundbuch
 Bestandteilseigenschaft einer Sache **95** 29
 Eintragungsantrag, Unanfechtbarkeit **119** 107
 Eintragungsbewilligung, Unanfechtbarkeit **119** 107
 Geschäftsfähigkeit **Vorbem 104–115** 47

Grundbuchamt
 Willenserklärung, amtsempfangsbedürftige **130** 13
Grundbucheintragung
 Auslegung **133** 72, 81
Grunddienstbarkeit
 Bestandteilsfiktion **96** 3, 8
 Scheinbestandteile **95** 18
 Verfügungsrecht **103** 5
 Wohnungseigentumsrechte **96** 4
Grundpfandrechte
 Rechtsnachteil **107** 16
Grundrechtsausübungsfähigkeit
 Altersgrenze **Vorbem 104–115** 103
 Demonstrationsteilnahme **Vorbem 104–115** 103 f
 Einsichtsfähigkeit **Vorbem 104–115** 103
 Eltern gegenüber **Vorbem 104–115** 104
 Elternrecht **Vorbem 104–115** 104
 Entscheidungskompetenz **Vorbem 104–115** 104
 Erziehungsberechtigten gegenüber **Vorbem 104–115** 104
 Erziehungsmaßnahme **Vorbem 104–115** 103
 Freiheitsrechte **Vorbem 104–115** 103
 Gesetzesvorbehalt **Vorbem 104–115** 103
 Gewerkschaft, Werbung für **Vorbem 104–115** 103
 Handlungsfähigkeit, natürliche **Vorbem 104–115** 103
 Innenverhältnis **Vorbem 104–115** 104
 Meinungsäußerung **Vorbem 104–115** 103
 Minderjährige **Vorbem 104–115** 102
 Realakte **Vorbem 104–115** 103
 Religionsfreiheit **Vorbem 104–115** 102 f
 Willensfähigkeit **Vorbem 104–115** 103
Grundrechtsfähigkeit
 Minderjährige **Vorbem 104–115** 102, 105
Grundrechtsmündigkeit
 Altersgrenze **Vorbem 104–115** 102
 Minderjährige **Vorbem 104–115** 102
Grundrechtswahrnehmungsfähigkeit
 Minderjährige **Vorbem 104–115** 102
Grundschuld
 arglistige Täuschung **123** 58
 Auslegung **133** 46
 Eigenschaftsirrtum **119** 88
 Grundstückseigenschaft **119** 97
 Grundstückszubehör **97** 32
 Anwartschaftsrecht **97** 32
Grundsteuern
 Lasten, regelmäßig wiederkehrende **103** 6
Grundstücke
 Baubeschränkungen **119** 97
 Bebaubarkeit **119** 97
 Begriff **93** 40, 45
 Belastung **119** 97
 Bestandteile

Grundstücke (Forts)
s Grundstücksbestandteile
Eigenschaftsirrtum **119** 97
Einheitlichkeit der Sache **90** 65
Ertragsfähigkeit **119** 88, 97
Flächenteile
s Grundstücksteilflächen
Gattungsschuld **91** 11
Gegenstandsbegriff **Vorbem 90–103** 4
Grenzen **119** 97
Grundstücksvereinigung **90** 65
Hauptsachen **97** 9
Lage **119** 97
Minderjährigengeschäfte **107** 5
Nachbargrundstück, Hinüberbauen auf **94** 13 ff
Sachen, unbewegliche **90** 60
Seeufer-Grundstück **119** 97
Umfang **119** 97
Umweltbeziehungen **119** 97
Unvertretbarkeit **91** 5
Vereinigung **93** 40, 45
Vermessung, katastermäßige **90** 65
Zubehör
s Grundstückszubehör
Zuschreibung **90** 65; **93** 40, 45
Grundstücksbestandteile
dingliches Recht, Ausübung **95** 2
Eigentum **94** 3
Fiktion **96** 1 ff
Früchte, ungetrennte **93** 34
Immobiliarvollstreckung **93** 33
Publizitätsgrundsatz **94** 3
Rechte **96** 1 f; **97** 4
 Abtrennung vom Grundeigentum **96** 8 f
 Bestandteilsfiktion **96** 1, 9
 Forderungen **96** 2, 7
 Grundstücksveräußerung **96** 9
 Hypothek **96** 9
 Miteigentumsanteil **96** 3
 öffentlich-rechtliche Ansprüche, personenbezogene **96** 7
 Sonderrechtsunfähigkeit **96** 8 f
 subjektiv-dingliche Rechte **96** 2 f, 9
 subjektiv-persönliche Rechte **96** 2
 unwesentliche Bestandteile **96** 8
 wesentliche Bestandteile **96** 8
Sonderrechtsunfähigkeit **94** 3 f, 40
Trennung vom Grundstück **93** 33
Übereignung, bedingte **93** 25
unwesentliche Bestandteile **93** 40, 43
 gutgläubiger Erwerb **93** 43
 Mobiliarvollstreckung **93** 45
 Zubehörfähigkeit **97** 3
vorübergehende Verbindung **95** 2
wesentliche Bestandteile **93** 5, 15; **94** 2 ff, 40
 Eigentumsvorbehalt **94** 4, 40
 Erzeugnisse **94** 6, 17

Grundstücksbestandteile (Forts)
fest verbundene Sachen **94** 6 ff
– Anschrauben **94** 9, 27
– Anzementieren **94** 9, 27
– Eigengewicht **94** 8
– Einbeziehung in das Erdreich **94** 8
– Fundament **94** 8
– mechanische Verbindung **94** 9
– physische Zerstörung **94** 7
– Schwerkraft **94** 8, 24
– Trennungskosten **94** 7
– Wert des abgetrennten Bestandteils **94** 7
leicht lösbare Verbindung **94** 7
Naturkräfte **94** 4
obligatorische Rechte **94** 40
Parteiabreden **94** 4
Umwidmung in Scheinbestandteile **95** 15
Verkehrsanschauung **94** 7
Wertverhältnisse **94** 4
Grundstückserwerb durch Minderjährige
Auflassung **107** 12
Gefährdungshaftung **107** 12
Gefahrenabwehr **107** 12
Grundstückslasten **107** 12
 Anliegerbeiträge **107** 12
 Erschließungsbeiträge **107** 12
 laufende Lasten **107** 12
Nachlassgrundstück **107** 11
Reallast **107** 27
Verkehrssicherungspflicht **107** 12
vermietetes/verpachtetes Grundstück **107** 27
Vorteilhaftigkeit, rechtliche **107** 11 f
Zustandsverantwortlichkeit **107** 12
Grundstückskauf
Identitätsirrtum **119** 45
Kalkulationsirrtum **119** 52
Lasten, öffentliche **103** 2
Parzellenverwechslung **133** 39 f
Scheingeschäft **117** 8
Schwarzbeurkundung **117** 1, 8, 14, 26
Grundstücksteilflächen
Auflassung **93** 40
Belastung, selbständige **94** 21
Bestandteilseigenschaft **93** 40; **94** 21
Bestimmtheit **133** 39
Verselbständigung **94** 21
Zwangsvollstreckung **93** 45
Grundstücksverkauf
Altlasten **123** 17
Aufklärungspflicht **123** 17
Nutzungshindernisse **123** 17
Grundstücksversteigerung
Kalkulationsirrtum, interner **119** 68
Rechtsfolgeirrtum **119** 69
Grundstückszubehör
Eigentumserwerb **97** 31

Grundstückszubehör (Forts)
Hauptsache **97** 8
Unternehmen **97** 11
Grundwasser
Nutzung **90** 22
Sachqualität **90** 2, 22
Grundwehrdienst
Zustimmung des gesetzlichen Vertreters **Vorbem 104–115** 99
Güteraustauschvertrag
Vertrauenswürdigkeit des Vertragspartners **119** 90
Gütergemeinschaft
Erwerbsgeschäft, selbstständiger Betrieb **112** 15
Falschbezeichnung **133** 39
Rechtsgeschäfte **106** 4
schwebende Unwirksamkeit **108** 24
Sondervermögen **90** 76
Zustimmung zu Verfügungen des anderen Ehegatten **106** 7
Gütergemeinschaft, fortgesetzte
schwebende Unwirksamkeit **108** 24
Güterrechtsregister
Geschäftsfähigkeit **Vorbem 104–115** 47
Gut
Fracht **Vorbem 90–103** 10
Gegenstandsbegriff **Vorbem 90–103** 5
Geldwert **Vorbem 90–103** 6 f
Spedition **Vorbem 90–103** 10
Transportfähigkeit **Vorbem 90–103** 10
Gutgläubiger Erwerb
Abhandenkommen **Vorbem 104–115** 91
Geschäftsfähigkeit **Vorbem 104–115** 47, 54, 70, 72
Gutgläubigkeit
Geschäftsfähigkeit **Vorbem 104–115** 70 ff
gesetzlicher Vertreter **Vorbem 104–115** 72
Gutschrift
Schweigen **Vorbem 116 ff** 64
Gutszubehör
Begriff **98** 11 ff
Inventar **98** 15
Registerpfand **98** 15

Haager Minderjährigenschutzabkommen
Geschäftsfähigkeit **Vorbem 104–115** 17
Haakjöringsköd
falsa demonstratio non nocet **119** 24; **133** 13
Geltung des Gewollten **119** 103
Inhaltsirrtum **119** 24, 43
Haare
Eigentumsverzicht **90** 28
Sachqualität **90** 28
Häuser
Gebäudebegriff **94** 23
Gebrauchsvorteile **100** 2
Heizungsanlage **94** 31

Häuser (Forts)
sanitäre Ausstattung **94** 33
Haftpflichtversicherung
Genehmigung **108** 7
Haftungsausschluss
Rechtsnachteil **107** 24
Haftungsbeschränkungen
Auslegung **133** 52
Haftungsverband der Hypothek
s Hypothekenhaftungsverband
Haltereigenschaft
Geschäftsfähigkeitsmangel **Vorbem 104–115** 67 f
Hamburg
Eigentum, öffentliches **Vorbem 90–103** 14, 18
Handelsbetrieb
Gewerbebetrieb **98** 5
Handelsbrauch
Auslegungsmittel **133** 45, 65, 67
Inhaltskontrolle **133** 70
Kammern für Handelssachen, eigene Sachkunde **133** 70
Sachverständigengutachten **133** 70
Tatfrage **133** 70
Handelsbuch
Bestandteile, wesentliche **93** 17
einheitliche Sache **93** 9
Handelsgeschäft
Firmenfortführung **107** 28
Minderjährige **112** 1
Minderjährigengeschäfte **107** 5 f, 28
Nießbrauchsbestellung **90** 82
Unternehmensbegriff **90** 81
Handelsklausel
Anfechtung **Vorbem 116 ff** 71
Handelsmakler
arglistige Täuschung **123** 53
Schweigen auf die Schlussnote eines Handelsmaklers **Vorbem 116 ff** 74
Handelsmündigkeit
Generalkonsens, beschränkter **107** 36 f
Minderjährige **112** 1
Teilgeschäftsfähigkeit **106** 3; **112** 2, 9
Verfahrensfähigkeit **106** 10
Handelsregister
Geschäftsfähigkeit **Vorbem 104–115** 47, 50 f
negative Publizität **Vorbem 104–115** 50
positive Publizität **Vorbem 104–115** 50
Rechtsschein **Vorbem 104–115** 50
Rechtsscheinhaftung **119** 116
Handelsregisteranmeldung
Unanfechtbarkeit **119** 107
Handelsverkehr
Verkehrssitte **133** 70
s a Auslegung
Handelsvertreter
angestellter Handelsvertreter **112** 3

Handelsvertreter (Forts)
arglistige Täuschung **123** 53
Erwerbsgeschäft **112** 3
Provisionsanspruch **Vorbem 116 ff** 61
selbstständiger Handelsvertreter **112** 3;
113 6
Wettbewerbsverbot **Vorbem 116 ff** 11
Handlungsfähigkeit
Begriff **Vorbem 104–115** 2
Deliktsfähigkeit **Vorbem 104–115** 2
Internationales Privatrecht **Vorbem 104–115** 17
Rechtserwerb/-verlust **Vorbem 104–115** 3
Reflexe **Vorbem 116 ff** 27
Unterscheidungstheorie **Vorbem 104–115** 4
Verwaltungsfähigkeit
s dort
Willenserklärung **Vorbem 116 ff** 27
Zurechnungsfähigkeit, subjektive **Vorbem 104–115** 2
Handlungsfreiheit, allgemeine
Geschäftsfähigkeit **Vorbem 104–115** 20
Jugendschutz **Vorbem 104–115** 103
Vertragsabschluss **Vorbem 104–115** 103
Handlungswille
s Willenserklärung
Handschenkung
Vorteilhaftigkeit, rechtliche **107** 9
Handwerksrolle, Eintragung
Eigenschaft, verkehrswesentliche **119** 80, 90
Handyerwerb
Einwilligungsbedürftigkeit **107** 35
Generalkonsens, beschränkter **107** 39
Koppelungsgeschäft **107** 35
Taschengeldgewährung **110** 14
Hauptabnehmerzähler
s Verbrauchszähler
Hauptsachen
Abgrenzung **93** 38
Eigentumsverlust **93** 6
Grundstücke **97** 9
Zubehör **97** 8 f
Hauptversammlungsbeschluss
Auslegung **133** 73
Hausanschlussleitungen
Scheinbestandteilseigenschaft **94** 37
Haushaltsgegenstände
Rechtsgeschäfte **106** 4
Sachgesamtheit **90** 70
schwebende Unwirksamkeit **108** 24
Surrogation **90** 70
Hausratsversicherung
Grundstücksbestandteile, wesentliche **94** 40
Hausverkauf
Aufklärungspflicht **123** 17
Heimfallanspruch
Bestandteilsfiktion **96** 3

Heimleiter
Empfangsbotenschaft **130** 57
Heimvertrag
Wirksamkeitsfiktion **105a** 16
Heiratsvermittlung
Rechtsnachteil **107** 23
Heizkessel
Einfügung zur Herstellung **94** 31
Heizöl
verbrauchbare Sache **92** 1
Zubehöreigenschaft **97** 15, 17
Heizungsanlage
Altbauten **94** 31
Bestandteilseigenschaft **94** 24, 31
mehrere Gebäude **94** 31
Scheinbestandteilseigenschaft **95** 16
Heranwachsende
Begriff **106** 2
Herde
Sachgesamtheit **90** 67, 71
Herzschrittmacher
Sachqualität **90** 35
Hilfsanlagen
Sonderrechtsfähigkeit **93** 22
Himmelskörper
Aneignungsverbot **90** 26
Hinterlegung
Androhung der Versteigerung **Vorbem 104–115** 87
Willenserklärung, amtsempfangsbedürftige **130** 13
Hochwasserschutz
Eigentum, öffentliches **Vorbem 90–103** 14
Hörgeräte
Sachqualität **90** 36
Hof
Abfindungsergänzungsansprüche **119** 77
Hofeszubehör **97** 3
Sondervermögen **90** 76
Hofeserbe
Erbverzicht **119** 77
Hofeszubehör
Begriff **98** 15
Zwangsvollstreckung **98** 15
Holz
Fruchtbegriff **99** 12
Holz auf dem Stamm
Fruchtbegriff **99** 5
Sonderrechtsunfähigkeit **94** 17
Holzverkauf
Fruchtbegriff **99** 17
Holzvertäfelungen
Bestandteilseigenschaft **93** 40
Hotel
Be-/Entlüftungsanlagen **94** 32
Heizungsanlage **94** 31
Notstromaggregat **94** 32
sanitäre Ausstattung **94** 33
Zubehör **97** 14

Hotelzimmerreservierung
  Auslegung **133** 19, 23
Hüftgelenke, künstliche
  Sachqualität **90** 35
Hypnose
  Bewusstlosigkeit **105** 12
  Handlungsfähigkeit **Vorbem 116 ff** 27
Hypothek
  Amortisationsfonds **96** 7
  Bestandteilsfiktion **96** 9
  Duldung der Zwangsvollstreckung **107** 16
  Eigentümerhypothek **96** 7
  Grundstückseigenschaft **119** 97
  Grundstückszubehör **97** 32
    Anwartschaftsrecht **97** 32
  Mietforderungen **97** 4
  Pachtforderungen **97** 4
  Rangfolge **119** 71
  Rechtsnachteil **107** 16
  Scheinforderung **117** 11
  Scheinzession **117** 24
  Versicherungsforderungen **97** 4
Hypothekenhaftungsverband
  Bestandteile, unwesentliche **93** 45
  Bestandteile, Veräußerung **95** 15
  Bestandteile, wesentliche **93** 33
  Zubehör **97** 32, 36

ICD-10
  seelische Störungen **104** 7 f
Identitätsirrtum
  Eigenschaftsirrtum, Abgrenzung **119** 46 f
  Gegenstand **119** 45
  Person **119** 45
Imbezillität
  Ausschluss der freien Willensbestimmung **104** 9
Immaterialgüter
  Gebrauchsvorteile **100** 7
  Sachbegriff **90** 4, 12
Immaterialgüterrechte
  fruchtbringende Rechte **99** 20
  Verkörperung **93** 31
Immobilienfinanzierung
  arglistige Täuschung **123** 53, 55
  Aufklärungspflichten **123** 22
  Einwendungsdurchgriff **123** 55
  Widerrufsdurchgriff **123** 55
  Zusammenwirken, institutionalisiertes **123** 53, 55
Immobilienfonds
  Haftung, quotale **133** 54
Implantate
  Sachqualität **90** 35
Importfahrzeuge
  Aufklärungspflichten **123** 16
Inbegriff
  Rechtsgesamtheiten **90** 72 ff
  Sachgesamtheiten **90** 67 ff

Individualsoftware
  Herstellung **90** 15
  Unvertretbarkeit **91** 5
Indossament
  Geschäftsfähigkeitsmangel **Vorbem 104–115** 54
Information
  geschäftsähnliche Handlung **Vorbem 116 ff** 2
Inhaberaktien
  Vorteilhaftigkeit, rechtliche **107** 29
Inhaberpapiere
  Befreiungswirkung **Vorbem 104–115** 55
  Geschäftsfähigkeitsmangel **Vorbem 104–115** 53 f
  gutgläubiger Erwerb **Vorbem 104–115** 54 f
  verbrauchbare Sachen **92** 2
  Verfügungsbefugnis des Veräußerers **Vorbem 104–115** 54
Inhaberschuldverschreibung
  Auslegung **133** 24, 72
  Geschäftsfähigkeitsmangel **Vorbem 104–115** 53
Inhaltsänderung
  Einwilligungsbedürftigkeit **107** 24
Inhaltsirrtum
  Anfechtungsfrist **121** 3
  Begriff **119** 38
  beiderseitig getrennter Erklärungsirrtum **119** 42
  Bezugnahme auf bestimmte Umstände **119** 44
  Eigenschaftsirrtum **119** 49
  Erklärungsirrtum **119** 33
  erweiterter Inhaltsirrtum **119** 3, 51
  Geschäftswille **Vorbem 116 ff** 29 f
  Identitätsirrtum **119** 45
  Speisekarten-Fall **133** 20 ff
  Unkenntnis vom Inhalt der Erklärung, bewusste **119** 8 ff
  Unterschriftsirrtum **119** 13
  Verlautbarungsirrtum **119** 43
  Verschulden **122** 2
Inhaltskontrolle
  Ungleichgewicht, strukturelles **Vorbem 116 ff** 11
Innengesellschaft
  Irrtumsanfechtung **119** 112
Innenprovision
  Aufklärungspflicht **123** 22
Innenvollmacht
  Irrtumsanfechtung **119** 116
Inseln
  Landesrecht **94** 20
Insichgeschäft
  Ergänzungspflegschaft **105** 9
  falsa demonstratio non nocet **133** 13
Insolvenzmasse
  Sondervermögen **90** 76, 78

Insolvenzverfahren
Bösgläubigkeit **Vorbem 104–115** 71, 74
Zugang der Willenserklärung **130** 38
Insolvenzverwalter
Erfüllungsverlangen, Irrtumsanfechtung **119** 70; **121** 7
Freigabeerklärung **133** 24
Instandhaltungsrücklage
Zubehöreigenschaft **97** 4
Intelligenzquotient
Ausschluss der freien Willensbestimmung **104** 9
Geschäftsunfähigkeit **104** 9
Internationales Privatrecht
Abstammungsanfechtung **Vorbem 104–115** 17
Ehefähigkeit **Vorbem 104–115** 17
Geschäftsfähigkeit **Vorbem 104–115** 17
gesetzliche Vertretung **Vorbem 104–115** 17
Handlungsfähigkeit **Vorbem 104–115** 17
Rechtsfähigkeit **Vorbem 104–115** 17
Testierfähigkeit **Vorbem 104–115** 17
Verkehrsschutz **Vorbem 104–115** 17
Vorfrage **Vorbem 104–115** 17
Wirkungsstatut **Vorbem 104–115** 17
Internet
s a Computererklärung
Anklicken der Schaltfläche **133** 58
invitatio ad offerendum **119** 36
Kostenfalle **133** 58
Rechtsbindungswille **133** 58
Willenserklärung **Vorbem 116 ff** 57
Zugang der Willenserklärung **130** 21
Internet-Auktion
Auslegung **133** 54
Widerrufsrecht, Ausschluss **130** 103
Willenserklärung, Widerruflichkeit **Vorbem 116 ff** 57
Intoxikationen
Bewusstlosigkeit **105** 12 f
Störung der Geistestätigkeit, vorübergehende krankhafte **104** 12
Inventar
Begriff **98** 2
Betrieb, gewerblicher **98** 5
s a Gewerbebetrieb
Betriebsgebäude
s dort
Betriebsstilllegung **97** 27
Einverleibung einer Sache **90** 70
Geschäftsfähigkeit **Vorbem 104–115** 93
Geschäftsgebäude **98** 1
gewerbliches Inventar **98** 4 ff
Grundstückszubehör **98** 4
Hauptsache **98** 4, 6
Gutszubehör **98** 15
Hauptsache, Veräußerung **90** 68
landwirtschaftliches Inventar **98** 9 ff
Einrichtungsgegenstände **98** 11

Inventar (Forts)
Gerät **98** 11
Sachgesamtheit **90** 67 f, 70
Surrogation **90** 70
Zubehöreigenschaft **97** 27; **98** 1 f, 8
Eigentum **98** 8
– Pächter **98** 3
Zweckbindung, dauernde **98** 2
Zweckbindung, wirtschaftliche **98** 2
invitatio ad offerendum
Internet **119** 36
Rechtsbindungswille **Vorbem 116 ff** 29
Irreführende Werbung
Irrtumsanfechtung **119** 109
Irrtum
Anfechtungsberechtigung **119** 2
Auseinanderfallen von Wille und Erklärung **119** 6, 10
Bedeutungsirrtum **119** 33
Begriff **119** 6
Doppelirrtum **119** 49, 79
erkannter und ausgenutzter Irrtum **119** 39 ff
Erkennbarkeit **119** 41
Erklärungshandlung **119** 4
Erklärungsirrtum **119** 1, 33
s a dort
Erklärungsvorgang **119** 2
Inhaltsirrtum **119** 1, 38 ff
s a dort
Kennenmüssen **119** 3
Kenntnis **119** 3, 40; **122** 17
Motivirrtum **119** 1 f
Realitätsirrtum **119** 47 f
Sachverhaltsirrtum **119** 4
erweiterter Sachverhaltsirrtum **119** 56
Selbstbestimmung **119** 5
Selbstverantwortung **Vorbem 116 ff** 25; **119** 5, 68
unzulässige Rechtsausübung **119** 5
Veranlassung **119** 3
Vertrauen des Erklärungsempfängers **119** 1
Vertrauensschaden **119** 2
Vertrauensschutz **119** 2
Willensbildung **119** 2
Irrtum in der Erklärungshandlung
Erklärungsirrtum **119** 33 f
Erklärungszeichen, ungewollte **119** 34
Identitätsirrtum **119** 45
Irrung **Vorbem 116 ff** 29; **119** 33
Soll-Beschaffenheit **119** 49
Stellvertretung **119** 34
Vergreifen **119** 34
Verschreiben **119** 34
Versprechen **119** 34
Irrtumsanfechtung
Anfechtungsausschluss **119** 105
arglistige Täuschung **123** 97

Irrtumsanfechtung (Forts)
Beweislast **119** 117; **121** 10
Drohung, widerrechtliche **123** 97
Rechtsmissbrauch **119** 102
Verkehrsschutz **119** 115 f
Verschulden **122** 2
Vertrauensschaden **122** 1, 3
Vertrauensschutz **119** 115
Willenserklärungen, anfechtbare **119** 106
Irrung
Irrtum in der Erklärungshandlung **Vorbem 116 ff** 29; **119** 33
Italien
Akzessionsprinzip **95** 33
Arbeitsmündigkeit **Vorbem 104–115** 128
beni **Vorbem 90–103** 8
Bestandteile **93** 49
Immobilisierung **93** 49
Betreuung **Vorbem 104–115** 130
cose **Vorbem 90–103** 8
diritto di superficie **95** 33
Ehemündigkeit **Vorbem 104–115** 128
Eigentumsvorbehalt **93** 49
Elektrizität **90** 11
Elektroleitungen **95** 33
Emanzipation **Vorbem 104–115** 130
Entmündigung **Vorbem 104–115** 128
beschränkte Entmündigung **Vorbem 104–115** 130
Freiheitsstrafe, höhere **Vorbem 104–115** 128
Fruchtbegriff **99** 22
Gegenstandsbegriff **Vorbem 90–103** 8
Geschäfte des täglichen Lebens **Vorbem 104–115** 130
Geschäftsfähigkeit **Vorbem 104–115** 128
Geschäftsfähigkeit, beschränkte **Vorbem 104–115** 130
gesetzliche Vertretung **Vorbem 104–115** 129
Handelsgeschäft, Ermächtigung zur selbstständigen Führung **Vorbem 104–115** 130
Kuratorenbestellung **Vorbem 104–115** 130
Minderjährige, nicht emanzipierte **Vorbem 104–115** 128
Minderjährigengeschäft **Vorbem 104–115** 129 f
Nichtigkeitsklage **Vorbem 104–115** 129
Testierfähigkeit **Vorbem 104–115** 128
Unternehmen **90** 84
Unzurechnungsfähigkeit **Vorbem 104–115** 128
Volljährigkeitsalter **Vorbem 104–115** 128
Zubehör **97** 38

Jagdbeute
Rechtsertrag **99** 11

Jagdrecht
Bestandteilsfiktion **96** 6
Schutz der Tiere **90a** 8
Jahresmiete
Kalkulationsirrtum **119** 61
Jalousien
Bestandteilseigenschaft **94** 30
Jubiläumszuwendung
betriebliche Übung **Vorbem 116 ff** 56
Jugendliche
Kinder- und Jugendhilfe **106** 2
Strafrecht **106** 2
Junge Menschen
Kinder- und Jugendhilfe **106** 2
Junge Volljährige
Kinder- und Jugendhilfe **106** 2

Kaffeehauseinrichtung
Zubehöreigenschaft **97** 25
Kalkulationsirrtum
119 60
Anfechtungsausschluss **119** 105
Aufklärungspflicht **119** 52
Ausschreibung **119** 65
beiderseitiger Kalkulationsirrtum **119** 105
Dissens **119** 55
erkannter Kalkulationsirrtum **119** 105
Evidenz **119** 66
externer Kalkulationsirrtum **119** 34
Fahrlässigkeit, einfache **119** 66
Fahrlässigkeit, grobe **119** 66
gemeinsamer Irrtum **119** 60 f
Geschäftswille **119** 60
interner Kalkulationsirrtum **119** 51 f, 68
erkannter und ausgenutzter Irrtum **119** 62
Kennenmüssen **119** 66
Kenntnis **119** 65
Kenntnisvereitelung **119** 63
Motivirrtum **119** 51, 53, 59, 78
offener Kalkulationsirrtum **119** 51
Perplexität **119** 55
Pflichtverletzung, vorvertragliche **119** 52, 55, 57 ff
Preisschild, Ablesen **119** 34
Schadensersatz **119** 52, 55
Treu und Glauben **119** 62
unzulässige Rechtsausübung **119** 52, 62, 64
Vertragsdurchführung, schlechthin unzumutbare **119** 64
Veranlassung **119** 57, 59
Vertragsdurchführung, Unzumutbarkeit **119** 64
Vertrauensschaden **119** 60
Wegfall der Geschäftsgrundlage **119** 52, 55, 60 f, 63 f
Kamin, offener
Bestandteilseigenschaft **94** 31

Kapitalanlage
Aufklärungspflicht **123** 15
Kapitalanlagevermittler
Empfangsbotenschaft **130** 57
Kapitalgesellschaft
Gesellschaftsvertrag, Auslegung **133** 72 f
Satzung
s dort
Scheingründung **117** 6
Zugang von Willenserklärungen **132** 7
Zustellung, öffentliche **132** 7
Kapitalgesellschaftsbeteiligung
Rechtsnachteil **107** 29
Kapitallebensversicherungsvertrag
Taschengeldgewährung **110** 10
Kartellabsprache
Aufklärungspflicht **123** 24
Kaserhaltung
Grunddienstbarkeit **95** 18
Kasse gegen Dokumente
Handelsklausel **133** 70
Kastration
Einwilligung **Vorbem 104–115** 60
Kauf auf Probe
Schweigen **Vorbem 116 ff** 62
Kaufgegenstand
Sachbegriff **90** 5
Kaufhaus
Alarmanlage **94** 32
Kaufmännisches Bestätigungsschreiben
Dissens **Vorbem 116 ff** 80
Motivirrtum **Vorbem 116 ff** 79
Schlüssigkeitsirrtum **Vorbem 116 ff** 79
Schweigen, normiertes **Vorbem 116 ff** 73
Tatsachenirrtum **Vorbem 116 ff** 79 f
Unsorgfalt, professionelle **Vorbem 116 ff** 70, 79
Vertretung ohne Vertretungsmacht **Vorbem 116 ff** 80
Willensmängel **Vorbem 116 ff** 79
Kaufmannseigenschaft
Ermächtigung zum Betrieb eines Handelsgewerbes **112** 9
Kaufvertrag
Aufklärungspflicht **123** 13
Eigenschaftsirrtum **119** 83
Genehmigung **108** 2
Lastentragung **103** 1
Nutzungsherausgabe **100** 5
Scheingeschäft **117** 11
Selbstverantwortung **123** 13
Taschengeldgewährung **110** 7
Vorbehalt, geheimer **116** 3
Willenserklärung **Vorbem 116 ff** 12
Kellerräume
Sondereigentum **93** 29
Teileigentum **93** 28
Kellerrecht
Bestandteilfiktion **96** 5

Kellerrecht (Forts)
grundstücksgleiches Recht **93** 28
Kennenmüssen
Legaldefinition **122** 18
Kenntnis
Mitteilungszugang **130** 25
Kennzeichen
Sachbegriff **90** 4
Kernbrennstoffe
Sachqualität **90** 8
Kfz-Haftpflichtversicherung
Generalkonsens, beschränkter **107** 41
Kfz-Kauf
Eigenschaftsirrtum **119** 80, 84
Kfz-Mietvertrag
Ermächtigung **113** 18
Geschäftsfähigkeitsmangel **Vorbem 104–115** 66
Schadensersatz **Vorbem 104–115** 66
Taschengeldgewährung **110** 10
Kies
Ausbeute, sonstige **99** 8 ff
Substanz des Grundstücks **94** 19
Kinder
Alltagsgeschäfte **105a** 4
Empfangsbotenschaft **130** 57; **131** 4
Kinder- und Jugendhilfe **106** 2
Mitverpflichtung vermögensloser Kinder **Vorbem 116 ff** 11
Kindergarten
Benutzungsverhältnis, öffentlich-rechtliches **Vorbem 104–115** 101
kirchlicher Kindergarten **Vorbem 90–103** 19
Kinderschaukel
s Schaukel
Kindesvermögen
Sondervermögen **90** 76
Surrogation **90** 80
Kino
Heizungsanlage **94** 31
Kirchengebäude
Entwidmung **Vorbem 90–103** 21
res sacrae **Vorbem 90–103** 19
Kirchengeräte
res sacrae **Vorbem 90–103** 19 f
Kirchenräume
Vermietung **Vorbem 90–103** 23
Klage
Drohung **123** 80
Klageerzwingungsverfahren
Prozessfähigkeit **Vorbem 104–115** 97
Klageschrift
Anfechtungserklärung **121** 11
Kleider
Verbrauchbarkeitsbegriff **92** 4
Kleinkläranlage
Zubehöreigenschaft **97** 26

Klimaanlage
Bestandteilseigenschaft **94** 32
Klingeltöne
Mittelüberlassung **110** 14
Know-how
Sachbegriff **90** 4
Körper, menschlicher
Eigentum **90** 27
Persönlichkeitsrecht, besonderes **90** 27, 29
postmortale Anordnungen **90** 27, 41
toter menschlicher Körper
s Leichnam
Verpflichtungsgeschäfte **90** 27
Körperbestandteile
Einheit, funktionale **90** 31 f
Leichnam **90** 49 f
Sachqualität **90** 28
Zurückführung in den Körper **90** 31
Körperlichkeit
Beherrschbarkeit **90** 1 ff, 7
öffentliche Sachen **Vorbem 90–103** 13
Sachqualität **90** 1
Wahrnehmbarkeit, sinnliche **Vorbem 90–103** 9; **90** 2 f
Körperschaften
Gesellschaftsvertrag, Auslegung **133** 73 f
Körperteile
Abtrennung **90** 29 f
Einpflanzung abgetrennter Körperteile **90** 34
Verpflichtung zu künftiger Abtrennung **90** 33
Eigentumserwerb **90** 30
Eigentumsverlust **90** 34
Eigentumsverzicht **90** 30
Erfüllungszwang **90** 33
Herrenlosigkeit **90** 30
Hilfsmittel **90** 36
Eigentumsvorbehalt **90** 36
Unpfändbarkeit **90** 36
künstliche Körperteile **90** 35, 50, 52
Persönlichkeitsrecht, allgemeines **90** 29, 35
Sachqualität **90** 27 ff, 34
Verpflichtungsgeschäfte **90** 33
Zusatzimplantate **90** 35
Kohle
Ausbeute, sonstige **99** 8
Sachqualität **90** 8
Kohlevorräte
Zubehöreigenschaft **97** 20
Kollusion
Stellvertretung **116** 12; **117** 8
Vertrauensschutz **117** 22
Kommanditanteil
Rechtsnachteil **107** 29
Kommanditgesellschaft
arglistige Täuschung **123** 59

Kommanditistenstellung
Rechtsnachteil **107** 29
Kommunmauer
Eigentum **94** 16
Gebäudeabbau/-zerstörung **94** 16
Nutzung, beidseitige **94** 16
Nutzung, einseitige **94** 16
Konkursverwalter
s Insolvenzverwalter
Kontoauszug
Genehmigung, konkludente **Vorbem 116 ff** 61
Schweigen auf die Zusendung von Kontoauszügen **Vorbem 116 ff** 61
Kontrahierungszwang
Wille, mutmaßlicher **Vorbem 116 ff** 76
Konzessionsvertrag
Scheinbestandteile **95** 20
Korporationen
Auflösung, rückwirkende **119** 112
Bestandsschutz **119** 112
Kostenerstattungspflicht
Verfahrensunfähigkeit **Vorbem 104–115** 95
Kraftfahrzeug
arglistige Täuschung **123** 7
Bestandteile, unwesentliche **93** 20
einheitliche Sache **93** 9
Kaufvertrag, Rückabwicklung **100** 5
Mietwert, ortsüblicher **100** 5
Wertverzehr **100** 5
Kraftfahrzeugbrief
Ausweisfunktion **90** 57
Zubehöreigenschaft **97** 26
Kraftfahrzeugerwerb
Folgekonsens **107** 41
Kraftfahrzeughalter
Fähigkeiten, persönliche **Vorbem 104–115** 67 f
Minderjährigkeit **Vorbem 104–115** 67
Kraftfahrzeughandel
Reimporte **123** 16
Verschweigen wahrer Tatsachen **123** 16
Krankenhaus
Einrichtung, öffentliche **Vorbem 90–103** 15
gewerblicher Betrieb **98** 5
kirchliches Krankenhaus **Vorbem 90–103** 19
Privatrecht **Vorbem 90–103** 19
Krankenhausaufnahmevertrag
Sektionsklausel **90** 46
Unterschriftsirrtum **119** 12
Krankenversicherung
Teilgeschäftsfähigkeit **113** 20
Krankheit
Eigenschaftsirrtum **119** 87, 89, 93
Kreditgeschäfte
arglistige Täuschung **123** 8
Eigenschaftsirrtum **119** 89, 92
Generalkonsens **107** 37

Kreditgeschäfte (Forts)
Minderjährige **112** 1
Taschengeldgewährung **110** 10, 17
Kreditsicherung
Treuhand **117** 20
Kreditvermittler
arglistige Täuschung **123** 53
Kreditvertrag
Motivirrtum **119** 13
Kreditwürdigkeit
Eigenschaft, verkehrswesentliche **119** 92
Küchengeräte
Bestandteilseigenschaft **94** 35
Kühlanlage
Bestandteilseigenschaft **93** 23
Zubehöreigenschaft **97** 14
Kündigung
arglistige Täuschung **123** 99
Datum der Aufgabe **107** 32
Drohung, widerrechtliche **123** 78 f, 99
Einwilligungsbedürftigkeit **107** 32
Genehmigungsunfähigkeit **111** 2, 9
Sprachrisiko **119** 18
Zugang **130** 34
  Kenntnis der Abwesenheit **130** 70
Kündigung per Einschreiben
Erklärungsform **130** 22
Kündigungsschutzklage
Verhinderung, unverschuldete **130** 71
Verzicht **119** 14, 22
Wiedereinsetzung in den vorigen Stand **130** 71 f
Künstlerische Betätigung
Gegenstandsbegriff **Vorbem 90–103** 4
Kultgegenstände
öffentliche Sachen **Vorbem 90–103** 19 f
Kundenstamm
Gebrauchsvorteile **99** 15
Kundschaft
Sachbegriff **90** 5
Kunstdünger
Gutszubehör **98** 14
Kunstwerke
arglistige Täuschung **123** 7
Eigenschaftsirrtum **119** 96
Unvertretbarkeit **91** 5
Urheberpersönlichkeitsrecht **93** 31
Kursgewinn
lucrum ex negotiatione **100** 4

Ladeneinrichtung
Zubehöreigenschaft **97** 26
Lagergeschäft
vertretbare Sachen **91** 8
Landesrecht
Sachbegriff **90** 5
Landgut
Begriff **98** 9
Betriebsart **98** 10

Landgut (Forts)
Gutszubehör **98** 11 ff
Nebenbetriebe **98** 10
Wirtschaftsgebäude **98** 9
Wohngebäude **98** 9
Landschaftspflege
Pflanzenschutz **90a** 14
Landwirte
Aufgabe der Tätigkeit als landwirtschaftlicher Unternehmer **Vorbem 104–115** 100
Landwirtschaftliche Erzeugnisse
Mengensachen **91** 2
Zubehöreigenschaft **98** 13
zugekaufte Erzeugnisse **98** 13
Landwirtschaftlicher Betrieb
Begriff **98** 9
Landwirtschaftliches Inventar
s Inventar
Lastentragung
einmalige Lasten **103** 4
Fälligkeit **103** 4
Leistungspflichten **103** 5
regelmäßig wiederkehrende Lasten **103** 4, 6
in unbestimmten Abständen wiederkehrende Lasten **103** 4
Verteilungsmaßstab **103** 1 f, 4
Zeitdauer der Verpflichtungen **103** 4
Lauterkeitsrecht
geschäftliche Handlungen, irreführende **123** 103
Leasing
Empfangsbotenschaft **130** 57
Lebenspartner
Empfangsbotenschaft **130** 57
Lebenspartnerschaftsvertrag
Geschäftsfähigkeit **Vorbem 104–115** 15
Lebensversicherungsvertrag
arglistige Täuschung **123** 61
  Täuschung durch den Bezugsberechtigten **123** 61
Bezugsberechtigung, testamentarische Änderung **130** 106
Irrtum, erkannter **119** 39
Lediglich rechtlicher Vorteil
Aktiva **107** 2, 11
Ausschließlichkeit **107** 5
Begriff **107** 2 f
Belastungen, Verminderung **107** 2
Beweislast **107** 45
Einwilligungsbedürftigkeit **111** 2
Einwilligungsbedürftigkeit des Rechtsgeschäfts **107** 3
Einwilligungsfreiheit **107** 9
Einwilligungsvorbehalt **Vorbem 104–115** 25
Erwerb von Rechten **107** 2, 11
Erwerbsgeschäfte **107** 11 ff

Lediglich rechtlicher Vorteil (Forts)
    Belastungen **107** 15 f
    Verpflichtungsfolgen **107** 26 ff
    familienrechtliche Rechte **107** 2
    Forderungserwerb **107** 11
    gefährliche Sache **107** 2
    Geschäftsfähigkeit, beschränkte **107** 1
    good will **107** 2
    Grundgeschäft **107** 11
    indifferente Geschäfte **107** 20
    Kaufpreis **107** 3
    know how **107** 2
    Lasten, persönliche **107** 12
    Motorrad **107** 2
    neutrale Geschäfte **107** 20; **111** 2
    persönliche Rechte **107** 2, 12
    rechtsgeschäftsähnliche Rechtshandlungen **Vorbem 104–115** 87; **107** 44
    Schenkung **107** 5 f, 9 f, 15 f
    Verbindlichkeiten, Verminderung **107** 2
    vermögensmäßige Rechtsgeschäfte **107** 2 f
    vorweggenommene Erbfolge **107** 7
    Wille, mutmaßlicher **Vorbem 116 ff** 76
    Willenserklärung **Vorbem 104–115** 114; **106** 3 f
    wirtschaftliche Betrachtungsweise **107** 2, 4
    de lege ferenda **107** 7
Lehm
    Substanz des Grundstücks **94** 19
Leibrentenvertrag
    Früchte **99** 11
Leichenhemd
    Unpfändbarkeit **Vorbem 90–103** 29
Leichenteile
    Aneignungsfähigkeit **90** 49
    Aneignungsrecht, Inhaber **90** 49
    Eigentum **90** 49
    Sachqualität **90** 49
Leichnam
    Anatomie, Überlassung an **90** 45
    Aneignungsbefugnis **90** 52
    Aneignungsfähigkeit **90** 48
    Ausstellung **90** 53
    Besitz **90** 48
    Exhumierung **90** 46
    Gesamthirntod **90** 38
    Grabinhalt **Vorbem 90–103** 27
    Herrenlosigkeit **90** 48, 52
    Körperbestandteile, künstliche **90** 50
    Leichen aus alten Kulturen **90** 53
    Obduktion **90** 46
    Organentnahme **90** 47
    Persönlichkeitsrecht am Körper, Fortwirkung **90** 41
    Persönlichkeitsschutz, postmortaler **90** 48
    postmortale Anordnungen **90** 27, 41, 44
    Sachqualität **Vorbem 90–103** 12, 27; **90** 39 f
    Todeszeitpunkt **90** 38 f
    Totenehrung **Vorbem 90–103** 27; **90** 39 f

Leichnam (Forts)
    Totensorgerecht **90** 42 ff
Leihe
    Irrtumsanfechtung **119** 69
    Rechtsnachteil **107** 23
Leistungsbeschreibung
    Auslegung **133** 24, 47
Leistungsbestimmung durch Dritte
    arglistige Täuschung **124** 1
    Drohung, widerrechtliche **124** 1
Leistungserschleichung
    Vertragsschluss, Ablehnung **133** 59 f
Leistungsforderungsrechte
    Scheinbestandteile **95** 19
Leistungskondiktion
    Geschäftsfähigkeitsmangel **Vorbem 104–115** 79 f
    Kenntnis der Rechtsgrundlosigkeit **Vorbem 104–115** 79 f
Leistungsstörungsrecht
    Anfechtungsausschluss **119** 86, 95, 109; **121** 9
    Vertrauensschaden **122** 8
Leitungsnetz
    s a Versorgungsleitungen
    Anschlussverordnungen **94** 37
    äußeres Leitungsnetz **94** 37; **95** 11; **98** 8
    Bestandteilseigenschaft **94** 11
    inneres Leitungsnetz **94** 37
    Zubehöreigenschaft **97** 22; **98** 8
Letztwillige Verfügung
    Anfechtung **122** 3
    Auslegung **133** 6, 31, 33
    gesetzeskonforme Auslegung **133** 61
    Scheingeschäft **117** 3
    Vorbehalt, geheimer **116** 2
        durchschauter Vorbehalt **116** 11
    Widerruf **130** 105
    Widerrufsverzicht **130** 107
Lichte Zwischenräume
    s lucida intervalla
Lichtwellen
    Sachqualität **90** 10
Linoleum
    Bestandteilseigenschaft **94** 34
    Zubehöreigenschaft **97** 25
Liquidationsanteil
    Fruchtbegriff **99** 17
Listenpreis
    Aufklärungspflicht **123** 14
Lizenzen
    fruchtbringende Rechte **99** 20
    Früchte, unmittelbare **99** 17
Lohnanspruch
    Fruchtbegriff **99** 12
Lohnkonto
    Teilgeschäftsfähigkeit **113** 21
Lohnpfändung
    Fragerecht des Arbeitgebers **123** 34

Loseblattsammlung
   einheitliche Sache **93** 9
Lottospielvertrag
   Geschäftsunfähigkeit **105** 7
lucida intervalla
   Alltagsgeschäfte volljähriger Geschäftsunfähiger **105a** 4
   Ausschluss der freien Willensbestimmung **104** 13
   Beweislast **104** 18
   Geschäftsunfähigkeit **Vorbem 104–115** 10; **104** 13
   Remissionen **104** 13
lucrum ex negotiatione
   Verwertung, rechtsgeschäftliche **100** 4
Lüge
   geheimer Vorbehalt **Vorbem 116 ff** 30 f
   Scherz, böser **Vorbem 116 ff** 31
Luft
   Emissionsstoffe, Abtransport **90** 21
   freie Luft **90** 20 f
   Nutzung **90** 21
   res extra commercium **90** 20 f
   Sachqualität **90** 8, 21
Luftfahrzeuge
   Bestandteile **94** 39
      vorübergehend eingebaute Bestandteile **97** 32
   Sacheigenschaft **90** 62
   Zubehör **97** 32
   Zwangsversteigerung **90** 62

Mängelanzeige
   Unverzüglichkeit **121** 8
   Zugang **130** 14
Mängelrüge
   geschäftsähnliche Handlung **Vorbem 116 ff** 2
   Irrtumsanfechtung **119** 106
   Rechtzeitigkeit **130** 23
   Zugang **130** 14
Mahnung
   Auslegung **133** 24
   Einwilligungsfreiheit **107** 44
   geschäftsähnliche Handlung **Vorbem 116 ff** 2
   Geschäftsfähigkeitsmangel **Vorbem 104–115** 87
   Irrtumsanfechtung **119** 106
   Kenntnisnahme **130** 26
   Zugang **130** 14
Makler
   arglistige Täuschung **123** 53
Maklervertrag
   Eigenschaftsirrtum **119** 90
   Umgehungsgeschäft **117** 25
Makrokosmos
   Sachqualität **90** 2

Mandatsniederlegung
   Drohung **123** 81
   Kündigung zur Unzeit **123** 81
Mangel der Ernstlichkeit
   s Scherzerklärung
Marktpreis
   Eigenschaftsirrtum **119** 100
Maschinen
   Bestandteilseigenschaft **94** 27; **98** 8
   Grundstücksbestandteile, wesentliche **93** 5; **94** 9
   Serienmaschinen
      s dort
   Sonderrechtsunfähigkeit **93** 27
   Unvertretbarkeit **91** 5
   Zubehöreigenschaft **97** 10, 14, 17; **98** 4, 8
Maschinenhalle
   Scheinbestandteilseigenschaft **95** 8
Mastvieh
   Zubehöreigenschaft **98** 12
Materialreserve
   Zubehöreigenschaft **97** 15
Mauer
   Eigentum **94** 16
   Gebäudebegriff **94** 23
Medizinische Behandlung
   s Ärztliche Behandlung
Meeresboden
   Aneignung **90** 25
   Meeresbodenbergbau **90** 25
   res extra commercium **90** 20, 25
Meeresstrand
   Begriff **90** 23
   Gemeingebrauch **90** 23
   Sachqualität **90** 23
Mehrfamilienhaus
   Aufklärungspflicht **123** 13
   Zugang der Willenserklärung **130** 41
Meisterprüfung
   Umgehungsgeschäft **117** 16
Meldepflichtverstoß
   Zustellung, öffentliche **132** 6
Mengensachen
   Begriff **90** 66
   Verkehrsanschauung **93** 10
   Vertretbarkeit **91** 2
Menschenwürde
   Geschäftsfähigkeit **Vorbem 104–115** 20; **105a** 1
Mentalreservation
   Absicht, nicht zu erfüllen **116** 4
   Beweislast **116** 15
   durchschauter Vorbehalt **116** 10
   Geheimhaltung, bewusste **116** 4
   Geschäftswille **Vorbem 116 ff** 30
   Kenntnis des Erklärungsempfängers **116** 10, 15
   Mehrdeutigkeit, bewusste **116** 9
   Motivirrtum **116** 1

Mentalreservation (Forts)
    Rechtsschein **116** 1
    Rechtssicherheit **133** 1
    Scherz, böser **116** 4, 14; **118** 7 f
    Teilnichtigkeit **116** 13
    Vertrauenshaftung **116** 1
    Willenserklärung, empfangsbedürftige **116** 11
Messgeräte
    Sonderrechtsfähigkeit **93** 22
metus
    Drohung **123** 4
Mieter
    Empfangsbotenschaft **130** 57
Mietereinbauten
    Eigenschaftsirrtum **119** 83
    Scheinbestandteile **95** 16
    Zubehöreigenschaft **97** 19, 21
Mietkauf
    Verbindung, vorübergehende **95** 7
Mietvertrag
    Anfechtung **119** 113
    Anfechtungsausschluss **119** 86, 95
    arglistige Täuschung **119** 113; **123** 91
    Aufklärungspflichten **123** 19
    Diskriminierungsverbote **123** 44
    Drohung **123** 91
    Eigenschaftsirrtum **119** 90, 92, 113
        Kinderfreundlichkeit der Wohnung **119** 96
    Einbringung von Sachen **Vorbem 104–115** 92
    Einfügung in Gebäude **95** 16
    Einkommensverhältnisse des Mieters **123** 19
    Entfernung eingebrachter Sachen, Vermieterwiderspruch **Vorbem 104–115** 87
    Erklärungsirrtum **119** 113
    Falschbezeichnung **133** 43
    mit Familienangehörigen **117** 16
    Folgekonsens **107** 41
    Fragerecht des Vermieters **123** 44
        Aufenthaltsberechtigung **123** 44
        eidesstattliche Versicherung **123** 44
        Ermittlungsverfahren, staatsanwaltschaftliches **123** 44
        Familienstand **123** 44
        Geburtsdatum **123** 44
        Gesundheitszustand **123** 44
        Sozialhilfebezug **123** 44
        Staatsangehörigkeit **123** 44
        Vermögensverschlechterung **123** 44
    Fruchtziehung, mittelbare **99** 19
    Genehmigung **108** 2, 7
    Generalkonsens, beschränkter **107** 39
    Glaubenszugehörigkeit des Mieters **119** 90
    Heizkostenpauschale **123** 19

Mietvertrag (Forts)
    Irrtumsanfechtung, Rechtsmissbrauch **119** 102
    Lastentragung **103** 1
    Mangel der Ernstlichkeit **118** 1
    Nebenkosten **123** 19; **133** 55
    Nichtraucher-Eigenschaft des Mieters **119** 90
    Parteizugehörigkeit des Mieters **119** 90
    Rechtsbindungswille **117** 16
    Rückabwicklung **119** 113
    Scheinbestandteile **95** 29
    Scheingeschäft **117** 16
    Sozialhilfebezug **123** 19
    Taschengeldgewährung **110** 7 f, 10
    Übereignung des vermieteten Grundstücks, Mitteilung **Vorbem 104–115** 88
    Verbindung, vorübergehende **95** 8 f
        Rechtserwerb, Erwartung **95** 10
    Vermögensverhältnisse des Mieters **123** 19
    Zahlungsfähigkeit des Mieters **123** 19
Mietzins
    Fruchtverteilung **101** 5
Mikrokosmos
    Sachqualität **90** 2
Milcherzeugung, Aufgabe
    Bestandteilseigenschaft **96** 7
Milchkontingente
    Bestandteilseigenschaft **96** 7
Milchkühe
    Zubehöreigenschaft **98** 12
Milchrente
    Fruchtbegriff **99** 17
Milchwirtschaft
    Inventar, landwirtschaftliches **98** 10
Minderjährige
    Alltagsgeschäfte **105a** 4
    Beamtenverhältnis **Vorbem 104–115** 99
    Bösgläubigkeit **Vorbem 104–115** 72 ff
    Dienstleistungen **113** 2
    Dienstverhältnis, öffentlich-rechtliches **Vorbem 104–115** 99
    Eheschließung **106** 2
    Einsichtsfähigkeit **Vorbem 104–115** 56, 58 f
    Einwilligung **Vorbem 104–115** 56
    Geschäftsfähigkeit, beschränkte **Vorbem 104–115** 12
    Geschäftsunfähigkeit **104** 1 f
    gesetzliche Vertretung **Vorbem 104–115** 24
    Handlungsfähigkeit, partielle **Vorbem 104–115** 99
    Prozessfähigkeit **Vorbem 104–115** 95
    Teilgeschäftsfähigkeit **Vorbem 104–115** 95
    Testierfähigkeit **Vorbem 104–115** 16
Minderjährigengeschäft
    Einwilligungsbedürftigkeit **107** 1, 4
    Vorteilhaftigkeit **107** 2 f
    s a Lediglich rechtlicher Vorteil

Minderjährigenhaftungsbeschränkung
  Eigengenehmigung des Minderjährigen
    108 20
  Haftungsbeschränkung Vorbem 104–
    115 24
Minderjährigenschutz
  Geschäftsfähigkeit, beschränkte 106 1
Mineralien
  Fruchtbegriff 99 17
  Rechtslage 94 20
Mineralwasser
  Ausbeute, sonstige 99 8
minor restituitur non tamquam minor sed tamquam laesus
  Geschäftsfähigkeit Vorbem 104–115 30
minor restituitur quasi minor
  Geschäftsfähigkeit Vorbem 104–115 26, 30
Missbrauch der Vertretungsmacht
  Mentalreservation 116 12
Missverständnis
  s Erklärungen unter Anwesenden
Miteigentumsanteil
  Schenkung 107 10
Mitgliedschaftsrechte
  Rechtsertrag 99 11
Mitteilung
  geschäftsähnliche Handlung Vorbem
    116 ff 2
  Zugang 130 14
Mittelalter
  Geschlechtsvormundschaft Vorbem 104–
    115 110
  Gewere Vorbem 104–115 110
  Mündigkeit Vorbem 104–115 110
Mobilfunkstation
  Mietvertrag 123 19
Mobilfunkvertrag
  Einwilligungsbedürftigkeit 107 35
  Generalkonsens, beschränkter 107 39
  Koppelungsgeschäft 107 35
  Taschengeldgewährung 110 14
Mobiliar
  Bestandteileigenschaft 93 23; 94 36
  Zubehöreigenschaft 97 26
Model
  Verpflichtungsgeschäfte 90 27
Möbel
  Unvertretbarkeit 91 5
Mond
  Aneignungsverbot 90 26
  common heritage of mankind-Prinzip
    90 26
  Mondfahrzeuge 90 26
  Nutzung 90 26
Moorleichen
  Eigentumsfähigkeit 90 53
Motivirrtum
  Anfechtung Vorbem 116 ff 32; 119 59
  Unverzüglichkeit 119 59, 78

Motivirrtum (Forts)
  Anfechtungsfrist 121 3
  Erbrecht 119 5
  erkannter und ausgenutzter Irrtum 121 3
  Irrtumsart 119 1, 5
  Rechtsfolgemotivirrtum 119 74
  Schwangerschaft 119 75
  Selbstverantwortung 119 57
  Unbeachtlichkeit Vorbem 116 ff 32; 119 2,
    5, 74 f, 78
  Veranlassung 121 3
  Verkehrsschutz 119 64
  Verschulden 119 5
  vorvertragliche Haftung 119 5
Motor
  Bestandteileigenschaft 93 39
  Schiffsmotor 93 21
  Sonderrechtsfähigkeit 93 17, 20
Mozart-Fund
  Irrtumsanfechtung 119 12, 96, 105
mp3-Dateien
  Kaufvertrag 90 17
Münzen
  Sammlermünzen 91 6
  Vertretbarkeit 91 6
Mumien
  Eigentumsfähigkeit 90 53
Museum
  Benutzungsverhältnis, öffentlich-rechtliches Vorbem 104–115 101
  Einrichtung, öffentliche Vorbem 90–103 15
  öffentliche Sachen Vorbem 90–103 18
Musterung
  Handlungsfähigkeit, partielle Vorbem
    104–115 99

Nachfolgeklausel, gesellschaftsvertragliche
  Rechtsirrtum 119 77
Nachlass
  Eigenschaften, verkehrswesentliche 119 99
  Rechtsgesamtheit 90 72
  Sondervermögen 90 76, 78
  Surrogation 90 80
  Überschuldung 119 99
Nachlassgericht
  Willenserklärung, amtsempfangsbedürftige 130 13
Nachlassgrundstück
  Vorteilhaftigkeit, rechtliche 107 11
Nachlassverwaltung
  Früchte 99 1
Nachlasszugehörigkeit
  Irrtum 121 6
Nachschlagewerk
  Komplementärsache 90 67
Nachsendeauftrag
  Zugang 130 51, 71, 91
Nachtbriefkasten
  Widerrufsvergleich 130 50

Nachteil, rechtlicher
s Rechtsnachteil
Namensaktie
gutgläubiger Erwerb **Vorbem 104–115** 54
Rechtsnachteil **107** 29
Namenserteilung
Minderjährigkeit des Kindes **130** 104
Namenspapiere
Geschäftsfähigkeitsmangel **Vorbem 104–115** 53
Namenswahl
Unanfechtbarkeit **119** 110
nasciturus
Rechtsfähigkeit, beschränkte **90** 37
Nationalsozialistische Verfolgungsmaßnahmen
Rückerstattungsansprüche **123** 96
Naturalobligation
Rechtsnachteil **107** 23
Naturdenkmäler
Erhaltungsgebote **Vorbem 90–103** 30
Veränderungsverbote **Vorbem 90–103** 30
Naturerscheinungen
Sachqualität **90** 2
Naturkräfte
Gegenstandsbegriff **Vorbem 90–103** 4
Grundstücksbestandteile, wesentliche **94** 4
Sachqualität **90** 10
Naturschutzrecht
Pflanzenschutz **90a** 14
Navigationssystem
Sonderrechtsfähigkeit **93** 20
Nebenbeschäftigung
Eigenschaftsirrtum **119** 89
Nebenleistungspflichten
Rechtsnachteil **107** 23
Verträge, Genehmigung **108** 2
Nebensachen
Abgrenzung **93** 38; **97** 3
Eigentumsverlust **93** 6
Netzanschluss
Zubehöreigenschaft **94** 37
Netzgeld
Geldbegriff **91** 7
Neue Bundesländer
Gebäudeeigentum **94** 5
Grundstücksbestandteile, wesentliche **94** 5
Neurosen
Störung der Geistestätigkeit, krankhafte **104** 8, 8 f
Neutrale Geschäfte
Einwilligungsfreiheit **107** 20
Neuwagen
Vertretbarkeit **91** 4
Neuwagenkaufvertrag
Auslegung, ergänzende **133** 62
Nichtleistungskondiktion
Geschäftsfähigkeitsmangel **Vorbem 104–115** 81 f

Nichtleistungskondiktion (Forts)
Kenntnis der Rechtsgrundlosigkeit **Vorbem 104–115** 82
Nierentransplantation
Transplantation vom lebenden Körper **90** 33
Nießbrauch
Ausbesserungen, außergewöhnliche **107** 16
Bewilligungsbefugnis **107** 17
Bruttonießbrauch **107** 14
Eigentümernießbrauch **107** 17
Erhaltungspflicht **107** 14
Erneuerungen **107** 16
Fruchtverteilung **101** 7
Früchte **99** 1, 11 f
Grundbucheintragung **107** 17
Lastentragung **107** 14
außerordentliche öffentliche Lasten **107** 16
Minderjährigengeschäfte **107** 5, 14, 16 f
Scheinbestandteile **95** 18, 29
Schenkung unter Auflage **107** 18
verbrauchbare Sachen **92** 5
Verfügungsrecht **103** 5
Vermietung durch den Nießbraucher **107** 16
Verpachtung durch den Nießbraucher **107** 16
Versicherungspflicht **107** 14
vorbehaltener Nießbrauch **107** 16 f
Wohnung **93** 25
Zubehör **97** 31
Nießbrauchsvorbehalt
Rechtsnachteil **107** 17
Nötigungswille
Bestimmungsvorsatz **123** 82
Notar
Gebührenanspruch
Verfahrensfähigkeit **Vorbem 104–115** 95
Notarielle Beurkundung
Abgabe der Willenserklärung **130** 94 f
Beurkundungsgebühren **122** 13
Unterschriftsirrtum **119** 12
Wissensmitteilung **130** 94 ff
Notarurkunde
Zugang **130** 93
Notstand, aggressiver
Ersatzpflicht **Vorbem 104–115** 69
Notstromaggregat
Bestandteilseigenschaft **94** 32
Notweg
Duldungsanspruch **96** 3
Notwegerecht
Scheinbestandteile **95** 29
Notwegrente
Bestandteilsfiktion **96** 3
Lastentragung **103** 5
Nutzungen
Begriff **100** 1

Nutzungen (Forts)
  Bruttoerträge **99** 16
  Früchte **99** 1
  Gebrauchsvorteile **100** 1
  Herausgabepflicht **99** 1
Nutzungspfand
  Fruchtverteilung **101** 7
Nutzungsrechte
  Willenserklärung, ausdrückliche **Vorbem 116 ff** 52
Nutzungsverhältnisse
  Scheinbestandteilseigenschaft **95** 8

Obduktion
  Besitz am Leichnam **90** 48
  Exhumierung **90** 46
  Sektionsklausel **90** 46
Oberschrift
  Rechtsscheinhaftung **119** 31
Öffentliche Sachen
  Anstaltsgebrauch **Vorbem 90–103** 15
  Außerdienststellung **Vorbem 90–103** 17
  Besitz **Vorbem 90–103** 18
  Bestandteile **Vorbem 90–103** 18
  Dienstbarkeit, öffentlich-rechtliche **Vorbem 90–103** 14
  Duldungspflicht **Vorbem 90–103** 14
  Einziehung **Vorbem 90–103** 17
  im engeren Sinne **Vorbem 90–103** 15
  Entwidmung **Vorbem 90–103** 17
  Gemeingebrauch **Vorbem 90–103** 15, 18
  Hauptsache **Vorbem 90–103** 18
  Indienststellung **Vorbem 90–103** 17
  Körperlichkeit **Vorbem 90–103** 13
  Privateigentum, modifiziertes **Vorbem 90–103** 18
  Sachqualität **Vorbem 90–103** 13 f; **90** 6
  Sondergebrauch **Vorbem 90–103** 15
  Veräußerung **Vorbem 90–103** 18
  Verjährung, unvordenkliche **Vorbem 90–103** 17
  Verkehrssicherungspflicht **Vorbem 90–103** 18
  Verwaltungsgebrauch **Vorbem 90–103** 15
  wesentliche Bestandteile **Vorbem 90–103** 18
  Widmung **Vorbem 90–103** 17
  Zivilrechtsordnung **Vorbem 90–103** 18
  Zubehörbegriff **Vorbem 90–103** 18
  Zweckbindung, öffentlich-rechtliche **Vorbem 90–103** 13 f, 18
Öffentliche Sicherheit und Ordnung
  Fähigkeiten, persönliche **Vorbem 104–115** 100
Öffentliche Zustellung
  s Zustellung
Öffentlicher Dienst
  Fragerecht des Arbeitgebers **123** 41 f
  tarifkonformes Verhalten **133** 61

Öffentliches Recht
  Geschäftsfähigkeitsrecht **Vorbem 104–115** 98
  Minderjährige **Vorbem 104–115** 99
  Sachbegriff **90** 6
  Unverzüglichkeit **121** 8
  Zugang **130** 13
Öffentlich-rechtliche Rechtshandlungen
  Geschäftsfähigkeitsrecht **Vorbem 104–115** 100
Öffentlich-rechtliche Willenserklärung
  Anfechtbarkeit **119** 108
  Auslegung **133** 29
  Mentalreservation **116** 2
  nichtamtliche Willenserklärungen **Vorbem 104–115** 98
  Richtigkeitsgewähr **119** 108
  Willenserklärungen der Verwaltung **119** 108
  Zwangsversteigerungsgebot **119** 108
Öffentlich-rechtlicher Vertrag
  Auslegung **133** 29
  Benutzungsverhältnis, öffentlich-rechtliches **Vorbem 104–115** 101
  Geschäftsfähigkeit **Vorbem 104–115** 98, 101
  Handlungsfähigkeit, partielle **Vorbem 104–115** 98
  Irrtumsanfechtung **119** 108
  Selbstbestimmung **119** 108
Öffentlich-rechtliches Benutzungsverhältnis
  s Benutzungsverhältnis, öffentlich-rechtliches
Öffentlich-rechtliches Dienstverhältnis
  s Dienstverhältnis, öffentlich-rechtliches
Ölbrenner
  Sonderrechtsfähigkeit **93** 22
Österreich
  Bestandteile **93** 46
  Ehemündigkeit **Vorbem 104–115** 117
  Eigentumsvorbehalt an Maschinen **93** 46
  Einwilligung in medizinische Maßnahmen **Vorbem 104–115** 60
  Einwilligungsfähigkeit, Altersgrenze **Vorbem 104–115** 58
  Elektrizität **90** 11
  Entmündigung **Vorbem 104–115** 118
  Fruchtbegriff **99** 21
  Fruchtnießung **99** 21
  Gebäude, Sonderrechtsfähigkeit **95** 32
  Gebrauchsvorteile **99** 21
  Gebrechen, geistige **Vorbem 104–115** 118
  geistige Gebrechen **Vorbem 104–115** 111
  Geschäftsfähigkeit **Vorbem 104–115** 111, 117 f; **105** 7
    beschränkte Geschäftsfähigkeit **106** 1
    Nachforschungspflicht **Vorbem 104–115** 111
  Gewalt, väterliche **Vorbem 104–115** 111

Österreich (Forts)
Kuratel **Vorbem 104–115** 111
Minderjährige **Vorbem 104–115** 117
mündige/unmündige Minderjährige -
Vorbem 104–115 12, 118; **106** 2
Sachbegriff **Vorbem 90–103** 8
Sachwalterschaft **Vorbem 104–115** 118
Scheinbestandteile **95** 32
Superädifikate **95** 32
Teilgeschäftsfähigkeiten **Vorbem 104–115** 117
Tiere **90a** 1, 3, 5
Überbauten **95** 32
Unternehmen **90** 84
Volljährigkeit **Vorbem 104–115** 117
Volljährigkeitserklärung **Vorbem 104–115** 111
Zivilfrüchte **99** 21
Zubehör **93** 2, 46
Zugehör **97** 37
Eigentümeridentität **97** 37
Eigentumsvorbehalt **97** 37
Maschinen **97** 37
Offenbarungspflicht
arglistige Täuschung **123** 10
Offerte
s Angebot
Off-Shore-Windpark
s Windpark
OHG-Beteiligung
Rechtsnachteil **107** 29
Online-Auktion
s Internet-Auktion
Online-Medien
Zugang der Willenserklärung **130** 21
Online-Postfach
Zugang **130** 75
Online-Spiele
Sachqualität **90** 17
Online-Verkehr
s Computererklärung
Operation
Arbeitsmündigkeit **113** 18
Einwilligung **Vorbem 104–115** 59; **111** 6
Betreuung, rechtliche **Vorbem 104–115** 59
Minderjähriger, einsichtsfähiger **Vorbem 104–115** 59
Optionsscheine
Motivirrtum **119** 37
Orderpapiere
Befreiungswirkung **Vorbem 104–115** 55
Geschäftsfähigkeitsmangel **Vorbem 104–115** 53
gutgläubiger Erwerb **Vorbem 104–115** 54 f
Orderpapiere, kaufmännische
Geschäftsfähigkeitsmangel **Vorbem 104–115** 53
gutgläubiger Erwerb **Vorbem 104–115** 54

Organe
Geschäftsfähigkeit **Vorbem 104–115** 50, 52; **112** 3
Teilgeschäftsfähigkeit **112** 3
Organentnahme
Einwilligung **90** 47
Leichnam **90** 47
Organhandel, Verbot **90** 33, 49
Sachqualität entnommener Organe **90** 28
Todeszeitpunkt **90** 38 f
Verwendung gespendeter Organe, abredewidrige **90** 28
Widerspruch **90** 47
Zustimmung der Angehörigen **90** 47
Orgel
Zubehöreigenschaft **97** 13

Pachtkredit
Einverleibung einer Sache **90** 70
Gutszubehör **98** 15
Inventar, Verpfändung **90** 69
Pachtvertrag
Eigenschaftsirrtum **119** 90, 92
Einfügung in Gebäude **95** 16
Fruchtbegriff **99** 18
Fruchtziehung, mittelbare **99** 19
Früchte **99** 1
Genehmigung **108** 2
Irrtumsanfechtung, Rechtsmissbrauch **119** 102
Nießbrauch **95** 18
Scheingeschäft **117** 17
Taschengeldgewährung **110** 7
Verbindung, vorübergehende **95** 8 f
Rechtserwerb, Erwartung **95** 10
Pachtzins
Fruchtbegriff **99** 18
Fruchtverteilung **101** 5
pacta sunt servanda
Genehmigung **109** 1
Irrtumsanfechtung **119** 64
Vertragsdurchführung, schlechthin unzumutbare **119** 64
Wegfall der Geschäftsgrundlage **119** 64
Pandektenwissenschaft
Zubehör **93** 2
Park
Einrichtung, öffentliche **Vorbem 90–103** 15
Fotografierverbote/-beschränkungen **Vorbem 90–103** 18
Parkplatzbenutzung
sozialtypisches Verhalten **133** 59
Partikularrechte
Fruchtbegriff **99** 2
Fruchtverteilung **101** 3
Geschäftsfähigkeit **Vorbem 104–115** 111
beschränkte Geschäftsfähigkeit **106** 1
Studierende, Verpflichtungsfähigkeit **106** 7

Pass
  Eigentum **90** 58
  Entwidmung **90** 58
Patentanmeldung
  Anfechtbarkeit **119** 107
  Geschäftsfähigkeit **Vorbem 104–115** 89
Patentrecht
  Bestandteile, wesentliche **93** 31
  Geschäftsfähigkeitsmangel **Vorbem 104–115** 89
  Sachbegriff **90** 4
Patentverzicht
  Anfechtbarkeit **119** 107
Patientenverfügung
  geschäftsähnliche Handlung **130** 14
  Rechtsgeltung **130** 14
Patronatslasten
  Lastenbegriff **103** 7
Pavillon
  Bestandteilseigenschaft **94** 30
Perplexität
  Kalkulationsfehler **119** 55
  Nichtigkeit des Rechtsgeschäfts **133** 10
Persönlichkeitsrecht, besonderes
  Körper, menschlicher
    s dort
Persönlichkeitsstörungen
  Störung der Geistestätigkeit **104** 9
Personalausweis
  Eigentum **90** 58
  Entwidmung **90** 58
  Sachen, öffentliche **Vorbem 90–103** 18; **90** 58
  Verpfändung **Vorbem 90–103** 18; **90** 58
  Zurückbehaltungsrecht **90** 58
Personalberatungsvertrag
  Eigenschaftsirrtum **119** 90
Personalfragebogen
  arglistige Täuschung
    s Arbeitsvertrag
Personalstatut
  Geschäftsfähigkeit **Vorbem 104–115** 17
Personengesellschaft
  Beitritt, fehlerhafter **119** 112
  Gesellschaftsvertrag, Auslegung **133** 73 f, 81
  Satzung
    s dort
  Scheingründung **117** 6
  Umgehungsgeschäft **117** 16
  zweigliedrige Personengesellschaft **Vorbem 104–115** 35
Personenhandelsgesellschaften
  Geschäftsfähigkeitsmangel **Vorbem 104–115** 49
Personenstandsbücher
  Berichtigung **119** 110
Pertinenz
  Begriff **97** 1

Perücken
  Sachqualität **90** 36
Pfändungs- und Überweisungsbeschluss
  Zustellung **132** 6
Pfahl
  Bestandteilseigenschaft **94** 8
Pfandrecht
  Zubehör **97** 33
Pfandsache, Rückgabe
  Geschäftsfähigkeit **Vorbem 104–115** 91
Pfandverkauf
  Androhung **Vorbem 104–115** 87
Pfandversteigerung
  Androhung **Vorbem 104–115** 87
Pflanzen
  Abgrenzung **90a** 6, 12
  Erzeugnisse des Grundstücks **94** 17; **95** 4 ff
  Früchte **99** 7
  Grundstücksbestandteile, wesentliche **90a** 13
  Pflanzenschutz **90a** 14
  Scheinbestandteile **95** 13; **99** 7
  Sonderrechtsunfähigkeit **94** 18
  Straßenzubehör **97** 3
  Topfpflanzen **90a** 13
Pflegerbestellung
  Geschäftsfähigkeit **Vorbem 104–115** 15
Pflichtschenkung
  Genehmigung **108** 9
Pflichtteilsrecht
  Erbschaftsannahme, Irrtumsanfechtung **119** 72
Pflichtverletzung, vorvertragliche
  Abbruch von Vertragsverhandlungen **122** 7
  Haftungsausschluss **122** 22
  Schadensersatz **122** 4, 6
  Vertrauenshaftung **122** 20
Pipeline
  Meeresboden, Nutzung **90** 25
Politische Betätigung
  Gegenstandsbegriff **Vorbem 90–103** 4
Post
  Erklärungsbotenschaft **132** 1, 4
Postfach
  Zugang der Willenserklärung **130** 50, 64
Postident-Verfahren
  Unterschriftsirrtum **119** 12
Postwesen
  Geschäftsfähigkeit **Vorbem 104–115** 101
Praxis
  Sachbegriff **90** 5
Preisberechnung
  Aufklärungspflicht **123** 14
  Bruttopreis **133** 52
  Falschbezeichnung, unschädliche **119** 54
Preisliste
  Motivirrtum **119** 34, 54

Preisschild, Ablesen
 Falschbezeichnung, unschädliche **119** 54
 Motivirrtum **119** 34
Presseveröffentlichung
 Drohung **123** 81
Preußisches Allgemeines Landrecht
 Blinde **Vorbem 104–115** 111
 Blödsinnige **Vorbem 104–115** 111
 Ehemündigkeit **Vorbem 104–115** 111
 Fruchtbegriff **99** 2
 Fruchtverteilung **101** 3
 Geisteskrankheit **104** 18
 geistige Gebrechen **Vorbem 104–115** 111
 Geschäftsfähigkeit **Vorbem 104–115** 111
  Nachforschungspflicht **Vorbem 104–115** 111
 Geschäftsfähigkeitsmangel **Vorbem 104–115** 28
 Rasende **Vorbem 104–115** 111
 Sacheinheit **93** 4
 Stumme **Vorbem 104–115** 111
 Taube **Vorbem 104–115** 111
 des Vernunftgebrauchs entbehrende Personen **Vorbem 104–115** 111
 Volljährigkeitserklärung **Vorbem 104–115** 111
 Volltrunkenheit **Vorbem 104–115** 111
 Vormundschaft **Vorbem 104–115** 111
 Wahnsinnige **Vorbem 104–115** 111
 Zubehör **93** 2; **97** 1
Preußisches Geschäftsfähigkeitsgesetz
 Dienstmündigkeit **113** 2
 Erwerbsgeschäft **112** 1 f
 Genehmigungsverweigerung **109** 1
 Geschäftsfähigkeit **Vorbem 104–115** 113; **106** 4
Privatautonomie
 Geschäftsfähigkeit **Vorbem 104–115** 19 ff, 23
 kollektive Privatautonomie **133** 76
 negative Privatautonomie **117** 1
 Preisbildung **119** 100
 Rechtsgeschäft **Vorbem 116 ff** 6, 8 ff
 Selbstbestimmung **Vorbem 116 ff** 8 ff, 14, 18; **119** 1
 Selbstverantwortung **Vorbem 116 ff** 19; **119** 5; **123** 11
 Willenserklärung **Vorbem 116 ff** 6
Produktionshalle
 Belüftungsanlage **94** 32
Prokurist
 Geschäftsfähigkeitsmangel **Vorbem 104–115** 50
Prostitution
 Einwilligungsbedürftigkeit **107** 23
protestatio facto contraria non valet
 Auslegungsmaxime **133** 71
 Beförderungserschleichung **133** 60

protestatio facto contraria non valet (Forts)
 Bindung des Angebotsempfängers **116** 6; **133** 57
 Verhalten, redliches **133** 59
 Vertragsfreiheit **133** 60
Protokoll
 Schweigen, normiertes **Vorbem 116 ff** 74
Prozessfähigkeit
 Begriff **Vorbem 104–115** 95
 beschränkte Prozessfähigkeit **Vorbem 104–115** 95; **106** 10
 Beweislast **Vorbem 104–115** 7
 einwilligungsfreie Rechtsgeschäfte **107** 21
 Genehmigung des gesetzlichen Vertreters **Vorbem 104–115** 95
 Geschäftsfähigkeit **Vorbem 104–115** 95; **107** 21
 non liquet **Vorbem 104–115** 7
 Taschengeldgewährung **110** 16
 Teilgeschäftsfähigkeit **113** 25
 Verpflichtungsfähigkeit **Vorbem 104–115** 95; **110** 16
Prozessführung
 Geschäftsunfähigkeit, teilweise **104** 14
Prozesshandlungen
 Auslegung **133** 27, 81
 falsa demonstratio **133** 27
 Mangel der Ernstlichkeit **118** 6
 Mentalreservation **116** 11
 Motivirrtum **119** 107
 Scheingeschäft **117** 3
 Unanfechtbarkeit **119** 107
 Widerruf **119** 107
Prozessvergleich
 Auslegung **133** 24, 81
 Doppelnatur **119** 107; **130** 34
 Irrtumsanfechtung **119** 12, 106
 Widerruf **130** 34
 Widerrufsvorbehalt **130** 50
 Willensmängel **119** 107
Prozessvollmacht
 Geschäftsunfähigkeit **130** 27
 Tod des Erklärenden **130** 27
 Widerruf **130** 31
Pseudobote
 Haftung **120** 3
Psychopathien
 Störung der Geistestätigkeit **104** 9
 Störung der Geistestätigkeit, krankhafte **104** 8
Psychosen
 endogene Psychosen **104** 8 f
 exogene Psychosen **104** 8 f
 Störung der Geistestätigkeit, krankhafte **104** 8 f
Publikumspersonengesellschaft
 Gesellschaftsvertrag, Auslegung **133** 73, 81
Putzfrau
 Empfangsbotenschaft **130** 57

Querulantenwahn
Geschäftsunfähigkeit, teilweise **104** 14
Quittungserteilung
Beweiskraft **Vorbem 104–115** 88
Geschäftsfähigkeitsmangel des Ausstellers
Vorbem 104–115 88

Radaranlage
Bestandteilseigenschaft **94** 38
Radiowellen
Sachqualität **90** 10
Räder
s Reifen
Rangfolge
Irrtumsanfechtung des Löschungsantrags **119** 71
Raubbau
Fruchtbegriff **99** 9
Raumausstattung
Bestandteilseigenschaft **94** 27
Realakte
Anfechtbarkeit **119** 106
Erfolg, tatsächlicher **Vorbem 104–115** 89; **Vorbem 116 ff** 3
Erkenntnisfähigkeit **Vorbem 104–115** 89
gemischte Realakte **Vorbem 104–115** 93
Willensfähigkeit **Vorbem 104–115** 89
Realgemeindeanteile
Bestandteilsfiktion **96** 5
Realgewerbeberechtigungen
Bestandteilsfiktion **96** 5
Realitätsirrtum
Soll-Beschaffenheit **119** 47 f, 50
Reallast
Bestandteilsfiktion **96** 3, 8
Fruchtverteilung **101** 5
Früchte **99** 11
Minderjährigengeschäfte **107** 5, 16
Rechenfehler
Falschbezeichnung, unschädliche **119** 54
interner Rechenfehler **119** 62
Offenkundigkeit **119** 54
Rechnung
Anfechtbarkeit **119** 106
Schweigen, normiertes **Vorbem 116 ff** 74
Rechte
Bestandteile **93** 13
Bestandteilsfiktion **96** 1 ff
Eigenschaftsirrtum **119** 95
Grundstücksbestandteile **90** 4; **93** 7
Lasten **103** 5
unkörperliche Gegenstände **90** 4
Zubehör **97** 8
Rechtsansicht
arglistige Täuschung **123** 7
Rechtsbindungswille
Abgabe der Willenserklärung **130** 28 ff, 33
Auslegung **133** 8, 26
Betriebsübung **Vorbem 116 ff** 56

Rechtsbindungswille (Forts)
Erlassfalle **Vorbem 116 ff** 29
invitatio ad offerendum **Vorbem 116 ff** 29
Scheingeschäft **117** 10 ff
Verlautbarung **130** 29
Willenserklärung **Vorbem 116 ff** 29
Rechtsfähigkeit
Begriff **Vorbem 104–115** 3
Internationales Privatrecht **Vorbem 104–115** 17
Unterscheidungstheorie **Vorbem 104–115** 4
Rechtsfolgeirrtum
Inhaltsirrtum **119** 67, 71
Unbeachtlichkeit **119** 67, 69
Rechtsfolgemotivirrtum
Verschulden des Anfechtungsgegners **119** 74
Rechtsfrüchte
s a Früchte
Bodenbestandteile, gewonnene **99** 13
Eigentum **99** 13
Eigentumserwerb **101** 2
mittelbare Rechtsfrüchte **99** 4; **101** 2
Rechtserträge **99** 4, 11 f
Bestimmungsgemäßheit **99** 12
Stammrecht **99** 12
unmittelbare Rechtsfrüchte **99** 4, 11; **101** 2, 4
Rechtsgegenstand
s Gegenstand
Rechtsgesamtheiten
Begriff **90** 72
Herausgabeklage **90** 73
Inbegriff **90** 73
Spezialitätsgrundsatz **90** 73
universitas iuris **90** 72
Verfügungen **90** 73
Verpflichtungsgeschäfte **90** 73
Zubehör **97** 11
Zwangsvollstreckung **90** 73
Rechtsgeschäfte
Auslegung **133** 3
Unwirksamkeit, relative **Vorbem 116 ff** 5
Unwirksamkeit, schwebende
s dort
Willenserklärung **Vorbem 116 ff** 5
Rechtsgeschäfte, einseitige
Alltagsgeschäfte **105a** 6
Bestätigung **111** 9
Beweislast **111** 14
Einverständnis des Erklärungsempfängers **111** 4
Einwilligung **106** 3; **108** 2; **111** 14; **131** 5
fehlende Einwilligung **111** 1 f, 9
Inkenntnissetzen von der Einwilligung **111** 12
Schriftform **111** 10
Empfangsbedürftigkeit **111** 1 f
Genehmigungsunfähigkeit **111** 1; **131** 6

880

Rechtsgeschäfte, einseitige (Forts)
  Geschäftseinheit **111** 3 f
  Gutglaubensschutz **111** 10
  nicht empfangsbedürftige Rechtsgeschäfte **111** 2
  Nichtigkeit **111** 9 f
  an die Öffentlichkeit gerichtete Geschäfte **133** 17
  Rechtsnachteil **111** 2
  Volljährigkeitseintritt **111** 9
  Wahrnehmungsfehler **130** 118
  Zugang **111** 1
  Zurückweisung **111** 11, 13
    Unverzüglichkeit **111** 11
  Zurückweisungsbefugnis **111** 1
  Zurückweisungsrecht **111** 10, 12
Rechtsgeschäftsähnliche Rechtshandlungen
  Aufforderung zur Erklärung über die Genehmigung **108** 12
  einseitige Rechtshandlungen **111** 8
  Einwilligung **107** 44
    fehlende Einwilligung **Vorbem 104–115** 88
    des gesetzlichen Vertreters **Vorbem 104–115** 86
  Empfangsbedürftigkeit **Vorbem 104–115** 88
  Geschäftsfähigkeitsmangel **Vorbem 104–115** 85 ff
  lediglich rechtlich vorteilhafte Rechtshandlungen **Vorbem 104–115** 87
  lediglich rechtlicher Vorteil **107** 44
  Mitteilungszweck **Vorbem 104–115** 86
Rechtsgeschäftslehren
  fiktive Rechtsgeschäftslehren **Vorbem 116 ff** 18
  kombinatorische Rechtsgeschäftslehren **Vorbem 116 ff** 19
  legale Rechtsgeschäftslehren **Vorbem 116 ff** 18
  normative Rechtsgeschäftslehren **Vorbem 116 ff** 18
  Willenserklärung **Vorbem 116 ff** 14 ff
Rechtsgut
  s Gut
Rechtshandlungen, sonstige
  Geschäftsfähigkeitsmangel **Vorbem 104–115** 85 ff
Rechtsinbegriffe
  s Rechtsgesamtheiten
Rechtsirrtum
  Anfechtung **119** 43, 67
  Aufklärungspflicht **119** 68, 74 f
  Auslegung, teleologische **119** 68, 73
  Erheblichkeit **119** 77
  Erkennbarkeit **119** 74
  Geschäftsgrundlage **119** 73
  Motivirrtum **119** 78
  Rechtssetzung, autonome **119** 67 f

Rechtsirrtum (Forts)
  Rechtssetzung, heteronome **119** 67 f
  Sachkunde, überlegene **119** 74
  Veranlassung **119** 68, 74
  Vertrauensschutz **119** 74
  Wegfall der Geschäftsgrundlage **119** 77
Rechtsmängelhaftung
  Gewährleistungsrecht, Vorrang **119** 85
  Irrtumsanfechtung **119** 69
Rechtsmittel
  Rechtsbindungswille **130** 31
Rechtsnachteil
  Annahmeverzug **107** 5
  Aufforderung zur Erklärung über die Genehmigung **Vorbem 104–115** 88
  Begriff **107** 2
  Belastung, dingliche **107** 24
  Einwilligungsbedürftigkeit des Rechtsgeschäfts **107** 3, 22 ff
  Erfüllungsgeschäft **107** 31
  Erwerb, unentgeltlicher **107** 5
    Duldung der Zwangsvollstreckung **107** 5
  Erwerbsgeschäfte mit Verpflichtungsfolgen **107** 26 ff
  Fallgruppen **107** 7 f, 12
  Forderungsverlust **107** 25
  Genehmigung **108** 1
  Gestaltungsrechte **107** 32
  Grundgeschäft **107** 31
  Kommunalabgaben **107** 5, 12
  künftiger Rechtsnachteil **107** 7
  Nebenleistungspflichten **107** 23
  Polizeipflicht **107** 5, 12
  rechtsgeschäftsähnliche Rechtshandlungen **107** 44
  Rücktrittsvorbehalt **107** 31
  Schadensersatzpflicht **107** 5
  Steuerpflicht **107** 5, 12
  Ungefährlichkeit, abstrakte **107** 7 f
  Unmittelbarkeit **107** 6 ff
  Verbindlichkeiten **107** 23
  Vermögensgesamtheiten **107** 5
  Vertrag, gegenseitiger **107** 23
Rechtsscheinhaftung
  Irrtumsanfechtung **119** 106
Rechtsverhältnis
  Definition **Vorbem 90–103** 4
Rechtswahl
  stillschweigende Rechtswahl **133** 48
Rechtzeitigkeit
  Absendung der Erklärung **130** 23, 36
  Zugang der Erklärung **130** 74, 76
Rechtzeitigkeitsfiktion
  Regelung, ausdrückliche **130** 24
  Zugang **130** 81; **132** 2
  Zustellung durch Gerichtsvollzieher **130** 86; **132** 2

Reflexe
Handlungsfähigkeit **Vorbem 116 ff** 27
Registereintragung
Auslegung **133** 72
Mentalreservation **116** 11
Reifen
Bestandteilseigenschaft **93** 39
Sonderrechtsfähigkeit **93** 20
Reimporte
Aufklärungspflicht **123** 16
Reimportverbot
Umgehungsgeschäft **117** 16
Reisebüro
Auslegung der Erklärung **133** 49
Empfangsbotenschaft **130** 57
Rektapapiere
Geschäftsfähigkeitsmangel **Vorbem 104–115** 53
gutgläubiger Erwerb **Vorbem 104–115** 53
Relative Unwirksamkeit
Rechtsgeschäft **Vorbem 116 ff** 5
Religiöse Betätigung
Gegenstandsbegriff **Vorbem 90–103** 4
Religion
Fragerecht des Arbeitgebers **123** 36
Religionsfreiheit
Altersgrenze **Vorbem 104–115** 102 f
Austritt aus einer Religionsgemeinschaft **Vorbem 104–115** 103
Beitritt zu einer Religionsgemeinschaft **Vorbem 104–115** 103
Schulverwaltung **Vorbem 104–115** 103
Religionsgemeinschaft
res sacrae **Vorbem 90–103** 19 f
Religionsmündigkeit
Altersgrenzen **Vorbem 104–115** 15, 103
Handlungsfähigkeit **Vorbem 104–115** 15
Handlungsfähigkeit, partielle **Vorbem 104–115** 99
Remissionen
Beweislast **104** 18
Geschäftsfähigkeit **104** 13
Störung der Geistestätigkeit, vorübergehende krankhafte **104** 12
Rentenschein
Verlustanzeige **Vorbem 104–115** 87
Rentenversicherung, gesetzliche
Rechtsertrag **99** 11
res corporales
Sachbegriff **Vorbem 90–103** 2
res extra commercium
res religiosae **Vorbem 90–103** 25
Verkehrsunfähigkeit **Vorbem 90–103** 12
res incorporales
Sachbegriff **Vorbem 90–103** 2
res religiosae
res extra commercium **Vorbem 90–103** 25
res sacrae
Außerdienststellung **Vorbem 90–103** 21

res sacrae (Forts)
Entwidmung **Vorbem 90–103** 21
Herausgabeklage **Vorbem 90–103** 23
öffentliche Sachen **Vorbem 90–103** 19
Privateigentum, modifiziertes **Vorbem 90–103** 22
Rechtsgeschäfte **Vorbem 90–103** 23
Verkehrsfähigkeit **Vorbem 90–103** 21
Widmung **Vorbem 90–103** 19 f, 24
Widmungszweck **Vorbem 90–103** 19, 24
Zweckbestimmung **Vorbem 90–103** 19
Restaurant
Essensreste, Aneignung **133** 55
Restitutionsklage
arglistige Täuschung **119** 107
Drohung **119** 107
Reurecht
Anfechtungsrecht **119** 103
Römisches Recht
accessio **94** 1
actio de dolo malo **123** 3
actio doli **123** 3
arglistige Täuschung **123** 3
auctoritas **Vorbem 104–115** 106; **106** 4
Auslegung **133** 5
Bestandteile **93** 2 f
conventio **130** 18
dolus causam dans **123** 3
dolus incidens **123** 3
Eheschließung **Vorbem 104–115** 106
Entmündigung **Vorbem 104–115** 108
exceptio doli **123** 3
Formalgeschäft **130** 18
Frauen **Vorbem 104–115** 108
Fruchtverteilung **101** 3
Gewinnungskosten **102** 1
Geisteskranke **Vorbem 104–115** 108
Geschäftsfähigkeit **Vorbem 104–115** 106
beschränkte Geschäftsfähigkeit **106** 1
Geschlechtsvormundschaft **Vorbem 104–115** 108
Grundstücksbestandteile **93** 2
implantatio **94** 1
impuberes **Vorbem 104–115** 106 f
inaedificatio **94** 1
Kinder **Vorbem 104–115** 106
Konsensualgeschäft **130** 18
Kuratorenbestellung **Vorbem 104–115** 107
lex Laetoria **Vorbem 104–115** 106 f
Mündigkeitsalter **Vorbem 104–115** 106 f
negotia claudicantia **Vorbem 104–115** 106; **108** 3
patria potestas **Vorbem 104–115** 111
puberes **Vorbem 104–115** 106 f
res extra commercium **Vorbem 90–103** 12, 19; **90** 20
res religiosae **Vorbem 90–103** 25
res sacrae **Vorbem 90–103** 19
Sachbegriff **Vorbem 90–103** 2

Römisches Recht (Forts)
Sacheinheit 93 2 f
Sachteile 93 2 f
Scheinbestandteile 95 1
sententia 133 5
superficies solo cedit 94 1; 95 1
Testamentserrichtung **Vorbem 104–115** 106
tutela impuberis **Vorbem 104–115** 106 f
Unmündige, dem Kindesalter entwachsene **Vorbem 104–115** 106
verba 133 5
Verschwender **Vorbem 104–115** 108
vertretbare Sachen 91 1
Volljährigkeitserklärung **Vorbem 104–115** 111
voluntas 133 5
Vormundschaft **Vorbem 104–115** 106 f
Zubehör 97 1
Rohbau
Gebäudebegriff 94 23
Rohstoffvorräte
Zubehöreigenschaft 97 16
Rolltreppe
Bestandteilseigenschaft 94 32
Rückgriffskondiktion
Geschäftsfähigkeitsmangel **Vorbem 104–115** 82
Rücktritt
Abgabe der Willenserklärung 130 33
arglistige Täuschung 123 99 f
Auslegung 133 47, 53
Drohung, widerrechtliche 123 99
Einwilligungsbedürftigkeit 107 32
Genehmigungsunfähigkeit 111 2
Rufumleitung
Zugang 130 60, 91
Russland
Anfechtungsklage **Vorbem 104–115** 135
deesposobnost **Vorbem 104–115** 131
Eheschließungsfähigkeit **Vorbem 104–115** 132
Emanzipation **Vorbem 104–115** 132, 135
Geschäftsfähigkeit **Vorbem 104–115** 131
Geschäftsfähigkeitserklärung **Vorbem 104–115** 134
Geschäftsunfähigkeit **Vorbem 104–115** 133
Handlungsfähigkeit **Vorbem 104–115** 131
  Beschränkung **Vorbem 104–115** 131
  Verzicht **Vorbem 104–115** 131
Minderjährige **Vorbem 104–115** 132
  im Kindesalter **Vorbem 104–115** 133
Minderjährigengeschäft **Vorbem 104–115** 132 f, 135
  Alltagsgeschäfte **Vorbem 104–115** 133
  Vorteil, unentgeltliche Erlangung - **Vorbem 104–115** 133
Minderjährigenhaftung **Vorbem 104–115** 132
Pflegschaft **Vorbem 104–115** 134

Russland (Forts)
Volljährigkeit **Vorbem 104–115** 131
Vormundschaft **Vorbem 104–115** 134

Saatgut
Zubehöreigenschaft 98 13
Sachdarlehen
vertretbare Sachen 91 8
Sacheinheiten
Einzelsachen, Vielzahl 90 66
Sachen
Abgegrenztheit **Vorbem 90–103** 9; 90 1, 7, 63
absolute Rechte **Vorbem 90–103** 9
Beherrschbarkeit **Vorbem 90–103** 9, 12; 90 1 ff, 7, 63
bewegliche Sachen
  s dort
Definition **Vorbem 90–103** 4; 90 1 ff
einfache Sachen 90 1, 63
Einzelsache 90 63, 66
  Kohärenz, physische 90 63; 93 8
  Verbindung, feste 90 63
Körperlichkeit **Vorbem 90–103** 9; 90 1 ff, 63
  s a dort
Mengensachen 90 66; 91 2
Objekte des Rechtsverkehrs **Vorbem 90–103** 1
öffentliche Sachen
  s dort
unbewegliche Sachen
  s dort
Verkehrsanschauung 90 63 ff
Verkehrsfähigkeit **Vorbem 90–103** 12
vertretbare Sachen
  s dort
zusammengesetzte Sachen 90 1, 64
  Pfändung 93 44
Sachfrüchte
s a Früchte
Ausbeute 99 12
Ausbeute, sonstige 99 4 f, 8 ff
Eigentumserwerb 101 2
Erzeugnisse einer Sache 99 4
mittelbare Sachfrüchte 99 4
unmittelbare Sachfrüchte 99 4; 101 2, 4
Sachgesamtheiten
Auskunftspflicht 90 68
Begriff 90 67; 93 7
Bezeichnung, einheitliche 93 10
Eigenschaftsirrtum 119 95
Eigentumsschutz 90 68
Eigentumsübertragung 90 69
gutgläubiger Erwerb 90 69
Hauptsache, Veräußerung 90 68
Herausgabe 90 68
Herausgabeklage 90 71
Inbegriff 90 73

Sachgesamtheiten (Forts)
  Inventar **90** 67 f, 70
  Kaufvertrag **90** 68
  Komplementärsachen **90** 67
  Nießbrauchsbestellung **90** 69
  Pachtvertrag **90** 68
  Pfändung **90** 71
  Sammelbezeichnung **90** 67, 69, 71
  Spezialitätsgrundsatz **90** 69
  universitas facti **90** 67
  Verbrauchbarkeit der Sache **90** 68; **92** 3
  Verfügungen **90** 69
  Verletzungsschutz **90** 68
  wechselnder Bestand **90** 69
  Zubehör **90** 68; **97** 10
  Zubehörfähigkeit **97** 7
  Zwangsvollstreckung **90** 71
Sachinbegriffe
  s Sachgesamtheiten
Sachmängelgewährleistung
  Anfechtungsausschluss **119** 109
Sachmängelhaftung
  Gewährleistungsausschluss **119** 105
  Irrtumsanfechtung **119** 69
Sachsenspiegel
  Mündigkeit **Vorbem 104–115** 110
  Pflegebefohlene **Vorbem 104–115** 110
  Testierfähigkeit **Vorbem 104–115** 110
Sachverhaltsirrtum
  Anfechtung **119** 4
  erweiterter Sachverhaltsirrt **119** 56
Sächsisches BGB
  Altersgrenzen **Vorbem 104–115** 112
  Ehemündigkeit **Vorbem 104–115** 112
  Frauen **Vorbem 104–115** 112
  Gebrechliche **Vorbem 104–115** 112
  Gutglaubensschutz **Vorbem 104–115** 112
  Handlungsfähigkeit **Vorbem 104–115** 112
  Taubstumme **Vorbem 104–115** 112
  Testamentserrichtung **Vorbem 104–115** 112
  Testierfähigkeit **Vorbem 104–115** 112
  des Vernunftgebrauchs entbehrende Personen **Vorbem 104–115** 112
Saldenmitteilung
  Schweigen, normiertes **Vorbem 116 ff** 74
Samen
  Bestandteilseigenschaft **94** 18
Sammlermünzen
  vertretbare Sachen **91** 6
Sammlungen
  Sachgesamtheiten **90** 67
Sand
  Ausbeute, sonstige **99** 8
Sarg
  Unpfändbarkeit **Vorbem 90–103** 29
Satelliten-Empfangsanlage
  Zubehöreigenschaft **97** 26
Satzung
  Auslegung **133** 24, 73 f, 81

Satzung (Forts)
  Geschäftsfähigkeitsmangel **Vorbem 104–115** 33 ff
Sauna
  Bestandteilseigenschaft **93** 23; **94** 36
Schadensersatzrecht
  vertretbare Sachen **91** 9
Schädel
  Eigentum **90** 52
Schallwellen
  Sachqualität **90** 2
Schankerlaubnis
  Scheingeschäft **117** 17
Schatzfund
  Geschäftsfähigkeitsmangel **Vorbem 104–115** 89
Schaukel
  Scheinbestandteilseigenschaft **95** 8
Scheck
  Auslegung **133** 14, 72
  verbrauchbare Sache **92** 2
Scheckbegebung
  Vorteilhaftigkeit, rechtliche **107** 11
Scheckeinlösung
  Annahmewille **133** 57
Scheckerklärung
  Auslegung **133** 24
Scheinadoption
  Gültigkeit **117** 5
Scheinbestandteile
  Bestandteilseigenschaft, Ausschluss **95** 3 f, 27
  Beweislast **95** 31
  dingliches Recht, Wegfall **95** 23
  Eigentumserwerb **95** 23, 29
    Verarbeitung **95** 29
    Verbindung **95** 29
  Energie-Contracting **95** 16
  Fahrnisrecht **95** 28 ff
  feste Verbindung, fehlende **95** 3
  Gebäude, Einfügung in **95** 16
  Gebäude, Veräußerung **95** 29
  Grundstückserwerb **95** 14
  Mietereinbauten **95** 16
  Nießbrauch **95** 18, 29
  Notwegerecht **95** 29
  obligatorische Rechte **95** 8, 18
  Pfändungsschutz **95** 30
  Revisibilität **95** 31
  Sachqualität **95** 28 ff
  Umwidmung wesentlicher Grundstücksbestandteile **95** 15
  Verbindung, vorübergehende **95** 5
    befristeter Vertrag **95** 11
    durch Grundstückseigentümer **95** 13
    Lebensdauer der eingefügten Sache **95** 11
    Verschleiß **95** 11
    Vertragslaufzeit **95** 11

Scheinbestandteile (Forts)
  Wegfall **95** 6
  Verpfändung **95** 29
  Versorgungsleitungen **94** 11; **95** 20
  Vertretbare Sachen **95** 3
  Windkraftanlagen **94** 12; **95** 11, 20
  Wohnraummiete **95** 29
  Zubehöreigenschaft **95** 27, 30
  Zubehörfähigkeit **97** 5
  Zwangsversteigerung **95** 30
  Zwangsvollstreckung **95** 30
  Zweck, vorübergehender **95** 4 ff, 16, 31
    Änderung der Zweckbestimmung, nachträgliche **95** 14 f
    Trennungsaufwand, unverhältnismäßiger **95** 12
    Willensrichtung, innere **95** 6 ff, 14
    Zerstörung durch Trennung **95** 12
Scheinbeurkundung
  Zwang zur Täuschung **133** 41
Scheinehe
  Aufhebbarkeit **117** 4
Scheinforderung
  Abtretung **117** 22
Scheingeschäft
  Aufhebungsvereinbarung, antizipierte **117** 1
  Beweislast **117** 28
  Darlegungslast **117** 28
  deliktische Haftung **117** 24
  dissimuliertes Rechtsgeschäft **117** 1, 25, 28
    Form **117** 25
    Genehmigungserfordernisse **117** 25
    Umgehungsgeschäft **117** 25
  Einverständnis der Parteien **116** 14; **117** 1 f, 7; **118** 7
  Falschbezeichnung **117** 12
  Feststellungsklage **117** 23
  Geschäftswille **Vorbem 116 ff** 30
  Gutglaubensschutz **117** 21
  Indizien **117** 28
  mehrere Parteien auf einer Seite des Rechtsgeschäfts **117** 8
  misslungenes Scheingeschäft **117** 2, 9; **118** 1, 7
  Nichtgeltung des Erklärten **117** 1 f
  Nichtigkeit **Vorbem 116 ff** 30; **117** 2, 21
  non liquet **117** 28
  Rechtsbindungswille **117** 1, 10 ff
  Rechtsscheinhaftung **117** 23 f
  Scherz, böser **118** 7
  Simulation **117** 1, 7
  Stellvertretung **117** 8
  subjektiver Simulationsbegriff **117** 10
  Täuschungsabsicht gegenüber Dritten **117** 2; **118** 7
  Umgehungsgeschäft **117** 15
  Urkunde, Aushändigung **117** 22
  Verheimlichungsabsicht **133** 42

Scheingeschäft (Forts)
  Verkehrsschutz **117** 2, 21
  Vertrauensschutz **117** 2, 8, 21 ff
  Willenserklärungen, amtsempfangsbedürftige **117** 3
  Willenserklärungen, empfangsbedürftige **117** 3
  Zwangsvollstreckung **117** 21
Scheingesellschaft
  Simulationseinwand **117** 6
Scheinkaufmann
  Geschäftsfähigkeit **Vorbem 104–115** 52
  Verkehrsschutz **119** 116
Scheinzession
  deliktische Haftung **117** 24
  Einstandspflicht **117** 22
Schenkung
  Alltagsgeschäft **105a** 5
  Annahmeverzug **107** 9
  Ausgleichungsanordnung **107** 10
  Bedingung, auflösende **107** 10
  Belastung, dingliche **107** 16
    Vorbehalt dinglicher Rechte **107** 17
  Darlehensforderung **107** 10
  Ergänzungspflegschaft **105** 9; **107** 15 f
  Genehmigung **108** 2, 9
  grober Undank **107** 5 f, 9
  Herausgabepflicht **107** 5 f, 9
  Irrtumsanfechtung **119** 109
  Minderjährigengeschäft **107** 5, 15 f, 31
  Miteigentumsanteil **107** 10
  Nebenpflichten **107** 9
  Nießbrauchsbestellung **107** 15
  Nießbrauchsvorbehalt **107** 17
  Rücktrittsvorbehalt **107** 10
  Rückübertragungspflicht **107** 10
  Verarmung des Schenkers **107** 5 f, 9
  Vorteilhaftigkeit, rechtliche **107** 6, 9 f
  vorweggenommene Erbfolge **107** 10
  Wegfall der Bereicherung **107** 9
  Widerrufsvorbehalt **107** 10
Schenkung unter Auflage
  Auflagenvollziehung **107** 5
  Einwilligungsbedürftigkeit **107** 10
  Nießbrauchsbestellung **107** 18
Schenkungsversprechen auf den Todesfall
  Widerruf **130** 105, 107
Schenkungswiderruf
  Testament **130** 12, 106
Scherzerklärung
  Aufklärungspflicht **118** 8
  Beweislast **118** 8
  böser Scherz **116** 4, 14; **118** 7 f
  Erfüllungshaftung **Vorbem 116 ff** 37
  Erklärungsbewusstsein, fehlendes **Vorbem 116 ff** 31, 33 f; **118** 5
  guter Scherz **116** 14; **118** 7
  Kennenmüssen **118** 2
  Kenntnis **118** 2

Scherzerklärung (Forts)
  Mangel der Ernstlichkeit **118** 1
  Nichternstlichkeit der Erklärung, Erwartung der Erkennbarkeit **118** 3 f
  Nichtigkeit **118** 1, 5
  Scheingeschäft, misslungenes **118** 1
  Vertrauensschaden **Vorbem 116 ff** 31; **118** 2 f, 5; **122** 1, 3
  Willenserklärung, nicht empfangsbedürftige **118** 6
Schiedsrichterablehnung
  Irrtumsanfechtung **119** 109
Schiedsspruch
  Auslegung **133** 28
Schiedsvereinbarung
  Auslegung **133** 24
Schiffe
  Anker **94** 38
  Ankerkette **94** 38
  eingetragene Schiffe **90** 62; **94** 38; **95** 2
  Zubehör **97** 32
  Flaggen **97** 26
  Funkanlagen **94** 38
  Navigationsanlagen **94** 38
  nicht eingetragene Schiffe **90** 62; **94** 38
  Radaranlage **94** 38
  Rettungsboote **97** 26
  Sacheigenschaft **90** 62
  Schiffszubehör **97** 3, 26
  Seekarten **97** 26
  Segel **97** 26
  Signalapparate **97** 26
  Zubehör **97** 32
Schiffsbrief
  Ausweisfunktion **90** 57
Schiffsmotor
  Bestandteileigenschaft **93** 21; **94** 38
Schlachtvieh
  Verbrauchbarkeitsbegriff **92** 4
Schlüssel
  s Türschlüssel
Schlüssigkeitsirrtum
  Anfechtung **Vorbem 116 ff** 81
  Anfechtungsausschluss **Vorbem 116 ff** 67, 71
  Schweigen, Bedeutung **Vorbem 116 ff** 79
Schlussrechnung
  Anfechtbarkeit **119** 106
  Annahme, vorbehaltlose **Vorbem 116 ff** 74
Schmerzerklärung
  Mangel der Ernstlichkeit **118** 1
Schnee
  Sachqualität **90** 2
Schneeflocken
  Sachqualität **90** 2
Schrankwand
  Bestandteileigenschaft **93** 23; **94** 36
Schriftsatz
  Fristwahrung **130** 36

Schriftsatz (Forts)
  Prozessvollmacht, Widerruf **130** 31
  Vollendung der Willenserklärung **130** 31
  Zugang **130** 50 f
  Zustellung, demnächstige **130** 36
Schriftsatz, fristgebundener
  eingescannte Unterschrift **130** 98
  PDF **130** 98
  Telefax **130** 98
  Übermittlung, elektronische **130** 98
  Übermittlung, Rechtzeitigkeit **130** 98
  Zugang **130** 50 f, 76
Schrott
  Verarbeitung **99** 9
Schuhe
  Komplementärsache **90** 67
Schuldanerkenntnis
  arglistige Täuschung **123** 7
Schuldanerkenntnis, negatives
  Vorteilhaftigkeit, rechtliche **107** 19
Schuldbeitritt
  Auslegung **133** 9
  Rechtsnachteil **107** 23
  Umdeutung **133** 9
Schuldschein
  Sacheigenschaft **90** 55 f
  Scheingeschäft **117** 12
  Zubehöreigenschaft **97** 8
Schuldübernahme
  arglistige Täuschung **123** 63
  Rechtsnachteil **107** 23
Schule
  Einrichtung, öffentliche **Vorbem 90–103** 15
  Heizungsanlage **94** 31
Schulen
  Benutzungsverhältnis, öffentlich-rechtliches **Vorbem 104–115** 101
Schutzpflichtverletzung
  Integritätsinteresse **122** 21
Schutzrechtsanmeldung
  Vorteilhaftigkeit, rechtliche **107** 11
Schwabenspiegel
  Mündigkeit **Vorbem 104–115** 110
Schwangerschaft
  Arbeitnehmer **119** 89
  Arbeitsvertrag, befristeter **119** 94
  Beschäftigungsbeschränkung **119** 94
  Beschäftigungsverbot **119** 94
  Eigenschaftsirrtum **119** 87, 89
  Fragerecht des Arbeitgebers **123** 32, 39
  Irrtumsanfechtung, Diskriminierung **119** 89, 94
  Motivirrtum **119** 75
Schwangerschaftsabbruch
  Betreuerbestellung **Vorbem 104–115** 61
  Einwilligung **Vorbem 104–115** 61
  Einwilligungsersetzung **Vorbem 104–115** 61

Schwarzbeurkundung
  Auflassung **117** 26
  Erwerbsverbot **117** 26
  falsa demonstratio non nocet **117** 26; **133** 36
  Mangel der Ernstlichkeit **118** 7
  Scheingeschäft **117** 1, 8, 14 f, 26
  Heilung **117** 26
  Vertrauensschutz **117** 23
Schwarzfahren
  Bereicherungsanspruch **107** 40
  Entgeltpflicht, erhöhte **Vorbem 104–115** 31, 101; **133** 60
  Generalkonsens **107** 40
  Taschengeldgewährung **110** 10
Schwarzgeldabrede
  Scheingeschäft, Nichtigkeit **117** 21
Schwebende Unwirksamkeit
  Aufforderung zur Erklärung über die Genehmigung **108** 12, 14 f, 17
  Bindungswirkung **108** 3, 12; **109** 1
  Genehmigung einwilligungsbedürftiger Verträge **108** 3
  Geschäftsfähigkeitsmangel **Vorbem 104–115** 26, 88
  Rechtsgeschäft **Vorbem 116 ff** 5
  Rechtsmissbrauch **108** 22
  Tod des Minderjährigen **108** 4
  Zwei-Wochen-Frist **Vorbem 104–115** 88; **108** 17
Schwebende Wirksamkeit
  Anfechtung **121** 1
Schweigen
  Anerkenntnis **Vorbem 116 ff** 61
  Anfechtungsausschluss **Vorbem 116 ff** 67 ff; **119** 43; **123** 2
  Auslegung **Vorbem 116 ff** 60
  Erklärungsbedeutung **133** 44, 57
  Erklärungsbewusstsein **Vorbem 116 ff** 78
  Geschäftsfähigkeit **Vorbem 116 ff** 66
  gesetzlich normiertes Schweigen **Vorbem 116 ff** 62 f
  Irrtum über die Bedeutung des Schweigens **Vorbem 116 ff** 67; **119** 43
  kaufmännischer Verkehr **Vorbem 116 ff** 64; **133** 70
  kaufmännisches Bestätigungsschreiben **Vorbem 116 ff** 73, 79
  Schlüssigkeitsirrtum **Vorbem 116 ff** 67, 71, 79, 81
  Schweigen des Kaufmanns **Vorbem 116 ff** 75
  Tatsachenirrtum **Vorbem 116 ff** 68, 71, 79
  Vereinbarung **Vorbem 116 ff** 61
  Widerspruch, Verpflichtung zum **Vorbem 116 ff** 77
  Willenserklärung **Vorbem 116 ff** 60
  konkludente Willenserklärung **Vorbem 116 ff** 78, 81

Schweiz
  Bestandteile **93** 47; **95** 32
  Ehemündigkeit **Vorbem 104–115** 122
  Einsichtsfähigkeit **104** 17
  Elektrizität **90** 11
  Entmündigung **Vorbem 104–115** 121
  Ermächtigung **Vorbem 104–115** 121
  Fahrnisbaute **95** 32
  Fruchtbegriff **99** 21
  Früchte, natürliche **99** 21
  Gegenstandsbegriff **Vorbem 90–103** 8
  Geschäftsfähigkeit **Vorbem 104–115** 119
    Verzicht **Vorbem 104–115** 11
  Geschäftsfähigkeitsmangel **Vorbem 104–115** 28
  Geschäftsunfähigkeit **104** 17
  Grundpfand **99** 21
  Handlungsfähigkeit **Vorbem 104–115** 6, 119
    Beirat **Vorbem 104–115** 122
  Handlungsunfähigkeit **Vorbem 104–115** 119 f
    beschränkte Handlungsunfähigkeit - **Vorbem 104–115** 122 f
  Maschinen **93** 47
  Mündigkeit **Vorbem 104–115** 119
  Nutznießung **99** 21
  Sacheinheit **93** 4
  Testierfähigkeit **Vorbem 104–115** 122
  Urteilsfähigkeit **Vorbem 104–115** 119, 121 f
    Kindesalter **Vorbem 104–115** 119 f
  Versorgungsleitungen, Sonderrechtsfähigkeit **94** 11; **95** 15
  Versorgungsleitungen, Zubehöreigenschaft **95** 32; **97** 37
  Willensfähigkeit **104** 17
  Zivilfrüchte **99** 21
  Zugehör **93** 47; **97** 37
    Grundpfandrechte **97** 37
  Zustimmung des gesetzlichen Vertreters **Vorbem 104–115** 122
Schwerbehinderteneigenschaft
  Diskriminierungsverbot **123** 37
  Eigenschaftsirrtum **119** 93
  Fragerecht des Arbeitgebers **123** 37, 45
  Integrationsabsicht **123** 37
  Gleichstellung **123** 37
  Kündigung, Unverzüglichkeit **121** 11
Schwimmbad
  Benutzungsverhältnis, öffentlich-rechtliches **Vorbem 104–115** 101
  Heizungsanlage **94** 31
Schwimmbecken
  Bestandteilseigenschaft **94** 8 f
Seeschiffe
  Übereignung **90** 62
Selbstbestimmung
  Anfechtung **Vorbem 116 ff** 25; **119** 104
  arglistige Täuschung **119** 5; **123** 1

Selbstbestimmung (Forts)
Auslegung **133** 6, 12, 18, 44
Drohung **119** 5; **123** 1, 64
falsa demonstratio non nocet **133** 13
Gerechtigkeit **Vorbem 116 ff** 10 f
Irrtum **119** 5
öffentlich-rechtlicher Vertrag **119** 108
Privatautonomie **Vorbem 116 ff** 8 ff, 14, 18; **119** 1
volenti non fit iniuria **Vorbem 116 ff** 11
Willenserklärung **Vorbem 116 ff** 8 ff, 13 f, 17, 72; **122** 1; **130** 104
Auslegung **133** 1
Zugang **130** 39, 45, 49 f, 52, 54

Selbstverantwortung
Aufklärungspflicht **123** 12
Auslegung **133** 6, 18
Irrtum **Vorbem 116 ff** 25; **119** 5, 68
Kaufvertrag **123** 13
Motivirrtum **119** 57
Privatautonomie **Vorbem 116 ff** 19; **119** 5; **123** 11
Vertrauensschaden **119** 60

semel demens semper talis praesumitur
lichte Zwischenräume **104** 18

Serienmaschinen
Bestandteilseigenschaft **93** 18, 27; **94** 27

Serienteile
Bestandteilseigenschaft **93** 19
Sonderrechtsfähigkeit **93** 18

Sexuelle Orientierung
Fragerecht des Arbeitgebers **123** 33

Sicherheitsleistung
Schriftform **132** 3
Zustellung durch Gerichtsvollzieher **132** 3

Sicherungsübereignung
Rechtsbindungswille **117** 20
verbrauchbare Sachen **92** 6
Zubehörstücke **97** 27

Sicherungszession
Rechtsbindungswille **117** 20

Silber
Falschbezeichnung, unschädliche **119** 54, 61

Simulation
s Scheingeschäft

Sittenwidrigkeit
arglistige Täuschung **123** 98
Drohung, widerrechtliche **123** 98

Sitzgarnitur
Komplementärsache **90** 67

Software
Application Service Providing **90** 15
Bedienungshandbuch **90** 14
Datenträger **90** 12 f
Download, Erwerb per **Vorbem 90–103** 10; **90** 15
Nutzungsüberlassung **90** 15
Pfändung **90** 16

Software (Forts)
Programminhalt **90** 12
Rechtsmangel **90** 14
Sachbegriff **90** 12 ff, 18
Sachmangel **90** 14
Überlassung, vertragliche **90** 14
Urheberrecht **90** 12 f
Verkauf **90** 14
Verschaffungsanspruch, Vollstreckung **90** 16
Warenbegriff **Vorbem 90–103** 10

Software/Bedienungshandbuch
Sachgesamtheit **90** 67

Soll-Beschaffenheitsvereinbarung
Irrtum **119** 47 f

Sondergebrauch
Sachen, öffentliche **Vorbem 90–103** 15

Sondergut
Sondervermögen **90** 76

Sondernutzungsrecht
Scheinbestandteile **95** 19

Sondervermögen
Begriff **90** 76
gesamthänderische Bindung **90** 76, 79
öffentliche Hand **90** 77
Rechtsgesamtheit **90** 72
Rechtspersönlichkeit **90** 78
Surrogation **90** 80
Verfügungsgeschäfte **90** 79
Verpflichtungsgeschäfte **90** 79

Sozialgerichtsbarkeit
Verfahrensfähigkeit **Vorbem 104–115** 95

Sozialleistungen
Erschleichen von Sozialleistungen **123** 89

Sozialmündigkeit
Handlungsfähigkeit, partielle **Vorbem 104–115** 99
Teilgeschäftsfähigkeit **113** 20

Sozialstaatsprinzip
Geschäftsfähigkeit **Vorbem 104–115** 20
Geschäftsfähigkeitsmangel **Vorbem 104–115** 38

Sozialtypisches Verhalten
Geschäftsfähigkeit **Vorbem 104–115** 31 f
Vertragsfreiheit **133** 60
Vertragsschluss **133** 59

Sozialversicherungsrecht
Befreiung von der Versicherungspflicht **113** 20
Teilgeschäftsfähigkeit **112** 10; **113** 20

Sozialverwaltung
Handlungsfähigkeit, partielle **Vorbem 104–115** 99
Verfahrensfähigkeit **Vorbem 104–115** 95, 98; **113** 20

Sparbuch
Auslegung **133** 52
Leistung mit befreiender Wirkung **Vorbem 104–115** 55; **133** 52

Sparbuch (Forts)
  Mittelüberlassung zur freien Verfügung **110** 15
Spedition
  Güterbegriff **Vorbem 90–103** 10
Speicherung
  Abrufbarkeit **130** 51
  Wirksamwerden der Willenserklärung **130** 16
  Zugang der Willenserklärung **130** 16, 44, 51, 73
Sperma
  Sachqualität **90** 32
Spezialitätsgrundsatz
  Rechtsgesamtheiten **90** 73
  Sachgesamtheiten **90** 69
  Sondervermögen **90** 79
  Vermögen **90** 75
Spezieskauf
  Identitätsirrtum **119** 46
  Soll-Beschaffenheitsvereinbarung **119** 47 f
Spiel
  Rechtsnachteil **107** 23
Spielfigur
  s Avatar
Spielplatz
  Benutzungsverhältnis, öffentlich-rechtliches **Vorbem 104–115** 101
Spielsperre
  Auslegung **133** 54
Spielsucht
  Geschäftsunfähigkeit, teilweise **104** 14
Sportplatz
  Benutzungsverhältnis, öffentlich-rechtliches **Vorbem 104–115** 101
  Einrichtung, öffentliche **Vorbem 90–103** 15
Sprachbedingte Missverständnisse
  Anfechtung **119** 8, 18 ff
Sprachrisiko
  Allgemeine Geschäftsbedingungen **119** 19
  Anfechtung **119** 24
  Auslegung der Erklärung **119** 18
  Dolmetscher **119** 23 f
  Erklärungen unter Abwesenden **119** 20
  Erklärungen unter Anwesenden **119** 20
  Erkundigungspflicht **119** 18
  Fremdsprachen **119** 17
  Inlandsgeschäfte **119** 18 f
  Irrtumsanfechtung **119** 17
  lex causae **119** 17
  Übersetzungshilfe **119** 23 f
  Unterschriftsirrtum **119** 24
  Verhandlungssprache **119** 18 f
  Vertragssprache **119** 18 f
  Zugang der Erklärung **119** 18; **130** 29, 72
Sprachunkundige Personen
  Auslegung von Erklärungen **119** 21
Staatsangehörigkeit
  Fragerecht des Arbeitgebers **123** 33

Staatsangehörigkeit (Forts)
  Fragerecht des Vermieters **123** 44
Staatssicherheitsdienst
  Fragerecht des Arbeitgebers **123** 42
Stammzellen, embryonale
  Sachqualität **90** 37
Standardsoftware
  Download, Erwerb per **90** 15
  Sachqualität **90** 14
  Überlassung, vertragliche **90** 14
  Vertretbarkeit **91** 4
stat pro ratione voluntas
  Rechtsgeschäft **Vorbem 116 ff** 10
Staub
  Sachqualität **90** 2
Staurecht
  Bestandteilsfiktion **96** 5
  Scheinbestandteile **95** 19
Steine
  Bestandteilseigenschaft **94** 30
Stellvertretung
  Geschäftsfähigkeit **Vorbem 104–115** 48 f
  Irrtum des Stellvertreters **120** 7
  Kollusion **116** 12; **117** 8
  Mentalreservation **116** 8, 12
  passiver Stellvertreter **130** 56
  Scheingeschäft **117** 8
  Zugang der Willenserklärung **130** 55
Sterilisation
  Einwilligung **Vorbem 104–115** 60
Steuerbescheid
  Auslegung **133** 29
Steuerhinterziehung
  Auslegung **133** 56
  Scheingeschäft **117** 13, 25
Steuern
  Lastentragung **103** 5 f
Steuerrecht
  Gestaltungsmöglichkeiten, Missbrauch **117** 15
  Grundstücksbestandteile **96** 9
  Sachbegriff **90** 6
  Scheingeschäfte **117** 13 f
  Schwarzbeurkundung
    s dort
  Umgehungsgeschäfte **117** 16
  Vereinbarungen unter nahen Angehörigen **117** 16
Stiftung
  Willenserklärung, amtsempfangsbedürftige **130** 13
Stiftungsgeschäft
  Auslegung **133** 17
Stiftungsvermögen
  Sondervermögen **90** 76
Stille Gesellschaft
  Gesellschaftsvertrag, Auslegung **133** 73
  Vorteilhaftigkeit, rechtliche **107** 29

Stimmabgabe
  Anfechtbarkeit **119** 106
  Irrtum in der Erklärungshandlung **119** 34
  Schweigen **Vorbem 116 ff** 51, 61
  Willenserklärung **Vorbem 116 ff** 51; **119** 106
Stimmrecht
  Rechtsinhalt **99** 17
Stockwerkseigentum
  Fortbestand **93** 28
Störung der Geistestätigkeit
  Abnormität **104** 7
    Entwicklungen **104** 9
    Erlebnisreaktionen **104** 9
    Persönlichkeiten **104** 9
    Triebanlagen **104** 9
    Verstandesanlagen **104** 9
  Alkoholabhängigkeit **104** 9
  Alkoholkonsum **105** 13
  Alzheimersche Erkrankung **104** 9
  Analphabetismus **104** 9, 14
  Ausschluss der freien Willensbestimmung **104** 8, 10 f, 14; **105** 13
    Beweislast **104** 18
    Nichtigkeitsfolge **105** 2, 7, 11, 14
    Sachverständigengutachten **104** 16
    Steuerbarkeit menschlichen Verhaltens **104** 10
    Überzeugungsbildung, richterliche **104** 16
    Ursächlichkeit **104** 10
  Beweislast **105** 15
  Dauer **104** 12
  Debilität **104** 9
  Delir **104** 12
  Demenz **104** 9
  Drogenabhängigkeit **104** 9
  Drogenkonsum **105** 13
  Empfang der Willenserklärung **131** 2
  Entzugssymptome **104** 12
  epileptischen Ausnahmezustände **104** 12
  Fieberwahn **104** 12
  Gehirnerkrankung **104** 8
  Geistesschwäche **104** 9
  Geistestätigkeit **104** 6
  Geschäftsunfähigkeit **104** 1, 4 f
  Idiotie **104** 9
  Imbezillität **104** 9
  Intoxikationen **104** 12
  körperliche Verletzungen, äußere **104** 9
  Krankhaftigkeit **104** 8
    biologischer Krankheitsbegriff **104** 8
    juristischer Krankheitsbegriff **104** 8
  Lebenszeit des Betroffenen **104** 12
  lichte Zwischenräume **104** 13
  manisch-depressives Irresein **104** 12, 18
  Motivationsdruck **105** 13
  Neurosen **104** 8 f
  Nichtigkeit der Willenserklärung **105** 14 f
  Oligophrenie **104** 9

Störung der Geistestätigkeit (Forts)
  Psychopathien **104** 8, 9
  Psychosen, endogene **104** 8 f
  Psychosen, exogene **104** 8 f
  Querulantenwahn **104** 14
  Remissionen **104** 13
  Sachverständigengutachten **104** 16
  Schwachsinn **104** 9
  Störung **104** 7
  Stress **105** 13
  triadisches System **104** 8
  Unheilbarkeit **104** 12
  vorübergehende krankhafte Störungen **104** 12; **105** 11, 13 f
  Testierunfähigkeit **105** 14
  unerlaubte Handlungen **105** 14
Stornorecht
  Vertrauenshaftung **122** 5
Sträucher
  Erzeugnisse **99** 7
Strafantrag
  Geschäftsfähigkeitsmangel **Vorbem 104–115** 97
Strafanzeige
  Drohung **123** 67, 70, 73, 76 f, 79
Strafmündigkeit
  Prozessvoraussetzung **Vorbem 104–115** 97
Strafrecht
  Abartigkeit, schwere seelische **104** 8
  Krankheitsbegriff **104** 8
  Sachbegriff **90** 6, 9
  Störung, krankhafte seelische **104** 8
Strafverfahren
  Verhandlungsfähigkeit **Vorbem 104–115** 97
Strahlen
  Sachqualität **90** 2, 10
Straßenzubehör
  Begriff **97** 3
Streik
  Drohung **123** 73
Streitgegenstand
  Begriff **Vorbem 90–103** 11
  Klagantrag **Vorbem 90–103** 11
  Tatsachenvortrag **Vorbem 90–103** 11
Streupflicht
  Lastenbegriff **103** 5
Strohmanngeschäft
  Kenntnis des Geschäftspartners **117** 17
  Rechtsbindungswille **117** 10
  Scheingeschäfte des Strohmanns **117** 17
  Umgehungsgeschäft **117** 17, 19
  Verbrauchereigenschaft des Strohmanns **117** 17
Strom
  s a Elektrizität
  Warenbegriff **Vorbem 90–103** 10
Studierende
  Verpflichtungsfähigkeit **106** 7

Stückschuld
　Nacherfüllung **91** 10
　vertretbare Sachen **91** 10
Subjektives Recht
　Eigeninteresse, geschütztes **Vorbem 90–103** 4
Subventionen
　Erschleichen von Subventionen **123** 89
Sukzessivlieferungsvertrag
　Eigenschaftsirrtum **119** 90
superficies solo cedit
　Grundstücksbestandteile **94** 1; **95** 1

Täuschung
　s Arglistige Täuschung
Täuschungsanfechtung
　s Arglistige Täuschung
Tagespreisklausel
　Auslegung, ergänzende **133** 62
Tankstelle
　Scheinbestandteilseigenschaft **95** 8
Tarifvertrag
　Andeutungstheorie **133** 75 f
　Anfechtung **119** 114
　Auslegung **133** 24, 75
　Bezugnahme, dynamische **133** 52
　Falschbezeichnung **133** 43, 75 f
　Unverzüglichkeit **121** 8
　Vertragstheorie **133** 75
　Vorvertrag **119** 114
Taschengeld
　Geldmittel **110** 11
Taschengeldgewährung
　Abonnementvertrag **110** 10
　Abzahlungsgeschäft **110** 10
　Anzahlungen **110** 10
　Arbeitsverdienst **110** 15
　Ausstattung **110** 14
　Bargeschäfte **110** 2, 10
　Bestimmungsrecht **110** 14
　Beweislast **110** 17
　Dauerschuldverhältnisse **110** 10
　Einwilligung **110** 2
　　konkludente Einwilligung **110** 2
　Einwilligung des gesetzlichen Vertreters **106** 10
　Einwilligungsbedürftigkeit **110** 7
　Erfüllungserfordernis **110** 1 f, 9
　Erfüllungsgeschäft **110** 2 f
　Erfüllungssurrogat **110** 9
　Erziehungszweck **Vorbem 104–115** 22; **110** 1
　Generalkonsens, beschränkter **107** 36; **110** 8, 17
　Grundbuchverkehr **110** 17
　Klingeltöne **110** 14
　Kreditgeschäfte **110** 10, 17
　Leistungsbewirkung durch den Minderjährigen **110** 1 f, 9 f, 16

Taschengeldgewährung (Forts)
　Lotteriegewinn **110** 13
　Mittelüberlassung **110** 2 f, 7, 11 ff
　Arbeitsleistung **110** 12
　Forderungen **110** 11
　Geld **110** 11
　Sachen **110** 11
　Überlassender **110** 13
　Wertpapiere **110** 11
　Zustimmung zur Mittelüberlassung **110** 3, 13
　Pauschalreise **110** 14
　Prozessfähigkeit **110** 16
　Schadensersatzpflicht **110** 16
　Schwarzfahren **110** 10
　Surrogate **110** 13
　Taschengeldparagraph **110** 1, 11
　Teilgeschäftsfähigkeit **110** 4 f, 16
　Teilleistungen **110** 10
　Überlassung zur freien Verfügung **110** 14 f
　Unterkunft, Anmietung **110** 8
　Verfügungsgeschäfte **110** 9
　Verpflichtungsvertrag **110** 2 f, 6 ff, 16
　Vertragsschluss **110** 7
　Widerrufsrecht des anderen Teils **110** 16
　Wohnungsmietvertrag **110** 10
　Zweckbestimmung **110** 14 ff
　Zweckbestimmung des gesetzlichen Vertreters **110** 1
Taschengeldparagraph
　s Taschengeldgewährung
Tatsachenirrtum
　Anfechtungsausschluss **Vorbem 116 ff** 68, 71, 80
　kaufmännisches Bestätigungsschreiben **Vorbem 116 ff** 79
　Verschulden **Vorbem 116 ff** 68
Tausch
　Auslegung **133** 53
　Genehmigung **108** 2
　Sachbegriff **90** 5
　Taschengeldgewährung **110** 7
Taxifahrt
　Beförderungsvertrag **Vorbem 116 ff** 54
Tegernseer Gebräuche im Holzhandel
　Verkehrssitte **133** 65
Teileigentum
　s Wohnungseigentum
Teilerbbaurecht
　s Erbbaurecht
　Bestandteile **95** 26
　Scheinbestandteile **95** 26
　Sonderrechte **93** 28
Teilflächen
　s Grundstücksteilflächen
Teilgeschäftsfähigkeit
　Arbeitsmündigkeit **113** 1
　Arbeitsverhältnis, Begründung **106** 3; **112** 5

Teilgeschäftsfähigkeit (Forts)
  Erwerbsgeschäft, selbstständiger Betrieb
    106 3; **112** 5, 7 ff
  Erwerbsmündigkeit **112** 2
  Handelsmündigkeit **112** 2
  Minderjährige **Vorbem 104–115** 95
  Prozessfähigkeit **112** 9
  Taschengeldgewährung **110** 4 f
  Verfahrensfähigkeit **Vorbem 104–115** 98;
    106 10; **112** 9
  Verpflichtungsfähigkeit **112** 9
Teilnichtigkeit
  Rechtsgeschäft **Vorbem 116 ff** 5
Teilungsunrecht, staatliches
  Scheingeschäfte **117** 27
  Treuhand, verdeckte **117** 27
Teilverwaltungsfähigkeit
  Minderjährige **Vorbem 104–115** 99
tel quel-Geschäfte
  Irrtumsanfechtung **119** 12, 96
Telefax
  Ausdruck der Erklärung **130** 51
  Datenspeicherung **130** 51
  formgebundene Schriftsätze **130** 98
  Transportrisiko **130** 109
  Zugang der Willenserklärung **130** 73
    Anscheinsbeweis **130** 109
    Ausdruck der Erklärung **130** 51
    Sendeprotokoll **130** 109
Telefonat
  Erklärung unter Anwesenden **130** 19 f
Telekommunikation
  Hausanschluss **94** 37
  Nutzungsberechtigung **95** 20
  Versorgungsleitungen, Bestandteilseigenschaft **94** 11
  Wirksamwerden der Willenserklärung
    130 16
Telekommunikationsdienstleistungen
  Haftungsbeschränkung **120** 8
Tendenzbetriebe
  Fragerecht des Arbeitgebers **123** 36
Teppichboden
  Bestandteilseigenschaft **93** 23; **94** 34
Testament
  Auslegung **133** 6, 15, 31, 33, 35
    Andeutungstheorie **133** 15, 37
    falsa demonstratio non nocet **133** 37 ff
    Sprachgebrauch des Erblassers **133** 37, 39
  Erblasserwille **133** 15
  Irrtumsanfechtung **119** 69; **133** 38
  Mangel der Ernstlichkeit **118** 6
  Schenkungswiderruf **130** 12, 106
  Willenserklärungen, empfangsbedürftige
    130 12
Testament, gemeinschaftliches
  Anfechtung **122** 3
  Widerruf **130** 105

Testamentserrichtung
  Grundrechtsausübung **Vorbem 104–115** 103
  Minderjährige **106** 7
  Zustimmungsfreiheit **111** 2
Testamentsvollstrecker
  Geschäftsfähigkeit **Vorbem 104–115** 16;
    105 6
  beschränkte Geschäftsfähigkeit **106** 8
Testierfähigkeit
  Altersgrenze **Vorbem 104–115** 16, 114
  Internationales Privatrecht **Vorbem 104–115** 17
Theater
  Benutzungsverhältnis, öffentlich-rechtliches **Vorbem 104–115** 101
  gewerblicher Betrieb **98** 5
Tiefgarage
  Gebäudebegriff **94** 23
Tiere
  Abgabe an Minderjährige **107** 30
  Abgrenzung **90a** 6, 12
  Begriff, biologischer **90a** 5 f
  Besitz **90a** 10
  Beteiligtenfähigkeit **90a** 4
  Diebstahl **90a** 11
  Eigentum **90a** 10
  Embryonen **90a** 7
  Fund **90a** 10
  Grundstücksräumung **90a** 10
  Kadaver **90a** 7
  Kauf **90a** 10
  körperliche Gegenstände **Vorbem 90–103** 1
  Miete **90a** 10
  neugeborene Tiere **90a** 10
  Rechtsobjekteigenschaft **90a** 9
  Rechtssubjekteigenschaft **90a** 4
  Sachbegriff **90** 6
  Sachbeschädigung **90a** 11
  Sachen eigener Art **90a** 2
  Sachenrecht, Anwendung **90a** 9 f
  schädliche Tiere **90a** 5
  Schmerzempfindlichkeit **90a** 5 f
  Strafrecht **90a** 11
  Tiere höherer Art **90a** 5 f
  Tiereier **90a** 7
  Tierkrankenversicherung **90a** 10
  Tierschutz **90a** 3, 8
    besondere Gesetze **90a** 8
  Übereignung **90a** 10
  Umgangsrecht **90a** 10
  Verbrauchsgüterkauf **90a** 10
  Zubehöreigenschaft **98** 12
    Gebrauch, persönlicher **98** 12
    zur Veräußerung bestimmte Tiere **98** 12
Tierhalterhaftung
  Fähigkeiten, persönliche **Vorbem 104–115** 67 f
  Geschäftsunfähigkeit **Vorbem 104–115** 68

Tierhalterhaftung (Forts)
Kenntnis des gesetzlichen Vertreters **Vorbem 104–115** 68
Minderjährigkeit **Vorbem 104–115** 67
Tierschutzgesetz
Schutz der Tiere **90a** 8
Tierseuchenrecht
Schutz der Tiere **90a** 8
Tilgungsbestimmung
Anfechtbarkeit **119** 106
Time-Sharing-Nutzungsrecht
arglistige Täuschung **123** 7
Ton
Substanz des Grundstücks **94** 19
Torf
Ausbeute, sonstige **99** 8
Substanz des Grundstücks **94** 19
Totalnichtigkeit
Rechtsgeschäft **Vorbem 116 ff** 5
Totenehrung
Grabschmuck **Vorbem 90–103** 29
Leichnam **Vorbem 90–103** 27; **90** 39 f, 51 f
Persönlichkeitsschutz, postmortaler **90** 41
Totensorgerecht
Angehörige **90** 43
Anordnungen, postmortale **90** 44
Ausübung **90** 44
Beschränkung, zeitliche **90** 43
Bestattung **90** 42, 44, 48
Betreuung, rechtliche **90** 43
Ehegatten **90** 43
Einwirkungen Dritter **90** 42
Erlöschen **90** 51
Leichnam **90** 42
Nichtvermögensrecht **90** 42
Obduktion **90** 46
Persönlichkeitsschutz, postmortaler **90** 44 f
Erlöschen **90** 51
Umbettung **90** 44
Transfervertrag
Eigenschaftsirrtum **119** 90
Transportkosten
Vertrauensschaden **122** 13
Treu und Glauben
s Auslegung
Treugut
Sondervermögen **90** 76
Treuhand
fiduziarische Vollrechtstreuhand **117** 20
Rechtsbindungswille **117** 10, 20
verdeckte Treuhand **117** 27
Trierer Weinversteigerung
Erklärungsbewusstsein **Vorbem 116 ff** 28
Verschuldensprinzip **122** 10
Trunkenheit
Bewusstlosigkeit **105** 12 f
Türen
Bestandteilseigenschaft **94** 24, 30

Türschlüssel
Zubehör **94** 29
Überbau
Duldungsanspruch **95** 18; **96** 3
Eigengrenzüberbau **94** 14 f
Entschuldigung **94** 13
Fremdüberbau **94** 15
Nachbargrundstück, Hinüberbauen auf **94** 13 ff
Stammgrundstück **94** 13 ff
Teilung, lotrechtliche **94** 13, 15
Teilung, nachträgliche **94** 14 f
Widerspruch des Nachbarn **Vorbem 104–115** 87
Überbaurente
Bestandteilsfiktion **96** 3
Fruchtziehung, mittelbare **99** 19
Lastentragung **103** 5
Übereignung
Genehmigung **108** 2
Rechtsnachteil **107** 24
Übergabe
Willenserklärung, konkludente **Vorbem 116 ff** 54
Übergabe-Einschreiben
s Einschreiben Eigenhändig
Übermittlungsfehler
s Falschübermittlung
Übermittlungsirrtum
Willensmangel **Vorbem 116 ff** 30
Überweisung
Genehmigungsunfähigkeit **111** 5
Mittelüberlassung zur freien Verfügung **110** 15
Überweisungsvertrag **111** 5
Überweisungsvertrag
Schweigen **Vorbem 116 ff** 64
Ultraschallgerät
Eigenschaft, verkehrswesentliche **119** 80, 88
Umgehungsgeschäft
Agenturvertrag **117** 13, 15
allgemeines Umgehungsverbot **117** 15
Begriff **117** 15
dissimuliertes Rechtsgeschäft **117** 25
Rechtsbindungswille **117** 10
Scheingeschäft **117** 15
Strohmanngeschäft **117** 19
Umgehungsabsicht **117** 15
Umlaufpapiere
Auslegung **133** 24, 72, 81
Unbewegliche Sachen
Begriff **90** 60
Sachqualität **90** 1
Unerlaubte Handlung
Arglisteinrede **124** 11
arglistige Täuschung **124** 10
Bereicherungshaftung **Vorbem 104–115** 80

Unerlaubte Handlung (Forts)
Billigkeitshaftung **Vorbem 104–115** 65
Deliktsfähigkeit **Vorbem 104–115** 65
Drohung, widerrechtliche **124** 10
Einsichtsfähigkeit **Vorbem 104–115** 65
Geschäftsfähigkeit, beschränkte **106** 8
Scheingeschäft **117** 24
Verjährung **123** 102
Vertrag, Unwirksamkeit **Vorbem 104–115** 66
Vorteilhaftigkeit, rechtliche **107** 6
Unfallschäden
arglistige Täuschung **123** 16
Ungerechtfertigte Bereicherung
s Bereicherungsrecht
universitas facti
Sachgesamtheit **90** 67
universitas iuris
Rechtsgesamtheit **90** 72
Unlauterer Wettbewerb
s Lauterkeitsrecht
Unmöglichkeit, anfängliche
Vertrauensschaden **122** 8
Unterbringung
Einwilligung **Vorbem 104–115** 62
Genehmigung, familien-/betreuungsgerichtliche **Vorbem 104–115** 62
Unterlassen
Einwilligungsbedürftigkeit **107** 24
Willenserklärung **119** 106
Untermieter
Empfangsbotenschaft **130** 57
Unternehmen
Begriff **90** 81
Betrieb **90** 83
Betriebsgeheimnisse **90** 81
Bezugsquellen **90** 81
Eigenschaftsirrtum **119** 95
eingerichteter und ausgeübter Gewerbebetrieb **90** 82
Einheit, organisatorische **90** 81
Erwerbsgeschäft **90** 81
Geschäftsgeheimnisse **90** 82
Gewinn
s Unternehmensgewinn
Handelsgeschäft **90** 81 f
Kartellrecht **90** 81
Konzernrecht **90** 81
Kundenstamm **90** 81 f
Nießbrauchsbestellung **90** 82
Recht am Unternehmen **90** 82
Rechtsform **90** 81
Rechtsgesamtheit **90** 72, 81
Rechtsschutz **90** 82
Sachbegriff **90** 5
Verfügungsgeschäfte **90** 82
Verpflichtungsgeschäfte **90** 82
Zubehör **97** 11

Unternehmensbeteiligung
Beteiligungserwerb **123** 18
Rechtsnachteil **107** 29
Unternehmensgewinn
Fruchtbegriff **99** 14
Gebrauchsvorteile **99** 14 f
Herausgabepflicht **99** 15; **100** 6
Nutzung des Unternehmens **99** 15
Unternehmensgrundstück
Zubehör **97** 11
Unternehmenskauf
Aufklärungspflicht **123** 18
Eigenschaftsirrtum **119** 98
Nutzungsersatz **99** 16
Unternehmensnießbrauch
Nutzungsersatz **99** 16
Unternehmenspacht
Fruchtbegriff **99** 16
Unternehmensvertrag, fehlerhafter
Anfechtbarkeit **119** 112
Unternehmer
Geschäftsunfähigkeit **105a** 5
Unternehmerfähigkeit
Teilgeschäftsfähigkeit **112** 9
Unterrichtsvertrag
Taschengeldgewährung **110** 10
Unterschieben
Anfechtung **119** 9
Wechsel **119** 115; **122** 10
Willenserklärung **122** 10
Unterschriftsirrtum
Blankettmissbrauch **119** 31
Erklärungsinhalt **118** 7
Inhaltsirrtum **119** 13
Sprachrisiko **119** 24
ungelesene Urkunden **119** 8 f, 11
Unkenntnis vom Inhalt der Urkunde **119** 10
Untervermietung
Fruchtziehung, mittelbare **99** 19
Unterwerfung unter die sofortige Zwangsvollstreckung
Minderjährige **111** 7
Unverzüglichkeit
Legaldefinition **121** 8
öffentliches Recht **121** 8
Pflegerbestellung **121** 9
Privatrecht **121** 8
Rechtsrat **121** 9
schuldhaftes Zögern **121** 9
Zurechnung **121** 9
sofort **121** 9
Überlegungsfrist **121** 9
Vergleichsvorschlag **121** 9
Unwirksamkeit, schwebende
s Schwebende Unwirksamkeit
Urheberrecht
Geschäftsfähigkeitsmangel des Schöpfers **Vorbem 104–115** 89

Unverzüglichkeit (Forts)
  Sachbegriff 90 4, 12
  Software 90 12 f
Urkunden
  Auslegung 133 79
  Eigentum 90 55 f
  Leihvertrag 90 55 f
  Richtigkeitsvermutung 133 79
  Sachqualität 90 54
  Vernichtung 90 55
  Vollständigkeitsvermutung 133 79
  Wortlaut 133 79
  Zwangsvollstreckung 90 54
Urkunden, vollstreckbare
  vertretbare Sachen 91 9
Urkundenprozess
  vertretbare Sachen 91 9
Urlaubsgeld
  betriebliche Übung Vorbem 116 ff 56
Urne
  Abräumen alter Gräber Vorbem 90–103 27
Urteil
  Auslegung 133 28
USA
  s Vereinigte Staaten von Amerika

Vaterschaftsanerkennung
  arglistige Täuschung 123 48
  Geschäftsfähigkeit Vorbem 104–115 15;
    105 6
  Willensmängel 119 110
  Zustimmung, Unanfechtbarkeit 119 110
  Zustimmungsbedürftigkeit 107 34; 111 2
Vaterschaftsanfechtung
  Geschäftsfähigkeit Vorbem 104–115 15;
    105 6
Veränderungssperre
  Aufklärungspflicht 123 17
Verarbeitung
  Geschäftsfähigkeitsmangel Vorbem 104–
    115 89
Verbindung
  feste Verbindung 93 9; 94 7 ff
  Geschäftsfähigkeitsmangel Vorbem 104–
    115 89
  vorübergehende Verbindung 95 5, 16
  Zweckbestimmung 95 6 ff
Verbindungsmaterial
  Bestandteilseigentum 93 11
Verbrauchbare Sachen
  Begriff 92 1 f
  Brennstoffe 92 1
  Darlehen 92 6
  Eigentumsvorbehalt 92 6
  Kauf 92 6
  Nahrungsmittel 92 1
  Nutzungsrecht 92 5
  Rückgewähr 92 6
  Sachgesamtheiten 90 68; 92 3

Verbrauchbare Sachen (Forts)
  Schenkung 92 6
  Sicherungsübereignung 92 6
  Veräußerung 92 2
  Veräußerungswille 92 3
  Verbrauch 100 1
  Verbrauchbarkeit 92 1 f
  Verkehrsanschauung 92 1
  Warenlager 92 4
  Zubehöreigenschaft 97 15, 20
Verbraucherdarlehen
  Aufklärungspflicht 123 20, 22
  Darlehensverwendung 123 22
  Gesamtbelastung 133 43
  Informationspflicht 123 22
  Kostenposition 133 43
  Nutzungsherausgabe 100 5
  Schriftform 133 43
  verbundene Verträge 123 22
Verbraucherkreditvertrag
  s Verbraucherdarlehen
Verbraucherschutz
  Informationspflichten 123 10
  Schwächerenschutz Vorbem 116 ff 11
  Umgehungsverbote 117 15
  Widerrufsrecht 119 35
  zwingendes Recht 117 15
Verbrauchsgüterkauf
  Gewährleistungsausschluss 119 105
Verbrauchszähler
  Verbindung, vorübergehende 95 7
  Zubehöreigenschaft 94 37; 98 8
Verdienstspanne
  Aufklärungspflicht 123 14
Verein, wirtschaftlicher
  Geschäftsfähigkeitsmangel Vorbem 104–
    115 33 f
Vereinigte Staaten von Amerika
  Geschäftsfähigkeit Vorbem 104–115 145
  psychisch gestörte Personen Vorbem 104–
    115 145
Vereinsbeitritt
  Grundrechtsausübung Vorbem 104–
    115 103
  Rechtsnachteil 107 33
  Taschengeldgewährung 110 7, 10
Vereinsmitgliedschaft
  Rechtsnachteil 107 33
  Wahl, Annahme 107 33
Vereinsregister
  Geschäftsfähigkeit Vorbem 104–115 47
Vereinssatzung
  Auslegung 133 72, 81
Verfahrensfähigkeit
  Begriff Vorbem 104–115 95
  beschränkte Verfahrensfähigkeit Vorbem
    104–115 95, 98
  Betreuung, rechtliche Vorbem 104–115 95;
    105 10

Verfahrensfähigkeit (Forts)
freiwillige Gerichtsbarkeit **Vorbem 104–115** 96
Geisteskrankheit **Vorbem 104–115** 95
Geschäftsfähigkeit, beschränkte **Vorbem 104–115** 95; **106** 10
Geschäftsfähigkeit, prozessuale **Vorbem 104–115** 95
partielle Verfahrensfähigkeit **Vorbem 104–115** 98
Teilgeschäftsfähigkeit **106** 10
Verfahrenshandlungen
Unanfechtbarkeit **119** 107
Verfahrensrechtliche Erklärungen
Anfechtbarkeit **119** 108
Verfassungsbeschwerde
Prozessfähigkeit **Vorbem 104–115** 95
Verfügungsbefugnis
Begriff **Vorbem 104–115** 5
Zugang der Willenserklärung **130** 104
Verfügungsgeschäfte
Genehmigung **108** 2
Rechtsnachteil **107** 24
Verfügungsverbote
relative gesetzliche Veräußerungsverbote **Vorbem 90–103** 30
Verkehrsfähigkeit **Vorbem 90–103** 30
Vergaberecht
Aufklärungspflicht **123** 24
Vergleich
arglistige Täuschung **123** 96
Drohung **123** 67
Irrtumsanfechtung **119** 105, 109
Vergleichsvorschlag
Drohung **123** 67
Vergreifen
Irrtum in der Erklärungshandlung **119** 34
Verhaltensstörer
Verantwortlichkeit, polizei-/ordnungsrechtliche **Vorbem 104–115** 100
Verhandlungssprache
Verständigungsrisiko **119** 18 f; **133** 19
Verhandlungsvollmacht
Scheingeschäft **117** 9
Verjährung
Geschäftsfähigkeitsmangel **Vorbem 104–115** 84; **105** 6; **106** 8
Verjährung, unvordenkliche
Widmung **Vorbem 90–103** 17
Verjährungsunterbrechung
Anerkennung des Anspruchs **Vorbem 104–115** 88
Verkehrsanschauung
Bestandteile **93** 7, 9 ff, 15; **94** 29; **97** 2
wesentliche Bestandteile **94** 28
Einbauküche **94** 35
Einfügung von Sachen zur Herstellung **94** 25
Erzeugnisse **99** 7

Verkehrsanschauung (Forts)
Grundstücksbestandteile, wesentliche **94** 7
Mengensachen **93** 10
Sachbegriff **Vorbem 90–103** 9; **90** 5, 63 ff
verbrauchbare Sache **92** 1
vertretbare Sachen **91** 1, 10 f
Zubehör **97** 9, 24 ff, 36; **98** 2
Verkehrsbetriebe
Benutzungsverhältnis, öffentlich-rechtliches **Vorbem 104–115** 101
Verkehrsfähigkeit
Gegenstand **Vorbem 90–103** 12
Verkehrsmittelbenutzung
Beförderungsentgelt, erhöhtes **Vorbem 104–115** 31, 101; **107** 40
Einwilligung des Vertreters, schlüssige **Vorbem 104–115** 31
Geschäftsfähigkeitsmangel **Vorbem 104–115** 31
sozialtypisches Verhalten **133** 60
Verkehrsschutz
Altersgrenzen **Vorbem 104–115** 103
Anfechtung **121** 1
Auslegung **133** 6, 18
Geschäftsfähigkeit **Vorbem 104–115** 29 f
de lege ferenda **Vorbem 104–115** 30
Geschäftsirrtum **119** 64
Handelsverkehr **119** 116
Internationales Privatrecht **Vorbem 104–115** 17
Irrtumsanfechtung **119** 115 f
Motivirrtum **119** 64
Scheingeschäft **117** 2, 21
Vertrauensschaden **122** 1
Willenserklärung **130** 104
Willensmängel **Vorbem 116 ff** 14
Verkehrssitte
s Auslegung
Verkehrswesentlichkeit
s Eigenschaftsirrtum
Verkehrszeichen
Straßenzubehör **97** 3
Verlagsrecht
Früchte, unmittelbare **99** 17
Verlautbarungsirrtum
Gewichtsbezeichnungen **119** 43
Maßbezeichnungen **119** 43
Münzbezeichnungen **119** 43
Verlöbnis
Anfechtbarkeit **119** 110
Einwilligungsbedürftigkeit **107** 34
Generalkonsens, beschränkter **107** 39
Geschäftsfähigkeit **107** 34
Rücktritt **119** 110
Vertragstheorie **107** 34
Vermächtnis
Vorteilhaftigkeit, rechtliche **107** 11
Zubehör **97** 30

Vermieter
  Empfangsbotenschaft **130** 57
Vermischung
  Geschäftsfähigkeitsmangel **Vorbem 104–115** 89
Vermögen
  Aktiva **90** 74
  Begriff **90** 74
  Besitz **90** 74
  Bruttovermögen **90** 74
  Deliktsrecht **90** 75
  Erwerbsaussichten **90** 74
  geldwerte Rechte **90** 74
  Gesamtnachfolge **90** 75
  Haftung **90** 75
  Nettovermögen **90** 74
  Nießbrauchsbestellung **90** 75
  Passiva **90** 74
  Rechtsgesamtheit **90** 72, 74 f
  Rechtsübergang **90** 75
  Sondervermögen
    s dort
  Spezialitätsgrundsatz **90** 75
Vermögensrechte
  Grundrechtsausübung **Vorbem 104–115** 103
Vermögensübernahme
  Minderjährigengeschäfte **107** 5 f, 28
Vermögensverwaltung
  Kalkulationsirrtum **119** 52
Vermutung, gesetzliche
  Auslegungsergebnis **133** 44
Verpflichtungsgeschäfte
  Einwilligungsbedürftigkeit **107** 23
  Genehmigung **108** 2
Verschreiben
  Irrtum in der Erklärungshandlung **119** 34
Verschuldensfähigkeit
  Drohung, widerrechtliche **123** 85
Versicherungsagentur
  Empfangsbotenschaft **130** 57
Versicherungsmakler
  arglistige Täuschung **123** 53
Versicherungsvertrag
  Anzeigepflichten **123** 26
  arglistige Täuschung **123** 26 f, 92, 96
    gefahrerhebliche Umstände **124** 1
  Folgekonsens **107** 41
  Fragen des Versicherungsmaklers **123** 26
  gefahrerhebliche Umstände **123** 26
  Geschäftsunfähigkeit **105** 7
  Irrtumsanfechtung **119** 109, 116
  Kostenübernahmeerklärung **119** 105
  Mentalreservation **116** 11
  Rechtsmissbrauch **119** 102
  Schweigepflichtsentbindung **123** 26
  Stundungsvereinbarung **130** 77
  Taschengeldgewährung **110** 10
  Tod des Versicherungsnehmers **130** 77

Versorgungsanlagen
  beschränkte persönliche Dienstbarkeit **95** 20
  Scheinbestandteile **95** 20
  Sonderrechtsfähigkeit **95** 20
Versorgungsleitungen
  s a Leitungsnetz
  Bestandteilseigenschaft **94** 11
  Nachbarrecht, Duldungsanspruch **95** 18
  Scheinbestandteile **94** 11; **95** 20
    Zubehöreigenschaft **95** 27; **97** 22; **98** 8
  Sonderrechtsfähigkeit de lege ferenda **94** 11; **95** 15
  Umwidmung in selbständige Sache **95** 15
Versprechen
  Irrtum in der Erklärungshandlung **119** 34
Versteigerung
  Willenserklärung, Widerruflichkeit **Vorbem 116 ff** 57
Verteidigerwahl
  Geschäftsfähigkeit **Vorbem 104–115** 97
Vertrag
  Auslegung **133** 3
  Einwilligung, fehlende **Vorbem 104–115** 114
Vertrag, gegenseitiger
  Rechtsnachteil **107** 23
Vertrag zugunsten Dritter
  arglistige Täuschung **123** 61
Vertrag zugunsten Dritter auf den Todesfall
  Widerruf **130** 105
Vertragsabschlussbereitschaft
  arglistige Täuschung **123** 8
Vertragsanbahnung
  s a Vorvertraglicher Kontakt
  Informationspflicht **123** 10
Vertragsangebot
  s Angebot
Vertragsfreiheit
  materielle Vertragsfreiheit **119** 5
Vertragshändler
  Empfangsbotenschaft **130** 57
Vertragsschluss
  Protokoll **Vorbem 116 ff** 74
  Verwahrung gegen den Vertragsschluss **133** 59 f
  Zugang **130** 22
Vertragssprache
  Allgemeine Geschäftsbedingungen **119** 19
  Verständigungsrisiko **119** 18 f; **133** 19
Vertragstyp
  Scheingeschäft **117** 12
Vertragsübernahme
  Irrtumsanfechtung **119** 69
Vertrauenshaftung
  culpa in contrahendo **122** 20
  Irrtumsanfechtung **119** 104
  Pflichtverletzung, vorvertragliche **122** 20
  positives Interesse **122** 8

Vertrauenshaftung (Forts)
Rechtsscheinhaftung **122** 1
Sphärengedanke **122** 8
Sphärentheorie, allgemeine **122** 8
Verschuldensunabhängigkeit **122** 8
Vertrauensschaden
allgemeiner Rechtsgedanke **122** 4
Aufwendungen, nutzlos gewordene **122** 13
Begriff **122** 13
Beurkundungsgebühren **122** 13
Beweislast **122** 24
Bösgläubigkeit **122** 20, 24
Deckungsgeschäft **122** 13
Eigenleistungen des Anspruchsberechtigten **122** 13
Erfüllungsanspruch **122** 15
Erfüllungsinteresse **122** 15, 20 f, 24
Erklärungsbewusstsein **122** 4
Erklärungsirrtum **122** 17
Ersatzberechtigter **122** 10, 24
Falschübermittlung **122** 1, 3
Gefahrerhöhung **122** 2
Gewinn **122** 13
Gutgläubigkeit **122** 16
Irrtumsanfechtung **122** 1, 3
Kennenmüssen, Ausschluss bei **122** 16 ff
Kenntnis, Ausschluss bei **122** 16 f
Mitverursachung des Irrtums **122** 17, 19
negatives Interesse **122** 1, 13
Prozesskosten **122** 14
Risikobeherrschung **122** 2
Risikoprinzip **122** 2
Schadensberechnung **122** 19, 21
Schadensersatzleistungen des Anspruchsberechtigten **122** 13
Scherzerklärung **122** 3
Selbstverantwortung **119** 60
Sperrwirkung **122** 20 f
Transportkosten **122** 13
Unkenntnis, fahrlässige **122** 18
Untergang der empfangenen Leistung, zufälliger **122** 13
Unterlassung verfahrensrechtliche Maßnahmen **122** 14
Veranlassungsprinzip **122** 2
Verjährung **122** 23
Verpflichteter **122** 12
Verschlechterung der empfangenen Leistung, zufällige **122** 13
Verschuldensunabhängigkeit **122** 2
Vertragsschluss, Kosten **122** 13
Vertrauensschutz **122** 1
Willenserklärung, amtsempfangsbedürftige **122** 12
Willenserklärung, empfangsbedürftige **122** 12
Willenserklärung, nicht empfangsbedürftige **122** 12
Zeitpunkt, maßgeblicher **122** 16

Vertrauensschutz
Abgabe der Willenserklärung **130** 32
Anfechtung **Vorbem 116 ff** 22, 25, 72; **121** 1
Aufklärungspflicht **123** 11
Auslegung **133** 6, 18, 64
betriebliche Übung **119** 106
Irrtumsanfechtung **119** 115
Kollusion **117** 22
Rechtsirrtum **119** 74
Scheingeschäft **117** 2, 8, 21 ff
Vertrauensschaden **122** 1
Vertretbare Sachen
Austauschbarkeit **91** 1
Gattungsschuld **91** 11
herzustellende Sachen **91** 4
Mengensachen **91** 2
neue Sachen **91** 1
Serieneigenschaft **91** 1
Serienmaschinen **91** 4
Standardsoftware **91** 4
Stückschuld **91** 10
Verkehrsanschauung **91** 1, 10 f
Vertretbarkeit
Handlungen **91** 3
Leistungen **91** 3
Sachen
s Vertretbare Sachen
Vertreter
Geschäftsfähigkeit, Haftung des Vertretenen **Vorbem 104–115** 49
Geschäftsunfähigkeit, Haftung des Vertretenen **Vorbem 104–115** 27; **122** 5
Vertretergeschäft
Bösgläubigkeit **Vorbem 104–115** 72
Geschäftsunfähigkeit **105** 5, 14
Vertreterhandeln
Minderjährige **106** 7
Vertreterklausel
Geschäftsfähigkeitsmangel **Vorbem 104–115** 27
Vertretung ohne Vertretungsmacht
Falschübermittlung **120** 2
Geschäftsunfähigkeit des Vollmachtgebers **105** 5
Rechtsgeschäfte **106** 4
schwebende Unwirksamkeit **108** 24
Zugang der Willenserklärung **130** 55
Vertretungsnotstand
Generalkonsens **107** 36
Vertriebenenrente
Verzicht **119** 105
Vertriebssystem, einstufiges
Umgehungsgeschäft **117** 16
Verwahrung
Rechtsnachteil **107** 23
Verwahrung, unregelmäßige
vertretbare Sachen **91** 8
Verwaltungsakt
Anfechtbarkeit **119** 108

Verwaltungsakt (Forts)
  Auslegung **133** 29
  Bestandskraft **119** 108
  Geschäftsfähigkeitsrecht **Vorbem 104–115** 98
  Irrtumsanfechtung **119** 108
  Mitwirkungsbedürftigkeit **Vorbem 104–115** 98, 101; **119** 108
Verwaltungsfähigkeit
  Einwilligungsvorbehalt, angeordneter **Vorbem 104–115** 98
  Geschäftsfähigkeit, beschränkte **Vorbem 104–115** 98
  Geschäftsfähigkeitsrecht **Vorbem 104–115** 98
  Minderjährige **Vorbem 104–115** 99
  partielle Verwaltungsfähigkeit **Vorbem 104–115** 99
  Verfahrenshandlungen **Vorbem 104–115** 98
  Willenserklärungen, nichtamtliche **Vorbem 104–115** 98
Verwaltungsgebrauch
  Sachen, öffentliche **Vorbem 90–103** 15
Verwaltungsgerichtsbarkeit
  Verfahrensfähigkeit **Vorbem 104–115** 95
Verwaltungsverfahren
  Handlungsfähigkeit, partielle **Vorbem 104–115** 99
  Verfahrensfähigkeit **Vorbem 104–115** 95, 98
Verwaltungsvermögen
  Sachen, öffentliche **Vorbem 90–103** 15
Verweigerung der Genehmigung
  s Genehmigung
Verwendungszweckstörung
  Vertrauensschaden **122** 8
Verzeihung
  Geschäftsfähigkeit **Vorbem 104–115** 94
  Höchstpersönlichkeit **Vorbem 104–115** 94
  Realakt **Vorbem 116 ff** 3
Verzicht
  Auslegung **133** 26, 55, 63
  konkludenter Verzicht **133** 26
Verzichtserklärung
  Anfechtbarkeit **119** 108
  Erklärungsbewusstsein **Vorbem 116 ff** 44 f
  Willenserklärung, konkludente **Vorbem 116 ff** 44
Verzugszinsen
  Rechtsfrüchte, mittelbare **99** 20
Video-Konferenz
  Erklärung unter Anwesenden **130** 21
Vieh
  Hofeszubehör **98** 15
  Zubehöreigenschaft **97** 16; **98** 12
Viehfutter
  Zubehöreigenschaft **98** 13
Viehzucht
  Inventar, landwirtschaftliches **98** 10

Virtuelle Gegenstände
  Sachqualität **90** 17
vis absoluta
  Gewalteinwirkung **123** 65
  Handlungsfähigkeit **Vorbem 116 ff** 27
  Willensbeeinflussung **123** 4
vis compulsiva
  Drohung **123** 4, 65
  Willensbeeinflussung **123** 4
VOB/B
  Unverzüglichkeit **121** 8
volenti non fit iniuria
  Einwilligung des Verletzten **Vorbem 104–115** 56
  Selbstbestimmung **Vorbem 116 ff** 11
Volljährigenadoption
  Antrag des Anzunehmenden **Vorbem 104–115** 15
Volljährigkeit
  Altersgrenze **Vorbem 104–115** 113, 115
  Herabsetzung **106** 2
  Betreuung, rechtliche **Vorbem 104–115** 25
  Geschäftsfähigkeit **Vorbem 104–115** 12
  Gutglaubensschutz **106** 4
  junge Volljährige **106** 2
Volljährigkeitserklärung
  Aufhebung **Vorbem 104–115** 115
  Rechtsgeschäft **Vorbem 104–115** 11
  Staatsakt **Vorbem 104–115** 11
Vollmacht
  Anfechtung **119** 116
  arglistige Täuschung **123** 62
  Außenvollmacht, Anzeige des Erlöschens **Vorbem 104–115** 88
  Genehmigungsfähigkeit der Vollmachterteilung **111** 3
  Geschäftsunfähigkeit des Vollmachtgebers **105** 5
  nach Vollmachterteilung **105** 5
  Grundgeschäft, Genehmigung **108** 2
  Scheinvollmacht **117** 22
  Vorbehalt **116** 10
  Vorteilhaftigkeit, rechtliche **107** 19
Vollmachtsurkunde
  Abhandenkommen **Vorbem 116 ff** 49; **122** 11
  Aushändigung **Vorbem 104–115** 48
  Anfechtbarkeit **119** 116
  Auslegung **133** 24, 72
Vollmachtswiderruf
  Erklärungsbewusstsein **Vorbem 116 ff** 41 f, 44, 46
  Rechtsnachteil **107** 19
Voraus
  Grundstückszubehör **97** 30
Vorbehalt, geheimer
  s Mentalreservation
Vorbehaltsgut
  Sondervermögen **90** 76

Vorbehaltsgut (Forts)
  Surrogation **90** 80
Vorbereitungsdienst, öffentlich-rechtlicher
  Teilgeschäftsfähigkeit **113** 8
Vordatierung
  Scheingeschäft **117** 12
Vorerbschaft
  Fruchtgewinnungskosten **102** 7
  Fruchtverteilung **101** 7
  Früchte **99** 1
Vorkaufsrecht
  Irrtumsanfechtung **119** 69
  Verfügungsrecht **103** 5
  Zubehör **97** 30
Vorkaufsrecht, dingliches
  Bestandteilsfiktion **96** 3 f, 8
  Rechtsnachteil **107** 16
Vormundbestellung
  Geschäftsfähigkeit **Vorbem 104–115** 15
    beschränkte Geschäftsfähigkeit **106** 8
Vormundschaft
  Ermächtigungsverweigerung **113** 12
  gesetzliche Vertretung **Vorbem 104–115** 24
Vormundschaft, vorläufige
  Geschäftsfähigkeit **Vorbem 104–115** 22
Vorstand einer AG
  Geschäftsfähigkeit **Vorbem 104–115** 50
Vorstrafen
  Eigenschaft, verkehrswesentliche
    119 82, 91
  Fragerecht des Arbeitgebers **123** 40
Vorverfahren, verwaltungsgerichtliches
  Irrtumsanfechtung **119** 108
Vorverhandlungen
  Auslegung **133** 49
  Wille, mutmaßlicher **Vorbem 116 ff** 76
Vorvertrag zum Tarifvertrag
  Anfechtung **119** 114
Vorvertraglicher Kontakt
  Geschäftsfähigkeit **Vorbem 104–115** 41 ff

Wärme
  Sachqualität **90** 2
Wärmepumpe
  Bestandteilseigenschaft **94** 31
Wärmestrahlen
  Sachqualität **90** 10
Wahlrecht
  Altersgrenze **Vorbem 104–115** 102, 105
    Herabsetzung **Vorbem 104–115** 105
  Anfechtung **119** 2; **121** 1
  Familienwahlrecht **Vorbem 104–115** 105
  Mehrstimmenmodell **Vorbem 104–115** 105
  Stellvertretermodell **Vorbem 104–115** 105
Wahlschuld
  Aufforderung des Gläubigers **Vorbem 104–115** 87
Wandbehang
  Bestandteilseigenschaft **94** 36

Waren
  Begriff **Vorbem 90–103** 10
  Inanspruchnahme **Vorbem 116 ff** 54
  Sachen, bewegliche **Vorbem 90–103** 10
  Umsatzfähigkeit **Vorbem 90–103** 10
  Zusendung unbestellter Waren **Vorbem 116 ff** 54
Warenlager
  Sachgesamtheit **90** 67
  Sicherungsübereignung **90** 69
  Surrogation **90** 70
  Verbrauchbarkeitsbegriff **92** 4
  Verpfändung **90** 69
Warenterminoptionen
  Aufklärungspflicht **123** 21
Warmwasserbereitungsanlage
  Heizungsanlage **94** 31
Waschmaschine
  Zubehöreigenschaft **97** 26
Waschtisch
  Bestandteilseigenschaft **94** 33
Wasser
  Entnahmerecht **90** 22
  fließendes Wasser **90** 8, 22
  freies Wasser **90** 20, 22
  Grundwasser **90** 2, 22
  Meerwasser **90** 22
  Nutzung **90** 22
  res extra commercium **90** 20, 22
  stehendes Wasser **90** 22
  trockengelegte Wasserflächen **90** 24
  Versorgungsleitungen, Bestandteilseigenschaft **94** 11
Wasserkraft
  Gebrauchsvorteil **100** 7
Wasserleitungen
  s a Versorgungsleitungen
  Scheinbestandteile **95** 20
Wasserverbrauchszähler
  s Verbrauchszähler
Wasserversorgung
  Benutzungsverhältnis, öffentlich-rechtliches **Vorbem 104–115** 101
WC
  Bestandteilseigenschaft **94** 33
Wechsel
  Auslegung **133** 14, 72
  Irrtumsanfechtung **119** 115
  untergeschobener Wechsel **119** 115
Wechselausstellung/-annahme
  Mittelüberlassung zur freien Verfügung **110** 15
Wechselerklärung
  Auslegung **133** 24
Wechselkurs
  Falschbezeichnung, unschädliche **119** 54
Wechselzeichnung
  Genehmigungsunfähigkeit **111** 5

Wege
  Eigentum, öffentliches **Vorbem 90–103** 14, 18
Wegfall der Geschäftsgrundlage
  Preisberechnung **119** 52
  Rechtsirrtum **119** 77
  Risikoverteilung **119** 3
Wehrpflicht
  Handlungsfähigkeit, partielle **Vorbem 104–115** 99; **113** 8
Weihnachtsgeld
  betriebliche Übung **Vorbem 116 ff** 55
  Freiwilligkeitsvorbehalt **Vorbem 116 ff** 56
  Rechtsbindungswille **Vorbem 116 ff** 56
Wellblechbaracke
  Bestandteilseigenschaft **94** 10
Weltanschauung
  Fragerecht des Arbeitgebers **123** 36
Weltanschauungsmündigkeit
  Altersgrenzen **Vorbem 104–115** 15
Weltraum
  Aneignungsverbot **90** 26
  Nutzung **90** 26
Werbeagenturvertrag
  Auslegung **133** 45
Werbeaussagen
  Irrtumsanfechtung **119** 109
Werke, andere
  Begriff **95** 17
  Errichtung in Ausübung eines Rechts **95** 17 ff
Werkleistungen
  Abrechnung, Anfechtbarkeit **119** 106
Werklieferungsvertrag
  Aufklärungspflichten **123** 24
  vertretbare Sachen **91** 8
Werkstattvertrag
  Wirksamkeitsfiktion **105a** 16
Werkvertrag
  Anfechtungsausschluss **119** 86, 95
  Aufklärungspflichten **123** 24
  Auslegung **133** 56
  berufsrechtliche Qualifikation **119** 90
  Eigenschaftsirrtum **119** 90
  Genehmigung **108** 2
Wertpapiere
  Besitz **90** 55
  Eigentum **90** 55
  Geschäftsfähigkeitsmangel **Vorbem 104–115** 53 f
  Inhaberpapiere **90** 55
  Kursgewinn **100** 4
  Orderpapiere **90** 55
  verbrauchbare Sachen **92** 2, 4
  Vernichtung der Urkunde **90** 55
Wertpapierverkehr
  Blankettmissbrauch **119** 32
  Gültigkeitsmängel, Einwendungsausschluss **118** 6

Wertpapierverkehr (Forts)
  Irrtumsanfechtung **119** 115 f
  Rechtsscheinhaftung **119** 115 f
Wertpapierverpflichtungen
  Genehmigung **108** 2
  Genehmigungsunfähigkeit **111** 5
Wesentliche Bestandteile
  s Bestandteile, wesentliche
Wettbewerbsverbot
  Auskunftspflicht, nachvertragliche **123** 28
Wette
  Rechtsnachteil **107** 23
WHO
  seelische Störungen **104** 7 f
Widerruf
  Abdingbarkeit des Widerrufsrechts **130** 103
  Einwilligungsbedürftigkeit **107** 32
  Form **130** 103
  Genehmigungsunfähigkeit **111** 2
  Gleichzeitigkeit **130** 100
  Rechtzeitigkeit **130** 23, 99, 101
  Schadensersatz **122** 3
Widerrufsrecht des anderen Teils
  s Genehmigung
Widerrufsvergleich
  Adressat des Widerrufs **130** 34
  Widerruf durch Anzeige zur Gerichtsakte **130** 50
Widerrufsverzicht
  letztwillige Verfügung **130** 107
  Vermächtnis **130** 107
Widerspruchsrücknahme
  Irrtumsanfechtung **119** 108
Widmung
  Gesetz **Vorbem 90–103** 17
  Gewohnheitsrecht **Vorbem 90–103** 17
  öffentliche Sachen **Vorbem 90–103** 17
  res sacrae **Vorbem 90–103** 20
  Satzung **Vorbem 90–103** 17
  Verfahren, förmliches **Vorbem 90–103** 17
  Verjährung, unvordenkliche **Vorbem 90–103** 17
  Verkehrsunfähigkeit **Vorbem 90–103** 12
  Verordnung **Vorbem 90–103** 17
  Verwaltungsakt **Vorbem 90–103** 17
Widmungserklärung
  Anfechtbarkeit **119** 108
Wiedereinsetzung in den vorigen Stand
  Kündigungsschutzklage **130** 71 f
  Rechtsmittelfristversäumung **132** 8
  Übersetzung, Beschaffung **130** 72
  Zustellung, öffentliche **132** 8
Wiedervereinigung
  Geschäftsfähigkeit **Vorbem 104–115** 18
Wille, wirklicher
  Auslegung **133** 5
Willensbetätigung
  Auslegung **Vorbem 116 ff** 4; **133** 16

Willensbetätigung (Forts)
Begriff **Vorbem 116 ff** 4
konkludente Willenserklärung **Vorbem 116 ff** 4
Kundgabe **Vorbem 116 ff** 4
Rechtsfolgewille **Vorbem 116 ff** 4
Willenserklärung
Abgabe der Willenserklärung
s dort
Abhandenkommen von Willenserklärungen **Vorbem 116 ff** 49; **122** 11; **130** 32
Schadensersatz **122** 4
Adressat **130** 47
Äußerungstheorie **130** 2, 6
Anschein **Vorbem 116 ff** 1
ausdrückliche Willenserklärung **Vorbem 116 ff** 51 f, 58
Auslegung **130** 37; **133** 3
automatisierte Willenserklärung **Vorbem 116 ff** 57; **119** 36; **122** 10
Begriff **Vorbem 116 ff** 1; **130** 7
computergestützte Willenserklärung **Vorbem 116 ff** 57
Einwilligung des gesetzlichen Vertreters **106** 3
elektronische Willenserklärung **Vorbem 116 ff** 57; **119** 35
Empfangstheorie **130** 4, 6 ff, 15 f, 39, 42, 46, 53, 69, 72, 78, 83, 85, 100, 112; **132** 1
Entäußerungstheorie **130** 3, 6 f, 22; **132** 1
Erfolg **Vorbem 116 ff** 12
Erklärungen unter Abwesenden **119** 20; **130** 15, 17
Erklärungen unter Anwesenden **119** 20; **130** 15, 111 ff
Erklärungsbewusstsein
s dort
Erklärungstheorie **Vorbem 116 ff** 15 f; **119** 2
fehlerhafte Willenserklärung **Vorbem 116 ff** 18
Fiktion **Vorbem 116 ff** 61, 65 ff
Geltungserklärung **Vorbem 116 ff** 7, 17
Geltungstheorie **Vorbem 116 ff** 7, 17
Geschäftsfähigkeit **Vorbem 104–115** 13; **105** 6
Geschäftsunfähigkeit des Erklärenden **130** 104
Geschäftswille **Vorbem 116 ff** 1, 26, 29 f, 32
Handlung **Vorbem 116 ff** 27, 32, 49
Handlungsfähigkeit **Vorbem 116 ff** 27
Handlungswille **Vorbem 116 ff** 1, 26 f, 32, 49
fehlender Handlungswille **Vorbem 116 ff** 50
Inhalt **Vorbem 116 ff** 12
Kommunikationsakt **Vorbem 116 ff** 13
konkludente Willenserklärung **Vorbem 116 ff** 4, 42 ff, 53 f, 58, 60
Schweigen **Vorbem 116 ff** 78

Willenserklärung (Forts)
konkludentes Verhalten **Vorbem 116 ff** 59
Konkludenzindizien **Vorbem 116 ff** 76
Kundgabe **Vorbem 116 ff** 4
lediglich rechtlich vorteilhafte Willenserklärung
s Lediglich rechtlicher Vorteil
Mehrdeutigkeit, bewusste **116** 9
mutmaßlicher Wille **Vorbem 116 ff** 76
nicht empfangsbedürftige Willenserklärung **Vorbem 116 ff** 4
nichtamtliche Willenserklärungen **Vorbem 104–115** 98
Nichtigkeit **Vorbem 104–115** 114; **105** 1 ff
normative Bedeutung **Vorbem 116 ff** 18
notarielle Beurkundung
s dort
postmortale Willenserklärung **130** 105 f
Rechtsbindungswille **Vorbem 116 ff** 1, 29
Rechtsfolge, Herbeiführung **Vorbem 116 ff** 1
Rechtsfolgewille **Vorbem 116 ff** 19, 29, 53
Rechtsgeschäft **Vorbem 116 ff** 5
Rücksichtnahmetheorie **130** 112
schriftliche Erteilung **130** 94
Schweigen **Vorbem 116 ff** 60
Selbstbestimmung **Vorbem 116 ff** 8 ff, 13 f, 17, 72; **122** 1; **130** 104; **133** 1
Sozialakt **Vorbem 116 ff** 13
stillschweigende Willenserklärung **Vorbem 116 ff** 53, 60
subjektive Mindestvoraussetzungen **Vorbem 116 ff** 1, 27
Tatbestand, objektiver **Vorbem 116 ff** 1; **130** 6 f
Telefonat **130** 19 f
Tod des Erklärenden **130** 104
Übermittlungshandlung **130** 47
Übermittlungstheorie **130** 3
untergeschobene Willenserklärung **122** 10
Verfügungsbefugnis **130** 104
Verkehrsschutz **Vorbem 116 ff** 14; **122** 1; **130** 104
Verlustrisiko **130** 23, 46
Vernehmungstheorie **130** 5 f, 8, 20 f, 26, 69, 112 f
Verspätungsrisiko **130** 46
Vertrauensschutz **Vorbem 116 ff** 72; **122** 1
Verzögerungsrisiko **130** 23
Vollendung **130** 1 ff, 27
Wahrnehmungstheorie **130** 112 f
Widerruf **122** 3
Wille, biologischer **Vorbem 116 ff** 8
Willensäußerung **Vorbem 116 ff** 1
Willensdogma **Vorbem 116 ff** 15
Willenstheorie **Vorbem 116 ff** 15 f; **119** 2; **130** 99
Wirksamwerden **130** 7, 26, 28, 36
Zugang

Willenserklärung (Forts)
  s dort
Willensfähigkeit
  Geschäftsfähigkeit **Vorbem 104–115** 1, 8 f
  beschränkte Geschäftsfähigkeit **106** 1
  Geschäftsunfähigkeit **104** 3
Willensmängel
  Anfechtung **Vorbem 116 ff** 19
  geschäftsähnliche Handlung **Vorbem 116 ff** 2
  Verkehrsschutz **Vorbem 116 ff** 14
  Zustimmungsbedürftigkeit des Rechtsgeschäfts **Vorbem 104–115** 75
Windkraftanlagen
  Bestandteilseigenschaft **94** 12
  Gebäude **94** 12, 23
  Gondel **94** 12
  Lebensdauer **95** 11
  Nutzungsdauer **95** 11
  Rotor **94** 12
  Scheinbestandteil **94** 12; **95** 20
Windpark
  Meeresboden, Aneignung **90** 25
Wirksamkeitsvoraussetzungen
  Geschäftsunfähigkeit **130** 104
  Tod **130** 104
Wirtschaftsfrüchte
  Pfandrecht, gesetzliches **93** 30
Wissenserklärung
  Kenntnisverschaffung **130** 14
Wissensmitteilung
  Form **130** 94 f
  Kopie **130** 94
  notarielle Beurkundung **130** 96
Wohn- und Betreuungsvertragsgesetz
  Wirksamkeitsfiktion **105a** 16
Wohnbungalow
  Scheinbestandteilseigenschaft **95** 6
Wohnfläche
  Auslegung **133** 45
Wohnhaus
  Grundstücksbestandteil, wesentlicher **94** 8
Wohnsitzaufhebung
  Geschäftsfähigkeit **Vorbem 104–115** 93; **105** 6
  beschränkte Geschäftsfähigkeit **106** 8
Wohnsitzbegründung
  Geschäftsfähigkeit **Vorbem 104–115** 93; **105** 6
  beschränkte Geschäftsfähigkeit **106** 8
  Realakt **Vorbem 116 ff** 3
Wohnung
  Vermietung **94** 40
Wohnungseigentümergemeinschaft
  Beschlüsse, Auslegung **133** 73
Wohnungseigentum
  Abgeschlossenheitsbescheinigung **93** 28
  Alarmanlage **97** 13
  Auslegung **133** 72

Wohnungseigentum (Forts)
  Außenhaftung **107** 13
  Bestandteile **95** 26
  gemeinschaftliches Eigentum **107** 13
  Heimfallanspruch **96** 3
  Instandhaltungskosten **107** 13
  Instandhaltungsrücklage **97** 4
  Instandsetzungskosten **107** 13
  Kellerräume **93** 28
  Lasten des Gemeinschaftseigentums **103** 7
  Lastentragung **107** 13
  Minderjährigengeschäft **107** 13
  Miteigentum **93** 28
  Scheinbestandteile **95** 26
  Sondereigentum **93** 28
  Sonderumlage **107** 13
  Teileigentum **93** 28; **95** 26
  Unbeweglichkeit **90** 60
  Verwaltervertrag **107** 13
  Verwaltungskosten, sonstige **107** 13
  Wohngeldausfällen **107** 13
Wohnungserbbaurecht
  Bestandteile **95** 26
  Scheinbestandteile **95** 26
  Sonderrechte **93** 28
Wohnungsmietvertrag
  Folgekonsens **107** 41
  Genehmigung **108** 7
  Taschengeldgewährung **110** 10
  Teilgeschäftsfähigkeit **113** 18
Wucher
  Ausnutzen einer Zwangslage **Vorbem 116 ff** 11
  Unangemessenheit **Vorbem 116 ff** 11
Zähne
  Sachqualität **90** 28
Zahlungsaufforderung
  Auslegung **133** 24
Zahlungsfähigkeit
  Eigenschaft, verkehrswesentliche **119** 92
Zahnersatz
  Sachqualität **90** 35
Zeitsoldat
  Teilgeschäftsfähigkeit **113** 8
Zeitungsabonnement
  s Abonnement
Zentralheizung
  Bestandteilseigenschaft **94** 28
Zinsansprüche
  Früchte, unmittelbare **99** 17; **101** 2
Zinsschein
  Verlustanzeige **Vorbem 104–115** 87
Zivilprozessordnung
  Sachbegriff **90** 5
Zivilprozessrecht
  Sachbegriff **Vorbem 90–103** 11; **90** 5; **91** 9
Zubehör
  Abhängigkeitsverhältnis **97** 14

Zubehör (Forts)
Aufhebungswille **97** 28
Begriff **97** 2, 4 ff
Bestandteile, unwesentliche **97** 5
Bestandteilsverhältnis, Herstellung **97** 27
Betriebseinstellung, vorläufige **97** 28
Betriebszubehör **98** 4 ff
bewegliche Sachen **97** 4 f
Beweislast **97** 36
Eigentum **98** 3
Eigentumsübergang **97** 6, 31
Eigentumsvorbehalt **97** 17 f, 32
Einsatzort **97** 22
Ende der Zubehöreigenschaft **97** 27
fremde Sachen **97** 6
gestohlene Sache **97** 21
Grundstücke **97** 4
Grundstücksveräußerung **97** 24, 31
Hauptsache **97** 8 f
    Belastung **97** 30
    Bestandteil einer Sache **97** 8
    Bestandteile der Hauptsache **97** 13
    Bestimmbarkeit **97** 10
    Lebensdauer der Hauptsache **97** 20
    mehrere Eigentümer **97** 10, 31
    mehrere Hauptsachen **97** 10
    Rechtsgesamtheiten **97** 11
    Sachgesamtheiten, Einzelsachen **97** 10
    unfertige Hauptsache **97** 17
    Veräußerung **97** 30
    Zweck der Hauptsache **97** 12 f, 27
    – Nebenzweck **97** 14
Herausgabe **97** 28
Hofeszubehör **97** 3
Immobiliarvollstreckung **90** 61
künftige Verwendung **97** 15
Kulturzweck **97** 13
Lebensdauer **97** 20
Mietereinbauten **97** 19, 21
Pächtereinbauten **97** 21
Parteiwille **97** 3
Pertinenz **97** 1
Probelieferung **97** 18
Rechte **97** 4, 8
Sachen, bewegliche **90** 61; **93** 6 f
Sachgesamtheiten **90** 68; **97** 7
Scheinbestandteile **97** 5
Schiffszubehör **97** 3
Selbständigkeit **95** 27; **97** 5
Sicherungsübereignung **97** 27
Trennung, räumliche **97** 23, 27 f
Unternehmen **97** 11
verbrauchbare Sachen **97** 15, 20
Verfügungsgeschäfte **97** 31 ff
Verkehrsanschauung **97** 9, 24 ff, 36; **98** 2
    Industrie- und Handelskammer, Umfrage **97** 36
Verpflichtungsgeschäfte **97** 30
Zusammenhang, örtlicher **97** 22 ff; **98** 2

Zubehör (Forts)
Zwangsvollstreckung **97** 34 f
Zweckbindung, dauernde **95** 27; **97** 18 ff, 28; **98** 2
    Willensfähigkeit **97** 21
Zweckbindung, vorübergehende **97** 36
Zweckbindung, wirtschaftliche **97** 12 ff, 24, 36; **98** 2
Zweckwidmung **97** 19 ff
    Aufhebung **97** 27
    Geschäftsfähigkeit **Vorbem 104–115** 93
Zugang
Abdingbarkeit **130** 22, 93
Äußerungstheorie **130** 2, 6
Allgemeine Geschäftsbedingungen **130** 22
Annahmeverweigerung **130** 47, 62, 97
Anrufbeantworter **130** 51
Anscheinsbeweis **130** 108
Arbeitsvertrag **130** 22
Aufforderung zur Erklärung über die Genehmigung **108** 13
Begriff **130** 39
Behörde **130** 50
besetzte Rufleitung **130** 51
Besitz des Empfängers **130** 42, 45
Beweislast **130** 23, 35, 108 f; **132** 2
Bewusstlosigkeit **131** 2
Bösgläubigkeit, zwischenzeitliche **130** 38
Briefe, Verlust **130** 108
Briefkasten **130** 51, 73, 89 f
Bürozeiten **130** 75
chronologische Reihenfolge **130** 76 f
Definition **130** 45
Dispositionsbefugnis **130** 22, 50, 93
Einschreiben **130** 41, 89
    Verlust **130** 108
Einschreiben Eigenhändig **130** 48
Einschreiben Einwurf **130** 48; **132** 2
Einwilligung **131** 5
E-Mail **130** 51 f, 73, 109 f
Empfangsbereitschaft **130** 75
Empfangsbevollmächtigung **130** 55 f, 71
Empfangsbote **130** 35, 56
    Ermächtigung **130** 56, 59
    – konkludente Ermächtigung **130** 58, 60
    – Offenkundigkeit **130** 61
    Geschäftsbereich **130** 57
    Nachbar **130** 60
    Nähe, persönliche **130** 57
    Nähe, räumliche **130** 57
    Verkehrsanschauung **130** 57 f
    Wohnbereich **130** 57
Empfangseinrichtung **130** 43, 45, 48, 51, 63 f, 86, 92
    alternative Empfangseinrichtungen **130** 91
    Bereitstellungspflicht **130** 88, 90
    Beseitigung **130** 91 f
    Entwidmung **130** 71, 91

Zugang (Forts)
   Impressum **130** 52
   Kontoauszugsdrucker **130** 52
   Mindeststandard **130** 89
   Nichtzurverfügungstellung **130** 64
   Personen
     s Empfangspersonen
   Telefonverzeichnis **130** 52
   Türschlitz **130** 63
   Visitenkarte **130** 52, 91
   Widmung **130** 49 f, 52 f, 55, 63, 86
   – konkludente Widmung **130** 52
   Zustellung durch Gerichtsvollzieher **132** 4
   Empfangsermächtigung **130** 56, 59
     konkludente Ermächtigung **130** 58, 60
     Offenkundigkeit **130** 61
     Verkehrsanschauung **131** 4
   Empfangspersonen **130** 54 ff, 111
     Anscheinsvollmacht **130** 60
     Auswahlrisiko **130** 60
     Duldungsvollmacht **130** 60, 91
     Einwilligungsvorbehalt **131** 5
     Geschäftsfähigkeit, beschränkte **131** 5
     Geschäftsunfähigkeit **131** 5
     Widmung durch Bevollmächtigung **130** 59 f
     Zugangszeitpunkt **130** 59
   Empfangspflicht **130** 88
   Empfangstheorie **130** 4, 6 ff, 15 f, 39, 42, 46, 53, 69, 72, 78, 83, 85, 100; **132** 1
   Empfangsvertreter **130** 56
     Ermächtigung **130** 56
   Empfangsvorkehrungen, Pflicht zu **130** 88, 90
   Entäußerungstheorie **130** 3, 6 f, 22; **132** 1
   Entbehrlichkeit **130** 9
     Verkehrssitte **130** 22
   Erklärungen unter Abwesenden **130** 15, 17
     Abwesenheit **130** 18 f
   Erklärungen unter Anwesenden **130** 15, 111 f
   Erklärungsbote **130** 35, 111
   Erklärungsmittler **130** 33 ff
   Erklärungsrisiko **130** 108
   Erklärungstheorie **119** 2
   Fiktion
     s Zugangsfiktion
   Fristwahrung **130** 76
   Genehmigungsfähigkeit von Verträgen **108** 5
   geschäftsähnliche Handlung **Vorbem 116 ff** 2
   Geschäftsfähigkeit, beschränkte **Vorbem 104–115** 13
   Geschäftsfähigkeit, Fortbestand **105** 14
   Geschäftssitzverlegung **130** 89, 91
   Geschäftsunfähigkeit **Vorbem 104–115** 13

Zugang (Forts)
   Geschäftsunfähigkeit des Erklärungsempfängers **131** 2
   Geschäftszeiten **130** 73, 75
   gesetzliche Vertretung **131** 2 f
   Herrschaftsbereich des Empfängers **130** 41
   Individualvereinbarung **130** 22
   Insolvenzeröffnung **130** 38
   jederzeitige Zugangsmöglichkeit **130** 75
   Kenntnisnahme, tatsächliche **130** 22, 101 f
   Kenntnisnahmehindernisse **130** 68 f
     normative Hindernisse **130** 73
   Kenntnisnahmemöglichkeit **130** 39 f, 45 f, 74
     gewöhnliche Verhältnisse **130** 45, 68 ff
   Krankheit des Empfängers **130** 68, 70 f
   Kündigung per Einschreiben **130** 22
   Kur **130** 71
   Machtbereich des Empfängers **130** 41, 45, 63 ff
   Nähe, räumliche **130** 66
   Mailbox **130** 50 f, 73, 75
   Nachforschungsobliegenheit **130** 73
   Nachsendeauftrag **130** 51, 71, 91
   Nachtzeit **130** 73
   Online-Postfach **130** 75
   Ort **130** 50
   Postfach **130** 50, 64
   Postlagerung **130** 51
   Postschließfach **130** 49, 51, 77
     Auflösung **130** 91
   Rechtsgeschäfte, einseitige **130** 10
   Rechtsgeschäfte, mehrseitige **130** 10
   Rechtzeitigkeit **130** 74, 76
   Rufumleitung **130** 60, 91
   Sekretärin **130** 31, 61
   Selbstbestimmung **130** 39, 45, 49 f, 52, 54
   Silvester **130** 73, 75
   Speicherung **130** 16, 44, 51, 73
     Abrufbarkeit **130** 51
   Sprachkenntnisse, fehlende **130** 72
   Sprachrisiko **119** 18; **130** 29
   Stellvertretung **130** 55
     passiver Stellvertreter **130** 56
   Störung des Empfangsgeräts **130** 51
   Telefax **130** 51, 73, 98, 109
     Ausdruck der Erklärung **130** 51
   Treu und Glauben **130** 40 f
   Übergabe-Einschreiben **130** 48
   Übermittlungsrisiko **130** 39, 49, 63, 74; **132** 1
   Übermittlungstheorie **130** 3
   Untersuchungshaft **130** 71
   zur Unzeit **130** 73, 75
   Urlaub **130** 68, 70 f
   Verbotsnormen, zwischenzeitlich erlassene **130** 38
   Verfügungsbeschränkungen, zwischenzeitliche **130** 38

Zugang (Forts)
Verfügungsgewalt, tatsächliche **130** 42
Verhinderung des Empfängers **130** 68, 70
  Kenntnis des Erklärenden **130** 69 f
  unverschuldete Verhinderung **130** 69, 71
Verlust der Urkunde **130** 97
Verlustrisiko **130** 23, 46
Vernehmungstheorie **130** 5 f, 8, 20 ff, 26, 69
Verspätungsrisiko **130** 46
Vertragsschluss **130** 22
Vertretung ohne Vertretungsmacht **130** 55
Verzögerungsrisiko **130** 23
Wahrnehmung, sinnliche **130** 18 ff, 45 ff, 62, 86, 111
Wahrnehmungsbereich **130** 49 f, 53 f, 64 ff
Willenserklärung **105** 6; **130** 99 f
  amtsempfangsbedürftige Willenserklärung **130** 13
  empfangsbedürftige Willenserklärung **130** 9; **131** 1
  formbedürftige Erklärung **130** 93 ff
  gegenüber einem Minderjährigen abgegebene Willenserklärung **106** 7
  mündliche Willenserklärung **105** 14
  – unter Abwesenden **130** 51
  nicht empfangsbedürftige Willenserklärung **130** 9 ff
  postmortale Willenserklärung **130** 105 f
  Telefonat **130** 19 f
  unverkörperte Willenserklärung **130** 15 f
  verkörperte Willenserklärung **105** 14; **130** 15 f, 19
  Wirksamwerden **130** 36, 108
Wohnsitzverlegung **130** 89, 91
unter der Wohnungstür durchgeschobener Brief **130** 63, 65
Zeitpunkt, maßgeblicher **130** 36, 50, 101
Zeugenbeweis **130** 108
Zustellung durch Gerichtsvollzieher
  s dort
Zugangsfiktion
Allgemeine Geschäftsbedingungen **130** 22
Arglist **130** 80 f
Gesetzeslücke **130** 83
Regelung, ausdrückliche **130** 24
Sorgfaltsverstoß **130** 82
Treu und Glauben **130** 80 f, 84
Verschulden **130** 80
Zugang, unmittelbarer **130** 81
Zugangshindernisse **130** 24, 79 f; **132** 2
Zugangshindernisse
Zurechnung **130** 24, 79 f
Zustellung durch Gerichtsvollzieher **132** 3
Zugangsvereitelung
Annahmeverweigerung **130** 47, 62, 81, 85
Arglist **130** 80 f
Nichtabholung des Schriftstücks **132** 3
Pflichtverletzung **130** 92
Schadensersatz **130** 92

Zugangsvereitelung (Forts)
Übermittlungsrisiko **130** 74
Zugangsverhinderung
s Zugangsvereitelung
Zulagen
Widerrufsvorbehalt **Vorbem 116 ff** 56
Zulassungsbescheinigung II
s Kraftfahrzeugbrief
Zurechnungsfähigkeit
subjektive Zurechnungsfähigkeit **Vorbem 104–115** 2, 41
Zusage
Auslegung **133** 29
Zusammenwirken, institutionalisiertes
Anlegerschutz **123** 23
Immobilienfinanzierung **123** 23, 53, 55
Zuschreibung
Grundstücke **90** 65
Zusendung unbestellter Waren
Vertragsschluss **Vorbem 116 ff** 54
Zusicherung
Auslegung **133** 71, 84
Zustandsbeschreibung
Auslegung **133** 24
Zustellung
Ersatzzustellung **130** 49, 75, 86
öffentliche Zustellung **130** 86; **132** 3, 6
  Anschriftenprüfung **132** 6
  Aufenthalt, unbekannter **132** 3, 6
  Auslandsaufenthalt **132** 6
  Einwohnermeldeamtsanfrage **132** 6
  Empfänger, unbekannter **132** 3, 6
  Erschleichen **132** 8
  Meldepflichtverstoß **132** 6
  Nachforschungsobliegenheit **132** 6
  Suchdienste **132** 6
  ultima ratio **132** 6
  unzulässige Rechtsausübung **132** 8
  Wiedereinsetzung in den vorigen Stand **132** 8
Zustellung durch Gerichtsvollzieher
Eilbedürftigkeit **130** 86
Erklärungen, fristgebundene **132** 4
Ersatzzustellung **130** 108; **132** 3
Geschäftsanweisung für Gerichtsvollzieher **130** 86; **132** 4
persönliche Zustellung **132** 4
Post, Beauftragung **132** 4 f
Rechtzeitigkeitsfiktion **130** 86
Übermittlungsrisiko **132** 1 f
Willenserklärungen, empfangsbedürftige **132** 2
Willenserklärungen, fristgebundene **130** 67
Zugang **130** 67
  Beweis **130** 108
Zugangsbehinderung **132** 3
Zustellkosten **130** 86
Zustellungskosten **132** 4
Zustellungsurkunde **130** 108

Zustellung durch Gerichtsvollzieher (Forts)
Zustellversuch, erneuter **130** 87
Zustimmung
arglistige Täuschung **123** 62
Auslegung **133** 26
konkludente Zustimmung **Vorbem 116 ff** 48; **133** 26
Verwaltungsverfahren **119** 108
Wille, mutmaßlicher **Vorbem 116 ff** 76
Zwangsversteigerung
Eigengebot **116** 4
Gewährleistungsausschluss **119** 105
Irrtumsanfechtung **119** 105, 108
Vertrauensschaden **122** 3, 12
Lastentragung des Erstehers **103** 1
Scheingebot **116** 4
Zubehörstücke **97** 35
Zwangsverwaltung
Zubehörstücke **97** 35

Zwangsvollstreckung
Bestandteile, einfache **93** 44 f
Bestandteile, wesentliche **93** 33 f
Pfändung ungetrennter Früchte **93** 34
Rechtsgesamtheiten **90** 73
Sachgesamtheiten **90** 71
Scheinbestandteile **95** 30
Zubehör **97** 34 f
Zwangsvollstreckung durch Wegnahme
vertretbare Sachen **91** 9
Zweckerreichung
Vertrauensschaden **122** 8
Zweckwidmung
s Widmung
Zweimann-Personengesellschaft
Geschäftsfähigkeitsmangel **Vorbem 104– 115** 35

J. von Staudingers
Kommentar zum Bürgerlichen Gesetzbuch
mit Einführungsgesetz und Nebengesetzen

Übersicht vom 1. 9. 2011
Die Übersicht informiert über die Erscheinungsjahre der Kommentierungen in der 13. Bearbeitung und deren Neubearbeitungen (= Gesamtwerk STAUDINGER). *Kursiv* geschrieben sind die geplanten Erscheinungsjahre.

Die Übersicht ist für die 13. Bearbeitung und für deren Neubearbeitungen zugleich ein Vorschlag für das Aufstellen des „Gesamtwerk STAUDINGER" (insbesondere für solche Bände, die nur eine Sachbezeichnung haben). Es wird empfohlen, die Austauschbände chronologisch neben den überholten Bänden einzusortieren, um bei Querverweisungen auf diese schnell Zugriff zu haben. Bei Platzmangel sollten die ausgetauschten Bände an anderem Ort in gleicher Reihenfolge verwahrt werden.

	13. Bearb.	Neubearbeitungen		
Buch 1. Allgemeiner Teil				
Einl BGB; §§ 1–12; VerschG	1995			
Einl BGB; §§ 1–14; VerschG		2004		
§§ 21–89; 90–103 (1995)	1995			
§§ 21–79		2005		
§§ 80–90		2011		
§§ 90–103 (2004); 104–133; BeurkG	2004	2004		
§§ 134–163	1996	2003		
§§ 139–163			2010	
§§ 164–240	1995	2001	2004	2009
Buch 2. Recht der Schuldverhältnisse				
§§ 241–243	1995	2005	2009	
§§ 244–248	1997			
§§ 249–254	1998	2005		
§§ 255–292	1995			
§§ 293–327	1995			
§§ 255–314		2001		
§§ 255–304			2004	2009
AGBG	1998			
§§ 305–310; UKlaG		2006		
§§ 311, 311a, 312, 312a–f		2005		
§§ 311b, 311c		2006		
§§ 313, 314		*2011*		
§§ 315–327		2001		
§§ 315–326			2004	2009
§§ 328–361	1995			
§§ 328–361b		2001		
§§ 328–359			2004	
§§ 328–345				2009
§§ 362–396	1995	2000	2006	2011
§§ 397–432	1999	2005		
§§ 433–534	1995			
§§ 433–487; Leasing		2004		
Wiener UN-Kaufrecht (CISG)	1994	1999	2005	
§§ 488–490; 607–609		*2011*		
VerbrKrG; HWiG; § 13a UWG	1998			
VerbrKrG; HWiG; § 13a UWG; TzWrG		2001		
§§ 491–507			2004	
§§ 516–534		2005		
§§ 535–563 (Mietrecht 1)	1995			
§§ 564–580a (Mietrecht 2)	1997			
2. WKSchG; MÜG (Mietrecht 3)	1997			
§§ 535–562d (Mietrecht 1)		2003	2006	2011
§§ 563–580a (Mietrecht 2)		2003	2006	2011
§§ 581–606	1996	2005		
§§ 607–610 (siehe §§ 488–490; 607–609)	./.			
§§ 611–615	1999	2005		
§§ 611–613			2011	
§§ 613a–619a			2011	
§§ 616–619	1997			
§§ 616–630		2002		
§§ 631–651	1994	2000	2003	2008
§§ 651a–651l	2001			
§§ 651a–651m		2003	2011	
§§ 652–704	1995			
§§ 652–656		2003	2010	
§§ 657–704		2006		
§§ 705–740	2003			
§§ 741–764	1996	2002	2008	
§§ 765–778	1997			
§§ 779–811	1997	2002	2009	
§§ 812–822	1994	1999	2007	
§§ 823–825	1999			
§§ 823 E–I, 824, 825		2009		
§§ 826–829; ProdHaftG	1998	2003	2009	
§§ 830–838	1997	2002	2008	
§§ 839, 839a	2002	2007		
§§ 840–853	2002	2007		
Buch 3. Sachenrecht				
§§ 854–882	1995	2000	2007	
§§ 883–902	1996	2002	2008	
§§ 903–924; UmweltHR	1996			
§§ 903–924		2002		

	13. Bearb.	Neubearbeitungen		
§§ 905–924				2009
UmweltHR		2002		2010
§§ 925–984; Anh §§ 929 ff	1995	2004		2011
§§ 985–1011	1993	1999		2006
ErbbVO; §§ 1018–1112	1994	2002		
ErbbauRG; §§ 1018–1112				2009
§§ 1113–1203	1996	2002		2009
§§ 1204–1296; §§ 1–84 SchiffsRG	1997	2002		2009
§§ 1–64 WEG	2005			

Buch 4. Familienrecht

§§ 1297–1320; Anh §§ 1297 ff; §§ 1353–1362	2000		2007	
LPartG			2010	
§§ 1363–1563	1994	2000	2007	
§§ 1564–1568; §§ 1–27 HausratsVO	1999	2004		
§§ 1564–1568; §§ 1568 a+b			2010	
§§ 1569–1586b		*2011*		
§§ 1587–1588; VAHRG	1998	2004		
§§ 1589–1600o	1997			
§§ 1589–1600e		2000	2004	
§§ 1589–1600d				2011
§§ 1601–1615o	1997	2000		
§§ 1616–1625	2000	2007		
§§ 1626–1633; §§ 1–11 RKEG	2002	2007		
§§ 1638–1683	2000	2004	2009	
§§ 1684–1717	2000	2006		
§§ 1741–1772	2001	2007		
§§ 1773–1895; Anh §§ 1773–1895 (KJHG)	1999	2004		
§§ 1896–1921	1999	2006		

Buch 5. Erbrecht

§§ 1922–1966	1994	2000	2008
§§ 1967–2086	1996		
§§ 1967–2063		2002	2010
§§ 2064–2196		2003	
§§ 2087–2196	1996		
§§ 2197–2264	1996	2003	
§§ 2265–2338a	1998		
§§ 2265–2338		2006	
§§ 2339–2385	1997	2004	
§§ 2346–2385			2010

EGBGB

Einl EGBGB; Art 1, 2, 50–218	1998	2005
Art 219–222, 230–236	1996	
Art 219–245		2003

EGBGB/Internationales Privatrecht

Einl IPR; Art 3–6	1996	2003		
Art 7, 9–12	2000			
Art 7, 9–12, 47		2007		
IntGesR	1993	1998		
Art 13–18	1996			
Art 13–17b		2003	2011	
Art 18; Vorbem A + B zu Art 19		2003		
Vorbem C–H zu Art 19		2009		
IntVerfREhe	1997	2005		
Kindschaftsrechtl Ü; Art 19	1994			
Art 19–24		2002	2008	
Art 20–24	1996			
Art 25, 26	1995	2000	2007	
Art 27–37	2002			
Art 1–10 Rom I VO		2011		
Art 11–29 Rom I-VO, Art 46 b, c		2011		
Art 38	1998			
Art 38–42		2001		
IntWirtschR	2000	2006	2010	
IntSachenR	1996			

Vorläufiges Abkürzungsverzeichnis	1993			
Das Schuldrechtsmodernisierungsgesetz	2002	2002		
Eckpfeiler des Zivilrechts		2005	2008	2011
BGB-Synopse 1896–1998	1998			
BGB-Synopse 1896–2000		2000		
BGB-Synopse 1896–2005			2006	
100 Jahre BGB – 100 Jahre Staudinger (Tagungsband 1998)	1999			

Demnächst erscheinen

§§ 90–124; 130–133		2011
§§ 125–129; BeurkG		2011
§§ 134–138		2011
§§ 311b, 311c		2006	2011
§§ 620–630	1995	2011

Dr. Arthur L. Sellier & Co. KG – Walter de Gruyter GmbH & Co. KG oHG, Berlin
Postfach 30 34 21, D-10728 Berlin, Telefon (030) 2 60 05-0, Fax (030) 2 60 05-222